婺文化丛书 Ⅴ / 钟世杰

# 芥囷子漫笔

赵文卿 著

浙江工商大学出版社

图书在版编目(CIP)数据

芥园子漫笔 / 赵文卿著. —— 杭州：浙江工商大学出版社, 2013.5
（婺文化丛书 / 钟世杰主编. 第 5 辑）
ISBN 978-7-81140-797-6

Ⅰ. ①芥… Ⅱ. ①赵… Ⅲ. ①李渔（1611~约 1679）-人物研究-文集 Ⅳ.
①K825.6-53

中国版本图书馆 CIP 数据核字（2013）第 106531 号

# 芥园子漫笔

赵文卿 著

| | | |
|---|---|---|
| 责任编辑 | 赵　丹 | |
| 特邀编辑 | 许苗苗 | |
| 装帧设计 | 周国良 | |
| 出版发行 | 浙江工商大学出版社 | |
| | （杭州市教工路 198 号　邮政编码 310012） | |
| | （E-mail：zjgsuprcss@163.com） | |
| | （网址：http://www.zjgsuprcss.com） | |
| | 电话：0571-88904980, 88831806（传真） | |
| 排　　版 | 金华日报商务彩印有限公司 | |
| 印　　刷 | 金华日报商务彩印有限公司 | |
| 开　　本 | 850mm × 1168mm　1/32 | |
| 印　　张 | 138.5 | |
| 字　　数 | 3226 千 | |
| 版 印 次 | 2014 年 1 月第 1 版　2014 年 1 月第 1 次印刷 | |
| 书　　号 | ISBN 978-7-81140-797-6 | |
| 定　　价 | 460.00 元 | |

# "婺文化丛书"编委会

主　编：钟世杰

副主编：朱江龙　叶志良

编　委：(按姓氏笔画为序)

王亦平　王晓明　方雨辉　叶志良

朱江龙　杨鸽声　吴远龙　陈文兵

周国良　钟世杰　楼　冰

# 序

　　我与李渔结缘甚久。因为李渔，与赵文卿先生相识、交往，其年月亦久矣。初识于1985年1月，迄今快30年了。当时，我被复旦大学聘为客座教授赴任上海。其间，经该校李平教授介绍协助，到福建省等南方一带考察。最后一处便是兰溪。那时"李渔研究会"刚成立，会长即赵文卿先生。或许由于我是首次来访的外国人，受到了盛大而热烈的欢迎。那一场景至今难忘。

　　1997年8月，我再访兰溪，重续旧好。之后，2011年9月，在为纪念李渔诞辰400周年而召开的"首届李渔学术研讨会"上，又与赵先生见面。先生依然风貌不改，神采奕奕。

　　赵先生长期以来热心积极、精力充沛地从事宣传和宣扬李渔业绩的活动，做到了全心全意。1982年，在赵先生的倡导下，成立"李渔研究会"。至2003年，先生连任三届会长。1989年"李渔纪念馆（兰溪芥子园）"的创建，也是与赵先生的尽心竭力分不开的。对他的这些功绩，我表示由衷的敬意。

　　年逾八旬的赵文卿先生精神矍铄，今又出版新作《芥园子漫笔》。此作充满了著者长年以来尊崇李渔的深情。全书大致可分上下两部分，其内容大致如下：

　　上篇记述了著者这五十年来从事有关李渔研究工作的由来经过。

　　下篇介绍了称颂李渔业绩的展览会——"李渔伟绩展"的内容。著者深为李渔的多才、多艺、多能而倾倒，就此列举了种种事迹,并详尽加以说明。

下篇还记述了"李渔伟绩展"举办后的情况以及各界反响。

下篇为本书的核心,是著者最下功力之处。其倾注于李渔的热情,实在令人敬佩惊叹。对此,读者也会有所感触吧。

记得1985年1月,我首访"李渔研究会"之际,赵文卿先生令我挥毫。我因平素不通书法之妙,再三推辞,然不准。无奈,只得惶恐从命,用日文题下:"李渔研究を通して日中友情がいっそう深まりますように"(意为:愿通过李渔研究进一步加深日中友谊)。其笔之劣,教我无地自容。尔来,已过了近30年的时光。然当时我的题词之意仍未过时。这又叫我感慨不已。日本江户时代产生了歌舞伎以及"戏作文学",这些都从李渔那里学到很多东西。我以为,今后的交流,当然不能仅仅停留在日中两国之间,而应该更自由地从全球规模的观点出发加以实现。从这个意义上说,"首届李渔学术研讨会"已经再次向内外大张旗鼓地宣传了李渔的存在,并显示出中国文学艺术研究领域里的改革开放新气象。"李渔研究会"之外,又新创设了"李渔国际研究中心",此举可谓正得时宜也。我殷切期待,以此为契机,李渔研究能得到进一步的促进、深化和发展。

我衷心希望,此次赵文卿先生的新著《芥园子漫笔》能多获得一些读者,多引起各方面对李渔的关注,借此推动研究的更大进展。

冈　晴夫　识

2012年6月于日本东京

(吴念圣　译)

本《序》作者为[日本]庆应大学著名教授、著名李渔研究专家,曾来我国复旦大学讲学半年。

# 芥子名园有传人
## ——《芥园子漫笔》序言

2011年9月，在浙江兰溪举办的纪念李渔诞辰四百周年暨首届学术讨论会上，我有幸看到了赵文卿老先生的新作《芥园子漫笔》的征求意见稿，作为提交给大会的论文，篇幅很长，有125页，拿在手里沉甸甸的。当时由于会议安排时间十分紧凑，无暇细读，只粗略翻了一下，大有耳目一新之感。本想带回来慢慢品读，就放在书桌上，哪知俗事烦冗，一放就是几个月。这倒不是我没有长记性，而是我本着先急后缓的原则，先帮一位作家看完了38万字的描写李渔的长篇纪实小说书稿，并应邀为其撰写了五千余言的序言；又认真批阅了一位年轻学子研究李渔的长达六七万字的论文，并提出了详细的修改意见，与其当面交流。两件事花了我两个月的业余时间。此外，还要应付日常的教学工作和科研任务，所以就拖下来了。今年元旦前夕，突然收到赵文卿老先生的来信，遒劲有力的字体，十分眼熟，信里除了正常的问候话语之外，他直奔主题，提出要我为他的《芥园子漫笔》写一篇序言。当时正处于学期结束，我手上的事情特别多，本来不能从命，想一推了之。但思考再三，我还是决定接受这个任务，满足他的要求，因为，我与赵文卿先生有着非同一般的关系。

屈指算来，我与赵老有二十五年的交往和情谊，而李渔研究则是我们联系的唯一纽带。我清清楚楚地记得，我与赵老曾经三次谋面,并面对面地进行过学术交流。第一次,是 20 世纪 80 年代中期。我作为南京师范大学中文系的年轻讲师,在职攻读硕士研究生学位,研究方向为古代小说,确定学位论文选题为《李渔及其白话短篇小说》。其时,在学校的过往刊物上看到赵先生的论文,很受启发;而李渔又自称原籍浙江兰溪,于是我就冒昧地写信与赵先生联系,准备前往兰溪进行实地考察,向他请教,他欣然答应。于是,我在杭州文三路的一家小旅社里,花三天时间,看完了浙江古籍出版社总编萧欣桥先生慷慨借阅的从日本手抄的李渔《连城璧》的未刊书稿之后,便乘长途汽车到了浙中古城兰溪,在兰溪文联会议室拜会了赵先生。记得是市文联副主席兼李渔研究会会长的赵先生亲自热情地接待了我,与文联的吴敏主席等同志和我这个素昧平生的年轻人进行了耐心地平等地交流。他不仅回答了我的一些疑问,还帮助我联系住宿县委招待所;次日,派文化站长李彩标先生(后为第二任李渔研究会会长)陪我到夏李村去考察了伊山头、且停亭、石坪坝的原貌。这次兰溪之行,收益颇丰,我顺利通过了论文答辩,获得了学位,而赵先生孜孜不倦的研究精神,文静儒雅的风范,乐于提携后进的古道热肠,平易近人、虚怀若谷的品德,给我留下了极为深刻的印象。后来他兼负责筹备营建芥子园,我与他一直保持书信往来,我将一些重要的李渔研究成果寄给他,请他斧正;他也把芥子园的设计方案寄来征求意见,他出版的书也悉数寄来送我阅读珍藏,二人一直保持着热线联系,经常交流李渔研究心得,达到相得益彰的目的。可以说,我在李渔研究方面如果取得了一点成就的话,其中也凝聚着赵先生的心血。第二次,是将近二十年后的 2005 年秋天,兰溪芥子园已经迎接了无数八方来客,誉满全球,成为海内外众望所归的李渔研究中心;赵先生业已功德圆满,光荣退休,仍然坚持守望在芥子园;第二任李渔研究会会长李彩标先生邀请我前去参加李渔研究会年会。记得当我与彩标会长由下榻的宾馆沿着兰江边信步走进芥子园会场时,赵先生早已在门口迎候。两位研究李渔的老朋友久别重逢,倍感亲切,其时他已步入古稀之年,面目清癯,精神矍铄,不减当年风采,我感到很欣慰。我应邀为大会作了《李渔的启蒙思想与人文精神》的学术报告,提出"李渔不仅是文化巨人,而且是卓绝思想家"的观点,得到大家的一致首肯。赵先生不仅和我进行了长时间的个别交流,还不顾年高体弱,自告奋勇地与彩标会长一道,兴致勃勃地陪我重访夏李村,游览诸葛八卦村和地下长河、绮霞亲陵等景观,一路笑语喧哗,乐此不疲。临行前,我去和他话别,两人手拉手,有说不尽的话语。分手之际,我们互道珍重,挥泪惜别,他站在芥子园门前,久久不愿离去。不知道为什么,我的眼眶竟然湿润了。后来,他到外地举办李渔成就展,也经常通信联系。第三次就是去年的盛会,我应大会组委会邀请,提前两天到会,参与有关大会准备工作,下榻在兰溪国际大酒店,想到马上能见到赵先生,心情十分激动。第二天中午,他在李彩标会长陪同下,主动来宾馆看我们。耄耋老人,虽然清瘦,但目光炯炯,仍很精神。他热情地邀请前来参加会议的北京中国社会科学院文学研究所的杜书瀛先生,扬州大学的黄强先生,和我与太太一起去参观设在兰溪图书馆的李渔成就展,并逐一进行讲解;然后又盛情邀请我们到他芥子园家中小坐,拿出中秋月饼来招待我们,以尽地主之谊;还打车一直把我们送到宾馆。在学术交流会上,我听到他的精彩发言,话语虽不多,但表现出他的坚定执着的研究精神和对李渔的真情实感。由于时间关系,他的发言少了结尾,次日正好是由我主持大会讨论交流,他写了一页纸的补充材料,交我代为宣读。我们会议结束,离开兰溪时,他陪我们用餐。其间饱含真挚的友谊,朴素的感情,大家心照不宣,是难以用语言来表达的。

为此,我在寒假开始之后,认真仔细、一字不落地拜读了《芥园子漫笔》,并进行了思考,基本掌握了其中的要义。全书图文并茂,层次分明,分上、下两个大部分。

《芥园子漫笔》上篇,主要记叙赵先生五十多年来研究李渔的艰辛历程和不俗的成就。他的李渔研究起步很早,占有身居李渔原籍兰溪的地利,当时属于李渔研究的领军人物。在20世纪60年代初期的三年困难时期,正是"文化大革命"之前,"山雨欲来风满楼",全国上下大讲阶级斗争,狠批封资修黑货,搞科学研究不仅资料匮乏,筚路蓝缕,而且环境恶劣,遭人非议,风险多多。红卫兵造反抄家,旧书古书一烧了之。人人自危,如惊弓之鸟,夜深人静,他悄悄地在县府宿舍的梧桐树下,火烧《李笠翁一家言》,心如刀绞,痛苦万分,经过反复思想斗争,竟然冒天下之大不韪,半途而废,终于留下四册《一家言》,使好书劫后余生。我作为"文革"的过来之人,觉得特别真实,特别感人。"江山不幸诗家幸","愤怒出诗人",险恶的环境催生了他的第一批研究成果。他废寝忘食,挑灯夜战,勤奋读书,援笔耕耘,其《李渔生平事迹的几个问题》、《李渔生平事迹的新发现》等论文,是新中国成立后较早的一批李渔研究成果,开创之功,意义重大,在全国吹响了李渔研究的号角。当时研究的人很少,但他坚信,星星之火,可以燎原。"文革"后,赵文卿先生进入了科学的春天,迎来李渔研究的黄金时代。他首倡在兰溪成立李渔研究会,并担任第一任会长;又积极向省市领导进言献策,异地重建芥子园,条件艰苦。他自带开水、干粮,吃住在工地。经过多方努力,终于建成了一个世界性的李渔研究中心,吸引了世界各地的李渔研究人士、文化名流和各级领导,厥功甚伟。后又相继筹建伊园、且停亭、石坪坝等纪念设施,为文化巨人李渔的形象增光添彩。这是文卿赵先生对弘扬李渔文化的重大贡献。

《芥园子漫笔》的下篇是李渔成就展览的具体内容,也是赵先生多年来悉心研究李渔的重要成果。他将李渔定位于"全世界文艺多面手、多第一者之最",是很有见地的。他通过纵向和横向的比较和筛选,其方法是可取的,得出的结论,显然是可信的。他读了很多名家词典和《辞海》,从数以百计的文艺家中遴选出二十多位;再从散文、小说、诗、词、音律、绘画、书法等七个方面进一步选出赵孟頫、欧阳修、苏轼、关汉卿和李渔五位多面手;后又将成就最高的苏轼与李渔相 PK,最后得出结论,全世界文艺多面手、多第一者之最,当属李渔。在横向方面,他将李渔与享誉世界的莎士比亚、达·芬奇等文艺大师进行比较,是有眼光的;能结合不同国家民族的特点,进行比照,也是合情合理的,其结论是非常具有说服力的。记得他在北京展览期间,曾将展览内容寄给我看,让我提点意见。我在回信中写道:"我一口气读完了展览内容,觉得创意极佳。以'第一'、'家'切入,扣人心弦,有新意,有深度。"三年过去了,我去年在兰溪图书馆实地参观了全部展览,仍然觉得我的评价是恰如其分的。

下篇还记录了赵先生在全国巡回展览的经过和感受,不少细节非常真实,他的无私、坚定、执着,对李渔的深情十分感人;展览能吸引一些大学生热心充当志愿者,就足以说明其社会效益之大。最值得称道的是,赵先生在退休以后,自出资金,以一人微薄之力,自办李渔事迹成就展,相继到金华、杭州、北京(两次)、上海等地巡回展出。七十多岁的老人,不为名不为利,人到无求品自高,为的是宣传李渔,弘扬李渔文化,发扬李渔精神。他拖着病体,多方游说,不厌其烦,令人动容。也许是精诚所至,金石为开吧,展览居然打进了中国的最高学府北京大学、中国人民大学以及国家图书馆等神圣殿堂，并获得了美誉。由于他劳累过度，引起心脏病暴发，在北京住院治疗，也无怨无悔，李渔是他唯一的精神寄托，永久的精神家园。这不是一般人能做到的，在商品经济大潮席卷全球，一切向"钱"看的今天，这种大力弘扬李渔文化的忘我精神，可歌可泣，可圈可点。不仅足以令每一位活着的人肃然起敬，而且可以想象，如果李渔地下有知，一定会感激涕零的。日前赵文卿先生专门来信，要我给他写几句话，作为题词。我有自知之明，我的书法是拿不出手的，但他的厚爱让我盛情难却，于是，欣然命笔，写道："赵文卿先生研究李渔五十余载，首倡成立李渔研究会，营建芥子园，热心李渔成就展览，是研究李渔的大功臣。功勋卓著，必将载入史册。沈新林辛卯小寒于金陵。"这里绝无一点虚美之词，而完全是肺腑之言，是我对赵先生的衷心感佩和基本评价。

当然，赵先生"从草根学者到研究专家"（见《光明日报》2011.3.28）的过程，就生动地说明了只怕想不到，不怕做不到，有志者事竟成的哲理，给后人很多启示，这与李渔贯穿一生的敢于雷门击鼓的开拓、进取和创新精神是十分契合的。我们有充分的材料证明，赵文卿先生是新中国成立后对李渔研究贡献最多的专家学者。八十高龄的他宝刀未老，"烈士暮年，壮心不已"，他发愿"继续搞展览，直到心脏停止跳动"（见《光明日报》2011.3.28）。可以说，他把一生的血与汗，光和热，毫无保留地献给了李渔研究事业。李渔创建了蜚声海内外的芥子园，并自称芥子园主人，芥子园成了李渔的代号；赵先生则筹划营构兰溪芥子园，居住在兰溪芥子园，是当然的园主，也是芥子园的传人，他以"芥园子"自命，实在是非常恰当、贴切而自然的神思妙想，赵先生的志趣和才思可见一斑。我们祝愿，赵先生健康长寿，老当益壮，越活越年轻，展览足迹遍及天下，像当年的李渔家班女戏周游海内、普及昆曲那样，让绚丽多彩的李渔文化之花开遍神州大地。

四百年前出生的李渔,给人智慧,催人奋进,教人享受,劝人创新,其思想契合二十一世纪的时代精神。为此,我们要大力弘扬李渔文化。目前,李渔研究方兴未艾,可以预言,李渔研究是二十一世纪世界文化研究的热点,在不远的将来,肯定会在世界范围内掀起一波新的李渔研究的热潮。读完《芥园子漫笔》,我们惊喜,我们欢呼:芥子名园有传人。

沈新林

辛卯大寒于金陵亚东仙林茶苑百世堂

本《序》作者为南京师范大学文学院著名教授,被誉称为"中国李渔研究第一人"。

# 三百五十年后的李渔知己

## ——为赵文卿先生《芥园子漫笔》序

黄　强

　　读书能读到一本令人感动的书,乃大不易之事,必其中有精神大过人之处。读赵文卿先生的《芥园子漫笔》,我切实理解了有一种心理叫感动。这倒不是说此书有很高的学术含量——学术含量高的书会令人钦佩、赞赏,以至于震撼,但不会是感动。如果要论学术,我会去读赵先生的《李渔研究麟鳞集》一书,《李渔生平事迹的新发现》一文;我甚至会告诉赵先生:在《娜如山房说尤》中诋毁李渔的不是袁于令(参见我与硕士生王金花合撰的《董含〈三冈识略〉"李笠翁"条考辨》,载《文学遗产》2006 年第 2 期);《芥园子漫笔》凸显的是一种锲而不舍的精神——精神重于学术。此书形式上虽然是"漫笔",其实却是 81 岁高龄的赵老 50 年李渔研究心路历程的总结与展示。如果看到书中这样的一节:赵先生因为突然降临的机会能够在国家图书馆办"李渔展览"而喜出望外,加之忙于布展,终于因严重的心血管疾病睡上手术台。动手术前,医生问他还有何话要转告家属、单位,他说:"话很多,并为一句:'希望有更多人关注李渔展览,传展下去。'"由此我毫不讳言,这本书是他以一生的力量托举起来的一本书。可以说,只是从这本书中,我才真正全面理解了作为 350 年后的李渔知己的赵文卿先生,真正全面理解了以赵文卿先生为代表的兰溪人对李渔的那份故乡名人情结,也更理解了中国人对于能够自立于世界民族文化之林的优秀传统文化的自豪感。

我与赵先生因李渔研究而相识相知。

早在 1989 年,我向赵先生求教《龙门李氏宗谱》与李渔相关的内容,先生于 10 月 25 日驰函寄来《宗谱》复印件 11 页,并云:"我市为纪念芥子园主人而兴建的芥子园,从楼室建筑方面来说,已算初具规模。已有不少名士光临,有机会欢迎莅临。'李研'联谊带已把我们联结起来了。"次年 5 月 1 日,赵先生与兰溪市文联主席吴敏、理事李年丰路过扬州。我与赵先生初次谋面,一见如故,畅谈李渔研究。其时他年方花甲,谈锋甚健,如数家珍,趣味盎然,直至夜深。此后与赵先生为首任会长的兰溪李渔研究会多有联系,交谊已久,但始终未曾有机会前往兰溪一睹芥子园风采。作为李渔研究者,我敬重赵先生:他首先寻访发现和研究运用了敦睦堂《龙门李氏宗谱》中的李渔生平事迹;他早在 1982 年就倡导成立了兰溪李渔研究会,而其时"十年浩劫"的极左影响仍令人心有余悸;是他于 1986 年倡议兴建芥子园,并在此后 3 年建园的过程中出谋划策,劳苦功高。

光阴荏苒,再次见到赵先生,已是在 2011 年 9 月 4 日至 6 日兰溪为纪念李渔诞辰 400 周年而举办的 "首届李渔学术研讨会" 上。此前我知道他已经退休,直至在《光明日报》(2011 年 3 月 28 日)上读到《从草根学者到研究专家——记兰溪李渔研究会前会长赵文卿》一文,我才知道他正在做一件前人不可能做、今人难以像他那样去想、那样去做的大事:确认李渔是全世界文艺多面手,获多个第一者之最的中国人,并以此为主题,先在兰溪、金华、杭州等地的许多单位,后来又在北京国家图书馆、中国人民大学、北京大学等处举办"李渔业绩与成功之路展览",这顿时让我更增添了对他的敬意。

阔别 20 年后，眼前的赵文卿先生，毕竟大半辈子从事文化工作，虽已是耄耋老人，但清瘦中透出儒雅的书卷气，沉稳中显得气定神闲，神韵中有一种透彻感悟人生后的老者的睿思。一谈到李渔，他依然如数家珍，思路敏捷，热情不减当年。会议间隙，他盛邀杜书瀛、沈新林二位先生和我，参观布设在兰溪市图书馆的"李展"。两间明亮的展厅里，顺序排列着赵先生自费制作的 48 块展板（每块 90 厘米×120 厘米），每块展板图文并茂，色彩鲜明，概述李渔的生平经历与成功之路；总结其成功的经验；引证各个领域的专家学者对李渔在戏剧理论、喜剧、导演、小说、散文、诗词、书法、篆刻、出版、工艺美术、服饰美容、园林艺术等 24 个方面的杰出贡献的论述，一一注明材料出处。赵先生引领我们在各块展板前驻足流连，从他为我们所做的烂熟于心的讲解中，我深深地感受到他对自己晚年这份事业的挚爱。

参观完"李展"，在图书馆门口，赵先生随便拦下一辆过路车（兰溪人熟知李渔，也熟悉了研究李渔、热心宣传李渔的赵先生），拉着我们去芥子园中他的寓所小聚。参观芥子园是会议第三天安排的活动，赵先生事先明言今天不游园，但从进入园门，走在到他的寓所的路上，他欲忍不能，左顾右盼，目示手指，指点沿路可见的亭台廊阁，特别是绿树掩映中的笠翁塑像，滔滔不绝地介绍起来——显而易见，芥子园更是赵先生的一方精神家园。

小聚时赵先生请我们品尝香茗和兰溪风味的月饼；月饼喷香微甜，绝不油腻，口感很好。而真正的"山珍海味"则是悬挂在客厅里的一幅书画作品：朱峰先生所画隐藏 24 泉石，24 个远近层叠的山峰，以此寓李渔"双 24"之业绩。赵先生自己为纪念笠翁公诞辰 400 周年而配对联一副，请 90 高龄的吴子受老先生书写，对联云："廿四能家廿四峰，超凡智慧集一体；三十行省二百国，盖世才华无竝人。"吴书笔力苍劲,生机盘转,字字庄重,气韵浑然一统。赵先生介绍这副书画的意蕴时,那样投入,那样专注,仿佛已经不是一位80高龄的老者。我一刹那间有这样的想法,大概正在品茗的杜书瀛、沈新林二位先生也会有同样的想法。

会议上,赵先生作了题为《试论李渔是全世界文艺多面手、多第一者之最》的发言,但限于时间,他不能详细展开叙述。我离会前一天,也曾有机会与之畅谈,得闻其丰富起伏的阅历和专注于李渔研究的由来,但意犹未尽。不过我在会上已得到赵先生赠送的这部书稿,会议间隙曾粗粗浏览一过,大体知道赵先生生平奇崛处、枕中所秘者皆在其中。回到扬州后,细阅书稿,一切意犹未尽的缺憾皆得以弥补,仿佛又与赵先生相对品茗,闲话笠翁。读已见书如遇故人,此语信然。不仅是我,也不仅是李渔研究者,只要是本书的读者,都可以零距离接触个性鲜明的赵文卿先生的心灵世界,并为充溢昂扬于其间的一种精神所感动。

令人感动的首先是赵先生50年来对李渔梦萦魂绕的牵挂,直至对李渔做出在其看来应该令所有中国人为之自豪的评价:"全世界文艺多面手,获多个第一者之最",并为此风尘仆仆,奔走四方,出沪入京,举办"李展"。1966年那个荒唐年代的一个漆黑的深夜里,正值壮年的赵文卿迫于必须"破四旧"的强大政治压力,焚烧祖传下来的《李笠翁一家言》,却鬼使神差地留下了最后的四本;而40年后,年届八旬的赵先生又力排众议、义无反顾地踏上到各地举办"李展"的途程。两者同样需要一定的勇气,人生的历程,就是这样充满必然的联系。

在这里,我不想回避一个关键问题,因为这个问题涉及赵先生钟爱的晚年事业的全部意义,也涉及令我们为之感动的对象的评价是否恰如其分。这个问题就是:赵先生对李渔历史贡献的概括与定位是否合适？我以为就总体而言，他的概括与定位，是在海选实证的基础上得出的可靠结论，因而言之成理，持之有故。他没有把李渔推许为全世界文艺的全能冠军——不仅全能，而且每一"能"均是冠军。他所持的标准是："比山系之广，比山系上小峰之多，不是比某几方面之峰谁高大。"在持这一衡量标准的意义上，我们完全可以理直气壮地为李渔是全世界少有的文艺多面手而感到由衷的自豪，李渔不仅是兰溪的，是中国的，而且是世界的。当然，我也直言不讳地说：赵先生对李渔历史贡献的概括与定位还可以更自然一些，更集中一些，更留有余地一些。但我又能理解赵先生之所以如此概括与定位的初衷：由于种种历史的、政治的、文化的原因，李渔生前死后的 400 年中，受到了太多的委屈与不公，非拨乱反正、正本清源不可。既要拨乱反正、正本清源，而且要让更多的普通中国人通过展览知道李渔，对李渔文艺贡献的概括就必须既丰富齐备，又简明扼要；既翔实可靠，又先声夺人。

对于优秀的中国传统文化，不仅需要"深入"，而且需要"浅出"；不仅需要提高，而且需要普及。在当代中国社会生活中激活"李渔文化"所具有的历史穿透力，同样如此。当我们在收看中央电视台"百家讲坛"栏目的时候，现代化设施齐全的多功能转播厅里，专家学者们正情致潇洒、神采飞扬地讲"三国"，说"红楼"，论孔孟，评老庄，此时此刻，我们无论如何不能忘记：在中国，还有这样一位平凡而可敬的八旬老人，怀揣着速效救心丸，托运自费制作的展板，奔波在祖国的大地上。他联系着一所又一所中学、大学，一家又一家图书馆、展览馆，真诚地介绍，热情地期盼，耐心地等待，为的就是能给自己的"李渔业绩与成功之路展览"争取到一个布展的机会，而且他还要尽量节省旅馆费，只要不露宿街头就行。因此，赵先生令人感动的其次是他普及和宣传"李渔文化"信念的坚忍执着。为了在杭州的瓢泼大雨中保护好芥子园的设计图纸,他不惜于雷电交加中钻进路边的大涵管中,几声闷雷在近处落地,震得涵管摇动,险象环生。为了避免与建成后的横山大桥相接的公路紧逼芥子园门前而过,他硬是要改变已经建了一小半的大桥工程走向,游说大桥筹建指挥部,不成!再游说浙江省交通厅,他想:"上省厅去,向领导汇报、要求了,没法改,就向中央去人民来访。"因为如果芥子园"伤了'半边脸',忍耐、迁就,后人是不会谅解的。我要拼,最多'撤职'"。执着的坚持终于如愿以偿。2008年,他想到北京去办"李展",亲属好友真心实意苦苦相劝,也阻挡不了。在国家图书馆办展,可以用"难于上青天"来形容:"要求入场展出的,有如雪花飞来之多";"内容审阅极其严格,批准的也要付场租费,1万元1天"。赵先生就"每隔一二天"去一次,不达目的,决不罢休,终于等来了意外的"5天机遇",国家图书馆"把这份厚礼赐给了免场租还要倒贴水电费的李渔"!赵先生在北京的初展获得成功,但其遭遇心脏病复发抢救,可是2009年他又想二度上京,家人"硬"不过他,因为他"深思熟虑后决计要做的事,不会动摇"。正是凭着这种倔强的性格,赵文卿先生才能成就自己举办"李展"的事业。

当然,赵先生在坚忍执着的同时,又不乏灵活机变和乐观幽默。他知道针对不同的观众,应当突出李渔不同的亮点与意义。例如在学校布展和宣传,他突出的是李渔的教育观念与当代中国教育的对接。李渔有词《天仙子·示儿辈》云:"少小行文休自阻,便是牛羊须学虎。一同儿女避娇羞,神气沮,才情腐,奋到头来终类鼠。莫道班门难弄斧,正是雷门堪击鼓。小巫欲窃大巫灵,须耐苦,神前舞,人笑人嘲皆是谱。"此首小词借行文提倡一种特立独行的教育思想:反对循规蹈矩,唯唯诺诺,束缚自己,一事无成;主张藐视权威,敢于突破,不顾嘲讽,勇往直前。这种教育思想对当前中国教育无疑具有振聋发聩的警醒意义。赵先生鼓励不同层次的学生"运用《示儿辈》的精神,走李渔的成功之路"。他自己"买了单面已印图案的书签,雇人用丝网印的手工操作,在另一面上印了这首词……在一端打个孔,系上彩色带"。此书签受到老师、学生的欢迎,"他们对李渔的《示儿辈》特感兴趣"。"李展"在浙江师范大学举办时,校长梅新林教授特地"起了个黑大早,书写了李渔的《示儿辈》词同时展出"。"莫道班门难弄斧,正是雷门堪击鼓","人笑人嘲皆是谱",赵先生也是以李渔的精神来普及和宣传"李渔文化"的。

耄耋老人又是带病之躯,以一己之费、一己之力宣传普及李渔文化,会遇到的困难可想而知,难能可贵的是,赵文卿先生每每以一种乐观积极的态度化解之。每当写到这些,文字中时时透出幽默。在上海惠博普公司演讲前赵先生"四种药再加救心丸齐服",演讲时"高昂的语气、激动的词句都一律平静地吐出,力求不触犯这天之骄子的心脏。(听众)一双双乌溜溜水晶晶的眼光好像喷射出丝丝强力保健液,给我心脏之泵添加抗压动力剂,更好像发射出一股股纯洁的泉流,荡涤清除心血管中的碍凝物,潺潺地流进心田,淌出心田……情绪好极了!"寓紧张的态势于轻松的描述之中。两次不成,第三次再到国家图书馆谋求展出,馆长阅过展览文本后交给牛主任,赵先生"一听到是牛主任,就增添三分顾虑:事情本身是难题,如加点牛脾气对待,希望就渺茫了……原来牛主任是位女同志,温文尔雅"。俏皮之语中流露的是山重水复后柳暗花明带来的喜悦。此外如当面错过"阿里巴巴"老总马云后的极端懊悔心态的描写等等,都显示出赵先生坚忍执着中的幽默乐观,足以为本书增趣。

在《芥园子漫笔》中,赵先生还令人感动的是他真挚的感恩情怀。全书上篇写赵先生作为基层文化干部的"李研"之路,主要是三件大事:倡议并参与成立李渔研究会,倡议并参与建成兰溪芥子园,倡议建立李渔业绩展览馆遭挫;下篇为"李渔业绩与成功之路展览"的文本和举办"李渔业绩与成功之路展览"的过程。上篇按时间顺序记述事实与场面,一个鲜明的特点是:伴随着叙事,字里行间跳跃着一个个生动鲜活的人名,还有大量不知名的志愿者。同样篇幅的书中,极少有像本书这样列举如此多人名的。于是,本书的书里书外,作者、书中人物、读者三者之间构成了多层次的相互感动:赵先生将宣传与普及李渔文化当成事业来做的行为以及事业本身的意义,感动了记载在书中的许多人,包括许多基层领导干部;这许多人对赵先生事业的理解与支持反过来感动了赵先生,赵先生一定要将他们一个不落地记入书中——记在自己的心中;读者又为无数人对赵先生事业的理解与支持而感动,为赵先生真挚的感恩情怀而感动——不是赵先生的记载,我们不可能知道他们。作为李渔研究者,作为赵先生的知交,我感谢为最大限度保护芥子园景观而果断决定改变横山大桥设计的浙江省交通厅副厅长王庭兰;感谢国家图书馆"正气清风的牛主任",是她拒绝了"愿出大钱想镀金的书画家",把难得的"五天机遇"给了"李展";感谢为了赵先生的"李展"在各处成功举办而热情服务的所有知名或不知名的志愿者们;感谢临时决定为心血管严重阻塞的赵先生做最新手术的北京安贞医院"不知名"的名医,他使用的那把冰冷的手术刀仿佛也因此有了文化的热度;我还要特别感谢赵先生的公子肖羽和女儿笑葑,感谢他们对老父所执意坚持的事业的支持和全部后果的担当,理解他们对父亲的真诚劝阻和劝阻不成后为老父担惊受怕的心情。

从 2007 年 9 月 17 日赵文卿先生在兰溪芥子园举办第一场"李展"，迄今已整整 4 年。今后如何？赵先生说："还会继续搞展览，直到我心脏停止跳动。"在倡导文化强国的当今中国，像赵文卿先生这样，自觉以实际行动挖掘、宣传和普及能够与世界文化实现对接的中国优秀传统文化的人，实在难能可贵。要让中国文化真正走向世界，中国人必须自信，必须要以更加开放的视野认识中国文化的优势，例如李渔文化的优势及其时空穿透力。诚如法国普罗旺斯大学学者皮埃尔·卡赛所云："李渔是一位世界性的作家；他的魅力不仅已经吸引了全世界的中文读者，同时也吸引了其译著的读者，其作品的传播早已超越了他生存的空间国界。"让李渔和李渔文化走出去，走向世界，这就是赵先生晚年事业最根本的意义。赵先生的事业已经感动了许多中国人，还会感动更多的中国人，包括那些一时处于"灯下黑"，贵远贱近，特别容易忽视自己身边令人感动的人和事的人。

在本书书名中，赵文卿先生自号"芥园子"，"芥园"乃"芥子园"之简称；"子"，赵先生谦言"吾小民也"。但李渔云："凡是读书人不喜称名道姓，但以别号相呼……大约少年者称'生'，中年者称'子'。"赵先生以"子"自许，正暗合李渔此意，意味着赵先生虽已年过八旬，但心理年龄依然在中年，研究李渔，宣传与普及李渔文化，来日方长。如此解释，赵先生不知以为然否？

此书问世，"李渔业绩与成功之路展览"的文本当不胫而走。

是为序。

2012 年 1 月 8 日

于扬州虹桥西侧望湖楼

本《序》作者为扬州大学文学院著名教授、博士生导师、著名李渔研究学者。

# 《芥园子漫笔》序

最早知道赵老，是在我刚刚读博决定作李渔研究时，那是1999年。当时，作为身在资料文献极其匮乏的祖国边陲，又要进行学术研究的学生，《李渔全集》足可令我奉为至宝。我买下它，仔细研读，满怀热望，期待能早日走进李渔的世界。全集最后一卷为"现代学者论文精选·李渔研究论著索引"，其所精选的20篇李渔研究文章可谓最早导引我走向李渔研究的启蒙篇，很自然，那20位李渔研究者亦是最早走进我视野令我钦敬无比的响当当的李渔研究大家，而赵文卿的名字即赫然其间，并且知道他是当时兰溪李渔研究会的会长。

时光荏苒，转眼博士毕业，博士论文也已出版，又继续着我的教学工作。突然有一天，我接到一张明信片，署名即是赵老，原来他看到我那本小书，就多方打听我的联系方式。我接到明信片后一是非常感动，因尊为学界前辈，能如此关注一晚生后学的小小成果；二是非常兴奋，因赵老是我十几年前就仰慕的那20位李渔研究大家中之一啊！能收到他的亲笔来信是件很幸福的事情！同时又给我以极大的鼓励！此后，我们或是短信或是信件，围绕李渔多有交流，然从未谋面，直至2011年兰溪举办纪念李渔诞辰400周年全国首届李渔学术研讨会，我应邀前往，才见到了赵老。

八十岁的赵老令我连连称奇。骨骼清奇、精神矍铄的赵老随着我们一起参会、听会、发言、讨论,并带着我们参观兰溪李渔芥子园、李渔文化公园、李渔家乡夏李村,为赶时间,早早起来带我们几位乘公共汽车去参观他在兰溪图书馆办的李渔展,整个过程,口若悬河,如数家珍,看不到一丝倦意。我在想,他怎么会不累?从他的眼神中我找到了答案,那是专注、锐利又满含着热诚的眼神,是那种我们常赞为"真有精气神儿"的眼神!只有精神世界非常充实丰厚的人才会有那样的眼神。赵老的精气神儿来自于他对"李渔事业"的全心投入,用他自己的话来说是"李渔的书可以治病",他已"深有疗效"!

赵老的身份其实有两重,两重都是围绕李渔。一重是李渔研究专家。他在李渔研究中的最大贡献是用第一手材料,最早厘清了李渔生平中的重要问题,为后来的李渔研究奠定了坚实的基础。他亲历李渔家乡夏李村,寻访到《龙门李氏宗谱》,采访李渔亲属后人,收集关于李渔的材料与传说,对李渔的家世、生卒年月以及学医、应举、归农、出走杭城等情况加以细致的考辨。而这一切始于 60 年代,经历了"四清"、"文化大革命"时的"地下研究",直至 70 年代末 80 年代初,大地复苏,才由"地下"转为"地上",从而厚积薄发,连续发表一系列有力度的成果。这些是带着泥土香的学术成果,是接地气的学术研究,并经受了时代风云的淘洗,非我们现在学院派所能比。他的成果在当时得到夏衍的首肯,在学术界颇具影响。

赵老的另一重身份应是李渔宣传活动家。赵老的李渔研究绝不仅限于书斋式研究,或者说随着他对李渔认识的深入,李渔已进入他的灵魂,他已不满足于自己在欣赏,而要让更多的人认识李渔,认识李渔的价值。因其视野之宏阔,他把李渔研究进而做成"李渔事业"。

1980 年作为文化馆员,他力请县委宣传部批准成立李渔研究会。虽然自十一届三中全会之后,全国学术氛围渐浓,各种学术活动举办频繁,各类文学学会也开始如雨后春笋般涌现出来,但这些学会按惯例应具全国性覆盖面,多由高校或学术研究机构组建而成,如也是在 80 年代成立的成都杜甫研究会,就是由省里组建,挂靠在省博物馆,由川大著名学者缪钺担任会长一职,从成立之初,就接连召开全国性学术会议,汇集全国杜甫研究的专业力量由上到下地办学会。而像李渔研究会这样由县级地方政府组建,成员皆是地方非专业学术人员,就是靠对李渔的热爱,凭李渔故里这一平台建成了,而且建得有声有色,实属罕见!更特别的是经过多年的努力竟完成了由地方向全国甚至国际性学会由下而上的反向推进。2011 年隆重召开的"纪念李渔诞辰 400 周年暨首届李渔学术研讨会"就是一个历史性的标志,会上成立了国际李渔研究中心,与会的专家学者来自全国各高校和科研单位,还有来自日本的学者。大家由衷地感激兰溪,感激为李渔研究会做出不懈努力的兰溪人,令我们这些致力于李渔研究的人们找到了家园!完成了我们本该做却没能做的事!

在李渔事业不断腾进的过程中,担任李渔研究会会长一职二十多年的赵老所花的心血是难以计数的。是他建议成立李渔研究会,也是他建议修建李渔纪念馆——兰溪芥子园,又是他到处化缘为"李研"开年会,还是他走出去请进来尽其所能地与国内外文化人士相联系并获得承认与越来越大的影响,而且更令人惊叹的是退休后的赵老仍然热情不减,为了宣传李渔文化,先是在兰溪芥子园办李渔展,自费制作展板,进而自费进行全国巡展。金华、杭州、上海、北京,一位耄耋老人——敲开诸高校与学术机构的大门,以他对李渔的痴迷、对弘扬李渔文化的诚笃,以他生死置之度外的撼人的精神！所到之处赢得了众学子及李渔爱好者的欢迎！一次正要在国图展出之际，赵老突发心脏病住院抢救，在他清醒间隙曾写下遗言，表达的是对支持他"草根展览"（赵老语）的国图领导及所有朋友的谢意，中有心愿已了，"我则在九泉之下长眠，笑而不醒"句。令人感动的赵老！相比之下，我们这些躲在书斋中的李渔研究者不禁汗颜！

上天可能也有感于赵老的精神，颇有情地还赵老以健康。而康复的赵老，当问及他今后的打算时，他说要"继续搞展览，直到我心脏停止跳动"！不仅如此，他还笔耕不辍，又完成了本书《芥园子漫笔》，将他进行李渔研究和李渔展览的大半生的经历和感受生动地记录了下来。早在我们还未见面时，赵老就曾托我为本书写序，我当时没有答应，因为我深知作为晚生后学是没有资格为前辈写序的，而当我见到他，面对他真诚的眼神，感动于他那以我们共同研究李渔的"同仁"相待，特别是读了他的书稿后被他那用生命写就的李渔研究史而深深的震撼，我不再推辞，因为再讲究那些繁文缛节就是一种大不敬，我想写，而且非常感谢赵老给我这个机会来表达我对赵老精神的一份崇敬，故有上文，是为序。

芥园子为赵老之字号，从兰溪芥子园建园之日赵老就居住在园中。二十多个春秋，是芥园子守候着芥子园主人的家园不离不弃？还是芥子园主人对芥园子在精神上的无尽的牵连？分不清，也不用分清……

胡元翎

壬辰年 2 月 16 日于哈

本《序》作者为黑龙江大学文学院著名教授、博士生导师、著名李渔研究专家。

# 感动·敬佩·反思·展望

## ——写在《芥园子漫笔》即将付梓之际(代序)

摆在我面前的是赵文卿先生的新著书稿《芥园子漫笔》,彩色封面上印刷浑厚醒目的横排书名、浅绿淡墨的水仙花图饰和游龙惊鸿似的竖行书法,优雅清纯,无不映现出赵先生毕生从事我国明末清初文化名家李渔研究的旨趣、情思、追求和品格。

这本新著是赵先生继《李渔研究麟鳞集》、《笠翁秘书》、《李渔研究》之后的又一项关于李渔研究的成果。新著可谓名实相副,图文并茂,文笔流利,有很强的可读性。我不止一次地翻阅,仔细认真地通读,全书那穿透眼帘的回忆性文字,载送着客观详尽的纪实内容和郁郁腾跃的情感脉流,不时撞击着我的心扉,常常令我激动不已。拜读之余,我想用"感动、敬佩、反思、展望"8个字来概括阅读赵先生新著的体会。

所谓感动,一是说赵先生的新著回顾了所走过的长达60余年的李渔研究之路,有时间、有地点、有人物、有事件,语焉确凿,已然一部以李渔研究为主体的自序传;有叙述、有议论、有描写、有抒情,畅赋其义,俨然一篇文质彬彬、事理皆美的连章散文。赵先生已至耄耋之年,仍然从未停止李渔研究与传播的脚步,不争名,不谋利,真正达到了鞠躬尽瘁、无怨无悔的高尚境界。二是说赵先生的李渔研究之路漫长、曲折,历经坎坷而终于迈上康庄坦途。从赵先生的新著里,可以真实地感觉极"左"路线的曾经压抑,眺望思想解放的澎湃潮涌,沐浴改革开放的和煦春风,领略各级领导的聪颖风貌,赏鉴群策群力的长存勋绩。赵先生的新著智性地确证了一个无可争辩的事实:往昔个人秉持李渔研究的星星之火,而今已蔚为国家认同、民族光大的燎原之势!赵先生作为当代李渔研究队伍中的老前辈之一,在殚精竭虑、皓首究竟的同时,从不同侧面为世人绘制了一幅生动多姿、荟萃才干的群英图景。这充分说明:在新的形势、新的环境下,李渔有幸,赵先生有幸,李渔研究同仁有幸!

所谓钦佩,是说赵先生具有"咬定青山不放松"的坚强意志和执着毅力。赵先生数十年如一日,义无反顾地跋涉在李渔研究的征程上,闯过了风风雨雨,踏平了满途荆棘,克服了艰难险阻,突破了形格势禁,借助了亲朋挚友,承蒙了领导支持,赢得了社会赞誉,顺驭了盛世快车,不断开辟着使人耳目一新的宽阔天地。赵先生坚忍不拔,为了李渔研究始终倾注着款款乡情的钟爱,圆睁着高瞻远瞩的慧眼,陶醉于广博学术的寻绎,致力于价值意义的彰显。从夏李村《龙门李氏宗谱》的考证,到兰溪市芥子园的竣工;从外国学者的交往,到李渔研究会的升格;从李渔蜡像的落成,到李渔文化产业的崛起,处处浸润了赵先生的满腔热血、辛勤汗水和美好理想。赵先生的李渔研究从兰溪起步,影响力逐渐从国内辐射国外,没有超乎寻常的意志和老骥伏枥的毅力是难以想象的。此外,赵先生还具有恪守节行的精神品格,乐道遗荣,不媚流俗;容貌言吐,雅有儒风;砚田笔耕,激浊扬清;谦逊和蔼,提携后进;专攻术业,无私奉献。在年近80岁的时候,赵先生依然不辞劳苦,甚至冒着生命危险,解囊制板,四处联络,到京沪杭等地举办《李渔"双24"业绩与成功之路展览》,其意志、毅力和精神品格堪称学人中的典范。哲人道:人活着,总是要有一点精神,要有一种信念的。今天,在市场经济条件下,不少人物欲横流、蝇营狗苟,相比之下,赵先生的意志、毅力和精神品格确实难能可贵,值得人们多多学习!

所谓反思,是说赵先生的新著据实直书,点面结合,纵横交错,繁简得当,详略相宜,不仅为人们提供了一份富有地方特色的宝贵学术史个案资料,而且为人们提供了一个重新检讨李渔研究得失的触机。众所周知,李渔生前逝后,由于种种原因,落入了褒贬不一的境地,甚至歪曲评判的陷坑。殊不知,褒也罢,贬也罢,直也罢,曲也罢,褒贬、直曲兼而有之也罢,李渔及其思想文化成就毕竟经受住了历史和现实的考验。名家说,实践是检验真理的唯一标准。大凡有唯物主义立场的人都能够把李渔放在具体的历史背景之下,辩证而客观地权衡李渔的一生及其功过是非。随着中国特色社会主义文化建设高潮的到来,在亿万人民奔小康、全国上下趋和谐的时代氛围里,李渔及其思想文化成就越来越展示出不可小觑的积极价值。李渔作为具有近代思想意识、贴近生活百科的文化大家,在各个领域所创造的思想文化业绩,无时无刻不在昭示中国优秀传统文化对今人的丰富滋养。社会主义核心价值体系的构建离不开对中国优秀传统文化的继承与弘扬,无论是圣贤志士崇尚的阳春白雪,还是市民百姓喜爱的下里巴人,只要裨益于当代中华民族精神家园的构建,都值得今人自觉探究和创新发展。李渔及其思想文化研究概莫能外。赵先生和兰溪市的各级党政领导、同仁富有战略眼光,集中全市之力,重新调整并升格李渔研究会,于2011年9月隆重召开纪念李渔诞辰400周年暨首届李渔学术研讨会,邀请国内外近百名学者研讨和传播李渔留给后人的精神财富,并在《光明日报》等国家一流新闻媒体及时予以报道,迅速扩大社会影响,不可不谓值得称道的抓住时代机遇的重大举措。此前,赵先生举办的李渔业绩展览在各地巡回,乃是铿锵有力的铺垫,赏心悦目的奏鸣。

所谓展望,是说赵先生孜孜以求的乃至全国性的李渔研究已经进入了一个新的发展繁荣阶段。横亘在世人面前的李渔及其思想文化资源,仿佛一座座连绵的高山,其中蕴藏着富裕多样的矿藏,亟待有识之士花费更大气力全方位地勘探与发掘。具体而言,学理性的研究探讨需要进一步地深入和提高,应用性的开拓转型需要进一步地打造和创新,学理性的研究探讨与应用性的开拓转型需要进一步地主动对接与双向推动。尤其是国家已经明确了文化产业的发展战略目标,文化产业被置于前所未有的国民经济支柱型产业地位,而李渔当年"砚田糊口"的独特抉择和卓越成就,譬如其中的价值理念、精神个性、审美文化、经济原则、管理模式、处世方式、创意思路等,完全可以为今人推进独具地方特色的文化产业提供有益借鉴和正面参考。实际上,李渔研究的与众不同在于其本质上可以定位为审美文化特异系列。为此,李渔研究必须不断更新思维、创新方法、重新布局、意新阐释,像赵先生那样概括出李渔"双24个"世界第一即是;进而探赜索隐,凝聚新知,取精用宏,推而广之,以一个个使人心悦诚服的硕果领跑中国审美文化的研究。

需要说明的是,赵先生与我有一段"缘分"。那是我在华东师范大学攻读博士学位期间,2001年暑假,因为博士论文选择以李渔的通俗文学理论与创作为题,在导师齐森华先生的悉心指点下,通过前往浙江杭州请教著名学者洛地先生,访问兰溪市文联李渔研究会,辗转结识了赵先生。随后,我前往赵先生所在的上海浦东新区的住所拜访。其时,街道居委会了解到赵先生是一位不甘寂寞的文化人,在文娱活动中心专辟单间办公室供赵先生个人之用。赵先生和我在那一间办公室就李渔研究进行了广泛而深入的交流。我不仅得到了赵先生解惑的点拨，而且借阅了赵先生珍藏的文献，所有这些使我的博士论文写作更加得心应手。此后，赵先生与我仍然保持了联系。这一次，赵先生再三嘱咐我为新著写序。我深知赵先生乃前辈，德高望重，吾有何能、何资格给前辈作序。但是，赵先生办事素来一丝不苟，鉴于赵先生对我的信任和期望，以及我对赵先生的敬重和感恩，断然拒绝之实在是不仁不义，内心唯恐受到情与理的责备，故而，我变通之后以读后感的形式撰写是篇；如若不揣冒昧的话，那就退一步权作"代序"吧，万万不敢僭越而径直视之为"序"。

现在，赵先生的《芥园子漫笔》即将付梓出版，确实可喜可贺！值此之际，我衷心祝愿赵先生乘新著问世浩然之德风，幸福安康，颐养天年！

骆　兵

2012 年 2 月 18 日

于江西财经大学人文学院

本《序》作者为江西财经大学著名教授，人文学院副院长，著名李渔研究专家

# 序　文

　　文卿先生年长于我，学富于我，德高于我，他请我为本书写序，本当敬谢不敏，但他为学的精神实在令人感动，我不得不冒学界之大不韪，借机说两句。

　　文卿先生的大名早就如雷贯耳，2004 年，我接受浙江省文化工程之"李渔传"的写作，借资文卿先生的成果颇多，但一直以无缘面谢为憾。2009 年 6 月，文卿先生忽然就站在我面前，这时他已近耄耋之年，但长眉慈目，面容清癯，身材瘦长，年轻时定是个翩翩美少年！他来敝校举办"李渔伟绩展览"，并请求我的帮助。后来从多方得知，他完全是以一己之力，由南北上，先后自费在浙江师大、浙江工业大学、杭州市文化中心、上海戏剧学院、北京大学、中国人民大学、中国国家图书馆等地展览过。文卿先生患有糖尿病、心脏病等多种疾病，由于年事过高，操劳过度，在国家图书馆展览期间，不幸心脏病发作，被朋友送入海淀医院，旋即又转入安贞医院抢救，最后总算从死神手中抢回了一条命。抢救的时候身边没有一个亲人，朋友请他留几句遗言给亲人。老人淡然地说："没有什么话要留给亲人，哪怕我此刻已经不会讲话了，我也此生无憾。因为我已经为宣扬民族文化尽了力。我要留的最后一句话就是，希望有人能把李渔研究继续坚持下去。"他的这种无私奉献的精神令许多人动容，国家图书馆文教部负责人看了他的展板后，觉得一位老人自费做这些事情太不容易了，破例挤出4天时间让他布展，同时免去一切费用。原《文汇报》一位老编辑这样评价道："一位78岁的老翁，四处奔走求告，只是为了让更多的人来重视李渔，这种精神深深地感动了我。一位老人，过着简单的生活，一心研究李渔。其实他图什么？什么都没有，只是怀着一颗赤子之心，做所有的事情。我看了都想流泪。那一块块展板全是他自己一个人做好，尽管展览是如此朴素、如此单一，与当前的潮流是那么不合拍，但他总想着到全国各地去办展览。他说，他不求钱，有生之年，只希望能再多开几次李渔主题的展览，让别人都知道中国出了一个李渔，让大家都知道李渔是怎样的一个文人。其实这只是他的一个梦想，而我不敢让他从梦中醒来，作为一个资深的新闻工作者，我愿意帮助他，为他出点力。"为了办好展览，文卿先生整整准备了三年，再加上他近50年的研究和积累，所以非常成功，所到之处均受到观众的欢迎，反响强烈。我想，观众不但从展览中学到了知识，增强了民族自豪感，而且一定会从老人的奉献精神中获益多多。

《芥园子漫笔》是部不拘形式的学术漫谈，其中有自己从事李渔研究的回顾，有李渔生平的描述，有趣闻轶事，有学术新见，可以说是展览的文字版。从本书中，我们会看到文卿先生如何走上李渔研究之路，自此兀兀穷年，无怨无悔，终于从一个草根学者成长为李渔研究的权威。林语堂曾认定李渔是六个方面的专家，文卿先生则认为李渔一生至少创下戏剧、文学、建筑、园艺、养生、饮馔、服装、美容等二十四个中华、世界第一。他的这些观点，并非故意耸动视听，而是在经过大量资料的搜集、比较基础上得出的。从这个角度来研究李渔，真可谓独具慧眼！

50多年来，文卿先生不但研究李渔，宣传李渔，而且倡建兰溪芥子园、筹建李渔研究会,并曾担任会长三届,对推动李渔研究走向全国、走向世界,可谓居功阙伟!

最后,我祝愿文卿先生健康长寿,继续为李渔研究做出贡献。

晴川 于和山远庐

2013 年 2 月 15 日

本《序》作者为浙江工业大学人文学院著名教授、博士、著名李渔研究专家。

# 一位用整个生命执着追随李渔的人

## ——赵文卿先生《芥园子漫笔》序

### 钟明奇

兰溪前李渔研究会会长赵文卿先生是李渔研究领域颇有成就的前辈，曾与李彩标先生等主编《李渔研究》、《李渔研究鳞鳞集》等书，并在《人民日报》、《浙江日报》等报纸发表有关李渔研究的文章70多篇，嘉惠李渔研究不浅。近年，他写了一部书记述他本人与李渔研究等相关的书稿——《芥园子漫笔》。赵先生数次约我为其新作写序，我对于李渔没有多少研究，且是晚辈，很不敢当。今年春节，我在夏威夷旅游，又收到赵先生祝贺新年并真诚地希望我给其新作写序的短信，这使我十分感动。这里写下拜读《芥园子漫笔》后的一点心得，聊充作序。

读《芥园子漫笔》，最令人感佩的就是赵先生对李渔的崇敬，以及对相关李渔文化宣传活动的痴迷与执着。李渔（1611—1680年）是中国文学史上成就辉煌的通俗文学作家，居今南京时有寓所曰"芥子园"。为纪念芥子园主人，今人在李渔故里兰溪也建有"芥子园"。赵先生曾入住兰溪芥子园二十三载，出于对李渔的景仰，遂将自己号为"芥园子"，因将此书稿定名为《芥园子漫笔》。概括地说，这是一部叙述作者如何在艰难的环境中逐渐走上李渔研究之路、如何为宣传李渔呕心沥血以至几乎可以说生死以之的著作。

赵先生的确与一般的李渔研究者不同，他不仅仅写出了很有分量的李渔研究的学术论文——他的论文《李渔生平事迹的新发现》，为《中国戏剧年鉴》1982 年卷全文转载，且得到夏衍先生的高度肯定。更可贵的是，他以实际的行动，锲而不舍地弘扬李渔的思想与文化。此种情状到其晚年尤甚。

《芥园子漫笔》有讲述作者在"文革"中不得已而烧毁《李笠翁一家言》的懊悔，有记叙发表研究李渔第一篇论文《李渔生平事迹的几个问题》的喜悦，不过，更多的是记述作者为鼓吹李渔而四处奔走的辛劳与欣喜。如为李渔进杭州历史名人蜡像馆而与人一起给省政协写提案，而提案终获通过；为避免兰溪横山大桥的设计有部分遮蔽已建成的芥子园而上浙江省交通厅找有关领导，而问题终得以比较圆满地解决，如此等等，娓娓道来，读之令人无比感动。

不过，最典型的宣扬李渔的事例即是赵先生从 2007 年 9 月以来，以近 80 岁高龄，在北京大学、中国人民大学、上海戏剧学院、国家图书馆等地多次成功举办李渔业绩与成功之路展览。据赵先生的悉心研究，李渔是全世界文艺多面手、多第一者之最。为此，他不遗余力地四处宣讲。2008 年北京举办奥运会期间，赵先生以他的真诚与执着，终于申请到在国家图书馆举办展览。但终因他年岁较高，兼之曾患过心脏病，在举办展览的过程中，旧病复发，差点丢掉了性命。然而，就是在动颇有风险的心脏手术前，医生问赵先生有什么话转告家属与单位，赵先生只说了这么一句："希望有更多人关注李展，传展下去。"令人极为感动的还有赵先生"自费办李渔文化展览，直到我心脏停止跳动"的誓言。李渔是中国文学史上通俗文学大家，当今学界倾心研究李渔的大有人在，但像赵先生这样不但精心研究李渔，而且不顾年事已高，四处奔走，用自己的整个生命去宣传李渔，恐怕找不到第二人。

余怀曾指出李渔的《闲情偶寄》"汶者读之旷,僮者读之通,悲者读之愉,拙者读之巧,愁者读之忾且舞,病者读之霍然兴"。(《闲情偶寄·序》)这实是揭出了《闲情偶寄》所蕴藏的巨大的精神力量。余怀的话或许有些言过其实的地方,然而读赵先生的《芥园子漫笔》,却让人真切地感受一种坚忍不拔地弘扬中国古代优秀文化的巨大的精神力量。李渔诚然是中国古代通俗文学的一位杰出代表,我想,我们若能以赵先生宣传李渔文化遗产的赤诚去研究中国古代文学与文化,深信一定能做出无愧于我们这个伟大时代的成就。

2013 年 2 月 27 日

本《序》作者为杭州师范大学著名教授、博士、著名李渔研究专家。2013 年 3 月 15 日《文汇读书周报》发表此文。

# 目 录

## 上 篇

## 下 篇

## 附　录

## 跋

## 后　记

上篇

# 起笔杭州板桥路

　　1960 年虽然春节才过在兰城街上已经看不出明显的节日情景：县机关里已经上班了。我已经去乡下工作组——渡淡现在被召去省教育厅编地方教材。

　　省级机关工作很正规，白天上班 8 小时，晚上一般就不办公了。在县里，从星期一到星期天，每天晚上工作两小时，加班加点是常事。如下乡工作组，晚上多半要开会，不开会的晚上，队里记工分，你也要去深入了解，这与省里比是差别多多了。

　　看戏我一向喜欢，但可惜买票没钱。看电影，到西湖电影院路虽不远，但票价也嫌高。教育厅所在的板桥路 15 号附近平海街有个露天电影场，票价便宜，不过要五六天换个片，天气不好要停映。大量的晚上时间怎么用好？厅里有个图书馆，晚上是敞开的。对编辑人员有照顾，一次可借 5 本，特殊情况还可再多借。我就住厅里的平屋宿舍里，电灯很正常。

　　我好奇地发现：每本中国文学史、中国戏剧史或其他这方面的著述，都载有关于李渔（李笠翁）的长篇论述，或短篇述评，少的也总有几节、几段文字提到他，但几乎相同的问题是：李渔的生年、卒年不明确，打问号，对李渔前半生、家庭景况是空白，也有的据一二句引言作推论。只有戴不凡先生提出过可能是商家出身，也没说是什么商，别人也没引用他的说法。于是我产生了一个想法:李渔是兰溪人,我家还有他的书。既然是同乡,总有方便之处,可从出生村庄去了解,家谱查阅,《县志》考查,把这些问题搞清楚了,对大家是有益的。这样,我就该馆所能见到的有关李渔的书一一借来,抄录在一本好几年了都不舍得用的文教局评先进发给的奖品簿上。我的李渔研究就从这里起笔。

那时,反"右派"记忆犹新,余悸尚存,怕被说爱好封建余毒,我只能暗暗地隐藏着学习。同时,24斤粮票是吃不饱的,晚上早睡觉,少消化,少生饥饿浮肿病。不过教育厅伙食办得别出心裁:卖点心,不收粮票,豆荚、南瓜、荸荠……每人一份,天天如此。我觉得这是意外收获,正好补充晚上之需。其实,还有年少时的影响。我父亲记忆力强,能背许多首李渔诗词,开心时就行吟。高中语文教师徐世凯不用课本,全用油印讲义。上课时脸色红润,满面风采,穿着长袍,内衬衣袖卷翻到袍袖之外,总有一两寸宽的一段白边。解释、朗诵均有韵味,生动深刻。当时明知爱好这些,不合正路,也就不自觉地"偷偷"地做了。星期天,一个人寻觅到九曜山之阳(方家峪、外莲花峰)去找李笠翁墓,一连好几次,整座九曜山之阳逐步踏勘排查,均无"湖上笠翁李渔之墓"之踪影,只得闷在腹中作罢,但不懊悔,认为心意到了。

第二年(1961年)不像第一年长期在省厅,而是集中几个时段在杭州。我利用在兰溪的时间,粗略看了些李渔著作。到杭州就利用星期天去找李渔寓所"武林小筑"、吴山"层园"、岳王庙、湖心亭中之李渔题写的楹联。同时,关心各种对李渔的评论文章。

第三年,原来每地区去一人组成的编辑部,精简到全省只留一人,而且省厅派戴文邦先生到兰溪、住兰溪,与我一起做全面修改这一地方教材的工作,同吃同住,说这是"备战"的需要。晚上,他看《岳飞传》,对我搞"李研",非但不反对,似乎还有支持之意,不过他说话很谨慎，留有余地，我就搞我的晚上"小私有"了。

1963年前三个季度我被派到县越剧团创作剧本，参加会演。改编《果林会》获省创作优秀奖，上海唱片公司灌制唱片。虽然戏祖宗在心中，但搞的是现代戏，李渔好似馊了的饭菜放不到桌面上来。

冬天起，我被调到金华地区搞"四清"试点的临江区横路塘工作组。领导对文化俱乐部颇为重视，但要抓住"阶级斗争这个纲"。这好像是电网，李渔这种"鱼"稍一露头就要"触电"。

1964年春回到兰溪参加"四清"工作组。忙于开会，了解情况，掌握阶级斗争动态。一个"四类分子"家出嫁到"四类分子"家的女儿，回娘家来过，提的是什么袋？装的是什么？有没有住夜？讲些什么？要叫贫下中农"根子"通过转手去从牙缝里挤出话来，详详细细记录在本。感到记录李渔资料的那个本子，与此格格不入，特意去丢掉好像没这个必要，就甩在角落里由它吧！

1965年夏天，我作为带队的辅导员到金华教师进修学院学习，与一位汪璜老师熟悉了。他说："研究李渔是为了批判地继承，这个大方向掌握牢，研究不会错到那里去！"他还在全体学员大会上表扬我这件事。于是我把这个"李研"本子拿出来，掸了掸灰尘，拿报纸整齐包好，还是放在一边。

1966年燃起了"文化大革命"。任何一个戴了红袖套的红卫兵，可把你家挂在堂前的古画拿到门口烧，如果是"四类分子"家，还得赔笑脸；即使是贫下中农家，也不敢去夺回来，因为这是"革命"，是"造反有理"！

火越烧越烈，越来越怕！李渔著作、李渔资料本是"四旧"，不能让人家看到，于是把这些东西包好，藏到楼上瓦檐的缝里，一直往里塞，外面不露半点痕迹。但总不放心，睡不着。夜半睡去了，又惊醒过来,觉得自己这寝室是在县政府小会议室楼上,心脏地区,兵家必争之地。辗转反侧,直到四更(那时兰城还有谯楼敲鼓打更,由一老者行走主要街道,每走小段路敲一次,敲小锣三下,相当于子夜十二点钟,四更相当于后半夜两点钟),想到撬浮楼板塞下去,又怕楼下天花板裂缝露出马脚,罪加一等。想起报载:郭沫若先生说恨不得把自己过去写的文稿一火烧尽。郭老如此讲,我的东西哪值得半根牛毛?!心一横,起床拿下笔录本和父亲传下的祖父读过的《李笠翁一家言》,到楼下一梧桐树底,划了火柴,把簿子边辦边放到火焰上……

快烧完了,心跳还在加速,脸烤得火辣辣的,一股血气涌上:为了保存祖上遗物,即使做点牺牲什么的,总不至于生命危险,我太胆小了!调过来横下一条心,住手不烧了,剩下四本。《一家言》的后半部是《闲情偶寄》,后几本属自然科学,倘遇被查问我,则可说:这是讲种树造房子的,戴不上什么政治"帽"吧!

李渔研究从起笔于板桥路到烧书于梧桐树下,告别了从想做好事转化到令人提心吊胆的禁忌事,起笔时是万万没想到的!

# 续笔机转石髓香

　　"文革"在基层主要是斗"当权派"、"走资派"、"牛鬼蛇神"、"黑五类",两大派之间的武斗、争权。步入 70 年代,抓革命促生产,就成为主旋律了。1971 年,县成立征文办公室。正月初三,县革委会副主任亲自召开小型座谈会,要我们把写大字报、大批判之笔,转到编剧本、写曲艺上来。1972 年省人民出版社要组织人员编写可供业余教育的读本,指名要我去省出版社去重操十年前在教育厅之旧业。

　　1973 年正月,我又被抽到一农村工作组去,改造后进队——孟湖公社下孟塘大队。此地有一个我曾具浓厚兴趣且向往的地缘—李渔故里夏李村,相隔只 3 华里。李渔当年串来走去的田阡地陌就在隔壁村呀!不,不能去!工作组人多口杂,七八个人有二三个说我思想不集中,自讨听闲话。同时,也实在提不起这个心思,当年的热情转化为忌讳。经过这几年岁月流逝,淡化了不少,一年过来,无所行动。

　　1974 年春节刚上班,我被调到县文化馆工作。当时主管文化教育的主任是王德甡同志。他"文革"前是游埠区委书记,在工农干部中,他算位有文化的领导者,办事能力强,又善于掌握火候,被"解放"出来较早,官复原职,任游埠区革命领导小组组长。在此前红卫兵当家时,认为原文教局一班人马都是"刘修黑线"人员,大部分被送到"五七"干校去，是内部的劳动惩罚，也有的被派去农业中学。派我到水亭农业中学去当负责人。我被称是封、资、修黑货的"孝子贤孙"，有自知之明，推托不敢去领导红卫兵，不接受此负责人之职。这时王组长听游埠区文化站干部诸葛佩的介绍，说我能力强，积极肯干，善于创造性工作等一番话，就把我借用到区革领组工作，住在他隔壁房间，派往滕家圩村蹲点一年多。他善于用人，放手工作，支持诸葛佩组织业余宣传队，我创作小戏，排练演出，使滕家圩"点"搞得很富有特色，得到上级的肯定与表扬。如今他调到县革委会来分管这方面工作，认为我在农村工作组不适合我发挥特长，固定从文，会创意点东西出来。

这次的调动工作，实际上是调了职业。文教既是亲密的一家，但文和教各有不同重点的工作。从李渔研究这根中轴线来说，与文化更为密切。那时虽然离"解放"李渔还远，但这些年来，脑海中被塞进了许多"本本"、"条条"，除了在会上应用，在内心反而感到有点空虚，精神无支柱，业余无爱好，又想寻找精神寄托了。

又是机遇：工作组在下孟塘村一年，与夏李村鸡犬相闻，虽然未有往来，但挂念是有过几次。加上这村上有几位小青年，如李彩标、李永良，勤奋搞小戏创作，很有培养前途。如今搞文化工作了，到该村去与之交谈就是工作，晚上要看点什么的，有搞点"小私有"的自由。又加上在下孟塘村工作时结识的徐如福，现在公社当农技员，派驻在夏李村，欢迎我到夏李村去，他的床铺让我睡。哎！当年焚本烧书，不是恨它、厌它，而是为保自己，也为了长远地爱护它而牺牲它。现在懊悔了，心灵上感到"大地微微暖气吹"，丢掉的，失掉的，去追回来吧！原物一"烧"不复返，但其精神、灵魂还是可以追回的！

夏李村原有插队落户知识青年好几十人，这一二年有的回城,有的来来去去,常住的已无几。一只二尺六的大锅,只蒸三四盆饭,还包括我的一盆。菜,我是城里带去的豆腐乳和酪个蒲。吃过晚饭,我走到小木桥旁,这是李渔当年纳凉之处。笠翁公,今天我来欣赏您的遗风了!

《龙门李氏宗谱》是请干部白天就借好的,还借了盏风罩洋油灯,多数农家还点青油(柏籽油)灯呢!煤气灯是开会才点的,电灯只几个镇上才有。

洋油灯下五天六夜。因为是"半地下"工作,只几位干部知道,颇让人怀疑议论。代销店人员说:"这干部每天傍晚来买一风罩灯油,好像是当酒吃的!"一妇女说:"他每天吃过晚饭都要来伊山头(夏李村的一个小自然村名,李渔"伊山别业"伊园所在地,遗址古貌犹存)转来转去,不知道看些什么?"

回镇去区文化站,与老佩(诸葛佩)可以无禁忌交谈,说了收获颇丰的大致概况,又谈了些文化馆工作业务的事。

向馆长汇报工作,直说了此事。"文革"中没有被挂牌、游街的当权派可能没几个,他是明显的一个稳如泰山者。他为人对待同志确实好,充分相信别人,放手部下工作。听了汇报他就问我还有什么困难?我说:"《李氏宗谱》提供的资料虽然十分丰富,要有李渔自己留下的著作对照起来读,才能把这些零碎、片段的串到、嵌到适当的文稿上去。我原有一部《李笠翁一家言》,被我烧掉大半!""唉,真可惜!当时你把书拿到我们文化馆来就没事了!当年红卫兵抄家,有些有良心的红卫兵,不是把书投扔火堆,而是运到文化馆去处理,隔壁姓唐祠堂里堆满了,你自己去找。""那是红卫兵'革命'来的,如果是我拿来,你恐怕手发抖不敢接收呢?我也不敢从县府宿舍拿到你这里来,要经过红卫兵造反派总部兰溪饭店门口,被他们看到,转移藏匿,还会被'挂书'、'戴帽'游街示众!从你门口过，你会转身避进去，会怪我'识时务者为俊杰'，现在是什么形势呀！"我俩都为自己未被侮辱的幸运而会心地笑了。

住在唐姓祠堂里(划给文化馆所有)的是曾昭才同志，马涧文化站干部。当年高举"三面红旗""大跃进"时，我在"反右派"中幸而未被扣上"帽子"，而是带工资、粮票下放锻炼。他知道我会写几句，向领导说了几句，就到他馆帮助工作了。创作了《枯木逢春》、《阳春光》等小戏，县会演、地区会演都获奖，于是友谊更深。如今听说我要找部书看看，满口答应，指着大书堆小书堆，让我自己找。

细细地找了一天，断篇残本都不见。第二天，第三天终于发现了，是线装一匣，16足本，上海会文堂石印本。老曾也为我高兴。我满心喜悦却又内心隐痛地捧了回来。

那时的我，单位工作忙，家里也很忙。一家人一张床，要两个小孩入睡之后才能静下来看书，还要遮光不影响他们。遇到要摘抄之处，被子上当桌。家属在棉纺织厂上班。好容易分到张自行车票，买来辆"永久牌"，也要六点起床给小孩穿衣、吃饭，然后送大班，入幼托，算算那时每天只睡四五个小时，要达到八小时，那就不要想看书了。

就是这般天天坚持读一点，读完一本接续一本……

春雷爆响，心花怒放！

给他人套上紧箍咒的王、张、江、姚被套上了紧箍咒！

大地复苏，正本清源。我的李渔研究从"地下"转到了"地上"，从家里转到了桌面。只因本职工作忙，不能作正业，只能业余。

李渔的生年、卒岁，李渔的少年儿童时代是怎样度过的？是怎么样的家庭？主要是干什么的？他为何离乡背井、出走吴越间、卖赋糊口等等问题，将《宗谱》的记述与《一家言》的载述，一条条梳理出来,相互印证,上述问题一一得到解决,文章一段一段地写成。

从"地下"工作开始挖出的成果开始被人赏识。当年新四军健笔,转业地方,曾主编《兰溪报》的殷群,文才广阔,笔力练达,与新来县广播站的文思聪颖、文笔敏捷的方一新主办了《兰溪风貌》,1979年冬刊出了我的《大戏剧家李渔》。《金华文艺》于1980年登载了我的《李渔生平的几个问题》。《大众美术报》刊出我的《〈芥子园画谱〉与李渔翁婿》……这些文章均被人家引用、摘抄。

# 三部曲助长信心

《浙江师范学院学报》刊载了《李渔生平事迹的几个问题》，作为我在前期长久地积聚资料而写出的第一篇文章，是一部曲；到省文化厅主办的《戏文》编辑吴双连提出将该文从论述性改为增加叙述，增强可读性而在该杂志刊出《李渔生平事迹的新发现》，为第二部曲；再到《中国戏剧年鉴》1982年卷全文转载此文为第三部曲。

这三部曲使我信心倍增，视野开阔，讲求策略。过去两度十年的"李研"，其实是偶尔兴趣，试试看，填补业余空白的事。如今，不看到《年鉴》其书，我还不相信会被全文转载。这上面全文转载的是中央部门领导的关于文艺的重要讲话，甚至有的讲话也只摘录了有关戏剧的部分，而我的6500字，竟是不删不缩。更受莫大鼓舞的是：吴编辑在给我一封谈工作的信上说起夏衍同志看了此文，认为"很有价值"。像我这种人的文章，要想得到"文坛泰斗"的好评，犹如九天揽月！于是我由此想开去：这不是由于我的文章写得特别好，而是李渔这位大家值得研究。由此，我要跳出两度十年的李渔前半生事迹研究的局限，要以扩大的视野、策略性的计划来开展李渔研究工作。

其实，那时工作职责已开始向我加码了，不能安稳地夜夜"挑灯"了。1980年省文化厅举办为期一个多月的文化馆长讲习班。文化馆有副馆长在职,身强力壮,却要派我去讲习班学习。我向文化局、宣传部领导再三申述:我不宜去,应派在职副馆长去。否则我一介平民,又不是党员,去学了回来开展工作也会不方便,到时候工作受损是追不回来的,还不如现在易人为上策。

可是局长、部长坚持要我去,并且鼓励我"大胆去!有组织上支持您!"组织上为何对我如此信任?原因是王德甡、陈永源两位同志之故。这位陈同志 50 年代就在文化科,业务上是能手,十四五岁所作之画被风景名胜区白露山寺住持请去悬挂,游人称奇。后因婺剧团无编剧,遍选无当者,刚好文化科与教育局合并,他就作为能者去独当一面,发展才能的。现在文与教又分了,他被请回来了,对兰溪文化界干部了如指掌。一定是他在部长、局长面前、讲了我许多好话,所以组织上心中有底、有数。

在赴杭途中,我想:如果学回来一定要任我当馆长,我就在馆里搞个里外结合的"李渔研究小组",就能变孤掌独鸣为众掌合唱!嘿嘿!没有笑出声,已见六和塔了!

# 三百载第一官声

一个月的文化馆长讲习班回来后，馆长陈亦平就催我移交。我说"文件未下"。他说："就先'过渡'吧！""未见文件，渡也不能先过。"我说。

宣传部派我去义乌参加文联成立会。陈亦平敏感到我要调去搞文联工作了，想留我接他的任，不要去开什么成立会。宣传部向陈亦平解释：文联成立，与文化馆可以一起抓，没矛盾。调令到，您就可以走，不会把您拖住。

就这样，我去义乌参加会议。

丁玲也来了，成了会上的唯一明星。她在会上讲话，主要是讲冯雪峰的事迹。她对李渔也有好感，鼓励成立李渔研究会。

在回程路上，我反复分析：李渔研究会设在文化馆好还是在文联好？因文联内将有文学、戏剧、音乐等协会，与李渔都有关系，帮手多，开展工作有利，于是就物色人员建议在成立文联之际，成立李渔研究会。

清明节前，大云山上一片青葱。我从天福山上文化馆宿舍雀跃而下，直奔县委宣传部（当时兰溪未撤县设市，县委、县府均在金钟岭之麓，原县衙门之处所），要在县文联筹备会上商议事项，听取我参加义乌县文联成立之情况汇报。

县文联筹备组五人，组长吴忠骅（宣传部长兼），副组长徐连生(宣传部副部长兼)、王德甡(文化局长兼),秘书长陈永源(文化局干部),副秘书长是我,文化馆干部。

我汇报的最后一节是义乌的特色之一:一起成立了冯雪峰研究会,外地来电来信纷纷祝贺。会议的大半光彩,都来自冯雪峰。我建议我们乘此良机,成立个李渔研究会。

那时特别是文艺界,受"文革"之影响,还心有余悸,一些领导怕下结论。因为李渔与冯雪峰在"革命性"上是不可相提并论的。好在一年前,我在浙江师范学院(即今浙江师范大学)校刊上登载了写李渔生平的6000多字文章,曾送一本请吴部长指导,他心里有了底。其他同志,一致赞成,就顺利通过新增加成立一个:李渔研究会。在半个月后——1982年5月23日召开的兰溪县第一次文学艺术工作者代表大会上,县委副书记王子良主持并具体参加了李渔研究会的选举工作。那时研究会会员很少,"五六条枪",一名大学中文系新毕业生,二位中学教师,一个李渔故里村党支部书记,还到美术协会拉来了一位安排理事的姜于风先生来当会员(后来他果然大有成就,写出了《艺苑情长李笠翁》电视连续剧本子,省电视部门拍摄上映),但都没写过关于李渔的文章。当时我不在场,王副书记与会员们选举我当会长。遥想三百年前,李渔六十岁时从南京出发回故乡探亲。父母官们陪他又观瀫又采兰,还请他题书对联相赠。更有知县赵滚(衮)题书"才名震世"匾额送上夏李村李氏宗祠悬挂。但自那次后三百年来,未见官方有何记载纪念李渔的文字。在民间,却有一个半曹姓者为之作纪念。一位是曹百川(曾在厦门大学、英士大学任职),在金华中学任教时于该校校刊《学蠡》上发表了长文《昆曲家李笠翁》;另一位是曹聚仁,在其辑印的《李笠翁曲话》扉页上作有《识语》一则。因他出生地于1959年才划入兰溪县,写该《识语》时,还是浦江人,因而只能称

"半个"。而今天的民间,则是以一个研究会的群体如雨后春笋般地涌动而出,县委郑重地宣布县文联、县李渔研究会成立!这是三百载官方第一声!1990年,金华市成立社会科学工作者联合会,提李渔研究会为金华市级研究会(各县、市、区众多的学会、协会、研究会中提为金华市级会的只本会一个),金华、兰溪官方三百年来这一声多么响亮!

# 增辉杭州先贤堂

在"李研会"三春花红的日子里,见报端有载:杭州将建历史名人蜡像馆。凡杭州籍或外籍而久居杭州事迹显著者均为入选之列。在一次出差杭州之机,了解到此事为杭州市园林文物局主办,交杭州工艺美术研究所操作造像。一本110名生平事迹的提要册子中,顺翻反翻都不见李渔。想直接找有关领导去说说,李渔业绩的材料未带在身,只得一路心事重重地回来。

车到山前总有路。有一次匆匆走过中医院忽被老医师汪惟章叫住。他是省政协委员,每年写提案,肚里货掏空了。今年会期已近,要我帮忙出主意。我连忙将酝酿在胸的李渔先后居杭二十年,在国内外享有较高学术地位,应争取在杭州历史名人蜡像馆中占有一席之地的设想和盘托出。汪老二话没说,两人一拍即合,即时动手写了一份长长的提案,后附一大叠国内外专家学者对李渔高度评价的资料集锦,一式二份,由汪老签名(汪老要我也签名。我当时是县政协委员,文化工作组组长),一份由他带省开会呈递,一份由我送杭州市园林文物局,并向局领导口头汇报,细细陈述。

既栽花总有果,而且结出硕大美好之果。1985年8月4日我收到杭州市人民政府函:《李渔应列入杭州历史名人蜡像馆》的省政协提案已办理落实。该馆即将正式对外开放。同月30日《人民日报》头版报道:《历史名人蜡像馆在杭州建成开馆》,李渔名列第四。我健步匆匆地捧着这份报纸去向汪老报喜道谢!

不几天,利用出差杭州之机,上吴山瞻仰笠翁公。杭州历史名人蜡像馆又名"先贤堂"。在吴山之腰,石库门面,砖木结构,是旧房屋利用,青石门额上有"先贤堂"三个大字。门口是原垒的粗石墈,墈边一棵大银杏,是棵上了年纪的大树。墈两边均有斜坡可上下行人。屋有天井,不开电灯也透光亮。上下两进,满屋环列地站着、坐着千姿百态的蜡像。上进正中,是于谦、苏东坡、白居易三位,后排正中就是李渔蜡像了。初选名落孙山而再选终于上居到第四位这要感谢陈文锦局长等领导的慧眼识精英!

笠翁公坐在一块假山石上,后为几枝篁竹映衬,二郎腿,手捧书,怡然自得,只是脸面消瘦,与《闲情偶寄》上木刻像及其他几种画像的较胖相比,显得颇为另似一人,与近年的芥子园铜像较为相似,盖因笠翁公晚年移居层园后,穷困潦倒,却带病卧床奋力笔耕不懈,留下《芥子园画传·序》的情景写照吧!

以后每逢大小会议,我有发言或演讲或遇有亲友上杭州,我都要夹进几句去吴山先贤堂瞻仰笠翁公的插曲,这是我们兰溪人的骄傲啊!

# 省委书记访"李研"

1984 年 12 月 24 日,我正吃晚饭,市委办副主任曹小富气喘
吁吁地登上我家(文化馆宿舍,在大天福山顶,为当时兰城最高,
不过也只有五层)说:省里有首长来,叫你去二招(第二招待所,即
今双牛大酒店)。我随即与他到了二招大门口,见公安局长吴裕民
腰插手枪也在站岗,我感到有分量了。上了二楼,王子良书记、洪
家骏副书记问我:认得赵兴宽同志吗?我说,认得,是好朋友!见到
赵兴宽,他一脸诚恳憨厚的笑容,双手传情地拉我去见省委王书
记(王芳,时为省委书记,后调任公安部长、国务委员)。省委王书
记住在最里头的一间,从里房走出来,显得很平易近人。"听说你
很有才华,你今天想对我讲些什么?随便谈谈好了。"他边说边指
靠近他的木头沙发邀我坐下。赵兴宽招呼他们二位县委书记到隔
壁坐坐。省委王书记把茶几盘中的苹果、梨子放到我面前,我就谈
李渔了。先谈李渔的成就,再谈清代的正统文人对李渔的偏见,民
国后一些依傍前人的学者也就人云亦云,对李渔政治上、生活上
多加指责,搞得文坛上成就突出也抬不起头了,并举例说杭州选
历史名人进先贤堂,选了 110 人还排不上李渔,后来我们通过省
政协把有关李渔资料厚厚一大本呈送有关部门,又向杭州市园文
局副局长陈文锦汇报,后来排在于谦、苏东坡、白居易之后。陈副
局长这人水平高,对李渔相当敬重……王书记听得认真,不时提

问,谈得无拘无束。正在这时,赵兴宽走了进来,说与几位副书记、常委通了电话……我一听,不宜旁听,就走出门口,王书记也走到门口来话别,说有重要事商议,以后再谈。我向他提三点要求:一、省里有什么与李渔有关系的活动,请予关心;二、敬请光临李渔研究陈列室作指导;三、敬请给纪念李渔题词。王书记一一点头。两个多小时向省委书记的促膝汇报至此话别。高级干部架子并不高,细听群众汇报,侧耳倾心,一丝不苟之风范永铭我心。

由于要事急回杭,李渔研究陈列室未能迎到王芳书记,而秘书赵兴宽则光临作了详细指导。这位赵兴宽是浙江省军区机关干部,《浙江日报·副刊》重要撰稿人。有一次,该报举办的作品加工会在天台国清寺举行,我与赵兴宽同住一房,同起居,同熬夜,同散步,同商讨,辛勤七昼夜,每人交稿二篇。构思同捻须,创意共枕谈。同窗一星期,已如挚友然。恰逢省委办公厅选拔干部,他被选中为王芳书记秘书。这次随书记视察到兰溪,不忘同窗一周之谊,谢王书记关心基层文化工作者,乃获此荣幸。

之后不久,王芳书记的题词"古为今用出新声"交赵兴宽转给李研会。不久,就调任中央了。

# 扶桑敬慕夏李翁

省委王书记离开李渔故乡不到十天，1985年新年第三天，日本国学者冈晴夫，带着扶桑一群学者对夏李村笠翁公怀着敬慕而前来瞻仰。他是兰溪有史以来第一位国外友人对李渔的来访者。

虽然谈不上兴师动众，却得到有关部门领导的重视与具体关怀：省电视台副台长、李渔研究会顾问钱松樵先生亲自带摄制组租用专车专程赶来兰溪；金华市文联主席芦笑鸿、秘书长王新亭也来坐镇帮助，兰溪县长孙忠焕、副书记王桂金夜间到县文联，听取主席吴敏、副主席兼李渔研究会会长赵文卿的汇报与检查工作，并拨出5000元专款（约相当于今80000元）作专项费用。

冈晴夫是东京义塾大学教授，由上海复旦大学李平副教授（著名学者、李渔研究会顾问。是祖父任处州知府时童年寓居兰溪三年之久的赵景深教授之学生）陪同前来。当晚，招待观看兰溪婺剧团演出富有金华特色的地方戏。

4号上午去李渔故里实地参观访问，重点是石坪坝（后为省级重点文物保护单位，时名"李渔坝"）。此坝为李渔在明清战乱时从金华府庠辍学回乡为"识字农"、担当祠堂总理时所建造，整个坝基原建至今，坚固不坏。如今还能拦住上游之水经沿山之渠坑，引入夏李田畈，自流灌溉。当年共建此类水坝四座半，这座坝是整个水利中规模较大、保存完好的一座。另半座是当年笠翁因离村出走而未竟之业。

下午为"李研"学术交流会,10名会员全部参加,发言踊跃,有的则谈了撰作设想。冈晴夫介绍了日本李渔研究学者较多,有他的老师伊藤漱平等上十人。他研究的重点之一是李渔的戏剧与日本的歌舞伎。希望今后多多交流。

晚上设宴,县领导与县文联各协会理事、代表都来了。整个机关食堂楼上(现市农业局宿舍楼上),济济一堂,气氛十分热烈。

宴会结束,参观李渔生平展览。展览场地就在县文联办公地址(租用第一招待所中进),30来幅板面,赵文卿撰作文稿,著名画家吴湘绘图,书法家蒋荣森文字书写,展厅设计、布置。展出的名家赠送"李研会"的书画有:俞振飞、赵景深、李百忍、柳村、葛介屏、黄宁、赖少其,还有浙江文艺出版社赠送的《李笠翁小说十五种》等等。

这次冈教授来访,虽然时间不长,活动也并不很多,但留下的影响却是大的,如:浙江电视台专程前来拍摄的专题片《最难风雨故人来》的一再重播;金华地委宣传部长陈培德、副部长柳德荣率十三县(市)委宣传部长来李渔研究陈列室参观听取我汇报、介绍;省《戏剧影视报》等上十家报刊先后报道日本教授访问李渔、日本东京大学著名教授寄来《支那文学大纲》、《连城璧》等七本版本珍贵的精装书赠送给"李研会",提供了极为珍贵的资料,并附来热情洋溢的信件。冈晴夫更身居异域,情意相连,多次邮来他的"李研"著作。

更难能可贵的是,事隔十二年后的1997年8月13日,冈晴夫教授再次来到兰溪。这次他是在北京参加一个学术会议,专程直奔李渔故乡。"最难风雨故人来",老朋友一个个都来相聚:当年的分管文教卫的副县长张燕翔,现是市政协主席;市文联主席吴敏离休了，身体尚强健；我，会长的"帽子"还戴着，但退休已五年，已有助手——当年的新会员、夏李后裔、后起之秀，现在的副会长兼秘书长李彩标……

这晚餐特意设在一家小店里，比较清静，让大家畅谈兰溪、北京；李渔、关汉卿；婺剧、昆曲；歌舞伎、话剧；国内国外艺术、思想；再十年前后，未来戏剧……

14日早上就出发去夏李村，看了多处李渔遗迹，边走边谈：祠堂前的照壁虽然损坏，但是原物原样；祠堂基边"山环水拱"八字门房子边的一段宽阔的鹅卵石路，俗称"午朝门外"，是排戏的场所；村里村外坑渠完整的段落数处；在小自然村杨店的木桥、大士宫屋宇、宫边青莲井；在伊山头村，伊山别业遗址的方塘、且停亭（现且停亭是易地重建的）；在下畈，石坪坝（李渔坝）。李渔在故里的履痕足迹，几乎都踏遍了。下午看芥子园，是为纪念芥子园主人而名芥子园。冈教授看了颇有感触，认为是照李渔的园林设计思路营建的，燕又堂，这个名字用得好。看到堂内陈列柜中伊藤漱平赠的书和他的单篇本子与两本专集，高兴地大笑了。傍晚，我们走了城区几条街道，看文联当年租用房与举行学术交流会和设宴的机关食堂原址，他感叹地说：只十几年，变化真大啊！

# 一锤定音千秋业

1986年2月4日,市委、市府举行春节茶话会。市五套班子领导全部到齐,与会者笑脸相照,气氛欢悦。会议主持人、市人大常委会主任(当年兰溪为国务院批准的金华市所辖县、区中第一个撤县设市)张贻道中气十足地一番开场白说过,建议发言人不超过五分钟。一般会议常态,在此刻都有个相互环顾的"于无声处"。我当时乘着张主任话音刚落,视线向我传送微波,立即勇气井喷作发言:兰溪历史文化名人李渔坐上杭州历史名人先贤堂,《人民日报》头版排李渔为第四位。我举起手中的报纸:这是党中央机关报,年底送给我们兰溪人民的最好的最丰厚的新年新春礼物!在一片掌声中,所有的眼球都投向我。我继续说:兰溪人更应该为李渔建纪念馆。纪念馆这名称太一般化,称"芥子园"!《芥子园画谱(传)》学中国画的人都知道,吸引他们都关注兰溪!我看坐在前排的各位领导听到造园要花钱,却还是笑眯眯地乐意听下去,就壮起胆子继续讲。大约总有三个五分钟了,我不敢看大家了,只暗暗地斜面看了几位主要领导的表情。他们好像在微微点头,手指在桌上轻点表示胸中有数的样子,微笑自在泰然。我乘势一鼓作气说下去,到最后一句,即紧步上前把这张报纸呈送主席台上。掌声、欢声,使张主任一时插不上嘴,会意地向我笑了。

会议开到一半多点,中间休息15分钟。市委书记王子良、市长郭学焕、副市长张燕翔与众领导们不休息，当场办公，坐下来分析刚才大家的发言建议，讨论哪几件现在就可以着手办……

在休息后回会议室时，在楼梯上我遇到王书记。他说："一致同意你们这项目，连这两年给你们造办公、宿舍的钱一起，先给你们16万，要把头开好！"我连忙答应："一定能够开好头！"

会议继续开始，王书记讲话："刚才听了大家提出了许多好意见，……赵文卿同志建议的纪念李渔，省和杭州市都很重视，人民日报报道了，外国教授也来关心了，刚才我们几个人利用中间休息时间商议决定立即动工，兴建……"热烈的掌声打断了王书记的讲话，从各个角度的炯炯目光投向我。我愉悦的心花之瓣承受着喜庆氛围的沐浴，在主席台上的领导的频频微微点头的示意中，更显露了鞭策、期望的深情厚谊……

会议结束，郭学焕市长通知有关部门负责人与我留下，商议选址，呈报立项，预算列入等问题。要我越快越好提供几处选址供选择……

从去年四月就以市政协提案名义倡建这项千秋大业，在今天的会议上，从听取汇报、征求意见、分析商议、决定宣布、开始筹备等都在半天会议上紧凑完成，如此民主集中、高效快速的工作作风，实在可以赞颂为万千项目兴建中之经典！

# 千秋之业千头绪

搞基建项目最使人头疼的是征地拆建。但那时征地是照国家规定给予补偿,老百姓会送上门来,原因是每被征一亩地,可有一个"农转非"户口可上。农村户口想转为非农业的城镇户口,千金难买,花大钱也无处可买,只有土地被征用一条路。芥子园选址依山傍水、在兰荫山之麓,不"开后门"多用一点谁家之地,按图纸红线圈定,一清二楚,公事公办,省力便当。

这边便当,那边麻烦来了:一次在温州举办的南戏研究会上,我背去一本大大的宣纸裱装题词册,敬请应邀前来的大名家冯其庸等题书。杭州大学一著名教授认为:恢复芥子园应在南京,兰溪搞,将会有人提出质疑的。而我们建芥子园不是南京芥子园的恢复,而有另外道理,会上不便与之展开辩论,会罢回来一路上忧心忡忡,因这位教授不是一般的,是很难说服的。他与他老师在一些学术问题上见解不同。他老师坐上主席台了,再三邀请他,他就是不肯上去。并对主持人说:"只要 N 坐在台上,就不要邀我了!"

几天后乘出差之机,特地去杭大。此教授在一间小房里做体操,就停下与我们谈《十种曲》,从格局方面可分为几种类型。我唯恐他又重申在温州之观点就转过话题,直截了当地拿出李渔给友人的一封信,后面自署"芥子园人",这是该文的复印件,一边请他看,一边说:"我们纪念芥子园主人,所以名'芥子园',至于南京,巴不得他们早日恢复！"大概是这位教授未留意到李渔这一自称，说："以后再介绍时要把这一出处说清楚。"我们连忙接口说："对！对！对！"，又连忙拉转话题，三人就扯谈李渔的园林设计了。

出了杭大，年丰兄深深叹了口气："心头石排除了。"

"这是'软着陆'的好效果"，我说："如在大庭广众前与他辩论，他这人是不会同意我们的主意的。"

提起芥子园的设计，经人推荐，已有建筑单位画了轮廓性草图。当时浙江美术学院教授叶庆文回故乡来，给同乡曹聚仁雕塑像。但他对此项芥子园工程非常关心，乐意介绍杭州市园林设计院院长亲自设计。郭学焕市长、分管的张燕翔副市长，完全同意。郭市长还随手拿起一张用过的复印纸翻个面，胸有成竹地勾勒出一张草图：高耸重檐的八字门，两面一对抱鼓，几级台阶，说："带去给设计者参考参考！"

叶庆文家是在杭州七路公交车快到灵隐的山麓，林木遮蔽，闹中取幽，是单幢双层别墅，主间旁边是工作室，很适合雕塑家居住，大概是美院安排的教工宿舍。如果房改后变为私有，作为一个小型的雕塑陈列馆是理想的处所。

因为是晚上，不方便仔细欣赏叶教授摆满屋子的千姿百态的石膏像模型，就陪我与年丰去院长王品玉家。王院长五十开外年纪，忠厚相，没架子，是设计行家，对李渔是有先天缘分，加上叶教授的推荐，我们拿出了郭市长的大门示意参考图，并谈了我们根据园林理论结合地形实际的几点设想，双方基本意向相投。王院长就愉快地答应近日专程来兰溪具体踏勘。

王院长利用星期天来兰溪踏勘芥子园。筹建处⑧主任张燕翔、市文联主席吴敏等先后接见。

芥子园选址所在地在溪西乡殿下应村的小自然村，名横山头。之所以叫"殿下应",是兰荫山东麓,原建有一殿,规模较大。有一年六月初六(夏历),民间作兴"晒红绿",见殿院晒出的红绿中有不少妇女、婴孩衣裳服饰,乃疑殿内藏有妇女,报官,抄袭之,并焚殿,井犹存(在芥子园南,已为停车场)。"横山头"依山麓之势而建房,居住的二三十户人家,因兰荫山又称"横山",故名。此村连同横山渡口(现横山大桥引桥桥墩之处)修理厂及小店、居户与建横山大桥时拆建户一起移迁到兰一中、兰荫中学对面之新农村。在 21 世纪初年为搞城市绿地、美化兰荫山而拆改为以樟树、松树为主的林带,对兰荫山东南、芥子园等的环境大为美化、优化。

芥子园建前,此地后枕兰荫山,前依三江之汇的兰江之滨(当时拦江大坝未建)。因经费有限,前期只能征 10 亩多地,选择左右都留有余地,后面可直接上山旁一山坳,当中选定这块宝贝夹心肉。日后有钱,可左右开弓扩展,后山建层园。所以围墙西、北各开一门口,以备后用。原址中虽有一塘,但太小,偏北,乃向西南大开挖,集中塘土堆成一丘,与兰荫山"龙脉"浑然一体。水面中剩一洲。洲不远处架一石桥,把园一分为二,树丛蔽路,曲径通幽。……房屋建筑量入为出,首期以建造陈列展览厅和中型会议室等先行。……就这样,杭州设计与当地领导、操办者之间统一了概略轮廓,王院长带着孕育原始初胚回杭进一步思考、试绘。

芥子园图纸设计经三番五次,还是不能定稿。特别是布局、小景点设置。我们几个实际操办人根据李渔《闲情偶寄》和载述李渔造园的种种主张、经验,因地制宜地运用于芥子园,不断地读李渔书、深化、探索、领悟、继承、创意,不断地具体地向本地领导、杭州设计院领导几方面汇报、沟通、建议、修改,频频往返兰杭。一般现代化建筑,三稿差不多了,而芥子园要包涵李渔园林个性,七稿八稿还是定不了,是层出不穷!杭州红楼饭店(省府招待所)成了我与年丰兄的"外婆家"。一是到王院长家 52 路直达,不要转车。二是当时粮食供应还是定量制,每月 24 市斤。加出差补贴 4 两米一天,不够吃。年兄已内退,出差粮票没处补。而住宿在红楼,吃饭不计算粮票。传统的木头大饭桶,自由加添,真合胃口!或许有人讥讽我们小气小心眼,我就说:此人未尝到过饿的味道!

又是一次住宿在红楼饭店,饱了晚餐,到它对面乘 52 路公交车去王院长家,手中捏着一捆图纸。过官巷口,天涌黑云,忽闪雷电。年丰说:"忘了带雨伞,真可怕!""下车后,只要有上十分钟不下大雨就跑到了,现在转回去也不合算了!"我说着,车已过武林门,天竟下起瓢泼大雨来了!年丰急着站起来:"怎么办?""不要下,随车到古荡去!"

车到古荡,想下车换车,总想早点到王家。可是车门是开的,大雨封门不敢钻出头来。只得又买了到武林门的票。谁知再过武林门时,非但我们不敢下,还有好几位乘客学我们的样,只得补票伺机再下。

车回到城站,也想下车回红楼休息,因为时已不早,到王家也谈不了多少,反正要明天再去继续。但转一想,根本不可行:人可冒雨而冲,淋湿了还可设法晾烘。这捆图纸淋湿了,就此一份,价值几何?即使有底稿可以再晒,但要耗费多少时间?来也匆匆,去也匆匆,施工队在等用呀!因此只得原车再次出发。千趟百次乘公交,没有一次不想快点到达。而这次则不然,盯着车窗,希望轮子慢转,等雨小了,停了,再到武林门。唉!老天就是不作美!"轻舟已过"武林门了!

当"轻舟"古荡又回头,我们向乘务员买票时,她笑笑:"算了吧!这是末班车了!"咳!雨海茫茫,你是唯一的"一根稻草"!一时乱了方寸,不知如何是好?

快到武林门了，见雨小些，两人都脱下外衣，包裹好图纸，作好将要冲刺的准备。驾驶员、乘务员齐声对我们说："不要急，路上小心！"我俩齐说"谢谢"，就冲出车外，向屋檐下跑，在一家有门额的店前止步，向三方扫视未打烊的店，冲过去看看，没雨伞卖就出押金租。

有灯光的店未有发现，又一阵铺天盖地的大雨倾盆而泻，门额只起心理上的借托作用，遮不了雨水，眼看图纸就要难保。见路边有几节未埋的大涵管躺着。我俩就不约而同地各钻进一节涵管。

在涵管里，雨的威胁没有了，可是另一种莫名其妙的恐怖感笼罩着我：雷电交加。几声闷雷在近处落地，震得涵管有摇动感，吓得我浑身紧缩，突发颤抖，险念顿生：生命恐怕在此结束。如果这时我有手机（十年后才见砖块型手机），会生死置之度外与孩子们通话：要努力学习，化悲痛为力量……特别是年丰，我对他不起！是我恳请他来帮助工作，向领导推荐他为技术顾问的。他夫人身体虚弱多病，长子刚"顶职"，家境清贫。现在外地途中遇此不幸，我将如何向他家交代？他家实在还少不了这位老者……不过我也一起离开这世界了，单位派人来杭寻找……不知谁会发现这两涵管里有两……

"赵会长！出来！现在雨突然停了……"吓得神魂颠倒的我，听说雨停了，钻出来连说："运气！"两人就急步向王家跑，只怕阵雨回头。

王院长家人已睡了，我们迫不及待要交图纸，不顾礼节，只得夜半敲门。

还是院长自己起床下楼开门。我们没多说，交了图纸，就告别，说明天再来，声音是轻轻的，只怕把其他人吵醒。

回到招待所,睡在床上,两人的心久久平静不下了。原来年丰在涵管里出现与我相同的恐怖,认为家里重要事都没留下一言半语。但没有埋怨我。我俩沉浸在愉快工作环境中的偶遭"大难不死"的庆幸中。

注:筹建处成员:主任张燕翔(时任兰溪市副市长),副主任兼办公室主任赵文卿,成员陈子清(市计划经济委员会主任)、董熙清(市城乡建设委员会主任)、姜电云(市财税局长)、汪志敬(市建设银行行长)、董阿妹(溪西乡党委书记)、徐承孝(市市政园林处主任)。蒋荣森为办公室副主任。

上海美术馆馆长、上海画院副院长方增先自从接受任兰溪市文联顾问时起,我们就熟悉了。那次是副市长张燕翔、市政协副主席吴一峰带队,梅江区委副书记钱明通,副区长、方增先老同学宋贤高等专程前往。由于三年前成立文联时已邀请过方先生当顾问,因身体不佳而未俯允。因而这次领导叫我先发言,以便下步如何补充。我就把兰溪历史文人、现今文联之概况,特别是市领导决定兴建芥子园,纪念《芥子园画谱》的作序者,由当年芥子园首印、出版的芥子园主人李渔,因此市领导特专程敬请方馆长——著名大画家回故乡查勘芥子园的选址、布局等提高见,作指导。方馆长直爽地说:"学过芥子园画谱,但不知道与李渔的关系。你们这件事做得很有意义!我安排一下就回家一次。"张副市长就奉上顾问聘书。方馆长起立接过,微仰着长时间大笑!

过了几天,方馆长来电话说回家时间已定。郭学焕市长说:"开我用的车子专程去接!"办公室同志说:"另外调剂一下好了。"郭市长说:"我下乡可乘汽车站班车的,就开我用的车去!"

方馆长一到兰溪,就到兰荫山麓看芥子园选址,看图纸。市总工会主席谢国安带了几人拿着草帽、毛巾，下山来接方画家上兰荫山工人休养院歇息，俯瞰山麓选址风光，那时无上山公路。横山（兰荫山）矶头有轮渡，边有小舟（渔船），方馆长称赞是一幅不必加工的山水胜景图。兄弟单位的热情协力，更显得故乡人亲爱无间。

第二天，郭学焕市长接待方馆长。方馆长开口就说："建芥子园是大好事，在美术界会起很好的影响。三百年了，全国未有哪个地方搞过纪念李渔的建筑。单看《芥子园画谱》功劳，在中国美术史上，李渔的功绩是不会被磨灭的。"在谈到选址上、图纸设计稿等方面，请方馆长多提高见时，他说："这些都没什么意见了，已考虑很周到了，唯望能早点建成，市财政要早点多点增拨钱给他们。""市里已有打算：到年底在各方面增收节支省下来的钱中，拨给芥子园加一倍的数额。"方馆长又微仰长笑，并说："中堂那幅像，我会画的！""谢谢大名家巨笔挥毫！"两人长时间的紧紧握手！我满腹欢笑，但不好意思笑出声来。

芥子园工地灯火通明。这种工程不赶时间，开什么夜工？只因上级通知要整顿在建的楼堂馆所，标准是总体工程完成不足一半、单体工程完成不足70%的一律停建。这究竟不是用秤可以称得出来的……量化得出的，眼目为准，松点紧点都有可能。芥子园这种千秋之业的兴建是千载难逢之盛事，一旦被停，要想东山再起，可能是几代人过去就淡忘了。于是，我们不希望侥幸过关，而是实干苦干加油干，以实际求过关！

开夜工之幕拉开了！施工少水，市水厂溪西分厂就给挖坑埋管，新装三里多新管道接水。分厂长毛顺连、副厂长潘云洪，带头上夜班不加工资，又把二手管优惠给我们，省得临时出钱买新管。

电力不正常,与农村抗旱同线路共开关将会有矛盾,供电局长韩少波就亲自到工地踏勘,另行安装变压器。像芥子园这样少量用电户单独安装变压器的,兰溪供电史上甚至在更大范围来说都是第一回!

至于施工队的卜巧成师傅,自己则不用说了,前几天水管没接到就连夜在兰江边造机房,安水泵,抽水应急。小太阳光芒四射,黑夜如白昼的热烈场面就在兰荫之麓,夜复一夜大放光明!

连续用了多个昼夜,芥子园大干快上了,分管此项整顿工作的副市长盛宗常心里落实了,说:"芥子园工程不用看已经出线过关了!"

这一场难眠的大担心,非但平安顺利地过了"整顿"关,还带来大大的福音!

话要说到金德水同志刚上任市长时,曾收到一封寄自德国的信,是一位学者请问兰溪市长,说他在3月5日的《人民日报》(海外版)上看到赵文卿写的《李渔研究在国内外》的文章,"很愿意与李渔研究会取得联系"。来信者叫海尔默特·马丁(汉名马汉茂)。当时,我虽然未见过这位汉学家,但从报刊资料上知道他,向金市长作过介绍:他是教授、博士,居住台湾省多年,主编出版过《李渔全集》,是德国、甚至欧洲著名汉学家。今天,市政府在兰荫山庄会议室开会,出席会议有金市长、分管的副市长王建平、张燕翔,还有我们这些搞基建单位的负责人。

王副市长开场说:经过这次楼堂馆所整顿、停建和缓建了部分单位,留下你们这些续建单位。今天主要是听听各位今后的打算,有什么困难和要求,怎样解决等等。

我发言历数日本、苏联、澳大利亚、美国等国家,以及香港、台湾等地区专家学者研究李渔动态,特别是给金德水市长写过信的马汉茂(德国籍,世界著名汉学家海尔默特·马丁之汉语名)。兰溪历史上找不出第二位像李渔如此被国外、境外崇敬、爱好者……他们都在仰首踮足,盼望兰溪这个面向世界之窗早日建成。金市长开口了:"我接到过写给兰溪市长收的德国李渔研究专家的来信……为了早日扩大芥子园的影响,多给一点:凑齐100万,到此为止,包到竣工,再不要向市财政追加了……"

一场大震惊、大担忧、大辛劳的后面是大满意!大福音!

可是大满意后面真的来了实实在在的震惊!谁也想不到的事!

330国道要造横山(兰荫山)大桥了,我当然极为高兴!当对岸的第一个桥墩露出水面,我伫立在矶头上,浮想联翩:从童年时的"野渡无人舟自横",一直"横"到壮年才见有柴油机的渡船。在历史上,这里算不上交通要道,虽然是三江之汇,其他"之汇"架有木船浮桥,此"汇"则靠野渡。回想当年搞"四清",县委在黄家大队搞"点",县委书记段伦敬、纪委书记申锡亭从县机关来黄家、平阳,总有十五六里路,每次步行到矶头,总要停一停,或矶石上坐一下,看看对岸的兰城,然后要绕到溪西去走浮桥。十二年后,溪西有了兰江大桥,再一年后,此处就要天堑变通途了。千万年的野渡浮桥,在我们这代人眼中变为钢筋混凝土的通行汽车的大桥,人类的二十世纪下半叶多么辉煌伟大啊!

第二个桥墩出水面了,我又伫立在矶头上,无兴发思古之幽情,却生怀疑之顾虑:把这两点连成的直线就是将要成为大桥之直线,而这条直线竟从逼近芥子园门前而过。目测虽然不准,但大数是不会走样的。有多年交通桥梁设计经验的、我们的技术顾问李年丰工程师,仔细再三观察目测,也认为大桥将要擦边而过,虽碰不到围墙,距离仅仅相隔几厘米。好大震惊!好似遇到地震!

于是,请大桥筹建指挥部同志前来实地测量,结果是大桥引桥与接线部分将从芥子园前逼近大门,与园之围墙好比打乒乓擦边球而过。要从老公路边向芥子园切去17米。芥子园门前本来就不宽敞,如果这样,就是将芥子园之门前切去大半张脸,少半张脸的人不像人,现在园将不像园,犹如遭受地震那样使人大为吃惊!

我们几次提出要修改,但大桥筹建指挥部却认为桥墩已二个出水面,门口是小事,又没碰到一块砖。我们就向市分管领导提出。这位领导很好,认为要解决,准备开次协调会。但指挥部有人认为市协调无用,大桥设计图纸是省交通厅审查批准的,下面谁也不敢动手修改。

束手无策,在兰溪已没适当办法可想,于是我想上交通厅。友人相劝:"你们已经据理力争,既成事实,就让后人去评说吧!","公家的事做过了而做不到,就不必太认真,算了吧!"我想:"大桥工程才做了一小半,上省厅去、向领导汇报、要求。只要把道理讲清楚,是有可能扳得回来的。"年丰兄虽然是顾问,但对事业勇于负责。我横下一条心,置个人得失于度外,决意上省厅!

一早出发乘汽车到杭州,在红楼招待所登记住下,饭可多吃也吃不下,勉强咽了几口就罢。下午就去省交通厅。向传达室问了分管厅长的办公室,就径直上楼。

分管交通桥梁的是副厅长王庭兰。我俩向她"自报家门"后,就讲李渔。说杭州人崇敬李渔,在杭州历史名人先贤堂中,排在他前面的是于谦,救国护民的大元帅;苏东坡、白居易,杭州知府、太守,疏浚西湖留下苏堤、白堤。第四位就是李渔了。他后面还有六七十位,也都是大名人,而把一个无官职非贵族的一位布农贫士李渔推上此宝座,是因为李渔学术成就高。他350年前写的文章,其中的不少观点至今仍有用,适应现代潮流,《芥子园画谱》就是他女婿(杭州人)责编,他卧病在床作序,由芥子园首印出版的。先贤堂就在你们梅花碑上去的吴山之麓。兰溪为了纪念这位古为今用的大人物而兴建芥子园,如今工程顺利进行,可惜横山大桥的引桥将要割去园前"半张脸",我们无力挽回,只得特地前来省厅汇报……

这位女厅长才识高,办事果断。听了我们的汇报,又问了几方面的有关情况,然后就打电话给省交通设计院,要一位院长到厅里来。他不在,就叫接电话者转告他:"兰溪横山大桥设计上有问题,你叫他回来带图纸到我这里来!"她转而鼓励我们:发现得还算早,引桥接线改动一下,转两个弯,多花点钱,我们补;损害了这样好的景观,我们花再多的钱都补不回来的!称赞我们责任心强、事业心重,专程来杭提出合理化建议,并一再要我们放心,就会发书面修改函件给兰溪!

出厅时间还早,我俩又上先贤堂瞻仰笠翁公。请公在天之灵要感谢这位王庭兰副厅长!

回到"红招",把午饭少吃的饭填补了,哈哈!

结果,横山大桥引桥与接线经过芥子园前的这一段修改了,沿老国道的边线,不向芥子园扩,而是弯向东面而后弯向西面,形成一个"s"形了。

皆大欢喜!

# 三次展出庆竣工

## 浙江旅台书画家作品展

千绪百头的喜喜乐乐,忧忧愁愁,一件件都逢凶化吉,转危为安,芥子园在领导的关怀、众家的力助之下,竣工了!交通局沈世贵科长把1路公交车从溪西客运中心,跨越两个"无人站"而到达芥子园门口,且就命名为"芥子园站"。

如何庆祝这史无前例的创举的竣工?开大会,放烟火演戏,放电影……莫衷一是,最后统一到"花钱最少,效果最好"八个字。说到省钱,整个芥子园工程,我们两袖清风,没吃过建筑队一顿饭,没接过一瓶酒。即使与建筑队老总一起出去考察参观,文联主席吴敏以身作则,各人自买饭票自吃饭,老总没粮票,还是我贴的。逢年过节,一概如常。有次对方送礼到外地开会的地方来,我就说:"你如要留下这东西,建筑队带回去就不要再来了!"他只得收拾起一袋很大的龙虾回去。补充一句:过年时收过建筑队印有宣传广告的7本挂历,文联筹建办一人1本。

要省到这个地步,还有什么事可做?有!请到了浙江旅台书画家作品展览。所谓"旅台",是1949年到台湾去的国民党军政人员。到台以后,不断"转业",弃武从文,有些在学校时就爱好。一看这名称,就受人欢迎。他们把在台湾40年,看作是"旅居",身在台湾,心念祖国统一,多么好的祖国游子呀!

展览于 1990 年 10 月 8 日在芥子园的燕又堂举行。为首的团长陈立夫,是台湾孔孟之学研究会会长。当年蒋家王朝时,"蒋、宋、孔、陈"的四大家族之一,是赫赫有名的大人物,浙江吴兴人。不忘故土,有他的不少书法作品参展,件件富有独特风韵,令人敬仰!因年事已高,不能亲身前来。

副团长金仲原,原蒋介石侍卫高官,敦敦实实的身躯,步履从容的行伍风度犹存,一手好书法,庄重骨挺,似乎内涵军风!一口普通话几乎句句带有东阳语调土音。时任东阳市长的何文彬同志曾专程来兰溪邀请金氏回东阳故乡一行。金因事先没有回乡的准备,见亲友之礼物一无所有,只得有待下次。

再一位副团长倪汝霖,画家,是台湾省首屈一指的画猫专家,什么波斯猫、孟加拉猫,都不值他画的猫的价值!他是本市梅江倪大村人。这次画展实际是他策划为报效故乡而来的。

另外几位有书法家,也有画家,也有书画兼攻的。

展览中途,本地书画家与旅台书画家举行联谊活动,共同挥毫,或你作画他题书,或她作画你题诗。芥子园燕又堂楼下展览,楼上现场作书绘画,楼上楼下的人或静静观展,或挥毫泼墨,整座新落成的啸傲楼人声沸沸扬扬,在兰荫山空谷回荡!其声波及三江,波及兰城!波及海峡对岸!向人们宣告:芥子园落成了!

展出半月收展,双方情谊已很深厚,难舍难分。他们将作品赠送给芥子园作留念。喜欢哪一幅由我们自挑自选。六位书画家,个个都如此大方豪爽!陈立夫先生则已授权倪汝霖先生为之代赠。

芥子园竣工落成首展圆满成功!这是花多少钱都难以达到的有利于祖国统一的成功!

# 百岁百幅摄影展

中国摄影之父是谁？是郎静山。他是世界十位大摄影家之冠，他发明了独特的摄影技法——集锦法，把此某一段小河，彼某一块绝壁，某一小舟，某一垂柳构成一幅独特意境的画图，巧思妙意，天衣无缝！

郎静山先生常在海外旅居，后定居台湾。他子女一在上海，一在成都，有的在美国。

1991年5月，"郎静山百岁百幅摄影作品展"由他儿子郎毓祥操办，在上海、杭州等地展出，兰溪先期获悉，就由市摄影协会会长朱德华前去联系邀请，来兰一展。

地点当然也在芥子园燕又堂。他儿子毓祥先生和夫人带子女都来了。百幅郎老先生亲手拍摄、制作的照片，在燕又堂一摆，参观者络绎不绝，赞不绝口。一种像中国山水花鸟画的独特异香清幽之韵味，向观众不断流露出来，使你欲扭转头难转睛，想向前难举步；烦躁霍然释尽，心境顿觉宁静，流连忘返！

展览了几天，毓祥一家人重回故里"里郎村"祭祖。乡亲们热忱接待。进入郎氏厅堂，众子孙们虔诚叩拜，谈谈说说问问讲讲，叙不完家乡之情，喝不够家乡之"缸面黄"酒！

送走毓祥一家人之后，展览还在芥子园继续。城里乡下甚至周边县市都陆续有人赶来参观。许多摄影爱好者说："看过摄影作品多多少少，第一次见到郎老的集锦佳作，是平生最高享受！"

收展第二天，我接到郎老先生爱女郎毓秀电话：路隔千山万水，长途电话中噪音实在多，大意是他父亲三五天后到兰溪，不打扰官方，适当保密。

接电话当夜，反复猜测：郎老真的会来吗？听错了吧！于是次日立即致电郎毓祥先生求证。毓祥回答：没来过电话，以前电话中也没提起过此事。致电毓秀再问，回答："没听错，是有可能来的。"上次有没有"可能"两字，听不清楚。

　　郎毓秀怎么会给我打电话呢？那是1987年3月初，兰溪市对台湾工作办公室主任赵海苟同志来电："有位远方来客要见你，现在来可以吗？"我回答："可以。"过不多时，赵主任就陪一位女士到办公室，一进门就说："她是摄影大师郎静山先生的女儿，四川大学著名音乐家，全国政协委员。这次在北京开会，看到12月24日的《人民政协报》上载有一篇文章，她手上就拿着这报纸，你看看是什么文章？"郎毓秀边递报纸边说："我是慕你作者大名特地来拜访您的。"我一看，是我的《里郎风情》发表了，"写得简单了。请多提宝贵意见。"她连忙接过去说："不简单，我在开会期间看到您这篇大作，感动得不会睡觉，恨不得插翅飞到兰溪！当时不知道这位作者是哪里的，现在认识了您，衷心感谢您！是您给我引召到兰溪来的！会议一结束，不回成都，就到兰溪来了。""感谢您对故乡的深情厚谊！""明天我们一起到里郎村去看乡亲们！"赵主任紧接着说。

　　第二天，我与赵主任和统战部、台办、侨办多位领导一起陪同郎毓秀教授去她出生以来60年从未到过的故乡！其场面之热烈，情意之真诚恕不细述。

　　且说第二年，我应重庆出版社之邀，赴重庆谈出版"李研"著作事宜，带了点家乡礼物，特地去四川成都叩访郎毓秀，谈了半天，连夜细看了她曾与生命共存亡的钢琴。我反复说："希望您父亲回故乡一行。我与他做了初步沟通，送去的茶叶是他故里山上的，相隔李渔故里只几座低矮丘陵。"并说：四百年前，丘之一方出了个李渔，所著导演学是世界第一部，故乡人为他造了纪念馆"芥子园";一百年前,丘之另一方出生了您父亲,是世界摄影大师之冠,应该回故里之丘来留下胜迹。他只寄来名片,上面写了客气话。回故里事,感慨难言,就空白了。现在,故乡土、故乡人都在盼望他!您要动员他在芥子园竣工之期回乡一行。请郎教授关怀在心。她满口答应,说:"现有两个博士跟着我,明年毕业后我就要去美国妹妹家,我父亲也来美国团聚,那时我会尽心地转告您的深情厚谊。"

第二年郎毓秀从美国回来后,说父亲很受感动,答应要回来走走,时间很难定,因台湾办申请出入境不容易。她带回父亲交代的一帧摄影作品先赠送我。我收到这帧作品,就转送给市文联。

以上情况,向张燕翔副市长一一汇报。他听了说:"就当真的要来作准备。尊重他意见,官方就不接待了,民间交流,你代表芥子园作欢迎辞,适当保密,不拍电视,事后登报。原摄影展作品暂不送走,你四川绵阳的会议就不能去参加了。"

"世界《三国演义》学术研究会"在四川绵阳举行。我写了《李渔与〈三国演义〉》寄去,已安排大会宣读。只得放弃了。(该文概要在《兰溪报》、《李渔研究》上先后刊载。)

果然不错!郎毓祥从上海打来电话:"这次父亲到美国开学术交流会,临时下决心回故乡,是从美国转道香港而来。若从台湾申请回故乡就很麻烦了,所以要'适当保密'"。

于是,已休展一星期的郎老"影展"重新张挂在燕又堂。

芥子园门前还是有不少人聚集等待观望,特别是摄影爱好者,更加翘首以待。

观众很自觉,在大门口到公路的两边挤满了人,当中留出一条通道,长长的人群夹道欢迎,颇有声势。再次衷谢省交通厅王庭兰副厅长的远见卓识,给我们以宁愿弯曲引桥而换回来的这块地盘。今日大派用场的意义何等重大！

郎老下车了，百岁老人不要他人扶，举步矫健。他身穿宝蓝色长布衫，圆口布鞋。

我高呼：热烈欢迎世界大摄影家之冠、百岁高寿郎静山先生从台湾赴美国转香港，不辞千山万水回故乡！雷鸣般的掌声一阵阵响起。郎老先生从容地频频挥手向大家致意！我步上前去双手紧握，迎上台阶，边走边向他介绍：这就是芥子园——李渔纪念馆。这"李渔研究会"牌子是俞振飞先生写的。郎老接口："昆曲名家，年轻时就名气大，见过，见过！"

上楼梯，几位年轻人要搀扶他，他委婉谢绝，自己提起长衫，稳步登楼。由我致欢迎词："尊敬的世界摄影大师、百岁高寿的兰溪特殊乡贤郎静山先生：(第一段大意)中国摄影之父，为祖国摄影事业作了良好开端；(第二段大意)创造集锦法，为世界摄影事业做贡献；(第三段大意)关怀故乡，百岁高龄不辞万水千山回乡！"郎老不时鼓掌，引起众人阵阵掌声。

郎静山先生致答词。他站立起来，腰胸笔挺，胸口悬挂照相机。他首先讲自己的摄影，其次讲技法的提高靠潜心研究。最后讲故乡具有永恒的吸引力，愿故乡繁荣昌盛！众人鼓掌若雷鸣！

在楼上，郎老还品尝了我们精心采购的回回糕、芙蓉糕等糕点、茶果，点头称赞，笑着说："太好吃了……"有关单位领导讲完话后就下楼参观。郎老边听我介绍边拍照。他对芥子园的门、窗的格子特别感兴趣，虽然大同小异，但远、中、近景都一一摄入镜头。大概某集锦片中，需要此类门、窗、格子作"配件"为背景或作点缀。

走了一圈，郎老最忙。在我们不注意的地方，他会发现有值得注意之处，随之"咔嚓"一声摄入镜头。这都是故乡原汁原味的土产之"花",一朵又一朵地进入他的集锦素材库呀!

转回一圈在燕又堂歇憩,我请郎老题词留念。他拿起笔,略一思考,随手就写:"兰为君子,温文尔雅。溪流文化,源远流长。"

## 藏品展引出佩兰亭

芥子园藏有一些书画,稍有点小名气,就在竣工的第一个春节举办"芥子园书画藏品展",大年初二开始,初六结束,初七起补工作人员几天假。

谁知初二一开门,就涌进一大群人,其中有不少是部门领导。他们都要到芥子园来赏赏三新:新园、新展在新年氛围中。"顾名思义,芥子园的'芥子'应该是'小的意思','状其微也',这当然不错。但更有其深层之意:印度梵文有'芥子纳须弥'之语,意为芥子里面包罗万象,所以园大门进来过弯入进处,当面直立一石,上镌'须弥'二字,众人顿悟,举步不前,仔细揣摩。更见其上数枝红梅,新春含苞待放,旁边的蜡梅却喷放出阵阵清香,催促早开门迎客!"这是我向首批游客的导游辞。

"园才新开张,大门口进来就看见这两棵大茶花树,看样子不是新移植来,还是原来就有?"文化馆老同事发问了。我说:"不是新来报到,芥子园里的许多花木是墙垣未建而根据规划图纸,绿化先行。"前两年到高潮林场去买花木,年丰的朋友赵禄祥时任场长,热情招待我们。我见这两棵茶花虽长得比人高,但被周边茅草荆棘遮掩了,好像受委屈而萎靡不振,苍黄瘦弱,无精打采。"这茶花看样子多年了,怎么没人买去?"我问赵场长。他回答说:"是开白花的,都嫌它太素。如果是其他彩色的,老早'出嫁'了","七十几岁了,养成老太婆了。""要卖多少钱?""这两株树呀,兰溪人不用讲了，外地采购的多多少少，年年有几批人来关心，人的面白嫩好，茶花白就不俏了。你如想要，分文不收，你自己出工夫来掘、来运！"我就向年丰递个眼色，一口应承："等下过雨来掏，不要给别人掘去！"为什么要递个眼色？因为当时我回忆李渔《闲情偶寄》上称赞茶花有"戴雪而荣"一语，如在大门口前庭种上两棵白花茶花树，那是真的"戴雪而荣"，花期不戴雪也如戴雪，就将此庭命名"雪荣庭"。这是李渔园林设计、花木种植的真正的衣钵相传，绝妙之景观。但李渔在那书上谈了六十几种花木，是否会张冠李戴记错了，实在没把握，要回家查书，因而递眼色给年丰：现在先应承下来再说，良机莫失。

回来一翻查，没有记错，是有这词语。这两棵以前是从深山里挖出来的古木，就无偿地到芥子园落户了。"你看她今天英姿招展，频频点头迎客，笠翁公在天之灵，一定在赞赏后人在运用他的园林理论，惟妙惟肖地营造纪念他的园林呢！"

一番话引得大家哗然大笑，竟鼓起一阵掌声，要我再讲讲其他的。

"请再看这茶花树边的这副向里的楹联，是中国古典园林大师、同济大学教授陈从周撰作并书写的，上联'高艺'，下面是什么字？许多人看不出，带回去'垫枕头'，今天各位是新年到此观展，不能让大家带个难题回去，是'谁'字，草体是有这个写法。"又是一阵相互挤轧争看，七言八语，一阵欢笑。

"请转过身来看照壁上这四个大字，认，是容易的，但要识出是谁家手笔就难了，有点书法专业知识才能看出来。告诉你们吧：是筹建处办公室副主任、书法家蒋荣森从清代大书法家何绍基的多种碑帖中挑选出来的，里面的'燕又堂'三字是从王羲之的碑帖中挑选出来的。照壁石材特采用久负盛名的衢州常山青石，专程请龙游石雕高手来园精心刻制而成。这园里老蒋的制作艺术还有多件。至于为什么要用这四个大字？因为这是清代初期，李渔60岁回故乡省亲，父母官们热情接待他，但阴风暗地吹出：'编戏演戏，九流末技，算什么名人?！'知县赵衮奋笔疾书'才名震世'，敲锣打鼓，赫赫威风地把匾额送到夏李村悬挂在李氏宗祠，为李氏正名张胆，鼓励李渔。今应用于此，还李氏的历史豪情，树芥子园的名门高位，振兰溪人的精神世界！"

进入燕又堂展厅，书画挂满了一堂，观众挤满了一堂。中堂画是上海美术馆馆长方增先颖笔精品，他独创中国画用的白描手法精心绘制，三易其稿，成为经典之作。深刻地、主动地表现出李渔藐视权贵又不得不逢迎；对社会恶行痛恨，又无力反对，只得以讽刺泄恨的相互矛盾的双重性心理状态，从脸部表情恰如其分地表现出来，真是体悟入微、分析入微、刻画入微！每次观赏，认识的层次不同，获得的内涵也就不同。每次观赏心情各异，获得的意蕴也就各异，似乎能把你的心境与李渔画面表情相沟通，相照映，真神奇之画也！

被誉称中国小说、戏曲史研究第一支笔的赵景深，给李渔纪念馆书写了一幅四尺中堂。据他的几位门生说："赵老给人题词，小幅的居多，像这样的四尺全张，我们几人都没见过，你们的李渔真是得天独厚！"有人问起我们与他有何特殊关系？其实我们与他不要说特殊关系，一般关系都谈不上。初次联系是冒昧奉函，寄去一篇《李渔生平事迹的几个问题》的文章，可是他居然接受当顾问了。当我们登门拜访，那时他住在淮海中路一木结构瓦楼房里，沿墙边楼梯上全是书籍排叠，本来就不阔的楼梯，变成了单行道，真是书香满楼了。楼上会客间摆两张传统的案槽桌，不一样，赵老的一张稍宽，并排的一张是他夫人坐的，大概是会客兼工作都在一起的。我们就坐在他对面,感谢他俯允接受我们李渔研究会顾问。他说:"你们研究会一开场就有好文章发表,我很高兴,我感到很亲切,我在兰溪住过五年啊!""兰溪住过五年?!""一点不错,那是小时候,说不定是吃奶时候,或者是出生地,总的是幼儿时。那时,我祖父在处州(今丽水)当知府,家眷是安居在兰溪(不是金华)的。大概那时兰溪水上交通发达,居住兰溪往来方便。兰溪是我第二故乡吧!"

兰溪人很幸运,与大名人交往的事还多着呢!例如:在文化馆大门口,或走到聚仁路,就可欣赏到沙孟海先生大笔挥毫的"兰溪市文化馆"、"兰溪电影院"。或者去地下长河,那四个字也是沙先生手笔,不过这些已是复制过了,总不如原件那样神韵逼真。要看原件,目前芥子园燕又堂展出他的原件。他们那时请沙老写,不知花了多少钱?我们是没花过钱,送他一部《李笠翁十种曲》,是自己印制的,工夫钱不算,成本仅是几元钱。但是非常宝贵的是版本,是一种富有收藏价值的具有划时代意义的版本,叫作"激光扫描"。人工打字油墨印刷结束了钢板(上有密密网纹)刻字油印几十年的历史。用激光技术把原件扫描在一种特制的蜡纸上,然后油印,不失原本风貌。之后三四年,复印出来了,直接就能印在复印纸上。"激光扫描"作为中国印刷史上的昙花一现,"秀"了三四年就谢幕了。在社会上留下此昙花之瓣不会多,特别是用来翻印《李笠翁十种曲》,恐怕全国只此一家,你说是否可称稀世之宝?还有,供扫描的本子是从金华侍王府借来的,是馆长严军做的好事。内部图书是不出借,而且是外借到外地,是对李渔文化的特殊照顾,可惜缺一本。我只得上杭州向乡友童友法借。童是共产党当年的"地下工作者",新中国成立后是杭州市政协委员,对家乡事很关心,曾经帮助文化馆整理过那几堆"文革"遗书,谈起过他有幸存的此书。那时文联刚成立,只我一个编制。文化局长王德牲,副主席陈永源就从婺剧团抽来蒋荣森、沈瑞兰到文联帮助工作。市电影公司无偿借用扫描机器,为翻印该书提供了装备。又请了油印、装订能手唐师傅、徐金山等,这样一班人马,历时几十天才印制出几十部书,而奉献一部给沙老,礼虽不重情义是重的。

对沙老的书法刚讲到这里,另一友拉过我的手,问:"这张画您有什么说法?"我一看,是朱峰的画,就说:"请大家让出一条路,让出一条路!这路不是让人走的,而是让看的。"说着,我就拉这友从挂这张画的这一头走到路前面的那一头,说:"这画的特色是泉水会流,白云会飘,要隔一段路,适当远看,凝视着,效果就出来了……"没等我把话说完,我友与一群人就惊叫起来:"真的云会飘,水会流,神笔!神笔!"许多人挤轧过来,争在这远处观赏朱峰的这张动感画。我接着说:"这画作者朱峰先生是焦墨黄山当代手法第一人。别看这点水、云的动感,下的功力就深了。深到什么程度很难表达,看他作画时,您会意识到:他是蹲在地上画的,与运动员那样要戴厚厚的护膝,要选择越粗糙越好,没下过这番工夫的人,像他这样蹲跪在糙地上,动都不会动了!刘海粟大师十上黄山,五次是他陪的,是刘的关门弟子!他是兰溪人,小时学油漆画画,17岁当兵,画黑板报,转业黄山风景区管委会,大画黄山!"

友人把我拉出燕又堂,轻声问:"朱峰画多少钱一尺(1平方市尺)?"我说:"他重义不重钱,为人富有个性,那年我们到黄山去,上缆车后吃饭,他说:'如果您付钱,那就您自己上去,我下山了!'"真的转过身去要走,还好我们二三个人大步流星,赶到门口拉住。他还是坚持他个人付钱才肯入席。

第二天要上天都峰。我走过迎客松不远,就感体力难支,约好下山会合处,天都峰就不上了。可是十八公子(朱峰深爱黄山之松,拆松字成十八公子为号)就是不同意,声明他着意陪的朋友,没有半途折回的,甚至一本正经地宣称我不去他也就不去了,我岂不成了害群之马了?只得说:"吃不消,就是太麻烦您了!""我会拉您、托您!走!"

天哪!那段惊险的下坡路,我是两手抓爬,十指当爪,双脚趾寻找支点,拐杖夹臂作撑,下巴抠崖,"六脚"配合,让背脊向下擦行。十八公子则靠腹摩擦附住岩石,双手双脚抓、抠住岩壁使身不下滑,翘首伸长指尖,两肩接我两脚,下移一小段,再下移一小段……

鲫鱼背到了。苍天哪!这是他人无法帮助的地方,好像是条长长的窄窄的大石梁,两边都是数十丈悬崖的峡谷深渊,天都的门槛就是如此难进!如此惊险!如硬要再向前,就会滚下深渊!若遇雨天或大风,走上石梁几步就冻得畏缩成一团,匍匐而回!

我们这天没有大风,但鱼头鱼尾是微风,到鱼背就是大风了。我把上衣塞进裤腰,裤管塞进袜筒,十八公子在我后面保驾。我双拳紧握:小步稳步蹲身前移,一鼓作气,勇往直前……到了,同行者都为此鼓掌欢呼,十八公子把我紧紧抱住,乌拉!乌拉!

天都峰无其他景观,唯一的胜景是几根石栏杆,栏杆上挂满各式各样的锁。男女青年上天都峰定情、天长地久不变心,天都峰天眼恢恢作证锁定。朱峰就是这么一位天都峰锁定性格的人。他的画可送、可卖,可贵、可便宜!

展览预定5天,初六圆满收场。初七起补休3天。

初八上午8点左右,我忽然接到一位驾驶员来电说,有一华侨要来芥子园参观。海外华侨来园参观已为平常事,但今天是年初八,正月初出门,都想讨个利市。如果为看画展而来而未看到,便有失望、不利市之感。于是立即通知周宇兰、吴渭娥、吴文斌三个已放假的本单位小青年赶快来园重新挂字画。三人手勤劲足，挂位熟悉，不多时就全部挂好了！

华侨来了，是统战部、台办的领导赵海苟与兰棉厂长郑柏贵、毛巾厂厂长张可瑞等陪来的。一看名片，是新加坡纺织公司董事长冯富伦。

大家一起看了全堂书画，出来到了小石桥头。我说：这小石桥春节前刚安装好，有小桥流水的意境，准备在这塘里壁小山上建一小亭，是李渔当年回乡在这里采兰纫佩的地方，在亭上鸟瞰小桥流水，满池莲花，意境更宜人了。冯先生就接着问我："园长，造这亭子要花多少钱？"这一突然发问，我思考一下：可能冯先生要资助了，也正在这时为了不使回答停顿间隙，我右手伸开指掀了一下。"是五万吗？"冯先生把我的手掀姿势当作数字的示意了，我就乘势接上去："大概五万左右。"他从袋里拿出我给他的名片一看，上面没有账号，就说："请您把账号告诉我，这五万元我出，我就会汇到您园里来。""感谢冯先生爱家乡的雅举！"万万没想到这次重挂书画展览会得到如此好的效果，藏品展出佩兰亭了。

一行人来到芥子园办公室休息，摆出传统糕点芙蓉糕、荤回回，喝的是李渔伊山上的石髓香茶。

冯富伦先生对挂在办公室墙上的一幅写意画"屋外桃花三两枝，春江水暖鸭先知"，发生了兴趣，想要。这是吴湘先生的画。他起先与凌成澜等人从芥子园过，见我有客人，就不凑我，他们自己上兰荫山了。他们下来，定走原路，于是叫个小青年去山麓路口守望一下，请吴湘来园谈点事。

冯先生是位孝子，自从寻到他阔别了30多年的母亲之后，几乎年年都要回兰溪一次，看望母亲，并感谢有关部门对其母的关心照顾。

正谈得起劲，吴湘来了。我走出去在边门口征求他意见："您送给芥子园的那张《春江水鸭》，新加坡的冯富伦先生很想要，送给他可以吗？"吴湘满口答应。我就把画从壁上拿下，交给吴湘，请吴湘自己交给冯先生，人情是吴湘自己的，我避掉了"把人家的画送人"之嫌。

事后，芥子园得了冯富伦赞助5万元造亭子的新闻传遍兰江两岸。但也有一知半解的人移花接木，或许个别人故意挑弄是非，说什么"芥子园把吴湘的画卖给华侨5万元，要造亭子"等等。事实情况是冯先生主动赞助5万元在前，是我向他作介绍时，地点是在后来立铜像的地方，并向我要账号，说明此事已谈成。送画在后，是整个参观结束，到办公室坐下来喝茶，这时才无意地看到墙上挂着的吴湘的画。那时他根本不知兰溪有位画家叫吴湘，更不会是慕名而来有意要此画，完全是即兴而发的要求。送画时，是吴湘自己亲手奉送给冯先生的，而不是我代表芥子园或文联送给冯的。事情就是如此一清二楚，有统战部、台办与几位陪同的厂长全过程历历在目，可是就有这样的人，他明知如此，却要故意制造混乱，挑拨是非，妄图使吴先生对芥子园不满而闹事，以达到他嫉妒建造芥子园的不可告人的目的。好在吴湘同志没上这人挑拨的大当，让制造幸灾乐祸的"莫须有"的"创作"者自打嘴巴了！

过不几天，冯先生汇来了折合人民币5万元的美元。芥子园去信回复，再三表示感谢！美元汇票虽已到，但兑换成人民币在此却成为问题。那时兰溪虽已有中国银行支行在营业，但兑换外币，尚未能及。行长徐士根帮助我们联系外汇管理局，转呈杭州，才从杭州兑换到人民币，乃赠给有关单位锦旗一面，以表谢忱。芥子虽小，可是营建中许多事情看似简单，其实并不简单！！

亭址是早已准备好的地方。就在冯先生口头赞助那天起就请李年丰同志开始设计了。

亭边设置假山,亭下构建大洞可通行人,要大量的假山石。这东西必须去外地寻觅采购。

经王品玉院长介绍,请来杭州宝石山下的王诒新师傅。他是叠石造峰的能手,到芥子园踏勘地貌,观察远近周边,作构思设计。

在进行上述准备的同时,我们进一步阅读研究笠翁公有关亭台的论述、记载及亭联碑刻的制作赞赏的文章和点滴资料。

亭子、假山的设计我们自己满意了,领导同意了,假山石在桐庐的山里,开辟公路撬挖出来滚堆路旁,由我们自己去观察挑选,作好记号,由吴文斌带10吨载重车去,堆得满满的一车又一车运回来了(每车30元)!像大狮子、小狮子,像羊……都有,每块费用平均一元,价廉物美之极!

施工进展虽顺利,但精雕细刻很费时日,请方增先馆长题写"佩兰亭",省文联主席、著名剧作家顾锡东为亭撰书楹联。冯富伦先生和母亲冯傅宝菊捐助碑的刻制,都是要细细琢磨而成的,特别是亭顶天花板上的画,选自李渔《芥子园画谱》,请当时文化馆干部陈军运用独特艺术——烙画绘制,富有独特韵味,堪称杰作。当时是我设想画什么?怎画法?谁来画?几人一致邀请陈军这位画界新秀来做贡献了。当初谁会想到陈军会提拔到这里(指市文联)来当领导,而且又创建了芥子园二期大扩展工程?!哈哈,是笠翁公安排了理想接班人,画亭顶是个预兆之笔呢!

佩兰亭竣工了,六角重檐,青石地面,矗立在本园之巅。立亭远眺,三江之汇浪涛翻滚,碧水映照兰城,绿波荡漾。沿江城墙重砌,尚存一段古垣,苔痕绿带,已历多代之春秋;西门码头重铺,尚存二石柱矗立不动,洪峰猛冲,中流砥柱。此乃当时重修的设计、主事者之心机,留给人们感怀至今!近观园前江边,自古以来,年遭洪水冲击,重则驳进一片,轻则刷去数寸。1947年前后,此地溪滩大为开阔,全县秋季运动会即在此举行,全县中学生在此大显身手。我与弟弟赵文质都参加比赛。是时他读辅成中学初中部,学校就设在兰荫山麓横山头村。我在该校高中部学习(时为兰溪第一所高中),1949年新中国成立后与担三中学合并为新兰中学。半个世纪过去,这片溪滩运动场地,已被兰江逐年冲刷入江,相对而言,中洲背南端大大地增阔了。长此以往,再过几十年,兰江要与横山大桥接线相吻了,多危险呀!

可是现在观之,从横山矶头直到兰江铁路大桥,巨石砌筑的防洪大坝已如铁石长城般巍然卧立,千载之忧患解矣!坝内园前碧绿一片,松樟成荫,苍翠相映,与兰荫山两大林带之间的芥子园是其相合捧之绿宝大珠,是相联系之有机肌体,自然壮丽,美不胜收哉!漫笔随意,且把亭建成后之两人谈也记于此:

一人说:兰溪自从引来百亿热电厂,经济是见效了,但环境是被破坏了。东门外一带,时时烟云盖天,每天烟尘厚积,还说什么"美哉"!在你佩兰亭上不是清楚可见吗?是的,但既成事实了,不埋怨,不悲观,建议在东门外直至该厂区,种植"甘蔗"林,用水杉,要落叶,当用常绿树,如杜英之类,笔直上挺,植如甘蔗之密,竞争直上。从大云山之背起直至婺江之滨,形成苍郁庞大的茂林。或先积废土而后成山,而后山上造林。愚公可以移山,兰溪人可以垒山。林能挡烟、吸烟、消烟,世上若有消烟树,高价也值得去买。种植时借意八卦形,艺术规划布阵。如说我是异想天开,是异想天隔。再过若干年科技大发展,发电不烧煤,此"甘蔗林"成为新景观。提倡人人(本地人、外地人)都可在此认养一棵树,挂牌立石记载:生前人护它,死后它荫人。他逝后,子孙、亲友从外地来此抚树寄慰哀思。现在不少大城市已出现公墓紧缺,我们则认为挂牌立石以树为纪念碑志。这将成为新型的特色陵园景观。

又一人说:衢、婺两江之上游,现已感用水资源日益贫乏。此势只会日趋加剧,难以逆转。几十年后,饮水、用水荒之声直上,兰溪之两"水宝"更显优势,芝堰水库之应用水,经过从今起加强对集雨区的植林、护林,资源更趋丰富;兰江之水已成富春江上游之湖,加强两岸资源之培育,使湖水更富后援。到那时,这一大片浙中(西)盆地之中,"水富"之首富是兰溪。兄弟县市将伸出买水、引水之手。兰溪烟患几乎消除了,水富高居首位,岂不美哉!我已数次对现居上海的亲友提出:别忘兰溪,作好若干年后回兰溪的后备!

说远了,还是回到佩兰亭上来!

俯瞰本园,前为照壁,中为塘池,横一小桥,留一半岛。荷塘月色,清香岛风。可察闻塘中石狮之吹风吼音,可细辨岛边白鹭之净羽声息,特别是壁上藤网攀缘,如人生社会之交织。平地无路可行,则向堵路之壁求生存,向空中求发展。悟往昔,思将来,学习上应学笠翁公《示儿辈》之方式方法:"莫道班门难弄斧,正是雷门堪击鼓。"工作上、待人上要谦虚谨慎,脚踏实地,不骄不躁,诚信不浮,还要不妒忌人家,"丈夫成名靠自立"。乘此还能健步而上,观赏佩兰亭之际,留此笠翁公之言,以作陪游客交谈之片语!

前面介绍的字画是展品中之重点,尚有一些重点未述及,大多来自上海。当年蒋荣森同志与我一起去上门敬请。他有日记,现摘录成文,供各位欣赏。(赵文卿时为市文联副主席,芥子园筹建处副主任兼办公室主任,后为芥子园管理处首任主任。)

## 附:八十年代去沪的三次回忆

一、第一次去沪时间为一九八四年十二月,本人与赵文卿先生同行,我是辅佐赵文卿先生。当时文联收集的名人赞颂李渔的墨宝都是通过他费神取得的。我们乘硬座火车前往兰溪人出差上海的"大本营"九江旅馆。吃的是猪油饭和阳春面。

这次赴沪的重头戏是拜访著名京昆表演艺术大师俞振飞先生。先由"上戏院"领导陈伯鸿、陈多具体与俞老联系好会面时间,然后第二天上午去寓所拜访(此次拜访,我曾在《浙江文艺报》撰写了《此是兰溪妙笔传》一文)。

俞振飞先生寓所坐落在上海市市区新建的一幢高层公寓内。当我们登门拜访他时,已是上午十时左右。俞老已知有客人来访,处理公事后提前回家,和他的夫人,著名京剧表演艺术家李蔷华女士热情地接待了我们。俞老寓所客厅很简洁,悬挂着中央文化部敬送的祝贺他从艺六十周年的烫金匾额,以及他登台表演的戏剧艺术照。当时正值隆冬季节,上海气温很低,客厅里没有空调暖气设备,仅放置二只约千瓦的电炉丝供暖。也许是为照顾来宾提前开启的。主人显得十分好客,室内却暖洋洋,立刻打消我们刚来的寒意。当我们介绍来意后,夫人李蔷华首先解释说:"俞老与你们兰溪人有缘分,你们的要求常挂在心上。最近他患上老年性白内障,视力下降,白天又很忙,只有在晚上给你们作诗题字。"(指事前俞老给李渔研究会题书会名和作诗题字一事)俞老立即说:"今天一早参加了两个会议,让你们久等了。李渔故乡的客人来,再忙也要见见面。"文卿先生感动地说:"谢谢俞老,谢谢你在百忙之中为李渔研究会题诗书写。"并提到李渔的《芥子园画谱》《笠翁十种曲》《笠翁一家言》《风筝误》等,俞老显得精神和内行,他立刻加大嗓音深情地说:"李渔是一位很有才气的戏剧专家,他为我们后人留下了许多精神财富,他的戏剧理论自成体系,在当时的历史条件下能够写出那么多作品实在不容易呀。"接着他又说:"李渔的作品容易被人们接受,观众爱看,演员也容易表演,他把封建社会的悲欢离合都反映出来,描写得那么生动。《风筝误》经历了三百多年直到现在我们还在演,实在了不起呀。"接着他又谆谆地告诫说:"《风筝误》的京昆本子,尤其是唱词、道白显得深奥,现在的年轻人不易看懂,这就要求我们推陈出新,古为今用,需要我们加以修改提高。现在这个本子(指他当年演出的《风筝误》剧本)唱词做了改动,观众就容易接受。"紧接着俞老加重语气说:"我们演出要尽可能通俗易懂,要使观众像看连环画那样,这样观众就会喜欢。"最后,他深情地鼓励我们:"你们的路走对了,李渔这个历史人物很值得好好研究,加以发扬光大。"并一再说要把这件有意义的工作继续下去。

在俞老家拜访一个多小时,令我们兴奋不已,受益匪浅。俞老对李渔研究会的关怀重视,使我们终生难忘。

此后,我们还去资深著名学者赵景深先生家拜访,也是这次赴沪的目的之一。事前得知他不久前逝世,生前对兰溪的李渔研究十分关心,曾为李渔研究会书写题词。我们到他寓所对他夫人作了慰问,对赵老的逝世作一沉痛的哀悼,在赵老的遗像前插香膜拜,默默哀思,表达我们的怀念和敬意之情。

除上述活动外,我们还利用这一机会专门去上海几家书店进行有关李渔书籍的寻觅。在南京路、淮海路、西藏路几家古籍书店都有李渔的有关古籍,苦于经费之困惑,有多个版本的资料未购买。如清代的线装《芥子园画谱》等,因价格较贵失去了购置机会,回想起来实在遗憾。

二、第二次去沪的时间为一九八五年二月，我仍然陪同赵文卿先生前往。这次赴沪时间短暂但收获颇丰。日本庆应大学研究李渔学者冈晴夫教授于上月来兰溪作过访问，冈晴夫先生当时在上海复旦大学是客座教授，我们首先拜访该校的李平教授，并在冈晴夫先生住宿的外宾招待所进行对李渔研究的详谈，内容均以李渔研究为主。

这次赴沪，我们的主要目的去上海博物馆。事前著名画家方增先教授已为我们联系好去上博观看李渔的手稿真迹，这是一次极为难得的好机会。上海博物馆领导热情地接待我们。并特地委派保管部的一位女负责同志全程陪同。在那恒温控制十分严格的库房，能给我们欣赏李渔的真迹的确很难得，也说明上海博物馆对李渔研究的重视程度。李渔的这些真迹保管得非常严密，保卫人员，工作人员层层监护把关，确保万无一失。进库房前需要我们了解参观程序。参观者只准看，绝不能触摸，更不能拍照。李渔的真迹画共四帧：扬帆载月图、扑蝶图、山水图、蕙兰图，均依次封存在特制的织锦盒内。工作人员手戴白手套翻一页，再对画面作一解释，然后询问我们看好没有，好了再翻下一页。李渔真迹画均为黑白手稿，宣纸质地极佳，画面清晰，经过三百多年的辗转，经过几代收藏者触摸和珍藏，至今仍保存完好，实在是一幸事。据工作人员介绍李渔真迹画存世极少，能回归国家级博物馆收藏更少。四幅画除画面外，都分别配以诗句和落款，加盖朱红印色。印章为"笠翁"。落款行草书写，书写得非常潇洒，章法得体。

上博领导破例给我们参观李渔真迹画外，还同意给我们翻拍四张黑白照片，但先决条件是：这四幅画的照片不能作为公开宣传，出版，仅供内部研究之用。二十多年来我们一直信守承诺，均未作过宣传和出版，仅在原件照片上复印几张供内部研究参考。

三、一九八六年市文联举办"兰溪市兰溪籍书画家作品展览"。拟请中国画坛泰斗、上海著名画家程十发先生题书。先邀请方增先教授来兰:一是进一步落实展览事宜;二是再次实地踏勘芥子园建址,为兴建芥子园出谋划策。郭学焕市长、张燕翔副市长分别接见他。返程由市政府派专车返沪。由市文联吴敏主席、赵文卿副主席和我,市府车队领导吴学良、驾驶员施长浒专车前往。途中遵照方教授的提议及安排,在杭州停留二天,住宿杭州华侨饭店。方教授在杭期间,与著名画家卢坤峰先生以及浙江美院的多名画家教授进行会面,同时为兰溪兴建芥子园提一些建议。

方增先教授很关心画展题词之事,前已打电话联系程十发先生。回沪后,程先生已将题词书写好,要我们第二天去寓所提取。

记得去程先生寓所的这天天气格外晴朗,时值夏季微风拂面,气候宜人。程老寓所坐落在上海市区一幢老式古宅里,门面并不很显眼,黑瓦白墙显得十分幽静,室内摆设也很简洁。程的画室在寓所的内进,房间光线极佳。接待我们的中年保姆把我们引进画室时,程老笑脸相迎,程夫人与儿子程助也一起招呼客人。

当我们自报家门,来自浙江兰溪,是方增先先生引荐来的,程老显得十分兴奋。程老开门见山,随即就把已写好的题词拿出,并十分谦虚地说:"时间仓促,写得不一定好,请你们多多指教。"吴敏、文卿先生立即说:"我们兰溪是清代戏剧理论家李渔的故乡,李渔就是《芥子园画谱》的倡编作序者……"程老更显得兴奋不已,并提高嗓子用上海话说:"《芥子园画谱》是阿拉画画人的启蒙教科书,是阿拉青年时必学必读的……画谱里的梅兰竹菊,一笔一画跟着临摹……"。简单的对话说明,程老对李渔这位历史名人的高度赞赏并怀有崇敬之情。我们欢迎他有机会来兰溪看看走走,他欣然答应等有时间与方增先先生一起来兰溪,看看李渔家乡。

程老的题书,写在一张四尺徽宣正中,"兰溪市兰溪籍书画作品展览"直排式挥就,行草书写,整体章法十分协调,书写风格自成一体,是一件难得的书法佳作。落款"程十发题",盖有印章二枚,相得益彰。同年金秋十月,书画展如期在市青少年宫隆重举行,装裱一新的程老题书,悬挂在展览的"头版头条",为展览增添光彩,深受观众一致好评。


蒋荣森

2012 年 1 月 22 日撰文    2013 年 2 月 26 日 重抄

# 长江后浪越前浪

退休后的我,仍住在芥子园宿舍内,进出同一门。芥子园的不断变化,真是长江后浪越前浪。

市文联换届后移到芥子园办公,新主席是吴一峰;再换届新主席是朱根富;再接任,新主席是陈军,一直至今。

先是塘四周驳墈。原墈只有燕又堂前与照壁前两小段,大部分都是遗留未驳的,新班子获友人帮助,石灰石自己去运,不收钱。如此长的周边,运了一车又一车,好如一座山,值多少钱呀!同时,在燕又堂对岸建了戏台,台的一半建在水上,仿李渔传奇《比目鱼》当年在衢江岸边演出时,其戏台一半在水。演《荆钗记》的花旦刘藐姑殉情投江(真投入江水中),小生谭楚玉也随之殉情投江(真投入江水之中)之意,所以这个"半水"戏台是有来历的。当初经济能力及不上,如今实现了,倍加高兴。台虽小,台顶翻角,黑瓦勾檐。晚上灯饰齐明,天光、水色、灯照,浑然一体。在这别具一格的戏台上,坐在隔水的燕又堂前观赏演出,皓月当空,塔影倒映,天上人间,使人有处于幻境之觉,有沐浴画图中而飘然之感!许多上级领导、外地来宾,凡在此观过演出者,对此之别有风韵的美景赞不绝口!

在室内装饰方面将燕又堂中纸质李渔像、对联改为大理石雕刻镶嵌。廊道镶刻大理石名家字画、名人题咏。戏台之场门、楹联等的设计、制作、布置方面，几位领导与陈兴兵、蒋荣森等同志，花了许多精益求精之心力与工夫。芥子园原只在北面建了燕又堂，新领导班子续建了南面戏台之后，又建办公楼屋四间。据说市财政拨款甚少，靠领导筹赞助，靠发动全体工作人员齐出力。两女将下乡到农村旧屋料市场采选，终于采到价廉物美之材料。众人团结合力，短期内造好这幢设计科学、造型典雅的办公房，使整个芥子园建筑平衡得体，逐步完善。

向往芥子园中能有一尊李渔像，多年未能实现，在陈军主席努力之下，得中国美院教授陈长庚之赞助，在笠翁桥头立了一尊铜像。像为全身，坐在一岩石上看书，神态逼真，深受游人欢迎，并与之合影，成了园中一精致美景。

由于陈军主席与前几任主席之努力宣传李渔，得市领导的有力支持，在市财政相当困难的境况下，拨款给芥子园二期工程买地造房，现二期工程已竣，与原芥子园合墙相邻相通，三层楼，计屋数十间，为芥子园扩大了面积，提高了品位，丰富了内容，为兰溪作历史性贡献！

更由于陈军主席与文联各同志作坚持不懈的全方位努力，进一步获市委、市府的高度重视，做出决定要将兰荫山营造成李渔文化公园！这是兰溪历史上从未有过的壮举，是兰溪人的骄傲与荣幸！是李渔走向世界的最强音！

回想李渔研究会自成立起，即使"讨"钱也要坚持年会不断，苦苦追求，毫不松懈，写出文章，扩大影响，以求引起领导的进一步重视。如今市领导做出了史无前例的具有远见卓识的重大决定，这是我平生最高兴的事！于是，我连续几天几晚，赶写了一份《兰荫山李渔文化公园设计》初拟草稿，以李渔在文艺领域一身兼有"双24"的业绩为核心内容，邮寄市领导与有关部门，以实际行动表示对以上决定的高度拥护!

具有划时代意义的日子来了:公元 2010 年 3 月 18 日兰溪市李渔研究会第五届会员代表大会召开,市委书记宋志恒到会作重要讲话。大会一致选举中共兰溪市委常委、宣传部长刘成芝兼任会长,市政协副主席朱根富兼任常务副会长,李彩标为副会长兼秘书长;聘请宋志恒书记、吴国成市长为名誉会长,并聘请阎寿根(金华市人大常委会主任)、朱建军(市委副书记)、徐祝成(市委常委、常务副市长)、姚荣卿(市委常委、副市长)、赵文卿为顾问。

这充分说明李渔研究会已今非昔比,已大大地升格了。这一长江"后浪"将把兰溪的这一文化"航母",如旭日东升地推展到全国、全世界去广泛交流,开花结果!

祝一帆风顺,硕果累累!

更值得大书特书、热烈欢呼庆祝的李渔文化公园于 2010 年 8 月 20 日正式动工,至今不到 10 个月,已立起李渔铜像 1 尊,建起各式各样亭台楼阁近十座,长廊 80 多米,小河流淌的水系工程已成……宋志恒书记与各位市领导几年来精心策划、营建的兰溪历史上的一大工程,进展顺利,为迎接李渔诞辰 400 周年纪念而将胜利完成!将引起国内外文化与各界的热切关注、赞赏,李渔的声望将进一步名扬四海,誉满全球!

# 非亲非故情义深

李渔故里夏李村是个大村,有 2 千多人口。我是兰溪土生土长,一直在兰溪工作(除杭州借用几年之外),但与夏李村没有亲友关系。在 20 世纪 60 年代以前甚至连远亲之亲都没有一个。但我为什么对夏李村之情义会如此之深呢?那完全是由于认识了三百年前的李谪凡(李渔原名)!乐意为李渔出生成长的夏李村做些事情。

## 为夏李大振"龙脉"

李渔研究会成立时,就安排夏李村当年党支部书记李松福为首届六名会员之一,就策划要给夏李搞一次影响较大的活动。前一年就开始准备,寻购有关李渔的资料书,伊园遗址的进一步考定,做好对乡区、公社、各村干部的宣传等等。

我们有意将李渔研究会 1983 年年会放在游埠 (夏李是游埠区孟湖公社的一个大队,现为永昌街道的一个社区)举行,为期 9 天,取得区领导重视,扩大影响。同时年会全体同志赴夏李参观李渔的伊园、石坪坝、且停亭、祠堂照壁等遗址、遗物。县委宣传部副部长、县文联主席徐连生,副主席陈永源专程莅会指导,对周边群众影响颇大。

那时夏李村留下的规模较大的是一座叫"四分厅"的砖木结构古屋,特别是后进,非但是漏水,而且有几处梁柱已腐烂,是用撑、挂勉强支持着,随时都有倒塌危险。村干部们只得临时头痛医头,脚痛医脚,因为这里是开大会的唯一会场,别无选择。

那时文联工作人员编制只一人,连比正式的还肯出力的蒋荣森同志一起两人都到夏李村去工作,在李彩标家搭伙,在祠堂上天井边摆图书供参观,在室内外贴标语……白天黑夜,忙得不亦乐乎!

9月13日(阴历八月初七,李渔诞辰)到了,游埠区领导汪德源同志非常重视,通知每公社来主要干部两人,每行政村来书记、村主任两人。浩浩荡荡的队伍,从四面八方云集而来,在上华区当书记的夏李人李富双也赶回来出点子搞好接待。

纪念李渔373周年诞辰大会在夏李村隆重举行!

省文化厅派员专程到会致辞,金华地区文联秘书长到会讲话,本县副县长、宣传部长、文联主席与有关部门领导都来了,夏李整个村都沸腾起来了!

我以县文联秘书长、李渔研究会会长的名义作了《李渔生平与学术成就》的一个多小时的讲述。

下午参观李渔生平和成就的图书资料,集中大会发言,领导总结讲话。

晚上放电影,一连放映三个晚上。整个夏李村这几天气氛热烈,议论纷纷:"三百多年前出了大才子,留下大业绩,今天大振'龙脉',我们子孙后代要争气,要继承、发扬!游埠人、兰溪人要争气,要继承、要发扬!"

县文联拨一笔钱给夏李,作为大会吃中饭的补助。

# 风筝误

为了扩大李渔的影响，我们请游埠区文化站施廷扬同志帮助，请游埠的一个业余剧团排练李渔编著的《风筝误》。团长金铁生热情洋溢，进行演习。文化馆赵慧珠(原是婺剧团导演，13岁时代表越剧团参加地区会演比武功，获优秀演员奖。市第二届文联副主席)热情下乡，悉心辅导，于1983年12月19日在游埠剧院正式演出《风筝误》(全本)。李渔研究会全体会员专程前往观看。第二天，在游埠与该团演员陈秀春等进行座谈。我代表研究会鼓励他们演出成功并作优缺点评述，演员、会员发言踊跃。之后，该剧团在游埠、外地甚至出县演出，也常上演《风筝误》。有次在张坑乡新建村演出时，天雨满路泥泞，我与施廷扬同志步行15里赶到露天演场，我代表研究会在演出前赠予该团锦旗一面，金铁生团长接，全场演员与观众兴高采烈。

## "门外时时列锦屏"

1984年植树节，兰溪市委常委、宣传部长何文彬，副部长兼文联主席卢洪法和游埠区领导、孟湖乡领导及夏李村领导与本会部分会员在李渔故居遗址旁植树，自带锄头和树苗。24日再次去李渔故居遗址旁植树，其中红枫6株是从芝堰深山垅里鸡窝山上采来的。李渔《伊山别业》诗中有"门外时时列锦屏"，"秋来醉杀枫林晚"之句。我与范维德同志偶尔谈及，可是他竟来回跑了七八十里路，到鸡窝山采来了这6株小红枫。我与他俩怀着深情在伊山遗址旁种植，以慰笠翁公在天之灵。范维德自小爱文学，学历不高，勤奋自学。"文革"中因采集一首关于乾隆皇帝的民歌，被诬，蒙难。几年后获"平反"。家贫,多子女,但文心不改,孜孜不倦地创作。他的富有乡土气息的小说《倒春寒》,深得省《东海》编辑程帆的称赞。他为省车费而跑路,翻山越岭,自带冷饭喝山涧水采来此红枫,堪称笠翁后世之乡贤也!

## 天雨开云出太阳

王银生同志是孟湖乡党委书记,方寿祥同志是乡长,经受了李渔诞辰373周年纪念会的儒雅之风的感染,冈晴夫来访后,认识到李渔文化是兰溪出口的名牌,于是统一全乡干部的认识,要在孟湖乡政府大院内立一尊李渔像。我们把此事看作是分内事,尽心协力为之筹助款项,推荐柳仲华雕塑家为之设计、制作,提供参考图样。

柳仲华是位聪明能干者,拿出的设计稿就颇令人满意,在制作过程中,步步精心,对脸部的刻画,更擅长于微细处见精神。我们觉得成功在望,就计划在塑像竣工时开个在全省具有一定影响的典礼。主张不搞豪华摆设,不置礼品,重点放在敬请领导到场指导。

在领导的关心、支持下,我与彩标(孟湖乡文化站站长)就上杭城,先到省文联请领导。由于兰溪市文联当时已有点名气,袁一凡书记很重视,经周密仔细排算,认为时间上有冲突。我们则以为塑像竣工典礼只是一方面,另一方面,芥子园兴建工程虽已批准,但明年拨多少钱是个关键,年底要有新的动力去力争加码。我们文联系统,市县级文联已成为实体的,全省未有。兰溪芥子园这一新生命不加强扶持,会襁褓夭折,负面影响全省。省文联没钱下拨,但道义上总得出把大力! 这个"有冲突"的内容重要性可能没有我们的重吧!兴建芥子园这牌子确实起作用。袁书记听后打了几个电话答应：非但自己来，还将"凑几个一道来"，我说"多多益善"！

再去省文化厅，厅长史行已退下来，但威望高，影响大。我与他仅在省文化馆馆长讲习会上大会发言时照过面。但我知道他是延安"鲁艺"出来的明星导演。老"延安"总不会给下级吃闭门羹吧，当晚就上宝石山小巷他家去。

史厅长家与普通干部家相比，并没多少两样。他平易近人，笑脸相待，这就壮了我几分胆量，开口就说："我们为世界第一部《导演学》的撰著者李渔塑了个像，竣工典礼要请您这位延安'鲁艺'导演出身者光临指导！"他开口就说"重要重要"，但又支吾"有冲突"。我就接着说："现在戏剧界不少人眼里只见西方的导演学，把世界导演学祖宗不放在眼里，而且有的竟还不知此伟人是在中国，更谈不上在浙江，现在兰溪人为浙江、也是为全世界树立了第一尊塑像（杭州吴山先贤堂有李渔塑像，那是蜡像馆群体中之一像，以单体独立来说，兰溪是第一尊），您这位老延安'鲁艺'能不能到场，是关系到中国人、起码是浙江人对自己'导演学'祖宗的评价的举足轻重的一步，因为您是浙江文化界首长，因此，从对外界之影响来衡量，我们一定要把您从'有争夺'中'夺'到兰溪去，让优秀传统文化重放光芒！"

经过如此这般的争取，史厅长最后说："不要你们来车子，我们自己会租车，自付旅馆费，多来几个！"

第二天，去省剧协，秘书长李光耀、王秀涛非常热情，满口答应，还将为我们请书法家题词！全胜而回！

12 月 26 日中午，史行和李光耀就到了，先到我家坐一回，喝野生茶。午后多位领导陆续都到了，两大巴两小轿车。史、袁二领导真的又凑了省文联副主席朱明溪等共 6 位厅级干部和 7 位处级干部，同时带来了著名书法家朱关田先生书写的题词："艺论集大成,剧著贯古今。"省电视台副台长钱松樵再次带摄制组专程前来拍摄。

晚上,市委书记王子良,市长郭学焕到第二招待所看望各位领导。大家一致赞赏兰溪为全省地市县级文联兴建自己的实业开了个好头!同时解释省文联是没有下拨事业经费的,兴建芥子园要靠地方财政筹措,不可能像文化馆、图书馆……文化厅按有一定比例的下拨款,对此表示歉意!市领导表态:我们知道省文联是没有"爷爷压岁钱"分的,我们既有能力开了头,也会有能力把芥子园建好!

27日清晨起,雨不停,大家都在乡政府楼上大会议室等着,等得最着急的不在此,而在彼——在衢州。原来史、袁二领导说的"有冲突"是真的,衢州市今天召开首届文代会,邀请诸位省领导出席开幕式。原计划兰溪揭幕式8点半开始,10点半前结束,赶到衢州吃中饭,下午参加开幕。现在9点半到了,揭幕式因下雨尚未开始,催人的电话铃声响个不停,可是老天的雨就是下个不停。塑像在露天,众人不能露天开会呀!10点、10点05分时,我与区、乡书记(区委书记王建平主持会议)商议:动员乡干部、企业干部、工人(那时企业都办在乡院子里面)立即出去向亲友借伞,到25分钟,还是落雨也要开了。

25分,这25分呀!人人的头都在仰望天空,好比战前屏息待命第一枪……20分钟过去,好像雨点不密集了……稀少了……云散开了……25分,云天开阔太阳出,王建平书记一声"李渔故乡塑像落成揭幕式开始!"阳光照得李渔塑像满身黄金,爆竹声、鼓掌声震地冲天……

揭幕式提早结束,立即吃中饭……

车轮转动了,赶到衢州虽然紧了点,但还是可以基本准时到达的。可是公路上却人山人海，有人啼哭堵车拦车，说是"省里青天大老爷来了，有冤要诉！"，"省里高级领导来了，要解决了再走！"哭声、喊声、诉声、解释声混成一片，谁也听不清谁说什么！难解难分！

衢州市来电："开快车要防万一，我们把会议议程调了，把开幕式调为明天上午，今天下午先干明天上午的事。"

还是区、乡干部出面解释："这些省里的文官，不是管你这事的政法官、民事官，有事请到乡政府里慢慢谈。"他们一一分解，请进乡政府去。

车子回程去衢州必经横山矶头轮渡，停下来，刚好看芥子园建址的选择和初步设计图纸，昨晚是口说，今天是不慌不忙地现场察看了。

送走客人，我到办公室向衢州市的老友们表示诚挚的感谢！

过不几天，财税局一同志说："省里这许多领导来看过，市里又要给芥子园加钱了！"

## 筹建伊园、且停亭

李渔当年因明清战火纷飞，从金华府庠回家无栖身之所，乃踏勘了伊山头，"拟向先人墟墓边，构间茅屋住苍烟"。后在亲友们帮助下，建了个伊园，内有燕又堂、打果轩、来泉灶、停舸、方塘、宛在亭、踏影廊等。"只少楼船载歌舞，风光原不甚相殊"，可与西湖媲美。这当然是夸大其词，只有"数间茅屋及肩墙"是事实。

李渔在营造伊园时，任祠堂总理，为首建造且停亭，留下一个亭名的故事传说，大意是：村上一财主欲为此亭取名，问李渔叫什么名字好，李渔回答他"且停"。二次相问，还是"且停"。财主就说：

"不要且停多想了，我取一个好了。"李渔说："你首次来问我，就告诉你叫'且停亭'，不过没说'亭'字，你却以为且停，要再想想，嘿嘿！"故事虽简单，但富有韵味。中国亭多如牛毛，但未见用这二常用字组成的亭名，并留下这饶有风趣的故事，并与亭名相组合，编撰了一副对联："名乎利乎，道路奔波休碌碌；来者往者，溪山清静且停停。"我写了多则李渔的传说故事，这则发表最早，在1982年5月19日的浙江日报上就发表了。后来照此衍绎出去的就多了。

从考察伊园遗址起就开始幻想重建伊园、且停亭，先后做了以下几件事。

请吴忠骅同志设法联系赞助。吴是县政协副主席，我是政协文化组长。他一向工作认真，看到我对夏李工作的辛劳，就向城乡建设委员会伸手，请姜纪钦副主任批钢材一吨，木材一立方，币500元。这是为重建伊园、且停亭筹划的第一次作物资准备。时在1984年，那时给的指标本身是值钱的。后被夏李村干部几次提出它用需要，就把这指标拿去变卖为钱，连同现金一起用作它处。

十多年后，我为寻觅黄大仙文化踪影，常从味精厂围墙外步行穿越黄龙洞村田野，经茆竹园的高圣塘去黄大尖。来往多次，每次经此田野都要为一座因道路改变而"退休"一旁、仅作雨天烧草泥灰之用的凉亭而生随感，推想未改道路时，它是天天都要接待来者往者、农民工匠、牧童羊倌，许多人次，有不嫌烦躁、劳而不息的高尚品格。这次过此亭边，随感升华了：它在此被"闲置"，移个地方可能又会兴旺发达起来呢！

为什么想移位？原因是李渔故乡来了新乡党委书记，叫严秋林。这位书记与我素不相识，但他的一个行为，我对他极有好感。

那是1993年秋，李渔研究会在将军岩开年会。将军岩是官塘乡的一个自然村。我在该乡的村里开会应当到乡政府叩访其领导。去的那天,书记出差外地、乡长有事出门,乡里几乎连个委员都下村了,我就把会议通知代邀请书放在办公室里。

谁知到第四天,官塘乡党委书记突然来到将军岩会议上,接过名片知道他是严秋林书记。他说:"昨夜回到家,今早到乡才看到你们的通知,这是一个高档次的学术研讨会,我就来了。来迟了,请谅解,有什么照顾不周,感到不便之处请多多提出,以便弥补。"一席话,听得大家感到这书记有水平,知书达理,还懂得研究学术。可惜他出差刚回来,乡里有许多事等着他办,不便多留。他最后说:那天大会发言,他要来听。

这是个读书、写作、研讨的好环境,童大伯起早横渡兰江,到对面三河镇(属建德市)买回油条大饼、各种蔬菜,供中、晚两餐用膳之需。他开饭店吗?不,他是县人民代表,一向行善事的。那我怎么会找到这个好地、好人的处所来的呢?说来话长了。

那是抗日战争时期。城里人逃日本佬移居乡下,在乡下的孩子上学无门。那年头,保命要紧,还有谁来办校教书?

有,有一所中学从杭州逃到温州雁荡山,又怕飞机轰炸,逃到严州建德县高垣村来办学。高垣是我外婆家。我娘虽英年早逝,但我父亲还是年年去拜年,维持旧好。

我祖母,一位目不识丁的农村妇女,却"强逼"着我去上学。现在高垣有学校,她一定要我外公、大娘舅把我"讲"进学校。在我来说是被逼的,一个十二岁的小孩,要到离家35里路远的地方去,来回一趟70里,吃得消吗?而且一路是恶狗横路,古墓阴森,荒野无烟,峡谷洪流,非常恐怖,惊心动魄,而将军岩是必经之路。岩的临江一面,有仅通一人行的拉纤路。年长日久,岩上有被纤绳拉锯的痕迹。富春江大坝筑成,这里变成"湖"了,水位大提高,纤路已浸水底。

就是那棵古罗汉松,我好几次回家途中,要上岩去看看它:犹如一把参天大绿伞,高攀在岩上,枝繁叶茂,快上千年了吧,巍然挺立,遮天盖地。"文革"时,动乱的一天,外地两三人带了几只蛇皮袋,两人爬上树剪枝,一人在树下装袋,村人这个那个都阻止他们不要剪,就是不听。一个壮年人跑过来,提起蛇皮袋倒过来,把罗汉松枝全倒在地上:"客气点,袋还给你们,松枝一根都不能拿,古木只能保护,不准破坏!""我们就是要拿走!"树上爬下来的人边说边动手又把松枝装进袋里去。壮年人夺过袋:"就是不准拿!"三人胡乱地抓了些,正想背起袋溜走,壮年人一手夺住,踏上一脚:"一根也不准拿!"三人动手夺袋,这时壮年人的四个儿子都赶到了:"毛都不准拔走一根!"三人看势头不对,只得狼蹿而溜走!这壮年人叫童林仂,是人民代表呢!这是这庙里的一个妇女告诉我的。她还说:"老童助给庙里不少,加上大家帮助捐助,造起这排新屋!"于是,我找到了他,谈了,相识了。

当我再次来到将军岩,童林仂就是朋友了。我说起想在这里开个研究会,他满口答应:"除了文化,其他的我都会帮助!"就这样,"李研"年会就在这里开了,就在老童家吃饭,睡觉在庙里。老会员们都来了,还有去年听了浙师大单锦珩教授(当时的李渔研究取得成果第一人)在芥子园作了"李研"演讲。王启发等后起之秀,就是那次听讲后萌芽出来的。这次新老一堂住宿人多,床铺是老童借来门板搁起来的,被、席是老童到三河供销社租借来的。他还说:"三河供销社有人好像也知道您研究的那个人!"

这句话使我大为拍案惊奇!难道这小镇藏有金凤凰?!于是,乘着现在未下班就去造访,征求谁愿同往?已报到的十几人竟蜂拥而起,一起横渡兰江,三河访贤而去。

原来是戴不凡的弟弟戴不庸。说起戴不凡,使我肃然起敬。他是研究李渔较早的学者之一,也是有力批判"四人帮"之徒污蔑李渔的反击者之一。生前之慕未能一见，如今能见到其弟，也是平生夙愿之缘补。于是，就邀请他同船到将军岩晚餐，在岩庙同睡。小戴年龄已不小，但未有眷属，下班就天地自由，晚上长谈……。

三天后年会大会发言，增加两位客座：一是顾问严秋林；再一是会友戴不庸。

现在听说：严秋林调孟湖当书记了。是市委书记还是组织部同志听说过严秋林与李渔研究有缘的佳话而把他特地调到李渔故乡来，还是偶然巧遇？不得而知，反正是天机巧合，就到孟湖乡去与严秋林书记商量"移"凉亭的事。

心有灵犀一点通。与严略说几句，他就满口赞同。严与黄龙洞书记徐孝顺相识，就由他先电话联系，我与李年丰找徐面谈。

徐孝顺同志通达能干，已当了多年村书记，善于经营，黄龙洞市场越办越好，成为兰溪名牌。他在许多事情上有远见卓识，对于凉亭，他说："祖宗留下的东西，一点都不能卖，败家子是要被人骂的。对这凉亭，放这里没用，如雨天烬草泥，凉亭也会不测烧掉，还不如易地重建做好事，发挥它的作用，又是为名人故里增光，让大家得利！你们来自拆自运，人要当心，拆运要当心！"

严书记布置乡文化站站长童双文负责此事。双文是富有音乐才能的正吹，虽然是业余，但在职业剧团也坐过第一把手的交椅。现在当文化站长，不论干中心工作还是开展业务，都能积极认真，如今把这亭重建为且停亭，当作自家的事一样，全心营建，精心监制。

又一个机会来了。兰城旧城改造，胡家巷古旧房要拆，胡应麟（明代"末五子"之一）故居也在其内。有关部门拟卖掉，由买主去拆。有人想买，认为一只木雕"牛腿"就值得几千上万元。我们得悉，由孟湖乡政府与"李研会"并署向市政府打报告，要求同意此房拆搬到夏李营建李渔故居，副市长包瑞田签字同意此举。孟湖乡十分积极,又由童双文负责。童乃临时搭铺守夜,唯恐"牛腿"失窃。越三天三夜,连瓦片、基石完全彻底地搬运到茶场(伊山头山上)堆放,待后派大用场!

1995 年年会就在茶场会议室召开。乡里十分主动安排:由副乡长李建成(李渔第十二代孙)带领有关人员下水放样,圈定伊园(李渔故居)的规划范围划定界限,又把伊园与将要重建的且停亭规划联合通道,还给且停亭与夏李村之间的路扩建成通车大道。办这些事有一连串的土地具体政策问题,李副乡长一一予以妥善解决,现在保牢的这几处土地,就是他们当年泥洼陷到腿跟的实地踏定为基础的功劳。同时为给"李研"年会在伊园边的茶场举行,他又与有关人员去游埠借来、租来被、席、床板和餐具。乡长俞忠庭和他是领导又是具体实干家。

11 月 12 日会议如期召开,到会的有:市政协主席张燕翔,市委常委、常务副市长应炳兴,市委常委、宣传部长李树祥,市经济计划委员会主任朱德才,市建设与土地管理局局长杨正良,旅游局局长仇云星和企业家陈孝明、陈庆林、谢天育、李志南、姚建兵,孟湖乡书记严秋林、乡长俞忠庭和本会会员、爱好者及新闻单位共 70 余人参加。

原郑宇民书记答应到会,因临时有一事赶往现场,迅速办妥后,立即赶到会场,全场热烈鼓掌经久不息。

"李研会"的情况会前已向郑书记汇报,现请他讲话。他主要谈了三点:一、重申李渔在学术界的地位越来越高,李渔的一些思想越来越明显地可运用于现在;二、研究李渔著作要与现实应用相结合;三、当地传统文化的弘扬要靠当地企业的帮助。

郑书记讲话刚结束,经计委主任朱德才等部门领导和企业老总们就自动赞助。

会议结束了，郑书记却进一步实地调查研究了。他在乡书记、我和彩标的陪同下，从踏勘李渔故居遗址开始，沿着其开凿的"自流灌溉"的坑渠，整个田畈与村庄绕了一圈，那时环村洗涤坑渠尚有多段，处处仔细察看，详尽询问，随感随说，汇总起来，有三条高见：劝说有老房子的村民，不要拆掉老房子(包括泥屋)，保护好，在夏李村会越来越值钱；二、与李渔有一星半点关系的物件(如大士宫房屋、青莲井、祠堂照壁、敦睦堂柱础、午朝门外石子路、"河山拱秀"八字门面房(不要刷新门面)，全部原貌保存，不要随意去修饰、改装，更不要以新代旧；三、招引、物色大投资，搞影视城。

且停亭重建竣工，100多人集会进行庄重典礼。副市长张燕翔作重要讲话。计经委主任朱德才、市旅游局领导、孟湖乡党委书记讲了话。亭名、对联文辞依旧。增加亭内两副对联，我与陈星理事各撰一副。

翌年植树节前15天，我购买了柳树枝，爬山虎200株，樟树28株运往夏李村，在且停亭四周与通往伊园之路两边种植。

前次郑书记到场的"李研"年会，有些企业领导因在外或其他原因未能到会。为了让兰溪企业界人士多几人认识李渔学术成就与其现实意义，孟湖乡举办品茶会邀请部分企业家参加。由乡书记严秋林主持，请市委常委、宣传部长李树祥作重要讲话。李树祥，名牌大学毕业，高中时，就是高才生，业余爱好音乐，拉二胡、作曲谱是能手。他对李渔研究可谓一直来重视、关心、支持。参加李渔研究会作指导，讲话多多，才能出众，引经据典，切合实际，非常动听。这次讲话，更得到与会企业家的高度赞赏。我作了伊园原貌和复建意义的发言。众人边品茶边议论，一致认为李渔是兰溪最亮丽的名片，兰溪人应该出力重建伊园。市人寿保险公司经理沈宏敏、市供销联社总社主任胡胜奇等当场表示大力支持。

根据年丰兄设计的伊园重建图预算所需资金与现已筹得资金相比，缺口较大，想到运用本村民间力量向本地和在外地工作者捐助，有可能捐得一部分，于是经过多方了解、排比、挑选，我找到李渔第十一代孙李培金长谈，请他出来主持工作。培金是老干部，威望高，信誉好，村上人颇听他的话，跟他的行动。是时他在水库珍珠铺看守珍珠，能顾大局重公益，就不去看护珍珠，而投入到恢复伊园工作上来了，是一位为公而弃私的好干部。

为此项工作的开展，夏李村特地召开党员、干部大会，我专程去夏李，在会上作了100多分钟发言，动员为筹建伊园加砖添瓦，齐心合力。

我还为此请李树祥部长与工作组联系：我自带被毯参加工作组，为重建伊园出力。可是工作组有人唯恐喧宾夺主，影响他们开展工作，我风闻此言，认为人家不理解就很难工作，就取消此念。

经过次次费尽心机，众人努力，重建伊园总算有了启动的条件。特别是郑书记的徒步半天视察，是历史空前。李渔大成名60岁回故乡那次，父母官未有陪同到夏李。送"才名震世"匾的知县赵衮，有否来过，未见记载。直至民国年间，国民党派中央委员胡次威任兰溪实验县县长，也无到过夏李村之记载。只有新中国的"改革开放"年代的1995年，金华市委常委、兰溪市委书记郑宇民亲临在伊山头茶场举行的李渔研究会年会作重要讲话，又环水渠、夏李村视察一大圈，作了指示性意见，实为兰溪的史无前例、破天荒！这是何等具有远见卓识的创举！

就在这紧要关头，严秋林同志调任了。那时，兰溪正兴起开发旅游热，市旅游局长的位置至关重要，选中严秋林去担任。

牵一发而动全身……

一言难尽……

# 陪领导、学者、媒体、宾客赴孟湖乡夏李行

## 部分纪略

1983 年 7 月 18 日　陪同本会全体会员及爱好者参观李渔故居遗址、且停亭、石坪坝等。

9 月 13 日　陪前来参加"李渔诞辰 373 周年纪念会"的省、地、县各部门领导余子力、滕道祥等 15 人，会前会后参观李渔故居遗址、石坪坝、且停亭……。

1984 年 3 月 12 日　陪县委常委、宣传部长何文彬，副部长兼文联主席卢洪法和游埠区、孟湖乡、夏李村领导和本会部分会员在李渔故居遗址旁植树。

24 日　陪范维德到李渔故居遗址旁种植从芝堰深垅鸡窝山采来的 6 株红枫，并一起种植。

1985 年 1 月 4 日　陪日本东京庆应大学教授冈·晴夫到夏李村参观考察石坪坝等。

6 月 14 日　陪副县长张燕翔、宣传部副部长卢洪法考察孟湖乡"李渔塑像"座址。

11 月 27 日　陪市委常委、纪检委书记吴树棠，市委常委、宣传部长何文彬，副市长张燕翔视察李渔故居遗址和其他遗址，听取乡党委汇报。

1986年4月21日　华东师范大学研究生谭帆考察李渔故乡(现为华东师范大学中文系主任),作学术交流。

12月27日　省文化厅前厅长史行、省文联书记袁一凡等6位厅级领导和7位处级领导参加在孟湖乡政府大院举行的李渔塑像落成典礼,部分领导会前视察李渔故居遗址、石坪坝。

1987年6月1日　陪《浙江画报》副总编王锦秋,编辑室副主任陈荣宝拍摄李渔像、伊园遗址。

7月21日　陪本会全体会员瞻仰李渔塑像,踏勘李渔故居遗址,遗迹。陪省委统战部部长戴盟、省民革秘书朱馥生视察李渔塑像、伊园遗址。

10月10日　南京师范大学沈新林(讲师、研究生,后为教授,被誉为"李渔研究第一人")考察李渔故里并与本会举行座谈交流。赵文卿、沈新林、李彩标等多人发言。

25日　陪省作家协会副主席郑秉谦、中国摄影家协会会员沈秋林瞻仰李渔塑像。

6月14日　陪浙江电视台《讨饭国舅》(据李渔小说改编)摄制组人员和武义县文化局长潘金谊、武义婺剧团团长徐松成拍摄李渔塑像等。

7月18日　陪四川省重庆川剧研究所副研究员胡天成考察夏李村李渔故居。

10月24日　陪省艺术研究所导演纪裕光、邓松平,摄像郭其敏等5人拍摄电视专题片《秋语兰江》中有关部分李渔像、石坪坝等。

1989年5月24日　陪上海市文联副主席杜宣偕夫人叶露茜,女儿桂未明(《电视·电影·文学》杂志副编审)瞻仰李渔塑像,参观石坪坝、且停亭。

1990 年 3 月 13 日　以北京师范大学张紫晨教授为中方团长,以日本国立历史民俗博物馆福田亚细男为日方团长的"中日农耕民俗文化联合考察团"来兰考察,向他们作李渔研究和李渔故乡民俗文化的介绍。

1991 年 5 月 31 日　向世界十大摄影大师之冠的郎静山在《百岁百幅摄影展》上致欢迎词:李渔故乡夏李村与里郎村是隔黄土丘陵的鸡犬相闻的邻居乡亲。

9 月 14 日　"世界性李渔研究"讲座上讲李渔的伊园诗词。

1992 年 11 月 5　上海学者陆元虎先生专程前来访问,与之作学术交流。

1994 年 3 月 9 日　郑宇民书记(现任省工商行政管理局局长)听了关于"李研"的汇报后,说:"李渔给我们留下了那么多宝贵的精神财富,我们不修好且停亭,怎么对得起他?对得起祖宗先辈?对得起子孙后代?"

1995 年 6 月 28 日　陪兰溪有线电视台"兰江风情"专栏(负责人林静翁)联合拍摄李渔遗迹,孟湖乡党委书记严秋林、市计经委主任朱德才临场指导。

1996 年 5 月 6 日　重建且停亭方案(李渔第十代孙李年丰设计)论证会在孟湖乡政府举行。

6 月 9 日　重建伊园方案(李年丰设计)论证会,在孟湖乡政府举行。

11 月 5—6 日　陪金华电视台 38 频道摄制组(负责人倪立)到李渔故里拍摄《李渔》专题片。

15—18 日　本年年会又在李渔伊山茶厂举行。

1997 年 3 月 1 日　中央电视台 3 频道播出《李渔故乡访李渔》。

8月14日　　陪日本庆应大学教授冈·晴夫与学生、文学博士胡志昂去夏李访问、考察。同行的新老朋友有：吴敏、李彩标、李年丰、诸葛子房、陈兴兵等。

10月6日　　陪同甘肃、山东学者李子伟、刘大有、魏洪昌考察李渔故里。

1998年8月10日　　陪著名编剧、导演韩义一行三人考察且停亭、伊园遗址。

1999年4月29日　　陪法国工程师陈志阳、薛湘涛、硕士何诺、香港律师李强放弃游览杭州而从张家界来兰考察、参观李渔故里。（赵笑莳联系）

2000年1月赵文卿、李彩标主编，中国文联出版社出版的《李渔研究》出版。内载李渔故里（并孟湖乡）有关文章多篇。

本人于本年冬起，拟寓居沪上，提出辞去李渔研究会会长职务。

（本篇"陪宾部分纪略"中有几次与副会长李彩标同行）

## 附：说明心里话

有一件事要说明：夏李村干部群众中有一种说法：芥子园本来是要建造在夏李的，是赵文卿一定要建在城里，才造在兰荫山脚的。这是无中生有，平白无故，无风刮起的三尺浪。在当年及以后，我是从没听到过哪位市领导或有关部门领导说过在夏李村造芥子园的话音，从来没有议论过芥子园的建址选何处，选在城边是一开始就定下来的。其证据有六条。1.在1986年迎新年大会上我发言建议建造芥子园地点在城里也可在溪西。2.王子良书记说："建在中洲背，场面开阔，可惜怕洪水。"3.郭学焕市长说："我挤不出工夫,你们自己去溪西踏勘,我大致有数的。"4.城乡建设规划设计师张闯说:"溪西靠南面大片,还未有什么单位预定,选择余地大。"5.当时是以城市绿化项目上报审批的,呈报单位是市政园林处。他们的建设项目绝对不会放到乡下去。园林处主任徐承孝是芥子园筹建处成员之一。6.市财政拨给市文联建造办公、生活用房已有84年3万元,85年3万元,计6万元。芥子园首期开建经费16万元,就包括这6万元在内的。市机关部门单位——市文联办公、生活用房建设资金的建筑怎么可能建到离城50多里路的夏里村去呢?!

　　以上有关领导现还健在,有关文件存在,人证、物证都充分说明芥子园一开始就是要建在城里或城边的,从未有人说过拟建在夏李的半言只字。当时兰溪市委常委、组织部长李树祥办事公正公道。他是夏李村人。夏李村的许多公益建设都是他帮助搞起来的。李渔研究会稍大一点的活动,都要邀请他莅临指导,在会上会后他与我说话的机会也很多,而且许多次都是在芥子园未建之时。如夏李的谣传实有其事,他怎么会没半句对我指出的话?他是直爽人,怎么连边鼓都没给我敲一下。说这样话的人不要出于各种目的去编造这样自欺欺人的谎话去蛊惑人心吧!在当时,即使胆大包天之人也不敢把市政园林获上级批准的城市绿化项目移建到乡下去,即使有一位对夏李有特殊感情、在外边当大官的人也不会想到把市文联办公、生活用房建到远离城区的乡下去的荒唐主意!稍有点知识的人听到这种谣言,实在不值得嗤之一笑!

# 余热难蒸但可温

## 严副委员长赏菊

到退休年龄了,组织上通知我延迟一年退休,算退到一线半吧!

听说严济慈副委员长要来芥子园,我特高兴!据说严老提出:企业只能去一家,第二家——芥子园必去!这还不高兴吗?!

又通知来了:市领导叫你(指我)向严老汇报,介绍芥子园!这就使我有几分心惊胆战了,因为向国家领导人做专题汇报,我还是"和尚当女婿——头一回"!

来了,严老来了!市政协主席张燕翔向我注目示意,我走过去,他说:"没有人作开场白的,直接就你讲。""几分钟?""15分钟左右,可伸缩为10—20分吧,看严老表情,灵活机动。"

一见严老,满脸慈祥,名不虚传的"济慈",我的心就平静了。

严老坐在燕又堂中间上横头的交椅上,我站在他对面汇报。他要我坐着说,我意识到两对面讲话,应该平视,否则,他要仰视我了,显得不正常,于是我就不顾交椅少,有些领导都没椅子坐,就在他对面坐下说李渔的成就、磨难,特别是在南京芥子园时期的辉煌,我们建这个园,沿用"芥子园"为名的目的之一就是希望年轻的后代学习故乡先辈创造光辉业绩的精神而为国争光!我边讲边注意到严老眉开眼笑的神态,多讲了好几段话,到此可以适可而止了,想不到严老竟拍掌鼓励,要我再说,引起了全堂掌声。

严老刚跨出门槛,兰溪市领导问他要不要园里走一圈?他见到堂前小庭檐下、石栏杆边摆着各色各样菊花,就随口说:"就在这里看看菊花吧!我从来没看到过这样好的菊花!"那时随即有人端过随身带的藤椅,让严老坐在燕又堂前,眼前脚下都是满目金花,这时严老向几位陪同领导看看,说:"谁介绍一下菊花吧!"事先没安排看菊花,大家都没准备。这一难题难得全场没人作声,不知该叫谁介绍,现场既没农林部门的技术员,也没种菊花爱好者,花工林金璋是位从杭州雇来的师傅,又刚好去杭州了,就在此一筹莫展的时候,金华市的一位领导向我递了个眼色(也来不及征求我的意见),就接下去说:"由芥子园主任向严老介绍菊花!"这是于无声处的一声惊雷!这是容不得半句辞谢、半点迟疑的命令!那时,我就把得失置之度外,毫无顾忌地接口过来:"中国的文人学士都喜欢赏花,越高层越爱菊。陶渊明就有'采菊东篱下'诗,李清照又有'人比黄花瘦'词。菊花品种很多,有一种叫'钗'的菊花,往往是菊花中的佳品,如金钗银钗,正如曹雪芹在《红楼梦》里写的'金陵十二钗'。每一个'钗'都是天上人间少有的如花似玉的美女,如林黛玉、薛宝钗……现在摆在委员长前方柱子边的两盆菊花,就叫作龙凤金钗,既美观,又吉祥,龙凤呈祥,是行特大好运的呈祥象征!"一阵掌声,十来秒钟的停顿,又让我想起了另一种花名,就接着说:"这叫白顺风,送人赠礼,特别是送人外出远行最适宜。送上这'白顺风',象征高尚洁白一帆风顺!今天严委员长光临芥子园,请让我代表芥子园送上这盆花,祝委员长一帆风顺!健康长寿!"我说着随手捧花钵,严老站起来紧握住我手:"谢谢,谢谢!我收,我收下带回去!"有位同志就把这盆花捧着,走在严老身旁,这时还是掌声不绝。

一位资深的局长在塘边石桌沿对我说："你这一讲，讲得好，急才，为大家争了面子，严老十分高兴！"我连连说："过奖，过奖了！"他一本正经地说："你不讲，冷场，多尴尬，省地市这么多领导在场，多难受！你这一应急，是帮了大忙的急才呢！"

## 一担挑 挑出半百间房

"改革开放"初始阶段，兰溪如旭日东升，蒸蒸日上，"金华八县"之一的兰溪第一个"撤县设市"，市委书记王子良是金华市委常委之一，大有全国学兰溪之声势。

随着改革开放的广泛深入，以国有、二轻为主力的经济结构未能因势利导，主动出击，渐趋被动，步履艰难。以往靠国营、二轻赞助的"李研会"，好比"旧时王谢堂前燕"，如今要"飞入寻常百姓家"去联谊结亲了。在这过渡时期，我们"李研"想开个年会，颇有走投无路之窘感。原来的老总们劝我："退休了，算了吧，何必还要自讨苦吃？"但我心里总觉得："李研会"还有不少事情要做，现在物色不到乐意接班的人，就撒手不管，断了气，冷灰复燃就难了。可是有的亲友就直白地劝我："退休这么多年，这种'白奴才'工作可以歇歇了。"但我这多年来已深深地爱上了这一事业，也就直白地回答："我自觉情愿做这个白奴才！"

这天我从马公摊走过，看见一低矮民房门口挂着块"李渔酿造公司"的牌子，就故意走进去看看，这公司的主人对李渔有多少认识。

公司注册法人叫杨起根，是个道地农民，祖传酿酒。是因为在报纸上、电视上不时看到李渔、李渔研究会，有人研究的名人总是大名人,好名人,就用这个名字作公司名称了。

几次交谈,认识多了,共识就有了,友谊也结成了,屋小门低,却乐意资助承办一次年会。

3天时间30多人的吃住全由李渔酿酒公司承担。老杨的家是多功能的。儿子杨初放,年纪轻轻已学得一整套少林武艺,办了个武术学校,任为校长,能文能武,写得一手好字。劲笔挺拔,雄姿初放。他与校务总管董步良、兰溪体育界的老元勋把远途学员动员组合并铺,近路学员则回家住,将两头文、武课务适当移向中午,使他们不至紧张赶路。为妥善安排会议住宿,全校开展"半周为李渔"活动,相互鼓励,友谊帮助。女儿杨良宵,性格内外适中,既管好公司经营业务,又帮助照顾会务,穿插安排得体,使人称心如意。杨夫人则是位不多话、多出力、多做事务耐劳者。原来的家务、一些厂务如今加上会议的膳务,全由她一人主持,有条不紊,勤快不乱。老杨自己,是位一担挑(挑着酿酒工具上门为他人加工蒸酒)起步,肯钻巧干,把祖传经验与李渔酿酒奥秘融为一体,化为心得。他用料:六谷真粮、深山泉水;制作:秘传精巧方法与新型科技设备相结合,酿出了口味醇厚、回味滋身、涵养生机、强身健体的李渔家酒,赢得信誉,口碑传扬,稳步发展为拥有50多间厂房、五层新大楼、一整套先进科技设备的企业。李渔酿酒师从一担挑挑出了半百间房。

由于杨经理一家的合作,年会开得十分成功,讨论"李研"文章5篇。金华市社科联副主席张旭庭、兰溪市人大副主任唐广书到会作重要讲话。我做了《李渔与酒》的发言。

## 雅致门庭心胸广

从电话号码簿上发现了有家"李渔宾馆",我就安排时间去走访。

一走进这家宾馆,规模虽不大,但明亮、整齐洁净的第一印象,给人感到爽心、舒适。

宾馆的法人叫王淑芳,是一家规模不小的丝绸总厂的分厂厂长,因"转制"下岗而开设了这家宾馆。

她虽然下岗了,不埋怨,不泄气,几年来忙里忙外,为其他下岗工人做了不少好事。经市有关部门调查了解,被推荐为"金华市优秀青年兴业领头人"入围的两位候选人之一,可称亚军了。

这位亚军人士,虽然是位女士,却有超男气量。听说李渔研究会年年开年会靠资助,就主动向我提出:"不嫌怠慢,就请到我店来吧,吃住全包!"于是,为期三天的20世纪最后一年的"压纪"年会就在李渔宾馆举行。

这家宾馆最大的特色是回头客多,在此住过的人,下次再来兰溪,毫无疑问住老地方。三天中,碰到好几次由于床位被我们住满了,只得把回头客回掉,收入减少了,她内心还是乐滋滋的,因为这是精神享受。

男老板是位厚道人物,炒得一手好菜,对李渔烹调经验的运用,得心应手。他心里有一本个性化的客服食谱,吃过一次就能记牢:这位客人辣椒加多少,喜不喜用醋;那位客人吃面熟烂的程度有几分,全心中有数。由此,这两夫妻开的这家店,宾客盈门,一年四季,长盛不衰。

这次为"李研"服务,态度之殷勤,服务之周到,星级宾馆也没他俩个性化服务周详满意,大大有助于整个会议质量的提高,与会者情绪高涨,晚上自动讨论不休,迟了,半夜餐上桌了……

　　市委常委、宣传部长徐瑞新到会听取汇报,作了重要讲话,对"李研会"的这种在相当困难的经费短缺情况下,年复一年地、长期坚持不懈地争取社会帮助,会员们甘心情愿坐冷板凳,写文章,出版"李研"新成果,李渔宾馆屋不多门不高但心胸广阔,眼光高远,积极支持兰溪精神文明建设,值得大家学习、发扬!

下篇

# 李渔"双廿四"业绩与成功之路展览(演讲)

此展在兰溪芥子园、浙江师范大学、中国人民大学、国家图书馆、北京大学、上海教育电视台"世纪讲坛"、上海戏剧学院、汤显祖"临川四梦"国际学术研讨会、上海大学等处展出、演讲68次。得到各级领导、各界人士和广大观众一致好评、赞扬！

## 北京大学展出、演讲本(2009.9)

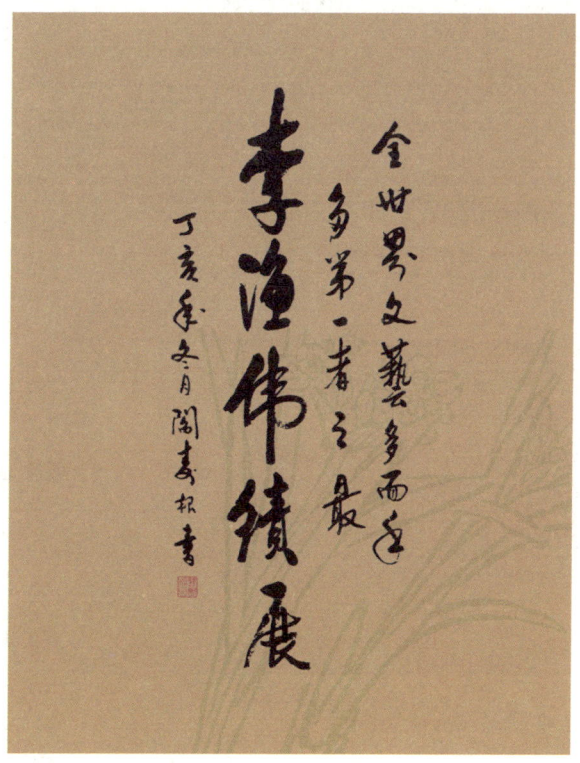

展名题书 阎寿根

# 前　言

李渔（1611-1680），号笠翁，浙江·兰溪人，被誉称清代著名戏剧家。近期的研究成果《全世界文艺多面手、获得多个第一者之最——李渔》①一文，国家文化部主管、中国艺术研究院主办的《文艺年志（2006年度精选版）》载有概述该文的1300字文章，叙述了李渔是戏剧理论家、小说家、散文家……有24家以上之多（因24是个皆大欢喜之数，所以就不提25、26……）。该文同时叙述了李渔为中国文学史上最早的专业作家……等多个第一（唯一、最早）的名义的获得者。经进一步深入挖掘，现已增加到24个第一之多，可称李渔获有"双廿四"（双24）之业绩。

本文作者在从古到今（至清代末年，即20世纪10年代）的中国文艺能人、才人，世界文艺能人、才人中，以一人具有称得上专家或技师（类似今之高级职称）的成绩有几个方面（几个家）；以一人在中国文艺史上称得上第一（最早、先河）的首创成绩有几个方面（侧面、散点）进行比较，以海选为基础，多层筛选，最终得出结论是：古今中外没有那一位能人、才人具有的"家"、"第一"的为数之多超过李渔的。李渔不但是中国，而且是全世界文艺多面手、获多个第一者之最！

过去评论李渔，往往主要是从戏剧方面而言，有"东方莎士比亚"之称誉。今天评论李渔，应该突破旧框，从李渔有"双24业绩"，是"世界之最"而言，李渔就超过了莎士比亚，而莎士比亚是"西方的李渔"也。李渔成为全世界文艺顶级人物之最，犹如在中国升起一颗人造启明星，为宇宙添光增辉。全中国人都应该感到这是中华民族的新的自豪！新的精神力量的源泉！

上述观点，是本文作者之"一家言"。在北京大学等多处巡展、演讲四年半的基础上积极响应党中央建设文化强国的号召，再次刷新版面，予以展出，希望能够起到抛砖引玉，请大家评述。相信广大观众能从李渔"多家"、"多第一"与成功之路中吸取精神力量，激励学习、工作意志和热情，以科学发展观为纲，为建设具有中国特色的和谐的社会主义文化强国而更加努力！

由于制展人员水平不高，存在的错误、不当、不足之处，敬请领导、学者和广大观众多多指教！原展板高120厘米，阔90厘米。现印在书上，为有利文图放大，改为此式。

2011年11月

李渔全集20卷本②

注：①作者：赵文晖
②浙江古籍出版社1991年出版的《李渔全集》为20卷本，1992年改为12卷本出版。
本展文本引文照1991年版本卷次。

李渔"双廿四"业绩与成功之路展览之一

## （一）生平概略

### （1）李渔与兰溪和他乡

**1.谪凡出世**　浙江省钱塘江上游的兰溪西乡,丘陵盘绕的夏李村祠堂前阳基上,出生一位男孩。一位道长给孩子观察了一番,给他取名为仙侣,字谪凡,号天徒。时明·万历三十九年八月初七日。这孩子的伯父李如椿是位"冠带医生",在江苏如皋一带行医。父亲如松随兄做药材生意。如椿见这个侄儿聪颖异常,就带在身边课读,倍加教导。在明代晚期金华府的一次考试秀才中,浙江提学副使许多看中一名重生的文章,称他为"五经童子",把他的试卷评批刻印作为范文到处分发赞扬。这孩子就是李谪凡,后来仙侣给自己取名为渔,号笠翁。

《龙门李氏宗谱》世系表

**2.营造伊园**　在金华府庠读书的李渔,结交了府同知许檄彩,又与明王室谪居婺城的朱梅村结成知交,时日顺畅。可是明末战乱硝烟越烧越近,李渔曾逃进山林,又躲入船中,惶惶不可终日,只得回老家来做"识字农"。这时李渔亡父多年,家道大落,住无所际。在亲友帮助下,于伊山之麓建起"数间茅屋及肩墙"的房子,他别出心裁地设计、营造了不少景点:燕又堂、打果轩、踏影廊、宛转桥、来泉灶、方塘、宛在亭、停舸、蟾影、迁径等,起名"伊园",又称"伊山别业"。他在七绝《伊园十二宜·宜春》中赞美自家的园塘:"方塘未敢拟西湖,桃柳曾裁百十株。只少楼船载歌舞,风光原不甚相殊。"

伊园诗　清·雍正年间　芥子园朱墨本

伊园军局图为李渔第十世孙季年丰据李渔诗文复原

*李渔"双廿四"业绩与成功之路展览之二*

3.兴修水利　　夏李村地处砂土丘陵，十年九旱。多雨时日，山溪水猛涨，冲淹农田。五经童子出身、当了"识字农"的李渔，深知农民的苦难和希望。筑坝蓄水灌溉农田是世代村民的梦想，李渔竟敢担负起村民的重托，与村老一起设计挖坑筑坝，并请金华府刑厅长官李之芳公布告示，使工程得以顺利进行。筑坝四座半，挖渠坑总长6华里，使村前村后田畈获得自流灌溉，村民在门前渠边就可洗澡。三百多年过去，至今坝渠还在继续发挥着自流灌溉和门前洗濯的功能。当年的石坪坝已被人们习惯地称作"李渔坝"，现为省级重点文物保护单位。

李渔设计、建造之石坪坝　石羊生　摄

4.建且停亭　　三四十岁就当家族祠堂总理的人，是极为罕见的。讷凡（李渔）不靠有钱有势，不靠年老辈高，而靠自己为公益事业之热情和才智，没等修完水利，又筹建过路凉亭。当时，同村一财主要试试讷凡有没有起亭才，自己想好亭名，突然要讷凡起个亭名。讷凡当即回答"且停"。财主说："舍下来客写字艺高，乐意题写，不能停等。"讷凡说："我认为'且停'好了。"财主显出着急情态："他就要走了。"讷凡用手指边画边说："你没理解我的意思，是亭名就称'且停亭'。"财主顿然大悟，心中准备的亭名就不敢说出来相比了。

且停亭（易地重建）

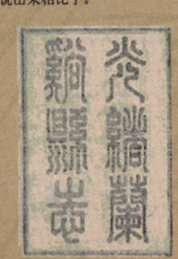

《光绪兰溪县志》上的且停亭楹联

李渔"双廿四"业绩与成功之路展览之三

**5.离乡背井** 谪凡才名鹊起，一个邻村与其近村有山林争执，请谪凡词讼，愿以楠木厅作酬谢。谪凡助正义，赢了这场词讼，带人去该村拆楠木厅，却遭拒绝，陷入险境。为避免不测之祸，他果断地连夜出走，离乡背井，远奔他处。

这一走，惊断了"识字农"的安居梦，留下了族柯总理未竟的第五座水坝。这一杀机，逼迫了一个蕴藏天才者的愤发。这一走投无路，恰走出了世上未有人走过的多条业绩的开创性之途。当年谁能识出在吴越间卖赋糊口的尚带着故乡尘土的流浪汉，一旦全身心地投入事业，社会的八卦炉却提早三百多年铸造出了一位平凡而伟绩光辉无边的璀璨的巨星！

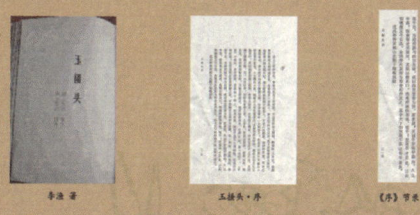

李渔 著　　　　　玉搔头·序　　　　　【序】罗荣

**6.寓居杭州** 在吴越间卖赋糊口的李渔，辗转到杭州逐渐稳定下来，租用房屋地，加以搭建，名为"武林小筑"，把家眷都接到杭州来安顿居住。才气旺盛的李渔，诗文、戏剧、小说多种创作齐头并进，在杭城文坛崭露头角，不多时日就被人称为"西泠十子"之座上宾，并与浙江布政使张缙彦等高官交谊深厚，小说、传奇大量出版发行。不意遇到"拙刻作祟"的飞来横祸，只得离开已住了十多年的杭州而去金陵（今南京）。

武林小筑初成请　　　　　武林小筑

李渔"双廿四"业绩与成功之路展览之四

**7. 芥子园主**　　李渔在南京一住就是20年。在这漫长的岁月里，做了几件突出的事。一是营造了芥子园，组织雕梓，出版经营。既出版自己的作品，也编辑出版他人的著作，量大面广，并制作书签、锦笺等工艺品出售。二是以友人赠送的少女为主，精心教习演艺，组织家庭戏班，以南京为根据地，四出周游演出，"打抽丰"。此为一家40口的主要生活来源。三是著作甚丰，李渔一生留下500多万字的著作，大多是这期间的笔墨。被号称中国第八大才子书的《闲情偶寄》也是这时写成。

芥子园版

芥子园歌台演出

**8. 回乡省亲**　　60岁的李渔应邀从南京出发去福建，取道浙江，特地回故乡兰溪省亲。兰溪县父母官盛情接待这位远方回乡的著名人士，陪同在三江之汇观瀫（兰溪，又名瀫水）引觞赋诗。又陪同上兰荫山俯瞰兰城，采摘兰花。李渔深情地把兰花纫佩在胸前，称兰花为"命花"，爱乡之情溢于言表。李渔回到夏李村（今属永昌街道），看望本家亲戚，更踏看当年水利工程和且停亭。物是人非，感慨万千，写了《二十年不返故乡重归志感》。

兰溪父母官宴请李渔处所

引觞赋诗

李渔诗

李渔"双廿四"业绩与成功之路展览之五

**9. 题联相赠**  在文坛上已负盛名的李渔，为答谢父母官们的热情招待，热忱厚意，特地撰作对联相赠。从这些对联中，可以看出李渔与父母官们情谊之深厚，也可识出李渔联语撰作艺术之高超。

君侯德泽难名试肖其形如水上潋纹凤篆起；
黎庶生成有象欲求其似若溪边兰蕊雨滋开。

继杨震而廉四知潋水官清同潋水；
后潘岳而栽千树兰溪花满称兰溪。

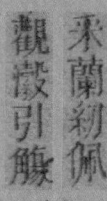
李渔遗词

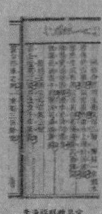
李渔题联赠昌宫

**10. 知县赠匾**  李渔回乡在城里和故乡引起很大反响，许多人为兰溪出了这样一位大才子而荣幸、自豪。但也有人认为戏子是九流之末，给予轻视。博学多才、政绩显赫的知县赵滚（衮）对李渔的多方面成就甚为尊重，对一些流言蜚语甚为蔑视，为正视听、崇才学，特地题制"才名震世"大牌匾，敲锣打鼓送到夏李村，高悬在李氏祠堂里。从此，李渔的声望在兰溪人心目中的位置日益升高。

知县赵滚赠匾

*李渔"双廿四"业绩与成功之路展览之六*

## （2）李渔在金华

**1.郡瞿司马赠稚虎**　在金华府库读书的李渔，文才横溢，郡府长官乐意与这位学子结交。明崇祯十四年，金华郡司马瞿萱儒得山民献二稚虎，以一赠李渔携归。"百里内外无遗民，壮老同观不遗稚。"① 李渔对此盛况深有感触："人以为荣我独著，身不能奇假奇物。纵使凤凰栖我庭，麒麟豹虞产我宅，彼有瑞兮何与吾，丈夫成名当自立。人中有虎忌生翼，炳在文章威在德。扬声四海同其喧，扣舌能令天下寂。"②

注：①②引自《李渔全集·笠翁一家言诗词集·洛虎行》。

**2.登临题吟八咏楼**　李渔寓居金华期间，常上八咏楼观光怀古，作有《新岁登元畅楼》（八咏楼原名元畅楼）等诗篇。特别是写于崇祯晚年的《朱梅溪宗侯谪婺州》，留下来珍贵的史料。诗之题记中道："宗侯久仕谏垣，以敢言获罪，初贬江右，再迁浙东。婺郡有沈休文八咏楼，常拉于啸歌其上，予有一联：'沈郎侧目休题句，婺女当头莫摘星'，即为宗候代撰者也。"由此可知：是时八咏楼悬有沈郎像。沈郎（沈休文）即南朝·齐·隆昌时郡守沈约，曾题《八咏》诗。

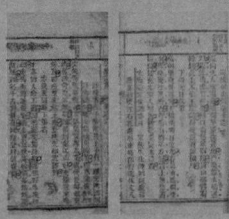

*李渔"双廿四"业绩与成功之路展览之七*

### 3.逃亡战火吊难魂

明崇祯十七年清兵定都北京，改元顺治，全国骚然，各镇溃兵骚扰浙东。李渔在金华连续三年逃亡战火，先是"从郡署移寓婺宁庵"①，之后"从婺宁庵移寓舟中"，写了有关金华的诗词20首，深刻地记述了战争的残酷："天寒烽火热，地少战场多"，"婺城攻陷西南角，三日人头如雨落"，"故交只剩双溪月，幻泡犹存一片墟"。对为抗清的死难者写下《挽季海涛先生》、《婺城行吊胡仲衍中翰》、《梦故友骸骨》等血泪篇章。

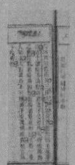

注：①本段引文均引自《李渔全集·笠翁一家言诗词集》。

### 4.郡许司马赠曹姬

35岁的李渔"战后无处安身"①，幸得金华郡司马许檄彩十分爱才，给李渔"入幕"于署中，凡二年。李渔写有感恩许司马诗："丧家何处避烽烟，一榻劳君谬下贤……时艰借箸无良策，署冷添人损俸钱。"李渔更感恩许司马把一位誉称"押衙氏"的"故明某公之幼女，�未期年而寡"的曹氏赠给李渔为姬。他人与李渔自己都担心妻姬之间要闹吼，谁知"妾不专房妻不妒"，其妻之怜姬甚于他之爱妾，喜出望外，吟曰："怜香天性有同然。"

注：①本段引文均引自《李渔全集·笠翁一家言诗词集·贫内吟十首之四》、《纳姬三首》。

李渔"双廿四"业绩与成功之路展览之八

**5.小说寄情金华塔**　　李渔在小说《夏宜楼》中，写金华书生瞿佶，在金华高山寺浮屠（宝塔）之上，用西洋千里镜（望远镜）看到荷花池边一位月貌花容的小姐，经查询是乡宦詹公之女名娴娴，乃托媒说亲。詹公不允。瞿生又几次登塔望远，观得娴娴之题诗，詹公之疏文，加以媒传神化，取得詹家信为天意，婚姻结成，通篇小说显现金华之乡土人文风韵。　　另外，吃遍天下的李渔曾说："豕（猪）肉以金华为最……甜而腻。" ①言中了金华火腿之本质特色。

注：①引自《闲情偶寄·饮馔部·豕》。

**6.花甲回婺住故寓**　　李渔阔别婺城20载，在杭州、南京做出种种业绩，于60岁时来金华、兰溪访故，去福建后又回婺城故地重游。郡府县的长官们热情接待。他撰作众多诗、联赠给金华郡守张克念、金华太守李恂九、金华二守王美尧、金华别郡郭汉章、金华邑宰王定一。还写了《重过婺城别金孟英老友》、《病起补和徐方虎太师婺城喜遇之作》。并携乔、王二姬在当年的婺城旧寓居住，后写了《最高楼·伤心处二阕悼乔、王二姬于婺城旧寓》，词甚悲凄。

三个半世纪前的遗存已难寻觅，但金华人对这位大乡贤的怀念之情，还是能常显现于人们眼前，如：李渔路、李渔桥、李渔湾……不过，与李渔一身在文艺领域取得有24个以上方面可称得上专家，并一生获得第一（唯一、最早）也有24个以上之多——堪称全世界文艺多面手、多第一者之最的世界顶级桂冠来衡量，则有待于大手笔、大动作、大重彩的显现。

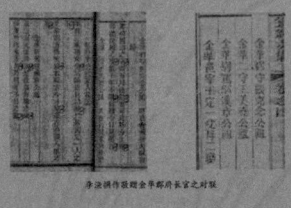

李渔酬作致赠金华郡府长官之对联

*李渔"双廿四"业绩与成功之路展览之九*

### （3）李渔在杭州

**1.寓居杭州大发祥**　　寓居杭州的李渔，文运大兴，与杭州的学士名家频频交往，过从甚密。在其诗七律《暑夜集朱其龚暨同寓诸子湖滨看月时有报儿辈游庠者分得五微》①和《清明日汪然明封翁招饮湖上座皆名士兼列红妆》②中有生动的场景描述，说明杭城的文坛己成李渔的发祥之地。

注：①②见《李渔全集·笠翁一家言诗词集》。

**2.踪留杭城诸胜景**　　李渔不但是湖上招饮的常客，湖滨看月也是寻常事。他生性喜好烟霞竹石，杭州的胜景几乎都有其影踪，并且留下许多关于这方面的诗词和楹联，以他独特的视角对它们描述情景，作颂歌，发议论。如《雪后泛湖》、《江干月夜》、《渡钱塘》、《钱塘晚渡》等许多诗篇。在《谒岳武穆王墓》②中他发出高度概括的愤慨："三字狱成千古恨，从来谤语不须多！"在《六月六日湖边即事》里写道："山川到处皆名笔，天地无心见妙才。时至露荷难自隐，隔林风度晚香来。"②在题联《湖心亭》中云："可怜箫鼓震湖心，痛杀米，还仗西施自捧；不怪楼船空水面，散尽处，只留苏子同居。"③

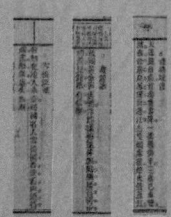

注：①②引自《李渔全集·笠翁一家言诗词集》。　③引自《李渔全集·笠翁文集》卷四。

李渔"双廿四"业绩与成功之路展览之十

**3.情有独钟西溪梅**　李渔对自家的园苑曾作多首诗词题咏，而对他处景观，一地题诗六首之多，可谓是情有独钟。他对西溪探梅就属于此列。《西溪探梅同诸游侣六首》[①]首先写"探梅难结伴"，"不有耐寒心"，"十人九不愿"。次写"椎径何太迂，一里三四折"；"磴转敧藤扶，桥断卧柳接"。又写"去花犹十里，香气已迎人"；再写"一里近千树，路远数难论"，极言梅树之多多。还写"花间多积雪，晴久犹未消……如其凌娇日，何异春风桃"，赞叹雪景赏梅之美。最后写"人言最深处，夐绝果于斯，游踪苦不到，异芳花自知"，只得"蓙境留相思"，引人神驰向往西溪探梅。

注：①见《李渔全集·笠翁一家言诗词集》。

**4.著作出版似潮涌**　"卖赋糊口"的李渔在杭州文坛这片沃土上落脚下来，很快生根，枝繁叶茂，花开并蒂，传奇（剧本）《怜香伴》、《风筝误》、《意中缘》、《玉搔头》……接二连三脱稿、出版；小说《无声戏》一集二集接踵完笔印行，还有《古今史略》、《尺牍初征》、《古今尺牍大全》等著述雕版印制，似潮水般地涌入书市，一浪高一浪。他文名鹊起，被邀为"西泠十子"席上常客。杭州成了他的发祥地，称为文坛风云人物。钱谦益为80高龄游杭州，作《李笠翁传奇·序》并为其诗文作眉评，誉其文"大有远见，不独以文辞见好"，"可以贬愚，可以善俗"，称其诗"清超绝俗，秀雅天然。"[②]

注：①②见《李渔全集·笠翁一家言诗词集》。

李渔"双廿四"业绩与成功之路展览之十一

### 5."拙刻作祟"加"妒雨"

李渔记得高官们陈瓠庵宪副、柴云倩封翁、冯云将隐君徒步见过，时武林小筑初成①之情景，后再过武林旧居时已再易其主②之变化，如今身在文坛戏场事业境顺利发，于是"又买西陵宅一区"，"辟地重开浣花径"③，踌躇满志地要在这发祥地杭州营造一处园林式的寓所安居乐业。不意遇到"拙刻作祟"的飞来横祸，又遇到《明史稿》案发，李渔在杭州的极好之友、西泠十子之首领人物陆丽京诸人罹祸等政治原因影响，乃作《薄命歌》感叹："何广陵不少名花而武林之多妒雨也。因赋长歌，代为写恨。"当时有名家就评点道："人谓代美人写怨，不知是名士自诉牢骚。"④李渔乃不得不离开发祥地而远走江宁（今南京）。

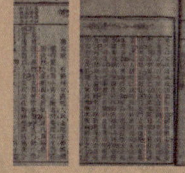

注：①②见《李渔全集·笠翁一家言诗词集》。③引自方文《会山集·杂桃游草》。④引自吴伊嵋对李渔《薄命歌》之评点。

### 6.回归西湖筑层园

50岁得子的李渔，考虑到长子、次子要回原籍——浙江参加科举应试，早就产生回归杭州居住的念头，得省、府、县长官们的关心、资助下，李渔在吴山买了旧房和山地，边修筑边搬迁，在他67岁时举家从南京回归西湖之畔，名其居为"层园"。层园位于吴山东北螺蛳山铁治岭之中紫霄宫处。系购张待卫旧居，并析钟山旧庐而益之。"由麓至巅，不知历几十级也。修颓屋数椽，由蓬蒿积棘中，辟出迂径二曲。""从前虚负自题名，湖上笠翁称。笠翁今果来湖上，纶竿具是慰生平。郭璞井边饭罏，虎跑泉上茶铛"。"前门湖水后江潮，恰好住山腰。白云不隔东西岸，酒旗外帆影飘摇"，自鸣得意之极。

注：①本段引文均出自《李渔全集·笠翁一家言诗词集》。

李渔"双廿四"业绩与成功之路展览之十二

### 7. 老将诗骨葬西湖

由于迁家筑园旁累，饱腹艰难，年迈的李渔身体日渐不支，又加上楼梯跌伤，贫病交加。缠苦不堪，可是他的旧笔耕耘不息，作《窥词井眦》、《西湖盗鱼人自寨盗源纪略》等多篇记、联与诗文集序言，特别是为毛声山评《四大奇书第一种》《三国志演义》作序，在另一刊本《李笠翁批阅三国志第一才子书》中，亦有李渔序（但内容不同），为研究第一才子书《三国演义》留下了宝贵资料，更有《芥子园画谱》的序言，则在冬至节严寒中除宋难起的时日里操作，并嘱咐沈因伯从速付梓。弥留两个月后，窗外梅花绽开为他永辞人世作送别，钱塘县令梁允植未到层园被婆不住号啕大哭，筹资为之筹后，亲题墓碑，葬于九曜山之阳。

钱塘知县戚像传李渔

钱塘知县梁允植悼李渔诗

### 8. 寻觅李渔纪念馆

李渔先后居杭20年，先有"武林小筑"，后又买西陵宅一区，暮年同构，遂倒租僵铜砚度日，在省、府、县长官的资助下，修筑"层园"，才有栖息安身之所。上世纪80年代中期，在省政协、杭州市政府、杭州市国义局的关心下，在新建的杭州历史名人纪念馆（蜡像馆）中，将李渔安排在第四位，笠翁公在天之灵得以慰藉（虽然是群体塑）《人民日报》在头版予以报道。可是近年来，笔三番五次上当年蜡像馆一寻寻觅、访询，均未得原建筑或改建、拆建等信息，唯一的李渔纪念馆不见影子了。双惊之余，幸得一因隐《李渔》西柳识拉文的朋友——李渔文化服务志愿者郦女士提供信息，杭州通金门银治路有一尊李渔铜像，露天，并拍摄了这张照片，我真感有这样好的单位领导和热心人为之立像；忧的是周雨风霜烛，恐难以持久。李渔对杭州的功缘是"双24"业绩为世界的发样地登高举手；《郭璞井疏》等一系列人文遗产、《西溪探梅》等，这6首诗可以丰富西溪旅游历史溯源，可以用李渔之名有力地提高西溪的知名度，增强对游客的吸引力，因而在西溪建个李渔纪念馆，是事半功倍，善莫大焉！南京将投资上亿元营造李渔文化公园，李渔年少时住过的如皋市，已在城中间中区竖起5米多高的李渔铜像，光彩照人！杭州在宜居城市揭名榜上名列前茅，"广厦千万间"巍挺出三五间给李渔"宜居"插展览，对整个杭州市善莫大焉！

杭州·银治路之李渔像
郦叶平摄

1985年12月30日《人民日报》头版文章

李渔"双廿四"业绩与成功之路展览之十三

### （4）李渔在北京

**1.魏相命作《北西厢》** 　清康熙五年（1666年），56岁的李渔初入都门，游京师，受到时相国魏裔介（贞庵）的热情招待，设宴作为座上宾。魏相取出《崔郑合葬墓志铭》给李渔看，要李"作《北西厢》翻本，以正从前之谬"。①李渔却不接受，说自己"不敏"，认为："天下已传之书，无论是非可否悉宜听之，不当奋其死力，与较短长。较之而非，举世起而非我；即较之而是，举世亦起而非我。何也？贵远贱近，慕古薄今，天下之通情也……时龚芝麓先生亦在座，与贞庵相国均以予言为然。"②

注：①②引自《李渔全集·闲情偶寄》音律第三。

**2.题诗赞赏海棠松** 　一无恒产二无工薪的李渔，从南到北上一次京城，费用开支确实不少，在京都要办的事实在众多，但他还是不忘游历观赏。他对都门报国寺中的花木，特别感兴趣。编入他的诗词集中的就有《都门报国寺松》、《都门报国寺海棠》。在《松》诗中，他从表面写到内心——"松亦具丹心"，寄予"时来坐好阴"的愿望。在《海棠》诗中，对幽燕地方的海棠的特色异常赞赏："饱雪花逾盛，经风态转妍。"

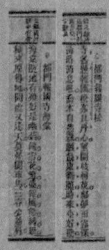

李渔"双廿四"业绩与成功之路展览之十四

**3.索相盛情留过年**　李渔除了应索愚庵之邀进相府呈送画品《洒墨长笺十二幅》之外，还观赏了索家花园，为亭题了楹联。索相得皇帝御笔书写"存诚"二字恩赐，悬于中堂，邀李渔配撰了一副对联："天颜近处多春霭；御笔悬来有夜光。"时在腊月，年近岁逼。李渔整理行装，拟南下归家度岁，"索中堂恩下留客之令，代传德意者则学山少宰、菽畹中翰二公。且有预筹薪水，勿使久困阮途之温谕。"①由此可见当年相国对"雨蓑烟笠"的李渔的文艺才能的赏识，礼贤下士之优待。

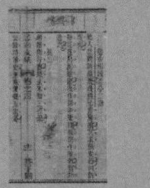

注：①见《李渔全集·笠翁一家言文集·赠索愚庵相国联·题记》。　②引自《李渔全集·笠翁一家言文集》。

**4.叠石造园留史迹**　在《闲情偶寄》中，李渔写了许多造园叠石经验谈，在北京留下多处园艺叠山实体。震钧《天咫偶闻》谓："半亩园在弓弦胡同内牛排子胡同，始建于清康熙年间，为贾胶侯的宅园。"麟庆《鸿雪因缘图记》云："园内建筑物有：正堂名曰云荫，其旁轩曰拜石，廊曰曝画，阁曰退思，亭曰赏春，室曰凝香。"又据钱泳《履园丛话》谓："惠园在西单牌楼郑亲王府，引池叠山，饶有幽趣。"又据《宸垣识略》云："芥子园在韩家潭，康熙初年笠翁公寓居。后为广东会馆，其旧址今为第95中学。"①

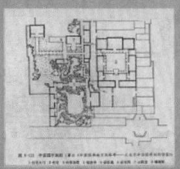

注：①见李鸿斌《李渔与北京园林》，载《中国园林》1992年第4期。
　　说明：本板图系转载自周维权《中国古典园林志》之插图，清华大学出版社1990年出版。

*李渔"双廿四"业绩与成功之路展览之十五*

**5.一字难改国门联**　　李渔在给《与曹峨眉中翰》信中说："无意为联，而适得口头二语，颂扬明德，所谓天籁自鸣。榜之清署，以代国门之悬。有能易一字者，愿北面事之。"[①]陆左辅给李渔的对联作评批云："笠翁在都作联甚富，尝自署其下曰：'有能易一字者，当北面事之。'卒无议者。国门悬字，复有其人？！"[②]李渔的这副对联当初是"榜之……以代"的，大概后来真的在国门悬挂了，所以陆氏有这肯定的评语，赞叹："壮哉！！"[③]李渔这"口头二语"，在《笠翁一家言文集》中不见。待考。

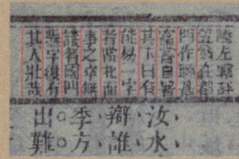

注：①见《李渔全集·笠翁一家言文集·与曹峨眉中翰》。　②③引自《李渔全集·笠翁一家言文集·陆左辅眉评》。

**6.葡萄苹果赋连篇**　　自称"性似猿猴，以果代食"[①]拟写《茶果志》[②]的李渔，流传下来的写水果的赋有6篇，其中写北京水果的就有：《燕京葡萄赋》、《苹婆果赋》。[③]他在前赋的小序中写道："燕地所产，非止不酸不涩，且肥而多肉，值得一吞，吞后余甘尚恋齿颊。"赋曰："多食则益气强志，久服而延年轻身。"后一赋曰："燕有佳果，字曰苹婆……白也如黄，西子病容可拟；娇而不赤，杨妃酒面难酡……只有液之堪吞，并无渣之可去……备众美于一身……堪称果内之佳人。"

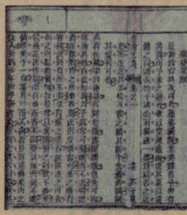

注：①②引自《闲情偶寄·不载果实茶酒说》。　③《辞海》列有"苹(檳)果"、"苹(檳)婆果"两条目。李渔写的"萍婆果"是指那叶乔本的苹(檳)果，还是指常绿乔木的苹(檳)婆果？待考。

李渔"双廿四"业绩与成功之路展览之十六

### (5) 李渔与上海

李渔与上海关系密切，一直来受上海文化界、出版界、教育界、学术界等各方面的重视、关心和推崇，现略举部分事实予以展出。

**1. 千年祖缘天之机**　　李渔嫡系祖宗有文字记载可据的，从宋代之信八公始。《龙门李氏宗谱》记载："信八公生六子。"第五子名论，字可道，徙居江南松江府华亭县。据此可说：李渔的祖宗千年前就徙居华亭——在今上海的土地上生活，与上海已有千年之缘。

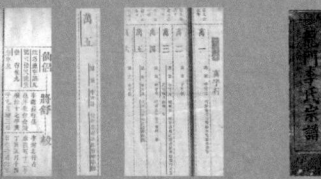

《龙门李氏宗谱》上关于李渔先祖迁居松江·华亭之记载

**2. 敕赠李氏儒林郎**　　由兰溪夏李村徙迁华亭的一世祖万论为嫡亲兄弟的万讼下传到十四世，有位李少塘（大光），大约闻到同始祖的后裔兄弟在华亭一带谋生景况尚可的言传，乃由兰溪迁徙到上海城厢上，历四传至李韬文转迁到法华西镇诚和里，初设小药铺，后改营布业。一西洋商人"遗金于肆"①，公（指李韬文）曰："金可遗也，义不可灭也，觅其子而还之。"敕赠李韬文为儒林郎，州同知。邑《志》有《李韬文传》，扬其德行。

《法华李氏宗谱·序》　李少塘传　李韬文传

注：①引自《法华李氏宗谱》，民国八年（1919）秩伦堂活字本，下段引文出处与此相同。

**李渔"双廿四"业绩与成功之路展览之十七**

**3．知县奖匾扬义举**　　法华李第五世李拙峰，"急公好义，乐善不倦，赈贫全活甚众。"清·乾隆十六年，邑令潘（知县）颁赠"惠及桑梓"匾额，颂其义举。以后世世一辙，代代出贤人，屡获全国、省、县颁给文虎章与"训迪有方"、"修德行惠"匾额奖励。不少来上海的四方人都喜欢与"法华李"交友联谊。

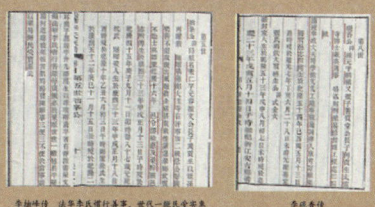

李拙峰传　法华李氏谱行善事，世代一脉民堂荣意　　　李视春传　　　李兰塑进士传

**4．松隐行医济世心**　　正当上海"法华李"始祖李少塘逝世的明崇祯十三年，其堂弟李盘石（文之）从兰溪迁徙到松江西关外，经营药铺。他与李少塘、李渔同是已迁居华亭的万五公的哥哥万三公的十四代孙，年青的李渔这时在金华府庠读书。李盘石遇一有奇异医术的高僧的传授，医誉很快扬名。为了避明、清之交的战火，他移居松隐，许多远方人慕名前来求治，他"心存济世，所收药资除日用百文外，余转给贫病人"。①

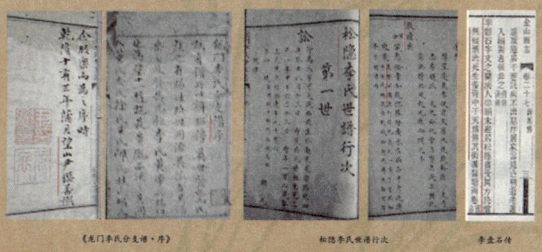

《龙门李氏分支谱·序》　　　　松隐李氏世谱行次　　　　李盘石传

注：①引自《龙门李氏分支谱》，清乾隆十三年尹维善作序，李锡蒂等纂修，手抄本。

李渔"双廿四"业绩与成功之路展览之十八

**5．南国医宗术通神**　　松隐李医家儿辈李天成，"精医学，儒人亦娴熟医理"。孙辈李雄文，奇峰突起，"深明医理，起危病，决死生，著江浙，儒人亦得胡太孺人家传，怪疾奇症，求诊者按治辄愈"。经过这三代人的医途奋进，倍加努力，以李雄文为代表的松隐李居然登上了"南国医宗"宝座，镇守江南江宁副都统噶尔代、娄县县知县周连佐、金山县知县杨宏声、华亭县知县高裏、（后任）娄县知县佟佳宁贵与多位武将题匾相赠："斡旋造化"、"妙术通神"、"手底回春"、"金液飞仙"、"明经达理"、"兄卢弟扁"、"以术行仁"等等，满堂金碧辉煌，去疾除病，感谢为上海人奉献健康！

李天成传　李雄文传　　　　众匾题词、时联

**6．沪人入戏《意中缘》**　　李渔来上海是在两支同祖堂兄在上海扎根兴业的清代了。他首要把当时在上海、杭州盛为流传的大文学家、大书画家董其昌的姻缘事为题材创作剧本。他留下的《李笠翁十种曲》中，有一种名《意中缘》，其剧中主人翁就是董其昌。董其昌是上海人。随着这部戏的流传，董其昌之美名美誉，也就进一步大为扩展与提高。今有据《意中缘》而改编的《书画缘》上演，并制成电视剧播放。

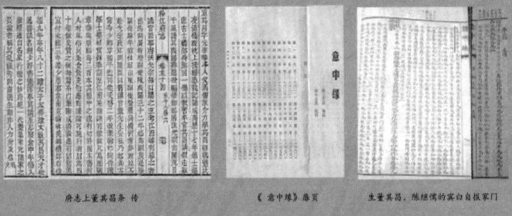

府志上董其昌条　诗　　　《意中缘》扉页　　　生董其昌，继续儒的实白自报家门

*李渔"双廿四"业绩与成功之路展览之十九*

**7 . 虔诚留宿度中秋**　康熙十三年，李渔自杭州回江宁（今南京）途中，过张安茂家。安茂又名鏊匪，子美，青浦人。顺治四年进士，授工部主事，八年出为浙江提学佥事，称文武才。其子张来远、张持远继承父谊，虔诚留李渔宿夜。李渔有七律《中秋前一夕饮张来远苑秋堂》、《即席赋别来远、持远诸昆仲》。诗中有"故交一别多长夜"之句，可见交谊之深厚。

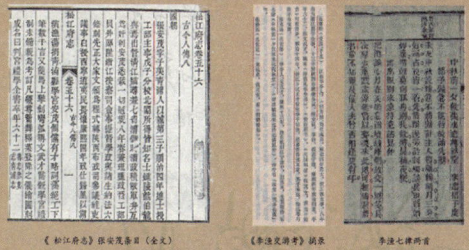

《松江府志》张安茂条第十六　　《李渔交游考》摘录　　李渔七律两首

**8 . 名士撰稿助编书**　与李渔同时代的很多沪上高级官员、名笔大家均是李渔编辑书籍的文章作者。他们的书信、吏牍、政论、史论多篇被李渔编入《尺牍初征》、《资治新书》、《论古》等集子中。如：陈子龙、沈贵园、袁若遨、沈绎堂、施维翰、包尔庚、张森岳、王日藻、周茂源、许自俊等十多人，皆是入编之重点撰稿人，与李经常交往，友谊颇深。

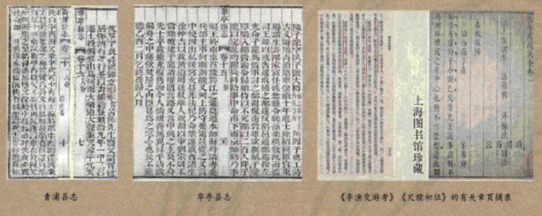

青浦县志　　　　华亭县志　　　　《李渔交游考》《尺牍初征》的有关事页摘录

李渔"双廿四"业绩与成功之路展览之二十

**9．嘉定旧本《芥谱》源**　　《芥子园画谱》（《芥子园画传》）流传已有300多年，如今越来越受欢迎，近年出版的就有十几种版本之多，方兴未艾。这部画谱的责任编辑是沈因伯（李渔的大女婿）。原画稿的主要贡献者是今属上海地域的嘉定人李长蘅（流芳）。沈因伯将先世遗传之长蘅绘画手稿和经王安节增辑编次的画稿给泰翁李渔审阅时，翁即识出"多似吾家长蘅手笔"①，语气十分亲切，可能与李长蘅是相隔不远的本家。当时李渔重病卧床为之作序，"急命付梓"②，不日即由芥子园印行。

注：①②引自《芥子园画传·李渔序》

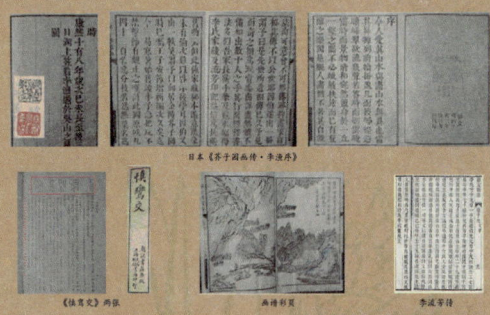

日本《芥子园画传·李渔序》

《拭翠交》两张　　　　　画谱书页　　　　　李渔审诗

**10．沪士评点李渔书**　　与李渔同时代的华亭、上海人士对李渔著作深为厚爱，认真阅读之后，撰作评点、论语者颇众。例如：华亭人樵道士为李渔撰作的《巧团圆》作序；华亭人云间木叟与匡庐居士合评李渔撰作的《慎鸾交》，计有170处之多。（"云间"为松江之古代别称。）

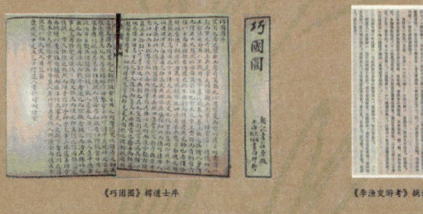

《巧团圆》樵道士序　　　　《李渔戏曲考》插页

李渔"双廿四"业绩与成功之路展览之二十一

**11 . 兰溪县官沪上人**　　上海人在兰溪做过官的为数不少，单是任过知县且有长篇记其宦绩，在《兰溪县志》上就载有两位。一是李昭祥，字元辅，上海人。嘉靖间以进士任兰溪知县，"缜密综核，优于吏才，人甚德之，去任为树《去思碑》①，后升南京工部主事，再一是施维讷，本姓许，华亭人，进士。"年未三十，清刚明决，断狱如神"②。因揭发金华郡守索略事，郡守被除名，许亦被停官。兰溪百姓联名呈请抚辕，乞留不得。

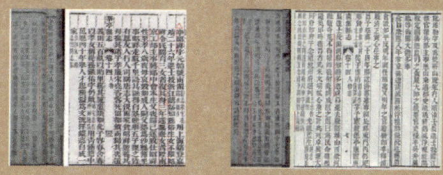

兰溪县志、南江县志、华亭县志上关于李昭祥/施维讷的传记

注：引文①②见《光绪兰溪县志》

**12 . 赠联题跋表厚谊**　　当年宰相索愚庵得皇帝御笔题为"存诚"二字，悬挂中堂，一时未得合适人选配联，而邀李渔为之撰作，可见李渔之对联品位之高。上海人袁国梓在嘉禾（今浙江嘉兴）为官，得李渔题联相赠："五马踏春风，出郭喜观新治化；双凫停夜月，散衙闲理旧琴书。"①上海医士陈迲斋编有《寿世奇方》，李渔欣然应邀为之作跋，为陈的"不受一钱，不饮杯水，而且自赔楮墨，剞劂其方以公于世"，"欲与斯民同臻寿域"②的高度益世精神倍加赞赏。仅此二例，可见李渔与上海人联系之广，友谊之深。

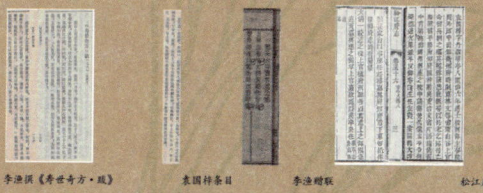

李渔撰《寿世奇方·跋》　　　袁国梓条目　　　李渔赠联　　　　　　松江府志

注：①引自《李渔全集·笠翁一家言文集·联》　　②引自网上书《跋》

李渔"双廿四"业绩与成功之路展览之二十二

### 13，李渔文化沪弘扬

上海人、上海的大学、上海的报刊、上海的出版社对弘扬李渔文化的关心、支持，可谓热情洋溢，久盛不衰。"李研"成果频起，沪上屡举大�，例如：大名家余秋雨在30年前就撰文说："李渔是继莎士比亚莫里斯多德之后，世界古代史上第二个详尽地论述戏剧与其他文学样式的区别的人。"近年，他又应为《重读李渔丛书》的出版，撰作了十分精彩的长《序》。上海老中青作者之"李研"文章如雨后春笋，繁花拟锦。

#### 以下列出专著（部分）：

1）20世纪40年代及以前（部分）

十二楼评点李笠翁十种曲　　上海朝记书庄１９１８年石印本
李笠翁曲话　　曹聚仁校订　　上海梁溪图书馆　１９２５年排印
评注李笠翁一家言　十册　　上海群益书局１９２８年印行
闲情偶寄　　上海贝叶山房１９３６年排印发行
笠翁选杂集　　燕别华牍《红媚绿香丛书》，民国二十五年上海群学社印行
笠翁剧论　　任讷辑入《新曲苑》，上海中华书局１９４０年出版
李笠翁一家言　十二册　石印本　上海会文堂印行
李笠翁曲话　　上海启智书局印本。
十二楼　　上海进步书局出版
十二楼　　上海亚东图书馆１９４９年出版

此外，还有未列出的许多书籍、书局、书局、书庄等一版再版，为当时全国出版李渔著作最多的城市，为以后的"李研"奠下了良好基础。

2）20世纪80年代以后（部分）

李笠翁曲话　陈多注释　　１９８０年出版
一家言居室器玩部　　上海科技出版社１９８４年出版
风筝误　浣伟思校注　上海古籍出版社１９８６年出版
闲情偶寄　李渔　著　　上海古籍出版社　2000年出版
十二楼　李渔　　上海古籍出版社　1992年出版
连城璧　李渔　著　　上海古籍出版社　1992年出版
比目鱼　锡剧　李渔　原著　　上海文化出版社　1957年出版
一家言居室器玩部工段营造诜　　李渔　著　上海科学技术出版社　1984年出版

此外，还有许多未列出的书籍，新兴出版社，继往开来，继续为"李研"作奉献，特别是大学、学院校刊、丛刊的广泛纂起，如：《上海复旦大学学报》《上海省略"上海"二字》，复旦大学《中国古典文学丛书》、《戏剧艺术》、《上海戏剧》、《华东师范大学学报》、《新剧作》、《古代文学理论研究丛刊》、《新民晚报》、《文汇报》、《中国比较文学》、《上海师范大学学报》、《戏剧学院学报》、《同济大学建筑学报》等报刊先后发表了《无声戏》与刘正宗、张缙彦案》、《谭恺丘与李渔小说之比较》、《怀念中国职业戏剧经理人慕狙李渔》、《李渔的〈西厢记〉批评》等数百篇文章。

特别是上海图书馆的古籍、宗谱、报刊、阅览、外借和办公室各部门，对为本展览中心的资料查阅均热情服务，馆领导还将个人收藏的李渔手迹珍贵书籍借给本中心人员阅览、拍照，真可谓：沪上众家齐出力，李渔研究入深人，李渔文化大弘扬！

本中心人员谨向支持、帮助"李研"的各部门、单位致以崇高敬意，热切谢忱！并请对本展多作指导，感谢之至！

李渔"双廿四"业绩与成功之路展览之二十三

## (二) 一身二十四专家(以上)

### 1. 戏曲创作理论家

李渔在《闲情偶寄》一书中，对戏剧创作的结构、词采、音律、宾白、科诨、格局等等诸要素一一作出论述。大名家余秋雨认为："李渔是继亚里斯多德之后，世界古代史上第二个详尽地论述戏剧与其他文学样式的区别的人。"① 日本学者青木正儿评述李渔戏曲理论时说："如此完备者，未有也。……论结构，笠翁外，未之见也。"②

注：① 引自余秋雨《古代东西方对戏剧特征的研究》，载《戏剧艺术》1980年第四期。
② 引自〔日本〕青木正儿《中国近世戏曲史》王古庐译本，1931年译，商务印书馆，1936年出版。

### 2. 喜剧作家

李渔留传下来的有《风筝误》等10个剧本，大都是喜剧。美国作家Eric Henry 认为："对西方读者来说，李渔是具有吸引力、最易接受的作家之一，是中国第一位创新且非常高尚喜剧的创造者，可与被恩格斯称为'喜剧之父'的阿里斯托芬相提并论。"① 日本青木正儿说："德川时代之人，苟言及中国戏曲，无有不立举湖上笠翁者。"②

注：① 引自《中国娱乐——李渔的喜剧》，〔美国〕Eric Heney著，见《李渔全集》第20卷《李渔研究论著索引》。
② "德川时代"指1603-1867年的德川幕府时期。

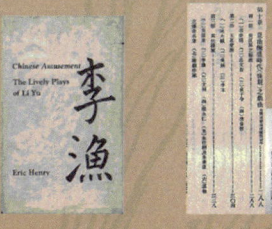

李渔"双廿四"业绩与成功之路展览之二十四

**3.导演学家** 李渔《闲情偶寄》中的《演习部》、《声容部》,阐述了戏剧舞台导演的理论和技巧的一系列问题:"在中国古典戏剧美学史上,对于舞台艺术的规律,特别是导演艺术的规律,进行了比较系统的整理总结的,李渔可以说是第一个人,是筚路蓝缕的开创者。"①李渔的《闲情偶寄》"不仅是中国戏剧史上第一部真正的导演学著作, 而且也是世界戏剧史上第一部真正的导演学著作"②。

注:①引自杜书瀛《李渔谈戏剧导演》,载《文艺研究》1980年第4期。
②引自叶朗《美术与美术史论集·李渔的戏剧美学》,新疆人民出版社1982年出版。

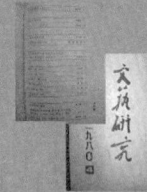

**4.优师(艺术教育家)** 李笠翁在《闲情偶寄·演习部》中提到了剧作家与演员之外的一位新人物,叫做"优师"……"李渔本身,就是这样一位能'口授而身导之'的优师……时常留意于实演方面的行家"。①李渔提出优师的职责是:忌俗恶,贵自然,缩长为短,变旧成新,解明曲意,字忌模糊,锣鼓忌杂,吹合宜低,以及丝竹、歌舞等等一系列要领。后人有《笠翁教优》③等多篇文章,对李渔的经验总结充分加以肯定和称赞。

特别是他的词《天仙子·示儿辈》④被认为是奋勇进取的座右铭,与一些传统治家格言、家训相比,更显得光彩熠熠。

注:①引自高宇《李笠翁关于戏曲导演的学说》,载《文汇报》1962年10月13日。 ②见李渔《闲情偶寄·演习部·声容部》。
③作者王秋贵,载《戏曲艺术》1984年第一期。 ④见《李渔全集·笠翁一家言诗词集》。

李渔"双廿四"业绩与成功之路展览之二十五

**5. 小说家** 李渔留下《连城璧》、《十二楼》两部短篇集，30篇小说。林语堂先生评论《十二楼》："恐古来中国人所写的短篇小说，对人物之描写，事理之推敲，尚无如此发挥方法。"①孙楷第先生评道："求短篇于清代，除笠翁外，亦更无人。"②日本编的《世界短篇文学全集·中国文学》③专卷，选我国从唐代至现代优秀短篇小说21篇，其中李渔一人被选中的竟有《夺锦楼》等5篇之多。可谓独尊李渔。李渔是《金瓶梅》的改定者。④李渔是《红楼梦》的前身《石头记》的原作者。⑤

注：①引自《语堂文集·再读小品文之遗绪》，华夏出版社2000年出版。 ②引自孙楷第《李笠翁著〈无声戏〉即〈连城璧〉解题》，载《国立北平图书馆馆刊》第六卷第一号，1922年出版。 ③奥野信太郎等主编，株式会社集英社于昭和38年（1963年）出版。 ④童俊伟《李渔评点·改定〈金瓶梅〉考》，载中国人民大学书报资料中心《中国古代、近代文学研究》1983年8月刊。 ⑤朱江兵《〈红楼梦〉的原著者是李渔？》载《兰江导报》2011年6月8日，以引起深入讨论。

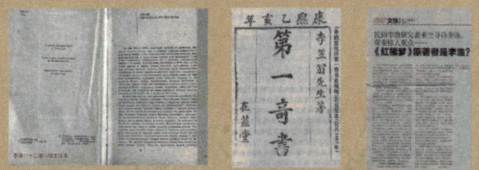

**6. 散文家** 李渔在《一家言全集》中收有各式散文数百篇。 周作人先生评说："尺牍中不乏名家，如金圣叹、毛西河、李笠翁。"①林语堂先生对李渔散文的评价又进了一步，说："近读岂明先生（周作人，笔者注）《近代文学之渊源》，把现代散文渊源于明末之公安竟陵派，而将郑板桥、李笠翁、金圣叹、金农、袁枚诸人归入一派，认为现代散文之祖宗，不觉大喜。"②在这里，他们推尊李渔为现代散文祖宗之一了。

注：①引自周作人《知堂书画·关于尺牍》，收入《瓜豆集》。 ②引自林语堂《语堂文集·我的话·新旧文学》。

*李渔"双廿四"业绩与成功之路展览之二十六*

**7.诗人** 李渔留传下来的诗有千首以上。同时代人评他的诗的特点是："秀洁天然，高旷独绝，一字难移。"认为他的诗"与李白'把酒问月'并传"，"诗至五言绝，难之难矣。笠翁诸作，曲而能直， 浓而能淡，二十字如千百字"。①今人《历代律诗精华》②入选清代184位诗人佳作，其中入选两首以上110人，李渔是这110位之一。《理趣诗精选》③中，清代被入选45位诗人的佳品，李渔的诗作也在其中。

注：①本板各引文，凡未注明出处者均引自《李渔全集·笠翁一家言诗词集》眉评。　②毛谷风编，新华出版社2002年出版。
③李素、高小立编，河北大学出版社2002年出版。

 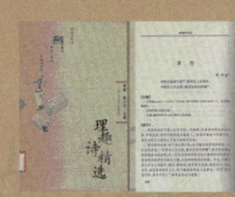

**8.词人** 李渔词—— 小令、中调、 长调保留下来的有三百多阕。 同时代人的评价："石破天惊， 得未曾有"；"奇文幻笔， 趣绝奇绝"；"情中景中， 天色妙绝"；"情真景真，此等填词，唐宋以来未有"；"此等词，真堪独步。宋人以后，绝响五百年矣"；"明月直入怀中， 非第一才人， 哪能消受？！"①现代人选编的《全清词钞》②从五千多清代词人中，挑选了3196人的词作。此中许多词人只入选一首，而李渔是入选两首并载有小传。

注：①本版未注明出处之引文，均引自《李渔全集·笠翁一家言诗词集·耐歌词》眉评。　②叶恭绰编，中华书局1982年出版。

  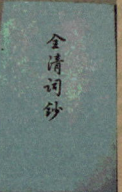

李渔"双廿四"业绩与成功之路展览之二十七

**9.词学家** 著名教授顾敦鍒认为李渔"不但能创作词，更提出很有系统的词论。他著作的《窥词管见》①二十二则，不是普通的词话之类，而是词的理论"。②顾氏将李渔的这二十二则词论归纳为"词的界说"等七个方面，作了一一阐述，并作了概论："很有科学头脑的李笠翁……闯进了我们今日治学的新境界……他能道人所未道，独标新义……言人所未言，而又不出寻常，且有道理的新法……李笠翁在他那个时代，已能超然远瞻，是文中之豪。"

注：①见《李渔全集·笠翁一家言诗词集·耐歌词·附》。 ②《李渔全集·现代学者论文精选·李笠翁词学》。

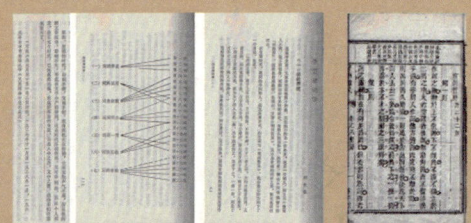

**10.对联家** 李渔留下对联200余副，时人称赞其联天然绝调，奇才健笔，藻思结绮，如箴如错（磨玉之石），化腐为奇，妙句自切。"诸联少则十余字，多亦不越三十字，其间议论叙事，波澜曲折，无所不有，可作一篇大文字，又可作两篇大文字。如此快笔，得未曾有。"①

注：①引自《李渔全集·笠翁一家言文集·联》眉评。

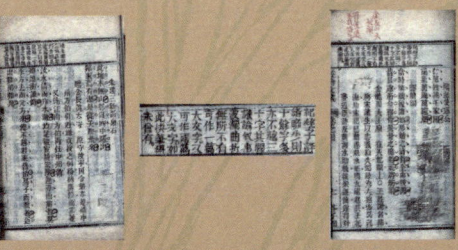

李渔"双廿四"业绩与成功之路展览之二十八

**11.韵学家**　　一人编纂《诗韵》、《词韵》、《对韵》三部音韵著作①的李渔，怀着不能依藉前人之谬误，要有令人读音的新韵书的目的而编著《笠翁诗韵》。他编的《笠翁词韵》是一部变更前人词韵之 "筋骨的革旧立新之作"。 《笠翁对韵》至今还在不断地重印再版，有武汉、花城、岳麓、巴蜀、齐鲁、北京古籍、贵州民族出版社等多种版本，深受赏识。李渔的三部韵书，均富有创意立新的特色，可谓中国音韵史上突出的人才。

注：①见《李渔全集》第十八卷。

**12.文学评论家**　　李渔在《一家言释义》等诸多文章中，发出自己撰文之心声，表达作文之基本观念，阐述评论文章之观点，赢得后人较多关注。在1930年前后，《小说月报》、《语丝》等几家影响较大的刊物，发表著名学者朱湘等的《批评家李笠翁》①、《批评家的李笠翁》②和名家胡梦华的《文学批评家李笠翁》③等多篇专题文章，精到地阐述了李渔的文学评论成就。1943年出版的《中国文学批评史大纲》更将李渔推到 "吾国文学批评中仅有之人才"④的至高极位。

注：①见《语丝》第十九期，1925年3月出版。　　②见《开展》月刊第二卷第五期，1931年1月出版。
　　③见《小说月报》第十七卷号外，1927年6月出版。　　④引自朱洞《中国文学批评史大纲》，1943年出版。

李渔"双廿四"业绩与成功之路展览之二十九

**13.音乐家**　　李渔创建自己的家庭戏班，亲率辗转四方演出。在多年的演奏实践中，各种乐器的使用得心应手，善于协调指挥，得出戏曲音乐的方方面面经验，在《闲情偶寄》中一一作了阐述，成为戏曲科班玉律，教唱伴奏指南。林语堂先生说李渔 "是一个戏剧作家、音乐家……。"①等六个家，把 "音乐家" 置于第二位，这是很有见地的观点，说明他评价李渔在音乐方面的造诣是相当高超的。

注：①引自林语堂著《生活的艺术》。

**14.书法家**　　李渔应人之邀 "旬日之间，题像六七" ①，书联应酬， "以半张纸了无限人情" 。②一些高官的园亭，如 "贾水部园亭" 、 "王太学园亭" ……与一些著名胜景 "禹陵" 、 "燕子矶" 等多处延请李渔题书匾联。李渔是一介布衣，身处社会底层，请他题书就是由于他文才高，书艺好。著名书法家王冬龄评李渔 "是个隶书造诣很高的书家" 。③《古玩字画投资指南》④载：李笠翁楷书对联3万元，而大书家陈洪绶行书联2万5千元，比李渔的低。

注：①引自《李渔全集·笠翁一家言文集·李渔文像赞》。　　②引自《李渔全集·笠翁一家言文集·书·与陈次升封翁》。
③引自王冬龄《清代隶书要论》，上海书画出版社2003年出版。　　④伍渭等编著，中央广播电视大学出版社1993年出版。

李渔 "双廿四" 业绩与成功之路展览之三十

**15.篆刻家** 《中国篆刻大辞典》①在《印人》篇中列有《李渔》条目："擅戏曲，又工篆刻，著有《芥子园图章会纂》。"②该大辞典《凡例》说："印人，包括印人、印学家。"在他纂辑的这部《会纂》中，有《述古印说·篆刻秘诀》等25个节段、《续纂印论·刀法总论》等23个节段与《理涂八法》等，段段内容充实，文简意赅，详尽地阐述了有关篆刻的方方面面的实践经验和理论知识，是一部关于篆刻的集大成者著作。

注：①韩天衡主编，上海辞书出版社2003年出版。 ②见《李渔全集》第十八卷。

**16.画家** 李渔应邀题写《题朱子年画兰册子》、《戏题梅闰玉斋头所挂梅花书屋图》、《题程天台画梅卷子》①……等多家画品，说明李渔是当时画界看得上眼的画家。宰相索愚庵闻知李渔的画有特色，请"芒鞋竹杖，烟蓑雨笠"②的李渔进相府。李赠送洒墨屏笔十二幅并呈上两阕词，说自己的画"光腾瑞气三千丈"③，感谢相国"怜才"，"不憎贫贱，许登天上"④，对所作之画喜爱"偏尚"⑤。不知当年能"许登天上"送画进相府的有几多人？像李渔这样的身份者，可能是唯一的。

注：①见《李渔全集·笠翁一家言诗词集·诗集》。
②③④⑤见《李渔全集·笠翁一家言诗词集·附赠词·满江红·呈索愚庵相国二首》。

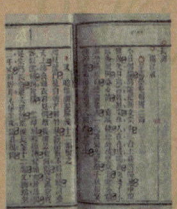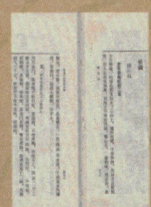

李渔"双廿四"业绩与成功之路展览之三十一

**17.编辑出版家** 李渔一生编辑书籍浩繁,主要有:《韶龄集》、《古今尺牍大全》、《尺牍初征》、《尺牍二征》、《名词选胜》、《四六初征》、《新四六初征》①等等。其婿沈因伯云:"家岳足迹遍天下,凡遇此种佳文,惜字如金,多方搜录,迄今十易寒暑,厥告成书。"②李渔对自己书稿向友人"乞为痛铲严削"③,对待名士来稿,也要"向西子面上强索瘢痕"④。"他编的书极富特色,带有填补空白的意义,作出了卓越的贡献。"⑤被誉为"一个有作为的书坊主与编辑家"。⑥李渔出版书籍始于杭州,后在南京建芥子园书铺,大量刊印。在20年的出版生涯中,他创记录地运用了五色套版叠印这种当时最先进的印刷技术⋯⋯ 在中国出版史上留下了深远的影响。⑦

注:①②上述书目引文见《李渔全集》第十六卷《李渔研究资料选辑》与第二十卷《李笠翁与十二楼》。
　　③引自《李渔全集》第一卷《为许学言、毛张稼二妇征》、②引自《李渔全集》第一卷《复许梅谷》。
　　⑤⑥引自钟明诸《李渔评传·出版篇》。②引自钟明诸《一个有作为的书坊主与编辑家》,载《复旦学报》1995年第四期。
　　⑦引自俞为民《李渔评·楼子》,百花文艺出版社2002年出版。

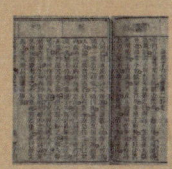

**18.工艺美术师** 李渔创作、设计的工艺美术品,均具有自己的特色:1.取其自然,又不纯用自然,"变俗为雅,点铁成金", 如哥窑冰裂纹之瓷牖;2.重实用,变粗糙工具为精美艺术品,如刻有图文的压炉灰之香印;3.有机结合,混而一之,如冰裂碎纹混而一之的书画作品;4.强调首创,"千古无人计及",如"此君联"。当年名士赞李渔"般般制作皆奇"①,"暖椅之制,众美毕具,慧心巧思,登峰造极"②,"温、凉二座,可称挽回造化"。③

注:①②③引自《李渔全集·闲情偶寄·器玩部》。

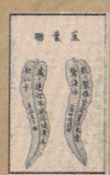

李渔"双廿四"业绩与成功之路展览之三十二

**19.服装设计审美师**　　　"人有生成之面，面有相配之衣，衣有相配之色，皆一定而不可移者。"① 这是李渔对服装设计审美总原则的前提，其原则主要是：服装（衣、帽、裤、裙、鞋）整体应相配和谐；服装与人的形体应相配和谐；服装与人的年龄、身份、气质应相配和谐；服装审美的时尚潮流；服装审美的个性化。②当今学者认为"李渔的《治服篇》是一篇高水平的服饰美学的文章"。③《应用美学》④一书的两页中三处引用李渔对着装审美的论述。

注：①引自《李渔全集·闲情偶寄·声容部》。
②这几个方面系引自黄强《李渔研究·李渔与服饰文化》一文而写，黄教授著作，浙江古籍出版社1996年出版。
③引自罗筠筠著《审美应用学》，社会科学文献出版社2002年出版。　　④作者刘泽民，中南工业大学出版社2000年出版。

**20.美容家**　　　李渔《闲情偶寄·声容部》中阐述选姿、修容、治服、习技四个方面的肌肤、眉眼、手足、态度、盥栉、熏陶、点染、首饰、衣衫等篇，可称是一本比较系统、全面的美容知识专著，是实际经验的概括总结，甚富创意性，"始开动中识美之先声"①。同时代名士评论这些篇章是"为千古佳人重开生面"②，"几乎石破天惊"③，称赞李渔是"千载以下必不可少之人"。④林语堂先生在70年前就评价李渔是"美容专家"。⑤

注：①引自《人体形态美学刍议》，作者未佳，载《文艺研究》1991年第3期。
②④引自《闲情偶寄·声客部》周楷苦眉评。
③⑤引自《闲情偶寄·声客部》余心履评。　　⑤引自林语堂《生活的艺术》。

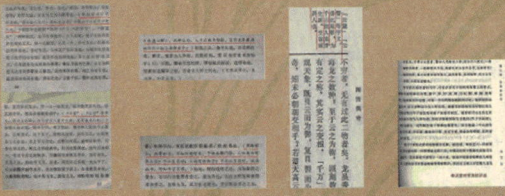

李渔"双廿四"业绩与成功之路展览之三十三

**21.装饰艺术师**　在《闲情偶寄·居室部·器玩部》中，李渔讲述了一系列以实用、节俭、美观为原则的既来自于实践又富有创造性的装饰经验和理论。主要阐述了蕉叶联、此君联、手卷联、册页额、屋白圆、秋叶匾、暖凉椅、橱柜箱、圆联、器具、摆设、文具等方面的装饰，举出置顶格、取景在借、女墙、蕉叶联、屏轴、笺筒等制作和使用方法，并绘图说明。当时名士王安节云："求韵人于千古，定推笠翁首座。谓有人再出其上，吾不信也。"① 后人有《装饰家李笠翁》《论李渔的装饰美学》② 等专文论述，评价甚高。

注：注：①引自《闲情偶寄·居室部》，王安节题此。　　②作者雷圭元，载《亚波罗》第十五期，1936年1月出版。
③、作者孙福轩，载《装饰》，2004年第3期。

**22.造园艺术家**　李渔一生营造过伊园、层园、芥子园、半亩园、惠园、五凤楼，总结出一系列造园艺术理论。园林界评价相当高："李渔的造园实践经验，如诗画创造的艺术经验一样，是一种艺术经验。他提出的一些造园原则，至今仍很有启发意义。"① "李渔是我国造园理论、造园技术的伟大学者。"② 日本著名学者冈·大路在著作中称："李渔的《闲情偶寄》为中国古代园林建筑的三部享有盛名的论著之一，是一部罕见的著作。"③ 此外，李渔还是：演奏艺术家、花卉园艺家、风光艺术欣赏家……不一一叙述。

注：①引自《中国大百科全书·建筑园林城市建设卷》，中国大百科全书出版社1988年出版。
②引自《陈植造园文集·清初李笠翁之造园学说》，中国建筑工业出版社1988年出版。
③引自冈·大路《中国宫苑园林史考》，中国农业出版社1988年出版。

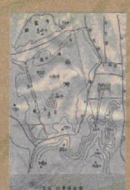

*李渔"双廿四"业绩与成功之路展览之三十四*

23. 艺术排忧指导师　"不如意事常八九"，照此说人的一生大半都在抑郁忧愁中度过，如不排除则终日愁眉苦脸，无病也就有病了。李渔一生，苦难重重，穷困潦倒，几度绝生。但李渔能用文艺的手段化解"常八九"。他倡导过大年无钱买水仙花过年。以艺术的精神享受，来抵克豪华物质的诱人欲望。他提出"乐"要自己去创造：春夏秋冬四季有各季的行乐之法，尚有"随时即景就事行乐之法"①，更有用读书、写作创造乐悦之境界，创制克服抑郁忧愁之环境等诸多文艺手段的排忧除郁方式方法来达到这一目的，堪称艺术排忧除郁指导师。

注：①见李渔《闲情偶寄·颐养部目录》

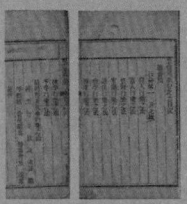

24. 社会和谐典范师　李渔一生为人处事以和谐为原则。他的戏班常年相处亲如一家，直至潦倒难以糊口时都还不忍散去，可见李渔戏班是一座社会和谐乐园之缩影。李渔社会交往甚广，有姓名可考者有800多人。那时的信件多靠驿邮传递，通封信是很不容易的事。众友人中，有四位宰相请李渔画Image，题联，留李渔在京过年，改编《西厢》。位低者，道士、工匠，甚至行乞者，均有往来。在李渔的信诗文中，未见到与人争吵、含怨记仇的文字叙述，相互和谐友好。李渔自创的座右铭是："怨以息争，宽以弥谤"①。可赞为社会和谐的典范。

注：见①李渔《闲情偶寄·颐养部·上优》

《闲情偶寄》

李渔"双廿四"业绩与成功之路展览之三十五

### （三）一生获24个（以上）第一

1.李渔是中国第一个建立了系统的戏剧理论的天才戏剧学家，堪称中国戏剧理论始祖。（陈多：《试谈李笠翁的写剧理论》、丁志坚：《中国戏剧理论始祖李渔》）

2.李渔的《闲情偶奇》是世界戏剧史上第一部真正的导演学著作。（叶朗：《美学与美学史论集·李渔的戏剧美学》）

3.一个大剧作家，自己又兼剧论家的只有李渔。（卢冀野：《中国戏剧概论》，见刘麟生主编《中国文学八论》）

4.李渔是中国第一位创新且非常高尚喜剧的创作者。（〔美国〕Eric Henry：《中国娱乐——李渔的喜剧》）

5.以剧情词曲而论，笠翁洵能摹写入情，为吾国传奇中别开生面者。（《清朝野史大观》卷一一）

6.清人戏曲，大抵顺、康之间以骏公、西堂、又陵、红友为能，而最著者厥唯笠翁。（吴梅：《中国戏曲概论》卷下《清人总论》）

李渔"双廿四"业绩与成功之路展览之三十六

7.科白之清脆，排场之变幻，人情世态摹写无遗，此则笠翁独有千古耳。（吴梅：《中国戏曲概论》卷下《清人传奇》）

8.李渔有戏曲论。通论戏曲之书，如此完备者，未有也。（〔日本〕青木正儿：《中国近世戏曲史》，王吉鲁译）

9.李渔对戏曲音律问题也发表了不少精彩的观点。如关于拗句、上声字、务头、曲韵等的运用问题，皆是发前人所未发。（万晴川：《风流道学——李渔传》）

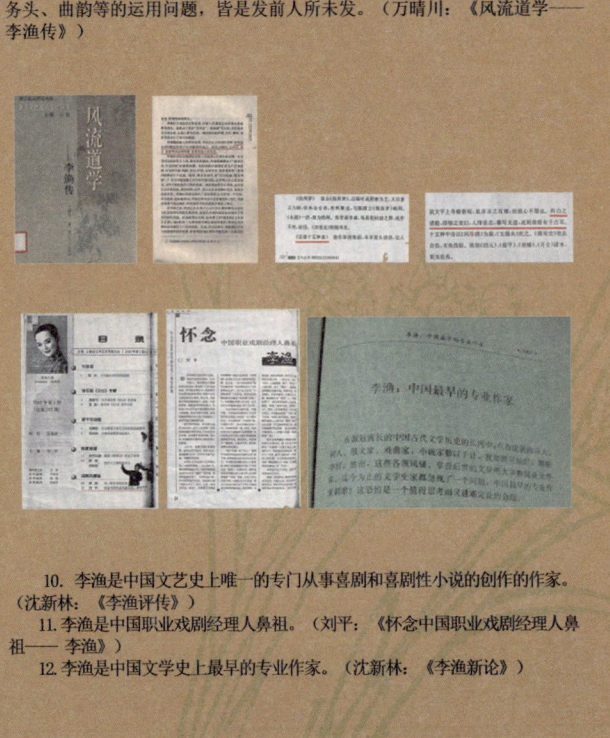

10.李渔是中国文艺史上唯一的专门从事喜剧和喜剧性小说的创作的作家。（沈新林：《李渔评传》）

11.李渔是中国职业戏剧经理人鼻祖。（刘平：《怀念中国职业戏剧经理人鼻祖——李渔》）

12.李渔是中国文学史上最早的专业作家。（沈新林：《李渔新论》）

李渔"双廿四"业绩与成功之路展览之三十七

13. 李渔是吾国文学批评中仅有之人才。（朱东润：《中国文学批评史大纲》）

14. 李渔是第一个完成了白话短篇小说独创的文人。（胡元翎：《李渔小说戏曲研究》）

15. 李渔是小说心理学的首创者。（胡元翎：《李渔小说戏曲研究》）

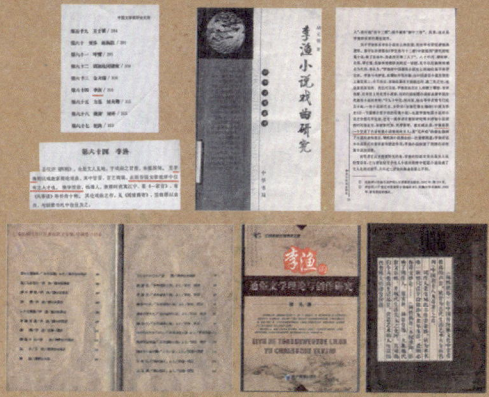

首先，在李笠翁之前从事通俗戏曲写作的自是大有人在，但对于通俗戏曲的理论，虽然如李开先、徐渭等先驱也做了一些有开启性的工作，但真正认准路头、咬住不放，专门系统研究、阐释通俗戏曲理论的，李笠翁可说是第一人。我们研究笠翁的戏曲理论，也只有找准了这一点，才是抓住了牛鼻子，掌握到要害，形成破竹之势，探骊得珠。

16. 日本编的《世界短篇文学全集·中国专卷》入选短篇小说21篇，其中李渔的有《夏宜楼》等5篇，为入选作品最多作家。（〔日本〕奥野信太郎主编）

17. 《闲情偶寄》不仅熏陶、影响了周作人、梁实秋、林语堂等一大批现代散文宗师，开现代生活美文之先河……（四川辞书出版社《闲情偶寄》封底语）

18. 真正认准路头、咬住不放，专门系统研究、阐释通俗戏曲理论的，李笠翁可说是第一人。（骆兵：《李渔的通俗文学理论与创作研究·序》）

李渔"双廿四"业绩与成功之路展览之三十八

19. 李渔是我国山水画第一部画谱的倡编、作序者。（《芥子园画传·序》）

20. 李渔是我国古代第一个有着强烈版权意识的作家。（沈新林：《李渔新论》、万晴川：《风流道学——李渔传》）

21. 李渔词本色自然，明白如话，可谓独具一格。（万晴川：《风流道学——李渔传》）

22. 李渔的词论着力论述了词与曲、诗三者之间的文体区别，在清代词论中最为透彻。（万晴川：《风流道学——李渔传》）

23. 中国的戏曲书流传到日本特别多的是《李笠翁十种曲》。其原因大概是因为所有的中国戏曲中，李渔的戏曲所特有的独特风格和特征与《歌舞伎》（日本戏剧）最相近。（〔日本〕冈·晴夫）

24. 从词的激励学习自觉积极性的明确度、从词的感人力度、从词的古为今用的现实意义的强度三个方面作综合衡量，李渔的《天仙子·示儿辈》词可谓千古一绝，无他词可与伦比。（李渔伟绩与成功之路展览中心赵文卿，见该展在国家图书馆展出时的海报）

李渔"双廿四"业绩与成功之路展览之三十九

## 李渔在文艺领域以外的专家、第一

思想家、历史家、女子教育家、精神解除忧郁师、和谐倡导师、休闲倡
导师、养生家、花木栽培师、中草药医师、美食家、古玩鉴赏师、水利设计
营造师、旅行家、发明创造家、社会活动家。

李渔是中国最早的文人村官。（李彩标）

李渔是中国文学史上运用文体最多的作家。（沈新林）

李渔是中国文化史上涉及领域最广、成果最丰富的巨匠。（新浪博客）

李渔在医药卫生、饮食烹调、花草种植、古董收藏等方面都有独到讲解，
是前无古人。（新浪博客）

李渔的《闲情偶寄》是中国最早的科学小品集。（薛世平）

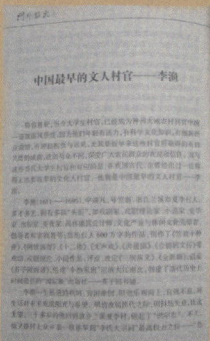

李渔"双廿四"业绩与成功之路展览之四十

## （四）坎坷一生

李渔创造如此光辉业绩，是由于客观条件好、境遇佳而唾手得来？不，李渔一生苦难烦恼，灾祸重重，请看——

1. 父亡家落　李渔十九岁时丧父，家庭失去顶梁柱，以营药材为生计的家业，人亡业废。当年，在为走上仕途而攻读的李渔，本身和妻挛龙后撼痍。"饿我饥来难字煮"①，"终日坐愁云"，"家贫嫌口众，智拙怪身长"。之后，他在《卖山券》中写道："兵燹之后，继以凶荒，人口嗷饥，怠形附有而初谐地氏……何相去之疾而相刿之惨也。"此后，李渔虽然也有舒杨抱眼之日月，但怠到不惑之年，还是"卖畈糊口"。

2. 省试落榜　李渔曾在金华府的考试中，考题文章被主考官睐刻印刷，作为范文，作为范文，随带外地教发，初露才名。在家庭渐趋破落的势头下，全家人满哥希望于他能考取功名，步上仕途。可足，他却在乡试（省级考试）中落榜，全家人处于沉重的失落感之中。

3. 生命遭轹　李渔一次路遇大盗，"概以重赀者得免，不则立毙。于兹无一分必死；迟填受读，而盗不杀"。②另据李渔故里流传至今的传说，李渔功如人词论，论批，李渔察出暗藏血杀之谋，乃窄装窒空，暗地出抄，奔走他乡。从此地遭逐走连。

4. 逃避战火　明代末年，清兵南下。各镇清兵驻扰浙东，"纷纷乔军速，只期少所要"；"只待一声整鼓速，全家来陟山之间"；"鬓城成缩两南高，三日人头如两落"。李渔"肖出城而城陷"③，亦尚未死于战火。此后，"升平才有象，又复惫沧桑"，"纷烟成马"、"四境兵铹烟"境地，幸得"兵戎狠里犹生还"。直到64岁还忧患"昔多遥警潮藏，此地坂赴辞坂"④。而起恋方避民表疾案。

5. 病疫缠身　李渔"善病一生"⑤，在诗文中有许多遭患逢疾的叙述，略举数例——"入秋以来，暴寒暴病"，"僵卧枕柏目，与病成相怜……室性眼受缝，勤营为之速……扁鹤何怡为，何成药且迕，坐而向行尸"，"拔祝数日，即卧病不起。一人私之，众分皆患。仲春至季病，凡八闰月，死而生、生而复死者不知凡儿。……今极尧尚存，血肉何在？"……⑥

6. 行踪根苹　李渔自述："二十年来负夏四方，三分天下，几遍其二。"⑦"一生多半在舟船。"他的行程是奔趯路程，辗转演出，考察风情，创作诗文，与一般游乐性旅行大相径庭。他对自身行踪根苹之历程状况，有许多诗文速及，仅举数例——"为河方，路速过速，奔驰光暇"，"谁知还困去足头燕尾，浪两泽围，风雨江村"，"夜半连谯而，梦蛲如鹰舟"，"欲速无可遁，踵代如蹟跟。"……

7. 撒迁劳累　李渔幼时在兰溪，后随父、伯父佳杭录。二十岁前田丰溪，后奔金华。不多年回兰溪建"伊园"新居，后又去杭州，借郊村居住。随后辗转杭州，构"武林小说"安居。却困故过金陵（今南京），先往金陵而后，后精心营造寓所芥子园。又因几于应考等因，须回原居，经四年而地多次奔波，管建屋园，回杭定居。一生飘过之细繁劳累，常人难以经受。

8. 台柱坍倒　李渔家庭戏班的生旦丑净乔生、王再来，唱红大江南北，是一时期大梁的台柱，又是李渔的情义极深的一双爱椿。可惜"奈何夭不怜奇，神偏毁玉"，于十九芍和年毕先后病故，家庭戏班就在二台柱倒用之后而衰，李渔痛泣"夭夭期人，暮于亡我……"

*李渔"双廿四"业绩与成功之路展览之四十一*

9.政治风波 李渔本人虽未做过官，但宫廷官场勾心斗角却牵连到他。决意在杭安居乐业的李渔，由于浙江左布政史张缙彦以"刻有《无声戏二集》一书……煽惑人心"⑧，被勒革职。李渔深怕"抽刻作祟"⑧连累，只得怀着沉重的政治包袱，离开"武林之多妒雨"而远奔江宁（今南京）寓居。

综上所述，可说李渔的一生是：风风雨雨，病魔纠缠；丧亲亡眷，厄运频连；艰辛奔波，折腾蒙难；硝烟滚滚，死里逃生。他是从古代到近世文艺家中蒙受劳累苦难灾险最多、历时最长的涉者之一，而他却在这般如此的逆境中做出如此这般的辉煌业绩，确是今古奇观。

李渔为什么能在最差的条件下，作出最高的成就？这当中自有一番道理，清代初期著名文学家余怀评说李渔的书："汉者读之旷，儒者读之通，愚者读之愉，拙者读之巧，惄者读之忓且舞，病者读之窒然兴。"

因此说不论少青壮老，不论男女，如果遇到某种困境或难事，不妨从李渔身上笔下吸取以今天的标尺衡量还是有益的精神、知识，走李渔的成功之路，拓出一片蓝天，迎来万紫千红！

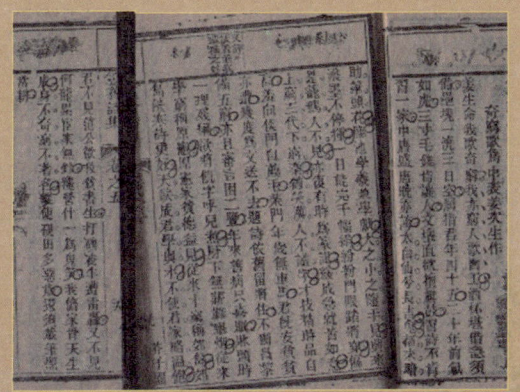

注释：
①自《李渔全集·笠翁一家言诗词集》。本集《北河一首》、《战地之感》中之引文，未注明出处者，均引自此集。
②③引自《闲情偶寄·杜朦柳·营》。诗中的"城"即"泰城"，全界古称泰城。
④引自《李渔全集·笠翁一家言文集·与徐也无》。
⑤引自《闲情偶寄·期养部六》。
⑥⑦引自《李渔全集·笠翁一家言文集·与无声戏文学》。
⑦引自《李渔全集·笠翁一家言文集·上都门社人送田状书》。
⑦引自《李渔全集·李渔年谱》。《无声戏》为李渔著作，又名《连城壁》。
⑧引自余怀《闲情偶寄·序》

李渔"双廿四"业绩与成功之路展览之四十二

### （五）成功之路

李渔的成功之路是由多方面因素综合而成，现取其部分列下。

**惜时如金**　　十几岁的李渔，喜欢种植梧桐树，并细心观察其干叶，与自己的臂掌相比较，认为这树干、枝叶每年明显地长大一圈，对比自己学识增加了多少？深有感触地向自己提出要求：不能贪玩，要"戒忽悠"[①]，要与梧桐枝、叶同步增长，增加学识，与时俱进。此后，他"一生多半在车船"，处处利用点滴时间，身备"诗囊"，随时积累素材，随地写作诗文。

注：①引自《李渔全集·笠翁一家言诗词集》。

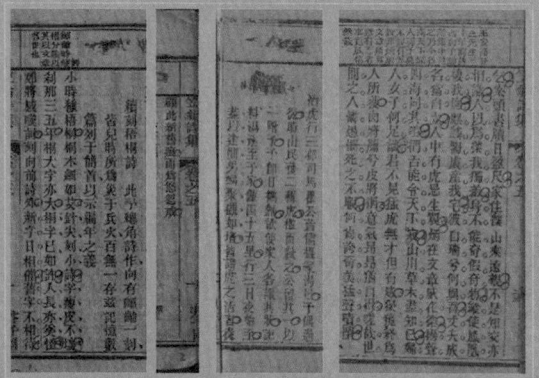

**立志成才**　　李渔年轻时得金华郡司马赠送一头活虎，笼以栅栏，游走四方，围观者甚众，称赞、羡慕李渔获此殊荣。事后，李渔反思认为借虎为荣是可耻的，"丈夫成名当自立"[①]，立志要自信自强创大业。这仅李渔立志之一例。

注：①引自《李渔全集·笠翁一家言诗词集》。

李渔"双廿四"业绩与成功之路展览之四十三

　　**广交朋友**　　李渔在年轻时的诗作《交友箴》中就颇有见解地要求自己在交友时要注意"交道戒纷纭，交情忌稠密，神交千里通，面交九巍隔"。由于他有正确的交友目的的要求和方式方法，所交朋友就越来越多，且友谊持久常存。他一生交的朋友有姓名的就有800余人之多，其中当朝宰相就有四位。如果没有这些友人之助，他的成就会落到事倍功半，甚至更少。

　　**颠扑不倒**　　李渔一生遇到致命性打击多次，一次次跌倒，不灰心，不丧气，不怕苦，不怕难，一次次爬起来再干。他的精神好比中流砥柱，任凭恶风、险浪、汹波、苦雨的冲击摧残，他"冲开烟瘴病翻除"①，百折不挠，笔杆不倒。

　　注：①引自《李渔全集·笠翁一家言诗词集》。

李渔"双廿四"业绩与成功之路展览之四十四

**艺术人生**　　李渔56岁那年新春水仙花盛开时，因刚过了年，家中已经"索一钱不得，欲购无资"①。家人劝他：一年不看水仙花也无关紧要。他却说："宁短一岁之寿，勿减一岁之花……"②要家人取下簪珥拿去典当，买回水仙花。据此一斑可知他一生爱花如命之"全豹"。高度注重精神享受的艺术人生，才能使艺术家心地纯洁，多出精神产品。

注：①②引自《李渔全集·闲情偶寄·种植部》。

**刻意求新**　　李渔反复多次强调写文章、编传奇都要以出新为宗旨，"新也者，天下事物之美称也"①。他的24个"家"和24项第一，都是由于他富有创新这个根本理念，才能取得如此繁花似锦的成就。如果他缺乏追求创新精神，上述成就可能难保其半或寥寥无几。

注：①引自《李渔全集·闲情偶寄·词曲部·崇尚白》。

李渔"双廿四"业绩与成功之路展览之四十五

**解忧除病**　人在忧郁病魔纠缠中，最容易产生心灰意冷的情绪、厌世轻生的念头。可是李渔在对待"忧愁苦难百几重"，用自己的精神产品首先作自产自销——"进入戏中绝路通"，带到戏中去消化。他在生活潦倒，租锅借碗度日，年迈多病行履艰难卧床垂危时，坚持写好《芥子园画传·序》后，又盖上"白发少年场"的篆刻印章。"尝以欢喜心，幻为游戏笔……但愿世间人，齐登极乐国。"所以清代著名学者余怀为《闲情偶寄》作《序》曰："愁者读之怂且舞，病者读之霍然兴。"当代名家孙昌建出了一本书，书名就叫《向李渔学快乐生活》。

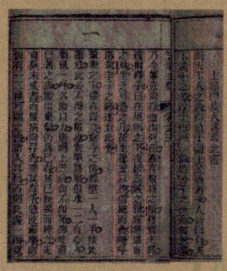

李渔给友人书信　　　　　　　　　　　　　　　　　　　李渔诗《偶兴》

**宽宏和谐**　李渔一家之口有些年头竟达40之众，多数是习以争吵为常事的戏班人群。他妻妾多人（妾不专房妻不妒），五子二女。这两群人合为一家，除个别人和事外，均能常年和睦相处。同时代文人中文有骂李渔"性龌龊……真士林所不齿者"。但在李渔所有诗文中，找不到半句以牙还牙的话。"恕以息争，宽以弥谤。①和谐为重，才能事业大成。

注：①李渔《闲情偶寄·顾养部·止忧》。

李渔"双廿四"业绩与成功之路展览之四十六

　　**寄望将来**　　长期处于苦难境地的李渔，能坚持撰作的力量源泉之一是寄希望于将来。这是他成功之路的又一蹊径。他说："诸子命名皆从'将'，将者，将然未然之词也。天下事莫妙于'将'……吾欲诸子顾名思义，人各用将。"①所以他给儿子起名为：将舒、将开……，意为事业、生活将要舒展舒适了，事业舒展、生活舒适就要开始了。这种寄望将来能培育乐观心态，助人排忧。

注：①引自《李渔全集·一家言文集》。

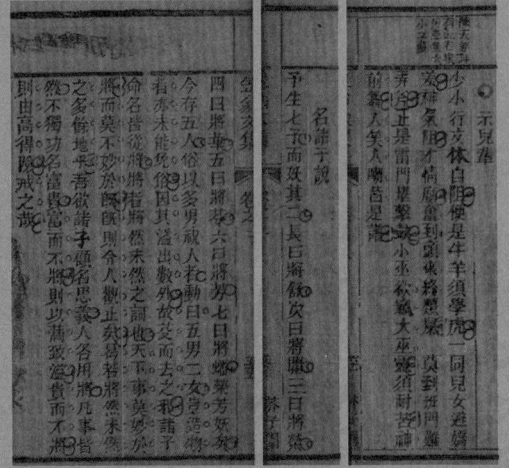

　　**奋勇拼搏**　　合成李渔成功之路的特殊材质是李渔创作的《天仙子·示儿辈》词①。上阕指出阻碍学习的种种不良精神状态，鼓励"便是牛羊须学虎"。下阕提出"莫道班门难弄斧，正是雷门堪击鼓"，是鼓动学子积极进取、奋勇拼搏的进军号，是极为罕见的高境界、高强劲的教人成大器的顶级座右铭。

注：①引自《李渔全集·耐歌词》

　　李渔"双廿四"业绩与成功之路展览之四十七

（六）后语　学李渔拼搏精神　走李渔成功之路

（七）附录

## 1．李渔研究专著（部分）

李笠翁论戏曲（马汉茂）　　　　　　李渔（茅国权　柳存仁）

中国娱乐：李渔的喜剧（Eric Henry）　李渔（黄丽贞）

李渔的创造（韩南）　　　　　　　　李渔戏曲艺术论（胡天成）

论李渔的戏剧美学（杜书瀛）　　　　李渔研究（黄强贞）

李渔评传（肖荣）　　　　　　　　　李渔传（单锦珩）

李渔评传（沈新林）　　　　　　　　李渔研究（黄强）

李渔（郭英德）　　　　　　　　　　李渔新论（沈新林）

李渔与无声戏（沈新林）　　　　　　《闲情偶寄》注评（沈新林）

话说李渔（沈新林）　　　　　　　　李渔小说戏曲研究（胡元翎）

李渔传（徐保卫）　　　　　　　　　李渔美学思想研究（杜书瀛）

湖上异人李笠翁（陈再明）　　　　　李渔小说论稿（崔子恩）

李渔评传（俞为民）　　　　　　　　李渔《闲情偶寄》曲论研究（俞为民）

李渔创作论稿（张晓军）　　　　　　风流道学——李渔传（万晴川）

李渔研究（赵文卿　李彩标）　　　　李渔研究麟集（赵文卿　赵吕羽）

李渔思想文化研究（李彩标）　　　　李笠翁戏剧：中国十七世纪戏剧（马汉茂）

梨园奇情（朱德才）　　　　　　　　闲情偶寄·重读李渔丛书（孙昌建　大运河）

李渔（郭英德）　　　　　　　　　　李渔的通俗文学理论和创作研究（黎兵）

向李渔学快乐生活（孙昌建）　　　　李渔文学思想的审美文化论（蒈兵）

李渔美学心解（杜书瀛）　　　　　　夜语江湖：李渔传（刘保昌）

中国思想家评论简明读本（冯宝善、程爱民、周宽）

雅俗之间·李渔的文化人格与文学思想研究（黄果泉）

## 2．李渔作品流传海外的部分信息概略

　　李渔逝世不久的日本永禄年间（1688～1703年），就有李渔的小说《连城璧》、《肉蒲团》等传入，深得日本读者赞赏。南村芳洲的《橘窗茶话》记冈岛冠山（1675～1728年，江户文人）"只有《肉蒲团》一本，朝夕念诵，不须刻覆、他一生唐话，从一本《肉蒲团》中来"。之后，日本学界或翻译或录用日文改写李渔的小说、戏剧多种，有的一般周版。在西方，先后有英、拉丁、法、德、俄语大语种，翻译了李渔的小说、戏剧，《连城璧》、《十二楼》、《肉蒲团》均有全译本。《十种曲》中多数有外文译本。有的短篇小说、戏曲中的某几出被多种外文反复转译出版、重版。德国学者海尔得特·马丁（又名马汉茂）以李渔戏曲为内容的博士论文，获得中国文化博士学位。他主编《李渔全集》，在台湾出版。

　　（参照胡元翎《李渔小说戏曲研究·附录·海外有关李渔作品流传及研究的部分信息》缩写）

## 3．获奖

　　中共金华市委宣传部、金华市工商局等单位联合主办评选"创业之星"，"李渔伟绩展览处"被评为10名"创业之星"之一，列名10名之首，2012年12月28日大会上颁给奖证、奖屏。

李渔"双廿四"业绩与成功之路展览之四十八

4. 李渔词《天仙子·示儿辈》

少小行文休自阻，便是牛羊须学虎。一同儿女避娇羞，神气沮，才情腐，奋到头来终类鼠。　莫道班门难弄斧，正是雷门堪击鼓。小巫欲窃大巫灵，须耐苦，神前舞，人笑人嘲皆是谱。

（今译）　年少人学文化知识不要自己设置思想障碍，即便是像牛羊那样笨拙、软弱，也要学老虎的刚强和勇猛。不要同一般儿女们那样，避避躲躲，娇娇滴滴，羞羞答答，那就会弄得精神沮丧，才情颓腐，忙碌一生，百事无成，犹如鼠辈。　不要认为在鲁班师门前难以弄斧，正是要到天宫雷门去大胆击鼓。小巫要学到大巫（大师）的灵气，必须坚持吃大苦耐大劳，到神明面前去不懈追求，把他人的讥笑、嘲讽看作是自己征途上之谱。（**赵文卿译**）

5. 报道“李展”部分报纸

《北京晚报》2008年9月8日第8版：研究李渔40多年　78岁“渔迷”来京办展览

《新京报》2009年9月20日第20版：痴迷李渔　八旬翁北大办展览

《光明日报》2011年3月28日第7版：从草根学者到研究专家——记兰溪李渔研究会前会长赵文卿

《文汇报》（香港）2011年6月5日B1版：李渔生前被封杀　死后受追捧

《东方早报》（上海）2012年3月14日B4版：八旬老人5年内自费办李渔展5次

## （八）名家赠品　题辞

《示儿辈》词　书法　梅新林　浙江师范大学党委书记、校长　博导

高山仰止　国画　朱峰　（黄山）焦墨画当代（花甲以上）第一人

画道仙人　国画　杜世禄　金华职业技术学院党委书记、院长

层园　国画　章子峰　中国书法家协会会员、浙江省中国画家协会会员、中国肖像印研究会执行会长、香港《文汇报》浙江分社社长

荷　国画　芮顺淦　金职院艺术系主任

花卉　国画　骆风　听蝉店主人

《示儿辈》词　书法　刘先银　中国林业文联常务理事、中国美术家协会会员、中国林业出版社总编辑办公室主任编审

《示儿辈》词　书法　李明光　书法家、诗人、画家

对联　书法　吴亚卿　书法家、楹联家、诗人

枇杷　国画　柳村　中国美术家协会会员、浙江花鸟画学会会长

题辞　书信节录　沈新林　南京师范大学教授，被誉为“李渔研究第一人”

题辞　文摘　万晴川　浙江工业大学中文系教授、博导

展览文本撰作、制作：赵文卿　审校：林静翁　蒋荣森　吕维星　版面设计、扫描：赵效渔
协制人：徐宇峰　章子峰　祝宇清　姚建文　叶享斌　戴品三　詹秀玲　巫海荣　赵肖枫　资料收集、摄影：笑葑

据此版本作浓缩版于2012年国庆期间在上海闵行区新骏环路188号21号楼闲情偶寄家居用品有限公司二楼长期展出。

李渔“双廿四”业绩与成功之路展览之四十九

# 李渔伟绩展览(演讲)巡回五周年小结(提要)

　　本展览于 2007 年 9 月在兰溪市李渔纪念馆芥子园由市委宣传部、市文联、市文广新局主办展出 48 天,后外出巡展。第二年经金华、杭州展、讲多处后上北京,在"奥运"期间挤进中国人民大学、国家图书馆展出,因自费主办者病危抢救而折回。第三年在上海戏剧学院、上海师范大学、上海教育电视台"世纪讲坛"展、讲后再次上北京。在"北大"展出、演讲,又遭心脏病复发,冒险在惠博普上市公司作演讲后仓促返回。第四、五年多在金华、兰溪、上海展出、演讲,不敢远出。

　　五年来,由单枪匹马巡展,已发展为多人群马展出。如上海大学易、孙等研究生已在筹备李渔文化促进会。上海闲情偶寄家居馆挪出一间房作长期固定展出本展览。该公司还在杭州西湖区古墩路房内陈列"李展",浙江师范大学暑期社会实践队 33 位师生组成小分队来到李渔故乡, 开展为期两周的宣传李渔文化活动。他们搬运"李展板面到李渔故里——夏李村展出、座谈,又在中洲公园举办李渔文化演唱晚会。兰溪市花一千多万元建"李渔文化公园"告成, 开放。市关工委联合教、文、青、妇共同组建李渔文化教育基地,由他们举办"李展",邀我前去演讲,变为他们的事而邀我协助。金华市委宣传部、金华市工商局等评选"创业之星"中,本展被评为十名"创业之星"之首位。这就进一步引领、推进李渔伟绩展览的巩固和发展,气势蓬勃。

　　本展五年来为何能取得各展出演讲单位的热烈响应、支持？为什么能评上全金华(包括义乌)的"创业之星"的首位？这主要是因为李渔文化有八大亮点:第一,李渔一身在文艺领域具有称得上专家的有二十四个"家"之多。第二,李渔一生在文艺史上建立的第一(先河、首创)也有二十四个之多。第三,李渔是世界上在文艺领域拥有的"家"、"第一"最多的峰顶人物。第四,李渔之业绩超过莎士比亚。以前单从戏剧方面评论,说李渔是"东方莎士比亚"。今从全方位多侧面作评论,则莎士比亚是西方的李渔,应该是完全颠倒过来。第五,李渔有系列的休闲养生的学术著述,甚合人们爱好。第六,李渔有和谐共事主张和实践,符合当今社会之需。第七,李渔词《示儿辈》中的"莫道班门难弄斧,正是雷门堪击鼓"精神,很适合当今激烈竞争之社会必需。深圳寅午足球俱乐部以此词句为团队精神,行动口号,节节胜利！第八,李渔的芥子园具有十三种功能之多,为当今社会增强公益性设施提供参考,适合人民群众喜好。总之,"李展"(演讲)是建设文化强省、强国的劲旅！是为国争光的生力军！是热爱祖国的行为与壮举！

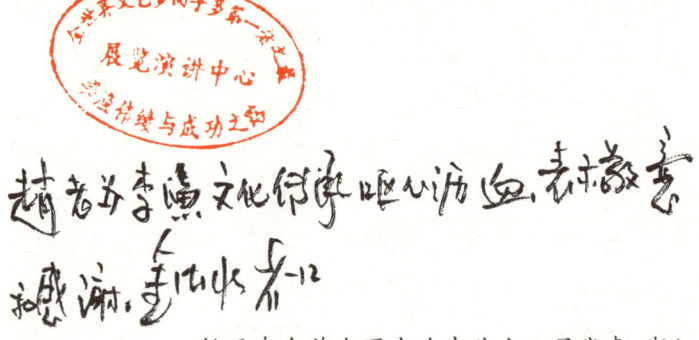

批示者金德水同志为中共十八届代表,浙江省人大常委会副主任、浙江大学党委书记。

# 新世新机谱新篇
## ——上海新机撰长文

　　退休后的八年，从"李研会"角度说是没有退，每年还是操劳开年会的经费，重建且停亭等，加上其他工作，是匆忙的八年。

　　1999 年末，我女儿从北京调到上海工作。她认为我在兰溪太忙了，新世纪应当过新的安逸生活，要我到上海居住。

　　新世纪正月初，我来到上海，整天在家坐着或与人闲谈，我都不习惯，于是就到上海图书馆去看书。翻翻目录，高兴得不得了，回家说："理想的天地找到了。李渔研究的有关书籍，平时在兰溪借不到，这里什么都有，借也方便。"于是我就天天上图书馆。

　　我写过一篇《李渔的五个第一》(清代白话短篇小说第一人，世界第一部导演学撰著者……)的文章，在这里书看多了，发现李渔可称十几个专家了。2003 年时一篇《十二名家李笠翁》(散文家、书法家、对联家……)，由金华市社科联上报省社科联，想争取作为重点课题。上报没有批下来，至 2004 年发现李渔一生在文艺领域的成就达到专家水平的已有 18 个方面——18 家，准备写《十八般文艺件件皆能》:诗人、词学家、出版家、音乐家、工艺美术师、园林艺术师……。在要动笔的同时，觉得还有另外方面的书要读，索性再读下去，到 2005 年已升到有 24"家"之多，同时发现他的某种成就在中国文艺史上可称得上第一(或首创、先河)的就有8个方面(或侧面,散点):中国文学史上最早的专业作家、中国戏剧经理人之鼻祖……。文艺家与文艺家相比较,从海选到筛选,得出结论:李渔是全世界文艺多面手,获多个第一者之最,完成了一篇6万字长文。现把长文的主要论点与主要论述过程作一概括交代。

# 海选筛选出结论：
## 全世界文艺多面手多第一者之最——李渔

　　"李渔是全世界文艺领域多面手、获多个第一者之最"这个结论，是经过海选、筛选排比而得出的。笔者读了有关这方面的许多某行某业的名人、名家辞典和综合性的《辞海》、多种传记和评论性著作数以百计，经过逐次海选，一次又一次的再三筛选，从万名文艺家中，一步步缩小入选圈子.到后期选入大围的有卓文君、班昭、蔡文姬、王维、顾恺之、赵孟𫖯、米芾、白居易、柳宗元、欧阳修、苏轼、赵佶、李清照、李煜、关汉卿、高则诚、陈洪绶、徐渭、冯梦龙、唐寅、董其昌、陈继儒、李渔……

　　在这二十多颗光辉璀璨的明星中，再一次进行筛选，在散文、小说、诗、词、音律、绘画、书法七个以上方面(或其他方面)称得上专家的大名人有卓文君、蔡文姬、柳宗元、李煜、苏轼、欧阳修、米芾、赵孟𫖯、关汉卿、高则诚、徐渭、冯梦龙、李渔……计十几颗大明星，其中又以赵孟𫖯、欧阳修、苏轼、关汉卿和李渔五位为最。此五位当中的赵、欧阳、关三位几乎难分伯仲，均是十几个方面的家。但离苏、李两位拥有的家相距较远，没必要去说长道短了。最后入围的是苏轼与李渔。

　　据我读过的一些关于苏轼的书中，提到他在文艺方面可称得上专家的有散文、诗人、词人、书法、绘画、音乐、小说、文学评论、工艺美术、园林艺术、艺术教育、绘画理论、书法理论、服装设计审美、词学(虽然当时直到李渔所处的时代都未出现"词学"这个名词术语,但为了称谓方便,就预先应用这一后起之名)和诗学,共有16个方面可称专家。

还需要说明:由于历史条件未具备而形成欠缺的方面,在苏轼所处的那个时代,戏曲的创作、演出、对联(楹联)的撰作,尚属新兴阶段,不应超越历史客观条件而要求苏氏有戏曲创作理论、演出理论的文章和对联撰作。因而,苏轼在这三方面未做出一定的成就,是历史条件的局限,绝不能认为是苏氏的欠缺。所以李渔的24家,应减去这三个家,以21个家与苏轼的16个家相比,李渔比苏轼多5个方面的家。因此说:李渔是中国文艺领域多面手之最。

再来比"第一"谁多?苏轼在中国文艺史上有哪些方面可称得上是第一、先河,开创性的?苏轼是继欧阳修之后中国文坛之一代盟主,是词风改革第一人,是豪放词的首创实践者,其散文为一代文宗,其书法富有独创性,后人称之为苏体,仿学者众……据不完全统计,只及李渔之一半,差距大矣,不必细述就可明确:中国文艺多面手、获多第一者之最是李渔。

苏轼的成就在某几个方面已达到登峰造极的高度,是绝顶;而李渔的24个第一,是其小高峰多。本文提出比较的,不是与珠穆朗玛峰比高度,而是比连绵山系之小峰为数之众多,是比出多第一者之最是谁?是李渔。

全世界文艺多面手、多第一者之最是谁?在世界几千年的文明史上,文学艺术领域的璀璨明星,数以千万计。要比出谁是多面手、多第一者中之最是谁,还是要运用《世界巨人百传》、各类专业"辞海"、评传之类的众多书籍,使对世界浩瀚群星的鸿文巨著通过历史的长镜头,对光辉照耀的各色星体的扫描,一次次聚焦,一次次比较、筛选圈子一缩再缩,如对国内评选程序那样,最后落定在四位大师之间相较量。

这四位入小围的大师是：莎士比亚(1564-1616)，许多传记、名录丛书中，莎士比亚都是被放在多才多艺的首位，现仍习惯排在首位。

达·芬奇(1452-1519) "达·芬奇所涉猎的科学和艺术门类，几乎涵盖了当时人类所有的学科，并且无不精通，无不有新的发现。"因为我们的评选范围是"文艺领域"，属于其他的应不计在内。

毕加索(1881-1973)是多才多艺第一人。

泰戈尔(1861-1911)被赞扬是位多才多艺的。

可惜本文对参与竞比人选界定时限为1910年以前去世的人物，此后的都不列入竞比，仅留下莎士比亚与达·芬奇两位。

下面归纳莎、达两人各有的"专家"和"第一"。

莎士比亚"身兼编剧、导演、演员、演出人和剧团股东之一"，"热爱并精于音乐、绘画、雕塑、舞蹈、工艺艺术等"；"莎士比亚发表、出版的诗作有长诗两部，还有14行诗154首"。

依上所述，莎士比亚够得上"家"的文艺成就方面有：剧团领导、编剧、导演、演员、音乐、绘画、雕塑、舞蹈、工艺、诗、音韵，共计有11个文艺方面达到相当于专家的成就。至于"第一"，莎翁留下的剧作数量众多之中，登上世上奇峰者之多，堪称第一；有多个剧本剧中语言丰富程度之高，空前绝后；语言诙谐风趣运用得体也为世所罕见，可谓第一；他演出"鹿戏"，扮演诙谐角色之技艺达到世上空前仅有；"英国文学之皇帝"；"身兼喜剧、悲剧之大师，斯世无出其右"；"莎氏所撰之悲剧（李尔王）乃英国悲剧中旷世之瑰品"；莎氏是绘画巨匠，曾获国王亲笔"御书"之嘉勉。这样累计，有10个"第一"。

达·芬奇"不但是一个伟大的画家，而且还是杰出的雕刻家、建筑家、工程家、音乐家……","在美学方面的造诣,在当时也是名震全欧的"。"达·芬奇的手稿影响最大,也较有系统者,当首推他的绘画论……达·芬奇运用语言修辞和形象思维的巨大才华,使这些篇章成为后世百读不厌的优美随笔……达·芬奇的文学天才主要表现在他所写的富有哲理的寓言、格言、预言等方面。"达·芬奇留在宫廷里任职,"主持各种娱乐、创作音乐、绘制舞台背景、设计服装道具和导演戏剧,甚至扮演主角登台表演"。

依上所述,达·芬奇够得上"家"的文艺成就方面有:绘画、绘画理论、雕刻、建筑艺术、音乐、诗人、服装设计、道具设计、工艺制作、演艺和美学理论等约有 11 个方面。至于第一,他的《蒙娜丽莎》之绘画艺术成就,已为全世界众口同声赞为绝世佳品;他的绘画理论精深微妙已达举世无双的境地;他的随笔语言修辞之优美的高度已是无与伦比;他的富有哲理性的寓言(格言、预言)已达无可比肩的境界;他作为娱乐节目主持人,是皇宫内外第一人……。共计有 10 个"第一"问世。

莎士比亚与达·芬奇两人各拥有的专家数与各获得的第一数,几乎相平,难分高下,就以两人并列去与李渔相比。

由于中西文化的不同,文艺的门类也各异。李渔 24 家中的词人、词学家、楹联(对联)家、书法家、篆刻家五个方面的家,在不使用汉语的国家,是没有这样的文艺现象——门类的。在与达、莎两位(因达氏出世在前,故写在前面)相比较时应减去这 5 个家,作 19 个家算。同一道理,李渔的 24 个第一中的戏曲科白、戏曲音律、山水画谱、词的风格、诗词曲之区别 5 个方面(侧面、散点)的第一也应减去,作 19 个第一算。

总比:李渔一身在文艺领域之成就可称专家的有 19 家,比达·芬奇与并列的莎士比亚各多 8 个家。他在文艺史上可称"第一"(创始、先河)的有 19 个方面,比达、莎各为 10 个方面各多 9 个方面。

结论:李渔是全世界文艺多面手、多第一者之最。

借用先哲几句格言应用于此:

李笠翁……有特别的知识思想,大抵都在《闲情偶寄》中……总之他的特点是放,虽然毛病也就会从这里出来的……

——周作人:《笠翁与随园》

第八世纪的白居易……耽于逸乐的李笠翁……都是脱俗形骸、不拘小节的人。这些人因为胸蕴太多的独特见解,对事物具有太深的情感,因此不能得到正统派批评家的称许。这些人太好了,所以不能循规蹈矩,因为太有道德了,所以在儒家看来便是不"好"的。

——林语堂:《生活的艺术》

笠翁……之人生观,又可以说是现代的人生观,是观察的、体会的、怀疑的、同情的,很少冷猪肉气味,去载道派甚远。这种……人生观,最是现代思想之特征,甚足动摇人心,推翻圣道。……笠翁虽然表面上站在儒家方面,持此态度以往,实足动摇儒教的基础。

——林语堂:《再谈小品文之遗绪》

每个真理一开头总是要被人嘲笑的!

——[波兰]莱蒙特①

不要担心制造怪论，因为现在所接受的每一种观点都曾是怪论。

——［英国］罗素②

我相信已步入 21 世纪的中国同胞们和世界各色人种的女士、先生们，一定能以新时代的意识、眼光和观点来看待历史名人的成就与欠缺，还李渔应有的光辉面貌，让全世界文艺多面手又获多个第一者之最李渔的巨大而璀璨形象，在全世界亿万人之心目中站立起来！

注：

①莱蒙特(1867—1925)，波兰作家，作品多种。代表作长篇小说《农民》，获 1924 年诺贝尔文学奖奖金。此格言引自其长篇小说《福地》。

②罗素(1872—1970)，英国数学家、逻辑学家、哲学家。1950 年获诺贝尔文学奖奖金。著作多种。此格言引自其《十诫》。

# 万事俱备　只欠东风

　　2006 年初春,我将这 6 万字的文稿缩写成 1 万字,呈递杭州市政府,建议为李渔设个纪念场所,可以新建,也可以旧房改造,还可以暂借房子应用。市长孙忠焕非常重视,批示有关部门作一个新建的可行性报告。有关单位立即召开座谈会,调查研究,撰作了较全面的可行性报告上报市政府。后因人事变动,此事未能继续下去。

　　6 万字加上另外"李研"文章,出一本书当然可以,但考虑到现在出书成了新时尚,部门、单位、个人竞相出书,出版物多如牛毛。我前已与人合作出过 3 本书(《李渔研究麟鳞集》,与赵肖羽合作;《笠翁秘书》,与蒋聿修、章寿眉合作;《李渔研究》,与李彩标等合作),不想再出,想以制成展览的形式来宣传李渔。

　　公司内部调整,女儿去广州任经理,邀我们去广州度假。她有王智峰博士夫妇等几位很要好朋友在广州工作。谈起李渔,几人一致认为这是我多年"李研"心血凝成的果实,意义重大,会尽心尽力帮助,乐意合凑资金在李渔故乡搞个展览馆展出,第一期投入 50 万元,先建牌楼、大门,后造馆建厅,再配套,逐步投资。"出钱我们负责,营建由您赵老师负责。今后亏掉,不要你赔偿。若有收入,逐步归还投资成本。等投资款归还后,如有盈利,给馆锦上添花,如再有余,则搞'李研'基金。"我听了觉得是件大好事,经费不要我投资,没风险就好。至于为李渔多出力多吃苦是当仁不让。回顾当年造芥子园,经常自带水壶、塑料袋装饭的苦不是熬过来了?乐趣自在其中,就一口答应接受下来了。

从广州回兰溪,向市领导、有关部门及当地一一汇报:联系到朋友投资建展览馆事。从领导到有关部门及当地,百分之百的认为好极了,支持我大干!时任市委副书记郑余良说:"都你一个人承担,太吃力了,我抽调几个人来帮你工作。"并立即打电话给永昌街道党委书记叶海莲,要他来办公室,当着我俩的面对叶说了此建展览馆事,要叶具体关心支持帮助。市文化广播电视新闻出版局局长张志其说:"我调几个能干人来,你打打电话,叫他们去跑。"市发展与改革局局长徐鉴鸣说:"你今天来讲过后,下次不必亲自跑来了,有事打个电话就行,立项批准书我们会给你送上门的。"国土局长陈志伟说:"我知道了,土地指标会给你优先考虑的。"永昌街道书记叶海莲、主任赵红卫两人一起与我上伊山具体踏勘选址。村干部说:"书记、主任两人同时下到一个村来办事,从来未有过。今天你们两位一起到我村,说明这件事非常重要。其实,我们村里已经十分重视了,村领导班子已经与赵老师一起实地踏勘七八次,选了三个地方,各有优点……"土地管理所所长百忙中安排人员带仪器到现场勘测,测一个选址又测一个选址……"

说起赵红卫对李渔文化的支持,已有实际行动。她运用镇政府楼上的大会议室,将我在北京展出的板面浓缩到24块板,突出李渔业绩,进行永久性展出,是政府机关办"李展"的一大创举!有人说她是李渔第七世孙李志根的夫人,是李家贤媳妇。她说:李渔有如此好又多的业绩,市里把他当作金名片,我们仅搞点展览,要更加努力!

在全村党员、操作组长、村民代表的大会上,支部书记童茂年邀我介绍筹建李渔业绩展览馆的意义、投资、规模等情况,大家听了后沸腾起来了:"从来没听说过有这样的天大好事!""还会有谁不同意?除非是个傻子!""造个牌楼,建在杭金衢高速公路到诸葛的接线上去,大大扩大影响!"好建议越议越多,这样红火、成功的会实在少见。

第三天过去了,为了早日签订,可早日要他们汇钱过来买地,我去问老童可签合同没有?他说:"到可以签的时候,我会打电话给你的。"又三天过去了,我又去问老童,他还是这句话,只是笑笑,对为什么还不签没有任何解释。此前遇到他,对展览的前途有说不尽的好话,现在是有话难以启齿的样子。

又三天过去,我打电话给老童,他还是回答我这句话。我不得不作种种怀疑、猜测了:老童这人是不会搞阴谋的,在这件事情上也没有"阴"可谋。他对李渔事业的认识是高水平的,办事能干,有胆量有魄力,而且还善于想方设法。例如:夏李村李氏宗祠(俗称"四分厅"),是村中仅存的多所祠堂中的一所。1983 年开纪念李渔诞辰会时,后进梁、柱腐烂,勉强支撑度日。又 20 多年,"容缓"过去,没谁敢出来做主维修,原因是村里钱袋空空。而这位童书记上任不久,为了宣传李渔事迹,他姓童,却不论宗族观念,竟做起姓李的孝子贤孙,有大义,顾大局,动手修理这祠堂了。原以为换几根梁柱,部分修葺就行。谁知腐烂面越拆越大,连墙都已到了即将倒坍的程度,于是童书记就下决心彻底大修!总预算要上百万,没有吓退他,坚持干下去!夏李村八九十年没续编宗谱了,也是这位姓童的书记下的决心:做《谱》,钱,以他为主逐步想办法。对建展览馆,老童积极地陪我、陪领导和有关部门踏勘选址上十次,最后选定龙门山余脉的公路边的一片丘陵,上有一住户,主人在宁波。

他就打电话去叫他回来，已谈妥赔偿损失，干得正头头是道的时候，怎么会一夜之间变得对建馆事遇"冷"而缩，热情变冰点呢？一肚子的造馆好事顿时会无言以对呢？……

　　写这段文章的目的是：建馆开了个"虎头"之后，非但连"蛇尾"都没有，反而突然中断无"尾"。这百分之百不是我的缘故。我也是受损失者，花了车费、打印材料费是微不足道的，为李研会二三十年花掉电话费、邮费不少，我从来未计较过。这次主要是精神损失，首先是失信于有关领导和亲友。其次是欠了许多人情账。对各部门领导热情支持、帮助我筹建，结果无故中断了。我惭愧抱歉，无言以对。再次之，可能还是主要的，是顾虑又会像说"芥子园本来是建在夏李的，是赵文卿之故而建在兰荫山脚"那样丝毫无风而偏偏起浪，编出蛊惑人心的谎言。这次又会有人编谎言，企图颠倒是非，猪八戒倒打一耙，所以我写出了以上事实。

# 展览初开吉祥篇

　　创办永久性展览馆遭挫后,我精神、信誉大受创伤,但我宣传李渔文化信念经受了这次严峻的考验,非但没有偃旗息鼓,从此罢休,反而锻炼得更坚强了。夏李不造展览馆,我就赶紧自费制作了一套48块(每块90厘米×120厘米)板面,在市委宣传部、市文联、市文广局的主办下,于笠翁公诞辰396周年的9月17日在芥子园开展了李渔业绩与成功之路展览(即本书上篇所列的第一版本)。金华市人大常委会主任阎寿根亲自题写展览名称,严高文、何文彬两位副主任专程光临兰溪参加开幕式,兰溪市委常委、宣传部长刘成芝发表了重要讲话,对我作了热情鼓励,市文联主席陈军克服经济上的困难,提供了展览开支,新上任的文联副主席叶瑛主持开幕式,全市文联的骨干、老前辈都请来了,兰荫山麓、芥子园中、燕又堂前响起了对李渔的赞歌。

　　芥子园原计划展出三周,应上海游客观众的要求而再三延长到48天才结束,可谓展览旗开得胜。有一户全家来芥子园中秋赏月,发现有此展览就看了,看到李渔的《示儿辈》,叫全家都去看,家长自己一脚跪地,将《示儿辈》抄录在簿,要儿子常学常用,说这是最好的精神月饼,永远受用。

　　在收展的前一天,金华赶来看的人还是不少。近立冬的暮色寒意中,展厅里有人在说话,他们像是在议论此展览。我进去开了灯,他们兴奋地说:"噢,开关在这里!我们在用手机亮着看呢!"原来他们是从金华赶来,已看了一段时间,天黑了还不忍离开,问:展出还有多少时间,我告知明天就要收展了。他们惋惜地问下次展出的地点,我说:地点未定,但在金华兰溪,还是要再展的,请他留下电话号码。他给我一张名片,并提出下次展出,他的女儿乐意来做志愿者,我满口表示欢迎!回家细看名片,是金华市九三学社秘书长,大名章伟民。

兰溪展出的成功,领导们的鼓励,坚定了我的信心。出市展出的第一站是浙江师范大学。校长梅新林是位博导,慧眼识精英,翻阅了我的展览文图的小样本,就立即拍板欢迎展出,并由宣传部长王珉协同人文学院、图书馆共同举办。该校正在举行党代会期间,校长兼书记梅新林忙得不亦乐乎,但他起了个大清早,书写了李渔《示儿辈》词,同时展出,既鼓励了我们的展览,更鼓励了同学们的参观学习热情。原认为临近学期结束,看的人不会多,可以早日收展,可是同学们却认为:花四五十分钟参观这展览,学习自觉性提高了,考试的效果就提高了,这点时间花得值得!因而展出延长,一直延长到放假日才结束。

宣传部长王珉博士还挤在放假前召集一次新老教授参加的座谈会。会前,博士部长还讲了一条新闻:"近来,我校在网上招聘教师,一位河南的硕士在网上应聘。招聘办人员问他:'您与我校相隔千里,而我校又不在省城,请问您是出于什么目的或想法来应聘的?',硕士说:'我在网上看到您校在办李渔的展览,可见学术研究气氛很浓,我就喜欢有这种良好气氛的学校,所以才不远千里前来应聘。"到会者听了,一场欢笑之后,一致认为:这虽然是个插曲,但足以说明这一展览办得成功,影响深远。

在座谈中,我恳切地敬请各位教授多多指出展览的缺点、错误,一再表示有充分精神准备来听取批评、指正意见的,可惜的是:说好的多,提建议的多,至于错误、不当之处,却是没有谈到。各位教授对我这个老学生实在是偏爱、溺爱、爱屋及乌了。图书馆长陈兴伟硕导,为题辞簿写了《前言》,更有校新闻中心狄伟锋副主任处处关心,做好协调工作,给展出带来事事顺利。

在收展的前日,众多的观众中有两位贵人。一位是该校人文学院副院长傅惠钧,富有学者风度,眼光敏锐,细看了后,高兴地邀我下学期到院作演讲。再一位是兰溪第一中学高级教师刘成陆,他是闻讯专程赶来,看了之后提出要力荐校长新学期将以"李展"为开学新篇章。

还有件在当时是怎么也想不到的事:2008年3月,我在浙江师范大学文学院作了次"李渔伟绩与成功之路"的演讲,之后一个月,我在省图书馆展出后转到浙江工业大学时接到浙师大一位同学来电:她姓郝,在读硕士二年级,可是硕士毕业论文内容还没定下,在多个选题中徘徊不决。这次听了我的演讲,获得启发,决意写李渔,就专程赶到杭州找我。我热情地会见了她,与之交谈,提供资料,阐述观点,说了半天。她高兴地回去了。

果然,兰溪一中这学期的开学别开生面,红布横幅高悬:"全世界文艺多面手、多第一者之最李渔业绩展览"。图书馆大厅里布满展板,许多同学挟着刚发到手的新书来到图书馆,先睹为快。

章伟民秘书长特地驾车一大早从金华出发来到兰溪一中,送女儿章颖亮做志愿者来了,他自己要赶回去上班,我十分激动。

还有让人激动的事:在浙师大展出时,无意中结识了一位四十年前我在县委农村工作组时的一位贫下中农代表的孙女林梦思,她认为我的"李展"很有意义,乐意为此展做志愿者。这正合我展出的需要,就讲定了。谁知她们高考复习班提早开学去校,就与邻村的同学应丽娜商量。应一口应承照办,可是要好的同学都提早去上学了,于是就把母亲郑卫娟和妹妹一起请来当志愿者,帮助搞展览,干得很愉快。她们都谢绝报酬,这种无偿劳动的可贵精神,使我久久怀念在心!

在展出开头,校长李益民在全校师生大会上,重点讲述了"李展"的重要意义。

在展出中,最使我感动的是英语教师雷晓莉。她带了两班学生,先后来参观,看后邀我作演讲。而后,她布置每个学生以参观此展和听演讲为主要内容写篇英语作文。一般认为"李渔展"适合中文师生,文科的高中生。现在,雷老师把它与英语课程紧密联系,是一次富有远见卓识的创意性的教学活动,受到学生们十分乐意的欢迎。

由于金华市教研室要召开一次业务会议,柳湖艺术学校给我来电邀我到金华去该校展出,同时又是为金华市教育会议的代表们服务,一举两得。于是,在兰溪一中的展出就提早结束,志愿者就帮我运送展板到金华。

说起金华艺术学校,是金华市婺城区教育局副局长杜一鸣介绍而认识其校长倪军健的。为了我便于在金华联系,开展工作,减少早出晚归往来兰溪的时间,就安排我在该校住宿。杜副局长从工作到生活,对我都做了具体帮助关心。

艺校是新建的,环境优美,校舍宽敞。副校长叶惠弹得一手好钢琴,优美动人,是这所艺校有名的特色教育之一。

与会老师们对"李展"十分喜爱,利用会议中午休息的时间,参观展览。他们对李渔的《示儿辈》特别感兴趣。为了让"便是牛羊须学虎……正是雷门堪击鼓"精神的传扬,我买了单面已印图案的书签,雇人用丝网印的手工操作,在另一面上印了这阕词,但要成为完整的书签,还必须在一端打个孔,系上彩色带。这件半成品的书签只得搁置在一旁。

这天,好友俞高双(金华双龙风景管理委员会副主任)特地赶来艺校看望我,说已联系到一处展览场所,是城墙大门的两侧边房,过往行人很多,展出时间随早随迟,可长可短。我感谢他主动为展出操劳关心,并向他借门票轧孔机一用,是为制作书签,从他身上悟到开孔之机了。

雇人给书签开孔,系丝带工作刚完工,接到兰溪兰荫中学来电话急于邀请我去该校展出。于是就把城墙大门厢展出暂搁一旁,答应了兰荫中学。

第二天大清早,兰荫中学校长唐友芳租了辆轿车亲自来接了。我说:"您唐校长亲自来接,我怎么当得起?!"他说:"您这样好的展览能到我校来展出,不我自己来,才是太当不起呢!"唐校长对"李展"的认识、热情多高呀!

在兰荫中学展出中,有位年轻教师胡日辉,以他当班主任的这个班做实验,先与全校同学同看展览,后听演讲,之后不时地辅导学习《示儿辈》精神。在 2010 年高考中,全校同年级 8 个班,考取重点大学的 24 名,胡日辉班占 16 名,为全校 8 个班的三分之二。事实胜于雄辩,看过"李展"、听过"李讲",就是大大的不同。

# 婺城响彻李之音

兰荫中学收展当天就转到金华职业技术学院的师范学院展出。团委书记王理帆组织了一次全院性的演讲,总共有 500 多学生参加。没有老师监督,学生自己主持,没一人中途退场。讲了 80 多分钟,主持人宣布到此结束,可是大家静坐不动。前排一学生站起来举着本子:"给我签个名可以吗?"我说:"可以!"许多人就拥上前来,挤着要我签名。我就只看本子不看人,快速地一本又一本连着写……竟有塞上英语、数学、理化课本书要我签的,我一概不拒……

最后我问一学生干部:为什么用课本签名? 好像从未听说过这种情况。他说:"这些人来听讲前作'两手准备',听得进就听,听不进就看自带的书,根本没准备要请演讲者签名。现在听激动了,就地取材,在课本上签了名也可作个纪念!"

总院院长杜世禄是位著名书画家,特地在百忙中挤时间为本展题了辞,艺术学院院长芮顺淦和吴茀之艺术中心骆风先生送了画,还与办公室主任黄宏伟、团委书记胡彦等一起仔细地看了展板,杜院长还提了建设性的好主意。

胡彦是位有远见的青年干部。开始时她一翻"李展"本子就说:"我找一个分院团委举办。"现在师范学院办成功了,她说:"我联系一个兄弟单位团委举办。"过不了几天,她说联系好了,是金华第一高级中学。我去向她告别时，她随手拿出钱给我印制宣传品，我再三婉谢，实在盛情难却。

金一中来校车接去展板，我同车随行。校长高亚军和办公室主任盛卫成亲自布展。身为名牌高中的高校长，平易近人，没一点架子，与普通老师没什么两样。他一块又一块地摆，又移来一块大黑板写"欢迎参观"。他非常仔细，发现按页码数序少了两块，要驾车的两搬运者去寻找。

徐、朱两位搬运者连夜出寻，终于找到这两块展板。令他俩惊奇的是：运展板途经二十多里，其他路段都不脱落，刚好被风掀起吹落在"李渔大桥"上，在大桥中心黄线边，左一块右一块。这大桥是交通要道，平均每分钟过往的车子达六十多辆，而展板落在桥上的两个多小时中少说也有六七千辆车驶过，可是它们的轮子都没有辗到展板，否则，展板早已变成碎片了！同时，两块板都是背朝上，字图朝下，因而完好无损，且无半点污染。更巧合的是：这两块板的内容，一是讲述李渔当年在故里造凉亭、修水利的，另一块是说芥子园的，这应是李渔最关心的两块板。过往行人均驻足观奇，有的风趣地说：李渔显灵了，成仙了，特意抽出这两块展板看了又看。哈哈！这真是天机巧合！

金一中前身是金中，我父亲赵振方曾在其为金华旧制中学时在此读书。学校虽已搬迁新建，但这名字还会引起我的怀念。他在这旧制中学只读过一年书，字写得很好，作文也做得很好。我50年研究李渔的起因，同他继承祖父的《李笠翁一家言》这部书有关。我小时候常听他念诵其中诗词。他辍学的原因是因我祖父去世。今天，我竟能在他读过书的学校展出他崇敬的乡贤李渔的业绩，也算是可以告慰他的一件有意义的事吧！

以吴茀之大名命名的艺术中心，本展也去展出了。骆风是位刻苦追求自我艺术风格的画家。艺术中心的保安人员何友松,工作认真负责。一些暂时不用的展览物品寄放在该中心长久了,保管得好好的,是无偿的支持本展工作。志愿者罗恒(金职技院志愿者工作部部长)、傅秋兰等是无偿前来登高悬挂横幅、群发手机信息操作、放映幻灯投影等又勤劳又灵敏的小伙子和小姑娘。

到金华第六中学展出,是较偶然的事。记得儿子肖羽读初中时,省书协举办书法比赛,兰溪送上十来件作品竞选1名,肖羽抱着试试看的态度也送上一张。后来得到通知竟被选中了,作为兰溪唯一的小苗子去省参加比赛,获优秀奖。后来他助我编《李渔研究麟鳞集》,设计封面、书写封面上的两句诗,颇受人赞赏。(辅导老师是兰溪市革命烈士纪念馆馆长,具有很高的书法造诣)事后知道那次评选的评委是金华市教育局临时决定请来的,是纯客观的公正,我对金华市教育局此举有好感,就去教育局看看。当时一位副局长戴玲在办公室,我给她看看展览文图本,这时刚好六中的校长、书记来汇报工作,她就推荐"李展",当面就决定到该校展出。

校长卢晓山有自己的办学特色。他不鼓励学生们都去挤"独木桥",而是凭学生的爱好选修一些开设的兴趣课,为各行各业输送人才,办出了很大成绩,名闻遐迩。对举办演讲更为重视,徐副校长亲自主持,善始善终,对演讲评价甚高。

# 杭州试院慰落榜

　　《青年时报》记者陈逸清的一篇文章，介绍李渔业绩与成功之路展览展出很受欢迎，顿时引起杭城多家单位接二连三地电邀我赴杭展出。

　　首场在浙江省图书馆。一楼展厅已有傅雷事迹在展出。为了在二楼展出李渔，朱海闳馆长在经费紧张的情况下，挤出一笔钱购买了一套雅致的木质架子，作为对"李展"的热情欢迎。

　　省文化厅干部倪巍是位善于书山识宝者，实干家，向副厅长金庚初做了汇报、推荐，金副厅长在二楼展厅一一细看了我的"李展"，连声称赞，并与我合影留念。

　　一位观者在留言簿上写道："对李渔研究之如此精深、全面而又致力于宣传弘扬的人，实在是了不起的人物，令人敬仰。这一研究是重大突破，重大成果，重大贡献。人民应该感谢您。参观者署一"赵"字，2008-5-30。这位姓赵的是何许人也？经多方了解，才知是赵兴宽，二十多年前的老友，现已退休。他虽然还记得我这个朋友，但这次到场参观，是位露姓"埋名"的观者，以表达从客观公正的角度对"李展"作评价。

　　老友当年任省委书记王芳秘书时对我的帮助，我铭记在心，感谢不已。他对我家庭经济并不宽裕，又自制、自费外出展览，增加开支，非常理解，就把岳母家外租的房子借给我住宿，从而省了一笔旅馆费。

女儿笑蔚长期派驻广州，回上海一次，就赶到杭州来看我。见此宿地离展出处较远，晚上出入不便，就请曾经同事过的胡蓓女士帮助。胡女士乃是能干的重义之辈，经丈夫应杰人的兄长和堂弟的同意，欢迎我去住。应家是新买的两室一厅，应卓人两兄弟合住，一位未婚，一位家属（妻、儿）不时来探亲。他们并住一房，让出一个房间给我住。我曾见到两次他妻、儿来，就在客厅铺席毯睡觉。我实在过意不去，对他们一家人对"李展"的支持，对我的照顾，深深领情于心底。

侄女赵超，拟租宾馆给我住，我说："出来展览，是有准备吃苦的，不是图享受。"婉言谢绝，不让她破费。

儿子肖羽带着上小学三年级的儿子羿丞赶到杭州看望我，与我同过端午节。并把一些暂时不用之物带回去，为我轻装去北京展览作准备。

第二站要到浙江工业大学，是吴亚卿先生介绍的。吴先生在杭州大有名气，我与他是关于楹联学会之事通过信，未曾谋面。这次他见到报上信息，向该校宣传部领导推荐。宣传部安排展出场地在图书馆，我就去看看场地。

浙江工业大学是在黄土丘陵上新建的校舍，整个校园很大。我进了大门就想询问，见路旁绿地边一女生在看书，全神贯注，我停了步，但不好意思打扰她。可她发现了，就主动问我什么事？我说要找图书馆，她就走过来说："我带您去！"边走边说，我对她以看书时间给我引路，表示感谢。她认为看书长了要间歇，是我给了她间歇的机会，应该感谢我。她姓张。

展出第二天，这位张姓的同学来看展览，看得很仔细，对李渔精神非常崇敬，并表示在适当时候乐意给我做志愿者。她名叫雅雅。

半年后,我应上海电视台·世纪讲坛之邀作演讲,告知了张雅雅。当时她正在对口企业实习,就向带队老师请了假,和另一位女同学专程来到上海给我做志愿者,负责签名,分送介绍展览、演讲内容的资料……。她们自己住宾馆。这虽然是后话,但她们这种既花了时间、精力,又贴车旅费的精神,使我至今牢记在心!大概她换了手机号,一直打不通,甚为遗憾!

在浙工大展览期间的一大收获是认识了万晴川教授。万是博导、知名学者,曾出版过李渔研究专著。他到场仔细看了展览。我把展览文图本送给他,敬请他多提批评意见。他利用双休日看了,对展览给予多方面肯定,并提出了十几处意见,一个句子,一个词语,甚至一个标点都不放过,一一指正,这是实实在在的帮助。

该校人文学院学工部陈冲老师是位敬业能干者,把主办的几个单位互相协作,环环协调妥善,使整个展出顺利进行。

浙工大对面是杭州外国语学校等一些大专院校,校外同学闻讯有特来观看者不少。其中一院校的一位校医,看了表示:要回校宣传"李展",如此好的鼓励学习的展览是不容易见到的。

杭州市陈副市长热情支持"李展",批示有关部门挑最好的场地给予展出。我们选定在市文化中心,浙工大租车将展板送过来。副主任茅建军与朱荣女士等排列展板,从楼梯下一直排到楼上,楼梯上也摆了。

一个外地表演团体在此(原东坡剧团)演出,剧场排练间歇时,十来个武功演员特别爱看"李展",不顾翻跟头的劳累,蹲在楼梯踏步上抄录展板上的文字。

主任冯顺达给展览题了辞。

余杭区有个家族二三十人,均有中等文化,也有少数大学本科,兰溪人,问起"李展",对李渔只浅浅的略知一二,他们来参观了以后说:"一般兰溪人都还不清楚李渔有这样光辉的业绩,全世界文艺人之中才华最广者、最出人头地者竟是李渔,要宣传,要大力宣传!故乡人认识如此,外乡远地人更摸不着头脑了,任重道远呀!"

另一天,一位大龄青年模样的人来看展览,主动对我谈,总体肯定我的展出,但未作一一评点。他自我介绍叫马云,问我"阿里巴巴知道吗"? 我说:"只有点粗浅的印象。"他又说:"你退休前在文联工作,省文联有人熟识吗?"我说:"有!曲艺家协会主席,表演艺术家马才发,在莫干山开曲艺创作会,好几次都在一起。"他直爽地说:"他就是我叔叔!"他还关心地问我:"展览今后怎么办?"我说:"在杭州再展几天,就要到北京去为奥运会服务……"如果那时我接着说一句"北京回来就要请您帮助、支持了",这就很有可能"李展"回杭后在"云旗"麾下迎风飘扬招展了,因为他已经关心地提出"'李展'今后怎么办"的问题了。可惜那时我有眼不识泰山,         被李渔展览这一"叶"遮蔽了,很懊悔自己无知。只囿于了解文化界一些事,没有关注到企业界出类拔萃的精英。如当时知道他是位大名人、大企业家、大慈善家、大社会活动家,敬请他多多关怀支持"李展",定能带来难以估量的大好作用呀!

杭州最有名望的高中, 要算杭州高级中学了。从历史悠久来说,她是浙江的老大哥。据说明清时代省考试院的遗址就在该校园内。李渔当年赴省应试应该就在这里吧!在此展出就具有格外的意义!

校长姓缪,是位很有教育学者风度的女士,她把"李展"的事具体交给鲁迅文学社社长、负责全校文史方面工作的高利老师经办。

高老师把"李展"布置在一不用于上课的教室内和走廊上,安排得井井有条。布置未完毕,就有学生陆续前来观看。

高老师特地安排出时间,邀我校园一走。在校园之一角的一段古廊房下,有几块石碑立着,这就是当年考试院的真迹。我以此古碑为背景拍了几张照片,心想:"笠翁公在天之灵若有知,三百七十年前您在此落榜了,多么懊丧!三百九十六年后,您的业绩在落榜处展出了,当年的金榜题名者有几个如今被人们颂扬的?我们还将对您这许多"家",这许多"第一"进行"申遗"呢。

在展出期间,以鲁迅文学社等团体为听众举办全校性的会议,我以与展览同题作了演讲,效果很好,许多同学要与我交朋友,向我要名片。

社会群众进校参观的不时出现。有一次,一对已退休教师夫妇俩(建德老家,女胡姓),很认真地看了又看,久久不愿离去。由于建德是我外婆家,救过我十二三岁"失学"的厄运,说来话就长了……

展览结束,高老师仔细地理好展板,包装好,自己押车送到杭州火车站,一包一包全部过磅完工,才告别回去。

我以惜别依依的心情,目送背影凝视他远远离去……

虽然离开了杭州,却有两个人的印象在我脑海中特别深刻。他们没有人走茶凉,一直在惦念着我和李渔展览。他们是两位记者,写好采访我们展览的稿子,因汶川地震救灾的报道任务很重,压着发不出去,终于待到有版面调配的时机,由于文章写得很有文采,富有韵味,就优先发表了。他们中一位是《浙江日报》记者陈洪标,另一位是《浙江工人报》记者慕容梦漪。他俩精彩的文笔给"李展"在西子湖边留下永久美好的历史存照!

# 奥运期间插"李展"

　　亲友们不止一个，而是许多人都劝我不要上北京去办"李展"，理由是：一、李渔是浙江人，在杭州展出成功，人家多少看点故乡人的面子。上北京就没有这优越性，遇"冷"败北而回，不如不去，省得损失名誉。二是快八十岁了，还有何求？过过安逸生活，娱乐娱乐，何必去自讨苦吃？三是经济上也负担不起，子女们都有自己的家，都是靠打工之薪，杭州的境遇已尝到过味道，要有自知之明！

　　这些话都是真话，是真心实意劝我，是爱护我，替我着想。但我再三考虑，总是认为：现在歇掉，半途而废；虽困难重重；但正需要去闯！只要不露宿街头，住"贫民窟"又有何妨？！"正是雷门堪击鼓"，去！上北京为奥运助点声势吧！

　　一到北京，试着联系几个地方展出，碰到了原先意想不到的情况，一下子身子冷了半截。为什么？原来奥运期间各单位都要确保安全第一，各种活动停止不搞或暂不上，即使受点损失，也要顾全大局，安全为上。未来时是为奥运助兴，现在才知：奥运不需助这个兴，奥运结束后再来展出。

　　吃、住开支与日俱增，冬意日渐接近，我急了，但无奈，只得出去走着瞧。

我只身走进中国人民大学,举目无亲。独步观赏校园,风景无限好!我看到团委楼下的大屏风上写着学会、协会、研究会……竟有一百五六十个之多,有一个学会工作部。到楼上向团委一同志询问,她说:"展览事是卢部长管的,他公务出差去了。"我把展览文本资料请她转交。

第三次去,见到了卢部长,说:"您这展览材料我都看了,很好。我们各学会、协会要搞的活动上百个,都因奥运期间停待着。您这项展出意义特殊,待请示领导。"接着他问了些基本情况,鼓励我几句。

几天后我再去时,卢部长说:"在此奥运会期间难得批准搞活动,您的展览活动被批准了,是难能可贵的。我叫国学社牵头,以几个学会为主协助。"接着就叫社长陈世军与我详谈展出的细节问题,一一具体商议。我对"人大"领导的特殊支持,衷谢不已!

展出地点是学生活动中心大厅。大厅前广场是来往师生最多之处,在行人大道边拉起了"全世界文艺多面手之最李渔伟绩与成功之路展览"、"热烈欢迎参观"大红布标语。

在这样好的地方展出,参观的人当然是多的,其中更有意想不到的观众。展出第二天早上,展厅未开门。我走到门口,已有一学生模样的人在等候。门开了,我也和大家一起进展厅。这位女同学看了我几眼,就问:"你是搞这个展览的人吗?"我说:"对的,有什么事?""老乡来参观展览了!""您是兰溪人?怎么会知道的?"她说是一个丽水的同学来看过,说是值得一看。又说她是洞源村人,在人民大学哲学院读美学专业。洞源我颇为熟悉。这些年搞绮霞园,又建绮霞亲陵,来往总在百次以上。我为这个山村飞出金凤凰而高兴。这个靠卖柴、卖炭、卖石灰肩挑度日的山沟村,现在是兰溪首富村,大多都在城里买了房子,在外地办水泥厂做老板。这个山村今后可能会飞出更多的金凤凰。

这位看了展览的姑娘,对乡贤李渔敬仰不已,一年后由于成绩优秀,而被送到日本一大学交流,学习一年后回国,就找"李展"现在哪里展了。我回答在上海,她说要创造机会再看展览,今后要争取再去日本留学,读博士!

洞源,这个钟灵毓秀之源,古代出过大诗人于石,后来赵志皋筑室"灵洞山房"寓居隐读,为一国之丞相。现代有赵庆华,为邮传部主事,为万国通邮通航之主宰!望今后能才人辈出!

人民大学附属中学与"人大"仅一墙之隔。团委廖书记是一位活动能力强,办事精干的姑娘。她上下左右的联系工作都做得很妥善。经她介绍,图书馆的同志展板未运到就盼望了,一运到,就大家齐动手,把展板安放在楼下、楼上。她们很好学,把估计学生们会提出问题之处,都一一事先问我,以免学生提问时对答不出。

同学们参观时带本子来抄录的不少,说有些语句做作文时可用。

进国家图书馆展出是件很不容易的事,用"难于上青天"来形容,也颇为相似。他们对今年的展览场次,是去年年底就事先安排就绪的。而"李展"是先前未申请,连号都没挂过,是临时要求"插队"的。更何况是在"奥运"期间,要求入场展出的,有如雪花飞来之多,因而有人就劝我不必去要求了,去了也是白花力气。还有,内容审阅极其严格,批准的也要付场租费,1万元1天。"李展"虽然由浙江图书馆电话联系过。但去一查,是接电话人因各种电话太多了,而搁在一旁未汇报。现在我们是要从头开始申请,因此说"难于上青天"也不过分。

第三次去"国图"的那天,馆办主任看了这展览文本就直送馆长阅。因是开馆长会,未正式开始,趁这点时间,几乎十来个馆长都大略浏览了。由于内容特佳,一致同意展出,交文教部安排。

我一听到文教部主任姓牛,就增添三分顾虑:事情本身是难题,如加点牛脾气对待,希望就是渺茫了。

原来牛主任是位女同志,温文尔雅,开口就带有安慰语气说我搞出这样很有新意的展览文本,肯定是花了多年心血,应予照顾,但"国图"展场实在已安排得紧凑无缝,就计划给我安排到一个区刚落成的新展厅去新开张展出,是很体面的事。但我认为:到北京想起李渔当年送自绘画给索愚庵宰相。索相请李入相厅大堂接见面谈。如今我运"李展"上京,梦寐以求的是进国家图书馆展厅——大雅之堂展出,否则,不足以告慰九泉之笠翁公!于是就婉言谢绝她的好意。

国家图书馆非但总馆规模宏大,我借阅了几次书还走不清门路通道,而且在10多个部委设有分馆,两边兼职分馆既有自己的独立职能,又有全馆统一的共性,资源既可分享,又能发挥各自的特殊性,使图书馆作用得到充分发挥。

每隔一两天我就去牛主任处走一趟,每次都是热情相待,并不厌烦。每次去或顺便借、还书,或顺便阅览摘抄。在《今日北京》中,几乎将李渔在北京的游踪行迹都记遍了,除了半亩园尚有房屋总体的80%保存外,其他的园已消失难寻。这尚存的房屋、走廊、天井满目帐篷搭建,杂物堆挤。不过也有些户门庭依旧,室内摆设尚有古雅韵味的,有的画梁色彩依然。最让人担忧的是所到之处竟不见一只灭火器,这么多的住户,只要有一户不慎而失火,其后果将不堪设想!

机会终于来临:有一个展览改变展期,缩短五天,这就给一些在门外"等天亮"者一个突显的机会。这当中愿出大钱想镀金的书画家,万元一天的租金,加几倍也乐意掏出者不乏其人。馆长们一致认为这机会应让给李渔,正气清风的牛主任拒绝了以各种原因想挤进这"五天机遇"的要求,把这份厚礼赐给了免场租还要贴水电费的李渔!国家图书馆对这一展览之重视、关心、赏识程度之高就可想而知了!

9月10凌晨,我感到心脏跳速加快,就服了次救心丸,不多时就恢复正常。2003年我因心脏病住过院。出院时医嘱吃维持量的药,救心丸要随身常备,以防突发。这两年维持量也停了,但救心丸还好常备在身。

到14日,服一次救心丸,缓解一下,再服一次,才恢复正常。15日服了两次去国图,被这特大好消息一冲喜,两脚生力多了,从公交车下来步行到桃园公寓,步子稳健。但16日却要连服三次,到将近午餐时才恢复正常。

晚上,我不敢一人睡寓所,而睡在乡友柳哲家,两房的门都开着,这边我遇险呼叫他那边能听到。幸好一夜无险。

17日凌晨又服救心丸,服三遍后仍未缓解,就临时又服一次上车。柳哲看我脚步不稳,就与几个志愿者一起陪我同去国图。

展板是另外两位志愿者去照顾运来的,两批人马先后到达,大家就按照在人民大学展出的顺序排列。我与大家一起来回走动搬拿。柳哲看出我行走不稳,这时脉搏快得难以计数,他就去叫了辆出租车,我对志愿者交代了几句后面布局安排的话,请他们排好之后再仔细查看一遍,一一检点,就匆匆离去。

到达海淀区医院,医生听说是心脏病,就立即行动抢救,但很快就做出通知:病情危急严重,我院担当不了抢救任务,立即转院去安贞医院,他们条件好,技术高明。

我带着抢救的滴注瓶被扛抬上救护车送往安贞医院。医生行动迅速,边检查边诊治,急救优先,接受住院,要我们办理住院手续,先付3万元。怎么办?我袋里只带几百块钱,陪的人也没带多少钱来,一时六神无主,无法可想。这时在国图的志愿者与一些朋友、观众打电话来问情况怎么样,我由柳哲一一回话。医生听说是外地来的,不缴款住院手续更难办了,但当听到是外地来国家图书馆搞展览的,有医生就问:"是搞什么展览?""搞历史文化名人展览。"这时有位医生(可能是急救部的领导之一)就说:"外地来搞历史文化名人的展览碰到这件事,是会有人来认账的,一时付不出款,手续先办了再说,先抢救为上。"

虽然抢救了,但我心情还是十分沉重。我不想把这危险病情告诉家里,让一家老小为我焦急,因为上北京前家人都劝我不要出远门的。我自信为善一生,不会碰到生命绝危之事,死神不会如此突然降临到我头上?我绝不相信。但目前的缴款三万元实际问题怎么办?不向家人想办法,又请谁……

紧急抢救一段时,脉搏跳动速度自我感觉缓解下来了,但心情沉重却越来越加码了。

也就在这时,三万元到了。是天上掉下来的?不是,是一位素不相识者送来的,后来我才知道:他姓陈,名宗舜,在国图看展览时,听电话里回话说我"住院手续未办落实,没三万元钱付款"。他刚看完展览听说此话,就立即回家拿存折取了三万元钱,自开车直送到安贞医院来救命。这位陌生人凑到我耳边说:"钱的问题你不必担心,我已送来,安心就好了。"

手机、电话号码本都给在医院这边的志愿者拿去与国图那边的志愿者联系，意外地被医院发现我女儿笑荭的电话号码，就被告知我的病情。女儿出差去宁波，一闻此讯，立即告知男友海荣。海荣立即将准备近期办婚事用的股票不管股市低迷，全部抛掉，并买好连夜赶往北京的火车票等候笑荭回沪应用。

在车途中的女儿，救父之心虽万分火急，但医院远在北京，即使交出3万元，绞尽脑汁也想不出这速成急救之法。在这十无九策之时，想到前几年曾在北京惠博普公司工作，后自己跳槽转到上海一家公司工作，现有求于人，得到几句安慰爱莫能助言语已算客气，钱的问题还是不提为妙，不过电话还是给原公司打出去了。

原公司老总姓潘，接电话后认为：小赵当年跳槽去上海，为了离家近，全在情理之中。她全心全意为公司做了许多事，大家都还留有好印象。即使去后无往来，如今遇难，也应该当仁不让，立即抛下手头工作带了存折赶赴医院，与我交谈，还了陈先生的3万，又缴进住院费2万，还留话给医院，说："该用什么药只管用，钱不够，我们会来付，千万不能有耽误治疗。"

潘总等两人转身出去了一下，又回到我病床边，买来面条和洗脸盆、洗脚盆、毛巾牙刷……连晚上用的尿壶都买来了，一应俱全。

傍晚，从"国图"下班回来的志愿者转到医院来看望我，谈了今天展出参观的情况，个个表示会善始善终坚持到底做好工作，安慰我静心就医！他们是高震东、张毅和女同学、黄志杰等，都是在北大进修的同学。还有吴小平，是在清华大学实验室工作的，我的邻居。

晚上,潘总来了五人,带来了我的夜餐、半夜餐及他们的半夜餐。他们每人2小时轮流照看到通宵。潘总家在顺义,回到家要快天亮了!我躺在床上给女儿发手机短信:"最危急关头已过,已开始有缓解迹象,潘总五人轮流为我看护通宵,你也睡一会儿吧!"后来知道女儿那晚买不到卧铺票,是站着赶来北京的,欲睡不成!

同住在急救室邻床之病友们的陪伴人看了如此这般情况,用羡慕目光看看我,轻轻地自言自语:"我们这些家人亲属还不值他(指我)这些素不相识的朋友的情义!"

9月18日早上,女儿赶到安贞医院。此时,通宵陪我的北京区域经理张辉还守候在我床边,配合医生给我抽血化验。他就把医生对我的病情的看法一一细说……

经过一系列的化验,一系列的检查,一系列的监测,而后决定:必须手术治疗,要家属签字同意。女儿恐慌、害怕,打电话与哥肖羽商议。肖羽正是搬迁新居的关键时间,只得妹签了。

家属不允许进手术室,只能在室外的阔廊上静候,气氛肃穆。门没缝,也不透音,但女儿还是不时转到门边去细察有何动静。

手术室两医生替我操刀,动手术前问我还有什么话要转告家属、单位。我说:"话很多,并为一句:希望有更多人关注李渔展览,传展下去。"

手术开始了。我不敢看屏幕上的我。闭着眼,一切置之度外,相信善人总有好报。

医生问:"有什么感觉?"

"不痛不痒,只感到有一股热流从下而上。"我回答。

又是一阵无感觉的手术。

"幸运!心血管严重阻塞到梗死程度,现做了最新手术,已转危为安了。"

医生开门问我女儿:"手术创口用什么膏药封口?国产的400元,进口的4000元。"

"当然用4000元。"女儿听到这句问话,知道手术顺利,霎时间轻松了大半,才长吁了一口气。

我问医生尊姓,他不说。另一位说他姓王。

从急救室转到病房。我可以说话了,问医生:"为什么主刀医生不肯告诉我姓什么?"

"噢!"医生惊叹地说:"您真好运!是遇上了名医,一般离休干部都难遇到。他怕一说出去立即传开,会有这病人那病人揪住他主刀,他就走不开了,他是从边门进来又从边门出去的特殊医生呀!"

"好幸运呀!我,因祸得福!"

住院一周多,女儿夜夜细心照料。出院前,主管我的赵医生(名成军)又细细嘱咐一遍护理之道。他对病人热情负责,业余爱好古诗词创作及书法。他一有空余时间就到我床边来谈论这些,我也就把李渔有关这方面的作品与理论向他介绍,成了忘年交。至今两年半过去了,还不时有书信往来,根据化验结果的变化,请教如何增减药量。临近兔年春节,赵医生突来信称已报名去"援助非洲,对我'放心不下'"。我感谢他的关怀,赞他壮志凌云,祝他前程锦绣!

女儿到医院后第二天就还掉朋友垫付的住院款,还为展览做好善后工作,代我向展过的单位一一话别,得到他们颁赠荣誉证书。她还把展板雇车送往运输公司托运去上海。好邻居吴小平帮助我收拾行李,喜欢学画画的志愿者王双也来帮助。更有甚者,中央民族学院学习部副部长时光与另一位副部长冒着倾盆大雨,虽然乘出租车,还是淋湿全身,黑夜趟过低洼水潭来到我居住的桃园公寓,把一束鲜花送给我,情谊深长。我向她们再次感谢并致道歉,因为她们已于 17 号前就贴出我去该校演讲的海报,17 号上午我曾向医院要求请个假去演讲,急救部回答:送进医院已经迟,现经抢救刚稳定下来,却还要出去演讲,抢救结果就会等于零。即使您全家签了生死状保你出去,我们也不签"同意"二字。

像这样的事还有中国外交学院,也是定好 9 月下旬演讲,可是我已被女儿"押"回上海"软禁"养病了。

# "世纪讲坛"响沪上

"软禁"中的我,其实是自由的,首先是去上海图书馆自由。图书馆环境、灯光、温度都比家里好。人虽多,但寂静无声的。更何况李渔"生无他癖,性好读书","忧藉以消","沉疴将起之日,即新编告竣之时"。我相信笠翁公的经历是真实的,就沉浸到这"知识海洋"中去游弋,重点是深入钻研李渔到底还有哪些第一?!

2009年国庆后,收到一条短信,署名徐宇峰。虽然是礼节性,但几句言辞不像同版多发的,就回复过去。但总想不起这人是谁,或许是家里谁与他谈起过我。

没隔几天,柳哲回乡,从上海过,来看望我。谈起有位叫徐宇峰的是否认识,柳哲说:"好像老乡中是有这人,在一个多人场合中见过一面。"

我就电话邀请徐来我寓所(儿子家)会会面。

不多时,徐宇峰就从闵行由驾驶员开车专程来到我儿子家,是位中等身材三十五六岁的男子,大家用普通话夹杂兰溪话交谈,详细地叙述了在北京展出的情况,言语十分投机。他还关切地问了今后怎么疗养。我说:"李渔的最佳养病方法是读书,是要进到书中角色的精神世界中去领悟。因为他的戏都是喜剧,这就好比喝精神保健人参,既能释病又可强身!哈哈!我已经初尝补味,要全身心地在上图进行下去!"宇峰很赞赏我的"读书疗法"。

过了不多天，徐宇峰来电话："我把您的情况向上海教育电视台的余军先生说了。他邀您把有关资料给他们看看。"并告诉我余先生电话号码。

电话与余军先生预约了时间，我就带了众多资料上大连路电视台而去。

余先生，略高的中等身材，与较高个子的王东雷一起到接待处与我初见、交谈。我把展览文图本的小样复印本作概略介绍，并说了中国人民大学、国家图书馆、浙江师范大学等的展出、演讲和荣誉证书的事，他们详细地看了文图本，两人商议了一下子，就提出要我写个演讲稿，提纲式的，以上报台领导。

过两天，我把演讲提纲送去，只一页纸，王东雷先生接过看了一下，说："我们'世纪讲坛'通过了，上报台领导审查批示下来怎么样再与您(指我)联系。"

电视台领导审查批准了，演讲预定来年3月后在该台演播厅举行。听众是高中文化，由台组织，要我讲1小时。

我请王制片人对演讲前作些预先指导。王说："服装、容颜等等一切照平时，自然，不做作。"

演播厅一排排坐满了小青年。5台摄像机有的固定位置角度，有的转来转去各司其职。全场灯火通明，七彩斑斓。由一位副台长主持，介绍了我，而后宣布演讲开始。

主持人一连二次朝我推移茶杯，似乎有意暗示：喝口茶吧！我对着台下一双双目不转睛的眼球，实在舍不得让他们"浪费"这六七秒钟，坚持不停顿不喝茶。当第三次向我面前推茶杯时，很想问他一句："现在几分了？"因为在这强烈的灯光下，根本看不清手表时针、分针。但插话比喝口茶的影响更不好，就坚持不问也不喝茶，心想，靠估计时间结束，可能要有时间误差了。

"……让我们运用《示儿辈》精神,走李渔的成功之路!"随着结束语引起的掌声,我鞠躬看表,听清主持人轻声说:"正时无差!"

主持人在结束语中赞赏我的演讲"富有创意,精彩"!

这次"世纪讲坛"演讲的成功,是运用李渔"读书疗法"的成功,促使我提高了两方面的信心:一是激情地连续 1 小时演讲不停顿,不喝一口水;二是疗病的同时,增加知识效果好,原来认为李渔在中国文艺史上获得"第一"的方面(或侧面,散点)只十几个,现又查证出增加十几个,共计有 24 个"第一"了!

# 北京大学展又讲

2009 年 7 月 12 日,"世纪讲坛"专栏正式播出,并赠我两个演讲光盘。这时我已完全有决心二度上京去展出、考验这"双 24"业绩。但问题是家庭门槛跨不跨得出去。去年上京遇心脏病复发抢救,创下家庭经济赤字。如今旧账未还,又要借新债。更担心受不起大惊吓,性命控在手上,家人时刻挂念。想跨出门槛,只得软硬兼施。耐心说明:李渔的书可以治病,我已读到深层,疗效较好,你们都已明白。已从先后两次住院中得出发病、复发的征兆过程和时间。在有预感之前一星期就服药、按摩、节制动态等一系列措施,就有把握控制住或推迟复发,赶快就回来,就能万无一失。至于借点钱,不会给你们背债务。我不喝酒,不抽烟,不旅游,能按计划还账。不是赌博,浪费,问心无愧。如此这般说服,家中没一人讲一句阻止我再次"北上"的话语了。他们都清楚:我深思熟虑后决计要做的事,不会动摇,是"硬"不过我的。

在北京大目标中,先进哪一家?

从前面展出经验看,由共青团举办是条重要途径。北京大学也如此。2008 年初秋我就去该校找团委联系,团委副书记郑清文接待我,翻了展本就接收下了,待请示校领导决定。三天后我再去,郑副书记说校领导认为展览本子是好的,但要"奥运"会后三天才可以进来布展,因为我校是"奥运"乒乓球赛馆,又是美国队驻地。后来等不到"奥运"结束,我就因心脏病复发而住院抢救,而后回上海。行前我发手机短信给郑,告知这段情况请予谅解。

现在,虽然事情已过去将近一年,但相信他总还是记得的。事实说明他是记得的,但已调到一个学院去当领导了,他要我与现在的中文系团委联系。

就在这个暑假里,北大中文系李小凡老师,前系党委两届书记,带领汉语言社会考察团来兰溪听过我的兰溪历史文化介绍,并组织全团 27 人(有博士、硕士、国外留学生等)听过我作专题李渔的演讲。他对我的演讲作过"非常精彩"的评说,现在他把"李展"介绍给领导们。本来国庆 60 周年筹备的各项活动,已安排得满满的,现在就"硬"插进这项"李展",而且是在全校、甚至是整个北京舆论敏感区——"北大三角地"举行。能在此时此地进行此项展览本身就足以说明领导的十分关心、支持。更有甚者,在展出的当天晚上,在中文系高档次会议室中,举办了由我作的李渔主题演讲。《北京大学校报》已经排好所有版面,待时刻一到即开机印制,这时也临时抽掉一条消息,嵌进了报道"李渔'双24'业绩与成功之路展览"在"三角地举行","当晚在中文系会议室还举办了与展览同题的演讲,引起北大学生们的热切关注。"(2009 年 9 月 25 日)报道不长,但分量不轻。

在演讲会上,主持人宣布了好几次演讲结束了,但听众还是不走,讲后开座谈会就自然形成,他们中有学物理的,学英语的,还有知名文化企业家任建新等两位闻讯找上门来的,还带来厚厚的记事本赠送给我们。我几次申明诚恳请大家多提对展览、演讲的不足、错误之处,并用出了"激将法":如果明知有错或不当之处而不提,今后被发现了,人家就要责怪你们水平低了,起码是说你们不善于钻出问题吧! 可是同学们(也有好几位老师)多数讲的是赞美之辞,也有的宽慰我:"莎士比亚也是在死后几百年的英国社会需要有一位文化大师显扬于全国、全球时,才把大桂冠降落到莎士比亚头上,李渔的时运就靠大家努力宣传了!"

此次在"北大"展览、演讲,给大家发小册子、书签,请大家签到,拍照片的志愿者,是位特殊相遇的人物。她是到中国林业大学一教授家来探亲的,林大与北大相隔不远,他的亲戚与北大老师也有熟识的。听说有"李展"这么件事,就主动找我,并自愿来做展出、演讲的志愿服务者了。我与她曾在一打印店里见过面,现在她有此热情,当然从心底里欢迎。她服务得越来越高兴,用她自己的话来说:以前听人家谈起北京大学,认为是高不可攀的文化教育的神圣殿堂,今生今世到北大窥一眼的机会都不会有。现在我是摆李渔展览给北大师生们看,坐在北大高品位的会议室听演讲李渔,精神享受上已经登上了制高点。我要改姓名了,本姓陈,现又名"李信谌"。这位天外来客降在未名湖边,聪明能干,而且勤劳,做事得体,打字飞快,我的一篇文章,要赶时间,有些是在公交车上写成的,用的是时间边角料,文字潦草,她竟能利用时间的小边角料,识得出"狂草"与一些符号,我写到哪里,她能把字打到哪里,步步紧跟,我搁笔交稿,她也就敲键打上句号了。对这样一位难能可贵的助手,在京亲戚家不能长居而赶回家有要事,在她启程时,照说我应毫无疑问地送她一程,但我"心"里有数……已开始服救心丸了。而我对她说是失眠头晕,请予谅解。可是对我去年的老志愿者吴小平是讲了"心"里话。他极力支持我,要我休息,乐意请假代我去送行,并劝我:既然有此症状,不要安排下一步展出、演讲了,不要重蹈去年之辙,还是及早回上海去为良策。

这小伙子虽然年轻,但办事、说话老成,与之很契合,大概是汤学士故乡人,尚有《牡丹亭》遗韵,与我这李渔故乡人,竟有先天的气韵相投。他这学电器机械的,很像是饮过临川之水呢!我俩是亲密无间。他真的请假早下班回来为我代劳送行了。

北京大学展出临近结束,接到李研会来电话:兰荫山要建李渔文化公园,有关领导提出要李渔研究会开会专题讨论提建议。

这件事我已有所闻,但这次被要求开会,是市领导的具体行动,是开始拉序幕了。我研究李渔50年,平生最高兴的事一是市领导在大会上宣布兴建芥子园并圆满建成;再是20年后由于市文联主席陈军等的努力工作,市领导拨款给芥子园置地造第二期工程。但从投资的规模衡量,这次兴建李渔文化公园是历史空前的,在全国范围内是在建的难得的一项工程,是我几十年"李研"梦寐以求的,从美好的蓝图将由真砖实瓦绿树红花营造成的李渔公园,兰荫山将为李渔公园的代名。兰溪历史上城市规划搞过多次,也描述过未来的设想,从未有过在今之兰荫山上以李渔文化来做巨椽绘制宏图大篇,这是兰溪开天辟地的大篇章!这使我高兴得一夜难眠。

这一电话,动摇了我在北京展出、演讲的"军心",乱了我的阵脚,于是决策收兵。朋友们也都劝我这样做。

去年讲过的、口约的几个展出、演讲的大学,去电话表示遗憾;新的地方只有一处,言辞恳切地讲定27日下午演讲不变,先把展板托运去上海。一边服救心丸稳定心脏,一边日夜赶写设计李渔文化公园的书面材料。

这个新处是惠博普公司,正在努力争取上市。公司潘总就是去年我危急时送来5万元钱,并在急救室轮流值班通宵的救命恩人!对他,我是不说起已服救心丸的,即使在讲台上病发瘫倒,我不悔,但准备工作在小心翼翼地做。27日起床动作特别缓慢,轻手轻脚出去买了杯热豆浆,拿回来泡昨天烧的荞麦饭,花生米当菜,一切行

动从轻,但愿不要有现场出急病的情况发生。这时药量已加重到辛
伐他汀等四种再加救心丸齐服。慢条斯理地又躺上床保持平静,脑
子在思考下午演讲打腹稿,因为企业的演讲应该联系企业实际。

这场演讲的特点是高昂的语气、激动的词句都一律平静地吐
出,力求不触犯这天之骄子的心脏。一双双乌溜溜水晶晶的眼光好
像喷射出丝丝强力保健液,给我心脏之泵添加抗压动力剂,更好像
发射出一股股纯洁的泉流,荡涤清除心血管中的碍凝物,潺潺地流
进心田,淌出心田……情绪好极了!余怀在《闲情偶寄·序》中曰:"愁
者读之怵且舞,病者读之霍然兴。"今天我真的尝到了甜头,当我演
讲完时听众们蜂拥而上拥抱我,我尽力控制动作,平静地轻轻地拍
拍他们的肩膀,表示感谢!

宴席之余,我故作轻描淡写地说起心脏微感有不适,避开已吃
救心丸,四种药只字不谈。潘总忙于乘飞机去开会,叮咛几句,就匆
匆话别,并派车送我上火车。

回到上海的头两天,儿女们问起身体情况,我没说吃药。儿子
肖羽还是要陪我去验收北京托运来的展板,只让我用眼睛,用力气
的事都是他做。

一星期后,潘总开完会回京,打电话问我女儿。说我在京时已
有"不适之感"的苗头。女儿以此向我揭底,"强逼"我去医院检查。
我以当时只顾虑潘总要留我在京再待下去,要我到他顺义的家去
与全家人聚聚,才以"不适"为搪塞理由,包住大量服救心丸的底
子。这时刚好惠博普演讲照片寄到,我要家人一一细察:哪有一丝
半缕病情态色?就这样让我"骗"了过去。其实,这两天由于水土气
候的关系,服药量已递减,否则,继续"骗"下去反伤了卿卿性命,我
不会愚蠢到底!一时"骗"的目的是避免再次酿成"又是北上展览之
故"的家庭风波。

# 春光"上戏"临川情

"骗"得顺利并没有使我养成侥幸的习惯,我提早进入心脏病的禁区而"冬眠",以休息调养来备战来年。

2010年阳春和暖之风把"李展"带进上海戏剧学院在图书馆展出。该馆书库中有我编著的《李渔研究麟鳞集》,助编赵肖羽设计、封面诗题书。

当年,李渔研究会成立早期的80年代初,"上戏"副院长陈伯鸿为我们请名家题词的辛劳笑影时现眼帘,可惜他早已逝去了。我站在当年办公室前仰天举目,俯首默哀……

时值"汤显祖《临川四梦》国际学术研讨会"在上海宾馆举行。"李展"得到该国际研讨会组委会主任叶长海教授(上海戏剧学院戏剧戏曲研究所主任)的高度重视、关心与支持,他在大会上介绍了"李展",使绝大多数与会者放弃中午休息时间,赶到"上戏"参观"李展",热烈赞扬。有不少人第二天又来复看或补看。

我被邀为该会参加者,还观看了由上海昆剧团演出的《四梦》。李渔是赞赏昆曲的,他的《十种曲》均由昆腔排练上演,我今天看的《四梦》,是带着寻觅笠翁之遗韵去被陶醉的。

在"上戏"展出半个月,博导叶长海先生给我两次题词,运笔洒脱飘逸,充满学者的翩翩风度。发的荣誉证书的外套是富有上海戏剧学院独特风韵的硬壳本,特大型,豪华,气派!该校博物馆赠予的荣誉证书上,写了一段话,单位、个人"双挂号"盖章,郑重其事。

离开"上戏",展览车轮循着李渔当年来上海欢度中秋佳节、畅饮吟诗的踪影轨迹,先到松江区图书馆。当年苏松府衙门为禁止坊间盗版李渔著作而出布告:"开中国文艺历史上专业作家为捍卫自己知识产权而诉请政府司法支持之先河。"今天纪念笠翁公为中国知识界开创了护权先例而带着展板前来遥寄安慰,是具有历史意义和现实意义的!

青浦,不但有李渔留下的行踪萍影,而且应有"秋莼堂"残垣遗址。主人张匪蓼,当年工部主事,后派往浙江任提学副使,与李渔相当友好。那时李渔住南京芥子园。儿子大了要应考,必须迁回浙江居住。省、府、县中有官员在为李渔谋划,李渔自己则往来于宁(南京)杭之间穿梭奔忙。这次从杭州要赶回江宁,路过青浦,造访张家。适张不在,两个儿子安远、持远继承父谊,定要挽留李渔住夜。李渔坚持下次再来,近日将有许多宾客到芥子园秋景赏月。安远兄弟提出不妨碍您迎秋接客,我们把中秋移前一天,今晚就赏月。李渔甚感盛情难却,就将中秋赏月前移了。

佳节欢宴在秋莼堂举行。李渔吟诗相赠:"……虽输明月三分好,却占良宵一着先……","故交一别多长夜……可无情泪落君前……"

明月中天稍偏,还是子时时分,张氏兄弟陪仁伯李渔踏着月色,迎着晨光赶到河边,航号刚好吹响了!

顺风帆影在凌晨月色中淡淡地消失了。

李渔69岁的冬至节是卧病床上而过的。他抱病写完了《芥子园画传·序》,急命女婿沈因伯将书稿寄往南京芥子园刻坊付梓。369年后的今天,我们巡展的车轮驶向这部画谱的第一作者李流芳故乡,向他致意。

　　李流芳当年的课徒画稿是由沈因伯家收藏而流传下来的。笠翁当时从女婿手上接过审稿时,一眼就识这是本家先祖流芳手迹,识得"长蘅印记"(李流芳字长蘅),李渔在该《序》中用了"吾家流芳"一语。《兰溪龙门李氏宗谱》有记:李渔的第五先祖叔当年迁徙到松江嘉定一带居住,对这一家族缘源是知情的,所以对这部以李流芳手迹为基础,经沈因伯请王安节兄弟加画编纂的山水画谱特别感到亲切,乃急命女婿"付梓"。可是冬至后两个月,笠翁公就与世长辞了,这首次出版的样书笠翁公生前可惜未鉴赏到,今天,我把几种版本的《芥子园画谱》特地运来嘉定南翔,让两位"先贤"补赏。学中国画的先生女士们当学有所成的时候,都不会忘记曾从这部画谱中所受之益吧!

# 曲水园中会乡贤

　　"曲水园"是上海五大古典名园之一，地处青浦老城中心。我从未去过，更不必说与其工作人员有一面之交了。

　　园领导是位女同志，四十几岁年纪，据说是位搞园林绿化技术的工程师出身的，职员们都称呼她"沈工"，蛮亲切，可是我却心生疑虑：与少接近人文特别是较少接近历史人文出身的人打交道，很难提起话头，只得开门见山地说李渔展览，就把展览文图小样本递她看。她轻声"哦，哦"，低头看本子。只见她先细后粗，不多时就翻完本子，开口就问："你打算什么时候来我们园展出？展多长日子？"她没"这个""那个"，二话不说，我也就直截了当地回答："学校面临放假，您这里树木苍郁，较为凉爽，能长则长。""楼下展厅不空，月底结束后已订下计划'迎七一书画展'，20天后轮到您，不过您可先到楼上来展出。学校一放假，学生就会来我们这里。环境阴凉，我们这里是算好的了！"她说着叫办公室小田带我去看展厅。从见面到谈定，不到一小时，她这种知识广、水平高、重实际、没官腔的素质和作风，把先前的疑虑吹得无影无踪，初夏沐浴了曲水春风！

　　兰溪市招商局有位派驻上海办事处的施纪新先生是我女儿同学，年轻好学，于本展在"上戏"展出时就曾集招商办人员周同志等专程前来参观指导，更把兰溪商界在上海的一些领导的手机号告知。我就发手机信邀请。秘书长潘卸洪热情复信邀我去商会走走,他会派车到地铁口来接。

这次在潘秘书长经营的"八咏楼"金华土菜馆相会,有潘总等几位与小施等再次会见,热情洋溢,我结合李渔业绩展览谈了些企业文化的看法,认为李渔是兰溪人招商的金名片。不几天,小施凑了招商办的几位同乡到"上戏"来细细地看这张金名片的方方面面,认识到"上戏"是大名校,要进"上戏"深造,花几十万元都难进的,我们的乡贤李渔,却能在他们这些教授、博士、硕士面前闪闪发光,参加一次世界性汤显祖临川四梦的国际学术会议的国内外学者,挤时间赶来观看,纷纷题词赞赏,还不是国际性的大名片?兰溪人的极大骄傲吗?

兰溪人的大骄傲在炎炎的夏日、凉凉的曲水园中展出,迎来了兰溪人在上海商会的会长蒋兴江乡贤。潘秘书长又带了几位同乡会人到曲水园来陪同蒋会长观展。

蒋会长身材高大,信步流星,认真地看了遍展板,与秘书长不时交谈几句,在亭子的石凳上坐下问我:"这样的展览,意义很好,这里展过之后,打算做什么?""打算尽到我的有生之年办展览,直到难以起床。如果有朝一日遇到一位有识之士,能不以营利为目的把展览接手过去,我就安心了。""目前情况怎样?""想再出一本书。我已出过三本'李渔研究'方面的书,有的是与人合作主编的。""唷!我是搞出版的,二个月前被骗了,助不上大力了,秘书长最清楚,帮助出本书,七八万块钱……"我不好意思就此话题续谈下去,看他表情,听他语气是个信义之人,会关心"李展"的。

果然,2011年1月12日,兰溪人在上海的商会于高档次宾馆举行,我也在邀之列。顾名思义商者之会也,被邀者,是一些已被邀为该会任名誉职务的德高望重、有相当实力之人士。而我何许人也,乃是两位领导"曲水之情识李渔",爱屋及乌也!

在热烈的气氛、掌声中,名誉会长汪光弟先生讲话,风度翩翩,神情焕发,军人气质,政界仪容,可惜他因公务忙碌,讲完话就匆匆离会而去。他是兰溪人在上海的当代标志性人物。

蒋兴江会长讲话笑容可掬,即兴常谈,快人快语,放而不拘。

两位领导讲过,主持会议的潘秘书长就直指我发言。我明白,在这样的会议上没有我发言的余地,但既然直指我名,是宣传李渔的难逢机遇,于是就放喉而说,概述李渔有"双 24 业绩"(分发小册子),又说"千古一绝《示儿辈》词,已在北京大学、上海教育电视台·世纪讲坛展出……演讲后许多乡亲向我要名片。

会议的大特色是请来了家乡市婺剧团演唱。由市文化广播新闻出版局社文科长潘林松、局办公室副主任胡斌带队,五位演员,乐队伴奏放录音。节目穿插进行,女声独唱尤为出色。演员出身的胡斌做会议节目主持。他为节目男主持人已是兰溪老名牌,音域高亢响亮,抑扬顿挫,富有节奏感,引导强烈。他自己表演的独唱也已是兰溪富有特色的老名牌,掌声不绝。

# 华裔洗礼曲水园

2010年的9月6日，秋风送爽的日子，几位贵客来到上海。他们是赵四小姐（名绮霞，张学良将军夫人）嫡亲长侄赵允中的儿子赵正公，带了夫人代军，儿子大伟和代军的母亲、姐姐一行，从美国出发，到沈阳代军娘家住了些日子，而今来到上海，要去兰溪祭祖。

2002年正公随父亲和母亲张爱兰来兰溪洞源村寻访祖根。父亲允中坐轮椅从美国远渡重洋来到洞源村，看到《家谱》上祖父、父亲和叔叔们的名字，特别是同辈中人，允中是长侄，已上了《家谱》。他眼光发亮，长时间目不转睛，从大洋彼岸出发到现在，第一次脸露笑容。而后委托我代他们家营造一座园陵，以作永久性的纪念。我被允中夫妇大孝之心感动，无法推辞这一重任，乃顾不了七十多岁高龄，几十次这山那山物色福地，几十次办理部门审批，规划勘测，请村、乡领导赠山，又几百次上山下山计划开路辟道，布局安排、人文设计、额联摆布、碑文撰作、施工指导、扛抬安全、经济核算……竣工典礼时，正公扶护坐在轮椅上的父亲扛抬上山到"绮霞亲陵"，得"精神灵芝草而起'死'回生的允中在祭坛上环望四周，观赏环境后深情地对我说："出乎意料的好！"紧握我手，谢不绝口。两位建筑专家、允皋嫡亲堂弟对此工程评议说："好得无可挑剔！"

现在,五年过去了,张爱兰住院了,继承孝心的儿子正公竟能带夫人、儿子专程来绮霞亲陵祭祖,我当年的几番心血得到了慰藉。

正公一家亲戚住在"爱丽轩",吃饭在"丁香",来往要走一段路。正公不会讲汉语,代军不会讲英语,对话成了大问题。上两次来,有张爱兰这位贤母、优秀教师能双语,更有赵允皋母亲近百岁的南洋模范中学英语教师、上海名门四闺秀之一的吴靖在场,精通英语,现在她101岁高龄了,虽然耳聪目明,但也坐轮椅,而且,要会英语的儿子允皋扶护着,不便分身。在这临急无兵可借的情况下,一小孩凑口上来用英语回话了,众觉奇异。他是我孙子,名羿丞,刚上初中。英语名列年级前茅。胆子也大,无拘无束,在来回的路上,这根"嫩竹扁担"竟挑起了重担,给我们与正公夫妇之间交谈架起了方便之桥,把李渔业绩在曲水园展出告知了他们,引起了他们莫大的兴趣。

去兰溪的车是租来的,由我女儿和女婿海荣开车送他们去。海荣俩宁愿提早发车、正公他们宁愿到乌镇少玩点,就目标一致地绕路转弯先去曲水园观"李展"。

由于要做一些准备,我提前去兰溪。曲水园参观我不在场。

我们已临时请了个懂英语的大学生、在外资一保险公司工作的谢琳来做志愿者,帮助工作。正公一行抵兰已晚上。芥子园虽小,但路径曲折迂回,谢琳就勤快地给他们亮灯带路。到家坐下来,他们念念不忘地说:"看了李渔展览,很受启发、教育。"夜深了,不便细问长谈。

第二天早上,我与谢琳等陪正公一家上绮霞亲陵而去。

山鸟声声,泉流淙淙,大家感到出世来到仙乡。……

美国来客走了,这时又值"李展"开展三周年之日来临。回忆三年前在芥子园展出,对展览的主题:李渔是全世界文艺多面手、多第一者之最,不少人用新鲜、疑惑的眼光视之,肯定或否定都不作表态。现在三年过去了,北京大学都展出、演讲过了,《浙江日报》《浙江师范大学学报》《北京晚报》《新京报》都以长篇幅、大照片报道过了,人们这种疑惑眼光还有吗?我认为还是有回故乡重展,作些巩固提高的必要,萌生"卷土重来"之意。

# 不见古迹觅新踪

　　国庆来临，子女媳婿动员我与他们一起去福建旅游。近几年来，一般性旅游我已觉索然，特别是对到过之处，决不吃回头草，但他们以"看土楼"为游由，一再相劝，并由孙子羿丞来电"威胁"："爷爷您如果不去，我也不去。"他们还以当年李渔到过福建，我们去或许能找到点蛛丝马迹。这最后一句话虽然渺茫，他们是知道我的心思，才用出这句作诱饵的话。

　　南靖县土楼多又好，古朴而新奇，堪称世界奇迹。我们住的书洋镇茶香宾馆附近的几幢圆顶大土楼，高五六层，大者可住六七百人，小的也可住二三百人。一个大家族合住一大幢全用当地黄泥土夯阔墙，原汁原味，可惜有的是重新建造的。我认为即使建得百分之百的像，意义却已失去大半。修旧，应尽量保存旧的；重新建造，外表虽好看，却是破坏性的"建设"。

　　第四天过泉州。从地图上看出，也可过建阳市，过武夷山回江浙。因为建阳市有个同乡老朋友在。他是李渔研究会首任副会长，与我志同道合为"李研"工作了十几年，直到妻子病亡，而被女儿接去建阳市度晚年。这个地址在我簿上有，但未通过信，四子女们为了实现我的心愿，即使找不到也要去寻一番。大家简单吃了点心，车子就在夜幕中行驶。

　　约半个多小时，就到将口镇，再问新建村，公路转两个弯，问是

52号姓蒋的,一中年人热情地带我们上他家去,说是亲戚。

他已迎到楼梯一半,我嬉问他:"我是谁?来看您了!"他未加思索兴奋地回声:"赵文卿,这么难得呀!"

我俩双脸相贴,攀肩拥抱,霎时间,屋里十几人都注视着我俩,此时无声胜有声。

十几人聚会一起交谈,人声太闹了,就自然而然地按性别、年龄分成两组,我与老蒋一组。老蒋名聿修,乳名石峰,是兰溪望族。他祖父蒋六山(鹿珊)才学高,谙熟科举,兰溪好几人的功名,都是他代考而就的。聿修家是很有名望的书香门第,他才学皆优。新中国成立初在新兰中学任教。他善教语文又能教英语,后以"右派"回家。他苦中作乐学李渔,写剧本,传统剧、现代戏都写。在1982年成立文联和李渔研究会时,全县与李渔、戏剧有关的六名会员中,只有我与他两个。在选举时,市委副书记王子良亲自主持,选举我为会长,蒋聿修为副会长,连续三届,我们正副会长合作无缝,共事合拍。三届以后他因妻病亡,在福建起家立业的女儿蒋若英,把老父接去福建新居,安度晚年。凭着这过去的一脉情深,子女媳婿们的陪护,海荣善于夜间行车,竟能在这深深黑幕中找到了这一点星光!

说不尽的千言万语,谈不尽的万语千言,终因两个孙孩羿丞、逸飞留在宾馆,太长久了不放心,只得告别。他们还想要我一人留下,再谈三天三夜,也只得寄望于下次,双方依依惜别。临走了,他们又拿出一些新款自制出口的童鞋,各种尺码、色调都有,一一挑选……他乡会故知,情义深几许!

两小孩听了讲述,手摸着球鞋说:"这么激情!我们也应该去见识见识了!"

李渔的行踪惜未偶得,研究李渔的萍踪相聚了,这是天缘良机的精神补偿吧!

# 路新人旧盼贤良

　　日本教授冈·晴夫来夏李之事已有《扶桑敬慕夏李翁》一文，在此补充一件事：长源山桥头公路到石坪坝尚有半里路，田塍路。冈·晴夫来的那天是久雨之后，一路泥泞，可说是寸步难行。沾泥带污，弄脏鞋裤倒是小事，如果人滑跌了，两边是水田，真是不堪设想。幸好往返平安，但当时扶他移步时之紧张情状，我现在回忆起来还是心惊胆寒，一直来都在思考如何改善此路。

　　下畈村的徐锦泉，素不相识。一次，他为了要给村口一座庙做修缮，上门来要我为之查缘由，出主意。我给他查了历史资料，谈了些看法，并建议他：您这庙修好后的出入大道之一也就是石坪坝的出入大道。做这条路的时候，绝不要用水泥浇捣，要将路面加阔，路中心铺石板，一块接一块，古旧的更好。他真的和李品芳（村主任）、艾永水、吴又姣等热心人如此去做了，邻近村庄都跑遍，见门口有石板就问价，要买。一年多时间，路加阔了，当中一条一块一块相接的石板路，从公路过石坪坝边直达庙前。现在雨天往返石坪坝，再无泥泞之忧了。这是徐锦泉乡友等做的善事，可是十分惋惜：这位与李渔妻子同宗的为善者，已仙逝了。

　　时间一长，石板两边的草长得特别快，几乎把石板覆盖掉了。特撰此文，望有行善乐助修路者，行善者总会有善报！将石板两边用石子或旧砖，半块砖竖砌，成一条仿古式的路！

# 乡贤不租供寓所

自 2010 年 10 月起，我萌生了回故乡展出的念头，巡展三年多，竟能在中国人民大学、国家图书馆、北京大学展出与演讲，使一直为我赴京展出而担心的人得到了欣慰的答案。可是展览摆在金华，回兰溪老家居住，早出晚归，宿费是省了，但车费也该 22 元一天，而且人也辛苦，来回时间要 3 小时，碰到堵车意外，就更不必说了。

正在举棋难定之际，还是那位徐宇峰，就在我有为难之时亮相了：他把金华的房子，白天给人家用，中午和晚上给我午休，睡觉，对身体的保养大有好处，房子还有电梯。

生活设施样样齐全，好似宾馆的标准房，白天单位工作的人员也很能和睦相处。

浙江师范大学已展览过一次，演讲过二次，我就到它的附属中学去联系。

附中校长陌生，我见门牌"校长室"就进去，拿出展览文本就作介绍。他前几页颇细地看了，后面概略一翻，说："好的，就在图书馆的大厅上，您先去看看行不行……"我说："图书馆的环境肯定好……"他听我说肯定，就拿起电话对图书馆长说与我具体商量安排展览。我临走时，向他要了张名片一看，才知道他姓章，名云生，是金华市人大常委会委员，所以有这样高的赏识才能，这样好的果断爽快作风。

浙师大附中的展出从与校长联系、与馆长商量不到一小时就达成。我连夜就回上海运展板。

子婿们为了不让我操劳，走铁路、公路又托运，够麻烦，就先由儿子肖羽将展板从南翔运到女儿家门口，然后由海荣与笑莳连夜通宵运到金华。

第二天，我背只小袋，轻松上下火车到金华与几位馆工作人员一起布置展板。对于他们不管熬夜行车多少辛苦，只要让我身无负担就快乐，但我毕竟再过一月就是81岁的人了，展览厅来回取放展板，加上上下公交车，进出学校的短距离步行，也已觉劳累，躺在宇峰挚友提供的房间床上，愉快地顿时就入睡，一觉到天亮，是几个月来睡得最香的一夜，开创了"金华宇房"的良好开端。

几次去金华市教育局，戴玲副局长都在外开会，这天去，又遇开会。我与办公室主任谈着，刚好此刻，戴局中途回办公室一趟，仅仅三年前见过一面，她却记忆犹新："又来金华展览李渔啦，好，您就到他们教育学院去展吧！"她没等我开口，就指着身边的这位四十上下的男子向我介绍，自己就径直往办公室去工作。我就与这位教育学院的干部谈上了。他姓阮，是金华教育学院干训处处长，满口承诺，回校汇报此事。

几天后，我去金华教育学院，中午时分见到申屠院长，申屠就叫来学生处长方德福与团委书记郭琳来共同商议，很快就决定了展出的细节安排。

申屠院长看见第一天展出效果很好，第二天就派副院长和团委书记郭琳与我一起到市有关部门，去请领导前来视察指导。我们到了市政协、市委宣传部、市教委、市社科联等单位去邀请，他们都一一答应会来人。

12 月 21 日中午,金华教育学院展览厅就热闹起来,金华市委宣传部与金华日报社、金华电视台等被邀请单位的同志提前到场参观展览,然后听演讲,并参加讲后座谈。更有浙师大人文学院也派出两位同学前来参加,以便联系前两次演讲作综合评论。还有一位四五十岁的老师,在青年群中显得突出。更为特殊的是他特别勤于记录,几乎把演讲的每句话都记录在本子上了。事后,我请问他为什么认真到这个程度,他说他是干训处的,计划将李渔文化作为课程进行教学,让他们回去在婺州大地上遍开李渔文化之花!我听了大为赞赏,届时将就此总结经验,力求在更大的地域更多学校中绽开李渔花!

周末,金华日报在《发现》栏刊出了许健楠、张一诺的《李渔的影响力和历史地位与他的成就不相称》的文章,以较长的篇幅夹叙夹议,笔劲生动,说服力强。也就在这时,金华电视台也在专栏中播出了这次李渔业绩展览与演讲成功的专题,获得新鲜生动、富有教育意义的收视效果。美中不足是金华市政协文教委员会廖主任和另外两位委员,光临该学院视察该展览,院方、媒体事先均不知,未能把他们的高见报道在内。

# 众女翰林苍园观赏

芥子园中鸟叫声与 20 多年前比，明显少去了，照说茂林苍郁的环境，与那时都是新种的小苗木相比，以巢为家的环境是百倍优越了。不过，喜鹊还是常来的。

又是一阵鹊鸣！我听到圆洞门前有人叫门，连忙跑出去开门，一看，发呆了，她们是坐直升机突然降落在芥子园的吗？不，她们是应邀参加浦江县宋濂学术研讨会，特地提前离开会议，取道兰溪而到金华乘动车赶到上海乘飞机回北京的。她们一到兰溪，就直奔芥子园，上我家来了。

她们都是中国社会科学院的在编者——女翰林，其中有一位是前年在上海熟悉的。认识的过程颇为特别。那是初冬天气，是我在北京大学展出时，心脏病开始有点复发苗头，就主动吃药。"逃"回到上海，医生要我住院。我内心的主张是：余怀当年为李渔《闲情偶寄》写序说："……病者读之霍然兴。"趁现在病情不重，试验一番，天天上图书馆去。同时，下次准备在上海展出，版面中要增加一组"李渔与上海"的内容。这课题先前未有人写过文章，要从头去挖掘，也正需我到图书馆钻古书堆中淘金挖宝。到图书馆去，中午自己带饭是我几年来习惯。因我患过糖尿病，这些年，好转了，主要靠控制饮食。我家做菜，为我而不放酱油，因酱油有甜味。中餐在外买吃，买不到不用酱油的菜，甚至包子的馅也有糖拌撒过。因此我就自带。吃中饭时就旋开保暖杯,一勺一勺地低着头往嘴里塞,一边摊着刚复印好的资料在看。这位女士见我这般样子,有点好奇地久久伫立我身旁细察,问我搞什么课题研究。我昂起头说是研究李渔。她(后来我知道她是文学研究室的)就与我谈李渔,还说起杜书瀛写过多篇"李研"文章。听到杜书瀛这名字,我就肃然起敬,是我心目中崇仰的大学者。她还说:下次到北京,她可以向杜老师介绍我。就这样几十分钟,我们就结成友谊了。我们交换了名片,她叫张奇慧。

第二天中午,张奇慧多买了饭菜,邀我同餐,我只得说明:我的饭是荞麦饭,菜已与饭放一起,是无糖菜。她原以为我是节约,现在明白了,就各吃各自的了。由于单位来电话,要她限时赶回北京参加会议,她只得一连两通宵把这孤本看完就走了。此后,我们经常手机信来往。

现在她突然出现,使我有晴空霹雳之感。又感到停留的时间这么短,只得一再缩减,到金华看我的"李展"也只能削减了,只能看看芥子园的各个景点。她们恨不得要再次来园细赏一天,住上一晚,听晨鸟争鸣,可惜都只能寄望将来了,暂以展览小册子代观现场展览了,最后只得由我妻子陪同驾驶员与四女翰林带一女孩挤扎在一小车内驶往黄大仙宫(现在已与市区毗邻)瞻仰在香港大显威灵的黄大仙在故里的神貌气韵!

去黄大仙宫,只能是匆匆一走,回程过芥子园,只能是放下车窗话别,要赶去金华上车。我只说一句请对"李展"小册子多多指教!车子疾驰而去,时间太紧了。

# 严重贫血访名医

近十年没上穆澄源的黄大仙宫了。前天去了，车子只能开上三分之二山道，还有三分之一要步行攀登。幸好有年轻挚友小郑搀扶，才能登上宫观。歇息时同行的郎女士谈起在杭州铁冶路有李渔像，这新闻使我兴奋。他们两位是省机关下派到金华乡区挂职锻炼的，因观"李展"而结识的新朋挚友。回来请到芥子园我家小舍，谈不上什么宴请，就以朱峰画和吴子受书法为"山珍海味"。朱画隐藏24泉石，24个远近层叠的山峰，寓李渔双24之业绩。对联是吴子受老先生书法。吴老90高龄，笔力苍劲，内容与画匹配："廿四能家廿四峰，超凡智慧集一体；三十行省二百国，盖世才华无竝人。"是我拙笔为纪念笠翁公诞辰400周年而滥竽。

第二天无力开步，去医院化验，血红蛋白只56（正常113-172），严重贫血，开给住院单等床位。我抱着疑虑去金华，九三学社章伟民秘书长陪我去了两家大医院，名医异口同声认为昨天不该去爬山，就该来住院了。过去的要不回来，现在就该住下了！我认为有爬山，才有漫谈，才有杭州铁冶李渔塑像的信息，这是精神大补血；物质上贫血，服几瓶人造自来血就会见效！哈哈！明天要开会，暂时不能住院。谢谢各位！名医未笑出声音。

# 金华市团委观展会

第二天一早,小汤就到家来把《李渔双 24 业绩展览》小册子和李渔《示儿辈》词的书签捆好,与我一起去金华参加会议。

这次会议是金华团市委主持召开的,与会的有各大专院校、各中学、各县市区的团委书记和副书记,约有百多人。先在市青少年宫三楼会议室布置重要工作,后转到楼下参观"李展"。此展今年 1 月中旬由叶志明主任赴江南中学展场丈量尺寸,后与该校团委书记金涵交接,迎来此展,整个寒假春节都在此宫的科技楼展出,市团委书记蔡艳到场观展,学少部的陈部长布置与会者观展,然后介绍我作此展内容和纪念李渔诞辰 400 周年重要意义的演讲式介绍,最后市团委马副书记做了重要讲话,着重说明李渔文化的优越性。特别今年,李渔诞辰 400 周年之际,要与团的各项工作有机地结合起来,广泛深入地开展展出、演讲、纪念会、座谈会,以及各种文艺形式的活动……中心是学李渔拼搏精神,走李渔成功之路。

志愿者汤茵文给与会者赠送资料的同时,还请一一留下了工作地址和手机号码。她是大学将要毕业的实习期,挤出时间志愿为"李展"服务。

如此重要的一次活动,我能事先有约而违去住院吗?

# 难逃住院查玄因

　　3月14日下午三点回到家,没隔多时,人民医院护士长来电:已有床位,即来办住院手续。于是我与妻匆匆赶到医院办了入住手续。热水瓶可借,但其他日用品要自带,二人又匆匆回家,干脆在家吃了晚饭去住院。我带去这本《芥园子漫笔》草稿簿和一些未及看的报纸。可惜病房灯光不够亮,写字根本不行,只能看看报纸的标题,也算略知一二,过个报"瘾"。

　　我住的这间病房,其实与我"文革"时住房是隔壁。那是县人委——县政府的小会议室楼上,两派的兵家必争之地。在"文革"前期,夜夜内心忐忑不安,只怕抄家、横扫等"革命"行动突然发生,也怕"革命派"来占领要地,无话可说,无理可申,将我"扫地出门"。今夜我睡在这当年彻夜难眠之处的隔壁,灯光不够亮不能写点文字是客观条件不足,却可以使我早点休息,过个心安理得的宁静之夜了,当年的那种恐怖已成爷爷的有趣故事了,估计很快就能熟睡安眠。

　　谁知房中一病员忽然喊声大起,不断地呼喊一个人的名字,大约二三分钟呼喊三五声,伺陪人相劝又安慰,他就是我行我素,不予理睬。房中也有病员喊话劝慰的,也有谴责、谩骂的,他听若无闻,神气、音量持久不衰,一直到五更还不息鼓,弄得一房病员加伺陪上十人,啼笑皆非。

昨夜我住院时,女儿曾打电话到家里,她娘接。谈些时后要我接,听娘说我在医院检查,听出了破绽,起了疑心,兄妹商议一阵子,决定先一人回家看个究竟。今傍晚,女儿从上海赶到兰溪医院,听我说了金华化验情况,决意要我去上海住院检查。经过几天各方面准备,"李展"由金华青少年宫与金华老年大学电话协商决定18日自动交接,我不必去参加。20日我和女儿离兰到了上海。

在上海的这段时日,几乎白天都在医院,晚上不住院,主要是查原因,可几家医院交叉进行,几个项目选择化验,就诊多位名医,综合各家观点:原因是血红蛋白低,血压偏低,脉息偏轻,心率偏慢,是年老衰弱现象。这是透过化验单而诊出之原因、治疗的方法。切记:志趣强会掩盖疲惫,奋战通宵而触及"底"线而激发急剧之症,就会无药可急救而衰竭死去。……如果在他乡,还容易引起他杀、自杀之争疑,其主因,凶手是衰竭!

怕住院另外原因是怕血糖升高,我平时不吃小米饭、面粉制品,而吃燕麦、黑豆。蔬菜、肉类含糖低,但红烧就敬而远之,因为酱油的添加剂内,无不含糖。由于这些清规律,就不敢在食堂、店铺用餐。我上图书馆阅查资料多年,都是自带中餐。有时回来迟,路口的包子不敢随便买来充饥,原因是多加包子肉馅伴有糖。即便淡馒头(刀切馒头)也不能狼吞虎咽,再饿,也只能吃半个,因为发酵的"老面"里面放了不少糖。

现在住院避过去了,原因也查出了,心地泰然遵医嘱:减少熬夜写作。

回沪不多天,郎叶平同仁来短信要发李渔像照片到我电子邮箱。我登记了邮箱,一直未用,首次试用,成功!一张彩色李渔像从打印机出来了,座上隶书"李渔"两字,下有 1610—1680(这是照宗谱上的记载的出生时间,以他诗文推算出生为 1611 年)。

两位省城干部下挂金华山乡为新官,与我素不相识,却在芥子园因修缮暂不开放期间而与我在芥子园内相识,新官铁冶路拍摄李渔像,穆澄源之行无意中谈起李渔像,上海打印机内吐出李渔杭州像照。这些零零散散互不相干的现象堆放一起,从表面看怎么也关联不起来,可是深入其内,可发现一条信息之脉把它们串联成一根藤上的瓜。这息脉就是李渔文化!你说这是什么?是天机?是巧合?是缘分?是……

# 草根阡陌光明道

《光明日报》2011 年 4 月 28 日 7 版发表《从草根学者到研究专家——记兰溪李渔研究会前会长赵文卿》一文发表当天,出差在外的原北京铁路设计局高级工程师、退休后在国家航天局搞物理研究的兰溪籍金治平先生(惜至今未晤面)连夜赶回北京,次日到该报社买了 50 份是日报纸;北京大学中文系原办公室主任张兴根先生只买到几张报纸,就复印了 50 张。他们都快递寄我,不肯收钱。我领了情,思绪浪翻,激动不已,而写:

李渔从伊山麓之草根之露,流向杭州、南京、北京,流出了一条文化的九曲回肠,有 500 万字之量,流向了光明大道!至今尚有许多部分富有现实意义,我取千家评论中之钢筋铁骨半百条,搭成一座众人共同创造的李渔文化大厦,谓之:李渔是全世界文艺多面手、获多个第一者之最。我有充分自信:这大厦是千秋万代永不倒的,因为每根柱子都是专家、学者的原文,要推翻大厦,即要把几十位名人对李渔之评价都一一驳倒,驳倒个位数都无关大局,48 条以外还有后备。至于嫌有几根细了点,有几条有点重复,可以合并、修饰、弥补,加补。

说李渔是全世界文艺之最,是比山系之广,比广大山上小峰之多,不是比某几方面之峰谁高大。敬希见谅!

向李渔"双 24"的 40 多位共建大厦者和后备"钢柱"作者,向叶、严两记者,金、张等李渔文化热情支持者感谢!衷谢!

要感谢的远远不止上述诸位,请看 2011 年 3 月 22 日这一给我的手机短信:我叫陆梨青,是从浙江日报刘慧老师(写过报道找研究李渔的长篇文章)那里得知您的信息。我自己也很爱好文化艺术。现在在江苏省昆剧院实习。剧院这周六有李渔写的《风筝误》演出。希望您能过来看戏,交流一下。当然,我现在还人微言轻,没有权力负责报销车费什么的,但从个人角度觉得您很不容易。愿意出钱买票请您看戏!今后剧院要是搞纪念李渔诞辰 400 周年活动的话,希望能有更多的联系。

收到此信,看了又看,感动得好比服特优人参汤,霍然兴奋起来。那几天我因严重贫血住院治疗,女儿笑莳专程从上海赶到兰溪医院,办了出院手续,20 日到上海,正在考虑住哪家医院未定,走路会突然昏倒之忧患,只得借故婉谢,其实这位来信的大学生,是男是女我尚不清楚,与刘老师也只见过一面,照说不会产生如此高度动人的信件降临。这只能认为是年轻人对中华传统文化的热爱,李渔"玉米"、"粉丝"到处潜在,关键是刘慧记者的指导师作用,唤起陆梨青式的"李粉精"跃然而出!祈愿刘、陆精神多处开花、繁衍!

# 自动交接出新篇

纪念李渔诞生 400 周年,多难得的大生日啊,我拿什么祭慰笠翁公?特别是脚抽筋,以前偶尔有几次,近日发展为每每到凌晨三四点钟,左脚就抽筋。以前是腿部、小腿部,后延伸到脚背,以前几秒钟,几十秒钟,现在是几分钟。一抽,痛得全身毛骨悚然,痛得竟有让人咬牙绝气之窘困,把人推倒死亡的最边缘。如果经常如此,就要截肢坐轮椅了!多恐怖啊!想到这里,不要说脸上的微笑,就连生气都不存在了。一脸死气,给全家带来什么气氛?他们整天在外忙碌、读书,回家来正需要宽松、愉悦氛围作调和,作融洽。于是我只得下决心克制自己,变换情绪,强装欢颜,调上了另一副脸色,以慰全家人。

正在这时,手机响了,一接,是兰溪市关心下一代工作委员会办公室郑主任来电:我们将在兰五中设立一处"李渔文化教育基地",为更有效地发挥此基地的目的意义,请"李渔业绩展览"到兰五中展出。我当即表示赞同,但我在上海治病,展览在金华老年大学展出,不便前来……郑主任就接着说:只要你(指我)电话联系好,我们自会去金华接运。

第二天早上我把兰溪"关工委"的要求告知金华老年大学毕丹副校长,她满口支持,说会捆缚好,把"展览顺序"表一并交给她们。不多时,郑主任带人和车到金华老年大学,与毕丹校长会面。

双方高兴地送接，称赞越来越多的人主动积极欢迎"李展"了，这展览的意义实在好，不看到实在想不到会有如此之好的效果！

　　余怀《闲情偶寄》序中写道："悲者读之愉，拙者读之巧，愁者读之忭且舞，病者读之霍然兴！"兰溪关工委对"李展"如此积极主动的接送展出，也与上次金华老年大学与金华市青少年宫一样，我在病中，双方自动联系送接，大家争相展读李渔书，这是对我的鼓励、鞭策，使我有信心战胜病魔，能够"忭且舞"，"霍然兴"！

# 叶总心上长明灯

上海万千企业中,有家名不见经传的小企业,但其老总叶享斌心上有盏慈善的长明灯。这企业的总部,虽不很宽敞、豪华大气,其老总闻知浙江德清县有位老妈妈,一生已下水营救了近20条生命。老夫妻俩虽各有养老金,但只有五六百、七八百元一月。叶总听闻后,即赶去德清县上门叩访,并从此起每月给1000元补助,至今不息。

在此建党90周年之际,老总邀请了一些英模人物(如陈耀铨,曾任部队某团指导员,在抗美援越战斗中击落美军飞机多架,荣立二等功;又如单杰,所在部队驻西藏33年,他为藏民,为汉藏关系做了无数的"学雷锋"好事,荣立国家一等功)连同本公司在沪职工一起32人,于6月17日赴兰溪旅游,三天两夜。其中对李渔文化情有独钟,参观了芥子园,又看了正在兴建中的李渔文化公园,更观看了由兰溪市关心下一代工作委员会、市文明办、市教体局、市文广新局、团市委等单位共同创立的市青少年李渔文化教育基地设在兰五中的"李渔'双24'业绩与成功之路展览"。虽然是双休日,但关工委的郑凤英主任和兰五中团委吕一雄书记放下家事,不厌其烦地来到展览现场值班,为所有观众热情服务。

上海市社会团体管理局单副局长从头到尾一一细看。他一生看过的各种展览不计其数，高档次的场面也见得多，但他看后深深地吁了一口气。他认为李渔创造了如此巨大的业绩，"世界之最"，可惜知道的人太少了，宣传任务任重而道远啊！他一手握住叶总，一手握住我，让人深刻地感到任重而道远！

　　叶享斌老总转过身来对我说："我做的是环保业务，目标是慈善事业，今后一定会请更多英模人物来观看李渔文化，为弘扬李渔文化出力，让众多人心中常亮李渔文化之灯！"

# 漂洋过海临香港

李渔逝世 320 周年祭、诞辰 400 周年前夕改、香港《文汇报》6 月 5 日"周日专题"整版刊出李渔业绩之时再改（不是诗）

吴山雨酸风呼号，　西湖水漾悲伤波。

层园烛影乱摇晃，　笠翁长眠不觉晓。

悠悠岁月汐复潮，　功过是非任人嘲。

"诗魂不死便成仙"，仙界人间隔几何？

长诗海南游志豪，　异彩丽花格外娆。

一水之隔胜千里，　望海长叹只放歌。

海南彼岸香港岛，　昔时渔村几竿篙。

如今国际大都市，　寰宇争读《文汇报》。

六月五日刊专稿，　翁公伟绩万国耀。

莎士如今换桂冠，　"西方李渔"新称号。

忆昔生前辛酸泪，　天眼无常不公道。

举世眼球换角度，　一纸"文汇"通天表。

芥园子于芥子园石羊轩

# "上大"展讲播种子

得到上海大学欢迎本展去该校展出并演讲的电话,我由衷高兴,原因是名誉会长钱伟长曾于1995年光临兰溪市考察,在芥子园内,听我汇报李渔研究108分钟,并由此而平地拔起一座九级浮屠的故事。这将在我的另一书上,有文章叙述,此不赘说。可惜他老人家已仙逝,留下遗风供后人沐浴。

本展进上海大学展览,没经哪位亲友的介绍,我也没有亲友在"上大"。是我夹着一本《李渔伟绩展览》文图本进了该校图书馆,接待我的是该馆办公室的一位小青年倪代川先生。他即认真又快速地看完展本,笑着说:"我会向领导汇报,怎么样,电话联系。"回答的话虽很简单,但察他看展本时流露出感兴趣的表情,觉得他这一关是通过了。之后,沙先生来电话了:说我的展览文本得到领导的好评,欢迎您来我校展出,具体事宜与展览厅的吴明明老师商量。

吴明明老师等两位老师来到我寓处将展览板面运回布置,还贴出海报,公告了我作演讲的日子。

在复旦大学政法学院读研究生的我孙子赵建民来"上大"看"李展"。他读中学阶段就非常专心一致,假期在家不喜欢出来嬉戏,心不放假,我也不招呼他看"李展",不分散他的注意力。如今一举考上复旦研究生,也难得出来走走。我向他谈了李渔在此展览以外的尚有许多成就,如小说中有几篇属于公案小说的,构思奇妙,行文流畅,被选入公案集子中,很受欢迎。他就想上图书馆去找,求知欲望甚为强烈。

想不到杭州艺术学院的洪波教授闻知,竟与公子俩人专程赶到上海大学听我演讲。晚上住宿都乐意自己开支。听完一个半小时的演讲。洪教授在满堂热烈掌声的呼唤下即席讲了话。他赞赏只从戏剧方面评价李渔是大大不够的,应从全方位多侧面评价李渔,让李渔走向世界!

还有想不到的是:当主持人吴老师总结、肯定今天的演讲后、宣布到此结束时,全堂听众不是一哄而散,而是坐着不动,要我再说几句时,从中排席上站起两人。我看呆了,是浦东区康桥镇美林社区的居委会主任马义秋和夫人。他俩皆是花甲后人。闻讯提早吃晚饭赶来听讲,善始善终。因为要赶乘末班地铁,边赞不绝口边告别。我因许多听众不肯散去,就不送他俩,而招呼大众。

原来被李渔的成就"双24"、"两之最"、"莎士比亚是西方的李渔"所感动,争先恐后地说心得,建议组合李渔文化研究的社团。洪波父子也大声支持。主持人因赶末班地铁只得先离场,而有近20来位还是围着我要我签名,要名片,留手机号码⋯⋯

这群学子大多是研究生,人文学院的居多。他们中的一部分可能成为"李研"种子,其中两位代表性人物孙泽洲、易金才却是微电子系与政法学院的,我曾邀请他们来我上海寓所长谈或再次去"上大"图书馆与之长谈,他们先后分头都来了,盼望他们能成为"领头羊"作用,并送给他们我已出版的"李研"著作。同时,敬望洪波父子"种子萌芽",在杭州土地上开放"李研"之花!

# 展览再长新翅膀

几年来都在梦想"李展"在巡回展出的同时,能于某地谋得一固定场所长期稳定展出,达到双翼齐飞。去年,兰溪市关心下一代工作委员会联合文明办、文化、广电、教育和青、妇等部门建立李渔文化宣传教育基地,由市图书馆管理,借、收展板,这是很好的组织形式,但离长期固定场所展出尚有一定差距。

善人良愿之梦总会有圆之日。支持"李展"上北京的徐宇峰先生,对李渔文化的支持,不是出于一时一念,而是有长期支持的行动。2012 年夏,他的企业购置了 1400 多平方米的一个楼层,辟出一大间,为布置李渔文化之用。他为了"李展"能深入人心,别出心裁地更新板面,要求所有板面不搞写真喷绘,而用传统书法,多人用毛笔写成,技艺有一定水平,让观众既看内容,同时也享受书艺。

这一要求如在 30 年前, 要兰溪甚至金华书法艺术能手为展览写作品,那时文联专职只秘书长一人。要请写展板,都会不计报酬做贡献。现在我退休已 20 年,那辈人有的仙逝了,有的手抖眼花了,即使还有"健将"在,也已被钱风熏醉了,起码要给上千,否则,这张纸是拿不到的。

好在李渔面子大,我当年人缘好,人走茶未凉,坚持巡回"李展"五年不松懈,数次上门延请,叩访了二十几位书画家,终获普遍丰收。兰溪书画家郑振庚、王渊、郭瑞升、方志明、郑欣、李胜林、唐文广等二十来人的大作于龙年国庆期间在"闲情偶寄"展厅显现了,多幅字画、多种翰墨风韵壁上生辉,观众喝彩!

## 上海闲情偶寄展览馆(长期固定)

### 书画创作成员

| | | | | |
|---|---|---|---|---|
| 郑振庚 | 王　渊 | 柳恒沅 | 郭志良 | 郭瑞升 |
| 方志明 | 郑　欣 | 李胜林 | 唐文广 | 卢庄庭 |
| 童纪生 | 胡振祥 | 唐保中 | 何正忠 | 范福熙 |
| 章茂春 | 夏甘泉 | 童金林 | 杜志芳 | 柴志康 |
| 赵建连 | | | | |

　　以上各位系李渔层园书画馆领导或成员。感谢诸位书画家对李渔文化的热爱、支持、弘扬!

上海闲情偶寄展览馆文本撰作　赵文卿

制作:徐宇峰　　版面设计:徐宇峰　赵效渔

地址:上海市闵行区浦江镇新骏环路 188 号 21 幢 2 楼

电话:021-34728999　13916976715　　传真:34728900

邮编:201114

# 金华"创业之星"评选上我

在 2012 年春，一位朋友来电说二月中旬《金华晚报》上看到
"创业之星"候选人名单、照片。我看了报纸，名称是"李渔伟绩展
览处"，法人赵文卿。主办者是金华市委宣传部、金华市工商局等
五单位。过几天，有人问我：主办单位还有个体劳动者协会与你是
什么关系？有关部门解释：你个人自创自费制作展览，作家的劳动
属于个体劳动呀！再说，作家范围很广，我的展览是历史题材文学
创作。再说远一点，我以前写历史小说、寓言散文，金华市成立文
联时，我就是文学工作者协会（后称作家协会）会员。

这次评选很慎重，金华市委宣传部等五部门还特此发了文件
给有关部门和单位，把我放在诸候选人之首位，其重视精神文明
建设、把金华市建成文化强市的决定，达到了很高的境界。

喜讯又来，"李展"五周年来临，我写篇回忆小结。考虑到领导
与大家都很忙，删了又删，最后留下一页纸，向各领导作了简要汇
报。这种类似简报之类书面资料，各行各业、许多单位都有报送分
发，这种连主题词都未标明的材料，领导一般不会翻阅。我连广种
薄收的希望都不敢有。可是就在 2012 年 12 月 5 日，忽然手机呼
叫，是浙江大学党委办公室一位姓薛的领导说："金德水书记看了
你寄来的'李展'小结，在上面作了批示，要寄给你看吗？"我立即
欢腾地回答："谢谢金书记指教！十分欢迎寄给我拜读批示。"接着

我就把邮址发短信告知薛同志。第二天快递就送来浙大邮件。我们拆开拜读，金书记批示为："赵老为李渔文化的传承呕心沥血，表示敬意和感谢。金德水 2012 年 12 月 5 日。"我为弘扬李渔文化做了点事，身为省人大常委会副主任、浙大党委书记、"十八大"代表，重任繁忙，却能挤出时间，批阅《李渔伟绩巡展五周年小结》，对我亲笔鼓励，令我愧感十分，决意进一步努力，不辜负领导的希望。

2012 年 12 月 27 日，新年将来临之际，金华市民营企业、个体企业联合举行代表大会，通知我参加大会领奖。

金华市有个体企业 37 万户。从众多企业中平均每三万七千多户评上一名创业之星。这当中对社会公益事业、慈善事业做出积极贡献者何止成百上千！我们李渔伟绩展览处，在金钱物质上，对公益、对慈善事业没作过什么贡献，而是总结多位专家、学者之文章论点，综合成李渔是全世界文艺多面手、获得文艺史上多个第一（先河）之杰出者，名列世界前茅，超过莎士比亚，这是为祖国、为中华民族争光的精神财富的大贡献。以科学发展观展望未来，婺州大地上出过的状元、宰相、民族英雄、诗人、作家总数几十位大人物，他们留下的精神财富大多都有时代的局限性，而四百年前的李渔所倡导的，却越来越与现代社会合拍。他提出和谐相处，解忧乐民，鼓励"莫道班门难弄斧，正是雷门堪击鼓"，争先创优。正由于李渔文化有如此之强的现实意义，评委们才把李渔伟绩展览处评为 10 名"创业之星"之首位，对我是爱屋及乌，所以我把宣传李渔取得双 24 业绩的小册子和《示儿辈》词奉送给与会各位，让大家共分享对李渔文化的奖励！笑莙打印到此处，禁不住笑出声音，把已哄睡的孩子吵醒，半岁的她不哭而微笑，仿佛也在分享其乐。

# 偶寄篇

一个电话，引起我一连串的思索、追思、忆录，遂成一则则似信之寄语，乃借笠翁《闲情偶寄》书名之半，作个小篇章。

**致全国各地青少年宫、老年大学：**

2011年3月24日清晨，浙江师范大学一位夏老师来电话：我校外语学院打算近日参观李渔业绩展览，问我现于何处展出？并向我报喜：李渔诗文的英文译本已全部完成，将由国内一家著名出版社出版。我听了非常高兴！浙师大外语学院计划欲将李渔著作全部翻译成外文，首先是英文，早有听闻，盼望甚切，今初战将获大胜，当然喜之由衷。至于参观"李展"，不能陪同甚为遗憾。因远在金华市青少年宫展出后期，我因病在兰溪住院，该宫主任叶志明兼管照顾，节假日都不例外，由他们与金华市老年大学两家自行在18号送接，我相信已经顺利完成，现在金华老年大学展出了。我今已从兰溪转院到上海，在检查病因之中，恕不能到展场欢迎您……

由此，我想并盼望着：各地各级的青少年宫、老年大学多出现一些像金华市青少年宫(副主任叶志敏)、老年大学(副校长毕丹)那样自行送接"李展"的"创先争优"活动，那是多么好啊！尽管我住院，展览照常运转！

赵文卿(本篇以下各信，均为同一作者，不一一署名)

**致各地团委领导：**

金华市团委于 3 月 14 日召开了综合性工作会议，把参观"李展"，请作介绍演讲，书记蔡艳到场、马副书记作了纪念李渔诞辰 400 周年重要意义的讲话，结合到整个会议中去。半天时间不延长，这样的有机结合，紧凑地安排，活泼多样，效果很好。如果各地各级团委在举行某个会议时，都效法金华，作这样的结合，"李渔热"不是在较短时间内就在全国范围内踏踏实实地热乎起来了吗?!

**致金华教育学院干训处并全国各地各级教育学院：**

贵校的申屠院长十分关心李渔文化，在筹备"李展"时，就通知你们干训处参加，演讲时又派资深教师全过程听讲，金华电视台、金华日报报道了你们的这方面活动，临结束那几天，你们的带队教师又与我交流了拟把李渔文化安排进干训的课程计划，不知制订、实施情况怎样？你们是工作母机，讲一次等于我讲百次。如果各地教育学院均能仿效你们的干训做法，好似机械化传播，一化三千，前途无量！"李展"对你们特别寄予厚望！如果全国各地的教育学院都把自己看作是传播李渔文化的工作母机，一年就能在全国普及宣传李渔，长此以往，益莫大焉！

**致英语老师们：**

我们在浙江兰溪一中 08 春季开学首日在图书馆展出李渔业绩，雷晓莉老师看了认为很好，第二天就带领高二的两个班在一节课内，紧凑地安排看展览、听演讲和用英文写作文的指导。一年后的高考中，一个班考上重点大学的有 25 名，创历史新高。另一个班，则出现了英语高分层，其中一名以 140 高分被北京外国语大学录取。师生们普遍认为：这样的英语写作课，灵活实际，效果实在，可称之为英语作文的模范课。如果全国的英语教师都乐意为之一试,且用上海教育电视台·世纪讲坛2009年7月12日正式播出的光盘代替观展和听演讲,加以英语作文辅导,全国将有多少名学生接受李渔文化的洗礼? 在会话和撰文中传播李渔的"之最"!

**致大专院校、中学校长书记们:**

"李展"初出故乡门庭,就投浙江师范大学之门。那时元旦已过,接近学期结束,又加上学校将开党代会,换届选举,紧张又添忙碌。可是这时我见到梅校长(兼书记)博导风度,心情平静,举止从容,有条有理地翻看展览文本,当即认可,与宣传部长商议操办。并在选举那天起了个大早,将李渔词的《示儿辈》全文书写,鼓励师生认真观展学习。这是本展出门首次即获梅校长的高度关怀与支持,相信今后定有更多的热情校长们为之千梅竞放,万李兴春!

**致国家图书馆并致图书馆馆长们:**

2008年9月17-20日,"李展"在国家图书馆大展览厅展出,既未在前一年登记,又是在"奥运"期间插入,且不收每天一万元场租,还贴水、电费,甚感国图领导与文教部主任牛玉兰对"草根之展"的高度照顾,而我正在此时因心脏病住院抢救,可能难以挽回,当时曾在病床上写了下面这几句话表示感谢的遗言。相信会有更多的各地图书馆馆长们关怀支持"李展"!

不论您的作品出自哪家豪门雅院,签署来自何人笔端,租金能出多位数之元,一概凭质量作为天平秤把握守关!

即使您是山野无名之野藤,路边被践踏之草根,只要是有发展前途之良种,优惠的砝码会向您倾斜!

若干年后野藤已长出一颗颗超级智慧星,草根已抽出能复活人体的床席草茎,你们是科学发展观的智能手,我则在九泉之下长眠笑而不醒!

**致关心下一代工作委员会:**

　　兰溪市关工委与金华市老年大学、金华市青少年宫的领导们,在我患病住上海期间电话联系,你们相互之间并不认识,就积极主动地电话联系双方自动送接,使"李展"一处接一处连续下去,这是对我作精神治疗,使我早日"霍然兴"的真实措施!谢谢你们!我恳切盼望各地各级的关工委都能积极主动地联系展出,使李渔的成功之路,代代传承!

　　本书的编撰过程中,赵效渔同志承担了本书部分图片的摄影、扫描及展览版面设计工作,笑莳同志承担了该书的打印及校对工作,林静翁、蒋荣森、吕维等同志承担了该书的部分审校工作,此外,本书还得到祝宇清、徐宇峰、章子峰、姚建文、叶享斌、巫海荣等同志的大力支持,再次一并表示感谢。

　　　　　　　　(《偶寄篇》各条之撰写时间不同)

　　　　　　　　向上述单位领导、同志们深表谢忱!

赵文卿(芥园子、石羊轩子、丹溪石屋居士)
地址:浙江省兰溪市兰江街道横山路 11 号李渔纪念馆芥子园
手机:13819912057
上海寓所:浦东区沪南路 3468 弄 63 号 603 室
邮编:201318　　手机:13916976715
邮箱:zhaowenqing0401@sina.com

附录

# 李渔与如皋

南京师范大学文学院　沈新林

　　如皋,古称雉皋,其历史可以追溯到春秋时期,是一座有两千多年历史的文化古城,孕育了许多杰出的历史人物,其中对人类贡献最大、知名度最高的当属李渔。他是明清之交的文艺通才、文化巨人,还是卓绝的思想家。四百年前出生的李渔,给人智慧,催人勤奋,教人享受,劝人创新,其思想完全契合二十一世纪的时代精神,简直不可思议。他是无与伦比的天才、异才、怪才。唯此,我们要大力弘扬李渔文化。

## 一、李渔出生于如皋

　　李渔在其诗文集《李笠翁一家言》卷一文集《与李雨商荆州太守》一书中云:“渔虽浙籍,生于雉皋,是同姓而兼桑梓者也。”康熙初年,李渔游历湖北的汉阳、荆州,结识荆州太守李雨商。据考,李雨商,名为霖,江苏兴化人,顺治十六年(1659)进士。兴化、如皋两县相邻,相去不远;清代同属扬州。出生于如皋的李渔在几千里之外的湖北,称兴化人李雨商为同乡,认本家,是合情合理的。再说,李渔一生最大的特点是心口如一,实话实说,连一些个人隐私也不隐瞒,所以,他的自述是完全可信的。从他在作品中透露出来的信息看,他确实与如皋有着深厚的渊源关系。目前,李渔出生于如皋这一观点，证据确凿，已得到学术界一致的认同。

## 二、李渔父辈长期在如皋做医药生意

李渔祖籍浙江兰溪，处于浙西黄土丘陵地带，耕地不多，老百姓生活贫困，李氏家族很多人远走他乡，外出谋生，李渔的伯父和父亲就长期在苏北古城如皋做医药生意。伯父李如椿是冠带医生，为人治病；父亲李如松则开中药房，兄弟二人配套经营。李渔从小是在药房长大的，也常跟伯父出门看病。所以，李渔精通医药，他的小说、戏曲、诗文等作品中医药名词信手拈来，比比皆是，已经成为学术界检验李渔作品，且屡试不爽的试金石。李渔在《李笠翁一家言》卷三《与陈学山少宰》中称"自乳发未燥，即游大人之门"，就是记载了他从小随伯父走街串巷，出诊看病的经历。黄鹤山农《李笠翁十种曲　玉搔头序》云"家素饶，其园亭罗绮甲邑内"的"邑"，就是指如皋古城。据考，如皋、石庄等地现在仍有李渔后裔繁衍生息。

## 三、李渔的父兄丧葬于如皋

李渔的父亲李如松与哥哥李茂均死于如皋，葬于如皋。因为如皋与兰溪相隔一千多里，在兵荒马乱的年代，舟车难觅，交通不便，将灵柩运载到原籍非常困难，只能就地埋葬。明崇祯二年（1629），十九岁的李渔遭遇丧父之痛，按如皋旧俗，死者的灵魂会还家，生人要回避。李渔认为不合情理，写了《回煞辩》予以反驳。《龙门李氏宗谱》亦称如皋"有祖茔在焉"。《李笠翁一家言》卷六《七律　过雉皋忆先大兄》序云："大兄殁于此，旅榇在焉。"诗曰：

"一望皋城百感生,无兄何暇说嘤鸣?可怜夜月飞鸿雁,不忍春花
看紫荆。在日埙篪无可乐,别来急难有谁惊?明朝谒墓愁风雨,一
哭能教地有声。"他与大兄李茂一起在如皋度过了漫长的岁月,留
下美好的记忆,手足情谊深厚。

## 四、李渔在如皋结婚

李渔与其结发妻子徐氏大约于明崇祯元年(1628)在古城如
皋喜结连理。徐氏为浙江兰溪山塘人,随其父母在如皋经商,缘于
同乡之谊,日久生情,客中成婚。李渔二十岁上生过一场大病。《闲
情偶寄》卷六《疗病第六》云:"庚午之岁,疫疠盛行。一门之内,无
不呻吟,而唯予独甚。时当夏五,应荐杨梅。妻孥知其既有而未敢
遽进。讵料予宅临街,卖花售果之声时时达于户内,忽有大声疾呼
而过予门者,知为杨家果也。"他酷好杨梅,吃了杨梅,顿时百病消
散,四体尽适。于是总结出"本性酷好之药"。杨梅为如皋夏令应时
果品;"予宅临街"的"街"肯定是古城如皋;妻孥,其时他已有"妻
孥"。据此可考,李渔崇祯元年(1628)在古城如皋与徐氏结婚,时
年十八岁;崇祯二年(1629)生下一女,其大女儿淑昭生于如皋;崇
祯三年庚午(1630),与"妻孥"同在如皋,疫疠盛行,食杨梅治病。
可以推测,李渔大约在二十三岁前后,为其父服丧三年后,才返回
原籍兰溪,参加科举考试。他二十三岁前是在如皋度过的。

## 五、李渔曾在如皋老鹳楼读书

《民国如皋县志》卷三《建置志下 古迹》"老鹳楼"条云:"老鹳
楼在李家堡南街,自明以来不详建自谁氏。昔有鹳鸟趁海潮来栖

楼上,虽炎暑,蚊虫绝迹,人咸异之,故名其楼曰老鹳。相传明季诗人李笠翁侨寓于此。自后屡易其主,势渐倾圮,因改为平屋。"老鹳楼是如皋古迹之一,李家堡原是如皋县属小镇,在如皋县城东北四十五里,新中国成立后始划归海安县。李渔在明代末年已有"诗人"之名,曾寓居黄海边的老鹳楼读书,他学问渊博,淹贯百家,其青年时代读书的勤奋刻苦可见一斑。这一记载与李渔生平是吻合的,是可信的。这说明李渔的天才也是汗水换来的,他确实是在如皋读书成材的。

### 六、李渔著作中有许多如皋方言

李渔是如皋的水土和文化孕育出来的天才。其各类著作中有许多如皋方言土语,成为检验李渔作品的又一标尺。限于篇幅,略举数例如下。

1.《李笠翁一家言》卷五《续刻梧桐诗》:"小时种梧桐,桐本细如艾。针尖刻小诗,字瘦皮不坏。刹那三五年,桐大字亦大。""桐大字亦大",前一"大"字读"大",后一"大"字读"tai"第三声,典型的如皋方言,这样读才押韵。

2.《风入松　自题湖上新居》"家贫最苦多儿女,未经熟早已呼爷。"如皋方言,称父为"爷"。读 ya,第二声。

3."可怪近时新例,下场诗念毕,仍不落台,定增几句淡话。"(《闲情偶寄》卷二《脱套第五》)"淡话",就是白话,扯淡,如皋方言。

4."万一人不象人,鬼不象鬼,倒把一个如花似玉的女子揢上门去"。(《十二楼　拂云楼》)《如皋县志　方俗志　方言》:"揢,强与人物也。"揢,读 ya。

这些方言必须地道的如皋人才说得出来。如皋方言属江淮次方言淮南土语群,李渔作品中有相当数量的如皋方言,说明他与如皋的血缘关系。李渔首开用江淮方言创作白话短篇小说的先河,直接影响到《儒林外史》《红楼梦》《老残游记》《五色石》、《八洞天》等著名小说。

## 七、李渔中年时期曾回到如皋

李渔对如皋怀有深厚的感情,清顺治十年(1653)前后,阔别二十年之久的李渔,曾专程回到如皋,与如皋、通州的老友唱和。《李笠翁一家言》卷六《七律 咏绿烛和雉皋诸友》,诗云:"兰汁凝膏彻晓煎,沉沉相映夜如年。擎来看竹浑无际,秉去题蕉只有天。火树依然成绿树,金莲忽尔幻青莲。汉宫昨夜新传出,春色平分御柳烟。"可见李渔中年以后,与如皋友人的联系一直没有中断。此次苏北之行,时间从夏到冬,逗留时间长达半年之久。李渔还与如皋、通州一带的友人范国禄、罗休、杨麓、吴彦周、姚咸、詹瑶、凌录等同游。清初通州籍诗人范国禄在《十山楼诗钞》中有两首诗可资证明:七律《芙蓉池上同李渔、罗休、杨麓拿舟观荷》、五律《姚咸招同吴彦周、李渔、詹瑶、凌录赏腊月梅花》(见《崇川各家诗钞汇存》卷首二上)。李渔回如皋当然不止这一次。

## 八、李渔与冒襄

如皋在明清之交还诞生过一位文化巨人冒襄(字辟疆),李渔与冒襄两人同年出生,同居一城达二十余年;有相同的兴趣爱好,善诗文、书法、绘画,长于度曲、导演、园林艺术;有共同的友人,如钱谦益、吴梅村、王士禛、尤侗等。照理两人应该相互了解,但未见其交往的文字记载。其原因值得研究。我以为,冒襄出生于官宦家庭,乃名门之后,他参加复社,收养遗孤,抨击权奸,带有强烈的政治色彩;而李渔一生潦倒,奔走江湖,卖文献艺,从事文化产业,养家糊口,具有浓厚的商业性质。两人不同的生活道路决定了缺少共同语言,其关系必然疏远。李渔身份卑微,为达官贵人所不齿。冒襄作为正统文人,未必看得起李渔,故两人没有交往。不过,李渔的才艺成就和知名度远远高于冒襄,其中的道理值得深思。李渔与冒襄,是如皋历史文化的两位不同的代表人物,是两个符号,也是如皋的骄傲。


本文撰作者为南京师范大学教授,被誉称为"李渔研究第一人"。

# 李渔子孙简况

渔卒,时长子将舒二十一岁,次子将开二十岁,四子将华十九岁,六子将芳十一岁,七子将蟠七岁。长女淑昭、次女淑慧皆已嫁,一女尚幼。

将舒,字陶长,康熙四十七年卒,葬北京聚宝门外安德门。邑庠生。职业不详。有一子名毅。毅有二子。

将开,字信斯,康熙四十九年卒。住南京。郡庠生。职业不详。有一子名应。应有二子。

将华,字庄南。有子四:岗、岐、崑、崇。岗字方为,有一子名右文,字盛章,雍正元年生。右文一子。

将芳,字漱六。有子二:岱、岩。康熙五十四、五十七年生。

将蟠,字树德。有子名嵩,康熙四十六年生。

以上诸子情况,据《宗谱》。或谓笠翁子嗣有住吴门者,语焉不详,待考。

淑昭,字端明。嫁沈因伯。有女名似音。

淑慧,字端芳。嫁余三垣。

# 李渔之墓相关记载

梁冶湄题其碣曰:"湖上笠翁之墓,弟梁允植立。"

乾隆三十一年(一七六六),夏李村李氏修谱,李渔侄孙春芳、泰生携谱前往杭州访其墓,见穴场塌陷,爰加修葺,并刊碑记。中行大书"故清笠翁太公之墓"。落款:"乾隆三十一年春二月兰溪侄孙春芳、再侄孙泰生立。再侄孙宝敬书。"

(载于《兰溪市孟湖乡文化志》)

道光年间,夏李村族人亦曾"至其处修其墓"

(载于《宗谱》)

后墓圮,嘉庆十二年(一八〇七)三月二十七日,仁和孝廉赵坦(宽夫)命守冢人沈得昭修筑之,复树故碣,且俾为券藏于家。坦作《书李笠翁墓券后》纪事,曰:"笠翁豪放士,非坦所敢慕。特以其才有过人者,一抔克保,庶可无憾。"

(载于《保甓斋文录》卷三)

谓守冢者匿其碣,将易主焉,邑人赵宽夫修复之。赵乡居,教子弟,故有"束修"云云。

申屠奇《李渔的故居和坟墓》:"于方家峪的原莲花峰石料厂内食堂的石砌水池中,还可见一块半人多高的青石墓碑,下截埋在土里,上刻'清故笠翁李公之墓',碑文尚有几行模糊不清的小字。"

(载于一九六二年五月二十八日《羊城晚报》)

(转载于《李渔全集·李渔年谱》)

# 李渔和"金华十景"

## 玄畅八咏

建议在婺州公园溪边或八咏楼前溪岸，引水设一池，养白鹅数只。将骆宾王五言古诗"鹅鹅鹅，曲项向天歌。……"写碑立池边。骆宾王为大文学家，誉称"初唐四杰"之一，激励少儿们自幼勤学。

在池边建一亭，供游人憩息。亭中石上仿王羲之书刻一"鹅"字。王羲之是书法大名家，鼓励人们热爱、传承优秀传统文化。

江(溪)上双溪口的游船，小型的称"蚱蜢舟"，源自李清照词"只恐双溪蚱蜢舟，载不动许多愁"。李清照是大词人、词学家，在异民族挑起的战争中逃难流落金华，孤独凄苦，同情李清照，拥护民族和谐共处建设祖国。

李清照爱菊，有"人比黄花(即菊花)瘦"之词句。引花农来此一带摆花市，培育良菊新品种，形成庞大繁盛的菊花观赏交流中心。

景点加副名：蚱蜢舟。

## 万佛迎宾

在万佛塔的适当方位建造一段宇宙天体星空，突出婺星。万佛的雕塑者应将佛眼以各种神态、各个眼球角度都聚到一个焦点上——婺星，形成万佛朝婺(朝拜婺星)态势。

景点名用"迎宾"太一般化，到处可用。建议改为"朝婺"——万佛朝婺。

"天体婺星"下面是城楼式的几间房子，平顶。游人可上房顶观塔，可在房上匾额下拍照留念。额文为"婺焕中天"。妇女在此拍照，预兆"好运"，与男人同拍照，预兆"全家好运"。

在塔的某层设"占诗机"一台，揿按键后可在塔底层窗口拿到对应号的诗词(或格言，散文句语)笺，内容为励志奋进、解忧去愁等多方面的成语、格言之类。

以"婺焕中天"为引子，举办全省、全国、全世界的妇女前来金华"朝婺"行好运。同时举办"女主人"的各行各业比赛、交流、表演、讲坛等多方面的多种活动，把"半边天"文章做足，使金华城成为妇(婺)城，促进金华大发展！(可能是全国唯一的)妇(婺)女城！

## 展卷揽月

从"揽月"可想象出这个景点将有一个较高的建筑。这较高建筑如果是个抽象艺术雕塑，不要像火车站广场那座横、直木条子凑合成一体的"东西"，使人费解。如果可与一个瞭望台之类的高台相结合，建议把这"瞭望台"外形用两条龙相互盘绕，龙体内各装电梯(或阶梯)，供游人上下瞭望拍照。双龙前设游泳池，分男女。男女池中又分隔裸体池。游泳池外围是荷花池。日本编选的《世界短篇文学集》有篇《夏宜楼》，写金华高山寺塔上，有瞿生用西洋镜瞭望荷池淑女，求亲遭挫折多次，经西洋镜之助，终成眷属。

景点与"揽月"很难联系，景点名改为"镜中情意"。以瞭望拍照为中心内容，开展多种活动，吸引广大中青年参与。

## 环碧金滩

我不知"五佰滩"是什么？是作为在一片滩地上新建景点作计划的。

建造两座仿古庭院，有一定距离，形状风格各异。

装置运用磁性作用的电子器件，甲从甲院放出风筝能飘飞（有线或无线）到乙院的乙接收这一风筝。风筝上有事先写的诗句或对话内容。可以交流感情，谈论工作，解答疑问……

买号放飞，买定号接收。手机联系定号。

庭院备有大中型雨伞，雨天张伞活动。

景点名称可改为"风筝传情"，可能是金华首创。

## 曲舞尾洲

洲上必有歌舞厅，门额上可书"歌曲诗词联厅"。"联"，一种意义是多种文艺形式的联合；同时，还有"对联"、"楹联"的意义。

以对联为契机展开。提出一副对联的上联："江流燕尾分还合"；要求对出下联，例如："山埠峨眉断复连。"一时对不出，以后可通讯联系，优秀者有奖。通过奖励，由点到面，扩大到用上述形式以外的书法、美术、摄影、小电影、电视……广泛地写金华、画金华、摄金华、唱金华、说金华……进行比赛、打擂台、印彩页、出小报等多种媒体手段，把金华游闹红全国，轰动世界。使燕尾洲成为旅游宣传的大本营，让燕翼飞舞全球。所以，原名改为"云燕环球"。

在歌曲诗词联厅（简称"联厅"）不远，引注一段溪流，清澈见底，大小鹅卵石铺底。水中立丁埠，可用《僧尼会》中背人蹚水，音乐伴奏，作背人过丁埠游戏。篷帐里僧衣僧帽、龙袍凤冠、唐装、清装……还有各种古式钉靴、草鞋、蒲鞋，下游还有骑牛、马、驴等过溪。可由服务员牵绳引行，也可游客互助而行。

茶室里可放映《僧尼会》婺剧。

## 汇友三江

此景点也未有成形建筑物，建议造一高层塔。此塔外形分级出檐，里面装电梯或阶级。塔高可 9 级、11 级、13 级……六角形，每级的六个梯形平面都不开窗，好似六块广告牌。第一、二、三级介绍友好城市，第四、五级介绍本市景点。第六、七、八、九级写清代大文化人李渔的业绩，有小说家、散文家等 24 个专家；又有中国最早的专业作家、中国经营性戏曲团体之祖等 24 个第一。李渔的"双 24"业绩为内容的展览自 2007 年在金华、杭州、上海、北京等大学展出 60 次（包括演讲）。北京大学中文系连任两届党委书记李小凡赞赏为是"文化大潮中的一枝奇葩！"省人大常委会副主任、浙江大学党委书记金德水同志对巡回展出表示敬意和感谢！金华市委宣传部、市工商局、市工商联等四家举办评"创业之星"，"李渔伟绩展览处"被评为 10 名之首位。李渔曾在金华住居六年，读书，还当过知府衙门的工作人员。李渔是金华的金名片，已有李渔路、李渔大桥、李渔湾，再把"双 24"摆在塔上，就能进一步擦亮李渔这张金名片！

十级以上再建 11–15 级，可把各县市区筛选出一批名人写到宝塔上。

每级六面六块宣传板内容，相对稳定，必要时可更换。可全部换或部分换。

每级的檐角处即是通风口，观景小窗口，又是采光口。

材质：钢混或竹木，或四者结合。

景点名称可改为"婺照全球"，或"婺耀全球"、"婺辉全球"。

## 艺海长廊

不同结构建筑艺术公园颇有特色,但专业性强,吸引一般游客是个问题。建议从"海"出发,选一座房子,周边环水,或"半岛",或屋前是水,谓之"龙宫"。如能挖一段隧道,过隧道喻为潜入海底而进入龙宫,意境更佳。选一片荒凉草地,搭一点芦苇"房"为龙女牧羊栖身之所。雕塑一尊龙女牧羊像。筑一条山岭、洼地独木桥、羊肠路。《唐·柳毅传书》故事移植于此。

游客学柳毅行善事,穿唐装背雨伞,万水千山,来到龙女牧羊地。在龙女衣袖上一揿,龙女伸手从胸中取出一信递给"柳毅",深深一鞠躬。"柳毅"走暗道穿隐路,过隧道进龙宫,向龙王递上此信,龙王递给感谢信,上有"善行善报",或格言、警句之类,劝人行善。(龙女递信、龙王给信都要买号按键才能取得)

景点名可改为"海底传书"。

## 老站故事

如景点周边若有小山(坡)则依傍势搞一群人观虎的雕塑,大家都对着站在虎笼边的一青年喝彩,赞声不绝。这青年没有洋洋得意接受众人的赞语,而是在沉思暗想,感悟出:"人以为荣我独羞,身不能奇假奇物。纵使凤凰栖我庭,麒麟骀虞产我宅,彼自瑞兮何与吾,丈夫成名当自立。"

原故事出自金华府司马(兼汤溪县令)瞿萱儒得山民送二虎,赠一给李渔带回兰溪。路上围观者甚众,都称赞、羡慕李渔获此殊荣,而李渔却"人以为荣我独羞",立下志愿要"丈夫成名当自立"。这是激励青少年立志奋发努力的好景点。

游客买"票"拍李渔像肩,李渔就从衣袖袋中取出一纸,上印李渔的这诗句,以励志。

因我读了些李渔著作,说到事例就举李渔故事。我们婺州名人众多,若他们著作、传说中有相似故事或略作改编也能用上这个景点,李渔就可调为他人。

这景点名雷同性大,可改为:虎啸长鸣。

## 寒梅迎春

种植各花期迟早不同的梅花,多方采购培育新品种,景点名改为"二度梅开"。

## 都市原野

多处景点都可用此名,不知有否注册过域名或商标,可改为"婺都原野"或"婺都绿野"、"婺州绿野"。

# 有关图片、题词、文件

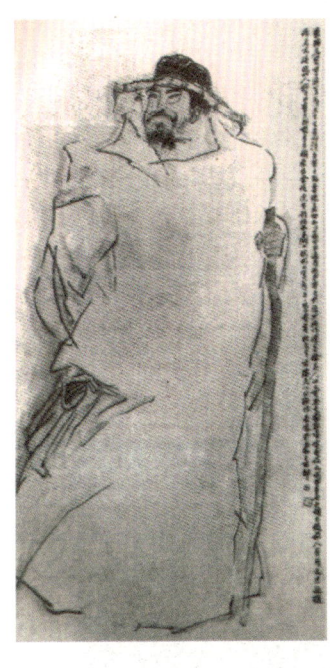

中国国家书画院院长 方增先作
李渔画像

李渔画像
中国美术学院教授,著名画家 吴山明作

木刻本《闲情偶寄》插图，
推测为李渔画像

杭州历史名人蜡像馆中的李渔像

芥子园内 李渔铜像
中国美术学院教授、著名雕塑家陈长庚作

李渔像
上海闲情偶寄展览室 唐文广 作

兰溪李渔文化公园 李渔像

杭州铁冶路 李渔像
郎叶平 摄

李渔故里 李渔像
柳仲华 作

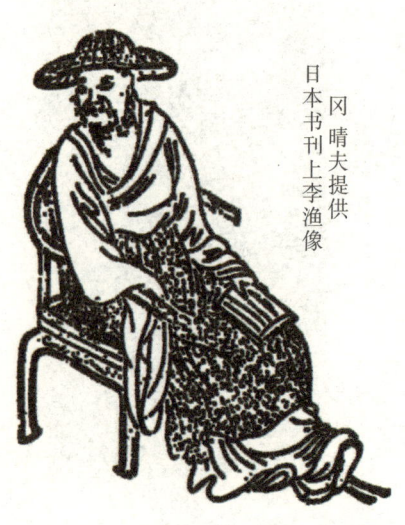

冈晴夫提供
日本书刊上李渔像

## 北京大学

中国语言文学系

Dept. of Chinese language and Literature

PEKING UNIVERSITY

文卿先生：

昨日方收到年前惠寄的书稿。书中翔实记录了你半个世纪弘扬李渔文化的感人经历，实乃当今文化传承的一则真实写照。感佩良深，故妄记之：

一个民族、一个地区最大的悲哀莫过于文化的中断，芥园子文卿先生对李渔文化的守护、传承、发掘、振兴堪称政治风浪和经济大潮过后文化复兴的一枝奇葩。

李小凡

壬辰春日于北京蓝旗营

Teleph.250,1601 Telex,22239 PKUNI CN

李小凡同志为北京大学博士生导师
中文系党委连任两届党委书记

1.北京大学教授、博导李小凡先生为《芥园子漫笔》题词。

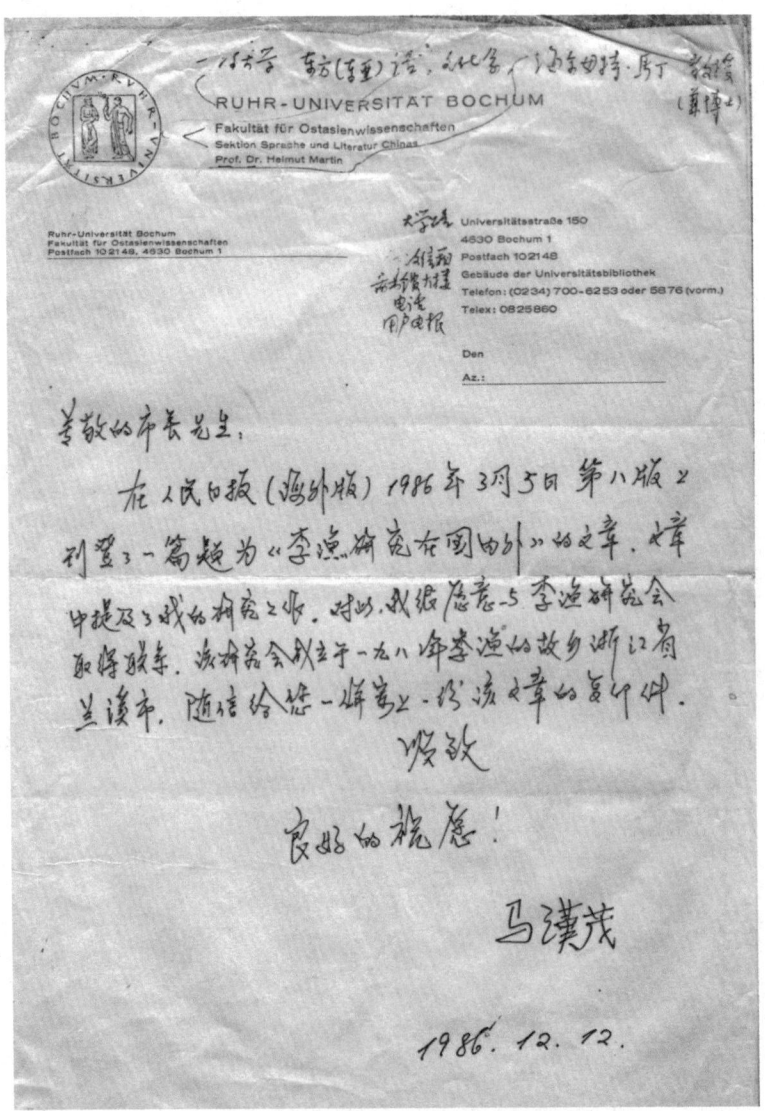

2.马汉茂先生信 著名汉学家海尔默特·马丁(汉名马汉茂),
德国人,发表出版研究李渔著作多篇(本)。来信时兰溪市长为
金德水同志。该文作者是赵文卿(李渔研究会会长)。

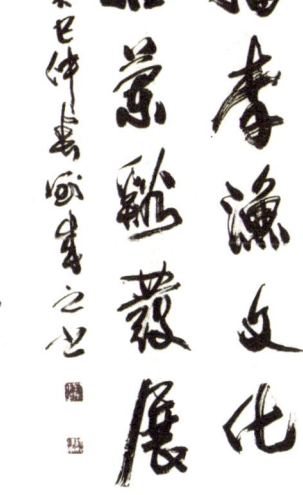

传播李渔文化
助推景融蓬展
癸巳仲春成书之□□

3.刘成之题词
刘成之，兰溪市政协主席，
李渔研究会会长

李渔是中国古代杰出的戏曲作家、
戏曲美学家、小说家、日常生活美
学大师。李渔为中国古代审美文
化作出了重要贡献。

杜书瀛
2012年6月11日

4.杜书瀛先
生题词 杜书瀛，
是中国社会科学
院研究员、著名
学者。

扎金喉 秋磯夢 拍怨漫空尋 煙波一空誰

解到調時行 放逸情 狎風醉月當俠骨柔

快分愴老眼 難自逢 紅艷偶寄 拍殘予枕夢

翻輕更幾度 悲歡狂誑 意氣縱橫生水

結促淺酌 低唱接了浮名 任謗評 生涯芥子

擘開心緒盧 水雲深苦遙雁鷗滄溟闊珊

濯冠纓藥譜 詩囊 面硬匣墨廉人寥寥

星一氣是何消 拋卻五湖鷗人閒事等閒

付雲禾驄鸍瞠

5.郑雷先生题词　郑雷先生是中国艺术研究院博士,著有多
种学术著作。

## 杭 州 市 人 民 政 府

对省 大大 政协 之届 三 次会议 87 号

意见（提案）的答复

杭政议函〔198 5）第 11 号

赵X仰芝兵：

省 政协 五届 三 次会议提出 87 和 吴山纪

念碑玉百李海一辞

的意见（提案），经研究，同意 市园文局 提出的

处理意见。现将意见奉上，请查收。

杭 州 市 人 民 政府

一九八五年 X 月 X 日

抄报：省政协

抄：省文物局

6.杭州市人民政府对省
政协提案的答复。

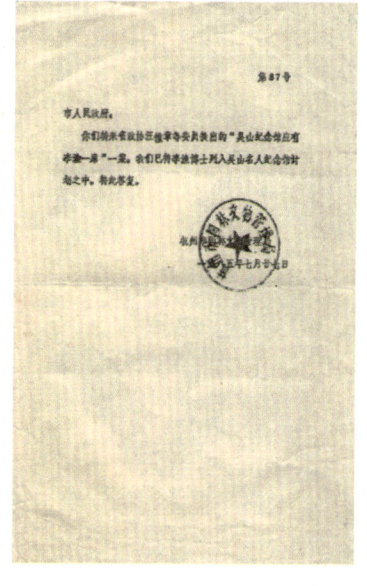

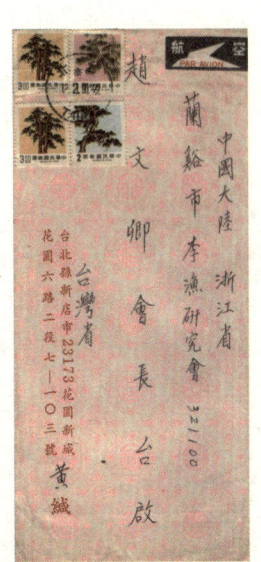

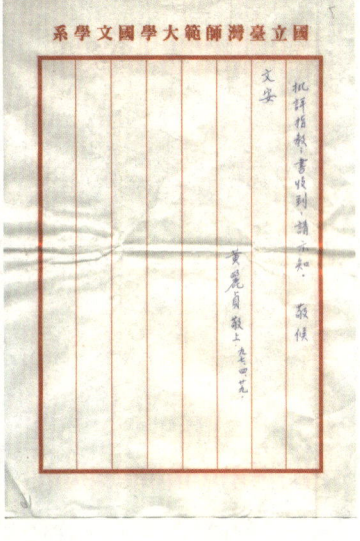

　　7.台湾师范大学国文系教授黄丽贞致赵文卿信(部分)。(黄教授出版"李研"著作多部,台湾李渔研究第一人。)

8.日本庆应大学教授冈 晴夫于 1985 年来兰溪访问,与李渔研究会会员和部分来宾举行学术交流后合影。右起:章寿眉、李彩标、蒋聿修、童俊伟、聂丽君、赵文卿、谭德慧(金华市戏剧家协会主席、著名剧作家)、冈 晴夫、沈瑞兰、诸葛子房、姜于风、庄月江(《衢州日报》副主编)。

9.冈 晴夫于 1997年再次来兰溪访问,参观、考察李渔故里夏李村。图为在芥子园燕又堂前合影。

左起:冈 晴夫、赵文卿、胡志昂(文学博士,冈 晴夫之学生)

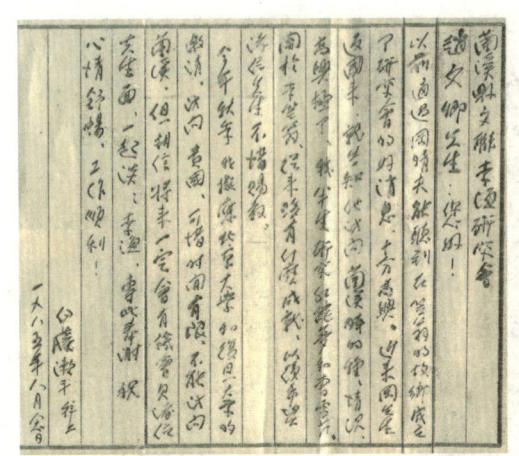

10. 日本伊藤漱平教授来信（伊藤漱平时任日本东京大学教授。他赠送了日本出版的《世界短篇文学集·中国卷》、李渔《连城璧》日文本，十分珍贵。）

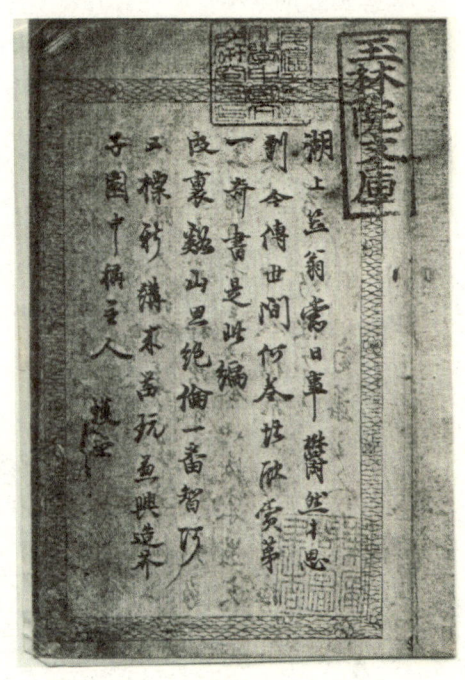

11."芥子园中称主人"。日本玉林院文库藏本中有《闲情偶寄》木刻本，扉页上有题诗"湖上笠翁当日事……芥子园中称主人"之句。

12.法国皮埃尔来访。法国巴黎第七大学教授皮埃尔(后任波
望斯大学教授)于1991年由岳父杨寿祖(苏州人)陪同前来兰溪
访问,已用法文翻译李渔小说等多种作品。图为访问兰溪后到浙
江师范大学单锦珩教授家交谈李渔研究。右为单锦珩,中为皮埃
尔,左为赵文卿。单教授对李渔研究做出很大贡献,为新时期"李
研"的先驱人物之一。(照片摄影 杨寿祖)

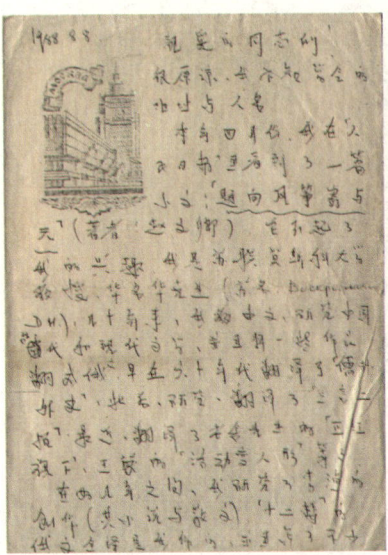

13. 苏联莫斯科大学教授华克生于1988年见到4月27日《人民日报》副刊上的《题向风筝寄与天》一文（作者赵文卿），引起兴趣，就写信李渔研究会要求与赵和各位多多联系。之后多次通信交流。他将李渔小说《十二楼》俄文全译本寄赠我们。他还计划俄文全译《闲情偶寄》。

14.赵文卿向中央政治局委员、国务委员、外交部部长吴学谦同志汇报李渔研究和芥子园。图左座第二为吴学谦同志,右为汇报人赵文卿(汇报地点:芥子园啸傲楼)。

15.严济慈同志在芥子园。全国人大常委会副委员长严济慈于1991年11月10日视察芥子园。市领导安排由赵文卿向严老在燕又堂汇报李渔研究与芥子园。听完汇报后又在燕又堂阶前赏菊,听赵对一些菊花名"金凤钗"等作介绍,甚感兴趣。右起为宋云祥(兰溪市委书记)、副委员长严济慈、赵文卿。

16.百岁郎静山先生在芥子园。1991年5月31日,时届百岁高龄的中国摄影之父郎静山来到芥子园,观看他的百岁百幅摄影作品展。图为在啸傲楼上,芥子园管理处主任赵文卿致完欢迎辞后,世界摄影十大明星之冠郎静山先生致答辞。图中右二座者为市政协主席张燕翔。郎静山先生故里为游埠镇里郎村。

17. 陈从周题词 陈从周,上海同济大学教授,著名古典园林艺术家。图为在赠给赵文卿《说园》一书上的题词。"石羊轩"为赵文卿书斋名。

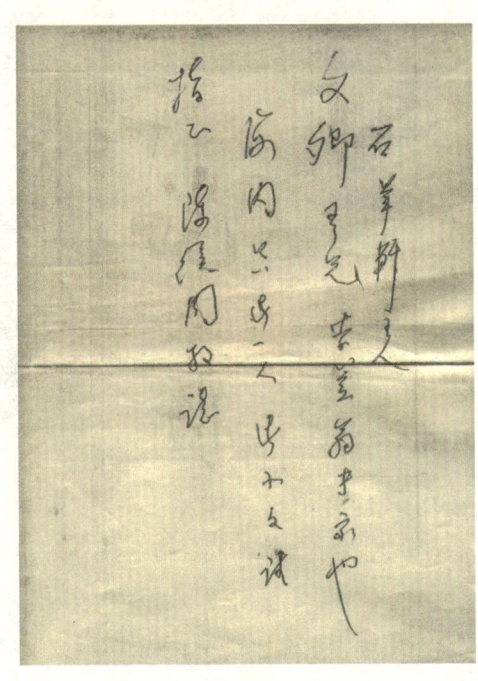

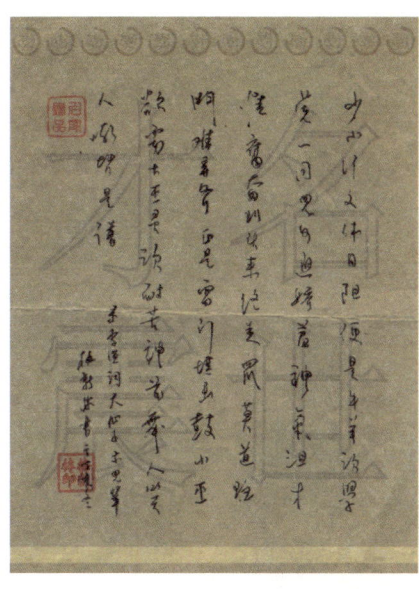

18. 梅新林校长书法。中共浙江省委候补委员、浙江工业大学党委书记梅新林于 2008 年任浙江师范大学党委书记、校长时,题赠《李渔伟绩展》之书法作品。内容是李渔词《天仙子·示儿辈》。

19. 孙楷第赠书。1985 年 5 月 15 日赵文卿拜访著名学者孙楷第先生。图为孙楷第将新出版的《沧州集》赠给赵,并对书中关于李渔的论述作进一步阐释。

摄影:朱德华(时为兰溪县文化馆副馆长)。孙为李渔研究会首批顾问。

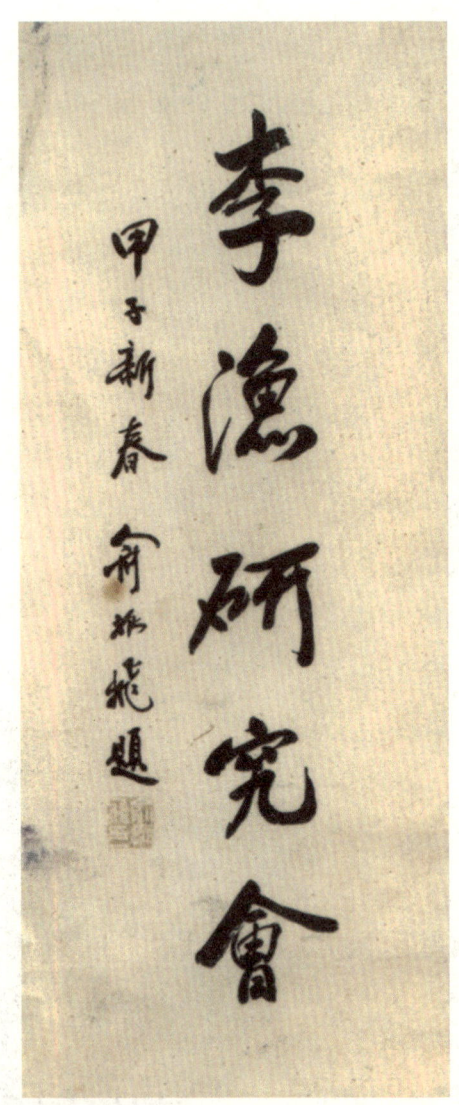

20.俞振飞题书会名　1984 年 5 月,赵文卿与蒋荣森同志登门拜访昆曲表演艺术大师俞振飞先生。俞老出示当年排演李渔《风筝误》的剧本给我们看,甚感亲切。得俞老题书会名,至今悬挂。

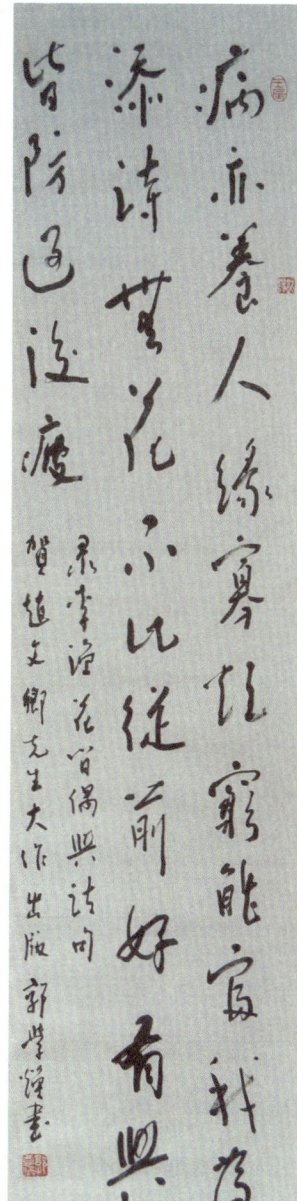

21.郭学焕同志给《芥园
子漫笔》题书　郭学焕同志
为浙江省文史馆副馆长、原
省交通厅长。任兰溪市长时
勾绘芥子园蓝图，十分关心
芥子园的建成。

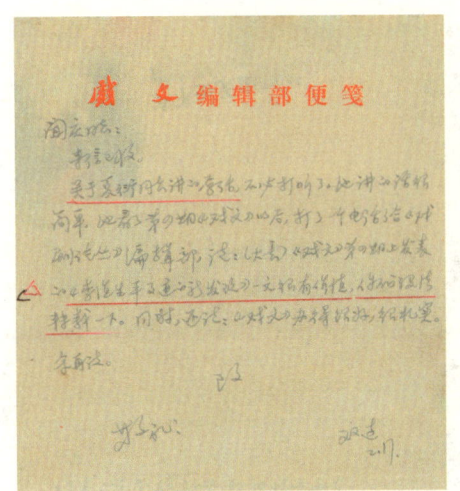

22.吴双连（浙江《戏文》主编）在给闻庆（赵文卿笔名）的信中说："夏衍同志看了《戏文》后，打电话给《戏剧论丛》编辑部，说《戏文》第四期上发表的《李渔生平事迹的新发现》一文'很有价值'，你们设法转载一下。……"图为据吴双连同志原信拍摄之照片。

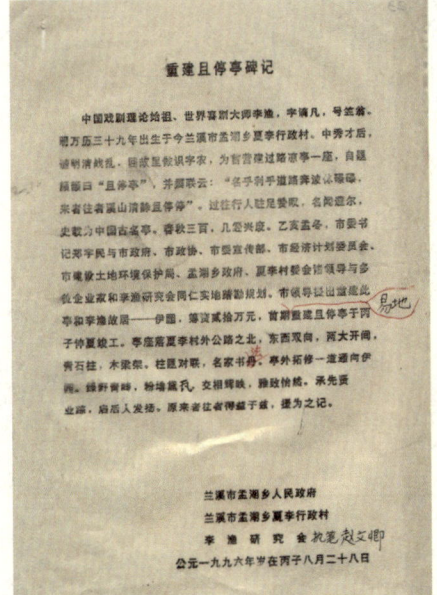

23.重建且停亭碑记　文中"首期易地重建"中之"易地"两字为这次印本书时原执笔者赵文卿所加，所以标上原执笔者姓名。

24. 浙江省人民政府于1989年12月下文公布李渔坝（石坪坝）为省级重点文物保护单位。图为坐落在龙门山麓的石坪坝(李渔坝)。(赵文卿摄)

25. 李渔研究会1991年会员合影。多位会员体弱多病，年近古稀，但坚持参加。研究会自1982年成立以来，每年最少举行一次，从不间断。

26.李渔伟绩展览于 2007 年 9 月 17 日(夏历八月初七,笠翁公诞辰)由兰溪市委宣传部、市文联、市文化广播电视新闻出版局主办,李渔研究会协办,李渔伟绩展览处承办在芥子园·燕又堂开幕。图为开幕仪式后,金华市人大常委会副主任严高文(前右)、何文彬(前中),兰溪市委常委、宣传部长刘成芝(前左)在观展交谈。

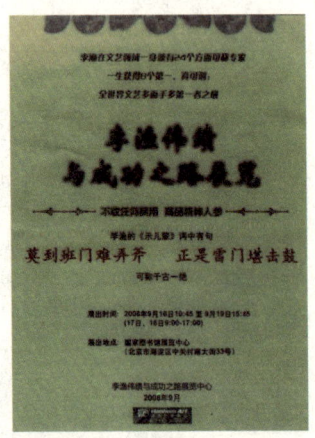

27.李渔伟绩展览在国家图书馆展出时海报。李渔伟绩展览于2008 年 9 月 16 日至 19 日(北京奥运会期间)在国家图书馆展出时,海报上印有李渔词"'莫道班门难弄斧,正是雷门堪击鼓'摘句,从当今时代之现实意义评论,'可称千古一绝!'"。

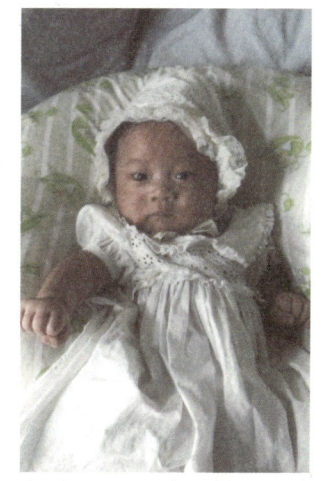

28.2010年夏,赵正公(张学良将军与夫人赵四小姐嫡长孙之子)与妻代军、子大伟在上海曲水园观"李展"后到绮霞亲陵祭祖。图为在绮霞园献赠纪念品。右为赵大伟。

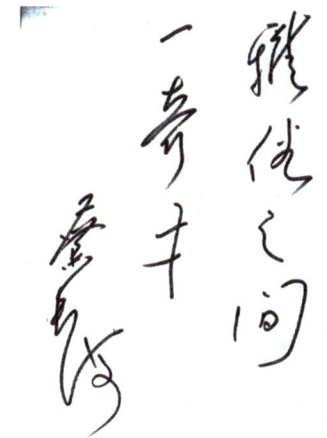

29.叶长海题词 叶长海,上海戏剧学院教授兼校学术委员会主任、中国古代戏曲学会会长、上海市文史研究馆馆员,在观"李展"时即席题书:"雅俗之间一奇才"。

30. 王伯男题词　王伯男，上海戏剧学院博物馆馆长、图书馆馆长。

31. 日本田仲一成题词　日本田仲一成，东京大学教授、著名学者。在"上海戏剧学院"观看"李展"时即席题书。

32."李展"于 2008 年北京奥运会期间在中国人民大学学生活动中心展出,获颁给荣誉证书。

33.2009 年国庆 60 周年前夕,"李展"在北京大学三角地(舆论中心)展出并在高级会议室由赵文卿作与展览同题演讲。图为观众现场签名(小部分)。

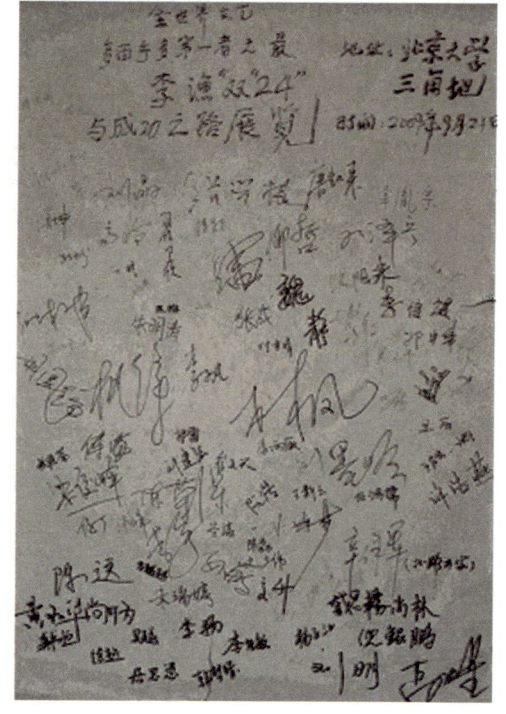

34.北京大学师生听赵文卿演讲李渔"双 24"业绩后座谈,图为座谈会局部。中座:赵文卿。

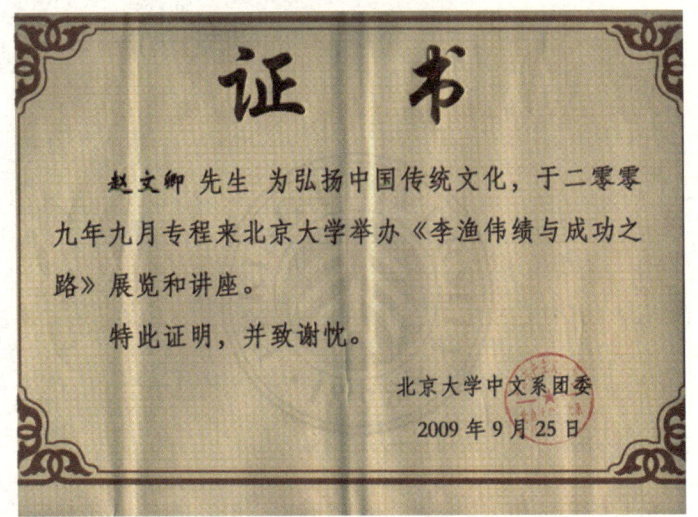

35.北京大学颁给赵文卿的展出并作讲座的证书。

36.赵文卿在浙江师范大学先后两次演讲"李渔伟绩与成功之路"的荣誉证书。

37.香港《文汇报》2011年6月5日以全版专刊报道李渔,其中三处报道"李展"。在叙述李渔与莎士比亚比成就时,认为赵文卿说莎士比亚是西方的李渔,用极强化的"更断言"一词形容其肯定性。

光明日报　2011年3月28日　星期一　07

# 从草根学者到研究专家

## ——记兰溪李渔研究会前会长赵文卿

本报记者　叶辉　严红枫

浙江省兰溪市曾有一块广告牌:"兰溪:东方莎士比亚李渔的故乡"。

兰溪李渔研究会前会长赵文卿颇不以为然:"东方莎士比亚?莎士比亚是西方的李渔!"

在赵文卿眼里,李渔比莎士比亚广博得多。这位明末清初的文学家、戏曲家是历史上罕见的通才、全才、奇才,日被将李渔与屈原、司马迁、李白等并列为"中国古代二十一大文星";美国作家欧·亨利称李渔是阿里斯托芬、乔叟和莫里哀一样,属于全世界。

近日记者在兰溪见到这位80岁高龄的老人,1.70米左右的个子,文静儒雅,瘦削清癯,浓黑的长眉在额刷,这是一个把毕生精力都献给了李渔研究的草根学者。

### 半个世纪的历史情缘

1960年春,兰溪县文教局普通干部赵文卿被借调到浙江省教育厅资料室,闲来无事饱图书馆,他看到李渔在戏剧史文学史上频频闪现,深为这位乡贤自豪。

"属于全世界"的李渔在历史上却是一个有争议的人物,誉满天下,谤满天下。他有戏剧、小说等600万言著述传世。但因为他从事的编戏剧、写小说的职业为当时士林所不齿,是"九流之末的杂家之流",因此,他"生前为世人所不齿,死后为世人所不识"。

赵文卿的研究竟达半个多世纪。赵文卿的第一篇论文《李渔生平事迹的几个问题》1980年先后在《浙江师范大学学报》和《戏文》杂志上发表,夏衍称赞该文对李渔研究"很有价值"。

名家对"草根"的赞誉使赵文卿信心倍增。他更沉浸在李渔研究中,文章一篇篇迭出,至今已撰写了70多篇文章,并在《人民日报》、《浙江日报》等报刊上发表,他主编的《李渔研究集萃》、《笠翁稿书》、《李渔研究》等专集在李渔研究中也受到肯定和赞赏。

### 赵文卿眼里的"24家"

赵文卿的研究得到了当地党委政府的大力支持。在他的倡议下,1982年,国内首家李渔研究机构——兰溪李渔研究会成立,他从1982年到2003年历任3届会长,1989年,经他建议,李渔冠以兰溪芥子园落成。

1992年,赵文卿退休后被女儿接到上海,他每天沉在图书馆看书查资料,他发现,李渔是一个多面手,在数个领域都卓然成家,他就从这个角度进行研究,林语堂在《生活的艺术》一书中给李渔冠以中国戏剧家、美学家等6个家。他发现远远不止此。他将李渔与东坡波、苏东坡进行比较,东坡波在文艺领域最多不过十几个家;达·芬奇横跨数学、机械、绘画等20来门技艺,但在文艺领域之广程度上比李渔稍逊一筹。李渔在戏剧、戏剧理论、导演、小说、诗词书法、篆刻、绘画、出版、工艺美术、美容装束、园林艺术等24个方面均达到专家级的水准:中国文学史上第一个专业作家、中国第一个建立系统戏剧理论的戏剧学家、中国第一个一部导演评介性的戏剧导演评论家、中国第一个戏剧职业经理人、第一个剧作家兼戏论家、第一个仪容整复家、第一个山水画谱的倡编、作序者……

赵文卿的论文《全世界文艺多面手,获多个第一者之最——李渔》被《文艺年志(2006年度精选版)》编纂刊载。

### 为"渔"惮悴终不悔

半世纪以来,兰溪已成为世界李渔研究中心,赵文卿功不可没。然而赵文卿想到自己年届耄耋,来日无多,退读一心:趁自己草根出身,有声并非专业,应让更多人去认识李渔来了解李渔。他决定拼一己之力办一个李渔展览。

2007年9月17日,兰溪芥子园内,"李渔业绩展览馆"开馆,游人一批批前来参观,原定24天的展览不得不延长到48天。

2009年8月,赵文卿又到北京国家图书馆搞展览,得知他是自费宣传李渔,国图领导都很感动,破例免收每天1万元的场租费。在北京大学、在中国人民大学,他的展览受到师生们的欢迎。2010年4月在上海戏剧学院原址时,正在上海参加"汤显祖与司马迁之梦"国际学术讨论会的专家教授欧等兴观览举行,纷纷前来观看。在金华职业技术学院的数次讲演来对300多人,演讲结束,大学生通上天竟他签名。通过来的课本英语、物理、化学五花八门。

谈及赵文卿毕生于李渔研究,他的后任会长李宋标说,一个羸弱老人还在全国各地自费宣传传李渔,实在令人感动。

赵文卿今年已80岁,今后有何打算?"继续搞展览,直到我心脏停止跳动!"他答。

---

38.光明日报2011年3月28日发表长文《从草根学者到研究专家》,开头就说赵文卿把"李渔是东方的莎士比亚",改变为"莎士比亚是西方的李渔",其理由请看……

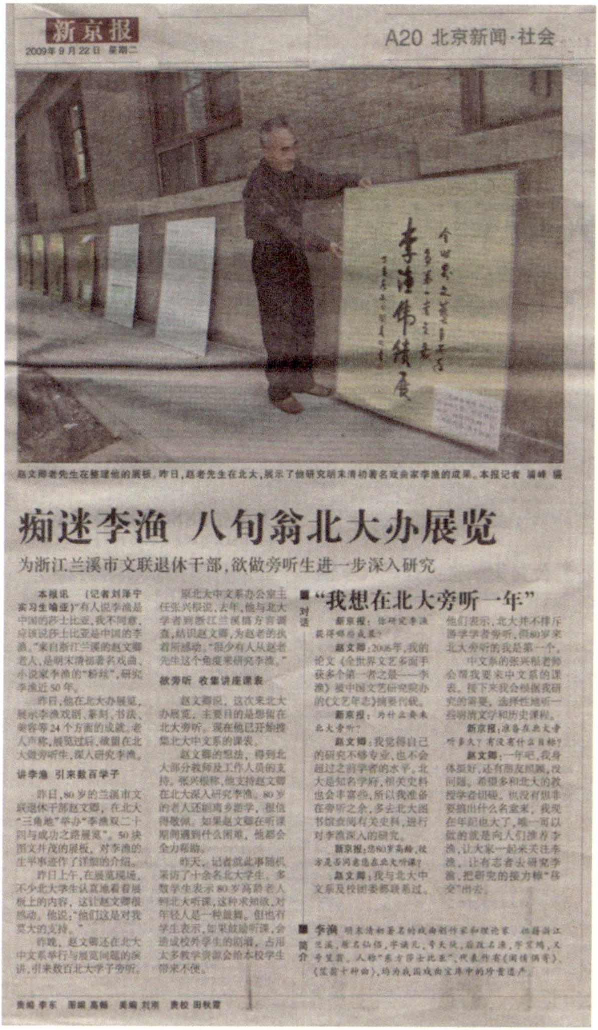

新京报
2009年9月22日 星期二

A20 北京新闻·社会

赵文卿老先生在整理他的展板。昨日，赵老先生在北大，展示了他研究明末清初著名戏曲家李渔的成果。本报记者 浦峰 摄

# 痴迷李渔 八旬翁北大办展览

## 为浙江兰溪市文联退休干部，欲做旁听生进一步深入研究

本报讯 （记者刘泽宁 实习生喻亚）“有人说李渔是中国的莎士比亚，我不同意，应该说莎士比亚是中国的李渔。”来自浙江兰溪的赵文卿老人，是明末清初著名戏曲、小说家李渔的“粉丝”，研究李渔近50年。

昨日，他在北大办展览，展示李渔戏剧、篆刻、书法、美容等24个方面的成就。老人声称，展览过后，欲留在北大做旁听生，深入研究李渔。

**讲李渔 引来数百学子**

昨日，80岁的兰溪市文联退休干部赵文卿，在北大“三角地”举办“李渔双二十四与成功之路展览”。50块图文并茂的展板，对李渔的生平事迹作了详细的介绍。

昨日上午，在展览现场，不少北大学生认真地看着展板上的内容，这让赵文卿很感动。他说：“他们这是对我莫大的支持。”

昨晚，赵文卿还在北大中文系举行与展览问题的演讲，引来数百北大学子旁听。

原北大中文系办公室主任张兴根说，去年，他与北大学者到浙江兰溪搞方言调查，结识赵文卿，为赵老的执着所感动，“很少有人从赵老先生这个角度来研究李渔。”

**欲旁听 收集讲座课表**

赵文卿说，这次来北大办展览，主要目的是想留在北大旁听，现在他已开始搜集北大中文系的课表。

赵文卿的想法，得到北大部分教师及工作人员的支持。张兴根称，他支持赵文卿在北大深入研究李渔。80岁的老人还能离乡游学，很值得敬佩。如果赵文卿在听课期间遇到什么困难，他都会全力帮助。

昨天，记者就此事随机采访了十余名北大学生。多数学生表示80岁高龄老人到北大听课，这种求知欲，对年轻人是一种鼓舞。但也有学生表示，如果旁听课，会造成校外学生的拥堵，占用太多教学资源会给本校学生带来不便。

**对话**

### “我想在北大旁听一年”

**新京报：** 你研究李渔获得哪些成果？

**赵文卿：** 2006年，我的论文《全世界文艺多面手获多个第一者之最——李渔》被中国文艺研究院办的《文艺年志》摘要刊载。

**新京报：** 为什么要来北大旁听？

**赵文卿：** 我觉得自己的研究不够专业，也不会超过之前学者的水平。北大是知名学府，相关史料也会丰富些，所以我准备在旁听之余，多去北大图书馆查阅有关史料，进行对李渔深入的研究。

**新京报：** 您80岁高龄，校方是否同意您来北大听课？

**赵文卿：** 我与北大中文系及校团委都联系过，他们表示，北大并不排斥旁学学者旁听，但80岁来北大旁听的我是第一个。

中文系的张兴根老师会帮我要来中文系的课表。接下来我会根据我研究的需要，选择性地听一些明清文学和历史课程。

**新京报：** 准备在北大旁听多久？有没有什么目标？

**赵文卿：** 一年吧，我身体挺好，还有朋友照顾，没问题。希望多和北大的教授学者切磋。也没有想非要搞出什么名堂来。我现在年纪也大了，唯一可以做的就是向人们推荐李渔，让大家一起来关注李渔，让有志者去研究李渔，把研究的接力棒“移交”出去。

**简介**

**李渔** 明末清初著名的戏曲创作家和理论家，祖籍浙江兰溪，原名仙侣，字谪凡，号天徒，后改名渔，字笠鸿，又号笠翁。人称“东方莎士比亚”，代表作有《闲情偶寄》、《笠翁十种曲》，均为我国戏曲宝库中的珍贵遗产。

责编 李东 图编 高畅 美编 刘雨 责校 田秋蕾

39.北京《新京报》于2009年9月22日刊出长篇文图，说赵文卿“痴情李渔”是为了弘扬中华民族文化。

40.朱峰绘赠　高山仰止,朱峰绘赠李渔伟绩展览处。朱峰,刘海粟关门弟子,黄山派画家新焦墨技法第一人。

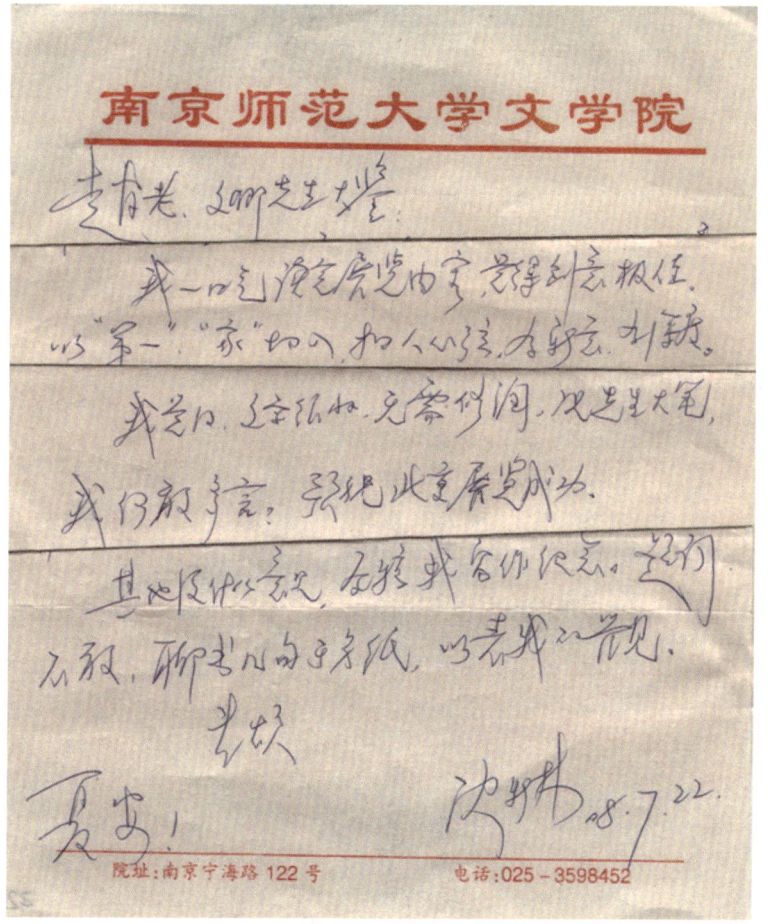

41.沈新林信　沈为南京师范大学教授，被誉为"中国李渔研究第一人"。给赵文卿信的首段："我一口气读完展览内容，觉得创意极佳。以'第一'、'家'切入，扣人心弦，有新意，有深度。"

42."世纪讲坛"邀请书。上海教育电视台"世纪讲坛"邀请赵文卿作李渔伟绩与成功之路演讲,于 2009 年 7 月 12 日正式播出长达 1 课时,并发行光盘。

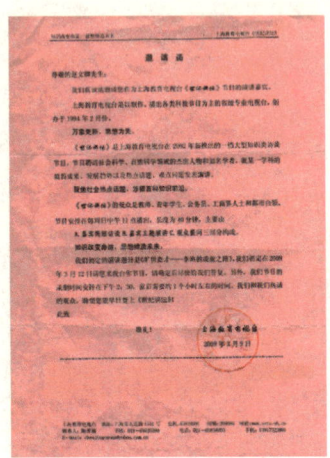

43. 唐葆祥题词　上海京剧团编剧、著名剧作家唐葆祥参观"李展"后即席题书:"石破天惊"。

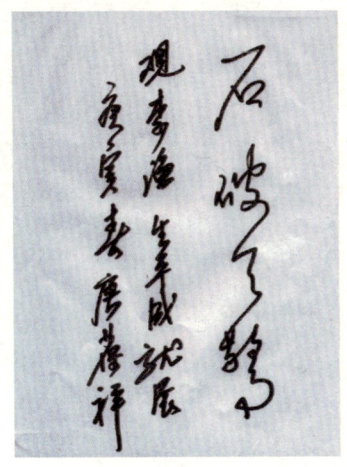

44.万晴川题词　万晴川,浙江工业大学教授、博士、博导,有"李研"专著。此为题赠李渔伟绩展览处。

> 李渔的角色选择和生活方式,都具有重要的文化意义。他使生活艺术化,也使艺术生活化。他是文学家,也是出版家、建筑家、发明家、导演……解读李渔、认识李渔,必使我们获益多多!
>
> 万晴川

45.刘先银书法　刘先银,中国林业出版社主任编审,著名书画家,题赠给李渔伟绩展览处。

46.章子峰绘赠　李渔层园造景。章子峰,香港《文汇报》浙江社长,书画家,绘赠李渔伟绩展览处。

47.杜世禄题赠　书法。杜世禄,金华职业技术学院院长兼党委书记,书画家。题赠李渔伟绩展览处:"画道仙人,长生永存"。

48.芮顺淦绘赠　荷。芮顺淦,金华职业技术学院美术设计系主任,书画家,绘赠李渔伟绩展览处。

49.骆风绘赠　国画。听蝉庐主人骆风作,绘赠李渔伟绩展览处。

50.柳村绘赠 枇杷。柳村,著名花鸟画家、版画家,绘赠李渔伟绩展览处。

51.郎静山之女郎毓秀(中国四大女高音之一、四川音乐学院教授)给赵文卿之信。其中写道:"《里郎风情》(赵文卿写的发表在《人民政协报》上的文章)确是诱我夫兰溪的主要原因。"她把回兰溪在父亲故乡里郎村的所见所闻——面禀父亲,时在美国妹妹家,勾起了父亲强烈的回兰溪故乡之念……

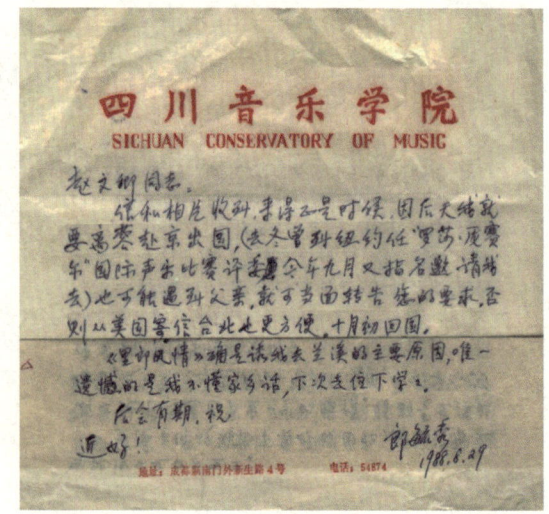

52.赵文卿被评为浙江省金华市(地区级)10 名"创业之星"首位。

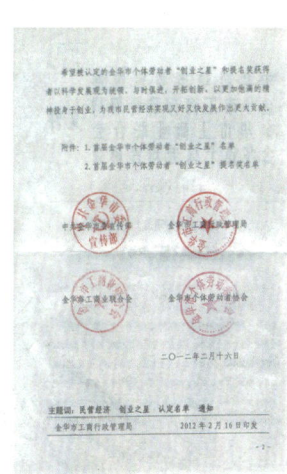

53.浙江师范大学(2012)暑期社会实践队李渔文化宣传分队来到兰溪李渔纪念馆——芥子园李渔像前举旗出师,开展工作。

54. 浙江师范大学李渔文化宣传分队把《李渔伟绩与成功之路》展览板面全部搬运到李渔故里夏李村,在李氏祠堂中排列展览,向村民讲解,与村民座谈。

55. 李明光书赠　李明光(艺术家、诗人、书法家、地理学家、词人)仿毛泽东主席字体书写诗词赠李渔伟绩展览处。

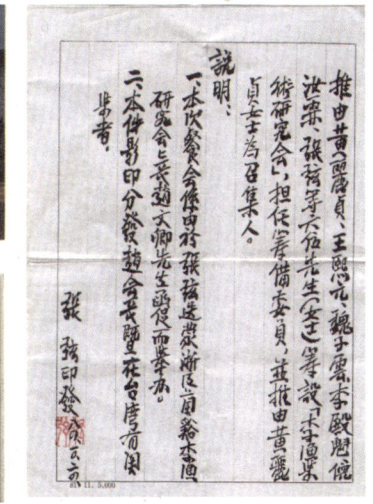

56.张弦教授关于筹建台湾李渔研究会给赵文卿的信、照片。

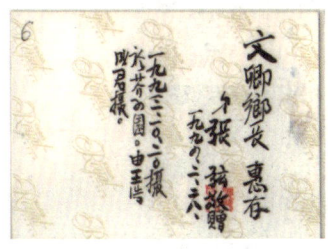

57.徐宇峰先生兴办的"李渔'双廿四'伟绩与成功之路展览"之每一展板,均为翰墨挥毫、富有书法韵味之独特创意,广得赞赏。

58.2008 年春，"李渔"板运经金华李渔大桥时，被风从车中吹出两块落在此桥上，后被找回。一块是《故里兴建公益事》，另一块是《光辉灿发芥子园》。图为找回展板之现场。

59. 李渔文化公园　首期投资千多万元于 2012 年 9 月 30 日正式开放，与芥子园相邻。

60.效渔 赵肖羽(层园书画馆秘书长)书赠"李展"

莫道班门难弄斧亚圣门堪小藐大巫灵须耐苦柿前舞人笑人嘲曾是谱然已矣

攀鼓雷门堪小藐

○效渔补书之
园笠翁公

61.李渔"双24"楹联颂,是赵文卿为纪念笠翁公诞辰400周年而作。书法家吴子受九十高龄书。

全世界文艺多面手多第一著之最

廿四能家廿四峰超凡

智慧集一体 赵文卿撰

才华无双人 九十翁吴子受书

三十行省二百国盖世

李渔双廿四与成功之路展览

# "芥子园"和"芥园子"

　　李渔一生最有名的寓所,是"芥子园"。由他倡编、由其婿责编之画谱,由芥子园印行,名《芥子园画传》,即《芥子园画谱》。兰溪人为纪念当年的芥子园主人而营造的建筑,仍名"芥子园",念其功也。

　　吾崇敬笠翁公五十余年,入住芥子园已二十五载,弘扬其精神、业绩,爱此园之一花一木、寸土半石至深,难以言状。今欲将平生部分文墨漫笔,继前三书《李渔研究麟鳞集》、《笠翁秘书》、《李渔研究》而拟名。友曰:"尔居芥子园多年,爱园如家,昔以居、庐之名为集之名者多多,何不以'芥子园'名之?"吾曰:"直以套用之,不涵吾之创意,不如调为'芥园子',其义深广矣!"

　　友曰:"何以见得?"吾曰:"'芥园'可谓'芥子园'之简称,又含'芥子纳须弥'之意,含义深广矣!'子',则吾小民也。"友顿悟,曰:"善哉!"

　　子乃曰:"吾已有字号、笔名鹤生、岳生、闻庆、闻欣、石羊轩子(挚友十八公子刻篆章惠赠,文为'石羊轩主')、李信兆、丹溪石屋居士,今又添'芥园子',繁杂乎,善从何来?!"友曰:"古人号多者,十余个不为奇。号乃为人一生思行之驿站记录。人观其号,能概知其一生之大略矣!虽有繁嫌,何妨焉!"

# 跋

记得清初扬州有批才高八斗、艺品超群的书画名家，只因与封建传统思想不合，被那些所谓"正统"的人引以为"怪"，这批名家就是以金农、郑板桥为首的"扬州八怪"。当时，民众就非常喜欢"扬州八怪"，经过三百多年的历史证明，"扬州八怪"其实是"扬州八宝"，这是世人共识，再也无人有所异议。

如今，兰溪也有批思想超前、技艺精湛、意志坚定、行为独特的奇人，他们或为事业付出了超人的毅力和勇气，或有一往无前的精神，均是我辈可望而不可即的。例如有位书法家就靠一支笔买下了兰溪一座城楼，还教出了几名如今成为中国书法家协会会员的学生；有位具有科学灵感的养蜂专家，究地探天，提出了许多挑战传统观念的独立观点；有位中医师靠自己微薄的门诊收入，居然组织村里百余位老人年年重阳外出旅游过老人节，感动浙江；有位浙大毕业的企业管理者赚得两百万元钱办了一所民办敬老院，年年亏，年年办，妻离子散，至今矢志不改；有位文笔出众、才思敏捷、敢讲真话的作家，颇有义乌骆宾王风度，脾气却犟得不得了。此外，还有位自建一座畅怀园乐于为社会文化团体免费提供活动场地的文化自觉者，有位曾领衔重建一个风景区、退休之后二十多年来依然三天两头上山义务看护山水草木的志愿者。这批能人都是我所敬重的朋友。在我看来，他们是实践"天行健，君子以自强不息"的才子奇人,称得上是"兰溪八奇"。为《一家言》初集作序的李渔知音包璿在赠李渔楹联中有"般般制作皆奇,岂止文章惊海内"的赞词,可见"奇",正是李渔思想的灵魂、李渔文化的特色。李渔在《闲情偶寄》中也说:"新,即奇之别名也。"可见"奇",就是创新!

兰溪物华天宝,人杰地灵,所谓"八奇"实为概数,决非仅有八位,只是在下无缘结识而已。若论这"兰溪八奇"之首,应非赵老师文卿先生莫属。

赵文卿先生是兰溪人,1931年生,属羊,与方增先大师、陈永源老师同庚,是我眼中的"三羊开泰"。先生以其研究李渔的深入、全面而闻名,自号芥园子。早在20世纪60年代,他就钟情李渔。80年代起,随着我国思想解放的开始,他知兰江春暖,清初邑人李渔的学术思想很有现实意义。他从一部《敦睦堂龙门李氏宗谱》着手,组织兰溪文化界的几位同道,成立了一家学术性组织,研究李渔。经30年努力,他所写的论文得到学术界的肯定,李渔文化热也因此在国内掀起。说实话,我对李渔的一些了解就是从他那里学来的,他还提供珍藏的李氏宗谱让我查看。所以,他是引导我学习李渔文化的启蒙老师。六年前,年近八十的他还自费去北京、上海、杭州等地举办李渔成就展览,积极宣传兰溪优秀文化,个中辛酸,一言难尽,不说也罢。他的文化自觉感动无数观众和诸多媒体。如今,国际李渔文化研究中心设在兰溪,李渔国际学术研讨会已在兰溪召开,这中间,文卿先生功不可没。

如果以为文卿先生只是一位李渔文化的研究者,那就只能算其是一名不了解文卿先生的人。文卿先生思路开阔,毅力惊人,对于兰溪历史无所不通,文化宝藏无所不探。例如金华的黄大仙朝圣文化游的发起,文卿先生是"始作俑者"。在改革开放之初,人们的思想禁区尚未消除，文卿先生顶着政治压力，不怕被人误解，敢于举起黄大仙文化大旗，主动与香港有关宗教团体联系，几经起伏，终于铸成当下金华的宗教朝圣和黄大仙文化旅游的金字品牌。再如，赵四小姐的祖籍在兰溪洞源村，这连赵四小姐本人都不清楚，倒是文卿先生从一部民国宗谱中查到，白纸黑字，确凿无疑。如今赵氏亲陵归故里，绮霞园整修开放，成为现代文物。

文卿先生不问家事，拖着一身伤病，成天奔走在外，上达京城高等学府，下至兰溪偏僻乡村。他虚怀若谷，不耻下问，常与老农长谈，也喜与后辈交流。两年前，他的大作《芥园子漫笔》稿初成，要我通读。读后，居然数次要我为之作序，吓得我愣了半天。记得前清一位大学问家说过，"好为人序"是名人的一宗通病。可知为人作序是名家的专利，既是被名家所最爱，也是给名家出难题。作为普通百姓的我多次向文卿先生恳求：饶了我吧！我没有资格为您作序，沈新林、黄强老师等才是当仁不让的人选。

前不久，文卿先生登门通报，多位名人都为他作了序，但无论如何也要我写一篇。"你不作序，写一篇《跋》总可以吧！"先生不依不饶，一片诚心。禁不住文卿先生恳切之情的诱惑，欲傍名人的心油然而生。想起古代"门人"为"夫子"作序也不乏先例，故而在下不顾高低，忘乎所以，随心所欲，奉命作《跋》。好在说的都是大实话，想必不会犯忌。不妥之处，还望高手给予点化。

林静翁

写于癸巳年立春

# 后 记

在纪念笠翁公诞辰 400 周年之际，即使匆忙，也总算印了《芥园子漫笔》征求意见本。原拟当年或来春正式出版，但转而寻思：待到"李渔伟绩展览"满五周年之后再出更有意义。

此一待，真的待到大好事。1.领导与同仁郭学焕、阎寿根、李小凡、沈新林、黄强、胡元翎、万晴川、骆兵、钟明奇等诸位赐给我拙著的题词、作序，难能可贵，特别是省人大常委会副主任、浙江大学党委书记、党的十八大代表金德水同志两次题词鼓励我，更显得领导对李渔文化高度重视与关怀。2.获得金华市委宣传部、金华市工商局、金华市个体劳动者协会等五部门主办评选的"创业之星"10 名之一，且列名首位。个人撰作文稿，制作展览巡回展出，属于个体劳动者，拓出企业文化新路。3.有长期稳定的展览场所。以前一直流动巡展，从 2012 年 8 月起得企业家徐宇峰关怀借出房子，无偿地供给"李渔伟绩展"长期固定展出使用，让李渔文化宣传既有"阵地战"，又有"游击战"，一树两地开花。4.在这一年的展览和演讲中，突出地增加了李渔倡导快乐人生、和谐处世的内容。5.在这一年的展览和演讲中提出了李渔的寓所芥子园，具有的功能之多，除文艺方面"就花居"等以外，还有花木施肥试验处、房间装修样板房、匾额对联示范屋、冬天温暖房、夏天凉爽屋等共 13 种，堪称中国古代最多功能的私家园林之冠，是天下第一园，为今天的建筑设计创意新路,突显楷模。

以上 5 条是我研究李渔 50 多年来集中大丰收的一年。让这些有特殊意义的大好事写进《后记》与此书同时问世,这真是 50 年来难逢之大好事!

有一件事要说明:本展览问世时的标题是《全世界文艺多面手、获多个第一者之最李渔伟绩展览》,五年后的现在改"最"为杰出者。改的理由是否称"之最"遭到质疑?受到批评?不是,完全不是!回顾五年来,报道"李展"文章的报刊有《光明日报》、《香港·文汇报》、《新京报》、《北京大学校报》等十几种,多数篇幅较长,但未见有质疑、批评文句,甚至类似批评的字词都未见。既然人家没意见,为何要改?!明朗,独有!岂不是很好!

说实话,肯定李渔成就在文艺方面一身兼能为 24 个方面的专家之多,不少文章都有摘引我的文章而加以肯定;而对李渔一生成就在中国文学史上称得上第一(先河、始祖)的方面(或散点)也有 24 个之多的论点,大多报刊文章一笔带过,或只举几个"第一"为例,未见全盘肯定的文句。那是为何?因为写报道者心下总有点不放心,一一查考,太费时间,于是,就出现文章写到此处"留一手"。至于总论点称李渔拥有"双 24",是全世界文艺中"之最",谁也不敢公然大声赞扬、大力支持这一论点。因为谁也没对这一课题作过较全面的研究,心里没底,在学术面前是没空架子可摆,只得避而不谈。在这个问题上我有个设想:如果我有一笔钱,就投出作为这一课题基金。可是我是个靠微薄退休薪金收入之人,在我的亲朋好友之中,有识之士大有人在,但兼而有富者,至少是现在尚无。不过,我充满信心:今天未有,明天会有。总会有朝一日,涌出有识之士,相争着做这一课题研究,而其结果,宫中折桂者李渔总有十成之九点九的把握。为了明天这一日快快地到来,我今天且把"之最"改成"杰出者",到了那一天,重新正名,回归"之最"。这是以退为进的方式方法,但愿设想成真。

印《芥园子漫笔》征求意见稿时,曾写有《后记》,现撮要如下:1990年开始,我出版"李研"拙作,已有三本书。最早的《李渔研究麟鳞集》是郑秉谦、福庚两位先生帮助,我儿子协助整理并作封面设计封面古诗书写;女儿校对、修改是耽误课务而去印刷厂完成的。接着出版《笠翁秘书》是蒋际华先生帮助,蒋聿修,章寿眉二位助理编务而完工的。第三本《李渔研究》是在何文彬同志帮助下,与李彩标同仁共同主编完成的。第四本书是在金华市文化局、市社科联、市文联、图书馆、少儿图书馆等领导特别是婺文化研究会诸领导和社会贤达度潮轩居士祝宇清、人民日报社《新安全·东方消防》姚建文副主任等的帮助下完成的。在此,向上述各位与未列名者的真诚友谊帮助,致以衷心感谢!

付梓前刻偶寄:不唯孔孟汉宋唐,芒鞋蓑笠①上华堂。李渔伟绩新旗举,东方云彩耀西方!

**芥园子** 癸巳春
于芥子园石羊轩

注:

①借用李渔词《满江红·呈索恩庵相国·时作洒墨屏笺十二幅赠之》之词意。词中有"咫尺龙门徒自愧,芒鞋竹杖。……烟蓑雨笠来何创。……墨洒长笺十二幅,光腾瑞气三千丈"。

②书中图片因配文与展览各有所需,以致有的照片重复出现,排列不系统,请谅!

③书中各文写作时间先后不同,请不要一概以出版时间为该文写作时间。

婺文化丛书Ⅴ / 钟世杰　主编

# 古婺文化拾遗

## 陈　星　编著

浙江工商大學出版社

图书在版编目(CIP)数据

古婺文化拾遗 / 陈星编著. — 杭州：浙江工商大
学出版社，2013.5
（婺文化丛书. 第 5 辑）
ISBN 978-7-81140-797-6

Ⅰ.①古… Ⅱ.①陈… Ⅲ.①文化史–金华市 Ⅳ.
①K295.53

中国版本图书馆 CIP 数据核字(2013)第 106530 号

# 古婺文化拾遗

陈　星　编著

| | | |
|---|---|---|
| 责任编辑 | 赵　丹 | |
| 特邀编辑 | 许苗苗 | |
| 装帧设计 | 周国良 | |
| 出版发行 | 浙江工商大学出版社 | |
| | （杭州市教工路 198 号　邮政编码 310012） | |
| | （E-mail：zjgsupress@163.com） | |
| | （网址：http://www.zjgsupress.com） | |
| | 电话：0571-88904980，88831806（传真） | |
| 排　　版 | 金华日报商务彩印有限公司 | |
| 印　　刷 | 金华日报商务彩印有限公司 | |
| 开　　本 | 850mm × 1168mm　1/32 | |
| 印　　张 | 138.5 | |
| 字　　数 | 3226 千 | |
| 版 印 次 | 2013 年 5 月第 1 版　2013 年 5 月第 1 次印刷 | |
| 书　　号 | ISBN 978-7-81140-797-6 | |
| 定　　价 | 460.00 元(全 13 册) | |

# "婺文化丛书"编委会

**主　编**:钟世杰

**副主编**:朱江龙　叶志良

**编　委**:(按姓氏笔画为序)

王亦平　王晓明　方雨辉　叶志良

朱江龙　杨鸽声　吴远龙　陈文兵

周国良　钟世杰　楼　冰

# 兰溪赋(代自序)

美哉兰溪！八婺明珠，南邦阙里①，域方百里，有土有民。扼钱江之上游，居盆地之腹心。衢通七省兮川融山结，水汇三江兮雨细风轻。丹崖映日，炫朱辉紫；奇峰干云，涌翠浮青。桃坞寻芳，山意栖霞。兰阴春馥兮松篁互亚，巨浸卧虹兮鸥鹭和鸣。北望黄山白岳之蕴秀，光景丽于神州；东瞻东海南溟之郁渤，商舶达于海门。重江复关之隩，四会五达之庄。咽喉控带，锦绣交错。岚影清幽，逢深宵而愈静；潋纹映月，遇轻风而漾洄。横中洲之长岛，溪山靓窈；溯雁屿之芳洲，卉木交荫。秀塔凌波，灵泉涌雪。江风松月，景象宏深。

若夫东南古邑，不亚大邦。自唐咸亨而建置②，历宋元明而益昌。敌楼岧峣，为衢婺之门户，城郭金汤，仍杭严之屏障。铜铁竹木泥石之艺全，楼台亭阁园榭之构崇，信哉百工之府，古建之乡。林崦蔽亏，墟井交错。烟村稠密，屋宇萦纡。小桥流水，黛瓦粉墙。林立千帆，汇聚万商。车掛轊而人驾肩，踵相摩兮蹄相接。人勤则仓廪丰赢，菽稻被野；物饶而煤铁货殖，名茶眩世。枇杷杨梅乃果中之珍，蜜枣柑橘为土产之长。诸葛药业贸易半天下，兰溪火腿转输四大洋。人有苏张之盛③，市盈罗绮之富。千楹琢玉，万柱截珉；彤户霞舒，绣阁云映。街衢辐辏，六桥横绝。车辙马蹄之繁，人才翕聚；汪洋博洽之学，气化流行。产隋侯之明珠，罄宇宙之美；蓄和氏之光璧，殚造化之奇。岩穴乃养贤之域，林泉多藏宝之区。释贯休诗书画三绝，李笠翁词曲文称雄。舒元舆咏牡丹之赋，胡应麟著《诗薮》之书。功业见唐龙、赵志皋之盛；道德有范浚、金仁山之遗。曹聚仁奔走两岸；郎静山寿登百岁④。鸿儒宿学之辈，衣冠俊彦之俦，绛帐低垂，缥缃满室，笔参造化，学究天人。锦绣心口，借之以物色；珠玉肝肠，发之以文章。真乃儒门曾颜，道学龙象者也。其间名世者何可胜举，郁郁乎文哉！贤能终始，耆宿相继，濂洛风雅⑤，紫阳正传⑥，未为远也。故香溪范氏一门有九登科之贤，渡渎章公伯侄擅两尚书之荣。鹰扬天京，名飞紫阙。或父子联捷，光辉重叠；或兄弟进士，花萼交映。昼鸣闲琴，夕酌清月。书院如林，籍书横经。青衿向训，黄发履礼。行者让于道路，任者并于重轻。农无游手之夫，机罕频哦之女。一犁春雨既溥，半夜书声沾化，虽穷谷深山而犹家弦户诵者也。

至若陵谷迁移，历千年而变更，人世沧桑，逢景运而常新。故事久则敝，敝则革，革则章。在昔“文革”为虐，效祖龙而灭古；“四凶”猖狂，践斯文于扫地。海鸟愁太牢之享；猿狙裂周公之衣。三坟五典，化为寒灰，硕学俊彦，悉成牛鬼。若夫改革开放，华夏开中兴之盛，团结创新，四化奠不拔之基。天纲重纽，国步再清。吟龙舞凤，万众有腾飞之志；握瑾怀瑜，执政掬为民之诚。故能道出康庄，百废俱兴，化戾为和，转祸为福。文运休明，含英咀华；泰治熙洽，龟呈龙负。宾朋如归，共创昌大宏伟之业；日星与焕，承袭粹美纯和之文。信乎沉浸浓郁，方兴而未艾者也。其人则弄鳌首，擅商场，游鲲海，凌鹏霄，立昆仑，傲沧洲，撞金钟，击玉鼓，揭太清，揽日月，磅礴万古，邈然星河。是以揽丽景于毫端，发高兴于楮墨，纪绩垂鸿，永铭贞石，壮伟华瞻，颂盛世而启将来也。

**注释:**

①阙里为孔子故里,此喻诗书礼仪之邦。

②兰溪于唐咸亨五年(674)建县。

③苏张,战国时苏秦、张仪,俱一时才士。

④唐诗僧贯休;清戏剧家李渔,号笠翁;唐宰相舒元舆;明文学家胡应麟;明吏、礼、兵三部尚书唐龙;东阁大学士赵志皋;南宋理学家、教育家范浚、金仁山;现代作家曹聚仁;现代摄影家郎静山,俱为兰溪历史文化名人。

⑤濂洛风雅,宋理学家有濂溪周敦颐,洛阳程颢、程颐兄弟。

⑥紫阳正传,南宋理学家朱熹,曾读书于紫阳书室,其所创理学流派称为紫阳正传。

# 目 录

## 上 编

## 中　编

目录

3

## 下　编

# 后　记

上编

# 唐良骥诗书继世

兰溪唐氏,自北宋时从淳安茶园迁兰溪望云乡(今黄店镇一带)之篁屿村,继于南宋孝宗淳熙年间迁三泉村,其后子孙分衍上唐、择基、城区各处。唐氏始迁兰溪时,筚路蓝缕,以质朴自重,但自迁三泉村后,重视教育,其后耕读传家,蔚为风气,诗书继世,科第不绝。推本究源,不能不归功于唐良骥其人。

唐良骥,字德之,号德翁,望云乡三泉村人,生活于宋末元初,曾仕宋为提刑小官,不久辞归。他对子弟教育十分关注,富有远见卓识。他殚精竭虑,罄私家之财力,在三泉村后柱竿山之麓盖造了一座齐芳书院,礼聘当时的硕儒名师如金履祥等人前来讲学,并拨出祠祀之田以为书院维修的长远之计。他有一首《赠金仁山诗》写道:"命有穷时道不穷,命穷何处更求通。此身未老应须学,万事由来要适中。物欲尽时心始旷,天真动处气初融。百般佳趣难形状,自与常人迥不同。"可见他老而好学之心。

良骥之弟良知、良史、良瑞及从弟良嗣皆受学。良嗣后与叔元章抗元牺牲。子公武、孙晋卿、景文、步理、景渊,曾孙元嘉、宏德、基德,皆能广其家学而善诗文。元嘉于元顺帝至正十四年(1354)中进士,历任上饶教谕。延及明清两代,齐芳书院的教泽流风依然绵延不绝。举其佼佼者而言之,则有:唐龙(1477—1546),字虞佐,号渔石,明正德三年(1508)中进士,授山东郯城知县。父亡,居丧去职,旋起为御史,出巡云南,继升陕西提学副使,调山西按察使,入京为太仆寺卿。嘉靖七年(1528)任左佥都御史,后历任左副都御史,吏部左、右侍郎,兵部尚书兼三边总制,刑部尚书,吏部尚书等职。在任废除寿州、正阳关榷税;蠲免通州、泰州田赋虚额和漕卒船料钱,击退蒙古俺答诸部入侵等,甚有功绩。子汝楫为嘉靖庚戌(1550)科状元,任太常寺少卿。唐邦佐,字惟良,隆庆戊辰(1568)科进士,任江苏如皋令,创建瓜洲、仪征二闸。发伏摘奸,人称神明,擢刑部主事。因得罪权相张居正,谪判两淮盐政,又移赣州府判。擢河南光州知府。至今赣州通天岩尚存有其摩崖题刻手迹。唐仁,字行之,嘉靖进士,历任南陵、溧阳等县知县,有廉能声,迁工部员外郎。唐彪,以明经任会稽、长兴、仁和训导,著有《人生必读书》《读书作文谱》等书。弟唐骧为清康熙武进士。唐壬森,字学庭,道光二十七年(1847)进士,历任翰林院庶吉士,江南道监察御史,礼部给事中,太常寺、大理寺少卿,太仆寺卿,都察院左副都御史等职,总纂光绪《兰溪县志》8卷。其余唐氏子孙为举人、秀才,任知县、知府者,则不可胜计。

载《金华晚报》

# 仁山先生金履祥

金履祥(1232—1303),字吉父,号次农,南宋兰溪纯孝乡(现黄店镇一带)人。为"金华四先生"之一,学者尊称他为仁山先生。

他从小好学,聪明过人。其祖父金世臣,父金梦先,亦为儒士。稍授之书,即能记诵。年十九,弃举子业,游学金华,师从王柏,因王柏的介绍而登何基之门。时人谓何基清介纯实,王柏高明刚正,而金履祥则兼而有之。他知识面极广,天文、地形、礼乐、田乘、兵谋、阴阳、律历等无不通晓,尤精研理学,为当时著名理学家。

南宋末年,元兵围襄樊甚急,履祥上书朝廷,献牵制捣虚之策,建议以重兵从海道直趋幽燕以解襄樊之急,书中详述海船所经的州县及海中岛屿,难易远近,都非常精确。可惜当时宋室积弱已久,未能实施,宋室旋遭覆亡。其后至元世祖时,张清献河漕运改为海道运输之策,所叙海道与履祥所叙海道咫尺无异,时人乃益服履祥地理之学之精密。

金履祥在宋德祐(1275—1276)之初,朝廷曾以史馆编校等职务召任,但他坚辞不仕,以著述为乐。所著有《尚书表注》4卷,《孟子集注考证》17卷及《大学章向疏义》《论语集注考证》等。履祥又以为司马光作《资治通鉴》,始于战国三家分晋之时,而战国前史事无闻,遂撰《通鉴前编》18卷,《举要》3卷,断自唐尧以下,接于《通鉴》之前,年经事纬,蔚为大观。履祥卒于元大德七年(1303),终年七十二岁。临终遗言说:"《通鉴前编》之书,吾用心三十余年,平生精力,尽于此,吾所得之学,亦略见于此矣。"命弟子许谦编次、录成。

金履祥一生最大的贡献在于教育。他先后主持、讲学于严州钓台书院、金华丽泽书院、兰溪柱竿山之齐芳书院、桐山后金仁山下之仁山书院、建德儒源之重乐书院等处,四方学者从之如云,而履祥益然和怿,恳切无倦。金华许谦、浦阳柳贯等皆为其弟子。其后"明开国文臣之首"宋濂又师从柳贯。可以说,有明一代文脉,实赖金履祥而传。金履祥墓在兰溪桐山后金小钓山脚。柱竿山有"第一山"摩崖题刻及黄店彩衣堂村"彩衣堂"匾,皆为其手迹。

载《金华晚报》

# 贯休诗书画三绝

贯休(832—912),唐五代著名画家、书法家、诗僧,号称诗书画三绝。俗姓姜,字德隐,一字德远,兰溪太平乡登高里(今兰溪游埠镇一带)人。年七岁,到本乡和安寺从圆真禅师为侍童。及长,乃正式剃度出家,日诵《法华经》千余字,过目不忘。与僧处默及兰溪舒村人。金华赤松宫道士舒道纪等为莫逆之交,往还酬唱,之后诗名大震,乃往洪州(南昌)传《法华经起信论》。唐乾宁三年(896),镇海节度使钱镠(后受封为吴越国王)击败董昌,尽有两浙之地,社会安宁。贯休乃至杭州谒见钱镠,献诗3首,有"满堂花醉三千客,一剑霜寒十四州""莱子衣裳宫锦窄,谢公吟咏绮霞羞"之句,钱镠大为称赏,优礼有加,并立巨碑,列平越立功将士姓名,刻贯休诗于碑阴(本文从宋《高僧传》说,与《唐诗纪事》不同)。

贯休后登南岳衡山,遂往湖南。天复二年(902)入蜀,赋诗说:"河北河南处处灾,惟闻全蜀少尘埃。一瓶一钵垂垂老,千水千山得得来。"前蜀主王建大悦,赐号"禅月大师",又称"得得和尚",建龙华道场使之安居。蜀永平二年(912)卒,年八十一岁,葬成都北门外。

贯休为人形体短胖,旷达不拘小节。所作诗能贴近社会,反映当时纷乱黑暗的社会现实,如在湖南作《酷吏辞》,抨击酷政,在蜀作《公子行》云:"锦衣鲜华手擎鹘,闲行气貌多轻忽。稼穑艰难总不知,五帝三皇是何物?"讽刺豪门贵戚。有《西岳集》40卷、《宝月集》一卷存世,后弟子为之增辑,改题《禅月集》。又工人物画,画学阎立本,笔力圆劲。所作佛像皆形貌奇古,深目高鼻,号称"梵相",有《十六罗汉图》存世,又称《应梦罗汉图》,欧阳炯曾作歌述其事。书法类怀素,淋漓酣畅,时人称为"姜体"。

载《金华晚报》

# 乌蜀山人柳贯

兰溪墩头镇(今梅江镇)白枣村黄茅尖下,有一座简朴的古墓,左右山环水抱,林木葱茏,实在是一处不可多得的长眠之地。这就是元代学者柳贯生前为自己择定的归葬之所。

柳贯(1270—1342),字道传,祖居浦江乌蜀山,故自号乌蜀山人。少年师从金履祥,博通众学。初为江山县儒学教谕,继升昌国州(今浙江定海)学正。元仁宗延祐以后,入京任国子监助教,升国子博士,迁太常博士。泰定帝泰定三年(1326)出任江西儒学提举。嗣后家居十余年。顺帝至正元年(1341)又起用为翰林待制承务郎兼国史院编修,在官七个月而卒,享年七十三岁,追谥文肃。

柳贯幼髫时即能拾金不昧。有一次他跟随父亲柳金去游览神庙,拾到一包价值不菲的金珠,一直等候失主来寻找而归还。做地方官时,廉洁自持,治狱明察公平;做朝官时正直敢言,凡朝廷有大典礼,必酌以古今之宜而为之论定,人皆服其精审。平生多任教职,以奖掖后进为己任,对学生循循善诱,至老不懈。当时学者多愿出其门下。柳贯博通经史,散文长于议论,从容简洁,于宏肆浑厚之中寓雍容典雅之风。诗善于描写景物变化之态,生动清新。与虞集、揭傒斯、黄溍齐名,号为"儒林四杰"。又博鉴百家,举凡诸子、礼乐、兵刑、律历、数学、方技以及释道之书,莫不贯通,并工于书法,精于鉴赏,现故宫博物院尚保存有他的墨迹。存世著作有

《近思录广辑》3 卷、《字系》2 卷、《金石竹帛遗文》10 卷、《柳待制文集》20 卷。笔者曾有诗赞曰:儒林称四杰,翰苑擅清名。术数穷天地,文章启古今。临财不苟取,治狱得公平。遗迹今何在?行人向古村。

载《金华晚报》

# 舒元舆甘露流芳

唐文宗李昂太和九年(835)十一月的一天,右金吾卫大将军韩约奏曰:"左金吾卫衙署院的一株石榴,昨夜降满甘露。"甘露为祥瑞之兆,文宗即令宰相李训、舒元舆等前去察看。李训回来后奏:"恐非真甘露,不宜马上宣布。"文宗不信,命宦官仇士良、鱼志宏率诸宦官去察看。仇士良等至左金吾卫衙署,见韩约变色流汗,又恰巧一阵风过,衙中布幕掀起一角,露出伏兵的铠甲刀仗。老奸巨猾的仇士良见大事不好, 掉头就跑, 奏报皇帝说:"朝臣们造反了!"指挥宦官将皇帝扶上软轿,抬入后宫。宦官们抢到了皇帝,皆呼万岁。于是仇士良带领禁军冲杀出来,对朝廷官员大肆诛杀。李训、郑注以下大小官员及平民被杀死的有数千人。宰相王涯、舒元舆等被捕,腰斩于独柳之下,枭首于兴安门外,亲属无问亲疏皆死。这就是历史上著名的"甘露之变"。

舒元舆(791—835),字升远,兰溪女埠镇现坦人(因旧时兰溪属东阳郡,故《资治通鉴》作东阳人),少聪颖,警悟过人。元和八年中进士,任陕西鄠县(今户县)尉,有能名,宰相裴度用为兴元书记,文字豪健,为时推许,拜监察御史,再迁刑部员外郎。

元舆自负高才,锐意进取,慕马周、张嘉贞故事,于太和五年献文八万余言,深得文宗嘉许。迁左司郎中、御史大夫,权知御史中丞。寻以录囚明审,擢兼刑部侍郎,旋以本官同中书门下平章事

（相当于宰相）。当时以仇士良为首的宦官集团把持朝政，鱼肉百姓，元舆与李训、郑注等密谋诛除仇士良集团，革除弊政，不幸因事机不密而失败，元舆及其弟元肱、元迥等皆遇害，惟侄守谦事先求归江南，第五子普变易姓名，得免于难。

舒元舆擅长文学，所作《牡丹赋》，文采粲然，深为文宗称赏。及元舆死后，一日文宗于内殿前看牡丹，忽吟赋中"向者如迎，背者如诀，含者如咽，俯者如愁，仰者如悦"之句，追思元舆，不觉叹息良久，泪下沾襟。及文宗临崩，尚言："周赧、汉献受制于强诸侯，而朕受制于家奴。"深以未能诛除仇士良为恨。

舒元舆于唐宣宗大中八年(854)得到平反昭雪，次年归葬兰溪白露山麓。至今山麓建有乘仙殿以祀之，有"甘露流芳"四字匾额。

载《金华晚报》

# 女诗人郑氏

郑氏,号味余,逸其名,武林(即今杭州)人,生于清嘉庆、道光之际,嫁兰溪儒士蔡剑溪公为妻,居东门小雀巷内。咸丰十一年(1861),夫死于兵乱,郑氏守节近三十年,抚孤成家立业,一子蔡文瀛为光绪举人。郑氏卒于光绪十七年(1891)四月初六,享年七十余岁。

郑氏出身诗书门第,自幼即好吟咏,工诗词,出嫁后,夫妻琴瑟调和,有所兴怀,皆形之吟咏。据其子蔡文瀛《树谖草堂遗诗跋》云:郑氏自丈夫去世后,"焚稿笃痛,怨怀抑郁,废弃几二十余年,迩来晚景自娱,复以诗词消遣"。从现存诗词来看,郑氏或写怨怀别绪,或记山水景物,遣词造句,皆清新可喜。《游横山灵源庙》诗:"杰阁崔巍蹑石梯,横山高峙与天齐。庭前城郭看来近,江上帆樯望转低。半塔残灯皆入画,一溪春水欲平堤。凭栏远眺郊原色,漠漠田畴满绿芙。"描摹兰溪横山一带风光,使人有身临其境之感。

郑氏一生爱诗,间或亦与当时沪上女诗人雅芸、修眉等往还唱和。她《自咏》诗中说:"垂老似孩欢适口,爱诗忘饿可充肠。"逝世前一月,尚有《清明灯期遇雨》之作:"看灯时节在清明,又值潇潇雨满城。愁杀娇痴小儿女,檐前叩祷乞天晴。"郑氏虽然寂寞寡居多年,生活圈子较窄小,但诗中也不乏贴近生活和忧时伤世之作,如"种蔬多白菜,栽菊有黄花""老路平陂莫问天,伤心烽火动经年""满眼苍茫土宇焦,乌衣门巷影萧萧"等句,都是当时动乱时世的写实,而《田家竹枝词》:"正喜天晴打麦忙,家家妇稚尽登场。忽来一阵倾盆雨,带水拖泥去插秧。"则写得饶有情趣。

中华自古号称诗国,但受"女子无才便是德"传统观念的束缚,女诗人却如凤毛麟角,郑氏虽然才华稀世,却连名字都没有流传下来,这是十分可惜的。

载《金华晚报》

# 宋学士魂销烟瘴路

宋濂(1310—1381),字景濂,号潜溪,为明初著名的文学家。宋濂原籍金华,因仰慕浦阳郑氏义门世代同炊近五百年,遂迁居浦江潜溪,与郑氏为邻,先后受业于吴莱、柳贯,勤奋好学,手不释卷。对此,他有一篇《送东阳马生序》,其中讲到他年轻时于穷冬烈风大雪之时,负箧曳屣,奔走于深山巨谷之中拜师求学的情景,十分感人。元至正十八年(1358)明太祖朱元璋攻下婺州,礼聘宋濂等十三人到幕府任职。宋濂感激知遇之恩,又向朱元璋推荐了旷世奇才刘伯温,终于辅佐朱元璋扫平群雄,夺取了天下。

宋濂接受朱元璋的征聘后,先任江南儒学提举,其后又负责纂修《元史》,官至翰林学士承旨知制诰,为明朝开国文臣之首,当时朝廷上有关祭祀、朝会、诏诰、封赐的文章,大多由他执笔写成,刘伯温曾推许他为"当今文章第一",文名远播国外,有《宋文宪公全集》存世,其中著名的文章有《阅江楼记》《秦士录》等。同时他还参与了《大明律》等一系列典章文物、礼仪制度的制定工作,并长期担任太子朱标的老师,为教诲太子倾注了全部心血。对此,朱元璋曾表彰说:"景濂事我十九年,不曾有过一次谎言,也不曾诬枉他人一句,真可谓忠贤集于一身。"

但是宋濂晚年的结局却十分悲惨。洪武十四年(1381)春天,七十一岁的宋濂已经告老还乡,退居家中三年了,他没有料到,因为长孙宋慎牵涉到胡惟庸谋逆案，锦衣卫的缇骑已经星夜赶赴浦江，前来逮捕他去处死了。当校尉捉拿宋濂时，他根本不相信皇帝会处死他。他叫夫人找出一匹织着寿字花纹的绮帛给校尉们看，颤巍巍地说："此乃三年前，皇上亲赐绮帛，告我保存三十二年，待百年大寿，制件寿衣。皇上爱老臣之诚，老臣对皇上之忠，路人皆知，岂能无端赐死？"但他不会明白：朱元璋已不是当年那豁达大度、思贤如渴的农民军领袖，而已经变成一个残忍无比的封建暴君了。年老力衰的宋濂只好含泪戴上镣铐，跟随校尉们上路。

太子朱标几次劝谏不从，情急之下，投池自尽，幸被左右救起。马皇后也悲咽不食，劝谏道："庶民之家，请一先生，尚尊若君父。宋先生教诲太子劳苦功高，应酌情减免。况他追随皇上二十多年，赤胆忠心，现在银须白发，竟要遭刀斧之祸，实在冤枉！"朱元璋碍于这位患难妻子的情面，只得答应免除宋濂死罪，全家发配茂州(今四川汶川县)，但在半路上，这个反复无常的皇帝又派人秘密处死了宋濂(一说是中途病死)。

笔者曾有一首诗以志凭吊：夕阳空院落，深草古祠幽。开国明伊吕，垂章汉冕旒。魂销烟瘴路，心系阅江楼。凭吊一挥泪，萧萧木叶秋。

载《金华晚报》

# "兰溪开国"见良能

　　浙江省兰溪市博物馆在整理库房时，发现一枚南宋铜印。此印印面呈正方形，长、宽各4.8厘米，厚1.1厘米，片状碑形钮，无穿，带钮通高3厘米。印面铸有阳文篆书"兰溪开国"四字，笔画略取曲势，刚柔相济，结构宽博方正，浑厚典雅。印背钮两则阴刻楷书款，右款为"乾道七年十"五字，左款为"月日使府"四字，其中"府"字为草体，连读为"乾道七年十月日使府"，笔画细浅。"使府"当是枢密使府，即枢密院，宋代枢密院掌颁印信符券。

　　经考证，该铜印应是南宋兰溪人徐良能之印。据《正德兰溪县志》及《嘉庆兰溪县志》记载："徐良能，字彦才，太平乡古塘人。绍兴五年(1135)进士，历知宿松、安吉二县，皆有惠政。旋为御史检法官，继除太常博士，由监察御史迁殿中侍御史、给事中。封兰溪县开国男。""男"为封建时代五等封爵之一，自晋以来五等封爵皆有开国之称，唐宋因之。据此可推断此印为徐良能于宋孝宗乾道七年受封之印无疑。

载《中国文物报》

# 诗僧的傲与媚

贯休(832—913),俗姓姜,字德隐,兰溪太平乡登高里人。七岁在和安寺出家为童侍。天资聪敏,日诵《法华经》千余言。及长,有诗名,同时工书画,有《十六罗汉图》传世,诗书画并称三绝。

贯休,在一般人的心目中是一个傲岸不羁、蔑视王侯的人物。这印象大抵得之于《唐诗纪事》:"钱镠自称吴越国王,休以诗投之曰:贵逼身来不自由,几年勤苦蹈林丘。满堂花醉三千客,一剑霜寒十四州。莱子衣裳宫锦窄,谢公诗篇绮霞羞。他年名上凌烟阁,岂羡当时万户侯。镠谕改为四十州,乃可相见。曰:州亦难添,诗亦难改。然闲云孤鹤,何天而不可飞?遂入蜀。"这首诗就是有名的《献钱尚父》诗。

但一查《大宋高僧传·贯休传》,事情就似乎两样了:唐昭宗乾宁初,时贯休已六十多岁,来杭进谒吴越武肃王钱氏,因献诗五章,章八句,钱王甚惬志,馈赠亦丰。完全没有谕令改"十四州"为"四十州"之事,而且据《高僧传》记载:钱镠"立去伪功,朝廷旌为功臣。乃别树堂立碑,记同力平越将校姓名,遂刊休诗于碑阴,见重如此"。可见贯休的献诗很得钱镠的欣赏,而且还立石刻碑,希图传之远久,更何况钱氏自知实力不逮,从未萌与中原王朝抗衡之心,故史称"忠孝之家",所谓谕改为"四十州"之说,不过是好事者的蛇足罢了。同时细考贯休生平,热心政治,希望在功业上有所建树，一直奔走于权贵之门，他之所以离浙，是因为喜爱黔歙山水之胜，随后至荆州投奔节度使成汭，黜居于功安，郁悒中题石砚云："入匣始身安。"不甘寂寞之心溢于言表。于是入四川，作《陈情献蜀皇帝》诗，称颂王建。时前蜀主王建方图僭伪，而贯休并不以为悖逆。贯休还在前蜀王生日寿春节时进《尧铭》《舜颂》。

《尧铭》以王建比唐尧，说："君既天赋，相亦天锡，德铺金镜，以圣继圣，享国如尧，不疑不疑。"《舜颂》以王建比虞舜和释迦，说："皇皇大舜，吾皇则王。"又说："昔救世师，降生竺乾，寿春亦然，万年万年。"

当然，平心而论，贯休一生也写了不少指斥弊政的诗，但也有一些是干谒权门的应酬之作，比如前举例的《献钱尚父》一诗，先写钱氏一朝富贵并非偶然侥幸，次写其得士之盛，功业之隆，再写其衣锦还乡，显亲扬名，而诗人之篇什不足以铺扬其美，最后写出他年名上凌烟阁的期望，可谓是一首典型的奉承之诗，能得到钱镠的赞赏，应是很自然的。

载《金华日报》

# 黄大仙应是秦汉人

　　随着黄大仙热的兴起,其入山牧羊、兄弟相逢以及化石成羊的故事已家喻户晓,但黄大仙究竟是什么时代人？这就鲜为人知了。一般人都认为,黄大仙即黄初平,是晋代人,《赤松山志》《光绪兰溪县志》以及近年来的一些文章和金华观的说明等都如此说。其实,这是大有疑义的。

　　从记载黄大仙事迹最原始的资料《神仙传》来考证,上面说,黄初平年十五,家使牧羊,随道士入金华山石室,四十余年,不复念家。后其弟初起寻得初平,乃共学道,服松脂茯苓,"至五百岁,能坐在立亡,行于日中无影,而有童子之色。后乃俱还乡里,亲族死终略尽,乃复还去。初平改字赤松子。"《神仙传》为东晋时道教理论家葛洪所撰,所以一般人均认为黄大仙为晋代人,其实这是后人读书忽略了"至五百岁"云云这一段话的缘故。葛洪,字稚川,生于西晋太康五年(284),卒于东晋兴宁二年(364)。假定《神仙传》成书于公元300年前后(从故事流传到成书尚有一段时间忽略不计),那么从公元300年上溯500年为公元前200年即汉高祖七年,再上溯四十年为公元前240年即为秦始皇七年,此当是黄大仙年十五牧羊的时候,因此说黄大仙绝非晋代人而是秦汉时代人,确切地说,黄大仙生于东周(战国),活动于秦汉时代。

载《金华日报》

# 《旧唐书·武元衡传》标点勘误一则

偶读中华书局标点本《旧唐书》卷一五八《武元衡传》："宪宗即位,始册为皇太子,元衡赞引,因识之,及登极,复拜御史中丞。"初阅这段文字,疑有措词疏误,以致文义相悖之处。如唐宪宗李纯被"始册为皇太子"和"即位"这两件事从行文来看似乎前后倒置,而文字又过于简略,读后使人颇生疑窦。

后再三思之,方悟这段文字中间有自注、插叙之处,并非行文失当。杨树达《古书疑义举例续补》说:"古人行文,中有自注,不善读书者,疑其文气不贯,而实非也。"如《史记·田叔传》叙田仁,事云:"月余,上迁,拜为司直。数岁,坐太子事时左丞相自将兵,令司直田仁主守城门,坐纵太子,下吏诛死。"上文既云"坐太子事",下文又云"坐纵太子",语意若有复沓,其实正文乃为"坐太子事,下吏诛死""时左丞相自将兵……"等句,乃注文,所以详述"坐太子事"四字也。今用新式标点表之,则为:"数岁,坐太子事——时左丞相自将兵,令司直田仁主守城门,坐纵太子——下吏诛死。"如此,则文义自明。

同样,《旧唐书·武元衡传》中,"宪宗即位,复拜御史中丞"为正文,"始册为皇太子,元衡赞引,因识之,及登极"四句,乃文中自注,追叙前事。按《尔雅·释诂》:"初",训"始也",即指某一时段的开端。而《左传》体例,皆以"初"表示文章的倒叙,如"初,郑武公娶于申"。因此，"始册为皇太子"之"始"，当训为"初"，表示追述前事，正确标点之，应作："宪宗即位——始册为皇太子，元衡赞引，因识之，及登极——复拜御史中丞。"或将自注加括号亦可，如此，则读者自可一目了然，而与《新唐书·武元衡传》的有关记述互证，也可无杆格矣。

载河南大学《史学月刊》1992 年第 3 期

# 李笠翁三事小考

## 一、芥子园南北有两处

李渔性极巧思,《光绪兰溪县志》说:"凡窗牖床榻,服饰器具饮食诸制度,悉出新意,人见之莫不喜悦,故倾动一时。"可见李渔不仅是一位著名的戏曲理论家,而且还是一位颇有造诣的园林建筑设计师。

李渔设计修建的园林有伊山别业、半亩园、芥子园、层园等,芥子园为其中最著名者,但一般人仅知芥子园建于南京,而不知芥子园其实最初建于北京南城,南北实有两处芥子园。

清人麟庆《鸿雪因缘图记·三集·半亩营园》记载:"半亩园,在京都紫禁城外东北隅弓弦胡同内,延禧观对过。园本贾胶侯中丞(名汉复,汉军旗人)宅,李笠翁客贾幕时,为葺斯园,垒石成山,引水作沼,平台曲室,奥如旷如,易主后,渐就荒落。道光辛丑,始归于余。忆昔嘉庆辛未,余曾小饮南城芥子园(在韩家潭)中,园主章翁言,石为笠翁点缀。当国初鼎盛时,王侯邸第连云,竞侈缔造,争延翁为座上客,以叠石名于时,内城有半亩园二,皆出翁手。"据此可知,李笠翁在北京时,为名公钜卿叠石造园者为数不少,仅名半亩园者就有两处。至于芥子园,想来笠翁对之情有独钟,所以后来用以命名自己在南京的私人园林了。

## 二、李渔诗中的葛氏尚义堂

李渔集中有《五律·坐葛氏尚义堂留赠》一诗,诗云:"一坐竟忘去,方知云水亲。门庭无显辙,道路有香尘。花酿谁家蜜,亭娱隔岸人。主翁原尚义,不独媚其身。"葛氏,不知何人,单锦衍先生《李渔交游考》中也无记载。其实,诗题所说的葛氏,就是兰溪高隆的诸葛氏。

诸葛氏为汉初诸县侯葛婴之后,属于诸县,因复姓诸葛,其实本为葛氏,如清康熙时高隆人诸葛绳武字载文者乡试中举,《光绪兰溪县志·科第表》作姓诸葛,而《浙江通志》作单姓葛,便是一例。

明末清初,高隆诸葛氏有名的文人不少,高隆与夏李相隔仅十余里,李渔究竟与何人交往,现尚难以查证。高隆诸葛氏相传:李渔少年时在江苏如皋,曾在诸葛氏在如皋开设的实裕药号当过学徒,得到过不少帮助。李渔在诗中称主人为主翁,又赞其尚义,推想应是实裕药号的主人。尚义堂,则是高隆颇具规模的十八厅堂之一,现已圮废。又,现大公堂正门尚有"敕旌尚义之门"的横匾,系明正统间为诸葛彦祥献谷岩灾之义举而立,则高隆诸葛氏尚义之名,由来已久。

## 三、李渔诗中的金孟英其人

李渔集中还有《重过婺城别金孟英老友》一诗,诗云:

"茅斋风雨共床眠,此别何期二十年。老友仅存唯尔我,白头相对拟神仙。寸丝也当绨袍赠,杯酒堪称玳瑁筵。只恨为欢无几夕,骊歌又唱酒旗边。"

关于金孟英其人,单锦衍先生《李渔交游考》中亦无记载。笔者在兰溪市长乐村调查时,发现《长乐金氏宗谱》有金孟英的记载。金孟英,长乐村人,名鳞,字孟英,行敬百五十六,号飞潜,生顺治六年(1649)己丑九月初九,卒康熙五十六年丁酉(1717),享年六十八岁。娶姜氏,生三子一女,葬柿园山南向。邑庠生,好学工诗,与李渔为忘年交。李渔赠给他的这首诗,就刊刻在《宗谱》上,作为宗族的荣光,从中也可以看出金孟英和金氏后人对这首诗的珍视。

载《金华日报》

# 曹公梦萦通洲桥

一代文豪曹聚仁(1900—1972)是兰溪墩头镇蒋畈村人,平生东奔西走,行踪遍天下,最使他魂牵梦萦的,恐怕要数家乡的通洲桥了。

曹聚仁著述等身,书中所记的名胜亦复不少,可是他最情有独钟的还是家乡的这座古桥。在《蒋畈六十年》《我与我的世界》等书中,他都一再拳拳情深地写到通洲桥。1956 年 10 月,曹聚仁从香港到北京,途经金华,写下了一首《金华感怀》的诗:"梦回夜半是金华,默对北山苦忆家。竹叶潭深留旧网,挂钟尖外送飞霞。桥头一觉黄粱熟,叱石非羊世事麻。只有梅溪流不尽,古樟丛柳乱归鸦。"诗中的桥头,指的就是通洲桥了。

通洲桥横跨于梅溪之上,古时为金华、兰溪、义乌、浦江通严州的要津,故名"通州桥",后讹为"通洲桥"。一说梅溪水通洲上汇入兰江,故名通洲桥。清代康熙年间尚是一座木桥,乾隆二十三年(1758)改建为石桥,嘉庆五年(1800)毁于洪水,暂设木桥,道光三年(1823)由倪望莲等捐资重建,至光绪年间由白沙陈周学主持捐建,改造成六垛五孔半圆形条石拱桥,全长 84.8 米,各孔净宽 9 米,桥面净宽 4 米,高 8 米,青石桥面,两侧有条石护栏,栏高 1 米。桥上建有水榭 21 间,桥中间有亭阁神龛,两端置有桥门,雕梁画栋,翼角起翘,十分壮观。古碑称颂云:"上建廿椽之水榭,风雨堪遮,下临百尺之长波,浅深无虑。"桥头的小山,便是曹聚仁诗中提到的挂钟尖,山顶筑有一座歇山顶的玲珑秀美的文昌阁;桥头植有几棵数百年的古樟,虬干参天,浓荫匝地,这就是曹先生诗中的古樟了。曹先生抨击时事,文笔犀利,曾自嘲为"乌鸦",回忆起家乡"古樟丛柳乱归鸦"的景色,而自己身世浮萍,有家难归,也不禁黯然神伤了吧。

　　1967年,曹聚仁已垂垂老矣,他提笔给远在家乡的元配夫人王春翠女士写了一首感人肺腑的诗:"四十年前事,历历在心头。梯边上下影,老友来相投。无言只相看,共识小溪刘。东山柏已深,默默付长愁。世变纵如斯,萧萧修竹修。"诗中的"小溪刘",就是横贯曹先生老家蒋畈村的刘源溪,在通洲桥附近汇入梅溪。而王春翠则是桥头的塔山脚下人。1915年,曹聚仁在桥上初识王春翠,从此坠入情网,此后他时常爬上挂钟尖目送王翠过桥,还专找一些藏有她名字的诗词大声朗读,如"春归何处? 寂寞无行路。若有人知春去处,唤取归来同住"之类。1921年,曹聚仁与王春翠虽然喜结良缘,但世事沧桑,久后又天各一方,劳燕分飞,想到如今生命即将离世,回首当年,岂不泪湿青衫,悲从中来。

　　1972年,曹聚仁先生病逝于澳门。"飘然华表柱头鹤,梦魂犹自到家山。"曹先生死后有知,他的英魂一定会回到他半生魂牵梦萦的通洲桥的。

载《兰溪日报》

# 黄庭坚本是金华人

历史的巧合有时简直令人感到不可思议，几乎就在江西修水县出土"金华黄庭坚"亲书的宋徐纯中墓志的同时，在兰溪水亭乡黄村坞村又发现了一部珍藏了近四百年的海内孤本——明写本《鹤山黄氏宗谱》，谱内有一篇胡璞撰写的《宋先太史山谷行状》，长达千余字，详细记述了黄庭坚祖辈和他的生平情况。据考证，该《行状》写成于宋徽宗年间，记事远比《宋史》黄庭坚本传翔实周密，大大弥补了现存史料之不足，具有极高的历史研究价值。

据谱中记载：黄氏始祖黄瞻，字元瑞，婺州人；五代时以策干江南李氏(也就是那个以李后主李煜知名的南唐小王朝)，用为著作佐郎，知江西洪州分宁县(今江西修水县)，遂家于分宁修水之滨的双井村，六世至黄庭坚，生一子名相，又传五代至黄镜，镜字耀元，行万九，生于南宋嘉熙二年(1238)，卒于元代元贞二年(1296)。黄镜从分宁双井迁入兰溪鹤山(今名黄村坞)，时在南宋咸淳庚午(1270)，其后人丁繁衍，成为当地大族。

该谱由黄瞻的二十世孙(即黄庭坚十四世孙)黄世良精心编制。他花费了整整五年时间，遍访江西双井及各地族亲，夜以继日，穷尽心力，才于明代万历丁未(1607)完成全稿。

该书通高 50.5 厘米，宽 33 厘米，厚约 2.5 厘米。蓝灰色纸封面，有木版"鹤山黄氏宗谱"楷书题签，双股丝绳装订。花口，中缝有木版"黄氏宗谱"六字小楷。共 278 页,竹纸,有帘纹。每页有淡墨木板双线框,外粗内细,框纵 40 厘米,横 27.8 厘米,其余内容均为手书。卷首有朱之蕃写的《鹤山黄氏守谱叙》一篇,共 593 字。朱之蕃,明代金陵人,字元介,号兰嵎,工书画,万历进士第一,因此在《谱叙》后有"乙未状元"阴文篆印一文。他做过吏部侍郎,曾出使朝鲜。朱之蕃叙文中有一段话很有意思,他说:"万历戊申,伏命都下,会兰溪君与黄生(黄世良,字君与),以举子业来谒己,出《黄氏宗谱》,丐序于予。予循环视之,念为山谷后也,畅然若有动吾夙愿者。"故为之作序。看来,这位状元出身的大官也是一名黄庭坚的崇拜者,他是确认黄世良为黄庭坚的真正后裔后才欣然答应作序的。

谱中还有手绘图像 14 幅。第一幅为始祖黄瞻像,题赞曰:"书不尽言,图不尽烹。风月无边,庭草交翠。"第二幅为黄庭坚像,峨冠执笏,赞曰:"儒林仪表,国家栋梁。风云翰墨,锦绣文章。驾长虹于寥廓,聆鸣凤于高岗。"其后有《鹤山八景图序》,载有流涟曲水、天井平原、章塘雾月等八图,为郑仰峰所画,白描勾勒,干笔皴擦,别有韵味。每图还题有七绝一首,最后一图诗后题曰:"胡少室先生题。"这个胡少室客观存在,就是明代著名学者、大文学家胡应麟(1551—1602),字元瑞,号石羊生,又号少室山人,兰溪人。他的著述十分丰富,而这八首诗却是他的逸诗,尚属首次发现。这也可算是两位同乡文学大师的一段佳缘吧!

谱中大量内容为世系及媚居表。黄氏人口升降,历历可考。世系表黄庭坚名下记曰:"字鲁直,中治平丁未科三甲三十名,官居太史,屡忤宰相赵正夫。后作《承天塔记》,正夫中摘数语,以为幸灾谤国,遂贬宜州,后崇宁四年九月三十日卒于贬所,年始六十一。大观三年,苏伯获丧归葬祖茔之西。娶莘氏,封兰溪县君。继谢氏,封介休县君,一女睦姑,适将仕郎李文伯。公生一子名相。"此段文字简要,却价值颇大。首先,《宋史》黄庭坚本传不载其科甲名次及死亡月日及归葬情况,这里却一一记述甚明,可补正史不足;其二,特别值得我们注意的是,黄庭坚的原配夫人为当时京都著名的孙氏莘老之女,她被朝廷敕封为"兰溪县君"。这其中的原因,看来是颇有可考的了。

表后首列《宋先太史山谷行状》,谱中其他诗文如《旧祠堂记》《重修先太史祠记》《茔祠记》《先太史钓台诗》等,当录自江西双井老谱。另有一篇《钟瑞堂记》,所记之堂现在黄村坞村中,建于明代景泰五年(1454),至今尚存。

综上所述,黄庭坚家族的来龙去脉已较为清楚。金华黄氏,源远流长,据考,秦汉时已有黄姓人氏居住。五代南唐时(约公元970年前后),黄庭坚六世祖黄瞻从金华迁居江西修水双井村,南宋咸淳六年(1270),六世孙黄镜又迁回兰溪,三百年间一往还,黄庭坚祖籍在金华,后裔亦在金华——黄庭坚本是金华人。"金华黄庭坚"也正是他自己生前亲笔认定的。黄庭坚与金华,既有"前缘",更有"后缘",中间各距六世,这真是令人叹奇不已!

据说,现在的江西双井村,黄庭坚故居早已无存,唯有他留下的"月池""印墩"及摩崖石刻"双井"两字,然而,在兰溪黄村坞村,还有他的后裔400多人,以及堪称为稀世遗珍的明写本《鹤山黄氏宗谱》和后代为纪念他而修建的明代古建筑钟瑞堂。该堂现存两进,造型古朴庄严,具有较高的历史、科学和艺术价值,门楼横匾"大夫第"三字依稀可辨。

最后,需要说明的是,我们说黄庭坚本是金华人,也无须去否认他是江西人(比如周恩来,既可说江苏淮安人,也可说浙江绍兴人)。对于这个"江西诗派"的开山祖师来说,"江西"两字的重要性自不待言。值得我们珍惜和感念的是：当年，黄庭坚心怀故土、情真意切地亲笔自署"金华黄庭坚"之时，肯定想不到六世后自己的子孙会重新回到故里生存繁衍，更想不到整整九百年后，这方期在永埋黄泉的墓志会重见天日。

历史既然给了我们这样的奇遇，我们该如何利用它呢？

载《金华日报》

# 书中自有浩气在

"中有古槠树,高接云汉,俯蔽池塘,夏日浓阴绿缛,暑气不侵……"《光绪兰溪县志》中记载的明代著名文学家、诗人、文学评论家、版本学家胡应麟的故居二酉山房,经兰溪市文物工作者十余载寻找,于 1996 年七月被发现。二酉山房不仅是胡应麟的故居,也是天下驰名的藏书楼,聚书四万余卷,当时可与宁波天一阁媲美。楼旁还有一座占地五亩的花园,可惜历四百余年风雨沧桑,数易其姓,花园已荡然无存。现处兰溪老城区花园巷 10 号的这幢三间两厢一天井的二层木建筑,右边一间出租开了美容厅,左边一间作了茶室,可容下三四十人下棋、打牌。虽经几番修茸,仍可依稀窥见当年"上隆而下固,缥缃满架"的胜景。

胡应麟(1551—1602),兰溪城区人,号少室山人,为颇负盛名的明代文坛"末五子"之一。他的父亲胡僖,是嘉靖进士,官至按察副使,现在花园巷 10 号门前的一块旗杆石和雕有花草图纹的石坊,就是当年胡僖中进士后竖旗杆和造石坊的遗物。胡应麟少时就随父亲游历四方,足迹几乎遍及大半个中国。父子俩都爱书如命,胡应麟曾说:"身所涉历,皆通邑大都,文献所聚,必停舟缓辙,蒐猎其间,视家之所有,务尽一方乃已。"二十余年,搜罗当时乃至宋元精刻四万余卷,"书日益富,家日益贫,而余所藏书,越中诸世家顾无能逾过者。"于是造楼藏之,初名少室山房,后改名为二酉山房。同样,胡应麟一生著述宏富,著有《少室山房类稿》120卷、《少室山房笔丛》48卷,均被列入《明史·艺文志》和收入《四库全书》。另有《诗薮》《甲乙剩言》等百十卷行世。

胡应麟在文学史、学术史上的贡献是巨大的。鲁迅、吴晗等对之推崇备至,一再称引他的种种见解,吴晗还作了《胡应麟年谱》。在当代,凡编写《中国文学史》的学者,没有不推崇胡应麟的,胡应麟僻处兰溪而成为中国文化史上的耀眼巨星,可见当时兰溪及至婺州文化气息的稠浓。还值得一提的是,胡应麟不仅是个藏书家,还是个出版家。他的藏书楼楼下实际上是印书铺,随写随刻随印,在很大程度上也促进了当时婺州印书业的发展。

然而,可惜的是,故居所在地的兰溪老城花园巷一带,将由香港业主投资1.8亿元建成新世纪广场,发现之日竟是拆除之时,文物工作者无不为之扼腕叹息:胡应麟离今四百余载,他的故居能够保存下来并被发现,弥足珍贵!胡应麟故居的遭遇,再一次将如何正确处理城市建设与文物保护之间的矛盾,摆在了有关人士面前。

载《金华晚报》

# 相府有印无楼台

最近,浙江兰溪市博物馆在厚仁镇里范村征集到一枚南宋铜印。此印印面略呈正方形,长6.7厘米,宽6.4厘米,厚1.5厘米,重1.5克;矮碑状钮,无穿,连钮通高5.4厘米。印面铸有阳文九叠篆书"少师文肃范左相府记"九字,"范"字有缺损,印背及钮无款识。

经考证,所谓"范左相"者,即为南宋时兰溪纯孝乡清口村(今里范)人范钟。范钟,《宋史》有传,字仲和,宋宁宗嘉定元年(1208)戊辰科进士,历官太平州通判,知徽州。理宗时迁吏部郎中,累官兵部尚书兼侍读,参知政事。淳祐三年(1243)特拜左丞相兼枢密院使,封东阳郡公。淳祐八年(1248)辞官回乡,十一月病卒于金华驿馆。赠少师,谥文肃。此印印文为"少师文肃范左相府记",按少师为范钟死后封赠,文肃为谥号,可知此印非范钟生前所用。又据《光绪兰溪县志》载,范钟为人清廉,号称"无地起楼台"丞相,临终尚住旅邸,盖其家筑室尚未就,故可推断此印为范钟死后,其子孙为纪念先祖,炫耀门第而铸。

又据《范氏宗谱》记载,此印是明洪武三年(1370)于该村清口塘东北侧俗称"上府"(按"上府"当为"相府"之音讹,《县志》载:范丞相钟宅在纯孝乡清口)的一火焚遗址内出土的。同时出土的有另一枚铜印及琥珀笔架一具。另一枚铜印已遗失多年,此印与笔架由族人保存至今。

*载《浙博天地》*

# 李白诗中的黄大仙

诗人李白一生喜爱访名山，求神仙，吟诗作赋，足迹遍及半个中国。李白现存诗约900多首，其中提到赤松子黄初平事迹的有5首：

《古风第十七》：金华牧羊儿，乃是紫烟客。我愿从之游，未去发已白。不知繁华子，扰扰何所迫。昆山采琼蕊，可以炼精魄。

按：此诗不知作于何时按地，诗中明言"金华牧羊儿"，从《送王屋山人魏万还王屋》一诗参看，可知此诗中的金华乃指婺州金华山。

《题雍丘崔明府丹灶》：美人为政本忘机，服药求仙事不违。叶县已泥丹灶毕，瀛洲当伴赤松归。先师有诀神将助，大圣无心火自飞。九转但能生羽翼，双凫忽去定何依。

按：瀛洲当为赤松子成仙后的邀游之处。此诗作于河南雍丘县，但诗中"瀛洲当伴赤松归"云云，与叶县王乔之典故一样，仅为泛泛之谈，不为确指。

《对酒行》：松子栖金华，安期入蓬海。此人古之仙，羽化竟何在？浮生速流电，倏忽变光彩。天地无凋换，容颜有迁改。对酒不肯饮，含情欲谁待？

按：此金华为婺州金华山。

《古风第二十》：昔我游齐都，登华不注峰。兹山何峻秀，绿翠如芙蓉。萧飒古仙人,了知是赤松。借予一白鹿,自挟两青龙。含笑凌倒景,欣然愿相从。

《送王屋山人魏万还王屋》(摘录):松风和猿声,搜索连洞壑。径出梅花桥。双溪纳归潮。落帆金华岸,赤松若可招。沈约八咏楼,城西孤岧峣。

按:此诗为李白于上元初作于广陵(今扬州),诗中历数魏万游踪所及,梅花桥、双溪、八咏楼均在金华,此诗为李白认为赤松子成道于婺州金华山之确证。成书于唐代的《元和郡县志》云:金华山,在婺州金华县北二十里,赤松子得道处。《太平寰宇记》:金华县有赤松涧,赤松子游金华山,以火自烧而化,故山上有赤松之祠。《浙江通志》:金华县北有赤松山,相传黄初平叱石成羊处,初平号赤松,故山以是名。

从李白歌咏两处金华山的诗歌来看,至少在唐代,黄初平牧羊并成仙得道之地是婺州金华山而并非射洪金华山,这应该是当时文人学士的共识。与时下风尚相反的是,李白本是蜀人,但他却没有一点"地方主义",反而投了婺州金华山的票,这倒令人深思。

载《金华日报》

# 章懋和他的枫山书屋

章懋(1436—1521),字德懋,号阇然翁,又号灜滨遗老。兰溪女埠镇渡渎村人。晚年曾在故乡枫木山讲学,故世称枫山先生。

章懋自幼颖悟,十岁能文,读书过目不忘。十五岁补博士弟子。明天顺六年(1462)以第一名中举成解元,成化二年(1466)会试第一,为会元,选为庶吉士,次年授翰林院编修。逾月,宪宗将以元宵大张灯彩烟火,命词臣撰诗进奉。章懋与同官黄仲昭等人上疏劝止,说:"烟火之举恐非尧舜之道,烟火之诗恐非仁义之言""省此冗费,以活流离困苦之民,赏征伐劳役之士。"宪宗大怒,杖之阙下,由是直声震朝野,时人乃合称章懋等四人为"翰林四谏"。章懋被贬为临武知县,后改为南京大理寺左评事,迁福建按察司佥事。章懋虽以道学自任,但立论并不迂阔,民生利害无不精究,在任主张发展对外贸易、听任福安民众采矿冶炼、减轻海涂造田的税收等等。原来自明初以来,封关锁国,海禁甚严;民众开矿,动辄以有伤龙脉为禁。章懋的主张,顺应了明代资本主义萌芽阶段的历史潮流,若得以长期实施,成效自当不同。

章懋后因母病,年四十一即辞官归家,屏迹山林,不入城市。奉亲之暇,专以读书为事,常往来枫山禅寺讲学近二十余年,四方学者闻名前来听讲,门墙林立。其论学之语,有《枫山语录》传世,并首撰《兰溪县志》。授业弟子如陆震、董遵、凌翰、黄傅、祝戒、唐龙、方太古等都学业有成,仕宦皆有政声。人才之盛,冠绝一时。

弘治十四年(1501),起为南京国子监祭酒(校长),士人皆以为得师。正德间,见太监刘瑾专权,恣意作恶,又弃官归里。刘瑾事败后,又被荐为南京太常寺卿,次年又征为南京礼部左侍郎,皆力疏乞归。嘉靖皇帝即位,即家进南京礼部尚书,奏辞不允。是年除夕病逝,年八十六。次年诏赠太子太保,谥文懿,赐祭葬。

章懋难进易退,襟怀坦荡,气度恢弘,生活俭朴,道德文章为世所推重。明人笔记曾记有"章懋清廉"条,说章懋之侄章拯任工部尚书,督造皇陵、河工,归家省亲时带回500两银子。章懋大为不满,讽刺他"此行作得好一场买卖归"。懋先有二子,皆在家务农,知县至其家,二子释锄跪接,知县惊诧不知为贵公子。

枫山书屋是枫山先生辞官后的居所,既是藏书室,又是讲学处。《光绪兰溪县志》有记载云:"枫山书屋在纯孝乡渡渎,成化十三年(1500)筑瓦屋三间。"章懋有自作《枫山书屋铭》,曰:"有崇其阿,有幽其室,高不数仞,广惟容膝。其蓄维何,易象书诗,春秋载记,周官礼仪。诸子百家,史志群书,牙签万轴,森列左右。编残蠹鱼,文古蝌蚪,一室之中,靡何不有。宋窗晨启,孙户昼高,坐我管榻,对我韩檠,穷年兀兀,诵习讲明。嗟世之人,志在科第,剽窃为工,帖括是记。于理茫然,苟图富贵。亦有诵书,为文是资,口不绝吟,手不停披,含英咀华,琼琚其辞。二者之学,为人而已,世俗所荣,君子所鄙。维彼哲人,学求为己。博文约礼,夙夜拳拳,所与归者,古昔圣贤。科第文章,系我余事,我铭我室,式励厥志。"一时执经问业者相接。

书屋位于章懋故里渡渎村中一小山坡上,至今犹存。书屋平面三开间两厢一天井,平屋,木结构,质朴无雕饰,从梁架结构和质形柱础等型制分析,确是明代中期建筑。数百年老屋,梁柱黯然,尘泥渗漏,但仍可以想见当年一代大儒琴书满架、啸傲自得的情景。先生晚年又迁居城内章府里,也仅矮屋三间,聊蔽风雨而已,其清廉质朴,实在感人。枫山书屋的珍贵,在于宅是国内目前现在最古的藏书屋,虽然规模较小,却比建于明嘉靖末年的宁波天一阁早了六十余年,而且书屋又是枫山先生讲学处,为现在省内最早的私人书院,历经五百余年风雨而岿然独存,确实值得珍视。

# 陈萍祖孙三代之传奇人生

位于兰溪市赤溪街道的插口村青山垅的元代大司徒陈萍墓，由于地处偏僻，六百余年来一直沉寂无闻，仅《正德兰溪县志》及《光绪兰溪县志》中有"元大司徒陈萍墓在甘棠乡青山"的记载。1982 年和 2008 年两次文物普查时，有关人员去调查过并登录在案。当时了解到古墓在上世纪六七十年代已经被盗，后来修水渠，古墓遭到破坏，大部分石像生都被埋在了地下。在地表的只有墓前的一对石虎和一个石俑，为文官俑，墓穴有被盗挖的迹象，穴内情况不明。

2012 年由于改建 330 国道兼修筑护道班房，部分石像生如石虎、石羊、石俑、石马等重新出土，雕刻大气，形象粗矿，栩栩如生，如石俑高达 2 米，比兰溪同类墓葬的明代石像生更加高大雄伟，一时引起轰动，媒体纷纷报道。浙江省文物局派专家考察后，下文要求妥善保护。而陈萍其人及百年传奇家世也逐渐浮出水面。陈萍生于兰溪城南桃花坞，《光绪兰溪县志》记载："元大司徒陈萍故府在桃花坞，后迁居甘棠乡。"甘棠乡即包括兰江街道的原溪西乡和赤溪街道的原赤溪乡。据《下陈赵陈氏宗谱》记载，现兰江街道下陈村的陈氏村民，皆为其后裔。

陈萍的曾祖父名景彦，祖父名永春，伯父是宋丞相陈宜中，父亲是宜中之弟大都督府行军司马陈自中。陈氏祖籍四川成都，经福建迁浙江温州永嘉县,世代贫寒,隐德不显。陈宜中,字与权,少峻拔,入太学,与黄镛等六人上书弹劾权贵丁大全,时论号为六君子。南宋景定三年(1262)廷试中为榜眼,数年间由绍兴府推官、户部架阁、秘书省正字校书升至监察御史。后外放为江东提举茶盐、常平公事、浙西提刑等职。复入朝,累迁礼部侍郎、刑部尚书。德祐元年(1276)升同知枢密院事兼权知参知政事。二月贾似道兵败芜湖,朝廷拜宜中为右丞相。因留梦炎自湖南入朝,太皇太后乃以宜中为左丞相,留梦炎为右丞相。七月张世杰兵败于焦山,十一月,元兵至独松关,宜中请迁都,太皇太后从之。及暮,宜中不至。太皇太后奉幼主降元,而宜中遁走。后应陆秀夫之召至温州护卫广、益二王。随入阁,益王立,复拜宜中为左丞相。元至元十四(1277),是年为宋端宋景炎二年,十二月宋舟师至井澳(今珠海市横琴岛附近)遭飓风,覆舟不少,损失惨重,宜中欲向海外借兵,一说欲奉二王逃亡占城(今越南南部),宜中先至占城预作准备。至元十六年(1279)即宋祥兴二年厓山(今广东新会南部)兵败,七日宋军浮尸海上不下十余万,陆秀夫负幼主滔海,宋亡,宜中逐不能归。至元十九年(1282),元兵攻占城,宜中逃亡暹国(今泰国)后殁。对于陈宜中其人其事,史家褒贬不一,贬者比之于宋理宗时权相贾似道,是加速南宋覆亡的两大罪人,特别是两次临阵脱逃,最为人诟病,一次是元兵兵临临安时宵遁,一次是崖山海战前夕远走占城。但也有人举文天祥之言为之辩解,文天祥曾说:"陈丞相奉二王出宫,有太皇太后吩咐言语。"可知第一次逃出临安,是奉太皇太后密旨,护卫二王以图匡复。而第二次是见宋室大势已去,奔走占城企图借兵复国,这都是知其不可为而为之,充分表现了陈宜中的孤忠。至于宜中下落,有海战殉国、奉赵氏室宗隐匿海隅、走死暹国等种种说法。其中走死暹国的说法最为流传。至二十余年后,陈自中的长子陈芹和女儿陈嫜,曾奉元廷之命到暹国寻访伯父陈宜中的殁所,但无发现尸骨和坟墓的记载。最后的结局,至今仍是千古之谜。《宋史·陈宜中传》载:"宜中挟柩由占城之暹,竟死于难。世祖闻其名,遣使旁求,不获乃已。"

陈宜中之弟陈自中,字与可,原是温州永嘉人,娶兰溪杨氏,很可能入赘杨家,故卜居兰溪桃花坞。好学,善为文,博学高才,顷刻间数千百言,下笔皆有理致。咸淳四年(1268)进士,由郡司马擢太常丞。德祐二年(1276),元军入浙,自中以大都督府行军司马的身份提兵扼守浙闽间要道,位于浙江苍南县与福建福鼎市交界处的汾水关,与元兵相拒十余日,食尽援绝,士兵多溃散,关破不降,乃朝服面南再拜殉国。

陈自中有五子,存者三人,名陈芹、陈萍、陈蓪,皆育于外家杨氏。陈萍排行第二,年甫十岁。元兵征服江南后,元世祖忽必烈物色南宋宗室、大臣之子弟,实质是搜捕这些宗室、大臣家族,以削弱南方的抗元力量。兰溪外家杨氏迫于压力,不得已将陈自中三子一女及母亲杨氏送交官府。陈氏兄弟作为丞相之侄、烈士之子,转眼做了亡国俘囚,被监送京师。到了京师后,分别配给蒙古权贵家为奴为婢,全家分散,有记载说:"太夫人举家被俘,仓猝失所在,陈萍甫十岁,同兄至京师。近待以闻,世祖爱其骨相异于常童,有诏给事裕皇。"就是说母亲杨氏下落不明,年仅十岁的陈萍被分配到后来尊谥为裕宗的皇太子真金的东宫做隶仆,境遇十分悲惨。但陈萍自念为丞相子弟当自强,刻意为学,无所不通,后来才由隶仆而成为侍卫。皇太子早于其父元世祖去世,陈萍又转事皇孙铁穆耳,即后来的成宗皇帝,深受信任。受到当时帝师的赏识,剃度为喇嘛教僧侣,因而精通梵学,对于藏传佛教密宗的经、律、论等无不精研,并通藏文、蒙文、梵文诸番语言,至于骑射,亦精其

能。世祖赐名辇真伽剌思。至成宗时,吐蕃朵思麻地区叛乱,成宗
命陈萍领军前往平乱,陛辞之日,赐以银印、金剑,使得便宜行事。
陈萍不负所望,平定了多含思、桑思加、康撒儿等地。至武宗年间,
以陈萍娴习西事,特命以宣政院使(从一品)持诏抚宁边陲。初入
境,有数千骑整众而来,猝与之遇。陈萍急令从骑解鞍列坐,环以
重车如城郭,左右指挥,外示闲暇。敌疑有伏,惧莫敢前。有以所载
白毡帽揭于竿者,陈萍引弓一发中之,众遂惊骇而遁。由是诸部落
心服而不敢言叛。萍入朝以功拜大司徒,进阶银青荣禄大夫(正一
品)。乃以宣政院使兼延庆院、会福院使,佩三珠虎符,领吐蕃宣慰
使。《元史·仁宗纪》有"至大四年闰七月戊申命亦怜真乞剌思为司
徒"的记载。此前,陈萍还曾任过陇西、四川总摄,诸路释教都总
统。为陈萍剃度的帝师吃剌思八翰节儿和另一位帝师相儿加思八
圆寂,其舍利由萍护送到散思吉城建塔而还。有说后来陈萍也嗣
为帝师。《元史·释老传》有"天历二年(1329)以辇真吃剌失思嗣为
帝师"的记载,而陈萍已于泰定二年(1325)逝世,应该无此可能。
银青荣禄大夫为散官荣誉勋价, 而大司徒在汉代为三公之一,至
元代则为虚衔。《元史·三公表》说:"其制又有大司徒、司徒、太尉、
司空之属,然其置否不常,人品或混,故置者或开府或不开府焉。"
宣政院则是元朝特设的管理吐蕃地区的政府机构。

陈萍至孝,虽皈依佛乘,然默访母亲杨氏,二十余年不得。弟
弟陈遄早亡,他的哥哥陈芹也剃度为僧,法名谨致翰节儿。姐姐陈
嬅,自与母相失,断发誓不嫁人,出家为尼,法名净戒,祈与母团
圆,燃指为香,十指仅有其四。兄姐二人,曾奉世祖之命,远至暹国
陈宜中薨所,寻访陈宜中下落。至陈萍荣贵,孺慕益切,听说母亲
在顺州,以金币、名马为礼,希冀迎侍以归,但主家不允。陈萍闻于
朝,皇帝赐泉币万缗、白金十镒,皇太后及诸王、大臣赐织文锦绮

之属万匹,逐迎侍以归,封为温国太夫人。一时文人咸为赋诗赞美,朝野荣之。此时母氏生还,兄姐远至,一家团圆,苦尽甘来。母亲杨氏否极泰来,思乡心切,由陈萍兄陈芹、姐陈嬅护送回兰溪,极土木之丽,建寺院以事祈祝。当年作为亡国之俘囚而没收的田宅资货,都已发还,皆舍入寺院为资产。杨氏于延祐五年(1318)辞世,享年七十三。兄陈芹卒于至正八年(1348),子女各一人。妻江氏出家为尼。此时因陈萍的功绩,抗元烈士陈自中也被喜剧性地封赠为银青荣禄大夫、大司徒、上柱国,追封温国公,谥康顺,倍极哀荣,营墓于兰溪甘棠乡青山垅,墓前有神道石坊及石文官俑,石羊、石虎、石马各一对。并立有刘赟撰写的《永嘉陈氏世德碑》一通。刘赟,义乌人,师柳贯、黄溍,明初参与修《元史》,擢翰林待制。其碑修水渠时埋于地下,至今未发现,其文则载于《下陈赵陈氏家谱》。营建陈自中墓时,距其殉国已三十余年,且陈自中殉国之地远在温州,又逢乱世,尸骨难觅,所以其墓很可能是一处纪念性的衣冠冢。

延祐五年母亲杨氏卒时,陈萍回兰溪奔丧,葬毕,欲庐墓三年。先时武宗时有人进谗言说:"陈萍是亡国宰相之子孙,不宜置之禁近。"武宗不听。此时英宗给驿马四十匹,三遣使,赐七宝束带、金织文缎、泉币等召陈萍回京。陈萍历事六代皇帝,于泰定二年(1325)卒于大都阜财坊府第,年五十七。权厝城西,至正十一年(1351),由子陈达归葬于兰溪青山垅,与其父陈自中墓南北相向,墓前立有义乌人元台州宁海县丞、诸暨州判官兼国史院编修、翰林学士黄溍撰写的《大司徒陈萍神道碑铭》碑。元人尚火葬,陈萍又剃度为僧,所以墓中所葬为骨灰的可能性为大。并有文武石人俑、石羊、石虎、石马各一对。碑铭亦已遗失。陈萍有子,名陈达,为陈萍妻沈氏所生,三岁父死而孤,由伯母陈芹妻江氏抚育成人,留婺州兰溪故居。年十五为宫廷宿卫。学书于康里夔,学诗于张天雨,有文名,善书法,至正十二年壬辰,擢端本堂司经,寻转正字,又迁文学。至朱元璋起兵,攻克金华、温州,陈达投水自杀,被军士救出,又取佩刀自裁,军士夺刀得以不死,乃断发表示不事新朝。作为俘虏,陈达被安置在濠州,后来逢赦回到兰溪。病风痹三年,闻有推荐于朝者,郄药不啣而卒。陈达生元至治壬戌二年七月初一,明洪武八年十月初六卒。享年五十四。有子五,女六。墓成于卒后七年之洪武十五年,在其父陈萍墓侧。苏轼九世孙、明处州教授、金华人苏伯衡为撰陈达墓表,碑原立于墓前,今亦不存。这里奇怪的是陈芹、陈萍都是僧侣,却都有妻有子,是当时密宗教规默许还是后来还俗,不得而知。

兰溪青山垅陈氏墓地是一处百年家族墓群,透露了众多的历史信息。

第一,元代统治者并不像以前改朝换代之际对于前朝宗室、大臣及其子弟,务必赶尽杀绝,而一般采取鼓励或逼迫出家修行的办法,以消磨他们的反抗意志,如陈自中二子一女都曾出家为僧为尼即是明证。宋室被掳的太后全氏、恭帝也都自请出家,这表现了元统治者某种程度的宽容。当然对于亡国俘囚来说,出家修行亦不失为保全性命的最佳选择。

第二,元朝以少数民族入主中原后,快速接受汉文化,起用故宋遗民人才,采用许多唐宋以来汉官官制,加速了民族融合,巩固了在汉族地区的统治。在西南、西北边陲,则任用通晓西事之人前去镇抚治理,尊重各民族的风俗习惯;巩固和发展了前所未有的元代大一统局面。

第三,陈萍由前朝丞相之侄、烈士之子,一变为亡国俘囚,再变为梵教僧侣,又变为元廷宠臣,立功西土,归葬兰溪的传奇人生,记叙了元代统治者对士大夫,采取怀柔政策,加速民族融合,巩固封建统治的一段史实。更令人萦思的是,在陈自中抗元殉国百余年后,他的孙子陈达却尽忠于元,正如三国时嵇康被司马氏杀害,而他的儿子嵇绍却尽忠于晋惠帝司马衷一样。

第四,中国自古以来就是一个多民族聚居的国家。儒家思想并不过分强调夷夏之防,不夸大民族畛域,注重的是文化的传承。即大道之行,孔子曾说:"道不行,乘槎浮于海。"士大夫强调"士为知己者死"。对于异族统治者,只要他们能接受、传承汉文化,汉族士大夫都能表现出很大程度的接受和包容,陈达的忠于元朝,也是有基于此。

# 忆外婆

外婆罗姓,溪西村人,因其兄名益樟,故名樟妹。1899年己亥生,1967年丁未立夏日卒,享年六十八岁。外祖父名曹寿琪,是城内有名的布商曹德隆号主人第六房的独子,而外婆当年只不过是一贫寒农家的闺女,一富一贫,一城一乡,双方又是如何联姻的呢?原来外公那时年未二十,就得了严重的肺结核,当时称为痨病,是不治之症,是人人闻之色变的。为了冲喜,就把外婆娶过去了。年才十七岁的外婆无意之中成了父母之命、媒妁之言的牺牲品。外婆嫁过去后,也没过几天舒心日子,上有祖婆婆(外公早孤,母亲改嫁),旁有娌妯姑媳一大堆,大户人家,规矩很严,比如晨昏向长辈请安等等都是少不了的,晚上祖婆婆没发话让你去睡,孙媳妇是不敢回房睡觉的。幸而外公是个温文尔雅的人,夫妻亦甚相得。但好景不长,外婆生下我母亲不过十八个月,外公就死了。这对于年未二十的外婆来说,无异于天崩地裂。外公的坟就葬在茆竹苑的福善亭边的山坡上,几乎有一年多的时间,外婆几乎天天去坟上痛哭,常常是住在亭边的一位农妇听不下去了,把她劝住了哭,送回家去的。

外婆的性情刚强。曹家是大户人家,此时已经分家,外公名下分有对合楼的前半部分和数十石田地。外公死后,撇下寡母孤女,族中人等有的起了觊觎之心,用尽手段,软硬兼施,逼迫外婆改嫁,好瓜分这笔财产。外婆都咬紧牙关不答应,与他们争吵。终究守了一辈子的寡,说起也是够可怜的。一次,族中族长会合众人,借口察看家产,要拿田契看,外婆每次只拿一张田契出来,让他们过目登记后取回,才另外拿一张出来。外婆说,假如他们图赖,也不过赖走一张,其余的宁可一把火烧了,也不能落入他人之手。为了杜绝他们的不良之心,同时又因为没有生计来源,后来外婆把田地、房产陆续都变卖了。所得的钱财存入钱庄,后来钱庄破产,大部分也都付之东流了。外婆年轻时,家中有房有地,生活还过得去,她培养母亲读书,又抚养了她亲哥的女儿,并培养她读书。她哥哥益樟年纪很轻就死了,是因为家中造房子,从码头到家里杠木材,累得吐血死的。母亲先在绳武小学,后来考上简师。不过自从我们姐妹兄弟一个个出世之后,日子就一天比一天艰苦。但外婆是那种享得富贵、也耐得住清贫的人。她默默地担当了全部的家务,带小孩,洗衣服,什么都干,全家人的鞋子全都是外婆做的。记得我五六岁时母亲因耳疾失业,父亲也失业在家,全家饥寒交迫,外婆把能变卖的都变卖了,最后敲下她结婚时家具上的铜合页、铜把手之类去卖了买米,才勉强渡过难关。在我们的记忆中,外婆是十分节俭的,每天早上,外婆只喝一碗淡盐汤,从来没吃过早餐。三年困难时期,外婆甚至捡来菜根、瓜皮之类,将丝瓜皮煸煸吃,菜根则削了皮,腌起来吃。那瓜皮苦涩的滋味,我至今仍然记忆犹新。但外婆又是十分慷慨的,当时农村饥荒遍地,饿死人的事时有发生,而城里人好歹有居民口粮供应,成人一般每月十二公斤。所以每次有乡下的亲友来,外婆总会接济他们一点。如弟弟的奶娘是枣树村人,每次来,外婆总要抓一些米,为了怕人看见,让她用手帕包上,放在裤袋里回去。有一次春荒时节二姐的奶妈带了小儿子来,眼泪汪汪的,说要把儿子扔掉或送给人家,外婆连忙煮了一锅青菜稀饭给他们吃,并好言相劝,临走又包了米并送几斤粮票给他们,总算让他们渡过了难关。这样的事也不知有多少次。她又喜欢排难解纷,邻居家有什么难事,总喜欢找她。

外婆大大的眼睛,双眼皮,高高的鼻梁,个子也高,想必年轻时也相当漂亮。外婆没读过书,大字不识一箩筐,可是人很聪明,善于心算,邻居家卖什么柴炭米面的,她三下五除二,一下子就把价钱什么算得清清楚楚。外婆虽没读过书,眼睛却很近视,外婆说是小时候锚袜底,一直要锚到天漆黑,家里又舍不得点灯,久而久之,就近视了。原来眼睛很好,在家门口,可以认出溪西里塘过来的人的形貌,一点不会差的。

外婆肚子里歌谣、故事很多,也可以算是我最初的一位启蒙老师。很小的时候,外婆就教我念:"一粒星,咯落钉,二粒星,拖油瓶……""嘭嘭嘭,开园门,摘花菜,裹馄饨。馄饨裹得大个小,带侬去开店……"之类的童谣。记得外婆经常讲的故事是《阴阳界》,大意是:有个书生,夫妻恩爱,不幸妻子年轻轻就死了。书生不能忘怀,漫游四方,不觉到了阴阳界。这地方阴阳交界,人鬼混杂,街市一如阳间,但家家商铺门前都摆了一盆水,买东西的人将铜钱银子望水里一丢,沉的是人间的钱,照常买卖,浮的就是鬼钱,店主就随便给点东西打发了。后来书生找到了妻子,妻子已经嫁了个判官。妻子见了书生,招待他,悄悄吩咐他不要吃判官买来的东西,只吃她摆的饭菜,原来判官买来的面条、包子,都是蚯蚓、蛤蟆之类。妻子谎称书生是她兄弟,向判官求情,就又放他回阳了。这故事不知出处,大约是外婆是从戏上看来的,她之所以常常讲述,恐怕是出于与外公年少分离、阴阳永隔的隐痛和无奈吧。

在兄弟姐妹几个中,外婆最疼的是我,我也最能讨外婆的欢心。可是我也最顽劣,最难饶恕的是,一次与外婆争吵,我推了外婆一把,差点把她推倒在地,现在想起来,可谓是"当时顽梗悔已迟"了吧。但外婆仍很疼我,就算我常常惹外婆生气。常常与邻居小孩打架什么的,人家告上门来,外婆就关上门教训我,一边用竹丝棒抽打着桌子,人家听来好像在打我,以这样的方式来解解人家的气。即使真的打我,也是高高举起,轻轻落下,从来不打疼的。外婆是1967年去世的,去世前一年,她查出患了直肠癌,疼得死去活来,已经晚期,没法治了。唯一使我感到安慰的是,当时我写信到上海肿瘤医院求救,医院寄来了一个单方,主药是半枝莲、白花蛇舌草,当时白花蛇舌草本地没有,我去信广州医药公司邮购(这在兰溪是破天荒第一次),服用了几个月后,外婆的癌肿竟然消退了,也不疼痛了,最后能起床了。到第二年的立夏日,外婆正在喝粥,突然就昏倒死了,也不知是心脏病或是脑溢血死了,总之是走得清清爽爽,毫无痛苦。我想我没让外婆过上一天好日子,但只有这一件事,才稍微能让我减少一点内心的愧疚。

今年外婆已经冥寿一百零六岁了,外婆在茆竹苑的坟墓也因建设被平毁了(通告迁坟,但我们不知道,不孝之罪,莫过于此),但我觉得外婆那慈祥的目光,永远在天堂里注视着我,给我以无限的温馨。

2005 年作

# 怀念五舅公

最近整理母亲遗物,发现了一束台北来鸿,展阅之下,不禁感慨唏嘘。

来信者是樊经荪先生,兰溪人,1949年去台,他叫我母亲为英甥,因我母亲小名英仿,母亲则称他为五舅,按辈分,我应称他老人家为五舅公才对。

五舅公的来信,大多是在1989、1990、1991年前后写的,信中流露出的亲情、乡情,字字句句,感人肺腑。如他在信中说:"离乡数十载,音问隔绝,对亲人戚族时深惦念,即你母女亦从未忘怀。自两岸通邮后,于往来书信中,即常探询消息。"又说:"你附来照片(我母亲曾寄一全家福照片),我们看了都很高兴,夫妇齐眉,子孙满堂。想不到当年垂髫丫头,竟已白发盈盈,希望多多保重。玉凤(我母亲表姐,1949年去台)母子不知下落,幸好还有一个儿子,而且还有孙儿孙女,在原籍接读香烟,也是不幸中大幸。我们如果有朝一日能回乡里,还能见面晤聚,希望能如此,不知能不能愿耳。我们离乡背井数十载,想不到还能和你通信联络,觉得非常快慰。希望你们常常来信,慰我老年。"

五舅公当时年已过九十,但身体很好,他自己说:"八十以前难得有病,更无大病。现在老了,不如从前健朗,不过仍能劳动,事必躬亲。太极拳、八段锦都曾涉猎。"1991年4月,他寄来一张照片,照片上五舅母已经满头白发,而他却是精神矍铄,更可惊奇的是九十多岁的人竟然满头黑发,夫妇两人抱着才满周岁的玄外孙女(五舅公有哲嗣及两位贤孙和孙女,注明:小女孩为孙女敏的女儿才周岁,名林轩如),喜笑颜开,看了令人羡慕,所以五舅公说:"我虽年过九十,身体还健朗,数年前曾患心脏病,血压高,现已平复。""两岸远隔已四十余载,如果开放直接通航,我体力未衰,定将遄归故里一行,但不知能如愿否。但愿有日能在故乡晤聚,梦想能实现。"

但五舅公毕竟年事已高,1991年9月8日来信说:"因天时不正,感冒又加腹泻,眠食不安,一病匝月。舅母眼疾,白内障动手术差不多已三个月,常去医院复诊,已比前进步,仍须调养。"春节后来信说:"除夕前不慎在家摔了一跤,右手臂受伤,不能动弹。幸未伤骨。春节前后陆续收到各地来信二三十封,因右手肿痛,俱未复信,知你很惦念,特先致复。"

关于回乡之事,五舅公几乎每信都要提及,他说:"本来我去年就回乡探亲,手续都已办好,机票也已订购,因医嘱年纪太老,不宜远行,因此作罢,还乡心愿不知能否实现,风烛残年,恐将绝望。"又说:"我身在海外,心系乡里,可憾衰老,不能远行。""两地暌违,不克相聚。我们风烛残年,现在虽还健在,不知哪一天薪尽油干,恐怕没有机会和你们相聚了,多么遗憾。"五舅公一生经历了许多大事,晚年福寿双全,子孙满堂,唯一的遗憾是不能回乡与亲人团聚,只有怀抱终天之恨了。

如今五舅公虽已登仙,但他的音容笑貌仍在眼前,但愿两岸早日实现直接三通,神州一统,就足以告慰他老人家了。

# 故友启群琐忆

我和启群初识是在五七林场。1968 年 12 月初,我到离城十余里的新桥山背五七林场工作,启群他们第一批已在 11 月底先我们几天报到了,他见到我们就像见到熟人一样,以主人的身份帮我们拿行李,安顿住宿,忙前忙后,非常热心。之后几天,我们都在山上开荒种树,这是一片很大的黄土丘陵,同去的有 24 位知青,当时人们生活条件都不怎么好,衣衫单薄,寒风凛冽,北风呼啸,冬天只有使劲掘地,才能使身体暖和一点。大家一面掘地,一面谈论各自的见闻,谈天说地,在这种场合,启群总是活跃分子,在人们疲惫的时候,他善于以笑话、故事来鼓舞人的士气,他言谈幽默,热情大方,他只有十六周岁,比我小一岁,但显得比我成熟得多,所以得到领导和同事的信任和喜爱。

不久,场里在原砖瓦厂的废厂房里创办一个提炼柏子油的车间,我被派到化工厂的锅炉车间学习三个月,等我回来时,车间设备和锅炉等在化工厂老师傅的指导下都已安装好了,启群他们付出了艰苦的劳动。在浸油车间投产后,我在锅炉房当锅炉工,除了牙齿,全身都是黑的,他在车间任操作组长,也是一身灰尘。那时车间的劳动是很繁重的,都是三班倒,每班要扛几十包 150 来斤重的一麻袋柏子饼到浸出锅的一层楼高的操作平台上,上下要几十次,要装料,又要出料,装麻袋,又要扛 200 多斤重的油桶等等。

我们接触亦就更多,少年人的豪情勃发,有时到他车间去,他对我谈理想,谈人生,几乎是无话不谈。

空闲的时间,我们也常常悄悄地看一些书籍,因当时极"左"思潮的影响,许多书都是禁阅的,我们只能私下悄悄地交换。我曾经因为看一本借来的叫《中国古代神话》的书,被领导发现没收了,因为与领导大吵了一场,结果开了我的批判会。这时启群私下里劝我不要和领导正面冲突,这使我不得不佩服他对朋友的真诚。

这时场里组织了毛泽东思想宣传队,队里有裘春荣、翁美芳、蒋霞琴等,经常到四周村庄演出。我因五音不全,没有参加,启群却是其中的主角,他编导、演出,样样都来。记得他曾扮演当时抗洪牺牲的黑龙江知青金训华,他头戴解放帽,身穿绿军装,手缠红臂套,英姿飒爽,把金训华与洪水搏斗的情景表演得惟妙惟肖。也许是他英俊的扮相赢得不少同去姑娘的芳心吧,或是他比较早熟吧,他很快和一位同去的女知青陷入了热恋之中,清晨黄昏,山间林下,时常能看到他们亲热的身影,度过了青春年华的一段美好时光。但不久,姑娘便移情别恋了,这令他痛苦万分,想象不出他忍受了怎样的煎熬。以现在的眼光看来,那不过是一次青春朦胧的萌动吧,但启群是个纯情执着的人,也许是他经受不了失恋的沉重打击,或者是别的什么原因,不久他就突发重病住院了,先在县人民医院,后来又转金华医院,病势危急,医生也不能确诊,说可能是流行性出血热,又说可能是过敏性紫癜,都是我以前从未听说过的病,也许他的病根从此就种下了,这是 1970 年夏秋之际的事。我先后到人民医院,继而到金华医院看他,只见他形容消瘦,面色苍白,手臂上青筋裸露,当时我鼻子一酸,差点落下泪来。他一边整日打滴,一边喝又苦又浓的中药,用的是"犀角地黄汤"

的方子,没有犀角,只能用广东产的水牛角代替。但幸而他年纪轻,扛得住,加上医生的精心治疗不久就康复了,我们都为他高兴。他也没有什么异样,照样干活,几乎都没怎么好好调养。

1976年,启群调到城里华美照相馆工作,1978年我也调到印刷厂,虽然不在一个单位了,但仍然时常交往。他的家住在花园巷,是一幢老式的对合楼房子,牛腿、梁架、格扇等都雕刻得十分精致,有门厅、厨房等附房,他是最小的儿子,和父母住在下堂前连厢房的房间里,十分拥挤。以前最初到他家的时候,总是听他把父母称为"大叔、大婶",也不知什么原因,总觉得他对父母是毕恭毕敬的,十分孝顺。两位老人淳朴和蔼,家教有方,大哥是高级工程师,在广州工作。他们兄弟情谊也甚笃。

1982年,电大招生,我去约他报考,当时他已和张志初结婚,在照相馆里任副经理,工作很忙,又要搞创作,他又无师自通地学会了谱曲,他作曲的《赞电影创业》的演唱1979年还在省里获过奖。女儿宇霄还小,他心里犹豫,经过我的劝说和志初的鼓励,他也毅然报了考。从此我们又成为电大中文班的学友,他当了班长,在勤奋读书之余,经常组织班级活动,登山临水,啸傲风月。记得有一次中秋之夜,大家在中洲背游玩,月下泛舟,或唱歌、或吟诗,启群一边握着竹篙点水,一边大声喊道:"苟富贵,毋相忘!"赢得大家一片叫好声。电大毕业后,他先是在整党办,后来调市委宣传部工作,刚好凑上机会,他就推荐我到市博物馆工作,并帮我办好了一切调动手续。可见他对自己说过的话是认真的。这时的他异常繁忙,白天工作,晚上搞创作。他早就是一个希冀一夜成名的做着文学梦的青年,在电大时他写的几部中长篇的小说手稿,就曾在同学们手中传阅,不过因为种种原因,没有正式出版。这时他要摄影,要写作,要演出,要开会,他是一个追求完美的人,心又高,东奔西跑,精神疲惫,脚踝肿痛,这时他在金华开会,到医院一查,确诊为尿毒症。记得是1990年的5月31日,我去市委宣传部有事,刚好看见志初正在那里流眼泪,细询之下,才知启群已在金华市中心医院住院治疗。当时我的心就咯噔一下,因我们的一位朋友的丈夫,新婚不久,确诊为尿毒症,不到三个月就过世了,所以十分揪心。6月2日下午我和丁艺宏、骆雨平去金华医院看他,只见他躺在病床上,精神却还好,我事先想了一些安慰他的话,此时却觉得多余了。他背了一首他新填的《念奴娇·秋》词,下阕有云:"黑发常思白首事,历世几经魔劫。馨竹孤灯,闻鸡仗剑,殚虑身劳竭。潇洒豪唱,敢笑鬼雄人杰。"依然是豪气万丈。这首词后来我帮他修改了几个平仄不协的字,收在市政协1995年编的《当代兰溪诗词选》中,如今已成遗世绝响了。

正如他自己说的"历世几经魔劫",他真是个多灾多难的人,出院以后,他先是做腹透,家中的走廊上、楼梯口都堆满了做腹透液的瓶子,他自己学着做腹透,从插进腹部的一根管子上往里面灌药水,然后放出来,代替小便。后来不行了,又到金华做血透,先是一个星期两次,再到后来的两天一次,先是在金华,后来在兰溪。由于长期血透,他脸色灰黑,血管发脆,2000年曾患过一次小中风,2003年又查出有"肺癌",吃了不少药,后来"肺癌"又突然消失了,是不是误诊,到现在也说不准。虽然历经磨难,难免身心憔悴,但他仍然那么顽强、那么乐观,不屈不挠地与病魔抗争了漫长的十七年。但长期患病,也给他的经济带来巨大的压力,迫于现实的考虑和打算以后换肾的需要,他委托人做过黄豆生意,打算投资加油站,又种养名贵兰花,打算给爱女留下一笔遗产,这些都是人之常情,无可厚非,但他的努力多是以失败告终、亏了本的,可谓是"殚虑身劳竭"了。幸而他有一位贤惠的妻子,经营着一爿小童装店,不无小补,兄弟们也时常接济他,还有领导、同事、朋友的关爱,使他一次次闯过难关。可见人世命运的幸与不幸,也不是一两句话能说得清的了。

2000年2月6日下午,我和骆雨平去看他,他兴致很高,带我们到楼顶看了他的兰花,看了他的书法,回忆当年一起游白露山、下盘山的往事,展望未来,依然乐观,豪情满怀,出来的时候,他依依惜别,后来在古商城又见过一面,谁知,这一别竟成永诀了,人生的难以预料竟是如此啊!

### 后记

启群于2000年3月3日清晨6时因突发脑溢血去世,迄今不过一个多月,可以说"音容宛在"吧,与他相交近四十年,但认真回忆起来,许多的事都又模糊了,不成片段,许多的话也记不清了,不禁慨叹人生苦短,记忆之不济,而钦佩古人创造文字的神功,所以赶紧用文字拉拉杂杂地写下这些,聊作纪念,希望能较长久地流传下去。启群最大的官只不过做过宣传部的科长,没有什么丰功伟绩可以称述,和我们一样都是平凡之极的人,即使写下些什么,随着岁月的流逝,恐怕最终也都成为过眼云烟,但他对生活的热爱,对朋友的真诚,对事业的执着,以及和病魔斗争的坚韧,与古往今来的所谓英雄豪杰相比,又有什么逊色的呢?

记于2000年4月8日清明后三日

# 诗僧贯休与钱镠、王建的交游

　　贯休(832—913)，俗姓姜，字德隐，兰溪太平乡登高里人。据兰溪学者施福山先生考证，即在今兰溪市游埠镇仰天田村。七岁在和安寺出家为童侍。天资聪敏，日诵《法华经》千余言。及长，有诗名，同时工书画，有《十六罗汉图》传世，诗书画并称三绝。

　　贯休，在一般人的心目中是一个傲岸不羁、蔑视王侯的人物。这印象大抵得之于《唐诗纪事》："钱镠自称吴越国王，休以诗投之曰：贵逼身来不自由，几年勤苦踏林丘。满堂花醉三千客，一剑霜寒十四州。莱子衣裳宫锦窄，谢公篇咏绮霞羞。他年名上凌烟阁，岂羡当时万户侯。镠谕改为四十州，乃可相见。曰：州亦难添，诗亦难改。然闲云孤鹤，何天而不可飞？遂入蜀。"这故事流传甚广，但只不过是出于好事者的杜撰而已。一是时间不符。贯休献诗钱镠，是在唐昭宗乾宁四年(897)左右，时钱镠平董昌之乱于越州，生擒董昌，献俘朝廷。朝廷嘉其功，赐铁券，镠兼领镇海、镇东两藩节制。完全没有自称吴越国王之事。钱镠在唐昭宗朝，位至太师中书令，本郡王食邑二万户。钱镠受封为吴越国王，是在朱温篡唐称帝之后。先是在唐昭宗天复二年(902)，钱镠晋爵越王。而此时贯休已经到成都去了。二是与钱镠为人行事不符。钱镠虽是一介武夫，但颇知顺逆。《旧五代史·钱镠传》记载，钱镠于天复年间在临安故里大兴土木，兴造府第。其父钱宽避而不见。镠徒步前往请训。其父曰:"吾家世田渔为事,未尝有贵达如此。尔今为十三州主。三面受敌,与人争利,恐祸及吾家,故不忍见汝。"镠泣拜谢罪。同时钱镠平日也并非不通文墨。他于暖春时节写给妃子的信上只有"陌上花开,可缓缓归矣"一句话,极尽风流蕴藉之致。他礼敬文士,对贯休也断不舍至如此倨傲。三是十四州是实数,据《吴越备史》载:当时两浙之地拥有杭、越、苏、常、湖、温、台、明、处、衢、婺、睦、秀十三州,加杭州安国衣锦军一军,共称十四州。如强令改为四十州,则不知所指。

查一查《大宋高僧传·贯休传》,事情就明白了:唐昭宗乾宁初,时贯休已60多岁,来杭进谒钱氏,因献诗五章(贯休献诗共有五首,今《全唐诗》仅存一首,这也是今存诗诗句有多处不同的原因,必有前后诗句混淆之处),章八句,钱镠甚惬志,馈赠亦丰。完全没有谕令改"十四州"为"四十州"之事,而且据《高僧传》记载:钱镠"立去伪功,朝廷旌为功臣。乃别树堂立碑,记同力平越将校姓名,遂刊休诗于碑阴,见重如此"。可见贯休的献诗很得钱王的欣赏,而且还立石刻碑,希图传之远久,更何况钱氏自知实力不逮,从未萌与中原王朝抗衡之心,故史称"忠孝之家",所谓谕改为"四十州"之说,不过是好事者的蛇足罢了。同时细考贯休生平,不仅仅是个诗僧、书画家,而且是个极其关心政治、关心民间疾苦的政治诗人,希望用自己的诗文甚至策略去影响当时有实力的一方诸侯,致力于平定祸乱,让百姓安居乐业。他一方面痛斥贪官酷吏,一方面又对能够起到保境安民的权势人物赞誉有加,也在情理之中。他之所以离浙,是因为喜爱皖南山水之胜,随后至荆州投靠节度使成讷,黜居于功安,郁悒中题石砚云:"入匣始身安。"不甘寂寞之心溢于言表。于是入四川,作《陈情献蜀皇帝》诗,时蜀主王建称帝,按正统观念来说是僭伪,但贯休认为他能使"全蜀少尘埃",

轻徭薄赋,发展经济,反而写了许多歌颂他比德尧舜的诗文。王建对他也是礼遇有加,称为得得和尚,留住东禅院,赏赐优渥,号禅月大师。旋建龙华道场,令居之。

　　总之,《献钱尚父》一诗,先写钱氏一朝富贵并非偶然侥幸。次写其得士之盛,功业之隆,再写其衣锦还乡,显亲扬名,而诗人之篇什不足以铺扬其美,最后写出他年名上凌烟阁的期望,可谓颂扬与期望并尽其美,能得到钱镠的欢心,应是很自然的。贯休生当乱世,半生坎坷,而在晚年能得到钱镠、王建两位比较开明的统治者的知遇之恩,可以说是相当幸运的了。

# 戴进生平及其画作赏析

【摘要】戴进是明初"浙派"画风的开创者,为一代宗师。他早年主宗南宋院体,山水画作继承马远和夏圭遗风,这是他在画院遭斥的主要因素。戴进极富道释情怀,但他本质上是一位平民画家,具有很强的市民意识和世俗性。这是他的画作深受平民百姓喜爱和被某些人贬为"野狐禅""鄙野"的主要原因。但这正是他人民性和进步性的具体体现。

【关键词】戴进　马夏遗风　道释　市民意识

一、折而不挠,一生精进

戴进(1388—1462),字文进,号静庵,又号玉泉山人,浙江钱塘(今杭州)人。生于明太祖洪武二十一年(1388),卒于明英宗天顺六年(1462)秋,享寿七十五岁,葬于西湖横春桥。他父亲戴景祥是位民间画工,但他少年曾为生计被父母送去学习锻造金银首饰的手工艺,成为一名银匠。然而有一次在市上,他见到了熔化金银者,发现那人熔的是自己的作品,回家后就很感慨地对朋友说:"我呕心沥血于此技,岂是为了糊口?而是冀望借此名垂不朽。今有人竟熔化我所造之物,看来此技不足为也!但不知怎样才能发挥自身之长?"朋友即说:"你将聪明才智施于金银首饰是不值得的。这些物品,只能供世俗玩弄和喜爱,若能将智巧用于绢素,必定得以传世留名。"戴进听后大喜，从此就改学绘画，到十六七岁时，笔墨已不同凡响。

永乐初，戴进随父应征到过当时的京师南京。当他将要进入水西门时，转眼却发现挑行李的脚夫已不知去向。他即刻向附近酒家借来纸笔，当场画出那名脚夫的像。他拿着画像请众脚夫辨认，众人立即认出此人，于是同去其家，追回了行李。此事说明戴进少年时已能画出酷似真貌的肖像，状物的本领很高。存世有戴进画的《归田祝寿图》卷，便是在京朝官请他绘赠致仕回乡的兵部员外郎端木智的，刘素所题诗序署"丁亥九月"即永乐五年(1407)，时年戴进二十岁。由此可知，戴进永乐五年左右时首次入京，画艺已受时人青睐。继而他回乡深造，到永乐末年他三十六七岁时，就已名重海内。其间他为杭州许多寺观绘过壁画和挂幅。史载华藏寺、湖鸣寺、上天竺寺、报恩寺等处都留有他的画迹。存世的《达摩至慧能六代像》卷，画风承唐宋寺观道释画传统，推测当作于此时。

在宣德三四年(1428、1429)时，浙江右布政使请戴进画门神，他不肯将就，这位长官勃然大怒，给他套上了犯人刑具。此事恰巧为同级的左布政使黄泽遇见，在问明缘由后，就含笑加以释放。戴进十分感激，于是送给黄泽四幅画，都是平生得意之笔。此事说明戴进是位性格倔强、不畏强权，同时又甘愿为知音者奉献一切的人。

大约在宣德五六年(1430、1431)间，戴进的名声传入宫廷，蒙宣德帝恩召进入画院，待诏仁智殿。在同僚谢环、李在、倪端、石锐中间，画艺首屈一指。但据说因他进呈的《秋江独钓图》遭谢环谗言被宣宗斥退，无法再在画院存身。但此事真相如何，尚有可疑之处。戴进被斥离开画院后，仍在北京逗留了很长时间。其间他洁身自好，安贫守素，淡泊名利，借诗文翰墨怡情养性，并以旷达的襟怀和高雅的情操寻觅知音，以精湛的画艺与画家、名士相酬往。他结识交往的画家有宫廷画家谢环、石锐、孙隆,文人画家有夏昶、朱孔旸、黄希谷等人。酬往的名公巨卿则有内阁中的杨士奇、杨荣,尚书王直及张益、徐有贞、刘溥等人。他们都仰慕其人品与画艺,经常以诗文相酬。戴进在京的艺术创作活动也很活跃。现可确定作于此时期的作品有与朱孔旸合作的《墨松图》卷、《松石图》卷、《金台送别图》卷、《公岩萧寺图》轴、《听雨图》轴、《冬景山水》轴、《夏山避暑图》轴等。

约在正统七年(1442)前后,戴进离京返回杭州,定居课徒,专心作画,交友广泛,创作甚多,声誉随年事俱增,时人推崇他为"良画史"。他借艺与当地名士酬酢往还,作有《南屏雅集图》《春山积翠图》《灵谷春云图》等。戴进晚年的创作进入鼎盛期,所绘作品有:正统九年(1444)的《雪溪行旅图》、十一年的《携琴访友图》、十二年的《雪山高士图》和《大禹治水图》以及景泰三年(1452)的《雪景山水图》等。戴进所创画风,影响后世遂成"浙派"。当时追随者甚多,如其子戴泉、女戴氏、婿王世祥,均以家传;门生有方钺、夏芷、夏葵、仲昂等;私淑弟子有陈景初、陈玑、吴珵、宋臣、汪贤、谢宾举、何适、释补中等。

戴进于天顺六年(1462)秋去世,享寿七十五岁,葬于西湖横春桥。戴氏家族以后可能日趋凋零,故五六十年之后,郎瑛路过凭吊时,墓已凄迷于苍莽荒原之中了。


二、宋元流韵,马夏遗风


戴进早、中期的画风博采诸家,呈现出多种面貌和格调,技艺趋于全面、精熟,但尚未形成自己鲜明的个人风貌。他早期的画如作于二十岁时的《归田祝寿图》卷,其画风直追南宋"院体",笔法劲健。所绘主人翁即明初著名书法家、官至奉训大夫兵部员外郎的端木智,表现他年高辞官还乡,在家庆贺六十大寿的情景。画面主人翁及宾客,虽置于中心部位,却都以点景人物的形式出现,体貌仅简略勾勒出轮廓和动作,眉目、表情俱无,难窥个性特征。展现的环境有崇山峻岭、苍松翠柏、松鹤修竹、清石幽庭,虽很优雅,但也殊少真实的地域特征,如此处理题材,既表明戴进未曾目睹现场,只是想象之作,又说明他是受人之嘱,遵命而行,反映的是他人的创作意图。这与少年画家的地位、身份是很相符的。

此作基本取法南宋"院体",对角线的构图右实左虚;远景一抹淡山,有咫尺千里之感;山石小斧劈皴兼渲染的手法,质感峻硬,近夏圭;树干瘦硬偃蹇,修长虬曲,似马远的"拖枝"。同时又带有一定的劲逸趋向,如简劲短碎的勾线、突兀不平的山形、浓淡相间的苔点等等。

南宋"院体"的山水构图与五代、北宋以荆浩、关仝、李成、范宽、郭熙为代表的北方山水画派大不相同。北方山水画派以大山大水式的全景构图,表现雄伟壮美的北方山水。而南宋"院体"多取右实左虚的对角线构图。马远、夏圭构图常取一角或半边,使其焦点集中,空间旷大,自具一格,人称"马一角""夏半边"。戴进生长在南宋故都杭州,马夏遗风未远,画迹流传亦多。见闻必多,所以他早年绘画从南宋"院体"入手,应该是顺理成章之事。其后戴进的画风转为博采诸家,如他的后期山水也融入了元代黄公望等人的笔墨在内,呈现出多种面貌和格调,技艺趋于全面、精熟。晚年更是从南宋"院体"而演化为雄劲简逸,融诸家之长而成行利兼具的集大成面貌。如《关山行旅图》等。但他的创作始终有一种南宋"院体"的烙印浸淫其中。如其在京时的《松石轩图》卷,以及作于天顺四年(1460)的晚年代表作《南屏雅集图》卷,无论从构图或用笔分析,仍然带有一定程度的马夏遗风。

这里就要说到戴进在画院时遭谗被斥的问题了。有记载说一日在仁智殿呈画时,戴进以得意之笔《秋江独钓图》进献,宣宗问在场的谢环画得如何？谢环嫉妒心起,答奏："此画甚好,但恨鄙野。大红是朝廷品官服饰的颜色,穿着大红袍钓鱼,很是有失体统。"宣宗点头首肯,其余几幅均挥去不再审阅。于是戴进即遭排斥,离开了画院。

这事真相如何,很值得商榷。笔者认为明宣宗朱瞻基是一位极富天分的帝王画家,他艺术造诣很高,山水、人物、走兽、花鸟无所不精,艺术见解也高。对于戴进的画作,一览之下即能分辨优劣,心下了然,原不待征询在场的谢环的意见,即使真的征询了谢环,他的意见也不足以左右宣宗本人的判断。同时宣宗自己曾绘有《雪山图》,画中一穿红袍者策杖前往古寺。所以所谓谢环云"穿着大红袍钓鱼,很是有失体统"云云,实是稗官野史之谈,不足为据。戴进被斥,应是出于宣宗的宸断,原因是戴进画作的马夏遗风,不能迎合圣意。众所周知,画史上称马一角、夏半边云云,论者多以为是对南宋小朝廷偏安东南一隅,半壁残山剩水的间接反映和讽喻。对此宣宗不可能不知。而明朝是大一统的封建王朝。宣德时期正处于"仁宣之治"的大明鼎盛时期,从永乐帝开始就不喜残山剩水的马夏画风,宣宗的审美取向更是如此。戴进的《秋江独钓图》虽然已经失传,但推测也应是马远、夏圭的南宋"院体"风格,构图取一实一虚的对角线构图,不知不觉中犯了宣宗的忌讳,所以被斥出画院,亦是顺理成章之事。至于谢环的谗言中伤,从戴进之后与他的交谊来看,显属子虚乌有。戴进在京时期的《松石轩图》卷,引首朱孔旸书,后纸有谢环和徐有贞题诗。以戴进倔强、正直的性格,当不会与谗言中伤过他的人交往,乃至请他为其所作画卷题诗。另有李开先《中麓画品》记载说,谢环曾请戴进代笔为阁臣作画。如果谢环的确是他的对头,又何至如此呢。另有郎瑛的

《七修类稿·戴进传》记载说，镇守福太监向宣宗推荐戴进的《春》《夏》《秋》《冬》画四幅。宣宗先阅《春》《夏》时。谢庭循即谢环在旁说："非臣可及。"及展《秋》景，谢环说："屈原遭遇昏君，沉江而死。此画绘屈原与渔父对答，有不逊之心。"最后展《冬》景，谢环说："七贤过关，乱世事也。"宣宗勃然大怒，曰："福可斩！"按七贤过关，是唐开元时张九龄、李白、王维等七人于冬日出蓝田关往游尤门寺之事，是盛世文人雅事，怎么能说是乱世事呢。现故宫博物院藏有明人《七贤过关图》卷，为明内府所藏，可见明代帝王并不以《七贤过关》为忌讳。所以这段记载真相如何，亦值得存疑。

戴进虽然因其山水画作的马夏遗风而遭遇到了影响其一生命运的重大挫折，但他主宗南宋"院体"，使他在艺术上获益良多。除山水外，他的人物画如《达摩至慧能六代像》，笔墨多宗法南宋刘松年。花鸟画如《葵石蛱蝶图》，状物准确，造型质朴，笔致细柔，敷色清丽。继承了南宋院体花鸟的风格，又融入了元代钱选的没骨设色法，飞翔的彩蝶在细致工笔、典雅没色表现下，极有装饰性的视觉效果。

### 三、道释情怀，市民意识

明朝立国之初，即以儒释道三教并重。明太祖朱元璋曾亲自为《道德经》作注，并撰有《释道论》《三教论》等著作。明成祖朱棣则亲自为《金刚经》作序，并下令开雕卷帙浩大的《北藏》经书。为整个明代三教并重的政策奠定了基础。戴进生活的杭州一带，自古以来佛寺道观林立，自小他父亲就带他出入寺观绘画，耳濡目染，加上中年坎坷，戴进一生都抱有深深的释道情结。由于戴进出身寒微，文学修养不高，他不以诗文名世，也绝少自己的题画诗，所以我们难以从诗文中了解他的道释情怀。但我们仍然可以从他的画作中窥见一斑。著名的如他的《洞天访道图》轴,内容为黄帝入崆峒山问道于广成子故事,构思精微。《春山积翠图》轴绘一老者携书童漫步于松下小径,远处佛寺隐然。就连表现三国时刘备三访隐居隆中的诸葛亮,请其出山的历史故事的《三顾茅庐图》轴,不仅诸葛亮是道家装束,就连关、张二人也是宽袍大袖,一副道家气象而毫无武将的峥嵘凶猛之气。整幅画面虬松修竹,飞瀑峻岭,道气氤氲。人物画方面则有《达摩至慧能六代像》,作品以佛画惯用的连续构图形式,将不同时代的禅宗六祖,合绘于同一画面。初祖达摩面壁洞内,跌坐修行;二祖慧可倚坐石盘,居士前立问讯;三祖僧璨手持棕帚,侍僧折身拾物;四祖道信依傍树下,手指"佛"字大石,似在点悟佛理;五祖宏忍端坐禅椅说法,居士拱手恭听;六祖慧能则俯身与居士论析佛法。情节富有变化,人物情态各异。六祖的形貌,仍带有唐代贯休笔下梵僧高鼻、深目、广额、长眉的奇异画风,但也具更多世俗的写实因素,充分表现了画家对佛教禅宗的感悟和理解。

但戴进在本质上还是一位平民画家,他出身低微,虽然在宫廷画院待过不长的一段时间,但身份和地位都很低。他离京回乡后,一直以卖画课徒为生。虽然他结交的和向他求画的不乏达官贵人,但他主要交往的还是市民阶层,他的主顾主要也是市民阶层,所以他有很深的市民意识。流行的说法是:戴进晚景凄凉,"嫁女无资,以画求济,无应之者",最后穷困而死。但这种说法并不可靠。古人早婚,不能想象戴进六七十岁的晚年还有待嫁之女。杜琼记载说:戴进"晚乞归杭,名声益重,求画者得其一笔,有如金贝"。虽不无夸张,但明代商品经济发达,钱塘富庶,戴进以画谋生,应该衣食无忧。否则就不能解释他的家人如其子戴泉、女戴氏、婿王世祥等都得家传,从事绘画生涯了。

在绘画上,戴进表现民间习俗和世俗生活的作品占很大比重,如《太平乐事》《升平村乐》《溪山渔艇》《关山行旅》《踏歌》《牧牛》《渔乐》《纳凉》等图。如存世的《渔乐图》中,渔民形象之淳朴,劳作场面之艰辛,很大程度取之于他经常接触下层社会的生活体验。在历史故事题材方面,他或绘《商山四皓》《雪夜访戴》《介子推偕隐》《七贤过关》《李白问月》《许由弃瓢》等清介绝俗的高逸,或绘匡时济世的高贤,如《渭滨垂钓》《三顾茅庐》《大禹治水》等。鬼神道释的创作方面,则有罗汉、功德、天师、三星、钟馗等,如《钟馗夜游图》,钟馗慑人的目光,可使得四处流窜的鬼卒惊骇,而顺服于威猛气势之下,心甘情愿服侍于身旁。小鬼形象虽然龇牙咧嘴,但脸孔诙谐而不令人害怕。山水方面则常绘西湖十景如南屏晚钟、灵谷春云等以及浙江一带的名胜。这些都迎合了当时市民阶层世俗的审美情趣,也是画家平民性格的体现。这都是平民百姓所耳熟能详和喜闻乐见的。

戴进在生前及卒后百余年间,声誉卓著,备受推崇。虽然有的记载说如谢环曾批评他鄙野,但同时代的倪廉称他为"一代良史";稍后的陆深评"本朝画手,当以钱塘戴文进为第一";郎瑛更誉其为"画中之圣";明中期何良俊评戴进为"院体中第一手";王世贞则评为"行家兼利家者也";晚明董其昌承认他是"国朝名手""我朝画史大家"。但到清初,四王画风笼罩画坛,一些文人在摒弃"浙派"同时,竟将戴进归入"日就狐禅,衣钵尘土"之列,甚至不屑一提。其实戴进的所谓"鄙野",更是他平民性、世俗性、进步性的具体表现。他在风格面貌上创造出迥异前人的新貌,建立起称誉一时的"浙派",并非仅仅依靠运用多种笔墨表现物象之真的纯熟的技巧和阐发意境情思的精微构思所能成功的。作为一代宗师,戴进的生平和艺术成就仍然有值得我们深入研究、探索和继承发扬的地方。

# 浅谈诸葛亮廉政思想
# 及其对后世和后裔的影响

诸葛亮是三国时期一位杰出的政治家、军事家，也是一位家喻户晓、妇孺皆知的历史人物。在中国古代历史上，杰出的政治家、军事家代不乏人，然而能如诸葛亮那样为历代人民所崇敬和敬仰者，却实属少见。

诸葛亮之所以能成为"大名垂宇宙"的伟人，在中国各族人民中间乃至在周边各国如朝鲜、韩国、日本、越南等人民中间久享盛誉，传颂不绝，除了诸葛亮的光辉业绩彪炳史册外，更是他以垂范后世的廉政思想及其感人至深的思想品格深刻影响于当时和后世的结果。本文试就诸葛亮廉政思想的几个方面作一粗浅的探讨。

## 一、诸葛亮廉政思想的内涵

### 1.不怙权，不专断，不以权谋私

诸葛亮出山之初，因年纪轻，资历浅，未建功绩，虽然与刘备"情好日密"，但并无多大权力，据《魏略》与《九州春秋》记载，此时刘备仅"以上客礼之"，尚未授以实职。至建安十三年（208）赤壁战后，刘备收江南，"以亮为军师中郎将，使督零陵、桂阳、长沙三郡"，亮专任一方，尽忠职守，每"调其赋税，以充军实"。建安十九年(214)刘备取成都后,"以亮为军师将军,署左将军府事"。"先主外出,亮常镇守成都,足食足兵"。章武元年(221)刘备称帝后,"亮以丞相录尚书事,假节"。"张飞卒后,领司隶校尉"。刘备去世以后,诸葛亮继续"竟股肱之力,效忠贞之节",悉心辅佐刘禅。建兴元年(223),"封亮武乡侯,开府治事,顷之,又领益州牧。政事无巨细,咸决于亮"。权力达到高峰,但亮仍说:"斟酌损益,进尽忠言,则攸之、祎、允之任也。"(以上均见《三国志》本传)当权臣李严为了自己个人的种种目的,力劝诸葛亮接受"九锡"、晋爵封王时,诸葛亮作书答曰:"今讨贼未效,知己未答,而方宠齐晋,坐自贵大,非其义也。"以拒加"九锡"的实际行动规劝李严以国家统一大业为重,不要妄自尊大。诸葛亮把权力集中运用在治政治军、强国强兵方面,不用权力为自己谋取私利。

2.以身作则,俭以养德

诸葛亮平时生活相当俭朴,以一国之相做到"蓄财无余,妾无副服"。诸葛亮病重期间,向刘禅呈上一份关于家庭经济状况的奏表,"臣初奉先帝,资仰于官,不自治生。今成都有桑八百株,薄田十五顷,子弟衣食,自有余饶。至于臣在外任,无别调度,随身衣食,悉仰于官,不别治生,以长尺寸。若臣死之日,不使内有余帛,外有赢财,以负陛下"。这不仅是诸葛亮一生廉洁从政的真实写照,也是古代高级官员的一份家庭财产申报表。诸葛亮死后,丞相府清点财产,"卒如其所言"。廉洁从政往往要由俭朴的生活作风来支撑。诸葛亮一生崇尚节俭。实际上,诸葛亮的俸禄和得到的赏赐是丰富的,他自称"禄赐百亿"(《答李严书》),但他提倡"将不可吝",说:"吝则赏不行,赏不行则士不致命,士不致命则军无功。"他所得的绝大部分财物都用于赏赐有功将士了(《诸葛亮集·将苑》)。在平定南中诸郡的叛乱中,"深入不毛,并日而食",两天只吃一天的饭,其艰苦程度可想而知。诸葛亮一生南征北讨,戎马倥偬,将毕生精力献给了国家统一大业,至死"内无余帛,外无赢财",给后世留下了为政清廉的典范。诸葛亮不仅生前生活俭朴,也是丧事从简的倡导者和带头人。他"遗命葬汉中定军山,因山为坟,冢足容棺,敛以时服,不须器物"。这在厚葬之风盛行的汉魏时期是难能可贵的。

3.不沽名钓誉,不居功自傲

诸葛亮曾说:"将贵不骄,胜而不恃""将不可骄,骄则失礼,失礼则人离,不离则众叛。(《诸葛亮集·将苑》)建兴六年(228)春,诸葛亮率大军出祁山,南安等三郡叛魏降蜀,又收纳了长于军事的姜维,打下了翼城。他的部属纷纷向他祝贺。诸葛亮不仅不以为喜,反而心有愧疚,写了《谢贺者》表达了他对国家分裂、民不聊生的无限惭愧之情:"普天之下,莫非汉民,国家威力未举、使百姓困于豺狼之吻,一夫之死,皆亮之罪,以此相贺,能不为愧?"恳切地表达了他以兴复汉室为己任,不居功自傲的高尚情操。

4.虚怀若谷,虚心纳谏,勇于承担责任,不文过饰非

诸葛亮具有虚怀若谷的磊落胸怀。街亭失守,第一次北伐失败,诸葛亮挥泪斩了他所器重的马谡。但他作为主帅,也主动承担了责任。诸葛亮特上书刘禅,请求给予自己贬官三等的处分。他在疏中诚恳地检查了自己"明不知人""授任无方",以及身为三军主帅而"不能训章明法"等过错,于是降诸葛亮为右将军,代行丞相事。在政权建设中,诸葛亮还特别注意"集众思,广忠益"。他虚心听取大家的意见,鼓励部属勇于发表不同见解,在争论中求得统一,以减少和避免过失。他在给下属的指示中,公开宣称自己"任重才轻,故多阙漏",多次鼓励下属直率地向他提意见。在第一次北伐失败后,诸葛亮分析了失败原因,认为不是兵少而是指挥不

当。他特地发布了《劝将士勤攻己阙教》,号召部属为了国家利益,要勇于经常指出主帅的过错。对于向他提过意见的部属,诸葛亮十分看重他们。曾诚恳地劝止诸葛亮自校簿书的杨颙,官职并不高。他去世时,诸葛亮纡尊降贵,写信表达哀悼之情,并"垂泣三日"。王安石为此作《感旧》诗:"恸哭杨颙为一言。"

5.对子女不娇不纵,从小处着眼,励以忠贞大节

诸葛亮对于子侄、外甥等要求甚严,"勿以善小而不为,勿以恶小而为之",是他对子女的严格要求,如对于饮酒,他要求只要"适体归性"即可,不能酗酒。当他的继子诸葛乔办完公务,正要返回成都时,各位将领的子弟正在执行后勤运输任务。考虑到应该让诸葛乔与大家同甘共苦,就派诸葛乔带领五六百名士兵,同各位将领的子弟在山谷中转运粮草。《诫子书》《又诫子书》《诫外甥书》是诸葛亮在如何对待学习和如何做人等方面对晚辈的严格要求,也是他一生勤于治学、严于律己的经验之谈。"淡泊明志,宁静致远""志当存高远""忍屈伸,去细碎,广咨问,除嫌吝",这些脍炙人口的千古名句,是他从人生经历中总结出来的至理名言。这些内容,不仅教育了他的子侄、外甥,也成了诸葛后裔的传家之宝。


二、诸葛亮廉政思想的来源


诸葛亮的廉政思想主要来自儒家学说,如"克己复礼""不义而富贵,于我如浮云"等,但诸葛亮自青少年起就博采众长,精研了先秦诸子百家的政治主张和思想观点,通过分析得出:"老子长于养性,不可以临危难;商鞅长于刑法,不可以从教化;苏、张长于驰辞,不可以结盟"(《诸葛亮集·论诸子》)。他对先秦法家人物,特别是管仲、申不害、韩非等人的著作,更是认真钻研,"每自比于管

仲、乐毅"(《诸葛亮传》)。这些著作的学习对他的法家廉政思想的形成起了重要作用。他"躬耕陇亩,好为梁父吟"。树立了远大的理想与政治抱负,形成了他实现国家统一的思想。诸葛亮的这一远大抱负从他以后在经验总结的基础上写的《诫外甥书》《诫子书》《又诫子书》《与兄瑾言子乔书》《与兄瑾言子瞻书》中可以明确看出。他要求晚辈要有远大志向和奋斗目标,如《诫外甥书》说:"夫志当存高远,慕先贤,绝情欲,弃凝滞,使庶几之志,揭然有所存,恻然有所感;忍屈伸,去细碎,广咨问,除嫌吝,虽有淹留,何损于美趣,何患于不济。若志不强毅,意不慷慨,徒碌碌滞于俗,默默束于情,永窜伏于凡庸,不免于下流矣。"这段话,可说是诸葛亮青少年时代远大政治抱负的自述。同时诸葛亮也深受墨家思想的影响。史载"墨家者流,盖出于清庙之守"。所以他们能够深入基层,了解实情,体察民意,从而提出尚贤、尚同、节用、节葬、兼爱、非乐、非攻、非命、明鬼、天志等十大政治主张。《淮南子·要略》载:"墨子学儒者之业,受孔子之术,以为其礼烦扰而不悦;厚葬靡财而贫民,久服伤生而害事,故背周道而夏政。"可以看出:第一,墨子倡导节用、节葬;诸葛亮反对奢侈厚葬,力主节流、积蓄。东汉末年,政治极为腐败,豪强地主无度奢侈,他们"连栋数百,膏田满野;奴婢千数,徒附万计……琦赂宝货,巨室不能容……三牲之肉,臭而不可食;清醇之酎,败而不可饮。"诸葛亮反对这种奢靡的风气,他要求蜀汉属吏们"清心寡欲,约己爱民"。并告诫自己的子孙要"静以修身,俭以养德"。他不但严纪于人,而且身体力行。作为一国丞相,出则"乘素舆",戴则"葛巾";"蓄财无余,妾无副服",仅有"桑八百株,薄田十五顷,随身衣食,悉仰于官,不别治生,以长尺寸"。他教育子孙要约制酒量,"适体归性"。面对着时尚厚葬之风,诸葛亮力主节葬,在处理先帝丧事时,他规定"百僚发哀,满三日除服,到葬期复如礼……三日使除服"。他临终之时,"遗命葬于定军山,因山为坟,冢足容棺,殓以时服,不须器物"。第二,对工作,墨子是"日夜不休,以自苦为极";诸葛亮则是"寝不安席,食不甘味""罚二十以上,皆亲览",事必躬亲,食少事烦。诸葛亮思想体系中所存在的这些墨家思想,显然是他廉政思想的一大重要来源。

### 三、诸葛亮廉政思想对后世的深刻影响

陈寿的《三国志》是认识、评价诸葛亮的最基本的资料。陈寿认为诸葛亮是一位优秀的政治家,"可谓识治之良才,管、萧之亚匹"。同时也认为诸葛亮是一位军事家,只是将略不及政理。"然亮之才,于治戎为长,奇谋为短,理民之干,优于将略"(见《三国志》本传)。他的评论得到魏、吴人士和晋人的认同。魏国谋士贾诩说:"诸葛亮善治国。"(《贾诩传》)吴国的大臣张俨说:诸葛亮"亦一国之宗臣,霸王之贤佐"(本传注引《默记》),西晋张辅著《名士优劣论》盛赞诸葛亮治国统兵的才干和他为相的功绩,然后说:诸葛亮"殆将与伊、吕争俦,岂徒乐毅为伍哉"?(《全晋文》卷一百五)晋人傅玄也认为:诸葛亮"诚一时之异人也。治国有分,御军有法,积功兴业,事得其机,入无余力,出有余粮"。(《全晋文》卷四十九《傅子》)南朝梁将陆法和在白帝城对人说:"诸葛孔明可谓名将,吾自见之。"(《北齐书》卷三十二)到了唐代,对诸葛亮评价更高。唐太宗李世民曾对大臣房玄龄说:"汉魏以来,诸葛亮为丞相,亦甚平直,尝表废廖立、李严,立闻亮卒,泣曰:'吾其左衽矣!'严闻亮卒,发病而死。故陈寿称:'亮之为政,开诚心,布公道,尽忠益时者虽仇必赏,犯法怠慢者虽亲必罚。'卿等岂可不企慕及之。"(《贞观政

要》第十六）唐代中期宰相裴度曾说："度尝读旧史，详求往哲，或秉事君之节，无开国之才，得立身之道，无治人之术。四者备矣，兼而行之，则蜀丞相诸葛公其人也。"他还说，诸葛亮如"尚父作周，阿衡佐商"，其才"兼齐管、晏，总汉萧、张"。（《唐文粹》卷五十五《蜀丞相诸葛武侯祠堂碑铭并序》，碑今存，在成都武侯祠内）唐代诗人讴歌诸葛亮形成一个高潮。《全唐诗》书中可见咏及诸葛亮事的诗人50多位，诗歌近100首，其中以孔明为主题的约40首。诗圣杜甫咏孔明的诗最多。他的"三顾频烦天下计，两朝开济老臣心。出师未捷身先死，长使英雄泪满襟"（《蜀相》）"功盖三分国，名成八阵图"（《八阵图》）"诸葛大名垂宇宙，宗臣遗像肃清高。伯仲之间见伊吕，指挥若定失萧曹"（《咏怀古迹五首》）等，已经成为后世评价诸葛亮的名句而广为传颂。宋、明时代，由于理学的兴盛，对诸葛亮多从仁义、礼理的立场，大加推崇。宋代学者苏轼说："西汉之士，多智谋，薄于名义；东京之士，尚风节，短于权略。兼之者，三国名臣也。而孔明，巍然三代王者之佐，未易以世论。"（《东坡续集·题三国名臣赞》卷十）他又说：汉末"曹操因衰乘危，得逞其奸。孔明耻之，欲信大义于天下。当此时，曹公威震四海，东收许、兖，南收荆、豫。孔明之所恃以胜之者，独以其区区之忠信，有以激天下之心耳。"（《东坡应诏集·诸葛亮论》卷十）著名理学家朱熹说："论三代而下，以义为之，只有一个诸葛孔明。"另一位著名理学家张栻说：汉代"相传四百年，而曹氏篡汉。诸葛忠武侯当此时，间关进折，左右昭烈父子立国于蜀，明讨贼之义，不义强弱利害贰其心，盖懔懔乎三代之佐也。……虽不幸功业未究，中途而殒，然其扶皇极，正人心，挽回先主仁义之风。垂之万世，与日月同其光明，可也"。明代理学家宋濂说："三代而下，有合于先王之道者，孔明一人。"理学家方孝孺具体分析说："孔明以布衣至于为相，而人不以为速；以讨贼为己任而任将帅，人不以为自用；兵败而功不成，人不以为无勇；一国之政，赏罚予夺无所贷，人不以为专。……孔明之为相，欿然虚已以求闻已之过，秦汉以下为相者皆不及，不幸而功不成，天也！安得以成败论孔明哉！"（以上引文均见明·诸葛羲、诸葛倬辑《诸葛孔明全集》卷十八）清初著名学者王夫之认为，诸葛亮是治国治军的奇才，他说："军不治而唯公（孔明）治之，民不理而唯公理之，政不平而唯公平之，财不足而唯公足之。"（《读通鉴论》卷十）这些评价显然大都从诸葛亮的治国治军之才出发，但也包含了后世对他廉政思想的肯定和追慕。

自诸葛亮之后，历史上所有清廉有为的官吏如宋代包拯，明代于谦、海瑞等，无不以诸葛亮为楷模，事例之多，不胜枚举。仅以有清一代为例，如王熙官至保和殿大学士兼礼部尚书，祭祀不用三牲，以蔬果代之；汤潜庵为苏州巡抚时，行李萧然，春日采野荠为豆羹，民间称其为豆腐汤；于成龙任两江总督，日啖青菜数把，江南人呼为于青菜，死后堂后仅瓦瓮米数斛，盐豉数盎而已；朱可亭任浙江巡抚，食粝衣粗，夫人亲自下厨做杂务；邵基任江苏巡抚，妻不衣帛，旁无姬侍，客至，鱼菽萧然；米石君崖岸峻绝，一介不取；刘绳庵任工部侍郎，衣履极敝而不改作，王安国累官至吏部尚书，早餐与子只食大饼数只；刘墉官至相国，而常敝衣恶服，周旋于朝班之中；曾国藩治家力崇节俭，驻师安庆时，夫人欧阳氏亲率媳妇同纺棉纱，夜纺四两棉花方歇；长江水师提督彭玉麟常布衣草履，状如村夫子，惟嗜辣椒及豆腐。山西巡抚阎丹初，夫人纺绩于大堂之后；浙江巡抚卫静澜，亦以节俭著称，衣袍多补缀痕，夫人诞辰，仅购烧饼油条而已；左宗棠青年时即以诸葛孔明自居，以清廉自守。清代虽为中国封建社会的末世，而见于史册的清官特多，所以能延绵国祚近三百年，也是有其深刻原因的。

## 四、诸葛亮廉政思想对后裔的影响

诸葛亮的廉政思想对他的后裔的影响同样也是十分巨大的。在兰溪诸葛村这一诸葛亮后裔最大的聚居地,诸葛亮伟大的人格力量和精神品质,尤其是他的《诫子书》,教育和勉励他的一代又一代的后人积极向上,自强不息,务农经商者求真务实,步入仕途者清正廉明,显示了诸葛亮廉政思想的巨大力量。明、清两代,诸葛村共出进士5人,举人11人,全村担任过正七品以上的官员有知县13人,京官及州、府、道官员10人。其中在光绪《兰溪县志》上列传的就有16人。如诸葛伯衡,明洪武年间曾任北平织染杂造局大使,后任广东参议,是一位"性清介,持名节"的"清修直谅之士"。诸葛岘,曾任刑科给事中,"不徇私以苟容",39岁时积劳成疾死于任上,连丧葬之费也全靠同僚资助。诸葛桂,清康熙年间职授都司,后"辞官居贫,月支石米"过活。诸葛谡,乾隆年间任山西怀仁县知县,在任十余年,兴利除弊以清廉自励。其余如先后任江西新建县、广西桂平知县的诸葛铿,任江西永新、新城等县知县的诸葛槐,无不关心民瘼,勤于职守,公正廉明,诸葛槐甚至在太平军攻城城陷时投井殉职。他们继承先祖遗风,鞠躬尽瘁的事迹记载在《浙江通志》《金华府志》《兰溪县志》和《诸葛氏宗谱》等方志、家谱中,赢得了后人的景仰和赞颂。

## 五、廉洁文化是先进文化的重要组成部分

诸葛亮的廉政思想及其实践,丰富和充实了中华民族传统的廉洁文化。廉洁文化是先进文化的题中应有之义。廉洁文化是先

进文化的重要组成部分,廉洁文化的发展可以有力地促进先进文化的发展。是否包含廉洁文化衡量一种文化是否先进的重要指标。文化是一种软环境。从文化的角度来审视廉洁,以廉洁的尺度来评判社会,是廉洁文化最为根本的特征。廉洁文化不仅是一种道德观念,还是一种价值尺度。一个社会的廉洁氛围浓厚不浓厚,是衡量这个社会是否健全的一个重要指标;一种文化是否先进,应看这种文化是否包含廉洁文化。缺乏文化的研究和传播不够深入的文化是不完善的,排斥廉洁精神文化更是腐朽落后的。从这个意义上说,廉洁文化是先进文化的题中应有之义,廉洁文化以鲜明的态度批判腐朽文化。廉洁文化是腐朽文化的对立面和批判者。腐败现象之所以滋生蔓延,一个重要原因是腐败行为背后有腐朽文化作支撑,腐朽没落的官本位意识、贪图享乐的思想观念、醉生梦死的生活方式等还有一定的市场。而廉洁文化以鲜明的态度批判腐朽文化根基上摧毁极端个人主义、享乐主义等观念,在全社会形成以廉洁为荣的浓厚氛围,给腐败行为造成巨大的社会舆论和社会心理的压力,从而可以有效地遏制腐败现象,达到干部廉洁、政治清明的目的。积极吸收和借鉴诸葛亮廉洁文化建设的优秀成果,建设廉洁文化,坚持古为今用,对于建立健全廉洁文化建设的体制和机制,以制度和规范作保障,特别是建立起与廉洁文化相适应的社会政治规范,显然具有巨大的现实意义和深远的历史意义。我们要使廉洁成为一种习惯、成为一种文化自觉,让廉洁文化深入到社会生活的每个方面。

载 2005 年《中国浙江廉政文化论坛文集》

# 慧能大师传奇(历史小说)

## 一、九江驿

大唐高宗龙朔元年辛酉(661)秋天的一个傍晚,湖北黄梅县长江边的码头上来了两个行色匆匆的人,这两人一老一少,老者六十来岁,头戴斗笠,一直压着眉梢,使人难以看清他的容貌,身穿一件灰色细麻布直缀。少者二十多岁,也戴着斗笠,浓眉大眼,脸膛黝黑,穿着一件白色粗麻外套,背上背着一个不大的包袱,斜结在胸前,两人都脚蹬麻鞋,鞋几乎已经磨烂了,沾着些碎草叶片,看得出他们一定走了不少的山路。

这时的长江,风平浪静,黄昏的太阳映照江面,泛起一片片粼粼的金光,对岸暮霭缭绕,那就是九江驿(今江西九江)了,巍峨的庐山,在雾霭中若隐若现。见有客人到来,早有艄公把渡船拢了上来。少者就要行礼拜别,老者说:"不要着急,让我再送送你。"两人上了船,艄公点开了船,老者马上接过橹,对艄公说:"你先歇歇,让我来!"说着,亲自摇了起来。少者说:"这怎么行呢,师父请坐,该由弟子摇桨才是。""理当是我渡你。"老者一语双关说。少者恳切地说:"弟子未悟道时,是师父度我,弟子悟道了,就应该自己度自己了。虽然度(渡)这个名称是一样的,但用处却不同,我生长南方,语音不纯正,蒙师父传授了正眼法藏,当然应该自信自度了。"说着,接过师父的桨摇了起来。老者笑了笑,摘下斗笠,坐在船边,露出光光的头顶。艄公仔细打量了一下老者,说:"这不是东山寺的弘忍大师么?我去年到寺进香,还见过你呢。"原来这位老者就是鼎鼎大名的禅宗第五代祖师弘忍,少者就是第六代祖师慧能,这时还没有剃度出家,所以头上仍绾着发髻。这时五祖弘忍对慧能说:"说得好,说得好。以后佛法要靠你来发扬光大,大行于世了。你走后,再过几年,我才会辞世。你要平安离开这里,努力南行。不要马上就说法,佛法的兴起是很难的啊。"又说:"当年达摩祖师乘海船从南天竺(今印度)到广州,后来又到了金陵(今江苏南京),与梁武帝讲论佛法。梁武帝当时大兴佛教,三次舍身同泰寺,文武百官费了无数的钱财才把他赎出了。但祖师认为他根本未曾了悟佛法的真谛,只不过是自欺欺人罢了,就像这大江之上,人来船往,无非为名为利,贪、嗔、痴三毒盘踞于心中,又如何能明心见性呢。所以祖师一苇渡江,居住在嵩山少林寺后的一个山洞里,面壁九年。后来,侯景之乱,梁武帝果然国破家亡,自己饿死在台城,南朝四百八十寺,也都烟消云散了。"慧能说:"所以《金刚经》上说:

　　若以色(形相)见我,以音声求我,
　　是人行邪道,不能见如来。

确实如此啊!"

师徒两人谈谈说说,不知不觉船到南岸,慧能拜辞说:"师父保重,弟子就此拜别了。"五祖也不上岸,合掌说道:"为师的也不远送了,千万保重。"说罢,吩咐艄公回船,艄公一点竹篙,船已离岸,接着摇起橹来,那船箭一般地驰远了。

慧能站在岸边,遥望师父渐去渐远的背影,陷入了深深的回忆之中。

## 二、东山禅寺

东山禅寺是湖北蕲州黄梅县的一座远近闻名的大寺庙,主持寺庙的住持是被称为禅宗的第五代祖师弘忍,座下有徒众千余人。由于是天下闻名的大丛林,每日四方来挂单的僧人、请教的文人学士、拜谒的香客络绎不绝,可以说是门庭如市。

这一天,寺外的山路上来了一位风尘仆仆的年轻人,不过二十多岁,肤色被太阳晒得黝黑,面容显得有些疲惫、苍老,与他的年龄不甚相称。这个年轻人就是后来被称为禅宗六祖的慧能。

慧能俗姓卢,祖籍范阳人氏(今北京一带),因父亲犯了法,流放到了岭南(今广东),做了新州(今广东新兴)的普通百姓,父亲不幸早亡,留下寡母孤儿,辗转流落南海(今广东佛山)。慧能渐渐长大,靠砍柴卖柴为生。一天到一家客店卖了柴,刚要离开,忽然听见有一客人在诵《金刚经》,慧能一听经语,心中有所开悟。就问:"客人诵的是什么经?"客人答:"是《金刚经》,我从蕲州黄梅县东山禅寺得来的,寺的住持是五祖弘忍大师,大师常劝僧俗,只要按《金刚经》来修行,就能显出自己的佛性,直接成佛。"慧能就说:"我也要到黄梅,参拜五祖。"也许是宿昔的缘分吧,客人就拿出十两银子给了慧能,慧能安顿好老母的衣食,就起身直奔黄梅东山禅寺来了。

望着路边的苍松古柏,听见不远处寺庙悠扬的晨钟,年轻人加快了脚步,神情也兴奋起来。经过一个多月的长途跋涉,终于到了自己向往已久的圣地,他有一种游子归乡的感觉。

　　大殿里香烟缭绕,弘忍正与徒众讲论佛法,慧能恭敬地走向前去,倒身下拜,五体投地,十分虔诚。弘忍仔细打量了一下这位年轻人,问道:"你是何方人士,远来求什么?"年轻人大声回答:"大和尚,弟子是岭南新州百姓,远来拜师,只求成佛,不求别的东西。"弘忍笑着说:"你这个蛮夷,成佛也是这么容易的吗?你是岭南人,话都讲不清楚,怎能作佛?"一周的徒众闻听此言,也有嘻嘻笑的,也有掩着口的,倘若不是碍着师父在前,恐怕笑得连屋瓦都会震动呢。年轻人却不慌不忙,回答说:"弟子听得经上说:是法平等,无有高下。人生虽有南北之分,可是佛性并无南北,蛮夷身体与大师不同,但佛性又有何差异呢?"五祖听了,心下暗暗思量,想要和他谈些什么,回顾徒众都在近旁,就不动声色,说:"好吧,我给你起个法号,就叫慧能。你先到后院去做些杂务吧。"慧能谢过师父,又说:"慧能有话启禀师父:弟子自心常生智慧,人只要不离弃自身的佛性,那就是种了善根,就是福田。不知大师还要让我干什么活?"五祖呵斥道:"这蛮夷,倒有些根器。不要多说了,到后院棚厂去干活吧。"慧能到了后院,有主管厨房的行者来,分派慧能砍柴、挑水、舂米、烧火等种种杂务。东山寺是个大寺,厨下的铁锅,有重数百斤的,可以烧五六担米,这样的锅就有两口,可见杂务的沉重,好在慧能身体强壮,又是吃惯了苦的,也不觉得劳累,这样过了八个多月。

　　一天,五祖忽然到后院来看慧能,说:"我想你的见解是有道理的,只是寺中僧俗众多,鱼龙混杂,恐怕有恶人害你,就不与你说话。你明白我的意思吗?"慧能说:"弟子也明白师父用心,一直不敢到法堂前抛头露面,以免被人察觉。"五祖也不说话,慢慢走了。过了几天,五祖把门人全都叫来,说:"我告诉你们:世人生死事大,而你们终日修行以求福报,自性迷惑,又有什么福可求?你们都回去，凭借自己的智慧，用自己本心的般若之性，各作一首偈来给我看。若能悟得佛法大意，我就将衣钵佛法传给他，让他成为第六代祖师。你们不必多想，如是见性之人，一言即见，即使是上阵挥刀的紧要关头，也是闻言见性。"

徒众们回到禅堂，议论纷纷，都说："师父的传人，想必师父心中早已定了。我们何必冥思苦想地作偈呢。上座神秀是师父最得意的大弟子，又是我们的教授师，肯定是他得衣钵。我们不必枉费心力。"众人都打消了作偈一试的念头，说："我们以后就依仗神秀师父好了，何必劳神费思自找麻烦作偈呢。"神秀心想："大家不去作偈，是因为我是他们的教授师父。我必须作偈呈交师父，如不呈偈，师父哪里知道我心中见解深浅？我如呈偈，如果是为求法是好的，如果是为了谋求第六代祖师的位置，则用心险恶，与凡夫俗子想夺皇帝的宝座有何区别？如我不呈偈，又不能得到真正的佛法，这事太难了啊。"

五祖堂前，有步廊三间，已经粉刷了墙壁，打算请一个叫卢供奉的画师画《楞伽经》变相及《五祖血脉图》。神秀经过冥思苦想，作了一首偈，几度要呈给五祖，行至堂前，心中恍惚，遍体流汗。这样过了四天，反复了十几次。神秀心想："不如将偈文写在廊壁上，让五祖他自己去看，如说此偈做得好，我就出来参拜，说明是我作的，如果说此偈不好，那我也枉在山中修行多年，受人礼敬，更不用谈修成佛道了。"三更时分，神秀不让人发现，自己执灯，悄悄把偈子写在走廊南面的墙上。偈子说：

身是菩提树，心为明镜台，
时时勤拂拭，勿使惹尘埃。

写毕,就归房去了,翻来覆去,一夜未睡。天亮了,五祖步出堂前,叫卢供奉来作画,忽然见了神秀的偈,就说道:"不用画了。经上说:凡所有相,皆是虚妄。只要留下这偈,让大家诵持就好了,必定有大利益。"于是五祖令徒众焚香礼敬,诵持此偈。这时轰动了整个寺院,僧俗人等纷至沓来,念此偈毕,都赞叹:"善哉,善哉。"当夜五祖唤神秀进入方丈,问道:"偈是你作的吗?"神秀回答:"确实是我作的,不敢妄求祖位,只望师父慈悲,看弟子对佛法是否有点觉悟。"五祖说:"你作此偈,只到门外,尚未入门。你先回去,考虑一两天,再作一偈,拿来我看。"神秀神情恍惚,离开祖堂,一连几天,还是未作成偈,心中闷闷不乐,神志痴迷,如在梦中。

### 三、五祖传衣

过了两日,有一个小沙弥从碓坊经过,口里唱着这首偈。慧能问:"你诵的是谁作的偈?"小沙弥说:"你这蛮夷知道什么?大师说,世人生死事大,想要传衣钵佛法,让弟子们作偈,若能悟解佛法真意,就传谁衣钵,让他当第六代法祖。神秀上座在南廊墙写下此偈。大师令大家都来吟诵,说诵了此偈,免堕恶道,有大利益。"慧能说:"我也要去吟诵这偈,结结来生缘。上人,我在这里踏碓八个多月,从未走到法堂前,请你把我带到偈前礼拜礼拜。"小沙弥带着慧能到了南廊偈前礼拜,慧能说:"我不识字,请上人读给我听。"有一个居士姓张名日用的,做着江州(今江西)别驾的官,这时也在偈前,就高声朗读了一遍。慧能听了,就说:"我也作了一首偈,请别驾帮我写一写。"张日用打量了慧能一下,说:"你也会作偈,真正稀奇!"慧能说:"要学得无上的菩提,不能轻视初学的人。最下等人也可能有最上等的智慧，最上等的人有时也会意痴神迷。如果轻视人，就会有无边无量的罪业。"张日用猛地心中触动，就取来笔墨说："你只管诵偈，我替你书写。你如得了佛法，必须先度我，不要忘了我的话。"于是慧能朗声吟道：

菩提本无树，明镜亦非台，
本来无一物，何处惹尘埃。

此偈一写好，顿时轰动了整个寺院，僧俗人等纷纷前来观看，也有嫉妒的，也有不屑的，但更多的是惊讶赞叹的，相互说："奇怪了，真是人不可以貌相呀，难道他真是个肉身菩萨不成！"这时五祖听见众人惊怪，就步出方丈，看了看偈，就走向前去，脱下一只鞋子，把慧能的偈擦掉了，口里说："也没有见到本性。"众人见祖师如此，都纷纷说："我说嘛，这偈也作得不怎么样，师父也没说写得好。"一时大家都散了。

过了一日，五祖悄悄到了碓坊，见慧能一个人腰间绑了块大石块在踏碓。原来所谓碓坊，是一个大石臼，用一根大木杆舂米，一个人站在另一端，利用杠杆原理踏动木杆，一起一落来舂米，所以要在腰间绑了石块，目的是增加体重，以便踏动舂米碓。这是寺院内最累最重的工作。五祖见慧能踏得汗流浃背，对他说："求道的人，为佛法而不惜献出身躯，应当是这样啊。"接着又问："米舂好了吗？"慧能回答："米是就舂好了，只是少了筛子。"慧能的意思，是说还要请师父验证一下。五祖听了，也不言语，用手杖敲了碓子三下，背着手就离开了。

当夜三更时分，慧能来到方丈堂，见门窗都关着，用手推了推门，果然门是虚掩着的。慧能进入堂内，关上门，磕头礼拜。五祖端坐蒲团正在打坐,见慧能进来,就下座用袈裟将灯光围了起来,然后给他讲解《金刚经》,讲到应无所住而生其心时,慧能顿时了悟:"一切万法,不离自性。"就启禀五祖说:"自性本自清静空灵,自性本来不生不灭,自性本来完美无缺,自性不动不摇,自性能生万法。"五祖知道慧能已彻悟,就对他说:"你已认识自己的本性,就可以做调御丈夫(如来十号之一),可做天神和世人的导师,被称为佛。"秘密向他传授了顿教心法。这时万籁俱寂,明河在天,众人都沉沉地犹在睡梦之中。

五祖打开柜子,取出一个黑漆小木箱,从箱内取出包袱,打开拿出衣钵。原来所谓衣体,就是一领棉布的袈裟,一个盛饭食的玻璃钵盂,都是当年达摩大师从丝绸之路带来中土的。以现在的眼光看来,实在是平淡无奇,但在唐朝,棉花种植和玻璃的制作尚未传入中国,玻璃器皿偶有从罗马、波斯等地辗转传入,都为王室所用,棉纺织品更是举世无双,所以这一衣一钵堪称为稀世奇珍,佛门至宝。

五祖郑重地把衣钵交给慧能,对他说:"你已经成为第六代祖师了,应当守住善念,广度众生,使本教流传开来,不要让它中断失传。请听我的偈子:

有情来下种,因地果还生。

无情亦无种,无性亦无生。

五祖又说:"从前达摩大师刚来中土,无人相信,因此传下衣钵,作为凭信。当年达摩大师在少林寺参禅,二祖慧可,肃立堂前,在大雪中站了三天三夜,大师仍不理会。慧可于是用刀砍下自己左边手臂,血溅庭阶。达摩大师念他心诚,才传给衣钵,并付给《楞伽经》四卷。以后代代相传,慧可传僧璨,僧璨传道信,道信传给我,到你这里已经是第六代了,衣钵的传授是不容易的啊。但衣钵是争端的根源,到了你就不该再传下去了。佛门中圣凡不一,也有凶徒、罪犯为避刑戮遁入空门的,也有避劳役、兵役削发为僧的,也有失意的仕宦、文人出家的。人如迷失本性,嫉妒、偷盗、奸淫、凶杀,又有什么事做不出来呢。你得了衣钵,命如悬丝般危险,赶快离开,不要停留了。"慧能说:"到什么地方去?"五祖说:"逢怀(今广东怀集)则止,遇会(今广东四会)则藏。"慧能用包袱包好衣钵,又说:"弟子是岭南人,素来不熟悉此地的山路,怎么能出去到江口?"五祖说:"我就相送你到九江驿吧。"

五祖吹灭了灯,掩上门,师徒二人悄悄开了寺院的边门,一路直奔九江而来,所以就有了开头的这一幕。

### 四、大庾岭

慧能辞别师父后,开始向南走。但五祖传给他衣钵的消息终究传开了,南下追寻的有数百人之多。慧能为避灾祸,往往避开大路,在山间僻静小路间绕行,或夜行晓宿,时时隐匿于深林岩穴间,这样过了两个半月,才到了大庾岭。这是南北交通的咽喉,过了大庾岭,就是岭南了。这时后面追赶来抢夺衣钵的有几百人。其中有一个叫慧明的僧人,俗家姓陈,是陈宣帝的子孙,出家前做过四品将军,性情凶暴,千方百计想要夺取衣钵,他喝止了众人,独自一人赶上了慧能。慧能看他赶近,心想:"这衣钵是传法的信物,怎么能凭武力来抢呢?"就拿出袈裟,铺在一块大石头上,又搬了一块大石头压上,然后隐藏在灌木草莽丛中。

慧明赶到了,拼命去拿法衣,却扯不动,要搬动压着的石头,却搬不动。于是他大声喊叫道:"行者,行者,我是为得到佛法而来,不是为了法衣而来。"慧能就从草莽中走了出来,盘坐在石头上。慧明上前行礼,说:"望行者能为我讲讲佛法。"慧能说:"你既然是为佛法而来,那就坐下,摒弃一切俗念,不要有任何念头,我为你说法。"慧明坐在地上,静坐了好久。慧能说:"不思量善,不思量恶,正在这个时候就是你慧明的本性。"慧明听了,顿时大悟。又问道:"除了刚才所说的密语密意外,还有其他的密意吗?"慧能说:"既然对你讲了,就不是秘密了。如果你能用这个道理观照自己,秘密就在你那里了。"慧明说:"我在黄梅虽然修行多年,但一直没有认识自己的本性。今天蒙你指教,就如同人饮水一般,冷暖只有自己知道。现在你就是我慧明的师父了!"慧能说:"你如能这样想,那我就和你同以黄梅五祖为师,好好维护佛法。"

慧明回到岭下,对追赶的那些人说:"我已经登上山顶,没发现他的踪迹。应该到别的路上去寻他。"众人都说对。慧明后来改名道明,是为了避慧能的法号,并且根据慧能"逢表则止,逢蒙则居"的指示,居住在江西表州蒙山(今江西宜春),弘扬佛法。

五、广州法胜寺

广州是南方的一大都会,城外的珠江,番舶海船樯帆如林,城内城外,万商云集,三街六市,十分繁华。城内的法胜寺,是南方著名的大寺庙,法相庄严,这时的住持是印宗法师。

再说慧能离了大庾岭后,又屡被恶人追逐。于是遵照师父的嘱咐,隐姓埋名,躲藏在怀集、四会一带的大山里,避难于猎人队中。猎人常令他守护网罟,慧能常常把捕获的禽兽放生,起初猎人们十分恼火,后来因常听他宣讲佛法,也就不再理论了。吃饭的时候,慧能常把蔬菜放在肉锅里煮,有人问他,就回答说:"我只吃肉边菜。"就这样,不知不觉过了一十五年。一日慧能心想:"现在应当出来弘法了,不能藏匿一辈子。"于是就到了广州法胜寺,这一年慧能已经三十九岁了。

这一天,正值印宗法师登坛讲解《涅槃经》。这时有风吹动旗幡,有个僧人说:"是风动。"一僧说:"是旗幡在动。"一时众人争议不休,慧能走向前去,说:"不是风动,也不是幡动,是心在动。"大家听了,都惊讶不已。于是印宗延请慧能上座,求问深奥的义理。慧能一一作答,言辞简洁,意义精当,又不受佛经字面所束缚。印宗说:"行者你定是非凡之人,我很久就听说黄梅的衣钵、佛法的传人已到南方来了,莫非是你吗?"慧能说:"不敢当。"于是印宗马上向他礼拜,并请求慧能将五祖所传的衣钵拿出来,让大家瞻礼。又与慧能讨论黄梅教法,慧能为他开示佛法的不二法门。印宗非常欢喜,合掌行礼,说:"我多年讲经,好比瓦砾,而你论佛性,犹如真金。"于是为慧能剃发,摩顶受记,并愿拜慧能为师。于是慧能就在菩提树下开讲说法,宣讲东山法门。在韶州城内大梵寺说法时,终日不倦,前往听讲的日有千人,大家都说:"想不到岭南竟有活佛出世,真是一灯能除千年暗,一智能灭万年愚啊!"慧能从此往来于广州、韶州、新州等地传道,禅宗从此分为南北二宗,北宗主张渐悟,以神秀为领袖;南守主张顿悟,以慧能为宗师,时称南能北秀。

## 六、曹溪宝林寺

慧能自从黄梅得法,曾到韶州曹侯村又名曹溪的地方,没有人知道他的真实面目。有一个儒士刘志略,对他非常敬重。刘志略有个姑姑做了比丘尼,法号无尽藏,常诵《涅槃经》,慧能一听,就明白了其中义理,就为她解说,一字一义都不差,无尽藏拿着经卷,问他字,慧能回答:"我不认得字,至于意义,请尽管问。"无尽藏说:"字都不认识,怎么能理解经中的含义呢。"慧能回答:"诸佛菩萨精妙的义理,和文字又有什么相干呢。"无尽藏听了,十分惊异,告诉村中德高望重的人说:"这是有道之士,应当好好供养。"村里有个曹操的后裔叫曹叔良的以及别的村民,都纷纷前来拜谒。

原来本地南华山有座宝林古寺,自从被隋朝末年的战火焚毁后就废弃了。村民们就在这旧址上新建了庙宇,请慧能在此居住。慧能住了九个多月,又有恶僧追寻而来。慧能逃到前山,恶僧就放火烧山,慧能钻进石隙才得幸免。至今石上还有慧能趺坐的膝盖痕迹及衣服褶皱的印记,因而得名避难石。

慧能在广州法胜寺、韶州大梵寺等处说法之后,仍旧回到曹溪宝林寺。这时南北二宗的宗师都相互宽容,并没有誓不两立,但手下的门人却势同水火。北宗门人自己拥立神秀为禅宗第六代祖师,又忌恨五祖弘忍将衣钵传给慧能,就派一个叫张行昌的侠士前来曹溪行刺。慧能心有预感,就准备了金银放在法座上。这天夜里,张行昌潜入慧能大师的卧室,大师伸长了脖颈,面朝里卧,蜷曲身躯睡在那里,如在睡梦之中一般。张行昌挥舞利刀朝着大师脖颈连砍三下,大师毫发未有损伤。大师说:"正剑不邪,邪剑不正。我只欠你的钱,不欠你的命。"张行昌闻言惊恐倒地,过了好久才苏醒,哀求大师让他悔过,情愿出家。慧能就给了他金子,说:"你快离开这里,恐怕我的弟子知道后要报复你。你可过些时日改装前来,我会接受你。"张行昌就连夜逃走了。过了好久,张行昌果然投到慧能座下为徒,慧能给他取了个法号名志彻。

这时神秀住持湖北荆州玉泉寺,门人多攻击慧能:"不识一字,有什么长处。"神秀说:"他有无师自通的智慧,深悟上乘佛法的最高境界,我不如他。何况五祖传他衣钵,难道是没有他的道理吗?只恨我不能远道去亲近他。"一天,唤门人志诚前来,说:"你聪明多智,可以替我到曹溪听法,若有收获,尽量记住,回来向我说。"志诚来到曹溪,并不说明来历。一日慧能对众人说:"现在有盗法之人,就在这法会中。"于是志诚向前礼拜,说明来意,并说:"没有说明是盗法,说了就不是盗法。"慧能问:"你的师父是怎样教诲弟子的?"志诚回答:"教我们参禅打坐,住心观净,长坐不卧。"慧能说:"参禅不是打坐,打坐不是参禅。长坐不卧,拘束自身,对认识佛法义理又有何用?请听我的偈:

> 生来坐不卧,死去卧不坐。
> 一具臭骨头,何为立功课。

志诚再次礼拜说:"我在神秀大师处,学道九年,实在没有解悟,今日听大师一讲,就契合我的本愿。"于是愿为慧能大师的弟子,侍奉六祖,始终不松懈。

慧能大师在曹溪多年,开悟僧俗,皆如此类,难以尽说,就像一灯转燃千百灯一样。

### 七、衣钵的下落

一日,慧能想要洗濯五祖所授的袈裟,遗憾没有清净美好的泉水,于是来到曹溪宝林寺后五里多远的地方,见那里山上林木葱茏,瑞气盘旋,又见一块地方泥土润泽,慧能大师就举起禅杖往地上一戳,泉水马上随杖流了出来,积成一个水池。大师便搬过一块光洁的大石作洗衣石,跪在石上洗濯法衣。

忽然有一个僧人前来拜见，说："我名叫方辨，是西蜀人，远道而来，希望瞻仰一下达摩大师传下的衣钵。"大师就将袈裟给方辨看了，然后问："你主要学什么？"方辨说："我善于雕塑。"大师脸色凝重对他说："你试着塑一尊像来给我看。"方辨心里茫然无措，过了几天，塑成一尊慧能大师的真身像，高只有七寸，但却惟妙惟肖。大师笑着说："你只解塑性，却不解佛性。"然后伸出手来，抚摩方辨的头顶，说："永为人天福田。"于是把袈裟送给他，作为酬谢，又说："当年达摩大师临终之时，曾有偈说：

吾本来兹土，传法救迷情。

一花开五叶，结果自然成。

衣钵传到我，已经六代了，根据祖师偈的意思来看，衣钵也不应再传下去了。"于是方辨就将袈裟裁成三份，一块披在大师的塑像上，一块自己珍藏，一块则用棕片包裹后埋在地下。至于达摩传下的钵盂，在慧能大师圆寂之后，就不知下落了。

## 八、大师圆寂

唐睿宗太极元年壬子(712)延和七月，六祖慧能大师在曹溪宝林寺，预知不久将离人世，命门人往新州国恩寺建骨塔，并催促尽早完工。第二年夏末塔建成，六祖召集弟子，说："我将在八月间离开尘世，你们有什么疑问，尽早提出来，我来给你们解释。"法海等弟子听了，全都痛哭流涕，只有最小的弟子神会不动声色，无喜无悲，也不哭泣。神会是襄阳人，十三岁时从荆州玉泉寺来见六祖，问六祖说："大师坐禅时，还有没有念头？"六祖用拐杖打了他三下,问:"我打你痛不痛?"神会答:"也痛也不痛。"六祖说:"我也是同样,有念头也无念头。"六祖又呵斥他:"你尚未认识自己的本性,竟然还敢来捉弄我。"神会向六祖谢过道歉,礼拜了一百多拜,从此便听从六祖的教诲,殷勤侍候,始终守在大师身边。

六祖这时说:"神会小师父,只有你达到了无善无不善的境界,毁誉不惊,无哀无乐。其余的究竟怎么了,在山中这么多年,究竟修的是什么道?日月星辰,尚有尽时,诸佛菩萨也不能永久住世,古往今来,有谁能战胜死亡呢?你们现在哭泣悲伤,是为什么呢?"到七月初八这天,六祖突然对弟子说:"我要回新州去,你们快给我准备车船。叶落归根,我这血肉身躯,也必定有个归所。"弟子们苦苦哀求都挽留不住,只好送六祖到了新州国恩寺,原来国恩寺是六祖少年时在新州的故居,后来改建为国思寺的。

大唐玄宗先天二年癸丑(713),八月初三,慧能大师在新州国恩寺吃罢素斋,召集徒众说:"你们各自坐下,我与你们告别。"众弟子请益,于是大师为徒众最后一次讲论佛法,并说:"你们多多保重,我灭度后,不要像世俗之人一样悲情流泪,接受吊祭,披麻戴孝,如果这样,不配当我的弟子,也不合如来的教法。"又说:"我灭度后五六年,会有人来取我的首级。"最后大师又念偈说:

兀兀不修善,腾腾不造恶。
寂寂断见闻,荡荡无心著。


大师说完偈,端坐至三更时分,忽然对徒众说:"我走了。"话毕便溘然逝世。这时室内异香弥漫,寺外白虹接天,林木变色,山中的飞禽走兽阵阵哀鸣。十一月,广州、韶州、新州三郡的长官和门人弟子、僧俗百姓，争迎大师的真身，一时难以决定。于是大家焚香祈祷，说道："香烟飘向的地方，就是师父的归宿。"这时香烟直向曹溪方向飘去。十一月十三日，大家把供奉大师肉身的神龛迁往曹溪宝林寺。第二年七月，大师灵塔建成，弟子方辨用香泥涂满大师全身，并用铁皮和漆布将大师的项颈包住，安放在塔内。这时塔内有白光出现，直上云天，经过三日才散。其后果有人来盗大师的头颅，但是没有成功。大师的肉身历经劫难，保存至今。

慧能大师享年七十六岁，二十四岁得到五祖所传的衣钵，三十九岁正式剃发为僧，宣讲佛法整整三十七年，传承他教法的弟子有法海、志诚、法达、神会、志彻等四十三人，后来各为一方之师，至于因聆聆听大师教诲而悟道的僧俗弟子则不知其数。达摩所传袈裟的三分之一披上方辨所塑的大师真像，与大师肉身一起存入灵塔。同时存入的还有唐中宗御赐的磨衲袈裟和水晶钵盂及大师日常所用的法物，永镇宝林寺道场。大师的《坛经》流传后代，以彰显禅宗顿教的宗旨，兴隆三宝，使芸芸众生均获利益。

**2004 年 8 月病中完稿**

中编

# 包装古今谈

　　不管是家用的实物或市售的商品,大都要有包装。原始社会末期,包装工艺即已萌芽。从出土的彩陶看,当时容器的造型及纹样都很精美,容量饱满,如有的彩陶的两耳如人两手叉腰,有的像牛羊的角或乳房,还有的造物很像一个完整的动物,有口、颈、身,足及尾。彩陶的装饰花纹,多取法于自然中的物象,如日、月、星、云、水波之类。这些容器,有的就用作酒、醋一类液体商品的包装。此外,用竹筒或葫芦、椰子壳等做成容器来装酒、醋,可算是最原始、最方便的包装。固体的物品用竹子或草编织的篓、筐或用竹叶、荷叶等植物包装,起源也很久远,殷墟甲骨文中有不少表示容器的文字,其中"蒉"就是草器,即用柳条或草编的筐。端午节用竹叶裹糯米做成粽子的习俗,起源于史前时代对龙的图腾崇拜,一直流传至今。

　　奴隶社会,专门从事商业的商贾开始出现。此时青铜器的制造技术极高,青铜器物主要用来盛酒和食品。还有一些胎土洁白、质地坚硬的白陶,精巧优美的漆器。陶器、角器和草器的使用已遍及民间。据初步考察,散见于先秦古籍中的容器名称如盂、觥、箕、勺、鞘等有数百种之多,金、木、土、皮革等门类齐全。

　　春秋战国时期,商业更加繁荣,各大都市交易之物莫不流通,可以想见当时商品包装的发达。值得注意的是此时有的商品包装出现了追求华丽的倾向,如《韩非子》记载:"楚人有卖其珠于郑者,为木兰之椟,熏以桂椒,缀以珠玉,饰以玫瑰,辑以翡翠。"这可说是最早有意描述商品包装的珍贵史料。这时期的漆器加镶了金属口沿,叫作釦器,不仅使胎质菲薄的漆器得以巩固,而且更加美观大方。

汉代,海陆交通都已打开,对外贸易远及中亚、西欧。据最新的甘肃天水放马滩汉墓出土的纸质地图证明,西汉早期已出现了纸。东汉时蔡伦改进造纸术,以树皮、麻头为原料,降低了成本,从而为纸包装创造了条件。《幽明录》载一女子以纸包胡粉,"百余裹胡粉,大小一积",可见纸包装应用的广泛。

手工业的发展和商业的繁荣,促进了包装的进一步发展,当时"通邑大都,酤一岁千酿,酱千瓨,浆千甔,贩谷百钟,豉千荅。"这瓨、钟、荅,就是一种大包装。出土的汉代陶器,有的书有盐、黍米、粱米等字,可能是为了销售的方便。当时还出现了各种异形罐,如以一提梁连接双罐的提梁罐,十分便于购物。藤制的圆奁、篮子等的编法,与今天的已很相近。长沙马王堆汉墓出土的漆盒,设计精巧,盒口极严,一个耳杯盒,可严密地装七个耳杯,是实用包装的范例。江陵凤凰山汉墓的简牍中,有一份商人的契约,中云:"贡器物,不具物责十钱,共事以器物毁伤之及亡,贩共兔之。"即是说商品不具包装的,罚十钱,可见当时对包装的重视。

隋唐,国家统一强盛,善于吸取外来文化作滋养。像缠枝葡萄、吉祥语、海兽、万字等装饰都受西域文化的影响。越窑和婺州窑等各地青瓷窑的兴起,唐三彩的普及,各种釉彩的梅瓶、凤首壶等瓷器大量生产,多用于装酒行销内地和西域。茶具方面,楚人陆羽"造具二十四事,以都统笼贮之",以至于远近倾慕,好事者家藏一副。

各种精美的纸也大量生产，包茶叶的纸，称作"茶杉子"。在新疆唐墓出土的文物中，发现有药丸一枚，外包白麻纸一层，书有"蒌蕤丸"字样。

宋代以陶瓷为出口的大宗，出口陶瓷"大小相套，无少隙地"，稍有空隙之处，即盛豆以发豆芽，可使包装稳固，又解决海船上的蔬菜食用问题，包装十分经济。著名的瓷窑有"官、哥、汝、定、钧"等，器物精巧，纹饰秀雅，釉色莹润，如玉壶春瓶重心在下，安放稳定；梅瓶适宜在怀中抱持；鸡冠壶便于骑马携带；盘口瓶装酒不易溢出。南宋时兰溪杜叔高曾送给大诗人陆游十瓶"毂溪春"酒，都用兰溪出产的青瓷瓶包装送去。据《武林旧事》记载，当时许多酒名如"蔷薇露""思堂春"都印好标签，贴在瓶子上。有的商品包装还印上了地名、铺名，以示区别。元代兴盛的青花瓷更是驰名海内外。

明清两代，工商业空前繁荣，资本主义萌芽。各大都市中万方货物罗列纵横，五色迷离。这一时期新流行的包装有玻璃、珐琅制品等。在利用植物壳方面也有新的创造，如《西清笔记》载："葫芦器，康熙间始为之，瓶、盘、杯、椀之属，无所不有。阳文花鸟山水题字，俱极清朗，不假人力。其法于葫生后，造器模包其外，渐长渐满，遂成器形。"用绸、纱糊匣子做包装，也很普遍，如《红楼梦》中就提到青纱罩的匣子里，装着一出一出的无锡泥人儿戏。

鸦片战争之后，门户开放，洋货源源而来，继而西方的石印、珂罗版、胶版等印刷技术也传入中国，各种彩色商标、包装都可以印刷，其纹饰内容几乎包罗万象，应有尽有，是当时社会生活的真实写照，但这已属于近现代包装的范畴了。

载《文史知识》1989年第9期

# 殡葬小史杂谈

人死了,总要留下尸体,这尸体的处置就成为一大难题。上古之世,人们把尸体放在草丛中,上盖下垫,任其腐烂,一个"葬"字的象形意义,即是上下都是草,中间置一死尸之意。后来,随着掘土工具的发明,人们开始把尸体埋于地下,但也是"不封不树",即不起高坟,以"下不乱泉,上不泄臭"为原则。

到了阶级社会,统治者生前穷奢极欲,死后还想享福于地下。殷墟商王大墓,规模宏伟,陪葬的奴隶数以千计,惨不忍睹。秦始皇征发刑徒七十万修造阿房宫和骊山大墓,"下锢三泉,奇器珍怪,徙藏满之。令匠作机弩,有亲近者,辄射之。以水银为百川、江河、大海,机相灌输。上具天文,下具地理"。现在出土的秦始皇兵马俑,被誉为世界第八大奇迹,实际上只是始皇陵的陪葬品一小部分。

但历代的统治阶级中也不乏提倡薄葬的明智者。汉文帝刘恒治灞陵,"皆以瓦器,不得以金银铜锡为饰,不治坟,欲为省,不烦民。"后周太祖郭威临终时遗言其子:"昔吾西征,见唐朝十八陵无不发掘者,此无他,惟多藏金玉故也。我死,当衣以纸衣,敛以瓦棺,速营葬,勿久留宫中,无用石,以甓代之。勿作石羊、虎、人、马,惟刻石置陵前云:'周天子平生好俭约,遗令用纸衣瓦棺,嗣天子不敢违也。'汝或吾违,吾不福汝"。汉文帝、周太祖可以说是历代帝王中丧事最为节俭的。

汉武帝时代的杨王孙,经商致富,家业千金,生前尽情享受。到年老病重时,杨王孙遗命裸葬。他的儿子十分为难,就去见王孙的好友祁候,想请他来劝劝父亲。祁候说:"你想要裸葬,假如死者有知的话,岂不是要赤条条地去见祖宗了吗?况且为死者准备棺椁衣衾,也是圣人的遗制,您又何必如此呢?"王孙回答:"厚葬确实无益于死者,但世俗竞相攀比,靡财殚币,腐之于地下,我是不愿意这样做的。我死,以布袋盛尸,放入坑中后,从脚退脱布袋,让我的身体亲近泥土。我想以此来矫正世上厚葬的风俗。"祁候同意了,杨王孙死后,就按他的遗命裸葬。杨王孙裸葬的做法,和后世摩尼教的殡葬制度很相似。摩尼教即伊斯兰教,人死后以白布裹尸下葬,唐宋时传入我国,这种节俭的殡葬制度,在贫苦农民中曾风行一时。

火葬的习俗,在我国也是古已有之,并且曾盛行一时。考古学家在发掘甘肃临洮县寺洼山的史前遗址时,曾发现一个盛有人类骨灰的灰色大陶罐,可见我国的火葬可以追溯到远古时期。这与《墨子·节葬下》记载的"秦之西有仪渠之国者,其亲戚死,聚柴薪而焚之。熏上,谓之登遐"的记载相符合。在北方自唐宋至明清,城市中贫民死后也多采用火葬,如《水浒传》中武大郎死后火化。再如《红楼梦》中宝玉的丫头晴雯死了,也被送到城外化人场上一烧了之。在婺州地区,南北朝至隋唐时期,人们受佛教影响,也多采用火葬。有的则采用二次入土捡骨葬,多用青瓷瓮、罐等盛骨殖,谓之"瓮棺",常在腹部开一小口,意在方便灵魂出入。

载《文史报》

# 从事文物保护往事追忆

　　从事文物工作多年，经历的事情不少，有喜有痛，其中最难忘怀的有这么两件。

　　一是兰溪黄店镇三泉村始建于南宋的世德堂的发现。世德堂俗呼三泉大厅，又称将士厅，1996年6月，我与吴德良连续几次一起前往黄店镇的三泉村调查古建筑。三泉村位于柱竿山麓，为唐氏村民聚居血缘村落，地处偏僻，崇山环绕，山路崎岖，外人罕至。我们在考察村中的世德堂时，惊喜地发现它的中厅与平常本地所见的明清建筑大为不同，它的平面开阔，进深较深，梁架俗称为九架三叠梁，前檐饰斗拱，其型制与宋营造法式多相类之处。热情的村支书费了一番周折为我们借来村民珍藏的清光绪二十年重修的木活字版《东鲁唐氏宗谱》，通过查阅得知：三泉唐氏，源出于上古的伊祁氏，始封于唐国，子孙以国为姓。北宋大中祥符年间，有贤公名思齐者，由浙江淳安县茶园村迁居兰溪黄店之篁屿村，是为唐氏迁兰始祖。至十一世宣义郎讳光朝者于南宋孝宗时迁居三泉，其后英彦辈出，子孙繁衍上唐、泽基、下潘、汤塘、城关等处。据《宗谱·人物》记载："宋千十五公宣义郎，讳光朝，字国华，行千十五，有远志，好经营，多谋略。淳熙八年(1181)，公缘见赤、白、青三泉，钟灵毓秀，兼有瓮塘玉水，混混不舍昼夜，遂由篁屿迁居于柱竿之阳，是为三泉始祖。建厅堂二百余间，分前、后二宅。"世德堂即为其中之一。又"建鱼塘二口,拨制义田若干",以资维修之用。《宗谱·宅第》云:"三泉大厅,千十五公遗下,今具存,年远屹然,无一欹邪状。嗣孙忠十八于嘉靖元年壬午(1522)又前构照厅三间,宽广如之。"又《宗谱·三泉大厅》记载:"三泉大厅,宋绍兴(当为淳熙)年间遗下者即遗此堂,足见前朝勋旧,世笃忠贞,其所由来者远矣。祖成忠公卜居篁屿,至千十五公迁三泉,积德有年,克开厥后,肯斯堂,重墙峻宇,流庆发祥,历代奉为家庙。除夕,祭祖先,木厅东隅阶下,另羹饭三大碗以祭伴随之阵亡者。"所谓阵亡者是指宋末唐氏唐元章、唐良嗣叔侄率兵抗元牺牲而随之捐躯的将士,故世德堂又名将士厅。

由于南方高温潮湿的气候,木构建筑不可能历数百年毫发无损,因此该村于清道光二十年乙亥(1839)年对该堂进行了维修,这次维修历时二年,工程浩大,原构改动较多,如将金柱柱础由椟形改为鼓形等。但仍然保存了较丰富的历史信息,对于研究南宋建筑具有较高的历史价值和文物价值。撇开其中厅不论,即就其前进的明嘉靖砖雕门楼而言,也有相当珍贵的价值。

随即我在《中国文物报》等报刊发表文章披露了这一发现,同年8月,省文物局有关专家前来考察,充分肯定了这一发现。1997年8月,世德堂被列为省级文保单位,并得到妥善维修。这是我感到欣喜的一件事。

二是关于胡应麟故居的憾事。胡应麟(1551—1602),兰溪人,字元瑞,号少室山人,是明代著名的文学家、诗人、文艺理论家,他学识渊博,著述宏富,著有《少室山房类稿》120卷,《少室山房笔丛》48卷,另有《诗薮》《甲乙剩言》等数十卷,被列入《明史艺文志》和《四库全书》。鲁迅先生对他十分推崇,曾誉之为中国古代十大文学家之一。他还是一位著名的藏书家和版本学家,他的二酉山房(初名少室山房)聚书四万余卷,是驰名天下的藏书楼,大文豪王世贞曾为之作记,当时即可与宁波的天一阁相媲美。但二酉山房究竟在何处,历来隐没不彰,新版《辞海》《辞源》胡应麟条目均说他"筑室山中,聚书四万余卷",但未指明何山何处,实际上是以讹传讹之谈。

1996年5月,我为兰溪市申报历史文化名城撰写申报文本,觉得有必要搞清胡应麟二酉山房的确切位置,我从查阅兰溪地方志入手,查到《光绪兰溪县志·人物》胡应麟条下云其"筑室城隅,号二酉山房,购书四万余卷",又《古迹·二酉山房》条下云:"在城北后官塘思亲桥畔,胡应麟建,初名少室山房。清康熙年间,归唐襄家,改颜曰古楂书屋。"思亲桥遗址在当时花园巷口,确切位置可考,于是我按图索骥,多次走访花园巷、胡家巷一带实地考察,在花园巷10号发现一处三开间二过厢一天井的楼上厅建筑,用材硕大,雕刻古朴,从型制分析确为明代原构,大门口有石牌坊遗迹,证之文献,为胡应麟父亲明按察副使胡僖所建之思亲坊,毁于抗战时期,父老犹有知者。其后进为一四合院,型制更为古朴,在胡家巷辟边门。房主为唐襄后裔。无论征之文献、辨证方位或考诸沿革,都可以肯定此即为胡应麟故居二酉山房原构,前进为二酉山房,楼上藏书,楼下接待客人,后进则为家属日常生活之所。这一发现无疑有重大意义,但这时花园巷一带为建所谓新世纪广场,已列入拆迁范围。我心急如焚,先后在《中国文物报》《金华日报》等报刊披露了这一发现,同时致信市里领导,与其他同志一起奔走呼号,希望引起领导和专家的重视,力图保下这一具有珍贵价值的名人藏书楼,但遗憾的是由于人微言轻,兼之胡应麟故居并没列入任何一级文保单位,保护缺乏法律依据,不久就和花园巷的大批明清民居一起拆除了。这也成为我从事文物工作以来永远挥之不去的隐痛。

　　附带说明的是,当时市里领导决定将二酉山房主要木构件保存,至今已有十年之久。最近我从电视中看到 1953 年北京拆除景德街明代木牌坊,在木构件保存了 55 年后在首博复原的报道后,心里又燃起了一丝希望。

# "榖"水名考

今衢江合兰溪一段,古称榖水,旧版《辞海》说又称鹿溪、鹿头溪、大溪、须江。最早见于《汉书·地理志》云:"榖水东北至钱唐入江。"秦汉时的钱唐县,辖区很大,包括今新安江、桐庐、富阳等县市。江指浙江,《水经注》又称"渐江"。《山海经》云:"浙江出三天子都。"《汉书·地理志》云:"水出丹阳黟县南蛮中。"即在今安徽黄山市,旧时以为浙江正源。今衢江合兰江至建德市梅城与新安江汇合,梅城汉时属钱唐县境,可知秦汉时衢江、兰江这一段都称榖水。但榖水之名有三,除衢江、兰江外,一出河南陕县,至河南洛阳西南入洛水;一在上海松江,故松江又有云间榖水之别名,正如兰溪之名有湖北兰溪、绍兴兰溪等处一样。绍兴兰溪,见于北魏郦道元《水经注》,得名比金华兰溪还早,著名的兰亭就因兰溪得名。

"榖"字是"稻榖"的榖,为百谷之总称。另有一相近的字"榖",禾上少一横,为一种野树名,叶大,开紫黄色小花。"榖"在繁体字中和"山谷"的"谷"本非一字,但汉字简化后都混用了。"榖"是稻榖之榖,与"丝绸罗縠"之"縠"本非一字,意义也不相同,但因古时读音相同,早在先秦时代就可假借通用,如《左传·宣公十四年》"先榖"又写作"先縠"。榖是养命之源,又训作善、好,大约古时人们认为衢兰之水是好水,故名之曰"榖水"吧。因为是水名,所以后人在字旁加了三滴水,变作"瀔",所以新版《辞源》《辞海》都说是

"縠""瀫"通用。因为"縠""瀫""穀"都可通假,所以"縠水"又写作"瀫水"或"穀水"就不奇怪了。《万历金华府志》《光绪兰溪县志》都说:"水类罗縠纹,因号瀫水。"这应该是文人墨客比较后起的说法。东汉许慎的《说文》及后来的《玉篇》《广韵》等辞书都没有"瀫"字。至北宋时《集韵》辞书出来,始有"瀫"字,但也写作"縠",均训水名。因此《光绪兰溪县志·山川》说:"证以诸说,縠、瀫、穀皆古假借通用,则瀫水即源出太末之縠水明甚。"

太末古县在今衢州、龙游一带,其辖地包括今兰溪市北乡金华山北一部分及兰江以西一部分。旧说县治在今汤溪九峰山下。《水经注》云:"浙江又东北流至钱唐县,縠水入焉。水源西出太末县。縠水又东经长山县南,与永康溪水合。"按:长山县即旧时金华县,兰溪当时尚未建县,地在长山县南,永康溪即今婺江。《水经注》又说:"縠水又东经乌伤县之云黄山,山下临溪水,水际石壁杰立,高百许丈。"因兰溪秦汉时均属乌伤县,此处说乌伤县云黄山,是否即是现今的横山,因"云黄"连读与"横"相近,有待学者考证。

根据以上考证,可知古时穀、縠、瀫、瀫,均可假借通用,"瀫"如写作"瀫"也无错误。但一般人总觉得"縠纹"之縠意境优美,唐宋以后文人多写作"瀫"字,但也有一些文人为追求古奥,在书画落款时写作"縠"或"瀫"的。为照顾现代人的审美习惯,将"瀫"字改为"瀫"字也无不妥之处。顺便说一说,兰溪之名,旧说以为:"崖多兰茞,故名兰溪。"兰茞,是白芷一类的香草,和现在所称的作为观赏植物的兰花并无关系。但也有人认为,兰溪之名是兰源的延伸,兰源,又名西源,今称莘畈溪,古称姑蔑溪。源出金华市山坑乡青莲山,向北经莘畈、中戴、东祝、洋埠汇入衢江。今存有《兰源戴氏宗谱》云:"至宋,可守公择姑蔑溪兰源之地而居焉。"后人延伸,把今兰江一段通称兰溪,此也可备一说。

# 尖坞山记游

　　尖坞山位于兰溪与建德交界处,海拔千余米,人迹罕至。相传有晋葛洪炼丹的遗址。那天我去游览尖坞山。进山已是下午,但见一股清流从奇峰异石间泻出,两岸苍松翠柏,杂卉异花,景色清幽极了。再往里,是悬崖峭壁,宛如石门,苍白色的巨岩,高有数十丈,刀凿斧劈似的,上面古藤翠蔓,蒙络摇缀,人在谷底,不见天日。手足并用,攀过石门,又是一番天地,只见重峦叠嶂,耸入云霄。虽然已全然没了路,但我被山景所引,仍然攀藤附葛,分开丛莽往上爬。将到山顶,忽然乌云翻滚,雷鸣电闪,倾盆大雨劈头盖脸地泼下。我一鼓作气爬上峰顶,只见四周白茫茫一片,不辨东西,如同困在汪洋中的孤岛,别说神仙修炼的遗址,就连一处可避雨的地方都没有,浑身上下湿透,冷风呼啸,冻得发抖。勉强在灌木丛中寻得一条小径,就急急忙忙地下山了。后来才知道,还算我运气,若差一步,就要走到建德那边去了。

　　当晚,宿于山中一位老伯家,承告不少尖坞山的传说。老伯一家是避太平天国战火,从江西辗转迁来的,久居山中以打猎和种玉米为生。五间木屋,盖着一尺多厚的茅草,冬暖夏凉。墙上挂着许多狸子、貉子的皮。老伯说以前还曾打到过豹子呢。晚饭时老伯招待我吃了野猪肉、黄麂肉,真是香喷喷的。

　　早上,天已放晴。我告辞了老伯。到了石门,只见山上沟沟壑壑里的水,都汇集到石门,奔突而出,原先的涓涓细流,变成了一道悬空数丈的大瀑布,崩云涌雪,声如雷霆。瀑布抖落到石门之下的深潭中,飞珠溅玉,比雁荡龙湫还神奇。更奇的是水流虽然经山绕坡,却并不浑浊,这应该是老伯一家长年护林、涵养水土的功劳。

载《兰溪报》

# 黄山梅韵

　　暮春时节到黄山游,到时已是下午,先在观瀑亭附近找了个不知名的小旅馆住下,安顿好行李,独自一人,沿着桃花溪溯洄漫步,从温泉过翼然亭,行百余米,掩映在竹林内的古雅建筑物便是疗养院,院依紫云峰,前临桃花溪,溪的对面是桃花峰,野桃花盛开时,谢红满溪,所以这溪得名桃花溪,是黄山以水胜的地方。溪旁巨石壁立如楼,石上刻有"气冠群山,神倦止焉"等字。再向前是回龙桥,站在回龙桥上向北望,紫云、硃砂两峰间飞瀑高悬,便是著名的"人"字瀑,也许这是世界上最大的"人"字吧,两道悬泉在高山石壁上相交成一个特大的"人"字,飞流直下,溅珠喷玉,活像两条莽苍苍的银龙,咆哮着腾空而降,声震数里,十分壮观。过回龙桥,左折而下的是白龙桥,桥边东峰有巨石形似龙头,石下有白龙潭,溪边石壁上刻有"且听龙吟"四字。恰好昨日雨后,溪水暴涨,形如白龙飞舞,气势雄壮。再往前,看了些药铫、药臼、丹井等古迹,都是因岩石的形状而赋名的,经过虎头岩、三叠泉、"刘海戏金蟾"怪石、鸣弦泉和醉石、试剑石,至汤岭关,一路美不胜收,如入宝山,炫人眼目,虽然游兴未尽,但天色已渐渐黑了,所以只好返了回来。

　　山中的夜色有些寒冷,我看到路旁岩壁缝中太阳照不到的地方,还积有厚厚的冰雪,不禁想起白居易"人间四月芳菲尽,山寺桃花正半开"的诗句。回来的时候,不知不觉走错了路,只见不远处有一座不知名的小小的石拱桥,桥边绯云烂漫,在路灯柔和的光线之下,和天上的一钩新月交相辉映,氤氤氲氲,如烟如梦,似乎在蒸腾着雾霭,又似在放射着柔和的霞光,我的心动了一下,但也没十分在意,心想这是一片桃树或是杏林吧。我漫步走过去,远远地嗅到一股清香,这香气若隐若现,似有似无,简直沁人肺腑,醉人心魄。我走到面前,发现这是一片相当大的梅花林,心想,在山下,这时节梅花早已开过了,但也许山中地气冷,所以梅花也开得迟了吧。只见这梅林老干遒劲,如龙如蛟,如鹤颈,如寿星的拐杖,千姿万态,新枝勃发,或孤削如笔,或密簇如箭,或耸立如林,枝头繁花万点,花团锦簇,有正含苞待放的,有正怒放喷珠吐艳的,展露嫩黄的密蕊。也有开残了的,一阵风过,枝头慢腾腾、旋悠悠地落下花瓣来,落英缤纷,袅袅地像天女散花。梅花有粉红色的,也有深红色的,浅绛色的,还有一些淡绿色的,也许就是名贵的绿萼梅了,虽然风情万种,却不像盆梅那样故意扭曲,仍然是很健康很蓬勃向上的样子。我几乎陶醉了,脑海中涌现出许多古人咏梅的诗句:"疏影横斜水清浅,暗香浮动月黄昏""雪满山中高士卧,月明林下美人来""魂飞庾岭春难辨,霞隔罗溪梦未通"等,但总觉得不管多么好的诗句,还不能形容梅花于万一。这一夜,我在梅花树下,流连许久,徘徊瞻眺,我发现梅花还有一个特点,就是所有的花朵都是朝下的,才知几乎所有的画家画梅都画错了的,因而想起"傲骨梅无仰面花"的诗句,感叹古人的观察是多么仔细。这夜回去得很晚很晚,心想这也是我一生看到的最美的梅花了吧。果然,许多年过去了,我也曾去过无锡的梅园、西湖的灵峰看梅,但再也找不到那夜一见钟情般的令人怦然心动的感觉了。

第二天一早我就离了旅馆,要从前山入口处登山,到了售票处,一摸挎包,钱包没了,一下子惊出了一身冷汗。仔细一想,原来昨晚上过于小心,把钱包放在枕头下的裤子底下,早上慌慌张张地忘了。我急忙原路赶回,心想房间是好几个素不相识的人一起住的大通铺,要是找不回钱包,怎么办?到了旅馆,先进房一找,果然不见了,吓得面如土色。找旅馆的经理,经理说:"不要急,我们的服务员秀梅已经把它交上来了。"秀梅,我想起来了,就是那个年轻的扎着两条小辫的女服务员吗?很勤快的样子,脸上总是挂着灿烂的笑容,是个道地的山妹子,经理核对我的身份证和钱的数目后,又叫:"秀梅,来看一看,昨晚3号房间6床的是不是这位客人?"秀梅小跑着过来,看了我一眼,急忙说:"是的,是的。"我收回了钱包,连忙向她道谢,她这时倒羞涩起来,涨红了脸,不胜娇羞的笑靥像昨晚的梅花。

我想,无数的文人墨客都写过黄山,都说黄山的奇松、怪石、温泉、云海是天下的四绝,但我更愿意写黄山的梅,写黄山的梅韵,写秀梅一样的山里妹子,像松一样的山里小伙,他们都是些大写的"人",他们才是黄山的精气神。

# 泰山记游

1976 年 9 月 18 日,正是毛泽东主席逝世后全国追悼期的最后一天(到 10 月 16 日,便传来了粉碎"四人帮"的消息),我从北地回兰溪,列车路过泰安,遥见窗外群峰耸峙,黛色弥天,想起杜甫"岱宗夫如何,齐鲁青未了"的名句,便决意下车登山一游。

出车站信步而行,只见街上人来人去,皆胸佩白花,臂缠黑纱,人人神色凝重,步履匆匆。想到自己风尘满面,也不敢造次问路,心想"车到山前必有路",只要一路往高处行便得了。须臾见一碧涧,流水潺潺,飞珠滚玉,从山里而来,便沿涧而行,渐行渐远。经过一大片苹果园,天已黄昏,暝色四合。见一深潭,旁有石碑刻着"黑龙潭"三字。又上扇子崖,有一石屋屹然,门额题刻为"天尊庙",已破败不堪,但有人居住,群鸡见有人来,都咯咯叫着,飞上高树颠去了。屋后重峦叠嶂,群峰壁立,并无路可走。问山农,方知此为断头路,想要登岱顶,须从此回转至一岔路,再由中天门、南天门上山方可。不得已回转身来,另寻路上山。泰山虽然不太高,只有海拔 1 532 米,但极峻峭,到处巉岩峭壁,《诗经》上说"泰山岩岩",形容得实在确切。这些岩石,据说是地球上最古老的岩石,已经有四十多亿年,人类的历史与之相比只不过是一瞬间的时间。不知走了多久,到了泰山十八盘险道,只见蹬道如天梯耸立,到极陡峭之处,只好手足并用而攀,已觉两腿发颤,汗流浃背。仗着那时年纪轻,身体好,仍然借着山下泰安城微弱的灯光摸索而登。这时忽然大雨如注,浑身上下都被淋透了,被风一吹,只觉得寒气刺骨。等到爬上了南天门,原以为山上总有旅馆可借人住宿,不料上得山来,到处黑灯瞎火,不见一个人影,只见一幢幢黑黝黝的古建筑犹如森森的鬼影。走过碧霞元君祠,才见前面一小矮屋内隐约透出灯光,心中大喜,仿佛沙漠里遇见了绿洲,于是向前敲门借宿。屋内有两位北方青年汉子,身体健壮,据说是架线的民工。听我说明了来意,就让我在靠窗的那张钢丝床上睡了。说是床,也没有被褥,只铺着些稻草。我这时是又冷又累,又渴又饿,躺在稻草窝里,只觉得又温暖又柔软,不亚于所罗门王的龙床了。迷迷糊糊地睡去了,到了半夜,忽然有两个人来叫醒我,押着我去了另一处地方,看门口的牌子,好像是什么指挥部之类的,有一个五十来岁,样子很凶的头头模样的人来审讯我,于是就有了以下的对话。

"你是干什么的?"老头问。"我是来游山的。泰山很有名的,风景好,我就来了。"我答。"伟大领袖毛主席刚刚逝世,全国人民都悲痛万分,现在是悼念时期,停止一切娱乐活动,你还有心思来游山玩水,你对伟大领袖是什么感情?肯定不是个好东西!"我当时又惊又怕,心想:这下可糟了,这可是大逆不道的罪名,弄不好还要戴个反革命的帽子。我急中生智,急忙辩解说:"我上泰山来,也是为了悼念伟大领袖毛主席的。1921年毛主席从北京回湖南闹革命,就在泰安下车登上了泰山看日出。在火车上睡觉的时候,还被人偷去了鞋子,只好光脚回到长沙的呢。我沿着毛主席踏过的足迹登泰山,正是为了缅怀毛主席的丰功伟绩,正是对毛主席最深切的悼念!"毛泽东登泰山的掌故,我是从一本毛泽东的传记中看来的。对于这个掌故,那人似乎从来没听说过。他用半信半疑的眼光看着我,突然命令我把挎包和所有的衣服口袋都翻开。在那个年代,是无所谓人身权利的,我只得乖乖地服从。他把挎包和衣服口袋都细细地搜查了一遍,除了几张浙江粮票似乎能证明我是浙江人外,也没有什么可疑的东西。但他仍然把我关着,折磨个不休。最后他说:"要打个电话到你单位去问问,如果你撒谎,就死路一条。"说着,他走进内屋,大概和其他人商量去了。过了半晌,他出来了,说:"你回去吧!"当时我也不知道他电话打通没有,现在推测,按当时的通讯条件,那是绝对打不通的。

我回到小屋小睡了一回,天还没亮,就上日观峰去看日出。那天宿雨初收,日观峰四周云海茫茫,其余山峰也宛如孤屿绝岛,静立在朝雾之中。偌大一座名山,只有我一个人形单影只地在苦苦等待日出,也可谓是前无古人,后无来者的吧。天色渐渐明亮起来,东方现出鱼肚白。这时一阵大风吹来,云雾如奔马一般向后退去,天边云霞渐泛金色,一轮朝阳冉冉升起,庄严肃穆,但日色只是淡红,微微有些发白,清冷惨淡,离我少时所见的清人姚鼐《登泰山记》中所描述的"极天云一线异色,须臾成五彩,日上正赤如丹,下有红光动摇承之"的壮观景色似乎有些距离,不禁又有些惆怅,想到哲人说的"太阳每天都是新的"这句话,心里又开朗起来。

下山的途中,看了些古登封台、唐槐汉柏、斗姥宫等胜景。几株古松,相传秦始皇在树下避过雨,故封为五大夫松,实际上是后人补种的。所谓五大夫,是一种封爵,并不是说有五棵松树。印象最深的是唐玄宗于开元十三年登山封禅刻的碑记,一色镏金的隶书大字,在朝阳的照耀下金光灿灿,颇为夺目。天地之间,多少英雄豪杰、帝王将相都已烟消云散,只有这一块块石刻的大书,似乎还在诉说着昔日的辉煌。

这时天已大亮,上山的游人渐渐增多,人们三三两两,指指点点,我心里想:不管怎么说,历史已经翻开新的一页了。我们的民族生生不息,将像泰山一样,直到久远。

# 仙人迹满解石山

解石山，相传多仙人遗迹。《光绪兰溪县志》记载："解石山，在县北五十里，名小桃源，有青霞馆、丹井、丹灶之胜。"又说："西源之表有巨石高二丈余，中有锯迹者三，俗称为仙人锯石岩。"看来解石山的得名也是从这里来的了。

这天，我们从穆澄源村出发，顺着盘旋的山路上行，渐入佳境，只见一路涧环水绕，岩谷幽深，山花含笑，即名小桃源。曲折行走六七里路，山更高，水渐小，林愈密，竹木榛莽，丛生如鬏，几乎无路可走。同去的向导不时挥动砍柴刀，才在荆棘丛中砍出一条道来。正当我们爬得气喘吁吁、足膝酸软的时候，向导喊了一声"到了"。抬眼望去，只见一块长方形的巨大岩石高约六七十米，矗立在山巅之上。周围都是深厚肥沃的土壤，唯有这块巨岩突兀出现，仿佛从地下冒出来的一样，叫人惊奇不已。更奇的是这石从顶至底，有三条裂缝，把石分为三块，其断面平滑如削，据说是被黄大仙锯开来的。但是我看与其说是被锯开的，不如说是被大斧砍开的或者说是被宝剑劈开来得恰当。这类奇岩怪石形成的原因，不外乎是在地壳变动的年代被震裂开的，本没有什么特别的稀奇之处，但其他名胜之地如苏州的虎丘、镇江的金山虽都有所谓的"试剑石"，但那些石头和这巨岩比，从体积说就已经是小巫见大巫，差了一截了。只是由于它们有幸生在繁华热闹的地方，在名声上自然沾了光。

离解石不远，还有一块巨石，远远望去，形态特别吸引人，但走近一看，却见石上有一天然的深窝，窝口朝天，直径约有一米半，深约半米，窝壁厚十余厘米，整个窝体深凹，苔藓斑驳，底部有清水，给人一种久远、古老而神秘的想象。更妙的是窝体的圆周边上有一圈石缝，与石岩若即若离，仿佛可以轻轻地把窝体双手端起来，这就是乡人称之为"石锅"的东西，也就是《县志》上所说的"丹灶"了。称为"丹灶"的奇岩，黄山等处也有，但像这里的丹灶如此自然而逼真的，确是罕见，真正是天造地设的奇观呢。它是陨石坑，还是巨型恐龙蛋的蛋壳遗存？看来都不像，只有留待地质学家去考证了。

向导说，石锅是黄大仙炼丹的地方，因沾了仙气，每天都冒出白米来，供给不远处山坳里的灵石寺的和尚吃。但有一次一个小和尚搞恶作剧，在石锅里拉了一泡尿，结果遭到天怒，石锅让天雷打去了小半边，从此再也不冒白米了。灵石寺遗址在两峰之间稍平坦的地方，据说是五龙朝佛的风水宝地。现寺已荡然无存，只有数十株青桐树撑着黑魆魆的树干，给人以无尽的遐想。不过据向导说，解石山离双龙洞、金华观不远，只隔一道山梁，山梁上还有千百块千姿百态的白石，就是黄大仙叱石成羊的地方。我想，古诗有云："双鹤冲天去，群羊化石眠"，究竟是石化羊或羊化为石，也不可得而知了。

载《金华日报》

# 李渔与酒文化

　　李渔是清代著名的戏剧理论家，他多才多艺，对酒文化颇有研究。李渔饮酒而不嗜酒，他自己说："予系茗客而非酒人，性似猿猴，以果代食，天下皆知之矣。讯之以酒味则茫然。"但这不过是李渔的自谦之辞！实际上他对酒的妙用可谓会之于心而得之于诗，所谓"讯之以酒味则茫然"，只不过是"酒中有真味，欲辩已忘言"罢了。

　　李渔饮酒，很会挑时候。李渔家贫，但对生活非常热爱，终身追求一种高雅的富有情趣的生活。酒能活跃节日气氛，调节人的心情，所以每逢佳节，李渔是绝不会使之空过的。"春为一岁之首"，一年的除夕辞岁和元旦迎新之时，关系一年的时运，即使是举债，也必是饮酒的，如李渔在《壬午除夕》诗中写道："酒债征除夜，难赊此夕酤。"在《丁卯元旦试笔》诗中写道："尊前有酒年方好，眉上无愁昼始长。"或吟："尽日劳春酒，无时理夜弦。""未卜三春乐，先拼一夜酡。"或登楼放歌："楼登玄畅偏怀古，酒载屠苏不用钱。"充分表现了他对新岁的重视和满怀憧憬的心情。

　　除新年外，其余四时八节如立春、元宵、花朝、清明、端阳、七夕、中元、中秋、重阳等等，凡举中华民族的传统佳节，李渔是逢酒必饮的。如立春日："消愁剩有屠苏在，潦倒山妻为脱巾。"元宵日："人与花争艳，寒因酒失威。去来随杖者，不醉敢言归。"清明日：

"酒浇红泪千年血,诗慰丹心万古愁。"花朝日:"避地逢良友,开樽及美辰。"中秋,虽在途次必饮,"不如但饮酒,酣歌博醉眠。"高吟"明宵明月照谁家,酩酊莫辞今夜酒""身闲枉作诗盈把,愁重难教酒入肠"等,不可枚举。

此外,如客至、逢友、送别、赏花、赏月、生日、举男、祝寿,乃至看云、临水、闻砧、雪霁、途次等等,李渔也无不尽兴畅饮。如逢友时:"寸丝也当绨袍赠,杯酒堪称玳瑁筵。""相逢且漫说相思,先向花前复一卮。"留客时:"片时留客饮,几度报花开。"饯别时:"片时乡曲地,杯酒主人情。"看花时:"梦中勿醒看花眼,酒后重倾得意杯。"赏月时:"欲不与子饮,其如良夜何!"看云时:"载酒看迟云,居高景不凡。"雪霁时:"寻梅今喜无天阻,沽酒还应有路行。"五十岁生日时恰举一男,喜吟:"百年久事惟汤饼,尽解青钱为客沽。"无不充满生活的勃勃机趣。至于悼亡、待吏、御寒等等,则又在其次了。

酒为合欢之物,善能消愁解忧,曹孟德诗云:"何以解忧,唯有杜康。"李白诗云:"五花马,千金裘,呼儿将出换美酒,与尔同消万古愁。"李渔一生得酒中之乐,酒中之趣,可谓受益良多。李渔是贫士,一生东奔西走,命途坎坷,但他都能随遇而安,不怨天,不尤人,保持冲和恬淡的心境,其中就有酒的功劳。如李渔说:"相其涤愁烦,尽日使颜酡。"写月下与人对酌,次日拟吊亡友,愁从中来,挥之不去,故欲使终日醉酒。又有一次,李渔自云"阻风泊沙渚,四顾无人,惟芦蒿伴宿而已",荒凉寂寞之际,心境可想而知,李渔吟道:"痴梦犹行乐,豪饮故遣愁。"只能凭一醉以解千愁了。此外如"瞻雄座上客,忧散酒边愁""有计能无惑,中山尽日酡"。尤其得美味之时,"人去呼童涤釜尘,蒸豚煮蟹开芳樽。豪饮酣歌还大嚼,贫儿今日忽辞贫。""但期对酒能逢蟹,何必临渊更羡鱼。"无不写尽贫士借酒消愁的欢乐和无奈。

李渔一生爱酒而又浅量，故其于酒反较豪饮之人更多心得。他说："宴集之事，其可贵者有五：饮量无论宽窄，贵在能好；饮伴无论多寡，贵在善谈；饮具无论丰啬，贵在可继；饮政无论宽猛，贵在可行；饮候无论短长，贵在能止。"又说："吾不好长夜之饮，而好与明月相随而不忍别；不好使酒骂座之人，而好其于酒后尽露肝膈。"至于"家庭小饮与燕闲独酌，其为乐也，全在天机逗露之中，形迹消忘之内，有饮宴之实事，无酬酢之虚文"，无异朝之岁旦，夜之元宵，才是真正的乐地。

其论酒具则云："酒具用金银，犹妆奁之用珠翠，皆不得已而为之，非宴集时所应有也。富贵之家，犀则不妨常设，以其在珍宝之列，而无炫耀之形，犹仕宦之不饰观瞻者。象与犀同类，则有光芒太露嫌矣。且美酒入犀杯，另是一种香气。唐句云：'玉碗盛来琥珀光。'玉能显色，犀能助香，二物之于酒，皆功臣也。至尚雅素之风，则磁杯当首重已。旧磁可爱，人尽知之，无如价值之昂，日甚一日，尽为大力者所有，吾侪贫士，欲见为难。然即有此物，但可作古董收藏，难充饮器。何也？酒后擎杯，不能保无坠落，十损其一，则如雁行中断，不复成群。备而不用，与不备同。贫家得以自慰者，幸有此耳。然近日冶人，工巧百出，所制新磁，不出成、宣二窑下，至于体式之精异，又复过之。其不得与旧窑争值者，多寡之分耳。吾怪近时陶冶，何不自爱其力，使日作一杯，月制一盏，世人需之不得，必待善价而沽，其利与多制滥售等也，何计不出此？曰：不然。我高其技，人贱其能，徒让垄断于捷足之人耳。"

其论酒则重清、重香。如《阻风秦邮，喜酒米鱼虾皆贱，似石尤有灵，择地而发者》诗中云："竹叶乌程取次尝，宜清宜旨更宜香。前途好酒沽难约，尽解青蚨买瓮藏。"

李渔酒友甚多，但他最敬重率性天真而嗜饮者，他有一好友名程穆倩，"多才嗜饮，往来同人之家，赋诗饮酒无虚。其归必暮，暮必需灯，故每出必担灯自随，虽戴星而往，亦未尝稍辍。又恐酒后颠踬，常令幼子偕行，尝对人曰：此非儿也，杖也。"李渔说："予景其高风，嘉其逸趣，作歌以赠，冀添词人一段佳话云。"为作《担灯行》诗云："银青肩上无长物，一灯悬在奚囊侧。百年三万六千场，不醉何曾有一日。刘伶拼死荷锸随，纵好就非计之得。从来酾出人间，求之黄泉无一滴。所以爱生不爱死，归途在在携灯光。鹤发童颜有自来，醇醪是药参芪赘。醉乡即是真桃源，欲从老子分分地。"又为燕中褚山人作《酒徒篇》云："饮中三昧君得之，君腹居然一酒池。中山一醉仅千日，君醒直须长夜时。嗟余力不胜杯醑，莫识醉乡在何许。但能领略醉翁情，喜与八仙为伴侣。"艳羡之情，溢于言表。

李渔自称："易醉易醒蕉叶量，忽悲忽喜小儿情。"但也时搏一醉，他在《好事近·中酒后代柬谢主人》词中说："人中酒，不辨参辰昂西。蕉量勉教倾半斗，困人非爱友。揽镜容颜增丑，呵气旁人欲呕。怨语叨叨不去口，问君耳热否？"活画出老人醉酒后情景，可发一噱。

李渔对于酒文化有如此深厚的造诣和领悟，这与兰溪酒文化的底蕴深厚、博大精深是分不开的。前些年，兰溪市曾出土过汉魏时代的多种酒器和焦斗、双耳杯、盘口壶、鸡首壶等，说明早在汉代兰溪境内就有酒的酿造。至唐宋时期，兰溪更是名酒辈出。《光绪兰溪县志·物产》记载："以邑名酒，名瀫溪春，则以水名。"《武林旧事》云："兰溪酒曰瀫溪春花。"《谈荟》云："兰溪有瀫溪春酒。"兰溪瀫溪春酒之美，一在糯稻，一在溪水。兰溪田园富庶，据《县志》载："糯以供酿。其糯之早者，则有早秋糯，早白壳，迟者有白杨、金鞭、铁浆、红壳、乌嘴、胭脂、油麻诸糯,其迟至霜降获者为晚稻。"溪水则有"水皆缥碧,千丈见底,游鱼细石,直视无碍"之誉,特别是冬季酿酒之时,兰江澄碧,水质清纯,宋杨万里《晚泊兰溪》诗云:"兰江水清千顷强,朔风冻作琉璃缸。"故多佳酿。

南宋大诗人陆游,一生嗜酒,对于品评美酒有极高的水平,但从不轻易写诗赞扬。庆元四年,他得到了兰溪所产的"瀫溪春花"酒十坛,品尝之下,兴奋不已,感觉这是自己从未得到过的好酒,他挥笔写下了题为《龟堂独酌》的诗:"旷怀与世原难舍,幽句何人可遣听。一酹'兰溪'遗万事,时看墙底卧长瓶。"一首吟罢,他意犹未尽,又写道:"一榼'兰溪'自献酬,徂年不肯为人留。巴山频入初寒梦,江月偏供独夜愁。越石壮心鸡喔喔,子卿归信雁悠悠,天生我辈初何用,病骨支离又过秋。"这里"兰溪"正是兰溪瀫溪春酒的代名词,但在以后的岁月中,兰溪瀫溪春酒无可奈何地消亡了。谈到酒,人们想到的就是绍兴酒,如状元红、女儿红等,这不能不说是兰溪人的悲哀。令人欣喜的是如今兰溪芥子园酒业有限公司正凭借兰溪深厚的酒文化底蕴独占兰溪的天时、地利、人和,着力打造芥子园品牌,推出芥子园啤酒、枸杞红等著名品牌,如果李笠翁如今尚健在,想必也会放怀痛饮一番吧。

载 2005 年 1 月《李渔思想文化研究》

# 文博钩沉

### 一、历史上最早发现的恐龙化石

现代考古学意义上发现恐龙化石，是在约 200 年前。恐龙化石是由西方人发现并命名的，其后，对恐龙的研究一直长盛不衰。其实，最早发现恐龙化石的应是中国人。

据《史记·孔子世家》记载："鲁哀公元年(前 494)，吴伐越，坠会稽，得骨节专车。吴使使问仲尼：'骨何者最大？'仲尼曰：'禹致群神于会稽山，防风氏后至，禹杀而戮之，其节专车，此为大矣。'于是吴客曰：'善哉圣人！'"韦昭注云："骨一节，其长专车，专，擅也。"这里的史实是，当时吴王夫差出兵攻打越国，越王败退于会稽(在今浙江绍兴)，吴王毁会稽城，挖到骨节，一节可以装满一车(当时的车是指马车)。这事轰动一时，吴王专门派使者去请教孔子，孔子说，禹当年招集诸侯会于会稽山，防风氏迟到了，禹把他杀了。这就是防风氏的骨头。

按现代科学的眼光来看，人类或一般兽类的骨头根本不可能如此巨大，当时挖到的骨头应是某一种巨型恐龙的骨化石无疑，可惜限于历史条件，号称当时最博学多才的孔子也无法判断出这是历史上早已灭绝的一种特殊生物的化石，而且这一发现一直隐藏在古籍中，一下就湮没了两千多年，当然也谈不上给予科学的研究了。

## 二、最早的简明考古发掘报告

中国历来有厚葬之风，而盗墓之风也屡禁不绝。一般因兵乱或贫穷而发掘古墓者，都没有留下文字资料，唯《西京杂记》记有广川王发掘古墓的文字资料数则，可以作为简明的考古发掘报告来看，现录之如下：

魏襄王冢，皆以文石为椁，高八尺许，广狭容四十人，以手扪椁，滑液如新。中有石床，石屏风，婉然周正，不见棺柩明器踪迹，但床上有玉唾壶一枚，铜剑二枚，金玉杂具，皆如新物。

哀王冢，以铁灌其上，穿凿三日乃开，有黄气如雾，融入鼻目，皆辛苦不可入。以兵守之，七日乃歇。初至一户，无扃钥，石床方四尺，床上有石几，左右各三石人立侍，皆武冠带剑。复入一户，石扉有关钥，叩开见棺柩，黑光照人，刀斫不入，烧锯截之，乃漆杂兕革为棺，厚数寸，累积十余重，力不能开，乃止。复入一户，亦石扉，开钥得石床，方七尺，石屏风，铜帐钩一具，或在床上，或在地下，似是帐糜朽而铜钩堕落床上。石枕一枚，尘埃朏朏，甚高，似是衣服床。左右石妇人各二十，悉皆立侍。或有执巾栉镜镊之象，或有执盘奉食之形，无余异物，但有铁镜数百枚。

魏王子且渠冢，冢甚浅狭，无棺柩，但有石床，广六尺长一丈、石屏风。床上悉是云母。床上两尸，一男一女，皆年二十许，俱东首，裸卧，无衣衾，肌肤颜色如生人，鬓发齿爪亦如生人。

晋灵公冢甚瑰壮，四角皆以石为攫犬捧烛。石人男女四十余，皆立侍。棺器无复形兆，尸犹不坏，孔窍中皆有金玉。其余器物，皆朽烂不可别，惟玉蟾蜍一枚，大如拳，腹空，容五合水，光润如新。

幽王冢，甚高壮，羡门既开，皆是石垩，拨除丈余深，乃得云母，深尺余，见百余尸，纵横相枕藉，皆不朽，唯一男子，余皆女子，或坐或卧，亦犹有立者，衣服形色，不异生人。

按《西京杂记》旧题为汉刘歆作，据书中记载，广川王刘去疾，好聚无赖少年，游猎毕弋无度，国内冢藏，一皆发掘。发掘冢墓不可胜数，其奇异者也有百数。刘歆所记十余处。又据《隋书·经籍志》说，《西京杂记》为晋葛洪撰，但也有所本。如此说来，把以上数则记载，看作历史上最早的简明考古发掘报告，也未尝不可。

## 三、书童代笔

古书画鉴定，本是难事。更有一种纸张、印鉴，甚至题款皆无伪，而实为门生、书童、子侄代笔者，鉴定犹难。学者不可不知。

南宋陆游《老学庵笔记》卷二云："赵广，合肥人，本李伯时家小史。伯时作画，每使侍左右，久之遂善画，尤工作马，几能乱真。建炎中陷贼。贼闻其善画，使图所掠妇人，广毅然辞实不能画，胁以白刃，不从，遂断右手拇指遣去。而广平生实用左手。乱定惟画观音大士而已，又数年乃死。今士大夫所藏伯时观音，多广笔也。"说赵广为著名画家李伯时书童，善画几能乱真，当时士大夫家所藏李伯时观音像，多赵广代笔。可见当时已真伪难辨。然赵广实甚有气节，当他被金人俘获时，金人胁迫他画画，赵广不从，竟被斩断右手拇指，而幸好他平生都用左手作画，以后只画观音大士，多有画作传世，虽然冒李伯时之名，亦弥足珍贵了。

## 四、收藏致祸

收藏是雅事，但一味沉溺其中，玩物丧志，也有可能带来意想不到的灾祸，对于担当军国重任的政治家来说尤其如此。

东晋的恒玄是恒温的儿子。起初都督荆州、江州等八州军事，后谋反，自称大将军、相国、楚王。开始准备作战时，恒玄先令人造了一只轻便的船，装载平生喜爱的书画古玩等物。有人问他为什么这样做，他回答说："兵凶战危，脱有意外，当使轻而易运。"后来与刘毅等人在峥嵘州作战，恒玄总是荡着小舟在旁边，小有波折即惊慌不定，随时准备逃走。因此部下都没有斗志。刘毅趁风纵火，部下争先，恒玄的部队大败而逃，恒玄本人也被督护冯迁斩杀了。当初著名画家顾恺之曾把一箱珍贵书画寄放在恒玄那里，结果被恒玄打开封识取走，仍旧贴上封识，把空箱子还给顾恺之，顾恺之只好苦笑着说："妙画通灵，登仙而去。"而此时这艘轻舟也连同这些珍贵书画古玩一起被付之一炬了，实在是太可惜了。

无独有偶。唐文宗的宰相王涯，富贵一时，他家藏书之多，可以与皇帝的内府相比。他极其爱好书画，前代一些名人书法、绘画，都用高价买进，以金玉做奁轴，藏在复壁中，封存得很是秘密牢固，一般人无法见到。太和九年，甘露事变发生，宦官趁机诬他造反。王涯被捕后被腰斩，家产被抄。混乱中复壁被人掘开，将金玉装饰的箱子和轴头之类拿走，而珍贵的书籍书画却被丢得满路都是。这都是收藏致祸的例子，后人不可不鉴。

## 五、古墓疑云

古籍中常有大型古墓葬中为了防止后人盗墓设有伏弩、伏火、伏沙之类的记载。《水经注》说"越王勾践都琅玡,欲移元常(越国先王)冢,冢中风生,飞沙射人,人不得近,遂止。"又唐段成式《酉阳杂俎》说:"旧仪将作营陵,地内方外,设伏弩、伏火、弓矢与沙,盖古制有其机也。侯白《旌异记》曰:"盗发白茅冢,棺内大吼如雷,野雉悉雊,冢内火起,飞熖赫,盗被烧死,得非伏火乎?"古墓伏弩,按史记《秦始皇记》记载:秦始皇骊山陵,"穿三泉,下铜而致椁,宫观百官奇器怪藏满之。令匠作机弩矢,有穿近者辄射之。或言工匠为机藏皆知。尽闭工匠、藏者,无复出者。"可见伏弩之设,古已有之,是设计机弩,以绳引之,一触即发的自动装置。伏火,大约是磷火之类,能够引物自燃,唯伏沙,难以考其究竟。但近年有古墓发掘,发现棺椁上下四周皆堆满细沙,盗贼难以挖掘,或被流沙埋葬而死。可备注释。

古墓中还有不少死尸复生的记载,如唐李冗《独异志》云:"干宝母卢,当葬父时,潜推一婢于墓中。十余年后,母亡与父合葬,开墓,婢伏于棺上,久而乃生。问之,如平昔之时,指使无异。"晋张华《博物志》云:"汉末,关中大乱,有发前汉时冢者,宫人犹活,既出,平复如旧,魏郭后爱念之,著宫内,常置左右,问汉时宫中事,说之了了,皆有次序。后崩,哭泣过礼,遂死焉。"又云:"汉末,发范明友冢,奴犹活,明友为霍光女婿,说光家事,废立之际,多与《汉书》相似。此奴常游走于民间,无止住处,今不知所在。"这些听起来近乎天方夜谭,只能是传说罢了,实际上是不可能的。

# 巧制葫芦器

夏日炎炎，如果你在庭院里或阳台上种有几棵葫芦的话，藤蔓牵绕，浓荫匝地，倒也能消却许多暑气。如果葫芦开花结子，"绵绵瓜瓞"，更能给你的退休生活平添许多情趣。

这时候，如果你有兴趣的话，也可以试作葫芦器。葫芦器是我国传统的特种手工艺品之一，即匏器。《尚书》中的八音，指的是用金、石、丝、竹、匏、土、革、木八种不同材料制成乐器的声音，匏制的乐器也就是最早的葫芦器之一。至于普通常见的葫芦器，是葫芦风干后挖去内瓤即成，可以用来盛水或打酒，是葫芦剖开两半使用，亦称之为匏尊，也就是农家用来舀水的瓢。又苏东坡《赤壁赋》中说"举匏尊以相属"，则是用以盛酒的。普通的葫芦器制作不难，这里介绍的是一种比较特殊的葫芦器的制法。

《明代名人小记》记载：巢鸣盛，字端明，嘉兴人，崇祯举人，明亡后，归隐乡间不进城市。其家种葫芦绕屋，自制匏尊以饮酒。他的方法是采用木制夹板为模具，制成方形的有阳文诗句的葫芦器。又据《西清笔记》记载："葫芦器，康熙间始为之，瓶盘杯椀之属，无所不有，阳文花鸟山水题字，俱极清朗，不假人力。其法于葫芦生后，造器模包其外，渐长渐满，遂成器形。"就是事先做好木制的刻上诗文图案的各种器形模具，待葫芦初结时套上，长成后，拆去模具，就成为了纹饰的各种器形，经过裁割，或施以漆，或镶口以金玉,就制成不同的器皿。从故宫所藏的清康熙年间制的葫芦器来看,大都镶有象牙、玉石或玳瑁口,加之纹样精美,所以十分名贵。

但是,用木模培育葫芦器,制作颇难,而且需一定的美术水平和雕刻技术,一般人不易做到。笔者以为用广口玻璃瓶即可。长成的葫芦器可用电烙铁烫画,烫出各种简单的山水花鸟图纹,或用小刀刻画,十分赏心悦目,借用玻璃瓶等器皿作模子,简便易行,而且玻璃透光,不影响葫芦的生长,有兴趣的朋友不妨试一试,必定可以使你享受到创造的乐趣。

载《退休生活》1989 年第 5 期

# 书画鉴定浅说

　　自从书画特别是名人书画成为商品以来，造假之风一直盛行不衰。书画作伪之法繁多，常见的有改头换面：画迹本身用刮、割、挖、补等法减去一部分，或添上一部分，以致真假杂糅在一幅之中。如画跋分身，真画配假跋，真跋配假画，一分为二；填配假画则将画心挖出另作，留下四周裱边的名人题跋或收藏印章，再配伪作；另有将无款之作，添上题跋、名款或印记，指为某名家之作，或将原画人改为题画人，另写名家署款。其次是完全作假：一是依稿勾摹，在玻璃桌面上放原作，下置灯光，再在其上进行单笔勾描，笔势较自然，难辨真假。二是无固定稿本，或摘用画稿之部分而稍加变化而成。也有随意凭空伪造，题上名人署款即成，大多取其无有对证，易于欺人，如署无有或罕有真迹传世的高官显宦、历史名人名款，如文天祥、韩世忠、李渔等，指鹿为马。也有将原作裱背揭下，再按原作重加点染设色。但此类作品并不多见。

　　明清以来，地区性的书画造假，有所谓"苏州片"，绢本，大多仿李思训、赵伯驹、仇英一路的青绿山水，间有文征明、董其昌等名人假款；"河南货"，多伪作名人书法；"湖南货"，多用绫绢伪作明清书画；近代有"广东货"，无稿本，题材以设色人物为主，画面染得很旧；"后门造"，即北京地安门，专造"臣字款"伪作，装裱多富丽堂皇。至于现时书画造假，较之过去更是青出于蓝而胜于蓝。

据说有大财团专造傅抱石款假画,从临摹到制印、装裱,分工合作,几可乱真,且与鉴定家、出版家、拍卖行互通声气,声势极盛。

鉴定书画是一门综合各种知识的学问,不外乎一看时代风格和个人风格,二看印章、纸绢、题跋、收藏印著录、装潢等。时代风格,如人物衣纹描法,早期如"春蚕吐丝,始终如一",称为"高古游丝",继而是兰叶描,至南宋流行转折快利、顿错分明的描法。早期山水画多摄取全形,"人大于山,水不容泛",至唐、宋、元面目都各有一变。如著名鉴定家杨新就从传世的《女史箴图》上的山水画法入手,推翻了该图是东晋顾恺之真迹的定论,断定是北魏孝文帝时期佚名宫廷画家所作。个人风格比时代风格具体,各家习惯,审美观点、性格、阅历不同,作品也各不相同。俗语说:"不怕不识货,只怕货比货。"传世作品较多的名家书画各大博物馆都有收藏,真迹伪作放在一起对比,则真伪立判,因造假方法不外乎临摹,临画一般看一眼画一笔,行笔必有迟疑、呆滞之处,摹本如果放大透光来看,则能见到描摹的痕迹。鉴别印章,现在著名书画家的名章、闲章和收藏家收藏的印章都有印谱影印出版,可资对照,但要防真印假画,如画家去世后,印章为弟子、家人所得,印仍可盖在伪作之上。近年作假印可用照相制版法,分毫不差,但印色浮泛,细微之处,值得注意。纸绢做旧常用藤黄加碯石加墨色染,或用浓茶汁等,或用虫类放书画一起蛀出蛀孔,但染色作旧不能沁入纸质内部,与历经岁月自然变旧不同。实际书画如保存得好,可以历久如新,如兰溪博物馆藏明永乐《北藏》经书,历六百余年而纸张洁白焕然,令人难以置信。题跋鉴定,除辨笔迹外,对作者生平、时代背景应有所了解。比如苏轼于宋元丰五年(1082)46岁时被贬黄州后才号"东坡居士",所以如果在此之前的东坡居士款的作品肯定是伪作无疑。明末遗民如八大山人等,入清后不题顺治年款,以表忠于前朝，这些都应注意。再如笔者见到何香凝款一幅画，年款为大清宣统三年，何香凝是同盟会会员，反清志士，题此年款也大有可疑。再者旧画新题，墨色必然浮泛，如题在熟纸上，不能力透纸背。书画经过著录的，或盖有收藏章的，说明流传有序，可资参考。如乾隆的《石渠宝笈》等都是权威的书画录，但经过著录的伪作也甚多，收藏印也可作假，只能作参考。装潢式样各时代不同，南北有异，需提防"金蝉脱壳"，即保留原装裱，挖出书画本身，代之以伪本。

总之，收藏书画切忌"贪"，越是大名头作品伪作越多，何况大名家真迹多珍藏于各大博物馆，疏散民间者极少，不要奢望能侥幸捡漏，一夜暴富。有条件者不妨收藏些地方小名家的作品，价钱不贵，又可怡情，万一收到赝品，权当交了学费，不致伤筋动骨。

# 水上婚礼绝代风华

相传元末明初,江西鄱阳湖渔民陈友谅率众起兵反元,后与明太祖朱元璋争夺天下,结果兵败身死。朱元璋掳其家族部属陈、钱、林、李等共九姓,贬于富春江、兰江一带,不得上岸谋生,不得与岸上居民通婚,这就是九姓渔民的来历。

九姓渔民以捕鱼、运货为生,常往来于常山、江山、衢州、兰溪、严州和杭州一带,日出撒网,日落泊舟,与严酷的自然气候和社会环境抗争,世代繁衍生息,形成了以"抛新娘"为代表的奇特而又神秘的水上婚礼民俗。

兰江九姓渔民的水上婚礼,有着古朴纯真的民俗民风,如迎亲船接亲、对歌讨喜、称嫁妆、喂离娘饭、抛新娘、抛喜糖喜果、拜天地、进洞房等。在婚礼过程中,宾客可品尝新郎、新娘敬献的"三道喜味",即红枣花生桂圆莲子汤和八宝绿茶等,敬献方式也别具一格。整个过程一波三折,高潮迭起,令人回味无穷。

兰江九姓渔民水上婚礼集观赏性、参与性、娱乐性于一体,是符合现代旅游发展趋势的旅游产品。在1997年中国彩船节上,兰溪隆重推出了这一节目,相信今后也将成为兰江水上旅游的一大保留节目。

载《金华晚报》

# 兰溪徽商史话

旧时兰溪，商贾云集，而其中之佼佼者，当推徽帮。

徽商自明、清以来即名扬天下，足迹遍海内，民间素有徽商"无宝不落地"之说。所谓徽商，指原籍徽州府，即今安徽歙县一带商人。歙县人素有经商传统，"道贩贸易，竟以是起其家"。

徽商出省贸易，大抵循新安江舟行入严州，下行至苏、杭、宁、沪，上行至湘、赣、闽、广，而兰溪地理适中，物产丰富，遂为徽商东西贸易之落脚点。举其大者而言，当时兰溪城内徽商经营商号有裕隆、同泰、大源、大来、胡开文、聚丰、一元堂等，大抵经营绸缎布匹、山货药材、茶叶土漆、笔墨纸砚、酱酒，颇具徽乡特色。同泰、聚丰等酱园，当时信誉昭著，公私合营后为兰溪酱油厂，乃今兰溪味精厂之前身。

徽商来兰溪既多，遂设新安会馆以乡情而结商谊，其会馆旧址在今城南塔山，傍山依势而建，飞檐斗拱，规模宏大，可见当年徽商在兰溪势力之盛。

徽商居兰溪既久，乐不思蜀，子孙繁衍。其人节俭，每将货殖所得，重投于工商诸业。时至今日，仍有众多徽商子孙跻身于兰溪工商企业界，承先人精勤创业传统，为兰溪兴盛勉力。

*载《金华日报》*

# 兰溪佳酿与婺州窑

兰溪自古善酿美酒。《光绪兰溪县志·物产》记载："以邑名酒，名瀫溪春，则以水名。"《武林旧事》云："兰溪酒曰瀫溪春花。"《谈荟》云："兰有瀫溪春酒。"兰溪瀫溪春酒之美，一在糯稻，一在溪水。兰溪田园富庶，据《县志》载："糯以供酿。其糯之早者，则有早秋糯、早白壳，迟者有白杨、金鞭、铁浆、白壳、红壳、乌嘴、胭脂、油麻诸糯，其迟至霜降获者为晚稻。"溪水则有"水皆缥碧，千丈见底，游鱼细石，直视无碍"之誉，特别是冬季酿酒之时，兰江澄碧，水质清纯，宋杨万里《晚泊兰溪》诗云："兰江水清千顷强，朔风冻作琉璃缸。"故多佳酿。

南宋大诗人陆游，一生嗜酒，对于品评美酒有极高的水平，但从不轻易写诗赞扬。庆元四年，他得到兰溪所产的"瀫溪春花"酒十坛，品尝之下，兴奋不已，感觉这是自己从未得到过的好酒，他挥笔写了题名为《龟堂独酌》的诗："旷怀与世原难舍，幽句何人可遣听。一酌'兰溪'遗万事，时看墙底卧长瓶。"一首吟罢，他意犹未尽，又写道："一榼'兰溪'自献酬，徂年不肯为人留。巴山频入初寒梦，江月偏供独夜愁。越石壮心鸡喔喔，子卿归信雁悠悠。天生我辈初何用，病骨支离又过秋。"这里"兰溪"正是兰溪瀫溪春酒代名词。

根据史料记载，陆游品尝的兰溪瀫溪春酒是他的诗友兰溪人杜斿兄弟送给他的。杜斿字叔高,曾问道于朱熹,与陆游、陈亮、辛弃疾诸人游,诗作《严先生钓台》为时颂赞。陆游也有多首诗作如《小轩夏夜凉甚偶得长句呈杜叔高秀才》等是送给杜氏兄弟的。但是,兰溪与陆游家乡绍兴相距数百里,瀫溪春酒是用什么包装运抵山阴的呢?

　　近年来,兰溪许多乡镇都曾发现两宋婺州窑的遗址。如上碗窑,在石渠乡黄泥山下村;嵩山窑,在水阁乡。婺州窑产品为青瓷,兴起于西汉,承续于两晋南北朝,极盛于两宋,釉色莹润,造型大方,善作各种酒器。笔者曾参与石渠乡上碗窑宋代窑址的局部清理,发现该处为黄土小丘陵,约3万多平方米的山坡上散落着密密麻麻的碎瓷片。当地村民相传古时有99条龙窑,可见瓷窑之多。因农民建房挖出的瓷片堆积层有2米多厚,器具大都为酒坛、酒壶、酒瓶、碗之类,胎壁较厚,瓷质不及嵩山窑的细腻,其中酒坛大都高35厘米左右,最大腹径约20厘米,正适合包装酒类以代远途运输之用。由此可见,南宋时代,兰溪佳酿正是凭借了婺州窑的酒器包装才远销绍兴、临安,直至淮扬等地,兰溪瀫溪春酒的名闻遐迩,是与婺州窑的兴盛分不开的。

*载《浙博天地》*

# 兰溪密山南宋墓女尸和棉毯出土记

1966年8月下旬,"文化大革命"进入高潮,兰溪的"破四旧,立四新"运动搞得轰轰烈烈,抄家盛行,大批古旧书画、图书、戏装、古玩等被毁。8月29日上午在兰溪人民剧院(今兰江大厦址)召开有上千人参加的干部、职工、居民"破四旧、立四新"动员大会,并宣布更改城关镇158条街巷,22个居委会,9个码头和一部分商店的名称,如将自由路改为反帝路,云山路改为工农路,桃花坞改为丰收巷,金钟路居委会改为东风路居委会等。

此时,忽然传出一个惊人消息,说离城约8公里的香溪公社(今为香溪镇)密山大队(今密山村)山坡上的一座古墓里挖出一具女僵尸,僵尸拖出古墓时,身着绫罗绸缎,身上裹着一条棉毯,有八十一个金铜钱,还有许多金银财宝等,女僵尸面目栩栩如生,肌肤白皙,而且很有弹性,头发乌黑油亮,像活人一样,见风久了,才发黑。消息越传越玄,越传越神,在传的过程中不免添油加醋,许多人按捺不住好奇心,纷纷骑上自行车赶往密山看个究竟。

原来古墓在村边不远的一座小山上,墓已经颓坏,隐约露出砖石。村里一农户造新屋,起先,想去挖些砖石来做屋基,不料一挖之下,发现古墓用青石砌成,边缝都用榫卯结构,砌得严丝合缝,农户认为墓中肯定有宝,就暂不声张,夜晚去盗墓。原来古墓建在质地松脆的红砂岩的岩层上,墓圹在岩层倾斜面往下开凿

1.5 至 2 米深的竖穴,再在底部铺上一层坚厚的青石板,四周用合榫的长条石垒成圹壁,壁厚 41 厘米,严丝合缝,石穴底部和四周加砌一屋青砖,以大量的石灰垫底。棺木放入以后,空隙处和顶部都浇捣三合土(以糯米饭、豆浆和石灰、黄沙混合)。入葬的棺木有外木郭和内椁,外木郭用整大块独木板合榫而成,长 2.8 米,宽 1.1 米,底部两侧各突出 15 厘米,每侧两端安铁环,作为穿绳抬棺之用,内棺底部漆黑漆,其他部分为红漆,油漆如新,棺内铺草席、棉毯各一条,女尸头枕绸面木屑枕头一个,另有包袱两个,一个为绸裤包,一个为绸衣包,分别置于胸部两侧。同时还有贴金木梳一柄、木质佛一串、缎面鞋子一双,丝绵馒头若干个(兰溪历代迷信旧俗,据说黄泉路上以丝绵馒头抛去则恶狗只顾抢馒头,不会来咬鬼魂),胸前招文袋内有纸质墨迹若干张。却说农户打开棺材后,竟然发现一具女尸,面目如生,衣着整齐,胸口还挂着一个招文袋,用钉耙拖出来,只见垫着一条棉毯,毯上钉着铜钱,女尸棺内其余究竟有多少陪葬品,现已不得而知。农户见状,也不免吃惊,慌慌忙忙地拆下棉毯上的铜钱,就重新把女尸塞入墓圹,自以为神不知鬼不觉的,简单掩上墓门就完事了,不过世上没有不透风的墙。古墓被盗掘,第二天一早就被村民发现了,一传十,十传百,引得四乡八姓的人都来看女尸,人山人海,围了个里三层外三层。大家纷纷猜测女尸到底是什么朝代的,有什么宝贝陪葬,当时虽是"破四旧"运动搞得热火朝天,但人们心底里的迷信思想依然十分严重,许多人认为女尸能近千年不腐,肯定风水好或是身上有宝所致,有的认为女尸身上的一切都是降魔辟邪的,纷纷去撕女尸身上的衣物,甚至连头发都拔光了。有人看不过去就把赤裸的女尸用棉毯盖上,但后来的人又拆开观看,如是再三。有人翻过女尸胸前的招文袋,发现一纸路引,上面墨迹分明,原来女尸不是别人,正是南宋荆湖南路转运使潘慈明夫人高氏。这下可不得了,潘慈明是女埠镇下潘村人,后裔犹在,同时潘氏家族人口众多,听说祖宗墓被掘了,纷纷赶来,要讨个说法,那户盗墓的农户早已关门逃走,结果家中被砸了个稀巴烂,潘姓人又把女尸抬到村党支书家中去,点香烛祭拜,披麻戴孝,并追寻所谓的陪葬三宝,事情越闹越大。

当时任岩山区文化站(驻香溪镇)负责人的徐庆浩同志(已故),也与公社其他干部(时任香溪公社党委书记的是章恒远,1966年6月上任)一起去调解此事。徐庆浩看到棉毯,虽然不知它的真实价值,但觉得棉毯历经九百余年尚保存完好,十分稀罕,就做了工作,把棉毯取来,用纸包好,于9月1日送到县文化馆,由文物组的曾昭才同志(已故)接收。平心而论,在当时复杂纷乱的情势下,能把棉毯完好保存下来,徐庆浩同志是有贡献的。当时,文化馆文物组设在兰溪饭店后面阐扬巷一座开间对合的唐石泉公祠内(现已拆除),曾昭才就把棉毯晾在竹竿上,看的人是川流不息,当时我也曾去观看过,只见棉毯细密厚实,以经纬线织成,两面拉毛均匀,淡黄色,黄中透白,正面有缀铜钱的绣痕,连环方胜状,一数共有八十一枚,测量后,棉毯长251厘米,宽116厘米。后来老曾告知浙江省博物馆,省里会同上海纺织学院的教授来考察,认定这是我国迄今为止发现最早最完整的棉毯。许多专家认为,这说明南宋时,江南地区已普遍使用棉织物,比元代陶宗仪《南村辍耕录》一书所记载的黄道婆于元初(1295年左右)从琼州(海南岛)带回黎族人的棉纺织技术早了一百二十多年,其历史、文物、研究价值无可估量,后定为国家一级文物,收藏于浙江省博物馆。

再说女尸,由于天气炎热,加上多次折腾,女尸变黑,发臭,经过区、公社干部反复说服，最终焚化重新掩埋入土。这其实是十分可惜的，女尸虽然比长沙马王堆西汉女尸晚了一千多年，但发现早了六年，圹中堆积大量木炭、石灰，没有浸水，保存更为完好，如果未遇上盗墓，再保存一千年也不成问题，也有很高的研究价值。由于当时正值"文革"混乱时期，人们也没有这种保护意识，女尸没能得到妥善保存，留下了遗憾，至于棉毯上的铜钱，由于做了工作，大部分已追缴，都是开元通宝铜钱，并不是人们所想象的金铜钱。

据《光绪兰溪县志·人物》记载：潘慈明，字伯龙，纯孝乡（今黄店镇女埠街道一带）人，宋高宗绍兴二十一年（1151）进士，仕至秘书丞、荆湖南路转运使。先是知江州，尝建周濂溪先生祠堂，朱子为之作记。殁时遗教子孙，以古礼送终。其父潘杲为大观三年进士。

潘慈明任过荆湖南路转运使，宋初置荆湖南路、荆湖北路，雍熙中并为荆湖路，治所在江陵府（今湖北江陵），辖境相当于今湖南全省、湖北省荆山、大洪山以南，鄂城、崇阳以西，巴东王峰以东及广西越城岭以东的湘水、灌江流域。至道以后，以今湖南汨罗江、洞庭湖、雪峰山为界，又分为南北两路，南路简称湖南，治所在潭州（今湖南长沙），北路简称湖北，治所在江陵府（今湖北江陵），元废。转运使，始于唐代，宋初为集中财权，改置专职的都转运使、转运使，掌一路或数路财赋，有督察地方官吏的权力，其后职掌扩大，兼理边防、治安、钱粮、巡察等事，成为府州以上的行政长官。

关于中国的棉纺织史，据《后汉书·南蛮西夷列传》记载："哀牢（今云南保山怒江以西）有梧桐木华，绩以为布，幅广五尺，洁白不受垢汗。先以覆亡人，然后服之。"《广志》曰："梧桐有白者，剽国有桐木，其华有白毳，取其毳淹渍，缉织以为布。"这可能是现代所谓的木棉,学名 Gossampinusmalabaricus,木棉料,亦称攀枝花、英雄树。而现代所指的棉花,学名 Gossypiumspp,有亚洲棉(中棉)、草棉、陆地棉、海岛棉等种,属锦葵科,其中陆地棉在我国栽培最广。云南的海岛棉为多年生,亦称木棉,有联核木棉、离核木棉两种,而兰溪密山南宋,高氏墓出土的棉毯,系锦葵科的陆地棉。宋人写的《木棉诗》云:"车转轻雷秋纺雪,弓弯半月夜弹云。"说的就是当时农家妇女夜间纺棉纱、弹棉花的情景。但从历史文献记载来看,宋代的棉纺织技术,西南少数民族地区及海南岛等地,显然要比江南地区先进得多。至于高氏墓棉毯究竟是当时兰溪本地制作的,还是其夫潘慈明在外地为官从西南少数民族地区或海南岛等地辗转带回的,迄今尚无佐证,专家也尚未有定论,不过不管是海南岛或云南、贵州、广西等少数民族地区,都在今中国版图之内,都属于中国棉纺织史的一部分,所以有人把高氏墓南宋棉毯的出土说是"由此把中国的棉纺织史提前了一百多年的说法"是值得商榷的。

载《兰溪文史资料》

# 国宝唐永徽青瓷四系罐出土记

　　1977年11月的一天，永昌区朱村的赤脚医生徐廷杰像往常一样，背着药箱，走村串户，为村民们治疗小伤小病、头痛伤风什么的。老徐不光是位赤脚医生，还是一位业余文保员，与平时注意搜集文物信息，与永昌区文化站的负责人俞立军同志是莫逆之交。老俞是永康人，大学毕业后分配到诸葛中学教书，因为爱好文物，后来调到永昌区文化站，在诸葛、永昌一带很有威信，老百姓都称他俞老师。老徐和老俞交往有年，从老俞那里学到了不少文物知识。这天下午他行医路过朱村的胡琴岗顶，这是一处黄土丘陵，茅草萧瑟，孤寂无人。正走间，老徐突然发现不远处有一座古墓，墓封土不高，也无碑碣，经雨水冲刷，已露出一角墓圹，老徐经过一番细心的观察，判断这是一座唐宋时期的古墓。事不宜迟，老徐急急忙忙跑到区文化站找到了老俞同志，向他报告了这一重要情况。由于天色已晚，老俞决定先不要声张，到明日再组织抢救性挖掘。

　　第二天一大早，老俞就叫了几位民工赶往胡琴岗顶，由于封土不厚，发掘工作进行得顺利，去掉封土层，从平面看，这是一座古代布币形的砖室墓，但令老俞忧心的是，墓室的一角已有一个小洞，似乎已被盗墓贼光顾过，"还会不会留下什么有价值的东西呢？"老俞心想。随着墓室被慢慢打开，大家发现墓中既无棺木，也无尸骨，原来棺木尸骨都早已朽为烂泥了。顿时，失望的情绪笼罩了大家的心头。这时，突然众人眼前一亮，在布币形墓室的顶端，透出一道绿如翠玉的光泽。老俞定睛一看，原来是一只青釉罐端端正正放在中间，旁边还有好多青瓷盘、碗之类的随葬品，这也许是盗墓贼认为这些盘盘碗碗的不值钱而留下了吧。

　　老俞兴奋不已，在拍照、绘图后，亲自跳到圹中，小心翼翼地取出青瓷罐和其他随葬器物。用清水洗净后，只见这罐直口尖唇，矮颈溜肩，深圆腹，平底，肩置泥条形四系，胎质灰白色，由于胎土内掺有紫金土，所以局部呈紫红色。罐上半部施梅子青釉，釉层厚而不流，釉面光泽柔和并开细冰裂纹，下半部不施釉。用尺一量，高 14.7 厘米，腹径 16.7 厘米，口径 8.7 厘米，底径 7.4 厘米，厚约 0.8 厘米，真是"青如天，翠如玉，明如镜，响如磬"，而且胎壁薄而保存完好，实在是不可多得的稀世珍宝。更难得的是，细心的老俞还在墓砖中发现其中一砖烧制有(唐)"永徽三年"(562)字样，为墓中随葬器物的断代提供了确凿的依据，而且其年代比兰溪建县的唐咸亨五年(674)早了二十二年。后来著名的中国古陶瓷专家朱伯谦先生见到这件唐永徽青瓷四系罐后赞赏不已，认为："从釉色来看，这是一件类似秘色窑式的产品，极为珍贵。"但兰溪的这件青瓷四系罐比陕西扶风法门寺释迦塔地宫出土的唐咸通秘色瓷从时间上早了两百多年。已故著名的婺州窑古陶瓷专家贡昌先生也曾说："这件四系罐釉色青翠柔和，器形规整，而且墓中又出土了唐永徽三年的纪年砖，可以作为同时代婺州窑产品的断代标准器物，非常难得。"1992 年 4 月 9 日经浙江省文物鉴定委员会汪济英、曹锦炎、柴眩华等专家鉴定，该罐被定为国家一级文物(其他青瓷碗等有几件被定为三级)，从此该罐就成了兰溪市博物馆的镇馆之宝，同时作为南方青瓷的珍品，曾选送故宫博物院、省博物馆展出。

载《兰溪文史资料》

# 古建筑与阴阳五行及堪舆学说

中国的古建筑,源远流长。从河姆渡木榫结构房屋开始,已有七千年以上的历史,可以说是一气呵成,血脉相承。中国的古建筑,历来以木骨架结构为主,又兼地处东亚大陆,气候复杂,不得不与飓风、沙暴、洪水、寒流作斗争。其中火患又是建筑毁灭的重大因素,古代由于科学不发达、人们认为这些都是由冥冥之中某种超自然的力量主宰的,与建筑的定位、朝向等等密切相关。随着阴阳五行学说的兴起到逐渐发展成为一门专门讲究阴阳风水的堪舆学,几乎与中国的古建筑相终始。

堪舆一词,据东汉许慎注:"堪,天道也;舆,地道也。"张晏说:"堪舆,天地总名也。"引申为阴阳风水。堪舆学的起源很早。中国位于北温带,为了取暖,居室最理想的朝向应是朝南。《周礼》说:"唯王建国,辨方正位。""大司徒之职,掌建邦之土地之图。以天下土地之图,周知九州之地域,广轮之数,辩其山林、川泽、丘陵、坟衍、原隰之名物。以土圭之法测土深,正日景以求地中。"《周礼·考工记》:"置槷(标准)以悬,视以景,为规,识日出之景与日入之景,夜考之极星,以正朝夕。"《诗经·豳风七月》:"塞向墐户。"向是朝北的窗,户是朝南的。《诗经·大雅·绵》说古公父,率周人迁岐,"爰契我龟,曰止曰时,筑室于兹"。是说卜龟得兆,然后筑室。至公刘迁豳,公刘乃"既景乃冈,相其阴阳,观其源泉,度其隰原,度其夕阳,于豳斯馆,止基乃理"。意思是说公刘测日影以定方向,观察山冈的南北和水源,才筑室于豳。这可以视为堪舆学的滥觞。至战国时代,出现了七雄并争,竞相高以奢丽,楚筑章华于前,赵筑丛台于后的大兴土木的局面,同时由于阴阳五行学说的兴起,应用到建筑上,就发展成为堪舆学。《史记·历书》:"是时独有邹衍,明于五德之传,而散消息之分,以显诸侯。"《史记·封禅书》:"自齐威、宣之时,邹子之徒,论著终始五德之运,及秦帝而齐人奏之,故始皇采用之。"秦始皇自以为得水德之瑞,更命河曰德水,以冬十月为年首,色上黑。《史记·日者列传》说:"孝武帝时聚会占家问之,某日可取妇乎?五行家曰可,堪舆家曰不可。"可见西汉时已有堪舆家这一名目。《汉书·艺文志》载有《堪舆金匮》十四卷、《宫宅地形》二十卷、阴阳二十一家三百六十九篇,并介绍说:"形法者,大举九州之势以立城郭室舍,形人及六畜骨法之度数,器物之形容以求其声气贵贱吉凶。"从战国时燕人邹衍开始,经汉代司马季主、严君平、晋代郭璞等人的添加附会,至隋唐时的袁天纲、李淳风,堪舆学发展到登峰造极。堪舆学与周代的礼制结合起来,成为古代建筑设计上的一种出发点,举凡城市、宫殿、陵墓、寺观、民居的定位形制及色彩装饰,无不贯彻了阴阳五行和堪舆学的种种原理。要研究欣赏中国建筑艺术,就不能不对堪舆学有所了解。

## 一、城市设计

都城是帝王子孙的万世基业,在风水的选择上,尤其慎重。《周礼》:"唯王建国,辨方正位。""匠人营国,方九里,旁三门,国中九经九纬,经涂九轨,左祖右社,面朝后市。"这就奠定了中国历代都城的格局。明代的北京城,布置了一条长达八公里的中轴线,堪

中编

145

称世界城市设计中最壮丽的作品。《诗经·定之方中》:"定之方中,揆之以日。"注云:"定,营室也。方中,昏正四方也。以知东西南北。"是说以营室星和日影来确定正南。据《史记》记载,武王灭纣,"定天保,依天室,营周居于洛邑而后去。"及成王时,"使召公复营洛邑,如武王之意。周公复卜申视,卒营筑,居九鼎焉。曰:此天下之中,四方入贡道里均。"秦文公时,至汧渭之间,曰:"昔周邑我先秦嬴于此,后卒获为诸侯。"乃卜居之,占曰吉,即营邑之。至秦德公既立,"卜居于雍,后子孙饮马于河,遂都雍。磔狗邑四门,以御蛊灾。"汉代的长安城,南北两边都是不规则的折线,北城作南斗形,南城作北斗形,号称斗城,除了与河流的流向配合外,显然有风水之说的因素在内。在中国历史上,除了唐朝和清朝以外,每一个新朝建立,都要毁灭前代的都城,这几乎成了一个惯例,其原因就在于要破坏前代的所谓"王气"。最典型的是明军攻破元大都时,毁灭了当时世界上最壮丽的"汗八里城"。到明成祖营建北京时,还在元大都宫殿的遗址上用挖护城河的泥造了一座景山,以镇压元人的"王气"。在城门的命名上,也同样体现了阴阳风水的学说,如唐长安的宫城,北为玄武门,南为朱雀门,东为春明门,西为金光门。

就一般的中小城市的选址来讲,也是非常讲究的。以浙江兰溪古城为例,据《光绪兰溪县志·形胜》记载:"兰溪由金华玉壶山翔舞起伏,直走大河之滨,融结为县治,后枕层峦,前挹九峰,西北则寿昌、建德诸山排衙列戟,周回环拱,兰阴一山,屹立横亘,近如屏障,衢、婺两港皆数百里奔流至此,汇成巨渊,水陆通途,南出闽广,北入吴会,故形胜甲浙东。"从实际来看,兰溪古城位于三江之汇,挂榜山(即大云山)、青龙山(即金钟岭)回环左右,山河襟抱,正是综合了堪舆学上的飞龙饮水、金凤归巢之形。城以海拔1 300余米的金华山主峰大盘山为祖山,以金台尖为来龙,具山林川谷之美,层峦朝拱,气象尊崇。城内又以天福山作为来龙的结穴,实际上起到一种内聚中心的作用。同时地势高敞,有利于防洪。兰溪于唐咸亨五年建县,为衢、婺之门户,杭严之屏蔽,地理位置颇为重要。

在沿江一带远眺,则有兰荫山如锦屏,如笔架,如卧龙,隔江相对,有浮桥可渡,正符合风水学上案山的要求。城东大云山原有能仁、同仁二塔,溪西排岭有辅仁塔,乘舟溯江而上,首先映入眼中的是三塔。最有特色的是横贯全城的官塘。官塘实乃一条小河,引后山溪之水从城北水阙门入城,经今人民路一带,从城南出城注入荷花塘,河上架着思亲、庆成等大小七八座桥梁,粉墙黛瓦,小桥流水,沿河又有官井亭、阁老亭等亭阁庙观点缀其间,真是典型的"水巷水桥多,人家尽枕河""岸上垂杨水上楼"的江南风光。按风水学说,北水南流,能给城市带来巨大的财富,实际上当时箬篷小船可直接驶入商家作坊门口做交易,得益于古城工商业的繁盛。

## 二、帝王的居室和宗庙

宫殿的建筑几乎与都城同时,同样都离不开堪舆学。帝王迷信堪舆的,代不乏人。《史记·封禅书》记载:"秦献公时,栎阳雨金,秦献公自以为得金瑞,故作畦畤而祀白帝。"《史记·秦始皇本纪》说,秦始皇时代候星气者至三百人,"二十七年,作信宫渭南,已更名为信宫为极庙,象天极。三十五年,始皇以为:咸阳人多,先王之宫廷小,吾闻周文王都丰,武王都镐,丰镐之间,帝王之都也。乃作朝宫渭南上林苑中。先作为前殿阿房,东西五百步,南北五十丈,上可以坐万人,下可以建五丈旗,周驰为阁道,自殿下直抵南山。表南山之颠以为阙。为复道,自阿房渡渭,属之咸阳,以象天极阁道绝汉抵营室也。"《史记》说:"秦每破诸侯,写放其宫室,作之咸阳北阪上。"很可能是拆迁重建了六国的宫殿,其用意显然是为了把六国的王气集中到咸阳来。

汉高祖七年,萧何依龙首山作未央宫,"壮丽以重威。"文帝时,赵人新垣平以望气见上,言"长安东北有神气,成五采,若人冠冕焉。东北神明之舍,西方神明之墓也。天瑞下,宜立祠上帝,以合符应。于是作渭阳五帝庙,同宇,帝一殿。面各五门,各如其帝色。"武帝时,听方士公孙卿君言,作柏梁台、铜柱、承露仙人掌之属,又作通天茎台,取甘露玉屑服食,以为可得长生。又听了公孙卿"仙人好楼居"的话,在长安大兴楼观,出土的汉代陶阁楼,模型很多,有三至四层的,可见当时造楼风气之盛。其后柏梁灾,有人曰:"越俗有火灾,复起屋必以大,用胜服之。"于是作建章宫,度为千门万户。前殿度高未央,其东则凤阙,高二十余丈。其西则唐中,数十里虎圈。其北治大池,渐台高二十余丈,命曰太液池,中有蓬莱、方丈、瀛洲、壶梁,象海中神山龟鱼之属。其南有玉堂、壁门,大鸟之属。乃立神明台、井干楼,度五十丈,辇道相属焉。其后武帝东巡,以迎仙人。武帝乃作五城十二楼于海上,命曰迎年。济南人公王带上黄帝时明堂图,中有一殿,四面无壁,以茅盖,通水,圈宫垣为复道,上有楼,以西南入,命曰昆仑。于是武帝命作明堂于汶上。据《礼图》记载:东汉光武帝建武三十一年,作明堂,上圆下方,十二堂法日辰,九室法九州。室八窗,八九七十二,法一时之王,室有十二户,法阴阳之数。又据《白虎通》:"天子立辟雍,辟者象璧,圆法天,雍之以水,象教化流行。"这种形制一直影响到明清天坛祈年殿、皇穹宇和国子监内辟雍的设计。

古人正都邑、立室家,未有不择地者。再如宋哲宗"素精测验,常置《乙巳占》在侧。土木华侈,靡费金宝,何可计数,中殿宇用金箔一十六万余片"。《履园丛话》:初宋徽宗未有子嗣,听方士刘混康言,京城东北形势增高,富有多福多寿之祥。政和七年,遂命户部侍郎孟揆,于上清宝录宫之东筑为山林,象曰万岁山,周十余里。求天下奇花异木,太湖灵璧、珍禽异兽以进,号花石纲,飞楼繁阁,瑶岛琼台,雄奇壮丽于斯为极。在国之艮方,号艮岳。

### 三、在地方和民间的影响

由于历代帝王的提倡,上行下效,影响到地方和民间,凡官衙、寺观、学宫、王公府弟及民间村落、住宅,无不讲究风水。早期最明显的是布置一条中轴线,如学宫,中轴线上依次为棂星门、庙门、大成殿、明伦堂、尊经阁等。儒家著作就有这方面的记述,如《礼记》:"南向北向,西方为上。"《尔雅》:"西南隅谓之奥,尊长之处也。不西益,难动摇之尔。"《风俗通》:"宅不西益,俗说西者为上。上益宅者,妨家长也。"《论衡·四纬》:"俗有大讳四,曰讳西益宅。西益室谓之不祥,不祥必有死亡。"《左传》:"鲁哀公欲西益宅,史争不祥。"《洞时》:"世俗起土兴功,岁月有所食,所食之地必有死者。"《诸术》:"阁室术曰:商家门不宜南向,徵家门不宜北向。""坎宅巽门"之类的术语,在古籍中比比皆是,至于一般的堪舆书中,这一类的讲究就更多了。值得注意的是,隋唐以后,各地塔的兴建除了佛教的意义外,有许多还有风水的意义。在一个县城里,由于地势不好,如没有高山或东南、西南等一个方向地势低洼、空缺,必然要建设一座文峰塔以补充之。封建社会科举的风气,为期望本地文人都能中举,亦在县城建造文峰塔,以象征本县能出人才。有的地方所称的文笔塔、文光塔等,都属这类建筑。塔的式样变化多端,有的干脆设计成状元大笔的模样,如山西河曲文笔塔建于清朝乾隆年间,圆形,像一支朝天大笔,也叫文笔塔,远远望去肃然屹立,使原来平淡的天际线上奇峰突起,足以平添山河景色,历来赢得人们衷心的喜爱。有的还在塔的附近开掘湖池,兴建亭阁以象征砚池和笔架、墨碇之类,如浙江浦江县的龙峰塔下,就开凿一池,以象征墨砚塔影浸入池中,活像以笔蘸墨。文峰塔的位置,一般常在县城的东南或西北方向,这也与古代"天倾西北,地不满东南"的传说有关。

在村落的选址上,以兰溪诸葛村为例,就诸葛村的地形、地貌、水文、气候、植被、朝向、景观等方面而言,在古代都是堪称理想的。在村落的正北有天池山,是流经村东的石岭溪的发源地,以它为祖山,岘山是近祖山,寺山是岘山余脉。大公堂正处在村中央的"龙穴"上,以大公堂为中心,左右各有两条"护砂",除了各有一条为"蝉翼砂"外,"青龙""白虎"两砂脉络不断,向南偏东方向蜿蜒伸展一公里多。大公堂等祠堂前则设置了半月塘而非满月形,也是忌讳"月满则亏"之意。村南的谷地宽约 70 米,诸葛村的房屋就分布在两侧护砂的山坡上,谷地里的中明堂则保留为农田和水塘,"中水口"之外,是一片广阔无垠的稻田。而流经村东的石岭溪则曲折异常,风水上称之为"九曲水"。可见诸葛村的地形、地貌很符合形势宗堪舆家的理想模式。据《高隆诸葛氏宗谱·宁五公迁居始末》记载:"公讳大狮,字威公,行宁五。其先承载自岘峰迁葛塘,公其六世孙也。好义乐施,且精堪舆术,深歉故居之隘,谓不足裕后。因亲相宅址,始得田塘之南,未慊。及步至高隆,始忻然曰:此庶足称吾居也,时其地荒僻,惟王氏舍其旁,地亦其所有。即捐重价求之,垦平结构,携二孙瑞二公、瑞三公居焉。戒之曰:吾一生精力,尽在阴阳二宅,去后或有灾咎,慎勿疑。二孙唯唯受命。公殁,遂以其地葬焉。未几,瑞二公以运粮违限罪戍北,瑞三公以编鱼鳞图失格罪戍南,相继卒于卫所。目击者莫不指其地为大凶。王氏且避迁于今之王坞矣。安二公及弟三人确守先训,不以改图。及后资产渐饶,英彦辈出,由迁居得地,笃信贻谋之所致也。"《宗谱·重建中庭记》说:"祖大狮公堪天道,舆地理,视地面偏偶,规模卑狭,卜吉高隆上宅,聚族于斯。"由此可见当年村落设计者的良苦用心。

## 四、阴宅

由于古代有"奉死如生"的传统,同时相信葬址的选择足以影响后代子孙的盛衰,所以陵墓的选址和设计更是堪舆上的一种大事。《周礼》:"冢人掌公墓之地,辩其兆域而为之图。先王之葬居中,以昭穆为左右。"《讯日》:"葬历曰:葬避九室地陷及日之刚柔,月之奇耦。工伎之书,起宅盖定必择日。"《诘术图宅术》曰:"宅有八术,以六甲之名数而第之。"儒家经典《孝经》也说过:"卜其宅兆而安厝之。"至于一般堪舆书上,所谓龙沙、虎沙、神山、鬼山、牛角、蝉翼、虾须、蟹眼及龙脉、金钩、钩月形、龟形、鹤形、象形、狮形等等术语不可枚举,大都是根据地形而加以附会。《晋书·周光传》记载:"初陶侃微时,丁艰,将葬,家中忽失牛,而不知所在。遇一老丈,谓曰:前岗见一牛,眠山污中,其地若葬,位极人臣矣。侃寻牛得之,因葬其处。"陶侃后来果然做到荆江二州刺史、都督八州诸军事,加征西大将军。所以后来一般把好坟地称为牛眠吉地。《非庵日纂》说:苏轼祖父号端正道人,"遇一异人谓曰:吾有二穴,一富一贵,惟君所择。道人曰:吾欲子孙读书,不愿富。于是偕往眉山,指示其处。道人遂以葬母。道人生老泉,泉生苏辙、苏轼,文章震天下,号称三苏。"《聊斋志异·姐妹易嫁》载:掖县相国毛纪公,其父为人牧牛。时邑世族张姓,有新墓在东山,频得梦警曰:汝家墓地,本是毛公佳城,何得久假此。于是徙葬。一日,毛父过张家故墓,猝遇雨,匿身废圹中,潦水灌注,遂溺以死。乃使就故圹葬焉。

后毛纪果中举擢进士。这一类荒诞不经或偶然巧合的故事,经历代堪舆家的渲染,日益深入人心,有的富室豪门,为求得一吉地,往往有停柩数十年不葬者。

至于帝王陵寝的选择,那就更郑重其事了,以光绪崇陵为例。据《翁同龢日记》记载:"光绪十三年三月十二日,醇亲王传谕:奉懿旨:明日著醇亲王、翁同龢带同着风水英年前往九龙峪相地。"次日西太后携光绪同往九龙峪,选定万年吉地。《日记》又记光绪元年二月初七记相度九龙峪之行:"辰正,策骑往九龙峪。余与容观察步视后山,廖、张等看盘,定壬丙兼亥巳。又策马由龙身直上,凡九节过峡而达寿星山。寿星山者,来脉最高处也。曲折起伏,如画如活。此地开张处,护砂皆到,穴星及向皆合为一,余以为当在上一成,则气象高出,群峰环拱。当面正对近身横案,天然如案,高五尺余,真奇观也。循东边涧沟行,相得妃园寝一区,在砂角稍后。"这一次是光绪十三年帝亲政后,偕西太后亲赴九龙峪,选定陵址,于三月十四日于九龙峪宝盖立石柱以志之,并改九龙峪为金龙峪。

其他如秦始皇陵:"穿三泉,下铜而致椁,宫观百官奇器珍怪徙藏满之。以水银为百川江河大海,机相灌输,上具天文,下具地理。"陵寝坐西朝东,除了有意对关东六国的旧地造成一种威胁的气势外,还与秦人自认为得西方金瑞有关。再如明十三陵的陵址选择和基本布局都是明成祖时"卜帝陵于此",并改山名为天寿山。明长陵一系列建筑的中轴线,一直延伸到天寿山的最高峰。这个世界上最集中最壮丽最宏伟的帝王陵区,首先是风水理论的产物。

## 五、古建筑的色彩和装饰

古建筑色彩的装饰构件都无不有其阴阳五行、堪舆学上的意义。如汉文帝时作渭阳五帝庙,每帝一殿,面各五门,各如其帝色。《周书》:"诸侯受命于周,乃建立太社于国中,其遣:东青土,南赤土,西白土,北骊土,中央衅以黄土。"意思是:东方属木,用青色土;南方属火,用红色土;西方属金,用白色土;北方属水,用黑色土;中央属土,用黄色土。《周礼》:"以苍璧礼天,以黄琮礼地,以青圭礼东方,以赤璋礼南方,以白琥礼西方,以玄璜礼北方。"故天坛祈年殿用蓝色的琉璃瓦以象征天。后妃居室以花椒和泥涂墙,取多子之义。明代"正门公侯用金漆锡环,一、二品官用绿油锡环,三至四品官用黑油锡环"。宋《营造法式》上所载就有九种不同设色方法之多,每一基本方法称为装,计有五彩偏装、碾玉装、青绿空晕棱装、环三晕带红棱间装、解绿装饰、丹纷副饰、黄土副饰等。"以粉朱丹三色为屋宇门窗之饰者谓之刷染,布彩于梁栋斗拱,或素绿杂物之类谓之装銮。"《礼记》:"楹,天子丹,诸侯黝,大夫苍,士黄。"张衡《西京赋》:"衣以藻绨,文以朱绿。"张蟠《汉记》:"壁柱彩画。"大约从秦汉时代起,就形成了红墙绿瓦、画栋雕梁、青琐丹楹的典型宫殿用色。这些用色的含义只有根据五行之说才能得到确切解释。

中国古建筑最大的威胁是火,因而古建筑的构件及雕饰自古就十分忌讳与火有关的一切,而乐于采用与水有关的动物、植物作为雕饰的图案和构件的造型。这些也只有用风水之说才能解释清楚。《汉记》记载:"柏梁殿灾后,越巫言海中有鱼,虬尾似鸥,激浪即降雨,遂作其象于屋,以厌火祥。"《谭宾录》:"东海有鱼虬,尾似鸥,鼓浪即降雨,遂设象于屋脊。"其实就是象征性的防火设备,后世或改为鳌尖、鱼吻,都是基于同样的观念。鱼和惹草都是水生的,同样也是为了厌火。中国古建筑的明间以溜式结构形成一个穹顶的顶棚称为藻井、方井、圆泉覆海等。《鲁灵光殿赋》:"圆渊方井,倒植荷蕖。"《西京赋》:"蒂倒茄于藻井,披红葩之狎猎。"《景福殿赋》:"芙蓉倒植,藻井悬川。"《风俗通》:"殿堂象东井形刻作荷菱,水物也,所以厌火。"沈约《宋书》:"殿堂之为圆泉方井兼荷花者,以厌火祥。"梁架的雕饰也是如此。《论语》:"山节藻棁。"就是指斗拱和屋架,藻就是指绘上水草花纹。不仅如此,柱头、柱础也往往做成覆莲或仰莲形状。或绘上水草花纹。《齐都赋》:"龙楹螭桷。"就是说在梁柱上绘上龙螭等。现存南方的明清古建筑月梁两端往往雕刻半月状鱼鳃纹或龙须纹,就是这样龙螭之类的简化,故宫太和殿的三层台基装有无数石雕的螭首以泄水,每当大雨之时,如万龙喷水,极其壮观,其起源也在于厌火,也至少可追溯到汉魏时代,如魏古邺都铜雀台遗址就曾出土过石雕的螭首。故宫御花园钦安殿前台阶中间的御路石(世称陛石)上,雕满了海妖水怪、鱼鳌、虾蟹等。宋《营造法式》也有"造螭首于殿陛之剩"。其余如以栗木为门以却盗、门钹即铺首作龟蛇状,也都是基于风水之说。

总之,风水学说是一种由现实导引出来的知识而发展起来的以唯心的抽象解释事物的理论,笼上了一层神秘主义的迷雾,把人的吉凶祸福附会于风水,是完全荒诞无稽的迷信,但也不能排除某些心理暗示作用。同时在实际运用上综合了哲学、天文、地理、测绘、生态、水文、地质、美学等等各方面的现实知识,核心在追求人与自然之间的最佳结合,达到完美的和谐,是不可一概视为糟粕的。特别是在中国古代的历史条件下,许多建筑上的合理设计和装饰,和人对生存环境与景观环境的合理要求,只有在风水和吉祥的掩饰下才行得通。我们要真正理解、欣赏乃至研究中国的古建筑艺术,是不能不对堪舆学说有所了解的。

载《长江文化论丛》2011 年第 7 辑

# 关于博物馆免费开放之后的思考

【摘要】博物馆免费开放,是国家构建公共文化服务体系,保障实现公众基本文化权益,促进文化大发展、大繁荣的重要举措,是我国文化发展史上的一件大事,也是我国文物博物事业的一个重要里程碑。

博物馆免费开放,是机遇也是挑战。本文试就博物馆免费开放之后可能出现的一些问题及相应对策,如打造精品项目、保障有序参观、确保展品安全、拓宽资金投入渠道、加强与观众的联系、提高服务质量等方面作了一些初步的探索和思考。

【关键词】博物馆　免费开放　思考

2007年1月23日,中共中央宣传部、财政部、文化部和国家文物局联合发出《关于全国博物馆、纪念馆免费开放的通知》,温家宝总理也在政府工作报告中宣布了公益性的博物馆、纪念馆和全国的爱国主义教育示范基地,在今、明两年将全部免费向社会开放,这是国家构建公共文化服务体系,保障和实现公众基本文化权益,促进文化大发展、大繁荣的重要举措,是我国文化发展史上的一件大事,也是我国文物博物事业发展的一个重要里程碑。

根据《通知》精神,浙江省将是2008年文化文物部门归口管理的所有博物馆、纪念馆全部向社会免费开放的省份之一。从3

月份开始,已有近60家符合条件的博物馆、纪念馆向社会实行免费开放,这是光荣,是机遇,更是挑战。在博物馆免费开放之后,如何进一步提高为公众服务的水平,如何为公众提供更多更好的公共文化产品,如何确保展品安全,如何抓住机遇开拓博物馆社会市场、发展博物馆产业、拓宽资金投入渠道、促进博物馆事业健康而可持续发展等新的课题,都值得我们深入探索和思考。

## 一、免费不减质,努力打造精品项目

博物馆免费开放,这是一项落实十七大精神,落实科学发展观,以人为本,踏踏实实、实实在在的一项文化惠民工程。免费开放,可以使博物馆更加融入社会,更加贴近群众、贴近生活、贴近实际。由于是免费的惠民工程,必须克服恩赐于民的思想。免费不减质,努力提高展览水平,为公众提供优质服务,不能反正是免费的,看不看随你的便,看的人少,反而落得个清闲。博物馆的展品,大多是过去时代的产品。但通过我们的筛选、组合、说明、讲解等,就成为一个全新的作品,我们要提供精品。所谓精品,就是指那些健康向上的、有深刻内涵的和丰富形式的、经得起历史和时间检验的优秀作品,在什么时候看都能打动人、感化人、鼓舞人、激励人。因此,作为一个博物馆,应当在确保安全的前提下,首先把本馆收藏的最精美、最珍贵的真品拿出来,通过科学艺术的组合、排列,供公众参观欣赏,要在什么时候看都能让人觉得是一种高尚的、难得的艺术享受,百看不厌,留下深刻的印象,从而增进公众爱乡土、爱祖国的思想感情,提高历史唯物主义和辩证唯物主义的思想素养。其次,我们要源源不断地推出精品,就必须注重文化创新。由于一个馆、一个地方的藏品资源毕竟有限,我们必须大力推进馆际、省际，乃至国家交流，引进外馆、外省、外国有影响的、有内涵、有看点、能出彩的精品展览，也可组织一些有实力的民间收藏家提供精品展览。在这一方面，如浙江省博物馆曾引进《庞贝的末日》等精品展览和多个民间收藏家的精品瓷器展览等，轰动一时，动心骇目，为这一方面的工作提供了借鉴。

免费不减质，在提高博物馆硬件建设水准的同时，还必须大力提升博物馆人的思想水平和业务素质。有人说过："细节决定成败。"我们必须在讲解的内容、背景音乐的挑选、灯光的配置、展柜背板颜色的设计、展品展示的效果，乃至洗手间的清洁度和人流密度的关系等看似细微的不引人注意的方面，尽管做不到完美无缺，但也应力求完善，力求为公众提供最优质的服务。

## 二、免费不减责

确保展品人员安全，责任重于泰山。博物馆免费开放，是社会进步的一大标志，也是公众的文化盛宴。免费之初，一些博物馆特别是一些大、中城市的知名博物馆，如国家级精品琳琅满目的上海博物馆、展出长沙马王堆女尸的湖南博物馆等，观众肯定会蜂拥而至，人满为患，对展品的安全带来一定的隐患。据调查，免费开放的博物馆的参观人数大体是原来没有免费开放时人数的 5 倍到 15 倍。据媒体报道，福建博物馆免费开放后，有些展品被损坏，有的如恐龙化石趾骨损坏，造成了严重的损失。针对这种情况，我们必须防患于未然，防止安全事故发生，须预先做好几方面的工作：①加强宣传力度，通过多种信息渠道使公众了解，博物馆免费开放是永久性的，并不是临时性的举措，对本地观众来说，来日方长，用不着急在一时，在开放之初就来凑热闹。②免费不免票,根据博物馆的面积,通道和参观线路和参观时间的长短进行科学调研,较精确地测算本馆的某一时间段的最大人容量和人流量,以发放参观券的办法,来科学地调控每天的参观人数。当然,对于外地观众可以凭证优先,对于团体观众则应做到事先预约。对于一些书画、纺织品等藏品展览,更应科学地控制人流量,防止二氧化碳等人体散发的有害气体天长日久地损毁文物。免费不免票,可以保证有秩序地参观,避免嘈杂、拥挤,使观众在宁静的从容氛围中得到美的享受。③加强安全保卫工作,除了有意让观众参与的手动模拟形式外,展品必须置于安全、可靠的、难以触摸的位置,确保文物安全。在国外,有些著名的博物馆也曾发生过在参观过程中名画被窃的事件。所以,制订完善的安全保卫制度,除了加强安全保卫人员的工作责任心外,配备一定数量的监控设备也是十分必要的。④注重观众人身安全。除了确保展品安全外,确保观众的安全也是工作的重点之一。在这方面同样需注重细节,如展厅、通道、洗手间必须采用防滑的地板、地砖,配备一些急救药品,等等。对于一些年老观众,万一突发心脑血管疾病,博物馆工作人员也应具备一些急救知识,以备不时之需。

### 三、免费不依赖

博物馆免费开放是我国三十年来坚持解放思想、改革开放、经济实力不断增长、综合国力不断提高的必然结果。对博物馆的免费开放,今年中央财政将拿出 12 亿元,支持全国的各类博物馆相继免费开放,其他各级财政也将作出相应的安排。但这仅仅是一个方面,对于一些原本门票收入占博物馆财务预算相当大比重的博物馆来说,免费开放后如何弥补资金缺口就是一个很大的问题。特别是博物馆免费开放后,随着人流量的增加和服务质量的提高、博物馆的设施增添和维护、工作人员人数的增加等,都要增加相应的支出,而由于各地经济发展水平的差异,许多地方财政不可能完全予以解决。因此,我们认为,解决资金缺口,不能光等、靠、要,要克服依赖思想,多方面的筹措资金,保证博物馆事业的可持续发展,乃是博物馆免费开放后的当务之急。这方面,我们可以从几个方面入手:①加强宣传力度,争取领导支持。利用多种渠道,向上级部门和财政争取资金。②充分利用博物馆空闲场地,开放书店、小卖部、画廊等,举办讲座、收藏品鉴定等有偿服务,大力发展博物馆产业。③争取社会各界特别是企业家的资金捐赠。在国外,博物馆资金的很大部分都由企业家捐赠,当然这也有待于我国的财税改革进一步深入和相关政策的配套,如捐赠抵税等政策的实行等等。

### 四、免费不忘营销,强化与观众的合作关系

博物馆的观众实际上就是博物馆的客户,在博物馆免费开放后,由于观众的多寡不再与门票收入挂钩,我们要克服忽视馆与客户的关系,顺其自然,放弃促销的倾向。我们要学会分清主次,抓住重点,关注重要观众,不断培养和发展新的客户,提升人气指数,提高观众的满意率,防止一些一般的小型博物馆重蹈覆辙。在这方面,我们应该:①及时掌握客户的需求;②加强与客户的互动联系和信息沟通;③兑现服务承诺,倾听客户的意见,及时处理客户的投诉;④以提高服务质量和打造精品工程来提高观众的满意度和忠诚度。

浙江省博物馆学会论文

# 关于兰溪古城的保护与可持续发展的思考

【摘要】兰溪市是浙江中西部的重要工商业城市,也是对外开放的省内重点旅游城市。自唐咸亨五年(674)置县,1985年县改市建制,历史悠久,名人辈出,地理环境优越,文物古迹十分丰富而且富有特色。现城区有重点文物保护单位34处和重要文物保护点60余处,传统古街巷十数条。2000年2月被公布为省级历史文化名城,但古城保护与现代化建设存在着诸多矛盾,如房地产开发、政府扩大财政收入的需求和居民改善居住条件的需求等,造成许多文物建筑被毁,长此失往,历史文化名成将名不副实。因此在名城保护方面应该做到:一、加强历史文化名城的保护意识;二、明确古城保护与发展的目的和原则;三、要从古城的可持续发展出发,因地、因时制宜开发古城旅游等,抢救与开发并重,保护与利用同步,以便古城的千年文脉能世代延续下去。

【关键词】兰溪  古城  保护  可持续发展

## 一、概述

兰溪市是浙江中西部的重要工商业城市,也是对外开放的省内重点旅游城市。2000年2月18日被省政府公布为省级历史文化名城。兰溪市位于浙江省中西部,钱塘江上游,金华江、衢江、兰江汇合处,素有"三江之汇,七省通衢"之誉。兰溪自唐咸亨五年(674)置县,1985年县改市建制。全市总面积1 313.56平方公里,其中耕地面积44.48万亩。总人口66万,辖有25个镇、乡。

兰溪气候温润,物产丰富,地理环境优越,交通十分便利。兰溪市区现存的文物古迹十分丰富而且富有特色,据初步调查,城区有重点文物保护单位34处和重要文物保护点60余处,传统古街巷十数条,以兰江古码头、古城墙、古街巷、古商栈、客栈、银楼、钱庄当铺、会馆、商人住宅、含有经济史料的古碑记等最为典型,加上古庙宇、祠堂、古骑街楼、名人故居、古书院、古堤坝等,确是一处不可多得的、具有古商埠建筑文化特色的历史文化古城,反映了兰溪自唐宋以来封建经济的繁荣、明清时期资本主义的萌芽和鸦片战争以后资本主义经济曲折发展的轨迹,反映了江南社会经济文化生活的方方面面。这在其他地方是罕见的。保护好兰溪这一历史文化古城,对于研究中国经济发展史和城市建设史,具有重要的历史价值。

兰溪处于浙中"旅游带"的黄金地段,山清水秀,风光秀丽,人文荟萃,名胜众多。载入《中国名胜大词典》的有六洞山、白露山、兰阴山。六洞山,洞中钟乳石千姿百态,瑰丽奇特,游人可乘舟览胜800多米,为江南一绝,山中有栖真古刹,原藏明永乐刻本《北藏经》6767卷。诸葛村、芝堰村、将军岩、芥子园、通洲桥、东峰亭、告天台等自然、人文景观也各具特色,具有丰富的旅游资源。兰溪是晋代黄初平、五代高僧贯休、明代文学家胡应麟、清代戏剧理论家李渔、当代世界摄影大师郎静山、张学良将军夫人赵一荻的故里;戴叔伦、陆游、杨万里、萨都剌、刘伯温、王守仁、朱彝尊、郁达夫、秋瑾等都在兰溪留下许多名诗佳篇。

## 二、文物古迹

兰溪市从清代乾隆以前直至南宋时始建的古建筑有上千座之多。重要的有：芝堰村民居、诸葛和长乐村民居、上唐古建筑群、姚村古民居、旧宅村覃恩堂、西姜祠堂、下孟塘大宗祠等。芝堰村民居，共有明清古建筑三十余座，规模宏大，结构别具特色，是兰溪市年代最早的一处古建筑群。长乐村民居，以"象贤厅"为中心轴线，在东80米、南110米、西150米、北110米的范围内分布具有明清特色的古建筑三十余座。诸葛古建筑群，布局巧妙，建筑富丽，是诸葛后裔的聚居地。西姜祠堂、下孟塘大宗祠、上戴大宗祠等古建筑，多为歇山顶式大殿，气势宏伟，用材硕大，具有鲜明的地方特色。

始建于明嘉靖年间，位于老城区的告天台，既是一处纪念北宋名臣赵抃的名人纪念建筑，又是一处具有南方明代建筑特色的代表性实例。它与周围的赵文懿祠等浑然一体，布局得当，结构严谨。大殿内部的递角梁结构，在建筑学上具有重要的研究价值。坐落在老城的西门城楼，始建于明代正德年间，近年重建，该城楼由台基、城门、楼阁三部分组成。城楼两侧保存古城墙500多米。这种古城墙，目前浙江省已极少见，它不仅显示了古代兰溪城作为浙西重镇，在政治、军事上的重要地位，而且对研究历代城垣设置，都具有重要意义。石埠乡塔山村的通洲桥，是我省保存最完善的一座水榭式石砌桥梁，结构精巧，雕饰华丽，自然环境幽美。另外，兰溪还存有大量古庙宇、祠宇、书院建筑，如白露寺、兰阴寺、横山殿、赫灵庙、金文安公祠、东岳庙、城隍庙、仁山书院等。

兰溪现存有各类牌坊40余座(其中一座为木质,其余均用青石构筑),数量之多,式样之丰富,堪称"牌坊之乡"。

古塔5座,包括女埠双塔、香溪宝塔、双牌厚伦方无头塔、厚仁乡塔下张方塔,白露寺、栖真寺僧墓塔等。风格多样,各具特色。

经过普查,共发现古窑址31处。

兰溪共发现古文化遗址8处,出土了大量的新石器时代生活用品与生产工具。

兰溪的古建筑,分布广泛,内容丰富,地方物色鲜明,尤以明代建筑之多,称雄省内。专家认为,一个市保存了那么多的明代古建筑,是件非常了不起的事。它们形象地体现了兰溪市古代能工巧匠的杰出智慧和创造力,为研究江南古建筑的结构和发展历史,为现代建筑学的提高和创新,提供了十分珍贵的实物资料和借鉴依据。


## 三、兰溪古城

兰溪自唐咸亨五年(674)建县,已有一千三百余年历史,城东依大云山,西临兰江。据史料记载:"孙吴置三河戍于金华西部,唐咸亨五年即其地置兰溪县。"然而三河戍之地说法不一,多有存疑。《新唐书·地理志》云:建德县有三河而不闻有戍,故存以考。据今人考证,三河戍故地即在今兰溪旧城。

兰溪古城垣始建不详,宋洪遵所著《东阳记》:"城周二里三百二十三步,高一丈五尺,子城周一里三百四十五步。"元至正十八年(1358)即韩林儿龙凤四年,朱元璋遣胡大海经略江南,十月,胡大海攻婺州不克,退回兰溪筑城自守,隆礼门城门即辟于此时。明永乐间,城圯于水达七百八十丈,其后重修。明正德七年(1512)又因洪水重加补葺,西门兰江沿垒石为陡岸,并新建南北三城楼,城楼颇为壮丽。至成化间再辟张家码头便门,此外,连同前还有朱家码头、柳家码头便门,以便交通。乾隆、同治、光绪年间复有大水冲城墙,故记"堤为城,垒石不坚,因其势不能与水抗"。历代都有修整。至光绪十三年(1887)志记:城开广二里三百步二十二步,周围城身八百六十五丈,今合 0.6 平方千米。

其旧城城门据《康熙兰溪县志》:城垣旧有四门。东名上门,南名迎麾门,西名溪门,北名北门。元至正十八年上门改安政门,迎麾门改明德门,溪门改清波门,北门称拱宸门,并增辟隆礼门,东北边有水阙门,西沿兰江还有三处便门。近年云山路修建下水道时,曾挖掘出宋代东门遗址。

清末城有十坊,以一、二、三、四为序。有地名的大小街道二十一条,巷八十七条。

兰溪古城蓄排水利用天然官塘来疏泄。《万历兰溪县志》:"官塘,县城中,上自馆驿(即现南门大桥)西偏下至北门城下,长五里。"《光绪兰溪县志》:"官塘由南门外荷花塘至北门外三洞桥,长二里许,广五十亩,源自大云山,出水阙门,入后山溪,城中诸水纳焉。"后山溪实为一条护城河,沿东一段古城沿后山而筑。

三塔二浮桥为兰溪古城之景, 三塔均为清光绪十三年重建:一在东门大云山上,名能仁塔,初建于宋,九级十一丈,顶有小塔六级;一在南门塔山,名同仁塔,七级六丈四尺高,塔顶小塔三级;一在溪西圣罗山(即排岭)名辅仁塔,七级高七丈。

二浮桥,一自西门码头跨兰江过中洲至溪西,名悦济浮桥,始建于宋熙年间,一于南门外塔山下跨婺江至马公滩,称南门浮桥,建于光绪年间。近年能仁塔及悦济桥俱已重建。

### 四、商埠建筑精华

兰溪为千年商埠,自唐以来商业繁荣,与商业活动有关的建筑也盛极一时,留下了富有江南水乡商埠建筑文化特色的一大批古码头、古城墙、古街巷、古商号、古作坊、古庙宇、古祠堂、古会馆、古商人住宅等文物古迹,星罗棋布,是研究中国经济发展史和明清资本主义萌芽时期和鸦片战争后近代经济发展史的活化石,现择其现存者简介如下:

古码头,至清末民初,沿江有三十二码头,其中有药业、米业、煤炭、漂染等专业码头,现存西门码头和柳家码头,创始于唐,历代都有整修。

古城墙,沿江尚存500余米,创始于宋,垒石为陡岸,上筑女墙。

古城门,现尚存辟于元至正年间的隆礼门和辟于明万历年间的柳家码头城门。

古街巷,至清末,城区有地名的大小街巷108条,现尚有溪西古街及探花、彩衣、绣衣、封君、忠锡、桃花坞、状元第、世德等古巷,建筑为明清特色,粉墙青瓦,古貌宛然。其中探花、忠锡等巷的悬空券墙,被建筑专家誉为建筑史的创举和杰作。

古书院,尚存市区天福山仁山书院、石埠岭溢东书院、云山路云山书院旧址。

古庙宇,现存有东岳庙静性坛、城隍庙、药皇庙、文昌阁、梵音寺、观音阁、灵源积庆侯庙、兰阴寺、公鲁庙等,为平日市民、商人祭祀和游赏场所,其中药皇庙又为药业公所所在地。

古会馆,现存宁波会馆、绍兴会馆、义乌会馆、永康会馆(残破)。

名人故居,现存有清道光进士、大仆寺卿、都察院左副都御史唐壬森故居,清光绪解元、进士刘焜东园遗址及明吏、刑、兵尚书唐龙以及其子孙故居等。

古祠堂,尚存徐氏宗祠、郭氏家庙、明著堂、严氏小厅。

古商人住宅,尚存当年号称"四龙""四大金刚""十八罗汉"的大批富商巨贾住宅,如曹德隆、严盛隆及蔡氏、李氏、郑氏、唐氏、徐氏等民居,或富丽堂皇,或简朴实用,各有千秋。

古桥,尚存回龙桥,其余如庆成、平康、思亲、转虹及学官泮桥、云山书院聚奎桥等皆填埋于地下,尚属完整。

古亭,尚存回龙桥惟善亭及塔山忠清庙前戏台上石亭。

古骑街楼,尚存自由路骑街楼。

古井,尚存星官巷双眼古井、桃花坞古井、兰阴寺古井、黄溢二仙井等,其中桃花坞古井昔为酿酒用井。

古堤,黄溢堤路位于城北兰江边,起自兰江铁路大桥,终于黄溢村,原存约 1 000 余米。清康熙五十九年(1720)由浙江巡抚朱轼委托金华知府张坦壤率兰溪知县建,名永惠堤,长 358 丈,底宽 2 丈,面宽及高各 1.2 丈,全用条石灌糯米石灰浆砌筑,堤面正中铺青石板,两侧铺鹅卵石,故名黄溢堤路,历经水患而安堵异常,现因筑新防洪坝埋于新坝中。

古碑,尚存明赵侯古祠碑、明兰溪县治厅壁记碑,明御史行台碑、清横山禁开山采石、清王家码头保护环境碑、重修永惠堤碑记、清督抚二宪禁碑等明清古碑。其中督抚二宪禁碑记载了清康熙年间兰溪染蹄工人罢工事件。

名人墓葬规划市区范围内尚有明东阁大学士赵志皋墓、明福建布政使章侨墓等。赵志皋墓前后石马、章侨墓神道石碑坊及墓前石人石马、石羊、石虎至今尚存。

## 五、兰溪古城保护与现代化建设的矛盾

兰溪扼钱塘江上游,素为金、衢门户,自古为兵家必争之地,所以近代以来历遭兵燹之劫难,如太平天国战争期间,侍王李世贤部将谭星占领兰城近两年之久,凡衙署、庙宇、宗祠等焚毁殆尽,至撤退时,又四处放火,殃及市廛、民居,大片繁华市区被烧为白地。至北伐战争时,军阀孙传芳部溃退,市面又受劫掠。抗日战争时,日寇多次轰炸,大片民居被毁,同时由于防空、疏散需要,拆除了大云山上的能仁塔和北、东、南三面城墙。"文革"中,南门同仁塔和排岭辅仁塔及大量古牌坊被毁,可见古城保护之不易。

新中国成立后,特别是改革开放以来,由于现代化进程推进迅速,古城保护更是举步维艰,遇到了前所未有的矛盾。其原因有:

第一,房地产开发。由于经济利益的驱动,近年来,有大片民居、宗祠被拆,如沿江解放路一带,花园巷(建新世纪广场)、青龙巷、同庆巷、人民南路、和平北路等,其中不乏重要历史和文物意义的建筑,如明代文学家胡应麟二酉山房故居、蔡氏宗祠、祝氏宗祠、圣寿寺大殿、清末进士《庚子西狩丛谈》作者刘焜东园故居、祝裕隆商铺及民居等。

第二,政府对财政收入的需求和官员创造政绩的需要,起到推波助澜甚至关键的作用,也是导致旧城改造愈演愈烈的原因。

第三,道路扩展。由于车辆暴增和消防、救护的需要,原有的古街巷已不适合形势的发展,至2005年底,市区保护较完好的古街巷只有后扬左路、南后街、桃花坞、探花巷、风筝巷、忠锡巷等寥

寥可数的十数条,其中黑虎巷、世德路半边拆除建了新楼,只能算是半条。许多街巷虽沿用旧名,但已"焕然一新"。

第四,居民改善居住条件的需求。由于我国的古民居多为木结构,与西欧的砖石结构有所不同,就兰溪来说,旧民居大多为太平天国战后重建的简易房屋,阴暗潮湿,无卫生设施,拥挤杂乱,逐渐被居民抛弃,居民要求拆迁的呼声强烈,现留守在老房子里的大多为老人、小孩或外来打工者,安全隐患严重。

第五,申报到制订保护规划时间漫长。兰溪从 1990 年 7 月开始申报省级历史文化名城,1997 年继续申报,2000 年批准,2002 年制订保护规划,时间长达十三年,这期间由于无法可依,造成许多文物建筑被毁。

## 六、兰溪古城的保护与发展

### (一)加强历史文化名城的保护意识

保护者,包含有两个意义:①恢复、发扬原有文化和建筑的面貌和特色,它主要是指文物和有历史价值的文化和建筑;②进行修复改造原有建筑,以赋予新的意义,也就是恢复其原有历史文化和建筑技术、艺术价值,发掘出爱国主义内容,并同时赋予旅游价值。

兰溪是浙江省境内历史遗留下来较完整的古城之一。它布局结构遵循古制,民居建筑精美雅致,街巷依山沿水,既自然又不失整齐,庙宇祠堂雕饰华丽典雅,店铺鳞次栉比,城郊又有丰富的自然景观和人文景观。兰溪古城是我国悠久文明史和"有着辉煌历史的中国文化"组成内容的一部分,搞好它的保护和可持续发展,对激励人民群众,特别是青少年的爱国主义精神,增强凝聚力和提高文化素质有着重要的意义。

当前,重要的是加强历史文化名城的保护意识,特别是在提高一个城市主政领导的思想认识尤其重要。20多年前,兰溪的主政者曾提出"开辟新区,老城只拆不建"的正确方针,对老城区的保护起了很好的作用,但由于人事变迁,这一方针未能延续下来,令人有人去政息之感。而杭州河坊街"四拐角"的得以保留,除了社会舆论的呼吁之外,很大程度上得益于当政领导的从谏如流、文物保护意识强。我们认为:组织部门应把文物保护意识强不强、文化素质高不高作为选拔一个城市主要领导和今后升迁的主要依据之一。实践证明,在目前中国的特殊国情下,领导者的素质、思路是关键性的、是举足轻重的。领导思想重视了,在古城保护规划上进行立法就有了可能,人治就可以变为法治,保护就有了依据。再者,要提高全民对历史文化名城保护的思想认识,使广大群众自觉地保护历史文化名城。

(二)明确古城保护与发展的目的和原则

名城保护与发展的目的不外乎三方面:一是历史;二是文化;此外还可以提供文化休憩旅游资源。

名城保护与发展的原则应遵循《威尼斯宪章》和《里约宣言》的原则,具体来说有五方面:

第一,对文物建筑的保护是按原貌修复,其方针是整旧如旧。

第二,对有历史、文化、艺术价值的传统建筑,包括民居、园林在内,一般应按原有面貌进行恢复,包括室内和室外,如确属有困难者,或因资料不全,或因环境需要,其原则是必须恢复其外貌,而对内部允许一定范围的改造。

第三,对名城应保护其面貌和特色。包括它的范围、布局、道路系统、城墙、城楼、古建筑、民居、园林及山水布局,应尽量保留其格局,特别是成片成区的建筑更应保护。如市保单位宁波会馆、蔡氏民居等,由于附属建设及周边建筑全部被拆,只保护了一座孤单单的主体建筑,致使历史环境风貌改变,历史地理坐标迷失。对市政建设则要重点加以改造,近期以改善人民居住生活为主。由于许多古民居产权分散,如有的古民居产权部分属住户私人,部分在"文革"中没收为国有(至今因种种原因未归还),产权分置,影响了房主维修古民居的积极性。建议统筹解决古民居产权分置问题,并对私人维修古民居的予以适当资金补助和技术指导。鼓励古民居在尽可能的情况下完善现代化的室内厨卫设施。长期计划应把上下水道、供电、交通建设,包括增辟广场、停车场以及文化休憩广场等纳入规划。这是保护名城的必要手段,特别是在传统街区,要逐步把电线埋入地下。

第四,对旧城内的建筑要控制其密度,要控制其改建的内容、高度和外形。对新城区、新建筑应该在新建设的要求下继承和发挥历史文化名城的面貌特色。关键在创新和保护特色两个方面。

第五,应坚决制止假古董建筑,包括新建与国内名胜古迹同名的建筑、新建寺庙道观、传统一条街等所谓人文景观,既没有真正的文化价值,又浪费了大量人力、财力、物力。

在国内,明摆着真实的、风光秀丽和环境优美的名胜古迹不去欣赏,而要在当地去抄袭、模仿外地景观,这是一种不足取的做法。

(三)对兰溪古城保护与发展的具体意见

1.暂时冻结某些传统街区的建设工程

兰溪古城是 1990 年 7 月申报省级历史文化名城的。当时因种种原因未能批准,1997年继续申报，至2000年批准,2002年8月制订"历史文化名城保护规划",造成了一个无法可依的时间上的真空期。由于这一时间差的存在,而旧城改造又受经济利益的驱动,迫不待人,正以一日千里的速度在进行着。从某种意义上来说,现代化建设对传统街区、古民居等文物建筑造成的建设性破坏的程度，远较历史上无数次兵燹或自然灾害的总和为烈。从1990年以来,由于无法可依,兰溪市区就先后拆除了何家巷、聚星巷、福灵巷、斗富巷、花园巷等传统街区和明代大文豪胡应麟故居、蔡氏宗祠、花园巷12号民居等一大批富有历史文物、艺术价值的古民居、古祠堂、古会馆等,造成了无可挽回的损失。由此,从地方立法上规定某些古街区的土地出让、房屋拆迁实行冻结,是切实做好历史文化名城保护工作的必备条件。

2.切实保护兰溪古城的空间环境

中国传统建筑讲究"势""场""境",势是指建筑的形态显示的一种向地心或直冲天空或与大气环流相协同的力的趋势,场是指势所涉及的范围,境是指由地理环境、空间环境与建筑形态所达成的一种和谐。兰溪古城从唐代建成以来,一直未有迁移,它的选址傍山临水,建筑上以临江的西门城楼最为巍峨壮观,城中则以告天台为制高点,城东有大云山,海拔约120余米,上建有能仁塔,南门塔山建有同仁塔,宋杨万里有"县近瞻双塔"之句。而一般的民居多为两层楼房,很少有超过三层的,所以整个古城高低错落、层次分明,空间环境非常优美。但由于近年所建多五六层楼房,兰江大厦、三江大厦更是高达十六层以上,因此城东大云山的林岚翠色被湮没在一片灰色楼群之中,而能仁塔、西门城楼、告天台等也被高大的楼群压得像个侏儒,喘不过气来,这些都破坏了古城的、原有的、优美的空间环境,实在是城市建设中的败笔。

从小范围的空间环境来说,从街道至巷坊至各院落,白墙青瓦、曲线山墙、披檐门罩、石板小路等,具有一种空间秩序的连续性,表现为尺度、围合、领域的层次渐进。假如有幢很平凡的民宅,它的雕刻装饰都说不上精美,但它曲线飞动马头墙却构成了某一街巷空间景观的有机组成部分,这也是很值得保护的。总之,为了保护兰溪古城的空间环境,严格控制所建建筑的高度、体量,乃至追求风格的协调,都是当务之急。

3.抢救与开发并重,保护与利用同步

我们建议:以现有景点为基础,选择适当时机推出"兰溪古城一日游",其方式可以仿照北京的胡同一日游,乘坐三轮车或人力手拉黄包车代步,车上挂"兰溪古城一日游"广告标志,车夫统一着古代服装,可接待团体游客,也可接待散客。我们初步设想的旅游路线为:隆礼门→解放路→探花巷(参观探花巷 1 号原江正和银楼主人住宅)→人民南路(游告天台、逛天一堂及花鸟古玩一条街,参观万通当铺故址、忠锡巷、风筝巷,转虹桥宁波会馆花厅)→荷塘沿(参观徐氏民居)→桃花坞(参观唐壬森故居、桃花坞水榭)→工农路(今云山路,参观章府里章枫山故居、徐氏宗祠)→黑虎巷 (参观胡氏民居、广慈医院旧址)→东郭巷→星宫巷→雀门巷(参观药皇庙)→庙前街(远期可开发城隍庙)→世德巷(参观严氏民居)→结束。远期可增加世德巷→佳宅巷(参观 62 号民居故居,恢复刘焜故居)→云山路(钱业公所、义乌会馆、绍兴会馆)→大寺前路(游览东岳庙)→结束。

为了使兰溪古城一日游不仅能顺理成章、水到渠成地推出,而且能成为兰溪市一项与诸葛村旅游相媲美的一项久远性的朝阳产业,我们建议在现有告天台等景点的基础上,利用古城众多的文物古迹,抢救与开发并重,保护与利用同步,点、线、面开发相

结合,发挥各方面积极性:

(1)修复隆礼门城楼。隆礼门是元至正年间开辟的城门,在省内已绝无仅有。作为兰溪古城一日游的始入口,应使游客有一种进入六百年前时光隧道的感觉。在修复时必须保护隆礼门城门的原样。

(2)开放探花巷 1 号江氏民居。该民居雕梁画栋,稍加修缮即可开放。

(3)扩建告天台花园为天福山花园,拆除告天台山后面的一些现代建筑,在此范围内复原胡应麟二酉山房故居,可以和名人史迹陈列联系在一起。胡应麟是明代著名诗人,文学家、藏书家。他的二酉山房藏书楼当时与宁波天一阁齐名。远期可在天福山花园内集中陈列兰溪现存的古碑、古石刻等。

(4)恢复木桥巷 1 号中共县委地下机关、百步梯中共金衢特委地下机关旧址、转虹桥宁波会馆花厅、忠锡巷万通当铺的历史原貌,供参观游览。

(5)修缮、布置桃花坞唐壬森故居,搬迁桃花坞水榭内居民。远期可兴建在大云山麓以桃坞山庄为中心,兴建桃花坞公园,恢复兰城八景之一的桃坞寻芳胜景。

(6)修复章府里章枫山花园。章府里章枫山故居原有花园、振衣阁等景,现尚存明代砖雕门楼、石笋及门前的古井等。以后可修复花园、振衣阁及门前的古井亭、大秩宗石坊。

(7)搬迁徐氏宗祠及工农路 51 号钱业公所中的居民。徐氏宗祠可举办文物、书画等展览。51 号民居原钱业公所可辟为金融陈列馆或古镖局、武馆,供人参观。

(8)开辟美食一条街。兰溪风味小吃已名声远扬,但经营分散,不成气候。可在章府里至牛角尖开辟一条美食小街,集中兰城的佳肴美味,与人民南路的古玩花鸟一条街相互辉映。同时,在远期可将散布于乡间的 40 余座古牌坊中的精华部分搬迁至此集中,其他地方已有先例。

(9)修缮黑虎巷胡氏民居、广慈医院旧址、世德巷 1—4 号严氏民居等,开放参观,亦可辟为旅馆供游客住宿,一发思古之幽情(如世德巷 1—4 号曾辟为市府招待所)。

(10)恢复佳宅刘焜东园故居。可陈列刘焜遗著及放映根据他的《庚子西狩丛谈》改编的电视剧《慈禧西行》录像。隔壁的 62 民居雕刻精美,可一并开放参观,也可辟为兰溪历代先贤事迹陈列馆,供人参观。

(11)恢复绍兴会馆(现为兰一中校办工厂)外观和修复的义乌会馆一起,展示古会馆文化。

(12)开发利用三座古庙。作为道教神的药皇信仰和东岳天齐圣帝信仰及城隍信仰,在民间都有深厚的基础。药皇庙现已辟为老年活动室,可进一步迁出后进的住户,重塑药皇神农氏及扁鹊、华佗、张仲景、孙思邈塑像,还可请名老中医坐堂门诊,远期可辟为中医药博物馆;东岳庙可辟为道教宗教场所,重塑东岳天齐圣帝及碧霞元君神像,远期应拆除门前的一些现代建筑;城隍庙远期可搬迁延安路小学。新中国成立 50 年,延安路小学还放在古庙里,是十分不合适的。小学搬迁后,可如上海城隍庙及宁波城隍庙一样,将其庙内及周边辟为小商品市场,将三座古庙变为人民群众和游客集休闲、纳凉、游览、参拜、购物、娱乐、品味于一体的场所。

载《中国名城》2010 年第 3 期

# 国家级非物质文化遗产

## ——诸葛村民居传统建筑技艺初探

【摘要】诸葛村民居是国家级文保单位，其建筑布局精巧，独具风韵，是一处富有兰溪地方特色的独具魅力的人居环境，其传统建筑技术为世代相传的手工工艺技术，历史悠久，传承有序，脉络清晰，于2008年6月被国务院公布为国家级非物质文化遗产。其传统建筑技艺包括木作、石作、泥瓦作及油漆、彩画、雕花等，具有较强的传承性、地域性和科学、艺术、实用价值，值得进一步深入探讨和研究，加以妥善保护，使之能长久传承并发扬光大。

【关键词】非物质文化　遗产　诸葛　传统建筑　技艺

诸葛村民居与长乐村民居一起于1996年11月20日由国务院公布为国家级文物保护单位。诸葛村民居建筑布局精巧，风韵独具，日益为国内外建筑专家所重视和关注。也为国内外众多游客所赞赏。诸葛村西距浙江兰溪市区20公里，地处杭、金、衢三市交界的小丘陵地带，田园富庶，溪流绕村通过，水塘密布。自元代建村迄今已有七百多年历史，至今村中尚保存有二百余座精致的宗祠、民居建筑，是一处富有兰溪地方特色的独具魅力的人居环境，其建筑技术作为世代相传的手工工艺技术，已于2008年6月被国务院列为国家级非物质文化遗产。诸葛村整体环境优美协调，空间布局灵活多变，民居建筑清丽雅致，宗祠厅堂宏伟壮观，营造出一个建筑与环境和谐结合，建筑融于自然的绿色居住环境，同时又与生活密切结合，营造出一个亲和友善的人文环境，这都与诸葛村传统的建筑技艺的施展和运用是密不可分的。本文试就诸葛村的传统建筑技艺作一初步的探讨。

传统建筑技艺从行业上来区分可分为木作、石作、泥瓦作等，其工匠称为木匠、石匠和泥水匠等，当然也包括其他一些工种如油漆匠、雕花匠等。

## 一、木作

木作分为大木作和小木作，大木作主要是从事房屋的构造，而小木作主要从事家具的制作。建筑技艺主要以大木作为主，包括制作、安装梁架、栋、柱等等，现就其技艺分述如下：

### （一）梁架

其主要构件有柱子、梁、枋等，制作过程分选材、砍割、弹墨线、凿、刨等。一般民居选材以当地山区所产高大正直杉木为主，宗祠厅堂多选坚固壮硕的柏、梓、樟等，极富之家也有用楠木的。民间相传宗祠明间四金柱用柏、梓、桐、椿四种木材，谐音"百子同春"，实则桐、椿木质酥松，不宜作柱。间有用枫树作柱的，民间有"千年楼下枫，万年水底松"之说，但枫木易招虫蛀，富庶之家一般不用。选材之后即按建筑所需进行砍割，即用斧子对木材作初步砍伐，再用锯子将木材截出长短，然后用刨子对木材进行刨光处理，主要建筑如厅堂等的梁枋采用月梁，加工精细；次要建筑如厨屋、侧屋等则采用直梁，加工粗糙。加工后按建筑结构所需做出榫卯，先按尺寸用墨斗弹出墨线，再用锯子做出榫卯，立柱安梁，拼凑成整幢房屋的骨架。其形制有抬梁、穿斗两种,也有抬梁与穿斗相结合的。整幢建筑不用图纸设计,全凭工匠按屋基大小等心思口算,凭经验用榫卯结构架构,不用一根钉子,但在节点处常用梢木(或名栓木)连接。

柱子有金柱、檐柱、平柱、角柱、暗柱等,一般用圆柱,也有用方柱的。诸葛村建筑除一般民居用木直柱外,明代及之前厅堂多用梭形柱。直柱按木材自然生长状态呈上小下大的直线轮廓,梭形柱则加工成两头小、中间大的曲线形。为了柱架稳定,自元至清多采用侧脚与生起。侧脚是为了使柱架稳定,把柱头内收,柱脚外放的处理办法,如诸葛大公堂。生起是指角柱比平柱随同增高若干,使檐口线成为两端起翘的一个连续曲线。另外还有屋架的举折法,即将屋顶梁架逐层加高,目的在于使屋顶上部坡度较陡,屋顶下部坡度缓而利于排水,同时使屋顶的重量能均匀地分布到各个柱子上。

(二)斗栱、瓜柱、橡木等

斗栱、驼峰起承托梁枋的作用。斗栱的细部如昂、栱、斗等结构复杂,形制繁多,但诸葛村民居自明至清多有演变,如柱头栱演变为栌斗,多呈瓜棱形或莲瓣形。檐柱斗栱演变为蝴蝶木或中腿等。驼峰则演变为瓜柱等,多作瓜棱形。檩及橡木的构造与浙西其他地方相类似,但富庶之家也有将橡木加工成方形并缕刻线条的,用材较费,橡木之上也常安装望砖或望板,然后盖瓦,起隔热防尘作用。

(三)门窗

木窗制作属小木作范畴。门一般分格扇门、实榻大门等。格扇门一般用于厅堂建筑内部,起间隔作用。其结构分格心、束腰板、裙板等。实榻大门及板门常用于房屋入口处。实榻大门门心板与边缘同厚,自一寸半至二寸半不等,用实木板穿销而成,极其坚固。诸葛村有的大门外面还安装梭形或方形青砖,钉以泡钉,或外包铁皮,钉以泡钉,起防火作用。内则安装门闩,有的富贵人家甚至安装三道门闩,起防盗作用。

(四)其他

考究的厅堂除砌上露明外,也做草架,或做藻井或天花板,以防尘。

## 二、石作

民间相传,石匠为石、木、篾、铁、油漆、泥水、雕花等诸匠之首,建筑落成庆贺设席均要请石匠坐上座,其他人不得争先,其俗流传至今。其原因是建筑首重打好基础,而基础首先用到石匠。从诸葛村现存的建筑实体可以看到举凡墙基、台基、柱础、踏垛、栏杆及装饰物如抱鼓、石狮等均使用石作。一般建筑砖石同用,而枯童塔、石牌坊等则用全石构建。一般石料加工分选材、砸花锤、剁斧、磨光等步骤。选材一般柱础、墙基等用当地所产红石,台基、天井、檐柱等用淳安所产青石,用船运来,抱鼓等较考究的用太湖石,取其石质细腻坚固,光洁如镜。选材之后即砸花锤,也称作糙,在未加工石料上先弹墨线,又称扎线,将扎线以外多余石料凿掉,周边凿齐,四角找平。然后剁斧,将做糙后的石料校核及补画平线,用快斧顺线剁细,靠尺找平,然后剁斧,一般三遍,直剁与斜剁交互。一般石构件加工至此即可完成。重要建筑物的石构件如抱鼓等,要求磨光,即在剁斧后的石料上进行细剁斧,然后用金刚石打磨,最后用细石水磨一遍见光为止。

台级、压面石、栏板、望柱等安装时,按原位标立木柱、挂线,底部垫平。石构件安装平稳后,然后灌浆。安装覆盆,柱础等承重构件,底部也需用石灰砂浆等灌牢。

### 三、泥水作

泥水匠主要从事墙体建筑及屋顶构建。墙体建筑多种多样,有砖墙、版筑墙、土坯墙等。砖墙一般多用糙砌,砖料只求完整,不必加工,或三顺一丁或五顺一丁。一般之家多砌半空心墙,空心部分用碎砖废土填馅。厅堂建筑要求淌白或撕缝,砖料要求质地致密,轮廓整齐,并有适当加工,灰缝不可过宽,每用石灰铺砌一层,即灌浆一次。土墙用版筑法,常用于猪圈、牛栏、厕所等,贫寒之家也用于住宅。其法用六尺松枋做墙版,一端用挡头板挡住箍紧,然后以石灰、黄泥拌过的废土加上碎砖碎瓦填入,用墙杵夯实,层层加高。土墙构筑得当的也坚固,可历上百年风雨而不倒。建筑内部不承重处的隔断多用编壁,其法用竹篾纵横编织绑紧,安于木质方柱之间,内外抹纸筋黄泥,泥上抹石灰。一般墙体也用纸筋或草筋黄泥,外抹石灰。

诸葛村厅堂富庶之家门面多为水磨砖雕,又称苏式门楼,整副从苏州运来,构件做好编号,按图拼装,要求打磨光平,严丝合缝,合缝处用极薄刀片也难插入。园林漏窗建筑多用雕花细砖拼出。

室内地面一般用石灰、沙子、鹅卵石搅拌均匀铺放后夯实,考究的加豆浆、糯米饭,用木槌拍打出浆,越久越好,能历数百年光洁坚固如新。厅堂建筑常用斜墁方砖,方砖多经过打磨加工,异常齐平。考究的常用桐油刷过。

诸葛民居屋顶多为阴阳合瓦，高规格的厅堂用筒瓦，下垫望砖或望板，檐口用勾头滴水。屋顶有硬山、悬山、一面坡等多种形式，高规格的建筑如祠堂的门楼、中厅等则采用庑殿顶、歇山顶，园林的亭阁等则有攒尖、卷棚、六角、八角之别。

泥水瓦最见功力的在于对屋脊的处理。瓦坡相交而成脊，脊部处理不善容易漏水。诸葛民居一般多用小式的清水脊或皮条脊，或用板瓦平垒成脊，中间常以瓦拼成金钱图案。祠堂等高规格建筑则用砖砌为脊，极为高耸，如丞相祠堂门厅正脊用砖雕砌"隆中云乃"四大字，两端配以鸱尾。中厅歇山顶，其脊有正脊、垂脊、岔脊之分，正脊两端安装鸱尾，岔脊安装仙人、瑞兽等砖雕构件。

## 四、油漆、彩画

诸葛民居建筑一般不用油漆，木材显示自然纹理，取其清新淡雅，有的民居则待木材自然干燥后加罩一道桐油。但从实物分析，明清时期较高规格的厅堂民居也有用油漆彩绘的。如柱子裂缝处用桐油砖灰填缝，再包上线苧麻布，然后用石膏腻子涂抹磨平，有二布七灰、二麻五灰等多种做法，再上油漆二至三道，柱子一般用朱红漆，或紫工或黑漆，然后悬挂楹联。彩画主要在檩下牛腿、雀替等处雕刻图案的部分，随类赋彩，上加油漆，与北方的纯粹在木构件上彩画的不同。

## 五、平面配置

所谓平面配置，即由若干个单体建筑，依各种布局构成一个建筑组群，是建筑技艺的一个重要组成部分。诸葛民居的村落布局崇尚自然,厅堂民间或依山傍水或沿塘聚井而建,高者为楼,低者为屋,高低错落有致,巷道沟通相连,粉墙黛瓦,竹篱茅舍,宜耕宜居,宜樵宜渔,宜工宜贾,构成一幅典型的江南山居图。村落周围又配置南阳书舍、西畈农耕、双井灵泉、清溪夜碓、石岭祥云等高隆八景,极富山水田园之乐。村内的民居建筑,平面多是封闭式天井住宅,三开间二厢一天井,有明确的中轴线,左右对称,中为正厅,面向天井,陈设桌椅字画,两旁为卧室,天井两侧为厢房,大门一般正对正厅,但也有设在旁边的。其变体则有三间两厢加楼上厅、对合、对合加楼上厅、前厅后堂楼,三进两明堂,三间两搭厢串联等,旁多翼以厨房、柴房等辅屋。民居多依财力或人口多寡,因地制宜而建,尊卑长幼有序,方便生活。祠堂则有三进两明堂、四合院或回字形建筑等,规模宏大。富贵之家的园林建筑则一反均齐对称的布局而为自由组合,形式多样,布局灵活,体量适中,巧于借景,可望、可游、可居,宛自天然,清幽恬静。

## 六、装饰

装饰为诸葛民居建筑技艺中最具特色的精华部分,其大宗为各种雕刻技艺,如木雕、石雕、砖雕、泥塑等,其手法有浮雕、浅浮雕、圆雕、平雕、深雕、透雕、镂空雕等,应有尽有,木雕工匠一般自东阳等地请来,也有本地匠师。其题材更是丰富,举凡人物、花卉、禽兽等人物如八仙、门神、和合二仙、福禄寿三星、天官,刘海及众多小说、戏曲人物等,花卉如牡丹、莲花、莲蓬、梅花、芙蓉、卷草、西番莲、松竹、紫荆、海棠、兰花、万年青等,种类繁多,禽兽则有凤凰、鸳鸯、孔雀、蝙蝠、喜鹊、仙鹤、寿带及云龙、螭、狮子、白象、麒麟、天马、海马、鲤鱼等。物品则有金钱、琴、案、瓶、博古架、暗八仙等。其雕刻部位则有梁、枋、垂柱、爪柱、栌斗、蝴蝶木、柱础、牛腿、天花、天井、抱鼓、栏板、望柱等，几乎无所不包。厅堂建筑连屋脊、岔脊等处也常饰以鸱尾、瑞兽。民居墙体则做成马头墙，开设方形、圆形或八角、六角的漏窗，墙体转角处画上墨线，门上方题写"紫气东来""宁静致远"等字句，厅堂挂上匾、楹联等来增强装饰效果。

诸葛村建筑手工技艺历史悠久，传承有序，工艺精湛，别具特色，表现为以下几个特征。

第一，传承性。诸葛村传统建筑技艺历史悠久，如木作的榫卯制作技术可以追溯到七千年前的浙江余姚河姆渡文化，在河姆渡文化遗址中发现当时木构建筑已采用榫卯结构技术，而楼上厅的形制则可追溯到原始时代的干阑式建筑。泥水作的砌墙盖瓦技艺则可追溯到二千余年前的秦砖汉瓦时代。土墙的版筑技术起源更早，史载商朝传说原为一版筑工匠，后被商王武丁提拔为相，掌管朝政。不说屋顶，台基、梁架等处的构建，就连普通的编壁技术在宋《营造法式》中也有详尽记载，足见其历史之久。诸葛村自元代建村，工匠们代代相传，不著文字，其建筑技艺较好地保持了数百年乃至数十年前的原始面貌，可谓传承有序。

第二，地域性。诸葛村传统建筑技艺具有鲜明的兰溪特色，由于自然环境的相似和文化的互相影响，又与浙西、皖南的传统建筑技艺互有交流、吸收、融合，其美学取向、建筑布局、梁架、墙体等等的构建、雕饰装修，都有相通的地方，如白粉墙、小青瓦、坡屋顶、高低错落的马头墙、三开间两厢的建筑布局、"四水归堂"封闭式的天井等等，诸葛村的传统建筑与徽派建筑极其相似，但在细节上有细微的差异，其建筑风格表现有较强的地域性，也是浙西、皖南地域文化的有机组成部分。

　　第三，艺术性。诸葛建筑技艺具有极高的美术价值。在拥有雄厚经济实力的情况下，"商而兼士，贾而为儒"，提高了人们的审美情趣和建筑工匠的创作水准，木雕、石雕及彩画、塑饰、镶嵌等广泛采用，手法多样，题材丰富，琳琅满目，美不胜收，图案多为凤穿牡丹、五福捧寿、太平有象、岁寒三友、天官赐福、平安吉庆等，表达了人们追求幸福生活的愿望，具有极高的艺术价值。居住环境注重园林化，体现出人居与环境的和谐与统一。建筑风格的清丽高雅，体现了人们崇尚自然的美学追求。

　　第四，科学性。诸葛传统建筑技艺一般就地取材，经济实用，其砖、瓦、竹、木、石的制作和运用，完全取自天然材料，十分符合当代绿色环保理念。其村落和民居的选址、布局注重背风向阳，依山傍水，具有较高的科学内涵。建筑技艺世代相传，积累了丰富的经验和技术，有较高的科技水平。如大木作梁架构建和侧脚、生起做法能有效增强梁架的坚固程度，起到防风抗震的作用，符合现代框架式建筑的原理，具有较高的科技含量，充分反映了古代工匠们的创造才能。

　　第五，实用性。诸葛村传统建筑技艺自元代建村以来传承数百年，原汁原味，作为非物质文化遗产，又有村落中两百余幢明、清建筑作为实物可资对照、研究。特别是至今该村联合周边村落组织起一支包括泥水作、木作、石作、油漆、雕花等工匠队伍，人员稳定，技艺精湛，仍然担负起古建筑的维修、复原、仿造等任务，有较强的实用性。其建筑技艺对于现代建筑也有较高的观照和借鉴作用。

　　总之，诸葛村传统建筑技艺是一份珍贵的非物质文化遗产，是我们祖先留给我们并传承至今的文化瑰宝，值得我们珍惜重视和进一步总结、研究。

载《中国文物科学研究》2009 年第 4 期

# 汉代规矩镜图纹寓意新探

【摘要】规矩镜是汉代流行的铜镜,分布于南北各地。有四神、禽兽、几何纹规矩镜等种类,其规矩纹及 TLV 符号的来源和寓意有过大量探讨。其实规矩纹和 V 纹是反映了先秦至两汉时期人们天圆地方的宇宙观,而 TL 纹则是古代人们生殖崇拜的孑遗。

【关键词】规矩镜　天圆地方　生殖崇拜

规矩镜又名博局镜,是汉代流行的铜镜,综合南北各地规矩镜出土情况来看,可知四神、禽兽、几何纹规矩镜流行于王莽时期及东汉前期。简化规矩镜则盛于东汉中晚期。兰溪馆藏铜镜中就有一枚东汉四神规矩镜。

这类规矩镜背上的图纹,特别是规矩纹最引人兴趣。规矩镜的三种图纹,欧洲学者称之为 TLV 符号,关于它们的来源和寓意,中外学者都进行过大量探讨,众说纷纭,莫衷一是。从资料看,战国中期的河北平山中山王陪葬墓出土的一组石雕上就有规矩纹。到了西汉早期,画像石上配置 TLV 符号的方形图纹大量出现,如1984 年在山东临沂庆云山出土的西汉早期的两具石棺,其中一个棺底刻有清晰的配置 TLV 符号的方框纹。对这类图纹,一般学者都断定为六博棋盘,如果此说成立,那么六博盘与规矩镜图纹之间有某种渊源或因袭关系则是毫无疑义的。六博又名陆博、博戏,是一种古老的棋戏,起源很早,在战国时期已相当流行。《战国策·齐策》就有临淄甚富而实,其民喜爱六博等戏的记载。秦汉时期博局成为人们喜爱的游戏之一。1973年湖北江陵凤凰山8号西汉墓中出土有全套六博具,湖北荆州纪城1号墓曾出土战国中期的木胎髹里漆六博盘,湖北云梦睡虎地11号秦墓中也曾发现了六博棋盘。其实根据资料,西汉早中期的占星座、日晷上都出现了规矩纹,这些占星座、日晷、六博盘与铜镜上先后出现的规矩纹,恰好说明这种纹饰自有其特定的意义,代表着当时流行的某种观念,所以才会在人们日常生活中较多地表现出来。因此,如果我们在古文献中探索一番,不难窥见其中隐藏的奥秘。

关于规纹、矩纹以及图纹、柿蒂纹、乳钉纹的寓意,早在战国时期屈原的《天问》中就有这样的诗句:"圜(通作圆)则九重孰营度之?斡维焉系天极焉加?八柱何当东南何亏?"按《说文》:"圆,天体也,全也,周也。"《易·系辞》:"乾为天,为圆。"圆也就是指天宇言。王逸《章句》:"斡,转也。维,网也。言天昼夜旋转,宁有维网系缀其际,极安所加乎?"《庄子·天运》:"天极运乎,孰网维是?"扬雄《法言》:"天圆地方,极植中央。"《白虎通义·天地》:"天圆地方,不相类。"《曾子》:"天圆地方,则四角不掩也。闻之夫子曰:天道曰圆,地道曰方。"由此可知,天圆地方的宇宙观是从战国到东汉时期流行的观念。古人这种天圆地方的宇宙观,起源很早,可以说是从生活实践中来的,原始的屋宇形如伞盖,中心有一高柱称为极,四周渐下者为宇。从半坡遗址看出,当时圆形半地下式房屋,中间为灶,有六个柱洞,此种形制一直影响到后代,如《礼图》:"建武三十一年,作明堂,上圆下方,十二堂法月辰,九室法九洲。室八窗,八九七十二,法一时之王,室有十二户,法阴阳之数。"其后屋宇逐步进化,极乃演化为栋。因此极的本义中心柱,可以植,引申为中,为高,为顶端,为终极,都起源于"极植中央"的本义。中国古代神话有"共工怒而触不周之山,天柱折,地维绝""女娲炼五色石以补苍天,断鳌足以立四极"的传说(见《淮南子》)。王逸《章句》:"言天有八山为柱,皆何所当植。"因此,我们可以大致概括一下古人关于天地宇宙的观念:天是圆的,其形如穹庐,中央有一大柱,叫作天极,旁有八根大柱,支撑着天宇,而在中心柱的四方,则有四根绳子叫作四维或地维的系住四方形的大地。至此,我们不难推断,规矩镜上的矩纹即钮座周围的方框象征着大地;规纹即圈带纹象征着天;圆钮表示天地中央的中心柱,即天极;圆钮周围的四个柿蒂纹则表示地维,即系住大地的四根绳子;内区的八乳是八根大柱,方框内的十二个小乳则是小柱。由柱的柱石意义出发,引申为朝廷的大官。著名书画家唐兰先生旧藏有一规矩镜拓片铭文云:"新有善铜出丹阳,和以银锡清且明,左龙右虎掌四彭(旁),朱爵玄武顺阴阳,八子九孙治中央,刻娄(镂)博局去不羊(祥),家常大富宜君王。"规矩镜中常见的"八子十二孙居中央"的铭文,恰好说明了这种大小柱的关系。方框按十二小乳可均分为九等分,象征着大地划分为九州。至于有的规矩镜还配置"子、丑、寅、卯、辰、巳、午、未、申、酉、戌、亥"十二地支铭,则是表示天的十二辰,也可以说是一年的十二个月。《左传·昭公七年》:"日月之谓之辰。"杜预注:"一岁日月十二会,所会谓之辰。"古代天文学上将黄道均分为十二等分,也就是十二辰,又谓之十二星次。内区的青龙、白虎、朱雀、玄武四神画像,则表示二十八宿。古人把天宇东南西北四方的七宿联系起来想象成四种动物形象,叫作四象,又叫作四神。

又由于当时人的观念认为天是有九重的,如《天问》:"九天之际安放安属,隔限多有谁知其数?"意思是:"天宇渺茫高达九重,其间的层构关系究竟如何?层层叠叠之间,参差错落的拐角又有谁知其数?"《封禅书》:"九天巫祠九天。"司马贞《索隐》所引《三辅故事》云:"胡巫九天事神明台。"九是三的倍数,因此规矩境外区除环绕一圈铭文外,还饰以有的学者称为圈带的镜缘纹饰,如三角锯齿纹、直线栉齿纹、双线水波纹、流云纹等,通常都有三圈,以象征天的九重,这些锯齿纹、栉齿纹、水波纹、流云纹等,应该是表示天的层层之间那些难以计数的隔限,也就是重叠交错的角角曲曲。

关于 TLV 符号的寓意。先说 V 符号,既然天圆地方,而且古人想象天要比地小,大地的四角无法被天笼盖,留下了空缺,《曾子》有"天圆地方,则四角不掩也"的说法,因此,V 符号象征着不被天宇笼盖的大地的四个角落,应该是不难理解的。至于 TL 符号,应该说是规矩镜最难解的千古之谜。西方学者伽马认为 T 字象征四方之时,L 是沼泽地的栅栏门。有的学者则认为 T 含有空间的意思,L 表示夏至、秋分、冬至、春分,但这些看法也遭到一些学者反对或表示难以接受。那么 TL 符号究竟有什么寓意呢?笔者认为这应该是古代生殖崇拜的孑遗。原始社会,盛行生殖崇拜,前些年发现的新疆古代天山岩画,男女的生殖器都画得非常夸张。汉代画像石常见的伏羲女娲图,人首蛇尾,双尾互相缠绕,据学者研究,其尾亦是性器,伏羲女娲图应是伏羲女娲交媾图,同样表现了某种生殖崇拜的观念。东汉王充《论衡·祭志》说:"王者夫事天,母事地,推人事父母之事,故亦有祭天地之祀。"《物势》:"夫天地合气,人偶自生也。犹夫妇合气子则自生也。""天地合气,万物自生,犹夫妇合气,子自生矣。"又《易·系辞》说:"乾,阳物也。坤,阴物也。"《易·说卦》:"乾,天也,故称呼夫;坤,地也,故称呼母。天地感而万物化生。"可见在古时人看来,天地的交合也和夫妇交媾一样，自然也有性器。因此，规矩镜中的 T 纹，应是象征男性生殖器，即天之性器；L 纹象征女性生殖器，即地之性器。在规矩镜中，T 纹都画在钮座周围的方框一边，即与矩纹连在一起；L 纹则画在圈带纹即规纹一边，这实际上就是象征着男根与女阴的交合，意味着男根插入地母的阴户，地母便受孕而生长出万物。郭沫若在其《释祖妣》一文中释甲骨文中的"⊥"形符号为雄性生殖器的象征，同时指出，甲骨文中的"祖"实为牡器之象形，"妣"实为牝器之象形。在甲骨文中，如分别雄、雌的牡、牝等字，即以类似 TL 符号来象征雄性和雌性生殖器。无独有偶，在西方古代文化中，同样以"⊥"形符号来表示男根（见美 O.A.魏勒著《性崇拜》，1988 年中国文联出版公司出版）。可见，在汉代规矩镜中，以 TL 纹来象征天地交合的性器，并非偶然的产物，而是古代生殖崇拜和生殖器崇拜的延伸和演化，而规矩镜中常见的四神、禽兽、羽人、花草等都代表着天地交合所繁衍的一切动物、植物。

从汉代规矩镜出土的情况看，规矩镜几乎都置于死者的胸部，显然是作为一种避邪之物殉葬的。事实上凡是具有生殖器形象的器物与图案，均为避邪之物；同样，凡是避邪之物也都具有生殖的意境。邪魔意味着死亡，必须以生殖的力量予以驱除，这应该是规矩镜作为避邪之物的内在意义。

总之，规矩镜的产生与流行和先秦及汉代的思想文化、社会生活及时代风尚有相当的关系，特别与战国以来的盖天说的宇宙观的流行以及上古时代盛行的生殖崇拜密不可分。这一点，有些出土的规矩镜铭文就提供了实证，如湖南零陵出土的一面汉代规矩镜，其铭文曰："八子十二孙治中央，法象天地，如日月之光。"其中"法象天地"一句，应该是道出了规矩镜图纹的深刻寓意。由此可见，规矩镜图纹和六博、占星盘等上面的规矩纹一样，表明了古人对天地宇宙奥秘的探索和理解。

**参考文献**

[1]孔祥星、刘一曼:《中国铜镜图典》,北京文物出版社,1992版。

[2]王士伦:《浙江出土铜镜》,北京文物出版社,1987版。

[3]孙机:《汉代物质文化资料图说》,上海上海古籍出版社,2011版.

[4]O.A.魏勒:《性崇拜》,北京中国文联出版公司,1988版.

载《中华文化画报》2012年10总第164期

# 兰溪非物质文化遗产分类
# 及其在博物馆的展示形式初探

【摘要】兰溪历史悠久，文化底蕴深厚，除物质文化遗产外，非物质文化遗产也非常丰富。兰溪市文化部门自 2003 年起在全市范围内进行抢救性、地毯式的文艺普查，发现并整理"兰溪滩簧""断头龙""粮食砌""銮驾""诸葛后裔祭祖""贝雕""根雕""畲族祭祖舞"等民间表演艺术和造型艺术共 1094 项，其中重点项目 139 项，就其表演手法和表现形式来看，可以分为工艺技能类、表演类、民俗民风类、民间口头文学等四大类，在传统综合型博物馆中，可以分门别类、因地因事制宜，采取实物陈列，录音录像展示，网络系统下的电子游戏、图片展示、三维动画短片、真人表演等多种形式来展示兰溪绚丽多彩的非物质文化遗产，从而达到保护、展示、传承、发扬祖国优秀历史文化的目的。

【关键词】兰溪非物质文化遗产　分类　展示

兰溪历史悠久，文化底蕴深厚，历史上名人辈出，民间艺术资源也非常丰富。自 2003 年起，兰溪市文化部门在全市范围内进行"不漏线索、不漏种类、不漏村庄、不漏艺人"的抢救性、地毯式的民艺普查，发现并整理"兰溪滩簧""断头龙""迎会""粮食砌""小脚灯""拉线狮子""走马灯""迎猪羊""畲族祭祖舞""銮驾""根雕""贝雕""烫画""孔明锁"等民间艺术共 1094 项，重点项目139 项，其中不乏非物质文化遗产的瑰宝，如唱腔优美、幽雅清韵的民间曲艺"兰溪滩簧"，翻滚多变、跌宕起伏、套路灵活的民间舞蹈"断头龙"，精工细作、玲珑剔透的谷物砌塑"粮食砌"，造型精巧、形象逼真的梅江"迎会"，等等。这些在长期的历史演变中所存留下来的古老优秀民间艺术，在今天的整理、创新中得到发展，为发扬优秀传统文化，建设和谐社会，折射出更加璀璨的光辉。

目前，兰溪市推荐一批非物质文化遗产代表作品，已列入国家级"非物质文化遗产"名录的有 1 项，列入省级的有 5 项，列入金华市名录的有 10 项，列入兰溪市名录的有 20 项，现列表如下：

### 兰溪民艺国家、省、市级名录

| 序号 | 项目名称 | 国家级 | 省　级 | 金华市级 | 兰溪市级 | 主要流传地区 |
|---|---|---|---|---|---|---|
| 1 | 兰溪滩簧 | ★ | ★ | ★ | ★ | 兰溪城乡 |
| 2 | 黄大仙传说 | | ★ | ★ | ★ | 云山街道 |
| 3 | 断头龙 | | ★ | ★ | ★ | 水亭乡 |
| 4 | 粮食砌 | | ★ | ★ | ★ | 女埠街道 |
| 5 | 诸葛后裔祭祖 | | ★ | ★ | ★ | 诸葛镇 |
| 6 | 銮驾 | | | ★ | ★ | 黄店镇 |
| 7 | 游埠舞狮 | | | ★ | ★ | 游埠镇 |
| 8 | 梅江迎会 | | | ★ | ★ | 梅江镇 |
| 9 | 婺剧 | | | ★ | ★ | 兰溪城乡 |
| 10 | 蜜枣加工技艺 | | | ★ | ★ | 兰江街道等 |
| 11 | 毕矮传说故事 | | | | ★ | 女埠街道 |
| 12 | 青丝鸟 | | | | ★ | 兰溪城乡 |
| 13 | 小脚灯 | | | | ★ | 永昌街道 |
| 14 | 贝雕 | | | | ★ | 香溪镇 |
| 15 | 烫画 | | | | ★ | 马涧镇 |
| 16 | 烙画 | | | | ★ | 游埠镇 |
| 17 | 根雕 | | | | ★ | 柏社乡 |
| 18 | 白沙花灯 | | | | ★ | 梅江镇 |
| 19 | 划龙船 | | | | ★ | 赤溪街道 |
| 20 | 迎花烛 | | | | ★ | 梅江镇 |

这些珍贵的非物质文化遗产,既有强烈的时代精神,又充满浓郁的乡土特色,具有很高的历史研究价值和审美价值,是一份对人民群众特别是青少年进行爱国主义、历史主义和优秀传统文化教育的活生生的现实教材。如何在传统的综合类博物馆中得到保存、展示,是当前亟待研究、解决的一个新课题。

文化遗产包括物质文化遗产和非物质文化遗产。物质文化遗产包括可移动文物和不可移动文物,前者如艺术品、文献、手稿等,后者如古建筑、古遗址等。相对于物质文化遗产而言,非物质文化遗产指传统文化的表现形式和空间,如传说故事、音乐舞蹈、戏剧曲艺、生活习俗、工艺技能等。但任何一种非物质文化遗产都不是纯粹非物质的,非物质文化遗产从根本上来说都有它的物质表现形式,因此非物质文化遗产与物质文化遗产是不可能截然分开的,也不是水火不相容的,这就为非物质文化遗产在传统类型的综合性博物馆的展示留下了很大的回旋余地。我们认为:可以根据兰溪市的非物质文化遗产的性质、种类和表现形式,来确定它们在博物馆的展示形式。

## 一、工艺技能类

兰溪市的工艺技能类非物质文化遗产种类繁多,主要有:

### 1.女埠粮食砌

"粮食砌"是女埠街道金家村流传200多年的民间砌塑工艺品,它以五谷杂粮、天然蜂蜡等为原料,用传统防腐方式精工粘贴成品。早在清代嘉庆年间,金家村以"粮食砌"为祭品,祈佑五谷丰登、风调雨顺。民国二十五年(1936),金家村的一堂"小五事",送至兰溪城内城隍庙供奉,轰动兰溪。1971年,兰溪外贸部门发掘民间工艺,金家村粘制的"龙庭"在兰溪县城展出,闻名全县。2005年,童拓基制作的《牌楼》《兰花》获得浙江省"天工优秀奖"。制作粮食砌的工艺流程为:制模具、胶成片、定型、干固、组合、美化包装。

粮食砌的制作材料为:粮食(稻谷、粟米、大米、芝麻、赤豆、花菜子等)、松香、蜂蜡、胶粘物,以及预制模具的木材料、竹插等。

2.香溪贝雕

香溪立体贝雕是从传统雕刻技艺中发展而来的民间雕塑艺术品,它以淡水珍珠贝壳为原料,运用浮雕、圆雕等手法,吸取木雕、石雕、牙雕等经验,先后经过构图、绘稿、选料、磨光、雕刻、镶嵌、组装、打磨、抛光等多道工序精心制作而成。香溪民间艺人陈少华经过刻苦琢磨,成为贝雕艺术的代表人,融现代于传统之中,其作品有《进宝阁》《蟹篓》《准提菩萨》《如意》《熏香炉》等,每一件贝雕作品用工小件需几个月,大件需一年以上,具有颇高的观赏和收藏价值。2005年7月,贝雕参加浙江省民族民间艺术博览会,《准提菩萨》获"天工精品奖"。其他作品获"天工优秀奖",《如意》被浙江省博物馆收藏。

3.根雕

根雕艺术,"以根为木,顺天而作,源于自然,天人同构",赋予枯根断枝以新的艺术生命。根雕创作流程为:上山挖根取材;根据材质形状反复琢磨,构思设想;设计艺术方案;深思熟虑开刀雕刻;上色,一般仿古色;磨光、上光打蜡;防蛀;配座;命名。根雕所常用的树根有:杨梅、杜鹃、山紫、黄杨等的树根,一般在冬季挖采为宜。阴干一年后才能进行雕刻制作(不能暴晒),材质必须坚硬,耐燥耐温,树皮薄,枝干坚。柏社乡蒋志辉,从艺根雕二十余年,有70件作品被港台地区、东南亚国家收藏。

**4.烫画**

烫画,俗称铁画、烙画,以烙铁为制作工具。其材质为竹木、布匹、笋壳、秸秆、果壳、铝化纸、宣纸等。明清时期,江南一带市场繁荣、坊间艺人以铁代笔,在竹筷、笔筒、家具等生活用品上绘制装饰图案,其线条流利,层次分明,得传统国画遗韵而自开一代之风。自上世纪80年代开始,马涧胡海明、游埠张岊生等人,开始烫画创作,硕果累累。1998年,胡海明创办海明威工艺厂,花鸟人物山水烫画作品曾获2000年兰溪市首届旅游商品一等奖,并在杭州市西湖美术馆和中法文化节上展出。张岊生历时一年创作的长卷烫画《水浒一百零八将》创吉尼斯纪录,并在浙江、中央电视台相继播出。

**5.木雕**

有圆雕、半圆雕、浮雕、浅雕、镂空雕等。主要用于祠堂、庙宇、亭阁、楼台等建筑物的装饰、家具装饰、陈设欣赏等。诸葛村、长乐古民居群、芝堰古民居群、姚村花厅、白沙太平村"精义堂",至今还保留着许多精美的木雕艺术品。木雕题材有表现吉祥如意的"福、禄、寿、喜""忠、孝、节、义"等人物,表现神话和戏曲故事及花鸟瑞兽,构图巧思,刀法不一,精雕细刻,美观实用。

**6.石雕**

境内的明清古刹、庙宇宗祠、坟茔门面、石牌坊、厅堂柱础等部件多为石雕刻制。石雕技法有浮雕、透雕、圆雕、阴雕等。明代柱础多为古鼎形,清朝多为鼓形、瓜棱形。灵洞乡洞源村节孝石牌坊,清乾隆四十年(1775)造,四柱五楼。枋身有大量浮雕及镂空图案装饰,为市内现存规模最大雕刻最精的石牌坊,1989年列为省级重点保护文物。邑内西北多石矿,女埠、朱家、马涧、横溪、白沙、香溪等地的石矿石质细腻,石源丰富,既为石雕优质原料又供建筑物之基础用石。如今,传统石雕狮子及其他石雕产品远销省内外。

7.民间雕刻艺术

旧时寺观庙宇塑造神道佛尊,楼、台、亭、阁、祠堂,都要雕龙塑凤,以示气魄。赤溪乡石龙头潘雪光、女埠镇后郑村郑兆渔、墩头村自下村郑敏富、芝堰乡下慈坞吴兰源等人的泥雕技艺颇有声誉。

8.刺绣

俗称绣花,明清时代已盛行。明代才女倪仁吉,不但工书画,亦精刺绣,所绣《心经》如镂金砌玉、妙入秋毫,尤善于发绣,有发绣《观音大士》像两帧,其一帧早年流入日本,另一帧被浙江博物馆收藏。民间女红刺绣,高手辈出。女孩至七八岁,即教之以穿针引线。20世纪30年代以来,舶来丝线及苏沪花线传入,时称"文明线",色泽鲜丽,粗细划分,不易褪色,为绣女所青睐。绣品种类也随之增多,绣品有小孩口围、鞋头花、眼镜袋、纸扇袋、香袋、钱包、肚兜、扇心、枕套、帐牙、门帘、被面、衣裤。花样按绣品大小设计,以翎毛花卉为多,也有绣自然景色。花边,用金属钩针钩引纱线编织成花纹图案,是一种日用织品的装饰品。

9.剪纸

俗称"纸花",又名"窗花"。历史悠久,一般在喜庆年节作纸花或窗户灯彩的装饰,以示吉祥,也有作祭祀时的彩花。当代剪纸工艺不断改进,许多精美的剪纸样稿,多经文人画家和剪纸艺人的不断改革加工而成。剪纸的题材非常广泛,有"状元及第""龙凤呈祥""福禄寿喜""鲤鱼跳龙门"等吉利题材,有历史人物和地方戏曲人物、山水、花鸟、鱼虫走兽以及几何图案、诗文等。剪纸的工序:用毛笔先勾画出草稿,通过"剪"的技术,加工整理,使草稿设计符合剪纸的要求,剪成图样;把图样轻轻粘在另一纸上,用松脂烟熏出黑白轮廓分明的稿子;在着色的毛边纸铺叠于稿子上,用锦纸捻(或用线)在没有花纹的地方,匀密钉紧,用特制的镂花剪由里向外剪出。剪纸所用材料,多采用染色的土制毛边纸,近年也用各类彩色纸及金银箔。剪纸除单色外,也有用不同色彩的纸剪成。

10.编织

又分草编、花边、麦秆编、织带等。

草编,以茅草、笋壳、玉米衣为原料,染色后编织成各种日用工艺品。女埠区比较普遍,品种亦多,有垫类(茶杯垫、菜盆垫、茶几垫),套类(花钵套、鱼缸套、汤盆套),盒类(水果盒、茶杯盒),篓底(废纸篓),篮类(菜篮、婴篮),玩具与拖鞋。

花边,为新兴手工艺。制作者以城镇妇女居多,用金属钩针穿引纱线,编织花卉、翎毛、动物等各种图案,可作台布、床罩、饮食器罩、窗帘、门帘,亦可制作小孩衣、裤、鞋、袜,美观大方。

麦秆编,麦秆编织凉帽、团扇,历史悠久,农村极为普遍。其法先拣麦秆较细白的,压浸米泔水中漂白,或染成红绿等色,然后编成麦秆辫。再回旋盘拢,用针线缝合成形。

织带,民间传统工艺。用蓝白棉纱线为经纬织成。阔带织有花纹图案。文化馆藏有阔带两条,上有十二生肖花样,精致美观,颇具艺术价值。

此外还有竹编、水晶雕、瓷塑盆景等等。

工艺技能类非物质文化遗产虽然种类繁多,工艺不一,但其最终产品仍为工艺美术品。这类工艺美术品与传统博物馆的收藏品除年代上有远近之别外,性质非常接近,展示非常方便。其展示方式可采用传统的实物展示法,即采取有奖捐献、征集、收购、代保管、借展等方式收集实物展品,开辟专室、专柜予以展出。并可邀请艺人当场制作,让观众手动参与,如孔明锁即可让艺人当场制作,让观众当场拆解。但由于"粮食砌"这样的工艺美术品,易受虫蛀、霉变,如何采用科学的保管技术,使之不腐不朽,长久保存,尚值得探索。此外如盆景,可分为生命和无生命两种,前者如有树木、花卉等栽培的或结合假山奇石的盆景,后者如纯以铜、铁、奇石或水晶、玛瑙、玉石等矿物制作的盆景,无生命的盆景展示和保管都无问题,而有生命的盆景则需专人保养、维护。

## 二、表演类

以音乐舞蹈、戏剧、曲艺等取悦观众,间或自娱自乐,以得到审美愉悦的,主要有:

1.兰溪滩簧

兰溪滩簧属南词滩簧,是浙江的古老曲艺形式。乾隆末年,一位县衙中的官差,于公务之暇,在兰溪集商贾子弟传授滩簧曲调,借以消闲自娱,从此兰溪有了滩簧。1900年(光绪二十六年),城区成立了"余庆社",后易名为"群乐会""咏春会"。抗战时期,兰溪滩簧民间艺人避难于乡下,滩簧传入兰溪农村永昌、诸葛、游埠等地。

20世纪40年代末期,兰溪滩簧几近绝响。后来,兰溪滩簧因其曲调优美被婺剧所吸收,运用兰溪滩簧创编的《李渔别传》《苦菜花》《僧尼会》等成为艺术精品。2002年兰溪滩簧《兰花吟》参加浙江省首届曲艺杂技节,获得五个大奖,且首次进京演出。由于兰溪滩簧扎根于民间,滩簧节目多次深入城乡演出,2006年列入国家级非物质文化遗产名录。

2.水亭断头龙

《断头龙》是流传在水亭畲族乡荷龙里村的民族民间舞蹈,它的最大特色是头身分离。

《断头龙》何以断头?据传,唐朝贞观年间,江西连年大旱,百

<br>

姓求告龙王,龙王动了恻隐之心,奏请玉帝准其下雨。玉帝令龙王"城内降雨七分,城外降雨三分"。龙王却在城内降雨三分,城外降雨七分。玉帝大怒,龙王被斩,身首分离。百姓为了报答龙王恩德,各村舞迎"断头龙"。

《断头龙》头身分离,龙身每换一个阵图,龙头与龙珠就舞出一个套路。《断头龙》的套路有"双元宝""金瓜棚""八仙路""生姜棚""跳白兔"等。

1988年《断头龙》获浙江省舞龙大赛一等奖,2005年9月获"八婺十大民族精品节目"称号。

3.游埠舞狮

游埠舞狮活动始于明末清初,盛行于民国时期,全镇大部分村庄都有"狮子会"。舞狮,俗称跌狮子,狮头以木架竹篾编织而成,用油漆彩绘成狮头状。眼眶嵌入用细铁丝做成的红色髯口。狮身用染成红或绿色的黄麻织成。再将头身连接,背部披上写有"双狮吉庆"的大红布。表演时,头身各藏一个人,有"生小狮子"套路的另有小孩装扮,随着锣鼓的节奏,做出奔腾起舞、前进后退等动作。1984年元宵节原游埠区曾在本镇举行全区龙狮灯会比赛,参加的狮子共104只,轰动一时。

4.婺剧

婺剧包括高腔、昆腔、乱弹腔、徽调、滩簧调、时调等六种腔调。流传在金衢地区的高腔、昆曲、乱弹、徽戏,是各自独立组班,在相互竞争中发展的四个不同的戏曲剧种。婺剧的形成分两个阶段。第一阶段是明代形成或传入的南戏诸腔中,义乌腔、弋阳腔、余姚腔在清代发生较大的变化,至清中叶统一被称为高腔。清代,昆曲在民间职业班(俗称"草昆")的基础上形成了金华昆剧。高腔与昆曲的结合,两合班的出现,标志着婺剧的胚胎开始孕育。第二阶段是乱弹、徽戏、滩簧等在清代前后传入,然后,高腔、昆曲与之进行了多种的结合,1950年华东戏曲改革工作会议在上海召开,正式将金华戏和乱弹班合称为婺剧,标志着多腔调的戏曲剧种——婺剧的诞生。

5.孟湖小脚灯

小脚灯又名采茶灯,起源于明宣德年间(1426—1435),由永昌街道下孟塘村秀才徐东如组织编导。1949年正月,小脚灯在本村及兰溪各地演出。1955年至1956年连续参加兰溪县文艺汇演。2004年参加第五届中国兰花节民艺踩街活动,获二等奖。

小脚灯由4匹彩马、4辆彩车、6盏花灯(花篮)、6只花鼓、2个丑角等组成,演员22人,扮演者年龄在8—12岁之间,伴唱的歌有《拜年歌》《采茶歌》《游春》《花鼓调》等。小脚灯的演出顺序是:①提花篮,边舞边唱;②打岔人对唱;③打花鼓,凤阳婆,乌龟头对唱;④小花鼓对唱⑤骑马车4人;⑥4人推彩车,4人彩车并扮饰4对小脚。演出时间可长达6小时,最简短也需2个小时。

6.拉线狮子

自清代开始,云山街道黄龙洞村、女埠街道下潘村、柏社乡柏树下村等地就有拉线狮子的民俗表演。出迎时由开锣、先锋、龙旗、文武旗、牌灯开道,由四人抬狮座(也有用车轮推行的),狮亭上层有"圣旨"牌,翘角雕花。狮座前立一根6米多的木吊杆,号称"方天戟"。设有可用线绳牵拉的活动绣球,后面有7人拉线。狮子用彩色绸布、毛绒线做成,大狮子和小狮子轮流出亭抢球,群狮一进一出、一跳一跃,戏追绣球,此时吹奏音乐,锣鼓五响,前呼后拥,热闹非凡。狮子的腾、挪、闪、跃,全凭牵线者的手上功夫。旧时在城区表演,沿街各店铺喜欢用自己店里的商品作为礼品致谢,并把红包、礼品挂到天方戟的顶端。拉线狮子多次参加兰溪城区的"文艺大踩街"活动。

7.道情

由唐代道观所唱老经韵演变而成。叙述故事情节用唱,关键处用说阐明,人物对白或白或唱。唱腔音调因故事人物的性别、身份而不同。唱曲长短句结合,末句润以余韵,韵后即拍渔鼓简板作为配乐。渔鼓,为长3尺径3寸的竹筒,筒底蒙以猪膜。唱时左臂曲抱,右手击筒底。简板,由两根长约2尺的竹片组成,用左手夹击,与渔鼓配奏。传统曲目有《玉连环》《卖水记》《双玉镯》《六合记》《珍珠塔》《七星剑》《双珠花》《九侠十八义》《雷洪斩子》《黄鳝记》等,尚有当代发生之奇案异闻,故亦称道情为"唱新闻"。

8.说书

分两种,说长篇章回小说为大书,说故事或者短篇小说为小书。光绪末年,有艺人蛟仔、魏桂生二人,在县城说章回小说《乾隆下江南》。其后有钱世猷擅说《三国演义》,任一峰擅说《济公传》。任一峰技艺颇佳,有"活济公"之称,新中国成立后曾当选省曲艺协会理事。

9.小锣书

俗称"唱梨膏糖",为推销梨膏糖而形成的街头说唱艺术。敲小锣鼓或击三块板伴奏,故又名小锣书。演唱声腔由江南各地滩簧、小调演变而来,并使用各地方言及绕口令,随时变化,又能触景生情临时编唱新词,故妙趣横生,为群众喜闻乐见。小锣书分苏、杭两大流派。

这一表演类非物质文化,一般师徒相传,至今由于后继乏人,少数品种如说书、小锣书等已濒临灭绝。对这一类非物质文化,传统博物馆可有选择地收藏其道具附属的物质形式部分,如婺剧的道具、戏装,舞狮的狮子,说书小锣书和道情的渔鼓、唱本等。对已故的著名艺人,可以辟专家室、塑蜡像,从而再现当年万人空巷争听小锣书之类的盛况,还可以采用互动感应系统,充分利用现代声、光、电等科技手段来给观众直观的互动的展示。根据青少年学生的爱好特点,还可以设置一套网络游戏下的"舞龙"舞"拉线狮子",走"孟湖小脚灯"的电子游戏,也可以陈列舞龙、舞狮、走小脚灯的真实道具,让观众亲手舞一回,走一回,使观众亲身体验和享受表演的兴奋和愉悦。

### 三、民俗民风类

这一类非物质文化遗产大部分与民间世代相传的祖先崇拜、神道和宗教信仰有关,目的在于敬组、娱神,形成了多种多样的同时也包含了许多种类的表演形式。主要有:

1.诸葛后裔祭祖

三国蜀汉丞相诸葛亮第15代世孙诸葛浰于五代时任寿昌县令,其子青迁兰溪岘山下,至27代孙诸葛大狮择居高隆。子孙为纪念先祖诸葛亮建造了"大公堂""丞相祠堂",每年举行祭祀。嘉靖七年(1528),明世宗给南阳郡的忠武侯庙颁了一道《赐忠武侯庙规祭文祭品》的敕文,规定忠武侯庙行春秋二祭。祭品为"猪羊各一、鱼醢、肉醢、渣茶共五品,果子五品,香一炷,烛一对,帛一段,酒两瓶,行三献礼如仪"。主祭人须是50岁以上的长辈。规模大的祭祀仪式和迎会,三至五年举行一次。大规模祭祀在农历八月二十八,在丞相祠堂举行。

2.銮驾

本意是指系着铃铛的车,特指帝王的车,泛指帝王出巡时护阵用的仪仗器物。出巡时仪礼十分隆重,放铳为号,放爆竹鸣锣开行,前有神銮(銮驾)护阵,中有神灯、神伞相夹两边,神亭(中有神像或神位牌)边行边停,供男女老少膜拜。

黄店銮驾大多以《隋唐演义》为题材,赞颂草泽好汉的仗义、英勇,象征威武、驱邪、团结、正义的精神。刘家村銮驾有 128 具,除《隋唐演义》36 人物像外,还加上《封神榜》中的神仙。高井村的銮驾有 148 具,以迎驾蟠山殿龙王大帝为特色。另外,该镇王家、白露山脚、黄店、都心、下包、潘村等村均有銮驾。如今銮驾已成为喜贺丰收的文化活动,黄店首届白露风情节中的銮驾巡游,吸引了几万民众夹道观看。

3.梅江迎会

"梅江迎会"源于南宋孝宗隆兴元年(1163)。原浦江县七都所在地(今横溪、长陵一带),洪水泛滥,民众在青山岩上建庙祭祀胡公大帝,祈求神道恩佑,兴迎会、演戏以求平安。

明初,为庆朱元璋平定天下,"迎会"兴起。明正统年间,进入鼎盛时期。民国期间,称"花会",较为兴盛。新中国成立后一度中断。1998 年、1999 年、2004 年横溪迎会曾参加兰溪市大型文艺踩街活动,在第五届中国兰花节上亮相。

迎游时,会桌按扮演的故事发生年代的先后排列,会桌一般由 4 人扛抬,会桌上置铁架,扮演者缚于铁架上,由七八岁儿童扮演《白蛇传》《哪吒学艺》等故事里的人物组成一个个场景。在村巷田间巡游。

4.畲族舞

兰溪畲族舞有其民族舞蹈。一为祀神舞,10 余人组成。内有"法名"(相当于神汉)者 4 人,头戴莲花帽,身穿红底印花舞衣,左手执鼓角,吹着作"呜呜"声;右手执铁环,环上穿铁钱 7 枚,摇去当啷作响。其余亦穿舞衣,载歌载舞,歌词的内容多为求神佛保佑、除凶驱邪、祈求家宅平安等。二为祭祖舞。老人死后,子孙请有"法名"者数人主持,穿戴如前,一人手执木刀,一人敲击扁鼓。亲属邻里参加仪式,头扎红巾披垂脑后,由执木刀者指挥,盘旋跳跃。

5.翻九楼

原为祈神的一种形式。现演变为群众娱乐活动。此俗仅见于白沙乡、殿山乡、下王乡。相传起源于超度溺井冤鬼,其术为旷野中叠八仙桌九张为楼,两边夹以木柱。表演者自下翻筋斗逐层而上,到顶楼又做倒竖等动作,此时锣鼓喧天,鞭炮齐鸣。然后逐层翻下,如杂技表演,甚惊险。此俗十年一次,不多见。故观者极为拥挤。

6.斗牛

流行于北乡白沙一带,由金华传入。白沙每次斗牛,少则几对,多则几十对。参加角斗的牛多为黄牛,水牛较少。平日专人护理饲养,不犁田耕地,食料亦较优。斗牛毕,胜者亲友欢呼簇拥凯旋,牛亦昂然自得。败者则意兴索然。其本意也在娱神求福。

7.白沙花灯

白沙花灯起源于清朝中期,迎游的传统时间是每年农历二月初二,据说这一天是花神生日,故又称为"花朝节"。又据说"二月二龙抬头",故白沙花灯有龙头。白沙花灯最大特点是"高大壮观,制作精美",小的花灯高2—4米,最高的花灯有8米(《凤穿牡丹》),需几个人抬,边上还有数人拉纤,故又称"高灯"。1941年《鸳鸯盘缸》《塔》《关公》三桥花灯曾迎到兰溪城,得银质奖牌;1948年这三桥花灯又迎到金华府,亦得银质奖牌。2002年至2004年元宵都曾举行过迎花灯活动,灯数达到70余桥。

8.墩头迎花烛

起源于元朝末期,据传由太原传至白松冠,再传至七星下(现墩头村），后传至宅口村，主要祭祀商朝定国武成王——黄飞虎。墩头花烛每年正月举行，倪大村正月十二，墩头村正月十一，白岩下村正月初六，叶坞村正月初七，多为白昼迎游在村巷田间。花烛有灯座，长宽各1米，总高2米左右。中间插上红蜡烛（是花烛的代表），最大的红蜡烛有10公斤重。迎游时务必点燃，灯座四周用各种花朵装饰，五彩缤纷。花亭内有黄飞虎、八仙等樟木雕成的神像。花烛每桌按一定次序排列迎游，每桌一般由二人抬杠，龙虎旗做先导，锣鼓唢呐助阵，热闹喜庆，增加了春节、元宵时的节日快乐气氛。

9.杨塘划龙船

杨塘俞家划龙船起源于清代。清末民初以后，又有山背、郑家、姓方等村开展划龙船，每年端午节举行。新中国成立后，只有俞家村还延续划龙船活动，其他村都停止了活动，近年来，街道文化站组织了几次划龙船的比赛活动。2004年端午节在俞家村举行了赤溪街道划龙船比赛，观众达万余人。俞家划龙船是用一只小木船，长约5米，船上有8人，端午划船，来回9次。龙船在行进途中，以击锣为节奏，锣响桨动节奏一致，途中不能调头，若要调头，要掀翻龙船、船人落水，从头再来。杨塘水塘众多，端午划龙船意为驱邪赶水鬼，保平安。

这一类非物质文化遗产虽然都与祭祖祀神等民俗有关，但都包含有一定的表演形式和具体可触摸的道具，因此可采用综合型即实物展示与多媒体互动感应系统来表现。除诸葛后裔祭祖每年春秋二祭仍按古规矩在诸葛村举行外，如黄店銮驾、姚村銮驾等实为一套木雕的金瓜、金斧及神仙佛道文物雕像，可以复制一套长年展示。其余如划龙舟、迎花烛、翻九楼、迎花灯等可采用互动感应系统。斗牛则可采用电子游戏形式，来增加娱乐性。

## 四、民间口头文学

这一类主要为民间数百年甚至数千年来口口相传的神话、歌谣、故事、传说等民间口头文学,如民歌民谣,畲族山歌、情歌,黄大仙的传说,民间机智人物毕矮的故事等。主要有:

1.青丝鸟

青丝鸟呐各自飞咯,

飞来飞去么娘家里。

嫂嫂望姑娘归来嬉,

衣裳角头么揩眼泪……

兰溪民歌《青丝鸟》所反映和表达的思想内涵是封建社会劳动妇女低贱的社会地位, 以及她们对这种不幸命运的愤慨和无奈。演唱风格口语化,似唱似吟,体现柔和、婉转、平易质朴的特点。据游埠伍家圩金爱凤老人(1925 年出生)回忆,她 10 岁时就已学唱过《青丝鸟》,当时她在兰溪西乡永昌、游埠、厚仁一带很流行。1955 年,原厚仁乡厚仁胡村胡素琴演唱的《青丝鸟》代表浙江省民间优秀节目赴北京汇演,获得好评。该歌曲已选入浙江省优秀民歌作品集。2003 年,兰溪市文化工作者将《青丝鸟》采用“无伴奏女声小组唱”演唱形式,在金华市首届艺术演出中荣获演唱金奖和创作银奖。

2.畲族民歌

兰溪水亭畲族乡居住着畲族人民,畲族民歌,世代相传。

畲族民歌以四行、七言体式韵文为一首,类似唐代的《竹枝词》与七言绝句，讲究押韵，且第三句末一字须是仄声。一首称为“一条”；内容较长的则十几首乃至上百首连唱，称为“连”，许多内容相关的“连”组成“套”。畲族民歌有神话传说歌、史事传说歌、故事歌、时政歌、劳动歌、风俗仪式歌、小说歌、情歌和杂歌等。杂歌又包括风物、生活、识理、讥刺、戏笑、猜谜、斗智与字歌等。其中主要有：《高皇歌》，亦称《盘瓠歌》为长篇叙事史诗，代代相传，记叙畲族始祖盘瓠的不平凡经历；《嫁女歌》《哭丧歌》《二十四孝歌》《插花娘歌》等。

3.黄大仙传说

东晋时期，金华道教传奇人物黄初平，出生于兰溪市黄湓村。黄初平北山得道成仙，“叱石成羊”、苦练修道、惩恶助善、为民除害、知恩必报的故事在民间广泛流传，金华乃至港澳、东南亚一带一直流传着大量有关黄大仙的仙话。

传说他生得峻拔秀耸，骨格清奇，有异相。从小聪明颖悟，心地善良，好学勤快，尤喜羊儿，常举羊鞭，赶羊群，趟大溪，到村西江中的牧羊洲，或村东金华山的牧羊山——黄大山上去放羊。15岁那年，家里人又叫他到牧羊山上去放羊，得遇由神农时雨师赤松子(后称为黄初平的恩师，故人称“仙师赤松子”)幻化而来的一道士，因“爱其良谨”，把他引到金华山之阴的石室洞中学道修炼。“小君即炼其中，绝弃世尘，鞠躬而自致，积累功逾四十稔”。

4.毕矮的故事

毕矮，原名毕文彩，因其身长三尺半，绰号毕矮，又称“毕家矮仂”，中国民间机智人物。毕矮是女埠毕家村人(现属兰江街道)。查阅《毕氏家谱》：毕文彩，名刚，排行百十七，讳文彩。出生于明代，入编《方技录》，有赞曰：“道貌岸然，鹤发童颜。异授秘术，目空尘寰。两眼似镜，仙骨如山。超凡不俗……”毕文彩擅卜筮，精医术，黄冠道服，绰有仙风，游历吴越，称为“毕半仙”。

毕矮,扬善刺虐,扶弱抑强,睥睨势利,解人之危。亦可窥测其人性格之刚正,机智诙谐,故而乡民喜闻乐道,广为相传。其言其行,虽近似恶作剧,但在权贵面前敢于戏谑捉弄,见义勇为,更属难能可贵。

对这类民间口头文学类型的非物质文化遗产,如何在博物馆得到展示,尚属一崭新课题。笔者认为,作为以保护祖国优秀历史文化遗产为己任的博物馆人,在配合文化馆收集、整理这类民间口头文学负有义不容辞的义务和责任。在民歌、歌谣方面,博物馆可以采用录音、录像的方式使之得到永久保护,在神话、传说、故事方面,可以记录整理、付之出版,也可以在故事绘图拍摄动画片、电视连续剧方面下功夫,如毕矮故事、黄大仙传说等等,如能编辑、拍摄成动画片放映,定能引起观众兴趣。

## 结语

综上所述,国有综合类博物馆在发掘、保护、整理和展示非物质文化遗产方面应该是大有作为的。现兰溪正在筹建博物馆新馆舍(民间艺术馆),在逐步解决资金、场地和保护技术难题的前提下,我们应该怀着极大的热情和公益心,不拘一格,不拘形式,有选择地广泛采用实物展示、真人表演、故事、照片绘图、蜡像模型、多媒体、网络电子游戏,互动感应系统,观众手动参与等多种形式来达到保护、展示和发展兰溪丰富的非物质文化遗产的目的,使广大民众对历史文化遗产的兴趣和热情得到极大的激发,使博物馆真正走向人民大众。

载 2007 年 11 月《浙江省博物馆学会学术研讨会文集》

# 兰溪古建筑的戏曲雕刻艺术

【摘要】兰溪戏曲艺术底蕴深厚,在明、清时期的民居建筑上,雕刻有众多题材丰富、形式多样、技术精湛的戏曲人物故事。

【关键词】兰溪　古建筑　雕刻　戏曲

中国戏曲艺术源远流长。兰溪位于浙江中西部,自古田园富庶,商业繁华,旧时农村戏曲演出,主要在庙宇、祠堂中的戏台或野外的雨台、万年台及临时搭建的草台等,城区演出则在各会馆戏台。就兰溪而言,南宋时,永嘉南戏就已经传入,南宋中期,邑内已流行杂剧《目连戏》《焰口戏》《木偶戏》等。曹聚仁《兰溪·李笠翁的家乡》一文说:"明末清初,可说是南曲全盛时代,赣东、浙东又是南曲孕育新派的摇篮;在金华、兰溪、义乌一带流行的婺剧,乃是在弋阳腔、宜黄腔的底子上,加上了昆腔的新风格,李笠翁正是这一戏曲的保姆。"清初,苏州昆山腔由杭州溯钱塘江传入兰溪,康熙元年,夏李村李渔筹办"家庭昆剧社",教歌姬家伶演习昆曲,并自己创作了《风筝误》《奈何天》等,总称为《李笠翁十种曲》,撰写了中国最早的戏剧理论专著《闲情偶寄》。李渔之所以成为著名的剧作家、戏剧理论家,绝非偶然,这与兰溪戏曲艺术底蕴的深厚是密不可分的。

1949 年以前兰溪境内流行的剧种有昆曲、徽戏和滩簧。婺剧的兰溪昆腔，又称兰溪草昆，其演出剧目、表演程式、音乐唱腔都有自己的特色。除专业剧团外，盛行于明、清至民国的民间业余文娱团体名坐唱班，活动不受时、地的限制，春节、元宵、庙会、婚娶、寿庆之时就是他们演出最活跃之时。

由于戏曲艺术深入人心，妇孺皆知，反映在古建筑雕刻艺术上，也是极其丰富多彩。如国家级文物保护单位诸葛村，始建于元代，在明、清全盛时期，全村拥有大型厅堂18座，其余民居、庙宇、牌坊等上千余幢。在厅堂、庙宇都设有戏台，逢年过节，戏剧演出不衰，万人空巷。据调查，全村现有古建筑200余幢，举凡厅堂、楼阁、民居、庙宇、宗祠、桥梁乃至几、床等家具，都雕刻了大量的戏曲人物图案。从材质来讲，有砖雕、木雕、石雕、灰雕等；从雕刻手法来说，有浅雕、平雕、圆雕、透雕、深雕、浮雕等，其中最常用的为高浮雕；从时代讲，以明、清两代为主，尤以清乾隆、嘉庆、道光、同治、光绪几朝为盛。镌刻最多的地方为牛腿、额枋、梁枋等，其艺术之精湛，人物形象之逼真，分布范围之广泛，形式之多样，剧目之丰富，延续时间之久远，可谓是"风景这边独好"，成为一座没有围墙的戏曲艺术博物馆。

一、戏曲内容

兰溪古建筑雕刻艺术所表现的戏曲艺术，从戏曲剧目来看，可分为以下几大类：

（一）吉祥戏

亦称利市戏，演唱剧目以折子戏居多，主要有踏八仙、跳魁星、跳加官、跳财神等；也有《百寿图》《龙凤阁》《碧桃花》等为数不多的正本戏。

1.踏八仙

旧时婺剧在农村道场演出开场必先"踏八仙",后演折子小戏,再是正本戏,八仙者,俗称八洞神仙,各执道具,各具形象。汉钟离老祖把扇摇,吕洞宾背剑清风客,韩湘子瑶池吹玉箫,何仙姑送来长生酒,铁拐李先生道德高,曹国舅手执云阳板,张果老骑驴羡凤毛,蓝采和花篮献蟠桃。踏八仙形式有文八仙、小八仙、文武八仙、追桃八仙、三星八仙等。神仙聚会,亦舞亦唱,内容为歌颂圣君洪恩浩荡,祈求风调雨顺,国泰民安,讨彩祝贺,祈祷吉利之语。其程序是先闹花头台,后踏八仙。一般头夜踏"小八仙",第二夜踏"天官八仙",第三夜踏"文武八仙",有时则踏"追桃八仙"。踏完八仙,观众喝彩叫好,族长、祠长向戏班送上红纸包,以表谢意。

踏八仙人物众多,形象各异,内容吉利,深受人民群众喜爱,因此成为古建筑雕刻的主要题材之一。较大型厅堂的砖雕、门楼、大额枋及许多厅堂、明间、堂屋前廊及石牌坊的大额枋上,均雕刻八仙过海,有山岩、苍松、翠柏及海涛,八仙或坐或卧,或凌波,或驾船,或捧酒,或背剑,或吹箫,或摇扇,人物栩栩如生,具有极高的艺术性和观赏价值。有的天井檐柱四只牛腿,每只雕八仙人物各二个,刚好凑成八人,人物形象极其鲜明。

2.跳魁星

八仙下场后,即魁星上场。魁星由小花脸扮演,身穿魁星衣,头戴嘴巴会动、眼睛传神的戏面壳,左手捧斗,右手执笔,在"魁星锣"伴奏下,走矮子步上。出场亮相后,由乐手高声念曰:"魁星出华堂,提笔写文章,麒麟生贵子,必中状元郎。"魁星,又作奎星,神话中主宰文运兴衰之神,被誉为中华民族的"文学之神",跳魁星旨在祝愿青年学子刻苦学习,求取功名。魁星形象在古建筑构件中常被雕作牛腿、雀替,置于厅堂中最醒目的地方。

3.跳加官

由白面老生(老外或副末)头戴面壳,身穿蟒袍,稳步上台表演,最后亮出"天官赐福""指日高升""国泰民安"等条幅,旨在祝福"国泰民安",祝愿做官之人"指日高升",飞黄腾达。相传,唐玄宗(明皇)兴办梨园,一次为酬神演戏,唐明皇命杨贵妃唱花旦,自己演小生,独缺老生,特请三朝元老出演。元老见圣命难违,又怕被朝臣认出,就戴白面壳上场,因老态龙钟,不能唱戏,只有出示预先写好的"国泰民安""风调雨顺""刀枪入库""马放南山"等条幅。演毕,众人才知是老丞相。唐明皇大喜,将在场看戏的朝臣都加官一级。后来"加官"一出戏就成为开演前的一段彩头戏。"加官"戏中的天官形象也主要雕刻在牛腿上,浮雕的天官头戴天官帽,身着蟒袍玉带,足蹬朝靴,右手执玉如意,长髯飘飘,左右有两童子,一执雉扇,一双手展示"指日高升"条幅,正是人们喜闻乐见的天官形象。

4.跳财神

由大花脸表演,身穿黑蟒袍,头戴铁盔,手捧金元宝上场。传说,财神是赵公元帅,真名为"赵公明",亦称赵云坛,陕西终南山人,避世山中,修炼得道成仙。其貌黑面浓须,头戴铁冠,手执铁鞭,身跨黑虎,能驱雷设电,除瘟禳灾,主持公道,凡求财运者,皆能称心如意。相传,一次有个戏班的行头因翻船沉没江中,班主被江上渔夫救起后,径自入财神庙叩求三天三夜,待回家后发现水缸金光闪闪,仔细一看,原来是满缸的大小元宝。日后,班主新置三套行头,很快发达起来。为感谢赵公元帅,戏正式演出前,一定要表演"跳财神",祝愿天下人发财致富。财神形象主要在牛腿、雀替等处出现。

除了折子戏以外,还有《百寿图》等正本戏。《百寿图》俗称《打金枝》,表演郭子仪之子郭暧与公主之间的家庭矛盾,剧情风趣幽默,充满喜剧性。剧中的郭子仪是唐朝平定安史之乱的大功臣,封为汾阳王。相传他有九子十八孙,富贵寿考,享尽荣华,为人们羡慕。《百寿图》一般镌刻在厅堂前檐大额枋等较重要的、较醒目的中心部位,通常的图景为身着蟒袍玉带的汾阳王郭子仪正在庆寿宴上接受文武官员及众儿孙的祝贺,场面热闹,人物众多,配以屏风、桌椅等背景,表现出一种欢乐喜庆的氛围。与《百寿图》相应的还有《万寿图》,表演的是樵夫遇仙的故事。王质入山伐木,遇二童子下棋,于是在旁观看,童子递给他一仙枣,食之便不觉饥饿,待一局棋罢,斧柯已烂。这故事很著名,唐刘禹锡就有"怀旧空闻吟笛赋,到乡翻似烂柯人"的诗句,长乐村滋树堂前进明间大额枋上就雕刻有《万寿图》故事。

(二)三国戏

民间雕刻工匠之间流传着一句俗语:"唐三千,宋八百,雕不完的三(国)列国。"三国故事为人民喜闻乐见,早在唐代,诗人李商隐的《骄儿》诗中就有"或谑张飞胡,或笑邓艾吃"的诗句。宋代苏轼的《东坡志林》记载,小孩子们吵闹,家长就给几个钱让他们到书场听三国故事。因此三国戏曲故事理所当然地成为雕刻的主要题材,且表现的几乎全部是属于蜀汉方面的正面人物。如大额枋上雕刻空城计故事,诸葛亮正坐在城楼上弹琴,二童子在两旁侧立,一派从容潇洒形象;而城下的司马懿则望着大开的城门,徘徊不进,其狐疑不决的神情刻画得非常成功。又如《回荆州》,又叫《龙凤呈祥》,表演刘备东吴招亲的故事,亦可归于吉祥戏范畴。再如关公戏,关羽自明清以来,历代被敕封为武圣,雍正帝更敕封其为三界伏魔大帝,民间对他极其信仰。古建筑上雕刻的关公戏很多,有《古城会》《过五关》《单刀会》《水淹七军》《斩颜良》等。《水淹七军》中,关公长髯锦袍,威严端坐,关平、周仓左右侍立,于禁俯伏于地,哀求乞命,庞德则被缚,作愤怒不屈之状;《过五关》中,有一城阙,门额刻"洛阳"二字,城楼上一将人物猥琐,面露惊疑之色,城下关公跨赤兔马,提青龙偃月刀,长须飘拂,貌如天神,实在是雕刻艺术的精品。此外还有《定军山》《战马超》等戏,人物众多,场面热闹,旌旗招展,鼓角齐鸣,又是另一番情景。《三英战吕布》也是常见的题材,如诸葛大公堂供桌就雕刻《三英战吕布》故事。再如《三顾茅庐》《借东风》《长坂坡》等三国戏曲故事,雕刻细腻,人物栩栩如生。

(三)神魔戏

也称神仙道化戏,除踏八仙外,《西游记》《封神榜》等故事荒诞夸张,想象力丰富,也为民众所喜闻乐见。如《红楼梦》第十九回"情切切良宵花解语,意绵绵静日玉生香"写宁国府演戏庆寿,演出《丁郎认父》《黄伯央大摆阴魂阵》,更有《孙行者大闹天宫》《姜子牙斩将封神》,倏尔神鬼乱出,忽又妖魔毕露,甚至于扬幡过会,号佛行香,锣鼓喊叫之声,闻于巷外。满街之人个个都赞:"好热闹戏,别人家断不能有的。"诸葛村丞相祠堂之献厅的十六根檐柱上方,就雕刻有《封神榜》中人物,如下骑四不像、手执打神鞭、仙风道骨的姜子牙;骑五色神马牛、金盔金甲、反出五关的黄飞虎;骑玉麒麟的闻太师;下骑黑虎、手执铁鞭的赵公明;尖嘴鹰鼻、状如雷公的雷震子等。人物特征鲜明,只要熟知《封神演义》故事的人,很容易把他们一一分辨出来。周文王渭水访贤也是常见的一个题材,相传文王夜梦飞熊入帐,主得大贤,于是在渭水之滨访得姜子牙出山辅佐，成就了周室八百年天下。雕刻的"渭水访贤"故事，图案中姜子牙头戴斗笠，长须飘髯，坐于磐石之上，手持钓竿，垂钓不顾，而文王则锦袍玉带，恭恭敬敬与南宫适等大臣立于身后，较生动地表现了文王求贤如渴、姜子牙胸有成竹、故作矜持的内心世界。

另有一种"福、禄、寿"三星形象，则常在厅堂的额枋等处出现，最引人喜爱的是南极仙翁即老寿星，手捧仙桃，下跨仙鹿，身边带一童子，长须、凸额，十分容易辨识。"福、禄、寿"三星加上"喜神"，就成为"福、禄、寿、喜"四神，常被雕刻于厅堂天井周围四檐柱的牛腿上。

神仙戏中常见的题材还有"刘海戏金蟾""和合二仙"等。如牛腿雕刻的刘海，跨坐在金蟾之上，神情生动。"和合二仙"通常刻在正厅额枋下的雀替上，一左一右，一人手持荷叶，寓意"和"，一捧盒子，寓意"合"，状貌憨厚可爱。如长乐村滋树堂的正厅额枋、雀替等均雕刻了和合二仙。有的祠堂的和合二仙则立于檐檩之下，起短柱支撑的作用，作头顶南瓜、从手捧持状，瓜藤蔓下垂，枝叶茂盛，寓意"瓜瓞绵绵"，子孙昌盛。

《西游记》中"二将军宫门镇鬼，唐太宗地府还魂"的故事流传深广，所以祠堂、庙宇除了一般门上彩绘门神外，还在门楼的牛腿、雀替上雕刻门神。按穿着打扮的不同，可分文、武门神。武的顶盔贯甲，紧扣狮蛮宝带，手执金锏、长矛，是尉迟恭和秦叔宝；文的乌纱抹额、蟒袍锦绣、玉带垂腰、手执朝笏或宝剑的是魏徵和徐茂功。

此外，《西游记》中唐僧、孙悟空、猪八戒、沙和尚等形象也常在门扇、神案等雕刻中出现，其全图从唐皇送玄奘上路起，到功满取回真经止，"九九八十一难"，一路艰辛，人物众多，雕刻精细，造型别致。

（四）其他杂戏

除了上述几种剧目外，用来作为雕刻题材的还有大量的杂剧，如《太白回表》《昭君出塞》《西施浣纱》《贵妃醉酒》《貂蝉拜月》《伍子胥过昭关》《三请樊梨花》等。许多古代著名美女，雕刻极其精致细腻，各具动态，如《西施浣纱》，使人一览之下，剧情和人物便可了然；又如《三请樊梨花》，将程咬金站于山上观看薛丁山与樊梨花大战、枪来戟往的情形表现得十分生动。

当然，以上剧目的分类并不是十分妥帖的，如吉祥戏中也有三国、神魔戏，可以说是你中有我，我中有你，难以截然分开。之所以这样分类，完全是为了行文叙述的需要。

二、特征

兰溪古建筑雕刻艺术源远流长，范围极广，剧目众多，艺术传神，主要体现了以下几个方面的特征和功能：

（一）教化性

古代戏曲虽然剧目庞杂，人物众多，但作为古建筑雕刻的表现题材，并不是一概兼收不加选择的。作为这些厅堂的主人或族长，考虑到一旦大厦落成，雕刻完成之后，必将与其子孙后代朝夕相对，首先看重的是这些题材的伦理教化功能，所以一般所谓诲淫诲盗的剧目如《西厢记》《牡丹亭》《宋江杀惜》《活捉三郎》之类，即使像《水浒传》一类的戏也很难登上古建筑的大雅之堂。这样，就能使年轻一代在长辈的指点和解说中得到启迪，以戏曲剧目中

"忠孝节义"的人物为楷模，从而不断提高自己的道德修养。时至今日，这种"忠孝节义"的道德伦理显然有些已经不合时宜，但古人这种重视伦理教化、以德育人的思想仍然是值得借鉴的。

## （二）艺术性

在庄严、肃穆的古建筑，特别是"歌于斯、哭于斯、聚国族于斯"的古祠堂，宅院中由于雕刻了大量生动精彩的戏曲故事，从而营造出一个个独特的艺术氛围和艺术环境，给人以艺术的享受和审美的愉悦，培养了人们特别是子孙后辈的审美意识。在这样的厅堂里长大的孩子，通常不会做出"焚琴煮鹤"之类煞风景的事情来。这也是这些雕刻艺术的一大特征和功能。

## （三）祈福性

人都有追求幸福生活的愿望，财富、平安、健康、长寿都是人们所祈盼的。在诸葛村的古建筑戏曲雕刻艺术中也充分表达了人们的这种美好愿望，如雕刻于厅堂的天官、寿星、财神、和合二仙、八仙等，从中我们也可以了解到古代特别是明清时期人们的生活理想和追求。

## （四）地域性

古建筑的戏曲雕刻艺术诞生、发展、繁荣于兰溪这一片热土，可见兰溪具有培育、浇灌这一艺术的独特的艺术氛围和人文环境；反之，繁荣的戏曲雕刻艺术又给这种艺术氛围和人文环境以深刻的影响。从雕刻的题材来讲，大都为兰溪及周围市县流传的草昆、婺剧、徽戏等剧目，具有鲜明的地方特色。木雕、石雕工匠则以本地为主，兼聘请同属金华府八县之一的东阳县的木雕师傅。

清光绪年间,兰溪木雕从业人员有 200 余人,石雕从业人员有 250 余人,木雕、石雕被列为铁、铜、锡、木、篾、泥水、鞋、漆等行业之一。当时木雕以姚村姚金聚、水亭陆锡福最为著名。据《姚村村志》记载,姚金聚于光绪年间向东阳木雕师傅学艺,聪慧苦学,艺成且精,民国十六年(1927)被选为兰溪县木雕同业公会兰溪分会会长,为同行所尊重。因之兰溪的木雕工艺除了吸收东阳等地精雕细刻的优良传统外,又有自己鲜明的工艺手法,融入了兰溪工匠对戏曲人物独特的理解和领悟。

总之,兰溪古建筑的戏曲雕刻艺术是古代特别是明清时期人民生活的一个缩影,表现了他们的思想、生活和理想追求,是凝固的舞蹈,静止的乐章,具有很高的审美价值。虽然由于历史的风雨侵蚀、兵燹火灾及人为的破坏,大量精美的雕刻珍品已荡然无存,但现存的一些实物例证,仍然是一份珍贵的、有形的历史文化遗产,值得我们认真加以保护、总结和研究。

载《东方博物》2007 年第 26 期

# 李渔建筑理念与兰溪明清古建筑之实践

【摘要】李渔是明末清初伟大的戏曲理论家,他多才多艺,在民居建筑及园林美学方面也有极高的建树。他的不朽名著《闲情偶寄》,其中《居室》部分是他建筑理念阐述得最为集中的地方,发前人之未发,匠心独运,得到后人的高度评价。究其原因,除了李渔能勇于探索,善于创新之外,与他虚心向劳动工匠学习,善于总结前人特别是兰溪地区民居、园林建筑的实践经验分不开的。笔者试就兰溪地区明清建筑的一些实例及文献所记事例进行粗浅的剖析,试图分析明代及明以前兰溪民居、园林建筑对李渔建筑理念、园林美学形成的作用,同时也了解李渔建筑理念及园林美学对其以后兰溪民居、园林建筑的影响。

【关键词】李渔　建筑理念　兰溪建筑实践

清代著名的戏曲理论家李渔,多才多艺,在戏剧创作、导演理论、诗词曲赋、小说及美食、历史研究等各方面都有非凡的成就,是一位享誉世界的文化巨人。而他的建筑理念和造园艺术理论,也是一份珍贵的历史文化遗产,值得我们重视和深入研究。李渔的建筑理念和园林建筑艺术集中在他集一生艺术、生活经验的总结和结晶——《闲情偶寄》一书中。1671年,翼圣堂书铺首次雕版印行了《笠翁秘书第一种》,即《闲情偶寄》,全书分为词曲、演习、声容、居室、器玩、饮馔、种植、颐养等八部,表现了他广泛的艺术领悟力和无限的生活情趣,其所论所述,无不独出机杼,别具匠心。其中他的建筑理念和造园美学思想,不仅得到后人的推崇和赞誉,也是当时李渔自己颇引以为自傲的。他在给礼部尚书龚鼎孳的信中说:"庙堂智虑,百无一能;泉石经纶,则绰有余裕。"他也曾说过:"予生平有两绝技,一则辨审音乐,一则置造园亭。""虽乏高才,颇绕别致也。"应该看到,李渔建筑理念与园林美学思想的形成与前人的经验特别是明代及明代以前兰溪地区民居建筑及园林建筑的实践经验密不可分,是古代工匠智慧的结晶。兰溪是古代建筑的"富金矿",本文试将有关案例按李渔在《闲情偶寄·居室》中的论述的次序逐一作粗浅剖析,结果如下:

## 一、俭朴

李渔在民居建筑上推崇俭朴,不尚奢侈。他说:"土木之事,最忌奢靡,匪特庶民之家,即王公大人,亦当以此为尚。"这与他自己说的"缘身处极贫之地,知物力之艰""吾贫士仅识寒酸之事"有关,也与明代兰溪士大夫、乡绅之流崇尚俭朴的风气密切相关,显然是李渔深受他们的影响。如早于李渔,生活在明代弘治、正德年间的大学者章懋,年四十余岁辞官归故里渡渎村,筑枫山书室,既是生活起居之所,又是藏书治学、设帐授徒之地,其屋至今尚存。从实地考察看,该屋为三开间三厢带一天井的平房,粉墙青瓦,三合土地,十分俭朴,梁架等除梁两端刻有龙须纹外,几乎全无雕饰。章懋曾作《枫山书室铭》,自云"高不数仞,广惟容膝",与李渔筑伊山别业时的"容身小屋及肩墙"有异曲同工之妙。再如明代著名文学家、诗人、学者胡应麟,其父胡僖,嘉靖十四年乙未进士。胡

中编

219

应麟则只中过举人。明万历年间,在城区花园巷造二酉山房,藏书四万余卷,前临街巷,后为居室,其屋为楼屋,三间两厢一小天井,明代大文豪王世贞《二酉山房记》云:"屋凡三楹,上固而下隆,使避湿,而四敞之可就日。"二酉山房前些年犹存,后毁于旧城改造。笔者曾偕华南理工大学古建筑专家陆元鼎教授前往考察,见其屋与一般明代民居差不多,封火墙,青瓦粉墙,梁架除龙须纹外,几乎全无雕饰,十分俭朴,只因是楼屋,用材上比枫山书屋硕壮些,并无李渔所说的"常有画栋雕梁,琼楼玉槛,可娱晴不可坐雨者,非失之太敞,则病于过之弊峻",而这也反映了明代士大夫在建筑美学上的价值取向。这些都不能不给李渔以深刻的影响。

## 二、朝向

朝向或言向背。《周礼》云:"唯王建国,辨方正位。"中国地处北半球,阳光自南照射,而冬季寒风则自北而来,故古人营造居室,均以坐北朝南为正。李渔说:"屋以面南为正向。然不可必得,则面北者宜虚其后,以受南薰;面东者虚右,面西者虚左,亦犹是也。"李渔的这段论述,也有实例可证。如国保单位兰溪长乐村民居,宋代建村,现有民居多为明代建筑,村落左倚岘山,右邻大道,形势佳美,但由于村落地势南高北低,所以为了补救这一缺陷,许多民居都在屋后朝南处辟有小园以接受阳光,朝北处则尽量避免正面开大门,往往在东、西侧厢房开大门,以避免冬季寒潮的正面侵袭。这是先于李渔的建筑实例,想必给李渔以不少的启示。李渔又说:"如东西北皆无余地,则开天窗以补之。牖之大者,可抵小门二扇;穴之高者,可敌低窗二扇,不可不知也。"天窗之制,明代已无实例,但笔者见到诸葛村上塘旁一清代民居尚有此种天窗,其法在屋面上耸起一小阁楼,一面开窗以采光透气,上覆瓦以遮雨,不占地而纳阳光,可谓巧妙之极。

### 三、途径

李渔说:"径莫便于捷,而又莫妙于迂。凡有故作迂途,以取别致者,必另开耳门一扇,以便家人之奔走,急则开之,缓则闭之,斯雅俗具利,而理致兼收矣。"考虑不可谓不周。实例如胡应麟之二酉山房,前面开大门于花园巷,屋后又在胡家巷辟一耳门,以方便家人出入。东侧临后官塘处有花园,辟有迂径,编篱为墙,旁开小门,系一小舟,可随处往来。他在《与大司寇王公》的信中说:"五亩之隙,旁构小园,蓬蒿蔽亏。辟行径,仅容双屐。飞流千顷,环带其前,乔木数珠,掩带其右。蒲团竹几,了无人声。散发赤脚,坐送余日。篱根系小舴艋,兴至出游于蓬底,瀹佳茗,焚妙香,沿洄落花,信其独往。"可谓雅俗得宜。其余如长乐、诸葛、芝堰村古村落的明清民居中,其住宅、花园旁开小门的也比比皆是,有的甚至左邻右舍皆院落相通,一个村落实际是一个大家族,隔而不分,分中有合,这在兰溪北乡的民居建筑中尤为明显。

### 四、高下

李渔说:"房舍忌似平原,须有高下之势,不独园圃为然,居宅也应如是。前卑后高,理之常也;然地不如是,而强欲如是,亦病其拘。总有因地制宜之法,高者造屋,卑者建楼,一法也;卑处叠石为山,高处浚水为池,二法也。"在实践中,兰溪的明清民居、园圃中也多采用因地制宜之法。兰溪市地处丘陵地带,地形多样,建筑工匠在房舍的布局设计上也多不拘一格。兰溪的民居有一种前厅后堂楼的格局,前卑后高,习以为常。但如上唐村的明代建筑修世堂,因背倚悬崖,前低后高过于悬殊,则在前进造楼,为楼上厅建筑,后进建厅,为彻上露明造平屋,天井两侧设踏步上行,前后高低平衡,取得高下协调的视觉效果。再如诸葛村天一堂后花园,则在卑处叠石为山,在高处浚水为池,高下得宜。最高处则建亭于上,可俯瞰全村,四周山川也尽收眼底。正如李渔所说的"又有因其高而愈高之,竖阁磊峰于峻坡之上,穿塘凿井于下湿之区,总无一定之法,神而明之,存乎其人。"尤可见古人的匠心独运。

## 五、立柱与活檐

李渔说:"柱不宜长,长为招雨之媒;窗不宜多,多为匿风之薮。务使虚实相半,长短得宜。"从实例来看,兰溪明代早中期的建筑相对清代的建筑来看立柱比较低矮,如旧宅村建于明宣德七年(1432)年的覃思堂,三开间三进一穿堂,其柱全用柏树,俗称柏树厅,渡渎村明早期的余庆堂,也是三开间三进一穿堂,这些建筑柱子都较低矮。即使官宦之家规格较高的民居如长乐村望云楼,楼下低矮,楼上高敞,俗称楼上厅。这也与明代大部分时期中国气候偏暖,南方多雨潮湿有关。直到明晚期至清代,生产力水平提高,较有规模的宗祠或民居建筑采用青石作檐柱,消除了因风雨侵袭霉烂之虞,层高才得以加大。至于李渔说"窗不宜多"则兰溪的明清民居都开窗不多且小,除出于防风防火的需要外,还有夏防暑气、冬防寒潮的作用。李渔又有"活檐"之法,说:"欲作深檐以障风雨,则苦于暗;欲置长牖以受光明,则虑在阴。活檐之法为另设板棚一扇,置转轴于两头,可撑可下。晴则反撑,使正面向下,以当檐外顶格;雨则正撑,使正面向上,以承檐溜。"其实例尚无发现,但兰溪明代民居楼上前檐多设有挡雨板,又名雁翅板,其法用木板钉于栏杆外沿,板上加垂直木条,形如雁翅。活檐之法,实际是挡雨板加上李渔巧思的一种创新。李渔说如此则"是我能用天,而天不能窘我矣"。

## 六、顶格

李渔说:"精室不见椽瓦,或以板覆,或用纸糊,以掩屋上之丑态,名为顶格。"又名天花板。但李渔认为此种方法浪费室内空间,使"高敞有用之区,委之不见不闻,以为鼠窟,良可慨也。"李渔提出:"以顶格为斗笠之形,可方可圆,四面皆下,而独高其中,且无多费,仍是平格之板料。"这种形制,亦称藻井,在明代及清早期建筑中也属常见,如厚伦方的爱敬堂,上唐村狮子厅次间都设有此种长方形的藻井,形如覆斗。由此可见李渔之制亦有所本。至于圆形如斗笠的藻井,则多见于各地的戏台上方,又名鸡笼顶,不仅防尘,还可使音响凝聚、洪亮。

## 七、甃地

李渔说:"以三合土甃地,筑之极坚,使完好如石,最为丰俭得宜。"又有用砖铺地一法:"止在磨于不磨之间,别其丰险,有力者磨之使光,无力者听其自糙。"兰溪明代早中期的建筑地面多用斜墁方砖,如三泉世德堂、长乐望云楼等,但弊在年久易碎。明中期后盛行用三合土地,其法以石灰拌黄土、沙石和豆浆筑之极坚,可数百年仍坚固如新,在清末水泥输入之前,为最通行的筑地之法,其例比比皆是。

## 八、窗栏

李渔说:"吾观今世之人,能变古法为今制者,其惟窗栏二事乎?窗栏之制,日新月异,皆从成法中变出。"窗户与栏杆实为二事。兰溪明清建筑外墙开窗不多,形制有方、圆、六角、八角之别,比较简单。李渔所说的窗实为建筑内部隔断、内外的格扇,其窗棂,在明代早中期较为简单,多为直条式或方格式。明晚期至清代则日渐繁复。李渔曾画出纵横格、欹斜格、屈曲体等式,可作窗棂,也可作栏杆。从实例看,明清兰溪民居的格扇窗棂制作千变万化,如万字、寿字、海棠、梅花、连环、方胜、金钱、冰裂等式,正李渔所说"日新月异"不可枚举。又有漏窗之设,多用于园林,形式有扇面、八角、六角、菱花、海棠、方、圆、寿字、福字等多样,多用于借景或灰塑、砖雕、鲤鱼、松鹤、仙鹿等以供观赏。如诸葛村一民居天井对面照墙上设漏窗,窗内则灰塑一条活泼的大鲤鱼跃龙门,寓意吉祥,栩栩如生。

## 九、墙壁

李渔说:"竣宇雕墙,家徒壁立。昔人贫富,皆于墙壁间辨之。故富人润屋,贫士结庐,皆自墙壁。"兰溪明清建筑之墙,不外乎砖墙土壁,所在多有。而李渔所说的用乱石、片石或石子砌墙,在兰溪乡间尤其是山村多有,零星斑驳,攀以藤萝,饶有野趣。另有一种用破瓮垒叠为墙者,多为陶窑附近居民,则为李渔所未言及。

李渔说:"效匡衡凿壁之义,于墙上穴一小孔,置灯彼屋而光射此房,彼行彼事,我读我书,是一灯也,而备全家之用"。这种实例,兰溪尚未发现,但笔者在东阳、磐安等地发现多例,其法在墙上开一方孔,夜置灯于内,可使内外洞明,既节约又方便。

## 十、垒山

园林建筑与居民建筑在材料、技艺等无大差异,其区别在于园林有山石之设,林木花卉之植。垒石成山或积土为山,或土石相间,是李渔生平的一大绝技。据《光绪兰溪县志·古迹》记载的以园、馆、堂、楼、阁、斋、亭、别业、别墅、山房等命名的不下二百余处,其中不少都叠有假山,如"徐与参,字原性,天启中以贡生入太学。自少颖异,性雅旷,爱叠石山水,构麟石山房"。藏香园,在香溪镇南,宋通判范洊建,有山有亭,有诗云:"平凝四面云岚合,曲折一邱花木深""墙根绕荠春还近,亭角舒梅暖自香"。至于诸葛村的西园,清乾隆十六年(1571)诸葛履法建。广仅二亩,叠石为山,山上有小亭二,一方一圆,山下有雪洞,洞外有池,架石为梁。有牡丹亭、玉兰房、船屋。堂名滋树堂。西园的设计与建筑,显然受到李渔造园艺术理念的影响。如园中假山中有雪洞者,正如李渔所说的:"假山无论大小,其中皆可作洞。洞亦不必求宽,宽则借以坐人。洞中宜空少许,水其中而故作漏隙,使涓滴声从上而下,旦夕皆然。置身其中者,有不六月寒生,而谓其真居幽谷者,吾不信也。"

## 十一、借景

李渔说:"取景在借。"在兰溪的明代园林中,如胡应麟之二酉山房借后官塘长堤疏柳之景,故有"飞流千顷,环带其前"之胜。明万历东阁大学士赵志皋灵洞山房则借六洞山之景，云烟萧寺,古木幽洞皆在目前。再如明赣州知府唐邦佐则建日涉园于兰江边,潋水流馨,横山耸翠,渔舟唱晚,晴雨相宜,则为借景之大者。这些园林借景之巧与李渔可谓异曲同工,惜今俱已不存。

## 结语

李渔建筑理念及园林美学理论的形成有一长久的过程,它的来源主要有:(1)李渔勤于观察,善于总结前人经验,融会贯通。兰溪自古田园富蔗,名人辈出,自宋明以来,士大夫及乡绅之家创建园林者不计其数,其实践经验给予李渔以极大的启示。(2)兰溪自南宋以来人文蔚盛,成为婺学的渊薮。"仁者乐山,智者乐水"的儒家传统及道家崇尚自然,顺应自然的理念成为人们创作园林、建筑、住宅的最高追求,而永康学派陈亮等人的事功理论在士大夫特别是工商之家中也有相当的市场,讲究实用,反对奢华的思想受到人们的赞同。这些对李渔建筑理念和园林美学思想的形成起到关键的作用。(3)李渔善于独创,但并不能向壁虚造。他当过家乡的祠堂总理,主持过祠堂及多处堰坝的修建,他设计建造过伊山别业、芥子园、半亩园、层园等一批园林建筑,与建筑工匠日亲日近,联系密切,同时他又善于虚心学习,工匠的智慧、经验也成为他建筑园林美学理念的一个重要来源。(4)李渔是一位竭力追求独创的艺术家,反对在建筑中墨守成规,蹈袭窠臼的做法,主张"一榱一桷,必令出自己裁,使经其地入其室者,如读湖上笠翁之书。"确实,李渔的民居建筑理念和园林美学思想融入了他超人的智慧和匠心独运的创造精神,容纳了他卓越的脑力劳动成果。(5)《闲情偶寄》一书早在 1801 年就已流传到日本,对日本的造园艺术产生过深远的影响。同样,李渔的《闲情偶寄》一书在家乡兰溪也流传甚广,对于清代兰溪的民居建筑和造园艺术应当产生相当的影响。当然由于文献记载缺失,这方面发现的事例不多,值得进一步探寻。

载《长江文化论丛》2012 年第 8 辑

# 试论兰溪婺州窑的兴衰

**【摘要】**今兰溪市境，据《禹贡》记载属扬州，春秋时为越国地，战国属楚，秦汉属会稽郡之乌伤县，三国吴属东阳郡之长山县（金华），唐武德四年（621）置婺州，兰溪属婺州金华县，唐咸亨五年（674），析金华县西部地置兰溪县，所以兰溪境内的青瓷生产历来归属婺州窑系列，其发展源流、器物造型、产品特色、工艺技术等都与婺州其他窑口有密不可分的联系。

兰溪婺州窑青瓷滥觞于三四千年前的新石器晚期和商代，其萌芽为当地烧制的硬陶和印纹硬陶，经过春秋战国至秦汉漫长的沉寂探索阶段，终于在东汉晚期至三国吴时期烧制出成熟的青瓷器，这期间离不开周边地区制瓷技术的传播和扩散。至两晋南北朝，兰溪的青瓷生产更趋发展和兴盛，并在唐宋时期进入鼎盛时期，成为婺州窑系列中的一朵奇葩。然而盛极必衰，由于宋代江西景德镇窑的青白瓷（影青）已经烧制成熟，胎薄、釉匀、质坚的青白瓷和质量超过婺州窑青瓷的龙泉窑青瓷逐步占领市场，加上兰溪本地缺乏景德镇那样的优质瓷土，导致在南宋时期兰溪婺州窑就开始呈现衰落的迹象，至元明而走向衰亡，从此一蹶不振。因此研究兰溪婺州窑的历史，对于研究历史上婺州地区本境及与周边地区的人员往来、商品流通及市场竞争也是有一定意义的。

**【关键词】**兰溪　婺州窑　兴盛　衰落

今兰溪市境,据《禹贡》记载扬州域,春秋时为越国西界地,战国时楚灭越国,地属楚。秦并天下,设会稽郡,始置乌伤县,兰溪为乌伤地,两汉因之。三国吴宝鼎元年(266)置东阳郡,下辖长山等九县,兰溪属长山县。隋开皇十三年(593)置婺州,兰溪为婺州金华县辖地。唐高宗咸亨五年(674),析金华县西三河戍地置兰溪县,迄今已一千三百二十多年。

对于窑口,考古界常以古州名定窑场名,因此今金华市(包括衢州市)一带的窑炉即称为婺州窑,兰溪境内的窑炉当然也归属于婺州窑系列。兰溪婺州窑历史悠久,产品种类繁多,兴衰有征,延续时间有二千七百余年之久,其发展源流,可分为以下几个时期:

## 一、滥觞时期

早在三四千年前,即在新石器时期,兰溪地区的先民们就在丘陵地带建造窑炉,利用本地瓷土烧制硬陶和印纹硬陶,应用石灰釉烧制泥釉黑陶。这可视为婺州窑青瓷的萌芽滥觞阶段。这一类窑址在兰溪发现较多:如位于上华街道皂洞口村赤山东南侧的老虎头遗址,与金东区接壤,属商周时期,市级文物保护单位,总面积约 10 000 平方米,堆积层厚 0.4—1.1 米。遗物以印纹陶为主,纹饰有绳纹、席纹、针刺纹、小方格纹、斜方格纹和水波纹,器物有罐、樽、鼎等,另有少量夹砂灰黑陶。石器有石锛和石镞等,表层土流失较严重。1999 年经浙江省考古所专家陈元甫等局部挖掘,证实为一处商周印纹陶窑址,正式定名为皂洞口村商周窑址。再如位于兰江街道新桥山背原五七林场的商周窑址,堆积层面积约 2 000 平方米,厚约 0.2—0.5 米,以印纹陶为主,纹饰有米字纹、方格纹、麻布纹等,并有红烧土遗迹。窑床残长约 10 米,当为龙窑。地表在大雨后常有石斧、石镞出土。从环境看,两处窑址都位于黄土丘陵的小山坡上,相对高度 10—20 米,下临小溪流及稻田、池塘,汲水方便。设想当时山上树林茂密,有大量木柴可供烧窑之用,而水边小台地则适宜居住生活。老虎头遗址还有汉代灰陶双耳罐出土,双耳刻叶脉纹,还是一处先民村落遗址,窑址则在其不远处,且延续时间较长久。

关于印纹硬陶与原始青瓷的关系,学术界有不同的看法。较普遍的说法认为瓷器的直接祖先是古越人的几何印纹硬陶[①]。著名的考古学家夏鼐说:"原始瓷 (Proto-porcelain 即加釉硬陶的烧造)……当为南方长江下游地区的发明,……原始瓷后来在长江下游地区逐渐改善,终于在汉末出现了瓷器,成为中国文明的特点之一[②]。"李家治《我国古代陶器和瓷器工艺过程发展的研究》一文,通过对大量陶器、原始瓷器及瓷器等陶瓷标本的胎质化学组成,进行分析研究,将它们计算成分子式,然后制成历代陶瓷胎质化学组成分布图,并判断印纹硬陶、原始瓷器和瓷器之间存在着源流关系。兰溪境内印纹硬陶窑址的发现,充分说明从新石器史前时期至商和西周晚期,兰溪印纹硬陶的生产与婺州境内时期的各窑口的生产技术水平不相上下,同样为以后原始青瓷的出现和瓷器的发明作出了贡献。

## 二、春秋战国时期

就现有的考古资料而言,南方最早的原始瓷标本出于江西吴城第一期[③],约商代前期偏晚。在浙江江山、吴兴钱山漾、杭州水田畈等商代遗址,都出现了原始瓷器。至西周时期,南方的原始青瓷进入鼎盛期,数量猛增,分布区域很广,胎质更趋细腻,釉层普遍增厚,器类以小型的原始瓷豆为主。1981 年在义乌平畴发掘的一座西周时期土墩墓,出土随葬品 114 件,原始青瓷有 100 件之多,为全国罕见④。衢州西山大石塔出土一组器物,其中原始青瓷28 件,陶器 1 件,时代也为西周晚期⑤。这一时期的原始瓷从衢州云溪乡西山村及江山地山岗西周墓及春秋战国时期出土的原始瓷尊、簋和筒状罐来看,器形之规整,制作之精致,釉色之莹润,令人叹为观止。

从理论上推断,从西周晚期至春秋战国时期,兰溪境内的原始瓷生产也应达到相当的水平,但遗憾的是迄今为止,兰溪并无这一时期生产的较为精良的典型的原始瓷发现。根据 1982 年普查资料,兰溪境内判定为春秋战国时期的古窑址有:

(1)天井凹窑址,位于女埠街道姚村西南约 300 米,属战国时期。面积约 1 000 平方米。地表散布大量米字纹、方格纹等印陶碎片,并发现部分红烧土及窑床遗迹,表土流失严重。

(2)松树山陶窑址,在兰江街道下高村北约 200 米,属战国时期。面积约 10 000 平方米,地表散落着数量较多的米字纹、方格纹、麻布纹等印纹陶片,间杂有少数红烧土,表土流失严重。

(3)林场陶窑址,在兰江街道浙江华能铝业公司北约 1 公里,属战国时期。面积约 2 000 平方米,堆积层厚约 0.3 米。遗物以印纹陶为主,纹饰有米字纹、方格纹、麻布纹等,并有红烧土遗迹,破坏严重。

(4)红袍山陶窑址,位于兰江街道浙江华能铝业公司东南约 50 米,属战国时期。面积约 100 平方米,堆积层较薄。以印纹陶为主,纹饰有米字纹、方格纹、麻布纹等,并有红烧土遗迹。窑床残长约 10 米,当为龙窑。

（5）大园山陶窑址，位于永昌街道高元张村北约 500 米，属战国、汉时期。为马蹄形窑，窑壁焦硬龟裂，面积约 10 平方米。周围 2 万多平方米范围内散布大量印纹陶片，纹饰有席纹、细方格纹、米字纹等。出土的这一时期较完整的器物有 1979 年殿山胡大山村出土的战国灰陶罐，为三级文物。

这一时期兰溪境内原始瓷的生产处于沉寂阶段，究其原因有三：①缺乏科学系统的考古发掘资料。现判定为春秋战国时期的古窑址均为 1982 年普查时发现，时代判断上过于保守，从地表发现的印纹陶纹饰来看，有的至少可以上溯到新石器晚期至商代早期。②虽有窑址发现，但未经征集，标本流失。③有关专家认为：从西周晚期开始至春秋战国时期，原始瓷器的生产优势似乎逐渐北移，太湖、杭州湾一带，逐渐成为越文化的最先进地区，也自然成为原始青瓷的最发达地区。春秋战国时期，兰溪境内的经济生产相对滞后。在婺属八县中，兰溪的地势最为低洼，据有关资料记载，直到东晋时期今云山街道兰江边黄溢村一带的地名叫作深泽，推测上古时期兰溪境内大部分地区为沼泽地，除少量水边台地，并不适合人类居住，人烟稀少。而今义乌、东阳一带则为婺州地区经济文化相对发达的地区，从近年东阳发掘的多处商、周土墩墓的出土情况看，东阳、义乌一带很可能还是古越人的一个政治、祭祀中心，而兰溪在春秋时期不过是古越国的西南边鄙，反映到制瓷技术上，兰溪原始瓷的生产滞后于东阳、义乌甚至衢州、江山一带也不足为怪。

## 三、秦汉两晋南北朝时期

考古学界普遍认为，东汉晚期是婺州窑的创始时期，这一时期已经烧造出真正成熟的瓷器。《中国陶瓷史》指出："江浙一带的原始青瓷生产，并不是按一般规律，由商周一直不断地向前发展提高，最后演变成为青瓷，而是在战国时期由于兼并战争等原因，曾经有一段短暂的中断时间，到战国末年与秦汉之际，人们又烧制一种从成型、装饰至胎釉的工艺都与前有别的原始瓷，而后在新的历史条件下，再重新向前发展，终于在东汉时期烧成真正的瓷器。"秦至东汉，兰溪的原始瓷仍处在沉寂之中，发现的原始瓷实物少之又少，现馆藏的有西汉红陶双耳罐、东汉双耳陶罐、东汉双耳盘口壶等，2006年兰溪游埠镇发掘了一座东汉砖室墓，只出土了一件红陶双耳螺旋纹罐和少量红陶碗残片，说明不了什么问题。但从东汉晚期至三国吴时期，一直延续到两晋南北朝时期，兰溪境内的青瓷生产仿佛一夜之间从地下冒出来似的，进入了一个突飞猛进的发展阶段。推测其原因应为：三国吴政权的建立，促进了江南地区的进一步开发，这从三国吴宝鼎元年(266)析会稽郡建置东阳郡可以证明。这一时期金衢盆地内经济相对繁荣，人们的交往进一步密切，兰溪青瓷生产的长足进步首先应归功于周边先进制瓷技术的传播和扩散。这一时期的典型器物有：青瓷佛饰堆塑罐(谷仓)，为三级文物。质地瓷，缺盖，1978年赤溪街道桥头村出土。高42.2厘米，口径13.7厘米，腹径25.4厘米，底径14.7厘米，厚0.6厘米。盘口、高粗颈、小肩、深圆腹斜收、平底。颈上部置四小罐，罐为直口鼓腹，小罐之间堆贴小鸟计30只，作向上飞翔状。颈下部堆塑人物计13人，均稳身端坐，束发高髻，双目正视，神情肃穆，有圆光，着通肩大衣。有的双手交叠于腹部作禅定状，有的手执管状乐器，另有两人端坐屋檐之下，头顶三层楼阁，楼门敞开，左右各置攒尖顶亭阁两座。肩上部以泥条盘筑一周，堆塑3人，左右各向中相对，一人作击鼓状。肩置6人，各抱管状乐器置于胸前。间以浮雕凤凰 5 只,作飞舞状。下有泥鳅状小龙4 只。器外施青绿色釉,下半部略呈青黄色,腹下部露胎处呈灰紫色。该器收入于南京博物院与日本龙谷大学合编、文物出版社 1993 年版的《佛教初传南方之路文物图录》一书,断代为三国吴至西晋时期。从这一成熟的瓷器来看,东汉时期兰溪境内的婺州窑产品在东汉也必有一个酝酿发展的过程,但由于无考古实物发现,目前尚难下定论。

东晋至南北朝,简称六朝,兰溪的青瓷生产又进入一个崭新的兴盛时期,处于承前启后的重要阶段。这一时期出土的典型器物有东晋鸡首壶、南朝青瓷虎子以及大量的杯、盘、碗等,其中值得注意的有 1978 年 4 月发掘的永昌街道孔塘村东晋墓。墓为"刀"形墓,方向东南。全长 5.23 米,宽 1.4 米,墙高 1.32 米,刀柄长0.52 米,柄宽 1 米。刀柄无墙封口(可能以前开地时损坏),墙砖全部平砌,铺地砖一层,人字形排列。砖长 34 厘米,宽 17 厘米,厚 5厘米,砖侧面有铜钱纹及叶脉纹。

此墓共出土瓷器十三件,除起砖时出土二件外,其他均为发掘时出土。

(1)三蹄足瓷砚一方,高 4.5 厘米,口径 11 厘米,腹径 12.5 厘米。直口圆唇,平底,蹄形三足,内外施满釉,釉色青绿滋润,面上有九个泥点支烧痕迹。

(2)四系盘口壶一件。高 39.5 厘米,口径 22 厘米,底径 5.5 厘米。大盘口,不规整,颈细长(出土时已断落,修复后完整)。溜肩深腹,上鼓下收,平底微内凹,肩部有对称四系。内外壁均施青黄色釉,施釉不到底,釉色剥落部分明显见化妆土,底部露胎处呈暗红色。

(3)桥形系鸡首壶一件。口径 9 厘米,腹径 20 厘米,底径 13

厘米,高 20 厘米,鸡颈高 2.5 厘米(中空)。盘口、细颈、鼓腹、平底微凹,肩置对长桥形系,首尾对应。鸡首高昂,两眼圆睁,鸡冠微小。鸡尾弧形高翘,成壶柄,高于盘口,粗壮结实。器上有褐色点彩,大部釉层剥落,化妆土残留,露胎处呈黄色。

(4)大碗三只,一只无圈足,口径 15 厘米,高 5.9 厘米,底径 8.2 厘米,圈足碗一只,口径 14 厘米,高 5.8 厘米,底径 6 厘米,圈足高0.5 厘米。实足碗一只,口径 16.1 厘米,高 6.2 厘米,底径 10.8 厘米。

(5)小碗两只,口径 8.5 厘米,高 4 厘米,底径 5.5 厘米,每只碗的碗口,均有缺损。

(6)双系盘口壶一件,高 21.5 厘米,口径 8 厘米,腹径 18 厘米,底径 8.5 厘米。浅盘口、矮颈、斜肩、鼓腹、平底。肩置对称双耳,上半部施过釉,无光泽,呈黑色,下半部无釉呈棕色。

"刀"字形墓葬出现于东吴后期,从本地看,东吴的旧制铺地砖,格式是两横两竖。此墓铺地砖是人字形排列,这是晋墓的特征之一。鸡首壶腹大底大,矮胖稳重,保存着两晋的鸡首壶的特色,但鸡头显著伸出,鸡口张开,腹部鸡翅消失,鸡首由装饰型变成实用型,明显有了发展,壶身施满釉,并有褐色点彩,具有东晋器物独有的特征。三蹄足平心砚是从西晋的熊足砚演变而来,也是南北朝时多足砚的前身。所以,该墓断代为东晋墓葬。

除此之外,南朝(宋、齐、梁、陈)各朝墓出土的器物也很多,主要有盘口壶、罐、碗、水盂、唾壶、虎子、鸡头壶、青蛙水注等。综合这一时期兰溪婺州窑制瓷工艺的主要特色有:①粉砂岩的应用。金华地区是著名的粉砂岩地区,为一种红色黏土,应用这种黏土作胎,烧成后胎质很好,呈深紫色。②化妆土的施用。瓷器上应用化妆土是西晋时期婺州窑在制瓷工艺上的一项创新。化妆土为氧化铁含量低的白色瓷土,经过认真淘洗后,质地细腻,呈奶白色。使用化妆土可使比较粗糙的坯体表面光洁,并可使胎质较暗的灰色或深紫色得到覆盖,这样,烧成后釉面光滑饱满,滋润浑厚,增加了器物的美感。但缺点是入土年代久了易使釉层脱落。③釉色莹润。婺州窑六朝瓷器普遍使用浸釉法,釉层均匀,浑厚沉静。兰溪东晋时期釉层最厚的为 0.3—0.4 毫米。釉色一般呈青色,或青中泛黄。其次,釉层普遍开细裂纹。早在三国吴时期,就有一些青瓷在釉面开裂地方,产生白色结晶,呈现一丝丝或星星点点的奶白色。这种釉色特点一直保留到唐代。④烧制大型器物的成就。烧制大型瓷器需要复杂的工艺。兰溪婺州窑手工业者在三国时期即开始掌握烧制大型瓷器的技术。这说明兰溪婺州窑手工业者在一千多年前,就已经掌握了很高的制瓷技术。

## 四、唐宋时期

唐宋时期,婺州窑的生产进入鼎盛时期,唐代据称全国有六大青瓷名窑,在陆羽《茶经》中,婺州窑被列为六大名窑中的第三位,可见当时人对婺州窑的推崇,但盛极必衰。从北宋中晚期开始,婺州窑在鼎盛中已隐潜危机,最终为元明时代婺州窑的衰落埋下了伏笔。

根据现有的考古资料,兰溪唐代墓葬中出土的婺州窑器物有盘口壶、蟠龙瓷器、鸡头壶、瓶、罐、碗、盆、水盂等。其中 1977 年在永昌朱村的胡琴岗唐永徽三年(652)墓出土的青瓷四系罐,被定为一级文物,该罐高 14.7 厘米,口径 8.5 厘米,底径 7.4 厘米,腹径 16.7 厘米。直口尖唇、矮颈、深圆腹、平底,肩置泥条形四系,灰白色胎。上半部施梅子青釉,釉层厚而不流,釉而莹润,光泽等和并开细脉裂纹,而且胎壁薄还保存完好。后来著名的古陶瓷专家朱伯谦先生见到后赞赏不已,认为"从釉色来看,这是一种类似秘色窑式的产品"。已故的著名婺州窑专家贡昌先生也说:"这件四系罐釉色青翠柔和,器形规整,而且墓中又出土了唐永徽三年的纪年砖,可以作为同时代婺州窑产品的断代标准器物,非常难得。"同墓出土的一件鸡头壶,盘口较深,长颈、鼓腹、平底、肩颈之间饰小型鸡头,对称一侧饰弧柄,也是不可多得的精品。

唐代婺州窑窑址,至目前为止在兰溪境内仅发现上莲塘瓷窑址。

上莲塘瓷窑址,位于香溪镇上莲塘村东北约 200 米,属唐代早期。面积约 5 000 平方米,堆积层较厚。遗物有青瓷碗、碟、壶、罐等,制作较粗糙。窑具有垫座、支钉等,表土流失严重。

贡昌先生将其称为花瓷窑⑥,该窑生产的花瓷,即在青瓷碗口沿下饰短直线褐釉彩为一大特色,从已出土的唐代器物来看,这一时期的兰溪婺州窑工艺成就有:①褐斑装饰,即在青瓷上加饰褐色彩斑,使器物显得格外醒目。②大型器物如盘龙瓷罍的烧造成功,显示唐代婺州窑的生产技术和工艺技巧更加提高。如有一件唐代青瓷盘龙瓶,高达 60 厘米。③装饰手段多样化。除常见的刻花工艺外,贴塑工艺较之六朝更加生活传神。④化妆土继续使用,使釉面更加光滑饱满,滋润深厚。⑤玉璧底碗及少量成熟圈足碗的出现,说明在器物的造型和支烧工艺上较之前代都有很大的提高。

兰溪境内发现的宋代瓷窑址较多,如:

塔山瓷窑址在兰江街道应家村东 150 米,属宋代时期。马蹄形窑,面积约 150 平方米,堆积层较厚。遗物多为五管瓶。窑具有支座等,破坏较严重。

嵩山瓷窑址在柏社乡青珠山村东北约一千米，属北宋时期。市级文物保护单位，面积约 500 平方米，遗物有青瓷执壶、暖碗、盒、杯、盘、盏托等。胎灰白色，釉色青绿，纹饰多为刻莲花，线条粗放。窑具有匣钵和垫圈。共发现龙窑两条，长 50—60 米。

店坞口瓷窑址在马涧镇店坞口村，属北宋时期。面积约 80 平方米，遗物有执壶、碗、杯、盘等。胎色灰白，釉色青绿。纹饰多为刻画莲花，与嵩山窑相似，窑具有匣钵和垫圈。龙窑窑体大部分保存完好。

潘大瓷窑址在马涧镇潘大村南约 200 米，属宋代时期。面积约 500 平方米，遗物有罐、壶、瓶、碗等，质地较粗，窑具有垫圈等，破坏严重。

缸窑山陶窑址在游埠镇山峰张村西南约 500 米，属宋代时期。面积约 150 平方米，陶片质地较粗糙。龙窑长约 20 米，已遭严重破坏。

值得一提的是嵩山北宋瓷窑址。嵩山，山高约 500 米，从山脚到山顶约两千米，只有蜿蜒曲折的羊肠小道，山顶低洼处有一小水库，叫嵩山水库，窑址就在水库大坝上东端斜坡上。离大坝北边两百多米处有瓷土矿，瓷土质量很好，蕴藏量很丰富，有的暴露在地面。

嵩山窑址范围有 500 多平方米，堆积层不是很厚，约 0.8 米。堆积物大部分为匣钵、垫圈等，瓷片较少。在水库大坝东头靠南 50 米的半山腰处，现已露出一段 2 米多长的窑壁，窑壁用泥砖砌成，呈红色，窑门较厚，窑床宽 2 米左右。窑头估计在建造水库时已被破坏。据群众反映，在水库底部有房屋遗址，有大量木柱、木板，并出土过完整的执壶、碗、扣盒等类瓷器，与堆积中的器物完全相同。采集到的标本有碗、暖碗、杯、盏托、执壶、瓶、罐、水盂、扣盒等,其中碗的数量最多,杯、执壶、盏托、扣盒等次之,瓶、罐等大型品种较少。

　　窑具在窑场遗址遗留很多,主要可分为两类,一类是支烧窑具,一类是匣钵。支烧窑具是烧窑时用来支撑瓷坯的,有圈形支垫、柱础形支垫、盘形支垫、钵形支垫和灯形支垫等几种。匣钵,基本上有两种,一种直腹匣钵,直腰较浅,底上凹,规格有四至五种。使用时,底朝下,可以一只套一只,一般装烧碗、杯、盒、水盂等坯;另一种为深腹钵形匣钵,直口,小平底,规格也有二至三种,装烧执壶、瓶之类大形瓷坯。

　　嵩山瓷窑生产的瓷器,由于瓷土质地优良,烧结程度较好,瓷化程度较高,所以器物质地坚硬,胎色发白带浅灰色。釉层较厚,比越窑青瓷施釉要厚实一些。釉质的玻璃质强,尽管大小错杂的冰裂纹片很多,但剥落的现象很少。釉色呈青绿色,比越窑、瓯窑要深。胎釉密合较好,也有个别的器物如碗等,由于火焰控制的关系,还原焰很不准确,釉色发黄。

　　嵩山瓷窑生产的瓷器大多数都有纹饰,只有少数器物素面无纹。纹饰的题材有莲花流云、水草、缠枝、牡丹、弦纹等,多为刻花,也有划花。如有的碗,在内底刻牡丹或莲花纹,有的碗在碗外壁刻莲瓣纹,暖碗外壁多刻水草纹,瓶腹刻流云纹,执壶仅刻凸弦纹,这些刻花往往是斜拉一刀,再竖切一刀,线条粗到0.1—0.3厘米,显得遒劲粗放,具有独特的风格。刀法很细,线条流畅,如盒盖上划的缠枝纹,粗看无纹饰,细看方见有精致秀丽的划纹图案。

　　嵩山瓷是兰溪婺州窑生产的一朵奇葩,但由于该窑位于高山顶上,山道崎岖,运输极其困难,故延续时间不长。此外,从梅江镇金华坞村出土的两只堆塑魂瓶来看,北宋时期兰溪褐瓷的生产也有一定规模。

南宋时期兰溪婺州窑瓷器的生产几乎乏善可陈。似乎走向急骤衰落的过程。南宋直至元代的窑址发现不少，但器物都较简单、粗糙，以民间日常用瓷如酒瓶、酒瓮、粗瓷大碗等为多，如黄店镇的南宋瓷窑址，出现大量鸡腿瓶（一名韩瓶）及残片；马涧镇上碗窑村的宋元瓷窑址，面积约3 000平方米，堆积层达1.5—1.8米，出土的标本钵、瓶、罐等质地粗糙。南宋时，兰溪杜氏五高兄弟曾赠给陆游十瓶兰溪"瀫溪春"酒，陆游曾为此写下"一樽兰溪自唱酬，徂年不肯为人留；巴山频入初来梦，江月偏供独夜愁"的诗句。这类外赠、外销的酒包装，用的也是兰溪的婺州窑产品。这一时期，兰溪婺州窑产品是否销往海外，目前尚无确证。

南宋时期兰溪婺州窑的生产之所以呈现衰败的征兆，推测其原因为：①景德镇系列窑口青白瓷（影青）的竞争。宋代江西景德镇所属湖田、湘湖、胜梅亭等窑口，青白瓷的制作已十分精致，胎薄、釉匀、坚质的青白瓷，从景德镇陆路至开化，又从水路由开化经衢江至兰溪，运输十分便捷，深受上流社会的喜爱。如1987年兰溪费垅口北宋墓出土的大量金银器及端砚、铜笔架等文物，可见墓主人必定是当时的达官或富豪，但墓中并无婺州窑产品，只有一件北方定窑白瓷芒口斗笠碗出土。又同年在灵洞乡白塔坞村宋墓出土的一件影青执壶，壶高16.2厘米，口径6.3厘米，底径9.1厘米，厚0.3厘米，盏形盖，花蕾式盖钮，壶圆唇外卷，束颈，圆肩，瓜棱形腹，平底微凹，肩部前置流，后置双泥条执手，通体施奶白泛青釉，胎质白中微黄，制作精美，也是景德镇窑系的产品。可见至迟在南宋时，景德镇窑系的产品已对兰溪婺州窑的生产形成较强的竞争压力。②青瓷方面，南宋时代龙泉窑产品的质量已超过兰溪婺州窑，同样形成竞争压力。近年在47省道改建中曾发现大量宋代龙泉窑残片与婺州窑残片混杂在一起。③由于兰溪缺乏像景德镇那样的优质瓷土,在原料上已经先输一着,所以兰溪的工匠在南宋时期就放弃在高档瓷领域的竞争,退而求其次,以烧大宗民间下层日用的钵、罐、瓮、粗碗等量大价廉的器物为主,更加加速了兰溪婺州窑的衰落。

## 五、元明时期

于上述三方面原因的继续存在,元明时期兰溪婺州窑继续走向衰败,并且无可挽回。这一时期景德镇的青花瓷已经从成熟走向繁荣,竞争更具优势。从考古资料来看,兰溪境内的许多瓷窑一直延续到元明,但工艺水平每况愈下。元代,婺州窑的其他窑系如铁店窑烧造出应用二层不同呈色釉料施釉的乳浊釉瓷,但兰溪并无这方面的发现。但也有许多瓷窑从本地原料、工艺技术等条件出发,转而生产釉陶器物,一直延续到清和民国时期,许多大型釉陶如花缸、花墩、和尚缸等,印花、刻花工艺精致,器型规整,釉面柔润,仍然具有较高的审美价值,可视作兰溪婺州窑的最后一线余光。

## 结语

兰溪古代青瓷生产归属于婺州窑,与婺州其他窑口的生产工艺有密切联系,在器物的造型、釉色、纹饰方面相互学习又相互影响,但又有自己独特的发展轨迹和独特的风格和特色。兰溪婺州窑生产萌芽于新石器时期至商代,经过西周、春秋战国、西汉的漫长沉寂,终于在东汉晚期至三国吴时期在原始瓷的基础上烧制出成熟的瓷器,又经过两晋南北朝的发展,在唐宋时期进入鼎盛阶段,在造型、胎釉、纹饰等各方面都取得令人瞩目的工艺成就,从而在婺州陶瓷史上占有相当重要的地位。南宋以后,由于江南商品经济更趋繁荣,各地区之间的商品交流更趋活跃,兰溪青瓷的生产在江西景德镇窑系青白瓷、青花瓷和龙泉窑青瓷的夹击下,走向逐步衰落。由于考古资料的缺乏,兰溪婺州窑生产的历史面貌一直不太清晰,因此对兰溪婺州窑生产发展的历史过程进行探讨是十分必要的。

**注释**

①郭仁:《关于青瓷与白瓷的起源》,《文物》1959年第6期。

②夏鼐:《中国文明的起源》,《文物》1985年第8期。

③《江西清江吴城商代遗址发掘简报》,《文物》1975年第7期。

④《浙江义乌县平畴西周墓》,《考古》1985年第7期。

⑤《浙江衢州西山西周土墩墓》,《考古》1984年第7期。

⑥贡昌:《唐代婺州窑概况》载《婺州古瓷》,紫禁城出版社1988年出版。

2006年9月金华市首届婺州窑研讨会论文

# 浅谈城市遗址的保护方式和开发利用

【摘要】城市遗址,从概念上来说可以有两种含义:一是已经废弃的古代城市遗址,如庞贝、楼兰、高昌等;也包括叠压在现代城市地面以下的较完整的城市遗址,如河南开封地底下的北宋东京城以及淹没在新安江水库底的淳安老城等。二是在现代城市范围内发现的古代文化遗址,包括宫殿、衙署、道路、仓库、河道等,如杭州的南宋临安府治遗址、太庙遗址、恭圣仁烈皇后宅遗址、严官巷御道遗址、宁波的永丰库、天宁寺遗址等。这些城市遗址文化内涵、历史年代和保存状况千差万别,不可能也不应该只是一种保护方式,可以有全面清理、逐步复原、建立专题博物馆、基本不加侵扰、回填保护等方式。本文试就这些城市遗址的保护方式和开发利用作一些粗浅的探索。

【关键词】城市遗址　保护方式　开发利用

城市遗址,顾名思义,可以有两种含义:一是已经废弃的古代城市遗址,如新疆楼兰古城、高昌古城、意大利庞贝古城等;包括叠压在现代城市地底下的古代城市遗址,如河南开封地底下叠压的唐、宋古城等,或淹没于水下的城市遗址,如已淹没于水底的淳安县老城遗址等。二是现代城市中发现的古代文化遗址,包括古代建筑如宫殿、衙署、寺观、塔亭、住宅、作坊、仓库、道路、河道等遗址,如杭州的南宋临安府治遗址、雷峰塔遗址、南宋太庙遗址、宁波永丰库遗址等。这些有的原本就是古代城市的一部分,如宫殿、衙署等,有的则是因现代城市的扩张而将古文化遗址包容其中的,如古墓葬等。如何保护好这些遗址,并且处理好保护与城市建设的关系,是当前城市遗址考古与保护中亟待深入探索的一大课题。本文试就这一方面谈一些粗浅的看法,望专家、学者不吝指教。

一个城市的文物遗存,犹如参天大树的年轮,记载着这个城市的发展历史,像一本厚重的大书,积淀着城市的历史文化,是民族文化的重要组成部分,是地域文化珍贵的结晶。中国现代化建设的成功绝非偶然,今天的成就植根于几千年的文明之中。在社会现代化建设飞速发展的今天,城市遗址的保护和开发利用可以有多种方式:

## 一、城市遗址

### 1.庞贝式,即全面发掘保护式

意大利庞贝古城,是世界最著名的古城之一,古城始建于公元前8世纪,公元前3世纪中叶罗马人将庞贝纳入自己的版图,这里开始成为一座繁华的城市。贸易往来繁多,经济发达,集中了许多宏伟的建筑和精美的雕刻,是当年罗马帝国的农业、牧业、酿酒及外贸商品的重要集散地之一。公元79年8月24日中午,距庞贝城约10公里的活火山——维苏威火山突然爆发,火山灰、碎石和泥浆瞬间湮没了整个庞贝,曾经的繁华被封存在这一历史时刻,在赫库兰尼姆城,凝灰岩般坚硬的堆积物密封了整个城市,使得许多建筑物的屋顶甚至有机物质如木材、植物、纺织品等都几乎毫发无损地保存下来。从18世纪中叶起,考古学者断断续续地发掘其遗址,至今已发掘过半,经过200多年的发掘整理,这座深埋在地底的基本保存完整的古城中的大部分得以重见天日,所有的庄园、作坊、船坞、酒馆、商铺、宅邸、体育场,包括壁画雕塑、绘画、珍宝、钱币等都得到了几乎原封不动的保护,堪称世界考古史和文物保护史上的典范,但也是一个可遇不可求的孤例。

2.高昌、楼兰古城式,即不加发掘,维护原貌式

高昌,本汉车师前部之高昌壁,亦名高昌垒,两汉、魏、晋的戊己校尉皆屯驻于此,城周约5公里,城垣大部分残存,故城在今新疆吐鲁番东哈拉和卓堡。楼兰,汉西域城国,在今新疆罗布泊西若羌县境,地处丝绸之路通道之上。汉元封三年归汉,元凤四年傅介子杀其王安归,立尉屠耆为王,改名鄯善。今尚存古城遗址,同样的还有交河古城等。此类古城皆或因战争,或因水源枯竭居民迁徙而废弃的,历史上人迹罕至,所以地面建筑体、构筑物主体尚存,保存较好,现已辟为旅游胜地,吸引各方游客、学者前来寻密探胜。对于此类遗址,重要的是要加强文物主体和遗址环境的保护,维护历史风貌,合理使用资源,实现保护与利用并重,社会效益和经济效益双赢。

3.开封式,即不加侵扰式

开封为战国魏,五代梁、晋、汉、周及北宋古都,古称汴梁、汴京,历史上繁盛一时。民国时为河南省省会,新中国成立后设地级市,市内有铁塔、龙亭、相国寺、禹王台等名胜古迹。因地处黄河边,历史上屡遭水淹,早在秦始皇二十二年(前225)秦将王贲攻魏,决黄河及大沟水灌城,城毁魏降。以后多次遭黄河决口淹没,淤泥填塞,形成了城下有城的状况。特别是明崇祯十五年(1642),李自成率农民军决黄河水灌城,开封城毁于一旦。当地民谚有云:"开封城,城摞城,城下叠着几座城。"考古发掘证明,在今地面以下3米处是明代开封城包括周王府遗址,6至7米处是北宋东京

城和皇城遗址,13 米处则是战国时魏国大梁城的遗址。这类城市遗址由于现代城市压在上面,城市繁荣,商铺林立,交通繁忙,居民众多,除了局部作过勘探外,一般仍以保持现状,不加侵扰为宜。同样,淹没在新安江水库底的淳安老城,由于淹没年代不远,水下情况相对清楚,除了作局部水下勘察外,也以不加侵扰为宜。

4.赫图阿拉城式,即逐步复原,开发旅游式

赫图阿拉为全国重点文保单位,位于辽宁省新宾满族自治县永陵镇,始建于明万历三十一年(1603),万历四十四年(1616)正月初一,努尔哈赤在此“黄衣称朕”,建立了大金政权,赫图阿拉成为大清王朝的发祥地,被尊为“天眷兴京”。1904 年毁于在东北土地上爆发的日俄战争。至 20 世纪 70 年代,赫图阿拉只是一个村庄,有 138 户人家,大部分地面文物被毁。1998 年后,政府逐年投入资金进行管理和恢复,原内城周长 2 027 米,外城周长 5 230米,现城垣全部依据原来的建筑风貌,由土、石、木杂筑而成,同时已经恢复或规划恢复汗宫大衙门、正白旗衙门、文庙、关帝庙、城隍庙、满族民居等。

赫图阿拉是一座以在原遗址上按原貌恢复历史建筑的典型,集风景名胜、人文景观、旅游度假、观光游览、水上游乐、主题公园、人造景点于一体的旅游景区,不仅重在于保护古城遗址,更重要的是开发旅游,探索出一条以开发促保护、以利用求发展的新路子,这样的例子还可以包括元代的上都城、明代的中都城等。

二、城市中的遗址

1.金沙遗址式,即专题博物馆式

金沙遗址是考古发现的古蜀文化历史遗存,距今已有四千多

年的历史,金沙遗址位于今四川成都市市区范围内,因此称它为城市中的古文化遗址并无不当。由于金沙遗址历史悠久,内涵丰富,发现的文物精美而且数量众多,如著名的太阳神鸟金箔就出土于此。因此目前政府已投资3.89亿元,在遗址上建设了金沙遗址博物馆,占地达30万平方米,建筑面积37 895平方米。建立专题博物馆,建设保护棚、展示棚和陈列馆,这应该是这类遗址的最佳保护形式之一。同类的有成都的五代王建墓和广州的西汉南越王墓、南越王宫遗址博物馆等。

2.雷峰塔遗址式,即加盖新建筑式

雷峰塔位于杭州西湖南岸夕照山上,是1924年雷峰塔倒塌后形成的废墟,2000年至2001年进行考古发掘,揭露面积近4 000平方米,出土纯银阿育王塔、鎏金银器、金铜造像、玉器、铜镜等文物70余件。为保护好塔的遗址和恢复西湖雷峰夕照的景观,近年在其遗址上新造了一座雷峰塔,高度更高,体积更大,中空,可以完整地把旧雷峰塔遗址包容其中,把遗址毫发无损地保护下来,并可以让游客直观地接触。类似的保护方式还有宁波慈溪市慈城镇的清代县衙遗址,近年在清代县衙遗址上照原貌恢复了原有建筑,但对后堂发现的一条宋代县衙的砖石甬道却让它显露在外,照原样保存,上盖清代式样的后堂,使人可以看到清代县衙的布局、形制,又可以从宋代县衙的局部遗址依稀见到宋代县衙的面貌。

3.宁波永丰库遗址式,即待定式

永丰库遗址位于宁波市中山西路北侧、府桥街之南、鼓楼以东、蔡家弄以西的原市公安局地块,总占地面积9 500平方米。2001年至2002年两次进行考古发掘,发掘面积3 500余平方米,揭露出以两处单体建筑基址为核心,以砖砌甬道、庭院、排水阴沟、水井、河道等与之相互联系、布局相对完整的宋、元、明时期大型衙署仓储机构遗址。同时还发现了汇集大多数宋、元时期江南和中原地区著名窑系的陶瓷产品的大量遗物,其中出土完整和可复原的文物达 800 余件。永丰库遗址规模宏大,布局清晰,保存完整,是我国首次发现的古代地方大型仓库遗址,出土的大量贸易陶瓷器,反映了宋元时期宁波"海上丝绸之路"发展繁荣的历史真实,充分说明宁波是我国古代"海上丝绸之路"的重要贸易港。永丰库遗址被评为 2002 年度全国十大考古新发现,宁波市政府出资 6 000 万元回购了该地块,2006 年被国务院公布为第六批全国重点文物保护单位,使永丰库遗址在寸土千金的宁波市中心区域得到了妥善的保护,但其最终保护方案尚未确定。类似的遗址尚有宁波市东渡路古城遗址,和义路古城门遗址,公园路唐、宋古城遗址,东门口宋、元码头遗址,北宋孔庙遗址,宁波高丽使馆遗址及天宁寺遗址等,如何保护,尚值得进一步探讨。

4.南宋太庙遗址,即回填式

在某种程度上来说也属无奈之举。南宋太庙位于杭州市中心,始建于南宋高宗绍兴四年(1134),后多次扩建,分为 14 室,每室供奉一帝。南宋太庙遗址于 1995 年发掘,发现了太庙的东围墙、东门门址和大型夯土台基,约 1 000 平方米。遗址的发现填补了南宋杭州城考古缺乏城市格局和代表性建筑这一空白,对深入揭示南宋都城临安的面貌有重要的价值。现政府已停止了在原遗址上的原建筑项目,进行了掩埋式的保护,规划兴建太庙遗址公园。

保护好城市遗址这一份珍贵历史文化遗产,是构建和谐社会工作的一个重要组成部分。是一代又一代文物工作者肩负的神圣使命。我们认为,要做好城市遗址的保护和开发利用工作,必须从以下几个方面入手:①树立科学的保护理念。以 2005 年《国务院关于加强文化遗产保护的通知》为依据,进一步明确文化遗产的指导思想,基本方针和总体目标,完善规章制度,加强管理创新,提高管理水平。②保证资金投入。城市遗址保护往往规模大,要求高,工程量大,没有充裕的财力支持可以说是寸步难行,难以成功的,如宁波永丰库遗址的地块收回就花了 6 000 万元,成都金沙遗址博物馆建设花了 3.89 亿元。③高度重视规划工作,保证规划的严肃性和权威性。加快标准体系建设,促进保护工作的科学化和规范化。④加快专业机构和人才队伍建设,加强科学研究,满足城市遗址保护工作的需要。

随着我国城市化进程的加快和城市现代化建设的加速发展,要以预计将来会有越来越多的城市遗址被发现,需要加以科学的有效的保护和开发利用,规范管理,科学发展,积极探索城市遗址保护与开发利用的新路子是我们当前应该未雨绸缪,加大力气研究的一大课题。

载《中国文物科学研究》2007 年第 4 期

中
编

# 浅谈诸葛、长乐民居古建筑的鉴定和断代

【摘要】诸葛、长乐村民居位于兰溪市西部，两村相距约1千米，距市区17.5千米，两村共保留着古建筑近300余幢，时间跨度从元末到民国，长达660余年。这些古建筑包括祠堂、住宅、商店、作坊、牌坊、庙宇等，内涵丰富，种类繁多，形制多样。由于南北建筑、官式建筑与民间乡土建筑形制、风格的差异，加上兰溪古建筑的独特地方特色，一般游客至此很难分清哪些是明代建筑，哪些是清代建筑。而一般导游为了提升建筑价值，也常常把清代建筑说成是明代建筑。即使外地的建筑专家，如果是初来乍到，未做深入研究的话，也很难为这些古建筑作鉴别断代。为此本文试就这些古建筑的形制、雕刻、大木作的制作以及文献的查考方面并结合兰溪地区其他古建筑的特点，综合加以分析，以便使一般研究者、游客能对诸葛、长乐明清古建筑的特点有所了解，达到能自己鉴别断代的目的，或许对即将展开的第三次全国文物普查时对古建筑的鉴别断代也有一定帮助。

【关键词】诸葛、长乐 古建筑 鉴定 断代

诸葛、长乐村民居位于兰溪市西部，两村相距约1千米，距市区17.5千米，邻近建德、龙游两市县，330国道从民居旁经过，交通便利，历史上建德至兰溪的古驿道就从两村旁蜿蜒而过。1996

年11月20日由国务院公布为国家级文物保护单位,国家级文物保护标志碑,设立在诸葛村内大公堂门台左侧和长乐村象贤厅门前。

诸葛村古称高隆,四面环山,丘陵层层环抱,村外东南方向有大片良田。全村人口3000余人,其中诸葛亮后裔有2500余人。家谱记载,诸葛村是诸葛亮的27世孙诸葛大狮于元代中叶迁居于此后发展起来,迄今已有660多年的历史。经调查,现村中保留着古建筑194幢,其中一级保护建筑有63幢,二级保护建筑有55幢,三级保护建筑有76幢。这些古建筑包括祠堂、住宅、商店、作坊、轿行、警察局、学堂、水阁楼等。民居基本类型主要有三间两搭厢、对合型、前厅后堂楼型、三进两明堂型四种。其中祠堂是诸葛村最主要的古建筑,宏伟、华美,从总祠到各房派的分祠到众厅、私己厅、香火堂成一整体,诸葛村原有18座厅堂,现保存较好的祠堂有11座,即大公堂、丞相祠堂、崇信堂、尚礼堂、雍睦堂、大经堂、崇行堂、春晖堂、文与堂、燕饴堂、敦复堂。另外,行原堂、滋树堂等尚存遗址。其中大公堂与丞相祠堂形制特殊,装饰华丽、规模宏伟。

长乐村是一处典型的以血缘为纽带,聚族而居的传统农业村落,全村现有人口2000余人,其中金姓人口共有1400余人。据《叶氏宗谱》《金氏宗谱》记载,长乐自宋代叶氏建村,至元末明初长乐金氏渐兴,至今两姓共存。经调查,现村落中尚存61幢古建筑(其中一级保护建筑24幢、二级保护建筑20幢、三级保护建筑17幢)。长乐村以纵横两条主要街道为骨架。横街西起长乐桥,沿溪入村,是长乐村通往外界的主要通道。纵街为长乐村的中轴线,在两边分布着众多古建筑,如象贤厅、望云楼、滋树堂及牌坊、照壁等。在村东边还有金氏大宗祠。

兰溪自古以来田园富庶，物产丰饶，水陆交通便利，商业繁华，作为民居、宗祠、庙宇、戏台、塔亭桥坊等建筑也历史悠久，种类众多。虽经历代兵燹战乱及自然灾害等，毁损众多，但留存至今的尚有明清各类古建筑近千余幢，其中民国时期的更难以计数，其中诸葛、长乐民居则为其中的佼佼者。而由于我国南北建筑形制、风格迥异，且本省各地的建筑也差别很大，兰溪位于金衢盆地，传统建筑属浙西派建筑，近似徽派，与杭嘉湖宁绍平原及浙南一带也有相当差别，外地游客一般很难辨识诸葛、长乐古建筑的建筑年代，即使外地的建筑专家，初来乍到，如果未做深入研究的话，也往往不得其门而入。为能比较准确地对诸葛、长乐古建筑进行鉴定和断代，本文试从建筑的形制、构件的造型，雕刻风格的演变和文献记载等方面加以分析，并结合兰溪其他地方一些古建筑的特点，试图找出一些有助于鉴定、断代的规律性的东西，以便对诸葛、长乐建筑的丰富内涵有更深刻的了解，获得更高的审美愉悦。

## 一、柱础

兰溪古建筑之柱础，经历了覆莲式（南朝及隋唐）—覆盆式（宋）—古鼎或磉形柱础（元代、明早、中期）—鼓墩式（明晚期至清代）—六角、八角式（清中期至民国）等演变过程。材质则明中期以前用当地所产的红砂岩、石灰岩，明中期以后才用淳安茶园所产之青石（现采石场已淹没于新安江水库底）。

由于兵燹天灾等自然和人为的因素，兰溪地区宋元以前的木构建筑已渺不可寻，但作为石质的建筑构件柱础却仍有保存。如市区横山殿，正名灵源积庆侯庙，始建于南朝刘宋泰始三年

(467)，屡圮屡建，现存建筑重建于清同治六年(1867)，为兰溪历史最悠久的古庙之一，前些年其址曾出土刻有覆莲状石柱础一对，为唐代时遗物。三泉世德堂中进始建于南宋淳熙八年，现尚存有道光年间更换下来的南宋柱础，其形制与桐山后金孝贤堂、正和堂相似。黄店镇桐山后金村，为宋代大儒金履祥先生故里，村中现存香火厅正和堂、孝贤堂两处，为清代重建，其后寝柱础为礩形，最大腹经在中部，极其低矮，近似宋代的覆盆式柱础，当为宋元遗物。以上柱础，其石质皆为兰溪本地所产的红砂岩。考察诸葛村大公堂，其中第三进与后寝之间有穿堂，第三进后檐柱及穿堂金柱皆用红砂岩礩形柱础及红砂岩覆盆式磉板，结合《宗谱》记载，可知大公堂始建年代在诸葛大狮于元代中叶"垦平结构"，迁居高隆之时，其时规模较小，柱础用材也因地制宜，就地取材，至明代高隆诸葛氏人丁日益兴旺，财力丰裕，才逐渐扩大规模，柱础则改用当地岘山一带所产之石灰岩所凿的礩形柱础，至清代、民国又屡有重修，因此大公堂之建筑实为元、明、清等各代风格之综合。

　　是礩质形柱础还是鼓形柱础，是判断兰溪古建筑年代的关键，一般礩形柱础流行于明代早中期，早期的最大腹经在柱础下部的三分之一处，上部为三分之二左右，中期渐移至中部。大约明万历年间才开始有鼓形柱础，如西姜祠堂和芝堰世德堂，都建于明万历年间，都已使用鼓形柱础。至清代才广为流行，但由于主人或工匠的复古意识，或因石柱础可千年不烂，后代造屋往往沿用前代的旧石柱础，所以清代建筑也往往使用礩形柱础，如诸葛村的诸葛高嵩宅等不少民居都建于清中晚期，但都沿用礩形柱础，但明早中期的建筑绝不可能使用后来才流行的鼓形柱础，这是尤其值得注意的。

## 二、木柱、地面、包砖

兰溪明代及明代以前建筑的木柱,一般为梭形柱,即中间粗壮,两头较细,柱头卷刹,最大圆径在腹部。在大公堂,柱子的最大直径离地面 1.8 米处,向上下收分,非常典雅。底径大致比最大直径小 3 至 4 厘米,顶端小 5 至 6 厘米,无一定规制,全凭木工经验做成。明代建筑柱子上安放栌斗,有做成荷花、莲蓬或瓜棱形的,形制很多。而清代建筑的木柱一般采用木材的自然形态,不加砍削,如遇粗细不一的则略加修饰,这是明清建筑的不同点之一。再者明代建筑特别是早中期建筑,立柱多采用侧脚生起法,即柱子并不垂直,而是向大厅中心点略微倾斜,增强了向心力和坚固度,于防风抗震有极大好处。侧脚多少没有一定的程式,根据建筑物的大小由工匠决定。木柱用梭柱及侧脚生起,虽然是明清建筑的不同点之一,但也有清代建筑沿用明代的,鉴别时应加以注意。建筑地面,明代多用斜墁方砖,清代则多用三合土地面。明代建筑门窗及门梁有用包砖的, 如长乐望云楼大门即为实木包砖泡钉门,用以防火,这种形制清代比较少见。

## 三、斗栱

斗栱是中国古建筑特有的建筑构件, 兼有承重和装饰的功能,是建筑规格等级的标志之一。起源很早,从西周到战国时代若干铜器的装饰图案中可证明柱上已有栌斗,到汉代,斗栱不仅见于各种文献,还见于东汉的石阙、崖墓和明器、画象砖的建筑中。这时的斗栱既用以承托屋檐,也用以承托平座,它的结构机能是多方面的,同时也是建筑形象的一个重要组成部分。魏晋南北朝以来的斗栱式样,则可以在古墓壁画、敦煌壁画中觅到踪迹。唐代的斗栱,除从砖塔、壁画以及石窟寺中看到各种斗栱形象外,还保存有两处木构斗栱实例:五台山南禅寺大殿和五台佛光寺东大殿,前者外檐斗栱是双抄五铺作,后一处外檐斗栱是双抄双下昂七铺作。人字栱和偷心的做法是唐代斗栱的特点之一。宋元的斗栱多有实例保存,如宁波报国寺、金华天宁寺、武义延福寺等,而且它的做法还保存在宋李诫的《营造法式》中,到清代颁布了《工部工程做法则例》,两者相隔六百余年,但官式建筑斗栱的制基本相同,其差异在于:①斗栱总高度与柱高的比例,随着时代推移,逐渐减小;②斗栱的攒数随时代推移逐渐增多;③明代以后斗栱的偷心(斗栱向外挑出的各层出踩上,也就是向外挑出的各层翘头或昂身上,都依建筑物面宽方向出栱,但还继续出踩或出昂,就是偷心的做法)的做法逐渐消失;④昂、栱、斗的细部各有不同,如栱头下皮的栱弯,宋元以前砍削轮廓线较强劲,清代砍削较圆和。

　　斗栱的构造十分复杂,具体到兰溪地区来讲,民间常把有无斗栱作为建筑断代的一个依据。如诸葛、长乐的老人认为某建筑是明代的,就说:"这屋是有升斗的,肯定是明朝的。"但这也不能一概而论,清代建筑也多使用斗栱的,但在风格上有很大区别。明代门楼斗栱多使用象鼻昂,素面无纹,形制古朴典雅,如长乐村象贤厅门楼为歇山顶牌楼式,两次间为重檐,明间中柱上置柱头科出三昂,上额枋上置平身科四攒出三昂,两端各置角科攒出三昂,次间额枋上置平身科二攒出翘,柱头科二攒出二翘,昂皆为象鼻昂,一望可知为明代建筑,其余如黄村坞明景泰建的钟瑞堂门楼、竹塘村明成化进士木牌坊等,都是明代建筑使用斗栱的典型范例。而一般清代的建筑特别是清乾隆、嘉庆之后的建筑已绝少使用斗栱，或者将斗栱变异为精雕细刻的多种多样的装饰构件，如诸葛丞相祠堂的斗栱，全身布满了卷草等花纹，而大公堂的门楼高大华丽，基本不用斗栱，其雀替、牛腿等构件也雕饰繁复，一望可知为清晚期重修时的作品。明代室内的斗栱，如望云楼，除隔架科、柱头科外，还有一种叫枫栱，即在柱头科上出二翘，第二翘用竹节栱，两侧用枫栱，栱做纱帽翅形状，或雕刻仙鹤、牡丹纹等，取代代为官之意，这也是明代建筑特征之一。

### 四、梁架、挡雨板

明清两代较有等级的建筑如祠堂等，其梁架构造差别不明显，一般明间中缝梁架均为九架或七架或五架带前后双步廊或带前轩后廊式，用月梁，两端刻龙须纹或鱼鳃纹，一般明代多刻半月形鱼鳃纹，龙须形状不明显，但明代建筑形制较古朴、大气。在民居方面，则有明显差别，明代民居多楼上厅，如长乐望云楼，楼下低矮，楼上高大宽敞，彻上露明造，檩的下皮浮雕飞禽瑞兽或牡丹祥云等。檩与檩之间的单步梁做成鸥鱼状，在山墙中柱两侧拼合成一个惟妙惟肖的"猫脸"，所以当地人又叫"猫梁"，这也是明代建筑特征之一。清代民居生活起居重心下移，往往楼下高大宽敞，梁架雕饰精致，而楼上则较为简单，梁架多为穿斗式。再者明代民居天井周围栏杆多圈一圈挡雨板，又称雁翅板，而清代民居楼上天井周围常置美人靠，极少用挡雨板。

### 五、牛腿

牛腿一般置于天井周围檐柱上，有楼的用来承托腰檐，无楼的用来承托檐柱上的蝴蝶栱等,东阳等地域称马腿。牛腿从斜撑演变而来。明代早中期的建筑不管规格多高,多少富丽堂皇,但都没有牛腿,如长乐望云楼,檐柱柱头只有一小长方木条支撑,叫作斜撑,到明晚期如万历、天启时,斜撑简单雕刻成倒挂龙形状,一直延续到清康熙年间,清雍正、乾隆时期,演变为S字形。牛腿雕刻卷草等花纹,乾隆中后期才演变为山水人物、狮子仙鹿等牛腿。雕刻大量八仙、天官赐福或戏曲人物的牛腿,时在嘉庆、道光戏曲普及之后,盛行于同治、光绪以及民国时期,如诸葛丞相祠堂的中厅(享堂),建于民国十九年(1930),其檐柱牛腿透雕了大量《封神榜》中如姜子牙、黄飞虎、赵公明、雷震子等戏曲人物。

有无牛腿是区别明清建筑的关键之一。一般来说,清代比较简易的房屋可以沿用明代的斜撑,但除非后加,明代的建筑绝不会出现清代才有的雕饰华丽的牛腿构件。

六、雕刻

明清雕刻工艺差别很大,一般来说,明代雕刻风格古朴,刀法粗犷,题材狭窄,俗有"粗大明"之称。木雕方面,明代房屋下金檩下皮及雀替等处也多有雕刻,但纹饰简单、粗犷,题材只有仙鹤、牡丹、祥云、万字、连环方胜等几种,一直延续到清代前期。而清中期以后,由于封建经济日趋繁荣和人们审美观念的衍化,石雕、砖雕、木雕等的雕刻日趋繁复,刀法日趋细腻,圆雕、透雕、浮雕、双面雕等各种技法繁多,题材也日趋广泛,有各种各样戏曲、神话人物,花草、瑞兽珍禽等,如八仙,福、禄、寿三星《百寿图》《回荆州》等人物,鲤鱼、仙鹤、仙鹿、狮、象等禽兽,应有尽有。在砖雕、石雕方面也是如此。明代砖雕门楼如三泉世德堂、现坦周氏家庙、诸葛三荣堂残存门楼额枋等,都雕刻双狮抢球图案,但工艺粗犷,而诸葛白酒坊巷的许多民居砖雕门楼,雕刻繁复,细腻,大多是圆雕与浮雕相结合。砖与砖之间严丝合缝,与明代砖雕不可同日而语,俗称苏砖门面,据说是从苏州购运回家拼装的。值得一提的是这些木雕、砖雕上除了常见的花草、花篮、暗八仙、蝴蝶、寿字、万字纹外,还常见到聚宝盆和钱串子雕饰,如诸葛高嵩宅的房门上方细木槅格子间和长乐吴氏宗祠砖雕门楼上都嵌着"道光通宝"的钱串子,不仅可以使人了解到当时社会的价值取向,而且对建筑年代的判定也有极大的参考价值。

### 七、匾额、题刻、碑刻、题记

#### 1.匾额

旧时稍具规模的厅堂,都要于落成之日悬挂堂号匾,一般请知名文士书写并署年月,据此可以推断该屋的建造年代,如芝堰村世德堂有一横匾,上横书"世德"楷书大字,右竖书"万历乙卯年立"左竖书"慈溪叶元泉书"字样;成志堂悬一横匾,中间横书"成志堂"三大字,右竖写"乾隆乙酉",左竖写"孟秋之吉"四字;施宅树滋堂砖雕门楼有"康熙岁次戊子"刻款。据此可见世德堂建于明万历四十三年(1605),成志堂建于清乾隆三十年(1765),树滋堂建于康熙四十七年(1708)。其余如"乡饮嘉宾(诸葛处塘宗词匾)""乐善可风(刘家村澹明居匾)""天府高魁""进士及第"等匾额,虽与建筑落成年代无关,但也可以从年款或主人生活年代来推断建筑年代的下限。再如一些厅堂的砖雕门楼上也有"恩荣"或"进士"匾,这些也可从主人受到褒奖或进士及第的年代推断厅堂建造或改建、扩建的年代。如诸葛春晖堂和雍睦堂门楼都有"恩荣"匾。从匾额内容或年款来判断建筑年代,必须鉴定匾额是否是原物或是后人补立的。如诸葛大公堂门楼有"圣旨"及"敕旌尚义之门"匾,为明英宗于正统四年(1439)七月表彰诸葛彦祥捐谷一千一百二十一担用助赈济的,但匾是后人补立的,并不能证明现有大公堂门楼即建于明正统年间。再如长乐象贤厅门楼,有"象贤"大字匾,右书上款"赐进士奉议大夫浙江等处提刑按察司佥事刘涛为壬午科乡贡进士金盛书",左书下款"兰溪县知县王鲁、主簿陶嗣侃、县丞陈瓒、典史丘亨、儒学教谕肖仁观、训导陈宾,天顺六年(1462)十一月吉日同立。"考《长乐金氏宗谱》:金盛,字昌伯,因其祖出继母舅叶姓,天顺六年中举人,成化十一年(1475)进士及第时原名叶盛,至明正德六年(1511)其后裔始复为金姓。可知此匾亦为后人补立,但对于推断象贤厅的始建或扩建年代还是很有帮助的。

题刻:石结构建筑如塔山忠清庙石戏台后额枋刻有"康熙三十三年(1694)重建"字样。兰溪石结构的牌坊,现存尚有三十余座,牌坊大额枋上都刻有建坊旌表事由及建坊年月,断代非常容易,如长乐张氏节孝石坊,顶楼檐下竖置一盘龙石匾,上刻"圣恩"二字,大额枋中间横刻"节孝"二字,右侧竖刻"太子少保兵部尚书兼都察院右副都御史、总督浙江等处地方军务兼理粮饷官、巡抚盐政、节制江南江苏松常镇维扬七府太仓海邳通徐五州督捕务,加六级,记录一次,又军功记录一次,在任守制李卫为",左侧竖刻"庠生金世悦妻张氏立。大清雍正八年岁次庚戌年(1730)冬月谷旦",一目了然。诸葛厚伦方厚伦桥也有年款题刻。

2.对联

城区告天台大殿檐柱刻有"鹤唳彻遥天,常使丹心通帝座;琴声空夜月,永留清节在人间"联,旁署"弘治十二年(1499)御题,民国廿四年乙亥(1935)冬十一月吉旦裔孙敬录",可知告天台大殿之重建年月。

**3.碑刻**

一般寺庙、桥梁等建筑,都会留下碑记,或叙源流或刻捐款人姓名,如马涧侍郎岗古戏台有乾隆五十四年(1789)翰林检讨方宗华所撰《翠峰台记》碑,梅江塔山通洲桥桥亭有清道光三年、光绪十九年捐修碑记数通,记叙桥之始建、重修、改建过程甚详。再如诸葛村原有清道光三年的《重建文昌阁碑记》,长乐杨柳庙也有《重修碑记》,惜今已不存。

**4.题记、口碑**

一些寺观、庙宇或宗祠的大梁下皮常有题刻或墨书题记,如金华天宁寺大梁下皮有元代题记,成为断代的重要依据。长乐象贤厅正厅大梁下皮有民国年间重修墨书题记,说明该厅曾在民国时重修过。再者一般民居的建造虽然没有文字记载,但由哪一代太公建造的都会口耳相传记忆在儿孙的心中,所以村中老人有关祖屋的叙说也很有参考价值。

## 八、文献

文献包括家谱、各种地方志、笔记、野史等。

**1.家谱**

迁居建村、修建宗祠等,都是宗族的大事,一般都会在家谱里留下记载,比如诸葛相丞祠堂,原名大宗祠,在《高隆诸葛氏宗谱》中载有《举能以理祠事》、明万历《重建宗祠记》、乾隆癸未(1763)《重建中庭记》、光绪十九年(1893)诸葛枚《重建宗祠蠲启》、光绪三十二年(1906)的《重建宗祠记》等文,稍加梳理可知丞相祠堂始建于明洪武年间,"安三府君建立家庙五间,以奉祀宁五府君神主",至明嘉靖一次、万历二次扩建而"气象堂皇,规模远大",雍正时重建中厅(享堂),咸丰年间毁于太平军兵火,光绪十九年、二十二年分别有诸葛枚、诸葛棠斋发起重建,至光绪二十六年(1900)"岁庚子十月落成志喜",而中厅未复其原,至民国十四年(1925)兴工重建,十九年(1930)年竣工,来龙去脉十分清楚。再如大公堂《宗谱》载有《大公堂助地记》和《杂事记要》,说:"大公堂为始迁祖所建。"时在宁五公于元代中叶迁居高隆不久,道光、同治年间分别进行扩建,光绪三年重修才形成目前规模和风格,至民国二十九年(1940)又大修过一次。长乐村的金氏大宗祠,据《长乐金氏宗谱·大宗祠重修始末记》说:"明万历三十三年(1605)乙巳建寝室五间,崇德祠三间,显扬祠三间,三十六年戊申(1608)又建门台五间,东西侧楼屋六间,崇祯六年癸酉(1633)至乙亥(1635)旁翼之,两庑四周墙屋周匝完备,中有余基欲建享堂,限于财,有志未逮,至康熙二十二年癸酉(1683)冬建造享堂,越丁卯(1687)年告成,以完大体。"将金氏大宗祠内的单体建筑如享堂、门厅等建筑的具体年代交代得十分清楚。

再者,《宗谱》大都载有本族知名族人的传略,记叙他们修祠、造桥等方面的功绩,如《潭溪王氏宗谱》载有乾隆二十七年(1762)所撰《王胜重先生传》云:"捐金利济津梁,独出心裁,上下双虹,董事不辞跋涉。"又西姜《凤岗姜氏宗谱》载有明万历时姜元寿主持倡建西姜祠堂的事迹,查阅这些人物的生卒年份,则可大致推测他们所倡建的桥梁、祠堂等建筑的兴建年代。此外,宗谱还常绘有阳宅图或八景图、十景图之类,如《高隆诸葛氏宗谱》载有《族居图》《八景图》,村中重要厅堂、寺观常绘之于图并标明堂号寺名,查考这些阳宅图之类的绘制年代,则可以推断这些厅堂、寺观建筑年代的下限。

2.方志

各地都存有府志、县志之类,载有人物列传、古迹、名人宅墓、书院、坊表、寺观、祠祀等，记载详尽，其建筑年代，有的不详其创始年代的也记载其重修年代，如诸葛村的西园，光绪《兰溪县志》记载："西园在太平乡高隆镇，国朝乾隆十六年（1751）里人诸葛履法建。"又记："隆丰禅院，在高隆镇石阜岩下，未详创建，同治间重修。"《县志》还载有科第表、列女传等，详列中举、中进士的读书人姓名和考中年份以及受旌表的节妇、烈女姓氏和旌表的年份，可与进士第、节孝坊之类的建筑相参照。如光绪《兰溪县志·科第表》记载：诸葛琪于康熙二十九年（1690）乡试中举，康熙四十五年（1706）会试中二甲进士，则可据此考知诸葛村"乡会两魁"砖雕门楼的确切建造年代。

方志记载或有同名或名相近而地实异者，不可不察，如清华大学教授陈志华等所著的《诸葛村》一书说："石阜岭有幽居庵，据光绪《兰溪县志·寺观》：元至正二年建，额曰兜率宫，今正殿尚存，余圮。"并引了明代童信的一首诗，说："可见这庵至少在明代已经存在，而且当时是风景极为优美的清净之地。"误把在今云山街道的石阜岭与诸葛镇的石阜岩混同了，而且把石阜岭的幽居庵（为宋溢东书院旧址，元代改为兜率宫，又名幽居庵），搬到了诸葛村，实误。再者族谱方志也有因种种原因失考、失载的，如光绪《兰溪县志》成书于光绪十四年（1888），当然不可能对建筑以后毁损、废圮、重修、重建的情况加以记载，不可不察。

## 九、其他

如附属文物：如芝堰世泽堂天井中存有一石缸，上刻"天顺七年（1463）仲春良旦芝溪适生佰胜置"字样；塔山挂钟尖文昌阁有石供桌，刻有"光绪十二年（1886）通洲桥局"字样；后陆村进士第门前石狮座后刻有"七旬淇港偶成，万历庚寅(1590)春吉"字样。这些文物虽然与建筑关系不大，但也很可能对古建筑的断代有一定价值。此外，兰溪地区的工匠在造屋时常常在柱础底下或木柱底下放置当朝皇帝年号的铜钱一枚或数枚，或者放置在脊檩两端，如能发现或能从缝隙中取出，对建筑的断代也有一定帮助。

运用以上方法对古建筑进行鉴定、断代，有几点值得注意：①古建筑形制、风格等的演变，是一个渐进的、漫长的过程，并不是说换一个朝代或换一个皇帝，建筑形制、风格马上就发生改变，如明末崇祯到清初顺治、康熙初年，建筑形制、风格并无多大变化。除非建筑物本身开口说话，如厚伦方无头塔塔砖铸有"大明崇祯辛巳(1641)厚伦方造"字样，一般不能奢望能精确判断到某一代皇帝，能够区分某个朝代的早、中、晚期(如明代早、中、晚期等)已属不易。②运用以上方法对古建筑进行断代，必须采用综合的方法，去伪存真，去粗存精，不能单凭一点或数点就急于下定论，特别是一处有疑点，即可以"一票否决"。③诸葛、长乐民居是兰溪乡土建筑的重要组成部分，其形制、风格与金衢盆地其他市、县传统建筑基本一致，所以以上的方法对于金衢盆地及浙西其他地域传统建筑的鉴定与断代也有一定的帮助。

总之，古建筑的鉴定、断代虽有一定难度，但只要我们从实践出发，充分掌握明清两代早、中、晚各个时期建筑形制、雕刻风格、建筑工艺之演变特点，充分综合方志、宗谱等传达的历史信息，也一定能对各类古建筑的建筑年代作出大致正确的判断，从而提高我们的审美能力，增强我们对祖国优秀历史文化遗产的热爱之情。

载 2007 年《浙东考古学文化及其比较研究学术研讨会论文汇编》

# 浅谈古典诗词创作的个性化

中华古称诗国，自古以来名家辈出，作品汗牛充栋，自《诗经》《楚辞》以来，形成了现实主义和浪漫主义两大传统，如长江、黄河水源流不绝，始出于雪山高原、峻岭峡谷，汇千流万壑，终成汪洋浩渺之势，流泽于今日。自改革开放以来，国运昌而诗运兴，古典诗词作者不下数十万人，灿如群星，握瑜怀瑾，几乎家家太白而户户少陵，而作品浩如烟海，超过历史上所有诗词作品的总和，可谓盛况空前，形势喜人。但美中不足的是，在这些数以十万计的作品中，能够做到脍炙人口、妇孺皆知、家喻户晓、影响深远的作品尚属鲜见，极少优秀作品也仅在圈子内传诵，离开唐人旗亭赌唱、宋人"凡有井水处皆能歌柳词"的盛况相去甚远。更有满篇新名词、新术语、流行语者，敷衍成篇，读之味同嚼蜡，或流于顺口溜、张打油之类，徒然祸枣灾梨，可发一叹。究其原因，除了明清以来诗词与音乐脱节，因而传唱不远，民众娱乐方式众多，诗词的教化、娱乐功能大为减色之外，也与许多作者文学修养不高，思想见解平庸，因而诗词创作缺乏个性，往往人云亦云，千篇一律，甚或模仿抄袭有关。如何加强诗词创作的个性化，努力创作出富有鲜明个性，能令人耳目一新，甚或振聋发聩能够流传千古的优秀作品，应是当代诗人词客们亟待探索的一大课题。

## 一、古代诗词个性化之传统

我国古代诗词名家作品,乃至里巷歌谣,妇人口角,莫不"情动于中,思有所发,志有所之。嬉笑呕吟,皆诗之情也"。上至帝王卿相,文人学士,下至耕夫仆妇,贩夫走卒,道释缁流,其人凡心有郁结,发而为诗词吟咏、流传至今者,无不富有个性特色。如马克思所说:"我们既然承认世界的多样性,就不能要求紫罗兰与玫瑰散发同样的芳香。"前人曾云:"诗以道性情。未有无性情而能作性情语者。"诗人创作,出于性情,发而为诗而风格迥异,性情显露,可考其作品而知,如曹孟德偏于深险,曹子桓偏于宛柔,阮嗣宗偏于幽愤,郭景纯偏于隐怪,陶元亮偏于恬静,鲍明远偏于感时疾俗,谢康乐偏于矫情肆志,李太白偏于豪纵,刘梦得偏于褊狭,孟东野偏于孤峭,贾浪仙偏于冷僻,杜少陵偏于沉郁,李长吉偏于奇诡,李义山偏于瑰异奇丽,温飞卿偏于猗旎繁缛,再如苏轼、辛弃疾之豪放,柳永、秦观、李清照之婉约,无不各具性情,如百花齐放,虽各有偏弊,但其优秀作品足以启人共鸣,感人至深,令人过目不忘,所以千载之下,仍有知音可觅。作者性情体现为风格,则体现为诗体如苏李体、曹刘体、陶体、谢体、少陵体、太白体、李长吉体、李商隐体,白乐天体、东坡体、易安体等等。善读诗词者,集同一时代性情相近者作品而言之,则有建安体、黄初体、永明体、齐梁体、盛唐体、晚唐体等等,虽掩其作者之名,也能一读而知其体。

诗词作品各具风格, 而风格则与作者性情也有极大关系,可谓风格乃作者性情之外露。清人沈德潜云:"诗贵性情。"(《说诗晬语》)性情,在古代或称才性。魏文帝曹丕在《典论·论文》中认为作家之作品之所以有差异,一在于各种文体各有特点,二在于作家才性不齐,"气之清浊有体",故作品也就"清浊有体"了。或称情性,如南北朝时钟嵘《诗品》认为:"至乎吟咏情性,亦贵于用事?"他品评了两汉至梁代的诗人122人,各按其作品风格分为上、中、下三品。中唐时僧皎然著《诗式》,谈到"但见性情,不著文字"。至晚唐司空图《诗品》,将诗歌风格分为雄浑、冲淡、超然等二十四品,超然如陶渊明之《结庐在人境》、豪宕如杜甫之《登岳阳楼》等。宋人朱熹论文则强调"心性"。至明代李贽倡"童心说",袁宏道则提出"性灵说",强调作诗须"大都独抒性灵,不拘格套,非从自己胸臆流出,不肯下笔"(《小修诗叙》)。清中叶时著名诗人袁枚强调"作诗不可以无我""诗人者,不失其赤子之心者也"(《随园诗话》),这都是说作诗要有真性情,要有个性。由此可见,诗词创作的个性化,是中华诗国的一项优良传统,为我国古代文学的繁荣起到了不可估量的作用。当然,也有与此相反的,如沈德潜虽然说:"诗贵性情。"但又主张诗人立言,必须"一归于温柔敦厚""怨而不怒""而一归于中正和平",实际上走上了一条泯灭个性的创作道路。

## 二、当代诗词创作之流弊

改革开放三十年来,虽然诗词创作数量爆炸,但能抒发真性情、彰显个性化的作品仍为数不多。不少作品或无病呻吟,或寻章摘句,或风花雪月,或模山范水,或一味歌功颂德,人云亦云,千篇一律,流弊甚多。如有纪念改革开放诗二首,一曰:改革开放三十年,历史长河一瞬间。古老中华面貌变,城乡到处展新颜。华年盛世和谐建,科学发展硕果甜。小平理论强国路,紧跟中央永面前。二曰:改革开放三十年,前后相比两重天。国民经济稳步长,群众生活若甘泉。外汇储备居首位，全面小康推向前。富强民主庶民乐，谱写民生欢乐篇。两首诗立意虽好，但在创作上不过是把"改革开放""盛世""和谐""科学发展""小平理论""国民经济""群众生活""外汇储备""全面小康""富强民主""民生欢乐"等政治新名词、术语拼凑成篇，似乎面面俱到，罗列齐全，实质等于什么也没说，作者的真性情也无从窥见。宋欧阳修论诗云，真写"富贵"者，不在于用"金玉""锦绣"之类的辞藻，如"笙歌归院落，灯火下楼台"，不著一金玉字样，是真善写富贵者也。同样，如要歌颂改革开放之伟大成果，则写一感人之片断，如衣、食、住、行之变化等，则可窥一斑而见全豹矣。再如模山范水，也多见"青林红霞""朝雾暮霭""清泉白浪""嶙峋葱茏""远岫浮云""碧涧丹崖"等等，可谓放之四海而皆准。再如有的作者，若仅一篇两篇，其作品也甚有可观，若读多篇，则觉语意重复，如诗中多用"渡难关""斗志昂""谱新篇""暖心怀""耀千秋""著华章""立丰功""乐无穷""写春秋""颂尧天""看今朝""著先鞭""壮鸿猷""铸华章""万年青""永向前""气势弘""乐逍遥""奔小康""尽朝晖""更辉煌""勇登攀""志高昂""逐浪高""任沉浮""舞蹁跹""映朝阳""耀神州""换新天""史无前"等，陈词滥调，如系为凑韵脚偶尔一用，尚属可谅，如是连篇累牍，则觉面目可憎，令人生厌了。再如风花雪月、无病呻吟的，如"罗袜凌波""纤指摇英""玉衣飘影"等等，置之"花间集"中亦难分辨。

### 三、补、纠之法

当代诗词创作流弊既深，积重难返，其原因有：①诗词作者多为离退休老年人，且初学诗词者为多，创作不求传世，唯求自娱，且多幼年失学，壮岁多劳，学力不够，功底不深。②古人云："家国不幸诗家幸。"而改革开放以来,政治相对清明,经济日趋繁荣,国泰民安,诗人身处盛世,不愁温饱,感激之余,歌功颂德,形诸楮墨,也属题中应有之义。且离退休老年人待遇多优厚,平日养尊处优者不少,远离社会底层,不甚了解民间疾苦和社会弊病,也是实际状况。③老年人处世日久,棱角消磨,见怪不怪,性情归于平淡,既无慷慨激昂之志,也无愤世嫉俗之想,也是原因之一。补、纠之法在于:其一,加强学力修养,沈德潜云:"有第一等襟抱,第一等学识,斯有第一等真诗。如星宿之海,万源涌出;如土膏既厚,春雷一动,万物发生。"(《说诗晬语》)唐人韩愈云"根之茂者其实遂,膏之沃者其光晔"(《答李翊书》)。清人舒位认为:"人无根柢学问必不能为诗,若无真性情即能为诗亦不工。"(陈裴之《舒君行状》)而学力修养不仅关乎学问、见识,更关乎性情,英国哲学家培根说:"凡有所学,皆成性格。"(《说学》)可见学问之重要。学诗不仅应学唐诗宋词,而应上探《风》《骚》,下继魏晋,旁搜博学,乃至熔经铸史,方成大器。学养之谓,不独平仄粘对之格律也。所谓诗有四高,格宜高,兴宜高,地步宜高,手眼亦宜高,而皆求诸修养。其次,要尽量深入生活,了解普通百姓的心声,继承发扬古代诗人勇于反映民间疾苦、针砭时弊的优良传统。再次,诗词作者应勇于表现自我,彰显个性。古人云"文如其人"。但做人与作文究竟不是一回事,做人温柔敦厚,中正和平,不至处处得罪人,所谓"人缘好",受人尊敬。而作诗词则文似看山不喜平,不妨偏执一点,曲折一点,可以像鲁迅先生那样嬉笑怒骂、冷嘲热讽皆成文章。王国维《人间词话》推崇意境,但他又说:"境非独谓景物也。喜、怒、哀、乐亦人心中之一境界。"要把心中情意之境化为诗词意境,亦须借助种种艺术手段来创造适宜的意象结构,当然这已不属本文讨论的范围了。

*2009 年 4 月浙江省诗词与楹联学会学术研讨会论文*

# 试论诸葛村民居的空间形态

【摘要】兰溪诸葛古村落的空间形态,深具魅力。村落的先民早在元代建村之时,就选择了宜耕、宜樵、宜渔、宜居、宜汲、宜商、宜行、宜游的自然环境,达到了与自然的和谐统一。为了达到宗族之间的凝聚和谐,又创造了以礼制建筑——宗祠为中心的伦理空间。同时在审美空间的营造方面也采用多种多样的建筑艺术手法,体现了美的规律。诸葛村的空间形态,对于创造现代建筑空间,具有很高的借鉴意义。

【关键词】诸葛　村落　空间　形态

浙江兰溪市诸葛村民居是国家级文物保护单位,古名高隆,现已开辟为一处著名的旅游胜地。诸葛村落的平面布局依山临水,别具一格,但是它的空间形态或者说空间环境形态,井然有序,同样也是独有魅力的。

## 一、生存空间

高隆岗是诸葛村落在元代建村之时,由诸葛亮二十七世裔孙宁五公诸葛大狮选择的一处理想的生存空间。宁五公知天文,明地理,精通堪舆学,他嫌原居村落葛塘地宇狭窄,决心另选佳地。

经过长时间奔走选择,他发现高隆岗自然环境优美,地形独特,于是举家迁居于此,说"庶足称吾居"。在古代,人们为了在自然界生存,谋取食物和饮水,躲避野兽和人为的侵袭,抵御严寒酷日、旱涝台风等自然侵害,就必须选择理想的生存空间。就诸葛村的地形、地貌、水文、气候、植被、朝向、景观等方面而言,在古代都是堪称理想的。在村落的正北有天池山,是流经村东的石岭溪的发源地,以它为祖山,岘山是近祖山,寺山是岘山余脉。诸葛氏族的总祠堂大公堂正处的"龙穴"上,以大公堂为中心,左右各有两条"护砂",除了各有一条为"蝉翼砂"外,"青龙""白虎"两砂脉络不断,向南偏东方向蜿蜒伸展 1 公里多。两者之间的谷地宽约 70 米,诸葛村的房屋就分布在两侧护砂的山坡上,谷地里的中明堂则保留为农田和水塘,"中水口"之外,是一片广阔无垠的稻田。而流经村东的石岭溪则曲折异常,风水上称之为"九曲水"。可见诸葛村的地形、地貌很符合形势宗堪舆家的理想模式。撇开风水不论,诸葛村的环境空间也是十分理想的,它的东、西、北三面环丘,南方则有开阔的水田和水塘,山可樵,水可渔,岩可登,泉可汲,田可耕,市可易,路可行,寺可游,四时之景皆备。既能阻挡北下的寒潮,又能躲避洪涝的侵害,十分方便生产、生活。从东南方向入村,在淡淡的烟雨中,在夕阳或朝晖之下,诸葛古民居便与周围的山、水、林、竹、云烟、雾霭等融合在一起,构成了一幅秀丽清新的江南山居图。诸葛村的民居一般为砖木结构,大户人家多为三开间对合楼或三进两明堂建筑,宽敞明亮,一般人家为三开间两过厢建筑,有堂有房,形成一处处人工的生存空间。人们在这些古朴典雅的住房中繁衍生息,久盛不衰,自元代起已历七百余年。

地形、地貌等要素是自然形成的,人工难以改变,而住宅是人为的、可以创造的,诸葛村民却在他们选择的理想生存环境的基础上,不仅创造合适的生存空间,还创造了丰富多彩的伦理空间和审美空间。

## 二、伦理空间

诸葛村为一聚族而居的血缘村落。最引人注目的、最华丽最讲究的是村里的一些礼制中心——宗祠建筑,如大公堂、丞相祠堂以及雍睦堂、春晖堂、尚礼堂等等。然后是一个房派成员的传统民居簇拥在这个房派宗祠或者祖屋的周围,形成一种团块式的结构方式。这种结构原则,体现了血缘村落的封建宗法的组织关系。

村落是社会的基本单位,由宗祠、住宅、牌坊、庙宇、戏台等建筑组成的村落空间系列,以其特定的功能和空间形象,形成伦理空间,充分体现出忠、孝、节、义等浓厚的儒教文化色彩。丞相祠堂、大公堂等规模宏大的宗祠供奉着祖先的牌位,春秋两季供族人祭祀,借以激发宗族成员对祖先开创基业的崇拜和敬仰,增强自身的荣誉感和责任感。如每年农历四月十四和八月廿八,诸葛村都要举行诸葛亮春秋二祭,诵读《诫子书》,典礼十分隆重。门前的旗杆则鼓励人们去追求功名以光宗耀祖。宗祠建筑的高大、华丽、宽敞,使村落民众产生一种无形的内聚力和向心力。村落中忠实地遵循封建伦理道德规范的人物或取得功名的读书人,得到皇帝下旨建造牌坊表彰的殊荣、高耸的牌坊作为遵守伦理道理规范的楷模与标志。成为人们瞻仰与向往的对象。村民向以修造牌坊为荣宗耀祖之举,故牌坊方楼正中,都要竖上刻着"恩荣""圣旨"等字样的双龙戏珠立匾,表示已得到皇帝的恩准。

明清两代五百年间,诸葛村共出进士 5 人,举人 11 人,各类贡生 60 多人,出任州府以上行政官员者 10 人,出任知县者 10 人。可谓"簪缨蔚起,贤良方正代不乏人"。其中进士都建有进士牌坊,举人则在家宅门前矗立旗杆示荣耀。

在住宅的建筑上,其布局、功能、规模、体量、色彩也有严格的等级区分,体现了封建的伦理道德关系和自给自足的封建经济形态。如诸葛民居一般一家一户一个院落,这种建筑模式减少了邻里之间的往来。不仅如此,大户人家日常活动几乎不需出门,一所规模较大的民居中,卧室的安排都体现了尊卑长幼的次序。除祖、父辈及儿女的卧室及活动场所外,还有账房先生、佣人、厨娘的房间,有鱼池、花园、菜圃,有储藏室和书房,储粮及柴炭可供半年乃至一年之用,吃、喝、玩、乐几乎不出大门。封建保守的小农意识加上男子汉长年累月在外经商的事实,使得诸葛村人在宅院建筑中尤为重视安全,防范措施十分严密。诸葛民居的封火墙高大挺直坚固,不假以工具很难攀越;有的墙内还设有木老虎(栅栏),即使被盗贼打穿墙洞也难进入。窗户仅 0.3 至 0.4 米大小,且开设于距地面 3 至 4 米的高处,有方形、圆形、六角形、树叶形、八卦形之别,丰富多样,但要通过窗户窥视室内情况绝非易举。门则常为铁皮泡钉大门,门设多重,且有门栓、门杠、门锁、门销等多种安全设施。街一巷一院相对而居的街坊邻舍,其大门一般都相互错开,如此,不仅有利于防火,而且使相互之间不能直观对方家中的行为举止,以消闲言碎语,保持邻里、宗亲之间的和睦。看来诸葛村人早于萨特而对"他人皆地狱"之说有了一定的领会。诸葛民居的建筑虽然密集,但不连墙共山,户与户之间各成院落,以减少纷争。戏剧演出是村落中最重要的文艺活动,村落的大小宗祠、庙宇内大都建有戏台,逢年过节演戏供族人观看,通过戏剧的表演,宣扬、灌输封建的忠、孝、仁、爱、礼、义、廉、耻等伦理道德观念。如农历正月,一年伊始,这是乡民最快乐的时候,家家户户大门上张贴红彩门联,门内堂上正中张挂"天官赐福",两边楹联,堂前挂灯结彩,长条案上安放着祖先牌位,红烛高烧,香烟缭绕。孩子们放鞭炮,年轻人敲锣打鼓,舞龙舞狮,穿街绕巷,其乐无穷。其余如元宵节、端阳节、中秋节、七月半等节日,都要设宴、待客,如元宵要闹龙灯;正月二十各家店铺要闹花灯,争奇斗艳,十分壮观。端阳节要吃雄黄酒、黄鱼、黄鳝、黄瓜、鸡子黄等,中秋则摆上古玩玉器,设香案,摆上月饼、果品,大家团坐赏月,直到夜深人静,玉兔西沉,人们才告就寝。八时八节,邀班演戏的时候也很多,江湖艺人、三教九流人等也纷至沓来,热闹非凡。

诸葛民居的建筑装饰,是一朵独特的艺术奇葩。古民居配置以精美的雕刻,形成了清丽高雅的建筑装饰艺术格调。雕刻有木雕、石雕、砖雕等多种,手法则有圆雕、透雕、浮雕等多样。但无论砖、石、竹、木的雕刻,都体现了封建的伦理道德观念,如雕刻中常见的题材有平安吉庆(瓶、案、荔枝、磬)、年年有余(鱼)、勤俭持家(琴、扇)、祥云百福(蝙蝠)、丹凤朝阳,松鹤延年,太师少师(狮)、连生贵子(莲、笙)及松竹梅岁寒三友、梅兰竹菊四君子等。人物则大都为宣扬儒家忠、孝、节、义伦理道德的戏曲故事和历史典故,如百寿图、渭水访贤、和合二仙、福禄寿喜四神等。装饰木雕精致丰富,厅堂悬挂的楹联匾额,都少不了充满人生哲理,自警自律且劝诫后人的名言警句,如"诫子一书传后世,出师二表足千秋""淡泊以明志,宁静而致远""鞠躬尽瘁铭后世,公忠体国励儿孙"等,大多出自本地的大儒名流。这些都突出了建筑的伦理主题,使诸葛村落的整体建筑空间充满了伦理道德的氛围。

### 三、审美空间

诸葛村民热爱自己美好的田园生活,在劳动、生活中积极创造开拓了自己的审美空间。自然环境中的山川岩石、树木花草、夕月朝晖、霜晴雨雪等，无不成为人们愉快欣赏和讴歌的审美对象。早在明代的正德年间，诸葛村民就把村落周围的一些自然人工的景观，取了美丽动听的名字，有南阳书舍、西坂农耕、岘山夕照、石径祥云、清溪夜碓、双井灵泉、菰塘霁月、翠岫晓钟等八景，有周京、王以彰、诸葛文雍、诸葛鲤等文人墨客作的高隆八景诗流传至今，极富诗情画意。山峦岗岭，茂密葱茏的山林，明澈清幽的流泉，霞光明灭的朝日夕阳，都成为村民的审美对象。从地域上看，涵盖了村落的四面八方，从时间上则包括了春夏秋冬，古往今来。如石岭祥云，人们在走过石岭桥一带，回看远处的高隆岗，自然会出现"岭上云龙石一拳，氤氲非雾亦非烟。万年瑞气扶红日，五色祥光绚碧天"的景色，这些镜头，通常在朝晖夕阴、雨后初晴之时都是会出现的。再如菰塘霁月，即在今村东南的北漏塘下，双合塘边，夜雨初晴，云开月出之时，遥望丞相祠堂、关王殿的翘角和凉亭、牌坊、树木，加上夜晚转凉，在这样的环境和衬托下遥看北漏塘，就会出现疑是仙境一般的"素魄涵波疑浸玉，清光蘸水恍浮金。广寒宫里霓裳舞，欲叩嫦娥听好音"的美妙境界。在村落景观上，由于村子范围广阔，在这范围里又有八座小山和大片谷地，丘陵上荫翳着林木，谷地里闪烁着池塘。村子坐落在它们中间，被山脊、陡坡和水塘分割成断断续续的几块，巷弄曲曲折折，道路上上下下，许多巷弄由于通过陡岩、岭脊，分布着大量的石台阶。巷弄不长而曲折，景随步换，往往转一个弯，就走到了陡岩、岭脊或水塘边上，景象立刻大变。村落与地形地貌的巧妙结合，形成美丽潇洒的村落景观。由于建筑顺着山坡地势建造，高低错落，层次分明，背靠葱郁的青山，面向嫩绿的田园，左右两侧林木浓荫掩映，樟树、枫树、银杏等水口树和水塘里的荷花、水葫芦、芦苇等植物，随季节的迁移,变换着苍翠、火红、粉红、纯黄、雪白等绚丽的色彩,从远处看,村落与环境融为一体,构成美妙的天然图画。

诸葛村的私家园林也极为兴盛,著名的有西轩、环绿轩、西园、天一堂后花园等。大都有松磴、菊径、梅窗、钓矶、石室、兰崖、飞瀑、书轩、月亭等小景点,遍植松、柏、梅、兰、牡丹、玉兰等名花异卉,文化品位相当高。没有条件设置花园的人家,也常利用天井,摆设盆栽的棕竹、棕榈、万年青、文竹等常绿耐阴的植物,以营造一个赏心悦目的审美空间。

不仅如此,诸葛村民利用多种多样的建筑艺术手法,创造理想的审美空间,如钟池周围的建筑群落,主乐章是坐落于大柏树下山麓的大公堂,门楼为重檐歇山顶,翼角起翘,给人以"如罄斯飞"的感觉。它的建筑高大富丽,金碧辉煌,是钟池一带建筑中最引人注目的。至于钟池周围的一般民居,由于大都以硬山顶为主,不可能出现反凹上翘的翼角,但匠师仍然致力于追求这种富有柔和、舒展、飞动之美的线条,用马头墙的形式表现出来。远观村落,民居群体的马头墙,微微向上反翘的曲线,犹如群鸢起舞,万马奔腾,象征着人们奋发有为、乐观进取的精神。再如民居建筑中简单的几何形体,经过艺术的加工而成为审美的形象,如门窗的花格,用尺度适中的梱条或雕刻物小构件,组成格式、宫式、葵式、万字、冰裂等种类的样式,每一种类花格的样式与构图又灵活多变,虚实分明,疏密相宜,轻灵活泼,毫无呆滞之感,给人以美的享受。诸葛民居高超的建筑艺术构筑了一个个丰富多彩的审美空间。色彩是粉墙青瓦,淡雅而明快;山墙是马头墙,高低相间,轻灵飞动,演奏着奔腾起伏的乐章;天井紧凑而通融,晨沐朝阳,夜观星斗,光线柔和,静谧舒适;梁架恢弘壮美,雄而不笨,曲线优美;斜撑、雀替、梁柱、牛腿、叉手等,相互勾连迂回,线条流畅,飘逸俊俏;漏窗精雕细刻,变幻多姿;可以说,诸葛村落的审美空间,是人按照美的规律精心创造出来的"人化"的空间。

诸葛村落的生存空间、伦理空间和审美空间,互相关联,互为依存,综合地组成了复杂多元的空间环境形态。生存空间强调选择有利生存的自然环境, 伦理空间注重人与社会的统一和谐,审美空间体现出人们在劳动实践中对美的追求与创造。总之,对于创造富有时代气息和民族传统特色的现代建筑空间来说,无疑有着很高的借鉴意义。

载《南方建筑》2004 年第 3 期

# 以兰溪为例浅谈县级博物馆的科学管理

【摘要】县级博物馆是最基层的文博单位,是一个国家博物馆事业的基石。如何做好县级博物馆的科学管理,应该以科学发展观为指导思想,统领一切工作,在人、财、物、事四方面做好科学管理工作。在抓好人才的培养和使用、科学理财,做好文物藏品的档案工作和信息化管理,抓好重要工作方面下功夫,区分轻重缓急,有张有弛,纲举目张,促进博物馆事业的科学、健康和可持续发展。

【关键词】县级 博物馆 科学管理

兰溪市博物馆创建于 1987 年 12 月 30 日, 隶属于兰溪市文化广电新闻出版体育局,属综合类博物馆。所在位置于兰溪市丹溪大道 26 号,在建新馆舍位于溪西兰阴山下横山路芥子园北侧,占地面积 9.32 亩,建筑面积 5 000 平方米,在用地的东侧设置入口广场,整个建筑呈围合院落式,院落的北侧与西北角为博物馆部分,院落的南侧与东南侧为民间艺术馆部分。参观线为入口广场—门厅—兰溪历史展厅—兰溪民俗、民间艺术展厅—书画院(民间艺术馆)—芥子园一期—多功能展厅。平面功能区分为:一层的功能安排为兰溪历史展厅、兰溪民俗及民间艺术展厅、设备用房、书画院、培训中心、多功能展厅及办公用房;二层为兰溪历史展厅、文物库房、兰溪民俗及民间艺术展厅、技术用房等;三层为报告厅及办公用房。

在建新馆为围合院落式三层砖混结构仿古楼房,建筑面积5 000平方米,其中文物库房1 300平方米,展厅2 500平方米,培训室、报告厅500平方米,其他用房700平方米,总投资3 158万元,其中建筑投资1 755万元。在建筑风格上沿用芥子园一期的白墙灰瓦传统色调,三面处理上采用平面功能的开窗要求。以精致的木栏杆、灰色面砖、传统的花窗来演绎徽派建筑的韵味。以现代建筑语言的板状结构、金属栏杆、白色墙面和坡面屋和平面层及外窗的不同形式的组合,体现了新时代对建筑精神的追求。在庭院中则采用江南园林的处理手法,将曲折的水面驳岸,自由的园路,湖石假山、亭子、廊道等遍置其中,形成幽静雅致的院落形式。

县级博物馆在我国属于基层的文博单位,肩负着收藏、科研和宣传等重要任务,在数量上构成了全国博物馆中的大部分,是一个国家博物馆事业的基石。如何做好县级博物馆的科学管理,是一个值得深入探索的重大课题,对于促进我们文博事业的繁荣具有重要的现实意义。

博物馆工作千头万绪,复杂纷纭,作为一个馆长,如果不分主次,眉毛胡子一把抓,难免摘了芝麻,丢了西瓜。不仅吃力不讨好,而且有可能贻误工作,给事业带来不必要的损失。如何避免,我们认为应该抓好科学管理这一核心,抓纲举目,工作才能得心应手,促进博物馆事业顺利发展。

## 一、人的管理

作为馆长,要善于识人、重人、选人、用人。人才是事业之本。博物馆人员一般都是具有中、高级职称的知识分子。往往在某一方面具有专业知识技能,称得上是某一方面的人才。如何管理,我们认为,人才首重培养。目前,兰溪市博物馆的人才现状是:人才数量不足,人才质量不高,人才类型结构不合理等等。造成这种现状的原因很多,有受社会环境影响;有受"论资排辈"影响;有受"求全责备"影响;有受人才交流阻滞、年龄上"青黄不接"的影响等等。以前我们常讲"人的因素第一"。在人的管理上,我们要做到:①注重人才培养。要鼓励专业人员树立上进心、进取心,加强荣誉感,刻苦钻研业务,自学专业知识,提高理论水平。②采取走出去、请进来等方法,创造条件让专业人员外出参加各类专业培训班,或请省内外专家来馆指导、培训等等。③克服"论资排辈""妒贤嫉能"的思想,让确实学有专长的年轻专业人员挑起业务上的重担。④在职称评审、聘任方面对确有贡献的年轻专业人员给予政策倾斜、创造事业、待遇等良好环境。⑤树立全面的人才观,博物馆对人才的需求是多方面的,专家不仅包括文物考古、陈列保管、鉴定研究的专家,应该要有包括安全保卫、宣传教育、计算机、市场营销等方面的专家,要重人才不唯文凭。⑥提倡人性化管理。在做好考勤、考核等一系列制度化管理的同时,提倡人性化管理。如严格执行年休假、节假日休息制度,对职工生日进行慰问,对职工直系亲属如父、母、妻、儿等不幸住院、重大伤残、死亡的,及时给予诚挚慰问、悼唁等。⑦分工合作,做好馆内各部门之间的协调,明确责任,加强考核、奖勤罚懒,防止人才内耗,防止事无人管,互相推诿。⑧使用人才要扬长避短,用其所长,避其所短。要避免重才轻德,或重德轻才的倾向,要树立"德才并举"的人才观。⑨积极参加各种学术交流活动。

国家文物局制定的《中国文物·博物馆事业"九五"计划及2010年远景目标纲要》提出:"进一步加强人才培养工作,实行馆校结合,有目的、有计划地培养造就一批献身文物、博物馆事业学科带头人和高级人才。"我们要努力培养和造就在知识、能力、素质三方面的综合人才,培养政治素质高、业务能力强、具有信息网络知识、法律知识与管理能力的复合型人才和既懂文博业务又掌握现代科学技术的新型人才,这是推动和发展县级博物馆事业的首要任务。

## 二、财的管理

博物馆是社会公益事业的文化机构。经费是博物馆事业的生存发展的血液,"无钱寸步难行"。而作为县级博物馆来说,经费似乎永远是短缺的。如何尽量改善县级博物馆捉襟见肘的财务窘境,作为馆长必须善于理财,开源节流,确保博物馆的生存和可持续发展。①建立健全的财务制度,严格财务审批报销制度和大宗物品采购招标制度。②量入为出,精打细算,杜绝铺张浪费,杜绝一切不必要的开支。③抓好市场营销,以文补文,增加收入,以弥补财政拨款的不足。④大力宣传博物馆事业,引起领导的重视。通过各种渠道,向市财政及上级争取经费。

## 三、物的管理

除了一般办公设施、用品外,作为县级博物馆来说,作为物的管理,最重要的是文物收藏的管理。藏品是博物馆之根本,可以说没有藏品就没有博物馆。①建立健全的博物馆文物库房管理制度,建立严格的安全责任制,确保文物库房安全,万无一失。②配备必要的安全设施,加强维护,落实警馆联防。③做好藏品档案工作。兰溪市博物馆现有文物藏品九千余件,目前大部分都按国家文物局的要求做出了详尽科学的档案。藏品档案具有原始记录的真实性、完整性和科学性,它是一种长期资料的积累过程,包括藏品的历史资料、鉴定资料、研究资料、特征记述资料、提取使用资料及藏品的铭记题跋、鉴藏印记、流传经过、修复、装裱、复印记录、现状记录等。今后我们将进一步加强完善藏品档案工作,同时实现藏品信息的电脑化管理,形成基本的管理数据库,实现藏品信息的标准化、规范化和检索使用的快捷化。④争取经费,扩大征集范围,为博物馆新馆开馆征集各类藏品、展品。⑤做好博物馆办公设施的登记和使用制度。

## 四、事的管理

县级博物馆虽然规模不大,但"麻雀虽小,五脏俱全",人少事烦,如何把事做好,我们认为应该区分轻重缓急,抓大放小,学会"十个手指头弹钢琴",有张有弛,张弛合度,有条不紊地做好各项工作。就兰溪博物馆来说,新馆建设的土建已经结顶,下一步我们将:①进一步完善新馆布展方案。②做好新馆的内部装修,开展新馆的布展招标工作。③争取落实经费,同时展开安防和布展工程。④开展新馆后期绿化。⑤做好文物及民间工艺品的征集。⑥继续做好文物普查工作,要求普查人员再接再厉,跑好文物普查的最后一棒。在保证普查质量的前提下,确保2009年9月底前完成野外普查阶段进入室内整理阶段。

总之,抓好县级博物馆的科学管理,是进一步贯彻落实科学发展观,切实以科学发展观统领一切工作的具体实践,也是促进县级博物馆事业能协调、健康和可持续发展的必由之路。

2009 年 7 月

# 章恒升官酱园创办始末

　　兰溪章恒升酱园，创始人为安徽绩溪商人章筠。章筠原名正级，字禹三，号梧亭，为监生，世居绩溪镇头镇。清咸丰三年(1853)，太平军定都天京，席卷江南，章筠于此时避居兰溪，赁得西门九坊聚星巷郑姓楼屋一座、店面一间、对合厅楼一进及厨房、园基等，创办章恒升官酱园。此郑姓房屋，园基系祖遗公产，占地约三亩七分有余，年赁银一百零八两，七房分掰为七股。章筠经营有成，遂于咸丰七八两年间先后购得其中三股，其余仍租赁为业。

　　咸丰十一年(1961)四月，太平军侍王李世贤部谭星攻克兰溪，酱园停业。同治二年(1863)正月，太平军撤守，兰溪一带封建统治秩序逐渐恢复，章筠即于同治四年二三月间筹备复业。因兵燹之后，屋宇残破，三月间开始兴工起造披屋，修缮店面(店堂原址在今解放路二十七号二轻局宿舍)。据当时账册记载，从三月至十二月，共支用银洋二千零二元八角九分，铜钱三百八十三千一百七十二文，可见兴工规模。时章筠之子耀钧三十九岁，耀宾二十二岁，两兄弟亦参与经营筹划。

　　同治四年五月初二，章筠至兰溪县衙门递呈，禀称于兰溪城内开设章恒升官酱园，设正缸五十口，遵照变通新章繁盛之例，每缸捐银五两，共捐银二百五十两。邀盐商陶庆春出具保结，向省局申请执照、烙牌。五月初四，兰溪县正堂出告示批准开张，核定每正缸一口,每年认销官盐五百七十斤。同治五年正月初九,浙江省盐漕部院颁下闽浙总督兼浙江巡抚领衔的醝字第十五号营业执照。二月二十一日,两浙都转盐运使司发下烙牌。所谓烙牌,又叫酱牌,共有三面,木制,长约三尺,宽约尺半,红底黑字,正中大书"官酱园"三字,旁有盐运使司的火烙印,悬挂店口,以防假冒。复业之初,核定账本洋五千元,年拨利润洋五百元。

章筠因操持过度,积劳成疾,于同治四年年底辞世,年五十九。析产后,章恒升酒园由其三子章耀宾承业,生产规模扩大。同治五年五月二十六日,又以章筠长子耀钧名义,至县递呈,要求增添正缸三十口,副缸六十口,按旧例每正缸捐银五两,共计一百五十两,仍邀盐商陶庆春作保。至六月初一,兰溪县正堂出告示批准。十二月二十五日,盐院颁下醝字第三十号执照。同时批准的还有兰溪王聚丰官酱园增设正缸二十口、副缸四十口。

章耀宾承业之后,苦心经营,事业欣欣向荣,所产酱油销及江西、安徽等省。其制作工艺为每大豆一百六十斤,以水煮烂熟,用面粉一百三十斤,拌和,俟其发酵变黄,入盐一百五十斤,加水一千斤,入缸搅和经暴晒,夏令七十日,冬令百日,酱坯成熟,掏取以压榨出汁,经调色,滤即成,以经三伏暴晒者为佳。章耀宾除于同治五年三月平整屋基、砌围墙石脚、加盖披屋外,又于同治七年、十二年先后购得郑姓房产、园基七股之三,至此,共拥有郑姓房产七股之六。在住家屋方面,于同治五年起盖楼屋四间,同治七年又加两过厢。光绪十年再加三间两厢一座。但至光绪十一年六月二十二,酱园外进火灾,延及后院,损失惨重。章耀宾乃以章恒升酱园全数产业为抵押,向周世德堂借贷银洋三千元,以图恢复。

章耀宾于光绪二十五年九月二十七病逝,时年五十六岁。其继配王氏已有身孕,于光绪二十六年四月初八,产一遗腹子,名洪坤,字寿乾。寡妇幼子,难以主持店业,遂聘请徽人张声野为经理,全权经营园务。张声野尽心竭力,谨而勿失。民国四年(1915),章恒升酱园"三伏老油"送巴拿马国际博览会展出,荣获金质奖。尔后章寿乾成长接管园务,亦有创新。民国十八年(1929),"三伏老油"送西湖博览会展出,与兰溪泰丰酱园"辣酱油"同时获优等奖,授五彩奖章。其余小型展览获奖,已不可胜计。据寿乾长子章恒光回忆,当时送西湖博览会之酱油,瓶装,外盛以红木盒,扎以红绸,十分隆重。其后遭时不造,民生凋敝,章寿乾虽兢兢业业,经营仍难有较大发展。1956年全行业公私合营时,章恒升酱园并入兰溪酱油厂(兰溪味精厂前身)。

(本文承章筠五世孙章世强提供资料,在此致谢。)

载《兰溪文史资料》

# 诸葛村落布局与八阵图关系浅析

兰溪诸葛村古名高隆岗,地形如锅,中心低平,四周渐高,以钟池为中心,四周环绕着大公堂、崇信堂及村民民居等百十座明清建筑,高低错落有致,八条小巷从钟池向外呈辐射状分布,整个布局如同一张蜘蛛网,四周更是千门万户,宛如一座迷宫。从《诸葛氏宗谱》上所绘的《族居之图》来看,可以明显看出村落布局呈九宫八卦形,与八阵图暗合;中间的钟池象征着阴阳太极,居中为中宫,即八阵图的中军,屋宇房舍均按八卦方位设置,以象征八阵。村落外围的八座小山又暗合外八卦。整个布局动静结合,内外映衬,奇正相间,联络互发。足见诸葛高隆祖先当年选址的非凡眼力和设计村落布局的良苦用心。

## 一、小说对八阵图的描述

晋陈寿所著《三国志·蜀志·诸葛亮传》说,诸葛亮"推演兵法,作八阵图"。又《诸葛亮集》载诸葛亮自云:"八阵既成,自今行师庶不复败矣!"可见诸葛亮对于八阵图是颇为自负的。八阵图,民间相传为九宫八卦阵,至元明之际罗贯中著《三国演义》,其第八十四回"陆逊营烧七百里,孔明巧布八阵图"说,诸葛亮入川之时,于鱼腹浦长江边取石排成阵势于沙滩之上,名"八阵图",反复八门,按遁甲休、生、伤、杜、景、死、惊、开。每日每时,变化无端,杀气冲天,可比十万精兵。后东吴大将陆逊引兵追袭蜀军,误入石阵,几乎迷于其中,不能得脱,幸赖孔明岳父黄承彦指引,才走出石阵。又,同书第一百回"汉兵劫寨破曹真,武侯斗阵辱仲达"说,诸葛亮于渭水之滨与司马懿斗阵法,诸葛亮布成八卦阵,司马懿说:"今孔明所布之阵,按休、生、伤、杜、景、死、惊、开八门。"照此看来,似乎八阵图与八卦阵同为一阵,异名而同物。但《三国演义》历来有"七实三虚"之说,其中不少章节根据民间传说写成,难以尽信。

## 二、历代文献有关八阵图之记载

八阵图,是古人行兵作战的秘法,也是古代国家的最高机密之一,《老子》说:"国之利器,不可以示人。"历代相传只有周朝姜太公,春秋战国孙武、吴起,汉朝韩信,三国诸葛亮,唐代李靖等人能曲尽其妙。《李卫公问对》记李靖说:"臣本诸葛亮八阵法也。"又据《资治通鉴》记载,唐太宗曾使侯君集向李靖学行兵战阵之法,李靖教其粗而不教其精。由于这许多缘故,八阵图被蒙上了种种神秘的色彩,至今难以窥其奥秘。

像我们的祖先往往把许多发明都归功于黄帝一样,古人也把八阵的创制归于黄帝。《兵略纂闻》说:"黄帝按井田作八阵法,以破蚩尤。古之名将,知此法者,惟姜太公、孙武子、韩信、诸葛孔明、李靖诸人而已。"关于八阵的名目,种种不一,《兵略纂闻》说:"其名之曰:天、地、风、云、龙、虎、鸟、蛇八阵者,孔明也。八阵之名,此为最古,此外方、圆、牡、牝、冲、轮、浮沮、雁行为八阵,或谓阵分休、伤、生、杜、景、死、惊、开八门者,皆后起之说。"《群书拾唾》云:孔明八阵,洞当阵、中黄阵、龙腾阵、鸟翔阵、连衡阵、握机阵、虎翼阵、折冲阵。"又《小学绀珠》说"洞当、中黄、龙腾、鸟翔、折冲、虎翼、握机、衡,本诸葛武侯。"对八阵记载最为详明而且绘有阵图的还有宋曾公亮的《武经总要》及明代的《武备志》。

八阵实起源于春秋战国之际,当时列国相争,攻城杀将,纷扰不已,阵法的创制对于保证作战的胜利具有重要的现实意义。八阵经过孙子、吴起、韩信等历代军事家的创造和发挥,是历代军事家智慧的结晶,经三国时诸葛亮的推演、改进而趋于完备。八阵名为八阵,实则一阵,一可变为八,八可化为一,相生相灭,变化无端。八阵按八卦方位排列操练,即为八卦阵,又名九宫八卦阵。由于年代久远,有关八阵的具体细节已经难以考证。但据《高隆诸葛氏宗谱》所载有宋高宗给诸葛亮后裔、太理评事诸葛辉的敕书:"朕闻尔祖所著八阵图原稿在外,可送进来看。如有别书俱送进来看,钦哉。绍兴四年三月三十一日。"从这敕书来看,诸葛亮后裔保存有其先祖诸葛亮所著的八阵图原稿。虽然后来送入宫廷,但其后裔留下副本,应是在情理之中的事。

## 三、有关《周易》河图、洛书、八卦等记载

《周易·系辞传》说:"天垂象,见吉凶,圣人象之。"至少从春秋时代开始,人们已大量利用卦象所象征的事物、现象及其相互的关系来解释占筮的结果。卦象所象征的事物,最著名的是八卦卦象象征天、地、风、雷、水、火、山、泽。在《说卦传》中,象征的事物和现象达一百四十余种。至汉代,出现了河图洛书。河图、洛书出现之后,不少人都以自己认为正确的方式把它们与八卦卦象联系起来,以表示河图、洛书是八卦之源。汉代的京房、马融、郑玄等人,或用太极两仪、四象八卦,或用四时五行、二十八宿、天干地支等

来解释宇宙间的一切。从此以后，人们也企图同在河图洛书之外，把太极、两仪、四象、八卦统一于一个图形之中。如朱熹《周易本义》就把卦象画在表示太极的圆圈周围。林至用黑白相间的图像表示太极、两仪、四象、八卦的分化过程。至明代，赵撝谦的《六书本义》第一次公布了阴阳鱼图，自称"有太极函阴阳，阴阳出八卦自然之妙"。所以他命名为"天地自然河图"，并说这是"万世文字之本原，造化之枢纽"。流传到民间，于是出现了种种的太极八卦图、八门吉凶法图等。在许多演义小说中也多次出现了八卦阵的描述。总之，太极阴阳鱼图蕴涵着天道、人事中的一切。自宋元明以来流传很广，深刻影响到当时人们的社会生活。由于其关系到古代哲学的一个很深奥的命题，这里不想多加推衍，但民间传说中的诸葛亮正是一个手摇羽扇、身穿八卦衣的神奇人物，我们可以推断，太极阴阳图对于诸葛村的创始者们有着一种深切的影响，诸葛丞相祠堂中厅九根脊檩上雕刻的太极阴阳鱼图正好说明这种影响是如何在诸葛亮后裔的心目中扎下了根。

## 四、现有之八阵图遗迹

相传诸葛亮所作之八阵图，其遗迹有数处。①在陕西省沔县(今勉县)东南，又称旱"八阵"。《水经·江水注》云："定军山东名高平，是亮宿营处，营东即八阵图也。"《汉中府志》云："八阵图八阵，聚细石为之，各六十四聚，又有二十四聚，作两层，每层各十二聚，其踪迹尚存。②在四川省奉节县南，又称水八阵。《水经·江水注》："江水又东，经诸葛亮图垒南，石碛平旷，望兼川陆，有亮所造八阵图。"《太平寰宇记》："八阵图，在奉节县西南七里，周迴四百八十丈，中有诸葛孔明八阵图，聚石为之，各高五尺，广十围，历然棋布,纵横相当,中间相去九尺,正中间南北巷悉广五尺,凡六十四聚。或为人散乱,及为夏水所没,冬水退后,依然如故。"按,此即《三国演义》所说的鱼腹浦八阵图。③在四川新都县。《元和志》:"在新都县北十九里。"《太平寰宇记》云:"《益州记》云:稚子关北五里,有武侯八阵图。"《困学纪闻》记载新都县有八阵图乡,为土垒,今残破不可考。④在成都青白江弥牟镇。

但据考古专家的研究,以上几处遗迹,除益州新都县的土垒早已残破不可考证外,沔县和奉节县的八阵图,实际上是大石文化的遗存,当被视为反映蜀地生殖文化的图腾柱才对,在我国史前考古发掘中,便有十一个省二十多个遗址发现有这种"男性生殖器官"的崇拜,即所谓"石祖""陶祖""木组"等崇拜。目的在祈求氏族繁荣,子孙昌盛。蜀先民这种男根形态的石笋或曰大石又演变为蜀王族墓的墓碑。伍乃强先生就曾指出成都青白江弥牟镇八阵图乃"蜀王族墓群所在,墓各一石笋,丛立如林故称为笋里"(见《华阳国志校补图注》)。实与诸葛亮无关。如果上说成立,那么诸葛村的八阵图布局恐怕是国内唯一人为的有意模仿诸葛亮八阵图的遗迹了。

## 五、诸葛村聚族卜居源流

诸葛氏后裔自五代俐公为寿昌令,其子孙遂迁居浙江。《万历合修家谱序》云:"俐公五代时为寿邑令,生青公,乃徙居兰溪之岘峰,置衢、严、婺三州田产九千余石,生六子。"时在宋仁宗明道三年癸酉(1033),分析六子,卜地异居。至宁五公,又自葛塘迁于今之高隆(诸葛村)。《宗谱·宁五公迁居始末》云:"公讳大狮,字威公,行宁五,其先承载公自岘峰迁葛塘,公其六世孙也。好义乐施,且精堪舆术,深歉故居之隘,谓不足裕后,因亲相宅址,得田塘之南,未慊,及步至高隆,始忻然曰:此庶足称吾居也。时其地荒僻,惟王氏舍其旁,地亦其所有。即捐重价求得之,垦平结构,携二孙瑞二公、瑞三公居焉。戒之曰:吾一生精力,尽在阴阳二宅,去后或有灾咎,慎勿疑。二孙唯唯受命。公殁,遂以其地葬焉。未几,瑞二公以运粮违限罪戍北,瑞三公以编鱼鳞图失格罪戍南,相继卒于卫所。目击者莫不指其地大凶。安二公及弟三人确守先训,不以改图。及后资产渐饶,英彦辈出,由迁居得地,笃信贻谋之所致也。”《重建中庭记》说:“祖大狮公堪天道,舆地理,视地面偏偶,规模卑狭,卜吉高隆上宅,聚族于斯。”

从以上记载可以看出,浙江诸葛氏自宋代起已成为世家大族,财力雄厚。青公时,已拥有衢、严、婺三州田产九千余石。至宁五公其人,精通风水之术,亲自选定高隆为阳宅,时在元朝至元年间。或谓诸葛村古建筑非一时一世所建,但当时此地荒僻,无人居住,宁五公亲自规划,垦平结构,八阵图之布局,当在此时已初具规模,至少有总体规划,以后虽有零星添改,终因大局已定,至今仍可看出当年宁五公设计规划的匠心。从《宗谱》现存有明正德年间所绘的《高隆八景图》来看,大公堂、崇信堂、大宗祠等主要建筑已确定位置,奠定了九宫八卦的布局基础。至清乾隆年间所绘的《高隆族居之图》,九宫八卦的平面布局已经完全确定。八条小巷将村落划分为一个类似井字的形状,即所谓的“黄帝按井田作八阵法”的井田。中间的钟池,象征着太极图,八座小山之内按八卦方位布置房舍,以象征八阵,合则为一,分则为八,此为内八卦。八座小山之外则为外八卦。奇正相间,联络互发,匠心独具。其后子孙,谨守成例,无大改作。并将“加意培补阴阳二宅”作为族规而载之《宗谱》。

村落的选址、布局十分得体,不仅较细地考虑了自然环境、地形地势的因素,充分运用了堪舆术"相形纳气"的理论而且糅合了阴阳八卦理论和模仿八阵图的布局技巧,体现了高超的堪舆技术。正如《宗谱》所载,宁五公"堪天道,舆地理""吉地哲心,宛然吐现"。堪舆术即俗称之风水术一说。"风、水"从"阴、阳"读音衍变而来,阴阳学说是中国古典哲学和自然科学的基础。堪舆主要通过对事物的安排,从地形选择到建筑布局,企图对一定场所的大气施加影响。它有助于人们利用大地自然力量,利用阴阳平衡,来获得吉祥之气,从而促进健康,增强活力。按堪舆学观点,"阳宅最重纳气相形,以吉纳气,须凭九宫八卦五行生克论断。阳宅纳气,门地两气俱旺者,必然发福";堪舆学强调的是人与大自然和平共处,寄形状于感觉与想象,在审美情作用下,化为吉祥的心理意念。

高隆的古建筑,从堪舆上说,也很有讲究。《高隆族居图略》云:"吾族居址自肇岘蜂,其近祖也。穿田过峡,起帽釜山迤逦奔腾前去,阴则数世墓兆,阳则萧前两宅也。东钟石阜蒲塘之秀,层冈叠嶂,鹤膝蜂腰,蜿蜒飞舞而来,辟为高隆上宅,阳基其分左支而直前者下宅也。复夹诸峦,四望迴合。"《世牒叙言》云:"登眺四望,吉地哲心,宛然吐现。"《杞言》云:"始迁高隆以来,脉势颇称美善。越今十六七世。尤望将来君子,惩今善后,总于阴阳两宅,加意培补,一一思患而预防之。"可见诸葛村的八阵图布局,非属偶然,而是自大狮公以来几辈人,特别是大狮公匠心独具,综合了堪舆阴阳八卦及八阵图等种种理论的结果。但由于八阵图历来为国之利器,藏之秘府,诸葛亮后裔虽有稿图传世,但也不便张扬,所以《宗谱》上有关这方面的记载语焉不详,后人只能从其现存的建筑布局上窥见其奥秘。

## 后记

此为原稿,也系往事记忆之一,故收录于此。本文写于1993年3月间,后经徐国平先生精心补充、加工、完善,同年10月在全国第七次诸葛亮学术研讨会上宣读,后来刊登于《东南文化》,自此诸葛八卦村之名不胫而走,海内外游客纷至沓来,这是始料未及的。但也招致一些专家的质疑。其实中国的堪舆家早就有所谓形的概念,如天鹅形、凤凰形、卧牛形等,大都随形赋名,几分形似加上几分想象,难说有多少考证。八阵图是八阵图,村落布局是村落布局,本非一物,不能等同。至于人工建筑布局,无心之作谓之巧合,如北京故宫之平面坐佛像,有意为之谓之模仿,如新疆八卦城、杭州八卦田之类。清华大学教授陈志华等所著《诸葛村》一书说:"诸葛村地形是美女献花形,大公堂就在子宫的位置,丞相祠堂在阴户位置。"此也可备一说。但如果认真把诸葛村当作八阵图或者美女献花,甚至加以改造,那未免太刻舟求剑、胶柱鼓瑟了。

浙江省第三届古建筑学术研讨会论文(节录)

# 诸葛亮"守门"的古祠

虹霓山古村坐落于兰溪市女埠镇虹霓山,村落后枕白露山层峦,前临甘溪,风景优美。虹霓山自唐代即有人家居住,至北宋太平兴国年间,该村始迁祖童德十一公讳徽者,自睦州寿昌八鼓桥迁来发族,初名黄冈,明代因山势如龙蟠,又名蟠龙,后见村后岩岫雨后常见虹霓焕彩,玉气氤氲,村人以为祥瑞,故名为虹霓山村。据《黄冈童氏宗谱》记载,南宋时驸马都尉刘文彦四世孙字大仁行元七者,以幼子以甥继童氏舅,更行仕一。后刘氏门祚衰微,又以童氏继刘,所以该村刘童合谱,二姓实为一姓。

该村人口繁多,为旧时纯孝乡之四大望族之一,自宋代即修建宗祠多处,屡有废兴,清咸丰年间大多毁于太平天国兵火,现存多为同治、光绪年间重建。

世美堂,又名童氏宗祠,为该村童氏总祠,平面三开间三进二天井,坐东朝西偏北40°。大门前有照壁,照壁由青砖垒砌。花砖叠涩出檐,正脊置宝瓶,瓶插方天画戟,脊两端饰鱼龙正吻,檐下置一斗三升砖斗拱四攒。门厅三开间,明间前檐额枋浮雕"空城计"诸葛亮鼓琴图案,额枋下两端以尉迟恭、秦叔宝门神雀替承托,次间前檐额枋雕刻城阙人物图案,边缝檐柱置武将牛腿,明次间额材上均置斗拱二攒,雕饰华丽,牛腿上方随梁材分别刻"福、禄、寿、喜"四字。前进全用青石四角内凹方柱,青石方形础,明间中缝梁架为五架,近似梁带前后双步廊,月梁以卷草纹雀替承托,檩下置枫拱,类纱帽翅,天井檐柱置"太师少师"牛腿。

中进梁架为六柱十三檩,即五架梁带前后重双步廊,跨度之大,为他处罕见。扁尺梁中间刻戏曲人物,两端刻回字纹,下以卷草纹扇形雀替承托。边缝梁架为穿斗式。明间额材中间刻"甘露寺"戏曲人物,两端饰回字纹,下以和合二仙雀替承托。

中进与前进之间设青石砌天井,两侧设过廊,过廊檐柱置"刘海戏金蟾"牛腿。后天井檐柱置回纹牛腿,明间额枋刻如意盒及灵芝草,下以牡丹纹雀替承托。后进原建于高台上,与天井之间有七级青石台阶。

世美堂大门上方雕刻"诸葛亮空城计"图案,城阙、人物均历历在目,村中俗称为"诸葛丞相守大门"。那么,童氏先祖究竟是何方神圣,敢令诸葛丞相守大门呢?原来,该村至南宋时门祚衰微,驸马都尉刘文彦四世刊、以幼子继童氏,其后子孙繁衍不绝,至今虹霓山童氏实为刘氏之后。据《宗谱》记载,刘文彦为中山靖王及汉昭烈帝刘备之后裔,世为天潢贵胄,世美堂有"刘氏继童宗支连驸马,甥行延舅嗣族聚蟠龙"的楹联,所以请诸葛丞相守大门,同时中厅多雕刻刘备东吴招亲故事,也就不足为奇了。至于堂内檩下的枫拱全部雕刻成纱帽翅的形状,则是寓意世世为官、代代乌纱不绝之意。

*载《金华日报》*

# 谈浦江东陈的楹联

陈应理先生在 2002 年 4 月 29 日《金华日报·浙中特刊》发表了《此联费人猜测》一文,就镌刻在浦江潘宅镇东陈村陈氏宗祠大门两侧的一副楹联"九世同居已旌于北宋,一门相睦尚见乎东陈"做了有益的探讨,主要是"九世同居"的史实及地点上等阐明。

据笔者所知,中国陈氏号称"天下第一大姓",陈氏相传为大舜之苗裔。大舜育于妫水,故姓妫。及周武王灭商纣后,将长女太姬嫁给阏父之子妫满,受封于陈(今河南一带),遂以国号为姓。后妫满之后裔陈完奔齐,改姓田氏,十二世代有齐国。及秦始皇灭齐,田氏之一支复姓为陈,子孙流散。从宗族渊源来说,胡、陈、田、王、袁等皆出于共同祖先。汉初有陈平,其后有陈汤。东汉恒帝时,陈实为太丘长,居颍川,是为颍川陈氏之祖。

东晋时太尉陈达为长城(今浙江湖州)令,悦其山水,遂安家于此,说:"此地山川秀丽,当有王者兴,二百年后,我子孙必踵斯运。"及十九世陈霸先平侯景之乱,代梁为帝,建立陈朝,是为陈武帝,传五君,国亡于隋。陈武帝之弟陈文帝子孙众多,分封各地,其中有一支居于江西江州(今江西九江一带),历隋唐至北宋,已九世同居,称为陈氏义门,受到朝廷旌表。至北宋仁宗时,龙图阁大学士包拯虑其族大人多,远近钦慕,恐其变生不测,危及朝廷,就上奏仁宗同意,将江州陈氏强行分家,子孙安置在全国各地,因此又有"天下陈氏出江州"之说。

　　江州陈氏分家后,子孙散居各地发族,浙江金华一带的陈氏,包括东陈陈氏,可能也是从那时自江州迁徙而来的。如此,则浦江东陈村陈氏宗祠的楹联含义自可明了。"九世同居"指北宋时江州陈氏,"一门相睦"则指东陈陈氏尚存江州陈氏孝悌仁义之风,不愧为江州陈氏之后裔。

*载《金华日报》*

# 诸葛亮生辰八字

据袁树珊《命谱》载：诸葛亮生于后汉灵帝光和四年七月二十三日巳时。命造八字为：辛酉年，丙申月，癸丑日，丁巳时。书中论道，日元癸水，诞生立秋节后，白帝司权，金正当令，水得金生，正气充足，再逢年干辛金，年支酉金，及月支申藏庚金，又藏壬水，日支丑藏辛金，又藏癸水，叠叠生之助之，其为金白水清，显而易见。仅恃月干单独丙火，不独不能制金，且亦不敷济水之用，况丙与辛合，同化为水，其火之成分，又复若有若无，没有生时丁巳之二火，决不能制当令之旺金，济有余之相水。今既得此为正式之用神，其为雨旸时，若天地顺成可知。

大运二十三岁后金水连环，和用神水背道而驰，虽说鞠躬尽力，也只能够事倍功半。五十四岁大运庚寅，流年甲寅，岁支寅和命中月支申相冲，与时支巳相刑，所以一旦当生命进入当年八月癸酉、二十八日庚辰、金水汹涌、助纣为虐之时，也就难逃厄运，卒于军中了。

按：《三国志·蜀书·诸葛亮传》及兰溪《高隆诸葛氏宗谱》均未载其生日时辰，诸葛村民俗以阴历四月十四为诸葛亮生日，八月二十八为其死日，死日恰为生日数字的一倍，其可信程度较低。而命书所载名人生辰八字，也多有杜撰者。《命谱》所载诸葛亮的生辰八字，仅录以备考。

# 姜维后裔之谜

《三国志·蜀书·姜维传》记载，邓艾破蜀之后，姜维密谋复国，与钟会一起举事，欲尽杀魏北来诸将。"魏将士愤怒，杀会及维，维妻子皆伏诛。"又同时代郤正著论论及姜维，说："姜维投厝无所，身死宗灭。"似乎蜀亡之后，姜维宗族灭绝，不应有后裔存世。

但《新唐书》载有唐《宰相世系表》云："姜姓本炎帝，生于姜水，因以为姓，其后子孙变易他姓。尧遭洪水，共工之从孙佐禹治水，为四岳之官，以其主四岳之祭，尊之，故称曰太岳，命为侯伯，复赐以祖姓曰姜，以绍炎帝之后。裔孙太公望封齐，为田和所灭，子孙分散。汉初姜氏以关东大族，徙关中，遂居天水。蜀大将军维裔孙明，世居上邽。

"明，后魏兖州刺史，天水郡公。远，后周荆秦二州刺史，朝邑县公。宝谊，左武卫大将军，永安刚公。恪，相高宗。协字寿，夏州都督，成纪威公。"

九真姜氏，本出天水。神翊，舒州刺史。公辅相德宗。姜氏宰相二人："恪、公辅。"则唐时已有奉姜维为祖者。

兰溪人水亭乡姜陂村为一姜姓血缘村落，存有清道光二十六年丙午（1846）及光绪三十四年戊申（1908）重修的《东溪姜氏宗谱》及姜维与妻孙氏画像各一，谱中载：维配孙氏，继娶龚氏，子一蕣，拜秦州刺史。其后公辅，为学士，叩谏朱泚，后拜相。姜维之四十九世万丹，娶舒氏，生子瞻，随宋高宗渡江，子孙辗转武林、婺州、龙邱等地，及启公携带姜维、姜公辅旧谱，卜居兰溪姜陂。自姜维始，迄今已七十余代，其世系历历分明，值得专家探究。

# 《世说新语》所见之诸葛氏家族

　　琅玡阳都诸葛氏是中国历史上显赫一时的大家族。聚居在浙江兰溪诸葛村的诸葛亮后裔珍藏有最后一次合修的《高隆诸葛氏宗谱》,上有民国三十六年(1947)国民党元老陈果夫所撰的《宗谱序》云:"诸葛氏为汉初诸县侯葛婴之后,而光大于三国两晋之际。三国时,瑾亮昆仲佐吴相蜀,割据寰宇,开济两朝,而亮之卓才远识,尤并世无二。"关于诸葛氏得姓之由,《风俗通》《英贤传》《世本》《吴书》及《元和姓纂》等有不同说法,此处不作考证,但陈果夫说诸葛氏光大于三国两晋之际,却是确凿不移的事实。《三国志·吴书·诸葛恪传》载临淮臧均《乞收葬恪表》云:诸葛氏"得承祖考风流之烈,伯叔诸父遭汉祚尽,九州鼎立,分托三方,并履忠勤,熙隆世业"。《吴书》云:"初,瑾为大将军,而弟亮为蜀丞相,二子恪、融皆典戎马,督领将帅,族弟诞又显名于魏。一门三方为冠盖,天下荣之。"可见当时诸葛氏兄弟分托魏、蜀、吴三方,建功立业,称美于世。至陈寿著《三国志》则分别为之立传。两晋时期,诸葛氏仍是当时著名的高门望族,在《晋书》中为之立传的就有诸葛婉、诸葛长民、诸葛恢等多人。

　　《世说新语》一书是南朝宋临川王刘义庆所撰的一部主要记载汉末、三国、两晋士族阶层遗闻轶事的笔记小说。《隋书》《旧唐书》《新唐书》及《南史》但名之为《世说》,后又有《世说新书》和《世说新语》二名,至宋初则通行《世说新语》之名了。刘义庆是南朝宋武帝刘裕仲弟长沙景王道怜的儿子，出嗣给临川烈王道规，袭封临川王。《宋书》本传说他"性简素，寡嗜欲，爱好文义。"他所作的《世说新语》中的许多材料是从裴启的《语林》及郭澄之的《郭子》等书中辑录出来的。汉代郡国选士，注重乡评里选，所以汉末郭泰有人伦之鉴，许劭有"汝南月旦评"，魏晋士大夫好尚清谈，讲究言谈容止，品评标榜，相扇成风，一经品题，身价百倍，世俗流传，以为美谈，记录下来，就成为《语林》《郭子》一类的书。刘义庆的书比较后出，可谓"事事有出处，字字有来历"，非同后世所谓虚构的小说家言可比。更由于《语林》这一类书至今已大都散失，只有刘义庆的《世说新语》比较完整地保存下来，对于研究魏晋时期士族阶层的功业、言行、风貌等具有珍贵的价值。刘义庆的《世说新语》有南朝梁学者、荆州户曹参军刘孝标作的注，引证当时史书、地志、家传、谱牒之类数百种，这些书现在大多数已经失传，吉光片羽，为世所重。《世说新语》中记魏晋时期琅玡阳都诸葛氏族人的篇章不可谓少，计有方正、品藻、排调、贤媛、文学、黜免、言语、识鉴、假谲等九门共十四则，涉及诸葛氏族人九人，加上刘孝标注文中所涉及的尚不只此数。虽大都皆为片言只语，凤毛麟角，但窥一斑而见全豹，对于研究当时诸葛氏族人的功业、言行、婚姻、世系、迁徙、生活及时人对他们的评价等等，都具有不可低估的价值。笔者现不揣浅陋，将书中有关诸葛氏的章节辑出，酌加评注，以公之同好，以期对魏晋时诸葛氏家族的研究有所裨益。

# 辑　评

## 一、《方正·第五》

诸葛亮之次渭滨,关中震动。魏明帝深惧晋宣王战,乃遗辛毗为军司马。宣王既与亮对渭而阵,亮设诱谲万方,宣王果大忿,将欲应之以重兵。亮遣间谍觇之,还曰:"有一老夫,毅然仗黄钺,当军门立,军不得出。"亮曰:"此必辛佐治也。"

按:蜀汉建兴十二年、魏青龙二年(234)春,诸葛亮兴兵第五次北伐,与司马懿在渭南对峙。亮大军远征,粮运艰难,利在速战,而司马懿坚守营垒,拒不出战,欲以不战屈之,使亮粮尽自退,然后乘虚攻之。《晋阳秋》云:"亮虽挑战,或遗高祖(司马懿)巾帼,巾帼,妇女之饰,欲以激怒,冀获曹咎之利。"这是说诸葛亮百计挑战,甚至以妇人巾帼送司马懿以激怒之,欲其出战,以冀象楚汉相峙时,汉军激怒楚大司马曹咎从成皋出战,结果汉军大获全胜,曹咎自杀的先例,能战胜魏军。司马懿虽老奸巨猾,依旧坚壁固守而魏众将愤怒,纷纷请战。司马懿奏闻魏主曹睿,曹睿即遣卫尉辛毗字佐治者,持节为司马懿大军司马。亮每挑战,诸将将出迎战,都被辛毗使节阻止。《世说新语》此则虽着重赞誉辛毗之方正,但也从侧面反映了诸葛亮对敌我情势了如指掌,特别是对敌方人士的性格、为人的了解。一句"此必辛佐治也"。既反映了诸葛亮的知人之明,同时又透出了诸葛亮对魏军坚壁固守的几分无奈之情。是年秋八月,请葛亮果然因积劳成疾,病逝于军中,年五十四。

又《汉晋春秋》云:"亮自至,数挑战。宣王(司马懿)亦表固请战,使卫尉辛毗持节以制之。姜维谓亮曰:'辛佐治仗节而到,贼不复出矣。'亮曰:'彼本无战情,所以固请战者,以示武于其众耳。将在军,君命有所不受,苟能制吾,岂千里而请战邪!'"可见诸葛亮对司马懿的居心是洞若观火的。

## 二、《品藻·第四》

诸葛瑾弟亮,及从弟诞,并有盛名,各在一国。于时以为蜀得其龙,吴得其虎,魏得其狗。诞在魏,与夏侯玄齐名,瑾在吴,吴朝服其弘量。

按:此则乃记载魏晋时人对诸葛亮、请葛瑾、诸葛诞兄弟三人的评价。《三国志·蜀书·诸葛亮传》云:"时先主(刘备)屯新野。徐庶见先主,先主器之,谓先主曰:'诸葛孔明者,卧龙也,将军,岂愿见之乎?'"又《襄阳记》曰:"刘备访世事于司马德操。德操曰:'儒生俗士,岂识时务?识时务者在乎俊杰。此间自有伏龙、凤雏。'备问为谁,曰:'诸葛孔明、庞士元也。'"可见龙之誉早在请葛亮出山辅佐刘备之前已广为传播。

诸葛瑾(174—241),字子瑜,为诸葛亮之兄,东汉末移居江南,受到孙权优礼,任长史。后以绥南将军代吕蒙领南郡太守,住公安。及孙权称帝,拜大将军、左都护,领豫州牧。吴赤乌四年(241),年六十八卒。《三国志·吴书·诸葛瑾传》云:"瑾为人有容貌思度,于时服其弘雅。权亦重之,大事咨访。""与权谈说谏喻,未尝切愕,微见风彩,粗陈措归。如有未合,则舍而及他,徐复托事造端,以物类相求,于是权意往往而释。"因此说"瑾在吴,吴朝服其弘雅"。时人誉之为虎。

诸葛诞(？—242)，字公休，为诸葛亮之族弟。初以尚书郎任魏为莱阳令，入为吏部郎，累迁至御史中丞尚书。齐王芳正始初为御史中丞尚书，出为扬州刺史，加昭武将军。后为镇东将军，假节都督扬州诸军事，封山阳亭侯。嘉平六年(254)为镇东大将军、仪同三司，都督扬州。进封高平侯，邑三千五百户，转为征东大将军。高贵乡公髦甘露二年(225)起兵淮南寿春反抗司马氏专权，司马昭督兵二十六万攻之，诞于甘露三年(256)兵败被杀，传首，夷三族。故时人号之曰狗。按：古时号人曰狗，并非贬称，只是与龙、虎相比，略有高下而已。

夏侯玄，字太初，为夏侯尚之子。任魏征西将军，假节都督雍凉州诸军事。历官至太鸿胪，徙太常。后中书令李丰欲以玄辅政，为司马师所杀，年四十六。玄有才名，《魏氏春秋》云其："风格高朗，弘辨博畅。"《魏书·诸葛诞传》云诸葛诞："与夏侯玄、邓飏等相善，收名朝廷，京都翕然。"故云："与夏侯玄齐名。"《世说新语》云："是时，当世俊士散骑常待夏侯玄、尚书诸葛诞、邓飏之徒，共相题表，以玄、畴四人为四聪，诞、备八人为八达。"诸葛诞起兵反抗司马氏，也同他与夏侯玄等相善，而夏侯玄被杀，内不自安有关。


三、《排调·第四十四》


郗司空拜北府，王黄门诣郗门拜云："应变将略，非其所长。"骤咏之不已。郗仓(即郗愔)谓嘉宾(郗超)曰："公今日拜，子猷言语殊不逊，深不可容。"嘉宾曰："此是陈寿作诸葛评，人以汝家比武侯，复何所言！"

按：郗司空即东晋时的郗愔，字方回，山东高平金乡人，太宰鉴长子。渊靖纯素，无执无竞，历会稽内史、侍中、司徒。王黄门即王徽之，字子猷，为王羲之第五子，又是郗愔外甥，卓荦不羁，任性傲达。仕至黄门侍郎（见《中兴书》）。郗仓即郗融，字景山，为郗愔第二子。辟琅玡王文学，不拜，而早终。嘉宾即郗超，《中兴书》云："超字景兴，高平人，司空愔之子也。少而卓荦不羁，有旷世之度。累迁中书郎、司徒左长吏。"北府，《南徐州记》云："旧徐州都督以东为称。晋氏南迁，徐州刺史王舒加北中郎将。北府之号，自此起也。"北府兵是东晋军队精锐所在。历史上有名的晋秦淝水之战，晋方即以北府兵为主力。郗愔拜北府，即是担任北府兵的最高军事长官，而愔为人"渊靖纯素，无执无竞，简私暱罕交游"（见《郗愔别传》）。所以王徽之引用陈寿在《三国志蜀书·诸葛亮传》中对诸葛亮的评语"应变将略，非其所长"来讥讽他。

陈寿对诸葛亮的评价是相当高的，但也指出诸葛亮"治戎为长，奇谋为短，理民之干，优于将略"。在《蜀书·诸葛亮传》末的评语中，在盛赞亮施政执法的同时，又指出：请葛亮"可谓识治之良才，管、萧之亚匹矣。然连年动众，未能成功，盖应变将略，非其所长欤"。

陈寿的评语是否公允，是否为陈寿挟私怨的诬词，千载之下，聚讼纷纭，这里暂不作讨论。但从《世说新语·排调》中的这一则记载来看，在两晋南北朝时期，人们对陈寿给诸葛亮的这个评价是耳熟能详的，甚至在一定程度上是赞同的。因此当王徽之以"应变将略，非其所长"一语来讥讽郗愔，郗超则说"人以汝家比武侯复何所言"，就是说人家将你父亲比作诸葛武侯，评价是相当高了还有什么可说的。虽是自嘲之言，从中也可看出当时人对诸葛亮的崇敬，以及他们心目中是并不以陈寿"应变将略，非其所长"的评语为对诸葛亮的诬词。

## 四、《贤媛·第九》

王公渊娶诸葛诞女,入室,言语始交,王谓妇曰:"新妇神色卑下,殊不似公休。"妇曰:"大丈夫不能仿佛彦云,而令妇人比踪英杰!"

按:王公渊即王广,字公渊,有风量才学,名重当世。其父即王凌,王凌字彦云,仕魏文帝,拜散骑常侍,出为兖州刺史。正始初,为征东将军,迁车骑将军,仪同三司,后进为太尉。因谋立楚王曹彪为帝,事败饮药自杀。其子王广也被诛杀,死时年四十余。此则记载诸葛诞之女与王广新婚之时的戏谑之辞。魏晋时士族阶层互相联姻,实属常事。所谓"一损俱损,一荣俱荣"是也。《魏书·诸葛诞传》云:"诞既与玄、飏等至亲,又王凌、毋丘俭累见夷灭,惧不自安,倾帑藏振施以结众心,厚养亲附及扬州轻侠者数千人为死士。"密谋起兵反对司马昭;这和诸葛诞与王凌是儿女亲家,深恐唇亡齿寒有关,是顺理成章之事。

## 五、《排调·第一》

诸葛瑾为豫州,遣别驾到台,语云:"小儿知谈,卿可与语。"连往诣恪,恪不与相见。后于张辅吴坐中相遇,别驾唤恪:"咄咄郎君!"恪因嘲之曰:"豫州乱矣,何咄咄之有?"答曰:"君明臣贤未闻其乱。"恪曰:"昔唐尧在上,四凶在下。"答曰:"非唯四凶,亦有丹朱。"于是一坐大笑。

按：张辅吴，即张昭，字子布，彭城人，仕吴为长史、抚军中郎将。后封辅吴将军、娄候。嘉禾五年(235)卒，年八十一。四凶，相传浑敦、穷奇、梼杌、饕餮为尧时四凶。丹朱，为尧之子，不肖。诸葛恪(203—345)，字元逊，为诸葛瑾长子，少知名，弱冠拜骑都尉。吴嘉禾三年(234)，年三十二，任吴国抚越将军、丹阳太守，讨平山越。孙权死，辅立孙亮，任大将军，拜太傅，进封阳都侯，加荆扬州牧，督中外诸军事，专国政。他力主伐魏，吴建兴二年(253)起兵攻魏合肥新城，不克，士卒多伤病，大失人心，因退兵。皇族孙峻诬其谋逆，被杀，时年五十一，以苇席裹其身而篾束其腰，投之于建业之南石子冈。弟诸葛融饮药自杀，三子皆伏诛。二子竦、建俱死，夷三族。

诸葛恪年少即有才名。《江表传》云：恪"辩论应机，莫与为对。权见而奇之，谓瑾曰：'蓝田生玉，真不虚也。'"《吴书·诸葛恪传》："恪父瑾面长似驴，孙权大会群臣，使人牵一驴入，长检其面，题曰诸葛子瑜。恪跪曰：'乞请笔两字'。因听与笔。恪续下曰：'之驴'。举坐欢笑，乃以驴赐恪。"又《诸葛恪别传》记载："权尝飨蜀使费祎，先逆敕群臣：'使至，伏食勿起。'祎至，权为辍食，而群下不起。祎啁之曰：'凤凰来翔，麒麟吐哺，驴骡无知，伏食如故。'恪答曰：'爰植梧桐，以待凤凰，有何燕雀，自称来翔，何不弹射，使还故乡！'祎停食饼，索笔作《麦赋》，恪亦请笔作《磨赋》，咸称善焉。"其才思之敏捷，诸如此类，但诸葛瑾心常嫌之，以为其非保家之子也，卒如其言。

诸葛恪既覆其宗，东吴已无诸葛氏子遗。《蜀书·请葛亮传》云：先是诸葛亮未有子，求诸葛瑾之第二子诸葛乔为嗣。瑾启孙遣乔来蜀，拜为驸马都尉，随亮至汉中，卒，年二十五。有子名诸葛攀。诸葛恪见诛于吴，子孙皆尽，而亮自有胄裔，故攀还吴复为瑾后,得延宗祀。

诸葛攀有子名诸葛显在蜀,蜀亡,与诸葛瞻次子诸葛京等一起内移河东,京位至江州刺史。

## 六、《言语·第二十一》

诸葛靓在吴,于朝堂大会,孙皓问:"卿字仲思,为何所思?"对曰:"在家思孝,事君思忠,朋友思信。如斯而已。"

按:诸葛靓为魏诸葛诞少子,字仲思。魏甘露二年(257),诸葛诞起兵据淮南寿春反,遣长史吴纲率其少子诸葛靓至吴求援。关于此事,《吴书·孙亮传》记载:吴太平二年(267)五月,"魏征东大将军诸葛诞以淮南之众保寿春城,遣将军朱成称臣上疏,又遣子靓,长史吴纲诸牙门子弟为质。"六月,吴"使文钦、唐咨、全端等步骑三万救诞"。及诸葛诞兵败身死,被夷三族,诸葛靓遂留吴不返。《晋诸公赞》云:"靓字仲思,琅玡人,司空诞少子也。雅正有才望。诞以寿阳叛,遣靓入质于吴,以靓为右将军、大司马。"可见靓仕吴至右将军、大司马,因此才有与吴主孙皓的这一番对话。其应对也非常得体,有乃父之风。

诸葛靓于吴亡才回到北方。

## 七、《方正·第十》

诸葛靓后入晋,除大司马,召不起,以与晋室有仇,常背洛水而坐。与武帝有旧,帝欲见之而无由,乃请诸葛妃呼靓。既来,帝就太妃间相见。礼毕,酒酣,帝曰:"卿故复忆竹马之好不?"靓曰:

"臣不能吞炭漆身，今日复睹圣颜。"困涕泗百行。帝于是渐悔而出。

按：诸葛靓吴亡后回到洛阳。晋武帝司马炎因少时与他相交，封其为大司马，但诸葛靓因父诸葛诞及全家死于司马昭之手。拒不应命，常背洛水即洛阳宫殿方向而坐。诸葛诞之女、诸葛靓之姐为晋武帝的婶婶即琅琊王司马伷的王妃，诸葛诞兵败，其女因嫁与司马师、司马昭之弟司马伷为妃，得免于难，后尊为太妃。晋武帝因此请诸葛太妃请其弟诸葛靓来相见，乘便与靓会面，提起小时的往事，故诸葛靓对以"吞炭漆身"之语。按：《史记·刺客列传》记载战国时晋智伯为赵襄子所杀，其门客豫让漆身为厉，吞炭为哑，使形状不可知，欲为智伯报仇。靓父诞及全家为司马炎之父司马昭所杀，故靓引"吞炭漆身"之语，自恨不能为父报仇。

又据《晋诸公赞》记载："吴亡，靓入洛，以父诞为太祖(司马昭)，所杀，誓不见世祖(司马炎)。世祖叔母琅玡王妃，靓之姊也。帝后因靓在姊间，往就见焉，靓逃于厕中，于是以至孝发名。"由此与《世说新语》所载略有不同。

## 八、《识鉴·第十一》

诸葛道明初过江左，自名道明，名亚王、庾之下。先为临沂令丞相谓曰："明府当为黑头公。"

按：诸葛恢又名诸葛令，字道明，为诸葛诞之孙，诸葛靓之子。先为临沂令，西晋永嘉之乱，诸葛恢南渡扈从晋元帝司马睿，任主簿，累迁尚书令(见《诸葛恢别传》)。所谓的王、庾指王导、庾亮，是北方南迁的著名士族。丞相即指王导,字茂弘,晋室南迁,王导辅佐晋元帝司马睿,任丞相,号称中兴。庾亮字元规,累迁征西大将军、荆州刺史、太尉、中书令。

此则言诸葛道明名亚王、庾,可见当时诸葛氏家族在一般人心目中的地位。

### 九、《伤逝·第八》

庾亮儿遭苏峻难遇害,请葛道明女为庾儿妇,既寡,将改适,与亮书及之。亮答曰:"贤女尚少,故其宜也。感念亡儿,若在初没。"

按:东晋成帝咸和二年(327),时任历阳内史的士族苏峻联合豫州刺史祖约以反对太尉、中书令庾亮擅权为名,举兵反乱,次年初攻陷建康(今南京)。庾亮逃离建康,联合江州刺史温峤、荆州刺史陶侃共同举兵讨伐苏峻,平息苏峻之乱,苏峻兵败被杀。庾亮的长子庾会,又名彬,字会宗,在这次兵乱中遇害,时年十九。诸葛恢长女名文彪,嫁庾会为妻,庾会既死,诸葛恢欲其改嫁他人。

从此则所记,可见魏晋时的世家大族并不如宋明时期的道学家那样,以妇女改嫁为羞。庾亮的应答,也表明了他对儿媳改嫁的通达和对亡儿的怀念之情。

### 十、《假谲·第十》

诸葛令女,庾氏妇,既寡,誓云不复重出。此女性甚正强,无有登车理。恢既许江思玄婚,乃移家近之。初逆女云:"宜徙于是。"

309

家人一时去,独留女在后,比其觉,已不复得出。江郎莫(暮)来,女哭弥甚,积日渐歇。江彪入宿,在对床上。后观其意转帖。乃诈厌(魇),良久不悟,声气转急。女乃呼婢云:"呼江郎觉!"江于是跃来就之,曰:"我自是天下男子。厌(魇)何预卿事而见唤邪?既尔相关,不得不与人语。"女默然而惭,情义遂笃。

按:此则颇有戏剧趣味,活画出小儿女娇憨姿态。诸葛令女即诸葛恢女儿诸葛文彪,嫁庾亮子庾会为妻,夫死,年尚少艾,性甚正强,又思念亡夫恩爱;故"誓云不复重出",也在情理之中。江思玄,名江彪,字思玄。也是当时知名士族。徐广《晋纪》云"江彪字思玄,陈留人。博学知名,兼善奕,为中兴之冠。累迁尚书左仆射、护军将军。"诸葛恢既许江彪婚,又恐女儿不从,就假托搬家,将女儿诳入新房,然后家人一时散去。独留女在后。待其知觉,已不得出。而江彪的表现更令人发噱,他与诸葛恢女对床歇宿,晚上假装梦魇,惊叫连声,气息逼促。诸葛恢女中计,呼侍婢来叫醒"江郎",因晋时妇称夫亦曰郎,被江彪反问道:"我梦魇与你有何相干,江郎醒来?而呼我为江郎既与你相关。就不能不再理睬我。'"因此女默然而惭,遂共相愉悦。由此也可见魏晋时士族人士放诞不羁的风尚,不仅风靡士林,而且也流于闺阁。

## 十一、《方正·第二十五》

诸葛恢大女适太尉庾亮儿,次女适徐州刺史羊忱儿。亮子被苏峻害,改适江。恢儿娶邓攸女。于时谢尚书求其小女婿,恢乃云:"羊、邓是世婚,江家我顾伊,庾家伊顾我,不能复与谢裒儿婚。及恢亡,遂婚。于是王右军往谢家看新妇,犹有恢之遗法:威仪端详,容服光整。王叹曰:"我在遣女,裁得尔耳!"

按:此则记载诸葛恢儿女的婚姻状况。羊忱,也为当时士族,仕至侍中。《羊氏谱》云:"羊楷,字道蔑。祖繇,车骑椽。父忱,侍中。楷仕至尚书郎,娶诸葛恢女。"邓攸,字伯道,平阳襄陵人,七岁父母及祖父母丧,服丧九年。性清慎平简。仕至尚书左仆射。王隐《晋书》曰:永嘉之乱,"攸以路远斫坏车,以牛马负妻子以逃。贼又掠其牛马,攸语妻曰:'吾弟早亡,唯有遗民(弟子名遗民),今当步走,担两儿尽死,不如弃已儿,抱遗民。吾后犹当有儿。'妇从之。而攸后终无儿,时人曰:'天地无知,使邓伯道无儿。'"又《诸葛氏谱》记载:"恢子衡,字峻文。仕至荥阳太守。娶河南邓攸女。"谢尚书,即谢衷,字幼儒,陈留郡人。父衡,博士。衷历侍中、吏部尚书、吴国内史。其子名谢石,字石奴,历尚书令。《中兴书》云其:"聚敛无厌,取讥当世。"《谢氏谱》云:"衷子石,娶恢小女,名文熊。"王右军即王羲之,字逸少,琅玡临沂人。父旷,淮南太守。为东晋著名书法家,累任江州刺史、右军将军、会稽内史,故称王右军。

此则言当时士族为了维护自己的门第,对婚姻选择极为严格,轻易不与庶族寒门地主联姻,界线分明。甚至士族与士族联姻,也是等级森严,不是门当户对,不通婚姻。东晋时,王、谢都是当时名重一时的世家大族,但在诸葛恢眼里,羊、邓是世代姻亲,江家是我看得起他,庾家是他看得起我。不能与谢衷家通婚。等到诸葛恢死后,谢衷才娶到诸葛恢小女儿文熊为儿媳妇。而王羲之见其威仪端详,容服光整,犹有诸葛恢之遗法,不禁叹道:"我现在嫁女,也不过如此罢了。"由此可见当时诸葛氏家教之严整有法。

## 十二、《排调·第十二》

诸葛令、王丞相共争姓族先后。王曰:"何不言葛、王,而云王、葛?"令曰:"譬如驴马,不言马驴,驴宁胜马邪?"

按:诸葛令即诸葛恢,王丞相即王导。此则反映了东晋时期由于门阀制度的日益发展,士族阶层高自标置、自矜门第的一面。

## 十三、《文学·第十三》

诸葛宏年少不肯学问,始与王夷甫谈,便已超诣。王叹曰:"卿天才卓出,若复小加研寻,一无所愧。"宏后看《庄子》《老子》更与王语,便足相抗衡。

按:诸葛宏,房玄龄《晋书》无传,《名类聚抄》作诸葛宏。王隐《晋书》曰:"宏字茂远,琅玡人,魏雍州刺史绪之子。有逸才,仕至司空主簿。"可见也是琅玡阳都诸葛氏之一脉。王夷甫即王衍,字夷甫,琅玡临沂人,司徒戎从弟,父为平北将军。"夷甫蚤知名,以清虚通理称。仕至太尉,为石勒所害"。虞预《晋书》云:王衍喜谈老庄,所论义理,随时更改,时人称为"口中雌黄"。在西晋一朝,他历任中书令、尚书令、司徒、司空、太尉等要职,身当重任,专谋自保。永嘉五年(311)为刘渊部将石勒所俘,被杀。是历史上清谈祸国的典型。

按:此则写诸葛宏才辩足与王衍相抗衡。士大夫喜谈玄学,亦是当时风尚。

## 十四、《黜免·第二十八》

诸葛厷在西朝,少有清誉。为王夷甫所重,时论亦以拟王。后为继母族党所谗,诬之为狂逆。将远徙,友人王夷甫之徒诣槛车与别,厷问:"朝廷何以徙我?"王曰:"言卿狂逆。"宏曰:"逆则应杀,狂何所徙?"

按:西朝,即西晋朝廷,相对于东晋偏安江南而言。此则言诸葛厷为继母族党所谗,诬之为狂逆,将流放,囚于槛车之中时,仍然桀骜不驯的情景。诸葛厷问王衍:"朝廷凭什么罪名而流放我?"王衍说:"说你狂逆。"诸葛厷回答:"逆则应杀,狂何所徙!"意思是如果大逆不道,应该处死,不应该流放,如果仅仅是狂,那么又为什么要流放呢?一言洗刷了政敌强加在自己头上的所谓罪名。

# 综　述

根据《世说新语》的记载及刘孝标的注及综合其他史料.我们可以对魏晋时期诸葛氏族的各个方面作一简要的回顾。

## 一、评价

汉末以来,士大夫相互品评标榜,相沿成习。一经名人品评,更是如登龙门。《世说新语》对诸葛氏族人的评价亦复不少。如诸葛亮、谨、诞昆仲,分布三国,时评之曰:"蜀得其龙,吴得其虎,魏得其狗。"评诸葛恢曰:"名亚王、庚。"评诸葛厷曰:"少有清誉"等,可见当时人对诸葛氏族人功业、德行、才名等各方面的评价。

## 二、功业

诸葛氏昆仲分布三方,功业显赫,尤以诸葛亮名垂千古。然郗超一句:"人以汝家比武侯,复何言!"充分说明了诸葛亮之功业为后人所推崇。

## 三、才辩

才思敏捷,口若悬河,是诸葛氏中许多人的共同特点,如诸葛亮、诸葛诞、诸葛靓、诸葛恢、诸葛恪、诸葛厷等无不风格高朗,弘辩畅博,此也可窥见诸葛氏家族教育传统之一斑。但末期如诸葛左等人,则不免流于清淡,谈空说有,标榜老、庄,无益于事。此亦是魏晋时社会风尚使然。

## 四、德行

如诸葛亮之忠勤谨慎,诸葛诞之得士,诸葛靓之孝,也都如见其人,如闻其声。

## 五、婚姻

如恩格斯所说,在王公贵族中,"婚姻乃是一种政治行为,乃是一种借新的联姻以加强自己势力的机会,起决定作用的是家世的利益,而绝不是个人的情感。"诸葛氏为当时高门大族,婚姻讲究门第、等级,选择之严,令后人难以理解。如诸葛恢说:"羊、邓是世婚,江家我顾伊,庾家伊顾我,不能复与谢裒儿婚。"再如诸葛诞之女一嫁司马懿第三子琅玡王司马仲,一嫁太尉王凌之子王广。诸葛亮在荆州,其二姐一嫁蒯祺,一嫁有令名的庞德公之子庞山民,本人则娶沔南名士黄承彦之女为妻。这些都是当时社会上的高门豪族。只有在一定程度上凭借士族间结成的盘根错节的姻亲关系,才能在政治上有所发展,一般的寒族孤门,是难以有所作为的。

## 六、习尚

如诸葛靓之纯孝,诸葛恢之通达,诸葛厷之狂狷,也都有所记载。特别如诸葛厷之狂狷,可能与他服当时士人嗜好的五石散有关。

## 七、门阀

自曹魏实行九品中正制以来,士族门阀制度愈加发展。《颜氏家训》说:"晋室南渡,优借士族。"当时谚语称:上车不落则著作,体中如何则秘书。意思是士族子弟只要是能在车上坐得稳即可任著作郎,能在官场说几句应酬话的即可任秘书郎。所以门第的高下与在政治上的地位和经济上的利益紧密地结合在一起。因此诸葛恢就曾与丞相王导争论过姓族先后。当然这样高自标举、炫耀门第的风气,也充分暴露了士族阶层在迅速地走向自己的反面,逐渐走向腐朽。

## 八、兴衰

魏晋诸葛氏的兴衰与汉末以来士族阶层的兴衰密不可分。东汉末年,士族在反抗宦官外戚腐朽统治、迫害时有一定的进步作用,在魏、蜀、吴三国军阀割据时代,士族是军阀割据政权的主要支持者,诸葛氏昆仲就是他们中的杰出代表。但至南北朝时期,随着寒族地主阶级的崛起,士族阶层就不可避免地衰落了。更兼南朝历经孙恩、卢循起义及侯景之乱,如时人所说,当时士族子弟"骨脆肉柔",一遇大乱,只能"怀抱金玉",伏在床边等死。从此一蹶不振,至唐初,已是大都"于今为庶为清门"了。诸葛氏族人虽仕宦不绝,但再也没有出现能在中国政治舞台上叱咤风云的重大角色了。

同时魏晋南北朝又是中国历史上阶级矛盾、民族矛盾及统治阶级内部矛盾空前激烈尖锐的时代,斗争之残酷,政治之险恶可谓惊心动魄。别说一般的民众,即使是世家大族也往往如幕燕釜鱼,朝不保夕。如《颜氏家训》所云:"且执机权,夜填坑谷。"诸葛亮死后,遭蜀亡之变,其子瞻,孙尚战死绵竹;诸葛诞、诸葛恪均遭灭族之祸,子孙殆尽。幸诸葛诞少子靓入质于吴,诸葛瑾之子诸葛乔出嗣于蜀,才得延宗祀。

## 九、世系

根据《世说新语》及注,结合其他史料,琅玡阳都诸葛氏自太山郡丞珪公以后,至东晋末,除却死于非命无后者不计外,按直系血缘关系支派可分四支:甲、诸葛瑾——次子诸葛乔,字伯松,出继于亮——诸葛攀,仕至行护军翊武将军,早卒——诸葛显,咸熙元年内移河东。乙、诸葛亮——诸葛瞻,战死——次子诸葛京,咸熙元年内移河东,仕至江州刺史。丙、诸葛诞——少子诸葛靓,入质于吴——诸葛恢——诸葛衡,字峻文,仕至荥阳太守。丁、诸葛绪,魏雍州刺史——诸葛玄,字茂远,仕至司空主簿。

此外,亮弟诸葛均官至长水校尉,其后无考。

东晋一代,诸葛氏家族中以诸葛靓——诸葛恢一支最为贵盛,这与诸葛靓之姐为琅玡王伷之妃,而晋元帝司马睿为琅玡王伷之孙,两家联姻有关。

诸葛亮、诸葛瑾两支名声不著,则与他们是亡国之余,不为朝廷所深信有一定关系。咸熙元年内移诸葛瞻次子京及攀子显于河东,显然是为了便于朝廷就近控制。

## 十、谱牒

士族首重门第，当然也是最重记载家世的谱牒。至南朝梁刘孝标为《世说新语》作注时，当时许多士族的宗谱如《贾氏谱》《羊氏谱》《庾氏谱》《诸葛氏谱》等尚行于世。至唐初，这些宗谱包括《诸葛氏谱》均已亡逸，这当然与士族的衰微有关。如今国内保持最完整的《诸葛氏谱》当系浙江兰溪市诸葛村所藏的《高隆诸葛氏宗谱》，据该谱序记载，《高隆诸葛氏宗谱》始纂于南宋绍兴年间，当时是否尚有魏晋时《诸葛氏谱》之断编残简存世，尚值得研究。

# 浦江陈氏敬爱堂宗谱序

先王作谱牒以救宗法,岂第记载之文而已哉。盖以叙伦常而敦孝弟也。夫木有本而水有源泉,谱也者,继往开来,纲纪一族,根深万世,若水之源天一之精,千川万涯皆其源也;若木之根本,千枝万桠皆其本也;若山之发脉昆仑祖地,千峰万岫皆其派也。吾陈氏之源盖出于大舜,为轩辕黄帝八世孙,长于妫水之滨,故以妫为姓,以孝闻,摄政八年而践天子位,天下明德。及殷商末年,舜帝之裔孙虞阏父仕周为周文王陶正。至武王灭商,追封先圣遗裔,乃封虞阏父之子虞满于陈,侯爵,都宛丘,国号陈。武王以元女太姬妻之,以备三恪,奉祀虞舜。胙士命氏,遂称陈满,谥号胡公,史称陈胡公。其后英彦辈出,簪缨累世,其著者如陈完奔齐,行阴德于民,得众心,十二世而有齐国。陈轸,以辩说闻于诸侯。至秦汉之际,有陈胜首倡义旗,诛秦兴楚;陈平佐汉,六出奇计。汉元帝时陈汤为副校尉,立功西域。东汉时颍川陈寔,字仲弓,为太丘长,遂为颍川陈氏之祖。三国时陈群为魏司空,录尚书事。西晋时陈寿号称良史。其后有吴兴长城人陈霸先,太清初自岭南韶关起兵,讨平侯景之乱,后受梁禅为帝,是为陈朝,传三世五帝,灭于隋,子孙或流散,或迁关中。其陈宣帝后裔仕唐为宰相者有陈叔达、陈夷行、陈敬瑄等三人,其后有陈旺一支卜居江西德安,十九世同居五百余年,饮食同味,食无别肴,衣襦同袭,家无私产,敕封义门。至宋仁宗嘉祐年间,子孙达三千九百余人。朝廷忧惧,乃将义门子孙迁往江南一百一十庄,楚地九十一庄,两直、川浙闽广九十庄,于是陈氏子孙遍布天下七十二郡,千余年间,后裔遍布海内外,世遂有天下陈氏出江州,义门子孙遍天下之说。浙江诸暨牌头陈家即其支派也。少长有秩,衣服有度,或勤俭力穑,或奔走服贾,或以文学显耀,或以仕宦济世,各专其业,载于宗谍,由来尚矣。

瓜瓞绵延,至清光绪间陈公经山,自十一岁时迁居婺州浦江城中,筚路蓝缕,创办陈天和银楼,子孙繁衍,迄今已历五世,亦云懿哉。夫明德之裔,其后必昌,以仁义根于心,以诗礼世其家,宜乎华胄之传,盖悠远而无穷也。今经山公孝孙益新,悲遭文革之祸乱,痛暨阳老谱之不存,乃作新谱,奉经山公为浦江陈氏敬爱堂之始迁祖,参互考订,溯其源流,别其支派,辨亲疏,序昭穆,记婚姻,详庐墓,拳拳以敬宗睦族为心,则百世而下秩然有序,了然指掌矣,知世泽之长,绵延而未有艾也。吾忝为裔孙,义不容辞,故不揣浅陋而为之序云。

岁次公元二零一二年农历辛卯腊月季冬之吉

裔孙　陈星　拜撰

# 育才百年赋

　　维公元二零一一年，岁次辛卯，时序新秋，吉日良辰，兰溪市育才中学新校园落成，花篮簇拥，礼炮轰鸣，嘉宾沓来，贺客盈门。但睹校园遥倚白露、柱竿诸峰之秀，面峙兰阴，左带瀫水，右达通衢。

　　其北则行政图书楼，新楼耸立，峻宇雕墙，既集坟典，亦聚群英。其东则教学楼，白壁银灯，窗明几净，青衿欢笑，书声朗清。其西则塑胶操场，广柔数亩，跑道圈复，排球篮球，场馆构精。其南则广场方正，直道宽阔，曲槐曳风，雪松如塔。其高则盘纡崛郁，隆崇峻崒，高台广榭，曲径回廊。石楠呈紫，丹桂飘香，木兰梨栗，橘柚芬芳。其卑则涌泉清池，激水流湍，芙蓉菱华，巨石白沙。亲水有平台，沿岸铺绿茵。依依垂杨柳，青青芭蕉林。花浥清晨之露，树沐东山之霞。

　　有客慨然而赞曰：“美哉，斯园也。信清幽之学府，乃人才之摇篮也。然则学校之名，或以一、三、五、八为序，或以方隅地名为标，今斯乃以育才为名，岂有说乎？”

　　主人正襟危坐而对曰：“客不闻乎，孟子有言曰：得天下英才而教育之，一乐也。《诗传》云：青青者莪，乐育材也。君子能长育人才，则天下喜乐也矣。国家作养人才，必以教育为先。考之西国，如英吉利之剑桥、牛津，美利坚之哈佛、耶鲁，皆涵泳数百年。人才盛而国势强，其理一也。昔者清季未造，民智未开，官昏于上，民愚于下，士耽科举之绁，众惑白莲之教。列强环伺，瓜剖豆分，国势陵替,危如累卵。志士仁人思有以振兴之,故教育救国论兴焉。时梅溪先贤曹梦岐先生,辛丑入庠,身染芹香,抱经世之志而未济,叹国势之艰危,慕维新之远图。慨然弃旧规而崇新学,即家筹资创办育才学堂,招生三十五人,有教无类,男女兼收,开风气之先;教学做合一,农工学并举,开设国文、数学、史地、音乐、手工、图画、工技、园艺、博物诸课,文武兼修。首倡即知即行之蒋畈精神,比陶行知先生之晓庄师范而前驱焉。是学也,依北山之阴,瞰乌牛背之岭,临刘源溪之飞流,瞻挂钟尖之杰阁,树蕙百亩,滋兰九畹。破旧立新,毁烟馆而驱赌局,移风易俗,兴科学而明文教。师重实践,谆谆而辩,学富朝气,蒸蒸日上。弦歌不绝,复睹洙泗之乐,八婺知名,无愧杏坛之誉。而曹梦岐君,宵旰不懈,奔波劳瘁,年方四十而发皤皤而齿摇落矣。

宣统元年(1909)在近外阳村设女生部,民国元年(1912)改为私立育才小学校,民国十八年(1929)为私立育才小学,时梦岐先生积劳成疾,英年去世,继踵者如曹聚德、曹聚义、王春翠诸君,艰苦备尝。民国三十一年(1942)夏,遭日军之蹂躏,付校舍于劫灰,乃栖迟于祠庙,或倚读于岩扉。民国三十八年(1949)秋,分散至山下祠堂及槲头两处,1952年合并为刘源乡小学。1986年复校为育才小学,校址设近外阳。百年于兹,教泽绵长,桃李芬芳,学成者不下三千之众,如蒋万成、王鹏飞等辈,或驰骋文史,或涉猎科学,或遨游商海,或振缨戎旅,皆事业有成;其佼佼者如先生哲嗣曹聚仁,为名记者、名教授、名作家,著作等身,声播四海。其于斯僻壤穷乡而嘉惠寒门学子者多矣。而其间灾荒相继,兵火交乘,创始者筚路蓝缕,殚精竭虑,接踵者薪火相传,乡民至今歌思而无已也。

昔曹聚仁君曾有拟扩充育才学园,由小学、中学乃至大学,奈时艰世危,而有志未逮。今我华夏欣逢盛世,百废俱兴而首重教育。2009年春，兰溪执政当轴，察市经济开发区劳工子弟求学之不易，虑学校布局之待周，乃多方擘划，鼎力筹建新育才学校，择地经济开发区，晴山翠远而四合，暮江碧流而一色。占地九十一亩有奇，投资七千余万，于是年12月29日奠基，2011年9月1日落成。校园分教学行政、生活、运动三大区，班级四十二，学生二千余，小学、初中俱全，宿舍、食堂、风雨操场，田径、篮球、排球诸场馆，无不备焉。视昔育才学堂之数椽瓦屋，几仞泥墙，相去不啻天壤，而文脉相承，育才之道一以贯之，庶几师者不愧育才之志，学者无负骐骥之望，他日中华复兴，臻治致隆，有与荣焉，岂不懋哉。

客喜而笑，乃作辞曰："育才百年，溯源者何？北山腾精，神秀所锺。曹君梦岐，杰立人上。早茂才秀，而悲世网。是时国危，列强虎狼。帝后仓皇，蒙尘西狩。乃大愤发，东游武林。交维新士，气激道合。贱彼俗儒，钩章摘字。下里之学，拘牵泥滞。推陈出新，即家兴学。招卅五人，育才命名。于此穷壤，开天辟地。数理史地，兼授农桑。即知即行，为陶前驱。捷出横步，脱遗辙轨。既毁烟馆，亦驱赌局。八婺精英，莫不倾盖。兢兢业业，沥血呕心。发白齿落，哲人其萎。继踵诸君，黾勉奔波。教泽源长，桃芬李馥。弦歌习业，三千之众。或骋文史，或游商海。或研科学，或振戎旅。哲嗣聚仁，著作等身。名播四海，轶群绝类。狂呼怒叱，喷珠涌玑。百年于兹，歌咏缅想。今我华夏，欣逢盛世。兰溪当轴，首重教育。卜地筹建，多方擘划。殚精竭虑，乃新育才。嘉惠学子，德莫善焉。铲崖埋坑，驱石剪棘。以门以墉，乃栋乃宇。大蠹新楼，又筑场馆。俭而不陋，丽而不奢。道列嘉树，行有林荫。池灼芙蕖，涵映翠鸟。松馨竹茂，荃芬兰蔼。师皆俊彦，学竟千古。焚膏继晷，诲诲谆谆。园丁美誉，不愧俯仰。学生济济，朝气蓬勃。意志凛毅，飞扬瑰伟。经世致用，为国栋材。育才之志，百年如一。垂之久远，桐秀于峄。他日治隆，优有与荣。乃作厥辞，永铭金石。"

# 兰溪教育赋

夫教育为立国之本，学校乃化成之先。将谋邦兴，必由本固。吾中华自伏羲书契以代结绳，仓颉造字而天雨粟，洛出丹书，河呈绿图，赤文篆字，以授我轩辕黄帝。文明肇始，夏曰校，殷曰序，周曰庠。至姬旦制礼，孔墨授徒，五千余年至兹矣。薪尽火传，兴灭继绝，其间踬而跃起，衰而复振者，不知凡几，岂偶然哉！

若夫兰邑，置县千载，三江之汇，五福斯在。占金、婺之分野，控衢、杭之远势。信哉南国邹鲁，吴越阙里。既滋兰九畹，又树蕙百亩。山蕴玉而泽润，川藏珠而明辉。舒元舆甘露流芳，徐安贞珉石惊世。至范茂明、金仁山之辈，柳道传、章枫山之俦，垂绛帐于程门，置缃帙于少室。笔参造化，学究天人。真乃儒门曾颜，道学龙象者也。执经问业者，何止三千之众。鹰扬天京，唐虞佐入夔龙之室；名飞紫阙，赵志皋秉造化之权。昼鸣闲琴，胡应麟雄笔盈千；夕酌清月，李笠翁丽藻累万。或父子登科，同占金鳌之首；或兄弟联捷，共赴琼林之宴。故而书院如林，籍书横经，青衿向训，黄发履礼。同车胤之囊萤，效孙康之映雪，虽穷谷僻壤牧牛担薪之童而多挂角画荻者也。

迨至近代，科举废而新学兴。中学有辅成、担三之名，小教得绳武、著存之选。而国乱民贫，或托迹于祠堂，或寄寓于庙宇。而志士仁人，披荆斩棘，筚路蓝缕，兴学之心，孜孜不倦。至于"文革"为虐,"四凶"猖狂,三坟五典,散为寒灰;硕学博识,悉成牛鬼。及夫改革中兴,拨乱反正;执政运筹,群黎助学。消危房于以往,建新舍于当今。窗几明净,多得英粹;松竹交馨,亦挺俊人。既洒落于彩翰,亦讽诵于人口。

至其师资也,则多鸿儒玉立之士,气高时英,辨析天口。道可济物,志栖无垠;学竟千古,知周万殊。信人伦之师表,为衣冠之髦彦。或焚膏以继晷,兀兀穷年;或爬罗而剔抉,海海终日。无惭园丁之美,不愧红烛之誉。至于诸生,木历斫而为梁,玉经琢而成器。及其学成,或尽责于政府,或扬名于艺坛;或殚精于科学,或竭智于戎帐;或留学于欧美,或奉献于西部。鱼变龙于碧渊,呼吸雷电;鲲化鹏于沧海,搏击风云。安有不待教育而成才者乎!

其辞曰:教育兴兮国富强,民安泰兮礼仪详。云山潋水兮教泽长,后之来者兮思未央。

(代人作)

# 浙江省发现诸葛亮八阵图"遗迹"

兰溪诸葛村布局堪称建筑史上的一大奇迹。

蜀汉丞相诸葛亮以创制八阵图闻名天下,相传诸葛亮曾于彝陵鱼腹浦布下石阵,分休、生、伤、杜、景、死、惊、开八门,吓退陆逊数万精兵。后来杜甫有诗称赞:"功盖三分国,名成八阵图。江流石不转,遗恨失吞吴。"那么诸葛亮八阵图图样如何?最近兰溪市诸葛村古建筑群的布局为人们解开了这个谜。

诸葛村是全国最大的诸葛亮后裔聚居地,自南宋末年以来,历代人才辈出,科第不绝;村民中靠经营中药业致富的也不乏其人。因此村中华堂大厦鳞次栉比,至今尚有大公堂、丞相祠堂及民居等明清建筑数十座之多,最近据专家考证,诸葛村古建筑群的平面布局应该是按照诸葛亮八阵图设计的。

诸葛村古名高隆岗,地形如锅,中间低平,四周渐高,以中间的一口池塘钟池为核心,四周环绕大公堂、崇信堂及村民民居等数十座明清建筑。高低错落有致,八条小巷呈放射状从钟池向外辐射分布,整个布局如同一张蜘蛛网,从《诸葛氏宗谱》上所绘的诸葛村地舆图来看,可以明显看出村落布局呈九宫八卦形,与八阵图暗合。目前,国家文物局古建筑专家罗哲文先生来诸葛村考察时,对此也极感兴趣和赞赏。

中国传统的村落和城市布局,有专门设置一条中轴线的方整形和依山傍势的不规则形两种。而像诸葛村这种围绕一处中心呈放射状九宫八卦形布局，据目前所知，在中国古建筑史上尚属孤例，仅从布局上看，可以说是建筑史、文化史上的一大奇观。据初步研究，诸葛村九宫八卦布局与诸葛亮的八阵图并非偶然的巧合，而是村落的创始者们对先祖八阵图的有意模仿和演绎。有关专家对这种村落布局的文化、哲学乃至防卫上的内涵正作进一步的研究和探讨。

载 1993 年 1 月 25 日《钱江晚报》

# 诸葛村隐八阵图

三国时著名军事家蜀汉丞相诸葛亮创制的八阵图（又名九宫八卦阵）闻名天下。相传诸葛亮曾于彝陵鱼腹浦布下石阵，分休、生、伤、杜、景、死、惊、开八门，吓退陆逊数万精兵。后来杜甫有诗称赞："功盖三分国，名成八阵图。江流石不转，遗恨失吞吴。"那么诸葛亮八阵图图样如何？我们可以从浙江兰溪市诸葛村古建筑群的布局上窥见其中的端倪。

诸葛村是全国最大的诸葛亮后裔聚居地（新华社发过专电），自南宋以来，历代人才辈出，科第不绝；村民中靠经营中药业致富的也不乏其人。因此村中华堂大厦鳞次栉比，至今尚有大公堂、丞相祠堂及民居等明清建筑数十座之多，最近据专家考证，诸葛村古建筑群的平面布局应该是按照诸葛亮八阵图设计的。

诸葛村古名高隆岗，地形如锅，中间低平，四周渐高，以中间的一口池塘钟池为核心，四周环绕大公堂。崇信堂及村民民居等数十座明清建筑。高低错落有致，八条小巷呈放射状从钟池向外辐射分布，暗合八阵图八门之数，从诸葛氏宗谱上所绘的《高隆族居之图》来看，可以明显发现村布局呈九宫八卦形，与八阵图暗合。

载 1993 年 2 月 5 日《中国文物报》

# 百年老店曹德隆布号逸事

　　兰城巨商,旧时民间口碑有"四龙""四大金刚""十八罗汉"之谓,然当时亦无定指。曹德隆布号清末民初在兰溪商界与祝裕隆、柳广隆、严顺隆齐名,为民间所称的"四龙(隆)"之一。然曹德隆衰败后,即为他姓代替。因年深岁堙,曹德隆布号的经营情况及兴衰史已罕为人知。《兰溪商业志》《兰溪工业志》《兰溪轻工业志》等均无片言只语记载,作为曹氏家族的外孙,关于曹德隆布号的有关资料,均为笔者少年时得之于外祖母与母亲的叙述,现整理如下,以求证于耆老方家。

　　家族世系:曹氏家族世居兰溪城关。据《宗谱》记载,兰溪曹氏为北宋大将曹彬之后裔。曹彬,《宋史》有传,太祖时率兵灭南唐,为将仁厚,禁将士杀掠,多所全活。其后裔居河南汴梁。至靖康之乱,其一支护驾南渡,遂居于兰溪城关,繁衍发族。曹氏宗祠规模三开间三进,规模较大,原位于和平路,新中国成立后改建为工人文化宫剧场,现已拆毁。曹德隆创始约在清嘉庆、道光年间,全盛时当在同治、光绪年间,掌门人名失考,因面部有天花后遗疤痘,人称曹麻梨,即我外婆所称太公是也。曹德隆布号是曹麻梨手创或继承祖业,也不可考。据我外祖母言,曹太公婴幼儿时曾出天花,已奄奄一息,被家人以草席包裹后弃之于茆竹苑山坳草丛里,幸遇一牧牛农人,因牛见小儿后连连哞叫,牵牛人见小儿尚能啼哭,抱回救活,归还其父母,其后长大成人,但终身脸上落下痘疤,故人称曹麻梨。为人精明强干,乐善好施,如曾购置茆竹苑一处小山名苍山者为义葬地,供族中贫人死后免费安葬。所掌管的布号为当时著名商号,为报牛救命之恩,所以曹氏家族一直遵守太公训诫,终身不食牛肉。曹太公育有二子,长子生有六子,次子也有数子,两房比邻而居。长子一房有六子,各房子女多寡不一,可谓人丁兴旺。我外祖父曹寿琪为寿字辈,为长房第六房之独子,生下我母曹月娟只十八个月,于民国九年(1920)因患肺痨去世,葬茆竹苑村,现曹氏寿字辈尚有曹寿仁健在(少年时去上海当学徒,现居贵州省贵阳市)。

祖居:曹氏祖居位于金钟岭后扬左路,后扬,因巷前有杨氏宗祠而得名。曹太公名下两房,长房居左,次房居右,按方位长房为南宅,次房为北宅,连绵成片,占了大半条弄堂。长房祖居位于金钟路后扬左路16号金钟岭西麓,坐东朝西,左为石涧巷,后倚金钟岭山坡,前为弄堂,主体建筑为三开间对合楼,前、后进明间中缝梁架为抬梁式,靠天井檐柱置回字纹卷草花卉牛腿,前、后进额枋浮雕回字纹及五福花卉图案。青石砌天井,天井两侧为厢房,封火马头墙,三合土地。次间房间设木地板,次间及楼上梁架为穿斗式。后进前廊右侧设边门道石涧巷,对合楼大门外为一四开间一天井一面披倒座,梁架穿斗式,天井两侧为厢房,前廊设隔扇,此倒座在曹太公时代曾设私塾,延师教育族中子弟,后为我家之居所。倒座南侧次间开大门,设台阶三级,下台阶即为门楼间,作轿厅之用,门楼间为单间,大门外设青石台阶八级。对合楼后进设太师壁,原悬"松鹤延年"中堂画。太师壁后开大门,门外为一大花园,园南侧有厨屋三间,厨房雇有娘仔(女佣),但日常饮食仅一荤几素而已。我外婆初为新妇,一次夹菜夹了块肉吃,太太就把眼一瞪,说:"荤菜是给男人吃的,不是给你们准备的。"北侧有坐西朝东平屋仓房三间。对合楼南侧有三开间二厢一天井楼屋一座,西侧有偏屋三间。此三开间二厢楼上曾设木制神龛，供奉曹家历代祖先神主牌楼数十块，气氛神秘，神主牌大多有"皇清诰授"字样，外婆曾指一块有"寿琪官人神主"字样的对我说："这是你外公的。"惜"文革"中连同祖宗真容、《宗谱》等均被付之一炬。右侧亦建有三开间二厢一天井楼屋一座，楼台设晾台，东侧设边门通石洞巷。

曹太公虽然子孙众多，但多有青年早逝者。如我外公之父也是青年夭亡，其母柳氏是柳广隆娶来的，后来改嫁。家产均留给外公(外公为独子)，于是曾请一位风水先生来察看，风水先生看后说："点点眼泪落中堂，妇人家后生守空房。"所以后来天井檐口作了改造并装上了水枧。曹氏祖居虽然规模宏大，布局复杂，但却不尚奢华，梁架仅额枋等处浮雕少许花卉图案，以坚固实用为主，虽为当时巨富，大门、边门都不用青石门面，曹氏太公之俭朴于此可见一斑。次房北宅结构布局与南宅基本相同，在兰江大厦停车场建设中拆毁，现南宅尚存。我母亲的堂姑母名凤者居北宅，堂姑母为当年兰城三大美人之一，有民谣云："南有彤彤北有凤，当中一个方石洞。"(方石洞也居有一美人。)堂姑嫁柳姓，于20世纪50年代因双目失明在此宅中投水缸中自溺而亡。建屋次序，据我外婆说，先有主楼南侧三开间二厢楼屋，后建北侧三开间二厢楼屋，其后人口增加，再建当中主楼，太公、太婆即居对合楼后进上房。每当秋收之后，从大门外八级台阶到后园山坡，都搭上跳板，四乡田庄长年(长工)佃户来交租谷者络绎不绝，直至后园三间仓房爆满为止。后来曹氏衰败分家，主楼前进(俗称下堂楼)为我外祖父所有，上堂楼为太太所居，抗战前夕先后鬻给了南门水客庄(代客买卖南北货水产的行号)的宁波籍老板邱惠霖(人称邱老惠)，北侧楼屋为曹寿昌、寿仁兄弟所有。

经营概况：曹德隆布号开设于城区北门青龙巷口，在花园巷设有染坊、踹坊及晾布的晾台,规模宏大,主要从四乡购进土织白布经印染加工后出售,产品远销金、衢、严、处四府及江西等地。踹坊染坊用工多用江南人(今江苏扬中市一带),后为绍兴、义乌人所替代。所谓踹坊,亦称"踹布坊",旧时棉布漂染后,整理加工使之布面光洁、布身挺括的作坊。踹匠操作时,将漂染过的棉布卷在圆木棍上,再放在石板上,上压重约千斤的凹字形大石(俗称元宝石)。一人足踏大石两端,手扶木架,左右往来滚动,使布面紧密光滑,后因为洋布、士林竹布所取代,业务渐趋式微。其作用和现在牛仔裤须用水磨过一般。今若问人以踹布为何物,则无论老幼皆茫然不知矣,可发一叹。染料以蓝靛为主,俗称靛青,是一种用蓼蓝叶泡水调和石灰沉淀所得的蓝色染料,小时家中蚊帐、被面都用此类染料印染的印花蓝布,图案多牡丹、菊花、鸾凤之类,十分清雅。图案用豆浆、糯糊等调成的涂料通过镂空的印花板印在白布上,干后入缸染青色,而浆料所印之处不会染上颜色,即成青底白花蓝布,然后洗去浆料晾干即可。靛青可作药用,花园巷染坊至新中国成立后尚存,小时患猪头疯(腮腺炎),外婆带我去染房讨回靛青涂抹,不久就好了。记得当时路边尚有弃废的元宝石。

曹德隆是一家族股份制式企业,除个别任掌门(老板)外,一般家族成员并不在企业工作,各房都自有生计,如我外公自小即在西门西福茂(糕饼店)当学徒,后做伙计,当时年薪约为二十块银元。曹德隆布号的衰败,主要是经营发生重大失误所致。据外婆说,当时有一十八口大头缸(又称千斤缸,可装十担水)的靛青染料遇暑月全部变质腐烂,俗称"倒缸",血本无归,导致布号破产。原因或误购假冒伪劣产品还是操作贮存不善所致已不得而知。据清康熙年间《奉督抚二宪禁碑》记载云:"布商资本,半在缸水(染料)。"一旦变质,损失惨重,难以弥补。当时负责全店经营事务的是曹太公之孙即二房的某位爷爷(佚名),他见闯下如此泼天大祸之后,竟然卷包离家一走了之。当时曹太公、太婆早已亡故,曹太公长子亦卒,长媳(外婆称为太太)尚健在,太太为人刚强,规矩极严,当时合家聚居,每日晨昏子孙及其媳妇均须到太太房中请安。其子一走了之后,太太负责破产清算,赔偿债务,当时从太太房中搬出大量银元赔偿,用小挂篮一篮一篮往外拎,连提梁都拎脱了。布号染房从此盘给别姓,时在民国七八(1918—1919)年间,曹家从此一蹶不振,但分家时各房仍各有房屋、店铺面、田产等,所谓百足之虫,死而不僵也。如我外婆一直到抗战前后,才因迫于生计,将房产、田地陆续变卖一空。

二爷爷离家出走后,下落不明,当时太太在天井中摆下香案,祷告天地神明及历代祖宗,并按当时兰溪风俗摆上砧板,手持白刀(菜刀)一边宰砧板一边诅咒其子,连咒了三日三夜,但二爷爷终究未能回家,一直下落不明,想必客死他乡了。

## 后记

外婆罗樟妹,生清光绪己亥(1899),卒于1967年立夏日,享年六十八,为兰溪溪西村一农家之女,于归曹家后,不久丈夫病逝,时族中有人为谋家产,强逼其改嫁,但外婆为抚孤女,守节不移,艰苦备尝。曾记小时暑热在天井纳凉,在璀璨的星光之下,我们兄弟姐妹或坐或卧在床板上,外婆一边手摇麦秆扇为我们兄妹驱蚊,一边娓娓讲述民间故事及家族往事,恨当时年幼不能一一手记之。今吾母也逝,追忆当年,能不泫然。

载《兰溪文史资料》

# 兰溪市博物馆新馆布展设想

【摘要】兰溪市博物馆正式建制于 1987 年底,现拥有馆藏文物 9 475 件,古书籍 2 万余册,古字画近 2 000 幅。新馆馆舍项目于 2007 年 9 月 6 日由兰溪市政府确定建设, 选址在芥子园二期工程用地。2008 年 3 月该项目分别列入金华市、兰溪市 2008 年重点工程。新馆占地 9.32 亩,建筑面积 5 000 平方米,于 2009 年 3 月 24 日奠基, 现主体工程已经结顶。下一步将着手新馆布展工程。根据兰溪的历史文化和本馆的藏品状况,作者草拟了新馆布展初步方案,拟将展馆分为永久性的历史文物馆和临时性的书画馆和民间艺术馆三大部分,现将布展初步方案列出,以便求证于方家,使之更为完善,望专家学者不吝赐教。

【关键词】兰溪 博物馆新馆 布展

## 第一部分 历史文物馆

### 一、兰江流淌的故事

兰江合衢江一段,南北朝郦道元所著《水经注》中称为縠水,后因其波纹如縠,故名縠水,流淌千百万年。远古时期就有人类在兰江两岸繁衍生息。《禹贡》分天下为九州,兰溪属扬州地域,春秋时地属越国,战国时属楚,秦统一天下,兰溪属会稽郡乌伤县,东汉初平三年(192)析乌伤立长山县,兰溪为长山县之一部分。三国吴宝鼎元年(266)置东阳郡,隋开皇中改长山为吴宁县,后又改金华县。唐武德四年(621)置婺州,兰溪皆为其属地。唐咸亨五年(674)始置县,距今已一千三百余年。

兰溪,物华天宝,历来为鱼米之乡,丝绸之府。兰溪扼钱塘江之上游,西达闽广,东下吴会,历来被誉为三江之汇,七省通衢,唐宋以来,水路交通兴盛,逐渐形成以商埠文化为特色的乡土文化,流传遐迩。兰溪,人文蔚盛,历代名人辈出。自唐至清末共有进士217人,武进士12人。如东晋《神仙传》所载之赤松子黄初平,驰名港、澳、东南亚,为世界著名侨仙;唐五代高僧贯休,诗、书、画三绝;唐代舒元舆、宋代范钟、明代赵志皋,都曾担任过宰相或内阁首辅;科举及第者仅明代就有状元唐汝楫、探花赵志皋、会元章懋;元代有著名哲学家、教育家、浙东学派中坚金履祥,大学者吴师道,文学家柳贯;明代有胡应麟,被鲁迅誉为"中国古代十大文学家"之一;清代李渔为著名戏剧理论家、剧作家;现代有著名作家曹聚仁、摄影家郎静山、中医药学家张山雷。其余名宦、文人、志士等灿若繁星,也都在兰溪留下了众多的作品和遗迹。

兰溪文物丰富,比较珍贵的有:东汉青铜弩机、三国龙虎神仙画像镜、西晋青瓷谷仓、唐永徽三年的青瓷四系罐、唐五代嵩山窑瓜形壶、南宋玉瑗"及斋"端砚、南宋棉毯、元代影青大瓷罐、明狮子鼎青瓷香炉、明《北藏》经书、文徵明书丹的唐龙墓志等,可谓琳琅满目。兰溪又是古建筑的"富金矿",诸葛、长乐民居和芝堰民居都是国家级文物保护单位,还有上唐民居及通洲桥、西姜祠堂、渡渎余庆堂、洞源郭氏节孝石坊等同样都以规模宏伟、建筑精美、风格独特而享誉于世。这些文物和古建筑，都从不同侧面反映了兰溪悠久灿烂的历史文化，反映了古代劳动人民勤劳智慧和无与伦比的创造精神。

本次展览展示的实物和图片仅仅是这些文物、古建筑中一小部分。但"窥一斑而知全豹"，从中可以窥见我们的先人几千年来在兰溪这片土地上耕作、经营、创业等许许多多可歌可泣的动人故事。但愿我们的展览在增强兰溪民众特别是青少年的爱国爱乡热情，增强民族自豪感和自信心方面能有所裨益。

**陈列：**①大型兰溪地形沙盘，标出主要地面文物分布。②诸葛、长乐、芝堰村落微缩景观。③展厅入口设计为兰溪游船形式，入门口以三维空间展示西门城楼、兰阴山、将军岩等兰江风光（或用图片）。

## 二、远古主人的踪迹——恐龙化石

恐龙是生活在遥远中生代的一种爬行类动物。当时的陆地、水域和天空都有它们的分布，大小不一，种类繁多，完全是个"龙的世界"。其中大者身长可达 24 米，体重达 80 吨。

我市所处的金衢盆地，原先为古东海所淹没，后来逐渐升起，成为内陆湖泊和沼泽地，是恐龙生活的乐园。1982 年，兰溪严宅村发现了我省时代比较早的恐龙蛋及骨骼化石，距今已有一亿三千万年。

大约在七千万年前，恐龙突然从地球上消失，其原因有小行星撞击地球等多种说法。关于这一代巨霸的灭绝，至今仍是个重大的科学之谜。

**陈列：**三维空间展示恐龙时代兰溪的自然环境。

**展品：**恐龙蛋化石、大熊猫化石、鹦鹉螺化石。

### 三、萌芽与曙色——古文化遗物

从很早的古代起，我们的祖先就在兰溪这块土地上劳动、生息。新中国成立以来，曾先后在梅江、马涧、永昌、香溪、七里坪等地发现新石器时代的石磷、石刀、石斧、石锄及原始印纹陶器等生产、生活用具。

这些出土文物，反映了古代人民经过漫长的旧石器、中石器时代，在同大自然的艰苦斗争中进步到新石器时代。他们不断改进生产工具，有了原始的稻米农业生产，学会了结网捕鱼，用弓箭狩猎，掌握了制陶技术和创造了原始文化。

这是兰溪古文明的萌芽，它以其蓬勃的生机，点缀着一个伟大民族的文明曙色。

**陈列**：三维空间展示石器时代人类生活生产场景。

**展品**：石奔、石锄、石刀、石斧、磨盘、原始印纹陶罐、盘、鼎足等。

### 四、怪貌狞厉，古泽斑斓——青铜器

考古学者根据人类制造工具和武器所用的材料，将人类文化的进化过程，区分为石器时代、青铜器时代和铁器时代。

据传说，夏禹王治洪水，平九州，铸九鼎，这是中国青铜时代的开始。商、周两代的青铜冶炼和制造技术，达到了前所未有的高峰。各式各样的饕餮纹样及以它为主体的其他纹饰和造型，突出表现了种种神秘崇高、狞厉的原始力量。随着先秦理性主义的兴起，远古巫术宗教观念迅速褪色，但那些基本的装饰和造型风格却一直继承下来，构成了我国光辉灿烂、别具一格的青铜文化。

**陈列**：三维空间展示青铜器铸造场景。

**展品**：青铜刁斗、罕等（实物或复制品展出）。

## 五、古代的机关枪——东汉铜弩机

兰溪市诸葛镇畈田村于 1979 年出土东汉铜弩机,共三把,藏放在灰陶罐内。陶罐高 17.6 厘米,口径 16.2 厘米,腹径 19.5 厘米,底 9.8cm,双系重口。双系饰叶脉纹,为东汉造物。

三把弩机大小不一,最大的一把长 15.5 厘米,宽 3.8 厘米,匣(郭)2.4 厘米,照门(规)高 6.6 厘米,标刻尺码。拨机(悬刀)长 7.6 厘米,垫机长 6.4 厘米,机钩高 1 厘米,键长 8 厘米,可三矢并发。匣面雕刻凤凰三只,饰纹为菱形回字纹、链纹等,均用金银丝错嵌,制作极其精美。各式箭头共十三枚,有三角形、斧形、菱形、梭形等,其中有一枚铁质箭头,还有倒钩。这三把弩机的出土,可以说明早在东汉和三国孙吴时代,兰溪就是一处无可争辩的军事要区了。

弩机相传为黄帝所创制,其式之多,大者或以脚踏,或以腰开,有数矢并发者。千钧之弩,挂于一寸之牙,发于半指之力,其巧无以加矣。据《三国志·蜀书·诸葛亮传》记载诸葛亮曾"损益连弩,一弩连发十矢",真可以说是古代的机关枪了。自古代弩法废,今虽有机,亦仅存于博古家之手。畈田村出土的弩机,保存之完整,纹饰之精美,箭头式样之众多,实为罕见之物。

**陈列**：铜弩机原物、古代战争使用弩机模型。

**展品**：三件青铜弩机。

## 六、灿烂的青铜之光——铜镜

中国是世界上最早发明铜镜的国家之一。根据近年来的考古发掘,可以肯定在商代就已经出现了铜镜。战国以来,铜镜的铸造发展很快,汉、唐时进入全盛时期,式样之丰富,制作之精良,超过世界上任何国家。其中独特的镀铬及透光工艺,千古之下,仍令科学家们惊叹不已。

兰溪出土铜镜数量十分丰富。石渠五星村出土的湖州镜,体积之大,为全省铜镜之最。

**陈列**:古代仕女梳妆蜡像。

**展品**:汉龙虎神仙画像镜、汉日光镜、汉四神规矩镜、晋龙虎四神镜(仿)、隋龙虎镜、收藏界铜镜一柜、宋湖州镜、明五子登科镜等。

## 七、千峰翠色入画图——婺州古瓷

瓷器是我国劳动人民的伟大发明,最早的原始瓷出现于西周时期,距今已有两千五百多年的历史。

瓷器的第一个品种是青瓷,人们喜爱地把它称作缥瓷、粉青、千峰翠色等,浙江是它最重要的产地,很可能是浙江人民首先发明的(下陈赵等处有战国窑址)。越窑、瓯窑、龙泉窑等青瓷驰名中外。近年来,金华婺州窑青瓷又引起考古界的重视,声誉日隆。1987年,全国首次古窑专题展——婺州窑出土瓷器展览在北京故宫博物院展出,受到国内外专家高度赞扬。

兰溪是婺州窑产品的主要产区之一。香溪、马涧等地分布着大批古窑址,尤以水阁嵩山窑为典型。

**陈列**:三维空间展示青瓷生产场景。

**展品**:汉青瓷耳杯、晋鸡首壶、晋瓷砚、晋青瓷虎子、南朝青瓷莲花碗、唐四系罐、双耳罐、宋双耳瓶、明青瓷香炉、明狮子鼎香炉等。

## 八、幽冥之中的享受——魂瓶

西晋青瓷人物谷仓,又叫魂瓶。1978 年出土于浙江兰溪市赤溪乡桥头村。器缺盖,高 42.2 厘米,口径 13.7 厘米,腹径 25.4 厘米,底径 14.7 厘米,厚约 0.6 厘米。盘口,高粗颈,小肩,深圆腹斜收,平底。颈上部置四小罐,罐为直口鼓腹,小罐之间堆贴小鸟计 30 只,作向上飞翔状,造型抽象,简略生动。颈下部堆塑人物计 13 人,均稳身端坐,发束高髻,双目正视,神情肃穆,有的双手交叠置于腹部作禅定状,有的手执管状乐器,另有两人端坐屋檐之下,头顶三层楼阁,楼门敞开,左右各置攒尖顶亭阁两座。肩上部以泥条盘筑一周,堆塑 3 人,左右各向中相对,其中一人作击鼓状。肩置 6 人,各抱管状乐器置于胸前,神情肃穆。间以浮雕凤凰 5 只,凤凰展翅扬尾,作飞舞状。下有泥鳅状小龙 4 只。器外施青绿色,下半部略呈青黄色,腹下部露胎处呈灰紫色,为西晋时婺州窑产品。

另一只西晋青瓷人物谷仓,1976 年 5 月出土于浙江兰溪市永昌镇朱村胡家山。通高 49.1 厘米,口径 9.5 厘米,腹径 27.6 厘米,底 15.4 厘米,厚约 1 厘米。深圆腹罐形谷仓。上部分二层,第一层为重檐攒尖顶楼阁一座,檐角飞翘,楼门四面敞开,门前各置四人物,合掌端坐,神情雍穆高鼻深目,四角堆塑四座攒尖顶小楼阁,檐角飞翘。第二层四角堆塑楼阁四座,间隔两座门楼及两组人物,门楼屋脊尾及檐角飞动,人物戴帽,合掌端坐,施淡青绿色釉,釉已基本脱落,胎质灰紫。由于古人相信灵魂不灭,所以以谷仓作为殉葬品,谷仓内贮五谷,外饰以楼阁、奴仆、家畜之塑像,以使灵魂在阴间也能享受丰衣足食的富足的生活。但至唐以后,谷仓的造型则渐趋于简略。

**陈列**：西晋青瓷谷仓、宋墓石俑等。

**展品**：宋魂瓶一对。

## 九、震惊世界的发现——香溪密山出土南宋棉毯

1966年8月下旬，香溪密山发现南宋古墓，墓用青石砌成，入葬棺木有外椁和内棺，均用整大块独木合榫而成。棺内女尸历近千年不腐，面貌如生，皮肤尚有弹性，可惜当时正处"文革"时期，未能妥善保存。棺内置草席、棉毯各一条，其余有绸衣、绸裤包等。出土的棉毯，细密厚实，长251厘米，宽116厘米，正面缀81枚铜钱，作连环方胜状。从女尸胸前招文袋内的路引及查阅《光绪兰溪县志》得知，墓主人为南宋绍兴二十一年(1151)进士、秘书丞、荆湖南路(辖区在今湖南及广西一部分区域)转运使潘慈明夫人高氏，距今已九百余年。南宋棉毯的出土，震惊了世界，各路专家纷至沓来，认定这是我国迄今为止发现最早、最完整的棉纺织品，说明南宋时江南地区已经使用棉纺织品，比元代陶宗仪《南村辍耕录》一书所记载的元初黄道婆从崖州（海南岛）带回棉纺织技术的历史提早了100多年，后被定为国家一级文物，现收藏于浙江省博物馆。

这条棉毯究竟是兰溪本地纺织的还是潘慈明在外地为官时从西南少数民族地区辗转带回来的，专家尚有不同的看法，但其历史、文物、研究价值仍然是无可估量的。

**实物展出**：南宋棉毯(向省博借展)。

## 十、开启的千年宝穴——大云山宋墓

唐代以来，兰溪商业繁华。自南宋建都临安以来，兰溪成为闽

粤等地向朝廷进贡及东西商贸的交通要道。富商大贾定居兰溪者所在多有。1987年6月，市区云山隧道口发现了一座古墓。文物工作者及时赶至现场清理，抢救出大批出土文物，其中包括金器、银器、铜器、玉石、瓷器、文房四宝等，琳琅满目，五彩斑斓，堪称为不可多得的千年宝穴。

该墓属"同坟而异葬"的夫妻墓，为竖穴式券顶双室砖石结构，无墓志出土。男高女低，女室早年被盗，仅存一枚铜镜。据专家考证，这是座宋代古墓，从出土器物看，墓主人应是一位腰缠万贯的儒商，他在商场呼风唤雨，长袖善舞，同时又喜欢舞文弄墨，空闲时也爱手执金杯饮上几杯兰溪瀫溪春美酒。它的发现对于研究古代兰溪的商业及手工业发展，探讨封建时代的丧葬制度，丰富祖国的文物宝库等方面，都有重要的意义。

**陈列**：男女墓主人蜡像，展示生前生活。

**展品**：大云山宋墓金杯、金发箍"及斋"砚、玉瑗、银执壶等全部出土文物。

## 十一、兰溪三大担的实物遗存——名人遗迹

兰溪先贤明代著名学者章懋曾以"道学、功名、文章三大担"期许后人。唐宋以来，兰溪三大担的代表人物有：道学有金履祥，功名有唐龙，文章则有柳贯等（分别列出简介）。从现代眼光看，清初李渔等虽未科举及第，但其文章著述，有益于世，功业、文章均无愧于人。

金履祥（1232—1303），字吉父，南宋兰溪桐山后金人，自号桐阳叔子。少好学，抱经世志。凡天文、地理、礼乐、田乘、兵谋、阴阳律历之书，皆究其微而极其用。年十九，始崇濂洛理学，遂弃举业。及

长,师事金华何基、王柏,授受渊源,造诣益深。后以其学授东阳许谦,世称何、王、金、许四先生。宋末朝政昏乱,元兵围攻襄樊甚急,履祥献策朝廷,建议以重兵由海道直趋河北(燕蓟),且备述海舶所经海道图经,历历可据以行,惜未采用。德祐初,召为迪功郎,史馆编校,不起。寻应严州守聘,主席钓台书院。宋亡,筑室兰溪仁山下,著书授徒,教育后进。许谦、柳贯皆出其门,学者称仁山先生。元大德七年(1303)卒。著《尚书表注》《大学疏义》《论语集注考证》《通鉴前编》等书。元至正时赐谥文安,清雍正二年(1724)从祀孔庙。

唐龙(1477—1546),字虞佐,号渔石,兰溪城北隅人,明正德戊辰科进士,曾任陕西提学副使、山西按察使、太仆卿、右佥都御史、总督漕运兼巡抚凤阳诸府等官。嘉靖年间为刑部尚书,又加太子太保吏部尚书。卒赠少保,谥文襄,葬于兰溪城东。墓已废,尚存墓志底盖各一块。

柳贯(1270—1342),字道传,原籍浦江,今兰溪横溪镇人。幼有异质,颖悟过人,受经于金履祥,学文于方凤、吴思齐、谢翱,于经史、百氏、兵刑、律历、数术、方技和释道之书,无不贯通。元大德四年(1300)始用察举为江山县教谕,继升昌国州学正。延祐六年(1319)任国子助教,升博士。先后从学者千余人,业成而仕者,后多知名。泰定元年(1324)擢太常博士。凡朝廷大典,必酌以古今之宜而论定,人皆服其精审。三年出任江西等处儒学提举。秩满归里,杜门著书十余年。至正元年(1341)起用为翰林院待制兼国史院编修官。至正二年(1342),病逝。所作散文长于议论,诗善写景状物。与黄溍、虞集、揭傒斯齐名,合称“儒林四杰”。工书法,精于赏鉴。著作有《近思录广辑》《字系》《金石竹帛遗文》《柳待制文集》等。

唐龙墓志,文为明太子太保礼部尚书东阁大学士华亭徐阶所撰,礼部尚书兼翰林院学士泰和欧阳德篆盖。当时著名的大书画家长洲文徵明(1470—1559)在嘉靖三十二年(1553)以八十三岁的高龄,恭楷书写了这篇近两千字的墓志。墓志为太湖石质,69.4厘米见方,每字不足一厘米见方。书法清劲俊秀,端庄凝重,字字匀称,一丝不苟,是文徵明晚年成熟期的书法杰作,为难得的碑刻艺术珍品。

**展品**:金履祥手迹"第一山"图片,彩衣堂匾,范浚、金履祥、柳贯墓图片,唐龙墓志及拓片,赵志皋墓前石马。

## 十二、衣被东南——兰溪棉纺织业的兴盛

元明以来,兰溪棉纺织业十分兴盛,至清康熙时,兰溪有印染踹坊十数家,工匠 300 余人,四乡棉纺织坊不计其数。清康熙四十三年 (1704),兰溪城关爆发了以张荣卿为首的染踹工匠罢工运动,公开向"布商资本"示威,后来虽然被清政府镇压下去,但不准罢工的禁碑却屡被工匠扑毁。

这块禁碑是清嘉庆二年(1796)第三次重立的。它不仅记载了我省历史上的第一次工人罢工,还反映了明清时期资本主义萌芽时期的生产关系和阶级关系,体现了兰溪工匠为维护自身利益而进行的反抗与怒吼。

**陈列**:三维空间展示蓝印花工艺及踹布场景。

**展品**:奉宪禁碑原石及拓片、踹布用元宝石、印花蓝布制品等。

## 十三、药业之乡——贸易半中国的辉煌

自宋元以来,地处浙江中西部的兰溪,即以优越的地理位置,便捷的交通条件,赢得了商业贸易的繁荣发展,尤其是中医中药行业相当发达,与浙江慈溪、安徽绩溪合称为"药业三溪",活跃于

东南沿海地区,"贸易半中国"。在兰溪中药业发展史上,诸葛药业更具有独特建树和重要的地位。诸葛亮后裔秉承"不为良相,便为良医"的族训,竭力拓展各地市场,悉心经营中医中药,赢得了崇高的声誉。

兰溪修志馆馆长祝谏,于民国三十七年(1948)春所作的《高隆诸葛氏重修族谱序》中记载:"吾兰药业以瀔西为著名,而瀔西药业又以诸葛为独占,以余闻之,有清中叶,苏州之文盛,咸同间扬州之实裕,俱有声于时,除杭州胡氏庆余、叶氏种德外,当首屈一指。"明清以来,兰溪人在外地开设药店不下数百家,足迹遍及苏、浙、皖、赣、陕、粤及香港各地。

乾隆九年(1744)兰溪药商集资建成一座飞檐斗栱、雕梁画栋的药皇庙(瀔西药业公所),民国八年(1919)又创办了兰溪中医专门学校,延请名医张山雷主持。这都昭示了当年兰溪中医药业的辉煌。

**陈列:**药皇庙图片,天一堂创始人诸葛棠斋画像,三维空间展示炮制中药场景。

**展品:**炮制中药用之锅、铲、药刀、药臼等。

## 十四、六洞名山一部经——明代木版《北藏》

佛教经典《北藏》经,就是根据东汉以来流传中土的佛教经典加上唐玄奘到印度取来的经刻印的。从明成祖永乐八年(1410)开始雕刻印刷,至明英宗正统五年(1441)完工,雕刻、印刷、装册共花了31年时间,因印行于北京,故称《北藏》。兰溪这部《北藏》是梵箧本,共6 667卷,是由明代内阁首辅兰溪人赵志皋在奏准万历皇帝嫡母陈太后之后,运到兰溪灵洞乡洞源村六洞山栖真教院藏经楼珍藏的。这部经书因屡遭战乱,至清光绪年间已有部分散失。新中国成立后,经多方收集,绝大部分已运往浙江省图书馆。"文革"期间铜佛被毁,《北藏》天字号经卷散落民间。近年来,在洞源村又收集到30余卷。这些经书,以十卷为一簇,每卷的封面和封底,都用不同颜色和图案的织锦缎装,图案精致,色泽绚丽。这部《北藏》经对研究我国古代佛教理论、纺织、印刷、书法、美术和中外文化交流,都有一定的价值。

**陈列:**古代印书场景。

**展品:**北藏经书30卷、木刻书书版。

## 十五、物华天宝——历代奇珍一瞥

兰溪为钱塘江中上游的著名商埠,俗称水陆码头,历来是浙江中西部的商品集散地,也是海上丝绸瓷器之路商品的一大重要采集区,万商云集,人员往来众多,又是一座著名的移民城市。在长达数千年的历史中,兰溪人民以自己的智慧和双手创造了无数的人间奇迹,在这块美丽富饶的土地上,遗留着来自祖国各地乃至海外的奇珍异宝。这里特地挑选集中了历年来在兰溪出土、征集到的文物珍品和工艺品,它们虽然只占各个门类中的极小一部分,但都具有相当的历史、科学和艺术价值。

"一滴水可以反映出太阳的光辉",愿您认真地观赏,深深地思索……千古文物,将激励着我们的爱国之心和创造之情!

**展品:**宋石俑一柜、明清瓷器一柜、石雕工艺品一柜、玉麒麟、玉子母水牛、明犀角杯等一柜、金笔厂出土文物一柜、历代钱币一柜。

# 第二部分　书画馆

## 前言

兰溪得山川灵秀之熏陶,历来多书画名人,如五代释贯休,以线墨罗汉画著称于世,所绘《十六罗汉图》庞眉大目,朵颐隆鼻,号称"梵相"。宋名宦范端臣,篆、楷、草、隶,皆造其妙,人称"蒙斋先生"。元初柳贯,工书法,擅行草,笔法遒劲,著有《金石竹帛遗文》。明朱月鑑"以善画荷花著名",月鑑家开荷池半亩,筑亭观荷写生,力摹其真,时称"月鑑荷";明徐与参富藏书,穷书理,工行楷,著有《字学原始》。吴履,善书,尤工行草。章有成,善书,法王,积法帖数千卷。清郑椿,素工书,人得其半纸尺幅,皆珍如拱璧。晚年所诣,博涉诸家,而继轨、王间,行草近王,真书近。墩头倪大村倪仁吉一家,书画名于一世,取法赵孟頫、唐寅、文徵明。僧人蒋兴俦,康熙十五年(1676)东渡日本后主持寿昌山祇园寺,讲授琴艺、书画及治印之理。广长庵僧超凡,工书法,临摹晋、唐、宋名帖,具得其笔法。诸葛枚,清末拔贡,工颜体行书,曾获"西湖博览会"书画奖。郎静山,书法精习王羲之,于百岁时,手书全部《金刚经》,堪称旷世瑰宝。汪葆元,善行草,宗法"二王",墨迹流传金、衢、严三府。章铛,工隶书,以翰墨自娱。柳屏山,擅行楷,尤长擘窠大字,俊秀、飘逸,自成一体。童之风,幼学写真,曾与黄起凤以艺遨游江南,后之风改画山水人物,名著沪、杭。

兰溪又为著名商埠,外地流寓兰溪之书画名家颇多,如向金镛、汪慎生等。或因种种因缘,书画留迹兰溪,成为兰溪文化遗产之瑰宝。现展出其中一部分,以飨观众。

各作者简介(展出时制作)

# 第三部分　民间艺术馆

## 前言

　　兰溪历史悠久,文化底蕴深厚,历史上名人辈出,民族民间艺术资源也非常丰富。自 2003 年起,兰溪市文化部门在全市范围内进行"不漏线索、不漏种类、不漏村庄、不漏艺人"的抢救性、地毯式的民艺普查,发现并整理《兰溪滩簧》《断头龙》《迎会》《孔明锁》等民间艺术 1 094 项,重点项目 139 项,其中不乏非物质文化遗产的瑰宝,如唱腔优美、幽雅清韵的民间曲艺《兰溪滩簧》,翻滚多变、跌宕起伏、套路灵活的民间舞蹈《断头龙》,精工细作、玲珑剔透的谷物砌塑"粮食砌",造型精巧、形象逼真的梅江"迎会",等等。这些在长期的历史演变中所存留下来的古老优秀民间艺术,在今天的整理、创新中得到发展,为发扬优秀传统文化,建设和谐社会,折射出更加璀璨的光辉。

　　(注:实际布展与本文相比有较大改动)

# 倒　缸(历史小说)

"倒缸啦,倒缸啦!"一个不祥的声音在后扬曹德隆古宅这片黑压压的大宅院上空响起,它惊得人心发憷,连鸡犬也感受到了不安。

老太太是才得知这个消息的。这是一个酷热的夏日黄昏,太阳的余晖还在散发着它无尽的威力,人们汗水蒸腾。老太太一把夺过丫环手中正在为她扇风的绢扇,自己动手朝自己扇了起来,心里想,百年老店曹德隆,难道真的要在自己这一辈手中完了吗?

曹德隆是清代道光、同治、光绪年间兰城数一数二的布号,与柳广隆、祝裕隆齐名,号称"四隆"之首,赫赫扬扬,已愈百年。开设于青龙巷口,在花园巷设有染坊、踹坊。染坊主要是从四乡购进土织白布经印染加工后出售,产品车载船运,远销金、衢、严、处四府及江西等地。踹坊、染坊用工多用江南人(今江苏省扬中市一带),后为绍兴、义乌人所替代。所谓踹坊,亦称"踹布坊",棉面深染后,整理加工使之布面光洁、布身挺括的作坊。操作时将漂染过的棉布卷上木滚,放在石板上,压上重达千斤的凹字形大石头(俗称元宝石)。一人脚踏大石两端,手扶木架,左右来回滚动,使布面紧密光滑,其作用和现在的牛仔裤须用水磨过一般。染料以蓝靛为主,俗称靛青,是一种用蓼蓝叶泡水调和石灰沉淀所得的蓝色染料,故有"青出于蓝而胜于蓝"之语。图案多缠枝牡丹、莲花、菊花、鸾凤之类,清雅喜人,图案用豆浆、糯糊等调成的涂料通过镂空的印花板印在白布上,干后入缸染青色,而浆料所印之处不会染上颜色,即成青底白花蓝布,然后洗去浆料晾干即成。这一类的染坊、踹坊,在明清全盛之时兰城有数十家,从业人员达数百人之多,因此兰城也就有了"衣被江南"的美名。

曹德隆布号的基业是祖宗传下来的,那还是嘉庆爷在位的时候。而使它臻于极盛的却是太公,人称曹麻梨的即是。太公幼时曾出天花,已奄奄一息,父母见其已断气,含泪叫家人用草席包裹后弃之于茆竹苑的山坳草丛里。这天有一农人早上出来放牛,那牛顾自到草丛深处去吃草,见到小儿后连连哞叫,惊动了放牛人,放牛人见小儿尚能啼哭,就抱回家救活,归还其父母,其后长大成人,但终脸上落下痘疤,故人称曹麻梨。曹太公为人精明强干,乐善好施,诸如修宗祠、修桥补路、捐谷赈灾等,皆事事当先。布号在他手中欣欣向荣,除布号外,城内有店铺,乡下有田庄,又在后杨祖居大兴土木。曹太公育有二子,长房有六子,次房也有五子,次房居南宅,次房居北宅,占了大半条弄堂,南北二宅俱是一样的格局,除了三进二明堂的主楼外,还有三间二厢的偏屋、轿厅、私塾、仓房、厨座、花园之属,每到秋后收租谷的时候,大门外八级青石台阶上搭起长长的跳板,长年(长工)佃户来交租谷者肩挑背扛的络绎不绝,直到后园三间仓房爆满为止。为报牛的救命之恩,所以曹家一直遵循太公训诫,全家不食牛肉。

老太太柳氏是曹太公的长房媳妇,七十多岁了,也是从系名门望族的柳广隆娶过来的,知书达理。此时的曹家,曹太公、太婆及长子、次子均已过世,柳氏是辈分最高的人,为人刚强,规矩极严,但家大人多,只是维持表面上晨昏定省等礼数罢了,子孙中有吃喝嫖赌的,她也管不过来了。这时儿孙们得知消息,都来上房探视,黑压压地站了一屋,辈分小的,只能站在房门外。布号的管账先生哭丧着脸正在向老太太禀报说："一十八口千斤缸(俗称大头缸)的缸水,全部腐烂了,资本都在里面,店里我已指派了人看着。"原来清康熙年间兰溪县衙为禁染、踹工匠停缸歇石(罢工),曾立过一块《奉督抚二宪禁碑》,上面说："布商资本,半在缸水(靛青染料)。"一旦变质腐烂(俗称倒缸),就会血本无归,导致布号破产也不在少数。老太太坐在朱漆描金的宁式床前,脚踩床凳,用眼扫了一下众人,问:"二老爷呢?"一语未了,只听一声泼天大哭,二太太披头散发闯了进来,一下子跑在老太太面前,边哭边说:"该死的,他他他竟然逃走了……"原来曹德隆虽是一家族股份制企业,但平日经营都由二老爷掌管,这几年外国的洋布像英丹士林布等如潮水般涌进来,又轻又柔,又便宜,人见人爱,布号的生意一天不如一天,二老爷心里烦闷,不知不觉地抽上了乌烟,又嫖上了茭白船上的一个招牌主,大把的银子花了。老太太虽然有所耳闻,但从未想到严重到如此地步。这一次"倒缸",是贮存不好,还是二老爷在采购时就做了手脚,也属疑案,不敢创纂。二太太接着说:"这下倒好,他连那船上的小婊子都带走享福去了,连我的金银首饰,我娘家的陪嫁都席卷一空!这天杀的。"只气得老太太目瞪口呆,半晌才指着二太太的鼻子骂道:"亏你还有脸来问我,自己的男人管不住,我问哪一个去?"旁边早有妯娌们上来劝住了二太太,二太太只得站在一旁,依旧淌眼抹泪抽抽搭搭的。

老太太说:"我到你们曹家五十多年了,经历了多少大事,长毛造反,民元革命,都过来了,看来曹家这一次是气数已尽、在劫难逃了。叫我死后怎样去见列祖列宗啊。"众人鸦雀无声,只是恭肃地听着。这时只听西门谯楼正敲三更,堂前的自鸣钟也嘡嘡的响了十二下。老太太挥了挥手,说:"你们都回房歇息去吧,明天还有许多大事要办的。"众人这才慢慢地回房去了。

第二天一早,老太太穿一身素白纺绸滚边衣服,下着长裙,由丫环扶着步出堂来。虽然只是隔了一夜,但她头上的白发似乎更多了,脸色也憔悴了许多。她先到楼上祖宗神龛前敬了香,那里面有数十块曹氏祖先的牌位,黑黝黝的,有的有"皇清诰授奉政大夫"等等字样。接着吩咐娘仂(仆妇)在天井里摆好香案,白刀(菜刀)砧板。点上香烛,手执三炷清香,恭恭敬敬地在拜垫上跪下磕头,久久地虔诚祷告天地神明、列祖列宗一番,然后站起,手握白刀在宰板上一下一下有节奏地紧宰起来,口中喃喃的,不知在念叨着什么。原来这是旧时兰溪的风俗,据说你如果有不共戴天的仇人,就可以在天底下一边用白刀宰砧板,一边诅咒那人,就可以使仇人遭祸横死。在旁边的家人仆妇大气也不敢出一声,只听得老太太口中念叨的名字,分明是在诅咒她的亲生儿子——那个闯了泼天大祸卷包而逃的二老爷。闪烁的烛光映着堂上的一幅"五猴摘果"的六尺中堂,显出年深岁久惨淡的颜色。

老太太除喝点稀粥和稍微休息一下外,足足诅咒了三天三夜,结果如何,不得而知,但二老爷始终没有再回来过,看来是客死他乡了。

掌门人二老爷一走了之,不再露面,老太太只得担起清盘的责任。接下来,布号、染坊、踹坊都以极低的价格盘给了他姓,所得的银子远不够清偿布号的欠款、贷款,拿着字据前来讨债的穿梭般往来。老太太只得含泪打开上房的地下小金库,把成封成封的白洋(银元)往外拎,连小挂篮提梁都拎脱了,末了还卖了二处田庄才算了事。曹家从此一蹶不振,各房也都分了家,各自起伙,各自谋生,真应了"树倒猢狲散"的古话了,这一年正是民国三年甲寅年。

过了三年,老太太柳氏寿终正寝。病危之际,老太太神志异常清醒。面对众多儿孙,她留下一句话:"德隆德隆,有德才隆,无德则败啊!"

下编

# 长城赋

　　大哉长城！伟哉长城！东起鸭绿，西及酒泉。山海苍茫，惊涛拍岸而卷雪；嘉峪雄峙，烽烟直上而干云。皎皎汉月，悠悠旌旆，亭障相望，驰道勾连。万二千里，绵延邈远。雉堞如峰，敌楼峥嵘而崔嵬，关城如瓮，山势嵯峨以崚嶒。不知始于何人，创自何年？

　　若夫猃狁孔棘，戎车骙骙，周室既衰，剖为战国。燕赵韩魏，犬牙交错。赵习骑射，雁门纵牧，拓地千里，中山林胡。及至始皇，奋挥长铖，鲸吞区夏，威震殊俗。乃令蒙恬北征，熊罴雨集。匈奴退遁，祁连收为藩篱，阏氏失色，燕支化为牧野。于是乎堙山堙谷，相连首尾，夙兴夜作，尸骸枕藉。而荡荡乎金城岧峣，离离兮宗庙丘墟。

　　至于汉兴，高祖断蛇，歌大风之曲，娄敬委辂，献西幸之策。既而白登被围，冻馁七日。马躞蹀以悲鸣，士不敢弯弓而报怨。楛矢及乎北阙，烽火照于甘泉。及至汉武，威武赫怒，期门授戟，大拓西土。张骞跋涉以凿空，苏武和雪而吞毡。卫青天幸，由徒隶而封侯；去病无家，象祁连而负土。子死父继，丁壮战斗于前；母牵妻挽，老弱转输于后。利镞穿骨，犹入春闺之梦；惊沙扑面，雁哀上林之浦。乃见天马西来，蒲桃入汉，兵连祸结，财殚力痡。

　　至于明君出塞，思故乡而凝睇；文姬归汉，望穹庐而心酸。河水咽鸣，群山纠纷。乃见阏氏宁胡，单于款关，边城晚闭，牛羊遍野。烽烟不兴，垂二百年。

至于魏武挥鞭,北征乌桓,辽水无极,燕山参云,平沙如雪,风惨日曛。歌酣易水之风,气振渤海之隅。爰及炎晋,五胡纷纭,开疆立国,朝秦暮燕。双鹅飞洛,金门鞠为茂草;五马渡江,铜驼没于荆棘。赤血流于紫宫,白骨蔽于平原。仰天有恨,俯地无穷。

若夫煌煌太宗,六骏腾骧。威凌千阵,廓清八荒。扫平突厥,逐北追亡。三山动而箫鼓沸,九天转兮旌旗扬。景星耀而太阶平,虹霓灭而日月张。勒铭燕然之山,饮马长城之窟。万里归心,四夷宾服,称天可汗,壮烈威武。为万世法,流馨千古。

有宋及明,唯知婴城自守而已。及至高原水出,沧海横溃。天骄应运,欃枪未灭。杀戮为常,攒眉抆血。铁骑成群,玉轴相接,喑鸣则山岳崩颓,叱咤则风云诡谲。乌啄腐肉,人肠挂于枯树;剑铦秋霜,胡雏啸于东门。千城荡覆,万邦殄灭。若夫冲冠一怒,雄关启扉,江山易姓,舆图换主。九州崩裂,万姓饥渴而顿踣;隆准失路,王孙号呼而转徙。自古及今,破国亡家,灭宗绝祀者,胡可胜言!乃知长城之固固不足恃,视人之德与力而已。

乃今重关弃守御之用;烽燧息惊警之火。跻身世遗,美誉流播四海;登临兴感,宾朋来自八方。崇哉壮哉,永作中华之脊梁。

# 虎　赋

　　尊号山君,威雄百兽。逍遥铁尾,狞猛铜头。炳辉文章,闪烁双眸。流转兮紫电之超霜,咆哮兮沉雷之乍吼。腾风现爪,吮血磨牙,横行跋扈,杀人如麻。散魄飞魂,赤血涂于野草;惊心骇胆,白骨乱于荒郊。恐惧兮绝壑,战栗兮危柯。草偃天腥,鹰鹞悲鸣而折翅,日落风惨,猿猱惊悸以永号。呜呼,王孙则青霜腐土,美人则黄沙血窟。月昏空谷,徒悲卞庄子之宝剑;风惊黯木,竟没飞将军之白羽。噫吁戏,归于来兮,山中不可以久居。

# 华山赋

伟哉华山！白虎之精，金天之西，擎天一石，亘古常新。河岳辉炳，华夏之根。唐玄宗本命是依，陈希夷一局棋赢。仙掌化为峰，巨灵留迹；莲灯照洞府，沉香救娘亲。濯发玉盆，仙娥梳妆；吹箫紫台，萧史引凤。爵号之尊，载乎祀典，仙都其丽，渺兮神居。

白云蔚蔚而建标，瀑布飞流以界道。披荒榛之蒙茏，陟层岩之陡峭。浮悬幢于千尺，勾栈道乎九霄。毛女炼形以飞步，韩公投简而号啕。跨穹窿之白磴，临万丈之绝冥。践莓苔之滑石，搏壁立之翠屏。山屹峙以纡郁，岭隆崛乎青云。高经华盖，仰看天庭。霞驳云蔚，若阳若阴。祥风和翕以飒丽，芳林椒激而常青。三峰耸竦以插天，琼台峥嵘而悬居。仰天阙之崇绝，更惆怅以惊思。

列宿乃施于颠顶，日月经行于其旁。雷郁结于岩穴，电闪忽于藩墙。积琼玉兮冬雪，研丹紫兮秋霜。西尽月窟，东震扶桑。朱阙夹路，石杠飞梁。于是乎羲和弭节，六龙回驾，黄鹄惊飞，白猿愁渡。伏彪藏虎，乳血餐肤。

下俯则黄壤千里，周原朊朊。豁爽垲以宏壮，乃疆理而弥望。吐青风之飚戾，纳归云之徜徉。兴雨祁祁，瓜瓞唪唪。华实纷敷，桑麻条畅。率西水浒，古公亶父。文王梦熊，周公吐哺。及至秦吞六合，诸侯西驰，华山为城，黄河为池。儒士填于坑阱，诗书燔而为烟。鲍鱼乱臭，扶苏伏剑。国灭亡以断后，刑轮轘而绝前。兴汉高之神武,隆大唐之盛年。若夫华夏中兴,文运昌明,泰治熙洽,龙负龟呈。乃作歌曰:华山巍巍兮壮神州,金天少昊兮裕生民。铭贞石兮伟华瞻,国运昌兮揭太清。

# 兰草赋

　　夫兰之为草也，其性洁，其气幽，其叶长，其根展。樵苏为伍，猿鹤相伴。居于水涯，立于高岩。不邀众赏，不慕华堂，气节坚贞，众壑留芳。饥餐晓露，渴饮清泉。迎风映日，舒凤尾之翩翩；含馨带露，展花萼之娟娟。裾霞佩月，楚湘灵飘然乎林下；傲雪凝霜，屈大夫行吟于泽畔。偃仰有致，杨补之风生腕底；折垂无地，郑所南悲夫故国。放逸西山，孔仲尼钦王者之香；驰素东皋，梅竹菊共君子之选。

　　何期移入市廛，灵根被束，栽于盂盆，馊溲辛酸。置彼华贵，失其天真。芳馨合铜臭溷杂；朱蕤与俗客为邻。银杯铜奖，妄分绝品凡类；金章紫绶，标榜甲等乙第。至若舶来之卉，异种称王，如痴如狂，逐彼孔方。入围见嫉，宠之者珍如拱璧；向隅不欢，贬之者弃如敝帚。三瓣五瓣之蕾，亦见接木移花；一箭两箭之茎，何妨张冠李戴。青楼吹弹，宛然素娥霜女；市井屠沽，都成雅人高士。钻穴踰墙，无非鸡鸣鼠窃之辈；踵门伺途，尽多胁肩谄笑之人。遂使桂嘲萝笑，杜讥衡诮。湘畹蒙羞，陶彭泽唯欣篱菊；丹崖含污，周濂溪独爱莲花。是可流涕痛哭而长太息者也。

# 拟岘台赋

汝水之滨,岩峣高冈,有楼有台,名播遐方。千载已往,兴废不常,兵燹之余,茂草芜荒,断砖零瓦,朽木颓墙。今也重建,熠熠煌煌。始作者谁,宋抚州刺史裴材也。名之者何,感晋羊祜之守襄阳也,勤政爱民,四境呈祥。身死之日,遗爱甘棠,立碑岘首,庙貌垂裳,千秋堕泪,百世馨香。裴公怀想,拟岘名倡,以德绥民,永志不忘。今建者谁,执政定议,增饰崇丽,再谱华章。

斯楼也,层台耸翠,鸱首高昂,洞房曲榭,杰阁回廊。因环材而究奇,抗应龙之栋梁。列梦橑以布翼,荷栋桴而高骧,发五色之渥彩兮,光艳朗以景彰,衡玉阀于增崖兮,启丹扉而临江。碧瓦飞甍,锁户朱窗,平挹江濑,远吞山光,至若登临而眺也,南引闽粤,北屏豫章,东下吴会,西极潇湘。近瞻则古街新市,小桥古巷,城郭峥嵘,里闬繁昌,豁爽农亩,和煦工商。信哉才人之府,鱼米之乡。若夫云敛雪飞,烟消月出之时,春荣秋实,夏荫冬藏之季,其竹树云烟,沙鸥帆樯,光彩叠幻,变化万方,也足以令人神怡心旷者也,前贤之吟咏备矣。

呜呼!古者国盛而营宫室台榭者众矣,楚之章华峙于南,赵之丛台峙于北,秦之阿房建于前,汉之未央踵于后,莫不雕楹绣础,金阶玉堂,而今安在哉?徒见荆棘纵横,草蔓烟茫,风凄露下,兽走鸟翔。乃知台榭之存废,唯德政是傍,若夫残民生,穷土木,尽奢华,夸壮丽,则台榭之隆,又何足称焉?

其辞曰:临春结绮委蔓草,齐云落星伤铜驼。羊祜碑兮岘山哀,千秋万载兮泪堕。

# 古城的"风水"

古老的风水学说,近年来受到海内外学者的高度重视。揭去它那神秘的面纱,可以发现它具有古代哲理、美学、地理、水文、生态、景观诸方面的丰富内涵。而兰溪古城的格局,可以说是风水理论运用的成功范例。

兰溪古城位于三江之汇,挂榜山(即大云山)、青龙山(即金钟岭)回环左右,山河襟抱,正是综合了堪舆学上的飞龙饮水、金凤归巢之形。城以海拔1300余米的金华山主峰大盘山为祖山,以金台尖为来龙,具山林川谷之美,层峦朝拱,气象尊崇。城内又以天福山作为来龙的结穴,实际上起到一种内聚中心的作用。兰溪于唐咸亨五年建县,为衢、婺之门户,杭、严之屏蔽,地理位置颇为重要。

在沿江一带远眺,则有兰阴山如锦屏,如笔架,如卧龙,隔江相对,有浮桥可渡,正符合风水学上案山的要求。城东大云山原有能仁、同仁二塔,溪西排岭有辅仁塔,乘舟溯江而上,首先映入眼中的是这三塔。这些塔,除了佛教意义外,主要还有风水上的文峰塔的作用,目的在祈求本地能文风蔚秀,科甲鼎盛。从景观角度上来说,兰溪溪西一带地势低平,辅仁塔的建造,使原来较平坦的天际线上奇峰突起,足以平添山河景色。

最有特色的是横贯全城的官塘。官塘实乃一条小河,引后山溪之水从城北水阙门入城，经今人民路一带，从城南出城注入荷花塘，河上架着思亲、庆成街头七八座桥梁，粉墙青瓦小桥流水，沿河又有官井亭、阁老亭等亭阁庙观点缀其间，真是典型的"水巷小桥多，人家尽枕河""崖上垂杨水上楼"的江南风光。按风水学说，北水南流，能给城市带来巨大的财富，实际上当时箬篷小船可直接驶入作坊门口做交易，益于古城工商业的繁盛。

风水理论的本质是追求人与自然的和谐。而兰溪古城选址之精当，布局之严谨，设计之科学，景观之宏伟，充分显示了古代兰溪人民的智慧。

载《兰溪日报》

# 胡应麟故居二酉山房考

胡应麟（1551—1602），明代著名的文学家、版本学家、文学评论家，兰溪城区人，字元瑞，更字明瑞，号石羊生，又号少室山人，万历四年中举人，后专事著述，征引广博，有《少室山房类稿》《诗薮》《少室山房笔丛》等著作传世，收入《四库全书》，目前世界上凡研究中国文学的，没有不知道胡应麟的，鲁迅、吴晗等近现代学者也对他推崇备至，可以说是兰溪历史上的骄傲。

胡应麟故居何在？历来并无确指，《辞海》《辞源》均说他"筑室山中，聚书至四万余卷"，实误，前些年有学者指城区胡家巷为胡应麟故居二酉山房所在，但未证实。最近，经笔者初步考证，认为市区花园巷 10 号即为胡应麟二酉山房原构。

康熙、光绪《兰溪县志》等文献记载，胡应麟为明胡僖之子。胡僖，字伯安，嘉靖己未进士，历官到按察副使，住兰溪城城北隅。胡僖母郑氏，外家住后官塘东，母殁，胡僖建桥并筑亭于桥上以志，桥头建有思亲坊，因令名桥曰思亲桥，亭名思亲亭。桥故址在今人民路花园巷口，桥新中国成立后尚存。20 世纪 50 年代填后官塘为人民路，桥因之而毁，今父老尚有知者。据《光绪兰溪县志》载：二酉山房，在城北后官塘思亲桥畔，明胡应麟建，初名"少室山房"，明代大文豪王世贞曾为之作记。旁有古槠树。后归唐骧家，改名曰：古槠书屋。

据笔者实地考察,今花园巷 10 号用材较硕大,雕刻古朴,从形制分析为典型的明代建筑,又原为唐姓祖产,屋后即为胡家巷。无论征之文献,辨证方位或考诸沿革,都可以肯定此即为胡应麟的故居二酉山房原构,但古园已不存。《辞海》《辞源》说胡应麟筑山中,实在是因少室山房之名而望文生义的缘故,是一重大失误。

明代建筑在老城区已属凤毛麟角,更何况是胡应麟这一世界级的文化名人的故居,价值不可估量。花园巷 6 号至 12 号,房屋质量都较高,尤以 10 号的雕刻之精美,在兰溪城乡首屈一指。目前各地都兴起一股名人故居热,如余姚修复王阳明故居瑞云楼,绍兴更是修复了一大批名人故居。可以想见,如能保护好胡应麟故居,开放游览,将大大提高兰溪作为一个旅游城市的品位。

*载《金华日报》*

# 家山清丽入梦遥

## ——《闲云堂墨迹》读后

　　吴琳君幼耽丹青,勤奋好学。记得约二十余年前,在兰溪养砚巷吴湘先生家画斋曾见过数面,时吴君乃一翩翩少年也,喜画白莲。一日持所作白莲图向吴湘先生请益,吾在旁观之,其画已甚有法度,不温不燥,深得陶渊明、周郭颐爱莲之神髓。其人则谦谦如也,其言则谨谨如也,知其久后必有大成。

　　吴君是浙江兰溪人,受江南山水浸染既久,乃外出游历,足迹遍齐鲁川桂,其后定居深圳,厚积薄发,作品常入展国内各级画展,其作品先后结集出版,有《吴琳水墨》《闲云抱幽——吴琳山水画作品选》《当代实力派名家系列——吴琳山水画集》问世。古人云:"胡马依北风,越鸟巢南枝。"吴君游历虽广,名山大川入眼亦多,然其山水多以家乡兰溪及其周边寻常山川入画,如常画兰溪之白露山、石门槛、横山、将军岩及建德大慈岩、梅城南峰塔、浦江仙华山等景,然虽一山一石、一沟一壑、一草一木、一亭一桥、一云一水、无不笔精墨妙,看似随意之间,实则苦心经营,其游子思乡之情,溢于纸墨。吴君喜画松,其松皆江南水边山麓所常见之马尾松,或立或偃,或卧或盘,其松针笔笔精到,一丝不苟,其杂树亦随类赋形,其叶或个字或分字,浓淡枯湿,清妙隽逸,虽崖间乱草,也以写兰之法出之,不敢草率,非时下性情浮躁、急功近利之辈可望其项背。吴君之画,虽笔笔精到,但毫无板滞之弊,因其胸中自有一段逸气存耳，故能不落俗套，不堕俗境。吴君山水，深悟"画山以云深之"之奥妙，满幅云烟，以渲染出之，水汽氤氲，不留痕迹，透出一股淡淡的禅意，画飞瀑流泉，则线条宛转，行于所行，止于所止，出神入化，山间水边偶点缀板桥茅舍，一二高人雅士行吟其中，纤尘不飞，红尘不到，境界潇逸清幽而不荒寂，空灵淡泊，而真气弥漫，当置之逸品之中而超乎神品之上。吴君山水，罕作鸿篇巨制，无雄山广川山崩海啸之伟烈，其画家乡山水，多属小品，妙在似与不似之间，如梦如幻，随意挥洒，较之大幅巨制，更能撩人情思。其题画诗除自作外，多取谢灵运、陶渊明、孟浩然之名篇佳句，此亦可窥见吴君的胸襟不凡，方信有超逸之人品，才有超逸之画格也。在时下这喧嚣的物欲之世，观吴君之画则能使人心灵恬淡宁静，这也是吴君的画价值之所在吧。其花鸟亦颇得山水清气之助，清雅脱俗，点画传神，深得青藤、八大之趣，识者自知，兹不赘。

庚寅春月陈星于兰溪博物馆

# 江南廊桥通洲桥

通洲桥位于浙江兰溪市梅江镇塔山脚村东侧，横跨梅溪之上，为六垛五孔半圆条形石拱桥，桥上建有水榭二十一间，桥中间有亭阁神龛，两端置有桥门，翼角起翘，雕梁画栋，颇为壮观。桥北小山名挂钟尖，山顶筑有文昌阁，为歇山顶，玲珑秀美，桥阁交相辉映。

该桥长度之长、造型之美、环境之幽、堪称浙西之冠。

## 一、地理位置、自然环境及历史沿革

通洲桥位于兰溪市梅江镇塔山脚村东侧，横跨梅溪之上。该镇位于兰溪市东北部，与浦江县南部为邻，距浦江县城 18 公里，离兰溪市区 36 公里。

该镇为半山区，地形自东向西倾斜，海拔在 64 至 650 米之间，南北两端为山区，森林面积占总面积 60% 左右，沿梅溪自东至西为盆地，其中西陵山畈、青大畈为主要产粮区，兰浦公路从盆地中沿梅溪穿过。该镇分布最广的是白垩系横山组，大多为紫红色钙质粉砂岩，也有凝灰质砂岩，梅溪两岸为松散岩组成，地下水丰富。

梅溪为兰江最大支流，又名龙门水，源出浦江县之黄岭，西流经钱宅、于街、双溪口、横溪、墩头、石埠、柏社、姚塘下、上新方，至施村入兰江，横亘本镇。流长 42.87 千米，落差 557 米，河道比降 2.22%，流域面积 454 平方千米，流域内多崇山峻岭，常有山洪暴发，危害两岸稼禾。

通洲桥位于塔山脚村边梅溪之上，古为金华、兰溪、浦江、建德间交通要道。建德旧名严州，该桥为通严州之要津，又梅溪在香溪镇洲上村汇入兰江，故又名通洲桥。考旧志及桥碑记载名通州桥，该桥清康熙之时代本为木桥，乾隆二十三年(1758)由倪元征捐助改建石桥，嘉庆五年(1800)毁于洪水，暂架木桥。道光三年(1828)由倪望莲等又力捐重建，挂钟尖上的文昌阁也与大桥同时落成。光绪十二年(1886)又由白沙陈周学主持重建石桥，并建造水榭二十一间，此后基本保持原貌。

## 二、总体布局和单体结构

通洲桥为一六垛五孔半圆石拱桥，全长 84.8 米，其中两端引桥各长 14.35 米，主桥长 56.1 米。桥面净宽 4.35 米，两边护栏厚 0.3 米，桥面总宽为 4.95 米，水面至桥面约 8 米。

通洲桥桥墩为分水桥墩，岩石基底，有垂裙，其中分水桥墩高 5.7 米，裙高 0.63 米，桥墩总长 7.95 米，其中分水尖长 2.32 米。各跨度约 9 米，整座桥身基本上用棕褐色条石砌成。桥栱为纵联砌置，其中栱脚高 1.96 米，栱尖高 4.5 米，属半圆栱，正中桥栱的栱顶卷脸中间两面各嵌一青石匾，上横书"通洲桥"三个大字。

桥面为青石条石纵联分节砌置，两端引桥分三层，第一层踏跺为 14 级，第二层、第三层踏跺均为 7 级，其中踏跺及砚窝石，平均宽为 0.39 米，踏跺高平均 0.135 米，第一层无护栏，其垂带长

5.78 米,宽 0.45 米。第二层、第三层及主桥的两边都筑有护栏,其中引桥护栏高 0.9 米,主桥护栏高 1.1 米,上宽都为 0.25 米,下宽为 0.3 米,整条护栏的两端设有望柱及抱鼓石,而护栏中间没有望柱,均采用棕褐色条石错缝实砌而成。其两端的望柱高 1.35 米,宽 0.3 米,抱鼓石总高 1.05 米,鼓径 0.41 米,下宽为 0.38 米。

主桥上建有水榭 21 间,共有 88 根柱子,中间为一桥亭,为重檐歇山顶,面阔 3.4 米,两端为门楼,南端第一间面阔为 0.9 米,北端第一间面阔 0.88 米,其他桥屋面阔大致相同,约 2.77 米,通进深基本相等,为 4.1 米。

中间重檐桥亭的下檐与桥屋相连,高低、出檐深度均统一,上檐即屋顶为歇山顶,整个屋顶只用四根金柱承托,转角处均用龙纹牛腿来承托撩枋及翼角角梁,脊檩下有叉手。下脊、垂脊及岔脊均为镂空做法,正脊两端及四岔脊末端均饰有鸱鱼,无垂兽,正脊中置一宝瓶,宝瓶中间插一方天画戟,檐口饰有勾头,滴水。桥亭四金柱间大梁上皮筑有八角形台式藻井,分三层,第三层梁井下皮还刻有黑白太极阴阳鱼图,离桥面高 4.15 米,藻井左右两边还设有木质镂高雕花护栏高 0.45 米,厚 0.03 米,藻井顶端正中下边还装有一木滑轮,作挂吊长明灯用。桥亭西面两金柱间还有一匾上横书"源远西流"四个大字。下供桥神一尊,桥神后壁书有重建通洲桥记一篇,记载通洲桥有关历史。

门楼为四柱重檐庑殿顶,其中下檐口离桥面高 2.7 米,上檐口离桥面高 4.34 米,鼓形柱础高 0.14 米,鼓形柱础为后来维修时所加,其目的是为了防止柱子受潮腐烂。

两金柱相距 2.4 米,相邻金柱,檐柱的距离为 0.05 米,通进深为 4.1 米。两金柱间有大梁,梁底离桥面高 2.74 米,大梁上置两力士形木墩,上承托随梁枋,枋上又置童柱两根,使之与两金柱等高。同时用龙纹牛腿来承托撩檐枋及整个屋顶,两金柱间还设有描金盘龙立匾一方,竖书行楷"通洲桥"三字,为蓝底金字,立匾高1米,宽0.5米,门楼楼顶为庑殿顶,正脊中间置宝瓶,瓶中插方天画戟一把,无正吻,四条垂脊末端饰有鸥鱼四只,翼角起翘明显。下檐外端两边各有两条岔脊,其末端也饰鸥鱼,而里面两边都无岔脊,与桥屋相连,高低、出檐深度都一致。其转角用镂空木雕牛腿承托,其图案是狮子抢球,金柱外端也用一雕有人物图案的牛腿承托下檐撩檐枋,但两金柱间没有下檐,门楼檐柱与相邻一缝的金柱间有递角梁结构,为鸥鱼吐水状月梁。檐口上都饰有勾头滴水。

桥屋面阔基本相同,约2.77米,通进深为4.1米,两金柱相距2.4米,是过往行人的通道,撩檐枋均采用龙纹牛腿承托,出檐0.47米,封檐板厚0.015米,无望砖、望板,也无勾头、滴水,为彻上露明造。桥屋梁架侧样均为四柱五檩(无中柱,用一童柱代替),脊檩用童柱承托,童柱立在大梁上,大梁为三架梁,梁底离桥面高2.76米,梁两端饰卷草图案,两边小梁均为单步梁。

由于江面风力较大,所以梁架横向底部相邻金柱檐柱间用一条横木连接加固,其上皮离桥面0.28米。梁架纵向各金柱,檐柱的上部都有额枋连接,相邻金柱间下部还用一条木连接,其上表面离桥面0.5米,厚0.08米,宽0.14米,它既对桥有加固作用,又可以为行人游客作休息、乘凉之用。这样使梁架上下左右连为一体,大大增强了桥屋抗风、抗震能力,使其历经一百余年而安然无恙。

桥南端右边大道上有凉亭一座,亭壁嵌有青石碑记六通,记载了通洲桥历次维修概况及捐助人姓名。

附属建筑文昌阁建于桥北端的挂钟尖山顶,台基平面正方形边长约11.45米。单檐歇山顶,平面三开间带四周回廊,明间面阔3.6米,次间阔1.8米,廊间阔1.3米,通面阔9.75米,通进深9.75

米。明间中缝梁架为抬梁式,次间边缝梁架为穿斗式,四周有回廊。明间檐下置横匾一方,行书"文昌阁"三字,为著名篆刻家钱君匋题。屋面覆盖阴阳合瓦。地面为三合土,台基为卵石、条石混合做法,建筑面积合计 130 平方米。

### 三、历史、艺术、科学价值

通洲桥位于古时金华、兰溪、义乌、浦江、建德五县间的交通要道,始建于清康熙年间,历经修葺。为一六垛五孔半圆石拱桥,桥上建有水榭间,桥中间有序阁神龛,两端置有桥门,翼角起翘,飞阁流丹,雕梁画栋,颇为壮观。古人曾赞颂此桥"上建廿橼之水榭,风雨堪遮,下临百尺之长波,浅深无虑",是江南目前保存较完整的几座水榭式桥梁之一。

桥头小山名挂钟尖,筑有一座玲珑秀美的文昌阁,古朴典雅,绿树掩映。登临挂钟尖,鸟瞰山下长虹卧波,梅溪两岸村舍俨然,阡陌纵横,远处枣树成林,山峦起伏,构成一幅风格别具的山水画。

通洲桥与文昌阁还是名人纪念地。著名作家曹聚仁就出生在距离通洲桥不远的蒋畈村,少年时代曹聚仁经常来桥上和文昌阁上读书,嬉戏,并在此结识了后来成为他夫人的塔山村的王春翠女士。1956 年曹聚仁应邀去北京,路过金华时曾作《夜半过金华感怀》一首:"梦回夜半是金华,默对北山苦忆家,竹叶潭深留旧网,挂钟尖外送飞霞。桥头一觉黄粱熟,叱石非羊世事麻。只有梅溪流不尽,古樟丛柳乱归鸦。"诗中竹叶潭即是通洲桥下的深潭,深刻表现了曹聚仁先生对通洲桥的美好回忆和对家乡的怀念之情。

载《东阳建筑》

# 李渔款《墨梅图》辨伪

　　李渔(161—1680),兰溪人,是清初著名的剧作家和戏剧理论家,为世界级的文化名人。可惜三百多年来,并无有关李渔本人的墨迹传世,不能不说是一大憾事。最近,南京某画廊收藏到署名为李渔的一幅《墨梅图》,立轴,绢本,长168厘米,宽50厘米,画绘梅桩二树,用笔潦草,图中大片留白,上方有行书咏梅诗二首,落款为"丁寅日李渔",并刊载于《艺兰斋藏书画选》,引起圈内人士轰动。笔者认为,此画如确系李渔真迹,不啻珍如拱璧。但细览画册所刊的这幅《墨梅图》觉得疑点甚多,现质疑如下,以就正于方家。

　　第一,李渔自叙一生从不作画,何以有画作传世? 康熙十九年(1680)即李渔去世的那年,李渔为其女婿沈因伯所编印《芥子园画传》作序,序中说:"余生平但能观人画而不能自为画。"既然李渔自己承认一生从不作画,而且是在去世前夕说的,言之凿凿,那么为什么又会有什么《墨梅图》传世呢? 何况该画三百年从不见著录,画上亦无收藏鉴赏之印,近年突然出现,显然是流传无序。作伪者显然是钻了李渔并无真迹传世,无从对照的空子,任意作假。

　　第二,李渔虽不作画,但很会欣赏,深通画理,如他作画,肯定不逊大家手笔,反观此图,用笔潦草软弱,梅花与枝干大小不成比例,梅桩点苔用细笔画作,如生小草,水平低劣,绝非李渔之作无疑。

第三,画作上方题有咏诗二首,不知从何抄录,李渔善于写诗,其诗集中不乏为人题画之作,如此二诗为李渔自作,当收入其生前——康熙十七年戊午年(1678)自己编定的《笠翁一家言诗词集》,如是抄录别人所作,则以李渔之大手笔,凡事喜独创,断不致拾人牙慧,以题己作。

第四,诗作第一首云:"庭里月无影,梦暖雪生香。岁寒冰雪里,独见一支来。"此诗"庭里"之"里"当作平声而用仄声,不合韵律,韵脚"香"为"七阳"韵,"来"为"十灰"韵,不通押,出韵。题诗实在是错误叠出,而作为大家的李渔绝不会犯此类低级错误,显系作伪者不懂诗词格律,杜撰时有误或抄写有误所致。

第五,题款纪年干支全系杜撰。该画题款为"丁寅春日李渔",但综观三千年来,以干支纪年,从无"丁寅"的配合,终李渔一生也绝未遇到"丁寅"之年。此年款只能是不懂干支纪年之法的人信手妄题。

对于李渔款《墨梅图》,笔者虽无见到原作,不能从纸、印章、墨色等方面作出鉴定,但仅从以上几个方面的分析,是可以断定此画不过是近年来某好事之徒的伪劣之作而已。

载《中国文物报》

# 历史名城　休闲之乡

　　兰溪市位于浙江中西部,钱塘江上游,衢、婺、兰江交汇之处,地理位置优越,自古号称"三江之汇,七省通衢",历史文化深厚,民风淳朴,是浙江中西部著名的工商城市和休闲旅游城市。自唐咸亨五年(674)拆金华县西三河戍地建兰溪县,迄今已一千三百余年。

　　兰溪文物资源丰富,现有的文物古迹众多而富有特色,现拥有国家级文物保护单位 2 处,省级 11 处,市级 90 处,其中诸葛、长乐、芝堰三处古村落布局独特,传统建筑精致,雕梁画栋,古风宛然,是别开生面"古建三村、华夏一绝"。城区的告天台始建于明代嘉靖年间,为纪念宋殿中侍御史赵抃而建,背山临江,翼角飞翘,历来为登临胜地。位于墩头塔山的通洲桥,结构精巧,雕饰华丽,环境幽美,是省内一座保存完善的水榭式桥梁。其余如古城墙、古街巷、古祠庙、古牌坊、古塔、古亭、古寺等,分布广泛,地方特色鲜明,被专家誉为古建筑的"富金矿"。2000 年被列为"省级历史文化名城"。

　　兰溪山清水秀,风光旖旎,名胜良多,历史名人吟咏不绝。载入《中国名胜辞典》的有六洞山、兰阴山、白露山。六洞山涌雪洞"地下长河",水旱道长 1 740 米,游人可乘舟览胜 800 余米,洞中钟乳石千姿百态,瑰丽奇特,有飞鱼对哺、琼崖积雪等奇景,被誉为全国洞府泉流之冠。山间栖真寺珍藏明代万历所颁《北藏经》6 777 卷,为国内佛经之瑰宝。兰阴山又名横山,因古时盛产兰花而得名,林木葱茏,横空出岫,山腰有元代古刹兰阴寺,寺前山崖有明武宗正德帝"兰阴深处"御笔之摩崖题刻。白露山距城 15 公里,茂林修竹,景色清幽,山巅有建于北宋皇祐年间的慧教禅寺。城西的兰江水清流缓,两岸平畴千顷,四周群山耸翠,泛舟江上,十分惬意。唐戴叔伦《兰溪棹歌》诗云:"凉月如眉挂柳湾,越中山色境中看。兰溪三日桃花雨,半夜鲤鱼来上滩。"传诵至今。近年开发的更有全国诸葛亮后裔最大聚居地诸葛村,长乐福地长乐村,江南小丽江芝堰村,世界侨仙黄大仙故里、清代戏剧家李渔芥子园等,海内外游客纷至沓来,流连忘返。

兰溪吴越文化积淀深厚,文风鼎盛,名人辈出,唐舒元舆为宰相,以文学著名于时;五代僧贯休诗书画三绝;宋范浚、金履祥,开婺州学派之源;明章枫山、胡应麟,博通经史,著述良多。清代大戏剧家李渔在戏曲创作、戏剧理论、造园、美食等方面都有极高的建树,堪称休闲文化之集大成者。兰溪为浙江中西部的著名商埠,民风习俗世代相因,非物质文化遗产也十分丰富,被列入国家级的有兰溪滩簧、诸葛传统建筑技艺 2 项,省级的有黄大仙传说、断头龙、粮食砌、诸葛后裔祭祖等 5 项,列入市级的有梅江迎会,青丝鸟、白沙花灯等 20 余项。这些民间艺术,既有强烈的时代精神,又充满浓郁的乡土特色,具有很高的历史研究价值和审美价值。兰溪人民热情好客,名菜如兰江鲤鱼、兰江秋蟹;名小吃如兰溪粽子、兰溪鸡子馃、兰溪芙蓉糕、绿豆糕等,令人馋涎欲滴。

兰溪物华天宝,人杰地灵,可圈可点,可游可居,堪称历史名城,文物之邦,旅游胜地,休闲之乡,欢迎海内外嘉宾前来旅游观光、休闲。

# 龙游石窟与兰溪古城墙

近年来发现的龙游地下石窟,已被传媒炒得纷纷扬扬,已经有人将其列为与埃及金字塔、巴比伦空中花园并列的"世界第九大奇迹"。闻名不如见面,兰溪与龙游近在咫尺,于是我们萌发了亲眼去看一看的念头。

龙游石窟实际上是一组庞大的地下石窟群,目前已发现了二十四处,位于衢江北岸一个叫小南海的地方。小南海有建于明代的竹林禅寺,古木阴翳,风景清幽潇洒,郁达夫曾写过游记。石窟就在竹林寺的旁边,从外表上看,几乎是一片平地,谁也想不到这里会隐藏着一组巨大的"地下宫殿"群。从洞口拾级而下,顿感凉意逼人,待眼睛逐渐适应了周围的昏暗,一个个土红色的巨大空间就呈现在你的眼前,洞窟都为作覆斗形,洞壁、洞顶凿痕整齐,朝向一致,纹理匀称,上下斜条凿痕之间又以横向凿痕相隔,仿佛整个石窟都是用一块块长条巨石堆砌而成的。巨大的鱼尾状石柱排列整齐,顶天立地,使人想起古希腊的帕特农神庙。穹窿的顶部有一个四五米长的长方形洞口,是石窟唯一的采光口,柔和的光线穿过朦胧的雾气照射下来,使整个地下殿堂显得更加幽静深邃,神秘壮观,令人叹为观止。从这些石窟的规模来看,大的有一万多平方米,高的有五六层楼那么高,相比之下,北京十三陵的定陵地下宫殿,成了小弟弟。如果把这些石窟称之为世界第一的人工"地下宫殿"群,应该是当之无愧的。

　　龙游地下石窟的成因,迄今有古姑蔑地下王陵、藏兵洞、地下仓库、地下采石场乃至外星文明等假说,但依笔者的陋见,认为地下采石场之说最为可信。虽然这一推断失去了许多神秘色彩,未免使人扫兴。理由是红砂岩在地下比较松软,便于开采,接触空气后变得坚硬,是良好的建筑材料;每个石窟都有天窗、台阶,便于采光、出入;而且石窟距衢江不过几十米远,水上运输十分便利。但有人质疑龙游境内至今没有找到这上百万方的红砂石的下落,据笔者的推测,这数十万方石料的归宿便是距龙游几十里的兰溪古城(也许还有衢州)。兰溪自唐咸亨五年(614)置县,其时即开始兴建城垣。据宋洪遵所著《东阳志》记载,兰溪古城"城周二里二百二十三步,高一丈五尺,子城周一里三百四十五步"。在古代,无疑是一项浩大的工程。笔者观察,至今兰江边残存的兰溪古城墙以及城内外宫观衙署残存的墙基,用石皆为红砂岩,其石质、颜色与龙游石窟的红砂岩如出一辙。其开采的年代,至少在宋元以前。可以说,没有兰溪古城的兴盛,就不会有龙游石窟的开凿,相信经过地质学家的采样检测,定可破译龙游石窟形成的这一千古之谜。

　　　　　　　　　　　　　　　　　　载《婺星》

# 兰溪的鱼

兰溪七山一水二分田，水面广大，有山塘、池塘、水库等水面6万余亩，贯穿境内的婺江、衢江、兰江三江水面约3万余亩，是天然鱼类的主要栖息场所，自古以来，水产丰饶，号称江南鱼米之乡，先秦时，兰溪先后属越楚，据司马迁《史记·食货殖列传》记载："楚越之地，地广人稀，饭稻羹鱼。"鱼类为人类营养蛋白质的主要来源之一。兰溪居民中有不少是渔民，世代以捕鱼养殖为生。据传说，明太祖朱元璋灭北汉后，将北汉主陈友谅的家族子孙及其部属陈、许、钱、于等九姓贬为富春江渔户，不得上岸，因为兰溪鱼类丰富，九姓渔船逐渐泊居兰溪，以捕鱼为生。不少渔船以驯养鸬鹚捕鱼为业，其婚丧礼仪、风俗也与岸上人家有许多不同，成为一道独特的水上风景线，明汪广洋有《兰溪棹歌》诗云："野凫晴踏浪梯平，越上人家住近城。箬叶裹鱼来换米，松舟一个似梭轻。"唐龙《中洲渔火》诗云："捕鱼换酒笑呀呀，入市无鱼酒不赊。明日江头期一醉，先同老妇卜灯花。"活画出一幅生动传神的《渔家乐图》。

清代《光绪兰溪县志》记载当时兰溪有："白、松、车、乌、鲫、鳜、青、鲤、鳝、鲇等十三种。"兰溪现有鱼类如鲤、鳢、鲇、鳅、鳗、鲴等有20科80余种，其中鳗称为水底人参，营养丰富，鲇可作煲，鳜鱼味鲜，唐张志和有"桃花流水鳜鱼肥"的名句，其中最有名的要数兰江鲤鱼。唐戴叔伦有诗云："凉月如眉挂柳湾，越中山色镜中看。兰溪三日桃花雨,半夜鲤鱼来上滩。"明何景明诗:"邻家思妇清晨起,买得兰江鲤一双。"可见早在唐代,兰江鲤鱼就名闻遐迩。兰江鲤鱼鳞片较大,有须,尾鳍等处呈金红色,所以常呼为金色鲤鱼,因兰江水清纯,无腥土味,以一尺左右大小的为最鲜嫩,所以清朱彝尊云:"银丝细脍兰江鲤。"明代大学士赵志皋有句云:"尺鲤上滩头,洋洋九寸十分。"兰江鱼最为鲜美的要数鲥鱼、鲈鱼、鲚鱼,鲈鱼巨口细鳞。宋欧阳修有诗云:"江上往来人,但爱鲈鱼美。君看一叶舟,出没风波里。"西晋的张翰在洛阳为官,因秋风起,想起家乡的莼羹鲈鲙,竟然辞官不做,可见其味之美;鲥鱼肉细脂厚,银鳍巨鳞,其味更是难以言表,可惜这些都是洄游性鱼类,自富春江电站大坝建成后已在兰江消失,鲥鱼已经绝种,鲈鱼还有养殖的,可惜其味已大不如前。三江天然鱼类丰富,冬季常有大雁、野鸭、天鹅等大批候鸟来中洲、雁屿洲、女儿滩等处越冬,栖息于同仁塔、辅仁塔上的鹰隼亦以江中鱼类为食,一派"鹰击长空,鱼翔浅底"的美景。渔民捕捞以野生的鲤、鲫、鳊鱼、鲴鱼等为主,其中有一种称为朱红白花的,也为兰溪人所喜爱。三江的支流如马达溪、游埠溪、赤溪、梅溪等,因断面小,水量不均匀,以野杂鱼为主。近年来三江受工业废水污染,鱼类资源大受破坏,大规模死鱼事件时有发生,兰江渔民已大部上岸转业。

淡水养殖以青、草、鲢、鳙四大家鱼为主,鳙鱼俗称松鱼头,鱼头滚豆腐是兰溪的特色菜。但此四大淡水家鱼为长江回游鱼类,本市无产卵场,所以早在明代起,厚仁莲塘岗、上戴一带村民,就在鱼苗汛期间,成群结队去江西九江采购天然家鱼鱼苗,利用村边池塘人工精养,培育成夏花仔口鱼种,供应兰溪和金华、龙游、建德等地农村饲养,世代相传,未曾间断。其方法是,用极细极韧竹丝编织成鱼篓,内外用绵纸一层层裱糊,用桐油反复油透,干后即成为又薄又轻,盛水滴水不洒的鱼篓,一肩挑两篓,到九江后捞取得即将孵化的鱼卵连水放入篓中,即马不停蹄,人不息肩,辗转千里,赶回兰溪。路途中,鱼苗不断长大,则不断换水,分篓。基本以步行为主,风餐露宿,十分辛苦,所以须结伴而行。笔者小时还曾见过此种鱼篓,现在恐怕早已绝迹了。上世纪六七十年代,采用科学养鱼新法,本市人工孵化鲢、鳙、草鱼等成功,年生产鱼苗可达千万尾。此外,本市还从外地引进尼罗河非洲鱼,日本白鲫、镜鲤、江西荷包鲤等鱼类繁殖,种类不胜枚举,其法除塘库养殖外,还有网箱养殖等。1966、1984年下金村还实验过稻田养鱼,但未能全面推广。

自古以来,鱼类即为老百姓的珍馐,蒸、炒、煎、炸、红烧、清炖皆宜,鱼加羊,即为鲜字,春秋吴国的王僚就因贪吃鱼脍中了专诸的鱼肠剑而亡。鱼又是待客的上品,战国时冯瑗在孟尝君府中为门客,因为没有鱼吃,所以弹着剑,发出"长铁归来乎,食无鱼"的感叹。所以年年有鱼(余)以及鲤鱼跳龙门、鱼龙变化、鱼雁传书、鱼水和谐等,成为老百姓的美好祈盼,鱼也成为举凡雕塑、刺绣、剪纸、绘画、印染、花灯、编织、粮食砌、诗歌等艺术门类中常见的题材。每年腊月二十九谢年时或大年三十吃年夜饭时,家家户户一盆全鱼是少不了的,而且在鱼身上贴上红纸以示吉祥,手巧的主妇还贴上鱼的剪纸,把年味装点得浓浓的,不过这鱼一般不能动筷,须要留到明年,以讨年年有余的口彩。如今科学昌明,生活改善,想要吃鱼的话可以说是天天都有,而且种类应有尽有,不过这美好的风俗还将一代代流传下去。

# 兰溪的塔

塔，古印度名"窣堵坡"，又称浮屠、浮图。原为供奉佛骨之所。自佛教传入中国后，除供奉佛骨外，后来也发展成为一种风水建筑。它结合中国因有的楼客式建筑而发展成为一种挺拔高耸的多层建筑，深受广大人民的喜爱。

兰溪最古老的塔，从文献记载来看，当推北宋治平四年(1067)建的大云山能仁塔和同时建的南门同仁塔。能仁塔有九级十一丈高，明嘉靖年间倒塌，清光绪年间重建，抗战时拆除，近年又重建。重建时在塔基发现了北宋刻经残石多块，可见文献记载之不诬。

南宋时兰溪有三塔。南宋诗人杨万里过兰溪时曾写过《出横山江口》一诗，诗中写道："白壁当江岸，青旗定酒家。断崖侵屋罕，细路入门斜。县近瞻双塔，洲横隔一沙。何须后来客，始信此诗嘉。"诗中的"双塔"，就是指大云山的能仁塔和南门塔山的同仁塔。同仁塔也于光绪年间重建，"文革"中拆毁。杨万里还有一首《过金台望横山塔》诗："昨夜愁勤雨，今朝喜懒风。金台斜岸北，玉塔正朝东。滩改呈新碛，山回隐暗峰。兰溪水亭子，作意定留侬。"细玩诗意，此诗当作于兰溪去衢州途中，金台即金台山。而宋时横山之塔，其址无考，横山至今也未发现有古塔遗址。据笔者考证，所谓横山塔，其址实在横山西面的姚家村一带的塔山，塔山之名也因宋时建塔而得名,但今遗址无考。也有云横山指东横山,即大云山,可备一说。排岭的辅仁塔则是清光绪年间建的,宋时并无此塔。

兰溪现存的古塔,有位于香溪镇塔山的香溪宝塔。始建于南宋末年,明万历年间重建,砖石楼阁式,七层六面中空。高约32米,边宽2.56米,青石塔基高1.12米。第一层石额有"大明万历丁巳年(1617)冬季吉旦重建香溪宝塔"字样。各层嵌有"影摩云汉""擎天捧月""宛在天际""光射斗牛""文笔生辉"等石额。从"文笔生辉"等石额来看,此塔也属于风水塔,目的在祈求当地人文昌盛。除此之外,尚有女埠镇的双塔,永龄塔位于下潘村岩山,俗名前塔,建于明初,砖石楼阁式,六面五层中空,高约26米,边宽2.6米,顶层嵌石额"永龄塔"三字,第三层嵌石额"步瞻"二字。仁寿塔,位于坝坦村平郭山,俗名后塔。明万历四十年(1612)建,亦为砖石楼阁式,六面六层中空。高约33米,边宽2.75米。第三层嵌丁字形石额,刻"仁寿塔"三字,旁署"周旻建"。此塔与永龄塔并称双塔。

令人感兴趣的是在诸葛镇厚伦方村还有一座无头宝塔。砖石楼阁式仅四层,八面中空,有石级楼道,砖块上有"大明崇祯辛巳年(1641)厚伦方建"字样。相传此塔建至四层,主持者突然病卒,村人以为不祥,中途停建,故称为无头宝塔。现塔位于水库中央,基层被水淹没。

*载《兰溪日报》*

# 兰溪的屋

衣、食、住三者为人类生存所必需的三大物质条件,其中住即房屋的建造,为人类进入文明社会的重要标志之一。原始人类如距今约50万年前的北京猿人和1.8万年前山顶洞人的人骨化石,都出土于天然山洞中,可见当时人类在山洞中栖身。据文献记载:太古之时,有圣人者,教人构木为巢,居于树上,以免野兽侵袭,有功于世,众人尊立为王,号有巢氏。但有的文献又有截然不同的说法,说有巢氏是"教人以居处之法者,编堇为篱,缉茅而庐,民始免木处而颠"。可见有巢氏所发明的是最初搭建在地面上的房屋。从西安半坡遗址来观察,五千余年前人们搭建圆形的中心有一木柱支撑的建筑,是一种半地穴式的窝棚式的房屋。而从浙江余姚河姆渡遗址出土的木构件来看,当时河姆渡人已懂得用榫卯结构来构建住所。由于南方潮湿,其房屋是所谓干栏式的,类似如今云南等地傣家的竹楼,只在楼上住人。

兰溪宋元及此以前的民居已不可见,现存的古民居多为明清至民国时期的。兰溪自古以来田园富庶,山林茂密,先民们建房造屋多因地制宜,就地取材。因为造房雇工购材都不容易,先民们在选址、装修上都有许多讲究。明清时代一般百姓的房屋,大都以三开间两过厢为主,大户人家亦有三开间两过厢串联的,形成三进二明堂(天井)或四进三明堂的格局,特别富豪的官宦之家可以五开间。一般贫寒之家也有无天井的,称为排丘屋,偏远贫瘠地方的特困家庭则只有住泥墙茅屋了。兰溪房屋建筑的风格类似皖南的徽系建筑,也有专家考证说徽派建筑其实是从龙游、兰溪一带学过去的,因明清时代徽人在浙经商的特多。墙体一般为封火墙等小青瓦,高大坚固,有防火防盗的功能,高低错落的马头墙则给沉闷一律的墙体带来一种向上腾跃的动感。内部雕刻,明代多古朴大方,月梁雕龙须纹,柱为梭形柱,栌头多作莲花形,考究的房屋金檩下皮浮雕凤穿牡丹、仙鹤祥云等吉庆图案。门面用砖雕门楼,常见有四柱五楼的格式,额枋则浮雕双狮滚球等图案。匾额多请当地名家题字,如"诗礼传家""一犁春雨""南山拱秀"等。明代多楼上厅建筑,楼上厅是干栏式房屋的变种,楼上高大宽敞,装饰富丽,楼下则低矮,一般不住人,典型的如长乐村的望云楼、坍坦村的孙氏堂楼、厚伦方村的爱敬堂等。其中爱敬堂楼上装饰有覆斗形的藻井,精致华美,为其他地方民居所罕见。清代的民居,早期的与明代无太大的区别。康乾盛世,封建经济繁荣,房屋木构件的雕刻趋向细腻华丽,甚至到了繁琐的程度,有的屋宇几乎梁、栋、枋、柱头、柱础、牛腿几乎遍布花草、禽鸟、瑞兽、祥云、人物等。这一时期,明代直立形柱础演变为鼓形柱础,而原来的柱上斜撑演变为牛腿,牛腿成为民间雕刻艺术家大展才艺的地方。如福禄寿三星、和合二仙、八仙及《三国》《封神榜》等戏曲人物及狮子仙鹿都成常见的题材,制作美轮美奂。门面的砖雕也更加精致,凡木雕的题材,砖雕上面也应有尽有,实在是民间艺术的奇葩。如游埠潦溪桥、杨塘山背村、诸葛村、芝堰、姚村、横塘、朱家等地都保存有大量的这类民居,举不胜举。由于经济、地理、气候、民俗等原因,兰溪北乡与西乡的建筑风格有较大的差异。西乡的天井特别小,弄堂特狭,炎天酷暑可以阻挡大部分阳光。屋内凉爽宜人,缺点是采光少,梅雨季节不免阴暗潮湿。北乡的院落宽敞,风格接近东阳、永康、浦江的建筑,类似北方的三合院或四合院,院墙不高,雕刻也较粗犷简朴。

我国古代为封建宗法制社会,敬天法祖的观念深入人心,人们往往聚族而居,形成以血缘为中心的村落。村落中的房屋皆依供奉祖先牌位的宗祠而建,各房派的子孙则围绕各房派的支祠建屋而居,井然有序。而宗祠的建筑则是村中规模最大最宏伟,雕刻精致华丽,如诸葛村的丞相祠堂、大公堂,西姜的姜氏大宗祠,长乐的金大宗祠,下孟塘村的上族祠,芝堰的孝思堂、衍德堂,渡渎的章氏家庙,旧宅的覃恩堂等,无不穷尽壮丽,有的甚至历时数十年,耗费几代人的心血才建成。在村落的选址上,古人也重视藏风聚气、背山临水的格局,力求做到宜耕宜渔,宜樵宜汲,可市可牧,可游可居,处处体现了古人"天人合一",追求人与自然,人与社会安宁和谐的思想。

清代末年,西方建筑技术传入,水泥磨石子地、吊顶、罗马式门柱等开始应用于各种建筑,有的与传统建筑结合,形成中西合璧的景观,如原位于下卡的天主堂、东门的胡氏民居等都是这类建筑的代表。民国时期,西式建筑更是风靡一时,商铺、洋行甚至富商巨贾,对宽敞明亮的西式建筑都情有独钟,典型的有福源巷的蔡氏民居、和平路的原中国银行支行(已拆)等。上世纪五六十年代,由于经济凋敝,所建的房屋大都如堆火柴盒式的砖混结构,普遍面积小,无厨卫设施,有的甚至以毛竹代替钢筋,安全隐患严重。改革开放以来,经济飞速发展,高楼大厦随之拔地而起,建筑类型应有尽有,一般居室多为二房一厅或三房二厅的,厨卫齐全,富裕的人家也多建有单门独户的别墅的。缺点是建筑风格单一,程式化,几乎千人一面,而农村居民房屋设计则因人而异。各取所需,有些显得不伦不类,缺乏协调感。

　　总之,兰溪的古屋,历史悠久,内涵丰富,艺术精致,布局严谨,历尽风雨沧桑,是先人留给我们的一大笔历史文化的珍贵遗产。时至今日,兰溪已有2处国家级文物保护单位,11处省级文物保护单位和90处市保单位,其中就包含了古村落5处,古民居数量也占了很大比例,值得我们珍惜和爱护。而现代的房屋则体现了社会经济文化的飞速发展,带给人们惬意的享受。

# 兰溪古桥

兰溪桥梁众多,现存的古桥除著名的通洲桥外,尚有形制不一、质地各异的大小桥梁1200余座。自古以来,它们一直起着"化险隘为坦途,便人车之往来"的作用。

我市有据可查历史最悠久的桥梁,当数游埠镇寺基村的天福桥。该桥于东晋义熙二年(406)由太傅胡凤捐建,横跨潦溪,原名和安桥,后名兜率桥,俗称寺基桥。清乾隆年间被洪水冲毁,至嘉庆十三年(1808)重建,并改名为天福桥。桥长24.8米,宽2.1米,石砌三孔,青石桥梁,桥墩迎水砌成分水,坚固异常。此外,到过游埠镇的人都知道游埠有永福、永济、太平三桥,均建于清道光年间,均为石桥,横跨游埠溪。其中永济桥为双孔石拱桥,东西走向,长30米,宽4.56米,两边设护栏,栏柱顶端雕石狮,栏板雕有花卉图案。桥墩迎水做出分水,上置镇桥石狮,桥头原有碑亭(已废)。整座桥造型优美,装饰华丽,可见清代中叶游埠一带的繁荣。

若论规模之宏,则当数横溪镇施宅村的大洪桥和兰江镇贯娄桥村的贯娄桥。大洪桥,是清康熙年间由施大枢筹建的木桥,称教义桥,屡毁于水。宣统三年由施仁湛等倡议改木为石,以图永固。民国二年桥成,长45米,宽4.4米,四孔,有"新亭春煦、古豫夏凉、桥虹秋卧、栏石冬垂"四景石匾。贯娄桥因处于通金华之要道而得名,道光十八年(1838)由蔡玉蟾妻徐氏及玉蟾弟玉培、玉冈合捐建造,因徐氏为寡妇,故又名寡妇桥。桥长近百米,石砌十三孔,宽1.6米。1934年修建金兰公路时,曾利用其石墩改建为木面公路桥。廊桥最著名的则有通洲桥,位于墩头镇塔山村东,清光绪年间重建,六墩五孔,全长80米,宽4米,为石桥,青石桥面,桥上建廊屋21间,中央并设亭阁神龛,两端桥门翼角起翘,画栋雕梁,桥头小山挂钟尖,建有文昌阁,桥阁辉映,风景幽美。

旧时兰江为东西天堑,架桥不易,历代都设浮桥以渡。西门城楼之下通溪西的悦济浮桥,为宋熙宁年间太子中允、转运使江衍倡建,历代都有重建。明万历年间知县叶永盛曾在溪西悦济桥头建"玉辣横江"石坊。邑人唐龙作有《巨浸卧虹》诗:"松舟百叶浮江上,铁缆千寻贯水中。月下独横题柱笔,一来一往踏长虹。"此外在南门婺江上设有南门浮桥,女埠镇兰江上则有宋绍兴年间建的普济浮桥。

旧时兰城有官塘横亘南北,后沙溪穿越东西,所以城区有庆成(官桥)、平康、祀孤、思亲、北津、转虹、张仙、豆腐、百福、黄公等桥,两岸粉墙黛瓦,垂杨掩映,"水巷小桥多",有"东方威尼斯"之景,可惜填埋后官塘时,这些桥大部分都埋于地下。

富有传说趣味的还有永昌樟林村的赐袍桥。桥长7.2米,为石拱桥。据传元宋朱元璋率兵攻占婺州时经此地,遇阵雨淋湿战袍,雨停后晒战袍于桥上,故又名晒袍桥,远近闻名。

*载《兰溪日报》*

# 兰溪的碑刻

碑,原指上古时期立于宫廷、宗庙大门两侧的标志性竖石,用以识日影及拴祭祀用的牲口,后来在上面刻字纪事,就成了刻有文字的石块之类的通称。一般秦以前称为刻石,汉以后称为碑碣,其区别是长方形的称为碑,下大上小、顶端半圆形的称为碣,但后世一般通称碑碣。碑一般由碑首、碑身、碑座三部分组成,碑首刻螭、虎、龙、朱雀为纹饰,并刻有文章的题目,通常用篆文,碑身刻纪事颂德之类的文字,正面称碑阳,反面称碑阴,碑座通常以赑屃为基座,赑屃为蟠龟之名,相传龙生九子,赑屃为其中之一,力大能负,故碑座雕刻成赑屃模样。

中国现存最古的刻石文字,见于唐初出土于陕西宝鸡的石鼓文,石鼓共有十只,每只刻反映君主狩猎的四言诗一首,文字为大篆,即籀文、唐人认为是刻于周宣王时,今人考证为秦文公时物。古人希望纪事这类纪事颂德的文字能流传永久,所以把它铭铸在青铜器上或刻在石头上,目的、用途基本相同,所以通称金石文字,又形成一门专门的学问叫"金石学",单独研究刻石文字的又叫"碑版学"。

兰溪的碑刻,最早的见于谱牒的有乐塘徐安贞的诗碑,诗云:源泉应瑞符,拥出白玉壶。但以元气固,何愁东海枯。润蒸云露结,徵沏锦纹敷,勒石留诗记,千年兴不孤。"刻于唐天宝元年(742),

但碑久已不存。见于史志记载的最早为《兰溪县灵隐寺(后名圣寿寺,址在今兰二中内)东峰亭新亭记碑》,亭为县令洪少卿主持修建,东阳人冯宿撰文,释乾觉书丹,唐贞元十七年辛巳(801)十一月立,此碑久已湮没无存。兰溪现存最早碑刻为《兜率寺碑》,现存在水亭乡生塘胡村胡氏宗祠内,红石质,高1.67米,宽0.57米,两边镶有石条,高1.75米,宽0.15米,厚0.21米,底脚石长1.23米,宽0.35米,高0.29米。碑阳为正楷小字《太傅胡公置寺记》,唐人邵明撰文,宋庆历年间重刻,碑阳为楷书《兜率寺开堂疏》,宋元祐戊辰(1088)刻。兜率寺原名和安寺,为唐五代诗僧、画家贯休幼年出家之所,碑刻对研究贯休的生平甚有价值,但可惜碑阳在“文革”中被黑漆涂上,甚为可惜。

在兰江街道檀树村公鲁庙内,有一块赵侯古祠碑,唐龙篆额,冯恩撰文,高1.9米,宽0.95米,碑首雕刻双龙戏珠,碑文记载了南宋名相赵鼎的生平事迹及其祠的兴废变迁。碑侧刻诗记载了明嘉靖十八年(1539)年兰溪大洪水的情况,有“大明嘉靖十八年,林钟六月水滔天。唯有后檐高三尺,户户村庄尽封檐”的诗句,说明当时洪水水位距后檐仅剩三尺,是珍贵的水文资料。而《蟠山龙王庙碑》则记载了明代的兰溪一次大旱的情况。

馆藏碑刻中,有一块《奉督抚各宪禁碑》素为史家重视,碑系清政府于康熙四十四年(1705)二月为镇压兰溪染踹工匠罢工所立的禁碑,嘉庆二年(1797)九月重立。碑高2.03米,宽1米,厚0.17米,从碑文内容可以看出当时江南已有资本主义萌芽,反映了工人与雇主之间的矛盾和斗争情况,是研究经济史的珍贵史料。其余如明文豪王世贞撰文,文徵明弟子周天球书丹的《县治厅壁记碑》,明抗清志士东阳人张国维书丹的《御史行台碑》等,都有相当大的价值。

抗日阵亡将士纪念碑,高 2.1 米,宽 0.52 米,厚 0.14 米,民国二十八年(1939)一月立,现存横溪镇天山公园山顶,历经劫难,能保存至今,实属不易。

墓志本是藏于墓塘中的刻石,但后来也有把墓志归入碑刻中的。馆藏的有明唐龙墓志,大学士徐阶撰文,礼部尚书欧阳德篆额,著名书法家文徵明书丹。小楷端庄凝重,字字匀称,是文徵明八十余岁时所写,为书法艺术珍品。较早的墓志有出土于诸葛畈田村的唐贞元郑公墓志和横溪柳村的唐咸通柳府君夫人陈氏墓志,出土于市技工学校的宋治平柳公墓志等。其余散落于民间的碑刻则难以一一枚举。

载《浙博天地》

# 兰溪的牌坊

牌坊,又称牌楼,是一种门洞式的纪念性建筑物,一般用木石砖瓦等建成,上刻题字。旧时多建于庙宇、陵墓、祠堂、衙署之前或街坊路口,用以表彰有功名德业或忠孝节义之人,如贞节牌坊、功德牌坊等。北方的牌坊,多以砖木为之,施以彩绘,富丽堂皇,南方的则多以青石构建,古朴清新。

据文献记载,旧时兰溪城乡的牌坊不下两百座,极盛时期,仅城区就有五六十座之多。时至今日,我市各乡镇现存的牌坊有四十余座,堪称"牌坊之乡"。这些牌坊,年代有别,形制各异,有的古朴庄严,有的精致典雅,有的小巧玲珑,有的高大雄伟,有飞檐斗拱的楼阁式,也有比较简单的冲霄式,形成了一道道独特的风景。

旧时城区的牌坊多以标榜功业为主,如学宫附近有会元坊,为明成化二年(1466)会试第一的章懋立;状元坊,为嘉靖二十一年(1542)状元唐汝楫立;解元坊,为胡文善立;刺史坊,为吴邦宁立;制元坊,为徐永滑立。其余如章府里有为章懋立的大宗伯坊,世德路有为唐龙立的都宪坊,花园巷为胡僖立的思亲坊,探花巷口为赵志皋立的探花坊,绣衣巷口为赵时齐立的绣衣坊等以及官桥的文明坊,麻车巷口的大秩宗坊,庆成桥西的明时高科坊,东门外的三元六卿坊等,都各有来历。城隍为一邑之尊,庙前有默相坊、旬宣坊,气势非凡。可惜这些牌坊都已荡无存,只有默相坊前的一对明代石狮,现存于中洲公园。

现存于乡区的牌坊以表彰节孝为主,但也有一些表彰功名的进士坊,一般妇女夫死不嫁,侍奉公婆,抚养孤儿的称为节孝,未婚夫去世而不嫁的称为贞节,因夫死殉身或遇战乱强暴反抗而死的称为节烈,都可以得到建坊表彰的殊荣。这些牌坊中,规模最宏伟、雕刻最繁复的数洞源村建于清乾隆四十年(1755)的郭氏节孝石坊,现为省级文保单位,高8米,宽6.9米,青石仿木构,正脊及创脊有鱼龙吻,额枋等处雕刻有人物、花卉、祥云、麒麟、鲤鱼、龙凤、狮、鹤等图案。其余如赤溪姓叶村嘉庆五年(1800)立的陈氏节孝坊,芝堰乡上唐村的乾隆八年(1743)的为唐兆升立的钦褒孝子坊,女埠镇焦石村乾隆九年为邵有泰立的孝子坊等,均为四柱五楼,其额枋、华板、抱鼓等石坊构件雕刻大量八仙、双狮、麒麟、鲤鱼、牛、马、绵羊、仙鹤、龙凤、花卉、祥云等图案,雕刻手法则有浅雕、圆雕、透雕、高浮雕等多种,集中表现了古代工匠非凡的智慧和创造力。

就规模来说,以上唐村的孝子石坊最为高大。清华大学的陈志华教授曾说,要是在其他地方,恐怕早就上国保了,而上唐由于地处偏僻,还是"养在深闺人未识"。就雕刻的独特来说,则以姓叶村的陈氏节孝坊为最。陈氏节孝坊除雕刻极其精美之处,它的四根柱子两侧分别以八只青石狮子相衬,既突出了装饰性,又增加了坚固性。更为奇特的是,陈氏节孝坊的檐口等处浮雕了鹬鸟啄蚌的图案,民间俗称"乌鸦啄河蛤蚌",这在其他地方是绝无仅有的,相传造牌坊的石匠年轻时曾对陈氏有过非礼行为,但都被冰清玉洁的陈氏严词拒绝了,所以石匠在建坊时故意雕刻此图案以报复。但其图案究竟隐喻何事,真相如何,也就无从知晓了。

兰溪明代的牌坊因年久毁损,现存已经不多。孟湖乡旧宅村覃恩堂前的台宪石坊，二柱二楼，"嘉靖己酉(1525)元旦孙祝弥为台宪戒公"立；灵洞乡石关的章侨墓神道石坊，额枋刻有"蓉峰章公神道"及竖行小字"嘉靖"字样。女埠街道焦石村的邵氏凌云石坊，为明万历元年(1573)立，两柱无楼，结构古朴。渡渎村章氏家庙前的石坊，额枋刻"章氏家庙"四大字，也是明嘉靖年间所建。村口原有一座为章枫山之侄工部尚书章拯所建的"尚书都宪坊"，四柱五楼，极其高大壮丽，雕刻精美，可惜前些年因柱侧一抱鼓石被人为破坏导致支撑基础不牢，被暴风刮倒，现仅存"恩荣"盘龙石匾、梁枋等石构件，可以想见其昔日的风采。

此外，明代牌坊中还有一座建于明成化四年(1468)的进士木牌坊弥足珍贵，牌坊木构，单间，高5.2米，宽3.5米，悬山顶，进深用三柱，上置斗拱二攒，前后檐额枋两端用丁头拱及扇形雀替檐下斜撑饰倒挂鸥鱼，字枋大书"进士"二字，旁有府县官员署名及"成化四年立"等题记，是目前兰溪唯一保存完好的明代木牌坊。

载《浙博天地》

# 兰溪的会馆及其文化

位于三江之汇的兰溪,自古以来商业繁荣,被列为浙江七大商埠之一。城西的兰江,终年樯帆林立,客商云集,而街市喧腾,肩相摩而踵相接,俨然为东南之一都会。

各帮客籍商人因得兰溪天时、地利、人和,旅居经营者也多致富,为谋联络商谊,保护各籍商帮之自身利益,纷纷捐资兴建同乡会馆,如徽州、江南、宁波、绍兴、江西、福建、台州、义乌、东阳、永康会馆等,会馆数目之多,建筑规模之宏伟,艺术风格之独特,为江南一带府、县所罕见。

同乡会馆或称公所。据文献记载,清康熙四十八年(1709),在兰溪经营桂圆荔枝行业的福建帮商人集资在今中山路小学址建造了天妃宫即福建会馆,这也是兰溪历史上唯一的妈祖庙。乾隆三十一年(1766),徽州六邑旅兰客商程士章等建新安会馆(今山江大厦址)、新安阁(城南小学)和新德庵。乾隆五十一年(1786),经营纸业的江西商人在今兰江路建万寿宫即江西会馆。在此前后,由于商业繁盛,各帮商人贸易得利,在城区建造会馆的有绍兴帮的越郡公所(今兰一中校办厂址)、越郡别墅、越济庵(今中徐市福利院),义乌帮的义乌会馆即稠州公所,东阳帮的东阳会馆(在今东阳巷),永康帮的永康会馆(今回龙桥),宁波帮的四时公所(黄家码头建国路口),江苏、皖南帮的江南公所(今劳动路老电影院址)等。

　　旅兰的各籍商人中,以徽帮、江西帮、宁波帮、福建帮财力最为雄厚,江西帮号称"江右(江西)半天下",徽帮号称"无徽不成商",在旅兰商人中,徽商"什居其五",而孙中山先生则曾称赞宁波帮说:"宁波人对工商业之经营,经验丰富,凡吾各埠,莫不有甬人事业,即欧洲各国亦多甬商足迹,其能力与影响之大,固可首屈一指者也。"因之其馆所也建得雕梁画栋,富丽堂皇,竞相争雄,而且各有本地的地方特色,如当年的天后宫,即妈祖庙,为闽商会馆,耸立于兰江之畔,飞檐斗拱,十分壮观。

　　会馆的作用,主要是同业或相关行业为了限制竞争,联络乡谊,保护同行利益,是一个互相互济的机构,有各种奉祀的神祇和共同的公益事业,如清康熙年间,兰城有17家踹染坊,工匠300余人,都是江苏扬中市人,为了维护同乡工人的利益,就曾奋起罢工抗争。绍兴帮中的"铁钉组培土会"的组织,供奉太上老君,也是为了维护同乡工人利益。同时在会馆中还设立义医,为乡人施医给药,不幸病故而又无力扶柩回乡的同乡,则可安葬在会馆设立的义冢。会馆对于同乡子弟的教育也十分重视,如徽州会馆就在官桥边建了一座"紫阳书院",飞阁流丹,建筑雄伟,民国时在此开办了新安小学。会馆不仅是同乡互济的组织,而且还是同乡文化娱乐的中心,同时还设有酒肆茶楼,每逢年节神诞或同乡宴客会亲、寿诞喜庆,咸来于此,摆酒设席,观灯看戏,灯烛辉煌,笙歌聒耳,几乎通宵达旦。不属于同产联谊而属于同业联谊的则称同业公会,亦有会馆或公所。现存有域区荷塘沿的米业与堂公所,三开间两厢一天井加一侧屋,前廊卷棚式,雕饰极为华丽。工农路的钱业公所,三开间对合楼,青石门面,用材硕大,雕刻精致。药业公所设药皇庙,清乾隆九年建,五开间三进两天井,气势壮观。粮油和药业都是旧时兰溪的大产业,而钱庄、当铺之设也因商业的繁华而兴盛一时。

由于历经年岁沧桑,兰溪目前尚保存完好的会馆建筑唯有宁波、绍兴、义乌会馆及越济庵等几处,保护好这些会馆,加以开发利用,以联络如今在港、澳及海外声势显赫的宁波籍等商人的感情,招商引资,应是兰溪古城保护的题中应有之义。

载《兰溪日报》

# 兰溪旧时的祈雨仪式及其场所

　　兰溪素有"七山一水二分田"之称。境内除少数地域属沿江平原外,大部分属山区、半山区。旧时水利设施缺乏,农民靠天吃饭,村与村之间往往因争夺田水而发生冲突,甚至大规模械斗,轻者伤,重则多有致死者。而兰溪属亚热带季风气候,夏秋季节常有伏旱,甚则连冬不雨,禾苗枯槁,甚至颗粒无收,乡民不免于食糠咽菜,啼饥号寒,贫困至极者则往往举家逃亡,流离道路。白居易有诗云:"是岁江南旱,衢州人食人。"说的正是这种惨状。于是每当苦旱之季,乡民求神祈雨之举就应运而生了。而今水利设备完备,祈雨之举已久废不行,也可见历史的进步。兰溪旧时祈雨仪式一般有两种,其一曰迎神,其二曰接龙,也有将两者合而为一的,不可截然分开。

　　迎神:将在民众心目中威灵久著的城隍神、东岳大帝、徐偃王及本保神的神像抬出巡行街市田野,叫出巡,也叫迎神,其用意在于请神巡视田野,亲自感受大旱灾情的严重程度,了解大旱之中老百姓所遭受的苦难,从而大发怜悯之心,恪尽职守,上奏天庭,为一方降下甘霖。神像出巡时,禁止妇女参加,由德高望重的乡民主持,神像前方鸣锣开道,高擎回避、肃静等牌,金瓜银斧,钢叉铜锤、刀枪剑戟等仪杖排列整齐,路遇戴笠撑伞者则将伞笠扯破掷之于地,沿路搭有凉棚的,也用钢叉铜锤折毁之。巡行之后,把神像供奉于露天之处,不设遮阳的草棚、伞盖等具,乡民则晨夕拜祭祈祷,直至天下雨解除旱象为止。如天雨旱象消除,则敲锣打鼓,旗牌开道,将神像送回庙中,供以三牲祭品,十分隆重。所祈的神各地不同,城区及近郊有五:城隍乃一邑之尊,有了灾情理当首先禀告。徐偃王,在城北仁惠庙。祀隋大司徒陈杲仁在忠佑庙。徐灿,在灵源积庆侯庙。赵鼎,在公鲁庙。迎一神不雨,再迎一神,依次至五神都迎出,则旱情已极为严重,田粮租税按惯例可以全部蠲免。所以大旱长久时,官署和地主即派人看守公鲁庙,甚至将公鲁庙赵鼎像藏于别处,以防抬出后收不起钱粮租税。此时乡民要强行迎神,往往引起冲突。

这五处神庙,现存者有三:城隍庙,在城区延安路,宋崇宁中始建,明洪武年间重修,清咸丰毁于兵火,同治、光绪年间重建,规模宏大,金柱全用青石圆柱,一人难以合抱,檐柱用青方柱,雕梁画栋,气势宏伟,现存中、后进。灵源积庆侯庙,始建于南朝刘宋泰始年间,清同治年间重建,现存歇山顶正殿三间,祀泰始年间建州刺史徐灿,徐灿赴任途中遇风覆舟,溺之于横山潭,乡民安葬于此,立祠祀之,朝廷封灵源积庆侯。公鲁庙,在檀树村,三间三进,祀南宋高宗时宰相赵鼎,以反对与金和议,遭秦桧排斥,屡遭贬谪,死于广东崖县。庙内有明嘉靖时刻《赵侯古祠碑记》一通,碑侧刻有"嘉靖己亥十八年(1539),林钟六月水滔天。唯有后檐高三尺,户户村庄尽封檐"的记诗,为珍贵的水文资料。现以上三处均为市级文保单位。

乡区比较重要的神庙有:横山龙王庙,在横山麓,宋绍兴九年因祈雨建,元至元三年重建。浦江柳贯有记云:"六月甲申具香华簜益迎至庙中,时方干旱,行次云兴,奠而雨集,既三日霖,弥四封而覆足。"龙神庙,在城南四坊。

香溪仁惠庙,在城北香溪东山上,徐偃王祠,明胡翰《祷雨记》："洪武十有一年夏六月不雨，祷于里之偃王庙，明日入蟠山，迎而致之，及途而雨，越三日而大雨。"

隆兴庙，在城西社峰村岩山，祀徐偃王。

公鲁庙，在城北黄溢桃源渡口，祀宋赵忠简公鼎，俗称上公鲁庙。

福佑庙，在黄店镇三泉村柱竿山，祀历阳侯范增，水旱灾疫有祷必应。

天津龙王庙，在黄店镇蟠山，神姓邵讳仁安，睦之清溪人，唐贞观初与弟仁应隐是山，殁而为神，庙前有池，岁旱祷之，水涌沸蜿蜒出现，祈雨辄应。自梁开平至宋绍兴皆有封号。

龙王庙，在灵洞乡售峰山，山有水自庙流出，祷雨则应。

白沙庙，在灵洞乡洞源，三间间三进，有戏台。即白沙昭利侯之庙。侯筑白沙之堰三十有六，民至今受益，侯姓卢氏，相传汉末讨赤眉有功而其详不可闻也。平浪侯庙，在香溪，今额题晏公庙，又在永昌街道夏李溪边、上孟塘及虹霓山皆有晏公殿。蔡侯庙，在城东黄烟溪口，盖即金华通元侯之别祠，祀刘宋东阳太守蔡兴亲。

葛仙翁庙，方仙翁，清源真君庙，白山吴司徒庙，祀吴起，或云吴雄，为汉司徒。今存者有福佑庙、隆兴庙、公鲁庙、白沙庙等。

接龙：《光绪兰溪县志》云："邑属山乡，夏秋常苦旱，禾苗枯槁，故俗有接龙之举。"可见其俗由来已久。大旱之时，会合数村或数十村不等，择定吉日，由师巫带领到龙潭接请龙神。龙潭一般在深山有山涧泉水处，往往建有龙神庙，最著名的有蟠山天津龙王庙。至潭，则击鼓吹号，焚化疏牒，见有物出于水，即用网捞起，不拘泥鳅、虾或龟、鱼等均可，俗传最灵验的莫过于蛇，民间以蛇为小龙故也。蓄于净瓶中，然后由生肖属龙的童男负归于神坛，坛一般一里或数里设一处，众人抬香亭、龙亭迎接，扬旗鸣锣，又有仪仗器械如钢叉、流星锤等作卫护，至坛则供瓶于坛，朝夕虔诚祈祷，得雨为止，然后将所蓄养的生物仍送归于龙潭。接龙途中,遇凉棚仍如迎神之例折毁之,也不许戴笠撑伞。接龙期间,往往抬香亭、龙亭进城,请地方长官出拜龙亭,并呈上因旱枯萎的稻禾,所谓龙亭,乃是亭阁状的神龛,木雕为主,雕龙画凤,红漆描金,停中供奉"当今皇帝万岁万岁万万岁"的龙牌,香亭大致如此,地方长官见之不得不跪拜,实质是一种因灾请愿的活动,如长官行动迟缓,或叩拜不如仪,则众大声呼号以震慑之。县志记载清道光十五年曾因接龙引发哄闹公堂事件。故长官因众怒难犯,也往往虔诚叩拜,对乡民好言抚慰。或者从乡民所请,入山接龙,以从民愿。蟠山龙王庙现存有明万历十七年己丑兰溪知县张应扬撰文的《蟠山喜雨碑记》一通。碑记记载了他亲自入山接龙的经过,云:"岁己丑仲夏亢旱不雨,而乡民持枯苗告灾者日益众。于是复筮斋戒,从夜乘走蟠山,且先以阴阳法士入庙授祠诰,明攀跻而上,因书牒以祝云。视之而凝神者良久,俄而有黑蛇由庙东而赴,形状颇奇,长二尺许。众惊,以为真龙。且闻父老相传,祷得黑蛇者当即雨,因纳之罐中而起。速行,须臾四野云合,风羽转自东方,从人谓五十日来无此风也。迎来到坛,云已油然满空,忽见电光闪闪,是夜果大雨如注,直滂沱到晓尽方止。越一日二日俱雨不绝,至初九,飓风大作,雨后大沛终日,用是苗获以更生也。"似乎接龙之举十分灵验。以现代科学眼光来看,久晴必雨,遇上强对流天气或偶遇台风过境,碰巧而已。实际上祷雨不灵的也很多。如县志记载:"元至元二年自春至八月不雨,饥。明弘治元年大旱自五月至八月不雨,旱、晚禾尽槁,三年旱,四年亦旱。乾隆十六年自五月至闰六月不雨,岁大饥。"此时也有迎神、接龙之举,也无救于灾荒。不过此类碑记能保存至今,已成为研究旧时兰溪气候及民俗的珍贵文物了。

# 兰溪西姜访古记

　　自从 1992 年兰溪《高隆诸葛氏宗谱》公之于世以来,诸葛亮后裔今在何方这一千古之谜已经解开,海内外数十家报刊、电台、电视台竞相报道,兰溪的诸葛村已名闻遐迩,成为国内外游人纷至沓来的旅游胜地。那么,作为诸葛亮最信重的弟子、蜀汉大将军姜维的后裔又流落何方呢? 这成了"三国"研究学术界关注的又一热点。

　　初夏的一天,我们来到西姜村寻幽探古。西姜村是一个美丽而富庶的古老村落,坐落在水亭东南约一公里处的一丘陵地带,四周山环水抱,阡陌纵横,池塘沟渠散布,宛如明珠镶嵌其间。村中粉墙黛瓦,青石板路,有许多建于明清时代的古老住宅,雕梁画栋,虽然历经一次次历史的劫难,却依稀可见昔日的风采。

　　在参观了建于明嘉靖三十四年(1555)雕刻精致的三进三间的古厅堂存义堂之后,我们来到村南端的西姜祠堂。西姜祠堂现为市级文保单位,是西姜姜氏的总祠堂,又称大宗祠、孝思祠堂,占地 3 000 平方米。而且规格很高,形制很特别。它的大门外是一口半月形的池塘,用以藏风聚气,门楼是高大的苏州式砖雕门楼,一对太湖石制的抱鼓石,形制巨大,光洁如镜。它的门厅、廊庑和供奉姜氏第一代始祖姜子牙及姜维等姜氏先贤神主的寝室,组成一个"口"字形,在它的正中,造了一个非常高大雄伟的中厅,用来举行祭祀仪式,两者有机地组成了一个"回"字形的建筑。西姜祠堂建于明代最为繁荣富庶的隆庆至万历年间,作为祭祀大厅的中厅是主建筑,它建在近一米高的二层青石台基上,五开间,九脊歇山顶,翼角飞翘,用材硕大明间金柱腹部的周长达2米左右,大梁的用材更为巨大,是典型的"肥梁胖柱"式建筑,这种形制,在南方的古建筑中极为少见。它的雕饰,古朴典雅,只有雀替等处雕刻了一些(万)字花纹,完全没有清代中晚期那种繁琐富丽的雕刻,给人以返璞归真的感觉。西姜祠堂的中厅还有一个特点,就是它的梁架从来没有鸟雀做窝,也找不到一根蛛丝,连灰尘都难以停留,所以历经四百多年的风雨,它的梁架依然整洁如新,这实在是一个奇迹。

西姜祠堂的前后进采用明七暗十一间的格式,正面五开间,左右各三角与两庑相接,所以为暗十一间。按照封建时代的礼制,庶民之家的宗祠,只允许有三开间,而西姜祠堂却是五开间,暗达十一间,这是只有王公之家才能享用的规格。其原因是西姜祠堂主要奉祀姜子牙,姜子牙是齐国始祖,爵位为封建五等爵中最高等的公一级。姜子牙历来被推崇为兵家之祖、武学之圣,至唐肃宗上元元年,又被追封为武成王,诏于京师及各地立庙,其地位与被追封为文宣王的孔子并列,到明清时代其地位才被关羽取而代之。正因为姜子牙有如此崇高的地位,西姜祠堂才能享有王府的等级规格。西姜祠堂规模如此之大,还与西姜姜氏在明代时财力之雄厚有关。姜氏与兰溪西乡的诸葛氏、李氏、叶氏、徐氏一样,由于人多田少,从元代开始就以经营医药业著名,名医辈出,中药业巨子也代不乏人,所以才能有如此宏伟的建筑。对此,近年来许多前来考察的国家文物局专家、省文物专家都赞叹不绝,一致认为确实是全国罕见的珍贵的古建筑瑰宝。

西姜祠堂由于它的规模宏大,还在兰溪的教育史上写下了难忘的一页。抗战期间,县城沦陷,作为兰一中的前身担三中学就曾举校迁到西姜祠堂,在那些高大屋宇的庇护下,度过了可歌可泣的一段岁月。

通过实地的调查考察,我们发现西姜至少有三个值得重视的地方。第一,西姜是三国名将姜维后裔聚居地之一。众所周知,在姜维的出生地甘肃天水和封侯拜将地四川成都,已经找不到姜维的后人了,而在西姜以及附近的姜陂等村,则还聚居着姜氏村民400余户,1 200余人。据保存在姜陂的重修于民国二十四年14卷本和保存在西姜的重修于民国30年13卷本《凤岗姜氏宗谱》记载,西姜原名西岗,又名凤岗,南宋初姜维三十三世孙浩南迁居明州,其子叟后迁兰。元朝元成宗元贞元年(1295),姜维三十七世孙姜霖任兰溪县县学教谕,以律己正,课士严著名,其后卜居西岗发族,西岗也改名为西姜,至今正好有七百年了。这一发现,解开了一千七百年来姜维后裔下落之谜。《新唐书·宰相世系表》记载:"蜀大将军维裔孙明,世居上邽。"其后裔属为唐高宗时宰相。姜浩是否为姜明裔孙,还值得继续研究。

第二,拥有全国记载世系最多、年代最久远的族谱。《姜氏宗谱》记载,西姜姜氏第一代始祖为炎帝神农氏及周初的齐国始祖姜子牙。姜子牙,姜姓,其祖先封于吕,又姓吕氏,名尚,号为太公望,周文王时官到太师,周武王即位,尊为师尚父,辅佐周武王灭商纣王,建立周朝,被封于齐,时在公元前11世纪,迄今已有三千余年。《姜氏宗谱》以炎帝神农氏为始祖,从姜子牙算起迄今已有一百二十余世,其世系历代分明,比起始于春秋时期的山东曲阜《孔氏宗谱》和河南邓县《邓氏宗谱》来(以前认为是中国记载年代最久、世系最多的族谱,新华社曾发过专讯),不仅时间上提早了六百余年,而且世代地增加了许多,《凤岗姜氏宗谱》的发现,对于谱牒学和氏族迁徙及其源流的研究,都有重要的意义。当然,其所记世系由于年代久远,是否有伪托、缺乏、依附之处,尚值得研究。

第三,西姜祠堂为全国等级规格最高,规模最大的民间家庙之一。它的王府一级的规格和宏大的规模比诸葛丞相祠堂有过之而无不及,其规模甚至超过号称"中国古祠一绝"的安徽绩溪龙川胡氏宗祠。众所周知,曲阜的孔庙和衢州的南宗孔氏家庙规格很高,规模也很大,但这些都由封建朝廷拨下钱粮修建的,像西姜祠堂这样以私家的财力修建的如此高规格、大规模的祠堂,在全国来说是罕见的。

西姜姜氏与高隆诸葛氏还有许多巧合之处。巧合之一,诸葛氏与姜氏的迁兰始祖都是在南宋迁来兰溪定居发族,都在元代建村,时间上都是距今七百余年。之二,诸葛村与西姜村都在兰溪西乡,而且两村直线距离不过六七公里。之三,姜氏与诸葛氏一样,都是以经营中医药业致富,都拥有许多高质量的古建筑特别是祭祀先祖的气势雄伟的古祠堂。之四,兰溪西姜姜氏与高隆诸葛氏从元代以来就同吃"药饭",同样以耕读传家,相互通婚,所以素来有通财互助之义,在文化上也有许多相通之处。

看来两村携手搞联合开发,开辟一条从诸葛八卦村到西姜祠堂的旅游路线,是势在必行。姜子牙是家喻户晓的人物,在小说《封神演义》中他被神化,民间也流传着有关他的种种神奇的传说。姜维是三国名将,他继承武侯遗志,不屈不挠九伐中原的顽强精神赢得了人们的崇敬。相信不久的将来,一定会有许许多多的游客前来西姜寻幽探胜,一抒怀古之情。

载《婺星》

# 诸葛古民居巡礼

从兰溪市区向西驰车20公里即可到达我国古代三国时间蜀汉丞相诸葛亮后裔居地——诸葛八卦村。穿过高隆岗上热闹的街市,一片粉墙黑瓦、碧池深井、老屋曲巷的古民居建筑呈现在眼前,十分古朴幽雅,使人仿佛回到了明清盛世。斑驳的石墙上爬满古藤,阳光下的青石板路清爽锃亮,高高的马头墙倒映在荡漾的水塘中,透出浓浓江南水乡的韵味。在一口名为"钟池"的水塘北面,巍然屹立着一座重楼翘角的建筑,这就是诸葛亮后裔为纪念先贤诸葛武侯而建的纪念堂——大公堂。该堂始建于元代,迄今已有七百余年,三开间,前后有五进,为木结构建筑,面积近七百平方米。大门为重檐牌楼式,层层斗拱挑出,方形柱子,黑漆大门,凸显出诸葛氏的荣耀和威严。正门上方悬挂着明正统帝御赐"敕旌尚义之门"匾额,顶层还有雕刻着盘龙的"圣旨"立匾。大门两侧粉壁大书"忠""武"二个大字,门前有一米多高的抢鼓石和旗杆石,整座建筑气势威严,令人肃然起敬。厅内四壁是三国战事壁画,还有"武侯公诫子书",文简意深。内进是天井,两侧有水池,柱上悬挂着名家手书的长联。后进有诸葛亮立像及成都武侯祠名家书法的复制品陈列,供人参观游览。

在"钟池"不远处有一座专供祭祀诸葛亮的殿宇建筑,名丞相祠堂。它始建于明万历年间,距今也有三百七十余年了,祠堂背依山丘,面临池塘,飞檐翘角,斗拱精巧,气势宏伟。屋檐四周有48根青石方柱,使建筑更显得庄重威严。全祠有52间厅堂,总面积1 400平方米,整座木结构建筑,雕梁画栋,集木雕、石雕于一体。后寝的诸葛亮坐像,羽扇纶巾,仿佛透过一千七百余年的进空,仍然在发出爽朗的笑声。

此外,围绕"钟池"有三十多座厅堂及二百余幢民居,这些建筑大多建于明清时代,外形轮廓比例和谐,白墙黑瓦的坡屋顶,典雅清新;层层叠叠的马头墙,高低起伏,参差辉映。房屋入口有精美的砖雕门罩,屋内梁枋有精巧的木雕装饰,充分反映出兰溪地方传统的建筑风格。有些专家学者认为这片古建筑民居的布局和我国古代九宫八卦形制及诸葛亮创设的八阵图非常暗合,是诸葛亮后裔对自己祖先八阵图的继承与发展。

天一堂是有上百年历史的中草药铺,前店后坊。进入天一堂的药草园,绿松掩映,满目奇花异草,长廊、楼阁、假山、亭台景色宜人,药香四溢。俗话说:"徽州人识宝,诸葛人识草。"遵循"不为良相,便为良医"的祖训,诸葛亮后裔从事中医药业的特别多,店铺遍布大江南北,"诸葛行军散""卧龙丹"等中成药一直畅销市场,名扬四海。围绕上塘的古商业街,一排排老屋,水阁楼组成了市井生活中心。远远看去,蓝天白云,湖水涟漪,远山含翠,倒影摇曳,雾霭氤氲,好一幅江南的山居图。走近池塘,凉风习习,湖水澄碧,鱼虾成群结队,村姑淘米洗菜,仿佛桃源胜境。沿街店铺卖各种各样的土特产和旅游工艺纪念品:孔明锁、羽毛扇、字画、霉干菜、中草药、诸葛酥饼、武侯馒头等等。其中孔明锁是一种智力玩具,由一块块木条组成,就如魔方,玩起来十分有趣,但要不动一番脑筋是不容易开启的。

在都市生活喧嚣浮躁的今天,诸葛村古民居以其精巧的建筑和丰富的文化内涵已经引起了各界人士的珍视,并已被列为国家级文物保护单位。海内外游客纷至沓来,成为杭州—千岛湖黄金旅游线上的又一颗璀璨的明珠。

# 游埠古镇

兰溪市游埠镇为千年古镇,地处钱塘江上游的衢江边,发源于建德天池山的游埠溪自北向南在镇中心蜿蜒流过,由东南方向汇入衢江。古镇与金华市隔江相望,西南与龙游县接壤。旧时因水运发达,上溯可达衢州、常山,下游抵苏杭,陆路也有马车大道通往龙游、汤溪、寿昌诸县,水陆辐辏,因而自唐宋以来即为重要的水陆码头和物资集散地。明清时期更是人烟稠密,商业繁华,成为浙西四大名镇之一。

自清初至民国,全镇工商业有三场(小猪市场、粮油市场、棉花纱布市场)、三缸(酱缸、酒缸、染缸)、五坊(豆腐坊、糖坊、榨油坊、炒坊、磨坊)、六行(米行、肉行、柴炭行、竹木行、茧行、运输行)、十三匠(铁、铜、锡、木、篾、石、泥水、雕花、鞋、漆、灯笼、丝绣、棕器)等行业。民国二十四年(1935)游埠有坐商212家,手工业106家,从业人员1 000多人,资本额银洋178 808元,营业额银洋617 697元,商业之繁盛,可见一斑。每逢集市,省内外商贩云集,摩肩接踵。抗战时期,杭州、绍兴及兰溪县城沦陷,商民纷纷前来避难,开店设摊,工商业盛极一时。游埠镇商会始创于民国元年(1912),民国三十二年(1943),商会下辖有棉布、南北货、山杂货、国药、粮食、酱园、豆腐业、茶馆、肉业等11个同业工会。仅中药铺就有仁寿、九德、逢春、广生、滋生、大生、滋福、又新、得寿、明德堂等13家。明清时期，各地及本地商帮因经营致富，纷纷建房造屋，以图远久之计。至清同治初年，湘军左宗棠部与太平军在此多次激战，民宅店铺大半毁于兵火。但由于战后经济恢复迅速，至清同治、光绪年间，商人大兴土木，重建街市，店铺商号鳞次栉比，规模远胜于前。特别是郎六里至中山街、解放街(旧称中正街)、游埠溪一带约0.1平方千米的范围内，商号密集，且建筑质量极高，大多重门深院，并富有江南水乡特色。新中国成立后，由于公路交通发达，水运衰落，商业中心西移，郎六里一带的商号店铺大都废弃不用或入住居民，从而给我们留下这一片研究鸦片战争后中国民族工商业在夹缝中求生存发展的活化石。

如果要到古镇寻幽探胜，最好以鼓楼为开端。

鼓楼，坐落在古镇南端大街桥(即永福桥)头，建于明初，原为三层楼，巍然高耸，俯瞰全镇，当时作集市报时及瞭望报警之用。雕梁画栋、翼角飞翘，楼下门洞类似一般县城的城门洞，昔称古楼，是览景胜地。道光十八年(1838)拆改为两层楼。昔日是通向大街里等商业繁华区的要道，而今从门洞里青石板路上深印的古车辙，仍可想见当年车水马龙的盛况。楼下东向即为古码头，以麻砾石砌筑，现存九级台阶，已磨损得平滑如砥。码头左侧的永福桥，建于清代，是双孔石拱桥，斧形桥墩，长30米，宽4.55米，由20根望柱、18块栏板组成桥栏。望柱置青石狮子四对，桥栏浮雕"蔡状元造洛阳桥"故事，人物、桥梁、台阁、花竹树木等栩栩如生。旧时，桥东筑有永济桥洞门，门台有"洞达三衢"青石门匾一块，写出了古镇的地理优势。横贯全镇的游埠溪上，共有清代所建的太平、永安、永福、永济四座石桥，与镇西北的潦溪桥，总称五马归槽，各有特色，如道道长虹飞架碧水之上，游人到此，如置身图画之中。

穿过门洞，就步入中山街或解放街，中山街旧名前街，解放街旧名中正街,亦称后街,二街长度大致相当,都在 700 米左右,宽约 4 至 5 米,旧时均为青石板路两旁衬以鹅卵石。商号建筑一般分为三类。一类是两旁店铺,大都为二层砖木结构楼房,较为齐整,底层均为店铺或手工作坊,楼或店后住宅住人,另一类是石库门式。往往规模较大,一般石库门内有店铺而多间,店后即是工场,如祝裕隆棉布号等。有些声名较显著的商号,如钱庄、当铺等并不临街,而是深藏巷内,如协通大当铺等。再一类原本是民居,因商业繁盛时店铺吃紧或季节性需要,临时租赁作商号,如振源茧行,原为三开间三进两明堂民居楼,雕梁画栋,后辟为茧行。

更为难得的是这些清代至民国的建筑,至今大都保持原貌,未作大的改动,也未为开发旅游作过包装,所以仍原汁原味,尤其是十字、丁字路口的铺面,随街转折,立面丰富,斗拱、栏杆、柱础、马头墙等都显示出丰富性与传统性,随时代的早晚,建筑风格及细部结构都有不同。许多商号如协通大当铺、祝裕隆棉布号等,规模之大,建筑之精,保存之完好,实为罕见。现存主要的商号、民居有:中山街 51 号童和庆布店;72 号柳姓隆号糕点南货栈房;74 号蒋恒源酒坊,三开间,对合楼,规模较大,为蒋樟骏于清同治年间开设;88 号宝庆银楼;84 号周盛昌估衣店,八字门楼,饰天宫赐福牛腿,门簪刻"腾蛟起凤"字样;86 号益美堂药店,石库门对合楼,牛腿等雕刻大量人物禽兽,后有仓房,民国二十三年(1933)在此首设电话代办所;100 号祝裕隆棉布号,为石库门建筑,后设染坊,原有染缸 30 余口,规模宏大,门前有"名机纱布发行"广告,在兰溪县城、金华等地都设有分号,始创于清乾隆年间,同为兰溪祝氏宗祠湘岩公派下宗产,资金银洋 30 万元,经营绸布与染色印花业务,所产蓝印花被面、花夏布、头巾、包袱等,行销各县,为金华府属八县棉布业三巨头之一,早在创建之初就实行所有权与经营权分离。102 号赵同昌烟店,对合楼,封火墙,有侧屋,花园,民国二十九年(1940),浙江地方银行在此开设分理处。郎六里 31 号为程氏民居,三开间二厢,花篮垂柱,禽兽纹雀替;56 号为协通大当铺,清光绪二年(1876)开设,由绍帮商人为主,徽帮商人合伙经营,时有资金银元 45 000 元,为兰溪三大典当之冠,有店员 20 余人。当铺坐东朝西,为四字形四合院式建筑,占地约 2 000 平方米,青石门面二层封火高墙,院内原设有十开间三层更楼,每夜有专人守望,前后有五道门,二口深水防火防盗塘,前塘边和后门巷内,还有二道外门,一进门便能见到六尺见方的"当"字招牌,建筑规模之大,实属罕见。解放路 104 号为保安电灯公司,为一中西合璧式建筑,民国十一年(1922)开设,有 10 千瓦柴油发电机组一台;124 号为徽州会馆;郎家路 35 号如本堂,三开间二进两明堂,有"企跃合辉"门匾,牛腿、额枋等处雕刻天官赐福、南极仙翁等图案;84 号郎氏宗祠,名孝思堂,砖雕门楼,三开间三进,牛腿雕刻狮子、仙鹿等,气势宏伟。此外,古镇周围的古迹有清代天主教堂、耶稣教堂和唐五代诗僧贯休出家的和安寺遗址、衢江边的石壁寺遗址等。

游埠古商埠有着丰富的历史传统和文化内涵,历史上名人辈出,如教育家曹谦、清光绪解元曹清泉、婺剧名演员江和义、世界摄影大师郎静山等。无论从整体规模、街区格局、建筑类型、文化内涵、传统风貌、文物遗存以及保存状况等来看,在省内乃至全国范围内都属特别突出的古街区之一,值得人们珍视。

今日的古街区萧条寂寥(与新区对照),昔日的繁华早已风流云散,令人不免有沧桑之感。

*载《浙博天地》*

# 覃恩堂小记

兰溪现存较古的建筑,恐怕要数钱村乡(今并入永昌镇)的覃恩堂了。

覃恩堂主祝戒,明洪武乙亥(1359)入贡太学,授刑部主事。办案公允,升福建按察司副使,事太祖至宣宗五朝近四十年。《正德兰溪县志》称其"凡赋役贡税之重者,悉为民请命",年六十五,告老还乡,营宅第于故乡,自宣德七年(1432)落成,至今已有五百多年了。据《覃恩堂记》说,祝戒"念惟圣恩之重,有如海涵而川至者覃及广被",因此得名覃恩堂。

覃恩堂位于太平祝旧宅村内,坐东偏西北,三间三进,是明初江南民居的代表作品。柱子全用合抱粗的柏木制成,所以俗称为柏树厅。其柱础、梁架、斗栱等都具有元末明初的风格,在建筑史上有极高的研究价值。最精彩的是正厅檩上有鲤鱼、狮子等高浮雕装饰,四鱼腾跃于波涛之间,四狮昂首扬尾作抢球状,栩栩如生。浙江省考古研究所所长王士伦一行曾踏雪来覃恩堂考察,惊呼:"太珍贵了!"赞不绝口。

覃恩堂大门外有二柱三楼石牌坊一座,额下刻有"台宪"大字,是祝戒的孙祝弥为纪念其祖而建的。也有四百多年了。站在石坊外闲眺,只见绿竹枝枝,黄鸟嘤嘤,一派"平畴交远风,良苗亦怀新"的田园风光。

载《兰溪日报》

415

# 婆城古井纪春秋

金华古城自古街市繁华,人烟稠密,居民饮用水古时均依赖井泉之水。

城内古井众多,泉水清冽。现保存完好的有莲花井、休文井、酒泉井等婆城七井。

莲花井位于浙江省金华市婆城区解放东路与后街交叉口东北端。三眼井,宋代建筑。据光绪《金华县志》载:"莲花井,在弦歌坊内,泉为诸井第一。"现存井圈为清代打制,青石质,平面八边形,高0.34米,内圈圆形,直径0.42米。井壁用打制成栱形的红砂岩砌筑,深13.5米。每眼井圈外侧阴刻"古莲花井"四字,在相对应的两面各辟0.05米直径的圆孔,以锁井盖。井水清澈,水源充足,大旱之年城内诸井水干,莲花井泉水不断。原建有歇山顶方亭,已毁。现井亭为六柱六角攒尖式,于2006年初春建成,供人游憩观赏。古城金华历史悠久,莲花井位于金华的闹市区,东接醋坊岭,西连兰溪门,南通中山路,北邻将军路,是金华的闹市区,宋代为弦歌坊。光绪《金华县志》有:雪后,莲花井井亭边印有"大足印"记载。宋代金华先贤王柏为莲花井题诗,近代的著名画家黄宾虹曾居住在莲花井附近,日常用水均汲自此井。

休文井位于金华市婆城区城东街道八咏楼社区八咏路中段北侧,建于南朝齐隆昌元年之前。圆形井壁,用自然块石(较大卵石)叠砌而成,直径1米,石质圆形井圈,高0.35米,直径0.7米,水质清澈。据光绪《金华县志》载:"在府学门墙东。沈约(字休文)南朝齐隆昌元年为郡守时乘驴饮井而故名。"据推断此井当建于南朝齐隆昌元年之前。又载:宋嘉定十六年(1223)金华知州赵师岩书"休文井"三大字石碑立于井边。明正德年间,知府赵鹤题撰《沈公泉铭》石碑立于井边。因井在府学前,为莘莘学子饮水之源,故又名状元井。太平军进入金华时,一名府学教授蔡石南投此井自尽,因此井又名蔡公井。该井是沈约在金华的又一遗迹。

酒泉井,位于浙江省金华市区酒坊巷中段98号旁,宋代建筑。该井为单眼井,石构井圈,高0.38米,厚0.11米,内径0.41米。井圈圆形,井壁用方石垒砌而成,深约2.1米。水质清澈。据光绪《金华县志》载:金华酒以此井酿酒。至清光绪年间,金华知府继良亲自命名为酒泉井。酒泉井是古代金华酿酒业所保留至今的一个遗址,为历史上的金华酒提供了不可多得的实物例证。该井被载入《中国井文化》一书。酒坊巷历史悠久,唐宋时名桐齐坊。明代初年酿酒名师戚寿三在此巷内酿酒,得名寿三酒,讹为寿山酒,又名金华酒。全盛时有酒坊数十家,故得名酒坊巷。当时金华酒运销大江南北。明代兰陵笑笑生所著的市井小说《金瓶梅》一书中曾多次提到"金华酒"。

拦路井坐落在金华市古子城八咏楼和东市街交界处西侧,正好拦在八咏路东入口中间。该井的北侧为和信园。

井圈外围为六角形,内圈呈圆形,井口直径约45厘米,高35厘米,青石凿刻而成,外侧可见"拦路井"三个大字,系清乾隆年间所刻。光绪《金华县志》称其为"瑞安井",并有如下解释:在瑞安坊口上,为三窍一名拦路井,乾隆年间易以石栏,刊拦路井三大字。文革时刻井被填盖。2004年,金华市古子城管委会对此井进行了保护维修,现井台完好如初,井台四周是青石砌的排水沟。井壁同莲花井一样也用本地红砂条石砌成。

金家井,位于酒坊巷84号小院内,单眼水井,水面距地面高1.5米,井壁以当地产红砂岩拱形石块垒砌。井圈圆形,以整块麻石琢造,高0.36米,内直径0.38米,外径0.70米,水质清澈。因酒坊巷84号原为金姓人家,故得名金家井。

双眼井,在八咏楼石台前东侧。井壁以当地产麻砾石垒砌,呈椭圆形,水深约1.5米。青石井圈,高0.36米,双眼内径均为0.4米。

酒坊巷160号无名古井,位于酒坊巷160号小院内,为单眼井,井水面距地面深1.5米,井壁以红砂岩栱形石块垒砌。井圈圆形,已改为水泥井圈,用混凝土浇造成形,高0.38米,内径0.36米,外径0.68米。旧时也为酿酒用水井。

婺城古井现保存完好,水质清澈。但因城市化进程日益加速,自来水供应普及,井水早已弃置不用。现古井仅作观赏之用,如不妥善保护,日久恐有消失之虞。

金华自秦王政二十五年(前222),置会稽郡乌伤县,迄今已有2230多年建城史,东汉初平三年(192)置长山县,属东阳郡,南朝梁时改置金华郡,其后一直是郡、州路、府治所所在地。城址大体在今古子城一带,一直沿而不改。因离婺江较远,而城内地质为砂岩,地下水源充足甘美,推测当时居民用水,即有池塘井泉之类的水利设施存在。

婺城七井因年代久远,文献记载缺乏,其始建年代难以确切考证。根据地方史志记载及考古发现,金华城市先从古子城一带发端,隋唐时期逐步向西扩张,这也与现存古井的分布状况相符合。七口古井,除莲花井外,其余都分布在古子城12公顷的范围内,特别集中于酒坊巷和八咏路两处。因此可以推断这些古井的建造年代为古子城内的最早。光绪《金华县志》载:"休文井,在府学墙东,沈约(字休文)为郡守时,乘驴饮井而故名。"可推此井建造不会晚于南朝齐梁时代,但应为敞开式的井池,池口较大,有踏步可以汲水,故可饮驴。酒泉井,开凿于宋代,明代金华酒以此井水酿酒。清光绪年间知府继良命名为"酒泉井"。金家井、酒坊巷160号无名井,均为明清时期金华酒的酿酒水源,开凿时间不会晚于明代。莲花井,南宋金华名儒王柏曾为莲花井题诗,其开凿年代不会晚于南宋,井圈因年代久远易磨损,故其现存青石井圈为清代打造,井围外刻"古莲花井"四字,双眼井及拦路井井壁同莲花井一样用本地红砂拱形石砌成,其建筑年代当为宋代。拦路井青石井圈为清代建造,乾隆年间建造,并印刻"拦路井"三大字。婺城七井自古为婺城居民饮用水之源,一直使用到上世纪五六十年代,随着七八十年代自来水应用的普及,古井逐渐不用,或被填盖。近年来,婺城七井作为珍贵的文物古迹和古城的地理、方位标志,逐渐得到有识之士和市民的关注和重视。莲花井于1995年12月11日公布为市级文物保护单位,2006年初重建井亭并立保护标志碑。酒泉井于2004年由金华市文化体育局公布为市级文保点并立碑保护。拦路井也于2004年由古子城管委会进行维修,并设铁柱、铁链加以保护。双眼井则整治了周边环境,重建了井旁的鹅卵石通道。

婺城古井系列历史悠久,形制优美,井泉清澈,见证了金华古城的建城史、扩张史,反映了漫长历史时代的生产力水平,记录着当时人们物质生活和精神生活的状况,作为明代以前的保存完整的砖石结构建筑,具有极高的历史文物价值。

婺城古井系列是古代金华街市繁华、人烟稠密的实物见证,也是当时人们市井生活，日常生活不可或缺的饮用水来源，寄托着人们的乡愁和情思，是人们精神、感情之所维系。

婺城古井井圈或为八角，或为六角形，或单眼，或双眼，或三眼，双眼、三眼井能方便两人以上同时打水，设计科学，因地制宜，用材因时代不同而变迁。造型美观大方，泉水清冽，大旱不涸，充分展示了古人在水文地质方面的认知水平。具有较高的科学价值。

婺城古井展示了传统建筑技术独特的艺术性，具有较高的审美价值，现已经成为人们游玩观赏的一大景点，成为人们发思古之幽情的极佳场所。

载《浙博天地》

# 千古风流八咏楼

金华八咏楼为江南名楼，风流千古，到金华的游人都以登楼一览为快。八咏楼位于金华城东古子城内明清传统建筑一条街中段，与抗战文化一条街酒坊巷南端的十字交叉口，其东北角为国保单位太平天国侍王府，其西为国保单位元代建筑天宁寺大殿，人文内涵极为丰富，与周围建筑风貌也极为协调。楼前百余米处矗立诗人沈约的石雕立像和石牌坊，周围花树环绕，视野开阔，环境极为清幽。

《郡国志》称："金华县因山石为城，南临溪水，高阜上有楼，名曰玄畅楼"。又名八咏楼，建于高 8.7 米的黄石砌石基之上，台四周设青石护栏，东侧有 46 级台阶曲折可上，楼通面阔 13.7 米，通进深 42.11 米，楼高 10 余米，共四进，占地 1 458 平方米，建筑面积 715 平方米，坐北朝南，面临婺江。八咏楼前为重檐歇山顶二层高楼，三开间，五架月梁带前后双步廊，月梁两端刻龙须纹。明间置平棋，周围饰五福捧寿纹。金柱为木直柱，鼓形墩，前檐柱四根，为青石凹角方柱，方碛形柱础。檐柱置 S 形龙纹牛腿，上置蝴蝶木，雕刻花草，雀替刻海棠花纹，四角用递角梁，翼角飞翘。楼下额枋间置艾青题"八咏楼"横匾。楼上正面置海棠纹朱红格扇窗门八扇，左右各置窗门四扇。正脊为山字形剔空玲珑高脊，中间置圆形宝镜状开光，饰砖雕山水图案。两端置龙首鱼尾吻，檐口置勾头滴水。三进为单檐歇山顶阁式,明间中缝梁架为五架月梁带前后单步梁,月梁两端刻龙须纹,海棠花草纹雀替,木直柱,青石鼓形柱础。边缝梁架为穿斗式。檐口置勾头滴水。后廊与天井之间设六扇万字纹格扇门。檐下额枋间置沙孟海题"八咏楼"横匾。檐柱置龙纹 S 字形牛腿,上置蝴蝶木。正脊为剔空玲珑金钱纹脊,两端置龙首鱼尾吻,四进为楼屋,重檐硬山顶。明间中缝梁架为五架月梁带前后双步廊,月梁两端刻龙须纹,海棠纹雀替,边缝梁架为穿斗式。太师壁前置李清照塑像,壁后有木楼梯可达楼上。木直柱,青石鼓形柱础。前檐额枋下置郭沫若题"一代词人"横匾。楼上明间后额枋置"古元畅楼"横匾。明间四金柱之间不设楼板,上下贯通,四周置万字纹栏杆。正脊为剔穿玲珑脊,两端饰龙嘴鱼尾吻。各进均为青砖错缝地面。阴阳合瓦,有望板。檐口置勾头滴水。前廊与天井之间明间设万字纹木格扇门六扇,左右梢间各设万字纹木格扇门四扇。天井与后进之间设三级青石台阶可拾级而上。三四进之间设青石砌小天井,左右各设廊屋两间,木直柱,鼓形石柱础。三进墙外台基右侧有一洞,名朱大典洞,为抗清志士朱大典殉难处。正楼右侧有屋三间,平房,为管理用房。正楼后侧及左右设鹅卵石甬路,檐柱置龙纹 S 字形牛腿。三进与两廊之间置《重建宝婺观星君楼碑》。

八咏楼建筑结构严谨,造型典雅,风格古朴苍劲。其正楼雕梁画栋,飞檐朱窗,瑰丽壮观,为典型的江南亭台楼阁式建筑。现存十分完整,无损毁现象。近年曾加以修葺,保存情况良好。

八咏楼原名玄畅楼,清代因避康熙帝玄烨讳,改称元畅楼,现在楼头尚存"古元畅楼"匾额一方。据万历《金华府志》记载,创建者是南朝著名文学家、史学家沈约。

沈约(441—513)字休文,吴兴武康(今浙江德清县)人。历仕宋、齐、梁三代。他曾以文学游于竟陵王萧子良门下，与谢朓等共创"永明体"，提出"四声""八韵"说。为近体韵文创作开辟了新境界。

南齐隆昌元年(494)沈约以吏部郎拜宁朔将军，来金华任东阳郡太守，选择城西南最高处创建此楼，多次登楼赋诗，写下了不少脍炙人口的诗歌。第一首是《登玄畅楼》诗：

> 危峰带北阜，高顶出南岑。
> 中有临风榭，回望川之阴。
> 岸险每增减，湍平互浅深。
> 水流本三派，台高乃四临。
> 上有离群客，客有慕归心。
> 落晖映长浦，焕景烛中浔。
> 云生岭乍黑，日下溪半阴。
> 信美非吾土，何事不抽簪。

此诗写景清新，抒情真切。玄畅楼所处位置是旧时金华的制高点，"台高乃四临"。北有北山双龙风景区，闻名遐迩；南有括苍诸峰，连若屏障；义乌江和武义江汇流其下，名双溪，俗称婺江。"水流本三派"即指此而言。这里风景非常秀美。接着他又写了《八咏诗》：

> 登台望秋月，会圃临春风。
> 岁暮愍衰草，霜来悲落桐。
> 夕行闻夜鹤，晨征听晓鸿。
> 解佩去朝市，被褐守山东。

沈约写完此诗,意犹未了,于是又将诗中的每句为题,扩写为八首诗歌。这八首诗,诗无定句,句有长短,诗意回环往复,合计1 803字,是当时文坛上的长篇杰作,所以从唐代起遂以诗名改玄畅楼为八咏楼,以志纪念。

南宋淳熙十四年(1187)扩建,将沈约的八咏诗勒于石碑。元皇庆年间(1312—1313)楼毁于火,碑亦不存。明洪武五年(1372)重造宝婺观,为道观,八咏楼废址建玉皇阁,供奉玉皇大帝。后玉皇阁毁。万历年间(1573—1620)重建八咏楼。现存八咏楼经清嘉庆年间(1796—1820)和道光三十年(1850)两次重建,1984年大修,1994年对外开放登览。现有以沈约和李清照事迹为主线的陈列展览。

八咏楼以形佳取胜,以绝唱闻名,从此即成为历代诗人骚客会文吟诗之处,留下了不少绘景抒情的名篇。唐代大诗人李白在《送王屋山人魏万还王屋》诗中叙魏万出游经历时曾云:

> 径山梅花桥,双溪纳归潮。
> 落帆金华岸,赤松若可招。
> 沈约八咏楼,城西孤岩峣。
> 岩峣四荒外,旷望群川会。
> 云卷天地开,波连浙西大。

诗人用他那生动、细腻的笔触,描述了八咏楼及双溪的风景。唐诗人严维,也曾写下了《送人入金华》诗:

> 明月双溪水,清风八咏楼。
> 昔年为客处,今日送君游。

读之，令人觉得八咏楼与双溪优美、雅致的景观，如在眼前，促使人以游登八咏楼为快。南宋唐仲友写出《续八咏诗》。宋词中词牌有以《清风八咏楼》为名者。

元代书法家赵孟頫也曾登上八咏楼，留下《东阳八咏楼》一诗：

> 山城秋色净朝晖，极目登临未拟归。
> 羽士曾闻辽鹤语，征人又见塞鸿飞。
> 西流二水玻璃合，南去千峰紫翠围。
> 如此山川良不恶；休文何事不胜依。

对八咏楼及其周围的风景备极赞赏。

此外、历代文人描绘八咏楼的诗词、名篇佳作，确实不胜枚举，然而细细品评起来，诗篇中的意境和气势却都不如李清照的《题八咏楼》。

李清照是宋代著名女词人，在我国文学史上具有重要地位。她通晓音律，又善画能文，特别长于写诗、填词。绍兴四年(1134)冬天。她在金华避难期间，不止一次地登临八咏楼，从而写下了《题八咏楼》《武陵春》等著名诗词。她的《题八咏楼》诗：

> 千古风流八咏楼，江山留与后人愁。
> 水通南国三千里，气压江城十四州。

诗中十四州指的是当时两浙路所辖的平江、镇江两府及杭、越、湖、婺、明、常、温、台、处、衢、严、秀十二州，共十四州，并非泛泛之谈，唐五代诗贯休《献钱尚父》诗中云："一剑霜寒十四州"也是此意。气压也非一般所说的气势，而是指悲愁之气笼罩，讽喻南宋小朝廷只剩东南半壁、残山剩水,所以诗人不禁愁绪满怀。

这首诗最能表示八咏楼的气魄、金华重镇的形势和李清照的爱国热忱,不愧为题咏八咏楼的出类拔萃之作。著名古建专家罗哲文 2006 年秋在登楼后曾亲笔书写这一首诗。2001 年 5 月文物专家史树青题诗:"冒雨同登八咏楼,谈诗讲艺不须愁。他年重过浙西路,一派繁华是婺州。"已故全国人大常委会副委员长费孝通在 1995 年 11 月 26 日登楼后也曾题诗一首:"婺州悠悠江上楼,易安漂泊不胜愁。万里江山今非昔,八咏声韵倾神州。"

八咏楼不但与历代文人结下亲缘,也与历代军事人物有着密切关系。如元末农民起义的重要将领胡大海,渡江后攻取皖南、浙江等地,任江南行省参知政事。曾说:"吾武人不知书,唯知三事,不杀人,不掠妇女,不焚毁庐舍。"因而深得民心。他为了战胜凶残的元兵,经常登上八咏楼观察进军路向,也曾在八咏楼头检阅兵士操练。

晚于胡大海的戚继光,是抗倭英雄、爱国将领、杰出军事家,嘉靖三十四年(1555)调浙江,任参将,抵抗倭寇。他见旧军素质不良,到金华、义乌等地招募农民矿工,编成新军,人称戚家军,为抗倭主力。到金华募兵时,他曾登上八咏楼检阅将士。他在眺望中,悟到高楼可用侦察敌人,主动迎击。于是他以八咏楼为借鉴,在抗击倭寇的地区建筑木结构的望楼,观察倭寇动向,乘机出击,歼除东南倭寇。

明末兵部尚书朱大典统率抗清的军民以金华为军事重镇,以八咏楼为总督军务的指挥部,与清兵展开过激烈的战斗。金华城攻破时,朱大典决心与城共存亡,义愤填膺地站在八咏楼上指挥督战。清兵重重包围八咏楼,他就移身站在八咏楼下的一座火药库上,镇静如常地将退到八咏楼的三十多位部将聚在一起,只听得轰隆一声震天撼地的巨响，英雄朱大典和他的部将都壮烈牺牲了。但是自发抗清的军民信心不减，仍酣战不停。这就是"鏖战当年八咏楼，硝烟弥漫夜悠悠"两句诗的出处。清代李渔也曾写下"婺城攻破西南角，三日人头如雨落"的诗句。记述这一惨烈场景。

太平天国侍王李世贤占领金华以后，也曾登上八咏楼检阅过十数万人的太平军。后来李世贤奉诏率兵前去保卫天京，留下守将刘政宏守卫金华府城。到1863年，清浙江巡抚左宗棠率军从浙西到金华。双方就在八咏楼前的八咏滩下血战多天，鲜血染红了双溪。1939年4月，周恩来到金华视察，曾在楼下的八咏滩召开过千人群众大会，宣传团结抗战的主张，引起强烈反响。

古老雄奇的八咏楼，是座精致的古建筑物，是著名的诗歌之楼、英雄之楼，它必将跟诗人的名篇和英雄的故事融合在一起，风流千古。

新中国成立后，国家对八咏楼十分重视，1981年公布为省级重点文物保护单位。1984年又拨款进行维修，古老的八咏楼经过修葺，面貌焕然一新。登楼凭栏远眺，蓝天万里，白云朵朵，南山连屏，双溪奔流，尽入眼底。如是遇上风清月明之夜，登楼远望，只见汩汩双溪，汇成婺江；皎皎明月，倒映水中，时或微风吹来，散作万点银光，更为皎媚。倘若待到红梅盛开、白雪皑皑之日，登楼远眺，红装素裹，更别有一番风光。

八咏楼诗因楼成，因诗得名，楼借诗传。八咏楼选址在当年城市最高处，面临婺江，形成八咏楼建筑群独特的景观和金华古城优美的天际轮廓线。其设计、建筑艺术巧妙地将亭台楼阁建筑融为一体，瑰丽壮观，堪称江南楼观的建筑经典。其历史悠久，与名人的关联度也十分突出，为我国现存不多、能体现山水和城市天人合一特色的古代名楼之一。

八咏楼历史悠久，为金华城市建置、变迁及园林台榭建筑史的实物例证。其布局谨严，选址独特，建筑艺术巧妙，瑰丽壮观，堪称国内楼观台榭建筑的经典，具有很高的建筑科学研究价值。八咏楼雕梁画栋，飞檐朱窗，杰阁流丹，环境清幽，视野开阔，最能体现山水和城市天人合一的艺术构思，艺术价值突出。八咏楼诗因楼成，楼以诗名，历代诗人词客题咏难以计数，不乏名篇佳作，是名副其实的诗歌之楼。且与朱元璋、胡大海、戚继光、朱大典等历史人物关联度极高，又是名闻遐迩的英雄之楼。八咏楼是金华的标志性建筑，至今仍可游可登，为市民登览休憩场所。海内外知名度极高。海外名人政要、国内党和国家领导人、古建文物专家到金华，均以登览一游为快，并或留墨宝，或吟诗词，更增添了楼的文化内涵。

载《浙博天地》

# 兰溪费垅口村南宋墓出土文物

【摘要】1987 年 6 月,浙江省兰溪市灵洞乡费垅口村发现一座南宋墓葬,墓中文物被私分哄抢,后绝大多数顺利收缴回来,有金器、银器、玉器、铜器、文房用品等二十多件珍贵文物。

【关键词】南宋墓葬、出土文物

## 一、概述

1987 年 6 月,浙江省兰溪市灵洞乡费垅口村农民在毛埠基采石时,发现一座夫妻合葬墓,墓中文物被哄抢一空。因分赃不均,引起矛盾,遂有村民来反映。市文物部门接报后会同公安部门及金华市文管会迅速赶到现场采取应急措施,并对该墓进行了抢救性清理。同时通过艰苦工作,收缴了绝大部分出土文物。

费垅口村位于兰溪城东, 该墓坐落在离市区约 1 公里的一个叫毛埠基的山坡上,西北侧即为大云山公路隧道口。方向坐正北朝南,竖穴式券顶双室砖石结构。男左女右,两墓室大小一致,高度不同。男室长 3 米、宽 1.26 米、高 1.2 米;女室长 3 米、宽 1.26 米、高0.9 米。墓壁用长 33 厘米、宽 17 厘米、厚 8 厘米的青砖双层错缝顺筑。上部用宽 44 厘米、厚 13 厘米,长度不等的红条石圈筑,用长

1.8 米、宽 0.58 米,琢磨光洁的六块红石板封顶,用糯米石灰砂浆嵌缝,极为密封坚固。墓底结构男女不同,男室用边同边长 30 厘米、厚 8 厘米的方砖铺地,上再铺垫一层石灰,一层木炭,四周有宽 10 厘米、深 4 厘米的排水沟,女室未铺地砖,亦无排水沟,用长 29 厘米、宽 13 厘米、厚 4 厘米的青砖平砌一周,同时在距墓门 1.4 及 1.89 米处各横砌一条 15 厘米高的砖墙,使棺底不着地。男女室墓底不同的结构,对尸体的保存有不同的效果,男室尸骨已朽烂成稀泥,女室尚有完整的头颅骨和肱骨。

整座夫妻墓,外墙用长 33 厘米、宽 17 厘米、厚 4 厘米的薄砖竖筑包裹,斧形砖券顶,封土层残存 1.2 米。凿石范围约 10 平方米。经过清理,未发现墓志铭及墓碑,男墓中出土 38 枚铜钱,均为明道元宝,明道(1032—1033)为北宋仁宗的第二个年号。墓主人是谁,一时难以查考。此前在同一地域清理过一座有北宋元符三年墓砖的夫妻合葬墓,圹式结构极为类同,出土文物也较为相似,但从此墓出土的白定瓷斗笠碗来看,内壁的花纹为印花,口沿下饰一周云雷纹,又采用蒫芒口覆烧工艺,根据省有关专家的意见,墓的年代定为南宋。

## 二、出土文物

女墓早年被盗,墓室距墓门 80 厘米处,有一个 63×43 厘米的盗洞,墓室内尸骨零乱,随葬品仅存一个铜镜。男墓中出土文物较多,由于受到农民扰乱,已无法确知随葬品的陈设位置。这批宋代器物,材质有金、银、铜、瓷、石等,形制优美,造型典雅,工艺精致,为了解南宋时期浙江地区社会经济的发展和当时人们的文化生活、风俗喜好等提供了实物资料,具有较高的历史、艺术、科学价值。

现将出土器物分别介绍如下：

1.金器

金杯 1 件。口径 7.9 厘米、高 5 厘米、底径 3.6 厘米，重 125 克。敞口，鼓腹，撇足，腹部采用夹层合成工艺制成，柄与杯壁连接处有焊接的烙印，除腹部饰三道凸起弦纹外，素面无纹饰，此杯当为酒具。

金发箍 1 件。长 11 厘米、宽 3 厘米、厚 0.1 厘米，呈半圆状，正面捶雕高凸双鱼水草纹，双鱼鳞、鳍清楚，栩栩如生。两端各有一圆形小孔相对，可通发簪，为墓主人约束发髻之用。可见其生前生活的富裕和奢华。

2.银器

高足杯 1 件。口径 11.8 厘米、高 8.5 厘米、腹径 7.3 厘米，敞口，鼓腹，撇足。壁薄体轻，线条流畅，造型美观，底部刻有"相宅沈四郎"长方形标记。

长颈瓶 1 件。口径 4.2 厘米、高 13.厘米 3、腹径 8 厘米、底径 6.3 厘米。直口，长颈，鼓腹，撇足。壁薄，底部刻有"相宅沈四郎"长方形标记。

盒 1 件。直径 15.4 厘米、残高 4.9 厘米、底已残损，盖上为捶雕凸花卷云纹，盒边缘是水波纹。

执壶 1 件。口径 4.6 厘米、高 17.3 厘米、底径 5.9 厘米，颈作喇叭形，小鼓腹，撇足，扁曲柄，柄上有三条凸弦纹，线条流畅，整个器物美观精致。

渣斗 1 件。口径 17.9 厘米、高 7 厘米、筒径 8.8 厘米，大盘口，束颈，腹下部已残破。其他银器 8 件，包括银筷子、银汤觚、银匙等，银匙上刻有"王三郎"三字。

这些银器工艺精湛，造型美观，反映了宋代人们崇尚清丽的审美观念。其中沈四郎、王三郎当为制作工匠的名字,相宅不知是地名、店铺名或是指高级官僚宰相之府,待考。宋代风行斗茶,斗茶又称茶百戏或汤戏,如苏轼有"道人晓出南屏山,来试点茶三昧手"的诗句,可见当时斗茶之风之盛。宋代的茶料为茶饼。饮用时要经过炙烤、碾末、过筛、煎煮等过程,并加入葱、姜、盐辅佐材料来调节口味。可见这些银器,大多为茶具。其中渣斗为滤茶之具,汤瓿勺取茶汤,银匙则用于勺取茶末。

3.玉器

玉瑗1件。外径11.5厘米、内径6.6厘米、厚2.6厘米,两面均有三圈浅浮雕乳丁纹,青白玉,色泽莹白而略透淡绿,晶莹温润。按:孔大边小的璧谓之为瑗。荀子《大略》:"问士以璧,召人以瑗,绝人以玦,反绝以环。"《尔雅》释器:"肉倍好谓之璧,好倍肉谓之瑗。"

玉环1件。外径6.8厘米,白玉。

4.铜器

鼎式炉1件。附耳,鼓腹,环底,蹄足。肩、腹部各有一条凸弦纹,鼎盖有环钮三个,并有镂空连弧形孔,通高14.5厘米、口径9.8厘米、最大腹径13.6厘米,蹄足中空。

洗1件。口径30.5厘米、残高8厘米,底破碎。

盏1件。口径7.4厘米、高3.8厘米,小而厚实,以铜铸制,较粗糙。

瓶1件。口径为3厘米、高8.8厘米、最大腹径8厘米、底径6.5厘米,平口折沿,短颈,扁圆腹,壁厚凝重,较为粗糙。

笔架1件。长18厘米、高4.8厘米,底呈梭形,底部中空,以铜浇铸而成

水盂1件。口径8、高4厘米。

镜2件。执镜，直径14.8厘米、柄长12.9厘米。方镜，女墓出土，长18厘米、宽10厘米。

这些铜器，局部多有铜绿锈斑。鼎式炉应为煮茶、温茶之用。盏为盛茶渣之用。值得注意的是铜笔架。笔架之制不知起于何时，材质有玉、木、石、金属、水晶等。唐杜甫已有"笔架霑窗雨，书签映隙曛"的诗句。这具笔架七峰连续，高低错落，如一小山石盆景，给人以美的享受。这件铜笔架为国内目前出土时代较早的铜质笔架之一，值得珍视。

5.瓷器

白定窑瓷碗1件。口径17厘米、高5.2厘米、底径3.4厘米，足高1厘米，其胎色洁白，质地细腻，胎薄仅2毫米。除口沿未施釉外，其余通体施釉，内壁分布四组菊花卷叶纹，线条婉转流畅，花纹凹陷处，釉层较厚，白中略呈青绿色，更使蓓蕾初放的朵朵白色菊花跃然壁上，极为素雅。状如斗笠，又称白定瓷芒口斗笠碗，此件白瓷碗，原定为影青瓷，经浙江省考古所专家曹锦炎先生及台北故宫博物院邓淑蘋女士鉴定，认定是北方金国定窑产品。此碗从形制及大小来看，显然不适合做餐具或饮用器，也应为盛茶汤之具。斗茶之时，先将沸滚的茶汤冲入大碗，然后分入小碗而饮。因此随葬器物中不排除还有其他小茶盏的可能，或已毁损，或未能缴回。

6.石器

端砚1件。广东肇庆所产端石制作，呈长方形，淡紫红色，石质细腻温润，长19.5厘米、宽11厘米、厚3.6厘米，砚面开墨池。底部刻有楷书"及斋"二字。"及斋"当为墓主人书斋名号，推测有"及时行乐"或"及时努力"的含义，显然是墓主人生前喜好和习用之品，同时必然有笔、墨、纸等随葬，可惜均已腐朽无存。

## 结语

第一，从兰溪费垅口村南宋墓出土文物来看，其随葬品较为精致，其金、银、玉器材质贵重，反映了墓主人生前生活富裕、奢华，从抄手砚、铜笔架等器物来看，墓主人有较高的文化品位。但墓中又不见墓志铭，推测墓主人生前很可能是一位儒商，虽然财力雄厚，却没有较高的政治地位。兰溪地处浙江中部，素有"三江之汇，七省通衢"之称，这些器物的出土，从一个侧面反映了两宋时期特别是宋室南渡之后浙江地区经济、文化的发展和繁荣，也反映了两宋时期工匠们制作金、银、铜器，玉器方面技艺的高超水平。

第二，金国境内定窑白瓷碗的出土，反映了南宋时期江南地区与中原地区人民之间的商贸往来仍然十分频繁。宋、金虽为对峙的敌国，但自南宋孝宗隆兴和议之后，双方有一段长达六七十年相对和平的时期，民间贸易往来对于双方经济的复苏和发展都是相当有利的。

第三，两宋时期饮茶之风盛行，上层人士酷爱斗茶，是修身养性的雅事，流风所及，实为日本茶道的起源。从此墓中出土的众多茶具和文房用品来看，当时上层人士斗茶追求高雅的艺术氛围，使茶艺与书画活动紧密地结合在一起，如大诗人陆游《临安春雨初霁》诗中"矮纸斜行闲作草，晴窗细乳戏分茶"的诗句，正是当时人们把茶艺与书艺紧密结合在一起的生动写照。这不仅使我们能更深入地了解宋代的饮茶文化，同时也有助于进一步了解宋代浙江的社会、经济、文化、生活、习俗的方方面面，了解当时富裕人士的文化价值取向。

第四,通过此墓的清理,对于了解南宋时期浙江地区的墓葬形式也有一定意义。同一圹式的夫妻合葬墓中女室明显低于男室,封建社会中男尊女卑的思想在葬制中也得到一定体现。但也不排除墓室营建、入葬时间有先后,家庭经济状况发生变化而导致出现差异的可能。

注:该墓的出土在 1991 年《考古》杂志第七期有过报道。

载《东方博物》2011 年第 39 辑

# 两岸同胞团结抗日的历史见证

在烽火滚滚、硝烟弥漫的八年抗日战争中,台湾同胞与大陆军民携手抗战,写下了许多可歌可泣的动人篇章,其中台湾义勇队的壮烈事迹已经载入青史,而台湾义勇队旧址也已成为两岸同胞同仇敌忾、携手抗日的珍贵历史见证。

台湾义勇队旧址位于金华城东将军路酒坊巷中部,其84号(民国时期门牌为酒坊巷18号)为民国初年建筑,布局工整,占地213平方米。建筑坐北朝南,为单层四开间砖木结构。建筑东侧邻酒坊巷,山墙开西式大门,门顶以砖叠成拱形,上部以砖砌成山字形,左右设砖砌方柱各两根,中间两根圆柱柱头装饰砖雕西式常春藤叶蔓图案。外两根方柱头砌成尖塔状。墙体北面是呈"一"字形房屋,屋面为硬山两坡顶,面阔两间,东西两侧置厢房,为穿斗式梁架砖木混合,主房天花板为木板抹灰。墙体为青石砖抹灰墙。原为木地板,现为长方形青石砖错缝地面。前檐单步挑廊砖柱,大门边和天井两侧设耳房和廊亭。大门左侧为真神堂旧址,现为基督教堂,右侧为湘岩试馆,1939年也曾作为义勇队队员宿舍。右侧墙角立有"祝宜振堂墙界"碑。主房第二间、第四间设半圆拱形木框门,上方以木条拼成太阳放光图案,木框玻璃门和窗户。青石砌阶沿石,天井为鹅卵石地面,阴阳合瓦,天井右侧有古井一口,后面与民居毗邻。抗战时期为李友邦将军领导、主持的台湾义勇队、台湾少年团和台湾医院的所在地。

酒坊巷 103 号占地 197.71 平方米，为民国时期单层砖木结构，大门朝西，北临一通道，南侧紧挨民居，东侧为空地。主屋面阔四间，坐北朝南。梁架为抬梁与穿斗相结合。主楼南侧为一条 1.6 米宽的走廊。走廊南侧为一处天井，主楼东南侧为三间附属平房。此建筑为抗战时期台湾义勇队领导人李友邦将军住所、办公处及朝鲜义勇队旧址，在 2008 年全国第三次文物普查中新发现。酒坊巷 84 号 2006 年由市政府收回产权并照旧貌修复，2006 年 10 月 20 日设立台湾义勇队纪念馆，中国国民党主席马英九、荣誉主席连战分别题写馆名和题词。内收藏老照片 60 多张，文物近百件，对外开放参观。被金华市委、市政府命名为"市级爱国主义教育基地"。103 号现为公房和个人私房两种形式并存。

台湾义勇队旧址位于城东古子城内抗战时期著名的抗战文化一条街，历史风貌、人文景观保存较好，巷道呈南北走向，全长约 500 米，宽约 4 米，为传统建筑密集区域之一。其东南为南国名楼八咏楼，东北角为国保单位太平天国侍王府，西为国保单位元代遗构天宁寺大殿，历史人文内涵极为丰富，与周围建筑风格也十分协调。

酒坊巷 84 号及 103 号均为民国初年建筑，原为民居，抗战时期为李友邦将军领导的台湾义勇队所在地。李友邦（1906—1952），台湾台北市人，著名的台湾爱国志士，祖籍福建，1906 年 4 月出生于台北市芦洲乡望族之家。1918 年入台北师范学校学习，加入蒋渭水等抗日先驱领导的台湾文化协会，积极参加反日活动。1924 年 3 月，李友邦与林木顺、林添进等人袭击台北日警派出所，遭日当局通缉，他连夜逃离台湾至祖国大陆，同年 4 月至广州，参加广东警卫军讲武堂，后转入黄埔军校第二期学习。大革命失败后,继续从事革命活动。1932年在杭州被捕,出狱后在浙江从事抗日救亡工作。在国共第二次合作时期,他受到中共地下组织的教育和影响。1938年在共产党派来的代表张毕来的协助下,李友邦开始发起组织台湾义勇队,义勇队的成员主要是流亡在闽北崇安县境内的台湾同胞。

1938年年底,首批40余名台湾同胞由闽北来到金华,1939年2月22日在金华古子城酒坊巷18号(今84号)成立台湾义勇队,并向报界庄严宣告了台湾义勇队的成立。李友邦住所及办公室则设在今酒坊巷103号内。1939年2月27日,李友邦在中国共产党浙江省委文委机关刊物《东南战线》上发表了《台湾义勇队之组织及其工作》一文,详细阐述了义勇队成立的原因以及主要工作。他在文章中写道:"台湾的革命和祖国的抗战有着密切的联系,祖国抗战而胜,台湾的革命离成功之路就要缩短一点。因此参加祖国抗战,就是台湾革命的最初步的工作:台湾革命者以及一般的人民,是无时无刻不准备献出他们的一切给祖国,以作对共同敌人日本帝国主义打击之目的……组织义勇队,参加祖国抗战是留居祖国各地台胞的一致要求。"而"瓦解敌军和教化俘虏将是义勇队的主要工作"。成立后的义勇队在李友邦的带领下,在中共组织的参与和指导下,正如其文章中所提出的一样,立即投身到轰轰烈烈的抗战中去了。

台湾义勇队从事的抗战工作第一项是对敌政治宣传,利用台湾同胞一般都会日语的优势,派队员到各抗战部队去从事翻译敌军文件,审讯俘虏,收听分析敌军广播,调查敌占区的政治经济情况,教士兵对日军喊话等对敌政治宣传工作。

台湾义勇队从事的第二项抗战工作是开展医疗服务,1939年初就已展开。义勇队有许多台胞原来就在行医,利用这个优势,在

1939 年 4 月开设了一个医疗所,义务医治伤病人员,医疗所就设在台湾义勇队旧址今酒坊巷 84 号内。7 月建立台湾医院,一时间"台湾医生"的美名在金华盛传。4 月,为方便农村人员就医看病,义勇队又在金华东关箭头塘设立了一个医疗所,组织八个巡回医疗队分别到金华邻县村镇替人民治病。而后,又在金华、衢县、兰溪分别设立了台湾第一、第二、第三医院,派医生到浙东前线参加当地野战医院工作,为新四军输送医疗器械和药品。

义勇队还利用自己对医疗器械、药品生产技术比较了解的特点,开办药厂。

台湾义勇队还组织了宣传队——战时工作队,深入前线和抗日部队官兵一起生活战斗,用演讲会、歌咏会、座谈会等方式讲述亲身经历的国破家亡之痛,激励官兵奋勇杀敌,收到了良好的效果。为开辟宣传阵地,1940 年 4 月 15 日台湾义勇队创办了《台湾先锋》,先后出版了六期,每月两期;刊址即酒坊巷义勇队队部。每周还出一张《台湾壁报》,少年团还出版过小型杂志《台星》。他们通过这些刊物宣传抗战思想和关于台湾革命的认识,刊登义勇队和少年团的活动情况。其他宣传、教育活动,也多在酒坊巷义勇队队部进行。

义勇队还将队部台胞的子女,从七八岁至十五六岁年龄不等的孩子,组成"台湾义勇队少年团",由李友邦兼任少年团团长,并创作《台湾少年团团歌》。少年团团部即设在义勇队队部内。他们跟随父母宣传抗日,组织夏令营,演出抗日流亡剧。团内建立了共产党的地下支部,酝酿成立"台湾共产主义少年团",后因国民党的干扰而未成。

台湾义勇队的影响在短短的时间里迅速扩大,得到了老百姓和下层官兵的支持。到 1940 年 3 月国民政府正式批准了台湾义勇队的合法身份,正式委任李友邦为少将队长。主张抗战的国民党浙江省政府主席黄绍竑为义勇队刊物《台湾先锋》题词。著名民主人士郭沫若、李济深、邵力子等也都题了词,使台湾义勇队的影响与知名度更加扩大。题词的还有民国要人于右任、孙科、陈诚、陈立夫等。1945 年抗战胜利,同年 12 月,李友邦带领台湾抗日义勇队和台湾少年团从厦门回到台湾。1946 年 2 月,被当局命令解散。由于李友邦积极响应,参与两次国共合作,并在台湾"二二八事件"中支持民众,被国民党当局以"匪谍叛乱"罪于 1951 年逮捕,并于翌年 4 月惨遭杀害,时年仅 46 岁。

2006 年,金华市委、市政府重新启动申报国家历史文化名城工作,金华市政府收回酒坊巷 84 号产权并于 5 月至 8 月修复,设立台湾义勇队纪念馆。2006 年 3 月 17 日由中国国民党主席马英九题写了馆名,同时连战题写了"同源同祖同文,连山连水连心"。8 月 28 日公布为金华市级文物保护单位。9 月被金华市委、市政府命名为"市级爱国主义教育基地"。2006 年 10 月 20 日正式对外开放。

"台湾义勇队纪念馆"是我国现存唯一见证台湾同胞参与祖国抗战的历史遗存,是唯一见证两岸同胞共同抗日的历史文化实物。它的存在,充分体现了台湾同胞抗击侵略、回归大陆、统一祖国的坚强意志。对搭建两岸交流平台,开展对台工作,争取台湾民心,增进两岸人民感情,增强民族、国家认同感具有重大的现实意义和历史意义。文物普查中新发现酒坊巷 103 号的李友邦将军住所、办公处和朝鲜义勇队旧址更增加了其政治、历史和文物价值与分量。

台湾义勇队是全国唯一一支由台湾人民组成的抗日队伍,其宗旨是"团结台湾民族,驱除日本帝国主义在台湾的一切势力;在国家关系上,脱离其统治,而返归祖国,以共同建立三民主义的新国家"。义勇队遗址是两岸人民共同抗日保留下来的唯一旧址,现实意义十分重大。而金华,作为台湾义勇队、台湾少年团诞生地和主要的活动场所,也见证了这一段血和火的历史。

台湾义勇队由李友邦于 1939 年 2 月 22 日创建,地址就是现在浙江金华市区酒坊巷 84 号。台湾义勇队以抗日救国为己任,其主要任务不是打仗,而是各尽其能,积极从事生产、情报、策反、宣传、医疗等工作。义勇队于 1942 年 5 月金华沦陷后撤离。李友邦及其领导的台湾义勇队的历史,证明了台湾同胞和祖国大陆同胞曾经共同为救国而奋斗,也见证了两岸人民万众一心、同仇敌忾的深厚感情。

台湾义勇队旧址是国内现存唯一的见证台湾同胞参与祖国抗战的历史遗存,且保存完整,历史信息清晰,具有无可比拟的唯一性、独特性、珍贵性。保护、利用、管理好台湾义勇队旧址,对于争取台湾民心,增进两岸人民感情,增强民族国家认同感,搭建两岸交流平台,促进祖国和平统一大业,谋求中华民族的伟大复兴,具有无可替代的重大的现实意义和历史意义。

载《浙博天地》

# 兰溪姚村古村及其保护

　　**【摘要】** 兰溪市兰江街道姚村是一处以姚姓村民聚居为主的传统古村落，唐宋时已有村落，自姚姓始祖姚烈于南宋末自绍兴迁入后，子孙繁衍，村落繁荣。现有明清建筑群约 19 000 平方米，现存传统民居 58 幢，其中明代建筑 7 幢，清代建筑 51 幢。明清厅堂 8 处，原貌保存基本完好，属建筑遗产型的历史文化名村，1992 年 12 月姚村古民居被列为市级文物保护单位。姚村古村落地处城郊，保护级别较低，又没有全面开发利用，但古村落的保护卓有成效，其经验是：有一个较好的重视保护好祖先留下的历史文化遗产的村领导班子，村民有强烈的文物保意识，有一定的宣传力度，维修资金有保证。这些都值得更好地总结推广。

　　**【关键词】**姚村　古村　现状保护

　　兰溪市兰江街道姚村是一处以姚姓村民为主的血缘村落。姚村作为一处传统古村落，和兰溪其他古村落一样，都有着历史悠久、古建筑存量丰富、序列清晰、类型多样、建筑精美等共同点。但也有着与兰溪其他古村落不同的特点：一是文物保护级别较低，姚村民居目前仍只是一处市级文物保护单位，与国家级文保单位诸葛村、长乐村民居和省级文保单位芝堰村民居相比，级别相去甚远。二是目前尚未开发任何旅游项目，没有任何旅游收入，不能形成在开发中保护,以保护促开发的良性循环。三是作为市级文保单位,由于市财政紧张,几乎无法得到政府的文物保护维修资金,古建筑的维修只能依靠村民自发捐资来募集资金。四是姚村虽然历史悠久,但大部分建筑为清代建筑,仅有的几幢明代建筑也历经维修,改变了历史原貌,文物价值不高,而清代建筑由于存量较多,很少得到古建专家学者的青睐。五是姚村位于兰溪近郊,距市区仅5公里,村民受现代文明诱惑较大,对古民居的保护带来一定的困难。但正由于上述的原因,笔者认为,深入探讨姚村古民居的文化内涵和保护现状,对于一般相同类型古村落的保护来讲,就显得更有典型意义、普遍意义和指导意义了。

## 一、村落概况

姚村位于浙江省兰溪市兰江街道西北丘陵地带,距市区5公里。村落坐西朝东,村前潆水长流,村后龙山蜿蜒,山环水绕,风景宜人。姚氏家庙联曰:"东狮山,西象山,北对三峰山;前潆溪,后浒溪,南通至兰溪。"兰溪至芝堰公路村前通过,兰溪至厚仁公路横贯村后,交通十分方便。姚村唐宋时已有村落,始祖姚烈于南宋端宗景炎年间自绍兴迁居至此,繁衍发族,故得名姚村,已历七百多年,世代祖先勤劳创业,至今已发展有建筑面积75 545平方米,人口有1 400多人,人均年收入3 072元的大村。先祖积淀文化底蕴深厚,尤以古建筑惠及后人,明、清建筑群约有1.9万余平方米,现存民居58幢,其中明代7幢、清代51幢,明清厅堂建筑8处,原貌保存基本完好。属建筑遗产型的历史文化名村,1992年12月姚村古民居被列为市级文物保护单位。

## 二、空间布局

姚村古民居以世系宫、商、角、征、羽自村北而南定居,宫、征、羽早不存在,只商分派下分天、地、人三支占全村90%空间,角仅分住村南一隅,各支族都有自己祠厅建筑。民居典型单元平面为"三间二过厢一天井",一般坐西朝东,建筑相连,户户相通,形成长条形的住宅组团。最大的要数从如德堂后延伸到村中骑街楼,又从骑街楼向西延伸到上厅基,由骑街楼衔接的两群体,约占全村面积10%。组团之间形成弄堂,弄堂道路用青石板砌筑,弄堂两侧建筑均有封火墙,封火墙马头装饰精美。村庄道路除沿漾溪两岸通道外,有二纵一横穿越古建筑,一纵是长弄堂,过大石桥,经长弄堂到井头面,另一纵是小厅弄堂,自溪边路口过小厅(萃德堂,已废)到上厅基,一横是花厅路,从上基厅过花厅到夏宅道院。通道原铺青石板,石子路,可惜大部分已被混凝土覆盖。

姚村中心井头面,是姚氏家族最大的公共活动广场,广场北部是雨台,建于清嘉庆年间,清宣统二年(1910)重修。四柱歇山顶建筑,翼角起翘,雕刻精湛,有扩音藻井。每年农历八月开台演戏,俗称八月戏,历年不辍。广场南部为姚村富商姚坤鳌名宅,建筑依山就势,布局严谨,建筑轮廓,错落有致,外墙砖雕门楼,装饰精美。二楼开窗面对雨台,富商、女眷可座家中楼上直观迎龙灯等氏族各种仪式,欣赏社戏表演,门前设有防火池塘。广场西侧为建于清光绪二十一年(1895)的齐政堂,三间二进。青石门面二柱三楼砖雕门楼,雕有双狮抢球和武士雕刻,上方赐有"恩荣"匾一块,门匾"瑞叶三斯"。瑞叶:寓意世代子孙像根深大树一样枝叶繁茂,三斯为歌于此,哭于此,聚族于此,为姚氏支族的婚丧喜事和家庭聚会的场所。

广场中心有一元代古井,为姚氏先祖定居姚村后开挖,泉极甘美,大旱不竭。广场也因此而得名井头面。

### 三、建筑特色

姚村明清民居建筑现存众多,群落联片,原貌保存度完好,58幢明清民居建筑总建筑面积 15 173.9 平方米。民居建材纯用砖木,平面布置多数为三间二厢一天井,天井可蓄水、排水,水缸可盛水,以防火灾。墙窗高又小,多有前后门,亦有木老虎,有防范外盗作用。建筑内部一般围绕天井的牛腿、雀替、额枋上均有各种人物、动植物和图案雕刻,门窗图案花式繁多、装饰精致。二楼作为私密空间,雕刻装饰较少。

姚村厅堂较多,均为祭祀及婚丧所建。天分存德堂,地分如德堂,人分崇德堂,角分文三宫均建在本祠的向阳路口。此外,如德堂祖系的永庆堂、齐政堂、友恭堂、慎德堂、衍庆堂亦建在各裔所住范围。至今保存原貌的有慎德堂(即花厅,现为文化宫、老年茶室)、衍庆堂,屡经修缮保存完好的有存德堂、如德堂、崇德堂、文三宫,现为村民居住的有永庆堂、友恭堂。下陇庙为本村的本保殿,位于龙山山麓,村庄南端,始建明朝中叶,清乾隆三十五年(1770)从旧址南移 10 多米重建,光绪二十年(1894)用砖木整修扩建,内有 36 根木柱支撑,象征六六顺风的吉祥。边属三间已分割为民居。

姚村古民居建筑群,除其选址,布局等有一定研究价值外,其最大的特点是建筑装饰和雕刻工艺的精湛细腻。雕刻的类型有石雕、砖雕、木雕,尤其是木雕,为姚村传统工艺,至今传人技艺高超。木雕的部分有门楼、天花、额枋、梁、牛腿、雀替、门窗、廊楣。木雕的类型有刻纹、浮雕、圆雕、透雕、平雕。木雕的内容有迎宾图、百寿图、天官赐福等各种人物故事;仙鹤、孔雀、鹿、鸳鸯、狮、蝙蝠等各种吉祥动物。图案有回字形、工字形、倒挂龙、双喜、箭羽纹、冰裂纹等。

装饰木雕构件选材精良,雕刻栩栩如生,与建筑浑然一体,高贵典雅。

村前漾溪流水自北西南,建有六桥。其中原貌保存的有锁漾桥,该桥始建明万历年间,原是平铺青石板,重修于清光绪年间。青石拱形结构,高出水面 4 米,桥面长 6 米,宽 2.5 米,两边石栏杆高 0.6 米,镌有"锁漾桥"三个大字,桥北有石阶 4 级,桥南有石阶 8 级(即向南、向东各 4 级)。漾溪改道后,古桥尚存,其余五桥均已改造。

## 四、非物质文化

姚村非物质文化积淀深厚,戏曲方面早在清乾隆年间就有徽班创办,继而有三合科班、昆曲坐唱班、徽戏坐唱班等。至今每年春节的马灯表演,演唱就是昆曲,唱腔演技,代代相传。春节龙灯会是姚村传统的民间文化活动,始于清代乾隆年间,二百多年延绵至今,远近闻名,每年农历正月十六举行。姚村龙灯为灯板龙,龙头用樟木雕刻,红漆描金,龙身由各家木板条凳,板面装有彩灯两盏,称为桥灯,相接而成。龙尾上挂红灯,一人独背而行。

龙灯出行,声势浩大,由清代制作的銮驾(原銮驾 108 副,现存 70 余副)和四对大铜锣开道,花灯、马灯先行,历年桥灯有 300 桥之多,全长一华里。沿途松脂火炬照明,满路星桥连锁,银花火树,烛光摇曳,似水飘漾,景色壮美。

姚村教育起于明万历二十八年(1600)姚敬泉所创建的豸山书舍(见《光绪兰溪县志》载),敬泉谢世,由长子尚道、三子尚贤继承,办学到清顺治年间,嗣后村中设馆办私孰,晚清在萃德堂办群英小学,民国二年(1913)在姚氏家庙创漾溪两等小学,民国二十七年(1938)秋办漾溪完全小学即今殿山小学,数百年从未间断,科举时代培养出进士、举人、秀才等很多,即使是时至当代,清华大学教授、博士生导师姚彦、物理学家姚爽、复旦大学教授姚纪花等均起步于家乡的基础教育。

姚村工艺产品突出,木雕始于晚清姚金聚,世代相传,现有 10人从业,技艺精湛,兰溪文保单位告天台的牛腿、狮子等,出自金聚幼子贵勤之手,姚化强木雕作品推荐出国,被视为精品。

腌腊工艺始于清代中叶,腌制的金华火腿在江浙一带畅销,直到现在村内有较大规模的火腿厂仍在腌腊营销。晚清蜜枣加工由许姓垄断,工艺不肯外传,兰邑名人祝芝园与许如荣情交甚笃,始传给芝园女婿姚焕堂,从此工艺扩散,姚村成为蜜枣加工发祥地。

历史人物风范长存:姚坤鳌,人称姚老坤,晚清在兰溪开创瑞享钱庄,又在金华开设裕享钱庄(即银行)操纵金、衢地区金融大权,促进商贸繁荣。姚老坤富而不骄,热心公益,乐善好施。保存原貌的慎德堂、衍庆堂是他独资创建的己厅。建筑雨台、齐政堂、姚氏家庙(已被日军焚毁)是他大手笔。此外,对建设甘溪大桥、兰溪悦济浮桥、金华通济大桥均巨额捐助,结识浙江省督军汤寿潜后又投资兴建沪杭铁路、浙江实业银行。受到时任浙江省主席陈仪题词赞颂。

姚世昌,黄埔军校三期,参加讨伐陈炯明时,任师党代表,代理师长,身先士卒。阵亡,国家列为阵亡重要军官,授予"忠烈可风"匾额一方。铮铮铁骨,日月昭彰。

姚村历史文化丰厚,引起中外专家的重视,清华大学陈志华、李秋香教授等曾来村考察。20世纪90年代日本农耕民俗文化考察团三次来村考察,事后编辑《江南民俗文化》一书,姚村的历史文化飘扬海外。同时浙江电视台先后分别两次来村拍摄《海瑞罢官》《艺苑情长李笠翁》电视剧。20世纪80年代首创兰溪市第一家农民文化宫,迄今已二十余年。姚村20世纪90年代初曾二次被评为浙江省省级文明单位,并辑录《浙江省文明单位简介》,古树展新枝、分外夺目。

### 五、保护现状

姚村建村已有七百多年历史, 村落中保存有明清古建筑19 000多平方米,规模宏大,群落完整。姚村古民居按宫、商、角、徵、羽世系自北向南分布。各分支氏族均有自己的祠厅建筑。民居一般坐西朝东,户户相通,形成长条形的住宅团。组团之间形成堂、弄堂道路用青石板砌筑,弄堂两侧建筑均设有封火墙,封火墙马头装饰精美。弄堂中还有过街骑楼,将两侧民居建筑相连。现道路、水系仍保持清代原貌。原因是传统的风水理论深入人心,村民认为本村山环水抱,形势极佳,道路水系不能轻易改动,否则会招灾引祸。姚村中心井头面,是姚氏家族最大的公共活动广场,广场北部是雨台,现保护良好,雨台近年由村民集资按原貌维修。

广场南部为姚村富商名宅,建筑依山就势,布局严谨,建筑轮廓,错落有致,外墙砖雕门楼,装饰精美。二楼开窗面对雨台,富商、女眷可座家中楼上直观氏族各种仪式,欣赏社戏表演,门前设有防火池塘。保存完好,曾为殿山公社办公场地,牛腿等人物雕于"文革"中有损坏。广场西侧为建于清光绪二十一年的齐政堂,三间二进。青石门面二柱三楼砖雕门楼,雕有双狮抢球和武士雕刻,上方赐有"恩荣"匾一块,为姚氏支族的婚丧喜事和家族聚会的场所。广场中心有一元代古井,为姚氏先祖定居姚村后开挖,泉极甘美,大旱不竭。广场也因此而得名井头面,现保存完好。姚村古民居大都建于清代,现存58幢,总建筑面积9 700多平方米。姚正良宅:青石门面,上有砖砌门楣,外墙为封火马头墙,小园孔窗。三间二井,串联式建筑,每进之间设有天井。牛腿、额枋、雀替均刻有倒挂龙和回字形雕刻,天井四周设有小平座,雕刻工艺精湛细腻。姚永泉宅:清代三合院建筑,三间二厢二楼。额枋上雕有回字形图案和寿星图。牛腿雕有八仙。雀替雕刻为天官赐福。窗披为梅花冰裂纹图案。楼上小平座护栏为双喜图案。石柱础为花篮式石雕。现民居大多保持完好,个别住户牛腿、格扇等木构件被文物贩子收购,但遭到村民谴责。姚村明清祠厅建筑原有26处,现作为公共建筑的7处分别是如德堂、崇德堂、存德堂、齐政堂、慎德堂、衍庆堂和下陇庙,保存完好,总建筑面积3 500平方米。

崇德堂:始建于明嘉靖三年(1524),多次续修,为姚氏支族的婚丧喜事家族聚会的场所,青石门面,门为乳钉门。厅檐叠翘,二柱三楼,砖雕结构,屋脊饰有鸱鱼吻,上嵌葫芦画戟,檐下"亲睦"砖雕牌匾,以示不忘乃祖。崇德堂坐西朝东,三开间三进二天井,串联式建筑。抬梁式结构。牛腿雕刻玲珑剔透。砖雕门面倾仄,村民集资按原貌维修。

如德堂:始建于明嘉靖元年(1522),光绪十年(1884)续修,改建为三开间对合。1984年部分毁于火灾,1989年重修。后进额枋上雕有迎宾图,雀替、牛腿雕有文官武将雕像。

衍庆堂:建于明代。青石门面,砖雕门楣,封火马头墙,马头造型为凤尾翘。三间三进三天进二楼,天井之间设有廊轩,天井四周有小平座,平座护栏与窗披,为工字形、冰裂纹和箭羽纹图案。牛腿雕有人物故事,雕工精湛,玲珑剔透。雀替雕有孔雀、仙鹤、雄鹰、鸳鸯。

慎德堂:俗称花厅,建筑占地面积806平方米,为姚村民清建筑群之首。于民国四年(1915)兴建。"奉政第"为清末红顶富商、五品奉政大夫姚坤鳌的私宅,因其以慎处世乐于公益而命名慎德堂。青石门框八字形门面,基脚石雕有龙凤、双狮抢球、鹤、鹿等浮雕。木雕门楼为歇山顶,莲花倒挂柱。额枋、雀替、牛腿、角戗等均有镂空雕刻。封火马头墙。建筑对景为砖雕照壁,起辟邪符镇作用。头门明间顶部为天花板。仪门为青石门面、乳钉门。砖雕门楼,二柱三楼,下额枋上高浮雕为双狮抢球,门匾刻有"世德流芳"四字,上额枋为仰莲雕刻花边,刻有高浮雕鹤鹿同春,密檐砖雕。仪门为三开间抬梁式结构,梁枋搭牵、斗拱、牛腿均雕有回字、鸥鱼、莲花、鹤鹿等图案。正门三开间,前有廊轩。双狮牛腿缕雕层次丰富、技艺精湛,额枋正中雕刻为迎宾图。天井四周雀替上人物雕刻栩栩如生。天井置有千斤荷花缸,大型石雕缸座。后进二厢融扇窗雕有三国故事,窗扇饰有精细的动物花草图案。廊眉雕有帏帐图案。后进左侧有五间二层偏房,额枋上雕有金钱蝙蝠,手法细腻舒展。现为农民文化宫,保存完好。

下陇庙:建于明代中叶,清乾隆年间重建,姚氏家族的唯一祭祀庙宇。下陇庙坐西朝东,三间三进。一至二进有天井,二至三进有穿堂。抬梁式建筑,明代石础,雕刻简洁。保存完好,由善信弟子捐资维修。

## 六、姚村古村成功保护的启示

第一，有一个较好的村领导班子。村历届党支部、村委会成员文化素质较高，团结凝聚，自觉把保护好祖先留下的历史文化遗产作为班子一班人的重要任务，制定了村规民约，在新农村建设和村庄整治中注重保护传统建筑，在维修古建筑方面起到动员、组织、协调的作用，而且带头捐资。

第二，村民对本村悠久的历史文化具有自豪感，历史文化传承深远，形成以保护历史文化遗产为荣、破坏历史文化遗产为耻的舆论氛围。同时姚村为一血缘村落，村民宗族观念较强，敬宗睦族的观念深入人心，客观上对宗祠、庙宇等古代公共建筑的保护起到了良好的作用。

第三，资金来源有保证。由于地处城郊，村民从事工业、手工业、副业致富者不乏其人，同时秉承清末富商姚坤鳌好善乐施、热心公益的传统，在无政府拨款的情况下，乐于捐资维修古建筑，特别是对于宗祠、庙宇的维修，更是争先恐后，有钱出钱，有力出力。

第四，有一定的宣传力度。借日本农耕文化考察团多次来村考察和最近全国政协副主席张思卿及国家文物局领导来村考察之机，通过各种媒体大力宣传姚村的农耕文化、古建筑文化，扩大对外的知名度，在旧有《姚氏宗谱》的基础上，同时编撰新的《姚村村志》，把古建筑等历史文化遗产列为重要内容，加深了村民对本村深刻历史文化内容的深刻认识，从而变被动为自觉地保护好古村落。

2006 年 10 月浙江省考古学会学术研讨会论文

# 兰溪诸葛村民居的私家园林及其特色

　　目前,兰溪诸葛村已名扬海内外,它以肥梁胖柱的大公堂,粉墙黛瓦的小阁楼,奇特玄妙的布局和精美绝伦的建筑艺术吸引着国内外游人。但是,易于被人忽视的是,诸葛村的园林化程度之高,私家园林布置之精美,是其他地方极其少见的。

　　诸葛村地形如锅,中间低平,四周渐高,环围着八座小山,外围群山起伏,风景秀丽,环境优越。诸葛村原名高隆,自三国时名相诸葛亮27世孙诸葛大狮自宋末元初勘定此地,举家迁居于此后,经数代相袭垦构,繁衍生息,逐渐形成庞然大村。村中华堂大厦鳞次栉比;文人辈出,科第不绝;中医中药,称雄江南。高隆之名逐渐为诸葛之名取而代之。兹此,诸葛氏遂成兰溪之名门望族,诸葛村地成为交通要冲,人烟转辐,辏商贾云集,成为浙西重镇。

　　明清以后,高隆诸葛氏在经营中医药业致富之后,以很大的财力在家乡兴造了许多富丽堂皇的住宅,同时由于这些富裕的乡绅、医士、商人又具有较高的文化素养,所以私家园林也同时兴盛起来,形成了户户雕梁、家家园林的盛况。从文献记载来看,明正德初年,精诗擅画的诸葛文郁(字盛之)就在村中建了一座西轩。永康徐御史写了一篇《赞云山清隐序》,序中说:"兰有隐君子诸葛盛之者,耽嗜诗书,不求闻达,于所居现岘山之西筑室一楹,名曰西轩,储之坟典,树以花草,优游晏息,日与青山白云相为主宾,寓隐意焉,一方高士也。"

明代的诸葛佐明,字子文,号石汀,是诸葛亮的四十七世孙,在村中建有环绿园,诗书自娱。著有《石汀诗集》,有诗如《松磴弹琴》《菊径烹茶》《梅窗点易》《南阳观画》《钓矶竹月》《石室兰崖》《悬崖飞瀑》等,这些松磴、菊径、梅窗、钓矶、石室、兰崖、飞瀑等,都是他园中的小景点。有松、竹、菊、蕉、兰、萝之属。他园中还筑有书轩,他在《自赋书轩杂咏》诗中说:"万绿中藏轩半楹,鹤栖偏觉一枝清。耽书日向蕉间坐,细听时鸣叶上莺。"可以看出他的园林之美和不同凡俗的生活情趣。

明末清初的大戏剧家李渔,是兰溪夏李村人,与诸葛村相距不远,他到过诸葛村,留下了《五律·坐葛氏尚义堂留赠》一诗,诗云:"一坐竟忘去,方知云水亲。门庭无显辙,道路有香尘。花酿谁家蜜,亭娱隔岸人。主翁原尚义,不独媚其身。"诗中的尚义堂有亭、有花,而且主人不仅仅是为了自己享受,也欢迎乡亲、行客前来游憩。诸葛村最著名的私家园林要数建于清乾隆年间的西园。据《光绪兰溪县志·古迹》载:西园,在太平乡高隆镇,乾隆十六年里人诸葛履法建。是岁荒歉,履法取以役代赈意建。越四年丁亥,浙抚熊公学鹏阅寿昌城,经高隆,驻节是园,为书滋树堂三字以颜其额。园之广仅二亩,叠石为山,栽以竹,号曰筼山,上有小亭二,一方一圆,左右错峙,其下石皆嵌空,可纳凉,名曰雪洞,有径曲折,达于亭所。洞之外有池,架石为梁,梁作三折波。有牡丹亭、玉兰房,又造船屋,仿船式为之,每当花晨月夕,延客舣泳其中,令人作舟居非水之想。园壁镌诸葛湘所撰《西园赋》,写作俱佳。西园毁于太平天国战争,现遗址尚存。从遗址来看,西园建在一处山坡地上;前面有一座很大规模的房派宗祠滋树堂,当地又称作香火厅的,从残存的柱础来看,当年的滋树堂是相当宏伟的。这种前面是宗祠或住宅,后面是花园格局,在诸葛村是常见的。其原因,就在村落位于丘陵地带,宗祠和住宅大都建在山坡上,层层升高,取"步步高升"之意,到最后面,已是小山的峰巅,不适宜造屋,而地势高低错落,正好用来造园。

从现存的园林来看,最具规模的要数天一堂药店主人诸葛源生家的后花园。园位于大公堂背后名叫"大柏树下"的高岗上,面积两亩多,有回廊、八角亭、集贤亭和小桥、鱼鳖池,植有盘虬多姿的古罗汉松、龙柏等,树龄都在二百年以上,园里还养着鹿和种着各种中药草药。养鹿是取鹿茸制全鹿丸用的。现在天一堂花园经过维修,已成为游人游览的胜地。

有许多花园布置在住宅前面的院子里,或者是住宅旁边的空地上,大都是无拘无束地依照地形地势来安排,与主体建筑的关系也相当自由。如雍睦路33号民宅,外面是木结构雕花门楼,进门又是一座门楼,两侧是疏朗的木栏杆,门楼实际上相当于一座亭子。门楼的对面有鱼池,有花台,鱼池里有假山,有不少红、黑的金鱼在那里优哉游哉活泼泼地游。花台里则种着凤仙、月季、茉莉、君子兰等各种各样的花卉,周围点缀着棕榈、冬青等常青树,还有一个浓荫匝地的葡萄架。像这类的花园如雍睦路35号、长寿路15号、樟坞路33号以及大公堂右侧高地上的诸葛绍贤家和长寿路诸葛达家等,格局都差不多,总的来说是有花有树,干净整洁,像诸葛绍贤家筑有一座小小的"望月台",更增添了一份情趣。

少数没有条件设置花园的人家,则利用天井布置一番。和浙西、皖南、赣北的住宅形制基本相同,诸葛村的住宅都有一个或二三个封闭内向的小天井,天井很狭隘,大约只有4米宽,2米左右进深,铺青条石,缘边有水沟。热爱自然的人们,则利用天井砌上花台,摆设盆景或盆栽的棕竹、棕榈、万年青、文竹等耐阴常青的植物。家家都有两只大水缸,古老一点的水缸是用整块青石凿制的，或者用青石砌一个水池，储满雨水，缸内放些水藻，养几条金鱼，缸沿摆几盆常绿植物，极富有生活情趣。有的人家的水池非常讲究，如雍睦路诸葛子房家的水池，青石华板上浮雕了大量莲花、牡丹、鸳鸯等图案，本身就是珍贵的艺术品。

花园的普及，不仅是经济富裕的表现，更是文化素养的表现。《诸葛氏宗谱》有一篇《诸葛太丰翁晴园先生寿序》，序中赞扬清代初年的诸葛晴园说："先生卜居瀫西，闭门拒跃，家储秘籍、古琴、法书、名画、以供清鉴。暇则弹东山之棋，酌北海之樽，染西园之翰墨，聚南国之珍奇。亲鱼鸟，乐林草，艺名花修竹，结庐于蓬壶福地。"这种生活情趣表明了有较高文化素养的文人、乡绅和倦游知返的富商们的价值取向。

这些花园不但对住宅非常重要，提高了居住者的文化品位，而且还大大美化了全村的生活环境。如竹花坞一带，至今依然是一派浓郁园林风光，昔日的亭台楼榭虽然已经倾圮，但翠竹萧萧，浓荫匝地，甚至连一年四季的阳光都是绿色的，微风吹来，竹叶把细碎的阳光抖动得闪闪烁烁，斑斑点点。层层叠叠的藤萝薜荔爬满了古老的土墙。竹林中有水池，倒塌的青石曲栏静静地躺着，使人依稀想见昔日的繁华。

诸葛村位于丘陵地带，坡前坡后林木苍莽，谷底的十几口池塘，红莲白荻，波光潋滟，再加上几乎家家户户都有的花园，真是潇洒美丽。这个村子园林化程度之高，人文气息的浓厚，是在其他地方是无与伦比的。诸葛村的园林艺术，是诸葛村建筑文化艺术的一个重要组成部分，也是一份珍贵的历史文化遗产。

载《南方建筑》1999 年第 1 期

# 青瓷精粹

一、东晋婺州窑青瓷三足砚　东晋

1978 年 7 月,兰溪永昌街道孔塘村出土。

口径 11.1 厘米,足径 1.7 厘米,高 4.3 厘米,腹径 12.6 厘米

直口,圆唇,平底,蹄形三足,外至底施青釉,局部开片,胎质灰褐色。内底有九个支烧泥点痕迹。

二、东晋婺州窑青瓷鸡首壶　东晋

1978 年 7 月,兰溪永昌街道孔塘村出土。

壁厚 0.7 厘米,高 21.4 厘米,腹径 20.4 厘米,口径 9.8 厘米,底径 13.2 厘米

盘口,细颈,鼓腹,平底微凹,黄色胎。肩置对称方形双系。两侧前有鸡首,后有鸡尾,鸡首高昂,两眼圆睁,鸡冠微小,有褐色点彩,鸡毛高出盘口。通体施米黄色釉,釉层薄,基本已脱落,无釉处呈淡黄、灰黄二色。肩部有四色点彩。

三、南朝婺州窑青瓷碗　南朝

1980年7月,兰溪永昌街道朱村满塘岗墓葬出土。

口径12.1厘米,底径7.3厘米,腹径11.8厘米,高6.2厘米。

直口微敛,深腹微鼓。假圈足,平底微凹。通体施青黄绿色釉,施釉不匀,露胎呈灰白色。

1977年10月,兰溪上华街道上华行政村采集。

高6.0厘米,腹径17.2厘米,口径16.9厘米,底径8.8厘米。

直口,圆唇,浅斜折腹,卧底,灰紫色胎。内外壁上半部施青黄色釉及开细冰裂纹,外腹部均匀地排列着17条褐色条彩,局部脱釉,下部掺有紫金土。露胎呈灰紫色。内外底各有七颗支烧泥点。

1977年3月,兰溪市永昌街道朱村胡琴岗墓葬出土。

口径12.2厘米,底径6.6厘米,腹径12.4厘米,壁厚0.7厘米。

直口,浅圆腹,平底内凹。内外壁施黄釉,釉层薄而不匀,有些地方已剥落,无釉处呈灰白色,外壁底露胎呈灰紫色。

1980年10月,兰溪永昌街道孔塘村满塘岗墓葬出土。

口径15.2厘米,底径10厘米,腹径15.2厘米,高7.0厘米。

尖唇,敛口,腹壁斜收。平底微凹。内外施青绿色釉,外施釉不到底。内底有五颗支烧点痕迹。胎质黄褐色。

1977年3月,兰溪市永昌街道朱村胡琴岗墓葬出土。

口径11.8厘米,底径5.8厘米,高6.6厘米。

圆唇,微敛口,口沿处有一圈微凹弦纹。深腹弧收。圈足,平底微凹。通体施青釉,釉色莹润,开细冰裂纹。内底有四支烧点,其一为泥钉。外壁施釉不到足,胎质红褐色。

四、宋陶堆塑人物魂瓶　宋代

1983 年 6 月,兰溪香溪镇鲍村六家山墓葬出土。

通高 40.3 厘米,盖高 21.0 厘米,口径 8.2 厘米,腹径 14.3 厘米,底径 8.4 厘米。

塔形盖,直口,椭圆形粗颈,长圆腹,平底内凹,灰色胎。内外壁呈淡紫色,底部灰黄色。盖上部堆塑齿形泥条及蚯蚓状泥条各四条,盖底有空心插。器身颈部二层堆塑人物,合掌盘坐。下部二层堆塑人物,合掌盘坐。颈腹间有木耳状泥条一圈。

五、西晋越窑青瓷人物谷仓　西晋

1978 年,兰溪赤溪街道桥头村征集。

通高 42.2 厘米,腹径 25.4 厘米,口径 13.7 厘米,底径 14.7 厘米。

盘口,高粗颈,深圆腹下斜收,平底,上颈部堆塑四小罐,为直口鼓腹。小罐间堆塑三十只飞鸟,下为堆塑十三胡人,稳身端坐,双目正视,表情严肃,有的双手拱于腹,有的手抱乐器,另两人头顶三层门楼,楼门大开。肩部泥条盘筑一周,两座亭台,三人相对,其一人打鼓。腹上部六人物手抱乐器,拱手胸前,间隔五只凤凰,四只爬行动物。上半部施青绿色釉,下半部青黄色,腹下部露胎呈灰紫色。

注:收入南京博物院与日本龙谷大学合编的《佛教初传南方之路文物图录》一书。

## 六、北宋婺州窑青瓷小盘　北宋

1971年，兰溪柏社乡嵩山窑址采集。

口径12.6厘米，底径5.3厘米，高2.9厘米，厚0.2厘米，腹径11.6厘米。

菱花形口，浅腹，凹形底，灰白色胎。通体施青绿色釉，釉层莹润光亮，开冰裂纹。内壁底饰有花缠枝水草纹。

## 七、北宋婺州窑青瓷执壶　北宋

1971年，兰溪柏社乡嵩山窑址采集。

口径8.6厘米，足径9.6厘米，高22.7厘米，腹径17.4厘米。

直口，圆唇，高粗颈，溜肩，鼓腹，圈足，内平底。肩饰有长流，后有高柄。外腹壁饰多层花瓣纹并开冰裂纹。通体施青绿色釉，质莹润而光亮。灰白色胎，胎质细腻。

## 八、南朝婺州窑青瓷莲瓣碗　南朝

1977年3月，兰溪市永昌街道朱村胡琴岗墓葬出土。

口径13.4厘米，高7.0厘米，腹径12.8厘米，足径6.1厘米。

直口，尖唇，深弧腹，圈足内凹。紫红色胎，通体施青色泛黄釉，釉层莹润光亮。内壁底有四颗支烧点痕迹。处壁以印花莲瓣纹衬托，碗身布满冰裂纹。器物厚重完整。

# 潇洒清幽话塔山

　　站在大云山上远眺横山,可以发现横山背后有一片低矮的丘陵,淡淡的犹如倪云林的一幅水墨山水画。因为觉得实在太平凡了,所以从来没想过要去涉足一游。

　　不想近日得友人之邀,竟然去游了一趟,才知这山名塔山,当年是否有塔,已无可考证,位于应家、黄家、姚家等村落的中心地带,虽不起眼,却自有一番可玩可赏之处。当地民谚云:"横山高,不如塔山半山腰。"虽然不无夸张,但一登上塔山之巅,因为视觉差的缘故,只觉得横山也在眼底,并不那么高大了,而这山势的回环起伏,风物的清幽潇洒,似乎更在横山之上。

　　山有古庙名忠清庙,创始者不详,祀的是春秋时吴相国伍子胥,但见白发银须,凛然有忠烈之气。伍子胥原来是楚国人,因楚平王杀害其父兄,逃到吴国,吹箫吴市,后来借吴兵报仇,五战五胜,攻入楚都,掘平王之尸而鞭之。其后吴、越争战,吴王夫差中了越国的反间之计,迫令伍子胥自杀,沉尸于江。相传伍子胥一腔怒气,化为钱江之潮,每年八月素车白马,驱动大潮滚滚而来,因而历代奉为潮神。伍子胥的故事如"一夜过昭关""剑赠渔父""投金于濑"等等,在民间可以说是耳熟能详,但兰溪本是越地,却崇敬原为敌国的吴人伍子胥,大约也因他的忠烈之气不分地域,足以感动人心的缘故而已。

山上还有一处古迹值得一提,庙门前建有一石台,台上建有石亭,青石凹角四柱,歇山顶,梁上置仿木的石斗栱,从石额的题款得知,此台建于元至正十五年,亭重建于清康熙三十三年,重建至今也有三百余年了。站在台上东眺横山,西望汤溪九峰,衢江环绕于脚下,松涛鸣响于耳际,确实另有一番感受。石亭柱上有联云:"怒气成潮幻梦更标兰溆胜,精忠贯日云雷还结塔峰高。"横额是"响彻云峰"四字,可知这亭台原是元代的古戏台。元代是杂剧兴盛的时代,一般剧中人物不多,还保留一些佛教讲唱文学的痕迹,如"目莲救母"一类,常在酬神时演唱。这一古戏台的发现,也为研究中国戏曲史提供了不可多得的实物例证。

载《兰溪日报》

# 杨永言石印章及皇回寺碑记

　　杨永言石印章,青田石质,深米黄色,呈长方形,长 6.8 厘米,纵 4.2 厘米,横 4 厘米,两头有篆刻,一面刻篆体白文"杨永言印"四字,一面印篆体朱文"癸未进士"四字。边款为楷书"姜正学篆"四字。1982 年于兰溪灵洞乡洞源村墓葬出土,由文化员徐贤美交来。1993 年 10 月 17 日经金华市文物鉴定组陈为民、张正清、涂志刚鉴定为三级文物。

　　该印章为墓葬出土,显然为墓主杨永言所有,且可证明墓主身份,但该印入库多年,一直不知"杨永言"为何许人及生平籍贯。当年曾查阅兰溪《历代科第名录》,均无杨永言其人。最近因做藏品档案,查阅《光绪兰溪县志·艺术》有治印者资料云:"姜正学,字次生,横塘(今兰溪水亭乡横塘村)人,食饩于邑庠。甲申(1644)后弃书,纵于酒,酒外惟寄意印章,酒醉辄呜呜歌元人《会稽太守词》(元人作表演汉会稽太守朱买臣马前泼水杂剧),方邵村侍御为丽水令,次生谓曰:'公醉我,我为公制印。'一夕漏下数十刻,忽剥啄(敲门)甚,问其故曰:'我适为公成一印。殊满志,不待旦急欲令公见也'。年八十卒。"类似传略也见于清人周亮工(1612 年生,1672 年卒,字元亮,号栎园,河南祥符人,明崇祯进士,授监察御史,有《赖古堂集》、笔记《因树屋书影》等)的《印人传》。又查《光绪兰溪县志·寺观》:"皇回禅院,在县东二十里。《康熙志》云:僧圆应重建,杨永言、叶干俱有碑记。杨碑今存,为康熙庚戌(1670康熙九年)三月上巳日镌,杨自署号古滇乞骨山懒僧。"经实地考察,皇回禅院今称皇回寺,在兰溪灵洞乡白坑村皇回山,碑记尚存,碑文曰:"皇回圣踪,肇自前明,惠宗(明惠宗朱允炆,1399至1402年在位)遯荒,隐跸于斯。"碑末有铭曰:"古昔燃灯,放大光明,东传之祖,一枝五荧。普映法界,默赞升平。于维让皇,玉烛忽阴,白龙鱼服,帝释度身。遗此一炬,烟如云挺,生耆宿照,现化城然。三昧火破,破五阴尘,厘锡黄发,启佑稚民。圣日圣月,照耀金庭。"

虽然资料仍然缺乏,但综上可推知:杨永言为云南人,生活在明末清初,崇祯十六年癸未(1964)进士,次年即遭甲申之变,明亡不仕,隐居于兰溪白坑村皇回寺,可见是个甚有气节的人。杨永言在康熙九年(1670)六月(号乞骨山懒僧,死葬灵洞乡洞源村)所撰的碑记也极为珍贵,隐约透露了明初惠帝朱允炆在燕王朱棣攻陷南京后改换僧装(白龙鱼服)逃走,又曾在兰溪白坑东山寺(后村民改为皇回寺)的逸闻。又据《明史纪事本末卷十七》记载:建文帝逃离京城时,有两个大臣始终陪伴着他,一个是吴王教授杨应能,一个是监察御史叶希贤,曾逃到滇南(今云南),而康熙时写碑记的杨永言、叶干就是他俩的后代。所以杨永言的碑记应当是言有所本,并非空穴来风。联系到永乐帝遣郑和六下西洋主要是为寻觅建文帝的踪迹的史实,可见建文帝并未在靖难之变中丧生的逸闻,应是可信的。

载《浙博天地》

# 兰溪明写本黄庭坚族谱研究

【摘要】兰溪市博物馆征集的手写本《鹤山黄氏宗谱》，原藏于兰溪市水亭乡黄村坞村，为该村明太学士黄世良历时五年于万历丁未(1607)年编成的手写定稿本，书法俊秀，多录当时名人如万历乙未状元朱之藩等人题序。从纸、墨迹、印色及行文则例来看，均可断定为明代遗物。据该谱记载，该村黄氏始祖黄瞻为婺州人，五代南唐时知江西洪州分宁县(今江西修水县)，遂卜居于分宁双井村，六世祖为宋代著名文学家、书法家、江西诗派创始人黄庭坚，又传五代至黄镜，于南宋咸淳庚午(1270)迁入兰溪鹤山(今名黄村坞)，源流历代可考。特别是该谱收录了胡璞《宋先太史山谷公行状》、胡应麟《鹤山八景诗》等一批珍贵文献，对于研究黄庭坚生平事迹及家族变迁等都有重要的历史和科学研究价值。

【关键词】明写本　黄庭坚　族谱研究

兰溪市博物馆收藏有一册明代手写本《鹤山黄氏宗谱》，宗谱记载了北宋著名诗人、文学家黄庭坚的嫡系派子孙迁徙兰溪发族的经过。谱内有一篇《宋先太史山谷公行状》，为目前国内所仅见，对于研究黄庭坚的生平，具有相当珍贵的价值。

宗谱原藏于兰溪市水亭乡黄村坞村。据谱中记载：黄氏始祖黄瞻，字元瑞，婺州(今浙江金华市)人，五代时以策干江南李氏，用为著作佐郎,知江西洪州分宁县(今江西修水县),遂家于分宁修水之滨双井村。六世至黄庭坚,生一子名相,又传五代到黄镜,镜字耀元,行万九,生南宋嘉熙二年(1238),卒于元朝元贞二年(1296),娶赵氏,生一子名宝。万九由分宁双井迁入兰溪鹤山(今名黄村坞),时在南宋咸淳庚午(1270),其后人丁繁衍,居然大族。到黄授字廷仪者,品列泮宫,志存先志,于明宪宗成化甲辰(1484)复返分宁故里,叩谒宗公,备述源委,始获谱书一帖,《鹤山黄氏宗谱》由是滥觞。其后廷仪之弟黄绮字廷素者等修辑如例,分支别派,间纤悉集,斯成全册,不久因遭回禄,二公数十年精神,一朝灰于煨炉,唯存者中谱。及二十世孙黄世良,字君与,号文用翁者,自弱冠之时,续谱之念即惓惓服膺。逮至年中,品次太学,其力少舒,于是百力搜访,于族中获断简残编,至万历丁未(1607)汇成草创,竟藏箧南游,潜坐馆舍间,恳恳勤勤,夜经继日,篝灯至更三四后甫辍,于是上接双井,下续本支,定昭穆、明亲疏,诠次类续,以成全乘。据世良所撰《题宗谱志感后序》云:"盖五历寒暑,始得告成,时在万历丁未舍一阳复之吉。"距今已有三百八十余年。

全书长50.5厘米,宽33厘米,厚约2.5厘米。蓝灰色纸封面,有木版"鹤山黄氏宗谱"楷书题签,双股丝绒装订,花口,中缝有木版印刷"鹤山黄氏宗谱"六字小楷。共278页,竹纸,有帘纹,每页有淡墨木版双线框,外粗内细。框纵40厘米,横27.8厘米,雕印粗糙,其余全部内容均系手书。卷首录《鹤山黄氏宗谱叙》一篇,全文593字,篇末题曰:"时万历戊申(1608)孟夏月,赐进士及第奉议大夫掌翰林院事,前翰林院编纂章奏注起居管理制敕,钦差正使朝鲜,赐一品服侍生朱之藩拜撰。"有"朱之藩印"阳文,"乙未状元"阴文篆印。案朱之藩,明金陵人,字元介,号兰嵎。一作茌平人,字元升。工书画,万历进士第一。仕致吏部侍郎,曾出使朝鲜。据叙文说，朱之藩于"万历戊申，伏命都下，会兰溪君与黄生，以举子业来谒已，出《黄氏宗谱》，丐序于予。予循环视之，念为山谷后也，畅然若有动吾夙愿者"，故为之作序。

次书《题鹤山黄氏宗谱叙》，题曰："万历丁未岁舍阳复月哉生白色之吉，赐进士出身奉政大夫南京主客司郎中归安施浚明书。"书为楷书，丰腴醇美，有"施浚明"阳文篆印。据叙中文意，世良为其弟子。又次书《题鹤山黄氏宗谱序》，序云："分宁之双井通谱，因成化甲辰冬来自廷仪辑例，廷素继续，大成蒙芥翁。翁之弟夷旷者游于余，出谱丐余序。时嘉靖己丑(1529)岁舍黄钟月之吉，京闱进士眷生周训顿首拜撰。"有"周训"阳文印章。二文皆世良手迹，周序当录自前谱。

其后有图像 14 幅，手绘，第一幅为始祖黄瞻像，题赞曰："书不尽言，图不尽烹。风月无边，庭草交翠。"第二幅为黄庭坚像，峨冠象笏，赞曰："儒林仪表，国家栋梁。风云翰墨，锦绣文章。驾长虹于寥廓，聆鸣凤于高岗。"其后有《鹤山八景图序》，有流涟曲水、天井平原、章塘雾月等八图，图为郑仰峰画，白描勾勒，干笔皴擦。每图题七绝一首，最末一图诗后题曰："胡少室先生题。"案少室即胡应麟(1551—1602)，明代文学家，字元瑞，更字明瑞，号石羊生，又号少室山人，兰溪人，万历举人。筑室兰溪城内思亲桥畔，号二酉山房。聚书四万余卷，著有《少室山房类稿》《诗薮》《少室山房笔丛》等书。此八景诗为其逸诗，尚属首次发现(附后)。

正文为世系及媚居表。黄氏人口升降，历代可考。世系表黄庭坚名下记云："字鲁直，中治平丁未科(1067)三甲三十名，官居太史，屡忤宰相赵正夫。后作《承天塔记》，正夫中摘数语，以为幸灾谤国，遂贬宜州(今广西宜山县)，后崇宁四年(1105)九月三十日卒于贬所，年始六十一。大观三年(1109)，苏伯获丧归葬祖茔之西。娶莘氏,封兰溪县君。继谢氏,封介休县君,一女睦姑,适将仕郎李文伯。公生一子名相。"案庭坚、正文(即赵挺之),《宋史》有传。赵挺之,山东密州诸城人,为著名女词人李清照丈夫赵明诚之父,曾党于权相蔡京,排斥打击元祐党人不遗余力,苏东坡、黄庭坚皆因文字狱遭其迫害。又《宋史》黄庭坚本传不载其科甲名次及所卒月日与归葬首尾,此当录自双井老谱。

表后首列《宋先太史山谷公行状》(附后),文题为胡璞撰。胡璞,不知何许人,但考文中有"今上登极,复宣德郎""大观三年十月归葬双井等语",考知黄庭坚复宣德郎,监鄂州(今湖北武汉)在城盐税等事,在宋徽宗朝,可知《行状》当成于宋徽宗大观、政和之间。文中云:"公风韵洒落,胸中恢疎,初无怨恩,谈笑嘲谑,或以尝忤赵丞相正夫,而公不屑也。"案《过庭录》云:黄鲁直少轻物,与赵挺之同校举子之一文卷,使"蟒蛇",挺之欲黜之,鲁直独相持。挺之诚其言,问:"二字出何处?"鲁直良久曰:"出《梁武忏》。"挺之以其侮己,衔之。又《挥麈后录》云:赵正夫丞相,元祐初,与黄太史鲁直俱在馆阁。鲁直以其鲁人,意常轻之。每庖吏来问食次,正夫必曰:"来日吃蒸饼。"一日聚饭行令,鲁直云:"欲五字从首至尾如一字,复合成一字。"正夫沉吟久之曰:"禾女委鬼魏。"鲁直应声曰:"来力敕正整。"叶正夫之音,阖坐大笑。正夫又常曰:"乡间最重润笔,每第一志成,则太平车载物以赠之。"鲁直曰:"想俱是萝卜与瓜蓟尔。"正之衔之切骨,其后排摘不遗余力,卒致宜州之贬。均可与《行状》所载相资对照。同时《行状》记事远较《宋史》本传翔实周密,《宋史文苑黄庭坚传》仅600余字,可补《宋史》之不足。

谱中其他诗文如《旧祠堂记》《重修先太史祠记》《茔祠记》《先太史钓台诗》等,亦都录自双井老谱。另有一篇《钟瑞堂记》,此堂在兰溪鹤山,建于明景泰五年,至今尚保存完好。

《鹤山黄氏谱》写本之所以被断为明代遗物,其理由有四:(1)此谱全书不避清代诸帝名讳。(2)书法有明人俊秀之风,纸张、墨色、印色皆类明代遗物,同时书中"德"字按当时人习惯,心上缺一横,皆写作"徳"。(3)世系表族中人物生卒年均记至明万历为止。《鹤山黄氏谱》署年为万历戊申,唯黄世良母朱氏条下记"生嘉靖三十二年癸丑(1553)五月廿十九日子时",此为世良笔迹。旁又记"年捌十贰,卒崇祯甲戌(1634)贰月初贰日寅时",此又为另一人笔迹。可知朱氏去世时,世良或已卒,又谱中载世良次子大鉴之妻徐氏"生于万历己巳年(1605)四月廿二日子时,卒于顺治壬辰年(1652)八月廿七日子时",字极细小,亦为另一人笔迹。此可证此谱成书当在万历戊申(1608)之前。(4)谱载《家鉴》,其第十二条为"宝宗谱",戒云:"不宜借人损坏,不宜误入水火,当常置匣内,世宝守之,期与天地同悠久可也。"且据现存清光绪三十四年重修的木版《黄氏宗谱》经康熙、雍正、乾隆、嘉庆、道光、光绪,历代皆有重修,历历有序,秘不示人,其子孙并无伪造之必要。

# 宋先太史山公行状

　　山谷老人讳庭坚,字鲁直,姓黄氏,其先婺州人,讳瞻,字元瑞,以策干江南李氏,用为著作佐郎,知洪州,后吴楚政衰,遂避世家焉,公之六世祖也。公幼时警悟,读书五行俱下,数过辄忆,康州奇之。既孤,从舅尚书李公择学。公择尝过家塾,见其书帖纷错,因乱抽架上书问之,无不通,大惊,以为一日千里也。治平中,两首乡荐,遂登四年第,调汝州叶县尉。熙宁中诏举四京学官,有司考其文章优等,遂除大名府国子监教授,留守太师文公才之,留再任,用荐者,改著作郎。先是眉山苏公子瞻见公诗于孙公莘老家,叹其独立万物之表,因以诗往来。会苏公以诗抵罪,公亦罚金直差,知吉州太和县,改授宣德郎。太和号难治,公以平易近民,民亦不忍欺。会颁盐策,诸邑争授多数,独公平平耳,大吏不悦,而民安之。到官余年,移监德州德平镇。公奉佛最谨,过泗州僧伽塔,遂作发愿文,痛戒酒色与肉食,但朝粥午饭如浮屠法,时元丰七年三月也。序迁奉议郎,哲宗即位,转承议郎,赐五品服,乃以秘书省校书郎召入馆,未几,除修神宗实录院检讨,官集贤校理,逾年,除秘书省著作郎。朝廷数议除美官,为言事者所梗,不果,又迁朝奉郎,遇郊,当任子,舍其子而官其兄之子。实录书成,当进一官,丐回授母李氏夫人。朝廷从之,封安康郡君。公事母孝,有曾闵之行,安康疾弥年,公昼夜视颜色,手汤剂,衣不解带,时有疾痛疴痒而敬仰搔之,至亲涤厕喻,浣中裙云。母卒,哀毁过人,得疾几殆。既还葬,因庐墓侧终丧。先是,苏公常荐公自代,其略曰:"瑰玮之文,妙绝当世;孝友之行，追配古人。"世以为实录云。服除，除秘书丞集贤校理同修国史，辞疾，乞守太平。除宣，又改鄂。未几，管拘亳州明道宫。绍圣初，议者言《神宗实录》多诬，失实，召至陈郡问状，三问，皆以实对，责授涪州别驾，黔州安置。命下，公色自如，投床大鼾，即日上道，君子是以知公不以得丧休戚芥蒂其中也。至黔，寓开元寺摩围阁，经日以登览、文墨自娱，了无迁谪意。俄以外兄作本路常平官，避嫌，移戎州，公亦不以介意，与生讲学不殆，两川人士争从之游，经公指授，下笔皆有可观。今上登极，复宣德郎，监鄂州在城盐税。改奉议郎，签书宁国军节度判官。改朝议郎，知舒州。又台以为吏部员外郎，辞疾不拜，上章乞郡，得知太平州，到官九日而罢，管拘洪洲玉隆观，寓居江夏。公风韵洒落，胸中恢疏，初无怨恩，谈笑嘲谑，或以忤物，盖尝忤赵丞相正夫，而公不屑也。公往尝作荆州《承天塔记》，转运判官陈举承风旨采摘其间数语，以为灾幸谤国，遂除名，编隶宜州。虽被横逆，未尝一语尤之，浩然自得也。卒崇宁四年九月三十日于宜州寓居，年六十有一。大观三年十一月归匹葬双井祖茔之西。先配孙氏莘老之女，封兰溪县君，后配谢氏师厚之女，封介休县君。一男曰相，一女曰睦，嫁将仕郎舒城李文伯。公学问文章，天然性成，落笔妙天下，元祐中，眉山苏公号文章伯，当是时，公与高邮秦少游、宛邱张文潜、济源晁无咎皆游其门，以文相高，号四学士，一文一诗出，人争传诵之，纸价为高，而公之文尤绝出高妙，追古冠今，裕后辉前，晚节位益黜，名益高，世以配眉山苏公，谓之苏黄。公尝游歙皖，乐山谷寺石牛洞之林泉，因自号山谷，天下皆称山谷而名字之，以配东坡云。公之文章气节，易世相高，视古山川人物，同为不朽云尔。

胡璞撰

# 鹤山八景诗

### 龟山烟雨

蹑壁攀林兴未穷,春山寒雨正蒙蒙。

层楼一望堪回首,零落桃花野寺中。

### 石桥行筛

夹岸春风上柳绿,桃花才过杏花飘。

游人何处想惆怅,回首斜阳落画桥。

### 流涟曲水

九曲溪流绕曲亭,茂林回合引沙汀。

移舟似入山阴道,兰叶潇潇夹岸青。

### 松岭斜阳

古寺概空鸟不飞,深岩樵牧总忘机。

斜阳欲下千峰暝,遥看归僧度翠微。

### 章塘霁月

秋入银塘渺未涯,团圆明月漾轻纱。

凉风忽逐双凫起,零乱中流白藕花。

### 鹤阜清风

何年跨鹤此徘徊,步引仙风入岛来。

月色平分秋万里,满空凉露湿瑶台。

### 天井平原

迢递平原野色幽,相看麋鹿共淹留。

移家我欲频来此,丰草长林一片秋。

### 泥坂歌声

四野桑麻望不穷,柴门流水乱云中。

前村日落人归晚,满地牛羊一笛风。

胡少室先生题

(标点为笔者所加)

载北京图书馆《文献》1992 年第 2 期

# 兰溪馆藏铜镜

兰溪历史悠久,文物丰富,仅出土的铜镜就有 80 余枚之多,现择其要者介绍如下。

## 一、东汉龙虎神人画像镜

三级文物。镜径 17 厘米,钮径 2.4 厘米,缘厚 0.7 厘米,重 400 克,青铜,镜面色泽乌亮如漆,俗称黑漆汞。大圆钮,方座,方框内四角饰月牙纹。内区上下各有神人,当为东王公、西王母,左右饰龙虎,间以四乳。神人峨冠宽袍,拱手盘坐,神情闲适。左右各有侍女侍立,长裙广袖,细腰修颈,造型抽象夸张。龙独角三爪,扬尾回首,背部有翅状长鬣。虎利爪獠牙,双目炯炯,作腾跃状。外区饰栉齿纹、锯齿纹各一周。外缘剖面呈三角缘,1978 年兰溪市马涧煤矿出土。

## 二、东汉龙虎神人画像镜

三级文物。镜径 14.4 厘米,钮径 1.8 厘米,缘厚 0.5 厘米,重390 克。青铜,圆钮,钮座周饰连珠纹。内区饰神人及龙虎,间以四乳。神人宽袍盘坐,前各有一侍神长跪作捧献状。龙虎造型古朴生动。

### 三、东汉重列式神兽镜

三级文物。镜径 12.2 厘米,钮径 2.2 厘米,缘厚 0.3 厘米,重 200 克,青铜。扁圆钮,素圆钮座。内区神兽作五段重列,其中有神人十二,二人为女神。当为五帝、黄帝、伯牙、东王公、西王母等。神人像周边饰龙虎鸾凤等,间以简单线条。周饰铭文带,铭曰:"吾作明镜,商周幽谏,三雕容象,曰五皇帝,白(伯)牙弹鸣琴,黄(黄帝)除凶,朱鸟玄武,白虎青龙,君宜高官,位至三公子孙番(蕃)。"狭斜边。1976 年朱村赵家山出土。

### 四、东汉四神规矩镜

1988 年永昌镇杨塘山背村出土。镜径 17.4 厘米,钮径 1.2 厘米,缘厚 4.5 厘米,重 620 克。青铜,半球形钮,双线方格钮座,双线内饰十二小乳钉,间以子、丑、寅、卯等十二地支字样。内区饰规矩纹及浮雕青龙、白虎、朱雀、玄武四神,形象逼真。外周以铭文带一圈,文曰:"尚方作竟(镜)直(真)大好,上有山(仙)人不知老,渴饮玉泉饥食枣,浮由(游)天下观(文未完)……"外饰二圈栉齿纹,一圈水波纹,斜缘,内区缺燕尾状一块。该镜铭文为我国文学史上较早的七言古诗,值得重视。

### 五、东汉禽兽规矩镜

1982 年水亭乡西姜村出土。镜径 15.2 厘米,重 680 克。青铜,扁圆钮,柿蒂纹方框钮座。座外双线方框内饰乳钉十二枚,间以子、丑、寅、卯等十二地支字样。内区饰以规矩、禽兽、花枝及乳钉八枚,分四组对称排列,外区饰栉齿纹一周,三角缘,缘有一处破损。

### 六、东汉半圆方枚神兽镜

1980 年登胜乡包村出土。镜径 10.6 厘米,钮径 1.4 厘米,缘厚 0.2 厘米,重 102 克。青铜,半圆钮,内区饰坐式神仙及龙虎各四组,外区饰半圆方枚各十一枚,方枚内有"幽周三谏"字样。外周饰以栉齿纹一圈、铭文带一圈,文为"吾为明镜,幽周三谏"字样。斜缘。

### 七、三国半圆方枚神兽镜

二级文物。镜径 11.9 厘米,钮径 2.3 厘米,缘厚 0.4 厘米。青铜,重 265 克。扁圆钮,钮座周饰一圈细微的月牙纹。内区周向式列坐高浮雕神人,或作独坐状,或作二人对坐晤谈状。间以龙虎鸾凤等禽兽。外区饰十三半圆纹,间以方枚,方枚内有"回、子、师"等字。外区饰连珠、栉齿纹各一周,缘饰凸字形纹。有铭文一圈,笔画多减省难识。1973 年白沙乡太阳岭出土。

### 八、西晋半圆方枚神兽镜

三级文物。镜径 11.8 厘米,钮径 2.2 厘米,缘厚 0.5 厘米,重 265 克。青铜,扁圆钮。内区饰神人、瑞兽、鸾凤等,外区饰半圆方枚各八。方枚每枚一字铭文为:"三日旦正,天伍星明。"外圈铭文一周："青盖明镜以发阳,览睹四方与中央,朱鸟玄武师子翔,左龙右虎(文未完)。"近似三角缘。1977年游埠出土。

## 九、西晋龙虎镜

镜径10厘米,钮径1.8厘米,缘厚0.7厘米,重230克。青铜,半球形钮,圆钮座。内区饰浮雕龙虎三只,外周以铭文带一圈,字迹模糊难辨。又周以锯齿纹、栉齿纹各一周。三角缘。

## 十、隋龙虎秦王镜

二级文物。镜径18.5厘米,钮径2.3厘米,厚0.5厘米。青铜,重450克。圆钮,配套简化规矩纹。钮座周饰月牙纹,方框内四角各有一十字纹。内区饰二龙二虎,龙虎昂首扬尾,顾盼有神,作腾跃状,傍饰简单草叶、云气。内区四角V符号内各有一小乳。外区有"赏得秦王镜,判不惜千金,非关欲照胆,特是自明心"楷书铭诗。此诗后两句对仗工整,声调为"平平仄仄仄,仄仄仄平平",是唐代成熟格律诗的滥觞。内外区以月牙纹、栉齿纹各一圈间隔。边饰为两圈锯齿纹纹斜缘。镜面乌亮光泽,可鉴眉目。按《西京杂记》记载:"汉高祖初入咸阳宫,周行库府,见有方镜,广四尺,高五尺九寸,表里有明,秦始皇常以照宫人,胆张心动者则杀之"。此镜名之为"秦王镜",以赞美其铸造工艺之精美,光鉴毫发之珍奇。

## 十一、唐禽兽葡萄镜

镜径14.2厘米,缘厚1.1厘米。青铜,乌黑如漆,重705克。兽钮,兽突眼垂尾,四足作蹲伏状。镜背纹饰布局分为内外区和镜边三部分,为圈带形式。内外区之间以连珠纹拦隔,外区与镜边之间用单突线拦隔。纹饰高低起伏,层次分明,富有立体感。内区饰高浮雕孔雀一对,海兽四只,间以缠枝葡萄。孔雀尾如屏风,雍容华贵,海兽形如狻猊,活泼生动,葡萄颗粒饱满。外区饰有鸟雀、蜻蜓、蝴蝶及缠枝葡萄,虫鸟或飞翔或止息,各具情态。边饰五十一花蕾,含苞初放,形如梅杏,狭斜缘。此镜工艺精湛,纹饰造型生动,富丽堂皇,深受西域文化的影响,形象地反映了盛唐时代国家的统一富强和善于吸取外来文化营养的博大开阔的胸怀。1972年城关出土。

## 十二、唐禽鸟菱花镜

最大镜径10.7厘米,钮径1.5厘米,缘厚0.6厘米。青铜,重400克。圆钮,八瓣菱花形。内区饰鸟雀四只,或飞或栖,间以卷枝花卉,周以一圈单突线。外区饰以蝴蝶、花卉。直缘。此镜造型生动,线条洗练。

## 十三、唐禽兽葡萄镜

1983年上新方中学出土。边长9.2厘米,重415克。青铜,正方形,内区饰五只海兽,其一为钮,兽为高浮雕,作摆尾摇首状,伶俐活泼,间以缠枝葡萄。外区饰鸟雀八只,间以蜻蜓、蝴蝶、缠枝葡萄。葡萄果实饱满,鸟雀、蜻蜓、蝴蝶或飞或止,栩栩如生。近似直缘,镜面有斑锈。

## 十四、唐牡丹葵式镜

1990 年白沙乡出土。镜径 21.8 厘米,钮径 2.2 厘米。圆钮,钮座饰六组牡丹花、万年青花纹,外区亦饰六组牡丹花纹,富丽堂皇。内外区以一圈绳纹间隔。八瓣葵花边,斜缘。

## 十五、唐花鸟蝴蝶葵花镜

二级文物。2000 年 12 月游埠沐澡塘村出土。六瓣葵花形,圆钮,最大镜径 8.7 厘米,钮径 2.3 厘米,缘厚 0.5 厘米。钮四周对称分布四组纹饰,分别为:宝相花四从,展翅蝴蝶四只,飞翔鸾鸟四只,镜面乌亮光洁,清晰可鉴眉目。宝相花为佛教常用的装饰图案,此镜饰宝相花,可见佛教在唐代的巨大影响。

## 十六、唐瑞兽镜

镜径 9.9 厘米,重 245 克。青铜,圆钮,内区饰奔马、羚羊各两只,马、羊四蹄腾空,造型准确,形象逼真,间以花卉。外区饰卷枝菊花纹,周以栉齿纹、锯齿纹各一圈,狭斜缘。

## 十七、宋海马镜

1986 年黄店筶屿村鸭坪出土。圆形,有柄,镜径 13 厘米,柄长10.7 厘米。黄铜,镜背饰一海马立于悬崖之上,马作仰首长啸状,四蹄腾跃,鬃毛飞动,形态骏伟。背景为东洋大海,波涛汹涌,浪花飞溅,天边一轮朝日冉冉上升,北斗七星若隐若现,以线联结,整个构图气势宏伟,大有"天马来,来西极"的意境。素光素边,斜缘。

## 十八、宋苕溪薛惠公造方镜

1973年女埠镇殿山胡大山村出土。正方形,边长9.3厘米,重110克。青铜,镜背铸阳文楷书铭文曰:"方正而明,万里长空,水天一色,犀照群伦。"镜左侧圆章内有篆书"苕溪"二字,方章内为篆书"薛惠公造"四字。素宽边,直缘。该镜铭文富有文采,不仅称赞了镜的明亮无尘,而且表达了当时人民对清明政治的向往。

## 十九、宋钟式镜

长13.8厘米,宽9.1厘米,缘厚0.5厘米,重300克。黄铜,古钟式长扁形镜,长方形宽钮,背面内区二侧铸有铭文,右侧为"匪鉴斯镜",右侧为"以照秦客"篆字,中间一长方框,框内铸有"万介恺造"篆字标记。内区下部靠边有一圆珠,上边缘椭圆形,下边缘三角波浪形,镜背面及正面两侧已锈呈铜绿色。

## 二十、宋凤凰镜

1980年石埠潭头出土。镜径16.9厘米,钮径1.5厘米,缘厚0.4厘米,重588克。黄铜,小圆钮,内区饰飞凤一只,凤凰修径尖啄,垂爪长尾,双翅高展,栩栩如生。素边斜缘。

### 二十一、明五子登科武术镜

镜径 16.7 厘米,钮径 1.8 厘米,缘厚 0.7 厘米。黄铜,重 705 克。圆形平面纽,纽上方框内有阳文"薛家郎造"牌记。区内上下左右各有一方框,每框内一字,楷书,按上下左右顺序读为"五子登科",间以手执大刀、宝剑、弓矢、铜锤的四童子画像,童子或立或走,或做弓走或做虚步,神态轩昂。素宽边,直缘。1983 年七里坪出土。此镜从童子画像看,"五子登科"是指武科。表现了明代民间的尚武精神,是研究武术运动史的珍贵实物资料。

### 二十二、清五子登科宝瓶镜

镜径 18.7 厘米,钮径 2.9 厘米,缘厚 0.4 厘米。黄铜,圆钮,双圈钮座。内区上下左右各有加框楷书一字,文为"五子登科",间以宝瓶绶带及连环方胜如意图案,瓶上饰莲花、石榴等花卉。

### 二十三、清五子登科镜

1990 年马涧镇穆澄源村出土。镜径 22 厘米,钮径 2 厘米,重 510 克。黄铜,扁圆形钮,钮上方框内铸有楷书"如明和造"四字。内区上下左右四方框,框内分别为"五子登科"楷书字。外周以凸弦纹一圈。狭斜缘。

载《考古与文物》1992 年第 3 期,有补充

# 曹聚仁亲笔题跋的家史图卷介绍

　　最近,浙江兰溪市博物馆在清理库藏文物时,清理到现代著名作家曹聚仁先生亲笔题跋的《家史图卷》一轴,对于研究曹聚仁的家史及生平思想,了解太平军进据浙江前后的清代农村经济状况,具有相当大的价值。

　　曹聚仁(1900—1972),浙江兰溪市梅江镇蒋畈村人,字挺岫,号听涛,曾用陈思、阿挺、尾生、丁舟等笔名。其父曹文昭,字梦岐,为清末秀才。曹聚仁生长刘源溪畔,少年聪慧,警悟过人,而且富有反抗精神,去金华读初中时曾因与舍监不和而遭开除。不久,他以优异成绩考入省立第一师范,品学兼优。毕业后于民国十一年(1922)只身赴上海,任真如女子中学教员,其间接连在《申报》《民国日报》等各大报刊发表文章,文名大著。其后以一中专生而先后做过光华、大夏、同济、复旦、暨南等大学的教授,同时还自编了《涛声》《太白》等杂志,与鲁迅、徐懋庸、夏衍、邵力子等名流过从甚密。抗战爆发后,他穿戎装,奔走大江南北,成了一名颇有影响的战地记者。民国二十九年(1940)他应蒋经国之邀,去赣州主办《正气日报》。1950年去香港后,他萦心祖国统一大业,几度往来于大陆与台湾之间,充当国共和谈的"秘密使者",多次受到毛泽东、周恩来等人的接见和招待。1972年病逝于澳门。曹氏一生曾担任过多种报刊的主编和主笔,著述达70多种,文字约3 000万字,可谓著作等身。目前,中国香港、澳门,日本等地"曹学"著作迭出,一个研究曹聚仁的热潮正在海外兴起。

曹聚仁题跋的这轴《家史图卷》原名《先德画乘》,是由其父曹梦岐于清光绪三十三年(1907)嘱浦江画师朱杏生绘制,由曹聚仁的原配夫人王春翠女士于20世纪60年代捐献国家的。王春翠原籍兰溪,于新中国成立前夕回乡定居,前几年病故。此卷曾由曹氏携往上海,可能是由王春翠携带回乡的。对这件画卷,曹聚仁是深有感情的。他在《我与我的世界》等书中曾多次提到过。他说:我们家中,有一轴先父叫画匠绘述的连环故事画,绘的是太平军战役后,曾祖母钟氏、祖父永道公,从贫农艰苦挣扎,爬上小农阶层的历程。最后两幅,便是先父考取了秀才、亲朋热烈祝贺的场面(见曹氏《我与我的世界·时代的讽刺》)。这轴图卷系用宣纸绘制,纵47.5厘米,横385厘米,由14幅图画及1幅题跋以连环画的形式组接而成,每幅横约25厘米,所绘人物均为清代装束,山石房舍用工笔勾勒,略加皴擦,除第1、2及13、14幅敷以淡彩外,其余均为水墨,现逐幅介绍如下:

第1幅,绘曹聚仁之曾祖母钟氏坐像,题曰:节孝曹斯察公德配钟氏孺人遗像。

第2幅,绘曹聚仁之祖父曹士廪及祖母唐氏坐像。题曰:登仕郎士廪曹公暨唐氏安人遗像。

第3幅,绘夫妇数人及一老者教童小诵读。题曰:一家爽乐。咸丰时,曾祖在堂,昆弟四人,夫妇齐眉,命童诵读,教以义方。

第4幅,绘太平军执刀杀人状。题曰:被杀辜生。发匪扰浦(浦江)祖母钟氏被创,死而复苏。祖母父子皆被掳,其子有咳疾,贼杀之,刀将入颈,遇仁人力救得脱。

第5幅,绘一老者以瓦炙豆叶。题曰:食瓦炙菽。祖父被掳。逸归,身遭疟痢,养生无具,以瓦炙青叶菽食之,不数日而卒。

第6幅,绘地痞以竹棒殴一老媪。题曰:接粥被虐。辛酉(1861)乱后,官吏施粥,近地爪牙颇肆凶虐。祖母接粥,其碗惜不忍洗,妄视为重渎,即受鞭扑。

第7幅,绘母子拾秕谷状。题曰:拾秕充饥。乱后无粒食,拾秕子以聊生。吾父身素弱,大便不出,几乎丧命,祖母以针挽出之而得生。

第8幅,绘祖母负米于桥头悲泣。题曰:耐饥负米。父弱不能营生,祖姒亲至墩头(原兰溪市墩头镇政府所在地)援收旧债,得米十余斤回蒋深坞(今蒋畈村),父母家在焉,亲嫂不能置餐,行至石埠头(距墩头5公里),饥不能,颠啼移时,不得已而强负。

第9幅,绘母子数人耕作。题曰:母妻助耕。当夏畦之时,父耘田中,祖母暨母在塍上助之。及遇岁旱,父车水,母以手援,祖母则负锄行水。

第10幅,绘祖母鸣机夜织。题曰:含饥纺织。祖母纺织至夜半,饥甚,吞唾不已。以杯菽充饥,而又纺织,恒至达旦。

第 11 幅，绘母子数人进餐作相让状。题曰：薄食相让。斤米日给三口，以菜燃汤饭食之。其厚者，父若母让于相母；祖母则让于父若母，每每如此。

第 12 幅，绘祖母跪于一老者之前做哀求状。题曰：含垢藏疾。册书某托言对册，荷索地户，吾家贫无以应，某欲籍阳址等收管之，祖母之钱十两，至屈膝求之。又吴某妄来求诈，吾父亦屈膝求之。其余被人凌辱者不可胜举，姑置勿叙。

第 13 幅，绘曹文昭中秀才后众亲友作贺状。题曰：子染芹香。辛丑（1901）岁试，张太史拔取庠生，众亲友、翰林待诏陈周学，廪生钱万选、吴嘉祉、生员楼开瑚、曹汝舟、倪宪贤、倪安沛、倪安闰、施典常皆来作贺。亲翁汪资深、陈尹罴皆贻诗赠之。

生平苦学十余年，步入黉宫非偶然。墅外霜浓声未辍，轩前雪白亦迟眠。鱣堂数罢蒲编续，萤案功深铁砚穿。今日芹香薰满座，亲朋作贺快尊前。

光绪丁未（1907）秋步育才学，少憩，贤舅文昭出容像并苦节图示之，观而有感，遂写俚句以赠。

青衿已遂当初愿，黄卷犹传后日贤。着意栽培桃李盛，留心灌溉桂兰鲜。清如冰玉光弥润，望重圭璋色更妍。最爱像容垂不朽，良工粉墨快轻圆。

秀峰汪资深题。

第 14 幅，绘堂上高悬报帖及牌匾，报帖上有"捷报贵府太孺人曹钟氏节孝可嘉，奉学政张批灵区炳节印四字匾额表扬风化"字样，另一报帖上有"捷报贵府老爷曹印永道征工部注册，期满分"字样。牌匾书"灵区炳节"四字。题曰:钦授恩赐癸卯(1903)秋张太史莅郡,兰邑(兰溪县)举人徐玉斯采逸事,得曹钟氏太孺人节行,上之,赐灵区炳节四字匾额。

庚子(1900)变后,筹办兵饷,吾父出资助之,布政使咨请奖给职员衔。

为想先人事,生平几十年。耐饥兼耐忍,死里复生全。被虐心无怨,欺凌任自然。夫耕妻母助,薄食乐无边。教子维勤读,采芹快父前。命余涂此画,还示子孙贤。

丁未秋月以应文昭仁史大人方家雅鉴,浦阳杏生弟朱淦写并题俚句。

又有曹文昭亲笔题跋:吾祖父暨父母奇行苦节,皆足护佑后人,故著之于谱,不足;又逐节详之,不足;又按事图之。某所以不忍没先人之苦者,皆所以昭兹来许多贤子贤孙其深体指示之意。

曹文昭自识。

最后一幅为曹聚仁亲笔题跋,毛笔字,字体挺秀潇洒,钤有"曹聚仁"朱文篆字方印。题跋全文为:先德画乘一卷先君子梦岐公之遗泽也。此卷作于清光绪三十三年丁未,先君造意,画人朱杏生绘制。岁朝伏腊,一卷横张,先君乃集儿曹语以曾祖母钟及祖父永道公、祖母唐之逸闻,因画及人,因人及事,觇缕敷衍,使人想见太平军乱后创业之艰难。民国十六年(1927)夏,先君弃养,重披旧卷,如闻声咳。其后九年,聚仁怀挟来沪,欲以请益于海内贤达,会"八·一三"淞沪战事作,我军西移,聚仁亦仓促成行,此卷不及携取;八年离乱,家园半毁,沪寓亦散乱,此卷独得保全于书橱夹壁中,若有神护者。展卷低回,不能自已,付匠重整,一复旧观。昔蒋心余有鸣机夜课图,此卷寓意或且过之,此诚吾曹氏子孙所当永志者。

民国三十六年(1947)初冬曹聚仁识。

从上述《家史图卷》可以了解到，曹家原来家境贫寒，又因是从金华曹宅一带迁入的，系客户，不免受到当地大姓的欺凌，特别是太平军占领金华期间，生活更加困窘。但曹家能在逆境中苦苦奋斗，终于达到小康水平，曹聚仁父亲曹梦岐经过苦读，得中秀才。曹梦岐为忆苦思甜，教育子孙，故请人作此图卷。从中可以看出：①曹梦岐为人坚毅，能在逆境中奋斗拼搏，了解当时的新时势，好善乐施。②曹家对太平军之烧杀掳掠的行为深恶痛绝，坚决站在清朝廷一边，敌视所谓的太平天国"革命"。③曹梦岐对子女的教育非常重视，重在培养他们笃学明理、坚忍不拔、吃苦耐劳的精神。这些对于曹聚仁日后的成长、奋斗起了不可估量的作用，也对他既同情革命、又恐惧暴力的心理打下了深刻的烙印。

*载《兰溪文史资料》*

# 强弩史话

兰溪市博物馆藏有东汉青铜弩机三把,弩是古代利用机械力量射箭的弓。装置在弩的木臂后部的用青铜或铁制造的机械叫弩机。弩机的构件包括:机身"郭"、钩弦的"牙"、郭上的瞄准器"望山"、郭下的扳机"悬刀"。发射时,板动悬刀,牙向下缩,所钩住的弦弹出,箭就被有力地发射出去。古人说:"千勒之弩,挂于一寸之牙,发于半指之力,其巧无以加矣。"构思可谓极其巧妙。

由于弩臂上装有可以延缓发射的机栝,张弦和发射被分解为两个单独的动作。同时,弩比起弓起来,张弦搭箭均较费时,所以在战争中,弩手要分成发弩、进弩、上弩等组,轮番放箭。张弦的弩手可以在隐蔽处操作,故有可能不必过分仓猝,于是利用腰腿力量来张弦的弩就产生了。《汉书·申屠传·颜师古注》云:"今之弩,以手张者曰臂张,以足踏者为蹶张。如淳曰:材官之多力,能脚踏强弩张之,故曰蹶张。律有蹶张士。"可见弩的种类很多,较常见的是用双手张弦的臂张弩。力量再强一些的是手足共同张弦的蹶张弩,更强一些的则是用腰足共同张弦的腰引弩。臂张和蹶张的操作者采用站立的姿势,而腰引则须采取坐势,牵引绳萦于腰后,弓弦在腰前,双足踩弓,弦就张开,它们的形象在出土的汉代画像石上均曾发现,明《武备志》中有载有"腰绊上弩弦图",可与汉代的腰引弩相对照。此外,利用绊动触发而发箭的叫伏弩,又叫窝弓;

可以数矢并发的称为连弩;将一张或几张弓安装在弩床上,绞动后部的轮轴,利用轮与轴的半径差产生强力以张弦的,称为床弩,多弓床弩以几张弓的合力发箭,张弦的动力可以用几个人或牛、马等畜力,其弹射力更远远超过单人使用的各类弩。

弓箭是人类最早发明的狩猎、战争器具之一,相传黄帝发明弓箭,实际上早在三四万年前的旧石器时代人类已广泛使用弓箭,在江苏邳县大墩子遗址及山西绛县遗址都发现距今约六千年的新石器时代尸骨上嵌有箭镞的例子,这些都比传说的黄帝时代为早。至于弩的发明,《古史考》云:"黄帝作弩。"实际上木弩的起源可追溯到原始社会晚期。《礼记·缁衣》引《太甲》说:"若虞机张,往省括于度则释"。《韩非子·说林》说:"羿执鞅持杆操弓关机。"两处所记都是商周以前的情况,所提到的"机",都应解释为弩机。参据考古发掘中所出的以骨、蚌制作的原始悬刀和从以前苗、瑶、傣、黎等少数民族使用木弩、竹弩的情况推测,不难窥见上古时代弩的影子。至于青铜弩机的发明和应用,根据考古资料和文献的记载,大致可以断定在春秋时期,最先出现于楚国。《吴越春秋》说:"当是时,诸侯相伐,兵刃交错,弓矢之威不能制服,琴(楚)氏乃横弓著臂,施机设枢,加之以力,然后诸位侯可服。"据《周礼·司马》记载:"司弓矢掌六弓四弩八矢之法。中春献弓弩。凡弩、夹、庾利攻守,唐大利车战野战。"这弩夹、瘦、唐大,就是四种弩的名称。为了制作弓弩,还按规定向民间征取干、角、筋、胶、系、漆六材。《孙子·兵势》说:"势如横弩。"《六韬·林战》:"弓弩为表,戟楯为里。"《荀子·议兵》:"魏之武卒,以度取之,衣三属之甲,操十二石之弩,负箙矢五十个。"《尉缭子》:"秦以三军强弩,坐羊肠之上。天下之强弓劲弩,皆自韩出。少府、时力、距来(三者皆弩名),皆射六百步之外。"可见在春秋战国之时,弩已广泛应用于军事。《史记·

孙膑吴起列传》记载：周显王二十八年(前341)，魏合赵攻韩，孙膑袭击大梁，于马陵道："令齐军善射者万弩，夹道而伏。"魏将庞涓夜至马陵道，齐军"万弩俱发"，庞涓兵败而自杀，齐虏魏太子申而归。这是史载最早的利用弩取胜的著名战例。

战国时期还出现了数矢并发的连弩。《六韬·林战》说："陷坚败强敌，用大黄连弩。"另据《墨子·备高临》记载，当时还发明了"连弩之车"，同时还详载了"连弩之车"的制作尺寸。1986年在江陵秦家嘴楚墓中出土了一件双矢并射连发弩，更是为连弩的形制提供了实物佐证。秦始皇三十七年，始皇出游海上，"至琅玡，方士徐市等人入海求神药，数岁不得，费多，恐谴，乃诈蓬莱药可得，然常为大鲛鱼所苦，故不得至，愿请善射与俱，见则以连弩射之。而自以连弩候大鱼出射之，自琅玡北至荣成山，弗见。至芝罘(今烟台)，见巨鱼，射杀一鱼"。按《说文》："鲛，海鱼也，皮可饰刀。"段玉裁注："鲛，今所谓鲨鱼，所谓鲨鱼皮也。"连弩可以射杀大鲨鱼，可见其弓力之强。秦弩的特点是弩臂加长。根据秦陵兵马俑坑出土的秦弩实物测算，当时弩的张力大于738斤，射程在831米以上，这与文献记载的射六百步按秦尺推算也相合。至于伏弩的构造也更为复杂。据《史记》记载：及始皇死，葬骊山，"穿三泉，下铜而致椁，宫观百官奇器珍怪徙藏满之，令匠作机弩矢，有所穿近者辄射之"。这是用机关自动控制，一触即发的弩机。其后汉唐各代帝陵也多有伏弩的装置。

秦始皇时的连弩，同时能发几矢，史无明文。据《史记》说，汉高祖七年，"上至平城，被围于白登七日，时天大雾，护军中尉陈平言上曰：胡者全兵，请令缰弩傅两矢外向，徐行出围"。可见西汉初的弩可以同时发射两矢。《汉书·吾丘寿王传》说："十贼纩弩，百吏不敢前。"又《汉书·晁错传》说："劲弩长戟，射疏及远，则匈奴之弓弗能格也;坚甲利兵,长短相杂,游弩往来,什伍俱前,则匈奴之兵弗能当也;材官驺发,矢道同的,则匈奴之革笥木荐弗能支也;此中国之长技也。"晁错所举的这几种"中国之长技",均与弩有关。"材官"则是汉代从郡国征集的以弩手为主的步兵兵团。弩作为汉军特有的利器,是被严禁私携出塞的。从汉简所见,当时对边防所用之弩的检查和校验也极为严格,如居延汉简中就有"夷胡燧七石具弩,今力三石卅六斤六两"等对已损伤的弩进行校验的记录。

汉武帝时,汉与匈奴多次发生战争,弩在军事上更是发挥了巨大的作用。山东淄博西汉齐王墓1978年出土随葬器物,其中就有弩机七十二件,镞一千八百余件。据文献所载,汉军武官有彊弩将军、彊弩都尉等名目,可见弩在军中的地位。《汉书·艺文志》也载有《强弩将军王国射法》《望远连弩射法具》《护军射师王贺射书》《魏氏射法》等书目。当时的名将李广和他的孙子李陵,都是著名的善射者。有次李广与敌人遭遇,"为圆阵外向,身自以大黄射其裨将,杀数人"。这大黄,据晋灼说,就是特大号的黄肩弩。天汉二年,汉伐匈奴,李陵"因发连弩射单于,单于下走"。汉宣帝时,西域副校尉陈汤围匈奴郅支城,"以卤楯为前,戟弩为后,仰射城中楼上人"。竟攻杀了郅支单于以下千五百余人,成就了大功。

东汉时,弩相比西汉时有所改进,主要是望山增高,瞄准更为准确。1779年浙江兰溪出土了三件东汉铜弩机,二大一小,俱可三矢并发。郭面雕刻凤凰及回字、连环等纹饰,用金银丝错嵌,制作极其精美。同时出土的还有各式箭镞13枚,铜铁有三角形、斧形、菱形、梭形、双翼形等的,其中有的还有燕尾式的倒钩。值得注意的是,《后汉书·陈球传》载:在一次战争中,陈球曾"弦大木为弓,羽矛为矢,引机发之,远射千余步,多所杀伤"。能将矛远射千余步的弩,其弓力之强,用一般的蹶张、腰引等法是张不开的,应当是早期的床弩。

三国时,蜀汉丞相诸葛亮"性长于巧思,损益连弩,木牛流马,皆出其意"。《魏氏春秋》说:"亮又损益连弩,谓之元戎,以铁为矢,矢长八寸,一弩十矢俱发。"一弩十矢俱发,真可以说是古代的"机关枪"了。诸葛亮就曾用这种连弩,一举射杀了魏大将张郃。又《三国志·杜袭传》中杜袭对曹操说:"千钧之弩不为鼷鼠发机。"千钧合二十五石,即使这里是夸大其词,也比汉代常用的四石或六石之弩的强度大多了。

逮至两晋南北朝,战乱不已,应用强弩的战例不可枚举,如淝水之战、刘裕北伐等战役,弩都为军中杀敌利器。东晋末年卢循率军进攻建康,《宋书·武帝纪》说,当时卢循"遣十余舰来拔石头栅,公(刘裕)命神弩射之,发辄摧陷。循乃止,不复攻栅"。这种威力很大的弩在同《纪》中又称之为"万钧神弩",万钧虽属泛指,但它的强度可能非一般的所谓"千钧之弩"可比,因而很可能是床弩。1960年在南京秦淮河出土了一件南北朝时的大型铜弩机,长39厘米,宽9.2厘米,通高30厘米。如予以复原,其弩臂之长当在2米以上。可见这件弩机是床弩上使用的。它的出土地点接近当年卢循进军的战场,虽不能指之为此次战争的遗物,但可以看作此时床弩已较前为多的实物证据。再如《南史·杨公则传》记齐末杨公则攻建邺,"尝登楼望战,城中遥见麾盖,纵神锋弩射之,矢贯胡床,左右皆失色"。神锋弩的射程既如此遥远,应该也属床弩一类。《北史·贺源传》说贺源在北魏文成帝时,"都督三道诸军屯漠南,城置万人,给强弩十二床,武卫三百乘。弩一床给牛六头,武卫一乘给牛二头"。这种床弩每台配备六头牛为绞轴的动力,虽然不清楚六头牛是同时使用，还是分成两组轮番使用；但总之，它已有可能是多弓床弩，且已开后世所谓"八牛弩"之先河。

唐代，弩有很大发展。唐初，秦王李世民围洛阳，城中"八弓弩箭如车辐，镞如巨斧，射五百步。世民四面攻之，昼夜不息，旬余不克"。这种弩一床配备八张弓，杀伤力极强。安史之乱时，唐将李光弼部下有太原弩手三个人，史思明攻常山，光弼"命五百弩于城上于城上齐发射之，贼稍却；乃出弩手千人分为四队，使其矢发发相继，贼不能当，欲军道北"。唐的禁军中还有神策弩手的名目，这些弩手装备精良，在多次战争中发挥了重大的作用。

唐德宗时的宰相杜佑在其《通典》一书中详细介绍了制弩和造弩台等诸法，如《通典·守拒法》说："木弩，以黄连、桑、柘为之，弓长一丈二尺，径七寸，两弰三寸，绞车张之，大矢自副，一发声如雷吼，败队之卒。""弩台高下与城等，去城百步，每台相去亦如之，下阔四丈，高五丈，上阔二丈，下建女墙。台内通阇道，安屈胜梯，人上便卷收，中设坛幕，置弩手五人，备干粮水火。"《通典》还说："今有绞车弩，中七百步，攻城垒用之。"但"弩张迟，临敌不过一二发，所以战阵不便于弩"。接着又指出："非弩不利于战，而将不明于弩也。不可杂于短兵，当别为队攒注射，则前无立兵，对无横阵。复以阵中张，阵外射，番火轮回；张而复出，射而复入，则弩不绝声，敌无薄我。夫置弩必处其高，争山夺水，守隘塞口，破骁陷果，非弩不克！"这些都可以看作对唐代弩的性能和用弩之法的总结之言。

宋时，弩法发展至极盛。当时兵部设有军器监，掌监督缮冶兵器，甲仗器械，造作缮修，皆有法式，《宋史·艺文志》就载有《强弩备术》三卷。《宋史·兵志》云："弓弩院岁造角弝弓等凡千六百五十余万，诸州岁造黄桦黑漆弓弩等凡六百二十余万。"数量之多，超迈前代。仅弩的名目，应有床子弩、克敌弓、神劲弓、神臂弓、流星弩、拒马刀弩、独辕冲阵无敌流星弩、马蝗弩、木弩、木鹤嘴弩，箭则有狼牙、鸭嘴、出尖四楞、插刃凿子、木羽弩箭、弹子头箭、大风翎弩箭等多种名目。如咸平中石归宋献木羽弩箭，箭才尺余而所激甚远，中铠甲则杆去而镞存，牢不可拔，诏增月俸。宋《武经总要》所载：床弩，自二弓至四弓，种类很多，张弦时绞轴的人数，小型的用五至七人；大型的如所谓"八牛弩"，要用一百人以上，瞄准和击牙发射都有人专司其事。所用之箭用木为杆，以铁片为翎，号称"一枪三剑箭"。床弩还可发射"踏橛箭"，明代以前，大都用夯土筑城墙，"踏橛箭"能上下成行地钉在夯土城墙上，攻城者可攀缘以登，起到在难以接近的坚城之下，极快速地装置起登城的云梯的效果。床弩除了发射单支的箭以外，还可以"系铁斗于弦上，斗中着常箭数十支，凡一发可中数十人，世谓之斗子箭，亦云寒鸦箭，言矢之纷散如鸦飞也"。神臂弓为熙宁年间李宏所献，"以𣗥为身，檀为弰，铁为登子枪头，铜为马面牙拨，麻绳扎系为弦，弓之身三尺有一寸，弦长二尺有五寸。箭木羽长数寸，射三百四十余步，入榆木半筈。神劲弓，及远则远在神臂弓之上。克敌弓，其劲可穿重甲。赣角木弩，与常弩明牙发不同，箭置筒内甚稳，尤便夜中施发"。又据《宋史·魏丕传》说："旧床子弩射止七百步，令还增造至千步。"宋代千步约合今 1535 米，这是冷兵器时代中，射远武器所达到的最远的射程纪录。《宋史》说当时"戎具精致犀利近代未有"的是确评。

唐宋之际，弩法还传入偏僻的少数民族。据《资治通鉴》说：唐末，"韦皋招南诏以破吐蕃，既而蛮诉以无甲弩，皋使匠教之，数岁，蛮中甲弩皆精利"。宋周去非《岭外代答》云："凡蛮猺之弩，状如中都之吃筶弩，盖不能弯弓，而皆能踏弩也。以燕脂木为之，长六尺余,厚二寸,博四寸许,其长三尺不余,厚止半寸,不划箭槽,编架其箭如栝,故名曰编架弩。镞如凿,或如凫茨叶。"有的箭头还浸有蛇、蝎诸毒,射人见血即死,十分厉害。

宋元以后,火药应用到军事上,火器陆续发明而在战场上崭露头角,弩法便逐渐废弃了。但现存的弩机,作为古代劳动人民智慧的产物,却日益受到人们的珍视。

# 浅谈兰溪平面布局"回字形"的宗祠建筑

**【摘要】**浙江兰溪市境内有一类"回字形"宗祠建筑，多为大姓巨族的总祠，规模宏大，形制独特，一般由门厅、廊庑和寝室组成一个"口"字形的四合院，正中则安放一座高大壮观的中厅（享堂），形成一个"回字形"建筑，这是兰溪独有的宗祠形制而在境内相当普遍，曾引起清华大学建筑学院陈志华等教授的关注。目前这类宗祠保存完整的尚有诸葛村丞相祠堂、西姜村姜氏宗祠、芝堰村孝思堂、长乐村金氏大宗祠、渡渎村章氏家庙等十余座。这类宗祠起源甚早，历史悠久，建筑装饰工艺精湛，人文内涵丰富，既借鉴了北方四合院建筑及宫殿建筑的精华，又富有兰溪乃至浙西的地方特色，是一份不可多得的珍贵的乡土建筑历史文化遗产，堪称中国建筑史上的一枝奇葩，值得人们珍视和进一步深入探讨和研究。

**【关键词】**兰溪　　回字形　　宗祠建筑

清华大学建筑学院李秋香教授在她的《兰溪诸葛村古建筑风采》一文中说："丞相祠堂是这支诸葛氏的总祠，它占地1900平方米，而且规格高、形制很特别。它的门屋、廊庑和供奉诸葛亮神主的寝室，组成一个'口'字形，在它的正中，造了个非常高大华丽的正方形'中厅'，用来举行祭祀仪式。这种祠堂形制是兰溪特有的，诸葛村的祠堂是其中最宏伟的一座。"由清华大学建筑学院教授陈志华、楼庆西、李秋香主撰的研究乡土建筑的专著《中国古村落——诸葛村》一书中也写道："大宗祠建中庭（中厅）是兰溪县独有的宗祠形制而在境内相当普遍。这类宗祠，门屋、寝室和两庑围合成大致为方形的、很宽大的内院，而于院子正中造一幢高大的敞厅，与四面房屋不相连属，几乎塞满院子。这敞厅就叫中庭（中厅），是举行祭祀仪典的地方。"这一类形制宗祠建筑，称之为"回字形"宗祠建筑。陈志华、楼庆西、李秋香等教授都是国内知名的古建筑专家，近年来为了调查、研究各地的乡土建筑，他们不辞辛苦，几乎跑遍了国内各地的村村镇镇，他们说这一类型的宗祠建筑是兰溪独有的宗祠建筑形制，应该是比较权威的论断。笔者认为：兰溪的回字形宗祠建筑历史悠久，时代跨度大，建筑形制富有独特的地方特色，建筑工艺精湛，人文内涵丰富，是一份不可多得的珍贵的乡土建筑文化遗产。对此作进一步深入的探讨和研究，是很有意义的。本文试就这一类宗祠建筑的现状、历史渊源、演变过程及人文内涵作一粗浅的探索。

## 一、兰溪回字形宗祠建筑的现状

由于回字形宗祠建筑规模宏大，非有一定的经济实力不能兴建，又因历代兵燹之余，自然及人为损毁严重，所以兰溪的回字形宗祠建筑保留至今的不多，据先后两次文物普查，现存仅十余座，现择其要者分叙如下：

1.年代最久远的芝堰村孝思堂

孝思堂位于兰溪黄店镇芝堰村。芝堰村为一陈姓血缘村落，南宋时建村。是明清时期典型的传统村落之一。芝堰村明清建筑群 2006 年 5 月被国务院公布为国家级文保单位。其中孝思堂，又称大宗祠，始建于元代，明洪武年间重建。孝思堂坐东朝西，门前有广场，平面总体布局由门厅、两庑和后寝及中央的中厅(享堂)构成一回字形建筑。

孝思堂门厅面阔三间，左右各带一个三间两厢侧屋，前檐用礩形柱础，下垫覆盆，其他用鼓形柱础，地面为斜墁三合土地。明间中缝用三柱，柱间用月梁形抬梁。南北各设庑屋七间。

中厅为歇山顶，褐色岩石台基，为三间带四周围廊，明间面阔 4.55 米，次间 4.10 米，廊宽 1.75 米，通进深 10.80 米，彻上露明造，梁架抬梁月梁造，梁嘴饰半月状龙须纹。雀替浮雕图案以动物、花鸟及鸥鱼吐水为主，梁架结构为六柱十一檩(五架梁带前后双步、单步)，五架梁上置两攒出两跳隔架科，两隔架科间置三架梁，三架梁上置出一跳斗栱，承托脊檩。后双步梁上置出二跳，隔架科一攒。明间后老檐柱间设堂门隔断，其上额枋上置一斗六升平身科两攒。次间梁架均为抬梁式，六柱十一檩，五架梁带后双步梁加单步梁，月梁造。其梁背均设童柱，童柱下端刻莲花，各柱(包括童柱)柱顶均设出一跳斗栱，老檐柱、金柱间设屏门隔断，上部用夹竹泥墙，后老檐柱间设堂门隔断，其上额枋置有二攒一斗六升平身科。各柱均用礩形柱础，除檐柱无垫覆盆外，其他各柱均垫覆盆。

后进寝室面阔五间，左右各带一个三间两厢侧屋。青石须弥座基，明间面阔 4.15 米，次间 3.9 米，梢间 3.55 米，除明间前廊用抬梁外，其他梁架皆为穿斗式，前檐柱顶有出二跳五踩斗栱，外檐又有一斜撑式牛腿，其上又有出一跳三踩斗栱承托挑檐枋，栱均出象鼻昂。鼓形柱础，六柱六檩，上置坐斗。

孝思堂规模宏大，制作古朴而严谨，但廊庑及左耳房有改作。据《芝溪陈氏宗谱·入田增祭序记》云："先太祖义七五公捐助田亩以襄礼典。"又据《宗谱·世系》云:"义七五公,字佰胜,天顺壬午年(1462)生。"可知孝思堂至迟建于明天顺以前,为兰溪回字形宗祠较早建成者。

2.规模宏伟的西姜祠堂

又名孝思堂,位于兰溪水亭畲族乡西姜村。据《凤岗姜氏宗谱》记载,该村姜氏奉齐国始祖姜子牙及蜀汉大将姜维为先祖。祠为西姜姜氏总祠,由在明万历年间曾任湖北武昌府二尹的姜元寿主持建造。2005年3月列为省级文保单位。

西姜祠堂,坐东朝西,中轴线上分布有门厅、中厅(享堂)和寝室。门厅和寝室之间两端用廊庑连接,中厅独立,形成一个四周闭合,中厅独立的"回"字形建筑,原祠前筑有石坊,现已毁,整座建筑占地面积达3 000余平方米。

门厅正房五开间,两侧厢房各三开间,大门为四柱五楼牌坊式砖雕门楼,上方嵌有砖刻"百世瞻依"匾,现大门已毁。

中厅为主建筑,为三间带四周回廊,歇山顶,通面阔18.80米,通进深13.45米,四周回廊檐柱均为方形抹角内凹青石柱,内用圆形木柱,特别是金柱及用材十分硕大,金柱柱围达2米左右。鼓形柱础,下垫有覆盆,侧脚明显。明间中缝梁架为五架梁带前后双步廊外加前四架卷棚后单步廊,共六柱十三檩月梁造,梁两端刻半月状龙须纹,以丁头拱和"卍"(万)字纹扇形雀替承托,次间梁架与明间相同。为典型的"肥梁胖柱"式建筑。屋面有望砖,用小青瓦铺盖,翼角起翘明显,正脊用剔空花砖脊,两端饰鸱鱼正吻,中置宝瓶。

寝室正堂五开间,两侧各带一个三间两厢耳房,梁架以穿斗式为主,结构较简单。西姜祠堂的特点是规模极其宏伟,在私家宗祠中,其规模之大与号称"中国古祠一绝"的安徽绩溪龙川胡氏宗祠有过之而无不及。

3.轩昂壮丽的诸葛丞相祠堂

诸葛、长乐村民居于 1996 年 11 月列为国家级文保单位。丞相祠堂为高隆诸葛氏之总祠,位于兰溪诸葛村内。背倚经堂后山,坐南朝北,偏东 40°,占地宽 42 米,进深 45 米,面积约 1900 平方米。回字形结构,由门厅、廊庑、中厅、寝室、钟鼓楼组成。门厅五开间,正脊上置"隆中云乃"四个砖雕大字。中间三间为正门,檐柱高 5.2 米,檐柱间设签子栏杆,金柱间设板门,每间四扇,外侧设抱鼓石。左右梢间设精致的磨砖影壁。左右廊庑各七间,檐柱为方形凹角青石柱,每间设神案供奉十四房祖先神主。寝室五间,左右又各有两间辅屋,辅屋前又各突出两间,左为钟楼,右为鼓楼,相向而立。这些建筑围合成一个宽 22.6 米、深 18 米的近正方形院落,轩昂壮丽的中厅即坐落在院落中央。

中厅三开间带四周围廊,面阔 16.6 米,进深 9.2 米,为歇山顶敞厅,檐柱高 5.6 米,金柱高 6.6 米,脊檩距地高 8.9 米。空间高大,檐柱和山柱为石质凹角方柱,金柱为木柱。金柱直径约 0.5 米,分别用柏木、梓木,谐音"百子同春"。民间传说柏木、梓木、桐木和椿木,然桐、椿木质酥松,一般不宜作栋、柱之材。蜀柱左右有"猫梁",牛腿雕刻《封神演义》等戏曲人物。两个中槅梁架的脊瓜柱两侧有三角形的花板,各浮雕 9 只狮子,鬣毛根根清晰,形象栩栩如生,寝室和左右的钟鼓楼建在高台基上,两庑尽端有台阶,上 12 级为月台,再上 10 级是寝室,总升高 5.1 米,月台前沿设青石栏杆,栏板上浮雕麒麟、天马、如意盒等,刀法古拙浑厚,为明代原物。据《宗谱》记载,丞相祠堂始建于明洪武年间,嘉靖年间续建,万历三十六年(1608)扩建,后被太平军烧毁。光绪二十二年(1896),诸葛族人重建丞相祠堂,中厅于 1925 年重建,1930 年完工。

### 4.形制独特的长乐村金大宗祠

长乐村为元代大理学家金履祥后裔聚居地。长乐民居于 1996 年 11 月与诸葛民居一起被列为国家级文物保护单位。其中金大宗祠是长乐村金氏宗族的总祠。

大宗祠坐南朝北,门前有一广场、池塘,供族人祭祀、集会等活动。大门两侧设青石抱鼓,边缘刻龙喷水图案。精雕细刻,石质光洁莹润。平面总体布局分三进,即门厅、正厅(享堂)和后寝,正厅两侧为庑屋,其两端与门厅和后寝相连接,构成"回"字形的封闭性院落。现两侧庑屋已倒塌,仅存围墙。大宗祠总面阔 40.15 米,总进深 39.14 米,总面积 1 570 平方米。

大宗祠中厅为歇山顶,正脊作剔空玲珑脊,两端设鸱尾。三开间,明间阔 4.91 米,两次间各 4.40 米;通进深 7.94 米。四周设围廊。

中厅用巨大樟木作柱,柱为梭形柱,柱径 0.8 米,用材壮硕,一人难以合抱。柱头卷杀。下置覆盆,上置磉形墩。四周廊柱为青石凹角方柱,磉形墩。

明间两缝梁架抬梁式,为内四界带前后双步廊。次间抬梁式,但中柱用脊瓜柱,其余各檩下用斗栱。五架梁和双步梁用月梁形制,梁身鼓形,其两端雕作眉月状龙须纹。梁背置隔架科,单步梁呈鸱鱼状。

明间前廊做成牌楼式,分主楼和两边次楼,主楼为歇山顶,额枋上置角科二攒,翼角发戗做法,主楼中间嵌有木匾一块,上书"百世瞻依"四大字,这种做法使正厅在整个院落中达到高潮,给人们一种威严庄重之感。在金、衢一带的宗祠建筑中实属绝无仅有。

### 5.保存完整的上族祠

上族祠又称大宗祠、孝伦堂,位于兰溪城西永昌街道下孟塘村东南,为该村徐氏总祠。坐北朝南,2005年6月列为省级文保单位。

上族祠,平面回字形,占地面积为1700平方米。门厅五开间带左右耳房,红石墙基,大门设三级青石台阶,明间前廊额枋设平身科二攒出三跳七踩。柱头科二攒。额枋正中为戏曲人物浮雕,左右刻龙须纹。八字门墙,墙为青石须弥座,正面刻天马祥云图案,檐以青砖叠涩出檐,左右各置平身科青砖斗栱一攒、柱头科二攒。大门原设正厅内,有莲花形门簪四枚,设青石抱鼓,基座刻水浪纹。门廊有藻井,藻井四周十四攒斗拱左右各二攒。大门后正厅设平板天花,中柱落地,青石方形柱础。廊柱六根,为青石凹角方柱,方形礩形柱础。前廊楼窗为朱红色方格格扇。左右次、梢间设楼,梯设于梢间。明间面阔4.91米,次间阔3.45米,梢间阔3.28米。通面阔18.37米,通进深9.44米。斜墁方砖地面。

中厅(享堂)为三开间带周围廊,为明间九架梁带前后双步廊。歇山顶,彻上露明造。明间阔5米,次间4.10米,梢间2.15米,通面阔17.5米,通进深13.20米,台基高0.27米。金柱柱径0.53米,近似梭柱,上置瓜棱形栌斗,下置覆盆,礩形青石柱础,近似半月形月梁,左右刻半月形龙须纹,下垫素面雀替。单步梁为鸥鱼状。前廊卷棚式,后廊为平板天花,边缝梁架同明间,青石礩形墩,梁下有插枋。四周二十根青石凹角方柱,方形柱础,檐柱置仰莲状斜撑,青石二级台阶。斜方砖地,四周为青石砌天井,前宽6米。厅悬有"邦关重望"木匾。两庑各七间,直柱抬梁式带前廊,鼓形墩。前廊青石凹角方柱。前部方砖地面,后为三合土地,青石台基。

后进(寝室)为青石阶三级,五开间带左右耳房。通面阔18.11米,通进深8.28米,台基高0.73米。两架为穿斗与抬梁相结合,前廊青石方柱六根,礩形青石方形柱础。前廊平板天花。斜墁青方砖地。

上族祠建于明末清初,是兰溪保存最为完整的明末清初之回字形宗祠。

6.存有宋碑的生塘胡大宗祠

宗祠位于兰溪市区西南约30公里的水亭乡生塘胡村内,坐北朝南,偏东30°。前为田园,左右及后面皆为民居。2005年3月列为省级文保单位。

胡大宗祠属回字形四合院建筑,分前、后进、左右厢房、中厅。

前进共七间,通进深6.9米,通面宽28.6米。硬山顶,明间中缝六架后檐廊式,山墙抬梁与穿斗相结合。青石檐柱边长0.29米,上有升斗。除明间有二朵铺作(出跳二次)外,其他各间皆改为蝴蝶垛和直立替木。窗棂以方格状居多,少数为异缝格。有博风板、望砖和滴水(花草纹)。台基高0.85米,鼓形青石柱础,方砖铺地。明间门楼(连墙)四柱三搂。凹角青石方柱,每楼额枋有禽兽花卉图案装饰。前进明间大门外置有抱鼓石、旗杆石各一对。

左、右两厢各七间,硬山顶,明间中缝六架后檐廊式,山墙抬梁与穿斗相结合,窗棂方格状。凹角青石檐柱。

后进五间,硬山顶。明间中缝六架前檐廊式,山墙抬梁与穿斗相结合,凹角青石檐柱。

中厅九脊歇山顶,明间中缝九架双步廊式,四周有回廊,前廊有卷棚。通面阔15.9米,通进深10.9米,左右回廊宽2米,前后回廊宽1.8米。脊顶中间有葫芦状饰物,两端有龙吻。四角起翘。四周回廊皆木柱,柱有斗栱(出跳一次)承托撩檐。回廊两柱间有相连,并有一蝴蝶垛,里外角柱间有递角梁递相连接。雀替为花卉浮雕,其中少数是铜钱状,补间辅作已成蝶状替木。有望砖和博风板,无滴水。台基高0.86米,青石复盆式柱础,三合土地。祠内现存宋刻《兜率寺开堂疏》石碑一块,唐人邵明撰文,记载的唐五代诗僧贯休出家和安寺情况,有相当的史料、文物价值。

7.中厅为楼阁式的水阁村蒋氏宗祠

位于柏社乡水阁村东南,坐西朝东偏北,始建于康熙年间,为水阁蒋氏总祠,现为“六山中学”校舍。清同治十年(1987)、民国四年(1915)两次重建。占地1600平方米,现存古建筑部分面积为1220平方米。坐西朝东偏北,平面呈“回”字形,前院为教学楼,两侧厢房各七间为师生宿舍,后进已改造成水泥结构平房。

前院:共九开间,有楼,面阔35.18米。明间、次间三间为门厅,门厅三间高出其余6间,庑殿顶楼下用木柱,抬梁式,鼓形柱础。牛腿为透雕狮子。

中厅:五间加镶两侧楼梯间,有楼,庑殿顶,青石须弥座基座,三合土地面。面阔16.7米,进深9.05米。楼下明次间用四柱,卷草纹匾尺梁、方栅,梢间月梁造,海浪纹扇形雀替,明间檐柱牛腿为凤凰,其余依次为锦鸡、仙鹤及牡丹图案。楼上设望砖,四周设挑廊。明间四柱十一檩,五架前后双步梁带前后挑廊,月梁造,每步架间有鸱鱼吐水状单步梁。各檩条下有斗拱支撑,檩条与梁间设莲花柱墩。檐柱柱头置蝴蝶木三叠,正面象鼻昂雕成白象状,额枋中间刻鲤鱼化龙图案,下承以荷花鲤鱼雀替。垂柱刻牡丹纹。楼上次间柱向心设斜撑四根,雕刻成龙嘴鱼身状。牛腿等构件雕刻人物、花鸟及草虫等,形象极其生动。

8.清丽典雅的渡渎村章氏家庙

兰溪市渡渎村为章氏聚居地。章氏,出于姜姓,为周武王师尚父吕尚之后,其支裔吕虎,受封于鄣,数传至周夷王时去邑旁改为章,始以章为氏。原远祖居福建浦城,宋承节郎章理由浦城迁淳安渡渎。徽宗宣和年间,方腊事起,理之孙章三七避乱迁兰溪纯孝乡循义里十六都四保发族,村名仍称渡渎,示不忘本。至明代,章氏仕宦大盛,章懋任南京礼部尚书,侄章拯任工部尚书,章侨任福建布政使,时有"一门四进士,伯侄两尚书"之誉。章氏家庙位于村口,前有水池。始建于明嘉靖,清咸丰年间遭太平军兵火焚毁,清末宣统年间重建。

章氏家庙属回字形建筑。占地面积约805平方米。坐北朝南,青石门楼。

门楼:青石质,二柱三楼,高约7.5米,宽4.15米,仿木结构,梁上置有斗栱,三跳七踩。次楼正脊两侧饰有龙嘴鱼尾吻。上额枋正面为透雕花草图案,反面为浮雕双鹤、祥云。下额枋正面为高浮雕双狮抢球,反面为浮雕鲤鱼化龙出水图案。额枋横刻"章氏家庙",竖刻"大明嘉靖"字样,两侧置抱鼓石。

前进:五间,通面宽20.4米,通进深7.15米,次间宽4米,梢间宽3.95米。悬山顶,明间中缝九架双步廊式,次间边缝、山面抬梁与穿斗相结合。前、后额枋上有蝶状替木。有博风板、瓜柱、勾头滴水、雀替、牛腿等构件。明间檐柱牛腿为人物,其余牛腿为锁壳形雕刻图案,次间边缝梁架空隙处用木板密封,后檐柱青石质,柱及柱础方形。其余为圆形木柱,青石鼓形柱础,三合土地。垂带踏跺(五级),台基高0.85米。

中厅为三开间。通面宽10.48米,通进深8.04米。明间宽4.68米,次间宽2.9米。歇山顶,四翼角起翘。明间中缝九架双步廊式。脊檩至挑檐檩之间有弓状云纹剳牵递相连接。后额枋上有两块蝶状替木。屋顶正脊两端有龙嘴鱼尾吻,正脊正中有人物雕塑,岔脊尾端有鱼吻,垂脊尾端有瑞兽,勾头滴水有花草图案。有望砖、博风板、雀替、牛腿等构件。整座建筑雕刻富丽。三架梁、五架梁上为扁尺梁,雀替为花鸟瑞兽等。前檐柱牛腿为狮子抱球,后檐柱牛腿为寿星仙鹿,角柱牛腿为鹤、鹿等,其余牛腿为锁壳形。柱为全青石质。四金柱圆形,柱础八角形,其余柱及柱础方形。柱础上雕刻有大量人物。瑞兽、蝙蝠、楼阁、松竹、花草等图案。三合土地、垂带踏跺,台基高0.7米。

后进三间,硬山顶,前出檐。明间中缝九架双步廊式,山面抬梁与穿斗相结合。有博风板、雀替、蝶状替木等构件。前檐柱青石质,柱及柱础方形。其余木柱为圆形,柱础鼓形,两厢各五间。

据《渡渎章氏宗谱》之《章氏祠堂记》一文记载,章氏宗庙创建于明代嘉靖年间,由当时的工部尚书、族人章拯主持捐资建造。清代咸丰年间遭太平军焚毁,仅存门楼。清宣统庚戌年(1910)重建。现存建筑除门楼为明代原物外,其余均为晚清风格。章氏宗庙规模宏大,保存较完整,特别是中厅雕刻非常精美。

9.其他

兰溪其他尚存的回字形宗祠建筑有上戴村戴氏宗祠、上唐村唐氏宗祠、溪童村童氏宗祠、严宅清风祠堂、后陆村陆氏家庙等,其余如老城区的郑氏宗祠、唐氏宗祠、赵氏宗祠等,俱已拆毁多年。现将尚存者简述如下:

戴氏宗祠建于清初,清末重建。整体造型为回字形,分上中下三层,上层与下层差落三米左右,具体结构布局:上层房屋七间,前面有青石栏杆,中层左右庑屋各七间,均为木结构。下层七间以青石为柱,柱上刻有楹联。宽阔的中层院落,均用青石板铺面。两庑中间,营造着一座造型美观的中厅,三开间带周围廊,以青石为柱,以木雕格扇为墙,青瓦歇山顶屋顶,四翼角装饰鳌鱼戏珠(现已塌毁)。中厅前约4米处,左右植有两株桂花树。祠堂正门为三门六抱鼓。俗有"三门六抱鼓,赛过宰相府"置说。另外上层右边还有三间学堂,清代时专设为学子读书处。其下有三间厨房屋。因祠堂造型美观宽敞,旧时被誉为女埠、厚仁一带独具风格的两所祠堂之一(另一所是姚村祠堂)。1997年被列为市级重点文物保护单位。

陆氏家庙,位于兰江街道后陆村。始建于明,清代大修。回字形,中厅已毁,现存门厅、后进及左右两廊。门厅五开间,八字砖门墙,大门外左右置青石质抱鼓石,抱鼓上浮雕麒麟图案,雕刻精美。檐柱置武将骑狮子牛腿。前进为五架回字纹扁尺梁带前后双步廊,门厅加二架,全青石凹角方柱,方形柱础,天井檐柱置仙人骑鹿牛腿。后进五开间,为五架扁尺梁带前后双步廊,木直柱,鼓形柱础。檐柱为青石凹角方石柱,置狮鹿牛腿。左右廊各六间,廊设青石凹角方檐柱。右廊置清光绪二十年(1894)刊镌之"明兵部车驾司员外郎赠太常寺少卿谥忠定陆公(陆震)遗像"碑及清道光十四年(1834)后陆谱会碑记。

清风祠堂,位于马涧镇严宅村,始建于明,清代重建,为严氏后裔纪念其先祖东汉隐士严子陵而建。七开间三进,平面布局为回字形,中厅为三开间。砖雕门楼,三进明间中缝梁架为五架梁,规模宏大,雕刻古朴流畅。

童氏宗祠,位于水亭乡溪童村,始建于明,清代重建,为溪童村童氏宗祠,平面布局为回字形,门厅为七开间,后进五开间,左右两端各设耳房。右厅已毁,左右厢各七间。中厅前左右各植一金、银桂,虬干参天,枝叶如华盖,均为数百年物。

兰溪回字形宗祠建筑历史悠久,形制独特,建筑、装饰工艺精致富丽,规模宏大,用材考究,对于研究古代兰溪的封建宗法制度和宗祠规制、民风民俗等有相当的历史价值,对现代建筑技术也有较高的借鉴意义,可谓一份不可多得的古建筑瑰宝,值得我们珍视和进一步研究。

## 二、起源

兰溪回字形宗祠建筑起源很早,从现存建筑实物及家谱记载来分析,这类建筑滥觞于明初,兴盛于明代嘉靖、万历年间及清代康熙、乾隆盛世,余音袅于清末光绪、宣统年间,可谓历史悠久,脉络清晰。据有关记载,民间宗祠(家庙)之立,是在明中叶以后,明嘉靖时才"许民间皆得联宗立庙",宗祠得以普遍营造。但从兰溪的实际看,现存的宗祠建筑最早的三泉村世德堂始建于南宋孝宗淳熙八年(1181),诸葛丞相祠堂则始建于元末的安三府君,这和南宋理学家朱熹著《家礼》,立祠堂之制,称家庙为祠堂有很大关系。在朱熹之前,祠堂有严格的等级制度,天子诸侯的祖庙称宗庙,士大夫以下称家庙,而庶人只能祭于寝。明中叶以后,以"祠堂族长的族权"为特征的封建宗法制度更加完备,将祠堂看作是关乎宗族命运的建筑,对祖先的崇拜无以复加,如兰溪西方坞村《蓝氏宗谱》称:"祖宗神灵所栖,子孙报本追远之地,首重祠堂。"于是乎兰溪的回字形宗祠建筑应运而生,并得到长足的推广、发展就不足为奇了。

## 三、借鉴

兰溪回字形宗祠建筑之创制,显然受到北方、中原地区建筑文化之影响。章懋撰明正德《兰溪县志》说:"迨宋南渡,中原文物渐渍。"可以证明。中国古代的帝王都城,一般均按《周礼·考工记》"匠人营国,方九里,旁三门。国中九经,九纬,经涂九轨,左祖右社,面朝后市"之规定,其宫殿之营建,则按周人门堂之制,前朝后寝。实际上北京故宫的布局可看作是一处处相对独立的四合院，加上中间宏伟的主要殿堂，如太和殿、乾清宫等也类似于回字形布局。而兰溪地处衢、婺、兰三江之汇，号称"七省通衢、六水之腰"，自古以来，即为文物名邦，人文荟萃，是一处移民城市，主要氏族若郑、若陈、若赵、若曹、若姜、若诸葛等均从北方迁来。自北宋靖康之变宋室南迁，"渡江之民溢于道路，百倍常时"（宋李心传《建炎以来系年要录》）。"其地水陆要冲，南出闽广，北距吴会，乘传之骑，漕输之楫，往往蹄相靡而轴相衔"（元王奎《重建州治记》）。在经商方面，明代万历《兰溪县志》载："近而业商者，籍籍也，远而业商者，或广、或闽、或川、或沛、或苏、或杭、或两京，以舟载比比也。"在仕宦方面，宋代兰溪有进士113人，明代有进士69人，清代因士人多不愿出仕异族，人数下降为23人。商人及官宦足迹遍及北方各省及南北两京，视野开阔，因此富裕的商人和归乡的官宦们借鉴北方的四合院建筑和皇宫的宫殿或建筑之长处，融入到家乡的宗祠建筑中来，与工匠们一起探讨，创造出兰溪独特的回字形宗祠建筑，应是顺理成章之事。

## 四、功能

宗祠建筑深深植根于"家国一体"的封建宗法体制。清代雍正帝颁行《圣谕广训》，提出"立家庙以荐蒸尝，设家塾以课子弟，置义田以赡贫乏，修族谱以联疏远"四项任务。兰溪回字形宗祠的历史性功能及特点可归结为：

### 1.回字形宗祠满足大规模祭祀活动的需要

规模大，能容纳较多的参祀人员。兰溪之风俗，家族之宗祠才称为祠堂，支派和下面的房派及房派以下的小宗祠称为厅。按例，

"五世为堂,三世为厅"。厅堂支派或房派人数较少,因而厅、堂之建或三进或二进或对合,已足敷用。但对于大族大姓,人丁多在千人以上的宗族来说,这类三开间二进或三进的建筑已过于狭小。于是规模宏大,能在祭祀大典时容纳数百人及上千人的回字形宗祠建筑便应运用而生,一般回字形宗祠建筑占地均在 1 500 平方米以上,如诸葛丞相祠堂占地约 1 900 平方米,上族祠占地 1 700平方米, 西姜祠堂占地约近 3 000 平方米。有的门前还建有小广场,以作族人祭祖时聚集、行礼之用。

2.宏伟壮丽,突出敬天法祖的主题,加强对祖先的崇拜之心

由于祠堂是供奉祖先牌位的庄严场所,所以被看成祖先神灵栖息之地,为了符合血缘家庭的聚合心理要求,突出宗法族权的权威,需要祠堂有一种威严、庄重的气氛。回字形宗祠门厅、寝室或五开间,或七开间,建筑遵规守正,布局严谨,前卑后高,左右对称,主次分明,特别是中厅的建筑用材宏壮,雕饰富丽,空间高敞,能使人油然生出敬畏、虔诚之心,能较好地实现建设者的主观意图,加强宗族的凝聚力和向心力。

3.显示宗族的荣耀

回字形宗祠建筑宏伟庄严,有的还在祠前建有高大的表彰功业的石牌坊、表彰科举及第的旗杆石等较好地显示宗族的荣耀,起到对内提高族人的自豪感和自信心,对外起到震慑外姓,使之不敢生侵凌之心的作用。

4.追思祖先的功业

如诸葛丞相祠堂,门厅、寝室都是五开间,按封建礼制规定,显然是按照先祖诸葛亮汉相的身份来决定形制和规模的。再如西姜祠堂,门厅、寝室为七开间,左右各带耳房三间,形成明七间暗十一间的格局,也显然是按照其先祖姜子牙为齐国始祖,同时又

在唐肃宗上元六年(760),追封为武成王的身份所决定的。较好地突出了表彰先祖丰功伟绩以激励后人承先启后、发扬光大的主题。

5.兴学

宗祠除除夕、冬至及每月朔日外,一般无祭祀活动,因而利用空旷、坚固的宗祠办学成为兰溪民间的一项优良传统。明清时期,一般世家大族均在宗祠举办家塾以课族中子弟,宗祠还多设有学田,以租谷收入作学塾支出之用。如诸葛丞相祠堂即设有"登瀛文会"奖励读书,祠堂"月数聚士子课制艺优者以膏火之资,乡会试赠以宾兴之资"从无间断。对优秀学生由村中给予奖学金的制度一直延续到现在。近代以来,宗祠多为新学校舍,如水阁蒋氏宗祠为纪念辛亥志士蒋六山而于1946年兴办"六山中学"。西姜祠堂在抗战时为"兰溪担三中学"校舍,兰溪民间即使穷乡僻壤都能历代弦歌不绝,诗书继世,宗祠功不可没。

6.修谱

古云:"国有史而家有谱。"不仅地方史志,就连官方正史也多采撷宗谱资料。宗谱记世系及族中大事等,除远古时代难以稽考外,一般唐宋以来多属真实可信。宗谱一般三十年一修,修谱场所多设在宗祠,修谱圆满,也要在祠堂举行庆祝及颁谱仪式。可以说修谱与宗祠的关系密不可分。

7.彰显族权

族中凡有大事如族人科举及第庆典、修谱、修祠及处罚族中偷盗、奸淫劣行,甚至因水利纠纷等外姓发生械斗等,都要"大开祠堂门",由长老聚合全族商议,形成决议后敬告祖先施行。以之补充国家行政权力的不足和疏漏,如族人犯有偷盗、奸淫、忤逆不孝等劣迹,均由族中长老共同议决,按家规、家法处理,一般忌讳向官府提起诉讼。可以说宗祠是中国古代乡村自治的最重要的组织形式之一。

### 8.设置义仓

兰溪的回字形宗祠均由富户捐资购置的公田、义田、祭田之设，租谷收入则在宗祠的耳房或厢房设置义仓，由族中公认的正直贤能之士管理，除供祭祀、修祠开支外，主要用于以丰补歉，赈济族中的贫病孤寡之人，或置义冢、安葬族中无土的丧者。大饥荒年月，则出谷"均食宗亲"，形成"道德相讲，贫困相周，患难相恤"的氛围，起到一种以血缘为合力的基层社会保障作用。它维护着宗族的稳定性，即"齐家"，进而达到维护封建王朝的长治之安，即"治国""平天下"的目的。

### 9.伸张女权

古人说："夫妇乃人伦之始。"又说："妻者，齐也。"表达了一定的"男女平等"的思想。古代封建王朝均标榜"以孝治天下""母以子贵"，所以女性在宗族中的地位并不像人们所想象的那样卑下。而子孙众多的女性在宗族中的地位尤其崇高，一如《红楼梦》中的贾母。在兰溪的宗祠中，寝室的神龛同样供奉历代女性祖先的神主，她们的神主牌位都与男性祖先的神牌位并列在一起。衣蟒腰玉的男性祖先遗像也都并列绘着凤冠霞帔的女性祖先。除了在祠前建筑节孝、节烈、贞节等石坊表彰族中杰出女性外，有的还在宗祠中辟专室祭祀这些女性，如长乐村金大宗祠专设崇德祠祭祀孀妇叶氏老太，用以表彰她捐巨资兴建宗祠的功德。再如诸葛村巨商诸葛韵笙之母赵太夫人九旬寿诞时，以巨资捐给祠堂，作祭祀及举办女学之用，从此族中女性在祭祀活动中也能分到一份胙肉和馒头，伸张了女权。在祭祀上菜时，也由女眷依次传递供碗，最后由族中辈分最高的女性捧放在供桌上，一如《红楼梦》中所记

"宁国府除夕祭宗祠"故事。

## 五、背景

兰溪回字形建筑的创建,其文化、经济实力等背景有:

1.回字形建筑与宋明以来人们浓厚的祖先崇拜,敬宗睦族的观念密不可分

宗祠被视为木本水源之地,慎终追远之所,其兴衰关乎宗族的兴衰荣辱,所以历经兵燹水火之后,也必克服千难万苦,屡毁屡建。不然:"则祖宗何事而有子孙为,即子孙何事而其身为?"(《高隆诸葛氏宗谱·重建宗祠蠲启》)如诸葛丞相祠堂、上戴戴氏宗祠、渡渎章氏家庙均毁于太平天国兵火,而分别于清光绪、宣统年间重建,丞相祠堂的中厅,则直至 1930 年才完工。

2.具有雄厚的经济实力

规模宏大的回字形宗祠,所费财力物力至巨,非有雄厚的经济实力不能兴建,须由"族属数百家,人民几千口"(《高隆诸葛氏宗谱·重建中庭记》)之宗族在族内有识之士倡导下,由族中殷实者踊跃捐助,贫寒者量力出钱出力方能兴建。如据下孟塘《孟塘徐氏宗谱》记载,该村徐氏在明末清初时已"人丁繁衍,约有千数之多",故能有实力兴建大宗祠。再如光绪二十二年(1897)重建诸葛丞相堂,此时尚未重建中厅,共费白银四千余两,非小族小姓所能望其项背。兰溪自唐宋以来经济繁盛,特别是自明清以来以中医药业为代表的商业兴盛数百年不衰,"贸易半中国"(《高隆诸葛氏宗谱,重修宗谱序》),商人远输经营致富,仕宦捐其廉俸,中家以下量力捐输,群策群力,而且各宗族相互攀比,才有兰溪回字形宗祠美轮美奂、雄峙各乡的盛况。虽然如此,限于当时的生产力水平,

兴建这类宗祠工程浩大艰巨，鸠工庀材，实属非易，如长乐金氏大宗祠于明万历三十三年(1605)兴建，至崇祯八年(1635年)才大体完工，历时三十余年，生塘胡大宗祠于明万历年间兴建，其中厅则于清康熙十六年(1677)才完工，前后历时七十余年，可见当时兴造之艰辛，非今日之人所能想象。

## 六、艺术、科学

### 1.选址

回字形宗祠一般常建在村庄外围或村中，地势较空旷而不靠近住宅，而又便于族人集聚祭拜，一般背倚山坡，前临流水或道路，后有依托，前有对景，左龙右虎。宗祠门前多设半月塘，除了蓄水消防外，更体现了中国传统哲学戒满惧盈的思想。背风向阳，层层升高，体现了堪舆学上蕴世生气的要求。体现了崇尚自然、顺应自然的美学观。

### 2.平面布局形制

回字形的平面布局实际是北方的四合院式建筑加上一座壮观的中厅，其平面和空间中轴中正，左右对称，主次分明，合中有分，分中有合，以群体的空间布局来体现一种伦理的规定，一种人文的秩序。形成风格基本统一而又有变化，是以礼为纲的前朝后寝形制的变体，循序渐进，空间不断变化，层次丰富，境界庄严幽深，符合血缘家族聚合的心理要求，体现了敬天法祖的理念，达到了审美与实用功能的完美统一。回字形的建筑各个独立的单体由廊庑连接成一个整体，虚实相间，建筑空间与庭院空间相互交融，打破了平静沉闷的感觉，增添了纪念性建筑的生机气氛。同时对于建筑的防风防火抗震也起到一定作用。

3.建筑与装饰艺术

一座回字形宗祠可以说是一座古代传统建筑、装饰艺术的博物馆,其大木作、泥水作、石作等建筑技艺往往符合宋《营造法式》或清工部《工程做法则例》的规定,同时,又有兰溪工匠的许多独特创造,既有北方四合院建筑、宫殿式建筑的风貌,又有兰溪独特的地方特色。其时代脉络清晰,传承演变过程有序,一座座回字形宗祠又组成一个传统建筑、装饰艺术的博物馆系列。其装饰艺术则有兰溪乃至浙西建筑注重雕琢的特点,举凡木雕、砖雕、石雕、泥塑等种类齐全,浮雕、圆雕、平雕、透雕等手法繁多,仙人、花卉、珍禽、瑞兽、物品、亭阁等题材丰富,寓意吉祥,表达了人们追求幸福生活的美好愿望。具有极高的艺术欣赏价值。宗祠的楹联、匾额更是语句隽永,意境高雅,极具伦理教化意义,如芝堰孝思堂有一副"扈跸南来,君开国臣传家,附翼攀鳞,五马双旌驻浙水;分符西出,孙贻谋子式毂,鸣珂列戟,一宗两派逮严陵"的楹联,与书法艺术相结合,可谓珠联璧合,熠熠生辉。

总之,兰溪回字形宗祠建筑规模宏大,形制独特,建筑、装饰艺术精美,保存尚称完好,具有较高的历史、文物、艺术和实用价值,是一份珍贵的历史文化遗产,堪称中国建筑史上的一朵奇葩,值得珍视。建议可以联合申报国家级文保单位,在条件成熟时也以福建土楼为例,申报世界历史文化遗产,以便能得到妥善和永久的保护。

载《中国文物科学研究》2009 年第 2 期

# 浅论兰溪传统民居的楼上厅建筑

【摘要】浙江兰溪市自古以来田园富庶,经济繁荣,其传统民居类型丰富、用材考究、雕饰精美,被誉为明清建筑的"富金矿"。在众多的民居中,有一类被称为"楼上厅"的民居建筑,其特点是楼下相对低矮,楼上高敞,楼下雕饰简单,楼上雕饰华丽,多作待客宴筵之所,规格较高。楼上厅为干栏式建筑的演变和发展,又有兰溪鲜明的地方特色,是一份珍贵的历史文化遗产。

【关键词】兰溪　传统　民居楼　上厅

## 一、概述

省级历史文化名城兰溪市位于浙江中西部,扼钱塘江上游,地处衢、婺、兰三江汇合之处,有"三江之汇,七省通衢"之称,唐咸亨五年(674)建县,迄今已有一千三百多年。自古以来田园富庶,山水风景优美,水陆交通便捷,商品经济繁荣,人文荟萃,古迹众多。遍布城乡的明清建筑如宗祠、寺庙、民居、牌坊等数量众多,类型丰富,是我国乡土建筑的一朵奇葩,被故宫博物院杨伯达等专家誉为古建筑的"富金矿"。其中,有一类称为"楼上厅"的民居建筑,其特点是楼下相对低矮,楼上高敞,楼下装饰简单,楼上雕饰华丽,用材考究,规格高贵,如有的连橡木都做成方形,并雕弦纹来装饰。一般均为富商巨贾、官宦之家所享用,多作接待宾客、喜庆宴会之用。其结构有排屋、三间两搭厢、对合楼、对合加楼上厅、前厅后堂楼、三间两搭厢串联等多种。屋前屋后则多设庭园,点缀花木山石之类。楼上厅为干栏式建筑的演变和发展,其起源可追溯到七千年前的河姆渡文化,是针对南方炎热潮湿的气候环境而采用的一种建筑形式。兰溪的楼上厅既有徽派建筑的某些特点,又有自己鲜明的地方特色。是一份珍贵的历史文化遗产,具有极高的历史和科学、艺术价值。

兰溪的楼上厅建筑现存数十幢,主要集中于兰江以西的西乡地区如诸葛、长乐、芝堰等古村落,其他地域也有零星发现。现择其要者介绍如下:

(一)长乐村

长乐村是元代大理学家金履祥后裔聚居地,位于兰溪、龙游、建德三县市交界处,距兰溪市区 18 公里,为明清时期典型的传统村落之一,1996 年 11 月列为国保单位,现存有金大宗祠、望云楼等 60 余幢明清建筑。

1.望云楼

望云楼,坐南朝北。三开间,通面阔 12.8 米,其中明间阔 4.6 米,次间宽 4.1 米;通进深 8.25 米。左右山面筑廊,面宽 1.8 米,廊的北端设扶梯至楼上厅。楼上厅两侧为厢房,通面阔 10.13 米,通进深 4.8 米,厢房后檐墙两端开设门洞,居民由此进出。

望云楼楼下低矮,高 3.26 米,用作通道和一般生活起居,楼上高敞,高 6.5 米。明间两缝抬梁式,为内四界带前后双步廊。梭形柱,柱头卷刹,礩形柱础。五架梁和三架梁之断面矩形,略呈琴面状,梁之两端刻眉月状龙须纹。单步梁作鸥鱼状,五架梁两端之底部用丁头栱和雀替支托,而且栱瓣砍削明显。五架梁上用隔架科两攒,并用讹角栌斗,顺檩方向出二翘,栱饰象鼻昂,升的两侧饰枫栱、上托花机。下金檩下皮透雕飞禽走兽和牡丹云彩等图案,雕刻精致,形态逼真。楼上厅前沿用栏杆,望柱头雕束莲,栏杆外侧铺设雁翅板。

望云楼前面设有小天井,天井前沿筑有一道8.5米的照墙,太湖石须弥座墙基,雕刻松竹图案,其主要作用是防火、防盗、防风雨和"避凶趋吉",同时使住宅形成一座既安全清静的封闭式院落。

望云楼楼上明间后金柱间挂有木匾一块,书"望云"两字,此乃楼主表示不忘其祖居望云乡之意,刻之以复姓为念,示不忘本。

从望云楼的建筑结构和《潋西长乐金氏家谱》分析,此楼是明代成化至正德年间的建筑,属当时任莒州知州叶盛的故居,叶氏后复姓为金。为明代官宦住宅之典型,也是本省明代建筑的精品之一。

2.金志云宅

该宅坐南朝北,建于明代,三开间,通面阔12.5米,通进深15米,明间阔4.8米,次间阔3.2米,进深6.3米。正厅之前有天井,天井阔5.5米,进深2.3米,两侧为廊。正厅楼下高3.4米,楼上高6.4米,明间后廊设扶梯,为楼上厅建筑之一。

明间梁架抬梁式,为内四界带前后双步廊,但后下金柱用落地做法。礩形磴,梭形柱,柱头稍有卷刹,上置讹角栌斗。五架梁断面为雪茄状,两端雕半月状龙须纹,下皮用丁斗栱和雀替承托,上端置隔架科二攒,出二翘,栱瓣砍削明显。隔架科之间为三架梁,断面为雪茄状,两端雕半月状龙须纹,梁上用斗栱承托脊檩。单步梁呈月梁状。前双步梁两端下皮用扇形雀替,雀替图案为鸥鱼吐水。中金檩下皮浮雕为凤穿牡丹纹。后额枋上置平身科二攒,一斗六升。边缝梁架抬梁与穿斗相结合,但用落地中柱,鸥鱼状单步梁。

楼上前沿用栏杆和仰莲蜀柱,外施有雁翅板。四周墙体为马头式封火墙。左侧边门为砖雕挑檐,中间饰砖雕狮子一只。

3.金舜尧宅

该宅与金志云宅仅一墙之隔,位于金志云宅后。明代建筑,坐南朝北。平面三间,通面阔 10.98 米,通进深 20.4 米,正厅明间阔 4 米,次间阔 3.2 米,进深 7 米。前为天井,阔 5.5 米,进深 2.5 米。

天井两侧为厢房,原与金志云宅相连接。明间老檐柱间原有罩壁一道,后置楼梯,楼下较低矮,高 3.26 米,楼上高敞,高 4.95 米。

明间梁架为内四界带前后双步廊,五架梁断面呈雪茄状,两端雕刻半月状龙须纹,下皮承以扇形雀替,图案为鸥鱼喷水。梁上置隔架科二攒,出二翘,栱瓣砍杀二瓣。三架梁两端雕刻半月状龙须纹。鸥鱼状单步梁,金檩底部用花机。明间金柱柱头卷刹,上置讹角栌斗,柱稍呈梭形,鼓形柱础。

边缝梁架为穿斗式,后檐枋上置平身科二攒,一斗六升。前檐柱上用牛腿,浮雕戏剧人物,此牛腿为后加。原有晾台,牛腿上置花篮状木栱承托晾台。前檐额枋下雀替浮雕戏剧人物,厅堂前有木雕冰裂纹天花板。四周墙体为马头式封火墙,前沿封火墙上有墨书"福"字。该宅为楼上厅之一。

4.金竹生、金勇生宅

该宅始建于明代,坐南朝北,平面三开间二过厢一天井。明间阔 4 米,次间阔 3.5 米。梭形柱,侧脚生起,柱头卷刹,鼓形柱础,下垫覆盆。

明间中缝梁架为内四界带前后双步廊，五架梁断面呈雪茄状，梁嘴两端刻半月状龙须纹，下以扇形牡丹纹雀替及丁头栱承托。梁上置两攒隔架科，出二翘，两攒之间为三架梁，断面呈雪茄状，两端刻眉月状龙须纹。三架梁上置一斗三升斗栱，承托脊檩，鸥鱼状单步梁。前后金檩下皮浮雕仙鹤祥云花草纹。后额枋上置平身科二攒，一斗六升。边缝梁架穿斗与抬梁相结合，单步梁鸥鱼状。金檩以鸥鱼花机承托。两次间后檐枋上置平身科二攒，一斗六升。

楼前檐置栏杆，原有雁翅板已毁。左侧厢房设楼梯，前有门，右侧厢房楼下有边门。四周墙体为马头式封火墙。该宅属楼上厅之一。

5.金根寿宅

明代，坐西朝东，略偏南。平面三间二进一天井，通面阔 13 米，通进深 16 米，明间阔 4.5 米，次间阔 4.25 米。左侧厢房置楼梯，楼上稍高。礩形柱础，梭柱，柱头卷刹，上置讹角栌斗。

明间梁架为内四界带前后双步廊，五架梁断面呈雪茄状，两端刻半月状龙须纹，下以扇形鸥鱼喷水纹雀替及丁头栱承托。梁上置隔架科二攒，出二翘，二攒之间为三架梁，两端刻半月状龙须纹，梁上置一斗三升斗栱承托脊檩。鸥鱼状单步梁。边缝梁架为穿斗式。后额枋上置平身科一斗三升。

楼上前沿置栏杆及仰莲蜀柱，外施以雁翅板。四周墙体为马头式封火墙。宅前有披屋，为后来所建。

6.金文松宅

清代，坐西朝东，为三间二厢一天井，通面阔 11 米，通进深 7 米，明间阔 3.3 米。鼓形磉，直柱。该宅梁架为内四界带前单步廊式,边缝为抬梁与穿斗式相结合,中缝五架梁为月梁,两端刻半月状龙须纹,下承以素面扇形雀替,梁上置瓜柱两根以承托三架梁,三架梁也为月梁,两端刻半月状龙须纹,梁中间置瓜柱及讹角栌斗以承托脊檩。抱头梁两端龙须纹,下承以卷草纹雀替。檐柱前置蕉叶纹撑栱,上置蝴蝶木,前出一象鼻昂。次间屋檩全部置于两侧山墙上。

楼下随梁枋素面无纹,下置花草纹扇形雀替。明间前有一小天井,左右设厢房,右侧朝北开一大门出入。

## (二)诸葛村

古称高隆,元代建村,为诸葛亮后裔聚居地,位于兰溪市西部,距兰溪市区17.5公里,现有宗祠、民居、作坊、店铺等传统建筑200余幢,1996年列为"国保"单位。

### 1.诸葛寿富宅

占地面积288平方米,明代建筑,平面为三间三进两明堂。前进设有金鼓架,靠天井设雁翅板以挡雨。楼上厅,明间为四柱九檩,月梁檩柱接点均施斗栱。单步梁作鸱鱼状,中进楼上厅,靠天井设雁翅板,结构与前进相似,后进已毁。

### 2.五世同堂宅

占地面积330平方米,清代建筑,坐北朝南,为三间三进两明堂,硬山顶。砖雕门楼。中进前用双檐带副阶,楼下明间用四柱承托月梁,月梁断面鼓形。两端饰龙须纹,楼上明间为内四界带后双步廊,其中金檩下有连环方胜浮雕,木直柱,鼓形柱础。次间梁架为抬梁与穿斗相结合,各柱檩接点均施斗栱。

### 3.敬如堂

清代建筑,原为三间对合,现存后进,占地面积80平方米,硬山顶。楼下明间用四柱,有承重梁,方形楼栅,下有连环方胜浮雕,两端用斗栱承托。楼上明间梁架四柱九檩,为内四界带前后双步廊,木直柱,鼓形柱础,五架月梁带前后双步廊,月梁两端刻眉月状龙须纹,梭形柱,礩形柱础,上置讹角栌斗,次间梁架穿斗式。

4.诸葛高嵩宅

占地面积250平方米。清代建筑,平面为二进二明堂,砖雕门楼设于北厢。第一进前檐墙为一朝内八字,砖雕照壁,楼靠天井设晾台,用蝴蝶状斗栱承托。楼下有承重梁,前有轩廊,额枋上有高浮雕。狮子抢球图案,檐柱置鲤鱼跳龙门图案牛腿。后进楼上厅,楼上明间梁架为内四界带前四架卷棚后双步梁,梁为月梁。梁断面呈矩形,接点施斗栱。椽木方形,两侧刻弦纹,有望砖。两进均为木直柱,礩形柱础。下金檩下皮高浮雕双凤朝阳图案。后进楼下次间为卧室,房门门罩饰冰裂纹梅花金钱图案,金钱刻"道光通宝"字样,屋后有花园。

(三)芝堰村

位于兰溪西北部黄店镇,距兰溪市区26公里,为一陈姓血缘村落,南宋时建村,是明清时期传统村落典型之一,1997年列为省级文保单位。村中目前保存有衍德堂、孝思堂、成志堂等数十幢明清宗祠、民居建筑,布局合理,建筑风格、形式多样,发展序列清晰。

1.成志堂

建于清乾隆三十年乙酉(1765),坐北朝南,平面三开间带两侧屋四进三明堂,分门厅、前进(正厅)、中进和后进。硬山顶。

正门呈小八字形,为一道可开启的木框屏风门,檐口出跳,两翼角上翘,进深0.65米。梁架不露明,有平棋,前后檐均用牛腿支托檐口。后檐柱间开设六扇板门。门枋上用平身科二攒，一斗六升，用两门柱，柱为方形，凹角青石柱础，卷草纹牛腿。

成志堂正厅三开间带两侧屋，通面阔 17.7 米，通进深 7.8 米，明间面阔 4.2 米，次间阔 3.65 米。侧屋面阔 3.1 米，实际为五开间。悬山顶，正厅进深七檩，有楼，前檐及两厢重檐。明次间中缝梁架结构均为穿斗式，楼层空隙处用芦秆、篾片编织密封，抹上石灰，底层梁架明间中缝为内四界带前轩后廊，雪茄状梁，两端刻半月状龙须纹，梁上有梁枋承托楼层，梁底雀替雕刻成楼阁状。明间前廊为卷棚式结构，次间前廊为天花板。梭形柱，有垫砖，勾头滴水，明间檐柱饰卷草纹牛腿。前檐柱础呈八角球形，雕刻牡丹、寿桃、石榴等图案，后金柱柱础为素面八角球形，前金柱础为仰莲式。次间金柱础为鼓镜式。三合土地。天井两侧为厢房。天井石砌，低于前进地面 16 厘米，马头墙。

后额枋上悬一木匾，中间横书成志堂三大字，右边竖写"乾隆乙酉"四字，左边竖写"孟秋之吉"四字。据《宗谱·传·陈康山先生传》记载，成志堂为该村人陈康生继承父志而建，故名成志堂。该堂开间为五间，有逾礼制，或系该村地处偏僻，天高皇帝远，礼法松弛所致。

中进为楼上厅，明间面阔 4.25 米，次间阔 3.85 米。楼下高 3.5 米，楼上高敞，高 5.6 米。楼上梁架和三架梁之断面呈矩形，略呈琴面状，梁之两端刻眉月状龙须纹，单步梁为鸥鱼状，曲线优美，五架梁两端之底部用丁头栱和雀替支托，栱瓣砍削明显。五架梁上用隔架科两攒，并用讹角栌斗，顺檩方向出二翘，栱之上端饰象鼻昂，升的两侧饰枫栱上托花机。檩之下皮浮雕连环方胜等图案。后檐有升斗。前沿设晾台，台上有宫式护栏。梭形柱，柱头卷刹，用柱头科及隔架科出一至二翘，有平身科二攒一斗六升。鼓形柱础，其腹部比例为二分之五比三,类似直筒形。次间梁架抬梁与穿斗相结合,单步梁呈鸥鱼状。天井两侧为厢房,左侧厢房已毁。天井比正厅地面低16厘米。中进从风格分析,应为明代建筑,与正厅建造时间明显有先后之别。

天井右侧有石缸一口,口径1.1米,壁厚6.5厚米,口沿外侧雕刻"天顺柒年仲春良旦芝溪适生佰胜置"十五字。据《宗谱·世系》载,佰胜名陈,字佰胜,生天顺六年壬午(1462),而迄今已有五百余年。

后进平面为三间带一夹弄。两侧有厢房与中厅相连,中间有天井与中厅隔开。现两侧厢房结构已变动,主建筑结构完整,其明间面阔4.6米,次间面阔3.95米,夹弄面阔0.82米,通面阔15.12米,通进深8.35米,该厅楼下楼上都非常高敞,明间用六柱,梁架为抬梁穿斗混合式,各柱间之间设有双步月梁,梁嘴饰龙须纹。双步梁上设有童柱,童柱与中柱间又设单步月梁,梁嘴也饰龙须纹。次间也用六柱,梁架为穿斗式。其檐设廊,各间相通,其余均有隔断。楼梯设在明间后廊,中柱间又有一道屏门将前后隔成两部分,格子屏门共六扇。次间前金柱间有隔断门窗。楼上前檐也设廊,各间互通,靠天井设有护栏,护栏外有雁翅挡雨板。各柱柱头均设出一跳斗栱。前檐金柱间及檐柱间额上均设有一斗三升平身科二攒。次间中柱间也设有一道枋,枋上有一斗三升平身科一攒,承托脊檩。

2.世德堂

建于明代,为三开间对合式,东面加阔2.5米,作门厅用,正门开于东厢房外,后进东侧亦开边门,均与街相通,该堂坐北朝南,位于成志堂前东侧。

前进楼上梁架为三柱五檩,有中柱。梯设于次间后部,楼上隔成四间用房。后进为楼上厅,通面阔 10.68 米,通进深 5.8 米,明间面阔 3.74 米,次间面阔 3.47 米。楼上明间中缝内四界带前后廊,月梁造,五架梁断面呈雪茄状,两端刻眉月状龙须纹,下以丁头及卷草纹雀替承托,梁上置驼峰以承托檩条,两攒斗栱之间设三架梁,梁上置瓜形坐斗,上承水浪纹替木,下垫驼峰。花机等结构制作讲究。楼下高 3 米,楼层高 4.8 米,梯设于太师壁后,梭形柱,上置凹角栌斗,礩形柱础,三合土地,马头墙。

楼上后檐柱间设额枋,额枋上置一斗三升平身两攒。额枋有一横匾,上书"世德"二字,右竖书"万历乙卯年立",左竖书"慈溪叶元泉书"六字。

3.刘友生宅

建于明代,为三开间两搭厢式。三合土地,马头墙。

平面三间,通面阔 10.9 米,通进深 13.4 米。明间中缝梁架为内四界带前后双步廊,五架、三架梁断面呈雪茄状,两端刻半月状龙须纹,下承以扇形雀替,图案为鲤鱼喷水。梁上置隔架科二攒出二翘,栱瓣砍杀二瓣。单步梁为鲤鱼状,金檩底部用花机。明间金柱为梭柱,柱头卷刹,上置凹角栌斗,礩形柱础。该宅为楼上厅之一,梯设于太师壁后,天井两侧为厢房。

4.陈汉口宅

明代,三间两进一明堂式。三合土地,马头墙。

前进三开间,明间中缝梁架为内四界带前后廊式,五架梁呈雪茄状,两端刻半月状龙须纹,下承以卷草纹雀替及丁头栱,梭柱,礩形柱础。

后进为楼上厅,梯设于太师壁后,楼下梁呈矩形,有随梁枋承托楼栅,双步梁为月梁,梭形柱,礩形柱础。楼上原较高敞,因整修,截去各柱柱头约 0.7 米,重新上檩条及椽木,因此难以见到梁架结构之原貌。楼下右侧房开边门通正街。

天井两侧为厢房。天井低于正厅地面 15 厘米。

5.陈新回宅

清代,三间两搭厢式。三合土地,马头墙。

楼上明间中缝梁架为内四界带前后廊式,五架梁断而呈雪茄状,两端刻眉月状龙须纹,上置瓜柱以承托脊檩,边缝梁架为穿斗式,直柱。上置凹角栌斗,鼓形磉。该宅为楼上厅之一。

(四)其他

1.爱敬堂

在诸葛镇厚伦方村,省保单位。明代建筑,俗称大楼。坐西朝东南,三开间两搭厢一天井,天井狭小,楼梯设于左厢房。通面阔13.3 米,通进深 7.9 米。楼用五架七檩,平身科明间、次间均二攒,五踩,计心造。明次间均置覆斗形藻井,藻井四周各施斗栱三攒。柱头卷刹,上置凹角栌斗,礩形柱础,下垫覆盆,硬山顶。

2.孙氏堂楼

省保单位。坐落在兰溪城西郊约 17 公里女埠街道现坦村东北部。建于明初,为一座三开间楼上厅建筑。楼上高约 3.4 米,楼下高约 6.4 米。堂楼坐东北,朝西南,共三间排丘屋加一小楼梯弄。明间宽 3.9 米,次间宽 3.8 米,楼梯弄宽 1.4 米。明间金柱周长 0.94米,中柱落地,柱头置瓜棱形栌斗。柱头斗栱出跳一次,两次间阑额上有二垛一斗三升斗栱。明次间梁架均为五架中柱落地加前后双步廊,前再加一双步廊。月梁近似半月形,线条优美,梁两端刻半月状龙须纹,梁两端下置牡丹纹扇形雀替,下以丁头栱承托,单步梁为鸥鱼状。明、次间上下金檩下皮浮雕风穿牡丹或连环方胜花卉图案,檩下两端置牡丹纹水浪花机,下以丁头栱承托。顺檩方向置花卉纹纱帽翅状枫栱。梭形柱,近似鼓形柱础,青砖地,硬山顶。四周墙已全部修建。

### 3.树滋堂

建于清康熙四十七年戊子(1708),位于横溪镇施宅村中,四周皆民宅。施宅新厅,又称树滋堂。坐东朝西,占地面积230平方米。马头墙,硬山顶。平面布局为三开间二厢。

门楼为四柱三楼砖雕门楼,木头门框。各楼面下均有斗栱支撑,方形柱础。门额上书"翠绕华堂"及"康熙岁次戊子"题款。

正屋三开间,通面阔11.5米。重檐,有楼,通进深10.75米。明间五柱落地,五架前后双步带一附阶,附阶为四架卷棚,月梁造。次间六柱落地,穿斗与抬梁相结合。三间全设平棋。老檐柱、前金柱间楼栅高浮雕凤凰、葵花等图案,枋下有丁头号栱支撑。楼上明间四柱九檩,五架梁前后双步廊,月梁造,用鸥鱼吐水状单步梁。次间穿斗与抬梁相结合。

厢房两边各两间,有楼,结构简单。

### 4.修世堂

建于明代,位于黄店镇上唐村中。平面布局为三开间一天井前楼后堂式。后进高耸,建于高坡之上,明间中缝梁架为五架月梁带前后双步廊,礩形柱础。前沿设青石护栏,左右有踏道可上。前进为楼上厅,楼上明间中缝梁架为五架月梁带前后双步廊,梭形柱,上置凹角栌斗,礩形柱础。单步梁作鸥鱼状。靠天井设格扇窗,横枋出头于天井,前端雕刻太极阴阳鱼图案,远观如鲤鱼头,形制独特。大门口设棋杆石一对。

### 5.张氏民居

明代建筑,位于兰江街道大阜张村中。为一三开间排丘屋。楼上厅,楼设明间太师壁后,楼上明间中缝梁架为五架梁带前后双步廊,月梁造,月梁两端刻眉月状龙纹,下以牡丹纹扇形雀替及丁头栱承托。梭形柱,礩形柱础,柱头卷刹,上置凹角栌斗,单步梁作鸱鱼状。三合土地,硬山顶。据《大阜张氏宗谱》记载,大阜张为明隆庆探花、万历间内阁首辅赵志皋外婆家,赵志皋少年时曾在此楼读书。

6.章郭巷9号民居

明代建筑,位于城区章郭巷9号。平面布局为三开间对合楼,坐南朝北,前进次间朝东开大门,门框包以泡钉青砖。前进楼上明次间梁架为五架月梁带前后单步廊,后进楼上梁架为五架月梁带前后双步廊,梭形柱,上置凹角栌斗,礩形柱础。上下金檩下皮浮雕凤穿牡丹图案,月梁下两端以丁头栱及花卉松叶扇形雀替承托。枫栱作如意状。楼下抬梁为扁尺梁。楼上高敞,有望砖,楼梯设太师壁后。该民居为兰溪城区现存唯一的明代楼上厅建筑,十分珍贵。

二、渊源及演变

楼上厅是干栏式房屋的变种。从现有考古资料可以得知,早在七千年前的河姆渡文化时期,干栏式房屋即已存在。由于南方气候炎热潮湿,地势低洼,在古代野外又多蛇虫虎狼,出于安全考虑和防潮避湿的需要,南方古越人多以干栏式建筑作为居住的主要形式,其形制现在西南少数民族地区还大量存在,如云南傣族的竹楼、湘西的吊脚楼等等。

兰溪的楼上厅建筑始于何时,地方史志也无明确记载。宋《营造法式》记载的多为北方官式建筑,也没有记载楼上厅的做法。《水浒传》成书于元末明初,书中第二十四回说到武大郎在阳谷县紫石街凭房居住,遇见兄弟武松,嫂子潘金莲请武松上楼坐,安排酒食管待。这楼是否是楼上厅,书无明示。从兰溪现存楼上厅建筑来看,最古老的数长乐村的明山东莒州知州金盛的住宅望云楼,建于明成化至弘治年间,距今已有六百余年。从兰溪地区现存民居的历史演变来看,封建社会民居的形制、规模、雕饰等演变相当缓慢,由此可以推断兰溪的楼上厅早在宋元时期就已存在,并基本定型。至明代中晚期特别是嘉靖、万历年间,虽然皇帝昏庸,朝政腐败,但社会相对安定,经济繁荣,故楼上厅的营建盛极一时。至清初人们居住的重心开始向楼下转移,楼下厅的兴建兴盛。至乾隆、嘉庆、道光时期,虽然也有楼上厅的建设,但多出于一种复古意识的需要,在实际生活中,人们的起居、宴会等都侧重于楼下,形成楼上厅与楼下厅并重的局面,道光以后,楼下厅盛极一时,楼上一般退居于储物间的地位。这中间是否与明清时期气候变化有关,笔者未作深入探究。但据有关专家研究,明朝时期我国气候普遍偏冷,而清代则气候偏暖。从南方木结构居居的特点来看,楼上厅上复青瓦,夏天接受大量的热辐射,虽然有望砖、望板起一定的隔热作用,但楼上温度较高,高温季节居在楼上,又没有现代的空调、风扇等设备,人会感到非常难受。清代楼上厅走向衰微,人们的生活重心向楼下转移,显然与气候的变化存在一定联系。

### 三、背景

清代《高隆诸葛氏宗谱》里的《重建中庭记》中说:"族属数百家,人民几千口,上则高楼大厦,前层后进,画栋雕梁,中则三间两厢,厨房柴所;下则数椽茅屋,亦可栖身。"清初大戏剧家李渔建伊山别业,也只是"山麓新开一草堂,容身小屋及肩墙"。明清时期,社会分化严重,贫富悬殊,在一般民众只能居住简易木构砖瓦屋甚至泥墙茅屋的状况下,能居住楼上厅无疑是一种奢华的享受,也可以说是当时的"豪宅"了。建造这种豪宅需大量金钱,其来源有:①经商。兰溪的楼上厅之所以能在明清时期兴盛,这与当时兰溪的地理交通位置及经济传统有关。兰溪地处衢、婺、兰三江之汇,在古代以水运为主要交通方式的时代,交通颇称便捷,因而外出经商的人多,经济富裕。这与传统的"以农为本"的观念大相径庭,当时进步思想家如黄宗羲、唐甄等人提出了"工商皆本"的主张。《高隆诸葛氏宗谱·重修族谱序》则提出了"士农工商,谓之四民,四民具备,各举其职,而国力以强"的"四民并重"的观念。明清两代,兰溪中药业兴盛,药店遍布大江南北,火腿、蜜枣等也行销全国,商人经商致富后,余利带回家乡,但家乡人多地少,不能广置田产,于是用这些钱大兴土木,竞相夸耀,住宅也就越造越考究。②做官。兰溪文风鼎盛,旧时书院有云山书院等二十余所。宋代兰溪有进士一百一十二人,明代有六十八人,清代士人多不愿出优异族,成绩下降,但也有二十三人,加上武进士有十余人,这些人在朝做高官或外地州府县为官,待遇优厚,虽然不能说多数是贪官,但"三年清知府,十万雪花银"也并非过度夸张。如《儒林外史》第四回借严贡生的口说:"我这高要是广东出名县分;一年之中,钱粮、花布、牛、驴、渔船、田房税,不下万金。"正如明代李贽所说,当时读书人,"志于高官重禄,好田宅"。这些人回乡后将官囊所得,兴建高楼大厦,以娱晚年,也是当时士林风气。③经营土地。明清两代,土地兼并严重,"富者田连阡陌,贫者无立足之地""占地者十无一二,佃田者十之四五,而无田可耕者十之三四"(旷敏本《岣嵝删余文章》)。这些地主乡绅,每年田租收入巨大,如兼营工商业，或子孙有在外为官者，更如虎添翼，成为地主、商人、官僚三位一体的特殊阶层。所以这些富丽堂皇的楼上厅，也多为这些富豪之家所兴建、拥有。这也可从一个侧面窥见当时社会生活的真相，特别是官僚地主、富商的生活方式，了解人们的实际价值取向。

## 四、功能与建筑特色

### (一)功能

楼上厅与楼下厅一样，都具有起居、待客等功能，只是一在楼上，一在楼下面，有所区别。楼上厅起居有其优点，一是避潮，在南方特别是梅雨季节，甚至一二月阴雨连绵，水汽淋漓，人易患疮癣、风湿、水肿等疾病，楼上则比较高爽，可以避潮防湿。而楼下相对阴凉，到高温季节，气温达30℃至40℃时，则可移居楼下，以避酷暑。待客或安排宴筵，一般都在寒冷岁底年初如除夕、元宵节等，或气候宜人的端阳、中秋两节。按兰溪风俗，冬至、年节则要祭祖。除此之外，还有寿诞、会亲、定亲、结婚、回门、孩子满月等也都要设宴待客。此时在楼上待客饮宴，也较为相宜。二是采光，兰溪民居一般天井狭小，窗户不大，而楼上厅多设有前轩，面临天井，便于采光。楼上厅还有另一种功能即供奉祖先牌位。如厚伦方村的爱敬堂、现坦村的孙氏堂楼等，都在楼上设有神龛、供奉本房派的祖先神主牌位，实际上起到香火厅的作用。故如爱敬堂，明次间都采用复斗形藻井，规格较高，气氛庄严。再有一种是庋藏，主要作藏书楼用，如明代徐介寿的百城楼藏书五万余卷，陆瑞家万书楼藏书十余万卷，胡应麟二酉山房藏书四万余卷，这些都是楼上厅。胡应麟《二酉山房记》说："山房三楹，中双辟为门，前施帘幌，自余四壁周列庋,二十四庋尺度皆齐一,中遍实四部书,下委于础,上属于椽。"二酉山房前些年还存在,后来拆毁。

(二)建筑特色

兰溪虽属婺州八县之一,但其民居建筑风格与金华其他县市如东阳、永康等地方不同,自成体系,与龙游、建德及皖南徽派建筑互为影响,比较相近。有学者认为因徽商在兰溪经商人多岁久,久而久之把兰派建筑风格带回徽州,因此反而是徽派建筑受兰溪建筑的影响较多。楼上厅与其他民居在建筑上一般也都是粉墙、青瓦、马头墙、三合土地,没什么大区别。其特点在:

1.层高

楼上厅最大特点是楼上高敞,楼下低矮。而一般楼下厅则正好相反,为楼上低矮而楼下高敞。如望云楼,楼下层高3.26米,而楼下自上脊檩下皮至楼板为6.5米,金志云宅楼下层高3.4米,楼上高6.4米,上下高低区别非常明显。

2.梁架及雕饰

一般楼屋或楼下厅,楼上梁架非常简单,多为穿斗式,也无任何雕饰。而楼上厅的楼上梁架则极其考究,用月梁、月梁线条柔和优美,给人以美的享受。下置丁头栱及扇形雀替,多雕刻凤凰、麒麟等吉祥禽兽花卉。单步梁作鸥鱼状,两个单步梁拼合起来,衬上山墙的白粉壁,就是一个活脱脱的猫脸,所以又叫猫儿梁。柱子多为梭柱,柱头卷刹,侧脚生起,加强了坚固性。柱头置瓜棱形或六角形栌斗,栌斗或雕刻莲花或莲蓬状,十分美观。斗栱,斗栱是高贵的象征,一般在五架梁上置隔架科,后额枋上置平身科,一斗三升寓意连升三级。规格较高的在柱子栌斗两侧置枫栱,枫栱为圆形纱帽翅形状,多透雕仙鹤、凤凰、麒麟等,雕刻精美,寓意子孙世代为官。上、下金檩下处多高浮雕凤穿牡丹、狮子抢球、鲤鱼跳龙门等图案,寓意富贵荣华。明代的楼上厅檐柱没有牛腿,多用倒挂龙状的斜撑承托挑檐。但清代的楼上厅多置狮、鹿等图案的牛腿。门窗的装修更加华丽,前沿常常用精致的冰裂纹或寿字纹、万字纹格扇窗。有的设美人靠,可以坐人。楼前照壁设漏窗,有的漏窗砖雕或灰塑鲤鱼、狮子等图案,有的椽木也十分方整,如诸葛高嵩宅,椽木为方形,两边刻弦纹装饰,照壁的基座、天井的水沟、阶沿石边侧、护栏等也刻莲花、松竹等图案,可以说精雕细琢到了极致。总之,在楼上厅上生活,可以说是美轮美奂,触目无处不美,无处不雅,在有限的空间内获得丰富的景观效果,享受也到了极致。

3.材质

一般楼屋多用杉木,而楼上厅材质十分考究,除吸壁樘板用杉木外,一般月梁、栌斗、斗栱等用香樟,柱子用柏、梓、楠、榧等,如望云楼四金柱就用四根高大正直的香榧木做成,十分名贵。

4.陈设

楼上厅的明间起堂屋的作用,会宾客、设家宴、主管办事都在于此,因此陈设都很堂皇气派。一般后金柱之间设太师壁,上悬匾额,如"望云""世德"等。中间挂堂画如松鹤延年、天官赐福之类,左右挂对联。太师壁前置长条的杠几,杠几前放八仙桌或大圆桌,大圆桌以两个半圆拼合,又称合欢桌或鸳鸯桌。桌左右各放一把有扶手的太师椅。杠几中央一般放座钟或屏风,左右置帽筒、掸瓶之类。柱子一般挂木制对联,四壁挂名人字画,或置博古架陈设古玩。有的杠几上供奉祖先神主,前面则置香炉、烛台,也有平日不供神主,只在年节从宗祠迎回放杠几上,在八仙桌上设祭。堂屋是家的象征,所以陈设气派堂皇。富贵之家,桌、椅、杠几也有用红木、紫檀制作的,更加奢侈。次间、梢间或厢房一般作卧室用,门上设门罩,挂门帘以隔绝内外,也是小姐起居的绣楼。房内多陈设朱漆描金的宁式床、拔步床及桌椅、橱、柜等。床是家庭的主要财产,有的雕刻精细,被称为千工床,意思是要用一千个工作日才能完成。

5.坪基

清代的楼上厅,楼上明间前檐一般多用木板搭起一个凸起的平台,叫作"坪基",据说是宴会时供艺人弹唱用的,也有说是供小姐绣花用的。实际上清代的楼上厅,楼下也多设厅,形成楼上楼下皆有厅的格局,这个坪基的凸起,楼下檐廊上就产生了一个高起的空间,正好安装堂匾。所以也有人说坪基的设置本来是为了挂匾。而明代的楼上厅,因楼下低矮,不挂堂匾,所以就没有坪基的设置。

6.楼梯

楼梯也称胡梯或扶梯,一般楼屋楼梯窄而陡,楼上厅的住宅,楼梯宽而平缓。一般设在太师壁后。清代,封建礼教更加森严,而人们生活重心也向楼下转移,所以楼梯又多设在厢房、靠近大门,外客登楼,可以不干扰内眷。有的有两个楼梯,一个靠近厨房,给仆人端菜、捧茶用。

7.金鼓架

清代三间两搭厢住宅的楼上厅,多有"金鼓架"。金鼓架就是贴在天井前照壁内侧的一副三开间的木构架,只有两根檐柱,两端架在厢房的檐柱上。最简单的金鼓架,就是在柱头架檩枋,用斜撑支承挑檐枋,上面铺窄窄的一条瓦檐,一般比较低,并不与两厢的檐口交圈。复杂的与正屋前檐装修交圈。金鼓架也像正屋一样挑出一排玲珑的栏杆,栏杆下有华丽的牛腿、替木等,檐下甚至有斗栱。金鼓架的功用:第一,支持天井前的照壁墙,增强它的稳定性。第二,它很有装饰作用。比较复杂的,柱头上有牛腿,它们的雕刻题材与堂屋檐枋的配套,如"福、禄、寿、喜""渔、樵、耕、读",或者八仙之类。第三,依照风水堪舆的说法,金鼓架的披檐向天井排水,形成了天井"四水归心"的格局,这样就能"聚气",房主人会发财。

8.门窗

明代楼上厅门窗多采用实榻木包砖泡钉门扇,起防火、防盗作用。清代楼上厅大门多用青石门框,苏式砖雕门楼,镶嵌"荷宠凝庥"等砖雕匾额。雕饰华美,图案有鹤、鹿、狮、凤、鲤、麒麟、牡丹、松竹等多种多样。有的大门内侧也装饰砖雕门面,十分气派。

## 五、小结

兰溪的楼上厅民居,是干栏式建筑的演变和发展,它滥觞于宋元,兴盛于明,延续至清,是明清时期浙江中西部地区商品经济繁荣、农业经济富庶的产物。几百年来,它融合了浙西、皖南的建筑文化,糅合了商业文化、乡绅文化、官宦文化的价值取向,体现了天人合一、崇尚自然的精神追求,具有丰富多彩而又积淀深厚的文化底蕴。楼上厅的建筑充分体现了古代工匠的聪明才智、创造精神和艺术水平,是乡土建筑的一朵奇葩。如今保存下来的楼上厅民居多系明清建筑的精品,是研究明清时期文化、经济和生活习俗及传统建筑的重要实物载体,在江南地区的古建筑史上理应占有重要的一席之地。

载《南方建筑》2011 年第 1 期

# 兰溪的明清牌坊及其研究

【摘要】省级历史文化名城浙江兰溪市旧时城乡的牌坊不下二百余座,极盛时期,仅城区就有五六十座之多。时至今日,兰溪城乡尚存古牌坊五十一座,堪称"牌坊之乡"。这些牌坊均为明清两代所遗存,形制各异,就材质来说,大多为青石构建,也有以木构、砖构或木石混合的。这些牌坊,有的古朴庄严,有的精致典雅,有的小巧玲珑,有的高大雄伟,有飞檐斗栱的楼阁式、四角亭式,也有比较简单的冲霄式,形成了一道道独特的风景,具有鲜明的明清特征和地方特色,有着较高的历史、文物、科研和艺术价值。

【关键词】兰溪 明清 牌坊 研究

牌坊,又称牌楼,是一种门洞式的纪念性建筑物,一般用木石砖瓦等建成,上刻题字。旧时多建于庙宇、陵墓、祠堂、衙署之前或街坊路口,用以表彰有功名德业或忠孝节义之人,如贞节牌坊、功德牌坊等,也有起风景点缀或标志引导作用的。北方的牌坊,多以砖木为之,施以彩绘,富丽堂皇,南方的则多以青石构建,古朴清新。

据文献记载,旧时浙江省兰溪市城乡的牌坊不下二百座,极盛时期,仅城区就有五六十座之多。时至今日,兰溪城乡现存的牌坊共有五十一座,一个县级市有如此众多的牌坊,堪称"牌坊之乡"。这些牌坊,年代有别,形制各异,有的古朴庄严,有的精致典雅,有的小巧玲珑,有的高大雄伟,有飞檐斗栱的楼阁式、四角式,也有比较简单的冲霄式;就材质来分,有木构、木石混合构、石构、砖雕之别,形成了一道道独特的风景。

旧时城区的牌坊多以标榜功业为主,如学宫附近有会元坊,为明成化二年(1466)会试第一的章懋立;状元坊,为嘉靖二十一年(1542)状元唐汝楫立;解元坊,永乐十五年(1417)为解元胡文善立;刺史坊,为吴邦宁立;制元坊,为徐永湝立。均为木牌坊。其余如章府里有为章懋立的大宗伯坊、世德路有为唐龙立的都宪坊、花园巷为胡僖立的思亲坊、探花巷口为赵志皋立的探花坊、绣衣巷口为赵时齐立的绣衣坊等以及官桥的文明坊、麻车巷口的大秩宗坊、庆成桥西的明时高科坊、东门外的三元六卿坊等,都各有来历。城隍为一邑之尊,庙前有默相坊、旬宣坊,气势非凡。可惜这些牌坊都已荡然无存,只有默相坊前的一对明代石狮,现存于中洲公园。

现存于城郊及乡区的牌坊以表彰节孝为主,但也有一些表彰功名的进士坊,大多保存完好。这些牌坊建筑历史悠久,时代特征鲜明,建筑形制各异,建筑工艺精湛,人文内涵丰富,是一份珍贵的乡土建筑文化遗产,值得珍视。本文试就这些牌坊的现状、历史渊源、演变过程、建筑技艺及功能、人文内涵等作一粗浅的探索。

## 一、现状

兰溪现保存完好的明清牌坊有五十一座之多,现择其要者介绍如下:

1.洞源村郭氏节孝石坊

省级文保单位。郭氏节孝石坊位于兰溪市灵洞乡洞源村村口,东为公路及洞源溪,北为著名的风景名胜区涌雪洞地下长河和六洞山,西南为洞源村村民民居所围环。据《光绪兰溪县志·列女》记载:"章学礼妻郭氏二十岁夫亡,孝事其姑,教育遗腹,守节四十余年,乾隆三十九年(1774)旌"。

郭氏节孝石坊为三间四柱五楼,稍有侧脚。通面阔 6.57 米,通高 8.76 米。明间面阔 3.64 米,中柱高 4.73 米,为凹角方形青石柱,边长为 0.39 米。次间面阔 1.465 米,边柱高 3.725 米,讹角方形青石柱,边长 0.37 米。柱下各置方形柱础。

明间抱鼓石厚 0.16 米,高 2.28 米,下宽 0.775 米,上宽约 0.27米,双面雕刻龙首喷水图案,龙首位于内下角。次间抱鼓石厚 0.17米,高 2.1 米,下宽 0.775 米,上宽约 0.3 米,双面雕刻龙首喷水图案,龙首位于内下角,但水浪花上内卷、下对卷,与明间抱鼓水浪花上外卷,下内卷有异。下垫顺弥座式勒脚。

明间龙门枋长 3.95 米,宽 0.52 米,高 0.325 米,中柱上榫插入龙门枋两端。龙门枋东西两面均雕刻卷草、祥云图案,上置如意状元栱四攒,上承托正楼及左右次楼,正楼前后檐下各立镂空雕双龙戏珠石匾一块,东面竖刻楷书"旌表",西面竖刻楷书"恩荣"二字。大额枋下置镂空雕双凤朝阳花板一块。左右次楼下各置镂空雕双龙戏珠花板一块。正楼屋面为歇山顶,正脊两端为鸱鱼吻饰,中心置宝瓶,翼角起翘。次楼屋脊左右两端也为鸱鱼吻饰,镂空玲珑脊,翼角起翘。

明间龙门枋下依次为上花枋、大额枋、小额枋及下花枋,大小额枋之间置蝴蝶石,中间置两块,左右两端各半块。上花枋两面均浮雕八仙过海及祥云海水图案。大额枋长 3.262 米,宽 0.52 米,厚

0.8 米，自右向左竖向刻楷书："太子少保兵部尚书兼都察院右都御史①（注：上标数字为铭文行数，下同）总督福建、浙江等处地方军务兼理粮饷盐课②世袭一等轻车尉鐘音③兵部侍郎兼都察院右副都御史巡抚浙江等处地方④提督军务世管佐领三宝⑤钦命刑部右侍郎提督浙江等处学政⑥加四级纪录十二次徐恕⑦署理浙江等处提刑按察使司分巡杭嘉湖海防⑧兵备道加五次纪录十次孔毓文⑨特授浙江分巡金衢严道⑩分管水利事务加四级吴恩诏⑪"，中间横向刻东面为"节孝"楷书二大字，西面为"清标彤管"楷书四大字，左端续刻"特授浙江金华府堂卓异加五级纪录十二次①记大功二次黄彬②特授兰溪县正堂加五级③纪录十二次记大功四次胡加票④钦赐翰林检讨仍管兰溪学教谕⑤加二次记录一次赵铭⑥儒学训导加二级镗⑦县丞加二级陈素蕴⑧典史沈钟⑨龙飞乾隆四十年仲夏月榖旦建⑩"，东西两面除中间题刻外，文字相同。小额枋两面均自右向左横刻"为章学礼妻郭氏立"楷书八大字。下花枋长 3.258 米，宽 0.525 米，厚 0.18 米。下承以卷草纹雀替，花枋两面均浮雕雄狮及母子三狮抢球及祥云图案。

两次间平板两面雕刻卷草、祥云图案。上各置如意状斗栱二攒以承托边楼。边楼屋顶为歇山顶，玲珑镂空脊，两端各饰鸥鱼吻饰，翼角起翘，边楼下置双龙戏珠镂空花板各一块。两次间平板枋下依次为上花枋、额枋及下花枋。额枋及下花枋两端各承以卷草纹雀替。上花枋两面均浮雕双鲤跃龙门图案。额枋双面镂空雕仙鹤祥云图案。下花枋东面镂空雕麒麟祥云图案，东面浮雕绵羊祥云图案。

2.焦石村邵有泰孝子石坊

市级文保单位。邵有泰孝子坊位于女埠镇焦石村邵氏家庙前约 17 米处，西距兰江约 80 米。焦石原名椒石，后"椒石"讹为"焦石"。据《兰江椒石邵氏宗谱》记载,邵氏家庙始建于明,清同治年间重建。邵有泰孝子石坊建于清乾隆九年(1744)。

邵有泰孝子石坊四柱三楼。坐北朝南,偏东28°。全宽7.14米,全高约8米。中柱抱石鼓高2.15米,底宽0.68米,腹宽0.68米。顶楼正脊中间置有葫芦饰物。青石凹角方柱,每楼正脊边饰有龙嘴鱼尾吻。顶楼下置有"恩荣"石匾一块。大额枋右边竖刻小字:"总督福建浙江等处地方军务兼理浙江巡抚印务①镇国将军宗室德沛②钦命浙江等处学道翰林院兼礼部侍郎③记录四次彭启丰④浙江等处承宣布政使司布政使加三级⑤记录九次张若震⑥浙江等处承宣使司副使分巡金衢严道参议军功⑦加三级记录三次叶士宽⑧特授金华府正堂加三次⑨记录十次郑远⑩特授金华府兰溪县正堂加一级黄炅⑪金华府兰溪且学教谕加一级沈镇⑫训道加一级章益灿⑬",中间横书"孝子"二大字,左边竖刻小字"皇清乾隆九年岁次甲子十一月立"。下额小枋自右至左横书"为耆民邵有泰立"七字,枋身有大量透雕,高浮雕及刻花图案装饰,下额枋雕刻高浮雕有双狮抢球,次间额枋及华板刻麒麟、白鹤、祥云、鲤鱼、花草、牛、马等,抱鼓石刻龙喷水。刻工精美,具有较高的艺术性。

邵氏凌云石坊,位于村中邵氏祖墓前。高4.5米,宽2.03米,二柱冲霄式石坊,无楼,两柱间设大梁,梁端刻龙须纹。额枋正面刻"凌云邵氏先祖",背面刻"万历元年(1573)世孙安民立"。

3.上唐村唐兆昇孝子坊

市级文保单位。位于黄店镇上唐村南大路旁。据《光绪兰溪县志》载,清乾隆八年(1743)为癸酉科恩贡士考授迪功郎唐兆昇立。

唐兆昇孝子石牌坊,坐北朝南,四柱五楼,高8.5米,宽7米,正楼脊两端饰龙嘴鱼尾吻,正脊置葫芦状宝瓶,歇山顶。次楼及梢楼脊也饰龙嘴鱼尾吻。楼均以斗栱承托。正楼下方两面置双龙戏珠立匾,匾竖刻楷书"恩荣"二字。大额枋两面横刻行楷"钦褒孝子"四大字,自右至左竖刻右边竖刻小字:"总督福建浙江等处地方军务兼理浙江巡抚印务①镇国将军宗室德沛②钦命浙江等处学道翰林院兼礼部侍郎③记录四次彭启丰④浙江等处承宣布政使司布政使加三级⑤记录九次张若震⑥浙江等处承宣使司副使分巡金衢严道参议军功⑦加三级记录三次叶士宽⑧特授金华府正堂加三次⑨记录十次郑远⑩特授金华府兰溪县正堂加一级黄炅⑪金华府兰溪且学教谕加一级沈镇⑫训道加一级章益灿⑬",中额枋上横刻楷书"为癸酉恩贡士考授迪功郎唐兆昇立"字样,左边竖刻小字"皇清乾隆八年立"。下额枋浮雕双狮抢球图案,左右龙凤板透雕麒麟、白鹤、祥云图案。梢楼下华板浮雕鲤鱼跃龙门图案,下额枋浮雕八仙过海图案。花卉纹雀替。柱为青石凹角方柱,柱二面设抱鼓石,雕刻龙喷水图案。石脚作须弥座状。

### 4.姓叶村陈氏节孝石坊

市级文保单位。位于赤溪街道姓叶村南约 500 米田野中,市级文物保护单位。清嘉庆五年(1800)浙江巡抚院元等人为太学生叶绍恒妻陈氏立。四柱五楼,高 8 米,宽 7.1 米,青石仿木构。大额枋右竖刻"钦命兵部侍郎兼都察院右副都御史巡抚浙江等处地方提督军务加三级阮元",中间横刻"为太学生叶绍恒妻陈氏立"。左边竖刻"大清嘉庆五年仲春吉旦"。正脊两端饰鱼龙吻,额枋、花板等处透雕或浮雕八仙、花卉、鸟兽、祥云等。檐口等处饰鹬鸟啄蚌图案,民间俗称乌鸦啄河蚌。这在其他地方是绝无仅有的。相传造牌坊的石匠年轻时曾对陈氏有过非礼行为,但都被冰清玉洁的陈氏严词拒绝了,所以石匠在建坊时故意雕此图案报复。但其图案究竟隐喻何事,真相如何,现已无从查考。每根石柱两端置石狮一对,雄狮戏球,母狮抱子,以代替抱鼓石扶持石柱的作用,既突出了装饰性,又增加了坚固性,设计巧妙。

5.下潘村袁氏节孝坊

清光绪二十一年(1895)建。

石坊位于兰溪市西郊约18公里女埠镇下潘村东北部,坐北朝南,偏东30°,东靠通现坦村大路,南对潘陆明家,西北邻潘仁明家。

该石坊四柱三楼,全高约6.8米,全宽6.06米,两中柱间宽2.5米,中柱至侧柱间宽1.18米。底脚石长2.32米,宽0.5米,高0.32米,青石凹角方柱,柱边宽0.3米。抱鼓石高2.04米,底宽0.67米,腹宽0.66米,上部宽0.3米,厚0.13米。正脊中间置一葫芦状饰物,每楼楼脊饰有龙嘴鱼尾吻。顶楼下两面各竖置"恩荣"石匾一方,四周环以"三龙出水,双龙戏珠"浮雕。石雕两侧穿插枋饰祥云刻花和寿字镂空图案等。随梁枋及两侧穿插枋及四抱鼓石有祥云、蝙蝠、花草等浮雕、浅雕装饰。大额枋从右至左竖刻小字"钦命浙江巡抚部院谭钟麟、浙江全省学政张卿具题钦旌",中间横刻"节孝"二大字,左边竖刻小字"大清光绪二十一年冬月穀旦"。下额枋从右至左横刻"为附贡潘万滋之母袁氏立"楷书大字。

6.横塘村范氏节孝石坊

清道光十四年(1834)为儒士姜昆龄之妻范氏立。

位于兰溪市城西南约18公里的水亭乡横塘村,东偏北、西偏南各10°坐向,东南方距珠带式2公里,西北方200米是横塘村,石坊四周均为农田。

据《光绪兰溪县志·列女》载:"姜昆龄妻范氏三十三岁夫故,守节二十九年,已旌建坊。"

牌坊四柱三楼,建于清道光十四年,全高约7.5米,中柱间宽3.2米,中柱至侧柱宽1.24米,凹角方柱边宽0.34米。中柱抱鼓高2.16米,底、腹各宽0.66米,厚0.14米。侧柱抱鼓高1.93米,底、腹各宽 0.66 米,厚 0.11 米。底脚石长 2 米,宽 0.42 米,高 0.3 米。顶楼下正反面各竖"恩荣"石匾一块,正面四周三龙戏水浮雕,反面是双龙戏珠浮雕图案。匾下有三朵如意形镂空石雕。东侧楼梁下石枋左右各有狮子抢球浮雕,西侧为白鹤浮雕。雀替上为书画、花卉图案。大额枋正反两面从右至左竖刻:"钦命兵都侍郎兼都①察院右副都御②史巡抚浙江等③处地方提督军④务兼理粮饷加⑤三级富呢杨阿⑥为⑦",中间横刻:"节孝"二大字,左边是竖刻:"恩诏定例建坊①以章矢志苦节②大清道光十有四年③岁次甲午季春④元月吉旦⑤"。大额枋下小额枋从右至左刻:"儒士姜昆龄之妻范氏立"十个字。

### 7.伍家圩陈氏节孝石坊

清道光二年(1822)为故民伍瑄之妻陈氏立。

位于兰溪城西南约 18 公里的游埠镇伍家圩村西北部 150 米处田野中。该村清代时属汤溪县。

该坊四柱五楼,石构,歇山顶,坐北朝南偏东45°。通高 8 米,明间宽 3.70 米,次间宽 1.36 米,通面宽 6.42 米。凹角方形石柱边宽 0.38 米,中柱底脚石长 2.2 米,宽 0.52 米,高 0.23 米,侧柱底脚石长 2.2 米,宽 0.45 米,高 0.23 米。中柱抱鼓石高 2.12 米,侧柱高1.85 米,其底宽都是 0.61 米,腹宽都是 0.65 米,厚 0.09 米。

歇山顶楼面有鸱鱼正吻装饰,其顶楼正脊中置有宝瓶,其中顶楼下正反两面各竖有"恩荣"石匾一块,而两中柱正反面均刻有对联,右联"心是贞心精凝宝婺",左联"德为顺德辉映长庚"。中间额自右至左横刻"节孝流芳"四个大字。其下石枋横刻"为故民伍瑄之妻陈氏立"十个字。右边额自右至左竖刻:"大清嘉庆十二年钦命浙闽总督部堂加三级董教增①浙江巡抚部院加三级杨护②提督浙江学政加三级李宗③浙江布政使司加三级瑞麟④浙江金衢严道加三级李秉铨⑤",左边额自右至左竖刻:"特授金华府正堂加三级吴廷琛①金华府汤溪县正堂加三级石同福②金华府汤溪县教谕加三级沈谟③金华府汤溪县训导加三级朱叶云④大清道光二年十一月日立⑤"。

8.姓王村方氏节孝石坊

清乾隆五十七年(1792)为故儒童王起佐妻方氏立。

位于兰溪市区西南约30公里的永昌街道姓王村,距村约150米,西南方距金湖初中400米,四周均为农田。

该坊四柱五楼,坐西南朝东北,歇山顶,石构。通高7.5米,明间面宽2.76米,次间面宽1米,通面宽4.76米。底脚石长2.18米,宽0.44米,凹角方形石柱边宽0.34米,抱鼓高1.78米,腹宽0.65米,底宽0.63米,厚0.15米,各楼正脊都有鸱鱼五吻,顶楼中置宝瓶。顶楼下正反两面各竖"恩荣"石匾一块,正面是双龙戏珠与梅花鹿浮雕图案,反面是三龙戏水、鲤鱼浮雕。明间梁下大额枋正面浮雕"五马归槽"图案,反面为"三鹤祥云"图案,次间梁下枋正面是"琴棋书画",反面是浮雕"行舟垂钓"和"耕读",额上正反两面从右至左各竖刻:"钦命兵部尚书兼都察院右都御史总督福建浙江①等处地方军务兼理粮饷盐课觉罗伍拉纳②钦命兵部侍郎兼都察院右副都御史巡抚浙江等③处提督军务兼理粮饷盐课全省学政福松④钦命礼部左侍郎提督浙江等处学政加一级记录二次窦光鼎⑤钦命浙江等处承宣布政使司军功随带加二级记录五次归景照⑥钦命浙江分巡金衢严道兼管水利事务加五级又军功随带加一级记录十次王德⑦特授浙江金华府正堂加五级记录五次邢⑧特授兰溪县正堂加五级军功随带加二级记录十次卓异候升吴嗣潮⑨儒学正堂董楷⑩训导蔡迁弼⑪",中间横刻"节孝"二大字,左刻"乾隆伍拾柒年岁次壬子拾壹月吉旦",额下石枋横刻"为故儒童王起佐妻方氏立"。下部横梁雀替都有浮雕花卉图案。

9.登胜村黄氏节孝石坊

清道光九年(1829)为徐世瑞妻黄氏立。

位于兰溪市区西部 8.5 公里的永昌街道登胜村东端。东北约 3 米处是本村徐炳炎家,西南紧接兰溪—登胜—永昌的乡村公路。

石牌坊四柱三楼,全高约 7 米,中间两柱宽 2.77 米,中柱至侧柱间宽各 1.05 米。凹角方形石柱边宽 0.35 米,中间石柱各有一个高 0.32 米、腹宽 0.44 米的方形石柱础。中柱抱鼓高 2.08 米,厚 0.14 米,腹宽 0.63 米,底宽 0.64 米。侧柱抱鼓高 1.88 米,厚 0.14 米,腹宽 0.62 米,底宽 0.63 米。底脚石长 2.22 米,宽 0.48 米,高 0.25 米。顶楼下正反两面各竖"恩荣"二字石匾一块,周围为浮雕三龙戏珠图案,在石匾两边各有浮雕天官一个。石匾下石梁上大额枋,正反两面各横刻"节孝"两大字,中楼正反两面均为镂空如意花饰,侧楼东北面为镂空龙状图案,西南面:左为仙鹿,右为白鹤,石坊两面为琴、书、画、剑、蝙蝠等浮雕图案,大额枋正面横刻"瑶池冰操"四个字。反面从左竖刻小字"太子少保兵部尚书兼都察院右都御史总督闽浙等处地方提督军务兼理粮饷庆保①兵部侍郎都察院右副都御史巡抚浙江等处地方提督军务兼理粮饷帅承瀛②钦命太常寺正卿提督浙江全省学政戴联奎③",横刻"为赠登仕郎徐世瑞妻黄氏建",竖刻"在①大清道光九年岁次②己丑年夏月毂旦③"。中柱间下横梁雀替上东面为浮雕石马,西南面为和合二仙。侧柱与中柱间横梁雀替上是浮雕花卉。

10.兰塘张村姜氏节孝石坊

清道光十二年(1832)为张在潘妻姜氏立。

位于兰溪市城西约 13 公里的永昌街道兰塘张村南端,背靠张锦根宅,其他三面为田。

该坊四柱五楼,石构,歇山顶,通高 8 米,明间面宽 3.25 米,次间面宽 1.12 米,通面阔 5.49 米,底脚石长 2.2 米,宽 0.41 米,厚 0.1 米,侧柱抱鼓石高 1.81 米,中柱为 1.96 米。梁与楼接合处用斗栱连接,坊身有镂空花卉图案,每楼楼脊两侧都饰有鸱鱼吻,额枋从右至左竖刻小字 "钦命浙闽总督部堂孙尔隼[①]浙江巡抚部院程金章[②]督学部院李宗翰[③]布政使罗觉庆[④]特授金华府知府景昌[⑤]兰溪县知县李百龄[⑥]教谕陈延献[⑦]训导沈途吉[⑧]为[⑨]"。中间横刻 "节孝"二大字,左边竖刻小字:"张在潘妻姜氏立[①]大清道光拾式年步次壬辰[②]仲春月吉旦[③]"。

11.香溪镇范氏旌节石坊

建于明万历四十一年(1613),为章宜宾妻范氏立。

现为香溪老街 72 号门面,南北两侧均为老街店面。

牌坊二柱三楼,石构。南北走向。筒瓦状楼面,歇山顶。每楼脊顶置鱼龙正吻。石坊全宽 3.47 米,全高 7.5 米。大额枋上刻有"天恩旌节"四个大字和"大明万历四十一年秋建"等字。因被农户改造成屋面,故小字无法记录。柱为抹角内凹青石方柱,柱边长 0.34 米。抱鼓石厚 0.15 米,高 1.93 米。每楼面下有斗栱支撑,制作粗犷,花草等装饰性石刻很少。

12.蒋坞村郑氏贞节石坊

建于清道光二十二年(1842),为儒士胡国典妻郑氏立。

石坊位于马涧镇蒋坞村北 300 米处山脚,西距下杜村300 米,距马涧集镇约 3 公里。

该坊二柱三楼,石构。南北各偏东西 20°坐向。全高约7.5 米,间宽 3 米。各楼脊两端饰鸱鱼,正楼脊中置宝瓶。凹角方形石柱边宽 0.32 米,抱鼓石高 1.87 米,厚 0.09 米,底脚石长 2.1 米,宽 0.45 米。大额枋上刻"浙江巡抚部院盛浙闽总督部堂[①]孙浙江督学部院[②]

朱金华府正堂景③兰溪县正堂费题请④",中间"贞钦旌节"四字。左面"大清道光二十二年季春穀旦建",下横梁上刻"为儒士胡国典妻郑氏儒人立"。

整座石坊简洁朴素,雕饰较少。

13.湖门里村戴氏节孝石坊

清乾隆十三年(1748),为江永起妻戴氏立。

位于兰溪市区西部16公里的永昌街道瑞溪湖门里村,四周皆为水田、山地。

该坊二柱二楼,石构,坐北朝南偏西20°。边楼歇山顶,正楼悬山顶。通高6.5米,面宽3.32米,抹角方形石柱边宽0.33米,底脚石宽0.43米,长1.8米,厚0.24米,抱鼓石底宽0.66米,上部宽0.22米,厚0.09米,高1.90米。

石坊正楼有正脊,鸱鱼正吻,中间置有葫芦状宝瓶,其下中间立有"恩荣"石匾。整座建筑除一楼中间石板上有向日葵、云纹等浮雕,其他无花草雕刻,但有斗栱装饰。

石坊大额枋上右竖刻小字"兵部侍郎兼都察院右副①都御史巡抚浙江等处②提督军务记录九次永贵③为④",中间横刻"节孝"二大字,左竖刻"故民江永起妻戴氏立①清乾隆十三年岁次戊辰仲秋吉旦②"。

14.塘边村胡氏节孝石坊

道光二十一年辛丑(1841),为故业儒洪石泰妻胡氏立。位于诸葛镇塘边村东端。

石坊坐北朝南,偏东40°,为四柱五楼,全高8米,面阔计三间,明间面阔3.04米,次间面阔1.5米,通面阔6.04米,凹角方柱边长0.39米,抱鼓石高1.83米,底宽0.560米,腹0.56米,厚0.12米,底脚石长1.8米,宽0.43米。楼檐有起翘有鱼吻装饰,整座建筑有祥云、仙鹤、花草等浮雕、镂空雕图案。大额枋上自右至左竖刻小字"钦命分巡金衢严道德①钦命浙江督学部院李②钦命浙江巡抚部院乌③钦命浙闽总督部堂桂④",中间横刻"节孝"二大字,右边竖刻小字"特授金华府正堂联①特授兰溪县正堂李②特授兰溪学教谕范③特授兰溪学训导沈④",反面横刻"白壁同贞"四个大字。下横梁上石板上右竖刻"道光辛丑年"中横刻"为故业儒洪石泰妻胡氏立",左边竖刻"仲秋月吉旦"。

15.施宅村陈氏贞节石坊

清道光十二年(1832)岁次壬辰冬月为施奕旺妻陈氏立。

该坊位于兰溪城北45公里横溪镇施宅西立本堂前园内,前为兰浦公路,后为立本堂,左右皆为宅基地。

该坊四柱五楼,坐北朝南。石构,歇山顶。正楼中间置宝瓶,两端鸱鱼正吻,楼面下正反两面各竖"圣旨"石匾一块。边楼鱼龙吻与正楼相仿。各楼面全用斗栱承托,斗栱粗犷。设月梁,两端龙须纹,扇形雀替。正面大额枋上书"古井冬松,为施奕旺妻陈氏立",反面额枋上书"贞珉永世,大清道光岁次壬辰冬月为施奕旺妻陈氏立"。

石坊面阔5.2米,通高7.5米。明间2.6米,次间1.5米,底脚石为须弥座,座高0.54米,长1.88米,宽0.47米。抱鼓石高度为1.40米,厚0.15米。

立本堂,坐北朝南,砖木结构,占地面积147平方米,与石坊是同时代建筑。三开间,明间阔4.50米,五柱十檩,五架前单后双加前双步廊,月梁,两端龙须纹,扇形雀替。次间面阔3.95米,无梁架,檩条直接搁在墙体上。通进深8.5米。

16.永昌街道童氏"旌节"石坊

清乾隆四十七年(1782)为邑庠生徐振兴妻童氏立。

石坊位于兰溪城西约13公里的永昌街道老街,距街道政府驻地约 500 米。坐南朝北,偏西 10°。前为永昌街道,后为李昌兰民居,左右皆李云根民居。

石坊建于清乾隆四十七年。据《兰溪县志嘉庆重修本·列女》记载:"徐振兴妻,二十岁夫亡,守节二十二载,乾隆四十七年题旌建坊。"

石坊四柱三楼,全高约 7 米,两中柱间宽 2.85 米,中柱至侧柱宽 1.05 米,凹角方形石柱,边宽 0.4 米。抱鼓石高 1.95 米,脚宽 0.6 米,腹宽 0.6 米,上宽 0.23 米,厚 0.1 米。底脚石已埋泥底无数据。整座建筑只有石刻线条,无花草浮雕,大额枋上自右至左竖刻"兵部尚书总督福建浙江等处地方军务兼理粮饷记录陈[1]兵部尚书总督福建浙江等处地方军务兼管浙江巡抚陈[2]钦命吏部侍郎总督浙江等处学政加四级记录二次王[3]钦命浙江等处布政使司布政使军功加一级记录六次盛[4]特授浙江分巡金衢严道兼管水利事务军功加三级德[5]特授浙江金华县正堂加五级记录十一次缪[6]金华县儒学教谕吴训导王[7]",中间刻大字"旌"字,右边竖刻小字:"乾隆四十七年六月吉旦"。下石梁上横刻"为邑庠生徐振兴妻童氏立"。

17.桐山后金村刘氏节孝石坊

清嘉庆六年(1801)建。

该石坊位于兰溪市区西北约 26 公里芝堰乡桐山后金村村东,东距三峰殿口约 1.5 公里。前邻村前大路,后枕小山坡。

该石坊全青石质,四柱五楼,坐南朝北,偏西 25°。全高约 7 米,全宽 7.14 米,明间宽 3.1 米,次间宽 1.3 米。凹角方柱,中柱边宽 0.37 米,侧柱宽 0.35 米。中柱抱鼓高 1.97 米,底、腹宽 0.63 米,厚 0.14 米,侧柱抱鼓高 1.85 米,底、腹宽 0.65 米,厚 0.12 米,底脚石长 2.05 米,宽 0.43 米,高 0.33 米。

每楼楼脊饰有龙嘴鱼尾吻,顶楼下两面各竖置"恩荣",长方形石匾一方,四周环以三龙出水,双龙戏珠浮雕图案。花枋、花板、坊身等处有鹤、雀、书、剑、麒麟、蝙蝠、祥云、花草等镂空、浮雕装饰。

大额枋两面自右至左竖刻小字"钦命兵部侍郎兼都察院右副都御史巡抚浙江等处地方提督军务兼理粮饷加三级阮元",中间横刻大字为"为儒士金其相妻刘氏立",左边竖刻小字"大清嘉庆六年岁次辛酉孟冬月吉旦"。据《光绪兰溪县志·列女》载:"金其相妻刘氏,二十五岁夫亡,守节三十五年。"

18.社峰村范氏节孝石坊

有二,均名范氏节孝石坊,其一位于永昌街道社峰行政村下宅自然村积庆堂右侧,二柱三楼,通高6.50米,宽3.37米,清雍正七年(1729)为吴肇鹏妻范氏立。各楼均用斗拱承托,顶楼正脊中置宝瓶,两端饰鸱鱼吻,顶楼下正反面各竖盘龙"恩荣"石匾一块,坊身有少量雕刻,明显带有明代建筑风格。

其二位于永昌街道社峰行政村下宅自然村积庆堂左侧,二柱三楼,通高7米,宽3.37米,清乾隆七年(1742)为儒士吴法妻范氏立,各楼均用斗拱承托,顶楼正脊中置宝瓶,两端饰鸱鱼吻,大梁上有双鲤、双海马等浮雕,大额枋上书有"旌节"两字。

19.翁家村胡氏节孝石坊

位于诸葛镇翁家村西,清乾隆二十九年(1764)为翁渭占妻胡氏立。四柱五楼,高约7.4米,宽6.25米。顶楼下两面各竖盘龙"恩荣"石匾。坊身浮雕花卉、祥云、仙鹤等图案。

20.柳家村吴氏节孝石坊

清嘉庆十五年(1810)为士民柳遇占妻吴氏立。位于兰溪市区西南26公里的水亭乡柳家村西南100米处,北为大路,其他均为田。

据《光绪兰溪县志·列女》载："柳遇占妻吴氏，二十四岁夫故守节六十一年，已旌建坊。"

石坊四柱三楼，全高约 7 米，全宽 5.27 米，两中柱间宽 2.66 米，中柱至侧柱间宽 1.1 米。凹角青石方柱边宽 0.32 米，底脚石长 2.05 米，宽 0.41 米，高 0.32 米。中柱抱鼓石高 2.07 米，底宽 0.62 米，腹 0.64 米，厚 0.15 米。侧柱抱鼓高 1.74 米，底宽 0.61 米，腹 0.63 米，厚 0.14 米。

各楼楼脊有鱼吻，顶楼脊正中有一葫芦状饰状，顶楼下正反两面各竖"恩荣"石匾一块，四周有蛟龙吐水浮雕图案。大额枋上有凤、白鹤、蝙蝠、祥云等浮雕。边楼额枋上正反面为仙鹿、蝙蝠、凤、鸡及四幅圆形寿字浮雕。其他各部位有镂空、浮雕及刻花图案。大额枋正反面上刻字相同，自右至左竖刻"钦命福建浙江总督阿林保[1]钦命浙江巡抚部院阮元[2]钦命浙江提督学政刘凤诰[3]钦命浙江等处承宣布政使司崇禄[4]钦命浙江等处提刑按察使司朱理[5]钦命浙江金衢严道舒庆云[6]特授浙江金华府知府严荣[7]"，中间横刻"为士民柳遇占妻吴氏立"，左边竖刻："特授兰溪县苏传[1]儒学教谕陈迁献[2]儒学训导王国仪[3]县丞戴[4]典史段怀忠[5]大清嘉庆十五年孟冬日立[6]"。

21.长乐村张氏节孝石坊

张氏系长乐庠生金世悦之妻，夫死誓不更嫁，守节四十三年而卒，清雍正元年题旌，八年建石坊旌表。位于长乐村象贤厅前半月塘南侧。

该牌楼二柱二楼，坐北朝南，通高约 7 米，面阔 4.16 米。抹角青石方柱、花枋、华板等坊身有鹤、鹿和花草等浮雕及镂空图案。各楼正脊两端有鸥吻，翼角起翘，气势壮观。顶楼檐下竖置一石匾，上刻"圣恩"二字，大额枋上中间横刻"节孝"二字。右侧竖刻

"太子少保兵部尚书兼都察院右副都御史①总督浙江等处地方军务兼理粮饷官②巡抚盐政、节制江南江苏③松常镇维扬七府太仓海邳通徐五州④督捕事务加六级记录一次⑤又军功记录一次⑥在任守制李卫为⑦",左侧竖刻"为庠生金世悦妻张氏立①。大清雍正八年岁次庚戌年冬月榖旦②"。

该坊结构严谨,造型优美,图案神态逼真,雕工精湛,对研究清代的封建婚姻制度和石构艺术有较高的价值。

22.国庆村宋氏节孝砖雕坊

在横溪镇国庆村中心路 87 号,清乾隆五年(1740)为柳帮河之妻宋氏立。砖构,通高 6.5 米,宽 4.1 米,建于三才堂山墙内,正面系一砖雕门楼,二柱三楼,顶楼正脊中置宝瓶,楼脊两端各饰鸥鱼吻。顶楼下有"圣旨"砖匾一块,二柱上有对联,上书"旌表一生苦节,流传万古芳馨"。坊间开一大门,高 2.55 米,宽 1.4 米。

23.大坞陈村陈天隐孝子砖雕牌坊

大坞陈为陈姓聚居地,陈氏宗祠维则堂始建于明,大厅为清代重建。

位于黄店镇大坞陈村中,周围山环水绕,环境优美。

陈天隐孝子坊为水磨青砖砖雕牌坊,为一独立建筑,位于大坞陈村陈氏宗祠维则堂前约 3 米处,二柱三楼,正楼脊中置葫芦状宝瓶,插方天画戟,脊两端饰砖雕鸥鱼吻,次楼两端亦饰鸥鱼吻,翼角起翘。楼下置砖雕斗拱。正楼下置砖雕"八行明埕"四字盘龙立匾。大额枋高浮雕狮子抢球图案,华板刻万字纹。大额枋下为砖砌大门,有泡钉。大门两侧置抱鼓石各一。牌坊为明代原物。大坞陈陈天隐"八行明埕"孝子坊,为表彰陈氏先祖宋代孝子陈天隐而建。

24.旧宅村台宪石坊

位于孟湖乡旧宅村覃恩堂前 2 米,石构,二柱三楼,通高 6.5 米,宽 3.9 米,石柱边宽 0.37 米,底脚石长 2.12 米,宽 0.5 米,为明嘉靖己酉(1549)元旦孙祝弥为台宪祝戒公建。坊身有麒麟、祥云等浮雕,楼脊两端有鸱鱼吻,顶楼中间置宝瓶。

### 25.石关村章墓侨神道石坊

该石坊在灵洞乡石关村,明代建筑。二柱三楼,跨街而立。楼脊正中置宝瓶,两端饰鱼龙吻。楼下两面有"恩荣"石匾。额枋横刻"蓉峰章公神道"及竖行小字"嘉靖"字样,坊身雕刻卷草纹图案,线条简练。章侨,字处仁,号蓉峰,明嘉靖年间官至福建布政使。

### 26.渡渎村章氏家庙石坊

章氏家庙在女埠渡渎村,市级文物保护单位。始建于明初,重建于清同治年间。中轴线上有门楼、前厅、正厅、后厅,两侧有厢房。门前有一明代石坊,两柱三楼,高约 7.5 米。顶楼正中饰葫芦状宝瓶,两端饰鸱鱼吻。大额枋正反横刻"章氏家庙"四大字,旁竖刻"大明嘉靖"字样。下额枋高浮雕鲤鱼跳龙门图案、华板等刻仙鹤、祥云。

### 27.竹塘村进士木牌坊

明宪宗成化四年(1468)建造。

该木坊位于距兰溪市区约 14 公里女埠街道竹塘村内。东面为横穿村庄的竹塘村至长山岗村大路, 南路紧靠本村徐庆标家, 北与钱水生户相邻,西面顺石级而下为一水塘。

进士牌坊为木斗栱结构牌坊,建于明成化四年(1468),全高约 5.2 米,宽 3.5 米,一开间六柱,中间二栋柱垫以青石礩形柱础,全间用青瓦盖顶,略呈翻角,屋脊以瓦作金钱装饰。栋下置木匾,上楷书"进士"两大字,右边竖行小字为"文林郎监察御史陈炜书,金华府知府李嗣、同知牛盛、通判王倍",左边竖行小字为"赐进士兰溪县知县王鲁、县丞庆、主簿吕俊、典史郭安为赐进士祖徐氏陈相立，成化四年岁次戊子孟夏月吉旦"。匾下置二垛一斗三升斗栱与下部横梁相接。檐柱各置一倒挂龙斜撑承托檐檩。整个结构朴素大方。

28.社峰村毕氏四角亭式旌节石坊

该石坊在永昌镇社峰上宅村，清咸丰九年(1859)建。平面正方形，坐北朝南偏东12°左右，石构单檐歇山顶，楼脊两端饰鸱鱼吻，正中置宝瓶，翼角起翘，青石凹角方柱。檐下正反面各置盘龙"恩荣"立匾。通高4.64米，宽1.46米，亭内竖有高1.65米、宽0.61米、厚0.08米的石碑一块，碑面右边竖刻"兵部右侍郎兼都察院副都御史巡抚浙江等处水陆水陆事务胡兴仁[①]钦命礼部右侍郎提督浙江全省学政张锡庚[②]"，中间刻"奉上谕旌节故儒吴大业妻毕氏"，左边刻"大清咸丰九年岁次己未八月"等文字。正面两石柱有对联："卅年苦节锡彤管，一字荣褒慰素心"。是浙江省内唯一的一座四角亭式旌节石坊。

二、渊源

东汉许慎《说文解字》中说："坊，邑里之名，从土方声。"《玉篇》中说："牌，牌榜。""榜"同"牌"就是匾额，合在一起称"牌坊"。其起源应在隋唐时期，隋唐时代城市中街市划分为坊，如隋唐长安城即实行严格的坊里制，共划分为108个坊，每坊一般设四个可关闭的坊门，一般以砖石为主，夜间禁止人出入，门上匾额书写上如"兴化坊""归义坊"等坊名。可以算是我国最早起标志、指示作用的牌坊了。有学者说，牌坊起源于周代的衡门，《诗·陈风·衡门》说："衡门之下，可以栖迟。"但这种衡门仅是贫寒之家，用两根木柱架一根横梁的小木门，与后世的所谓牌坊不可同日而语。也有说牌坊起源于棂星门的，但于后世的纪念性为主的牌坊也相去甚远。

牌坊是古代官方的称谓，民间一般俗称"牌楼"。从严格意义上讲，牌坊与牌楼是有区别的，区别就在于外观上是否建有屋顶，有顶叫"楼"，无顶的称为"坊"，但现在一般都混用了。据有关资料，国内现存最早的石牌坊在浙江宁波鄞州区五乡镇一山岙中，为南宋史氏家族墓前的一座神道石坊。兰溪的牌坊不知始于何时，查光绪《兰溪县志·列女·节妇》宋元两代节妇有记载的不过是金天锡妻唐氏，叶绍彭妻王氏，徐淑真妻唐氏等 5 人，除徐淑真妻宋代获官府旌表外，其余事迹皆见之家传，未闻获旌表。至明代，节妇有记载的有王祥妻郑氏、章聪妻董氏等 97 人，一般都是官府旌表其门，或给匾悬于祠堂，明确记载官府为之建坊旌表的只有方良规妻章氏，郑鼎妻柴氏等 3 人，时代在万历、天启年间，今存香溪范氏节孝石坊。

从兰溪现存的牌坊来看，最早的是长乐村金盛的进士牌坊，木石混合结构，建于明英宗天顺四年（1460）现上部木构部分已毁。其次是竹塘村的进士木牌坊，建于明宪宗成化四年（1468）。

纯石构的如旧宅村台宪石坊、石关章侨墓神道石坊、渡渎村章氏家庙前石坊、焦石村邵氏凌云石坊等均建于明嘉靖、万历年间。可见兰溪的纯石构牌坊，始建于明嘉靖、万历年间，而且结构较简单，雕刻简练。内容以表彰功业，指示引导为主。而据光绪《兰溪县志》记载入列女传的有 1600 余人，其中因战乱特别是太平军于咸丰辛酉攻占兰溪时而殉难的妇女有 500 余人，节孝石坊的建筑从雍正开始直到清末，尤以乾隆、嘉庆、道光年间最多，规模最为宏伟。这是兰溪明清牌坊建筑的大致演变过程，也可从中看出，明代及以前,对妇女的思想禁锢尚不严厉,而越到封建社会的末世,特别是雍正、乾隆以后,统治阶级对程朱理学的提倡和对封建礼教的维护更加不遗余力。牌坊的建筑也以表彰孝道为主,达到鼎盛,至清王朝灭亡后,才告衰微。千百年来,牌坊繁衍发展,遍及华夏城乡,现在还在建,但以标志风景为主,而且还远涉重洋,成为中华文化的一个典型标志。

### 三、建筑技艺

兰溪的明清牌坊从建筑材质来分可分为砖雕结构、木结构、木石混合结构、全石结构等四大类。

1.青砖牌坊。如大坞陈村陈氏宗祠前的"八行明埋"孝子坊及横溪国庆村宋氏节孝坊,纯用青砖构筑,白灰嵌缝,其装饰图案如"圣旨"盘龙匾及顶楼两端的鸱鱼吻等都采用砖雕构件,古朴大方。

2.木牌坊。如竹塘村进士木牌坊,其建筑结构及技艺如一般明代木结构民居,柱用梭形柱,一开间六柱,侧脚生起,下垫青石礩形柱础,斗栱为一斗三升,一如明代兰溪宗祠、民居做法,上盖青瓦,屋脊正中以瓦拼以金钱图案。檐柱各置一倒挂龙斜撑承托檐檩。

3.木石混合结构。一般柱及抱鼓、基座用石结构,上部龙门枋匾额、斗栱等用木结构,顶楼用青瓦覆盖。应为兰溪木结构牌坊向全石结构牌坊过渡时的建筑形式。

4.全石结构牌坊。其基座、柱子、抱鼓、龙门坊、上下额枋、斗栱、屋顶等采用全石结构。中国的石构建筑均采用仿木结构,其梁架等构成全用榫卯结构,其屋顶则用全石琢成。有学者认为石构建筑采用这种榫卯结构不科学,不适用于刚性而又松脆易裂的石质材料,但从实践来看,许多石牌坊建成已有三四百年,仍坚固非常,保存完好,可见这种仿木结构仍有其合理性存在。石牌坊形体巨大,其龙门枋、屋顶等常重达数吨,在古代没有现代起重设备的情况下,一般用巨木搭架,然后用葫芦、绞车利用杠杆原理起吊,这也充分显示了古代工匠的聪明才智。

装饰方面,兰溪的牌坊,木雕、砖雕、石雕一应俱全,其手法有浮雕、浅浮雕、线雕、圆雕、平雕、深雕、透雕、镂空雕等。题材如人物、花卉、禽兽等,如民间的宗祠、民居建筑,丰富多彩。

## 四、功能

兰溪明清牌坊的历史及现实功能很多,可以归结为:

1.旌表表彰,道德教化

科举制度是封建官僚体系的基础,兰溪的牌坊中有不少是表彰功名的,或中进士后褒及父祖的。中国历史封建王朝均深深植根于"家国一体"的封建宗法体制,提倡"以孝治天下"的儒家思想,"求忠臣必于孝子之门",因此表忠表孝成为封建统治阶级维护社会和谐稳定的最重要的思想建设任务。早在周代,《礼记·月令》就规定:"季春,赐贫穷,赈乏绝,省妇使,表贞女。"汉代就对于孝行显著、有节义的男士妇女给予旌表其门的殊荣,即由官府张榜公告,挂于大门之上。《后汉书·安帝纪》记载:元初元年(114)诏"赐贞妇有节义十斛,甄表门闾,旌显厥行"。即使在男女关系极为开放的唐代,也对贞节妇女"表其门闾"。到宋代,程朱理学提出"饿死事小,失节事大""存天理灭人欲"的理论以来,封建礼教对妇女的禁锢越来越严酷。一般女子夫死不嫁,侍奉公婆,抚养孤儿的称为节孝,未婚夫去世而不嫁的称为贞节,因夫死殉身或遇战乱强暴反抗而死的称为节烈,都可以得到建坊表彰的殊荣。

光绪《兰溪县志·列女》说:"历代褒崇壶德,阐发幽光,凡所以维风翼教也。我朝典例,尤重节妇,不论妻妾,但年在三十以前守节至五十岁,或年未五十身故,其守节已六年者俱准旌表。未婚贞女,与在夫家守贞者按照年限与节妇同例。孝女以乏兄弟,终身奉亲不嫁者照孝子例,旌表建坊入祠。夫死身殉者曰烈妇,遭遇盗贼强暴捐躯以殉者,妇曰烈妇,女曰烈女,事虽历久,准补行请旌。又新例,节妇毁容自誓,令女割鼻之类,无庸年限。"真是血泪斑斑,特别是毁容割鼻之类,令人毛骨悚然,由此可见封建礼教违反人性的残酷一面。虽然这些节妇烈女也有一些是出于对丈夫的忠贞和扶老爱幼的传统美德,但不可否认,大部分是在社会舆论导向的强大压力之下作出的无奈选择。同时封建社会男尊女卑的观念在牌坊的选址上也有体现,如表彰男子功名、孝行的牌坊可以跨街而立,而表彰妇女节孝的牌坊一般只能建于路旁或田野中,而这些妇女只以张氏、王氏等称呼,连个名字都无法留下来。

这些牌坊也有表彰男子孝行的,如上唐村唐兆昇孝子石坊、焦石村邵有泰孝子坊等。表彰纪念先祖功业的如旧宅村台宪石坊,因祝氏先祖祝戒在明宣德年间曾任福建按察副使,其子孙在明嘉靖己酉建坊于宗祠之前以志纪念。

2.空间分界,标志引导

兰溪的牌坊中,一类如焦石村邵氏祖墓前的邵氏凌云石坊,一类是寺庙前、宗祠前的牌坊如旧时城隍庙前的默相坊、旬宣坊(已毁),渡渎村章氏家庙前的章氏家庙石坊,等等,都有空间分界、标志引导的作用。有的门坊如诸葛村"乡会两魁"砖雕坊、三泉村世德堂"东鲁"砖雕坊,虽有牌坊的功能,但一般归入门楼,为宗祠建筑的一个组成部分。

3.炫耀标榜,体现理念

封建社会,能得到皇帝表彰的,对于家庭或个人来说,都是莫大的荣耀,足以夸耀于世。按《大清会典》规定,由朝廷批准旌表建坊的,由官府拨给白银三十两。但这点银两仅能够贫寒之家建一座简单的牌坊,官宦之家,名门望族,富商大贾则都倾其财力建坊,穷极壮丽以夸耀于世。无形之中,也较好地体现了封建国家教忠教孝的治国理念。同时也承载了这些家族子孙的某些情感。乡区的许多牌坊,虽经历"文革"浩劫而未毁,有这种因素在内。

4.装饰美化,点缀风景

兰溪的牌坊有一些专立于风景区的,如中洲岛悦济浮桥前的"玉蝀横江"石牌坊,起着装饰美化、点缀风景的作用。而那些立于村旁道口、宗祠、神庙前的表彰功业道德牌坊,也起着装饰美化、点缀风景的作用,成为一道道亮丽的风景线。时至今日,随着封建礼教的退出历史舞台,这种审美功能则更进一步得到加强。

5.风俗展示,历史教材

兰溪的明清牌坊富有地方特色,展示了兰溪的民风民俗。以牌坊上雕饰的图案为例,五爪盘龙代表了神圣的君权,所以双龙戏珠都雕于"圣旨""恩荣"匾的周围,象征皇帝的权威。鲤鱼跳龙门象征科场高中,麒麟表示仁德,仙鹿表示官高禄厚,大小狮子谐音太师少师,表示位至高官,豹子和喜鹊表示报喜,瓶案表示平安,松竹表示坚贞,江牙海水表示皇恩浩荡,仙鹤表示长寿,马表示忠,羊表示孝,渔樵耕读则表达了耕读传家的理念,八仙则表示了一种民间的神道信仰,他们手中的道具也各有寓意。石榴表示多子,牡丹表示富贵,萱花表示老母在堂,蝙蝠表示幸福,莲花表示冰清玉洁,一斗三升的斗栱则寓意连升三级,金钱图案表示富裕,等等,不一而足,这些都是明清时代兰溪地方民间信仰及民风民俗的反映，是一份不可多得的民俗学资料。特别是姓叶村陈氏节孝坊檐口雕有鹬鸟啄河蚌的图案，究竟隐喻何意，尚难推究。时至今日，这些形态各异、雕刻精美、书法雄健的牌坊，仍然给人以美的享受，并且为人们认识中国封建社会的礼制、科举、民风民俗、建筑技艺等等方面提供了实物的历史教材，具有珍贵的历史、艺术和科学价值。

*载南京大学《长江文化论丛》及《兰溪方志》*

# 三泉村始建南宋建筑世德堂的发现

世德堂俗呼将士厅，位于浙江兰溪市黄店镇三泉村。1996年6月，兰溪市文物工作者前往考察，发现其中进为南宋孝宗淳熙八年(1181)始建，是目前国内罕见的民间宗祠建筑，在古建筑史的研究上具有无可争辩的珍贵价值和地位，同年8月，浙江省文物局古建专家前来考察，确认了上述发现；10月，世德堂被列为兰溪市市级重点文物保护单位，并申报省重点文物保护单位。同时《中国文物报》也披露了这一发现。

## 一、地理位置、自然环境与历史沿革

三泉村位于浙江兰溪市黄店镇西南，距兰溪市区15公里，即东经199°05′，北纬29°10′。该村属丘陵地带，海拔51至307.5米，村后柱竿为该村最高点，因山势挺拔如天柱竿立，故得名柱竿山。山岩含云母石，山麓岩石紫褐色，色如猪肝，可磨以作画，故又俗称猪肝山。山麓有上、中、下三井，又称青、赤、白三泉，泉水各泛青、赤、白三色，村因此得名。相传饮赤泉多生勇士，故后人塞之。

三泉村山环水绕，环境优美。在村落选址上做到了背风向阳，后有依托，前有对景，左有青龙，右有白虎，水路环抱，干湿适宜。村落东南方向有大片良田。

该村年平均气温在14.9℃至16.5℃之间,年降水量1 300毫米至1 500毫米,年日照2 000小时左右,夏季主导风向为东南,静风频率为31%,属亚热带湿润气候。

三泉村为一唐姓村落,村民绝大部分姓唐。唐姓发瑞有二:一为晋地唐姓,一为楚地唐姓,据该村所藏的光绪二十年(1894)和民国五年(1916)重修的《东鲁唐氏宗谱》记载:"唐姓伊祁,尧始封唐国于中山,至春秋为楚所灭。唐氏本源出于伊祁氏,更上溯之九世则轩辕氏也,后封为唐侯。"《左传》又云:"有虞以上为陶唐氏,在夏为御龙氏,在商为豕韦氏,在周唐杜氏。"楚地唐氏也姓伊祁,春秋时封于南方唐国,即今天湖北随县西北唐县镇,后为楚昭王所灭,其子孙以国为姓。三泉唐氏为晋地唐姓,奉唐朝初年莒国公唐俭为兰溪唐氏始祖。

北宋大中祥符年间,有贤公名思齐者,由浙江淳安县茶园村迁居兰溪黄店之篁屿村,是为唐氏迁兰始祖,至十一世宣义公光朝始迁三泉,其后繁衍于上唐、择基、下潘、汤塘、城关等处。

唐氏自迁兰溪之后,科举不绝,代有英彦。宋有唐琼,字季玉,于宋绍圣年间在女埠兰江上建浮桥;唐恪,官拜少宰、中书侍郎、户部侍郎,金人陷汴京,服药殉国;宋末,唐良骥为提刑官,于柱竿山麓创齐芳书院,延请著名理学家金履祥讲学;唐元章,字子焕,与侄唐良嗣起兵抗元,大战元兵于兰溪黄溢滩,迫使元兵退守桐庐。朝廷加元章为朝请大夫,知严州府。良嗣为阁门宣赞,武翼将军,江淮闽浙都统兵马使,与元兵相持二年,其后,元兵大至,唐元章战死于龙游县白云寺侧,侄良嗣战死于仙霞岭。元代,唐元嘉为上饶教谕,仁和县丞;明代唐楠任江陵教授、寿昌知县;唐龙为正德进士,历任三边总制、兵、吏部尚书,加太子太保;次子唐汝楫为嘉靖二十九年(1550)殿试第一、状元及第;清代,唐壬森为道光二十七年(1847)进士,历官至太仆寺卿、都察院左副都御史,曾总纂《光绪兰溪县志》凡八卷。

据《宗谱人物》记载:"宋千十五公宣义,讳光朝,字国华,行千十五,有远志,好经营,多谋略。居上唐篁屿,赘居童知府宅,尚义,授散官。淳熙八年(1181)公缘望见赤、白、青三泉,钟灵毓秀,兼有瓮塘玉水,混混不舍昼夜,遂由篁屿迁居于柱竿之阳,是为三泉始祖。建厅堂二百余间,分为前、后二宅。"世德堂即为其中之一。又"建鱼塘二口,拨制义田若干",以资维修之费。

《宗谱·宅第》云:"三泉大厅,千十五公遗下,今具存,年远屹然,无一欹邪状。嗣孙忠十八嘉靖元年壬午(1522)又前构照厅三间,宽广如之。"

又《宗谱·三泉大厅》记载:"三泉大厅,宋绍兴(按此处记载有误,当为淳熙)年间遗下者即遗此堂,足见前朝勋旧,世笃忠贞,其所由来者远矣。祖成忠公卜居篁屿,至千十五公迁三泉,积德有年,克开厥后,肯斯堂,重墙峻宇,流庆发祥,历代奉为家庙。除夕,祭祖先,于厅东隅阶下,另羹饭三大碗以祭伴随之阵亡者,无桌。"可知因世德堂又从祭宋末随唐元章叔侄殉国之阵亡将士,故又名将士厅。一说厅祀宋将仕郎万三七公,故名将仕厅。

又据《宗谱·世德堂》记载,清道光己亥秋(1839)鸠工庀材,越辛丑(1841)告竣于夏,维修了世德堂,堂上堂下,美哉轮焉。时中进明间金柱换鼓鼓行柱础。又父老相传,民国初年重建世德堂后进。

1963年,1980年维修前进,变易较多,甚至改木柱为水泥柱。

该村至今尚存有建于南宋的卷龙桥及建于明代的五分厅等一批古建筑。五分厅平面三间三进,规模也较宏大。柱竿山石壁有宋金履祥手书"第一山"摩崖题刻,山麓有柱竿庙,庙为清同治年间重建祀楚霸王谋士范增。

## 二、总体布局和单体结构分析

三泉村世德堂位于北柱竿山之阳面,坐北朝南偏东,平面三间三进。大门外照壁高 4.2 米,宽 6.5 米,镂空雕花脊,两端饰砖雕狮子各一。门台宽 3.6 米,深 3.35 米,高 0.45 米。大门为四柱五楼牌楼式砖雕门楼,下额枋饰高浮雕双狮抢球,上额枋饰高浮雕牡丹,两端为云纹。正楼顶置宝瓶,插方天画戟,檐下各置一斗三升二翘砖雕斗拱。门楼柱脚饰砖雕云纹如意图案。大门阔 2.02 米,高 2.95 米,门梁为木制,门槛高 0.27 米,阔 0.16 米。门楼为红石基础,大门两侧各置青石抱鼓及旗杆石一,旗杆石插有旗杆,旗杆多历年所,外皮已碳化.

前进通面阔 14.35 米,明间阔 5.3 米,次间阔 4.52 米,前进深 9.7 米。硬山顶,三迭马头墙。明间中缝梁架及右侧边缝梁架已于 1980 年维修时改水泥梁柱。左侧边缝中柱,前后金柱为砖制圆柱,上置砖制栌头,单步梁鸥鱼状,也为砖制,梁柱大半砌入墙内。左侧檐柱为砖制,凹角方柱,方形柱础。前进有戏楼,戏台高 1.6 米,阔 5.3 米,进深 5 米。台以八根红石柱支撑,台前沿饰 S 字形牛腿四只,卷草纹。戏楼为歇山顶,镂空雕花脊,两端饰鸥尾,翼角起翘,前额枋下置和合二仙牛腿,前檐柱斜置狮子抢球牛腿。台前为天井,天井左右有廊各三间,柱置 S 字形卷草纹牛腿,廊左右开边门,门有砖雕门面,前进及两廊为三合土地。

门楼、前进,两廊加建于明嘉靖元年壬午(1522),戏台也为同时所建,清代重修。

中进硬山顶,通面阔 14.35 米,明间阔 5.3 米,次间阔 4.52 米,右侧有穿廊,宽 1.4 米。红石地面,墙侧有一深沟,沟深 0.1 米,为雨水长年冲刷所致。推断左侧原也有穿廊,今已不存。中缝梁架为七架梁,扁梁,断面为长方形,无龙须纹等雕刻,当地俗称九鳌三叠梁,七架、五架、三架之间间隔距离较小,故名三叠梁,形制符合宋营造法式。梁下两端置丁头栱。中进柱均为梭形柱,上置圆形栌头,侧脚生起,柱头卷刹尤为明显。左边中缝中柱中间粗壮,两端渐细,为典型的梭形柱,糟朽严重,可断定为南宋原物。明间腹部最大周长 2.1 米,红石鼓墩,下置复盆,边缝为櫍形柱础,中进前廊梁上置二驼峰承托月梁,驼峰形制符合宋营造法式。檩条下置简单卷草纹纹雀替。左侧边缝前二柱为红石圆柱,櫍形红石柱础,明间前檐枋上置斗栱二垛,柱头各一垛,次间平身科各一垛,均为一斗三升二昂。椽木上置望板,正屋屋顶与前廊之间有草架。屋顶水性较平。明间后檐枋上置一斗三升斗栱二垛,次间后檐枋一垛。中进地面比两廊高 0.2 米,内金柱地面比中前廊地面高 0.35 米。前廊为方砖铺地,砖边长 0.3 米,内金柱地面方砖斜墁铺地,砖边长也为 0.3 米,均已破碎。

中进始建于南宋孝宗淳熙八年(1181),清道光年间重修。用材多为柏、梓、樟木,故坚固耐久。父老相传为宫殿式建筑,从形制分析,当时为一单体建筑,屋顶为庑殿顶或歇山顶,明嘉靖加建两廊及前进时改作硬山顶,清道光二十年(1840)中进大修时更换明间金柱柱础为鼓形墩。

中进明间太师壁上方置双龙立匾六,木制,清代制作,另有数匾已毁。现有匾分别书:

成忠郎宋邓州都司唐尧卿

敕封温国公宋户部待郎唐恪

翰林学士宋天圣翰林学士唐满

正气千秋宋朝请大夫知严州府唐元章

武翼将军宋江淮闽浙都统兵马使唐良嗣

状元及第嘉靖庚戌殿试第一甲第一名唐汝楫

后进悬山顶,三迭马头墙,三间二厢一天井。明间五架梁带前后廊二架。大梁为扁梁,刻蝙蝠卷草图案,两端以卷草纹雀替承托,前檐柱为青石讹角方形及柱础,柱置人物跨狮牛腿。后进为重檐楼屋,楼板已撤,前廊月梁置花篮状短柱,单步梁为龙形,局部的有望砖,边缝梁架为抬梁式,两厢前檐柱为青石讹方形及柱础,柱置仙人骑鹿牛腿。明次间柱柱础均为鼓墩,后壁置神龛镶拼花隔扇八扇,内置宋将仕郎祖考万三七公及妣安人王氏之神主牌及其他祖先神主。地为三合土地。

后进始建年代为明,据父老云,民国初年重建后进。

## 三、历史、艺术、科学价值

三泉世德堂之历史、艺术、科学价值尤在于其中进。中进始建于南宋淳熙八年(1181),距今已有八百余年,文献记载翔实,维修脉络清晰,在很大程度上保存了南宋建筑的原貌,可以从中考察宋代建筑的风貌,在古建筑史的研究上具有珍贵价值。世德堂中进是浙江唯一的始建于南宋早期的宗祠建筑。世德堂中进梁架、柱、驼峰、斗栱的形制及开间进深等都基本符合宋营造法式,可以与北宋建筑宁波保国寺、元代建筑金华天宁寺、武义延福寺相对照,找出北宋至南宋到元代建筑发展演变之脉络,如柱础的演变,从宁波保国寺到世德堂,再到金华天宁寺、武义延福寺,其过程一目了然。

国内现存的唐、宋木构建筑均为寺庙、木塔楼等,现存南宋民间宗祠性建筑尚属首见。一般学者认为，民间宗祠家庙建筑兴盛于明中叶以后，世德堂中进的发现，至少可以把民间宗祠、家庙等礼制建筑的兴盛推前到南宋时期。这对于研究宗族制度，封建礼制等都有重要意义。

世德堂前进建于明嘉靖元年(1522)，其砖雕牌坊式门楼雕刻古朴大方，是现存较早的砖雕门楼之一，也有相当的艺术价值。

# 芝堰村明清建筑群调查

兰溪市芝堰村为一陈姓血缘村落,南宋时建村,是浙江省明清时期典型的传统村落之一,1985年6月15日列为市级重点文物保护单位,2004年6月2日列为国级文物保护单位。村中目前保存有衍德堂、光裕堂、成志堂、善述堂、世泽堂、济美堂等数十座宗祠和住宅建筑,布局合理,建筑风格、形式多种多样,发展序列清晰,在本省的传统建筑中占有一定地位。

## 一、地理位置、自然环境和历史沿革

芝堰村位于兰溪市西北部的芝堰乡(今并入黄店镇),距兰溪市区26公里,南与黄店镇接壤,西北与建德县交界,属半山区,海拔90米至977米,左右群山环绕,山清水秀。芝溪自建德马回源发源,沿村而下,两岸山峦叠翠,气势雄伟。村东的东山,远宗桃峰,西面为伏虎山,南面为大片良田,北边为芝堰水库,周围五六里无大村落。

位于芝堰村上游的芝堰水库,是本市目前规模最大的水库,正常库容量达2800万方,碧波荡漾,景色优美,被人们称为深山明珠。受芝堰水库影响,该村夏季昼夜温差较大,是一片理想的避暑之地。西北的尖坞山,海拔千米,雄奇秀出。

　　该村在村落选址上也极有讲究,做到了背风向阳,后有依托,前有对景,水路环抱,干湿适宜,左有青龙,右有白虎,体现了堪舆学上蕴世生气的特点。村落左侧为桃峰,山脉蜿蜒绵长,山脊出五峰,宛如一条盘龙,右侧为伏虎山,在村口仰望北山,俨然一只伏虎。芝堰村地处山脚下的平坦地段,有南北方向的两条主街巷,村落建设整齐有序。周围有桃峰东秀、羊岩西峙、砚潭钓雪、后山听松、凤桥晚月、石壁闻鹏、龙门旭景、罗星野望等十景,古人题咏颇多,流传遐迩。

　　古时芝堰村民为灌溉及生活用水之需,在芝溪上筑有岩下堰、下阳堰、上方坊堰、芝堰、桥上堰、桥下堰、三石堰、花墩堰八堰,其中以芝堰作用最大,通过芝堰引水入村,以供生活用水之需。故村中两条街巷的两侧都有宽约 0.5 米、深 0.5 至 1 米的水沟,以青石垒砌。水沿水沟流入村前的半月形水塘后,作农田灌溉之用。

　　该村属半山区,年平均气温在 14.9℃至 16.5℃之间。年降水量在 1 300 至 1 500 毫米之间,年均日照为 2 000 小时。夏季主导风向为东南,静风频率为 31%。由于地处半山区且受芝堰水库影响,该村冬温夏凉,夏季昼夜温差较大,夏夜须盖棉被,可开辟为夏日消闲度假胜地。

　　该村自宋淳熙至民国末年均隶属建德县,1950 年隶属寿昌县殿后乡,1958 年 9 月划归兰溪管辖。

　　芝堰村为一陈姓血缘村落。陈氏为大舜之苗裔,大舜育于妫水,姓妫。及周文王时,大舜后裔阏父仕周为陶正。武王灭商后,阏父之子妫满受封于陈,遂以国为姓。后妫满之后裔陈完奔齐,改姓田氏,十二世而代有齐国。及秦始皇灭齐,田氏之一支复姓为陈,子孙流散,汉初有陈平,其后有陈汤,东汤恒帝时,陈实为太丘长,居颍川,是为颍川陈氏之祖。东晋太尉陈达为长城即今吴兴令,悦其山水,遂家焉,曰:"此地山川秀丽,当有王者兴,二百年后,我子孙必踵斯运。"及十九世陈霸先平侯景之乱,代梁为帝,是为陈朝武帝,传五君。芝堰陈氏实为陈宣帝之子陈叔献之后。叔献受封为河东王,其后世居河南祥符县,是为祥符陈氏始祖。

据《芝溪陈氏宗谱》记载,宋靖康之乱时,叔献第十六世孙世常公讳大经者随宋高宗南渡,命守睦州,宦游退隐,长子讳湛,卜居分水百扛,次子讳谪,人称二府君,生平喜猎,时狩猎至此,爱芝溪山环水绕,形势佳美,遂卜居于此,是为芝溪陈氏之祖,瓜瓞绵延近千年。故芝堰于南宋时建村,至今已三十七代,全村现有住户440户左右,陈氏约占80%以上,外姓均于新中国成立后迁入。

在以车马舟船为主要交通工具的年代里,芝堰为兰溪、金华、寿昌、建德诸县之间的主要交通要道,且村落以北均为崇山峻岭,常有匪盗出没,至梅城还有七十里山路,往南至兰溪也有五十余里路程,故往来商贩、挑夫等均在此住宿、歇息。故古代芝堰村民除种植外,主要生计是服务业。凭借优越的地理位置,丰富的林木、药材等资源以及辛勤劳作,芝堰人相对比较富庶,他们在村内兴建了大量的祠堂、厅堂和住宅、店铺,形成了一方颇具特色的古建筑群。

芝溪陈氏素以耕读传家,谪公子孙千六公,中浙江省元;曾孙悌,年二十九为宣议大夫;六世孙曾廿二公,授江西都使司迪功郎;九世孙怡二十八公,独手能举臼,任千户;十一世孙宣二公,任安徽当涂县尹;十三世孙淳一公,任福建龙海县九龙岭巡检;明末象山公投身金华朱大典麾下,抗击清兵,失败后隐居飞桥顶,后人因名其山曰隐山;清初钦祚公以康熙六十一年选贡,廷试中式第三名,先后获名"魁天府""廷英首携"等匾额表彰。但由于芝溪地处偏僻,交通不便,经济文化相对落后,所以明清两代,名宦显贵不多。

## 二、总体布局

芝堰村的总体平面布局呈目字形,南北方向有两条主街巷,一条为正街,一条为小街,其余小巷穿插其间,街旁水渠清澈,流水潺潺,十分有利于生产,生活。羊岩屏其左,东山峙其右,芝溪为一村襟带,曲折南流,村口古柏、古樟参天蔽日,小桥流水,粉墙黛瓦,构成了芝堰村独特的古朴风貌。

村中民居多朝南,因其东面为东山,又名后山,恰当青龙方位,其山高峻,气势太猛,所以民居确实为无奈向东开门者,就在门上方挂镜,画方天戟,或在门旁书泰山石敢当字样,以示趋吉避凶。同时在村东建文昌阁及关王殿。

## 三、简介

芝堰村落主要由宗祠、民居、石桥、古庙、店铺、街亭、骑街楼、道路、水渠、池塘、广场、石拱门等构成,规模宏大,秩序井然,地方特色鲜明,类型丰富,特别是至今保存有确切纪年的明中叶以前的古民居、宗祠多座,实为国内不可多得的古建筑瑰宝。现简介如下:

(一)宗祠单体建筑

1.孝思堂

孝思堂,又称大宗祠,为芝溪陈氏总祠,始建于元代,明洪武三年重建,部分构件尚保存有元代特色。正厅前庭院中尚植有桂花树两珠,据推测树龄已有五百年余年,可见其建筑年代之早。

孝思堂坐东朝西,门前有广场,供族人祭祀、集会等活动用。平面总体布局分三进,即门厅、正厅(享堂)和后寝,正厅两侧为庑屋,其两端与门厅与后寝相连接,构成一回字形的封闭性院落。

正厅为九脊歇山顶,通面阔 12.5 米,分三间;通进深 19.8 米,其中设围廊。明间中缝内四架带前后重廊,面阔为 4.5 米,用梭柱,柱头卷刹。侧脚明显。五架梁和双步梁呈雪茄状,梁之间两端刻鱼鳃纹,为椭圆形。单步梁均雕作鸥鱼状,承托月梁之雀替雕成花兽纹,梁上用柱头科隔架科出二翘,古镜覆盆,櫍形柱础。明间金柱周长 1.35 米。次间宽 4.1 米,梢间宽 1.6 米。正脊两端有龙吻,岔脊尾端有鱼吻,垂兽有狮子,有望砖、搏风板。莲花图案勾头滴水。台基高 41 厘米,三合土地。正厅 1984 年曾大修。

门厅共十一间,台基高 0.44 厘米,如意踏跺。通面阔 12.8 米,其中明间阔 4.5 米,次间宽 4.15 米。前厅台甚至中厅距离 5.6 米。

廊庑左右各七间,通进深 4.6 米,各间面阔 3.15 米,台基距中厅台 2.35 米。

后寝五间,左右耳房各三间,形成五明六暗共十一间的格局。后厅通进深 6.3 米,前檐柱至台基石沿 0.95 厘米。通面阔 19.3 米,其中明间阔 4.3 米, 次间宽 3.9 米, 梢间 3.6 米。耳房通面阔 6.7 米,其中明间 2.5 米,次间 2.1 米,通进深 6.8 米。

孝思堂规模宏大,制作古朴而严谨,但廊庑及左耳房有改作。

孝思堂楹联有"妙纳流长,想当年尊富饗保,万福攸同,圣祖发祥唯以孝;芝溪泽远,喜今日烝尝禴祠,百礼咸洽,曾孙奏格在于思"等多副。又据《宗谱·入田增祭序记》云:"先太祖义七五公捐助田调以襄礼典。"又据《世系》:"义七五公,字佰胜,天顺壬午年。"可知孝思堂至迟建于天顺以前。

2.衍德堂

衍德堂,始建于元代,明中叶有重修,规模宏大,形制古朴,三间三进,后进已毁,于新中国成立后重修,但已无复原貌。

衍德堂坐北朝南,偏东3°,占地面积约455平方米。砖雕门楼门厅三开间,进深6.2米,明间中缝内四界带前后廊,明间面阔4.4米,梁架制作较简单,通高5.3米。

门厅与正厅之间为天井,天井石坎类须弥座状,有宋式特色,中进正厅为主建筑,通进深7.5米,通面阔12.8米。明间阔4.5米,次间阔4.15米。硬山顶,前出檐。明间中缝九架双步廊式,五架梁为扁作梁,形制古朴,梁底用丁头拱和雀替支托,雀替雕刻为鸥鱼喷水状。用柱头科,隔架出二翘,第一翘拱砍辨明显,第二翘用竹节栱,两侧用枫栱,单步梁为鸥鱼状。柱头卷刹,四金柱直径48厘米,前后金柱径42米,次间柱径35米,侧脚明显。石樀形柱柱础。明间中缝上金檩至挑檐檩下各斗拱之间,用弓状云纹劄牵递相连接,五架、三架、单步梁均属拼抬梁。次间脊檩下安有小枋,上置二攒三踩斗栱,承托脊檩。明次间平身科二攒,二跳五踩。有望砖、驼峰、丁头拱、插拱、雀替等部件。每檩上均雕刻牡丹、花草等装饰。山缝梁架间空隙处用芦秆、篾片密封,外抹石灰。柱呈梭形,上置栌斗,青石覆盆,柱础四周刻有莲花瓣图案。青砖斜缝铺地,台基高0.24米,三合土地。

中进与后进之间有穿堂,其两侧为小天井。穿堂四金柱间用普柏枋,底端用丁头拱及雀替支撑,上作平身科,有藻井。藻井由四周十八攒七踩出二翘斗拱承托,前后各四,左右各二,转角处各一。

据《芝溪陈氏宗谱》卷之一《芝溪陈康山先生传》记载,衍德堂约在清乾隆年间曾由陈康山主持整修过一次。据该村世代相传衍德堂建造要比孝思堂早,结合建筑特点分析,该堂属元末明初建筑。

3.济美堂

济美堂,济美堂系明代建筑,分二进即门厅和正厅,中间为天井,呈对合式。坐北朝南,三合土地,马头墙。

头门为小八字状,门厅分三开间,明间由四扇大门隔分厅及前轩。前轩为彻上露明造,双步梁呈雪茄状,两端刻眉月纹;雀替呈鸥鱼喷水状。大门额枋上有四攒隔架科,上架一撩檐枋,上置五攒平身科。栌斗上置一斗三升柱头科。厅明间中缝为抬梁式,有藻井,由每边五攒斗栱托承。柱头卷刹,并用讹角柱头栱,櫍形柱柱础。两次间为厢房,梁架为穿斗式,结构较简单。

正厅通面阔 13.2 米,通进深 6.7 米。内金柱地面高于前廊 16 厘米,明间中缝内四界带前轩后廊,面阔 4.9 米,进深 4.7 米,卷棚顶,梁架为抬梁式。月梁断而呈雪茄状,上置斗栱出二翘,雀替雕该卷草纹呈扇状,单步梁为鸥鱼状以联系各架梁,柱头卷刹,梭形柱,侧脚明显,覆盆柱础,櫍形柱础,明间后部置神龛。

天井长 4.2 米,宽 2.1 米,四周裙板雕有卷草及禽兽纹饰。

4.承显堂

承显堂,据《宗谱·重修承显堂记》载:承显堂不知创于何时,其中堂两壁累砖为梁柱,式制甚古,或系明中叶以前物也。现存建筑为清末至民初重建。三合土地。马头墙。

该堂为三进二明堂式,第一进明间四舍柱间为戏台,台面离地 1.52 米,戏台面阔 4.3 米,进深 3.8 米,两侧为台房,戏台前面柱柱头雕刻灵芝,中间额枋刻人物花草图案。明间中缝梁架为抬梁式,五架梁断面呈长方形,上刻岁岁平安等图案。四金柱间有藻井,浮雕双龙戏珠,流云万福等图案,檐柱牛腿为浮雕仙鹿衔芝。两次间梁架为穿斗式。

第二进为正厅,通面阔 11.5 米,通进深 7.5 米,三开间,明间中缝内四界,带前后廊面阔、进深均为 4.5 米。五架梁断而呈长方形,刻有花草图案,单步梁为鸥鱼状,梭形柱,櫍形柱础,柱础内四界地面高于前厅 0.15 米。明间檐柱装饰深浮雕狮子抢球牛腿。

后进三开间,有楼,梁架较简单,檐柱装饰和合二仙牛腿。后进为香堂,有神龛。

### 5.光裕堂

光裕堂,该堂建于明代,坐东朝西,分二进即门厅和正厅,中间天井,呈对合式。三合土地,封火墙。

大门为八字状,左右各有一青石抱鼓。门厅为三开间,明间中缝内四界带前后双步廊,五架梁呈雪茄状,两端有鱼鳃纹,梭形柱,柱头卷刹,上置栌斗,櫍形石柱础,次间梁架为穿斗式。

正厅为主建筑,内金柱地面高于前厅 16 厘米。明间中缝内四界带前后双步廊,五架梁断面呈雪茄状,两端刻鱼鳃纹,下以卷草纹雀替承托,单步梁为鸥鱼状。梭形柱,上置四瓣莲花状栌斗,柱头卷刹,櫍形石柱础。檩条呈方形。雕刻连环方胜图案。两次间梁架为抬梁与穿斗相结合式。开井两则为穿廊。

正厅后檐枋上有光裕堂横匾,有"口丑重造"字样。

### (二)民居

### 1.世泽堂

该堂建于明代,坐北朝南,位于成志堂之后,为五开间两搭厢式。三合土地,马头墙。

正厅系明代形制,为楼上厅。楼下高 3.5 米,楼上高敞,高 5.6

米。楼下梁架和三架梁之断面呈矩形,略呈琴面状,梁之两端刻眉月状龙须纹,单步梁为鸥鱼状,曲线优美,五架梁两端之底部用丁头拱和雀替支托,拱瓣砍削明显。五架梁上用隔架科两攒,并用讹角栌斗,顺檩方向出二翘,拱之上端饰象鼻昂,升的两侧饰枫拱上托花机。檩之下皮浮雕连环方胜等图案。后檐有升斗。前沿设阳台。梭形柱,柱头卷刹,用柱头科及隔架科出一至二翘,有平身科二攒一斗六升。鼓形柱础,其腹部比例为二分之五比三,类似直筒形。次间梁架抬梁与穿斗相结合,单步梁呈鸥鱼状。天井两侧为厢房,左侧厢房已毁。天井比正厅地面低 16 厘米。

天井右侧有石缸一口,口径 1.1 米,壁厚 6.5 厘米,口沿外侧间刻"天顺柒年仲春良旦芝溪适生佰胜置"十五字。据《宗谱·世系》载,佰胜名陈斑,字佰胜,生天顺六年壬午年(1462),而该堂相传是其祖父或曾祖父所建。

2.成志堂

成志堂位于世泽堂之前,建于清中叶,坐北朝南,为五开间两搭厢式。

正门呈小八字形,为一道可开启的木框屏风门,门枋上用平身科二攒,一斗六升,其后设金鼓架,门柱为方形,讹角青石柱础,卷草纹牛腿。

成志堂通面阔 16.55 米,通进深 10.6 米,明间阔 4.1 米,次间阔 3.65 米。悬山顶,正厅进深七檩,有楼。明次间中缝梁架结构均为穿斗式,楼层空隙处用芦秆、篾片密封,抹上石灰,底层梁架明间中缝,内四界带前轩后廊,雪茄状梁,两端刻半月状龙须纹,梁上有梁枋承托楼层,梁底雀替雕刻成楼阁状。明间前廊为卷棚式结构,次间前廊为天花板。梭形柱,有垫砖,勾头滴水,明间檐柱饰卷草纹牛腿。前檐柱础呈八角球形,雕刻牡丹、寿桃、石榴等图案,后金柱柱础为素面八角形柱,前金柱柱础为仰莲式。次间金柱础为鼓镜式。三合土地。天井两侧为厢房。天井石砌,低于正厅地面16厘米。马头墙。

后额枋上悬一木匾,中间横书"成志堂"三大字,右边竖写"乾隆乙酉"(1765)四字,左边竖写"孟秋之吉"四字。据《宗谱·陈康生先生传》记载,成志堂为陈康生继承父志而建,故名成志堂,之前是一处颇具地方特色的清代古建筑。该堂开间为五间,有逾礼制,或系该村地处偏僻,天高皇帝远,礼法松弛所致。

3.世德堂

世德堂,建于明代,为三开间对合式,东面加阔2.5米,作门厅用,正门开于东厢房处,后进东侧亦开边门,均与街相通,该堂坐北朝南,位于成志堂前东侧。

前进梁架结构较简单,有楼,梯设于次间后部,楼上隔成四间用房。后进为楼上厅,通面阔13.4米,通进深5.8米。明间中缝内四界带前后廊,五架梁断面呈雪茄状,两端该眉月状龙须纹,下以下头及卷草纹雀替承托,梁上置驼峰以承托檩条、花机等结构制作讲究。明间面阔4.3米,进深3.5米,楼层高5.3米,梯设于太师壁后,梭形柱,上置凹角栌斗,櫍形柱础,三合土地,马头墙。

楼上有一横匾,上书"世德"二字,右竖书"万历乙卯年立",左竖书"慈溪叶元泉书"六字。

4.善述堂

善述堂,建于清初,坐东朝西,为三开间两搭厢房。

该堂为彻上露明建,正厅明间中缝内四界带前后双步梁、五架、三架梁断面呈雪茄状,两端刻眉月状龙须纹,下以丁头拱及卷草纹雀替承托。梭形柱,櫍形柱础,柱头置凹角栌头。单步梁呈鸥鱼状。次间梁架为抬梁与穿斗相结合式。原有善述堂匾。

天井低于正厅地面0.15米,以青石垂莲望柱及卷草花板等砌成一水池。天井左右为厢房,大门开于左侧厢房。三合土地,五头墙。

5.荣褒五代宅

荣褒五代宅,清代,坐北朝南,五开间带两搭厢式。

正厅五开间,有楼层,楼设于左侧梢间之旁。楼上梁架结构较简单,楼下明间内四界带前后廊,直柱,鼓镜式柱础,牛腿,额枋,蝴蝶木刻卷草纹。天井砌一长方形鱼池,垂莲柱,卷草纹花板。天井两侧为边厢。大门另开设于梢间左侧,门上置一立匾,竖书"荣褒五代"四字,左侧竖书"道光二年春"五字,右侧竖书"赐寿民陈准全妻叶氏"九字,据《宗谱》载:"陈准,时年八十六,亲见五代,朝廷旌表。"该宅应当建于清乾隆年间。

6.积厚流光宅

积厚流光宅,清代,为三间两搭厢串联式,前后三进。

该宅门楼较精致,青石门面,苏式砖雕门面,刻有凤凰、麒麟、暗八仙、连环方胜等图案,并有砖雕横匾,浮雕"积厚流光"行书四字,檐口有勾头滴水。门楼墙基青石刻双龙戏珠图案,两侧置卷草纹小抱鼓石。

正厅明间中缝梁架为抬梁与穿斗相结合,有拆改。三合土地,马头墙。

7.斗室乾坤宅

斗室乾坤宅,清代,三间二搭厢式。

该宅门楼精致。青石门面,苏式砖雕牌楼工门楼,门上嵌砖雕横匾,上书"斗室乾坤"四篆字。正厅明间用方柱,方形讹角柱础。时间中缝内四界带前后廊式。有拆改,三合土地,马头墙。

### 8.陈玉春宅

陈玉春宅,清代,前左后堂楼式。

前进为大厅,彻上露明造,单层高敞阔,明间中缝梁架为内四界带前后廊,五架梁断面呈矩形,两端刻半月状龙须纹,以卷草纹雀替承托,直柱,鼓镜式柱础,次间梁架为抬梁与穿斗相结合。大厅前面为天井,左右有两厢。后进为堂楼,梯设于太师壁后,楼层梁架较简单,楼下明间中缝染架为内四界带前后廊式,属楼下厅。直柱,鼓镜式柱础。三合土地,马头墙。

### 9.陈炳贵宅

陈炳贵,清代,三进两明堂式,实际上是由前面一个对合式与后面的三间两搭厢组合而成。三合土地,马头式封头墙。

前进三开向,明间中缝梁架为内四界带前单步后双步廊式,彻上露明造,五架及三架梁断面呈雪茄状,两端刻眉月状龙须纹,两端下承以卷草纹雀替,单步梁呈鸥鱼状,梭形柱,柱头卷刹,上置凹角栌斗,鼓镜式柱础,前檐柱饰仙鹿衔芝牛腿,明间两后金柱之间设屏风,边缝梁架为穿斗式。

第二进为正厅,有楼,楼上明次间梁架均为穿斗式,楼下明间梁架为内四界带前后双步廊式,五架梁为扁作梁,断面呈矩形,梁上雕刻夔纹图案,下以卷草纹雀替承托。上以随梁枋承托楼板。类梭形柱,鼓形柱础。双步梁为眉月状断面呈雪茄状,两端刻半月形龙须纹,下以卷草纹雀替承托。檐柱饰狮子抱球牛腿,两后金柱之间设太师壁,后檐柱饰花卉图案牛腿。

前进与第二进之间为天井,两侧为过厢,右侧开设边门。

第三进有楼,梯设于太师壁后,楼上、下梁架均为穿斗式,楼下前有双步廊,双步梁呈雪匣状,两端刻半月状龙须纹,直柱,鼓形柱础,前檐柱饰人物图案牛腿。

第二进与第三进之间为天井,两侧设厢房。楼上天井四周设晾台,晾台四周转角处均用垂莲柱。

该宅建于清雍正至乾隆年间。

10.刘友生宅

刘友生宅,建于明代,为三开间两搭厢。三合土地,马头墙。

平面三间,通面阔10.90米,通井深20.4米。明间中缝梁架为内四界带前后双步廊、五架、三架梁断面呈雪茄状,两端刻半月状龙须纹,下承以扇形雀替,图案为鸥鱼喷水。梁上置隔架科二攒出二翘,栱瓣砍杀二瓣。单步梁为鸥鱼状,金檩底部用花机。明间金柱为梭柱,柱头卷刹,上置凹角栌斗,櫍形柱础。边缝梁架为穿斗式。有楼,梯置于太师壁后。楼上高敞,楼下低矮。该宅为楼上厅之一。

天井两侧为厢房。

11.李志鸿宅

李志鸿宅,明代,三间两搭厢式。三合土地,马头墙。

平面三开间两过厢一天井。明间面阔4米,次间阔3.5米。明间中缝梁架为内四界带前后双步廊式。五架梁断面呈雪茄状,两端刻半月状龙须纹,下以扇形牡丹雀替及丁头栱承托。梁上置两横隔架科出二翘,两攒之间为三架梁,断面呈雪茄状,两端刻眉月状龙须纹,三架梁上置一斗三升,斗栱承托脊檩,单步梁为鸥鱼状。后额枋上置平身科二攒,一斗六升,梭形柱,柱头卷刹,上置凹角栌斗,櫍形柱础。该宅为楼上厅之一,楼设于太师壁后,天井两侧为厢房。

12.陈汉口宅

陈汉口宅,明代,三间两进一明堂式。三合土地,马头墙。

前进三开间,明间中缝梁为内四界带前后廊式,五架梁呈雪茄状,两端刻半月状龙须纹,下承以卷竹纹雀替及丁头栱,梭柱,櫍形柱础。

后进为楼上厅,梯设于太师壁后,楼下五架梁呈矩形,有随梁枋承托楼板,双步梁为月梁,梭形柱,櫍形柱础。楼上原较高敞,因整修,截去各柱柱头约 0.7 米左右,重新上檩条及椽木,因此,难以见到梁架结构之原貌。楼下右侧房开边门通正街。

天井两侧为厢房。天井低于正厅地面 15 厘米。

13.陈玉春宅

陈玉春宅,清代,三间两搭厢式。三合土地,马头墙。

平面三间二厢一天井,明间通面阔 11 米,通进深 7 米,明间宽 3.7 米。鼓形柱础,直柱。明间中缝梁架为内四界带前后双步廊式。抬梁与穿斗相结合。中缝五架梁为矩形,两端刻半月状龙须纹,下承以卷草纹扇形雀替。有楼,梯设于太师壁后。明次间前额枋下两端置蝴蝶木,前出一象鼻昂。天井两侧为过厢,正门开设于天井左侧。

14.陈建亮宅

陈建亮宅,清代,三间两搭厢式。三合土地,马头墙。

坐东朝西,大门辟东面,进门便有一道可开启的木质屏风门。通面阔 12.7 米,通进深 5.8 米。梁架为内四界带前后廊式,有楼,梯设在堂尾右侧。五架梁断面呈雪茄状,两端刻眉月状龙须纹,上置两瓜柱以承托三架梁,边缝梁架为穿斗式。鼓形柱础,直住,上置讹角栌斗。

天井两侧为厢房。

15.陈古松宅

陈古松宅,三间两搭厢式。三合土地,马头墙。

明间中缝梁架为抬梁式,为内四界带前后步廊。櫍形柱础,梭形柱,柱头稍有卷刹,上置凹角栌斗。五架梁断面为雪茄状,两端雕有半月状龙须纹,下皮以丁斗栱和雀替承托,上置隔架科二攒出一翘,栱瓣砍削明显,梁上用斗栱承托脊檩,单步梁呈鸥鱼状。前双步梁两端下皮用扇形卷草纹雀替。后额枋上置平身科二攒,一斗六升。边缝梁架梁与穿斗相结合,有楼,梯设于太师壁后。天井两侧为厢房。

16.陈文庆宅

陈文庆宅,明代,五开间对合式。三合土地,马头墙。

前进为彻上露明造, 明间中缝梁架为内四界带前轩后廊,五架梁和双步梁断面呈雪茄状, 两端底部用丁头栱和雕花雀替支托,梁背置隔架科二攒,顺檩方向出二翘,上托水浪机。檐枋下撑栱做成倒挂鸥鱼状,用梭柱,柱头卷刹,櫍形柱础,前廊为卷棚式。次梢间梁架为穿斗抬梁相结合。

后进有楼,梯设于太师壁后。明间中缝梁架为内四界带前后双步廊式,櫍形柱础,梭柱,上置凹角栌斗,柱头卷刹。五架,三架梁断面为雪茄状,两端雕有半月状龙须纹,下皮以丁头栱和雀替承托。次梢间梁架为抬梁与穿斗相结合。天井位于前,后进之间,两侧为厢房。

17.陈明福宅

陈明福宅,明代,三间带搭厢式。三合土地,马头墙。

明间中缝梁架为内四界带前后双步廊, 五架梁断面呈雪茄状,两端刻眉月状龙须纹,下以扇形卷草纹雀替承托。梁上置隔架科二攒出二翘,栱瓣砍杀二瓣。三架漂二端刻龙须纹,鸥鱼状单步梁。梭形挂,櫍形柱础,柱头卷刹,上置凹角栌斗。边缝梁架为抬梁与穿斗相结合。

天井低于正厅地面16厘米,两侧为厢房。

18.陈新回宅

陈新回宅,清代,三间两搭厢式。三合土地,马头墙。

明间中缝梁架为内四界带前后廊式，五架梁断而呈雪茄状，两端刻眉月状龙须纹,上置瓜柱以承托脊檩,边缝梁架为穿斗式,直柱。上置凹角栌斗,鼓形柱础。该宅为楼上厅之一。

天井两侧为厢房。

19.方苟苟宅

方苟苟宅,清代,三进两明堂式。三合土地,马头墙。

三开间,前进明间中缝梁架为内四界带前后双步廊式,彻上露明造,五架及三架梁断面呈雪茄状,两端刻眉月状龙须纹,两端下皮承以卷草纹雀替,单步梁呈鸥鱼状,梭柱,柱头略卷刹,上置凹角栌斗。边缝梁架为穿斗式。

中进有楼,楼上明次间梁架均为穿斗式,楼下明间梁架为内四界带前后双步廊式,五架梁为扁作梁,断面呈长方形,梁两面刻卷草图案,下以雀替承托,上以随梁枋承托楼板。类梭形柱,鼓形柱础。双步梁为眉月状,两端刻半月状龙须状,下承以扇形雀替,檐柱饰牛腿,两金柱间设太师壁。

前中进之间为天井,两侧为过厢。

后进有楼,梯设于后进太师壁后。楼上、下梁架均较简单,楼下前有双步廊,双步梁为月梁,两端刻龙须纹。直柱,鼓形柱础。

中、后进之间为天井,两侧设厢房。天井楼下四角设晾台,四周转角处有垂莲处,晾台有靠栏。

20.陈家店铺

陈家店铺,位于正街西侧,平面三开间,有楼,明次间梁架均匀为穿斗式,楼上朝街一面设晾台,下以明间檐柱上的鸥鱼状牛腿及蝴蝶木承托。楼梯设于次间左侧。楼下明间及右侧次间设木桃门,右侧次间朝街一面为矮墙,上部开轩窗,以作营业之用。三合土地,马头式墙。该店铺建于清代。

### (三)公共设施

**1.起凤桥**

起凤桥,石桥,始建于元代,历代有重修,位于村西芝溪之上,三垛四孔,桥墩为分水式桥柱础,岩石基底,有垂裙,桥面铺长条青石柱础。桥长约 20 米,高约 4.5 米。有《起凤桥重修碑记》,道光年间立。据《宗谱》载,明成化年间义七五公曾捐资重修。

**2.芝堰**

芝堰,建于元代,位于村北芝溪之上,条石垒砌,阻芝溪之水,引入村中,供生活与灌溉之用,设计巧妙,底部宽约 5 米。

**3.水渠**

水渠,始建于元代,以条石、卵石垒砌,引芝堰所阻之水,巡回穿村而过,设计合理,流水清澈。渠总长约 800 米,宽 0.8 米至 1 米,深 0.5 米至 0.8 米。村民至今得其水利,并形成了村民门前流水潺潺的独特景观。

**4.石拱门**

石拱门,明代,位于正街与小街之间,砖雕门楼,青石门面,大门高约 3 米,上部为弧圈形,外包以原约 25 厘米的青石,内以青砖砌成弧栱。大门两侧为边门,高约 2.5 米,宽约 1.5 米,构造同大门。大门高约 3 米,宽 2 米,原 0.8 米,进门为通道,长约 8 米,宽 4 米,两侧有长条石,供村人歇息。上有楼,为民居。

**5.街道**

街道,村中街道有两条,均为南北走向,正街在村南突转向西,与一小街交会。两街之间穿插小巷,平面呈目字形。正街形成于南宋,长约 400 米,宽 3.5 米至 4.5 米。现存长条石及卵石路面建于明成化年间,据《宗谱》记载,系由义七六公独自捐资铺设,路面正中铺以长条石,左右嵌鹅卵石,路面平整。小街路面铺设与正街相同,建于清代。正街两侧,小街北段两侧,南段东侧为水渠。

### 四、历史、艺术、科学价值

芝堰村明清古建筑群是汉太丘长陈实及陈宣帝之子河东王叔献后裔聚居地,是浙江省明清时代典型的传统村落之一。该村建于南宋,它的形成和发展反映了兰溪、建德交界处自宋代以来各个时期经济及文化状况。村落的布局依山傍水,崇尚自然,建筑形制及构造与浙西、皖南等地类似,但又有它独特的造诣和风格,在浙江省的传统建筑中占有相当高的地位。

该建筑群因地处偏僻,远离战乱兵燹,较少人为的破坏,所以至今尚保存有明清至民国初年的传统建筑,近四十余座,而且类型丰富,规模宏大,结构精巧,发展序列清晰,对于乡土建筑、堪舆学及耕读文化的研究都有较高的价值。

该村的总体平面呈目字形,村落阳基开阔,依山傍水,风景优美,后有靠,前有案,东有桃峰,西有羊岩,芝溪为一村襟带,村外西南方向有大片良田,以满足人们生产生活的需要。由于村民的后山高峻,作为青龙,气势太猛,所以无奈向东开门者,就在门上挂镜,画方天戟,或书"泰山石敢当"等。同时南村口建文昌阁及关公殿,挡住水流的视野,用以补救"水怕前流直牵"的不足。所以在风水理论的运用上,该村的村落选址、住宅建设,既符合一般风水学说的原理,同时又有自己鲜明的地方特色。

该村的住宅墙体,以马头墙为其特色,在大片的封闭性的高墙深院之间,飞翘的马头加上镂空的花窗,使人产生一种升腾、跳跃、欢快的感觉,从而也冲淡了封闭的高墙带来的压抑和沉闷。更兼门前渠水潺潺,有家家流水之胜,生机盎然。

该村的建筑以世泽堂、成志堂周围一带的质量、规格为最高,年代最为久远,宗祠的建筑可追溯到元代,民居的建筑可追溯到明代初期。民居的建筑尤以楼上厅的构造最具特色。楼上厅高敞、清爽,令人心旷神怡。楼上厅如世泽堂。这种饱满、圆润而又活泼的构件,在凝重的梁、柱之间,显得格外引人注目。除了梁和雀替之外,檩子底面也往往饰有连环方胜等雕刻,显得古朴高雅。楼下厅如成志堂等建筑的时代为清代中叶,楼上梁架的构造较简单,但楼下天井周围的额枋、牛腿、明间金柱的石柱础、大门的砖雕门楼等,都是木雕、石雕及砖雕的精品,装饰题材通常是狮、鹿、八仙与和合仙、花卉禽兽等。有许多民居的天井里还筑有鱼池,既可养鱼观赏,又满足防火的需要,鱼池的望柱,及青石华板上都浮雕花卉禽兽,也是不可多得的石雕精品。

总之,从该村现存的村落布局和古建筑可以看到昔日芝堰村的风采,可以看到不同时代人们审美观念的变迁和建筑形成、功能的多样性。芝堰村实属一座弥足珍贵的民间建筑技术史的博物馆。

# 长乐村明清建筑群调查

长乐村是元代大理学家金履祥后裔聚居地,是浙江省明清时期典型的传统村落之一,1989年12月列为省重点文保单位,1996年12月列为国家级重点文保单位。村中目前保存着以象贤厅、望云楼为代表的数十座明清建筑,其中望云楼雕刻华丽,梁架用材硕大,为明代兰溪居民的代表之一。象贤厅古朴典雅,是宗祠性建筑的典型。

## 一、地理位置、自然环境及历史沿革

兰溪市长乐村位于兰溪、建德、龙游三县市交界处,金衢盆地北缘,东距兰溪市区20千米。330国道从村东侧1千米处穿过,龙葛线绕过村南,交通便利。其经纬度为北纬29°20′65″,东经119°15′02″。

长乐村四季分明,雨量充沛,适宜种水稻,年平均气温17.5℃。全年最高温在7月,月平均温度30℃,1月为全年最低温,平均温度5.10℃。夏季酷热,冬季寒冷,高温炎热天气持续期长,最高温可达41℃。年平均无霜期265天,年平均日照时数为2 010小时。夏季主导风向为东南,静风频率为31%。

长乐村位于一冲积小平原上,周围丘陵起伏,左峙岘峰山,右屏玉华山,长乐溪萦回于村东北,在选址上做到了明堂开敞,前有翠屏山对景,后有屏风山为依托,水路环抱,干温适宜,以满足生产和生活的需要。

长乐村于唐宋时已形成村落,是金、叶两姓聚居的地方。自明代成化以来,仕宦有人,经营商业或农桑而致富者也不乏其人,他们在家乡购田造屋,经过数百年的苦心经营,终于形成今日长乐村的规模。据《瀫西长乐金氏宗谱》记载,兰溪长乐金氏,本楚项伯之后,因项伯在鸿门宴上有救护刘邦之功,及刘邦即位后,赐姓刘氏,子孙因以为姓。至五代吴越时,因避吴越王钱镠讳,更姓为金氏。自宋大中丞天原公迁居衢州西安桐山峡口,为以世祖。其一支南宋时迁居兰溪望云乡鸡鸣山下。宋末元初理学大家金履祥(1232—1302)为十一世祖。其嫡裔于元末再迁建德檀村。至十四世祖出继母舅叶姓,迁居兰溪长乐,并娶长乐叶氏,无子,继娶何氏,生长子讳舍,次子讳恭,以恭嗣叶氏,自此改姓叶。其后又叶盛者字昌伯,号虚室,成化十一年进士,初试尚书膳部,旋知山东莒州。至明正德六年(1511),金华郡守赵鹤念其为金履祥之后,将叶盛复为金姓。至今,长乐金、叶二姓共处,子孙不绝,人口达二千余人。

长乐村仕宦以明天顺至正德年间为最盛,官职以莒州知州叶盛(后复姓金)为最高,建筑亦以当时为最盛。象贤厅门楼有题为天顺六年为乡贡进士金盛立的匾(按天顺六年叶盛尚未复为金姓,故可断此匾为后人补立),虽非当时原物,但也可窥见当年盛况。

## 二、总体布局和单体结构

长乐村的总体平面布局呈半月形,村落阳基开阔。四周地理环境优越,著名的砚峰山屏其左,玉华山峙其右,长乐溪为一村襟带,曲折南流,构成了长乐村独特自然景观。

由于长乐村的地势南高北低,一遇雨季,南边的岘山山水就直冲村落(风水家谓之龙水直冲门宅,"凶")。所以,村中各院落大门基本上朝北而开。但风水家又言:"东南屋,西北灶。"门朝北不吉利,门朝北不仅影响室内采光,也招来风雨。因此,有的院落前面往往筑有一高大的墙垣,以遮挡风雨,同时,也达到趋吉避凶之目的,并在两侧山墙开设门洞,这样不仅增强室内采光,也方便了居民的生活。

长乐村落主要由宗祠、民居、牌坊、照墙、道路和广场构成。其中保存完整的传统建筑有:宗祠三处(其中一处为吴氏宗祠),传统民居二十余处,牌坊二座,街亭一座,照墙一堵。这些建筑主要分布在东、西部两条古街道的两侧。古街道宽约 3.1 米。路面用鹅卵石和地砖铺筑,两边为排水沟。村北有二口半月塘。另外,为了避免南面砚山山水直冲村落,给全村的建筑带来一定影响,所以挖一条引水沟绕经村中,把水源引入西边的长乐溪,使全村建筑的潮湿状况得到了明显的好转。

## 三、简介

长乐村古建筑群规模宏大,秩序井然,地方特色鲜明,类型丰富。现将主要古建筑简介如下:

(一)大宗祠

大宗祠是长乐村金氏家族的宗祠,其作用是:每逢家族有重大仪式,都要在祠堂举行,如祭祀祖先、族人中考、集会等等,同时祠堂又是宗族组织的活动中心。据《大宗祠建筑重修始末记》云:"明万历三十三年乙巳(1605)建寝室五间,崇德祠三间,显杨祠三间,三十六年戊申(1608)又建门台五间,东西侧楼屋六间,崇祯六年癸酉(1633)至乙亥(1635)旁翼之。以两庑四围墙屋周匝完备,中有余基欲建享堂,限于财,有志未遂。至康熙廿二年癸亥(1683)冬建造享堂,越丁卯(1687)告成,以完大体。"总计祠屋四十余间。

大宗祠坐南朝北,门前有一广场,供族人祭祀、集会等活动。大门两侧设青石抱鼓,边缘刻龙喷水图案。面总体布局分三进,即门厅、正厅(享堂)和后寝,正厅两侧为庑屋,其两端与门厅和后寝相连接,构成"回"字形的封闭性院落。总面积1 980平方米。

大宗祠正厅通面阔13.71米,三开间,明间阔4.91米,两次间各4.40米,通进深73.94米。四周设围廊,前廊深1.81米,后廊深2米,左右深1.92米。

正厅用樟木作梭形柱,柱头卷刹,古镜覆盆,上置欂形柱础。四周廊柱为青石抹角方柱,欂形柱础。

明间两缝梁架抬梁式,为内四界带前后双步廊。次间抬梁式,但中柱用脊瓜柱,其余各檩下用斗拱。五架梁和双步梁用月梁形制,梁身鼓形,其两端雕作眉月状龙须纹。梁背置隔架科。单步梁呈鸥鱼状。

明间前廊做成牌楼式,分主楼和两边次楼,主楼为歇山顶,额枋上置角科二攒,翼角发戗做法,主楼中间嵌有木字牌一块,上书"百世瞻依"四大字,这种做法使正厅在整个院落中达到高潮,给人们一种威严庄重之感。在金、衢一带的宗祠建筑中实属罕见。

正厅屋面歇山顶,用小青瓦,正脊原作剔空玲珑脊,两端装饰为鸥鱼,造型十分威武。

(二)象贤厅

象贤厅,明代,坐南朝北。门前有一小广场和骑街亭,为供族人休息和娱乐之场所。该厅通面阔13米,通进深51米。共四进,由门厅、二厅(戏台)、正厅、穿堂和享堂相构成,总面积668平方米。门厅间前檐系牌楼式,歇山顶,两次间为重檐。明间中柱为梭柱,下垫覆盆,檩形柱础,栌头科出三昂,上额枋上置平身科四攒出三昂,两端各置角科一攒出三昂。明间月梁两端刻半月状龙须纹,下承以鲤鱼跃波纹雀替。大额枋雕刻牡丹图案,两端承以梅花纹雀替,上置垂莲柱两根,刻作莲花,蓬莲形状。中间为木匾,两端各饰花鸟纹。木匾中间书"象贤"二楷书大字。上款为"赐进士奉议大夫浙江等处提刑按察司佥事刘涛为壬午科乡贡进士金盛书";下款:"兰溪县知县王鲁、主簿陶嗣侃、县丞陈瓒、典史丘亨、儒学教谕肖仁观、训导陈宾,天顺六年十一月吉日同立。"大门上方两端各置牡丹纹门簪两枚,大门两侧各置青石鼓,石鼓边缘雕刻水浪花。下承以麒麟仙鹿纹须弥座。次间额枋上置平身科二攒出翘,柱头科二攒出二翘。中柱额枋上置蝴蝶木,中间两块,左右各半块。边门为四扇格扇门,上部雕刻牡丹富贵平安图,中部花板浮雕人物禽兽图案。左次间边门尚存,右次间已拆毁。

二厅为戏台,戏台及梁架均属明代建筑。面阔三间,明间中缝为抬梁式,中缝四根金柱之间为戏台。戏台坐北朝南,面阔4.88米,深5.94米,高1.21米,两次间台板高1.95米,为台房和乐队伴奏之所。

二厅与正厅之间设有天井,面阔6.67米,深5.24米。

正厅面阔三间,明间两缝抬梁式,为内四界带前后廊。正厅略高大于门厅生二厅,给人以宽敞明亮之感,后进为民国时重建,结构简单。

(三)望云楼

望云楼,坐南朝北。正厅三开间,通面阔12.8米,其中明间阔

4.6米,次间阔4.1米,通进深8.25米。左右山面筑廊,面阔1.8米,廊的北端设扶梯至楼正厅。正厅两侧为厢楼,通面阔10.13米,通进深4.8米。左厢楼已毁。望云楼楼下低矮,高3.26米,用作通道和一般生活起居,楼上高敞,高6.5米。明间两缝抬梁式,为内四界带前重双步后双步廊。梭形柱,柱头卷刹,櫍形墩。五架梁和三架梁之断面矩形,略呈琴面状,梁之两端刻眉月状龙须纹。五架梁两端之底部用丁头栱和雀替支托,而且栱瓣砍削明显。五架梁上用隔架科两攒,并用讹角栌斗,顺檩方向出二翘,栱的上奋处饰象鼻昂,升的两侧饰枫栱上托花机。檩之下皮透雕飞禽走兽和牡丹云彩等图案,雕刻精致,形态逼真。楼上厅前沿设栏杆,蜀柱雕束莲,栏杆外侧铺设雁翅板。望云楼用材考究,建筑精美,被誉为"江南黄金屋"。

楼上厅明间后两金柱间挂有木匾一块,书"望云"两字。望云乡在今兰溪市芝堰乡一带,宋元理学大家金履祥居是乡。长乐金乡为金履祥后裔,楼以望云为名。乃楼主表示不忘其祖居望云乡之意,刻刻以复姓为念,示不忘本。

从望云楼的建筑结构和《西长乐金氏家谱》分析,此楼可能是明代成化至正德年间的建筑,应该属当时任莒州知州金盛的故居,为明代官宦住宅之典型,也是我省古代民居的重要形式之一。

(四)金永和宅

该宅坐南朝北,建于清代,东西两侧门洞为入口处,分前后两厅,各厅三间二楼,二厅之间为天井,天井两侧由厢楼与前后二厅相连楼,构成似四合院式的封闭性住宅。各厅楼面靠天井四周设平座和花式栏杆,四周檐柱上用"牛腿"承载望柱和平座,"牛腿"上雕刻有"福(天官)、禄(鹿)、寿(寿星)、喜(狮子)"四种吉祥物。

### (五)金志三宅

该宅坐南朝北,三开间,通面阔 11.6 米,通进深 4.8 米,厅前设天井,天井前筑有一道高大墙垣,其用意与望云楼相同。

该宅构架为露明造形制,明间用作客厅,两次间为寝室。两侧门洞为入口处,并在门上设门砖和乳钉,以达防火、防盗之目的。明间中缝为内四界带前(轩)后廊,五架梁和双步梁断面呈雪茄状,两端底部用丁头拱和雕花雀替支托,梁背置隔架科两攒,顺檩方向出二翘,上托水浪机,檐枋下撑拱做成倒挂鸥鱼状。用梭柱,柱头卷削,櫍形柱础。檐柱柱础为八角形柱础,前廊为卷棚式。该宅虽没有望云楼柱础建筑高大,但布局相当合理,造作也较讲究。从梁、斗栱、梭柱、櫍形柱础等构件分析,应是明代时期的建筑。

### (六)金志云宅

该宅坐南朝北,建于明代,三开间,通面阔 12.5 米,通进深 15 米,明间阔 4.8 米,次间阔 3.2 米,进深 6.3 米。正厅之前有天井,天井阔 5.5 米,进深 2.3 米,两侧为廊。正厅楼下高 3.4 米,楼上高 6.4 米,明间后廊设扶梯,为楼上厅建筑之一。

明间梁架抬梁式,为内四界带前后双步廊,但后下金步用落地做法。木质形柱础,梭柱形,柱头稍有卷刹,上置凹角栌斗。五架梁断面为雪茄状,两端雕有半月状龙须纹,下皮用丁头拱和雀替承托,上端置隔架科二攒,出一翘,拱瓣砍削明显。隔架科之间为三架梁,断面为雪茄状,两端雕半月状龙须纹,梁上用斗拱承托脊檩。单步梁呈月梁状。前双步梁两端下皮用扇形雀替,雀替图案为鸥鱼吐水。中金檩下皮浮雕为凤穿牡丹纹。后额枋上置平身科二攒,一斗六升。

边逢梁架抬梁与穿斗相结合,但用落地中柱,鸥鱼状单步梁。

楼上前沿用栏杆仰莲蜀柱,外皮施有雁翅板。四周墙体马头式封火墙。左侧边门为砖雕挑檐,中间饰砖雕狮子一只。

(七)金舜尧宅

该宅与金志云宅仅一墙之隔,位于金志云宅后。清代早期,坐南朝北。平面三间,通面阔 10.98 米,通进深 20.4 米,正厅明间阔 4 米,次间阔 3.2 米,进深 7 米。前为天井,阔 5.5 米,进深 2.5 米。

天井两侧为厢房,原与金志云宅相连接。明间老檐柱原有罩壁一道,后置楼梯,楼下较低矮,高 3.26 米,楼上高敞,高 4.95 米。

明间梁架为内四界带前后双步廊,五架梁断面呈雪茄状,两端雕刻半月状龙须纹,下皮承以扇形雀替,图案为鸥鱼喷水。梁上置隔架科二攒,出二翘,拱瓣砍杀二瓣。三架梁两端雕刻半月状龙须纹,鸥鱼状单步梁,金檩底部用花机。明间金柱柱头卷刹,上置讹角栌斗,柱稍呈梭形,鼓形柱础。

边缘梁架为穿斗式,后檐枋上置平身科二攒,一斗六升。前檐柱上用牛腿,浮雕戏剧人物,此牛腿为后加。原有晾台,牛腿上置花篮状木拱承托晾台。前檐额枋下雀替浮雕戏剧人物,堂有木雕冰裂纹天花板。四周墙体为马头式封火墙,前沿封火墙上有墨书福字。该宅为楼上厅之一。

(八)金竹生、金勇生宅

明代,坐南朝北,平面三开间二过厢一天井。明间阔 4 米,次间调 3.5 米。梭形柱,侧脚山起,柱头卷刹,鼓形柱础,下垫覆盆。

明间梁架为内四界前后双步廊,五架梁呈雪茄状,两端刻半月状龙须纹,下以扇形牡丹纹雀替及丁头拱承托。梁上置两隔架科,出二翘,两攒之间为三架梁,断面呈雪茄状,两端刻眉状龙须纹,三架梁上置一斗三升斗拱承托脊檩,鸱鱼状单步梁。前后金檩下皮浮雕仙鹤祥云花草纹。后额枋上置平身科二攒,一斗六升。边缝梁架为穿斗与抬梁相结合,单步梁鸱鱼状。金檩以鸱鱼花机承托。两次间后檐枋上置平身科二攒,一斗六升。

楼前檐置栏杆,原有雁翅板已毁。左侧厢房设楼梯,前有门,右侧厢房楼下有边门,四周墙体为马头封火墙,该宅属楼上厅之一。

(九)张氏节孝牌楼、进士坊及照壁

张氏系长乐庠生金世悦之妻,夫亡誓不更嫁,守节四十三年而卒,清雍正六年题旌,八年建石坊旌表。

该牌楼两柱两楼,坐北朝南,通高约7米,面阔4.16米。抹角青石方柱,坊身有鹤、鹿和花草等浮雕及镂空图案。各楼正脊两端饰有鸱吻,翼角起翘,气势壮观。顶楼檐下竖置一石匾,上"圣恩"二字,额枋上中间横刻"节孝"二字。右侧竖刻"太子少保兵部尚书兼都察院右副都御史、总督浙江等处地方军务兼理粮饷官、巡抚盐政、节制江南江苏松常镇淮扬七府太仓海邳通徐五州督捕务加六级记录一次又军功记录一次在任守制李卫为"左侧竖刻"为庠生金世悦妻张氏立。大清雍正八年岁次庚戌年冬月谷旦"。

该坊结构严谨,造型优美,图案神态逼真,雕工精湛,对研究清代的封建婚姻制度和石构艺术有较高的价值。

进士坊,原为四石柱木结构牌坊,明天顺年间为乡贡进士叶盛建,现木结构梁架已焚毁,仅余四红砾石石柱。

照壁,位于节孝石牌楼之前,高7.3米,长10米,宽0.5米。红砾石须弥座墙脚,以青石砌成墙体,施以白垩。上部以小青砖砌成密檐,上铺平瓦,施以勾头滴水,青砖剔空玲珑脊,脊中央置宝瓶装饰。

（十）街亭

明代，坐南朝北。单间，面阔 4 米，进深 5 米。位于象贤厅前小巷二山墙之间。櫍形柱础，下垫条石供憩息之用，梭形柱，共六根，柱头卷刹，上置凹角栌斗。

梁架为抬梁与穿斗相结合，中柱落地。前半间四架梁断面呈雪茄状，两端刻半月状龙须纹，下承以花竹纹扇形雀替，单步梁作鸥鱼喷水状。隔架科二攒，出二翘，上为卷棚，铺以望砖。

后半间梁架为穿斗式，中柱额枋上置平身科二攒，一斗六升。后额枋置蝴蝶拱二攒。檐口施勾头滴水。

（十一）吴氏宗祠

清代，坐东朝西，平面为三间二进一天井，通面阔 12.72 米，通进深 19.5 米。明间阔 4.43 米，天井宽 2 米，长 5.3 米，深 0.3 米。

大门原为八字门，砖雕装饰门楼，门楼阔 6.4 米。两侧尚存有戏剧人物及狮子、莲花、金钱等砖雕，金钱上刻有"道光通宝"字样。

前进门柱为八角形柱础，明间为鼓形柱础，部分下垫覆盆，直柱，无栌斗，彻上露明造。内四界前后双步廊，五架梁断面雪茄状，两端刻眉月状龙须纹，承以花叶纹扇形雀替，三架梁上置隔架科二攒，下垫仰莲状瓜柱，蝴蝶木作鸥鱼喷水状。檐柱置文房四宝纹牛腿。边缝梁架为穿斗式，中柱落地。额枋置二蝴蝶栱。

后进地面比前进高 0.19 米。明间鼓形柱础，部分下垫覆盆，直柱，无栌斗。内四界前后双步廊，五架梁为月梁，两端刻眉月状龙须纹，承以花竹纹扇形雀替。三架梁上置隔架科二攒，出二翘，下垫仰莲状瓜柱,蝴蝶木作鸥鱼喷水状。边缘梁梁架为穿斗式,中柱落地。前后廊为抬梁与穿斗式相结合。后檐枋上置二蝴蝶拱,明间后檐枋上置一横匾,上墨书横写"立本堂"三字。该建筑拆改较多。

(十二)童德良宅

清代,坐南朝北,平面三间三进两天井,两天井之间有厢房连接,左侧厢房置楼梯。通面阔 13.3 米,通进深 23.5 米。青石门框,砖雕门楼。

该宅梁架为穿斗式,结构简单。中进及后进楼下明间梁架为抬梁式,五架梁雕刻卷草纹,断面为矩形,下承以花竹纹雀替,楼上中柱置五架梁上。两天井檐柱上均置福、禄、寿、喜等神仙人物牛腿,牛腿上置葵花纹蝴蝶栱,上承以晾台,天井转角处置花篮式方形垂柱。中、后进额枋均承以戏剧人物扇形雀替。

四周墙体为马头式封头墙。该宅为楼下厅之一。

(十三)童友庆宅

清代,坐南朝北,平面三间三进二天井,二天井间有厢房连接,左侧厢房置楼梯。通面阔 11.2 米,通进深 24 米。青石门框,砖雕门楼。

该宅全部梁架为穿斗式,结构简单,中进及后进楼下明间梁架为抬梁式,五架梁为扁尺梁,两端雕刻卷草纹,断面矩形,两端下皮以花草纹扇形雀替承托。楼上中柱置五架梁上。两天井檐柱上均置戏剧人物牛腿,牛腿上置卷草纹蝴蝶拱以承托晾台,天井转角处置花篮式方形垂柱。中、后进额枋两端下皮均承以戏剧人物扇形雀替。

四周墙体为马头式封火墙。该宅为楼下厅之一。

(十四)吴玉希宅

清代,坐南朝北。平面三间三进一天井。通面阔 12.5 米,通进深 12 米,明间阔 4 米,次间阔 3.5 米。

明间梁架为内四界前后双步廊,五架梁断面呈雪茄状,两端刻半月状龙须纹,下承以扇形雀替,雀替图案为鸥鱼喷水。梁上置二攒隔架科,出二翘,两攒之间为三架梁,两端刻半月状龙须纹,梁上置脊瓜柱承托脊檩。边缘梁架为穿斗式。直形柱,櫍形柱础,无栌斗。四周墙体为马头式封火墙。

宅前有院落,院有大门出入,建一门楼,门楼坐东朝西,梭形柱,共四根,鼓形柱础,门柱置二蕉叶纹撑拱。右侧墙角竖立青石碑一座,上刻"泰山石敢当"楷书五字。

(十五)金根寿宅

明代,坐西朝东,略偏南。平面三间三进一天井,通面阔 13 米,通进深 16 米,明间阔 4.5 米,次间阔 4.25 米。左侧厢房置楼梯,楼上稍高。櫍形柱础,木梭柱,柱头卷刹,上置凹角栌斗。

明间梁架为内四界带前后双步廊,五架梁断面呈雪茄状,两端刻半月状龙须纹,下以扇形鸥鱼喷水纹雀替及丁头拱承托。梁上置隔架科二攒,出二翘,二攒之间为三架梁,两端刻半月状龙须纹,梁上置一斗三升斗拱承托脊檩。鸥鱼状单步梁。边缝梁架为穿斗式。后额枋上置平身科一斗三升。

楼上前沿置杆及仰莲蜀柱,外施以雁翅板。四周墙体为马头式封火墙。宅前有披屋为后来所建。

(十六)金卸松宅

清代,坐南朝北。平面原为三间二过厢一天井,现天进已盖瓦,左侧次间及厢房已拆除,现通面阔 7.2 米,进深 7.5 米,明间阔4 米,次间阔 3.2 米。櫍形柱础,梁架等构件拆改严重,已看不出本来面目。

(十七)供销社(钱福生)宅

清代,坐南朝北。平面三间二进一天井,通面阔 12 米,通进深16 米,明间阔 3.5 米,次间阔 3.2 米,前后进进深各 6 米,天井阔 4米,进深 3 米。

该宅前进拆改较多,明间中缝及边缝梁架均为穿斗式,但中缝中柱不落地。后进梁架为内界带前后廊式,明间五架梁断面呈雪茄状,两端刻眉月状龙须纹,两端下皮用扇形雀替及丁头栱承托,雀替图案为鸥鱼喷水。梁上置隔架科二攒,出三翘。两攒之间为三架梁,其断面为雪茄状,两端刻眉月状龙须纹。梁上置一斗六升斗拱一攒以承托脊檩。其前后廊均用抱头梁与穿插枋连接,月梁两端刻眉月状龙须纹。明间前檐金檩断面为矩形,其余均为圆形。各檩均用水浪花机承托。明间后檐额枋上置平身科二攒,一斗六升。次间前檐额枋上置平身科二攒,一斗三升。中缝柱础用鼓形柱础,边缝用櫍形柱础,直柱,无栌斗。

两进之间有一天井,两侧为厢房。后进次间左侧外加一过道,设楼梯。楼上天井四周设有晾台及百叶窗。晾台用前后进檐柱上的四只牛腿承托,牛腿浮雕和合二仙,上置花草纹蝴蝶栱。四周墙体为马头式封火墙。该宅属楼下厅之一。

(十八)金阿银宅

清代,坐北朝南,平面为三间二进一天井,通面阔 10 米,通深 12 米,明间阔 4 米,次间阔 3.1 米。

该宅前后进梁结构都比较简单,而且拆改较多,前进中缝只有脊柱及前后檐柱落地,梁架为抬梁和穿斗相结合,其梁为扁尺梁,断面为矩形,素面无纹,脊柱上有一栌斗承托脊檩,其余各柱皆无。边缝用穿斗式,各檩下均用一栌斗承托。

后进无前后廊,中缝梁架为抬梁与穿斗相结合,中柱不落地,置于三架梁上,柱上置栌斗。三架梁置于两金柱之间,断面呈雪茄状,两端刻半月状龙须纹。金柱与檐柱之间用眉月状抱头梁及穿插枋相连接,抱头梁两端刻半月状龙须状,两端下皮以扇形蝴蝶纹雀替承托。边缝梁架为穿斗式,中柱落地。鼓形柱础,直柱。

两进之间为天井,两侧以厢房连接,左侧厢房置楼梯。楼上天井四周无晾台。四周墙体为马头式封头墙。

(十九)金祖文宅

清代,坐南朝北,平面为三间二进一天井,通面阔 13 米,通进深 18 米。

该宅梁架为抬梁与穿斗式相结合,五架梁及抱头梁均两端雕刻眉月状龙须纹。鼓形柱础,直柱。明间老檐柱之间置罩壁一道,后有楼梯。楼上天井四周有简易晾台,下以四檐柱上的卷竹纹牛腿承托。该宅因拆改严重,已看不出本来面目。

(二十)金文松宅

清代,坐西朝东,平面三间三厢一天井,通面阔 11 米,通进深

7米,明间阔3.3米。鼓形柱础,直柱。该宅梁架为内四界带前单步廊式,抬梁与穿斗式相结合,中缝五架梁为月梁,两端刻半月状龙须纹,下承以素面扇表雀替,梁上置瓜柱两根以承托三架梁,三架梁也为月梁,两端刻半月状龙须纹,梁中间置瓜柱及讹角栌头以承托脊檩。抱头梁两端刻龙须纹,下承以卷竹纹雀替。檐柱前置蕉叶纹撑栱,上置蝴蝶木,前出一象鼻昂。次间屋檐全部置于两侧山墙上。

楼下随梁枋素面无纹,下置花竹纹扇形雀替。明间前有一小天井,左右设厢房,左侧原有一小门与金志潮宅相通,右侧朝北开一大门出入。

该宅原为金志潮宅附属建筑,结构较简单。四周墙体为马头式封火墙。

(二十一)金志潮宅

清代,坐北朝南,平面三间二厢一天井。大门辟北面,进门便有一道可以开启的木质屏风门。通面阔12.7米,通进深5.8米。天井横阔7米,进深3.4米。梁架为内四界带前后廊式,五架梁断面呈雪茄状,两端刻眉月状龙须纹,上置两瓜柱以承托三架梁,三架梁断面也呈雪茄状,两端刻眉月状龙须纹,上置瓜柱以承托脊檩。边缝梁架为穿斗式,鼓形柱础,直柱,上置凹角栌斗。

天井两侧为厢房,左侧设楼梯可通楼上。楼下地面至楼板高3.26米,楼上脊檩至楼板高5.57米,前楼下设栏板,老金柱间安隔扇,后檐墙上开窗,窗门用砖贴面。四周墙体为马头式封火墙。

该宅建筑布局和构造形式,深受楼上厅的影响。

(二十二)金志高宅

建于民初,坐南朝北,平面三间二进一天井,通面阔11米,进深13.5米。櫍形柱础,直柱,全部梁架为穿斗式,结构简单。前后进,檐柱上置浮雕戏剧人物牛腿,上置牡丹纹蝴蝶拱以承托晾台,现晾台已毁。前后进明间额枋雕刻人物花草图案。天井两侧有厢房连接前、后进,左侧置楼梯。四周墙体为马头式封头墙。

(二十三)金云庆宅

清代,坐南朝北,五开间,通面阔 17 米,通进深 10 米。

明间中缝梁架结构为四界带前双步后单步廊式。两金柱间有五架梁,断面呈雪茄状,两端雕刻半月状龙须纹,两端下皮以扇形鸥鱼喷水雀替承托。五架梁上置隔架科二攒,顺檩方向出二翘。两攒之间为三架梁,断面呈雪茄状,两端刻半月状龙须纹,两端下皮以扇形雀替及丁头拱承托。三架梁上置斗拱一攒,顺檩方向出一翘以承托脊檩。

前檐双步梁断面呈雪茄状,两端刻半月状龙须纹,下承以扇形鸥鱼状雀替及丁头拱。梁上置斗搭售一攒,顺檩方向出一翘以承托屋檩。金柱与前檐柱间,后檐柱与金柱间均有抱头梁连接,两端刻半月状龙须纹,下承以扇形雀替。鼓形柱础,近似梭形柱,柱头略卷刹,上置讹角栌斗。明间前有一小天井,两侧为厢房,右侧设楼梯,楼上前檐设栏杆,外施雁翅板。

次间及梢间梁架为穿斗式。四周墙体为马头式封头墙。

(二十四)瑞华堂(村属)

一名滋树堂。民初,坐西朝东,平面三间二进一天井,通面阔14.5米,通进深 19 米,明间阔 4.5 米,前进深 6.5 米,后进深7 米。

该宅前进为门厅,后为正厅。门厅与正厅之间的两侧有厢楼连接,中间为横长方形天井。梁架为穿斗式,櫍形柱础,直柱。明间老檐柱间置罩壁一道,后设扶梯。楼上天井四周设晾台,以前后进檐柱上的牛腿承托,牛腿浮雕仙鹿衔芝草纹。晾台四周转角处均用垂莲柱。天井四周承托搁栅的以月梁承托,雕刻戏剧人物及花竹,富丽华瞻。

四周墙体为马头式封头墙。该宅为楼下厅之一。

(二十五)金品良宅

建于清代,坐南朝北,平面三间二过厢一天井。通面阔 12 米,通进深 10.5 米。明间梁架为抬梁式,三架梁及五架梁两端均雕刻眉月状龙须纹,下承以卷竹纹雀替。边缝梁架为穿斗式。左侧次间设楼梯。鼓形柱础,直柱。四周墙体为马头式封头墙。

## 四、历史、艺术、科学价值

长乐村明清民居是宋元时代理学家金履祥后裔聚居地,是浙江省明清时期典型的传统村落之一。它的形成和发展反映了金、衢、严三地交界处自明代以来各个时期经济、文化状况。村落的布局以象贤厅为中轴线,突出了族权的尊崇,建筑形制以及构造与浙西、皖南等地类似,但又有它独特的造诣和风格,在金、衢两地的传统建筑中占有一定地位。

该建筑群因年代久远而不断遭到自然和人为的破坏,但至今尚保存明清至民国初年的传统建筑数十座,而且类型丰富,发展序列清晰,对于乡土建筑、堪舆学及耕读文化的研究都有相当大的价值。

该村总体平面布局略呈半月形,村落阳基开阔。后有靠,前有案,左以长乐溪为青龙,右以玉华山为白虎,村外东南方向有大片良田,以满足人们生产生活的需要。由于该村的地势南高北低,所以总体布局坐南朝北,为避免北方来的"煞气"直冲门宅,所以在村北设立了一座高大的照墙,同时住宅的大门尽量朝侧面开,院落的前面也往往筑有一高大的墙垣,在实用上也起到遮蔽风雨的作用。所以该村的村落选址,住宅建设,在风水理论的运用上,既符合风水学说的一般原理,同时又有自己鲜明的地方特色。

该村的住宅以象贤厅周围一带的质量、规格为最高,年代最为久远,有的可追溯到明代中朝。这些住宅中尤以楼上厅的构造最具特色。楼上厅的功能与大厅基本相似,用于接待客人,宴请宾朋等,但比楼下高敞、清爽,令人心旷神怡。楼上厅如望云楼的大木构架十分大气,富有装饰味。月梁比较厚重,在月梁上方每两条檩子之间的空隙里有一种由整块木料雕成的,有头有尾的,复杂而生动的鸱鱼状构件叫单步梁,当边榀构架脊檩下的两个单步梁并列组合时,单步梁与梁托组合成的图形,极像一个猫头,所以又叫猫梁。这种饱满、圆润而又活泼的构件,在凝重的梁、柱之间,显得格外引人注目。除了梁和替木外,檩子底面也饰有雕刻,如望云楼的檐檩下金檩在明间都做高浮雕,图案为凤穿牡丹等,古朴高雅,与清末琐细的雕刻风格迥然有别。楼下厅如滋树堂等建筑的时代较晚,楼上梁架的构造比较简单,但楼下天井周围的额枋、牛腿等都是木构件的精品,装饰题材通常是"福、禄、寿、喜"、八仙等,从中可以看到不同时代人们审美观念的变迁和建筑形式的多样性。

总之,从现存的村落布局和住宅格局可以看到昔日长乐村的风采,值得进一步挖掘其在文化史、建筑史上的深刻内涵和价值。

# 重立三碑碑记

　　夫教育为立国之本，庠序乃化成之先。云山小学背倚金钟岭，面峙挂榜山，占一邑之胜，自唐开元立文庙以祀先师孔子，至宋庆历即庙建学，其后为瀫水书院，为云山书院，又为县立云山小学，弦歌不绝，已千百年于兹矣，自古即为兰邑文脉所系，气运所关，历宋、元、明、清，屡有废兴，其建、修碑记，无虑十数通，而兵燹之余，年深岁埋，或毁或失，或沉埋不彰，而岿然存者独此三碑：一记清道光初官绅士民捐资重修大成殿事，一为民国二十五年扩建校舍奠基之碑，乃知崇学重教，为我中华之优良传统，我国族衰而复振，弱而能强者，良有以也。另一碑则无字，其原因已无可考，或曰："俾后来者观之，知兴替，明得失，见贤思齐，欣欣然有踵事增华之意。"盖其所寄望于后哲者亦深矣。今因云山小学凌云楼之落成，复立三碑于此，并记其事，至若其学校之沿革，人才之蔚盛，勋名之绚烂，则史志载之甚详，兹不赘述。

公元二〇〇七年十一月兰溪市云山小学立

# 重修宁波会馆碑铭

　　宁波会馆,又名四明公所。四明者,旧时宁波府之别称也,以境内有奇山曰四明而得名,府辖鄞、慈溪、奉化、镇海、象山诸县。馆昔为宁波旅兰同乡会之会所,抗战间曾为中共中央东南局地下联络站,则又为一革命史迹也。其创始莫详,现存主屋三楹建于清末民初,下临王家码头,俯舸舰之郁盛,右枕后沙之溪,通市井之繁华。一九九七年列为市级文物保护单位,二零零二年重修,规复旧观,其工虽细,而其义甚远,何则?盖兰邑古称三江之汇,七省通衢,重江复关之隩,四会五达之庄,万商辐辏,帆樯林立,车挂辖而人驾肩,踵相摩兮蹄相接。广纳四方,精诚是感,若闽、粤、苏、皖、鄂、赣及省内宁、绍、台、温、稠、永、衢、严各地商帮,纷至沓来,雨集云屯,投资创业,兴厂设肆,裨益我兰邑者,厥功至伟。乃各设会馆,以恰乡情而敦商旅,一何盛也。及其兵燹之余,或鞠为茂草,陵谷迁移,多辟为新厦,而其如鲁殿灵光岿然独存者,四明公所是也。今也重修,使邑人睹之,嘉远方之友朋,思以诚信结纳之;筹兰溪之经济,思有宏猷以振兴之,而宁波籍子孙之卜居兰溪者,瞻乃高乃曾、乃祖乃父之所流连,思有以咏叹之,念先人之绪绩,思有以光大之,则是馆之重修,岂徒然哉!

　　铭曰:赫赫四明,雄峙浙东,山海之饶,鱼盐之利。乡多良贾,行贩坐鬻,挹彼注此,嘉惠兰邑。冲风冒雪,星饭水宿,创业维艰,货殖知机。望所投止,宾至如归,歌斯聚斯,敦商之旅。沧桑百年,其颓其坏,今也重修,复其旧规。以遨以游,以怡以憩,思之咏之,永葆贞吉。

（注：此为宁波会馆重修所作,未上石）

后记

# 后　记

　　余幼涉文史,长喜弄文,而不自葺录,随写随失。自 1988 年供职于兰溪市博物馆迄退休达二十余年,乃知文博学问,虽无关苍生社稷,而其博大精深,虽穷数世之力,不能窥其万一。而余乐浸其中。管窥蠡测之余,偶有所得,辄发而为文,积铢累寸,居然成帙。因自思浅陋之作,何足传世,然敝帚自珍,鸡肋聊嚼,不忍遽付丙丁。承金华市婺文化研究会审批入选婺文化丛书并予资助,遂欣然付梓。书拟名《引玉集》,抛砖之意也,所谓砖者,一则以浅陋之文,以砖名之可也,二者诸多论文,初意为评职称而撰,敲门砖也,味同嚼蜡,门既进则砖抛之可也。而汇集成编者,为后之涉于地方史志者存一资料也。若以寻幽探胜之念而阅之,则不逾两页纸而必昏昏欲睡也。题名古婺文化拾遗,实不限于八婺之域,文以人、事、物分编,而人、事、物缠结,互为依存,亦难遽分,取其大略而已,况谬误之处正复不少,识者固当哂之。

　　多年来承蒙古建筑专家罗哲文(已故),南京大学文化与自然遗产研究所教授贺云翔,《长江文化论丛》副主编干有成、华南理工大学教授陆元鼎,《中国名城》主编张鸿雁,《南方建筑》主编郑根纮、何镜堂,《中国文物科学研究》主编彭卿云,《东方博物》主编李刚、副主编王屹峰、责编俞珊瑛诸女士、先生或赐教或助发表，兰溪博物馆前辈及同仁俞立军、戴志坚、周菊青、张旭辉、喻芳、周翡、诸葛小琴诸君或提供资料或帮助打印，在此致谢忱！

陈星　识

二〇一二年八月

婺文化丛书Ⅴ／钟世杰　主编

# 吴百朋夫人小传

## 吴璧瑛 编著

浙江工商大學出版社

**图书在版编目（CIP）数据**

吴百朋夫人小传 / 吴璧瑛编著. — 杭州：浙江工
商大学出版社，2013.5
（婺文化丛书 / 钟世杰主编. 第 5 辑）
ISBN 978-7-81140-797-6

Ⅰ.①吴… Ⅱ.①吴… Ⅲ.①王扬芬（1524~1608）
–传记 Ⅳ.①K828.5

中国版本图书馆 CIP 数据核字(2013)第 107159 号

# 吴百朋夫人小传

吴璧瑛　编著

| | |
|---|---|
| 责任编辑 | 赵　丹 |
| 特邀编辑 | 许苗苗 |
| 装帧设计 | 周国良 |
| 出版发行 | 浙江工商大学出版社 |
| | （杭州市教工路 198 号　邮政编码 310012） |
| | （E-mail：zjgsupress@163.com） |
| | （网址：http://www.zjgsupress.com） |
| | 电话：0571-88904980，88831806（传真） |
| 排　　版 | 金华日报商务彩印有限公司 |
| 印　　刷 | 金华日报商务彩印有限公司 |
| 开　　本 | 850mm × 1168mm　1/32 |
| 印　　张 | 138.5 |
| 字　　数 | 3226 千 |
| 版 印 次 | 2013 年 5 月第 1 版　2013 年 5 月第 1 次印刷 |
| 书　　号 | ISBN 978-7-81140-797-6 |
| 定　　价 | 460.00 元(全 13 册) |

# "婺文化丛书"编委会

主　编：钟世杰

**副主编**：朱江龙　叶志良

编　委：(按姓氏笔画为序)

王亦平　王晓明　方雨辉　叶志良

朱江龙　杨鸽声　吴远龙　陈文兵

周国良　钟世杰　楼　冰

誥命一道
奉
天承運
皇帝制曰國有臣寮以亮採奮庸爲職家之淑媛以同
心媲德爲賢乃若鴻績之茂宜必綜燕私之協相
從爵而貴稽禮惟宜爾刑部尚書吳百朋妻王氏
揚芬令族儷美名卿壼範克端備鵲巢純一之行
官常攸贊成羔羊正直之風兹特加封爾爲大人
庶承偕老之休益表相成之德

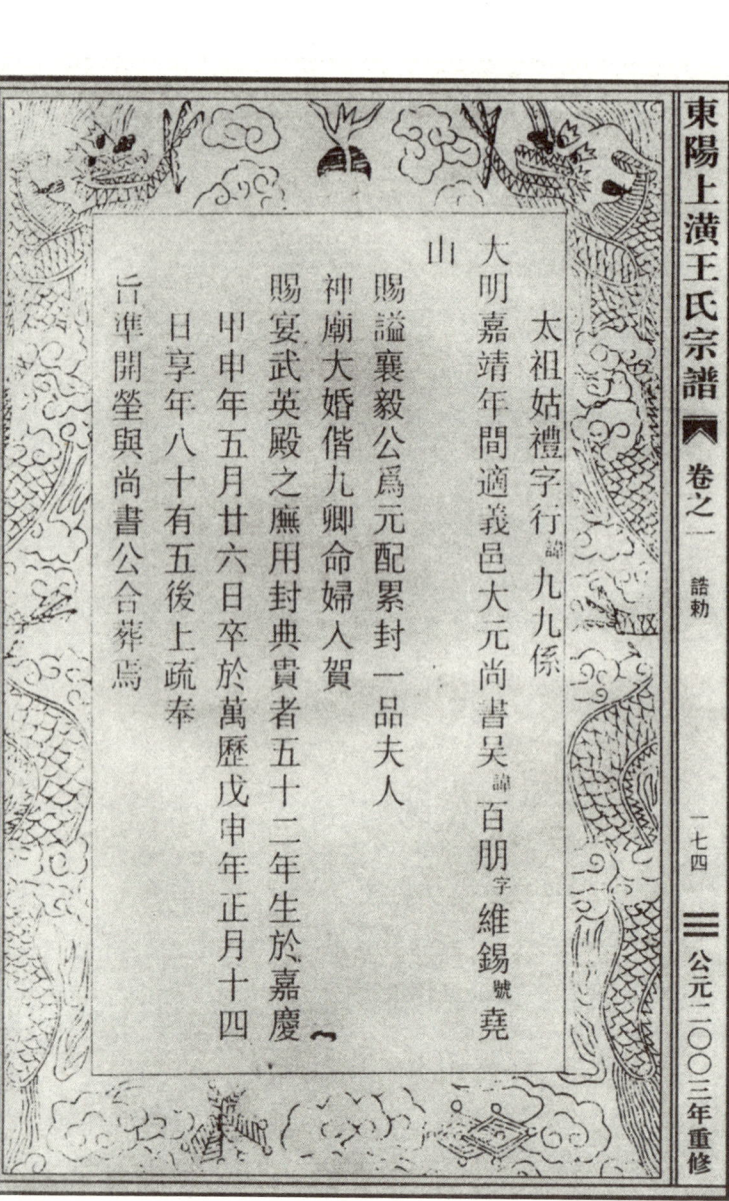

太祖姑禮字行<sub>諱</sub>九九係

大明嘉靖年間適義邑大元尚書吳<sub>諱</sub>百朋<sub>字</sub>維錫<sub>號</sub>堯

山

賜諡襄毅公爲元配累封一品夫人

神廟大婚偕九卿命婦入賀

賜宴武英殿之廡用封典貴者五十二年生於嘉慶

甲申年五月廿六日卒於萬歷戊申年正月十四

日享年八十有五後上疏奉

旨準開塋與尚書公合葬焉

# 九九姑婆塑像

太祖姑讳九九系、又名王扬芬、大明嘉靖年闽道义邑大元荆部尚书吴百朋、谥谥襄毅公为元配累封一品夫人.

舞台等,都视为弘扬"义乌精神"的实际行动。

乐为《吴百朋夫人小传》作序,还有一个重要的原因,那就是深为义乌大元村大批优秀的吴氏后裔们的精神所感动。吴璧瑛先生不仅年近八十,而且妻有重病在身。他见贤思齐,他锲而不舍,全凭"赔铁补锅"的执着奉献精神四处奔波搜集资料,长年累月挑灯夜战,访遍东阳、义乌等地相关的28个村,搜集了成百上千宗充满泥土芬芳的有关《吴百朋夫人小传》的传说,然后自筹资金出书。拳拳之心,日月可鉴!是啊,有如此精神的璧瑛先生有邀,我怎忍心一回了之?!

本人虽然才疏学浅,但态度尚属认真。我把作者所寄的书稿从头到尾一一拜读、作记,既为他的执着追求所感动,也为大量濒临消失的民间资料得以抢救而深感庆幸!

不过,传说毕竟是传说。有些故事细节或许尚无文据可考,但万变不离其宗——吴家好媳妇,跃然纸上;扶正祛邪,世代称颂……足矣!

《吴百朋夫人小传》当立,璧瑛先生可嘉!

杨守春

2007 年仲夏于金华

杨守春(右一)在大元村文化活动中挥毫(右二为浙江省文物局局长鲍贤伦)

(序作者杨守春是金华市人大常委会党组副书记、副主任、中国书法家协会会员。曾任:义乌市委常委、宣传部长,永康市委副书记,东阳市委书记,金华市政府副市长,金华市委常委、宣传部长)

# 序

　　能为《吴百朋夫人小传》作序，实属荣幸之至。因为"一品夫人"，乃当时天下权力至尊——皇帝所赐予天下女人的最高奖项。放眼八婺大地，纵观千年史实，能获此殊荣者，唯王氏扬芬是也。

　　应为《吴百朋夫人小传》作序，我有一个特殊的情结。作为在义乌工作多年的"乡友"，早在80年代我曾参与编修《义乌县志》，并担任《义乌县志》稿的审定组组长。从而，我有幸详读列入"义乌名人篇"的"一品夫人"之夫——明代刑部尚书吴百朋的感天动地之人杰品格。同时，还由此引发了一场群众性的《义乌县志》读书演讲活动。因我时任中共义乌市委常委、宣传部长，故有幸在集思广益的基础上，于1989年5月28日纪念义乌解放四十周年大会上作了一场"关于义乌精神"的专题报告，首次公开倡导并论证了"勤耕，好学，刚正，勇为"的义乌精神。此后，我又有幸参加了集诗、书、画、绣于一身的明代才女倪仁吉诞辰400周年纪念系列活动，而这位身怀绝技、品貌双全的罕见女子，正是王氏"一品夫人"的曾孙媳妇……由此可见，从有"明代包公"之称的吴尚书百朋，到浙中受封第一女人王氏扬芬，再到素有"李清照第二"之誉的倪仁吉，无一不是"义乌精神"的真实写照。也正因如此，本人尽管与之"门不当，户不对"，但总觉得义不容辞。我把声援《一品夫人》出书、参加倪仁吉诞辰400周年纪念活动、赞许吴百朋的婺剧搬上

中国书法家协会会员、浙江省书法家协会理事、金华市书法家协会顾问、中国市长书画中心书法委员会主任、金华市人大常委会副主任杨守春题词。图为他(右起八)参加倪仁吉诞辰400周年纪念大会

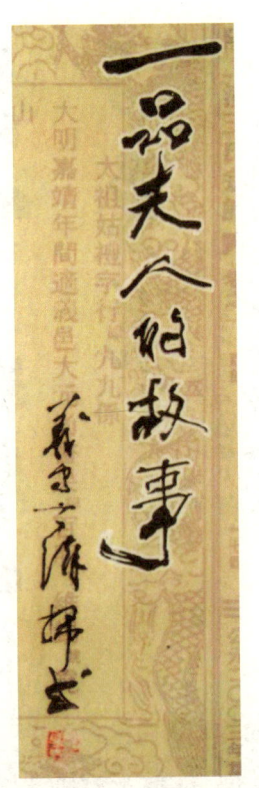

义乌"文化老人"高清（左）在整理大元千年文化村史料。右为本书作者

贺《吴百朋夫人的故事》出版

弘扬婺州优秀文化

徐和雍书于浙大

浙江大学历史系徐和雍（右）教授题词。这是他在考察义
乌宗塘村兴建宗泽祠时留影。左为宗开章，中为本书作者

题一品夫人的故事

中帼英雄

许怀中

二○○八、一、八。

中国文联委员、中国作协名誉委员,厦门大学资深教授许怀中题词。他有散文被选入中学课本,图为许怀中(右二)与厉江潭(右三)、义乌"文化老人"高清(左二)、杜方民(左一)在吴百朋纪念祠前植树

弘扬 一品夫人 精神
让八婺文化走向世界
贺璧英先生大著出版
方如金书

浙江师范大学资深教授、地方史研究所所长方如金(左一)题词。他曾陪同
美国哈佛大学著名教授包弼德(左二)在大元村采访

一品夫人

曹寿槐署

教授、中国百杰书法家、浙江文史研究馆馆员、中央文史馆书画院研究员曹寿槐题词

写历史启迪后世
颂中华不让须眉

王凌 丁亥冬

中国通俗文艺研究会理事、中国俗文学学会理事、中国通俗文艺研究专家、福建省新闻出版局副厅级巡视员、研究员王凌题词。这是他在义乌博物馆采访大元村文化后留影。右起傅健、傅根洪、黄美燕、王凌、骆有云、本书作者

# 懿德典范

梅里八九老叟吴伟勋

为《乌大九公一品夫人》的故事而出版

无锡原中华吴氏大统宗谱编委会主任吴伟勋(中)题词。这是他和吴长康(左)在大元村参加纪念才女倪仁吉诞辰400周年大会后留影,右为本书作者

贺《一品夫人》出版

以史育人

吴健琴 二〇〇八年 元月

《中国吴氏通书》主编吴健琴（左一）在考察义乌延陵宗祠后发表讲话。右为本书作者

故事港一品
笔下见功夫

贤隆摄兄大作
一品美人的故事出版
吴洪激题
丙戌年仲春

中国作协会员、新闻出版副编审、《世界至德文化研究》杂志主编吴洪激题词。2006年10月31日作者（左）与吴洪激主编（中）、吴琅坤（右）在大元七幢纪念才女倪仁吉诞辰400周年活动中留影

巾帼英雄

戊子年小明书

义乌市文联主席
楼小明(中)题词。
义乌市委副书记
陈秀仙(右,女)、
义乌"文化老人"
高清(左)与楼小
明在大元七幢交
谈大元文化

禹草园中奇范植

凝香阁里绝艺留

——题赠《一品夫人的故事》

吴潮海
於丁亥年仲秋

《义乌市志》主编吴潮海题词。这是他在义乌召开的
《浙江地方志工作条例实施法》讨论会上发言

# 目 录

## 小 传

## 附　录

# 后 记

小

传

# 金箍马桶

明代正德年间,风水先生对东阳县上潢村一家王姓年轻夫妇说:"你家祖宗的坟墓风水好,一定先出十个女孩,但出生一个必须溺死一个,第十一个才会生男孩,这个男孩不得了,属天子门生一类的贵人也。"

风水先生的话果然应验,王家真的一年生一个女孩,出生一个就溺死一个。当第九个女孩将出生之时,忽然天变地变,狂风暴雨之后,东方倏地闪出一条色彩缤纷的长虹。也就在这个时候,婴儿的手脚在其娘肚皮里颤动,正在肚痛即将分娩之时,忽见东方飞来一道霞光,破窗而入,瞬间消失。

婴儿呱呱落地,一个活脱脱的千金小姐。

王家父母的手脚都酸软了,他们怎么也下不了狠心要把女儿害死,妻子恳求丈夫说:"养起来吧!等到我们百年入阴间时可以减少一点罪恶。有人为婴儿取个名字叫救姑。因"救"与"九"是同音字,天长日久,人们就叫她"九姑"了。

九姑长得非常漂亮,尤其是双眼皮的眼睛,十分逗人怜爱,为家里人增添不少欢乐。

斗转星移,王氏妻子又怀孕了。分娩时产婆眉开眼笑地报喜:是把铜茶壶——男孩。亲戚朋友也都为他们高兴。

九姑渐渐长大了,虽然什么活儿一看,就能干,且干得令人满

本书作者(中)采访上潢村老年协会老会长王正龙(左)夫妇

意，但其父母却在九姑身上打起了主意。俗话说：只可添一斗(谷)，不可添一口(人)。如今家里多了一个男孩，只好将九姑送给人家做童养媳，于是托媒婆将九姑卖到离家四十里远的义乌华溪村一家农户当童养媳。

九姑上轿前，母亲为便于女儿在轿中方便，特意买了个又大又深的铜火熜，九姑上了轿，没有吹吹打打，一会儿就昏昏欲睡进入了梦乡，但见一群穿戴非常漂亮犹如仙女的人在身边陪伴。

九姑忽然手指铜火熜问道："这是什么东西哇？"

仙女笑着说："金箍马桶。是用黄金做的。"

"干吗用的哇？"

"给贵妇人方便用也。"

由于九姑上轿前喝了糖茶，又吃了鸡蛋与面条，忽然肚子疼痛，赶快说："我要方便了。"

仙女们赶过来搀扶九姑坐在金箍马桶上，那种痛快，那种得抬轿人一个急转弯,九姑从梦中惊醒,一摸裤子,全湿了:"怎么办?怎么办啊?"急得她出了一身汗水。

华溪婆家拉开轿门,一股臭气扑鼻而来,心中顿时不快。从此,童养媳九姑时时见婆婆拉着一张黑沉沉似乌云一样的面孔。

挨打挨骂对九姑来说就更是家常便饭。可是在夜间,那金箍马桶却与她形影不离,那群仙女夜夜对她照顾周到。白天干活累了,九姑夜夜要遗尿,虽说因此常常遭到婆婆的棍棒殴打,可她心理上却有种安慰:金箍马桶与我为友,仙女相陪身边,乐也。村里人隐隐听说金箍马桶的事后,纷纷传言:九姑总有一天,会成为贵妇。

# 癞头九姑

当了童养媳的九姑,苦不堪言。因有天赐的金箍马桶缠身,夜间经常遗尿,婆家更加对她不满,不是骂她,就是打她。左右邻居纷纷议论:"童养媳也是十月怀胎,一朝分娩的人,这么点大的童养媳如何受得了如此虐待?"

人言可畏,九姑的婆婆改变了打骂她的方式方法。

华溪村风景优美,四面环山,村东有条小溪,那幽幽碧水,轻泛着细细的涟漪,那溪水中大大小小的潭,其水更为清澈纯净,远远看去,宛若一块天蓝色的透明美玉。溪的两岸,长有各种有名无名的花草,那名叫"老虎棘"的,从根到头,一派郁葱,那令人可怕的刺,尖部有个勾,动物如碰到它,鲜血直流,哪怕是富有经验的牧童,在牧牛、割草时,都要回避它。由于溪中有水长流,土壤潮湿,即使村西那著名的名胜古迹"祝公岩"上长的老虎棘,也不及溪边的长得茂盛。

九姑的婆婆拿了勾刀,在溪边选择老虎棘。她看中了一条,砍下来,去了叶枝,独留长着棘且有指头般粗的棘杆,带回家,这是准备给九姑吃的"好饭菜"。

一次,婆婆无事找事,先是咒骂,尔后直奔九姑身前,右手提起老虎棘杆,没头没脑地向九姑头上飞去,九姑疼得又是喊又是哭,拼命逃,婆婆快步追到,抓住头发,令其跪下,说出约法三章;

"不许喊,不许哭,不许逃"。她一看自己去抓九姑的右手上,满是从九姑头上沾来的鲜血,更加怒不可遏,又打又骂。这个老虎棘的尖部有个钩,婆婆出狠手,九姑头部那嫩肉处还被棘尖勾出了小小的血口。

九姑头部伤处发炎了,脓血与头发相连。后来九姑除了有"遗尿婆"的绰号外,又加了个"癞头婆"的野名字。

从此,那老虎棘杆挂在灶前,令九姑望而生畏。

邻居们对九姑十分同情。有人为九姑出了个主意,在烧饭烧水时趁机把老虎棘烧成灰,如婆婆发问,就说被一个和尚和一个尼姑拿去了。

果然,婆婆查问老虎棘为何不翼而飞?九姑说:"今天,突然有个和尚带着尼姑破门而入,不问情由,把它拿去。我求他们,'你们拿走了老虎棘杆,我要吃苦头啊!'和尚尼姑说,你休管闲事,口念

祝公岩大门

阿弥陀佛后就不见影踪了。"

婆婆似信非信，出门询问自己信得过的邻居。邻居说，是有那么回事。村西有位老人说，今天实在怪，有个和尚手持老虎棘杆带着一个尼姑，两人双脚一跳，腾空而起，向西边蓝天白云方向飞去，大家都说是祝公岩的神佛显灵哩！

婆婆又去查问那位耳闻目睹的老人，也说是真的。婆婆想，嗬！难道这个遗尿婆、癞头婆有神来保护她了？人情留股线，以后好相见。从此，婆婆虐待九姑的行为才有所收敛。

原来，这都是华溪村民同情九姑而精心设计的一个化险为夷之计。此计令婆婆深思：如再虐待九姑，就要想想自己的得失了。

义乌市文艺界领导刘荣（右二）、骆有云（右一）考察仰止堂后在香草园留影。左二仰止堂住户吴高潮、左一本书作者

# 乌龙盘井

九姑在婆家终日提心吊胆，度日如年，真有一种"寒冬水淋头"的煎熬感；去提水却如牡丹迎春，心境平和，因为她与那口井已结下深情厚谊。为什么呢？这里有个乌龙盘井的传说。

赤日炎炎如火烧的三伏天，九姑一到井边提水，就有股凉气向她袭来，令她感到一身舒畅；而天寒地冻的三九天，又有一股暖气绕身，单衣薄裤的她，会立即感到全身温暖无比。

小小年纪的九姑，把空井桶丢进井里，把系在井桶上的绳子用力一摔，井桶横卧，水就进入井桶，再用力把井桶往上一提，水才能慢慢地上来。整天吃剩粥剩饭，营养不良的九姑，的确要使尽吃奶力气，才能成功。

可说也奇怪，九姑吊水操作的每一个动作，都好像有人在巧妙地帮助她。为此，九姑细细观察井面和井底，想从中发现什么，以解疑团。

一天，九姑来到井边，先往井底看望，只见碧绿的井水，平如镜面。忽然有个小姑娘的脸蛋在井底渐渐显现，嗬！她是那么美丽可爱。突然，一条黑油油的泥鳅，尾巴一扇，把这画面给搅坏了。九姑正在焦急之时，那泥鳅又在井中上下盘旋，渐渐地，渐渐地，泥鳅身躯慢慢地加大加粗，头两边还长出了两只角；再细瞧，泥鳅身上长了鳞，张嘴向上吐气、腾挪……九姑禁不住惊奇地呼叫："乌龙！乌龙盘井！"赶快双手合拢礼拜："难为你帮助我这个可怜的人！"刹那间,乌龙转身钻入井底……

世上没有不透风的墙。乌龙盘井的故事一传二传,传到在华溪私塾教书的吴琼先生耳中。

华溪私塾与这口井是"邻居",吴琼从窗口观望那口井,一清二楚。从此,他留心观望九姑的一举一动。

一个大雪纷飞天寒地冻的早上,九姑肩挑水桶,低着头,缩着身,赤脚拖着破鞋,步履艰难地向井边走来。九姑放下水桶、扁担,双手放在嘴边哈暖气。说时迟,那时快,忽见有一股暖气从井中喷出,旋了一个弯直扑九姑,九姑顿时有活力了,提水装入水桶,正欲拿起扁担,又有一股暖气从井中喷出,冲向九姑……

目睹如此场景,吴琼感叹地说："乌龙盘井,九姑非凡。"古话说,天下知心能几人？这一来,吴琼时时留意起九姑来。

纪念倪仁吉诞辰400周年筹委会成员合影。前排中为义乌"文化老人"高清,右为本书作者

# 偷学《三字经》

吴百朋跟随父亲吴琼去华溪村读书。吴琼教书非常认真，学生们进步很快，远近闻名。学生懂得"一日之计在于晨"的道理，那琅琅的读书声，感动了九姑。

这所学校的旁边有一口井，九姑起身后的头件事就是挑水。她来到井边，正是学生朗读课文的高峰。那《三字经》，无论是一人读也好，集体读也好，似唱歌，有节奏，吸引人，容易记，内容都是对人生社会的总结。九姑觉得很有趣，她就偷偷地学了起来。由于她是童养媳，虞家管得紧，挑水必须快去快回，不允许她有嬉玩的时间。有一次，她正在井边侧耳细听老师讲《三字经》的内容，往井中提水的速度也慢了起来。她的婆婆赶来监视，不声不响地站立在她的身后，用棒子往她头上、身上乱挥舞。婆婆怒气冲冲地说："好啊，你在念经哇，回家后再收拾你。"

九姑虽然挨了婆婆的打骂，但她学《三字经》长知识的意愿始终不变，她巧妙地改变了偷学的时间和方法，躲过了婆婆的眼睛。吴琼十分重视环境卫生，规定农历每月二、五、八这几天要打扫学校卫生。他对学生说："一个人衣服穿得旧一点破一点没关系，一所学校的课桌椅差一点也没关系，但一定要整洁。"老师发动学生动手，美化自己的学校。所以，二、五、八这几天下午，学生们要去井里取水，九姑也在这个时间来井里打水。她给学生带来的脸盆或桶里装满水,尔后嫣然一笑。于是大家对九姑很有好感。

有一次,九姑笑着对一个学生说:"我把《三字经》背给你听听,有没有错,若有错,请你帮助改正。"这个学生听了,一脸笑容:"对对对,没错没错没有错。"

九姑会背《三字经》的新闻一下子传遍学校,也传到吴琼的耳朵里。吴琼想:"这个乌龙盘井的童养媳真不简单哇。"有个学生说,有一回,我们几个同学争先拿水到学校,九姑笑眯眯地用"融四岁,能让梨"这句话来开导我们,同学间要互让互帮。吴琼听了更是佩服不已,从这个事例中受到启发:《三字经》既要读,又要背,还要用。作为教师,更需重视学生读、背、用三结合,《三字经》才能发挥更大的作用。

大元村古民居俯瞰

# 耙拉对扫帚

童养媳，是旧时代华夏大地上最悲苦的一族。吴琼受聘去华溪教书，并带儿子百朋去读书。吴琼对有"乌龙盘井"传说的九姑非常同情，伴有一种特殊的情感。

有一天下课学生活动时，吴琼听到有个学生在说唱"陋对陋，丑对丑，耙拉对扫帚"的顺口溜，很感兴趣，心想这其中必然有一个故事。他把这个学生叫来谈话，从中了解到有一把扫帚倒在地上影响通行，别人不愿意捡，九姑却把它捡了起来。放学以后，他决定去走访走访。

吴琼和百姓关系很好。他碰到一位老太，老太先开口："吴先生，你真难得。"她搬出一条凳子，请吴琼坐会儿。吴琼说："九姑还好吗？"老太说："头几天，她家门口有一把脏兮兮的扫帚躺在地上，路过的人谁也不去捡，九姑边说'陋对陋，丑对丑，耙拉对扫帚'，边捡了起来，把扫帚放在一把旧耙拉的对面。耙拉对扫帚，就是这个意思。"

吴琼叹了口气："九姑真是个有道德的人。"

老太说："'耙拉对扫帚'我们知道，可是那'陋对陋，丑对丑'是什么意思？"

吴琼说："丑者，相貌难看也。"

"那'陋'字该怎解释？"

"也有丑的意思。"

吴琼接着作了补充:"啊,对啦,这把旧耙拉是九姑耙树叶当柴烧的伙伴;那把破旧的扫帚,是她婆婆要九姑保证家里和门口清洁的工具。在耙拉与扫帚两桩工具上九姑不知付出了多少汗水,头上、身上也不知挨了多少鞭打,流了多少鲜血。"

老太也补充说:"还有一个旧畚斗,九姑要把垃圾扫进畚斗里拿到外面去。"

吴琼说:"难怪这几句顺口溜连华溪村里的学生也知道了,原来九姑把自己的命运比作扫帚、耙拉一样。"

"可见九姑这个人,村里人都关注她,同情她。"

吴琼回到学校里,百感交集:"九姑的文学语言才能真不错,居然能编出这首顺口溜来。"他拿出纸,握起笔,要把这个顺口溜完善起来:

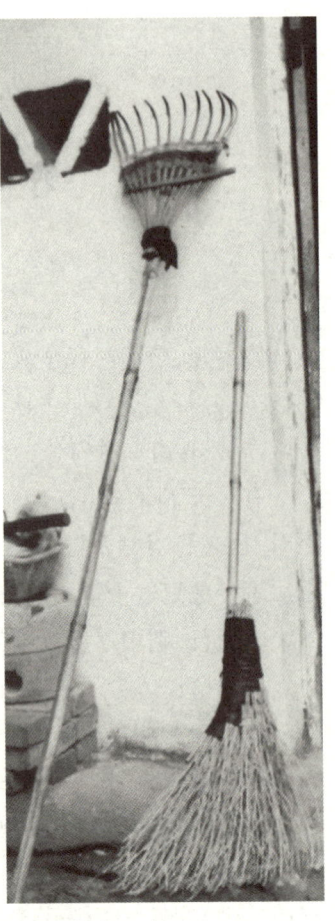

耙粒与扫帚

陋对陋,丑对丑,

耙拉对扫帚,

还有一个旧畚斗,

村里人们为她愁。

陋对陋，丑对丑，

耙拉对扫帚，

还有一个旧畚斗，

九姑肯定有出头。

第一排左起：吴高健、吴汉中、黄克庭、吴高彬、吴梅城、楼志军、吴璧瑛、骆有

云、朱庆平、黄兴团、朱中宝、王曙光、吴华梓

第二排左起：施绍毅、陈德松、吴志江、黄美燕、吴丽娃、吴福兴、傅根洪、吴广

巨、龚献明、吴小英、吴奎福

# 癞　头　滩

九姑被许可择日回娘家与父母弟弟团聚一次，感到十分高兴。只是头部癞头病发作时，奇痒难耐。

九姑有种自我感受，朝霞五彩缤纷，初升的太阳分外温暖，她想：今天是廿三里集市，想去玩一玩，见识见识。经父母同意，就出发了。

一路春风一路欢，九姑感到这个世界真是美不可言。再加上今天自由自在，双脚如"脚踏水车加了油"，轻松极了。不知不觉来到了廿三里，目睹了这个摊，那爿店，还有耳畔传来的小贩高喊的买卖声，来回穿梭；那谷米豆麦，一排排摆在溪滩旁；那红糖，一担担一箩箩地排列，细的、粗的都有；那小鸡小鸭小鹅，在主人的保护下，伸长脖子边唱歌边呱呱，来招引顾客；还有算命摊、看相摊，更有押宝、骰子赌博场，熙熙攘攘，热闹非凡。在人群拥挤中，她从上街头荡到下街头，又从下街头走回上街头，左右环顾，店铺和地摊的生意很好。她来到烧饼摊前，摊主眉开眼笑地对九姑说："买一个吧，这是全县最有名的烧饼，松口、味好、便宜。"九姑舍不得父亲给她买烧饼吃的铜钱。又走了段路，有个看相人仔细看了九姑，对她说："你身上有股龙凤之气，这是一股运气，一个县里，也仅有一二人独有，你将来一定有办法，有出头。"九姑笑了笑，走开了。

逛了市场，她急急忙忙想赶快回家。俗话说，心急性躁容易说错话办错事。她一直往南走，但见前面有株古樟树，"对啦，我来廿三里时，也看见了这株古樟树。"很少出门的她以此为记号，所以加快了步伐。

老天变脸了，她唯恐下雨，走得更急。血液循环一加剧，头上奇痒难忍，顾不得细看路面，忽觉一只脚碰上了脏东西，她"咦"的一声，向前细看，却是一条水溪，这条溪怎么这么宽？她不管三七二十一，快步跑去大溪边，要把鞋面上的脏东西洗去。她刚蹲下，说时迟，那时快，天上乌云乱滚，雷声闪电实在惊人，突然看见有条蛇向她飞奔而来。好在她当童养媳去割草或砍柴时，蛇是常见动物，她不怕，再细瞧这条蛇，头顶像是有角，一步一步地向九姑靠近。"啊，是乌龙！"她刚想站起来离开，那条龙戏了江水后，猛回头，向九姑这边吐了口气。怪也！九姑的癞头奇痒不翼而飞，浑身舒服极了。她沉浸在无比的欢乐与幸福之中。再看那老天，突然改换面孔，一缕缕的阳光射向大地，变得更加可亲可爱。九姑卷起双袖，想把双手再洗一洗，此时此刻，她发现被婆婆殴打后留下的伤疤也不见了，皮肤显得又细又白又美。

九姑站起来环视四周。怎么？一切都很陌生。于是心慈嘴甜的她就去询问一位老人："这位大伯，去上潢村该从哪边走？我从廿三里来，走错路了。""嗨呀，前面是何宅村，你刚洗手的地方叫长江（义乌江），你一直往东走，走到山口村，离上潢村就近了。"

九姑一踏进家门，全家人听了她说龙的故事，又见她变得更加美丽可爱，都觉得是喜从天降。

过了些天，有人发现长江中那块滩上茂盛的草木突然有些枯萎了。又过了些时间，滩上的草木变得稀稀拉拉。细找来龙去脉，原因恐怕是九姑的癞头厣(疤痕)漂流到了这里。后来,有人就把长江中的这个滩叫作癞头滩。

# 九姑改命运

东阳出北门有个叫作上潢的村里,石榴花的扑鼻异香,一阵阵飞向凤凰山麓,一阵微风,花香又飘向马干塘。明代嘉靖甲申五月廿六日申时,村中传出婴儿的哭叫声,街头巷尾,相互传开:"唉,又是一个千金,第九个啦,都是'裂缝萝卜'——女的。要想生个男儿,真难啊!"这个出生的女婴就是后来的九姑。

由于家境困窘,九姑从小就去义乌华溪村虞氏家当童养媳,因为男方嫌九姑癞头、遗尿,男方如天高,女方似地低,粘不拢,这件事成了虞家的一块心病。

吴百朋跟随父亲吴琼在华溪私塾读书。身为教师的吴琼由于对乌龙盘井的九姑有好感,所以就左右走访,对九姑的品貌心中有了数。他想,既然虞氏如此对待九姑,我何不借机行事。有知识的吴琼认为,头上长疮,小事一桩,有药可治,不必担忧;贵就贵在九姑身沾龙气,品德好,实为难得,要抓住机遇,想方设法把九姑请来吴家,必能为吴氏增光添彩。吴先生托人与虞氏"摊牌",百朋与九姑,天生一对。虞家早已把九姑当作泼出去的水,如今机会来了,于是满口答应,条件是华溪必须与上潢办妥退婚事宜。

日子一天一天地过去,百朋与九姑都长大了,于是择吉日、选良辰,两人结成伉俪,白头到老,百年好合。

那天,是少年夫妻终生难忘的一天。阳光灿烂处处美,白云蓝天一片情。新娘上了花轿,吹吹打打,鞭炮声声,翻山越岭,渡过义乌江,将近隆平寺。天忽然变了脸,风吹树木惊,雷声震天响,闪电令人害怕,大雨铺天盖地。抬花轿的人被大风阻住,行走困难,爬坡时,走一步,退半步。迎婚的人使出吃奶力气逃到隆平寺内躲雨,轿夫把花轿放到平坦处,也飞快地逃进了隆平寺。

却说新娘九姑孤单单一人坐在轿内,雷电无情,风雨可怕。九姑拉开轿帘,伸出头,想看个明白。忽听一声雷震天地,黑云似条乌龙飞在前面。雨水集为一条柱,把新娘子头上戴的凤冠打进花轿内,在她的头上来回擦了数次,似在冲洗头上的疮疤。说怪也怪,这一洗,九姑头上的癫疮无影无踪了,头发变得又黑又亮,九姑一身轻松,不禁喜形于色。

东方突然升起一条南北向的彩霞,把乌云逐散,缕缕阳光,把隆平寺四周的山水田野村寨装扮得靓丽可爱。

锣声再起,鞭炮重响,迎亲的人呼吸到新鲜空气,步伐也加快了。

一片欢声笑语中,大元吴氏前呼后拥地出来迎新娘。有人拉开轿帘看九姑,都说她是乌龙化身,美名传遍十里八乡:"九姑似西施,看了人人喜,阳光普大地,大元有福气。"

从此,九姑改变了命运。

许怀中教授(左三)、厉江潭将军(左四)、义乌"文化老人"高清(左一)、王金珠(左二)在大元景点植树

# 百盏红灯

已经退婚的九姑从癞头婆瞬间变为西施美女的故事,很快地传到华溪村,舆论纷纷指责华溪虞家是有眼不识泰山、有福不会享,明明九姑是乌龙绕身的福人,却要把她当作一把敝帚,实在失算!

世上没有后悔药。但华溪村有人挑拨,要想方设法把九姑弄回村来。

却说大元村吴百朋的父亲吴琼,喜之不已,证明自己对九姑的看法与做法都是正确的。

九姑在大元村受到尊重。

再说华溪虞氏祠堂里,聚集着一帮请来的武术高手,还有力大无比的青壮年,商议如何把九姑"抢"回来。忽报:九姑已去大元。华溪就派人去大元细致察访,要把九姑夜里住在何处摸清楚。又说大元村内虽然有个罗汉班,但武术一般,并无可怕。于是果断决定:甲子日子时,文武人员齐出动,誓把九姑"抢"回华溪。

此事反馈到大元,吴琼心惊肉跳。九姑得知,献上对策。她的意思是,大家都知道三国孔明设空城计的故事,蜀将马谡失守街亭后,魏将司马懿直逼西城,诸葛亮无兵迎敌,但他沉着镇定,大开城门,自己在城楼上弹琴。司马懿疑心设有埋伏,下令部下迅速退去。这个"空城计"就是保存自己,骗过对方的策略。

吴琼说:"依你之见,该如何办?"

"不需动用刀枪,也不用一兵一卒,快速借来红色灯笼数百盏,夜幕降临后,把百盏灯笼挂在大常山上高大的松树上,谅他们不敢轻举妄动。"九姑不慌不忙地说。

众人佩服,按她的意图去做。

此时此刻,华溪祠堂里的文武人员正在吃喝,预祝"抢亲"旗开得胜。酒席罢,有人磨刀,有人擦枪,为头的说:"今天去大元抢亲,只许成功,不准失败,大事告成,有功者奖。"

这天夜晚,九姑身边的乌龙略施其术:乌云满天,伸手不见五指,风儿骤起,松树上的百盏红色灯笼微微晃动,鲜艳夺目,几十里远的地方也能看见。华溪人马正待出发,忽报:不得了,不得了哇!大元已知道我们的行动,你们看那无数盏红灯,闪烁显威,他们已有数不清的武术高手埋伏在通往大元村的山边路旁。古话说"明枪好挡,暗箭难防",我们地形不熟,兴许出师不利,多倒霉

华溪村尚存的"虞大宗祠"大门

呀！"

为头的站在高处细看大元村四周，都是红灯闪烁，于是下令："改日再说。"抢亲一事也就不了了之啦。

"抢亲"的事至今尚在吴氏族里传说。有人编了顺口溜："华溪人马一祠堂，不及大元红灯一百盏。"一贬一褒，歌颂九姑的智慧与能力。

九姑正式嫁给吴百朋后，大元村与华溪村依旧保持和谐相处的兄弟村关系。

中联是海军中将彭林题词

左右联是福州市书画家协会秘书长胡子为题词

# 一品夫人

　　吴百朋连连升官。乡友告知他,王氏九姑经常在百尺楼向北眺望,祈愿丈夫平安健康。于是,百朋就把她接到京城。

　　王氏进了京城,官场上纷纷传说她是乌龙化身,乌龙为她治好了癫头病。隔墙有耳,这个富有神秘色彩的事,竟被皇后获悉。

　　原来,皇后与王氏有本相同的"经":自己也癫头在身,只有同病的人才能相怜癫头的痛苦,恐怕只有百朋夫人可以治之,于是一道圣旨传下:召百朋夫人为皇后梳头,以解除其心病。

　　王氏忐忑不安,思前想后,几夜没有合眼。这也难怪九姑身心不安,因为不少为皇后梳头的人,不但未除皇后的痛苦,有人还因为梳子触及血脓相粘处痛得皇后无法忍受,为此付出了性命哩!

　　九姑来到皇后处,目睹她的癫头情况,乃头发密密麻麻通气差,疮疤与头发粘连一起,致使头疮不易治好。她当机立断:一用纯净麻油滋润头发,促进头发光滑;二是油能促使头发路路通、条条润、根根活,为梳头不疼打下基础;三是九姑心灵手巧,细心地把根根头发都梳通顺。九姑面带笑容,一边梳头一边向皇后讲述自己遇见乌龙的故事,逗得皇后欢乐无比。此时此刻,皇后心里更加欣赏其"乌龙化身"之能。九姑聚精会神,把皇后的头发梳理成上百条发辫,又把这些辫用不同图案理成上百个髻。

　　皇后从未感受到如此的轻松舒适,她用温和的语气问九姑:

"你为我梳的是什么头？"

"皇后，是百鸟朝凤。"

"什么？什么？你说什么？"

"这是天下第一个凤凰头。"

心情欢快的皇后对着镜子一照，确是天下无双的标致。不禁喜从中来："好个百朋夫人，乌龙化身，非凡也！"御医认为，王氏帮他解决了"此病需通风"的难题。

御医与王氏商议根治皇后头疮的方案。王氏的生父是民间医生，来客较多，曾听说乡村有个蛇医，不管患者病况怎么重，都能药到病除。其中一条是把伤口用盐水洗净，自己先喝一口高粱烧酒漱口，尔后用嘴对准伤口，尽力把其毒汁一一吸出来，再敷上药，伤口就痊愈了，九姑也想用这个办法为皇后根治头疮。御医听了，十分佩服王氏的良策，但头疮有脓液毒汁，万一王氏中毒怎么

2008 中国义乌文化产品交易博览会开幕式上，曾上过中央台的大元舞龙队被邀参加演出

办？所以总是举棋不定地摇头。

九姑似乎看出了御医的心思，说："我是童养媳出身，受过的苦难无法计算，只要皇后的头疮能根治，不复发，这么点小事，不必考虑。再说，皇后的头疮根治了，皇上放心了，老百姓的日子，也会像芝麻开花节节高啊！"

御医从内心敬佩这位来自浙江的农村妇女，由摇头变为点头。

九姑也同时说出了自己的顾虑："用针头刺破皇后头疮，的确有点痛，怎么办？"

御医说："这个问题待我向皇上报告了以后，由我来解决，你无须担心。"

皇帝及皇后听了御医的禀告后，万分感激，由王氏操作，根治皇后头疮的方案定下来了，御医站在王氏身边，形影不离。

九姑选择了"百鸟朝凤"中的一个空隙点，用蘸过白酒的棉花轻轻一擦，又迅速用银针在患处挑了一个孔，马上用嘴巴封住孔口，竭尽全力地吸了一口又一口，终于把脓毒吸了出来……皇后觉得特别畅意，犹如在天空中飘荡一样。御医把一个盆靠近王氏嘴边，示意她把毒汁吐在盘中，并用手帕飞快地擦干溅在九姑嘴唇边的脓液，好让九姑继续吸吮脓汁……

御医急忙把酒精递给王氏，示意她快漱口，自己立即把药敷在皇后的伤口上。

如此几次，皇后病愈，解除了痛苦，皇后开心，御医夸赞。

这件事又在官场传开："百朋夫人实在不简单！"

皇后要对王氏加封诰命："你要几品夫人？"

"我是乡下女人，五品、六品太多，我也不配，给个数字最小的一品夫人足矣！"

皇后大笑:"可以可以!"

原来,"一品夫人"是朝廷对命官夫人最高的封赏。"一品夫人"的牌匾,一直挂在大元吴氏祠堂里,后来因历史原因荡然无存,但"一品夫人"的故事,却在吴氏和王氏裔孙中一代又一代传诵。

2003 年历史剧《吴百朋》在义乌公演,王氏为皇后治病一折戏情让不少人流下泪水,纷纷称赞尚书太婆"聪明才智道德高,后裔不忘传家宝。"

吴百朋纪念祠中的招牌

# 皇后坐的轿

那一天，文武百官正在宫门外等候皇帝临朝，忽听一声"皇后到！"惊得文武百官，立马向皇后跪拜。

原来，这个"皇后"不是别人，正是一品夫人王氏。

自从王氏为皇后治好了病，解除了连御医也解决不了的难题，皇后衷心感谢她，与她同床共枕，要与她姐妹相称，并封她为"一品夫人"。

这些荣誉，令王氏不安。凤凰山与马干塘以及人杰地灵的大元村的山山水水，哺育了这位善思求安的女性。真的，善思求安，平衡心理，不无道理：自己地位高了，名声大了，享受多了，在皇后身边的人是否会服气？如果有人搬弄一些是非出来怎么办？丈夫吴百朋官至尚书，自己成为一品夫人，如有人挑拨关系怎么办？丈夫日理万机工作忙，缺人照料，万一身体出了毛病，又该怎么办？义乌人有句古话：金鹁鸪，银鹁鸪，飞来飞去飞到老家去。总结世间事，祸从福中来，三十六计，走为上计。

于是，尚书太婆向皇后提出回家的请求。

皇后实在舍不得王氏离开身边，但考虑到王氏忠实勤劳不爱财的品质，就答应了。

皇后问："你有什么要求？"

"给我十道御旨就够了。"

"好吧！你坐我的轿回去。"

前呼后拥，王氏享受到特殊的至高的待遇。她坐在十六个人抬的皇后的轿上，演绎了开头的一幕。

文武百官中有位御史跪在吴百朋的身边，他用右手搔着脸轻问吴百朋："百朋啊，丈夫跪在夫人面前，倒霉，倒霉啊！"百朋自豪地说："我倒觉得十分光荣，王氏为大元、为义乌和浙江争光，我们都是浙江子弟，何倒霉之有呢？"

这天晚上，百朋与王氏相互道喜，相互祝酒，真是"幸福人家乐永存。"百朋说："你想得高，思得远，做得对！"王氏说："多亏你平时对我的教育与指引。"

九姑坐上皇后的轿回家，又成为当时官场中的特大新闻。

大元村"尚书第"门楼

# 十道圣旨

　　一品夫人回家时,皇后准备赏赐她,可她既不要绸丝锦衣,也不要金银珠宝,只要求皇后给她十道预备圣旨,这是她总结了百尺楼改为望夫楼、文武百官跪拜自己后的经验教训。她最担心的问题是,身为御史的那位邻县人物可能要对吴百朋一家过不去而制造种种事端,来个让人措手不及,则悔之晚矣!

　　果然,那位御史炮制许久的计策出台了。有一天,风和日丽,他对部下说:"今天大家吃饱喝足,回来我请客。"他率领大家一个劲往吴百朋家里奔跑。真是老天有眼,百朋因公外出。一品夫人早已胸有成竹,她把十道预备圣旨悄悄地藏在身上。御史用迅雷不及掩耳的速度,走到王氏面前,高喊:"圣旨下"! 一家人马上跪下高呼"万岁万岁万万岁!"

　　一品夫人早已料到御史会走这一步棋,命家中人早餐只能少许吃喝,中饭适量吃喝,晚饭可以吃饱。

　　正当御史得意非凡之际,一品夫人已取出一道圣旨露在御史的面前,御史先是一惊,尔后慌忙下跪:"万岁!"

　　一品夫人施本领,御史心中抖凛凛。

　　一品夫人曾身居朝廷的最高权威中枢,耳濡目染,消息灵通。御史身边仅有七道圣旨,当他展示第一道圣旨时,有种老鹰捉小鸡之势,如今却心急乱了套——怎么一品夫人也有圣旨?她身边到底有几道圣旨呢？

双方各不相让。

御史的七道圣旨已用完了，一品夫人向他不慌不忙地展现第八道、第九道圣旨，使得御史叫苦不迭。他跪在地上，布满皱纹的脸上全是汗水，露出一副无可奈何的丑态。因为时间已久，御史等人的裤子渐显湿迹，已有一股难闻的臭气散发出来。一品夫人又展现一道圣旨，御史喊"万岁"的声音已经发抖，小便已憋得无法再憋。一品夫人当众指责御史："你对皇上是什么态度？"御史尴尬得无话可说。一品夫人见此转换了口气："在家靠父母，出外靠朋友，大家要相互帮助，相互体贴，把皇上吩咐的事情办好，才是正道。再说凡婺州都是一家人，三十六计，和为上计。"对一品夫人的忠诚劝告，御史非常感动，不禁红着脸说："请一品夫人原谅，我有过失，我有过失。"一品夫人以仁爱为先，终于原谅了他。

义乌"文化老人"高清（左）、著名教授许怀中（右）与作者（中）在大元村吴百朋纪念祠前

墙有缝壁有耳。皇帝知道了这位御史有意去诬害一品夫人，心中一团火，转言皇后："御史无中生有制造百尺楼事

件，如今又瞒着我们去害一品夫人，这个人的道德品质又在哪里？"皇后这才明白了一品夫人向她要十道预备圣旨的缘由。

十道预备圣旨的故事在京城迅速传开，并传到了一品夫人的家乡。

# 改　名

　　九姑做梦也想不到，童养媳出身的自己，嫁给吴百朋后，竟成了尚书夫人。一些官员对吴百朋受皇上称赞步步高升，心中不服，一计不成，又生一计，把矛盾转向吴百朋妻子王氏身上。

　　当时皇后头上长疮，最有名气的医师摇头说自己"不才"，罪该万死；服用了国内最好的、最贵的药，服后用后均"山河依旧"，于是反对吴百朋的人，向皇后"忠告"：吴百朋的妻子能治此病，马到成功，令皇后喜从天降，下圣旨，传命令，要王氏限时报到。

　　上潢村凤凰山中的"凤凰"，大元村南山上的"乌龙"，龙凤相会，商议决定：此事有何难哉，去去去！有龙凤帮忙，王氏感到有一股无穷的力量。真是天助人意、天人合一，果然把皇后的病治好了，皇后高兴，皇上满意，荫封王氏为"一品夫人"。

　　吴百朋的反对者，真有"偷鸡不着蚀把米"的感受。原来的用意是百朋妻如果治不好皇后的病，就犯了欺君之罪，进而把根由归向吴百朋。如今，百朋妻被封为一品夫人，吴百朋的官运又因而水涨船高，真是气死人。这几个人又沮丧地策划：一品夫人哪能封给吴百朋的老婆？这岂非贬低了皇后及其他皇上夫人？于是，派出一个能说会道，见风使舵的高手去向皇后"奏本"。皇后知道来者不善，呵斥说："你们吃饱了撑着，多管闲事。"弄得这人一身尴尬，奋拉着脑袋扫兴而归。从此，对与吴百朋有关的人和事，他们都闭口不谈。

　　吴百朋听到"奏本"之事，心甚着急。"和为贵"乃立足之本，做官还是低调的好，太张扬总有一天会摔跟斗。朝廷有人为了顾全大局，说王氏是浙江人，称"江南一品夫人"更显地方色彩。后来上潢村有人称王氏为"江南一品夫人"，就是这个来历。

美国哈佛大学著名教授包弼德(后排中高儿)于 2002 年 7 月带领欧亚 26 名儒人采风大元千年古村文化

# 祭　祖

大元吴氏始祖文立公吴圣造像

九姑自嫁到大元后,公公吴琼为她取名扬芬。万历六年三月二十六日,诰命一道,奉天承运皇帝"赐谥襄毅公(吴百朋)元配为累封一品夫人。"消息传来,大元村一片欢腾,奔走相告,沉浸在无比的欢乐之中。奉命而行的"一品夫人"牌匾,悬挂在大元村内由吴琼率族人兴建的吴大宗祠最显眼的地方。

这一天,是王氏终生难忘的日子,也是大元吴氏家族十八村宗亲"凤舞龙飞,玉笛金筝消永昼;灯红酒绿,火树银花不夜天"的千载难逢的黄道吉日。人流把吴大宗祠挤得里三层外三层。在鞭炮声声,锣鼓阵阵,舞龙舞狮,又蹦又跳的一时间,王氏春风满面地步入吴大宗祠,有人和她对话,有人和她拉手。王氏激动地说:"谢谢大家!谢谢大家!"此时此刻,她想到了恩公吴琼,没有他这个伯乐,自己怎能有今天的荣誉?

她把吴琼的神主接到家中,烧香跪拜,喃喃自语,久久不起,表达了自己"黄金未为贵,荣誉值钱多"的内心世界。在众人的搀扶下,王氏泪流满面地说:"至德谦让不可忘,承先启后要牢记。"令在场的女人都感动不已。

第二天,大元村的女人来拜见她。一位老妪对她说:"昨天挂牌匾时,你哭了,祭祖时又哭了,你那种不忘先人的美德,感动得我们双眼都湿了。"

"你的一言一语一举一动,是为大元吴氏十八村子孙作出了榜样。"一位比王氏小几岁的妇女道出众人想说而未说的话。

王氏感谢大家对自己的关爱。她说:"我们吴琼公门下,上代下接,处处都讲'有德在身万事顺'。我为皇后梳头治病,大家都说凶多吉少,但我按吴尚书的吩咐办事,转祸为福,就是德字贯穿始终。我在祭祖时,把这些话都说了,让祖先放心。"

大家把王氏团团围住,无不佩服一品夫人待人处事能"让为先,忍为安,和为贵",体现出她"做人要做好,道德头一条"的人生观。

大元村吴大宗祠原址

# 诸暨草塔

万历年间,吴百朋与邻县那位御史一起回家探亲,他们坐在轿上,穿萧山,过诸暨,入义乌,一路风光一路歌。他们都是朝廷文官,为确保平安,派有卫队警卫,于是又引出一个故事来。

诸暨草塔地区,麦苗嫩绿,郁郁葱葱,长势很好。农民子弟当官,想的农村人事多,吴百朋建议歇一会儿。他们站在田塍上,欣赏风调雨顺、国泰民安的眼前风光,不觉乐在其中。也就在这片刻,马夫看管马群失误,有匹马去啃麦苗,其旁的马匹起了连锁反应,纷纷抢吃麦苗。这些马可能是饥饿了,一下子就踩坏了一大片。吴百朋发现,马上命令制止,但已造成了恶果。

农民眼看自己的大小麦受破坏,怒不可遏,呼喊声、咒骂声不绝于耳。吴百朋与农民心心相连,十分心痛,他大步走到农民中去,说:"我是义乌大元村人,家里也种田,今天我们的马吃了你们辛辛苦苦流血流汗种出来的大小麦,我也心痛。"有个农民心直口快:"只有心痛,有什么用?"百朋说:"当然要赔偿损失。"他命令侍卫:"农民说要赔多少,就理所当然地赔多少,这是我们的过错,应该当场兑现。"农民是通情达理的,他们得了赔偿款,四处宣传义乌大元这个大官心肠善良,办事认真,没有空话,能尊重我们种田人,心中有民啊!

吴百朋与那位御史回到朝廷,皇上查问此次探亲的情况,他们如实报告,皇上认为农民由咒骂他们而转变为称赞他们,是件好事。于是下圣旨:草塔免交皇粮,以此鼓励农民种好田地。

一晃就是几年。这年,吴百朋带王氏回家探亲,坐轿路过草塔,当地农民见是吴百朋,把吴百朋夫妇团团围住。百朋令侍卫不要驱赶农民,亲自与农民拉家常。有的说:"我们草塔免交皇粮,你有功劳。"有个农民发现王氏,就"噢嗬"起来:"一品夫人!一品夫人!"王氏满面春风地说:"谢谢大家,谢谢大家!""你为皇后治好了连御医也没办法治的病,我们这里家喻户晓,了不起,了不起!"吴百朋说:"了不起的是你们农民,我妻也是农民出身,只是做了件她应该做的事。"

这件事对吴百朋夫妇的教育很大很深。王氏对丈夫说:树靠根,人靠心,当官一心为农民,农民自然会有好的评论,诸暨草塔这件事,说明了这个道理。"

笋因落箨方成竹,鱼为奔波始化龙。

诸暨草塔地区的农民为感谢吴百朋,就把自己的村名叫作草塔村,现今诸暨县(市)地图上的草塔镇,恐怕也是由此引申而来的。

本书作者(左)采访诸暨草塔。右为吴氏补鞋匠

# 百 尺 楼

明代吴彦清公捐资建造在大元村北的文昌阁又名百尺楼,连京城人都知道。

百尺楼,十丈高,逢十进一,就是"百",百尺楼与吴百朋夫妇紧紧相连。

百尺楼和它四周的古樟群偎依为伴,显示了百尺楼的与众不同。凡来大元村做客的人,游了百尺楼,就感到心满意足。特别是重阳节前后,登上百尺楼的人,无不感叹:"好美! 义乌唯一,婺州无双。"

话说义乌邻县东阳有位御史与吴百朋一起回家探亲。婺州八县人在外相遇,似如兄弟姐妹,一家人不说两家话。御史邀请吴百朋去他家做客,吴百朋欣然答应。饭后茶余,有人陪同百朋参观村容村景。这个村的溪滩之美,远近闻名,百朋看见溪滩上的蒙秆,一片嫩绿,郁郁葱葱,很有精神,其中有一根蒙秆长得特别高,吴百朋感到十分高兴,脱口而说:"溪滩美,溪滩美,一根大蒙秆可以当搁栅。"

蒙秆是种皮厚腹中空的植物。百朋的话说出口,陪同游玩的人把百朋的"大蒙秆可以当搁栅"这句话,向御史作了汇报。御史从另一个角度理解百朋之意:"竟敢把我比作是建房用的蒙秆搁栅,真是岂有此理,这分明影射我是无用之辈,哼!"

真是言者无意,听者有心。麻烦的事情终于来临了。

这位御史早已听说大元有个百尺楼,决心去看一看。他来到百尺楼,仰望楼顶,心已有计。他越爬越高,风景越来越美,百尺楼果然名不虚传。他信步走到楼顶,向北环视,忽然间想起吴百朋把自己比作无用的蒙秆搁栅的事来,他早已编好的顺口溜出台了:"百尺楼,百尺楼,赛过皇家凤凰楼。"边说边把手上的那把纸扇撕破甩在百尺楼上,以示不满。

陪同御史参观百尺楼的人,详细地向百朋说了御史对百尺楼不满意的细节。当时王氏也在场,百朋面色大变:"不好!百尺楼胜过了皇上的凤凰楼,是犯了欺君之罪,罪不可饶。"

王氏说:"这有何难哉,把百尺楼换成望夫楼不就行了吗?"

"对,对,对!把百尺楼顶部降低,把一些石制品、木雕等有分寸地'乱'套,在顶部用旧木板书写十分显眼的'望夫楼'三个大字,看我们倒霉还是御史倒霉。"

王氏点头。

众人连声说好。

事不宜迟,即日动工,看看,做做,改改,与御史参观时的那种景象相比,显得面目全非。

王氏认为这个化险为夷的计策,仍不排除有隐患,于是她说:"官人先回京,我暂留在家,以应对突然事件的发生。"

王氏经常和亲友宗亲商量。"柴多火焰高,人多主意好,"在王氏的授意下,百尺楼四周,牛粪遍地;通往楼顶的路上,羊粪粒处处皆有;那楼顶,到处有家禽粪类出现。王氏想,御史向皇上报告,皇上可能似信非信,将会派人来实地察访,从而否定御史的谎言。

# 用　计

　　童养媳出身的一品夫人,看得多,听得多,亲身经历的件件桩桩则更多。她对邻县的那位御史了如指掌,从他对丈夫吴百朋的言行中判断,他一回京,就会添油加醋甚至无中生有地贬低吴百朋。不出王氏所料,御史果然向皇上状告百尺楼事件,诬蔑百朋犯有欺君之罪,欲把百朋推下台,让他进班房。王氏又想,百朋为官廉洁,抗倭建功,皇帝一定不会轻易下结论,定会派出心腹去实地考察,尔后再下结论。

　　一品夫人的分析既合情理,又有依据。果然,御史把百尺楼赛过凤凰楼的事向皇帝奏本,皇帝说:"岂有此理!"随即派出心腹去大元村暗访百尺楼的真相。

　　这位钦差大臣微服进入大元村。他站在大门口看看望望,心中有了谱。再细问大元村人对吴百朋的为人评说,十个有十个都跷起大拇指说婺州无双,这使钦差大臣更加知道了吴百朋的为人素质。但御史为何要告发吴百朋呢?

　　话分两头。

　　因为钦差大臣说的是外地话,明眼人细心看出,来者非凡。他走向何处,都有陌生人在"保护"他。于是马上把这个信息告诉给一品夫人。说时迟,那时快,有几只羊飞奔上了百尺楼,还有几头牛在百尺楼脚的四周自由自在地啃草吃。

再说，钦差大臣穿过尚书府，向左拐了个弯，沿着那条用大小不一的卵石铺成的弄堂小道，往北快步走。百尺楼边那白果树上有几只喜鹊"喳喳"地叫，给钦差大臣带来欢乐。他抬头往西北一望："嗬，这就是百尺楼吗？"

就在这时，有个羊倌挥羊鞭在百尺楼唱起顺口溜：

望夫楼，望夫楼，夫人在此眼泪流，

丈夫做官心要细，为国为民立功劳。

钦差大臣正在思考百尺楼，如今羊倌为何唱的是望夫楼？于是拐了个弯向百尺楼走去，闻到的是一股股散发出的牛羊粪的秽气，钦差大臣恶心得差点呕吐。

百尺楼通往倪仁吉故居的小巷

一个羊倌手执羊鞭,信步从望夫楼上下来,与钦差大臣正面相遇:"嗬,你这位客人难得,我们大元村这个望夫楼全县有名,连邻县在朝廷当大官的御史也来游玩过呐。"

钦差大臣仍向上走。当他上了百尺楼的楼顶,目睹"望夫楼"三个大字,其景其情,均是乡下农村的一般水平。他自言自语:"望夫楼差也,怎能与皇上的凤凰楼比美?"头摇得像个拨浪鼓似的嘀咕:"这个御史也太无事找事了。"

御史欲把吴百朋置于死地之计,终成泡影,从此皇帝更加信任重用吴百朋。皇上哪里知道,这当中有一品夫人的智慧,才使百尺楼转危为安呢。

倪仁吉画像(作者丁垫)

# 朝　服

　　万历之初，皇帝特别加强侍卫建设，其中有一条是，任何官员进入皇宫，必须穿朝服。皇帝以身作则，宰相尚书无一例外，侍卫官兵严格执行，只认朝服不认人。

　　话说九姑配合御医根治了皇后的病后，皇后把她视为亲人，嘱她常到后宫走走看看。九姑不负皇后之望，果真隔段时间就去看望皇后。皇后乐得脸上开花。九姑能说会道，把听到的社会新闻编成故事，形象生动地说给皇后听，乐得皇后哈哈大笑。

　　一品夫人不是官，只是个荣誉头衔。一次，九姑进朝以后，把朝服放在皇宫内。这天，她去王宫看望皇后，只因未穿朝服，被侍卫官兵挡住不让进宫。虽然王氏再三说明原因，侍卫官兵也认识王氏，但由于这是皇规，王氏还是被堵在宫外。

　　这一天，皇后突然想起王氏，为何这么久了也不去看望她，就派人去了解一下是何原因。当得知一品夫人虽是农家子女，却能自觉遵守皇规，说明自己看准的这位女性确是能人。于是派人把朝服送去给王氏，吴百朋一家非常激动。吴百朋对王氏说："皇后如此看重你，你该马上去看望她。你不能空手去，需带上义乌大元土特产——红糖，给皇后尝尝。"

　　王氏经一番打扮后，穿上朝服，直达后宫。皇后见了王氏，乐得紧紧抓住她的手："我真想念你啊！"王氏急忙把红糖捧送给皇后,并简单介绍了义乌红糖有活血健身的功效。她说了自己当童养媳时去山上砍柴,突然遭暴雨袭身,从头到脚,淋得像一个水人,从此经期紊乱,身感不适,可婆家不管她这些。有个邻居看她可怜,泡上一碗生姜红糖汤偷偷地给她喝了,从此全身舒适,经期也规律了。皇后当众品尝红糖,其味道要比贡品中的糖类好得多,高兴地说"义乌人聪明,将这红糖制作得如此细腻,真不简单!"

为了让王氏能常去皇后处探望,皇后命人特地为她制作了一套一品夫人朝服。

上潢村人为了纪念一品夫人,于20世纪90年代在村西的凤凰山北建了个"九姑庙",有人在墙壁上写了一首诗:

九姑命运实坎坷,头上疤疤奈如何?

一朝时到鸿运转,一品荣封尽赞歌。

浙江省文化厅副厅长、浙江省文物局局长鲍贤伦在才女倪仁吉诞辰400周年纪念大会现场挥毫泼墨

# 马 干 塘

尚书太婆总是为别人想得多，为自己一家想得少。特别是过年过节，更是体现了她为他人着想的优点。比如去东阳上潢村娘家拜年，她选派去的人最多不会超出八名。八个人，刚好是八仙桌坐八个人吃喝，可为娘家免去不少麻烦与忙碌。

古话说：三八廿八，各有各的想法。娘家人反而有不满情绪："童养媳当上了尚书夫人，架子就大了，连娘家也看不上眼了。"风言风语传到了尚书太婆的耳朵里，她认为有必要再去娘家一趟，消除误解，求得和睦相处。

尚书太婆的弟弟及弟妇，脸上有乌云，话中有八角刺，倒是弟妇直人说了直话："你是大官人的太太，为上潢增光添彩，名气好听。但是对于我家来说，姐夫是尚书也好，姐姐是尚书夫人也好，都是一减一，等于零。"

尚书太婆扑哧一笑，"你说该用什么办法，才可以一加以一等于二啊？"

"远的不说，今天你也只带了一二人来我家做客，除了邻居看到以外，谁人知道尚书夫人来过我们家里哇！"

"你的意思是要我坐大轿，然后跟上一帮骑马的人，再叫上一班人吹吹打打，闹得一路上风风雨雨，才能提高我们王家的体面是不是？"

马干塘

尚书夫人的话正中一家人的下怀。夫人体谅家人爱慕虚荣的心理，但她还是作了耐心的解释："如果我带的人来多了，别说是吃饭，恐怕连茶水也供不上。"

"你太看轻我们一家了。"

"那我们下次来多一些人好不好？"

"这才差不多。"

尚书夫人向丈夫吴百朋直言快语地说了这件事。吴尚书听了皱眉头，心想：是要用个手法，平衡一下他们的心理，教育一下众人。于是说："你通知娘家，我们本月初八到家做客。"

尚书夫人一家要来娘家做客这件事，像一阵风吹得邻村人也知晓了。小舅子夫妇备茶水、鸡蛋、粉干，买菜买肉，忙得不亦乐乎。有人当众夸赞王氏娘家："这不但是你家的光彩，上潢村也沾了光。这才能光宗耀祖哩！"

这一天终于到来。

农村处处丰收景，上潢村家家户户的门前或天井中挂满了一串串玉米蒲和一束束小米。全村人都沉浸在无比欢乐之中，又闻吴尚书一家来此做客，真是喜上加喜。

有人报告："有五匹马直奔上潢村来了。"

王氏弟弟、弟妇赶忙上前接待：喝茶、吃鸡蛋，粉干正要下锅，又有人叫:"有几十人骑马而来。"因为王氏家门口窄,无处放马,人也挤不下,急得王氏家人汗如水流。正在考虑如何是好,又有人报:千军万马,飞驰而来! 王氏家这才自感接待困难。村里有人建议:"人暂时不吃不喝还可以,马奔跑后却要喝水呀!"于是,把马儿牵到村边的一口水塘边,让马喝个够。

马群在塘中喝足了水,放在村外休息。那些骑马人,别说是鸡蛋点心,连茶水也无法供应。

村边那口塘中的水已被马儿喝光了,更多人马却还在向上潢村进发。王氏一家急得团团转,小舅子骂妻子:"都是你闯的祸,你要面子,反而失了面子!"他一转身,就去找姐夫吴百朋,请求原谅。

作为兵部尚书的吴百朋胸有成竹,他只动用了婺州府内的一小部分兵马,其用意是教育众人:为官要为民,哪能借亲友当官来为自己谋面子、谋利益呢?

小舅子说:"我有过失! 我有过失! "

百朋听说有马踩坏了萝卜菜,命人把钱交给小舅子:"拿去赔偿损失,还要向他家赔个不是。对于被马喝光了水的那口塘,现今正是秋末,还需要用水,凡属这口塘灌溉的受益户,也要按田亩多少赔偿损失,不得有误。"

上潢村的老百姓对吴百朋为官清廉、取信于民佩服不已,说九姑婆有福气,嫁上了这位德才兼备的吴尚书。为了教育后裔,村人就把这口被马喝光了水的塘,改名为马干塘,一直流传至今。

# 尚书题词

隆庆戊辰,义乌曲江王氏续修家谱,为了提高家谱的知名度,想请"一身正气两袖清风,青天为颂明代包公"的兵部右侍郎吴百朋题词,但考虑到平日双方并无往来,怎样才能马到成功?这件事让修谱理事们伤透了脑筋。

真是有意栽花花不发,无心插柳柳成荫。有个王氏宗亲说:"听说吴百朋的老婆是姓王的,宗属亲是我们的传统,可不可以从这里想想办法?"

"吴尚书的老婆是哪里人?"

"听说是东阳西乡人。到底是哪个村,不清楚。"

一个理事说:"有了!我们曲江宗谱,每个媳妇都有来龙去脉的记载,看看有否从东阳嫁入义乌的人,再细细查问,就可能找到吴尚书夫人的娘家。"

这个建议果然应验。曲江王氏宗谱的理事们经过一番努力,终于把吴尚书夫人的村弄清楚了。于是作出决定:吴尚书是清官,只能带点他们喜欢的本地土特产作为见面礼。

他们来到大元吴尚书家,恰逢王氏在家。王氏代表丈夫满面堆笑地说:"我们是义乌曲江王氏,现在正在做宗谱,你们上潢村也姓王,我们祖先是一家,现在想请吴尚书为我们家谱题词,特意跑来找你这位宗亲,请你一定帮忙促成。"

义乌凤林曲江
王氏宗祠家谱

隆庆戊辰仲穐望 赐进士第礼议大
夫兵部尚书郎吴百朋篆

吴百朋为义乌王氏曲江祠撰写
的篆书

王氏说:"做谱实在难得。不过尚书最近国事很忙,我一定跟他传话。"王氏看了他们带来的义乌土特产,面露不豫之色,严肃地说,"你们都知道,我更清楚,如果我把这礼品收下,我的日子就不好过,吴尚书要指责我。所以有个条件,如果要他写字,我会传话,但是你们一定要把这土特产带回去。"

"千里送鹅毛,礼轻情义重。这是曲江王氏对吴尚书的一点心意。"

"不行,土特产不带回去,尚书一定不会写。"

代表们面面相觑,但为了办成大事,只好说:"好,听你的。"

王氏露出笑容:"这就对了。我会努力把你们的心意向吴尚书传递。"

古话说:朝廷当大官,家里做小卒。王氏把曲江王氏代表的来意,一五一十地对尚书说得清楚明白,为此,吴百朋仔细翻阅了有关史料:原来五代末,山东临清王彦超任吴越节度使,宋初自会稽避地凤林(今赤岸镇尚阳工作片),族大以衍,世称王氏凤林。查明姓氏脉络之后,吴尚书挥毫以篆体书写"义乌凤林曲江王氏宗祠家谱",用笔严谨,功底深厚,清秀圆润,独具风格,表明吴百朋不但是一位政治家、军事家、文学家,还是一位书法家。

王氏代表认为空手去吴尚书家拿题词,不合义乌乡规,于是又带了义乌土特产去。王氏说:"吴尚书题词已写,条件要讲好,你们要把礼品拿回去,我才能把他的题词给你们。"王氏代表再三说明来由都无济于事。

王氏宗亲感激地说:吴尚书的确是"包公",我们做谱的代表到他家时接待周到,吃喝体面,却拒收我们的礼品,吴尚书的题词为我们王氏家谱增了光,添了彩,更给王氏后裔留下了精神财富,这可是无价之宝啊!

顺口溜出来了:吴百朋,了不起,对百姓,看得起。还有尚书王氏妻,动了脑筋把词题。尚书赔纸赔力气,我们永远要牢记。把题词,当奇迹,载谱里,传后裔。

历经"文化大革命"的磨难,大元人想方设法把吴百朋的题词保存了下来,更是难得。

"尚书第"门楼牌匾(背额)

# "死东西"变活宝

隆庆二年,吴百朋家父离世,他悲痛万分,带领家属王氏等急回大元村。

吴百朋吩咐王氏,吴氏始祖泰伯公教育我们的至德谦让、忠孝仁爱、礼义廉耻这个传家宝始终不能丢。这次回家,你时时处处要以身作则,带头为家乡为裔孙做出榜样。王氏说:"你放心,一百个放心。"

丧事毕,吴百朋听说东江桥损坏,影响东西往来,决定尽己之能,捐款修建。

王氏心想,自己娘家与夫家一向尽力而为,乐为人梯,帮助家乡修桥补路,得到社会的赞扬,而今东江桥损坏,自己理当为修桥出力,于是对丈夫说:"我想将手上佩带的金银饰器捐献出来修建东江桥,为你筹集资金解决点困难,早一天修好东江桥,为义乌、东阳的老百姓进出办事经商提供方便,为江上船筏运输提供方便。"

百朋点头赞许。

王氏又对媳妇作了引导工作。媳妇看到婆婆对修建东江桥这么尽心出力,也学看婆婆,把婚嫁时娘家陪嫁来的金银首饰捐出来,为公益事业出一份力。

王氏婆媳捐出金银首饰义助重修东江桥的事不胫而走,成为街头巷尾的美谈。有一次，王氏因事路过大门头双狮门，碰到一位女宗亲说："百朋婶母，你们婆媳俩把金戒指、银手镯、金耳环都捐出去修东江桥了，功德不少！"

王氏说："这些都是死东西，东江桥修好了，早日方便大家往来，死东西就成了活宝贝啦！"

有个绰号叫"铁算盘"的老翁听了十分感动："吴琼老先生门下实在不简单！吴老先生在世时，率族建了大元村里的吴大宗祠，立了大功；这次百朋叔捐款修建东江桥，上代下接，为老百姓做好事，道德高，名气好，将来一定会写到书里，流芳百世。"

王氏婆媳的动人事迹传到王氏娘家东阳上潢村，上了年纪的人说："九姑九姑，你是我们的楷模，我们要敲锣打鼓，传颂你的事迹。"

后来，吴百朋捐修东江桥的事载入《义乌县志》，流传至今。

大元南山水库

# 猪脑髓治头痛

山上无直树,人间有直人。吴百朋查出马芳大帅贪污兵饷,祸国殃民的事件,思考再三后,向皇上奏了一本。

宰相张居正与马芳有种特殊关系,吴百朋的御状需经过张的手。当时张居正掀起了一场以整顿吏治、推行一条鞭法为主要内容的改革浪潮,史书上称:"海内殷阜,纪纲法废莫不修明,功在社稷"。张认为吴百朋虽然为官清廉,刚正不阿,但……张于是重金收买大太监冯保,先向吴百朋开刀,杀鸡儆猴,带动改革。皇上明知吴百朋为官一任,两袖清风,牺牲自我,造福八方,可是为调整时局,稳定宝座,实在无奈,就命百朋暂回家休养,待调令。

王氏非常明白,张居正名义上是政治改革,实际上是陷害了一些好人。如今吴百朋的心态失衡,实在气不过。他在抗倭中最伤脑筋的事是抄十八洞,倭寇把十八洞吹成山外有山,洞外有洞,所构筑的工事,水泼不进,一人把守,万夫莫敌。吴百朋为此伤透了脑筋,患上了头痛病。吴百朋抱病深入察访,摸清了十八洞的底细。为核实敌情布局,他施计抓获俘虏亲自审讯,经过千辛万苦,百般努力,对十八洞的要害布防了解得一清二楚,终于全歼十八洞内倭寇,无一漏网。

如今,王氏看到吴百朋用手扪住脑额著书,就知准是他的头痛病又发作了。王氏急啊,东奔西走,绞尽脑汁,想要用民间单方来治疗头痛病。后来采集到一个民间秘方：将猪脑髓用清水浸透，把猪脑里的红血丝用细竹丝旋转取出，烧熟，尔后加盐，乘热空腹服下，一次即可见效。王氏细心观察，丈夫吃了猪脑髓后写东西时再也不必用手扪前额了，喜之不已。为了根治丈夫的头痛病，她与猪肉摊联系说定，确保供应。经过三天服治，效果明显。吴百朋对王氏说："你这个土办法很好，消除了我的痛苦。"王氏进一步劝慰丈夫，"好了就好。一个人，有了冤枉事，一定要想得开，周瑜就是被孔明设计三气而死的，这个教训要记取。"

吴百朋点头称是。

历史剧《吴百朋》讨论会。前排左三骆有云、左四贾祥龙、左五傅健、左六吴厚荣……后排右二本书作者

# 一碗生日面

万历二年六月廿九辰时，是吴百朋解甲归农后的第一个生日，王氏为了让丈夫过上一个难得的生日，早已准备好了鸡蛋与面条。

辰时到，王氏把面条鸡蛋端上桌，请丈夫品尝享受。

吴百朋说："天这么热，烧这么体面的鸡蛋面干什么？"

王氏快活地说："今天是你五十六岁生日嘛，吃了生日面，合家欢乐、福如东海、寿比南山。"

一股暖流涌向吴百朋的全身，真的感到月是故乡明，人是家乡亲。真的，从嘉靖二十六年中进士当县令起，自己一直忙于工作，哪有工夫去想过自己的生日？他想这碗生日面的分量很重，眼前一下子出现跟随父亲去华溪读书时的情景：

一天下午，百朋去井里打水搞卫生，忽然有个衣着破烂的小姑娘也来打水。她看见小书生百朋取水不熟练，显得有些吃力，就嫣然一笑，为他打上了一桶水。那小姑娘忽然问百朋："幼不学，老何为？是什么意思？""怎么？你读过《三字经》？""没有，是你父亲教你们时听来的。""你认识我父亲？""吴先生，做人好，教书能，华溪村里人人都知道。"

"百朋，水快拿来，我们等用了。"一个同学大声喊叫。

百朋向她一笑，拿起水，就往学校跑。

真是有缘分,后来百朋与这位王氏小姑娘竟成了夫妻。今天吃起这碗生日面,想到四十年前的事,更感到童养媳出身的妻子能理解人、关心人、体贴人。这碗生日面是自己罢官回村后妻子相送的一帖平衡心理、珍视现实、认真对待、美景在后的"良药",是花重金也买不到的。从此,吴百朋更认真地撰写回忆录,把一些重大的事件如实地记录下来。他对王氏说:"今后,凡是我在写东西时,你要协助我,不让任何人来打搅我的思路。"

王氏笑笑说:"我明白。"

吴百朋写下了不少回忆。据传,这些文章被奸臣弄局,派人以整理吴百朋的文章为名,暗暗地在回忆录的纸张上洒上盐水。过了一段时间,纸与纸粘在了一起,谁也分不开,成了一堆废纸。

宋代建筑"枢密院使"门楼

# 冤案昭雪

吴百朋为官清廉,刚正不阿,抗倭有功,取信于民。那么为什么万历元年会"暂返里,待调令"而解甲归农呢?王氏决定从侧面去了解,搞个水落石出,以消除心中之气。

妻贤夫祸少,子孝父心宽。

原来,吴百朋查出大帅马芳贪污兵饷、中饱私囊等祸国殃民之事,他横下一条心,要为国为民反腐败除奸佞,决定向皇帝上疏。这一"上疏"几乎给吴百朋带来杀身之祸。

大千世界,无奇不有,往往有你知我知他不知的事,马芳与张居正就有种特殊关系。张任首辅,凡奏本都需经他的手。由于马、张两人情感深厚,平日马芳常向张行贿,张居正怕引火烧身,就编造假话,制造冤案,串通大太监冯保,竟把吴百朋说成是一个"罪人"。

冯保有太后撑腰,权势倾国,贪财好货。张居正投其所好,先后送给冯保名琴七把,夜明珠九颗,珍珠五副,金三万两,白银二十万两,终于换来了冯保对他的鼎力相助,帮助他在权利斗争中击败政敌,既能稳坐宝座,又可保护马芳,真是一箭双雕。马芳感恩不尽,用重金进一步收买张居正。

皇帝审阅了张居正的奏本,心有疑团:吴百朋两袖清风,为官一任,造福八方,把自己应该享受的十七万两金银都如数上缴国库,所以他痛恨贪官污吏。但为调节时局,平衡左右,稳定皇座,就当机立断:吴百朋,暂返里,待调令。王氏同情丈夫,明白这是一起冤假错案,所以她总是好言相劝丈夫,树正何愁月影斜。百朋感到安慰,用"国乱思良将,家贫思贤妻"的警句来平衡自己的心态。

"凝香阁"一角

果然,水印会干去,油印会明来。万历三年,吴百朋冤案平反昭雪,朝廷重新颁诏起用吴百朋:先任南京右都御史兼参赞刑部事务,后晋升刑部尚书。万历五年,皇帝赠吴百朋御联一幅:

**德尚中行副朕心之简托;**

**才堪大用信济世之英贤。**

从此,文武百官更加敬佩德高望重的吴百朋。

真的说不成假,假也变不了真。吴百朋冤假错案的平反昭雪,也显示了王氏的聪明才智。冯保大量贪污受贿,其家资富饶胜过皇上,被人告发,皇帝下令逮捕冯保并籍没家财,抄得金银一百多万两,珍珠古玩无以数计。皇帝进一步查明,冯保的后台老板便是张居正,终于导致张居正祸发身后。王氏经常用这个事例来教育后裔:善恶到头终有报,只争来早与来迟。我们吴氏子孙,应该处处不忘三让至德,事事牢记为国为民。

# 太 湖 石

　　大元村"凝香阁"内,保存着一块太湖石。这块太湖石,从一个侧面证实,吴百朋尚书确是"廉"字为先。

　　吴百朋为了完善彦清公捐资鼎建的百尺楼,买了几块太湖石,由水路运回大元村,叫夫人王氏征求吴姓族人意见,托他们献计献策,共同做好这件事。

　　这几块太湖石来得不容易,是历尽坎坷才来到大元村的。王氏把这"太湖石"的来龙去脉一五一十地的讲给村里人听。

　　为什么百尺楼要摆进太湖石?吴尚书的意图是,太湖是中华吴氏先祖泰伯公开拓江南宝地的工程之一,百尺楼放上太湖石,可让泰伯"三让至德"的精神在大元开花、结果。但是,太湖石历尽意想不到的曲折。原来太湖石装船尚未起运,妒忌吴尚书的人马上向上司报告说,吴百朋偷运受贿的金银要动用船只运回家乡。

　　有人问:"你得到的消息可靠吗?"

　　"当然!"

　　"用的是什么船?"

　　"单独雇了一条客船,客船上除了护送金银的人外,不载任何客人。"

　　"何时起身?"

　　"尚不清楚。"

"好！知道了。"

上司派出高手予以监视，先让客船启程，尔后用快船追赶，扣留此船。快船就是快，超速赶在运太湖石的客船前面，并向客船下令：停止向前，接受检查。当他们跳进船中，翻这翻那，逐一检查，由希望变为失望之后，还是不死心，把船底、船头、船尾甚至船夫睡觉的床板都掀了，金银却一无所有，只得面面相觑，唉声叹气。这件事被皇上知道了，对策划这次拦截吴百朋运太湖石的人严厉指责：如此重大的事件，为何不向朝廷奏本，竟敢自作主张，胆大妄为，影响吴百朋尚书的声誉，该当何罪？几个策划者跪下请罪："该死该死！"

从此，皇上更加信赖吴百朋。

那几个反对吴百朋的人，认真总结这次"偷鸡不着蚀把米"的教训，再也不敢对吴尚书轻举妄动。

大家听了一品夫人讲的故事后，非常激动，下决心把"太湖石"摆设好，让人们知道吴尚书爱国爱乡的情操，让吴氏泰伯"至德谦让"的精神世代相传。

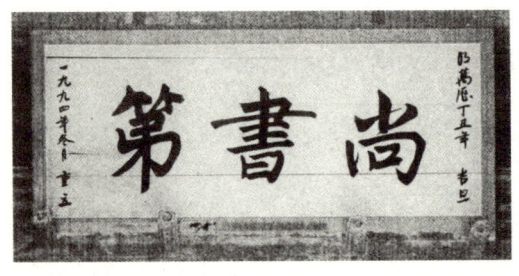

"尚书第"门楼牌匾（正额）

# 和 为 贵

　　"相逢好似初相识，到老终无怨恨心。"年过半百的那位御史，总有一种"半夜敲门心有惊"的感受。他平日对吴百朋夫妇也有种"要知现今，悔不当初"的歉疚。他想和为贵，应和吴尚书与一品夫人构建和谐关系，上门疏通。

　　一品夫人也有种想法：御史与自己娘家是邻村，和自己夫家是邻县，但他常对我家做些不该做的事而伤了和气，应想个办法，力争和衷共济。

　　婺州是个人杰地灵的地方，一品夫人与御史想到了一起：和为贵，居之安。

　　乌云飘散，阳光显露，几丝微风，草木略动。春末夏初的天气，一品夫人家里来了个不速之客。御史满面春风："老同乡，老同乡，今天我特意来你家玩玩，谈谈，欢迎吗？"

　　王氏说："御史大人来了，难得难得，请坐请坐！"

　　御史边喝茶边说："上潢村马干塘中的水能治疗马的病，现今大元村十八口井中纯净之水都与万工塘有关，大元出了吴尚书，上潢出了一品夫人，了不起，真了不起。"

　　王氏说："你们村出了个大人才，六岁时，家境贫，度日艰难，母亲无奈，他就到看不起他一家的外婆家去借粮。谁知舅父正在摆酒席，讨厌他此时此刻的到来增添麻烦，舅父挥手命他'去去去！'这个小孩不简单,爬上八仙桌东首位的椅子上,在墙上连写了四个'太'字。舅父奇怪,要他说出这个四'太'的意义。"

御史想,吴百朋一家对我幼儿时的件件桩桩都这么清楚。

王氏继续说:"有天才的外甥答:一'太',舅父家太有;二'太',我们家太穷;三'太',姜太公九十岁遇文王太早;四'太',十二岁的甘罗拜丞相太迟。众人听了佩服得五体投地,特别是舅父家那位家庭教师,拍案叫绝。舅父问他:'你有什么要求?''向你家借米解饿。''你要多少,你就挑去多少。''要借一百二十斤。''你挑得动?''我挑不动,有你家的伙计来代替我。'来赴宴未入座的人听了,都说'这个外甥是个天赋的奇才,一定要培养他读书,将来必定当大官。'众人眼睛是杆秤,这个小孩长大了果然是大官,御史大人,我有没有说错哇?"

御史满脸通红,既乐又羞。

一品夫人直言快语:"这个智慧惊人的小孩,就是你御史大人,了不起啊!"

御史更感不安:"吴尚书比我强,吴尚书比我强;你比我强,你比我强。"他想到自己用圣旨去刁难一品夫人,结果是搬起石头砸自己的脚,因为一品夫人身藏十道圣旨,而御史却只有七道圣旨,御

大元吴氏代表去上潢村走亲戚时宾主留影,前右一为本书作者

史跪拜的时间过长,小便憋得淋湿衣裤,差点尿泡胀裂。他由衷表真心:"要不是你一品夫人宽宏大量,我早已命归九泉。今天到你家做客,一是感谢你这位救命恩人;二是向你一家致歉;三是请谅解我。让我们和睦共处,多为朝廷出力,做个政通人和、国泰民安的带路人"。

"很好,很好!"

"今天我向你们赔个不是。"

"你怎能说这个话。天下是一家,婺州各县更是一家,回想你和吴尚书一起回乡探亲,到诸暨草塔地方,那儿的麦苗被你们的马踩了一些,吃了一些,农民咒骂,吴尚书当场向农民赔不是并赔了钱。皇帝知道了你们化解矛盾处理矛盾得当,草塔地块得到减免皇粮,当地农民更感谢朝廷之恩,事实上是吴尚书和你的共同努力,对不对?"

"你记性好,是这样,是这样。"御史听了一品夫人的话,感动非凡,心想,是自己误解了吴百朋,真不应该。他说:"一品夫人,欢迎你们来我家玩玩。"

"好的,好的,今天真对不起你,吴尚书有事到村外人家去做客了,要到傍晚才回来。"

御史喝了糖茶,吃了鸡蛋,吃了东阳粉干点心后说:"下午我也有事,暂且告辞,后会有期。"从此,这位御史再也没有介入策划为难吴百朋尚书的事。

# 照　墙

东阳夏步输是远近闻名的泥水高手。他去外县务工，他的徒弟因操作不慎，误伤了一个人，而连累他连同这个徒弟被状告坐牢待决。东阳人不服，想到上潢村九姑是吴百朋夫人，就致信给吴百朋尚书，求他过问此事。

夏步输道德好，手艺精，吴百朋一清二楚。说也巧，浙江有位刚上任的巡抚去拜见吴百朋，交谈间吴放了个屁，先后三次连说：下部虚，请原谅。当大官的人头脑灵活，举一反三能力强，回浙江后反复思忖"下部虚"三个字，一定是指一个人或一件事或一个地方，他嘱咐部下：凡牵连到同音"下部虚"的人与事必须马上报告给他。巡抚勤翻刑案卷宗，终于翻到夏步输事件。他微服下乡查访，原来是有人重金收买官府当事人。于是为夏步输平了反，并惩治了有关官员。

夏步输出狱了，头一件事是赶到大元村感谢吴尚书夫妇，他在大门头向吴氏裔孙宣传救命恩人吴百朋夫妻的功德。那时，王氏正在忙于建造尚书府的扫尾活计，忽然有人告诉她，东阳有个泥水匠要见她。她马上来到大门头，夏步输见到尚书夫人，立刻跪下，叩头不已："救命恩人！救命恩人！"

夏被请到尚书府。夏说："我来迟了。建造尚书府出不了力，惭愧！"夏出了个点子：堂堂尚书府，它的前面应该有个照墙，前后才

"尚书第"前的四旗六杆及照墙

能配套。王氏与族内人一商议,同意了夏步输的建议,夏高兴得一蹦二跳:"好吧,这个照墙由我尽义务来造。"

夏步输看到一品夫人平易近人,就想打听吴尚书为他查清冤案出力的大概过程。王氏"扑"的一笑:"放屁的事人人皆有,吴尚书偏说是'下部虚'。我问他,你为何要说'下部虚'?他说,你们女人是女人,不懂我的内涵,过段时间你就会明白了。如今我才清楚'下部虚'就是点明浙江有关当局的'下部'有'虚'的人与事,又点明了你是姓夏名叫步输,这是一个双关语。百朋借题发挥,本事非凡,你的冤枉得到公正处理,就是一个例子。"

夏步输听了,感恩不尽,他要用实际行动来报答吴尚书。建造照墙的砖块由他亲自选购,他的那个徒弟,也十分卖力。按照夏的吩咐,建造照墙的刀泥,在沙与石灰中配进糯米稀粥,就是过了个千百年,照墙也不会移动。

万历至今 400 余年,历经十二级以上大台风,日军的飞机轰炸,"文化大革命"红卫兵冲击都无损于它。这道长 16 米,宽 0.5

米,高约 7 米的照墙依然矗立在大门头九曲水边,与四旗六杆、双狮门、尚书第等古建筑形成系列,成为义乌市内的一个重要文物景点。

# 麒　麟　门

　　大元村内原有四头大门,其中一头叫东门。吴百朋早有打算,
要把东门改为麒麟门,与南门还金门,西门祥来门,北门涌金门配
套齐全。于是他把这个想法与王氏夫人商量。

　　别看童养媳出身的王氏,她肚皮里的古今传说、民间故事,只
要谁开一个头, 她就能滔滔不绝地把它的来龙去脉说得一清二
楚,既形象,又生动,令听者留下"欲知后事如何,且听下回分解"
的悬念。她十分理解吴百朋步入花甲之年后的心愿,她把自己的
想法直接说了:"麒麟如鹿,头有角,尾像牛,全身生麟甲,不管古
人也好,今人也好,都拿麒麟来象征吉祥。"

　　百朋点头称是。

　　尚书太婆又说:"北京城里大名府第一长者叫卢俊义,唤作玉
麒麟,他一只脚踏金,一只脚踏银。你把东门改为麒麟门,大元村
一定会发丁发族又发财。"

　　得到夫人的支持,吴百朋铁了心,村里人听说后也都说好。

　　尚书太婆采纳村内众人意见,提出建议,凡大元村姑娘出嫁,
男人娶亲,新娘子必须从麒麟门出入,不能违例,其寓意是:娶亲
也好,出嫁也好,都能早生贵子,发财发族,为大元吴氏一族增光
添彩。

　　百朋点头微笑。

于是,由吴百朋一家出资,开始建造麒麟门。

正当麒麟门竣工之时,吴百朋一病不起,一品夫人非常着急,但麒麟门仍按时完成。

经多方求医无效,万历戊寅五月十四日子时,吴百朋去世,享年六十岁,一品夫人悲痛万分。

当朝廷征求吴尚书治丧事宜时,王氏强调这样一条:百朋活着时不能见到麒麟门,逝世后,让他回村路过看看麒麟门吧。

现今的麒麟门商店

皇帝亲自派出治丧的王再聘主事听后说好。大元村人面对吴百朋的功德也赞成。当吴百朋棺柩从麒麟门下穿过时,锣鼓声、鞭炮声、哭泣声汇成一支哀曲,一品夫人全身着素,泪水汪汪,喃喃自语,祈愿丈夫安息。

从此以后,村内有人娶亲或出嫁,都要穿过麒麟门;但如有人仙逝,唯吴百朋例外,谁也不能从麒麟门下过往。

# "美女献花"

万历戊寅五月十四日子时："一身正气两袖清风，青天为颂明代包公"的吴百朋不幸与世长辞，享年六十岁。上至万历皇帝，下至平民百姓，都很悲痛，万历皇帝亲自派出主事王再聘，从京都护送吴百朋灵柩归葬义乌故里青龙山长眠。

负责葬地的风水先生是东阳人。东阳与义乌是邻县，百朋夫人王氏是东阳上潢人，被朝廷封为一品夫人，因此风水先生十分卖力。风水先生对一品夫人说了直话，吴百朋墓地与南山山脉相连，叫作"美女献花"，陪伴着南山乌龙宝地，文脉绵长，人才辈出，开花结果，利在后裔。

一品夫人点头称是。

一品夫人在华溪村当童养媳时，吴百朋的父亲吴琼在村里教书，吴百朋也跟随在那里读书。当她听到琅琅书声时，心生羡慕，哪怕是数九寒冬赤脚在校边的井里打水，也要在那里多停留一会儿。她背诵《三字经》就是在那个时候学会的。

风水先生美言一品夫人："你做人好，道德好，封位高，'美女献花'定会保佑你长命百岁……"风水先生的话，使这些天以泪水洗面的王氏得到几分安慰。她取出几两银子递给风水先生，"这是我的一点心意，一切都拜托给你了。"

信则有，不信则无。"美女献花"事过400多年，果然风光无

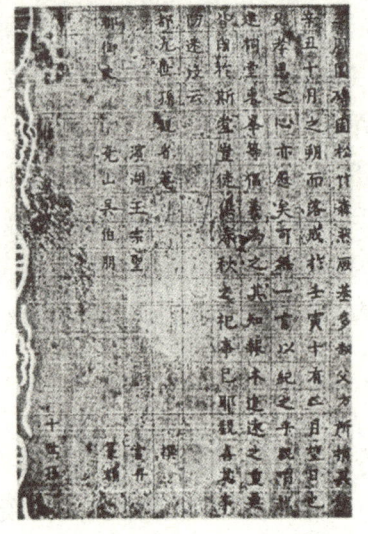

吴百朋书祠碑(碑)记

限，代出人才，大元吴氏瓜瓞绵延，传承不衰。如今《义乌县志》中除吴百朋、倪仁吉立传以外，其裔孙吴大缵、吴存中、吴之器、吴之文等人也在县志中作了简介，一批现今大元吴氏裔孙著名人物也被收录在义乌市政协编写的《义乌名人录》一书之中，其中有国民军军长吴厚赐等，可见"美女献花"果真应验。公元丙戌腊月，还在墓中发现了一块"墓志铭"石碑，颇有文物价值。

一九九五年三月，义乌市人民政府在吴百朋墓前左侧，立了"义乌市文物重点保护单位"石碑，义乌市政区图中也用红字标写了"吴百朋墓"，让人知道吴百朋夫妇是历史著名人物。

# 金童玉女

吴百朋不幸病逝，万历皇帝选派主事王再聘，从京都护送吴百朋灵柩归葬义乌故里青龙山安息。

在办理丧事中，王再聘就如何完善丧事征求吴百朋夫人的意见。

王主事说："我们都是王氏裔孙，五百年前是一家，王氏裔孙之间，有话皆说，无话不谈，办妥吴尚书的后事，才对得起皇上。"

王氏说："皇上和主事对我的丈夫如此关怀，我感恩不尽，我是农村妇女，一切拜托主事。"

王主事说："在京城和在家乡，人们都称赞你是德才貌三全的夫人，这次办丧事的过程中，更体现出你是一位了不起的夫人。"

王氏说："主事称赞，担当不起啊！吴尚书长眠于青龙山，一定会感谢皇上对他的特殊关爱。"

王主事对吴百朋受到当地人民的称颂与关爱，了如指掌，他说："人们敬爱吴尚书，有目共睹，在金华府为兵部侍郎立的'少司马坊'，义乌县城为大理寺卿立的'天台上卿坊'，在大元村关帝庙前右立的'尚书坊'都确认吴百朋是抗倭名将、民族之光。你'一品夫人'的功绩也已有牌匾悬在吴大宗祠中。这一次我带来了……"王主事把吐到舌边的话题收住了，因为这是机密，不能泄露给任何人。

原来,王再聘奉皇上之命带来了"金童玉女"给吴百朋陪葬,此宝由王主事独管。传说"金童玉女"分别装在缸里,金童在上,玉女在下,寄托万历皇帝对百朋的一种心愿。安葬时,包括一品夫人在内,一律回避,全由王再聘带领的几个人专门负责,还派了专人守墓。所以"金童玉女"究竟放在何处?本地人谁也不知道。

后来"金童玉女"的机密还是被泄露了,有人曾来盗墓,未成。听说一个电闪雷鸣、风雨交加的晚上,"呼呼"几下,"金童玉女"出土飞向北面,回去京都,是真是假,谁也无法确认。

黄金兰(右)老妇详述《金童玉女》。左为本书作者

# 石人石马

义乌、东阳的耄耋老人,对坐落在义东公路寺下村西侧的石人石马留下了难以忘却的印象。那么,这个有400多年历史现今珍藏在义乌市博物馆的文物,是如何建造成功的? 说来话长。

万历年间吴百朋尚书逝世时, 万历皇帝关心吴百朋的丧事,派出主事王再聘来义乌作主持,凡事都和一品夫人商议,务必使她和亲属及其当地民众满意。墓基选在青龙山,是个"美女献花"的宝地。

落棺前,但见墓基上有一小股清水向上喷射,这就是"美女献花"的征兆。尚书太婆满含"夫妻义重也分离"的悲痛之情来到墓前。忽然,瞥见墓中有水向上喷溅,就问风水先生:"水湿会否影响尚书尸骨的保存?"

风水先生听了一品夫人的疑问,不好意思解释"这股小白水正是'美女献花'宝中之宝"的征兆",只好说"这有办法可治,在墓西边的山上建造一座塔就好了。"

这座塔离墓有数百米,建成后,月光正好反射到"美女献花"的禁区,给"美女献花"带来危害,并将影响到宗族裔孙的发展。风水先生疑惑不安,心想"美女献花"的两条腿即是墓地左右的两股水,沿着墓地两侧山沟向下奔流,在寺下村边汇合再折向义乌江。为把这股水截住以与墓照应,达到"路逢险处须回避"的目的,他建议在寺下村西建造石人石马,转危为安。

风水先生对一品夫人婉转地说:"吴尚书处在'美女献花'宝地,兴建石人石马来保驾,有利发丁发族发财。"

一品夫人与族人一商议,就建造了石人石马。

世上有许多说不清楚的巧合事。石人石马建成不久,在一个暴风骤雨的深夜,雷轰鸣,闪吓人,但闻"嘭!嘭!"巨响,那座塔从头到脚倒塌了,确保了"美女献花"中那朵开不败的鲜花的安全。

八旬老人吴广生(左)向作者说吴百朋夫人的故事

# 寻 郭 友

　　吴百朋少年时家境贫困,曾到东阳八面山求学,同窗郭友的父母深知吴百朋才华出众,将来必成国家栋梁,常常送他一些木炭、米菜,帮助他渡过难关,百朋对此永志不忘。

　　吴百朋后来当上兵部、刑部尚书后,经常思念郭氏学友。只因日理万机,操劳过度,弄得疲惫不堪,卧床不起,而未如愿。一天,百朋进入梦乡,忽儿哈哈大笑,忽而大喊大叫:"郭友郭友,感谢你呀,你还记得我们在八面山读书时同睡一块青石板的故事吗?好呀,今天我幸运啊,终于见到你啦!"夫人王氏边抚摸丈夫流着汗的手边说:"你怎么啦?"百朋从梦中惊醒,拉住夫人的手问:"郭友在哪里? 你赶快去八面山四周,寻找我这个老同窗。"

　　吴百朋去世后,王氏亲自去八面山寻找郭友,下榻横店一爿宿店。消息不胫而走,许多人争先恐后地来看望这位大名鼎鼎的一品夫人。

　　当然,先饱眼福的是横店人。

　　有位长者,须发皆白,来拜见王氏时说:"我们东阳女人能为皇后治好全国名医名药也没有办法的癫头病,的确是东阳人的好福气,东阳更出名啦!"王氏说:"托你的福,我的丈夫吴百朋尚书少年时期曾在这里读书,他对我说,横店是个人杰地灵的好地方,风景优美,过去出了许多人才,现在也出了许多人才,将来必定还会出更多的人才。"长者说:"有眼光,有眼光!"

横店邻村有一对夫妇,也赶来看望王氏,对王氏说:"我们村姓郭,听说你来横店打听有位姓郭的人曾与吴尚书一起在八面山读书,我们把现今六十来岁读过书的人一个一个排过,没有这个人呀!吴尚书当了大官,临终前还在记挂这位郭友,真有良心,你一品夫人的良心也好……"她的男人抢过话题:"士者国之宝,吴尚书真值得我们学习。"

宿店的面积小,来客甚多。王氏干脆来到店面口,以礼报答客人,众人把王氏围了起来。王氏有问必答。有只花狗,摇着尾巴在人群中穿梭,它也要看看王氏,才感到满足。

这些片断,一时在横店各地成为街头巷尾的新闻。横店集市那天,市场里又增添了话题——一品夫人来横店寻找丈夫吴百朋尚书在八面山读书时的同窗郭友。观今宜鉴古,无古不成今。

凡是有姓郭的村寨,一品夫人都去寻找过了,结果都是希望而去,失望而归。

后来传说郭友前几年出任某县县令,一次,他微服下乡去调查一个案件,忽闻有人喊"救命!"急忙赶去,但见有人落水,他急忙跳下水,那人得救了,而

吴圭捐款建造的大安寺塔
已有900余年的历史

郭友却不幸殉职，郭友家属按郭友生前嘱咐，埋葬在天天能见到八面山的地方。

一品夫人回到义乌，跪在吴百朋墓前，详细诉说了自己去八面山寻找郭友的经过。那时有几只乌鸦，在树上哇哇鸣叫，好像在说，愿吴百朋和郭友在九泉之下长眠安息。

尚书府门

# 赌场无情

　　一品夫人非常重视对后裔的道德品质教育。为人一生,不赌不嫖,才能成家立业、百事兴旺。有一天,她与孙儿存中一起,说:"我讲个故事给你听听,好吗?"

　　存中乐得一蹦三跳:"好啊!"

　　"你的父亲叫什么名字?"

　　"吴大缵。"

　　"你的祖父叫什么?"

　　"吴百朋,当过大官尚书。"

　　"祖父的父亲叫什么?"

　　"吴琼,教书的。"

　　"那么吴琼太公的父亲太太公叫什么?"

　　"太太公是赌博输光了家产的人。"

　　"你怎么知道?"

　　"从店里听来的。"

　　"是啊,太太公家里很穷,为什么穷?赌博输了!他的外婆住在金山岭顶(现今朝阳门),连清明、冬至祭祖的物品都要向外婆处拿,偏偏这个时候,太太公的父亲患病,一卧不起,无钱治病,撒手人间,家里连买棺材的钱也没有,更无法治丧了,于是只好再去求外婆家。"

"赌博真是害死人。"

一品夫人把"赌场无情"的故事一五一十地说给孙儿听。

太太公来到外婆家,给他吃饱饭,舅父舅母吩咐他:"丧事简办,但道士诵经,棺材头带领扛棺,给送丧人吃一顿三样'散场'礼节饭菜(乌肉馒头、鸡蛋面条、红果豆腐鱼)不能少。"说完,拿出钱给他:"快回去办丧事吧。"

穷人身边有了钱,脑筋轻,心儿活,走路快,来到东江桥的桥东,但见里里外外到处是赌场。他想:今天身边有了钱,去押个宝,赢碗点心、老酒钱,心也甘啦!

他挤了进去,把钱押了进去,但手气不好,输了!

做宝的赌头,见来了生人,就针对他的心理,所以太太公总是一个输。他越输越火,越想把输了的钱一下子赢回来,但事与愿违,他输光了。连给父亲买棺材的钱也输光了,他"哇"的一声哭叫,跪了下来,请求赌主给他一点为父亲买棺材的钱。赌主铁下面孔,用强硬的口气说:"赌博自愿,赢的应该,输的活该,你滚吧,再不滚,给你好果子吃,信不信?"一班打手已站在太太公身边,太太公顿时心明眼亮:好汉不吃眼前亏,我还要为父亲治丧啊!

太太公无精打采,走路似蚂蚁爬。回到大元村,心想,父亲遗体摆在公家堂屋里,时间越长越不好。于是他瞒着左邻右舍,亲戚宗族,找来一个吊牛用的石柱,又拿来一根扁担,一双畚箕,把父亲的尸体用破草席裹起,装进畚箕中,锄头、铁锹和石头牛柱为一头,尸体为一头,咬咬牙,抓起担子,放上肩头试一试:"行,就这么办!"

夜半子时,寒风刺骨,冷气钻心,村人都已进入梦乡。肩挑尸体的太太公,过门堂,穿街巷,跨田坎,爬山路,累得上气不接下气。他边走边向父亲讨饶:"父亲,你儿无出息啊,求你原谅!"

山路越来越陡,前方是观音塘村,太太公口干肚饥,腿酸手软……

存中说:"奶奶,太太公可以歇会儿再走嘛。"

一品夫人说:"有个风俗习惯,出殡时,尸体不能中途落地。"

存中点头。一品夫人接下去讲。

太太公要把尸体从左肩膀换到右肩膀,谁知手脚与畚箕配合不力,尸体却从畚箕上跳了下来,转了几个身,翻入一条山沟里。太太公实在太累了,说:"哦,父亲啊,你喜欢选择葬在这个山沟里,也好,今年的年向朝南坐北,你就在这里安息吧。"于是,太太公内疚地埋好尸体,再用铁锨掘泥把坟墓升高,尔后跪在父亲坟前,不断地叩头,不断地忏悔。

存中插话:"有人说,祖父当上尚书,是这里的风水好。"

一品夫人说:"风水风水,风风水水。我们农家人赞成勤耕苦读,才能出人才。"

存中聪明,反应能力强:"十人赌博十人输,赌博害人害己也害家,害得家破人亡的例子很多,这件事对我的教育太深了。"

"所以,你们无论如何不能去赌博。"

"是,如果尚书府门下有人去赌博,真太对不起祖宗了。"

金山岭顶朝阳门原貌

# 赫龙庙的传说

一品夫人到了耄耋之年,身体健康,手脚轻便,行走自如。大元村有个赫龙庙的传说,她认为这是对下一代进行德育的好史料。

有一天,她带领孙儿吴存中去赫龙庙。她们先到关帝庙,一品夫人说:"你看,关帝庙的北边有块废地基,原来叫赫龙庙。离庙不远处是个潭,有条龙乐居在这里为民排忧解难,每遇大旱灾年,农民前去祈祷,无不灵验。"

存中说:"奶奶,东有龙,西有龙,天上'山里'地面都有龙,龙真多。"

一品夫人说:"这是一条年轻的小青龙,每当太阳西沉,夜幕降临的一刻,青龙就在潭中飞舞,头冲出水面,大口一张,两只角左右摆动,刹那间,龙潭之水向四面喷射,水柱如虹,五彩缤纷。不久,虹一个转弯,龙潭边就人欢马叫,热闹非凡。

"我从来没有看见过这种龙。"存中说。

一品夫人继续说:"那是一个风和日丽的春天,有个当官的人,坐在轿中,途经此潭之北,目睹其景,美不可言,马上下令:'前去看看!'但见龙潭之水碧绿,四周的树木花卉由于受到潭水的浇灌,郁郁葱葱、香气扑鼻。"

"当官的人也喜欢龙?"存中问。

一品夫人说:"也就在这个时候,人们前簇后拥,赶来看官老爷。官老爷说:'潭中之水,水中之龙,为本地老百姓谋福祉,图利益,功德无量。'有一个轻薄儿不服气:'我天天在离龙潭不远处居住,青龙为何不给我金银宝贝发大财啊!'说完,他捡起污物向龙潭丢去。秽物进潭,潭水立马上下沸腾,一股水柱,冲向天空,刹那间,黑云滚滚,狂风四起,雷声隆隆,电闪惊人,似豆粒般的雨点打向那个轻薄儿,他急忙呼爹叫娘喊'救命',边逃边说好话,'本人无知,本人无知,求青龙原谅!求青龙原谅!'"

存中说:"人之初,性本善。把污秽物丢到龙潭里,污染龙潭,太不应该。"

一品夫人说:"青龙张牙舞尾,上下翻腾,云更黑,风更狂,雷更响,电更强,那个轻薄儿慌不择路,急忙躲到一个田坎头,原来这里有个略低的缺口,四面八方之水都向这里汇合,那个轻薄儿急了,慌忙跪下:'我有罪,我有罪!'边说边用双手打自己的脸。青龙见他已有悔过之心,闭住嘴,收住尾,向南山飞去,消失在云雾当中,赫龙庙随即在烈火中化为灰烬。"

存中说:"那个官老爷呢,他怕不怕这条青龙?"

一品夫人说:"官有九条路,民有十不知。这个官老爷是金华府太爷的亲信,去东阳视察途经这里,目睹此景此情,非常感动。后来农民集资,在这个龙潭的边沿造了胡公殿,每逢闹元宵迎龙灯庆重阳,吴氏十八村都要来这里敬胡公老爷。"

"这是为什么?"

"传说这条青龙就是胡公的化身,大家尊敬他能为民造福。快,到胡公殿去,拜拜胡公,保佑你平平安安,认真读书,长大成材,要多为家乡人民做好事。"

"奶奶说得对!"

万历三十年,吴存中赴京应试,名列乙榜。

# 建造仰止堂

仰止堂内

同治壬申重修的《大元吴氏宗谱》载："仰止堂，尚书第之西，从小巷达堂楼厢房雅饬，为孝廉介石公所创，分与穉游公倪节妇，匾曰仰止堂，其前为花厅堂屋，则宋朝所创。"

建造仰止堂前，吴大缵曾与其母一品夫人商议："父亲是兵、刑两部尚书，建造仰止堂，使人知道父亲有高显之德，让裔孙慕而仰止"。

王氏说："此举也表达了我的心愿，但建造仰止堂，工程非凡。土话说，建造厅堂，要有金山、银山、树山、粮山、菜山，非同小可。"

大缵说："这我有打算。"

王氏说："我听说有人造廿四间头，哦嚙，不得了！厨师烧不出菜来,把田畈那个稻草蓬的稻草都拿来烧成菜吃了。"

"母亲说得对。"

"我想,建造仰止堂,要讲平安,发丁、发族、发财出人才,所以要选吉日、定时辰,选好猪头、公鸡,请吃素的敬佛人念心经、龙虎经、地母经,备好五代红烛、五代馒头、五代粽,敬天地、敬鲁班大师,这是传统不能违例。施工之中决不能出现差错,更不能出事故。"王氏补充说,"仰止堂天井两边要各放一只太平缸,保证天天水满,确保平安"。

"对!我也想到这些问题了。"

"你事多太忙,可否雇个能人来管理?工匠及帮工人,方方面面都要招待好,让他们吃得开心,施展手艺步步到位,保证质量。"王氏又说了一个故事:有户人家建房,媳妇为使师傅吃得满意,把猪皮肉都用猛火炒拌。有个泥水包头说,好嘛,东家如此节约尅师傅,把皮肉中的油都熬出去了,且看今后。于是他在东墙马头里摆

仰止堂内景

了骰子（赌博工具）三粒，各用一、二、三三个字，形似尾巴，其意是尾巴乱摔，家境每况愈下。后来这个包头去这户人家观察，那个媳妇一见如故，尽力招待，把酒菜摆到他的前面，表示歉意："师傅对不起，家中柴火短缺，所以皮肉没有熬过，可能不适合你的口味，敬请原谅。"那个师傅听了之后心中内疚，明明东家一片好心待我，我却反其道而行之，做了不该做的手脚，致使他家由富变穷。他吃饱喝足后

仰止堂东门

说："东墙有点问题，我给你修理一下。"他把骰子摆设的字由一、二、三翻成为四、五、六，象征步步高，代代发。果然，后来这户人家又富了起来。

故事让大缵深受启发。

一排五间重檐构架的仰止堂建造成功已有 400 多年，后来成了吴百朋曾孙媳、才女倪仁吉的故居，现为市文保单位。

仰止堂前

# 吴百朋的眉毛

义乌人思祖祭祖有个传统的风俗惯例，就是请画师把祖宗的音容笑貌彩绘裱制成画像，请名人题上赞词，在"鞭炮声声除旧岁"的腊月三十日，将太公太婆像高挂在公堂或厅堂中供裔孙瞻仰祭祀。过了元宵节，又收藏起来。大元村尚书府里挂有吴百朋尚书的画像，人说吴尚书的眉毛与别的祖先不一样：远看眉毛是两条，近前仔细观察却变成四条。有的耄耋老人们说吴尚书的眉毛，确是四条，只是不易被人发现而已。

数九寒天，老人们相聚在尚书府前晒太阳聊家常时，"尚书眉毛"又成了一个话题。一次，一品夫人在场，一个心直口快的老妇问："尚书婶母，吴尚书的眉毛怎么会有四条？"

"明明每个人只有两条眉毛，你咋说成四条了？"王氏说。

"我也不相信吴尚书的眉毛有四条"，一位与王氏同年的老妪说，"有一天，我仔细观察了他的眉毛，成一条黑线各自向左右延伸，眉毛中似有条细缝，把那眉毛隐隐地上下分开了，看去只有两条，实际上成了四条，不过尚书那眉毛又浓又长，在缝的上面飞披过去，不容易看出来。"

王氏说："你真细心，看得那么清楚。"

"你与尚书同床共枕，应该比我更清楚。"

王氏微笑。

有人请王氏说说吴尚书眉毛的缘由给大家听听。

吴百朋画像是由婺州有名的画师坐在尚书对面画成的，真实性强。为深化意境，抒发个性，加强笔墨的气势和神韵，画师花了很长时间，反复修改才定下来的。所以王氏说："的确，尚书是浓眉，那眉骨，还有眉心，都与眉毛相映衬……"

王氏还未说完，有个"直肚肠"的老妪抢过话题："吴尚书是眉目清秀的美男子，和你这个容貌俊秀的美人配成鸳鸯，为尚书府裔孙争来了荣光，连王母娘娘都夸赞你们。"

王氏说："你真会说话。"

"听说"，有位老男人说，"吴尚书在剿倭寇时，眉峰紧锁，浓眉直竖，两条眉毛成了四条，被俘虏的倭寇头目一见他那特别威武的眉毛，马上耷拉下了头，怕得连两只手都发抖。"

夕阳晚霞无限美，说说笑笑添欢快。尚书眉毛很雄强，与他性格分不开。

著名学者许怀中(后左二)、海军政委厉江潭将军(后右三)、著名书画家义乌"文化老人"高清(后右二)、海军总工杜方民大校(后右一)、海军主任周明艳上校(前左一)、国家一级演员王金珠(前左二)由大元村书记吴志江(后左三)、副村长吴广法(后左一)陪同考察吴百朋纪念祠后留影。前右二为本书作者

# 梨　树

　　万历六年四月初三已时,存中在京城出生,这为全家带来了无比欢乐。吴百朋回家后的第一件事,就是要看看孙儿,看见孙儿,他那疲惫不堪的脸就会马上露出丝丝笑意。吴尚书为国为民,日理万机,因紧张繁忙操劳过度,终于卧床不起。病重期间,也要家人抱存中去床前,让他看看。

　　吴尚书以为自己在端午节吃了粽子和鸡蛋面条后,可以病愈。谁知反而胃部不适,病情加重,时常说梦话,话题是国情民情,大白天也如此。虽然万历皇帝派出御医为他治疗,也未能转危为安,才六十岁的吴尚书与世长辞,亲属非常悲痛,万历派出主事王再聘护棺送回义乌青龙山安息。

　　有一天,大缵带着儿子存中去奶奶处玩,王氏对已懂事的孙儿说:"尚书爷爷在病重时说他做了一个梦,梦见他在华溪村读书时与他日夜为伴的那株高大梨树,原来茂盛非凡,现今却突然枯朽。梨者,离也。说他将要离世永别……你爸爸劝他说,梨者,吉利也。尚书爷爷接过话题说,他梦见枯干梨树的干上独有一枝,其叶葱郁,生机勃勃,与众不同。他露出笑意,说存中孙儿不错,将来肯定成才,有出息,有希望,能为吴氏增辉,为国为乡为民增光。"

　　大缵对存中说:"奶奶刚才说的话,是真的,你要把爷爷的遗言牢牢记住。"

存中不忘祖训,好学上进,学识渊博。存中感念爷爷的恩德,与奶奶王氏商议后亲自在仰止堂香草园内也栽了一株梨树。

义乌"文化老人"高清(右)在仰止堂南的香草园考察。中为义乌"文化老人"高清侄女吴蔓红,左是本书作者。

# 雪

一天，几位老妪与一品夫人坐在双狮门前聊天。有个老妪指着大门头西边的小双狮门说："江西吉水那个怪才罗洪先，嘉靖年间曾在小双狮门的蒙馆里教书，培养了大元村一大批人才，了不起啊！"

一品夫人接过话头说："罗洪先被人称为半个神仙，上知天，下知地，对吴氏创始人泰伯公一清二楚，对大元始祖圣造公也明明白白，你们说说看，我们大元吴氏发谱、领谱，为什么每一次都下雪？"

众人窃窃私语，一知半解，一位性急的老妪开口说："你尚书太婆为皇后治好头疮，你见识广，还是你来说说我们领谱那天为什么会下雪的来由吧？"

一品夫人把肚皮里知道的话都倒了出来。

原来，罗洪先了解大元村北义乌至东阳必经之路石板岭改称为吴孙岭的故事。从前，苏州有两个贩牛的人，一个姓吴，一个姓孙，见石板岭南山山麓之下土地肥沃，绿水青山相互映衬，连说好地方，好地方，江南的好地方。吴氏手捏牛梢棒说："我把它插在这个地方，如果我们明年来牛梢棒生了根长了叶，我们就迁到这里来发族。"第二年，他们两人又贩牛了，看到牛梢棒生根长叶后，喜从天降，就从苏州迁过来了。孙氏住在石板岭东的下昆溪，吴氏住

罗洪先题写的"至德堂"在"枢密院使"门楼牌匾(背额)

在大元,后来勤劳的吴姓男儿与漂亮的孙氏女孩结了婚。后人为纪念吴、孙先祖,就把石板岭改名为吴孙岭。大元吴氏到了第四代后,先后发族到苏溪八里桥、殿口商曲江等地,有人又把吴孙岭说成青口岭并载入宗谱。罗洪先离开大元以前,村里人嘱他一定不可忘记大元村,当作亲戚一样常来走走看看。罗洪先说,你们吴姓大族领谱那一天,我会穿白衣服来,表明我罗姓人对大元人的真纯无私之心。

"难怪,每隔廿年一次的续谱领谱,总要下雪。"有人茅塞顿开说。

一品夫人说:"罗洪先对大元的帮助,可以用雪中送炭这句话来表达。但罗洪先虚心谨慎,总觉得自己对大元帮助还不够,他要用'雪'的洁白来表达自己的心意。所以领谱那天总要下雪。"

五百多年的历史证明,罗洪先是位德高望重、说话算数的奇人。民国壬申重修的《大元吴氏宗谱》领谱那一天,旭日东升,天气晴朗,可到了领谱时,寒风吹,天变色,雪花纷纷扬扬飘落大地。吴氏宗人纷纷朝天礼拜,异口同声地说:"罗洪先到大元村来了,罗洪先确实是位关心大元吴氏的仙人。"罗洪先对大元千年文化发展史所付出的血汗,可用一个含意甚深的字来表达——雪。他亲自书写的"至德堂"牌匾,至今还在大元村内闪发光芒。

# 八十大寿

人生七十古来稀,活到八十不容易。农历五月廿六是一品夫人八十大寿,亲朋好友都要为她祝寿。

尚书府忙开了,一担一担的白字号陈酒,一副一副的凉篮,鸡蛋、面条、鞋袜以及其他礼品,摆满客厅。那祝寿对联,把客厅的中、左、右墙上都挂满了,内容多是称颂王氏功德,评价王氏业绩,祝贺王氏健康长寿。

王氏身穿新衣,显得格外精神,客人和亲属当面向她祝寿祝福。一品夫人档次高,连知县也从百忙中赶来向王氏祝寿:"一品夫人,祝你生日快乐,健康长寿。"王氏抓住知县的手说:"谢谢父母官!谢谢父母官!"

王氏娘家的亲属对王氏说:"你九姑的名声大,今天阳光灿烂,马干塘边的石榴花开得很红,樟树郁郁葱葱,凤凰山上的花卉争艳,全村人都祝你生日快乐。按照乡俗,鸡蛋摆九十个,这次破例,有一百个,表达了上潢村人的一片心意,祝你长命百岁!"

王氏站起来和上潢村亲属紧紧握手:"谢谢,谢谢大家。"

中饭和晚饭各摆了十来桌酒席。赴宴者满脸春风,兴奋异常,"全福寿""福寿全"等的猜拳声此起彼伏。大家向王氏敬酒,王氏也亲自向赴宴者敬酒。真是人逢喜事精神爽,酒逢知己千杯少。

锣鼓班为一品夫人八十大寿演奏"花头台""踏八仙",鞭炮声和锣鼓声以及欢声笑语汇成一片,表达了对德高望重的王氏生日祝寿祝福的心愿。围观者说:"在大元村里,这么隆重庆贺八十大寿的仪式,从未见到过。"

俗话说,办喜事易,处理人际关系难。但王氏胸有成竹,她吩咐裔孙:"鸡蛋、面条、糖、糕饼,在大元村内按户分送,不能遗漏。"第二天祭祖时,她领着全家人向祖先跪拜,感谢吴氏祖先至德谦让之风,才使吴氏一家平平安安。

吴氏宗亲评论:"王氏八十寿庆既办得体面,又办得贴近全村和亲友的心意,人人满意,户户开心。"

大元村文化在义乌会展中心喜迎贵宾

# 三十八斤猪肉

大元吴氏一族为鼓励后裔读书成才,族内明文规定:凡童试中获取优异成绩有喜报到族内的学子,可以享受族内祭祀,参加正月、清明、冬至吃祭祀饭,分到祭祀胙肉;并按学子等级分到不等的馒头,领取养贤谷,以鼓励学子勤耕苦读出成绩。对于八十岁以上男性长寿者,每年重阳节,按照年龄高低,奖给为数不等的猪肉。

一品夫人八十岁生日时,宗族理事专门进行了研究:王氏为大元吴氏争来了荣光,应该破例享受,要比一般八旬老人多奖励一倍。此事被一品夫人知道了,她坐立不安:自己是童养媳出身的一个平民百姓,哪能特殊化? 再说,这个特殊享受,可能会给自己带来与邻居、宗亲之间的某些隔阂,为此她亲自跑去与各个理事沟通,但无济于事。

吴氏族里的理事权力大,已经决定了的事就不能改动,何况这是在鼓励吴族嫡孙讲道德、促健康长寿的一件好事。

一品夫人应变能力强。她日夜思忖,有了对策。

这一年,政通人和,五谷丰登,为欢度重阳节注入了活力。

奖励八旬老人宗亲活动开始了。被邀请者步入厅堂,招待他们喝茶、吃糕饼、吃茶叶蛋,敬祝到会者"福如东海,寿比南山",发的奖品是猪肉。

奖励猪肉不是平均分配,而是由自己说"我要几斤",再由"一刀准"的刀手切成,由理事递到受奖者的手上。规定老人需自己用手去接,约步行一丈许,再转交给亲人拿取。如果拿多了,说明贪心重,不符合至德精神,取消这次奖励。受奖老人讲德,不会多要奖品。

轮到一品夫人受奖了,她说:"二十斤够了!"理事递到她的手中,她心不慌,气不喘,脸不改色,接过奖品,健步行走,转交给亲人。观众看到一品夫人身心健康,都说尚书太婆不简单,乐得大家喜洋洋。

有个理事像唱歌似的喊:"尚书太婆回来,再奖给你一份。"

围观人群说:"应该应该。尚书太婆,快去快去!"

王氏不好意思地说:"我也是平民百姓,怎么能高人一等特殊化呢?"

"这是理事商议决定的,你看大家都拍手同意了。尚书太婆,快来吧。"理事向大家解释"奖两份"的理由。

一品夫人说:"好吧,遵命。"

一品夫人欣然走到受奖处:"来十八斤。"刀手切肉时,她对刀手请求:"你是'一刀准'的高手,等会儿,请你帮我一个忙,好不好?""好好好,你尚书太婆的事,十个忙也会帮。"

围观人听了,纷纷议论,且看尚书太婆葫芦里卖的是什么药。

原来,一品夫人请那刀手把三十八斤猪肉切成二十份,叫家里人分别转送给家境还不大富裕的老人,让大家一起过个一年一度的重阳节,并祝他们节日快乐。

村人评论:德才貌三全的一品夫人,说话做事有别人想不出、办不到的本事,她前半夜想自己,后半夜想别人,难怪皇帝、皇后对她刮目相看。

# 丧事简办

正月梅花盛开时节,八十五岁的吴百朋一品夫人王扬芬告别了家乡的亲人,去了另一个世界。

在她病危之际,想的是不能给儿孙为治丧带来诸多操劳或麻烦,所以,她的遗言是:丧事简办。不要告知官府和朝廷,跟一般平民百姓同样办理。谢绝文人墨客组织的"路祭",有轿夫班、锣鼓班参与丧事就够了。

但尚书府的子孙们简办中还是想到了一些可能出现的问题,需采取对策,认真应付,既要落实尚书太婆的遗嘱,又要把丧事办得体面一些。首先要组建族内"智囊"到账房管理丧事;其次要组织人马力争办好伙食;第三要借鉴农村丧事中的一些经验教训,不能出现影响和睦的差错或失误。

账房内有位能人十分理解王氏的遗嘱内涵。他说,尚书太婆的话不无道理,因为尚书墓曾出现过盗墓的事,她的意愿是,不能再出现类似的事件。

王氏病逝的消息,义乌知县知道了,金华府也知道了,太守与知县各写来挽联,沉痛哀悼一品夫人。账房告知官府,丧事简办是一品夫人生前的意愿。一品夫人三思而行的言行受到官府的称赞。

账房告知棺材头:尚书太婆入棺的事要公开。入棺这一天,

"棺材头"把尚书太婆的衣被公开亮相给围观人群过目。他用一根秤杆挑起尚书太婆寿衣寿裤并高喊"荣华富贵万万年"。此举让人们明白,尚书太婆并无特别贵重的东西,更无金银宝贝陪葬。

尽管再三告知亲友丧事简办,但来送丧的人还是很多。领路旗、分路纸、敲锣班在先,轿夫吹吹打打,送丧人群从尚书府出发,穿过大门头,出了村西门,沿南山脚拐弯往西,向青龙山前进,数百送丧人怀念尚书太婆,人人脸上露出悲哀之情。

到了目的地,知县、太守的挽联摆在最显要之处,挽联抬高了一品夫人的身价。

棺木入土那刻,棺材头带领抬棺人,将棺木轻抬轻放。做坟墓的人配合棺材头掘土填土,这都是账房的细心安排,以让人们知道,尚书太婆墓并无金银宝贝等贵重物品陪葬。

吴百朋入土时,朝廷派来主事王再聘,回避亲人以及其他所有人,把万历皇帝让他带来的"金童玉女"赐给吴百朋陪葬。此事一失密,结果出现了盗墓事件,幸亏王再聘办事能干,盗墓者未能得手。在一个风雨交加的夜

明朝兵部、刑部尚书吴百朋和一品夫人王氏合墓(市级文保单位)

晚,但听"嘭嘭"几声,金童玉女飞归京都。那块左上角破损的"墓志铭"石碑,如今仍躺在墓中,就是一个证明。吴百朋与王氏合墓至今已有400年历史了,仍然平安无事,这其中与一品夫人丧事简办的明智决策,有着不可分割的关系。

九姑庙落成庆典,大元村送去牌匾祝贺

附录

# 附录一

# 九姑庙落成小记

义乌大元村南山水库下的明刑部尚书抗倭名将吴百朋纪念祠落成了,东阳上潢村凤凰山北也为一品夫人建了九姑庙供游客瞻仰。祠和庙,都由民间自愿捐款,由一批尽义务的老年人为弘扬乡土文化牵线搭桥兴建。

当地文人墨客,为"九姑庙"写了柱联:

九姑受封诰吴宁增彩;四方齐戴德甘溪流长。

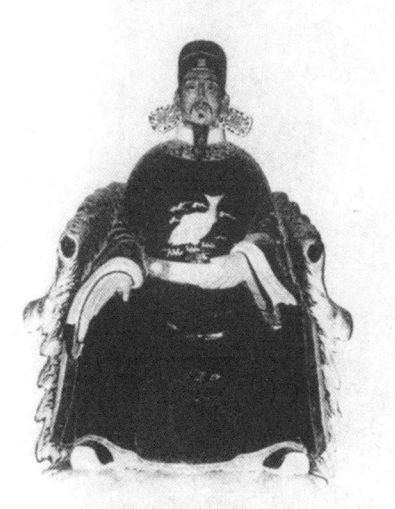

明朝兵部、刑部尚书吴百朋塑像

老人会山房群翁欢聚;凤凰止胜地全国吉祥。

明朝贤女贵扬芬;江山父老多英俊。

诰封夫人一品朝;名出凤凰九姑贵。

九姑庙右侧有诗多首,现录几首:

### 荣封一品

九姑命运实坎坷,头生疮疤奈如何;
一朝时到鸿运转,一品荣封尽赞歌。

### 育女胜生男

世人思想遇偏差,何拿生男狂喜欢?
九姑原为裙钗女,到头一品在江南。

### 梳头得宠

皇娘头顶患毒疮,日夜疼痛治疗难;
九姑敷油轻梳理,百鸟朝凤博圣欢。

### 塾师施恩

出世原为童养媳,打柴挑水无稍歇;
塾师慧眼识英才,幸得荣宗光社稷。

### 风雨除丑

人生莫要暗自嗟,扬芬童年实堪伤;
暴雨狂风除丑态,花容月貌令人夸。

柱联、诗歌道出了吴百朋夫人的人生历程,确不平凡。

一品夫人的乳名叫九姑,九姑庙落成之时,善男信女,来自四方,把九

吴百朋墓志铭

姑庙挤得热热闹闹,那红烛、那香火、那叩头跪拜者的喃喃祝词,句句知心,都是对一品夫人的真诚表达。鞭炮声,锣鼓声,欢笑声,演员唱腔优美声,小贩小卖的呼叫声以及戏台前观众的喝彩声汇成一支赞扬一品夫人的交响曲。

大元村花几千元钱送去特制的"一品夫人"牌匾悬挂在九姑庙的厅堂正中,和多处送来的锦旗、牌匾等相互映衬,增光添彩。在数不清的红灯的光芒直射下,把当地农民崇敬一品夫人的心汇合在一起,闪闪发光,显示了一品夫人德才貌三全的品格,令人久久不愿离去。

东阳吴宁镇有位七旬老妪,节衣缩食捐款买了根九姑庙的大木横梁。有一天,她得了一个梦:"九姑对我说我可以晒衣服了。事实上是说有了我捐助的大梁,才可以钉椽木,可以盖瓦。椽也好,瓦也好,都是九姑庙的'衣服'。"她又说:"九姑讲仁义道德,哪怕我只做了一点好事,她也感到高兴。"九姑与人民群众心心相连。一品夫人离世已有400多年,她的智慧仁德仍是当今构建和谐社会不可缺少的精神食粮。

建造在上潢村凤凰山北九姑庙内的一品夫人塑像,其后悬挂的是吴百朋画像,左右为金童玉女塑像

## 附录二

# 新编婺剧《吴百朋》搬上舞台

　　大元吴氏十八个村的宗亲，想要宣传吴百朋的抗倭功劳，希望将他效忠国家、廉洁奉公、刚正不阿、一心为民的形象搬上舞台；同时也想到了王氏冒着生命危险，为万历皇后治愈了御医都深感无奈的头疮，由此阻止了因为皇后梳头疼痛而有宫女被杀害的事件再次发生，值得后人颂扬，也是现今以德治国构建和谐社会的好教材。此建议得到大元吴氏十八个村的大力支持，筹集了资金，请本市剧作家贾祥龙编写婺剧剧本，《吴百朋》剧本初稿写出之后，几经讨论并听取专家学者的意见修改，由义乌市婺剧团彩排，在义乌剧院演出，邀请各界人士观摩，听取意见再次修改定稿，才到各地正式演出，获得好评。杭、金、义新闻媒体作了报道，反响强烈。

　　剧本中描述皇后寝宫内，皇后头发蓬乱、匍匐于案，宫娥捶背抚头止痛的情景，皇后唱道："染恶疾头生痛疽疼痛难忍，只觉得天旋地转眼冒金星。众太医束手无策良药用尽，看来要天国之内去会故人。"可见皇后病况非常严重。观众想：皇后乃一国之母，召王氏去治疗能行吗？一定是凶多吉少。大家都为王氏捏把汗水，且看王氏如何应对？原来王氏成竹在胸，调整心态，不慌不忙脸带笑，心理治疗摆在先。虽然皇后头上发出阵阵奇臭，王氏望闻问切穿插使用，先用麻油巧染皇后头发，促使其头发根根活润通畅，王

剧照：王氏（右二）为万历皇后（右三）治病

氏手轻如绵，梳头犹如风拂莲，尔后把头发分开，精心打成小辫，再编成髻。皇后从未感到有此畅通欢快，问王氏："为何你为我梳头而不疼？"王氏答："你是凤凰，我打了一百个髻，叫百鸟朝凤。"皇后喜之不已地唱道："好一个百鸟朝凤凰，讨吉利大明江山万万年。"御医赞王氏曰："我忘了通风，你能也！"这时观众蹦跳的心才算平静下来。

　　剧情发展使不少观众感动得站了起来观看。但见王氏用消毒后的玉簪小心翼翼拨动皇后痈疽处，用嘴吸净脓汁。御医叫王氏用白酒漱口消毒，王氏又把溅在皇后头发上的污秽，细心舔干净，感动得在旁护看王氏治疗的万历皇帝双眼湿润，用上药后，从此根治。皇后病愈要与王氏结为姐妹，但王氏坚持回家，朝廷遂封她为"一品夫人"，并用皇后自己坐的轿送其回家。观众从民间传说中已听到过王氏巧治皇后头疮的片断，如今看了戏文，更佩服王氏的智慧非凡。

原来，命王氏为皇后治病是朝廷内个别奸臣一箭双雕的阴谋：王氏治不好皇后之病属欺君之罪而诛之，再诬以吴百朋幕后策划而把他治罪。王氏治病成功既保护了自己，也保护了吴百朋的安全，使他受到朝廷重用。《吴百朋》剧中有段唱词道出吴百朋对王氏的评价，也唱出了他的内心世界："夫人你贤良方正称楷模，与老父助我名登黄金榜，没有你哪来百朋出头日？论功德夫人当比尧山(吴百朋的号)强。"

新编婺剧《吴百朋》，为弘扬明朝两部尚书吴百朋及王氏"一品夫人"的不朽功绩提供了更为通俗的文艺形式。

# 附录三

# 爱书老人

前些天,退休教师吴璧瑛又出了一本专著《吴孙岭的故事》,义乌籍书画家、福建画院学术部顾问义乌"文化老人"高清为其题写书名,《义乌市志》副主编张金龙为其作序。张金龙先生在序中说:吴璧瑛先生热衷于吴氏文化的研究,为吴氏文化之链一代代接下去尽力,这是一项有益的工作。若义乌每个村都有个把热衷氏族文化研究的人,《义乌市志》就有坚实的基础了。

的确,年逾七旬的吴璧瑛老师一直勤于笔耕,常有文章在大小报刊上发表。2011年6月,吴老师把他自己半个世纪以来所采写且被新闻单位采用了的稿件,精选了一部分编成一本《脚印集》,原金华行署专员、中共浙江省委组织部副部长陶健为其题词:风雨半世纪,全心为人民。浙江省教育厅退休干部徐可效题词祝贺《脚印集》付梓:路曲折而坚定迈步向前,际坎坷仍勤勉耕耘不辍。巧的是,此书也是张金龙作序。序中称:从吴先生这些深深浅浅的脚印中,可知其为人。吴先生在1951年写的头一篇稿就是反对官僚主义;1958年3月虽已扣上右派分子的帽子,夺下教鞭,下放喂猪,却仍敢在《浙江文化报》上发表评论,反对在文艺作品中任意拔高,可见为人之刚直。张金龙称赞:"这位乡村教师,在完成教书育人的任务之后,默默笔耕,以此为乐,屡屡为老人鼓舞与欢呼,获得《中国老年报》的优秀作者奖。"

　　2011 年，义乌吴文化研究会在义乌中学成立，吴老师担任常务副会长，热心参与研究工作，并参加《中国吴氏通书》的编写。他还冒着酷暑，跑了许多吴姓村子，了解收集吴氏史料，积极为《义乌方志》撰写有关稿件。

徐亚萍

刊于《义乌日报》2003 年 5 月 7 日

大元吴氏送去无锡泰伯墓区的归宗碑

# 附录四

# 吴璧瑛作品研讨会举行

6月15日,由义乌市作家协会、青口小学主办的吴璧瑛新著《情系仰止堂》作品研讨会在青口小学举行。

会议对年逾八旬、一直致力于发掘和搜集义乌地方文化的吴璧瑛先生的为人和成果进行了中肯评价。大家认为,传承和弘扬义乌地方文化是一件大事,希望有更多的人积极参与到义乌地方文化的搜集与整理工作中来。

吴璧瑛出生于1930年5月,义乌青口村人,自金师毕业分配任小学校长后开始写作,先后在《文汇报》等报刊发表大量作品。1995年发表在《义乌报》头版的《亿元村的"领头雁"》被《农民文摘》摘用。《钱江晚报》《浙江老年报》《金华日报》都曾报道其笔耕事迹。他的晚年,致力于义乌地方文化的发掘与研究。

黄克庭

刊于《义乌商报》2012年6月21日

倪仁吉诞辰四百周年纪念文集

一代才女倪仁吉

情系仰止堂

吴璧瑛 编

中国文联出版社

佛心者的故事

吴璧瑛 编

中国文联出版社

# 大元吴氏史料

中国吴氏通书
编委会　大元分会编

——寻访倪仁吉

王　凌　著

福建省通俗文艺研究会编

# 以"教育"为落脚点

与吴璧瑛老师相识已十年,这十年,他从古稀走向了金色的八秩,这十年,他先后出版了《脚印集》《吴孙岭的故事》《倪仁吉的故事》,而今又有了这本精彩的《吴百朋夫人小传》。真的很难让人相信,一位老人的身上,竟会蕴含着如此充沛的精力,如此孜孜的追求。

吴老师的作品,我大致都读过,可谓受益匪浅。原因很简单,他的作品,以"可读"为出发点,以"教育"为落脚点。这从他习惯用"故事"当书名的做法中也能体会到。

吴老师有着几十年的教龄,故他非常明白怎样将"课"上得生动活泼。读他的文字,你就像儿时听长辈讲故事,那般有趣,那般鲜活;几十年教书育人的经历,更让他明白,文章的最终目的还是在于"教育",一种润物细无声的熏陶与感染。

在其《吴百朋夫人小传》付梓之际,写下这点阅读感受,权且当作一位而立之年的后学向吴老师献上的"作业",并向吴老师表示最诚挚的钦佩、最真诚的祝贺。

傅根洪

# 附录六

# 修改《吴百朋夫人小传》的一点体会

民间故事表达的是下层人民真实的生活、思想和审美情趣，起到补充文献不足的作用，增添民俗整体文化信息。"五四"以来的近代文化人，着意留心挖掘故事传承人的讲述，整理加工出一批民众喜闻乐见的优秀民间故事，成为民族文学宝库中的一朵奇葩。

婺州村落至今仍保持着以氏族为基本单元的布局结构。一个姓氏设一个宗祠，一个分支建一个小祠，集中祭祀族群先祖，宗族文化借此传承不衰。近年更是重修宗谱，重接宗族支脉断层，重现灿烂辉煌的族群文化，使宗族向心力发展为民族向心力，成为中华民族社会和谐的文化基础。

吴璧瑛先生搜集多年整理而成的《吴百朋夫人小传》，就是宗族文化的产物。故事讲述了一位出身低层的农家女子的成长历程。王氏与出身书香门第的吴百朋结为夫妇之后，着力辅佐丈夫在仕途上建功立业。她坚守后院，化解同事矛盾，倾心教育后辈，不愧是一位通晓事理、大度宽容、慈爱可亲的古代优秀女性。特别值得后人钦仰的是王氏被钦赐为"一品夫人"之后，依然保持农家妇女勤劳、朴素、温顺的高贵品质。她乐善好施，和睦邻里，操持家务，没有丝毫盛气凌人、争风吃醋、贪婪自私的官场太太习气，这一点十分值得当代官员内助们借鉴和反思。

　　我是在前几年参与编写《横店民间传说故事》时认识吴璧瑛先生的。吴老待人真诚，热情好客，曾陪同我去大元村参观才女倪仁吉故居，促使我写下《瞻望仰止堂》一文。今年9月，吴老嘱我修改他的原作《一品夫人的故事》，盛情难却，只得勉为其难。

　　通读全书之后，我被吴老深入民间、痴心执着的精神深深打动，首肯之余，也发现一些不足之处，比如一些故事深入开拓不够，一些故事则元素不足，另外，在民间语言的运用上还存在一些生硬诘屈之处，常有现代流行语言掺杂其中，削弱了故事的可读性。

　　民间故事首先是故事。它不同于人物传记，更不同于史料介绍，只要故事讲圆了，趣味出来了，寓意不言自明，用不着去费力"拔高"人物，更不必画蛇添足地去作一番"总结"。除此之外，也要忠实故事讲述者的语言风格和叙述特色。经与作者多番商讨，此次修改，删削了原作近五分之一的篇幅，另将两篇与故事有关的文章移至"附录"部分，使全书集中于吴百朋夫人的精彩人生，基本按照人物成长过程展开，叙述语言也作了一些相应的修改，尽量达到通俗流畅，增强全书的可读性。

　　吴璧瑛先生曾在东阳工作多年，退休后致力于吴氏文化的搜集整理与研究，精神可嘉，成就可慰。他嘱我修改并作序，我岂能违拗，又怎敢掠美，只能写出以上一点修改体会，恳望方家批评指正。

　　　　　　　　　　　　　　　　　楼震旦

　　　　　　　　　　　　2011年10月于东阳凤山书屋

后记

# 后　记

　　浙江省义乌市江东街道大元村明代抗倭名将、兵刑两部尚书吴百朋之妻王扬芬(1524—1608)，为万历皇后治好了御医无可奈何的癞头病，朝廷封她为"一品夫人"。我曾在大元村元圃完小读书，曾听少年伙伴和老人说了她的一些故事，留下了深刻的印象。

　　步入晚年后，我有幸参与义乌市吴氏文化研究会，收集和整理了"一品夫人"的部分民间传说，但翻阅《义乌县志》和《大元吴氏宗谱》，竟没有这方面的史料。"一品夫人"是个荣誉称号，在当时朝廷中反响极大，婺州仅此一人，实为难得。那么为何县志、宗谱中不采写她的事迹呢？这引起我的深思。封建时代，重男轻女是社会主流。"一品夫人"位居其丈夫吴百朋尚书之上，把"一品夫人"谱入志书就会影响男人的正统地位。但"树正何愁月影斜"，弘扬"一品夫人"可以促进挖掘、发展和丰富大元千年文化村的内涵，完善婺州文化的覆盖面，因此引起我收集整理《吴百朋夫人小传》的兴趣和决心。

　　婺剧、历史剧《吴百朋》相继公演后，义乌民间对王氏充满了尊崇。我多次去王氏娘家东阳上潢村采访，发现王氏宗谱中对"一品夫人"却有图文并茂的历史纪实，《九姑的故事》正式走进谱牒文化之中。尤其是民间集资建造九姑庙后，地方演戏庆贺，一时人山人海，"一品夫人"成了当地善男信女烧香叩拜的偶像，以九姑的才智道德为榜样,成为构建与完善和谐社会、和谐家庭的动力。

　　《吴百朋夫人小传》重点反映王氏的德、智、才以及她用德育教导裔孙方面的建树。为便于民众阅读,我力求通俗,每篇字数一般在千字以内。大元吴氏十八村耄耋老人听说我在编著《吴百朋夫人小传》兴奋地说:"把尚书太婆散落在民间的故事收集起来编印出版,是留给下一代的精神财富,如果再过五年十年,恐怕就有一定难度啦。"

　　义乌"文化老人"高清对此书的取材、写作作了点拨开导,很有价值。他勉励我:"你已出版了《吴孙岭的故事》和《倪仁吉的故事》,《吴百朋夫人小传》一定会取得成功。"金华市人大领导杨守春,在百忙中利用业余时间阅读此书,并写了序、题了词。炎夏时节,在我的老同学、原金华市司法局长李其备的陪同下,亲自带礼品来舍下看望我这个平凡的耄耋儒人。他对故事的取材、人物、情节,甚至某个字乃至标点符号,一一作了点拨。他所写的序也征求我的意见,还为此书题了词,从中使我看到党和政府重视乡村传统文化,把送文化、种文化作为建设中国特色社会主义的有效手段,令我感激不尽。本书还得到义乌市文联、义乌市志办、义乌市作协、义乌商报、江东街道、青口工作片、倪仁吉文化研究会、大元村和上潢村老年协会、大元村两委干部的积极支持。南宁《中国吴氏通书》、武汉《世界至德文化研究》主编吴健琴(女)、吴洪激对此书的编写出版非常重视,并为此书写来题词。《义乌商报》主任编辑傅根洪老师工作很忙却挤时间阅读全稿并写了跋。江东街道原政协办负责人张其德在本书付印前认真细读每篇文章,提出不少修改建议。一批农村老人主动热情提供素材,几位同仁也帮我修改文章。更令我感动不已的是义乌"文化老人"高清、著名学者许怀中、徐和雍、方如金、王凌、曹寿槐以及义乌文化界名人楼小明、吴潮海等为此书题词。陶健、施姬周、吴伟兴、吴小军、楼红舟、楼志军、刘荣、张金龙、骆有云、骆斌、吴高彬、贾祥龙、鲍川、傅健、徐亚萍、杨尚南、吴奎福、吴健生、马云鹿、金彩香等也帮忙不少，一并表示衷心感谢。为确保质量，出版前听取各方意见，金华市婺文化研究会的领导向我提出两点要求：一是改书名《一品夫人的故事》为《吴百朋夫人小传》，二是委托他人再作修改。为此，我拜访了东阳市作家协会副主席楼震旦先生，请他对全书作最后润笔定稿，他欣然答应。经过数月商讨，终于改成，出书前，他认真校读，减少失误。

　　此书历经几个春秋的收集、采访、整理，自己虽然尽心尽力，但水平所限，难免有所欠缺或不足乃至失误，敬请读者指正。

义乌市江东街道青口村　吴璧瑛

2012 年秋于浙江义乌青口

婺文化丛书 V ／ 钟世杰　主编

# 金华风物的历史与传说

叶志良　胡　剑 著

 浙江工商大學出版社

图书在版编目（CIP）数据

金华风物的历史与传说 / 叶志良, 胡剑著. — 杭州
: 浙江工商大学出版社, 2013.5
（婺文化丛书 / 钟世杰主编. 第 5 辑）
ISBN 978-7-81140-797-6

Ⅰ. ①金… Ⅱ. ①叶… ②胡… Ⅲ. ①金华市-地方
史 Ⅳ. ①K925.53

中国版本图书馆 CIP 数据核字(2013)第 106584 号

# 金华风物的历史与传说

叶志良　胡　剑　著

| | |
|---|---|
| **责任编辑** | 赵　丹 |
| **特邀编辑** | 许苗苗 |
| **装帧设计** | 周国良 |
| **出版发行** | 浙江工商大学出版社 |
| | （杭州市教工路 198 号　邮政编码 310012） |
| | （E-mail : zjgsupress@163.com） |
| | （网址 : http://www.zjgsupress.com） |
| | 电话 : 0571-88904980, 88831806(传真) |
| **排　版** | 金华日报商务彩印有限公司 |
| **印　刷** | 金华日报商务彩印有限公司 |
| **开　本** | 850mm × 1168mm　1/32 |
| **印　张** | 138.5 |
| **字　数** | 3226 千 |
| **版印次** | 2013 年 5 月第 1 版　2013 年 5 月第 1 次印刷 |
| **书　号** | ISBN 978-7-81140-797-6 |
| **定　价** | 460.00 元（全 13 册） |

# "婺文化丛书"编委会

主　编:钟世杰

副主编:朱江龙　叶志良

编　委:(按姓氏笔画为序)

王亦平　王晓明　方雨辉　叶志良

朱江龙　杨鸽声　吴远龙　陈文兵

周国良　钟世杰　楼　冰

# 前 言

　　人说江南好,十里荷花,三秋桂子,榆柳晴街,能不忆江南。金华素有"小邹鲁"的美称,古属越国地,秦入会稽郡,一个"婺"字。既是对金华的简称,也代表了金华城建制久远、人杰地灵。正如李清照所言,金华城堪称"千古风流"、风姿卓绝。文化的风姿沉淀在城中的每一个角落,时光流转,勾勒着每一样金华风物的隽永多姿。

　　一座城的美,不在于一花一树,而在于城中的故事。

　　金华城中的故事,恐怕许多都已经流传了千百年。或许我们从前并不曾听说过,但它却是无处不在的。这些动人的故事融入金华城的衣食住行中,每个人都曾体味过它们经过漫长岁月后蜕变出的精致和美好。它们既是缥缈美丽的传奇故事,也是实实在在的金华风物。她们就像是一位位美丽的女子,拥有着或绽放或逝去的美丽姿影,在时光里静静地等待,等待有一天,一个放风筝的少年从她们门前的青石板上经过,透过墙里探出的一朵石榴花,去读一读她们的故事。

　　然而,每个人的阅读方式不尽相同,从这些故事中收获的体会也会有所差异。有人注重故事本身的趣味性;有人偏爱咀嚼故事背后的深层意蕴;还有人喜欢在故事里发现故事,在挖掘中享受乐趣。不过对于金华风物来说,窃以为最好的认识方式就是细品慢尝了。因为她们都很宁静,如处子般羞涩,如出水芙蓉般娇嫩。为了读好她们的故事,我们从一份偶得的美食地图开始,按图索骥,在品尝金华风味美食的同时,徜徉在那深藏于美食背后的故事里,在那没人说得清来源的神话传说中,寻找灵魂的悸动;饱餐之后,我们走进金华的工艺长廊,去看一看金华当地的那些手工艺绝活,将一将金华人民在千百年历史长河中留下来的文化瑰宝,在惊叹之余树立起对金华传统文化的尊重;最后,我们一睹金华美丽的自然风光,共享大自然赠予金华这片土地的盛礼,从而更好地理解金华人民对于太平盛世、安定生活的向往与珍惜。

相信读完这些故事,人们都会对金华这个地方流连不舍,为她那大度包容、平易待人的气度所折服。但请千万不要武断地认为这里缺了北方旷野的那份豪爽,短了保家卫国的铮铮脊梁。只是,婺江两岸的金华人民,更喜欢用江南水乡的绵言细语,去缓缓讲述那些逝去的年华。

# 目　录

## 【壹】　美食地图

## 【贰】 工艺长廊

## 【叁】 自然殿堂

【壹】

美食地图

常言道:"民以食为天。"八婺大地的美食文化,汇聚了当地人对于生活的态度与理想。从名扬海内外的金华火腿、金华酥饼,到寻常百姓家逢年过节必备的馒头、糕点,甚至是街头巷尾随处可以买到的一碗拉拉面,都可以让你品尝到金华的味道。这种味道,伴随着一代又一代的金华人成长。他们长大后,走出婺城,走遍全国,走向世界。但是无论身处何地,每一位金华人都不会忘了家乡的味道,那种纯朴、厚道、简单,却又令人怀念的乡土味道。

# 婺城岁月　经典美食
## ——火腿

一说起金华，人们脑海里浮现的就是火腿，仿佛金华和火腿本就应该粘连在一起似的。关于金华的滋味，当地人说有三绝：火腿、酥饼、佛手；而对于外地人来说，金华最有名的味道无疑是：火腿、火腿，还是火腿。

据唐开元年间(713—741)陈藏器编著的《本草拾遗》载："火腿，产金华者佳。"据考，金华民间

腌制火腿始于唐代，距今已有1200余年历史，堪称金华历史悠久的经典美食之一。但若要论其辉煌，则应当是始于宋代，人们对于火腿的记忆，也往往从这里开始算起。时至今日，在当地还流传着一个有关火腿起源的古老故事，故事的主人公，就是在当地火腿店横挂的画像上可以看到的一位人物。这位人物脸膛方正，面色沉紫，白须横张，英姿飒爽，好一派英雄气概！他就是宋代名将——宗泽。

宗泽(1060—1128)，字汝霖，浙江义乌人，宋代抗金大臣。祖上世代务农，家境贫寒。他是北宋元祐六年(1091)的进士，为官勤

政爱民,政绩卓著。原本打算在东阳山谷中结庐,以读书著述终老。谁知当时恰逢国难,金兵入侵,兵荒马乱。当朝宰相李纲,知道宗泽忠义爱国、智勇双全,就力荐他担任汴京留守兼开封府尹。

报国心切的宗泽听说国家危难,立即披挂上阵,又从金华、义乌一带招募了一批骁勇善战的子弟兵,立下军令状,北上抗击金兵。说起这支军队,除了个个身强力壮、拳术精强外,每个人的脸上还都刺了"赤心报国,誓杀金贼"八个字,这就是历史上"威震河朔"的"八字军"。据说,后来金华、义乌一带乡里练拳习武的风尚,就是从那时兴起而沿传下来的。

"八字军"怀着一腔抗金爱国的热情,战功显赫,三天取一城,五天攻一地,连战连捷,收复了大片河山。不久,"八字军"便夺回了京城,让百姓们能够安居乐业、努力生产,汴梁也逐渐恢复了元气,成为抗击女真入侵的堡垒。"八字军"也因此威震北疆。谁知彼时朝中奸贼张邦昌、黄潜善当道,暗通金兵头目金兀术,行通敌卖国的勾当。"八字军"在战场上越是节节胜利,他们就越把宗泽看成眼中钉、肉中刺。

这一天,过了十月小阳春,宗泽的家乡忽然接到了有人从县上带来的三封家书。乡亲们打开一看,封封说的是前线的困境,讲的是沙场的失利。信里骂宗泽变节投敌,说他在金营中,三天一小宴,五日一大宴,乐了他一人,苦了弟兄们。不用说,这便是那朝中两个奸贼的毒计,他们扣下了真正的家书,伪造事实,说宗泽通敌卖国。

这消息一传开,家乡顿时乱了。有人说:"三岁看到老。宗泽自小为人正直,一条心肠通到底,我看他可以血染沙场,但说他为求荣华富贵投了敌,万万不可信!"也有人说:"县里府上也说宗泽投了金人啦。都说真刀真枪出英雄,金银宝贝面前卖祖宗。娘生肉做的,哪能顶得住金人的收买?"宗泽的堂兄宗兴自然不信宗泽会叛变,当即拍桌子决定带一支探亲的队伍北上一探究竟。

宗泽的家乡有一个风俗,每当探亲,必定要杀猪宰鹅带着,捎给远方的亲人。第二天,探亲的人马就告别了父老,抬起整猪全鹅上路了。三日风,九日雨,他们顶住了,晓行夜宿往北走。三日霜,九日雾,他们照样熬过了,日夜兼程往北行。

但是这探亲之路如此漫长,这全猪全鹅又如何能好端端地送到开封呢?宗兴突发奇想,嘱咐众人买些盐来,像腌咸菜萝卜一样腌制这些肉食,心想到时即使不能食用,只要原物送到亲人面前,也算是尽了众人的一番心意。

就这样,他们走过了三镇六县,大家看着经过日晒雨淋的猪腿、鹅肉,担心肉坏了就又擦上了一层盐。终于接近了开封,他们处处听说"八字军"的辉煌战绩,心中的疑惑一分分地减少,大家不约而同地加快脚步。一路上,那些腌制的猪肉发出阵阵奇异的咸香气,熏得人心里香酥酥的,也引得路人内心痒痒,纷纷注目。

过了朱仙镇,来到黄龙寺,这就进了开封城啦!这一日正好是新春元宵节,城里家家户户张灯结彩,欢歌笑语,热闹非凡。守城的军士看到家乡亲人来,乐得不知说什么好,簇拥着亲人来到白马寺山坡上的宗元帅帐下。宗兴宗泽两兄弟见面,所有的误会自然全部消除了,而两个奸贼劫军士家书捷报、去乡里造谣诬陷的勾当也全露了底。高兴之余,乡亲们抬上了家乡的整猪、全鹅献给了宗元帅。宗元帅大喜,就传令将家乡亲人们送来的猪肉、鹅肉犒赏给全军将士。

话说军士们得了奖赏，连忙起锅蒸肉。这一吃可不得了，这些肉不但鲜美异常，而且有着独特的香气。将士们大快朵颐之后，都想知道这是什么肉，于是跑去问宗元帅。而此刻，宗元帅正在陪家乡亲人痛饮，望着众乡亲乐呵呵地对大家说："此乃吾家乡肉！"

从此，"家乡肉"就成了腌猪肉的美称了。宗元帅乐呵呵地说："亲人们千里迢迢给大家送衣送肉，为了不忘亲人们风餐露宿关怀子弟兵的恩情，这猪肉前腿就叫'风腿'，后腿就叫'露腿'吧。我们要不忘亲人风餐露宿探真情之心啊！"

后来，军士们见"露腿"的肉色特别鲜红，犹如烈火，都说这火红红的颜色，就像宗元帅赤诚的爱国之心。慢慢地，这腌后腿就又叫作"火腿"，并一直沿传下来了。也有一说是宗泽曾把家乡腌腿献给朝廷，高宗赵构见其肉色鲜红似火，尝后赞不绝口，道："色红似火，鲜美可口，就把它叫作金华火腿吧。"金华火腿的名称就此传开。由于是皇帝赐名"火腿"，故又称"贡腿"。那腌前腿呢，至今仍叫"风腿"。因为士兵们爱吃这种腌肉，加上又能久藏远运，宗元帅就托家乡人每年大批腌制，供军需食用。据说，有刀枪伤的军士吃了这肉，伤口好得特别快，愈合得格外好呢！此外，因宗元帅家乡义乌县旧属金华府，加上附近各县也相继兴起腌制火腿的行业，所产之腿，就总称为"金华火腿"了。后辈为了纪念宗泽，把他奉为火腿业的祖师爷。直至20世纪30年代，义乌人在杭州开设"同顺昌腿行"和"太阳公火腿店"，堂前仍悬挂着宗泽画像，显示正宗，誉满杭城。

了解了火腿的起源后，再来看看火腿的价值。至今在义乌倍磊街仍流传着"九豪脚一蹚，可以造栋厅"的传说，足以证明火腿的珍贵了。

乾隆年间,倍磊街有个大火腿商叫陈九豪,他在杭州开火腿批发商行,生意做得特别大。据传有一天,陈九豪正在与人搓麻将,账房进来向他请示,有客商欲以某价位购买火腿若干。此时,陈九豪正好摸到一张臭牌,脚一蹬,"嗨"地喊了一声。账房以为老板不肯卖,就回绝了那个客商。岂料两天后,火腿价格大涨,与那客商所报价格的差价,正好可以造一栋厅堂。而现在村中有一地名"天吉",就是倍磊人在杭州开的火腿商号名。

其实跟火腿相关的故事,还有许多。如清代的崇恩吃火腿成了瘾,资料有载:"满洲才子崇恩,喜啖火腿,罢官后,甚穷迫,乃手书条幅与人,以易金华火腿。"也有人把火腿当成另类武器,用于暗杀活动。相传 1931 年,国民党元老胡汉民因派系斗争被蒋介石软禁于汤山,其亲家林焕庭欲为其报仇,便潜赴上海,找到人称"暗杀大王"的王亚樵,予以重金,让其行刺蒋介石,王亚樵爽快地答应了下来。同年 6 月,王亚樵探知蒋介石去庐山避暑的消息,立即令手下人化装成游客,赶赴庐山伺机实施刺杀计划。为将枪支偷运上山,刺蒋小组买来多条金华火腿,将其掏空,并把枪支放入,再用针将火腿缝好,外面涂上一层盐泥,借此将枪支带上庐山。不料,蒋介石的侍卫偶然中发现了一条被遗弃的火腿,他见这条火腿被人有意掏空,仔细一闻还有股擦枪常用的黄油味道,便断定有人携带武器上了山,且极有可能是刺客。于是他们加强了警戒,并开始封山搜索,此次刺蒋行动也就此功亏一篑。不过虽然出了这等大事,蒋介石仍很喜欢吃火腿。当然,火腿还常被作为馈赠亲朋好友的佳品,甚至传闻鲁迅逝世前还给毛泽东送过金华火腿。虽有研究者质疑该说法不实,但火腿留下的这段佳话,不妨让研究者们慢慢去争论,去探讨,去考证吧。

金华火腿是用金华猪(又称"金华两头乌",是我国著名的优

良猪种之一）的后腿精制而成的，在当地有句谚语："三年出一个状元，三年出不得一条好火腿。"由此可见火腿制作工艺的复杂。一般人家会在家中用砂锅煲一盅鲜汤，加入几片皮色黄亮的金华火腿。火腿的肉色红润，香气浓郁，营养丰富，定然是汤料兼美。

根据所用原料和加工季节及腌制方法的不同，金华火腿又有许多不同的品种。如正冬腿，是在立冬至立春之间腌制的火腿。由于时值隆冬，气候寒冷，肉身稳定，用盐较少，成品香烈味鲜，是火腿中的上品。从外形观察，皮面淡棕色，有光泽，肉面酱黄色，呈干燥状。而在加工过程中，将腿修成月牙形的，叫月腿；用前腿加工，呈长方形的，称风腿；挂在锅灶间，经常受到竹叶烟熏烤的，称熏腿；用白糖腌制的，叫糖腿；还有与狗腿一起腌制的，称戌腿。

除了品类繁多外，食用金华火腿的方法也有很多，蒸、煮、炖、烧汤均可，另可配以水产、禽、肉、蛋、蔬菜蒸煮或炖食。只要方法得当，其味必定鲜美无比。据清代赵学敏编纂的《本草纲目拾遗》记载，金华火腿有益肾、养胃、生津、壮阳、固骨髓、健足力等功能。在日常生活中，病人恢复元气、老人益寿延年、妇女产后养身，均可吃点火腿，既能促进食欲，增添口福，又能得到滋补，增进健康，一举两得，妙不可言。

话说金华火腿的发展，在经历了宋代的辉煌后，至明代产量已达十多万只，成为当地主要特产和官府必征的物产之一。1526

年《嘉靖浦江志略》食类仅选入"曰擂茶,曰火腿"两种产品。据《金华县志》载,贡赋类"万历六年(1578)派办物料,火肉派自礼部"。1606年《万历兰溪县志》亦载:"火肉皆每岁额办之数派办。"至今杭嘉湖地区还沿称火腿为火肉。当时,金华火腿多为官家豪门餐桌佳肴,这在中国古典名著《金瓶梅》中有所描述,宴席上除金华酒外,"都是烧鸡、火腿、海味之类,堆满春台"。

等到了清代,金华火腿制作遍及金华各地。由于习俗不同,金华所属各县别名颇多,1669年康熙《金华府志》称为"烟蹄",1681年康熙《东阳县志》称为"熏蹄",1776年乾隆《浦江县志》和1823年道光《金华县志》均称为"火腿",1888年光绪《兰溪县志》称为"兰熏",1894年光绪《金华县志》称为"熏蹄"。乾隆年间赵学敏《本草纲目拾遗》证叙较为详尽:"兰熏,俗名火腿,出金华者佳。金华六属皆有,唯有东阳、浦江者更佳。其腌腿有冬腿、春腿之分,前腿、后腿之别。冬腿可久留不坏,春腿夏则变味,久则蛆腐难食。又冬腿中独取后腿,以其肉细厚可久藏,前腿未免较逊。最上者曰淡腿,味美清香,可以佐茶,故名茶腿。"

咸丰九年(1859),东阳县上蒋村作坊主蒋雪舫,继承祖辈技艺,改革工艺,精于制腿,品质特佳,号称"雪舫蒋腿",闻名遐迩。蒋氏后裔善于经营,每届作销季节都在报纸上刊登广告,大肆宣扬"金华火腿出东阳,东阳火腿出上蒋",广招宾客,名扬四海。嗣后,"上蒋"火腿就成为上等金华火腿的别名。

民国以后,因火腿产地义乌、东阳、浦江、金华、兰溪、永康、武义等县均属金华府,故通称为"金华火腿",各地工商史料均有记载。民国18年(1929)浙江《工商半月刊》第十三期载:"金华火腿之生产地,遍及金华府属各县。"1936年《浙江商务》刊登的《浙江主要特产之鸟瞰》载"金华火腿,遐迩驰名"。

新中国成立后，首先在火腿上使用"金华火腿"标志的是1951年10月创办的金华市金联火腿产销合营处，当时浙江省食品公司还未建立。至1954年10月，该处合办为首家公私合营火腿厂，定名为"金华火腿厂"，继续使用"金华火腿"的标志，并于1956年浙江省人民政府以省长沙文汉签名，首次授予该厂"金华火腿"为省优良产品奖。1979年9月上海辞书出版社出版的《辞海》载："火腿，食品名……我国特产，按加工地区来分，有南腿、北腿和云腿三类，南腿指浙江省金华地区东阳等县所腌制的火腿，又名金华火腿……"由此可见，金华火腿作为食品（商品）通用名称由来已久。由于金华火腿品质上乘，制作技艺精湛，其加工方法被广为流传输出，从而又派生出各种不同称谓的火腿，但均有别于金华火腿。

早在元朝初期，火腿的腌制方法就由意大利旅行家马可·波罗传往欧洲等地，至今意大利、加拿大和法国等民间制作的火腿，还保持着中国火腿的传统特色。清代咸丰年间，金华府兰溪县人流入江苏如皋，采用金华的技术仿制成"如皋火腿"，因地处长江以北，又称"北腿"，曾与长江以南的金华"南腿"争雄天下。清末，四川眉州赖氏兄弟移植金华加工技术，试制成"眉州火腿"，流传至今。1954年，湖北恩施地区在金华的协助下，招聘一批火腿技师，在恩施建厂制成"恩施火腿"，颇有名气；是年起，金华火腿技师又先后受聘于四川省食品公司、云南省商业厅及其昭通地区食品公司任技术指导，在外省开展火腿生产。

需特别强调的是，金华火腿早在清朝就已远销日本和东南亚各国，以其色、香、味、形"四绝"驰名中外，并曾在1915年巴拿马国际商品博览会上荣获商品质量特别奖。从20世纪30年代开始，金华火腿又进而畅销英国和美洲等地。在电影《地道战》中，日本鬼子抢金华火腿秘方的故事情节,令人们对闻名遐迩的火腿有了更为深刻的印象。我省从1955年后,火腿的生产区域先后扩展到旧金华府周围的诸暨、缙云、衢州、龙游、江山、常山、开化、建德、淳安、遂昌、松阳、仙居、嵊县等县、市。1956年冬起,金华的火腿技师先后被派到临海、黄岩、温岭、象山、宁海、萧山、宁波、镇海、桐庐、富阳、定海、余姚、温州、平阳、乐清、天台、新昌、丽水、三门、玉环、绍兴、海宁、上虞、临安、嘉兴等20多个县、市带徒传艺,利用当地原料制作火腿;因原料等其他条件的差异,质量不及金华火腿,故定名通称为"浙江火腿"。其中绍兴和天台的"浙江火腿"于20世纪80年代先后被评为省优产品。1979年,金华又组织一批火腿技工支援四川绵阳地区办厂,制成"剑阁火腿"和"龙凤火腿",并先后被评为省和部优产品。特别是近年来,伴随火腿加工工艺的不断创新,市面上已经出现了可以生吃的火腿,为火腿爱好者们带来了新的体验。且不论其味道如何,单是这一创举,想必也会在金华火腿的光辉历史上留下浓墨重彩的一笔吧。

# 香飘万里　酥醉金华
## ——酥饼

　　"半路杀出个程咬金""程咬金的三板斧"这两句俗谚,恐怕人人耳熟能详。程咬金是唐朝大将,开国名臣,封卢国公,凌烟阁二十四功臣之一。我们常常在评书中听到程咬金等十八条好汉聚义瓦岗寨,反抗暴隋的故事。然而你可知道,程咬金这员悍将,在金华却有一段独特的经历。而这段经历,恰恰成了金华酥饼的起源奥秘。

　　相传,程咬金早年在金华以卖烧饼为生。有一次,他的烧饼做得太多了,一整天也没卖完。为了不浪费,他便将饼保存起来,准备明天继续卖。可是,如果烧饼变质,就不能卖了。于是,为了防止烧饼变质,程咬金将烧饼统统放在火炉边上。他想:让火一个劲地烘烤着,烧饼一定坏不了啦!第二天,程咬金起床一看,烧饼里的肉油都给烤出来了,饼皮更加油润酥脆,全成了酥饼。这饼一上市,立刻吸引了不少人。大家见程咬金做的饼和以前大不一样,都争先恐后地品尝。程咬金很高兴,便扯着嗓子喊："快来买呀！又香又脆的酥饼！"这一叫，买的人更多了。人们争相夸奖程咬金的手艺越来越高超了。有的烧饼铺主人还煞有介事地向程咬金请教"秘方"。程咬金哈哈大笑起来，说："我哪有什么'秘方'呀！只不过在炉边烤一夜而已。"

随后程咬金再将烧饼加以改进，制出的酥饼圆若茶杯口，形似蟹壳，面带芝麻，两面金黄，加上干菜肉馅之香，更有特殊风味了。以后代代相传，名气越来越大，竟然成为闻名遐迩的传统特产。据说，明代朱元璋攻克金华后，曾与军师刘伯温在婺州明月楼品尝酥饼；太平天国时，金华民众曾以酥饼慰劳屡败清军的李侍王等。毫不夸张地说，酥饼见证了金华城的沧桑岁月，还在其中留下了自己的印记。

说罢起源，再来看看这好吃的金华酥饼的制法。"金华酥饼"有史可查的记录最早见于南宋时婺州（金华）浦江吴氏所著的中国第一部菜谱《中馈录》。在其点心部《酥饼方》中便有对当时金华酥饼制作的详细记载，距今约有 800 年了。金华酥饼以白面粉、雪里蕻干菜、肥肉，以及芝麻、菜油、饴糖等为原料，经过擀面、做坯、裹馅和烘烤，制成蟹壳那么大一只酥饼，两面金黄，上面满布芝麻，中间以干菜肉为馅，上下各有 10 余层，每层薄如纸。香松酥饼，味道极佳。入口酥脆，遇湿消融，即使是牙齿脱尽的人也有口福品尝其味。酥饼还以浓烈的陈香和鲜咸的回味展示其特有的魅力，强烈地吸引着顾客，民间就有李白"闻香下马"的传说。

在金华人的记忆里，酥饼是伴随着童年长大的。馋嘴的孩童，最喜欢在夏天的午后，揣着几毛钱，到那散着热浪的酥饼炉边，看那酥饼师傅把一个个揉成圆饼般的面坯小心翼翼地贴在炉子边，再给这些小东西刷上一层亮亮的香油。炉底的柴火努力地燃烧着，仿佛要把酥饼烧着似的。稚嫩的孩童们不敢直面这炉火的威力,只得歪着脑袋,斜着看那炉子里的酥饼像被吹了气似的膨胀起来,内里的肉馅被烤得直冒油。酥饼的面皮实在撑不住了,便任由这股热油溢出,最终凝结在面皮上,看上去像极了一条流在酥饼上的河流。烤得差不多了,酥饼也该出炉了,这些顽劣小童就会争先恐后地把钱递给酥饼师傅,再努力挑个看上去相较其他略大的酥饼,狠狠地咬上一口,感觉比打了胜仗还高兴。当然,也有些人在尝完一个后还意犹未尽,但是这玩意真的挺耐饿,最多吃两三个,便再也吃不下去了。

金华酥饼不仅好吃,而且携带方便,是旅行者的理想干点。据说唐代以来,金华一带的人出门经商、赴试,都携带酥饼做干粮。现在来金华的旅客,都喜欢买几筒带回去馈赠亲友,或作为途中的便餐。尤其改革开放以来,随着人民生活水平的提高,各种创新之处也体现在金华酥饼的口味及其制作上,许多以前闻所未闻、见所未见的新口味酥饼逐渐进入人们的视野,如海苔味、火腿味、核桃味、花生味、葱香味、甜味等,以满足更多顾客的口味需求。目前,金华城乡遍布酥饼店,整个金华市区规模较大的生产厂家就有 40 余家,日产量 6 万只,并与全国 20 多个城市建立了产销联系。小小酥饼,也成了推动当地经济发展的重要一员。

在诸多金华酥饼制作商中,默香酥饼是较为知名的一家,其发展历程一定程度上也代表了金华酥饼在我国改革开放时代的发展轨迹。要说起这其中的故事,还得从默香酥饼的创始人徐朝林聊起。

1987 年,16 岁的徐朝林初中毕业,因家里无力再支付他的升学费用就回家务农了。为了让他学一门手艺,哥哥介绍他到金华府上街一个开酥饼店的朋友处学做酥饼。慢慢地,拥有一家属于自己的酥饼店,成了徐朝林年轻时候的梦想。

在理想的推动下，家境贫寒的徐朝林靠四处借来的600元钱，和弟弟抬着两个酥饼炉子，在偏远的浙江临安开出了自己的第一家小店，这是当时临安唯一的酥饼店。由于酥饼确实做得好，生意相当红火。一年后，兄弟俩就小有积蓄，于是又在临安城的闹市区重新开了一家更大的店。

不过不久后徐朝林就发现，临安人主要买现烤的热酥饼当点心吃，要外出送礼，还是会买临安当地的土特产，很少有人会买金华酥饼做礼物；真正喜欢酥饼的人又觉得正宗的金华酥饼肯定要到金华才买得到。所以要做大酥饼生意，必须立足金华。徐朝林毅然关掉生意不错的临安酥饼店，再次回到故乡金华。

1993年4月，回到金华的徐朝林在默相街开起了酥饼店。徐朝林借开店的默相街名，又把"相"字改成"香"，一字之改，使得这个酥饼牌子顿有意味。1995年，徐朝林向当地工商局申请注册了金华酥饼行业首个注册商标"默香酥饼"。为了让顾客放心，徐朝林请人设计了一张质量跟踪卡，向顾客承诺：如果吃到有焦、油、不酥不脆的酥饼，或给默香酥饼店提出合理化建议和意见的顾客，将给予加倍的赔偿或奖励。

这一举措，很快赢得了顾客的信赖，甚至出现了排队购买酥饼的现象。有时早上5点钟就有人敲门买酥饼，到中午11点一过就没酥饼可卖了。

虽然延续数百年的金华酥饼名声在外，但金华上千家酥饼店的经营者，没有谁曾想到给这个行业定个产品生产标准。1995年，24岁的徐朝林参照食品卫生标准及金华酥饼的传统工艺要求，在金华市质监局的协助下，首次对酥饼的水分、脂肪、微生物等含量规定了具体的数据，制定并通过了金华酥饼"企业产品标准"。

为让酥饼走得更远，迎来送往拿得出手，徐朝林开始对默香酥饼的外包装进行升级换代,从牛皮纸、塑料袋到纸盒。如今,他又请广州的专业设计师为默香酥饼包装量身定制了精美的礼品盒,设计品牌 LOGO(标志),使产品礼品化,一看就让人爱不释手。徐朝林借助互联网技术,于 2000 年创办了默香酥饼企业网站,并于 2001 年抢先注册了金华酥饼网络实名。人们打开电脑,输入金华酥饼 4 个字,就可直达这一网站,有关金华酥饼的历史、特点和默香酥饼的相关内容就可一览无余,全国各地爱吃酥饼的人还可通过互联网购买酥饼。2001 年,默香酥饼获得了中国(杭州)国际食品博览会银奖。

正是金华人的诚实守信、与时俱进,才让这传统特产在新时代走得更远、走得更好。

有人曾赞"金华酥饼":"天下美食数酥饼,金华酥饼味最佳。"这并非言过其实。在金华方言剧《二十分可乐》的《乐游曹府》《姨婆驾到》和《为了儿子》等剧本中,就曾多处提及金华的酥饼。有趣的是,在《乐游曹府》中,根丰不要阿毛还欠款 5 000 块钱,却要其发两车酥饼当还债,这让人们再次见识到了金华酥饼的地位和魅力。

# 甜胜似蜜　倍暖人心
## ——金丝琥珀蜜枣

　　金丝琥珀蜜枣,为金华兰溪传统名产。贯休曾有诗云"僧采树衣临绝壑,狨争山果落空阶",其中的"树衣"即青枣。贯休生于唐末,这说明在唐代我国已产青枣。不过金丝琥珀蜜枣与一般青枣不同,它有这么高贵的名字,与其自身特点密不可分。

　　据说明朝的时候,兰溪渡渎村出了个礼部尚书章懋,他将家乡特产蜜枣带进京城,献给嘉靖皇帝。嘉靖皇帝打开食盒一看,只见枣子色泽如琥珀般可爱,香气扑鼻,吃了几个,顿觉整个肺腑都是甜丝丝的。嘉靖皇帝一高兴,便传谕赐封兰溪蜜枣为"冕枣",意思是枣中之王,列为贡品。兰溪蜜枣的大名立时传遍京城。

　　自从兰溪蜜枣出名后,不少人就开始加工兰溪蜜枣,以求生计。到了清宣统年间,有一个名叫吴竹三的商人开始设厂加工兰溪蜜枣,见其枣面如金丝缕缕,色泽如琥珀晶莹黄亮,灯照之下透明见核,具琥珀金丝之美,遂称"金丝琥珀蜜枣"。该名也就此广泛传开,后来就成了兰溪蜜枣的大名了。

　　金丝琥珀蜜枣选用兰溪本地所产优质颗大的青枣,枣身用刀细切丝缕,以桂花白糖或蜂蜜煎制、烘焙而成。由于选料严格,加工精细,所产蜜枣色泽金黄,缕纹如丝,形似琥珀,宝光熠熠,质地糯软,味道甜美,色、香、味、形俱佳。该枣品质优良,久贮不坏,深受广大消费者喜爱。1956年,它曾作为珍贵的兰溪土特产品向中国共产党第八次全国代表大会献礼。从 1957 年起,金丝琥珀蜜枣就畅销美国、加拿大、日本、印尼、菲律宾、泰国、印度等 40 多个国家和地区,深受国外消费者喜爱。

不过这金丝琥珀蜜枣虽然好吃,但也不能一次吃太多。蜜枣的含糖量高,达到 70% 左右。自然,金丝琥珀蜜枣的营养价值也不低,其中含有蛋白质、脂肪、碳水化合物、钙、磷、铁和多种维生素,尤以维生素 C 含量为最高,每枚枣内可含 400~600 毫克,比同等重量的梨高出 140 多倍。另外,其维生素 D 的含量也是果中之冠。该枣具有润肺、化痰、清热、生津之药用功效,因此既可做品茗茶点,也可蒸煮成蜜枣饭、蜜枣粥、蜜枣汤作进补食材,还可做招待宾客、馈赠亲友之上等礼品。所以在兰溪人心目中,金丝琥珀蜜枣的地位与金华火腿几乎是齐平的。

在了解了金丝琥珀蜜枣的特点与得名经历后,这里再讲述一则在民间流传着的有关它来历的有趣传说。

从前,兰溪白露山脚下有个财主,名叫章招财。他有良田千亩,除雇工耕种、出租盘剥外,还有山林多处,可让长工们种植瓜果、繁养蜂群,因此日子过得十分阔气。

章招财家有个老长工叫阿兴伯,因年岁大了,财主就叫他在白露山岩洞里养蜂。东家有个放牛娃叫满儿,是个孤儿,所以,阿兴伯平时格外关照满儿,两人相依为命,像亲父子一样。

一天,满儿将牛羊赶上山,太阳暖烘烘的,一阵阵枣香顺风扑面而来。满儿眼见这逐渐熟了的青枣点点发红,不觉感到肚饥嘴馋,便悄悄地用赶牛棒朝树上的枣子敲去,一时枣落满地,他捡起来吃了个痛快。忽然满儿想到阿兴伯蹲在山洞里,何不给他送些去尝尝鲜?于是他就卷起破衣角,挑拣些大青枣,高高兴兴地走进洞去。满儿正要把枣子拿出来给阿兴伯吃呢,不料章财主从后山窜过来。满儿怕被吝啬的财主看到,就急中生智,将一兜枣子倒进一只蜂蜜桶里。

满儿这点小把戏其实全被阿兴伯看到了。他怕满儿人小沉不住气,被财主看出破绽,就故意装出热情的样子,迎上前招呼章财主坐,一边故意大声训斥满儿,叫他赶紧去看牛,将他支开。章财主看周围蜜蜂一群群地嗡嗡叫,害怕被蜜蜂蜇着,哼哼唧唧地也就走了。满儿看章财主走远了,便又摘了一些枣子,给阿兴伯送去吃,自己扔到蜜桶里的那些枣子也就忘到一边去了。阿兴伯被满儿这一打岔,也将枣子丢进蜜桶里这事给忘了。

转眼冬去春来,桃红柳绿,采蜜的时节到了,阿兴伯一人忙不过来,招呼满儿来帮忙。取蜜的时候,他们发觉有一桶蜜与往常不一样,仔细一瞧,里面竟是去年满儿藏在蜂蜜中的青枣。他们取出几颗一尝,既香又甜,味道特别好。他们爷俩你一颗,我一颗,吃得津津有味。阿兴伯还逗满儿:"这还得谢你呀!要不是去年那天你眼疾手快,把枣藏在蜜里,咱爷俩怎么能吃上这么好的东西呀?"

几年后,眼看满儿长大成人,阿兴伯就想让他成家立业。阿兴伯将自己一辈子积攒的钱拿出来,交给满儿,说:"我听说到徽州做生意蛮好的,咱们辞了工,到那儿去吧。"于是他俩从章财主家辞工出来,一块落脚新安贩卖兰溪大枣。

这一年枣子大丰收,价格便宜,无奈天公不作美,雨水太大,他们本来想把卖不掉的枣子晒干收藏,可接连阴天不见日头,无法如愿。眼看大堆鲜枣就要烂掉,爷俩都犯了愁。阿兴伯忽然想到满儿当年在白露山岩洞中将青枣丢在蜂蜜桶里的事来,顿时有了主意。他笑呵呵地对满儿说:"我去买蜂蜜,你把枣子洗一洗。咱们这样……"

待阿兴伯将蜂蜜买来,满儿已把枣子洗干净。他们用一口大缸,将枣子与蜜拌匀盖好,封藏起来。经过一冬,他们便将枣子取出,挑到市上去卖。人们从未见过如此大枣,都感稀奇,纷纷买来尝鲜,不想还真好吃。没几天,一缸枣全都卖完了。待到这一年青枣又上市时,爷孙俩想,要是今年再用蜂蜜将枣儿饯过再卖,不仅价格更好,而且销路更广。可做蜜枣的时间太长了,秋天的枣要等到明年春天才能卖。是不是可以想个法儿,缩短蜜饯时间呢?

他俩琢磨了很长时间,突然想到如果用刀在青枣上划上纹路,不是可以让蜂蜜的甜味渗得快些吗?于是,他俩就试着将蜂蜜放入锅中与用刀划破皮的青枣混在一起煎煮,等蜜糖煮得起丝时起锅。为使蜂蜜不流出,他们还将枣儿压扁烘干,并给取了个美名叫"蜜枣"。这样一来,生意兴隆,两人生活也过得越来越好了。

人到老了就格外思念故乡。这一年,他俩回转兰溪,又开始经营制作蜜枣的生意。他们选择的枣儿颗颗大而壮,纹路划得丝丝均匀,放进蜜锅里文火煎煮,只只捏扁烘干,色泽黄亮,味道香甜,供应市场,惹人喜爱。据说,一颗青枣上最多可切一百三十刀呢。

这不,一车又一车的金丝琥珀蜜枣即将装车运往远方,相信在不久的将来,你就可以在你的家乡品尝到这独具风味的贡品"冕枣"了。

# 不同寻常　酒酵为上
## ——大酵馒头

　　说起馒头，人们可能并不陌生，但是说起金华大酵馒头，那知道的人可能就不多了。

　　金华大酵馒头简称金华馒头，是金华地区的传统点心。金华大酵馒头历来由专业馒头作

坊和黍作店制作，在金衢盆地内的城镇随处可见，而在盆地圈外却绝少闻见。这种精美独特的名品，地方史志中称之为邑之特产，然而，除在食货中列个名目外，却无工艺记录，它的传承靠的是辈辈师徒的口传心授。因是谋生之技，多秘不示人，甚或有传儿媳不传姑婿的陋习。直到1981年《中国小吃·浙江风味》一书问世，始见一注释中做了披露。大意是：糯末蒸成粒状干饭，凉后盛入容器，加糯米酒糟（即甜酒酿）、白糖、温水搅匀，保温发酵，见面上泛气泡有酒香时，滤汁，加少许食盐搅匀，澄清后即为窖水，用以和面制馒头。如此看来，大酵馒头的一个"酵"字，多少显露出了它的酒酵特性吧。

　　金华大酵馒头在2004年被金华市国内贸易办认定为金华名

点。大酵俗称大胶、大窖、大教，与古代"胶、窖、教"通酵，足见其历史悠久。其形制呈圆丘状，平底圆顶，底部直径约13厘米，顶高约6厘米，上印有红色图案，以标作坊字号。多淋褙以福、禄、寿喜字样，历来作为金衢盆地范围内深受城乡大众喜爱的传统笼造面食，甚至做成原只金华火腿形状的大型馒头，是祭礼供奉、喜庆筵宴、过节馈赠的必备食品。这与《晋书》《齐书》等史书所载相同，馒头是一种礼仪性的传统面食。

美食家袁枚曾深有体会地说过，做馒头"唯做酵最难，请其庖人来教，学之，卒不能松散"。说白了，难点就是发酵不起来！然而，金华大酵馒头，凭借其历史遗存的宝贵科学底蕴，恰恰完美地突破了这一难关。金华大酵馒头用酒发酵的独特品质特点是：造型丰满、端庄美观，面团发酵极其充分，酵孔非常细腻，白细如雪，面有银光，皮薄如纸，吃口松爽滋润，富有咬劲，绝不粘牙，精美可口，极易消化。其膨胀弹性之强，常令初识者瞠目结舌，为之拍案叫绝。如将一只大酵馒头握入掌中，手一张，馒头立刻像海绵似的恢复原貌，故素有"金华明珠"之誉。馒头吃起来口感松软有嚼劲，不粘牙齿，带着一股米的甜香，并且绝不怕回蒸，即使回笼再蒸，也不会失去弹性，或吸水烂掉。有位食品专家评述说："金华馒头发酵工艺独特，发酵程度极高，远胜西方面包，尤其是韧劲、弹性和滋润松糯的口感，为面包所望尘莫及。它是我国酿造工艺的明珠瑰宝、食中妙品！"

除此之外，金华馒头最显著的特点即是以玫红或大红印出来的标志。除了常见的喜庆用词"福""寿""发""吉祥"等，亦有著名作坊的独特印章，别有趣味。民间称金华馒头为"土馒头"，并以"双"为计量单位，"一双"就是"两只"。放在蒸笼里的馒头，也都是平底对平底，成双成对。顾客买的时候也都是成双成对，想来这也是一种吉祥的寓意——"好事成双"。此外一种迷你版的米做的发酵小馒头，也是论双卖，香甜膨松，迷你若鸡蛋，十分可爱。

金华大酵馒头的吃法，习惯上是回蒸后趁热夹红烧肉、走油肉、肉丸子或素菜等吃食，荤素自便，且带荷叶清香，是席上主食，也是家常便点。尤其是扣肉馒头，那味道简直就是地方一绝。把馒头沿边撕开一些，放入带油的扣肉夹紧，肉油被馒头包裹其间不易流出。此时趁热咬下，馒头特有的香甜混合着扣肉的鲜美滋味，入口即化，不油不腻，吃罢还想再吃。这种味道，想必生活在金衢盆地以外的人们是极少享受到的。

此外，民间还有油氽馒头夹油炸臭豆腐干，涮上红辣酱或甜面酱就食的吃法；也有馒头拖上蛋糊油煎后撒以花椒盐等吃法，形似面包干，香美诱人，酥脆可口；再如两只热馒头间夹香肠等肉菜，就很似西方的三明治了，正成时尚。馒头的复制品，著名的金华馒头酥，以隔夜馒头去皮后搓成屑，拌以生猪油、白糖、桂花等制成小宝塔形，清香甜美酥糯，又易消化，相传被三国时常居这里的孙权母亲所喜爱，后成为城乡传统筵席细点，沿传至今。

从历史文化传承的角度看，金华大酵馒头传入、形成的历史渊源，可追溯到两汉时期中国面点发展的早期阶段。

馒头是我国最著名的发酵面团蒸食，外国史学家视它为古代中华面食文化精华。专家考证，从春秋时期发明石磨开始，人们从粒食发展到粉食，在某个偶然的机会，面团与先此而存在的酒类接触或掺和，酒酵面团便应运而生，受人喜爱。我国古代馒头又有蒸饼、笼饼、炊饼等叫法，《齐民要术》书中"作白饼法"说："面一石。白米七八升，作粥，以白酒（即甜酒酿）六七升酵中。著火上。酒鱼眼沸，绞去滓，以和面。面起可作（白饼，即酒酵馒头）。"金华大酵馒头从古代"酏食""酒溲饼""白饼"等发展演进而来，是古老的酒醩工艺的历史遗存,也是我国南北食文化交流的实证,是中国馒头的活化石。

还有一点值得注意的是,在有关史书记述馒头的原始地区黄河流域,这类酒醩工艺食品今天已很难见到;而在远离它千百公里外的金华,却还顽强地保存着,甚至蓬勃发展,以其独特的风味魅力吸引着现代人,为人们的饮食生活添口福做贡献。

# 滋补养生　砂锅炖品
## ——金华煲

到了金华,可不能不尝"金华煲"。"金华煲"是金华市独有的美味砂锅炖品,采用二十余味名贵中药材及香料精心调制而成。味道独特,滋补养生,价廉物美,吃了不上火,目前在苏、浙、沪、湘、粤各省开有多家"金华煲庄"并极负盛名,生意红火。其中"金华火腿老鸭煲"被评为第十届浙江(国际)美食节名牌美食。

金华煲种类繁多,有蛇煲、龙凤煲、金银蹄煲、田螺煲、鸽子煲、鱼头煲、胴骨煲、排骨煲、老鸭煲、酸菜鱼煲、水参甲鱼煲、金华牛鞭煲、金华本鸡煲、金华牛杂煲、金华狗肉煲、金华石蛙煲等。

论及吃煲,可是颇有讲究的。从炎夏转入凉秋,人体常常觉得比较舒服,胃口和精神也渐渐转好,这使秋季成了一个最佳的进补季节。在这个季节,宜多食温食,少食寒凉之物,以颐养胃气,所以吃金华煲也就正当时了。可是有的人吃金华煲不得法,出现一些偏热症状,甚至引发某些疾病。所以在吃煲时,除了尝其美味外,还需要注意以下几点:

一是多放些蔬菜。金华煲主料多为肉、鱼等食物,所以还必须先后放入较多的蔬菜。蔬菜含大量维生素及叶绿素,其性多偏寒凉,不仅能消除油腻,补充冬季人体维生素的不足,还有清凉、解毒、去火的作用。但放入的蔬菜不宜久煮,这样才能保持其消火的作用。

二是适量放些豆腐。豆腐是含有石膏的一种豆制品。在煲内适当放入豆腐,不仅能补充多种微量元素,而且还可发挥石膏清热泻火、除烦、止渴的作用。

三是加些白莲。白莲不仅富含多种营养素,也是人体调补的良药。煲内适当加入白莲,这种荤素结合有助于均衡营养,有益健康。加入的白莲最好不要抽弃莲子心,因为莲子心有清心泻火的作用。

四是放点生姜。生姜能调味、抗寒。煲内可放点不去皮的生姜,因姜皮辛凉,有散火除热的作用。

五是吃火锅后饮杯清茶。这不仅可解腻清口,而且还有清火作用,但在吃过大鱼大肉的金华煲后,不宜马上饮茶,以防茶中鞣酸与蛋白质结合,影响营养物质的吸收而发生便秘。

六是吃些水果。一般来说吃火锅三四十分钟后可吃些水果。水果性凉,有良好的消火作用。餐后只要吃上一两个水果就可防止"上火"了。

# 面白似玉　汁鲜极致
## ——汤包

　　常言道"心急吃不了热豆腐"，同样，心急也吃不了金华热汤包。金华汤包历史悠久，素有"金华第一点"的美誉，也是我国南方小吃汤包中的佼佼者，深得广大食客的喜爱。

　　金华汤包以猪肉皮汁加老母鸡汁制成的皮冻和鲜肉笋丁做馅，并在笼底垫以青松蒸制。相传元末年间，朱元璋起兵打天下，在攻打婺城（金华古称）时，因元军在城门上加了万金闸，久攻未克。一天深夜，大将军常遇春猛见元兵开城门来江边挑水，就和将军胡大海趁机袭击，他用双肩扛住万金闸，让义军迅速往城里冲。时间一长，感到饿得发慌，无力支持，就招呼胡大海给他喂包子喝汤，胡大海急中生智，先给包子灌好汤再喂，自己也可以腾出一只手来托万金闸，终于夺得胜利。就这样，包子里加汤的吃法在婺城传开了。经历代厨师的不断改进，金华汤包也就沿传下来了。

　　金华汤包皮薄洁白，有透明之感。包子的褶子精工捏制，均匀质美。搁在盘中，汤包似白菊，抬箸夹起来，悬如灯笼。其既以"汤"名，自然少不了内中鲜汤了。在吃的时候，应特别注意要在包子上先咬开一个小口子,然后将汤吸吮干净,方可大口咬下。如果不注意,直接从中间一咬,那汤就会迸溅开来,弄得身上尽是汤汁,狼狈万分,有所不雅。因此,吃汤包必须掌握好技巧,如果一心两用,随口咬之,那鲜味虽已尝到,但形象可就遭了殃了。

# 葱肉层叠　鸡蛋灌汤
## ——鸡子馃

鸡子馃也叫鸡蛋饼,金华各地均有摊店制作出售,而以兰溪鸡子馃最为著名。到了兰溪的客人,问起当地人有何特色小吃时,估计99%的人都会回答是鸡子馃。这也难怪,作为土生土长的兰溪人,鸡子馃可是他们平时最喜爱的食物之一。无论春夏秋冬、严寒酷暑,兰溪人总喜欢熬点白粥,配点小菜,再弄上一两个鸡子馃,边吃边聊,一顿正餐也就这样解决掉了。

作为兰溪著名的风味食品,鸡子馃的制作颇为讲究。制作时,先用面皮包入鲜板油、肉和鲜葱做馅,在平底锅里煎熟后于馃皮上戳一小孔,倾入搅匀之生鸡蛋,再煎熟成

"两面黄"便可。鸡子馃肉馅要肥瘦搭配,葱不能过细,面要和得软,皮要擀薄如纸,板油下锅,炭火文煎,馃皮色泽金黄,馅心嫩爽,咬之松脆,即为上品。

鸡子馃的妙处在于一个字:香。油,必须是用当年的农家菜籽油。馃内的馅是三大内容:猪肉铺底,足足一大把葱,还有就是鸡子(蛋)。皮,是薄薄的,薄到能透过去看到青青的葱,状若小姑娘

的嫩手,粉粉的,透出一点青筋。鸡子在包馃的时候是不放入的,这是其最大特点!等到将它放入油锅两面稍煎,壳有些硬,挺了,才把皮挑开一个小口子,将调了酱油、味精的鸡子注入其中。葱是中空的,相互之间也有些空隙,蛋液就存留在这些间隙里,被慢慢地煎熟。

菜籽油煎出的鸡子和葱的香味,是异常地浓郁。隔一条街就能钻入你的鼻孔,肚中有只手就不停地抓挠着你的胃——怎么才吃了饭就饿了呢?

要说鸡子馃的真正来历,没人说得清。当地一家做鸡子馃生意的兰庆鸡子馃店店主朱兰庆为了挖掘兰溪鸡子馃的历史文化内涵,寻找了大量关于兰溪历史的资料,最后在李渔的《闲情偶寄》中发现了一些线索。

李渔喜食水果,首推杨梅,而点心则独钟鸡子馃。他在《闲情偶寄》一书中多次提到鸡子馃,认为是点心中的珍品,百品不厌。可能有人知道,李渔原先可是非常讨厌葱的,那怎么后来反而爱上了以葱作为重要原材料的鸡子馃了呢?其中有个很有意思的小故事。

300多年前,明末清初的时候,兰溪出了个著名戏曲家李渔。据说,崇尚美食的李渔偏偏对葱、蒜、韭有看法,认为"葱、蒜、韭能秽人齿颊及肠胃"而有"一生绝三物不食"之戒。谁知有一年新春,李渔忽然外感风寒,鼻塞流涕,头痛身子疼,卧床难起。于是,家里人按民间偏方,做了碗葱白汤给他喝,以散风祛寒,可是李渔坚决不肯喝。三天了仍无起色,急得一家人团团转。这时,家中有一个叫乔姬的女孩子,生性聪慧,她想到李渔平时喜欢每天吃一餐面食,又有爱吃鸡蛋的习惯,就如此这般做蛋馅馃,并填入许多葱花。阵阵清香很快吊起李渔的胃口,乔姬又趁热一口一口地喂他吃。睡眼惺忪的李渔,只觉越吃越香,开胃又通鼻,竟未察觉其馅中的葱末。一觉醒来,经葱性一发散,李渔风寒尽散,病很快好了。这时乔姬才将她用重葱祛风寒的事,说了个水落石出。李渔从此改变了对葱的看法,而兰溪鸡子馃也就流传下来了。

随着兰溪鸡子馃知名度的提升,慕名来兰溪吃鸡子馃的人很多,绝大多数是高兴而来、满意而去。就连初到兰溪的老外,都对鸡子馃赞不绝口,饱尝之余,再买两个带走。不过这鸡子馃呀,可要趁热吃才好。一旦装袋带走,热气被包在袋子里形成了水汽,把那脆脆的馃皮给弄软了,胖胖的鸡子馃不一会也就瘪掉了。自然,凡事都有例外,有些牙口不好的当地老人,反而喜欢这种吃法,因为咬起来不显硬。至于鸡子馃的生意,那看看每天在兰庆鸡子馃店里排队的人就知道了,特别是 2004 年 7 月 13 日,央视二台《劳动就业》栏目播出了专题片《鸡子馃大世界》后,兰溪的鸡子馃名声就更大了。

# 民间补品　百姓大爱
## ——红糖

红糖,榨取于糖蔗。义乌用糖蔗榨制红糖已有300多年的历史。据本县合作乡店里村《贾氏宗谱》记载:"贾维承,号明山,生于明万历甲辰年(1604)。成人后,人刚毅,善学善识,广游四方,交友甚多。于清顺治年间,客游闽越,时值绞蔗做糖,便专心留意,摹其木制糖车式样,教人仿做成功,取其糖蔗绞榨红糖。邑人享其美,利至今。"

义乌红糖色泽嫩黄而略带青色,故又名义乌青,质地松软,散似细沙,纯洁无渣,甘甜味鲜,清香可口。义乌红糖传统的加工方法,是用牛拉木车绞蔗汁(近年多改动力压榨),用柴烧铁锅煎熬制糖。因未经提纯,保留的养分较多,营养价值胜于白糖。据分析,每500克红糖中,含钙190毫克,为白糖的9倍;含磷300毫克、铁38.5毫克,均为白糖的4倍;含葡萄糖为白糖的19倍;蛋白质及人体所需的锰、锌等微量元素也比白糖多;此外,还含有胡萝卜素、核黄素和烟酸等成分。红糖具有舒筋活血、驱寒去湿、暖胃强身等诸多功效。产妇食之,能恢复元气,丰富乳汁。患急性肝炎的病人适当服用红糖,能减少体内蛋白质消耗,使肝细胞再生。

义乌红糖早在1929年的西湖博览会上就被授予了特别奖,为义乌著名的大宗土产品,民国18年曾获西湖博览会特等奖。据《洋川贾氏宗谱》记载,义乌种蔗制糖始于清顺治年间(1644—1661)。最盛时期在20世纪三四十年代。民国35年(1946),种蔗面积便达6.67万亩,产红糖约1万吨。新中国成立前,因销路和政策的影响,生产屡有起伏。1950年种植2.16万亩,1954年5.79万亩,1966年1.71万亩,到70年代种蔗面积在2万亩上下。80年代,种植面积稳定在3万亩左右。由于推广赣蔗1号、川蔗10号等良种和地膜覆盖等栽培技术,鲜蔗亩产量从解放初期的2 000~2 500千克提高到5 000千克以上,总产量增加了1.5倍。随着现代化糖厂的发展,糖蔗多用于机制白糖,红糖产量相应减少。1988年,供销部门曾收购了1 525吨。除供应当地市场外,义乌红糖主要销往杭州、宁波、上海、江苏、江西、安徽等地。

历史上,最初义乌红糖的生产规模小,生产工具和工艺技术都十分落后,产的糖数量少,质量差,是为自食自用的自给性生产,逢好年景,农民除自食自用外,也挑往集市,少量出售。待红糖生产有一定规模的发展以后,红糖市场开始出现,由此义乌红糖也走出了一条曲折的发展之路,折射出了今日社会繁荣的不易。

出县城往西南30里的佛堂镇,由于水上运输方便,历史上是商业较发达的集镇,也是红糖的主要集散地。每当红糖上市旺季,县内外客商云集,来自外地的客商主要有兰溪朱正大行,年运销量少则十几万斤,多则几十万斤。本地经营红糖业务的主要是南货栈业,只搞零售,个别资本稍雄厚的也兼外销。如原佛堂镇瑞祥泰店主、原工商业者王宗海和糖行老板裘仲豪合资经营,并借助上海糖行的势力,把红糖运销江苏、安徽、江西等地。这种联合经营的组织和方式一出现,"生意经"也就比较讲究了,如把红糖划分等级,按级定价,同时既搞零售,也搞批发。由于红糖质量划分的严格化,经营范围的扩大化,"义乌青"在外地市场和其他"青"种的竞争中,逐步显示了威力,名气也不断提高。

日寇侵入浙江以后,各地交通闭塞、民不聊生、市场萧条,红糖的生产和销售也受到了极大的冲击。市场红糖奇缺,价格暴涨,曾出现一担红糖十担谷的比价。于是一些不法商人以次充好,掺假使杂等行为也时有发生,"义乌青"的声誉也受到影响。

抗战胜利以后,外省食糖流入浙江市场,红糖滞销,卖糖难成了糖农的一大心病,压抑了糖农的生产积极性,红糖生产一年不如一年。到1949年全县红糖产量仅7万担左右。

新中国成立以后,红糖生产迅速发展。到1954年,全县红糖生产量已达18万担。生产发展了,市场又活跃了,购销业务十分兴旺。据统计,当年全县、乡两级供销社共有25个红糖收购点,另外还组织下乡巡回收购,旺收季节每日收红糖1 500多担。县工商联在政府有关部门的支持和组织下,红糖购销工作非常活跃,协助各地收购点快收快调,今天收,明天调,将红糖运销杭州、嘉兴、宁波、舟山、金华等地,成绩显著。从那时起,义乌红糖声誉大振,产、销量占全省数量的三分之一还多,成为全省红糖的主要产区。1982年,全县食糖生产量达到29万担,比1949年增长4.2倍。

随着工业的发展,义乌糖的加工也经历了从纯手工、半机械化到机械化的发展过程。据民国9年《义乌县志》残稿记载:"制糖厂民国六年在佛堂镇开办,颇著成效。"但只此一句,详情已不可知。可能时间很短,规模很小,因此也没有把情况详记下来。抗日前普遍采用牛拉木车(或石头滚子)的落后办法榨糖的时候,在当时的义亭镇有个上海人开始用压榨机榨糖,效率倍增。使这个村的农民尝到了体力消耗省、工效高的甜头，让他们大开了眼界。接着佛堂镇又有人开始用改良办法制取赤砂糖。直到1933年，当时的省政府拨了部分款子，由县实业科长肖家点兼主任委员，在江湾村开始办机制糖厂，用机械压榨，用离心机制取白糖，并加工冰糖。这在当时是一件很新鲜的事，周围的农民去看的很多。但这个厂不仅规模很小，更由于糖水榨不干净，经济效益很差，后不得不采用直接向农民收购糖水制糖的办法。抗战开始，这个厂迁移到了丽水。

新中国成立后，党和政府为了提高义乌糖的质量和解决农民的繁重体力劳动问题，曾做过很多努力。1956年前后，义亭的雅文楼、王宅乡的东山、合作乡的晓联办了半机械化糖厂，用动力压榨，用改进了的土法熬糖，制的仍然是红糖。直到1965年12月，一座日榨鲜蔗500吨的完全机械化的糖厂，终于在佛堂镇西北的杨宅村附近拔地而起（1982年已扩大为日处理1 000吨）。与此同时，在广大农村也逐步推广了机械压榨。到20世纪70年代，几百年来的牛拉土榨办法已彻底被淘汰。过去2个多月的榨期现在只要20天左右就可以结束加工。糖农再不用担心绞糖时受低温冷冻而遭受损失了。

红糖除食用、药用外，在制作义乌传统食品"年糖"中也发挥了大作用。义乌风俗，每年腊月，家家户户用米、粟、花生、豆、芝麻等烘炒、炮烙和拌上调煮的红糖，制成冻米糖、粟米糖、芝麻糖、花生糖等多种"年糖"。年年如此，代代相传。人们说这是迎新年除旧岁的一种标志，也是庄稼人一年辛勤劳动的成果，为新春佳节增添食品花样，丰富了节日生活。因此，切糖、杀猪、酿酒素来被称为义乌农家"三乐"。

对于糖蔗的综合利用，从1954年开始便被重视。当时的县专卖公司和协和酒坊职工，在政府的支持和帮助下，利用糖沫酿制烧酒，并试验成功。酿制烧酒的糖沫，是制作红糖的副产品。红糖煎制时，有一层渣滓浮在糖水上面，为保证红糖质量，必须将其捞出。过去都将捞出的渣滓作为废物遗弃。用来酿制烧酒以后，不仅废物利用，变废为宝，而且糖沫烧酒出酒率高，质量好，其味甜美可口，真可谓是既经济又实惠。糖沫制酒后还能提炼蔗蜡。1983年提炼蔗蜡56吨，产值达30多万元。

继酿制糖沫烧酒以后，又从糖壳中酿制成了糖壳烧酒。到1983年，仅义乌糖厂一家，利用糖蔗的副产品酿制的烧酒就近万担。至于用糖蔗渣造纸、养茹等的综合利用，目前也已到处可见。可以预见，随着科学技术的提高，生产力的进一步解放，糖蔗的综合利用将出现更为广阔的前景。

# 满汉全席　民间制作
## ——筵席"十二横签"

每逢喜庆宴请，浦江当地的民众喜欢亲朋好友聚在一起，在欢声笑语、喜气洋洋的氛围中，共品"十二横签"。"十二横签"真可称得上是浦江版的"满汉全席"，作为民间招待贵宾的高规格酒席，非常体面，不仅筵席庞大，酒菜丰盛，而且山珍海味、菜肴点心、瓜果蔬菜无所不有，排场也十分讲究，礼仪相当隆重。

"十二横签"菜式众多，包括12个冷盘、4道荤菜、4种水果、4种糖果(包括瓜子、花生两盘)，另有12道流水汤菜，其中10道为咸，2道为甜，主菜不重复，此外，还有配汤菜的点心5种。在"十二横签"的冷盘中，除瓜子、花生外其他冷菜很少被食用。因此，冷盘在两三天的筵席当中可持续使用。瓜子是在席间食用的，席中可以添盘。而花生是席后携带的，是让宾客携带应付家中小孩的小果点。据一些年长者介绍，那时候物质生活并不富有，许多宾客吃完酒席后都要带一点席上的小果点给家中孩子尝尝。

12道流水汤菜中，最先上的是大栗鸡，最后扫桌的是银鱼汤，还有焐肉、全鸡、全鸭及其他山珍海味。流水汤菜中以鸡肫、腰花、银鱼等汤菜最

为出色。5种点心与五样五食、八盘八碗等民间通行筵席并无两样,有馒头、小麦夹果、杨梅果、粽子、馄饨等,一般以馄饨作最后的点心。比较讲究的"十二横签"还会上4样其他浦江特色点心,这样就成了"十六横签"。不过,从"十二横签"上升到"十六横签",主要的区别不在点心,而在于汤菜也从12道增加到16道(增加咸的2道,甜的2道)。由于汤菜用料不能相同,所以增加的4道菜只能选取高档食材如鱼翅、燕窝等,因此"十六横签"不是一般人家及厨师能够烹调的。

大栗鸡是"十二横签"中必不可少的一道菜。大栗即板栗,鸡为土鸡,将鸡宰杀洗净后,连同去皮栗,置于煲中,煲置于加水的锅中,旺火烧之,香气溢出后,小火慢炖,骨脱即可上桌。端上桌,鸡肉鲜嫩有韧性,板栗绵糯味粉甜,色泽金黄,味道鲜美,可谓是一道美味佳肴。还有一道称之为"十全十美"的菜,取豆腐皮一张,用温水浸湿摊开,用肉、豆腐、芹菜杆、鱼肉等10种原料捣碎作馅,放于豆腐皮上,卷起蒸熟晾干切成段,煮沸数分钟后上桌。虽然料多,但吃起来的味道却十分鲜美。大栗鸡、十全十美,由于做法独特,味道别致,深受广大食客的喜爱,至今在浦江的一些农家还能尝到。

在"十二横签"的宴席中,有一道菜十分特别,因为它不是供人吃的,而是纯粹供宾客清洗调羹所用,名叫"青龙过江",其实是一大碗开水加上葱花蒜苗的清汤。这是在咸味的汤菜吃后过渡到吃甜的食物时,用于清洗调羹的,以免咸甜混杂,口感不好。这充分反映了浦江民间饮食的高雅和讲究,令人印象深刻。

虽然"十二横签"的规格高档,菜品丰富,但是其发源却恰恰体现了当地人互帮互助的淳朴之风。由于旧时受物质生活水平限制,浦江当地的各家各户碗碟有限,在办婚嫁、居屋等大事筵席时,须向村中各户借碗盏。为此各家各户的碗碟都在碗碟底标以名号,以便在取回时分辨。但由于"十二横签"等上等筵席使用的碗碟等甚多,靠借和厨师租带仍不能应付,只好在筵席中采用流水的方式,上一道汤菜就要下一道汤菜,形成"十二横签"流水席。当然由于以往宴请采用八仙桌,"十二横签"等冷盘已摆满一桌,汤菜一股脑儿全上,八仙桌也已不能摆放,这也是流水席形成的原因之一了。

# 街头巷尾　独家记忆
## ——拉拉面

　　金华的面馆里总是不乏善于品味之人，尤其是金华拉拉面，更是不乏忠实粉丝。这种面点上至高档的酒楼餐厅，下至菜场街头的简陋小店，都可以很方便地找到。这种面点经济实惠，肚子饿时吃上一碗，其中的滋味可以让你回味半天。

　　金华拉拉面俗称水牵面，是一种预先揉好、富有咸性的面团，吃时切下数条，经手工拉打，反复多次，拉成粗细适中、熟后极富咬劲的特种面条。雪菜肉丝或青菜肉丝是当地食客常点的浇头料，如果要高档一些，可以选择肉片、笋片、香菇或木耳、番茄等浇头。吃的时候，先呷上一口鲜汤，各种食材的味道伴着面食特有的充实感，瞬间占据味蕾。

　　由于拉拉面制作简单、食用方便，因而在金华各地都可以找到，比如义乌有种手牵面也叫拉拉面。手牵面是用优质面粉加入少量食盐，用水揉成软面，放置一定时间，搓成若干小段，用菜油抹上,上覆湿巾制成的。煮食时把面拉成长条,随拉随扔,放沸水中煮熟后,加佐料即可食用。

　　此外,由拉拉面衍生出来的面食品种也有不少,典型的如面鳅。面鳅的做法是把面粉揉成面团后,用擀面杖擀薄,折叠起来,切成细条,加入蔬菜等。复煮三沸后,即可食用。

# 长而不断　一根到底
## ——潘周家手工面

一碗热气腾腾的面条,用筷子一探,满满一碗,却只有一根面条,这就是潘周家手工面的特色。它又名长寿面,是纯手工制作而成的,具有煮时不糊、柔软滑润、嚼不粘齿的特点,长期食用有和中养胃之功效。潘周家村的手工面以长、韧著称,一根面条有几公里长,一根面条可烧一大锅,曾经被中央电视台的《致富经》栏目介绍过。

浦江县城北二十余里,一岭横亘。以岭为界,当地百姓称岭北为"山里"。"山里"平均气温比"山外"低 3℃左右,过去交通不便,经济也差之一筹。潘周家村即在"山里"深处。

潘周家村以潘、周两姓居多,其实是两个村,一个叫周家村,一个叫潘家村。行政上仍属两村,但两姓混居,早分不清村界。又同以面闻名,故统称潘周家村。据家谱资料记载,周家是宋朝时从杭州迁来的,距今已有 770 多年历史。潘家是明朝时从古徽州迁来的,已有 410 余年历史。这个村过去默默无闻,现在却凭借一碗农家手工面名声远扬,被

冠以"面条村"之名。

该村制面历史可上溯600年,基本家家户户都会拉面。与其他面条不同的是,这里的"一根面"神得很,10公斤面粉可以拉成一根面,50公斤面粉也能拉成一根面。在这"一根面"的养育下,该村人才绵延不断。据说清朝嘉庆皇帝的老师就曾经师从周家一位老先生,而潘家仅在清朝就出过55个秀才。现如今,该村在国外留学及获得博士学位的人也为数不少。不过在走出山村的同时,勤劳的潘周家村人至今仍保留着做手工面的绝活。这里的手工面以长、细韧、滑而闻名浦江全县,一根面条拉上几公里长都没问题。一根面条烧一大锅的趣事,还上了浙江电视台。

做手工面,温度需适宜。一般而言,一年只有5个月的开工时间。据当地人介绍,做手工面讲究的是手上功夫。把面粉变成手工面,要经过和面、打面、揉面、切面、盘面、发酵、上橱、和酵、拉面、晒面等10多道工序,差不多要24小时才能制造完成。尤其是晒面这一环节,全看天操作。一旦天气较好,晒场上就会密密麻麻摆开数十个面架,一道道洁白的面条如瀑布般从那长两米多、高一米七八左右的面架上斜挂而下。当地村民能够熟练地用两根竹条将面从顶部分开,往下一捋,一条面便被分为细细的两半,这过程就叫拉面,也是门技术活。技术高的村民,拉一个面架的面,断不了几根。拉好面后就是晒面,这个过程中需要人时刻盯着,一旦达到合适的干度,需立刻收面,不然就容易碎了。

当地文化老人潘瑛有诗赞曰:"山环水抱古盘洲,历史名村美誉收;莫说风光斯地好,世传手面闻九州。"好吃的潘周家手工面,你是否想再来一碗呢?

# 淳朴风俗　节约典范
## ——沃面

在金华，勤俭节约的典范不少，却没有哪一种风物能够像东阳沃面一般"节约"，什么东西都可放在里面烧。这也成了东阳沃面的最大特点。

不过在这里首先需要指出的是，东阳沃面中间这个"沃"字，在金华方言里被念成"ao"，其实也就是"熬"的意思。如果查字典是没有这样的发音的，估计是字读半边的结果吧。

东阳沃面的产生与人民大众的勤俭朴实息息相关。在东阳早期民间，人们习惯把吃剩下的菜、汤用来煮面条，然后加入番薯淀粉制成糊面，既易消化吸收，又富含营养。随着生活条件的日益改善，经厨师们的精心制作，东阳沃面的配料也逐渐增多，有虾、肚片、鸡蛋皮、香肠、青菜等，成为现今的一大特色，独具东阳风味。如今在金华一带，宴请贵客时最后的主食常常是一碗东阳沃面。

# 似虫非虫　实在美味
## ——米筛爬

初到浦江的外乡人,乍一听"米筛爬"这个名字,估计会"丈二和尚摸不着头脑",不知其为何物,更有甚者会联想到某种小动物。殊不知这"米筛爬"非但不是虫子,而且是种看了不忍吃、吃了还想吃的独具特色的浦江民间小面食。

"米筛爬"不仅名字独特,而且其来源也带有浓重的乡土气息。相传很久很久以前,浦江乡间夏秋时农事繁重,一位聪明勤快的主妇烧好面食后,却因丈夫农活没有做完而迟迟未归,导致煮好的面放久了就成了一锅面糊。这位农妇就动了脑筋,心想整天吃面糊的丈夫怎么能有力气干活呢?有一天,她在揉面时,她的小孩也摘了

一小团面在一把米筛上揉,结果小孩的面上布满了雕花般的小眼,煞是好看。于是,这位农妇突发奇想,把面摘成一个个小疙瘩,学着小孩样在米筛上一摁一捺,不一会儿,一个个好看的雕花般小物件就在她手指下出来了。做好后,农妇就把它放入预先烧开了的水锅里慢煮,灶膛里埋上一把柴火,结果不但不糊了,而且越煮越香。迟归的丈夫问这是什么面食呀,农妇随口说这是米筛上

爬出来的叫"米筛爬"。这种美味的面食从此就在浦江当地风行开来了。

"米筛爬"的制作也同样十分有趣。先是把面粉揉成一团,搓成一指宽面条,再摘下一小团,搓成小长条,用大拇指在米筛上一摁一卷,而后轻轻一滚动,一个小巧玲珑的米筛爬便诞生了。这一摁一卷一滚都得在短时间内完成,其形状如一个椭圆的小铃铛。在米筛爬里,伴煮干萝卜片、干豆荚、冬笋、香菇、排骨,再放入葱花、大蒜、姜丝等,想想都让人口水直流。

与浦江"米筛爬"结缘的还有不少名人,就连周恩来有次来杭州,吃了一次浦江的"米筛爬",都赞不绝口。同样与"米筛爬"结缘的还有大文学家鲁迅先生。相传鲁迅先生1927年从北京到上海,在上海的一个浦江籍作家、抗战中成为著名战地记者的曹聚仁家中吃饭,曹氏夫人即以"米筛爬"招待。后来鲁迅夫人许广平抱着公子周海婴也去吃过。据曹氏夫人回忆,鲁迅夫妇都说"米筛爬"很好吃,又韧又烂,咀嚼起来口感很好,不愧为江南美食。

除了名人喜爱"米筛爬"外,据说连外国朋友也喜欢这种美食。有一年书画节期间,有一位外国友人来浦江"江南第一家"旅游,忽闻一股异香,只见街上一家小吃店门口支着一只小铁锅,锅里翻滚着一个个"米筛爬",就像池塘里的小鱼在上下游动一样有趣好看。老外不知此为何物,就想买一碗吃,原以为这种雕花的"米筛爬"很贵,一问才5元钱一碗。他看着碗里一个个卡通般的"米筛爬"不忍下筷,吃了一碗后感觉意犹未尽,于是一口气连吃了两碗,吃毕,伸出大拇指"OK""OK",一个劲地夸浦江人聪明,不愧为中国民俗文化之乡,连小小的面团上都要雕上一个个精美的花纹,好看又好吃。看来连老外也挡不住"米筛爬"的诱惑啊!

# 满背筛花　腹内两疤
## ——荞麦老鼠

金华的美食从来不乏惊喜，金华人的聪明才智和创新同样体现在了日常食物里。看过了"米筛爬"后，接下来的荞麦老鼠应该会给我们带来更为震撼的效果。

如果说"米筛爬"让人联想到的是虫子，那你听了"荞麦老鼠"后估计脸色都要铁青了，指不定暗想金华人怎么都喜欢这么奇奇怪怪的食物原料。但如果你这么想，那可就大错特错了，因为这"荞麦老鼠"不仅不让人倒胃口，而且吃起来味道非常好，不少品尝过的外地游客都对它倾情不已呢。

荞麦老鼠也是一种面食，用荞麦粉做成，因形似小老鼠而得名。制作时，先和好荞麦团，然后将其搓成大拇指粗的面条，切成寸许小段，以中、食二指夹取面团，在米筛上按卷成中空，即成"满背筛花，腹内两疤"，外成筛孔花纹面块。要吃时，将其入沸水与时令蔬菜同煮即可。

荞麦老鼠好吃的秘诀首先要选好水分充足的萝卜，拔成丝状，再选上好的牛肉切丝，将萝卜丝和牛肉加猪油翻炒，萝卜和牛肉的香味出来之后，放进荞麦老鼠，加水煮，最后再放上青葱、生姜等调味料出锅。

# 皮嫩馅香　厚薄齐备
## ——肉麦饼

在金华大地上，有一种东西可以说是当地人民的最爱，那就是麦饼。而在这其中，尤以永康麦饼最为著名。

说到永康麦饼，恐怕大多数人都不会陌生。但你可知道，在永康，经典的麦饼其实有两种，一种称为肉麦饼，另一种称为小麦饼。两种麦饼名称相近，风味却不尽相同。

永康肉麦饼是一种馅饼，外地人称"永康食果"。永康农家在丰收喜庆季节有制作肉麦饼作为佐餐的传统。烤肉麦饼的锅大多采用浅而平的烤盘，这样烤熟的肉麦饼饼体饱满、皮黄带软，食之满口香脆。肉麦饼因物美价廉、经济实惠甚得人们喜爱，凡是到过永康的人，总不免要品尝几个。

相传北宋兵部侍郎胡则就很喜欢吃肉麦饼，回到故里，总要吃上几只。胡则(963—1039)，字子正，浙江永康人，自幼果敢有才气，曾在方岩僧舍读书，为婺州有史以来第一个取得进士功名的文人。他一生做了四十年官，历任太宗、仁宗、真宗三朝，先后知浔州、睦州、温州、福州、杭州、陈州，任尚书户部员外郎、礼部郎中、工部侍郎、兵部侍郎等官职。力仁政，宽刑狱，减赋税，除弊端。范仲淹为其作铭曰：进以功，退以寿，义可书，名不朽，百年之为兮千载后。施志俊说，历史上的胡则宽刑薄赋、清正廉明、政绩斐然；就连毛主席，也都赞扬其"为官一任，造福一方"。

既然胡则都爱吃肉麦饼，当地人自然更是喜爱有加了。在永康，只要你爱吃，基本天天都能吃上肉麦饼。至今永康旅外人士能做肉麦饼者，兴致来时同样要做点肉麦饼吃个过瘾；旅外人士回故里，家乡亲人也喜欢烤几个肉麦饼供亲人品尝。

若论肉麦饼的特色，一是外形美，二是火候恰到好处，三是馅料独特，四是辅料搭配适中。肉麦饼闻之香气撩人，观之色泽诱人，食之油而不腻。肉麦饼的皮薄，柔韧，有弹性，却又有密密的褶，二花聚顶般在圆心处收拢，旁边则如层层花瓣，匀称地散开去，再加上永康特有的九头芥菜生和菜干，切得细细的，包入其中。当然也有人不爱吃肉，于是肉麦饼就有了许多花样：豆腐馅儿的，土豆馅儿的，豆角馅儿的……令人食指大动，欲罢不能。

# 饼大如钵　不易变质
## ——小麦饼

　　说罢了肉麦饼，再来看看永康的另一特色麦饼，肉麦饼的"孪生兄弟"——小麦饼。从某种程度上来说，这小麦饼可比肉麦饼金贵，因为肉麦饼天天可以买到，这小麦饼就不是平时能吃到的了，须得等到逢年过节或喜庆筵席时方可尝到。

　　永康小麦饼圆如盆，大如钵，薄如纸，韧如皮，卷而不裂，用巾包藏，一周仍韧而软，不会变质。这小麦饼相传是北宋年间胡公在宁夏担任督粮官时发明的。那时宋朝的军队在宁夏前线作战，以吃窝窝头、烙饼等干粮为主。一天，胡公正在赶制烙饼的大伙房视察，不慎碰倒了搁在面板上的盐罐子，面粉掺进了食盐，和好的面团变得特别柔韧耐擀。伙夫们又是扭转面团，又是使劲用面杖碾压，直把面团擀得薄如纸片仍不见豁口破裂。下锅烙好以后胡公尝了一口，只觉得又香又软，比普通的烙饼好吃多了。

　　十多年后，胡公丁忧回到永康，在母亲应氏的墓旁搭了间草棚守灵尽孝，每天生火做饭甚是麻烦，忽然想起当年在宁夏督粮时吃过的薄饼,就让家人如法炮制,并在上面搁些萝卜丝、豆芽之类的素菜,卷起来当饭吃。乡亲邻里见这种饼又方便又好吃,便争相效仿,不多久就在全县流传开来。

如今,小麦饼已在永康流传了上千年,其制作工艺越来越精,无论量还是质都有严格规定:一斤面粉加二两食盐,烤 20 多个饼;每个直径 30 厘米左右;用慢火烘烤,翻转要勤,受热要均匀。芝英、唐先等地生产的小麦饼,圆如满月,薄如织锦,软如柔纱,表面布满焦黄的小芝麻,品质尤佳。食用时,可根据个人口味选择馅料,鸡蛋、豆腐、豆芽、粉丝、白笋、胡萝卜、白萝卜、三文鱼、牛、羊、猪肉等自由搭配。当然,还有最重要的一点,卷小麦饼的馅可以不放盐,因为饼是咸的。等放好了馅儿,把小麦饼卷成圆筒,就成了永康餐桌上一道独特的风景。

# 薄香鲜大　物美价廉
## ——浦江麦饼

　　除了永康麦饼外，浦江麦饼也可以说是独具特色。浦江麦饼是浦江特色小吃之一，历史悠久，用料简单，家喻户晓。浦江人经常用麦饼来招待客人，每年的正月十五家家户户都会吃麦饼。那时家家户户窗口飘出诱人的味道，煞是一道"风景"。以往精心制作的麦饼，大部分是豆腐加蔬菜，外面包的是薄薄的麦粉皮，为了不粘锅，通常"揩"了点油，显得"油光可鉴"，象征团圆幸福。如今，跟随消费时尚化的潮流，麦饼的制作"工艺"已逐渐考究，小小麦饼甚至还加入了以往人们忽略了的鸡蛋等馅儿。

　　说起来，浦江麦饼的最大特点还是大、薄、香、鲜。我们平时吃到的麦饼直径只有二三十厘米，浦江麦饼大的可以有近五十厘米。浦江麦饼薄得外面隐约可以看见里边的馅，外表却依旧完好，不破不损，可见它的薄度。浦江麦饼需放进锅里急火猛油煎烤烫制，成品外表脆黄酥软，里边馅香味鲜，食之不腻不肥，尝者无不为之倾倒，称之为天下美食。

# 油而不腻 双层麦饼
## ——东河肉饼

东河肉饼由上下两层饼粘连，中间夹肥肉与青葱，饼薄如宣纸。东河肉饼以油而不腻、色泽光鲜闻名，是义乌小吃的一绝。不过，如果按其做法来称呼，不如叫"双层夹肉麦饼"更为贴切。东河肉饼边缘薄如纸，色如琥珀，单个直径约 25 厘米。

和别的特色小吃一样，东河肉饼的来历也有传说。相传清康熙年间，一位东河籍的显贵跟随京城的宦官巡游东河香山寺。在

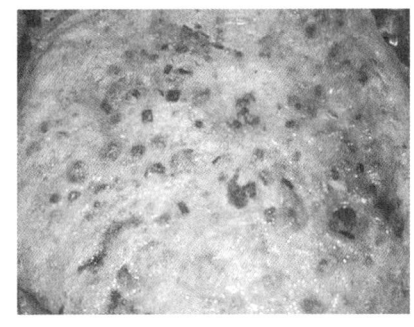

招待宦官的宴席上，他安排了一道面点小吃。宦官品尝后，连声叫绝。这道面点小吃便是东河肉饼。至于东河肉饼是何人最先做的，已无从考证。

东河肉饼好吃，与其用料和做工精细密不可分。面粉要上等的，和面前，按每公斤面粉加 40~50 克盐的比例配好料，揉成面团，放置约 10 分钟后再搓成手腕粗细的长条，摘成小孩子拳头般大小的小面团（每公斤面团摘成 50 个左右为佳）。之后，把小面团放在搓面板上风干五六分钟，用手轻按小面团有一种特别的韧劲时，才是最适合制作的时候。东河肉饼的馅是用肥肉、葱、盐、味精混合后剁成的细馅泥。

制作时,取两个小面团,用手压成 1 厘米左右的小面饼,在两块面团中间加入适量馅泥,左手捏饼身,右手扯饼沿,一上一下、一正一反地旋转拉扯面饼,直至细馅中的青葱透过扯得薄薄的饼面能看出轮廓为止。肉饼的直径约 25 厘米,饼的边缘可用薄纸来形容。

煎饼用的是平底锅,讲究受热均匀。有经验的师傅在煎制时会先用猛火将锅烧烫,再用文火烧制,锅内涂少许荤油,放入制作成型的肉饼,待颜色成琥珀色后,即可出锅食用。

# 简简单单　方便易食
## ——麦拓糊

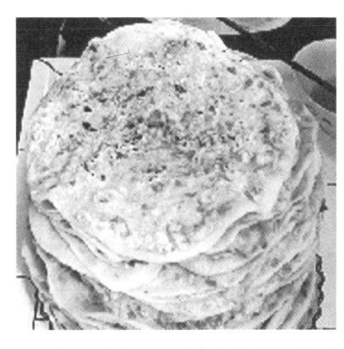

在义乌农家,经常可以看到这样一幕:灶塘的柴火已经将黑色的大锅烧热,刚在锅内涂上的一层油开始冒烟。"嗨——"一勺厚稠的白色面糊倒进了锅里,小心地用铲子将面糊摊开,摊成一个薄薄的圆饼状。稍等一会儿,试着轻轻拉起面皮,已经连成一片,就将它从锅壁撕下,迅速翻转,将面饼的另一面在锅内烤熟,很快一个金黄的饼就烤好了。再把红糖、蜂蜜等佐料涂满面饼的一边,将之卷成筒状,即可食用。这就是义乌农家常见的小吃"麦拓糊"。

麦拓糊以优质麦粉为原料,加水调成厚糊状,涂入热锅中,拓成薄圆饼,裹以蔬菜、红糖、蜂蜜等,卷成筒状即为佳肴。当然,麦拓糊的吃法也有很多种,不仅可以裹以红糖、蜂蜜等甜食,也可以裹以蔬菜、卤肉等咸食,或直接在面糊里加上盐和葱,烤出一个咸的麦拓糊。

# 清香甜酥　清热解毒
## ——宣莲羹

　　一碗碗糯糯清爽的羹汤,一口口清香甜酥的味道,想必是每个人都希望在夏日午后得到的一种享受吧。这种享受,便可由武义宣莲羹带来。

　　武义宣莲羹是用当地的宣莲所制,其味清香甜酥,冷热食皆宜,而且营养丰富、清热解毒。宣莲羹的做法也不难,材料以干银耳、红枣(去核)、莲子(去芯)、冰糖为主。先将银耳用凉水冲洗干净,放入碗中用温水浸泡30分钟,待银耳胀发以后,去蒂并用手撕成小块待用;再将红枣去核、莲子去芯,用水洗净,也用水浸泡30分钟;然后在炖锅中注入足够多的水,约3倍,待烧开后放入银耳、红枣、莲子,转小火炖2小时;此时要注意随时观察,防止溢出,等到银耳变软变黏稠后,加入适量冰糖溶化。这样,一碗又香又甜的武义宣莲羹就大功告成了。

# 小小蛋内　乾坤蕴藏
## ——凤凰蛋

　　说起凤凰，每个中国人都知道这是传说中的一种神鸟。这凤凰蛋既然能够以鸟中之王的凤凰为名，自有其不一般的地方。即便金华本地人，对这凤凰蛋的感情也是复杂万分的。估计在诸多金华特色小吃中最让人感情纠结的，就是这凤凰蛋了。

　　都说中国人精于食道，飞禽走兽、游鱼灵草皆可做成佳肴，其中有着数不尽的奇思妙想。这凤凰蛋便是此道中的奇品了。凤凰蛋，其实就是一种孵化失败未能成形的鸡蛋，江南一带又称喜蛋，也叫作旺鸡蛋、活珠子、毛鸡蛋。第一次见到凤凰蛋的人未免目瞪口呆，然而在江浙一带，其实凤凰蛋已经有了百年的食用历史。

　　话说有一年，乾隆在浙江金华一带游玩时，遇到了强盗，与随从失散了。他在山间走了半天，又饥又渴，正好前方有一户农家，乾隆便上前敲门，请求农妇行个方便，暂借躲避一下。农妇见乾隆衣着华贵气质不凡，知道家里来了位贵人，就赶忙张罗着茶和食物招待客人。可是无奈家中贫寒，茶水只好用八角刺冲泡，却实在没有东西可以让客人果腹。农妇思前想后，忽然想起鸡窝里还有八个正在孵化的鸡蛋，连忙拿出来烧给客人吃。

　　乾隆此时已经饿得发慌，看到农妇端上来一盘热腾腾的鸡蛋，不由食指大动，剥开鸡蛋却看见里面露出毛茸茸的小鸡。但当下他也顾不了那么多，三口两口就连毛带骨地吃了下去，而且吃了一只又一只，越吃越觉得滋味鲜美，欲罢不能。乾隆心中大感好奇，这蛋不仅有毛有骨，更独有一番风味，闻所未闻，于是便向农妇询问这蛋的名称和由来。农妇便以实情相告，乾隆听后拍手道："大嫂，这就是了。这蛋为母体所生，又得了母体的精气，自然非同小可，真正称得上是稀世的珍宝，依我说，应该叫它'凤凰蛋'才配！"乾隆皇帝金口一开，"凤凰蛋"的名称便叫开了。

现如今，凤凰蛋已然在南北各地传播开来，有着一批忠实的食客，也衍生出了旺鸭蛋、旺鹅蛋之类的吃法。而由于孵化期长短不一，凤凰蛋又可以按照孵化状态分为"全鸡"和"半鸡半蛋"。顾名思义，"全鸡"凤凰蛋敲碎蛋壳后，就可以看见一只初具形态的小鸡蜷缩在满满的一包水里，模样十分柔嫩可怜。吃的时候要小心翼翼地将已经长成的鸡毛拔去，然后蘸着细盐一口一口地吃，也有人囫囵一口放入嘴中大嚼，闭目凝神去体味

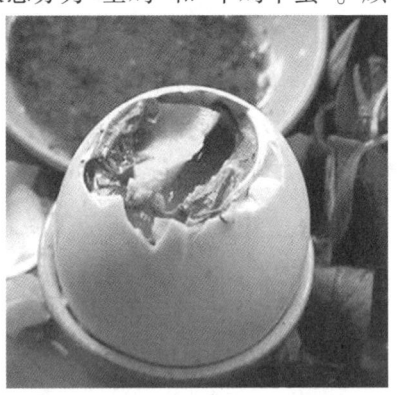

其中鲜美。还有一种孵化没有"全鸡"彻底的凤凰蛋，就是所谓的"半鸡半蛋"，它同时具备了鸡与蛋两种东西的美味，其中的蛋白早已在孵化过程中发生了一点变化，细品之下，夹杂了肉的鲜味儿，与普通鸡蛋的蛋白味道不大相同，所以也是绝大多数食客中意的一种凤凰蛋。

或许是因为凤凰蛋的种种不同寻常，人们对于凤凰蛋的情感也十分极端，爱之者极爱，恶之者极恶，其剧烈程度恐怕可以与榴梿一较高下。而相比有"水果之后"之称的榴梿，凤凰蛋更有补身养颜的功效，受到许多人的青睐。在金华街头，常可以看见穿着围

裙的妇人在小煤炉上支起一口大锅,里面的凤凰蛋在袅袅白气中沉浮翻滚,色泽诱人。几张木桌边放着零散的小凳,老板娘一边熟络地招呼着熟客坐下,一边慧眼如炬地给客人挑选着程度合意的凤凰蛋。常有路人经过,见到一众食客浑然忘我的吃相,也经不住诱惑壮胆一试,从此迷醉于这种张牙舞爪的鲜香之中,不可自拔。而对于一些人指责其残忍的论调,食客们往往不以为然:反正俱是鸡子,鸡蛋与凤凰蛋也只不过是一线之隔。或许要说真有什么区别,那也就是凤凰蛋曾经也是"御膳"级别的珍品,虽说价格便宜,但食客在品味的同时,也算是享受了古代君王般的待遇了吧。

# 做法独特　炙手可热
## ——童子蛋

　　在金华东阳,还有一种让人感情纠结的童子蛋。所谓童子蛋,是指用童子尿煮的鸡蛋。一到春天,卖童子蛋的小摊会遍布东阳大街小巷,一块五一只的童子蛋虽贵过普通的茶叶蛋,可是经常卖脱销。

　　童子蛋在东阳有很久的历史。以前生活条件不好,要干农活,能补身子的东西只有蛋。而小便的沉淀物在一段时间后,会形成结晶,这种结晶就等同于一种叫"人中白"的中药,可以滋阴降火、止血治淤。鸡蛋煮开后,要把鸡蛋全部拿出来,把蛋壳敲裂,再放进去煮。过段时间,再把上下的鸡蛋换个位置,加入新鲜的童子尿。这样反复,用不同的火,整整煮上一天一夜。

　　童子蛋又名青尿蛋,对童尿的选择有严格的要求。童子尿只取男孩的,而且不超过十岁为宜,而且供尿的男童必须健康无病,学校理所当然地成了取尿的最佳场所。每到清明左右,大大小小的幼儿园、小学就成了"炙手可热"之处了。学校出现了一道独特的风景线,老爷爷、老奶奶、大伯、大妈们会端着脸盆或塑料桶排着队,一到下课就会有人吆喝男生去小便。为了取得足够的尿,有时要在学校待上一整天。

　　蛋的选择也很有讲究。由于童子尿来之不易,蛋的选取当然也应"门当户对"。煮尿蛋的蛋选用的都是土鸡蛋,许多都是自家养的母鸡下的蛋。有的自家不养鸡,就会专门到村里养了一只或几只鸡的老头老太家里搜罗,这户买十来个,那户买七八个,凑到一二百个再来煮,而这些鸡蛋往往比市场上的价格高出几倍。

童子尿、土鸡蛋都准备好了,就可以煮童子蛋了。煮童子蛋可是件费心劳力的事。如果只是自家享用,不准备送亲朋好友的,往往是好多户人家一起煮,大家都在自己家的鸡蛋上做上记号。煮的过程也有讲究,一般不在自家灶里烧,而是在院子里用砖石搭个临时的小灶台。灶上放一个大铁锅,把童子尿和鸡蛋一起放进去,直至尿把蛋全部淹没,然后慢慢烧。一开始,尿的那个臭味和骚味确实不敢恭维,很刺鼻。烧开了,要把蛋轻轻敲破,以便让味渗透到蛋里面。尤其是蛋黄,如果不敲破蛋壳,那么它跟白煮蛋的味道就一般无二了。接下来还要翻个底——本来放在锅底的让它们到最上层,本来在最上面的翻到最下层,这样做,是为了让鸡蛋煮得咸淡均匀。继续烧,烧干了再补童子尿。等到第二轮也烧干,也便是尿蛋出炉之际,整个过程往往需要一整天,从早晨一直到黄昏。说来也怪,这时的蛋,尿臭和尿骚味早已荡然无存,取而代之的是一股不可言传的咸香味。这个时候趁热剥开吃,满口萦香,余味无穷。

不过话说回来,对于这童子蛋,想必除了东阳人外,其他地方的朋友还是有不少顾忌的。在不少东阳人眼里,用童子尿烹煮的蛋,是春季进补的不二之选。卖童子蛋的也总会告诉你,吃了童子蛋,春天不会犯困,夏天不会中暑。不过事实上,既不支持也不反对才会是绝大多数人的选择吧。

# 制作精细　荤素皆宜
## ——豆腐皮

一说起豆腐皮，不少人脑中立刻会泛起那股嫩滑质软、带有大豆鲜香的味道。这也难怪，基本上每位金华人甚至是每个江浙人都吃到过豆腐皮，对其喜爱有加，这也是平常百姓较常使用的一种食材。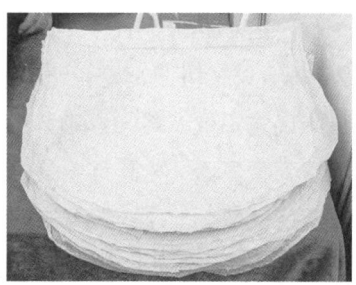不过细说起来，金华的豆腐皮估计要数浦江产的为最佳，毕竟浦江豆腐皮距今已有数百年的历史，是浦江的传统名产。

浦江豆腐皮选用浦江春大豆中的地方品种，俗称"白豆"为原料，经浸泡、磨浆、过滤、结膜、捞膜、晾干等多道工序精制而成。浦江的百姓在逢年过节，特别是产妇坐月子时，多送豆腐皮作礼物。它富含蛋白质，还有较多人体必需的微量元素、维生素、氨基酸，如钙、硫胺素、核黄素等，易吸收，营养价值很高。儿童食用能提高免疫能力，促进身体和智力的发展，老年人长期食用则可延年益寿。特别是孕妇产后食用，既能快速恢复身体健康，又能增加奶水。

当然，豆腐皮也可制作多种多样的荤素佳肴，既可充作家常便菜，也可用于各种宴会酒席，如炸响铃、做素鸭、做素火腿等。正是有了这些好处，浦江豆腐皮才畅销全国，而且它易贮藏、便携带，甚至出口到了欧美、东南亚等国家和地区，成为不少人访亲送友的首选佳品。

# 外酥里嫩　香臭融情
## ——油炸臭豆干夹馒头

　　在金华街头,尤其是华灯初上以后,往往会看到一些小贩或拖或踩一辆脚踏三轮车,车后的斗上放着一口油锅、一个铁筛子,旁边放着几个口袋,装的是馒头、臭豆干等物。假使上前购买,小贩会娴熟地把馒头和臭豆干放入油锅中炸,炸好后捞起放在铁筛子上滤油。等油滤得差不多了,小贩会帮你把馒头沿边剪开一半,再夹入炸好的臭豆干,这就是油炸臭豆干夹馒头了。为了满足不同顾客的口味需要,商家还会准备两种酱:一为甜酱,一为辣酱。各人可以根据喜好选择其中一种刷涂在馒头上,当然也有不少顾客喜欢兼而有之,让油炸臭豆干夹馒头的味道变得又辣又甜。一口下去,油炸的馒头外脆里嫩,已成金黄的臭豆干香气外溢,这种又酥又软、香臭结合的奇特味道在唇齿间流动,令人情不自禁地发出一声满足的感叹。一个馒头下肚,基本也就饱了。

　　记忆里,可以夹馒头的除了油炸臭豆干外,还有油炸的萝卜丝饼,这是特地为了不爱吃臭豆干的人准备的替代品。萝卜丝饼的大小和臭豆干相仿,是将面粉加水混匀后,放入模子,加入萝卜丝后油炸制成的。萝卜丝饼经油炸至金黄后,萝卜的香气被封存在了其中,一旦咬开,香气四溢,口感绝不亚于油炸臭豆干夹馒头。

# 壶酒天下　鱼羊成鲜
## ——白切羊肉

　　记得曾有位友人在品尝过义乌佛堂白切羊肉后说："白切羊肉处处有，唯独佛堂冠金华。"当然这其中可能有些许夸张，毕竟这位朋友没有将金华各地的羊肉都吃个遍，而且尚未整出个具体的评分标准来。不过作为土生土长的金华本地人，这位朋友的赞语多少也说明了佛堂白切羊肉的美味与地位，这与当地的制作方法及取材有莫大关系。

　　传统的义乌佛堂白切羊肉，取本地山羊，宰杀去毛、去头、去爪、去内脏后，先用线绳扎紧四肢，用羊血均匀涂刷山羊表皮，晾干后整头羊下锅、烧、焖、浸泡熟后，取出晾干，香气扑鼻，所切羊肉权蘸以葱、姜、酱油的调料即可。

　　据当地人介绍，要制出好吃的白切羊肉，有三大步骤需要注意。第一步就是"选羊"，不能太大，也不能太小，羊太大则多油脂，太小则肉嫩无香味；第二步是"敲羊"，通常把羊肚子里的东西挖干净后，把羊的脊椎骨砍成两半，把四条羊腿骨敲断，用麻绳将四条腿绑成屈膝状，敲羊就完成了；第三步就是佛堂白切羊肉制作的精髓了——"煮羊"。在深度约一米的大锅中注入清水，用水量视欲煮的羊只数量而定，同时使用的柴火通常都用木材而不用煤炭，因为木材容易控制火势。羊肉比较娇贵，火势太猛肉就融进了汤水里，火势太小则关键部位煮不透。羊肉煮熟出锅后，纯朴的当地人会将羊肉脱水风干,保持其香气。要吃时,切片装碟便大功告成了。

　　常言道:"鱼羊成个鲜。"在寒冬时节,温一壶暖酒,品一碟佛堂白切羊肉,该是多么惬意啊!

# 嘉兴"五芳斋" 鼻祖出金华
## ——粽子

　　说起粽子，嘉兴"五芳斋"的牌子名扬天下。但是又有谁知道这嘉兴"五芳斋"的粽子来自何方呢？不错，在《浙江土特产志》和《可爱浙江》书中均有记载，闻名遐迩的嘉兴"五芳斋"粽子，出自兰溪。

　　兰溪粽子店原先设在迎春巷三皇张氏宗祠旁，店主为张某。粽子选用颗粒均匀无碎的优质糯米，拌以三伏老油、陈黄酒，馅肉必是鲜嫩皮骨，粽箬采用汤溪伏箬，包扎不漏气，扎粽绳松紧适中，烧煮讲究火候。食之，糯而不烂，肥而不腻，肉嫩味鲜，咸淡可口，清香扑鼻。据传，清乾隆年间，张氏后裔张锦泉去嘉兴市张家弄口首创"五芳斋"粽子店，生意十分兴隆。清乾隆皇帝南巡时曾为"五芳斋"御题"粽子大王"四字，名声益震江南。

# 可爱小巧　味鲜过瘾
## ——腌小萝卜

　　在金华人的餐桌上，往往会在上热菜前来几个冷盘菜垫垫肚、开开胃，而兰溪小萝卜则是冷盘菜中出镜率较高的一种。

　　兰溪小萝卜原产地在兰溪云山街道黄溢村、十里亭村、陈店村一带，距今有近千年的种植历史，曾获得农博会金奖。其营养价值高，含有大量的糖类、多种维生素、碳水化合物、粗纤维及蛋白质等，民间素有萝卜赛人参之说。说起特别之处，这兰溪小萝卜特点就是个小、体白，一斤小萝卜有17~25个。经过腌制后的小萝卜口感脆嫩，是老少皆宜的食品。

　　更吸引人的是，兰溪小萝卜不但价格便宜，而且美味十足。它那可口的汁水酸里带甜，初次品尝，你就会神不知鬼不觉地迷上那诱人的滋味，总想再饱口福。

# 热火朝天　老饕最爱
## ——上溪牛杂(牛系列)

　　在寒冷的冬天,一大群人围着一锅香气四溢、料多味鲜的牛杂汤大快朵颐,吃得全身热血沸腾,丝毫不畏惧冬日的凌寒,何等快哉! 在上溪各牛杂煲店铺里,都可以看到这番奇景。

　　牛血、牛肚、牛百叶、牛肝、牛心、牛肚片……喜食牛杂的老饕们一见那汤汁中漂浮着蒜叶、干辣椒等各色调味料,且汤色浓郁、牛杂隐现的牛杂汤,自然按捺不住内心的狂喜。在义乌上溪、吴店一带,历来就有屠宰牛的场所,当地人将牛舌、牛血、牛蹄、牛杂等用上溪特有的烧法烹制出"牛系列",味美微辣,久尝不厌。

# 细腻润滑　解暑佳品
## ——橡子豆腐

在武义,有一种奇特的豆腐,它不以平日常见的豆子为原料,而是以橡子为原料,正如其名所称,叫"橡子豆腐"。

武义橡子豆腐是一种用天然橡子淀粉加水(适量),充分加热搅拌后,熬制出来的形状外观如豆腐的美食。成品细腻、润滑,有清热解暑之功效,是当地的夏令冷饮佳品之一。不过细说起来,它的名称还真是五花八门,"柴籽豆腐""择子豆腐""橡子凉皮"都指的是它,在韩国它还被亲切地称为"橡子冻"。

而用来制作这一美食的原材料——橡子,是野外橡树的果实,长圆形,含淀粉和少量鞣酸,历史悠久。唐代皮日休有一首《橡媪叹》,诗中写道:"秋深橡子熟,散落榛芜冈。伛伛黄发媪,拾之践晨霜。移时始盈掬,尽日方满筐。几曝复几蒸,用作三冬粮……"从诗中可以看出,唐代末期橡子已经是民间的一种粮食了。

# 清明思亲　必备食品
## ——清明馃

　　金华人在清明节前要做清明馃,给家人分食。清明馃以蓬蒿嫩头、青、苣等野菜为原料,和以优质糯米粉,内裹甜或咸的馅,花色品种极多,一般为圆饼状,面上印有各色花纹,具有一定的艺术性,色青味佳。

# 佳酿如斯　可与之醉
## ——金华府酒

常说"酒逢知己千杯少"，到了金华这好客之地，又怎能少了把酒言欢的乐趣呢？

据记载，金华酒是古代金华郡、州、府及辖县生产的各种黄酒的总称，也称金华府酒，是传统名酒，早在春秋末期就已问世。据史载，吴越王钱镠为偏安江南，岁岁向五代各王朝进贡，其中的绍兴酒和金华酒为定制的贡酒。宋代金华酒业发达，北宋熙宁年间（1068—1077）金华的酒课已高达"三十万贯以上"，南宋绍兴二十四年（1154）"金华县酒课、酒务租额二千二百六十四贯一百二十五文"。元代金华是我国主要的产酒区之一，当时江浙行省的酒课约占全国酒课收入的1/3强，元贞二年金华"酒课中统钞一千五百

五十三锭三十五两二分二厘"，远远超过 "茶课中统钞六锭二十四两四钱七分"的课利，足见金华酒业之兴旺。据《武林旧事》载，金华酒在南宋时期已盛行于京都。那么金华酒是何时进入我国名酒行列的呢？元人宋伯仁《酒小史》中列举了许多我国名酒，大致是春秋至元代的历代名酒，如春秋椒

江酒、蓟洲意珏仁酒、金华府金华酒等，可见在元代，金华酒已成为名酒。

明代的许多书籍中都提到金华酒，明末顾起元著的《客座赘语》中记道，"京都士大夫所用惟金华酒"，范濂《云间据目钞》中云："华亭煮酒，甲于他郡，间用煮酒，金华酒。"明代冯时化在《酒史》中说："金华酒，金华府造，近时京师嘉尚语云：'晋字金华酒，围棋左传文。'"据史籍载，明代弘治末年还流传这样一副对联："杜诗颜字金华酒，海味围棋左传文。"金华酒又与风流遗韵的杜甫的诗、颜真卿的字、左氏的文章这些中国文化的精粹相提并论，可见当时饮金华酒之风雅。

历史上，金华美酒与美文的故事也缠绵至今。唐代诗人韩翃在《送金华王明府》诗中的"家资陶令酒，月俸沈郎钱"是至今见到对金华酒最早的颂吟。北宋大文豪苏东坡一生与诗酒为伴，写过无数首有关酒的诗歌，他在《武昌西山》中有"忆从樊口载春酒，步上西山寻野梅"的佳句。湖北的樊口春酒非常有名，樊口春酒原名叫潘生酒。有史载，潘生原名潘大临，浙江金华人，此人不仅博学能文，还酿得一手好酒。他的父亲潘鲠把金华家乡学来的酿酒工艺带到武昌樊口，开了家酒店，后传给潘生。宋元丰三年(1080)，苏轼被贬为黄州团练副使，他常游憩于樊口，并常在潘生开的酒店喝酒。苏东坡爱喝潘生酒，并赞誉他"樊口有潘生，酿酒醇浓"。苏东坡所赞誉的潘生酒即金华酒。南宋大诗人陆游善饮酒，他在《龟堂独酌》的诗中有"一榼兰溪自献酬，徂年不肯为人留"之句，这是陆放翁喝了兰溪造的瀫溪春酒后，对金华酒的赞誉。元代文学家张雨有"恰有金华一樽酒，且置茅家双玉瓶"的歌咏，钱塘人钱惟善《谢送东阳酒诗》中有"故人远送东阳酒，野客新开北海樽"之句。这些妙笔华章，给金华酒又平添了儒雅之风。

说起来,《金瓶梅》与金华酒也结下了不解之缘。《金瓶梅》是我国明代一部著名的长篇小说,其中有很多对酒和饮酒的描写,其细腻程度在中国古典小说中是罕见的,它反映了明朝晚期社会中上层阶级的生活习俗和饮酒风尚,而且还生动真实地刻画出了西门庆这一典型人物形象。在不久前,学术界还围绕着《金瓶梅》中的金华酒,对于它与作者的关系展开了一番有趣的争论。

据徐裴先生不完全统计,《金瓶梅》中有十六处写到金华酒,可以说金华酒是《金瓶梅》中提到次数最多的酒,如第二十回,李瓶儿教迎春:"昨日剩的银壶里金华酒筛来。"第三十四回:"西门庆看见桌子底下放着一坛金华酒便问:"'是哪里的?'李瓶儿不好说是书童买进来的。"第三十五回写到吃螃蟹,月娘吩咐小玉:"屋里还有些葡萄酒,筛来与你娘们吃。"金莲快嘴说道:"吃螃蟹得些金华酒吃才好。"(引自《张竹坡批评第一奇书金瓶梅》)

另外,历史上还有许多书籍都曾提到过"金华酒"。如范濂的《云间据目钞》里有句"华亭熟酒,甲于他郡,间用煮酒,金华酒";冯时化在《酒史》里说"金华酒,金华府造,近时京师嘉尚语云'晋字金华酒,围棋左传文'";明代弘治年间还流传这么一副对联"杜诗颜字金华酒,海昧围棋左传文",把金华酒与流风遗韵的杜甫的诗、颜正卿的字、左氏的文章这些中国文化的精粹相提并论,可见当时饮金华酒非常风雅。那么,究竟是怎样一种佳酿,使得古来各位名人雅士皆趋之若鹜呢?

婺州有着十分悠久的酿酒和饮酒历史。元代宋伯仁的木刻本《酒小史》,收录名酒有:春秋椒浆酒、西京金浆醪、杭城秋白露、相州碎玉、蓟州薏苡酒、金华府金华酒、高邮五加皮、长安新丰市酒、汀州谢家红、南唐腊酒、处州金盘露、黄州茅柴酒、燕京内法酒等14种。在现今的金华城东有条酒坊巷,巷内有口井,名曰酒泉井,据史料佐证,现今的酒坊巷在历史上是酒坊如林,当时用酒泉井中的水酿制的金华酒,经码头上婺江,然后源源不断地销往各地。

明代王世贞在《酒品前后二十绝》中写道:"金华酒,色如金,味甘而性纯,食之令人㵘㵘。即佳者,十杯后舌底津流旖旎不可耐,余尤恶之。"

清康熙年间,学者刘廷玑在他的《在园杂志》中写到了历史上的金华酒"京师馈遗,必开南酒为贵重,如惠泉酒、芜湖四并头、绍兴酒、金华酒"。可见金华酒在古代京都不仅风雅而且很高贵。清乾隆年间,诗人袁枚在《随园食单》中说:"金华酒,有绍兴之清无其涩,有女贞之甜无其俗,亦以陈者为佳,盖金华一路,水清之故也。"袁枚不仅是清代著名的文学家,还是位烹饪家和美食家,他把金华酒与绍兴酒、女贞酒相比后,给予了金华酒很高的赞誉。

# 金华府酒一：丹溪酒

在义乌市南大门外的赤岸镇，清澈的丹溪水日复一日地流淌着，700年来人们传颂的名医朱丹溪就出生在这片古老的土地上。丹溪故里的百姓以红曲酿酒已有上千年历史。据传，宋代已有义乌人通过运河，将酒运到开封。丹溪故里的百姓以红曲酒烹饪菜肴，色香味倍增，凡民间喜庆、婚宴、走亲、访友皆以酒为礼。经过千百年的传承，丹溪酒愈发醇香醉人。

据《义乌县志》记载，朱丹溪名朱震亨(1281—1358)，字彦修，赤岸人，因居所临丹溪，故人称朱丹溪。朱丹溪医术高明，著有《宋论》《格致余论》《伤寒论辨》等多种医书，和刘完善、张从正、李杲，被后人合称为金元四大医家。朱丹溪在他的医学著说中多次提到饮酒，并告诫人们应当正确饮酒。他在《格致余论》的"醇酒宜冷饮论"中写道："若是醇者，理宜冷饮，过于肺，入于胃，然后渐温。肺先得温中之寒，可以补气，一益也；次得寒中之温，可以养胃，二益也；冷酒行迟，传化以渐，不可恣饮，三益也。"同时认为"过量饮酒为饮伤之因也"，他认为："醇酒之性，大热有大毒，清香美味，既适于口，行气和血，亦宜于体，由是饮者不自觉其过多也。"他说："古人终日百拜，不过三爵，即无酒病，亦免酒祸"，提倡健康饮酒，适可而止，切不可贪杯伤身。

为了更好地提升义乌丹溪酒传统的红曲制作工艺，更好地挖掘丹溪700年的酒文化，20世纪70年代，在朱丹溪的故里义乌市赤岸镇，一家专业酒厂应运而生。经过几年的苦心经营，丹溪酒业已在众多的黄酒同行中崭露头角。

如今这家名为义乌市丹溪酒业有限公司的酒厂，已成为金华市农业龙头企业、义乌市科技型企业。公司现有总资产1700万元，固定资产1080万元，厂房建筑面积1万平方米。产品有丹溪红曲酒、丹溪红曲特酿、丹溪芦荟酒，丹溪红曲醇、丹溪白字酒、丹溪香雪酒、丹溪顶陈甘露酒、丹溪特级厨用红曲酒、丹溪酒、丹溪家乡酒、丹溪厨用酒等十多个品种系列酿制酒。2002年产"丹溪牌"红曲400吨，红曲酒(醋)2300吨，总产值2640万元。丹溪牌红曲酿制的丹溪红曲酒，酒色艳红迷人、酒味醇香美味，在市场上十分畅销。产品已销往北京、上海、南京、天津、山东、海南等大中城市，并部分出口日本、俄罗斯等国，2002年年产值达3200万元。公司成立"丹溪红曲酿造技术研究中心"和"丹溪药用生物开发研究所"，投入科研和产品开发经费100余万元。该公司生产的丹溪牌红曲酒在2000年浙江省第六届食品博览会上被评为市场最畅销产品，"丹溪牌"红曲酒、红曲醋在2001年浙江省农业博览会上获优质农产品奖，在2002年浙江省农业博览会上作为大会指定产品。2003年丹溪红曲酒被认定为浙江农博会优质农产品金奖。丹溪牌红曲酒被金华市人民政府评为金奖产品，丹溪商标被评为浙江省著名商标。

如今丹溪酒选用国家一级保护丹溪源头水，以传统特色工艺结合现代工业技术酿造，味清甜甘醇，香气扑鼻，色泽呈明亮的琥珀色，而且酒中含有能补充人体必需的氨基酸养分和调节血脂的洛伐他丁，成了名副其实的健康食品。义乌市丹溪酒业有限公司董事长陈豪锋认为，丹溪酒业之所以创立了品牌优势，关键是挖掘了朱丹溪在《本草衍义补遗》中阐述的"红曲，活血消食，健脾暖胃，治赤白痢、下水谷，陈久者良。酿酒，破血行药势，杀山岚瘴气，治打扑伤损"的中医理论，提倡健康饮酒。他认为丹溪酒文化可以做的文章很多，但主题只有一个，那就是为健康酿酒。

# 金华府酒二:寿生酒

提到金华酒,不得不提寿生酒。寿生酒是金华酒中的传统名酒,为明初金华城内酒坊巷戚寿三首创。道光年间,金华城内马门头酒坊在原酿酒的技术上加以改良形成一套特殊的技术,使酒的品质大为提高,并将其定型,称为寿生酒。该酒是以精白糯米做原料,兼用红曲、麦曲为糖化发酵剂,采用"喂饭法"分缸酿造而成的半干型黄酒,其液色金黄鲜亮,香味浓郁醇美,过口余香爽适,既有红曲酒的色和味,又有麦曲酒的香和美,醇香可口,沁人心脾,成为酒中珍品。

该酒的生产季节仅限于冬至至立春前,采用冬浆冬水,因而风味别具一格,素有"冬浆冬水酿冬酒"的说法。后贮期一般不少于二三年,方可出厂上市。寿生酒的后贮期,能使酒液自然醇化,香味增浓。这样酿造出来的寿生酒,入口爽雅和谐,风味独特别致,沁人心脾,且具滋补养身、延年益寿之功效。寿生酒的盛誉也名传海内外。早在1915年,寿生酒就在巴拿马万国商品博览会上荣获金质奖,当年样酒就取自于金东区曹宅镇曹恒聚酒坊。1963年,该酒在全国第二届评酒会上被评为全国优质酒,获银质奖,在黄酒系列中与绍兴加饭酒、福建陈缸酒齐名,是中国三大黄酒之一。之后在1988年,寿生酒又在北京首届食品博览会上获金奖。

# 金华府酒三:白字酒

作为闻名遐迩的地方名酒,白字酒色如重枣,泽似琥珀,香气陈醇,柔和爽口,斟满杯而不溢,饮后杯内尚留稠液,早在元代名医朱丹溪所著的《野客丛书》中就有"白字酒"的记载:"白字酒又称'白字号',因不借他物作色,钝素不饰,故名,它色似琥珀,清澈有光泽,香气陈醇,味甜蜜……是风味独特的超甜型黄酒。"该酒先后于1929年、1988年、1993年三次获得国际西湖博览会特等奖,可谓是当地的一绝。不过白字酒的发展历程也可谓艰辛,其背后的故事就并非人人知晓了。

据方志界颇有名气的"故事先生"——义乌佛堂贾沧斌老先生整理的资料,在1929年杭州西湖食品博览会上,义乌佛堂镇商会选送的陈日升酒店自酿的"白字"酒、黄克仁的"黄培记"红糖、徐友松"正大"火腿行的火腿、朱献文的"金丝琥珀"蜜枣四样食品,均获"金奖",自此"白字"酒成了誉满金华八婺的一大名酒。但这四样金奖产品,唯有陈日升酒店自酿的"白字"酒未得以传承。追本溯源,这还得从头说起。

清咸丰末年(1860),佛堂镇西南葛仙村的一位小青年在亲戚帮助下,来到佛堂镇一家酒店当学徒。那时酒店里卖的酒都是自己酿造的。这位办事勤快、认真的小青年,不但从中学到了酿制好酒的技术,而且深得酒店老板的宠爱。为了能留住这位小青年长期在自己酒店的酒坊里干活,老板帮助他娶妻,生下了陈国宝、陈国洪兄弟俩。

陈国洪(1870—1930)六岁那年,他父亲所在的酒店老板病故。陈国洪父亲于是带领一家人离开了酒店，自立门户，在佛堂古镇的盐埠头，开设了一家名为"陈日升"的酒店，寓意酒店如"旭日东升"一样兴旺。国宝、国洪两兄弟很快就成了父亲所开的陈日升酒店里的帮手。经营数十年后，陈日升酒店在佛堂镇的盐埠头和石草田沿，分别购置了房产和田地。

陈国洪25岁娶妻，生下了邦俊（1895—1956）等五子。陈国洪教子甚严，最后选中最具创业、敬业、爱业精神的长子陈邦俊，悉心传授自己多年的制酒技艺，陈邦俊成了陈日升酒店的传人。

有一次，陈邦俊向老师借了一面放大镜回家，照看制酒缸里的糯米酒酿的饭粒，无意中发现糯米饭粒经拌入做酒的红曲发酵后，每一颗饭粒上都会出现一个个小孔。其中一种土名叫"三粒寸"（即三粒糯米长度接起来有一寸左右长）的糯米饭粒上的小孔竟有13个之多。而其他糯米饭上的小孔一般只有8~9个左右。他就把这个发现告诉了父亲陈国洪，经陈国洪辨认，这"三粒寸"糯米的稻谷名叫"马糯"。于是，陈国洪与陈邦俊父子俩第二年就在自家的田里，专门种了一丘"马糯"谷。凭着陈国洪多年酿酒的技术和经验，他精心配制了几个用不同数量红曲与白曲比例的酿酒"方子"，分别酿造黄酒。结果发现其中一种配方酿制的"马糯米"酒，色泽特别橙黄剔透、香味四溢。其酒沏满酒杯，酒液可呈立体型地高出杯口约有一个铜钱厚薄的高度而不溢出杯外。杯中的酒倒完后，杯内壁上还附着厚厚的一层橙黄色。其酒味特别香甜、醇厚、可口，其酒性绵长而强劲，使人醉后不感觉头晕、头痛。从此，这种酒成了陈日升酒店里最高档的自酿黄酒。

黄酒制成后，习惯于用酒坛分坛装酒。在酒坛的口上，扎上竹箬叶后，再封上黄泥。在黄泥上，盖上用砻糠灰调制成的黑色"墨汁"的封泥印，以便酒店老板、伙计分辨酒坛内装的是什么酒。为了给这种用"马糯米"特制的高档酒做记号，陈邦俊就用白色的石灰浆当酒坛印泥，使酒店里的人都知道，在酒坛泥上盖有白色字样的酒，是陈日升酒店里最高档的酒，"白字"酒名由此产生。

据陈邦俊遗孀朱宝莲生前介绍，由于"马糯"稻谷生长期特别长，且产量又低，所以酒的卖价也高，不是十分有钱的人是买不起的。那时候陈日升每年只生产 30~50 坛"白字"酒。

1929 年，"白字"酒被佛堂镇商会作为一种特产，选送到杭州西湖食品博览会上得"金奖"后，身价倍增。许多酒店、酒坊都先后争着自种"马糯谷"，或到市场上收购"马糯米"，学做"白字"酒。但是由于陈国洪、陈邦俊父子俩对酿造"白字"酒所用红曲与白曲比例的秘方守口如瓶，其他酒店、酒坊里酿造出来的仿"白字"酒的质量，无论如何也没有陈日升店里的"白字"酒质量好。具体地说，只有陈日升"白字"酒的酒糟米粒里有 13 个小孔，其他店里的酒糟米粒里，最多不会超过 10 个小孔。

由于树大招风，陈日升店里酿造的"白字"酒，引起了同行酒店、酒坊的忌妒。1932 年一个风高月黑的夜晚，陈日升酒店、酒坊、碾米坊、居卧室四个地方，同时被人纵火。一场大火，使整个盐埠头、石草田沿的一大片民居、酒店、作坊化为灰烬。因此，现在佛堂古镇上的盐埠头老街与石草田沿横街上的所有店面屋，都是 1932 年陆续重建的。

1934 年，陈邦俊在废墟上重建了陈日升店面屋，并改原来的陈日升酒店为陈日升钟表修理行。陈邦俊这个名盛一时的做酒师傅，一下子变成了一位钟表修理工匠。陈日升的"白字"酒，虽然成了佛堂古镇上传说的历史，但是，陈日升酿制的"白字"酒毕竟因为获得过西湖食品博览会金奖的殊荣，成为金华名酒中的一个品牌而留传至今。

# 金华府酒四：东阳酒

陆游诗云："虚负东阳酒担来。"东阳酒是地道的浙江东阳老字号，它的声誉在唐宋年间就如日中天，名震四海。明朝李时珍（1518—1593）曾在《本草纲目》中写道："东阳酒，常饮、入药俱良""东阳酒即金华酒，古兰陵也"，李白曾赞它："兰陵美酒郁金香"，马致远则在其词曲中写入了"洞庭柑、东阳酒、西湖蟹"。

明代冯时化编的《酒史》（见于石印本丛书《宝颜堂秘笈》），该书共六篇：一、酒系，二、酒品，三、酒献，四、酒述，五、酒余，六、酒考。在"诸酒名附"一节中，记载有：葡萄酒、千日酒、青田酒、千里酒、桐马酒、玉薤酒、桑落酒、郫筒酒、宜春酒、河东酒、梨花酒、金花酒，共12种酒，介绍其名称、产地、酿造方法和评价。其中载明："金华酒，浙江省金华府造。近时京师嘉尚语云：晋字金华酒，围棋左传文。"

同在明代，汪颖在《食物本草》中写道："入药用东阳酒最佳，其酒自古擅名"；高濂在《遵生八笺》中对东阳酒曲环的配方有了更为详细的介绍："东阳酒曲：白面一百斤、桃仁三斤、杏仁三斤、草乌一斤、乌头三斤（去皮可减半）、绿豆五升煮气、木香四两、官桂八两、辣蓼十斤，水浸七日，沥母藤十斤、苍耳草十斤，二桑叶包同蓼草三昧，入锅蒸煮绿豆。每石米内放曲十斤，多则不妙。"对东阳酒的称赞还可以在明代的《事林广记》一书中看到。

东阳酒属黄酒，黄酒是中国传统的"国酒"，唐宋以前全国各地产黄酒。不过，东阳酒有几个显著不同于其他酒类的特点：

第一，原料不同。东阳酒是糯米酿的酒；北方以粟（学名：

Setaria italica,在古代是秫、粱、稷、黍的总称,有时也称为粱,现在也称为谷子,去除壳后叫小米)酿酒,苍山县西南部的兰陵镇生产的兰陵酒,用黑黍米酿酒;

第二,曲种不同。东阳酒用红曲,在《本草纲目》中介绍得一清二楚;

第三, 东阳酒不仅是和其他酒一样可以直饮, 而且可以煮、炖。加温后饮用,其口味更佳。

东阳酒的酒质和谐醇香,入口绵软柔和,后劲势猛悠长,许多会饮之人,一口气可以喝上十多碗,但后力极强,一次喝醉,下次就怕。东阳农家加鸡蛋为"蛋花酒",加青梅为"青梅酒",都是酒类中的佼佼者。

# 金华府酒五：佛手酒

　　佛手酒是以金华特产佛手为原料所创的一款酒，自 1996 年开发成功后就获得了不俗的市场反响，被誉为浙中保健白酒的"当家酒"。该酒具有疏肝理脾、消食化痰之功，可用于肝气郁绪，脾胃气滞之情志抑郁、食欲不振、胸胁胀痛、恶心呕吐，以及咳嗽、痰多等症。佛手还能醒脾解酒，故佛手制酒，能借酒之力而推行药势，又降酒之醉而刺激性小，配伍可谓相得益彰。

　　佛手酒的制作方式也不算复杂。先将佛手洗净，用清水润透回软后切约 1 厘米见方小块，待风吹略收水气后下入坛内，注入白酒，封闭浸泡。之后每隔 5 天搅拌一次，10 天后开坛滤去药渣饮用。

　　佛手酒保持了佛手果的原汁和药效，曾在 1997 年 12 月的北京"全国农产品成果展示会"上大受青睐。

# 金华府酒六：红曲米酒

在金华，除了专业酿酒师外，一般的农户也会自酿米酒。红曲米酒就是金华一带农户家家自酿的家酒，通常一年做一次，一般在入冬以后、过年前的一两个月。自家酿酒的好处在于可以按需制作，可多可少。因各家的配方、产量不一，因此在品评不同家酿造的米酒时，其口味也各有千秋。一般而言，女性喜欢口感偏甜的米酒，而男性则更倾向于后劲较重的酒。

红曲米酒的制法也颇为普及。通常农户将本年收获的糯米经加工后在清水里浸泡一天，然后沥干，放到饭甑里蒸熟，再倒入团箩里降温。随后，将糯米饭、红曲、水按比例放入缸中酿造即可。红曲会由当地专门的红曲师傅做好拿到市场出售，农户直接购买即可。

# 金华府酒七:错认水

错认水是一种酒色清纯如泉、酒味甘而醇厚的金华酒。光绪《金华县志》载"邑所著名者为酒,宋周密《武林旧事》酒,婺州错认水……"元末张可久(1270—1348)有"望南山新有雨,喜西子不颦眉,饮东阳错认水"的诗咏。明代宋诩父子撰写的《竹屿山房杂部》记载了错认水的制作方法:用多种曲醇与蓼药并用,再以枥柴灰澄清降酸而成。不过遗憾的是,这种特殊的酿酒工艺已经失传。

此外金华还有瀫溪春酒、桑落酒、花曲酒、甘生酒等,这些风味各异的地方酒,组成了一个整体的金华酒品牌,即金华府酒。在我国北方,则称其为"浙酒"。《广志铎·江南诸省》记"浙酒即金华府酒",在数百年里,用婺江水酿制的金华酒引领了浙江的黄酒业,并风行于大江南北,誉满四方。

如此佳酿,又如何不让人心驰神往,举杯畅饮,一醉方休呢?

# 品评天下　名士风流
## ——金华茶荟

　　众人知道金华，大概有两个原因，一是著名作家叶圣陶的游记《记金华双龙洞》，让金华的知名度大大提升；二是因鲜美可口的金华特产——金华火腿。可是，可能许多人不知道，金华还出产两种名茶——婺州举岩和双龙银针。

　　金华产茶，是和其得天独厚的自然环境分不开的。金华茶区多位于海拔 650 米左右的山地，终年云雾笼罩，昼夜温差大，土层深厚，砂质红壤结构疏松，富含腐殖质。茶园附近水源充足，茶树生长健壮，叶厚芽壮。何况茶叶作为世界三大饮料之一，含有咖啡因，能刺激中枢神经，使人脑清楚，精神爽朗，提神解乏，消除疲劳，同时可促进新陈代谢和血液循环，刺激肾脏，增强心肾功能。此外，茶叶含有儿茶素、茶单宁、蛋白质、氨基酸、糖类、脂肪酸、维生素、矿物质、果胶、碳水化合物、多酚类、芳香族化合物等三百多种成分，除能散发出芳香，

以助人愉快外,还能清养肠胃,促进消化液的分泌,增进食欲,以助消化。长期饮用,可以溶解脂肪,排泄体内的大量余热,保持人体的正常体温,并且回味甘美香甜,发挥生津止渴、爽身醒目、解暑去烦的作用。茶叶中的烟酸,更可以起保护人体皮肤的作用。

茶叶既有如此神奇之功效,那在金华这块宝地上,它们又在书写怎样的传奇呢?

# 金华茶荟一：婺州举岩茶

婺州举岩茶因金华旧属婺州治，产茶之地有玲珑巨石，巨岩重叠，犹如仙人举岩而得名。五代时期毛文锡所著的《茶谱》中即有"婺州有举岩茶，其片甚细，所出虽少，味极甘芳，煎如碧乳"之记载。李时珍著《本草纲目》、黄一正著《事物绀珠》、詹景风著《明辨类函》、方以智著《通雅》等书中均将其列为最佳名茶之一。说起这茶来，也有一串串叮当响的故事。

相传早年，金华南山脚下有个小村子。有一年夏天，每天早上天未亮，这个村的村口就会传来一个小女子的哭声。

一天早上，一位慈眉善目的白发婆婆走过这里，就问这位女子："小娘子，你为什么哭得这么伤心？"小女子说："我是这里王家三儿子的妻子，婚后已三年，至今没有生养孩子。我婆婆天天骂我，说养只鸡会生鸡蛋，养只鸭会生鸭蛋，娶这个三媳妇回来，屁都不会放一个！传出话来要赶我出门。我怎么这么命苦啊！""是为这件事啊！我有个土方你试试。"白发婆婆说着从衣袖里拿出个小包，小包里拿出三颗青芽，递给王家三媳妇，说："这三颗是金华北山举岩茶的嫩芽，你用滚汤泡成乳碧色，待凉后连茶水带茶芽一起喝下，对你有好处。"

小媳妇哪里相信，就问："三颗茶叶的芽头有作用吗？"白发婆婆说："我的爷爷是个郎中，我跟他学过医治疑难杂症，懂一点岐黄之术。我从你脸上的斑点看出来，是你体内有异常之毒，不利于你怀孩子。而茶叶可以解毒。"说着她想了想，又补上一句："听我爷爷说，古代神农氏尝百草，误食有毒草，眼发花头发晕，多亏吃了茶叶后解了毒,才没事。而这里的北山举岩茶是好土质、好水质、仙山仙气孕育更灵验,不妨试试。"说完走了。三媳妇听了虽然半信半疑,但还是照着做。

果然,老三媳妇服下举岩茶后,当月夫妻亲热了几次就怀孕了,到了10个月上,"叽叽叽"一胎生下三个女孩——三"千金"!她婆婆开心得不得了:原来这家上代生的都是男孩,婆婆自己也是生了三个儿子,如今,老大、老二的媳妇也全是生男孩,婆婆想女孩都快想疯了。这下好了,老三媳妇生下女孩,而且是三个,婆婆能不开心吗?就让教书先生给起了名:大姐聪明伶俐叫聪花,老二力气大叫力花,最小的叫茶妹。

且说这三个小女孩各有特征:大姐聪花左眉尖上一颗痣,二姐力花右眉尖上一颗痣,老三茶妹下巴有一颗痣。一晃三姐妹16岁了,巧的是三个人都嫁给了金华北山鹿田村的王家三兄弟。

这一天王家来了个客人,奇怪的是,公公对这位客人特别巴结,亲自给他端水洗手,亲手绞毛巾给他揩脸,客人说话就俯首恭听,一副毕恭毕敬的样子。聪花看在眼里,心里奇怪,拉过公公到旁边悄悄地问怎么回事,公公说:"这位是制作茶叶的万员外,我小时卖身为奴,在他家学做举岩茶,做了10年,工钱没一文,制茶方法也没有多学点,就出来自己干了。可是直到现在卖身契还在他手里,我依然是他家奴才,只要卖身契在他身上,我就改变不了他家奴才的身份,不巴结他行吗?""哦,是这样,等我们想想办法。"聪花说。

到了吃晚饭时,万员外坐上首,公公陪酒,聪花给万员外一个劲斟酒。喝到"八分数",聪花说:"员外,听说我公公过去在你家当过家奴,不可能吧?"姓万的从凳上"呼"地站起来,从怀里拿出一张卖身契:"怎么不可能?你公公的卖身契还在我这里呢。""噢,是真的吗？我不识字，让我看看他的手指印。"聪花把契约拿过来，故意凑近菜油灯看。一凑到火苗上，这页纸就烧着了，待万员外来抢，早已成了灰烬。万员外气得大叫："你这黄毛丫头有意毁我契约，我到衙门去告。"聪花笑着说："小女子向员外赔罪了，我人小年幼会犯错，你大人不计小人过。不过你要去告状是告不赢的，口说无凭，没了凭证，告到皇帝那儿也没用。再说，我公公在你家干了 10 年，没拿你一个铜板，你也没认真教过他一次。但不管如何，你以后来玩，我们都会客客气气待你的。"

这万员外无奈气走了，但他气难消呀，晚上找宿店住下，第二天收买了两个打手，气势汹汹找上门来要寻衅滋事。聪花就让二妹力花去接待。

力花见三人来者不善，就上去笑着对他们说："门口空地凉快，宽敞又舒服，我们到门口坐吧。"说着陪他们到门口空地石桌边石凳上坐下，自己拿来三个撮有茶叶的茶杯，一手拎了个长嘴水壶正丝丝在冒热气。她把三个茶杯摆在门口一只大石磨上，后退几步，高高拎起茶壶，茶壶长嘴远远对着三个茶杯，只一斜，一支热泉直泻茶壶，丝毫不差。力花很快泡完三杯茶，一滴水也没落杯外。"哇，好手艺！"三个人暗暗称赞，这时只见力花一个骑马式，轻轻蹲下身，手掌伸到石磨下轻轻往上一托，托着两百斤大石磨站了起来，走到三个客人面前的石桌旁稳稳一放，摆到石桌上，气不喘，茶杯里的茶水晃都不晃一下。"好大力气！""好功夫！"力花轻启朱唇莺歌燕语般叫了一声："三位请用茶！"三个人本来是寻事的，这时全吓呆了，喝了两口茶，拱一拱手，灰溜溜地走了。

但是万员外不甘心，又想出了新花样。第二天刚好采茶叶，村里各户都要把新采的茶叶卖给王家制作。万员外买通李大婶，故意把一条金项链混在新茶叶中，拿去卖给王家，打算到时冤枉他们偷窃。这天刚好小妹茶妹收茶,在验看茶叶时李大婶故意走开了。原本以为计谋得逞,可茶妹在验收称茶时,忽然看到金闪闪黄澄澄的金项链,她眼睛都没眨一下,就大喊:"李大婶,你的茶叶里面有金项链,快拿回去!"一连喊了10遍,喊得全村人都听到了,李大婶只好来领回,并说了些感谢的话。茶妹交代她,下次采茶小心点,贵重东西不能乱放。万员外见此,也颇有触动。

此后一天,万员外又一次来见公公,态度有了180度大转弯,看了看制茶工艺,对他们一家说:"你们家已学到了制茶方法,我今天还有一项技巧本来不想告诉你们的,现在看来,你们家有能人、有贤媳、有才女资助,你们家会发,举岩茶会发!我把最后一道工序也教给你们。"于是,当场示范。自此,婺州举岩茶的制作工艺更进一步,这美丽的故事也从此流传下来。

举岩茶又因其汤色如碧乳,古时称婺州碧乳茶,闻名于宋,兴盛于明,并被列为贡品,至清道光年间仍有进贡。清代末叶濒临失传。20世纪70年代,科技人员根据历史记载,对举岩茶的制作工艺进行挖掘,经过精心培植,举岩茶终于获得重生。现今举岩茶条索细紧略扁,依稀可见白毫,色泽银中有翠,泡茶后茶汤浅黄明亮,叶底嫩黄成朵,滋味鲜醇甘美,茶香浓厚隽永,略带栗香。一般在清明后、谷雨前一芽一叶时采摘。经摊(摊青)、炒(杀青)、抓(整条)、挺(挺锅)、烘(烘干)5道工序制作而成,保持了举岩茶独特的色、香、味、形。在1981年全国供销系统名茶评比会上,举岩、龙井、紫笋、莫干黄芽同被列为浙江省四大名茶。

# 金华茶荟二:双龙银针

双龙银针因其产地和外形而得名。该茶条索紧直,形似银针,色泽绿中带白,银毫显露;成汤色黄绿清澈,叶底嫩匀、硕壮,香气鲜爽持久,滋味醇厚甘鲜。双龙银针主产于金华市双龙洞附近的鹿田村和冰湖洞上的北山林场,这里群山环抱,树林葱郁,气候湿润,昼夜温差明显,砂质壤土,结构疏松,腐殖质层厚,适宜茶树生长。观赏蓊郁的茶园也是金华有名的旅游景点之一。

双龙银针是金华当地茶叶科技人员选用良种茶树,结合当地制茶工艺优势而开发的茶叶新品。该茶创制于 20 世纪 80 年代,以其优良的外形和品质,在 1984 年全省名茶评比会上,以形质兼优的特色荣获省级一类名茶证书。

根据《本草纲目》记载,双龙银针茶具有散风热、清头目、生津止渴、消食提神、消炎解毒、降压降脂等药理功能。据中国农科院茶叶研究所、中国农科院作物研究所、中国林科院森林环保研究所、冶金工业部地质测试中心、农业部茶叶质量监督检验测试中心等科研单位共同研究,从双龙银针茶中分离出维生素 C、维生素 D、维生素 E、多种氨基酸、$\beta$-胡萝卜、多酚类、三萜贰类等物质及钙(Ca)、钾(K)、钠(Na)、锰(Mn)、钼(Mo)、镁(Mg)、铁(Fe)、锌

（Zn）、硒（Se）、锗（Ge）、铬（Cr）、镍（Ni）、磷（P）等人体必需的微量元素。为凉肝散风、止痛消炎良药；对治疗高血压、肥胖症、口腔炎、咽喉炎等疗效显著；对急性胃炎、感冒、肚痛、痧气、疟疾、便秘等有较好疗效；对鼻咽癌、食道癌有抑制作用；煮水外洗能治疗多种皮肤病及烫伤等；如果把它当作茶泡饮，其滋味甘凉、生津止渴、先苦后甘、回味持久。

现代科学临床应用表明，双龙银针茶具有消暑解毒、消炎杀菌、化痰止咳、健胃消积、提神醒脑、减肥抗癌和抗辐射、降血压、降血脂、降胆固醇等功效。被国内外消费者誉为保健茶、益寿茶、美容茶，是一种应用极为广泛的天然多功能植物饮料。

双龙银针采摘具有开采早、采期短、采得嫩三个特点。清明前6~7天开采，谷雨时结束。采摘标准为一芽一叶初展或一芽一叶。采回的鲜叶必须及时进行摊放，失水减重5%左右，历时6~8小时。经杀青、理条做形、干燥三道工序炒制而成。双龙银针采用手工炒制，杀青和做形均在炒制龙井的平铁锅内进行，炒制工艺吸取了龙井茶炒制技术的精华，采用了抛、抖、抓、捺、拓等手法。

炒制时，据芽叶的含水量和芽叶的塑性、柔软性等物理特性，灵活控制锅温和炒制时间，变换手法，达到工艺的要求。从杀青到做形共历时35~40分钟。干燥在烘笼中进行，文火慢烘，烘至含水量达5%左右为适。烘干叶经摊凉冷却后按老嫩、批次分别装袋，密闭贮藏。

关于双龙银针，还有一个动人的故事。传说很多年以前，在金华村有一户姓黄的人家，这家有两个儿子，大儿子叫黄初起，二儿子叫黄初平。初平八岁的时候就开始在家放羊，尊老爱幼，勤奋好学，乡亲们都称赞他为圣贤。在初平十五岁那年，有一天他在金华山下放羊，有一只小羊失足受伤，他就细心为小羊疗伤，精心护理,小羊依偎着他,眼角含泪。黄初平看着小羊,想到小羊长大以后,免不了被屠宰的命运,觉得很可怜,不禁动了恻隐之心,十分烦忧。这时恰好有一位道人经过,问初平为何如此烦忧,初平就将原因说明。道士问:"那你希望小羊怎么样呢?"初平回答说希望羊能长生不死,道士说:"这很简单。"说完就施展法力把羊群化成了一片茶树。

初平看着一大片茶树,很惊奇,就恳求道士收他为徒。道士见他很有慧根,态度又很诚恳,就将黄初平领进金华古洞,理悟修道玄机,修得法道。多年以后,初平回到家乡,其父母已经去世,只见到了哥哥黄初起,就向哥哥讲了这么多年的修道经历。哥哥问初平当年的山羊到哪里去了,初平说仍在山中,哥哥不相信,于是初平就带哥哥来到山上看,却只看见一片茶树,哪里有山羊呢?只见初平不慌不忙,口念法咒,叱声"羊起",山上的茶树顿时应声而起,变成千万只羊。后来,黄初平乘着仙鹤,带着哥哥一齐登上仙府,修得正果同列仙班。这就是如今在港、澳、台、北美、东南亚一带流行的侨仙黄大仙的传说。当初山上的一片茶树,就是现在的双龙银针茶树。

# 金华茶荟三：武阳春雨

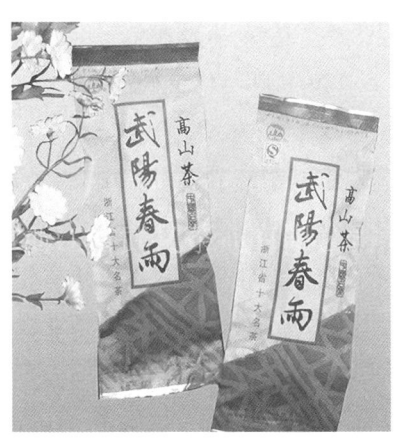

"沾衣欲湿杏花雨,吹面不寒杨柳风。"春季是个充满梦想的季节,空气中微薄的水汽,墙角探出的嫩绿枝丫,都让人心情安宁舒畅。而在金华婺州的土地上,也有一种茶以春雨为名,沁人心脾。

"一夕轻雷落万丝",武阳春雨茶产于浙中南"中国有机茶之乡"——武义县。武义县是农业部命名的"中国有机茶之乡",地处浙江省中部,是个"八山半水分半田"的山区县,到 2009 年,全县有茶园面积近 10 万亩,是全国重点产茶县和浙江省"实施有机茶工程建设"的试点县。境内层峦叠嶂,山清水秀,四季分明,热量充足,无霜期长,长年山岚弥漫,风清气润,土质松软,乃天赐植茶之地。优美的生态环境为发展有机茶生产创造了得天独厚的条件。全县大部分是海拔 500~1 500 米的广阔山丘,海拔 1 000 米以上的山峰有 79 座。全县 10 万亩茶园大多数分布在深山高山上,远离城市,没有大气污染,良好的生态环境造就了武义茶叶优良的品质。

武阳春雨茶形似松针丝雨,色泽嫩绿稍黄,细紧略卷曲、显毫、匀整洁净、翠绿鲜润,汤色浅绿明亮,香高味浓,耐冲泡,且具有独特的兰花清香。茶叶自然品质"色、香、味、形"独特,在历史上享有盛誉,提神解乏,消除疲劳,使人精神爽朗还有。还有生津止渴、爽身醒目、解暑去烦的作用。冲一盏武阳春雨，绿影纤细，就好像潺潺的雨，在杯子里下。抬手轻呷，茶水甘醇鲜爽，具有独特的兰花清香，果然卓尔不凡。

说起来，武阳春雨茶的出现与武义县坚持建设"茶叶生产大县""名优茶生产先进县""有机茶生产强县"的思路密不可分。为了研制出具有当地特色的茶叶，全县上下统一思想认识，大力引进良种茶，开发名优茶，该县农业局于1994年研制成了"武阳春雨"茶。自此，产品远销海内外，所获殊荣无数。该茶先后荣获1999年全国农业行业最高奖、1999年中国国际博览会"中国名牌产品"称号、2002年中国精品名茶博览会金奖、2004年宁波国际茶文化节金奖、2004年"浙江省十大名茶"称号等荣誉，给当地的茶业发展带来了阵阵暖风。截至2009年，武义县已拥有生产基地6万余亩，年产量1 000吨，产值1.1亿元，在杭州、北京、上海、南京、济南等大中城市开设专卖店51家和直销点200个。2009年6月28日，在第二届浙江省十大名茶评审会上，武义县茶叶知名品牌"武阳春雨"梅开二度，蝉联浙江省十大名茶荣誉称号。在"武阳春雨"茶的带动下，武义县一下子出现了金山翠剑、郁清香、汤记高山茶等多个茶叶品牌。到2003年，全县冒出了19个茶叶品牌。

虽说发展茶叶要有品牌，但是品牌多了，在市场上就分散了竞争力。且更为严重的是，品牌企业之间各自为战，重复建设，难免形成恶性竞争。武义茶叶产业的发展就经历了从百花齐放到一统天下的路子。为实现茶叶品牌的突破，该县县委、县政府经过反复调研，再三考虑，做出了整合茶叶品牌的决定：全县名茶统一打"武阳春雨"牌，让更多企业共享这一优势资源，让茶农获得更多实惠。

在一番精心筹划后，"武阳春雨"茶品牌整合行动紧锣密鼓地展开。"武阳春雨"品牌管理领导小组、武阳春雨名茶协会相继成立,全面开展了"武阳春雨"茶的质量监管、技术推广、产品宣传、产销协调等工作。县内 7 个主要茶叶企业纷纷加盟。"武阳春雨"品牌联盟实行了"四个统一"的管理模式,即统一品牌、统一包装、统一标准、统一监管。2004 年,县农业局对原县级"武阳春雨"地方标准进行了重新修订。新标准增加了春雨龙芽、春雨龙毫的技术标准,并由金华市质量技术监督局发布了市级地方标准,使"武阳春雨"茶标准实现了系列化,也为强化"武阳春雨"茶的质量监管奠定了基础。同时,制定了《武阳春雨茶管理规则和质量管理办法》,规范各成员企业的生产销售行为,形成企业自律、协会管理、行政监督的质量监督管理体系。

　　品牌大了,销路畅了,如今"武阳春雨"茶已在北京、上海、山东等大中城市站稳脚跟。一叶叶"武阳春雨"茶,正在这些城市幽幽飘香;品牌大了,身价高了,"武阳春雨"茶品牌整合后,在严格的监管下,茶叶品质稳步提升,茶叶的身价也水涨船高;品牌大了,茶农乐了,每到春茶上市期间,武义县茶农采摘的茶鲜叶成了"香饽饽",

茶农刚采下山的茶鲜叶常常被抢购。茶鲜叶的价格也从以前的每公斤 60 元涨到如今的 140 元,最高时还达到 200 多元。一个点子活了一个产业,一锅茶乐了一方人。许多茶农说,种茶收入越来越好,主要得益于政府走了茶叶品牌整合这着妙棋!如今,"武阳春雨"已成为武义的一张名片,它正沿着品牌整合之路越做越强。

# 金华茶荟四:兰溪毛峰

对茶树生长来说,兰溪这个地方具有得天独厚的自然条件。它处于高纬度地区,年平均气温较低,很有利于氨基酸、咖啡因等含氮化合物的合成与积累,这

正是炒制优质绿茶所不能缺少的要素。譬如历来为多人向往的五云(车云、集云、云雾、天云、连云)、两潭(黑龙潭、白龙潭)、一寨(何家寨),就具备这样得天独厚的典型生态环境,兰溪同样如此。兰溪的土壤,多为黄、黑沙壤土,深厚疏松,腐殖质含量较多,肥力较高,pH 值在 4~6.5 之间。故此,历来当地茶农多选择在海拔 300 至 800 米的高山区种茶。这里山势起伏多变,森林密布,植被丰富,雨量充沛,云雾弥漫,空气湿润(相对湿度 75%以上),这也造就了兰溪毛峰茶的独特品味。

从出产地来看,兰溪毛峰茶产于该市的下陈、新宅、蟠山等地,是浙江的主要名茶之一。该茶在清明节前后采摘,鲜叶采摘标准为一芽一叶至一芽二叶初展,要求芽长于叶,芽叶成朵。制作时,要经过摊放、轻微萎凋、高温杀青、搓揉成条、摊凉、干燥等工序,做成的茶叶外形肥壮扁形成条,银毫遍布全叶,色泽黄绿透翠,叶底绿中呈黄,沏泡后即还其茶芽之原形。汤色碧绿如茵,清

澈甘爽明亮,旗枪交错杯中,香气芬芳扑鼻,清高幽远鲜爽,品茗滋味醇和,饮后有回甜,香流齿颊间,清妙不可言,为绿茶中之佳品,载入《中国名茶》,驰誉中外,成了中国名茶新秀。

从营养价值方面看,兰溪毛峰中含有维生素、蛋白质、芳香族和多酚类化合物,除能散发出芳香,以助人愉快外,还能除去油腻,清养肠胃,促进消化液的分泌,增进食欲,以助消化。特别是对于肉食乳类为主食的少数民族地区,茶叶更是人们生活中不可缺少的饮品。同样,兰溪毛峰的功用也不少,主要有:

1.兴奋作用

兰溪毛峰的咖啡因能使中枢神经系统兴奋,帮助人们振奋精

神、增进思维、消除疲劳、提高工作效率。

2.利尿作用

兰溪毛峰中的咖啡因和茶碱具有利尿作用,用于治疗水肿、水滞瘤。利用红茶糖水的解毒、利尿作用能治疗急性黄疸型肝炎。

3.强心解痉作用

咖啡因具有强心、解痉、松弛平滑肌的功效,能解除支气管痉挛,促进血液循环,是治疗支气管哮喘、止咳化痰、心肌梗死的良好辅助药物。

4.抑制动脉硬化作用

兰溪毛峰中的茶多酚和维生素 C 都有活血化瘀防止动脉硬化的作用。所以经常饮茶的人当中,高血压和冠心病的发病率较

低。

5.抗菌、抑菌作用

茶中的茶多酚和鞣酸作用于细菌、能凝固细菌的蛋白质,将细菌杀死。可用于治疗肠道疾病,如霍乱、伤寒、痢疾、肠炎等。皮肤生疮、溃烂流脓,外伤破了皮,用浓茶冲洗患处,有消炎杀菌作用。口腔发炎、溃烂、咽喉肿痛,用兰溪毛峰来治疗,也有一定疗效。

6.减肥作用

茶中的咖啡碱、肌醇、叶酸、泛酸和芳香类物质等多种化合物,能调节脂肪代谢。茶多酚和维生素 C 能降低胆固醇和血脂,所以饮茶能减肥。

7.防龋齿作用

茶中含有氟,氟离子与牙齿的钙质有很大的亲和力,能变成一种较难溶于酸的"氟磷灰石",就像给牙齿加上了一个保护层,提高了牙齿防酸抗龋能力。

8.抑制癌细胞作用

据报道,兰溪毛峰中的黄酮类物质有不同程度的体外抗癌作用,作用较强的有牡荆碱、桑色素和儿茶素。

# 金华茶荟五：磐安云峰

磐安云峰，其外形条索挺直有锋苗，芽叶肥嫩，色泽翠绿鲜润；内质叶底嫩绿成朵，汤色嫩绿明亮，滋味醇和鲜爽、回味甘甜，香气清高持久，具有"三绿一香"之品质特征，即色泽翠"绿"，汤色嫩"绿"，叶底"绿"亮，"香"高持久，含有兰花清香。在暖风微醺的午后，取一个玻璃茶杯，用85℃左右的沸水冲泡磐安云峰，沸水冲后的茶叶展叶吐香，芽叶朵朵直立，上下沉浮，栩栩如生，形如兰花瓣瓣。品饮欣赏，口颊留芳，沁人肺腑，心旷神怡。

磐安茶叶生产历史悠久，唐代磐安产的"婺州东白茶"为宫廷贡茶之一，载入陆羽所著《茶经》。相传晋代道士许逊为传播道教文化游历到磐安玉山，看到堆积如山的茶叶卖不出去，茶农愁眉不展，为解茶农之忧，就住了下来，潜心研制了具有绿色原质和白毛特色的"婺州东白"，并派道徒四处施茶游说，由此四方茶商纷纷慕名前来收购，玉山茶叶供不应求，渐渐地在茶场山前形成了茶叶交

易市场——玉山古茶场。许逊仙逝后，当地茶农为缅怀其功绩，在茶场山麓建庙宇塑金身纪念他，每年春社(正月十五) 迎龙灯、秋社(十月十五)竖龙虎大旗朝拜祭祀。现存的玉山古茶场始建于宋、重修

于清(1781),占地 3430 平方米,包括茶场庙、茶场管理用房、茶场三大部分。建筑按交易市场布局,厢房住人、储物,正楼品茶、交易,是一处古代"市场"的实物遗存,被有关专家誉为中国茶文化的"活化石",成为研究古代茶叶制作技术、交易制度及茶文化的重要实物史料,2006 年 5 月 25 日,被国务院命名为全国重点文物保护单位。

秉承唐代贡茶"婺州东白"之工艺特色,磐安 1979 年开始了磐安云峰名茶的试制工作,一举获得成功。

磐安云峰茶产于磐安县大盘山一带,属半炒半烘型名茶。这里山高水秀,林密雾重,泉水潺潺,幽兰溢香,年平均温度 16.1 ℃,有效积温 5 030 ℃,年降雨量 1 573 毫米,土壤肥沃,土层深厚,厚度达50~100 厘米,有机质含量达 3.5%~14.8%,得天独厚的自然环境为磐安云峰茶品质形成提供了有利的条件。该茶采自当地优良茶树品种——木荷种的新梢,采摘时间因茶园所处的海拔高度而异。通常,海拔 600 米以下的茶园,于 4 月中下旬开采,海拔 700 米以上的茶园,于 5 月初开采。采摘标准为 1~2 级磐安云峰茶为一芽一叶和一芽二叶初展,3 级以下为一芽二叶,芽叶长度不超过 3.5 厘米,叶片开展角度不超过 40 度。鲜叶进厂后经 3~5 小时摊凉,水分失重 5%左右。

上佳的品质铸就了不俗的荣誉。磐安云峰茶自 1986 年至 1988年连续三年被浙江省农业厅评为一类优质茶;1986 年荣获商业部"全国名茶"称号;1989 年获"浙江名茶证书";1991 年在中国杭州国际茶文化节上被评为"文化名茶";其后多次荣获中国精品名茶博览会、浙江省农博会、浙江绿茶博览会"金奖"。2007 年浙江绿茶博览会期间,农业部茶叶质量监督检验测试中心对磐安的茶叶进行了检测,结果显示,水浸出物含量高达 47%,比国家标准36%高出 11 个百分点,十三项农药残留均未被检出,铅含量 0.74 毫克/千克,远低于国家无公害茶标准 5 毫克/千克, 具有典型的山区优势茶叶的品质特征。磐安云峰茶已经成为当地的农业特色支柱产业,发展前景非常广阔。

# 金华茶荟六：方岩绿毫

方岩绿毫茶作为一种于20世纪90年代创制成功的创新名茶，属烘炒型绿茶。该茶产于国家级旅游风景名胜——永康市方岩山山麓，海拔800米，山峰绿翠，雨量充沛，长年云雾缭绕，具有较多的漫射光，含有丰富有机质，雾露滋培，茶芽肥壮，氨基酸含量特别高。远在南宋就有"东陈炳坑出仙茶"的记载。

方岩绿毫外形呈兰花形，色泽翠绿披毫、汤色清澈明亮、滋味醇厚鲜爽、香气清高持久、叶底嫩绿成朵。其选用高山无公害良种茶树嫩芽为原料，经传统工艺精制而成，多次在省、市名茶评比中获奖，1999年及2001年在浙江省第十三届及十四届名茶评比中被评为一类名茶。

饮罢特色绿茶，想必大家对于金华的特色茶叶已经产生了浓厚的兴趣，到此游访时更可捎带一些以作馈赠之用。不过，可能有些人觉得纯绿茶不太适合自己，也有些人可能会觉得纯绿茶有点发苦，硬喝下去实在勉为其难。这些都不要紧，因为好客的金华人已经为这些朋友准备好了特色花茶。

花茶，亦称熏花茶、香花茶、香片。花茶是以绿茶、红茶、乌龙茶茶坯及符合食用需求、能够吐香的鲜花为原料，采用窨制工艺制作而成的茶叶。花茶集茶味与花香于一体，茶引花香，花增茶味，相得益彰，既保持了浓郁爽口的茶味，又有鲜灵芬芳的花香。花茶不仅有茶的功效，而且花香也具有良好的药理作用，有益人体健康。在当地，金华花茶自然也是远近闻名，其中又以茉莉花茶和柚花茶较为普遍。

# 金华茶荟七:金华茉莉花茶

简称金华花茶,产于浙江省金华市,以精制茶用茉莉花窨制而成,已有三百多年生产历史,是我国当前销往国际市场花茶的主要品种之一。其品种有茉莉毛峰茶、茉莉烘青花茶(分 1~6 级)、茉莉炒青花茶(分为 1~6 级),其中以茉莉毛峰品质最佳。

茉莉花的著名产地就在金华市罗店乡。其地之土壤、雨量、气候均宜, 更有双龙洞清澈泉水浇灌,加之当地有众多富有经验的花农,精心培植, 不仅产量丰富,且质量上乘,具有头圆、粒大、饱满、洁白、光润、含芳香量高等优点,用以窨制花茶,风味超群。

金华茉莉花茶的窨制工艺十分精细, 需要先将毛茶进行精制,为花的窨制提供优质茶坯。窨制前先烘干茶坯,使茶叶含水量降至 4%~5%,然后自然冷却至 30~33 ℃,开始窨花。茶、花配比量依其品种、级别而定。如高档茉莉毛峰,每 100 公斤茶叶配 150公斤茉莉花。经重复窨花 6 次,最后经提花、出花及匀堆装箱等工序即为成品。花茶加工技术要求高,必须抓住鲜花吐香、茶坯吸香、复火保香 3 个重要环节,并须讲究窨制工艺过程中"干、凉、匀、快"的独特要求。

茉莉毛峰茶的特点为:全身银毫显露,芽叶花朵卷紧;色泽黄绿透翠,汤色金黄清明;茶香浓郁清高,滋味鲜爽甘醇;旗枪交错杯中,形态优美自然。该茶不仅有茶叶裨益人体健康之功效,且具有茉莉花的药理效果。

# 金华茶荟八：金华柚花茶

该茶由精制茶坯与具有香气的鲜柚花拌和，通过一定的加工方法，促使茶叶吸附鲜花的芬芳香气而成，主销山东、河北及北京、天津等地。柚花茶具有良好的药理作用，可以帮助气血循环通畅，改善胃寒而痛等功效，有益人体健康。

在金华，柚花茶常选用市郊各县所产的 1~5 级烘青毛茶，经过筛、切、抖、风选、拣剔等工序，精制成 1~5 级茶坯。每 50 千克各级茶坯分别配柚子鲜花 18、16、14、12、10 千克，经过两次烘焙窨制而成。根据成品的质量，产品等级也分为 1~5 级。

一级花茶外形条索细紧匀直，平伏匀净，色泽绿润显锋苗；内质汤色清澈黄绿明亮，香气鲜浓，滋味醇厚鲜爽，叶底细嫩匀齐明亮。

二级花茶外形条索尚细匀整，稍有锋苗，色泽尚绿润；内质汤色尚清澈黄绿明亮，香气尚鲜浓，滋味尚醇厚鲜爽，叶底尚嫩绿明亮。

三级花茶外形条索尚紧匀整，色泽尚绿；内质汤色黄绿尚明亮，香气尚鲜，滋味醇和，叶底尚嫩匀，稍有摊张。

四级花茶的外形条索尚紧略扁稍松含圆头块,色泽深绿;内质汤色黄绿,香气稍鲜,滋味纯正平和,叶底黄绿欠明亮,稍有摊张。

五级花茶外形条索稍粗松,带扁条圆头块多梗,色泽黄绿稍暗;内质汤色黄绿稍暗,香气略显,滋味淡薄,叶底黄绿稍粗老,多摊张。

# 香甜可口　回味无穷
## ——金华小点

　　在金华的大街小巷,可以找到不少的糕点店铺。每当从其门前路过,那品种繁多、样式好看的糕点,总会吸引人多瞅两眼,即便不吃,就算闻闻那甜甜的香味,都会给人一种莫名的满足。不过如果你来到金华,那还是建议你花上几块小钱,亲口品尝那在别处极少见的糕点美食。因为只有这样,你才能真正体会到金华百姓在那悠悠岁月长河中积淀下来的情感,以及对那美好生活的向往。

# 金华小点一:毛坦

毛坦,又称麻坦,以毛芋和糯米粉做成,外面粘上糖霜、芝麻,口感甜、香、脆,是金华的传统甜点,也是逢年过节招待客人的上品。据说其历史比火腿还要悠久,其来源也颇具神话色彩。

据传,金华毛坦由吕洞宾亲自下凡传授技艺,乃是"人间蟠桃"。传说在天庭蟠桃盛会上,吕洞宾觉得应该让世间凡人也有机会尝此美味,经玉皇大帝同意,他带着两个蟠桃核下凡人间,在美丽又富饶的金华停住了脚步,将蟠桃核扔到了土地中。不久,埋着蟠桃核的土地中长出了两片毛芋田,六个月后毛芋成熟。吕洞宾又托梦给金华的糕点师傅,用毛芋和糯米做成同样美味的蟠桃果,因为上面沾满芝麻,被称为"麻坦",后来又随着方言逐渐演变为"毛坦"。

毛坦外形类似麻球,但其传统做法颇为讲究。在传统做法中,每年只有在白露过后才制作毛坦,那是毛芋成熟可以作为原料的季节。由于毛坦坯极易被虫蛀,所以传统毛坦在立春后便无法继续制作了。当地传统的做法,是首先将蒸熟的糯米粉与去皮煮熟捣成糊状的毛芋混合后放进石臼挑打,之后切成小方块在太阳底下晾晒一至两个月,发酵后制成毛坦坯,最后,将毛坦坯倒入油锅炸,裹上熬好的白糖,沾上芝麻,就是正宗的毛坦了。咬开毛坦吃时,我们会发现里面布满孔隙,构成孔隙的食物纤维发出亮闪闪的光泽,这就是毛芋与糯米结合在高温作用下膨化的产物了。

　　据当地制作毛坦的雅畈人吕芳银介绍,在新中国成立前,毛坦拥有辉煌的历史。当时金华古城仅有十几万人口,但毛坦的年产量和销量在 1.5 万至 2 万公斤。新中国成立后,随着私营糕点企业解散,很多糕点师傅离开本行,正宗金华毛坦的制作手艺渐渐失传。直到 1971 年,23 岁的吕芳银到苏孟供销社当学徒,在时任雅畈供销社党支部书记黄正茂的建议下,开始学做正宗毛坦。黄正茂邀请了专业打毛坦坯的师傅阿有担任总教练。正宗毛坦制作工作于 1971 年 11 月下旬在雅畈供销社糕点房展开。20 多个人以石臼和木棒为工具,用毛芋和糯米粉为原料,再用独特的工艺制作。当时,阿有教会了 20 多个人如何打坯,这些人随着年龄增长,如今在世的仅剩 8 人。

## 金华小点二：松子糕、连环糕

松子糕、连环糕的配料是一样的，都由糯米、绵糖、茶油等组成，唯一的区别就在于形状。松子是"送子"的谐音，含早生贵子之意；连环是夫妻不分离，含百年好合之意。在民间，男女双方经媒人牵线搭桥后同意结亲，男方首先会托媒人送两副松子、连环糕给女方，寓好事成双之意。因此，这两者也就成了民间青年男女订婚不可或缺的礼物。

传统的松子、连环糕做法一致，都是先把糯米放水中浸泡，然后捞出炒熟，磨成粉备用。再按一定比例，将绵糖用凉开水调和溶解。随后，把熟糯米粉和少许茶油放入绵糖水中进行拌料（把握好糕料的干湿度是制作的关键），拌好后放入模子里用板压平实，轻敲模子将其倒出即成。

# 金华小点三:绿豆糕

在金华,每逢端午,家家都会吃点绿豆糕。相传绿豆可以解百毒,而端午时节因季节气候之故,有百毒衍生,因此在端午节吃绿豆糕就成了传统习俗。

绿豆糕以生麦粉、绵糖、熟猪油、绿豆粉作为配料,一般糕面上会印有"绿豆糕"等字样。传统的绿豆糕是实心的,入口香甜,回味无穷。不过随着制作工艺的进步, 近年来有了不少夹心馅的绿豆糕在市场上售卖,这为喜欢不同口味的顾客提供了多种选择。

# 金华小点四：油金枣

提起油金枣，不少金华人恐怕会立刻想起那个胖乎乎的枣形糕点吧。油金枣又甜又脆，其内空，以生糯米粉、糕粉、绵糖、白砂糖、麦芽糖、茶油等为原料。既然以"油"命名，油金枣的制造就自然免不了油炸一关。

制作时，麦芽糖先入锅中烊化至"滚"，再把生糯米粉和适量糕粉混合放入糖锅内拌和成面团，然后起锅摊开在"作板"上，用"擀筒"压成厚薄均匀的面饼，用刀分切，再依次放入"滚"开的茶油中炸。油炸时，要十分注意火候和"老""嫩"程度，适时起捞，放入由白糖熬成的糖油中搅拌均匀，然后捞起放到棉糖中拌和，使其粒粒分开，这就是制好的油金枣了。

油金枣的销售旺季从每年的农历7月底开始，一直到春节期间。由于金华本地风行送油金枣作为礼品，如有需要应早些预订购买。假如逼近年关去买，搞不好就会空手而回。

# 金华小点五：红回回

　　红回回，当地人又称回回糕，是金华当地最常见的一种糕点。其味甜，口感软，表皮呈红色，寓意"利市"吉兆。不少人家在逢年过节、操办喜事的时候，都会用红回回作为待客糕点。

　　其实红回回之所以得名，还与其形状有关。红回回用生麦粉、绵糖、熟猪油等制成，呈长方形，由"回"字形组成，可沿中间掰成两半。

# 金华小点六：插酥

　　作为金华民间百姓最喜欢的糕点之一，插酥既以"酥"为名，自然是酥脆无比了。插酥配料由炒麦粉、熟猪油、油麻（黑芝麻）粉、白糖等组成，形状也有方、圆、长方等状，皆由各自喜好而定。除了酥外，插酥还以"香"见长，一口下去，其间的芝麻香气四溢唇齿之间，让人欲罢不能，多食几只方才够味。

# 金华小点七：冬芙蓉

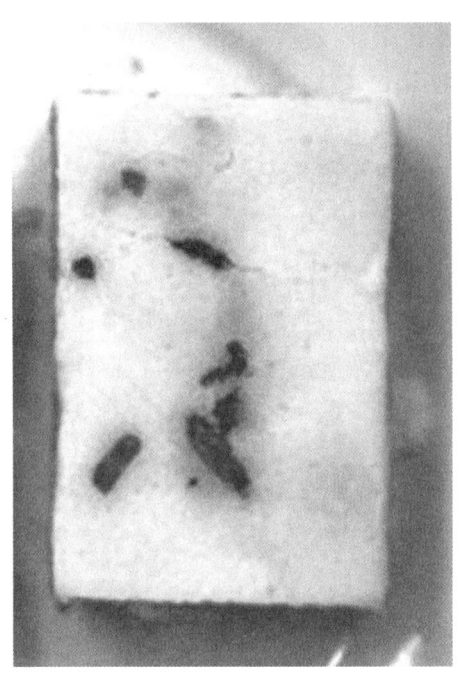

在百姓眼里，冬芙蓉可谓是高档糕点了，一般用于春节过年的走亲访友和招待来客。因其颜色似白芙蓉花，故称冬芙蓉。

冬芙蓉的制作考究，原料以糯米粉、白糖、麦芽糖、炒麦粉、熟猪油、橘皮等为主，经蒸、刨、炸、熬、炒、拌、压、切等八道工序方能完成。成品的冬芙蓉分上下两层，上层以糯米粉、白糖、麦芽糖、橘皮制成，味极甜；下层以插麦粉、绵糖、熟猪油混合而成，味稍甜。其口感甜软有嚼劲，是老年朋友比较喜爱的一种糕点。

# 金华小点八：藕粉

　　金华藕粉是金华的风味食品,最初人们用野藕加工,后来用真藕加工藕粉。真藕开白花,用白花藕加工的藕粉,质地优良,粉质纯真,白里透红,片薄匀细,干粉不糊口。如泡成藕粉羹,颜色均一,透明度好,清香可口,是可代乳代饭的营养食品,老小皆宜。

　　制作藕粉需经 8 道工序,即洗藕、切节、粉碎、筛洗、漂粉、起粉、切片及晒干。过去仅少数农户小规模生产,产品亦很少上市销售。近几年来,由于栽培技术提高,种植业不断扩大,加上机械加工,金华藕粉生产发展较快,产品质量在全国同类产品中名列前茅。

# 金华小点九:冬米糖

冬米糖是金华的一种传统甜点,常作为人们走亲访友赠送的一种糕点礼品。在入冬时将糯米蒸熟,经冻后晒干,再将冻米炒胀拌糖煎熬,冷却后切成条状小片即成冬米糖。吃起来香甜可口,虽口感较硬,却越嚼越香。有小孩家庭尤多制作。

# 金华小点十：兰花酥、兰花糖糕

兰花酥是兰溪的小点，制作时，将水油面适量加入食用蓝色素搓揉均匀，包入干油酥。用叠酥方法制成酥坯。用快刀将酥皮三个角沿对角线从顶端向交叉点切进2/3，将切开角的两个对角线用鸡蛋液黏结窝起，成兰花酥坯，入油锅氽至酥层放开。用糖加入食用红色素作兰花的花蕊。

"兰花节吃兰花糕"，这是兰溪水门快餐店兰花糖糕摊老板招徕顾客的广告语。做了多年饮食生意的赖素贞心灵手巧，她会多种点心制作，但最拿手的还是她的桂花糖糕。她的桂花糖糕配方取自龙游糖糕，但又有兰溪地方特色。得知兰溪要召开兰花盛会，她马上想到了一个新的主意：干吗不做做兰花糖糕？

赖素贞的兰花糖糕在敷有桂花的糕面上别出心裁地用红丝、绿丝做出兰花的图案，以绿叶作陪，红花相衬，兰花糖糕一出笼，马上有顾客围上来，短短两个多小时，就卖出16笼。赖素贞说，如果顾客喜欢，兰花节后她这个兰花糖糕就作为一个品牌做下去了。发展兰溪文化，也是她这个普通市民的心愿。

# 金华小点十一:麻糖

　　麻糖是义乌传统的土特产品,主要品种有糯米糖、芝麻糖、花生糖、浇切片等。义乌麻糖色泽光亮,具有香、甜、松、酥的特点,是义乌人长期以来喜爱的食品之一。

# 金华小点十二:油酥

　　义亭油酥,也称月饼,历史悠久,是义乌传统的中秋食品。义亭油酥是用上乘面粉、板油、红糖、白糖、芝麻、核桃、花生仁、果丝等为原料制作,饼皮层次分明,酥而不散。

【贰】

工艺长廊

在尝完美食后,我们的第二站即将走进金华的工艺长廊。在奔腾的历史长河中,自强不息的金华人用他们智慧的双手,为后人留下了许许多多难以忘怀的印记。这些印记,有些因为历史的冲刷,逐渐地淡出了人们的视野,但有些却随着时间的磨砺,而愈发显得举世无双。这些金华的工艺,都被刻在了工艺长廊之上,迸发出璀璨夺目的光芒。令人惊叹的木雕、竹编、粮食雕,精妙绝伦的纸花、花边、麦秆贴……金华人民用自己的聪明才智和不断创新的精神,在这一方栖息了千百年的土地上,再一次创造了辉煌。

# 各色千秋　婺州古窑

"雨过青天云破处,这般颜色做将来。"中国陶瓷自古以来,就以其独特的魅力享誉中外,甚至与中国共用同一个英文名称,China。中国人对于陶瓷的热爱,源于历史,血脉相继,生生不息。

不夸张地说,在华夏大地上,曾经涌现过多少窑,恐怕没人数得清楚。但是婺州窑,却是金华历史的一座丰碑,是浙江境内越窑以外的著名瓷窑,为唐代六大青瓷产地之一,始烧于东晋,五朱堂窑有青釉褐斑标本。唐代遗址共发现四处,以生产茶碗出名,造型有习见各式碗,多角形短流壶及双系罐,有黑褐釉及青釉褐斑装饰。婺州窑的产地主要在金华、兰溪、义乌、东阳、永康、武义及周边地区的衢州、江山等地,目前在上述地区均发现了婺州窑的遗址。因为这些地区在唐代属婺州,故称婺州窑。

婺州窑既有陶器的深厚,也有瓷器的清新;既有点彩乳浊的风韵,也有彩绘墨褐的特色。相比于如今拍卖场、收藏界炙手可热的瓷器品种,它或许还没有获得足够的关注,但它的产品几乎涵盖了中国陶瓷艺术发展的整个过程。这就是婺州窑。

《景德镇陶录》上记载:"婺窑亦唐时婺州所烧者,今之金华府是也。"据考证,婺州窑始于东汉,盛于唐宋,衰于明清。关于婺州窑早期的历史记载源于唐代十分兴盛的一项社会活动:"斗茶"。唐朝茶圣陆羽在《茶经》中列婺州窑为青瓷窑第三,言:"碗,越州上,鼎州次,婺州次……"可见婺州窑比后来的四大官窑出名更早。

# 婺州窑的前世今生

与诞生在皇家贵族的青铜器不同，陶瓷是平民的"皇帝"，其首先从百姓中间开始流传，然后才进入皇宫。因此，关于陶瓷历史的文字记载就出现得比较晚，到唐中期才有，并且

不多，最初的记载少之又少。古时候饮茶是生活中最平常的事，不同的瓷器会对茶水的颜色和香气有不同的影响，因此，历史记载中的婺州窑首先以茶具的面貌出现，也不无道理。

近年来，浦江上山遗址和永康都发现了夹碳陶器，距今都已万年以上。这说明在万年前，婺州范围就出现了制陶工艺。到目前为止，在婺州范围发现的最早的烧窑遗址是东阳山甘塘横穴窑。大约在新石器时代晚期，金华地区的祖先就在丘陵地带建造窑炉，利用本地瓷土烧制硬陶和印纹硬陶，应用石灰釉烧制泥釉黑陶。在使用瓷土和石灰釉制陶的基础上，婺州窑在商朝晚期就烧制出了原始瓷，是烧制原始瓷最早的窑址之一。在江山、东阳、武义、义乌、龙游、衢县等地发掘的商朝晚期到西周的遗址、墓葬中，都发现了原始瓷。据古陶瓷研究专家朱伯谦先生回忆，20 世纪 70 年

代,兰溪曾发现过春秋战国时期较大规模的窑址,很可惜没有保存下来。

两汉时期,婺州的烧窑场不断增加,规模也越来越大。到了东汉中晚期,开始出现真正意义上的成熟瓷器,从墓葬中出土的瓷器与同时期的窑址样本基本相符。从三国时期起,婺州窑就出现了谷仓罐,为随葬的明器,器形硕大,结构复杂,制作精细,分顶部和罐体两部分,顶部堆贴楼阙、鸟兽、人物,肩部和腹部堆贴狗、龟、鹿、龙、鱼等,从内而外,由上而下,整体洋溢着祥和气氛,呈现出"天地位、万物育也"的景象。

瓷器上应用化妆土,是西晋时期婺州窑工匠在制瓷工艺上的一项创新。化妆土是一种装饰原料,它是氧化铁含量低的白色瓷土,经过认真淘洗后,质地细腻,呈奶白色。使用化妆土可以使得原来比较粗糙的坯体表面光洁平整,使得原先胎质较暗的灰色或深紫色得到巧妙的覆盖。使用过化妆土的器物,烧成后釉面显得光滑饱满,滋润浑厚,大大提升了产品的质量,增加了器物的美感。人们通常认为在器物上使用化妆土,可能出现在隋唐时代,婺州窑的考古发现证明早在西晋时就已经大量使用化妆土了。如衢州市街路村晋元康八年(298年)墓出土的一件瓷器碗,其表面施有化妆土;武义履坦村、王宅村出土的东晋瓷碗、盏、壶等器物的胎体表面均施一层奶白色化妆土。

化妆土作为一种装饰原料到唐代一直继续使用着,而且被全国各地的窑场作为先进工艺而广泛采用。在胎体上覆盖化妆土,釉层外观美丽光亮。化妆土的出现为制瓷业的普及、扩大原料范围、提高瓷器的质量起到了积极作用。著名考古学者冯先铭先生曾称赞婺州窑使用化妆土"是一项很有意义的创造"。

唐宋时期是婺州窑发展的兴盛时期。盛唐时期,制瓷业得到迅猛发展,唐中后期至北宋,瓷业主的资金已有了丰厚的积累,再加上民间资本的涌入,婺州窑场如雨后春笋般涌现。可以想象当时烧窑时的情景,应该是白天车水马龙,晚上灯火辉煌。

到了元、明、清时期,因瓷业中心转移,婺州窑场数量骤减,原来的高端产品在婺州窑中已见不到了。虽仍有一部分窑场继续烧造,但窑场数量不断下降,规模不断缩小,并都以烧造民生用瓷为主。

在《中国文物定级图典》中,共收录了 129 件婺州窑作品。20 世纪 70 年代,韩国新安海域水下打捞出中国元代沉船,其中包括 1 万多件元代中国陶瓷、数百件漆器、数百件金属器物和钱币等文物。瓷器中除了浙江龙泉、江西景德镇的产品外,还有许多婺州窑的产品,当时不少人以为是北方"仿钧窑",因为器皿上的乳浊釉很像钧窑。后来,琅琊铁店窑被发

现,发掘出土了各种文物标本,才解开了谜团。经过陶瓷鉴定专家冯先铭先生的考证,证明这批瓷器确属琅琊铁店窑出产。

《新安沉船遗物》一书对出水的钧釉系瓷器的胎骨作了这样的描述:"钧釉系瓷器有花盆、水盘、壶形水注等。因其釉药、胎土与北方的元代钧釉明显不同,故有可能是南方模仿北方的产品。胎土比北方稍微粗糙一些,在施釉上除了黑釉外还有灰色,经过两次施釉。尽管如此,没有朱砂散发出的红色,也没有内含乳白

色,仅有漂亮的天蓝色。""尽管两次施釉,但是足部、底部和周边的外底部上并未施釉,在露胎部分的衔接处可见施过两次釉的痕迹。露胎部分看起来灰色中掺有褐色,胎土粗糙,釉色也是灰白青蓝色,斑斑驳驳,釉药厚而不流,堆积部分灰白色较深,朱砂完全不发红色。"

一直以来,传统的观点认为婺州窑乳浊釉的产生,是南宋迁都临安时钧窑工匠传入的。因此,婺州窑的乳浊釉瓷被称为南钧或仿钧。琅琊铁店窑发现之后,证实了南方也有自己的乳浊釉,并不是仿的。婺州窑乳浊釉早在初唐时已创烧成功,至今已发现至少6座唐代早期婺州窑能烧制蓝白色的乳浊釉。乳浊釉纯是两液相分造成的,釉中很少有釉泡和残留晶像,釉面呈天青或月白色,天蓝色极少,具有玉石质感,晶莹美观。这种乳浊釉从初唐时期创烧以来,一直延续到元代,盛行不衰,使釉色进一步成为美化瓷器的手段,这在我国陶瓷史上是罕见的。唐早期婺州窑乳浊釉瓷品的大量发现对传统观点提出了异议,对验证婺州窑的重要历史地位具有重大意义。

铁店窑的另一个有价值之处在于它的窑床保存得比较完整。

虽然常有人挖洞偷瓷片,但整个窑床并未受到破坏。这对婺州窑甚至整个古代瓷器发展历史的研究都有一定帮助。

在金华各县市中,武义是古代历史上婺州窑的主产地,目前金衢两地发现婺州窑遗址 600 余处,武义就占 136 处,占四分之一。武义窑在《陶瓷词典》中单独成名,骄傲地占据一席之地:武义窑,在今浙江武义,故名。武义青瓷窑址绝大部分均属宋代,烧瓷以碗较多,碗里多刻花篦点纹装饰,外部刻复线纹,这类碗盛行于宋元时期,在浙闽瓷窑发现最多。元代遗址多烧龙泉釉盘碗,器里中心多印阴纹花卉,偶有带八思巴文者,为数不多。所产瓷器以青瓷为主,还有黑、褐、花釉、乳浊釉瓷和彩绘瓷。

# 婺州窑的风格品鉴

婺州窑始于三国,唐宋时窑场遍于金华、兰溪、东阳、永康、武义等县,至元代仍有窑场继续烧造。主要产品有盘口壶、碗、盆、碟、水盂、盏托、瓶、谷仓、鸡笼、水井等。制作较为粗糙,产量不高,属民间用瓷,胎质不大坚致,色泽呈深紫或深灰色,使用白色化妆土,釉层滋润柔和,釉色青黄带灰或泛紫。唐代时创烧乳浊釉瓷,釉中有星星点点的奶白色,也出现在釉层开裂处,这是婺州青瓷最独特之处,因而一直盛烧不衰,延续到宋、元。婺州窑瓷器装饰简朴,均为刻画花纹,风格文雅大方。

此外,婺州窑的堆塑工艺具有独特的艺术美。早在东汉及三国时期,婺州窑就已经能够娴熟地运用捏塑、粘贴、雕刻、镂空等技艺,在各种器物上展现人物、动物、亭楼等,逼真而生动。到了宋代出现了高浮雕,这时期以乳浊釉双龙梅瓶为代表的堆塑工艺已达到登峰造极的境界。代表作如三国时的人形互联,三圆柱形足水盂,西晋时雕贴龙纹盘口瓶,唐代的黑褐釉及青釉褐斑蟠龙纹瓶、多角瓶,五代至宋代有雕塑纹瓶、四柄瓶、粮罂瓶等。其特征和鉴定要领是:

第一,三国时期的胎普遍呈浅灰色,断面较粗,没有完全烧结。西晋以后,一部分产品改用含铁量较高的红色黏土作坯,胎色较深,多呈深灰或紫色。唐至宋胎色呈深灰或紫色。

第二,三国时期釉色一般呈淡青色,也有呈青灰或青中泛黄的。釉层厚薄不匀,常凝聚成芝麻点状,釉面开冰裂纹,在胎釉结合不紧密和釉面开裂处,往往有奶白色的结晶体析出,这是婺州窑青瓷特有的一种现象。西晋晚期釉色青灰或青黄中泛一点褐色,釉面开裂和晶体析出更多。南朝时釉色普遍呈青黄色,易剥落。唐至宋釉色青黄,带灰或泛紫,釉面开裂处仍可见星星点点的奶白色晶体析出。宋代的精致产品中,也出现过色泽青翠的色调,并具有较强光泽感。

第三,婺州窑的历代制品均属一般民间用瓷,品种比越窑少,主要生产盘口壶、罐、碗、盆、碟、水盂、盏托、瓶等日用器皿。三国西晋时曾生产猪圈、鸡笼、谷仓、水井等明器。产品的种类和造型多数与越窑、瓯窑类似,独特的造型有三国时的人形五联罐、三圆柱形足水盂,西晋时堆贴龙纹盘口瓶,唐代的蟠龙瓶、多角瓶,五代至宋的堆纹盖瓶、粮罂瓶等。其中多角瓶为直口圆腹,腹部一般呈三级葫芦形,上小下大,每级装圆锥形角多个,至宋代演变成堆纹瓶,肩腹部堆塑人物、飞鸟及禽兽等,均为明器。

# 走近婺州窑

婺州窑遗址离金华市约半小时车程，属于黄土丘陵地带，地势很适合建造龙窑，而且离白沙溪很近，瓷品外运十分方便。进入铁店村，这里茂林修竹，绿树成荫。道路由碎石铺就，青山隐隐，绿水涟涟，路上可觅得唐宋时期的青瓷片，瓷片胎质较薄，釉面均匀，光泽自然，划花精细，敲打时发出清亮的声响，可以推断出烧制温度应在1 250℃左右。路口处竖立着"全国重点文物保护单位"石碑，十分醒目。

婺州窑分布很广，主要产地在金华、武义、东阳等地。它从商周原始瓷开始，到东汉晚期烧制成熟的青釉瓷器，并有褐釉瓷；南朝佛教盛行，莲花成为普遍的装饰物；唐代早期烧制成功了乳浊釉瓷、花瓷；宋代以后出现了彩绘瓷、青白瓷、黑瓷；一直到明代生产青花瓷等，延续时间长达2700余年，共发现古窑遗址600余处，这在全国是罕见的。

既然来到了婺州窑，那么欣赏精品自然是必不可少的活动。下面就去看看那些经历了千百年风霜雪雨的传世珍品吧，从中尚可领略当年婺州窑的繁华盛景。

## 一、唐代青釉蟠龙瓶

高58厘米，口径22.6厘米，底径14.5厘米。1982年浙江金华出土。

此瓶胎色灰白，全体施青色釉，微泛黄，釉面布满乳白色小点,宛如夜空中的繁星万千,颇具诗情画意。现藏金华市博物馆。盘口,沿束腰,长颈,丰肩,鼓腹,腹下渐收,小平底。颈部饰两道凸弦纹,并贴塑盘龙一条。肩上有四条,二复式系,一龟形,一壁虎形。整个器形高大稳健,装饰别致,独具特色。

## 二、唐代婺州窑多角瓶

高 22.4 厘米,釉色乳浊且厚薄不匀,有垂流现象。瓶身呈葫芦形,阔口外撇,束颈,丰肩,肩上有四个对称的立式系,上下腹各凸出五个尖角,成交错排列。肩部贴塑一只上爬的小乌龟,似欲爬到瓶中觅食。此瓶造型特殊,可能寓意"寿考"及富裕,当时流行于闽粤等地。

## 三、五代塔形带盖多角瓶

高 24.4 厘米, 口径 7.0 厘米, 底 7.8 厘米。

盖作荷苞纽, 盖沿上翘分成四个花口。颈上小下大,肩与上腹分五层,每层按等距离装饰六个锥形角,釉色青泛黄。

此器造型别致,为五代和宋代期间特有,用以殉葬。

## 四、南宋青瓷粉盒

高 3.7 厘米, 口径 7.0 厘米, 底径 3.5 厘米。

圆形、子母口、矮直腹、小平底。盖面平, 中间微鼓, 盖面刻缠枝菊花纹, 通体施青黄色釉。

此物为南宋时期妇女闺房必备之物, 用以存放胭脂水粉。

# 国之瑰宝　东阳木雕

　　一提起木雕,人们会自然而然地联想到东阳木雕,反之,一提起东阳,首先在脑海中浮现的也是东阳木雕。这种惯性的联想证明了东阳木雕在人们心目中的地位,即使没有亲眼见过,也大致知道这为何物。事实上,被誉为我国木雕之乡的浙江东阳,自唐至今已有千余年的木雕历史,北京故宫及苏、杭、皖等地,都有精美的东阳木雕留世,想必其大名闻于天下与这多地流传有一定关系

吧。

东阳木雕因产于浙江东阳而得名,与"青田石雕""黄杨木雕""瓯塑"并称"浙江三雕一塑",位居全国"四大木雕"之首。相传早在一千多年前,东阳人就开始其木雕的历史,他们世代相传,创造了众多的千古佳作,造就了上千的木雕艺人,从而成为著名的"雕花之乡"。东阳木雕是以平面浮雕为主的雕刻艺术。其多层次浮雕、散点透视构图、保留平面装饰,形成了自己鲜明的特色。又因色泽清淡,保留原木天然纹理色泽,格调高雅,称"白木雕",是中华民族最优秀的民间工艺之一,被誉为"国之瑰宝"。

东阳木雕主要分布在东阳各乡镇,延及周边县市,并流入江苏、上海、江西、安徽、福建、广东、湖北、河南、吉林、四川、重庆、台湾、香港、澳门等地,远至新加坡、泰国、蒙古、阿尔巴尼亚、加拿大等国。

# 历史传承的珍宝

东阳木雕约始于唐而盛于明清，自宋代起已具有较高的工艺水平。据东阳《康熙新志》载，唐太和年间，东阳冯高楼村的冯宿、冯定两兄弟曾分任吏部尚书和工部尚书，其宅院"高楼画栏耀人目，其下步廊几半里"。陆氏墓与唐元和年间进士、宰相舒元舆的墓同在 20 世纪初被盗，墓里均有精雕的陪葬东阳木雕——挂件屏风木俑出土，可见唐代太和年以前东阳木雕已发展到一定程度。现存宋代建隆二年所雕的善财童子和观音菩萨像造型古雅端庄，足以说明东阳木雕当时的水平与风格。

据说，唐朝活鲁班华师傅为冯宿冯定兄弟营造厅堂，准备接楹上梁时，一复查，180 根东阳九龙木雕——九龙戏珠楠木大梁全短了一尺二寸，活鲁班大惊！适有一老翁上门要鱼要肉，活鲁班款待之，老翁把两条鱼尾分移在两碗上，像两个鱼头相对，伸出一截，然后用一筷子往两嘴套，扬长而去。活鲁班突然领悟，立刻命匠工做了 360 个鱼头，固定在柱头上，以此把梁接住。柱上按鱼头，新颖又美观，且鱼头与"余头"谐音，大吉大利。后人又在鱼头上加上牛腿，这便成了最早的东阳木雕。

当明代盛行雕刻木板印书后，东阳逐渐发展成为明代木雕工艺的著名产地，主要制作罗汉、佛像及宫殿、寺庙、园林、住宅等建筑装饰。至清代乾隆年间，东阳木雕已闻名全国，当时约有 400 余名能工巧匠进京修缮宫殿，有的艺人被觅选进宫雕制宫灯及龙床、龙椅、案几等，后来又发展到在民间雕刻花床、箱柜等家具用品。自嘉庆年间始，营造皇家宫殿，雕刻多征自东阳木雕之翘楚，

从此更是奠定了东阳木雕在国内的地位。东阳木雕广泛应用于建筑和家具装饰领域,形成整套的技艺和完善的风格,现存有卢宅"肃雍堂"和白坦"务本堂"、马上桥"一经堂"等明清古建筑及"千工床""十里红妆"等家具。

辛亥革命以后,东阳木雕转向商品性,木雕艺人制作的工艺品及箱柜家具被商人买去远销香港、美国、南洋等地,形成东阳木雕产品的盛期。1914 年在杭州开设的"仁艺厂"是东阳木雕最早的厂家,以后逐步向上海、香港、新加坡等地发展。抗日战争时期和国内革命战争时期,东阳木雕曾一度凋零,产品滞销,艺人失业。新中国成立以后,党和政府把流散在各地的木雕艺人组织起来,成立了合作社。1954 年又成立了东阳木雕厂,产品远销欧美、东南亚等 80 多个国家和地区。

随着改革开放,东阳木雕也进入了一个新的时期。在全面继承优良传统和独特风格的基础上不断创新, 东阳木雕走向现代,走向国内外市场。在北京人民大会堂、钓鱼台国宾馆中国人民解放军总后大礼堂、上海革命历史博物馆、杭州楼外楼餐馆,以及新加坡董宫酒家、德国一批中餐馆等处的雕饰中,都出奇制胜,大获成功,标志着东阳木雕在继承发扬特色的基础上,适应现代,表现现代的雕技技艺趋向成熟。至今,东阳木雕已发展到七大类三千六百多个品种，其中木雕屏风、挂屏和立体艺术台屏等艺术性较高的欣赏品是近年来东阳木雕行业在传统浮雕工艺形式基础上的一个创新。随着时代的发展，东阳木雕在结合运用传统的木雕工艺、仿古、营造现代建筑与装饰的方面又有很多成功的作品。

2003年为杭州雷峰塔的重建而创作的大型木雕壁画《白蛇传》，是东阳木雕的创新之作。中国工艺美术大师陆光正率领他的徒弟们继承传统的同时，在木雕艺术的当代化、实用化方面进行了积极的探索，取得了丰硕成果。作品是用木雕画板中最佳木材东北椴木制作。全套作品在设计构图上采用多层焦点透视与散点透视相结合的方法，使主要人物更加突出，显得形神俱备、栩栩如生，又使背景更加丰富、纵深感更强。在技法上把圆雕、半圆雕、高浮雕、深浮雕、浅浮雕结合成"叠雕"。

但是，近二十年来，人们的生活发生了极大的变化，传统木雕不再用来装饰现代建筑，东阳木雕娴熟而精湛的手工技艺、巧妙而灵动的构思和丰富的传统内涵失去了赖以存在的环境，逐渐走向衰落。现代的年轻人难以潜心钻研传统技艺，因此出现了从业人员技艺不精、普遍流失的现象。所幸，东阳木雕作为非物质文化遗产之一，其保护已经得到了党和国家的高度重视：2006年5月20日，该遗产经国务院批准列入第一批国家级非物质文化遗产名录；2007年6月5日，经国家文化部确定，浙江省东阳市的陆光正、冯文土为该文化遗产项目代表性传承人，并被列入第一批国家级非物质文化遗产项目226名代表性传承人名单；2006年6月，浙江省文化厅授予冯文土、陆光正、黄小明、吴初伟、徐经彬、姚正华6人"浙江省民间艺术家"称号。

同时，东阳木雕这一品牌的影响力也越来越大，现在东阳有工艺美术专业技术职称的手工艺人达到1 074人，其中高级工艺美术师就有 15 名。东阳木雕也是精品迭出，《文姬归汉》《黄山风景》《甘露寺》《三英战吕布》等名作被列入国家收藏珍品。此外，杭州灵隐寺内用 26 吨樟木雕刻而成的《释迦牟尼大佛像》、新修雷峰塔内的巨型壁挂《白蛇传》，都是东阳木雕精品。

# 不朽的艺术明珠

东阳木雕原材料的种类主要以香樟木、松木、山白杨为主,也有用柏木、红木(花梨木)、水曲柳、水杉、云杉、红豆杉、台湾松木的。东阳木雕的艺术作品一般不加彩绘,多用本色透明清漆涂罩,以保留白木的天然本色,使人们能更好地欣赏雕工的高超技艺。

传统的东阳木雕属于装饰性雕刻,以平面浮雕为主,有薄浮雕、浅浮雕、深浮雕、高浮雕、多层叠雕、透空双面雕、锯空雕、满地雕、彩木镶嵌雕、圆木浮雕等类型,层次丰富而又不失平面装饰的基本特点,且色泽清淡,不施深色漆,保留原木天然纹理色泽,格调高雅,被称为"白木雕"。其工艺类型有无画雕刻与图稿设计雕刻两类,均注重创意和"绘画性",具有较高的艺术价值。

东阳木雕的题材内容多为历史故事和民间传说,画面设计与传统的中国画白描画一脉相通,图案装饰丰富而有变化,"满花"中还穿插着内容丰富的雕饰,如人物、山水、花鸟、走兽等。在艺术手法上,东阳木雕以层次高、远、平面分散来处理透视关系,并以中国传统绘画的散点透视或鸟瞰式透视仿古木雕为构图特点。也就是说,在一定的平面和空间范围内,它所表现出来的内容可以比西洋浮雕更为丰富,它可以不受"近大远小""近景清""远景虚"等西洋雕刻与绘画规律的束缚,充分展示画面内容。

东阳木雕的著名艺人有杜云松、黄紫金、楼水明,他们被分别称作"雕花皇帝""雕花宰相""雕花状元",人称"三杰",是东阳木雕老一代艺人中的佼佼者。东阳木雕的传统风格主要有"雕花体""古老体",以后又产生了戏文化的"微体""京体"、画谱化的"画工体"。据悉,"画工体"讲究安排人物位置的疏密关系,人物姿势动态变化多而生动,景物层次丰富,又有来龙去脉、重叠而不含糊。东阳木雕流派众多,以家族传承和师徒传承为主要传承方式,现在的主要传承者有陆光正等人。

东阳木雕在工艺操作上有"图稿设计""打坯""修光"的分工。但是能雕善画、功底深厚、技艺高超的老艺人却可以不用起稿,直接雕刻。而当创作一幅新作品时,他们又可以凭着记忆和默写,一边听人念内容,一边就画出图稿来,然后再雕刻,这种特殊的技艺才能,现在很少有人能掌握。

如果您到东阳来,还可以到中国木雕城去观赏精美的木雕艺术。中国木雕城坐落于东阳市境内,前身是东阳世贸城工艺品专业市场。它是由东阳市政府全额出资兴建的大型木制工艺品专业市场。市场二、三楼为木雕产品交易区,四楼为东阳市工艺精品馆、工艺美术大师创作室和工艺精品展示区;中国工艺美术学会木雕艺术专业委员会常设机构设在中国木雕城。

此外,中国木雕城里集中了木雕、根雕、仿古门窗、雕刻家具、佛像佛具、竹编竹艺等数万种优势产品,更聚集了全国四大木雕上千家知名厂家。市场内既有来自福建、广西、广东、海南、江西、四川、云南等国内厂家的工艺品,也有来自泰国、越南等东南亚地区的竹木工艺品。如果想购置一些竹木雕刻产品,这里自然是不二之选了。

浙江东阳木雕,以悠久的历史、丰富的品类、生动的神韵、精美的雕饰、精湛的技艺和广泛的表现内容而蜚声海内外。它不只是作为工艺品,更是作为艺术品让人们折服。毫不夸张地说,它是我们民族的瑰宝,是东方文明中一颗璀璨夺目的明珠。它蕴含着中国人民的智慧,融会了中华民族特有的气质和文化素养,在世界民间雕刻史上独树一帜。

# 木雕姊妹　东阳竹编

　　说起东阳木雕,人人耳熟能详,但说到东阳竹编,那知晓的人可能要相对少一些了。其实,东阳竹编与东阳木雕并称为东阳工艺美术界的两朵奇葩,要知道,能六进故宫修复紫禁城"倦勤斋"的中国竹工艺大师何福礼大师,就是东阳竹编的国家级非物质文化遗产传承人呢。

# 竹编之史悠远长

要想真正了解东阳竹编的魅力,那基本的竹编知识是少不了的。据考古资料证明,人类开始定居生活后,便从事简单的农业和畜牧业生产,所获的米粟和猎取的食物稍有剩余,就要存放起来,以备不时之需。这时候便就地取材,使用石斧、石刀等工具砍来植物的枝条编成篮、筐等器皿。在实践中,发现竹子干脆利落,开裂性强,富有弹性和韧性,而且能编易织,坚固耐用。于是,竹子便成了当时编制器皿的主要材料。

到了殷商时代,竹藤的编织纹样丰富起来。在陶的印纹上出现了方格纹、米字纹、回纹、波纹等纹饰。到了春秋战国时代,竹的利用率得到扩大,竹子的编织逐步向工艺方面发展,竹编图案的装饰意味越来越浓,编织也日见精细。战国时期的楚国编织技法已十分发达,曾出土了竹席、竹帘、竹笥(即竹箱)、竹扇、竹篮、竹篓、竹筐等近百余件。秦汉时期的竹编沿袭了楚国的编织技艺,1980 年在西安出土的"秦陵铜马车"底部铸有方格纹,据专家分析,这方格纹就是根据当时竹编席子编织的方格纹翻铸的。

此外,竹编也被能工巧匠们制成小孩的玩具。灯节活动自唐代以来就在民间流传,至宋代已经十分流行。一些达官贵人往往会请制灯艺人创制精致的花灯，其中一种就是以竹篾扎骨，在外围糊上丝绸或彩纸。有的还用竹丝编织作为装饰。龙头、龙身大多以竹篾做内骨编制而成，龙身上的鳞片也往往用竹丝扎结。还有一种叫"竹马戏"的民间小戏，自隋唐起流传至今，其演出与马相关，如《昭君出塞》等，演员骑的马就用竹子做成。

等到了明代初期，江南一带从事竹编的艺人不断增加，游街串巷上门加工。竹席、竹篮、竹箱都是相当讲究的工艺竹编，尤其以竹编最为著名。至明代中期，竹编的用途进一步扩大，编织越来越精巧，还和漆器等工艺结合起来，创制了不少上档次的竹编器皿，如珍藏书画的画盒、盛放首饰的小圆盒、安置食品的描大圆盒等。在清代，特别是乾隆以后，竹编工艺得到全面发展，江浙一带出现了竹篮。19世纪末至20世纪30年代，中国南方各地的工艺竹编勃勃兴起，竹编技法和编织图案得到完善。所以说，竹编历史悠久，用途甚广，在民间流传也较为普遍。

在了解了竹编的历史后，再来看看其中较为著名的一种——东阳竹编的发展轨迹。东阳竹编的历史久远，在殷商时代便已问世，距今已有1 200多年历史。当地竹资源十分丰富，明代万历年间的《金华府志》记载："东阳有毛竹、笙竹、雷竹、石竹、斑竹、紫竹、水竹、苦竹、淡竹、箭竹、方竹、佛面竹、桃丝竹、山竹、凤凰竹、花竹、凤尾竹、花节竹等18个种类，可以作为生活和生产的原料。"这为竹编行业的发展提供了极为有利的条件。在宋代，东阳竹编以编织元宵节的龙灯、花灯、走马灯闻名四方，素有"竹编之乡"的称号。到了明清时期，东阳竹编已有了高超的技艺和独特的风格。据清朝康熙《东阳县志》记载："笙竹质软可作细篾器，旧以充贡。"表明东阳竹编已成为清廷贡品。当时的竹编工艺，主要生产门帘、果盒、托篮等产品，其中书箱、香篮还广泛流行于绍兴、诸暨、嵊州、新昌一带。

# 佼佼编者出东阳

手艺高超的东阳竹编艺人,可在一寸见方面积内,用 120 根细篾丝编制作品,造型生动,富于变化。在诸多的匠师中,有一位叫马富进。他编制的竹编产品,把东阳竹编带入了一个崭新的发展阶段。

马富进是清末民初的东阳竹编的杰出代表和著名匠师,曾为咸丰皇帝的老师李品芳家制作一对托篮。据说他为了做好这对托篮,花上了千余工的时间,仅漆工就耗费一年零三个月。这对托篮精致非凡,现珍藏于北京故宫博物院中。他制作的竹编工艺品曾在 1915 年巴拿马万国商品博览会中获奖。他的另一作品"魁星点斗"在 1929 年西湖博览会展出时,更是名动业界。博览会总报称:"一魁星独足立于鳌头上,作活跃点斗之势,头部,耳、口、鼻俱全。四肢部,手指、脚趾一一分清,上身袒露,下身着盔甲。胸部背部,均表现肌肉凸凹之状,飘带飞舞,骨立筋张,全身皆是竹丝编成,不假他材……竹编人物妙到如此,诚所未见,竹制品中绝无可伦比者。"因此,马富进也在该届西博会上被授予了"竹编状元"的奖匾。此外,该总报告中还称"东阳许美辉所制的细篾篮,非常精致,亦是能人",由此可见东阳竹编工艺早在清末民初就已达到当时国内乃至国际的一流水平,为世人所赞美。

遗憾的是,1937 年后,在侵华日军的铁蹄下,竹编艺人们纷纷放下手中的篾刀从事他业,只有少数艺人流落在破庙旧庵继续这门竹编事业。不过战争的严酷并未让这门手艺绝迹,抗日战争胜利以后,中国的竹编工艺逐渐复苏。20 世纪 50 年代以后,竹编艺术开始名正言顺地归口到工艺美术行业,进入了艺术的殿堂。东阳竹编工艺历经千余年的洗练,其作品已达美轮美奂的境地。新中国成立后特别是改革开放以来,东阳竹编枯木逢春,蓬勃发展。1984年创作完成的大型竹编屏风《九龙壁》,以其高超的编织技艺,获得第四届中国工艺美术百花奖"金杯奖"并因被列为国家工艺美术珍品而永久保存。1994年,人物竹编《渔翁》获得中国民间艺术一绝大展"金杯奖"。

在历代东阳竹编艺人的努力下,竹编工艺还突破传统理念的束缚,巧妙地与园林建筑、室内装饰有机结合起来,在西湖阮公墩、杭州花港公园、德国汉堡市"新北京酒家"等处,留下了许多不朽佳作。在进入21世纪后,创品牌、造精品已成为新时期竹编工艺品生产的一个亮点。至2005年,在国家、省、部级工艺美术大展、大赛和博览会上,东阳竹编工艺品共获奖项95件,其中金奖以上42件、银奖18件、铜奖15件、优秀奖20件。获奖成绩在全国县市级竹编同行中遥遥领先。其中何福礼的竹丝白鹤鼎、大象、咏鹅图、哪吒闹海等金奖作品,卢光华的大型竹编壁挂《兰亭序》、百马图、威虎图、苏东坡前后赤壁赋书法、立体竹编《唐寅山水画》等金奖作品,徐经彬的千禧龙盘金奖作品,都在各自的工艺领域中达到了出类拔萃的艺术高度,为全国专家、行家和广大群众所称道。其中卢光华的《兰亭序》《八骏图》和何福礼的《八仙竹丝花篮》先后被评为浙江省工艺美术精品。何福礼在1997年为香港社会服务联合会庆祝香港回归而特制的2 500米长的巨型龙灯,由香港特首董建华亲手为其点睛开眼,获当年吉尼斯世界纪录奖牌。中央电视台也曾多次报道东阳竹编传统技艺。

东阳竹编以其富丽中显淡雅,清幽中含华贵的独特风格,为世人所称颂。

# 冲天之势　郭宅大蜡烛

　　郭宅大蜡烛源于明朝永乐年间，距今已有600多年历史，是出于百工之乡——东阳郭宅镇的一种工艺巨蜡。被原中国人大副委员长严济慈先生称为"中华一绝，郭宅巨蜡"，据东阳市志记载：郭宅大蜡烛，高丈余，断面直径尺许，重四五百斤，外漆以朱红，绘以龙凤，共二根。每年正月十八在郭宅安庆庙庙会迎展，连续可燃300多天。

　　大蜡烛工艺精湛，历史悠久，是木雕、制蜡、堆塑、剪纸等多种工艺与民族文化融汇的结果，在迎展中，它还结合民间武术、民间音乐、民间舞龙等，成为具有娱乐、欣赏和观赏价值的民间艺术精品，有东阳民间娱乐"四大之一"的美称。每年正月十八日庙会，都要举行擎抬大蜡烛活动，一直沿袭至今。郭宅大蜡烛前有清道族旗8面，大行灯8盏，大鼓1面，先锋8支，火刀8把，大铙16把，执事兵器36件，蜈蚣旗30面，盾牌、大刀各24件，神大锣40面，灯门8个，民乐吹打3班。后有大蜡烛两根，高达5米，断面直径50厘米，重达500多公斤，每根大蜡烛由32个壮汉擎抬。左边烛上有一条金碧辉煌的盘龙，右边烛上有一只展翅欲飞的彩凤。曾多次应邀参加省、市大型广场演出。

# 创新之作　马涧烫画

　　马涧镇位于兰溪北郊中心位置,距市区仅16公里,为闻名省内外的"水果之乡"。全镇区域面积159平方公里,辖66个行政村,1个居委会,人口5.2万人,集镇建成区面积3平方公里,常住人口1万。为兰溪北部重镇,2001年被列为金华市级中心镇。

　　马涧烫画是由兰溪市马涧镇民间艺人胡海明创作的。他现在是中国民间文艺家协会会员、浙江省民间文艺家协会会员和金华市民间文艺家协会会员。

　　胡海明从小爱好美术创作,17岁赴"木雕之乡"浙江东阳学习木雕工艺,后专业从事木雕创作10多年。1985年后,开始钻研油画、国画、布贴画等。从艺30多年中,他走遍大江南北,并多次得到名师指点,重学烫画艺术。烫画曾是中国传统民间艺术,后因种种原因,渐渐销声匿迹。20世纪90年代初,胡海明从一双古老筷子上悟出了烫画的真谛,开始研习制作,于1998年创办了兰溪海明威工艺厂,专制烫画。

　　胡海明的马涧烫画选材于进口白板和深山古木,主要运用电烙铁等工具,烫出粗细不一的线条,画面清晰,立体感强,工艺考究。作品主要以风景点、山水、人物以及其他吉祥物为题材,曾多次在全省、全国获奖。要是有机会去兰溪,说不定你还能见到这位工艺卓绝的烫画大师呢。

# 精绝技艺　竹木根雕

　　浦江竹木根雕，是从木雕、竹雕基础上升华出来的工艺珍品，由艺人按竹木根株的自然形态，进行巧妙的构思和设计后雕镂而成。其历史悠久，地方特色浓厚，因与东阳木雕、青田石雕取料不同，各有特色，并称"浙江三雕"。

　　浦江竹木根雕始于唐宋，而兴于明清，在漫长的岁月中，它形成了独特的艺术风格和鲜明的地方特色，表现为构图疏密得体，形态准确生动，线条流畅舒展，风格典雅秀丽。在这漫长的发展过程中，竹木根雕除了用自己的独特魅力吸引人们的关注外，还在浦江当地留下了千古传唱的故事。

　　那是清朝末年，浦江东乡有个童生叫陈斐，一日他途经北乡山里，见到山民张小猫门口放着一个奇形怪状的大柴株，喜好舞文弄墨的他一看便知这是块根雕好料，于是他雇人偷偷将它运到浦江根雕名师洪师家，骗说是花高价购得，请洪师出手雕刻。洪师细细一看，不禁连叫："奇特，奇特！难得，难得！"陈斐窃喜，许以重金酬报。

　　九九八十一天过去，经过洪师独具匠心的构思和鬼斧神工般的雕刻，天生之灵融合人工之巧，一件稀世奇珍出现在陈斐眼前。只见四条参差互攀的根枝，一条雕成一个渔夫在白浪滔滔的江河上撒网捕鱼，那跳跃的鱼儿把渔夫乐得哈哈大笑；一条雕成一个樵夫在山间砍柴,山上鸟飞兽奔,一派生机勃勃的景象;一条雕成一个戴笠披蓑的农夫,一手扶犁一手扬鞭,几只燕子从牛背顶惊恐掠过;一条雕成一个浓荫树下席地而坐的书生在捧书诵读,身边一个书童在为其把扇摇风,眼睛却在追逐飞舞的彩蝶;树桩上部云朵如花,无边无际。好一件同在一片蓝天下"渔樵耕读"根雕的作品,真是惟妙惟肖,世上少有。谁知"吃了省瓜钱,害了绞肠痧",陈斐自漏了风声闯下大祸,张小猫闻知后在别人的怂恿下一纸告到了衙门。岂料那县官是慈禧太后派来镇压浦江农民起义军"千人会"的饶云鹏,他正愁上京向西太后请功讨赏缺少进贡宝贝呢,真是"踏破铁鞋无觅处,得来全不费功夫"。饶云鹏把双方各打一顿大板之后,判决根雕没收为官有。正要"退堂"的时候证人洪师悄悄地说:根雕内装机关,可以交替变形,一变为"樵渔耕读",二变为"百鸟朝凤",三变为"云龙风虎"。饶云鹏按指揿动机关果不虚言,不由得喜出望外。不过饶县令万万没有想到,根雕未进皇宫便先支离破碎了。原来,这个机关是一次性的,重复使用便变为毁灭按钮!这是高明的工匠为了以防不测而设计的。贪官得到了惩罚,洪师的名气越来越大了。

　　既然说到了洪师,那自然不能不介绍一下他了。洪师,原名周光洪(1868—1931),浦江堂头人,民间尊称为"洪师",是浦江竹木根雕成就最显著者之一,也是竹木根雕承前启后的关键人物,极精竹木雕刻。一把雕刀,一块"花板",经他旋转刻镂,凡山峦草木、楼台人

物、烟云风月,无不跃然板中。洪师尤其擅长根雕,自号"柴株人",每得一根株,燃烟凝视,审度其自然形态,忽然有得,便奋然举刀。在竹木根株上可令仙神飘然,禽鸟鸣啭,牧童放歌。洪师一生作品数以千计,并著有《雕刻画谱》《雕刻技法》《牛腿刻谱》等,名震一时。1960年《文物》杂志曾刊文介绍周光洪的竹木根雕艺术。他的两件作品《牧童骑牛》《寿星》为北京博物馆珍藏。因其杰出的艺术成就与影响,《中国美术家人私人辞典》列其美名。

正所谓"名师出高徒",周光洪的许多弟子后来也成了竹木雕刻高手。例如他的弟子徐心泉,在本县杨林村花厅中牛腿上刻有历史人物百余人,刀法纯熟,神态逼真,令人叹为观止。"芳林新叶催陈叶",新中国成立后,周光洪传人徐心泉、张祝山、吴根进等继承传统根雕艺术,又在浦江工艺美术厂培养了大批人才,创造了大量优秀作品,行销世界各地,并有三十余件根雕作品在省级和全国工艺美术展览中获奖。曾记得,浦江工艺美术厂陈列室中,在一节长二十厘米、直径五厘米的竹根上,雕着饮马、引马啃草、跃马奔驰的《群马图》,构思之精巧、气韵之生动让人赞不绝口。在一次全国工艺美术展上,浦江一件十厘米长的竹雕作品《八仙过海》,但见大海汹涌,那八仙八种身姿动态,似乎可以听到巨浪拍岸和八仙渔鼓、笛子、阴阳板的美妙声音,似乎可以感受到那葫芦、扇、剑、花篮、荷花发出的神力,整个画面栩栩如生、寓意深远。

浦江竹木雕刻讲究中国画的笔意美,其基本技法有圆雕、浮雕、拼雕、镂雕、通雕等,题材多选自民间传说、神话故事、历史人物、古典文学名著和传统名画,一般用于建筑装饰,如门窗、屏风、梁柱、牛腿等,也用于几、桌、橱、箱等家具装饰,还有专供欣赏的陈设品。根雕则是选取奇形怪状的竹木根株,依其自然形态加以造型、雕刻成为精湛的艺术品。所幸,改革开放使浦江竹木根雕艺术得到空前发展,厂家、专业户齐头并进,人才辈出。当你走进浦江工艺木雕厂,处处是玲珑的花纹、玲珑的构思、玲珑的情韵,连你也会感觉玲珑起来,似乎多了一颗玲珑的心。欣赏那立体木雕《七仙女》,仙女姿容艳丽,轻舒广袖,风舞罗裙,好像向你迎来,使你顿生飘飘欲仙之感;面对大型浮雕壁挂《百子游戏图》,那活灵活现的场景,似乎让你又回到了稚趣横生的童年岁月。当你走进浦江根艺盆景协会会长赵宗后的家,你一定会以为走进了根艺大观园,每一个小小的角落,无一处不是摆着根雕作品;进入雕刻师于根法家,触目则皆竹根。他们都是中国根艺协会会员,作品在国内屡获大奖并被博物馆收藏。他们更可以称得上今日浦江竹木根雕的典型专业户,因为他们都是周光洪的传人。

雕不完乡村古老的传说,雕不够祖国腾飞的景象。雕吧,雕出大山的凝重,雕出柳丝的飘逸,雕出浦江更美好的明天。

# 浦江剪纸　剪出大千世界

　　剪纸艺术在中华文明中遍地开花，手工艺人们用手中的纸剪，剪出各种各样惟妙惟肖的图案，装点着春秋冬夏。早在南北朝《荆楚岁时记》中，就有"剪彩为人"的记载，唐代《酉阳杂俎》中有"立春之日，士大夫家剪纸为小幅，或悬于佳人之首，或缀于花下"，少女头饰五彩剪纸，婷婷而立，在蔷薇枝头系上一枚嫣红玲珑的剪纸，美不胜收。可见剪纸之盛，着实是由来已久的。

　　而剪纸作为一种艺术形式，据史学家所言，当是始于宋元之际岑安卿的《题张彦明收藏〈剪纸惜花春起早图〉》一诗。而浦江剪纸艺术历史悠久，元明之际也有记载，浦江文学家宋濂在明洪武庚戌年（1370）写的《哀王御史》的诗中有"剪纸难招御史魂"之句，可见元明之际乡间已有剪纸招魂的风俗。1993 年 12 月，中华人民共和国文化部命名浦江县为"中国民间艺术剪纸之乡"。

　　"一把米筛一条凳，一把剪刀一张纸。左边奶奶右边姑，教我村女剪花纸。房前屋后团团坐，姑娘斗巧比剪纸。"这是浦江千百年来延续不断的传统风俗的真实写照。旧时浦江妇女出嫁之前要大量剪纸，以作为各种嫁妆上的装饰品，这样，剪纸就成了妇女心灵手巧的展示，妇女们也就以擅长剪纸为荣，夫家则以新妇有一手剪纸技艺而自豪。由于这种风俗促成妇女从小就接受这个传统，剪纸不仅成了姑娘们争巧显能的手段，更成了妇女们表达情意的一种形式。于是,剪纸在浦江盛行不衰,成了一种全方位的、立体的、多功能的民俗事物,什么红白喜事、起居乔迁、迎神赛会等等都无一离得开剪纸。你看,祝愿天下太平的,剪龙凤呈祥;向往美好生活的,剪金玉满堂;希望长命百岁的,剪松鹤寿桃;祈求避凶化吉的,剪八卦太极;盼望早生贵子的,剪莲子桂花等等,内容丰富多彩,花样秀丽多姿。

浦江剪纸工艺精巧、题材广泛,生活情趣浓郁,图案清新大方,多数取花鸟、草虫、山水、亭榭、仙释、民间传说、历史故事为题材。值得一提的是,由于清代地方戏曲在浦江空前发达,形成了以乱弹为代表的浦江戏剧文化,戏剧为剪纸提供了大量的创作素材,产生了许多戏剧人物剪纸。如《对课》《断桥》《孙悟空借扇》等,线条古朴、构图巧妙、背景丰富、人物个性鲜明。

形式上,浦江剪纸流行最广泛的是窗花。每当春节,农村的姑娘妇人便大显身手,鲜红的窗花把节日点缀得喜庆而热烈。除春节外,结婚礼仪、生子祝寿、迎神赛会等活动中都要制作大量剪纸,有礼花、灯花、功德花等繁多品类。也有通过谐音和象征手法,寄托劳动者的理想和愿望。如剪金鱼满塘寓意金玉满堂,剪枣、笙、桂花、莲子比况早生贵子,剪瓶、鞍、戟、磬象征平安吉庆,剪蝙蝠、鹿、桃和蜘蛛则喻示福禄寿禧。按地方风俗,妇女出嫁都要制作"龙凤呈祥""并蒂莲荷""鸳鸯荷花""莲生贵子""麒麟送子"等大量剪纸覆盖在嫁妆礼品上带到男方家中,俗称"利市",这一风俗促成浦江妇女从小就开始剪纸艺术的训练,也因此产生了许多精美的民间剪纸作品。

剪纸寄托着劳动人民的理想和愿望,对美好生活的向往与追求。他们所祈求的长命富贵、幸福吉祥,以特有的艺术语言,通过剪纸这一艺术形式,用谐音和象征的手法表达出来。比如剪荷花鸳鸯象征夫妻恩爱。如此寓物寄情，生活与艺术合一，富于灵感的民间剪纸无疑有着极强的生命力。

浦江剪纸的艺术特色是细致清秀、富丽多彩，正如现代文学巨匠郭沫若所说："今见南方之剪纸，玲珑剔透得未有。一剪之巧夺神功，美在民间永不朽。"浦江剪纸一般取染色土纸5~10张叠好覆以样稿，用绵纸钉扎住，然后用特制镂花剪，由里而外依次剪出。创作稿原稿一般要用水粘贴在另一张薄纸上，用松枝或油灯烟熏黑，取得黑白分明的复稿，又叫花样。一张精彩的熏样，一传十，十传百，会迅速流传开来。

新中国成立以后，浦江剪纸相继涌现出黄玉蟾、陈元、汪素竹、陈余青、吴善增等一大批剪纸艺术家，为浦江剪纸注入新生活的内容，具有了新时代的气息，大量剪纸在报刊上发表，也出版了剪纸作品集，1988年浦江还选送了75幅作品赴日本展出。1988年，由人民美术出版社出版的《中国美术全集》中，浦江有《荡湖船》《听琴》《空城记》入编。《空城计》剪的是《三国演义》中的故事场面：图中诸葛亮在城楼操琴，装出一副悠闲自得的样子。城墙下一名老态龙钟的军士装模作样在扫地，护城河外司马懿父子在交头接耳，一副迷惑惊恐的怪相。整幅剪纸情节生动，妙趣横生。《听琴》取材于《西厢记》，是张生和崔莺莺恋爱故事的情节，图中鸟语花香、亭台楼阁、小桥流水，显得幽雅别致。特别是人物的形神皆备，想来张生的琴声一定是悠扬悦耳的，使得莺莺与红娘在楼窗上听得如痴如醉。剪纸中的情景栩栩如生，呼之欲出。而《荡湖船》则是浦江乡村广为流传的一件剪纸艺术精品，为一条小花船上，两个如花似玉的少女，一个斜坐船沿，手擎一柄荷叶，回头在玩赏着她刚采来的一篮花，那风姿情态令人怦然心动。另一个站于船尾，悠然地用左手摇着桨儿，右手随意抬起，她扭身侧头，似乎在跟她的同伴说俏皮话。整个画面情调轻松愉快,富有诗意。这三件作品都采用阴纹表现,线条流畅洒脱,造型精美巧妙,是典型的浦江人物剪纸作品。浙江美术学院教授邓白评价浦江剪纸"很有特色,风格秀丽而不流于纤巧,形象生动而质朴大方,装饰性想象力极强,题材也相当广泛"。他还在《浙江民间剪纸·前言》中写道:"浦江剪纸以人物最为杰出。大多采用农村里流行的戏曲为题材,构图巧妙,人物生动,背景穿插富于情趣。"

此外,浦江还是全国全省在学生中普及继承剪纸的第一个县。

十年来,浦江 31 所中学和 27 所小学都开设了剪纸劳技课。培训剪纸教师 500 余人,自编教材 2 本,印数 3 万多册,满足了全县和学生剪纸课的需求。现在,全县有 4 万多名中小学生在剪纸,各中小学校经常举办学生剪纸成果展览,学生则用自己的剪纸作品美化家庭、美化校园。也作为学友之间的纪念品,馈赠亲友,相互交流蔚然成风。

浦江县文化局、浦江县剪纸协会早在 1987 年就连续编印了《浦江剪纸选》17 集共 5 万余册,并翻印了《中国剪纸艺术》《中国少儿剪纸选》《日本剪画选》各一本,印数 16 000 余册,为全县学生剪纸提供了全面性的剪纸资料,并把剪纸编成中小学校劳动技术课教材,深受中小学生喜爱。于是,剪纸在浦江"深红浅紫从争发,雪白鹅黄也斗开",真是高潮迭起,繁荣空前,从而形成了一个庞大的剪纸群体。二十余年来,浦江人创作出一大批优秀剪纸艺术作品,频频在海内外展出,并在国家、省级大赛中屡屡获奖,其中浦阳镇中学师生创作的《十二生肖》荣获国家铜牌奖。

# 美艳如真　方岩纸花

一朵朵美艳的牡丹，一团团锦簇的杜鹃，远远望去，煞是好看。但近前一观，却发现这花看如真花却无香味，轻用手拂又恐其花容失色、花瓣掉落，实在不知是真花还是假花。这种逼真的花朵，其实是用纸制成的，这就是永康鼎鼎大名的方岩纸花。

方岩纸花又称吉祥花，是方岩旅游风景区特有的传统手工艺品，品种有菊花、牡丹、蔷薇、杜鹃、芙蓉、紫罗兰等，色泽鲜艳，光彩夺目，尤以牡丹最为常见。不论是仰慕方岩丹霞美景而来的旅游者，还是朝拜胡公大帝的善男信女，在下山途中都要在花廊前停留一下，买上几束。带回家中插入花瓶，作为方岩旅游纪念品摆放。

说到方岩纸花的制作，则真需下一番功夫。首先要"凿"，就是用事先铸好的花瓣模型附在纸上，凿出原色的纸花瓣。其次要"染"，这直接关系到纸花色彩好坏，最难也最为关键。由于纸花要做成犹如真花般逼真，这就需要染料在纸的外围即花瓣处晕开，这才像真花的样子，因此该道技艺非一般人所能掌握。最后要

"制"，即用糨糊把一片片花瓣纸串进用作枝干的细铁丝中，等纸花瓣全部串进后，一朵色彩鲜艳、形状饱满的纸花就呈现在你的眼前了。2009年，方岩纸花被列入金华市第三批非物质文化遗产名录。

不过遗憾的是，这项令人叹为观止的技艺，却因纸花利润低、销量太局限等问题正在逐渐淡出人们的视野。如果再不受重视，估计用不了多少年，美丽的方岩纸花就将成为历史的回忆了。

# 机械之手　方岩刨刀

　　方岩刨刀产于永康方岩,相传由程姓铁匠父子在唐朝大中年间(847—859)创制。刨刀根据用途可分为纵切、横切、切槽、切断和成形刨刀等。刨刀的结构基本上与车刀类似,但刨刀工作时为断续切削,受冲击载荷。因此,在同样的切削截面下,刀杆断面尺寸较车刀大1.25~1.5倍,并采用较大的负刃倾角以提高切削刃抗冲击载荷的性能。为了避免刨刀刀杆在切削力作用下产生弯曲变形,从而使刀刃啃入工件,通常使用弯头刨刀。重型机器制造中常采用焊接机械夹固式刨刀,即将刀片焊接在小刀头上,然后夹固在刀杆上,以利于刀具的焊接、刃磨和装卸。在刨削大平面时,可

采用滚切刨刀,其切削部分为碗形刀头。圆形切削刃在切削力的作用下连续旋转,因此刀具磨损均匀,寿命很高。

　　1965年,以制刀工艺娴熟的铁匠20人为骨干,浙江唯一生产刨刀的永康方岩

刀具厂建成了。在继承传统工艺的基础上,先后试验成功化学镶钢、连片制坯、冲压制型等新工艺,并自制成轧钢机等29台制刀专用设备,对32道工序实行流水作业,提高了刨刀的产量和质量。"马头牌"刨刀被评为部优产品,"白兔牌"刨刀进入国际市场。

# 小米粒　大神奇
## ——粮食砌

"太神奇了，真是百闻不如一见啊。"

兰溪女埠街道金家村 76 岁的童拓基老先生家，不时有访客到来。吸引他们前来做客的是童拓基老先生创作的一座兰溪民间雕塑艺术粮食砌——"嘉峪关"。这座"嘉峪关"矗立在童拓基老先生的客厅里，长 100 厘米，宽 42 厘米，高 80 厘米，整个"建筑"全部由绿豆、赤豆、黄豆、谷子、粟米、油菜籽、花菜籽等 8 种杂粮，共约 68 万粒堆砌而成。这就是兰溪的民间雕塑艺术——粮食砌。

"粮食砌"作为一项民间砌塑工艺，始于清朝乾隆年间，盛行于嘉庆年间，是从苏州传入兰溪女埠金家村的，早年在金家村、黄店芝堰村一带流传甚广，至今已有 200 多年历史。"粮食砌"的产生与旧时民众祈求美好生活的愿望有关。旧时，民间信仰、民间宗教习俗渗透于生产、生活的各个方面，用粮食砌塑而成的"粮食砌"祭品，表达了人们祈求年年五谷丰登、吉祥如意的愿望。相传乾隆年间，兰溪金家村正当化千大帝庙会轮值。村民为了供奉化千大帝，祈求来年五谷丰登、国泰民安，家家户户运用芝麻、粟米、苋菜籽、油菜籽、绿蓝、赤蓝等粘制牌楼、亭阁、麒麟、虎豹、屏风、炉盒等。正月，将化千大帝迎至"积庆堂"摆砌三天，八方亲友看后啧啧称奇，一时轰动兰溪城乡，事后代代传承。2006 年被金华市人民政府公布为第一批非物质文化遗产代表作名录。

从制作原料上看,"粮食砌"的特殊性在于,它以稻谷、粟米、大米、白芝麻、黑芝麻、赤豆、苋菜籽等为原料,用黄蜡、松香做黏合剂,预制模具,选择大小和颜色适当的杂粮原料制成条条块块,然后组成整体。作为兰溪粮食砌最有名的产地,金家村运用五谷杂粮、天然蜂蜡、松香等为原料,采用传统防腐办法及口传心授的制作方法,这才将这难得一见的民间技艺保留下来。同样,粮食砌工艺品规格大小不等,视制作者的设计和工时而定。粮食砌大者一尺左右见方,高约1~3尺,动物似普通玩具大小,可置于桌上。大者耗时数百工,小者数十工,形态多姿多彩,可保存数十年。

在制作手法上,制作"粮食砌"一开始要确定制作样品,大致有鼎、烛台、花瓶、牌楼、台、亭、阁、塔、屏风、狮、虎、象、羊、麒麟、果盒、如意等吉祥物,大户砌大件,小户砌小件,各自定制。定好样品就要制作一块平整光滑的木板用竹篾围成模框,制成与制作物同样大小的模具。再于模框中涂上一层胶黏物(原用黏性的糯米糊,现也可用万士林),大件内需加细钢丝,再用钳子和竹插将粮食一粒一粒地依次排列,拼成花色图案。在排列成图案的平面上,涂上一层薄薄的黏合剂,传统用蜂蜡与松香,经熔化后制成,拼件完成后,阴凉干燥,干固。按设计好的图样,细心组合,配上丝绸、花草、光片等饰物,外罩以玻璃木框,即成一件美观别致的工艺品。

虽然"粮食砌"作品工艺精湛,令人称奇,但是随着人们生活条件的日益改善,原本用于祈福供奉之用的"粮食砌"也渐渐淡出了人们的视野,再加之制作复杂,经济效益差,现在兰溪会制作"粮食砌"的人越来越少。在会这门手艺的人里,祖辈都是制作"粮食砌"好手的童拓基老先生也成为省级非物质文化遗产代表性传承人。他不仅技艺出神入化,而且还以蜂胶为材料,采用熏蒸、喷漆等防腐方式,"攻克"了"粮食砌"的最大问题——防腐和防蛀。"我做的这个'嘉峪关',完全可以防腐防蛀80~100年。"童拓基老人总会如此自豪地介绍他那用了68万多粒杂粮堆砌而成的"嘉峪关"。

# 扇锁八卦　孔明遗风

　　说起三国,不得不说一人,此人羽扇纶巾、神机妙算,又是忠肝义胆、名垂青史,他就是鲁迅先生指其"多智而近妖"的诸葛孔明,也是金华兰溪诸葛八卦村中近 4 000 后裔的祖先。

　　诸葛八卦村,古名高隆,是诸葛亮南迁后裔绵延聚居的血缘村落。历时千年,这个村落依然人丁兴旺,人们一起居住在这个青龙白虎、朱雀玄武"四灵守中"的风水宝地,以姓氏为名,谓诸葛村。名中含八卦,是因为该村一带地形如锅底,中间低平,四周渐高。其中有四方来水,汇聚锅底,形成一口池塘,这就是钟池。钟池是诸葛八卦村的核心所在,也是布列"八阵图"的基点。钟池并不大,但这口水塘半边有水,半边为陆,形如九宫八卦图中的太极,奇妙无比。以钟池为中心,有八条小巷向四面八方延伸,直通村外八座高高的土岗,其平面酷似八卦图。小巷又派生出许许多多横向环连的窄弄堂,弄堂之间千门万户,星罗棋布着许多古老纵横的民居。只要登上镇外的土岗向下俯视,仔细辨别,整个村落九宫八卦之形就会完整地展现在眼前,其布局之奇妙独特,令人赞叹不已。

　　该村落布局如此奇妙,那么行走在诸葛八卦村中,除了欣赏"石岭祥云""菰塘霁月"等高隆八景,又有哪些东西值得赏之玩之,品味诸葛村的特色和魅力呢?

# 孔　明　扇

"淡薄以明志，宁静以致远。"孔明扇又称鹅毛扇，因三国时期著名军事家诸葛孔明使用过而得名。在人们的印象中，诸葛亮的孔明扇非同寻常，它已成为一个特定意义的道具，与诸葛亮的名字一样深入人心，被后人誉为智慧和才干的象征。

翩翩君子，徐徐扇风。虽说现代降温的方法众多，然而一扇在手，还是显得风度翩翩、智慧超绝。论起这孔明一生不离的孔明扇的来历，那可要说上一时半会了。

据传，诸葛亮的鹅毛扇是一把神扇，是一只神鹰为了报答诸葛亮祖辈对它的恩惠，把自己身上的八根羽毛送给诸葛亮，叫他制成神扇，为国为民干一番事业。使用时只要在胸前扇几下，然后用它一点太阳穴，就会生出妙计千条，用以克敌制胜。

还有种说法，说这羽扇是水镜先生给的。因为诸葛亮读书时，一开始未能悟出先生的真谛，先生一怒之下，烧了生平著书，还把诸葛亮赶下了山。但他却又让夫人送去两件东西，一件是八卦衣，另一件就是羽毛扇。当诸葛亮再回到山上求师，遇到难题心里烦躁不安的时候，只要用那羽毛扇轻轻扇两下，就会顿觉神清气爽，心头豁亮，一边扇，一边想，便悟出了水镜先生讲的深奥道理。后来他布阵行兵，只要羽扇一摇，便可计上心来。

不过，还有一个故事却说这羽扇是诸葛亮的岳父黄承彦送给他的。传说黄承彦酷爱养鹅，又家藏古今奇书。他把女儿嫁给诸葛亮时，只给了他很多书作为陪嫁，助诸葛亮博通文武。后来，刘备三顾茅庐请诸葛亮出山时，黄承彦宰鹅设宴为他饯行，并用鹅毛做了一把扇子送给他，告诫说："鹅性最机警，一有风吹草动，它便知动静。你将鹅毛扇带在身边，便可时时提醒自己机警谨慎。"

言至于此，想必各位看官也是云里雾里，不知这羽扇真正之来历。这还没完，在民间相传的孔明扇来历五花八门，有说神鹰所遗，有说鹤仙所留，难以言尽。究竟如何，恐怕只有诸葛亮自己知道吧。

诸葛八卦村售卖的孔明扇采用了国内外先进的技术进行定型，无味，做工精细。孔明扇除了可以用来作为纳凉工具外，还可以作为一种装饰品和收藏工艺品，具有极高的欣赏价值、收藏价值和艺术价值。诸葛村开放以来，孔明扇作为一种文化商品的开发已经初具规模，现有"卧龙羽毛扇工艺品厂""兰溪市武侯工艺品厂"两家厂在专业制作，并在外包装上都申请了专利。

孔明扇既轻且巧，所扇出的徐徐微风，就连年老体弱者、孕妇、产后母子都很适宜使用，故而广受消费者好评，还远销四川、陕西、河南、湖北、台湾等地。

# 孔　明　锁

在没有钉子绳子的情况下，你能将六根木条交叉固定在一起吗？两千多年前的孔明就发明了一种方法，用一种咬合的方式把三组木条垂直相交固定，这种咬合在建筑上被广泛应用，在民间人们把孔明的这种发明制成了一种玩具——孔明锁。

孔明锁也叫八卦锁，亦称鲁班锁、别闷棍、六子联方、莫奈何、

难人木等。若说什么是诸葛村最老少咸宜的玩具，绝对是非他莫属。

关于孔明锁的发明，有两种说法，一是三国蜀汉时期诸葛孔明根据八卦玄学原理创造发明，另外一种传说是春秋时代鲁国工匠鲁班为了测试儿子是否聪明，用6根木条制作

一件可拼可拆的玩具，叫儿子拆开。儿子忙碌了一夜，终于拆开了。这种玩具后人就称作鲁班锁。

其实这都只是一些传说，孔明锁起源于中国古代建筑中首创的榫卯结构。这种三维的拼插玩具内部的凹凸部分（即榫卯结构）啮合，十分巧妙。在榫卯啮合的原理下，从孔明锁衍生出的类似玩具比较多，物件越大越复杂。而且孔明锁类玩具的形状和内部的构造各不相同，一般都是易拆难装，拼装时需要仔细观察，认真思

考,分析其内部结构,方知从何下手。

制作用材方面,诸葛村的孔明锁取材于樟木,具有樟木特殊的芳香和牢固、防虫蛀的特点。由于孔明锁对放松身心、开发大脑、发挥智力、灵活手指均有好处,因此是老少皆宜的休闲玩具。在诸葛村街头把玩,更会觉得其中充盈着奇思妙想,令人欲罢不能。

# 中　药　材

　　诸葛亮的后代,以诸葛承载这一系人丁最旺,其中一个原因是这一系诸葛家族秉承先祖诸葛亮在弥留之际对后代留下的遗训:"不为良相,便为良医。"他们精心经营中医药业,所制良药,畅销大江南北。

　　诸葛村是明清时期中药材制售、运销地之一。明清时代村上的诸葛亮后裔在全国及东南亚各地开设有 200 多家药行、药店,诸葛村四代以上的中药世家有 14 家,且人人习药成风,伤风咳嗽等小病的药理妇孺皆知,三尺之童人人能背诵《药性赋》。创建于清同治年间的"天一堂"药店制造的"诸葛行军散"和"诸葛卧龙丹"均按古方配料精制而成,疗效显著,为居家和出行必备急救之良药,可与杭州胡庆余堂的"癖瘟丹"相媲美。

　　现在诸葛村已将"天一堂"旧址进行了修葺并对外开放。村里还开有百年老字号"葆仁堂""寿春堂"药店。集千味中草药标本和展示诸葛家族药业史的中药材展馆——诸葛大经堂中药展览馆,可供游人观赏。

# 奇葩的五朵金花香天下

朋友,当你走到浦江乡间城里,看到妇女们一年四季飞针走线、经天纬地,看到那些花边、草编、竹编,或麦秆贴、绒绣,那精美绝伦的产品,那浓厚的艺术氛围,你是否也惊叹:浦江无处不飞花,万紫千红总是春。

花边、草编、竹编、麦秆贴与绒绣,是浦江民间流传的五种手工工艺,是浦江经济的"五朵金花"。随着商品经济的不断发展,浦江人将书画艺术和现代美学加以融会贯通,把这五种民间传统工艺改造成集工艺和实用于一体的、具有浓郁乡情的特色工艺,远销世界各地,成为浦江出口创汇的支柱产业之一。

# 最鲜红的花——花边

花边，在"五朵金花"中开得最鲜艳、最动人。

花边，脱胎于民间传统的十字挑花工艺。这朵具有浓厚民族风情和地方特色的古老之花开了千百年，至今依然鲜艳欲滴，依然在传承它的基因，依然在演绎一个美丽动人的传说：一个天生丽质的浦江巧姑娘在挑花架上银针飞舞，依循布料的经纬，上下交叉十字形挑绣，绣出会游的鱼、会飞的鸟、会飘香的花……为使乡亲们的衣服结实耐穿又美观大方，她又在袖口、裤脚边叠成双层，来回缝上对称的十字双针，乡亲们给了它一个美名叫"十字花边"。后来巧姑娘又把这种方法运用到枕头、手帕、台布、窗帘、帐额、围裙、兜肚及其他物品上，深受乡亲们的喜爱。这门手艺就这样代代相传。明末刺绣高手倪仁吉，清代挑花能人、时称"女师"的张氏，现代钩针新秀汪素竹都是巧姑娘的传人，她们的作品或山水人物，或花鸟走兽，无不栩栩如生、精致美观。她们的精品有的收藏于故宫博物院，有的流传日本，有的到国外展出，声名远扬。

"但经春色还秋色"，1978 年，独具特色的浦江首批传统工艺十字挑花刺绣制品随着国门的打开，如冲天飞鹤进入国际市场，十字挑花大放光彩的春天终于来临。1979 年 10 月，浦江花边厂应运而生。美术工作者纷纷加盟，与科技人员一起在十字挑花的基础上，结合抽丝、布贴、雕花、绗缝等多种工艺技法，融合现代画派浪漫夸张的手法和大胆明快的色调，设计出一批又一批构思新、题材新、工艺新的产品，把浦江花边艺术推到一个新的境界。1985 年 7 月，该厂设计创作的绗缝美术童被荣获中国工艺美术品百花奖优秀创作设计一等奖,1992年再获全国绗缝制品新产品开发奖和童被绗缝一等奖。

这一朵神奇的花在这一块神奇的土地上,日益显示出蓬勃的生命力。不到几年时间,浦江花边网点之广、产量之大、品种之多、花样之新让人们应接不暇。全县竟有六万之众从事花边行业,浦江成了名副其实的全国最大的花边绗缝出口基地,每年创汇数以亿计。

正是这一朵神奇的"金花",使浦江"公私仓廪俱丰实"。愿这枝芬芳馥郁的鲜花在浦江大地上永远盛开,开得更加绚丽和奔放。

# 最有韵味的花——草编

"揾让月在手,动摇风满怀",吟罢南唐李煜《咏扇》诗句,手摇精巧美观的浦江麦秆扇,清风徐来,清香爽人,那是一种多么优雅的情趣。

浦江草编是以麦秆编织而成的传统工艺品。别小看这不起眼的普通麦秆,正是它经过挑选、整形、漂染,被加工编织成一件件玲珑精致的工艺品。有造型拙朴、憨态可掬的动物玩具;有编扎简练、形态各异的盒、盘、袋、垫、篮等日常用品……这些产品不仅具有自然美,而且有不生虫、不发霉等优点,行销中外。尤其是浦江麦秆扇,选料严格,工艺精细,编织进花鸟走兽、诗句名言,充满诗情画意;与其说它是扇风拂暑的纳凉妙品,不如说是馈赠亲友恋人的上乘礼品,引得国外客商为之倾倒。恰如郭沫若的诗句所云:清凉世界,出自手中。精逾鬼斧,巧夺天工。飞遍寰宇,压倒西风。

草编在我国起源很早,浙江河姆渡原始社会遗址就发现了距今七千年的苇编席子。《礼记》载:"君以簟席,大夫以蒲席,士以苇席。"说明古代所用草编原料已很广泛。浦江乡村麦秆资源丰富,相传在明代已发展成特色工艺。20 世纪 70 年代,浦江曾出现近 20 家草编工艺厂,兴极一时。

# 最古老的花——竹编

竹编,是浦江"五朵金花"中最古老的一朵花。

在远古的时候,人们为了生活需要,用竹编制一些日常用品,工艺相当简单。随着浦江灯彩在宋代的兴起,能工巧匠们绞尽脑汁编制各种各样的龙灯和花灯,于是浦江竹编手艺得到前所未有的发展。到明清两代,竹编工艺不断发展,编制题材更加广泛,制作工艺也日臻完善。

浦江山多竹多,工匠们精心选择适合编织的竹,劈成细如发、薄如纸的竹丝篾片,或保持竹子的自然色泽,或染上五颜六色,采用花栋、弹花、龟背、花块、穿丝、打束、缠股、结边等种种技法,编织出各种结构紧实的工艺制品。根据需要,还可在经纬编织的基础上,穿插变化各种技法或加上些有色篾丝竹片,使编出的图案变化多端、色彩斑斓。新中国成立后,浦江工艺厂对草编、竹编工艺进行发掘和创作,并与剪纸、竹木雕刻、竹片拼贴、描金、漆泥雕等工艺巧妙结合,生产出篮、盒、瓶、碟、屏风、窗帘、竹席、盒担等仿古竹编,以及现代壁挂、竹花、玩具等新产品,计有花色品种几百种,先后有五十件竹编工艺品分别在国内及美国、英国、德国、塞浦路斯等地展出。而竹编产品外销最多的要数仿古盒担了。盒担屉篮层层,制作精细,图案优美,经防虫处理和特种油漆处理,既显古色古香,又具实用和观赏价值。

郑板桥《题画竹》诗曰:"新竹高于旧竹枝,全凭老干为扶持。明年再有新生者,十丈龙孙绕凤池。"是呀,浦江竹编工艺一定会后继有人,更上一层楼。

# 最美丽动人的花——麦秆贴画

浦江麦秆贴画朴实的艺术质感,如一坛千年陈酿,甘醇醉人。它那天然光泽所产生的特殊艺术效果,不知迷倒了多少中外人士,因而被国际友人誉为"迷人的艺术"。

1978年,浦江麦秆贴画代表作《春晓》《旭日东升》参加了全国工艺美术展览,《人民画报》为此专题介绍了浦江麦秆贴画的风格特色。浦江麦秆贴画作品曾多次在全国性展览会上展出,各类台屏、大小艺术壁挂、立地屏风,以及动植物形象的礼品盒、罐、花瓶等工艺品,种类繁多,深受人们喜爱。1990年,为祝贺中国举办亚运会,同时也为北京亚运村增色添美,浦江工艺美术装潢公司根据浦江籍著名爱国画家张书旂的名画制作了大型麦秆贴画《百鸽图》,中央电视台为此作了报道,称赞浦江民间工艺美术名不虚传。

浦江麦秆贴画一鸣惊人,并非偶然。

麦秆贴画又称麦秆花,是在剪纸基础上发展起来的一种工艺。它那迷人的艺术效果是如何产生的呢?原来,把麦秆剪贴成画难度不小,工序很复杂,必须选用大麦秆的第二节,经浸、漂、刮、烫烙、染色后,再按样稿剪出花卉翎毛,用胶水贴于布上,利用麦秆本身的光泽,使作品具有阴阳向背的效果。传统的麦秆剪贴是平面剪贴,一般多作麦秆团扇芯的装饰,用以替代刺绣。现代已发展为浮雕型、多层式,增强了立体感,使形象更加逼真,色彩更加丰富。在制作上,不仅贴在纸上和绸缎上,也可剪贴于竹编工艺品上,既可观赏,又能实用。一批剪贴能手创作出《丹雀献瑞》《高瞻远瞩》《春和多丽景》《梅雀图》《松鹤延年》等许多出神入化的麦秆贴画。

凝结着多少智慧和心血,凝结着多少勤劳的汗水,才开出这一朵风姿迷人的浦江麦秆贴画。

# 最珍贵的花——绒绣

　　一代人有一代人的声音,一代人有一代人的生活,而风俗与艺术却代代相传。艺术在社会发展中不断延伸与裂变,这是人类生活需要的必然。新中国诞生后,祖国欣欣向荣,而这一粒穿越时空而来的工艺美术种子,在新时代的甘露滋润下破土而出,开出一朵分外妖娆的花,它就是绒绣。

　　绒绣是从传统民间刺绣工艺中演变而来的,用彩色绒线在特制的网眼麻布上绣制而成。它突破了传统刺绣的色韵表现形式,可自行拼色,善于表现油画、国画、彩色摄影艺术的效果,做到色彩丰富、层次清晰、形象生动。精明的浦江人对绒绣一往情深,这不仅仅是浦江人对艺术的刻意追求与向往,更显示出浦江人对市场的驾驭能力和长远眼光。绒绣先在浦江七里乡落户生根,尔后在浦江遍地开花,县里开办的绒绣公司成了龙头企业。浦江绒绣高手如林,浦江绒绣产品如大型彩色地毯、沙发套、圣诞袜、靠垫、贺年卡、台面以及各种大小艺术壁挂遍销世界各地。这亦是浦江书画艺术的群众性基础对工艺产品规模生产产生规模效应的结果。

　　走进一家家工艺绒绣厂,眼看着姑娘们靠着一枚银针、一线、一双巧手,一针针挑呀,绣呀,"绣成安向春园里,引得黄莺下柳条"。她们的双手托起雄伟的《万里长城》,她们指点神州大地的《如画江山》,也让人们尽情领略异国风情,欣赏世界名画,令人心旷神怡。这是一个美的世界,姑娘们是美的创造者,人们无不为其精湛的技艺所叹服,无不为绣花女的精神所感动。如果你要问绣一幅世界名画《最后的晚餐》壁挂需要花多少工针的话,她们会自豪地告诉你:"需要两个多月绣成,针数达三十多万针。"

世界需要美,人类生活需要美,这是浦江"五朵金花"的锦绣前程。让世界更美好,让人类生活更美好,这是浦江人的美好愿望。

# 五金之乡　传奇永康

五金者,指金、银、铜、铁、锡五种金属材料,为工业之母,国防之基础。自古以来,永康就流传着"千秧八佰,不如手艺缚身"之民谚,几千年来永康先民就是靠这些传统手工技艺谋生的。据清道光年间的《永康县志》载:"土石竹木金银铜铁锡皆有匠","织布裁衣锢露(浇铸),多鬻技他乡"。五金材料之产品,通常只分为大五金及小五金两大类:大五金指钢板、钢筋,扁铁、万能角钢、槽铁、工字铁及各类型之钢铁材料,小五金则为建筑五金、白铁皮、锁类铁钉、铁丝、钢铁丝网、钢丝剪、家庭五金、各种工具等等。而这些,都能在每年9月在永康举行的全国性的五金展览会上见到,因此永康又被称为"五金之乡""五金之都"。

永康市五金文化源远流长,自宋朝开始就有"五金工匠走四方,府府县县不离康"的美誉,故此永康又是"百工之乡"。许多附近城镇的老人都有这样一段记忆:在雾气还未散去的早晨,总会有两三个操着永康口音的手艺人挑着担子,走街串巷,打铁打锡,打铜钉秤。永康是中国小五金集散地,现在的永康经济,支柱产业是五金,而过去小五金中的打金打银,在现代工艺的影响下渐渐式微,而铜铁锡的制造业依然繁荣。不同的是,工匠们再也不用长年累月奔波各地,而是建立了自己固定的经营加工场所。

目前,永康已经成为全国防盗门、电动工具、农机产品、不锈钢制品、电动滑板车、衡器的主要生产和出口基地，"强项在工业、特色在五金、优势在民营、活力在开放、后劲在科技"的经济发展格局已然形成。永康经济开发区已成为浙江 20 个重点示范工业园中最大的产业特色工业园，是浙江中部上规模上档次的示范性工业区、科技区。永康五金涵盖了金属冶炼与压延、不锈钢制品、普通机械、专用设备、交通运输设备、电子器材、仪器仪表等七个行业，门类齐全，已成为包括冶金、机电工业在内的五金大产业。在激烈的竞争中，一个接一个的市场"新宠"横空出世：滑板车最多时日产 15 万台，列世界第一；电动工具与日本、德国并称"全球三强"；包装钢桶、建筑用防滑条、案秤、度秤等产品占国内市场的 90% 以上；防盗门占全国市场的 70%；滑板车、煤气灶炉头占全国出口总量的 90%；气筒占全国出口总量的 50%；锯条占全国出口总量的 1/3；衡器生产企业数占全国 1/3，产量占 2/3 等。多年来，饱受非议的保温杯热、拖把热、滑板车热、防盗门热，终于名正言顺。

不断发展的中国科技五金城不仅为永康制造业提供了广阔的销售和展示平台，同时通过市场的商流、物流、信息流，吸纳全国甚至世界各地的人才、技术和原材料等，为企业生产提供了配套服务。市场与产业紧密结合，互促共荣。整个市场已经形成五金产品、电动工具、机械设备等 16 类交易区，汇集了日用五金、建筑五金、工具五金及机电产品、金属材料、机械设备、装饰材料等上万种五金产品及相关产品，商品辐射国内及俄罗斯、美国、加拿大、巴西、澳大利亚、日本等 50 多个国家和地区。

据不完全统计，在永康经济开发区，已有 2 个国家免检产品、5 个浙江名牌产品、8 个省著名商标、8 个技术创新中心和研发机构以及 116 项专利。2002 年 11 月，永康经济开发区被国家农业部命名为国家级乡镇企业科技园区，2005 年度获金华市开发区

（园区）工作先进单位,2006 年被国务院授予"全国绿化模范单位"称号。

　　在这些辉煌的成就下,信步永康街头,我们会感受到一股别样的气息,一股五金行业朝气蓬勃的气息。自然,人们到了永康少不得购置些家用五金产品,这里不仅品种齐全,而且物美价廉。在这五金制品的浩瀚海洋中,随便拣出几样,都能深刻体会到其中的妙处呢。

# 翻砂铸锅

"名以食为天"，但要炒出可口的饭菜却离不了一口好锅。

永康铸锅的历史源远流长，这也是许多人信任永康出产的炒锅的原因。过去，工匠们在永康县内外设坊建场自制铸炉，从事翻砂浇铸食锅、秤纽、秤砣等。这些物件质量上乘，不易损坏，受到了永康当地及周边百姓的喜爱。随着时代的发展、工艺的进步，而今，翻砂浇铸的产品越来越多，主要集中在永康石柱镇和前仓镇，前仓镇后吴村至今尚有十来家翻砂厂，主要集中在后吴工业区，这些翻砂厂为浙江各城市铸造各类配件，如宁波、台州、仙居、杭州等地。

即便是现代人们常常选购的不粘锅，其生产历史在永康也算是相对悠久的。永康生产的纯铁不粘锅规格齐全，采用精铁原料压铸而成，运用科学的渐开纹理工艺，使用具有传热更快、热量分布均匀等特点，且富含硒、铁、钙等对人体有益的微量元素，有防癌抗癌功能，是新一代传统工艺与现代科技的完美结晶，集产、供、销为一体。

# 木 杆 秤

钉秤,一直以来是永康民间的一门老手艺。许多年来,在人们的日常生活中,由于许多东西的交易(如粮食买卖、家畜的买卖等)都需要称重量,于是就有了衡量物资重量的主要器具——木杆秤。时下,从称量用钩的钩秤,到秤钩处悬挂称盘的盘秤,从长到一米半的能称近200公斤的大秤,到小到能准确称零点一钱的小秤,可谓五花八门、种类繁多。

商家开门做生意,诚信为上。木杆秤的存在正应了这句老话。在民间有这样的说法,在杆秤上看见的16颗星,每颗星代表一两,这16颗星都面朝上,以向上天表明自己称秤时没有缺斤少两。这秤杆上的16颗星,7颗代表北斗星,6颗代表南斗星,还余3颗星,分别代表福、禄、寿三星。使用秤的买卖人售货给顾客时,如果短秤一两,则无"福";缺二两,则无"福"失"禄";少三两,则无"福"失"禄"还折"寿"。所以,后来人们称不够分量的秤为"短命秤"。由此可见,木杆秤代表了公平、公正、童叟无欺,即便当下还有不少金华人在婚嫁时喜欢用木杆秤作为嫁妆,以示平安吉祥。

# 磨 剪 刀

"磨剪子唻锉菜刀……"永康磨剪刀的手艺人走街串巷招揽生意的一声声吆喝声，走过了几个世纪的沧桑。在不少金华人的记忆里，永康磨剪刀的手艺人这声熟悉的叫喊，是伴着童年长大的。

印象中，接揽磨剪刀生意的永康人往往背着一张长条小木凳，凳上一头挂着袋子，内装磨刀工具。接活时，便把凳子放下，一头坐，另一头放上磨刀石，来回几下，一把锈迹斑斑的剪刀或菜刀就又锃亮锃亮。正因为磨出的刀口锋利，一般大人都不肯让小孩子拿着刀去磨。

不过随着物质生活的日益丰富，磨剪刀的手艺人也不太愿意风餐露宿地在外奔波了。他们更愿意在永康当地的五金厂中从事稳定的磨刀工作。不过，这门手艺一直在永康人中代代相传，永康的剪刀也从这里源源不断地运往各个城市。下次你在买剪刀或菜刀的时候，不妨多问一句，指不定你买的就是永康的产品呢。

# 铜 艺

永康铜艺,俗称打铜,是永康主要的一门传统手工技艺,它源远流长,至今已有几千年历史。其制品古色古香,唯美典雅,多用于生活日用品、传统嫁妆、人像、佛像法器、工艺品等,具有较高的实用和观赏收藏价值。

相传古代黄帝南征时,在永康采铜山之铜铸鼎冶炼兵器而战败蚩尤,当时留下一批工匠和士兵在永康繁衍生息。从永康出土的大量文物考证,早在春秋战国时期就有青铜器制作。到了汉代,已有铜弩机、铜箭等武器和规矩镜、神兽镜、照明镜、鎏金镜、铜勺、铜斧、铜洗、铜鼎、铜碗、铜香炉等日常生活用品的制作,并且工艺精美。

据《永康县志》记载,民国 18 年前后,有铜匠 1 753 人。民国 38 年,达 2 647 人,产品多至百余种,主要有铜罐、铜壶、铜火锅、铜火囱、铜秤、铜茶垫、烟筒头、帐钩等。永康铜匠们肩挑行担,走村串户上门加工,足迹遍及全国各地。多数铜匠保留着半工半农的习俗,在永康方岩、芝英、古山一带较为集中。永康铜艺重要传承人之一程朱昌是方岩人,秉承了祖代铜艺,创办神雕集团公司并建立中国首家民营铜文化博物馆,是永康铜艺的代表,为传承拓展永康铜艺做出了较大贡献。

永康铜艺不论锻打还是铸造均做工精细、风格独特,古青铜器、铜日常生活用品等等形式多样、纹饰精美、细腻传神、栩栩如生,堪称永康一绝。

# 锡　雕

《永康县志》载："锡器发展于五代,盛于明清至民国,产品有酒壶、茶壶、茶叶瓶、镏台等。"不少永康人都视锡器为"盛水水清甜,盛酒酒香醇,储茶味不变,插花花长久"之美器。

锡,无毒,金属性凉,散热效果极佳,用于保鲜包装为上佳材料。古人冯可宝著有《芥茶笺》一书,其中提到："近有以夹口锡器贮茶者更燥更密,盖磁坛犹微透风,不如锡者坚固也。"中国是世界茶文化的发源地,更是茶的故乡,而锡制茶具的功效也已被越来越多的人了解与推崇。手捧一杯香茗,静静地欣赏着茶器茶画,彰显生活品位,享受雅致人生。20世纪50年代,光泽清雅、雕工细致的锡器在永康流传甚广,作为生活器皿和民族宗教活动的祭品、依仗用品使用。随着时代发展,塑料、玻璃、不锈钢等材质的用品开始广泛使用到人民生活中,而锡器则越来越精致,走上了工艺品和奢侈品的道路。、

锡作为一种稀有的珍贵金属,质地坚韧,熔点低,外层能自然氧化成灰蒙蒙的保护层,因而锡制品能长期不腐,也适宜保存一些密封要求高的物品,如茶叶等。在永康,鉴别锡器讲究"声、色、质、工"。先闻其"声"。纯净的锡料延展性好,因扭曲有声,故称"响锡"。工艺品扭曲后会变形,因此购买时不能用此方法,但我们可以通过更简单的方法,即用指甲由手心向外轻轻扫过锡器,97%的锡器有清亮的金属声和短暂的回音。再观其"色"。纯锡,其色如银,其亮如镜。三辨其"质"。质,指锡器的纯度,锡器纯度越高,越经久耐用,装食品不但无害,还能够长期保鲜。纯度低的锡器,装食品易变质,也

不够耐用。最后赏其"工"。工,指锡器的工艺,锡器的工艺多由其纯度决定,纯锡密封性很好,茶叶罐使用一个外盖即可达到效果。

2008 年,永康锡雕申遗成功,与九狮图、十八蝴蝶同时被列为国家级第二批非物质文化遗产。相信这会让永康锡雕的发展之路越走越好,也能让更多的人去关注它。

# 武义工艺　走向世界

　　武义山清水秀、空气清新,是很多金华人避暑休闲的宝地。随着武义经济尤其是旅游经济的发展,不少外地游客也逐渐来到这里,由此衍生出的许多利用当地原材料制作的工艺品类,也因游人的购买携带而走向四面八方,成为人们到访武义用作留念的佳品。这些造型优美、乡土气息浓郁的小家伙,可以让你在炎炎夏日午后昏昏欲睡之时,重新忆起原来在此前的某一天,自己也曾纵情在那葱翠清澈的武义山水之间,放飞那颗在尘世间疲惫不堪的心灵,体味到那些许乐观生活的真谛。

# 萤石雕工艺品

武义是"萤石之乡",有高品位和储量丰富的萤石资源,居全国及世界之首,以开采早、产量多、品位高、质量好驰名中外。其品质晶莹绚丽、玲珑剔透、有玉石之润、水晶之丽,因其天然多色,被宝石界称为"软水紫晶""软水绿晶"等,为加工各类工艺品提供了丰富的原材料。

武义萤石始采于1921年,历经90余年,仅县城北半部就有大型矿床3处,中型矿床14处,小型矿床及矿点80余处,地质学上称之为"萤石矿田",是名副其实的"萤石之乡",曾有世界上规模最大的萤石矿采选企业——原东风萤石公司。武义的萤石矿产品不但畅销全国各省市,而且远销欧美、日本、苏联、印度、新加坡等国家。

萤石雕工艺品以当地出产的萤石为原料,其工艺技能有主体雕、双面雕、单面雕、浅浮雕、深浮雕等。选材讲究质地天然,技法追求造型优美、形象逼真、影纹细腻、层次分明。从萤石小颗粒到最大块石,均能因材施技,雕成精妙的工艺品。

题材和形式上,这里出产的萤石雕工艺品富含宗教、道德、文艺等多种内涵,具有独特的观赏和收藏价值,为各地游客和中外鉴赏家、收藏家所钟爱。工艺产品有花鸟鱼虫、飞禽走兽、仕女人物、腾龙飞凤、仙人神佛、山水风景、亭台楼阁、吉祥摆件、时尚挂件等,可谓千姿百态、典雅优美,是武义最有特色的旅游工艺品。

# 竹木雕工艺品

　　武义盛产竹木,系全省毛竹林基地县之一。在民间,素有艺人制作根雕、竹雕的传统。新中国成立后,曾办县竹编工艺厂;1986年成立了县树根雕研究会。武义竹雕以浮雕、深雕和通雕为主,具有审美价值,是比较受欢迎的旅游工艺品。特别是竹根雕"老寿星""少女",樟木雕"如来佛"等作品,是深受外来游客欢迎的抢手货。不过随着交通的便捷及市场化运作,现在在当地旅游区的旅游商品摊位上,还有从外地采购的品种多样的竹木雕工艺品。

# 竹丝工艺品

　　利用丰富的毛竹资源加工制作的竹丝工艺品，是武义旅游商品产销的一大特色，其中以郭洞景区为代表。当地的民间艺人擅长编制竹丝工艺品，并将个人理念融于作品之中。如民间艺人何文良，以精湛的技艺编制竹丝灯笼，弘扬当地生产灯笼的传统。民间艺人制作的微型竹篮、畚箕等工艺品，也因形状精美、玲珑小巧颇受欢迎，引得游客争相购买。

# 葫芦工艺品

葫芦是一年生草本植物，其果实为制作材料。武义俞源村历代有生产、使用葫芦盛器的传统，这种盛器盛装的食物或草药，利于保持食品或草药天然的品质。古时一般用作盛茶、盛酒和草药的器皿，也供赏玩。俞源村作为旅游区对外开放后，当地民间艺人扩大种植葫芦，采果制作成盛器出售。对形状较优的葫芦，外编竹丝套子，使其更美观耐用，也深受游客的喜爱。

（叁）

自然殿堂

"中天楼阁倚金汤，北望芙蓉瑶草长。云暗赤松犹住鹤，山余白石已亡羊。五峰烟树生秋思，万古江流送夕阳。羽客相逢传往事，至今洞口夜生光。"明朝诗人陈逢春的一曲《宝婺观望金华山》，让金华的自然美景跃于纸上。在金华人嘴中，金华是块福地，物产丰富，气候宜人，花草树木种类之多自不必说，单是那一年四季都有鲜果上市的福气，就并非人人可享了。金华淳朴的风土人情，想必与这清新自然的品类物产是密不可分的。

# 赏食齐聚　金华佛手

金华佛手雅称金佛手,原产亚洲东南部。金华栽培佛手始于明末清初,由罗店西吴村吴必纲(1592—1722)自吴阊(今苏州一带)引进种植。20世纪30年代种植颇盛,逐渐发展成为当地农家副业,1960年,朱德委员长曾亲到罗店观赏佛手。建国40周年大庆,在北京举行的全国花卉博览会上,金华佛手作为浙江名贵花卉参展,引起轰动。1993年第三届博览会期间,金华市罗店镇送展的矮化佛手盆景荣获博览会最佳产品奖,受到江泽民等中央领导人的好评。1998年4月,金华被国家命名为"中国佛手之乡"。

金华佛手有白花佛手、红花佛手之分。初夏开花,初冬成熟,果实基部呈圆形,如常人双手抱着拳呈拜佛状,故名。佛手其皮如橙,香气浓郁,切片沏茶,其香沁人心脾,放置室内,芳香馥郁,经久不散。

除了是一类香、色、形俱佳的盆景珍品外,金华佛手又是一味名贵的中药材。据现代医学分析,佛手干果中含有柠檬油素、微量的香叶木甙和橙皮甙及多种维生素,味苦微辛,温而无毒,气芳香。且有醒脾开胃、止隔化滞、顺气宽胸、疏肝解郁等功能。佛手产品开发业已起步,佛手茶、酒、饮品投放市场后很受消费者青睐。金华已成为全国最大的佛手系列产品生产基地之一。金华佛手是继"金华火腿"后又一充满特色的地方产品。

传说古时候,浙江金华山(今北山)南麓,住着独户农家,有母子俩人,相依为命。母亲年迈多病,终日双手捂胸,胸腹胀痛气喘吁吁,愁眉不展,痛苦不堪。她有个儿子,名叫罗孝顺。罗孝顺为了给母亲治病,四处求医,却终无良药。一天夜里,罗孝顺梦见一位美丽的仙女,赐给他一只像姑娘手儿般的果实。他跑回家送给母亲一闻,疾病就好了三分。为了治好母亲的病,罗孝顺下定决心要寻找那仙女玉手般的果实,第二天天蒙蒙亮他就出发了。经过一整天的翻山越岭,罗孝顺感到筋疲力尽,就坐在山岙里的一块大石头上歇脚,忽然一只小青蛙跳到他面前,唱道:"金华山顶有仙果,仙果能救你老母;明晚子时开山门,寻找良药莫错过。"罗孝顺听了非常高兴。第二天深夜,罗孝顺借着天上的星光顺利地进了山门,只见山门里繁花满地,仙果满枝,金光耀眼。这时一位美丽的仙女飘然而至,正是梦中所见之仙女,罗孝顺大喜,忙下地跪拜,祈求赐果。仙女感其孝心至诚,就赠他一只仙果,给他母亲治病。罗孝顺又想,天下患病之人无数,何不带些仙果苗去凡间种植,结下仙果给众人治病呢?仙女看他心地善良,于是又赠他天橘苗一株,让他带回凡间种植。罗孝顺到家后将天橘果煎汤给母亲服用,果显神效,第一天胸腹不痛,第二天能吃粥饭,第三天能下地干活。母亲的病好了,母子俩又将天橘苗栽到园地里,辛勤培育。三四年后,天橘苗长大了,结下硕果,他俩又将繁殖小苗送给附近村庄上的人种植,果子送给人治病。大家认为那仙女就是救世观音,"天橘"果就是天上观音娘娘的"手"。因此,人们就将这种果实称为"佛手"。

佛手又称佛手柑、佛手香橼、五指柑,为芸香科,柑橘属,枸橼之变种。金佛手是中国的传统乡土观赏植物,是佛手中最具观赏性的品种。其果形奇特多变,仿佛倩女玉指,纤纤舒展;或如力士握拳,遒劲有力,千姿百态,妙趣横生。春华秋实,成熟后其果色泽金黄油亮,光洁饱满。金华佛手自古就有"果中之仙品,世间之奇卉"之美誉。

金佛手全身都是宝,据《中国药典》记载,其根、茎、叶、花、果均可入药,性味辛、苦、甘、温、无毒,入肝、脾、胃三经,有理气化痰,止咳消胀,舒肝健脾,和胃等多种功效。不过,金佛手对生长环境有着特殊的要求,从育苗到开花结果,需历五载之春秋,蕴山水之灵气,集自然之精华,经园丁悉心栽培方能成为文人雅士案头观赏之佳木。

佛手在金华栽培已有400多年的历史,以尖峰山南麓为其主要种植区。1955年金华佛手有14470株,国家收购佛手柑6.25吨。改革开放以来,金佛手发展更加迅猛,特别是近几年来,由于佛手集观赏、药用、人文价值于一体,再加上市场的开拓和经济效益的看好,金佛手生产实现由分散零星种植向规模经营发展。1997年,赤松乡被中国物产学会命名为"中国佛手之乡",1998年赤松佛手获浙江省优质农产品金奖、浙江名牌农产品,1999年10月又获得中国国际农博会名牌产品,赤松乡山口村被国家命名为"农业精品村",成功地注册了"赤松""北山""金赤""卧羊"牌商标。佛手主产地金东区赤松乡,将佛手作为一大支柱产业加以培育和重点扶持,种植面积进一步扩大。早在2000年,赤松佛手种植农户就达2 000余户,种植面积达3 000亩,挂果面积1 200亩,销售收入2 600万元。仅赤松山口村就有500多户农户种植,面积达1 000余亩,是远近闻名的佛手专业村。2001年种植面积已扩大到4 000余亩,产量更有大幅上升。

# 兰馨之城　兰花最香

　　"手培兰蕊两三栽，日暖风和次第天。坐久不知香在室，推窗时有蝶飞来。"元朝诗人余同麓的一首《咏兰》，令兰花之香脱颖而出。

　　兰花自古芬芳，淡雅脱俗，香而不媚，有"天下第一香"之美称。俗话说"室有幽兰不柱香"，如此美草香花，自然好者众矣。金华兰溪便是溪以兰名，而邑以溪名。《兰溪县志》载："兰溪一名瀫水，岸多兰茝"，邑以产兰得名。明末清初冒襄王（1611—1693年）在《兰言四种·兰言小录》一文中有云："忆辛巳春过兰溪，见县署（衙门）与邑大门高悬王仲山先生所书'观瀫采兰'四个大字，极其遒拔。"可见在明崇祯十四年（1641年），兰溪县衙和邑大门额上就有"观瀫采兰"四个大字，足见当地养兰采兰之风盛行。

　　兰溪地处浙江中部，属北亚热带、温暖湿润的气候，非常适合兰花的生长。兰花遍及兰溪的崇山峻岭之中，到处是兰香四溢，兰蕙飘香，钟灵毓秀，人杰地灵。兰溪著名的兰花村则建于明正德皇帝题词"兰荫深处"的兰荫山北麓。现在的兰花村是个充满文化气息的城市主题公园，也是兰花培育基地。村落的建筑风格突出兰花，建有小桥流水，舞榭歌台，村中居住的村民房前屋后遍植兰花。徜徉在兰花村中，既像是在江南水乡的农家院落做客，又像是步入兰香幽远的兰荫深处。当漫步在小桥流水、水榭歌台的兰花村里，轻盈柔美的兰苑随风摇曳、幽香飘逸时，确实令人心旷神怡。

# 兰荫深处

自唐朝建县1 000多年以来,兰溪百姓就有养兰的习俗,有诗为证:"兰花十里照春水,山鸟无声香自幽。"唐代著名诗人杜牧游江南经兰溪时,作《咏兰溪》诗云:"兰溪春尽碧泱泱,映水兰花雨发香。"明正德《兰溪县志》载有"双兰头"的诗句:"手种盆兰香满庭,闲来趣味独幽深。敢夸双萼钟奇气,只恨孤根出晚林。"明武宗皇帝在游江南时也曾慕名专程到兰荫山欣赏兰花,题词"兰荫深处"于兰荫山北麓,关于这处题字,还有一个有趣的故事。

话说明朝正德皇帝游江南时,一路上的官府为了讨好皇帝,到处搜刮民间美女和奇珍异宝献给皇上,直闹得民间怨声载道,敢怒不敢言。

那时候,兰溪兰荫山上有株独一无二的梅兰,色若蜡梅,瓣如碧玉,更是奇香无比,堪称是绝世的兰花。正德皇帝听说后,便下旨要把它带回皇宫去。

兰荫寺的住持和尚得知此事,很是着急。因为这是兰荫山上千载难逢的奇兰,若是让皇上拿了去,且不说南巡路上骄阳似火,恐其颠簸折损,迁至皇宫以后又气候不同,恐奇兰难以存活。忧虑之下,他当即决定将梅兰藏起来,

再说皇帝和手下人兴冲冲来到山门,只见兰荫山上兰花遍地,处处香气扑鼻,哪里还分辨得出哪一株是梅兰,几人屡寻不获之时,一股奇香飘来,正德皇帝闻香大悦,忙说:"我正是要这种香气的兰花,快,把这株兰花找来。"手下人哪个敢急慢,急忙去寻找。

他们寻呀,找呀,翻遍了整座山,最后在一口井旁站住了,原

来香气是从井里喷出来的。再往井里一望,只见一截绳子露在水面,大家便七手八脚把绳子往上一拉,"哗啦"一声,一只香炉提了上来。

住持和尚心中一惊,这正是他藏匿梅兰的那只小香炉。然而奇怪的是,小香炉被提上来后,哪来的梅兰,就连泥土也没了,只留有一股扑鼻的奇香。一众人只好拿了香炉去见皇上。皇帝捧起小香炉一闻,啊!的确是这股香!他翻来覆去地仔仔细细把小香炉看了又看,却看不出什么名堂,于是让人把住持找来盘问。住持和尚灵机一动,便讲:"这只小香炉是取井中泉水用的。这井水奥妙无穷,喝一口就能使人眼睛明亮,心头一片清明。"

正德皇帝信以为真,忙叫手下人去提一香炉井水来,众人喝了井水后,当真觉得眼明心清,不由大喜。正德皇帝吩咐和尚取来文房四宝,准备在兰荫寺旁的石壁上题写"兰荫深处有奇香"七个字,不料,当他刚写下"兰荫深处"四个字,忽然感到头晕目眩,腹痛如绞,几个侍臣也是一个个捧腹弯腰,叫喊肚痛。正德皇帝一气之下,把手里的笔一甩,大喊打轿下山。所以到如今,兰溪兰荫寺的石壁上只留下"兰荫深处"四个字。

再说那兰荫寺,皇帝离去后,住持和尚连忙叫小和尚去井里捞梅兰,可是连捞了几天几夜,却再也捞不着那株珍贵的梅兰了,只余下一汪香气扑鼻的井水,萦绕在山间的霞雾之中。

# 兰花女的传说

在中国水运史上，溪以花命名的似乎很少，兰溪的兰江是个例外。说起来，其中还有许多动人的民间故事。

相传很早以前，兰溪有个名叫兰兰的少女，从小就父母双亡，孤苦伶仃的，不幸又被一户人家收做了童养媳，遇上了一个狠毒的婆婆。兰兰成天当牛当马地干活，吃的却是猪狗都不吃的食物，还常常挨打挨骂。

有一天，婆婆为了试探兰兰是否会偷吃饭菜，故意把一碗红烧肉和一盆剩饭放在菜橱里，橱门半开半合。她吩咐兰兰独个儿在家磨面粉，自己却躲到隔壁邻居家去了。

兰兰是老实人，别说去偷，就是叫她当着婆婆的面吃点好东西，她也害怕。所以婆婆走后，兰兰只顾着把面粉早些磨好，免得婆婆回来又要挨打挨骂。谁知一只偷吃的馋猫，把那碗红烧肉吃掉了半碗；而那盆剩饭，也被几只鸡啄吃掉一半。

婆婆回家来一看，不分青红皂白，劈头盖脸把兰兰打得只剩一口气。可怜的兰兰，哪里经得起婆婆的这顿毒打呀！再加上蒙受了冤屈，心里气恼，没过几个时辰，她就断气了。

兰兰含冤死后，狠心的婆婆把她扔到了溪边的横山上。后来，横山上长出了一种惹人喜爱的花草。它青青的长叶子，就像兰兰，在向人间倾诉她所蒙受的冤屈，故名兰草。兰草开出一束朵朵清香的白花，表示兰兰的心是纯洁清白的，就叫兰花。也就是从那时候起，每到阳春三月，濑水溪边那座横山上的兰花就会盛开，并散发出阵阵清香。后人遂称兰兰为"兰花女"。

还有一个兰花的故事,发生在唐代末期。传说兰江之畔、兰荫山麓住着一老头,嗜兰如命,自称兰叟。他在兰荫山上辟了个兰园,园中栽种有采自全国各地的许多名贵兰花。兰叟膝下有一女,取名兰花。兰花女长大后,不仅貌若兰花,楚楚动人,而且对莳兰之事也颇为精通。

有一天,一富家少爷上山采兰时看中了兰花姑娘,便扬言要娶她,如不同意便要毁了她家园中的名贵兰花。为了保全家中兰花,兰花女假装答应,等上船过江之时纵身跃入江中。兰花姑娘死了,尸体搁在下游雁屿洲上。数天后,当人们把她捞上来后,她仍然面色红润,身上散发着淡淡的兰花幽香。人们为了纪念她,便把她埋在了兰荫山上。自此后,兰荫山的兰花更是花姿摇曳、香飘千里了。千百年来,兰溪人民一直把她视为兰花之神,并在兰荫山上塑造了一座兰花女的雕像。

如今,作为"中国兰花之乡"的兰溪,兰花的淡雅灵气已沁韵在每一个兰溪人的心头。兰溪这养兰盛市,爱兰成风,兰蕙飘香,钟灵毓秀,兰馨之城继续散发着它那独特的风采与魅力。

# 汁水横溢　兰溪杨梅

　　杨梅,系杨梅科杨梅属,为常绿小乔木,与我国南方佳果荔枝皆有"喻亮"之称。每当仲夏,杨梅缀满枝头,宛若灼灼星火,置身其境,大有"未尝先说齿流涎"之感。

　　杨梅古称木丸子。明代李时珍《本草纲目》说它"形如水杨子,味似梅",故称杨梅。兰溪马涧、石渠、柏社一带,俗称"里山",自古以来盛产杨梅,名呼"里山杨梅",素为杨梅之上品。清光绪《兰溪县志·物产篇》载:"杨梅兰溪穆澄源产者佳、源口产者尤佳"。

　　兰溪素有"中国杨梅之乡"的美誉,其杨梅品种主要以荸荠、木叶和东魁为主,因其色泽紫黑乌亮、个大味甜、汁多核小、上市时间早,在江浙一带极具盛名,民间历来就有"中国杨梅出浙江,浙江杨梅数兰溪"的说法。作为浙江省中西部唯一的杨梅主产区,兰溪市7万余亩杨梅分布在47省道沿线的马涧、柏社、香溪和云山等镇乡(街道),绵延50余里,形成了令人惊艳的"五十里杨梅长廊"。在梅雨季节,正值梅熟时节,此时的五十里杨梅长廊就呈现出一派醉人景象。沉甸甸的杨梅挂满树梢,凝翠流碧,闪红烁紫。正如明代大学士徐阶诗曰:"折来鹤顶红犹湿,剜破龙睛血未干。若使太真知此味,荔枝焉能到长安?"

　　杨梅富含蛋白质、糖、钙、磷等多种维生素,有生津止咳、帮助消化、利尿益肾、去暑解闷等功效,所以除了有较好的食用价值外,还具有较高的药用价值。李时珍在《本草纲目》中写道:"杨梅可止渴,和五脏,能涤肠胃,除烦愤恶气。"经现代科学技术测定,杨梅的核仁中含有维生素 B17,有防癌治癌的作用。此外由于杨梅树本身具有抗虫抗菌能力,所以很少用农药,这也使得杨梅食用非常方便,从树上采下来便直接入嘴,不用水洗水泡。入口时颇有些酸,但是酸得很鲜,而且汁多,入口即化。

目前,全市主要种植品种有木叶梅、杨柳梅和早梅三种,其他还有刺梅、白杨梅、野杨梅等。木叶梅也叫岩梅,果大汁多,紫黑色,味甜略酸,甘醇非常,食后回味无穷,可谓里山杨梅品种之冠。此种由本地选育而成,志书中提到的穆澄源、源口两地的杨梅即为此品种。杨柳梅亦佳,但次于木叶杨梅。早梅成熟最早,但味较酸且质硬。

杨梅除鲜吃外,亦可晒杨梅干,制成罐头、果酱、蜜饯、果汁,还可制成当地人特别钟爱的杨梅酒。杨梅酒制法也很简单,找个容器放入杨梅,然后倒入白酒,以没过杨梅为准,密封浸泡一段时间,杨梅汁被浸出,与白酒混合成为红色即可,深红色为佳。炎炎夏日容易中暑腹泻,此时呷上一口杨梅酒,吃上一颗被酒浸透的杨梅,顿觉气舒神爽,消暑解腻,腹泻即止。

在"水果王国"里,杨梅以其神奇的魅力,赢得了人们的青睐。宋代诗人平可正诗云:"五月杨梅已满林,初疑一颗值千金,味胜河朔葡萄重,色比泸南荔枝深。"每年 6 月份,一年一度的兰溪里山杨梅就熟了,届时还会举办杨梅节。大家是否想亲身体验一下采摘杨梅的乐趣呢?是否想在大山深处尽情享受属于你的清新空气呢?是否想在忙碌之余重新回味身处农家的欢乐呢?那就收拾美好的心情,去畅游一番吧!

# 青春常驻　义乌南枣

　　曾经与火腿、红糖一起被称为"义乌三宝"的义乌南枣,距今已有1700多年历史。"日食三粒枣,一生不易老",这民谚在义乌流传日久,说的就是"义乌南枣"。南枣是义乌特产,清乾隆时,即被列为贡品。其皮色乌黑发亮透红,故又称南方乌枣(可见北方亦有乌枣)。

　　在义乌,枣树栽培历史相当悠久,在明隆庆、万历年间(1567—1619)已有规模化枣园。义乌谚语云:"六月六,枣尝生熟;七月半,枣当顿,糖梗二节半;八月中秋,枣下苏州。"地处义乌江边的樊村、金村、龚大塘等地以前满山遍野都是枣树林,躺在地上也能吃到枣子,可见当地枣产量之丰。全县44个乡镇中,有42个产枣。义乌枣有多个品种,以义乌大枣为佳。其中珍品是原产江东区金村、樊村一带的"双仁枣"。其果大、肉厚、质地致密,外形丰满,左右对称,制成南枣后营养最好,药效性能也最高,具有养脾、平胃气、止咳嗽、润心肺、补五脏、治虚损等药效。用"双仁枣"加工制成的南枣,果肉肥厚,乌黑发亮,花纹清晰细密,滋味甘美,营养丰富,含有糖、淀粉、蛋白质、多种维生素和单宁、硝酸盐、酒石酸等多种成分。

　　南枣以义乌大枣为原料,经精湛工艺加工而成。加工程序颇为复杂,需选枣、烫红、熟煮、烘烤及日晒干燥。如遇阴雨天,应反复烘烤至干燥。加工用的南枣，需选本地上等青枣，重量约 16 克/个，60个一公斤。正宗的本地南枣里面是空心的，如果用力摇，可以听到"咚咚咚"的声音。食用也有讲究，应中间切开，一分为二，放到锅里熬，把营养成分尽数熬出。

正如很多风物都有故事一样，义乌南枣同样有自己的历史故事。相传清朝乾隆时期各地均选美食入京，义乌大枣有幸被县令选中。一次，乾隆亲口品尝后，龙颜大悦，不仅表彰了义乌县令，还要求地方年年进贡，因此历史上义乌南枣又称"京果"。据说义乌南枣曾被京城许多官宦人家视为待客的珍品，客人表示礼貌大多每次品尝一两个。某天，一位进京赶考的义乌籍考生到朋友家做客，竟把一盘枣子都吃光了，还说了句"没想到在这里能吃到家乡枣"，主人诧异地问："你们那里有很多这样的枣子吃吗？""有，当然有，别说一盘，一天吃一筐都有。"考生的回答令在场的人羡慕不已。

正是卓绝的品质造就了义乌南枣的不朽传说，就连《中国名产》第一集中，都有"江南枣中佳品，是浙江义乌南枣"的高度赞评。

# 养身妙物　灵山姜王

　　自古以来,生姜就是我国劳动人民药食两用之佳品。我国民间流传着不少生姜入药显奇效的故事。

　　古时,人们吃兽肉、野果度日,因生病而死亡的很多。当时人们不知医药,一旦生病,只得听天由命。炎帝看到人们被疾病折磨的痛苦,心里十分着急。一天,炎帝从山上回来,累得满头大汗、腰酸腿痛。在门口迎接他的,是自己喂养的那条通身透明的琉璃狮子狗。炎帝突然想起:这条狗成天摇头摆尾,翻山越岭,可从来没病,难道是吃了与人吃的不同的东西么? 是不是它吃了山野里的草木根、茎、叶呢? 为了探明其中的奥秘,他不顾个人安危,带着琉璃狮子狗跋山涉水,仔细观察狗吃了各种食物后的反应。有一天,炎帝带着狗从茶陵铁甲山来到水河边的白鹿原,一边欣赏大自然的风光,一边尝药认草。忽然,一阵大雨把他打得全身透湿,他感到头昏目眩,胸闷欲吐,站立不稳。这时,那只琉璃狮子狗正在一旁啃着根块,炎帝顺手也捡了一块,洗净后,坐在地上慢慢地嚼着,只觉得满口辛辣,别有味道。不一会,心胸舒畅了,精神大振了。于是,炎帝便以自己的姓氏"姜"给这种植物取名为"生姜",意思是使他获得了第二次生命。

　　按中医理论,生姜是助阳之品,自古以来中医素有"男子不可百日无姜"之语。宋代诗人苏轼在《东坡杂记》中记述杭州钱塘净慈寺80多岁的老和尚时，形容其面色童相，"自言服生姜40年，故不老云"，当可把生姜的妙处点得八九不离十了。

话说那时苏东坡在杭州为官时，非常赞赏西湖之美，曾作诗云："水光潋滟晴方好，山色空蒙雨亦奇。欲把西湖比西子，淡妆浓抹总相宜。"这西湖之秀丽有如国色天香的西施，但由于湖面辽阔，游人很难投入她的怀抱。因而他率领民众修起了一条横跨西湖的苏堤，与白居易的白堤交相辉映，成为西湖一道亮丽的风景线。一天苏东坡独自一人便服游览西湖，他漫步在苏堤上，见百姓扶老携幼，来来往往，熙熙攘攘，心里十分高兴，总算给老百姓办了一件实事。只听百姓们交口称赞："苏大人为官钱塘（即杭州），造福西湖，利在千秋。只可惜像他这样的好官太少了！"他感到惭愧，觉得人生短暂，能做的事太少了。猛然想起不远处的净慈寺有位寿高体健的和尚值得拜访，于是前往拜访。

不知谁走漏了消息，净慈寺和尚早已列队在山门外恭候苏大人的到来。苏东坡挥手致意道："各位不必拘礼，我今天是因私事前来拜访老方丈的，请各位自便吧。"于是方丈将苏东坡迎进禅堂，小和尚端来西湖龙井茶。苏东坡一边喝茶，一边问方丈："听说你这里有位寿高身健的高僧，可得一见否？"方丈命小和尚叫来。只见那位高僧步履矫健，胸挺腰直，面色红润，目光炯炯，看上去不过四十来岁。方丈介绍说："这就是人称'聪药王'的本寺制药僧，前来拜见苏大人。"

苏东坡忙起身让座，双手合十虔诚地问道："久闻高僧身健寿高，今得一见，果然名不虚传。请问贵庚几何，何以如此不老？"聪药王顿首道："贫僧今年八十有五，四十岁时身体肥胖，臃肿不堪，步履艰难。后得一方做成乳饼，连吃四十余载，所以不老。"苏东坡问此方可得闻否？乳饼如何制作？

聪药王道:"苏大人造福民众,贫僧要将此方献给大人。此方只一味生姜,把姜捣烂,绞取姜汁,盛入瓷盆中,静置澄清,除去上层黄清液,取下层白而浓者,阴干,刮取其粉,名为'姜乳'。一斤老姜约可得一两多姜乳,用此姜乳与 3 倍面粉拌和,做成饼蒸熟即成。每日空腹吃一二饼。我连吃 1 年就身轻体健了。后来遁入山门,我也日吃不断。看来姜乳饼将伴我终生。"苏东坡拜谢了聪药王回到府上,心想姜乳饼制作较繁,加之他自幼生长在四川眉山,吃惯米饭,不喜面食。于是他在公务之余又遍访民间,终于搜集到以生姜为主药的"驻颜不老方"。他很欣赏此方,曾作诗道:"一斤生姜半斤枣,二两白盐三两草,丁香沉香各半两,四两茴香一处捣。煎也好,泡也好,修合此药胜如宝。每日清晨饮一杯,一生容颜都不老。"

在金华,同样有着养身妙物出产,最著名的就是五指岩生姜。五指岩生姜盛产于永康市中山一带,因五指岩而得名,故称"五指姜"。宋代文献已有记载。五指姜的来历在当地流传很广。其中一个民间传说是《白蛇传》中的白娘子因端午节吓死许仙,去昆仑山盗仙草。盗得仙草后,鹤鹿两童子紧追不舍,白娘子筋疲力尽,慌忙中撞上了五指岩,白娘子从山顶滚到山下,仙草抛在山坡上,醒来时,满地都长满了仙草,白娘子就挖了其中一块匆匆赶回杭州,救活了许仙,这仙草后来就在五指岩下繁殖,成了名闻遐迩的五指姜。

五指姜不管食用还是药用均属佳品,民间流传"日食三钱五指姜,到老不用开药方"的民谣。五指岩生姜栽培在海拔 1 000 余米的象珠镇中山的五指岩山,方圆五十里无污染,施农家肥,不喷农药,是纯天然无污染绿色食品。五指岩山云雾缭绕,土壤肥沃,五指岩生姜风味独特。该姜肉质茎单株重 0.75~1.00kg,外形美观,表皮光滑洁白带鹅黄色,嫩芽粗壮,呈浅紫红色,肉质细嫩,汁多渣少。香味浓郁、较辣、品质佳,宜鲜食或制成腌渍品、姜片、姜茶、姜汁等,乃烹饪调味之佳品。据《本草纲目》记载,生姜兼具健脾开胃、驱寒、祛湿、发汗等保健功效。五指岩生姜切片煮、切丝炒,味均极佳,尤其是"五指岩生姜土鸡",更为江南名菜。

五指岩生姜一般生长期都在 8 个月以上,而且这五指岩生姜具有像手掌一样的生长规律,一个枝头接着一个枝头长,大家都连在一起,并且在生姜的最顶端会出现红皮。此姜内含多种活性成分,具有解毒、消炎、去湿、驱寒、活血、暖胃、止呕、消除体内垃圾等作用:姜辣素可刺激心脏、皮肤,促使全身毛孔舒张,从而散热出汗,随之带出病菌毒素污物而有益健康;从姜中提取的精华素,还可以被用来治疗偏头痛、行动障碍和关节炎,现更被众多足浴、SPA 行业用来保健养生;生姜还能刺激味觉神经,促使消化分泌,增强消化吸收功能,起到健胃止呕的作用;五指岩生姜挥发油中所含的姜酚,能抑制前列腺分泌过多,阻止前列腺素的合成,减少胆汁中粘蛋白的含量,从而起到抑制胆石症发生的目的;其辛辣成分被人体吸收后,可抑制体内过氧化脂肪质的产生,因而有抗衰老的作用……

正是有了这诸多妙处,五指岩生姜的种植与开发也得到了政府的极大重视。如 2005 年 6 月,市农机所科技特派员楼妙良联系永康市五指岩生姜有机种植示范基地后,首先帮助当地姜农明确了市场方向,先后多次组织生姜科学种植、加工技术等培训活动,培训姜农 200 多人次;协助组建了永康市五指岩生姜专业合作社,合作社由来自原中山乡区域范围内 12 个村庄的姜农组成,种植面积 1 200 多亩,年产值 2 000 多万元;同时他还针对当地生姜制品生产机械化程度低,操作人员劳动强度大、效率低,产品质量不稳定等问题，与基地合作开展实施了科技特派员专项"生姜制品加工设备研制"，在原有生姜制品加工设备的基础上，经引进样机、吸收国内先进经验和创新设计，姜茶生产已实现全程机械化，效率比原来提高了 2 倍以上……

正是在诸多楼妙良们的悉心指导与姜农们的用心栽培下，2006 年，五指岩生姜有机种植示范基地通过了国家有机产品认证，并于 2007 年 4 月被认定为金华市首批科技特派员示范基地。经过科学种姜与深加工，基地已为当地经济做出了巨大贡献，其产业化前景也更为广阔。

# 功同人参　宣平莲子

900 年前,曾有一篇《爱莲说》在案牍被文人骚客争相传阅。"濯清涟而不妖",说的是莲花的清丽脱俗,色泽纯净的花瓣摇曳水中,荡漾出一场夏之迷梦。而孕育于荷花中的莲子,更是不改清凉之气,食之补中养神,止渴去热,厚肠胃,固精气,强筋骨,补虚损,利耳目,除寒湿,是一种纯天然高级营养保健品。

"采莲南塘秋,莲花过人头。低头弄莲子,莲子青如水。置莲怀袖中,莲心彻底红。"宣莲产于原浙江宣平县,故名,始种于唐朝显庆年间,距今有 1 340 余年。在清嘉庆六年(1801)被列为贡品,是我国三大名莲之一(另外两大名莲是湖南省湘莲、福建省建莲)。1958 年,宣平县被撤销并入武义,现属武义县柳城畲族镇(主要产地是武义的柳城、西联、大源、泽村等乡镇)。宣平莲子作为浙江省的一种名贵特产,其质佳味美而与福建武夷山产建莲同为"江南二宝",名扬四海,早在 1993 年便荣获香港国际食品博览会金奖。

在宣平,有名谚曰:"莲过七里坡,功价同人参。"

武义多湖沼、池塘,民众有种植莲的悠久历史。春来,茶叶竞发,嫩苔出水,蜻蜓游戏其上;夏至,接天莲叶无穷碧,映日荷花别样红;秋降,荷花盛而荷叶稀,荷杆独撑,沿湖残荷听雨,最是撩人;冬临,湖水瘦而山川寒,荷钱不发,静待春暖。宣平是一个畲族镇,畲族民风浓郁。在畲乡柳城,还流传着这样一个美丽的故事。

传说很久以前，一对侍奉观音娘娘的金童玉女思凡溜到人间，投胎畲乡壶源农家男耕女织，可好景不长，很快被观音娘娘发现，用法术把他们抓回。金童玉女在回天途中难舍人间真情，就从观音莲座偷摘了两粒莲子投入壶源农田，宣莲才得以有如此与众不同的特性。

至于宣平莲子如何成为清朝贡品，其中也有传说。相传清嘉庆年间，浦江有个祝老大，躲债到宣平西联下塘村，在山脚开出几丘稻田。第二年，田里长出一朵荷花，香气扑鼻，籽实也香气沁人。从此，祝老大就以种莲为业。一晃十几年，祝老大背上十几斤莲子回故乡探亲，路过金华罗店歇宿，宿费不够，就抓了几把莲子给店家。店家满心欢喜，珍藏起来。一天，一京城官亲路过罗店，店家拿出莲子煨鸡饷客。客人食之，问是何山珍海味。店家说是宣平莲子煨的鸡。客人说，全国闻名者为湘莲，可也无此鲜香！店家随即奉献剩余莲子，官亲回京又奉献皇帝。皇帝赞赏宣莲，下诏官府每年进贡十二担。从此，宣莲身价百倍，一斤竟值一担谷。于是，各地竞相种莲，但色香味皆不及宣平莲子。

宣莲色白芳香、颗大粒圆、肉厚饱满、质酥不糊、食而无渣、味道甘美、营养丰富，以药用价值高而取胜。宣莲的特性和土质关系密切，柳城境外种植的莲子就与宣莲口感差异较大，故正宗的宣莲产量稀缺，一直未见在超市、商场中销售，一般消费者只能在农产品特销店中才能买到较为正宗的宣莲。目前，宣莲以传统的方式加工生产，手工烘焙，打开包装，就能感觉到独特的莲香。

宣莲作为品质卓越的绿色食品，具有养心益肾、补脾涩肠的功效。取之半两，去心研末，水煮熟，以粳米做粥，常食之，补人神志。目前，武义县以莲为主，还兴办了宣莲系列保健食品加工企业及化妆品企业。莲花镇心益色，驻颜轻身；莲须乌发悦颜，增进面色红润俏丽,为女人化妆品之上乘;莲衣、莲子心、荷叶蒂、藕节、藕、荷梗皆可入药,有保健成品出售。

不过细细说来,宣平莲子的魅力还不止于此。每逢阳历8月,正是采莲季节,采莲少女"恐沾裳而浅笑,畏倾船而敛裾",轻轻掬起一捧清水扬在荷花瓣间,绿色的荷叶中轻舟摇曳,真是"碧玉小家女,来嫁汝南王,莲花乱脸色,荷叶杂衣香",令人心驰神往。特别是8月18日的宣莲节,畲族人用特殊的方式来庆贺莲子的收获。每年的宣莲节都很隆重,人们穿着花花绿绿的民族服装,掮着"抬阁",像戏班子一样,敲锣打鼓,镇上热热闹闹的。最引人注目的是"抬阁"上的一个莲花仙子,肩上扛着一只硕大的莲蓬。人们用虔诚的目光看着"仙子",心里默默祈祷。都说宣平钟灵毓秀、人杰地灵,才子佳人辈出——这与宣平人纯洁善良而正直真诚的美好心灵是分不开的,与那一往情深的宣莲也是分不开的。无论走到哪里,宣平人骨子里流的还是宣平的血;任凭世事变幻,流露的依旧是对宣莲的神往。

不过武义县在举办"武义宣莲节"的同时,也会举办一年一度的温泉节。以温泉为依托,扩大旅游观光活动范围,把这个历史上命名为壶山的江南温泉之乡及宣莲之乡介绍给国内外朋友。武义宣莲节期间,还会举办物资交流会、莲系列产品展销会、温泉之旅、武义江一日游、金华一日游等活动,吸引大批观光客。莲花代表美,而且象征吉祥、平安;莲花还代表冲异,"如来所经行之处,足所履迹皆有莲花之纹",睡莲被佛教尊重,历史上有莲花夫人的传说。武义县举办宣莲节、温泉节,以其土特产优势及温泉的迷人风光,招揽外商前来参加物资交流会及旅游观光,用金华火腿、绍兴老酒、武义藕粉、酥饼、东阳木雕等土特产及风味小吃招待嘉宾,使金秋季节的武义增添一份欢乐气氛,让宣莲之乡沉浸在丰收的喜悦中。

更值得一提的是，武义还有许多用宣莲制作的特色美食，如莲子红豆沙、荷香白饭鱼、琥珀莲心、冰糖莲子、莲房鱼包、莲蓉馅、甜杂烩、八宝饭、什锦酸果、莲藕荸荠冰糖羹、蜜饯捶藕、红袍莲子、黑糯米莲子、莲子奶糊、莲子鸡丁、莲子汤、宝莲子、莲子肚片汤、莲子百合煨瘦肉、莲子粥等等。如果有幸至此，可一定要一品方休啊！

# 名贵山珍　菇香金华

香菇以名贵山珍、烹饪佳肴、食疗效广而闻名国内外。它含有脂肪、碳水化合物、蛋白质等,还含有多种氨基酸以及钙、磷、铁等成分。它清香鲜美、益胃助食,经常食用能降低血脂,预防小儿佝偻病、成人心脏病、神经炎、贫血、肠炎、肝硬化、坏血病等病,起降低胆固醇及抗癌、防癌等作用,是一种极佳的保健食品。

金华磐安是中国香菇之乡和全国食用菌行业先进县,是一个"九山半水半分田"的纯山区县。近几年来,磐安食药用菌生产迅猛发展,现有香菇、花菇、黑木耳、金针菇、平菇、猴头菇、草菇、蘑菇、灰树花、鸡腿菇、竹荪、灵芝、天麻、茯苓等食药用菌14种。尤其是香菇生产,从1987年全县试种成功后,香菇规模生产翻番发展,全县香菇一直稳定在5 000万袋以上,产量5万多吨,产值1.8亿元以上,为全县农民人均增收500多元。1995年被首批百家中国特产之乡命名宣传活动组委会授予"中国香菇之乡"的荣誉称号。香菇生产现已成为该县农村经济的一大支柱,成为该县农业的一大特色,成为该县农民脱贫奔小康的一大门路。

磐安香菇个体均匀,香气醇厚,味道鲜美,被誉为"菇中极品",在日本和国内的上海等市场上享有盛名。日本客商中就有"中国香菇出浙江,浙江香菇数磐安"之说。该县的磐峰牌香菇先后被商业部评为优质产品,被省政府命名为"浙江省农业名牌产品",并获省优质农产品金奖。

磐安以出口鲜香菇闻名国内外,年出口香菇6 000多吨,占全国鲜菇出口量的三分之一,列全国首位,主要销往日本、美国、韩国、新加坡以及其他欧美和东南亚的国家和地区。磐安冷水鲜菇交易市场是国内最大的鲜菇交易市场,年成交量达1.83万吨,成交额达1.08亿元。现在,磐安菇农早上采摘的鲜菇,在经过冷藏处理后,当天下午即可通过上海虹桥机场的航班,出现在日本的超级市场。磐安香菇生产以市场为导向,以科技为依托,以系列化服务为重点,不断推进产业化进程。通过优化香菇结构,开发以花菇、高温菇为主的中高档品种,改革栽培模式,推广立体栽培,提高了集约化水平,做到了春、夏、秋、冬四季产菇,均衡供应。磐安香菇生产已基本形成了以食用菌总公司等20多家加工销售企业为龙头,以冷水香菇市场等6个专业市场和香菇专业协会以及辅导员为纽带,带动全县万户菇农生产,即市场牵龙头、龙头带基地、基地连农户的产、供、销一体化的产业化格局,从而使该县香菇生产几年来保持产销两旺的良好势头。同时,也吸引了浙江丽水地区和福建等地香菇源源不断地流向磐安,使该县成为全国鲜香菇的一个重要集散地。现在磐安县不仅是全国香菇的生产大县,更是全国香菇的流通大县和出口大县,一年四季菇香不断。

除磐安香菇外,武义香菇也同样上佳。武义香菇始种于清朝中期。素有"八山半水分半田"之称的武义县,山区乡镇多、面积大,广泛种养花菇、冬菇,年栽培量达5 000万袋以上,产值超亿元。其中光柳城畲族镇年产鲜菇就达万余吨。民国18年(1929)5月,宣平花菇、冬菇曾参加杭州西湖博览会;民国21年(1932)12月1日至7日,省建设厅举办农产品展览会,武义人韩宝恒的花菇、冬菇荣获甲等奖。武义香菇以其产量高且质优价廉,如今已成为当地重要的旅游土特产品之一。武义香菇除花菇、冬菇外，还有巴西蘑菇、金针菇、杏鲍菇、秀珍菇、平菇、白灵菇等 10 多个食用菌品种。品牌方面，主要有"武香"牌系列产品。

至于效用，金华香菇含有较高的植物蛋白质，含有丰富的 B 族维生素，其中维生素 B1、B2、B12 的含量都较多，对防止贫血、改善神经功能、防止各种黏膜皮肤炎症都有一定的好处。它还含有维生素 D，可以促进钙的吸收。维生素 C 可以保持正常糖代谢及神经传导，促进食欲。但最令人瞩目的功绩是它的抗癌作用。香菇的多糖体是最强的免疫剂和调节剂，具有明显的抗癌活性，可以使因患肿瘤而降低的免疫功能得到恢复。多糖体可刺激抗体形成，提高并调整机体内部的积极防御功能。因此肿瘤患者可多吃。另外，金华香菇还有降血脂的作用，其中含有的"香菇素"，可以溶解胆固醇，对心脏病、高脂血症患者有降脂作用。

# 药中典范　磐安五味

磐安是"磐五味"的故乡,磐五味指的是白术、浙贝母、元胡、玄参和白芍这五种药材,它们就如五位药材仙子,不仅为人们解除了病痛,还以自己的品性影响着人们的处世言行。仁者爱人,智者知人。"磐五味"在这里成了一种智慧的化身。

白术有健脾、润湿、益气、和中、止汗、安胎的功效,为扶植脾胃、散湿除痹、消食除痞的要药。痞消痹除则心胸得以宽舒,湿去而气得周流,令人心宽气和,处世坦然;

浙贝母是百合科植物,以地下鳞茎入药,其鳞茎的两枚鳞叶互相对合,内抱两三枚小鳞叶,犹如慈母呵护着自己的孩子;

对于元胡,李时珍在《本草纲目》中写道:"本品专治一身上下诸痛,用之中的,妙不可言。"《雷公炮炙论》中也说:"心痛欲死,速觅延胡";

而玄参则是一味苦药,它有滋阴降火、凉血解毒的功效,又能壮水以制火,散无根浮游之火;

说到白芍,自然就会想起国色天香的牡丹,它的花也是那样风姿绰约、雍容华贵。所以,人们往往将它俩称为"花中二绝"或"花中之相"。而医家又称:"大黄为药中之将,白芍为药中之相,能坐镇中将,从容和缓,助君以安邦治乱,率臣以抑恶扬善。"由此看来,花为"花中之相",令人赏心悦目;根为"药中之相"。

由元胡、贝母、白术、玄参、白芍担纲的"磐五味"，是磐安中药材绿色化生产中受益最大的品种。早在 2002 年，磐安县便已建中药材标准化基地 8 600 亩，无公害中药材基地 3 420 亩，绿色中药材基地 3 500 亩，有机天麻基地 3 038 亩。中药材品质的提升，使药农获利更丰、更有保障。时至今日，"磐五味"带给当地人们的不仅是良好的经济效益，更传递着当地人民良药医病的美好心愿。

秉承着质量为上的理念，"磐五味"的生产也吸引了越来越多的目光与关注。其中，磐安县万亩"绿"意盎然的中药材示范基地，就已深得北京"同仁堂""正大青春宝"等中成药厂商的青睐，"同仁堂"白芍基地、"正大青春宝"麦冬基地纷纷落户该县。此外，为给"磐五味"的大跨步发展树立起良好的品牌形象，该县还注册了"磐五味"商标，令其成为全县绿色中药材的统一品牌。

# 名不虚传　金华茶花

茶花是金华市花，又称山茶花。
除人工栽培外，在金华北山等地还
有野生的山茶花。据金华罗店后溪
河村《何氏宗谱》记载，人工栽培山
茶花始于南宋（1127—1279 年），多
栽于庭院，供观赏。20 世纪 70 年代
末发展成为商品生产。

金华山茶花品种有 200 多种，20 世纪 80 年代还从国外引进了
"荷兰黄""美国大红"等新品种。不过在诸多花类中，"花佛鼎"是金
华山茶花中的佼佼者，其花瓣卷曲呈半球状，色泽鲜艳夺目，深红中
镶有白块，花大 7、8 厘米，朵花期长达半月之久，属国内名贵品种。

在金华，要说去哪看茶花最为惬意，则数茶花公园了。茶花公园
位于市区西南，占地 350 多亩，是一个以茶花文化为主题，融山水、
园林、花卉、建筑、展览等于一体的游览胜地。景区内的所有景点均
用茶花的名字或诗句来命名，文化内涵深刻。园内分花佛鼎、松子
山、花鹤翎、雪塔山及水上活动区等五个景区，园中栽植数百个品种
的茶花、茶梅和部分茶花物种 2 万多株，从茶花仙子到茶花浮雕、木
雕、壁雕，"茶花"的影子无处不在。每到三四月份茶花盛开的时候，
人们会从四面八方到此赏花，一睹千花竞艳的绝妙风采。

# 千年不倒　金华樟树

　　樟树是金华的市树,究其原因有二:一为樟树在金华种植较为普遍,不少地方都可看到上百年树龄的樟树;另一方面则是樟树体现了金华人内外兼修的理念。樟树的花是香的,叶片也是香的,用樟树制成的家具也是香的,而且防虫蛀。此外,人们还可以从樟树的根、枝、叶等提取出樟脑和樟油,可谓全身是宝。

　　在金华,行道树多以樟树为主,行驶在金华的街头巷尾,都能看到樟树,闻到樟树的芳香。毫不夸张地说,金华这个城市留给外地游客的最深印象之一就是樟树多。樟树是金华的名片,同时也是金华的象征。在当地一些乡镇村落,往往还能看到已经存活了数百年的大樟树,它们见证了金华人民成长的历程,也成了庇荫一方人民的象征。

# 猪中熊猫　金华两头乌

　　"金华两头乌"是我国著名的优良猪种之一,具有成熟早、肉质好、繁殖率高等优良性能。其头颈部和臀尾部毛为黑色,其余各处毛为白色,故称"两头乌"。它的肉肥的很少,精的多,尤其是它的后腿,肉很壮,是做"金华火腿"的正宗原料。与许多用杂交洋猪腿制成的金华火腿相比,用"两头乌"后腿腌制成的"金华火腿"质

量更佳,口味更香,所以当地人都喜欢称用"两头乌"后腿腌制成的"金华火腿"为正宗"金华火腿"。

　　说起"金华两头乌"的形成,其实与当地自然条件、饲料种类和社会经济因素有密切关系。据金华县古方出土的西晋(265—316)陶猪和陶猪圈考证,早在1 600年前,这一带的养猪业就已相当发达。相传在古代就有"家乡肉"的腌制品,尔后演变成火腿。随着火腿远销,"两头乌"也随之扬名。

# 大鲜香甜　江东草莓

金华市金东区江东镇被誉为"中国草莓之乡"，出产在此的江东草莓自然名不虚传。

江东草莓果大、色鲜、香浓、酸甜度适中可口，富含氨基酸、葡萄糖、果糖、柠檬酸、苹果酸、果胶、胡萝卜素、维生素B1、核黄素、维生素C、烟酸及矿物质钙、磷、铁、镁等多种人体所需的营养元素，具有养颜美容、清热凉血、生津止渴、利尿止泻的功能。

这么好吃的江东草莓，其实是在1986年才在当地种植成功的。令人惊喜的是，在当地政府的大力支持下，江东草莓栽培迅速出现了"燎原"之势，形成了以前贾村为中心的江东镇草莓种植辐射网，实现了规模生产，而且种植品种逐年得到更新，种植户的管理科技水平也得到了提高，草莓的品质和产量有了较大的发展。相信随着种植技术的不断进步，江东草莓将更红、更甜、更香。

# 黑紫亮透　曹宅布朗李

　　布朗李,是"PLUM"的中文音译,原产于美国,属蔷薇科、桃李属、李亚属植物,是一种色、香、味绝佳的高品质水果。在金华曹宅,有全市种植布朗李面积最大的桥下村鸳鸯林果园,这里出产的布朗李果实酸甜适可,香气纯正,果大核小,色泽以紫红色为主,肉质细脆,含有多种维生素和较高的糖分,而且不易腐烂,可久藏远运,深得广大消费者喜爱。

　　该果园里的布朗李品种总共有4种,产自美国的皇家宝石,果大质优,香气浓郁芬芳,果汁丰富,8月上旬成熟,极耐储藏运输,平均单果重200克左右。美国良种的玫瑰皇后,含糖15%左

右,肉黄色,果形椭圆,平均单果重250克左右。酸甜香脆可口,7月上旬成熟。同样7月上旬成熟的黑琥珀,果形扁圆,果皮紫色,肉质黄带红,核小肉厚,个体颇

大,可达 200 克以上。最后一种为密思李,平均单果重 75 克,果形中等,果皮紫红,果肉淡黄,6 月中旬成熟,可溶性固体物含量 15% 左右,同样是优良品种之一。

# 点亮生活　澧浦苗木

金华市澧浦镇的花卉苗木起源于20世纪60年代,发展于80年代初,目前已初具规模,形成了具有自己特色的小苗木大市场的良好格局。

在当地,苗木的生产布局形成了具有工程绿化苗木、果苗生产为主的三垅(即里垅、外垅、东溪垅)、二畈(野毛畈、洪时畈)、一中心(即以郡塘下为中心的花木果苗专业村)为格局的省级万亩花木生产示范基地,花木品种也从早期的几十种发展到目前的300余种,苗木生产总量占到了金东区生产总量的70%左右。并建立起了在华东地区拥有较高知名度和影响力的优良名贵绿化树种生产基地,花木生产已成为该镇农业的主导产业,同时也是农民收入的主要来源。

澧浦苗木的品种以乔木树种为主,兼而培育移植大中小规格齐全的枝架、金冠香樟、桂花、广玉兰、罗汉松、乐昌含笑、山杜英、云山白兰、珙桐、红豆杉、鹅掌楸、黄山栾、元惠子等国家保护珍稀树种,总量高达数十万株。特别是乐昌含笑优质观赏树种拥有量及苗木质量均排名全国第一。澧浦苗木已经走出金华,走遍全国,甚至走向世界,每年都有来自四面八方的客人到此选购苗木。在苗木经济的推动下,澧浦镇业已成为"中国苗木盆景之乡",看来小小苗木的潜力也是不可估量啊。

# 口腹之欲　岭下毛芋

"一丘萝卜一丘芋，年前不用开谷柜"。在老百姓眼里，毛芋既可做菜，又可作粮食，尤其在粮食不足的情况下，毛芋更是成了老百姓的救命粮、可口菜。在金华，要想吃品质好、口感佳、营养丰富的毛芋，那自然不得不提岭下毛芋了。

岭下毛芋出产自金华市金东区岭下镇。岭下镇土地肥沃，雨量充沛，非常适合种植毛芋。当地出产的毛芋肉色白、味清、松嫩细腻，含有淀粉、蛋白质、灰分、脂类、钙、磷、铁和食物纤维等多种营养物质，尤以维生素 B1、维生素 B2 含量较多，能减少人体内有害物质的积累和吸收，具有防止肠道疾病和减肥的功效。

岭下毛芋在上海市场被誉为"金华栗子香干红芋"，具有悠久的种植历史。20 世纪 80 年代，岭下镇有人从上海市场上买回了三吨福建种红芋，在岭下镇试种成功，并被称作金华早芋。在当地人的辛勤培植下，毛芋生产规模不断扩大，源源不断地将优质岭下毛芋供给更多的老百姓尝用。岭下镇也于 1999 年 11 月被授予"中国毛芋之乡"的称号。

# 菜中珍品　金华竹笋

竹笋，在我国自古被当作"菜中珍品"，竹笋的蛋白质含量比较丰富，人体必需的赖氨酸、色氨酸、苏氨酸、苯丙氨酸，以及在蛋白质代谢过程中占有重要地位的谷氨酸和有维持蛋白质构型作用的胱氨酸，都有一定的含量。在营养上，竹笋含有丰富的蛋白质，氨基酸，脂肪，糖类，钙，磷，铁，胡萝卜素，维生素 B1、B2、C。每 100 克鲜竹笋含干物质 9.79 克、蛋白质 3.28 克、碳水化合物 4.47

克、纤维素 0.9 克、脂肪 0.13 克、钙 22 毫克、磷 56 毫克、铁 0.1 毫克，多种维生素和胡萝卜素含量比大白菜含量高一倍多，为优良的保健蔬菜。

中医认为，竹笋在药用上具有清热化痰、益气和胃、治消渴、利水道、利膈爽胃等功效，其味甘、微寒，无毒。竹笋还具有低脂肪、低糖、多纤维的特点，食用竹笋不仅能促进肠道蠕动，帮助消化，去积食，防便秘，还能预防大肠癌。竹笋含脂肪、淀粉很少，属天然低脂、低热量食品，是肥胖者减肥的佳品。养生学家认为，竹林丛生之地的人们多长寿，且极少患高血压，这与经常吃竹笋有一定关系。

　　其实不少地方的山区都有竹笋,但是金华竹笋与其他地方竹笋的区别就是:味道鲜美,无渣,笋嫩如萝卜。能产出这么好的竹笋,源于当地的土质特别好,加上农民讲究使用农家肥和有机肥,不用农药和化肥,无工业污染。如果用金华竹笋做一道香甜味美的肉炖竹笋,或是鲜味无比的火腿笋干老鸭煲,相信你对金华的风土人情会有更多的了解。

# 珍稀胜金　金华竹荪

金华山林众多,气候条件和地理环境适合竹荪生长。竹荪,又称"雪裙仙子""山珍之花""真菌皇后""植物鸡"等,名列"四珍"即竹荪、猴头、香菇、银耳之首。长裙竹荪原系野生植物,因为生长条件相当苛刻,成长不易,得之更难。历来被认为是珍奇稀罕之物,作为南方贡品只有皇帝才有幸品尝。

据传,清光绪年间,慈禧太后为求长生不老之药,派出亲信遍访天下,好不容易觅得"僧竺蕈"若干。所谓"僧竺蕈",即长裙竹荪。慈禧太后动用官兵3 000人,费时9个月才得长裙竹荪1.5公斤,平均每人才找到0.55克,其珍贵程度可想而知。

竹荪所含的营养丰富,其中蛋白质、脂肪含量极高,还含有十七种氨基酸和多种维生素,对多种肿瘤、高血压均有较好食疗效果。

# 果实特大　源东白桃

都说孙悟空爱吃桃子,但如果让他吃到了源东白桃,尝到了鲜美多汁、皮薄肉厚的美味桃果,估计他肯定会在金华呆个十年八年的,等吃饱了才会离去吧。

源东白桃是当前国内外早熟桃中果大质优的优良品种,果型大,果实外观漂亮,白中透红,果味浓甜芳香,由金华源东乡园艺场选育而成。在金华地区,源东白桃在每年的5月底至6月中上旬成熟,容易贮运,可加工成罐头,对炭疽病及细菌性穿孔病有极强抗性,而且丰产、稳产,适应性强,能耐旱、耐瘠、耐寒,山区、丘陵、平原均可种植。

近年来,源东白桃的产业发展非常迅速,并且收获了不少荣誉。1997年,源东白桃被金华市评为优质农产品"金奖";2001年9月,当地制订并审定通过《金华市面上地方农业标准规范》,为源东白桃种植制订了科学

标准;2001 年 10 月,源东乡被农业部中国特产之乡命名暨宣传活动组委会命名为"中国源东白桃之乡";2001 年、2002 年,"源东"牌源东白桃被中国浙江国际农博会分别评为"金奖"和"银奖"。省、市、县有关专家教授一致认为源东白桃在目前国内早熟桃中少见,果实特大、品质优良、经济效益又好,达到国内同类产品先进水平。

# 天下第一　方山名柿

　　在永康,距城东约二十公里的地方,有一个古老的名字——"四十四坑",这里曾是红十三军三团的指挥部;这里是杨溪水库的源头;这里是引以为豪的千年珍果——"方山柿"的主产地。这里生产的方山柿,形圆体均,一般以四个打斤,橙红玉质,色泽晶亮剔透,皮薄如纸,果汁甘醇如蜜,多数无核,软而无渣。有"登黄山,天下不是山"的大家风范,风味独特而闻名遐迩,享誉四海,在柿类质量中居全国之首,有"天下第一柿"之美称。

　　四十四坑是一条狭长而弯曲的山谷,从坑头到坑底足有15里,地形从东北部向西南部倾斜,弯曲的小溪从谷中穿流而过。那里群山环抱,云雾缭绕,草木葱郁,溪流淙淙,展示给人们一幅幅富有诗意的美丽画卷。充沛的雨量,宜人的气候,特殊的地理环境,造就了柿树生长得天独厚的生态条件。

　　方山柿以其主产区方山口村而得名,种植历史悠久,至今已有1000多年栽培历史,曾被列为贡品,久负盛名。这里地处山区,群山环抱,气候温和,昼夜温差大,湿度适中,特别适宜柿树生长结果,所产的柿子品质好,堪称柿中之上品。故在《永康地景赋》中有"尝方山之柿,其味如兰"之美赞,宋朝时,方山柿被列为贡品,盛名已久,享誉市内外。相传三国时孙权的母亲来永康进香,由于旅途劳累,原本体质虚弱的她到永康以后就病倒了。后来吃了几只方山柿后,顿觉舒服了许多,两三天后,元气大振,精神焕发。

方山柿经过长时间的栽培驯化,已形成了独具特色的地方品种,深受消费者喜爱。2000—2001年,连续获华东地区农产品金奖;2001年,在中国·浙江国际农博会上被评为银奖;2002年,获国际农业博览会金奖,在浙江农博会上被评为金奖,并通过浙江省绿色农产品认证;2003年,被评为浙江省名牌产品。它还被浙江省营养学会推荐为"浙江省绿色放心营养标志产品"。在人们返璞归真、感受绿色、追求健康的今天,方山柿这一天赐珍果无疑引领了新的时尚,实现了一个萦绕千百年来未曾圆过的梦想。

方山柿分为大柿、小柿,其共同特点是:适应性强,树势强壮,经济寿命长,单株产量高,营养价值高。大柿均重130~150克,最大果重180克;小柿又称牛奶柿,果似大枣,椭圆形,无核,大拇指大小,一般加工成柿花,形似大枣,肉色透明,香甜可口,可常年贮藏。柿花肉色透明、香甜可口,横截面呈梅花形,是一种补血、活血的天然绿色营养品。贮久后,表面出现的一层白色粉末(柿霜),也是一种补血、活血的营养品。

据《本草纲目》记载:"柿霜主治,补虚劳不足,消腹中宿血,涩中厚肠,健脾胃气";又载:"柿乃脾、肺血分之果也。其味甘而气平,性涩而能收,故有健脾涩肠、治嗽止血之功。"因此,江浙一带产妇、病人、老人均有以柿子作为补品食用的习惯。民国时期,方山柿主要销往杭州、绍兴一带,成为妇女"坐月子"时必不可少的补品。就连柿花也是价格不菲,一斤柿花相当于五斤大米的价格,仍然供不应求。另外,柿叶中含有丰富的维生素C及胡萝卜素,可降低血压,增加冠状动脉血流量,也逐渐成为人们泡茶、烹饪的选择。

方山柿还有一个特色,就是"吃法独特"。方山柿"皮橙红色、果浆丰满甘醇，软而无渣，少核或无核、口感好"的特点，堪称柿子中的上品。一般的柿子都得剥皮吃，但方山柿却与众不同，由于呈流质态，可以像吃果冻爽一样用吸管吸着吃。

目前，方山柿产量最高、质量最好的还是那上千株百年老树。百年老树受天地之灵气，纳山川之精华，有的老树虽是树皮皴裂，虬枝盘曲，老态龙钟，但它仍以顽强的生命力，开花结果繁衍后代。从生长周期来看，方山柿一般在每年4月份开花，11月份成熟，历时半年之余，挂果期之长，是造就特别品质的原因之一。每年的11月份是方山柿成熟采摘的黄金时期，漫山遍野的柿子树上，密密麻麻的柿子，就像是一个个橙黄的小灯笼，将山野点缀得橙绿相间秋色无限，一派丰收的喜气。每到此时，柿农们总是腰系"汤布"，肩挑竹篮，手持专用梯子和特制的竹竿摘刀，怀着对幸福生活的美好期待，纷纷上山收获一年的希望。方山柿的采收，要适时得法，贮藏也有一番讲究。

更为幸运的是，近年来永康市委、市府十分重视方山柿的生产、科研，把发展方山柿产业作为一项调整农业产业结构、山区脱贫致富、全面建设小康社会的民心工程来抓。我们相信，方山柿这一千年绝代珍品，一定会随着时代的发展而享誉中外。

# 果大甘甜　穆坞枇杷

枇杷,古称"卢橘",为蔷薇科常绿小乔木枇杷属植物枇杷的果实,是初夏时节水果中的佳品,被誉为"果木中独备"秋荫、冬花、春实、夏熟四时之气的"名果异树"。

兰溪市女埠穆坞村盛产枇杷,素有"华东枇杷第一村"的美称。穆坞枇杷果大金黄,肉腴质细,柔软汁多,甘甜鲜洁,滋味优美,食之齿颊留香,是初夏季节最受人们喜爱的水果珍品。特别是"穆坞白枇杷",更是以其果大甘甜而享誉全国。该村及其周边地区共有枇杷种植面积数千公顷,年产枇杷4 000余吨,畅销全国各地。

枇杷果实风味优美,果肉中含有丰富的营养物质,果品除了供作鲜食外,还可加工制成罐头、果酒、果膏、果酱,等等。用枇杷熬制成的枇杷膏,是一种营养丰富的滋补品。枇杷核内含有20%以上的淀粉,可以酿酒。枇杷花含蜜充足,可为良好的蜜源植物及庭园观赏树木。此外,枇杷的果实及叶片均可入药。中医认为枇杷性味甘、酸、凉,具有润肺、化痰、止咳的功效。据古医籍记载:枇杷"治肺痿痨伤吐血,咳嗽吐痰,哮喘,又治小儿惊风发热"等症。

# 只此一家　大仙青菜

　　大仙菜既以"大仙"名,自与大仙脱不了干系。这个大仙不是别人,正是香港人特别推崇的道教大师"黄大仙"。"黄大仙"真名黄初平,生于兰溪。相传当地有一年瘟疫盛行,黄大仙就种了许多菜,让全城的百姓都来拿去吃,百姓吃了这菜病就好了,所以后来百姓就叫这菜大仙菜。

　　大仙菜也称"落汤青",因为这种菜无论煮多长时间,都不会变色。我们知道青菜加热之后,有的会变黄,或者发暗发灰,而把大仙菜煮在汤里,它永远是清清冷冷地翠绿。烧开一锅水,将洗净的落汤青放进去,立马就捞上来,只见它碧绿如初,毫不改色。除了这个特点以外,大仙菜还有一个神奇的地方,就是在兰溪以外的地方种植大仙菜,其味道就全然不如原产地,仿佛冥冥之中真的有一股神的力量在显现。因此兰溪人在介绍大仙菜时,总会自豪地称其为只有兰溪才有的特色菜。

　　落汤青吃起来略带苦味,但清口。根据中医的说法,味苦的东西往往是清凉解毒的,对身体有益,宜多吃。大仙菜还有祛湿、祛毒、祛火、补血、美容等独特功效,即便产妇和一切病患者,也都食而无忌。

# 浙江名豆　兰溪大青豆

　　明徐光启《农政全书》称:"婺州平原多产豆。"兰溪大青豆,种植已有 300 多年历史,为浙江"四大名豆"之一。

　　兰溪大青豆,以和平馄饨畈、岩山张莫畈所产者为佳。豆呈椭圆形,色泽青翠,颗壮粒大,质优味美,营养丰富,是制作豆浆、豆腐、豆芽等豆制品的主要原料。据测定,兰溪大青豆油分含量在 20%左右,蛋白质含量在 40%左右,比东北大豆或美国大豆高 5%左右。由于豆油中不饱和脂肪酸含量高,大豆中含有大量的胡萝卜素、多种维生素和矿物质,故不仅可防止因胆固醇增高而引起的心血管疾病,还具有防止夜盲症、结膜炎、嘴角发炎及牙床出血等功效。

　　兰溪大青豆年产量最高曾达 1 140 万斤。除供应国内市场外,还远销港澳台地区,出口东南亚,在国际市场上享有盛誉。

# 自宋扬名　义乌梨王

"梨产业是我市的传统产业,种植历史悠久。"义乌市农业局有关人员如此介绍义乌梨在义乌的地位。

据传,义乌梨在宋代就已开始种植。也就是说早在300多年前,义乌梨即已名声在外。据现有文字记载,义乌梨在清朝初年便已大规模种植,并且美名远扬。时至今日,当地已经形成以黄花梨、翠冠梨为主的两大品种,其中黄花梨还荣获过全省十大名梨之首,在全市水果精品展示会上多次被评为金奖。义乌梨中的翠冠、西子绿等品种也曾多次获得全国和省内优质早熟梨奖项。

其实早在1959年,义乌土生土长的三花梨就被评为省佳优果品,曾多次送北京全国农业展览馆展出。该品种果子比较大,呈倒卵或纺锤形,果皮细薄,底色绿,肉白,质细脆,味甜汁多。20世纪80年代,由旱三花梨和黄蜜梨进行有性杂交成的黄花梨成为义乌梨主栽品种。黄花梨果大汁多,肉质细嫩,味甜糖度高,有香味,皮色为红褐色,品质上等。十几年来,黄花梨名气越来越大,成为义乌梨的代表性品种。

新中国成立以来,义乌梨先后引进了上百个外地品种,近年来更是开始重点扶持经济效益更高的早熟梨,其中翠冠和西子绿便是典型代表。不过无论如何,黄花梨还是占据了主导地位。据统计,2010年,义乌梨主栽品种中黄花梨占了60%,而翠冠占了30%,可见传统品种与新品种正成交接之势。

# 越吃越香　小京生细花生

　　小京生细花生产自金华东阳的花生之乡——三单。此处远离污染，这也使当地出产的小京生细花生符合当今绿色食品的要求。在优质花生原料的基础上，当地人秉承传统技艺，兼以科学方法精制而成的小京生细花生，个头细长，花生仁较多，品质香酥、可口，具有独特的农家风味，保证你越吃越香。

　　花生，又名落花生、落花参。主要功能是滋补、滑肠，治便秘、水肿。据《中草药大全》记载，花生原产南美洲的巴西、秘鲁，约有两千多年的历史。在公元15世纪末16世纪初从南洋群岛传入我国，现在我国已是世界上种植花生最多的国家之一。我国的花生在国际市场上享有"中国坚果"的美誉。

# 细嫩多汁　属山花梨

一说到吃梨，很多人肯定会想起那细嫩多汁、又甜又脆的味道吧。山花梨就是这样一种梨。

山花梨又名早三花，属于蔷薇科梨属，是浙江的著名梨种，主要产于义乌、浦江、东阳一带。该梨种果皮细而薄，为黄褐色，虽没有其他的梨来得细嫩、美观，但它的口味却远远超过其他的梨。山花梨果肉雪白嫩脆，汁多味鲜甜，有的微带酸，果心小。从山花梨的树种来看，树势中等，萌芽力和成枝力较强，结果龄较早，着果率较高，一般在每年的8月中旬果实就成熟了。除了鲜食外，山花梨还可酿酒和加工罐头食品。

# 天赐宝物　东川香榧

　　十几年前，磐安的各自然村盛传着这样一句口头禅："东坑榧、里坑栗。"东坑就是当时对东川村的俗称。这个被群山包围着的小山村，人口超过 800 人。由于地理环境、气候的影响，这里物产非常丰富。茶叶、板栗、药材等土特产均因品质出众备受青睐。特别是香榧，东川村仅树龄 400 年以上的香榧树就有 1 200 多棵。尤其是安文镇东川村黄连坞还有一棵有着"中国香榧王"之誉的古香榧树，经过专家鉴定，树龄在 1 500 岁以上，高 30 米，胸径 2.98 米，树皮成鱼鳞状，树干已经中空，但长势良好，最高香榧产量达 900 公斤。

　　香榧是一种重要的保健食品，其营养和保健价值比其他干果更高。香榧蛋白质水解后，必需氨基酸的比例占到 37.17%，最高达到 40.37%，而核桃和山核桃分别只有 11.04% 和 25%。香榧油脂内植物甾醇的比例平均高达 1.13%，最高达 2.41%。其实，香榧是人们最为理想的亚油酸、不饱和脂肪酸供应源之一，长期食用，既可降低血脂，又能够提高人体高密度脂蛋白胆固醇的含量；香榧是丰富的优质植物蛋白源，还富含维生素 E。维生素 E 是天然抗氧化剂，它能清除人体内的多种自由基，具有延年益寿功能。香榧的高含量的植物甾醇能有效防止血管硬化、高脂血症，以及有效防止对人体可能造成危害物质的吸收。香榧还含有丰富的多种矿物质,有机钾含量特别高,是富钾食品芝麻的 2~5 倍。医学研究证明,血钾含量高,有利于维持人体碱性环境,也有利于癌症的防治。

香榧对人体、心肺、肠胃等方面的保健功能,早在千年前已被人们认可。汉代的《神农本草经》已有记载,汉末名医张仲景认为,香榧能"消谷,助筋骨,行营卫,明目轻身,令人能食,多食一二升,亦不发病。"《本草纲目》中说:"常食治五痔,去三虫蛊毒,鬼止恶毒。"不仅如此,常食香榧还可化痰、清喉、润肺、止咳,防止突发中风等。可见香榧实在是自然界恩赐给人类的一件宝物。

# 传统名产　双溪板栗

　　板栗是金华市磐安县双溪乡的传统名产。双溪乡有着悠久的板栗栽培历史,明朝《隆庆续志》便有"栗产安文者佳"的记载。当地独特的土壤气候环境十分适宜板栗生长,而丽坑村的魁栗在明清时代就以果大、色艳、味佳而闻名遐迩,一度列为贡品。

　　如今板栗已成为该乡农民增收的主渠道之一,占全乡农民人均收入的30%。自1998年开始发展板栗至今,该乡的板栗已逐步走向基地化、规模化、标准化的良性循环的发展轨道,并发展了37户种植大户,全乡板栗面积达12 000亩以上,种植户达2 000余户,基本形成了家家户户种板栗的局面。特别是近年来,该乡党委政府十分重视板栗无公害生产管理,积极开展无公害板栗生产管理的宣传、培训工作,禁止栗农使用高残剧毒农药。并注重科技投入,全面实现低产林改造。

　　与此同时,该乡还十分注重实施品牌化战略,主打品种"丽坑魁栗"于1998年被省农博会授予优质农产品奖;2000年被金华市政府评为市优质农产品金奖;2001年省林业局命名双溪乡为"板栗之乡";2002年《无公害丽坑板栗标准》通过市级评审;2004年注册了丽坑魁栗的商标,并获得了绿色食品标志证书;2005年10月份在金华华东农展会上又获得了绿色农产品金奖。在此期间,该乡还在网站上以及金华电视台科技教育频道作了专门的宣传报道。这些无形资产,无疑促使众多的购销商前来收购。

# 红红火火　方岩红橘

　　方岩红橘，又名方岩土橘，果实呈扁圆形，11月中下旬成熟。方岩红橘为方岩镇一带独有，除了风味独特和稀有，其在长期的文化积淀下形成了较深厚的文化品位。因其外表红，内每一橘瓣都含1~2颗子，喜庆婚嫁时送该礼品具有祝愿生意和家庭红红火火、有子有福的寓意。

　　方岩红橘主产于省级旅游风景区——方岩山山麓，栽培面积660公顷，年产红橘15 000吨。其实方岩红橘早在南宋年间就已成片栽培。经方岩地域环境的漫长孕育和长期生产驯化，所产的红橘色泽朱红夺目，皮薄易剥，肉质细嫩化渣，可溶性固溶物12~15%，品质上乘。经储藏后色味更佳。

　　方岩红橘成熟于11月上中旬，分大、小橘种两个品系：大橘种平均果重60克，皮呈朱红色，果顶凹凸明显，有核，易剥食；小橘种单果重25克，果皮光滑细薄，皮色橙红，多为无核。它们的特点是果形美观，肉质脆嫩，香甜可口。初采时，味甜偏酸，经贮藏后，香气浓，滋味独特。

　　方岩红橘具有耐寒、耐贮藏、果色靓丽等特点，是"迷你蜜橘"之最佳果形。民间爱在喜庆节日相互馈赠方岩红橘，将其列为席间珍品，因此具有广阔的开发前景。1998、1999年，方岩红橘还两度参加了浙江省名优特新农产品展示（销）会，深得好评，并获浙江省优质农产品奖。

较之传统种法,新一代方岩人更是秉承传统产品,筛选培育出方岩红橘中之精华品种——满头红, 它比方岩红橘更甜更香, 外表更红。如今,方岩红橘和满头红在铜坑、先盆、后浅、莅陌、独松等村都有分布。

# 鼎盛一时　永康灰鹅

永康灰鹅是唯一以"永康"命名而入选《中国优良地方畜禽品种》名录的一个优良地方品种，它与它的衍生产品曾一度成为金华市出口最多的农副产品。永康灰鹅在当地风物历史上，还是留下了光辉的一笔。

相传自古以来永康、武义一带流传着过年、清明时用永康灰鹅祭祖的习俗。清嘉庆年间出版的永康、武义等地的县志就曾记载"本地有苍鹅"，"凡喜庆及酬神扫墓悉用之"。因该品种的鹅肝味特鲜美、滋补身体效果好，永康、东阳、武义等地有取鹅肝煮汤、炒粉干等独特民间烹饪习俗。与其他品种相比，永康灰鹅瘦肉率高，肉质鲜美，营养丰富，尤其鹅肝还是孕妇、病人极好的滋补品。

在 20 世纪 80 年代，永康灰鹅鼎盛一时，当地随处可以看到一群群的灰鹅，多的一群甚至有上千羽。在刚割掉稻谷的水田里，也能见到成群的灰毛、黑喙、长

颈灰鹅在悠闲地觅食。

　　但是随着 20 世纪 90 年代永康引进了生长周期短、体形特大的朗德鹅后，养殖永康灰鹅的人越来越少，这个曾名噪一时的产业也就逐渐萎缩了。

# 舜帝亲种　永康舜芋

永康石柱镇作为我国著名的"舜芋之乡",迄今当地还流传有关于舜芋的一个小故事。

相传舜因敬慕其祖黄帝曾在永康石城山驻跸,特地来到与石城山相连的历山躬耕。在日积月累的农作中,舜逐渐摸索到一种可以食用而且味道鲜美的植物（后俗称毛芋）,并在当地广泛传

开。这一创举,不仅为当地人带来了充足的物质财富,同时也带来了丰富的精神食粮。为此,当地人将舜取食的毛芋取名为"舜芋",表示对舜的感激之情。

王维有诗云:"夕雨红榴拆,新秋绿芋肥。""永康舜芋"个大、皮薄,芽浅红色,肉白,肉质粉糯,口味佳、耐贮藏,煮蒸炒烩均可。在江苏、上海、福建和台湾等地的许多家庭都保留着中秋吃芋艿的习俗,而且尤其喜欢吃永康舜芋。与这些地方的芋艿相比,石柱镇生产的芋艿清香可口,软如糯米,深得消费者喜爱。2000年,当地有关部门为舜芋注册了"永康舜芋"商标,更是为舜芋走品牌化生产道路夯实了基础。

# 其甘似蜜　柘坑梢梨

　　早在南宋著名学者陈亮的《永康县地景赋》中，便有"剖柘坑之梨，其甘似蜜"一说。由此可见，永康的柘坑梢梨，历史也确实够悠久的了。

　　柘坑梢梨盛产于童宅乡柘坑村，其来源颇有些"无心插柳柳成荫"。相传有一年，郑金大爷在叠稻草篷时，无意之中将附近一枝梨树梢也叠了进去。到了隆冬腊月拆篷时，梨梢上居然生着几只果大如拳、香气沁人的黄梢梨。他如获至宝，舍不得吃，就拿到金华城里去叫卖。恰逢金华府太爷夫人患病，想吃梨，不过这时乃是寒冬时节，哪有梨啊？府太爷正在发愁的时候，忽然听到街上人叫卖梨，就差人用重金买下了郑金的梢梨。知府夫人吃了一只，精神大振，病体转愈，再吃一只气色愈发好了，恢复了青春活力。知府太爷此时听说皇后娘娘也正在闹病，即刻派人将所剩下的几只梢梨送进京，娘娘吃了也恢复了健康，并连声称赞"柘坑梨甜如蜜，真乃是仙梨"。从此，柘坑梢梨闻名于世，传为佳话。

# 如假包换　武义杭州蜜梨

说起武义杭州蜜梨,不明白的人可能会想,杭州蜜梨怎么会出在武义呢?其实说来也简单,因为武义杭州蜜梨的"娘家"就在杭州。

武义杭州蜜梨源自杭州大观山果园的"西湖蜜梨",又称"杭州蜜梨",其果形大、汁多味甜、脆嫩爽口,胜过其他品牌的梨。1956 年冬,武义县桐琴果园从杭州大观山果园引种 200 亩"菊水"梨,从此"菊水"这一糖度高、水分足的蜜梨品种在武义县开始规模种植。20 世纪 70 年代,"菊水"梨以"西湖蜜梨"的品牌试销香港成功,此后,"西湖蜜梨"更名为"杭州蜜梨",年年出口。1979 年,省政府确定武义为蜜梨出口基地。

武义杭州蜜梨的发展同样走过了一举成名到扩大经营的道路,其中最知名的就是桐琴蜜梨了。1983 年,桐琴蜜梨在全国出口商品生产基地建设成果展览会上展出,受到外贸部门好评,武义被定为全国三个出口梨基地县之一;1986 年,桐琴蜜梨成为浙江省唯一进入香港超级市场的水果;1988 年,桐琴蜜梨良种及保鲜包装技术"星火计划项目"通过省级鉴定;1998 年注册了"桐琴"牌商标;2000年制订了桐琴蜜梨生产地方标准;2002年，桐琴蜜梨获得金华市水果行业首个国家级绿色食品标志使用权;2003年，桐琴蜜梨获浙江省十大名梨称号;2006年,"桐琴"牌翠冠梨被省农产品开发服务中心和省梨业协会评为省优质早熟梨金奖;2007年,以15.3%的可溶性固形物含量,创造了浙江吉尼斯最甜梨的纪录;2009年,被评为第七届金华华东农交会金奖农产品;2010年,获金华市著名商标。

蜜蜜水水的蜜梨,任谁都想咬上一口吧。

# 江南吐鲁番　塘雅葡萄

　　都说吐鲁番的葡萄好吃，但在金华，也有个被称为"江南吐鲁番"的地方——金东区塘雅镇。只有尝了这儿的葡萄，你才会明白，原来除了吐鲁番的葡萄好吃外，塘雅葡萄那也是顶呱呱的。那儿的葡萄有着超强的抗氧化能力，能清除体内自由基，起到延缓衰老、护肤美容等保健作用，是不是越吃越年轻了呢？

　　翻开历史，塘雅葡萄的发展可谓辉煌。当地最早于1984年开始引种葡萄，当时主要品种为金皇后、甲洲三尺等低抗病力品种。之后，当地人开始引种和改良，引进了抗病力较高、效益较好的巨峰、红富士、京亚、藤稔等新品种。经过十多年的实践探索，塘雅镇葡萄种植户的种植技术和经验不断丰富。到1995年，全镇种植面积达400余亩，并在浙赣线上的塘雅火车停靠站旁创办了塘雅葡萄交易市场，举办了第一届塘雅葡萄节。

　　随着种植技术的不断进步，塘雅葡萄的产量已达数万吨，同时品种也不断增加，品质不断提高。现有藤稔、巨峰、红富仕、京亚、红提、黑提、京玉超藤、美人指、黑扎马特等 10 多个品种,效益从原来的亩产值 1 000—2 000 元增加到 4 000—5 000 元。

为了进一步培育和发展这一特色产业,塘雅镇于 1997 年成立了葡萄协会,并成立了塘雅镇葡萄医院,为种植户及时提供技术服务。同时,葡萄产业的发展也得到了铁路部门的大力支持。每年葡萄销售季节的 7 月初至 8 月底,铁路部门增加列车停靠趟次,延长停车时间,预留 1~2 个车厢为葡萄专用车厢。新的葡萄品种和生产技术进一步得到推广,葡萄套袋技术、引进新品种、葡萄标准化栽培技术均广泛地运用于生产实践。

塘雅葡萄同样为当地赢得了不少荣誉。1999 年塘雅葡萄在省农展会上获省政府优质农产品银质奖,获省优质农产品奖;2000 年,塘雅镇被授予"中国藤稔葡萄之乡"的称号,塘雅牌葡萄被国家工商局正式命名并注册,塘雅镇塘三村被评为中国特色经济村。

# 东方橄榄油　磐安山茶油

山茶油有"东方橄榄油"的美称。据有关资料介绍,山茶油成分以油酸、亚油酸等不饱和脂肪酸为主,还含有磷、钾、钙、镁等矿物质,具有不易氧化、稳定性强等特点,长期食用能降低人体血清中的胆固醇含量,对心脑血管疾病有改善作用。《天工开物》赞其"油味甚美"。我国油茶栽培和利用历史逾2 000年,隶属皇家贡品。随着人们生活水平的提高和绿色消费潮流的兴起,山茶油因富含人体健康元素和独特的健康功能为人们所青睐,也昭示着它广阔的市场空间和强大的发展潜力。

出产山茶油的地方有很多,不过在金华磐安,这里的山茶油却有着与众不同的香味。

在磐安,有一种山茶油被誉为山茶油中的精品,这就是红花山茶油。红花山茶油为国家级生态示范区——浙江磐安稀有的山茶油品种,生长于海拔800米以上高山,开红花,其油茶果为普通白花油茶果的三倍有余,以其独特的生长环境、天然无污染、更丰富的营养成为茶油中的极品,目前仅于磐安高姥山省级生态旅游区及周边地区有少量分布。红花

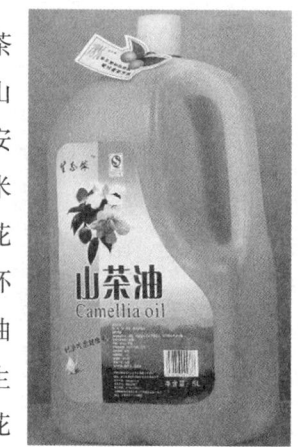

果实因其生长具有高海拔的独特性,故而将其移至海拔800米以下时,只开红花不结果,数年后其花成白色,因此更因其稀少而尤显珍贵。磐安当地的高海拔区无农耕作业,无农药化肥,无工业污染,乃真正天然无污染之境,又兼高海拔区常年云雾缭绕,红花果承受雨露滋润时间更长,因而其营养更为丰富。

红花山茶油内含18种对人体有益的氨基酸和12种微量元素,还有多种油溶性维生素,所含单不饱和脂肪酸的成分是诸多植物油之冠,优于西方橄榄油,不含胆固醇,不含任何人工调味剂及防腐剂,绝无黄曲霉素,色香味纯正。

当然,除了珍贵的红花山茶油外,磐安出产的普通山茶油也是质地上乘,深受广大老百姓喜爱。中国历代药典《本草纲目》《农政全书》《纲目拾遗》《天工开物》等记载,长期食用山茶油,有"明目亮发,润肺通便,清热化湿,杀虫解毒"之功效,并有"抗暑、抗癌、降脂、降压、抗菌、抗病毒、增强人体免疫力、预防中风"等功效。国内知名专家罗泽民(湖南农业大学生物化学博士生导师)、黄忆明(中南大学湘雅医学院营养教授)、阿尔特米斯·西莫普勒斯(Artemis P. Simopoulos博士,美国国家卫生研究院营养合作委员会主席)曾分析得出,山茶油中不饱和脂肪酸含量高达93%。不饱和脂肪酸又叫"美容酸",长期食用能使人的皮肤光滑、润泽。山茶油中富含油酸,并且亚油酸、亚麻酸比重也比较大,可以降低血清中的胆固醇含量,长期食用不仅可以预防心血管疾病,且对其还有一定的治疗作用。山茶油不含黄曲霉素,不含胆固醇,具有丰富的维生素E和高度不饱和脂肪酸,堪与世界上最流行的食用油——橄榄油相媲美。

婺文化丛书 V / 钟世杰　主编

# 磐安佳村：龙灯的故乡

## 张本高　著

浙江工商大学出版社

**图书在版编目(CIP)数据**

磐安佳村：龙灯的故乡 / 张本高著. — 杭州：浙
江工商大学出版社, 2013.5
（婺文化丛书 / 钟世杰主编. 第 5 辑）
ISBN 978-7-81140-797-6

Ⅰ.①磐… Ⅱ.①张… Ⅲ.①村史–介绍–磐安县
Ⅳ.①K295.55

中国版本图书馆 CIP 数据核字(2013)第 106540 号

# 磐安佳村:龙灯的故乡

张本高 著

| | | |
|---|---|---|
| **责任编辑** | 赵　丹 | |
| **特邀编辑** | 许苗苗 | |
| **装帧设计** | 周国良 | |
| **出版发行** | 浙江工商大学出版社 | |
| | （杭州市教工路 198 号　邮政编码 310012） | |
| | （E–mail：zjgsupress@163.com） | |
| | （网址：http://www.zjgsupress.com） | |
| | 电话：0571–88904980，88831806（传真） | |
| **排　　版** | 金华日报商务彩印有限公司 | |
| **印　　刷** | 金华日报商务彩印有限公司 | |
| **开　　本** | 850mm×1168mm　1/32 | |
| **印　　张** | 138.5 | |
| **字　　数** | 3226 千 | |
| **版 印 次** | 2013 年 5 月第 1 版　2013 年 5 月第 1 次印刷 | |
| **书　　号** | ISBN 978-7-81140-797-6 | |
| **定　　价** | 460.00 元(全 13 册) | |

# "婺文化丛书"编委会

**主　编:**钟世杰

**副主编:**朱江龙　叶志良

**编　委:**(按姓氏笔画为序)

王亦平　王晓明　方雨辉　叶志良

朱江龙　杨鸽声　吴远龙　陈文兵

周国良　钟世杰　楼　冰

# 序　一

一间小书房,一杯乌龙茶,一包玉溪烟,我捧读张本高新作,似乎看见他深情的目光,感受到他对故乡执着的情怀……

窗外,那棵法国梧桐的叶片发黄、落下,悄无声息,宛如逝去的日子。在岁月的更替与流失中,正是这些叶子,被本高先生捡起,变成了书页。

在本高先生笔下,他的故乡,他故乡的一个村庄——磐安佳村,在我们面前风生水起。他就像个娓娓道来的导游,引领我们去"上控金衢,下延台温"的古驿道徜徉,去领略玉山"龙虎大旗"的风采,去感受锣鼓喧天、万众呐喊、气壮山河的氛围,去呷品古茶场佳茗的芬芳,去捡拾龙灯故乡的神龙的鳞片……无疑,此书被列入婺文化丛书,也是题中应有之义。

本高先生是个作家,文风清丽,文思飘逸。《龙灯的故乡》书中,无论是纪实文学、史迹小品,还是散文、随笔,以诸种文学形式写来的自然景观、人文地理,或富于人情味,或蕴含一定的哲理,而一以贯之的是作家的历史使命感和社会责任感。我读过不少类似的文章,像本高先生这样既有文学性的表述,又有深刻内涵的,确实不多。文学作品讲究一个情字,以情动人,调动文学的各种形式,赋于情,以情感染人,这是区别其他文体样式的标志。本高先生努力去做了,难能可贵。

本高先生又是一个乡村文化研究的学者,篇篇文章,处处体现了严谨,体现了做学问的诚实态度。阅读过程中,我注意到,本高先生在处理神话、传说、故事上的严谨,既入情入理,又注意思想意义。不是像以往有的作者那样,依据道听途说,天南海北演绎一气,甚至风马牛不相及地胡扯。本高先生在题材的处理中,是花了不少精力,读了不少资料的,引经据典都有根有据,即便存疑的也原汁原味地予以表述。这无疑增添了作品的感染力和读者的认知度。

《龙灯的故乡》充满了乡土气息,饱蘸了作者对生于斯长于斯的这片热土的挚爱和感恩。爱祖国和爱家乡是一致的,一个"忘记"家乡的人,去侈谈爱国,是会令人发笑的。每个人都有故乡,也就是所谓的根。虽然,童年、少年、青年的故乡,可能留下的是贫穷、落后的烙印,可能是不堪回首的往事,但毕竟是故乡的水滋润了我们,是故乡的山赋予了我们灵性,无论何时何地,故乡是最不该忘怀的。本高先生正是基于这种感恩情怀,向读者奉献了向上、向善、积极的人生态度,通过文字传递了爱,让读者分享爱。

仁者爱人,我的理解就是爱自己和爱别人。作为文学工作者,用笔,无论是写小说、散文、诗歌、报告文学等等,还是其他艺术样式,都别忘了"仁"字。

祝愿兄长本高先生,不倦地继续他的文学之旅,在写作中思考着、振奋着、快乐着。

王槐荣

（中国作家协会会员、中国电影文学学会会员、浙江省作协全省委员会委员、金华市作协主席）

# 序　二

　　佳村在磐安县玉山镇,地处玉山盆地的中央。

　　佳村是悠久的古村,也是山川灵秀之地。这里兼有山区和平原的特色,丘陵起伏,水田肥美,气候温润,空气通透。若登灵山之巅,纵目四览,可见群山簇拥,峰峦叠翠;若于雨中在村口徜徉,又见小桥流水,一派烟雨江南的风光。这里的山不高不陡,文雅秀美,这里的水不泻不飞,而润泽一方。行走在灵山秀水之间,使人感到处处有文化的脉络,处处有人文的蕴藏。在中国传统文化中,借龙之名代表山脉的走向、转折、变化,因为龙善变,能大能小,能屈能伸,能隐能现,能飞能潜,山是龙的势,水是龙的血,山环水聚之处,正是真龙憩息之地。正因佳村的山灵水秀,故有灵溪龙之说,正因灵溪龙受屈被斩的故事的悲剧性,是那样质朴,那样凄美,那样原汁原味,那样动人心弦,因而有佳村龙灯的发轫,成为龙灯的故乡,并使佳村的山山水水,成为群龙荟萃之地。而这种龙文化的绵延传承,又促进了人文资源的勃发生机,故而在小小的一村范围内有"六庵四庙",而这又影响了一个村的精神面貌和人民的文明素质,看佳村千百年来的文化传承与史迹的保存,就生动地证明了这一点,也就不能不使人感动和折服。

　　一直被尘封的历史的面纱终于被撩开,佳村正是中国龙灯的发轫之处。龙灯的故乡的讯息不翼而飞,媒体报道、专家考察纷至沓来,甚至香港阳光卫视也来拍摄视频,这无疑令人鼓舞。如今的佳村人正在为继承和弘扬历史文化,以及建设龙文化特色村而努力,这无疑也使我们感到欣慰,因为即使抛开龙的观念不谈,任何人能在灵山秀水的环境中生长,在美丽而富庶的物质与精神的家园中生活,都是一种和谐与和乐的享受。

磐安县政府已把佳村列入高标准示范整治村和龙文化特色村建设,并成立旅游开发小组,强调把龙灯的故乡建设好,带动相关产业的发展,事关全局,要求各相关部门积极配合,做好基础工作。前期的工作开展得很好,各界人士都给予热情支持,我们相信前景是美好的,但也还有很长的路要走。

纪实文学《龙灯的故乡》以优美的文学语言,描述了佳村的灵山秀水,史海钩沉式地叙写了许多传说逸闻,也概括了玉山地域文化的特色,还较为全面地探讨了中国龙文化的内涵,处处可见作者的思辨和睿智。2012年是龙年,《龙灯的故乡》的出版是佳村的盛事,也是我们大家的盛事。张本高先生长于纪实文学,作品很多,受我们的委托,不惮劳累,耐着高温酷暑而完成书稿的撰写,对此,我们谨表衷心的感谢。

史　兴

（磐安县人大常委会主任）

《磐安佳村:龙灯的故乡》故事中爱民如子的王太爷

佳村村口

舞龙源景区

2010年10月9日,华东师范大学教授陈勤建、复旦大学教授郑士有、浙江省民俗文化学会主席王恬等专家学者来佳村调研、考察

2009年1月7日,磐安县县长周建敏,副县长陈凤齐、潘丽霞、卢光荣等来佳村现场办公

灵溪龙文化工作委员会全体成员

2008年12月,香港阳光卫视两次来佳村拍摄龙灯视频

村口公园一角

灵溪龙潭

妩媚莲池

丝雨佳村

灵溪之晨

现代之『小桥流水人家』

历史古道上的古桥

第一届龙文化节镜头之一

第一届龙文化节镜头之二

第一届龙头文化节镜头之三

第一届龙文化节镜头之四

第一届龙文化节镜头之五

"龙头"享祭

龙灯涉溪

龙灯在广场上作程式表演

元宵之夜，龙灯去茶场庙朝拜真君

# 目 录

## 报告文学

## 史迹小品

# 附　　录

# 后　　记

报告文学

# 龙灯的故乡

金华所辖的磐安县有一处灵溪院遗址，即今玉山中学址，建于清顺治十二年(1655)。康熙十八年赵衍为之记，院僧振济有《灵溪杂咏》诗传世。这也可以作为中国舞龙金华发源地的旁证。

仲富兰教授

(中国民俗专家、上海民俗学会会长)

# 引　子

金秋十月，我应邀来到佳村。

佳村是个古村，"上控金衢，下延台温"的历史古道就在村前经过，其行政归属本属东阳县，1983 年后划归磐安。考其村名，原称塌塽，民国时本村绅士孙启香先生以为塌塽二字不雅，改名为佳村。但佳村的朋友又说他们的村名原叫"街口"，塌塽是后来人们的口误。何以叫街口？他们说村西的那个大田畈，以及沿溪而上连接林宅村的两个田畈，在古代是人烟稠密、经济发达、商业繁荣之区，西面的村子叫西周，东面的叫东周，都是周姓人聚族而居之地，有十里长街贯穿其间，而塌塽正当大街东端的尽头之处，故称"街口"。还说前些年他们就在那个田畈挖出成片的三合土地面、磨砖和青石板等等。至于当年鼎盛繁华的西周与东周何以灭绝了？那就不得而知了。我想其原因不外乎战争、洪灾或瘟疫，古代的人们在巨大的灾难面前原本就是非常脆弱的。但是我在查阅旧《东阳县志》时，却意外地发现塌塽记为"嘉衎"，这名称不大通俗，但却很有书卷气，意蕴甚佳，嘉的字义是善、美、赞许、表扬、幸福，衎是和乐、自得、耿直、洒脱，《诗经》就有"嘉宾式燕以衎"之句，《汉书》也有"张敞衎衎，屡进忠言"之句，我想当年孙启香先生若知有"嘉衎"之名，还不一定会改呢。

这一次我其实是旧地重游，佳村是老地方、老风景、老朋友，因为佳村也是我广义上的故乡，而且我还在这里读过书，度过了三年难忘的少年时光。故乡是我们常想摆脱又常为向往的地方，人的容颜会被时光剥蚀而老去，但乡思不会老、乡愁不会老，在异乡的漂泊中，常会体味与它牵扯的疼痛。

我们当年读书的学校在佳村西端，称东阳县立第四高等小学，当时在8万多人口的玉山地区就只有这一所高小，不仅深孚众望，而且环境幽美，风景如画。当年的佳村有山皆绿，无水不清，春天山花烂漫，秋天霜叶流丹，而学校又在灵山之麓，灵溪之畔。灵山如雄狮俯伏，中间有一小庙，上是危崖峥嵘，下是绝壁临溪，气势磅礴。灵溪的下游是夹溪，是一条在深邃险峻的峡谷中裂石穿崖、奔腾夺路的野性的河流，而灵溪却温驯柔媚，常静静地映照牛羊饮水，少妇捣衣，在流经学校门前时，更显得婉约轻柔，清澈见底，游鱼可数，我们在溪中洗衣时，成群的鱼儿会在我们的脚上乱唆。溪上有廊桥，从碑文上知道，我祖父还是建桥时的董理之一。桥头有茶亭，也是一幅风俗民情的画卷中别具深意的一笔。溪

东阳县立第四高等小学大门前一侧的灵溪古桥

边那些有数百年高龄的枸树，躯干似已老态龙钟，但却仍是枝叶葳蕤，冠盖如云……

那三年的时光，许多细节都是那么刻骨铭心，终生难忘。同学们来自四面八方，周六下午开完周会都回家去，路上有时会到溪里捉鱼，有时会在路上打架，周日下午挑着粮食、菜和木炭回校。我们自己做饭，炊室里每人一个炉子，饭烧生或烧焦是常有的事。寝室里是打地铺，蚊子、跳蚤和臭虫都要来吸血。夜自修点的是煤油灯，但教室里总是静悄悄的，在如豆的灯光下，我们潜心作业或啃着书本，就像吸水的海绵，贪婪地吮吸着知识的乳汁。生活很艰苦，心里却没有幽怨，以为生活本来就该如此。我们都会背孙中山先生的遗嘱，都牢记孙中山先生"要立志做大事，不要立志做大官"的教导，三年的学校生活，雕塑了我们的灵魂，使我们在人生的道路上能坦然面对各种遭遇，宠辱不惊。

若干年之后，我也在这个学校教过书，那时已升格为中学了，只是时间很短，半年后就匆匆离去。又若干年后，因这里不通公路，学校搬迁了。此后，在一个偶尔的机会，我曾在这里经过，只见溪上的廊桥和桥头的茶亭已无存，学校的房舍尚在，但已悄无人声，辛亥革命志士、学校的创始人张浩先生的陵墓早在"文革"中就被恩将仇报的人们毁掉，先生死后也要聆听学子们的琅琅书声的心愿，彻底化为泡影了，令人敬畏的灵山也在遭劫，山麓成采石场了。我的心里不免有些伤感，而且自此之后，我的乡思被笼上一抹荒芜的凄凉……

但是出人意料的是这几年佳村突然在媒体上火了起来，说佳村正是舞龙的故乡，记者们纷至沓来，报道甚至发到境外的媒体上，香港阳光卫视、民俗专家、教授、学者也踏上佳村这片古老而又平凡的土地，当地政府更是给予热切的关注。这是喜讯呀，无疑使我的乡思又添了一片熹微的亮色……

这难道是真的吗？

于是，我又来到了佳村，看来这一切并非空穴来风……

# 千年传承 地域文化源远流长

树有根,水有源,我们先从大的时空环境来说起。

佳村在玉山,而且在玉山的中部位置。这里所说的玉山是传统的一个区域的名称,而不是行政区划的名称。

玉山处于古代的"三府三县"接壤处,所谓三府即是绍兴、金华、台州,而今均为地级市,三县则应为现今的嵊州、新昌、天台、东阳、磐安五县、市,玉山距各县城都在百里以上,有点天高皇帝远的味道。从自然地理来说,玉山又是会稽山、仙霞岭、括苍山和大盘山四条山脉的交接处,也是浙中、浙南、浙东的临界点。从地层构成来看,这片地域在远古时是一片海洋,大概是在晚侏罗纪时的一次"造地运动"中,板块漂移,地动山摇,地球猛烈收缩,拱出这块几百平方公里的高山台地,四周崇山峻岭、沟壑纵横,中间丘陵与平畴相间,物产丰饶,古代文人称之为"小益州"。根据考古发掘的石斧、石锛和陶片,又证明早在新石器时期就有人类在这里繁衍生息,根据一些地方的高山丛林中的石墈与梯级地块,又说明有一个时期人口曾经很稠密,老人们传说那是周朝,当然传说不足为据。

一个地区的自然环境和历史背景,决定这个地区的地域文化,而地域文化又深刻地影响这个地区的政治、经济、人情风俗乃至人的气质。又根据全息论的观点,凡地球上的交汇点、临界点,都是敏感点、相变点,相当于人体上的穴位点,也是意识形态和文化最富张力的黄金穴位。玉山就处于这样的点上,这就使得这里的地域文化、人情风俗和人的气质具有非常鲜明的特色,这种特色可以归结为图腾文化、道教文化和儒家的士文化的浑然交融而成为玉山人的终极信仰。这里有山的巍峨峭拔、气势磅礴，谷的奇诡神秘、险峻幽邃，水的奔腾跌宕、剑气如虹，秀丽的山水哺育了玉山人民的智慧和坚毅，民风淳朴无华，尚文习武，尊师重教，虽然被称为山区，但历史上却有众多特立独行、富于传奇色彩的人物，有一身正气、视死如归的文臣武将，有一门三代进士的书香门第，有叱咤风云的草根英雄，有踏遍名山大川的地理学家，有被誉为江南才子的诗人……但不曾有商贾巨富，不曾有被朝廷惩治的贪官污吏，不曾有过可耻的叛臣贼子，不可否认这都与地域文化与历史传统密切相关。

玉山的地域文化中的图腾崇拜源远流长，首先是崇拜龙，其

全国重点文物保护单位玉山古茶场

次是虎。在玉山人的心目中，龙象征着威猛、勇烈、刚毅和正气，这个人物有思想有作为有境界，且一身正气，那就是"一条龙"，如果懦弱无能、无所作为、或不屑、或奸佞，那就是"一条虫"，玉山人鼓励年轻人出去闯荡，不要株守家园，"出去是一条龙，在家只是一条虫"。

在玉山，较大的村庄都有"龙山"，龙山的形象与村庄的命运相关。龙山之树木严禁砍伐，若有违反就罚以"拖羊"，叫你买只羊来，牵到龙山上宰杀，以羊血淋山。堪舆学上的左青龙右白虎，龙要昂、虎要伏，人们都耳熟能详。因为龙是瑞兽，故龙的图案被广泛用于各种饰物，茶场庙的舞台就是蟠龙石柱，庙宇脊檐饰的是双龙图案。

因为海拔高，溪流少，旱灾就成为玉山农民的重大威胁。人们以为龙能庇佑世人，能兴云播雨，故二月二要祭龙，大旱时就组织接龙。接龙如同打仗，全村青壮年每人带木棍，到指定地点整队出发，气氛庄严。到达龙潭后，摆开牲礼，由山人吹角宣召，此时有蛇从水中钻出，就捉来装入陶制的"龙瓶"，瓶中灌水，外裹树叶，由两人抬着，回程时口哨狂吹，飞奔而回。若所经村庄路口摆有香案祭礼，也不得停留，这叫"夺雨"，也叫"夺荒"。若接龙后果然有甘霖，年景丰熟，秋收后就要"送龙"，那时除老弱者之外，全村男女几乎都会参与，所有传统文化节目都会拉出来，鼓乐喧天，喜气洋洋。

农村的老人们还会有许多接龙的记忆，有使人喜悦的，有叫人感慨的，也有不可思议的。60多年前的一个夏天，某村到一个龙潭去接龙，这个龙潭岩壁相逼，阴森可怖，潭口小庙中有小龙王的塑像。那次在庙中祭拜时除山人宣召，还有七个姑娘一起参拜，谓是七仙女，其中最悦目可人的那个姑娘突然腹痛难忍，甚至在地

玉山大旗

上打滚,旁边的长者说,小龙王若喜欢她,就让她立马止痛,并给我们普降好雨,待我们回家后你再带她去好了。说完后那姑娘果然就不痛了,大家回家后就大雨倾盆,而那个姑娘又腹痛难忍,不一会儿就不省人事,死了。她名叫金菊,那些年月,村里人们无不怀念她的。

茶场庙的灯会与庙会,最为集中地、淋漓尽致地展现了玉山的地域文化。

茶场庙在玉山盆地的中心,历史上一直是玉山盆地的政治、文化中心。东晋时著名的道士许逊辞官后云游四方,来到玉山时不仅为百姓治病,救死扶伤,还给百姓传授茶叶的炒制技艺,帮助百姓打开茶叶的销路,使百姓受恩匪浅。而且,因为玉山盆地的茶叶的质量本身就很优异,随着采制技艺的日益精进,后来就成了贡茶,玉山古茶场成了茶叶交易的专业市场,即所谓"榷茶地",这更有力地促进了玉山盆地社会经济的发展。玉山百姓们饮水思源,对许逊感恩戴德,建庙奉祀,尊为真君大帝,奉为一方的保护神。每年的元宵都要在这里举行灯会,农历十月十六举行盛大的庙会。

我们先说庙会。十月十六的庙会共三天,万人空巷,喜气洋洋。活动的项目很多,其中最主要、最引人瞩目的是迎大旗。

玉山的大旗称为"龙虎大旗",应是世上最大的旗帜,独一无二,已列为吉尼斯纪录。到底有多大?我们曾实测过一面:旗面长26米,宽22.3米,面积579.8平方米,上绘龙、虎图案,边镶红、黄、青三道粉布,旗头高1.5米,裹红绸,饰以流苏,旗杆分上下两段,中间用9个铁箍连接,合计长36米,拢筲竹(撑竿)36根,旗索8条,脚架1个。来迎大旗的是一支长长的队伍,除了抬旗布的、抬旗头的、抬旗杆的、抬脚架的、背拢筲竹的,还有旗牌灯1对,小旗

18面,罗汉竹1对,还有锣鼓乐队和腰鼓队。迎大旗的称"旗脚",需100余名壮汉。旗脚们的队伍吹着口哨呼啸而来,入场后匆匆将旗面套好,旗头装好,再系好撑竿和旗索,一切就绪了就鸣炮竖旗,锣鼓紧催,万众呐喊,气壮山河。竖起来后再连同脚架抬起来,绕场一周,然后固定下来。民国时期,茶场庙曾竖起过40面大旗,迎风招展,非常壮观。

龙虎大旗以其出乎想象的大使人惊异,使人震撼。为什么称龙虎大旗?意义何在?其实也是图腾文化的延伸,龙是图腾,是氏族群体的精神象征,而虎则是龙的对称,龙的搭档,即云龙风虎之谓。同时,茶场庙的神主是许逊,而道教原有龙虎宗、茅山宗和阁皂宗之分,宋理宗嘉熙三年,敕命龙虎宗的三十五代天师张大可为提举三山符箓兼御前诸宫观教门公事,龙虎宗遂成为各道派之首。元初忽必烈又认可张大可,任命龙虎宗嗣天师主领江南道教,所以龙虎大旗也是龙虎宗的一种宣称。

上世纪50年代之后,茶场庙的庙会和龙虎大旗都销声匿迹,原有的一些大旗被毁。进入新世纪之后,玉山古茶场的历史面纱被撩开,被国内一些权威专家认定为中国古代茶叶市场的活化石,在全国范围内极为罕见,2006年被批准为"国保"单位,继而时任浙江省委书记的习近平同志于2006年6月13日亲临视察,他充分肯定古茶场的历史价值与现实意义,并嘱省财政拨款500万元作修缮经费,这对玉山人民是个极大的鼓舞。尔后不仅古茶场及庙宇被修缮一新,而且一些村子早先拥有大旗,但已在历次政治运动中毁了的,又纷纷重新做了新的大旗,并比原有的大旗更大更气派。

再说龙灯。元宵时玉山的龙灯都要到茶场庙朝拜真君,从这层意义上来说,玉山的龙灯首先是祀神,其次才是娱乐。

龙灯是举起来的，所以玉山地区称为"迎龙灯"，其他地方或称耍龙灯或舞龙灯。其实，耍龙灯和迎龙灯是舞龙的发展，舞龙的原始阶段并没有灯，而只是人排成龙形的队列而舞。《论语·先进》说："暮春者，春服既成，冠者五六人，童子六七人，浴于沂，风乎舞雩，咏而归。"后来的王充对这段话是这样解释的：这是一种行列舞蹈，由多人在渡沂水时表演，其行进如龙一样移动。舞雩是一种祭礼，一般在暮春时举行，与龙崇拜相关，常用于祈雨。《左传·桓公五年》也有"龙见而雩"的记载，服虔注："谓四月昏，龙身体见，万物始盛，待雨而大，故雩祭以求雨也"。而董仲舒的《春秋繁露》所记载的舞龙则有非常繁复的礼仪，还有地方官的参与，对参加的人数，什么日子穿什么颜色的衣服、用什么酒、什么动物的肉，都有规定，这完全是祀神，用于祈雨，而非娱乐。由舞龙发展到耍龙灯、迎龙灯有两个条件，一是出现了元宵赏灯，还取得了发展；二是兴起于汉代的"鱼龙曼衍"化装演出活动。据《汉书》《西京赋》和《平乐观赋》记载，当时由多个人化装扮演的"鱼龙曼衍"中的巨龙，长度在几十丈以上，形态与动作栩栩如生，大概用绸缎之类做成有头有尾的龙，与先秦时由人排成龙形长队而舞已不可同日而语。

玉山的龙灯是一项庄重的集体活动，由村里的"灯会"负责具体部署，参与者都是体格健全的人员，若你家没有好劳力，就得雇请亲友代替。起迎后的队伍由旗牌灯开道，继而旌旗、财神、宫灯、号角、锣鼓队，而后是龙灯。迎过本村主要村道后，再向茶场庙进发，路上经过的村庄要在路口摆香案福礼迎龙。在星月交辉之夜，遥看远处的龙灯，不见其人，只见红色的龙灯蜿蜒而动，在水边时还上下交映，赏心悦目，非常发人遐想。

到茶场庙朝拜真君之后，就到广场上表演，有时几支龙灯同

佳村村口一瞥

时入场,场面就特别宏大、壮观,高耸的龙头摇头晃脑,龙身通体透亮,或上下翻转,或内外盘卷,表演蛟龙入海、摆尾脱壳、龙蟠九叠等等阵式,可谓千姿百态,乐队伴奏,长号嘹亮,鼓声激越,烟花满天,使元宵别具浪漫情调。

　　来茶场庙的龙灯有数十支,有布龙、板凳龙、佛灯、台阁灯。佛灯是每节灯都是一尊佛像,如王母、如来、观音、八仙、悟空、关公……以竹篾、绸缎、彩纸做成,以彩绘装饰,人物仪态生动逼真,如孙悟空单脚而立,一手遮额,一手持棒,似在搜寻妖魔鬼怪;观音则坐于莲台之上,手执拂尘,庄重安详。台阁灯则是每一节灯都是一座亭台楼阁,工艺精巧,每节灯的木工需20多天,装饰华美,每个台阁点蜡烛12支,温文尔雅而玲珑多姿。

　　佳村的龙灯是板凳龙,每块板凳上装一个半月形的灯筐,再在顶端连接三个中间高两边低、呈角形的龙刺,绘以龙鳞,队伍可长可短,可蟠可拉,虽然制作工艺上不及佛灯和台阁灯,但却是一支最原始、最古老的龙灯,我们之所以要在这儿梳理玉山的地域文化,为的就是这支龙灯……

# 灵溪、灵山　群龙荟萃钟灵毓秀

在玉山地域文化的丛林里转了一圈之后，让我们再回到佳村，去看看那里的山山水水，去寻觅那支古老的龙灯的来龙去脉。

仁者乐山，智者乐水。满眼风沙的沙漠长不出人文的繁花绿叶，地域文化也好，历史人物也好，都离不开灵山秀水的哺育。

佳村的村后层峦叠翠，村前田畴肥美，还有一条平缓的小山岗置于眉睫之前，山上翠竹扶疏。东北有条小小溪流自山丛中流出，绕村而去，此乃所谓玄武之水，虽很小，却使村庄得益匪浅。而灵溪则自西而来，流经灵山之麓，到村口与村庄做了一番亲密接触后向南弯去，并在转弯之处悄悄融结了一深潭。潭水深绿，波纹不动，好像老是在沉思默想。左岸林木翁郁，更添静谧。在久旱之时，他处溪流干涸，池塘龟裂，田禾枯焦，这里依然碧水盈盈。因其深不可测，为善者常在此放生鱼鳖。对这一段的山水风景，旧《东阳县志》有段文字记载，写得细致生动，其文曰：

……其下为放生池，广如桥之数。上曰上沸，下曰下沸，长竟岸，水常安流，体清郁，虽旱不涸，至深处莫测其底。中有山载石，上空，下望之若浮，因以名潭为浮山潭。潭有二神鱼，长丈余，隐石罅，见则发洪水，鹿皮子（元代东阳诗人）诗"朱鲤有灵时出穴"，殆此类欤？潭之南，越岸为平田，延袤与上下碲等，所际为按山凡三，中有圆墩曰蚌珠，左为游鱼，山皆象形也。院之右有岩曰化觉，左有山曰下觉，岩有洞，状若飞腾，曰飞石洞。山之下则浮山潭是也。自院西望，尝应接不暇，天光霞彩，山气山容，朝暮相映，四时之景不同，而尝无间息，以至松风竹响，禽鸟弄声，溪流呜咽，行路呼呼，与钟鼓笙磬共奏于空王之宇，其去金城化国几何哉……

这段文字写得细致而又简洁，使我们即使不身临其境，也能想象一幅灵秀的山水图案，而文中所说的放生潭，也就是颇具神秘色彩的龙潭。当然，深不可测，大旱不涸的龙潭他处也有，但都是在深山峡谷、地形切割厉害之处，而此龙潭却在平野之地，溪流也不大，这就耐人寻味了，而佳村的龙灯的故事，就源于这个龙潭。

佳村龙灯中的"龙脖"，正在等候享祭后的龙头来衔接

据说在遥远的古代，这个潭里住着一条黄龙，玉帝令它掌管一方的雨水。某次，因疏忽大意而多放了雨水，致使洪水暴涨，枉送了许多无辜的生命，玉帝将它贬为一条蛇，反省思过。某日中午，天气炎热，它正蜷曲在树荫下

和风细雨

打瞌睡，被一个捕蛇的发现并被抓住关在笼子里，捕蛇的回家途中遇见一老人，就把它卖给老人。这位老人是个慈善家，不仅德高望重，还是民众非常爱戴的县太爷，他把蛇买去本是想放生，回家后见它老是翘着头向他凝望，似想诉说什么，他说此蛇是通人性的，就将它养在旅次。此时又逢大旱，稻禾枯焦，县太爷心急如焚，摆香案于星月之下，跪拜上天，以头触地，恳求上天普降甘霖拯救生民。玉帝见其虔诚，就命当地土地神于他梦中告知：把蛇放回龙潭，复回龙身，三日内降雨救民。县太爷不敢怠慢，是夜就亲自把蛇放回龙潭，第三天果然普降甘霖，因而那年仍是五谷丰登。县太爷在欣喜之余把此中因果告知民众，嘱民众要有感恩之心。民众感其恩泽，纷纷去潭边祭拜黄龙，并把三牲福礼、粮食粽果投入潭中，以饷黄龙。不料玉帝责其贪婪，以为降雨救民是职责，是分内之事，怎么可因此扰民，让百姓糟蹋粮食？倘若再犯，必严惩不贷。

黄龙受屈，央土地神又给县太爷托梦，请县太爷嘱咐百姓，来祭拜时只可三支清香、一碗清水，不可触犯天规。县太爷虽去说了，但百姓们以为三支清香、一碗清水不是太小气了吗，要知恩报恩呀，下次去祭拜时仍是三牲福礼、粽果粮食，祭毕时依然把这些投入潭中，引得玉帝震怒，命天神将黄龙斩为几段，以一警百，是日天昏地暗，空中降下红雨……

村民们说，黄龙被斩，龙头坠落于佳村的正中处，现今尚在的两口天然岩壁深井就是龙眼，龙眼前方隆起的岩石就是龙鼻、龙珠；村后来龙岗那段山冈是龙脖，那断面至今还渗出红色的血水，把泥土染成血色；灵溪东岸那段岩体裸露的山冈是龙身，虽经千年风化，龙鳞的残片还依稀可辨；龙尾则落在下觉庵，断面也还在渗血……

故事是悲剧，但很美，悲剧就是把美撕裂给人看。

黄龙被斩，百姓们很伤心，也很委屈，好心肠办了坏事，怪自己无知，不知道天条真的这么严厉，不像人间只在嘴上说说而已。

为了对黄龙的歉疚，为了感恩，让黄龙永远活在人们心中，百姓们用尘世的材料做起了龙头、龙尾和龙身，拼接起来又是一条完整的龙。

这就是龙灯的发轫。

我的老同学陈亨和老师说，佳村的龙灯并非为了娱乐，而是事出有因，因此迎龙灯时有自己独特的程序和礼仪。先是把龙头、龙脖、龙身和龙尾，分别置放于黄龙被斩时龙头、龙脖、龙身、龙尾坠落处，在龙头于坠落处受祭之后，抬到龙脖坠落处接出龙脖，再翻山涉水去接出龙身和龙尾，然后到东周畈被称为龙头垆的大田中陈列，北向朝拜灵山上的龙王庙，案桌上摆的也是三支清香、一

"灵溪庵"(院)遗址

碗清水,完毕后鸣炮奏乐,然后起迎,按事先清理好的龙路,在本村巡行,再到茶场庙朝拜真君。

有人说龙灯是民间的传统游戏,有人说龙灯是民间的节日灯彩,也有人说龙灯是民间舞蹈,民间文化艺术活动,但佳村的龙灯都不是,更不是原始的舞龙。为了祀神,这一点是与舞龙相同的,而娱乐的功能是后人加上去的,是发展的结果。

陈亨和老师提议去爬山,去看看就将开光的龙王庙,那里地势高,放眼四望,心旷神怡。我说好哇,虽说旧地重游,但以前在这里读书时从未去过灵山之巅,今天正该上去看看。同行的除陈老师外,还有县农办的金银琦先生和胡云涛老师。当我们迎着蒙蒙细雨,攀上高高的山岭来到龙王庙前时,居然也气不喘心不跳,还挺为自己欣慰。

我们站在龙王庙前放眼远眺，只见山色空蒙，薄雾缥缈，云霭迷离，远处的美女山、茶峰、四顾尖等名山都在视野之内，宁静安详的山峰如同超凡脱俗的高士在默默沉思，而近处斑驳的山峦也缠着薄雾的轻纱，静如处子，意态优雅，黛色的松林，苍翠的竹丛，蜿蜒的溪流，红墙碧瓦的农舍，被蒙蒙细雨渲染成一幅意境淡远的水墨画，使我有一种不知今夕是何夕的恍惚……

金银琦先生见我似在出神，就说：老张，这里的风景不错吧？这里的山山水水，不但秀美，而且有其特殊的意蕴。我们的先民为感念被斩的黄龙，将佳村的山水都与龙联系起来，象形赋名，如青龙、黄龙、蟠龙、金钗龙、送聚龙、长龙、四塘龙、四龙岗、化龙坞、化龙岗、来龙背、来龙头、龙脖山，龙尾山、龙鼻石、龙潭等等，可谓是群龙荟萃，各领风骚，千年传承，风光永驻……

因为龙王庙在一方的群山之上，因而老金所说的这些以龙命名的山都在我们的视野之内，他们三人又为我指指点点：那是长龙、那是蟠龙、那是金钗龙……

胡云涛老师接着说：我们这里不仅是群龙荟萃，而且还有"六庵四庙"，真的是钟灵毓秀之地。

我问：哪六庵四庙？

胡老师说：六庵是新安寺、下觉庵、灵溪庵、莫名庵、长龙庵、潘家青庵；四庙是和福庙、龙皇庙、禹王庙、苏姐殿。在上世纪土地改革之前，佳村的很多农户种的多是寺院的田，而且各个寺院都有它们自己的故事……

以前读杜牧诗："南朝四百八十寺，多少楼台烟雨中。"常为南朝时江南寺庙之多而感叹，谁知佳村这小小的范围之内，竟有六庵四庙，这不由得我不感到惊异了。这些寺庙中有少数我也知道，比如灵溪庵就是玉山中学前身，我们高小读书的地方，住持和尚振济,不但戒行高洁,还写得一手好诗,据史料记载,当年的寺院乔松翠篁,层峰叠嶂,参差高下,景色如画。始建于唐朝的下觉庵也名闻遐迩,清末时"举臼当帽,掌磨作扇,捏竹如泡"的和尚大恺就是下觉庵的住持,他还把下觉庵作为一个反清革命的据点,演绎了许多富于传奇色彩的故事。苏姐殿虽然是小庙,但进入其内却使人感到一种森然之气,我们读书时常从庙门口经过。据说南宋灭亡时,元军攻下临安,奸淫烧杀,十分惨烈,有一个宫女在乱中逃出临安,随着难民的人流一直逃到东阳,复又流落到佳村,佳村的好心人帮助她在佳村落户。因她家祖传推拿之术,落户后常为百姓治病,救死扶伤。百姓感恩,死后为其建庙塑像,因她原籍苏州,故称苏姐殿。记得新昌有韩妃岭,也是说京城失陷后有个姓韩的妃子出逃,某日正好逃到这条高岭之上,听到下面人声喧哗,知追兵已近,恐怕受辱,就碰死在路边的岩石之上,人们因而把此岭改称韩妃岭。这些故事在历

从空中俯瞰灵溪

史的长河中虽然只是一朵细小的浪花,却也在人们的心头留下不可磨灭的记忆。

陈亨和老师从庙中拿出几把椅子,叫我们坐一会,并接过话头:虽然我们的六庵四庙大部分已不在了,但青山不老,灵气长存,佳村人敬畏龙神,敬畏天地,也受到神灵的呵护。从玉山高小到玉山中学的百年之中,学生们在灵溪洗涤、玩水,甚至到龙潭游泳,包括佳村的百姓在内,从未发生过溺水身亡事故。灵山的岩壁又高又陡,但无论是在上面失足滚落,或者顽皮的孩子去攀爬而滚落的,都一直滚落到溪边而安然无恙,这些人当中有些还在,如村民周作民、单东阳等都是奇迹的亲历者。有只大水牛在崖边探身去吃一丛嫩草,前足已失,眼看就要滚下去了,牧牛的把牛绳一拉,水牛似有神助地一耸就上来了。村里被称为龙眼的井,曾有几次孩子或妇人跌下井里,但都安然被救上来。人们还说到龙王庙问病求药,也很灵验。但是我们如果轻举妄动、冒犯禁忌,也会受到惩罚。从 1949 年到 2010 年村里的三次火灾,就是因为有人在龙头处建房或在龙鼻上采石;1982 年村里建自来水,把水池放到来龙岗上,结果是接连放倒三名青年男子和二名少妇,好端端的无病无痛,就突然头晕昏迷,以至无救;还有到龙潭去炸鱼的,不仅炸不到鱼,还炸去自己的手臂,到灵山之麓去采石的,也受到了惩罚。你说这一切不是都值得我们深思吗?

听了他们三位的叙说,我陷入沉思。我在想淳朴的佳村人携着同样淳朴的良心,劳作在祖先最早栖息的这块土地上,有前行也有遁退,有欢欣也有悲伤,他们在自身的经历中,从对大自然的依存中形成了自己的信仰,在这里我读懂了这里富于神秘色彩和迷人魅力的山山水水及历史遗迹,也读到了人类漫长艰难的蹒跚。

我想到哲学，想到审美。哲学的最高层次应是从宇宙的高度解释世界，不仅是有形的，还有无形的。而审美的最高层次则不拘于人间的道德或宗教，而是直接与上帝，与神圣的存在交会交感，也就是天人交感、物我两忘的大化层次，感恩天地，体恤万物的情怀。记得有位作家曾说，在几年的修真证道过程中，愈加感到人类生物场、地球磁场与宇宙引力场的密切关系，虽然都市的广厦、车流和霓虹灯很气派，但总使人有生分的压抑感，远不如一条小河，一座青山，更使人亲切，更使人向往……

# 揭开面纱 各路嘉宾纷至沓来

在金银琦先生的家里,我们品尝着他为我们泡上的名茶"磐安云峰"。因为书记和主任也来了,故而使我想到另一个问题,那就是在这些年的文化建设热潮中,许多地方都在挖地三尺,刻意寻找古迹,许多地方在争名人故里,包括西门庆的故里、孙悟空的故里,甚至一首民歌《茉莉花》的发源地也被唱成大戏。2006年"茉莉花节"累计引进投资项目188个,总投资102亿元,实现旅游业直接收入272亿元,2007年"茉莉花节"招商引资168亿元,江苏多个城市甚至安徽、山西都参与"茉莉花"发源地的争夺。而佳村的龙灯和龙文化也是稀有资源,但这里却似乎很平静,直到这两年才有风生水起之势,为什么佳村人这样沉得住气?又是谁先在平静的水面扔下第一块石块的?

对我这个问题的提出,胡德伟主任说得很坦率,说佳村的龙灯最古老、最原始,事出有因,我们以为应该是中国龙灯的发端,佳村的龙文化也原汁原味,融入生活的方方面面,但我们都只以为这是我们自己的事,没有认识到这是一宗宝贵的社会资源,这就是农民眼光的局限性了。但既然是金子总会发光,不必焦急,我们不是已做了大量的工作了吗?

引得风生水起的第一块石块是一篇文章:《中国舞龙的故乡在金华?》,刊于2005年11月18日的《浙中新报》,作者石磊。在磐安三中工作的佳村人单品刚见到这张报纸,就把它带回佳村,村民金声扬觉得很有价值,就将报纸珍藏起来。次年《磐安报》又刊发了《中国舞龙的故乡在磐安》一文。虽然这两篇文章都依据当代民俗专家、上海民俗学会会长仲富兰教授的指证，和《浙江民间故事集成》所提供的依据，肯定中国舞龙的故乡在佳村。但这两篇文章未能引起轰动的效应，所谓"徽州人得宝"，识宝的"徽州人"未出现。

说来也有些偶然。那天，在佳村蹲点的玉山镇党委书记孔令维在金声扬家里看到金声扬收藏的这张报纸，觉得眼前一亮，心中又一阵震撼，觉得他发现宝贝了，因为他有申报玉山古茶场为"国保"的经历，对这方面当然特别敏感。

于是，在孔令维同志的主持下，"佳村灵溪文化挖掘工作委员会"成立了，着手查访、发掘、整理工作，他还不动声色地派人去外地调研，收集资料。那已是2008年5月的事了。

出人意料的事儿也就接踵而来。我的外甥从台湾买来一本台湾出版的《龙灯》一书，书上说中国龙灯的发源地在灵溪之畔，奇灵山之下，也就是说在佳村，故事的演绎与我们相传的一致。为

龙工委陈亨和老师应邀在横店影视职业学院介绍佳村龙文化

此，县旅游局陈迎春局长特地从台湾买来30本《龙灯》。

我们的陈亨和老师对这项工作特别热情，几乎是全身心地投入进去。他找到仲富兰教授的博文，找到了《浙江民间故事集成》。仲富兰的指证是这样说的：

"金华所辖的磐安县有一处灵溪院遗址，即今玉山中学址。建于清顺治十二年（1655）。康熙十八年赵衍为之记，院僧振济有《灵溪杂咏》诗传世。这也可以作为中国舞龙金华发源地的旁证。"

陈老师还说，根据唐朝诗人顾况的《从剡溪至赤城》诗："灵溪宿处接灵山，窈映高楼向月闲。夜半鹤声残梦里，犹疑琴曲洞房间。"可以证明佳村在浙中至浙南的历史古道之旁，在唐朝时已有相当知名度。

陈老师后来还通过他在北京的子女，在首都图书馆找到湖南美术出版社出版的《中国传统民俗〈舞龙舞狮〉》，和吉林文史出版社出版的《中国文化知识读本〈舞龙舞狮〉》，这两本书都详尽记载

县人大常委会主任史兴、县农办主任孔令维与佳村干部为景点建设选址

了正月十五舞龙"金华发源地"的前因后果……

听胡德伟说到这里，我不免感慨，我怎知这里的"文化遗存"早已超越本乡本土、县界省界，在国内许多地方甚至海外流传，今天的这些信息真的有"出口转内销"的味道了。

胡德伟继续说下去：尔后，形势的发展喜人，真的风生水起了。媒体记者和专家学者可谓纷至沓来，来采访，来考察，来调研。《浙中新报》《金华晚报》《今日磐安》《浙江日报》《浙江工人报》《江南游报》《文化交流月刊》等报刊都刊发了文章，甚至欧洲华文报也作了深度报道，网上也热了起来。

最使村民们兴奋的是香港阳光卫视来村拍视频。为了他们拍视频，我们特地庄重地迎了一回龙灯，把全部的程序和礼仪都演示了一遍。村里男女老少都很高兴，从来不出远门的、最朴实的大爷大妈们都上电视了，那氛围如同过节一般。

2009年1月7日，周剑敏县长带着三位副县长到佳村召开现场办公会议，把佳村列入高标准示范整治村和龙文化特色村建设，会议强调：中国舞龙发源地这项工作是件大事、全局之事、全县之事，要求同行的相关部门积极配合做好基础工作，全力打造"中国舞龙发源地"这张金名片。

同年6月，县委县政府专为佳村成立旅游开发小组，并拨付经费。县二中、县工业园区、村里的实业家，甚至普通村民都为我们捐献了资金，原本默默无闻的村庄，受到空前未有的关注。

继而华东师范大学博士生导师陈勤进教授，浙江民俗文化学会王恬主席，浙江师范大学旅游学院马远军博士，旅游与资源管理学院桑广生博士，浙江省旅游规划设计院院长、浙江大学风景旅游设计院总顾问周宣森教授等专家学者，相继来到佳村，或考察、或调研、或指导。村子里的氛围变得一天比一天温暖了，生活的车轮有了新的驱动力，那就是荡漾在人们心中的希望。我们没有启动招商引资工作，但是既有梧桐树，必有凤凰来。2011 年 9 月，开发商张神贤在考察了佳村的自然资源与人文资源之后，欣然与我们签订了合作开发的协议。张神贤是玉山人，不愧为青年才俊，已成功开发了自己家乡的旅游区，我们信得过。

胡德伟说完了。我似乎看到了他们数年来在新的时代背景下前行的身影，并感知到佳村这片土地，佳村人祖祖辈辈赖以生存的土地，以汗水和心血来滋润的土地，其价值已今非昔比，即将在春暖花开的和煦中，展现一片崭新的生活图景。

# 生态、人文　龙灯故乡诗情画意

窗外的雨丝已经稀疏,天空也已亮了许多,我提议再出去走走。

如同闲适的散步,我们看了被称为龙脖的断面处"流血"的红土,看了被称为龙眼的古井和被称为龙鼻的巉岩,感到从历史深处扯过来的神秘纱帐似乎还在晃动,近旁无人居住的泥墙屋,爬满青苔的石阶,唤醒了我许多沉睡了的记忆。我佩服佳村人的淡定,虽然与别人同样经历了那些疯狂的岁月,居然还能把这里的古迹和历史原汁原味保存下来,这确属不易。

幽谧的村巷湿漉漉的,干净明亮,在漫步中我竟想起戴望舒的《雨巷》,但眼前不见一个带着幽怨的愁绪的姑娘。村巷的出口就是村子新建的街道,这里原本是一畈稻田,如今是一幢接一幢的高楼大厦,有的还用大理石装饰外墙,显得很气派。每幢楼房的门前都用竹篱围着院子,园子里种着大葱、菠菜、西红柿,篱笆上牵牛花正开,菊花正黄,鲜亮的水珠在花瓣上闪动,每个园子都是一首田园诗。附近青砖碧瓦的旧民居安详自在,这里不见大拆大建的喧嚣,却见一种前进中的和谐,生活本来就该如此。

街道的南面是新建的"莲池",约有五六亩面积,莲池之南是一片苍翠的竹林,向西走去,又见回廊曲折,绿柳婀娜,微风悠悠,正吹皱一池秋水。

我们又步入新建的村口公园。灵溪在这里开始转弯,溪上有三座石拱桥,那桥洞如同半月,把曼妙的身影投入盈盈的水流,岸边的垂柳也把生命的原色回赠溪流,共奏一曲生命之歌。园子当

*藏龙亭*

中，在挺拔的乔木之间有三个亭子，分别是聚龙亭、观龙亭和思乡亭，园子东南一面又濒临宁静安详的放生潭。品味眼前的风物就如水乡江南，缠绵的雨丝就像透明的纱网，把村庄、池塘和溪流装扮得如此唯美，又如此灵动。

踏着厚厚的落叶，顺着山麓的林荫小道，我们又来到下觉庵旧址。只见这里山环水曲，格局宏大，既"藏风纳气"，又山水"顾盼有情"，果然是风水宝地，使人顿觉神清气爽，心胸开阔。我说这里太好了，我们坐一会吧。

我们在溪边的青石上坐下。我觉得真的有很多的观感，就对杜国良书记说：你们有山有水，山不高峻，水不凶险，都很秀美，又有那么些人文资源，作为一处古迹观赏、森林公园游览、康体健身、休闲度假之区，前景一定看好。比方大塘水库那边搞个森林公园，这里建两个古色古香、雍容典雅的四合院，我看都是不错的选择;张浩先生的陵墓没有了,是否可搞个纪念亭?中学的房子如何利用?传统民居如何保护?这些都可考虑一下,泥墙屋、块石墙屋,我们也许觉得没有价值,但这也是历史的见证,城市客人都会拍照留影……

杜书记说,特色村的建设我们会听取各方面的意见,自启动以来,我们已做了不少工作,村庄的面貌基本上已经改观,新区建设也已启动,申遗工作也在着手,你放心,我们不会急躁,该保护的我们都会保护起来……

陈亨和老师递给我一支烟,并接过书记的话:我看"龙文化特色村"这个特色,在全国也应该是少见的,这一点我们很有信心。但既然特色是龙文化,那么对龙文化的内涵和龙的精神等等应有更多的理解,但一般现代人都只知道龙是中华民族的图腾,是四瑞兽之一,中国人是龙的传人等一般性的知识,你是否可说说你的看法?

我把烟点着了,说道:这个问题是从不同的角度去看会有不同的看法。我们的先辈都认为龙是实有的,是一种神奇的动物,像我们村的那个龙潭,上辈人都说曾数次有真龙显现,有一次显现是龙头还在潭里,龙身搁在潭边的椑树桠上,把椑树桠与树身连接处压得开裂了,那椑树至今还在。可以说我们的古人都认为龙是实有的,是神奇之物。但我以为龙就是一种图腾,在上古时代,各民族宗教中的许多崇拜,表明人们会把此世的事物误作终极的关心,中国的龙王风伯,罗马的维纳斯与丘比特,都只是显示人们把世间的美丑爱恨投影于自然界的风雨雷电。龙能潜渊,能腾云驾雾,兴云布雨,这种神奇的形象是从多种动物综合想象出来的。把综合性的东西作为图腾是特别美好的,随势赋形,超凡脱俗,充满张力,特别具有神圣性。初看起来似乎只注重形象,宗教意识并不浓厚,龙的形象,龙的精神,龙的寓意,在历史的长河中都是一个灵动的变化过程。

从龙的形象看,红山文化中的 C 形龙被称为中华第一龙,它证明中华民族对龙的崇拜可追溯到新石器时期,但 C 形龙是非常简单的,蜷曲形,造型抽象,属于精神的东西。到西周时期的龙有角了,称虎龙,兼有虎的要素。到秦汉时期的龙则头像牛、身像蛇,背上长翼,已很华丽。到明朝的龙袍上龙的图案,更变得复杂,已有标准化的意义:头如牛头,身如蛇身,角如鹿角,眼如虾眼,鼻如狮鼻,嘴如驴嘴,爪如鹰爪,尾如鱼尾。从古籍的记载中又说有鳞的为蛟龙,无鳞的为虬龙,无角的为应龙。从古代陶瓷龙纹图案的变化中,可以清晰地看出龙的形象的变化过程。

龙的精神象征也是如此。作为氏族部落的图腾时,龙是氏族群体的精神象征,并有神明的寓意,古人以为龙作为吉祥瑞兽,能代表天或神给人庇佑。我们看《易经》中的龙,如乾卦中的"潜龙勿用""见龙在田,利见大人""或跃在渊,无咎""飞龙在天,利见大人""亢龙有悔""见群龙无首"和坤卦中的"龙战于野,其血玄黄",龙的寓意也不是皇帝,而是有神和部落首领的双重象征。大约从汉朝开始,龙的形象被与帝王联系起来,成为皇权的象征,到明、清达到顶峰,皇帝穿龙袍,坐龙廷,生病称龙体有恙,死了说龙驭宾天,所以现在有些人说龙是皇权的标志,神圣不可侵犯的专制帝王的象征,龙崇拜与现代民主精神不相容,中国不应是龙。这种说法有一定的道理,但无可争辩的事实是几千年以来,龙文化在中国一直绵延不衰,有极为广泛的群众基础,即使进入皇帝专制王朝之后,也是民众与皇家交错共享的,皇家的龙与民众的龙并存。在民众心目中的龙,寓意就是吉祥,可带来福祉,是大气、正气、勇敢和生命力的象征。现在更有人认为龙是美的化身,是勤勉、活力和救星的象征，也是财富的象征，这些可以从神话传说中的小龙女、白龙马、龙王播雨、海底龙宫宝藏的富丽堂皇中得到解释。龙在中华民族有着无法动摇的民族感情，是具有代表性的中国文化形象。我们要剔除龙文化中负面的部分，我们要的是民族的龙，民众的龙，是祥瑞的寓意，是大气、正气、开拓进取的精神象征，要以天人合一、人与自然和谐的理念，山铸精神水洗魄，建设一个生态、人文，富于诗情画意的"龙灯的故乡"……

我们又回到陈亨和老师的家里，他让我看一些摄影作品，并说这些是来佳村的嘉宾们留给我们的珍贵礼品，今天你也来了，也该留点什么，你是搞文学的，你就留首诗吧。我想了一下说，我好多年不写诗了，即使写也不守规矩，今天一为咱们老同学相会难得，二为佳村新貌喜人，并为之祝福，就胡诌两首吧：

一

同窗三长载，常忆少年狂。

浮生若梦里，乡思比路长。

旧地看新景，樽前话沧桑。

溪山揽诗意，秋风桂子香。

二

山川灵秀地，仙佛荟萃乡。

龙吟风细细，凤鸣声锵锵。

诗僧遗韵在，史页翰墨香。

今日逢盛世，谁为谱华章？

(原载《中国报告文学》2012 年第 5 期)

秋水芙蓉冉冉香

史迹小品

一花一世界
三藐三菩提

——《法华经》

报告文学《龙灯的故乡》中有这样几段文字：

> 据说在遥远的古代，这个潭里住着一条黄龙，玉
> 帝令它掌管一方的雨水。某次，因疏忽大意而多放了
> 些雨水，致使洪水暴涨，枉送了许多无辜的生命，玉
> 帝将它贬为一条蛇，反省思过。某日中午，它正蜷曲
> 在树荫下打瞌睡，被一个捕蛇的发现并被抓住关进
> 笼子里。捕蛇的回家途中，遇见一位老人，就把它卖
> 给老人。这位老人是个慈善家，不仅德高望重，还是
> 民众非常爱戴的县太爷。他把蛇买去本想放生，回家
> 后见它老是翘着头向他凝望，似想诉说什么，他说此
> 蛇是通人性的，就把它养在旅次。此时又逢大旱，稻
> 禾枯焦，县太爷心急如焚，摆香案于星月之下，跪拜
> 上天，以头触地，恳求上天普降甘霖拯救民生。玉帝
> 见其虔诚，就命当地土地神于他梦中告知：将蛇放回
> 龙潭，复回龙身，三日内降雨救民。县太爷不敢怠慢，
> 是夜就亲自把蛇放回龙潭，第三天果然普降甘霖，因
> 而那年仍是五谷丰登。县太爷在欣喜之余将此中因
> 果告诉民众，嘱民众要有感恩之心。民众感其恩泽，
> 纷纷到龙潭边祭拜黄龙，并把三牲福礼、粮食粽果投
> 入潭中，以饷黄龙。不料玉帝责其贪婪，以为降雨救
> 民是职责，是分内之事，怎可因此扰民，让百姓糟蹋

粮食？倘若再犯，必严惩不贷。黄龙受屈，央土地神告知县太爷，请县太爷嘱咐百姓，来祭拜时只可三支清香、一碗清水，不可触犯天规。县太爷虽然去说了，但百姓们以为三支清香、一碗清水不是太小气了吗，要知恩报恩呀，下次去祭拜时仍是三牲福礼、粽果粮食，祭毕时依然把这些抛入潭中，引得玉帝震怒，命天神将黄龙斩为几段，以一警百，是日天昏地暗，空中降下红雨……

……

为了对黄龙的歉疚，为了感恩，让黄龙永远活在人们心中，百姓们用尘世的材料做起了龙头、龙身和龙尾，拼接起来，又是一条完整的龙。

这就是龙灯的发轫。

我们之所以不惮重复、不厌其烦地抄录这段文字，作为这一辑的小序，是因为这段文字概括地叙说了灵溪龙的故事（台湾的《龙灯》、湖南的《中国民俗舞龙舞狮》和吉林的《中国文化知识读本舞龙舞狮》都记述了这个故事，故事的梗概基本上一致，只是在细节上有一些差别）。好比这是大树的躯干，下面我们要去寻觅的那些历史的遗迹，那些传说和逸事，都是大树的枝丫，没有躯干那些枝叶就无所附丽，而躯干也只有配以青枝绿叶，树的形象才更丰满。

# 灵 溪 龙

龙生于渊、行于天。因形体庞大,故驻扎的"渊"必然是深渊,须有广阔的水域,且龙又威武苍劲,故所驻扎的"龙潭"都惊险可怖,常人不可进入。

如夹溪的两个著名的龙潭,一个叫夹里潭,水面狭长,水下岩窟深邃阔大,两边岩壁如削,严阵相逼,岩壁之上是俯身潭面的树木,如要把龙潭遮蔽,头上的天空只窄窄的一线,一种阴森冷寂之气弥漫于整个山谷之中。另一个叫"倒脱靴",潭口的巨岩就像倒立着的靴子,是名副其实的悬岩绝壁,潭水墨绿,波纹不动,鬼斧神工,猿鸟惊心。但灵溪龙的龙潭却在村庄附近,既有小桥流水的映衬,又有风送稻花香的温煦,你

灵溪龙潭

可以在岸边漫步散心，可以架起画架写生，也可在树荫下垂钓，还可以下水游泳，完全是清平世界中富于诗情画意的一个去处。灵溪也不是一条野性的河流，流量也不大，缘何会有这么个龙潭？它的水域能让驻扎于此的龙有回旋的余地吗？

堪舆家言，气为水母，水为气子，子母相随，环聚斯美，水融注则真气聚，乃真龙憩息之所。从大格局看，此地正是山环水聚之处，不仅有神龙驻扎，据史料记载，潭中还有"两神鱼，长丈余，隐石罅，见则发洪水。"可以想见，水面之下当有巨大的石窟，有宽阔的水域，或者与地底下的"地下长河"相通，所谓"龙出世时磐石透，地无底处洞天通。"真有此奇观吗？我说会有的，鞍顶山巅的龙潭虽小，却探不到底，因为原是火山口，倒入龙潭的砻糠竟在山下牌门村边的小溪里流出来，距离已有十余里了。

有些人说龙的形象是张牙舞爪、阴森恐怖的，但在佳村人的心目中，灵溪龙是大气的，正气的，美好的，虽然它含冤被斩，但它美好的形象一直在佳村人的心目中鲜活着。几千年来，人们一直怀念它，在老天大旱时总要向它求雨，而且它降的从来都不是可怕的"黑风猛雨"，会冲毁堤防，冲走桥梁，而是看上去像旗帜一样卷过来，势头很大，但总不会倾盆而下。到了二十世纪下半叶之后，人们不再祭龙，也不再求雨，但在六十年代的大旱中，村民用七八辆水车从龙潭里车水抗旱，龙潭的水位也不曾下降，修防洪堤时用多部抽水机从潭里抽水，潭水依然满满盈盈……

几千年以来灵溪龙一直守护着这一方土地，润泽这一方土地，让水稻杨花结穗，让玉米林子青翠闪亮，还守护百姓的平安，虽然龙潭深不可测，但从没发生过溺水身亡的事故。

佳村人不仅把灵溪龙看作一方的生命的守护神，把神龙遨游、风调雨顺看作太平盛世的美好境界，而且还使佳村最先迎起既表达感恩,又凝聚力量,传承文明的龙灯,衍生出许多美丽的故事,使灵溪龙成为佳村的一个文化符号,传承不衰。苍生自古盼清明,岁月无痕不改此心,开拓从来路不平,愿如神龙破雾穿云……

书香(条屏)

# 灵 山 僧

灵山在灵溪北侧,高昂耸峙,似能震慑一方,灵溪绕山麓而过,溪水之上是裸露的岩壁,犹如粤西之碧水丹霞。攀上山巅,又可见玉山盆地边缘的山脉绵延起伏,东之鞍顶,南之仰瓦,西之四顾,北之覆船,都在一望之中。环视近处群山,又各自延伸回环,或相对相峙,或如旌旗,或出禽曜,或如狮象蹲踞,或如长龙伸展,蟠龙屏息,山势簇拥,层峦叠翠,自成一大格局。

灵山一侧

唐朝诗人顾况有《从剡溪至赤城》诗："灵溪宿处接灵山,窈映高楼向月闲。夜半鹤声残梦里,犹疑琴曲洞房间。"诗中所言剡溪即曹娥江上游,主要流域在嵊州,赤城山在天台山南门,因山土红赤而名,在唐时均已是名胜之地,引得诸多诗人前来游历,形成一条"唐诗之路",并为后人留下不少诗篇。顾况此番去赤城,当然也是游历,并在灵山之麓宿了一晚,还写了这首诗。此地正是浙南沿海沟通浙中的古道之旁,从诗中所给的信息看,顾况住的馆舍大概在灵溪院或其边邻之地,有高楼,有雅室,有琴声,还能听到鹤鸣,说明这里绝非三家村,而是经济繁华之地,还有较浓的文明气息。

　　我们也不知是顾况来过多少年之后,这里又来了两个云游的和尚。那天佳村的一个小后生名唤周兴,独自一人去灵山打柴,来到半山时向山巅望去,只见有两个穿和尚着装的人在树下对坐,出于好奇,他就上去看看,却原来是两个形容古怪的和尚,在棋盘石上下棋,认真得连他走近身旁都如不见。周兴也不敢说话,站在一旁看他们如何落子,过了一会,其中一位拿起葫芦喝水,葫芦中的水已不多,一口两口就喝光了,就把葫芦递给周兴,说:"你小子去给我们装点水来,要快一点。"那语气就像命令。周兴飞快下山,在灵溪装满了水,又飞快上山把葫芦递给和尚。两个和尚都喝了,还赞不绝口:"好水呀好水!"接着又下他们的棋。周兴见两人棋艺高超,心中暗自佩服。常言道看棋不语真君子,但那是很难的,周兴看着看着,抑制不住冲动,帮其中的一位出了三着棋子,而且都是很有智慧的三着。当那盘棋完了时,另一位和尚说:"你小子还真有两下子,来,我俩来一盘!"周兴诚惶诚恐拱手说道:"罪过罪过,小的不知礼数,刚才多嘴了,还请海涵。小的怎敢与高僧对弈?而且小的还有急事在身,就此告别。"那个和尚道:"你有何难处,说来听听，我俩可以帮你。"周兴道："不瞒两位高僧，我们村里正闹着瘟疫，我娘也已发高烧两天，家里柴火也没了，打点柴回家还得去求医问药，也不知道到哪里去求？"那个和尚说："这却不妨，我们上山之前经过你们村子，见村子笼着一片晦暗之气，又听见几户人家在哭，就知道在闹瘟疫了，本来就要救治一下，你小子看

灵溪院古佛

来也有些天分,治瘟疫之事就交给你去做吧。你去采些苦参菜、鱼腥草、马鞭草……七种草药,放锅内煮,去渣,把汤液放陶器茶缸内,我再给你一袋药丸子,每缸汤药放入九颗,融化后就成,每个病人一碗,由他们自己舀去,吃两天就好了,如能快速行动,七天之后就全部解决了。"

周兴听了,又惊又喜,再拱手道:"若果然能治好瘟疫,乃全村百姓之大幸,不知两位师父是何方高僧,望乞明示,以使我等将来报答大恩大德。"

两位和尚都说了:"我们云游四方,不留姓名,却如云过无声,水过无痕,救死扶伤,乃是我等分内之事,何须言报。"周兴听了,纳头便拜,那个和尚把他搀起,说道:"我们看你很有天分,叫你去办,我们放心。我们还可告诉你,你们这个地方,灵溪接灵山,十八条龙会集于此,是天星照应,地气冲凝之地,五百年后佛光照,再过二百五十年文运开,我们俩也会效法'三生石上旧精魂,赏月吟风不要论'的故事,于某年某月某日再在此棋盘石上下几盘棋,此乃几百年后之事,给你露点风料也无妨……"说完,他俩把一袋药丸子交给周兴,拍拍周兴的肩膀就飞快地下山去了。

周兴也不打柴了,立即回家背着锄头采草药去了,七天之后,果然全村的病人都康复了。

至于这两个颜容古怪的和尚是否又来灵山之巅棋盘石上下过棋,我们就不知道了。只知到了清朝顺治年间,此间又来了个振济和尚,看了这里的山川风物,竟使他一下子就醉心于此,说他自幼就羡慕居于名山深林者,但以前去过的几个地方,没有一处能像灵溪、灵山与他的心灵有如此的默契,于是他把此处的景致写成文,画成图,请友人们鉴赏,以求得友人之赞助,还说要把文与图都志于书,以垂永久,以不负灵溪、灵山之灵。

振济做了灵溪院的住持和尚之后，新建了斋堂、僧房、客房等日常用房，逐步增建殿堂佛院建筑，还配建了亭台和长廊，种植花草，放养龟鱼，每日看朝霞夕霭，烟云吞吐，门外流水，夜晚微风，使人神清不寐，每于居室焚香一炷，置笔砚研墨几上，起望山光，寻味道腴，为终日之乐。

自振济住持灵溪院之后，又经二百五十年，灵溪院变成一所学校了，但灵山的"灵气"仍在，学校培养了不少人才，为玉山社会的文明发展作出了卓越的贡献。又后来学校也没了，这灵气还在吗？佳村人说：在。虽然功利主义的急剧膨胀，使许多人对大自然的一点敬畏之心淹没了，那年也有一些人去灵山之麓炸岩采石，结果使十一个人为此付出了生命的代价……

# 放　生　潭

放生潭边合欢树

佳村之南的龙潭也称放生潭，岸上还立着刻有"放生潭"三字的石碑。平时一些抱慈善之心的男女，常拿鱼鳖之类来此放生。

龙潭之所以定为放生潭，不仅是因"潭水常年不涸，深不可测，"放入的鱼鳖不至于再次被人捉去，而且还真的有个缘起。

已搞不清什么朝代，何年何

月，龙潭西边住着一单家独户人家，家主为王姓老者，为表尊敬之意，我们姑且称之为王老吧。王老淳朴善良，耿直无私，与人相交宁肯自己吃亏，从不占别人便宜，因而别人也都尊重他，人缘挺好。但王老也家世清贫，命途多舛，早年丧妻，膝下无子，日子过得凄凉，只是平素也安贫乐道，没有想得太多。

某日中饭之后，王老正在打盹，忽然听得门外枫树上老鸦在叫个不停，其声殷切，像在呼唤。王老出门看看，那老鸦又面向他叫了三声。王老说如果有事，你就指引一下吧。那老鸦就从树上飞起来，并向龙潭飞去。王老跟着老鸦跑去，快到龙潭边上时，只见一个女孩面朝龙潭站在岸上，好像要轻生了。王老知道这时候不能叫喊，如若大声叫喊她就跳下去了，只见他蹑手蹑脚，又像猿猴般敏捷，快步来到女孩背后并一把将女孩抱住，女孩回过头向王老说："你不必拉我，我实在活不下去了，天下虽大，却没有我的容身之地。"王老说："生命是父母给的，最该珍爱，怎能轻生？常言道天无绝人之路，有什么难处你对我说，我会千方百计给你解决。"时当初冬，天气已冷，空中飘下细细的雪花，那女孩面黄肌瘦，衣不蔽体，王老就不由分说把她拉到家里，先找了两件以前妻子的衣服让她穿了，再给她搞饭吃，尔后再问事情的原委。女孩说她非本地人氏，家里穷苦，母亲早逝，去年父亲又病故，为葬父，只得卖身进一户陈姓人家做婢女，主人家男的尚好，女的却不把她当人看，责骂和鞭打是家常便饭。也许正该有事，女主人一件首饰失落了，各处寻觅不见，就一口咬定是她偷了，就把她吊起来打。是那位邻居听着她被打时的惨叫于心不忍，在那天夜半之时帮她逃了出来。她没日没夜地逃跑，饿了就去要点饭，而今离故乡已三百多里了，虽然已不会被抓回去，但流落他乡，人地生疏，举目无亲，天又冷了，不饿死也会冻死……

王老听了,心潮难平,看看女孩,虽然面黄肌瘦,但掩不住那几分灵秀之气,该如何救她？想了一会之后就对女孩说:我有心救你,但我家里也清苦,况且是孤身一人,收留一个女孩,总有所不便。要嘛就这样,你若不怕清苦,我就认你做女儿,咱们有一碗饭就分作两个半碗吃,先渡过难关,过几年咱们会好起来的,不知你意下如何？那女孩见说,就扑通一声跪了下去,哽咽着叫了一声:爹！

于是,王老的家由一人变成了二人,虽然日子过得很艰辛,但这个家却增添了不少的温馨。

次年初夏,东海龙王的三儿子名唤嘲风,喜欢探险,喜欢到各地去玩玩,这一天就来到这里的龙潭,见过神龙后,他就变幻成一个小孩到附近山下玩耍去了,玩着,玩着,不料天色突变,乌云满天,雷声轰轰,一场雷阵雨下来,地上的渠沟都浑水奔流,龙王的儿子本不怕雨,反而好生喜欢。当他转悠到王老门前时,只见王老蹲在水沟旁边,手里拿着一些柴薪,在水里拦着什么,龙王三儿子因好奇就过去看看,原来是暴雨所致的水流把水沟边的一个蚁穴冲毁了,千万只蚂蚁正被水流冲走,王老见状就将一把柴薪挡在水中,许多蚂蚁就把柴薪当作桥梁爬过去了。龙王三儿子说,小小蚂蚁你也这样冒雨救它们？王老说,蝼蚁也贪生,怎能不救,况且只是举手之劳呀。龙王三儿子听后默然,把王老记在心里。

又过了一年,正当盛夏,龙王三儿子又来到此地。那天,他又变成一个小孩出去转悠,转到一个池塘旁边,只见池塘因干旱而干涸了,只有塘底中间还有小小一片水域,王老父女正用一只畚箕捞着鱼虾,鱼虾虽不大,但数量却不少,已装了一只箩筐的大半了。捞完所有的鱼虾之后,父女俩把箩筐抬到龙潭边上,把所有的鱼虾都放进龙潭中去了。

龙王三儿子大为感动,默想这个王老不但救人,还救蝼蚁和鱼虾,这样的好人一定要保他们一生平安,就去到王老家所在之处,给予点化,保他们无灾无病,如意吉祥。之后又腾云驾雾去见龙王父亲,细述了王老之善行,请求父亲明日给这一方降三分好雨。次日又匆匆赶回,对当地土地神说,今日要降雨,未时排云,申时降雨,戌时收雨。土地神将信将疑,但到了未时,果然乌云四起,傍晚时候已经沟渠皆满了。

当天晚上,村中里正(村长)得了一梦,梦中一位老公公对他说:是王老救人、救蚁、放生的善行感动了天神,故有这场好雨,应对村民宣讲,要多多放生,要构建人与自然的协调,人与动物的协调……

次日,里正来到王老家里,说近日有些忙,好久没来看望你父女俩了。表示歉意之后,请王老把救蝼蚁和放生鱼虾的事讲了一遍,王老以为这些事情都应该是平常小事,本来就该这么做的。人生在世,生存的条件不同,命运不同,苦苦难难总是难免的,就像大地之上有高山、平原,也有江湖、低谷一样。如果人类都有救苦救难之心,都这么去做,人世间的苦难就会减少很多,矛盾也少了,产生苦难的因由也就少了,和谐与温馨也多了,人间就会更美好。一切众生都是人类的朋友,是人类的生存环境,如果地球上只有人,其他生灵都灭绝了,人类还能生存吗?一切众生都珍爱生命,都贪生怕死,都有苦乐的感受,不能轻易伤害他们,从死亡线上把它们拯救出来,对它们来说是最大的恩德,对我们自己来说是心灵上最大的慰藉。

听了王老的一番话,里正大受感动,过了几天,他召集村中父老乡亲,宣讲王老的事迹,他说王老的善行感动了天神,使我们得了这场好雨，也应该使我们大家都受到教育和启迪，王老应该是我们村的楷模，我们要敬畏生命，敬畏自然，建议把我们的龙潭定为放生潭，要定出规矩，任何人不得去放生潭捕鱼、毒鱼、钓鱼，违者受罚，鱼龙共舞才是精彩的世界，人与众生和谐相处才是美好人间……

这就是放生潭的缘起，千百年来人们一直都遵守着放生潭的规矩，把它视为社会的公序良俗。现代人的思想观念不同了，讲求的只是利害关系，把千百年传承下来的文明不当作一回事，古人说毋贪口腹而恣杀生灵，现在的人是天上飞的除了飞机什么都会吃，地上走的除了火车汽车也什么都敢吃，但反过来又吃什么都怕，都不放心，怕污染，怕假冒伪劣，怕添加剂、着色剂……

也有人去放生潭毒鱼、炸鱼了，当然，社会大环境变了，也不好去苛责他们，但毒鱼之后，天就下了大雨，好像是要把有毒的水冲刷，去炸鱼的鱼没炸到，却炸断了自己的手臂，这真的也值得我们去深思……

# 龙　王　殿

　　龙王殿原是半山的一座小庙，其上是高耸的岩壁，其下也是裸露的岩壁，在半山中间却有一小块平地，佳村人就在这里造了一个庙。

　　这山就是灵山，是附近唯一有如此高峻的裸露岩壁的一处山，其形象有些像狮子头，故也有人称之为狮峰。庙宇的位置有些惊险，如有失足，就会滚到灵溪里去了。

　　附丽于龙潭和龙王庙的传说与逸闻各有特色，龙潭的传说和逸闻大气、精彩、浪漫，龙王庙的传说逸闻具体、亲切、实在。龙王庙体现了灵山的"灵气"，因失足从岩壁上滚落的牛没死，人们担心地寻来时，牛已在安然地吃草了。因失足从岩壁上滚落的人也有好几个，都安然无恙，山下的溪中孩子去玩水的，学生去洗澡的，从来没发生过事故，村子里的父老乡亲在没其他办法时来求神，也很有灵应，求嗣得子，求病得医，上辈的老人说，以前流行疟疾时，已得病的逃到庙中去，既不传染别人，自己的病也好了。大年三十夜，有还不了债的，也有躲到庙里去的，不但平安地渡过了难关，有的还在梦中受神的点拨，改变自己的道路，逐步好了起来，做大了家业。种种传说和逸闻都很生动、很实在，使你也相信龙王庙就是一方的保护神。

　　因原来的龙王庙基址太狭窄、太惊险，2011年在灵山山巅之下较为平旷之处新建了庙宇,这才是金碧辉煌、庄严肃穆的龙王殿。新建殿宇,其实很不容易,从山下到山巅,都是崎岖的山岭,那些笨重的木材和石材,都是由人的肩膀抬上去的,但自始至终,这里没有发生过一点事故,没有一个参与施工的人员受到过一点儿损伤。在殿宇上梁那天,天刚刚拂晓,庙堂基址上燃着熊熊篝火,一位木匠师傅手提一只大公鸡进场来,神色庄严,众目睽睽之下在公鸡脖子上割了一刀,然后绕场一周,让鸡血淋在基址上,然后众人举行祭拜仪式,正当礼炮轰鸣之时,已被宰杀的大公鸡突然从地上跃起,拍着翅膀绕场一圈,还喔喔啼了几声,这不是吉祥之兆吗?随着天边的一片鱼肚白之后,晨光初照,又见从龙潭至龙王殿这一段天宇上展现一条长长的五彩云,就像被无限夸张的神龙

金碧辉煌龙王殿

参加佳村龙皇殿开光 演出
2011年11月7日

庆祝龙王殿开光

漫游的画卷,山上的人和村里的人都看到了,心头都充满喜悦,都相信神龙会给我们带来福祉。

殿宇建好之后,村民们又用一块块石板,从山下铺砌到龙王殿前,共计石阶232级。现今你从山下踏着石阶而上,也不失为一个很好的健身活动。你如带着一种虔诚寻圣的心情去攀登,你会忘了身体的劳累,随着攀登的高度,你心中美好的憧憬和超越的欣慰也在上升,若在中途的树荫下小憩,静听松风,你会体悟"行到水穷处,坐看云起时"的境界,心中澄明如镜。当你终于到了龙王殿前,你会长长地吁一口气,在这里以逍遥的气派俯瞰四方,目光无遮无拦,四面八方尽收眼底,你也许会有君临天下的豪迈,会体会到"高度"一词在哲学上的意义。再看眼前的龙王殿,屋顶的琉璃瓦熠熠生辉,殿内画栋雕梁,装饰的飞禽走兽栩栩如生,龙王法相庄严,佛幡高悬,香烟缭绕,相信你心中会顿生一种朝圣的虔诚与庄严。

如果你和佳村的朋友一起登临,你在殿前观望山景时,那些姿态各异的山就不只是一览无余的表面文章,而是都各有自己的内涵。他们告诉你,村东那条绵延的山冈叫"长龙岗",是长龙在戏珠,早先龙口之处有长龙庵;其下两条形体较小的山冈是两条"长蛇",一条在捕蛙,一条伏着等候过往的小动物,上面的一处坡地叫"山盘聚龙";村前由四条小龙构成的整体地形叫"姑苏平岗",正好是村庄的案山;其后又是"四龙岗",南临灵溪,溪中有小龙潭,正好给小龙戏耍;村西南的山冈称"盘龙岗",与四龙岗相对于灵溪;村西那是"黄龙岗",与"青龙岗"相呼应;还有,那是西塘龙,那是来龙头等等。纵览这些姿态各异的龙山之后,始信以前那个和尚所说的"此地是群龙会集之处"所言不虚。

一般地说,龙王庙都在龙潭边上,而灵溪龙的龙王庙为何置于灵山之巅?亲临其境方才明白,龙王殿之雄踞山巅,原来是统领群龙之意。但愿神龙永显神光,为一方生民带来福祉。

# 来 龙 头

　　来龙头在佳村的中间，指的不是一般村庄的龙山的龙头，而是当年玉帝因一时震怒，斩了灵溪龙时龙头坠落之地。东西两边都是民房，中间自南至北纵向一片空地就任其荒芜，那正是来龙头的所在。一般较大的村庄，位于村庄中间的宅基地都是特别的宝贵，特别的值钱，若有可能都想牟取，但落于佳村正中地带的这片土地竟一直这么空置着、荒芜着，似乎叫人不解。这是真正的信

坐落于村子中间的龙鼻石

仰的力量，是村民们自发的似乎是众志成城般的信念在维护着，这叫人感动，也叫人折服。

我怀着虔诚的心情踏上这块土地，在走到一片峻嶒的岩石之前时，佳村的朋友说这就是龙鼻，旁边就是过去的古道。1971年，为了行驶拖拉机，古道原来的宽度不够，有人就在龙鼻上劈石了，后果是招致了村里的一场大火。

凝望着粗犷的岩石，我陷入了深思。

我们向上走，来到一口古井旁边，只见古井有青黑色的井栏圈围着，上面刻有"大清道光十八年"的文字。再俯瞰井内，只见四面的井壁都不是人工用块石砌的，而是天然生成的岩壁，井水清凉甘洌，有点不可思议。朋友们说，你也许觉得奇怪，怎么会有天然岩壁围着的古井呢？其实这就是龙之双眼，那边的那口也一样，也是天然生成的，我们都是喝着龙眼之水长大的呢。当然事故也常有，有好多次老婆婆和小孩子跌到井里去了，但从来没死过人，都被救起来了，我们说，这是龙之神在护佑着我们。

我又跑过去看对面那口井，大小形状都差不多，但那口没有井栏圈。

不错，龙的眼睛是不会干涸的，喝着龙眼之水长大的你们也是一种福分。

我们又向上走去，来到村子北边的高岗上，面前是荫凉的竹林。朋友们说这里叫来龙岗，具体地说就是龙的前额了，作为一个生命体的额头，正是阳气汇聚之处。不是佳村人忘了忌讳，也不是好了创口忘了痛，而是受一种思维习惯的影响，如今的世道早已变了，以前灵验的东西难道还会灵验吗？于是1982年佳村人在这里开工建蓄水池了，岂料又有三个后生、两个少妇好端端地就死了，我们这又慌乱了，又安排祭龙，才又恢复平静。这样的例子，真

作为"龙眼"的古井

的已经不少,现在面前的这些土地已由村里征用,按照专家的规划,重新来布局……

　　朋友们说的这些事例,使我想到武义县的俞源村。俞源古村的布局是由刘伯温先生搞定的,改道了穿村而过的溪流,把村庄周围的十一个山头,连同村口的太极图作为黄道十二宫,又按北斗七星的图形在村内挖了七口池塘,把祠堂建在北斗七星的斗里。此后村里没有发生过水旱灾,也没有发生过火灾。改革开放之后,让一部分人先富起来,一个村民去江西经商发了起来,回村里后,财大气粗的他要把自家的房子拆了重建,还不顾众人的反对把房子边上的那口池塘填了,但是房子造上去了,还没入住,高高的金字墙竟在大白天突然倒塌,他这才"知道厉害"了,又重新把填了的池塘挖出来……

　　这说明人与自然环境应该是和谐的,不能自以为人的力量是无敌的,可以蛮干,那是要受到惩罚的。

　　我对陪伴着我的朋友们说,你们新的规划实施了之后,人与自然,历史与现实,一定会更协调,更和谐,到时候一定还要来看看。

# 化 龙 岩

佳村东北有个纵深的山坞，一侧的山麓有条小小的溪流。溯流而上，至山坞尽处，有绵延的山冈如屏而列。山下有农田，有大塘，1953 年建成水库，即称大塘水库。因库水就是周边山上的集雨之水和地下泉水，绝无污染，清波泱泱，映照蓝天白云，四周青山如画，难得闻人声相呼，唯有鸟语啁啾，也是个山清水秀、环境清幽的好去处。

化龙岩

自水库大坝向外走，到其地称"三脚蹬步"之处，蓦然见一块巨岩在小溪边的山坡上突兀而起，形体庞大，巍然屹立，当地百姓称之为"化龙岩"。据传灵溪龙被玉帝斩了之后,其中龙脖子后的一段龙身即坠落于此,向着小溪的一侧即是其断面。因为龙是灵异之物,非肉体凡胎,被斩断了的身体虽然也是血肉之躯,但也不会腐朽成尘土,而是在千年的风霜雨雪的历练后变成一块峥嵘的巨岩。据说着地的部分原来中空,早先时小孩都钻得进去,到后来空隙越来越小,以至只剩一道缝隙了,似乎早已岩化的肌体仍有生命信息存在。因于这段因缘,佳村人迎龙灯时必是在来龙头处祭过龙头,再抬着龙头到来龙岗接上龙脖,然后到这里接上龙身,对这一程序的遵从不移,正体现了佳村人对灵溪龙那种代代相传的神圣感和亲切感。

因为巨岩是龙身的一段,因而在人们心中有无限的分量,甚至成了崇拜的偶像,常有人带着小孩来拜岩认父,把写着"拜岩作父,平安吉祥"的红纸对联贴在岩石上,祭拜完毕时还要鸣放鞭炮,当鞭炮在空中炸响时,岩石内也发出沉闷的回响。

据老人们说,巨岩之前原有庙,庙中供有龙位。因为人间大气候的变化,庙宇荒废了,以至没有了。1953年大塘水库开工建设时,一些人为了方便,想把化龙岩炸裂,再剖成块石,拿去建大坝之用,但施工时接连折断了数根钢钎,岩体竟无所损伤,故而只好作罢。但却因此使人们对化龙岩又多了一份敬畏之心。

# 登 天 石

　　灵山西侧有大山坞称化龙坞，中有巨岩称登天石，仿佛与大塘水库的那个山坞相对称，相呼应，也许这又是老天的刻意安排吧。

　　但两个山坞与两块巨岩的形态与姿容毕竟不一样，大塘水库的山坞是纵深而入，出口虽小，但里面的境界却很大，而化龙坞则完全是开放的，它似乎没有什么秘密，可以让你一览无余。

登天石

我们从灵溪边上顺着弯弯的山路向上跋涉，不一会就来到登天石的脚下。细看这块巨岩，并无奇特之处，只觉得它质朴而粗犷，南向的一侧，像是天然生成的石阶，可让人一步一步地登上岩顶。缘何称登天石？据说是灵溪龙因疏忽大意在某次多放了些雨水，致山洪泛滥，枉送了一些无辜的生命，为此玉帝将其贬为一条蛇，命它反省思过。但玉帝毕竟是通情达理的，也慈悲为怀，没有将它的仙籍除去，在想起它时也就马上召见它，其时本是晴好的天气会突然乌云四起，电闪雷鸣，其实那是玉帝召见的信号，山坞里好像有数千人在呐喊，一块巨岩自己竖立起来，并有一步一步的阶梯。灵溪龙也即在这里由蛇身转化为龙，从这块巨岩上呼啸而去，因而这块质朴粗犷的巨岩就有了灵性，并得名登天石。

我们在巨岩之下随意着地而坐，随意地欣赏此处视线之内的山山水水组合起来的风景画。只见灵溪水如碧玉般柔和平静，绕山麓而去，溪之南岸就是古东周的遗址，再过去是一条低矮的山冈，依次列着四个圆圆的小山包，形如桌上的馒头，老乡们说这条山冈就是蟠龙岗，四个小山包是四条蟠着的小龙，因为山形文雅秀美，正中堪舆家下怀，故坟墓特多，蟠龙岗的对面，就是古茶场前面的茶峰了。当我们把视线收回，再沿灵溪往上看，老乡们说小桥桥头那丘田特别大，面积达8亩多，那原是为水碓贮水的"水碓丘"。桥头之下原有水碓，在粮食加工还没机械化时，就是由灵溪之水来踩动水轮机，再带动石磨，来为附近一方的父老乡亲们磨面捣米，那摇动罗纱的响声就是那个时代的生活的节奏，缓慢而单调，也可以说是平和而舒缓。从小桥往上看，又可见白象鼻，而那树荫深处就是灵溪北岸的文武状元帽了。我们再把视线向正西方向看，置于眉睫之前的就是金钗龙，何以名金钗龙？龙本是威猛大气，能上天入地之物，何而以女人的首饰来命名？老乡们的解释是金钗龙的山体生得娇小秀美又分枝如钗，故以金钗名之，实际上也是象形状物，在群龙荟萃之中，偶尔有娇小秀美的金钗龙，非但无损群龙大气威猛的整体形象，反而显得活泼多姿，更多一分人情味。而越过金钗龙，映入眼帘的就是高高耸立的美女山了，看上去是那么庄重，那么沉静……

在这山野之处随心的欣赏中，我再次深深地感受到，在这一方的山川灵秀之地，你用不着刻意地去寻觅，刻意地要走到某一去处，而是随意地走向任何一个地方，你都可感受到有文化的根系在延伸，有文化的脉络可以追寻，见崔嵬者，苍翠者，高者，下者，都有其山的内蕴；见伴山而绕者，浓荫下流淌者，山石上飞而鸣者，都见其水的灵动，行走其间，自觉荣卫周流，呼吸顺畅，我之在天地之间而神气得养……

# 东、西周

佳村古时为东周的街口，图为今日佳村之新貌

　　佳村人曾在村边的山坡上挖出数个带盖的石槽，其上刻有文字及二龙抢珠图案，还有带底座的柱状石器，尚不明白其用途。在建自来水工程时又挖出一把长40厘米的石剑。这些都为村庄的古老提供了佐证。在上世纪六七十年代，佳村人为建学校、大会堂烧制砖瓦而取土时，在村西的东周畈挖到成片的砖头、瓦砾和陶片，2005年又挖到经人工打磨的石板，而老人们更说在东周畈过

去就曾挖到成片的磨砖地面。这些都在告诉我们，大浪淘沙的历史，曾经无情地淘洗了这片土地上曾经的繁华，深厚的淤泥掩盖曾经的壮烈与悲惨。

佳村祖祖辈辈流传下来的传说，说这里古代有东周、西周、前周、后周，村庄连着村庄，街道接着街道，佳村就在东周街道的尽头之处，故也曾称为"街口"。但这一片繁华怎么就雨打风吹去，一朝漂泊难寻觅了呢？现今溯灵溪而上，小溪头只部分村民是周姓，林宅有陈、李、胡、葛、王诸姓，其中王姓与马山塘王姓同一源流，都是清朝咸丰年间太平军至新昌安仁时逃难而来的。再上去就是上蒋，村民姓蒋，徙来上蒋也有一段血泪史，说是北宋雍熙年间，蒋泾居江苏宜兴，擢守豪州，未到任就遭不测，其妻李氏携子世鹤、世龙避地于高山深壑中的濂溪，即今之玉山镇黄里村，后世鹤分居五龙山，即今之上蒋了。其实这当中蒋泾这个人物也是一个历史的悬案。而更大的悬案是，曾经声名赫赫的东周、西周、前周、后周又在何处？

撩开一重重深厚的时间的帘幕，历史的真山真水终究会显露出来，我们通过查找周氏各个版本的宗谱和志书，对这一段历史终于有了个大体的了解。

唐初，周平王78世孙周融居括苍(今丽水)，官拜处州太守。其子周兵于武德年间来东阳任教谕，因爱淮岩之地，即定居于淮岩，是为东阳周氏始迁之祖。周兵的孙子周虎于麟德年间迁徙到玉山模槎岙，是为玉山周氏始祖。周虎有二子，长子周魏仍居原处，次子周旺徙居临泽，是为临泽周氏始祖。

周旺有6个儿子，18个孙子，自此临泽进入子孙繁衍、兴旺发达时期，故有"淮岩肇始，临泽发祥"之说。后周旺的子孙又纷纷分迁外地，如东阳、嵊县、天台、诸暨、永康、义乌等地，估计人口已达

8-10 万人。当然，我们关注的重点在于临泽，据史料记载，自周旺徙居临泽之后，子孙繁昌，家族兴旺，以致出现东周、西周、前周、后周，"沃田亩以万计，卜筑延蔓可十里"，甚至有一千根柱脚在同一时辰竖立起来的传说，人烟之稠，占地之广，为玉山之首，被誉为婺东望族。周文会、周文耸等兄弟四人在建下觉庵时，献出自家良田 3600 坪作为庵产，足见当年周氏田连阡陌，财富充盈之盛况不虚，也显示周氏气魄之大，实力之雄厚。

当然，光有财富，还不足以铸就一个家族的辉煌，要铸就一个家族的辉煌，人才比财富更为重要。临泽不仅财富充盈，且也人才济济，到宋朝就"名宦继起，车轩趋道"，特别是到了南宋时期，国家的政治和经济中心南移，朝廷正值用人之际，临泽派周氏"科第鹊起，簪缨蝉联""占状元者一，登进士者一十有二。或父子济美，或昆弟联镳，或叔侄齐名，或祖孙接武，瑜环瑶珥，美不胜收，譬如玉树琼林中，无一非瑰环奇宝……"史料中没有说临泽有几顶乌纱，但说有 18 条金腰带，盛况极为少见。

曾经那么辉煌的临泽，又怎么淹灭了呢？

事物的发展规律是盛极必衰。南宋时期民族危机沉重，国家前途风雨飘摇，而周氏的命运与国家的命运连在了一起，共荣共辱。状元周师锐为国事操劳，血战于沙场，只四十九岁就英年早逝。进士周仲虎任高州太守，御敌而亡。至南宋末年，临安危急，朝廷呼吁临泽共兴勤王义旅。后临安陷落，皇室出逃，向四明、台、温沿海奔窜，临泽既为要冲之地，更多簪缨旧族，勋烈世家，那些忠君报国的儒家思想浸透骨髓的周氏精英们破家起兵，抗击元军，匡扶社稷。虽然其情壮烈，感天动地，怎奈大势已去，元军如虎如狼，纵然忠臣烈士"取义成仁者项背相望"，终难挽救南宋的灭亡。战争过后，村庄尽成废墟，百姓多被屠戮，周氏家族中未遭杀戮者也都逃匿深山，或者远遁他乡，"忠烈无名，湮没而不能彰者，不知其几千百数而无从稽考也。"在刀光剑影中，在血与火的搏斗中，一个曾经那么辉煌的古村临泽，就这样湮灭了。

这是历史造成的惨剧。南宋将亡之时，这样的惨剧在磐安也并非个案。当元军步步进逼，风声鹤唳，黑云压城之时，有大批的"人臣非以能死为难，而以保卫社稷为难"的忠臣烈士，誓死抗击元军。咸淳末年，临安已失，宋广王由海道抵台，磐安冷水镇白岩村的曹天骏、曹天骥兄弟以为"我家世受国恩，岂可忘耶？"就组织义军，于婺、台之要冲建营垒，力挫元军前锋，继又募兵四万，进驻临海白水洋阻击元军，使宋广王得以入闽，后元军张弘范率军大至，曹家义军仍与之对峙，直到温州、永康、缙云都被元军占领，对曹家义军形成合围，曹家军军士多兵败身亡，而没有投降于元军的。

我们也不会忘记杨镇龙的抗元斗争的根据地就设于玉山，他有兵力十二万，还在玉山建立过"大兴国"，虽然失败时的主战场不在玉山，但元军在击败杨镇龙之后仍对玉山进行了屠戮。

中国的历史就像走马灯一样，重复着一幕幕改朝换代的惨剧，而每一次的改朝换代都死人无数。特别是元朝的蒙古军和清朝的清军，在打天下时都是杀人如麻的。

不能说东周、西周就是临泽，但也在临泽的范围之内。这一段历史是令人感慨的，我们在查考这段史实时常为之掩卷深思，使人遗憾的是我们查找到的还只是大的轮廓，其中必然还有许多生动的，甚至使人热血涌流的情节我们还不知道，还只能靠我们自己去想象。史料中屡屡提到的一些地名如后周、模槎岙、名家、石仓等等，虽然应该就在玉峰的范围以内，但具体究竟是哪里也还不知道。也许，一个看似平常的山岙，也掩埋着隐秘的文化。

佳村民间还有洪水毁了东周的传说，说的是某月某日东周来了个卖油郎，他不同于寻常的生意人，在卖油时收了钱之后就叫买油的自己去舀，于是有的人按钱舀油，按良心行事，有的就少付钱多舀油，昧心地占人便宜，卖油郎只看在眼里不说什么。几天之后，这儿突然连降暴雨，沿着灵溪两边一片狂涛，正在人们呼天抢地的危难时刻，只见先前的卖油郎驾一叶小舟在洪峰上颠簸而来，把有缘的良民救了出去，但大多数都被洪水吞没了，房屋不复存在，村庄也不复存在。故事蕴含着一定的哲理，假如确有这场洪灾，那毁了的村庄应该是在南宋末年已经毁了的东周之后重建的村庄。不管其真实性如何，但这种可能性是存在的。老辈的人还常常说起民国时的那场洪灾，说洪水把小溪头村的半个村子都淹没了，灵溪庵学校的操场也淹没了，佳村桥头的人家的灶头也淹没了，人们站在高处，看到的是滔天的黄汤，木料、家具、牛羊在洪流中翻滚沉浮，东周畈和后岸畈是一片汪洋，洪水过后，留下的是大大小小的沙丘和满目的惨象……

历史留给后人的不仅是光环，还有许许多多的悲惨和教训，光环固然要珍惜，但惨剧也该去反思，教训更不应遗忘。

# 马 车 山

佳村西南盘龙坞近旁的一片山地,据传是东周的车马山。顾名思义,就是停车放马的地方,类似于今天的停车场。

在古代,一般的农村不会有停车放马的场所,而富庶繁华,交通方便,人流量大的地方,应该有这样的场所。我们看舞台上演的古装戏,常有这样的细节:家院去通报主人"××来了",主人会问:"是轿来?马来?"或问:"带来多少人马?"假如家院说"只××一人",主人马上就一脸轻蔑。古代的东周有停车放马之处,想必有两种可能,一是这里有集市,市日客商很多,二是附近富豪之家很多,与官府以及外地的富豪交往密切,而这又折射出当时东周的发展水平和它曾经拥有的繁荣。

附近还有一处地名称为"劳基"或"料基"的地方,乃是古代从溪中打捞木材和堆放木料之处。因东周建祠堂、庙宇等大型建筑时,所需木材要从灵溪上游的大山里采取,古时没有汽车之类的运输工具,就等大雨后溪流暴涨时把木料放入溪中让木料随洪流而下,至放生潭水势平缓,再用一头镶有扎钩的竹竿把木料扎住,并打捞上来,这种运木料的办法,上世纪六十年代时在夹溪还在应用。

# 大　禹　庙

　　在中国,大禹治水的故事可谓家喻户晓,那种"三过家门而不入"的忘我精神,使平头百姓们感激莫名,而疏而不堵的治水思路也使智者信服,并被引用为社会治理的战略原则。

　　所以中国很多地方都有大禹庙,把大禹奉为崇拜的偶像,祀奉香火。几千年来,中国的农村经济太单一,广大农民只种点粮食以活命,平原地区除了种粮之外就学点手艺,山区里除种粮就只是进山砍点柴火、打个猎、挖点药材卖几个钱,其他的出路就很少了,因而水、旱灾就成为致命的威胁,农田都在河边、溪边的千万不能下大雨暴雨,不能发山洪,一发大水就会颗粒无收,而山区则更怕旱灾,如果旱得重了,旱得及时,旱地作物就会绝收。所以农民总是盼望着年年都风调雨顺种好田,总盼望有个保护神,以防灾难的降临。但大禹毕竟不是神,他生前治水之功业,无与伦比,但总难一劳永逸,灾难还是频频而来,所以有的地方为防水、旱灾奉祀的也就不再是大禹。像秦岭和大巴山交界的一个地方,有条奇怪的河流,自南向北钻透了盆地中间的一条长长的山脊,形成三个长长的岩洞,最后从山脊南端的绝壁上涌出,形成一道壮观的瀑布,然后又像白龙翻滚,正对着兀立在溪流中正对洞口的一座小小孤峰冲去,这孤峰酷似人形,被称水母娘娘石,顶上有座小小的庙称作水母娘娘庙。据说这条河若发洪水会直泻数十里,甚至上百里，带来严重的灾难，而掌控的就是孤峰上的水母娘娘，据说还非常灵验，当地百姓对水母娘娘也诚惶诚恐，不敢懈怠。

在灵溪也有大禹庙，原址在下觉

斗方

庵之下灵溪边上，其地称石坝滩。原来也是香火不绝的，人们也心诚意真，但洪水仍常年光顾，后来也未免灰心失望了。某年的洪水把大禹庙也冲走了。后来人们在灵山半岩之处建起龙王庙，就把那份心意都移到龙王庙去了，说起大禹庙，就像山歌里唱的那样："去年三月发大水，连连氽出两三阵，自己龙身保不住，哪有灵签施凡人……"

据说龙王庙落成的当年六月就大旱，玉山地区属高山台地，灾情更加严重，县太爷又亲来勘荒，见田地龟裂，禾苗枯焦，太阳酷热如烤，心中焦急万分，闻说灵溪龙素著灵绩，就在龙王庙摆香案求雨，并祷告云："某身为县宰，为民父母，不能进贤退恶，和调百姓，致今天地生愤，赤日炎炎，万物枯焦，万民望雨，其罪其责，都在于某，今自曝庙前以谢罪，若今日无雨，明日仍当自曝，若自曝三日无雨,将自焚以谢天地……"嘱毕,就恭恭敬敬地自立于庙前,在烈日之下曝晒。其手下诸人,见县太爷如此虔诚,也都一同立于烈日下自曝。中午过后,忽见盆地西南的仰瓦山后一团黑云升起,渐渐向西扩展,不多时覆船山也为黑云吞没,接着大雨如旗帜一般自西南飘忽而来,半日之中沟渠畅流,万物复苏……

据说,在以后的几十年中,也未见洪灾,虽然也有人还曾提议要重建大禹庙,但终究未能成事,至今也仅有遗址而已。可见,人们对于偶像的崇拜并非只是理论上或观念上的问题,总还得有点实质性的东西让他心动才行。

# 和 福 庙

和福庙

　　佳村旧时有"六庵四庙"，其中一个称"和福庙"。

　　缘何称"和福庙"？原来是因一个布袋和尚劝人的一句话："以和为贵，平安是福。"

　　话说古时东周村有个周二毛，为人好占别人便宜，在村内比较强势，但本质还不坏。那一年他家要造屋，新宅基与周小五相邻。那周小五淳朴正直，但条件不是很好，在村内较为弱势。这两家子平日也有交往,从无纠葛,但这次为造屋量地基却起了纠纷,原因是周二毛为自己的房子宽敞一些,一定要把墙脚做在周小五的地基上,为此私自暗中移动原来的界石。而小五呢,他觉得如果二毛的地基按标准造下去,可以让他一二尺,但也要付过银价,写过契约,而你就凭着势力要强占我的地基,我也决不同意。于是两家就多次争吵,后来就打起官司来了。

县衙决定于某月某日审理此案,给原被告发去通知。因为到县城有一百多里路程,得提前一天赶到县里。那天周二毛和周小五都到县城去了,当然不会结伴而行,是二毛先走,小五过一会才动身。

因为这案子影响很大,村里反响强烈,引起一个外来和尚的关注,他暗中向村民问明了案子的来龙去脉,了解了两人平时的为人,就决定要过问一下。

从东周到县城有三四十里山路, 其中有一段路里面是岩壁,外面也是岩山,如有失足,就会滚到深谷里去。那周二毛正匆匆赶路,一心只想着官司的事,不想路里壁山上突然窜下一条大蛇,周二毛一惊一退,就跌下去了,好在有一个树墩把他挡住,没有滚下深谷,但却是上不得上,下不得下,只得大喊救命,无奈是空山寂寂,没有过往行人,二毛吓得浑身是汗了。

过了好一会周小五也匆匆来到,周二毛眼睛一亮,忙喊:"小五哥救我,小五哥救我,快拉我一把。"周小五见状,来不及多想,就放下包袱,探身下去拉二毛,这是很危险的呀,弄不好两人都没命的。

在这关键时刻,布袋和尚出现了,他从布袋里拿出一根粗粗的绳,把一头甩给二毛,叫二毛抓住绳子,轻轻一拉,二毛就被拉上来了,接着又伸手拉了一把周小五,这场灾难就这样收拾了。

布袋和尚叫二人先坐下憩息，定定心，不要忙着赶路了。周二毛心有余悸，只见和尚慈眉善目，笑容满面，心里就宽慰了许多。

布袋和尚见周二毛有些尴尬，就笑眯眯地问道："这官司还打吗？"

周二毛被这一问，问得心里五味杂陈，他在心里对自己说，在这危险关头，小五不计前嫌，不顾自己生命危险来救我，之前的事情本来就是我自己的错，如果还要打官司，那真是天理难容了。就向小五与布袋和尚道：这官司不打了，我向小五哥赔不是了，希望以后我们是好邻居、好伙伴、好兄弟！

布袋和尚笑道：对呀，这才是正道！接着他又给二人讲了个故事，他说：以前在山东德州，有两户人家也为一道墙的基址闹起纠纷，打起官司，其中一户的老奶奶为打赢官司写了一封信，叫家人送去京城，她的儿子在朝廷里当宰相。他儿子接信后觉得可笑，写了一首诗作为回信。那首诗的意思是说：千里迢迢地差人送来书信，却原来只为一墙之事，真叫人笑掉牙了，邻居相处，以仁义为先，要互谅

弥勒佛

互让,只有邻居和睦相处,团结互助,才能家业兴盛,区区一墙之地就让了他又有何妨?万里长城虽然还在,但还有当年的秦始皇吗?老奶奶看了宰相的回书,一下子醒悟了,说:对呀,只有邻居和睦相处,团结互助,我们家居才能心情舒畅,家居平安,常言道邻不和盗贼欺,我们怎么就这样死心眼呢?于是他家就主动让出三尺地基,对方见他家如此重仁义,如此高姿态,当然很感动,人家的儿子还是当朝宰相呀,于是也让出三尺,一场纠纷就此化解,两家让出的六尺土地以后成了众人的道路,他们两家也都幸福安康,子孙贤孝,名重乡里。

周小五听了这个故事,心想故事中的那个案子的起因与我们的案子差不多,这和尚是在开导我们,教我们应该怎样做人,心里

参加佳村龙皇殿接佛 演出
2011年11月1日

庆祝和福庙开光

非常感激，就向和尚问道："敢问高僧尊号，来自何方？"和尚笑道："我来自宁波保国寺，没有什么尊号，就叫布袋和尚。今天遇到二位也是缘分，就送你们一句话，叫作'以和为贵，平安是福'，望二位切记。和能生财，和能通人脉成大事，闹纠纷、打官司，不但劳心劳力，还要破财，冤仇宜解不宜结，算计别人不如帮助别人，就此别了，后会有期。"说完拱拱手，就背着布袋去了。

周二毛和周小五二人也就回来了，在路上仔细想想，今天这事是布袋和尚为教诲我们而安排的，好像用锁匙打开了我们思想上的死结，应该好好感谢他才是。以后他们真的成了好邻居、好伙伴、好兄弟。二人还一起到宁波保国寺去寻过布袋和尚，虽然没见着布袋和尚，他又出外云游去了，但也增长了见识，知道真的有个保国寺，在宁波灵山，供的是"大肚能容，容人间难容之事；笑口常开，笑世上可笑之人"的弥勒佛，布袋和尚就是弥勒佛的化身。回来后他们向村民说，宁波也有一座灵山，山上有保国寺，布袋和尚就是保国寺的弥勒佛，他俩还发动大家赞助，建起一个庙宇，用布袋和尚"以和为贵，平安是福"这句话的意思取名为"和福庙"。

# 青 莲 庵

青莲庵在佳村东北,庵址所在处称潘家青,因庵堂在一浅浅的山坳中,地形恰如展开的莲花,而莲花又是清雅素净的象征,故庵以青莲名之。

青莲庵始建于元朝,曾一度名重于世,那已是明朝之时,且与高官周如玖相关。所以,我们先来说一说周如玖。

周如玖,字仲璋,号翠庭,玉峰马塘人。青年才

青莲庵古佛

俊,崛起于文学。其诗砥节高简,格调清新,一洗元朝以来诗界的积习和弊端,独树一帜,得到社会的广泛推崇。宋濂称他"诗豪文壮,骏迈与同邑吕默类",汪世忠称他的诗"浑涵冲澹,驰骋于尘盖之外,魁岸于雾霭之上,壮迈流逸,兼有诸品,发乎性情而不尚工巧,有三百篇遗风"。但我们之所以敬佩他,主要还不在文学,而在于他的为人与从政中的表现。他生性耿直,不阿谀奉迎,为政以廉干见称,综合钱粮,严禁贪污贿赂,处处以百姓利益为重。中进士后曾任中书省勅召助教国子、翰林院侍讲等职,后调湖广分省郎中,守襄阳,又调四川道右参政,加枢密副史,又调河南中书省左参政,行枢密副使,知平章政事,又守汝州。元末,告归故里,于陈家滩营筑新居,优游于林泉之间。明太祖削平群雄之后,礼遇天下名士,起复周如玖原来的官职,当时河南听到如玖回来了,省、郡军民一片欢呼,可见他平日确是深为百姓爱戴。

我们要说的青莲庵的一段与周如玖相关的故事,就发生在他重返河南的那个时段里。当时,某郡某县的一个年轻女子,婚后不久,丈夫就不幸身亡,婆婆又长年患病,生活不能自理,媳妇生性至孝,服侍婆婆细心恭谨,事无巨细,都亲力亲为,常使婆婆感动以至热泪盈眶。十余年后,婆婆病体如故,自思活着也是一种苦难,看媳妇里里外外都独自一人料理,每日里起早贪黑,实在太辛苦了,自己活着只是她的一个累赘,并无其他意义,死了倒可减轻她的负担,于是就在媳妇去田间劳动时上吊自尽了,媳妇回家发现时,吓得魂不附体,哀号不已。此时,这户人家只有这个媳妇独自一人了,境况好不凄凉。叫人意想不到的是已出嫁的姑姑却出于自私的目的,到官府去告了一状,说嫂嫂杀了她的母亲。于是官府就拘捕了媳妇。在公堂上媳妇拒不承认杀人之罪,县官就严刑拷打,逼迫其认罪,媳妇受不了酷刑,只好屈招,而后被系狱中，等刑部复文秋后问斩。虽然同僚也提出这是一个冤案，但这个县官是个粗暴鲁莽而又固执的混蛋，别人的话一句也听不进去。

那媳妇命不该死，在系狱期间，周如玖视察来了。一天如玖微服出去，夜晚归来时见两个狱吏在酒店里喝得醉醺醺的，正在骂人，好像是在骂县官，他就走进去和他们搭话，狱吏一是醉了，二是不认识如玖，就说关在他的监号的女人，天天哭，夜夜哭，哭她的父母，哭她的丈夫，又哭她的婆婆，真是被她哭得烦心透了，但她是被冤枉的，是个有名的贤孝媳妇，所以又不忍心骂她、打她，只好让她哭，真是烦透了，千不该，万不该，总是这个昏官不该不分青红皂白乱判案……

所谓言者无心，听者有意，周如玖没有暴露身份，就独自离开了酒店，他认为两个狱吏醉后之言是真话，这是一个非常简单，不该成为冤案的冤案。于是就暗中展开调查，被调查的几乎都是众口一词，都说那位媳妇的贤孝。于是他重审了此案，将那女子无罪释放，将那个县官撤职罢官。

本来故事到此就该完了，但碰到特殊的故事的主人公，往往又会风生水起，又奏响一段余韵。几年后，周如玖自己被人诬告，皇上简单粗暴，就把周如玖贬为柳州柳阳主簿，从北京去广西，千里迢迢，广西又被认为是蛮荒之地，以戴罪之身去广西，总是凶多吉少吧。但去总得去，还不得有怨言。行了几天，手下之人突然来禀报，说有一妇人，青衣素服，鞋子破了，双脚的血泡碎了，一定要跟车杖而行，赶也赶不走，还说一定要见你。如玖说就见见她吧，想必她也有难言之苦。那妇人见了如玖纳头便拜，说我就是被你无罪释放的那个妇人，再生之恩，未遑图报，得知你大人被贬广西，我肯定这是个冤案。若大人仕途一路顺风，我无须来见你了，而今你遭人陷害,陷入冤案,我只能不避嫌疑跟随你的车杖而行,千辛万苦在所不辞,请大人收留我做个女佣,一路的风霜雨雪,我会好好照料于你⋯⋯说完又拜,还哽咽不已,在旁之人也无不为之感动。如玖听了,叹息良久,也就答应收留她,心想也好让她后半生有个归宿。

虽然皇上后来也察知对周如玖的诬告不实,为他作了平反,但此后如玖就一直不顺。他父亲去世了,他回乡守孝三年,回来时所带的轿夫、随从,就都分给他们土地、山林,并给以银两,让他们在这里娶妻生子,安家立业,不再回原籍,那位自动跟来做女佣的"贤媳妇",也去了青莲庵为尼,生活上也得到照顾。后来周如玖去世后,也安葬在潘家青,就在青莲庵的近旁,那位妇人又为他守墓,人们都称她是"义女",也成就了青莲庵的一段历史佳话。

# 新 安 寺

佳村的"六庵四庙"中最古老的是新安寺，建于唐咸通八年（867），刚好与安文的安福寺同年建造。

新安寺最初为东周人所建,所在之处山光悦目，水色宜人,花草争荣,鸟鸣悠悠。寺院除了正殿还有厢房,庭院之外围以长垣、青瓦粉墙，格外醒目,建筑造型典雅，风格古朴，一株千年古柏，傲雪斗霜,生机勃勃。长年香客云集，烛火长明,晨钟暮鼓,远近可闻,庇佑附近一方村落。寺院不仅规模较

新安寺古佛

大，资产也很丰饶。里塘弯一带的水田，寺西坟山背的林地，以及寺后的旱地，都属寺院所有，常年租给村里农户种植。而且历经千百年来，寺院都有专门管理事务的"守寺人"，直至上世纪土地改革时，当时的"守寺人"回原籍土改，尔后再无专人管理。

时移世易，兴废无常，千百年来虽代有高僧生化期间，然也有钟鼓绝响之时。近世以降，许多地方都梵宇荡然。自上世纪中叶以后，新安寺变成一所小学，附近各自然村的学童都来此读书，就在正殿的佛像之前上课，虽然办学条件很差，但也为农村教育作出了贡献。大跃进之风刮来，新安寺即被拆除，改建养猪场，连那千年古柏也被砍了。养猪场垮了之后，又变成加工厂，而后又变成茶厂。而这些场呀、厂呀，就像急雨下的池塘中的泡泡，转瞬间也就没了。而今仅留下杂草丛生的一片遗址。

# 苏 姐 庙

佳村之东,大路之旁,有个不大的庙。庙前小小溪流之上有座石板桥,这个小庙就称"石桥镇",粗粗看来,把一个庙取名"石桥镇"有点不伦不类。

原来这当中也有一个悲凉的故事。

南宋德祐二年(1276),苟延残喘的宋朝终于灭亡,元军进入临安,奸淫烧杀,自不待说,皇宫中的女子几乎都被掳去,但也有如漏网之鱼,趁乱逃出临安的。

那一天下午,太阳快要下山,佳村的王大妈自亲戚家回来,走到山路的一棵大树下,见一个年轻女子昏倒在路边,头发蓬乱,鞋子破了,脚上的血泡碎了,淌出血来,王大妈掐了她的人中,揉搓了她的胸腹,那女子张开了眼,苏醒了过来,王大妈一步一步艰难地把她搀扶到家里,原来她是太累了,又饿极了才昏倒的,王大妈让她吃了些薄粥,神色也就好了起来。

第二天晚上,王大妈见女子比昨天好多了,就主动问她是哪里人氏,姓甚名谁,为何独自一人出行?女子说她本苏州人氏,随夫来到临安,因元军进了临安城,烧杀掳掠,城中大乱,她和丈夫逃出城外,但逃难的人群拥挤道路,致使她与丈夫失散了,只得独自一人,风餐露宿,已不知在路上几天了,昨天昏倒路边,多蒙妈妈相救,再生之恩,没齿难忘,但不知此处是何方地面?

王大妈说，这里是东阳玉山地面了，已经是天高皇帝远了，你就在这里将息一些时日再说吧，原来你也是一个人了，好命苦呀。老身也是一个人，夫君早就亡故，两个儿子都为国尽忠，战死沙场，只落得老身独自一人，孤苦伶仃，又可恼宋皇和他手下的那帮大臣如此昏庸无能，就这样亡国了……

女子听王大妈说是"独自一人，孤苦伶仃"，就跪在王大妈面前，说道：既然妈妈也独自一人，就请妈妈认我做个义女吧，两个人好有个照应。王大妈听了，立刻转悲为喜，就说你就放心在这里好了，我家还有几亩薄田，可以过得日子，以后这个家也就是你的家了。

两个孤单的女人走到了一起，这当然使她们的生命增添了亮色，但王大妈并不知道她的义女对她隐瞒了宫女的身份，女儿的许多事情都是以后一点一点地告诉她的。

因为王大妈的义女姿容出众，待人接物又很得体，很快村里男女老少都喜欢她，亲切地称她为"苏姐"。一天，苏姐和王大妈一起在一户人家的家里小坐，听见隔壁的女人在哭，还哭得很伤心，苏姐问那女人为什么哭？那家的女人说，是她的小孩死了，早饭后死去的，多么可爱的小孩呀，难怪她这么心痛！苏姐说我去看看，是否有救。她去看后说有救，还真的把孩子救活了。原来苏姐出身于一个中医世家，谙熟针灸推拿之术，也懂得一些中草药的药理与应用。自此之后，村里人有个急病或疑难杂症，常来找她，她也救了一些人的命，在村里的人缘更好了。

但是，别人哪里知道，苏姐是对人强笑背人悲，每次去给人治病回来的那天晚上她都会伤心恸哭。原来她父亲是苏州名医，对她视为掌上明珠，常把自家独有的治病救人秘术传授给她，而她又是天资聪颖，往往点到就悟到。而父亲的一个好友本是仕途中人,因国家动乱就早早赋闲在家,他的儿子已中了秀才,诗词歌赋,可说也是倚马可待,但与其父一样,眼见朝中奸臣丧权辱国,皇上昏庸无能,也就无意仕途,"不作宰相,就为名医",悉心研习医药经典,并常来请教苏姐的父亲。一来二往之后,互相也都有了爱慕之心,后竟至于刻骨铭心,常以诗词互通款曲,双方父母也都认为这是好事,是好姻缘。正在他们编织未来的好梦时,苏姐突然被选入宫,厄运从天而降,不是说"侯门一入深如海,从此萧郎是路人"吗?皇宫比侯门还要可怕,一段刻骨铭心的爱情,活生生地被钢刀朱笔扼杀了。进入皇宫之后,苏姐除了夜夜泪湿枕头之外,只有对皇帝的荒淫无耻和奸臣们的卖国求荣的愤怒。爱情的幻灭,加上国破家亡的苦难,使苏姐破碎的心灵不时地渗出血来……

苏姐日见消瘦,郁郁寡欢。一天,一位老先生来看她,她正睡着了,老先生示意王大妈别叫醒她。老先生看见桌上的两张纸,分别写着两首诗,其一是:"我有敌国仇,无人可为雪。每至秦陇头,游魂自鸣咽。"另一首是:"相思无路莫相思,风里开花只片时。惆怅金闺却归处,晓莺肠断绿杨枝。"老先生读后沉吟不语,良久,方对王大妈说:这是唐朝时候的两首鬼诗,苏姐是以别人的酒杯,浇自己胸中的块垒,我看她情思郁结难解,恐不久于人世。王大妈听了默然垂泪。

苏姐终于病了,并在一个月冷星稀的深秋之夜,悄然离世。逾年之后,佳村人念着苏姐对佳村的好,救死扶伤的恩,为她造了一个庙,为她塑了像,祀以香火,就称"苏姐庙",后因人们曾数次在夜间见有白衣女子自庙门而出,飘然于山水之间,知道这是苏姐精魂不散,更加同情,但这毕竟不是好事,应该阴阳有别,村里经商议后在庙前架石板桥,在庙门之上书"石桥镇"三字,意为以石桥震慑之,尔后再未见有白衣女子夜出了。

民国时期,地方实行保甲制度,佳村、妙塘同属一个保,苏姐庙作为妙塘村水口归口妙塘村。新中国成立后,庙宇失修崩塌,几年前妙塘村重修庙宇,重塑佛像,但庙主被换成"泗州太祖","苏州大士"被置于一旁了……

# 长 龙 庵

　　长龙庵在佳村之东，
距佳村约二里的山冈上。
庵后有一条长长的山冈，
就称长龙岗，庵前是一片
宽阔的山林。由于地势较
高，视野辽远，怀想历史
风云，常会使人有苍山如
海、残阳如血的感慨。

　　长龙庵始建于何时，
已无从查考，但却曾有过
一段辉煌的时期，房宇甚
多，有钟楼、鼓楼，钟声嘹
亮，远近可闻。明朝时有
高僧熊罗汉，云游至此，
对此庵觉得满意，在此驻
扎了几年，常为百姓治
病，总是手到病除。后来
他又去了安顶禅院，静心
修行，还曾与三州潭的小

长龙庵古佛

龙斗法,据说安顶禅院钟鼓楼的寺钟就在那场斗法中滚落十八涡的。后来,熊罗汉又去天台,最后圆寂于广严寺。

清顺治四年(1647),南明江干兵败,奸相马士英欲劫路王以降清,阴谋未能得逞,随即逃到嵊县大岩山中,又入四明山金钟寺剃发充僧,清军一至,立即投降清军。清军命他一人一骑去黄岩招降方国安,方国安因在江干之战中犯了重大错误,故而也就同意投降。马士英返回时从道过东阳,得悉抗清名将吴凯正驻军玉山元里,马士英即作书招降吴凯。吴凯不从,还义正词严地斥辱了马士英,马士英即借清军之骑兵袭杀吴凯,吴凯措手不及,与部下120余人自刎于实相寺松林中,军中妇女八人自刎于八婆陇。是役被清军屠杀的共1200余人,吴凯则合家牺牲,原浙江转运使元里人周宏毅也在实相寺松林中自刎身亡,元里村房屋被焚烧殆尽。而此时嵊县秀才尹灿正在湖溪做抗清联络工作,得此消息义愤填膺,就在湖溪组织白头军起兵抗清;而玉山的周钦贵、赵小仇、倪玉露、陈启元也在玉山拉起队伍;新昌的俞茂功也组织队伍,杀了清将陈宝琦,领军向玉山进发,驻兵于安顶禅院,天台陈和尚又起兵响应;而东阳的赵仇则聚众数万,驻扎于灵岩寺,又联合了诸暨的白先锋。白头军的抗清战火迅即延烧边邻数县市,一时声势大振。

随着形势的迅速发展,玉山很快成了白头军与清军的主战场,域内较大的寺院与庵堂都成驻扎部队之所,长龙庵不但驻扎部队,还成了白头军打造武器的基地,甚至僧众也参与其事。白头军的抗清斗争前前后后坚持了二十年,玉山无数村庄被焚毁,无数人民被屠杀,所谓"田园都被荒芜,房宇尽成瓦砾"。而长龙庵因目标太大,交通又方便,前期就被清军焚毁,白头军的武器打造基地被迫转移到黄连村附近的一座大山里去,那个地方至今还被称为"打铁坪"。

由于原来的规模较大，被清军焚毁后的长龙庵未能重建，佳村人前些年还曾在那里挖出刀剑来，面对锈了、烂了的刀剑，我们只能为历史的残酷和无常而喟叹……

# 飞 凤 山

飞凤庵三圣殿

飞凤山在佳村之西，林宅村之北。

去飞凤山要走几十分钟的山路，路况较好，没有山岭，虽然一直是向上，但坡度平缓，小车也能通行，路的两旁都是苍翠的林木，空气中浮动着一股山间特有的草木的清香，使人的心情也带上一种微醺的舒和。

我们终于到了目的地,原来是一座新建的寺院,有前殿和后殿,前殿对着一个面积很大的放生池。寺院后面是一条绵延的山脉,迤逦东去。从寺院的左侧向东北而上,有巨岩名螺蛳岩,极有情趣,据说是观看云海变幻的最佳位置。而山下又有黄门水库,边有绿柳低垂,水中也有枝叶青青的树木……

我没有去考察飞凤山的地形,因为林木繁茂的山很难看出它的形势,也没有询问有关飞凤山的传说或典故。我觉得这些并不重要,一些地方的虚构的传说故事,漫无边际,随心所欲,既无人情味也不能给人以智慧的启迪,其实并没有什么意义。此刻,重要的是这个地方对我们的现实感受,对我们的心灵的触动和启示。说真的,此刻我对这个地方的感受已经非常丰富的了。

首先,当我来到这个地方,一种仙境般的幽静便陡然在心中扩展开来,虽然这里离外面的村落并不很远,但因寺院坐落于大山的怀抱之中,山外有山,天外有天,在感觉上好像离红尘世界已很遥远了。一般知名的寺庙的门前都摆列着供燃烧香烛的铁鼎,但这里没有铁鼎,而是安排了一个很大的放生池,既是风景又是实实在在的行善。有些寺庙即使里面烟熏火燎,人声鼎沸,道路两旁叫卖之声不绝于耳,钱的分量比神灵还重,你洗一下手也要付钱五毛,喧嚣之声让人感到比红尘世界还要厉害,哪有什么佛地的清净?而这里不管是门口、窗口还是其他什么角度看去,所见的尽是苍翠的林木,层层叠叠的绿色,会使你觉得这里的空气也是绿的,蕴含着丰富的生命因子。记得童年时有位离开部队赋闲在家的长者对我说起过,他在南京时有位同事患肺结核已到了第三期,肺叶上空洞已很大,医院已经施救无术,叫他随心随意地玩着就是了,那时没有雷米风和链霉素等特效药,肺结核就是绝症。这个军官一点儿也不焦急,他很坦然地搬到一个大山怀抱的寺院里去住了，寺院门前也有一口大池塘。他每天都随心地在林间或池塘边行吟，或吟诗，或弹琴，或唱歌，每天都喝两碗鲫鱼汤，但不吃鱼肉，也花钱买鱼来放生，三个月之后，他的病竟奇迹般地痊愈了。我想他去休养的那个寺院的内外环境和这里应该是一样的，都像仙境一般。

我们步入后殿，这里供的是三圣佛。因为庙宇新建，佛像金光闪烁，环境非常清爽，

茗杯暝起味

书卷静中缘 乙酉年胡立新书

对联

常清爽，院子里红中有白的大丽花开得称心如意，花朵硕大的月季花色殷红。这里只有两位年长的女居士在管理。在房间里坐着喝茶时我深有所感地说：这里像仙境似的清幽，如有可能到这里

做两件事情是最理想不过的：一是在这里撰写长篇小说，二是"读佛书，对美人。"朋友们听了说，在这里写长篇小说当然很好，住到这里来最好把手机也关了，把一切凡尘俗务割断，全身心地深入刻画人物的内心世界，去解剖看上去迷人心眼的事物的本质，写出来的作品一定会有深度，但"读佛书，对美人"又怎么讲呢？对着美人，还能把佛书读进去吗？我说，读佛书，对美人只是一种读书之理，一般之人，哪有可能？这个理儿，是明朝的吴从先说的，他说："读史宜映雪，以莹玄鉴。读子宜伴月，以寄远神。读佛书宜对美人，以免堕空……"因为佛书多言人生空幻，诸缘难免最终成空是生命的本质，在这种思绪的濡染下，常人也易遁空，也会"揭帝，揭帝，波罗揭帝，波罗僧揭帝，菩提萨婆诃。"舍此岸而将希望寄托于渺远的彼岸。但如果身边常坐美人，她的眼神会把你的意念从缥缈的白云间拉回现实中来，使你既有一颗清明的出世之心，又有一种积极入世的妥帖安稳。其实读佛书，对美人是一种福分，更是一种境界，咱芸芸众生没有这种可能。但真要读佛书，就需要这种清幽的环境。佛书言："一切有为法，如梦幻泡影，如露亦如电，应作如是观。"你只有在远离红尘喧嚣的静谧中，慢慢地咀嚼，才能细细体味其中的哲学旨趣。

　　我想，因为寺院刚刚建设好，这几天又无佛事，所以才有这样仙境般的清幽，如果日后香火旺盛，来客如流，那必将是另一种氛围了。其实其他旅游景点也一样，"足音跫然到者稀"固然不好，但尽日里人流如织，过度的开发，过度的喧闹，也不是理想的境界。

# 莫　名　庵

　　莫名庵在佳村、香头、妙塘三个自然村之间，背倚四龙岗，面向灵溪，与下觉庵隔溪相望，名称虽云"莫名"，其实很有深意。

　　莫名庵建于清初，正当改朝换代不久，社会粗粗安定。当时有个和尚，法名凌虚，精佛学，通经史，虽然身在空门，却甚有正义感，有一腔悲天悯人的情怀。他说历史的长河不仅有辉煌的波光闪耀，但也沉淀着深重的苦难和血泪，看似天高皇帝远的玉山，其实经历了多次的大规模的屠杀，南宋末年杨镇龙的抗元斗争，明末清初白头军的抗清斗争，都死人无数，有些村庄不复存在。怀想那些死去的人，为了国家，为了民族的尊严，也为了自身的尊严与气节，他们抛头颅，洒热血，惊天地而泣鬼神……

　　铁蹄过处，荒草间随处可见累累白骨。那些慷慨赴死的将士连个坟墓都没有，他们的灵魂该何处安息？

　　也许，他们的亲人还以为他们还活着，还盼望着团圆之日，不是以前曾有人写过"可怜无定河边骨，犹是春闺梦里人"这样的诗句吗？

　　除了战争，还有瘟疫。当瘟疫袭来之时，许多善良的、无辜的人成批成批地死去，麻疹和痘症，常使许多婴幼儿死于非命。

　　凌虚说，这个世界无辜的亡魂太多了，我们不能只顾自家修行，只期盼自己能从此岸到达彼岸，还要学地藏王菩萨"地狱不空我不成佛"的献身精神,为超度那些无辜的亡魂而努力。

凌虚找到两位很有声望的老尼,与她们讲自己的想法,得到她们的赞同。于是,他们开始化缘集资,几经努力,终于建起这个莫名庵。他们是修行者,当然要静修教义,这是生存的需要,但他们都践行不为自己求安乐,但愿众生得离苦的理念,扶贫救灾,修桥铺路,坚持定期做佛事,为超度无辜的亡魂做着不懈的努力。

那么,何而以"莫名"为庵名?凌虚说,在婆娑世界之中,犹在苦海,谁都想脱离生死苦海,但要脱离生死苦海,就须佛法。而佛法的真谛却是无法言说,哪有语言文字形象?世尊在灵山会上拈花示众,唯有迦叶尊者微笑,这笑是莫名的笑,是心心相印,教

无上甚深微妙法百千万劫难遭遇我今见闻得受持愿解如来真实义

乙酉年果新书

中堂

外别传，为佛法的命脉，一色一香，中道了义，自性弥陀，唯心净土，当下即是。而世俗之人，却好表面文章，拥有时不珍惜，失去时又盼拥有，妄念执着，许多事情都说不清楚，往往导致莫名的悲哀，而这种莫名的悲哀若加以启迪，也会净化灵魂，使人觉悟。我们超度那些无辜的亡魂，不单单为死者，也为生者，唤醒生者灵魂中至柔的部分，教他们珍惜生命，不仅要珍惜自己的生命，也要珍惜他人的生命……

# 古　茶　亭

佳村西端村口,灵溪桥头,古道边上有个古茶亭,三间二层楼木屋,居中那间有佛堂,供着观音大士塑像,东面一间靠金字墙摆着茶缸,还有一张小方桌,屋柱上挂着数个小竹勺,春夏秋冬,四季不断地为行人提供茶水之便。

我们说它古茶亭,不仅因这种提供茶水的模式属于古代,而且还因它建造的年代是清顺治十六年,是老爷爷的老爷爷了,年代这么久远还保存着的茶亭绝无仅有了。据史料记载,这个茶亭是村内杜姓祖先杜时植先生建造的,房子造好后,又把自家的水田 5.62 亩、旱地 3.17 亩、山 8.93 亩捐献出来作为茶亭的资产,以招人居住。住茶亭者就无偿地住茶亭的房屋,种茶亭的土地,经营茶亭的山林,而应尽的义务只有一个,就是每天为过往行人提供茶水。我们仔细看一下杜先生舍入的田产,就本地情况而论,拥有这么多的田产在土改时已够得上富农成分了,现今的大村的村民恐怕得四五户农户才有这么些土地。所以我们不要小看这个茶亭,仔细掂量掂量古人与人为善的道德情操,你不是很自然地觉得今天的人们真的是"今不如昔"了吗?

据说此亭是杜姓祖先建造的,而经营的是孙姓的祖先,而且是世代相传的,杜、孙两家一贯亲如手足。我想这也是社会的和谐,人与人之间的关系和谐。茶亭朝南,大路之外原是稻田,稻田尽处是青山，坐在这里感觉天宇旷大，心情舒畅。你匆匆而来，或许还挑着担子，脸上流着汗水，快来坐坐吧，喝两碗茶水，喉间就不会那么干燥了。如果碰着狂风暴雨，你就安心等着，风雨过后再走。如果你饿了，走不动了，而又身无分文，你就别不好意思，你就向茶娘开口，她会免费提供你的午餐。如果你为了赶路，错过了宿店，在此茫茫黑夜，人地生疏，实在为难，那你就在这里借宿一夜吧，茶亭会为你提供方便。如果你在这里喝了茶，

楹联

不渴了，又要赶路了，那么，你就慢慢去吧，前面也许会有许多歧路，你得有个必要的当心，让茶亭为你祝福吧……

我想，当茶亭的建设者、经营者在想象到这些时，他们心里一定感到非常欣慰。

古人缺少交通工具，一般平头百姓走路靠双脚，运输靠肩膀去挑，因而总会碰到跋涉道路的艰难困苦，而古人又愿意做好事，不管生平功过如何，多做点好事总会使人多一份心安。因此

建造茶亭也就成了做好事的"项目"之一。一般的茶亭都是私人建造的,在主要的交通要道上一定会有茶亭,有山岭的、路况差的路段茶亭会多些,比如从与天台交界的梅渚岭头到尖山镇只有十里路,以前曾有茶亭十个。路途平坦、人烟稠密的地方茶亭当然就少了。上世纪五十年代之后,农村集体化了,住茶亭的也不允许留在集体之外,再说思想观念也变了,做好事被说成封建迷信,于是所有的茶亭都没了,房屋拆除了,即使房屋还在,也再没有茶水了,这种中国特有的民俗风情也自然而然地消失了。如今的人们出行都舟车相从,谁还知道路途跋涉的艰辛?如今的人们喜欢到茶楼、酒店去品茗,去喝咖啡,谁还会去喝那大碗茶?但在我的体验中,却是在烈日之下跋涉,汗雨淋淋,干渴难当,喉间似在冒烟时进入茶亭,咕噜咕噜喝它两大碗清茶,那才是最开心、最酣畅的事……

# 古 道 行

佳村古村坐北朝南，东西长而南北短，一条东西向的块石铺砌的大路横过村南，路边民居的院落的大门都向着大路，大路之下就是一畈肥美农田。佳村人把这条大路称为"三州古道"，其实也就是他们的街道，这路为佳村的交通带来便捷，使村庄具有开放的优势。为此村东村西都有茶亭，村口还有廊桥。人们对这条古道都很亲切，即使现今实行老村改造了，但大家都说要尽力地保护古

耿静亏山窖情亏水

取静於山寄情於水

虚寒芸竹猜氣若蘭

虚怀若竹　清气若兰　甲申年胡古新书

楹联

道。

所谓"三州古道"的"三州"，指的是古代的婺州、台州、越州，也即今之金华、台州、绍兴三市。以佳村为起点，东去经尖山至新昌可去绍兴、宁波，南向下夹溪岭可去天台、临海、温州，西向经岭口出东阳、义乌，可去杭州、上海。实际上这是一条沟通浙南与浙中的要道，是一条经济大动脉。旧时玉山地区行政上归属金华府东阳县，但经济上却与天台、临海更加密切。特别是天台县，商品经济一贯较为发达，商品意识也较为浓厚，玉山地区所需的食盐、鱼虾、日用百货，乃至蒲鞋、草鞋都仰仗天台。旧时没有现代交通，全靠肩挑贸易，这条古道上来往客商络绎不绝，特别是食盐一项，玉山地区千家万户所需的食盐都要从三门等沿海地区挑上来，有时候这条古道上的盐担子是几十担甚至几百担，所以有人称此道为"盐道"。我们常见挑夫们在夏天打着赤膊，只肩膀上披块汤布，嘴里哼着号子，在高岭上一步一步地往上挑，气喘吁吁，在那种情景下，我们会深刻地体会到"送担千里，不及接担一肩"的道理。每逢尖山的市日，天台的客商挑着鱼虾、日用百货、薯苗、菜秧、箬帽、猪仔成群结队而来，这种盛况一直持续到改革开放之前。幽幽古道，无限热肠，这里的每一块石头仿佛都有温度，都有记忆，飘拂着隔世的思绪。

这条古道不仅是经济大动脉，而且也是军事要道，明朝嘉靖年间为了防倭寇侵入，就在古道要冲之地建造了兵寨，派兵驻守，清朝乾隆年间，更增添了兵员和营防。咸丰年间的太平军从东阳顺着这条古道进入玉山，下夹溪岭去天台、温州，但此去就有去无回了。1942年12月10日，日寇约500余人，窜入尖山镇新宅村，国军嵊绍师管区一连正驻防于夹溪岭沿途诸隘口，是夜，日寇刺杀我军步哨，偷袭我驻防官兵，司管区驻防官兵全部遇难，日寇回新宅后又杀戮百姓,烧毁民房 300 余间,次日去新昌。

这条古道自与天台交界的梅渚岭头至岭口西北的唐婆岭头这段路在玉山盆地之内,共 60 里路程,佳村刚好在中间点,附近这段路也是最平坦的路。而两端则都是崇山峻岭,岭头必有茶亭,是行者憩息之地,也是社会信息传布之处,每个岭头好像都有些故事可说可道。比如唐婆岭头,那次下觉庵的大开和尚从嵊县挑回一担棉花,棉花的打包当然很大,有个经过的汉子,看看大开的扁担特别大,担拄也特别粗,觉得很好奇,他自认为力气好于一般,就想试试,大开的担子是用担拄拄着扁担靠在路边石勘上的,那汉子钻进去把担拄移开,于是棉花担子就把他压垮趴在地上了,大开见了笑笑,走过去把他搀扶起来说:后生人可不要眼高手低呵。那汉子红着脸赶快下拜……

再比如仙关岭头,另外的岭头都有茶亭,但这里只一个路廊,后壁供着一个石雕太祖,因为仙关岭不高,所以不设茶亭吧,但有茶亭总比没茶亭好,1951 年冬,九和乡某村的一个妇女不堪忍受丈夫的虐待与殴打,向乡政府提出离婚,但乡政府不准,她被迫无奈,只好逃出家门,当时年关已近,天降大雪,她无处可去,那天夜里就冻死在仙关岭头这个路廊里,假如有茶亭,断不会让她冻死。

1942 年 5 月 18 日,日寇分批从新昌闯入胡宅、尖山,然后经由塘头、赵界、罗界、下岸、下庄、寺前、溪滩、荷花塘、青龙头、尚湖、王村、中心庄、里西坑、铜钿、长坑、岭溪、横山、窈川、墨林、下葛,于 5 月 21 日到安文,23 日走完,一路出朱锡岭,一路出东阳。6天中经 8 个乡镇,烧杀 41 个村,烧毁民房 3588 间,杀害我百姓 187 人,殴伤 46 人,被抓去 212 人,其中 25 人死在异乡。后有传说说是日寇的部队本是想经岭口出东阳的,但那天早上走到仙关岭头村时突然浓雾迷漫,尽管有向导,但转来转去转不出路来,最后沿着另一方向走了,即经香头、雅庄向安文而去,如果按原计划的路线走,那么佳村、妙塘、小溪头、林宅、新屋、岭口必将被烧毁。还说有人为弄清大雾的原因,访问"访仙府"(其实是"方仙下")一个打猎为生的老人,老人说他看见一个老道在岭头施行法术,弄出那场大雾来的。此说我们未经查证,姑且存之。

那些"岭头"在旧社会时还是常有盗匪出没的地方。我们童年就曾见自卫队去梅渚岭头把两个强盗打死,将其首级背回来挂在尖山的大路边示众。但是,也并非所有的盗匪都是坏蛋,据说曾有个穷汉,快要过年了,家里没钱没粮,债主又来逼债,实在无路可走,就用木头做了把大刀,以墨涂黑,铤而走险,独自到岭头来打劫。等了半天,终于看见有一人背着布袋从岭上来了,他就鼓起勇气,以沙哑的喉咙喊道:快把你那只袋放地下,再回转身走去,起码走十丈远,不准回头看,也不准站下来,否则就杀了你。来人以为大刀是真的,就把布袋留下了,毕竟生命要紧。布袋里有十余两银子,这个强盗因此渡过了难关,但此后内心里总感到内疚。后来他成了富人,就派人四下秘密打听那个被劫者,但均无结果。后来他突发奇想,请了一个戏班来演戏,把那次打劫的情景搬到戏台上去演,戏台下遍布耳目,那人如果来看,看后必定有话。戏演到第三天,果然有人叹道:呵哟,这戏与我那年被劫的情景一模一样!于是这人就被带走,被当年的强盗当作恩人来宴请,那"强盗"还派人把三百两银子送到此人的家里,两人还结拜成了兄弟……

我理解佳村的朋友们对三州古道的那种念念不忘的情怀,虽然古道已经悄悄地退出历史的舞台,但依然使我们思绪纷纭,使我们像史海钩沉那样钩出许多故事,古道是我们的祖先闯荡世界、开拓未来时留下的杰作,我们不忘祖先们逢山开路、遇水架桥的气魄,我们也会以他们的那种气魄、那种精神,去开拓我们的未来。

随笔·散文

# 古村佳村

前些年,我曾关注过一些古村,包括那些历经时代的风霜雨雪,社会的激荡与劫难而始终生机盎然,人们安居乐业的历史名村;那些曾经很有名气,有过一度时光的辉煌,后来却成一片废墟的村庄;还有"二十多年没人办过婚事了",年轻人都悄然离去,村里逐日只剩下一些老人与妇幼,看来必将自然消亡的村庄。当这些村庄褪去岁月的烟尘,以各自不同的面影呈现在我心灵的屏幕上的时候,我觉得这些古村的兴衰存亡自有一定的规律,研究这些古村的自然地理、历史和人文传承,是一门很有价值的学问。

佳村也是一个古村,我在这里度过了三年的少年时光,后来也数度来过,但人的缘分如同君子之交淡如水,和这个村庄始终没有太多的纠缠与关注,但缘分又像终究撇不开的,是冥冥中的照应,无意中的互动,我终于又特地来到这个村子,我终于体验到少年时的情感是人生中最单纯、最柔弱也最贞烈的情感,而凝聚这种情感的那个地方,那个时空环境,也是最难忘怀的,只要稍加触发,就会重新在心灵中呈现出来。

佳村的朋友们在谈到自己的村庄时,除了在每个村民心中都有着相当分量的那条被天帝斩杀的龙之外,他们常常提到"东周""西周",这两个村庄曾经的辉煌,说东周、西周曾被称为

"城"，市井繁华，十里长街上"雨伞店都有十八铺"，且"簪缨鹊起，科甲蝉联""金腰带都有十八条"，佳村当时是东周的街口，当时就称为"街口"等等，不错，这是历史的赐予，应该珍惜。但有的人一生没当过官，却使自己的村庄也名重当世，流芳青史，这就更值得我们敬仰了。如明朝的赵宦光，因父亲一生悠游，足迹踏遍吴中青山，后深深爱上吴中的一片荒山，留下遗愿死后葬于此山中。赵宦光为此就买下这片广袤的荒山，取名寒山，葬父后与妻儿深居山中，三十年不入市，埋头营筑寒山胜景。赵的妻子陆卿子以诗名，儿子赵灵均能诗能画，媳文淑也能诗，三人被称为"吴门三秀"，以至于达官贵人，骚人墨客纷至沓来，赏景赋诗，唱乍酬和，一座荒山变成名胜，以奇石、美木、秀水、摩崖、寺庵、别墅、诗文、书画，开创了明代吴郡西部的文化图景，而赵宦光也成了一些文学家、学问家和朝廷重臣的挚友。虽然一生未任一官半

佳村一角

职,但操守卓然,不沽名钓誉,只热衷于山水,却让乾隆帝六下江南六次幸临追怀,特为他作诗十六首。这说明人世间真正看重的是什么。

那么,佳村这个古村,使我心动和欣赏的,除了历史的光耀和绚丽,还有它的资源禀赋、个性特色、文化底蕴和开发前景。

一些历史名村告诉我们,一个村庄的选址是非常重要的,选址讲的就是人与自然界的协调,选取人在自然界中生存的最佳位置,以建立人与自然的良好关系,以获取大自然的庇护与恩宠,从而保证人的健康与心理满足。

一个村庄也好,一户人家的住处也好,也就是人的生存环境,古人讲求的是"生气",用现代语言来说就是"生机",就是生态环境。古人常凭山川草木来辨别一个地方的生气,"凡山紫气如盖,苍烟若浮,云蒸霭露,四时弥留,皮无崩蚀,色泽油油,草木繁茂,流泉甘洌,土腻而香,石润而明,如是者气方钟而来休。若云气不腾,色泽暗淡,崩摧破裂,石枯土燥,草木凋零,水泉干涸,如是者非山冈之断绝于挖凿,则生气之行乎他方。"这就是说,生气就是万物的生机,就是生态表现出来的最佳状态。而生气是由好山好水决定的,山之血脉为水,山之骨肉即山石草木,气血调和方能荣卫敷畅,骨肉强壮方能精神焕发。

我们先看看佳村的山。我没有考察过佳村的山,只是那天与佳村的朋友在灵山之巅看了一下周边的这些山的形与势。只见耸峙于玉山盆地西部边缘的四顾山延伸出一条山脉,迤逦北行,至山形磅礴的覆船山又折而向东,旋而又有一分支南向下行并突然涌起一座美女山,然后由美女山发脉东来,沿灵溪北岸撒下层峦叠嶂的许多山峦,其势如马之奔驰,其形如波浪相逐,除了灵山之巅稍高,可以纵览玉山盆地之外,其他的山都不高不峻不急,没有怪石嶙峋的峥嵘，也没有悬岩绝壁的凶险，都显得平和秀美，优雅有致。虽无遮天蔽日的原始森林，却也都是蓊蓊郁郁的松林，弥漫着一片勃勃生机。若向村北的山坞里深入，又似走向大山深处，给人以宁静安谧之感，可以安得下这颗躁动的心来。

因为当时下着微微细雨，我没有欣赏到山峦上朝岚夕霭的缥缈意境，也没看到骤雨乍晴时山间烟云吞吐的诗情画意，但已感觉到山的灵秀，若非灵秀之地，那些寺院庙宇为什么要选址在这些山间？你看，造物者也似乎刻意而为，在堪舆学上，案山不要高大，只要平和，故而灵溪庵前面安排的是飞凤山，下觉庵前的案山如一弯玉带，村子前的案山则如书案，村庄前后左右均无崎岖丑陋的石山，也无因山崩而致的孤山和半隐半露的窥峰。因这些山都状物象形，以致有那么一些山以盘龙、长龙、金钗龙……来命名，变成群龙荟萃之地。

飞鹤湖

我们再看看佳村的水。山是大地的骨架,水是大地的血脉,是万物的生命之源。

水是生态的基础,与调节气候净化环境以及与人的生活、生产、疾病寿夭密切相关。古人云:"水飞则生气散,水融则内气聚。"看风水者也多先看水后看山,水曲则财气聚,水直则财气散,前水不宜直射,后水不宜直流。而且水有刚柔两面,既能带给人以快乐幸福,也能毁掉一个村庄,甚至毁掉一个城市,就像几年前美国的新奥尔良,传说中的"东周"的灭绝,选址不当,也恐是首要原因。

佳村的水,可说也得天独厚,既能满足生活、生产、景观之需,又无冲刷、切割、淹没之虞。自东北山丛中出来的小溪绕过村庄与灵溪合流,此水使村庄得益匪浅,只是水量太小,而新建的莲池刚好弥补了这个缺憾。灵溪自西而来,弯曲缓急,不像大江大河即使有环抱因其气旷渺,也于势无补,灵溪流量不大,流速也缓,刚好能润泽一方,将大小之气脉收揽无余。堪舆家说:"水飞则生气散,水融则生气聚,众水融注之地为真龙憩息之所。"又言:"凡寻龙至山环水聚,两水交汇之处,水交则龙至。"故而当灵溪在村西南与东来之小溪合流,融注成常年不涸、深不可测的龙潭,真应该是真龙憩息之地了。

山与水的组合是大自然的哲学,也是造物者的艺术。灵溪的两条支流,不过是广袤大地的一缕烟痕,但合流之后就是一条像模像样的溪流了,就在小溪头村边摆开第一道景观,南岸绿树成荫,波平如镜,鱼在天上游,鸟在水下飞,北岸山麓耸立着两块巨岩,当地人说是两顶状元帽,一顶文状元,一顶武状元。再东向一段路,又见一块巨岩斜向伸入溪中,顽固地要阻挡溪流的路程,当地称为白象鼻,岩石边溪水深碧,据说常有人溺水而亡。

自白象鼻而下，经灵山之麓，过灵溪庵门前，再蜿蜒而下，过放生潭，绕下觉庵南去，这一段流程温婉柔媚，最具灵性，在已经走远的岁月里，这里有寺院，有廊桥，有茶亭，有放生潭，有象形之山游鱼、蚌珠，并孕育出许多美丽的故事。如今虽已不闻寺院的晨钟暮鼓，也不见廊桥古道，却又平添了座座洞桥、亭子和公园，公园又与莲池相牵，小桥流水的雅致，与波光云影的缥缈，岸边的静物与水中的动景互相映衬，分外轻灵……

海德格尔说过："人类，充满劳绩，诗意地栖居在大地上。"

但是在这个大地上并非随处都有诗意，随着时代的步伐，一些地方仅有的诗意也正在消失。而这灵溪之畔却是我稚嫩的心灵最初感受到诗意的地方。我难忘在清澈的溪水里玩耍，活泼的小鱼小虾擦着我的腿肚窜来窜去，古树的绿荫中蝉在低唱，红脑袋的蜻蜓在水花上盘旋；难忘黄昏时分爬上灵山，看金色的夕晖从镀着金边的晚霞中泼洒下来，大地上一切的不平和坎坷，都变得如此艳美。从山上下来向学校走去，看着校内那一排古老的梧桐，又突然想到这里曾是一座古刹，远接云树烟村，近掩茂林修竹，月满西楼之时，在清灯黄卷中静修的古衲，突然被风穿竹叶的音韵拨动心弦，拿起笔来写他的诗。我也难忘站在廊桥之上，凝望着捣衣的女子，水风吹动她的黑发，近处的栀子花正开，空气中清香四溢，彩蝶双飞，我想起那最古老的诗句：蒹葭苍苍，白露为霜……

三月桃花雨，半夜鲤上滩。看着雨后丰满起来的溪流，我也曾想象这该是鱼儿们最快活的时候，"朱鲤有灵时出穴"是不是这个时候它们已经出来了？我也曾想象，在凉气沁人的农家庭院中，老奶奶怎样给孙儿们讲朱鲤与黄龙的故事……

这一切都充溢着诗意，后来我终于明白，是灵山和灵溪最先让我稚嫩的心灵去感受诗意,去发现生活中的美,还让我感觉到朦胧中有什么东西在召唤我、激励我,让我升起想象的风帆远航,当时说不清楚,其实那就是缪斯呵,缪斯的召唤就是对现实和苦难的一种超度。

如今,佳村人已把灵溪打扮了一番,村容村貌也焕然一新,飞絮撩人花照眼,波光入梦燕留春,但愿佳村能在山光水色中铺展开新

来龙山古松群

的蓝图,把新一代人的梦想变为现实。

我们再来说说佳村的文化底蕴,也就是佳村的人文资源。

若对历史的发展稍加回顾,我们会发现越穷的地方越左,越左的地方越穷,越穷越左的地方会把历史的遗迹和人文的传承荡涤得越干净。而那些历史名村,那些在经济上、文化上发展水平较高的村庄,都有淳朴的民风,村民都有较好的素质,在社会的发展中,步伐总是比较稳健,人民的生活也相对地更加安全更加幸福。而且,这些村庄必定有很好的自然环境,有很好的布局。

比如湖南岳阳渭洞乡张谷英村,五百里幕阜,山之余脉绵延至此,在东西北突起三峰,如三朵大花瓣簇拥一朵莲花,风景如画,明宣德年间张谷英来此居住,顿成赫赫大族,全村800多间房子串通一气,男女老幼尊卑有序,民风淳朴,村民过着安宁祥和的生活。又如武义俞源村自然环境很好,但也常有水旱之灾,后刘伯温为之设计,改变布局,自东北穿村而过的小河,原是直线的,给改成了S形,把村口那个田畈画成一个太极图,把周围的十一个山头连同村口的太极图作为黄道十二宫,按北斗七星图案在村里开了七个水塘……经重新布局后不再有水旱瘟疫之灾,还富甲一方,出了各类高官、方家人才二百六十多人,也没有受到"文革"的浩劫,现还完好地保存着各类古建筑、古民居391幢。这说明一个地方的人文资源往往和自然资源水乳交融,是相辅相成的。

我们发现,虽然档次上有所不同,佳村的情况基本上也是如此。在佳村,你用不着刻意去找一个地方,去找一些人,你随意在山水间徒步而行,随处都会发现历史,都有故事。村口的龙潭,村前村后的山峦,那是龙文化的载体,即使村子中央的古井、自然生成的岩石,作为龙眼、龙鼻和龙额,都还完好无损地存在着,向你讲述龙的故事。站在村西的桥头,面对的是一片肥美的田畴,但这里也掩埋一个村庄的兴衰存亡,那段历史也许很悲壮,也许很惨烈,而此刻我只见苍茫景色烟尘里,千古江山画图中。

因为有灵秀的山水,故有"六庵四庙"。这些庵和庙,也有各自的历史内涵,有的是清修之地,青灯黄卷,追求的是天人合一。有的是纤弱女子悲惨的灵魂的寄托,让信仰的虚无消解现实的悲凄。有的不仅有香火的缭绕,还有翰墨之香。有的却曾一片刀光剑影,是铁与血的严峻。佳村的朋友说以前佳村的很多人都种寺院的田,他们把这称之为"寺院经济",可惜大部分寺院没了,否则,寺院经济已可向旅游观赏经济来个"华丽的转身"了。

一代一代的佳村人,在自家的人文传统下生存,心无旁骛地建设着自己的文化。虽然村子不大,力量不大,也在清朝时建起在玉山地区可算一流的花厅,据说建花厅时村里的四名石匠各自认助柱础一拼,此举不仅感动村民,也感动邻村,使邻村也来相助,一时传为佳话。其实这几位石匠都是业内的名师高手,其中的金华田甚至能打出石算盘和石鸟笼,灵隐寺的石狮石象,谷将山舞台的石柱,都是他的杰作。此外,佳村还有驰誉一方的细木师和塑像师,他们是能工巧匠,也是民间艺术家。

有了花厅,村里的文化活动就有了中心场所。佳村的老人说,佳村唱戏的曲班曾唱红玉山地区,佳村的狮子班出去时扛的是红头狮子。所谓红头狮子是说耍狮舞时的狮子的额上饰有红鬃,表示在表演时不怕人家来比试。清朝末年时,佳村的狮子班不仅在玉山表演,还去了东阳平原地区。某次去到应宅村,村里有些人见红头狮子来了,心里有些不服,想"教训教训他们,红头狮子岂能随便出去的"?他们没想到狮子班的成员都是大开和尚的徒弟,拳棒娴熟,体能超群,一场狮舞下来,祠堂天井里用鹅卵石铺就的地面的石子都被踩松动了,围着观看的应宅人暗自吃惊,但当他们看见狮子班中提灯的那个后生身材较矮小,想必没多大能耐,就要他表演打拳,想让他出丑。岂料这后生是真正的高手,一路大洪拳打下来,竟把地上的磨砖都踩碎了,还以脚扫飞了几块,真是人不可貌相,海水不可斗量,几个要他表演的应宅后生忙说:"失敬了,失敬了。"

别以为人文的东西终究是虚的,不如物质的钱财的东西来得现实。其实,正是良好的人文环境使佳村有个良好的村风民

清涟涟的灵溪,垂钓的佳境

风,有自己的凝聚力,能抗击逆境,这也是一种软实力。软实力不可低估,软实力是一种即便坚如钢铁也能变为绕指柔的坚韧之力。

近年来,佳村在非遗的发掘整理,村容村貌的改变上做了卓有成效的努力,值此盛世,国家已对文化事业的建设作出战略决策,旅游已从小部分人的生活情趣变为大众的生活需求,古老的佳村迎来了前所未有的发展机遇, 应当根据自己的资源禀赋,个性特色和文化底蕴,给出品牌定位。

夏宝龙省长说:抓旅游就是抓发展,抓旅游就是抓经济,抓旅游就是抓民生,抓旅游就是抓项目。

不错,项目是支撑旅游发展的关键,没有项目就没有旅游新业态、新产品。

怎样抓项目？我看可以从下面这些因素去着眼、去决策:

旅游已成为全民的生活内容之一,但很多人已不再热衷高山大河和著名景区,因为那里人满为患,也很费时费力,很累,而是更热衷于"偷得浮生半日闲"的乡村游。

旅游的内容已从单纯的胜景观赏转向休闲、养生、避暑、寻古探幽、参禅、祈祷、采撷和乡村生活情趣的亲身体验。

玉山海拔高,昼夜温差大,平均温度要比平原地区低 4-5℃,空气清新通透,山间常有云山雾海奇妙景象,也不乏远离红尘的清凉世界。

佳村山不高峻,水不急湍,但又山灵水秀,山水妙合,仙境圣龙的文化内涵源远流长,且儒、释、道融合一体。

做好佛家文章、禅学文化,做好寻古探幽、诗画田园、山林野趣的小品,有望成为休闲养生避暑的好去处。

去下觉庵健身,去灵溪院参禅,去龙王庙观景、祈福,去大塘水库那边避暑……用"绿道"把这些点连接起来,可让少男少女骑着自行车结伴而行,也可让老奶奶搀着老爷爷"到此一游"……

盼佳村早日破茧化蝶,在春暖花开中翩翩起舞。

（载《婺星》杂志）

# 张浩先生与灵溪庵

灵溪庵大门前的古木

"灵溪庵"在灵溪之畔，以溪为名，原是玉山一个著名的寺院。

"灵溪庵"后来是所学校，正名是"东阳县立第四高等小学"，后来又升格为中学，正名"玉山中学"，但玉山的人民仍然把学校称为"灵溪庵"，而很少说学校的正名。

玉山人对

"灵溪庵"三字非常亲切,玉山人民心目中的灵溪庵,就如同国人心目中的北大。因为北大是中国第一所现代大学,而灵溪庵是玉山第一所现代的小学。脱胎于旧的时代、旧的社会制度而诞生的"第一",当然有其特殊的意义。

灵溪庵这所现代高等小学创办于民国初年,在此之前,玉山这个有8万余人口的地区没有一所高小,社会人口普遍是文盲,有了这所学校之后,玉山人的一个普遍的愿望就是自己的子女"灵溪庵总要毕业一下",能在灵溪庵毕业了,家里有条件的可外出考中学,没有条件的,虽不能升学,但也已经"会写会算",是个有文化的人了。而文化人在那个年代是多么稀缺的社会资源呀,记得在民国成立后的二三十年中,你如果中学毕业了,就可以在村里"开贺",举行祭祀祖宗的仪式,宴请各房族族长们来吃喜酒,然后你的房族会把祖先留着的"养贤田"给你种了,你也就被当作"贤人",能获得社会的尊敬和优待了。

玉山人民之所以对"灵溪庵"这么亲切,这么看重,还与张浩先生密切相关,张浩先生是"灵溪庵"学校的创始人,提到"灵溪庵",人们就会自然而然地想起张浩先生,一种崇敬之情就会油然而生。虽然张浩先生已经走远,那段风起云涌、波涛激荡的历史早已逝去,年轻一代对于张浩先生浓墨重彩的人生历程,和创办灵溪庵学校的艰难已所知甚少,但历史是不能割断的。历史固然严峻,但历史也多情,总会给人以许多睿智和启迪,作为玉山人,对那段历史是不应忘记的。

## 一

今年是辛亥革命一百周年，在浙江省社科院纪念辛亥革命一百周年报告会上，社科院卢敦基先生指出，在以往主流的历史书上，对浙江在辛亥革命中的作为与贡献的重视是不够的，不少人物的积极作为被忽视，有必要重新审视一遍浙江的辛亥史，以冷静客观的学术态度，完整地去还原浙江的革命拼图。对此，我们也有同感，因而也就使我觉得，自己曾经在灵溪庵读过书，更应为张浩先生和"灵溪庵"写点什么。

一百年前的中国，正面临着"蚕食鲸吞、瓜分豆剖"、生死存亡的危险，以孙中山为代表的革命党人，发动了震惊世界的辛亥革

张浩先生及其夫人

命,拯斯民于水火,扶大厦之将倾,石破天惊地开启了"三千年之巨变",在中国,也是在亚洲创建了第一个共和国,响亮地提出了"中华民国之主权,属于国民全体",不仅要"驱逐鞑虏,复兴中华",还要"由野蛮而文明",建立一个文明、自由、平等的国家。这就不是一般意义上的改朝换代,而是结束了一个旧时代,开创了一个新时代,掀翻了一个旧世界,开辟一个新世界,体现了革命者"以天下为己任"的担当。辛亥革命把皇帝踢下龙廷,自此之后,中国人的头颅和膝盖不再为磕头和跪拜准备着,而是主要用于思考和行进。自此之后,即使还有人想当皇帝,但都黄粱梦碎没有好下场。

张浩先生是辛亥革命的闯将,是孙中山先生的同志和战友。不仅亲冒矢石,参与了光复浙江的战斗,还亲历了反对袁世凯称帝的"二次革命"。

张浩先生(1881—1938)字雨樵,磐安尖山镇楼下宅人。家世清贫,其父张文林是一位教书先生,也是一位救死扶伤的医生。虽是一介布衣,却也名重当时,志行高洁。翰林院编修刘琨称他"孝子友兄,慈父贤师,近为乡型,远为国仪",黎元洪还曾赠他一块匾额,亲书"潜德幽光"四字,亡故后蔡元培先生还为他撰写了墓志铭。他曾对张浩说:"尔辈读书,当思于千载,上求师友作楷模,不当玩弄文籍,借圣贤之言谋衣食,图富贵。"又说:"置田产以传子孙,实人生之大愚,吾毕生勤俭,于田产无所增殖,无足以厚赠尔辈,惟使尔辈他日出外行州里,不使人指为刻薄儿,吾愿斯足,愿吾子孙世世毋忘此意也。"

在父亲的身传言教下,张浩先生少年时代发愤攻读,博览群书,还练得一手好字。曾应试秀才,获"提复"资格。本想学有所成,但为了生计,也只好去做了个"教书先生"。执教两年,目睹清廷腐败,列强入侵,国难深重,就弃教去省城寻找革命救国之路。初到省城,人地生疏,只好在街上卖字以维持生活。由于良好的活动能力和对客观事物的敏感,很快就融入城市生活,先是参加新工会活动,与旧工会展开尖锐的斗争,并因而受伤,不久就考入浙江巡警学堂,毕业后派任省城巡官,因工作出色,后又被选送日本留学,入日本巡警学校,因而又得识孙中山先生,接受孙中山先生的革命思想,与陈英士一起加入同盟会。

就在同年,因父亲病逝,张浩先生奔丧回家,虽然悲痛,但既已加入了同盟会,肩上就别有一份责任,一份担当,丧事完后即返回日本。

1911年,奉孙中山先生之命,张浩先生携大量革命书报回国,为推翻清政府进行思想发动。回国后先于金华任巡警教练所所长,不久又被调去浙江警务研究所,其间广泛结交同志,进行反清秘密联络工作。后又奉孙中山之命去云南,去组织革命暴动。同年10月,武昌起义成功,张浩先生立即潜回浙江,经与省城革命党研究,决定"先图沪杭,继取南京"的战略目标。11月初,张浩先生与吴映白、张备三等以武装夺取望江门,控制杭州全城,11月5日炮轰清军旗营,清军被迫投降,省城光复,成立都督府。

继而在一个多月的时间里,上海以及十多个省相继宣告独立,武昌的革命军与清军对峙于汉口、汉阳,浙江的革命军打败清军,攻克南京,一时间革命大潮席卷大江南北。

孙中山领导的同盟会是这次革命的领导者和组织者,起义的普遍发动和迅速发展,是同盟会长期宣传、组织和筹划的结果。张浩先生看到,会党和新军在这次革命中最为坚决,最为勇敢,是主要的依靠力量,因而在攻克南京之后,他又立即为继续发展同盟会和组织新军而奔波,第一站就来到东阳。

1912 年 8 月，张浩先生被任命为浙江省警察厅厅长。年底，南京临时政府成立，孙中山先生就任临时大总统，张浩先生被选为众议院议员。

但革命的危机也与日俱增，袁世凯凭着北洋势力与帝国主义的支持，以武力威胁孙中山让位，成立北洋军阀政府，又派人刺杀革命党的重要人物宋教仁，取得"善后大借款"后发动内战，解散国会，实行独裁专制，继而又接受日本要灭亡中国的"二十一条约"，并正式复辟当皇帝。在这场闹剧中，中国政坛上、官场上的许多"要人"丑态毕露，留下许多传世的笑谈。

1915 年 2 月，张浩先生投身于孙中山先生的"二次革命"，与马文车、庄心同等在上海开展反袁斗争，因制造炸弹引起爆炸，与马文车等被列为"逆党"通缉。张浩先生旋即回浙江，充任浙江巡按谘议官，继续发动反袁斗争，坚决捍卫共和。当袁世凯置举国之反对于不顾，悍然接受"二十一条约"时，张浩先生急赴广东、香港，与孙中山先生商讨对策，旋又回浙江，与永康吕公望等组织"浙江军"，并充任总参谋长，讨伐袁世凯，12 月 25 日，浙江宣布独立。

次年 6 月，袁世凯忧惧而死，黄粱梦碎。又半年后，国会重开会，张浩先生仍任国会议员。

但中国并未能就此走上正常发展的道路，各派军阀又开始争夺地盘，个个野心勃勃。军阀曹锟给张浩先生送来 5000 大洋，以贿选总统。遭张浩先生严词拒绝，并愤然辞去议员职务，携家离北平去天津居住。

1923 年 10 月，张浩先生又回北平，出任航空总署署长。上任伊始，即值苏联航空代表团访华，张浩先生设国宴招待，并与代表团谈判。

　　1927 年,蒋介石在上海发动内战,命令张浩先生派飞机轰炸冯玉祥部,张浩先生以为当此内忧外患之时,不当同室操戈,拒绝执行命令。此时,孙中山先生已去世,革命前途艰难,又不愿与那些军阀、政客同流合污,毅然弃官南下,隐居于杭州城隍山下旧居,以书画自娱,国民党中央的于右任、戴传贤,浙江省长张静江等元老,曾多次登门劝他"出山",均为张浩先生婉辞谢绝……

张浩先生手迹

# 二

　　回顾百年之前的辛亥革命,至今仍叫人感慨不已。辛亥革命不是官逼民反,不是劫富济贫,不是大块吃肉、大碗喝酒的梁山泊好汉的聚义,不是打土豪、分田地的农民战争,也不是政客们为争权夺利而发动的战争, 辛亥革命的志士们不仅要推翻2000多年的专制帝制,实行民族解放,还要建立一个有人权、民主、自由、平等的现代国家,你说这容易吗? 其实这样的理想的实现需要几代人的奋斗。审视辛亥革命的英雄群像,他们都是社会的精英,大多文武兼备。这些人真的不太关心自己,而只关心国家,他们被孔孟之道浸淫了两千多年, 内心深处那些忧国忧民的激情在激荡、在奔腾,他们有胆有识,也有家有室,但激荡的忧国忧民之情,却化为子弹,化为炸弹,或者化为文字,有壮阔的波浪,也有雪爪鸿泥。在推翻了清廷、建立了民国之后,许多革命的参与者、战斗者,并不像今人那样只算计着去享受革命果实,去谋划个一官半职,鸡犬升天,许多人离开了军界、政界,他们办学去了,先城市,后乡村,先小学,后中学、大学,还有女子学校……

　　梁启超说:"空言爱国无救于国,若思救之,必藉人才,此教育之所以为要也"。这几乎成了当时许多社会精英的共识。他们以为文明的再造才是更迫切之事,开始把教育当作一项收效于将来的大事用心去经营。所以原来是清廷翰林的蔡元培也辞官不做,回到绍兴来办学了,辛亥革命前后浙江几十所学校陆续开张,其中浙江女校更名重一时。

　　张浩先生虽然不曾辞官不做,全力以赴地去办学,但在他戎马倥偬的生涯中,为创办灵溪庵这所学校也费尽心血,其中的艰难曲折至今仍使我们感慨系之。

我们前面已提到过,那时偌大一个玉山地区还没有一所现代的高小,社会上文盲充斥。张浩先生深感自己肩上责任的重大,在回家省亲时就亲自去拜访玉山地区的乡绅要人,创议筹办高等小学,得到受访者的一致赞同,接着就召开会议,成立董事会,据史料记载,董事会由张浩、何景明(下孙人,省参议员)、李可秀(林宅人)、张植海(楼下宅人)、张芝田(新宅人)、厉植三、厉志庆(东里人)、胡金田(岭口人)等人组成,并推张孙香为校长,定于次年秋季招生开学。

董事会的成员都是知识分子, 是本地区最有号召力的人物,学校的地址选在灵溪庵也很理想,不仅位置适中,既安谧宁静,又不偏僻,且风景如画。但关键的问题是钱,是经费,政府没钱可给,老百姓又很穷,面对大家提出来的难题,张浩先生坚定地说:要为地方上做点好事,首先要有信心,要有决心,困难是有的,只要大家齐心合力,困难一定可以克服。首先,我们可以董事会的名义,向公常会户及一些富户募捐,先运作起来,政府虽没钱,但有政策,国民政府已发过通告,可以将部分庵堂寺观的资产划给学校作教育经费,我们先把学校办起来,正式开学后向政府备案,然后请政府支持,把灵溪庵和下觉庵的资产划拨给学校,就可从根本上解决经费问题。大家觉得张浩先生的思路清晰,切实可行,都满怀热情地投入募捐工作, 一些富户见张浩先生亲自募捐办学,也都慷慨解囊,像里光洋村的周聚九就捐出大洋五百元,凭着张浩先生的名望,一些公常会户也都不推托。至1912年夏,学校如期开始招生,张浩先生从省城赶回,与董事会议定诸项事宜,如聘请老师、开设课程、报批备案等等,当时开设的课程是国文、算术、历史、地理、动植物、体育、音乐、美术，已完全是现代教育的内容，次年县署批准正式定名为"东阳县立第四高等小学"。

学校是办起来了，但庵产的划拨却非易事，当时灵溪、下觉两庵的庵产尚称丰饶，每年可收租谷四万斤，庵主是散居于六七个村的周姓人，他们岂肯自动放弃这块肥肉？张浩先生邀请他们派代表来校协商，说明"划产办校"是政府的政策，也是造福于民的善事，请他们大力协作，为玉山人民作出贡献，那些代表在张浩先生面前唯唯诺诺，但张浩先生一回省城，就到东阳县署去闹，并递了诉状，提起诉讼，张浩先生预料会有这一着，已事先知会县署，于是县署驳回诉状，并规劝他们息事宁人，不要惹是生非。但他们仍然心有不甘，县里回来后纠集歹徒，于半夜去灵溪庵放火烧房，学校董事会教师孙启香从窗口跳出，连夜赶去省城见张浩先生。张浩先生一面叫县署追究纵火闹事之罪，一面叫学校主动与周姓代表谈判，表示只要立即办好划产手续，学校愿意请县署不追究刑事责任，并同意周姓子女可以免费入学，周姓代表见事已至此，倒不如把姿态放高一些，主动把庵产划归学校。

张浩先生以为庵产之事已妥善解决，学校的事可以放一放了，谁知一波刚平，一波又起。其原委是玉山有七个都乡，称上三都下四都，因为学校设在灵溪庵，对上三都的学生路途比较远，在灵溪庵的房屋被烧毁时，上三都的一些士绅就趁机召集会议，他们要另起炉灶，自己另办一所学校，起名叫圭峰小学，这不是拆了玉山高小的台了吗？双方协商不成，张浩先生又从省城匆匆赶来，召集上三都的士绅开会协商。张浩先生首先对与会的士绅们热心办学、热心公益事业的精神表示敬意，尔后耐心地阐释道：玉山地域辽阔，上三都范围内办所高小并非不当，可以使学生就近入学，但现在情况是民国刚刚建政，民生凋敝，现代教育刚刚起步，能来

厚德载物

斗方

入学的生源还是少量的,现代教育的师资又很难解决,办一所现代的学校困难重重,一切都要我们去探索,如果你们另起炉灶,玉山高小势必垮了,势必前功尽弃,势必两家都事无所成……讲到动情处,张浩先生是声泪俱下,与会者鸦雀无声,气氛肃穆庄严。最后,张浩先生哽咽着说道:现在民国草创,国运维艰,张浩身负重任,不能与诸君一道共同奋斗,振兴玉山教育的重任只能请诸君来担承,恳请诸君为大我舍小我,为造福玉山人民同心协力,为此,请诸君受我一拜!说完,真的跪了下去。这大大出乎与会者的意料,名重一时的张浩,为了办学竟在我们面前跪了下来,这简直不可思议,并都自觉心中有愧。于是与会者一致表示:你放心回省城去吧,玉山办学的事你就放心好了……

1987年夏,两位尚湖镇的老前辈,偶然间与我谈起了张浩先生办学的事,谈到这一幕时,虽然事情已过去70余年,两位老前辈还是感动得不得了,声音似乎在颤抖,在哽咽,他们说,张浩先生是什么人?是一条血性汉子,面对曹锟的5000大洋贿选,他义正词严地拒绝了，对蒋介石的不当的命令都敢于拒绝执行，但为了办好玉山的第一所现代的学校，他竟肯下跪，所以他又是至情至性之人，我们玉山人不应忘了他……

玉山高小终于走上了正常发展之路，虽然1914年11月，天台人周永广率领的所谓"讨袁军"又把校舍烧毁，学校再次迁往下觉庵，但再次重建的校舍比原来的又上了一个档次。张浩先生也一直关心着学校之事，还以自己的薪俸买了5000册图书送来学校。在弥留之时还嘱咐把自己的遗体安葬在学校旁边的山坡上，可朝夕聆听学生们的琅琅书声。

佳村的朋友说，灵溪庵本是风水宝地，堪舆学上称为"凤凰巢"，对面的那座小山就是从巢里飞出去的飞凤。看来真的像个凤巢，自玉山高小办起来之后，学校培养了多少人才！而今四十岁以

磐安佛教协会会长式广考察灵溪院遗址

上的在外工作的玉山人,基本上都是玉山高小毕业的,其中有科学家、作家、高级工程师、大学教授,还有政府高官,其中,像著名的历史学家吴晗,水利专家、长江大桥总工程师周尚等大家,更是其中的佼佼者。学校没有辜负张浩先生的殷切期望。

玉山高小为什么能出成果、出人才?因为我也在这个学校读了三年,有些体会,我把玉山高小之所以出成果、出人才归结为学校的土布衫精神和霉干菜情怀,若并为一句话,就是因为师生的苦教苦学。

当年去灵溪庵上学的大都在十一岁左右,路途远的有二三十里,第一次上学时都由父兄们挑着行李送到学校,以后每逢周六下午都自己回家去拿吃的、用的,周日又自己挑着粮米、菜蔬和木炭回校,一年到头,雨雪无阻。我们自己做炊,自己洗衣,睡的是地铺,头发理的都是平头,穿的都是土布衫,还打补丁,吃的基本上是霉干菜,冬天手与脚都生了冻疮,夏天身上又热得长痱子,现在回想起来真的很苦很苦,但没有人叫苦,没有人逃学,没有人混日子。老师也朴实诚恳,兢兢业业,师资队伍也相对稳定,所以毕业了到县里考中学的录取率也比较高,学校的土布衫精神和霉干菜情怀,不仅保证了教学质量,也铸造了我们的灵魂……

(载《金华文艺》)

# 下觉庵与僧大开

　　下觉庵在佳村之南，自村口公园向南走一小段路就可见下觉庵的旧址。

　　下觉庵曾经是驰誉一方的寺院，在清朝末年与民国初年，因兵燹之灾，几度遭火焚，今已无存，只留下一些悲壮而凄美的故事，让人怀念。此刻，当我站在溪流岸边细看这里的山水形势，不仅顿生沧海桑田的惆怅，还自然地牵扯出其他的一些联想。

下觉庵近旁的灵溪珠帘

有人说，中国的名山胜境，早已被道观、寺院所占尽了，此语不差。道教视道为超越形器的宇宙最高法则，突出道的超越性、绝对性和神秘性，使道变成玄之又玄的抽象特性，加之道教研究摄生养身，烧丹羽化，从而获取身心的健康长寿，达到白日升仙的终极目标，故而道观的基址多落于名山，如华山、泰山、霍山、恒山、嵩山，因为名山有正神，非名山无以成仙丹。又因山峰是天地交汇之处，最利于升仙，因而道观也常建于山巅。试看安徽齐云山的太素宫，左有钟峰，右有鼓峰，背倚翠峰，前视香炉峰；江西龙虎山左为龙山，右为虎山，……都是有着何等气势的名山胜景。佛教虽言"净法界身，本无去来，大悲愿力，故现生存，去来落于常情"，但佛教徒也讲究"山有来脉，水有来源，犹人身之有经络""水以地载，山以水分""气非在山之最高处相聚"，故而佛教的寺院一般不在最高处，都选在风景幽静、生气汇聚之地，如杭州的灵隐寺、普陀山的海天佛国，都叫人流连忘返。

我们看下觉庵的基址，这里不是名山大川，没有危崖千仞的雄伟，也没有曲径通幽的深邃，展现在我们面前的一片平畴，显得那样的平和，那样的舒坦，四周山水回环，顾盼有情，弯弯的溪流，不见其来路，也不见其去处，溪边的山犹如怀抱的臂膀，东边的山也不高，却把两端的缺口堵住，使这里与喧嚷的尘世相隔而自成格局，看天光霞彩，水气山容，听松风低吟，禽鸟相呼，你会觉得尘虑尽去，相忘于混沌世界，这不是正符合佛教寺院要"环若列屏，林泉青碧""宅幽而势阻，地廊而形藏"的选址原则么？不正符合佛教徒的静修教义的生存需要么？故而也能享千余年的香火，并演绎出那么些传奇故事……

据史料记载，下觉庵原称下觉禅院，为周姓人建，初建于后唐天佑二年(905)，当时周姓人助入水田3600秤作庵产。到南宋宁宗年间，武状元周师锐重建寺院，改名永庆寺，又助入大量田产作寺院的香田，使寺院的总田产达到八百余亩，这在玉山地区来说已经是非常了不起了。其实，寺观庙宇也是一种社会资源，若资产太丰饶，也会引起一些贪心之人的觊觎，所以到了明朝时下觉庵的田产就渐被地方上的豪绅所霸占了。后来周姓中出了个能人周尚清，向官府提起诉讼，才从豪绅手中夺回来。到清朝初年又重建大殿，因吃饭的和尚多了，又分建峨嵋、马坑、通济、庆善等四个小庵，那想必是下觉庵的鼎盛时期了，这里是松涛云壑，风廊月殿，楼阁霞拥，暮鼓晨钟，一派升平景象。到了清朝末年，下觉庵出了个僧大开，这是个极富传奇色彩的人物，他把原来是参禅念佛的寺院，变成武林高手的"讲武堂"，还变成革命党的据点，搞得轰轰烈烈，成为社会关注的焦点，从而使下觉庵名震四方，但最终还是成也萧何，败也萧何，僧大开死于清政府的屠刀之下，下觉庵也被清军放火烧毁。

因为下觉庵出了个僧大开，这个人物太突出了，在玉山地区是家喻户晓，所以提起僧大开人们就想到下觉庵，同样，提起下觉庵就立刻想到僧大开，真是庵以僧名，僧以庵名。那么，僧大开究竟是何许人？究竟有过哪些惊世骇俗的作为？对于今天的玉山人来说已知之者寥寥，随着经济的大潮对文化的侵蚀，这段历史真的有湮没之虞。

僧大开，民间称"大开和尚"。大开，也作大恺，俗名潘根昭，磐安前山人。兄弟四个，他排行老二。家境极其贫困，虽难说上无片瓦下无立锥之地，但也确实是风扫地月当灯的境界，全靠其父打短工度日。据说大开出生时正电闪雷鸣，大雨倾盆，这应该是个不祥之兆，而算命先生也果然说这孩子八字太大，克星太重，不易养大成人，为求个平安，最好是让他早些出家，早些遁入空门，以免克着双亲。其实也是为了活命,八岁时根昭就被卖入天台山一座寺院里做了小沙弥,法名清泉。

僧大开的师父名玄觉,虽然是个和尚,但却非等闲之辈,曾参加太平军,精谙少林拳术,也是武林中的高手,还略通相学,他看大开这个小沙弥将来也非池中之物,必有一番作为,因而对大开可谓严慈并济,悉心培植,还叮嘱女徒净慧给师弟传授武功时要全心全意,要口到手到心到。后玄觉看着净慧与大开逐年长大,而自己年事已高,就把自己要推翻清朝的统治,光复汉人江山的心事向徒儿吐露,并把希望寄托在他们身上。后来在圆寂时还执大开之手说:"玉山地域广阔,官府鞭长莫及,可以做你事业的根据地……"俗话说一日为师,终身为父,玄觉在大开的心灵里种下了反清的火种,后来终于使他的生命熊熊燃烧起来,直至把自己烧成了灰烬。

师父死后,大开就遵照师父的遗愿回东阳来,先去唐玄寺,又转实相寺,二十二岁时开始住持下觉庵。为了实现推翻满清皇朝的宏愿而积蓄革命力量,他在庵内开设"讲武堂",广收门徒,教习武艺。自己也昼夜苦练,因讲武堂声名广泛传播,黄岩的一位武林高手特地来探看虚实,他扮作卖酒曲的商人来到下觉庵,指名要见大开,并在与大开谈生意时悄悄露了一手,把左脚伸出,将放地上的60多斤重的哑铃抛上一人多高,又用右手拦住放回原处,显得那么神定气闲。大开见了,知道自己遇上了高手,就虔诚地拜他为师,挽他留庵作教师,并在他的教导下学会了"矮桩少林拳",功夫更加了得,能"举臼当帽,掌磨作扇,捏竹如泡",能躺在石板上,让人以百斤以上的石杵连捣几十下无碍。

随着大开武艺日益精进,各地来习武的人也日见增多,大开个人的威望和号召力也自然在上升,加之他本就腰大膀粗,肥头大耳,性烈如火,路见不平,拔刀相助,像个江湖大侠,故一旦机缘来临,就必会上演一场轰轰烈烈的大戏。

光绪二十六年(1900),玉山大旱,东阳县令丁燮来罗村验尸,返岭口时群众拦住他的大轿,要求他亲自勘荒。这丁燮眼中没有百姓,非但拒绝勘荒,还让他的兵丁殴打拦轿群众,还抓去数人。百姓虽然怒火中烧,却又无计可施,就去向大开哭诉,大开听了,勃然大怒,命星夜鸣锣,召集人马,大有登台一呼,万众云集之势,迅即聚集了3000余人,扛起"官逼民反"的大旗,浩浩荡荡去攻打东阳县城,一路之上,对百姓秋毫无犯,凛凛然就是一支正义之师。丁燮闻报,吓得面如土色,急忙请来城绅李子修,要他带领其他几个有名望的士绅去路上拦住大开进行谈判,大开他们提的条件都可接受,只是千万不能让他们进城。李子修等就匆匆赶到白坦,与大开等谈判,李子修代表丁燮答应立即释放在岭口抓捕的数人,并赔礼道歉,免除玉山地区一年的钱粮官税,让百姓度过荒年。在李子修等人的好言抚慰之下,大开率3000人马回玉山来。自此之后,大开更名闻边邻数县。

光绪二十九年,大开在下觉庵成立了"百子会",会员达数百人,名为练武,意在反清,会员每人发一双云头鞋作标记,由寺院提供膳食,进行对阵训练。次年年初,革命会党龙华会的首领沈荣卿自永康来,与原是玉山人的会员袁成昌一起在玉山开展活动,他们找到武举陈立光,又找到僧大开,经酝酿、策划,决定组织"九龙党",推陈立光为总红旗,以大开为管事,歃血为盟,并以当年为"兴洪元年",正式举起反清旗帜,许多受清政府盘剥生活艰难的穷苦百姓,纷纷加入到九龙党的队伍中来,一时声势大振。

光绪三十一年十一月,光复会领导人陶成章从嵊县来到玉山,找到大开,进行革命联络。光复会在光绪三十年成立于上海,

下觉庵近景

蔡元培为会长,以"光复汉族,还我河山,以身许国,功成身退"为宗旨,次年中国同盟会成立后部分会员加入同盟会,仍以光复会名义活动,后陶成章在东京成立光复会总会,推章炳麟为会长,赴南洋发展组织,并在上海、浙江等地组织光复军,谋求武装起义。陶成章来玉山后,意味九龙党与光复会取得横向联合。

为了筹措经费,九龙党向地方上的豪绅富户借款借粮,这就直接触及地方豪绅富户的利益,于是他们就纠合地方上的地痞流氓、社会恶势力组织了一个"牛筋党",以与九龙党对垒。自光绪三十一年至光绪三十四年,九龙党与牛筋党在茶场庙、周店、八达、山宅、尚湖等地进行了多次恶战,其中,八达之战更是规模宏大,战斗激烈,可彪炳于史册。这次恶战的起因是八达石门庵的住持和尚亡故,按资格庵产应由徐金泮和尚继承,却被八达村的土豪徐绍镰强行霸占。徐绍镰父子五人都有武功,人称"五老虎",财大气粗,目中无人。徐金泮和尚当然奈何他不得,但徐金泮却是大开的徒弟,就跑到下觉庵向大开哭诉,要求大开为他主持公理。大开思想自己的终极目标是要推翻清廷,为八达庵产之事不宜大动干戈,以免虚耗人力物力,于是就派人去八达,希望与徐绍镰协商解决。岂料徐绍镰果然气焰嚣张,目中无人,公然在大开派去的人员面前辱骂九龙党是强盗土匪,他正要拿大开和尚的头颅来祭旗。大开派去的人离开八达之后,徐金泮等十六家的房屋尽被捣毁,九龙党的胡品高又遭人杀害,大开忍无可忍,决心开战。开战那天,大开身着明朝服装,头戴金冠箍,手擎哑铃,率党徒千余人,旗分五色,刀枪耀目,鸣吹海螺,浩浩荡荡向八达进发。岂料八达土豪徐绍镰及其党徒早已逃之夭夭,愤怒的九龙党人抄了徐绍镰的家,又转至南塘村抄了几家土豪牛筋党骨干分子的家,返回玉山途中,在上水、陶界与牛筋党的六百余人相遇,可怜那六百余人死的死、伤的伤,逃的逃,被打得落花流水。此后牛筋党再也不敢与大开的九龙党正面对抗,许多党徒都悄悄退出,牛筋党几乎已偃旗息鼓了。

但那些土豪富户是决不会甘心失败的,他们组织人员接二连三地去县里、府里、省里告状,知县杨阶泰来玉山九和办案时,他们又拦住杨阶泰的轿子,声泪俱下地控诉大开的九龙党杀人放火、聚众造反,务请派兵剿灭,杨知县本不想多管此事,为了面上能应付过去,就向省里呈文,请省里派兵。后来金华府奉省里指示,派一位姓方的管带会同东阳城守蒋卓熊领兵进驻玉山,大开的九龙党虽然多次与官兵短兵相接,互有伤亡,其实杨知县只是表面应付,方管带更是早已接受革命思想,故意将大开放走,叫大开"暂避此锋,徐图后举"。纠缠了一段时间后就撤兵回去,而九龙党则继续与牛筋党的顽固势力斗争。次年,因杨知县外调,接任的孙启泰是忠诚于清廷的顽固分子,而且心狠手辣,上任后就对九龙党进行血腥镇压,还烧毁民房,屠杀无辜村民,玉山地区顿时一片腥风血雨,虽然大开率领九龙党与孙启泰进行了多次壮烈的战斗,但九龙党的大刀与长矛终究敌不过孙启泰的洋枪洋炮,九龙党又无外围组织,与外地革命力量缺少联系,缺少回旋的余地,曾经轰轰烈烈的九龙党终于被镇压,下觉庵被焚毁,孙启泰画影图形悬赏捉拿大开。

光绪三十三年,大开还曾经应光复会竺绍康的邀请去绍兴,还曾率领一批徒众参与绍兴的革命武装斗争。次年回玉山时因叛徒告密,某日深夜在佳村美女山下的茅屋中被官兵逮住。虽然再过两年就辛亥革命爆发了,清政府就完蛋了,但大开没有等到那一天,他的生命作为革命的代价付出了。据说在东阳西门就义时,刽子手连砍两刀,大开的颈上连痕迹都没有,他又举目四顾,不见所盼之人,叹道:"也罢,就成全你小子吧。"遂将气一松,引颈受戮。次日,他的师姐率九龙党余部来劫法场,见大开已死,只得挥泪而去……

我们这里说的只是大开的故事的一个梗概,其实他的一生极富传奇色彩,许多情节非常生动感人,可以是一部非常好的电视剧。大开是个僧人,又是个大侠,又是个立志要推翻清王朝的革命者,作为僧人和大侠,他使我们联想到《水浒》中的鲁智深,粗犷豪放,疾恶如仇,路见不平,拔刀相助。一些传统的武侠小说中的大侠,虽然也总是站在正义一边,与邪恶斗争,但说到底也不过是某个统治者的打手而已。但大开不是,他始终是社会豪富与邪恶势力的对头。作为一个革命者,他使我们联想到清末时的许多革命党人,他们都有家有室,而非一无所有的无产者,但他们一心想的只是国家,只是民族,大开也一样,下觉庵的资产丰饶得很,若只

磐安佛教协会会长式广考察下觉庵遗址

为自家着想，又何必来革命？虽说从大的战略上来说，徐锡麟的刺杀恩铭，大开的组织九龙党和改元，都不是高明的做法，他们缺乏战略眼光，缺乏决策能力，但他们那种精神，那种血性，那种视死如归的气概，却真的是惊天地而泣鬼神……

　　写到这里，我还联想起与大开同时的另一位爱国名僧，就是大名鼎鼎的宗仰上人。他本是镇江金山寺的僧人，为了革命救国，去上海与章太炎、蔡元培、黄炎培等共商大计，发起组织以爱国教育和推翻满清王朝为己任的革命团体"中国教育会"，又成立当时号称东南革命大本营的爱国学社和掩护秘密工作的爱国女校。清政府查禁《苏报》，逮捕了邹容、章太炎等时，宗仰上人为营救他们出狱而多方奔走，以至自己也被列入黑名单，只身逃往日本。在日本，他在革命事业上，道义、财力上支持了孙中山先生，1904年以后他相继加入了光复会、同盟会、南社，成了这三个革命组织的骨干会员，为革命作出很难估量的贡献。以他渊博的佛学学识，在这乱世之时，也完全可以做一名隐遁山林的方外高僧，可是他却将一生与革命联系起来，既使革命增添了盟友，又使佛教增添了异彩。所以我们不应像那些教条主义者一样，戴着一副有色眼镜来看社会的各个群体……

（载《金华文艺》）

# 龙年话龙

今年是龙年，龙的话题较多。笔者在《龙灯的家乡》一文中谈到了关于龙和龙文化的一些内容，有朋友说还可谈得更广泛、更深入些，因而又写了这篇文字，来凑个龙年话龙的热闹。

龙也好，龙文化也好，都很古老了，流传了几千年，已很庞杂，众说纷纭，若要正儿八经地去阐述、去评说，可

十二生肖中的龙

不是一件轻松的事情。我这篇文字只是说到哪儿算哪儿，只能就像朋友聊天那样，提供一些话题、一些角度、一些资料，只能当作闲话来看。

# 一

龙是什么？

在过去的中国人的心目中，龙是一种神物。龙生于渊，游于天，能高能低，能长能短，能粗能细，能幽能明，不是神物是什么？不说是动物，不单单是因动物没有这些神奇的功能，而且还怕亵渎了它。虽然谁也没见过，但早先是存在的，它们是水族，生存于深渊之中，大海大洋之中，不是有四海龙王吗，可见它们也自成系统，不能因现在没看见就否定它们的存在，曾经是那么强势的恐龙，也不是早就不见了吗？

但现代人只承认实的，要看得见，摸得着，不承认虚的。只是对于龙，却有个一致的看法，谁也不否认，那就是：龙是中华民族的图腾，中国人是龙的传人。

那么，图腾又是什么呢？

图腾（totem）系印第安语，意为属彼亲族。原始人认为每个氏族都与某种动物、植物或其他自然物有着亲属关系或其他特殊关系，一般以动物居多，该动物就是氏族的图腾，就是最早的原始崇拜对象，并把这图腾作为氏族的族徽。不仅禁止捕杀，还要举办崇拜仪式，祈求佑庇氏族的平安与兴旺。

中国远古时代的氏族很多，因而图腾崇拜的传说也很多，如南蛮的盘瓠狗种传说，哀牢夷龙种传说，夜郎竹种传说，闽人的蛇种传说，西羌的牦牛种、参狼种传说，等等。但最主要的图腾是龙，不仅华夏族是龙族，而且南方苗、越，北方凶奴，东方诸夷，北狄、西戎、盘瓠族等，都是龙族的直系或旁系后裔，最初都以龙为族徽,以后的发展中都有龙文化流传。比如越南,虽早已不属同一个国家,但民间也广泛流传龙兴风播雨,天龙为民除害的美丽故事,也信风水,也喜欢取带龙字的名字,希望在龙年生子,他们的龙文化也一直传承不衰。

人们都说龙是人把几种动物综合想象的结果,但我不知道中国的龙最早是由哪两种动物结合而想象出来的,倒是曾看到有资料说越南的原始龙起源于扬子江下游流域南下至东南亚北部的古代百越文化,包括越南祖先骆越人在内,他们的龙的基础形状是蛇与鳄鱼结合而成的。

因为龙是根据几种动物综合想象而成的,因此龙的造型、龙的形象有个从简单到复杂的变化过程。红山文化的C形龙是新石器时代的龙,造型很简单,寓意抽象,在以后漫长的发展中,龙长出角来了,身躯变长了,弯曲柔软、昂首、鼻孔喷火,再后来又身躯变胖,龙头变高变大,龙鼻也变粗大,龙嘴大开,显得非常夸张。

在形态变得奇怪而夸张的同时,龙又被分为不同的类别,并被赋予不同的色彩和功能。无鳞的为虬龙,有鳞的为蛟龙,无角的为应龙,还有正面龙、团龙、夔龙、螭龙,还有青龙、黄龙、苍龙、毒龙等等。苍龙是圣人的护佑者,见苍龙预示圣人的出现,据说孔子出生时有苍龙自天盘亘而下,盘旋在孔子的母亲徵在的房顶上,徵在生下孔子,又有两位神女手捧香露从空中下来,为徵在沐浴。黄龙则是吉祥的象征,黄龙的出现意味着国泰民安,天下太平,若政治清明,教化奉行,黄龙就会出现。《水经注·曹风》记载:东汉建武年间,曹风任太守,不几年,其辖地安定富裕,风化大行,于是有黄龙现于北地郡的九里谷高岗亭,粗十围,身长十余丈,天子闻之,嘉奖曹风帛百匹,加秩中二千石。

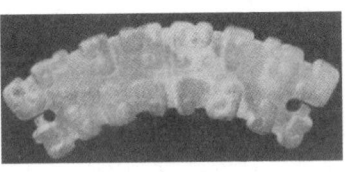

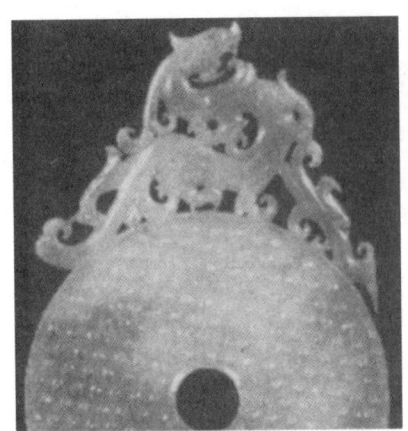

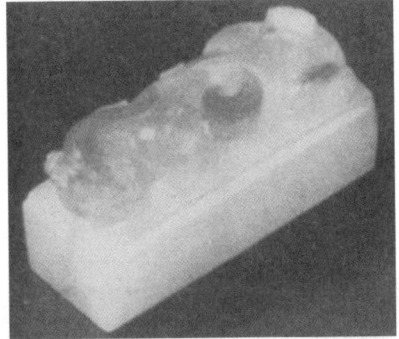

以龙为造型的古代玉件

在各色的龙当中，只有毒龙是不好的。毒龙多出现于古代的西域，如帕米尔高原、昆仑山等地区，如果侵犯了它便风雨晦冥，飞沙走石……

到明清时期，中国龙的造型已基本定型：蛇的体、鱼鳞身、牛的耳、狮的鼻、鹿的角、虾的眼、虎的掌、鹰的爪，还有长长的须，世界上没有这种动物，但正因其无所不包的形象，展现的正是无所不能的威力。

也正因这极度夸张、几近完美的形象，能唤起我们心中的亲和感与神圣感，故而元宵节时灯火辉煌的台北大街上摆放着一条高大威武的龙，虽然人群熙熙攘攘，但都不嫌它妨碍交通，而且都向它行注目礼。

# 二

我们再来说龙的象征意义。

在原始氏族社会时期,龙的象征意义比较简单,那就是图腾崇拜的意义。但 C 形龙的出土,给了我们新的启示,因为 C 形龙是玉件,说明当时的龙已有吉祥和辟邪的意义,中国人的龙情结,实际上那个时候已初步形成了。

《易经》被列为六经之首,现在还有人说《易经》是中国的《圣经》。在《易经》中龙的象征意义已有质的飞跃,被赋予特殊的哲学上的意义。

在《易经》的六十四卦中,第一卦就是乾卦,第二卦是坤卦,这有统领全局的意义。乾卦为天,为龙;坤卦为地,为牝马,师卦为军队,噬嗑卦为刑罚……这些都是客观存在的事物。也许你会说龙是虚拟的,不能算是客观事物。但稍加分析和领会,就知道这里的龙是事物的一种代称。乾卦为六十四卦之首,卦中的对应物全是龙,但《易经》对六十四卦的物象都作了引申,从乾卦引申出首、都城、君、父、金、赤色等,坤卦则引申出腹、吝啬、大地、母、布、妇等,这些都是客观存在的事物,龙在这里是起着龙头的作用,提纲挈领的作用。

作为第一卦的乾卦的对应物都是龙,其爻辞自下而上分别是:初九,潜龙勿用;九二,见龙在田,利见大人;九三,君子终日乾乾,夕惕若厉;九四,或跃在渊,无咎;九五,飞龙在天,利见大人;上九,亢龙有悔;用九,见群龙无首,吉。

《易经》研究者对乾卦的爻辞有不同的解释,比如台湾的曾仕强先生以人生的各个阶段来对应，作出解释；邵伟华先生则以"否定之否定"原理，来解释爻辞的指向。而笔者则以为卦中的龙是指事物发展的趋势，一种普遍性的规律。

比如，我们若把卦中的龙喻为国君、领导人，那么在初九的"潜龙勿用"之时，意味着你还只是内定，还没有正式名分，也没有实力，你还只是潜龙，只是东宫太子，只是副职，如果你不能韬光养晦、养精蓄锐，而急于要出头露面，蠢蠢欲动，你必定失败。其他的人若裹挟着你，搞分庭抗礼，来捞自己的好处，也必定失败，因为潜龙还不能用。从九二到九四的几个阶段，说龙已出现在地上，形势已经不同，你整天兢兢业业、自强不息，或腾于天或跃于渊，只要审时度势，谨慎从事，都不会有问题。到了九五的"飞龙在天，利见大人"就是顶峰了，"大人"是个虚拟的词，可指《周易》时代的周天子，也可指圣人、德高望重的人。人生的最好境界是"无咎"，而不是"飞龙在天"，因为顶峰的隔壁就是衰颓或落败，九五的"亢龙有悔"就是太过分了，太专制独行了，已始料不及地走向反面了。用九的"见群龙无首，吉"，是对一个时段的形势的判定，"群龙无首"意味着乱象纷纭，但也意味着还没有强有力的竞争对手，虽然充满变数，但只要审慎应对，化不利因素为有利因素，大局仍然能够稳定，对君王来说还应是吉象。

这就是龙在《易经》中体现的哲学意义，它阐述了事物的发展规律。了解这一点很重要，因为有些人说在龙的概念中都是乌七八糟的东西，毫无价值，但事实不是这样的。

其次，我们来说说龙的象征意义在堪舆学上的应用。

堪舆原是一门有用的学问，只是因为所用的语言和逻辑与我们的时代格格不入，因而它有用的价值也被掩盖了，以至于造成许多人在言论上反对，在实践中又虔诚应用的尴尬。

堪舆家把绵延的山脉称为龙脉。龙脉行地气，影响大地上的气流，影响一个地域的自然环境。

从大格局看，中国的龙脉源于西北高原的昆仑山，向东南延伸出三条大龙脉。北龙从阴山、贺兰山入山西，起太原，渡海而止；中龙由岷山入关中，至泰山入海；南龙由云贵、湖南至福建、浙江入海。每条大龙脉都有干龙、支龙、飞龙、潜龙、闪龙。堪舆家勘察风水地理，首先要搞清来龙去脉，顺应龙脉的走向，而后看其形势。所谓形势者，千尺为势，百尺为形，势是远景，形是近观，势位于外，形在于内，有势然后有形，有形然后知势。造成势的主要因素就是龙脉，故说势为来龙，要大而强，要穿帐过峡，若断若隐，切忌木直僵硬，还要有其他的山护送，有护送的是真龙，没有护送的是假龙。

龙是地理风水的第一要素，中国的那些著名城市，著名的道观寺院，在选址的时候都十分考究，都有发脉长远、气势不凡的龙。特别是北京和南京，专家学者们的分析和阐述，往往使我们大开眼界，口服心服。因为龙脉是第一要素，与这个地方的生气、景观，乃至人的心态密切相关，所以都要认真保护。《普陀洛迦新志》卷八有段话："后山系寺之来脉，堪舆家俱言不宜建盖，常住特买东房基地，与太古堂相易，今留内宫生桐外，其余悉栽竹木，培荫道场，后人永不许违禁建造，其寺后岭路也不得仍前来往，踏损龙脉……犯者摈治"。你看，为了保护龙脉，不惜再买一块地来，原来的"岭路"也不再通行，可见那龙脉在住持和尚心目中有着何等的地位。

下面我们再来说说民众的龙和皇家的龙，龙的象征意义在民众的心目中和皇家的心目中有所不同，不可同日而语。

在中国老百姓的心目中，龙无所不包的形象，正象征着龙无所不能的威力。龙与天神，与上帝一样，都是大气的，正面的，都可给人以庇佑。但龙与天神或上帝又不一样，天神或上帝要按天理运行，要体现公平正义，着眼的是大局，而不是局部，更不是个人。天神或上帝的概念太虚太大，去求它照应几无可能。龙虽然也不能违背天神或上帝的旨意，但毕竟有其自由意志和活动空间，而且它只管局部的，因而对人的诉求的应对有较多的可能与方便。因此，老百姓常把风调雨顺、国泰民安的希望寄托于龙，天旱时向龙求雨的习俗延续了几千年。

古人以为雨有两种，一是天雨，一是龙雨，天雨可长可短，有时只是毛毛雨，地皮刚打湿就停止了，有时可连着下它十天半月；龙雨则总是短暂的，往往挟着雷电，酣畅淋漓，一场或两场雨就旱情解除，河流暴涨。据说龙雨是龙先把江河中的水吸到天上，然后从天上降下来的。《聊斋志异·龙取水》载：有人见苍龙自天空垂下，以尾巴搅动江水，波浪涌起，龙随身而上升，遥遥望去，上升的水流白光闪闪，比三尺白练还宽。一会，龙尾收起，上升的水流也止息了。接着便大雨倾注，渠沟皆满。《搜神记·蛟庇舍》的记载更

远古时代陶器上的龙纹

有离奇的情节：有小孩见一个二十多岁的人骑白马从东边来，打着伞，有四个随从，穿黄衣。他们的衣服一点缝都没有，马有五色花斑，身上似鳞甲而没有毛。他们在小孩家中停了一会儿后，走了，说明天再来。小孩见他们往西走，越走越高，直入云中。一会儿后，风雨大作，白昼晦冥。次日山洪暴发，溪流暴涨，但小孩家却未被淹，原来他屋舍上有条三丈长的蛟龙盘曲着，他是前一日骑白马者，这场龙雨正是他兴起来的……

因为要向龙求雨，所以百姓们平时也要举行去祭龙、祭龙潭等祭祀活动。

中国的百姓以

远古时代陶器上的龙纹

为，龙既能沟通天地，是正面的形象，因而龙能代表天神给人以庇佑，把龙当作昭示吉祥幸福的瑞兆。我们的文物专家说，我国远古时代的陶器上的龙纹图案就与龙的图腾崇拜相关，以后瓷器上的龙纹图案则表现得更加精细。传统玉文化中的云纹龙形佩、谷纹龙佩、双龙首玉璜、玉龙献瑞龙牌、龙凤呈祥牌等等，龙的祥瑞寓意，与瓷器一样，以龙的形象作为主题的纹饰，经历代发展，工艺之精，形制之多，寓意之丰，均为其他纹饰所不及。这说明中国民众的龙情结的源远流长，历久不减，探讨和研究历代玉器上的龙纹图案，不仅有助于我们了解龙形象的发展过程，也为古代玉器的鉴定和断代提供了一定的依据。

把龙与皇帝联系起来，大体自汉代开始，这种意识当初并不怎么浓烈，是以后逐步强化起来的，到明、清时期达到巅峰，龙成了皇家的象征，特别是皇权专制制度即将没落的清朝表现得更加突出，皇帝自以为是龙，穿龙袍，坐龙廷，还把龙旗作为国旗，故宫所有的装饰全部都是龙，廊柱、屏风、藻井、宝座、地毯等都是龙，据统计，故宫的龙有 12654 条，那块只有皇帝可以在上面行走、其他人不准踏上去的大石雕，长 16.57 米，阔 3.07 米，厚 1.7 米，重 200 多吨，上面就是雕着各式各样的龙。

中国皇权制度的伦理是世界上最荒谬的。其他帝制的国家，皇帝只是国家的统治者，其上还有天，还有上帝。在中国，人间的帝王不但自称"天子"，还垄断了祭天的权利，民众的宗教感情得不到发泄。从神人关系上看，把皇帝称为"天子"，称为"圣上"，这就是把人奉为神，把世俗奉为神圣，这就是取消了神，取消了神圣，掏空了天、人秩序的基础。所谓"人心不古""道德败坏"等等，究其本源就是因为"无天"，既然无天，专制皇权就可为所欲为，尔后就会导致"人间"的"无法"……

但不管如何，把龙的形象作为皇权的专属是不可能的，即使在最突出的清朝，也还是皇家有皇家的龙，民众有民众的龙。皇家的龙象征权力和专制、恐怖与残暴；民众的龙象征给人庇佑的神力，象征祥瑞吉庆、趋吉辟邪等等。

记得大概是1989年吧，严家其写了篇文章："中国不是龙。"说张牙舞爪的龙是封建专制的象征，暴力的象征，中国应走向民主，中国不是龙。今年又见到某先生写的："中国人，你为什么喜欢龙？"文中说："龙有什么精神？在自己的意识里龙是张牙舞爪，龙是阴森恐怖，龙是浮夸，龙是虚假，龙是专制，龙是残暴，总之，龙没给我一点好印象，即使是虚拟的这怪物，也没人真的喜爱。……有人激动地大谈龙的精神，当然不过是借喻，可我总觉得，要是把话说破了，无非有些人自己有龙的情结，而这龙的情结无非是封建专制，岂有它乎？"对于这类说法，我们不必太过当真，说这是对龙文化的认识太肤浅了，只知其一，不知其二，老百姓哪会有什么封建专制的情结？其实他们的意思也不过是"借喻"而已。

我觉得作家贾平凹倒是说得实在，从表面的喧闹中敏锐地看到了庸俗和低级趣味。他说：龙在中国产生的年代够古老的了，但给我的印象，清代的龙是绣在国旗上的，民间又是铺天盖地到处是龙。时下之国人，动辄说到民族精神，精神的源头不是溯之而上，而是目光短浅到王气衰微的明清时代，以致今日庆典龙年，凡是舞龙耍狮者，敲锣鼓者，所穿服装不是汉唐之衣，也不是西服中山装，皆是色彩式样恶俗不堪的明清打扮，只差再拖一根油乎乎的脏辫子了。还可以看看，原本龙是虚拟之物，但越画龙的，做龙的越把龙弄得具体化，似乎天底下真有了个龙的活物……西周春秋时期的龙的形象是最简练而充满了张力，往往在具体的物件上随势赋形,充满非凡的想象力,可惜如今被庸俗化了……想象枯竭,创造力丧失,民族精神的图腾日复一日地削弱了它伟大的气质,这是龙的国度的人所要浩叹的……

# 三

在中国,宗教不仅仅止于哲学和思想的观念,还延伸出一系列的礼法、仪式、祭祀等等,龙文化虽不是宗教,但同样也有那么一些礼法、仪式、祭祀等活动,并相沿成俗,如祭龙神、祭龙潭、接龙、送龙、谢龙、舞龙……所以说龙文化也是一个庞杂的体系。

下面,我们择其要者作些简略的介绍,对老祖宗留下来的"遗产",好像也应当知道一点。

先说祭龙神。汉族人的祭龙神在夏历二月初二举行,"二月二,龙抬头",称"青龙节"或"龙兴节"。其祭祀方式方法,据查资料,各地不同。山东民间是该日早起要"引龙",以麦糠引至井中,以草灰引至家中水瓮间,或取灶灰围屋如龙蛇状,名曰"引龙线""龙镇仓"。安徽民间则于水边或井旁焚香,叩头,祭祀龙神,祈求风调雨顺,农家多以是日之阴晴来测全年之旱涝。二月初二龙抬头是吉庆之日,农民常于是日开始春耕,商人也于是日为开张日。

西双版纳基诺族的祭龙则于夏历七月举行,是谓祭大龙。仪式由卓马(寨父)和单生(寨母)主持,行剽牛仪式,停耕三天,全村人都不外出,只在家娱乐,由长老提鸡一只,酒一盅,米一升,到寰羊寨去祭刀。相传寰羊寨有把宝刀,能控制气候的变化,旱时祭刀可求得雨,涝时祭刀求得晴。祭大龙后十三天始祭小龙,为期六天。行祭期间妇女在家做家务,男人上山打猎,不做农业生产。

祭龙潭。在我们故乡,在接过龙、得过雨、收成好的那年,送龙回去时要祭龙潭，其意为谢龙。接龙、召龙时要用山人，祭龙潭时就由村内德高望重之人主持，也很隆重。

云南普米族祭龙潭在正二月举行。按习俗，每家都有自己的龙潭，亦称灵泉，地点选在深山密林或山涧峡谷。举行仪式前全家到龙潭附近歇宿三日，并用木头、木板搭建一个象征水晶宫的高台，称"龙塔"，塔前竖标杆，称"龙签"，挂七个用鸡毛麻线穿成的七角斗架，作为龙神食宿之所。祭祀时需请师毕（祭师）登坛念经，将奶油、酥油、乳饼、酒、茶叶、鸡蛋等祭品供在龙塔上，祈请龙神保佑风调雨顺，人畜平安。祝祷完毕敬送龙神时，要将涂有酥油的50个面偶全部投入龙潭。

龙王会。是云南丽江纳西族的节日，在每年夏历三月二十八开始，会期五天。祭祀之日，人们会集到象山脚下黑龙潭的龙神祠，另外也有人就在井旁河边点灯烧香，供奉素斋，以祭祀龙王，祈求风调雨顺，五谷丰登。现已改为物资交流为主的庙会，人数多时有五六万人，闻名遐迩的骡马市是其最大特色。

龙母诞辰。夏历五月初八是龙母诞辰日，广东德庆县有贺诞活动，自五月初一开始，历时十天。贺诞期间，举行布施、捐赠、售香花、爆竹等活动。诞期有五条"走蛇"盘踞在神案上的柚木丛中，象征为龙母养大的五条青龙也来贺诞。庙后有泉水谓是圣水，据说饮后能驱毒延年，故妇人们争相购买。庙里还开放龙母椒房，让求子心切的女人坐床，并能在床上摸出枣子、花生、莲子等东西，以示其有求必应。

舞龙。是迎龙灯的前身，中国的许多地方早在春秋战国之前就盛行舞龙，当时主要用于求雨和祭祀，是求雨和祭祀的一种仪式。参加的人排成长队，模拟龙的动态而舞动行进，其中也不乏娱乐的成分。古籍中有舞龙的记载，汉代石刻上也有很多舞龙的形

香港阳光卫视来佳村拍摄龙灯视频之拍摄现场

象。

　　随着社会生活的发展,出现了元宵观灯的习俗,兴起于汉代
的"鱼龙曼衍"化装演出活动流行开来,于是龙灯就代替了舞龙,
不论是哪种形式的龙灯,都是龙头龙尾兼有的龙,舞动的形态与
动作更加栩栩如生, 与早先由人排成长队而舞相比更加形象,更
具观赏性。到唐宋时期,耍龙灯已是"社火""舞队"表演中常见的
表演形式,观赏代替祈雨和祭祀,成为主要的演出目的。

　　雷州半岛中的东山岛,至今还有人排成龙形长队而舞的舞龙
活动,可看作古代舞龙的活化石,但不用于祈雨和祭祀。参加舞龙
的人穿黄色镶红边的衣服,扎黄色头巾,人数二十个左右,先排成
长队,一个大人、一个儿童相间,保持一定的距离,为首的那个大
人身边要有四个儿童。队伍排好后静候信号令,第一个信号令下
来,每个儿童都跳跃着骑上大人的肩膀,第二个信号令下来时,每

个儿童都身向后仰,用双手抱住后面那个大人的脖子,这样就用人的身体接成一条龙了。扮龙头的那个大人要负载四个儿童,一个儿童斜向躺在大人挂于肩上的布袋上,上身套竹篾与纸做的龙舌,他就是龙舌的角色了;另外两名儿童交叉骑在大人的双肩上,上身套龙角,他俩就是龙角了;还有一名儿童正向骑在大人脖子上,表演时身向后仰,双手抱住后面那个大人的脖子作龙身连接。扮龙尾的也是一名儿童,套着龙尾。接好后就开始舞动起来,表演"龙入云""龙劈浪"等程式,还有锣鼓伴奏,也很生动、好看,但扮龙头的那个人要负载四个儿童当然很累,仰着身子作龙身连接的儿童也不轻松,他们大概都是十三四岁的孩子。

此外,土家族的草把龙与泼水龙,表演的时间不在元宵,不用蜡烛点灯,也是一种特殊的活动形式,似乎也可归入舞龙的范畴。草把龙用稻草扎成,连同头尾共九节,以木杆为把,在各自村寨的田间舞完后就到溪边把草把龙烧掉,舞龙的目的在于驱瘟(稻瘟病)和防火。泼水龙用柳条扎成,共12洞,意为每月一洞,闰月之年则十三洞,在六七月间的龙日举行。舞龙之日家家户户将装满水的水桶、水盆、水瓢、水枪放在门前,当吹着牛角、唢呐,敲着锣鼓的舞龙队伍来时就往他们身上泼水,谁家的水泼得多,就预兆谁家会五谷丰登、六畜兴旺。

又,浙江淳安县王阜乡赤川口村的草编龙与土家族的草把龙又有所不同,但也可归入舞龙的范畴。该地的草编龙是用新鲜的稻草编扎龙头,龙的眼球突出,炯炯有神。龙身则是先用稻草编成草辫子,再用草辫子编扎成龙。龙身上插满香火,舞龙队员身着红装,另一特色是他们还有许多小龙,只需一人迎举,状如蝌蚪,称为"龙子龙孙",据说已有500多年的历史。

龙灯。龙灯由舞龙发展而来,龙灯的表演有些地方称"迎龙灯"，也有些地方称为"耍龙灯"。龙灯的活动很普遍，不管汉族，还是其他民族，甚至海外侨胞都有龙灯的活动。其规模可大可小，制作可以复杂精致，也可简单粗放，这便于活动的开展。高昂华丽的龙头，闪动光辉的身躯，晃动的龙尾，极度夸张的造型最能展现龙的大气、正气、豪迈、威猛的象征意义，表演时翻转腾挪的动态，热闹的锣鼓，激越的长号，璀璨的灯光与烟花，极易营造奔放热烈、祥瑞吉庆的节日氛围，极富浪漫情调。

玉山地区的龙灯有布龙、板凳龙、台阁灯龙和人物灯龙，各有特色，笔者已在《龙灯的故乡》中有所叙述，这里就不再赘述了。

金华是人文荟萃之地，龙灯的活动也多姿多彩，为元宵佳节的升平气象添上浓墨重彩的一笔。今年元宵之夜，市本级的龙灯有59条，还在市人民广场举行了布龙展，有13条布龙参加。东阳的龙灯有悠久的传统，2003年元宵，东阳花园村曾迎过一条1788桥、长达3.5公里的龙灯，一直传为佳话。兰溪的"断头龙"、浦江的"滚地龙"、永康的"手拎龙"，都很有特色，他处所无。"断头龙"是畲族人的龙灯，有个动人的故事，龙灯的特殊之处是头身分离，整条龙由龙珠、龙头和七节龙身组成，由于头身分离，动作灵活，可以做出许多高难度的动作；"滚地龙"的表演模拟龙的特殊情态，结合人的扭腰、甩手、转脚，紧紧围绕一个"滚"字来设计表演，龙的形态变化多端，有"群龙翻滚""半节滚舞"等30余种套路，屡屡给观众带来惊喜；"看遍各地迎龙灯，不如古山用手拎"，是永康俗语，说明古山的"手拎"龙灯自有其看点，其实，永康的派溪龙灯也很气派，龙头高丈余，两侧的挂灯有数百盏，参与迎龙灯的人员有五六百人。作为山区县的磐安，每年元宵节的龙灯也在110条以上……

若把眼光向全省全国看去，那么特色鲜明，让人看后难忘，值得说道的龙灯就更多更多了。

比如三门县的花桥龙灯，就以制作工艺精美、礼仪庄重周详，多条龙灯同时出迎，规模宏大而著名。龙顶插有月亮、方天画戟、令旗、帅旗、威风旗，旗帜图案全是刺绣，龙冠覆以四季名花，龙眉饰以凤凰剪纸图案，按不同的龙配以不同的花鸟图，红龙的龙眉用喜鹊衔梅图，黄龙的龙眉配黄莺穿菊图，青龙的龙眉用凤凰牡丹图，绿龙和紫龙则分别配蝶恋花图和竹雀图。龙面门则以三对双龙戏珠图构成香草云。龙上唇贴梅兰竹菊绘画，边缘有直香草云，龙鼻下有横香草云，龙鼻上用喜鹊闹梅插花工艺，龙头两边有花瓶球和鸡毛圆球，口含龙珠，两旁有"风调雨顺，国泰民安"的书法，或"今吾不禁夜，玉漏莫相催"的对联……龙身同样华丽精致，整条龙的工艺融合了剪纸、刺绣、绘画、折纸等民间美术工艺，造型大气，美轮美奂。而且他们还五条龙同时出迎，龙分青、红、黄、绿、紫五色，代表东南西北中五个方位……

再如河北邯郸市的曲周龙灯，其制作技法和造型另具一格：龙角用竹篾制成，上尖下粗，龙目过去用猪膀胱制成，现用 500-1000W 灯泡，龙须用麻染成绿色，整个龙身用绳索串联上百个竹圈而成，每隔两米，下面设一把手，龙体内的灯用折表纸先搓成半尺长的捻子，再入锅内用动物油熬制，以牛油最佳，亮度大，不易熄灭。整条龙的造型特点是巨口张、目生光、角尖厉、须飘扬、身婉长、尾刚劲、千鳞万甲、神采飞扬。且舞法也有 20 多种，以钻龙、滚龙、盘龙最精彩。钻龙是舞龙者从龙头和龙尾钻过；盘龙是舞龙者叠起罗汉，让龙缠绕人身，巍然屹立；滚龙是让龙在地上翻滚，舞龙者都从龙身上翻腾飞越。若二龙对舞，则由一舞蜘蛛者相配合，称二龙戏珠。

再如湖北来凤县旧司乡大岩板、板沙界两个村的"地龙灯"，也为全国一绝，表演时除龙头外，其余的人都隐藏在龙衣内，一手抓住前面一个的腰带，一手握住龙衣内圆篾圈，站的骑马桩，走的弓箭步，全凭感觉与默契配合，使龙翻腾舞动，似巨龙出海或长蛟饮涧。而且它始终与凤共舞，并有虎、鱼、虾、蚌、龟伴舞，这种飞禽走兽与龙凤同舞的场景，可说绝无仅有，是汉文化、楚文化与土家文化互相融合的结果……

龙灯是百姓对风调雨顺、国泰民安的祝愿，是对美好生活的思盼，其象征意义就是天遂人愿，吉祥平安。它是一种团队行为，是凝聚人心、培育团队精神又能心情舒畅的习俗和活动，回顾上世纪八十年代前期，经长期的禁锢和封闭，政治的火热把人性和人情都烤焦了，民间文化只剩一片废墟，突然开放了，冰消雪化了，思想特别活跃，心情特别昂奋，龙灯也特别多，不仅农村迎，一些企业和机关单位也往往自发地迎起龙灯来，那情景真的使人怀念。相信在今后的岁月中，改革开放的步伐依然会那么坚定，振奋人心，春节和元宵的节日氛围更加浓郁，龙灯也更璀璨。

（原载《婺星》杂志）

辑

侠

下面这些传说、逸事，散见于古籍和辞书中，短小精悍，富于知识性和趣味性，也不乏启迪人生的心智，是中国龙文化中的一些闲笔，小草闲花，展现了一幅色彩斑斓的民俗风情画卷。今予辑录，并删繁就简，使之更精练、更单纯，以飨读者。

# 龙宫仙境

　　龙宫为龙王及水族仙类所居之处，既富丽堂皇又清雅绝尘。《法华经·提婆达多品》云："尔时文殊师利坐千叶莲花，大如车轮，俱来菩萨也坐莲花，从于大海婆竭罗龙宫，自然涌出。"《法苑珠林》亦记俱名国一商人外出贩牛，遇一人牵一龙而欲杀食之，乃以八牛换龙，使归水泽。后此龙感商人之恩，邀他至龙宫，赠以龙金八饼，使他终生受用不尽。这是佛经上所记，以后龙宫的概念为神仙故事袭用，一些文学作品将龙宫描绘成水中仙境。《异闻集》写柳毅为龙女传书，得入洞庭龙宫，只见"台阁相向，门户千万，奇草珍木，无所不有。人间珍宝毕集于此，柱以白璧，砌以青玉，床以珊瑚，帘以水晶，雕琉璃于翠楣，饰琥珀于虹栋，奇秀深杳，不可殚言。"《西游记》中的龙宫是"黄金为屋瓦，白玉作门枢。屏开玳瑁甲，槛砌珊瑚珠。"殿堂之上还有长鲣鸣、巨蟹舞、鳖吹笙，鼍击鼓的水族音乐会，更使人引起无限的想象。

# 怪异龙窟

　　龙居住的洞穴称龙窟，多在深渊中，人进不去。但也有在井中的，《录异记·黄驯》载：荆州当阳有一口井，极深，井中有龙窟，还有其他许多洞穴，每天晴而将要下雨时，总会有云气从井中升起，唐时有个道士曾从井中取出草药。后来有个县令把马拴在井边，马的粪便与污水流入井中，一年后，县令与他的马的眼睛都瞎了。《北梦琐言·盐龙井》载：夔州盐井中曾有龙，有白龙也有黄龙，龙鳞闪闪发光，用棍棒搅动井水，龙则不动，只是喷沫而已，姊归卤井中的龙也是如此。有人质疑，龙是灵瑞之物，要背图升天，若待于盐井卤水中，怎能兴云布雨？可见此必妄言无疑。

# 龙宫之洞

　　前面所说的龙宫、龙窟常人难得一见,可能就是虚幻,但此处所说的"龙宫洞"却属实。地在江西彭泽西南乌龙山麓,为地下溶洞,长 2700 米,分龙门、正宫、东宫、西宫、前厅、龙潭、蛤蟆嘴等部分,以正宫(水晶宫)为中心,长 80 米,宽 70 米,壁上如画如雕,洞道弯曲,洞洞相连。宫顶钟乳如宫灯,洞中石笋、钟乳石组成千姿百态的图像。其风景区包括其北之玉壶洞和仙贞洞。

# 苍茫龙场

　　古代传说群龙聚集之处称龙场。《感应经·龙场》集中了其他著作对龙场的记载。《拾遗记》载：方丈山东有龙场，方圆千里，龙皮龙骨堆积如山阜，散布百余顷。《述异记》：晋宁县有龙葬州，老人说龙脱骨(死亡)在此，如今水中多龙骨，山中也有龙骨，埋得或深或浅，龙的齿、尾、足都完整，大者数十丈或十围以上粗细，小者长一二尺或三四寸，均完整。《广异记》载：亳州真源县挖河时挖出一座龙墓，墓北壁下又有一条长一丈余的五色蛰龙，龙头边有五六条鲤鱼，尺多长，还有灵龟两只，长一尺二寸。上司命送龙入淮河，送龟入汴河。龙至岸边时，有白鱼无数来迎，淮水沸腾，龙入河喷水游去，云雾杳冥，随即不见。送龟途中，龟屡次伸颈向水，网户怜之，遇一数尺阔、五寸深的水沼，便把龟放入水中，龟下水就不见，淘干水沼也无踪影。中药中有龙骨、龙齿，药物学说是古代哺乳类动物的化石。龙场中的龙骨、龙齿想必也是化石。

# 龙石斑斓

　　据传龙卵有时夹杂在五色斑石中,称为龙石。《原化记》载:唐时有人捡到一块石头,青赤斑斓,大于鸡蛋,觉得好玩,就放在衣箱中,五六年后,他拿石头给小孩玩,丢失不知去向。数天后,白天风雨晦暝,庭前树下,水流奔如瀑布,风停雨歇后,却见那块石头在树下,但已破裂为蛋壳,才知是龙卵。《玉堂闲话·尹皓》也载:有人在野外捡到一块蛋状石头,青黑光滑,就随手放在佛堂的佛像前。当天夜里,雷霆大作,猛雨如注,一股天火窜来焚烧了佛堂,但未损坏佛像。次日,佛堂外院子里数百株柳树,皆倒植过来,那龙卵也不见了。

# 真龙显现

据传真龙现身一般在龙庙中或者在桥上。《宣室志·龙庙》载：唐时汾水上有二桥，南桥下常有龙显现，于是在桥下修龙庙。一天，有龙自龙庙出来，盘旋空中，全城男女都出来观看，好一会才离去，随即大雨倾盆。次年秋，汾水暴涨，有白蛇从庙中出，随即龙庙即被冲倒，桥也被冲夸。《录异记·王宗郎》载：洄水畔有青烟庙，好几天，庙中云烟昏晦，昼夜奏乐。然后，洄水波浪翻腾，有群龙出现在水上，大的数丈，小的丈余，大大小小五十多条，先出入庙中，又依次向汉江行去。《宣室志·辑佚》载：萧家盂兰盆中突然出现一条小龙，才数寸长，逸状奇姿，家人赶忙向盆中添水，龙即伸足振鬣，长成数尺。一会儿后，白云从盆中升起，龙也逐白云而去。又《湖海新闻夷坚志·双龙现形》载：刘洞微善画龙，一日，有夫妇来访，说："龙有雌雄，形状有别，雄龙角浪凹，目深鼻豁，鳍尖鳞密，上壮下小，尾火烨烨。雌龙角靡浪平，目浅鼻直，鳍圆鳞薄，尾比腹壮。"刘洞微奇而问：你们怎么知道？他俩就说："我们就是龙，特来给你作些指点。"说罢显身，让画师一睹风采，然后腾空飞去。

# 龙身变幻

据传龙善变,能变形成其他动物。《宣室志·卢君畅》载:唐时,有人见两白犬在原野飘然奔驰,腰特长,胸骨特丰满。后二日又见二白犬跃入湫泊之中,湫水白浪翻腾,继而有两龙从湫水中升起,云雾塞空,风雷大作,白犬系白龙所化。

《西阳杂俎·白将军》载:唐时某白将军在曲江洗马,马忽然跳起来奔跑,前足裹缠着一条大白虫,似衣带,白将军惊奇,遂将白带虫收藏起来。未几,有客来,客请将白带虫放水中试试。于是白将军把它放入水中,只见它在水中蠕动长大,水也就哗哗翻滚,白带虫盘旋成坐垫模样,上面升起一股黑烟飘出窗外,众皆惊怕,说这必然是龙,连忙各自奔回家去,果然半路就风雨大作,雷声震天。

《西游记》说唐僧的坐骑白龙马,也是小白龙所化。

# 乘龙升天

　　《山海经》说四海之外，有乘龙蛇之人，这就是说把龙当作坐骑了。《原化记·韦氏》载：唐时一妇人在进蜀途中落进深谷，幸亏坠谷底枯叶堆积之处而未死。她忽然看见岩穴中双灯闪烁，原来是一条龙出来，长五六丈，腾空而起，接着又见一条龙自岩穴出来，她便跨上龙身，随龙升空，历经千山万水，在龙低飞时放手坠地。《博异志·赵齐嵩》载：唐初，一县尉赴任途中在栈道上落入深谷，忽闻雷声隆隆，所坠之处的石洞中云气升腾，随即有巨龙出来，粗合拱，鳞甲生光，头上有角，县尉于是抓着龙尾爬上龙身，随龙腾云直上，后落于海边。

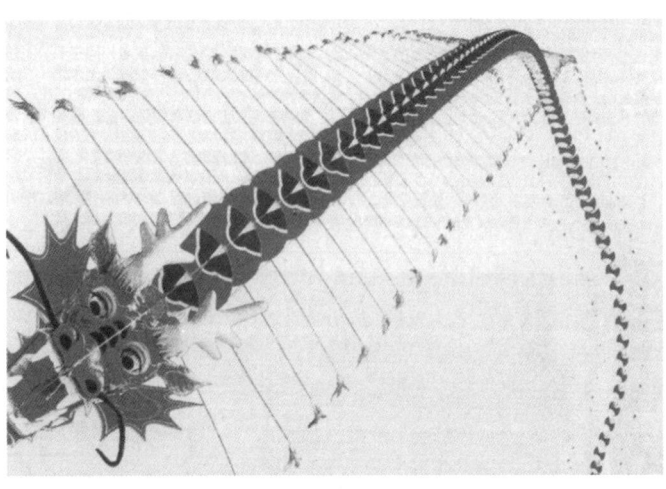

# 书生救龙

据《宣室志·辑佚》载：

唐时，书生任顼居深山中，一日有穿黄衣的老翁来访，其人容貌清秀，拄拐杖，向任顼拱手道："我非人，是龙，住距此地一里外之大湫已数百年，今有人欲置我于死地，请你相救。"任顼说道："我只是一介书生，如何救得了你？"老者说："只要按我所说而行即可。"

二日后，任顼依约来到山西边的大湫，正午时分，有一片黑云冉冉飞至大湫之上空，一个道士从云中下来，身材颀长，高丈余，站立湫岸，并从袖中掏出墨符数道投向水中，一会儿后湫水干涸，只见一条黄龙俯身沙中。任顼见状，即依老者所教，高声喊："天有命，杀黄龙者死。"言讫，湫水又涨满了。道士怒甚，从袖中掏出丹朱符十余道，掷向空中，尽化作赤云飞入湫中，湫水又干涸了。任顼又高声喝道："天有命，杀黄龙者死！"湫水又很快涨满。道士回头对任顼怒道："我花了十年时间，才得吃此龙的机会，你这书生干吗要救它？"说罢怒冲冲地走了。当天晚上，任顼梦见老者前来拜谢，并献上宝珠一颗。次日，任顼在湫岸找到一颗直径一寸的大宝珠，光芒四射，有人说，这是真正的骊龙之珠！

# 敬奉龙母

此处所称龙母是指生育龙子或哺育小龙的人，而非指母龙。《道家杂录·张鲁女》载：东汉时张鲁据汉中，自号"师君"，行天师道。一日，他女儿在山下溪中洗衣，忽有一团白雾飘来，并将她蒙住了，自此就怀孕了，因未婚先孕，甚感耻辱，就自杀，临死前嘱咐婢女道："我死后，你给我剖腹看看，到底怀的是什么。"后婢女遵嘱剖腹，见是两条小龙。婢女将小龙送到汉水，葬张女于山前。后来小龙来拜祭母亲，山前踏出一条小路，人们称张女为龙母。

《岭表录异·温媪》载：康州有温媪，织布为业。一天在野外摘菜，见菜丛中有五个蛋卵，便捡来放在布筐里。若干天后竟成了五条小龙，一条有斑点，四条青色，温媪就把它们送到江中。温媪常去江边洗衣浣纱，一日，忽见五条小蛇在水中环绕着她跳跃嬉戏，以后就习以为常，于是人们知道是五条小龙来答谢温媪了，便称她为龙母，对她尊敬有加，有人还问她祸福之事，也多有灵应。朝廷闻之，召她进京，不料半路而卒。人们把她葬于江东岸，一天晚上，天地晦暝，风雨大作，人们发现温媪的坟墓已移至西岸，连同坟墓周围的草木也移去了，人们说这是龙子显灵。

# 龙女多情

《异闻集·柳毅》记载：

唐时，书生柳毅于泾阳遇龙女。龙女向柳毅哭诉自家遭夫婿虐待的凄苦之情，并请柳毅给洞庭的龙父传书。柳毅义愤填膺，当即允诺。在柳毅把书信送到洞庭后，龙女之叔钱塘君愤怒，当即赶到泾阳，斩杀了恶婿。钱塘君有意将龙女许配柳毅，柳毅因他出言不逊而拒绝，但与龙女告别时又依依不舍，龙女感恩，也百般挽留，但柳毅还是挥袂别去。柳毅返故里后娶妻卢氏，洞房中似觉面熟，仔细辨认，原来卢氏正是龙女所变，遂合百年之好。越剧传统剧目《柳毅传书》演绎的就是龙女与书生柳毅的故事。

又据《传奇》记载：唐时，书生张无颇，有人赠他暖金合盛装的玉龙膏，一日，南海龙王请他去给龙女看病，他让龙女把玉龙膏用酒吞服，龙女即刻痊愈。于是他与龙女都在心中互生爱慕之情，后龙女将青衣丫环给张送诗，以示相爱之意。几天后，龙王又召张无颇为龙女治病，王后见盛药的暖金盒，以为是龙女所送，并知道他俩的恋情，便让他俩结成夫妻，人龙相恋终成佳偶，也成了史上的一段佳话流传。

# 龙漦传奇

龙漦是古代传说中神龙的唾沫。

《史记·周本记》记载：夏后氏衰微时，有两条神龙下降在夏帝的庭前，说道："我们是褒国的两个先王。"夏帝就占卜，看是要杀掉它们，还是赶走它们或是留下它们，占卜结果是都不吉利，于是再次占卜，结果是说要把龙漦储藏起来，才吉利。于是就陈列了玉帛，并以简策告请神龙，龙消失了以后，留下了龙漦，夏帝就用柜子收藏起来。夏朝亡后，这柜子传到殷朝，殷朝亡后又传到了周。经过三代都不敢打开。到了周厉王末年，厉王硬是要打开来看，打开后，那龙漦就流到庭中，无法除去。厉王就命一群妇人赤着身子对它大声呐喊，那龙漦就变成黑色的鼋，闯入后宫，后宫有个七八岁的侍女碰到了它，那侍女就怀孕了，到十五岁时就生下一个女孩。因未嫁生子，她害怕得很，就把孩子丢弃了。宣王时，有童谣唱道："桑木的弓呀箕木的箭，是周国灭亡的时候。"某日，宣王刚好听到有一对夫妇卖桑木的弓，箕木的箭，就命人逮捕他们，杀掉他们。那夫妇俩就逃走了，在路上见到不久前后宫侍女丢弃在路旁的那个怪婴，在黑夜里啼哭，他们觉得可怜，就把女婴抱走了。接着这对夫妇逃到了褒国。后来褒国人有罪，就请献上那个女孩以赎罪，因她生于褒，就称为褒姒。在周幽王三年时，幽王入宫见到褒姒美貌，就把她要了，十分宠爱。褒姒为幽王生了一个儿子，取名伯服，后来幽王就废了原来的申后和太子，立褒姒为后，伯服为太子。

褒姒虽美，但总无笑容，美女笑了才更迷人，周幽王千方百计逗她笑，她始终不笑。幽王本在京城设置有燧台和大鼓，有敌寇进犯就点燃烽烟，鸣大鼓，召唤诸侯发来援兵。为了逗褒姒一笑，幽王就命人点燃烽火，诸侯都率兵匆匆赶来，到后却不见敌寇，又气又恼，又不好发作，这荒唐的做法果然使褒姒开颜大笑，但那些被戏弄的诸侯再也不信王命了。后来申侯约了缯国、西夷、犬戎攻打幽王，幽王虽点燃了燧火，但没有一个诸侯率兵来援，犬戎把幽王杀死于骊山之下，又把褒姒掳去。

# 两龙相会

　　据传两龙相会必有风雨雷霆。《北梦琐言·濛阳湫》载:彭州濛阳有龙湫(所谓龙湫者,是上有悬瀑,下有深潭谓之龙湫,犹言龙潭)。当地人说,此湫之龙与西山慈母池之龙为婚,夫妻一年相会一次。有号称博物王生者,不信此说,常与人争辩。秋雨后某日,王生经过此湫,只见西面雷雨冥晦,狂风拔树,一会儿后,雷雨渐渐向这边移,停止湫上,于是天晴雨霁,云雾尽收,王生这才相信是西山慈母池龙来此与濛阳湫龙相会。又载小汤溪龙与云安溪龙为亲,相会之时也是风雨雷霆。

# 两龙相斗

　　古传二龙相斗，占象者谓是国家将乱，有兵革之祸的征兆。《隋书·五行志》载：梁天监二年，北梁州潭中有龙斗，喷雾于数里之外。其时梁武帝萧衍初接位，有陈伯之、刘季连之乱，国内危殆而恐惧。《洪范五行传》曰："龙，兽之难害者也，天之类，君之象，天气害，君道伤，则龙也害，斗者，兵革之象也。"京房《易传》曰："众心不安，厥妖龙斗。"

# 龙见井中

　　古人以龙出现于水井之中，为龙蛇之孽，占象者见此象谓是贵人遭困之征兆。《汉书·五行志》载：惠帝二年正月癸酉晨，有二龙见于兰陵县廷东里温陵家井之中，二日后始离去。刘向认为，龙为贵象，而困于庶人家井之中，兆诸侯将有幽囚遭困之祸。其后吕太后幽杀三赵王，后诸吕党终也被诛杀。《洪范·五行传》曰："龙，阳类，贵象也。上则在天，下则在地，不当见庶人邑里室家。井中，幽深之象也，诸侯且有幽执之祸，皇不建之咎也。"京房《易传》曰："有德遭害厥妖龙见井中。"

# 龙下冷渊

典出《新序·正谏》。说白龙降落清冷之渊，且化为一条鱼。渔人豫且见了，就放了一箭，射中鱼眼，白龙疼痛，回到天上诉于天帝。天帝问白龙道："当时你在何处？作何形状？"白龙答道："我降落清冷之渊，化作一条鱼。"天帝笑道："鱼，本来就是渔人追逐之物，若果如此，豫且又有何罪？"只因天帝不偏听偏信，求得真相，渔人终得无罪。

# 龙生九子

典出明·徐应秋《玉芝堂谈荟·龙生九子》引李东阳《怀麓堂集》：龙生九子不成龙，各有所好。

东海龙王的九个儿子依次是：

老大叫囚牛，爱好音乐，尤喜胡琴。今胡琴头上刻的兽形即是真遗像。

老二叫睚眦，平生好杀，今金刀把上刻的龙吞口为其遗像。

老三叫嘲风，一生喜探险，今殿角上的走兽为其遗像。

老四叫蒲牢，平生好鸣，今钟上兽钮为其遗像。

老五叫狻猊，平生好坐，今佛座狮子为其遗像。

老六叫霸下，素爱负重，今碑之座兽为其遗像。

老七叫狴犴，平生好讼，今监狱门上的狮子头为其遗像。

老八叫负屃，平生好文，今碑之两旁文龙为其遗像。

老九叫螭吻，平生好吞，今殿脊兽头为其遗像。

老龙王九子性格与志趣都不同，且各有所长，各有所好，故后人用"龙生九子"来比喻同胞兄弟之间的差异。此典也说明精英的因子不遗传，"龙生龙，凤生凤，老鼠生儿打地洞"属于谬论，很可能就是"播下的是龙种，收获的是跳蚤"。

# 叶公好龙

刘向《新序·杂事》："叶公子高好龙，钩以写龙，凿以写龙，屋饰雕龙纹以写龙。于是天龙闻而下之，窥头于牖，施尾于堂。叶公见之，弃而还走，失其魂魄，五色无主。是叶公非好龙也，好夫似龙而非龙者也。"后因以叶公比喻表面爱好某种事物而实质却畏惧之人。

# 龙生虎养

七子九孙各有喜

左龙右虎避不祥 甲申年胡立新书

对联(七子九孙各有喜,左龙右虎避不祥)

这是流行于湖南土家族的故事,《土家民间故事集》《来凤县志》《来凤民族志》均有记载:秦始皇嬴政有赶山鞭,欲填平黄海,三太子闻之十分焦急,因他与北海龙王三公主相爱,且三公主已有孕,若黄海填平,龙王家庭何处安身?情急之中就盗取秦王的赶山鞭,连夜逃走。北海三公主即将分娩,也心中焦急,来海滩等候三太子,不料此刻就腹痛难忍,在海滩上生下一男婴。因未婚先孕,不敢带回龙宫抚养,又等不到三太子，只好忍痛弃于沙滩而去。那天，刚好有只白斑虎自深山里出来觅食，听到婴儿哭声，即奔跑着到了沙滩上，见弃婴可怜，即将乳汁滴进婴儿口中，使婴儿得以存活。第二天却又烈日当空，婴儿无以遮阴，母虎正无计可施，却见一只凤凰从高空落下，展开双翼，为婴儿遮阴，也遮风挡雨，人们说此小孩"龙生虎养凤遮阴"，必非寻常之人，长大后果然魁伟英武，力拔山而气盖世，此人就是楚霸王项羽，建功立业后下令民间于每年正月初五、十五及五月十五扎龙、凤、虎表演，以感念神兽的救命养育之恩。

# 龙梦吉祥

因龙"属阳,贵象也",故古之占梦家谓梦龙者为大尊贵,为帝王之相。《南史·齐高帝本记》载:齐高帝萧道成十七岁时,曾梦乘青龙上天,西行逐日,日将暮近山才止。觉后甚惧,家人问占梦者,占梦者谓是至贵之象,日暮,兆宋之衰落。后终成南朝开国之君。《南唐近事》载:南唐烈祖李昇曾白昼小寝,梦一黄龙,缠绕于殿门之上,照耀庭宇,近而视之,蜿蜒如故。觉后使人看前殿,则见其子齐王李璟立于门槛之上,是来探视父亲身体的。烈祖遂以为是天意,遂立李璟为太子,即后之代宗。若梦龙无尾、无足或坠地,则应国家将灭之事。《海山记》载:隋炀帝杨广出生时,有红光照天,里中牛马皆鸣,其母梦龙出身中,飞高十余里而坠地尾断,后炀帝果然声色暴虐,国破身亡。又《清波杂志》载:五代时有一僧人立庵于道边,种菜卖钱。一日午睡,梦一金色之龙食其莴苣数畦。惊觉后谓必有一人至,随即见一伟丈夫于所梦之处取莴苣食之,僧人视良久,见其气宇不凡,于是厚赠食物,且告之以梦,嘱富贵不相忘。"伟丈夫"即赵匡胤,即位之后,寻僧人尚在,命建大寺,赐名普安都。

四条屏

附录

**附录一**

# 在舞龙源景区开工典礼上的讲话

2012 年 8 月 27 日，佳村举行了舞龙源景区开工典礼，除了佳村的干部、村民和开发商，县、镇有关领导同志和邻村代表也应邀出席。

在此前的四年中，佳村为建设龙文化特色村做了许多工作，如改善居住条件，整顿村容村貌，兴建了莲池、村口公园、龙王殿、

舞龙源景区开工仪式

防洪堤等等。舞龙源景区的建设是龙文化特色村建设的核心内容，开工典礼的举行标志着开发商的正式介入，标志着景区的建设由设计、规划进入实施阶段，对佳村来说也是一个重要的跨越，为对这个跨越留下个痕印，特将村党支部书记杜国良和灵溪龙工委代表陈亨和在典礼上的讲话录载于下。

# 杜国良的讲话

各位领导、各位来宾：

首先，让我代表佳村二委会和全体村民，热烈祝贺舞龙源景区的正式开工动土，并对各位领导、各位来宾在百忙中来参加这个仪式表示热诚的欢迎和衷心的感谢。

佳村是个历史悠久、山水秀美的古村，远古时神龙为救民于苦难而冤屈被斩的故事，经过世世代代的口传心授而深入人心，神龙和爱民如子的县太爷在人民的心目中有着崇高的地位。因为故事虽然是个悲剧，但却很美丽，故能流传于海内外。佳村人热爱自己的家乡，珍惜家乡的历史，虽历经风雨沧桑，始终如一地把那些历史的遗迹悉心保存下来，以至于成为一宗珍贵的人文资源。并在如今这个千载难逢的历史机遇中，得到各级政府和专家学者们的重视，进行多次的考察和调研，并对开发工作给予多方的指导和切实的支持。这使我们感到荣幸，我们一定不负众望，把我们的资源保护好、利用好，把龙文化特色村建设好。

佳村现在的村庄规模虽然不大，但在村西沿溪而上却是古代的东周、西周，是一片繁华富庶的土地，曾拥有一段非常辉煌的历史，佳村就是当年东周的街口。我们有幸生存在这片土地上，又逢上这个百废俱兴的时代，我们真诚地愿与邻村合作，把这一带的环境保护好，把真山真水保护好，进一步挖掘历史资源，共同为复兴这片土地曾经的兴盛繁华而努力，为把我们的家乡建设得更加美好而努力。

张神贤老总慧眼识珠，投下巨资，与我们一起开发舞龙源景区,而且对景区开发的指导思想明确,规划思路清晰,项目策划富于新意,目标定位与旅游项目布局合理,因而一定能为磐安的旅游增添一个优秀的景区。我们一定会与张总紧密合作,把我们该做好的工作做好。

我们更希望县和镇的领导能一如既往地关怀与支持舞龙源景区的建设,争取景区早日开放,为磐安旅游事业的发展作出应有的贡献。

谢谢大家!

# 陈亨和的讲话

尊敬的各位领导、各位来宾和张神贤老总：

今天，我们在这里举行舞龙源景区的开工典礼，这是佳村人民，特别是我们灵溪龙工委的朋友们一直翘首以待的大喜事。这意味着景区的开发已付诸实施，我们心目中那个美好的愿景，很快就会变成现实，我们的理想，就将开花结果，我们的家乡将由此变得更加美满，我们的精神家园也将更加丰富多彩。

我们很幸运，因为我们的祖先给我们留下了难得的龙文化资源，又欣逢国家文化建设大发展大繁荣的时代。为了深入挖掘佳村龙文化的渊源和内蕴，装点佳村天作地合的"来龙头""龙头背""化龙岩""龙尾山""化龙坞"等灵异遗迹，以及灵山、灵溪、灵溪院的"三灵福地"，是历史赋予我们这一代人的神圣职责，在过去的四年中，我们龙工委配合村二委会，做了许多的探索和实践，并取得了阶段性的成果。今天这个开工典礼，意味着对我们已经做了的工作的肯定，也意味着我们从此又踏上了新的征途，今后的任务还很艰巨，更需要我们的信心和智慧，需要全力以赴。

张神贤老总是一位有智慧、有魄力、有担当精神的企业家。在很短的时间内，就成功地打造了一个非常富于特色的"舞龙峡"景区，在业界好评如潮。"山水磐安，休闲养生好地方"的提法与"生态立县"一样切合磐安的实际，一样是磐安美好的愿景。我们相信，在舞龙源景区的开发、建设中，张总能够把历史文化与真山真水巧夺天工地结合起来，作出诗意的把握，把舞龙源景区打造成精品，成为磐安休闲养生的好地方。

因为舞龙源景区的开发与建设是时代发展的必然，是人心之所向，而且景区的规划符合景区的资源特色与环境特色，具有相当的前瞻性和可操作性，因而我们坚信，佳村与张总一定能合作共赢，佳村的老百姓也会得到长远的好处和利益。

佳村虽然拥有那么一些灵山圣迹，六庵四庙，但在农耕文明的社会里，佳村的农民大部分只能租种寺院的土地，拥有的资源不能转化为生活的幸福，到了改革开放后还有让中学搬离灵溪院的遗憾。但是在"山穷水尽疑无路"之后，终于迎来了"柳暗花明又一村"的境界，这能不使人鼓舞？当然，在前进的道路上困难一定会有的，矛盾一定会有的，个人利益与集体利益的碰撞一定会有的，需要我们理性的对待。在旅游业蓬勃发展的岁月中，许多条件比我们差的村子都走在我们的前面了，我们真的要有一种紧迫感，时不再来，机不可失，让我们以2008年北京奥运会的口号"同一个世界，同一个梦想"来共勉，全体佳村人都要为同一个梦想而同心同德、众志成城。

感谢上级政府这些年来对佳村的关注和支持，感谢兄弟村对佳村开发项目提供方便和帮助，并祝愿景区开发进展顺利、前程似锦。

谢谢大家。

# 附录二

# 游子乡情

　　以下几篇散文,是在杭州、金华工作的佳村女生,在得知佳村被列为龙文化特色村建设后,感到由衷的兴奋,而特地寄回来的,体现了她们对家乡的真挚感情。

# 秋忆故里

这秋天本是情愫泛滥的季节,这秋夜的思念更是如这秋天的凉风,稍不留意,已不胫而走。不怪这异地的月色没有故乡的皎洁,只怪家乡的秋夜太过动人。

城市的夜晚喧嚣却也孤寒,那些表面的热闹也只是一群人的孤单。杭州是一座美丽的城市,江南的秋韵在这里体现得淋漓尽致,一片枯荷,一行白鹭,美得撩人。只是这里的秋是淡淡的,即便已是深秋,却依旧没有那份浓烈,更没有那份萧瑟,不似故乡的秋,满山红枫,是热烈,天粘衰草,是萧瑟,更有那落日残霞,潇潇暮雨,满目尽是秋意,透彻明了。

只见一片枯叶,不识一抹秋情。从念大学起,离开故乡,之后工作也留在了这座城市,回到故乡的机会就越发的少了,只是对故乡的思念却是一刻不断,月是故乡明,即使漂泊之地再远,根总归在那片生我养我的土地。

那是一个美丽的小乡村,有着美丽而沧桑的历史。曾经是三州古道,人烟阜盛,庙宇齐聚,灵山秀水。几多变迁,依旧留有历史的遗迹,只是岁月在眷顾了这小村落后却又渐渐将她遗忘,曾经的光华也随着历史逐渐褪去,只有那灵溪边的枫杨依旧用一圈圈的年轮来记录下了这儿的故事。

我喜欢在深秋黄昏时候,倚靠在灵溪桥上,那是一座古老的石板桥。桥身早被溪边的蔓藤爬满,石板也早已被历史熏成了凝重的青黑色。黄昏时分,西风起,落日残照,溪水荡漾出一圈圈粼光,还有那溪边早被秋风凋了树叶的百年枫杨,和着远近人家的

第一届龙文化节活动

缕缕炊烟，静谧安详，却又自带了一份悲凉。这或许是秋特有的味道，无端独自怅惘，明明是一份难得的安详，却又清晰听见了自己的叹息。等到夕阳也收回了最后一丝温度，夜，来了。远处还会有孩童的嬉闹声，然后会有父母呼喊孩子回家的声音，自成一曲人间天籁。

　　当我还是孩童时，经常拉着爷爷去灵溪边的百年古校——玉山中学，还有玉山中学后面的奇灵山上玩耍。那时的爷爷，已经拄着拐杖，而且经常随身带着一个用银色的盒子装着的药粉，有事没事要吃一点。当时我不懂，以为爷爷带着的是个宝贝，还不给我。后来才知道，那时爷爷已经有哮喘病，那是治疗哮喘病的药。可是当时的我还是只记得自己玩耍的时候，自顾在前面跑着，爷爷就拼命在后面追着，气喘吁吁。就这样，一老一小，几乎每天都去玉山中学和后面的奇灵山玩耍。玩累了，就坐在奇灵山上，听下面学校的哥哥姐姐们的琅琅书声，好是快乐。那时，我会告诉爷爷，以后我也要去那里读书，每次说到这，爷爷总是很欣慰。可是后来，爷爷去世了，我也没有去成玉山中学念书，因为，玉山中学没有了，它在2001年，被兼并了，一所百年老校就这样被历史湮没了。

现在，故乡一天天变化着。每次打电话回家，妹妹总是迫不及待地告诉我，那里造了座亭子，奇灵山造了龙王殿……历史留给这座小山村的财富被一点点地挖掘出来，更有学者考证那里是中国舞龙的发源地，故乡再次被历史眷顾了，凭着她自己的文化和历史。

我很庆幸，我生长在那里，我很庆幸，那里是我的故乡，不仅因为她是舞龙故乡，也不仅因为她是曾经的三州古道，更是因为我深恋这故乡的每一寸土地，每一缕气息。

杜湘丹

# 家乡小记

看一回宁静的桥影,数一圈涟漪的纹路。赏山花烂漫,小桥流水;品古朴民情,诗画生活。闻千年禅音驱尘世躁动,饮龙眼甘泉做龙之传人。

我独自凭着古桥闲憩,静看着灵溪一河的波影,静听着远近乡村的音籁,像池畔的草花,像清晨的露珠,自然的鲜明。轻妙的诗情亦不胫而走,似跳动的音符自成一曲清新美丽的曼妙之音。

这是我的家乡,一颗镶嵌在浙江磐安灵溪之畔的灵动之珠——佳村。在历史的几千年沉浮中,曾名闻遐迩,亦曾被人遗忘。只有在这片

百年看老树

一角對遙山

乙酉年 胡立新书於北京崇文门

土地上生长的人们还是一如既往地深恋着脚下这片养育了自己的土地。

这是一片宁静了不知多久的土地，曾经的阜盛给它留下的痕迹也早已模糊，只是那些断断续续的传说依旧在这个小村世世代代流传，还有祖先的纯朴和勤劳依旧在这儿传承。

忆往昔，本为三州古道，十里长街穿村而过，一时之间，商旅荟萃，人烟阜盛，佳村成为了重要的商路口，也因此有了街口之名。

回顾历史，那段凄美动人的舞龙故事依旧在世代相传，灵溪也滋养了一代又一代的佳村人民，而佳村是中国舞龙故乡的消息也不胫而走。但"舞龙故乡"这个特殊的名誉将给这里的人们带来什么，是否意味着再次的辉煌和瞩目，我们不得而知。但历史也绝不会埋没掉这块灵动之地。

说此处为灵动之地，毫不夸张。这里依山傍水，前有灵溪绕村而过，侧有奇灵山俊秀傲立，更有美女山、来龙山锦上添花。在历史上，这里也多被相中为风水宝地，至今还留有六庵四庙旧址。当地百姓就以灵溪庵来称呼的学校也已有百年历史，并且人才辈出。再加上这里纯朴美丽的人儿，用"青山绿水好人家"来形容恰到好处。

漫步灵溪，两岸的百年枫杨遒劲有力，枝繁叶茂，它们用一圈圈的年轮记下了曾经走过的岁月。在枫杨的荫护下，阳光只能透过树叶的缝隙洒到河面上，零零星星，波光点点，甚是美妙。沿着灵溪而行，即到了奇灵山脚，眼前之山没有巍峨，却自有俊秀灵气蕴涵其中。从孩提起，就喜欢到奇灵山顶玩耍，至今依旧拥有当时的默契。山顶半壁为裸露山岩，呈龙鳞状，甚为奇妙。立于其上，眺望远处景色，白云在蓝天飞行，即便有再多恼人的烦躁，亦可将之托付于这无涯的空灵。

岁月不断辗转，今日的灵溪之畔依旧青山绿水，野趣横生。但在今朝，这一切的资本也必将重新发扬光大，这里的人们开始意识到祖先留给它们的巨大财富。随着舞龙文化之乡的申报，围绕舞龙之乡为中心的各类人文景观也将相继拔地而起，六庵四庙的恢复，龙头公园的建筑，智慧的人们将自然和人文的结合发挥得淋漓尽致。

山不在高，有仙则名；水不在深，有龙则灵。无论是真实的存在，还仅仅只是传说，不能改变的是这灵山秀水的本身。历史不会刻意眷顾，有心的是这儿的人民，因为它们深恋脚下这片土地。

灵溪的水依旧东流，带着朴实的信念，也带着美丽的传说。而作为一名在灵溪之畔长大的孩子也同这儿的人们一样深爱着这片土地。故谨以此文，献给我美丽的家乡和养育我长大的灵溪。

杜湘丹

# 家在白云生处

只是记得我曾无数次和朋友们聊起过我的故乡——佳村,然而当时究竟是如何形容、如何推介的却是模糊了。倒是这些友人,时常惦记着,盼望着,能随我回去走一走,看一看。于我而言,这个需要几番辗转才能到达的小山村,是一个温暖的存在,于他们而言,则是青山绿水的诱惑。

确实如此,在那片土地上,你所看见的一切,你所触摸到的一切,都是大自然最本真的姿态。春天青草苍苍,夏天山花烂漫,秋天谷浪含笑,冬天白雪轻扬,所有的色彩都恣意的或绚烂、或深沉、或含蓄、或纯粹。那里,云是走的,月亮是走的,水是走的,只剩下时间,似乎总停留在傍晚的炊烟里。可惜,所有的一切,那时的我从未在乎过。反是糖果色的童年、扎堆的玩具、迷宫一样的商场、与父母共度完整的周末时光,才是我渴盼却不可企及的梦。如今梦成为现实。忙碌的生活中,我偶尔停下脚步,看着以前向往的世界,看到的却是繁华缤纷背后的束缚和纷扰,是一层纱,它蒙在每一个人的眼前,也蒙在每一个人的心里。在这个童年编织的梦里,除了时光还是照样走着,其余的一切都无处可寻。

如此,终于知道白云生处的故乡对于我的意义,知道故乡纯净的天空和单纯的人情才是珍贵所在。回头似乎还能看见,村口那座山,竹香清逸,那河水,灵动清透。那个临水的家,屋前一棵梨树,花开了洁白一片,五六株野水仙,藏在叶下的籽用手一捏"噗噗"就碎了,萤火虫装在南瓜藤里,临睡前放在床头忽闪忽闪地亮着。白天,褪了色的木门开着,小小的我坐在板凳上,歪着头,春天赏花开,秋天赏风过,夏天听雷鸣,冬天听雪落。夜里,趴在卧室的窗前,北斗七星就在头顶,飞机闪着红色的灯慢慢地淹没在满天的繁星里。

"溪水淙淙,棒槌声在树梢回荡;小孩踩着石子路放学了,红领巾在风里飘扬;日落黄昏,田地里忙活的人荷锄归家,小弄堂里尽是菜香。"也许我就是这么和朋友聊起我的故乡的。那些生活在烟灰色天空下的人,不知道布谷鸟是怎么叫的,燕子又是怎样呢喃的,为什么只有割草机碾过的时候才有青草香,究竟哪一个冬天会下雪,哪一个街角能看到十五的月亮。每一个答案对他们而言都是一个心结。

也许就是因为此,朋友才总是问我佳村究竟在哪里。我也多次在电脑上翻阅过地图,哪怕是一个点,也让他们知道我的故乡所在,可是很遗憾从未找到过。只有我自己清晰地知道,这个磐安偏远的小山村,虽然静静地隐在世人的目光之外,却深深地隐在我心里。疲于奔命的我,永远不会忘记,故乡的那一片天空,在年少的时光里,那般寂静地蔚蓝过,如今依然等着我回身欣赏。

金飒飒

## 附录三

# 古诗选录

下面选录的几首古诗，其中组诗《玉山竹枝词》虽也写到灵溪、灵山、僧振济、大旗和元宵龙灯等等，但另外的篇章写的是其他题材，不过这个组诗写的都是玉山的人和事、玉山人民的生活和玉山的风俗民情，

天高重霄九
地美寿仙谷
山青水又秀
芝斛稛魁首
唐紫法书

生活气息浓郁,诗句通俗流畅,也是一项珍贵的文学遗产,特予录载,以飨读者。

竹枝词本是乐府《现代曲》名,原系古代四川巴、渝一带的民歌,后经唐朝诗人刘禹锡根据民歌改新词,歌咏三峡风光和男女恋情,因而盛行于世。此后各个朝代写竹枝词的诗人很多,也多歌咏当地风俗和男女爱情。其形式都是七言绝句,语言通俗,音调轻松,若为词牌名则单调二十八字,分平仄韵两体。

### 从剡溪①至赤城②

顾 况③

灵溪宿处接灵山④,窈映高楼向月闲。
夜半鹤声残梦里,犹疑琴曲洞房间。

注:①剡溪:即曹娥江上游,其流域在嵊州市,溪水制纸甚佳,古代以产藤纸和竹纸著名。

②赤城:山名,在天台县北,为天台山南门,古代也为台州府之别称,此处应指天台山。古代因浙东有鉴湖、剡溪、会稽山、天台山、天姥山等著名胜地,这一带地方文化发展水平也较高,因而引来许多墨客骚人,以至形成著名的"唐诗之路"。顾况此行的路线,应是唐诗之路的支线。

③顾况:唐朝诗人,字逋翁,海盐人。进士出身,曾官著作佐郎。因嘲讽权贵,被贬饶州司户。后隐居茅山,自号华阳山人,好佛道,善画山水,其诗重骨气,有《华阳集》。

④灵溪、灵山:此处之灵溪、灵山,即佳村之灵溪和灵山。

## 灵溪杂咏

### 振 济

蝉噪缘于巅,蜕螂①笑于地。

谓彼空好音,且无转丸枝②。

看山无远近,戏足生佳赏。

白云得我心,却来同俯仰。

行行绿水滨,俯看水中鳞。

纤鳞未及见,第见苍颜人。

客子作春游,驾言访布衲③。

踏破莓苔痕,痕破未易合。

注:①蜕:是脱去皮骨。螂:即螳螂。

②丸枝:条直的树枝。

③布衲:即僧振济。当年灵溪院住持和尚。

## 玉山竹枝词

### 一

万八①峰头绝险幽,草堂②占得好林邱。

当年记取匏斋③语,曾拟家山小益州④。

注:①万八:旧《东阳县志》云:尝见诸逸书说东阳有封山,高一万八千丈。封山即是玉峰,一万八千丈是夸张的说法,形容其高。

②草堂:指玉山草堂,故址在铁店村,封山之麓。

③匏斋:指戴匏斋,名文竹,字经农,匏斋是其号,归安人。乾隆时任东阳儒学教谕,来玉山时曾说:玉山环崖迤岭,仿佛剑门的栈道,几乎把玉山当作小益州了。

④益州:即四川盆地。

## 二

山到唐婆岭①内平,桥从飞石洞前横。

侬家一曲封山路,暖翠浮峦画不成。

注:①唐婆岭,在岭口西北,旧时去东阳、杭州,乃必经之地。

## 三

野一棠树堕残春,白玉山头①草色新。

惆怅耕余曾野唱,荒村谁吊吕山人②。

注:①白玉山头:指山头吕村。

②吕山人:指吕默,号白玉山。是明朝诗人,作品有《耕余野唱》若干卷。

## 四

山深路险树林稠,吴凯当年避地留。

一纸书来招不得,至今人说撒银丘。①

注:①指吴凯故事。吴凯,诸暨人,明末抗清名将。杭州被清军占领后,兵部尚书张国维发起江干战役,欲克复杭州,吴凯从临海赶来参战,未及赶到,已因方国安的错误先胜后败。吴凯率军退回诸暨,又退到东阳吴良,又从吴良到玉山,驻军元里休整。时原任宰相的奸臣马士英已投降清军,清军命他到黄岩招降方国安,返途中闻知吴凯驻军元里,即作书招降吴凯,被吴凯严词斥责,恼羞

成怒,即以清朝骑兵袭杀吴凯。吴凯措手不及,命士兵撒银币于田而得脱,奔至实相寺被围,自刎于松林中。军中妇女八人,又惊奔里许,在对面山林中自刎。此役吴凯部下自刎者一百二十余人,吴凯则全家遇难,被清军屠杀者一千二百余人,后人称吴凯命士兵撒银币之田为"撒银坵",妇女八人自刎之处为"八婆垅"。但这又激起白头军轰轰烈烈的抗清斗争,地域波及八个县、市,时间长达二十年。

## 五

茶场山下春昼晴,茶场庙外春草生。

游人杂还香成市,不住蓬蓬社鼓声。

## 六

十月中旬报赛忙,茶场卜得看场忙。

裁罗百幅为旗帜,高揭旗竿十丈强。

## 七

绝顶茶场马迹存①,卷桥②苔侵断岸昏。

成章山③上仙人石,仔细摩挲认掌痕。

注:①茶场山之巅有马蹄岩,上有马蹄印迹。传说有神马飞来,在此停息,又曾到山下池塘饮水,后该池塘即称马塘,所在之村也称马塘村。

②卷桥:在唐婆岭下。

③成章山:在尚湖村后。

## 八

磴道金蒙历道场①,杜家岭外已斜阳②。

秋风落叶黄连路，一带蜂儿榧子③香。

注:①道场岭之西为金蒙山。

②杜家岭在岭口之西。

③蜂儿榧:系一种个子较小但特别香脆的榧子。

## 九

夹溪壁立两崖分,筑隘当年感使君①。

久荷升平空险设,书生经国志徒殷。

注:①隘:指夹溪寨。使君:即来玉山视察后叫百姓建造夹溪寨的刘悫,当年任主管河道上的军事设施的副使。

## 十

三月春深术苗长,九月秋老术头香。

携得馋长白木柄,为郎掘取作仙粮。

## 十一

上元灯火赛龙形,龙尾龙头骨接灵。

年少女郎连袂出,看灯都集煮茶亭。

## 十二

七月田中稻花稀,八月山中豆荚肥。

九月村中菊花落,一瓶酒熟望郎归。

## 十三

春燕双双入杏林①，先生妙迹莫追寻。

爱他十栗堂诗笔，胜有封山白雪吟。

**注：**①铁店人周莲(1702—1776)，人称芝亭先生。擅丹青，凡山水人物花鸟，无不入妙。曾作《杏林春意图》悬于堂，一晨早起，见群雀嗔啄其旁，竟不知其真类。诗人叶蓁见其景，叹其神通，作诗赞之。叶蓁为乾隆年间进士、诗人，有《十栗堂诗钞》传世。

## 十四

方外诗人数济公①,灵溪结合虎溪同。

即今寂寞谁过问,俯瞰清流有断虹。

注:①济公:指振济和尚,字古衲,住持灵溪院,作品有《成行喜吟》和《灵溪散录》。

## 十五

梅楼①踪迹最相亲,名士高轩枉顾频。

鸡犬桑麻行处是, 不须再问武林津。

注:①梅楼:梅指梅人鉴,楼指楼上层。梅人鉴为岁贡生,善诗文,工书法,为天台名士。楼上层为东阳人,也以诗文著名。他俩与叶蓁、周昌霁都是知友,常来玉山草堂相聚。

# 后　记

　　在连绵的阴霾天气之后，突然转入高温酷暑，金华的温度达到38℃以上，与"中国火炉"吐鲁番同一级别，脆弱的生命真的很难适应，思路也变得混沌不清。手头的书稿经过一番查漏补缺的掇拾，觉得已可放手，心里像暗自庆幸似的放松下来，长长地吁了一口气。但仔细一想，觉得还有些话儿应交代一下，于是又拿起笔来写这个"后记"。

　　回顾来路，第一次去佳村之后，觉得写个报告文学就可以了，于是也就写了，发了。但佳村的朋友们说要扩展成一本书，这就有点麻烦了。因为报告文学是综合性的，从全局着眼，眉毛胡子一把抓，而要搞成一本书，那就要条分缕析，眉毛是眉毛，胡子是胡子，这样叙事上难免会有重复之处，体例也会有点乱，这是其一。其二是这本书的定位是什么？当然不能是申报文本，不能是大事小事的记录档案，不管怎样，总应该是个文学作品吧。近年来，为一个景区、一个产品（如茶叶之类）、一个新建的城镇专门搞本书已不是新鲜事儿，但有的实在没什么内容好写，就把民间故事、史料、社会逸事，拉拉杂杂地一锅煮；有的则从故纸堆里去找材料，去讲老子、庄子、张道陵、李时珍等的故事。其实，现在的读者对民间故事之类不怎么感兴趣了，而且民间故事要合乎逻辑、合乎情理、富有哲理并给人以智慧的启迪也非易事，而从故纸堆里拿来的东西过多，也会疏离读者的兴趣。所以，这些问题如何拿捏，是有一定难度的。其三，为佳村写这部书稿,时机上好像不怎么恰当,因为有些东西已成历史,光华不再,而有些东西又如树木尚未成林,尚未开花结子展现形象。基于以上三点,我知道这个书稿是很难搞的,使我有过相当的犹豫。

但佳村也是我广义上的家乡,我在少年时就在佳村度过了三年的时光,现今联系的朋友就是当年的同学。而且,佳村的朋友们对建设龙文化特色村的投入精神也使我感动。因此,我以为为佳村做好一件事,是我义不容辞的责任。对上面提到的那些难题,只好说不要想得太多了,不要太拘泥,最重要的是要做到"雅俗共赏",是个文学作品,那就可以了。为了能雅俗共赏,故事之类的东西可以放一点,史实可以放一点,但更重要的是现实的东西。作品要有思想,体裁可以多样,但语言必须是有感染力的文学语言,既要扬弃空话、套话,也不要精雕细琢,过于纤细,能否雅俗共赏,语言是最关键的。至于实践的结果如何,那就只能听凭读者的评说了。

县人大史兴主任、县旅游局孔令维局长、县新闻中心赵旭良主任,不仅对佳村龙文化特色村的建设和舞龙源景区的开发给予了充分的关注,而且对本书的策划和组织编写也给予了亲切的关怀和支持;佳村党支部书记杜国良和村委会主任胡德伟更为此做了许多具体工作;陈亨和、金声扬、金银琦、周富民、胡锦进、胡本浩、单品芳、蔡宝明、胡云涛、张高良等诸位朋友,或提供素材,或参与座谈,或一起去爬山;市文化局邱锡勇先生、婺文化研究会周国良先生在百忙中帮助审阅了书稿;市作协主席王槐荣先生正赶写电影剧本,不仅抽出宝贵的时间审阅了书稿,还撰写了序言。对这些宝贵的关怀、帮助和支持,作者心存感激,在此一并致谢,并代表佳村人民表示真诚的谢意。

至于书中的诸多不足或不当,望各界朋友不吝赐教。

张本高

2012 年夏于婺江之畔

婺文化丛书 V / 钟世杰　主编

# 李渔饮食及其养生文化

林胜华　著

浙江工商大學出版社

**图书在版编目(CIP)数据**

李渔饮食及其养生文化 / 林胜华著. — 杭州：浙
江工商大学出版社，2013.5
（婺文化丛书 / 钟世杰主编. 第5辑）
ISBN 978-7-81140-797-6

Ⅰ.①李… Ⅱ.①林… Ⅲ.①李渔(1611~约1679)
–饮食–文化②李渔(1611~约1679)–养生(中医)–
文化 Ⅳ.①TS971②R212

中国版本图书馆 CIP 数据核字(2013)第 106553 号

# 李渔饮食及其养生文化

林胜华 著

| | | |
|---|---|---|
| 责任编辑 | 赵　丹 | |
| 特邀编辑 | 许苗苗 | |
| 装帧设计 | 周国良 | |
| 出版发行 | 浙江工商大学出版社 | |

（杭州市教工路 198 号　邮政编码 310012）
（E-mail：zjgsupress@163.com）
（网址：http://www.zjgsupress.com）
电话：0571-88904980，88831806(传真)

| | | |
|---|---|---|
| 排　　版 | 金华日报商务彩印有限公司 |
| 印　　刷 | 金华日报商务彩印有限公司 |
| 开　　本 | 850mm × 1168mm　1/32 |
| 印　　张 | 138.5 |
| 字　　数 | 3226 千 |
| 版印次 | 2013 年 5 月第 1 版　2013 年 5 月第 1 次印刷 |
| 书　　号 | ISBN 978-7-81140-797-6 |
| 定　　价 | 460.00 元(全 13 册) |

# "婺文化丛书"编委会

主　编：钟世杰

副主编：朱江龙　叶志良

编　委：(按姓氏笔画为序)

王亦平　王晓明　方雨辉　叶志良

朱江龙　杨鸽声　吴远龙　陈文兵

周国良　钟世杰　楼　冰

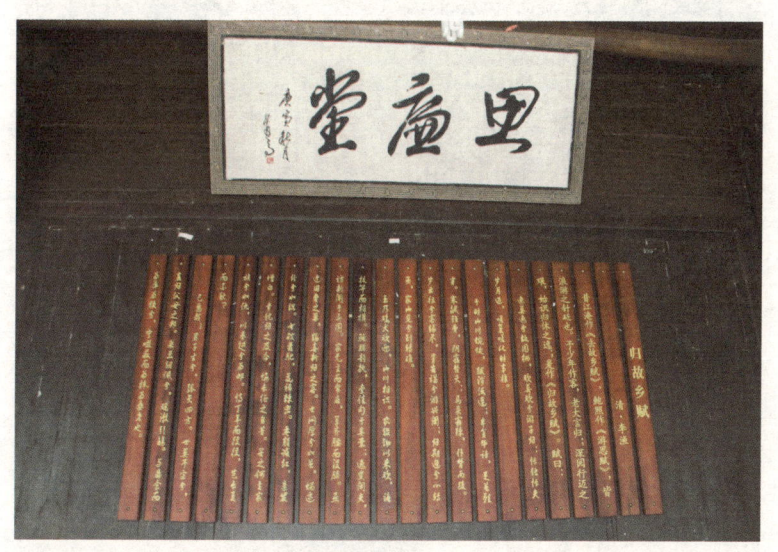

李渔的《归故乡赋》 (林玥杏 摄)

李渔像 （林玥杏 摄）

李渔故里 （林玥杏 摄）

李渔夏李村祠堂 （林玥杏 摄）

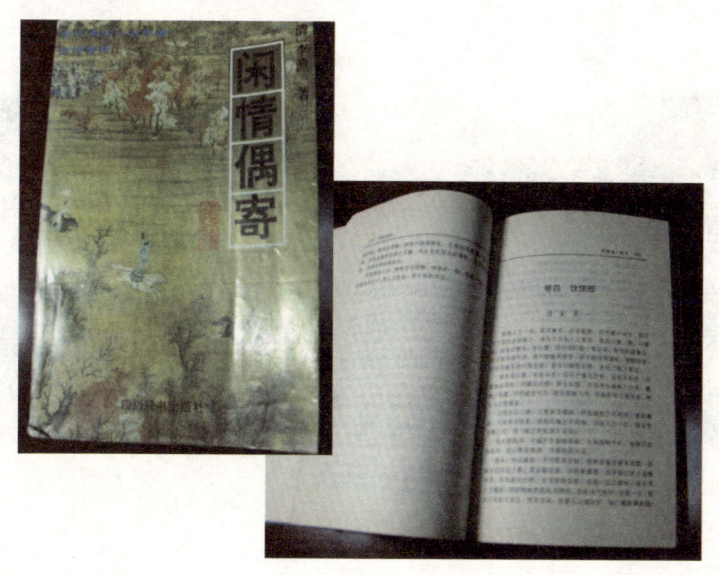

李渔《闲情偶寄》 （林玥杏 摄）

李渔祖居 （林玥杏 摄）

李渔家班古戏台 （林玥杏 摄）

# 前　言

　　李渔是明末清初著名的文学家、戏曲理论家和饮食养生家。其代表作《闲情偶寄》是专门写"生活"的著作,刻画了李渔热爱生活、聪明勤劳、善良的传统知识分子形象,但像其如此专注细致地描写饮食生活的"闲情"并不多。《闲情偶寄》是李渔一生饮食文化及养生理论艺术的生活总结,其饮食理论中的诸多见地是对饮食生活不断改善、不断创造过程中的种种体验,李渔丰富的艺术经验、敏锐的理论洞见及闲情的生活审美观,构建了清新独特的饮食思想特征,于俭约中求饮食之精美,在平淡处得生活之乐趣,真实地再现了江南饮食的风貌,是明末清初的江南食话、康熙名士的美食心法。虽然,目前学术界和饮食界有专家学者对之进行了研究,但还有很大的探索空间。

　　基于此,本书首先对《闲情偶寄》中记载的饮食文化事象进行分析,以寻求明末清初时期的饮食及养生思维和方式,结合当代的饮食设计和审美特征,归结17世纪中后期饮食技艺及饮食养生艺术理论。其次,透过这些饮食文化现象,对李渔一生所涉及的饮食活动、饮食成就及其饮食理论进行综合的梳理与论证,考述李渔饮食风味、揭示李渔的饮文化、洞悉李渔饮食及养生思想,从现代的审美角度剖析、提取李渔饮食及其养生文化的精髓及其所表现出的现代性特征。再次,通过调研李渔饮食及其养生文化的开发现状,归结出李渔饮食及其养生文化对现代生活的启示,提出李渔饮食文化的现代开发思路。

# 序

　　孕育在金华大地上的婺文化是浙江三大传统地域文化之一，覆盖并影响衢州、丽水、建德的文化。婺饮食文化与婺州窑、婺学、婺剧、婺州古建筑、婺商、婺州礼仪习俗、婺州画等共同传承着婺文化并被发扬光大，从而成为金华大地的新亮点。

　　金华人向来讲究吃。人为吃饭而活着，也为了吃饭而追求、而创造、而发展。人喜欢吃、善于吃、研究吃、发展吃，因而吃得文雅，吃得考究，吃得有营养、有品位、有艺术、有文化。明末清初的金华人李渔自称"湖上笠翁"，是真正体会到厨艺快乐的人，提起笔来写吃，写得令人读起来津津有味、口舌生香，是美食家的最高境界。李渔很会生活，筑小园、饮清酒、写诗、做菜，犹如闲云野鹤，日子过得相当闲适且富有诗意。李渔在康熙十年(1671)刊刻的《闲情偶寄》中说，素菜有时候可以比鱼肉还要好吃，关键是要新鲜。一般的素菜，在城市里也能栽培，只要屋旁有一块空地或一个院子就可以，随摘随吃，鲜美可口，唯独竹笋，"则断断宜在山林，城市所产者，任尔芳鲜，终是笋之剩义"。吃笋能吃出城市所产和山林所产的区别，这足以反映李渔的艺术修养和生活情趣，以及超前的思想和生活理念，表现出较高的艺术造诣和生活审美情趣。

　　18世纪中叶到19世纪初德国和欧洲最重要的剧作家、诗人、思想家歌德在《搜藏家及其伙伴们》中的第五封信里说得好："人是一个整体,一个多方面的内在联系着的各种能力的统一体。艺术作品必须向人这个整体说话,必须适应人的这种丰富的统一整体,这种单一的杂多。"要"适应人的这种丰富的统一整体",艺术活动就必须发动和发展艺术家自己的和听众的全副意识、意志、情感的力量和全身力量,做到马克思论生产劳动时所说的"从劳动中感到运用身体和精神两方面各种力量的乐趣"。启示人们对李渔饮食及其养生文化的研究应当尽可能从当时的社会现实出发,从他的人生经历出发,在继承前人研究成果的基础上,运用饮食及养生理论将其人生观、生活观与艺术观连接起来。列宁曾说过:"判断历史的功绩,不是根据历史活动家没有提供现代所要求的东西,而是根据他们比他们的前辈提供了新的东西。"

本书旨在为系统全面地把握李渔饮食养生思想做出努力,而命名为《李渔饮食及其养生文化》。从民俗学、历史学、美学、中医学、旅游学角度对《闲情偶寄》中所记载的饮食元素进行研究分析,力求探索《闲情偶寄》中饮食活动背后的文化内涵及李渔饮食文化的现代开发方式,以雅俗共赏的方式,深入浅出,传递人文精神与科学精神,将现代饮食文化知识与传统养生理念有机融合。这不仅拓展了《闲情偶寄》的研究思路,同时也为弘扬、开发传统饮食文化提供了借鉴,有利于提升李渔饮食文化开发的层次,拓宽李渔饮食文化开发的思路。

当然,李渔的影响已经不光光是金华的文化或者是江南的文化,而是全中国、全世界的文化。李渔的饮食及其养生之道与当前日常生活审美化的讨论有许多相似之处,从李渔饮食思想中汲取经验与智慧,可以寻找到对现代生活的启示。

金华职业技术学院　　林胜华

于雅堂街寒舍

2013 年 1 月 31 日

# 目　　录

# 第一章 绪 论

饮食也是文化,对这种观点我很赞同。我们中国人在吃上向来讲究,这种观点无疑更能提高我们的文化地位,增加我们的自豪感。我想,若把饮食纳入文化范畴,它可能是最容易从事又最难取得成就的一个项目。其实,饮食文化是最讲实效的文化,不能靠哗众取宠,而要看真招子。真招子不一定非上名贵菜肴、祖传绝技,只要普通中见出众,一般中显特殊,就是好活儿。

——邓友梅

# 第一节 研究综述

民以食为天。饮食作为生存的基本需要,是人类社会生活的一种自然现象,其产生与发展不仅丰富了人们的生活,而且也反映了一个民族的智慧与文明,凝结着烹饪家对食品原料的精心选择、娴熟的刀工技巧和高超的控制火候的能力、对食物造型配色的良好的艺术涵养,以及对不同宴饮活动所要求的不同审美意趣的正确领会。因为造就"美食"的人是一个具有精湛技术、良好涵养和很高领悟力的艺术家,他所创造的产品不仅供人赏识,根本上还要供人享用,也就是要同时满足人的实用和审美的双重需要。饮食成为实现生存目标的首要手段,成为联系着个人、国家乃至社会的头等大事,有着博大精深的文化魅力。

作为文化的饮食,是一种社会现象,是人们长期创造形成的产物。同时又是一种历史现象,是社会历史的积淀物。确切地说,文化是指一个国家或民族的历史、地理、风土人情、传统习俗、生活方式、文学艺术、行为规范、思维方式、价值观念等。卢梭的《社会契约论》提出:文化是风俗、习惯,特别是舆论。泰勒的《原始文化》认为:文化或文明是一个有机体,它是包括人后天创造的政治、法律、艺术、宗教、习惯、习俗的综合体。美食在作为一种物质文化的同时,又具备了社会文化和精神文化的内容。而饮食文化,是任何文化的母体。食文化专家赵荣光认为:饮食文化是指食物原料开发利用、食品制作和饮食消费过程的技术、科学、艺术,以及以饮食为基础的习俗、传统、思想和哲学,即由人们食生产和食生活的方式、过程、功能等结构组合而成的全部食事的总和。[1]饮食文化演绎着杯盘碗盏、觥筹交错之间的历史、任务、情感、地域和科学。

　　文化只有发展才有持久的影响力，只有传播才有广泛的影响力、竞争力。也就是说，饮食绝不仅是果腹活命的低级生理活动，也远不是美食家或饕餮者的"福口"享乐，饮食研究的领域将不断拓宽犁深，既不会囿于某一或某些领域的事象表层，也不会仅仅局限于单纯的弘扬，一定会在人类饮食文明和民族文化的历史存在与发展中透视和探究民族食物生产、食生活，食文化的更丰富与更深刻内涵，不仅注重食事的昨天，更会注重今天和明天。古人奉行"君子远庖厨"思想，虽口腹之欲人皆有之，但耻于侈谈吃喝，专门谈吃谈喝的文字是登不得大雅之堂的，饮食生活一般不可能见于经典，关于饮食生活与烹调技艺的文字记载，即使有也很疏略，难以按图索骥，只能从文人记载的只言片语中窥视饮食文化的精华，不仅数量上很少，而且大多流于文墨之客的浮泛粗陋，以讲述各种食物名称和产地为主。在中国饮食理论史上公认最杰出的经典之作，是金华兰溪人李渔刊刻于清康熙十年(1671)的生活随笔《闲情偶寄》，它是继承和发展饮食文化的扛鼎之作。《闲情偶寄》对词曲创作、戏剧欣赏、妇女审美、居室布置、家具器皿、饮食调治、花木种植、休闲养生等八个部类，都做了细致的研究。特别是在食源开发、食具研制、食品调理、营养保健、饮食审美和休闲养生等方面记载了饮食文化的发展，揭示了饮食文化的内涵，是饮食烹饪理论的总结。述说着饮食发展史数千年的连续性、系统性，再现了古代经济繁荣的社会景象，是中国古代的"食经"，代表着中国明末清初饮食理论著述和烹饪技艺走向高峰，是研究饮食发展的极其珍贵的实物资料，并且在饮食发展史上占据了重要的地位，也为进一步推动饮食文化的研究和发掘提供了动力和契机。

## 一、李渔及其《闲情偶寄》时代背景管窥

### (一)李渔的历史概况

学者刘诚龙曾经做过一次有趣的调查。他把两份名单给十个人看,问他们是否熟悉。第一份名单是:傅以渐、毕沅、林召堂、王式丹、王云锦、刘子壮、陈沅、刘福姚、刘春霖。第二份名单是:李渔、洪昇、顾炎武、金圣叹、黄宗羲、吴敬梓、蒲松龄、洪秀全、袁世凯。结果,十个被调查者,多数对第一份名单中的人一无所知,而对第二份名单中的人耳熟能详。谜底最后揭开:原来第一份名单里的人都是清朝的科举状元;第二份里的人,全是当时的落第秀才!可是,在当时,第一份名单中的人物是多么辉煌与显赫啊!他们赢得了科举考试,被众星捧月,独占鳌头,披红挂彩,万人景仰,上自皇帝,下至平民,都把他们捧在手心里,春风得意。没想到,风头出尽之后,这些状元郎都湮没无闻了。反观第二份名单中的人,他们考场失利,与高官厚禄无缘,郁郁寡欢,门庭冷落,默默无闻。但是,他们很快调整心态,在逆境中奋起,有的成为思想家,有的成为文学家,有的成为农民领袖,有的成为一代枭雄,声名远扬,载入史册。[2]曾经那么夺目璀璨的大多已经湮没无闻,曾经那么灰暗惨淡的却有不少与日月争光,李渔就是其中的一例。

1.草根文化达人——李渔

明末清初,在金华兰溪曾生活过一个备受人们关注的人物——李渔。

李渔出生于1611年,正是明神宗万历三十九年八月初七,卒于康熙十九年(1680)。李渔,字笠鸿,号笠翁。初名仙侣,字谪凡,

号天徒。其著作上常署名伊园主人、随庵主人、觉世稗官、湖上笠翁、新亭客樵等。文坛亦有称"李十郎"者。李渔祖籍在浙江金华的兰溪夏李村，祖上在唐代的时候自福建长汀迁于此，到李渔这一代，是第十四代裔孙，李渔排行为"佳"字辈，兄弟中第九，故家乡人称之"佳九公"。

李渔一生处于明末清初鼎革之际，据《龙门李氏宗谱》记载，李渔出身世代布衣的商人家庭，祖祖辈辈无一人有过一官半职，但他出生时家道颇为殷实，父亲李如松与伯父李如椿在雉皋(今江苏如皋)经营中草药。其长辈中独有伯父李如椿是冠带医生，系低级医官。李渔的父辈祖籍金华兰溪夏李村，地处金衢盆地中心，坐落在伊山、龙门山、长湖山中间平坦处，属浙中黄土丘陵地带，地少人多，便流寓到号称"金如皋"的苏北如皋经营药材，时称"吃药饭"。李渔的母亲是一位善良而又有远见的传统型中国妇女；父亲李如松是个保守、老实、规矩的生意人；伯父李如椿念过书，是个知识分子，曾经参加过几次科举，失败之后转而学医，供职于一家官办的社会慈善机构——养济院，他又特别喜欢聪明的李渔。这三位长辈，对李渔有重要影响。李渔认为父亲是不折不扣的老顽固、老封建，是敌人，伯父是他的恩师，而母亲是他的避风港。在那个时代经商行医虽能保衣食无忧，但终非士子正途，因此父辈们对颇有天分的李渔宠爱有加，决定让李渔读书习文，走科举之路，重振家声，出人头地。[3]

李渔在如皋度过了他的少年时代，由于父辈经营有方，生意红火，家境富裕，他有了一个比较好的学习环境。在母亲的极力争取和伯父的从中周旋下，1618年李渔8岁的时候正式进入私塾上学。少年时期的李渔天资聪颖，受父辈们的教导，把走上仕途作为自己人生的一大追求，他积极攻读诗书典籍，对学习四书(《大学》

《中庸》《论语》《孟子》)、五经(《诗》《书》《礼》《易》《春秋》)应付自如,在这些作品中找到了学习的快乐。但也不乏贪玩好动之举,他常流连于寺庙道观及杂七杂八的铺子,观察别人是他的一大爱好,他还经常搞些小创意、小发明,让家人哭笑不得。李渔自称"予褓襁识字,总角成篇,于诗书六艺之文,虽未经穷其义,然皆浅涉一过"。《续刻梧桐诗》自序表明李渔少年时期擅长诗作的情形:"此予总角时作。向有龆龄一刻,皆儿时所为,灾于兵火,自无一存。兹记忆数篇,列于简首,以示编年之义。"黄鹤山农在《玉搔头·序》中称赞李渔不凡的文学才能:"笠翁髫岁即著神颖之称,于诗赋古文罔不优赡。每一振笔,漓漇风雨,倏忽千言。"

1622 年李渔 12 岁,他用一个特殊的行动昭示了自己的成长:在前一年移植了一株梧桐的幼苗到后院,精心照料下梧桐树成活了。并在 12 岁这年的春节,用小刀刮去了梧桐的一块皮,刻下了自己写的一首纪年诗,并用毛笔仔细地描过。此后年年如此,树长高了,李渔的诗也随着树伸向天空,寄托着远大理想。

但天有不测风云,1629 年李渔 19 岁,父亲病故,以经营药材为生计的家业败落了,自己读书未成,长兄李茂先期逝世,全家靠寡母一人维持,颇为艰难。

崇祯八年(1635)李渔 25 岁,回家乡婺州(今浙江金华)参加科举考试,以优异的成绩在金华府参加童子试考中了秀才,受到主考官、浙江提学副使许豸的高度赏识。许豸称赞道:"吾于婺州得一五经童子,讵非仅事!"李渔应考文章被印成范文,随带外地散发,初露才名。

崇祯十年(1637)李渔 27 岁,考入婺州府库工作,目睹了当时社会民间和官场的生活景观、世态民俗,这一切为他以后的创作保存了大量的现实素材。

李渔虽然才华出众,但后来数应乡试均不中。1639年29岁的李渔在杭州乡试中黯然败北,作为封建时代的读书人,年届三十却功名未就,是多么大的耻辱。他写了一首词来表达此时的心境:"昨夜今朝,只争时刻,便将老幼中分。问年华几许,正满三旬。昨岁未离双十,便余九,还算青春。叹今日,虽难称老,少亦难云。

闰人也添一岁,但神前祝我,早上青云。待花封心急,忘却生辰。听我持杯叹息,屈纤指,不觉眉颦。封侯事,且休提起,共醉斜曛。"(《耐歌词·凤凰台上忆吹箫·元日》)

崇祯十五年(1642)李渔32岁,又是乡试之年,李渔决定参加明朝最后一次乡试。但赴试途中,却闻知母亲病倒了,李渔只得放弃考试,赶到母亲身边。李渔的爱与孝心并没有留住母亲。他在五言律诗《应试中途闻警归》中记下了当时的情形:"正尔思家切,归期天作成。诗书逢丧乱,耕钓俟升平。帆破风无力,船空浪有声。中流徒击楫,何计可澄清?"诗中表达了中途逢丧乱落魄低沉、无力改变时局与命运的无可奈何的叹惋心情,也透露了李渔思想上开始发生重大转折。明朝最后一次招揽人才的机会也与李渔失之交臂,加上李渔的父亲早已去世,他又成家育女,家道日衰且负担沉重,为生计奔波劳碌的愁苦也使得李渔心中已不具备专心致志求取功名的心态,自此李渔完全断绝了入仕的念头。

当岁月的车轮推进到1643年时,烽烟四起,仕途中断的李渔也还是普通的小老百姓,不得不重新审视自己,重新选择自己的生活,便选择了卖文献艺广拓财源的道路。这年,李渔在逃难金华的途中纳妾曹氏。

1644年,清军定都北京,明朝宣告灭亡,改元顺治。从此,李渔在金华持续三年过着逃亡战乱的生活。在时代更替的过程中,李渔作为传统知识分子的特点被充分地暴露出来。传统儒学对中国士人的理想人格进行了设计,一方面要求"士志于道",作为士人要加强道德的自我完善,努力涵育圣贤的气息,并且竭力维护传统的基本价值体系;另一方面又要士人以积极的入世心态参与到政治结构中去,努力发挥自己的政治作用,这种谋求"道统"与"政统"合一的方法,也就是所谓的"内圣"之道。在一个儒家传统占统治地位,大一统政权很稳固的时代或社会里,士人的心态表现为自觉地维护"道统"和"政统"并努力趋近这种理想的人格典范。

顺治二年(1645)冬,李渔在婺城(浙江金华)的寓所因战事被焚,弄得无家可归,幸得同知许檄彩收留,受之盛请做了幕客。亲身经历婺城壮烈的保卫战,在婺江船上目睹清兵攻入婺州城烧杀掠夺的悲惨情景。后又结识新任知府朱梅溪,两人志趣相投,来往甚为密切。一次,朱梅溪盛邀李渔去城东南隅的八咏楼赏景,并要他为此楼题联,以弥补该楼有诗无联的缺憾。八咏楼原名元畅楼,因齐梁时沈约的一首《元畅楼咏》而得名,唐代后改名,是历代文人墨客吟咏之盛地。南宋李清照曾登临此楼,并作《题八咏楼》。因为有了前人的名篇,后人便不敢轻易吟诗撰联。李渔当即作了"沈郎去后难为句,婺女当头莫摘星"一联,令人拍案叫绝,朱梅溪命人制匾后悬于楼柱上。[4]

明朝的毁灭将每一个士人推到了必须再度选择生活方式和生活道路的十字路口,黄宗羲、顾炎武、王夫之等思想家义无反顾地参加反清斗争;钱谦益、龚鼎芝等著名的文人领袖选择了投靠新朝;张岱选择了与外界完全隔绝的隐居山村的生活。李渔没有将宽博的政治情怀和强烈的济世抱负转化为人生道路选择的内在动力,既不苟同于那些放弃名节投诚清政府的人,最终放弃了清政府招徕人才的机会,也没有凛然大义举起反清的旗帜,而是选择了远离时代的旋涡,退隐民间的生活道路,过上了一种没有政治风险的生活。他不再追求功名利禄,心怀恬淡自守的隐逸之志,表示要做一介布衣,做个忘怀世事得失的隐士,"自知不是济川材,早弃儒冠辟草莱"。顺治三年(1646),36岁的李渔放弃了入仕的念头之后,离开婺城回故乡兰溪归农学圃。李渔效仿古代的隐士在伊山宗祠买了地,筑了几间房,在老家建了座叫"伊山别业"的小别墅隐居,生活也过得颇怡然自得,读读书,管管村务,修修水渠,日子过得飞快。并为了能有个儿子,又纳了一名姓纪的女子为妾。

李渔长期被传统教育培养出来的"入世"思想及"媚雅"的生活格调,并没有在他心里隐退,依然停留在他的心中,继续影响着他的生活。他既不能真正像农民那样,过自耕自食的生活,又不能像传统士人那样安贫乐道,真正做到身心两闲,以一种艺术化、审美化的态度过着怡然自得的闲适生活,达到一种无拘无束、自由自在的精神状态,弃绝尘俗的出世之想。他虽然自称"老农不可作,圃事尚堪娱。宁为夫子薄,吾愿学樊须",但这只不过是凭借养花种草、饮酒赋诗以陶冶性情罢了。物质生活的困窘及仕途上的失意,迫使李渔不得不重新选择人生道路,寻找能使生活富裕又具有趣味的生活方式。因生计窘迫,李渔不得不放弃了洁身自好的生活,于清顺治八年(1651)举家从兰溪迁往杭州。李渔没有其他特长,唯有在写文章与戏曲方面有些长处。为了生活,摆脱传统士人在理想和现实上的矛盾与冲突,将人生关注点由纯粹精神层面回落到世俗生活层面,致力于通过个人的知识技能营造生活家园和精神家园,将内部感性与理性冲突放在生活与艺术之中,从而达到愿望、实践及自我的统一,李渔创作出许多大众趣味的作品。创作使李渔的生活不再那么窘迫,而且因为他深知市场的需求,所以其作品很受欢迎,李渔声名鹊起,衣食也无忧,就到杭州以外地区进行短期的访问，除了游山玩水之外，也想借此推销他的作品。这一年，李渔的第一部传奇《怜香伴》撰成。

1660 年，李渔的好朋友张缙彦被参劾。张缙彦无疑也是个不懂得察言观色的文人，他的政治之鼻没能灵敏地嗅到政治氛围的潜在变化，还发着思古之论，这就给懂得"想皇上所想"的小人以机会，狠狠地参了他一本，他的人生自然前途无"亮"了。而此时，李渔有一本《古今史略》正要按照张缙彦的建议付印，这本书说是通史，实则花了很大篇幅追述前朝遗事。陡然紧张的文化气氛使得李渔的性命岌岌可危，按着清朝"瓜蔓抄"的刑律，李渔是极有可能受到牵连的。李渔终究是个识时务、珍爱自己生命的人，他听闻张缙彦被抓，就立马到出版商那里拿回自己的书稿。张缙彦是生是死，李渔已经无能为力，还是自己保命要紧。但李渔的心情难免蒙上一层阴郁之色，原本当年他要在新居高高兴兴地纳他的第三个妾汪氏，在自己志得意满之时好好地风光一把，现在却是有几分扫兴了。

为了摆脱政治上的阴影，李渔一家于康熙元年(1662)从杭州迁居金陵(今江苏南京)。芥子园是他在金陵的别业，命名取"芥子纳须弥"之义。与此寓所一起，在南京还建了自己的书店——翼圣堂，刊行了不少戏曲小说及其他杂著，如著名的《芥子园画传》，按李渔的意思，就不用再受书商从中盘剥书费之苦了。

从 1663 年开始，李渔正式进入"帮闲文人"的行列，往来于各地方官员的府邸，其才学得到封建官僚的欣赏。

康熙五年(1666)，李渔 56 岁，应邀远游西北。在山西，获得 13 岁的乔姬为妾。次年，在甘肃，又获得 13 岁的王姬为妾。李渔在对其进行细心调教后组建了以二姬为台柱的家庭戏班。乔、王二姬不仅聪敏颖悟，演技卓绝，扮生演旦，珠联璧合，令李渔叹为旷代奇观,而且对李渔体贴入微,曲尽妇道。她们跟随李渔长年在外巡回演出,朝夕相处,其相互之间早已忘记了年龄上的差距,而将友情、艺情、爱情融合在了一起。乔、王二姬的舞态歌容超凡脱俗,只需李渔略加指点,便能心领神会、触类旁通,创造性地表演剧本内容,常常是"朝脱稿,暮登场",效率很高。家班常年巡回于各地为达官贵人作娱情之乐,足迹遍布大江南北,南到福建、广州,北到山西、甘肃,红遍了大半个中国。这也是李渔一生中生活得最得意的一个阶段,同时也是李渔文学创作中最丰产的一个时期,《闲情偶寄》一书就是在这一时期完成并付梓的。

1669 年,李渔在南京建成著名的"芥子园"。

1672、1673 年,乔、王二姬由于长年在外演出,劳累成疾,仅历七年便先后离世。李渔老泪纵横,悲恸欲绝,写下了《断肠诗二十首哭亡姬乔氏》《重过江州,悼亡姬,呈江念鞠太守》《自乔姬亡后,不忍听歌者半载。舟中无事,侍儿清理旧曲,颇有肖其声者,抚今追昔,不觉泫然,遂成四首》《后断肠诗十首》等诗作哭悼乔、王二姬,挥泪为二人写了一篇《乔复生王再来二姬合传》,希望二姬能复生、再来,情意绵绵,催人泪下。李渔之悲痛,不仅因为二姬在家班里是不可或缺的主角,更因为她们在生活上是这位年过六旬的老人形影不离的伴侣,在艺术上是最能领悟李渔文心并可以与之促膝交流、切磋的红颜知己。支撑李渔富足生活的家庭戏班土崩瓦解了,李渔的生活从此转入了捉襟见肘的困顿之中,经常靠举贷度日。

晚年的李渔于 1676 年回到杭州,生活拮据,有时甚至贷米下锅,以汤就饭,并在 1677 年大病一场后,彻底地消沉了。

清康熙十六年(1677),复移家杭州,于杭州云居山东麓修筑层园。

1680年1月13日，即清康熙十九年正月十三日李渔病逝于杭州。

明末清初的大家李渔是中国古代文人中的"异类"，一生跨明清两代，因世局大变动，饱受时代动荡和战乱之苦。乱世的文人，或是出仕新朝，或是退隐山林，或是浪迹于私门或官府混饭吃。李渔没有走上仕途，一生或贫或富，或卑或傲，或显或沉，或清或浊，人生道路上则大多是经济活动，靠卖诗文和带领家庭剧团到处演戏维持生计。李渔在母亲眼里——是个聪明活泼又淘气的孩子，在父亲心里——却是个离经叛道的不肖逆子，在妻妾中的评价——是个威严的家长，在朋友中——是个不可多得的风趣幽默的才子，在达官贵人眼中——是个卖弄口才讨取银两的伶人班头，在书商的心中——是个畅销书作家，在文化者眼中——是优秀的戏曲理论家和美食家。李渔一生并不安顺，乡试屡屡落第，又经兵乱，隐过居，当过戏班主，也曾卖文为生，人生阅历丰富。李渔不满足于一般的舞文弄墨，而将心思全用到了生活闲情上，从事著述，"卖赋以糊其口"，一生文化活动名目繁多，其文艺创作门类齐全，数量浩繁，质量高，作品的通俗性和喜剧色彩均罕有其匹，其理论著述的精辟、新颖也独树高标；经营名为"芥子园"的书社；组织以姬妾为主要演员的家庭剧团，奔走于达官显贵间以求庇荫并博取馈赠，这是影响他一生的三件事情。李渔所选择的人生道路在中国古代的文人中是罕见的，也正由此成就了一个别具特色的李渔。"名乎利乎道路奔波休碌碌，来者往者溪山清静且停停"是李渔故里兰溪夏李村"且停亭"的一副对联，表明了李渔在现实生活中是一个追求享乐且精于享乐的人。李渔把他对生活情趣的钻研，写成了一本《闲情偶寄》，包括女人眼部化妆要诀、青菜怎么煮才能做出小资情调、写剧本要如何设计高潮等。林语堂称之为

"生活艺术的指南"。李渔是中国文学史上最具有艺术情趣和生活能力的文人之一，堪称时尚达人。论者称他是"旷世奇才""文学巨匠""中国的莎士比亚"，是一个诗词曲赋书画篆刻园林艺术生活美学无所不通的通才、全才、奇才，"所制词曲为本朝第一"，给后世留下了弥足珍贵的文化遗产。[5]

2.中国古代"食经"——《闲情偶寄》

有济世之心和渔樵之想的李渔"崇尚俭朴、规正风俗"，在60岁前后，开始系统地总结他的经验，使其上升为理论。康熙十年(1671)，《笠翁秘书第一种》即《闲情偶寄》(又叫《笠翁偶集》)问世，这是李渔一生艺术、生活经验的结晶。《闲情偶寄》分为词曲、演习、声容、居室、器玩、饮馔、种植、颐养8部，共有234个小题，堪称生活艺术大全、休闲百科全书，在中国传统雅文化中享有很高声誉，是中国第一部倡导休闲文化的专著，名列"中国名士八大奇著"之首。写闲，写情，写得放松，写得妩媚；写词曲，写戏剧，写得贴切自然，写得切实有用；写声容，写装扮，写得清丽，写得快乐；写食道，写美食，写得颐养，写得低碳。[6]其让人耳目一新的文字，理论联系实践，系统、丰富。其中《闲情偶寄》谈娱乐养生之道和美化生活，内容丰富，切合实用，全景式地提供了17世纪中国人日常生活和世俗风情的图像：从亭台楼阁、池沼门窗的布局，界壁的分隔，到花草虫鱼、鼎铛玉石的摆设，从妇女的妆阁、修容、首饰、脂粉点染到穷人与富人的颐养之方，等等，无不涉猎，表现了李渔广泛的艺术领悟力和无限的生活情趣。《闲情偶寄》是描写江南生活风情的一部杰作，又都是以江南文化为丰厚而独特之底蕴的，堪称其一生生活、艺术的感受、经验、观念的结晶。

李渔是饮食文化创造、发展的基础物质提供者，同时也是饮食主体风格的重要承载者。据《闲情偶寄·饮馔部》记载，李渔主张于俭约中求饮食的精美,在平淡处得生活之乐趣。其饮食原则可以概括为 24 字诀,即重蔬食,崇俭约,尚真味,主清淡,忌油腻,讲洁美,慎杀生,求食益。这正表现了中国传统文化对饮食养生的追求。《闲情偶寄》文字清新隽永,叙述娓娓动人,读后留香齿颊,余味无穷。周作人先生对此书推崇备至,认为本书唯一缺憾在于没能涉及老年生活,否则必有奇文妙论。总之,《闲情偶寄》不仅熏陶、影响了周作人、梁实秋、林语堂等一大批现代散文大师,开现代生活美文之先河,而且对当今提高生活品位、营造艺术的人生氛围仍有极大的借鉴价值。李渔饮食理论以其实践性、系统性、开创性特点,在中国饮食理论史上占据了一个极为重要的位置。

吃,是一种享受;会吃,却是一门学问。并非所有人都能把到嘴的美味佳肴,说出个子丑寅卯,讲得头头是道。而提起笔来写吃,写得令人读起来津津有味、口舌生香,那才是作为一个美食家的最高境界。《闲情偶寄》这本食著,一直被视为食界指南,传布甚广,至今淮扬菜、金华菜、杭州菜、金陵菜、如皋菜,万变不离其宗。《闲情偶寄》借饮食表达李渔的一些思想火花和审美情趣,写得生动而富有趣味,对后人有很大的启发。如写蟹,作者嗜蟹如命,"每岁于蟹之未出时,即储钱以待。因家人笑予以蟹为命,即自呼其钱为'买命钱'",让有同好的读者会心一笑。《闲情偶寄》写饮食文字简要,每种食物多则两百字,少则二三十字即清楚明白,让人感觉李渔是坐在高桌之旁谈个人喜好、演绎道理,是一个专业食家的代表作品。李渔是一个绝对的享乐主义者,更是一个不可救药的美食主义者。他极其会吃、善吃、能吃,而且用心去吃,将其口腹享受之精华、之精彩、之精粹,写出一本在中国饮食史上空前绝后的著作《闲情偶寄》来。中国自古至今的食谱,都是食谱式的陈述、数字化的概念,而李渔写饮食,文化气味强烈,文学色彩浓郁,文人风雅十足。这本书不厚,字不多,一时半刻即可翻阅一番。李渔就是这样一位懂吃、会吃,又能写吃的高手。从美食家的角度分析,李渔对美食执着追求,有许多具体生动的细节为证:为了"吃",他可以不惜银子,到处搜求。《闲情偶寄》是一部关于"吃"的辩证法的生动讲稿,展示了江南饮食文化的巨大魅力,揭示了江南社会生活的文化意义,蕴涵着丰厚的文化价值。[7]

3.五世长者知饮食——李渔闲情生活析

李渔在《闲情偶寄·声容部·治服第三》开头中说:"古云:'三世长者知被服,五世长者知饮食。'俗云:'三代为宦,着衣吃饭。'古语今词,不谋而合,可见衣食二事之难也。"衣食二事的确是件难事。古往今来,人们不都是首先要解决吃饭、穿衣等问题才能进行其他活动吗?而要解决好衣食问题是最不容易的。这是关系到人类生存和发展的大事,是基础。人类要生存,就得维持最低生活需求,首先就要吃饱穿暖。但是,人类又并不满足于这种最低生活。他们在吃饱穿暖的基础上还总是要求提高、要求发展,要求吃得好一点、穿得好一点。正是在这种基本生活欲求的驱动下,人类奋斗不息,艰难跋涉。

明末清初时期,人们推崇懂穿懂吃,穿好吃好,以此衡量家世门风,甚至认为饮食比被服更重要,大兴吃喝风。"好吃"是每个人的天性,证明了饮食文化存在的意义。在吃的内容、穿的内容,特别是吃的方式和穿的方式上,包含着人之所以为人的全部秘密,当然也包含着生活闲情的秘密,是人的本质不断得到发展、完善和确认的历史,其中也可见出人类的生活发展史。写一点吃的享受、吃的幸福,并不难。但要写出一点学问、一点道理,用文字精彩地表达出来,就玩不转了。有会吃的嘴,不一定有会写的手;有会写的手,不一定有李渔的才气。极具文采的《闲情偶寄》是一部缩微版的中国饮食百科全书，"所讲求烹调之法，率皆常味蔬菜，并无山海奇珍，不失雅人清致"，填补了中国饮食文化史上的空白。

李渔的闲情生活，在《闲情偶寄·饮馔部》中得到张显。清初杰出的文学家、美食家李渔，是一位被社会视作另类的人物。他鄙弃举业，却不肯安分地隐居；他并不追求显达，却要过达官显贵们那样享乐的生活；他否定了"君子固穷"这被先儒们倡导了千百年的生活模式，不仅主张"诗意"地栖居，还要进行总结，并形诸文字，构建一套属于自己的理论体系；他组织了戏班，集编、导于一身，不独自己快乐，更巡游各地，游荡江湖，出入权贵之门，行其秋风之实。李渔认为："声音之道，丝不如竹，竹不如肉，为其渐近自然。吾谓饮食之道，脍不如肉，肉不如蔬，亦以其渐近自然也。草衣木食，上古之风，人能疏远肥腻，食蔬蕨而甘之，腹中菜园不使羊来踏破，是犹作羲皇之民，鼓唐虞之腹，与崇尚古玩同一致也。……吾辑《饮馔》一卷，后肉食而首蔬菜，一以崇俭，一以复古；至重宰割而惜生命，又其念兹在兹，而不忍或忘者矣。"表现了对自然的崇尚。李渔认为养生之法"行乐先之"；而人分九等，人各有别，处境不同，时地亦异。故李渔又分别探讨了贵人行乐之法、富人行乐之法、贫贱行乐之法、家庭行乐之法、道途行乐之法、春季行乐之法、夏季行乐之法、秋季行乐之法、冬季行乐之法、随时即景就事行乐之法。从饮食的角度讲养生的道理"爱食者多食"，"怕食者少食"，虽与传统的膳食搭配理论有异，却也不无其道理在。而"太饥勿饱""太饱勿饥""怒时哀时勿食""倦时闷时勿食"，自然都是饮食规律的总结。[8]

李渔是中国文化艺术史上绝无仅有的一个人，坎坷跌宕、充满传奇的一生与明清易代、社会动荡不安的"机缘巧合"，使他成为历史和社会学家们研究明清换代史的"经典标本"。李渔务实理性，热爱生活，关注人类，讲究品质，融入社会，甚至把"行乐"与"蹉跎"对立起来看，足见李渔对生活的热爱。

李渔在赚钱之余，潜心研究生活中的方方面面，一切生活情趣都以艺术的笔法入书，这就是被生活家们奉为圭臬的《闲情偶寄》。林语堂曾赞美李渔说："《闲情偶寄》专事谈论人生的娱乐方法……这是中国人生活艺术的指南。"既然是生活的艺术，吃就必然占有重要的地位。《闲情偶寄》充分说明了李渔是一位会吃的先驱，他是自然主义美食家，强调吃东西要清淡，如杂素、小菜、点心、饭粥等，最忌油腻。

（二）明末清初时期饮食文化背景

李渔生活在明末清初的年代里，这时期商业往来、商品交换和商品流通日益频繁，丝织、铸铁、造纸、酿酒、刺绣、出版等行业遍布各大城市，尤其是江浙一带，商业生产和交易得到空前发展，资本主义生产关系开始萌芽，新的生产关系正在建立。晚明社会商品经济达到了空前的繁荣，市民阶层的力量逐渐壮大，工商活动在社会经济生活中所占的比重不断增加，商业发展使得商人、市民在社会中的地位也不断提高，商人可以凭借手中的财富处于社会生活的上层，他们不再无端被轻视，不再居于四民之末，因此，许多人放弃农业生产而专门从事商业活动。另外，不少商贾士子通过科举走上仕途之路。也有不少名流显宦如王道昆、顾宪成、高攀龙、徐光启、李贽等，都出身商贾之家。伴随着商品经济和手工业的发展，在集中进行商品交换的集市和小镇的基础上，市镇得到繁荣和发展。一方面原有的一些通都大邑，如京师、杭州、金陵等成为商贾聚集的商业中心，另一方面一些小的市镇凭借其特有的手工业和商品逐渐形成一些小规模的工商业城镇，像杭州

"北湖州市,南浙江释,咸延裹十里,井屋鳞次,烟火数十万家,非独城中居民"。市镇的兴旺一定程度上扩大了市民阶层的队伍。商人地位的提高、市民阶层的壮大和城市文化的繁荣,对中国传统的社会结构和审美文化形态的演变产生了重要影响,并对明清两代人们的思想观念和生活方式以很大的冲击。商业和商品经济的发展,刺激着人们的物质享受欲望,使整个市民阶层甚至于士人阶层都不顾一切地追求享乐的现世生活,正如张瀚在《松窗梦语》卷七中所指出的,"人情以放荡为快,世以侈靡相高"。商品经济的发展,市镇的繁荣,市民阶层的壮大,以及由此带来的社会风尚的变化,都是李渔饮食养生思想形成的实在的外部力量。随着社会生产力和商品经济的发展,官方哲学的程朱理学逐步陷入教条和僵化,不但不能济世匡俗,反而成为无耻之徒欺世盗名、谋求财富的工具,它不仅无力解决日趋尖锐的社会矛盾,并且受到王阳明心学的抨击,在新的文化土壤上踽踽而行,逐渐失去维系人心的精神统治力量。社会各个阶层逐步受到发达的商品经济及其观念形态的影响,市民意识的发展,必然在思想文化上出现新的要求。人的内心世界、思想感情和审美意识也必然随之变化,传统的价值观念受到了严厉的重创,强调人的主体意识、心灵自由,肯定人的自然欲望和自然本性。

儒家传统思想的权威性受到严厉冲击,在一定程度上弱化了对理学的追求,重视现实生活与物质享受,认为人生应充分地、最大限度地享受生活乐趣,尽可能满足人的心灵与感官的所有欲望,追求精神自由与快乐。另外由于时局动荡不定,前途莫测,许多士人逐渐摆脱传统思想的禁锢,不再以混世同俗为羞,不再否定对物质享受及人间乐趣的追求,大胆地肯定现实生活中自我的人性、人情和人欲的表现,重新认识自我个性与情感价值。李渔崇尚人性,这与进步思想家的观点是一致的。他是李贽学说的崇拜者,其中李渔的崇尚自由个性深受李贽《藏书》影响。明清之际的这种文化思潮的推动作用对李渔饮食养生思想的形成是潜在的,也是深层次的。

1.真情:李渔时代的社会经济生活

明后期,1616年努尔哈赤建立后金。1636年,皇太极改国号为清。1644年,李自成农民军推翻明朝统治,明崇祯帝自杀。清军乘机入关打败农民军,同年,多尔衮迎顺治帝入关,定都北京。清廷先后镇压了各地的农民起义和南明抗清武装, 逐步统一全国,1644年建立我国历史上第二个由少数民族居统治地位的大统一朝代。

特定社会下的社会思潮必定对此社会的风气和世人的思维支配下的行为有很大的影响。明末清初,封建统治机构瘫痪,过去那种凭人的穿着来判定他的贵贱,通过他用的物品而可以看出其人的等级和地位的规制已经日益为世俗所冲破。当时江南一带衣丝蹑缟的人很多,而布服菲屦的人很少,他们使用的绝大多数东西都要到市场上去购买,杭州人好游,广东人厚宴,山东人连饮食器用和婚丧游宴,都与旧俗不一样。富者之间斗富,敦厚俭朴的人遭窘笑,华奢相高衍为风气。这种"求利"的风气给文化的发展也造成了很大的影响。统治者加强文化专制统治,推行八股取士,大兴文字狱,无论是官方还是民间都奉行儒家文化,重视人与人的关系及人伦道德、三纲五常等,宣扬仁、义、道、德、礼、信、忠、贞、孝、廉、真、善、美,而且佛教文化在统治者心中及在社会各阶层中的影响力也很大,青楼、赌场等异域民风得以长久发展,民间实际奉行的是兼具华夏文化特点和西域文化特点的市井文化,骄、奢、淫、逸、假、丑、恶、作奸犯科、强取豪夺思想在民间可以广泛宣扬,使人才受到严重束缚。[9]

统治阶级对工商利益的追求、对商品经济发展和士人弃儒经商也有着导向的效应并起到推波助澜的作用。明末清初我国封建的自然经济占主导地位，在清朝的康熙年间，采取奖励垦荒、兴修水利、实行"更名田"制度承认农民的耕地所有权、摊丁入亩提高佃户和雇工的身份地位等措施，促进了经济发展，人口大幅度增加，世界经济由农业为主转变为工商业为主。

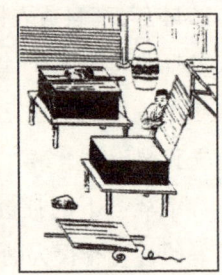

图1-1 耙田图　　　　图1-2 弹棉图　　　　图1-3 造纸图

尽管中国在传统的科技领域仍然处于世界领先地位，但此时却恰恰是西方国家从黑暗的中世纪走向近代资本主义的历史转折时期，中国输出的越来越少，而西方输入的越来越多，出现了"西学东渐"的新时代特征，如欧洲先进水利方法的传入，欧洲自然科学著作的翻译、传入等。

文学艺术方面在内容上贯穿了反对封建制度、封建礼教的时代主题，理学和心学相继占统治地位，集大成的科技著作相继问世，如《本草纲目》《农政全书》《徐霞客游记》《天工开物》。具有反封建色彩的早期民主启蒙思想应运而生，学派蜂起，思想活跃的时代，打破了尊卑贤愚不可逾越的界限，促使士大夫的眼光向下移，接近平民百姓，呼唤人性的启蒙。如袁宏道的性灵说、李贽的童心说、李时珍的药学、徐光启的农学、宋应星的工艺学、汤显祖的戏曲、冯梦龙的小说、朱载的声律，以及明清之际顾炎武、黄宗羲、王夫之等人的思想。饮食文化除了以物质形态存在于异彩纷呈的菜系流派中外，还以文字形式存在于大量的文学艺术作品中,伴随着城市经济发展,市民文学蓬勃兴起,小说逐渐成为文学主流,如《金瓶梅》《三国演义》《水浒传》《西游记》《聊斋志异》等反映了丰富的历史内容,都有大量的关于饮食场面、人物地理、主要事件的描写,以贴近民众、关切民生、崇尚真情为主旨。[10]

晚明商业发展、社会风尚及士人心态的转变,促发李渔主体意识觉醒,他开始重新审视自己的生活方式和生存境遇,不再把儒家讲的立德、立功、立言作为人生的最高价值,或将其视为实现人生价值的必由之路。李渔放弃考取功名,从传统伦理道德标准中解脱出来,并逐渐放弃了对道德完善的追求,从而回归到闲适生活和情感世界中。他热衷诗文写作、迷恋书画艺术、耽情于山水之乐、穷年耽于杂艺,追求一个顺情适性、放纵游乐、自由而又独立的自我,快乐自适成为李渔饮食养生的至高无上的生存标准,率性而做,唯求适意,重视自我,充分享受现实人生。李渔的《闲情偶寄》不仅仅是一部文学作品,也是反映明清时期的一部生活百科全书,所展现出的饮食文化风情,真实再现了当时的饮食文化风貌和特点,为后世学习和研究中国古代特别是明清饮食文化提供了珍贵的材料。

2.真乐:士大夫以撰写饮食论著为盛事

本来,社会生产力的发展水平和商品经济的繁荣是消费生活的物质基础,消费生活的主体不外乎衣食住行,在衣食住行的各种消费中又以饮食活动最能敏感地反映一个时代的生活水平,各阶层的生活态度和享受生活的欲望,在各类消费中处于领先发展的地位。历朝历代以来城市经济的发展,促进了饮食业的空前繁荣,"川、鲁、粤、扬"四大帮派菜系在全国初具特色。与此相联系的饮食著作日益完备,主要表现在烹饪技艺的精致化和烹饪理论体系的成熟。

不同时期、不同阶层的文化人的经济生活地位,是他们创造性精神生产赖以实现的必要社会条件,也是影响人物性格、历史命运的主要要素。经济生产飞跃发展、物质财富空前丰富,刺激人们的享受欲望不断膨胀,豪门权贵穷奢极欲的行径,士大夫们放纵声色的影响,市井平民追逐享受的欲望,俭朴的北方城镇如此,富庶的江南更是崇尚奢华,这类记载在晚明典籍中俯拾皆是。同时精神文明的文化市场愈来愈扩展壮大,文化人已成为推动历史发展的坚强的生力军。中国传统文化中本不乏世俗精神,即肯定和追求现世的生活享受,并从中得到乐趣。对于人文方面的、有着创造性的、富含思想的文章写作者的文人疏离于主流政治之外,他们更加自觉、执着地讲求世俗之趣和生活艺术,最大限度地追求物质享受,同时又尽可能地满足精神需求,全方位感受人生的生活方式、生活态度,诸如山水游乐、兴造园林、购置古器珍玩、精求饮食正味等,在世俗享乐生活中注入了独特的文化意味和艺术内涵。比如:在饮食需求上,不仅对每一种食材、酒、菜的原料的味道、口感、产地、烹饪方法、食用季节了如指掌,而且特别讲究餐饮时的餐具、环境、人物、气氛的和谐一致,人们的辨味能力至此已达到神乎其技的境地。在生活的细节上精心考究,从生活的环境、器具到生活的内容、方式,力求超俗、脱俗,讲究山水园林、楼台亭榭,精求膳食酒茶、文房四宝,玩赏草木禽鱼、字画古器,等等,营造一种清雅、古雅的文化气息和生活情趣。这类生活方式、生活情趣通常被称为清供、清玩、清赏。文人对美食的探讨,不同于大厨、名厨,大厨、名厨止于技艺,文人则侧重于对料"理"的追求,对美味本真的探源,从日常生活的偶然发现中感悟美食的真谛,他们既是美的发现者，又是美的实践者、享用者，提升了饮食的品位，给人们的生活带来乐趣。如：明末清初著名的文人张岱在《陶庵梦忆》中记载了许多美食和趣闻，在叙述他嗜食的土特产时说："越中清馋，无过余者，喜唉方物。北京则苹婆果、黄鼠马牙松；山东则羊肚梨、文官果、甜子；福建则福橘、福橘饼、牛皮糖、红腐乳；江西则青根丰城脯；山西则天花菜；苏州则带骨鲍螺、山楂丁、山楂糕、松子糖、白圆、橄榄脯；嘉兴则马交鱼脯、陶庄黄；南京则套樱桃、桃门枣、地栗团、莴笋团、山楂糖；杭州则西瓜、鸡豆子、花下藕、韭菜、元笋、塘栖蜜橘；萧山则杨梅、莼菜、鸠鸟、青鲫、方柿；诸暨则香狸、樱桃、虎栗；嵊县(今嵊州)则蕨粉、细榧；龙游则糖；临海则枕头瓜；台州则瓦楞蚶、江瑶柱；浦江则火肉；东阳则南枣；山阴则破塘笋、谢橘、独山菱、河蟹、三江屯怪、白蛤、江鱼、鲥鱼。远则岁致之，近则月致之，日致之。眈眈逐逐，的为口腹谋。"其中列举的特产多达57种，远至北京、山西的干货，近则江南沿海的时鲜，一个月甚至当天即能送到。如此富饶的产品为制作美味食品提供了丰富的原料，饮食业发达兴旺。而食书更多，如《多能鄙事》《墨娥小录》《居家必用事类统编》《便民图纂》等书的饮馔类，张岱的《陶庵梦忆》《琅文集》，何良俊的《四友斋丛说》，陈继儒的《晚香堂小品》，冒襄的《影梅庵忆语》等有关篇章。各种专著多姿多彩，论述茶道酒政的就有朱权的《茶谱》、屠隆的《茶说》、陆树声的《茶寮记》、夏树芳的《茶董》、许次纾的《茶疏》、万邦宁的《茗史》，还有冯时化的《酒史》、袁宏道的《觞政》等不胜枚举。作为最能反映饮食水平的综合性著作有《易牙遗意》《宋氏养生部》《饮食绅言》《遵生八笺·饮馔服食笺》，以及《菽园杂记》《升庵外集》《明宫史》的饮食部分，在中国饮食史上承前启后，多有创意。更为重要的是，撰写饮食论著被视为文人的风雅，张汝霖的《饕史》、张岱的《老饕集》、袁宏道的《觞政》、屠隆的《茶说》等都成为名士之作,形成美食文学,享誉一时。在笔记小品中的零散之作举不胜举,几乎很少有笔记小说不记述百姓日用的,凡记有百姓日用的笔记小说,又往往以美食和宴饮最为炫人耳目,不仅以烹饪技艺的精良扬名世界,更以悠久而丰富的饮食著述,为世人称道,形成本土风格的饮食学,此种盛况促进了李渔饮食养生思想的形成。[9]

饮食活动不仅是简单的进食,也不仅是为了满足生存之需,而是一种文化活动,进食的全过程都讲究闲情逸致。明朝后期是中国思想史上人才辈出、学派蜂起、思想活跃的时代,出现了袁宏道、李贽、顾炎武、黄宗羲、王夫之等一大批贴近民众、关心民生、崇尚真情的思想家,求乐、求真成为他们一致的美学追求,并形成一股不可遏制的思潮。这股思潮中最具代表性的是撰写《觞政》的袁宏道所倡导的"真乐"思想。他在《龚惟长先生》一信中说人生有五种"真乐",理想的生活之一就是"目极世间之色,耳极世间之声,身极世间之安,口极世间之谭"。他把追求美味和声色看作人生的一大快活。这种宣扬追求美味和声色的"真乐"思想,对李渔是有着深刻影响的。正是晚明江南饮食消费的奢侈风尚,影响了江南地区对饮膳书籍的重视,又纷纷出版新的饮膳书籍,至此江南的饮食文化成为中国饮食文化的主流。

3.尊生:以品尝美食为生活情趣

明末清初处于封建社会后期,中国传统文化思想处于调整期,旧的在急剧地衰败,新的已在母体中胎动,这新与旧的消长与更新,促使生活方式发生日新月异的变化,在饮食活动和饮食伦理中有充分的反映。

饮食是人生的第一欲望,"吃"促进了饮食著述的昌盛和饮食思想的发展。明代的文人时兴结社,有案可查的文人集团几近200

个,以诗文唱酬应和的,读书研理的,讥评时政的,吹谈说唱的,还有专事品尝美味的等。在这些档次不一的社团中虽然以宴饮为目的并不多,但所有的社团包括书院、学校都要以会餐作为重要的活动和礼仪。像这样狂歌放浪、畅饮淋漓的聚会成为文人的时尚,士大夫大都风流自赏,标榜名士清客的作风,借以文会友之便,啸聚同类,舞文弄墨,品诗论画,此唱彼和,自得其乐。宴饮不仅是品尝,还是人生感遇的寄托,人际交往的增稠剂。因此在文人的眼中,讲究吃喝不再是俗事,也是风雅之举。这种生活态度促使许多文人钟情于以酒会友,以食联谊,吃会、酒社遍布大江南北。张岱的祖父张汝霖在杭州组织"饮食社"罗致各种美味佳肴进行品尝和研究,写成《饕史》,张岱编纂各种食谱,总结历代烹饪经验,修订《饕史》而成《老饕集》。他主持的"蟹会"专论蟹的美味"真如天厨仙供"。[11]

在明代追逐享受和讲究吃喝的风气中,也有一种为了满足口腹之欲而不择手段虐待动物的现象。明代笔记中记载:"昔有一人,善制鹅掌。每豢养肥鹅将杀,先熬沸油一盂,投以鹅足,鹅痛欲绝,则纵之池中,任其跳跃。已而复擒复纵,炮瀹如初。若是者数回,则其为掌也,丰美甘甜,厚可经寸,是食中异品也。"猴脑的吃法更残忍,在食客围坐的大圆桌中间留个洞套住猴头,用铁榔头活生生地敲开猴子的脑壳,生啖脑浆,猴子在人们大快朵颐中慢慢死去;炙甲鱼如同炮烙刑,把甲鱼头套在炙烤器的上端,让甲鱼身在锅里烟熏火燎,甲鱼受不住灼热的熬煎,张嘴喘息,厨师趁机灌进油盐酱醋,让作料浸透全身。一些仁爱之士痛斥这种"虐生"现象说:"惨者斯言,予不愿听之矣!物不幸而为人所畜,食人之食,死人之事。偿之以死亦足矣,奈何未死之先,又加若是之惨刑乎?二掌虽美,入口即消,其受痛楚之时,则百倍于此者。以生物多时之痛楚,易我片刻之甘甜,忍人不为,况稍具婆心者乎?"反对"虐生"的提出,表明饮食伦理中的人文关怀已经从人与人的关系扩大到人和动物的关系,在人和自然的和谐发展中满足口腹之欲。这种明代饮食文化中最有价值的思想之一,也是明清之际早期启蒙思潮在社会生活领域的反映,对李渔饮食思想形成奠定了基础。例如:李渔尊重食物先天秉性,认为食物如人一样,各有资禀。人本性鲁钝,让孔圣人、孟亚圣去教他,也照样学不出来;食物本性不良,就算易牙这样的名厨烹制,也不是那个味。物有本性,不可穿凿。所以,吃海参,何必要熬成酱?苹果太熟,即使吃起来不脆了,也不适合上屉蒸了做成果脯。成就一桌美味佳肴,厨师们功劳有六成,买办独有四成功劳。在做饭之前,首先要选择合适的原料,强求不合适的原料达到最佳效果,本来就是缘木求鱼。[12]

### 4.养生:饮食思潮的窥视

饮食是生命存在的第一需要,被称为人的活命之本,但人类与动物不同的是,饮食不仅为填饱肚子,也是生活享受的基本内容,此种欲望随着经济的发展,水涨船高,日益增强,到明代进入一个新高度。这不单是明代商品经济的繁荣,改善了饮食的条件,以及豪门权贵奢侈淫欲的影响,还表现在启蒙思想中崇尚个性的导引,鼓动人们放纵欲望,追求人生的快乐和享受,并形成一股不可扼制的社会思潮。

在讲究美食、美味的同时,传统的养生之道,在各类饮食著作中受到普遍的重视和发挥。明代戏曲理论家、藏书家何良俊(1506—1573)认为美食必以安身、存身为本说:"修生之士,不可以不美其饮食。所谓美者,非水陆毕备异品珍馐之谓也,要在生冷勿食,坚硬勿食,勿强食,勿强饮。"又说:"安身之本,必资于食,不知食宜,不足以存生。"穆云谷在《食物纂要》中强调饮食要"知节","知节则自然可以身心俱泰"。在理论上阐述比较完备的当以高濂的《遵生八笺·饮馔服食笺》为首选,他认为饮食能养人也能害人,养人者是因为饮食能使人五脏调和,血气旺盛,精力强壮,但如嗜食不当,有失调理,也会戕害身体。因此他主张"日用养生务尚淡薄,勿令生我者害我,俾五味得为五内贼,是得养生道矣"。口味清淡本是道家养生学说的主张,在明代成为饮食的时尚。洪应明在《菜根谭》中说:"肥辛甘非真味,真味只是淡。神奇卓异非至人,至人只是常。"万历的进士祝世禄在《祝子小言》中说:"世味酽,至味无味。味无味者,能淡一切味。淡足养德,淡足养身,淡足养交,淡足养民。"在前朝列代并不乏口味清淡的主张,但是发展到明代由于人性启蒙思想的涌动,把生命看成至尊无上,这对视天理为至高无上的理学是一种反叛。食、色是人之天性,享受生命的欢乐,就要享受美味和美色,因此歌颂情爱、品尝美味成为社会思潮,这才有"目极世间之色,耳极世间之声,身极世间之鲜,口极世间之谭"的呼声。[13]

图1-4 明末清初生活图　　　　图1-5 明末清初饮食图

## 二、国内外研究现状论析

### （一）海外李渔饮食文化的传播及研究现状

明末清初的文学家李渔的著述丰厚，其小说、曲本、园林设计、文艺理论等作品皆负盛名，对李渔及其作品的研究，在国际学术界也占有相当的地位。日本将李渔与屈原、司马迁、陶渊明、李白、杜甫、苏东坡、关汉卿等并列为中国古代"21大文星"。李渔的著述已被收藏于世界各地几乎所有重要的图书馆中，被许多不同民族、肤色、语言的人所喜爱和阅读，被译成日、韩、英、德、法、俄等多个国家的文字，海外的影响远远大于国内的影响。

冈晴夫是日本当代主要的李渔研究家之一，他的综评《剧作家李笠翁》刊于1981年出版的《艺文研究》第42期，篇幅极长，近如专著。[14]日本文学史家、东京帝国大学教授青木正儿(1887—1964)在1930年东京出版的《"支那"近世戏曲史》中说："李渔之作，以平易易于人俗，故十种曲之书，遍行坊间，即流入日本者亦多。德川时代之人，苟言及中国戏曲，无不立举湖上笠翁者。明和八年，八文舍自笑所编《新刻役者纲目》中，载其《蜃中楼》第五《结蜃》、第六《双订》二出，施以训点，而以工巧之翻译出之。"[15]

1951年，在美国的 *Archives of the Chinese Art Society of America*（《美国的华夏艺术学会档案》)杂志第五期上刊登了一篇 *K´ai-ming Ch´iu*（裘开明）的长达15页的报告 *Mustard Seed Garden Painting Manual:Early Editions in American Collections*（《芥子园画传:美国收藏库中的早期诸版本》)，可知美国也藏有一些李渔著作的中文本。[14]

1957 年,文学史家柳存仁在英国读书时,曾在伦敦大英博物馆见到 1851 年 4 月 3 日入藏的中国雕印的汉籍《十二楼》,该书是李渔的白话短篇小说集,由十二篇可独立的以不同楼名为题的故事汇成。此书又名《觉世名言》,问世后流传很广。[14]

囊括李渔著作并给予扼要译介的是德国的当代汉学家黑尔默特·马丁 (Helmut Martin,取汉名马汉茂),1966 年完成论文 *Li Yu-weng uber das Theater*(《关于李笠翁的戏剧》),获海德堡大学中国文化博士学位,1969 年日本尊经阁藏的汉文《无声戏》在台北古亭书屋影印出版,他在书前附了长篇论文《李笠翁与〈无声戏〉》。1970 年,他主编皇皇十五册的中文的有史以来的第一部《李渔全集》,由台北成文出版社有限公司印行,亦在集前写了长长的研究性序言。[16]

出生于中国的在巴黎第七大学任教授的安杰 (Levy Andre)于 1970 年写了篇评马丁的李渔研究的文章 *C.R.H.Martin,Li Liweng Uber des Theater*(《马丁的李笠翁论戏曲》),登在荷兰的东方学学刊《通报》上。[17]

1973 年夏天,美国青年玛楚达 (Shizue Matsuda)在 *Studies in Short Fiction* (《短篇小说研究》)第 10 卷第 3 期上发表了处女作 *The Beauty and the Scholar in Li Yu's Short Stories* (《李渔短篇故事中的美女和学士》)。[14]

1980 年,埃瑞克·亨利(Eric P.Henry)的书 *Chinese Amusement: The Lively Plays of Li Yu*(《中国人的娱乐:李渔的充满生气的演出》)由汉登的修丝缀影出版社印行。[18]

当代最重要的海外翻译李渔作品的专家是美国哈佛大学的中国文学教授兼东方文化系主任帕垂克·韩南 (Patrick Hanan) 写过关于李渔的论文,翻译李渔的作品。如:1990 年 8 月,译成英文的李渔《无声戏》(*Silent Operas*)由仁迪腾出版社出版。[19]

被收录在浙江古籍出版社 1991 年版《李渔全集》第 20 册之末的十年前单锦珩、郑美蓉合编的《海外李渔研究部分论著及译本目录索引》，主要是从王丽娜的《中国古典小说戏曲名著在国外》(学林出版社 1988 年 8 月出版)一书录汇而成,列出了剔除重复实计 80 余条的海外李渔研究的文章和李渔作品的名目，为研究者提供了有益的参考。[20]

从以上论述可以看出,中外学术界对李渔的研究主要侧重于其文学、戏曲、小说,也有涉足于美学、营造学的,但主要是方法的简介。大概后来也有西方近代的理论家对李渔的园林有些介绍,但也仅停留在对其器物的介绍上,以迎合大众的胃口。从现代设计学的角度来审视和评价的很少,几乎没有,侧重于对李渔饮食文化的研究更是绝无仅有。实际上李渔也是一个重要的烹饪艺术家,他的研究范围涉及许多不同领域,是在中国艺术界中难得一见的集大成者。《亚洲史学》(*Journal of Asian History*)曾这样评论李渔:李渔是一位奇才,他一生专长于戏剧创作与表演、古今体诗文与评论、医学、园艺学及机械工程,同时又为史学家、法学家、出版家、书商等。[11]

(二)国内李渔饮食研究成果及文化传播述评

1.国内饮食文化研究现状

李渔,明末清初一位才华横溢的作家,他在诗文、小说、戏曲、史论等方面著述颇丰,给后人留下了一笔丰厚的文化遗产。迄今为止,关于李渔的研究领域日益宽广,涉及其生平思想、小说、戏曲理论与创作、园林、饮食、养生研究等,尤其是他的戏曲创作和理论总结占有较大比重。综观这些研究,学者们大多侧重单方面的研究,要么侧重戏曲美学方面,要么侧重生活审美方面。以饮食为切入角度来研究社会文化的泛饮食文章是当前一大热门。

第一,饮食文化研究专业著作、论文、期刊不断涌现。

饮食文化活动涉及食生产(原料、加工、保藏等)、食生活(原料获取、食品流通、消费需求、烹调工艺、进食礼仪等)、食事象(与食相关的具体行为、现象)、食思想(食认识、知识、观念、理论)、食惯制(习惯、风俗、传统),其研究的内容包括食品基础理论的研究、食品思想与加工的研究、食品生产中的新技术应用、食品质量的研究、食品文化的研究、食品消费的研究、食品环境的相互关系,以及食品包装、食品法规、食品流通、食品检验、食品安全等方面。而研究的重点是食事的形态、方式、过程、规律与社会历史功能等,是关于人类(或民族)在什么条件下吃(前提:原料、器具)、吃什么(对象:具体的肉、蛋、果蔬等)、怎么吃(方式:生吃、熟吃),吃了以后怎么样(结果:有益健康)的文化活动。饮食文化研究兴盛的重要标志之一——《中国烹饪》杂志的创刊,还有《中国食品》《扬州大学烹饪学报》《食品与生活》等期刊,《农业考古》《民俗研究》《民俗》等杂志也设有饮食文化研究专栏。

作为世界文明古国,中国饮食的历史几乎与中国的文明史一样长。从古到今,文人雅士吟诵饮食的辞章浩如烟海,出现了古代或近现代深谙饮食之道的文化大家及其关于饮食的经典之作。古有李渔《闲情偶寄》、袁枚《随园食单》,近代有梁实秋《雅舍谈吃》、周作人《知堂谈吃》,现代有刘华康《中国人吃的历史:中国食物史》(1986)、王明德等《中国古代饮食》(1988)、姚伟钧《中国饮食文化探源》(1989)、林永匡《清代饮食文化研究》(1990)、熊四智《中国人的饮食奥秘》(1992)、王学泰《华夏饮食文化》(1993)、赵荣光《赵荣光食文化论集》(1995)、徐兴海《中国食品文化论稿》(2005)、徐城北《京城杂吃》、赵珩《老饕漫笔》、沈宏非《写食主义》……这些文字构成了永不散席的饮食文化阅读盛宴,在杯盘碗盏、觥筹交错之外,历史、人物、情感、地域无所不包,将饮食文化和历史沧桑、地域风物、人物事件共冶一炉,透过饮食表达更深层次的文化内涵。

第二,饮食文化的研究队伍不断扩大。

研究机构有中华酒文化研究所、中华茶人联谊会、中国饮食文化研究会、国家贸易部饮食服务业管理司等国家级机构,也有如中国烹饪协会、上海饮食行业协会、上海茶文化研究中心、青岛烹饪协会、安徽茶文化学会等民间组织,还有许多饮食文化公司、饭店及一些高等院校也加入此行列。此外,还包括饮食机构的科研人员、厨师、文化学学者、旅游学学者、历史学学者、社会学学者等在内的大量个人研究者。

各种类型和不同等级饮食文化学术会议不断召开。如:1989年8月长沙"首届中国烹饪学术研讨会"(1991年6月,中国商业出版社出版了由中国烹饪协会编辑的论文选集《烹饪理论与实践》);1989年9月台湾财团法人"中国饮食文化基金会"主办的"第一届中华饮食文化国际学术研讨会"(至今已经成功举办十届,并将于2009年10月在韩国首尔举办第十一届,同时每届大会论文集《中华食苑》也已出版了十集);1990年10月浙江杭州"国际茶文化研讨会"(自此中国国际茶文化研究会每两年举行一次国际茶文化研讨会);1991年7月北京"首届中国饮食文化国际研讨会"(同时出版了论文集);1993年4月云南"思茅国际茶文化研讨会";1998年5月大连"98世界华人饮食与科技文化交流国际研讨会";2004年6月上海"海峡两岸餐饮文化研讨会";2006年11月中韩饮食文化学术会议;等等。2011年9月4日,是李渔诞辰400周年纪念日，兰溪举行了盛大的李渔诞辰400周年纪念活动暨首届李渔学术研讨会，110多名来自国内外的李渔研究专家、学者和来宾云集兰溪，共同纪念这位从兰溪走出去的旷世奇才，挖掘先贤文化遗产，展示人文多彩兰溪。中国食文化研究会、北京中国饮食文化研究会、中国烹饪协会及各分会也组织了形式和内容多样的会议，均对中国饮食文化的研究与发展起到了一定的推动作用。

2.李渔饮食文化研究述评

饮食文化与经济、政治、历史、语言、文字、生活都有着密切的联系，有关饮食、养生、烹调、菜品等论著不少。但对李渔饮食文化一直没有进行系统而深入的研究、宣传和弘扬，以至于李渔饮食风味在很长时期里没有受到人们的重视，未取得其应有的社会地位。随着饮食文化研究的不断深入，研究的角度和研究的深度日益拓展。文学作品中的饮食文化日益走进人们的研究视域，饮食在为文学创作提供丰富素材的同时又反过来促进了饮食的发展，为我们研究饮食文化提供了宝贵的资料。学术界对李渔饮食文化研究主要集中在三个方面：李渔饮食文化综合研究、李渔饮食文化个例研究及李渔饮食文化现代开发研究。

第一，李渔饮食文化综合研究。

布衣文人李渔，是有才情、有秉性、有风范、有良知、有操守的传统文人，是中国文化史上涉及领域最广、成果最丰富的巨匠，他在文艺创作、诗歌戏曲、小说史论、编辑出版、园林建筑、书法绘画、医药卫生、饮食烹调、花草种植、古董收藏等方面著述颇丰，给后人留下了一笔丰厚的文化遗产，是我国乃至世界在17世纪下半叶文坛上的一颗巨星。迄今为止，关于李渔的研究领域日益宽广，李渔研究逐步走上正轨，涉及其生平思想、小说、戏曲理论与创作、园林、饮食、养生研究等,尤其是他的戏曲创作和理论总结占有较大比重,研究者之众,研究成果喜人,专著论文不断涌现。

李渔遍访名人故乡,品尝当地特产与美味,并留下了大量的文学作品和饮食资料,特别是《闲情偶寄》一书,让我们感受到了李渔在饮食实践与饮食思想中的精髓,揭示出他已经拥有近似于现代低碳生活的思维和方法。虽然李渔这样的低碳生活还处于自发阶段,但其对于低碳生活的启示意义却值得我们借鉴和思考。《闲情偶寄》自康熙十年(1671)出版印行,一直受到人们的注目,世人争相阅读,求购的、盗版的、借阅的及一版再版、不断印行的此起彼伏,广为流传。清代,凡是谈到李渔的,一般都会提到他的《闲情偶寄》,并加以称道。不但清代有许多版本行世,如康熙十年(1671)翼圣堂十六卷本,以及雍正八年(1730)芥子园刊《笠翁一家言全集》本,翻刻、伪刻者无法统计,而且直到本世纪,还不断有新版本及各种各样的选本和注释本发行,如上世纪二三十年代有普益书局、会文堂书局、宝文堂书局石印本,1936年有贝叶山房发行、张静庐校点、施蛰存主编、郁达夫题签的《中国文学珍本丛书》本,1985年浙江古籍出版社单锦珩校点本(后来浙江古籍出版社的《李渔全集》第三卷《闲情偶寄》也是这个本子),1996年作家出版社立人校订《明清性灵文学珍品》本,1998年学苑出版社杜书瀛评点《历代笔记小说小品丛书》本,2000年上海古籍出版社江巨荣、卢寿荣校注《明清小品丛刊》本,2002年时代文艺出版社吴兆基、武春华主编《中国古典文化精华》本,《李笠翁曲话》1925年曹聚仁校订、上海梁溪图书馆《文艺丛书》本,《李笠翁曲话》上海启智书局排印本,《笠翁剧论》1940年中华书局《新曲苑》本,《闲情偶寄》1959年中国戏剧出版社《中国古典论著集成》本,1959年中国戏剧出版社《中国古典论著集成》本(仅取《词曲部》《演习部》),

《李笠翁曲话》1959年中国戏剧出版社《戏剧研究》编辑部编选本，《李笠翁曲话》1980年湖南人民出版社陈多注释本，《李笠翁曲话注释》1981年安徽人民出版社徐寿凯注释本，《笠翁秘书》(选《声容部》《居室部》《器玩部》《饮馔部》《种植部》《颐养部》)1990年重庆出版社赵文卿等笺注本，此外，还有1993年天津古籍出版社李瑞山等编的《白话闲情偶寄》等。[21]直到现代，《闲情偶寄》也不断被人提起，作家林语堂、周作人、孙楷第、胡梦华、顾敦柔、朱东润等，园林学家和建筑学家童惜、陈植、陈从周等也对《闲情偶寄》十分推崇，国内研究李渔饮食思想、低碳生活的学者非常多，如湛伟恩、黄天骥、杜书瀛、徐保卫、新林、愈为民，港台方面有李元贞、黄丽贞等李渔研究专家，主要是探讨他在家居生活中吃、住、玩、乐、颐养、人际交往等方面表现出来的思想。[22]

　　李渔在当时是非常著名也非常受民众欢迎的剧作家、小说家和饮食家，类似于我们现代的流行歌星一样的受欢迎。虽然他的行为方式和商业模式受到当时正统腐儒人士的反感和排挤，但不少名人雅士仍然赏识他，这其中就有钱谦益(1582—1664)、贾汉复(1606—1677)、吴伟业(1609—1672)、尤侗(1618—1704)、宋碗(1614—1673)、施润章(1619—1683)、顾炎武(1613—1682)等人，这些学者受明清之际新文化运动的影响，或者容易接受新事物，或者能够持容忍理解的态度，对于李渔的作为持相对积极肯定的态度。钱谦益这位17世纪五六十年代江南"文宗"，把李渔的小说和传奇置于当时流传最为广泛的《水浒传》和《金瓶梅》及明朝最伟大的剧作家汤显祖(1550—1616)的剧作给予同等地位的高度。朱光潜先生曾在《论小品文》中说："我常觉得文章只有二种，最上乘的是自言自语，其次是向一个人说话，再其次是向许多人说话。"李渔的小说，无疑具有这样的品质，并且在审美上足以与《红楼梦》相媲美。在文学上抵达如此境界,明清文学诸子当中,唯李渔而已。[23]

第二,李渔饮食文化个例研究。

李渔重要的文学理论、美学、营造学、饮食学综合的专著《闲情偶寄》在国外有多种分章译本。《闲情偶寄》近年来在十多家出版社重印且热销,李渔全集也在图书馆傲然屹立,相关研究著作也相继出台,代表性的如杜书瀛的系列论文及专著《李渔美学思想研究》(中国社会科学出版社 2007 年出版),而论文更多,对李渔的戏剧美学、园林美学研究相当深入,对其日常生活审美观念也有涉及,李渔越来越成为世界性的文化、文艺研究对象。以《闲情偶寄》中某一类饮食为研究内容的论文非常多,虽 20 世纪 80 年代前也有不少涉及《闲情偶寄》饮食文化的论文,但大量出现则是在 20 世纪 80 年代后。南京大学中文系俞为明教授著的《李渔评传》从现代的角度评述了李渔作为一个多才多艺的文学家,从其戏曲、小说、诗文、史学、园林、养生、饮食等方面的著述与成就作出了深入的考察与研究。在借鉴了前人研究成果的基础上,对李渔的思想提出了诸多自己的见解,强调了百花齐放、兼容并蓄的理论。中国社会科学院的杜书瀛教授著的《李渔美学思想研究》从现代美学的角度对李渔的戏曲美学、园林美学、仪容美学作为研究对象,以历史发展的眼光,实事求是地评价了其对前人的继承和他独自的贡献,全面阐述了李渔的美学思想的精华,并作了细密的颇有见解和理论分析。[24]清华大学美术学院博士后邱春林的论文《设计生活——李渔设计艺术的宗旨》中认为,李渔的设计宗旨就是依据自己的个性和才情,设计具有诗画意境的生活环境,为生命增添情趣,他的设计具有整体意识,强调实用和娱情的结合,追求"妙肖自然"的设计美学,并提出了"因地制宜""浓淡得宜"等工艺法则。

但同时也注意到,李渔研究大多侧重单方面的研究,要么侧重戏曲美学方面,要么侧重生活审美方面,对于李渔饮食养生的研究相对比较少,这不能不说是个欠缺。一方面,知道李渔的人还不是太多,在中国接受过高等教育的人群中,一般只有中文专业的人,才了解一点李渔,从事其他专业的和较低学历的人,恐怕大多与这位文化巨人素昧平生。另一方面,关于李渔饮食文化课题还有许多需要深入研究,如李渔的饮食风俗、饮食审美、饮食交流、养生思想、颐养家居、美学思想、文化思想、文化产业,以及李渔茶文化、酒文化、器皿文化的研究等。

第三,李渔饮食文化现代开发研究。

在市场经济快速发展的浙江,李渔已越来越成为商人追逐的目标,人们纷纷以李渔及李渔作品中的人名、地名、物名为商标,如浙江金华兰溪的芥子园酒业公司、且亭亭茶楼、李渔宾馆、仙侣酒家、李渔初中、李渔布鞋、李渔家茶等。兰溪李渔热,还从书面研究不断走进人们的日常生活,李渔塑像分别立于李渔故里夏李村、兰溪芥子园、兰溪图书馆;从李渔研究会的成立,到芥子园(又称李渔纪念馆)的扩建,兰溪的李渔热可谓方兴未艾。芥子园是一座传统园林建筑,典雅清新,曲中见幽,每年都吸引着大批游客慕名而来。文艺界也将眼光瞄在了李渔身上,由中央电视台与浙江电视剧制作中心联合摄制的6集电视连续剧《艺苑情长李笠翁》、北京人艺排演的话剧《风月无边》、横店集团影视娱乐有限公司拍摄的30集电视连续剧《风流戏王》,无不吸引观众的眼球。

伴随着李渔热的研制开发,学术界、饮食界发表了一系列论文。如:张备的《"素食的革命"和"肉食的牺牲"——试论李渔〈闲情偶寄〉中饮食文化思想的"技术化"与"人化"》、曾庆鸿的《李渔的〈闲情偶寄〉与养生》、杨岚的《李渔的饮食美学》、杜杜的《〈闲情偶寄〉论口舌》、赵德贵的《李渔的养生之道》、杨波的《李渔的饮食养生之道》、肖培弘的《近于自然 善于调摄——李渔的饮食之道》、叶琦的《"渐近自然"的饮食之道——从〈闲情偶寄〉看李渔的饮食文化观念》、蒋艳的《李渔与袁枚的饮食观比较及其现实意义》、曾翔云的《析李渔的饮食营养卫生观》以及杜书瀛撰写的专著《李渔美学心解》《评点李渔》、《闲情偶寄》插图评注本、《闲情偶寄》评点("历代笔记小说小品丛刊"本)等。

综合国内的研究现状,特别是近二十年来,研究李渔的文章至少有上百篇之多,从另一个侧面反映了人们对李渔的重视。然仔细研究后不难发现,目前大家对于李渔的研究多数集中在其戏曲、小说、杂文等文学领域。而作为一个真正儒家意义上的博学多才的学者,除了文学,他还撰文建筑、家居、家具、饮食、卫生、娱乐、园艺、舞台、仪容、服饰、表演等,基本涵盖了绝大部分学科。但是学术界对李渔饮食文化的研究总体来说重视不够,研究不够系统和深入,割裂了饮食文化研究与传承开发之间的关系,对李渔饮食文化的历史渊源整理、挖掘不够,底蕴有但没有得到应有梳理,没有形成系统的文字,李渔饮食文化的很多深层次问题有待于进一步研究。比如,李渔饮食文化与浙江三大传统地域文化之一婺文化的渊源关系;[25]李渔饮食文化与其他民族饮食文化的关系;李渔饮食文化与各菜系饮食文化的关系;李渔饮食文化的本质特征;李渔饮食文化的发展变化趋势;李渔饮食文化的弘扬与推广;李渔饮食文化的海外拓展;李渔饮食文化的经济学思考;等等。而且,对《闲情偶寄》中的生活情趣内容研究得比较多,而对李渔饮食养生的研究,特别是着眼于文化视角研究李渔的饮食文化文章并不多。李渔饮食文化的价值未得到开发,以李渔饮食为主要特征的饮食文化的品牌特征尚未形成,其传统名菜、名小吃、名宴的保护、传承和开发做得不深,对外宣传和市场推进有待进一步加强。另外,对《闲情偶寄》中的饮食文化研究始终停留在静态研究层面上, 与现代饮食文化开发相结合的研究不多。《闲情偶寄》留世 400 年来,对其研究还停留在歌功颂扬的阶段,未对目前饮食市场上各地闲情美食的品牌推广进行深入研究,还未大力开发其饮食文化产品。

### 三、研究的目标与内容审视

(一)研究目标

李渔是少有的全才,不仅在戏剧、文学、养生、饮食等卓有成就,而且在器玩、居室、园林、修容设计方面也有突出的贡献。本课题在研读李渔《闲情偶寄》的基础上,提炼其饮食思想并与其所处的社会环境相结合,通过对李渔生平、著述特别是其饮食方面的诸多成就进行历史的考察和分析研究, 吸取其饮食思想的精髓。饮食活动是一种社会活动, 而其价值在于饮食者在生产生活中感触到某些集合能量和活力后, 利用文字的表达和行为的释放表现出来的。将李渔置身于当时的历史、文化、社会的大背景之下,探讨其在饮食及其养生文化活动和饮食思想之间的复杂关系, 同时又通过李渔饮食的过程、作品、思想、行为来描绘作者所处的社会和文化的各个方面。李渔的著述和饮食活动综合起来向人们展示了一幅经历革命性转变的社会的生活图像,既独特又具有代表性。

(二)研究内容

文化遗产保护,是随着社会经济与社会进步摆在人们面前的一个重大课题。随着人们对自身发展历程的反省和认识理念的提升,人类文化遗产的框架体系不断被丰富、充实。人类对自身遗产的认识在 19 世纪末 20 世纪初期逐渐从私有的家庭财产向公共的文化遗产转化,并在《世界遗产公约》和《非物质文化遗产保护公约》的支撑下逐渐丰富。如今,人类社会的遗产被丰富为有形的物质文化遗产和无形的非物质文化遗产。从"关照历史着眼未来"出发,认识和研究这些文化遗产的价值和在当代社会发展中的作用,无疑具有重要的理论意义和现实意义。将传承和弘扬传统李渔饮食及其养生作为文化建设的一项重大课题认真加以研究,寻踪传承李渔饮食文化及其现代价值的阐扬,构建健康、文明、安全、特色的饮食文化,已是值得思考和研究的重大问题。依据历史文献和文化遗产保护文件,考察李渔饮食文化遗产保护的历程,对明末清初至今,李渔饮食文化遗产的保护工作历程进行宏观审视、系统梳理和学理反思。

本课题依据文献资料和实物考证的具体内容进行归纳,并按逻辑顺序依次整理出以下八个专题:

第一章绪论,通过对李渔的历史概况、明末清初时期饮食文化背景的研究,说明研究课题的选择和意义,回顾当前国内外的研究动态,提出自己的研究方法和创新之处。对李渔所处历史时代及其《闲情偶寄》产生时的经济、政治、文化背景进行介绍。包含李渔的个人生平、著述与李渔的闲人文士世界。

第二章李渔饮食风味的历史考述,《闲情偶寄》饮食风味形成、特征,《闲情偶寄》日常食制及肴馔,《闲情偶寄》传统食品的特色。介绍了李渔一生所设计的饮食活动及李渔所处时代的饮食艺术发展,重点对李渔的饮食思想特征作了全面的阐述。

第三章李渔饮食文化的历史考察,李渔饮食文化的形成及历史原因,李渔饮食文化的内涵,李渔饮食的文化特性。

第四章李渔饮文化的历史发掘，李渔对酒饮和茶饮的研究，李渔论汤羹及对饮具的研究。

第五章李渔调饮养生的历史神髓，李渔调饮养生思想及其形成，李渔调饮养生思想的理论、内容，对李渔饮食所体现的以新奇为乐、以性情为乐、以赏心为乐的行乐饮食思想形象进行剖析，阐述李渔饮食思想对传统儒家"礼"文化的继承与对传统禁欲主义思想的突破。

第六章李渔饮食审美的历史神韵，李渔饮食美的形成、形态、特性，对李渔饮食的崇尚技艺、精于形态、归本自然、饮食唯美的饮食审美观进行剖析。

第七章李渔饮食文化交流的历史探微，阐述李渔在金华、在杭州、在南京的饮食文化流通。

第八章李渔饮食文化的现代开发论析，李渔饮食思想的现代审视，李渔饮食文化的开发略论，弘扬婺文化，创新发展李渔饮食文化。

## 四、研究方案及研究开发的关键技术刍议

### (一)研究方案

经济社会的发展，城市建设的日新月异，历史古迹有被发扬光大的，也有被湮没的，引起世人关注。李渔《闲情偶寄》作为反映江南饮食文化及其养生的重要资料，用朴素的语言、生动的事例，尊重历史的手法，全面地反映了浙江婺文化的特质，金华的文脉得以延续传承。歌德曾说："人是一个整体，一个多方面的内在联系着的各种能力的统一体。艺术作品必须向人这个整体说话，必

须适应人的这种丰富的统一体,这种单一的杂多。"这段经典的论述启示我们对李渔饮食文化及养生的研究,应当尽可能从当时的社会现实出发、从他的人生经历出发,在继承前人研究成果的基础上,从文化视角将其人生观、生活观与艺术观联系起来。剖析饮食文化的研究内容及其文化内涵,重视对饮食文化分类、分层及注重弄清其内部复杂联系的研究。饮食文化是一个涉及面甚广且与人们日常生活密切相关的领域,并且具有跨学科、跨领域、跨时段研究等特点。其研究方法又具有长时段和跟踪研究的特点,体现在历史研究与现实应用相衔接,以及饮食文化悠久历史传统的形成与变迁,饮食文化的合理继承、现实应用与嬗变发展等方面。因此,在研究李渔饮食及其养生文化时注意以下几方面:

第一,运用统计分类方法对李渔的饮食内容进行梳理。虽然《闲情偶寄》中的饮食内容丰富,但是它毕竟不是专门反映饮食文化的著作,饮食描写散见于李渔的文学作品中,故需对李渔的饮食内容进行系统梳理。

第二,饮食文化研究与历史研究相结合。任何文学作品源于生活而又高于生活,任何作品都是著者从自己的直接或间接生活经验出发来创作的。那么,研究李渔的饮食文化就不得不结合当时特定社会历史进行深层次分析。同时,还要结合作家的个人生平经历。李渔在《闲情偶寄》中的饮食描写带有浓郁的江南饮食风格及李渔自己的生活印迹。

第三,跨学科综合研究。《闲情偶寄》中的饮食文化研究,涉及历史学、文化人类学、民俗、社会学、考古学、生态学、环境学、医学、保健学、旅游学、营养学等学科知识。只有广泛地涉猎这些知识,才能全面把握《闲情偶寄》中的饮食文化,才能对李渔饮食文化的现代开发提出新颖独到的建议。

第四,李渔饮食文化研究要与现实生活研究相结合。李渔饮食文化研究应结合文本、当时的社会历史、作者的生平经历,但又不能仅仅局限于这些。对李渔的饮食文化研究要有现实价值,就不得不与现实生活相结合进行研究。

第五,运用文献研究法收集、鉴别、整理李渔文献资料,根据理论联系实际的原则,采用分析比较法包括查阅古籍法、流程结构分析法、功能模拟法、形式比较法、综合程序法,调查统计法包括实地调研法、心理分析、社会调查,以及拟采用系统分析的方法包括查阅文献与布点试验相结合、走访调查与专家咨询相结合、定性与定量相结合、个案研究与系统分析相结合的方法等,进行归纳、总结,以期从多角度对文献研究形成对事实的科学认识的方法,保证得出科学的结论。

总体上来看关于具体人物的研究方法主要有以下几种:一是按照时间顺序。列举李渔的生平事迹及著述、饮食活动等,来研究李渔饮食文化形成的成因和成就。二是以具体学科为研究角度。如以人物思想的角度或思想哲学的角度对人物全方位的评述。三是根据人物的成就作专项研究。李渔一生著述较丰,涉及戏曲、小说、诗文及杂著等,并建有三处园林即伊园、芥子园、层园,现还存芥子园。本专著主要依据第三种专题研究方法对李渔的饮食养生成就展开讨论,并结合第三种方法透析李渔的饮食文化思想。

(二)研究开发的关键技术

随着文化对经济建设、旅游开发、城市规划、政策制定等方面的作用越来越明显,各界逐渐认识到文化是一种立足于久远的深层次的社会现象,是一切经济和社会发展的"势"之所在。金华提出"金华要建成文化大市"的战略构想,这是金华发展模式的一次重大转变。而金华饮食文化作为婺文化的重要组成部分,其中蕴涵着丰富、深邃的文化精神,因此对李渔饮食文化的研究有利于推动金华文化大市的建设与完善。

本专著的研究是在了解李渔本身和他的时代基础上,然后在广度和深度上探索李渔作品中所反映的那一时代的饮食生活,系统深入研究《闲情偶寄》饮食及饮食文化精神,对其进行深度开发,搜寻出更多更好的开发途径,这是本专著致力探索的空间。《闲情偶寄》是专门写"生活"的著作,但像其一样如此专注细致地描写饮食生活的"闲情"毕竟不多。《闲情偶寄》的诞生,为中国饮食文化提供了一个活生生的难能可贵的样板,堪称中国饮食文化艺术化的典范之作。细致整理《闲情偶寄》中的饮食风味,系统研究饮食活动,深入挖掘饮食文化精神,探讨李渔饮食的现代开发意义,对于进一步弘扬李渔饮食文化和中华饮食文化,进一步深度开发李渔饮食,乃至进一步发挥李渔饮食文化在旅游活动中的重要作用,都是大有裨益的。因此,迫切需要广泛深入地研究,解读其文化品位。本专著在吸取前人研究成果的基础上,深度把握《闲情偶寄》中的饮食文化内涵,从理论角度和文化高度对《闲情偶寄》中的饮食文化活动做出系统总结。

本专著研究的宗旨:从文化学的角度,侧重对李渔诸多饮食活动及其饮食艺术思想的内涵研究,提取李渔饮食思想中"艺术生活化"及"生活艺术化"这一艺术思想的精髓。拟解决的关键问题有三个方面:第一是传统史料及物证,包括对具有真实性与高度学术性的传统资料的收集,对李渔留存的遗作及遗址进行考证;第二是通过对李渔《闲情偶寄》著述及饮食理论的剖析,并结合李渔的戏曲、文学成就以及李渔所处时代的政治、经济、社会及其生活文明背景,包括同时代的西方饮食理论发展现状,从历史的角度对李渔的饮食活动及其饮食理论进行全方位的比较和研究;第三是李渔饮食思想对当今低碳生活的启示作用,古代几千年的饮食实践所凝结的饮食思想,承载着古代文明的连绵不断地向前发展,不仅指导了过去的饮食活动,也影响着未来的饮食文明。总结李渔的饮食理论及饮食思想,结合当下的意识形态观和审美价值观,以及当前消费性的低碳特征,重点解决生活艺术化和艺术生活化对当今功能性消费与精神性消费矛盾冲突的作用和启示。

(三)研究的版本依据

研究《闲情偶寄》中的饮食文化,必然涉及本研究所基于的《闲情偶寄》的版本情况。《闲情偶寄》的版本较多,本研究采用的是四川辞书出版社出版的 1995 年版《闲情偶寄》。这部反映明清时期的饮食专著,堪称李渔一生生活、艺术的感受、经验、观念的结晶,奠定了李渔在我国饮食史上的重要地位,《闲情偶寄》的价值在于它是李渔在最本真的状态下完成的,对李渔来说,《闲情偶寄》是生命的抒怀与记录;而《闲情偶寄》中凸显李渔的才情、真情、至性、精神与人格,成就了不朽的李渔。《闲情偶寄》论及戏曲理论、妆饰打扮、园林建筑、器玩古董、饮食烹调、竹木花卉、养生医疗等诸多方面的问题,内容丰富,立论新颖,语言平实,表现出较高的造诣和生活审美情趣,具有极强的娱乐性和实用价值。

# 第二节 研究意义及创新点

## 一、研究意义新论

李渔饮食及其养生思想在中华民族饮食文化史上有着不可磨灭的地位。伟大的艺术和艺术思想不是独立的而总是承先启后、继往开来的。《闲情偶寄》是中华饮食史上的一座丰碑,对中国的民族心理和民族个性及对文学自身都产生深远的影响。

文化既是一种精神价值,又是一种生活方式,它是在人们物质活动和精神活动的过程中逐渐孕育、积累、发展起来的。国学大师钱穆说:"文化即是人类生活之大整体。汇集起人类生活之全体,即是文化。"每个地区、民族和国家都有着自己的文化,不同地区和群体的文化又各具特色。长期以来在某一地区由于地理环境、气候物产、文化传统及民族习俗等因素的影响,形成有一定亲缘承袭关系、菜点风味相近,知名度较高,并为部分群众喜爱的地方风味著名流派,称作菜系。那么,"李渔菜"作为一种饮食文化,是如何发展和演变的呢?它的特点又是什么? 选择了《闲情偶寄》作为研究对象,以窥金华美食精深文化一斑。金华人讲吃,不仅仅是一日三餐,解渴充饥,它往往蕴含着金华人认识事物、理解事物的哲理。一个小孩子生下来,亲友要吃红蛋表示喜庆。"蛋"表示着生命的延续,"吃蛋"寄寓着金华人传宗接代的厚望。孩子周岁时要"吃",十八岁时要"吃",结婚时要"吃",到了六十大寿,更要觥筹交错地庆贺一番。这种"吃",表面上看是一种生理满足,但实际上"醉翁之意不在酒",它借吃这种形式表达了一种丰富的心理内涵。吃的文化已经超越了"吃"本身,获得了更为深刻的社会意义。因此,对于金华饮食文化基本内涵的考察,不仅有助于饮食文化理论的深化,而且对于中国饮食文化占据世界市场也有着深远的积极意义。

李渔文化是国学的经典,要打好李渔牌,促进金华的繁荣发展,就必须从研究李渔饮食文化开始,把学术研究提升到一个新的台阶,打响金华李渔品牌就有了强有力的智力支撑。由于李渔杰出的文学和艺术成就,也由于众多专家学者的推崇、译介与批评,李渔及其作品已成为世界文化的共同财富。古称婺州的金华地区,历史悠久,人文底蕴深厚,由此形成的李渔饮食文化内涵丰富,个性突出,从某种意义上可以说是金华乃至江南地方文化多样性和共融性的一个标志。系统挖掘和整理李渔饮食文化,研究和介绍李渔饮食文化,丰富和发展李渔饮食文化,既是当前金华现代化建设的需要,也是促进社会和谐发展的一项重要工作。李渔饮食文化有自己的独立的起源和发展的历史过程,有自己的风格和特点,在金华文化乃至整个中华文化中占有重要地位。因此,对李渔饮食文化进行全面系统的研究,不仅具有重要的历史和学术意义,而且对当前特别是今后饮食文化产业、旅游事业乃至经济发展都具有不可估量的借鉴和参考价值。[26]

(一)丰富中华饮食文化宝库,推进文化建设大发展

对李渔饮食文化的研究,有利于进一步了解和揭示李渔饮食文化的起源、发展的规律及其原因。李渔饮食文化虽是一种地方文化体系,其许多方面具有超越本地范围影响的全国性意义。对李渔饮食文化的研究,可以加深认识和了解金华的历史文化成就及其对缔造中华民族悠久历史和灿烂文化所作出的重要贡献。

《闲情偶寄》是明末清初文人李渔的一部关于戏曲歌舞、观剧听曲、园林建筑、山石花卉、赏花弄月、品茗饮酒、服饰修容、选姬买妾、饮食男女、养生颐养、服饰修容、器玩休闲等艺术和生活中的美学现象和美学规律的论述描绘，大谈"草木昆虫""活命养生"的"闲情"，春花夏月，秋苇冬雪，吟风弄月，闲情偶寄的书。李渔是中国文化史上涉及领域最广、成果最丰富的巨匠，在医药卫生、饮食烹饪、休闲养生、园林景观、花草种植、古董收藏、编著出版等方面皆富有研究，是个多才多艺的旷世奇才，有戏剧家、戏剧理论家、戏曲活动家、史学家、剧作家、剧论家、导演学家、散文家、小说家、诗人、词人、对联家、文学评论家、词学家、韵学家、音乐家、书法家、篆刻家、画家、绘画理论家、编辑家、艺术教育家、工艺美术师、服装设计审美师、美容家、装饰艺术家、造园艺术家、评论家、美学家、思想家、教育家、园林艺术家、建筑学家、旅行家、养生休闲专家、文化产业先驱者、医学家、颐养专家、饮馔家、养生家、饮食文化倡导者与实践者、出版家、美食家、饮食家等多项头衔之称。李渔善于创新，在每一领域的成就都非常卓越，特别是对肴馔品质鉴定、膳事志趣情有独钟及艺有所擅的人，是食文化的专家和食事艺术家。民族文化深厚的陶冶教养，广博激励与深刻领悟、文士生涯、美食实践与探索性思考，使李渔在饮食文化领域成为十大"第一人"。[27]即：

李渔是研究饮食文化领域第一人。

李渔是倡导低碳生活饮食第一人。

李渔是世界饮食史饮食美学著作第一人。

李渔是系统建立饮食理论第一人。

李渔是食评家第一人。

李渔是食学理论家第一人。

李渔是美食鉴赏家第一人。

李渔是烹饪美学家第一人。

李渔是美味艺术家第一人。

李渔是烹饪家第一人。

对李渔饮食文化的研究，可以进一步加深对区域之间的文化交流、相互影响、相互促进、共同发展的认识和了解。从江南地方文化的空间格局来看，李渔饮食文化代表了一种相对独立的地域文化体系模式；从李渔饮食文化的发展历史来看，也是与各民族民系的交流和影响史。李渔饮食文化是金华人长期奋斗的结晶，也是我国各族人民共同奋斗的成果。李渔饮食文化是金华人的文化，也是中华民族大家庭的文化。即使在世界饮食文化中，李渔饮食文化也是其中的佼佼者。对李渔饮食文化的研究，必须越出李渔饮食文化本身，要从更广阔的视野和更多的角度进行多层次、多方位的综合研究，特别要与博大精深的中国传统饮食文化结合起来研究。李渔饮食文化不断地、富有创造性地给金华注入新的文化元素，丰富和发展了灿烂的中华饮食文化的宝库。

(二)进一步发掘地域文化，推动"赶超发展、浙中崛起"

人类社会发展史既是人类生命繁衍、财富创造的物质文明发展史，更是人类文化积累、文明传承的精神文明发展史。一个民族的文化，凝聚着这个民族对世界和生命的历史认知和现实感受，积淀着这个民族最深厚的精神追求和行为准则。传统文化是和谐的文化，文化传统是和谐的传统。如果说，传统文化是一个深蕴历史内涵和社会意义的概念，那么，文化传统则源于历史而又超越历史，既是经历史扬弃的文化背景，又是现实的精神生命和文明范式，富有时代意义和现代价值。诚如学者所说：所谓传统就是现在中的过去,未来中的现在。穿透时间过程而演化为优秀传统的人文精神,始终是民族生存发展和国家繁荣振兴取之不竭、用之不尽的力量源泉。

　　一个地区的文化是随着当地社会的发展而不断演变的,在不同时期会呈现出不同的发展特点。金华,又称婺州。尧时《尚书·禹贡》中有"婺州"之名,属"扬州之域"。从历史的角度讲,李渔饮食文化的起源可以追溯到遥远的原始时代。2001年在金华浦江县境内发现的上山遗址,表明早在距今约一万年前,金华的先民们就已经初步掌握了水稻耕种技术,创造了较成熟的原始稻作文明。商周以后,金华地区又有姑蔑文化与越文化互相融合而形成的"乌伤文化",其突出标志是发达的青铜器、玉器和原始青瓷制作技术。尤其是原始青瓷的制作技术,处于同期全国的领先水平。如1981年发掘的义乌平畴西周墓,出土了100件随葬的原始青瓷,其数量和种类之多,为各地同期单一墓葬所少见。2003年,在义乌春秋战国墓葬群中发现的原始青瓷,出土时还保持原有的光泽。正是在此基础上,进入秦汉时期,金华地区的青瓷制作技术日趋成熟,最终促成作为中国早期青瓷代表之一的婺瓷的兴起。金华火腿在宋代就已经闻名,明代时成为贡品,不仅有着独特的腌制技艺和风味,而且还引发了相关饮食文化的兴起和众多文人墨客的歌咏诗赋。以白蓼曲酿造的金华酒以物质的造曲方法、优化的用曲技艺、复杂的酿造程序和出众的品质,在唐宋时就已跻身名酒之列,元时被官府定为米酒酿造"标准方",明时更是广泛流传"晋字金华酒,围棋左传文"之说,成为当时字、酒、棋、文四绝之一,其酿造技艺堪称我国古代早期米酒酿造技艺的典型代表和完整文化遗存。[28]

　　对李渔饮食文化的研究,有利于促进经济创新。李渔饮食文化是婺文化的一块瑰宝,更是祖国饮食文化的宝中之宝。通过对李渔饮食文化的研究、挖掘、整理、应用,使李渔饮食文化转化为经济资源,推进区域经济的发展和创新。李渔饮食文化是金华传统精神的载体,它不仅积累了厚实的有形文化,也形成了无形的精神文化。这些文化精神不仅在历史对于推动金华社会的发展中起了积极的作用,就是从今天看来,也值得大力提倡和发扬。

李渔饮食文化是在漫长的历史过程中积累和发展起来的地方文化体系,是中国优秀的传统文化,也是最时尚、最现代的文化。挖掘李渔饮食文化,对人们生存状态的改变和提升,有着积极的意义。李渔是一个具有国际影响力的旷世奇才,他能编能写能导能演,亦儒亦雅亦文亦商。李渔是一座富矿,现在挖掘出的只是一部分,要继续挖掘李渔文化,传承并发扬李渔文化。李渔饮食文化的存在包含在李渔典籍之中,蕴藏于饮食文献之内,存在于饮食思想与哲理之中,存在于食风食俗之列,徜徉在饮馔语言中。整理和研究李渔饮食文化是一项长期的工作,需要社会的广泛支持和共同努力。

一个地方的文化可以影响和制约一个地方各方面的发展,需要地域文化的传承和发展来促进经济建设、政治建设、文化建设、社会建设、生态文明建设的全面进步。具有 2000 多年历史的古婺州正崛起在浙中大地上,丰富厚重的李渔饮食文化,作为婺文化不可或缺的一部分,是浙中文化建设的重要内容,更是"浙中崛起"的载体。它不仅积累了厚实的有形文化,也形成了无形的精神文化。透视李渔饮食文化,让我们看到了金华人"朴实勤劳、自主自强;博采众长,善学精思;求真务实,崇尚正气;挺立潮头,敢为人先;义利并重,追求和谐;乐观处世,积极向上"的精神,对于推动金华社会的发展起到积极的作用。一方面李渔饮食文化的传承和发展,为浙中崛起提供了推动力。李渔饮食文化底蕴深厚,万年饮食的遗惠揭开金华饮食的发端,新石器时期稻作农业和陶器的发明,为婺州饮食文化的形成奠定了基础;婺州窑业的发达与瓷器的出现,为婺文化提供了精美多彩的饮食器具;孕育金华饮食文化的发祥,秉承黄帝、葛洪、黄初平"结丹长生,延年永寿",诸葛亮"不为良相,便为良医"的遗意;明清时期徽菜馆在婺州的不断开业,推动了婺饮食文化的发展;婺州南孔传承着孔府菜的饮食思想,对婺州饮食文化起着不可忽视的指导作用,为后人留下宝贵的精神财富。另一方面,浙中的崛起,则为李渔饮食文化的发展提供了持久动力。经济增长是社会稳定发展的重要前提条件,也是文化等上层建筑发展的基础,只有经济的发达,才能有文化的昌盛。[29]

(三)启迪开发李渔现代文化价值,促进经济创新

饮食生活是动态的,饮食文化是流动的。在全球化的今天,无论多大范围的人群聚合,其饮食文化都是处在内部或外部多元的、多渠道的、多层面的、持续不断的传播、渗透、吸收、整合、流变之中。在中国文化中,不管是物质的还是精神的,似乎都与吃有关,并强调"民以食为天"。如称人为"口",称职业为"饭碗",称不受欢迎为"吃不开",受欢迎为"吃香",支持不下去为"吃不消",拿不定主意为"吃不准",被控告或进监狱为"吃官司",产生嫉妒情绪为"吃醋",费力气为"吃力",被人打了嘴巴为"吃耳光",被人拒之门外为"吃闭门羹",称辨不清是非的人为"吃了迷魂汤",称领财政工资为"吃皇粮的",称教师为"吃粉笔末的"。此外还有所谓"吃闲饭"(游手好闲),"吃洋饭"(服务于外企),体验叫"品味",司空见惯叫"家常便饭",轻而易举叫"小菜一碟",学风浮躁叫"浅尝

辄止",理解深刻叫"吃透精神",广泛流传叫"脍炙人口",深知熟记叫"烂熟于心",学习知识叫"汲取营养",改变处境叫"苦尽甘来",等等。这表明了"食"在中国文化深层结构中具有极其深刻的文化内涵,这是中国文化中的隐蔽文化部分。研究饮食文化应以其隐蔽文化为突破口,对根植在社会、历史文化知识土壤中的饮食文化更深入、更本质地进行发掘。

饮食文化是人类文明、生命活动的重要组成部分,它与各民族、各地区人们生活的社会历史和自然条件密不可分。饮食文化不仅表现在烹调方法、用餐方式、餐桌、餐具上,更无形地支配着人们的食物结构,深刻地影响着食物的消费倾向、农业生产结构和市场,关系到国民的身体健康和国家的命运。因此,在人类饮食文明和民族饮食文化的历史存在与发展结构中透视和探究民族食生产、食生活、食文化的更丰富表象与更深刻内涵。李渔饮食文化有自己的独立的起源和发展的历史过程,有自己的风格和特点,在李渔文化乃至整个中华文化中占有重要地位。在我国台湾,李渔小炒、粉条等李渔美食早已成为跨族群共同经营的产业,李渔菜在那里已成为一个独立的菜系,李渔饮食文化成功地创新了台湾经济。因此,对李渔饮食文化进行全面系统的研究,不仅具有重要的历史和学术意义,而且对当前特别是今后餐饮事业、旅游事业乃至经济发展都具有不可估量的借鉴和参考价值。

## 二、研究创新点窥探

李渔代表作《闲情偶寄》是李渔一生生活美学和饮食文化艺术的总结,他饮食文化理论中的诸多见地是对生活事物不断改善、不断创造过程中的种种体验,他丰富的艺术经验、敏锐的理论洞见及闲情的生活审美观,共同构建了李渔清新独特的饮食文化思想特征。本专著对李渔的饮食文化思想进行了系统的梳理和理论阐释,以期在新时代背景下重新挖掘这位艺术家的饮食文化理论内涵。

第一,借助本次研究,通过对中国古代大量文献资料的收集,特别是对《闲情偶寄》的解读,结合对于李渔本人的生平著述及对其所处时代的政治、经济、社会背景的广泛研究,以李渔的饮食思想为代表来分析明末清初时期文人士大夫的生活方式及其饮食理论,以期寻求明末清初时期的饮食思维和饮食方式,结合当代的饮食设计和审美特征,归结17世纪中后期中国的饮食技艺及饮食艺术理论。

第二,从文化的维度研究李渔的饮食思想。古今中外的专家和学者对李渔的研究主要集中在他的戏曲、文学、诗文及画谱等成就方面,大多从文学、哲学及美学的角度来解读他的作品及其思想。本专著依托《闲情偶寄》对李渔一生所涉及的饮食活动、饮食成就及其饮食理论进行综合的梳理与论证,从现代的审美角度剖析李渔饮食艺术思想,提取李渔饮食思想的精髓及其所表现出的现代性特征。

第三,李渔是中国古代历史上少有的把闲情娱乐思想置入作品的饮食家,他倡导的创作之乐、游戏之乐、闲情之乐等思想,既表现了对儒家传统"礼"文化的继承,又表现了对传统禁欲主义思想的反动和超越,具有明显的时代进步性和现代性特征。总结李渔饮食思想所呈现的"生活艺术化"及"艺术生活化"特征,强调饮食养生与自"我"实现的完美结合,从而形成了一种现代意义上的饮食艺术思想,以及这种思想对当代社会生活和饮食设计的借鉴与启示。在挖掘李渔饮食文化精髓的基础上,探寻当前主流饮食文化的现状与问题，为改变当前一些并不科学的饮食文化观念提供参照，实现古今饮食文化思想的反哺乃至运用。

　　第四，李渔是具有国际性影响力的人物。他在世时已名扬四海，他的影响早就走出了国门，蜚声海外。他的著作被翻译成日、英、俄、德、法等多种文字并广泛传播，其集文学理论、美学、营造学、饮食学于一体的综合性专著《闲情偶寄》在国外有多种分章译本。由于李渔杰出的文学和艺术成就，以及国内外众多专家学者的推崇、译介与批评，李渔及其作品已成为世界文化的共同财富。所以从饮食文化的角度来认识李渔、研究李渔的饮食思想任重而道远。代表作《闲情偶寄》是李渔一生生活美学和饮食文化艺术的总结，其丰富的艺术经验、敏锐的理论洞察及闲情的生活审美观，构建了李渔清新独特的饮食文化思想特征。

# 第二章 李渔饮食风味的历史考述

一个厨师能够把山珍海味做得好吃并不是太难的；要是能够把青菜、萝卜之类的小菜做得好吃，那才是具有真本领的好厨师。

——徐悲鸿

# 第一节　李渔饮食风味的形成及特点

民以食为天。老子在《问邑赋》中说：大厦千顷,眠七尺之躯,珍馐百味,不过一饱。所以有人总结:穿是威风、吃最受用、赌是对冲、嫖是全空。一切生物都要从自然界提取养料来维持生命、发育成长和繁衍后代,人类也要靠择食方式来维持其生命。饮食不仅是人们维持生命的基本物质需要, 而且还包含着丰富的文化内涵。当人类的文明建立起来以后,食物的烹调反过来又变成了文明的一种文化形式。换句话说,食物已不单单用来维持人的生存和社会活动,它还通过烹调的不同形式让人类从中得到口舌的快感,从而产生一种精神享受。江南特定的历史背景和人文地理环境,使得李渔饮食风味总体上与金华的婺菜是一致的,又有自己的独特性,在漫长的历史传承中经过李渔的不断改造、不断创新,逐步形成了其自己的特色。李渔深厚的陶冶教养、广博经历与深刻领悟、文士生活、美食实践与探索思考——成就了李渔饮食风味的形成。

## 一、李渔饮食风味形成的历史条件透析

### (一)崇尚古风,讲究饮食善于烹饪

李渔的家乡——金华,是历代官府治所,建制久远,古称婺州,古属越国地,秦入会稽郡,自三国吴元宝鼎元年(266)置郡始名东阳以来,具有1700多年的历史和灿烂文化。历名金华、婺州,

或设郡、州、路、府,或设道、区、专区、地区和地级市,是八婺大地的商业中心,其集市繁荣,饮食文化源远流长、丰富多彩,具有中国十佳宜居城市、国家历史文化名城、全国卫生城市和中国十佳宜游城市等称号。

食物结构,是人们饮食习惯中的一个重要组成部分,它是形成饮食习惯的重要因素。最古老的食物是自然采集的,后来发展为猎捕兽肉类,到谷类食物在原始农业中有了发展的时候,食俗开始逐渐形成。据考古资料记载,国内最早的新石器时代遗址之一,距今约9000—11 000年的浙江金华的浦江上山文化遗址,在出土的夹炭陶标本里,有很多1万年前的稻壳。其中有野生稻,也有栽培稻。对陶片取样进行植物硅酸体分析显示,这是经过人类选择的早期栽培稻。这一结论表明,上山遗址是迄今发现的、保存丰富栽培稻遗存的、年代最早的新石器时代遗址,告诉人们那时候的金华人已经将稻米当作重要的食物资源了,还通过采集、狩猎等原始手段来"补充营养",万年前就开始吃香喝辣。[30] 在发掘中,遗址中分布着很多密集的大坑,有的深达1米多,除了作为储藏室,还用来烧烤食物。也就是说白天采集野果狩猎,傍晚全家人相依而坐,一起烧烤、聊天,这样的生活,连现代人也要流口水,证明金华所在的长江下游地区是世界稻作农业的最早起源地之一。

金华是一座人文荟萃、自然环境优美的山水城市,有着深厚的历史文化底蕴,曾经孕育过辉煌的陶文化及烹饪文化。自从劳动创造世界、洪荒大地出现人类之后,饮食这个动物肌体与其生活环境进行基本物质交换的生活现象也就产生了。人类的饮食文明,经历过生食、熟食、烹饪三个阶段,对这三个阶段的划分,是以10 000年前发明的陶器作为界标的。换句话说,我们祖先从生食到熟食,从火炙石燔到水煮,直到学会制造最早的生活用具——

陶罐,作为文明标志的烹饪术,始在古婺州土地诞生,婺州是文明发源地之一。婺州窑位于今浙江中部的金华、衢州一带。唐代这一地区属婺州,故名。婺州窑是中国六大青瓷产地之一,在中国陶瓷史上享有盛誉。中国古陶瓷专家冯先铭先生在所著的《中国陶瓷史》中认为婺州窑"在唐代以前的瓷业中,它仅次于越窑"。目前发现最早的窑址是新石器晚期(相当于夏朝)东阳山甘塘窑址;到了夏朝时期,金华出现的原始瓷是中国瓷器萌动的实物见证,东阳、义乌等地商周时期的土墩墓中,磐安的金钩遗址中可以普遍见到各种原始瓷器及瓷片;此后婺州窑瓷器烧造历史长达3100多年,在中国陶瓷史上享有很高的地位,也奠定了婺州窑成为历史名窑的基础。

图 2-1 婺州窑瓷片　　　　图 2-2 婺州窑瓷片

### 1.古遗址

兰溪市有古文化遗址多处,新周乡赤山有新石器晚期的绳纹、席纹、米格纹等印纹陶片及石锛、石箭头等。在永昌镇许店、孔塘、潭塘坞,兰江镇下陈赵、山背等地有古文化遗址及遗层。位于柏社乡嵩山水库内有五代至北宋时期的龙窑,面积500多平方米,堆积厚约80厘米,采集到碗、暖碗、盏托、杯、壶、执壶、瓶、水盂和盒等残件。1979 年与 1983 年北京故宫博物院两次派员前来考察,认为此窑址对研究中国青瓷发展颇有价值。(《兰溪市志》文化编第八章文物胜迹 640—641 页)

2.东阳境内新石器遗址

东阳境内先后发现新石器遗址有:横店新石器遗址,地处横店镇横店村东北一带红壤山丘约 1 平方公里。出土新石器为石斧、石锛、石镞和夹砂红陶、夹砂灰陶等。采集品部分存于省博物馆。大潦新石器遗址,地处白溪大潦村西南朝岗山,范围约 2000 平方米。出土新石器有石斧、石锛、石镞等。磨制精细。金村新石器遗址,地处千祥镇金村南山坡上。三甘塘新石器遗址,地处巍山镇三甘塘擂鼓山。出土新石器有石镰、石锛和陶器类制品。(《东阳市志》卷三十一文物胜迹)

3.境内宋代龙窑

永康境内发现宋代龙窑有赵店瑶坛、姚塘瓦窑山、下田福来山、颜库碗金堆和碗坑塘、藻塘大坟山、妙端缸窑山以及吕南宅、后宅等 20 余处,总面积约 8900 平方米。堆积层 1—18 米不等,出土窑品有碗、杯、盘、壶、缸、盒、漏斗等,质胎细密,造型精致,纹饰美观多样,胎质灰白色,釉多青色,少数褐黄色或淡青色。通体施满釉,部分圈足露胎,器物均为葵形口,素面,窑具有垫圈、垫饼、匣钵、盂形或烛台形垫座等。(《永康县志》第 24 编)

4.古文化遗址

婺城区境内至今发现新石器时代晚期和商时期村落 7 处,分别为临江乡东古仁村老虎山遗址,属新石器时代及商周文化遗存。莲湖乡山下陈村南山下陈遗址,面积约 1.5 万平方米。其他尚有岭下乡翁村东坑口遗址、莲湖乡龙口村龙口遗址、下周遗址、汤溪镇东冷水井山遗址、厚大乡东真古山遗址等。此外,还有新石器时代

晚期和商周时期的厚大乡馒头山，莲湖乡山下周等村落遗址均收集到印文陶片。(《金华县志》文化 623—624 页)

5.铁店古窑址

在琅琊乡铁店村,系宋代窑址。产黑瓷、青瓷。据调查发现,证实新安沉船中的"钧窑系瓷器"是铁店窑产品。(《金华县志》文化623 页)

6.新石器时代遗址

1970 年,在改田中,于白马镇傅宅以南浦阳江左岸之高圹,发现新石器时代晚期遗层。遗层高出浦阳江河床 10 米许,离今浦阳江 200 米左右。已出土的有孔镞、石斧、红陶三足器等。另在黄宅镇塘山背村后,遗有大量石斧、石镞、夹砂红陶三足器、陶纺轮、印纹硬陶,为商周时期遗址。(《浦江县志》560 页)

7.浦江的宋代窑址

浦江县朱桥乡泥岭头、徐家岭头窑坞和礼张乡夏泉村碗窑头三处宋代窑址,有大量瓷片及窑具堆积,釉色有青与青灰或青中泛蓝。均属宋代婺州窑系,已分列为县重点文物保护单位。(《浦江县志》561 页)

8.磐安新石器遗址

冷水古文化遗址,采集到石锛、石斧和饰有云雷纹、席纹、方格纹的硬陶器残片,面积 3 万平方米。安文镇、深泽金钩、玉山浮牌等遗址,均有新石器晚期和西周时期遗物发现。(《磐安县志》508 页)

现存遍布金华各地的 600 多处历朝历代的婺州窑古窑址、陶瓷实物、陶瓷片,有着数千年的连续性、系统性,是研究中国及世界陶瓷发展史的极其珍贵的实物资料。婺州窑作为金华"婺文化"的光辉部分,其瓷器品种之丰富,工艺水平之高反映了古婺州历史上的经济繁荣和当时人们较高的生活质量及审美水平,婺州窑堆塑艺术生动再现了当时人们的宗教、民俗、饮食、服饰、建筑、杂技艺术等生活形态，婺州窑在中国陶瓷史上的地位是不可磨灭的，代表着一个城市的品位与风骨，是古代先民留给金华人民的一份珍贵的文化遗产，改变了中国烹饪文化起源界定在河姆渡文化之说，进一步见证了古婺州是烹饪的发祥地之一。陶器在很大程度上是为谷物烹饪发明的，是原始农耕部落的创造。农耕部落有比较稳固的生活来源，不再频繁迁徙，开始有了定居生活，陶器正是在这个时候来到人类世界的。农业的发展使婺州先民定居下来，从而衍生对容器和食器的要求，促进了陶器的发展。最初的陶器多炊器，也有食器，证实它确实是饮食生活发展到高一级阶段的产物。陶器中最原始的餐具、炊具，是人类学会用火熟食之后，为了满足日益发展的熟食需要，在解决怎样去吃的实践过程中，逐步发明创造出来的一种日常生活用具，是区别人与动物的吃有所不同的重要标志之一。陶器的起源、形成与发展，又和人类社会物质生活资料的生产发展，以及文化科学事业的进步，有着内在的千丝万缕的联系。因此，餐具炊具是人类社会发展到熟食阶段的历史必然产物，是人类文明发展进步的象征，是人类的吃与文化相结合而产生出来的，人类的劳动与智慧的结晶。[31]距今 1.1 万余年，婺州先民用火创造出炊具陶器，进入烹饪的陶烹时期。陶瓷是中华饮食文明的标志之一，是中华饮食进入火烹时期最早、最成熟的炊器和饮食盛器。

金华人民崇尚古风，从平民到达官富商均十分注意饮食，每逢喜庆节日或亲朋远道而来，大都盛宴畅饮，聚会尽欢。金华人民善于烹饪，精于美食更是由来已久，翻阅金华烹饪发展的历史，可圈可点的地方很多：早在 10000 年前陶器的发明就述说了古婺州发达的原始烹饪技术。[32]在遥远的年代，曾是战国黍粽，秦时饼饵,汉代胡饼,南北朝炉饼、斋点,唐代醍醐饼、糕团,五代果子酥、五福饼等糕点果子流行的地域。到唐朝、五代、宋朝、元代已是鼎盛时期,婺州本帮菜蓬勃发展,逐步形成了地方菜系,尤其是唐宋时期,饮食业旺盛,民间菜肴丰富,烹饪饮食进入理论领域,与行政建制名相对应的婺州菜系已然形成,当时已称为"婺菜"。如:用金华皮薄肉嫩的"两头乌"为原料制作而成的金华白切肉,以及煎豆腐、豆腐羹、山粉肉圆、芋丝等是唐朝时非常流行的地方名菜,是祭神或待客的佳肴,直至今天,仍为金华不少饭店的特色菜肴。唐朝时的婺州蔬菜业相当发达,当时以白萝卜制成的或咸或淡的"萝卜鲞",即今之萝卜干、萝卜条一类的食品。特别是南宋建都临安(今杭州)后,婺州水陆交通发达,行业猛增,市场繁荣,专业糕点作坊、南货店、糕团店林立于婺城东市街、西市街,大江南北糕饼甜品交流活跃。到了明清,金华肴馔有了长足发展,面食制作工艺十分精湛,金华水牵面、东阳索面,各县的索粉、冷淘等都名声在外,火腿系列菜肴达上百种。这对婺州菜的发展有着特定的历史意义,彰显了金华传统菜和外来烹饪技艺兼收并蓄的特色。[33]

(二)地利人杰,文化繁荣商贾云集

饮食文化是随着人类社会的出现而产生的,又随着人类物质文化和精神文化的发展而不断形成自己丰富的内涵。饮食是人类赖以生存和发展的第一要素,人类文明始于饮食。饮食超越了单纯的生理需要,不断丰富着的自身内涵,成为社会文化生活中的重要内容,是人们物质生活和精神生活的一个部分。

金华饮食文化历史悠久,源远流长,博大精深,具有鲜明的民族性和地域性,是婺文化宝库中一颗璀璨的明珠,也是金华文化产业开发中的宝贵旅游资源。金华素有"小邹鲁"之称,物华天宝、人杰地灵,后学得先贤之风范,世代相传而名人辈出。有文坛巨匠、丹青大师、爱国志士、民族英雄、专家学者。如:"初唐四杰"之一的骆宾王,五代诗僧、书画家贯休,宋代抗金名将宗泽,南宋"浙东学派"的代表人物吕祖谦、陈亮,金元四大名医之一的朱丹溪,明朝"开国文臣之首"宋濂,明清之际东渡扶桑传经授艺、被日本尊为"篆刻之开祖"的东皋心越禅师,特别是南宋的两位烹饪女能手之一婺州浦江人吴氏的《中馈录》等文献把金华古代的烹饪实践经验系统整理而上升为理论,所述食品极富金华地方饮食特色,并对各食品都记有烹制方法,对李渔饮食风味的形成及传承金华饮食文化产生了久远的影响。他们为金华的经济、政治、文化繁荣做出了卓越的功绩、成就,彪炳于史,为后人留下了一份宝贵的文化财富。

金华自古就是商贾云集的中心,往来客商无不以品味到本地的大餐小吃为快。金华昔称"百工之乡",早在新石器时代,境内已有陶器生产。唐、宋渐趋发达的陶瓷、丝织、印刷、棉纺、铁器、造纸、五金、铸造等业,至明、清发展成为多种手工业工场。金、石、泥、木、竹、棕、织、酿,百工争巧;瓷、陶、纸、油、布、绸、糖、酒,万商云集;为近代工商业的兴起奠定基础,经济的繁荣推动着烹饪文化的发展。例如:金华菜的形成、发展与徽商的兴起、发迹有着密切关系,徽商史称"新安大贾",起于东晋,唐宋时期日渐发达,明代晚期是徽商的黄金时代。其时,徽商居当时十大商团之首。徽商是行商,通过各种水道走向江浙、华北与西南以致漂洋过海。李白在金华就留下诗句:"闻说金华渡,东连五百滩。他年一携手,摇桨入新安。"唐代就从金华想到徽州,一水相连,以后来往就更多了。明代晚期开始,徽商络绎进入金华,人数之众,资金之雄厚,活动范围之广,压倒本地商贾,随之而来的徽厨徽菜,遍及金华、兰溪。

以烹制山珍野味、河鲜与讲究食补见长的徽菜，又因与金华地理环境物产相适应，对本地人也极具魅力，当年著名的徽菜馆有"老顺兴""信安""老徽州"等10多家。[33]

(三)物产丰厚，自然地理环境独特

　　婺菜的起源与发展离不开本地的自然资源，商业繁荣、地理与物产优势为婺菜的兴盛、发展提供了坚实的物质保证。金华自然条件得天独厚，土地肥沃，江河密布，物产丰饶，四季时鲜不断上市，盛产山珍野味，农舍鸡鸭成群，牛羊肥壮，悠久的历史、传统的文化、质朴的民风、刻意地追求，无不为烹饪提供了优厚的物质基础和社会文化条件，使得不少山珍野味被历代名厨食家精制成美味佳肴。具有代表性的美食有八宝香肚、拔丝金腿、薄片火腿、火腿荷花爪、火踵神仙鸭、葱花肉、烂菘菜滚豆腐、汤溪小肉圆、鸡仔面、茉莉鱼丁、金丝蜜枣羹、桂花大肠、蜜汁火方、沙锅牛腩方干、火腿蜜枣、神仙鸭、萝卜肉圆、干菜仔排、带汤鹅肥肝、金华胴骨煲、白色焖肉、红印馒头扣肉、湖头狗肉、浓香鸡块、椒盐红芋、农家酱大排、永康姜乳鸽、义乌老豆腐、东阳土鸡煲等；其时的风味小吃以金华酥饼、金华肉粽、金华汤包、金华拉面、东阳沃面、永康肉麦饼、汤溪小馄饨、萝卜汤团、作糕、炊糕、麦馃、米豆腐、麸浆馃、麻糍、红回回、浦江麦饼、义乌红馃、汤溪咯哒饼和油煎馃、磐安饺饼筒、兰溪鸡子馃、豆腐汤团等最为著名。婺州菜特色鲜明，既有古朴风格，又具时尚口感，适应性广，引人食欲，具有浓郁的地方风味，彰显了传统菜和外来烹饪技艺兼收并蓄、选料讲究鲜活和地道时新特产、食求滋补等特色。

（四）游历南北，饱食四方珍馐美馔

李渔一生浪迹，走南闯北，行东逛西，履迹遍布天下，在游荡生涯中，李渔频繁与达官贵人、文人儒士交际，一方面他与朋辈附庸风雅，共赏闲情雅兴。另一方面，对于李渔来说，这种浪迹本身也是一种旅行赏玩，过一地，即览一地人之情，经一方，则睹一方之胜概，而且食所未食，尝所未尝，这是李渔人生最乐之事也。李渔一生博学多才，又是一个多产的职业作家，自然极具吸引力，朋友众多。同时，他带领戏班四处为家，浪迹江湖二十年，履迹几遍天下。

李渔曾自称"幸以草莽贱夫，混迹公卿大夫间，日食五侯之鲭，夜宴三公之府"。（《复柯岸初掌科》）这一独特的生活方式与人生经历对其饮食观的形成有重要影响。他身处江南，并游历了中国许多地方，领略了中国各地不少的美味佳肴，积累了不少饮食经验，形成了一系列自己独特的饮食观。他得意地自夸："予于饮食之美，无一物不能言之，且无一物不穷其想象，竭其幽渺而言之。"由此即在他的《闲情偶寄》中，特设《饮馔》一章，专门阐述自己饮食方面的理论。

"四海历其三，三江五湖则俱未尝遗一"，也能接触众多的友人。在杭州和南京待了许多年也为他提供了广交朋友的机会。顾敦鍒先生在他的《李笠翁朋辈考传》一文中，统计了在李渔的诗文、书信中提及或者作序写评的，总共有四百人之多。李渔自己也发觉他受到当时最有名的诗人、作家、艺术家和史学家的欢迎。他的创作思路也受到这些友人行为和思想的影响，有时他也和这些朋友谈论自己的创作作品，有时也和朋友交流心得和体会。广采博取，李渔正是在这样的历史时期和社会团体的影响下，逐渐形成了他自己独有的风格。

为丰富知识,陶冶性情,向大自然汲取营养,李渔与古代许多文人一样,不仅读万卷书,而且行万里路。居金陵期间,他一方面为了生计,不得不四处奔走,交结官吏友人,以取得他们的馈赠和资助;另一方面,他每到一地,都要游览山水胜地。"生平痼疾,注在烟霞竹石间",他把大自然称为"古今第一才人"。他说:"才情者,人心之山水;山水者,天地之才情。"还说:"不受行路之苦,不知居家之乐。"在古代交通条件十分落后的情况下,他携带家班远途跋涉,走遍了燕、秦、闽、楚、豫、广、陕等省区,"三分天下几遍其二""名山大川、十经六七""四海历其三,三江五河则俱未尝遗一",中华大地的奇山秀水到处都留下了他的足迹。在长期的漫游中,他对大自然作了深入的观察研究,对各地风土人情作了详细的调查,不仅进一步孕育了自己对各方面艺术的情趣,而且获得了大量的第一手创作素材,经过他精练细微的艺术加工,从而创作了大量的诗、词、曲、赋,既有写实的、抒情的,也有联想的、议论的,语言精练,韵律优美,深得世人称颂。他还将这些游历四方获得的素材移植到小说、戏曲创作和造园艺术中去,为后人留下了一批丰富而弥足珍贵的文化遗产。[34]

李渔极富个性而又充满矛盾,用北京人民艺术剧院院长刘锦云的话来说李渔是一个矛盾体。他归纳了李渔的三个矛盾:第一是为官的矛盾。其厌恶官场之体又不得不游走其中,他曾做过官僚豪绅的幕僚。第二是艺术与世俗的矛盾。李渔的才情很高,但为生计不得不接受官僚豪绅的思想,不得不迎合他们的审美情趣。第三是他性格的孤傲和卑贱的矛盾。李渔淡于功名,不求闻达,性格孤傲,但他为了养家,什么事都可以做。给人唱堂会,甚至给人哭丧的事他也干。在他身上有太多矛盾体,也恰恰是这些矛盾塑造了李渔的艺术个性。

前人对李渔文学创作上的艺术个性给予了很多描述。归纳起来主要有以下特征:第一,他的文学作品大都带有浓厚的生活气息和新奇的见解,处处洋溢着强烈的自我意识和远见卓识,给人以启示。第二,其作品体现强烈的文人虚构意识,在作品中寄托鲜明的自我形象。正所谓"传奇无实,大半寓言耳"。正是他这种自我的调侃,才使其文学作品极具思想内涵且超凡脱俗、独具魅力。第三,李渔提出了有别于传统创作思维的娱乐化的创作思想, 其中也不乏自娱的成分。娱人和自娱在李渔身上水乳交融地合为了一体。其晚年作《偶兴》诗,总结一生创作旨趣,"尝以欢喜心,幻为游戏笔。著书三十年,于世无损益。但愿世间人,齐登极乐国。纵使难久长,亦且娱朝夕。一刻离苦恼,吾责亦云塞。还期同心人,种首勿种聚"。

在现实生活中,李渔是位追求享乐且精于享乐的人,他既多欲多求,又多才多艺,游山玩水、观花赏月、耽溺声色……充满了生活的情趣也充满了玩世的快乐精神,他游历在生活中发现美、探索美、创造美,挖掘出人们所需要的美与快乐。[35] 多欲多求则创新之灵感丰盈,多才多艺则创新之技艺高超,再加之李渔天性巧慧,以求新求奇求巧为快,所以李渔的创新活动总显得那么与众不同、独树一帜。文人的气质使得李渔在创新过程中更加如鱼得水。文学家往往拥有比常人更为敏锐的感官系统,他们的作品源于心而出于情。对于文人而言往往极微小的触动都能激起心中的涟漪,随之便产生一系列的探索实践过程。因为文人天生向往诗意,他们便处处注重提升那些诗意的成分,所作之物如一杯好茶,入口虽淡,但再三品尝则回味无穷。李渔作为一位极富情趣的中国文人,他的个性中既有文人的诗情画意,又有艺术家的愤世嫉俗。然而李渔的不幸也恰恰表现于此,由于身处乱世,身不由己,他的精神世界只能借《闲情偶寄》舒展筋骨，于是这部闲书就成了最接近他的精神征兆。

## 二、李渔饮食风味的主要特点窥视

金华人饮食习惯独特，既保留有江南饮食传统，又融合了金华盆地饮食对原生材料原汁原味的加工习惯，崇尚朴素自然，讲究原物、原味、原型、原质、原汤，形成了以自然食品为主，制作过程讲究精正刀工、精心烹饪、精雕细刻并达到了精美绝伦的境地，形成了"摘之务鲜，洗之务净"的饮食习俗，最终形成了别具一格的李渔饮食风味。从饮食文化的几个层面看，李渔饮食风味的特点主要有以下三点。

（一）就地取材，时令鲜食多

作为与人们日常生活密切相关的饮食生活，其时代特征和民族特色是难以被完全模糊化的，往往在不知不觉之中，或多或少地透露出作品人物所生活的时代背景等信息。《闲情偶寄》中的饮食融合了富有江南特色的饮食风俗，生动展现了一个清代民间家庭的生活场景。李渔饮食从一个侧面层面反映了金华当时的经济、文化之状态。

在食材上讲究原生、鲜嫩、家养、粗种，选用蔬菜宜用农家肥培养而不是用化肥培养的。食材的选取，是烹制菜肴的首要技艺，是做好一品佳肴美味的基础，是丰富的知识、经验并熟练运用的技巧。原料的选择是否合理，不仅影响菜品的色、香、味、形，还影响到人的身体健康。李渔饮食菜肴的选材非常丰富，天上的，地下的，水中的，地底的，植物、动物，几乎无所不吃。选取的原料，考虑其品种、产地、季节、生长期等特点,以料之新鲜为首要指标。根据种类、产季、部位、产地等选择优质烹饪原料,不同区域生长的食材品质亦不同,食材要鲜活。依据人文社会因素选择原料,包括依照人体需要和健康状况进行选择,以及根据不同的风情民俗进行选择。正如"上床萝卜下床姜,不找医生开药方"。李渔风味食品的原材料多是山上长的、地里生的、水里养的、自己种的,取材方便,质地优良。以稻米、畜禽、河鲜、山珍、果蔬为主。原料讲究品种和季节时令,以充分体现原料质地的柔嫩与爽脆,所用水产、果蔬之品,无不以时令为上,所用家禽、畜类,均以特产为多,充分体现了李渔菜肴选料讲究鲜活、用料讲究部位,遵循"四时之序"的选料原则。选料追求"细、特、鲜、嫩"。[36]

细:即精细,注重选取原料精华部分,以保持菜品的高雅上乘;

特:即特产,注重选用当地时令特产,以突出菜品的地方特色;

鲜:即鲜活,注重选用时鲜蔬果和鲜活现杀的海味河鲜等原料,以确保菜品的口味纯正;

嫩:即柔嫩,注重选用新嫩的原料,以保证菜品的清鲜爽脆。

(二)风味多样,家常味浓厚

《闲情偶寄》一书中所记食谱,山珍海味名肴盛馔几乎没有。李渔认为"食不多味,每食只一二佳味即可,多则腹内难于运化""若一饭包罗数十味于腹中,物性既杂其间,岂可无矛盾也"。这些话很值得深思。李渔自己的饮膳"戒奢求简",实行一戒"饮食太繁",二戒"嗜欲过度"。饮食当保持原有风味。李渔认为,不事珍奇而自有真味,馔贵得物之真味。李渔个人用膳讲究"通材""孤行",

即是物鲜质纯而又不加配料,保存其自身原有风味。如今现代科技发展,食品加工千变万化,添加剂、方便食品、转基因食品等。其实,加工再好,恐怕也难得纯鲜真味,于是天然食品、绿色食品又成了现代人对饮食的追求目标。[37]

食谱崇尚简约真味,金华以生产稻米为主,旱作物主要有玉米、红薯、芋头、黄豆,畜禽为猪牛羊鸡鹅鸭,水产有河鲜、塘鲜,还有种类繁多的山中飞禽走兽蛇虫瓜果菌藻,根茎花叶实。烹制佳肴的方法简单,多是手工操作,费工费时少,产品的成本低,为饮食的发展提供了基础条件。李渔饮食的每种菜肴所取的原料,包括主料、配料、辅料、调料等,都有很多讲究和一定之规;每道菜富有营养价值,有滋补健身作用;选料广,风味多,以烹制山珍、水鲜见长,讲究色香味形,做工精细;主清淡,甜而不腻,咸鲜适宜,其口味特点是鲜嫩、清香回甜,酸辣适中,偏酸辣微麻,讲究本味和原汁原味,酥脆、糯、重油醇厚,熟而不烂,嫩而不生。虽以植物性食科为主,却能加工技艺上取胜,这不能不说是李渔的智囊和创造力。

在长期的生产实践和生活实践中,积极利用本地富饶的自然资源,创制出许多富有地方特色的菜肴,积累了宝贵的经验,独树一帜。李渔曾生活在江苏如皋、南京及浙江杭州、金华、兰溪等地,受其饮食特色影响较大,各取所长,饮食风味融注着乡土气息,对饮食的营养、卫生、审美、味觉的要求较高。食品味型以咸香微辣见长,清淡味重兼具。李渔饮食多炖菜,讲究风味,料重时鲜,制作精细,色彩鲜艳,味道鲜美,品种繁多,讲究营养,入味浓、味微辣,古风质朴,菜肴量大实惠,山货特别多,火腿不可少,豆制品居多,爱放酱油、喜放糖。酒风盛行的金华,唐代就有佳酿"瀫溪春",婺州菜中不乏以酒焖烧的佳肴,历来就喜吃较为酥烂的肉制品,民间有"好酒烂肉"之说。口味注重清鲜脆嫩,保持原料的本色和真味。李渔《闲情偶寄》中曾认为"世界好物利在孤行",意思是要吃上等原料的本味。但是烹饪的发展证明,所谓突出原料本味,并非原料经合理的、科学的烹饪,去其糟粕,留其精华。去其糟粕,即除用熟处理外,还需要用葱、姜、蒜、绍酒、醋等调味品,达到去腥、膻、增香的功效,去逐原料的不良之味,增加原料的香味。由于江南物产丰富,因此在菜名配制时多以四季鲜笋、火腿、冬菇、蘑菇和绿叶时菜等清香之物相辅佐,原料的合理搭配所产生的美味非用调味品所能及。

就养生方面来讲,李渔饮食讲究食材的天然、绿色,原汁原味。如白斩鸡、盐水鸭、清蒸鱼、八宝香肚等;养生方面李渔菜还有食补功效强的特点。在菜品上如莲子鸭汤、药膳长寿鸡、百合莲子蒸乳鸽等;在烹饪上讲究煮、煲、炖、炒、焯,调配料主要用油、盐、酱油、姜、葱、蒜等,以保证食物的原汁原味,既可口又有利于消化吸收。这些,都体现了金华饮食文化深厚的"养生"思想底蕴。李渔饮食文化的核心,出味入味、矫味赋味、补味提味、呈味交味,使之相互融合、变化、和谐。而美味的产生,首先要做好食料搭配,要使食物的本味,加热以后的熟味,加上配料和辅料的味及调料之味,交织融合协调在一起,使之互相补充、互助渗透、水乳交融,你中有我、我中有你。[38]

(三)讲究美感,烹制技艺精

材料洁净,营养搭配。《闲情偶寄》有云:"施之蔬菜瓜果,摘之务鲜,洗之务净,而每食菜叶之类,必须白绿鲜嫩,不得腐烂;食蟹,须以冰盘盛整蟹,金甲银肚,色泽鲜明;所有变色、改形、异味、体碎之食物均不得食。"以上这些,与我们今天的食品卫生标准倒有几分相似。李渔认为,米养脾、麦补心,应兼食补充,各取所长。饮食时要注意情绪心境,大悲大怒时不可食,保持心情轻松、愉悦,既可品尝食之美味,又有利于消化吸收,益于身心。烹调主清淡忌油腻。"馔之美,在于清淡,清则近醇,淡则存真。味浓则真味常为他物所夺,失其本性了。五味清淡,可使人神爽、气清、胃畅、少病。五味之于五脏各有所宜。食不节必至于损:酸多伤脾,咸多伤心,苦多伤肺,辛多伤肝,甘多伤肾。"李渔这一饮食主张,完全符合现代烹调之理。[39]

李渔烹制菜肴既继承了江南传统的烹饪技术,又吸取了南方古老的技法精华并随着时代发展而不断创新,将原料经过初加工、细加工等步骤,有利于热的传递,使之成熟均匀,使味道在热中析出、渗透、融合,构成新味。熟悉、了解各种原料的耐热程度,熟练控制用火时间,善于掌握传热物体(油、水、汽)的性能,还能根据原料的老嫩程度、水分多少、形态大小、整碎厚薄等,确定下锅的次序,加以灵活运用,使烹制出来的菜肴,具有特定的口感和口味。李渔菜以烹调技法丰富多彩闻名于国内外,其中以炒、炸、烩、熘、蒸、烧六类为擅长。"熟物之法,最重火候",常用的烹调方法有30余类,因料施技,注重主配料味的配合,口味富有变化。其所擅长的六种技法各有千秋:

炒,以滑炒见长,要求速度快速成菜,成品质地滑嫩,薄油轻芡,清爽鲜美不腻;

炸,菜品外松而里嫩,力求嫩滑醇鲜,火候恰到好处,以裹炸、卷炸见长;

烩,烩的技法所制作的菜肴,汤菜鲜嫩,汤汁浓醇;

熘,熘的技法所制作的菜品讲究火候,注重配料,主料多需鲜嫩腴美之品,突出原料的鲜美纯真之味;

蒸,讲究配料和烹制火候,主料做到鲜嫩味美;

烧,烧的技法所烹制的菜品,更以火工见长,原料要求焖酥入味,浓香适口。

不同技法具有不同的风味特色,每种技法都有几种乃至几十种名菜,不同的技法能使同一原料形成不同的味,不同的技法也能使不同的原料形成同一种味。《闲情偶寄》中的烹调技艺体现出清代全面、成熟的烹调技艺,融合了南北方的烹调技法,较多地采用了"煮""炖""炒""蒸",主要是因为这几种方法不仅能较好地突出食物原料本味,而且可以最大限度地保存营养成分。

# 第二节 李渔日常食俗札记

明末清初,是中国历史上农业文明高度发达的一个时代,虽然由于历史发展阶段、自然条件、地理环境及其他诸种因素的作用和影响,致使各地区民族间的经济发展不平衡,且存在着巨大的差异性。随着社会价值观的变化、各式商品的渐趋丰富并具诱惑力,从而启动了社会久遭禁锢的消费和享受欲望,冲破了原来使社会窒息的禁网,敦厚俭朴风尚向着它的反面浮靡奢侈转化,波及社会的各个阶层。江南已成为全国手工业、商业的一个重镇,由于商业的繁荣,人口的聚合,江南乡、镇、圩市如雨后春笋,各地的茶寮、酒肆纷纷出现,既适应了挑夫贩子的歇脚果腹,又使老百姓得以享用"一盅两件"及粥品粉面。有了较大规模的茶楼、酒楼的勃兴,就有所谓"有钱楼上楼,无钱地下踎"的民谚。《闲情偶寄》中的食品,有的详写,有的略写,有的随文带出,有的精心安排,名目繁多反映饮食生活的内容主要是:一是他们平日的饮食活动、消费标准及所要体现的饮食习尚;二是凡遇年节庆典、国家的重大政治活动,以及自身为某种目的时举办的各种类型的饮食、饮宴活动,等等。

## 一、食制考论

古时中国人基本上只有两餐:晌午一餐,傍晚一餐;基本对应农耕的开工和收工的时间。随着生产的发展,社会的进步,人们生活条件的改善,食品的供应也越来越丰富。到了北宋初年,随着宵禁的解除,城市居民的夜间生活一下就活跃起来。于是很多人养成了入夜后再吃一顿饭的习惯,饮食遵循"日出而作,日入而息"的一日早午晚三餐制。

（一）注重饮食时序

李渔饮食多系居民家庭日常食用的菜点,是一日三餐为主的家常菜,以素菜为主,以荤菜为辅(仅作调剂),以经济实惠为目的。这从一定意义上来理解,是中国菜点的基础或根基,是形成一方菜肴的基础或复制的渊源。人们为了生存,总是在可能的情况下希望能创造出更多的经济实惠、操作简便、滋味鲜美、营养合理、家人喜爱的菜点。[40]

第一,饮食需有节制。李渔认为:"人情多偏于贪,世之贪口腹而致病,甚有因之致死者,比比皆是,第习而不察耳。当珍馐在前,则努力加餐,不问其肠胃胜任与否,而惟快一时之食欲,此大忌也。人本恃食以生,乃意以生殉食,可不悲哉!人身所需之滋养料,亦甚有限,如其量以予之,斯为适当。若过多,徒积滞于肠胃之间,必至腐蚀而后已。故食宜有一定限制,适可而止者,天然之限制也。顺手天,即顺手道矣。"

第二,饮食卫生定时定量。李渔主张:"于饮食而讲卫生,宜研究食时之方法,凡遇愤怒或忧郁时,皆不宜食,食之不能消化,易于成病,此人人所当切戒者也。急食非所宜(不咀嚼之谓),默食亦非所宜(不言语之谓)。食时宜与家人或相契之友,同案而食,笑语温和,随意谈话,言者发舒其意旨,听者舒畅其胸襟,心中喜悦,消化力自能增加,最合卫生之旨。试思人当谈论快适时,饮食增加,有出于不自觉者。当愤怒或愁苦时,肴馔当前,不食自饱。其中之理,可以深长思焉。"清代人还指出,平日饮食时"宜从容不迫,午餐、晚餐之前,必休息五分,餐后至少休息十分,能以二刻为最佳。

食品中以富于滋养料而又易于消化者为上品,油煎之物与糖果之类,皆难消化,自以不食为是。具兴奋性之物,如胡椒等类亦然。三餐宜有定时,有节制,一切杂食均不宜进"。上述两条,从现代人体生理卫生、心理卫生,以及饮食养生的科学角度来考察,李渔的这些见解和主张是符合时宜的,亦是有科学价值和意义的。

第三,饮食须注重时节与洁净。根据自然界万物都按四季的时序生长,旺盛期一过,精华耗尽,食物过了时令便不好吃。虽是就烹饪加工而言,但最终是为了食物既美味可口,又更富于营养、有益健康这一最终目的。

### (二)讲究节令食俗

明末清初,地方及民间年节饮食文化风尚盛行,地方各阶层人民的日常和特有的饮食习俗,以及各种民间年节时丰富多彩的饮食文化非常讲究。特别是,随着农业的高度发展、生产技术的进步,人们改造和征服自然能力的提高,以及各地物产的进一步丰富和交流,为地方及民间年节饮食文化的发展与繁荣,提供了前提条件,更奠定了坚实的物质基础。具体体现在:各地的地方名特食品、风味小吃花样品种更为繁多,并出现了更多的专门记述、总结地方饮食文化发展情况的专著,还涌现出众多的烹饪专家,令人瞩目。如高濂所著《饮馔服食笺》、陆容撰《菽园杂记》(饮食部分)、杨慎著《升庵外集》(饮食部分)、龙遵叙撰《饮食绅言》(饮食部分)等。其中,高濂著《饮馔服食笺》一书的记载,包括序古诸论、茶泉类专论 13 则、汤品类 32 种、熟水类 12 种、粥糜类 38 种、粉面类 18 种、脯鲊类 50 种、家蔬类 55 种、野蔬类 91 种、酿造类 28 种、甜食类 58 种及治食有方专论 1 则,提倡清修养生,燕闲清赏;重视四时调摄,延年祛病;介绍饮馔服食、灵秘丹药等内容。[41]

各式各样的节令点心小吃糕点应有尽有，而民间喜好农历记日子。

正月初一：即春节，俗称"过年"，原名"元旦"，隋代杜台卿在《五烛宝典》中说："正月为端月，其一日为元日，亦云正朝，亦云元朔。""元"的本意为"头"，后引申为"开始"，因为这一天是一年的头一天，春季的头一天，正月的头一天，所以称为"三元"；因为这一天还是岁之朝，月之朝，日之朝，所以又称"三朝"；又因为它是第一个朔日，所以又称"元朔"。正月初一还有上日、正朝、三朔、三始等别称，意即正月初一是年、月、日三者的开始。正月初一，是农历新年的第一天。春节是民间最隆重、最富有特色的传统节日，它标志农历旧的一年结束和新的一年的开始。春节一般指除夕和正月初一。但在民间，传统意义上的春节是指从腊月初八的腊祭或腊月廿三或廿四的祭灶，一直到正月十五，其中以除夕和正月初一为高潮。春节期间，家家户户都要进行贺年活动，饮食是其中的重要内容。节前十天左右，人们就开始忙于采购年货，举凡鸡鸭鱼肉、茶酒油酱、南北炒货、糖饵果品，都要采买充足。新年饮食都要取吉利的用语。居家新年要泡茶敬客，配以糕点糖果，意为"甜甜蜜蜜"。新年吃饭，必有炒青菜，说吃了"亲亲热热"；每餐必食鱼，但不能吃光，叫作"吃剩有鱼（余）、年年有余"；必吃年糕，吃年糕以祝愿生活"年年高"。年之际民间有携糖果、茶水、酒、果盒祭墓的习俗，称之"上年坟"，上年坟一般是缅怀隔年刚亡故的亲人，其意义与挂喜神相同。年节前要制作许多美食，如：

一要预先做好新年米饭，盛放在竹箩中，上面放红橘、乌菱、荸荠等果品及元宝糕，插上松柏枝，叫作"年饭"。

二要做好萝卜缨煮毛芋羹，盛放在钵头里，上面放红纸、插上松柏枝，叫作"年羹"。

三要烹制如意八宝菜(或称三合菜),即采用腌萝卜及胡萝卜丝、海带丝、黄豆芽、晒萝卜干丝(开水泡胀即可炒制食用)、腌高根白菜、冬笋丝、荸荠、油豆腐等八样小菜合而烹炒制成。

四要食用金华大酵馒头,简称金华红印馒头。大酵俗称大胶、大窖、大教,与古代"胶、窖、教通酵"同,足见由来悠久。其形制呈圆丘状,平底圆顶,底部直径约 13 厘米,顶高约 6 厘米,上印有红色图案,以标作坊字号。如用于庆典或馈赠,淋裱以福禄寿喜字样,红艳欲滴,庄重大方,还有做成原只金华火腿形状的大型馒头,供上祭、祝寿、迎亲等专用。金华大酵馒头,历来是金衢盆地范围内深受城乡大众喜爱的传统笼造面食,祭礼供奉、喜庆筵宴、过节馈赠为必备食品,这与《晋书》《齐书》等史书所载相同,是一种礼仪性传统面食。金华大酵馒头是以酒发酵的著名美食,其独特的品质特点是:造型丰满,端庄美观,面团发酵极其充分,酵孔非常细腻,白细如雪,面有银光,皮薄如纸,吃口松爽滋润,富有咬劲,绝不粘牙,精美可口,极易消化。其膨胀弹性之强,常令初识者瞠目结舌,为之称奇叫绝。如将一只大酵馒头握入掌中,待手一松开,馒头立刻像海绵似的恢复其原貌,故素有"金华明珠"之誉。

正月初二:在这一天,金华地区的风俗是早餐吃萝卜汤团,并外加两个煮鸡蛋。食汤圆子,寓意高高兴兴,全家人平安,团团圆圆。还有回娘家的习俗,嫁出去的女儿要带上礼品回自己的父母家。回娘家有很多讲究,比如带礼物一定要带双数,不能带单数,一般是四份,娘家不能全收下,待回夫家时,还要再捎回去一部分。

正月十五:元宵节,金华人也称过"小年",全家团聚喝酒吃菜吃元宵,筵席档次不比春节逊色,饭毕还可以到坊间迎龙灯、猜灯谜、赏灯等活动,使元宵节的庆祝活动达到高潮。明代,正月十五吃元宵已较为常见了。《明宫史》载："其制法用糯米细面,内用核桃仁、白糖、玫瑰为馅,洒水滚成,如核桃大,即江南所称汤圆也。"从明清发展到今,元宵大为丰富。皮多为糯米粉,馅有桂花白糖、豆沙、枣泥等甜馅,有可荤可素的咸馅,也有无馅元宵。多煮吃或炸吃。

二月初二:民间有"二月二,龙抬头"的谚语,是"惊蛰"前后,在古时又称"春耕节"。表示春季来临,大地开始解冻,天气逐渐转暖,万物复苏,蛰龙开始活动,预示一年的农事活动即将开始,农民告别农闲,开始下地劳作了。这一天的食俗,要吃面条、春饼、吃馄饨等,大都与龙有关,并普遍在食品名称上加上"龙"的头衔:吃水饺叫吃"龙耳",吃春饼叫吃"龙鳞",吃面条叫吃"龙须",吃米饭叫吃"龙子",吃馄饨叫吃"龙眼",等等。春饼是面粉烙制的薄饼,一般要卷菜而食。最早,春饼与菜放在一个盘子里,成为"春盘"。宋《岁时广记》引唐《四时宝镜》载:"立春日食萝菔、春饼、生菜,号春盘。"从宋到明清,吃春饼之风日盛,且有了皇帝在立春向百官赏赐春盘春饼的记载。明《燕都游览志》载:"凡立春日,(皇帝)于午门赐百官春饼。"到清代,伴春饼而食的菜馅更为丰富。清《北平风俗类征·岁时》:"遇立春……富家食春饼。备酱熏及炉烧盐腌各肉,并各色炒菜,如菠菜、韭菜、豆芽菜、干粉、鸡蛋等,而以面粉烙薄饼卷而食之,故又名薄饼。"现在,人们备上小菜或各式炒菜,吃春饼时随意夹入饼内。立春吃春饼有喜迎春季、祈盼丰收之意。

三月初三:相传三月三是黄帝的诞辰,中国自古有"三月三,生轩辕"的说法。唐代大诗人杜甫写有"三月三日气象新,长安水边多丽人"这样的诗句。宋代欧阳修也在一首词中写道:"清明上巳西湖好,满目繁华。争道谁家。绿柳朱轮走钿车。游人日暮相将去,醒醉喧哗。"这些都说明,三月三的习俗,唐宋时期仍在盛行。

这天,除了祭祀之外,该日民间有戴柳圈、踏青、吃荠菜的习俗。

清明节:每年的阳历4月5日是中国传统节日之一清明节,距今已有2500多年的历史。清明节除扫墓祭祖外,其食俗也是丰富多彩的。

一是吃清明粿。清明时节,江南一带有吃青团子的风俗习惯。这种风俗可追溯到两千多年前的周朝。据《周礼》记载,当时有"仲春以木铎循火禁于国中"的法规,于是百姓熄炊,"寒食三日"。在寒食期间,即清明前一二日,还特定为"寒日节"。青团子是用一种名叫"浆麦草"的野生植物捣烂后挤压出汁,接着取用这种汁同晾干后的水磨纯糯米粉拌匀揉软,然后开始制作团子。团子的馅心是用细腻的糖豆沙制成,在包馅时,另放入一小块糖猪油。团坯制好后,将它们入笼蒸熟,出笼时用毛刷将熟菜油均匀地刷在团子的表面,这便大功告成了。青团子油绿如玉,糯韧绵软,清香扑鼻,吃起来甜而不腻,肥而不腴。青团子还是江南一带人用来祭祀祖先必备食品,正因为如此,青团子在江南一带的民间食俗中显得格外重要。现在,青团有的是采用青艾,有的以雀麦草汁和糯米粉捣制再以豆沙为馅而成,流传百余年,仍旧是老面孔。人们用它扫墓祭祖,但更多的是应令尝新,青团作为祭祀的功能日益淡化。

二是吃清明螺。清明时节,正是采食螺蛳的最佳时令,因这个时节螺蛳还未繁殖,最为丰满、肥美,故有"清明螺,抵只鹅"之说。螺蛳食法颇多,可与葱、姜、酱油、料酒、白糖同炒,也可煮熟挑出螺肉,可拌、可醉、可炒、可炝,无不适宜。若食法得当,真可称得上"一味螺蛳千般趣,美味佳酿均不及"了。

五月初五:为端午节,又称端阳节、午日节、五月节、艾节、端午、重午、午日、夏节。端午节是中国两千多年的旧习俗,每到这一天,家家户户都挂艾叶菖蒲,除有斗龙舟、划船等节日活动外,还要吃粽子及"五黄(即黄瓜、黄鱼、咸蛋黄、黄鳝、雄黄酒)",观赏石榴花,佩香囊。

夏至:夏至,是我国历史最悠久的节日。夏至以后地面受热强烈,空气对流旺盛,午后至傍晚常易形成骤来疾去的雷阵雨,由于降雨范围小,人们称为"夏雨隔田坎"。唐代诗人刘禹锡巧妙地借喻这种天气,写出"东边日出西边雨,道是无晴却有晴"的著名诗句。宋朝张耒《夏至》诗:"长养功已极,大运忽云迁。人间漫未知,微阴生九原。杀生忽更柄,寒暑将成年。崔巍干云树,安得保芳鲜。几微物所忽,渐进理必然。趑哉观化子,默坐付忘言。"

在民间则有夏至吃馄饨及吃长命菜——马齿苋的习俗,从老一代人流传至今。馄饨以面为皮,有汤馄饨、拌馄饨、炸馄饨、煎馄饨等,包法形状有官帽式、元宝式等。而且,夏至要吃苋菜馄饨,据说吃了苋菜,不会发痧;也吃豇豆馄饨,豇豆开胃败火,既降血脂又降血压。

说法一:夏至吃馄饨使人聪明。馄饨,古人称其形"有如鸡卵,颇似天地混沌之象",而"馄饨"又与"混沌"谐音。盘古开天,混沌初分,吃了馄饨可得聪明。民间还将吃馄饨引申为打破混沌,开辟天地。

说法二:夏至吃了馄饨,游泳不怕水。夏季是游泳的时节。煮馄饨时,等水开了下锅,经过"三滚三冷",见一个个馄饨浮了起来就可以捞上来吃了。由于馄饨在水里最终都会浮上来,不会沉到水底。于是,就有在夏至这天吃了汤馄饨,游泳时人也始终会像馄饨一样浮在水上,不会被水淹的说法。

说法三:夏至吃"馄饨拌面",长寿。民间家中吃面,有"冬至馄饨夏至面"之谚。"夏至"还有"忌雨"的习俗,这主要反应农作物生长需要有及时雨,人们盼雨的心情。而此时天气雨量会逐渐增多,所以,有"夏至多吃面,出门防雷电"之说。夏至这天吃馄饨时,有的人在馄饨里拌面条。吃了馄饨可以免"疰夏",用面条的长比拟夏至的长昼时间,取长寿的好彩头。而夏至以后,正午太阳直射点逐渐南移,北半球的白昼日渐缩短,因此,民间又有"吃过夏至面,一天短一线"的说法。

夏至多吃水果及蔬菜:夏日炎热,人体皮肤毛孔疏松,容易出汗,我们适宜多吃水果及蔬菜,既可补充流失的水分,亦容易消化,不会加重脾胃的负担。夏至食用水果方面,特别一提的是西瓜。西瓜又称为夏瓜,有解暑除烦、生津止渴、清热利尿的功效,是夏天的佳品。不过,体质虚寒的人,即容易头晕、四肢冰冷、面色苍白者,则不适宜进食过量,以免伤及阳气,令虚寒加倍。同样的,许多蔬菜瓜果的性质亦带寒,例如芥菜、生菜、芽菜、白菜等,虚寒人士亦不宜多吃。夏至若不感燥热时,亦可适量吃些辛辣食物,令脾胃的功能活跃起来。

六月初六:民间称为"洗晒节"。"六月六,挂锄钩",又称"长工节"。"六月六,晒红绿",民间有:晒书画、衣物等习俗,传说此日出晒后,虫可不蛀。"六月六,请姑姑",农村的各家各户都要请回出嫁的老少姑娘,好好招待一番再送回去,这个习俗是从春秋战国时候就兴起的。正值盛夏,烈日酷暑,这时的饮食主要以制作尝新解暑避热的食品为主。农家有"六月六,拌炒面"之习,是日吃炒面沿袭至今。

七月初七:习称七夕、七月七,相传为牛郎、织女双星相会之日,故亦称双星节、情人节。七夕作为节日当始于汉代,节俗是晒经书及衣裳,向双星乞愿和穿针乞巧。在这一天用面粉制各种小型物状,用油煎炸后称"巧果",晚上在庭院内陈列巧果、莲蓬、白藕、红菱等。女孩对月穿针,以祈求织女能赐以巧技,或者捕蜘蛛一只,放在盒中,第二天开盒如已结网称为得巧。

七月十五:即中元节,又称为鬼节,民间的节日饮食、饮食文化活动,则与一系列祭祀活动有关。放河灯、赏荷花等祭拜祖先的有关活动。江南民间,在这一天要蒸制赤豆糕食用。赤豆煮烂带适量的汤,拌入糯米粉、生粉、白糖、发酵粉,调成糊状。方盘内涂油,倒入面糊,刮平后上笼蒸熟,待冷却后切成小块。如果再放点糖桂花即成桂花赤豆糕。

八月十五:中秋节又名月节、团圆节,是中国的传统节日。中秋节与春节、清明节、端午节是中华民族的四大传统节日。"中秋"一词,最早见于《周礼》。据史籍记载,古代帝王祭月的节期为农历八月十五,时日恰逢三秋之半,故名"中秋节";又因为这个节日在秋季八月,故又称"秋节""八月节""八月会""中秋节";又有祈求团圆的信仰和相关习俗活动,故亦称"团圆节""女儿节"。因中秋节的主要活动都是围绕"月"进行的,所以又俗称"月节""月夕""追月节""玩月节""拜月节";在唐朝,中秋节还被称为"端正月"。中秋节的盛行始于宋朝,至明清时,已与元旦齐名,成为中国的主要节日之一。关于中秋节的起源,大致有三种:起源于古代对月的崇拜、月下歌舞觅偶的习俗。节日的饮食食品则主要与"祭月"活动有关的月饼瓜果为主。由于每年农历八月时,中秋月圆、桂子飘香,要进行赏月、拜月活动,正值金色之秋的大好季节,各类应时食品很多,要聚吃月饼、瓜果等节日饮食。还吃肥蟹。将活蟹洗净,用蒲叶包上蒸熟,然后三五成群,围坐共食。吃完后饮用苏叶汤,并用苏叶等来洗手,且以此为时尚,以为难得的盛会。在鲜果应时品类方面,以享用石榴和葡萄为美品。

九月初九:重阳节,因为《易经》中把"六"定为阴数,把"九"定为阳数,九月九日,日月并阳,两九相重,故而叫重阳,也叫重九,古人认为是个值得庆贺的吉利日子，并且从很早就开始过此节日。庆祝重阳节的活动多彩浪漫，一般包括出游赏景、登高远眺、观赏菊花、遍插茱萸、吃重阳糕、饮菊花酒等活动。

冬至节：亦称冬节、交冬，曾有"冬至大如年"的说法，从周代起就有祭祀活动。明、清两代皇帝均有祭天大典，谓之"冬至郊天"，但民间并不以冬至为节，不过有些应时应景的活动。冬至是养生的大好时机，主要是因为"气始于冬至"，从冬季开始，生命活动开始由盛转衰，由动转静。此时科学养生有助于保证旺盛的精力而防早衰，达到延年益寿的目的。冬至时节饮食宜多样，谷、果、肉、蔬合理搭配，适当选用高钙食品。江南在冬至这一天则有吃米团、长线面的习惯。

十二月初八：即是腊八节，在这一天喝腊八粥、做腊八粥是民间最传统、最讲究的习俗。腊八粥，又名七宝五味粥，是以桃仁、松子、栗子、柿子、红豆、糯米等做成。由于它原是佛教的施斋供品，又称佛粥。对此，明代史籍中记述甚多。如《帝京景物略》卷二载，明代北京民间，每逢此节时，民人每家均效仿庵寺，以豆果杂米为粥，供而朝食，曰腊八粥。《酌中志》卷二十更说，每年腊月初八日，明代民间都要吃腊八粥。其做法是，先期数日，将红枣槌破，泡汤，至初八日早，加上粳米、白米、核桃仁、菱米煮粥，供祭佛圣前。先敬神祭祖，后要赠送亲友，一定要在中午之前送出去。最后才是全家人食用。吃剩的腊八粥保存着，吃了几天还有剩下来的，却是好兆头，取其"年年有余"的意义。如果把粥送给穷苦的人吃，那更是为自己积德。

十二月三十：除夕是指每年农历腊月的最后一天的晚上，它与春节(正月初一)首尾相连。"除夕"中的"除"字是"去、易、交替"的意思，除夕的意思是"月穷岁尽"，人们都要除旧布新，有旧岁至此而除,来年另换新岁的意思,是农历全年最后的一个晚上。故此期间的活动都围绕着除旧布新、消灾祈福为中心。周、秦时期每年将尽的时候,皇宫里要举行"大傩"的仪式,击鼓驱逐疫疠之鬼,称为"逐除",后又称除夕的前一天为小除,即小年夜;除夕为大除,即大年夜。年夜饭,又称为团年饭、团圆饭,是农历除夕(每年最后一天)的一餐,目的是在过年前一家团聚并共度新春,传统上年夜饭多在除夕祭祖后食用。

## 二、食味悖论

清初的李渔自称湖上笠翁,多才多艺,是一位爱生活、懂生活的艺术人,也是真正体会到厨艺快乐的人。李渔崇尚小资生活,筑小园、饮清酒、写诗、编剧、做菜,闲云野鹤,日子过得相当闲适且富有诗意。李渔曾经把"蕈"的香菌与莼菜、蟹黄和鱼肋拌在一起做成羹,美其名曰:四美羹。他的朋友在品尝之后都叹息地说:吃了这个东西,恐怕以后再找不到值得下筷子的菜了。他那本流传后世堪称精致生活教科书的《闲情偶寄》,其中相当长的篇幅就是他做菜的经验之谈和品评之语。[42]

### (一)蔬食第一

蔬菜历来在人们的日常生活中占有举足轻重的地位,明末清初时期,这种情况并没有改变,尤其是对普通百姓而言,肉食的机会不多,日常的下饭之物就是素菜。随着烹饪技术的发展和贮藏手段的改进, 以蔬菜为原料的菜肴和品种越来越多。《饮馔服食笺》中55种蔬菜就运用了蒸、酿、煮、煎、焯、腌、糟、鲊、拌、炒、炸、熬、卤等十几种烹饪方法;"野蔌类"中记录了黄香萱、甘菊苗、蓬蒿等 91 种可食野菜的食用方法。文人士大夫饮食观念发生了变化，极为推崇健康、鲜美的蔬菜类菜肴，如李渔在《闲情偶寄·饮馔部》中列蔬食为第一，潘之恒撰《广菌谱》大谈木耳等 20 余种菌类的食用。

　　蔬菜自上古时代便已成为人类的食物。《诗经》里提到的 132 种植物，其中作为蔬菜的就有 20 余种，随着时代变迁，其中部分品种已退出蔬菜领域，成为野生植物，如苻、苕、苞之类。战国及秦汉时期，人们食用的主要蔬菜有 5 种。葵，称为"百菜之主"，现在有的地方称冬寒葵或冬寒菜，植物分类学上称冬葵，因口感及营养欠佳，唐以后种植渐少，明代已很少种它，并不再当蔬菜看待。藿，也是先秦时的主要蔬菜，它是大豆苗的嫩叶，如今极少拿来当菜吃了。韭、葱、蒜是现在常用来调味的蔬菜，在古代蔬菜中独成一属。《汉书·召信臣传》中记载在温室生产葱、韭的情况，并把这样培育出来的韭菜叫"韭黄"。此外，还有萝卜、蔓青等根菜类，现时萝卜的许多优良品种在秦汉时便已培育出来。蔓青早在《吕氏春秋·本味篇》中就有"菜之美者"的盛誉，古时蔓青还可以顶粮食之用。现在常见的蔬菜如茄子、黄瓜、菠菜、扁豆、刀豆等都是在魏晋至唐宋时期陆续从国外引进来的。茄子，原产于印度和泰国。黄瓜原产于印度，传入中国时比茄子晚些，初名叫胡瓜，现在有的地方还保留这种叫法。菠菜是唐代贞观年间由尼波罗国(今尼泊尔)传入的，最初叫波棱菜，后简称菠菜。扁豆原产于爪哇，南北朝时传入中国。刀豆原产于印度，唐代传入中国。宋代以来，蔬菜的种植和食用就更加广泛了。除了从国外引进外，还培育出一些极为重要的蔬菜品种，如菱白和白菜等，种植蔬菜的技术也有进步，苏东坡有诗云："渐觉东风料峭寒，青蒿黄韭试春盘。"可见，当时民间也可以在春天吃到新鲜的蔬菜了。到元、明、清以来，又陆续有一些品种加入中国菜谱中来。胡萝卜原产于北欧,元代由波斯传入。辣椒和西红柿的传入时间还要晚些。西红柿虽由欧洲传入我国,但它的祖居地却是南美洲的秘鲁。西红柿原名叫狼桃,秘鲁土著人刚发现它时,以为它有毒,还不敢吃呢。进入清代末期,现有传统蔬菜品种基本上都出现了。诸如薹心、矮黄、大白头、小白头、黄芽、芥末、生菜、波棱(菠菜)、莴苣、苦瓜、姜、葱、薤、韭、大蒜、小蒜、茄子、梢瓜、黄瓜、冬瓜、葫芦、瓠子、毛芋、山药、牛蒡、萝卜、甘露子、茭白、蕨、芹、菌等。蔬菜品种有芥、芹(包括竹芹、水芹)、蒜、葱、姜、韭、胡荽、蒜薹、苜蓿、颇棱(菠菜)、芦葓、百合、芋、牛蒡、茭首(茭白)、菌、笋、苏、枸杞、蒿、苦、苦蕒、马兰、荠、苋、藜、蕨、瓠等。[43]

李渔曾经有过"锦衣玉食""饮甘食肥"的生活,也曾有过"绳床瓦灶""举家食粥"的潦倒日子。吃多了肉食,需要弄点素净新鲜的蔬菜换换口味,饮食多进蔬果茶。在《闲情偶寄》中,李渔说:"饮食之道,脍不如肉,肉不如蔬,亦以其渐近自然也。"其原因是蔬果能"渐近自然"之故,因此它能养生健体。对此,他认为人们在饮食上应"重蔬食,远肥腻",方才能崇俭以养生。《闲情偶寄》的饮馔部,从头到尾翻一遍,不得不感慨,李渔绝对是一位会吃的先驱,也是自然主义美食家。凭当时的科学知识,李渔不可能知道蔬菜中有大量维生素,更不可能有"素食救世界"的理念,他的看法只是"论蔬食之美者,曰清,曰洁,曰芳馥,口松脆而已矣,不知其至美所在,能居肉食之上者,只在一字之鲜"。《礼记》曰:"甘受和,白受采。"鲜即甘之所从出也。鲜蔬只有亲自耕种者,才可以得之。城市之人向卖菜者购得,得不到鲜的,而耕种者,不论城市山林,凡宅旁有圃者,现摘现烹,其乐融融。在他看来,蔬菜果品从土地里孕育、生长、成熟,更接近自然,因此也更符合人的需求。

《闲情偶寄》说的是民间寻常菜蔬,却把极便宜的南方野蔬佳菜"炒"得清香、鲜嫩、可口,也从一个侧面表现了当时社会生活中世家大族饮食文化与民间饮食文化的相互吸纳,出现亦官亦民的文化特征。将"蔬菜"放在第一的位置上,正是因为"其渐进自然"的特性。蔬菜是否美味,李渔认为不外乎"清""洁""芳馥"和"松脆"四点原则。蔬菜之所以优于肉食,又主要体现在一个"鲜"字上。李渔认为,笋是蔬菜中最鲜美的,烹饪时,"素宜白水,荤用肥猪";菇类、莼菜,都是"清虚妙物",李渔曾用这两种东西,加上蟹黄、鱼肋做成"四美羹",鲜美无比;瓜、茄、瓠、芋、山药,不只当菜,还可以当饭吃;萝卜适合切丝做成小菜,喝粥时最合适;用芥辣汁调拌事物,没有不好吃的;菜味纯美的,莫过于黄芽(白菜),食之可忘肉味;水芹属南京的好;食鸡豆、笋,"辄思武陵";菜味最重的,当数葱、蒜、韭(李渔不食大蒜,允许把葱作为调料,韭菜只吃嫩的);菜色最奇特的,李渔认为是西秦所产的"头发菜",状若毛发,浸过热水,拌上姜、醋,口感甚佳。[44]

品美食,李渔达到了超群卓越的水平和境界。现将李渔日常生活中喜欢的佳蔬,分述如下。

1.笋

春笋鲜,冬笋肥,夏天的鞭笋发柴,笋是蔬菜第一品,肥羊嫩豕比不上。李渔说:"至鲜至美之物于笋。"

鲜肉煮笋,笋肉齐烹,合盛一簋,人只食笋而遗肉,则肉为鱼而笋为熊掌。

猪肉煨笋,肥肉与笋都油亮,吸了肉香的肥笋,除去油腻的香肉。饱沾肉汁的笋,滑软香糯,笋吸收了肥肉精华,倒比肉好吃。

白水煮笋,可素可荤,白水煮之也鲜美。具有丰、腴、爽、适、舒五种口感俱全,煮笋的汤不可弃之。《神农本草经》载:"诸食物,益人者不尽可口,可口者未必益人,求能两擅其长者,莫不过于此。"

腌笃鲜,原料春笋、鲜肉、腌肉,把焯烫的肉块盛出来冲凉水,大火煮开后再用微火焖一个时辰,肉已酥烂了,再把腌肉和笋放进去,小火焖半个时辰就好。特点:汤鲜,肉烂,下饭佳肴也,半汤半菜。

2.蕈

盖山川草木之气,有形而无体,凡物有体者必有渣滓,既无渣滓,是无体也。食此物者,犹吸山川草木之气,未有无益于人者也。李渔赞叹说:"求至鲜至美之物于笋之外,其惟蕈乎!""此物素食固佳,拌以少许荤食尤佳,盖蕈之香有限,而汁之鲜味无穷。""食此物者,犹吸山川草木之气,未有无益于人者也!"李渔的独到之处是让舌之味蕾来领略大自然的馈赠,提升到饮食美学的高度来欣赏,来享受美味的精彩。人与草本植物都是生命有机体,人的肠道决定了自己是食草类动物,草本植物的细胞结构比人体的细胞结构小,更易被人体所吸收。很多新发现的植物对人体有用,以后还会继续发现,这是人类对大自然认知度的进步。

鸡纵菌,夏秋季在山地、草坡、田野或林沿地上单生或群生,其假根与地下黑翅土白蚁窝相连,有"菌中之王"美誉。鸡纵菌肉细嫩,香味浓郁,味道鲜美,人们采食该菌的历史悠久,属著名的野生食用蘑菇之一,畅销于国内外市场,群众根据该菌的颜色和形态等特点,分为黑皮、白皮、黄皮、花皮等许多类型,但是否同属一个种还需要进一步研究。味道以黑皮(青皮)者最好。据李时珍《本草纲目》记载,该菌具有"益胃、清神、治痔"等药用功效。

珍珠菇,珍珠菇不仅味道鲜美,营养丰富,而且附着在滑菇菌伞表面的黏性物质是一种核酸,对保持人体的精力和脑力大有益处,并且还有抑制肿瘤的作用。珍珠菇含有粗蛋白、脂肪、碳水化合物、粗纤维、钙、磷、铁、维生素 B、维生素 C、烟酸和人体所必需的其他各种氨基酸。珍珠菇因菌盖表面有黏液而得名,外观亮丽、味道鲜美,珍珠菇口感极佳,具有滑、鲜、嫩、脆的特点。

干巴菌,香味浓郁、滋嫩香甜、肉质坚韧,干燥,回味醇香绵长,嚼味无穷,内含蛋白质、脂肪、碳水化合物、维生素、钙、磷、钾、铁等微量元素,并含有多种人体内不能合成的氨基酸、硫胺素和小分子肽等营养成分,而且有一般酷似腌牛肉干的浓郁香味。干巴菌宜炒、炸、干煸、腌,深受广大群众的喜爱,荤素皆佳。素炒时,将此菌撕为细丝洗净,配加青椒丝、蒜米和佐料,炒熟即成。此菜异香扑鼻,沁人肺腑,放在口中甘甜清香,耐人寻味,增进食欲。荤炒干巴菌,是将洗净的菌丝浸入鸡蛋清后,在油锅中滑一遍,再配上火腿丝、灯笼辣丝,放入甜、咸酱油及味精等调料煸炒,后盛入盘中,淋上少许芝麻油。这道加了火腿煸炒的菜肴,具有火腿和菌的鲜香,香气更加浓郁,滋味更加醇厚,用以佐酒佐饭,实令人食后难忘。

鲜草菇,先熬,留着做菜,再炒着吃。草菇可炒、熘、烩、烧、酿、蒸等,也可做汤,或作各种荤菜的配料;适于做汤或素炒,无论鲜品还是干品都不宜浸泡时间过长。草菇性寒、味甘、微咸、无毒。草菇还能消食祛热,补脾益气,清暑热,滋阴壮阳,增加乳汁,防止坏血病,促进创伤愈合,护肝健胃,增强人体免疫力,是优良的食药兼用型的营养保健食品。

3.莼

陆之荤,水之莼,皆清虚妙物也。

莼羹,丝莼滑腻,看得到,咬不到,囫囵吞下。乳莼新翠不须油,莼羹鲈鲙,有"软肥"之誉。

四美羹,崇尚鲜美之物,是李渔饮食的宗旨。他认为山中之笋、树上之蕈、水面之莼,都属至鲜至美的妙物,不可不食。以野生蕈、莼菜、湖蟹的蟹黄、鳜鱼腹部肉为主料,锅内放素油约 25 克至五成热,将葱姜丝、火腿丝、香菇丝、蛋丝煸炒。放入高汤、蟹黄、蕈及莼菜,加水 200 克,烧开后放入鱼片。将生粉调稀成糊状,鱼汤烧沸后入锅,轻微搅拌,滚沸后加入米醋、胡椒粉(后两味可视个人爱好取舍)。

4.炒苋菜

炒用小火,油要少,慢的炒,起锅前放蒜。炒熟的苋菜成黑绿色,质地如同天鹅绒,汤汁娇艳粉红,碎蒜粒雪白,体现食物的魅力在味、在香,更在色。

5.枸杞芽汤

选用枸杞苗制作。枸杞芽又名枸杞头、枸芽子、甜菜头,即枸杞的嫩梢、嫩叶。初春枸杞长出嫩苗,嫩苗又称枸杞头或枸杞芽,略带苦味,但很爽口,能清火明目,民间常用来治疗阴虚内热、咽干喉痛、肝火上扬、头晕目糊、低热等。《食疗本草》中记载枸杞头有坚筋耐老、除风、补益筋骨和祛虚劳等作用。

6.油焖椒

鲜辣椒中塞山药泥馅。

7.煨油菜

甜烂鲜香,比肉还肥嫩爽口。

8.腌菜

贮存蔬菜,为的是食用方便和解决蔬菜淡季供应不足时存在的吃菜难的问题。由于长期的努力,人们终于成功地创造了一套科学和独特的办法,这就是利用微生的生活特点和发酵作用,进行生产的腌菜工艺。

### 9.酱菜

从食品科学讲，酱菜实际上是一种腌菜加调味料的制品,迄今已有很多风味独特、物美价廉的著名传统酱菜。

### 10.豆芽菜

以豆芽当蔬菜的发明，是中国人走在世界前列的贡献之一。凡是豆类的籽粒都可以用来作为培育豆芽的原料,但是最常用的是黄豆、绿豆、蚕豆和青豆。中国培育豆芽的起源很早,可惜古籍中可查到的记录较晚。北宋苏颂《图经本草》中有:"绿豆,生白芽为蔬中佳品。"明高濂《遵生八笺》中有:"绿豆芽:将绿豆用冷水浸两宿,候涨,换水淘二次,控干。预扫地洁净,以水洒湿,铺纸一层,置豆于纸上。以盆盖之,一日二次洒水,候芽长,淘去壳。沸汤略焯,姜醋和之,肉炒尤宜……"李渔做菜常用的素顶汤,即黄豆芽汤,能提味增鲜。

### 11.菊花脑

菊花菜的嫩茎叶,又名菊花郎、菊花头、甘菊等名。菊花脑具有疏风散热、平肝明目、清热解毒的功效。中医认为,菊花脑性平,味甘微苦,用水煮沸后,则味不苦。具有清肝明目和良好的解毒作用。适合高血压、大便秘结、目赤肿痛等症患者食用,具有较好的防治作用。在春季里,菊花脑凉拌、热炒、煮汤皆可。但虚寒体质(如怕冷、易腹泻、畏寒等)的人群不宜食用。

### 12.荠菜

又名香荠、鸡心菜、护生草等。中医认为,荠菜性凉,味甘淡,气清香,无毒。它既含有丰富的营养成分,又有良好的治病功效。荠菜不但营养价值高,有独特的美味,而且药用作用也好。相关医学实验表明,它有多种医疗功能,能止血,如便血、消化道溃疡出血、视网膜出血等,能降低血压,能治疗泌尿系统结石、肾炎水肿等病,对消化系统可健胃消食,治疗胃痉挛、胃溃疡、痢疾、肠炎等。但虚寒体质仍然不宜多食。

### 13.马齿苋

性寒味酸,具有清热利湿,止痢消炎,解毒疗疮等功效,药食两用,它对痢疾杆菌、大肠杆菌和金黄色葡萄球菌等多种细菌都有较强抑制作用,有"天然抗生素"的美称。但吃的时候,建议不要多食。

### 14.马兰头

预防感冒的良药,营养与菠菜类似,但是较菠菜草酸含量低,钙、铁吸收好。此外,维生素A原含量与胡萝卜相等,维生素C含量与柑橘类水果的平均值也相近。马兰头也可以药用,中医认为,马兰头性味辛凉,有清热解毒、凉血止血、利尿消肿的功效,可用以主治咽喉肿痛、痈肿疮疖、淋浊等症。鲜食对喉咙痛、急性咽喉炎、扁桃体炎等颇具疗效。用水煎汤可预防上呼吸道感染、急性眼结膜炎、口腔炎、牙周炎、乳腺炎和鼻出血、高血压引起的眼底出血等。

### 15.蒲公英

蒲公英可生吃、炒食、做汤、炝拌、风味独特。生吃,将蒲公英鲜嫩茎叶洗净,沥干蘸酱,略有苦味,味鲜美清香且爽口。凉拌,洗净的蒲公英用沸水焯1分钟,沥出,用冷水冲一下。佐以辣椒油、味精、盐、香油、醋、蒜泥等,也可根据自己口味拌成风味各异的小菜。做馅,将蒲公英嫩茎叶洗净,水焯后,稍攥、剁碎,加佐料调成馅(也可加肉)包饺子或包子。《本草经疏》:蒲公英味甘平,其性无毒。当是入肝入胃,解热凉血之要药。乳痈属肝经,妇人经行后,肝经主事,故主妇人乳痈肿乳毒,并宜生暖之良。

16.鱼腥草

鱼腥草,别名岑草、蕺、紫蕺、侧耳根、野花麦等,为三白草科植物蕺菜的带根全草。鱼腥草出自《名医别录》。唐苏颂说:"生湿地,山谷阴处亦能蔓生,叶如荞麦而肥,茎紫赤色,江左人好生食,关中谓之。菹菜,叶有鱼腥气,故俗称鱼草。"仅鱼腥草处于泥土中的根部为食部,凉拌味道极佳,其余部分不宜食用。鱼腥草具有清热解毒、化痰排脓消痈、利尿消肿通淋等保健功效。鱼腥草适用凉拌、蒸鸡、炒鸡蛋、炒肉丝、烧猪肺等。

17.香莲肥鹅

金华武义的柳城,古称宣平,民谚曰"天赐宣平黄金土,地育宫廷白玉莲"。该地的莲子俗称"宝莲",为我国三大名莲(湘莲、建莲、宣莲)之一。用宣莲炖鹅,莲子甜糯,鹅肉奇香。

18.菱角烧肉

五花肉去净毛切块,姜切片,蒜子拍碎,葱切段。烧锅下油,放入五花肉,用小火炒至有香味,加入盐、白糖、菱角肉、酱油,用小火烧至浓汁熟透时,即可出锅。

19.鲜蕈鸡煲

香菇富含多种氨基酸和维生素,并且含有普通蔬菜缺乏的麦淄醇,能延缓衰老,软化老废的角质层,改善因日晒引起的肌肤老化等状况。香菇与鸡同炖,增鲜、增香、增色。

20.梅子脆藕

嫩藕 1 节,洗净去皮,切片泡水待用。酸梅 3 个,把梅肉压溶,加入凉开水半碗,根据个人口味调入适量白糖,拌匀,调成酸梅汁。将藕片沥干水,浇上酸梅汁,拌匀,泡 30 分钟至 1 小时即可。

21.桂花酿藕

将新鲜藕节洗净,两头切去老节;藕节中灌入浸胀的糯米,再用竹签将老节与藕段串为一体,上笼蒸熟;食时切片,浇上蜜汁。李渔反对的制藕方法:加荤、加辣、油炸。

### 22.斋菜丸子

藕、洋葱切碎,拌入什锦菜(豌豆、胡萝卜丁、嫩玉米粒)、盐、适量面粉(使有黏性),捏成丸子,油炸至金黄。

### 23.油炸花生米

上千年来,国人似乎没有不喜欢它的,酒馆里、茶楼里、酒吧里的台面上经常出现它的身影。喝茶喝得嘴里淡了,来几颗,茶兴又起。一碟花生米,一壶老白干,叙叙旧,侃侃大山,优哉游哉!

### 24.八宝豆腐羹

取嫩豆腐和虾仁、鸡肉、火腿、莼菜、香菇、瓜子、松子以及香葱、味精、酱油、盐、浓鸡汤等;把豆腐、火腿、虾仁、鸡肉等切成小丁;炒锅上火,待油热后,把各种炒熟后,放入鸡汤,再加各种调料烩成羹状即成。

### 25.酱烧豆腐

豆腐,一是其营养价值极高,二是因为豆腐作为一种单一食材,能做出很多种菜肴,而且豆腐的衍生品也相当的多,而每一品种又能做出无数种美味。素食的斋菜中,品尝到由其作为原料而吃到不同"鱼和肉"味道的菜品,让有信仰的人一饱口福,不留遗憾。豆腐作为百姓的第一健康菜品,千百年来为人们所推崇!它不但美味可口,还具有一定的药用价值。

### 26.青菜

浇灌粪肥才长得好,制作佳肴讲究"自新鲜以至于腌糟酱腊,无一不曲尽奇能,务求至美,独于起根"。现摘现做,"摘之务鲜,洗之务净";洗菜之法,入水宜久,久则干者浸透而易去;洗叶用刷,刷则高低曲折处皆可到,始能涤尽无遗。

### 27.黄芽菜

冬储大白菜,食之可忘肉味,白茎厚嫩,丝络酥软,肥而不腻,甘鲜无比,饱肚省粮。河北安肃县(今徐水县)的最好,大白菜冻透了焯水挤干蘸酱吃,如白菜炖肉,芥末墩儿。

### 28.水芹

水芹炒咸肉,吃的不困,咸香不腻,鲜嫩肥腴,有股塘泥腥鲜味,南京(白下)的较好,北方没有水芹。旱芹药鲜味浓,梗儿细,现吃现摘。用水芹做包子,其味特香。用绿色的芹茸与白色的芋泥做成的太极羹,味佳。

### 29.发菜

发菜,藻类植物中蓝藻门念珠藻科念珠藻属中陆生藻类。可食用发菜贴在于荒漠植物的下面,因其形如乱发,颜色乌黑,得名"发菜",也被人称之为"地毛"。藻体毛发状,平直或弯曲,棕色,干后呈棕黑色。李渔称其为"河西物产第一"。《闲情偶寄》载:"菜有色相最奇而为《本草》、《食物志》诸书之所不载者,则西秦所产生之头发菜是也。浸以滚水,拌以姜醋,其可口倍于藕丝、鹿角菜。"发菜性味甘、寒。具有清热消滞、软坚化痰、理肠除垢的功效。发菜还具有降血压、调节神经等多种作用,是高血压、冠心病、高血脂病患者的理想食物。

### 30.素火腿

大南瓜去籽瓤,灌入上好酱油,吊在屋檐底下整年才拿来蒸吃。

### 31.山药

别名为山药、怀山药、淮山药、土薯、山薯、玉延。气味:(根)甘、温、平、无毒。《本草求真》:"入滋阴药中宜生用,入补脾肺药宜炒黄用。""本属食物,气虽温而却平,为补脾肺之阴。是以能润皮毛,长肌肉,味甘兼咸,又能益肾强阴。"山药可以拔丝、炖汤、制丸、煎、炒猪肝、酿、熘、羹等,如李渔喜欢的"蒸黄瓜酿山药馅、山药萝卜丝饼"。

32.冬瓜盅

把冬瓜掏空,垫上鸡骨,填满鸡汤蒸熟;莲子鸭熬一个时辰,等冬瓜蒸熟放进去继续炖煨。

33.烙白糖冬瓜角

冬瓜当馅。

34.茄子

本就肥厚,用酱料一烧,比肉更香嫩,易消化。

35.瓠子

瓠丝绵润,有西瓜的清香,蘸酱醋吃爽脆鲜甜。瓠茸汤也好喝,加鸭皮入汤则更美。煮冬瓜、丝瓜忌太生,煮黄瓜、甜瓜忌太熟;煮茄瓠利用酱醋,而不宜于盐;煮芋不可无物伴之,盖芋之本身无味,借他物以成其味者也;山药则孤行并用,无所不宜,并油盐酱醋不设,亦能自呈其美,乃蔬食中之通材也。

36.毛芋

红梗奉化芋为上,又粉又甜无硬筋。如:芋仔煨肉。

37.丝瓜

性凉、味干、吃多泻肚,不适合男人吃。如:丝瓜拔鱼儿、菱角炒丝瓜。

38.芥汁

李渔每食必备之物。芥菜有极其丰富的子用、叶用、茎用、芽用和根用芥菜的变种和品种。芥菜宣肺豁痰,温中利气。主治寒饮内盛、咳嗽痰滞、胸膈满闷、耳目失聪、牙龈肿烂、寒腹痛、便秘等病症。食欲不振或食积不化、痞满腹胀和黄疸者宜食。芥菜适宜炒、拌、煮等方法。

### 39.煨豆腐

取香菇、火腿、鸭丁、虾仁、霉干菜、菠菜泥、芥汁同豆腐煨煮。

### 40.枣泥山药糕

玫瑰丝、糖桂花、蜜陈皮、糯米粉、山药泥蒸制成糕。

### 41.韭菜

三月春韭最嫩,六月韭臭死狗,韭菜炒蛤蜊。葱不能煮熟,生葱熟蒜半熟韭菜。

### 42.素烤鹅

选豆腐皮两大张、葱、八角、面粉、油、盐、糖、生抽、料酒;先将葱切成葱花、待用,将生抽、盐、料酒少许混合调配、待用(料酒是为了去除豆腐皮的豆腥味),将面粉加入少许水,调成面糊状,待用;一大张豆腐皮切成相等的 4 份,将 4 份中的一张摊开,上面刷少量的调汁,如果口味偏淡,再撒上少量葱花,然后以此类推,放第二层、第三层、第四层,每张上面都按上一步的做法,放葱花和调汁,四层全部摆好后,卷叠成型,最后用面粉糊封口;第二大张豆腐皮也按照这样的做法,卷成型放在盘子里备炸;将卷好的豆腐皮卷子放在油锅里炸,等豆腐皮在油锅里固定住再翻面,两面炸至微黄即可捞出备用;另起锅,放入炸好的豆腐皮卷,同时放入八角及先前调好的汁并加入少许水烧开,然后小火煮软,大火收汁盛出;切片装盘,吃到嘴里有劲道,咸甜适中,很有吃烤鹅的感觉。

### 43.千张卷

猪肉末中加入葱姜末、鸡蛋、盐、糖、生抽、料酒、胡椒粉、鸡精拌匀备用;将肉末平铺在千张皮的一头;卷起千张,尽量卷得紧一些;切段放入蒸锅里,水开 15 分钟;取出切断装盘,撒上葱花。

**44.拌萝卜**

十月萝卜小人参,多吃萝卜少吃药。萝卜食用的方法简单而又多样化,无论炒、炖、烧、煮、生食都很美味,同时还有清理肠胃、帮助消化的效果。拌萝卜就是一道很有特色的小菜,生萝卜切细丝拌以白糖和醋,适合下粥。

**45.红烧萝卜**

比猪肉还肥美,用笋汤煮,加糖调味提色。

**46.香椿头**

即香椿芽,有"树上蔬菜"之称,是香椿树的嫩叶尖。芬人齿颊,食者颇少。香椿叶厚芽嫩,绿叶红边,犹如玛瑙、翡翠,香味浓郁,营养之丰富远高于其他蔬菜,香椿芽以谷雨前为佳,应吃早、吃鲜,谷雨后,其膳食纤维老化,口感乏味,营养价值也会大大降低。香椿发的嫩芽可做成各种菜肴。它不仅营养丰富,且具有较高的药用价值。在做菜前,将洗净的香椿用开水略焯一下,香椿就会浓香四溢,又脆又嫩,再用来拌豆腐、炒鸡蛋就会更具特色。小小的椿芽能清热解毒,健胃理气,润肤明目,杀虫。主治疮疡、脱发、目赤、肺热咳嗽等病症。香椿是时令名品,可健脾开胃,增加食欲,抗衰老和补阳滋阴的美食。另外香椿还具有清热利湿、利尿解毒之功效,是辅助治疗肠炎、痢疾、泌尿系统感染的良药。香椿的挥发气味能透过蛔虫的表皮,使蛔虫不能附着在肠壁上而被排出体外,可用治蛔虫病。此外香椿因含有丰富的维生素C、胡萝卜素等物质,有助于增强机体免疫功能,并有很好的润滑肌肤的作用,是保健美容的良好食品。

**47.排骨白萝卜汤**

白萝卜与排骨一比一的量,加枸杞、盐、姜片、胡椒粉、清水炖。从外观上看,不油不腻,汤色不厚不重,更适合当今从事久坐或者常在外应酬的人士。萝卜属温性,民间有"萝卜青菜保平安"的说法。当然,这道菜也非常适合女士食用,萝卜中含有较多的纤维,富含水分,宜于保健美容。做法上,食料搭配简单。此外,民间还有"冬吃萝卜夏吃姜"的俗语,因此,在冬天食用此菜是非常滋补的。在炎热的酷暑,这时候喝些萝卜汤,有很好的降暑消渴的作用。其实萝卜也是很好的入汤食材,萝卜具有消食化滞、排除胀气、解毒消热、通便止血的功效。萝卜含有大量的维生素 C、胡萝卜素和粗纤维,用来煲汤可以起到降血脂、稳定血压、防治胆结石的作用。在挑选萝卜时,应挑选个体大小均匀、无损伤的鲜萝卜,萝卜皮越细嫩光滑,做汤的口感也越好。干燥的严冬,清热祛火的萝卜是最当令的健康美味,正适合生津止渴、化痰止咳、润肺除燥。此外,萝卜具有消食化滞、排除胀气、解毒消热、通便等功效,冬天多吃萝卜也可以预防感冒,这样寒冷的天气端上一碗热气腾腾的萝卜排骨汤,当是最受欢迎的。排骨白萝卜汤可消food健胃、理气化痰,用于治疗小儿厌食症。白萝卜味甘性凉,宽中下气,消食化痰;排骨甘平,补虚弱,强筋骨,与萝卜炖服,气香味鲜,是患厌食症的辅助食疗菜肴。

(二)谷食第二

金华是稻米的主产区,"果桑塘鱼跃,十里稻花香"。有"浙中粮仓"之美誉,稻米成为生活中的主食。金华上山文化发掘的万年前的稻米,既有野生的,也有人工栽培的。明末著名科学家宋应星(1587—1666?)曾在他的《天工开物》中称当时中国谷物食料结构是:"凡谷无定名,……五谷则麻、菽、麦、稷、黍,独遗稻者,以诸书圣贤起自西北也。今天下育民人者,稻居十七,而来(小麦)、牟(大麦)、黍、稷居十三。麻、菽二者功用已全入蔬、饵、膏馔之中,……"[45]

李渔不仅懂美食，而且创美食。"食之养人，全赖五谷。"五谷这些极普遍的东西，到了李渔的手里，竟然也花样百出。人们主食中的米饭和面条可谓淡而无味，李渔却能别出心裁，另辟蹊径，使之生色。有佳客至，他便在米饭将熟之际略浇一点蔷薇、桂花之露，食者以为是谷米之香，惊诧世上竟有如此好米！制作面条的时候，面要和得很匀，擀得很薄，然后将鸡、鱼、虾的肉，跟鲜笋、香菇、芝麻、花椒四种东西，一起研成细粉，和到面里，再加上鲜汁，谓之"八珍面"。吃面时，面要直吞下肚，汤要细细品尝。至于粉食，则用绿豆粉做汤，用蕨根做下汤的饭，咀嚼有味而又没有声音，称得上妙品。米饭和面条在饮食中扮演主要角色，在两种主食上李渔发挥了杰出的聪明才智。"五香面"与"八珍面"的烹制方法在李渔所撰的《闲情偶寄》中有过精彩的描述。所谓"五香"，那是酱、醋、椒末、芝麻屑及焯笋、煮蕈、煮虾的鲜汁，合为五香。先以椒末、芝麻屑二物拌入面粉中，后以酱、醋、鲜汁三物和为一处，以此作拌面之水。拌时需极均匀，面皮极薄，切成的面条越细越好，然后以滚水下之，其精美之物尽在面中，食时任你咀嚼，其风味与平常的吃面，不大相同，那是真正的吃面呢！再说"八珍面"，它的制作是取鸡、鱼、虾三物之肉晒至极干，与鲜笋、香蕈、芝麻、花椒四物共研成极细之末，和入面，与鲜汁共为八种，故称"八珍"。在制作"八珍面"的时候，需注意的是，鸡、鱼之肉，务取其精，稍带肥腻者是不能用的。因为面粉和油即散，难免切不成丝。至于鲜汁，不能用煮肉之汤，而须用笋、蕈、虾汁，这也是为了忌油的缘故。真是亏李渔这个饕餮之徒想得出来，即使一般官宦人家恐怕也难做得出来，更别说平民百姓了。嚼这样别致的面条，品味这样精致的美食，该是怎样一种美学享受，恐怕就不是一般人所能想象的了。[46]

## 1.米食

**第一,饭。**

王莽云:"盐者,百肴之将。"余则曰:"饭者,百味之本。"《诗》称:"释之溲溲,蒸之浮浮。"是古人亦吃蒸饭。然终嫌米汁不在饭中。善煮饭者,虽煮如蒸,依旧颗粒分明,入口软糯。其诀有四:

一要米好,或"香稻",或"冬霜",或"晚米",或"观音籼",或"桃花籼",春之极熟,霉天风摊播之,不使惹霉发疹。

二要善淘,淘米时不惜工夫,用手揉擦,使水从箩中淋出,竟成清水,无复米色。

三要用火先武后文,闷起得宜。

四要相米放水,不多不少,燥湿得宜。

往往见富贵人家,讲菜不讲饭,逐末忘本,真为可笑。余不喜汤浇饭,恶失饭之本味故也。汤果佳,宁一口吃汤,一口吃饭,分前后食之,方两全其美。不得已,则用茶、用开水淘之,犹不夺饭之正味。饭之甘,在百味之上,知味者,遇好饭不必用菜。

在一般情况下,所谓"饭"多指煮熟的谷类食物,主要指大米饭,但也泛指人们每天三餐所吃的食物。饭的种类很多,有蒸、煮、焖三大类。如果从传统名饭讨论,则唐代徐坚《初学记》中有粟饭、九谷饭;宋代林洪《山家清供》中有蟠桃饭,陆游《老学庵笔记》中有团油饭;明代李时珍《本草纲目》中有寒食饭和荷叶饭,清汪日桢《湖雅》中有蒸谷饭和炒谷饭。

米饭按照配料与蒸煮方法的不同,可分为家常米饭、营养风味米饭和食疗保健米饭三大类。

家常米饭。家常米饭是指用大米蒸煮而成的大米饭,用料单一,制作方便。按照蒸煮方法的不同,可分为捞蒸米饭、罐蒸米饭、双蒸米饭和焖饭等类型。例如,焖饭的制作方法:

①开水下米法:在锅内加大约 2 倍于大米重量的水,烧开后加入大米,盖上锅盖焖烧至沸腾后改用小火焖烧;闻有香味后退火,再焖几分钟即成。

②冷水下米法:米与适量冷水同时下锅,用大火烧开后,改用火力均匀的小火焖烧,待闻到香味后退火,再焖几分钟即成。

风味特点:米饭浓香,质软,口感好。焖饭时,大米淀粉糊化充分,有利于消化吸收,营养素保存率高。但如果火候掌握不好,容易焦底糊锅。

营养风味米饭。单纯摄食大米不能够满足人体对各种营养素的需求,必须有其他食品来补充。中国古代医学名著《内经》中提出"五谷为养,五畜为益,五菜为充,五果为助"的膳食原则。这个原则完全符合现代营养学的营养互补和营养平衡的基本理论。肉、鱼、菜蔬与大米混合蒸煮的米饭,营养丰富,风味各异,脍炙人口。因此,把这类米饭称为营养风味米饭。

食疗保健米饭。药膳在中国源远流长,驰名中外。远在两千年前,中国医学名著《内经》中就有"得谷者昌,失谷者亡;谷肉果菜,食养尽之,虚则补之,药以祛之,食以随之"的记载。古代名医扁鹊认为:"为医者须洞察病源,知其所犯,以食治之,食之不愈,然后会药。"这种祛病之道,至今仍不失其光辉。以米配制成药膳,药借食味,食助药力,经常食用,既可从药膳米饭中摄取营养,又能得到健身祛病的益处。李渔最喜欢的食疗保健米饭是"姜汁牛肉饭",其制作方法如下:

选料:鲜牛肉,姜汁,粳米,酱油少许,花生油适量。

制作:①将鲜牛肉洗净剁成肉糜,在碟内加姜汁拌匀,再加酱油、花生油拌匀。②将粳米蒸成米饭,待饭快熟时,在饭面上加姜汁牛肉,再蒸 15 分钟即成。

功效:肉富含蛋白质,中医认为牛肉性温、味甘,是补气食品,姜汁性温味微辛,有散寒发汗、温肺止咳、温胃止呕的功用。姜汁牛肉饭具有祛寒、补中、益气、强筋健骨、消水肿之功效。

主要应用对象:适于体弱、畏寒、气血不足、四肢无力、营养不良者食用。

李渔家里养着一个戏班子,有四五十口人,平时来往的客人非常多,因此吃是头等大事,懂生活的李渔因此对美食、养生非常有研究。李渔做的"花香饭"用蔷薇、桂花制成花露,等到饭快熟的时候再用花盏浇之,浇过稍焖,拌匀而后入碗,因为味道特别好,"食者归功于谷米,诧为异种而讯之",意思是说,来他家吃过这个饭的人都感到奇怪,这是什么口味的大米啊?据说当年李渔的好友、小说《聊斋志异》的作者蒲松龄就到李府吃过多回"花香饭"。

李渔还特别提到,不能用玫瑰当花露,因为玫瑰的香很容易被人闻出来。李渔也好食锅巴:用油煎,淋上桂花蜂蜜水当点心吃;撒上蒜椒姜盐做成咸味的也好吃。至今金华地区保持着烧粥捞饭的习俗,粥饭二物,为家常日用之需。平日间,有人家将米粒煮成半熟后,将部分饭粞捞出,直接过入甑内蒸饭。剩下的煮成粥。这样蒸熟的饭和煮熟的粥香味特别。

煮饭中途忌开锅盖续水,否则米饭易夹散,没弹性,像馊饭;要小火慢煮,火力均匀,不宜猛火大火,饭粒不清透,米芯灰白,这是"夹生饭"。中途不宜启锅盖,否则饭粒看起来很光滑,摸着却黏手,口感不好。小火慢煮,火力均匀,放水适当的话,即使汤水沸腾也不会外溢,饭粒光滑饱满,不黏手,有弹性。饭之大病,在内生外熟,非烂即焦。饭熟了而汤还很多,放水要适当。"粥水忌增,饭水忌减。"米用几何,则水用几何,具有定数的。施水问题,煮粥常患其少,煮饭常苦其多。多则滗而去之,少则增而入之。米之精华全在于水,滗去饭汤,乃去之营养,而饭成为渣滓,食之无味也。施水必限以数。煮粥之大病,在上清下淀,如糊如膏,此火候不均之故,焦煳饭煮粥,能助消化,健脾胃。

**第二,粥。**

粥多指以五谷、豆类、干果为原料,加水小火煮炖而成的黏稠状半流质的饮食。见水不见米,非粥也;见米不见水,非粥也。必使水米融洽,柔腻如一,而后谓之粥。尹文端公曰:"宁人等粥,毋粥等人。"此真名言,防停顿而味变汤干故也。近有为鸭粥者,入以荤腥;为八宝粥者,入以果品,俱失粥之正味。不得已,则夏用绿豆,冬用黍米,以五谷入五谷,尚属不妨。余常食于某观察家,诸菜尚可,而饭粥粗粝,勉强咽下,归而大病。尝戏语人曰:"此是五脏神暴落难。"是故自禁受不得。

在中国有文字记载的历史中,粥的踪影伴随始终。关于粥的文字,最早见于周书:黄帝始烹谷为粥。粥曾出现于先秦古籍《礼记》中,载曰:"仲秋之月,养衰老,授几杖,行糜粥,饮食。"后来,《晋书·石苞传》中,有:"崇为客作豆粥。"晋陆翙《邺中记》中有:"寒食三日作醴酪,煮粳米及麦为酪,捣杏仁煮作粥。"唐徐坚的《初学记》中有"粥"的专章,宋吴自牧《梦粱录》中有"腊八粥"等。作为传统食品的"腊八粥",已是一种节日食品,其制作方法在明朝时已相当讲究。如明刘若愚《明宫史》载:"初八日吃腊八粥。先期数日,将红枣槌破泡汤。至初八日早,加粳米、白果、核桃仁、栗子、菱米煮粥。"粥在2500年前始作药用,《史记》扁鹊仓公列传载有西汉名医淳于意(仓公)用"火齐粥"治齐王病;汉代医圣张仲景《伤寒论》述:桂枝汤,服已须臾,啜热稀粥一升余,以助药力,便是有力例证。进入中古时期,粥的功能更是将"食用""药用"高度融合,进入了带有人文色彩的"养生"层次。粥古时称包糜、酏,俗称稀饭,是江南餐桌上的主食之一。粥有两种类型:一是单纯用米煮成的,曰粳米粥,曰糯米粥,是选用糯米或粳米或小米加清水煲成的粥,也称清粥。普通粥,其质柔软,性味甘平,多食白粥,可降低血液中的胆固醇,可减少各种慢性病,可延年益寿。另一种是用中药和米煮成的,又叫药粥。药粥是祖国医学宝库中的一部分。[47]

因为人们喜爱吃粥又有许多人研究做粥的方法,所以历史上出现了许多著名粥品,如莲子粥、绿豆粥、口数粥、人口粥、紫苏粥、肉米粥、茯苓粥、薏苡粥……中国古代有不少名士视粥为养生之妙品,他们把粥誉为"资生育神丹""滋养胃气妙品""世间第一补人之物"。南宋爱国诗人陆游诗云:

世人个个学长年,不悟长年在目前。

我得宛丘平易法,只将食粥致神仙。

徐珂《清稗类钞·饮食类·粥》云:粥有普通、特殊之别。普通之粥,为南人所常食者,曰粳米粥,曰糯米粥,曰大麦粥,曰绿豆粥,曰红枣粥。其特殊者,或以燕窝入之,或以鸡屑入之,或以牛肉入之,或以火腿入之。

凡粥中加入瓜果菜、豆肉鱼或药物者,统称特殊粥,也叫味粥。其特殊者,或以燕窝入之,或以鸡屑入之,或以牛肉入之,或以火腿入之。李渔制粥尤精,粥者,则是冬菇煨鸭与粥皆别置一器也。特殊粥,味道各异,非常鲜美。有:牛肉粥、鸡粥、鸭粥、鱼肉粥、蚝粥、花生粥、菜粥、番薯粥、芋头粥、萝卜粥、鸡蛋粥、虾粥、猪肉粥、甜粥、八宝粥等,甜咸皆备,不可胜数。

2.麦食

五香面:李渔家中的阿王系甘肃兰州人,擅长音律,平常穿男装扮童子。李渔对其评价:容貌平常,立女伴中似无足取,易妆换服,即气人改观,与美少年无异,擅长制面食。取芝麻屑、"大红袍"

椒末、酱、醋、焯笋煮蕈或虾的鲜汁,把芝麻屑、椒末二物拌入面中,把酱、醋、鲜汁和为一处,为和面之水,不用白水揉面,还鸡蛋清,拌匀,扞薄,切细,以滚水下之,面极鲜而有嚼劲。

八珍面:鸡、鱼、虾三物之肉,晒使极干,与鲜笋、香蕈、芝麻、花椒四物,共成极细之末,和入面中,与煮蕈虾之鲜汁共为八种,鸡鱼之肉务取极精,因为面遇油即散,难扞难切;把前七物烘干磨碎,和入面中,以鲜汁、酱、醋为水,加鸡蛋清一二和面;煮法与五香面同。

刀切面:鸡鱼之肉,务取极精,稍带肥腻者弗用,面性见油即散,擀不成片,切不成丝故也。鲜汁不用煮肉之汤,而用笋、蕈、虾汁者,奕以去油故耶。煮面的汤里也要加盐,李渔喜欢牛肉面、酸笋肉丝面、三鲜阳春面(卤鸭、鳝糊、爆鱼肉)。

李渔制作面条的专业术语:"包青"——面中不放葱花,"肚当"——面浇头是鱼肚腩肉,"宽汤"——面碗中多放汤,"韭叶"——面条像韭菜叶那么宽。

麦鳅:又称拉拉面,俗称水牵面,是一种预先揉好富有碱性的面团,食时切下数条,经手工拉打,反复多次,拉成粗细适中、熟后极富咬劲的特种面条。大众化的浇配料用雪菜肉丝或青菜肉丝,由食客任选。高档的配料则用肉片、笋片、香菇或木耳、番茄等。面长柔滑,富有咬劲,鲜美开胃,经济实惠。也可制成炒拉拉面,别有风味。

豆腐汤团:豆腐汤团是以兰溪著名特产大青豆制成的豆腐搅碎,加以肉丁馅,在面粉窝中滚制而成,在鲜汤里煮熟,盛以汤碗,撒上葱花,白如玉球,自然洁净,爽嫩鲜美,养胃怡人。相传李渔经常以该美点荐客,后成为兰溪传统大众名点。

馄饨面:擀打工艺奇特,刀工精细,富水一捞即熟,锃亮透光,薄软爽滑,极有咬劲,风味独具。

麦疙瘩:源于清宫的御膳房,风味别致,是金华有名的风味小吃。

汤包:"包子"之名最初只见于唐代,陈藏器《本草拾遗》中有:"麦末(面粉),味甘无毒,……和醋蒸包。"汤包产生于19世纪末,鼎盛在20世纪二三十年代。汤包顾名思义是用汤裹的包子,用骨头汤煮肉皮,肉皮炀光了拌上肉末、开洋、笋尖和佐料,冷却成冻状作馅,包裹得"天衣无缝"的包子上屉蒸熟,趁热小心食用,先破个小口吹风吸汤,再咬皮吃馅,否则会烫坏舌头。汤包待客曾经是兰溪很体面的待客之道。李渔也喜欢吃五仁包。

油煎馃:油煎馃制作时把特制的白铁皮模子在油锅子烫热,淋上水粉形成外壳,装上菜馅,又以水粉盖顶,使之成为整体,再入油锅,脱出煎透。把油煎馒头对半剪成口子,夹上油煎馃拿手上配套食用。也有油煎馒头夹五香豆腐块的。鲜馒头夹扣肉、霉干菜是传统喜宴上的主食。

大饼油条:吃大饼油条盛行于明朝,其有个特别的习惯:一块烤得焦香的大饼一折两,将一根外脆里嫩的油条裹进去,一起向嘴里送。大饼干爽,防止油条烫手和油污,油条香脆油滑和大饼柔软相配好吃。所以,这一黄金搭档常常是"一副""一副"买的。大饼是用木炭烘的,吃上去没有煤烟的味道,而且有害物质少。

饺子:李渔喜欢鲜肉饺子蘸蒜泥,饺子可煎、可煮、可蒸、可炸,馅心可甜、可咸,可荤、可素。

### 3.粉食

糕饼:米麦是食物中的精品,而面粉是精品中的精品。李渔喜食豌豆黄切糕、蜂蜜糕、栗子糕、苏式月饼(千层纸薄的雪白酥皮,碎核桃蜜饯馅心)、塌饼(薄韧,黏糯又便宜)等。

粉：昔人云："有仓率客,无仓率文人。"李渔:粉,又饱肚又省粮。藕、葛粉不用下锅,调以滚水,即能变生成熟。葛粉能退热,止渴、透发斑疼,夏天喝最好。粉食之耐咀嚼者,厥为上,绿豆次之。如八宝粉、白水冲豆粉、赛翅羹、虾米葛粉丝汤。

酥饼：金华传统小吃,又称"干菜酥饼",明代已闻名。李渔非常喜欢以开水配食,既饱腹又实惠。酥饼特点是松酥脆香,久藏不变质。酥饼,以面粉为料,揉一遍抹一层食用油,折叠后又揉又抹油,反复多遍(俗称千层饼)擀成皮,裹以霉干菜和猪肉的馅,制成饼状,面上再抹油,撒上芝麻,放烤炉烤至通体酥黄,轻轻咬一口,从外酥到馅,食用时要用双手捧住,要不饼屑会落一地。

白薯丝饼：又嫩又松,凉了吃也香,宜当干粮。

肉粽：粽子是每年端午、中秋家家户户都做的节日食品,在家人食用的同时,也作为馈赠亲友的礼节性食品。李渔食粽子选用地产精糯米,浸泡后沥干,以鲜箬片包裹。馅料有瘦肉、肥肉、骨头肉、火腿肉、豆沙、毛芋、豌豆、青豆、栗子、蜜枣等多种,拌以料酒等调味,口味有甜的、咸的、辣的,外观有长形粽、四角粽、三角粽等式样,市场上以四角粽为多见。裹好后以文火焖煮数小时,到米糯馅烂、香味扑鼻即可食用。

汤圆：李渔食用的汤圆很有特色,除有与各地一样的桂花汤圆,芝麻汤圆等甜品种外,有嫩笋鲜肉馅、萝卜豆干肉馅、青菜豆腐馅、腌菜豆腐馅、葱肉馅等多种多样馅料的咸汤圆。外观上,馅装进去后的收口留个尖尖头,所以在金华方言叫"汤头",酷似一个装得鼓鼓的小布袋,其外观小巧、选料讲究、味道鲜美。

糯米团：糯米团就是蒸熟的糯米饭加配料裹成团,可拿在手里随意吃,很方便,好吃又熬饥。配料有多种多样,早年前是仅仅包一二匙红糖或白糖,后来发展到夹一根油条,也有裹炒芹菜、炒辣椒、榨菜、水萝卜、藕丝、霉干菜的,更有每样都要配一点的,不一而足,吃得津津有味。

索粉:索粉在外观上与外地的米线相似,但制作上工艺繁复独特。传统制作索粉已有数百年的历史,采用早籼米浸泡24小时后洗净磨成水粉,放容器中沉淀后澄去水,再用篾刮一层层刮下,上蒸笼蒸熟,倒入石臼反复捣透,然后上木榨压榨成丝状或扁丝状,过沸水捞出即成。刚出锅的索粉拌上辣酱汤、香油,当时食用的叫水索粉,细腻爽口,美不可言。把水索粉晾成干,叫索粉干,可长期保存。食用时泡水还原,捞起炒透,配上辅料、佐料食用的叫炒粉干;还原后叫水索粉,下到汤料里盛碗的叫汤索粉,但与刚榨出的味道就稍逊一筹了。炒粉干、水索粉、汤索粉是李渔常吃的食品。

麻球:用粳米裹糖,沾上芝麻,油锅里煎熟,又黄又脆,很是香甜清口。

印馃:印馃是清明节每家必做的食品,在食用的同时,首先以祭品的形式供奉先人,以示缅怀。当时南方很少种植小麦,均以粳米粉炒至半熟,反复揉和擀成皮,裹以瘦肉、豆腐、腌菜为咸馅,或以红糖、白糖为甜馅,先裹成球状,再用木料雕刻而成的馃模中压制成形,上屉蒸熟,即可食用。

桶饼:正面沾有芝麻,内夹精心炒制的猪肉末。用炉子木炭烤,烤出炉,又热又香,携带方便,并且十分好吃。

鸡子馃:《兰溪市志》载:"鸡子馃:用面粉作皮,葱肉作馅,作成肉馃,煎半熟时在皮上戳一小孔,倾入搅和的生鸡蛋,煎熟便成。"鸡子馃制作要求很专业,如果把生鸡蛋淋到皮上或溅到锅里就不成功了。

说到鸡子馃的来历,就要提到李渔,李渔认为,"葱、蒜、韭能秽人齿颊及肠胃",从而坚守"一生绝三物不食"之戒。

有一年新春,李渔忽患外感风寒,鼻塞涕流,卧床难起,妻妾们按民间偏方,做了碗葱白汤给他喝,以散风祛寒,可李渔嫌味重且"臭",执意拒食。三天了病仍无起色,急得一家人团团转。家中有女乔姬,生性聪慧,她想李渔平日喜欢每天吃一餐面食,又有爱吃鸡蛋的习惯,就如此这般做蛋馅馃,并填入许多葱花。

谁知阵阵清香很快吊起李渔的胃口,乔姬又趁热一口一口地喂他吃。睡眼惺松的李渔,只觉越吃越醇香入味,开胃又通鼻,竟未察觉其馅中的葱末。一觉醒来,经葱性发散,李渔风寒尽散,病很快好了。这时乔姬才将如何让他食葱祛风寒的事,说了个水落石出。传说李渔从此改变了对葱的看法,在《闲情偶寄》饮馔部中写下了"然亦听作调和"的结语。从此鸡子馃就流传下来了。

荞麦馃:荞麦馃是九月重阳节,荞麦收获后,农家都做的一种食品,荞麦粉擀成大圆皮,堆上鲜肉咸菜、鲜肉萝卜丝或鲜肉豆腐干、葱等馅料,也有加入辣味的,然后,把皮对折,用碗口沿边一扣,即成半月形的荞麦馃,上锅屉蒸熟,和着稀饭食用,鲜美可口,独有风味。

(三)肉食第三

**第一,鱼馔。**

晚明时期,水产鱼鲜是南方各地人们饮食生活的重要组成部分,其中最为重要的当推鱼、蟹、虾三类。许多晚明食书中都有关于鱼类菜肴的详细记载,《饮馔服食笺》"脯鲊类"中记载了炙鱼、水腌鱼、鱼鲊、带冻盐醋鱼、蒸鲥鱼、酥骨鱼、又风鱼、风鱼法、鱼酱法、酒发鱼法、湖广鱼鲊法等品种。崇尚鲜味的大饕客李渔也在其《闲情偶寄·饮馔部》中专章阐述了食鱼类菜肴必须把握的原则、保持鱼味至鲜的关键和鱼肴的烹饪方法，"食鱼者首重在鲜，次级则肥……如鲟、如鲫、如鲤，皆以鲜胜着也，鲜宜清煮作汤；如鳊、如白、如鲥、如鲢，皆以肥胜者也，肥宜厚烹作脍……鱼需活养，候客至旋烹。鱼之至味在鲜，而鲜之至味又只在初熟离釜之片刻"。

蟹在晚明为文人雅士们所追捧，成为餐桌上的珍品。李渔在《蟹赋》中称其为"天下之至美"，以一种审美赏玩的心态来叙述，蟹膏好似玉脂，蟹螯如同琥珀，描述自己痴情于蟹，终身不能忘怀蟹的鲜美。虾类菜肴在晚明既可白煮加调味品食用，也可酒腌加入椒盐好酒，随时享用，还是重要的烹饪佐料，"虾为荤食之必需……善治荤食者，以焯虾之汤，和入诸品，则物物皆鲜……"除却鱼、蟹、虾三类水产之外，闽广一带以"闽荔枝、蛎房、马鱼、紫菜"为"四美"，三吴之人以河豚、鲥鱼、江鱼齐为珍品，水产类菜肴的种类大大增加。李渔积善自省，认为千年老鳖不能吃，不能因一时的口腹之欲而做那种伤天害理的事。

《闲情偶寄》中以食鱼为例说："鱼之为种也似粟，千斯仓而万斯箱，皆于一腹焉寄之。苟无沙汰之人，则此千斯仓万斯箱者生生不已，又变为恒河沙数。至恒河沙数之一变再变，以至千百变，竟无一物可以喻之，不几充塞江河而为陆地，舟楫之往来能无恙乎？故渔人之取鱼虾，与樵人之伐草木，皆取所当取，伐所不得不伐者也。我辈食鱼虾之罪，较食他物为轻。兹为约法数章，虽难比乎祥刑，亦稍差于酷吏。"按现代生物学理论来看，在生物繁殖之中有所谓"群体选择"一说，局部的牺牲往往获得种群的繁衍。捕食鱼虾满足了人类的口腹之欲，却也有助于种群的平衡，正如剪枝伐木，是为了伐其不得不伐者，使草木长得更健壮。家养的鸡鸭鹅猪牛羊成为人们食用不尽的食物之源，正因为人们把它们驯养成家畜，远比野生的具有更多的种群和庞大得难以估计的数量。人类和动物都置身在大自然的生物链中,环环相扣,环环相生。动物有生命,也有剌心之痛,怎样在这生物链中代谢,而又不受到虐待,李渔并没有现代科学知识,但传统的仁爱之心使他从反对"虐生"进而朦胧地意识到生态平衡的问题。

烹鱼之法,做鱼要宜用素顶汤(黄豆汤),不要用荤汤(如清鸡汤),用素顶汤煨鱼汤鲜,鱼也松嫩入味。用白水煨,汤虽然鲜,但夺去鱼味,鱼就柴了。鱼脂渗入汤中,鱼汤稠浓乳白,厚而不粘,香浓适口。如汤烧干,鱼烧的时间长,汤则淡不鲜,鱼肉发硬。鱼要肥且鲜,如鲟、鲦、鲫、鲤,皆以鲜胜者也,宜清煮作汤;如鳊、白鳝、鲢,皆以肥者胜也,宜作脍。李渔对鲜藕芽莲子烧鱼汤、茭白煨鱼、豆腐鱼、嫩芦笋煮鳖裙羹等菜肴情有独钟。[48]

鲇鱼大补汤:开水烫除身表的黏液,肉软如软酪。鲇鱼肥嫩,适合红烧,用葱姜煨汤更滋补。

清蒸鲫鱼:肥腴,但鱼子柴硬,不及鱼肉好吃。

鱼羹:鲜美。鳜鱼蒸熟(加葱姜酒汁)去骨,取鱼肉拆碎,与火腿丝、笋丝、香菇丝、高汤、姜丝、酱油、白糖、香醋、胡椒烩制而成。

糖醋鱼:活鱼清养两天,去掉土腥味再吃才鲜。

酸汤鱼面:煮鱼水忌多,仅是伴鱼而止,水多一口,则鱼淡一分。

蒸鱼:鱼皮呈半透明状,紧致胶亮,鲜味尽在鱼中,丝毫不泄,鱼鲜味浓厚,鱼肉松软,却柔韧有弹性。其中鱼肚肉最美。

虾:由俭入奢易,由奢入俭难,不能浪费。大虾适宜油爆,活炝适合白虾。虾汤炒豆干、煮面、煮猫耳朵、煮粥都很鲜美。豆干香,菜心汤清爽。虾鲜美,适宜做配菜。

虾汤笋丁馄饨、腌虾、糟虾、虾仁炒白米饭等都很鲜,虾为荤食之必需,笋为蔬食之必需,皆犹甘草之于药也。善治荤食者,以焯虾之汤和入诸品,则物物皆鲜,亦犹笋汤之利于群蔬。笋可孤行,亦可并用,虾则不能自主,必借他物为。

昂嗤鱼:肉嫩,没腥味儿,骨刺硬,吃大不吃小。

斑子鱼:味之甘美,几同乳酪,又柔滑无骨,真至味也。《本草》《食物》诸书皆所不载,产量少、身上带青斑、红斑,每年仲秋才能捕到。

捶肉:闽中的"肉燕",如肉燕馄饨。福建的锅浆、西施舌、鲜贝也都是李渔爱食之物。

江阴的河豚:河豚肉要洗至水清可以舀起来喝;眼睛、内脏、鳃全去掉,血水漂净;高温焖烧一个时辰;若有"麻嘴"味,则河豚肉还有微毒。肥腻,与猪肉味相近。豆色不纯的酱烧河豚,有剧毒。河豚肉上的血丝要用针挑净,否则有毒。火候一定到位,低卷捶入锅中,取出点看看,水被烧开,火候到,否则有剧毒。

芋泥肉:甜味,肉块油炸后再蒸、很香。

蒸鲜鳓:鲜肥、有韧劲、甘美,鲜食,江浙一带做成"鲞"待夏天吃。

**第二,蟹品。**

食蟹的历史,最早可追溯到西周时代。从《周礼》和晋代《字林》记载可知,已有两千七八百年的吃蟹历史。自古以来,食蟹似乎是一件大有讲究的雅事。据明代美食指南《考吃》记载,明代初创的食蟹工具有锤、镦、钳、铲、匙、叉、刮、针8种,翻译成现代汉语就是腰圆锤、小方桌、镊子、长柄斧、小匙、长柄叉、刮片、针,故称之为"蟹八件"。遥想当年李渔娴熟地使用"蟹八件",把蟹放在小方桌上,用圆头剪刀逐一剪下两只大螯和八只蟹脚,将腰圆锤对着蟹壳四周轻轻敲打一圈,再以长柄斧劈开背壳和肚脐,之后拿金千、镊、叉、锤,或剔或夹或叉或敲,取出金黄油亮的蟹黄或乳白胶黏的蟹膏,取出雪白鲜嫩的蟹肉,一件件工具轮番使用,一个个功能交替发挥,好像是弹奏一首抑扬顿挫的食曲。当用小汤匙舀进蘸料、端起蟹壳而吃的时候,食曲进入高潮,那真是何等的惬意快乐,何等的雅致风味!

对李渔来说,唯独可以大吃特吃的野生动物,似乎只有螃蟹。故有"蟹仙"之称。每年,当螃蟹未出时,李渔就将钱储存起来,等待螃蟹上市。面对这个终日横行霸道的家伙,李渔认为,完全可以放开嘴巴尽情享受。家人见了,都笑他"以蟹为命",李渔也就自称购蟹之钱为"买命钱"。等蟹上市之日起,他开始吃蟹,每晚必备,从不间断一日。朋友们也知其爱好吃蟹,均在此时招待他,李渔也就将每年九、十两月称之为"蟹秋"。——那意思就是说,这不仅是一年中最为华美的时段,也是人生中最为灿烂的时光。蟹还未上市,李渔就担心时过蟹尽,再不能品尝此美味,就命家人洗瓮酿酒,以备制作糟蟹、醉蟹之用。他将加工糟蟹的糟,称之为"蟹糟"。难怪他自言"螃蟹终身一日皆不能忘之,至其可嗜、可甘与不可忘之故,则绝口不能形容之"。

李渔酷爱吃蟹,自称"以蟹为命",还专门写了一首《蟹赋》,序云:"南方之蟹,合山珍海错而较之,当居第一。"他说:"蟹之为物至美,而其味坏于食之之人。以之为羹者,鲜则鲜矣,而蟹之美质何在?以之为脍者,腻则腻矣,而蟹之真味不存。更可厌者,断为两截,和油、盐、豆粉而煎之,使蟹之香与蟹之真味全失。此皆似嫉蟹之美观,而多方蹂躏,使之泄气而变形者也。李渔以为最好的做法是以全蟹放在笼屉里蒸熟,贮以洁白如冰的大盘之中,而且必须亲自剥着吃,让别人代劳,味同嚼蜡,自己从蟹的腿、螯乃至躯壳一点一点剥着吃,仔细品尝,其乐无穷。"

李渔嗜蟹,还精于食蟹,他在所著的《闲情偶寄》中,论蟹食之美可谓入木三分："蟹之鲜而肥，甘而腻，白似玉，而黄似金，已达色、香、味三者之至极，更无一物可以上之。"对于食蟹，李渔还讲究道："凡食蟹者，只合全其故体，蒸而熟之，贮以冰盘，列之几上，听客自取自食。剖一筐，食一筐，断一螯，食一螯，则气与味纤毫不漏。出于蟹之躯壳者，即入于人之口腹。"至今仍然流行这种食蟹之法。蒸蟹用稻草裹蟹，蟹肚朝上隔水蒸，膏黄一点不散且有稻香。阳澄湖蟹油多、肉满、壳薄、个头大、味儿鲜。吃完蟹用菊花水洗手去腥，李渔食蟹一点点剥蟹，忙半小时也吃不上几个，蟹要自剥自吃才有味儿；吃蟹配花雕酒不胃寒，持螯把酒，人生快事；蟹性寒凉，多吃伤身。

醉蟹：蟹之鲜，甘而腻，白似玉而黄似金。腌醉蟹要雌不犯雄，雄不犯雌。雌雄要分开腌，以防膏脂变沙，蟹黄才能凝聚成冻；先将蟹清水养两三天去泥沙，擦干水，刮去毛，蟹脐敷椒盐，扔进缸里加酒；用酒浸泡活蟹，酒用上好的糯米酒，不能用劣质酒。这是腌"醉蟹"，第一步叫"醉料蟹"；瓮中取醉蟹，最忌用灯，灯光一照，则满瓮俱沙，此人人知云者也；启封后捞出腌好的"醉料蟹"沥干，放入蟹瓮，再用蟹卤腌，然后就能吃了；醉蟹卤，用糯米酒、盐、糖、姜、葱、花椒、八角、茴香调在一起；蜜蜂蟹瓮，一个月后启封，醉蟹就腌好。蟹粉烩豆腐也是美味佳肴。

**第三，肉食。**

民间，历来有吃得越邪门越代表富贵的怪癖，所以才有了生吞猴脑、炮烙鸭掌之类的野蛮美食。李渔是人道主义美食家，对这类惨刑痛心疾首，让动物死可以，但使其求死不得绝对不行，"物不幸而为人所畜，食人之食，死人之事。偿之以死亦足矣，奈何未死之先，又加若是之惨刑乎？二掌虽美，入口即消，其受痛楚之时，则百倍于此者，以生物多时之痛楚，易我片刻之甘甜，忍人不为，况稍具婆心者乎？地狱之设，正为此人，其死后炮烙之刑，必有过于此者"。这种"痛吾痛以及畜之痛"的体恤情怀，实则是众生平等的思想，是对世间生灵的高度尊重，他最讲究吃食物的原味。[49]

李渔有着清淡、自然、讲究悲悯的饮食观，李渔认为"肉食者鄙""脍不如肉，肉不如蔬"，所以食物是越脱离了复杂的烹饪程序越好，口味也是越本味越好。

李渔对于肉食，提倡"多食不如少食"。虽然将其置于第三的位置，并不是素食主义者。羊肉，最能饱人；鹅，取其肥而甘，不肥则味同嚼蜡；雄鸭，则贵烂蒸，"烂蒸老雄鸭，功效比参芪"；野禽、野兽，重其香。[50]

李渔也强调尊重客人，一道菜上桌，客人可各取所好，无须主人强让。李渔最讨厌的是主人用自己的筷子夹了菜堆在客人面前。

狮子头：选用松嫩的肋条肉，不能剁，用刀先批成丝再粘。手蘸水调芡，团捏调好味的肉末，轻按成形。下油锅炸，肉丸表面的芡经油炸后虽薄而不散，如"轻纱裹香粒"，真是美艳，色微黄。放入青菜垫底的容器中，文火蒸熟即成。其特点比蛋羹还香，用匙子舀着吃，入口即化。

家乡肉：是李渔之至爱。肥肉如半透明，蜜蜡像奶酪，肉皮像大红琥珀，口感糯，肉身柔软发颤，色泽鲜亮，油花四射，香味扑鼻，垂涎欲滴。大块猪肉在白水中煮半熟，用刀切成方块，但皮不切断。密封砂锅，加绍酒、冰糖、姜葱酱油、酒、笋等佐料，旺火烧开，转微火焖蒸一个时辰。瘦肉丝饱满柔顺，翻个身再焖煮一个时辰，最后，放进小砂锅，淋原汁加葱姜胡椒蒸半小时。

锅包肉：酸甜味，用不肥不膻的羊腿肉炸的。

荷包鲫鱼：鱼肚里塞满香软多汁的嫩羊肉馅。

鸡蛋：腌五香蛋、炒蛋、蒸蛋羹、皮蛋、煎蛋饼、白煮蛋、茶叶蛋等都是李渔爱食之物。

胭脂鹅:鲜甜,用剩饭喂养的鹅,味美。

黄芪养生鸭:选用老雄鸭(性懒,个大能抢吃,越老越肥,皮肉至老不变)肚内塞上黄芪,背朝上煨两个时辰,翻个身加火腿再用小火煨。烂得很。野味之逊于家味者,以其不能尽肥;家味之逊于野味者,以其不能有香也。家味之肥,肥于不自觅食而安享其成;野味之香,香于草木为家而行止自若。

斑鸠肉不及鸽肉肥腴,但其甘甜清爽。

野牛鞭:色彩鲜亮,食之有力气。

鹿肉:增长精力。

野雉:肉质结实,香韧。

羊杂汤:羹之别名。"宁可食无馔,不可饭无汤"。羊肉羹比羊杂汤可口。冷天食用驱寒。羊肉不能吃太多,不然肚子发胀。100斤熟羊肉要4只羊,100斤活羊宰杀后只有50斤,煮熟后只有25斤。东山羊,肉质柔韧,没膻味,稀有珍贵品种。

蛤士膜羊肉:嫩肉块先和蛤士膜红煨,再把肉块儿炸酥吃,香极了。

羊方藏鱼:羊肉生腌入味,鱼剔尽骨刺。

白切羊肉:浇蒜汁,辣油汁吃,又香又烂。

红烧羊排:俗谚曰:羊几贯,账难算,生折对半熟对半,百斤只剩廿余斤,缩到后来只一段。人只道生羊易消,却不知熟羊易长。羊肉之物最能饱人,出远门者带此最宜。居家食用,当留腹中余地以待其长,勿食太饱。

(四)闲情果品拾取

李渔喜欢新鲜的水果,荔枝、杨梅、福橘、葡萄、苹果、梨等水果都被他赋之成文,这也体现出他的自然饮食观。李渔认为,瓜果饱肚又省粮,如黄瓜生腌,鲜脆爽口。

李渔多才多艺,会过日子,有生活情趣。他喜欢了什么,都要留下诗文。据了解,李渔于康熙九年(1670)60岁的时候,带领乔王二姬等家班成员,离开南京前往福州,一为其所著的《李笠翁一家言》筹集出版资金,同时拜访福建总督刘耀薇等老友。在福州,李渔与他的朋友们一同在"榕阴之下,小西湖游船之上"品茗论壶,观看演出,切磋演艺,品尝风味小吃。李渔为当地留下了《荔枝赋》《福橘赋》等诗文,还在《闲情偶寄》里提到了"西施舌""江珧柱"等当地特色海鲜。李渔足迹寻访团先后走访了福州市"三坊七巷"明清古建筑群等地。据介绍,"三坊七巷"起于晋,至明清时鼎盛,是当时当地文人、官员聚居区,李渔曾在此生活居住了四个月左右。

一年夏天,他应朋友邀,从浙江来到福建,初食荔枝,惊喜之余写下了《荔枝赋》:"……头之嫩紫,剪叶下之鲜红;怪珠光兮射远,惊火焰兮烧空;不待尝而味先在口,无烦嚼而汁已投胸;莹同冰雪之肤,娇若芙蓉之面;甜如蜜兮,脆似藕兮,较之梨而梨淡,方诸橘而橘浓……"

李渔有一大嗜好,即酷嗜水果,尤爱吃杨梅。

这一年,李渔的家乡发生了瘟疫,李渔全家相继染病。李渔病情最重,一连3天没吃饭。当时正值五月,恰为杨梅上市的时节。

第4天早上,李夫人问李渔想吃什么。李渔有气无力地答道:"夫人知道,每当五月,我最爱吃的水果便是杨梅。夫人可令家人去市上瞧瞧,杨梅上市了吧?若上市,可令家人买一些供我品尝品尝。"

因李渔大病在身,若误食杨梅反致病情加重,那可大大不妥。李夫人因此答道:"杨梅上市与否,奴家也不晓得,可令家人去市上瞧瞧。"李渔点头答应。

之后,李夫人来到为李渔治病的赵大夫家,问李渔病中能不能吃杨梅。赵大夫连连摆手:"万万不可!万万不可!李老爷所患乃是热病,而杨梅又为大热之物,若病人食下杨梅,必热上加热。且不言多食,即使食上一两枚,也足可令人丧命。"

李夫人回家后告诉李渔:"杨梅尚未上市,待上市后,便安排家人去买。"

也巧,李渔的居室正与一条街道相邻,就在夫妻二人说话时,室外忽然传来杨梅的叫卖声。李渔一听,大为恼火,责问妻子:"杨梅已然上市,夫人为何故作诳语?"妻子无奈,便将赵大夫所说告诉了李渔。

李渔听罢答道:"此等庸医碌碌无为,多好危言耸听,实与巫人无异。此中道理,岂是他等所能明白。"随即命家人即刻买进。

杨梅买到了家中,李渔满心欢喜吃了起来,转眼之间,已经将一碗杨梅吃光。李夫人问李渔:"相公感觉如何?"李渔笑答:"满胸郁结,为之俱开,五脏皆和,四体尽适,此乃去我病第一良药也。"

果然被李渔说中,第二天,李渔症状全部消失。

李渔说自己像猕猴,酷爱水果:

第一是荔枝,至尊无上者;

第二是杨梅;

第三是福橘;

第四是燕京(古籍中多用其为北京的别称)的葡萄;

第五是苹果;

第六是真定(地处冀中平原,历史上曾与北京、保定并称"北方三雄镇")的梨。

# 第三章 李渔饮食文化的历史考察

我看中国有两样东西对世界是有贡献的，一个是中医中药，一个是中国的饭菜。饮食也是文化。

——毛泽东

# 第一节 李渔饮食文化的产生与发展

一个地区的食俗,并不是一成不变的,民族间、地区间、国家间的交往,经济的发展,科技的进步都推动着食俗的演变。饮食是人类生存与发展的第一需要,也是社会生活的基本形式之一。然而不同的文化背景,有着不同的饮食观念和饮食习俗,最终形成不同的饮食文化。不同的饮食文化造就了不同的民族,同时也影响了一代又一代人的身体素质。在生产力低下的时代,广大百姓尤其是贫苦农民与这种饮食文化无缘。古代的饮食文化是以士大夫阶级的生活为基础,以封建专制下的王公贵族生活为中介而积累、保存、流传、发展而来的,而众多的人口、丰富的物产和农业社会缓慢的生活节奏,人们便不惜人力、不惜本钱、慢工细活,一刀刀,一勺勺,一盘盘,一席席整治出华美大宴,供富贵人漫天铺地地享用。笔记体散文集《闲情偶寄》,开现代生活美文之先河,古代生活艺术大全,是古代讲究饮食之体现。

## 一、李渔饮食文化的产生

李渔是明末清初具有资产阶级启蒙思想的思想家,清初知识阶层的遗民情结和隐逸之风、相对安定的生活、生产力水平的提升、商人地位的提高等,是李渔饮食文化思想产生和存在的时代环境和必要条件。他所倡导的饮食文化以食、乐、玩为主,在当时具有石破天惊的意义,带有明显的时代烙印和启蒙特色。

(一)明末清初厚重的文化氛围与饮食习俗激发了李渔的味觉

现代文化人郁达夫云:"文化的真实存在依赖于饮食。"知识与自由相关,自由总离不开饮食,饮食与求知相兼相容,和谐统一。李渔认为读书为第一乐事。听文人高士清谈,既增长见闻,又可以娱情。他善于动脑筋钻研,他说:"肉食者鄙,非鄙其食肉,鄙其不善谋也。以肥腻之精液结而为脂,蔽障胸臆,犹之茅塞其心,使之不复有窍也。""脂腻填胸,不能生智故也。"并列举老虎食肉,大脑简单,不食小儿,不行曲路的事实,加以证明。李渔家世代从事医药,他颇通医道,符合科学的论断不仅使人信服,而且令人耳目一新。忙世人所闲,闲世人所忙。"人莫乐于闲,非无所事事之谓也。闲则能读书,闲则能游名胜,闲则能交益友,闲则能饮酒,闲则能著书。天下之乐孰大于斯。"明末清初时期的话本、拟话本小说、传奇、戏曲、小品都是饮食的文化快餐,是饮食的产物,也是饮食心态的范本。李渔具有科学的饮食思想,他将饮食与健身结合起来,说:"乐不在外而在心,心以为乐而是境皆乐。"饮食必先闲心。"务本之法,止在先和其心。心和则百体皆和。"饮食是人类社会生活的一种自然现象,而烹饪则是人类社会发展到一定历史阶段的产物。烹饪的产生发展不仅丰富了人们的饮食生活,而且也反映了人类的智慧与文明。一切生物都要从自然界提取养料来维持生命、发育成长和繁衍后代,人类也要靠择食方式来维持其生命。食、色,性也。人们视吃为人生乐事,把饮食放在了人生和人性的第一位。之所以有如此重的分量,是穷困饥饿培育、锤炼了人们分辨力极强的味蕾,激活了人们的味觉感受能力,从而造就了灿烂辉煌的饮食文化。

明末清初时期,政策开明,国力雄厚,经济上升,食源充沛、经济社会全面发展,物资充裕,饮食文化生机旺盛。人们努力开辟新食源,引进辣椒和土豆,扩大肴馔品种,出现洋葱、四季豆、苦瓜、马铃薯、辣椒、番茄、芦笋、花菜等蔬菜达 130 种。饮食市场蒸蒸日上，经营方式灵活多样，茶楼酒肆进一步向水陆码头、繁华闹市和风景胜迹区集中，逐步形成各有特色的食街，如北京大栅栏、上海城隍庙、南京夫子庙、苏州玄妙观、杭州西湖、金华西市街等地的名气已经非常大。这些地段，"酒商食凤，蜂攒蚁聚，茶楼饭庄，鳞次栉比""卖酒的青帘高扬，卖茶的红炭满炉，仕女游人络绎不绝，真不数三十六家花酒店，七十二家管弦楼""迟日芳樽开槛畔，月明灯火照街头""一客已开十丈筵，客客对列成肆市"，生意红火，财宝盈门。明末清初的名厨巧师如林，一批以名师命名的美食广为流传。其中有菜谱茶经"莫不通晓"的董小宛、淮为"天厨星"的董桃媚、"遂将食品擅千秋"的萧美人、"什景点心"压倒天下的陶方伯夫人、五色脍"妙不可及"的余媚娘、嘉兴美馔"芙蓉蟹"的创始人朱二嫂、川味名珍"麻婆豆腐"的创始人陈麻婆、撰写《中馈录》的才女曾懿等。此外，《扬州画舫录》等书还介绍过众多名厨，如做"十样猪头"的江郑堂、做"梨丝炒肉"的施胖子、做"什锦豆腐羹"的文思和尚、做"马鞍桥"(鳝鱼菜)的小山和尚等。社会生产力较之前代有了明显的增长，炉灶、燃料、炊具均较前代先进，出现成龙配套的全席餐具；烹调术语增加，工艺规程严格，烹调技术升华；珍馐佳肴丰收，清宫菜和孔府菜影响深远；四大菜系形成，地方风味蓬勃发展；普遍重视养生食疗，饮食理论有重大突破。[51]

(二)丰富的人生阅历与审美追求奠定了李渔饮食思想的基础

李渔的人生具有一定的戏剧性的变化，他不平凡的人生从某种意义上决定了他的思想具有某种矛盾性。朝代的更替使李渔走仕途的理想化为泡影。性格的软弱没有使他走上类似顾炎武那样的反清之路。尽管他对现实心存不满，但他缺乏改变现实的能力，传统文人身上根深蒂固的缺点使他趋向于走与现实苟合的道路。消极的意志使他隐入民间，做起了为时人所不齿的梨园传唱的行当。本来，如果没有明亡清继的历史变故，李渔很可能凭借他机警过人的才能而步上仕途，博取功名。然而不测的历史动荡粉碎了他蓄之已久的梦想。自幼受先辈教导要走仕途建功立业的梦想，在金戈铁马狼烟四起的动乱年代成了泡影，李渔的人生经历是他饮食思想产生的重要基础。

李渔作为文人的代表，其反映了古代文人生活道路选择的尴尬。明末清初的文人"四体不勤，五谷不分"，最高的理想便是入仕，当这条路不能顺通时，文人的队伍就会发生分化，一些坚守气节的人可能会选择"独善其身"的生活，这种生活道路的选择意味着他们终身过清贫的生活。而另一些人可能为了生计而放弃掉以前的理想，选择寄人篱下的生活。李渔就属于后者。李渔失掉了入仕的机会，生活使他过上了一种妥协的道路，他为了生活与现实妥协，为了衣食富足，又放弃掉自己的审美追求，一味地迎合市井大众。然而少年时代的教育与熏陶并不能把他精神中的理想与高雅的成分完完全全地磨灭掉，是故，"雅"与"俗"两种精神纠葛在一起，难解难分。在他的家居生活中，这一点时常体现出来。李渔不是一个俗不可耐的人，他有自己的精神家园，取悦于别人的时候，他没有忘记为自己营造一个格调高雅的生活空间，或许他是想通过这样的方式来表明他也曾经是一个有过崇高追求的人，他想借此来弥补在现实中气节亏损的遗憾。在家庭生活中，他作为一家之主，这时候不需要看别人的脸色，考虑别人的需求，也只有在这样的世界中，他才可以静下心来，心平气和地收拾起他残余的梦想，按照他向往已久的梦想来过想过的生活。《闲情偶寄》揭示了李渔生活的意义，还存留着一个清丽脱俗的世界。

(三)高品质生活需求与享乐思想催生了李渔饮食养生的探索

　　饮食是人的一种精神状态，饮食与人类的四大因素有关：时间、活动、生存方式和心态。其中以心态最为重要。明末清初，当时的文化人提出：饮食与人生、人品、才艺学识的关系；饮食与经济、政治的关系；饮食与自我保健、健身活动、各种艺术与玩好赏鉴的关系，但不成体系，没有系统。李渔十分重视人情物理，其《闲情偶寄》序云："王道本乎人情。"人情是饮食的核心，孟子云，食色是人类的本性。这一理念是民族的，也是全人类的。他将美食和男欢女爱作为饮食文化的核心就是其民族性的突出体现。"睹萱草则能忘忧，睹木槿则能知戒。"饮食因人而异。富人与穷者饮食之道相异，春夏秋冬四季饮食不尽相同，在家与旅途有别，饮食方式多种多样。睡眠，闲坐，散步，站立，饮食，谈心，读书，沐浴，听琴观棋，看花听鸟，蓄养禽鱼，浇灌竹木，等等，无不与心态有关。李渔饮食实践，存在于李渔典籍之中、蕴藏于饮食文献之内、存在于饮食思想与哲理之中、存在于食风食俗之列、徜徉在饮馔语言中。李渔一生写过许多专著，《闲情偶寄》是其讲求饮食之道的专著，他主张于俭约中求饮食的精美，在平淡处得生活之乐趣。其精辟的论点就是强调饮食的本味"鲜土"，即土原料、土烹制、土成品、土吃法的饮食风格，所谓"土锅土灶土板凳，土屋土料土味道"就是很好的诠释。李渔的这种"鲜土"，是在自身生存活动的一定地域内，利用本地所特有的物产，所创造的物质财富和精神财富的一种文化表现，它包括各类谷物及其加工制品、主食品和饮料、饮食器具、食品的加工方法及烹饪技艺、饮食方式、食物营养学，以及以饮食为基础的哲学、伦理、礼仪、习俗、心理、文学、艺术等。通常是有什么烹什么，取材方便，就地施烹，鲜美异常，徜徉在百姓的口腹之中,分布在各地村落的农家中,这是宫廷、官府、市肆饮食的源头,是老百姓饮食区域性的体现,居于饮食文化不同层次的地域空间中,无论是过去、现在,还是将来,在人们的饮食生活中都占有极其重要的地位。李渔把它概括为"重蔬食,崇俭约,尚真味,主清淡,忌油腻,讲洁美,慎杀生,求食益"24字诀,在朴实中蕴藏着丰厚,取自天然,犹如一曲淋漓酣畅的歌,一首和谐浑厚的诗,一卷气息清新的画,叫人陶醉,令人神往。

李渔笔下涉及饮食及养生的观点,有写浙江金华家乡的,也有写第二故乡江苏如皋的。就金华而言,明成化八年(1472)析遂昌、金华、兰溪、龙游县部分地置汤溪县,金华府领金华、兰溪、东阳、义乌、永康、武义、浦江、汤溪8县,故有"八婺"之称。金华,负江带水,崇山峻岭,岗地绵延,气候适宜,气候温和,雨量充足,土地肥沃,物产富饶,山野之中无奇不有,有山鸡、斑鸠、野兔、野鸭、野猪、山鹿、蛇及蛙类等飞禽走兽,还有漫山遍野生长着的蕨类、菌类及野菜植物,像野生的蘑菇、木耳、香覃、荠菜、马兰头、水芹菜、野油麻、南瓜嫩藤、马齿苋、菱角嫩藤、甘蔗嫩芽、枸杞嫩头、清明草等都是李渔餐桌上的家常便菜。特别是在明末清初的金华,精于美食,饮食业旺盛,民间菜肴丰富,婺州本帮菜蓬勃发展。如:用金华皮薄肉嫩的"两头乌"猪为原料制作而成的金华白切肉及煎豆腐、豆腐羹、山粉肉圆、芋丝等菜肴是非常流行的婺州本帮名菜,直至今天,仍为金华不少饭店的特色"土菜"珍馐美馔,形成了李渔饮食所特有的风格特色。凭着李渔勤劳聪明,精打细算,创造出许多经典的乡野田园菜谱,也造就了金华人淳朴、善良的天性、礼尚往来、互赠食品的习俗自古就有,无形中形成了食物烹调竞技的场所,互相取长补短。而且,金华的每个村几乎都是本家,走到哪坐到哪、吃到哪。饮食越做越精,品种也越来越多,由此形成了独具特色的李渔饮食文化。然而传统的饮食文化观,往往认为王侯贵胄、帝王将相、钟鸣鼎食之家的饮食才能上升到文化层面,凡夫俗子的饮食只为果腹,不成其为文化,由此致使不少传统的饮食线索仍然无法搜索到,李渔饮食文化就是一例。李渔的日常饮食,并不像上餐馆、赴豪宴那么讲排场,家常菜多数乃是黍薯杂粮、大米白面、豆腐豆芽、萝卜青菜。如此寒酸清苦的饮食,竟如此美妙,就是因为它能够满足人的基本需求。但是,佳蔬鲜菜也是很耐咀嚼的,不然李渔也不会留下饮食墨迹了。

## 二、李渔饮食文化的形成与发展

### (一)肇始于新石器时期金华先民的生活创造

上山遗址位于金华盆地,坐落在金华浦江县一座名叫"上山"的小山丘上,该地气候温和,四季分明,雨量充沛,水资源丰富,有力地保证了上山人原始农业和原始定居的条件。考古发掘,距今9000—11 000年的上山文化遗址,是河姆渡文化、马家浜文化、良渚文化等长江下游新石器文化的源头,是中国迄今发现的年代最早的新石器早期遗址之一。金华先民在原始氏族社会生活状况的历史,万年前的传奇,在上山遗址得到了充分的体现,在古金华已经有了比较进步的原始文化,存在着灿烂和古老的新石器文化,为研究金华饮食文化溯源提供重要依据。[52]

据上山遗址发掘,上山人过着农业定居生活,开始了农业种植与畜牧业生产,食物来源既有野生的动植物,也有经人工培育种植的稻、粟、黍粮食作物和人工驯养的猪、羊、牛、鸡、犬类家畜,形成早期氏族村落。他们用自己的智慧勤劳的双手构建了木结构房屋。考古专家现已发现"成排木柱构成的建筑遗址",它符合原始农业产生必然伴随着定居生活的常规。这是人类文明的一大进步,是人类早期定居生活的一种全新选择,反映了长江下游地区在新石器时代早期农业定居生活发生、发展中的优势地位。[53]

上山文化发现的诸多打制石器和磨制石器,还有切割工具,具有明显的由旧石器向新石器过渡的特征。上山遗址以石锛、石斧、石球、石磨棒、石磨盘及厚胎夹炭红陶"盆"等为组合特征的遗存与原始的采集、农业经济模式密切相关,印证了金华在新石器早期生活的痕迹。从《周书》的记载可知,陶器在很大程度上是为谷物烹饪发明的,是因为农业经济和定居生活的发展需要,有比较稳固的生活来源,不再频繁迁徙,对于烹调、盛放和储存食物及汲水器皿的需要越来越迫切,从而促使人们在生活实践中,创造出与人类生活息息相关的陶器,于是它们就大量出现,并成为新石器时代的突出特征。陶器的出现,便利了储存食物,尤其是流汁食物,更使人类有了煮制食物的器具,是人类划时代的发明创造。炊具是陶制的鼎、甑、鬲、釜、罐和地灶、砖灶、石灶;燃料仍系柴草;还有粗制的钵、碗、盘、盆作为食具,烹调方法是火炙、石燔、汽蒸并重,较为粗放。[54]

人们在长期采集果实的实践中,慢慢发现了许多植物种子可以再生的特点,于是就开始有意识地播种实验,从而产生了刀耕火种的粗放型原始农业,使人从过去的单出的采集经济中,逐步走向以人的劳动来增加产物的生产型经济,出现了相对稳定的生活,开始了定居、半定居的生活。与此同时,狩猎经济因发明弓箭等新的工具而发展起来,人们猎取的动物有了剩余,于是就把暂时吃不完的禽兽圈养起来,如驯养的猪、狗、牛、羊、鸡等动物,逐渐形成家畜饲养业,奠定饮食以农产品为主、肉类为辅的杂食性饮食结构的基础。从而为人类提供了比较可靠而稳定的可供食用的食物来源。食物原料多系渔猎的水鲜和野兽，间有驯化的禽畜、采集的草果和试种的五谷，不很充裕。调味品主要是粗盐，也用梅子、苦果、香草和野蜜，各地食源不同。尽管原料获得难，烹食方法原始，器具类型少，调味简单，卫生条件差，谈不上火候和营养，为金华饮食作为一种文化奠定了坚实的基础，开创人类烹食新纪元，对社会文明进步起到促进作用。

新石器时代由于没有文字，烹食演变的概况，只能依靠出土文物、神话传说及后世史籍的追记进行推断。[55]

此时先民进行烹调，仅仅出自求生需要；关于食饮和健康的关系，他们的认识是朦胧的。但是，从燧人氏教民用火、有巢氏教民筑房、伏羲氏教民驯兽、神农氏教民务农、轩辕氏教民文化等神话传说来看，先民烹食活动具有文明启迪的性质。

在食礼方面，祭祀频繁，常常以饮食取悦于鬼神，求其荫庇。开始有了原始的饮食审美意识，如食器的美化、欢宴时的歌呼跳跃等。这是后世筵宴的前驱，也是他们社交娱乐生活的重要组成部分。

(二)承启于历朝历代金华先民的饮食实践

自从洪荒大地出现人类之后，饮食，这一动物肌体与其生存环境进行基本物质交换的生活现象，也就产生了。饮食是动物生存的基本条件，寻找食物则是动物的本能。人类正是在寻找食物的漫长岁月中，逐渐脱离动物界(低等动物)而成其为人(高等动物)的。早期的直立人已能制作简单的石器，晚期的直立人则已能开始用火。到了早期智人阶段，发明了人工取火技术，熟食的比重逐渐增加，火熟的方式由简单向复杂演进，烹食技艺也逐步发展和完善，加之陶器(主要是烹食器具)的发明，使人类最终告别了

"茹毛饮血"的原始方式,步入了饮食文明阶段,极大地改善了人类的体质,提高了人类的健康水平。可以说,人类远古文化的产生和发展,主要是表现在饮食上,即食物的生产和烹食上。人类的创造和发明,大都是围绕饮食生活展开的,这是史前时代社会发展的固定法则之一。

人,要靠摄取食物来维持生命,这就产生了人类的饮食文明活动。人类随着文明程度的提高,其饮食活动也日益进步,其首要的表现便是使自然状态的食物原料,经过各种各样的熟化加工,以适应人类的生理需要和心理需要。对这种熟化的饮食生活,传统上称之为"烹食"。烹食,即"烹调食物"。也称为"烹饪",《辞海》解释为"烹调食物"、《辞源》释为"煮熟食物"、《现代汉语词典》释为"做饭做菜"。金华先民承前朝之遗习,养优蓄乐蔚成风尚。金华饮食文化历史悠久,内蕴丰厚,历代都有所发明、创新,同时兼收并蓄国内其他地区的饮食文化,形成了丰富多彩、独具特色的饮食风格。

1.夏商周时期

约公元前 1300 年,在社会发展史中属于奴隶制社会,也系烹食发展史上的"初潮"。它在许多方面都有突破,对后世影响深远。

烹调原料显著增加,习惯于以"五"命名。如"五谷"(稷、黍、麦、菽、麻籽),"五菜"(葵、藿、头、葱、韭),"五畜"(牛、羊、猪、犬、鸡),"五果"(枣、李、栗、杏、桃),"五味"(米醋、米酒、饴糖、姜、盐)之类。"五谷"有时又写成"六谷""百谷",说明了当时食物资源已比较丰富,人工栽培的原料成了主体,以及选料方面积累了一些经验。

炊饮器皿革新,轻薄精巧的青铜食具登上了烹食舞台。中国现已出土的商周青铜器物有 4000 余件,其中多为炊餐具。青铜食器的问世,不仅善于传热,提高了烹食工效和菜品质量,还显示礼仪,装饰筵席,展现出奴隶主贵族饮食文化的特殊气质。

菜品质量飞速提高,推出著名的"周代八珍"。由于原料充实和炊具改进,这时的烹调技术有了长足进步。一方面,饭、粥、糕、点等饭食品种初显雏形,肉酱制品和羹汤菜品多达百种,花色品种大大增加;另一方面,可以较好运用烘、煨、烤、烧、煮、蒸、渍糟等10多种方法,烹出熊掌、乳猪、大龟、天鹅之类高档菜式。

在饮食制度等方面有新的建树。如从夏朝起,宫中首设食官,配置御厨,迈出食医结合的第一步,重视帝后的饮食保健,这一制度一直延续到清末。再如筵宴,也按尊算分级划类。此外,在民间,屠宰、酿造、炊制相结合的早期饮食业也应运而生。

2.春秋战国时期

是奴隶制社会向封建制社会过渡的动荡时期。连年征战,群雄并立。战争造成人口频繁迁徙,刺激农业生产技术迅速发展,学术思想异常活跃。此时烹食中也出现了许多新的因素,为后世所瞩目。

以人工培育的农产品为主要食源。这时由于大量垦荒,兴修水利,使用牛耕和铁质农具,农产品的数量增多,质量也提高了。不仅家畜野味共登盘餐,蔬果五谷俱列食谱,而且注意水产资源的开发,在南方的许多地区鱼虾龟蚌与猪狗牛羊同处于重要的位置,这是前所未有的。

在一些经济发达地区,铁质锅釜(古炊具,敛口圜底带二耳,置于灶上,上放蒸笼,用于蒸或煮)崭露头角。它较之青铜炊具更为先进,为油烹法的问世准备了条件。与此同时,动物性油脂(猪油、牛油、羊油、狗油、鸡油、鱼油等)和调味品(主要是肉酱和米醋)也日益增多,花椒、生姜、桂皮、小蒜运用普遍,菜肴制法和味型也有新的变化,并且出现了简单的冷饮制品和蜜渍、油炸点心。

继周天子食单之后,又推出新颖的楚宫筵席,形成南北争辉的局面。据《楚辞》中记载,楚宫宴包括主食(4—7种),菜肴(8—18种)、点心(2—4种)、饮料(3—4种)四大类别。其中的煨牛筋、烧羊羔、焖大龟、烩天鹅、烹野鸭、油卤鸡、炖甲鱼和蒸青鱼,都达到了较高的水平;而且在原料组配、上菜程序、接待礼仪上均有创新,为后世酒筵提供了蓝本。

出现南北风味的分野,地方菜种初露苗头。其中的北菜,以现今的豫、秦、晋、鲁一带为中心,活跃在黄河流域,它以猪犬牛羊为主料,注重烧烤煮烩,崇尚鲜咸,汤汁醇浓。其中的南菜,以现今的鄂、湘、吴、越一带为中心,遍及长江中下游,它是淡水鱼鲜辅以野味,鲜蔬拼配佳果,注重蒸酿煨炖,酸辣中调以滑甘,还喜爱冷食。

烹食理论初有建树,推出《吕览本味》和《黄帝内经》。《吕览本味》被后世尊为"厨艺界的圣经",战国末年秦国相国吕不韦组织门客编著。其贡献主要是:正确指出动物原料的性味与其生活环境和食源相关;强调火候和调味在制菜中的作用,归纳出菜占质量检测的8条标准,并主张"适口者珍",开列出当时各地著名的土特原料,以供厨师择用。《黄帝内经》是这时期的医家总结劳动人民同疾病做斗争的经验,托名黄帝与岐伯臣之间的对话而陆续写成的。它由《素问》和《灵枢》组成,共18卷,162篇。这两部著述的起点均高,在2200年前可以列为"世界级"的科研成果,它们为先秦时期的烹食画上了圆满的句号。

3.秦汉魏晋南北朝

秦汉魏晋南北朝起自公元前221年秦始皇吞并六国,止于公元589年隋文帝统一南北,共810年。这一时期是封建社会的早期,农业、手工业、商业和城镇都有较大的发展。民族之间的沟通与对外交往也日益频繁。在专制主义中央集权的封建国家里,烹食文化不断出现新的特色。这一时期的后半段,战争频繁,诸侯割据,改朝换代快,统治阶级醉生梦死,奢侈腐化,在饮食中寻求新奇的刺激。由此,烹食就在这种社会大变革中演化,博采各地区各民族饮馔的精华,蓄势待变,焕发出新的生机。

烹调原料的扩充。在先秦五谷、五畜、五菜、五果、五味的基础上,汉魏六朝的食料进一步扩充。张骞通西域后,相继从阿拉伯等地引进了茄子、大蒜、西瓜、黄瓜、扁豆、刀豆等新蔬菜,增加了素食的品种。《盐铁论》说,西汉时的冬季,市场上仍有葵菜、韭黄、蓠菜、紫苏(又称苏子,种子可榨油,嫩叶可吃,还可入药,能镇咳、健胃、利尿)、木子耳、辛菜等供应,而且货源充足。《齐民要术》记载了黄河流域的31种蔬菜,以及小盆温室育幼苗和韭菜挑根复土等生产技术。扬雄的《蜀都赋》中还介绍了天府之国出产的菱根、茱萸、竹笋、莲藕、瓜、瓠、椒、茄,以及果品中的枇杷、樱梅、甜柿与榛仁。有"植物肉"之誉的豆腐,相传也出自汉代,是淮南王刘安的方士发明的,不久,豆腐干、腐竹、千张、豆腐乳等也相继问世。这时的调味品生产规模扩大,《史记》记述了汉代商人制作酒、醋、豆腐各1000多缸的盛况。《齐民要术》还汇集了白饴糖、黑饴糖稀、琥珀饴、煮脯、作饴等糖制品的生产方法。特别重要的是,从西域引进芝麻后,人们学会了用它榨油。从此,植物油(包括稍后出现的豆油、菜油等)便登上烹食的大舞台,促使油烹法的诞生。当时植物油的产量很大,不仅供食用,还作为军需。在动物原料方面,这时猪的饲养量已占世界首位,取代牛、羊、狗的位置而成为肉食品中的主角。其他肉食品利用率也在提高,如牛奶,就可提炼出酪、生酥、熟酥和醍醐(从酥酪中提制的奶油)。汉武帝在长安挖昆明池养鱼,周长达20公里,水产品上市量很多。再如岭南的蛇虫、江浙的虾蟹、西南的山鸡、东北的熊鹿，都摆上餐桌。《齐民要术》记载的肉酱品，就分别是用牛、羊、獐、兔、鱼、虾、蚌、蟹等10多种原料制成的。此外，在主食中，由于水稻跃居粮食作物的首位，米制品开始多于面制品。菌耳、花卉、药材、香料、蜜饯等，也都引起厨师的重视。

饮食市场的活跃。西汉经过"文景之治"，经济发展，府库充盈，民间较为富足，为饮食市场注入了活力，形成了"熟食遍列，肴旅城市"的红火景象，并开始呈现三个特色：饮食网点设置有相对集中的趋势，公务人员的食宿多由驿馆（古代供传递政府文书的人和来往官吏中途更换马匹或吃饭、住宿的地方）提供，出现了一些专为权贵服务的特供店。由于饮食市场的兴盛，地方风味也得以发展，随着经济、政治、文化、军事中心的更移，先秦时的"北菜"转以秦、豫为主，并充实进"胡食"（西域一带的饭菜）。"南菜"逐步一分为三，西南和中南以荆、湘、巴、蜀为主导；华东一带淮扬菜和金陵菜有较大影响；岭南地区则是粤、闽菜品渐占优越。至此，黄河、长江、珠江三大流域的肴馔差异已经很明显了，它说明鲁、苏、川、粤四大菜系正在酝酿发育之中。汉魏六朝，筵宴昌盛。《史记》中的鸿门宴，《汉书》中的游猎宴，都写得有声有色。特别是西汉枚乘在《七发》中为"生病的楚太子"设计的一桌精美的宴席达到了相当高的水平："煮熟小牛腹部的嫩肉，加上笋蒲；用肥狗肉烧羹，盖上石花菜；熊掌炖得烂烂的，调点芍药酱；鹿的里脊肉切得薄薄的，用小火烤着吃，取鲜活的鲤鱼制鱼片，配上紫苏和鲜菜；兰花酒上席，再加上野鸡和豹胎。"它与战国时的《楚宫宴》相比，在原料选配、烹调技法与上菜程序上，都有长足的进步。炊饮器皿的鼎新突出表现是，锅釜由厚重趋向轻薄。战国以来，铁的开采和冶炼技术逐步推广，铁质工具应用到社会生活的各个方面。西汉实行盐铁专卖,说明盐与铁同国计民生关系密切。铁比铜价贱,耐烧,传热快,更便函于制菜,因此,铁质锅釜此时推广开来,如可供煎炒的小釜、多种用途的"五熟釜"、大口宽腹的铜、"造饭少顷即熟"的"诸葛亮锅"(类似后来的行军灶,相传是诸葛亮发明的),都系锅具中的新秀,深受好评。与此同时,还广泛使用锋利轻巧的铁质刀具,改进了刀工刀法,使菜形日趋美观。秦汉时期出现了两次厨务大分工,首先是红白两案的分工,接着是炉与案的分工。这有利于厨师集中精力专攻一行,提高技术。在烹调技法上,也比先秦精细。据《齐民要术》记载,当时的烹调有齑(用酱拌拌和细切的菜肉)、鲊(用盐与米粉俺鱼)、脯腊(腌熏腊禽畜肉)、羹肤肤(将肉制成羹)、蒸(蒸与煮)煎消(烧烩煎炒之类)、菹绿(泡酸菜)、炙(烤)、奥糟苞(翁腌、酒醉或用泥封腌)、饧脯(熬糖与做甜菜)等大类;每大类又有若干小类,合计近百种,这是一大进步。特别是在铁刀、铁锅、大炉灶、优质煤、众多植物油等五大要素激活下,油烹法脱颖而出,制出不少名菜。现今常用的 30 多种烹调法中,油烹法占60%以上;从中不难看出,汉魏六朝发明油烹,其影响是何等深远。尤为可取的是,这时兴用栀子花和苏木汁染色,用枣、桂添香,用蜂蜜助味,用牛奶与芝麻油和面,用蛋黄上浆挂糊,用蛋雕及酥雕造型,菜品的色、香、味、形,都跃上了新的高度。

烹食理论的收获。食疗肇始,这时出现了张仲景、淳于意、华佗、王叔和等名医,推出《神农本草经》《伤寒病杂论》《脉经》等新著,总结出脏腑经络学说,奠定了辨证论治(中医指根据病因、症状、脉向等全面分析,判断病情,进行治疗)的理论基础,传统医学体系初步形成。系统食书问世,如《淮南王食经》《太官食方》《食珍录》《四时食利》《安平公食学》《食论》等,它们为后世菜谱的编写提供了借鉴。尤其是北魏高阳太守贾思勰所著的《齐民要术》,是烹食理论演进史上的一座丰碑。该书 10 卷、92 篇、12 万言,涉猎面甚宽,容量远远超过前代的农书和食书。它是公元 6 世纪以前黄河中下游地区农业生产经验和食品加工技术的全面总结,其主要贡献是:较多地介绍了主要农作物的品种、性能、产地和种植方法,初具烹食原料学的雏形;广泛收集调味品生产的传统工艺,对食品酿造技术进行了总结,并有发展;汇集了众多菜谱,分析了不少技法,保留了珍贵的饮馔资料,堪称中国最早的菜品大全。这本书上起夏禹,下及六朝,思路贯通 10 多个朝代,健笔综述 2000 余年。作者力争列全主食、副食、荤菜、素菜和外域菜,以及原料、异馔、炊具、储藏知识等,因此它素有"便民的方法、治疱之良方"的美誉。

4.隋唐宋元时期

它起自公元 589 年隋朝统一全国, 止于公元 1368 年元朝灭亡,共 779 年。这一时期属于封建社会的中期,先后经历过隋、唐、五代十国、北宋、辽、西夏、南宋、金、元等 20 多个朝代,统一局面长,分裂时间短,政局较稳定,经济发展快,饮食文化成就斐然,是烹食发展史上的第二个高潮。

食源继续扩充。隋唐宋元时期,烹食原料进一步增加,通过陆上丝绸之路和水上丝绸之路, 从西域和南洋引进一批新的蔬菜,如菠菜、莴苣、胡萝卜、丝瓜、菜豆等。还由于近海捕捞业的昌盛,海蜇、乌贼、鱼唇、鱼肚、玳瑁、肉、对虾、海蟹相继入馔。另据《新唐书·地理志》记载,各地向朝廷进贡的食品多得难以数计,其中,香粳、紫杆粟、白麦、荜豆、蕃蒻、葛粉、文蛤、糟白鱼、橄榄、槟榔、凤栖梨、酸枣仁、高良姜、白蜜、生春酒和茶,都为食中上品。此时厨师选料,仍以家禽、家畜、粮豆、蔬果为大宗,也不乏蜜饯、花卉、象鼻、蚁卵、黄鼠、蝗虫之类的"特味原料"。同一原料中还有不同的品种可供选择,如鸡,便有骁勇狠斗的竞技鸡、啼声洪亮的司晨鸡、专制汤菜的肉用鸡,以及形貌怪诞、可治女科杂症与风湿诸病的乌骨鸡等。在油、茶、酒方面,也是琳琅满目。如唐代的植物油,有芝麻油、豆油、菜籽油、茶油等类别;宋代的茶,有龙、凤、石乳、胜雪、蜜云龙、石岩白、御苑报春等珍品;而元代的酒,则包括阿刺吉酒、金澜酒、羊羔酒、米酒、葡萄酒、香药酒、马奶酒、蜂蜜酒等数十种。因为原料品种多,研究者也多,《禾谱》《糖霜谱》《菌谱》《笋谱》《桔录》《荔枝谱》《鱼经》《酒经》有多种,这些书籍在理论上支持着烹食的发展。

炊饮器具进步。从燃料看,这时较多使用煤炭,部分地区还使用天然气和石油;有了耐烧的"金刚炭"(焦煤)、类似蜂窝煤的"黑太阳",以及相当于火柴的"火寸"。还认识到"温酒及炙肉用石炭""柴火、竹火、草火、麻核火气味各不同"。隋唐宋元的火功菜甚多,与能较好地掌握不同燃料的性能有直接关系。炉和灶也有变化,当时流行泥风灶、小缸炉和小红炉。还发明了一种"镣炉",它是在小炉外镶上框架,能够自由移动,利用炉门拔风,火力很旺。这时还有六格大蒸笼,精致铜火锅,以及与现代锅近似的金代双耳铁锅。尤为引人注目的是,《资暇录》中介绍了"刀机",《辍耕录》中介绍了"机磨",这些都是中国较早的食品加工机械。此外唐代还出现专门记载刀工刀法的《砍脍书》,这说明刀功经验也较成熟了。北宋初年,八仙战术问世,《通俗篇》有所记载。从此,中国的筵宴就由3—4人一桌演化成6—8人一桌。这对宴会格局的编排和菜点分量的掌握影响很大,也直接制约着接待服务程序。在餐具中,最主要的是风姿特异的瓷质餐具逐步取代了陶质、铜铁质和漆质餐具。唐代有邢窑白瓷和越窑青瓷。宋代,北方有定窑刻花印花白瓷,官窑纹片青釉细瓷,钧窑黑釉白花斑瓷、海棠红瓷,以及独树一帜的汝窑瓷、耀州瓷、磁州瓷;南方有越窑和龙泉窑刻花印花青瓷、景德镇窑影青瓷、哥窑水裂纹黑胎青瓷,以及吉州窑和建窑黑釉瓷。元代,式样新颖的釉里红瓷驰誉中原,釉下彩瓷和青花瓷名播江南。其中,青花瓷一直被当作高级餐具使用。

工艺菜式勃兴。在烹调技法方面,隋唐宋元的突出成就是工艺菜式(包括食雕冷拼和造型大菜)的勃兴。食品雕刻技术源于先秦的"雕卵"(鸡蛋),到了汉魏有"雕酥油"。进入唐宋则是雕瓜果、雕蜜饯。还有用金纸刻出龙凤盖在醉蟹上的"镂金龙凤蟹"。尤其是雕花蜜乌,12色一组,用于盛筵,相当漂亮。食雕的发展,推动了冷菜造型。拼碟的前身,是商周时祭祖所用的"钉"(整齐堆成图案的祭神食品),后来演化成将五色小饼做成花果、禽兽、珍宝的形状,在盘中摆作图案。唐宋的冷拼又进一步,先用荤素原料镶摆,如"五牲盘""九霄云外食"之类,刀工精妙。特别是比丘尼(尼古)梵正创制的"辋川小样",更系一绝。这种大型组合式风景冷盘,依照唐代诗人王维所画的《辋川图二十景》仿制而成;用料为脯、酱瓜、蔬笋之类,每客一份,一份一景,如果坐满20人,便合成《辋川图全景》。

造型热菜亦多。如用鱼片拼作牡丹花蒸制的"玲珑牡丹"、红烧甲鱼上面装饰鸭蛋黄和羊网油的"遍地锦装鳖"、一尺多长的"羊皮花丝"、点缀蛋花的"汤浴绣丸",以及根据二十四个节气包成不同形状、不同馅料的"二十四气(节)馄饨"等。至于鱼白做的"凤凰胎"、青蛙做的"雪婴儿"、鹌鹑做的"箸头春"、鳜鱼做的"白龙"、鹿血与鹿肉做的"热洛河"、兔肉做的"拨霞供"、鳝鱼做的"软钉雪笼"、羊肉与鹅做的"浑羊殁忽",无不造型艳丽。它们说明隋唐宋元的烹调工艺已有全新的突破。

这一时期还创造出不少奇绝的食品。陶谷《清异录》所载的"建康(南京的古称)七妙"即为一例:捣烂的酸腌菜,平得像镜子可以照见人影;馄饨汤清澈明净,可以磨墨写字;春饼薄如蝉翼,能够映出字影;饭粒油糯光滑,落在桌上不沾;面条柔韧像裙带,可以打成结子;陈醋醇美香浓,能当酒喝;馓子焦脆酥香,嚼起来声响惊动数里。其中虽有夸饰之词,但不完全失真。

此时还值得一提的是名厨辈出,如谢讽、膳祖、张手美、刘娘子、王立、宋五嫂及金华浦江人吴氏等。《江行杂录》中介绍了一位自由应聘的厨娘。她的厨具多为白金所制,有50—70两(折合为1500—2200克),做一道菜的酬金是绢帛数十匹。身价如此之高,其技艺不难想见。

风味大宴纷呈。隋唐元筵宴水平甚高。其菜点之精,名目之巧,规模之大,铺陈之美,远远超过汉魏六朝,现能见到的唐代《烧尾宴》菜单中主要菜点就有58道,大臣张俊接待宋高宗时菜品竟有250款,元太宗窝阔台在和林大宴群臣时,酒水与奶汁都由特制的银树喷泉喷出。

地方风味演化到唐宋,也初现花蕾。不少餐馆首次挂出"胡食""北食""南食""川味""素食"的招牌,供应相应的名馔。其中,"胡食"主要指西北等地的少数民族菜品和阿拉伯菜品,与现今的清真菜有一定的渊源关系。"北食"主要指豫、鲁菜,雄居中原。"南食"主要指苏、杭菜,活跃在长江中下游。"川味"主要指巴蜀菜,波及云贵。"素食"主要指佛、道斋菜,逐步由"花素"向"清素"过渡。这些菜式,在《食经》《酉阳杂俎》《中馈妇女主持家政之意录》《山家清供》《饮膳正要》《居家必用事类全集》《本心斋蔬食谱》和《云林堂饮食制度集》中,均见记载。

饮食市场繁华。唐宋的饮食市场,已经相当完善。它具有六大特色,基本上刻画出封建时代餐饮业经营方式的轮廓。饮食网点相对集中,名牌酒楼多在闹市。唐代长安(今西安)有108坊,呈棋盘式布局。各坊经营项目大体上有分工,如长兴坊卖包子、辅兴坊卖胡饼、胜业坊卖蒸糕、长安坊卖稠酒(米酒)。北宋汴京的名店多集中在御街两侧和大相国寺一带,饮食茶果"虽三五百份,莫不咄嗟而办"。再如,"胡风烹食"主要在游人如织的长安曲江风景区,而历史名店"樊楼"则在汴京的闹市东华门。茶楼酒肆分级划类,高低贵贱应客所需。像宋代的高级酒楼叫"正店",中小型酒家叫"柏户"或"分茶",建筑格局与布置装潢差别明显,价格亦分档次。血羹之类每份 10—20 文,羊羔酒之类每杯 72—81 文,名菜每盘少则几钱银子,多则数十两。在"胡风烹食"和"樊楼"中,经常是 10 多担谷"不足供一筵","一饭千金"也不是稀罕的事。适应城镇起居特点,早市夜市买卖兴隆。饮食业的早市,古已有之;夜市普遍开放,则是宋太祖撤销宵禁之后。如汴京,"夜市直至三更尽,才五更又复开张,如要闹去处(热闹地方),通宵不绝"。夜市以名店为主,众多食摊参加,好似长藤牵瓜,遍及大街小巷。其特点是规模大,时间长,摊点多,品类全,以大众化食品为主,并且送货上门,可以记账、预约。同行之间竞争激烈,名牌食品层出不穷。许多店家为了能在市场上争得一席之地,在招聘名师、装修门面、更新餐具、改进技艺、推出新菜、招徕顾客方面,无不大用心计。还据《武林旧事》等书的统计,当时临安(今浙江杭州)市场可供应宫廷名菜 50 余种、南北名菜 200 余种、风味小吃 300 余种。其中的"宋五嫂鱼羹""曹婆婆肉饼""王楼包子""梅家鹅鸭",名闻全国。接待顾客礼貌周全,主动承揽服务项目,食贩挑担深入街巷,居民购食方便迅速。

烹食著述丰收。在食疗补治方面,巢元方的《诸病源程序候论》论及与食医的关系。"药王"孙思邈的《千金食治》,收集药用食物 150 种,逐一详加阐述。他的另一著述《养老食疗》,设计出长寿食方 17 组,开老年医学中食物疗法的先河,对摄生学(保养身体的科学)也有建树。此外,昝殷的《食医心鉴》、孟诜的《食疗本草》、陈士良的《食性本草》,都辑录了众多的饮食偏方及四时调养方法,如紫苏粥治腹痛、鲤鱼脍治痔疮等,皆有确效。金元四大医圣刘完素、张从正、李杲、朱震亨积极探讨饮食宜忌,深化了食物补治理论。宋人陈直的《奉亲养老书》还列出饮食调节器治和老人备用急方 233 个,邹铉的《寿亲养老新书》附有妇女和儿童食方 256 个,很受时人重视。元末的贾铭在《饮食须知》中,专选历史本草中 360 多种食物的相反相忌,附载食物中毒解救法,又是一个发展。特别是元代饮膳太医忽思慧,集毕生精力写成了中国第一部较为系统的饮食营养学专著《饮膳正要》。该书将历朝宫中的奇珍异馔、汤膏煎造、诸家村草(中药材)、名医方术、日常食料汇集起来,重点论述了饮食避忌和进补、食疗偏方及卫生、原料性能与药理等问题。其主要贡献有:总结前代饮食养生经验,强调"药补不如食补",重视粗茶淡饭的滋养调节;从平衡膳食的角度提出健身益寿原则,主张饮食季节化和多样化,重视原料药用性能的鉴别,防止食物中毒;倡导"食饮有节(节制),起居有常(规律),不妄作劳(不要过度的玩乐和劳累)","薄滋味(不追求华美的饭食),省思虑,节嗜欲,戒喜怒"的养生观;要求培养良好的卫生习惯,如"早刷牙不如晚刷牙""酒要少饮为佳""莫吃空心茶";汇集了众多宫廷食谱,保留了许多少数民族的饮食资料,可供后人研究。在食书方面,这时有 10 多部专著问世。其中,欧阳询等人奉唐高祖之命编撰的《艺文类聚》,专设"饮馔部",共 72 卷,分为食、饼、肉、脯等类,汇集了 1300 年前的众多烹食资料。李昉等人奉宋太祖之命编撰的《太平御览》,也设有"饮食部",共 25 卷,分为酒、茶、馔、酱等 70 多类对古菜品(如脍、脯)的来龙去脉进行了翔实考证,很有参阅价值。再如林洪的《山家清供》，记录了两宋江浙名食 102 种，山林风味浓，乡土气息重，颇具特色。其中的"拨霞供"(涮兔肉)、"蟹酿橙""水晶脍"(鲤鱼鳞、猪皮、琼脂等煮成浓汁，冷凝后切丝)、"琥珀蜜"，一直被后世称道。

(三)兴盛于明末清初至尊至乐的士大夫饮食思潮

从公元 1368 年明朝立国起，政局稳定，经济上升，物资充裕，饮食文化发达，硕果累累，是烹食史上第三个高潮。朱元璋称帝后，加强了中央集权，到永乐年间，国力相当雄厚。郑和七下西洋，同 30 多个国家建立友好联系，中外文化的交流，使食源更为充沛。明中叶后，朝纲不振，经过万历年间的整治，商品经济得以发展，资本主义生产关系在江南部分手工业中萌芽。《本草纲目》《天工开物》和《家政全书》相继刊行，烹食的研究继续深入。历朝历代人们在饮食中寻求新奇的刺激，博采各地区各民族饮馔的精华，蓄势待变，焕发出新的生机。经济发展快，经济上升，物资充裕，饮食文化发达，成就斐然，丰富的陆海原料和调味品，配套的全套全席餐具，变化万千的烹调技法，勇于创新的名厨巧师，带来了佳肴丰收的金秋。明末清初，商品经济的发展，刺激人们的生活欲望，人们开始注重饮食，社会各阶层的衣、食、住、行，纷纷突破传统礼制的等级界限，由俭朴走向奢靡，呈现商业化和世俗化的趋势。不管在哪朝哪代，知识分子群体都是一个比较特殊的群体，从而也享受到了比较多的特权。明人顾起元对南京风尚奢侈颇有微词："是以生计日蹙，生殖日枯，而又俗尚日奢，妇女尤甚。家才儋石，已贸绮罗；积未锱铢，先营珠翠。每见贸易之家，发迹未几，倾覆随之，指房屋以偿逋，挈妻孥而远遁者，比比是也。"俗话说："民以食为天。"儒士阶层或儒家知识分子群体穷奢极欲，讲究饮食形成了一种社会风气。著名的士人张岱在他的著作《陶庵梦忆》中记载了许多美食和趣闻,在叙述他嗜食的土特产时,列举的特产竟然多达 57 种。远至北京、山西的干货,近到江南沿海的时鲜,一个月甚至当天即能送到。如此富饶的产品为制作美味食品提供了丰富的原料,为饮食业的发展提供了良好的条件。[56]

1.食源琳琅满目

取材方便随意,或入山林采鲜菇嫩叶、捕飞禽走兽,或就河湖网鱼鳖蟹虾、捞莲子菱藕,或居家烹宰牛羊猪狗鸡鹅鸭,或下地择禾黍麦粱野菜地瓜,随见随取、随食随用。广泛食用植物油,粮食被视为主食,而"果"(水果、干果)"畜"(肉类)"菜"是副食,而且人工栽培的原料成为人们食用的主体。饭、粥、糕、点等饭食品种俱成型,出现山八珍、水八珍、禽八珍、草八珍等,其中"山八珍"为熊掌、鹿茸、犀牛鼻、驼峰、果子狸、豹胎、狮乳、猴脑;"水八珍"为鱼翅、鲍鱼、鱼唇(鲨鱼唇或大黄鱼唇)、海参、鳖裙、干贝、鱼脆(鲟鳇鱼的鼻骨)、蛤士蟆(雌性林蛙卵巢及其四周的黄色油膜);"禽八珍"为红燕、飞龙(榛鸡)、鹌鹑、天鹅、鹧鸪、云雀、斑鸠、红头鹰;"草八珍"为猴头菇、银耳、竹荪、驴窝菌、羊肚菌、花菇、黄花菜、云香信,精品原料已系列化。

2.炊饮器皿鼎新

铁质锅釜广泛使用推广,厨灶有"一灶五突,分烟者众,烹食十倍",劳动防护出现了"襶衣""犊鼻"式的围裙和名为"青"的护袖。明朝的宣(德)、成(化)、嘉(靖)、万(历)窑器,有白釉、彩瓷、青花、红釉等精品,配套齐全,富丽堂皇。《明史·食货篇》记载,皇帝专用的餐具就有 307000 多件。当时有御窑 58 座,日夜开工,专烧宫瓷;以制瓷为主业的景德镇,一跃而成为"天下四大镇"之一。清瓷更上一层楼。像康熙年间的郎窑瓷,形制多样,并有多色混合的

"窑变"(指在窑炉的高温中釉彩产生的奇妙变化),亦是一奇。

### 3.饮食市场繁荣活跃

饮食网点设置集中,公务人员的食宿驿馆趋多,以及出现了一些专为权贵服务的特供店。在民间,屠宰、酿造、炊制相结合的早期饮食业应运而生,酒肆兴盛呈棋盘式布局。早市夜市买卖兴隆,同行之间竞争激烈,名牌食品层出不穷,接待顾客礼貌周全,食贩挑担深入街巷,就餐环境雅致舒适,筵席设计注重套路、气势和命名,各式全席脱颖而出。出现红白两案的分工和炉与案的分工,出现南北风味的分野,四大地方菜流行于食肆,菜肴的工艺造型讲究,火候的掌握和理论总结达到了相当高的水平,调和工艺精妙,理论概括有辩证思想的因素,油烹法和瀹瀡法(即勾芡上浆)产生,刀工技艺达到相当水平。饮食技法各样、品种繁多,蒸、煮、熬、酿、煎、炸、焙、炒、燔、炙、鲊、脯、腊、烧、冻、酱、焐一样也没有少。选材的方便随意,必然带来制作方法的简单易行,一般是因材施烹,煎炒蒸煮、烧烩拌泡、脯腊渍炖,皆因时因地。

### 4.烹食理论初有建树

食疗讲究四时调养,重视粗茶淡饭的滋养调节,主张饮食季节化和多样化,重视原料药用性能的鉴别,对原料的选择上升到理论的高度进行认识。原料选择与原料加工,原料的搭配和养生结合在一起,烹调方法对火候、调味原理的概括达到了精深的程度,对食品、饮食心理、环境等卫生归纳了一些法则。明清两朝大量刊印膳补食疗著述。如《日用本草》《救荒本草》《食物八类本草》《食鉴本草》《遵生八·四时调摄》《养生食忌》《调疾饮食辨录》《养生随笔》《随息居饮食谱》《沈氏养生书》等,弘扬了医食同源传统。主张要采用科学的烹饪与加工方法,使食物既可口,又富于营养,且易消化,还对各类食物的成分、加工方式、功用与利弊等提出了较为科学的见解。

### 三、李渔饮食文化的形成机理

#### (一)李渔饮食文化形成的理论基础

人类的发展,一要生存,即种族的繁衍;二要温饱,即饮食。当华夏民族种族的繁衍不再受到威胁,人们就将大部分乃至全部精力倾注于对饮食的追求上。由于自然环境、物质生产及人文思想等诸种因素合力的影响,饮食文化成为文化的重要组成部分,在中国文化中颇具特色。目前,有关饮食文化形成与发展的理论学说不一。地理环境论认为,人类饮食文化的形成和发展是由他们所处地理生态环境决定的,人类饮食文化差别就是适应这种地理环境的产物。社会进化论认为,人类饮食文化的形成与发展是社会进化的结果,各种饮食文化的差异是社会进化程度不同所致。文化功能论认为人类饮食文化的诸多礼仪行为都具有一定的社会功能,相应的这些饮食文化特质是因社会功能的需要而形成与发展。文化心理决定论认为人类饮食文化的发展,是人类追求享乐的结果。文化群体论认为饮食文化是一种群体文化,是饮食文化传承的载体,是饮食文化传播与接受的关键因素。文化的发展和嬗变规律,最基本的一条是在继承中发展。继承是文化发展规律中的核心规律。继承不等于因袭,不等于没有发展,文化的群体性也不等于不承认个人创造对文化发展的积极作用。饮食文化的形成与发展受到生态环境、社会文化、文化群体三方面要素的制约,各要素在不同的时期和社会发展状况下所起作用的大小完全不同,在同一要素内部,在不同时期、不同情况下诸因素之间所起的作用也不完全一致。饮食文化是一个广视野、深层次、多角度、高品位的悠久区域文化,是劳动人民在生产和实践的过程,对物质文化和精神文化的折射,反映出饮食文化的源泉和影响。李渔饮食文化是在生态环境、社会文化和文化群体的共同作用下,在不断变迁、不断趋向成熟和稳定的过程中形成一个动态的文化系统。400年前的李渔饮食,在传统文化教育中的阴阳五行哲学思想、儒家伦理道德观念、中医营养摄生学说,还有文化艺术成就、饮食审美风尚、民族性格特征诸多因素的影响下,传统食品相当多,有主食、副食、饮品,推出了上万种传统的菜谱食品、五光十色的筵宴和流光溢彩的李渔风味,创造出彪炳史册的中国烹饪技艺,形成博大精深的李渔饮食文化。

(二)李渔饮食文化发展的成因分析

1.地理环境与饮食物产因素对李渔饮食文化的产生、形成和延续的影响

中国地处地球的北温带,既无严寒,又无酷暑,气候宜人,众多的江河湖泊,使广阔的土地可垦可耕,供人们衣食。在中国占主导地位的传统文化,无论是物质的,还是精神的,都是建立在农业生产的基础上的。因此,李渔饮食文化产生和延续有一个得天独厚的优越环境,长江流域是李渔饮食文化的重要发祥地之一。自然气候、地理环境、物产资源、风土人情等,这是造就李渔饮食及养生文化的关键因素。中国历史上早就出现了农业、牧业、狩猎、养殖、捕捞、采集、冶矿、手工业、林业等各种产业,成为了各地不同的物质基础。与不同的生产方式相适应,各地的经济、政治、制度也不尽相同,各地的发展也不平衡。[57]

中国地大物博,气候多样,从热带雨林到高山冻土,从内陆到

海洋,生长着各种不同生态环境下的动植物,品种之繁多,是任何国家所无法比拟的。尤其在交通贸易不发达的古代,专靠"自产",这一点则显得更加重要,它为制作各种食品提供了丰富多样的原料。生活在天南海北的各民族、各地区的人,根据不同的需要就地取材,制作出了具有各种民族风味和地方风味的食品。中国八大菜系的形成恰好说明了这一点。四川物产富饶,不仅禽兽佳蔬品种繁多,而且土特产也十分广泛。加之四川地处盆地,多雾气重湿润,故人们嗜辛辣,习以为俗。广东地处岭南,夏季长,冬季暖,气温偏高,烹饪上故而逐渐形成了清淡、生脆、爽口的风味特色;由于气候温热,不仅动物水产丰富,而且狸、猫、猴、蛇野味居多;植物水果鲜蔬盛名久远,其民嗜生猛,奇馔异食居多,也就不足为奇了。山东地处黄河下游,东部海岸漫长,盛产海鲜,故其菜肴以海味取胜。湘菜以辣味和熏腊为其一大特色,这是湖南大部分地区地势偏低、气温热而潮湿的缘故,人们因而喜食辣椒,起提热祛湿祛风之功效。至于地处江淮的扬帮菜,湖泊星罗,江海相连,水产特富,有笋有橘,水果鲜蔬也多,这对于扬帮菜的风味形成,也是不可忽视的因素。

2.文化教育与饮食思潮因素对李渔饮食文化的产生、形成和延续的影响

明王朝处在封建社会后期,封建专制主义制度经过极度的发展走向下坡路,但又是人才辈出、学派蜂起、思想活跃的时代,尤其在明中叶以后王学兴起,打破了程朱理学一统思想界的局面。首创者王阳明会通儒佛道三家的心性论提出良知说,认为天理在人心,自我即是天理,极度推崇自我的功能,这对长期受理学禁锢的人心是一种释放。王学标榜的"良知良能,愚夫愚妇与圣人同"的观念,打破了尊卑贤愚不可逾越的界限,促使士大夫的眼光向

下移,接近平民百姓,呼唤人性的启蒙。袁宏道的性灵说、李贽的童心说、李时珍的药学、徐光启的农学、宋应星的工艺学、汤显祖的戏曲、冯梦龙的小说、朱载的声律及明清之际顾炎武、黄宗羲、王夫之等都以大师之才,各领风骚。这些在中国思想史上熠熠生辉的一代俊杰,大都以贴近民众、关切民生、崇尚真情为主旨。在这种思潮的影响下,本是以人为主体的饮食思想,更以浓郁的人文色彩表现出新的人生情趣。[58]

饮食是生命存在的第一需要,被称为人的活命之本,但人类与动物不同的是,饮食不仅为填饱肚子,也是生活享受的基本,此种欲望随着经济的发展,水涨船高,日益增强,到明代进入一个新高度。这不单是明代商品经济的繁荣,改善了饮食的条件,以及豪门权贵奢侈淫欲的影响,还表现在启蒙思想中崇尚个性的导引,鼓动人们放纵欲望,追求人生的快乐和享受,并形成一股不可扼制的社会思潮。

3.政治经济与饮食科技因素对李渔饮食文化的产生、形成和延续的影响

当我们对李渔饮食文化的生态环境进行考察时,尤其需要探究李渔饮食民族发展的物质生产方式,了解李渔饮食文化产生的经济生活土壤。中国自古以来就存在农耕与游牧这两种特征迥异的经济形态。由此导致了游牧人与农耕人之间长达数千年的冲突、互补和交融。农耕与游牧这两种经济类型间的冲突、战争只是一个侧面,另一侧面是通过迁徙、聚合、和亲、互市等形式为中介,实现经济文化的互补和民族的融合。一方面游牧人虽然整个社会发展水平处在较低层次,但他们崇武善战,骑射双绝,流动快速,善于吸收异域远方文化,粗犷强劲的游牧文化成为稳健儒雅的农耕文化的补强剂。另一方面,游牧人则从农耕人那里广为学习先

进的生产方式、政治制度乃至改变生活习俗,促进自身的社会形态发生历史性飞跃。尤其引人注目的是,以征服者身份进入农耕区的游牧人,在先进优越的农耕文化氛围中,往往"为被征服者所同化"。中国历史上一些游牧人的卓越领袖,如拓跋宏、忽必烈、努尔哈赤、皇太极等都显示了接纳农耕文明的渴求。这些领袖的率先垂范,不但促进了农耕文化与游牧文化的交流,而且进一步促进了农耕经济的发展和多元交会。

饮食是以农业为基础的。李渔生活之处,有着平坦肥沃的耕地及适宜的气候条件,是农业兴盛的得天独厚的条件。食物是由农林牧副渔等各个生产部门提供的,广义的农业是指人类为牟取维持其生存所必需的食物而进行的生产活动,它包括了取得食物的一切部门。当然,从严格意义上来说,农业主要是从种植业的发明开始的,因为谷类食物是人类的主食。这种传统饮食结构,影响着数千年中国人民的饮食生活。谷物种植对中国政治、经济、文化所引起的巨大变化,是其他类别的农业经济无法比拟的。在距今约 3400 年的殷墟卜辞中便有"王其萑藉",表明当时统治者对农业的重视。《论语·宪问》更追求 4000 年前的夏代说:"禹稷躬稼,而有天下。"禹、稷都是亲自耕种而有天下,可见农业是立国之本。正是由于中国古代列朝对农业的重视,使得中国古代农耕文化呈现早熟性。中国古代农业技术水平之高,谷物种类之多,闻名于世,这就极大地促进了饮食的发展,中国古代美食之多,烹饪技艺之精,令人炫目。

经济基础除表现在物质生产方面外,经济繁荣也是重要内容。经济繁荣后,随之市场贸易、市肆饮食也就相应的兴旺,这就给饮食业提供了物质条件和经营对象,这是李渔饮食文化形成和发展的重要前提。例如江苏菜系中的淮扬风味的形成正是如此。

秦汉以后的吴越广陵,逐渐成为淮南重镇,经济发展较早,特别是隋炀帝开掘大运河后,沟通了南北水系,扬州成为重要的食盐集散中心和国际贸易城市,富商大贾"腰缠十万贯,骑鹤下扬州"。宋人洪迈在《容斋随笔》卷九"唐扬州之盛"中载:"唐世盐铁转运便在扬州,尽斡利权,判官多至数十人,故谚称'扬一益二',谓天下之盛,扬为一而蜀次之也。"隋唐的金陵饮食业甚为繁荣,"夜市千灯照碧云""夜泊秦淮近酒家",发达的城市商业经济,极大地刺激着饮食的消费,也形成了具有代表性、典型性的风味流派。[59]

# 第二节　李渔饮食文化的思想内涵

## 一、李渔饮食文化的内在精髓

《闲情偶寄》有着深邃的文化内涵，不仅表现在文学、艺术、礼仪等方面，也表现在饮食方面。金华劳动人民历来有吃苦、勤劳、智慧的传统，金华人懂得享受生活的情趣，无论是一日三餐还是零食小吃，金华人都注重一个"精"字，选材精、烹饪精、做法也精。

### （一）原生态的饮食情理

低碳生活就是返璞归真地进行人与自然的活动，这是一种文明，是人们生活和社会发展的标志，这种理念早在古代就已经被前人所提出了。李渔的《闲情偶寄》强调："声音之道，丝不如竹，竹不如肉，为其渐近自然；吾谓饮食之道，脍不如肉，肉不如蔬，亦以渐近自然也。"这里所说的食素，也就是今天提出低碳的一种。地球环境的不断恶化，向人们敲响了警钟，无休止地索取，带来的当然是大自然的惩罚，环境问题日渐严重，保护环境，也就是保护人类的生存。人对自身健康越来越高的期望，使素食理念超越了地域、民族、信仰等天然屏障，正在全球悄然传播：我国台湾全岛素食者超过200万；1/6的英国人已经或正在考虑成为素食者；美国有10%的素食人群，在任何一座城市都可以找到素食餐厅；德国已是一个素食大国，素食连锁店遍布大街小巷。……素食、绿色、环境保护、动物保护已成为风行的一种全新的生活方式。"穿要布,吃要素"成了很多人的行为规范。[60]

人类是大自然的产物,并依靠自然资源而生存。自然为不同地域的人类提供相同或截然不同的资源,人类造物活动才有了可能性。新采刚挖的野菜、香菇、番薯、花生、菱藕散发出诱人的清香,刚渔猎的山鸡、斑鸠、蛇、石蛙、活鱼等山珍河鲜现宰现烹或置于柴草烧烤,浸透着、挥发出的是别致的山野之趣。当西边的晚霞渐渐退去, 家家户户的屋顶升腾起一缕缕青烟,"遍地英雄下夕烟"之时,柴木燃烧后的香气和着新米饭的馨香,呈现出的是宁静的自然情调,浓浓的泥土芬芳之情。虽然饮食制品没有多少精细的花样,但主副食品很新鲜。当人们享受着用自己的汗水辛勤浇灌出来的饭菜时,那种别有一番滋味在心头的香甜之感,是无法用言语形容的。

随着时代的发展,吃,更加超越了生理性的需求而成为一种综合的人生享受。首先人类认识世界的方法,正在走向综合。人们和周围愈来愈成为一个联系中的整体,孤立的、静止的、与外界隔绝的世界已经不复存在。人类认识方法上的综合化,人类社会的综合化趋向,必然影响人们的审美观,形成新的价值趋向和审美趋向。这也就不能不给日常的饮食生活带来一定的改变。其次,随着社会经济的发展和消费水平的提高,对于饮食的功利性,即果腹的需求必然会越来越淡化。这种变化会给饮食带来其他方面的要求,使之向综合化的方向发展。例如,对于菜肴食品,人们关心的除了口味的好坏外,逐步注重菜肴食品的内在营养、外观的悦目怡人,卫生、方便,以及用餐环境、服务水平等非味觉因素。再次,饮食文化内涵的增加。如果说在历史上,吃的文化主要体现在社会的上层圈子里,对更多的人来说吃只是为了维持生存而已,那么明末清初的饮食文化已渗透进大部分人的生活,成为一种十分普遍的社会现象。这种改变最终带来的不仅是饮食方式的变化，而且是整个生活方式的渐变。所以，李渔认为，对于饮食活动，是人类为了满足生理和心理的需求而把可食用原料用适当的方法加工成可以直接食用的成品的过程，包含食品生产及制作、饮食消费和饮食养生等。

中华五千年第一风流才子、"湖上笠翁"李渔一生跨明清两代，其寄情传世之作《闲情偶寄》则顺从物性，集中体现其毕生情趣与文墨修养，妙趣横生，回味无穷。他一生劳碌，游荡江湖，为生计奔波。不分春夏秋冬，无论白天黑夜，难得有暇休闲。有趣的是，他夜以继日地写作、巡回演戏、营造园林，总是为了别人的休闲而奔忙。休闲，就是繁忙劳动之余的休整放松、娱情遣性。李渔的生活推崇低碳、简约、自然，提出要"重蔬菜、崇简约、尚真味、主清淡、忌油腻、讲洁美、慎杀生、求食益"，尽可能在日常精雅的膳食中，寻求饮馔方面的生活乐趣。他强调烹调要突出鲜与味。像烧制笋这道菜，就要发挥笋的本味来。"素宜白水，荤宜用肥猪""茹斋者食笋，若以他物伴之，香油和之，则陈味奇鲜，而笋之真趣没矣，白煮俟熟，略加酱油，从来至美之物，皆利于孤行，此类是也。"[61]

(二)纯天然的饮食情趣

《闲情偶寄》饮馔部包括"蔬菜、谷食、肉食"三节，其精华是如何使用烹调原料。从一菜一点的工艺中跳脱出来，对笋、蕈、饭、粥、汤、面、鱼、蟹的调治原则进行探讨，高人一筹。宣传纯净、简朴、自然天成的饮食情趣，主张食以本色为贵，与养生之道结合，反对暴珍。他认为："疾病之生，死亡之速，皆饮食太繁，嗜欲过度之所致也。"故强调"食贵能消"。倡导蔬菜，"摘之务鲜，洗之务净"；烹煮饭食，"粥水忌增，饭水忌减"；制作点心，"糕贵乎松，饼利于薄";家庭配膳,"宁可食无馔,不可饭无汤""生活在水中的气味腥,食肉的气味臊,吃草的气味膻""甘美的东西容易调味,洁白的东西容易着色"。

对于饮馔,李渔主张天然、清淡,代表了当时金华乃至江南饮食的习惯和理念,一直影响到现在。他说:肉类不如蔬菜,蔬菜更近自然。蔬菜的特点是清爽、洁净、芳香、松脆。它胜过肉食之处,在于一个鲜。李渔吃蔬菜,最喜欢在田园里现采摘、现烹煮。蔬菜中间,他偏爱北方的黄芽菜(大白菜)和苏南的水芹菜。要说最鲜最美的蔬食,他的评价,第一个是笋,其次是菌菇。李渔认为,菌菇得的是草木山川之气,没有渣滓,大益于人。菌菇素吃好,配少许荤菜更好,它的汁水鲜味无穷。吃笋,他说素吃适宜用白水煮,熟后略加酱油。凡是至美的东西,他都单吃,以体会它的鲜美。笋若荤吃,他用肥猪肉一起烹煮,变得特别的甘甜鲜美。烹煮后,李渔把肥肉拣去不用,汤汁也只留一半,另入清汤,加酒和醋调味后上桌。——李渔首创的肥肉烧笋这条经验,后人发展出了"腌笃鲜"(咸肉、鲜肉和笋一起煨),如今成为江南农家菜庄的春令招牌菜。李渔把笋作为素食之必须,把虾作为荤食之必须,就像中药里的甘草,少它不得。李渔把焯虾、焯笋的水加在其他菜中,人家吃了都不知道这个鲜是从哪里来的。

李渔于饮食之道颇有心得,其饮食上崇尚简朴、主张日常饮食的创新,擅长化平俗为神奇,勤劳朴实、懂节俭,做菜花样常新,精制不断,嫌浪费。他对食尚的追求,提升为一种文化,成为乡风民俗饮食生活的时尚,成为现代人渴望的生活形式。显现出越吃越原始的趋势,崇尚自然本味,着迷于自然本味,具有鲜明乡野气息,淡饭蔬食,田园风味浓郁,没有华丽的堆涉,异巧的造型,别样的技巧,平淡中见真味,每道菜都飘着一股浓厚的乡土味,一切都以"简单"为谱：

取料简单，鲜活为准——一切主料都在当地菜园里、池塘中、山坡上，晨取午烹，夕采晚调，用料鲜活。

调料简单，适口为珍——主妇们善于用较少的调味料调出适合的味道，味道自然。

刀工简单，能烹就行——远不及孔子"食不厌精，脍不厌细"的境界。

器皿简单，大方为要——土钵土碗，大盆大罐，像金华煲就用土钵作盛器，土气大方，土得豪气。

烹艺简单，入味即可——或蒸或炖，或炒或煎，或烧或炸，方法单一。

使得李渔菜成为全国八大菜系之一浙菜支流金华菜的代表，历史悠久、品种繁多、珍馐奇味、脍炙可口，注重选料地道和时新时鲜；擅长炒、炖、炸、烩、烧、蒸、煮等烹调方法；剞刀技术和造型艺术精细；形成自然天成、鲜咸入味、原汁原汤、香暖脆嫩的特色。著名肴馔有红印馒头、萝卜肉圆、蹄髈炖油泡、炒番薯粉丝、酿煎茄子、煎藕饼、玉米糊、油炸臭干夹馒头、荞麦面、元宝馄饨等200多种。

### (三)最真实的饮食情境

自然界提供的饮食原料，在加工改造前，大部分都是不可食，或者不那么易于食用的。原因很简单，在长期的历史进程中，人类不断退化的牙齿已经适应了熟食。未经烹调的食物，不管肉类、鱼类、禽类和蔬菜，由于其肌肉组织或纤维组织都未受到破坏，给咀嚼带来一定的困难。而且从体积和滋味来说，也都是很难下咽的。因此在美食的创造活动中，首先需要通过刀功处理和烹调加热，使原料具有可食性,尤其对一些坚韧、老硬的食物原料,这一要求就显得特别重要。无法食用的食物不但不能成为美食,连作为普通的食物也没有资格。从这一点出发,在菜肴中点缀某些不可食的装饰品,特别需要谨慎,不能过分。大部分的饮食原料,在未曾加工之前,都是不那么可口的,不少动物性原料带有强烈的腥膻味,某些蔬菜有一定的苦涩味,这些都难以使人接受。在加工中除去这些劣味、邪味,并通过调味增添多种鲜味、美味,才能使食物变得可口,引人食欲,并产生味觉美感。美食应该是美味可口的,使人愉悦的。通过烹调,不仅使生菜成熟,硬菜软化,而且去腥解腻,浓淡相宜,使人不但能够接受,而且乐于接受。对菜肴食品来说,安全卫生应该是第一位的,如果食而不安全不卫生,那就失去了起码的可食性,更谈不上美味了。各种原料在未经烹调前,或带污泥,或带病菌,或有毒,或食而不化。因此必须通过清洗、加工、加热、调味等环节,使美食在对人体的安全卫生方面万无一失。

李渔美食,并不以绚丽夺人,而以真味取胜。在这一点上,美食与一切美的艺术一样,鄙视故弄玄虚,追求真情、真味。只有真的东西,才感人、悦人,才美。求真,就是依顺和突出原料本性中的长处,不扭曲,不掩盖,不做作,不勉强。各种饮食原料都有自己的个性和特点,反映在滋味、质地、颜色、形状等方面。就味而言,动物性原料一般都有其本身的天然鲜味,如猪肉的鲜味异于鱼虾的鲜味,甲鱼的鲜味又异于鳗鱼的鲜味,火腿的鲜味又不同于一般的猪腿的滋味。即使同属禽类,鸡之鲜,鸭之肥,特点也大不一样。各种蔬菜虽然本身都没有明显的滋味,但细细分辨,也是各有所长,或脆而爽口,或柔而鲜嫩,或清冽微苦,或细腻滑润,等等。凡此种种,在加工中都应力求扬长避短,保持其个性,呈现其真味。或者说,用主要特征去统一其他特征,并扬弃其不好的特征。求真并不是对必要的加工调味进行限制;而是说,饮食艺术应掌握加工改造的适度,对于那些天生的丽质,过分的涂脂抹粉反而会败坏人们的胃口。美食的真,也许就是人们常说的"正宗"的意思吧。为什么人们在乎"正宗"?因为"正宗"体现了美食的相对稳定的最佳状态。"增之一分嫌长,减之一分嫌短",恰如其分,恰到好处,原料的真趣,味的真趣,就能充分得到体现。

　　饮食艺术从根本上说,是一种组合的艺术,变异的艺术。组合、变异的最终目的,是改变原料的原始状态:形态、颜色、质地、味道。丹纳在《艺术哲学》中强调,艺术不是再现和复制,而是一种改变。他说:"艺术家为此特别删节那些遮盖特征的东西,挑出那些表明特征的东西,对于特征变质的部分都加以修正,对于特征消失的部分都加以改造。"这一观点对饮食艺术同样适用。只有超越了原料的本来状态,使原料产生了形和质的变异,才能把美食提高到新的水平。在变异中,本来的原料几乎消失了,但得到的是达到升华的美味。在美食的物质形式中,看到的是通过加工组合产生的有形的变异, 品味到的却常常是一种无形的内在的变异,即味的变异。这种通过原料和调料的组合和变异的艺术。虽然这样不可避免地掩盖了原料的部分本味,但得到的却是超过原料本味之上的双重或多重的味。在饮食艺术中,变异之法用得十分广泛。如果说追求真味的做法更注重人与自然的沟通和和谐,那么追求变异之味则反映了人对自然的改造、人类在创造美食的饮食艺术中不仅发现了美,而且发现了自我,肯定了自我,其审美力和创造力在美食的对象中得到了宣泄。

## 二、李渔饮食文化的核心思想

明末清初年间,在浙江这块沃土上曾生活过一个备受人们关注的人物——李渔,他满腹经纶、才华横溢、兴趣广泛,于戏曲、小说、诗文、史学、园林、饮食、养生、服饰、绘画等皆有涉猎,然又多有见地,影响后世。清光绪《兰溪县志》称李渔:"性极巧,凡窗牖床榻服饰器具饮食诸制度,悉出新意,人见之莫不喜悦,故倾动一时。"李渔饮食文化传承了中华传统的价值观、道德观、社会观,其意识核心与传统儒、道家的主张一脉相承,表现为"求和""养生""变化"。概括了饮食文化发展的根本目的、宗旨和生命力所在,规范了饮食文化的内涵和外延。由这一本质所决定的,在漫长的饮食文化成长过程中不断凝练的"医食同源的辩证观""五味调和的境界说"等理论体系,是饮食能够成为独立的文化体系的理论基石。儒家的"仁""和"的哲学思想及对饮食的积极、肯定的基本态度,道家为实现长生不老所做的不懈努力,以追求"食与人之和""食与自然之和""食与社会之和"为最高境界。"求和"赋予了中国饮食生存的准则,"和"衍生出"民以食为天""治大国若烹小鲜""调和鼎鼐""嗟来之食"等以食论国、以食论道、以食论人的中华文化特有的经典治国修身理念。李渔认为:饮食既是乐趣,也是烦恼。上街买菜下厨煮饭方是乐趣,据案大嚼吃得个满肚肥肠反是烦恼,人的口腹本来就是烦恼的根源。李渔曾自称:"幸以草莽贱夫,混迹公卿大夫间,日食五侯之鲭,夜宴三公之府。"这一独特的生活方式与人生经历对其饮食观的形成有重要影响,他身处江南,并游历了中国许多地方,领略了中国各地不少的美味佳肴,积累了不少饮食经验,形成了一系列自己独特的餐饮观。体现了江南膳食的传统风格,于清雅之中寻求生活的乐趣,于今天仍有借鉴价值,对于当今饮食文化的发展也是有它一定的积极意义。[62]

(一)推崇低碳饮食生活

人的生理功能和精神活动,是相互依存、相互影响,又处在一种动态平衡之中。每个人的身体状况不同,需求不同,习惯也不同,所以不在于吃的多与少,而在于按照个人的需要安排饮食。关于低碳饮食及其养生,清初著名文人李渔自有独到见解。在选择食材时,李渔的原则是有功者不食,有用者少食,对追求自由者惺惺相惜。"牛犬有功于世,戒之。"而对司晨之鸡,因鸡叫不叫天都要明的,为小功,可食,但"烹饪之刑似宜稍宽于鹅鸭",蛋鸡雏鸡不食。对虐杀动物而食的恶劣食风则愤怒谴责,如提到一种以沸水屡烫活鹅爪的鹅掌制法时,不迷信的李渔禁不住念起恶咒来:"以生物多时之痛楚,易我片刻之甘甜,忍人不为,况稍具婆心者乎?地狱之设,正为此人,其死后炮烙之刑,必有过于此者。"那些活吃猴脑驴片快鱼醉虾的大概也得小心。只有"水族难竭而易繁。——故渔人之取鱼虾,与樵人之伐草木,皆取所当取,伐所不得不伐者也。我辈食鱼虾之罪,较食他物为稍轻。"当代人倡导多吃鱼虾为补脑补钙,而李渔则处处考虑饮食心理和生态伦理,更进一步。"弱肉强食"是大自然的严酷法则,而李渔给这个自然法则加上了人文情怀,绝不会"饥不择食",而在选择中体现出人的生存原则和对自然的关爱。而他对生命的爱丝毫不带宗教色彩,纯以人心体恤,与现代科学精神、人文情怀倒有更多契合之处,读来格外亲切有趣。他讲究饮食营养搭配,也讲究生态伦理,反对野蛮饮食,认为饮食心理会影响饮食品位和养生效果。他对肉食持基本否定态度,同意"肉食者鄙,不足与谋"的观念,并以虎为例说明食肉令体壮但不益智,尤其是不劳而获的肉食更无益。想想也是,自然界的强者不必绞尽脑汁与天敌周旋,智力难免退化,人类社会的富贵者在创业期是处心积虑的,但其家庭成员锦衣玉食,不谙世事,也会能力萎缩。所以他建议少食肉食,"无虎之威猛而益其愚,与有虎之威猛而自昏其智,均非养生善后之道也"。[63]

低碳是人类的必然选择,"低碳"已经成为全球最热点的话题。各行各业人士都在寻觅和思考与人有关的低碳减排办法、举动,一切要顺其自然。李渔作为一个追求精神自由的艺术家,对那些渴望自由或保持自由自在状态的动物,有着出自本能的同情的理解和怜惜,并认为这种自然的生存方式利于动物本身。李渔是从美食家的角度分析:"家味之肥,肥于不自觅食,而安享其成;野味之香,香于草木为家,而行止自若。"是知丰衣美色,逸处安居,肥人之事也;流水高山,奇花异物,香人之物也。肥则必供刀俎,靡有孑遗;香亦为人朵颐,然或有时而免。二者不欲其兼,舍肥从香而已矣。"而且李渔认为迫入困境者比贪婪自陷者更可悯:"兽毙于人,禽毙于己,惜禽更当惜兽,以其取死之道为可原也。"

"低碳"饮食围绕养生、节能、环保的主题,以创新菜品、时令小吃为主。在加工原料上,选用山珍野味、绿色保健的原料,如竹荪、芦笋、菌菇、山药、紫薯、南瓜及五谷杂粮等,重点突出养生健康的特点。并且通过原料的选择和烹饪技法的变化,使菜肴更加低脂、低油、低盐,打造低碳饮食新概念。

"低碳"饮食结合季节与时令,并与营养养生有机结合,注重时令性和养生性,是其根本所在。清蒸制作成菜的七彩果蔬球是典型代表。它以香芋、黄金瓜、冬瓜、胡萝卜、白萝卜、鲜香菇、莴笋7种时蔬的果肉做原料,所含的维生素和矿物质十分丰富,营养价值高。另外,像八珍菌汤,主料有竹笋、杏鲍菇、牛肝菌、黑虎掌、九日香、松茸、白灵菇、羊肚菌8种食用菌,含有多种矿物质及微量元素,具有很高的营养保健功能,而且汤鲜、菌味浓厚,十分适口。

(二)善于饮食中发掘美

饮食之道,是清初大戏剧家李渔在填词作曲、修造园林两门绝技之外的一门自认为十分精到的生活艺术。李渔的饮食之道以蔬食第一,谷食第二,肉食第三,吾谓饮食之道,脍不如肉,肉不如蔬,亦以其渐近自然也。——后肉食而重蔬菜,一以崇俭,一以复古;至重宰割而轻生命,又其念兹在兹,而不忍或者矣。他对各种食物的配制烹调,都有个人独特的见解:一是近于自然,一是善于调摄。李渔看来,蔬食之美在鲜,鲜为至味;谷食之美在一,一则少害;肉食之美在补,补益贵精。

论及食中至味,李渔认为是"淡"与"鲜",这似乎是道家美学观念。"论蔬食之美者,曰清,曰洁,曰芳馥,曰松脆而已矣。不知其至美所在,能居肉食之上者,只在一字之鲜。"山笋是鲜味之最,淡则无往不利,"素宜白水,荤宜肥猪"。朴素而天下莫能与之争美,"从来至美之物,皆利于孤行,此类是也"。他还引东坡之论"宁可食无肉,不可居无竹。无肉令人瘦,无竹令人俗"。强调笋为未成之竹,既可医俗,亦能医瘦。

肉类鲜味则首数虾,"笋为蔬食所必需, 虾为荤食所必需,犹甘草之于药也。"虾作汤最好,可佐提味,如社会事物中的"因人成事"。从海鲜制作还可领悟老子所谓"治大国若烹小鲜"的原理。李渔还认为"陆之蕈,水之莼,皆清虚妙物也"。尤其是蕈为气结,有形无体。"食此物者,犹吸山川草木之气,未有无益于人者也。"现代人只强调蘑菇是有抗癌功效,哪里注意到它的"清虚之气",科学确有祛魅功能,混沌自然的感性的诗意的光辉在科学的解析中荡然无存,而饮食美学就是要吃出营养之外的诗意来。

论及家常蔬菜,李渔又成了儒家,时时要从生活常识中悟出处事之道。如谈到香味寡而臭味重时,李渔感慨:"以椿头之味虽香而淡,不若葱蒜韭之气甚而浓。浓则为时所争尚,甘受其秽而不辞;淡则为世所共遗,自荐其香而弗受。吾于饮食之道,悟善身处世之难。"而以蔬菜论人情人性也处处见文人机锋,如"韭芽清香,是其孩提之心之未变也"。萝卜"生则臭,熟则不臭,是以初见似小人,而卒为君子者等也"。李渔喜食的芥辣汁也有理论基础:"食之者如遇正人,如闻谠论,困者为之起倦,闷者以之豁襟,食中之爽味也。予每食必备,窃比于夫子之不撤姜也。"

从饮食结构看,人类主要还是食草动物,谷食为主食。依照本草,"米能养脾,麦能补心"。南米北面,各以一物为君。李渔既精于煮花露香饭,也发明五香面、八珍面,还会提醒主妇"粥水忌增,饭水忌减""糕贵乎松,饼利乎薄"等技术细节,又以己经验为贫家着想,倡导以汤下饭的省俭之道,堪称火头灶王,把家常日子打点得精致有趣。

李渔反对铺张浪费,其节俭观念来源于他崇尚自然的思想,提倡节俭实惠、反对铺张浪费的观念,这对培养现代人健康的饮食观有借鉴意义。人民生活水平的提高引起部分人在饮食消费上的铺张浪费,宴席上尤为普遍,而铺张浪费的饮食风气不但造成社会财富的巨大浪费,还有悖于整个社会的可持续发展原则。李渔重视节俭实惠的饮食观符合整个社会发展和饮食发展的大趋势,倡导绿色饮食的理念,食用天然、无污染的食品,培养健康饮食的观念,讲求节俭实惠,崇尚自然,追求自然,回归自然。李渔的《闲情偶寄·饮馔部》提出了以"崇尚素食、接近自然、反对杀生"为主要内容的饮食及养生文化思想,体现在具体的烹饪技术话语中，素食的部分占了《饮馔部》的大量篇幅，几乎每类食物都有具体的描述。而这些具体的描述总是认为种植不如天然，因为自然之物所蕴含的鲜美超越了清美、洁美、芳馥之美、松脆之美。

(三)追求饮食养生之道

李渔在长期实践中积累了丰富的饮食经验，形成了独特的饮食调理理论，对人们养生具有积极的指导作用。养生，古代又称"摄生""卫生""道生"，是以自我调摄为主要手段，以推迟衰老延年益寿为目的的多种保健方法的综合。根于传统中医理论的养生学包含了顺应四时、调畅情志、食饮有节、起居有常、劳逸结合等多种行之有效的保健延年防衰的方法，其中民以食为天，饮食是人们不能离开的生生之本，在"协调阴阳，顾护脾肾"原则指导下的饮食养生成为其重要的一个组成部分。

饮食养生对人体健康十分重要，饮食不当，可以随时引起多种疾病。合理调配，包括：谨合五味，粗细结合，荤素搭配，寒热适宜；食饮有节，包括：饮食以时和饥饱适度；饮食宜忌；三因制宜，即因时、因地、因人区别对待，灵活选食。因人制宜，是根据人的体质、年龄、性别等不同特点，选择适合的营养食物。人的体质有阴阳、强弱的不同，而食物有类似药物的阴阳寒热偏性。一般来说，体质属阴偏寒者，宜选偏温热的食物；体质属阳偏热者，宜选偏寒凉的食物。李渔提出可根据食物的性味归经及其功能作用，合理地调配膳食，遵循饮食有节，寒温适度，五味调和，荤素结合，因时因地因人制宜，顾护脾胃等原则，从而保健强身，防老抗衰。不同体质对各种不同属性饮食物质的需求也是不同的。因时制宜，是根据时令气候的特点及四时气候与内脏的密切关系，而选用适宜的营养食物。

李渔求饮食之美,其要在于善于调制。一是烹调方法的随宜变异。例如竹笋,白水煮熟,酱油拌之,孤味至美,当然也可以伴荤。食鱼首在鲜,次及肥,以鲜取胜的鲟、鲫、鲤等,可清煮做汤。以肥取胜的蝙、白鳞、花鲢等,则宜红烧、醋熘或生炒。更有能使鲜、肥并出,不失天真者,则可加陈酒,覆以瓜、姜、蕈、笋,紧火蒸之,使鲜味尽在鱼中。李渔说:"虾"是荤食中的甘草,各种荤肴,加入一些虾,就会物物皆鲜了。

李渔的饮食是近于自然的。《食物本草》一书,固然为养生家之所必需,但如日备考查,宜食的则食之,否则就戒而不用,那么只恐我们所爱好的不是我们所能食的,所食的又不是所好的了。他提倡"肉不如蔬",多食不如少食,因肥腻之脂,容易蔽障胸臆。重蔬菜、求真味、重清淡、求净美,这是李渔领略饮食三昧的主张。李渔在"蔬食第一"项中谈了笋、蕈、瓜、菜、芋、山药等十四种,使蔬菜有味的要诀,以"摘之务鲜,洗之务净"二语为概括。他自己最爱吃的是笋,说笋是蔬食中的第一品,芳鲜远胜肥嫩羊。其次是蕈,"只要无毒,鲜味无穷",其诗可以为证:《食菌诗》"松菌无根出自天,闻雷十度九垂涎,不妨七箸朝朝夹,免我辛勤种菜田。"

李渔对于饮食养生原理,认定"食色性也,欲藉饮食养生,则以不离乎性者近似"。他相信每个人自己是其身体最好的专家,饮食失调是导致疾病发生的病因,食之有节也就是善调饮食的重要内容。李渔指出:欲调饮食,先匀饥饱,宁可失之少,勿犯于多,多则肠胃受伤。李渔认为食物种类单一,烹饪方式简单对养生有益。"是只食一物乃长生久视之道也。人则不幸而为精腆所误,多食一物多受一物之损伤,少静一时少安一时之淡泊。其疾病之生,死亡之速,皆饮食太繁,嗜欲过度之所致也。"而且吃善养生的生物也更多补益,如烂蒸老雄鸭,功效比参芪,参芪补气,羊肉补形。

李渔重清洁卫生。李渔重视烹饪原料的清洁。李渔提出八字诀:摘之务鲜,洗之务净。本质净而后可加作料,可尽人工,不然是先以污秽作调和,虽有百和之香,能敌一星之臭乎?可见,李渔对原料清洁的偏好已达到了内外兼顾的地步。他认为:蔬菜之最净者,曰笋,曰蕈,曰豆;其最秽者,则莫如家种之菜。李渔的饮食观念,代表着明末清初江南普通士民的饮食观念与原则。但传统的并不一定过时。面对现在全球化时代出现的各种新现象与新观念,李渔提出的传统饮食文化观念,应当被重新发掘、解读与运用,使它发挥其应有的社会作用。

### 三、李渔饮食文化的基本特征

李渔饮食文化是建立在历代先人广泛的饮食实践基础上的,它是人类生存和发展的重要反映,并与人们的物资生活和精神生活息息相关,具有鲜明的特色。[64]

首先,李渔饮食文化是一种古老而又年轻的文化,它具有生生不息的神韵和魅力。李渔饮食文化历史悠久,早在古代先人自己的饮食活动开始时就已经产生了,"它是人类生活的第一朵花"。与此同时,伴随着古代社会的发展与进步,无论是饮食用具,还是饮食礼俗都在不断地发展丰富。李渔饮食文化是与人们的社会生活紧密相连的,是生生不息的,具有强大的生命力。传统的文人士大夫最追求饮食情趣,善于在极普通的饮食生活中咀嚼人生的美好与意义,李渔更是如此。李渔是封建士大夫中的"另类",他天赋极高,率性而为,对事物体察入微,懂得充分享受生活,留下的很多美食文字都是人类智慧和文明的成果,不整理、不借鉴是非常可惜的。

其次,李渔饮食文化是一种自成体系的文化形态,独具特色。饮食文化是跨越物质文化和精神文化的许多领域,又具有自己独特内涵和外延的一种文化形态,是自成网络又具有独特神韵的一种文化形态。它的发展与社会经济的发展、科技的进步和农业生产的进程息息相关,这些基础因素的有机结合构成了它的母体,同时又规定了它的特性。饮食文化是人类文化在饮食生活中的重要表现,它在特定的条件下具有传递信息的功能。在列维·施特劳斯看来,"人们选择食物是因为他们看中了食物所负载的信息而非它们含有的热量和蛋白质。一切文化都无意识地传递着在食物媒介和制作食物的方式中译成密码的信息。"食物传达着某些信息并具有象征的意蕴。饮食象征着文化是人们用独特的思维方式和表现手法来反映主体内在心理取向的一种饮食文化现象。饮食的规模和数量也反映着一种特定的文化,在特定的时间和场合,食物数量的多少及是如何组合的,是人们视觉范围内可以观察和感知得到的东西,因此,这种食物在数量上的搭配关系被人们用来类比特定事物和观念的现象非常普遍,每一个特定的社会和民族会形成各自的偏好和倾向。

再次,李渔饮食文化是中华文明的标尺,也是中华民族特质的体现。民以食为天,饮食在人们的生活中占有十分重要的位置。它不仅能满足人们的生理需要,而且是提高人类体质和促进智慧创造的重要物质手段,同时也因其具有丰富的文化内涵,在一定程度上也满足了人们精神层面的追求,是人类文明的一种重要标尺。一个国家和民族的食物构成和饮食风尚,反映着该民族的自然物产、生产状况、文化素养和创造才能,反映着利用自然、开发自然的成就和民族特质。李渔饮食文化是中华民族悠久灿烂文化的重要组成部分,它标志着各个历史时期的中华文明的发展进程和进步状况,反映了中华民族自古以来就是一个热爱生活、追求真善美的民族,从一个侧面体现了中华民族的创造精神和独特风采。对文学艺术有广泛的兴趣爱好的李渔,思想性强,文化品位高,把饮食烹饪当作一种艺术,把下厨做菜作为一种娱乐消遣自得其乐的生活方式,当作一种积极的休息。关注的是内心世界的协调,因此精力往往专注于生活的细枝末节,以此寄寓其政治态度和人生理想。

(一)风味独特特色浓郁——饮食原料的广杂性

在漫长的生活实践中,中华民族祖祖辈辈以他们辛勤的劳动和丰富的智慧,缔造了人类科学的膳食结构,受到世人的重视和承认。美国康奈尔大学营养学家曾对6500名中国人进行膳食追踪调查,经过对比分析后,认为中国的膳食结构合理,曾向美国参议院建议仿效。另外,美国《健康》杂志以"世界上最益健康的饮食"为题指出,在世界范围内,中国人的饮食最益于健康,称赞中国人膳食结构的合理性。中国人的这种膳食结构是在中国的自然环境和社会、经济发展中及在中国传统哲学思想的指导下,从长期形成的饮食习惯中演变而来的。实践证明,它具有很强的科学性,对人类有较为普遍的借鉴意义。这种膳食结构的具体内容是:以植物食物为主的杂食,荤素结合;主食与副食搭配,即饭、菜、佐料合理配合;日常饮食和节日筵席的调剂,达到调补的目的。在战国时期问世的世界第一部医学理论专著《黄帝内经》中,就已体现了这种思想,其中对膳食结构作了精辟的论述,提出:"五谷为养,五果为助,五畜为益,五菜为充。"在世界上最早提出了科学合理的人类膳食结构。以现代营养学的观点审视这种膳食结构,它是符合营养平衡原则的,它适合人体生理的需要,有益于增进人体健康和人的聪明才智。据史料记载,周代宫廷里已有"食医"指导膳食。《周礼·天宫》在谈到食医时说:"食医掌和王之六食、六饮、六膳、百馐、百酱、八珍之齐。"由此可见,当时中国人已相当重视膳食的营养卫生。关于在膳食中怎样才能吃得卫生、吃得健康,如唐代孙思邈在《千金要方》中有记述"勿强饮食,勿强饮酒","勿食生菜(指未经烹饪加热的菜肴)、生米、小豆、陈臭之物。勿饮浊酒"。面食塞气孔,勿食。生肉伤胃,勿食。凡肉须煮烂,停冷食之。食毕,当漱口数过,使人之牙齿口香不败","饱食而卧,乃百病生",这些思想与现代营养卫生学的基本观点相一致。[65]《黄帝内经》中对膳食养生也有许多论述,如其中提到"食饮有节,谨和五味""谷肉果菜,食养尽之,无使过之,伤其正也""食味偏元,伤及五脏",这些内容阐明了膳食平衡的理论,其思想寓意精深,蕴涵哲理,富有指导性,为后人普遍接受。元代饮膳太医忽思慧著的《饮膳正要》一书,对膳食营养、食品卫生亦作过空前详尽的论述。李渔饮食文化的特征,正是在汲取前人丰厚积淀文化基础上形成的。烹食技艺经历了火燔、石烹、陶煮、铜煎、铁炒等历史阶段,不断发展和升华,形成广采博取、刀工细腻、讲究火候、善于调和的独特风格,采用的原料约 3000 种,采用的刀工技法数十种,烹调方法上百种,调味料近 500 种,菜肴讲究色、形、香、味、滋、养。六者结合,组成视觉、嗅觉、味觉、触觉的综合艺术享受。正如李渔认为,"食无定味,适口者珍""五味调和百味香"。李渔对于味的发明、追求、享受、升华过程,贯穿于食文化之中,不仅是口味的享受,还蕴含着养生的内涵,把饮食与养生统一起来,探索烹与调、食与味、食与时、食与健的辩证关系。

(二)兼收并蓄继承创新——饮食技法的兼容性

李渔饮食文化主要代表是家常菜及小吃。人难离五谷杂粮、柴米油盐,这些柴火烧制的家常菜,发源于家中灶台、巧妇之手,带着浓郁的家庭主妇味道登堂入室,吃起来贴心贴肺,既填饱了肚子,又解了馋,还省去了不少银两。家常菜后来也演绎成了一些当街小铺的招牌菜,更多地满足于常年奔波在外,难在家吃上口饭的人们。农业的发展,为人类提供了丰富的食物资源,要把食物变成对人体最适宜的食品,就要进行调制和加工。人们早期对于火的利用、陶的发明、农业的开发及膳食与养生文化的产生和发展,均为烹食的诞生与发展奠定了得天独厚的基础。在这个基础之上,建立起被誉为"四大国粹(是指中医、武术、气功、烹饪)"之一的中国烹饪体系,创造出独具特色的饮食文化,使中国成为世界公认的"烹饪王国"。著名的烹饪古籍《调鼎集》,曾摘用李渔的《闲情偶寄·饮馔部》并在其《江鲜部》开头写道:"鱼首重在鲜、次则肥,鲜肥相兼,可烹可煮,无不可适口。其仅一鲜可取者,宜清煮作汤;一肥可取者,宜厚烹作脍。烹煮之法,全在火候恰好,生则黏刺不松;迟一刻肉则死,死则粗硬味淡。"李渔口味喜清淡,为了品尝食物的原味,多以清香、爽口类相佐。五味的调和是食品烹饪的最高标准,是哲学与美学的结合,使食品不仅供人充饥,美味佳肴也是人类的美的享受,从而造就了李渔菜肴"甘而不浓、酸而不酷、咸而不减、辛而不烈、淡而不薄、肥而不腻",五味调和百味鲜的特色。

(三)精于美食注重情趣——饮食滋味的艺术性

饮食除了其自然属性外,还有着更为广泛的社会属性。饮食被赋予并反映了人的意识、人的思维和人的心态。它结合而且融入了历史的、地理的、文学的、艺术的、教育的等精神财富。饮食对于人们来说,已不再是简单地满足生存和生理的需要,它已经成为人们享受生活乐趣的一个重要方面。在这方面,李渔饮食文化尤其突出。在饮食活动中,要求良辰、美景、可人、韵事、美食,即"五美俱",讲究饮食活动中的时间美、环境美、亲情美、言行美和食品美的和谐统一,讲究菜肴的色、香、味、形、器、名俱佳,讲究菜肴的人文内涵,讲求物质与精神的有机联系与和谐之美。

李渔认为:烹食,无论是手工方式,还是机械方式;不管是宾馆饭店的珍馐美味,还是家庭小灶的粗茶淡饭,都是一种生产。马克思在《政治经济学批判(导言)》中,用一段话十分贴切地论证了烹食生产和饮食消费的关系。他说:"它(指生产)也给予消费以消费的规定性,消费的性质,使消费得以完成。饥饿总是饥饿,但是用刀叉吃熟肉来解除的饥饿不同于用手、指甲和牙齿来解除的饥饿。因此,不仅消费的对象,而且消费的方式;不仅客体方面,而且主体方面,都是生产所产生的。所以,生产创造消费者。"烹食属生产,食品是产品,饮食属消费。有什么样的生产,就有什么样的消费;相反的,消费的不同要求,也促进烹食生产的不同发展。因此广义上的烹食应该是:利用广泛的原料,通过技术和艺术的综合创造,为人类提供生存、发展和享受所需的饮食消费资料的生产部门。烹制的技巧性——调味精深,火候神妙,技法细腻复杂,工艺规程严格,一菜一法、百菜百味,形成了独特的食品工艺体系。菜式的丰富性——品类繁多,流派各别,地方特色鲜明,乡情土味浓郁,筵宴与礼仪文明相结合,格式多,铺陈美,造诣深。

自古以来,烹食以味为核心,以养为目的,饮食养身和饮食疗法一直为人们所接受。科学是反映自然、社会、思维一般规律的分科的知识体系,烹食可以进入科学的分科的知识体系,就烹食的整个工艺流程来看,从选择调配料、治净、切配,到调味烹调乃至装盘上桌,都是物理化学变化过程,与基础科学密不可分;从烹食在社会生活中的作用来看,与衣、住、行同属生活科学,或说应用科学;从烹食品尝后果来看,与医学、优生学关系至为密切,所以也属于生命科学的一部分。实际上,烹食是一门综合性很强的边缘科学,它几乎涉及基础科学的所有领域,诸如物理学、化学、生物学、营养学、医学等。从广义的烹食来看,还涉及历史学、文学、美学、心理学、民俗学等社会科学,当然还牵涉哲学等。选配的科学性——选料审慎,拼配科学,重视菜点的营养调剂和食疗效用,应时当令,属于保健食品的范畴。师承的民族性——广收薄采,源远流长,古为今用,洋为中用,不断地推陈出新。

烹食属于文化范畴,饮馔是一种文明,菜点反映工艺水平,烹食是中华民族的优秀文化遗产。工艺是人类在生产劳动中利用一定的物资手段,把原材料加工成消费品或生产资料的方法与过程;烹食工艺是人们有目的、有计划、有程序地利用炊制工具和炉灶设备,对烹调原料进行切割、组配、调味、烹制与美化,成为能满足食炊需要的菜点的一种手工操作技术。烹食是一种复杂而有规律的物质运动形式,在选料与组配、刀工与造型、施水与调味、加热与烹制等环节上既各有所本,又互相依存。因此,烹食工艺中有特殊的法则与规律,包含着许多人文科学和自然科学的道理,充满了唯物辩证法。烹食是科学和艺术高度结合的产物,既是科学性很强的产物,又是艺术性很强的产物,是人们物质文明与精神文明的光辉结晶之一,它属于文化范畴。品味方式多种多样,各种宴会是这种饮食文明的集中反映。讲究饮食礼仪,而这种饮食礼仪,除了有部分封建糟粕以外,其他方面则是感情交流所必需的,或者是饮食卫生所必需的,是社会进步的表现。李渔讲究饮食情趣,美食与美器相结合,美食与美景良辰相结合,宴饮与赏心乐事相结合,饮食与欣赏美术、音乐、舞蹈、戏剧等相结合,既是一种美好的物质享受,也是一种高尚的精神享受。

(四)食医结合讲究养生——饮食滋养的科学性

日本曾有学者指出:"中国人的食养与食治是世界营养学的鼻祖。"李渔养生理论,贯穿于原料构成、膳食结构、饮食制度、饮食方法、烹食技艺、烹调技法及各类食品之中,指导着人们的生产与生活,使人们健康地生存。它的以食强身、以食增智、以食美容、以食益寿的理论学说,对成千种食物和药物的成分、性、味、功能都有详细的论述。这是凭借人的感官进行判断、识别的结果,是人们长期经验的积累和智慧的结晶。李渔撰写的《闲情偶寄》,较为全面地反映了其饮食观思想,对饮食养生之道亦提出了自己的独到见解。

重蔬食。在《闲情偶寄》中,李渔提出了"肉不如蔬"的见解,原因是蔬食能"渐近自然"之故,因此能养生健体。对此,他认为应发扬上古"重蔬食,远肥腻"的遗风,方能崇俭以养生。

崇简约。李渔所述食谱,几无山珍海味可言。他认为"食不多味,每食只一二佳味即可,多则腹内难于运化。若一饭包罗数十味于腹中,而物性既杂其间岂可无矛盾也"。

尚真味。李渔用膳讲究物鲜质纯,不加配料,保存其自身原有的风味。

主清淡。"馔之美,在于清淡,清则近醇,淡则存真。味浓则真味常为他物所夺,失其本性了。五味清淡,可使人神爽、气清、少病。五味之于五脏各有所宜,食不节必至于损:酸多伤脾,咸多伤心,苦多伤肺,辛多伤肝,甘多伤肾。"李渔的这一饮食主张,完全符合现代烹调之理。

忌油腻。李渔认为,油腻能"堵塞心窍,窍门既堵,以何来聪明才智"?此话今天看来未必科学,然而过食油腻食物与肥胖症、冠心病、高血压密切相关,这一点已被现代医学所肯定。

讲洁美。《闲情偶寄》有云:"施之蔬菜瓜果,摘之务鲜,洗之务净,而每食菜叶之类,必须白绿鲜嫩。"这与今天的食品卫生标准很相似。

慎杀生。李渔讲的慎杀生,非佛门的戒杀,而有儒家"远庖厨"的仁心。认为凡是与人有功的牲畜应尽量不杀、忌食,飞禽走兽等须慎用。

求食益。用今天的话来说,就是要注重营养价值。李渔认为,米养脾、麦补心,应兼食补充,各取所长;为使饮馔得益,饮食不可过多、过速;饮食时要注意情绪心境,大悲大怒时不可食。

喜果茶。李渔是一位"茗客",对饮茶食果能怡情悦性颇为津津乐道,并认为这是修身养性、怡神健体的良方。

# 第三节 李渔的食礼思想漫谈

## 一、李渔的饮食礼仪习尚

在明代的饮膳活动中,在平日或每逢除夕、元旦、立春、端午、重阳、腊八日等节令时,都要举行各种不同规格、规模的筵宴活动。特别是在宫中,凡遇祭祀圜丘、方泽、祈谷、朝日夕月、耕藉、经筵日讲、东宫讲读、亲蚕、纂修校勘书籍、开馆暨书成、阁臣九年考满、新录取进士等时,都要赐官员大臣进士及内外命筵宴。按照明代的有关仪礼规定,宫中的筵宴规模,主要分为大宴、中宴、常宴和小宴4个规格;在这些筵宴活动中,不仅对于宴者的身份、地位、座次、仪礼,有明确的限定,而且为举办各种筵宴而进行的各种文化活动的内容,也颇具时代特色。尽管明代宫廷与节日筵宴的名目繁多,仪式繁缛,但它们却都有着十分明显的政治目的,即它们不仅是直接服务于明代的封建统治的,而且是明统治者致力、维护封建国家的统一和巩固时,所借助的一个重要而又十分奏效的方式和手段。据《明史》的记载,对宫中举行大宴的礼仪细节描述如下:宫中凡举行大筵宴礼时,尚宝司设御座于奉王殿,锦衣卫设黄麾于殿外的东西两面,金吾等卫设护卫官二十四人于殿的东西分立。在殿内教坊司设九奏乐歌,其中设大乐于殿外,将三舞杂队排立在殿下。光禄寺设酒亭于御座下的西面,膳亭设在御座下的东面,珍馐醯醢亭摆在酒膳亭的东西两面。设御筵于御座的东西,设皇太子座于御座的东面,面向西,诸王的座位以次往南排列,东西相向。文武群臣四品以上者座位设在殿内,五品以下者设座位于东西廊下,司壶、尚酒、尚食等在旁侍候。宴桌摆设完毕,一切就绪后,仪礼司官员请升座。顷刻间,鼓乐齐鸣。在悠扬的乐曲声中,皇帝升入宝座,乐止。鸣鞭,皇太子亲王上殿就座。接着文武官四品以上者由东西门鱼贯而入,站立殿中,五品以下各官站立丹墀,续之是赞礼官赞行三跪九叩礼如仪,文武百官向皇帝赞拜。光禄寺进御筵,开始奏乐。御宴进摆完毕,乐止。明代宫廷饮食及其筵宴突出的特点:一是预宴者有严格的等级规定与限制,筵宴的礼仪则十分烦琐,只注重形式,而不注重内容及其实质;二是筵宴的政治气氛浓郁,赐宴者与预宴者并不仅限于满足其生理食俗的需求,也通过筵宴这种形式实现各种政治目的;三是宫廷的筵宴严格遵守传统礼仪的规范,不厌其烦琐。这是古代礼制在筵宴中的具体体现。

古代,各级官吏是封建国家机器的重要组成部分,而明代的王公贵胄与缙绅士大夫则是封建统治机构中的重要支柱。他们不仅在政治上、经济上享有优厚的待遇和各种特权,而且在生活上也极为豪华奢侈,处处体现出他们与普通百姓的区别。所以,在明代社会生活中,他们的饮食文化活动,既不同于宫廷的饮食文化活动,二者在文化层次上,有着"礼"(宫廷)、"雅"(王公贵胄与缙绅士大夫)之别;又高于其他社会阶层和民间的饮食文化活动,二者在文化层次上,更有着"雅"(王公贵胄)、"俗"(民间)之分。这是因为在政治上,他们享有一定的权力,主管或治理某一地方;在经济上他们享有许多特权,受国家的直接保护,可足够他们在生活上的恣意消费享乐。在国家与百姓之间,他们是最直接的统治者,故在饮食方面,他们的消费标准、奢侈程度,非但不亚于宫廷,而且往往是有过之而无不及。他们的饮食生活的内容主要是:一是他们平日的饮食活动、消费标准,以及所要体现的饮食习尚;二是凡遇年节庆典、国家的重大政治活动时,他们都要受到帝王的赏赐、赐宴和各种礼遇;三是他们自身为某种目的或年节庆典时举办的各种类型的饮食、饮宴活动等。

对于明代缙绅、富豪士大夫为庆贺节日和显示其政治权势的显赫,或基于其他诸种目的而举行的各种筵宴大抵以摆排场、炫声势为主。从这些宴会的规模看,它的规格、礼仪,以预宴者身份的显贵、名望、财力状况而定。其中,虽有规模与声势的大小不同之分,但追求豪华、奢侈则是其共同特点。如《阅世编》一书的作者,在书中便对这类筵席曾描述说,肆筵设席,吴下向来丰盛。缙绅之家,或宴请官长,一席之间,水陆珍馐,多至数十品。即使士庶及中人之家,看馔也有多至二三十品者,若只有十余品则是寻常之会。而且对饮食器皿的要求极高,颇为讲究,每品必用木漆果山如浮屠样,蔬品用小磁碟添案,小品用攒盒,然后都用木漆架架高,取其适观而已。崇祯初年时,开始废果山碟架,用高装水果,宴席则列五色,用饭盂盛之。如系是相知之宴会则一大瓯而兼间数色,蔬肴用大铙碗,愈来愈加奢侈。[66]

李渔作为"诗礼之家"是自然十分重视礼仪,反映在饮食上就是"设宴待嘉宾,无礼不成席"。虽然李渔举办过大大小小不同的宴席,但是在程序和礼仪上却有一个基本的规矩。这样的基本规矩代表了明清社会的宴会风格。

### (一)"客人上座"的待客之道

"客人上座"是李渔的也是封建社会的待客礼仪,当然在这种待客之道中体现出人们天生的热情好客,于是这种风俗礼仪也作为传统文化的精华一直保留至今。李渔强调要尊重客人,一道菜上桌,客人可各取所好,无须主人强让。李渔最讨厌的是主人用自己的筷子夹了菜堆在客人面前。客人有手自会取菜,又不是不会夹菜的儿童或者怕羞的新媳妇,何必用这样村野小家子方式对待,这是对客人最大的怠慢,而同时代的娼家,尤好夹了菜硬塞进客人嘴里,在李渔看来,简直可恶至极。

李渔认为:还没开席的时候,靠后待着稳着点神,别一上来就趴在桌子跟前死等,就听主人吹冲锋号了。开吃的时候再积极地往前凑,脸皮薄吃不着,脸皮厚吃个够。吃的东西端上来的时候要起立,一是表示虔诚,二是侦察清楚上的什么东西。有贵客到来也得起立,乘机消消食。主人让食必须接着,不吃就是不礼貌。来吃饭的人地位如果低于主人,必须双手拿着饭碗向主人致谢,等主人寒暄之后再坐下。吃饭之前要祭祈,吃什么就祭什么,有顺序,别乱来。客人先吃三碗饭,然后主人请客人吃菜,介绍其中的名堂,如果没说完,客人不要喝汤漱口停吃。别吃撑着了,别用手捞大家一块吃的饭菜,别抢着吃,吃不完别放回去,不要长饮大嚼,咀嚼时不要出声,别像狗似的啃骨头,别把吃过的鱼肉放回去,吃不了别喂狗;不要好吃的死吃那一样,不好吃的也得动动筷子;饭烫别急赤白脸地猛吹煽凉,显得像饿鬼一般;吃饭得用匙子,不许用筷子往嘴里拨拉;汤里有菜一定要用筷子捞着吃,没菜也别用筷子在里面乱撩,好像能捞出个金元宝似的;喝汤不能直接对着嘴灌,得用匙;不要在汤里乱放佐料;不要边吃边剔牙;不要对着嘴吸酱油醋调味品什么的;嚼得动的放嘴里吃,嚼不动的用刀子切;大块的烤肉不要把嘴塞满,咽不下去、吐不出来时就难堪了;吃饭的时候不要唉声叹气,想别的心事,注意要"唯食忘忧"。

## (二)"长辈为尊"的进餐之礼

尊重长者和尊者是彰显道德文化的重要内容,这一点在饮食礼仪中表现得尤为突出。入席前要从容,不要变脸色,衣着得体。陈设的菜肴要有顺序,带骨肉、纯肉、羹汤和调料、酒浆,分别放置在就餐者左右,不能放乱。该用箸的用箸,不该用的不要用。进食时不要光顾自己吃饱,用手抓饭,不要带汗泽。主客长幼之间要彬彬有礼。陪长者饮酒,见到长者要递酒,赶快起立拜受,等到长者回话,才能回到席位。如果长者没有举杯饮尽,少者不能先饮。席间谈话,长者没有提及的不要乱说,表情要庄重,听讲要虔诚,不要打断别人的话头,也不要随声附和。谈话要有历史根据,或者先引哲人的名言警句,再自己发挥。吃完了,作为客人要起身收拾碗盘,交给在旁的侍者,主人婉谢后,再坐下。

由此可见,以吃喝为主要内容的宴饮礼仪,它的社会意义已远远超出美食享受之外,表现尊卑贵贱的社会秩序,承担着联络宾客、增进情谊,体现恭谦慈惠的道德风范。吃喝宴饮已成为人际关系不可分离的重要组成部分,以伦理为本位的儒家思想在这里有淋漓尽致的表现。

## (三)"妇幼不上席"的男尊女卑之俗

在饮食方面因受自然环境和传统观念的影响,把饮食作为增进友谊、凝聚亲情、融洽关系、推动实务的重要手段,具有丰富的文化内涵、浓郁的地方特色和明显的儒家烙印。"吃"不仅仅是种族延续的需要,而且成为维系亲情、友情及爱情的需要。旧时,一个家庭中各支各房数十口同居共吃,人人争着干活,让着吃饭,和睦相处,会受到"五世同堂""九世同居"的称赞,在乡里之间传为佳话。若是一个家庭兄弟阋墙,父子析产,各居各吃,便会招致舆论的非议。为人对父母能衣食关注,时奉甘旨,恪尽人子之职;对儿女能精心哺育,爱抚备至,多为世人称道。否则,即为不孝不慈,必被公众所指责。所以,妥善地处理"吃"直接关系到社会的风尚和个人的品质。男女老少一家人,经常聚会的地方就是饭桌,别小看这每天两三次的例行聚会,当人们从同一口锅里舀出稀粥,从同一盘中夹起菜时,"家"的概念便嵌入脑中。甚至家中来客,饭桌上按长幼尊卑的秩序入座,未成年人及妇女不得上桌的习俗,也是在灌输宗法制伦理观念。

李渔遵循"男主外女主内"时代的遗俗。在家里有客人来时,总是男人作陪,请吃饭时,女人从不上桌,只是在灶间和饭桌前伺候。人们不仅严格实行这样的习俗,而且在观念上,男女一致认为,女人就不应当和男人一样平等地坐在桌子前吃饭。妇女们认为:"一般是男人陪客人,女人做饭,上桌让人笑话。""女人做饭,做好饭后也不能上桌,不能进屋,在外面等着收拾桌子。男人陪客人,谁家的女人也不能上桌。"这习俗甚至能够强悍到超越亲子关系顺序的程度。

女人吃饭不上桌这个习俗在形成之初,是一个顺理成章的过程:因为在封建时期这样的男权社会中,几千年来做饭都是女人的事,在男人跟客人谈话时,女人在忙着做饭上菜;在男人陪客人吃完饭后,女人还要忙着刷碗。久而久之就形成了这样一个习俗。尽管如此,当女人不上桌成为一种固定的规则并带有禁忌的严厉性之后,它就变成一种令人难以容忍的性别歧视了。

"男主外女主内"首先表现在劳动分工上:几千年来,除了个别南方农村,女人是不参加社会生产劳动的,男人下地干活种庄稼,女人在家里做饭洗衣带孩子。这样的劳动分工千年一贯制,早被视为天经地义,有人甚至为它找到了生理依据——因为女人要哺乳,所以只适合做家里的事,根本不适合出去工作。

其次表现在社会交往上:女人"大门不出,二门不迈",所有的待客作陪、社会交往就都是男人的事了。

最后还表现在道德观念上:女人"抛头露面"是不合适的,跟男人平起平坐也是不适当的,既怕有损于妇道,又怕给男子汉的权威造成威胁。

## 二、李渔食礼的现代价值

"夫礼之初,始诸饮食"。在中国古代社会,饮食不单单被人们作为满足自身第一层次需求的条件,而且被赋予了更多的礼仪内涵,即礼虽然产生于饮食,但同时又严格约束着饮食活动。饮食是人们生活的主要方面,是人类生存和发展的重要条件,也是一个时代、一个民族经济发展水平的直接体现。饮食礼仪是人类区别于动物的一大标志,是人类思维和行为的一种符号。是饮食文化在思想和行为层面的体现,决定着与此相关的思维和行为方式。

### (一)李渔食礼思想引导人与社会和谐相处的行为

饮食作为人人不可或缺的首要行为,不但是培育个体自我修养的第一站点,而且也是引导其生活行为的最直接方式,"食礼"能够提醒自我,约束不雅行为。"礼"是传统文化的核心,是宝贵的精神文化遗产。《论语·学而》提出的"礼之用,和为贵",高度概括了传统之"礼"的根本精神,中华民族素有"礼仪之邦"的美誉,几千年以来形成的宽容礼让、谦虚善良、求同存异的道德传统,正是这种以"和"为价值导向的"礼"长期影响和积淀的结果。传统之

"礼"起源于人们生活和生产实践中形成的祭祀等风俗习惯,而后逐渐成为一种协调人际关系、维系社会秩序的行为规范和社会制度,传统之"礼"所要建立的是一种尊卑贵贱上下有等的礼治秩序。然而,传统之"礼"所内含的约束之礼、礼让之礼、尊重之礼、和合之礼等丰富的伦理思想,无疑在提升人们的精神境界、规范人们的思想行为、调节人与人之间关系、维护社会和谐稳定方面起到了积极的作用。

(二)李渔食礼思想营造人与人和谐相处的氛围

"食礼"能够引导个体形成积极有益的社交规则,最终实现人与人之间的互相尊重。参与饮食活动者一般都是独立个体,所以表现出较多的个体特征,由此每个人都会在自己长期生活中形成不同的习惯。但饮食活动又经常表现出很强的群体意识,因为它往往是在一定的群体范围内进行的,如在家庭内或在某一社会团体中,就必须用社会认可的礼仪和规则来约束每一个人,使单一个体的人的行为都能纳入到大家所能接受的轨道中,对个体来说也能够逐渐形成积极有益的社交规则。饮食是社会活动的主要方式,而宴会又是为人们提供社会活动的主要场所,通过饮食礼仪培养传播其他社交礼仪、固化社会伦理也就成为古人的另一初衷。社会伦理作为家族伦理的延伸,强调的是个人品德在公共领域的良好展现,虽然中国古代确定的伦理起初是适用于"士"以上阶层的,但由于这些阶层在社会中的公信力的强大,所以"士"以下阶层也就以这种伦理作为自己遵循的标准,由此伦理的规定性范围就扩展到了全社会。宴饮作为人们社会活动和公共活动的主要场所,制订和遵循一定规则也就成为必要,其中主客之礼就充分体现了饮食观中的社交内涵,如"食至起,上客起,让食不唾,……客若降等,执食兴辞;主人兴辞于客,然后客坐。……三饭,主人延客食肉,然后辩(辨)肴。主人未辩(辨),客不虚口","卒食,客自前跪,彻饭齐,以授相者。主人兴辞于客,然后客坐",等等。所谓"食至起,上客起,让食不唾",即宴饮开始,馔品端上来时,客人要起立,当有贵客到来时,其他客人都要起立,以示恭敬,主人让食,要热情取用,不可置之不理。"三饭,主人延客食肉,然后辨肴,主人未辨,客不虚口。""三饭"是指一般的客人吃三小碗饭后便要说饱了,须主人劝让才开始吃肉。宴饮将近结束,主人不能先吃完而撇下客人,要等客人食毕才停止进食。如果主人进食未毕,客则"不虚口",如果主人尚在进食而客自虚口,便是不恭。"卒食,客自前跪,彻饭齐,以授相者。主人兴辞于客,然后客坐",指宴饮完毕,客人自己须跪立在食案前,整理好自己所用的餐具及剩下的食物,交给主人的仆从,如果主人说不必客人亲自动手,客人才停住手,然后再坐下。同别人一起进食时,不能吃得过饱,要注意谦让,即所谓"共食不饱"。后人更是把这种社交规则推及个人饮食品德的培养,"宴集之事,其可贵者有五:饮量无论宽窄,贵在能好;饮伴无论多寡,贵在善谈;饮具无论丰啬,贵在可继;饮政无论宽猛,贵在可行;饮候无论短长,贵在能止。备此五贵,始可与言饮酒之乐;不则曲蘖宾朋,皆凿性斧身之具也"。

(三)李渔食礼思想奠定人与自然和谐相处的基础

李渔饮食礼仪中亲近自然、敬畏万物思想主要来源于对当时自然认识的欠缺,自然虽然是慷慨的,赐给了人类为生存而必须的物品,但其也不是永远无偿地善良赐予,自然灾害的出现就多次使人类的生存陷于困境,由此人类就产生了对自然和万物的敬畏思想。这种思想体现到文明时代的饮食礼仪中,就是要通过接近自然之物来遵循饮食的秩序和规律,李渔的"饮食之道,脍不如肉,肉不如蔬"理论。李渔提出这些理论的基础就是其"渐近自然也"。李渔还指出,"草衣木食,上古之风,人能疏远肥腻,食蔬厥而甘之,腹中菜园不使羊来踏破,是犹作羲皇之民,鼓唐虞之腹,与崇尚古玩同一致也"。这种亲近自然的饮食教育就使得人们对自然的尊重和敬畏成为自身的一种习惯,从而为实现人与自然的和谐相处奠定了基础。李渔传统饮食礼仪的存在和提倡为当时建立稳定的社会秩序提供了一定的保障,有助于调和血缘姻亲之间、朋友之间和乡里之间的关系,从而为建立和谐稳定的社会氛围奠定基础。现在,不少餐桌礼仪习气基本上是取材于古代的"食礼"。[67]

# 第四章　李渔饮文化的历史发掘

千里莺啼绿映红,水村山郭酒旗风。

——杜牧

# 第一节 李渔酒文化史话

## 一、酒与李渔生活

### (一)明清时期的酒尚

酒是社会文明的标志。酒文化作为一种特殊的文化形式,酒几乎渗透到社会生活中的各个领域。酒作为一种特殊的商品,给人们生活增添了丰富的色彩。中国古代的酒文化经过漫长的历史发展,至明代进入了一个成熟的历史时期。伴随着酿酒工艺技术的不断提高,商品经济的活跃,晚明时期酒类生产和消费、饮酒风气、酒类品种都大大超过前世,酒店业空前发展。

早在明初,太祖朱元璋承元末战争破坏的经济凋敝之后,令人在首都应天(今南京)城内建造十座大酒楼,以便商旅、娱官宦、饰太平。洪武二十七年(1394),上以海内太平,思与民偕乐,命工部建十酒楼于东门外,有鹤鸣、醉仙、讴歌、鼓腹、来宾、重译等。既而又增作五楼,至是皆成。诏赐文武百官钞,命宴于醉仙楼,而五楼则专以处侑歌伎者……宴百官后不数日……上又命宴博士钱宰等于新成酒楼,各献诗谢,上大悦……太祖所建十楼,尚有清江、石城、东民、集贤四名,而五楼则云轻烟、淡粉、梅研、柳翼,而遗其一,此史所未载者,皆歌伎之薮也。时人曾咏诗以志其事:"诏出金钱送酒垆,绮楼胜会集文儒。江头鱼藻新开宴,苑外莺花又赐酺。赵女酒翻歌扇湿,燕姬香袭舞裙纤。绣筵莫道知音少,司马能琴绝代元。"除了地处繁华都市的规模较大的酒楼、酒店之外,更多的则是些小店,但这些远离城镇偏处一隅的小店却是贴近自然、淳朴轻松的一种雅逸之趣。酒肆的"肆",意为"店""铺",古代一般将规模较小,设施简陋的酒店、酒馆、酒家统称为"酒肆"。明代中叶时,已经是"今千乘之国,以及十室之邑,无处不有酒肆"的餐饮业十分繁兴发展的时态了。它们往往更能引得文化人的钟情和雅兴,文人墨客的笔记文录中多有对此类小店引人入胜的描写。同时,由于读书人的增多,入仕的艰难和商业的发展等诸多原因,一方面是更多的读书人汇入商民队伍,另一方面是经商者文化素养的提高,市民文化有了更深广的发展。明代中叶一则关于"小村店"的记述很能发人深省:"上与刘三吾微行出游,入市小饮,无物下饭。上出句云:'小村店三杯五盏,无有东西。'三吾未有对,店主适送酒至,随口对曰:'大明国一统万方,不分南北。'明日早期召官,固辞不受。"到了清代,酒店时兴将娱乐活动与饮食买卖结合起来,有的地区还兴起了船宴、旅游酒店及中西合璧的酒店,酒店业空前繁荣,酒店越来越豪华,越来越多样化。

古人将酒的作用归纳为:酒以治病,酒以养老,酒以成礼,还包括:酒以成欢,酒以忘忧,酒以壮胆。酒也使人沉湎、堕落、伤身败体。明清之际,吃酒看戏听曲是一时风尚,图的是个热闹。尤其是在富贵人家,更是盛行。婚丧嫁娶之类的事自不必言,就连做生日、赏灯、迎客、接风,甚至闲时取乐,都会或大或小地摆摆酒,唱唱戏。清人赵翼《麓曝杂记》中有记载:内府戏班,子弟最多,袍笏甲胄及诸装具,皆世所未有,余尝于热河行宫见之。明末清初,由于外销酒的停滞,民间家酿酒悄然兴起,一种以自产自销为格局的传统酿酒作坊也应运而生。江南农村几乎家家会酿酒,户户有醇香,民间酿酒遗风依然存续。在李渔家乡民间,四时八节、庆典礼乐无不飘逸着酒文化的芳香。酒,融入人们的人生旅程中,如出生酒、满月酒、周岁酒、生日酒、择日酒、定亲酒、婚酒、寿酒、丧酒;酒,又酣畅在民俗风情里,造房有奠基酒、开工酒、上梁酒、乔迁酒,收禾要开镰酒、庆丰酒、封镰酒,学艺要拜师酒,入塾要迎师酒。正如辛弃疾所云:"天下事,可无酒?"酒,造就了金华人尚饮、善饮、豪饮的性格。滔滔的婺江水贯穿于金华广袤田畴间,滋养了一方的风物和民俗,也孕育了独特的金华酒文化。

明代对于酒类的生产实行完全放开的态度,"既不榷缗,而亦无禁令,民间遂以酒为日用之需,比于饔飧之不可缺,若水之流,滔滔皆是,而厚生之德之论,莫有起而持之者矣"。晚明人已将酒作为日用必需品,与水相提并论,酿酒作坊和烧锅遍及城乡,社会上饮酒之风盛行不衰。当时的酒可分为谷酒、果酒、花草酒和动物酒。谷酒是中国古代最传统的酒类,品种颇多,有粟、粱为原料的,如最常见之黄酒,经过高温蒸馏后成为烧酒;有以豆类为原料的,如绿豆和薏仁入曲造的豆酒和薏酒。果酒是以各种瓜果为原料酿制而成的,一般度数较低,果味较浓,类似于饮料的功用,一般作为餐后酒或平时消遣之用。花草酒主要指以成品酒配合一定的糖分、芳香原料或中草药混制而成的配制酒,如菊花酒和竹叶青酒。动物酒主要是以动物的肉类来酿造的酒,如以羊羔肉酿造的羊羔酒,现已失传。晚明顾起元在《客座赘语》中品评了当时的数十种名酒:"计平生所尝,若大内之满殿香,大官之内法酒,京师之黄米酒,蓟州之薏苡酒,永平之桑落酒,易州之易酒,沧州之沧酒,大名之刁酒、焦酒,济南之秋露白酒,泰和之泰酒,麻姑之神功泉酒,兰溪之金盘露酒,绍兴之豆酒,粤西之桑寄生酒,粤东之荔枝酒,汾州之羊羔酒,淮安之豆酒、苦蒿酒,高邮之五加皮酒,扬州之雪酒、稀莶酒,无锡之何氏松花酒,多色味冠绝者。若市酤浦口之金酒,

苏州之坛酒、三白酒,扬州之蜜淋漓酒,江阴之细酒,徽州之白酒,
句曲之双投酒,皆品在下中……若山西之襄陵酒、河津酒,成都之
郫筒酒,关中之蒲桃酒,中州之西瓜酒、柿酒、枣酒,博罗之桂酒余
皆未见。"[68]

晚明时期的饮酒习俗是饮食风俗的重要组成部分,"无酒不
成席",酒已经渗透到了晚明上至达官贵胄下至市井百姓生活的
每个角落,形成了许多特有的礼仪和习俗。晚明人饮酒非常讲究
环境的选择,良辰美景、歌舞音乐都是酒徒们极力追求的。晚明人
饮酒既讲求好的饮酒氛围,又热衷于在宴饮之中增加一些助兴的
游戏来增添情趣,如掷骰子、投壶、猜枚等。

### (二)明清时期江浙一带黄酒的代表——金华酒

古人惯用地名冠以酒名,延续至今,如茅台酒、汾酒、金华酒、
绍兴酒。古代,金华地区婺江流域的东阳、义乌、兰溪等县所产的
外销酒,都称金华酒,也称金华府酒。金华酒是中国传统名酒之
一,其悠久的历史,独特的酿造技艺,清纯甘醇的色味,养生益体
的功效,在中国众多黄酒系列中别具一格。它炽热似火、冷酷像
冰;它柔软如锦缎、锋利似钢刀;它能叫人超脱旷达,才华横溢,放
荡无常;它能叫人忘却人世的痛苦忧愁和烦恼,到绝对自由的时
空中尽情翱翔;它能叫人肆行无忌,勇敢地沉沦到深渊的最低处,
叫人丢掉面具,原形毕露,口吐真言。

历史上,金华酒的酿造可以追溯到万年前。距今 11000 年前
的浦江上山文化遗址位于金华盆地,四周平坦开阔,这一带是连
接杭州湾地区和衢州通道的主要地区。当时的金华先民过着定居
生活,开始了农业种植与畜牧业生产,食物来源既有野生的动植
物,又有经人工培育种植的稻、粟、黍粮食作物和人工驯养的猪、

羊、牛、鸡、犬类家畜,形成早期氏族村落。上山文化遗址是迄今发现的、保存丰富栽培稻遗存的、年代最早的新石器时代遗址,稻米成为金华先民的日常主食,为谷物酿酒提供了原料,上山文化遗址见证了金华酒的发端。

20世纪80年代初,金华的考古工作者在当时的东阳县古光乡古渊头遗址、义乌县平畴乡平畴遗址、武义县德云乡红山村凤凰山遗址等西周遗址里,发掘出一批原始瓷,其中有许多为当时的酒具,如樽、罐、盉等。由此可以得知,金华的酿酒业至少可追溯到西周中期,而从金华出土的古代酒器具来看,早在春秋战国时期,金华一带已风行酿酒与饮酒,金华地区出现的以糯米白蓼曲酿造的"白醪酒",而且首创了泼清、沉滤等工艺,提高了酒汁,延长了贮存期。[69]

金华酒是古代金华郡、州、府及辖县生产的各种黄酒的总称,主要产地是金华府所辖的各县,如东阳、义乌、金华、兰溪等地,金华地区历来的名酒主要有:寿生酒、错认水、瀫溪春、东阳酒、白字酒等。《金华市志·沿革》载:三国宝鼎六年(266)金华名为东阳郡,历时300余年,后又改为金华郡,隋大业三年(607),又复东阳郡,后又称婺州,唐天宝元年(742)复为东阳郡,乾元元年(758)后又复东阳郡为婺州。到了唐代,民间的酿酒技术已有较高的水平。从三国宝鼎六年到唐乾元元年的500余年时间里,金华主要以东阳郡相称,古代以产酒地为酒名,故早期的金华酒皆称东阳酒,东阳酒就是金华酒,李时珍在《本草纲目》中有"东阳酒即金华酒"之语,《饮食辨》中说:"又一种金华酒,又名东阳酒,味极甘美,酒乃净醇……"故历史上东阳酒与金华酒的酒名通用。有资料表明,金华地区是中国谷物酿酒技术较早的地区之一,金华酒逐渐以出众的品质名闻各地。特别是此期间出现的以白曲(麦曲)为主,兼用红曲(米曲)酿制的寿生酒,同时具有白曲酒的清香和红曲酒的色味而为人们所喜爱。从前,大凡酒店中都悬有书"太白遗风"四字的匾额,它道出了文人与酒的情缘。金华酒在历史上也演绎了美酒与美文的故事。唐代诗人韩翃《送金华王明府》诗中的"家资陶令酒,月俸沈郎钱"是至今见到对金华酒最早的颂吟。

宋代金华酒业发达,北宋熙宁年间(1068—1077)金华的酒课已高达"三十万贯以上",南宋绍兴二十四年(1154)"金华县酒课、酒务租额二千二百六十四贯一百二十五文"。据《武林旧事》载,金华酒在南宋时期已盛行于京都。那么金华酒何时进入中国名酒行列呢?元人宋伯仁《酒小史》中列举了许多中国名酒,大致是春秋至元代的历代名酒,如春秋椒浆酒、蓟洲意珉仁酒、金华府金华酒等,可见,在元代,金华酒已成为名酒。北宋大文豪苏东坡一生与诗酒为伴,写过无数首有关酒的诗歌,他在《武昌西山》中有"忆从樊口载春酒,步上西山寻野梅"的佳句。湖北的樊口春酒非常有名,樊口春酒原名叫潘生酒,有史载,潘生原名潘大临,浙江金华人。此人不仅博学能文,还酿得一手好酒,他的父亲潘鲠把金华家乡学来的酿酒工艺带到武昌樊口,开了家酒店,后传给潘生。宋元丰三年(1080),苏轼被贬为黄州团练副使,他常游憩于樊口,并常在潘生开的酒店喝酒。苏东坡爱喝潘生酒,并赞誉他"樊口有潘生,酿酒醇浓"。苏东坡所赞誉的潘生酒即金华酒。南宋大诗人陆游善饮酒,他在《龟堂独酌》的诗中有"一榼兰溪自献酬,徂年不肯为人留"之句,这是陆放翁喝了兰溪造的瀫溪春酒后,对金华酒的赞誉。元代文学家张雨有"恰有金华一樽酒,且置茅家双玉瓶"的歌咏,钱塘人钱惟善《谢送东阳酒诗》中有"故人远送东阳酒,野客新开北海樽"之句。这些妙笔华章,给金华酒又平添了儒雅之风。瀫溪春酒为兰溪佳酿,早在南宋便闻名遐迩,"一酌兰溪遗万事,时看墙底卧长瓶",这是陆游对兰溪瀫溪酒的赞咏。光绪《兰溪县志》载:"以邑名酒,名瀫溪春,则以水名。"寿生酒属半干型黄酒,是金华一带的传统名酿,其由明代初年戚寿三(1345—1418)所创,他在城东酒坊巷开设酒坊,并在农家自酿酒的基础上,以精白糯米做原料,用红曲、麦曲作发酵剂,采用"喂饭法"分缸酿制,风味特异,自成一派,该酒色如琥珀,醇香四溢,口味醇厚,成为酒中珍品。"错认水"是一种酒色清纯如泉、酒味甘而醇厚的金华酒,光绪《金华县志》载:"邑所著名者为酒,宋周密《武林旧事》,婺州错认水……"元末张可久(1270—1348)有"望南山新有雨,喜西子不颦眉,饮东阳错认水"的诗咏。在古代金华州府所辖的东阳县也产好酒,故也称东阳酒,其酿酒历史之悠久、酒质之醇厚可散见于史籍,清康熙《东阳新志·酒》载的"东邑三白"即水白、米白、曲白的"三白酒"负有盛名,谢肇在《五杂俎》里赞叹道:"江南三白,不胫而走九州矣。"宋人《事林广记》中,对东阳产的酒有"清香达远,入门就闻,虽邻邑所造,俱不然也"的评价。南宋大诗人陆游与东阳酒结下不解之缘,且留下了《饮石洞酒戏作》《石洞饷酒》《谢郭希吕送石洞酒》《东阳郭希吕·吕子孟送酒》等诗。

元代,金华是中国主要的产酒区之一。当时江浙行省的酒课约占全国酒课收入的1/3强,元贞二年金华"酒课中统钞一千五百五十三锭三十五两二分二厘",远远超过"茶课中统钞六锭二十四两四钱七分"的课利,足见金华酒业之兴旺。白字酒为义乌名酒,元名医朱丹溪的《野客丛书》中有白字酒的记载,"白字酒又称'白字号',因不借他物作色,钝素不饰,故名,它色似琥珀,清澈有光泽,香气陈醇,味甜蜜……是风味独特的超甜型黄酒"。

到明清时期更是风靡全国,成为江浙一带黄酒的代表,故又被人们称为"浙酒",以至社会上广泛流传有"晋字金华酒,围棋左传文"之说,金华酒成为字、酒、棋、文四绝之一。明代的许多书籍中都提到金华酒,明末顾起元著的《客座赘语》中记道:"京都士大夫所用惟金华酒。"范濂《云间据目钞》中云:"华亭煮酒,甲于他郡,间用煮酒,金华酒。"明代冯时化在《酒史》中说:"金华酒,金华府造,近时京师嘉尚语云:'晋字金华酒,围棋左传文。'"据史籍载,明代弘治末年还流传这样一副对联:"杜诗颜字金华酒,海味围棋左传文。"明代宋诩父子撰写的《竹屿山房杂部》记载了"错认水"的制作方法:用多种曲醁与蓼药并用,再以枥柴灰澄清降酸而成。这种特殊的酿酒工艺已失传。金华酒又与风流遗韵的杜甫的诗、颜真卿的字、左氏的文章这些中国文化的精粹相提并论,可见当时饮金华酒之风雅。清康熙年间,学者刘廷玑在他的《在园杂志》中写到了历史上的金华酒"京师馈遗,必开南酒为贵重,如惠泉酒、芜湖四并头、绍兴酒、金华酒"。可见金华酒在古代京都,不仅风雅且很高贵。[70]

据传,农家做黄酒起源于三国时期。三国时期的江南一带属吴国管辖,至今在民间还流传着一个酒的故事:相传江南有一户很穷困的农家,主人为人忠直厚善。有一天,一位神仙路过他家,向他讨口茶喝。主人热情地招待神仙吃过茶饭,神仙十分感激他,想报答他的恩情,于是就问主人吃的水是从哪里取来的,主人说是从屋后的一口渗水洞里打来的,神仙说:"你带我去看看。"主人带神仙来到渗水洞边,神仙向洞里撒了一把米,并说过一个月后,叫主人把洞水挑到街上去卖,那便是酒。一个月后,主人挑了两桶洞水到街上卖,竟是香喷喷的黄酒,众人喝了都说是好酒。穷主人卖酒生意日益兴隆,一年后家里由穷变富。第二年,神仙再次来到他家,问主人家境如何,主人说,酒生意是好,但是没有酒糟,家里有几只猪因没有酒糟吃都喂不肥。神仙即在大墙上写了几个字,曰:"天高不算高,人心比天高,清水当酒卖,还嫌酒没糟,若要有酒糟,洞里红米白米造。"说着神仙不见了,主人按照神仙的话,到渗水洞里挖出红米,混在白糯米中,黄酒真的做出来了。自从那时起,就一传十,十传百,四周农家都学会用红米混白糯米,酿造黄酒。每逢佳节江南农家都要做黄酒喝,一直传承至今天。到年底,在江南农村挨家挨户做黄酒,而且用"原生态法"制作红曲,不采用"催化剂"。酿,"做黄酒,先做红曲,用大米筛选全粒,放入水里浸三天三夜,放入饭蒸得半生不熟而取出,用红曲粉当曲娘伴在大米饭里,堆放几天后红曲和大米会自然发酵,稍微颜色变红,装在饭篮里,放在清水中洗淋,待水滴燥,又堆放发酵,经过三四次大米自然发酵成红曲,有了红曲就可酿制黄酒"。对于如何做出高品质的"黄酒"也是颇有讲究:"做黄酒要用糯米饭,每一斤糯米用红曲一两配制,先把糯米饭摊凉,一般是一斤米配一斤水,也有人家一斤米配一斤半水。把糯米饭和红曲拌均匀,放入水里就酿成'喷香'的黄酒。"人们喜欢吃自己做的酒,不掺水,原汁原味。

酒曲的制作与应用是人类文明史上的一项发明,它体现了先民早期对微生物的认识和应用,它不仅开辟了酿酒业的新纪元,也带动了豆豉、腐乳、酱、酱油、醋、酱菜等中国传统酿造食品业的兴起。在这些发酵食品中,最有代表性的是酱类食品。汉代以前的酱是以肉和鱼为原料,掺入盐、曲和酒使之发酵而成。后来,人们以大豆和谷类替代了肉酱和鱼酱中的动物性原料,制成了谷类酱。谷酱产生于汉代,后来传入朝鲜、日本等国,并作为一种营养型调味品一直食用到今。如今,这种利用制曲发酵的方法酿制食品的老工艺和技术,已经发展成为具有东亚特色的食品加工技术。中国传统的酿造业,已经发展成为一个独具特色的酿造食品工业体系,它的产品已经为世界上许多国家和地区的人民所喜爱和享用。

　　清康熙年间,学者刘廷玑在他的《在园杂志》中写到了历史上的金华酒"京师馈遗,必开南酒为贵重,如惠泉酒、芜湖四并头、绍兴酒、金华酒"。可见金华酒在古代京都,不仅风雅且很高贵。

　　酒,在人类文化的历史长河中,它已不仅仅是一种客观的物质存在,而是一种文化象征,即酒神精神的象征。明代有许多小说描写金华酒,如明代小说家邓志谟的《刻五代萨真人得道骂枣记》中:"开了碧澄澄的金华酒,煮了滑溜溜的玉磋羹。"明代诗人谢榛在他的诗论《四溟诗话》中也用金华酒做比喻,他道:"作诗譬如江南诸郡造酒,皆以曲米为料,酿成则醇喷水如一,善饮者历历尝之曰:'此南京酒也,此苏州酒也,此金华酒也。'其美虽同,尝之各有甄别。"金华酒的豪情、儒雅和神韵,像一股涓涓细流,注入中国文化的长河里。特别是,金华酒在中国文学名著《金瓶梅》中曾留下了浓重的一笔。《金瓶梅》中直接提及"金华酒"的,有16处21次之多。这种特有的文化现象,既是属于金华历史上的,也是属于历史上的金华,历史上金华酒就显现出特有的文化涵养。一是金华酒是中国古代的一种名酒。《金瓶梅》提到的酒的种类很多,但大多用的是通名,如茉莉酒、菊花酒、葡萄酒、白酒、黄酒、豆酒等,只有金华酒是以地籍为名的。二是金华酒是一种南北皆知的高档名酒。《金瓶梅》中,西门庆宴请家人和宾客,西门庆各房妻妾之间互相请客,一般都用金华酒。朋友和客户给西门庆送礼,也少不了金华酒。金华酒当时就是西门庆这个档次、这个阶层享用的饮品,所以说它是一种比较高档的名酒,但也不是最高档的。因为在西门庆给当朝重臣蔡太师、杨提督等人送的礼中,就没有提到金华酒。三是金华酒是一种甜性酒,酒精浓度也不高,男女皆宜,尤其适合妇人饮用。有其独特的酿造技艺和特点,在我国黄酒发展史上有

李渔饮食及其养生文化

着独特的地位和文化价值。四是金华酒在历史上曾经是金华的一个重要产业，根据已发现的典籍记载，金华酒兴盛于明弘治到嘉靖年间，畅销江苏、安徽、山东、河南、河北诸省，可作礼品馈赠，又是宴席上常设的饮用酒。

此外金华还有桑落酒、花曲酒、甘生酒等等，这些风味各异的地方酒，组成了一个整体的金华酒品牌，也称金华府酒，在中国北方则称其为"浙酒"，《广志铎·江南诸省》记"浙酒即金华府酒"，在数百年里，用婺江水酿制的金华酒引领了浙江的黄酒业，并风行于大江南北，誉满四方。

如今，金华酒的名声早已被岁月所湮没，但我们仍可在金华寻到它的遗踪，现存的主要遗迹有：

酒坊巷：顾名思义，这里曾有过酿酒作坊，小巷古风犹存，它位于金华古子城西侧，全长616米，宋朝时酒坊巷叫桐齐坊，在明代初年，一名叫戚寿三的酿酒师傅在巷里开设酒坊，酿制金华酒，巷名因此被取名为酒坊巷。该巷南北走向，由独立的民居连成，20世纪50年代，许多民居还保存着"前店后坊"的建筑格局。在酒坊巷西侧，曾出土了大量的婺州瓷酒瓶和碎片。据史料佐证，今天的古子城酒坊巷在清代中期还酒肆如林，这里酿制的金华酒，经码头上婺江，源源不断地销往外地。

酒泉井：金华古子城酒坊巷中段西侧，有口宋井，其名叫酒泉井，酒泉井的得名是清光绪年间，金华知府继良亲自命名的，到了清末，金华酒已衰落，知府继良深谙金华酒的兴衰历程，为怀念昔日辉煌了近千年的"色如金，味甘而性纯"的金华酒，他把酒坊巷内这口曾酿制过名酒的古井命名为酒泉井。酒泉井至今传递着这一历史文化信息，是弥足珍贵的。酒泉井以其特有的文化潜质，载入了《中国井文化》一书。

傅村站房酿酒遗址：该遗址位于金华金东区傅村镇培德堂西侧，该遗址总面积有 400 多平方米，其作坊的布局仍清晰可见，如水井、原料间、炉灶、蒸煮间、晾堂、酒缸等。遗址保留了完整的清代中期金华酿酒工艺流程的遗迹，具有鲜明的地域酿酒作坊的特色。民国初年，该作坊为傅村永福祥酿酒作坊。

婺州窑酒器：婺州窑历史悠久，早在 4000 多年前即新石器时代晚期，金华的先民已经制造陶器，从金华地区各遗址出土的陶瓷中，古代酒器占有一定比例，如罐、瓿、樽、盉、壶、杯、盏等，它囊括了古代酒具的四大类，即盛酒类、温酒类、注酒类、饮酒类。1996年，金华市区酒坊巷西侧的建筑工地上，发现厚达 1.2 米的元明时代的酒坛碎片堆积层。

民间酿酒遗风和悠久的饮酒习俗：沉寂了几百年的金华酒是传统民间作坊酿制，靠师传来递艺，靠外销而盛名。外销滞了，供给本地；北方人不爱喝，南方人依然喝；京师失宠了，民间照旧喜欢，所以金华酒不会失传。明末清初，由于外销酒的停滞，民间家酿酒悄然兴起，一种以自产自销为格局的传统酿酒作坊也应运而生。今天，金华农村几乎家家会酿酒，户户有醇香，几百年来，民间酿酒遗风存续至今。

（三）李渔与金华酒

专事李渔研究的江苏教育学院教授冯保善说，李渔主张"诗意"地栖居，换句话说，他非常讲究生活格调，要住得舒服、有品位，是典型的小资。他用所挣的钱，在金华兰溪修建了一座园林——伊园，用以自己和家人居住，也用以排戏、写作、出书。李渔在自家园林中，光开窗就有三种与众不同的样式——便面窗、尺幅窗、梅窗。其中梅窗说的是李渔将偶得的一株老梅残枝依形稍加修剪，嵌入窗洞中，并在枝头饰以红花绿萼，成为宛如天成的景观窗，把材料本身的美感发挥到极致，这种顺应材料本性制造出的独特个性特征，力求自然环境与人造环境的有机融合，清新雅致又不奢侈豪华。李渔多才多艺，也钟情山水，足迹几乎遍及全国，最远到过甘肃塞北，可以说是一位不折不扣的旅行家。不过李渔的旅行和徐霞客的"驴行"有着很大的不同，李渔几乎都是带着自己的戏班子，在全国各地巡演的过程中，顺带游玩的。李渔曾经说过，太史公司马迁因为游历了名山大川，才得以使自己的著作流芳千古。有人得专带钱粮去旅游，而他却可以趁谋生的方便，借外出之机增长见闻，路过一地就考察一地的风土人情，经过一处就观赏一处的风景，而且吃自己没吃过的，尝自己想尝的，这就是人生最快乐的事。他认为"才情者，人心之山水；山水者，天地之才情"。清康熙六年(1667)，李渔带领自己的家班，游玩了西岳华山，并且把戏台搭到了华山顶上——苍龙岭，演出了自己创作的《怜香伴》《风筝误》《玉搔头》《蜃中楼》《比目鱼》等剧本选段，一时名声大噪。后人把李渔的这次游玩演出称为"世上最高的舞台"。

李渔所饮之酒虽没有市井酒之清醇，更无上层社会美酒之高贵，然而上流社会饮酒时有更多的弦外之音，往往有额外的精神负担和压力，远不及李渔饮食酒之痛快淋漓、淳朴酣畅。文人的雅饮，往往是通过酒的刺激，搜索枯肠苦苦追示和捕捉瞬间闪现的灵感；侠客勇士的豪饮，往往是为了壮阳以增添几分豪气；而达官贵人的饮酒，往往是为了通过名酒、珍馐的摆列，炫耀财富、显示权势。李渔饮食酒旨在解乏，为节日或婚嫁寿庆助兴，并无文人们酒后冥思苦想佳句的精神负担，也无商贾酒后遭算计的担忧，更无侠士"舍命陪君子"的争强头勇及酒后的拔刀争头，有的只是酒后敞开肺腑话家常之痛快。因此，酒在李渔饮食文化中居一谷之

一、万物之上上的显赫地位,有了它,方才给处于艰难困苦中的农民的精神生活抹上了一点亮色。如果说茶在我国更多地作为中上层社会有闲阶层的清逸饮料的话,酒则在李渔饮食生活中扮演着极为重要的活跃气氛、温暖人们身心的角色。主张对酒以少饮为宜,多则伤身致害。饮酒能兴奋神经,常饮则受害匪浅,以其能妨害食物之消化与吸收,而渐发胃、肠、心、肾等病,且能使神经迟钝也,故以少饮为宜。借助于酒,人们抒发着对人生的感悟,对社会的忧思,对历史的慨叹。酒的作用潜入人们的内心深处,从而使酒的文化内涵也随之扩展了。

明清时期也是药酒新配方不断涌现的时期,明代吴旻的《扶寿精方》、龚庭贤的《万病回春》《寿世保元》、清代孙伟的《良朋汇集经验神方》、陶承熹的《惠直堂经验方》、项友清的《同寿录》、王孟英的《随息居饮食谱》等都有记载,这些新方补益性药酒显著增多。明代吴旻的《扶寿精方》药酒门载药酒方9首,方虽不多,但集方极精,其中有著名的"延龄聚宝酒""史国公药酒"等。在《万病回春》和《寿世保元》两书中,记载药酒近40种,补益为主的药酒占有显著地位,像八珍酒、扶衰仙凤酒、长生固本酒、延寿酒、延寿瓮头春酒、长春酒、红颜酒等都是配伍较好的补益性药酒,对于明清时期的补益性药酒的繁荣起了积极的作用。其中的归圆菊酒,延寿获嗣酒、参茸酒、养神酒、健步酒等都是较好的补益性药酒。与明清以前的药酒相比,这一时期可以说是补益药酒繁荣的时期。明清时期还出现了一批方论专书,着重研究用药组方的规律,结合优秀方剂,从理论上阐述用药道理和配伍规律,像明代吴昆的《医方考》、清代汪昂的《医方集解》,这些专著阐述配方时也涉及药酒。《医方考》一书中就论述了七种药酒配方的组方用药的道理和主治功效,其中包括虎骨酒、史国公酒、枸杞酒、红花酒、猪膏酒等。这对于促进药酒配方的研究,指导正确使用起到了一定的作用。明清时期的药酒在配制方法上,突出表现在了热浸法的普遍使用上。适当提高浸渍温度可使植物性药材组织软化、膨胀,增加浸出过程中的溶解和扩散速度,有利于有效成分的浸出,而且还可以破坏药材中的一些酶类物质,增强药酒的稳定性,因此采用热浸法对于许多药物来说具有更好的浸出效果,是一种科学方法。

在历史上还有一些独特材料或独特造型的酒器,虽然不很普及,但具有很高的欣赏价值,明清时期至新中国成立,锡制温酒器广为使用,主要用于温酒。酒是一种特殊的食品。它不是生活必需品,但却具有一些特殊的功能,如同古人所说的"酒以成礼,酒以治病,酒以成欢",在这些特定的场合下,酒是不可缺少的。但是,酒又被人们看作是一种奢侈品,没有它,也不会影响人们的正常生活;而且,酒能使人上瘾,饮多使人醉,惹是生非,伤身败体,人们又将其作为引起祸乱的根源。如何根据实际情况进行酒业管理,使酒的生产、流通、消费走上正确的轨道,使酒的正面效应得到发挥,负面效应得到抑制也是一门深厚的学问。

## 二、喧闹的酒饮

### (一)酒礼酒令

饮酒在古代就被纳入礼的轨道,《周礼》《仪礼》《礼记》中,没有一页不提到礼,几乎也没有一页不提到酒。"礼以酒成",借助于酒来实现礼,饮酒的时候有礼的规定。酒礼是用来体现酒行为中的贵贱、尊卑、长幼乃至各种不同场合的礼仪规范的总和,是酒文化不可缺少的组成部分。

李渔在《闲情偶寄·颐养部》中坦诚自己"生平有五好,又有五不好"。即:不好酒而好客;不好食而好谈;不好长夜之欢,而好与明月相随而不忍别;不好为苛刻之令,而好受罚者欲辩无辞;不好使酒坐骂之人,而好其于酒后尽露肝膈。

李渔认为宴请宾客,可贵的原则有五项:酒量无论大小,贵在能好;饮伴无论多少,贵在善谈;酒菜无论丰啬,贵在可继;酒规无论宽猛,贵在可行;喝酒的时间无论短长,贵在能止。具备了此五条原则,才可以和他谈喝酒的乐趣。

李渔最喜欢的还是家庭小饮与燕闲独酌。"有饮宴之实事,无酬酢之虚文。睹儿女笑啼,认作斑斓之舞;听妻孥劝诫,若闻金缕之歌。"这样的饮酒才是最令人快乐的。

李渔最讨厌在酒席上座客多嘴多舌、扰乱音乐的行为。

李渔不看重酒具的使用。崇尚雅素之风的他,更看重瓷杯的清莹亮洁。

醉翁之意,何必在酒?由于有了这"五好""五不好",李渔虽然酒量很小,却能天天和喜欢饮酒的人成为伙伴。

"一壶浊酒喜相逢,古今多少事,都付笑谈中"。酒的沟通、媒介作用一直延伸着。饮酒行令,被视为风流韵事,是人们在饮酒时助兴的一种独特的饮食文化形式,酒令实际上没有什么定制,当筵者往往可依据座中情况加以变通发挥,酒令若用得巧了,可以令宴会气氛活跃,妙趣环生。行的酒令种类繁多,分雅令、筹令、通令,具体有诗文令、牙牌令、击鼓传花、射覆、拇战、占花名、曲牌令、月字流觞等。在今天看来,曲牌名、牙牌令这些酒令都比较难行,但在古代,读过点书的都知道些俗语、历书及简单的诗等,所以并不会觉得特别为难。现如今,如击鼓传花、占花名、划拳等一些通俗有趣的酒令仍深受大家喜爱。酒在人际沟通中的作用愈发突显出来,这不仅仅表现在职场中,在日常生活中,酒也同样扮演着舞台、纽带、黏合剂与润滑剂的多重角色:"喜酒""满月酒""祝寿酒""团圆酒"……

(二)酒俗酒宴

明末清初,儒家的学说被奉为治国安邦的正统观点,酒的习俗同样也受儒家酒文化观点的影响。儒家讲究"酒德"两字。酒德两字,最早见于《尚书》和《诗经》,其含义是说饮酒者要有德行,不能像商纣王那样,"颠覆厥德,荒湛于酒"。《尚书·酒诰》中集中体现了儒家的酒德,这就是:"饮惟祀"(只有在祭祀时才能饮酒);"无彝酒"(不要经常饮酒,平常少饮酒,以节约粮食,只有在有病时才宜饮酒);"执群饮"(禁止民众聚众饮酒);"禁沉湎"(禁止饮酒过度)。儒家并不反对饮酒,用酒祭祀敬神,养老奉宾,都是德行。饮酒作为一种食的文化,在远古时代就形成了大家必须遵守的礼节。有时这种礼节还非常烦琐。但如果在一些重要的场合下不遵守,就有犯上作乱的嫌疑。又因为饮酒过量,便不能自制,容易生乱,制定饮酒礼节就很重要。明代的袁宏道,看到酒徒在饮酒时不遵守酒礼,深感长辈有责任,于是从古代的书籍中采集了大量的资料,专门写了一篇《觞政》。这虽然是为饮酒行令者写的,但对于一般的饮酒者也有一定的意义。古代饮酒的礼仪约有四步:拜、祭、啐、卒爵。就是先做出拜的动作,表示敬意;接着把酒倒出一点在地上,祭谢大地生养之德;然后尝尝酒味,并加以赞扬令主人高兴;最后仰杯而尽。在酒宴上,主人要向客人敬酒(叫酬),客人要回敬主人(叫酢),敬酒时还有说上几句敬酒辞。客人之间相互也可敬酒(叫旅酬)。有时还要依次向人敬酒(叫行酒)。敬酒时,敬酒的人和被敬酒的人都要"避席",起立。普通敬酒以三杯为度,李渔提倡务实、求精、少酒、自便、自由的饮食思想。

戒纵酒。是反对饮食时以酒胜食,喧宾夺主;而主张宴饮以食为主,以酒为辅。"纵酒"者宴饮时"惟酒是务,焉知其余"。"拇战之徒"视佳肴而不见,无心品尝其"味之美恶",而一意"呼呶酗酒"甚至灌得酩酊大醉,更辨不出佳肴味道,"啖佳菜如啖木屑,心不存焉"。纵酒的后果是"治味之道扫地矣",何况又伤害身体,故应"戒"之。当然适量饮酒李渔是不反对的。

戒强让。是反对宴饮时主人强逼客人进食;而主张"凭客举箸",造成自在随意的进食环境与气氛。李渔认为"治具宴客,礼也",如果主人"强让",就有些"非礼"。因为菜肴精肥、整碎不同,而且客人各有所好,故强调让客人自己选择,听其自便,以适合客人各自的口味。请客根本无须"强让",盖客人本身"非无手无目之人";否则就是对客人的不尊重。

戒落套。即反对宴饮选菜时喜好俗套的菜谱,诸如"十六碟""八簋""四点心""满汉全席"之类。套菜的模式是固定的、僵化的,"只可用于新亲上门,上司入境,以此敷衍"应酬。而家居欢宴,文酒开筵,则根本不需要此恶套。应该自由灵活、有新意,"盘碗参差,整散杂进,方有名贵之气象",也就是根据宴会规模、客人身份等情况,自己选择菜肴,搭配上菜,才有气氛,有情趣。

戒"耳餐"。其意是反对饮食者"务名",即贪图虚名的态度;而倡导务实的思想。"耳餐"是:贪贵物之名,夸敬客之意,"是以耳餐,非口餐也"。这种态度之选择饮食,不是根据食物本身的滋味、营养,而是根据物的名气、贵贱,其症结是几乎不考虑美味,只是满足某些人的虚荣心而已。

戒"目食"。是反对主人请客贪图数量多,以求得"悦目";而主张饮食要讲究质量,求得"适口",求得味觉享受。"目食者,贪多之谓也。今人慕'食前方丈'之名,多盘叠碗,是以目食,非口食也。""目食"满足眼中有类似满汉全席一般的品种、量数,"每张饮,必震而惊心曰'三撤席',曰'两重叠',燕窝如山,海参似海"(《答章观察招饮》)。看上去视觉似乎很满足,但却不管是否可口味美。袁枚之反对"贪多",是因为量多与质高是很难兼顾的。如果以"目食"为目的宴请宾客,尽管"主人自腥秽",却难开胃口,甚至回家"仍煮粥充饥",这就完全丧失了宴请的意义。

明代的饮酒习尚,在承袭传统古礼的同时,又有时代发展特点,酒宴的座次、歌乐侑酒的习尚都颇有讲究,饮酒时以行酒令劝饮酒的习俗普遍时兴。民间酒楼与酒店非常繁荣。《金瓶梅词话》中也多次提到餐馆酒店,表明当时的餐饮业相当发达。书中记述的大酒楼如狮子街大酒楼、马头大酒楼等,"雕檐映日,画栋飞云。绿栏杆低接轩窗,翠帘栊高悬户牖。吹笙品笛,尽都是公子王孙;执盏擎杯,摆列着歌姬舞女"。当时的河南开封,也有大量的酒店酒楼,人们经常在此饮酒取乐。如有"南酒店,坐客满堂,清唱取乐,二更方散";有"酒园,各样美酒,各色美味,佳肴。高朋满座,又有清唱伎女伺候"。

晚明的茶楼酒肆进一步向水陆码头、繁荣市区和名胜古迹集中,逐步形成了食街,酒商食贩星罗棋布,茶楼饭庄鳞次栉比。南京的秦淮河边"酒馆十三四处,茶坊六七八家",扬州临流的酒肆"门迎水面,阁压波心。数株杨柳尽飘摇,几处溪塘还窈窕。四围空阔,八面玲珑。阑干倒影浸玻璃,轩槛晶光浮碧玉。盛铺玉馔,游鱼知味也成龙;满贮琼浆,过鸟闻香先化凤。绿杨影里系青骢,红叶桥边停画舫",处处商业繁盛、风景绮丽,饮食业十分红火。综观晚明时期的饮食风貌,肴馔丰富、宴集繁盛,美酒与茗茶推陈出新,饮食商业异常繁荣,豪门权贵穷奢极欲,士大夫放纵声色,市井平民也"眈眈逐逐、日为口腹谋",全社会各阶层以前所未有的热情享受着奢靡的食物刺激,及时行乐,将饮食之乐作为人生一大盛事。[71]

李渔饮食是随城市贸易的发展而发展的,所以其首先是在大、中、小城市,州府,商埠及各水陆交通要道发展起来的,这些地方发达的经济、便利的交通、云集的商贾、众多的市民,以及南来北往的食物原料、四通八达的信息交流,都为李渔饮食的发展提供了充分的条件。李渔本身就是游历四方的文人,行迹不定,小吃、点心最合乎需要。因为小吃多为成品,随来随吃,携带也很方便。古之酒楼客栈,今之宾馆饭店,其主要消费对象是商贾之流。一个时代的兴盛主要在于商贾的多少,商贾多了,商业贸易就会繁荣,商务消费也就必不可少,酒楼茶肆就成了最好的谈判、宴请之所,在这方面,古代的商贾和现代的商贾似乎没有太大的差别,只是内容稍微丰富了。

对于明代缙绅、富豪、士大夫为庆贺节日和显示其政治权势的显赫,或基于其他诸种目的而举行的各种筵宴大抵以摆排场、炫声势为主。从这些宴会的规模看,它的规格、礼仪,以预宴者身份的显贵、名望、财力状况而定。其中,虽有规模与声势的大小不同之分,但追求豪华、奢侈则是其共同特点。主人向来宾挨个敬酒。按尊贵等次礼让到座位上去,叫递酒安席。此时乐伎弹唱相应的庆贺歌曲。宾主坐定,厨师捧献肴馔,艺人呈戏单听候点戏。这都是冲着首席尊客而去的,而首席尊客事先也早已备有赏封银两。近世的宴会总是饭茶后上(所谓押桌菜、坐菜)。明代则正相反,总是先上大嘎饭(大菜、主菜),所谓五割三汤,就是专指交替着上五道盛馔和三道羹汤而言。第一道大菜几乎总是鹅(烧鹅、水晶鹅），接着是烧花猪肉、烧鸭、炖烂跨蹄儿之类，隆重的官筵，还有烧鹿、锦缠羊。可以想象到所上席面的禽类必是整只，肉类必是大藏，捧上来气派大，随后，由厨师切割开以方便取食。广邀宾朋的筵宴自古以礼数和排场为重。先上大菜，配上音乐戏文，一开筵就造成一片喧阗的隆重和热烈气氛。还因为愈是尊贵显要的来宾，愈可能不终筵而退席，上了三汤五割，宴会也可基本上"礼成"了。至于从容饮酒品味，则视宾主或亲密程度，可以继续看核杂进，酒茶交替，看戏、听曲、下棋、打双陆，夜以继日地绵延下去。由此可见，明代同样的奢华靡贵，纵情享受；同样的筵席、饮酒，于中亦有精粗、雅俗之等次之分。

在明代饮食文化习俗中，世人在茶肆、酒楼为着各种目的而进行的品茶、饮酒礼尚，不但在形式内容方面有别于平日的饮食习尚，而且各色之人通过这一饮宴方式所企望达到的目的，也与平日的需求不同，蕴含特殊含义，形成与各种饮食习俗并存的民俗风格。

明代酒楼日趋繁荣，各种不同等级的酒楼分野也越来越清楚。许多达官贵人开宴会往往选择高级酒楼。这些高级酒楼都有名人题字的匾额挂在门前，诸如福禄楼、会仙楼、泰和楼、丰乐楼等。这些酒楼门口均有衣冠鲜丽的服务员招呼客人，酒楼内有美酒佳肴、歌伎舞女，还有专供文人墨客饮酒题诗的诗牌。这样的酒楼多设在经济发达，交通便利，人文荟萃的大城市里。除了大酒楼外，一般散处全国各地的中小型酒店（肆）也各有其特色，还有以悬挂酒旗为标志，或以小吃精美闻名，或以经济实惠闻名，并多由少妇少女们招待酒客。值得注意的是，明代的酒肆不仅是饮食享乐的最佳去处，而且还是人们社交生活的重要场所之一。人们习惯到这里来谈生意、商量事情，甚至说媒看人也在这里进行。这在

《金瓶梅》、"三言二拍"等书籍中均有记载。

（三）酒饮器具

在不同的历史时期,由于社会经济的不断发展,酒器的制作技术、材料、外形自然而然会产生相应的变化,故产生了种类繁多、令人目不暇接的酒器。按酒器的材料可分为：天然材料酒器(木、竹制品、兽角、海螺、葫芦)、陶制酒器、青铜制酒器、漆制酒器、瓷制酒器、玉器、水晶制品、金银酒器、锡制酒器、景泰蓝酒器、玻璃酒器、铝制罐、不锈钢饮酒器、袋装塑料软包装、纸包装容器。[72]

婺州窑酒器：婺州窑历史悠久,早在11000年前即新石器时代晚期,金华的先民已经制造陶器,从金华地区各遗址出土的陶瓷中,古代酒器占有一定比例,如罐、瓿、樽、盉、壶、杯、盏等,它囊括了古代酒具的四大类,即盛酒类、温酒类、注酒类、饮酒类。1996年,金华市区酒坊巷西侧的建筑工地上,发现厚达1.2米的元明时代的酒坛碎片堆积层。

明清时期是古代工艺水平发展的高峰期,工艺门类齐全,在酒器的制作上也体现出丰富多彩的时代特征。这一时期的酒器包含了多种工艺和材质,金、银、锡、珐琅、陶瓷、玉、玻璃、竹、木、牙、角、匏皆被用来制作酒器,其工艺可谓妙趣天成,夺造化之功。

玉酒具的历史非常悠久,随着酒文化的发展,琢玉工艺水平的不断提高,玉酒具的制作也越来越追求精美华丽。尤其是明清时期的玉酒具,博取历代之长,无论器型还是纹饰都更加丰富多彩,既有仿古,又有创新,使玉酒具的制作工艺和艺术水平达到了空前的高度。由于玉的珍稀名贵,玉酒具基本上是皇室和贵族们的专用品。

玉八仙纹　　青玉瓜棱　　青玉　　碧玉葫芦万代　痕都斯坦白玉
执壶　　　　执壶　　　　竹节杯　莲座高把杯　　单耳叶式杯

　　金银制品不仅贵重,同时也代表了财富和地位。金银酒具只能出现在皇宫贵族的酒案上。明清时期金银酒具的加工、制作技艺在继承前代成就的基础上继续发展。尤其是清代康熙、雍正、乾隆三朝,政治稳定,经济繁荣,酒文化全面发展,金银酒具的加工、制作工艺更加精湛,錾刻愈为精美,代表了这一时期金属制作工艺的高超水平。

金錾云龙纹　　錾花金执壶　　银鋈金錾花　　金胎画珐琅
执壶　　　　　　　　　　　　葫芦式执壶　　花卉纹杯盘

　　竹木雕刻制品因质地淳朴、材料来源广泛而在民间普遍流行。牙、角类雕刻品主要指象牙和犀角制品,由于材料稀少而十分珍贵。明、清两代将竹、木、牙、角制成酒具,这些酒具的突出特点是作者常常依据材料的自然形状进行创作,作品大多构思巧妙,造型生动,妙趣天成,是酒具中非常独特的品种。

竹雕蟠松杯　　竹雕饕餮纹活环　雪居款嵌银福寿六　张希黄款沉香木
　　　　　　　提梁执壶　　　方委角镂空螭梅杯　刻赤壁赋图酒斗

　　匏器又称葫芦器,是中国特有的一种工艺品。其制作方法是:用模具套在葫芦的幼果上,使其在模具中按照特定的形状、花纹生长成器,是集自然与人工于一体的独特工艺。清代宫中的范制匏器始于康熙年间,其中亦有匏制酒具。由于帝王的喜好,清代宫廷有计划地种植葫芦,并命工匠制作出各式各样的精美模具。由于这种工艺要求复杂,难于成器,因而流传下来的器物数量很少。正如清人沈初所说:"数千百中仅成一二,完好者最难得。"

牙雕玉　　　　牙雕桃式杯　　鲍天成款犀角　胡允中款犀角镂
兰花式杯　　　　　　　　　雕螭纹执壶　　雕仿古蝉螭纹杯

　　珐琅器早年为宫廷用器,多用于盛大节宴时盛放食品及美酒,以碗、盘、酒壶、酒杯、酒盅居多。珐琅酒具大多制作精良,尽显皇家用器的名贵与精美。

康熙款匏制　　匏制双龙纹　　匏制花　　匏制压花人物
勾莲壶　　　　长颈瓶　　　　鸟纹碗　　纹葫芦式瓶

中国的玻璃制造工艺虽然有两千多年的悠久历史,但在清代以前一直发展缓慢。康熙皇帝请来德国传教士做技术指导,成立养心殿造办处玻璃厂,自此中西方的玻璃制造技术得以会合,各种色彩丰富、质地精纯的玻璃器皿不断出炉。玻璃酒具以其透明无瑕的特色而深得统治者的喜爱。

乾隆款掐丝　　掐丝珐琅　　　画珐琅牡丹纹　　透明珐琅
珐琅爵杯　　　执壶　　　　　扇面式壶　　　　提梁壶

锡制酒具始见于明代,普及于清代至民国时期。锡制用具不透水,不受潮,易密封,可用作盛酒具,也可作温酒器。当时锡酒具有酒壶和烫酒壶,其造型方圆互见,多生产于南方。

白料单耳　　　白料缠丝纹　　道光款蓝料　　磨花玻璃
桃式杯　　　　高足杯　　　　花草蝴蝶杯　　花卉纹杯

明清时期瓷器的发展突飞猛进,瓷质酒具的品种更是花样繁多。青花瓷、彩瓷在这一时期占据了瓷器产品的主流位置,颜色釉瓷也是后来居上。明清时期的酒具无论造型设计还是色彩选配都十分考究,可谓精工细做,巧夺天工。

锡刻诗句　　　王胜万款桃式　　道光朱石梅题
鼓式温壶　　　倒流锡壶　　　　方斗锡杯

青花玉壶春瓶

蓝釉刻兽执壶

白釉黑花
带诗文小口坛

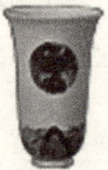

康熙仿成化款
青花团凤杯

青花缠枝菊花
腰鼓式瓶

雍正款霁蓝釉
小杯

雍正款黄釉
白里盅

红彩绳纹杏
花村酒坛

反瓷镂空
荔枝式杯

嘉庆款
红彩云龙盅

康熙五彩
十二月花卉杯

# 第二节 李渔茶文化释读

## 一、李渔论饮茶

中国是茶的故乡,种茶、采茶、制茶、用茶均源于中国,中国也是世界茶文化的发祥地。中国的茶文化,连同烹食文化、酿酒文化、食具文化并驾齐驱,被誉为中华食文化的"四大天王"。早在100万年以前,野生茶就生长在中国云、贵、川一带。传说"神农尝百草,日遇十二毒,得茶而解之",这是人类用茶之始。开始作药用,后发展为药、食、饮三用并行。早先人们曾嚼茶食用,周朝以茶为贡,汉朝用其作饮料,晋代饮茶成风,唐代饮茶习俗广为流传。明代改饼茶为散茶,简化了泡茶的工序,使饮茶行为走出宫廷、官府、寺院,普及于民间。唐代陆羽的著作《茶经》,是世界第一部关于茶学的经典著作。它对茶的产地、种植、制作、应用等作了系统的论述,也为中国茶道奠定了基础。唐代茶文化的兴盛,创立了茶文化史上的里程碑。历代的诗词赋中,也常见对茶的咏叹。古人在漫长的饮茶历史中,形成了茶道。茶道在茶文化史上占有重要的地位。它集煮茶的技艺和规范的品茶方式,以及富有哲理、体现人类文明的思想内涵于一体,它把社会倡导的道德和行为规范也寓于饮茶活动之中,它引导人们陶冶情操、走向文明。[73]

（一）饮茶之风盛行

晚明时期的饮茶风俗在不同的社会阶层当中展现出截然不同的风貌。从文献记载来看,明人喜欢的焚香伴茶风尚,最先是从江浙一带兴起的。晚明的上流社会和文士阶层饮茶崇尚"天然意趣",追求真水与品茶的和谐统一,"精茗蕴香,借水而发,无水不可与论茶也",讲求品饮环境的冲淡闲洁,力求能进入神融心醉、幽韵如云的精神境界。市井百姓品饮方式主要是将各式各样的干鲜果品、盐姜等调味品来佐茶,形成独特的风味。《金瓶梅词话》中的茶大都是这样的品种,其中主要有胡桃松子泡茶、橄榄仁泡茶、果仁泡茶、蜜饯金橙子茶、盐笋芝麻木樨泡茶、玫瑰泼卤瓜仁泡茶、木樨青豆茶、熏豆子茶、咸樱桃茶、桂花木樨茶、八宝青豆木樨泡茶、瓜仁栗丝盐笋芝麻玫瑰香茶、姜茶、土豆泡茶、芫荽芝麻茶等。市井碗盏中的茶是茶、果、花、豆等的大杂烩,而茶在其中只是一种点缀,这与士大夫的品茶艺术生活不可相提并论。

明代是中国饮茶史上的重要时期,饮茶方式从点茶变为冲泡。由于点茶法对茶叶制作的过高要求、对冲饮时的过分讲究使得茶饮无法随时方便饮用,不能满足普通民生需求,明初朱元璋下诏废团茶、兴叶茶,散茶代替了穷极精巧的团饼茶,饮茶风尚也发生了划时代的变革。斗茶之风消失,研末而煎饮的团饼茶饮法变成了沸水冲泡的瀹饮法,明人文震亨称此"简便异常,天趣悉备,可谓茶之真味矣"。晚明人饮茶,刻意追求茶原有的特质香气和滋味、茶香的天然与纯真,因此无论是文人士大夫还是平民百姓,他们所喜爱的多是炒青叶茶,将初摘之生茶经过火力用手炒制谓之"炒青"。明代散条形茶的主要类型有炒清茶和花茶,晚明著名的散茶品种主要有虎邱、罗岕、天池、顾渚、松萝、龙井、武夷、雁荡、日铸、大盘、灵山、阳羡、天目、六安、黄山、金华、宝庆、五华、清源、伏龙、鸠坑、朱溪、摄山、云雾及蒙顶石花、朗源沧溪等,约30种名茶。晚明时期,花茶从文人隐士别出心裁的雅玩逐渐普及到民间,成为普通人品茶的新天地。晚明花茶的品种比较多,"木樨、茉莉、玫瑰、蔷薇、兰蕙、橘花、栀子、木香、梅花皆可作茶"。

明代后期商品经济的刺激使得享乐主义深入人心,城乡之间人们的流动性增加,社会交往应酬增加,社会交往范围增大,极大地带动了饮食业的商业化发展。茶馆、酒楼、饭馆等迅速地发展,以满足人们日益高涨的享乐需求。

"人第知金陵近日有茶坊,不知宋时已有之矣。"在宋代曾经出现的茶坊时隔200年之后,在明代晚期成为人们休闲、娱乐和文化传播的场所。"嘉靖二十六年三月,有李氏者,忽开茶坊,饮客云集,获利甚厚,远近仿之,旬日之间,开茶坊者五十余所,然特以茶为名耳,沉湎酣歌,无殊酒馆也。"此时开设茶馆的主要目的不是文人墨客的论坛和沙龙,主要是为了盈利。

明清时期,清凉饮料之茶也很受市民的欢迎,主要有甘豆汤、豆儿水、鹿梨浆、卤梅水、姜蜜水、木瓜汁、沈香水、荔枝膏水、苦水、金橘团、雪泡缩皮饮、梅花酒、五苓大顺散、紫苏饮、椰子酒等等。这些饮料可以说是一种保健饮料,有些还具有药物的成分,如雪泡缩皮饮就有解伏热、烦渴、消暑毒、止吐利的功效,对于霍乱之后服热药致烦躁者,服雪泡缩皮饮的效果尤佳。冷饮可解烦,亦可热或温饮。这些清凉饮料多兼具治病防病功效,夏季上市时非常受欢迎。市民早晨习惯喝的是一种叫煎点汤茶药的茶。煎点汤茶药是茶叶和绿豆、麝香等原料加工而成,好似煎药。在五更的早市上,煎点汤茶药的叫卖声此起彼伏,蔚为壮观。市民认为,茶即药也,煎服则可去滞而代食;煎茶时间越长,味道就越好。当时流行点茶,就是在炭火将茶叶水烧得快沸腾时,加些许冷水,待茶叶水再次沸腾时再用冷水点住。如此点三次,方可收到色味俱佳的效果。茶坊在市镇开始普及,点茶也就在城市中盛行起来。汤药很普及,汤药种类很多,见于史籍的主要有二陈汤、枣汤、生姜汤、荔枝圆眼汤、薄荷汤、木星汤、无尘汤、木香汤、香苏汤、盐豉汤、干木瓜汤、缩砂汤、湿木瓜汤、白梅汤、乌梅汤、桂花汤、豆蔻汤、破气汤、玉真汤、益智汤、檀汤、杏霜汤、胡椒汤、紫苏汤、洞庭汤等。其中二陈汤是当时大街小巷最常见的一种。二陈汤主治头眩心悸、寒热、呕吐恶心、因食生冷引起的脾胃不和等症状。每日早上起来喝上一盏二陈汤,会产生提神养身的效果。市民家里来了客人,主人便将汤端出,招待客人。先茶后汤,还是先汤后茶,不同的人家有不同的习惯。[9]

明代人不但讲究饮茶的场所,有许多善于品茗的人,甚至在进行品茶饮赏活动时,还有美人伴茶、焚香伴茶等特殊的饮品香茗的风尚,具有鲜明的时代特色。据张岱《陶庵梦忆》记载,明代茶馆,极其精洁讲究,崇祯癸酉,有好事者开茶馆。泉实玉带,茶实兰雪;汤以旋煮,无老汤;器以时涤,无秽器。其火候、汤候,有天合之者。余喜之,名其馆曰"露兄",其来历出自北宋米芾咏茶的诗句:"茶甘露有兄"。据文震亨的描述,明代文人也最讲究饮茶的安谧幽静之所。他在《长物志》卷一中说:构一斗室,相傍山斋,内设茶具,教一童专主茶役,以供长日清谈、寒宵兀坐,幽人首务,不可少废者。一个方丈精室,筑于居室之傍,室内茶具悉备,一个茶童专主敲火烹茶,以侍主人长日清谈,寒夜危坐。其精舍、其茶具、其茶童,是"幽人"的第一要事。这种幽雅清寂的茶室,既是文人墨客赖以生活的重要场所,也是会朋接友、长日清谈、品茗独坐、亦诗亦文的世外桃源。其闲适安谧的情景,是难以用文字形容来表述的。

(二)李渔饮茶物语

果者酒之仇,茶者酒之敌,嗜酒之人必不嗜茶与果,此定数也。凡有新客入座,平时未经共饮,不知其酒量浅深者,但以果饼及糖食验之,取到即食,食而似有踊跃之情者,此即茗客,非酒客也。取而不食,及食不数四而即有倦色者,此必巨量之客,以酒为生者也。以此法验嘉宾,百不失一。

在品茶艺术方面,明代人对品茶的要求,更加细致,更加严格,形成了系统的理论,冯正卿的《岕茶笺》提出了品茶的十三宜和七禁忌,从而使中国传统的品茶艺术在理论实践方面又深化了一步。所谓十三宜:一无事,有品茶的工夫,神怡务闲;二佳客,审美者趣味高尚,懂得领略茶中三昧;三独坐,心地安适,自得其乐;四吟诗,以诗助茶兴,以茶发诗思;五挥翰,濡毫染翰,泼墨挥洒,有茶助之,更尽清兴;六徜徉,庭院小径,信步闲行,时啜佳茗,幽趣无穷;七睡起,一枕酣梦后,吸之啜之,神清气爽;八宿醒,宿醉未醒,茶能破之;九清供,有清淡茶果,以佐品啜;十精舍,精洁雅致的茶室,渲染出空灵、肃穆的气氛;十一会心,如书法创作时的偶然欲书,贵在自然,使茶功德圆满;十二赏鉴,不是为饮,而是为品,品茶的色、香、味、形;十三文僮,有文静伶俐的茶童,以供茶役。所谓七禁忌:一不如法,是烹点不得法;二恶具,是茶具不清洁;三主客不韵,主人、客人举止粗鲁,没有涵养;四冠裳苛礼,官场中来往不得已的应酬,使人拘束;五荤肴杂陈,茶贵在清,一染腥膻,不能辨味;六忙冗,未具品茶所需工夫;七壁间案头多恶趣,环境的布置,令人觉得俗不可耐,难以有品茶的兴致。从明人品茶所提的十三宜、七禁忌的内容看,其核心就在"品"字上,是品茶而非饮茶,饮茶意在解渴,品茶意在得其情趣。所以明人陈继儒在

《岩栖幽事》一书中,特别强调"品"字的重要性。他说一人得神,二人得趣,三人得味,七八人是名施茶。一人自煎自品,最能体会出茶的神理,二人尚得品茶之趣,三人只得茶味,七八人共饮,就成了仅供解渴的施茶所,趣、味尚不能得,便无从谈及得其神韵。古人尤喜自煎自品,道理奥妙即在这里。

正因为品茶是一门艺术,而名茶须得好品家才能得茶的神理,善烹茶的人须得好品家才能认其茶艺,所以明代屠隆在《考盘余事》中说:茶之为饮,最宜精形修德之人,兼以白石清泉,烹煮如法,不时废而或兴,能熟习而得味,神融心醉,觉与醍醐甘露抗衡,斯言赏鉴者矣。这不仅对品茶者的品饮工夫提出了具体要求,还认为茶品与人品有关系,品茶者的道德修养最为重要。并认为使佳茗而饮非其人,犹汲泉以灌蒿莱,罪莫大焉;有其人而未识未趣,一吸而尽,不暇辨味,俗莫甚焉。艺术的品茶,已成为文人士大夫日常生活中的一项重要内容。

李渔的文艺修养和生活情趣绰有余裕,于品茶经验颇丰,并把茶事入戏曲、进小说,有多方面的表现。陆羽之《茶经》开篇曰:"茶者,南方之嘉木也。"南方有小城,城以兰名。兰城之西有一山,名曰伊山,高十数丈,绵延数里,遍栽嘉木。伊山之麓,竹林篁篁,流泉淙淙。李渔是明末清初一位杰出的戏曲和小说家,从他的作品记载和论述可以看出,对茶事有多方面的表现,讲究艺术与实用的统一,对后人有很大的启发。时之李渔,居乡间,耕农事,自号"识字农"。园后伊山,遍栽嘉木,雨雾温润,嘉木滋长。纤毫沾露,茶之极品;春芽润雾,茶之嘉品;雏叶沐雨,茶之良品。每有客至,李渔便用伊山泉烹伊山茶以待之,"漱烹佳茗供佳客,犹带源头石髓香",香沁心脾,郁结云散,作诗赋曲,其乐融融。李渔爱茶,真色真味,筑园之内,必植茶树,游历之处,必访茶友。品茶写茶,以物言志,惜之切切,挥毫传世。

李渔著中,多及茶事,小说《夺锦楼》第一回"生二女连吃四家茶,娶双妻反合孤鸾命"便是其一。"吃茶",概指女子受了聘礼。自明代始,娶妻多用茶为聘礼,故,女子吃了"茶",便是定了亲。小说《金瓶梅》借茶说事,名目繁多,绿茶菊茶保健茶,几番意味,别在心头。又有戏曲《明珠记·煎茶》一段,以茶为媒,促成恋中男女相见,传为佳话。更有《窃茶》一诗:"未共鸳帏还是客,何事窃杯尝口泽?残茶往往被伊偷,吸干不使留余滴。谁知郎计谲,空杯又取斟来吃。问其中有何气息,直恁贪如蜜?但解钻营都是贼,但效殷勤都是术。只愁蜂蝶为花忙,近花便觉花无色。念他可怜极,再倾杯,剩些余汁,只当施残粒。"以茶说理,以物传情,言之细腻,忍不释卷。李渔是一位酷爱饮茶食果的"茗客",他认为在果、茶之事中富有"滋滋多味"。故他对果茶之中能怡情、悦性且富有智道谋略之策颇为津津乐道,并认为它是修身养性、怡神健体的良方。茶类为茶、咖啡、可可等。此等饮料,少用之可以兴奋神经,使忘疲劳,多则有害心脏。入夜饮之,易致不眠。[74]

李渔论饮茶,讲求艺术与实用的统一,他的记载和论述,对后人有很大的启发。"清茶沏开后,茶叶约占了杯子的三分之二,两三口后即要续水,一只藤皮暖壶是随茶一起送来的,不论喝多少,坐多久,水是管够的。茶叶确是刚刚采撷下的,碧绿生青,一两口后,齿颊清香,心旷神怡……"关于品茗的悠然闲适、清香润喉,顿时跃然纸上。

## 二、静谧的茶饮

### （一）李渔之茶俗

明清时期品茶方式的更新和发展,突出表现在饮茶艺术性的追求。明代兴起的饮茶冲瀹法,是基于散茶的兴起,散茶容易冲泡,冲饮方便,而且芽叶完整,大大增强了饮茶时的观赏效果。明代人在饮茶中,已经有意识地追求一种自然美和环境美。明人饮茶艺术性,还表现在追求饮茶环境美,这种环境包括饮茶者的人数和自然环境。当时对饮茶的人数有"一人得神,二人得趣,三人得味,七八人是名施茶"之说,对于自然环境,则最好在清静的山林、俭朴的柴房、清溪、松涛,无喧闹嘈杂之声。从文献记载来看,明人喜欢的焚香伴茶风尚,最先是从江浙一带兴起的。文震亨著《长物志》卷十二香茗一节,便详载了明人焚香伴饮的情趣。他说:香、茗之用,其利最薄。物外高隐,坐语道德,可以清心悦神;初阳薄暝,兴味萧骚,可以畅怀舒啸;晴窗拓帖,挥麈闲吟,篝灯夜读,可以远避睡魔;青衣红袖,密语谈私,可以助情热意;坐雨闭窗,饭余散步,可以遣寂除烦。醉筵醒客,夜雨蓬窗,长啸空楼,冰弦戛指,可以佐欢解渴。品之最优者以沉香、岕茶为首,第焚煮有法,必贞夫韵士,乃能究心耳。这一段文字,说明名香和名茶能佐人情趣的功用有六:一是隐士羽客,谈玄论道,能清心悦神助人谈兴;二是晨曦薄暮、兴致索然时,可使人心胸开阔,长啸尽兴;三是或晴窗之下,读碑摹帖,或手执拂尘,有所吟咏;或烛台高笼,灯下夜读,可以驱除睡魔;四是家人相聚,儿女情长,喁喁私语,能助天伦之乐;五是雨窗紧闭,饭后小踱,焚香啜茗,能排烦恼,解寂寥;六是醉后初醒,或窗下夜话,或空楼长啸,或一曲挥洒,既佐欢助兴,又解渴。由此可见,茶与文人的生活,竟是如此密切相关。需要指出的是,明代中晚叶,在江南城镇文化地带,皆以诗、文、书、画擅名一世,同时又以茶人身份主导了一代的饮茶风尚。这些嗜茶文人,分别以隐逸茶人、寄怀茶人的面貌,酬游于社集的文人集团之间,也获得了集团核心人物的认同和赞誉。这些嗜茶文人,因具有共同的嗜好、性情、品位、志趣,遂由小集团意识,呈现涟漪效应而影响一代的风尚,并逐渐从文人集团中明显分衍出来,成为著称于世且具有时代格调的茶人集团。

李渔对酒文化与茶文化的差异心知肚明,"果者酒之愁,茶者酒之敌,嗜酒之人必不嗜茶与果,此定数也"。酒之豪兴、茶之清雅中,他显然钟情后者,"予系茗客而非酒人"。他甚至欲编《茶果志》来尽文人兴致,若能成书,必是饮食美学杰作,有更出色的中国雅文化品格。酒神文化对西方文化来说,几乎与艺术精神同构,而茶文化的意境则与中国文人艺术息息相通。陆羽的《茶经》可作生活美学的典籍精读。中国历代文化人构筑的茶艺茶境、茶政茶风、茶礼茶俗、茶器茶室、茶乡茶士文化,已成为日常生活审美中个体从物质生活到社会生活、精神生活过渡的桥梁,百姓开门七件事,柴米油盐酱醋茶,茶文化已成为中国人日常生活中待客之道和自我精神空间构筑的路径。

静谧的茶文化与喧闹的酒文化不同,茶要静品,酒不宜闷;茶果素心,酒菜厚味;茶境多与自然联系,酒中更多人际纠葛;茶宜知己默会,酒可陌路相欢。茶重余味,酒须尽性。清茶助理性,故与礼仪郑重相连,吃茶可定亲;酒可促激情迸发,可斗酒诗百篇,散发行狂草,也可将人撕下假面打回原形,酒醒还要做回现实自我,酒桌许诺赌咒,醉中甜言辣语,酒后概不作数的。茶诗多禅意,酒令贵谐谑，茶馆清谈中的忧患意识和酒楼酣畅间的迷乱情怀，将中国人的苦乐悲欢、理智激情的张力系统撑张开来。强烈刺激的酒精神人人可领略，而清幽绵长的茶情怀却没几人道得出，李渔的《茶果志》未成书，真是憾事。

(二)李渔谈茶具

明代散茶的兴起，引起冲泡法的改变，原来唐宋模式的茶具也不再适合了。茶壶被更广泛地应用于百姓茶饮生活中，茶盏也由黑釉瓷变成了白瓷和青花瓷，目的是为了更好地衬托茶的色彩。除白瓷和青瓷外，明代最为突出的茶具是宜兴的紫砂壶。紫砂茶具不仅因为瀹饮法而兴盛，其形制和材质，更迎合了当时社会所追求的平淡、端庄、质朴、自然、温厚、娴雅等的精神需要。紫砂壶的制造出现了许多名家，如时大彬、陈远鸣等，并形成了一定的流派，最终形成了一门独立的艺术。因而说，紫砂艺术的兴起，也是明代茶叶文化的一个丰硕果实。

明清之际，茶馆作为一种平民式的饮茶场所，如雨后春笋，发展很迅速。清代是我国茶馆的鼎盛时期。据记载，就北京有名的茶馆已达 30 多座，清末，上海更多，达到 66 家。在乡镇，茶馆的发达也不亚于大城市，如江苏、浙江一带，有的全镇居民只有数千家，而茶馆可以达到百余家之多。茶馆是中国茶文化中的一个很引人注目的内容，清代茶馆的经营和功能特色有以下几种：饮茶场所，点心饮食兼饮茶，听书场所。除了上面几种情况外，茶馆有时还兼赌博场所，尤其是江南集镇上，这种现象很多。再者，茶馆有时也充当"纠纷裁判场所"。"吃讲茶"，邻里乡间发生了各种纠纷后，双方常常邀上主持公道的长者或中间人，至茶馆去评理以求圆满解决。如调解不成，也会有碗盏横飞，大打出手的时候，茶馆也会因此而面目全非。

　　李渔不抽烟不喝酒,同巴尔扎克靠咖啡提神一样,李渔也需要提神,他靠的是茶叶。李渔爱茶,真色真味,筑园之内,必植茶树,游历之处,必访茶友。品茶写茶,以物言志,茶事、茶理、茶人、茶道等等,诸如此类,举不胜举。伊山嘉木,绿意常青,临泉之郁,驱之不散。李渔品茗,道已非常,禅茶曲韵,融会卷中,传世百年,犹乃不衰。李渔者,乃一真茶客也。李渔在《闲情偶寄》中,记述了不少的品茶经验。其卷四"居室部"中有"茶具"一节,专讲茶具的选择和茶的贮藏。他认为泡茶器具中阳羡砂壶最妙,但对当时人们过于宝爱紫砂壶而使之脱离了茶饮,则大不以为然。他认为:"置物但取其适用,何必幽渺其说。"他对茶壶的形制与实用的关系,作过仔细的研究:"凡制茗壶,其嘴务直,购者亦然,一幽便可忧,再幽则称弃物矣。盖贮茶之物与贮酒不同,酒无渣滓,一斟即出,其嘴之曲直可以不论。茶则有体之物也,星星之叶,入水即成大片,斟泻之时,纤毫入嘴,则塞而不流。啜茗快事,斟之不出,大觉闷人。直则保无是患矣,即有时闭塞,亦可疏通,不似武夷九曲之难力导也。"

　　李渔之著,当数《闲情偶寄》,誉为百科全书,生活之事,面面俱细。论及茶具,见解独到,曰:"茗注莫妙于砂壶,砂壶之精者,又莫过于阳羡。"然针对时之砂壶唯美论大不以为然,以为"置物但取其适用,何必幽渺其说",其对贮茗之具又有另论,曰:"贮茗之瓶,止宜用锡,无论磁铜等器,性不相能,即以金银作供,宝之适以崇之耳。"论述之新,夺人耳目,力求艺术与实用相统一。

# 第三节 李渔羹文化钩沉

## 一、羹文化的历史解读

古人解读远古烹饪,总要把汤羹摆在一个显著的位置,并以调鼎的方式来展示羹的魅力,鼎是加工汤羹的炊具,调是烹饪汤羹的手法,二者合一,则可以产生特殊效应。《神仙传》曾记载:"彭祖善养性,能调鼎,进雉羹于尧。"虽然这只是远古的传说,但毕竟说明古人制羹调鼎,已经显赫于上古部落。《史记》卷三《殷本纪》记载商汤初期,有名士伊尹负鼎俎,以滋味说汤,至于王道。伊尹将调鼎的道理比拟为国事,其意义已超越烹饪的狭小范畴。经过历史的培育,调鼎最终成为我国烹饪的代名词,而汤羹则以食馔缩影的形态活跃于饮食生活的各种场合。后人为了表示对来客的尊敬,往往亲自动手调鼎,并将调好五味的羹送到客人面前,就连天子帝王崇赐大臣,也以这种方式来表达心愿。《白孔六贴》卷16记载:李白召见金銮殿,论当世事,帝赐食,亲为调羹。在我国古代,由饮食所导致,调羹逐渐发展成为一种敬重来宾的礼仪文化。

羹,是指将各种食材用汤煮沸后,加入生粉水勾芡,使汤水呈浓稠状的烹调方法,也可以用鸡蛋清代替生粉水,使汤汁凝结成糊状。汤羹作为一种美味载体,在烹饪园地中显示出耀眼的光泽,但它本身所具有的魅力还不仅仅限于烹饪周围。由于历代食客的喜爱和厨界的努力,汤羹也扩展为一种文化现象,进入了社交礼俗、人伦交往和文学宣扬的广阔领域,并产生过深远的影响。汤羹从肴馔进入文化领地,生成了巨大的名人效应。美味汤羹曾让许多名人高士为之流连,而正是因为名人食羹,又使得一些传统汤羹闻名天下,流芳千古。比如说,《庄子·让王篇》曾经提道:孔子厄于陈蔡之间,七日不火,食藜羹不糁。后代学子为了表示自己的生活清贫与品格清雅,常以藜羹为标志而自立,意在承袭先哲这一传统,历经千年而不移。唐代陆龟蒙写给友人的书简中有这样一段名言:读古圣人书,每涵咀义,独坐自足,案上一杯藜羹,如五鼎七牢馈于左右。唐人写诗,喜欢引入藜羹典故,如《全唐诗》卷630陆龟蒙《水国诗》云:我到荒村无食啖,对案双非梁谢览。况是干苗结子疏,归时只得藜羹糁。同书卷250皇甫冉《闲居作》云:图书唯药箓,饮食只藜羹。表达的都是同一种含义。宋代陆游也常以藜羹自勉,他在《剑南诗稿》卷38《午饭》诗中说:破裘负日茅檐底,一碗藜羹似蜜甜。又在卷61《自咏绝句》中说:一条纸被平生足,半碗藜羹百味全。这样的例子很多。应该说,藜羹本身所反映的不仅仅是一种普通的汤食,更代表了一种气节和一种文化。

由于汤羹是一种覆盖面很广的大众食馔,可荤可素,可咸可甜,可浓可淡,因而在食界博得了最为广泛的喝彩。尤其是用普通蔬菜调制的菜羹,在很长时期内都成为百姓人家的佐食肴馔,可谓深入生活又深入人心。汤羹是一种最普通的食馔,但它所包含的烹饪技艺、调味功能和食疗作用,远非其他食馔所能企及,尤其那种灌注于汁液之间又迸释于载体之外的文化冲击,更使得碗碗汤羹皆获食界垂青。自古以来,江南地区喜欢吃莼羹,但经过晋人张翰秋风思归的典故熏染,则演变成一种怀恋家乡、不图功利的文化表象。《晋书》卷92《张翰传》记载:翰因见秋风起,乃思吴中菰菜、莼羹、鲈鱼脍,曰:人生贵得适志,何能羁宦数千里以要名爵乎!遂命驾而归。后人每食莼羹,必以张翰为榜样,抒发内心情怀,为此，历代文人写诗作赋者络绎相继，如宋人徐似道《莼羹》诗云：千里莼丝未下盐，北游谁复话江南。可怜一箸秋风味，错被旁人苦未参。又韩淲《喜见莼丝》诗云：一杯浊酒下莼丝，不负东吴薄宦期。安得林逋同隐约，尚凭张翰写心思。人间美恶吾能会，物外清闲世莫知。更待西风小摇落，鲈羹盐豉转相宜。清初诗人汪琬《莼羹》诗云：人世从来为口忙，惟须一食疗饥肠。莼羹菰饭原无价，莫与微官共较量。可以看出，并不起眼的莼菜一旦与名人结缘，展现出的却是另一种人格精神。明人李流芳写过一首《莼羹歌》，用大段诗咏来描绘这种汤羹的美妙，《檀园集》卷二载其诗云：琉璃碗成碧玉光，五味纷纷生馨香。出盘四座已叹息，举箸不敢争先尝。浅斟细嚼意未足，指点杯盘恋余馥。但知脆滑利齿牙，不觉清虚累口腹。血肉腥臊草木苦，此味超然离品目。季鹰之后有吾徒，此物千年免沈锢。为我饮，为我歌，得此十斗不足多。直到今天，江浙一带食及莼羹，仍然保留着一种古老的情结。[75]

李渔论羹汤，道理很是精彩，"笋贵鲜，蟹为命，饭不可无羹"，为他书所不言，且将他的妙语转录于下：饭犹舟也，羹犹水也，舟之在滩非水不下，与饭之在喉非汤不下，其势一也。且养生之法，食贵能消，饭得羹而即消，其理易见。故善养生者，吃饭不可无羹；善作家者，吃饭亦不可无羹。宾客而为省馔计者，不可无羹；即宴客而欲其果腹始去，一馔不留者，亦不可无羹，何也？羹能下饭，亦能下馔故也。近来吴越张筵，每馔必注以汤，大得此法。吾谓家常自馔，亦美妙于此。宁可食无馔，不可饭无汤。有汤下饭，即小菜不设，亦可使哺啜如流。无汤下饭，即美味盈前，亦有食不下咽。予以一赤贫之士，而养半百口之家，有饥时而无馑日者，遵是道也。

民间春节饮食风俗，人们在早餐或晚餐时，取青菜、豆腐等各种荤素菜煮成杂汤，再调入米粉或玉米粉，其味鲜美，老幼皆宜，俗称"年羹"。因"羹"与"耕"谐音,寓意"年年有耕,耕作顺利"。也有用毛芋头、萝卜、青菜、番薯和面条煮成,叫"毛芋羹",象征富裕、清白、顺利和长寿。当时还流行一种甜羹,其特色是汤羹中不添加盐酱,因其口味区别于咸羹,故名甜羹。通常情况下,甜羹用料要以山药、芋头这些含淀粉较多的物料为主体,借以增强羹汁的甜度。几千年来,汤羹文化虽然从未张扬过自己的朴素外表,但它那般无声无息而又沁润肺腑的魅力却一直渗透在每一个人的生活之中。

## 二、鲜美的羹饮

人类食事活动有几次重大的变革,其中一次就是利用火,变生食为熟食。由茹毛饮血到炮生为熟,不仅使原始人享受到熟食的美味,更重要的是获得更多、更高级的营养成分,促进了大脑的发育。从而使人类从一般动物中区别开来,成为万物之灵。由食物加工而成的熟食制品种类繁多,其中应用最广泛的要数汤类食品。法国著名厨师路易斯·古伊说的一句话:"汤是餐桌上的第一佳肴。"可能是他的偏爱,但汤确有这么一种魔力,无论一顿饭多么丰盛,人们还是把许多赞美之词加到汤上。

汤,是人们所吃的各种食物中最富营养、最易消化的品种之一。一般是指以水为传热介质,对各种烹饪原料经过煮、熬、炖、氽、蒸等加工工艺烹调而成的、有滋有味的饮品。不仅味道鲜美可口,且营养成分多半已溶于水中,极易吸收。汤在烹调中起着举足轻重的作用,"唱戏的腔,厨师的汤"正说明了这一点。先秦时代的牛羹、羊羹、豕羹、犬羹、兔羹、雉羹、鳖羹、鱼羹等,全是荤的,穷人吃不起。李渔以蔬菜作羹,并在社会广为流行"四美羹",其原因一是"四美羹"的营养价值;二是李渔名满天下的名声。由于"名人效应",“四美羹”一直流传至今。

（一）四美羹

原料：山蘑菇、水莼菜、蟹黄和鱼肋

做法：李渔擅长自制汤羹，留给后人的不仅仅是一碗汤品，同时遗传着千年风流。在《闲情偶寄》饮馔部中，李渔介绍了一道菜，名字取得很好，叫“四美羹”，使人浮想联翩。用的食材是山蘑菇、水莼菜、蟹黄和鱼肋。李渔认为，蔬菜中，山上最鲜的是蘑菇，水中最鲜的是莼菜，都是清虚妙物，如同修行得道的隐者，极为清静素淡。他将这两者做成羹，再和以蟹黄和鱼肋，据称味道鲜美之极，以致吃过的人都说以后不知该吃什么东西了。山蘑菇，就是丝毛菌，加一点五花肉和大蒜，一起煮汤，极为鲜甘。还有一种叫雪菌，也称为冻菌，据说是蘑菇中最鲜的，也最为难得。据明绥宁知县包汝楫的《南中纪闻》载：“大山中，人迹罕到之处，悬崖老树，生有木菌，大者重数斤，色白如雪，枝茎拳挛，叶瓣如手掌，莹润可爱。煮食，甘鲜芳郁，美不可言，食品无一可举似者，真奇味也。”莼菜，江浙尤多。陆之蕈，水之莼，皆清虚妙物。二物为羹，和以蟹之黄，鱼之肋，名曰“四美羹”。李渔《闲情偶寄》里留下的古法，据说“今而后，无下箸处矣”。青鱼一条，剪下鱼嘴，剥下鱼皮备用。水烧开，鱼皮打卷穿下，捞出。鱼嘴下水煮熟。草菇（要是有东北的榛菇就赞了），莼菜（一定要太湖的）勾芡成羹，橄榄油7分热，下蟹黄滑炒，成糊状。鱼嘴、鱼皮入羹，蟹黄淋上。美味上桌！

特点：羹汁是清新的鲜，蟹黄是浓郁的鲜，加上鱼皮爽脆，鱼嘴滑嫩，层次分明，极品耶！

（二）毛芋菜羹

原料：毛芋、萝卜、青菜、菜油。

做法：挑选个头饱满、手感坚硬的毛芋若干，注意千万别选发胀的毛芋。然后把毛芋洗干净，放入锅中，加水煮熟。略微冷却后，将毛芋去皮，切成厚度在 1 厘米左右的块。将白萝卜洗净，去皮。用专用的刨子把白萝卜削成丝。青菜洗净切好备用。锅里倒入菜油，旺火加热，将萝卜丝、青菜放入锅中煸炒，至七八分熟即可。

需要特别注意的是，煮菜羹用的可不是普通的开水，而是煮稀饭以后留下来的米汤水。稀饭煮熟后，将米粒用笊篱捞出，将米汤水留在锅内。把切片后的毛芋倒入，撒点盐，旺火煮 30 分钟左右。待水烧开后再把青菜、萝卜丝放入锅中稍稍煮一煮，煮的时间不要太长。等水再次烧开后就好了。不一会儿，厨房里就能闻到阵阵诱人的清香，一锅香喷喷的毛芋菜羹就做好了。据说，新年吃"菜羹"还有另外一种含义。因为"菜"和方言土语里的"催"字谐音，而"羹"又与"耕"字谐音。吃"菜羹"寓意新年开始就要牢记耕作，古语说得好，"一年之计在于春"啊！

（三）荠菜豆腐羹

原料：荠菜、豆腐、冬笋、猪肉末、鸡蛋、菜油。荠菜为十字花科植物，是一种人们喜爱的可食用野菜，遍布全世界。其营养价值很高，食用方法多种多样。具有很高的药用价值，具有和脾、利水、止血、明目的功效，常用于治疗产后出血、痢疾、水肿、肠炎、胃溃疡、感冒发热、目赤肿疼等症。冬笋是一种富有营养价值并具有医药功能的美味食品，质嫩味鲜，清脆爽口，含有蛋白质和多种氨基酸、维生素，以及钙、磷、铁等微量元素和丰富的纤维素，能促进肠道蠕动,既有助于消化,又能预防便秘和结肠癌的发生。冬笋是一种高蛋白、低淀粉食品,对肥胖症、冠心病、高血压、糖尿病和动脉硬化等患者有一定的食疗作用。它所含的多糖物质,还具有一定的抗癌作用。冬笋含有较多草酸钙,患尿道结石、肾炎的人不宜多食。

做法:将荠菜用开水焯烫一下捞出并攥干水分,荠菜切碎,冬笋、豆腐切丁;炒锅里热油,放入姜片炒香后加入猪肉末煸炒至断生,再放入冬笋丁煸炒一分钟左右,加入切碎的荠菜翻炒均匀,加入适量水;水开后加入豆腐丁,煮沸后倒入水淀粉,待汤汁黏稠后再倒入打散的蛋液搅拌均匀, 煮开后撒入葱花调少许盐和麻油即可。

特点:荠菜豆腐羹本是个很常见的家常菜,荠菜鲜香、豆腐滑嫩,营养丰富又美味,白绿相映,鲜嫩味美,补虚益气,健脑益智,清热降压。

(四)肉末豆腐羹

原料:豆腐、猪肉、虾仁、香菇、火腿

做法:把豆腐、香菇、火腿分别切粒,姜切丝,葱切片,香菜切末;猪肉切粒,用料酒和少许干淀粉拌匀;煎锅烧热,放入葱姜爆香;再放入肉丁滑散,炒至变色;放入香菇、火腿、豆腐及足量的水;大火烧开3分钟;把干淀粉加些水搅匀成淀粉水;锅内加入淀粉水搅匀,再放入虾仁煮开,加盐、胡椒粉、鸡精、香菜末调匀即可。


## 三、源远流长的“汤文化”

烹饪属于文化范畴, 它是我们中华民族的一份宝贵文化遗产。作为这一文化遗产的组成部分——汤，和古老文化有着密切的关系。"汤"这个词的来源有两种说法，一种说法是喝汤时要发出咕嘟咕嘟的声音，呷汤时则发出"丝丝"的声音，"丝丝"的声音和"汤"这个词的发音很相似。汤的历史悠久，从远古时代起，人们就知道食用菜汤了。据考古学家所发掘的文物表明：在陶器还没有产生前，人们就学会了"煮汤"。人们煮食物，在地上挖一个坑，铺上兽皮，使之凹下一个坑，放入水和要煮的食物，然后在坑的附近燃起柴火，将两块石头烧烫了投入坑内，至水煮开食物煮烂成汤喝。同时，国外历史学家在考古研究中发现，人类曾制作了一种蔬菜庇肉浓汤，装在皮水袋中，喝前投入烫石子加热。

汤文化源远流长，独具特色。坊间至今流传着的"民以食为天，食以汤为先"，就是汤文化几千年历史的生动写照。远在奴隶社会初期，由于陶、铜、铁等炊饮制器的普遍使用，人类从最初的"火烤法"发展到"水煮法"和"汽蒸法"，于是"汤"的烹饪之道也应运而生。历史学家考证世界上最古老的一本食谱是公元前2700年在中国发现的，这本食谱上就记载有十几道汤菜。其中有一道"鸽蛋汤"（食谱中命名银海挂金月）一直沿用至今。《吕氏春秋·本味篇》记载了煨汤的真谛：凡味之本，水最为始，五味三材，九沸九变，则成至味。大文人李渔在《闲情偶寄》中称：汤即羹之别名也……有饭即应有羹，无羹则饭不能下。

汤作为中国菜肴的一个重要组成部分，具有非常重要的养生保健作用：饭前喝汤，可湿润口腔和食道，刺激胃口以增进食欲。饭后喝汤，可爽口润喉有助于消化。中医认为汤能健脾开胃、利咽润喉、温中散寒、补益强身。汤还在预防、养生、保健、治疗、美容等诸多方面对人体的健康起到非常重要的作用。汤作为餐桌上的第一佳肴以它鲜美可口的滋味、丰富全面的营养、极易消化吸收和很好的养生食疗作用等众多的优点而被越来越多的人所接受与喜爱。

汤的分类,从一般原则上分可分为:奶汤、清汤和素汤三种。以原料上分,有肉类、禽蛋类、水产类、蔬菜类、水果类、粮食类、食用菌类。以口味上分,有咸鲜汤类、酸辣汤类和甜汤类。以形态上分,有工艺造型和普通制作两种。还有用淀粉勾芡汤和不勾芡的汤。另外,还有一种是在烹饪原料中加入具有滋补效用的中药制作的食疗汤。汤的用途非常的广泛。在烹饪中几乎所有熟炒菜都要用汤。在爆炒、清炒、炸熘、烧烩等烹调方法中,都要加入清汤。白扒的菜肴中,要加入奶汤。在鲜味中,凉菜调味的鲜咸,热炒菜中的鲜咸、五香、酸辣、咸香、咸麻等都用清汤提鲜。在宴席中,无论是高级宴席或是家常便餐都离不开它。除少数菜外(如烤制类),几乎无菜不用汤。汤不仅味美可口,能刺激食欲,且营养丰富,含大量蛋白质、脂肪、矿物质等成分。

汤有其自身独特的特点,一是鲜味之源。汤的主要特点是"鲜"。祖先在创造这个"鲜"字时,可能就基于"鱼""羊"合在一起煮后产生的"鲜"味。在烹调中十分讲究制汤调味,味精产生以前主要的鲜味都来自于汤。即使在调鲜味品如此之多的现今,也有许多菜肴用汤来调鲜味。二是用料广泛。绝大多数种类的鱼、肉、家畜、家禽、骨骼、蔬菜、水果等都能作为汤的原料和配料。甚至吃剩下的食物放在一起烩一烩,也可成为一道味美味可口的汤菜。三是制作精细。汤的制作技艺精湛,每一操作过程都十分精细,绝不一煮就成。"菜好烧,汤难吊",是历代厨师的经验之谈。有一种汤叫"双吊双绍汤",皇宫御厨们称之这"金汤"。其意有三:一为此汤用料精,价格昂贵,故称"金汤";二为此汤每一斤原料只能出成品汤一斤,有暗含金(斤)汤之意;三为此汤制作的成败有时甚至关系到厨师的性命,可见,汤的制作确实是一项精细复杂的工作。汤类食品的进食形式海内外大同小异。可作为主食也可作为小吃或零食,亦可佐正餐做副食。按不同国家、民族的进餐习惯,有先进食后喝汤的;也有先喝汤后进食的;也有边进食边喝汤的。但不论何种喝汤形式都是以益于强身健体为其特长。

制汤在饮食行业里又称吊汤或汤锅。吊汤技术是我国烹调技术的一朵瑰丽之花,也是每个厨师必须掌握的技术之一。鲜汤,特别是高级鲜汤,对菜肴的质量影响很大。尤其是鱼翅、燕窝、银耳、海参、熊掌等贵重而本身又无滋味的原料,就必须依靠鲜汤烹调增加其滋味,使之成为名肴。所谓鲜汤,是用新鲜味美、营养丰富的动物性原料,加入煮熬,取其精华而形成的香浓味鲜的汤汁。提取鲜汤(即吊汤)的技术要领,主要有以下几个方面:

第一,选料要严。应选用鲜味浓厚的动物性原料,多以母鸡为主料。因为母鸡肌肉组织所含的浓厚鲜味,以及丰富的蛋白质、脂肪、糖类、维生素和无机盐等是其他原料所不及的。但是,用做煮汤的母鸡应有所选择,必须是宰杀后体重在 1.5 千克以上的老母鸡,越老越好。以鸡为主,再配以瘦猪肉、火腿、鸭子、肘子、脚爪、骨头、骨架等肉类原料。

第二,冷水下锅。吊汤的原料以大块整只为宜,与冷水同时下锅,一次加足水量,中途不能加水。如下入沸水锅,原料的表面骤受高温,蛋白质容易凝固,不能大量溶于汤中,汤汁不易达到鲜醇的程度。同样,也不能先加入盐,因为盐具有渗透作用,能渗透原料内部,排出原料内的水分,蛋白质也容易凝固,汤汁不浓,鲜味不足。所以,原料要在冷水下锅后,加热烧沸,撇去浮沫,加点葱、姜、料酒,即可熬制,最后加盐。

第三,火候要准。和烹制菜肴一样,吊汤也要掌握好火候。清汤和奶汤,要用两种不同的火候。奶汤的火候,先旺后中,汤面始终保持沸腾的状态,直至汤汁呈乳白色,并以较高浓度为准。但要注意防止原料粘锅底,产生不良味道,破坏了汤汁;同时,火力不能变微,若火力不足,则汤汁不浓,黏性较差,滋味不美,失掉奶汤特色。在适当的火候下,要开锅熬制两个小时左右。这种鲜汤,大多用于煨、焖、煮等技法烹制白汤菜肴,还可用于烧、扒等菜肴的调味,用途比较广泛。清汤的火候,则是先旺后小,在汤汁煮沸后,立即改用小火,保持汤面微开,呈翻小泡状态,行话叫作冒"菊花心"泡。但火力又不能过小,过小不冒泡,原料内含有的蛋白质等物质也不容易溢出,影响汤汁鲜味和质量。相反,火力也有能过大,大了汤面沸腾,汤色就会变为浓白,失掉清汤澄清的特色。清汤熬制时间也比奶汤长得多,一般要盖锅熬四小时以上。熬制以后,再用细白纱布过滤,除去渣滓,即成鲜醇、澄清的汤汁。

以上这三大条就是制汤所要掌握的要领。但要制好汤还需掌握吊汤的一般程序:清汤过滤后,放入锅内;另用鸡肉剁成茸泥,适当加入葱末、姜末、料酒和少许清水拌匀,渗出血水后,倒入清汤内;锅架火上,用旺火加热,边加热,边用手勺推动搅转,待汤将沸时,立即转用小火,继续熬制。这样,汤内的细微渣滓就被鸡茸吸附,黏结在一起,浮出汤面;离火后,用勺撇净,晾凉,即成为清澈如水、鲜味异常、营养丰富的汤。

# 第五章 李渔调饮养生的历史神髓

蔬菜青青味最真,穷也乐观境自生。

——李渔

# 第一节 李渔调饮养生思想及其形成

文化是人类创造的精神财富和物质财富的综合,是人类区别于动物的主要标志之一。随着人类进化过程的加快,文明程度的提高,人类的饮食也在野蛮的退化中,文明的进化中表现出光彩夺目的文化特征。其中,表现最为突出的就是饮食的养生化。正是这些变化,才使人类饮食从低俗的生理需要演变为高雅的精神追求。

## 一、李渔调饮养生思想的形成及其原因

### (一)李渔调饮养生思想的形成

#### 1.发端于金华万年前的饮食

饮食极为平常,又极为重要。它是人类社会发展的前提,也是人类生存的首要选择,是人类物质文化和精神文化的物质基础。"火"的利用,"炮生为熟",揭开了调饮养生的起源。在人类茹毛饮血的时代,生存环境十分恶劣,自然、疾病、战争等诸多危险的因素时刻威胁着脆弱的生命,如何摆脱死亡的追随,悉心养护宝贵的生命已经是先祖生存中的重要命题,所以调饮养生作为一种文化现象是随着人类的出现而诞生的,起初只是模糊的行为意识,而且由于远古时代缺乏文字记载,仅仅留下了一个个充满神异色彩的历史传说。

(1)新石器早期印证。原始生产工具的进步是随着时间推移,

人们在生产实践中不断改进而不断提高的。按逻辑推理,从天然工具—打制石器—磨制石器—钻孔切割工具—弓箭的发明先后次序。比较山顶洞人"已开始采取磨制和钻孔技术",上山文化发现的"诸多打制石器和磨制石器,还有切割工具",具有明显的由旧石器向新石器过渡的特征。上山遗址以石锛、石斧、石球、石磨棒、石磨盘及厚胎夹炭红陶"盆"等为组合特征的遗存与原始的采集、农业经济模式密切相关,印证了金华在新石器早期生活的痕迹。

(2)稻米成为金华先民的日常主食。上山遗址先后发现了一万年前新石器时期的稻米遗存,其稻作历史,比河姆渡提早了3000年,上山文化中稻作栽培是迄今考古专家发现最早的源头。考古专家在样土中通过浮选法,找到了一粒万年以前新石器时代早期的米和多粒晚稻米。专家们对陶片取样进行硅酸分析显示:这些稻壳是经过人类选择的早期栽培稻种,这反映当时居民普遍种植水稻。而且尽管河姆渡文化、马家浜文化、良渚文化都以出土大量稻谷而著称于世,但中国最早的栽培水稻是在古金华一带,然后逐步向长江中游、江淮平原、黄河中下游扩展,初步形成了接近现今水稻分布的格局,稻始终在南方处于主粮地位。由于当时对谷物粮食只能进行脱粒、碾碎等简单的加工,因此,食品加工不外乎蒸、煮两种方法,即将碾碎的粮糁放入鼎、釜等炊具中和水而煮,或将粮糁揉成饭团面饼置入甑、甗中顺汽而蒸,粥羹类软食与饼团状干食就构成了新石器时代的主要成品食物。这一结论表明,上山遗址是迄今发现的、保存丰富栽培稻遗存的、年代最早的新石器时代遗址,这证明了上山遗址所在的长江下游地区是世界稻作农业的最早起源地之一。

(3)万年前原始烹饪术的诞生。陶器究竟是怎样发明的,目前还缺乏可靠的材料予以详尽地说明。摩尔根《古代社会》一书的注引中指出:"古奎是九世纪最早提出陶器发明的第一个人,即人们将黏土涂于可以燃烧的容器上以防火,其后,他们发现只是黏土一种可以达到这种目的。因此,制陶术便出现于世界之上了。"但金华上山文化出土的一只 10 000 年以前的敞口盆见证了人类的饮食文明,经历过生食、熟食、烹饪三个阶段,对这三个阶段的划分,是以 10 000 年前发明的陶器作为界标的。换句话说,人类祖先从生食到熟食,从火炙石燔到水煮,直到学会制造最早的生活用具——陶罐,作为文明标志的烹饪术,始在古金华大地诞生,金华是文明发源地之一。上山文化出土的随葬品丰富,大多是陶器,有鼎、豆、壶、簋等,还有釜、罐、盉等,鱼鳍足鼎、矮圈足豆、双鼻壶、三鼻簋的器形特征与良渚文化的典型特征别无二致,也有一部分较特殊的器物,如大嘴三足盉、一侧附着漏斗形流的鼎、兽蹄足鼎、腹部楞方的双鼻壶等,系新石器时代的炊器、食具。这些器物的形态与组合关系,是与当时的食品构成、烹饪方式及饮食习俗密切相关的。[30]陶器的出现使得新的烹饪方法诞生,尤其是陶甑、陶釜出现,使烹饪法几乎增加了一倍,有蒸、煮、熬、炖等陶烹法,标志着在主食的烹饪方式中煮法逐渐取代烧烤法而成为最重要的烹饪方法。陶器的广泛使用提高了原始人制造生产工具的能力,饮食器具的功用开始分化为炊器、饮器、食器,从而使之前的火塘围餐式分餐制走向真正意义上的分餐制,这为金华饮食作为一种文化奠定了坚实的基础。

2.发展于传统调饮养生的实践

饮食与养生是紧密联系、不可分割的。人体通过饮食来摄取相当的热量,以此来维持生存,进行各种活动。可以说食物是人体的原动力,是生命基础之一。反过来,饮食的量与质又影响和决定了人体的健康状况。饮食与养生这两者之间相辅相成，缺一不可。古往今来，人们已经用自己的言与行对这两者的关系作了最全面、最恰当的诠释。养生一词，最早见于《庄子》，其《养生主》篇说："吾闻庖丁之言，得养生焉。"老子在《道德经》中有"善摄生者"的论述。养生，又称摄生、道生、养性、卫生、保生、寿世的意思等。所谓生，就是生命、生存、生长的意思；所谓养，即保养、调养、补养的意思。养生就是根据生命的发展规律，达到保养生命、健康精神、增进智慧、延长寿命的目的的科学理论和方法。养生的理论和方法也叫作"养生术"，或曰"养生之道"。最早、最典型且流行、实用的养生术，主要是导引、行气术。

在思潮汹涌、流派纷纭的战国时代，各种养生理论和养生方法大行其道，传统养生文化步入了一个繁花似锦的兴盛时期。在养生文化的领域里占主流思想的是儒家学派孔子的"寿命在天"的天命论；杂家吕不韦在《吕氏春秋》中提出"动以养生"的思想，认为养生贵在于动；以老子、庄子为代表的道家则主张"静以养生"的思想，老子从"虚无、无为"的哲学观点出发，提出了"恬淡寡欲""清静无为"的养生思想和养生原则，强调"致虚""守静"是养生的根本；先秦诸子从各个不同方面阐述了各自的养生理论和方法，极大地丰富了传统养生文化的内容，为养生文化的发展开启了广阔的视野；西汉初年开始，由于当时的最高统治者大多热衷于追求长生不老之术，从而在客观上促进了养生文化的繁荣。同时秦汉医学的迅速崛起，最令世人瞩目的要算《黄帝内经》，它可谓秦汉医学的经典之作，出现很多著名的医学家张仲景、华佗等都长于养生；魏晋南北朝时期朝代更迭、社会动荡，在这种环境下，许多在官场失意的庶族地主开始把目光转向清谈、寄情山水，或以特立独行的生活方式打发时光，养生之风大盛，出现了嵇康、葛洪、陶弘景等著名的养生家,提倡"修性服食、恬淡无欲""外物以累心不存,神气醇白独著,旷然无忧患,寂然无思虑",才能达到"与自然齐光"的养生境界;隋唐时期的养生思想更加系统化、科学化。此时导引、按摩、吐纳、调气、眼食等养生方法都有新的发展,特别是医用导引术与道教炼养功取得了长足的进步,表现出儒、释、道、医相互渗透发展的趋势,孙思邈从医学角度出发,涉及衣、食、住、行与养生的关系;宋代道教宗派如雨后春笋发展起来,道教理论也更加丰富,其中仍以内丹派理论的影响最大,并相继出现了陈抟、丘处机等著名道教养生家。

中医理论上有"药食同源"或"医食同源"的说法。这是中国先民在长期的生存斗争中积累下来的宝贵知识和经验。远古时期,劳动人民在寻找食物中偶然发现某些动植物能够治疗人类的某些疾病伤痛,就记了下来,以后再遇到类似的病痛就吃或者外敷那些食物。可以说,医药学萌芽于原始人类的饮食生活之中。《神农本草经》是现存最早的药物学专著,收载了大量可食的药物或可药用的食物,是我国早期临床用药经验的第一次系统总结,历代被誉为中药学经典著作。《汤液经》据说是商汤时期,宰相伊尹为汤王烹调各种汤的经验之集。《汤液经》原书已佚,作者、成书年代均无法准确考证,只是在后来的医书中稍有提及,并认为张仲景的《伤寒论》辑有大量《汤液经》内容。相传,《汤液经》的作者为伊尹,是商初的重臣,善于烹调之术,曾以鼎烹说汤。据说,伊尹十分熟悉中草药药性,他善于根据食物的不同性质进行烹调,经他的烹调后,食物不但营养大大提高,还治疗诸多疾病,从而创制了中药的汤剂剂型。中医视伊尹烹制的汤剂为中医汤剂之祖。另外,《周礼·天官》中有记载说:食医,掌和王之六食、六饮、六膳、百羞、百酱、八珍之齐。那么,最迟在周代,王宫里就已设"食医",专管皇帝的饮食，位列诸医之首。一般认为，中医学由经验医学上升为理论医学，是从《黄帝内经》开始的。《黄帝内经》被公认为中医学的奠基之作，第一次系统讲述了人的生理、病理、疾病治疗的原则和方法。唐代名医孙思邈所著《备急千金要方》中专设"食治"一卷，认为"药性刚烈，犹若御兵。兵之猛暴，岂容妄发"。而"食能排邪而安脏腑，悦神爽志以资气血"。因此，他认为"夫为医者，当须先洞晓病源，知其所犯，以食治之，食疗不愈，后乃命药"。他精辟地论述了食疗是行之有效的治病方法之一。药圣李时珍也说："食疗胜于药疗。"李时珍的《本草纲目》收载了谷物、蔬菜、水果类药物300余种，动物类药物400余种，皆可供食疗使用。[76]

历代医家对食疗都非常重视。俗话说：是药三分毒。食疗的优势就在于它选用的是"药食同性"，无任何毒副作用且有显著疗效的中药。中药自古分上中下三品，上品药就是无任何副作用的食疗中药。中医历来将医生也分为上中下三等。上等的医生治病用上品的中药，即食疗，疗效好，又没有毒副作用；中等的医生治病用中品的药物，可治病，但会有副作用；下等的医生治病用下品的药物，以毒攻毒也可治病，但可能对人体造成伤害。长久以来，西医不承认食品能治病，但在中国，食疗是中医学重要的组成部分，否定了食疗，就是否定了中医学。

孙思邈《备急千金要方·食治》："食能排邪而安脏，悦神爽志以资血气。若能用食平疴、释情、遣疾者，可谓良工，长年饵老之奇法，极养生之求也。"这位大医药学家指出饮食能排除邪气以安脏腑，资养血气，使精神爽快。他认为节制饮食也是养生法之一，应当"先饥而食，先渴而饮，食欲数而少，不欲顿而多"，"饱则伤肺，饥则伤气，咸则伤筋，酢（醋）则伤骨"。这里旨在提醒世人饮食应当饥饱有度，提倡少吃多餐的养生之法。晋人嵇康（224—263）曾写专文论服食养生的重要："人呼吸吐纳，服食养生，使形神相亲，表里俱济也。"宋沈作吉吉《寓简》论饥饱谓："以饥为饱，如以退为进乎？饥未馁也，不及饱耳，已饥而食，未饱而止，极有味，且安乐法也。"明沈仕所著《摄生要录》也说道："善养性者，先渴而饮，饮不过多。多则损气，渴则伤血。先饥而食，食不过饱，饱则伤神，饥则伤胃。"可见古人大都非常注重饮食的饥饱应掌握分寸。

李渔认为饮食饥饱的标准是七分饱。他说："饥饱之度，不得过于七分是也。然又岂无饕餮太甚，其腹果然之时？则失之太饱。其调饥之法，亦复如宁丰勿啬。若逾时不久，积食难消，以养鹰之法处之，故使饥肠饮绝，则似大熟之后，忽遇奇荒。贫民之饥可耐也，富民之饥不可耐也，疾病之生多于此。从来善养身者，必不以身为戏。"他以田禾为喻："如田畴之水，务与禾苗相称，所需几何则灌注几何，太多反能伤稼。"

有人提倡少食。如南朝齐梁时的陶弘景在《养性延命录·食诫篇》说："所食愈少，心愈开，年愈益；所食益多，心愈塞，年愈损焉。"不过在今天看来，这种说法有失偏颇。吕不韦《吕氏春秋》中说："食勿强厚味。"即要清淡平和；"勿以烈味重酒"，不但要少饮酒，更不要喝烈酒，肉也要少吃。他还在饮水问题上有独到见解，是中国饮食文化史上最早认识到水质与健康关系的第一人。《吕氏春秋·尽数篇》："轻水所，多秃与瘿人。重水所，多（九重）与（辟足）人。水所，多好与美人。辛水所，多疽与痤人。苦水所，多（九王）与供伛人。"这种说法具有相当的科学性，现代医学早已证明，水中含有各种微生物和微量元素，如钙、锌、碘、硒等，它们都与人体生命有直接关系，缺碘会引起甲状腺肿，缺硒会引起克山病。

此外，还有很多人提倡通过适量的药物类食品对人体进行必要的滋养和进补，并且，中华民族历朝历代都编撰了专门关于食疗的典册书籍,在相当多的医药学著述中也一定保留部分章节介绍食养、食疗。诸如《本草纲目》《食疗本草》《食物新本草》《养余月令》《调疾饮食辩》《随息居饮食谱》《宋氏养生部》《饮膳正要》……真是名目繁多、浩如烟海、不可胜数。时下,各大菜系的菜谱中都把滋补养生的药膳列为一个重要的栏目,药膳的原材料也是多种多样,不一而足。可见,从古至今,饮食与养生的密切关系一直是人们研究和探讨的重要课题。

3.根植于明朝调饮养生的普及

明朝创造了灿烂辉煌的文化,其中一个突出的特点就是市民经济和市民文化的繁荣。调饮养生文化得到了飞速发展和广泛传播,当时人的平均寿命因此得以显著提高,养生文化也已经走进一个日臻完善的成熟时期。随着医学的进一步发展与普及,很多养生学家都开始注重养生理论与实践的大众化。此时的养生家们针对修炼内丹所涉及的人体部位及五脏功能进行了详细的解剖,尤其提出了修炼内丹的重要部位在于三丹田和三关,并指明其要点,使人一看即懂,一学就会,十分通俗明了。以大众喜闻乐见的形式宣传普及养生知识,成为这一时期养生文化的显著特征。以往少数养生者才能掌握的内丹气功,已成为较为普及的养生方式,这种通俗化不仅表现在功法的阐述上,还突出地表现在许多通俗易懂的养生著作方面。养生术取得了令人瞩目的成就,涌现了张介宾、冷谦宗、高濂、万全、李时珍、曹庭栋等著名养生学家,出版了《养生四要》《修龄要旨》《遵生八笺》《寿养丛书》《老老恒言》等养生名著;老年养生术进一步完备;以重视养形为核心的养形术,加强中年时期养生的中兴术相继兴起;出现了薛立斋、孙一奎、赵献可、张介宾等为代表的温补学派;调补五脏的养生法则和大量养生方剂的出现,丰富了养生术的内容,并成为一门系统的专门学科。[77]

膳补食疗研究成果丰硕,如《食物八类本草》《养生食忌》《随息居饮食谱》等。各类医食书籍中,影响最大的是李时珍的《本草纲目》和童岳荐的《调鼎集》,尤其是后者,集古食珍之大成,此时出现了烹饪评论家李渔。王蔡传撰《修真秘要·饮食禁忌》:修欲常逸,食须常少,劳无至极,食无过饱。明万历(1573—1620)高濂撰《尊生八笺·饮馔服务笺》,记载了一些食品的吃法和制造方法,如豆芽的生发、吃法,粽子、馄饨等的制作法和吃法。李诞在他的《保养说》中提出《黄帝内经》的"饮食有节,起居有常,不妄作劳"和"精神内守"是养生正宗,并据此而创立了避风寒、节劳逸、戒色欲、薄滋味、寡言语等一系列切实可行的养生方法。明万历六年(1578),李时珍(1518—1593)撰《本草纲目》,对各种动物、植物、食品的来源、性味、疗效及烹饪方法作了介绍,是一部食物本草、食法、疗法集其大成的书,丰富和发展了饮食调养的理论,在养生学领域产生了极大的影响。宋应星(1587)撰《天工开物》,反映了当时的饮食文化情况。明代著名的医学家和养生家张景岳,在《类经》的"摄生"部分中汇集了《黄帝内经》的观点,并逐一进行解释。

(二)李渔调饮养生思想形成的原因

1."民以食为天"传统思想的影响

古人云:民以食为天。任何民族文化,最终决定于哲学;哲学的深厚土壤则在于该民族一定历史阶段的社会生产方式、生活方式及文化和文明发展的水准与特征。因此,饮食生活作为基本的社会生活内容,饮食文化作为主要的文化门类,也就无疑是哲学的肥沃土壤。李渔把吃这种人生易于满足的事情作为人生的至乐来追求,把追求美味奉为进食的首要目的,烹调术旨在追求营养与味道兼顾下的最佳平衡,讲究食疗、食补、食养,重视以饮食来养生强身。

第一,"民以食为天"是落后的生存状态。"民以食为天",意味着吃饭是第一要务。以农业为主要生产部门的国度,传统农业靠天吃饭,小农经济势单力薄,自然灾害频发,稳定地解决温饱问题殊属不易。在农村,从事耕作的小农,一年到头面朝黄土背朝天辛勤劳作,正常年景仅得糊口,逢上天灾人祸就要忍饥挨饿;在城镇,小本经营的商户,披星戴月以店为家,不过混个饭钱,碰上敲诈勒索的就只有破产的下场。在中国几千年历史上对大多数中国人来说,吃饭不仅是第一需要,而且差不多是全部需要。

第二,"民以食为天"是落后的深层原因。大多数难得温饱的人提供食物原料,少数腴腹而游的人则创造了饮食文化。"食不厌精,脍不厌细",是人生的一大享受,不仅是一种物质享受,更是一种精神享受。饮食文化,在古代是礼制的重要体现。人的地位高下、人格尊卑、趣味雅俗,以及相互间的亲亲疏疏,在宴飨铺排中体现得淋漓尽致。

第三,"民以食为天"是落后的根本性变化。吃饭的问题解决了,就有两种发展可能,一种是"仓廪实而知礼节,衣食足而知荣辱",一种是"饱暖思淫欲"。应该看到,人类的天性是满足较低层次的需要之后,就追求较高层次需要的满足,更进一步追求发展需要的满足。按照马斯洛的观点,人类在满足吃、住等生理需要之后,就会一步步追求安全需要、社交需要、尊重需要及自我实现需要的满足。由低到高,追求高层次的精神需要满足,是人类天性使然,也是社会大势所趋。将过多用于吃饭享乐的资源转用于创业发展,用于对科学文化知识的追求和创造,把人活着的趣味从口腹之欲转到精神追求上来,在吃饱穿暖的基础上还总是要求提高、要求发展,要求吃得好一点、穿得好一点。

2.明朝养生文化思潮的影响

晚明商业发展、社会风尚及士人心态的转变,促发李渔主体意识觉醒,他开始重新审视自己的生活方式和生存境遇,不再把儒家讲的立德、立功、立言作为人生的最高价值,或将其视为实现人生价值的必由之路。李渔放弃考取功名,从传统伦理道德标准中解脱出来,并逐渐放弃了对道德完善的追求,从而回归到闲适生活和情感世界中。他热衷诗文写作、迷恋书画艺术、耽情于山水之乐、穷年耽于杂艺,追求一个顺情适性、放纵游乐、自由而又独立的自我。以个体生命为中心的审美意识得以凸显,以享受生活、率性、适意为美,强调欲望的直接表达与即时体验,身体力行于快乐哲学。

对个体生命的贵重明代缙绅士大夫之家大都讲究饮食之道,以此来呵护生命,达到长寿的目的。他们充分认识到了饮食对人生命的重要性。

高濂认为"饮食——活人之本也。是以一身之中,阴阳运行,五行相生,莫不由于饮食,故饮食进则毂气充,毂气充则血气盛,血气盛则筋力强。脾胃者五脏之宗,四脏之气皆察于脾。四时以胃气为本,由饮食以资气,生气以益精,生精以养气,气足以生神,神足以全身,相须以为用者也"。从身体的功能构造阐述了饮食和人身体的关系。

何良俊也认为"食者,生民之天,活人之本也。故饮食进则谷气充,谷气充则气血盛,气血盛则筋力强"。如果要修生长寿就要在饮食上多加注意。所以说"故修生之士,不可以不美饮食",并说出了自己对美食的认识和看法,并非仅为佳肴美味,而是饮食观念上要注意一些规范和禁忌,如果饮食无所顾忌,就会生病甚至伤及生命。即"所谓美者,非水陆毕备异品珍馐之谓也,要生冷勿食,坚硬勿食,勿强食,勿强饮,先饥而食,食不过饱,先渴而饮,饮不过多""若生冷无节,饥饱失宜,调停无度,动生疾患,卜为致疾,亦乃伤生""此之谓食宜,不知食宜,不足以存生"。

明人郝敬的认识则更深刻。他指出了士大夫养生的误区"给绅悬车告老,则谈养生,给绅所患,不在养生而在伤生",认为人们伤生的因素中以饮食最为普遍且未被认识到,指出人们在饮食上过分追求的误区,引导人们对此加以警示。如郝敬所言:"今士大夫伤生者数等有以思虑操心,伤神久者十之一,奔兢劳碌,伤形久者,十之五,失意填志,伤气久者,十之八,淫昏冒色,伤欲久者十之九滋味口腹,伤食久者十之十矣。饮食男女,于生久为要,而饮食尤急,人知饮食养生,不悟饮食害生也。"

"管子云食莫妙于弗饱,故圣人不多食,不以精细求厌足,易卦大过颐颐,养也。大过者,送之卦。养大过则久故道家辟谷禅家以饥为疮,以食为药,亦此意也。"

在明人议论饮食的话语里,屡次提到"养生""存生""伤生"的字眼。可见明人对个体生命的贵重,从养生的角度对饮食的追求与重视程度。

在明末清初这样一个战乱频繁的社会环境里,李渔的生活姿态没有被人生窘迫所困扰,他的生活充满了个性化的形式与内容:认真执着于能够给予他闲适与享乐的世俗生活。当然,李渔享乐的生活不是一味沉溺于物质占有、满足欲望及实用需求,更多是在物质享乐的同时,又能够给予精神慰藉。李渔对生活要求与讲究融入了个人色彩,从柴米油盐醋茶中品味出别样生活情趣,他将身边的桌椅、山石、花草等生活细节与艺术审美情调巧妙结合,呈现出另外一种特色,从而创造一种既符合实用需求,又充满逸趣幽雅的生活方式,李渔饮食养生坚定地走向与生活结合的世俗道路,在他看来,生活用品、衣着服饰等是为人而设,为人所用,应将现实需要与生活享乐作为关注的中心,倾注个人的情感,突出人的形象,利于人的美与快乐作为最高的精神追求,体现了审美与生活相互融合的基本精神。

李渔是位有名的美食家,他谈饮食之道全面系统,俭约中求精美,既注重实用营养价值,又讲求生活品位。李渔注重蔬食,主张清淡,崇尚渐近自然,认为食物美在于清新、自然、洁净,保存其原有纯鲜真味,"馔之美,在于清淡,清则近醇,淡则存真"。《笋》曰:"论蔬食之美者,曰清,曰洁,曰芳馥,曰松脆而已矣。不知其至美所在,能居肉食之上者,只在一字之鲜。"《鱼》云:"食鱼重在鲜,次者在肥,鱼则必须活养,候客至旋烹。鱼之至味在鲜,而鲜之至味又只在初熟离釜之片刻。"在烹饪食物时,原则上不能破坏食物的天然之性,推崇体现保持食物天然鲜味的方法,如笋的吃法,提倡"素宜白水,荤用肥猪",注重口味的清淡,五味清淡,可使人神爽、气清、少病。[78]

在李渔笔下烹调食物成了一件件艺术品制作,烧米做饭把握住火候,讲究挹水适度,讲究配料精细,讲究色香味美,人为的调剂应当有所节制,酸多伤脾,咸多伤心,苦多伤肺,辛多伤肝,甘多伤肾。"蟹之鲜而肥,甘而腻,白似玉而黄似金",这是色彩美;"西施舌白而洁,光而滑,入口咂之,俨然美妇之舌,但少朱唇皓齿牵制其根,使之不留神即下而",这是味觉美;"我享其逸,独蟹于瓜子、菱角三种,必须自认其劳,旋剥旋食则有味,人剥而我食之,不特味同嚼蜡,且似不成其为蟹与瓜子、菱角,而别是一物者。此与好香必须自焚,好茶必须自斟,童仆虽多,不能任其力者",这是情趣美,此时食物之美蕴涵更多的是艺术美。

与饮食相关联的是养生，李渔十分注意饮食的养生之道，认为"蔬菜天地所生，食近自然一"，人可以从中摄入天地间之气，以为养生。李渔十分推崇汤对于养生的好处："且养生之法，食贵能消，饭得羹而即消，其理易见。故善养生者，吃饭不可无羹。"宁可食无馔，不可饭无汤。有汤下饭，既小菜不设，亦可使哺掇如流：无汤下饭，既美味盈前，亦有食不下咽。一真可谓独具匠心。他强调饮食必须适度而又有节制。

## 二、李渔调饮养生思想的历史地位

### （一）李渔养生思想是江南文化的基石

饮食是生命赖以存在的物质基础，《闲情偶寄》中的很多篇章都有关于饮食对健康和疾病产生影响的论述。《闲情偶寄》蕴藏着丰富的饮食思想，《闲情偶寄》中有大量饮食养生的原理和方法，已经形成了较为系统的饮食养生理论体系，李渔养生思想成为江南文化的基石。

在明末清初所统治的广阔疆域里饮食的大体状况还是和前代一样。城乡之间、南北之间的人，在饮食上的差别是很大的。"海南之人食鱼虾，北人厌其腥，塞北人食乳酪，南人恶其膻，河北人食胡葱、蒜、韭，江南畏其辛辣，而自身不觉，此皆水土积习，不能强同。""东南之人食水产，西北之人食六畜。食水产者，螺蚌蟹蛤以为美味，不觉其腥也。食六畜者，狸兔鼠雀以为珍味，不觉其膻也。若南方之南，至于烹蛇酱蚁，浮蛆刺蠹，则近鸟矣。北方之北，至于茹毛饮血，拔皮渝肠，则比赞兽矣。"这既与人们长期以来形成的饮食习惯有关，也与物产的、地域的限制有关。饮食上的差异反映南北方不同的民风民俗,南方人比较精细,能充分利用资源加工致富,北方人对此就比较淡漠,反映出了不同地方人们性格的差异。[79]

但是在明末清初这个封建社会特殊时期,在商品经济的冲击、瓦解之下,封建等级制度有所放松。在此基础上人文主义思潮涌动,衣食住行等人们合理的欲望已经得到肯定和宣扬。饮食和前代相比展现出不同的时代特征。在经济相对发达的江南地区和城镇地区产生享受奢侈的潮流,然后影响、波及西北及农村地区。由一些豪门大户所倡导和实践,然后影响和带动中下层民众成为一种不可遏制的潮流与时尚。在很重视生命的心态下,养生、淡味等饮食思想被强调和实践。在人文主义思潮高涨的情况下,人们对自由生活的追求,使饮食也表现得高雅浪漫起来,被人们视为一种生活的乐趣和享受。饮食著作比比皆是,既有总结也有创新。对外交流活动,又使明代饮食出现了一些新的因素和内容。明代饮食文化在前代的积淀和基础上有了更大的发展,但这种发展也有着明显的地域性,以经济发达地区的表现最为显著、最能表现这些特点。

### (二)李渔养生思想对传统医学影响巨大

食养食疗从认识到实践更趋大众化、社会化、日常生活化,实用和科学化是基本的时代特征。饮食本是养生之本,如果贪食无厌也能成为害人之物,饭食过量,只会长胖不长寿,节制饮食可以减少生病。在这方面不论是佛家的茹素或孔子食无求饱的名言,都是劝诫世人避免贪食的隐患。在这方面龙遵叙的《饮食绅言》是一部饮食规范的专著,他以戒奢侈、戒多食、慎杀生、戒贪酒为篇章,历数多食和节食的利弊说:"一者大便数;二者小便数;三者饶睡眠;四者身重不堪修业;五者多患食不消化自滞苦际。日中后不食有五福:一者减欲心;二者少卧;三者得一心;四者无有下风;五者身安稳,亦不作病。"这些经验说明生活在明代的人们,已有相当的科学知识,关于进食的规范完全符合现代卫生的要求。

以养生、强体为宗旨的饮食观念还突出地表现在食疗意识在明代的进一步增强,明孝宗时名医万全(字密斋)著有《养生四要》和《万氏家传保命歌括》,都是养生益寿之作。高濂的《遵生八笺》阐明贵生养命的八种途径,在饮馔部中特设"法制药品类""服食方类",发掘各种健身的单方。从食物中发掘滋补、食疗的作用,在明代是相当普遍的风气。有补气、补肾、生津、理肺功效的甲鱼,能活血、补血的乌鸡,健脾暖胃的红枣,等等,都能精工细作成款款佳肴,这在明代的小说笔记中有许多记载。古老的"医食同源"的传统在明代进一步发扬,丰富了食疗的品种,形成别具一格的养生菜,至今还受到人们的青睐。

药草养生护佑健康,花草怡情舒缓精神,茶饮滋养身心如春雨般润物无声,简简单单冲泡,轻轻松松调饮,天然草药、花、茶让生命充满阳光和绿色。人的脾胃疾病,常常与受冷有关,寒积于中,使脾胃之阳不振,造成消化功能下降,不思饮食。中医认为,治理这种毛病,首先不能劳累,要保暖,要少吃食物以清理肠胃、减轻消化负担。所以适当减少食量,吃得清淡些,有利于健脾胃,消积化食,恢复健康。可见,李渔的"医理"符合中医学理论。李渔有个风俗秘方,家中无论上下,只要略有些伤风咳嗽,总以净饿为主,次则服药调养。净饿是李渔根据生活实际而得出的经验之谈。李渔家人平时活动量少,有时候饮食上又油腻过多,最容易犯风寒感冒、停滞积食、消化不良的毛病。李渔懂点食疗方儿,经常食用米汤来滋补调养的。米汤又称米油,是指煮粥时,锅内滚起的泡沫,浓滑如膏,具有高营养价值,是良好的补品,非常适合病后初愈的人食用。

(三)李渔养生思想对后世饮食养生的影响

李渔撰写的《闲情偶寄》,对后世影响极大。该书包含戏曲理论、饮食、营造、园艺等内容。名列"中国名士八大奇著"之首。其中特辟"颐养部",专门研究生活乐趣和各种闲情逸趣,并将养生的命题提到了精神层面。他在《闲情偶寄·颐养部》中提出的养生当以养心为先,"乐不在外而在心"的心乐说,不仅见解精辟,还将退一步的心乐法推上了养生的至高境界。[80]

李渔首先是一位艺术家,其次,也是一位很爱生活、很讲究提升生命质量的古代文化人。他主张乐观地看待人生。认为人生有限,也很短促。不论是富贵或是贫穷,也不论是春夏或是秋冬,只要将乐则存乎于心,就是最好的养生之法。由是,他说:"乐不在外而在心,心以为乐,则是境皆乐;心以为苦,则无境不苦。"这句话的意思是说,养生之法,固然重要,但心乐先之。如果能够乐观地对待人生,那么,即使遇到十分不称心的事情也可以快乐起来;假如悲观地看待人生,即使是良辰美景也与苦海无异。

他在"颐养部"里,对富人或穷人寻求乐趣的方法进行了深刻剖析。他以为富人行乐难。他分析道:"财多必善防,不防则为盗贼所有,而且以身殉之。然不防则已,一防则惊魂四绕,风鹤皆兵,其恐惧觳觫之状,有不堪目睹者。且财多必招忌。"语云:"温饱之家,众怨所归。以一身而为众射之的,方且忧伤虑死之不暇,尚可与言行乐乎哉?他由此发出感慨:"财不可多,多之为累,亦至此也。"但难归难,要不难,亦可。易在何处?他以为,"多分则难,少敛则易"。少敛的办法即是"少课锱铢之利""略蠲升斗之租""赋足而国用不足,因其匮也而助之"。这样,"觊觎者息而仇怨者稀,是则可言行乐矣"。他以为,富人的这种心态,才是积极的心态,才是养生的最好状态。

对穷人,他分析道:"穷人行乐之方,无他秘巧,亦止有退一步法。我以为贫,更有贫于我者;我以为贱,更有贱于我者……以此居心,则苦海尽成乐地。"并举例说:有一富人夜宿旅店,时值盛夏,帐内多蚊,驱之不去。他回想起往日在家中堂宽似宇,簟冷如冰,又有群姬握扇而挥的舒适生活,感到十分心烦,于是彻夜未眠。此刻,有一位亭长寄居在台阶边,被许多蚊子叮咬,不得已,只好起来不停地在院子里手舞足蹈,并哼小调取乐。富人对此不能理解,便问亭长:"你的处境比我差多了,而我还感到苦恼,你这么快乐是为什么呢?"亭长说:"想当年我被人陷害,身系狱中。当时也是盛夏,狱卒为防止我逃逸,将我的手足捆绑,让人动弹不得。那时蚊子比今天还多,我欲避不能,只能任其叮咬,那才真叫痛苦。看今天,我能自由地驱赶蚊虫,何苦之有呢?"富人听后大悟,烦恼和痛苦随之如烟消如雾散。

通过分析,他总结道:"以不如己者视己,则日见可乐;以胜于己者视己,则时觉可忧。"并得出这样的结论:"故善行乐者,必先知足。""知足不辱,知止不殆。""不辱不殆,至乐在其中矣。"李渔的心乐法,其实就是我们今天所说的精神养生法。其心乐法与我们今天所言:比上不足比下有余,知足常乐,退一步天地宽等寻常理念,有惊人的相似之处。其所蕴涵的深刻的人生哲理,对我们确实具有养生的重要借鉴意义。

李渔认为,饮食要注意食物的性质是否相适宜,掌握饮食调配,避免因饮食调配不当而损害健康。饮食之宜当候已饥而进食,食不厌熟,嚼勿候焦,渴而引饮,饮不厌细呷。勿待饥甚而食,食勿过饱,勿觉渴甚而饮,饮勿太频。食不厌精细,饮不厌温热。强调不要等渴了再饮,饥了再食,吃饭不要过饱,饮水不要太频,饮食定时定量是防御疾病的基本要求,饮食不能无所顾忌,任意妄食,否则就会对身体造成危害。体现出既在食物的制作上务求精益求精,以达到美味,而且从自身健康角度注重饮食的规范性,养成良好的饮食习惯,还从食物本身的宜忌方面考虑,以避免不当饮食对人体的损害。

李渔对肴馔的淡味,也情有独钟,似乎与那个讲究享受奢华的社会形成一种反差。抑或是对这种潮流的反思,天地养人之本意,清淡的口味对人来说是"真味",淡味对于人的健康是很有好处的,从清淡食物可以让人头脑清楚。

李渔重视谷物营养,以五谷为主食,以蔬菜、肉类为副食,辅以鲜果干果的饮食优化组合能够提供身体所需的各种营养元素,认为是十分有利于健康饮食的。

李渔讲究冬令饮食避风寒,冬天的膳食,特别是吃了油腻的东西以后,要避免伤食外感。如果先有积食于内,又受到风寒的袭击,或者饭前受了风寒,然后多吃了饭食,都会引起疾病。老年人抵抗力弱,消化又不好,容易积食,所以老年人尤为要注意。贾母在招待刘姥姥游大观园后的生病及她后来生病致逝都是由于多吃了些东西而后又着了凉受了风寒所致。

李渔注重吃螃蟹的宜忌,螃蟹性寒,多吃积了冷在心里,容易得病。所以,食蟹的时候,尤为要多吃些姜。生姜中内含一种"姜辣素",能对心脏和血管起刺激作用,使全身发汗散寒解毒,是驱寒的佳品,这也是为什么人们为了防止感冒多喝姜茶的缘故。

# 第二节 李渔调饮养生思想的文化特征

## 一、李渔调饮养生思想的内容

### (一)合理进食——饮膳为养之首务

饮食,是人体从外界环境中吸取赖以生存的营养与能量的主要途径,是生命活动的基础与表现,是与人的生存息息相关的。人们饮食的根本目的在于使人气足、精充、神旺、健康长寿,在于达到养生的需求,养生最主要的依赖在于饮食。二者相互作用,相辅相成。人们饮食的变化和发展也始终是在哲学思想、养生思想指导下进行的。如儒家的崇尚礼乐,饮食时宜;道家的崇尚自然,饮食养生;阴阳家和医家的阴阳五行,四气五味;释家的禁欲修行,倡导素食;等等。这些有关饮食的哲理,对烹饪的影响是很深的,故有"医食同源"之说。但饮食养生不同于饮食疗疾,饮食养生是通过饮食调理达到长寿健康的目的,不是治"已病",而是治"未病"。这种治"未病"之法就是促进健康、预防疾病的养生之道。养生之道是传统文化的重要主题之一,道家重养生之术,儒家重养心之理,释家重养神之法,医家有疗治之药,民间有调理之方,各有千秋,而李渔的养生论基于日常生活,也是一种生活态度和生活情趣的总结,带有生活美学的意味。

饮食养生是李渔养生的重要观念之一,李渔饮食养生的重要思想观念如下。[81]

1.饮食有节,五味折中

李渔以为:"饮食有节,度百岁乃去。"饮食应当少而精,富于营养又易于消化,多吃新鲜蔬菜、水果,限制高脂肪、高热能食物的摄入量。每餐的食量应适可而止。一般以七八分饱为宜。李渔还以为:"五味折中,不可偏胜。"食物中有"寒热温凉"之四气和"酸苦甘辛咸"五味之分。五味各有所人,各走其所喜之脏,各有所禁,也伤五脏。正如王冰所说,脏腑"虽因五味生,亦因五味损",应用五味偏性折中饮食,均衡阴阳,以适应人体气血脏腑阴阳盛衰的变更,若五味失调,易伤五脏而患病。"酸伤筋,苦伤骨,甘不益肉,辛多坏气,咸匆匆人寿"则解释了折中五味的利弊关系。要做到饮食有节,折中五味,日常饮食宜定时定量,宜油腻。《饮膳正要》倡导:"暮食不若晨食。""凌晨一碗粥,晚饮莫教足。"《寿世保元》指出:"大渴不大喝,大饥不大食。"《蠡子医》日:"纵然适口莫乱食,只食八分便已足。"宋代(医说)以为,口味宜"去肥浓,节酸咸",即日常应以油腻素食为主,少吃肥甘厚腻、酸咸过重的菜肴。《黄帝内经》也有"心病禁咸"的记录。李渔主张,饮食宜清淡,不宜过咸。饮食过咸,摄入盐量过多,可产生高血压病,进而影响心肾功能。

2.饮食有常,物我相适

饮食有常,"常"即指惯例、肯定的法则、标准性而言。李渔的生活特征以素食为主,果蔬肉食为辅,折中五味,兼收并蓄的饮食法则。若违背这一法则,则招致机体阴阳气血失去均衡而发作疾病。如《黄帝内经》记录:"膏粱之变,足生大丁。"中医以为"肥甘助湿,生痰化热",近代医学以为血汗管病的发作,与偏食动物性食物过多、胆固醇和三酰甘油增高有关,而恰当食用素食可下降发病率。"饮食有常"的另一个重要观念是"物我相适",即食物的性味要与人体的阴阳气血状态相适应,以人体需要来抉择食用何种恰当的食物。如人的体质有寒热虚实之分,饮食上则按"热者寒之,寒者热之,虚者补之,实者泻之,燥则濡之"的准则进食。李渔认为,以饱食安眠为有生乐事,不知多食则气滞,多睡则神昏,养生家所忌也,真正的养生家是忌讳饱食安眠的。医食同源,"食用、食养、食疗、食忌"之说,将医疗和食养紧密地结合起来,使医和食共同为除病延年、养生健身服务。李渔之所以对养生之法有所了解,与李渔幼年时候随祖父行医有一定的联系,所以他对医学常识也懂得一些,如在《无声戏·移妻换妾鬼神奇》中,李渔用一个药引来形容女子吃醋"譬如药中的引子,姜只好用三片,枣只好用一枚。若用得多了,把药味都夺了去,不但无益反而有损。无论何等达观,现实生活自然不是一帆风顺一成不变,于逆境庸常中发现生活乐趣,在忧患中平衡心态,才显出生活艺术的魅力。李渔不是那个不能变心从俗的屈子,他只是个能苦中求乐的戏人。因此乱世苟存的他不会去赴死,而善谈养生。人体对营养的要求是多方面的,饮食合理搭配能够保证机体所需要的各种营养素,因此,要避免偏食和饮食的单调。

3.饮食以时,四季五补

李渔极为注重饮食与时令的关系,提出了饮食养生的"四季五补法",即随着时节的变更,依据人体衰弱状态调剂饮食,倡导春天升补,夏天清补,秋天平补,冬天滋补,四季通补。考究在不同时节、气象、时光,服食不同性味的食物,以适应环境和人体养分气血的四时变更。李渔倡导"早饭要饱,午饭要好,晚饭要少"。《山海经·南山经》:"有鸟焉,其状如鸡,五采而文,名曰凤凰……是鸟也,饮食自然,自歌自舞,见则天下安宁。"所谓"饮食自然",并非简单地顺应自然,消极采取纯天然的饮食方式,而是指根据自身之"本然"——基于自身生命运动的本来规律及其与周围环境的和谐互动关系，而对其饮食行为及方式做出的合理化设计和选择。"饮食"不仅仅是作为人类日常生活中的养生学概念，更是一个具有普遍意义的生命哲学和修道实践范畴。并不是局限于人类自身的生存活动境域中来谈"饮食"，而是把它归置在一个整体的自然、社会生态系统中来加以审视和认识。在此意义上，"饮食"实质上应该被作为一种普遍的生态行为或运行机制来理解。李渔作为一个追求精神自由的艺术家，对那些渴望自由或保持自由自在状态的动物，有着出自本能的同情的理解和怜惜，并认为这种自然的生存方式利于动物本身，李渔《闲情偶寄·饮馔·野禽野兽》："家味之肥，肥于不自觅食，而安享其成；野味之香，香于草木为家，而行止自若。"是知丰衣美色，逸处安居，肥人之事也；流水高山，奇花异物，香人之物也。肥则必供刀俎，靡有孑遗；香亦为人朵颐，然或有时而免。二者不欲其兼，舍肥从香而已矣。

4.饮食干净，进食宜忌

饮食卫生是李渔养生学的一个重要观念，以为食物宜新颖干净，富裕生气，必要时还要区分有无毒性，慎从口人。物性不同，有相合相反之诚；病体有别，有宜食宜忌之谓。元代贾铭在饮食须知中，阐述了共325种饮食性能及宜忌。所谓"宜"，即以适宜食性的食物治病养体，而"忌"指不适宜食物应禁食，又称"忌口"，《本草纲目》中也罗列了63种饮食忌讳。李渔认为：食宜早些，不可迟晚；食宜缓些，不可粗速；食宜八九分，不可过饱；食宜淡些，不可厚味；食宜温暖，不可寒凉；食宜软烂，不可坚硬；食毕再饮茶两三口，漱口齿，令极净。

在古代道人看来，人类的生存活动只有在与周围环境及生命万物和谐相处的基础上，才能真正达到"养生"的目的。自然之道，何所不知,何所不化,动错自无所私。饮食天厨,衣服精华,欲复何求,是太上之君所行也,要获得大量天然的绿色食物,就必须以保持良好的生态环境为前提。要求人们根据自身生命活动的能量需求状况,按一定的量和程序来合理地摄取饮食。"食不欲过饱""饮不欲过多"。尽量降低自身的能量需求,从而减低饮食用量;在饮食过程中,尽量不伤及其他生命。讲究饮食营养搭配,也讲究生态伦理,反对野蛮饮食,认为饮食心理会影响饮食品味和养生效果。

在饮食养生活动中,人们应该把养内与养外结合起来,以保持人体内外、身心之间的和谐。"饮食"不仅仅是一种简单的外在汲取物质和能量活动,而是通过胎息、服气、存思等方法对自身的身体内部、心理状态等加以调节,在保持自身内部生命运动的和谐、健康的基础上,来"自然"地调节或控制其外在的"饮食"欲望。倡导养生特别是食养至迟也须从青、中年开始,经过饮食调理以保养脾胃实为养生延年之大法,节制饮食的要点关键在于"简、少、俭、谨、忌"五字。饮食品种宜恰当合理,进食量不宜过饱,每餐所进肉食不宜品类繁多,要十分注意良好的饮食习惯和讲究卫生,宜做到先饥而食,食不过饱,未饱先止;先渴而饮,饮不过多,并慎戒夜饮等。此外,过多偏食、杂食也不相宜。

(二)追求本味——味性为饮食之首要

品味——饮食之道与养生之道、审美精神的贯通,对于饮食养生原理,李渔认为食物种类单一,烹饪方式简单对养生有益。李渔非常强调饮食对健康的作用,反对随意摄取,主张合理饮食,节饮食,慎饮食,择饮食。哲学上对于人的生存有三个思考:"怎么活、为何活、活得如何。"李渔对其的领会:不是在予他对物质的占有和满足,而更多的是在物质的占有之外,见出精神的面貌,见出他对生活的要求与讲究。表明了李渔颇有个人色彩的精神追求的生活艺术领会,使李渔的生活带给人耳目一新的感觉,这也体现出晚明士人生活的特点,即在物质欲望的满足之外,也崇尚感性的精神生活。李渔认为"以人为本,追求和谐"是生活的核心所在,这一观念主要表现在他对行乐养生,饮食养生的重视,这表现出他对人的生活质量的重视和对人的生存意义的肯定,他自觉或不自觉地意识到了人的价值。

(三)讲究食时——食度为饮食之根本

李渔认为,养生之道,不能饱食便卧及终日久坐,都有损长寿。食后应缓行数百步,并以此为修身养性之快事。常言说:流水不腐,户枢不蠹。李渔饮食养生文化的许多理论和原则都渗透了中国古代哲学天人相应、人人合同、五行相调观念的影响,在某种意义上表达了中国人的哲学思想、伦理观念和艺术思想,它渗透于原料组配、饮食结构、饮食习惯、饮食方法、饮食卫生,以及丰富多彩的各类食品之中,具有丰富、深邃的科学内涵,其正确性正逐步为现代科学所证实,并将随着科学、社会和人们生活的发展而发展。

一是爱食者多食。李渔认为,生平爱食之物,即可养生,不必再查《本草》。

二是怕食者少食。凡食凝滞胸膛,不能克化,即是病根,急宜消导。故性恶之物即当少食,不食更宜。

三是太饥勿饱。欲调饮食,先匀饥饱。饥至七分当食。先时则早,过时则迟。然七分之饥,亦当予以七分之饱。

四是太饱勿饥。饥饱之度,不得过于七分。善养生者,必不以身为戏。

五是怒时哀时勿食。喜怒哀乐之始发，均非进食之时。但在高兴快乐时还可以，而在悲哀愤思之时一定不得进食。饮食无论迟和早，总是能迅速消化为好，否则就成为祸患。

六是倦时闷时勿食。倦时勿食防瞌睡也，如果睡去，食物就会停在胸中，不能下去。烦闷时勿食避恶心。恶心则食物非但不能下去，而且呕吐会随之而来。吃一种食物，务必要得到这种食物的好处。

（四）主张节俭——节俭为饮食之本质

李渔把人类的私欲归咎于造物主，造物主给人类口腹二物，如何运用口腹却在人类本身的自由选择，误用善用，皆在于人，怪不了造物主。酒池肉林还是一谷一麻，全看自己。李渔说自己在书中编写"饮馔"这一章，后肉食而首蔬菜，一以崇俭一以复古，复古即是穿草衣吃家食。至于对宰杀取慎重态度，爱惜生命，更时常在心一刻不忘。李渔说是"重宰割而惜生命"。但是一方面还是把肉食列为第三，并没有完全舍弃。李渔主张饮食节俭，要知节制，不要太过丰盛，温饱即可；而过分寻求味觉感官的享乐，因为节俭有许多好处：予尝谓节俭之益，非止一端。大凡贪淫之过，未有不生于奢侈者。俭则不贪不淫，是可以养德也。饮食节俭不但可以"养德"，还可以"养寿"与"养气"。他又特别标榜"蔬食菜羹"的功能，因为可以"养神"。他认为过分追求奇珍异味，却不知这些食物可能有毒，反而易致病，有损身心。

李渔对饮食养生崇尚俭朴，主张顺乎人的本性。他认为，爱吃的不妨多吃一点，怕吃的允许少吃一点，甚或索性不吃。他说，有的养生家根据《食物本草》吃饭，吃的不是自己喜欢的，喜欢的不是所吃的。李渔嘲笑说，孔子时代没有《本草》就不吃饭了，孔子喜欢吃姜和酱,每餐不离,也没有听说他吃多了致病。谦以省过。谦,泛指传统的文明礼仪、道德修养、人格品质。谦以省过是指谦虚谨慎、戒骄戒躁,静思自身的言、行、誉、德,以洁身养气而确立坦诚明智的情操、豁达开朗的性格、融洽的人际关系。

李渔勤以砺身。勤,则为勤奋、勤劳。勤能补拙,磨砺意志,从而祛除好逸恶劳之恶习,有所建树。如果能做到身勤、脑勤,身体力行,则符合中医主张的"动则不衰"的原理,益于身心健康。

李渔俭以储备。俭朴乃人生之高尚情操,节俭可防奢侈。俭以储备,既可免除后顾之忧,又可防范突发事件与不测。

李渔恕以息争。以恕制怒,达以息争,戒之以斗,宽恕见谅,以调节心理情绪。

李渔宽以弥谤。以宽容大度的心境对待种种劣境,以坦诚友好之心待人,则可澄清是非,弘扬正气,益智养生。

## 二、李渔调饮养生思想的特征

"养生之道,莫先于食。"饮食养生指的是应用食物的营养来防治疾病,促进健康长寿的。俗话说:"药补不如食补。"所谓食补,就是通过调整饮食来补养脏腑功能,促进身体健康和疾病的康复。同时食补能起到药物所无法起到的作用。饮食是人类维持生命的基本条件,而要使人活得健康愉快、充满活力和智慧,则不仅仅满足于吃饱肚子,还必须考虑饮食的合理调配,保证人体所需的各种营养素的摄入平衡且充足,并且能被人体充分吸收利用。营养平衡,首先必须养成良好的饮食习惯,不可忍饥挨饿,也不宜暴饮暴食,不可偏嗜某种食物,也不可偏废某种食物。还要注意饮食的卫生,不吃不洁、有毒食物。并应根据自身的身体状况禁忌某些食物,这样才有利于防止疾病的发生,达到饮食养生长寿的目的。饮食养生是通过"吃"来进行的。应用日常食品,根据不同的经济条件、不同的生理病理需要进行调理养生,不但能充饥,更能补充营养,有益健康,祛病延年,是一种乐于被人们接受的重要养生手段。

李渔对古代养生思想作了大幅度的扬弃与整合,形成了一个以道家文化的杨朱学派的养生思想为主、杂取儒道养生合理成分和后世养生精华的驳杂的混合体。李渔随笔中的饮馔、颐养、食品赋部分,较集中地体现出了一种世俗的美食品位,从中看到的都是日常生活和普通百姓的蔬菜、谷食、肉食和水果,以及与此相关的烧煮调治原则、方法、技巧,但是就在这世俗的美食品味中体现出"渐近自然、珍惜生命、品食品人"等。李渔的饮食养生文化中融入了更多的诗情与雅意,表现出浓厚的文化色彩与美学意蕴,作为明清之际风流名教兼而有之的文人,李渔的饮食文化具有崇尚自然、富于审美与文化内蕴的特点,尤其是注重养生之道。李渔把"以心为乐"作为他养生的美学观,这既是李渔人生观的一种表现,又是他修身养性的方法,"以心为乐"的养生美学观中,包含着中国文化中许多传统的哲学思想,李渔既延承着前人的思想,又融会贯通,将自己的生活经验掺和其中,因此形成了他独特的养生方法。

(一)单调趋向丰富

烹饪活动的基本要素方式有了变化,人们对饮食的营养、卫生和审美的要求日益提高。现代科学理论知识改变了过去只靠直觉或经验择食的状况,特别是养生、食疗理论和现代营养学、食品卫生学的知识改变了人们的择食观念,更加注重原料搭配或杂食理念。生活解决了温饱水平后,逐步改革了旧的饮食习惯和习俗。更加自觉地注重饮食的营养效果和卫生要求,防止了疾病的滋生与传染。人们对饮食美的要求,不再局限于烹饪成品的质美和感觉美,饮食美不仅仅是指美食,而是一个综合的反映,即越来越多地反映各社会人群的心理因素和社会文化的特点。

李渔既是我国清代著名的戏剧理论家、文学家,又是卓有建树的美食家。他撰写的《闲情偶寄》一书的饮馔部分,较为全面地反映了其饮食观,对饮食养生之道亦提出了自己的独到见解。他写的饮馔部分,分为蔬菜、谷食、肉食三节,他把蔬食放在卷前,而将肉食放在卷后,表达了他提倡清淡饮食的主张。他说:"吾为饮食之道,脍不如肉,肉不如蔬。"远肥腻,甘蔬素,是他养性修身的重要内容。

李渔论蔬,将笋列为第一。他说:"论蔬食之美者,曰清、曰洁、曰芳馥、曰松脆而已矣。不知其至美所在,能居肉食之上者,忝在一字之鲜。"笋的风味特点正在于鲜,所以说:"此蔬食中第一品也,肥羊嫩豕何足比肩!""《本草》中所载诸物,益人者不尽可口,可口者未必益人,求能两擅其长者,莫过于此。"李渔认为至鲜至美之物,除笋之外便是蕈了。"食此物者,犹吸山川草木之气,未有不益于人者也"。它如瓜茄葱韭芥辣汁,李渔都有独到的认识,不少都是与人不同的感觉。

李渔论羹汤,道理更是精彩,"饭犹舟也,羹犹水也,舟之在滩非水不下,与饭之在喉非汤不下,其势一也。且养生之法,食贵能消,饭得羹而即消,其理易见。故善养生者,吃饭不可无羹;善作家者,吃饭亦不可无羹。宴客而为省馔计者,不可无羹;即宴客而欲其果腹始去,一馔不留者,亦不可无羹"。

谈及肉食,虽罗列猪、羊、牛、犬,但李渔没有像谈蔬菜时那么津津乐道,他相信"肉食者鄙"的说法,他又有一颗慈悲善心,所以不赞成大吃特吃。不过谈到食鱼食蟹,他又有了许多道理,说来也很深刻。他说:"食鱼者首重在鲜,次则及肥,肥而且鲜,鱼之能事毕矣。……鱼之至味在鲜,而鲜之至味,又只在初熟离釜之片刻。若先烹以待,是使鱼之至美发泄于空虚无人之境,待客至而再经火气,犹冷饭之复炊,残酒之再熟,有其形而无其质矣。"

李渔养生之法,休息与饮食是紧密联系着的,李渔非常注重闲睡。在《闲情偶寄·颐养部》"行乐第一"中,李渔专门论述了"睡"的重要性。一个李一道长式的养生术士对李渔说:"延年益寿的方法,全靠导引;安养生命,全靠打坐。"李渔不同意他的看法,他认为"养生之决,当以善睡居先"。为此,长于论辩的李渔说出一番别有趣味的道理来:"睡能恢复精力,能蓄养气力,能健脾益胃,能强筋健骨。一个没有生病的人,如果夜夜劳累,不能安睡,眼眶就会陷落,缺乏精神,病态也就出现了。一个病人如果得一夕安睡,第二天精神就会有所好转——此时的睡眠无疑等于医药。何止是治疗一种病的药,简直是治百病、救万民、百试百灵的良药。而打坐,则需要耗费精力赶走睡魔,这不是要我放弃良药,而去尝试未必奏效的药方吗?"

李渔引用古人的睡诗进一步强化自己的睡觉论:"花竹幽窗午梦长,此中与世暂相忘。华山处士如容见,不觅仙方觅睡方。"李渔认为睡觉有睡觉的时间,有睡觉的地方,有可睡和可不睡的人。从晚上7点到早上7点,是睡觉的时间。过了早晨7点还睡,就叫延后。夏季适合午睡,以弥补夏夜短暂睡眠的不足。午餐后,不要立刻去睡,也不要有心去睡,一定要让自己做事,事情没做完就会感到疲倦,自然就被招入梦乡。睡觉的地点要有两个条件:安静和凉快。忙人不适合睡觉,因为即使睡着了,也只能睡眼睛而不能睡心。而闲人呢,眼睛未睡之前心已经睡着了,所以更能体会睡觉的快乐。

李渔最欣赏的睡觉境界是:"手倦抛书午梦长。"拿着书睡觉,心思不在睡觉上面;把书抛下睡觉,心思不在书上,不知不觉,就达到了理想的睡境。

李渔认为要想保证睡觉的质量,除却将事情安排妥当使自己闲下来之外,更重要的是"莫行歹事"——只要这样,才能做到"半夜敲门不吃惊"。

(二)果腹趋向食味

李渔,对味觉感官的描述相当深入,对感官描述有敏锐化、复杂化与深刻化的演变过程,反映了明末清初以来的经济发展与物质条件充裕的背景下,人们对饮食方面的感官享乐越来越重视,要求也越来越高。此外,感官描述的演化,也反映了这段时期人们对饮食感官从认知到表达,有了进一步地的发展。《闲情偶寄》是清代大文学家李渔的传世之作。该书共分八部,其中谈艺术的六部,一直受人推崇。其实,有别于艺术的"饮馔"和"颐养"两部,应该同样引起重视,因为这部分内容比较全面地反映了李渔的饮食观念和养生之道,对饮食养生之道明确提出了自己的独到见解,就是在今天看来,亦不乏可资借鉴之处。

饮食多进蔬果茶。在《闲情偶寄》中,李渔提出了"肉不如蔬"的见解,其原因是蔬果能"渐近自然"之故,因此它能养生健体。对此,他认为人们在饮食上应"重蔬食、远肥腻",方才能崇俭以养生。李渔还是一位酷爱饮茶食果的"茗客",他认为在果、茶之事中富有"滋滋多味"。故他对果茶之中能怡情、悦性且富有智道谋略之策颇为津津乐道,并认为它是修身养性、怡神健体的良方。

烹调主清淡忌油腻。"馔之美,在于清淡,清则近醇,淡则存真。味浓则真味常为他物所夺,失其本性了。五味清淡,可使人神爽、气清、胃畅、少病。五味之于五脏各有所宜。食不节必至于损:酸多伤脾,咸多伤心,苦多伤肺,辛多伤肝,甘多伤肾。"李渔这一饮食主张,完全符合现代烹调之理。

食谱崇尚简约真味。《闲情偶寄》一书中所记食谱,山珍海味名肴盛馔几乎没有。李渔认为"食不多味,每食只一二佳味即可,多则腹内难于运化""若一饭包罗数十味于腹中,物性既杂其间,岂可无矛盾也"。这些话很值得深思。李渔自己的饮膳"戒奢求简",为了达到"戒奢求简"的目的,当须实行一戒"饮食太繁",二戒"嗜欲过度"。饮食当保持原有风味。李渔认为,不事珍奇而自有真味,馔贵得物之真味。李渔个人用膳讲究"通材""孤行",即是物鲜质纯而又不加配料,保存其自身原有风味。如今现代科技发展,食品加工千变万化,添加剂、方便食品、转基因食品等等,其实,加工再好,恐怕也难得纯鲜真味,于是天然食品、绿色食品又成了现代人对饮食的追求目标。

材料洁净营养搭配。《闲情偶寄》有云:"施之蔬菜瓜果,摘之务鲜,洗之务净,而每食菜叶之类,必须白绿鲜嫩,不得腐烂;食蟹,须以冰盘盛整蟹,金甲银肚,色泽鲜明;所有变色、改形、异味、体碎之食物均不得食。"以上这些,与我们今天的食品卫生标准倒有几分相似。李渔认为,米养脾、麦补心,应兼食补充,各取所长。饮食时要注意情绪心境,大悲大怒时不可食,保持心情轻松、愉悦,既可品尝食之美味,又有利于消化吸收,益于身心。[82]

(三)文化趋向文明

李渔不仅是个了不起的美食家,而且是一个非常人道的美食家。他从不以为生吞猴脑、活吃幼鼠之类的野蛮行径，是一个美食家的良好品行，而是痛斥之为非人道的"虐生"劣行，死后不但要下地狱，而且还将受炮烙之刑。"物不幸而为人所畜，食人之食，死人之事。偿之以死亦足矣，奈何未死之先，又加若是之惨刑乎？二掌虽美，入口即消，其受痛楚之时，则百倍于此者。以生物多时之痛楚，易我片刻之甘甜，忍人不为，况稍具婆心者乎？地狱之设，正为此人，其死后炮烙之刑，必有过于此者。"这种"痛吾痛以及畜之痛"的体恤情怀，实在是充满了对世间生灵的高度尊重。但是，李渔又绝不是像佛教徒那样，一律反对杀生。李渔所反对的，只是那些为追求自己一嘴之贪，而专干一些伤天害理的事，动不动就射杀一些飞禽走兽的饕餮之徒。"兽之死也，死于人；禽之毙也，毙于己。食野味者，当作如是观。惜禽而更当惜兽，以其取死之道为可原也。"为了强调这一观点，李渔还不厌其烦地对"野味"与家畜进行比较。他认为："野味之逊于家味者，以其不能尽肥；家味之逊于野味者，以其不能有香也。家味之肥，肥于不自觅食而安享其成；野味之香，香于草木为家而行止自若。是知丰衣美食，逸处安居，肥人之事也；流水，高山，奇花异木，香人之物也。"而对于这种"肥美之味"的养成，李渔又以鹅、猪为例，详尽其理："鹅以固始为最……豢之物，亦同于人，食人之食，斯其肉之肥腻亦同于人也。尤之豕肉以金华为最，婺人豢豕，非饭即粥，故其为肉也甜而腻。然则故始之鹅，金华之豕，均非鹅豕之美，食美之也。"其言下之意，家养之禽畜的肥美，足够人们来消受，完全没必要吃什么野味了。

水产品也是李渔的所爱。李渔认为，吃鱼鲜之类，虽然可视为是一种生物链的自然索取，不存在"虐生"行为，但毕竟有些血腥性质，所以也充满了自责和内疚。他甚至觉得，自己每每吃那些生猛鱼鲜时，其德行比"酷吏"好不了多少。"鱼之为种也似粟，千斯仓而万斯箱,皆于一腹焉寄之。苟无沙汰之人,则此千斯仓万斯箱者生生不已,又变为恒河沙数。至恒河沙数之一变再变,以至千百变,竟无一物可以喻之,不几充塞江河而为陆地,舟楫之往来能无恙乎？故渔人之取鱼虾,与樵人之伐草木,皆取所当取,伐所不得不伐者也。我辈食鱼虾之罪,较食他物为轻。兹为约法数章,虽难比乎祥刑,亦稍差于酷吏。"其实,按现代生物学观点来看,在生物繁殖之中有所谓"群体选择"一说,局部的牺牲往往获得种群的繁衍。捕食鱼虾满足了人类的口腹之欲,却也有助于种群的平衡,正如剪枝伐木,是为了伐其不得不伐者,使草木长得更健壮。家养的鸡鸭鹅猪牛羊成为人们享用不尽的食物之源,正因为人们把它们驯养成家畜,远比野生的具有更多的种群和庞大得难以估计的数量。人类和动物都置身在大自然的生物链中,环环相扣,环环相生。动物有生命,也有刺心之痛,怎样在这生物链中代谢,而又不受到虐待,李渔没有现代科学知识,所以也就没法进行科学的认识,更没法进行合理的解释。但他的仁爱之心、人道之情,已溢于言表矣。

# 第六章 李渔饮食审美的历史神韵

　　人无毛羽，不衣则不犯寒。上不属天，而下不著地，以肠胃为根本，不食则不能活，是以不免于欲利之心。

——韩非子

# 第一节 李渔饮食审美观的形成

凡是看过《射雕英雄传》的读者一定都会记得洪七公这位"吃客状元"。然而,食不厌精、脍不厌细的美食家毕竟是常见的。能够围绕"吃"纵谈掌故的人却不多了。饮食是一种艺术,具有审美的问题。艺术是美的,因为艺术创造了意境和典型。美是具体可感知、能愉悦心身、反映智慧和力量的形象。美感是以生理快感为基础的,是高级的精神生理活动。人在满足最基本需要的过程中所产生的美,是肉体体验饥饿的过程美,是动物本能的美,是不需用复杂思想去剖析的自然美,是构造一切美的基础。

苏东坡的东坡肉,通过其诗文与文名广为流传;清末袁枚的随园食单,向为文人推崇;赵珩的《老饕漫笔》,细数北京的美食掌故;王世襄则以老玩家的潇洒,教给人们天南地北的各中三昧。此外还有周作人、梁实秋、陆文夫、汪曾祺、符中士等人,均为对美食有所心得者。文人们或亲自操刀掌勺,或凭游历交友时的酬酢见识,逐渐推衍出各自拿手的文人菜。书画界有文人画之说,据理论之,料理中也当有文人菜,遗憾的是传世精品不多。什么谭家菜等私房菜,早已被商品化,失去了本味。真正的美食,需材、技、时、器、情、景等诸多条件,实难具备。即所谓美食、美器、美酒、美人、美好融洽的感情、清丽雅致的风景的统一。在这中间,唯美好的感情与美景不可或缺,美食的地位反倒退居其次,醉翁之意不在酒。而李渔的饮食审美,从一个自在的吃者上升到一个自觉的吃者,然后再演进到一个自为的吃者,最后变成一个灵魂得到升华的吃者,那时你才会觉得世界是多么的美,吃是多么的美,天天都在美的享受中度过,不虚此生啊。

## 一、李渔饮食审美的肇始

### (一)明末清初饮食奢华享乐追求成为时代审美的主流

李渔生活在明末清初的年代里,这时期商业往来、商品交换和商品流通日益频繁,丝织、铸铁、造纸、酿酒、刺绣、出版等行业遍布各大城市,尤其是江南一带,商业生产和交易得到空前发展,社会商品经济达到了空前的繁荣,商业发展使得商人、市民在社会中的地位也不断提高,商人可以凭借手中的财富处于社会生活的上层,他们不再无端被轻视,不再居于四民之末,他们从社会的最底层爬上来,成为市民。因此,许多人放弃农业生产而专门从事商业活动。这种随着商业和商品经济的发展,商人地位的提高、市民阶层的壮大和城市文化的繁荣, 刺激着人们的物质享受欲望,社会各个阶层逐步受到发达的商品经济及其观念形态的影响,市民意识的发展,必然在思想文化上出现新的要求,使整个市民阶层甚至与士人阶层都不顾一切地追求享乐的现世生活,对李渔传统的社会结构和审美文化形态的演变产生了重要影响,并对明清两代人们的思想观念和生活方式以很大的冲击。人的内心世界、思想感情和审美意识也必然随之变化,传统的价值观念受到了严厉的重创。强调人乃万物之灵的主体性原则,主张从主体自身获得价值源泉和标准,从而在内在精神上支撑自我,恢复自信,按照心中本来就有的道德意识判断是非,不必要遵循别人的成说。许多士人逐渐摆脱传统思想的禁锢,不再以混世同俗为羞,不再否定对于物质享受及人间乐趣的追求,追求奢华享乐的生活方式成为当时的审美向导，如晚明以后，江南"迩来则衣丝蹑缟者多，布服菲屦者少，以是薪粲而下，百物皆仰给于贸居"。追求一种自由的人生理想，大胆地肯定现实生活中自我的人性、人情和人欲的表现，他们"尊重个性，喜欢狂放，带浪漫色彩"，重新认识自我个性与情感价值，从而发现了人丰富的情感世界和创造性价值。

因此，商品经济的发展，市镇的繁荣，市民阶层的壮大，以及由此带来的社会风尚的变化，这些都是李渔饮食审美观形成的实在的外部力量。李渔崇尚人性，这与进步思想家的观点是一致的。他是李贽学说的崇拜者，其中李渔的崇尚自由个性深受李贽《藏书》影响。明清之际的这种文化思潮的推动作用对李渔世俗美学思想的形成是潜在的，也是深层次的。审美情趣日益多元化和视觉文化成为审美文化主流的发展趋势，不断向饮食文化提出新的要求，也不断为饮食文化的发展提供了新的空间。人们审美情趣的多元化发展要求饮食文化提供尽可能丰富的审美文化品种，满足不同的审美文化需求。"吃喝"是生活的头等大事，因而在饮食文化中讲究美感是非常自然和合乎情理的事。李渔对饮食文化都有相当的研究，对饮食的看法绝不同于不得温饱的百姓，仅仅是为了果腹求生而已。李渔把饮食当作人生的乐趣和人生的艺术。饮食不仅是他们的果腹之物，更是他们的精神慰藉品。于是，在美食中求乐，在美食中作乐，就是李渔的"美食哲学"了。在饮食方面讲究"色香味俱佳"，"色"就是要好看，"香与味"是强调好闻好吃，合起来就是又要好看又要好吃，眼福口福都要享受。在"好看"的追求中，就有审美意识在起作用，审美意识是人在审美、创造美活动中的思想、情感、意志。它包含着审美感受、审美趣味、审美判断、审美态度、审美情感、审美能力、审美观念、审美理想等，其中以审美感受为基础和核心。

(二)善于在闲情逸致饮食生活中咀嚼人生的美好与意义

明末清初之所以出现闲情逸致的饮食生涯,有得天独厚的自然条件外,还与当时社会的政治、经济、文化思想等多元因素有着密切的联系。细考之,大致有以下几点原因:

第一,明末清初是个政治上风云迭起的多事之秋。明末诸帝,荒淫暴戾,统治黑暗,激起了农民大起义,明王朝摇摇欲坠,致使人们有朝不保夕的惶恐之感。尔后,满洲贵族乘虚而入,乃至推翻明朝,建立清朝。在这"天崩地裂"的动荡中,许多官僚士大夫饱尝明亡之苦。不少有志之士愤恨新朝的统治,不愿在其下担任一官半职,却又沉湎于复国无望的悲恸之中;也有一些江南文士,不得已而入仕清廷,却怀着难言的苦楚。于是,逃离现实,隐逸林泉便成了他们的夙愿。

第二,明中叶以后,资本主义在江南地区日益发展,使得许多江南人士被卷入商业潮流之中。当时江南各城市的商业中心功能大为增强,杭州"本地皆以商贾为业,人无担石之储";金陵是"天下南北商贾争赴"之地;苏州之民"鲜务农耕,多商于远";而扬州则是当时的盐业中心。商业的兴盛造就了一批腰缠万贯的富商,他们把所积累的财富除用以购田置地之外,不再用于再生产,而用于购置豪侈之物。

第三,资本主义萌芽在明清之际的江南地区虽然已经出现,但是根深蒂固的封建思想仍无法让人突破传统乡土观念的束缚。虽然此时许多人因从商而长期地远游他乡,土地已不再成为他们赖以谋生的资源。但"叶落归根"的祖训仍萦萦于怀,晚年他们仍要宿归故土。

李渔精神文化的许多方面都与饮食有着千丝万缕的联系,大到治国之道，小到人际往来，举凡哲学、政治学、伦理学、军事学、医学以至艺术理论、文学批评，无不向饮食学、烹饪学认同，从那里借用概念、词汇，甚至获得灵感。古人云："国以民为天，民以食为天。""天"者，至高之尊称，也就是说"悠悠万事，唯此为大"。这是传统政治哲学精粹之所在。儒家认为民食问题关系着国家的稳定，孟子的"仁政"理想在于让人们吃饱穿暖，以尽"仰事俯畜"之责(也就是上可以侍奉父母，向父母尽孝；下可以养活妻儿)，甚至儒者所梦想的"大同"社会的标志也不过是使普天下之人"皆有所养"。古圣今贤如此立论，芸芸众生亦照此实行。于是，逢年过节，亲友聚会，喜庆吊唁，送往迎来，乃至办一切有人参加的事情，不管是喜是悲，不论穷富贵贱，似乎都离不开吃。古往今来有那么多各种名目的宴会，都是借以协调国际或人际关系，以达到欢乐好合的目的。故《礼记》云："夫礼之初，始诸饮食。"因为"礼"的原则之一就是强调"让"，而在有群体参加的饮食生活中，例如"乡饮酒礼"等都以礼让为先。人们能够在同乡或亲族相聚宴饮中都可以学习到礼。

　　传统文化注重从饮食角度看待社会与人生。老百姓日常生活中的第一件事就是吃喝，固有"开了大门七件事，柴米油盐酱醋茶"之说。庄子认为上古社会最美好，最值得人们回忆与追求，其最重要的原因就是人们可以"含哺而嘻，鼓腹而游"，也就是说吃饱了，嘴里还含着点剩余食物无忧无虑地游逛，这才能充分享受人生的乐趣。先秦哲学家中最富于悲观色彩的庄子尚且如此，那么积极入世的孔子、孟子、墨子、商鞅、韩非等人就更不待言了。尽管这些思想家的政治主张、社会理想存在很大分歧，但他们哲学的出发点却都执着于现实人生，追求的理想不是五彩缤纷的未来世界或光怪陆离的奇思幻想，而是现实的、衣食饱暖的小康生活。

明清时期,商业得到了进一步的发展,丰富的日用品、华贵的奢侈品、活跃的游乐场所,以及由此而发达的各种行业,扩大了人们的眼界,刺激各种生活享受的欲望喷薄而出,这在满足口腹之欲的饮食消费中表现尤为突出。从社会上层到下层,讲究吃喝蔚为风气,撰写饮食论著被视为文人的风雅,将文人独有的诗情画意及从启蒙思潮中萌发的追求快乐人生的情趣,融入饮食活动,提高了烹饪技艺,也提高了饮食的文化品位。明清时期的饮食观主要强调"鲜、淡"二字,据现代学者研究,李渔在万余字的《饮馔部》中,使用鲜字多达36处,其中称物料质地之时鲜9处,其他2处,特指鲜味的有25处。他提出纯净、俭朴、自然、天成的饮食观,尤为重视原料质地和菜品风味的检测。李渔一生酷爱食蟹,称"蟹之鲜而肥,甘而腻,白似玉而黄似金,已造色香味三者之至极,更无一物可以上之",并称食蟹,应"只合全其故体,蒸而熟之……剖一筐,食一筐,断一螯,食一螯,则气与味纤毫不漏"等,《闲情偶寄》还广泛涉及了菜蔬、瓜果、谷食、调味品,以及肉食部的其他诸如猪、牛、羊、鸭、山禽、野珍等。菜蔬,李渔《闲情偶寄·饮馔部》把它作为第一主题,他评价菜蔬之美,是"一清、二洁、三芳馥、四松脆",其所以胜过肉品,"岙在一字之鲜"。

## 二、李渔饮食审美的兴起

### (一)勤于美食实践和艺术创造的感悟升华

传统文化中的许多特征都在饮食文化中有所反映,渗透在饮食心态、进食习俗、烹饪原则之中。明末清初作为审美文化的"雅"和"俗"的文化思潮,以"俗"为美的思想走向全盛期,改写了以

"雅"为美占据主宰地位的审美理念,商品经济的高度发展,赏玩字画、品鉴古董、听戏论曲、追求美食等文人嗜好在市民百姓阶层中也广泛流行,开始追求生活享乐与情趣。对此,李渔受此冲击和影响非常大。李渔的美学观念呈现出个性化倾向,最大限度地追求物欲,以现世为关注中心,以对人的欲望肯定和个性自由的赞同为审美契机,追求积极乐观的生存态度。生活上装点居室、设计园林、品鉴花草树木等无所不及,讲究生活情趣。艺术创作上,关注作者自身的审美体验与读者的审美接受。李渔趋俗的审美正是那个时代的产物。

　　有人也许会说,吃,谁不会?难道还有内行和外行之分吗?是的,既然饮食是一门艺术,菜肴可以看作艺术品,那么如何欣赏这门艺术,鉴别艺术水平的高低,就不是人人都能胜任的。孟子说:"口之于味有同嗜也。"味蕾的好恶投射出人性的趋向,每个味觉感官正常的人,都具备天生的辨别滋味的能力,都能在品尝美食中得到愉悦。美味的食品菜肴,自然是人人都能感觉的,但把对这些食品菜肴的品位,提高到审美的高度,以审美的标准来进行评价,却需要有一定的甚至专门的修养,吃自然就成为"美食家"了。美食家,一般意义上是指吃的行家、美食的鉴赏家。而非仅限于"食"——狭义的菜肴和面食、点、糕等品尝赏鉴的专业性人员,也非以饱口腹为务追求并满足物欲的饕餮者,也非旨在阐释食道、诠说食论侧重认识说明与理论归纳的食学家。而是以快乐的人生态度对食品进行艺术赏析、美学品位,除了讲究吃外,还研究吃,因而就更加懂得吃,甚至还能吃出味道之外的不少名堂来,是吃的行家、美味的鉴赏家、食学的研究家,其对吃的挑剔并不是盲目的、随心所欲的,具有更敏锐的品位感觉,同时他更多地从审美的要求出发,来对美食做出比较科学的鉴赏。

古人说，"操千曲而后知音。"有了大量的实践积累才能有比较，才能有鉴别。从这一点看，可以说不少美食家是"吃"出来的。"吃"成为宗教政治、民俗乡风、社交节庆、集体活动的重要形式。吃是本能，但对李渔来说，吃的方式是"文化"起点，李渔把他的审美观念和人生感悟渗透在他的饮食文化之中，对美食触觉更加敏锐，不仅在艺术中表现，也在生活中发现。既有丰富生动的美食实践与物质享受，又有深刻独到的经验与艺术觉悟，是物质与精神协调、生理与心理融洽的食生活美的探索者与创造者。李渔的饮食美学不是形式主义的外在追求，不是技术主义的烹饪指南，不是厚味奇滋的奢侈美食论，而是一个文人探索的生活艺术与养生理论内在的统一，形成与艺术情趣相通的饮食文化系统。

饮食艺术在本质上是创造的艺术。自然界提供的食物，只有很少一部分具有天然的美味。人类为了获得更多、更丰富的味觉美感，就必须按照一定的目的，遵循一定的规律，对食物原料进行加工和改造，这就形成了美食的创造活动。美食是指那些按照一定规律创造出来的，渗透了创造者审美意识的，并能使接受者产生味觉美感的饮食艺术品。是美与食的统一。缺少美的品质，就只能算一般的食物，缺少食用的价值，当然也谈不上美食。美与食的关系，也就是味觉审美与实用功利的关系。要是没有创造美食的自觉持久的实践活动，人类就无法改变食物的自然形态和拓宽人类的饮食领域，也就不能更好地、更多地吸收食物中的营养来维持生命和健康的需要。正是在维持生命需要、满足生命欲望这一点上，人们体验到了美味引起的感官愉悦和心理愉悦。在人类的饮食活动中，实用中有审美，审美中有实用，两者互为条件、互为因果。正因为这样，在饮食艺术活动中，不能孤立地考虑美的要素，而必须同时考虑功利目的。对人体无益和有害的食物，即使看起来美,或者吃起来美,也是不可取的。比如,河豚是异常鲜美的,但它的子、血、眼睛等部位是有剧毒的,在这种情况下,饮食的目的就不能仅仅满足于追求河豚的美味,而必须把烹调加工的重点,放在去毒解毒上。除尽有毒部位,延长烹调加热时间,就成为烹制河豚以使我们充分品尝河豚美味的关键。这当然是一个极端的例子。有些食物尽管对人体无害,但在通过饮食创造美食的过程中,仍然要兼顾到它的实用性。

饮食是人类文明的标志。未有饮食之前,人类还处于原始蒙昧阶段。饮食的产生促使了人类的进步,同时人类的进步又反过来推动了饮食的发展,推动了饮食的创造活动。同人类的其他创造活动一样,从根本上看,饮食是社会生产力发展的产物,同时又受社会生产力发展水平的制约。人类的文明程度愈高,人类对自然的依赖倾向愈弱,改造自然的能力愈强,也就愈能够从审美的要求来进行饮食和饮食活动。墨子说:"食必常饱,然后求美;衣必常暖,然后求丽。"当人们的温饱尚未解决时,当然谈不上美食。一定的社会经济基础,不仅为美食提供必要的物质条件,同时也提供了一定的精神基础,即味觉审美意识的觉醒。构成各种艺术的物质材料是有限的,而构成美食的物质材料却几乎是无限的。这些原料有着不同的味和香、色和形、量和质,以及不同的潜在因素。了解和掌握这些材料各自的性质和特点还不够,还必须了解和掌握这些原料包括调料之间的相互关系和组合方法。猪肉是鲜美的,可以用来搭配几乎所有的荤素原料;鸡汤是鲜美的,可以用来制作几乎所有的汤菜;但羊肉和鱼汤就未必具备这样的功能,尽管羊肉和鱼汤同样是十分鲜美的。美食的原料是如此众多,各种原料的搭配又会产生无穷无尽的变化。这给饮食艺术既提供了机会,又提出了难题。山肴海味,珍禽异兽,可以烧出佳馔来;寻常菜蔬,边角废料,也能成为美食。美食的创造,既是苛刻的又是宽容的;既是复杂的,又是简单的。有时,"踏破铁鞋无觅处",有了不少原料仍烧不出好菜;有时又"得来全不费功夫",信手拈来,皆成美肴。它既可以化腐朽为神奇,又可以寓高贵于平淡,在貌似平常的蔬食中,体现出高雅不俗的美学品格。

李渔认为,对于美食实践和艺术创造,应具备以下能力。

一是对饮食要素的睿智认识能力。具有追根溯源的欲望,他希望洞察饮食的本质规律,充分挖掘原料多方面的潜能,灵活多变,开拓创新,为我所用。

二是创造性的精心勾画能力。不是饮食技艺的直接表达,但却是菜肴创新的核心环节。没有对规范的一定程度的背离,就没有出新,就没有风格,没有"举一反三,融会贯通"的能力。

三是饮食艺术的操作能力。饮食是一门操作性特别强的艺术,实际操作中的细微偏差都有可能带来整体的失误,刀法、切配的技巧,运用火候、调味的技巧,乃至起锅装盆的技巧,都直接关系到菜肴的成败优劣。

(二)精于美食鉴赏和文化品位的启迪超越

对于同样一席菜肴,有人得到的是食欲的满足,有人欣赏的是场面的豪华,有人赞叹的是厨师的刀工,有人感到的是主人的热情,即使同样陶醉,也不可能是一样的,其中存在着感受层次上的差异。美食家与常人不同的地方,就是他有一定的知识、阅历,他有一定的审美情趣,他能领略美食的内涵。在历史上,有一个十分耐人寻味的现象:能够大体上够得上美食家称号的,绝大部分都是文化人,包括学者、作家、画家和各种艺术家。饮食品位同文化修养之间存在着必然的联系, 并不是人人都能做到真正懂吃,缺少文化的厨师不可能是一个完美的厨师。由于历史的原因,过去的厨师文化程度都比较低,这不能不影响到饮食技艺的发展提高。万幸的是,在饮食发展的过程中精于品位又有较高文化修养的美食家们弥补了这一缺憾。正是在既会吃又懂吃的文化人的促进和指导下,在美食家和厨师的结合和共同努力下,李渔饮食才达到了较高的水平。因此,饮食文化的创造,不仅要靠厨师的智慧和劳动,而且需要得到美食家的参与。没有美食家的讲究和挑剔,饮食技术就很难提高。也可以说,厨师在饮食上的不断提高和创新,得益于美食家们的批评和推动。

《闲情偶寄》充分展现了李渔在生活上的高超技艺和追求闲适自足的人生目标。这种目标不同于李渔传统美学专注于精神的欢娱,而是将目光转向生活,转向世俗本身,突出的是形而下的享受和不朽。这种将日常生活艺术化、审美化的高超智慧乃以顺性为核心,求得返璞归真的"宜"美。李渔提倡的顺性是顺应物或人的自然之性、本然之性。"声音之道,丝不如竹,竹不如肉,为其渐近自然。"只有渐进自然才能顺应物的本性,才能发掘物的宜人之处。"予性最癖,不喜盆内之花,笼中之鸟,缸内之鱼,及案上有座之石,以其局促不舒,令人作囚鸾絷凤之想。"盆内花、笼中鸟等显然违背了物性。就与人密切相关的饮食来说,李渔提出"脍不如肉,肉不如蔬",即蔬食第一,谷第二,肉第三。而这三种食物各有其美,蔬食之美在于"鲜",即清淡、甘美、芳香;谷食之美在于"一",即单一,"止食一物,乃长生久视之道也。……多食一物,多受一物之损伤,少静一时,少安一时之淡泊。其疾病之生,死亡之速,皆饮食太繁,嗜欲过度之所致也"。肉食之美在于"补",如羊肉能补体,"凡行远路及出门作事,卒急不能得食者,啖此最宜"等。李渔的饮食之道和饮食结构不是技术主义的烹饪指南,它基于人的身体健康需要,体现出对生命的关爱。[84]

### 三、李渔饮食审美的设计

子曰"君子远庖厨",李渔偏偏逢贵客至,非亲自操刀掌厨不可;干大事者不拘小节,李渔偏偏对衣食住行等活计,特别讲究;士大夫不理家凡事,都爱凌空蹈虚,高谈玄远,而李渔花精力打理家务,举凡花匠、木匠、漆匠等百工细作,他样样都亲自做;古今享受生活者多而又多,创造生活者少而又少,高享受追求生活,低姿态投入生活,如李渔者,着实乏人。目前日常生活审美化成为消费时代的时尚主流和美学理论领域的关注热点,日常生活的符号化、形式化、意义化、艺术化已是多数人的生存方式,生活与艺术界限越来越模糊。

饮食文化的发展正是历史上无数食客在生活上对"美"的不懈追求,孜孜探索的结果,是他们在美食实践中创造了自己民族的独特审美理论,更是他们在这种理论的指导下把自己的食生活、食文化推上了辉煌的历史高度。李渔作为文人是道德高尚、操行廉正的知识分子,侧重的是这个群体道德操行的精神和行为。正是其饮食文观和食实践成为中华民族饮食思想史的主流,是历史上饮食思想健康、积极、科学的代表,是把中华民族饮食文化推向文明最高历史层面的主题力量。李渔把食生活和个人的修身养性、家族兴衰、民气振疲、国运起伏紧密相连,基于严于修身、戮力国事和倾心事道研究的儒学观念支配的食观念,食生活比较简素,其食观念不仅规范着广大知识群体自身,而且积极影响着整个社会,始终作为民族食思想健康、积极成分的砥柱中坚。李渔饮食文化是一种广视野、深层次、多角度、高品位的悠久区域文化,是生产生活实践中,在食源开发、食具研制、食品调理、营养保健和饮食审美等方面创造、积累的物质财富及精神财富。[85]

（一）崇尚节俭讲洁美

由于历史上饥荒发生的高频率和祸害严重,形成了社会各阶层都很强的备荒防饥的民族性思想观念,世代不易的艰难生活,养成了人们吃苦耐劳、勤奋节俭的传统,并不倡导奢靡、纵欲贪食。尤其是在广大的果腹层食者群的心里,深深扎下了极为牢固的备荒防饥观念。"天晴防备天阴,有饭防备没饭""有丰年必有歉年""家有豆叶菜,饿不煞老婆孩"一类长久流传下来的谣谚。所以,李渔崇简约,所述食谱,几无山珍海味可言。他认为"食不多味,每食只一二佳味即可,多则腹内难于运化。若一饭包罗数十味于腹中,而物性既杂其间岂可无矛盾也"《闲情偶寄》有云:"施之蔬菜瓜果,摘之务鲜,洗之务净,而每食菜叶之类,必须白绿鲜嫩。"这与今天的食品卫生标准是一致的。

（二）崇重食道主清淡

"人莫不饮食也,鲜能知味也。"李渔重食道、尚真味,强调保持食物本味,反对使用调料,李渔用膳讲究物鲜质纯,不加配料,保存其自身原有的风味。李渔提出"肉不如蔬"。李渔认为蔬菜之美体现在清、洁、芳馥、松脆上。主清淡"馔之美,在于清淡,清则近醇,淡则存真。味浓则真味常为他物所夺,失其本性了。五味清淡,可使人神爽、气清、少病。五味之于五脏各有所宜,食不节必至于损:酸多伤脾,咸多伤心,苦多伤肺,辛多伤肝,甘多伤肾"。李渔的这一饮食主张,完全符合现代烹调之理。

### (三)崇于自然求食益

"民之抽矣,日用饮食。"社会底层的民众,人生最大的满足就是每天能有饭吃。当一日三餐不仅成为一年、一季甚至一月、一日之讲时,当得之可活、失之即死的危机旋踵而至时,人们不可能再有其他更长远更好些的理想。寻求慰藉和欢乐,同时也是人类生存的基本心态,平民饮食生活中的欢乐之日主要是与农业生产紧密相关的节令与家族庆娱活动。"嫌饭吃没饭吃,嫌衣穿没衣穿""穿尽绫罗不如穿布,食尽珍馐不如食素""粗茶淡饭吃到老,粗布棉衣穿到老""吃饭不是家常饭,穿衣还是粗布衣,过夜还是结发妻""只道穷人饿杀,穷人自有方法"一类谚语,返璞归真,在简陋中崇尚自然,特别是在丰收时节,平民们享受着自己亲手辛勤劳作所得的食物时,那种欣慰满足的心情,非田园劳作不可领会的。

李渔讲究饮食营养搭配,也讲究生态伦理,反对野蛮饮食,认为饮食心理会影响饮食品位和养生效果。米养脾、麦补心,应兼食补充,各取所长;为使饮馔得益,饮食不可过多、过速;饮食时要注意情绪心境,大悲大怒时不可食。李渔偏爱南京的水芹,把它列为仅次于黄芽白的蔬菜。此外,就是在湖南常德吃过的笋和豆。关于笋他在《闲情偶寄》中叙述颇详,"此蔬食中第一品也,肥羊嫩猪何足比肩!"把笋说成是肥羊嫩猪都无法相比。他又认为最佳美的食物,从来都宜于单独烹制,笋就是这种类型的食品,拿笋配合烹制牛、羊、鸡、鸭等物,都不适宜,适宜的只有猪肉,特别是肥猪肉,这会使笋更鲜,烹熟了把肉弃去,上述观点有一定道理,弃肉而食笋者一般人难以做到,但这种烹法会使笋更鲜却是事实。李渔认为蕈仅次于笋。他认为:"食此物者,犹吸山川草木之气,未有不益于人者也。"食蕈时会"闻"到山野的气息,当然这是指野蕈,而非人工栽培的。清代的蕈应为野生的，故能"吸山川草木之气"。对于山药，李渔的评价是"蔬食中之通材"。它可以独用，也可并用，没有不适宜的，连油、盐、酱、醋不加，也能显出它的美味来。对于毛芋，他以为"不可无物伴之，盖芋之本身无味，借他物以成其味者也"，毛芋入荤入素皆可。李渔认为，养生必须注意改善饮食结构，均衡人体营养，因此要考虑以下四点：合理制定营养标准，科学安排营养比例；规范膳食制度，照顾饮食习惯；适应生理需要，品种多样，富于变化；提高烹饪技艺，关键是要有味、好吃、爱吃。李渔曰："食无定味，适口者珍。"也就是说，不管什么味，好吃就行，没必要研究味是怎么来的，怎么构成的。认为知味必须以淡味和本味为至味，至味就是真味，是自然味，是味的基础，其他味是人为可造的，随心所欲，巧夺天工，曲意奉承，掩盖真相。可把这一派暂称为原味主义派，他们追求味的本意和味的真善美，以科学严谨的态度对待味，是最高境界的探索者。

# 第二节　李渔饮食审美的感知

俄罗斯作家车尔尼雪夫斯基说：美就是生活。美贯穿于每一个朝代的文化精髓之中，上至皇帝贵族，中至大臣官吏，下至平民百姓，都在无时无刻地不创造美，欣赏美，表现美。享誉中外的大画家张大千先生曾说过："吃是人生最高艺术。"人们把"吃喝"看作是生活的头等大事，不仅仅是为了果腹求生，更把饮食当作人生的乐趣和人生的艺术。在饮食方面讲究"色香味俱佳"，"色"就是要好看，"香与味"是强调好闻好吃，合起来就是又要好看又要好吃，眼福口福都要享受。美感是创造美的心理基础。在"好看"的追求中，在审美、创造美包含着审美感知、审美趣味、审美判断、审美态度、审美情感、审美能力、审美观念、审美理想等，其中以审美感知为基础和核心。

李渔饮食有着浓郁的地方风味，精细的加工技艺，多变的形式，丰富的品种，鲜明的文化风格，是江南地区物质文化与精神文化的结晶。爱吃、会吃的江南人成就了江南包罗万象的饮食文化。在传统文化教育中的阴阳五行哲学思想、儒家伦理道德观念、中医营养摄生学说，还有文化艺术成就、饮食审美风尚、民族性格特征诸多因素的影响下，在生活生产中不断探索有利自身生存、延续的饮食，形成了富有地方特色、地方风味的食品和菜肴，富有文化内涵，创造出彪炳史册的江南烹饪技艺，形成博大精深的江南饮食文化。李渔从江南人的饮食需要出发，对食品卫生、营养、美感三者控制，在菜点的营养与色、香、味、形、意俱美上都提出独到的美学观点。李渔饮食文化之所以能名扬海外，不仅仅在于菜肴的精美可口，更重要的是通过置身于李渔文化的环境氛围中，品尝色、香、味俱佳的食物之妙，欣赏饮食的典雅之美，使人领会到李渔文化和审美风尚的精髓。

## 一、李渔饮食之美馔

美馔，就是味美的食物，指食物诉诸视觉的色形会产生美感，它包括色泽、质感、形状诸方面。出色的刀工、恰到好处的火候、千姿百态的造型技巧、美观大方的图案形状，以给食用者增加食用时的乐趣。精心创造的美食，要受保鲜时间的限制，容不得人反复修改和无限制地精雕细刻。所以，可称得上"美馔"的，凝聚着李渔对于食物原料的精心选择、娴熟的刀工技巧和高超的控制火候的能力、对食品造型配色的良好的艺术修养，以及对不同宴饮活动所要求的不同审美意趣的准确领会。

### （一）基于色、香、味的协调激发食欲满足人的生理快感

食物原料本身的色、香、味、形属于饮食中的感觉美，是食品新鲜丰富的象征，是"美馔"的先决条件，是保证李渔能够享用到美味佳肴的物质基础，是李渔以食养生、以食疗疾得以实现的物质保证。因而，要创造给人以审美感受并能刺激食欲的"美馔"，必须对每一种原料的特性了如指掌。就色泽来说，不同的原料具有不同的色彩和光泽，如红色的番茄、山楂、草莓、辣椒、牛羊肉，绿色的芹菜、黄瓜、蒜苗，黄色的蛋黄、橘子、菠萝，乳白色的豆腐、莲子，黑色的木耳、海参，紫色的苋菜、紫菜，等等；它们新鲜时是什么样子？经过加工后会发生什么样的变化？如何将各种原料的色泽协调搭配，使其看上去悦人、吃起来可口？对此事先必须有通盘

考虑,以便能够利用食物原料本身的色泽美进行艺术搭配。就质感来说,原料和成品的质地精粹、营养丰富,是美食的前提、基础和目的,食物原料的坚硬、柔软、爽滑不仅给人以不同的口感,而对于食物的造型也是很重要的条件,善于利用不同食品的特殊质地塑造不同的造型风格。李渔对"质"的追求是体现在食品原料的丰富与新鲜上。在烹调中可通过调味品的作用增加菜肴的色彩。如金黄色和红色的菜肴,多用酱油、面酱、豆瓣酱等酱色调味品,在烹制上多用烤、烧、炸的方法。暖色可使人兴奋,刺激食欲,还可以增加宴席的热烈气氛。蔬菜以青绿色为多,这种冷色菜肴只要点缀其他色彩,还是好看的。特别在宴席配菜上,必须红、黄、青、白的菜都有,才能显示出丰富多彩。蔬菜和肉类在加热过程中,色彩都会发生变化。如炸鱼、炸肉,初炸是黄色,再炸是焦黄色,久炸就变成黑棕色。又如"炒猪肝",初下锅是暗红色,后是灰色,久炒就变为焦黄色。所以蔬菜的色彩如何,在很大程度上取决于厨师的烹制技巧。

(二)基于刀工造型的艺术化手法给人以视觉的审美享受

原料本身有一定的自然形状,如圆形、椭圆形,又如整瓜整鱼特有的形状,在美食中也经常,以原有的面貌出现,增加食物的天然之美,经过刀工处理,各种不规则的原料可以变成具有统一整齐美感的"美馔"的组成部分,增加食物的精巧之美,通过细心的摆放显出韵律感。在食物的造型技巧上,无论冷菜、拼盘、各式糕点,还是热菜,可以塑造出千姿百态、美观大方的图案形状,给食用者增加食用时的乐趣。菜肴"形"美,不仅使人精神愉快,赏心悦目,增加食欲,而且起着潜移默化的审美教育作用,使人产生美的联想,激励人们热爱生活。早在2500多年前,孔子就有"割不正不食""食不厌精、脍不厌细"之说。形美的菜肴,往往刀工精细,要求粗细一致,厚薄均匀,长短相等,互不拖连,干净利落,根据烹饪的要求可以切成段、块、片、丝、丁、茸、丸等。

(三)基于图案的象形和寓意使人从理智上获得精神美感

烹饪艺术是一门特殊的艺术形式,具有独特的艺术特征,肴馔不是仅供人们欣赏的纯粹艺术品,更重要的是为了食用。因而,烹饪艺术首先必须具有实用价值,即可供人们进食,没有食用价值的烹调艺术品无疑算不得是烹饪艺术。供食用的艺术品,动口吃之前,一般人的习惯总是先观色,再闻香,继而品味问名,眼睛、鼻子、嘴巴都得到了美的享受之后,心理精神上还要鉴赏菜名。耳朵也不能闲着,还得听菜的声音和丝竹管弦之妙音。五官都得到了享受,才有全都美的愉悦和舒服,那才叫十全十美,这才是全面享受美食的一种境界。体现在台席面或整个筵宴肴馔在原料、温度、色泽、味型、适口性、浓淡的合理组合,肴馔进行的科学顺序,宴饮设计和进食过程的和谐与节奏化程序等。序的注重,是在饮食过程中寻求美的享受的必然结果。

## 二、李渔饮食之美味

食品诉诸嗅觉和味觉所带来的香醇会让人产生美感,欣爱和追求美味是人之共性,但真正能达到"知味"的人是不多见的。李渔就对肴馔味美有了很高的审鉴和独到的领悟,任何一品美味都会给人一定的口感,即它的理化属性给进食者的口腔触觉,是通过舌的味觉而使人得到美的享受。味不美,即使形态、色调再美也算不得是佳肴,算不得精妙的艺术品。李渔饮食讲究品"味",不仅讲菜肴之味,还品环境之味,人事之味。"味"的概念已经超出了味的狭义概念,赋予了深刻的美学意蕴。在李渔饮食文化中,嗅觉和味觉有着双重作用,既能使人获得一种刺激和满足食欲的生理需求,也能在某种程度上给人以审美享受,借助咸、甜、酸、辣、香、苦、鲜之味,赤、橙、黄、绿、青、蓝、紫之色,调和出最具特色的美味食品,达到菜肴软硬、甜咸、厚薄、大小、生熟、冷热、荤素等对立因素的恰当统一。

李渔以善于知味而著称,饮食中的味,除本味的"淡"外,主要还有咸、甜、酸、辣、香、苦、鲜等。这些不同味的有机结合,可以组成千变万化的各种味道。李渔饮食的诸种乐趣已深浸到人们生活的各个方面,乃至对人们的语言和思维方式、哲学、美学各个方面皆有重要影响。李渔的饮食并非仅仅为了填饱肚子,维持生存,更重要的是借此体会人的乐趣,享受由他处无法获得的快意。李渔对待饮食之重视,并非像一些人所认为的是一种低能、俗欲,在"吃"上浪费过多的时光,甚至是民族劣根性的表现。相反,它是自古以来重自然、爱生命、追求和谐、讲究肉体与精神兼养的人生观和哲学观的表现。而且,由这种重视过程的哲学观出发,饮食活动的情趣也非仅仅限于品尝欣赏的那一时一刻,而是从准备活动时,就投入了自己的智慧和热情;在烹饪技巧的施展、饮食器具的挑选、菜点的安排顺序直至最后的品味这整个过程中,时时都在尽量发挥自己的艺术想象力,并由此表现出人的审美情趣。所以,其整个过程都充满了哲理性,并可以用三个字加以概括,即调、和、味。

"调"则是将食品艺术化、创造出美味佳肴的功夫。李渔相当重视"调",是通过各种方法,把食物调制成美味可口的东西,给人以一种愉快的感受。从文化史的角度看,烹饪是文化发展较高的民族所具有的能力。动物只知吃而不知烹，文化低的民族知道了烹还不了解调，所以调的功夫是人类发展到了一定阶段上的高层次的生活艺术。调的产生是有条件的，一方面，它以人的味觉的发达为基础，随着人类越来越进化，人的各种感官和感觉的敏感度也越来越高，人对感觉对象的要求也日益提高；嗅觉、味觉的进化，也要求人想方设法做出更香醇美味的东西来满足它；烹调正是以此为目的的；另一方面，人们对于自然万物的认识越来越丰富，为烹调艺术提供了广阔的天地。而如何将各种食料和作料有机配合而成一种崭新的味道，这不仅需要长期的实践经验，而且需要富于创造性的艺术头脑。正如不是每种色与色的搭配都会悦人、每种音与和奏都会悦耳一样，也非每种味与味的调和都能可口，不顾原料和调料间的味性是否相配，一味把好味道放在一起，或不注意各种原料的比例关系，尽管用的都是好东西，也不一定能调制气香味美的食品，这样仍不能说是把握了烹调艺术。李渔对于作为生存之本的饮食活动，讲究配菜之道，热爱生命，注重养生，而饮食又是人们养生的一条重要途径。所以，李渔文化对饮食的注重，不是仅满足维持生存，而是要让人更好地生存。李渔讲究感觉的多元性，而非重彼轻此，嗅觉和味觉同样是认识和把握世界的重要手段，也同样可以领略美的风采，而饮食文化恰恰为此提供了广阔的天地，李渔传统哲学、政治、伦理中的"和""仁""中庸"等理想和观念，同样也是饮食文化的核心精神，要达到上述理想，必然要用各种"调"的方法，大到调和贫富之间的关系才能治国安邦，小到调和各种味道的关系才能创造美味佳肴。

"和"乃是一种十分美好的状态，其寓意又非常深刻，它是李渔传统文化所追求之理想的一个集中表现。而在饮食文化和烹调艺术中，调的最终目的也是达到和，"和"是饮食文化中审美问题的本质和基础。李渔虽然重视吃，但吃的行为本身只是一种方式，关键在于通过这种方式实现更高的目的，也就是达到一种人与人之间相互信任、和睦共处、同甘苦、共患难的"和"的境界。

"味"是李渔传统哲学、美学中的一个重要范畴。它所涵盖的不仅是口、鼻等感觉器官所体会到的具体的味道，也是人们对一种风格、一种认识、一种体验的抽象把握的范畴。审美地把握世界、审美的人生，都离不开"味"。这种玩味艺术、体味人生的态度，构成了李渔饮食审美的重要概念与范畴，诸如意味、韵味、趣味、兴味、神味、品味、玩味、体味等，其内涵和外延都远远超出了物质文化的具体领域，而上升到了精神文化的领域。在饮食文化中，味一方面指食物本身的气味口味；另一方面也包含了人们在进餐时对优雅环境的赏味，对精美餐具的玩味，对亲情友情、人生乐事的体味等多种享受。欧阳修"醉翁之意不在酒"，便是要味韵外之致，由单纯口感的美味升入精神滋养的境界。与味有关的一个概念是"品"。三口为品，它既可以当种类、等级讲，也是人辨别好坏的能力。品不是狼吞虎咽，不顾滋味，只求果腹，而是要细细地琢磨、认真地体会、全身心地投入。饮食文化中的品，是美食家欣赏食物好坏的方法与手段，而这种认识事物的手段最容易被艺术家和美学家所接受，因为它与艺术欣赏、美的欣赏有大致相同的心理过程。[86]

### 三、李渔饮食之美器

美器，是指饮食器具的工艺美及它与食物的协调搭配的美感。美食与美器的和谐统一，是李渔传统烹饪艺术的一个重要方面。

美食与美器的和谐统一，是李渔传统烹饪艺术一个重要方面。李渔讲究把美食与美器有机结合,不同的食物配不同的器具,既方便食用,又相映成趣,在二者的完美结合中,使食物和器具本身的美都得以充分显现,就像优美的食物造型配上相得益彰的餐具,更衬托出其美的特点。美食与美器之间如能因食配器,彼此相融,则会锦上添花,达到一种新的境界。而如果彼此不配,则相形见绌。例如,食品不甚精良,却使用过于昂贵的食具,就越发显得食物的寒酸,反而不美;相反,高档的珍馐美味,如果只放在普通的餐具中,则会黯然失色,降低了它的价值。所以,如何使二者相配,也是一个美学问题。一般说来,要掌握和谐这一基本原则,既要做到一肴一馔与一盘一碗之间的协调,也要使一席饭菜与整套餐具相配。

饮食器具可分为食器、饮器两类。饮具又可分为酒具与茶具两种。李渔菜肴在餐具的选择使用上,是十分考究的,古语云,"美食不如美器",人们从来就把使用和欣赏制作讲究、美观淡雅、朴素大方、配备合理的餐饮具,视为一种享受。李渔烹制菜肴在餐具和菜肴的配合使用上,有以下几个原则。

餐具的大小应与菜肴的量相适应。菜肴量小,餐具过大,使人见之便有不"庄重"之感。反之,菜肴量大,餐具过小,使人见后顿生食欲不振,不食即饱之念。一般的原则是装盘时菜肴不应装到盘边盛装线外,更不能使汤汁溢出,以占盘中的 2/3 面积为宜;盛碗时,不能装得过满,七成满为宜。

餐具的品种应与菜肴的形状相适应。汤菜宜碗,以炒菜、爆菜和汤汁少菜肴宜用平盘,还有些菜肴要求保持原有的形状,那么最好是使用长盘和圆形平盘。

餐具的色泽应与菜肴色泽相协调。餐具色彩有深浅之别,菜肴的色泽又多种多样,两者搭配得当,就能把菜肴衬托得更加逗人喜爱,引人食欲。一般情况下,白底浅蓝花边的盘子,对大多数菜肴都是适用的。一般来说餐具配餐要符合"浅配浅"的标准。也有些菜肴要选用适当的带有色泽的餐具,才能衬托出菜肴的特色,如浅色的菜肴宜配深色餐具,如鸡油冬瓜、芙蓉鸭片、翡翠虾仁等,深浅相配,菜肴色彩就不至于浅得那样单薄,深色起着以深补浅的作用。深色的菜肴宜用色调浅的餐具,以浅衬深,显得活泼而不呆板,清新而不混浊。

## 四、李渔饮食之美境

李渔饮食文化强调进餐时的时、空、人、事诸种因素的协调一致,讲求良辰、美景、可人、乐事的有机联系。吉日良辰,触景生情,可增进饮食的情趣;敞厅雅座,水榭亭堂,花前月下,山间林边,得自然清静之野趣,抑或是富丽高堂,辉煌的装饰,优雅的音乐,热情的服务,艺术化的气氛,构成怡人的进餐场所;好友知己,天伦至亲,同声同气,或开怀畅饮,或舒心小酌,无拘无束,抒胸中之气,话彼此之情;席间或吟诗,或凑对,或玩笑幽默,或高侃学术,海阔天空,任兴而发。因而,美食与美味、美器的色、香、味、形、器的完美结合,构成了饮食文化审美问题中的小意境之美。而时、空、人、事的协调一致,肉体与精神的完全放松,则是其大意境之美。所以,饮食环境虽与食物没有直接联系,但却在饮食文化的审美问题中占有颇为重要的位置。

讲究优雅和谐、陶情怡性的宴饮环境,是李渔的饮食审美的重要指标。在幽美的山水间饮食,或于田园风光中饮宴,那清澈的蓝天,纯洁的白云,令人陶醉的空气,以及郁郁葱葱的山川和烂漫的山花,比美酒佳肴更让人心旷神怡。人们之所以喜欢这种饮食方式,是因为他们的生活与自然息息相关,要靠山吃山,靠水吃水。人造的饮食环境主要指餐厅饭店的环境布置,主要是上层社会的私家宫室、市井饮食楼店,以及名胜风景点的楼、榭、亭、阁等。而后者则一般属于兼用性的。如明清时期的酒楼、市肆饮食堂馆的建筑设计装饰则更是美轮美奂、华丽光艳。那是现代高层和豪华饭店、宾馆兴起之前的历史文化极峰。至于天工的宴饮环境,那既是应在"公堂"之先被人们认识的,也同时是更富诗情画意的自然美的选择与享受了。其实坐在农村的敞廊屋檐下,或坐在庭院的葡萄架下,抑或坐在竹楼和木楼的楼上,满目青山,把酒临风,其餐饮环境更是人工与自然的巧妙结合。李渔热爱田园风光,是追求"宁静致远""安享太平"的心理反应。久处闹市繁华之忙碌,偶得农舍之闲适,当然是一种调解和享受。

# 第三节 李渔饮食审美的价值

　　饮食,是人类生存和改造身体素质的首要物质基础,也是社会发展的前提。饮食文化,是随着社会出现而产生,又随着人类物质文化和精神文化的发展而丰富自己的内涵。饮食文化发展的最初动力是食料的生产,是充饥养生的需要。开拓食料的生产,就产生了农、牧、渔等产业和学科,奠定了人类生存和发展的物质基础。随着生产技术的发展和对食物知识的增加,摸索出去腥、加温、调味等方法,去改造食料的性能,以适应口味和身体的需要,逐渐懂得运用各种手段加工食料,从而产生了各门学科。李渔饮食文化在发展历程中,以创造华夏文明史的中华民族及其祖先为主体,以祖国富饶的物产为物质基础,以中华民族在历史演进的时序中所进行的饮食生产与消费的一切活动为基本内容,以不同时期饮食活动中烹饪器械和烹饪技艺的不断出新为文化技术体系的发展主线,以李渔在饮食消费活动中的各种文化创造为文化价值体系的表现形态,由简而繁,由粗而精,形成了宽广深厚的文化积淀。

## 一、注重神韵讲究实用

### (一)美食追求的伊甸园

　　李渔肴馔,是被老饕们公认为最低碳的美味佳肴,健康时尚引领新潮流,特别是在高雅环境,身处小桥、瀑布、鸟儿欢快、鱼儿畅游的流水环绕着的亭廊木榭中品味李渔菜肴时,仿佛置身在高山流水般的"伊甸园"中。

人的味觉感受能力不是天生的。它是在味觉活动的长期实践中,由低级向高级发展起来的。作为人体最先接触食物的部分,在反复的刺激中,逐步形成对食物化学性质的反映功能。食物化学性质的最直接体现,就是味道。这就是味觉的感受能力。随着人类的进化,味觉感受的功能不仅仅是为了维持生命而进行食物的选择,而且增加了享受性的功能,也就是说,在饮食的感受中同时得到愉悦。

从生存需要到享受美味,从生存目的、饱腹目的上升为审美目的,而且这个历史进程是漫长的,也是复杂的。长期的饮食实践,必然使人类的味觉感受器官产生新的组织结构变化和功能变化。人类今天的味蕾结构肯定不同于原始人的味蕾结构,人类今天的味觉敏感,同样也不同于原始人的水平。在追求美食和品尝美食的漫长过程中,人们一方面提高了自身的机体素质,另一方面也必然促使了味觉感受器官的进化。

人类的饮食活动,虽然有生存和享受两方面的目的,但从本质上看,两者是一致的。一般来看,富有营养的食物总是鲜美的,也就是说审美的本源是实用,这在味觉审美中表现得尤其明显。在人类对环境的适应中,由于长时期从机体需要出发食用某类食物,就逐步形成了对该类食物的味觉美感。如果饮食的生存目的与美感目的相冲突,机体就会自行纠正和适应。因此,人类的味觉美感结构,从根本上说,是在长期的生存实践中形成的,与生存相悖的食物(即有害的食物),就不可能进入味觉美感结构。

（二）美馔意境食尚先锋

1."饕餮"

吃的是一个"爽"字。呼三五好友去一家稍大众的馆子，稀里哗啦点上满满的一大桌菜，价钱却不贵，胡吃海塞一通，兴致所致，还能吆喝两声，划几下拳，甚至还可以赤膊上阵。适合这种吃法的以大众菜为主。但免不了一个"俗"字，有不雅之嫌疑，同时也有浪费之嫌疑。

2."聚会"

家人、朋友、加班聚餐等都属于这一类。这种吃不需要太多的讲究，"吃"是个形式，关键在"聚"背后的引申含义。逢年过节、生日聚会、升迁发奖，友人来访，随便找个理由都可以去趟馆子，这是一种礼节上的习惯。这种吃讲究个热闹。不需要太豪华和奢侈。

3."宴请"

商场招待、官场招待、公务招待等都属于这一范畴。这种吃不以"吃"的本质为主旨，关键在于这个招待背后的目的。所以，这种吃重在讲究一个排场，这种吃都有一个共同点，大多都是在"包间"进行，所以，对馆子的要求要严格，如各大宾馆饭店的豪华餐厅、知名大酒楼等、海鲜、鱼翅、鲍鱼宴、官府菜等。但这个境界的吃难免给人一种有暴殄天物之叹，吃后回来，却又发现没有吃饱。

4."养生"

比较讲究"食补"，是大吃大喝在认识观念上的一种理性升华。这种吃多以正宗的煲汤为主：鱼头煲、胴骨煲、甲鱼汤、老鸭汤、野山菌汤等，足足地焖上几个小时，满满地端上来，味道纯正，饱饱地喝上一顿，无比滋润，真乃人生一大幸事，就是从心理上对积劳的身体也是一个安慰。

5."解馋"

吃的食材讲究"鲜"。一是吃"物",如鲜见的鲍鱼、龙虾、法式大餐之类；二是吃"名"、吃"文化"：如北京的烤鸭、南京的盐水鸭、杭州的酱鸭，以及淮扬菜、杭州菜、本帮菜等。可以有目的地去找口头盛传的流行馆子，也可以漫无目的地找寻意中的吃处，寻找"新""奇""特"的珍馐。

6."约会"

这时吃的已经不是"物"，而是"情"。大多时候，点得多，吃得少。这种吃千万不要是两个同性别的人，以免让人误会，最好也不要是夫妻，因为已过了"约会"的阶段。凡是到这种地方来吃的，两人之间大多都有一种心灵上的默契，说出来就变得俗，不表现出来又压抑。于是，以一个"吃"的借口"会"在一起，吃也吃了，谈也谈了，尽管大多的时候没有吃。

7."独酌"

"独酌"在于一个"品"字，吃什么不太重要，关键是一个寥落的心情，要么伤感、要么闲适。这种馆子一定要是隐匿在很深的巷子里，店面古朴，又十分宁静。这个时候还应该有一瓶古典的酒，最好屋外再飘着零星的雨丝或雪花。一个人浅斟低酌，物我两忘。

## 二、善于创新追求精美

### (一)味觉饕宴美食震撼

"品味"在《现代汉语词典》中解析为尝试滋味和仔细体会，玩味的意思。关于"品味"的由来在此无从考证，但把"品味"拆开来就是"品"和"味"。"品"是一种行为，"味"是"品"的对象，"品"与

"味"反映的就是一种美的享受。这似乎不是一种巧合,与李渔饮食文化的美学思想或许有着很大的关系。所谓的"品"既指一种高水平的饮食行为(高雅行为),体现出行为的水平。这样就形成了一股力量,促使人们按照他们的哲学思维方式、人生观来往美而好的饮食行为发展,开创出"品"的行为水平,积淀出李渔的饮食文化。

与"品"对应着的是"味"。"味"产生于饮食,本身就含有"美"的意思,同样也是人们饮食美学思维的重要内容。如果是日常的味,有好味与不好的味之分,人们想的自然是要好味的,舍弃不好味的。根据地域性的差异和人们的习惯,人们又对本地(或家乡)风味又特别的怀念,表现出一种浓厚的乡土之情和分明的生存环境状况,具体可反映在不同菜系风味特点上。"味",反映出明显的哲学思维和人生观念。李渔讲求"调味",任何一种物料都有阴阳两性,调阴阳以达其味性,这是李渔古老的哲学思维之一,追求味"淡"则与"淡泊名利"的人生观念紧密联系在一起。"味"与"和"也是紧密联系着的,"和"是融和、和睦之意,既指菜式的制作上,也指人生道理的领悟上,反映出人生的大道理,一局餐宴,在美味的饭菜基础上,人们之间的关系更加紧密了,气氛更加融洽、和睦。"品"与"味"的结合,那就是一个很美的"品味",即李渔对于饮食的美学思想。

(二)美艳饮食的风尚标

少胜于多。所谓"少胜于多",并非是禁欲式的节制饮食,而是"节量饮食",即要求人们根据自身生命活动的能量需求状况,按一定的量和程序来合理地摄取饮食。一般来说,"少"的标准乃是"食不欲过饱""饮不欲过多"。为此,李渔提出了几种饮食方法:一是"食欲少而数,不欲顿多难销",是指要少食多餐。二是"先饥乃食,先渴而饮",这是说应该有规律地饮食,在饥饿、口渴的感觉发生之前,就应该进食、饮水了。否则,"恐觉饥乃食,食必多;盛渴乃饮,饮必过"。这显然对身体是有伤害的。三是就总体而言,人们应该通过调养身心,尽量保持低热量的饮食平衡,"所食愈少,心愈开,年愈益;所食愈多,心愈塞,年愈损焉"。这些饮食方法已经成为符合现代养生学原理和常识的。李渔的少食、辟谷、休粮等,实皆为追求健康、长寿的权宜之策,李渔的饮食法则实为"调中",合理摄取外部能量,即所谓"身得长保,饮食以时调之,不多不少,是其自爱自养也"。

熟胜于生。这里的"熟",有两层含义,一是指食物本身要烹制成熟;如《吕氏春秋·本味》指出,"水居者腥,肉玃者臊,草食者膻",而热食、熟食可以"灭腥去臊除膻"。二是指作为食物的动植物资源。司马承祯《天隐子》中提到:"百味未成熟勿食,五味太多勿食,腐败闭气之物勿食,此皆宜戒也。"意思就是指那些尚没有成熟的动植物,是不宜用来进食的。应该说,李渔一向提倡的"不杀生"戒律,与这一点是有关的。在很大程度上,李渔的"不杀生",并非绝对意义上的不杀生,而是指不毁坏正在生长着的生命事物。在饮食上,也应遵守此一本分性的原则。

素胜于荤。李渔提出的饮食结构,内容相当复杂。但总体来说,是提倡以素食为主,慎用荤腥食物。

以上内容大致反映了李渔对于饮食结构选择,尽量降低自身的能量需求,从而减低饮食用量;在饮食过程中,尽量不伤及其他生命。充分体现了李渔饮食结构在养生和生态方面的合理性,而成为美艳饮食的风向标。

### 三、崇尚自然反对雕琢

#### (一)清静自然生态食饮

李渔饮食结构很简单,以原始的素食为主,肉食为辅,从不挑食,不暴食,有什么吃什么,但是共同的特点是纯生态、无污染的。人是自然的产物,如同草木一般,从树居穴住时期以来,就和自己所属的地域丝丝缕缕地缠结在一起。在与自然和谐相处的时代当中,人类总是按照自己的环境来设计生活,靠山吃山,靠水吃水,草原居民多吃肉和奶,热带居民多吃果和菜。平平常常的食物当中,蕴含着自然的力量和山川的性格。珍馐美味固然是人生的享受,粗茶淡饭,也有饮食之乐,表现出李渔是从乐生的思想观察饮食,表现出一位美食家对平民饮食的深刻思考。在依赖自然的古人眼里,哪怕同样一种食物,种在不同的土地上,为不同地域的人所食,起到的效果也可以大相径庭。宋代《养老奉亲书》中提到:"北人食肉面则平,南人食鱼鳖水米即冷。"元代《饮食须知》中则说:"北粳凉,南粳温。"同样是大米,南北所产者秉性不同。这样的细致体验,让人不得不感叹自然造化之玄妙。"饮食自然"作为李渔饮食养生的核心原则,实质上是一种追求身心、物我、天人合一的修道方法论和思想智慧。而这种养生方法和思想原则,无疑具有超越时代、境域的价值。

自然,就是中医说的"顺应自然"。自然,强调的是人与自然的平衡;自然,就是中医的"天人相应"理念。大自然是万物赖以生存的基础,是人类生命的源泉。李渔的生活是自然、和谐、快乐、健康的,特别是李渔的祖籍以及曾经生活过的故乡——金华,是一座生态、自然、和谐的城市,从其区位、气候、环境、习惯、人缘、心态上,展示了李渔清静、自然、生态的饮食观。

好区位——金华优越的地理位置、地理环境。李渔认为人本身是自然界的产物,自然环境创造了人类。人类依存于环境,人类的健康需要良好的环境。人与自然息息相关。一方水土养一方人。每个人在健康状况上很大程度上又依赖于他所生活的环境。良好的区位,在一定程度上促进人体的生理活动和脏腑机能,也会直接促进身体的健康。金华的区位,保持了金华的好山好水好空气,为人的健康快乐提供了条件。

好气候——气候对人的健康起重要作用。孟子说"居移气,养移体,大哉居乎",人的生命活动规律,生理和病理现象都受到自然规律的影响和制约。不同的地域,不同的气候,有寒热有湿燥,让人们在感受中,给人的身体带来影响,对人的健康起着作用。金华宜人的气候,对人的健康起着重要作用。

好环境——环境,这里是指生活的环境。人与社会环境相互联系,人的生命活动必然受到社会环境的影响。《黄帝内经》说:"人与天地相应也。"也说:"人与天地相参与,与日月相庄也。""天地之大纪,人神之通应也。"神动则气行,神注则气往,以意领气。人的身体健康与社会环境息息相关。

从人文历史看,金华人在历经了历史沧桑中,对人潮往来的商旅过客,有一份淡定从容,有十分诚实守信;对各种现象一种正确的态度,有更多的宽容。金华人过着恬静、怡然自得的生活。

从经济基础看,金华为人们的健康快乐提供了物质基础。

从社会发展看,金华城镇化水平提高,各项事业快速发展,金华围绕社会主义和谐社会的要求,构建和谐社会的基础,给人们提高了幸福指数,增加了生活的安全感。使人心境平和,降低心理压力,保持稳定的情绪。人在良好的社会环境里,可以休闲,可以放松;可以保持愉悦的心情,可以滋养五脏六腑;可以使人焕发活力,可以保持身心健康。

好习惯——习惯,就是生活习惯。首先是要有好的饮食习惯,金华的人吃什么,怎么吃,都是顺其自然。金华可选择的食品品种多品质好。金华有鲜蔬,有河鲜,有山珍,有传统种养的产品,有现代绿色食品,菜肴的品种众多。金华人按自己的喜好进食,不挑食。以谷类为主食,多样的蔬菜、水果及海产品,注意均衡。其次是良好的起居习惯。中医强调起居有常。《素问·四气调神大论》曰:"春三月……天地俱生,万物以荣,夜卧早起,必待日光……祛寒就温,无泄皮肤……养藏之道。"意思是要人们根据时节调整起居时差,使之顺其自然。金华人良好的起居有规律,为健康快乐打好基础。好习惯,还要有良好的动静习惯。中医主张重视动静适宜,主张动静结合、刚柔相济。动为健,静为康,动以养形,静以养气,柔动生精,精中生气,气中生精,是相辅相成的。"动则生阳""动中取静"。能静则仁,有仁则寿,有寿是真幸福。金华人有坚持劳作的好习惯。坚持劳作也是金华老人长寿的好习惯。劳作,使他们增强了体质,延缓机体衰老,从而保持健康长寿。金华的长寿老人一般都能保持一定的活动量。活动方式比较多元。有的老人在近百岁以上仍能参加简单轻松的农活和家务活,有的甚至还去犁田耙地、挑水劈柴。农活和家务活,是动在其中,是自然的动,促进人体的身心健康。

好人缘——人缘,更多的是指人与人的关系。好人缘也就是和谐。人缘是人们之间最简单、最基本、最受关注的社会关系。要保持良好的人际关系,金华人的人缘好。金华人与人为善,乐于助人。金华各民族和睦相处,共同发展。金华人崇文重教,尊老爱幼。

金华民风淳朴厚道,街坊邻里之间关系和谐。良好的人缘为促进人的愉悦快乐,健康长寿。

好心态——心态,良好的心态,主要是通过自己对外界客观环境或事物情绪反映的自我调节和转变自己错误的思维方式,将心情调节到最佳状态保持身体健康。就是通过自己对外界客观环境或事物情绪反映的自我调节和转变自己错误的思维方式,将心情调节到最佳状态保持身体健康。保持平和心态,保持健康长寿。好的心态,是人的一种情趣也是一种境界。金华人性格温和,有好的心态,正确对待自己,正确对待他人,正确对待社会。金华人心存善良,心态平和,保持安静稳定的情绪。和谐的心态,不过度自我加压,没有过高的欲望。随遇而安,恬静淡泊。心中常有愉悦感,心中常有轻松感。金华人民在健康中生活,在生活中健康。

(二)健康安全和谐美味

李渔曾说:"酷爱之物是良药。"表明人类的生存和发展是遵循自然法则的,不仅是人类个体发展的自然生态,也是人与人关系的社会生态。在宽泛的人与自然的关系中获得人性的充实,借口以领悟人生的真谛。李渔探索一种调和人与自我、与人、与自然关系的生态诗学理念,为人类已经或者可能会继续蔓延的异化病寻求到了一剂良药,那就是:倾听自然,和自然平等对话,与自然和谐地融为一体。只有全人类积极主动地坚持"万物相互关联"的第一原则,尊重自然,不断拓宽生态视野,形成生态审美意识,树立绿色生态理念和以自然维度为导向的生态文明时代的新的人文精神,建立人类与地球和谐统一的"伊甸园"。

人类的生存活动只有在与周围环境及生命万物和谐相处的基础上,才能真正达到"养生"的目的。自然之道,何所不知,何所不化,动错自无所私。饮食天厨,衣服精华,欲复何求,是太上之君所行也。此所谓"饮食天厨",即"饮食自然"思想的一种整体和谐性的表达。把人类的饮食活动与天地的运行秩序、规律联系起来,这导致了一种追求生态和谐性的饮食行为理念与精神境界的产生。这是一种追求生命和谐性、本然性的饮食思想的反映。事实上,在李渔看来,只有在保持良好生态状况下的大自然环境中,才有着可供人类维系自身生命健康的丰富的"绿色"食物资源。与此同时,物种的丰富多样性是维系良好生态的主要因素,也是人类为求长生而需要的食物、药物来源。当然,要获得大量天然的绿色食物,就必须以保持良好的生态环境为前提。

李渔认为,"饮食"不仅仅是作为人类日常生活中的养生学概念,更是一个具有普遍意义的生命哲学和修道实践范畴。李渔并不是局限于人类自身的生存活动境域中来谈"饮食",而是把它归置在一个整体的自然、社会生态系统中来加以审视和认识。在此意义上,"饮食"实质上应该被作为一种普遍的生态行为或运行机制来理解。就其目标而论,李渔乃把人类对合理"饮食"行为规范的遵守,视为实现个体、社会、自然环境的和谐一体之世界的重要环节。而其具体的实践原则,即为执守阴阳和合之"道"。换言之,在饮食活动中执守阴阳和合之"道",是所有生命个体皆须遵循的普遍"饮食"法则。是故,"天下人乃俱受天地之性,五行为藏,四时为气,亦合阴阳,以传其类,俱乐生而恶死,悉皆饮食以养其体,好善而恶恶,无有异也"。[87]

# 第七章　李渔饮食文化交流的历史探微

食为性命之基。

——墨子

# 第一节　李渔饮食文化交流释论

**一、明末清初饮食豪奢风尚为饮食文化交流提供先决条件**

明末清初，随着社会的大变动，人们的思想文化，提倡唯物主义，宣扬经世务实思想，追求以经济上的自足来支撑人格上的独立。特别是江南地区，生产水平大幅度提高，生产趋向商品化，市场集会充分发展，为儒家文人的经济独立自主提供了现实的可能性，为其讲学游走，交友结客，置酒高会提供了较为宽裕的经济背景，也为明末清初饮食文化交流提供了前提条件。

饮食消费的奢华成为明末清初的一大特色，在宴会风气上表现最明显，不但要吃得多，还要吃得好，不只是一般的肉品，就是稀有食材如鱼翅与燕窝，也成为宴会餐桌上必备之菜肴。奢华的潮流一浪高过一浪，人们开始夸奢比富，吃饭便不仅仅为了果腹，更重要的是人们心理上的一种满足。只要客人吃得满意，主人便有无限的风光可言，只要客人感觉到了主人所显示的这种气派，这顿饭的目的便达到了。以至于后来这种思想有了更畸形的发展。为取得食物的美味，或者只是为了在别人面前夸耀自己的地位，不惜以残酷的手段虐杀动物，就是在这样血腥的场面中，主人获得了心理上的极大满足。

当然，在士大夫中，也有人在饮食上保持俭朴，并不追求奢华，而是讲清雅。据说，江西士大夫位至显官时，也不忘贫贱时的日子，称蔬菜为"旧朋友"。建文帝时期常熟人黄钦，官为刑科给享中，曾用菜粥招待朝廷使者。兵科给事中蒋性中宴请地方长官周忱，肴不过五品，其中有菜一碟，美其名曰"金花菜"，实不过是草头而已。据李乐《见闻杂记》卷三所载，布政司参政张楚城请人吃饭，席间只有一肉，外加一道"神仙菜"。所谓神仙菜，其实就是腌菜。王恕巡抚云南时，每天所吃，不过猪肉一斤，豆腐两块，菜一把。顾东江丁艰回家，状元出身的钱福来访，留其吃饭，只不过杀一鸡，买鱼肉三四品而已。苏州著名的文人画家文徵明的生活，就更为素俭。上午，他必吃点心，不过是饼饵之类，现吃现做。午饭，喝一点酒。晚饭，吃一顿饭，到点灯时，再吃粥二匜。一日三餐，并无稀奇之处。对于一般的士子秀才，他们的饮食似乎毫无珍馐美味可言。在明代的笑话中，流传着秀才抢孔庙祭祀完毕以后的祭品的故事，说明了秀才的生活是穷困的。据《如梦录净》记载，在开封府，秀才参加乡试时，吃的不过是大米饭、细粉汤。浙江绍兴的秀才，平常会食，所吃也只是蔬菜、腐乳。至旬日，才吃点咸鱼，仍不知有肉味。

　　明中叶后，商品流通交易明显活跃，使城镇乃至乡村饮食店铺的空前增多。这种繁荣，又造成了店铺之间的竞争。为了赢得更多的主顾，店家每每在价廉物美上下功夫，但有头脑的店主则看到了文化参与的作用，他们有意识地在店铺的文化性上费思量，以提高店铺的档次和文化品位。他们树立醒目的标志、注重对本店小环境的设计、加强对产品和烹调技术的广告宣传……以致形成一定的文化氛围。也就是在满足顾客物质需求的同时，更提供他们一定的精神享受，将此作为自身求发展，保持上升的契机。然而，明中叶以后尤其到了清代中叶，都市、城镇的饮食店铺与过去相比，更多了一种标志，即招牌。时人称"一切生理，皆有招牌"。一般招牌有长方形的竖牌，也有一种悬在大门门顶或墙上的题字横牌，称作"匾额"。一些小店的招牌，设计制作比较简单，但起码也会在"粉笔墙壁上写着'零沽美酒'四字"，在"招牌上写着家常便饭"。正德皇帝开的酒店，除有酒望外，还有一对匾牌，"一云：天下第一酒馆；一云：四时应饥食店"。都会中一些有规模的饮食店，招牌上都字迹端好鲜明，制作十分精良讲究，金漆装潢，不少还是大师题词、名家手笔。如"露兄"茶馆，是明末文学家张岱题名，取自米赖"茶甘露有兄"之句。中明以后，不少饮食店铺都有了儒雅的名称，如斋、轩、亭、堂、楼等。江宁(南京)茶食店有叫"阳春斋""四美斋"的。店家重视物质的招牌，当然也不放弃以实货、坐落、门面、字号等方式招揽主顾。饮食店铺一般选择商业和人口流动中心作为经营点。但随着文人墨客、名士官宦到酒楼食铺消费的日益增多，一些店主打破常规，有意买下故家大宅设铺开店，让客人在楼台亭舍、花木竹石的怀抱之中品茗醉酒；旅游景点的酒肆、茶坊，更注重于倚山临水、环境优雅，以湖山之胜诱引客人。当时的饮食店铺还十分注重室内小环境的安排设计。餐饮要求卫生，所以店家都以店堂干净整洁为首务，力求碗盏勤洗、桌面勤擦、地面勤扫，做到窗明几净，清洁有致，用良好的环境来满足顾客心理和感官上对美的要求。此外，有些店铺在店堂的一角专设几桌，供奉门神、财神或酒神之类的神祇，即使乡间简陋的饭铺子，也往往不忘供上一尊小弥勒佛。这种安排既满足了店主和顾客对神祇的敬畏崇拜心理，又为店家增添了一丝淡淡的文化气息。更多的是，为满足文人士子来店聚饮小酌的需要，一些店铺开始注重对店堂进行特别的文化艺术修饰，如刻意精美装修、设计小间雅座、讲究典雅气氛等，从而形成了当时饮食店铺文化又一特色。许多无名小店也张挂匾联。学者钱泳曾记下数家酒店之联帖，一云："沽酒客来风亦醉，卖花人去路还香"(这家酒店门口摆有花摊)；河南永城、睢州一带的酒店挂联云:"入座三杯醉者也，出门一拱歪之乎";酒店"二两居"的楹联是:"刘伶问道谁家好？李白回言此处佳。"这些楹联诙谐形象,意趣横生。杭州西湖边茶室的联帖是集苏轼句而成,"欲把西湖比西子,从来佳茗似佳人",曾脍炙人口。颇具代表性是,扬州有家名为"知己食"的熏烤熟肉店,其肆中题额为"丝竹何如"四字,颇费猜详。当时人们对这题额有两种猜测,"或以虽无丝竹管弦之盛语解之,谓其意在觞咏。或以丝不如竹,竹不如肉语解之,谓其意在于肉"。此外,在饮食店铺中引进文艺表演,也是店家为达到同一目的而推行的另一文化行为。饮食店铺为民间艺术提供表演舞台,在酒馆食铺里说书、唱曲,这在宋元时即已有之,据记载,当时就有江湖贸食者在茶肆讲说汉书之事。在明末清初时期，为让顾客在饮食铺里得到生理和心理综合、全方位的文化享受,这种做法愈发盛行。小馆子里增添了演乐、唱大鼓等节目,大馆子甚至把戏台也搬到了餐桌前。饮食店铺种种文化现象,众多饮食店铺及其有声有色的经营,正是借商业兴盛之力,使自己得到超前发展,从而成为明末清初店铺文化的一大特色,丰富了传统饮食文化的内涵。众多饮食店以前所未有的推动力促进了烹饪技艺和名菜佳肴等饮食文化传统内容的弘扬与发展。此外,它们还在促进上层与下层社会、地域和民族间饮食文化的交融交会方面发挥了不可替代的作用,这一切给古老文明注进了新鲜内容。[9]

## 二、明末清初繁荣饮食市场为饮食文化交流打造历史舞台

明末清初是一个充满躁动与变数的时代,一方面封建最高统治集团骄奢淫逸,权臣阉宦,结党营私,矛盾纷起,依赖这个经济

基础而生存的封建制度,以及维护这一制度的道德伦理、宗法观念, 在思想领域一向被奉之为尊统的儒家思想受到了较大的冲击,宗法社会烂熟和腐化的特质暴露无遗。另一方面明末清初又是一个凄美冷艳、充满颓废色彩的时代,帝国的政治命运业已走到尽头,在传统文化的土壤中暗自孕育着新的思潮与萌动,商品经济呈现出一派空前繁荣的景象,意识形态的激进与保守,都市生活的混乱与秩序,既相互交织,又相互补充,形成了一种众声喧哗的多元格局。

晚明清初的江南社会,相对经济发达、生活富裕、生活水准较高的地区,当时的烹饪水平达到很高境界,各地都在一定范围内形成了自己稳定的饮食特点和烹饪方式。在南京蔬菜、水产和肉品都已独步天下。明人顾起元曾推崇金陵"蔬如之美",春初的水芹,夏天的雍菜,秋中的菱白,冬初的白菜,都有独特风味。"板桥萝卜善桥葱'是当地人流传已久的食蔬谚语。文人甘熙同样赞美金陵之蔬,尤对水芹菜、枸杞头、菊花苗、豌豆苗、马兰头、荠菜、芦蒿等野菜抱有兴趣。

历史上,饮食活动自明代以后日趋繁复,请宴成为人们社会交际的常用手段,官场应酬朋友互访亲戚往来,都由主人设宴招待,至于逢年过节,家家都有宴饮习俗。普通人家的宴会菜肴,以八盘为限。至清初,社会经济复苏,生活水平回升,讲究饮食的风气再次弥散开来,宴饮的规制大大提高,富裕之家竞相攀比,一席菜肴动辄耗费数千钱,就是一般平民,也多有仿效。筵席上有十六盘八大碗八小碗的,也有十二盘六大碗六小碗,或八盘四大碗四小碗的,盘用来放置冷荤(如熏鱼、酱鸭、香肠之类)、热荤(炒菜)、糖果(蜜渍品)、干果(落花生、瓜子之类)、鲜果(如梨、橘、葡萄、西瓜之类)。大碗用来盛全鸡、全鸭、全鱼、汤或羹,小碗则盛各式煎炒。筵席也很讲究上菜顺序,往往以冷盘开头,间有热炒、甜食、大菜、点心等。

人们不分南北,不但会吃,而且敢吃。俗语说得好,只有"两脚的爷娘不吃,四脚的眠床不吃"。人们的食谱范围之广,种类之杂,花样之多,足可以惊天地,泣鬼神。其胆识之大,胃口之强,足以让世间一切生物折服。譬如说人们不怕脏,蛆、老鼠、燕子窠,自然包括各种动物的内脏,人们都照吃不误;再如人们不怕毒,如蛇、蝎子、癞蛤蟆,甚至果子狸等,人们一样不落;最不可思议的是他们毫无顾忌,对于任何想吃的东西,只要找到好的理由,就可以轻易地越过心理障碍,所以他们吃狗、猫、鸟这样的宠物,也吃猴子脑、黑熊掌、大象鼻,甚至包括动物的生殖器、小孩的胎盘、胞衣等。什么都要吃,什么都想吃,什么都敢吃。

正是在这样一种时代大背景之下,晚明清初的江南社会,世风日下,物欲横流。商人阶层开始以新的姿态出现在历史舞台上,他们不再无端被轻视,追求享乐,重视个人欲望,鼓吹金钱至上与宣扬人欲合理观念。而作为文人的李渔,在这种思想的影响下,理想与现实的矛盾充斥其生活之中,在生活上是一个崇尚自然、注重生活品质、讲究品位情调的人,却又将数千年的儒学伦理道德的追求深藏于心底而挥之不去,常常不自觉地维护封建道德。他一边高唱"规正人心"的调子,一边又耽缅于玩乐,纵情于食色,在他身上,欲望和道德的矛盾十分鲜明,以一颗孩子般的"童心",不失时机地寻觅着生活中各种各样的趣味,他不甘做别人的影子,而是以自己独特的眼光去挖掘生活中的"趣味"。

饮食风气的变化是传统礼制对人们思想控制的放松及商品经济的冲击下产生的结果,表现了当时物质文明的发展,明代的饮食呈现出新的面貌,是商业发展的基础上所引发的社会思想变革等原因所导致的。经济的发展是基础,是内在的,根本的因素。风俗变化和商业发展有着千丝万缕的联系。首先商业的发展,使得饮食所需的各种食物在各地有了很大的交流,人们吃到许多别的地方的特产已不再是难事。其次城镇的繁华,商人足迹遍布大江南北,以及城镇中人们的需求客观上刺激了饮食业的发展与繁荣。再有商业文化的发展使得人们的思想观念也发生了很大的转变,商人经商取得成功占有了财富之后欲在饮食上极力追求,成为人们效仿仰慕的对象。对饮食文化的追求成为人们享受生活的一个重要方面。"万历年间,牙人以招商为业。初至,牙主人丰其款待,割鹅开宴,招妓演戏,以为常。"

王家范根据《沈氏农书》《阅世编》《陈确集》提供的数据岁列了明末清初江南地区日常食品的价格:猪肉每斤二分和二分五厘,鸡蛋 10 斤五分,鱼虾每斤二分,鸭蛋 10 斤四分,鸡每斤五分,淡酒每斤二分,鹅每只一钱四分。当时的米价,有相当大的波动,但大致为一二两。也就说,一石米可以买 50—100 斤猪肉和鱼虾,或 200—400 斤鸡蛋、50—100 斤淡酒。马学强则从《历年纪》中搜罗了康熙二十五年(1686)日常食品的价格资料:幸年货俱贱:鲜肉每斤二十二文,枣每斤十二文,桃二十文、糖二十文、栗十五文、橘十五文、桂圆四分,不满千文而货一石。就此可以看出,当时鱼、肉、蛋、糖等副食的价格与主食相比,是极其低贱的。显而易见,当时的副食生产不存在因为引入先进生产工具或采用集约化、规模化的生产方式而使其成本大幅降低的问题,因此,造成这一状况的原因只能是当时人们对副食品的消费能力有限,相对于米麦等主食,鱼肉、禽蛋等副食毕竟不是人维持生命所必需的。也就是说,对当时普通家庭饮食消费来说,主食占据绝对主要的地位。这与现代一些研究的结果是一致的。[9]

古代的饮食业素来走在其他行业前面,究其原因,自然是因为它与人的基本生活需求息息相关。古语中更有将烹小鲜和治大国连在一起的说法,表明了饮食文化在人类社会生活中的重要地位。从明中叶后,尤其是明末清初时期,由于商品经济的发展和新生产方式的萌芽,饮食店铺较以前有了进一步的发展。明中叶到清前期,北方酒馆较兴盛,南方茶坊更发达。到清中叶后,连北方乡间的小饮食铺也形成气候,"昔年之小饭铺,不过逢市集之期,卖麻花、烧饼之类,今则有小楼之名,肴馔点心,且包办酒席矣。"茶肆也兴旺起来,"昔年无卖茶者,今则茶铺不止一家矣"。乡间小小饮食铺子尚且如此,则交通往来、人口聚集的商业城镇其饮食店铺兴旺也就可以想见。当时饮食店铺已成为整个社会生活和商业结构中的重要组成部分。

### 三、李渔大江南北戏剧生涯为饮食文化交流奠定坚实基础

顺治四年至七年间,李渔居于金华、兰溪,营构伊园,生活稍有安定,此时他期望拥有伎乐以佐清欢。他在《伊园十二宜·宜春》一诗中写道:"只少楼船载歌舞,风光原不甚相殊。"另一首《山中饭客》则表达对待客时缺少伎乐的遗憾:"侑筋丝竹凭禽语,漉酒奚奴用葛巾。"顺治七年始,李渔移居杭州,卖文为生,文名渐起,经济日加宽裕,这段时期李渔已购置家乐用于自娱和待客。他的《新岁寄同社》称自己:"尽日劳春酒,无时理夜弦。"顺治十七年吴梅村游杭,《赠武林李笠翁》一诗提及李渔与其家乐:"海外九州书志怪,座中三叠舞回波。"对李渔家乐赞赏与称羡。然这些乐伎的材料已湮没,无从知晓人数、姓氏,从文献记载来看,也仅有歌舞丝竹,尚不具演剧的功能,但对乐伎的培训必然增添了李渔培训

家班的经验。

江南才子李渔青年时期正赶上明朝覆没，满人入主中原，李渔没有向新朝猎取功名的想法，便漫游大江南北，结交名士，从事著述和指导戏剧演出，依靠卖文生活，纯靠一支笔打天下。居住在杭州西湖云居山东麓的"伊园"。在南京"芥子园"住的时候，写了很多短篇小说给书坊出版，又写了很多"传奇"出版并给剧团演出使用，并开设书铺，编刻图籍，广交达官贵人、文坛名流。著有《凰求凤》《玉搔头》等戏剧，《肉蒲团》《觉世名言十二楼》《无声戏》《连城璧》等小说，以及《闲情偶寄》等书。[88]

明末清初，遍布全国城乡的饮食店铺，在大众消费需求和行业竞争的双重刺激下，形成了一种颇具特色的文化现象，即大小饮食店铺均有意或无意地以传统文化为底蕴，在店铺的形态、环境乃至产品包装等方面，营造出一种适合自己特色的文化氛围。这种文化现象可称之为饮食店铺文化。这种店铺文化既不同于诸如书坊、古玩文物等店铺那样，凝聚了太厚的传统文化而显得严肃高雅，也有别于其他行业并不太注重文化而显得简易浮浅。它是在收蓄积存传统饮食文化的基础上，适应时代需求而创新发展起来的新型的店铺文化，因此它既有中国传统文化的深沉，又有显见的趋利色彩；既体现了那个时代消费者在果腹的同时还追求精神文化的需要满足，也表现了店家利用文化渲染来争取和吸引顾客的良苦用心。这种文化是时代的产物，并且对以后饮食文化的弘扬和发展，产生了重要的影响。

# 第二节　李渔饮食文化交流掠影

李渔自称五湖四海九游其八,海内郡县 156 个,没有到过的仅有十之一二。经过一个地方,即览一地之人情,睹一地之胜概。行旅的频繁,逐渐形成了李渔为市场而创作的思想。推销图书,拉拉赞助,猎取美味,与各地官员联络联络感情,出版家、作家、美食家成为李渔行旅中的主要身份。

李渔交友有道,深明"君子朋而不党""君子之交淡如水,小人之交胶如漆"等古训。他在《交友箴》中写道:"饮酒须饮醇,结交须结真。饮醇代药石,交真类松筠。"还写道:"交道戒纷纭,交情忌稠密。神交千里通,面交九嶷隔。宁寡无滥觞,宁淡无胶漆。"当时有个潘一成,和他一样也是"府痒生",明亡以后,也不再应试。此人恣情游览,到处题咏而不署名,李渔神交已久。一次,李渔在南昌东湖酒肆中,认出他的题句,经过访问,知他是湖南东安人。1668年,李渔游桂林,特地绕道去东安访潘一成。遍寻不着,一日偶泊林树下,见一蓬门草屋,门上有副对联,李渔笑道:"此有尘外之致,定是他的住处了。"进门相见,果然是他,两人意气相投,言谈融洽,留叙二日方才依依道别。在与他交往的、有文字记载的 800余人中,上至位高权重的宰相、尚书、大学士,下至三教九流、手工艺人,遍及十七个省,二百余州县,可以说,他是中国古代文化人中交友最多、结交面最广的文人。众多的朋友,使李渔能自由往来于朝野文人之间,也使他增加了不少知识,懂得了许多人情世故,更为他的创作提供了丰富、生动的文学素材。

## 一、李渔·金华饮食文化流通之论

### (一)李渔归隐乡里推行农家乐活动

据历史记载,李渔曾在清初顺治年间归隐乡里时,在夏李村 (即当今浙江金华的兰溪市永昌街道夏李村)担任过三年"村官"。 上任后,李渔从倡修农田水利、推行村级财务公开、村庄规划整治 等方面入手,使夏李村的贫穷落后面貌大为改观,才一二年时间 就修建了水渠、石坝、道路、凉亭以及宗祠、伊园等一大批公益设 施和景点,俨然一副新农村的和谐面貌。此时,战乱已稍稍平息, 李渔想到应该发挥自己的特长并通过自己的人脉关系扩大夏李 村的宣传与影响,推行农家乐,发展乡村游。李渔首先想到的是居 于兰溪、金华城里的同窗好友,以及结识的一些政府官员,相信久 居城中的他们一定也和他一样愿意远离城市之喧闹,而向往居乡 的清静之乐,他把自己的感受写成诗词告诉友人,如七律《伊山别 业成寄同社五首》其三云:"南轩向暖北轩凉,宜夏宜冬此一方。栽 遍竹梅风冷淡,浇肥蔬蕨饭家常。窗临水曲琴书润,人读花间字句 香。诗债十年酬未始,拟从今日备奚囊。"仅"窗临水曲琴书润,人 读花间字句香"一句便是农家乐最美的广告语,可令所有读书人 为之神往,为之倾倒。[89]

清顺治五年,李渔进了一次金华城。让他惊奇的是,这座城市 又繁荣起来,街上店铺生意昌盛,百姓安居乐业,似乎比起前朝更 为物阜民安。他拜访了以前金华文人圈子里的一位朋友李芝芳, 是较早投降清政权的一位官吏,如今已是金华府的执政长官了。 他也告诉一些其他朋友的消息,那些曾经激烈主张抗清的儒生,有的已降清,在新朝下讨得一个职位;也有的朋友正准备去参加清朝举办的科举考试,跃跃欲试,以期在新皇朝中金榜题名了。此时的李渔,从《笠翁诗集》的几首诗也可以看出他心理的复杂变化,似乎很少提亡国之恨与忠义之情了,"岂无身后句,难向目前誉",他理所当然地应该向前看了,若是再这样无声无息地隐居下去,就真会成为一个山民乡巴佬,"此身无所往,久系欲成匏",也就是孔子比喻的挂墙上的"匏瓜"了。次年秋天,李渔迅速出售所有田产,变卖了刚居住两年的新别墅"伊山别业",带着全体家人离开了夏李村,前往省城杭州,他希望在那里做一番事业。

伊山别业就是伊园,坐落在伊山之麓,依山傍水,因地制宜,建有燕又堂、宛转桥、停舸、宛在亭、打果轩、蟾影、迁径、踏影廊、来泉灶等,虽布置结构简陋,却充满乡村野趣,能让人充分享受到山乡的"山水自然之利"和"花鸟殷勤之奉"。无论耕种、课农、垂钓、灌园、汲水、浣濯、采樵、防夜、吟咏、眺望,都十分便利怡情;无论春夏秋冬、晓晚阴晴、雨去风来都各得其宜,充满乡趣。李渔一口气写下了《伊园杂咏》《伊园十便》《伊园十二宜》等几十首诗,很快便在坊间流传开来。比如他写伊园的方塘:"方塘未敢拟西湖,桃柳曾栽百十株。只少楼船载歌舞,风光原不甚相殊。"他写《课农便》:"山窗四面总玲珑,绿野青畴一望中。凭几课农心力尽,何曾妨却读书工!"写《汲便》:"古井山厨止隔墙,竹梢一段引流长。旋烹苦茗供佳客,犹带源头石髓香。"写《防夜便》:"寒素人家冷落村,只凭沁水护衡门。抽桥断却黄昏路,山犬高眠古树根。"这些诗作一传到城里的达官贵人手中,便都纷纷循迹而来,住农家屋,吃农家菜,耕农家田,这便是最早的农家乐乡村游的雏形。

农家乐的推行,不但得到了城里达官贵人的喜爱,也得到当地官员的支持。据李渔的记载文字推考,当时的金华府推官李芝芳、金华知府张安豫和兰溪知县季振宜都与他有交游往来,很有可能也来考察过夏李村的农家乐项目,并给予过或大或小的支持。但也有一些不懂得情趣之人看了之后大失所望,以为李渔的诗作宣传扩大其词,不过是一所"容身小屋及肩墙"的山麓草堂而已,哪来那么多情趣,大呼上当。李渔后来在一首《忆王孙》的词中写道:"不期今日此山中,实践其名住笠翁。聊借垂竿学坐功。放鱼松,十钓何妨九钓空。"一语道破乡村游其实并非游景,最主要的是一种心境的休闲。

李渔还在后来的小说、散文创作中多次提到当年夏李村的农家乐之休闲往事,念念不忘,称自己那段时光过得是"山中宰相"的日子。他在《闲情偶寄》卷六《夏季行乐之法》中追忆道:"明朝失政以后,大清革命之先,予绝意浮名,不干寸禄,山居避乱,反以无事为荣。夏不谒客,亦无客至,匪止头巾不设,并衫履而废之。或裸处乱荷之中,妻孥觅之不得;或偃卧长松之下,猿鹤过而不知。洗砚石于飞泉,试茗奴以积雪;欲食瓜而瓜生户外,思啖果而果落树头。可谓极人世之奇闻,擅有生之至乐者矣。后此则徙居城市,酬应日纷,虽无利欲熏人,亦觉浮名致累。计我一生,得享列仙之福者,仅有三年。"其景其趣似历历在目。二百多年后的光绪年间,伊园尚存,并被光绪《兰溪县志》列为兰溪"古迹"之一。而今李渔的伊园几无迹可寻。

(二)李渔嗜鱼与锦毛鼠白玉堂一脉相承

李渔的故乡——金华,降水丰富,气候湿润,物产丰富,盛产鱼、虾、蟹、菱、莲、苇,有石斑鱼、老虎鱼(鳜鱼)等稀有鱼种,称为"鱼米之乡"。2010年影视作品《七侠五义人间道》中的白玉堂,因少年华美,气宇不凡,文武双全,故人称"锦毛鼠",是金华白竹人,最喜欢的食物是鲤鱼,是个吃鱼的专家。作品中写他和颜生一起吃酒,问店小二要活鲤鱼,他不独要一斤以上的活鱼,还要尾巴像那胭脂瓣儿相似,说那才新鲜!小二把活鱼端上来给他看,他说:你不要拿走,就在此处开了膛,省得抵换。他叫小二配料中一定要加放"尖上尖",就是青笋尖儿上头的嫩尖儿,切成条儿,要吃那么咯吱咯吱的才好。一忽儿,小二用大盘盛了鱼来,他先让颜生,说:"鱼是要吃热的,冷了就要发腥了。"随手用了个姜醋碟,吃了起来。《三侠五义》讲的是北宋的事,白玉堂吃鱼已经像明清人的吃法。《三侠五义》是清末的作品,作者应当看过李渔的书。据查阅,古代小说说白玉堂是浙江金华白家岗人氏,而这个白家岗现在被认定是金华的白竹(即金华市婺城区竹马乡白竹村),白竹村民最早是姓白或姓祝的,后来诸葛亮的后代移民来,白姓与祝姓渐渐没落,而诸葛姓却越发越多,现在的大部分村民姓诸葛。白竹现在的风貌也是通过诸葛亮后裔建造起来的。李渔从不打鱼而专好吃鱼,李渔吃鱼首先重在鲜,其次是肥。鳜鱼、鲫鱼、鲤鱼、石斑鱼以鲜取胜,鲥鱼、鳊鱼、鲢鱼以肥取胜。李渔请客,其他菜可以烧好了等客人,唯独鱼,他要等客人到了再烹。因为,鱼最好的味道是鲜,最鲜美的时候是在初熟刚离锅的片刻。他烹鱼,放水不多,只要能伴鱼就行,他说:水多一口,鱼味就淡一分。烹鱼全在火候得宜,偏生了鱼肉不松,过火了鱼肉就死而无味。做鱼要能既鲜又肥、不失天真,还要容易掌握火候,办法就是清蒸。李渔的做法,把鱼放在盆内,加入陈酒、酱油,盖上瓜姜菌笋等鲜物,紧火急蒸,一熟就吃。[90]

## 二、李渔·杭州饮食文化流通之探

居杭十年,李渔依靠自己的聪明才智,勤奋努力,先后创作了

《怜香伴》《风筝误》等六部传奇及《无声戏》《十二楼》两部白话短篇小说集,在成为中国历史上第一个专业作家和谋利不薄的同时,"湖上笠翁"也成了家喻户晓的文坛新人,成为一个资本运作高手对自身才华的初次测度,也是在商品经济挤压下扭曲的文化宝剑愤然出鞘后,闪露出的第一道锋利光芒。当时,朝野上下因鼎革所引起的震荡尚未完全平息。历经沧桑、烟水沉沉的西湖仿佛一张巨大的试卷,第一次由一个胆大妄为者胡乱填写了风花雪月以外的内容。那些年间有人发现他时常往返于杭州、金陵、苏州、太仓之间,挟策卖赋,寻诗访友,结交官员、包揽讼事,日子过得倒也相当滋润。当地一位著名的闺阁诗人黄媛介,曾在不同场合看见李渔身上穿着魏晋名士那样夸张的服饰,性情和蔼,言词谦恭,在政界、商界和文人社交圈内如鱼得水,有着相当高的评价和知名度。

李渔在杭州进行文学创作的同时,结交了清初的吴伟业、钱谦益、龚鼎孳等"江左三大家",王士祺、施闰章、宋荔裳、周亮工、严灏亭、尤侗、杜濬、余怀等"海内八大家"以及"燕台七子""西泠十子"中的多数等许多名士,互赠诗文,彼此酬唱。他还主编了《尺牍初征》及《尺牍二征》两书,这是名人的书信集,又与一批著名官僚士大夫有了书信之交。《尺牍初征》的序言是专门请吴伟业撰写的,李渔专程至江苏太仓的"梅园"拜访了这位名震一时的诗人。在同年六月,他还见到宿儒钱谦益与其夫人柳如是,钱谦益也曾经给《尺牍初征》赐稿,与李渔有着书信往还。那一次,他们的交谈很愉快,钱谦益文雅又充满机趣,给李渔以不少指点,他俩的联系后来长久保持下去。八月,几位朋友还邀请李渔与一位有"儒将"美名的清军将领周云山聚宴,他们乘舟游览了富春江,飞觞引酒,谈诗论文,也结下了友谊。此次游宴归来,李渔写了一篇散文《严陵西湖记》,文中有着较为复杂深沉的意蕴,曲折地体现了他对严酷政治氛围的不安,还有着某种徘徊、惆怅与痛苦的心理。

（一）李渔与厨艺高手董小宛

1643 年,江南名士吴梅村(1609—1672)等人携陈圆圆、董小宛等秦淮歌姬游杭州时,与李渔等人相交而相识,这也是李渔与董小宛仅有的一面之交。号称"金陵八艳"的东南第一美女董小宛,不但才貌绝伦,还是位烹饪的高手。董小宛,名白,字宛君,一字青莲,明天启四年(1624 年)生于南京(亦说为苏州半塘街),"秦淮八艳"或"金陵八艳"之一,有"针神曲圣"之誉,跻身"中国古代十大名厨"之列。董小宛这种性格上的淡泊,加上女性特有的细腻与感性,决定了她在食物制作上个性化、艺术化的特色。不仅注重饮食的美味,在视觉和嗅觉上也给人一种美的享受。她注重从自然中寻找原料,利用鲜花五彩缤纷的色彩和其与器皿颜色的鲜明对比,给人无尽的美感,让人在品尝之前,就有一种赏心悦目的心情。在其他食品的制作上也融入艺术趣味,鸡鸭鱼肉一经她的烹饪,"火肉久者无油,有松柏之味风鱼久者如火肉,有鹿鹿之味。醉蛤如桃花,醉鳇骨如白玉,油铝如鳇鱼,虾松如龙须,烘兔酥雄如饼饵,可以笼食"。腌的菜"能使黄者如蜡,碧者如苔。蒲、藕、笋孩,鲜花、野菜、构、篙、蓉、菊之类,无不采入食品,芳旨盈席"。各色点心小吃,更是令人叫绝,夏季的西瓜膏"取五月桃花汁、西瓜汁一瓢一丝,洒尽,以文火煎至七八分,始搅糖细炼。桃膏如大红琉拍,瓜膏可比金丝内糖"。这既体现了她在制作中的尽心尽力,更可见其将食物的制作视为一种享受,一种艺术的创造过程,使得色香味完美的结合,给人一种美的感受,这样饮食就超出了它仅仅可以果腹的作用范围,变得高雅起来了。这也是明代社会人们对美好生活追求的体现。可见从启蒙思潮中萌发的追求快乐人生的情趣,融入饮食活动,变得实际而贴切,也提高了饮食的文化品位,明代是突出的例证。以上不是一个仅有的例子,事实上许多人对生活雅致,情趣的追求无不通过各种方式体现出来。她调制的食品色香味美,赏目可口。李渔特别喜欢董小宛的"小宛炖肉、五色花露、董糖"等名菜名点。[91]

**1.小宛炖肉**

相传,明崇祯十三年,董小宛巧遇江苏才子冒辟疆,二人一见钟情,后来结为夫妇。婚后伉俪情笃,互敬互慕。由于清兵南下,冒辟疆为逃避灾难,几经颠簸染上了胃病,长期卧床不起,茶饭不思。

董小宛焦急万分,她根据丈夫平时的膳食习惯,用三层肉、胡萝卜、酒等,烹制了一道饭菜,供丈夫食用。经董小宛的精心调护,冒辟疆转危为安,很快就痊愈了。

其制法:在锅内放入酱油和适量水,烧开水后放入200克三层肉。肉呈金黄色时加大料2个、酒3毫升、水500毫升。以中火炖半小时后放入腌黄瓜、豆腐干,盖锅盖续烧20分钟,再加冰糖,烧至汤汁浓稠时熄火。炒甜玉米,加水100毫升,炒至水将干时,加适量盐调味,盛出。将上述菜和米饭装入饭盒,即成。

这菜可增脂肪,促食欲,利尿、清热、健胃。

**2.五色花露**

在《影梅庵忆语》里,冒辟疆满怀伤感地回忆了董小宛的种种过人巧慧。其中与人印象深刻的事迹之一,是这位明末女子所手制的五色花露。古时没有冰箱,对于花与果的保鲜,最重要的手段就是用糖腌。为此,人们专门炼制一种叫"提糖"的糖浆,用于腌制、保存鲜花和鲜果:

上洋糖十斤,和天雨水,盛瓦器内。炭火熬炼,待糖起沫,掠尽。水少再加,炼至三五斤,瓷罐收贮。如杏、梅、桃、李,一切鲜果,浸入糖内,火(应为"久")之,取出,鲜丽非常。若养桃、梅花、桂花、荷花,更佳。(清童岳荐《调鼎集》)

据清人顾仲《养小录》,用提糖腌花果的时候,还要加入适量的蜜,另外,盐腌梅卤汁也不可缺:酸青梅卤汁至妙,凡糖制各果,入汁少许,则果不坏,而色鲜不退。

在一般主妇手里,提糖、梅卤,不过是保存花果的寻常手段,但到了董小宛那里,却发生了鱼龙变化。据冒辟疆回忆,她的做法是:

酿饴为露,和以盐梅,凡有色香花蕊,皆于初放时采渍之,经年香味、颜色不变,红鲜如摘。而花汁融液露中,入口喷鼻,奇香异艳,非复恒有。最娇者,为秋海棠露,海棠无香,此独露凝香发。又俗名"断肠草",以为不食,而味美独冠诸花。次则梅英、野蔷薇、玫瑰、丹桂、甘菊之属。至橙黄、橘红、佛手、香橼,去白、缕丝,色味更胜。酒后出数十种,五色浮动白瓷中,解酲消渴,金茎仙掌,难与争胜也。

显然的,董美人所做的这一种奇妙甜品,与《调鼎集》中介绍的提糖保鲜法大致相同。世人只知道,浸在提糖里的鲜花经年不坏,可以舀出来做点心馅、做茶饮,但兰心蕙性的董小宛让腌花的糖浆也成为一道甜品。她预备了许多装满提糖、和有梅卤的罐子,把四季的鲜花,橙、橘、佛手、香橼的果皮一一投入,每一只提糖罐只盛装一种花或果,于是,长久浸渍之后,这一罐糖浆就逐渐融入了所保存的那一样花瓣或果皮的香素与颜色。所浸的花、果固然可以随时取出,为馔为饮,而一旦去除了花、果的糖浆,则形成色味俱称逸品的"花汁糖露"。

那是怀着怎样的爱情,才能做到如此细心和辛勤啊!从春天的野蔷薇、玫瑰开始,一直到冬天的梅花,一年里几十种鲜花、美果,都要一一择净,分别浸以提糖,只为了"酒后出数十种,五色浮动白瓷中,解醒消渴"的那一刻,为了冒辟疆和他的士大夫朋友们在酒醉之后,轻轻啜一口融漾着红紫纷呈五色花汁的糖饴,在唇舌间细味那于甜与酸当中悄然泛起的四季花香。

3.董糖

董糖已有 350 多年历史了,它原名为"秦淮董糖",系明末清初"金陵八艳"之一的董小宛创制。崇祯十二年(1639)春,"四公子"之一的如皋才子冒辟疆(1611—1693),名襄,自号巢民,途经苏州,慕名亲访小宛数次,都因小宛外出未归不遇。待小宛归来时,辟疆已离苏还乡,小宛深为遗憾。她返回南京秦淮后,终日思念辟疆,特亲自下厨,以精细白糖、褪壳芝麻、纯净饴糖加上等面粉制成一种酥糖,从秦淮托人转带给如皋辟疆,以寄深情厚谊。两人经历企慕、相识、热恋,小宛终于在崇祯十五年(1642)十二月委身辟疆为妾。归隐辟疆私家宅院——如皋城东北角水绘庵(后改名水绘园)。因小宛制的酥糖酥松香甜、入口易化、食后留香、疲倦喜食,故小宛常年制作,并以此糖飨客,馈赠亲友,天长日久,商贾仿作供市,称作"董糖"。《崇川咫闻录》记载:"'董糖',冒巢民之妾董小宛所造。未归巢民时,以此糖自秦淮寄巢民,古至今号'秦邮董糖'。"

今天,在金华流行的传统名品——麻酥糖就是源于董糖,它是用炒熟的芝麻研粉和糖加料制成,用一张小红纸包成长方形,小红纸上印有店家的招牌,其味香甜、质感松软,抓起成块,提起成带,进嘴甜酥,满口喷香。

(二)李渔生命中的贵人张缙彦

张缙彦,河南人,明崇祯时为兵部尚书,清顺治十三年(1656)为浙江左布政使。张缙彦与李渔交厚,时任浙江布政使张缙彦读了他的小说剧本,极欣赏他的才华,一见如故,成了好友。得知他正筹备出版《无声戏》两集,慨然应允为此书作序,并赠送一笔银两作为出版经费,张缙彦却因编刻《无声戏》两集而获罪清廷。后来,过了数年之后,李渔将《无声戏合集》改名为《连城璧》,才又在市场上流通起来。张缙彦还鼓励李渔完成了《古今史略》一书,此书可称一部小型通史,用编年史体例记载许多历史事件,以明史和当代史料为篇幅最多。经费的到位,李渔实现自著自刻自销的理想。也正因为有张缙彦的荐举,李渔很快进入浙江的上流社会和文化圈。[92]

### 三、李渔·南京饮食文化流通之析

#### (一)李渔与其著述的评论者余怀

李渔居金陵期间,结交了很多文友,他们中有雅慕李渔之才者,有自己喜爱舞文弄墨而与李渔相往来者,而当地官吏结交李渔者也不在少数,但绝大部分不过故作风雅,借李渔之名以饰门面的达官贵人。居金陵二十年,李渔以文会友,以戏会友,与整个社会有着广泛而频繁的接触,交游面极广。他曾经为时任江宁织造、《红楼梦》作者曹雪芹的曾祖曹玺撰赠过对联,与曹雪芹的祖父曹寅成为忘年交;与《聊斋志异》作者蒲松龄一见如故,相见恨晚,互赠诗词(当时蒲31岁,李61岁)。在苏州百花巷、金陵芥子园内,经常可以看到李渔与他的文友、戏友一起观剧切磋技艺。

李渔与余怀交往甚密,李渔的著述几乎都由清初文学家余怀进行评论。

余怀,字澹心,又字无怀,号曼翁、广霞山人等,莆田黄石水南村人,生于明万历四十四年(1616),一生基本上旅居江苏。他早年考过秀才,明崇祯十五年(1642)应乡试不第,隐居南京栖霞山寺,崇祯十七年(1644),明朝灭亡,他心灰意冷,从此淡漠功名,漫游苏州、绍兴、海陵、嘉兴、常熟、上海等地,常与山水为伍,以赋诗行文为乐。清顺治十三年(1656),余怀寓居南京钟山。顺治十七年(1660),移居苏州,常与姜敬亭等名士同游山水。康熙十六年(1677),好友冒襄亦移居苏州,相伴为邻,后又与诗人尤侗结为密友,诗词唱和甚多。余怀天资聪敏,才华横溢,工诗词,善文赋,嗜笔砚,旅居南京时即与杜浚、白梦鼎齐名,人称"余、杜、白",被南京人谐称"鱼肚白"。其诗词"清而能丽,绮而不靡",文笔细腻,意境悠深,且"纯以气胜,是初唐沈、宋之遗",《金陵怀古》等诗词名噪一时,文人名流争相传诵。余怀传世诗文不少,著有《味外轩诗集》《玉琴斋词》《研山堂集》《东山谈苑》《余子说史》《板桥杂记》《砚林》《味外轩文稿》《宫闱小名后录》等。[93]

李渔《无声戏》出版,余怀、张缙彦空手前往祝贺,李渔以莼菜招待。

(二)吴伟业盛情款待李十郎

当时著名剧作家、诗人吴伟业(1609—1672),字骏公,号梅村。江南太仓(今属江苏)人。明崇祯四年(1631)进士,历任翰林院编修、南京国子监司业、左庶子等职。著有《梅村集》《梅村家藏稿》,杂剧《临春阁》《通天台》等。吴伟业是明末清初著名的"江左三大家"

（钱谦益、吴伟业、龚鼎孳）之一，诗歌成就颇高。钱谦益称他"以锦绣为肝肠，以珠玉为咳唾"；《四库提要》说他的诗歌"格律本乎四杰，而情韵为深；叙述类乎香山，而风华为胜"。明崇祯帝、清康熙帝都对他的才华倍加赞誉。崇祯四年（1631）会试时他曾遭人诬陷，后由崇祯帝亲批试卷，他才得以高中一甲榜眼（第二名），被授为翰林院编修，之后又奉旨归娶，极为荣耀。在崇祯朝，他仕途一直是春风得意：崇祯十年（1637），迁东宫讲读；十二年，又迁南京国子监司业；十三年，升中允谕德；十六年，升庶子。为此，他对明王朝、对崇祯帝感激涕零。顺治元年（1644），李自成入京，崇祯帝在煤山自缢，他悲恸欲绝，"号痛欲自缢"，为家人救护劝止。之后，他又曾在福王朱由崧的南明朝官少詹事，因与马士英、阮大铖等人不合，居官仅两月便辞归故里。吴伟业在明朝所受的荣宠和封建正统思想，决定了他与新朝的不合作态度。因此，明亡后，他闭门不与世相通十年，屡受官召而不赴。但他又性格软弱，未能坚持到底。顺治十年，"诏举遗佚，荐郯交上"，在清政府的"敦逼"及父母流涕相求下，他不得已而应召入都，做了清朝的国子监祭酒。顺治十四年，以病辞归。清顺治十七年（1660），李渔特地赴太仓，拜访吴伟业，吴伟业甚爱李渔之才学，盛情款待。在太仓期间，李渔作有《梅村吴骏公别业》等文章。吴伟业有《赠武林李笠翁》，诗中提到"家近西陵住薜萝，十郎才调岁蹉跎"，后李渔因此而有"李十郎"之称，是李渔创作成长中的重要人物。[94]

（三）李渔金陵开宴答谢友人名士

公元 1662 年深秋，52 岁的清代名士李渔几经周折与间阻，终于携带家小僮仆 50 余人从杭州移家南京，实现了他内心神往已久的一个狂热念头。在此之前他曾数度携眷去那里访友或进行商业考察,对这座金粉繁华,歌舞升平,"菜佣酒保都带六朝烟水气"的江南古都有着莫可名状的心仪与投契。在宁的二十年里,李渔对南京的湖光山色、大街小巷、一草一木是那么的熟悉,既是他政治才干和人际才干大显身手的舞台,又代表着他个人商业和财富新的起点。南京是李渔一生文化事业上的全新、鼎盛时期。这期间,他搞创作、卖文字、经营书铺、编辑出版、营建芥子园、创办家班、外出献艺、游历交友、饮食文化交流等。

　　李渔的家庭戏班巡回演出,舞台当然按老规矩搭在那些总督巡抚的衙门里,非但有大把银两财物的馈赠,更有深知"寡人之疾"的地方官员投桃报李。为了不辜负自己的好心情,同时也对当地朋友多年来的照应与捧场表示一下谢意,他打算要好好请一次客,在刚搬进去不久的别墅里设家宴款待诸位好友。1668年春天,在客厅点上一炷龙涎香,命乔姬磨墨,王姬捧纸,亲自动手写了起来。然后让书童当下就将请帖分送城里城外的那几位铁哥们,请他们三日后来芥子园新居饮酒听戏。当天中午他就开始张罗准备。宴单上的主食是一种几天前刚刚研制出来的面条,自然是色香味俱全的新奇玩意,还起了个得意的名称叫作八珍面。这道美食工艺上的讲究自然非同寻常,用农家土鸡、长江里的刀鱼、太湖的白虾这三种主料拆骨去皮剁成碎糜,在日光下晒干,再加上鲜笋、香蕈、芝麻、花椒这四样辅料,也须先捣成碎末,然后一起放入面粉中。据他在文章里自己说,和面用的鲜汁也非等闲之物,因此也算是一种,这样加起来正好凑成八种。这还不算是特别麻烦的,"鸡鱼之肉,务取其精,稍带肥腻者弗用,以面性见油即散,擀不成面,切不成丝故也。鲜汁不用煮肉之汤,而用笋、蕈、虾汁者,亦以忌油故耳"。技术要求高到这种程度,让人只有惊叹的份了。如果说以上流程出自大内御厨或金陵某位名家的手艺,那还勉强说得过去,事实上这完全出自他自己的独特发明,当世恐怕也只此一家、别无分号了。说来也真是难为他老人家,要知道这次请的都是堪称老饕的海内名公大儒,又有什么是这些人没吃过的？因此,没有一两招拿得出手的绝活,又何以飨此雅客？

宴请的珍馐肴馔还包括了南京野菜,有水八鲜"水芹、茭儿菜、藕、菱、芡实、茭白、慈姑、和荸荠"和土八鲜"芦蒿、荠菜、枸杞头、苜蓿头、马兰头、香椿头、菊花脑和鹅儿肠"。也有的把苋菜、马齿苋、洋化萝卜、花椰菜、蚕豆苗、笋、茼蒿和莴苣等等也作为八鲜。《儒林外史》载:"玄武湖是宽阔的地方,和西湖也差不多大,那湖中菱、藕、莲、芡实每年都出几千石。"

宴请当日,他甚至还亲自下厨操勺做菜,简直有意要跟先贤"君子远庖厨"的古训对着干。冷菜四道,除白鸡、熏鱼外,尚有发菜、鲜笋两味。发菜是去年游秦时带回来的,系甘肃巡抚刘斗的宠赠,一向被视为江南珍品,不要说食客,就是有些厨师这辈子可能也无缘一尝。笋是新近上市的嫩尖,纯用清水白煮,略沾以陈年老抽酱油,其味鲜美无比。为此他还写过一句广告词:"从来至美之物,皆利于孤行。"可以说是他一贯强调的风格。热炒以蔬菜与水产为主,虽说不上什么名贵,但难得的是都能做到精致清淡,平中出奇,显然不是一般俗厨所能拿得出手的。席间,尤以一道以鲥鱼肋为主料的四美羹和一只烂蒸老雄鸭给客人留下的印象最为深刻。当然,受欢迎程度最高的还数前面提到过的八珍面,把客人们一个个吃得面红耳赤,面面相觑,差点连碗都吞进肚里。等到饭后一干贵客被请到东厢的浮白轩去看他新近完成的力作《慎鸾交》的彩排时,更刺激的场面想不到还在后面。乔王二姬虽系西北籍贯,但经过大名鼎鼎的笠翁先生的调教,仅仅用了半年时间,一口清纯的吴侬软语已经糯到了家,更兼音律娴熟,舞姿清丽,望之直如神仙中人。眼前莺莺燕燕,耳边丝竹靡靡,要让客人们做到不意醉神迷,击节叹赏,这个要求显然是过于残酷了。

(四)《红楼梦》及其红楼宴的原著

《红楼梦》是一个知识渊博、人生阅历丰富、文学修养非常之高的奇才所创作,因为红楼梦未署作者真名,只能在同时符合这些条件的人中寻找真正的作者。多方面比对历史文献,李渔是最合适的红楼梦作者。《红楼梦》原著是李渔,高景芳、高鹗两次改著新论,是一个完整的理论体系,由上百本明清古籍作论证依据,并非无据索隐。涉及如下地区:江苏如皋(李渔出生和青少年时期生活地)、浙江兰溪(祖籍)、金陵(浦口星甸和石桥,大观园原型五槐山庄)、安徽宁国(宁国府)、杭州(西溪,李渔石头记创作地)、苏州、扬州、徐州(张竹坡)、福州、上海松江县(贾宝玉原型张宗仁青少年时期生活地)、兰州、甘肃张掖、陕西洋县、西安长安区贾里村和大兆乡、江西古建昌府(辖南城、泸溪即今资溪县、新城、南丰、广昌)、渤海(古地域概念,即山东高密、昌邑、高青县一带)、江西湘江流域(会昌)、广东韶关、辽宁铁岭、南京张侯府、北京(半亩园、天春园)、承德避暑山庄、庐山。

第一,在中国古典小说当中,没有一部小说像《红楼梦》写的这样富贵大气。《红楼梦》描述的"钟鸣鼎食之家,诗礼簪缨之族"这样一个富贵的百年望族大家庭,提到饮食当中的菜肴和面点就有180多种,包括主食、菜、粥。

第二,《红楼梦》里面的饮食都是和食养、食疗、食补有关,是把中国古代的药食同源结合得非常好,讲养生,讲健康。

第三,每一场饮食活动都和游戏活动结合在一起,不管哪一场大的饮食活动之后,几乎都有联诗、猜谜、击鼓传花等这些游戏活动,提供的菜肴,水、陆、空都有,中外、南北、满汉都有,亦古亦今,亦满亦汉,亦南亦北,亦中亦外,还加上一个亦官亦民,官府菜和农家菜都有,这个饮食特点最后归结到,这些个饮食文化活动都是与人物有关的。特别是写到一些个人的饮食习惯的时候,写得比较细,每一道菜都有名字。

菜:茄鲞、螃蟹、火腿炖肘子、糟鹅掌、烤鹿肉、糟鹌鹑、酒酿清蒸鸭子、胭脂鹅脯、椒油莼酱、鸡髓笋、风腌果子狸、豆腐皮包子、鸡丝蒿子秆、炒豆芽菜、五香大头菜、蒸芋头、酒酿清蒸鸭子、腌的胭脂鹅脯、鹅掌鸭信、火腿炖肘子。

汤:桂圆汤、酸笋鸡皮汤、建莲红枣儿汤、火腿鲜笋汤、虾丸鸡皮汤、燕窝汤、火肉白菜汤、莲叶羹、小荷叶儿小莲蓬的汤、野鸡崽子汤。

糕:藕粉桂糖糕,桂花糖蒸新栗粉糕,枣泥馅的山药糕。

粥:碧粳粥、燕窝粥、枣儿熬的粳米粥、鸭子肉粥、红稻米粥、江米粥。

点:酥酪、杏仁茶、桂圆汤和的梨汁、松穰鹅油卷、菱粉糕和鸡油卷儿、奶油松瓤卷酥。

糖:糖腌的玫瑰卤子、洁粉梅片雪花洋糖。

果子:红菱和鸡头两样鲜果。

小食:槟榔、风干栗子。

茶:枫露茶、千红一窟、老君眉、女儿茶、六安茶、暹罗茶。

酒:万艳同杯、屠苏酒、用合欢花浸的烧酒、西洋葡萄酒、果子酒。

饭:绿畦香稻粳米饭、胭脂米。

其他:玫瑰露、茯苓霜、木樨清露、玫瑰清露。

### (五)李渔出访江苏南通及如皋

顺治十年(1653),李渔又出访江苏南通,与当地及附近一些名流交游唱酬,饮宴作诗。同游者有罗休、杨麓、吴彦周、詹瑶、凌录等人。清初通州籍诗人范国禄(范曾大师十世祖)《十山楼诗钞》中有两首涉及李渔,其一,《芙蓉池上同李渔、罗休、杨麓舟观荷》:倚山池馆就凉开,香泛荷花水半隈。欲向中流操楫去,却从陆地荡舟来。美人笑解江皋佩,醉客吟登泽畔台。日暮风光青渺渺,蒲菰杨柳一潆洄。其二,《姚咸招同吴彦周、李渔、詹瑶、凌录赏腊月梅花》:摇落霜林后,惊秋渺一团。玉烟依叶净,金雪压枝繁。瘦欲纫云影,幽宜淡月痕。岁寒情不尽,招隐荷香温。王藻《崇川各家诗钞汇存》卷首二上,咸丰七年有嘉树轩辑,南通市图书馆古籍部静海楼藏。从以上两首诗可以看出,李渔访问通州大约在初夏至隆冬期间,待的时间比较长。诗中提到的范国禄、杨麓、凌录等人,都是通州籍诗人,还都是由明入清不肯与清统治者合作的明朝遗民。从李渔与这些人的交往,我们可以窥见李渔此时对待新朝的心态。李渔还访问了阔别多年的如皋,他还去石庄拜祭了先兄之墓。诗云:一望皋城百感生,无兄何暇说嘤鸣?可怜夜月飞鸿雁,不忍春花看紫荆。在日埙篪无可乐,别来急难有谁惊?明朝谒墓愁风雨,一哭能教地有声。《李笠翁家言·卷六·七律:过雉皋忆先大兄》。回如皋家乡与老朋友唱和的诗谓:兰汁凝膏彻晓煎,沉沉相映夜如年。擎来看竹浑无际,秉去题蕉只有天。火树依然成绿树,金莲忽尔幻青莲。汉宫昨夜新传出,春色平分御柳烟。(《李笠翁一家言·卷六·七律·咏绿烛和雉皋诸友》)。

（六）李渔扬州结交蒲松龄

康熙四年(1665)春天,54岁的李渔来到了扬州。扬州,这个以诗情名扬天下的城市,对于李渔这种喜欢交游的大才子有着难以抵挡的魅力。

李渔一生交游遍布朝野,扬州群体是重要的组成部分与缩影。为了访问扬州戏曲家徐石麒,李渔不辞劳苦,前往徐氏居住的邗江北湖;扬州知府金镇修复平山堂,填词记其事,调寄《朝中措》,和欧公原韵,李渔至扬后,欣然命笔,续和二阕。清初著名的"平山雅集"传为佳话,李渔也曾是参与者,雅集诗词至今留存康熙《扬州府志》中。在扬任推官的王士禛三十寿辰,李渔恰在扬,作《天仙子》一阕寿之。此外,清初扬泰籍文人汪懋麟、黄云以及寓居扬州的外籍人孙默、程邃等,皆是李渔来扬时的交游。与文人墨客不同的是,李渔来扬州除了诗酒雅集以外,也同客商交往。清初有不少兰溪客商到扬州做生意。他乡遇故知,李渔倍感亲切,为兰溪客商在扬州的会馆题了一副对联:"一般作客,谁无故土之思,常来此地,会会同乡,也当买舟归濑水;千里经商,总为谋生之计,他日还乡,人人满载,不虚跨鹤上扬州。"文字通俗浅显,祝福自然贴切。此会馆原址当在今天扬州梅岭东路上。[95]

在康熙十年(1671)初春,江苏宝应知县孙蕙的母亲四十寿诞,孙知县素来仰慕李渔,六十岁的李渔被孙蕙邀请座上客,此时蒲松龄恰在该知县任职而认识了蒲松龄。当时《聊斋志异》还未出版,蒲松龄的文名尚不为世人所知,而李渔已是名满天下了。蒲松龄酷爱小说戏曲,对李渔这位文学前辈很是仰慕。那次,他对李渔十分热情,为了更好地表示出对偶像的崇敬,他抄录了李渔的一首诗,并恭敬地献给了他。这次会面对蒲松龄来说是永生难忘的,直到他晚年时仍对当年的相见甚感荣幸。李氏家班的精彩演出令蒲松龄大开眼界,他挥笔写下七言古诗《孙树百先生寿日观梨园歌舞》,字里行间对演出的盛况作了形象生动的描写和渲染。在李渔与蒲松龄一生中唯一的一次会见, 李渔给蒲松龄写了一阕词:幅少情长,一行逗起泪千行;写到情酣笺不够,捱咒;短命薛涛生束就。[96]

## 四、李渔·北京饮食文化流通之谈

李渔曾在北京住过一段时间,住的地方叫半亩园,可以想象,在当时的京城,李渔家的美食吸引了多少客人。要不今日的半亩园餐饮,不会遍布世界各地,而且仅在北京就开了十多家门店。

康熙五年春天,李渔沿着大运河直上北京城。他希望能结识到更多朋友,攀附到达官权贵,也打到更多的秋风。他与龚鼎孳结下了较深的交谊,龚鼎孳担任礼部尚书,亦是著名的诗人和学者,他向许多高官推荐李渔,还专门领李渔去拜访了内阁大学士魏裔介家。魏裔介是道学之士,对《西厢记》很不满意,认为张生与崔莺莺的自由恋爱不合封建道德伦理,而且搞来一份《崔郑合葬墓志铭》的史料,说是崔莺莺并未嫁张生,而是遵照父母之命嫁给郑公子。他要李渔另写一部戏剧以正视听。李渔为不冒犯这位大人物,他很委婉地拒绝大学士的要求,只说钦佩魏裔介渊博学识,自己才疏学浅,写不出能与《西厢记》相对抗的作品。李渔以圆熟的世故手法避开了尴尬局面。

1673 年,李渔到了北京。北京有位官员曾经在他经济困难时赠送过他 20 两银子,他想去感谢一番。到官员家时,主人恰好外出了,仆人于是将他引到书房等候。在书房的书桌上,他无意中发现了一张主人的当票,才得知主人也并不宽裕。主人是典当了文物来资助自己的,他甚感惭愧,决定返程回家。出发前,以前的好朋友陈学山来找李渔。此时的陈学山正是春风得意之时,他刚刚晋升为吏部侍郎。陈学山把自己这位不得志的好友推荐给了名满朝野的大臣索额图,并向索额图说明了李渔的处境。李渔的才华总是能令这些官员赞叹不已。索额图虽然对汉人诗赋并不感兴趣,但他十分佩服李渔的学识才华,他下令请陈学山替李渔筹一笔款。陈学山离开索额图府后,即刻赶往李渔住处,向他传达了这个好消息。两天之后,索额图亲自接见了李渔。李渔也想借此机会和大学士结交,提出希望能为之献上一副对联,索额图欣然应允。李渔是在索额图的赞不绝口声和丰富馈赠中返回旅馆的。接下来的几天,他忙得难以脱身。由于受到索额图的亲自接见,许多官员都赶来李渔下榻的旅馆拜见这位名声显赫的作家。那些阿谀奉承,那些滚滚而来的钱财,都差点将他给淹没了。

李渔生命中的贵人之一龚鼎孳,与吴伟业、钱谦益并称为"江左三大家",崇祯七年(1634)进士。龚鼎孳经历与张缙彦相仿,也是因为降清而成为显宦。作为诗人、学者,对于第一次入京的李渔倾注了特别的喜爱。他积极向同僚推荐,是李渔进京大获成功的保证人。《闲情偶寄》出版之后,李渔赠送给龚鼎孳一套,深获龚鼎孳的好评,并回赠给李渔一块腊肉和些许布料。由于他的促成,李渔实现了他的第二次进京。同样也是因为龚鼎孳的突然去世,使得李渔在京饱受冷落,进而凄然地离开北京。去世前的一年,龚鼎孳曾经写信请李渔在南京为他物色房屋,以便退休之后,能够与李渔比邻而居。[97]

# 第三节　李渔饮食文化交流的走向

### 一、吃饱趋向吃好

"民以食为天。"食者,天也,事莫大焉。几千年来,人们一直在饥饿线上苦苦挣扎。熟人相见,第一句话便是:"你吃了吗?"来了客人,饭后还要关照一句:"吃饱了吗?"所以,对于一个没有解决温饱问题的人来说,吃是第一位的,"饱"则是标准和目的。俗话说,"饥不择食,渴不择饮",肚子填不饱,哪里还敢奢望"吃好"? 随着时代的进步,社会的发展,人们的生活水平愈来愈高,吃饭问题由"吃饱"向"吃好"的方向转化。那么,怎样才能达到这样一个饮食目的呢?用一句最普通的话来说,就是"吃饱、吃好"。吃饱,是指摄入充足的食物和能量,不能饥一顿饱一顿,还要有一定的储备,以便在出现疾病或饥饿时能够应付增大的营养及能量消耗。吃好,是指膳食均衡、营养充分,经常保持最佳的营养状态。具体包括以下几个方面:

#### (一)食物多样,粗细搭配

世界上的各种食物的营养成分各有特点,任何一种天然食物都不能提供人体所需的全部营养素。食物多样化不仅能为我们提供各种不同的口味,更重要的是能提供人体必需的各种营养素。"多种食物"包括:谷物及薯类(米、面、杂粮、马铃薯等),主要提供碳水化合物、蛋白质、膳食纤维及 B 族维生素;动物性食物(肉、禽、鱼、奶、蛋等），主要提供蛋白质、脂肪、矿物质、维生素 A 和 B 族维生素；豆类及其制品，主要提供蛋白质、脂肪、膳食纤维、矿物质和 B 族维生素；蔬菜水果类，主要提供膳食纤维、矿物质、维生素、胡萝卜素和某些植物有效成分；纯热能食物（动植物油、淀粉、食用糖和酒类），主要提供能量、维生素 E 和必需脂肪酸。除了注意食物多样化以外，人们还要注意粗细搭配，因为人体所需的维生素、矿物质和膳食纤维大部膳食平衡。

（二）选择食物，适合自己

一方面，人们的遗传特点、身体状况、生活环境、年龄和性别是有区别的，所以应当选择适合自己的食物。另一方面，由于身体出现异常往往与饮食不周、机体免疫能力降低互为因果，病原微生物很容易乘虚而入。

（三）及时补水，利于排毒

水在机体就像川流不息的公路，氧和各种营养物质通过这条"公路"被送到组织，废物被带到肝脏、肾脏、肺，排出体外。因此对于每个人来说，保持体液入量是非常重要的。除进餐以外，每人每天应饮不少于 4 大杯（800ml）水。

（四）因人而异，补充营养

人们认为免疫功能降低是人衰老的一个自然现象，营养素缺乏是免疫能力降低的一个主要原因。所以，适当补充营养素，对强壮身体和免疫系统是有益的。蛋白质能保护身体免受病原微生物的侵袭，使人到达一定年龄后仍有比较旺盛的活力，因此应注意适当补充。

## 二、吃营养趋向吃健康

明末清初，消费群体的低碳"绿色观念"理念与期盼已经萌芽，严格"自然"意义的食料和食品成为人类社会和人类社会对自然界的最高理念，"绿色"开始成为时代消费群体选择食品的重要原则。"安全意识"是与"绿色观念"相关而又有所区别的时代餐饮的又一大特征，尽管当时的饮食安全问题基本属于偶尔发生的，饮食者的个人行为。李渔在世时绝对没有想到，食品安全会成为当今亿万民众极为关注的严重的社会问题，几乎没有什么比关涉千家万户的食品餐饮安全事故更能牵动舆情人心的了。李渔的"休闲—娱乐—享受"模式，是个"以人为本"和自由享乐人生的社会饮食模式，对于民众来说固然尚有不短的距离，但是李渔却已经在日常饮食生活中实践了，并给后人指明了饮食的走向。人们都是喜欢向前看的，新颖的文化很容易成为时尚，食品更尤其如此。中国有句俗语"稀罕吃穷人"，意思是未曾吃过的食品人们总愿意尝一尝，但稀罕的食品太多，尝来尝去便把钱袋尝空了。可见，时潮食品和饮食文化是很能开拓市场的。菜肴产品的货真价实，饮食理念与生产、制作过程的真实，提高菜肴成品科技含量和注入适应时代潮流的文化蕴涵，饮食经营的地域性，不仅是指某一具体菜品风味和饮食文化风格的地域性，而且同时也指这种风味、风格与所在地域传统习尚、风味和饮食文化地域性两者的差异性，对于这种风味、风格的差异性的认识和操作，应当是严肃和真实的，并且是变通有理巧妙的。随着物质生活水平的提高，"衣食无忧"的人们对于食品安全与营养也越来越重视，不仅要吃荤菜，还应该多吃素菜。只有荤素搭配着吃，才能有益健康。饮食物的作用,不仅体现在维持人体的正常生命活动,它还具有补养作用,包括饮食养生、饮食治疗、饮食节制和饮食宜忌。所谓"无病强身",食养的内容包括聪耳、明目、乌发、生发、增力、益智、安神、健肤、美容、轻身、固齿、肥人、强筋、壮阳、种子(助孕)、益寿等二十余种。这些作用在提高人体健康素质和预防保健方面有着重要意义。吃出健康,要注意饮食卫生。

一是养成良好的饮食习惯。吃东西以前有洗手的习惯,吃东西时不要狼吞虎咽;吃东西时不要同时做别的事情,更不要相互追逐、打闹;一日三餐定时定量,不暴饮暴食。

二是生吃瓜果要洗净。瓜果蔬菜在生长过程中不仅会沾染病菌、病毒、寄生虫卵,还有残留的农药、杀虫剂等,如果不清洗干净,不仅可能染上疾病,还可能造成农药中毒。野菜、野果的种类很多,其中有的含有对人体有害的毒素,应在正确食用指导下才能避免中毒,确保安全。

三是不吃腐烂变质的食物。食物腐烂变质,味道就会变酸、变苦;散发出异味儿,这是因为细菌大量繁殖引起的,吃了这些食物会造成食物中毒。

四是不喝生水。水是否干净,仅凭肉眼很难分清,清澈透明的水也可能含有病菌、病毒,喝开水最安全。


三、吃品味趋向吃文化


最初人们并不认为人类的饮食活动之中有文化,同样也不认为烧饭煮菜的"烹饪"是一种文化。对于后者,一些人认为:中国几千年来传统的家中烧饭多是没有文化或一个大字也不识的妇女们负责的,即便是市肆餐馆的男性厨工,也基本上是社会底层没有什么文化或识字不多的人充任的,因此,烹饪也就是简单的技术,谈不上文化,至少不算什么大雅一类的文化。但是,明末清初的商品经济快速发展,带来了不同政治理念、文化思潮的碰撞和融合,包括李渔在内的诸多政治家、学者、文学家们纷纷著书撰写饮食盛事,确立了"饮食"是以一种文化、一种艺术的形式存在着,也是最早提出饮食文化命题并开始热烈讨论交流而流行。一些来自或直接服务于餐饮业利益的撰文,以热情的弘扬心态认为:中国文化就是饮食文化;饮食是文化、是科学、是艺术,饮食文化涵盖的是一个族群、社会或民族食生产、食生活、食行为事象、食习惯礼俗、食制度规范、食思想心理等全部食事的总和。

"文化"开始成为饮食界的时潮理念,盛奇奢华便自然成了这种特殊消费类型在人类营养卫生食事意义之外的意向特征。可以从明末清初无数菜谱类书的竞倡精美珍异,饭店酒楼的标榜豪华大宴,各种媒体对"吃文化"和"吃艺术"的张扬,以及大量见诸报端的批评奢侈靡费、公款吃喝类文章中知其大端。这是民族文化秩序思索表现出来的某种态势,它反映的是当时食生活方式的文明程度和民众饮食文化的一般理性水平。这种由数万年甚至更长历史时间延续下来的饮食文化秩序,是由民族食生活方式与民族饮食文化的传统积累而成的。

随着广大民众日常生活消费能力的持续上升,同时也由于民族文化水准、文明程度的同步前进,"文明·科学·进步"的饮食理性跃上"文化饮食"消费层面的一批民众开始领先进入"休闲-娱乐-享受"的领域了。在人类既往的文字文明史上,人们的社会消费一直是表现为不同等级层次的。这种主要由经济实力决定的不同的消费层次,在行为方式意义上又以文化风格的差异类型展现于社会的浅表面。适应当时经济总体发展的社会饮食消费存在城市与乡村、大中城市与小型市镇、发达地区与后进地区、强势群体与弱势群体，以及不同文化类型之间的诸多差异，市场驱动下的社会餐饮多极化时代正在开始。服务不同社会群体，服务各种消费类型，饮食市场越来越细化，"看人下菜碟"的古老行话在今天有了更深刻、更积极的意义。未来饮食文化的走向，将是注重快捷方便、崇尚绿色天然、讲究营养平衡、药膳食疗、强调口味清淡、鉴赏异俗奇食、追求身心愉悦。

快捷方便。现代社会竞争激烈，生活步调加快，大部分人都生活在紧张之中，人们难有闲暇"泡馆子"，不能总是"酒过三巡、菜过五味"，而是要快做快吃，在饮食丰富多彩和交流的总趋势下出现的一股反向的、强调简化、速食的走向。这种"简速"，既不同于过去那种节简、艰苦为心态的价值取向，也不意味着饮食文化的衰落，而是以效率为基本出发点，同时考虑到营养和口味。它将推动饮食文化向易于制作、易于食用、易于保存的高水准饮食发展，是社会向前发展的表现之一。此外，传统食品，若其制法烦琐、费工费时，也将得到改良、改进。至于那些既费时又不卫生，且缺乏实用价值的所谓"烹饪艺术品"的食雕花拼，不但不会得到发展，而且最终将为历史所淘汰。

崇尚绿色。历史往往会显现奇特的怪圈现象，而饮食文化的怪圈特别突出。当人类从茹毛饮血到以火熟食及烹饪的发明，人们的饮食循着由粗到精，由天然到人工的方向发展，可现在的食物走向却是返璞归真，崇尚绿色、黑色和乡野天然食品，将是未来食品和餐饮的重要趋势之一。

讲究营养。饮食的基本功能在于满足人类生存和发展的需要，食物营养的高低和能否起到保健作用，是衡量其食物的主要标志，发扬中国传统膳食结构中食物要互相搭配的优食传统，荤素相配、粗细相配、主食副食相配,使其在人体中交替见功,以保障人体健康长寿。

口味清淡。随着大多数人温饱问题逐渐解决,人们味觉审美的要求也发生了较大变化,这也是一个走向小康和富裕社会的必然情形。现在的人不但不需要"大鱼大肉",更不要"重油、重盐、重味",转而要求"低盐、低油、低热量"和"强调本色、原味、清淡"。

异俗奇食。猎奇本来就是人类共有的一种心态,当人们了解异域和所处阶层以外的饮食文化的愿望与日俱增的情况下,人们已不满足"靠山吃山,靠水吃水"和"北方吃牛羊,南方吃鱼虾"的老习尚。自 20 世纪 80 年代以来,不少国家的食品,无论是美国的肯德基、麦当劳和可口可乐,还是日本料理、韩国烧烤、法俄大菜和意大利比萨店,真像雨后春笋般在许多大中城市出现。这些异国食品和快餐的风行,并不是因为其风味多么为人们所嗜,主要是它带来了西方文化传统和现代工业文明的一种新的饮食文化。特别是美国快餐这种"异文化"的总体效果:快餐店基本经营观念、建筑风格、内部陈设、服务员着装、服务方式、食品搭配与包装等多种因素互相结合,构成一种令人耳目一新的饮食氛围。其实,猎奇的心态不只反映在异国食品上,即使是对国内其他地区的菜点,同样也有"我们去尝尝新玩意儿"的扩张性要求。最近几年来无论是川菜东进、港粤菜北伐,还是新疆烤羊肉串、兰州牛肉拉面、陕西凉皮、羊肉泡等西北风的劲吹,与东北猪肉炖粉条、酸菜粉丝的流行,乃至重庆火锅、河南红焖羊肉、朝鲜冷面、毛家红烧肉等菜点的异军突起,都是变革带来人们视野和观念变化,求新、求异、求奇的反映。

追求愉悦。食对于人类而言有两重性。食,既有维持生命的一面,又有食快乐的一面。吃东西虽属生物遗传性现象,可人类的这种生理之欲，则有着许许多多的附带价值。这附带价值的体系，就是吃的文化。我们都清楚人与动物不仅仅在吃的领域差异很大，更重要的是人有吃的快感，享受上的追求。要把食物调制得味美好吃，那就要除去不好吃的恶味、扬善其好吃的美味，甚至还要动脑筋想出千奇百怪的方法创造出全新的滋味，来满足人们品尝快感的要求。由此而发明创造的烹调工具、烹调方法、调味技艺、吃的技巧、吃的礼仪和饮食风尚等就成为一种文化，即饮食文化。食之乐是李渔饮食审美一种境界。

# 第八章 李渔饮食文化的现代开发论析

　　社会主义美食文明和社会主义美食文化是人民的,不完全是豪华宴会,它关系到我们每一个中国人每一天的生活,"民以食为天"嘛。所以社会主义美食文化事业在我国的地位,决不次于社会主义教育文化事业、社会主义科学技术文化事业或社会主义文学艺术文化事业。

——钱学森

# 第一节　李渔饮食思想的现代审视

《闲情偶寄》，词曲歌舞，居室器玩，饮食颐养——展露了李渔的才情博雅，书中所述诸般见地、诀窍、机巧、心思，其理虽多浅显，然而难得在肯言人所未尝言，又说得清楚明晰，今日读之，于笠翁精巧言论之外，却又如观一幅清初市井风情画，使人不时抚卷莞尔。李渔的心性志趣，衣食住行处处小节都不惜心力，务求精致，虽皆谈俗事，而人可谓雅人。《闲情偶寄》中的"饮馔部"，是李渔讲求饮食之道的专著。他主张于俭约中求饮食的精美，在平淡处得生活之乐趣。其饮食原则可以概括为 24 字诀，即：重蔬食，崇俭约，尚真味，主清淡，忌油腻，讲洁美，慎杀生，求食益。这正表现了中国传统文化对饮食的美的追求。《闲情偶寄》文字清新隽永，叙述娓娓动人，读后齿颊留香，余味无穷。在系统研究《闲情偶寄》饮食诸事象，深入把握其中饮食思想的前提下，将《闲情偶寄》中的饮食文化与现代社会文明相结合，对李渔饮食文化进行现代开发，不断实践、不断总结才能推动李渔饮食文化开发进一步向前发展。

## 一、《闲情偶寄》的价值、贡献与方法

### (一)地方风俗民情的记录

明末清初，饮食文化不断丰富和发展，繁荣与昌盛的程度是前所未有的，是饮食文化发展的成熟时期。中国饮食原料来源的

进一步扩展、农业生产技术的提高、烹饪技法的成熟,大大促进了饮食的发展,而商品经济的发展和繁荣、城市经济的发展则进一步促进了饮食业的空前繁荣。由于经济的发展、社会的稳定、物质财富增加,人们尤其是经济基础雄厚的上层贵族对个人的物质享受更为重视,反映在饮食上就是讲究吃喝蔚然成风,在各类宴席上的花费普遍颇高。

明末清初,南北交流更为广泛。明成祖朱棣先动迁了两万户直隶、浙江的百姓到北京落户,充"仓脚夫",后又动迁了应天(南京)、浙江的三千户富民充北京宛(宛平)大(大兴)二县厢长。这样北京就有大量的江南人居住,江南的一些风俗也随他们传到北京。另外,明清时期,全国各地举子来北京科考,以江南各省人数最多。所以,在京城做官的大小官吏,也以江南人为最多,逐渐形成一个宫廷、官僚为中心的社会阶层。这个阶层讲吃、讲穿、讲宅第、讲园林、讲书画文玩、讲娱乐戏剧、讲看花饮酒、讲品茗弈棋,无不以江南为尚。江南的繁华、江南的灵秀、江南仕宦的儒雅吸引着统治阶级。他们不但把江南作为常来常往的游览胜地,而且到江南做官。江南人的生活习惯、江南人的风俗好尚也随他们传播到北京城。

明末清初,出现了大量的美食家。他们大多为有钱有闲的士大夫阶层,对饮食颇有心得,不仅精于品尝和烹饪,还善于总结烹调的理论和技艺,遗留下许多饮馔谱。另外,明清时期的笔记小说几乎很少有不记述百姓生活的,凡记有百姓日用的笔记小说,又往往以美食和宴饮最为炫人耳目。这些饮食文献客观上也为《闲情偶寄》的描写提供了素材。明末清初,厨星璀璨,御厨、官厨、肆厨(酒楼餐馆的厨师)、俗厨(民间厨师)、家厨和僧厨众多,有董小宛、陶方伯夫人、余媚娘、朱二嫂、陈麻婆、曾懿等。名菜五花八门,形成了系统的饮食理论体系。如:宋诩所著的《宋氏养生部》是一部官府食书,记述了作者从母亲那里学会不少名菜,特别是做烤鸭,整理出1010种菜品。南通的抗倭英雄曹顶,在刀切面上有一手绝活儿。名师潘清渠将412种名菜编成了《饕餮谱》一书。珍馐肴馔更多,鱼肉禽蛋类名菜有水晶肴蹄、蟹粉狮子头、五元神鸡、钟祥蟠龙、软熘黄河鲤鱼焙面、李鸿章杂烩等名菜。山珍类名菜有龙虎斗、蜗牛脍、飞龙汤、炸全蝎、雪梨果子狸、一品燕菜等奇馔异食。宫廷名菜有八宝奶猪火锅、燕窝炒炉鸭丝、樱桃肉山药、驴肉炖白菜、煨羊肉乌叉等营养美味。民间名菜有台鲞煨肉、云南鸡棕等风味名食。寺观名菜有桑门香(酥炸桑叶)、萝卜丸、魔芋豆腐、金针银耳神仙汤等素食精品,还有"五套禽""罗汉斋""松鼠鱼""紫菜苔炒腊肉""虫草金龟""烤鸭"等。这一时期成就最为突出的是宫廷菜、官府菜、寺观菜和市肆菜。

结合《闲情偶寄》作品中的饮食描写、当时京城饮食好南风的风习以及李渔的家世渊源,可以得出《闲情偶寄》中的饮食特色以南味为主,兼及北味。一方面,李渔游历四方,好与官场文人周旋,长期居住在江南,不是在南京、如皋就是在杭州、金华。而且,其妻妾擅长烹饪,李渔家人十分熟悉江南的美食、饮食习俗,以李渔《闲情偶寄》来分析明末清初时期文人士大夫的生活方式及其饮食理论,以期寻求明末清初时期的饮食思维和饮食方式,结合当代的饮食设计和审美特征,归结17世纪中后期我国的饮食技艺及饮食艺术理论。另一方面,李渔以江南风俗为流行时尚,《闲情偶寄》是李渔一生生活美学和饮食文化艺术的总结,其丰富的艺术经验、敏锐的理论洞察以及闲情的生活审美观,构建了李渔清新独特的饮食文化思想特征,依托《闲情偶寄》对李渔一生所涉及的饮食活动、饮食成就及其饮食理论进行综合的梳理与论证,从现代的审美角度剖析李渔饮食文化,提取李渔饮食文化的精髓及其所表现出的现代性特征。另外,在挖掘李渔饮食文化精髓的基础上,探寻当前主流饮食文化的现状与问题,为改变当前一些并不科学的饮食文化观念提供参照,实现古今饮食文化思想的反哺乃至运用。《闲情偶寄》中的日常饮食多显出江南的风俗习惯,既反映了当时的饮食风尚,又有李渔家庭饮食生活的影子。[98]

第一,明菜清烹,从菜肴看《闲情偶寄》中的"饮食"特色。李渔《闲情偶寄》留下大量的生活饮食资料,以此李渔饮食实践的思想精髓得以发掘,特别是对李渔拥有的近似现代饮食(低碳饮食)思维和方法的探索,其启迪意义值得借鉴和思考。李渔的《闲情偶寄》,是康熙名士的美食心法,明末清初的江南食话,于俭约中求饮食之精美,在平淡处得生活之乐取。这正表现了中国传统文化对饮食的美的追求。在"谷食第二"开篇就说:"食之养人,全赖五谷。使天上生五谷而不产他物,则人身之肥而寿也,较此必有过焉;保无疾病相煎、寿夭不齐之患矣。试观鸟之啄食粟,鱼之饮水,皆止靠一物为生,未闻于一物之外,又有为之肴馔酒浆、诸饮杂食者也。乃禽鱼之死,皆死于人,未闻有疾病而死,及天年自尽而死者,是止食一物乃长生久视之道也。人则不幸而为精致脹所误,多食一物,多受一物之损伤,少禁一时,少安一时之淡泊。其疾病之生,死亡之速,皆饮食太繁,嗜欲过度之所致也。此非人之误,天误之耳。天地生物之初,亦不料其如是,原欲利人口腹,孰意利之反以害之哉!然则人欲自爱其生者,即不能止食一物,亦当稍存其意,而以一物为君。使酒肉虽多,不胜食气,即使为害,当亦不甚烈耳。"

第二,渐进自然,从饮食看《闲情偶寄》中的"养生"之道。清代李渔本是戏曲理论家和作家,他对养生保健也很有研究,尤其注重心理情志养生。其颐养之道,主要总结在其所撰《闲情偶寄》之中。蔬食第一、谷食第二、肉食第三。"蔬食第一"开篇就说:"声音之道,丝不如竹,竹不如肉,为其渐近自然。吾谓饮食之道,脍不如肉,肉不如蔬,亦以其渐近自然也。""吾辑《饮馔》一卷,后肉食而首蔬菜,一以崇俭,一以复古。至重宰割而惜生命,又其念兹在兹,而不忍或忘者矣。"虽然以李渔家力,也只能做到"蔬食第一"和"肉食第三",但是这种饮食观念从一定意义上亦可以说是代表了江南普通百姓的养生观,既以惜福养生为重而"渐近自然"的养生观。在当时的人看来,肉食本是违背天地人和的残虐行为的产物,无非以饱人口腹之欲为目的;只有五谷蔬菜,才是上天降福、赐予人类繁衍生息的主要食物。从《闲情偶寄》所具体论及的各种饮馔的内容之中,可以看出:在李渔的饮食营养卫生方面的基本观念和意识中,包含着比较全面而系统的符合现代饮食营养卫生学原则的基本认识和见解。

从以上的分析来看,李渔的饮食风味特色,既反映了当时崇尚南味的饮食特色,又有他自己的饮食习惯。另外,祖籍在金华兰溪的李渔,对南方也有着割舍不了的情缘,家中的饮食无可避免地带有家乡特色。李渔出生在久居江南的医药之家,他写的《闲情偶寄》,固然不能说是他的自传、家传,但他在写日常生活细节如日常饮食时,必然贯穿着极为深厚的思旧情感,像写回忆录一样去写李渔的饮食生活。李渔的"以南味为主,兼及北味"的饮食风味特色就是在这样一个时代背景、家世背景下构造出来的。详细了解《闲情偶寄》中出现的各类饮食文化背景、考证其饮食风味,对我们进一步开发李渔饮食有指导意义。只有详细了解明清时期的饮食风格、深入挖掘《闲情偶寄》饮食的风味特色并结合当代的自然时尚工艺,根据当代人的口味进行改进才能开发出富有李渔文化气息的李渔食品,才能满足现代人的饮食要求。饮食对我们当代人来讲,已不仅仅是为了满足口腹之欲,而更讲求精神上的享受。这就要求厨师不仅要有高超的烹饪技艺,还要有一定的饮食文化底蕴,对中国饮食文化一知半解或者根本不了解是不可能做出具有文化味儿的饮食的。

（二）李渔经验成为饮食养生创新的源头

在李渔刚离开家乡,开始在杭州立稳脚跟之后,心中怀有两个强烈愿望,一是生个儿子,二是创办戏班。50得子使他满足了前一愿望,而后一愿望由于资金的筹措与演员人才的缺乏迟迟未能得以实现。直到康熙五年(1666)才有了机会。

这一年,康熙五年(1666),56岁的李渔应朋友之邀,由北京前往陕西、甘肃游历,先在临汾、兰州得到地方官赠予他的颇具艺术天赋的乔、王二姬,使得他成立李渔家班的愿望很快就实现了。明末清初以来,山西的商业主要集中于太原、晋中、平阳。商品的种类已达到举凡"天生地产,鬼宝神爱,人造物化,山奇海怪"的范畴,手工业经济比较发达,出产许多土特产,利于生计和物资交换之需。李渔56岁往游京师,旋应陕西巡抚贾汉复、甘肃巡抚刘斗、提督张勇的邀约,远游陕甘。西行途中,在山西平阳,知府程质夫购一十三妙龄少女相赠,此即后来的乔姬。次年57岁的李渔到甘肃兰州,谒见巡抚刘斗,得地方官员赠一女,即王姬。亦十三龄少女。以那个时代女子许嫁的年龄标准,乔、王二姬当在16岁先后被李渔收房的,经李渔调教便很快脱颖而出,成为一代艺术天才。乔姬虽年仅13岁,但聪慧过人,具有非常高的艺术天分,经教唱演习,成为李渔家班有名的旦角。乔姬学唱,记忆惊人,领悟极快,师授三遍,便能自歌。老师说是他授曲三十年以来从未见过如此聪慧之人。仅一月余,乔姬便学会了教师的所有,每有客来访,隔屏清唱,听得客人食肉忘味。王姬也是 13 岁,其长相虽不出众,一旦易妆换服,却与美少年无异,乃天赐生角。从此李渔建起了自己的家班,他自任家班的教习与导演,上演自己创作和改编的剧本,而且乔、王二姬的舞态歌容超群脱俗,扮生演旦,珠联璧合,能体贴文心,领悟性强,只需李渔一个眼神,便能心领神会,触类旁通,创造性地表演剧本内容,常常是"朝脱稿,暮登场",效率很高。他以芥子园为根据地,带领家班四出游历、演剧,"全国九州,历其六七",在全国各地巡回演出。[99]

乔、王二姬不仅令李渔叹为旷代奇观,而且对李渔体贴入微,曲尽妇道。她们跟随李渔常年在外巡回演出,朝夕相处,其相互之间早已忘记了年龄上的差距,而将友情、艺情、爱情融合在了一起。李渔从乔、王二姬那儿获得的,自然不只于生理上的愉悦,更主要的还是在精神上,用李渔自己的话说,有了她们两个,"愁处能令发笑,穷时亦觉财添",他有了一般人所难求得的富足感,终日欢欢喜喜、开开心心的。精神上的富足,是人世间最大的富足。由于有乔、王二姬这样的出色演员和李渔这样的好编剧、好导演,李渔家班很快就红遍大江南北,影响波及大半个中国。李渔每到一处,都会以戏会友,备受戏曲名流们的欢迎。南京芥子园、苏州百花巷的李渔寓所,都曾是当时戏曲名流交流艺术的场所。李渔曾在芥子园戏台上题有楹联曰:"休萦俗事催霜鬓,且制新歌付雪儿。"雪儿便是乔姬的爱称。每逢年节生辰喜日、赏花玩月之时,或宾朋兴会之际,必在园中演剧为乐,有时还会请邻居友人前来观看。康熙十年(1671),端午节前后,李渔两次带家班在百花巷演出经他改编的《明珠记·煎茶》等剧,并与著名戏剧家尤侗、著名诗人余怀等一同观演,共同切磋,往往是夜间上演,曲未终而东方已白,兴致盎然,意犹未尽。李渔有诗记载:"更衣正等演无双,报道新曦映绿窗。佳兴未阑憎夜短,教人饮恨扑残红。"

李家班作为李渔自己的实验剧团,使他在戏曲创作、导演、演出等实践活动中如鱼得水,提供了极大的便利。李家班不仅成为李渔谋生手段之一,而且使得李渔遍尝东西肴馔南北珍馐。特别是乔、王二姬均擅长烹饪,促进李渔饮食文化的交流,在推进饮食文化发展上起了很大的促进作用。

乔姬(1653—1672),即乔雪儿,人称阿乔,穷人家孩子,原籍山西平阳,李渔戏社的台柱子,从小跟着李渔,心中爱慕李渔,给李渔带来乐趣。乔姬喜食面条,山西面食甲天下,乔姬从小受其熏陶,人又聪慧,擅长制作刀削面、拉面、刀拨面、擀面、剔尖、猫耳朵、河捞等各种面食,操作方法独具匠心,粗粮细作、菜面合一、色彩丰富、香味扑鼻、味道不同。乔姬爱吃酸辣,绵绵醋香飘万里,其饮食风味味重香咸、喜食酸醋、油厚色重、软嫩酥烂。

王姬(1654—1673),人称阿王,穷人家孩子,原籍甘肃兰州。虽然是女孩,但相貌英俊,气质洒脱,像男孩一样,与乔姬一样,后来成为李渔的另一个小妾,也是一个头牌花旦。王姬少小时生活在葆有周、秦、汉、唐等十多个王朝饮食遗风的陕西,爱吃面食小吃,擅长烹饪,喜食咸、鲜、酸、辣、香珍馐之风味。

阿涂:李渔家人,是杂工,勤劳朴实,懂得节俭,但做菜没有创意,一味循规蹈矩。

阿曹:李渔家人,是厨娘,聪明伶俐,做菜花样常新,精彩不断,但嫌浪费。

乔姬、王姬、阿涂、阿曹等都是李渔家的掌勺大厨师,是烹饪专家,身怀技艺,有高明丰富的实践经验,他们努力钻研精益求精,都希望自己烹的菜肴得到主人喜欢。这对李渔影响很大,《闲情偶寄》饮食之观得益于他们的见解。

李渔的家班女乐在清初享有盛名,她们随李渔"游燕、适楚、之秦、之晋、之闽,泛江之左右、浙之东西"(《乔复生王再来二姬合传》),观众上至公卿下至布衣,如此广泛的交游在明清家班中绝无仅有。它对李渔的戏曲创作与戏曲理论都产生一定影响,是李渔戏曲生命的重要阶段。

李渔在《复柯岸初掌科》中曾提到他"游秦、游楚、游闽、游豫、游江之东西、游山之左右,游西秦而抵绝塞,游岭南而至天表"(《一家言全集》卷三)。他出行,多带了他的戏班,直接的目的是干谒达官显贵、豪绅富门,打其秋风,如他在《次韵和娄镜湖使君顾曲》中所云:"莫作人间韵事夸,立锥无地始浮家。制成八曲惭巴里,折得微红异舜华。檀板接来随按谱,艳妆洗去即沤麻。当筵枉拜缠头赐,难使飞蓬缀六珈。"(《一家言全集》卷六)同时,少不了游览山川胜迹,如他的康熙十一年初春游楚,第一站是九江,得到九江知府江念鞠的接待。稍作盘桓,直奔汉阳,受到熊元献的款待。三月抵达荆州,谒见知府李雨商、同治张秀升。夏日再回到汉阳。李渔说到这趟西行,有云:"客楚江半载,得金甚少,得句颇多。"看来并没有打到多少秋风,经济上的收益不大。而一路登临游览。写下为数不少的诗篇,成了这次出行最大的收获。

第一,李渔的饮食理论乃是针对当时社会流行的饮食风尚,所作出的批判。李渔不满饮食奢靡的流行风尚,反对甚至不齿官宦富商家寻求珍品野味之风, 以及动辄数十道菜的丰盛宴席;也有的批评当时宴会礼仪的弊俗,反对宴席名号的俗套。他们标榜身为士人,在饮食方面就应该要有节制,不要太过,而非像官宦富商家的争奇斗富。而且文人们又高举养生与尊生的口号,批评过分追求远方珍品野味,殊不知这些食物可能含有剧毒,对人体反而有害无益。

第二，李渔强调饮食最重要的是能吃出食物的"本味"或"真味"，把品出真味、吃出本味与养生、尊生联系起来，主张懂得吃出真味、本味的人，才是个"养生之人"。

第三，李渔强调素食蔬菜为先，在平淡无奇的食材中发掘它们的真味。

### (三)李渔思想的继承

明清饮食文化之所以能够高度发展，和当时社会经济条件息息相关，当时的饮食消费出现由俭往奢的风尚，说明社会经济条件正有利饮食文化的发展，而饮膳书籍与食谱也应运而生。虽然饮膳书籍在中国很早就出现，但是直到晚明以后，食谱与饮膳书籍才大量刊行与普及化，这不但说明了饮食逐渐为人重视以外，其实也反映了外在社会经济环境的变迁。正是明中叶以后的奢侈消费风气，尤其是江南地区的饮食奢华最为明显，影响了江南的出版文化，带动了饮膳书籍与食谱的大量刊行，也使饮膳书籍与食谱逐渐从日用类书中独立出来；而且士大夫与文人也都正视这些书籍的功能，抬高了饮膳书籍与食谱的地位。饮膳书籍与食谱的出版又带动了饮食文化走向精致化与多元化，至此江南的饮食文化也成为中国饮食文化的主流。

李渔一生写了很多书，最得意的是《闲情偶寄》。其"饮馔部"谈饮食，分"蔬食""谷食""肉食"，并分别就蔬菜、荤菜、饭食的烹制艺术作了阐述，这是所谓的饮食思想的内容范畴。林语堂特别欣赏李渔的作品，在谈到《闲情偶寄》这本书时说："李笠翁的著作中，有一个重要部分，是专门研究生活乐趣，是中国人生活艺术的袖珍指南，从住室到庭园、室内装饰、界壁分隔到妇女梳妆、美容、施粉黛、烹调的艺术和美食的系列,富人穷人寻求乐趣的方法,一年四季消愁解闷的途径、性生活的节制、疾病的防治……"这部书是李渔在康熙十年完成的,分词曲、演习、声容、居室、器玩、饮馔、种植、颐养等八部;论及戏曲理论、妆饰打扮、园林建筑、器玩古董、饮食烹调、竹木花卉、养生医疗等诸多方面的问题,语言平实、立论新颖,表现出较高的艺术造诣和生活审美情趣。

(四)饱食窥密、揭露与满足

清初戏曲家李渔不仅是个味蕾高超的美食家,而且是一个非常人道的美食家。李渔所反对的,其实只是那些为追求自己一嘴之贪而动不动就射杀一些飞禽走兽的饕餮之徒。"兽之死也,死于人;禽之毙也,毙于己。食野味者,当做如是观。惜禽而更当惜兽,以其取死之道为可原也。"为了强调这点,李渔还不厌其烦地对"野味"与家畜进行比较。他认为:"野味之逊于家味者,以其不能尽肥;家味之逊于野味者,以其不能有香也。家味之肥,肥于不自觅食而安享其成;野味之香,香于草木为家而行止自若。是知丰衣美食,逸处安居,肥人之事也;流水,高山,奇花异木,香人之物也。"而对于这种"肥美之味"的养成,李渔又以鹅、猪为例,详尽其理:"鹅以固始为最……豢之之物,亦同于人,食人之食,斯其肉之肥腻亦同于人也。尤之豕肉以金华为最,婺人豢豕,非饭即粥,故其为肉也甜而腻。然则固始之鹅,金华之豕,均非鹅豕之美,食美之也。"其言下之意,家养之畜的肥美,足够人们来消受,完全没必要吃什么野味了。

水产品也是李渔的所爱。但这毕竟也有些血腥性质,所以同样充满了自责和内疚。他甚至认为,自己每每吃那些生猛鱼鲜时,其德行比"酷吏"好不了多少。"鱼之为种也似粟,千斯仓而万斯箱,皆于一腹焉寄之。苟无沙汰之人,则此千斯仓万斯箱者生生不已,又变为恒河沙数。至恒河沙数之一变再变,以至千百变,竟无一物可以喻之,不几充塞江河而为陆地,舟楫之往来能无恙乎?故渔人之取鱼虾,与樵人之伐草木,皆取所当取,伐所不得不伐者也。我辈食鱼虾之罪,较食他物为轻。兹为约法数章,虽难比乎详刑,亦稍差于酷吏。"其实,按现代生物学观点来看,在生物繁殖之中有所谓"群体选择"一说,局部的牺牲往往获得种群的繁衍。

人类就是在顺应万物的春生、夏长、秋收、冬藏的自然法则中,逐渐认识自然规律的。江南的饮食活动也营造了不同岁时节令的气氛,其内涵是非常丰富的,有时令的关系,也有风俗与宗教信仰的关系。这些时令食品的象征意义,要比它们本身的营养价值重要得多。由于江南特定的人文传统和生态环境,从而形成了其独具特色的地域风情和饮食民俗。作为重要的鱼稻文化区,江南从主食、副食到茶、酒,从饮食方式、环境,到饮食社交等人文景观,都呈现着许多具有江南独特韵味的饮食风俗。同时,江南自古繁华,物产丰富,鱼、虾、家禽四季不绝,农副产品应有尽有。优越的自然条件和经济条件为江南饮食提供了丰厚的物质基础,体现在吴歌中就是有很多关于"饮食"方面的程式,都极尽铺陈排比之能事,而讲述者和听众也正是在这种铺陈排比的有规律的反复和重复中获得乐趣,并乐此不疲。

## 二、李渔饮食文化对现代生活的启示

### (一)养生为尚的现代饮食迷失

生活在现代的人类,是幸运的一代也是不幸的一代。幸运的是，我们的生活富足、物质文明发达，在饮食方面更是力求精致美味。不幸的是，我们的生活品质却未能与所得看齐，"文明病"丛生，如恶性肿瘤、脑血管疾病、心脏病和糖尿病等，其实这些"文明病"大多与不正确的饮食习惯有关。究其原因：现代人生活节奏快，工作压力大，经常三餐不定、生活作息不正常、吃得太快、饮食不卫生、吃得太油腻、吃太多药物、生理年龄老化、饮水量太少或纤维素食物进量太少等。因此，饮食的观念和行为对健康与生活品质的影响，实在是现代人最应重视的问题。

如今，重视健康的现代人是越来越多了，但其对养生的理解很容易沿这样一条轨迹发展：养生对身体健康很重要→养生就是要保养身体→保养身体该吃些什么呢→吃什么营养最关键（蛋白质、维生素、微量元素等）。即：养生=保养=吃什么=就吃营养素，结果呢？养生=吃营养素。于是人们就很容易按最后的片面理解，平时买点蛋白质之类的产品吃吃，就认为自己是在养生了。可事实却并非这样简单。其实，养生所包含的内容是很广泛的，既有物质方面的身体的休养生息与营养补充，也有精神方面的心情愉悦与情志的陶冶。而保养则侧重于身体物质方面的休养与营养补充，淡化了精神方面的陶冶。吃什么就更简单，单一强调营养的补充与食物的寒热温凉之性，干脆纯物质了。吃什么营养则纯粹只强调物质的成分，换句话说，就是把人体简单地看成是一个由蛋白质、糖、脂肪、水分、微量元素等组装而成的机器，按比例地给它补充这些成分就可以了，不单是纯物质化，而且还是精细化、没有活性的物质。

说起真正的养生，其实也很简单，养生就在我们的日常生活中，就看我们是否能真正有养生的意识，能否坚持做下去。人的生命好比燃烧的蜡烛一般，烧得越旺，就越早熄灭。养生，就是要减少生命的消耗(即生命节能),增加生命储备。长此以往,自然生命就会长久。生命节能的方法可以从三个方面来实现:一是静,降低阳气与阴精的消耗;二是慢,慢消耗,长寿命;三是低温,中医说"秋收冬藏",低温能让人体积蓄更多的生命能量。而对于生命的储备来说,饮食补充是首要的,根据食物种类、形状、生长环境、生长季节以及食物的五色、五味等,判断食物与人体脏腑的对应关系,以之指导日常的食物对人体的补养。

当然,食物提供营养,然而不当的饮食却可能使人生病。无论是高血压、心脏病、糖尿病还是癌症,高油、高糖、高盐都扮演着至关重要的角色。如:现代科学研究发现,有些蔬菜和水果确实有预防疾病发生的功能,如花椰菜便具有丰富的维生素 C 和 E,能预防癌症的发生。但是在今天,为了加快动植物的生长速度,同时也为了预防病虫害而大量使用农药、抗生素和荷尔蒙等,结果却对人类造成了严重危害。根据研究,喷洒的农药,真正被昆虫和细菌吸收分解的只不过是 1%,45%仍残留在植物上,其余则污染土壤与河川,最终伤害到的还是人类自己。随着各种"文明病"的日益增加,人类由于不健康的饮食习惯所导致的疾病,有愈来愈严重的趋势。现代科学研究证明,高脂肪饮食与肥胖、脂肪肝、心血管病症及某些癌症有密切的关系, 所以最好少吃肥肉以及油煎、油炸食物;而盐分摄取过多容易罹患高血压,烹调应少用盐及含有高量食盐或钠的调味品,尽量让食物的口味清淡一些;而糖类除了提供热量外,几乎不含其他营养素,同时容易引起蛀牙及肥胖,所以也应该减少食用量。

(二)对现代生活的启示

如今,低碳,以新兴的概念,铺陈着人们的生活,或简约,或朦胧。人们与低碳建立的不仅仅是认识和熟悉的递进关系，更有执行和服务所带来的深层次的关系。低碳的声音，如果你侧耳倾听，就会感知绝非是近来所提倡，而是地球由来已久的深处呼唤。低碳生活是返璞归真地进行人与自然的活动，这是一种文明，是人们生活和社会发展的标志，这种理念早在古代就已经被前人所提出了。李渔时代，人们就提倡"低碳"文明，向往"低碳"生活了，而我们又何乐而不为呢？《论语》有言："慎终追远，民德归厚矣。"这正是我们践行低碳生活的着陆地。在生活中，人们对追求低碳也并非望尘莫及，可从小事做起，从细微处入手。诸如在饮食上，可食用一些含少量二氧化碳类的食品，少喝一些碳酸类饮料，注重生活的每一个细节，一滴水，一度电，一根针，一丝线，从小事做起，从现在做起，都可以做到节约资源，减少浪费，降低排放。去掉生活中的虚化和浮躁以及那些虚无缥缈的伪装，返璞归真，面对实际，让节俭的意识贯穿始终。不论何种方式，作为社会的一分子，都必须付诸实际行动，这样以低碳方式生活就成为日常的司空见惯的方式。呼吁低碳生活并不是让人们降低生活品质，只是在倡导享受现代生活的同时，每天稍稍留心，去留意怎样的生活才能更环保、更"低碳"。

李渔从理想的精神高度向现实生活回归，召唤着一种立足于大众文化立场的现实主义，并且借助大众传播、文化工业等渗透到衣食住行等社会的方方面面。李渔追求一种感性与理性相结合的低碳生活，立足将个人的才思经验施用于现时现在的享乐与意趣培养上，希望在世俗人生和生活中求得"不俗"的人生境界。他放弃走读书出仕的传统人生道路，放弃传统地位赋予他的自命不凡、故作清高，在生活中找到自足的情怀与创造的激情。面对日常生活中接触的人物、居室、花木、器玩、饮食、庭院等给予审美眼光,在日常生活中创造美,享受生活乐趣,这是建立于他的怡然自得的世俗审美心态,悠闲、怡然的心境使得李渔对生活充满兴致与情趣,获得了并非来自于外界物质条件所羁绊的审美体验的快乐。可见,对于真正追求生活乐趣的人来说,平和广阔的悠然心境是享受生活的关键。林语堂也曾说:"享受悠闲的生活是不需金钱的,有钱的人也不一定能真正领略悠闲生活的乐趣,只有那些轻视钱财的人才真正懂得此中的乐趣。他须有丰富的心灵,有俭朴生活的爱好,对于生财之道不大在心。这样的人,才有资格享受悠闲的生活。如果一个人真的要享受人生,人生是尽够他享受的。一般人不能领略这个尘世生活的乐趣,那是因为他们不深爱人生,把生活弄得平凡、刻板而无聊。"

生活是人的物质层面的生存状态,而艺术则是借助生活的技巧、工艺想方设法使得生活由低层次物质需求向更高的文化、精神的审美境界升华,人必须将艺术融入生活才能营造富有雅韵的生存状态。让生活逐步艺术起来,让生命逐步美学起来,让生活满足自身生理的、心理的、文化的、精神的不同层次需要,这就是李渔的生活艺术,美并非在"彼岸",而是与生活都在"此岸"。李渔追求快乐的人生和营造艺术的生活氛围告诉我们生活艺术并不是富贵彰显,而是在生活中品味人生,不断寻求人生与生活的诗意化,告诉我们"美,就是一种富有意趣、充满福气、享受快乐的生存形式"。〔100〕

现代生活的压力越来越大,人们对于闲暇生活时候的娱乐也越来越重视,闲暇时候的生活引起许多学者的关注,杜马泽德指出:"所谓闲暇,就是当个人从工作岗位、家庭、社会所赋予的义务中解放出来的时候,为了休息,为了散心,或者为了培养并无利害关系的知识和能力,自发地投身社会,发挥自由的创造能力而完全随意进行的活动的总体。"这与单纯把闲暇当作多余的闲工夫的观念不同,它赋予闲暇以"个人自觉地积极地发挥的主体时间的意义"。然而现代在闲暇生活方面常常会步入歧途,滑入极端享乐主义和利己主义的深渊,人的休闲生活被物所奴役,当代国人奢侈消费的色彩极其浓郁,通过花费金钱来寻找休闲的快乐,"自由时间"的含义在慢慢变了性质,这里似乎再也看不到席勒所说的物质实在之外的审美表象上的自由生活,而是用金钱制造的"游戏"幻象。李渔休闲养生法给出许多启示,他注重精神享受的方式具有特别的生活情趣,人如果在生活中缺乏这样的精神乐趣,其生活也是不完善的。

# 第二节　李渔饮食文化的现代开发摭论

## 一、聚焦于李渔宴的开发解析

城市,本由乡野演变而来。在当今都市饮食生活十分丰富的时期,人们更加追求健康食品,饮食呼喊"返璞""回归""自然"的口号,而开发李渔宴正是在这股饮食潮流下被大众欢迎和重视的。李渔宴田园风味浓郁,适应面较广,无论是四五星级的高档饭店抑或是家庭式的个体餐馆都离不开,高档客人的欢迎,中低档客人更由衷喜爱。像金华的"阳光绿洲湾大酒店""五星大酒店""望江饭店"等大酒楼,还开辟了"田园风味餐厅",其装潢设计颇具匠心,给就餐者一种身在乡间田野的感觉,一种精神上的享受。然而,在人们走进一个饱食的时代后,已经失去了曾经由饥饿激发出的灵敏的味觉感受能力和烹饪创造能力,饮食市场的丰富多彩已使越来越多的人降低了对美味的兴趣,美食变得比以往任何时候都令人困惑。站在全球经济一体化的高度来审视,"吃什么""如何吃"的问题,贯穿着一种价值引导——合理的饮食观念,这离不开科学发展观的指导。科学发展观的要义即全面、协调、可持续的发展,其基本价值取向是"以人为本"。用科学发展观指导李渔饮食文化的开发,李渔宴要以家常土菜为开发创新基点,通过多种渠道广泛宣传,倡导绿色生产、理性消费和绿色消费,向健康、文明、安全、质量、人文挺进,形成符合时代特征的饮食理念、饮食品质、饮食安全、饮食手段、饮食环境、饮食管理,努力打造李渔饮食文化品牌。

第一，推进李渔宴的开发。随着个人消费的扩大，传统的金华菜选料的局限性，已很难适应日益发展的饮食市场。为此，金华饮食应根据现代人追新猎奇、紧跟时尚的潮流，大胆引进新原料，吸取精华，挖掘开发李渔民间"家常土菜"，不断丰富菜肴品种，为金华菜的发展增添新内容。

第二，推进多元化饮食。市场的多元需求，决定了饮食经营多元化的层次和方式，要营造多种风味、多种风格、多种档次的饮食大市场。由于金华地域的局限性，金华饮食的发展凭借深厚的历史文化和发挥丰富的资源优势还有待于拓展，应充分研究金华当地的大众口味、饮食特点及原材料市场供应等一系列情况，因地制宜推出一些既能利用当地原材料，又能充分体现金华特色的菜肴。在烹饪特色、经营理念、就餐环境、消费方式、服务程序等中创新求变，在创新中凸现个性。

第三，推进品牌化饮食。《闲情偶寄》展现的是明末清初社会市井世俗的生活原貌，创制"李渔宴"，意在为《闲情偶寄》专著留见证，为李渔精湛的烹饪厨艺留绝学，更为金华菜争光彩。李渔民间"家常土菜"符合当地人的饮食习惯，具有浓厚的乡土气息，名菜的本身就是从民间"家常土菜"中挖掘出来的，品牌饮食是趋势，也是企业提升知名度的承载形式。对饮食产品的制作实行标准规格、标准工艺、标准口味、标准包装，实行统一品牌、统一管理、统一标准、统一采购、统一定价及计算机网络配套运行的管理模式，实现大批量、低成本运行，提高规模经济效益，为金华菜的发展注入一股新生的活力。

## 二、李渔宴开发过程中存在的问题

综合市场上的饮食文化产品开发来看，目前饮食文化开发主要集中在两个方面：一是饮食文化与旅游文化开发相结合，推动饮食文化与旅游文化的双向发展；二是各类主题餐厅的推出。李渔饮食文化在这两个领域有很大的开发潜力。相对而言，李渔饮食还待在"深闺"中，其饮食文化资源开发还未起步，李渔宴的研制开发，仅仅着眼于宴饮研发。较其他主题宴的研发而言，李渔宴研发是比较迟滞的。虽然诸多饮食专家、李渔专家对李渔饮食文化的学术研究较多，但饮食界对李渔宴的开发刚刚起步，传统饮食文化与现代餐饮开发结合不紧密，使其难以大范围打开餐饮市场。

### （一）李渔宴的研制未能结合现代营养学理论

缺乏科学理论的系统研究，李渔饮食文化的历史悠久，内蕴丰厚，但是关于李渔饮食文化的研究却滞后于历史的发展，也很少有人把李渔饮食文化作为一种学问去认真研究。目前的成果，主要是一些菜谱和教材，而有分量的研究论文或研究专著则凤毛麟角，缺乏对的李渔饮食文化深入系统的研究。尽管人们讲究食疗和食补，重视以饮食来养生强身，但是烹调却仍以追求美味为第一要求。人们多从味觉、视觉、嗅觉、触觉等方向直观地把握饮食，而不论营养是过度还是不足，只要口味好、色彩美、造型佳，便乐意享受。这与西方从营养角度摄取食物的理性饮食观念不同。李渔宴的开发延续了李渔饮食重食补的传统，但却没有考虑到根据现代人的营养需要均衡设计李渔美食菜肴。在李渔宴开发过程中，利用现代营养学知识设计科学营养的食谱，使整个宴席菜肴荤素搭配合理,同时采用现代烹饪技艺,尽量防止食品原料中的营养素在烹饪中流失,是李渔宴开发走向科学化、营养化的唯一之路。营养健康的李渔美食才有可能长期发展传承下去。

(二)从业人员的素质跟不上李渔宴的文化要求

烹饪科学是一门新兴的边缘学科,它与营养学、卫生学、化学、物理学、机械电子等现代学科都有着密切联系。发达国家的烹饪师都受过高等教育,起码都是大专以上文化,所以西厨在烹饪中比较富于创新和变化,格调也高,更能将现代科技应用于烹饪,加快了烹饪科学的发展,西方烹饪也就显得较为科学和现代化。在我国历史上,烹饪多以手工操作为主,很多厨师由于环境的限制,缺少应有的文化素养和科学知识。新中国成立以后,在党的领导下,厨师们不但政治上彻底翻了身,而且由于大力兴办烹饪教育,一批既拿刀把子和勺把子,又能握笔杆子的新型烹饪人才成长起来,还有一批老厨师刻苦学习钻研,努力提高自己,也写出了不少有价值的论文。但是我们必须看到,虽然烹饪队伍的文化结构正在不断改善之中,科学文化的总体水平还是偏低的。文化素质低,制约了我国烹饪科学的发展,对旧的烹饪技艺难于科学总结,开拓创新难度大,对食品原料的营养分析,营养素的合理组合,烹饪过程中对营养的保护,对不同年龄,不同健康状况的人的营养补充等方面,厨师均难做到合理和高效,烹饪队伍科学文化素质低是影响烹饪科学发展的重要原因,也是烹饪面临危机的根源。目前国内的李渔宴经营,在"硬件"设施上都做了精心的设计,如饭店建筑外观设计与内部环境装饰。另外,从宴席的菜品命名、选料、加工、切配造型、烹调、器皿的选择与装盘也都有固定的规范。但是"软件"上,服务人员的素养还有待提高。有时候出现服务人员对不同顾客差别对待这样有失职业道德的事情。服务人员仅把菜肴干巴巴地呈现给顾客,不提供翔实准确的介绍,不为顾客讲解菜肴的典故和传说,导致品尝过李渔宴的普通顾客觉得李渔宴不过尔尔。像李渔宴这种主题性特别强的宴席开发创新点就在于满足一部分顾客的特定文化需求,而文化氛围营造的缺失却使其与普通宴席无异。要实现高品位的饮食文化营销,需依赖优秀的员工素质,即要求员工有崇高的敬业精神、良好的职业道德和深厚的文化修养。优秀的员工在服务过程中,可以使服务产品从原始的食用功能价值上升到一种具有文化附加值的新境界。例如,在服务李渔宴席过程中,精选席间所奏音乐、掌握必要的李渔娱乐活动并善于组织客人进行各项席间娱乐都有助于调动饮食文化氛围。客人在享受美味佳肴的同时,得到李渔文化的熏陶。

(三)李渔宴的文化营销未得到升级开发

提起李渔菜,很少有人能说上个子丑寅卯,远不如红楼菜、仿宋菜那样被人们津津乐道。究其原因,就是相互间缺乏交流与合作,在餐饮业各自为政的现象比较突出,"鸡犬不相闻,老死不相往来",更有甚者相互拆台,搞恶意竞争,"吃一百送五十""五折优惠",有的甚至"吃一百送一百二十"。价格战的结果是两败俱伤,无助于李渔菜的发展,相反,可能会使其声誉和质量大打折扣,从而影响其发展。李渔菜因其用料广泛、口味浓厚、刀工细腻、造型讲究、色泽鲜亮等,形成了自己独特的风味,但长期以来由于宣传不够、缺乏包装等因素,李渔菜一直没有树立起自己的品牌。像李安的电影《饮食男女》(*Eat Drink Man Woman*)和《喜宴》(*The Wedding Banquet*),将食谱带到美国南加州及纽约的环境,表现出色香味的食谱在精神传统和物质传统的阐发下,食物变成"符号意义链"(signifying chain)，推动着逐渐从餐桌上浮现的意识形态、语言、文化、身体、节奏、时间观念等移民议题，以及这些进食习惯所牵扯的生活秩序、华人所喜爱的游戏等。目前的餐饮消费需求不断升级，餐饮业已经开始进入体验经济的时代，消费餐饮产品的过程逐渐成为以审美和愉悦等精神享受为核心的活动过程。丰富多彩的饮食礼仪也是极具魅力的一种饮食文化。人们对富有特色的古代饮食礼仪也极有兴趣，但在李渔宴开发过程中却还没有注意到这样一种消费诉求。饮食产品的文化营销是目前餐饮业走出行业激烈竞争困境的一种重要的营销策略。许多饮食企业正积极探索如何使饮食更富文化味，随之而产生的就是对饮食本身文化内涵的进一步挖掘，如各种主题餐厅的出现以及各种个性化、特色化、形象化服务的出现。一项产品从其开发、投入生产、进入市场，直至完全退出竞争都要经过一个生命周期，即投入期、成长期、成熟期、衰退期，因而若希望能够延长其寿命就必然需要不断更新创造，使之尽可能在市场中处于有力竞争的状态。李渔宴的文化营销也不例外，只有不断地创新，才能满足客人复杂多变的消费需求，李渔宴需要不断寻求突破点，才能在餐饮市场分得一杯羹。另外，饮食文化营销离不开各式各样的宣传。如今，"酒香也怕巷子深"，多元化的饮食市场让消费者有了多样的选择机会。只有出色的饮食文化营销配以大力度的宣传，才能抓住人们猎奇求新的心理，在人们心中形成一定的认可度，进而愿意去尝试。

### 三、李渔饮食文化开发的振兴之路

#### （一）转变营销观念

目前的饮食思想观念，是经历了数千年的积累而形成的，在很大程度上有着因循守旧，墨守成规，安于现状，故步自封，视野和思路狭窄的一面，传统势力束缚了人的思想观念，缺乏品牌意识、竞争意识和创新思想，品牌意识差，既缺乏对传统餐饮文化的发扬光大，又缺乏对现代餐饮技术成果的吸收和借鉴，严重影响了创造能力和新思维的产生，并制约了对新形势的判断能力及对新事物的认可和接受能力。就目前情况看，李渔宴的开发具备了向外发展的条件，但还处在一种"单兵作战"的状况，还缺乏组织。表现在餐饮市场上，是一年一流行，什么麻辣烫、东北风、小肥羊，一刮一阵风。不少企业看到个别品牌一度红火就都跟着上，盲目跟风的结果是风过潮落，自己的企业也经营不下去了。这也是品牌意识淡薄的一种表现，注重的都是形式上的东西，缺少内在的、深度的、高层次的竞争。为了帮助李渔饮食文化走出本地的小圈子，走向全国，走向世界，应积极开展李渔饮食文化系列宣传活动。一是系统清理李渔饮食文化家底。二是举办"李渔饮食文化"大型综合性的展览，展示历史文化底蕴，激活历史文化资产，带动文化资产运营，促进市场发育。三是拍摄一部"李渔饮食文化"电视系列专题片，提高李渔饮食文化的知名度，增强李渔家乡人民对本地饮食文化口头的和多种媒体的宣传意识，促进李渔酒类、食品、餐饮等行业的企业文化发展；提高李渔餐饮品牌的文化品位，增强市场感召力。四是定期举办"李渔饮食文化节"，扩大李渔餐饮产品知名度,争取社会效益和经济效益的双丰收。另外,随着市场经济的深化和李渔饮食文化的发展,应该创建"李渔饮食文化博物馆"。

(二)增强竞争意识

李渔饮食文化一直流淌在民间乡野家常土菜的洪流中,有的正在淹没和消亡,因为有李渔的《闲情偶寄》,所以有许多外地人来江南寻找这类名吃,可惜的是有的已不见踪影,有的已面目全非。抓紧时间抢救这些名牌,已是刻不容缓的事。如果能够挖掘整理这些千锤百炼的精品,肯定会为李渔文化的增色不少。李渔宴的开发要搞大,既包括规模的扩大,也包括质量的提高。要破除门户之见和论资排辈的思想,大胆推陈出新,增加李渔宴菜系的品种。资历、师承不能不讲,但重在创新与发展,不论资历多浅,只要能创出品牌,就应当认可和推广。

(三)注重学术研究

中共十七届六中全会通过了《中共中央关于深化文化体制改革、推动社会主义文化大发展大繁荣若干重大问题的决定》,指出:要加快发展文化产业、推动文化产业成为国民经济支柱性产业。李渔饮食文化产业迎来了大发展的难得机遇。李渔饮食文化来源于李渔饮食,是对李渔饮食活动的总结和提炼,是对李渔饮食产品的研究和挖掘,对李渔饮食行业增强市场竞争力、衍生附加值及无形资产产生重大的影响。李渔饮食文化是一个广泛的社会概念,有关李渔饮食的目的、效果、观念、情趣、礼仪、环境等现象,都属于李渔饮食文化范畴,它贯穿李渔饮食经营和饮食活动的全过程。李渔饮食文化主要包括菜品文化、小吃文化、宴席文化、餐厅文化、服务文化、营销文化,繁荣李渔饮食文化意义重大,任重道远。而互相学习,互相支持,取长补短,是发展李渔菜的必要条件,实现行业间的联合自然要比单独"作战"强得多,同时对李渔文化的整体发展也必将起到积极的促进作用。餐饮企业强大了,对开拓外地市场具有更强的发展条件,坚持定期或不定期召开学术研讨会,在烹饪科学领域组织攻关和协作,对新成果加快推广与应用。要坚持举办烹饪大赛,彼此交流技艺,促进烹饪技术的发展。此外,还需加强与国外烹饪团体的交流与合作,不仅需要邀请国外烹饪师到我省参赛、表演、工作,更应争取多参加国际性大赛,走出国门,加快中西的融合,促进李渔宴开发事业的现代化,推动李渔饮食文化走向全国,走向世界。

1.发展李渔饮食文化,人才是关键

全面提升李渔饮食从业人员、管理人员的素质,大力发展李渔宴开发的职业教育和技术培训,努力培养和造就一大批优秀的厨师、服务员和经理,促进李渔宴开发队伍的专业化、规范化。

2.发展李渔饮食文化,品牌是灵魂

引导李渔饮食业走产业化发展道路,注重李渔饮食品质、硬件环境设施(如装修特色、停车环境、卫生状况等)、服务流程及服务标准建设。帮助李渔宴开发企业加大创新独特意识、形象宣传,善于挖掘地方李渔饮食的文化底蕴、传统风格、烹饪技艺。强化服务、环境、菜肴品牌意识,打造一批有特色、有内涵、有影响的品牌菜品和品牌饭店,加强知识产权保护,推动品牌经营。

3.发展李渔饮食文化,市场是基础

李渔宴的开发单位要结合地方实际,走大众化、市场化道路。发展特色李渔饮食,全面加强李渔饮食服务食品安全监管。在倡导和推行绿色李渔饮食的基础上,宣传和普及健康、环保的消费理念,促进李渔饮食行业健康发展。

4.发展李渔饮食文化,活动是载体

以举办美食节、李渔饮食文化交流座谈会等形式,加强李渔饮食行业之间的交流和沟通,交流经验、推广技术、提升水平、扩大影响,深入开展活动,促进李渔饮食文化发展。

5.发展李渔饮食文化,制度是保障

将发展李渔饮食产业列入地方政府发展规划和重要议事日程,编制李渔饮食发展规划。在舆论宣传、政策导向、市场开发、技术引进、人员培训等方面予以帮助。充分发挥李渔饮食行业协会等中介组织的作用,支持行业协会加强行业自律、沟通行业信息、加强业务交流、推广先进技术。

## 四、李渔饮食文化的旅游开发建议

### (一)开发生产李渔美食丰富婺文化内涵

陈一新曾指出:大力实施"商贸富市"战略,旅游业是赶超崛起的潜在优势,要整合浙中旅游资源,打响浙中旅游品牌,大力发展文化影视游、休闲购物游、温泉养生游、溶洞观光游、山水生态游、宗教朝圣游,努力把旅游业培育成为支柱产业。大力发展现代商贸、旅游购物等现代服务业,打造浙中商业购物中心等八大区域性服务中心,推进赶超发展、加快浙中崛起。挖掘李渔食品是弘扬婺文化,打造李渔饮食文化品牌的一项根本性工作。弘扬金华李渔饮食文化,丰富提升婺饮食菜肴品种品质,要通过多渠道、多形式,挖掘、开发并保护、宣传李渔美食,这是时代赋予的责任。

1.挖掘李渔美食是婺文化发展的力量源泉

李渔美食是指由李渔及其家人和家乡劳动人民经过长期饮食生活积累形成的,是具有顽强生命力的家常食品,是婺饮食文化发展的根与源。金华特别的环境气候和众多的名优特产,使李渔饮食、李渔食品具有十分鲜明的特色。在食材选用上,坚持就地取材,新鲜、鲜活;在味道上,原汁原味,鲜美爽口,淡雅嫩滑,少油、少盐,是什么食材就吃出什么味道;在饮食风格上,宽松自由,休闲随意,慢吃细嚼,是典型的休闲文化。但金华婺旧时的饮食文化交流不便,大量的李渔食品菜肴和烹饪技艺资源埋藏在乡野,得不到很好的开发利用。

2.挖掘婺李渔美食迎合生态饮食市场新追求

挖掘李渔美食,是发展低碳饮食、迎合餐饮市场新需求的一种内在需要。

一是回归自然,回归乡土的饮食情趣的需要。回归自然、回归乡野、回归原本,是当前正在升起的低碳饮食潮流。把经过长期积累,代代相传,原形态、原特色、原味道的李渔美食,挖掘整理出来,加以宣传推广,符合当今人们回归自然,寻觅乡土美食文化的精神情结和审美情趣。

二是迎合现代人饮食理念的需要。李渔美食,采用本地新鲜食材,运用江南本地传统家常烹饪技艺,保持餐饮质朴特点,讲究菜肴原汁原味,符合当代人"绿色、环保、健康"的饮食理念,也符合当今大众追求"健康、安全、营养"消费特点。挖掘李渔美食,打造生态餐饮,是餐饮业界的新使命。

三是弘扬传统饮食文化的需要。开发李渔美食需要文化的支撑,尤其是当地区域文化的支撑,而李渔饮食文化是当地传统文化的重要组成部分。许多面临失传或正在流传的李渔美食、民俗极品风味经过长时间有益积累,世代相传,大都演变成本地饮食文化的象征和代表。它承载着人文情怀,传承着传统文化。挖掘推广李渔美食,对传承乡土美食文化,丰富婺文化意义重大。

四是提升李渔美食品质的需要。李渔美食植根于广大江南乡村,具有鲜明的民族性、地方性,但也有其局限性。通过挖掘李渔美食,整理李渔菜谱,规范烹饪技艺,有利于提升李渔美食的品质,有利于扩大李渔美食的影响,打造李渔美食的品牌,推动婺饮食文化发展。

五是创新发展婺本邦菜的需要。李渔美食是婺菜的根和本,是婺菜创新发展的基础。只有充分地挖掘研究婺李渔美食,明确婺菜的传承演变,把握婺菜的特点特色,才能更好地把握婺菜创新发展的方向。

3.提升婺李渔饮食文化含量,增强李渔美食市场推广价值

李渔美食具有独特性,也有其局限性。主要表现为菜肴文化含量不高,制作技艺不够稳定规范,市场推广应用力度不够。所以,要用创新的精神去保护发展婺李渔美食。如何从众多的李渔美食中挖掘和筛选出婺李渔美食和精品菜肴,关键的问题是要分析是否有较高的市场价值和推广价值,可以按照"五性"的要求,在分析比较中挑选出有婺餐饮特色、有市场价值和推广价值的李渔美食。即:独特性——采用本地特色食材,运用当地传统技艺烹制,菜肴有当地特色风味,具有鲜明的地方李渔美食特色;代表性——能够代表一个地方、一个区域或某一群落的美食特色、烹饪特点、菜肴水平;广泛性——在当地区域流行性较广,有广泛的食客基础,餐饮店常有出品,或有过较长时间的出品,市场占有率较高,或占有率前景美好;传承性——流传时间较长,有传承传统和历史,在当地有烹饪传承家庭或传承人;规范性——有较稳定

的烹饪技艺,配、调料明确,菜肴色香味形基本成款成型,便于整理推广应用。

一是给李渔美食起个好名称。一个好的菜肴名称便于人们认识菜肴的主要特点,是美化菜肴的主要形式,也是陶冶情操、满足人们心理需求的一种手段。要运用写实命名或写意命名的艺术,给李渔美食起个响亮、高雅、有意蕴的名字,使金华李渔美食生色增辉,富有艺术魅力和文化内涵。

二是整理李渔美食传奇故事。每个名菜、名点、名厨、名店几乎都有一段"古"(传奇故事)。李渔美食散落于村野、农家,会有更多原创性的李渔传说、李渔故事。要组织专门人员收集整理,形成文字,增加菜肴的传奇色彩,增大菜肴的吸引力,增强菜肴的文化含量,达到以故事传播美食文化,以美食文化增加食趣的目的。

三是改进李渔美食器皿和装盘技术。菜肴离不开器皿,器皿衬托菜肴。李渔美食源于李渔,植根于寻常百姓家,风味突出,个性鲜明。如果都用一般的粗盆瓷盘盛器,就会失去菜品的个性特点和文化特征。要根据菜肴内容、烹饪特色,菜品形态,选用不同的盛器(如增加陶器、漆器、竹器、木器等特色盛器),并加以艺术点缀,使菜肴和器皿相互衬托,相互辉映,突出菜肴的艺术性和观赏性,体现李渔美食古色古香的文化传统,彻底摆脱李渔美食的"穷酸相",让其很快登上大雅之堂。

四是讲究李渔美食的搭配。通过搭配,实现高低档原料的合理利用,而且在菜品造型、色彩上多样化,在菜型、口味上给人一种新感觉。例如,三亚人制作海螺肉片,用绿菜和色彩斑斓的大螺壳装点,既写实又写意。婺李渔美食本质本味、实在实惠。但有些菜肴不太讲究菜品的搭配,显得单调、呆板,这种状况需要改变。

4.打造婺李渔特色餐饮,树立李渔美食品牌挖掘婺李渔美食,打造婺特色餐饮,传承乡土美食文化,关键的是要创造一个好的平台和一个好的园地。

一是推荐评选优秀婺李渔美食和小吃。确定若干量覆盖省、市的优秀李渔美食和小吃,作为婺李渔特色餐饮的代表,让其具有权威性和影响力,成为婺李渔美食品牌,供各餐馆酒楼制作推广。

二是举办李渔美食(李渔创新菜)和李渔小吃烹饪大赛。比赛促进交流,比赛有利于技术提高,有利于扩大影响力。比赛是展现婺李渔美食的一大平台。通过比赛,充分利用丰富的李渔饮食文化和李渔美食资源,发展创新婺特色餐饮。我们要通过大赛发现一批李渔大厨,推出一批李渔精品菜肴、李渔创新菜肴和小吃。

三是在乡村生态游和农家乐中推广婺李渔特色美食。婺乡村生态游和婺农家乐正在全省推进,把这些旅游活动与推介婺乡土美食,弘扬婺乡土文化结合起来,实现每户农家乐都选定两三个本地农家特色菜作为自己的招牌菜。要尽快帮助树立一批具有婺乡土饮食文化特色,经营婺李渔精品菜肴的农家乐,作为宣传、推介婺特色餐饮的园地和基地。

四是培养培训婺李渔特色餐饮的厨师。婺厨师得不到婺李渔美食的培训,是婺特色餐饮发展不快的重要原因之一。要物色一批乡村的厨工进行培训,提高其烹饪技艺。

五是对经营婺李渔美食(婺特色餐饮)成绩突出的餐店和厨师命名鼓励。对经营本帮特色菜有成就的餐馆酒楼和厨点师给予挂牌与命名,作为推广婺美食的基地和婺美食技艺传承人,让其扩大影响,增强市场号召力。

(二)打造休闲养生之城

所谓"养生",就狭义的概念而言,是人们为保持生命延续和提升生活质量而采取的各种行为方式。而从更广的概念看,还包括了人们在这一个过程中,所形成的各具特色的维护人类健康和种族延续的文化,是物质财富和精神财富的总和,具有一定的民族性、传统性、特色性和延续性。当今社会,随着越来越多的人从温饱逐步走向小康和富裕,对延续生命和提高生活质量的要求也越来越高,养生也就成为人们研究的热点课题,寻找一个适宜养生的地方去旅游、常住甚至永久性居留,也就成为当下的一个热点。当然,并非什么地方都适宜养生,也并非什么地方都能成为养生佳处。总体来看,一个适宜养生的地方,一定要有良好的生态环境、和谐的人文环境、稳定的社会秩序、完善的生活设施、丰富的资源物产。同时,如果是作为旅游目的地来打造,还必须要有便捷的交通条件等。

1.金华打造"休闲养生之城"的必要性

科学定位金华的需要。为提高金华的知名度和美誉度,进一步促进金华旅游等发展,形成金华的独特品牌效应,取得"中国十佳宜居城市、中国十佳宜游城市、国家历史文化名城"三张城市金名片。但是总体来讲,还有必要对金华进行一个科学的定位,"养生之城"的提出,则较为全面地反映了金华地域人文的特质。

整合品牌优势的需要。金华对外推介"三张金名片"的同时,各区市、乡镇和各旅游景点,也纷纷打出了对外的品牌和名片。我们感到,这些品牌、"名片"从相对的个体来讲,确实体现了一定的独特性。但作为一个金华的对外宣传来讲,相对太过繁多,难以让外人形成一个对金华的鲜明印象。并且,品牌多了以后,还可能互相之间形成影响。所以,有必要用一个总体的定位,一个总的品牌和口号,来把金华这么多的品牌统一起来,从而有利于对外宣传、推介。应该讲,金华"养生之城"的提出,是较好地涵盖了以上品牌和名片的。

展现比较优势的需要。从整体上看,金华旅游资源十分丰富,种类多样,是典型的复合型资源结构。但是从单位景区分析,一般规模都偏小,资源密度大,知名度和市场影响力教有限。虽说旅游资源丰富,但真要从中找出几个上规模、品牌响的景点并不是件容易的事,有的景点只要一两个小时就能转回来,而且金华市旅游新产品开发建设还不够快,特别是一些大型旅游项目建设没能如期开工建设。金华以往一直注重静态的生态观光游产品的开发,而现在的消费者更趋向于动态的休闲和购物等旅游方式,如何开发既具有观光,又具有休闲养生和购物的复合型旅游产品迫在眉睫。新开发的旅游产品存在未打开市场,少人问津等问题。所以,金华在旅游发展的整体格局中,金华旅游处于一个比较尴尬的位置。但是,金华的优势在于几乎所有不同风格的旅游产品都有。所以,我们不应再在"单打"上与其他区县竞争,而应在整合的基础上,形成新的比较优势,简而言之,要努力去谋取"团体"冠军。因此,对金华旅游要重新定位。而"休闲养生之城"的提出,应该讲几乎囊括了金华所有旅游产品,也不同于其他区县旅游产品,在旅游市场细分上,也适应了社会的需要。

2.金华打造"休闲养生之城"的可行性

金华是一个宜居、宜人的地方,这应该讲是没有问题的。但是,定位于"休闲养生之城",则意味着金华要比其他相类似的地方有更好优势和更大特色。从实践来看,我们认为,金华定位于"休闲养生之城",在于有着其他地方所不具有的综合优势。

金华有着悠久的养生文化。由于居住环境污染、工作环境压力大,使得"亚健康"在都市中日渐普遍,人们对生活质量和身心健康的关注越来越多,休闲养生开始成为时代的热点和潮流。养生产业与养生旅游具有广阔的市场空间,从单纯的旅游到生态旅游,从生态旅游到养生旅游,其产业化的发展趋势越来越明显。金华古称婺州,因其"地处金星与婺女两星争华之处"得名,具有1800多年的历史和灿烂文化。金华市现辖婺城区、金东区、兰溪市、义乌市、东阳市、永康市和武义县、浦江县、磐安县,是一座人文荟萃、教育鼎盛的历史文化名城,是山川秀丽、环境优雅的旅游胜地;是一个生态环境良好、整洁亮绿、文明有序、居住舒适的现代化山水园林城市。金华发展养生生态旅游有着得天独厚的条件,生态环境优美,通过大力实施"生态立市"战略,积极培育以温泉、森林生态休闲、古建筑、人文景观等为主的旅游产业,有国家森林公园、文化底蕴深厚的叶法善养生文化等,现已开发了森林浴养生法、雾浴养生法、生态温汤浴法、生态阳光浴法、森林跑步浴法、民俗养生方法、食疗养生等养生生态旅游,发展养生生态旅游,有利于更新现有的生态旅游理念,创新生态旅游方式,发掘利用产业生态旅游资源,丰富生态旅游产品;有利于培育城乡生态旅游新型增长点,建设全面小康社会;有利于发展生态产业,繁荣循环经济,建设生态文明构建和谐社会。

金华有着稀缺的养生环境。金华市地处金衢盆地东缘,气候温和,雨量充足,土地肥沃,物产富饶,粮食产量仅次于嘉兴,有浙江的"第二粮仓"之称。金华市是一座山水城市,她的自然风光极富特色。以双龙五洞十景和兰溪六洞构成的溶洞群竞相争奇;以方岩山、九峰山为代表的红层丹霞地貌山景,挺拔绝秀;以婺江、兰江为代表的水乡景观风光迷人;以金华山国家级森林公园为代表的山林景观一派郁郁葱葱。从养生角度看:一是山好,森林覆盖率高。南山、北山区块森林覆盖率高,自然环境优美,人文景观独特,文化底蕴深厚,旅游资源丰富,是金华城市的"前庭院"和"后花园"。二是水好,水质优良率高。金华水资源丰富,年均降雨量高于全国平均水平,特别是水质很好,饮用水水源地水质良好,全市8个县级以上集中式饮用水水源地,即自来水取水地的水质达标率均为100%。这样的水,当然有利身体健康。三是空气好,负离子含量高。由于山好、水好,金华的空气相应的也非常好。现代社会,随着人们对"自然、健康、绿色"环境的追求,良好的空气已成为一种紧俏资源。金华市区空气综合污染指数为2.03,环境空气优良天数为346天,占到94.8%。特别是其中的"空气维生素和生长素"负离子已成为"人类生命的维生素"。金华空气中的负离子含量非常高,有益于养生。

金华有着独特的养生物产。谈到养生,如何吃出健康、吃出好身体就是一个不能回避的问题。按照现代养生学的观点,绿色食品、有机食品是养生的首选。而这,也恰恰是我们金华的独特优势。特别是金华坚持打生态牌,走绿色路,形成粮油种植业、生猪和肉制品业、奶牛乳品业、茶叶产业、水果蔬菜产业、中药材和食用菌产业、花卉苗木业、水产养殖业八大主导产业,以及葡萄产业、佛手产业、蜜蜂产业、铁皮石斛产业和休闲观光农业五大特色产业,主要农产品有粮、棉、油、茶、桑、果、蔬、甘蔗、席草、食用菌、中药材、花卉苗木以及生猪、奶牛、山羊、鸡、鸭、鹅、蜂等。截至2011年底,全市累计有通过绿色食品认证的农产品163个、无公害农产品336个,基本上涵盖了主要农产品的各个种类。

金华有着完善的养生保障。金华要打造中国养生之都,还需要有完善的接待、交通等基础设施为保障。目前来看:金华位于浙江省中西部,东邻台州,西接衢州,南连丽水,北与绍兴、杭州相连,地理坐标介于东经119°14′00″—120°46′30″,北纬28°32′00″—29°41′00″之间。市域东西长151千米,南北宽129千米,总面积

10918 平方千米。金华总体属浙中丘陵盆地区,地势南北高、中部低。以金衢盆地为主体,永康、武义、浦江、墩头等小盆地错落分布,大小盆地之间,丘陵低山阻隔。盆地内分布和缓起伏的波状岗地,盆地中部为河谷冲积平原。盆地南北两侧为丘陵山地。境内河流分属钱塘江、瓯江、曹娥江和椒江四大水系,其中钱塘江水系的干流为衢江和兰江,主要支流有金华江、浦阳江、壶源江及其上游义乌江、东阳江、武义江等,流域面积占全市总面积 85.49%。金华属亚热带季风气候,温暖湿润、雨量充沛、四季分明。受地形影响,又具有盆地气候特征。多年平均气温 16.3℃—17.6℃。盛夏天气晴热,常有台风和局部雷阵雨等灾害性天气。境内降水量随季节变化,年际变化和地域差异较大,年均降雨量在 1150—1909 毫米之间。3—7 月为春雨及梅雨季节,雨量集中,常出现暴雨,日最大降雨量达 122.3—216.8 毫米,易引发洪涝灾害。人们选择养生之地时,不可避免地要注意到对自然灾害的预防。而从有史可查的有关金华的资料看,金华几乎没有发生具有灾害性的地震及其他自然灾害。金华交通便捷,已基本完成了"乡乡通公路、村村通油路"的目标。金华居行方便,适合休闲旅游、生态旅游,金华人对外人具有较好的包容性,并且较为热情好客,金华的整个社会治安状况良好,即使在乡间居住、生活以及漫步旅游,也非常安全,金华是一个宜居、宜游、宜业、宜人的养生好去处。

金华有着广阔的养生市场。金华紧邻中国最富裕的经济圈——长三角经济圈。这一经济圈内,有着中国相对极为旺盛的养生市场需求,都对生活质量、生活品位和身体健康有着更为考究的要求。同时,三条高铁建成后,金华与海西经济圈、珠三角经济圈的联系将更为紧密,养生市场将会进一步扩大。如果金华能够在这一方面取得突破,无论是对旅游发展,还是对整个经济社会的带动,都将产生一个极为深远的效果。

金华有着生动的养生实践。一方水土养一方人。金华有着良好的自然生态、丰富的物产资源和悠久的历史文化,人杰地灵,英才辈出,素有"江南小邹鲁"的美称,"金华学派""永康学派"等文化思潮影响久远,骆宾王、吕祖谦、艾青、黄宾虹等文化名人熠熠生辉。

3.金华打造"休闲养生之城"需着手的工作

基于对金华"休闲养生之城"的定位,要进一步集思广益,讨论完善,并达成共识,在金华今后旅游、招商等各方面的对外宣传上统一使用,逐步取消其他的对外宣传口号,并通过在高端媒体等平台的推介,使之深入人心。围绕这一新的定位,须对金华的旅游、宣传、招商引资和项目建设等工作方向进行一个适当的修改和完善。特别重要的是,金华"休闲养生之城"不能只作为一个口号,而要尽快形成三个层面的支撑:一个是品牌内涵。要系统挖掘并包装金华的生态、文化、人文和资源等方面的优势,并通过拍专题片,开专题研讨会,请专家论证等方式,使这一定位得到社会各界的认可。二是建设体系。打造金华"休闲养生之城",必须要有一个较为系统的推进体系,包括吃、住、行、游、养等各方面如何打造,都要有一个规划和谋划。三是项目支撑。在明确了建设和打造的思路方向后,把规划变成行动,重点还是要落实到一批项目上来。目前,金华的旅游地产项目比较多,有一些还处于规划状态,必须要求业主按照我们这样的一种定位,来进行项目的规划设计。同时,要加大对外招商和对上争取力度,特别是一些大型企业集团、国家部委的休养基地项目,要大力争取落户金华。

整合所有旅游资源,合力兴旅、融合发展,把金华确定为"休闲养生之城",以"婺文化"为核心,围绕养生的主题,丰富的人文资源、自然景观资源，以及工农业、商贸业的迅速发展，推进金华的生态养生、度假休闲、养生休闲等旅游新业态，开发森林天然"氧吧"，开发运动养生、饮食养生、环境养生等新的旅游产品，将金华打造成以山水城市休闲、古婺文化体验、乡村民俗休闲、生态观光为特色的城市休闲旅游目的地。以旅游项目建设合力兴旅，金华古子城、燕尾洲、五佰滩以及三江六岸等城市文化、景观资源就具备了整合建设成为综合型、龙头型项目的条件，能够开发建设能满足多层次需求的，集观光、休闲、娱乐、购物等多功能于一体的复合型、多元化、综合性旅游项目。一是不仅要注重旅游系统创新以便适应发展产业生态旅游的需要，更为重要的是，在生态产业与循环经济发展规划以及实施中，必须充分重视和贯彻发展产业生态旅游的理念；二是围绕建设生态文明，强化生态教育，大力培养适应产业生态旅游发展需要的应用型旅游专业人才；三是加强产业生态旅游理论研究，制定与实施产业生态旅游发展与建设标准，推进生态旅游示范工程，建设产业生态旅游实验示范区；四是实施旅游生态工程，优化旅游生态系统，推广生态旅游方式，促进循环经济建设；五是依托现有的城镇体系和旅游服务系统，优化生态旅游生产力布局，实现产业生态旅游的综合效益最大化。

# 参考文献

[1]赵荣光.中国饮食文化概论[M].北京:高等教育出版社,2009.

[2]陈鲁民.每份名单的思考[N].天津日报,2007-09-16(07).

[3]秦簧,等.关于李渔生平材料的传统介绍[M].光绪兰溪县志,1889.

[4]赵文卿.李渔生平事迹的新发现[J].戏文,1982(4).

[5]李彩标.李渔思想文化研究[M].北京:大众文艺出版社,2005.

[6]李渔.闲情偶寄[M].成都:四川辞书出版社,1995.

[7]孙福轩.李渔饮食文化略论[J].山东社会科学,2002(5).

[8]黄天骥.论李渔的思想和剧作[M]//李渔.李渔全集.杭州:浙江古籍出版社,1992.

[9]傅衣凌.明清社会经济史论文集[M].北京:人民出版社,1982.

[10]韩南.中国白话小说史[M].杭州:浙江古籍出版社,1989.

[11]张春树,骆雪伦,明清时代之社会经济巨变与新文化[M].王湘云,译.上海:上海古籍出版社,2008.

[12]王沉森.晚明清初思想十论[M].上海:复旦大学出版社,2004.

[13]饶宏孝.李渔养生之道[J].养生月刊,2002(9).

[14]羽离子.李渔的作品在海外的传播及海外的有关研究[J].四川大学学报:哲学社会科学版,2001(3).

[15]青木正儿.中国近世戏曲史[M].北京:作家出版社,1958.

[16]李渔.中华经典随笔——闲情偶寄:插图本[M].北京:中华书局,2007.

[17]沈新林.李渔评传[M].南京:南京师范大学出版社,1998.

[18]潘丹芬.试论李渔的观众理论[D].四川大学学报:哲学社会科学版,2001(3).

[19]何敏.论李渔小说在英语世界的译介与特点[J].中国文化研究,2008(1).

[20]李渔.李渔全集:卷五[C].杭州:浙江古籍出版社,1991.

[21]孙兴香.李渔世俗美学思想研究[D].曲阜:曲阜师范大学,2009.

[22]赵文聊,李彩标.李渔新论[M].苏州:苏州大学出版社,1997.

[23]刘成芝.李渔文化的现代性及其现实意义[N].金华日报,2010-9-20(6).

[24]杜书瀛.李渔美学思想研究[M].北京:中国社会科学出版社,1998.

[25]杨鸽声.婺文化概要[M].长春:吉林人民出版社,2006.

[26]梅新林,陈国灿.江南城市化进程与文化转型研究[M].杭州:浙江大学出版社,2005.

[27]沈新林.李渔出生地考略[J].文教资料,1990(3).

[28]吕学姜,施德法.古婺遗韵[M].长春:吉林人民出版社,2006.

[29]陈一新.建成全面小康社会　建设现代化新金华——努力开创赶超发展浙中崛起新局面[N].金华日报,2012-03-27(A02).

[30]盛丹平,郑云飞,蒋乐平.浙江浦江县上山新石器时代早期遗址——长江下游万年前稻作遗存的最新发现[J].农业考古,2006(1).

[31]李会娥.原始社会饮食之次级加工技术初探[J].安徽农业科学,2006,34(7).

[32]蒋乐平,郑建明,芮顺淦,等.浙江浦江县发现距今万年左右

的早期新石器时代遗址[N].中国文物报,2003-11-07(1).

[33]林胜华.婺州菜渊源探析[J].扬州大学烹饪学报,2007(4).

[34]王翼奇.《笠翁一家言文集》点校说明[M]//李渔.李渔全集.杭州:浙江古籍出版社,1992.

[35]张苗.李渔是一个享乐主义者[N].钱江晚报,2011-09-07(D2).

[36]朱希祥.有点特别的世俗美食品味——李渔随笔中的饮食文化[J].食品与生活,1999(4).

[37]张筱园.《闲情偶寄》与日常生活审美化[J].社会科学家,2005(12).

[38]潘立勇,胡伊娜.生活细节的审美与休闲品味——李渔审美与休闲思想的当代启示[J].浙江师范大学学报:社会科学版,2008(7).

[39]李碧华.穷奢极侈亡国菜[J].乡镇论坛,2002(22).

[40]李娟.消费文化视野下的《闲情偶寄》研究[D].长沙:湖南师范大学,2009.

[41]王熹.明代的主食与菜肴[J].饮食文化研究,2005(1).

[42]姜仁达.李渔生活美学思想述评[J].内蒙古师专学报:社会科学版,1994(3).

[43]伊永文.明清饮食研究[M].台北:洪叶文化,1997.

[44]陈兴岳.闲情李渔:生活是一列慢火车[N].金华日报,2011-09-01(6).

[45]宋应星.天工开物[M].潘喜星,译注.上海:上海古籍出版社,1993.

[46]徐枫.李渔,让我妈分享他的休闲文化[N].金华晚报,2011-09-05(2).

[47]王伟.进补与养生[M].广州:广州出版社,2004.

[48]杨眉.漫画《闲情偶寄》[M].北京:中信出版社,2008.

[49]钱晓田.简评李渔"生活美学"观[J].五邑大学学报:社会科

学版,2005(1).

[50]钟筱涵.论李渔的自适人生观[J].华南师范大学学报:社会科学版,2002(2).

[51]周明初.晚明士人心态及文学个素[M].北京:东方出版社,1997.

[52]袁亚平.考古界命名上山文化 年代比河姆渡文化还早[N].人民日报,2006-11-09(12).

[53]童俊伟,马跃明."上山文化"10000年前的传奇[J].今日浙江,2007(1).

[54] 徐昭峰. 新石器时代早期与农业起源有关的考古学问题[J].农业考古,2006(1).

[55]陈文华.新石器时代的饮食[J].南宁职业技术学院学报,2004(2).

[56]刘志琴.晚明史论:重新认识末世衰变[M].南昌:江西高校出版社,2004.

[57]徐晓峰.我国考古权威肯定"上山文化"是全新的文化[N].金华日报,2006-11-07(8).

[58]肖荣.李渔评传[M].杭州:浙江文艺出版社,1985.

[59]洪迈.容斋随笔[M].孔凡礼,点校.北京:中华书局,2005.

[60]娄静.新阶层健康提示 素食也能营养均衡[N].金华日报,2007-08-03(8).

[61]曾婷婷.试析李渔生活美学的精神主旨——以《闲情偶寄》为线索[J].名作欣赏,2009(1).

[62]何成明.唯有兰溪生李渔[N].金华日报,2011-08-30(8).

[63]林胜华.低碳视角下的金华农产品战略竞争研究[D].咸阳:西北农林科技大学,2011.

[64]周志诚.生活与美学[M].桂林:广西师大出版社,1988.

[65]孙思邈.备急千金药方[M].北京:中医古籍出版社,1999.

[66]马健鹰.中国古代饮食礼仪制度的文化气质[J].扬州大学

学报:社会科学版,1997(4).

[67]刘成芝.李渔文化的现代性及其现实意义[N].金华日报,2011-09-20(6).

[68]李争平.中国酒文化[M].北京:时事出版社,2007.

[69]林胜华.金华酒文化历史源流管窥[J].扬州大学烹饪学报,2012(02).

[70]郭泮溪.中国饮酒习俗[M].西安:陕西人民出版社,2002(06).

[71]王熹.中国明代习俗史[M].北京:人民出版社,1994.

[72]雷国强.婺州窑韵[M].北京:中国书店出版社,2010(10).

[73]丁以寿.中国茶文化[M].合肥:安徽教育出版社,2011.

[74]卢长怀,于晓言.由《闲情偶寄》想到的李渔古代休闲观[J].世纪桥,2008(11).

[75]李流芳.檀园集[M].台北:台湾商务印书馆,1986.

[76]张成全.李渔养生思想与杨朱哲学[J].河南师范大学学报:哲学社会科学版,2006(3).

[77]中国烹饪大全编委会.中国烹饪大全[M].哈尔滨:黑龙江科学技术出版社,1990.

[78]施新.论李渔的休闲美学思想[J].名作欣赏,2006(11).

[79]陈明远.文化人的经济生活[M].西安:陕西人民出版社,2010.

[80]沈新林.李渔评传[M].南京:南京师范大学出版社,1998.

[81]李泽厚.美学四讲[M].天津:天津社会科学院出版社,2001.

[82]赵文卿,赵肖羽.李渔研究麟鳞集[M].北京:文化艺术出版社,1990.

[83]肖巧朋.论《闲情偶寄》的休闲思想[D].长沙:湖南师范大学,2003.

[84]钱水悦.李渔《闲情偶寄》生活美学思想初探[D].杭州:浙江

大学,2008.

[85]赵勤,邓少海.一切从自我需要出发——浅析《闲情偶寄》以人为本的生活美学思维[J].江西师范大学学报,2005(10).

[87]李渔.与陈学山少宰[C]//李渔全集:第一卷.杭州:浙江古籍出版社,1990.

[88]李渔研究资料选辑[C]//李渔全集:第十九卷.杭州:浙江古籍出版社,1990.

[89]王卫英.大学生村官李渔故里论廉政[N],金华日报,2011-07-24(1).

[90]单锦珩.李渔年谱[M]//李渔全集:第十九卷.杭州:浙江古籍出版社,1992.

[91]沈新林.李渔与冒襄[J].淮阴师范学院学报(哲学社会科学版).2003(5):0676-0681

[92]徐世昌.清儒学案[M].北京:中华书局,2008.

[93]俞为民.李渔年谱[M]//李渔评传.南京:南京大学出版社,1998.

[94]吴伟业,李学颖.吴梅村全集:卷五十二张南垣传[M].上海:上海古籍出版社,1990.

[95]方宁."东方莎士比亚"李渔的扬州缘[N].扬州晚报,2011-09-05(A7).

[96]盛伟.蒲松龄年谱[M]//蒲松龄.蒲松龄全集.盛伟,编校.上海:学林出版社,1998.

[97]徐保卫.李渔传[M].天津:百花文艺出版社,2002.

[98]李俏红.看专家如何解构3D李渔[N].金华日报,2011-09-06(8).

[99]黄周星.制曲枝语[M].北京:北京古籍出版社,1998.

[100]胡国洪,许中华.七旬"渔"迷赵文卿自办"李渔伟绩展览"走四方[N].金华日报,2008-01-15(8).

# 后　记

　　本人对食事经济领域的接触已近 30 年，从文化史、社会史视角关注饮食文化，以期进行学术研究也近 10 年，一直在饮食史、饮食文化教学、研究的不断深化思考与深入实践之中总结提高，于是《李渔饮食及其养生文化》一书终于收笔。

　　随着社会的发展和生活水平的提高，人们解决了温饱之后，开始讲究生活质量，希望过健康、愉快的生活，从而能延年益寿。因此，如何合理地调配饮食，使之更有利于人体健康、滋补养生，是人们所关注的问题。李渔讲究美食，注重饮食养生的物质享受。通过日常吃喝，品尝美味佳肴，可以获得以物质为主，兼有精神方面的享受。吃喝，这是任何人不可或缺、也不能停止的生存活动，既是生命的要义，也是必要的休闲。李渔公开宣扬吃喝，"饮食之道，脍不如肉，肉不如蔬，亦以其渐近自然也"，讲究食物味道鲜美，自制五香面、八珍面、桂花饭，喜食螃蟹，自称"以蟹为命"，视荔枝为"尤物"，以杨梅为珍果。《李渔饮食及其养生文化》以四川辞书出版社1982 年版《闲情偶寄》为文本基础，将李渔置于当时的历史、文化、社会的大背景之下，着眼于传统史料及物证，包括对具有真实性与高度学术性的传统资料的收集，对李渔留存的遗作及遗址的考证，对李渔生平、著述特别是其饮食方面的诸多成就进行历史的考察和剖析，从历史的角度对李渔的饮食活动及其饮食理论进行全方位的比较和研究,旨在探讨其饮食活动的过程、行为和饮食思想之间的复杂关系,挖掘李渔饮食文化中有助于当代饮食生活的部分,为当下传播科学的饮食及养生文化观念提供参照。

本书初稿草成,得到婺文化研究团队带头人、研究馆员、金华市图书馆馆长周国良同志的指点,并提出了许多宝贵意见,为此书增色不少。周馆长学识渊博、治学严谨,成为我饮食文化学术研究的启蒙老师。撰写《李渔饮食及其养生文化》期间,从选题、开题、写作、修改到定稿,历时一年多,周馆长给了我很大的帮助,倾注了大量的心血,指导我如何搜集材料,提高专业理论素养,特别是对专著的整体框架及具体的内容细节都给予耐心的指导。正是周馆长在写作上给予我严格、细致、不倦的教诲,本书撰写才得以顺利完成。"夫子循循善诱也,博我以文,约我以礼。"这一句话,可以用来表达我对周馆长的敬意与感激!

本书的出版,得到金华职业技术学院出版基金的资助,也得到了金华市婺文化研究会的经费资助,在此一并表示感谢!

在撰写专著期间,拜访并请教了诸多专家学者,也引用、参考了相关资料、书籍。在此,致以真诚的感谢!

特别要感谢我的家人,我的妻子郑丽华(小学语文高级教师)和女儿(艾青中学高中一年级学生)林玥杏,为本书的资料搜集付出了无比艰辛!

孔子曰:"吾十五而志于学。"要撰写一部高质量的专著,仍须努力学习。本书仅仅是一种粗浅的探索,我诚恳而热切地期待着专家和读者的批评。

金华职业技术学院　林胜华

二〇一三年一月三十一日

婺文化丛书 V / 钟世杰　主编

# 新闻五杰：从邵飘萍到王惕吾

## 何成明　何生英　著

浙江工商大学出版社

图书在版编目(CIP)数据

新闻五杰：从邵飘萍到王惕吾 / 何成明, 何生英著
. — 杭州：浙江工商大学出版社, 2013.5
(婺文化丛书 / 钟世杰主编. 第5辑)
ISBN 978-7-81140-797-6

Ⅰ.①新… Ⅱ.①何… ②何… Ⅲ.①新闻工作者–
生平事迹–中国 Ⅳ.①K825.42

中国版本图书馆 CIP 数据核字(2013)第 106539 号

# 新闻五杰：从邵飘萍到王惕吾

何成明　何生英　著

| | | |
|---|---|---|
| **责任编辑** | 赵　丹 | |
| **特邀编辑** | 许苗苗 | |
| **装帧设计** | 周国良 | |
| **出版发行** | 浙江工商大学出版社 | |
| | (杭州市教工路 198 号　邮政编码 310012) | |
| | (E-mail : zjgsupress@163.com) | |
| | (网址 : http://www.zjgsupress.com) | |
| | 电话:0571-88904980,88831806(传真) | |
| **排　　版** | 金华日报商务彩印有限公司 | |
| **印　　刷** | 金华日报商务彩印有限公司 | |
| **开　　本** | 850mm×1168mm　1/32 | |
| **印　　张** | 138.5 | |
| **字　　数** | 3226 千 | |
| **版印次** | 2013 年 5 月第 1 版　2013 年 5 月第 1 次印刷 | |
| **书　　号** | ISBN 978-7-81140-797-6 | |
| **定　　价** | 460.00 元(全 13 册) | |

# "婺文化丛书"编委会

主　编：钟世杰

副主编：朱江龙　叶志良

编　委：(按姓氏笔画为序)

　　　　王亦平　王晓明　方雨辉　叶志良

　　　　朱江龙　杨鸽声　吴远龙　陈文兵

　　　　周国良　钟世杰　楼　冰

# 序

　　金华是一片文化沃土，自南宋以来就有"小邹鲁"之美誉。这片土地培育出了吕祖谦、李渔、黄宾虹这样的大师级人物。当新闻业在近代走进我国时，一批有志的金华读书人，如邵飘萍、陈望道、曹聚仁、石西民、王惕吾等，相继加入新闻传播行列，成为中国新闻事业的开拓者。他们在八婺文化哺育下成长，走出金华，走向全国，或在新闻采编，或在媒体经营，或在新闻教育，或在新闻理论研究领域，取得了巨大成就，成为实践"新闻救国"理念、享誉海内外的一代报人。

　　金华也是一块新闻热土，特别是抗战时期的1937年12月至1942年5月，当时杭州沦陷，金华成了浙江省及东南地区文化、政治的中心，大批文化人聚集金华，新闻业空前繁荣。据统计，时仅二三万人口的金华市区，就有报纸9种、刊物53种。这些报刊的采编人员大多是共产党员和进步人士，身后有党组织的影响和推动。报刊的发行面覆盖东南地区及更远，为宣传中国共产党的抗日主张，团结全国人民抗日，发挥了很好的作用。可以说，在中国新闻发展史中，金华的历史地位十分突出，金华籍人士做出了巨大贡献,从金华走出去的人才数量之众、成就之高、影响之大,在全国都是少有的。研究中国新闻史,必然绕不开金华。

及至当今,金华的新闻事业也相当红火,无论是报纸还是广电,无论新闻采编还是媒体经营,都走在了全省的前列。原因之一,在于金华深厚的文化传承和滋养、报人先驱的影响和带动。邵飘萍铁肩辣手的办报责任担当、陈望道好学力行的新闻教育思想、曹聚仁学者型的记者形象、石西民内行领导新闻界的方法、王惕吾正派办报的理念,都在潜移默化中影响着每一位新闻从业人员,成为他们成长的不竭动力和精神源泉。

文化是民族的血脉,是人民的精神家园。党的十八大提出,要扎实推进社会主义文化强国建设,推动社会主义文化大发展大繁荣。金华这座国家历史文化名城,理应在加强历史文化研究、推进文化大发展大繁荣方面走在前头。何成明、何生英两位同志有志于金华新闻文化研究,经过数年努力,有了阶段性的成果,撰写了《新闻五杰:从邵飘萍到王惕吾》和《抗战时期的金华新闻界》两本专著。这是我市历史文化研究的重要项目,是金华文化特别是金华新闻文化历史研究的重要成果。其中,《新闻五杰:从邵飘萍到王惕吾》一书,翔实介绍了邵飘萍、陈望道、曹聚仁、石西民、王惕吾等五位从金华走出的中国新闻事业先驱的新闻实践、新闻成就和新闻观点,既科学严谨、实事求是,又深入浅出、通俗易懂,具有较强的学术性、资料性和故事性。专著的付梓出版,为我市新闻文化历史研究开了个好头,可喜可贺。

希望各地各部门,特别是宣传部门,更加重视金华历史文化的调查研究工作,进一步营造促进文化大发展大繁荣的良好氛围。同时,希望有更多的有志之士加入金华历史文化的研究队伍,进一步挖掘好、收集好、利用好这一宝贵资源和财富,繁荣发展"八婺"特色文化,提升金华发展软实力,为推进金华赶超崛起、加快"两富"现代化都市区建设做出新的更大贡献。

中共金华市委书记 陈一新

2012 年 12 月 23 日

# 前　言

## 一

邹、鲁本是两个小国的名字，因鲁国出了孔圣人，邹国出了孟亚圣，于是，孔孟桑梓之邦"邹鲁"便被引申为文化教育繁荣、人才辈出之地的别称。

金华是文化底蕴深厚、人才辈出的地方，从南宋开始，号称"小邹鲁"。南宋到今已近九百年，听着一声声"小邹鲁"，作为金华人，有着别样的自豪。然而当我们静下来数一数，现在的金华，在哪个方面有着"邹鲁"重重的痕迹呢？这里的"现在"，当是指现当代。我们认为是新闻人才的培养方面。从金华这个地方，已走出了许多新闻从业人员，其中不乏在中国新闻史上有着重要地位的人物，我们把他们称为全国级的新闻大家或新闻巨子。新闻巨子有五位——邵飘萍、陈望道、曹聚仁、石西民、王惕吾。如果以一个地级市作为考察单元，我们完全有资格说，全国没有一个地级市能与金华比新闻巨子的人数。

有一新闻史研究者在整理邵飘萍的资料时写道："一部中国新闻史，东阳籍人是一个引人关注的现象。东阳人与新闻报纸事业素有渊源，像蔡汝霖就参与过《萃新报》。"顺着他们思路去梳理，确实，东阳人在近代中国报业比较活跃，著名人物有邵飘萍、马文车、朱一鹗、吴望伋、陈希豪、赵苏则、王惕吾……他们或当记者或办报纸,在一省之内或在全国、全世界都有一定的知名度。在这些人中,邵飘萍和王惕吾堪称新闻巨子。

从东阳到金华,我们完全有理由说,一部中国新闻史,金华籍人是一个不得不引人关注的现象。在金华地区范围内,除了东阳籍人士外,其他各县也有一批知名的新闻从业人员,如金华县的张恭、施复亮、金瑞本,义乌的赵平生,永康的胡济康、何鲁、鲁光,兰溪的郎静山、金初高、金维新,浦江的张林岚……

由此,我们可以自豪地说,在新闻人才辈出这方面,金华无愧于"小邹鲁"这个称号。而新闻人才辈出,又为"小邹鲁"这个称号增色不少。

## 二

"金华日报办得好,办得不错。"经常有读者这样评价金华日报。如果以业内标准来衡量,金华日报绝对名列全省报业前茅,名列全国同类报业前茅。如好新闻年度评比,金华日报每年获浙江新闻奖的等级之高、数量之多,居于全省报业前几位。如经营方面,虽然金华的经济状况在浙江省排名属中下,但金华日报的经营业绩远高于金华经济在全省的排名。如人才方面,金华日报现有正高级职称人才 10 名,其数量在浙江新闻单位中,列浙江日报报业集团和浙江广电集团之后,为老三,在全省地市新闻单位中属第一。

金华日报为什么能办得这么好?我们可以从不同的角度来解读。如果从历史的高度来解读的话,那就是金华人才之乡厚重的文化滋润、影响的结果。正像在一块肥沃的土地上,你想不让苗儿苗壮成长是很难的事一样。

文化是一只无形的手,它会抚摸着事业成长;文化是一双隐形的翅膀,它会助推着事业腾飞。

一个地方的名人,是一个地方当然的榜样,是一个地方的骄傲,他们的言行在当时具有垂范作用,对后人有着潜移默化的影响。金华日报根植于深厚的金华文化土壤中,时时受着文化的熏陶。邵飘萍铁肩辣手的办报责任担当,陈望道好学力行的新闻教育思想,曹聚仁学者型的记者形象,石西民深谙新闻业务的领导作风,王惕吾正派办报的理念,都如不语的春风,吹拂着每一个新闻从业人员的脸。

1982年《金华报》复刊时,石西民曾撰文祝贺。他在文章中指出:"我祝愿《金华报》的同志,永远与群众心连心,成为群众最知心的朋友。一张报纸办得如何,以什么作检验的标准?我说只能以群众是否关心、热爱它作为检验的标准。我们共产党人办的报纸,历来有密切联系群众这个最光荣的传统,保持和发扬这个光荣传统,并不是一件容易的事,是需要办报的人经常检点,经常思索的。由于地位的变化,以及思想意识上的偏差,常常容易使我们脱离群众而不自觉。这方面的教训很多。盛气凌人,与读者不平等相待,甚至强加于人,是十分有害的,也是与群众的心情格格不入的。希望《金华报》的同志一刻不忘倾听群众的呼声,把报纸办成群众爱看的人民自己的报纸。"金华日报办得好,并没有辜负石西民这位新闻前辈的期望。

三

有人也许会问,金华出了五位新闻巨子,是属于巧合还是必然?这道题无法以"不是A就是B"的形式来回答。我们不妨从文化传承和历史发展中寻找答案。

金华厚重的文化积淀,必定能培育出一批批各种各样的人才。当新闻业在近代走进我国时,必然会有一批开拓者来开垦中国新闻事业这块处女地。在这样的背景下,也必然有一批金华的读书人乐于加入开拓者的行列。如张恭、蔡汝霖、刘琨、盛俊等人于1904年在金华创办了《萃新报》,这是金华历史上最早出现的报纸,它是一份形似文摘类的报纸,发行范围涉及金华、衢州、严州、处州各县。它在创刊号中亮出了办报主旨:"时轴艰难,靡能梦见;双瞳梦见,识等夏虫;纷纷数十万群盲聚一室,社会腐朽,可为极点。同人鉴这,创《萃新报》采辑海内外新报之学说从谈,为我桑梓同胞作警晓钟,渡津筏。异日者跳出黑暗界,步行红日中,或起于是欤。"这张报纸在群众中有一定的号召力,对辛亥革命的思想准备起到了一定的宣传作用。金华学子接受新事物的能力比较强。张恭是一位比较成熟的旧民主主义革命者。他家与邵飘萍家是世交,他与邵飘萍是好友。通过张恭和《萃新报》,邵飘萍获得了报业知识,了解了办报的功效。张恭的思想对邵飘萍日后从事新闻事业,并确定以新闻报国的思想,有相当大的影响。像邵飘萍、陈望道等金华学子,就会自觉地承担开创中国新闻教育事业的重任。所以,从时势造英雄的角度来看,"小邹鲁"金华出一批新闻人才是必然的,出一些名垂中国新闻史的人物也是必然的。至于出五个还是六个,这是一个巧合。本书所论述的五位新闻巨子,倒是在数量上绝对超过了全国各地级市。这是"小邹鲁"金华的骄傲。

## 四

发掘、整理金华五位新闻巨子的资料是件很有意义的工作。我们决定以专著的形式来体现研究成果,以新闻为线,以人物为珠,把五颗珠子串成一条手链。除邵飘萍外，其他四位巨子所从事的工作不全是新闻，他们在其他领域也有不错的成就，或说有更大的成就，于是我们就舍其他而取与新闻有关的内容来行文。由于各位巨子间（除陈望道与曹聚仁、陈望道与石西民外）很少有工作上的交叉，我们采用一人一章的形式，记录、分析他们的新闻经历、新闻成就和新闻观点。我们对这本书的定位是学术性、资料性，因而，在可读性、故事性等方面做得就比较差。这一点希望读者能理解。

# 目　录

# 第一章　金华:新闻人才之乡

## 第一节　"小邹鲁"金华

### 一、界定金华

在行文之前,我们觉得很有必要对金华作一界定,只有界定清楚了,后面的行文才会顺畅,不然会出现此金华与彼金华的问题,导致无法行文论述。

在现实生活中, 我们常常看到这样的信封——信封下端有两行字,字号大一点的一行是:金华市某某单位;字号小一点的一行是:金华市某某街(路)某某号。其实,这两行字里的"金华市"是不同的。字号大一点一行中的"金华市"是指包括义乌、东阳、兰溪、永康、武义、浦江、磐安及金东、婺城在内的行政区划,这个行政区划的规格是地级市,俗称大金华。小一点字号一行中的"金华市"仅是指金华市区。在金华县没有撤销之前,"金华"两字会有三个层面的意思:一个是金华市(俗称大金华),一个是金华县,一个是金华市区。

记得 20 世纪 90 年代中叶,金华新闻媒体开展冲出盆地的大讨论,不少稿件中把金华人说成是"极具盆地意识,小富即安、看不到尖峰山就要哭的人"。义乌、永康、东阳的读者看了这些文章后有意见了,因为这三个地方的人从来没有安于现状、不愿远游的意识。为什么媒体上连篇累牍剖析金华人小富即安,缺乏创新的文章,引不起义乌、永康、东阳三地人的共鸣?原因就在于此"金华"不等于彼"金华",小富即安看不到尖峰山就要哭的人,应当是金华市区人或是金华县人,根本不是金华市人。由于没有界定好"金华"的层面概念,这样的讨论真的很难有个结果。

算是前车之鉴吧,在这本书中一定要对金华的概念作一明确的界定:本文所说的金华是金华市,是一个大金华,包括义乌、东阳、兰溪、永康、武义、浦江、磐安及金东、婺城,它的行政级别是地级市,它的旧称是婺州或八婺。

## 二、小"邹鲁"的脉络

"水通南国三千里,气压江城十四州。"当年李清照写的诗句,十分生动地描绘出金华非常重要的地理位置。金华位于浙江中部,东邻台州,南毗丽水,西连衢州,北与杭州、绍兴接壤。古时属越国,秦入会稽郡。自三国吴宝鼎元年(266)置东阳郡,东阳因位于瀫水以东与长山阳面而得名,金华设立郡府建制便始于此。自设东阳郡以来,所称的名字有金华、婺州,或设郡、州、路、府,或设道、区、专区和地区。1985年5月,国务院批准撤销金华地区,分设金华、衢州两市,实行市管县体制。金华市的面积有10 918平方千米,如今有常住人口636万。

金华有着悠久的历史,素以文化礼仪之邦而著称于世,曾经"讲学群起,书院迭兴",到宋元时期,这里的金华学派更是远近闻名,崇文重教的风气很盛,被称为"小邹鲁"。

邹鲁既是地名,更是一种文化。邹鲁原指春秋时的邹国和鲁国,孟子生于邹,孔子生于鲁,是文教兴盛之地的代称。邹鲁文化,是邹、鲁两种文化的并称。关于鲁文化,这是产生于鲁地的地域文化形态,有其独特的文化模式和价值体系,基本上是周代社会文化形态的延续。而邹文化,主要是指先秦时期的邹地文化。战国时期邹、鲁虽是两个国家,但因两者地理位置相近,所以文化构成极为相似。孔子之孙子思在邹地讲学,又进一步加速了邹、鲁文化的融合,因而从战国时代开始,邹、鲁便被频频并称,被视为一种文化现象。后世所言的邹鲁文化,多是用来指代早期的儒家文化,而鲁地的孔子和邹地的孟子则被推举为这一文化的代表人物。邹鲁文化最具特色部分,正是经过孔孟之手而得以弘扬天下,流传后世的。

关于金华"小邹鲁"之称的由来,众说纷纭。一种说法是,金华自古文人荟萃,人们把文人辈出的地方称为"小邹鲁"。另一种说法是,邹是孟子的故乡,鲁是孔子的故里。由此可见,邹鲁是大儒的故乡,是儒学教育研究的中心。金华被称为"小邹鲁"与吕祖谦、章懋有关。

吕祖谦,南宋婺州人,曾任太学博士和国史院编修。在哲学和史学方面有很高的成就,在动静观方面注重静,强调实践,即"明理躬行",与朱熹、张栻合称"东南三贤"。《金华县志》记载:"东莱吕子,其会友堂曰丽泽,一时士人倾心向往,道统学者粲然昌明,名儒蔚兴,踵武相接,天下称婺州为'小邹鲁'。"

由于宋代北有唯心主义理学奠基人程颐、程颢,南有宋代理学集大成者徽州婺源(今属江西省)的朱熹,相比之下,吕祖谦不免有所逊色,所以称金华为"小邹鲁"的,只限东南一隅。

金华成为举国公认的"小邹鲁"是在明代。这与章懋有关。章懋,明代金华府兰溪县人,成化二年(1466)会试第一,成为进士,任翰林院编修。后因与黄仲昭等疏谏,反对明宪宗元夕张灯,连同支持他们的罗伦一起被黜,时人称"翰林四杰"。后又任福建按察司金事,建议"番货互通一裕乡民",政绩显著,满考入都。后急流勇退,回家乡兰溪渡渎枫木庵,悉心研究儒学。《名臣言行录》记载:"懋闭门读书,毕心体认之学,言必根志,志必先用,用必赴功。"《明史》记载:"弟子执经者日益进……四方学士大夫高其风,称'枫山先生'。"

章懋研究哲学50多年,造诣颇深,长于《易》学。门人董遵说:"公学由乾惕德含坤。章进得泰之汇征,退得遁之嘉遁,殆深于《易》者。"学生张拯、应璋、程文德、凌瀚、胡东、章品等等都是明代名士。章懋享年86岁,遗文数卷,年谱一卷,都是由名人辑录的。

章懋为官清廉,敢于顶撞皇帝,为民请命。多次拒绝高官厚禄,轻权势重学术,为明朝正直之士所仰慕。在哲学上有独到的见解,教育上招收学员不论门第,培养了一大批人才,因而名闻全国。金华也由宋代只限东南一隅的"小邹鲁",而成为举国闻名的"小邹鲁"。(此说见怀溦《金华"小邹鲁"之称的由来》,刊于1992年第一期《浙江师范大学学报》)

到底"邹鲁"是指文人辈出之地,还是指大儒的故乡、儒学教育研究的中心,我们可以其他一些称"邹鲁"的地方作旁证。

徽州有"东南邹鲁"之称。古徽州地处东南,文教昌盛,名人辈出。自宋代开始,在全国已有相当大的影响。南宋绍兴年间,著名诗人范成大任徽州司库参军,在任上曾作《次韵知郡安抚九日南楼宴》诗,其首句为"斯民邹鲁更丰年,雅道凄凉见此贤",首次将徽州比作邹鲁。元末,休宁学者赵汸在《商山书院学田记》中称:"新安自南迁后,人物之多,文学之盛,称誉天下……故四方谓东南邹鲁。"正式提及以"东南邹鲁"指代徽州。

福州有南国"海滨邹鲁"之称。福州没有北国的寒冷干燥,有的是南国的温润潮湿;没有北方人的雄伟与刚健,却有南国人的灵巧和睿智;没有北国山川的豁达粗狂,却有南国山水的温柔明丽。人们认为福州的文化水平堪与"邹鲁"相媲美,将之誉为"海滨邹鲁"。同样称为"海滨邹鲁"的还有广东潮州。自北宋时潮州已有"海滨邹鲁"的称号,是一个"文物之邦"。

浙江瑞安天瑞地安,人杰业旺,素有"东南小邹鲁"之称。中国历史上许多著名学者、文学家出自瑞安,如永嘉学派代表人物叶适、陈傅良,元曲大师《琵琶记》作者高则诚,以及晚清国学大师、玉海楼主孙衣言、孙诒让父子等等。

由此可见,"邹鲁"指文人辈出之地,是有相当认可度的。金华成为"小邹鲁"的理由,我们认为也正源于此。

金华的确是一个文人辈出之地。自古至今,从金华走出了骆宾王、宗泽、吕祖谦、陈亮、宋濂、李渔、邵飘萍、陈望道、冯雪峰、吴晗、施光南等一批在全国有分量的诗人、学者、戏剧家、音乐家。如果把文化的内涵更深化,深化到新闻这一领域来考察,可以发现,金华是一块培养我国著名新闻大家的沃土。邵飘萍、陈望道、石西民、曹聚仁、王惕吾这五位新闻巨子,他们或在办报或在新闻教育或在新闻采访或在新闻管理和研究上,具有开拓之功,并取得了巨大的成就,在中国新闻史上当属重量级人物。一个地级市中,齐刷刷地出现五位报界(甚而是中国新闻界)巨头,这在全国恐怕没有一个地方与之比肩。

整理、研究金华厚重的新闻史和这五位新闻巨头,不但对金华的文化建设有极其重要的意义,而且对金华乃至全国的新闻工实践也具有指导作用。

# 第二节　新闻五杰出金华

　　站在现当代的视角来看金华,称金华为小邹鲁还是名至实归
的。如果把视野调得微观些,落到新闻人才这个点上,我们可以发
现,金华是一块培养我国著名新闻巨子的沃土。如果套用出将军
较多的地方是"将军之乡"的叫法,我们可以说,金华是我国的"新
闻人才之乡"。

　　金华出了哪些新闻大家? 放在全国的平台上来考察,当属一
流的有邵飘萍、陈望道、石西民、曹聚仁、王惕吾这五位巨子。

　　邵飘萍是东阳人。他是为新闻事业而生,又是为新闻事业而
死的人。他既是一代"新闻奇才",也是"新闻全才"。他办过报纸、
通讯社,熟悉如何经营报馆;他是记者、评论员,他写的通讯、评论
脍炙人口;他是学者,著书立说,亲自为学生授课;他有超人的采
访艺术、胆识和独特的手腕,总能获得最新的第一手采访资料。

　　1912 年,邵飘萍到杭州与杭辛斋合办《汉民日报》,任主编。
1914 年,袁世凯下令封闭《汉民日报》,邵飘萍被捕,后经营救出
狱,流亡日本,入法政学校读书,并组织东京通讯社。

　　1916 年春,邵飘萍回国担任《申报》《时报》《时事新报》主笔,
后任《申报》驻北平特派员,撰写的稿子在《申报》的"北平特别通
讯"栏内刊出。1918 年 7 月,邵飘萍在北京创办了北京新闻编译
社。10 月又创办《京报》。1919 年五四运动时,他在《京报》上揭露
曹汝霖、陆宗舆、章宗祥的卖国罪行,触怒了段祺瑞政府,报纸因
而被封,邵飘萍再次流亡日本。段祺瑞政府倒台后,邵飘萍回到北
京,恢复《京报》,并在北京大学新闻学研究会讲授新闻采访课。

陈望道是义乌人。他的学术领域十分广泛，涉及哲学、政治学、社会学、法学、伦理学、因明学、新闻学、美学、文艺学、语言学等人文社会科学的许多门类。1949年4月，陈望道59岁生日，国民党元老于右任送他一幅立轴，上书"记者之师"四个字。

陈望道对我国新闻事业的贡献，主要体现在新闻教育上。他一生绝大多数时间在复旦大学度过，他对复旦大学的贡献很大，其中之一是把复旦大学新闻系办成了全国新闻院系中历史最悠久、唯一薪火不断的院系。

陈望道提出"好学力行"四字，作为复旦大学新闻系的系铭，认为这才是对新闻人最根本的要求。与之相对应的是，陈望道还提出了"宣扬真理，改革社会"的新闻教育指导思想，以培养"有巩固基础、有发展前途的新闻文字工作者"的办学目标。

曹聚仁是兰溪市（他出生时属浦江县）人。他的身份很多：作家、编辑、记者、教授。曹聚仁是一个自由主义者，但更是一位爱国人士，1972年7月23日在澳门逝世时，周恩来总理亲自为他拟定墓碑碑文——爱国人士曹聚仁先生之墓。

曹聚仁的战地记者生涯是从采访淞沪抗战开始的。1938年3月底，曹聚仁由武汉到徐州一带采访战事。他是第一个报道台儿庄大捷的记者。报道淞沪抗战和台儿庄大捷，使曹聚仁在新闻界声誉鹊起，成了名记者。1939年曹聚仁到赣州，应蒋经国的邀请创办《正气日报》，任总编辑，并成了蒋经国的高参。

1950年，曹聚仁赴港写作，任《星岛日报》编辑，并主办《学生日报》《热风》，还为新加坡《南洋商报》写特约文章。1959年后同林霭民合办《循环日报》《循环午报》《循环晚报》。

石西民是浦江人。他的新闻工作经历很全面，从事过的岗位有：通讯员、编辑、记者、报纸创办人、新闻单位领导、主管新闻领导、新闻研究专家及研究机构领导。有如此丰富的新闻工作经历者，全国少有。正如他自己所说："在我一生中，与新闻工作可算是有缘的。"

石西民真正从事新闻工作，始于1936年1月，在上海担任《申报周刊》的编辑。"七七"事变发生后，他作为《申报》战地记者，到华北前线采访。

1937年8月13日，上海"八一三"战争爆发。石西民受党组织派遣在武汉参与筹办《新华日报》，负责要闻版的编辑工作。1938年6月，到江西前线当战地记者。1939年9月，石西民结束了东南前线的采访，回到重庆新华日报社。1949年4月，石西民任中共南京市委（后来是江苏省委）机关报新华日报社长。

20世纪50年代中期，石西民任上海市委常委兼宣传部长、市委书记、中共华东局委员兼宣传长、上海市政协副主席等职，成为领导上海新闻界的"新闻官"。

王惕吾是东阳人。王惕吾进入报界虽然是半路出家，但他是个奇才，精于新闻策划，善于报业管理，乐于技术革新，用40多年时间，打造了联合报系，创造了中国报业史上的奇迹。

1948年3月，时任国民党警卫团团长的王惕吾从大陆去台湾，一年后，他决意离开军界。1950年元旦，王惕吾正式踏入报界，接办了很不起眼的《民族报》。随后，他所经营的报纸不断繁荣壮大，形成了闻名全球的中文报业集团——联合报系。

# 第三节 五杰之间的关系

邵飘萍等五位新闻巨子有一共性,都是金华人,他们是老乡,都是从事新闻工作,但同中有差异。

从职业经历上看,有的人从事的是完整的新闻工作,从当通讯员开始,再是当记者、编辑,再是创办报纸,从事报业管理。邵飘萍、石西民就是这样人。有的人从事新闻教育,架构了中国新闻教育的框架,成为记者之师。陈望道就是这样的人。有的人以抓独家新闻见长,也办过报纸,从事过新闻教育,如曹聚仁。有的人是半路出家,以外行的角色来办报纸,却把报纸办得在全球有影响,王惕吾就是这样的人。

从政治信仰上看,他们有的信仰马列主义,是共产党员,甚至是共产党的创建者之一。如邵飘萍、陈望道、石西民。有的是国民党员,如王惕吾、曹聚仁。但曹聚仁总是喜欢说自己是一个自由主义者。

从人际交往上看,由于年龄和地域的差异,他们这五位巨人,除曹聚仁与陈望道、石西民与陈望道有着较多的直接交往外,大多没有直接的交集。曹聚仁曾说自己是邵飘萍的学生,但从邵飘萍在金华府中学堂教书与曹聚仁在此读书的年份对照上,并不存在直接的师生关系。只能说,邵飘萍曾是曹聚仁所读的金华府中学堂的老师。

## 一、曹聚仁与陈望道的亦师亦友关系

曹聚仁与陈望道都是金华府中学堂的学生。由于年级不同,他们在金华府中学堂并无联系。他们的师生关系形成于浙江省立第一师范。当时,从日本留学归来的陈望道被聘为浙江第一师范的国文老师,曹聚仁是这个学校的学生。

1919年,浙江一师闹风潮时,曹聚仁是校学生会主席,而陈望道是支持学生闹风潮的思想进步的老师,他与刘大白、夏丏尊、李次九三位老师一起,被称为浙江一师的"四大金刚"。

后来,曹聚仁与陈望道成了亦师亦友的关系。曹聚仁在浙江一师毕业后,到上海求职,得到陈望道的帮助。后来曹聚仁在上海站住了脚,投身于教育、文学行业。在上海艺术专科学校、上海艺术大学、上海路矿学院、暨南大学当教授,其中上海艺术大学的校长就是陈望道。他与陈望道的联系没有中断过,参与了由陈望道等发起的大众语运动,与陈望道等一起创办《太白》半月刊。师生并肩作战,向"读经""文言复兴"的逆流展开反击。

## 二、邵飘萍石西民在《申报》工作过

《申报》是旧中国历史最长、影响最大的一份报纸。原全称《申江新报》,"申"字常被用来代表上海,于是就缩写成《申报》,是上海历史上第二家创刊的中文报纸。

邵飘萍、石西民都在《申报》工作过。《申报》对他们的新闻事业影响都不小。

有研究者认为:"邵飘萍一生曾在两个报馆汲取了影响他新闻理念和实践品格的宝贵资源,一是《申报》,另一是日本大阪的《朝日新闻》。"(散木,《乱世飘萍——邵飘萍和他的时代》第158页,南方日报出版社,2006年)

1916年,应申报社长史量才之邀,邵飘萍到北京担任《申报》

驻京特派记者。在《申报》的"北平特别通讯"栏内大胆揭露北洋军阀的丑行,由此开始了邵飘萍十年的京城记者生涯。

石西民作为一个专业新闻者,是从《申报》起步的。1936 年 1月,他谋得了《申报》下附属刊物《申报周刊》的编辑一职。在申报社,石西民遇到了对他从事新闻事业有相当影响的良师俞颂华。

"七七"事变发生后,《申报》派石西民到华北前线采访,当战地记者。他采访了国民党华北政要孙连仲、宛平县长王冷斋及抗击日寇的士兵和民众,发表了《北行途次》《国防线上的石家庄》《平津失守与平汉前线》等一批战地通讯。1937 年,上海"八一三"战争爆发。此时,石西民正好从华北战场回到上海。《申报》准备在武汉办一个分馆,由俞颂华当总编。俞颂华就约石西民到武汉做分馆的筹备工作。11 月,石西民来到武汉,但他没有参与《申报》武汉分馆的筹备工作,而是参与《新华日报》的筹备工作。此时,中共中央决定在国民党统治区公开出版发行一张大型机关报——《新华日报》。

曹聚仁在浙江一师读书时,曾将浙江一师风潮始末写成新闻电讯和长篇通讯发表在《申报》《新闻报》《民国日报》等报刊上。后来,他把这些通讯、消息合成一本小册子叫《思痛集》,又改名为《浙潮第一声》。这本书的出版,决定了他从此和新闻界结缘。


三、金华府中学堂三学子——邵飘萍、陈望道和曹聚仁


曹聚仁曾撰文称邵飘萍是"我们的历史教师邵振青先生"。照这称呼,他与邵飘萍应当是师生关系,但查阅了相关史料,邵飘萍并不是曹聚仁的直接老师。

曹聚仁在《邵飘萍二三事》一文中很轻松地写道:"假使时光倒流,回到 19 世纪末期,即民国初年去,这样才女征秀士的方式,

或许还算很风雅的。那时,金华有一小姐,公然在一家照相馆墙上题诗征婚,诗句是什么?我已记不起了。当选的是我们的历史教师邵振青先生,当时,佳话流传,复算得风流韵事。振青先生,便是后来的名记者:邵飘萍先生(邵先生,金华人)。……我虽是邵先生的学生,却是年纪很小,懂不得他的学行。(曹聚仁《天一阁人物谭》第307到309页)

从史料上看,1909年邵飘萍于浙江高等学堂毕业后回金华,任金华府中学堂(后称浙江省立第七中学,再后叫金华中学、金华第一中学)国文和历史教员。1912年,他赴杭州与杭辛斋合办《汉民日报》。也就是说,邵飘萍在金华府中学堂前后当了三年教师。

曹聚仁是"于1913年春天,我离开家乡到金华去进中学"(曹聚仁《我与我的世界》第93页,北岳文艺出版社),那一年曹聚仁只有13岁。也就是说,当曹聚仁进金华府中学堂时,邵飘萍已离开学校在杭州了。所以曹聚仁称邵飘萍为"我们的历史教师邵振青先生",要打折扣。只能说邵曾是金华府中学堂的历史教师,而不是曹的历史教师。

实际上,邵飘萍也曾是金华府中学堂的学生。他在中了秀才后,无意去考举人,打算学习近代科学,于1903年进入金华府中学堂学习现代知识。三年后,邵飘萍毕业考入浙江省立高等学堂,读师范科。

陈望道也曾在金华府中学堂读过书。1908年,18岁的陈望道结束了在义乌城内绣湖书院的学业,考入金华府中学堂。他在这所学校读书,最感兴趣的是理科,满脑子是实业救国。只要听到哪里有办铁路的消息,他就很高兴。这与他后来以人文社会科学为业形成了反差。这是一种很有趣的现象,20世纪在中国文学艺术和社会科学领域的一批风云人物,他们并不都是纯粹文科出身。

如鲁迅、郭沫若在日本留学时，都是学医的，就连邵飘萍在金华府中学堂读书时，他感兴趣的也是声光电化等自然学科。

1912年，读了四年书后，陈望道离开了金华府中学堂。

应该说，陈望道在金华府中学堂读书的第二年，邵飘萍就来到学校教书了，陈望道中学毕业这一年，恰好是邵飘萍离开学校这一年。由此我们可以认定邵飘萍与陈望道有着广义上的金华府中学堂的师生关系。至于邵飘萍是否直接给陈望道上过课，我们查不到具体的资料，不能轻易下结论。当时的金华府中学堂并不算大，学生人数也不是很多，由此我们可以推测，陈望道是肯定知道教历史的邵振青老师的。也许，他们两位常在操场上、教学楼走廊上相视而过。

邵飘萍的文字功底很深厚，他在金华府中学堂教书，流传着几段逸事。当时，虽然八股文已被废除，但学生大多仍用文言文写作文，不长的文章里充斥着之、乎、者、也、而、盖等。邵飘萍有一次批改作文，见一学生用"而"字很多并且多不恰当。他逐个改正后，在文章结尾写了这样一条批语："当而而不而不当而而而而今而后已而已而。"加上标点就是："当而，而不而。不当而，而而。而今而后，已而，已而。"这段评语让人忍俊不禁。

还有一次，邵飘萍批阅学生作文。有几位学生的作文实在太差了，无处下笔修改。他就把那几位学生找来教训了一通。大意是，你们个个长得人高马大的，读起书来却心不在焉，文章写得太糟糕，我无法批改。学生们挨了批评，又误以为邵飘萍以牛马相讥，心生不满。几个人串通一气找到邵飘萍责问，并以退学相威胁。邵飘萍却对此一笑了之，仍旧对学生严格管教。

## 四、曹聚仁眼里的邵飘萍

曹聚仁在《邵飘萍二三事》(曹聚仁,《听涛室人物谭》第 307 页,上海人民出版社,1998 年)这篇文章里,反驳了"龚德柏先生"对邵飘萍"记者品行简直要不得,好似他给张作霖枪毙了,也是罪有应得,并不是为言论自由而殉难的"的论调。指出:"上一代的报人的评价,只能看他们在新闻工作上的成就如何,至于他们拿钱不拿钱,那就等于怪赛金花不替洪状元守节了。"

曹聚仁自己也是报人,曾经沧海,当然对此体会得很深切,这从他回忆报人胡政之的一段经历也可看出。

胡政之留学日本归国之后,进了章太炎主持的《大共和日报》担任总编辑。胡政之后来说:"那时,官僚政治一天大似一天,'民'字头的报纸影响也是一天大似一天。袁世凯提倡军民分治,原来都督分成督军和省长;当两个人不合的时候,督军出钱来收买编辑主笔,省长就出钱来收买经理,使得一个报馆中的人都会对立起来。"《大共和日报》就是这样被袁世凯收买的,胡政之因此要求离去,博冠遂派遣他赴北京为特派员。当时黄远生是《申报》的北京特派员。他们每月薪水都不过 20 元左右,要发现新闻,就要交际,这点钱够么?"所以,外勤记者到处找津贴,也是那时报馆老板所迫成的。"

曹聚仁还引用报人王新命的话说:同国民党统治时代相比较,北洋时代政府统治相对松弛,对报业的控制也相对放松,于是办报几乎"完全自由",即"无论何人,要开报馆无须等待政府的核准登记(也无须缴纳保证金)。只要发刊以后送一份给邮局,邮局便承认你的报纸是'新闻纸类'",况且当时也"没有像中央社这样规模的通讯社,也没有像新闻局这样规模的政府发言人,各报每日重要新闻都由各报自己设法采访","因此,各报都不靠'配给新闻'来填篇幅,很少有'官报'或'官方消息'的气味",于是就似乎有了"处于横议"的气氛。

不过,"当时的北京,一方面是报业和报人的天堂,另一方面却是报业和报人的地狱"。"本来中国人的大患在于贫乏,所以一般人不能自拔于贪污的狂流,报人当然不在例外。那时,野心政治家就有了最简便的操纵报人的方法。上至袁世凯、段祺瑞,下至曹锟,他们都曾慷国库之慨,用金钱来贿买报人。首先行贿的袁世凯倒很干脆,把金钱和枪弹放在一起,请你在两者之间做出选择。到了段祺瑞手里,就多了一个花样:把升官、发财和封闭报馆三条路放在你面前,请你自己决定。他的新花样,是在金钱贿赂之外,再在他所主管的国务院设置一些顾问咨议的员额,供收买报人之用。此风一开,北京各机关都有这类领干薪的恶例。因此,有些报社、通讯社的老板便借此实行了聘任编辑却不给薪水的怪制度。龚德柏所批评的那几位记者,如邵飘萍、林白水,正是那一时期的报人。"因此,曹聚仁认为:"龚德柏责备邵飘萍先生的话,在那一社会环境中,也可说是不切实际的。他们这几位切实找新闻的驻京特派员,每月薪金只有三十元,以他们的交际情况来说,要不是领各方面的津贴,能找到那么多重要的新闻、写那么好的通讯吗?无疑的,邵氏也借了《申报》的光,可以和军政首要平起平坐,那些大人先生非买账不可。"

龚德柏不顾客观事实,一味责难邵飘萍,除政治立场的分歧外,曹聚仁分析:"他的轻视邵氏,多少有点私怨或文人相轻的成分在其间,算不得公道的。"

曹聚仁说:"他(指邵飘萍)和黄远庸都是民初沪报的驻京特

派员,他们两人的长篇通讯,皆是言之有物,值得传世的。'飘萍'二字,在当时读者心目中,自有一定的分量,并不如德柏所说那么不足轻重。中国新闻事业,在天津《大公报》未改版前,北京《晨报》可说是最有规模、走上正轨的报纸。《晨报》副刊,也是最像样的副刊。孙伏园离开《晨报》以后,他们就在飘萍所创办的《京报》编副刊,《京报》副刊,也都是第一流文士执笔,成为文化界的权威。至于德柏的评论,只能算作《新民丛报》型的策论,比之飘萍的《北京通讯》还差一大截。"

曹聚仁进一步说:"民初记者,黄远庸自是第一流大作手,他的政坛通讯,一直为史学家所推许。徐彬彬的知识面比远庸广,文艺兴趣浓,把抓新闻趣味,吸引读者的爱好,也是一流作手。邵飘萍先生也是北京政治圈子最活跃的分子,其新闻报道,颇有远见,可与黄徐二氏争一日之长。在新闻工作成就上,那是德柏所不能及的。这是我的公论。"

曹聚仁在另一篇回忆文章《"旧"闻记者——从黄远生到陶菊隐》(曹聚仁《听涛室人物谭》第 347 页,上海人民出版社,1998 年)中将邵飘萍与黄远生相比较,认为他们都是一流的记者,不过,邵飘萍"所接触的朝野政治社会很广,观察不及远生的深刻。他的采访能力很强,文笔也不及远生的生动。他的政治兴趣比较浓,后来办了《京报》,以此得祸被杀。"

## 五、石西民提议塑邵飘萍铜像

婺州公园是金华市区的一个临江公园。它北靠八咏楼,南濒金华江,树木参天,风景如画。在公园的一片修篁中,矗立着一尊邵飘萍烈士的铜像。只见戴眼镜的邵飘萍手揣着《京报·副刊》,目光凝视远方。基座正面,镌刻着陆定一同志的题字:"邵飘萍烈士纪念碑"。在铜像西侧的平地上,竖着一块花岗岩石碑,上面刻有烈士生平的碑文。据考证,邵飘萍铜像是中国新闻界第一尊烈士铜像。

催生这尊铜像的是石西民。

要说石西民与邵飘萍的关系,他们俩都曾是《申报》的记者。从时间看,石西民到《申报》当记者要比邵飘萍迟些。虽然他们两人并没有直接的关联,但石西民对邵飘萍是相当敬重的。

1986年11月1日,是邵飘萍烈士100周年诞辰纪念日,北京和金华的新闻界分别隆重举行纪念集会。石西民不顾年迈体弱,在他弟弟石士助(时任解放日报《报刊文摘》副总编)的陪同下,专程从北京来到金华参加会议。

石西民在纪念会上说:"我认为对邵飘萍烈士的历史地位和贡献,还要重新进行估价。因为他所处的时代,是旧民主主义革命时代和新民主主义革命的开端时期,他既是反帝反封建的无畏战士,又是传播马列主义,介绍新生的苏维埃的先驱者。他一生忠于真理,在当时全世界都在痛骂'赤祸'的逆流中,他坚强不屈,坚持真理,勇于斗争,这是十分了不起的。可以想象,如果他没有以身殉报,继续战斗,一定能成为一位杰出的共产主义战士。……我们金华地区在历史上的光辉人物不少。古代的不说,就近代来讲,邵飘萍就是其中之一。我趁这个机会,建议他的故乡——金华,可以塑造他的塑像,甚至半身铜像,使金华人民,特别是后代人,知道在我们的故乡,曾经诞生过一位优秀的文化战士,杰出的新闻记者。"

石西民的这一倡议,引起了《人民日报》《文汇报》《浙江日报》等北京、上海、浙江18家新闻单位的积极响应,接着在北京举行了邵飘萍铜像筹建会议,决定将邵飘萍铜像建立在金华市区的婺州公园内,并全权委托金华日报社具体承办。

经初步匡算,建立邵飘萍铜像需要人民币 10 万元以上,这在当时是一笔不小的数目。金华方面将这一情况向石西民汇报时,他充满信心地说:"建立邵飘萍铜像,是我国新闻界的大事,现在已成了不少新闻单位的共识,并且已明确表态愿为此事而出力。当然,你们要做艰苦细致的工作,派人来北京,先找中宣部新闻局,请他们出面,从全国影响较大的新闻单位着手,上门一家家落实,我会尽力帮助。"

当金华的同志到北京新闻单位去筹款时,石西民事先同中宣部新闻局及相关新闻单位作了沟通、协调,使筹款工作顺利多了。不到 20 天时间,集资了六七万元。在上海筹款时,也由于石西民的关系,上海的新闻单位也愿出钱。铜像建设的资金到位了。

在烈士铜像创作期间,石西民同样倾注了很多精力。金华方面将小样分别送中宣部新闻局钟沛璋局长和石西民审查。石西民看小样十分认真,近看看,远看看,然后又捧在手上正面看,背面看,边看边不住地称赞:"不错,不错,像位新闻战士,真要感谢雕塑家呀!"1986 年 3 月,中国记协主席团专门召开会议,审定了邵飘萍铜像总体规划设计、铜像草稿和碑文。当石西民得知筹建领导小组想请一位德高望重的领导同志为烈士铜像纪念碑题字时,他说:"我去请陆定一同志写吧!"时隔不久,陆定一同志手书的"邵飘萍烈士永垂不朽"的题字就寄到了筹建组。

1986 年 7 月 1 日上午,在金华婺州公园,隆重举行了邵飘萍烈士铜像落成揭幕仪式。遗憾的是石西民因病未能前来参加这一盛典。6 月 20 日,他托前来参加仪式的弟弟石士助带来了一封信,大意是因身体原因,不能前来参加揭幕仪式,并预祝铜像揭幕典

礼圆满成功。(王志忠,《中国新闻界第一座烈士铜像诞生记》,《金华报业》第 3 期,2009 年)

## 六、石西民与陈望道的关系

石西民与陈望道之间是有联系的,但从新闻这条线上来看,有无较密切的联系,我们手头上没有这方面的资料。

从工作地点上看,石西民与陈望道在重庆和上海有过重合。抗战时期,复旦大学迁至重庆夏坝办学。1940 年,陈望道到重庆复旦大学任教,后任新闻系主任。当时复旦大学新闻系在重庆所有高校的新闻专业中是影响最大的,也是最难考的。陈望道在重庆工作这些年,石西民也在重庆《新华日报》工作。陈望道和石西民,一位是在重庆有名的复旦大学新闻系主任,一位是在重庆新闻界有影响力的名记者,他们当时有否具体的接触、联系,我们不得而知。按两人当时的知名度及政治倾向,我们推测,两人是会有所交往的。

而到了另一个城市上海,陈望道与石西民就有所联系了。上海解放后,陈望道一直在复旦大学任(负责人)校长,并在华东军政委员会、上海市任职。1955 年 5 月至 1965 年 2 月这 10 年中,石西民在上海先后任上海市委常委兼宣传部长、市委书记、华东局委员兼宣传部长、上海市政协副主席。因工作关系,陈望道与石西民肯定有一定的联系。比如 1958 年,"反右斗争"扩大化,要在复旦大学按比例划出一批右派。石西民知道这个情况后,十分着急,向市委第一书记提意见,结果复旦大学少划了一大半右派,保护了一批党内外知识分子。但陈望道与石西民这两位金华老乡,相聚在一起会否谈论新闻话题,却缺乏资料支撑。

不过,两人在编纂《辞海》时的联系肯定是多的。1957年9月,中央把修订《辞海》的任务交给了上海,石西民具体负责这项工程。1960年冬,《辞海》第一任主编舒新城病逝,上海市委决定由陈望道任主编。这样,石西民与陈望道为修订《辞海》这一共同事业,相处、研究、探讨的机会就很多。

## 七、曹聚仁与王惕吾的间接关系

曹聚仁生前与王惕吾并没有什么联系,但是在曹聚仁去世后,有了间接的联系。1998年3月8日至10日,台湾《联合报》连续三天以整版的篇幅,发表曹聚仁女儿曹雷所写的长文《父亲原来是密使》。

《联合报》的编者按云:"曹雷此文主要是依据曹聚仁夫妇生前留下的信件、笔记,以及大陆出版的史料如《周恩来年谱》,对照当年见诸中外媒体传言,重新描绘出1956至1972年曹聚仁奔波两岸港澳间传话的图像。过去两岸所以会有密使出现,互探虚实的意义或许更大于和谈;而密使传闻之所以会不胫而走,又和美国在其间扮演的角色似有若干关联。"(李伟,《曹聚仁传》第344页,河南人民出版社,2004年)

# 第二章 邵飘萍:为新闻而生 为新闻而死

## 第一节 概述

邵飘萍

一、飘萍路·飘萍像·邵飘萍

邵飘萍这名字,对金华城里人来说并不陌生。因为,金华城里有一条飘萍路,它是一条由人名命名的路。飘萍路旁的婺州公园内立有邵飘萍的半身铜像。邵飘萍右手紧握《京报·副刊》,戴着眼镜,神色坚毅,凝视远方,充分表现出他坚持真理的品德和不畏强暴的精神。铜像右侧的小平台上,立着一块花岗岩刻成的邵飘萍生平碑文。

邵飘萍(1886—1926),名新成,字振青,号飘萍,学名锡康,后改作镜清。他是我国近代杰出报人、新闻学家和新闻教育家,也是中国近代史上第一个因新闻而生,又因新闻而牺牲的人。全国人大常委会副委员长、邵飘萍东阳同乡严济慈,1984 年为邵飘萍烈士题词:"挥毫似剑伐魑魅,开一代报业新风;喋血如丹荐轩辕,树千秋志士典范。"

邵飘萍是东阳县南马区五十六都紫溪村人,他的父亲邵桂林,是清代禀贡生;母亲叫徐凤珠。1884年举家迁至金华县城。有说邵飘萍1886年10月11日出生于紫溪村。不过,2010年4月,据金华市文物部门考证,邵飘萍出生于金华城内的芝英考寓。

邵飘萍5岁起即随父在私塾读书,14岁考取秀才。1906年考入浙江省立高等学堂(即今浙江大学前身)师范科。在校期间开始为《申报》撰稿,被聘为该报特约通讯员。

1909年邵飘萍毕业返回金华,任金华府中学堂国文和历史教员。1912年赴杭州与杭辛斋合办《汉民日报》,二次革命失败后,《汉民日报》被封,邵飘萍入狱。1914年出狱后,东渡日本留学,创办了东京通信社。

1916年,应《申报》社长史量才之邀,邵飘萍到北京担任《申报》驻京特派记者,同时创办新闻编译社。1918年,他正式辞去《申报》聘约,创办《京报》。其间,与徐宝璜一起,在北京大学校长蔡元培的支持下,在北大成立新闻学研究会,并开讲新闻采访课。

1919年五四运动爆发,邵飘萍积极参加。8月,《京报》报馆被查封,他遭到通缉,不得不再次赴日避难,并受聘于大阪的《朝日新闻》。流亡期间,撰写5万字的《新俄国之研究》一书,介绍了布尔什维克、列宁和苏维埃政权。

1920年下半年,段祺瑞政府倒台,邵飘萍回到北京,恢复《京报》。1923年在北京平民大学新闻系讲授新闻学课程,他撰写的《新闻学总论》《实际应用新闻学》等著作,是我国最早也是最好的结合实际的新闻著作。

1925年,孙中山北上准备召开国民会议,邵飘萍在《京报》上刊登孙中山在北上途中的照片,冠以"全国景仰之孙中山先生"的标题。他支持冯玉祥的国民军和郭松龄倒奉行动,因而遭到奉系军阀的忌恨。

1926年"三一八"惨案发生,飘萍在《京报》发表文章声讨段祺瑞政府制造惨案,屠杀学生。4月26日凌晨,邵飘萍被军阀张作霖杀害于北京天桥,年仅40岁。

## 二、为新闻事业而死

邵飘萍说,他愿终生奉献于新闻事业。最后的结果也印证了他的话语。他为新闻而生,为中国现代新闻事业贡献出了全部才智。他为新闻而死,死得悲壮,死得有骨气,死得光荣。

综观邵飘萍短暂的一生,他在新闻这条路上走得相当艰辛。当记者——批评权贵——入狱——流亡——办报,并且循环着。早在杭州与杭辛斋一起办《汉民日报》时,在他的笔下,是没有什么人可以逃避被监督和被批评的。他抨击时弊,批评权贵,不可避免地与对方发生摩擦,甚至是激烈的抗争。其间有几度还闹到了对簿公堂的程度。

从1911年11月至1913年8月,在不足2年的时间里,邵飘萍有3次入狱的经历,狱中生活有9个月之多。

1913年6月12日,杭州地方检察厅厅长许畏三以《汉民日报》刊登了涉及他和浙江司法筹备处长范贤方丑闻的"九花娘聚赌"案、"共和春殴斗"案等有关消息和评论,派法警十多人到报馆逮捕邵飘萍。邵飘萍此前虽已听到风声,但他并不慌张,更不择路而逃,坐等法警上门。他要现身说法,以此来捍卫民国临时约法中有关新闻自由的律令。邵飘萍被捕后,受到许畏三的审讯,邵飘萍侃侃而谈,从容应对,表现了一位报人临危不惧、据理力争的风度。

邵飘萍素有"新闻救国"之志。他对时局有着惊人的洞察力,早在辛亥革命时就对袁世凯有入木三分的认识:"帝王思想误尽袁贼一生。议和、停战、退位、迁廷,皆袁贼帝王思想之作用耳。清帝退位,袁贼乃以为达操莽之目的,故南北分立之说,今已隐有所闻矣! ……袁贼不死,大乱不止。同胞同胞,岂竟无一杀贼男儿耶? "

在当时邵飘萍的讥讽文字中,他还公然讽刺朱瑞谄奉袁世凯是"猪"(朱、猪谐音)"猿"(指袁世凯)一群,又讽刺浙江省巡按使屈映光文字不通,并说他只认识方箩大的几个字,没有几个稻闸(即稻桶)可装,如他写一个"打扫天井"的条子,竟误写为"打扫天下",等等。

正因为有这种鲜明的政治立场和大无畏的精神,可以预料的是邵飘萍的命运多舛。1914 年袁世凯下令封闭《汉民日报》,邵飘萍被捕三次,后经营救出狱,流亡日本,入法政大学读书。

邵飘萍于 1916 年回国。1918 年他创办了《京报》。1921 年元旦,《京报》刊出军阀头目的照片特刊,每张照片附以简短说明,如"奉民公敌张作霖""直民公敌李景林""鲁民公敌张宗昌"等。《京报》的大胆直言可见一斑。

1925 年 12 月 7 日,《京报》又出一期"最近时局人物写真"的特刊,照片下的说明文字为"冯玉祥将军""一世之枭亲离众叛之张作霖""忠孝两难之张学良"等。邵飘萍支持冯玉祥发动北京政变,又力助郭松龄倒戈反张作霖。他的做法,让一味迷信暴力的张作霖乱了手脚,他秘密汇款 30 万元给邵飘萍。但邵飘萍立即退回,并继续在报纸上不断揭露张作霖。他对家人说:"张作霖用 30 万买我,这种钱我不要,枪毙我也不要!"于是张作霖下令:打到北京后,立即处决邵飘萍。

张作霖父子为何对邵飘萍下此毒手？早在1918年2月,邵飘萍就在张作霖抢劫政府军械时写过报道《张作霖自由行动》,文章写道:"奉天督军张作霖,初以马贼身份投剑来归,遂升擢而为师长,更驱逐昔为奉天督军现为陆军总长之段芝贵,取而代之。'张作霖'三个字乃渐成为中外瞩目之一奇特名词。"邵飘萍招来杀身之祸的直接原因,则是郭松龄发动滦州事变前后,《京报》所发表的大量新闻和评论。而新闻史家认为,邵飘萍被杀的深层原因是其被诬陷为"赤化"。

1926年4月15日,张宗昌率军入京,段祺瑞政府垮台,奉、张集团窃取了北京政权。他们占领北京后,钳制舆论,封闭报馆,捕杀报人。邵飘萍被迫避居东交民巷苏联使馆,奉军决定实行诱捕。4月24日,被军阀以造币厂厂长之职和两万元大洋的诱饵收买的邵飘萍旧交、大陆报社长张翰举将邵飘萍从使馆骗出。邵飘萍出使馆乘车回报馆途中,被预伏军警截捕。侦缉队声称搜出了冯玉祥聘请邵飘萍为军事顾问的聘书、军事电报密码一本,以及他与冯玉祥的合影等,作为邵飘萍犯罪的物证。

邵飘萍被捕的消息传出,北京各界为之震动,纷纷行动起来设法营救。新闻界于第二天召开紧急会议,商讨营救办法,选出13人以代表名义出面请愿,面见张学良,让他不要杀邵飘萍,但未能奏效。张学良对代表说:逮捕邵飘萍是他父亲张作霖和吴佩孚及各将领早已有的决定,一经抓到便要就地枪决。此时,邵飘萍是否尚在人世都不得而知。他说:"飘萍虽死,已可扬名,诸君何必如此,强我所难","此事实无挽回余地"。

4月26日凌晨4时,邵飘萍被押往天桥二道坛门刑场枪决。

北京政府总执法处张贴的布告上,宣布其罪名是:"京报社长邵振青,勾结赤俄,宣传赤化,罪大恶极,实无可恕,着即执行枪决,以昭炯戒,此令。"4时30分,邵飘萍慷慨成仁。

邵飘萍的死,使社会舆论哗然。翌日,北京《世界日报》头版刊出大字标题:"邵飘萍以身殉报"。中共北京地委机关报《政治生活周刊·红色五月特刊》(第76期)发表了悼念文章。中共中央机关报《向导》及《新闻青年》《东方杂志》《国闻周报》等都先后报道了这一事件,同以志哀。

5月3日,上海《民国日报》对邵飘萍的就义过程有较为详细的报道:

> ……警厅将邵氏押送总执法处询问,判决死刑,即于三时许解回警厅,由厅通知外右五区在天桥准备刑场。至四时二十分,由警厅开出汽车两辆,第一辆上坐执法处大刀队及监刑官等,第二辆为邵飘萍。至天桥,由二兵将邵氏引下汽车,斯时外有右五区警署,已派有武装巡警一对,随同属员刘良臣在场伺候照料,并代设公案一张,及朱笔等物,请监刑之陈副官,就公案桌正面坐定,并将邵氏引至公案桌左旁站定。邵氏背缚双臂,梳分头短发蓬松,身穿蓝华丝葛大袄,青华丝葛夹裤。当由陈副官发令施刑,遂由二兵将邵氏推往南行十余步,令邵氏跪地。邵氏初不肯跪,并昂首向天哈哈狂笑两三声,旋被二兵按跪在地,另有一兵用手枪从后面照邵氏头颈部射击一弹,邵前倒地毙命,血流甚涌,状极可惨。执行后当由在场警察将邵氏尸体送至永定门外停放。

1949年,新中国成立前夕,毛泽东亲自批准追认邵飘萍为革命烈士,并指示有关部门要安排好烈士家属生活。随后,金华县人民政府颁发了烈士证书。

1980年,邵飘萍烈士的遗骨被送入八宝山革命公墓。1984年5月24日,京报馆被公布为北京市第三批文物保护单位。6月,北京市宣武区椿树房管所按照国家有关部门的规定,将京报馆旧址及邵飘萍故居(五十二间半房屋)全部收购,进行修缮。

1986年,中共中央确认了邵飘萍的共产党员身份。

邵飘萍早年即与反清的革命党人秋瑾、徐锡麟等人来往。有"鉴湖女侠"之称的秋瑾烈士,就义前还有书信给他。后来,邵飘萍又加入柳亚子等人发起的进步社团——南社。邵飘萍还是最早将马克思主义介绍到中国来的人之一。1919年他借助日文攻读了《资本论大纲》《社会主义研究》等宣传马克思主义的著作。1920年,他又写出《综合研究各国社会思潮》《新俄国之研究》两本介绍马克思主义、俄国布尔什维克党历史和十月革命后苏维埃政府成就的著作,最早使中国人知道了苏联的斯大林。从中国共产党成立之时起,他就与以李大钊为首的共产党人保持着紧密的联系。他多次帮助党组织印刷、译校、出版各种刊物。由北方党组织出版的,封面上印有马克思巨幅铜版像的《非宗教论》一书,就是由《京报》所属的昭明印刷厂印制的。他还接受过党组织派遣的十几名北大学生到《京报》参加学习编辑业务,帮助党培养了一批新闻工作骨干。1923年5月5日,在马克思诞辰105周年之际,《京报》出版了纪念专号,并对北京各马克思主义研究团体举办的纪念活动予以详尽报道。1924年3月30日,《京报》上又编发了"列宁特刊"。

在《京报》的广告栏目中,还时常出现中共中央机关报《向导》和北方区委机关报《政治生活》的出版消息。邵飘萍还利用自己的社会地位,不断向党组织提供关于北洋政府军事、政治、经济等方面的情报资料。1925 年春,邵飘萍由李大钊、罗章龙介绍,加入了中国共产党。他是在十分秘密的情况下入党的。党内外很多同志,包括他的家属,对此事均一无所知。再加上他是和党的高级领导直接联系的,李大钊就义后,对这一情况知晓者更少。1978 年后,他的党员身份问题才被重新提出。中共中央组织部经过周密的调查,以实事求是的态度,做出了他是共产党员的结论,还历史以本来面目。邵飘萍这个名字,也和中国无产阶级新闻事业一起载入史册。

1986 年 11 月 1 日,首都新闻界、教育界集会隆重纪念邵飘萍百年诞辰。会后还举办了烈士文物图片展览及学术思想报告会。大会对他给予高度评价,认为他是杰出的反帝反封建无畏战士,是我国新闻教育事业的先驱者。

### 三、历史地看待邵飘萍

看待历史人物,如果习惯于用今天的标准来衡量的话,这不是历史唯物主义应有的态度。看待历史人物,不能脱离那个时代,不然很难对历史人物作客观的评价。

邵飘萍作为我国近现代新闻史上的一个风云人物,是杰出的反帝反封建无畏战士,是我国新闻教育事业的先驱者。这一点是不容置疑的。但邵飘萍毕竟是晚清、民国时期的人物,他的身上必然打上那个时代的烙印。因而,对邵飘萍存在各种争议,也就不足为奇。

历史人物都是时代的产物,幸与不幸、好与不好都离不开那个时代。邵飘萍不是完人,不是没有缺点。他有才子的潇洒,有讲排场、讲享受的一面，生活消费很高，为了维持《京报》和他自己的开销，他也接受过包括北洋政府、冯玉祥的国民军在内的各种政治力量的津贴、赠款。但他没有因为收了钱就改变自己的主张，这是军阀对他恼羞成怒的原因之一。

一些回忆文章印证了邵飘萍从北洋政府和军阀那里搞钱的事实。曾为北洋政府财政总长的李思浩，在接受徐铸成采访时提到北洋政府在段祺瑞内阁时，为结交新闻界，给过邵飘萍钱。"邵飘萍和段派没有什么关系，但因为他是当时的名记者，大家怕他，也不能不应酬。固定的津贴是没有的。记得两次送他成笔的钱，数目相当大，每次总达好几千吧，究竟多少，现在记不清了。"

根据曾与邵飘萍共事的王之英回忆："飘萍老师在京都，一方面倾心结纳同仁，很有本事，团结了各方面的很多人。另一方面抨击敌人，挨骂的还得出钱。因为骂了之后，飘萍老师就上门去，敌人便诉挨骂之'苦'。老师听了付之一笑，说确有其事，挨骂难免。你要报纸不登，可以想办法停下来。实际上登门前就决定停下来了。受者一听可以停下来，就给报社送钞票。这就是飘萍老师整军阀、政客的一种经济手段。"

邵飘萍生活阔绰，王之英回忆，邵飘萍在北京，始备洋车夫代步，车上每边有三盏灯，共六盏，很漂亮。后来又换马车，豪华的车子容易进中南海采访。再后又添置了小轿车，就更气派十足，这样，在一般情况下便能直进中南海而不受阻了，给采访带来了许多方便。

章士钊说，邵飘萍喜欢抽雪茄，所抽的雪茄，都是美洲产的上等烟叶，经名厂特造，烟卷上还印有他的名字。雪茄是个贵重的东西，但是家里来客人时，邵飘萍从来不吝啬，他会请每位客人抽一支雪茄。很多客人不舍得抽，邵飘萍却且吸且谈，豪情绝世。相对于大多数报人，邵飘萍的收入显得过于丰厚。关于这些钱的来源，章士钊给出了这样的解释——"颇以言抑扬人，而言皆有值。"用今天的话来说，邵飘萍是利用了他在舆论界的巨大影响力，做有偿新闻而致富的。(王小欢，《邵飘萍之死：为钱还是为自由》，《书刊报》，2009 年 5 月 24 日)

拿了人家的却不手短，是邵飘萍的绝招，但也是一条险径，他的殒命与之不无关系。

邵飘萍长得一表人才，风流倜傥，也会出入声色场所。不过，我们不会忘记鲁迅的那句话，有缺点的战士终究是战士。即使有这样那样的缺点也遮盖不了邵飘萍作为新闻界战士的光彩。他终身没有离开新闻事业，咬定青山不放松，最后以身殉报，在近代中国，他树立了一个新闻报国者的榜样。

# 第二节 特派记者

1909 年夏,邵飘萍从浙江省立高等学堂毕业,回到金华在金华府中学堂当教师。教学之余,他把主要精力花在为上海报纸写通讯上,由此,他成为《申报》的特约通讯员,为报社提供有关杭州和金华的地方通讯。

民国成立后,南京临时政府公布了"准宪法"——《临时约法》,其中规定人民拥有言论和新闻自由。这给立志以报纸作为报效国家的武器的邵飘萍带来了希望。他要投身到新闻领域,辞去教职到杭州寻找办报机会。

## 一、从《汉民日报》起步,进入新闻界

1912 年,邵飘萍来到杭州。在遍览杭州的报纸之后,找到了汉民日报社,拜访了这家报社社长杭辛斋。《汉民日报》是浙江军政府资助的日报,是浙军总司令部"照会白话新报馆主笔杭绅辛斋,将旧有的官报局改为军政府机关报馆"而来的。杭辛斋与邵飘萍一见如故,让邵飘萍担任这张报纸的主笔。这一年,邵飘萍 25 岁。

就在邵飘萍热切地迎来"民国",并在报端热情地为之欢呼后不久,他很快就坠入失望和痛苦中:民国并没有带来民族的独立和自强。邵飘萍是一个爱国主义者,他目睹时艰,尤痛恨国家因举外债而被列强扼住咽喉,他悲愤填膺地说:"呜呼!观于今日之举借外债,种种要求,种种侮慢,一似贫妻之夫无以卒岁,不得已涕泪交流,趑趄财房之门,含羞忍骂,借钱百文,敝衣为质,至明春而

以重利偿之。"

邵飘萍笔下批判的锋芒很快就集中在中国政治前台的议会上面。比如他描写前清时代所谓的议员在沧桑鼎革之际的丑态："寡廉鲜耻、数年以来无所建白之资政院议员,乃意气扬扬,昂首攘臂,暗受袁贼之指挥,如冯妇之下车,为毛遂之自荐,方自以千载一时之会,一举足而消融民军于乌有,存假立宪于万世。"他鄙视这些"无耻之议员,既直接为满虏奴隶,又间接为奴隶之奴隶",并号召全国民众注意其"阴谋鬼蜮之伎"。(《呜呼前清之资政院议员》,《汉民日报》,1911 年 12 月 6 日)

进入民国后,所谓议会政治的舶来品也在中国开花结果,不过花虽开,结出的果却是"苦果"甚至是"恶果"。邵飘萍批评道,所谓最高立法机构的"参议院议员非人民所公举",并且"自有参议院以来,议决之案等于虚文,但知一再借款,而无充足应借之理由,且损失国权以招列强之猜忌,离异民情以掘政府之根基",以及"议长之违法专断,尤使内外齿冷,而蔑视临时政府",等等。(《汉民日报》,1912 年 3 月 2 日)

邵飘萍在《汉民日报》经常揭露杭州乃至浙江发生的不平之事,由此触怒了不少权贵。他揭发官场的丑态,所谓"未得委任状以前,东奔西走,到处钻营,政界之消息,亦若甚为留意。及委任状到手,便影子都不见。问之其友,曰:雇长班,赁公馆,接老婆去了。"(《汉民日报》,1912 年 3 月 3 日)他不仅批评官场上的庸人,凛然斥其"君等尸位素餐,其罪尚小。使贤者不安厥位,以致机关腐败,贻误国家,罪实不容于死。今告君等,苟有几希之存,尚其稍发慈悲,速归田里。俟百废俱举,安享太平,再作出山云未晚也。"(《汉民日报》,1912 年 3 月 25 日) 更猛烈地抨击为害地方的权贵和小人。

1913年年初,杭辛斋当选为国会议员,不久离开杭州赴北京上任,邵飘萍从此开始主政《汉民日报》。他抨击时弊,批评权贵,不可避免地要与对方发生摩擦,甚至是激烈的抗争。其间几度与权贵对簿公堂。

1913年6月12日,杭州地方检察厅厅长许畏三因《汉民日报》刊登涉及他和浙江司法筹备处长范贤方丑闻的"九花娘聚赌"案、"共和春殴斗"案等有关消息和评论,派人到报馆逮捕邵飘萍。8月10日,即"二次革命"失败之后,邵飘萍被浙江当局构陷入狱,其罪名是"扰害治安"和涉嫌参与讨袁。8月17日,《汉民日报》以"诋毁中央""包庇乱党""于地方治安有害"的罪名,被内务部咨行浙江民政长转饬浙江省会警察厅,勒令其停版。最后,邵飘萍亡命日本。

## 二、在《申报》当记者

1916年春,邵飘萍从日本回国,受聘于上海《申报》《时报》《时事新报》等报馆,为这些报纸撰写时事短评等。

《申报》为近代中国发行时间最久、具有广泛社会影响的报纸。原先全称《申江新报》,1872年4月30日,由英国人美查、怀特、普来亚和约翰·瓦基洛等人一起筹资创办。美查担任报纸的全权负责人。《申报》尽管是以营利为主的商业报纸,但还是参考香港的经验,以本埠华人为主要群体,顾及本埠华人的利益。创办伊始,美查曾明确表示:"所卖之报皆属卖与华人,故依持者惟华人,对国家使除其弊,望其振兴,是本馆所以为忠之正道。"正是因为以华人利益为考量,因此美查将报纸的具体事务主要交付给华人。《申报》于1949年5月27日停刊,前后总计经营了77年。

《申报》十分注重新闻的质量，对新闻的真实性有正确的认识。19 世纪80 年代中法战争时期，《申报》特派战地随军记者进行新闻报道，并且坚持新闻的真实性。一边赞扬作战的黑旗军的勇敢，一边亦对清廷对于战事作壁上观大加挞伐。不仅解除了当时人们对于战事的忧虑，同时亦为《申报》赢得了声誉。

1899 年美查将《申报》改组为股份有限公司，售出自己的股份，返回英国。《申报》事务由董事会主持。1907 年，上海金融世家席裕福以 7.5 万元购买了《申报》所有的股权，成为唯一股东。自此《申报》的产权与管理权均由中国人掌控。

1912 年，由于经营不善，席裕福将《申报》股份全盘售予史量才、张謇、应德闳、赵凤昌和陈冷等五人。由史量才担任总经理，陈冷为总主笔，席裕福仍任经理(于该年年末辞职，由张竹平继任经理一职)。1915 年，张謇等人相继退出《申报》的经营，将股份转手售予史量才，《申报》所有股权于是归史量才一人所有。史量才自全面接手《申报》后，聘用张竹平担任经理，在报馆内设置广告推广科和报纸推广科，大力拓展广告业务及营销业务。到 1916 年，《申报》全年发行量达到 2 万余份。

1918 年，申报馆斥资 70 余万银圆建造新的报馆大楼，并且前后从国外购入当时最先进的新式印报机、制铜版机等印报设备，从而使得申报馆的硬件设施在全国首屈一指。同时，在业务方面也有较大提高，利润逐年攀升，成为上海乃至全中国最大的商业日报之一。

《申报》聘请邵飘萍赴北京担任特派记者，以加强对中央政情的采访和有关北京新闻的报道。所谓特派记者，也叫作特别通信记者或特别访员，在重要的行政区域，如像北京、南京、广州、武汉等处，各报馆或各通信社，差不多都有特约的通信记者长驻那边，遇有紧要事情发生时，及时通报政局变化的内幕。

《申报》聘请邵飘萍赴北京担任特派记者，由此开始了邵飘萍十年的京城记者生涯。据说当时上海报馆在薪资一项的支出中，"最巨者"其实是驻北京的特别访员，也就是特派记者，大概是"按月支给有在一二百元以上者，按件支给每通信十元以外者。"当年《申报》的"本报专电"更是十分稀罕，在各大报纸的新闻仍主要来自外国通讯社供给的时候，由自家报馆记者采访新闻，尤其是中央政情新闻，不断爆出许多难得的报料。

北京的新闻环境没法和上海比。当时上海的报业发展已经形成相当规模，出版的报刊种类占全国三成左右。在北京，报纸和记者的形象并不光彩，有人甚至说：中国一切现象之最腐败最无聊者，莫过北京之报纸，若中国人之最混沌最无感觉者，莫过北京之新闻记者。除此之外，在北京的记者要获得时政新闻很难。政府美其名曰开诚布公，国务院设有新闻记者招待厅，专门派人给记者提供消息，但实际上印刷分送给记者的消息，只是从政府文件中摘录的无关紧要的几十个字而已。那些关乎国家民族命运的大事，根本无法得到及时而公正的反映。另外，因中国报业发展起来之后，各报的本报专电纷纷写民情民生、政经大事，而且常常针砭时弊，效率极高，导致以往把持着通讯发布权的国外媒体无利可图，为此，外国通讯社与北洋政府勾结起来，把持消息来源，不容中国记者进入。

邵飘萍在北京，让《申报》的"北京特别通信"火了起来。原先，《申报》或《时事新报》的北京专电，每日不过一二百字，在他的努力下，《申报》每天的北京专电有五百来字，长的甚至有两三千字。为了让读者更加深入地了解时局真相，邵飘萍还配合专电，随时向《申报》寄出内容较为详尽的"北京特别通信"，从 1916 年 7 月 3

日至 1918 年 12 月 11 日,邵飘萍北上后在《申报》发表的文章有 248 篇,其中标明"北京特别通信"的有 223 篇。

北京专电字数和篇幅的激增,是在邵飘萍抵达北京且逐渐熟悉了环境,正常开展业务之后。他发现首善之区的京城新闻资源十分丰富,于是与《申报》总部议定:"北京特别通信"的独家专电扩充内容,文字扩充一倍以上,这些文字总计有 20 余万字,堪称"史家之绝唱,无韵之《离骚》"。如果把这些文章汇集起来,不啻是一部中国近代史的珍贵文献,而其作为新闻文学的汇集,又足为后世范本。

新闻的迅速、准确,首先来自采访。对此,邵飘萍确有独到之处。在段祺瑞执政期间,他为获取内阁会议内幕,多次巧妙地或事先藏身于会议室隔壁,或混迹于外国公使随从行列,从而获得第一手材料。段祺瑞内阁对其迅速、详尽的报道,不仅百思不得其解,亦防不胜防。邵飘萍为了获取新闻,总是不辞辛苦,甘冒风险。如在张勋复辟时期,北京电报局被张的军队占领,他冒险赴天津向上海发新闻,行至丰台时,险些被流弹击中。

邵飘萍认为,记者应当时刻生活在角色中,无论何时都要保持一种众人皆醉唯我独醒的状态。"新闻脑"要始终紧张活动,一旦提笔行文,则又要"状若木鸡,静穆如处子",倾注整个身心。北京的大官讨厌见记者,邵飘萍却能让他们不得不见、不得不谈,旁敲侧击,只要他们说出几句来,就能得其要领。他还广泛交友,上至总统总理,下至仆役百姓,他都靠得拢,谈得来。

一次,全体阁员、总统府和国务院秘书长在北京饭店宴请。觥筹交错间,这些要员泄露了不少机密信息。邵飘萍事先已在隔壁房间安排了人,备好电报纸,又让两辆自行车在门外等候,消息随写随发。宴会还未结束，消息已到达上海。两天后，北京阁员见到《申报》上的报道是大惊失色。

的确，邵飘萍的北京专电和通信，内容往往不同凡响，如揭露北洋政府"府院之争"的真相，国会议员为争夺官场资源而钩心斗角大打出手的丑行，军阀荼毒百姓的累累罪状，等等，都是邵飘萍深入采访和调查的内容，也是他力图让报纸成为监督"公仆"，反映民众呼声的社会公器的一种努力。正如他刚到北京时所说的："数月以来，北京政府，惟闻借款借款之声。……北京多数之报纸，除报捷外无纪事，除歌颂外无评论。愚以为吾人对于政府应为诤友，不应为逢恶长恶之小人，故愚殊不敢放弃其职责也。"邵飘萍对这一时期北洋政府的内政、外交及国会种种动态的报道和评论，引起了新闻界和社会上的广泛反响，邵飘萍的名字也随之传遍四方，成为名记者。

邵飘萍习惯用一种夹叙夹议、虚实结合的文章体裁，文字恣肆流利，生动活泼，一般是一篇一个主题。对一些重大的事件，则采取系列和追踪报道的方式。文章体裁，或为记叙体，事实、见闻、感想，不一而足；或为问答体，记者提问、被采访者答问，一问一答，如实道来；或为旅行通讯，其中既有沿途自然风光和社会风貌的描绘，也有作者和各地政要交谈的记录，以及对当地政情的介绍。这些新闻通讯，邵飘萍常用第一人称(或称记者，或称愚)写就，作者的赞成、反对也简洁明快，人物臧否，往往出自事实报道的文字中。

# 第三节　创办报纸

## 一、模拟办《一日报》

邵飘萍办报是在浙江省立高等学堂读书时开始的。那张报纸的名字叫《一日报》。这是一张为学校运动会而办，算不上严格意义的报纸，但这张报纸，却是邵飘萍办报生涯的开始。

1908 年，浙江省开运动会，实际上是浙江省立高等学堂开的运动会，但校外爱好者也可以报名参加，还邀请社会名流观光。在这次运动会上，邵飘萍和陈布雷、张仁天两位同学一起，办了张《一日报》。因为运动会只开一天，所以就取了这个报名。三人分了工，陈布雷为编辑，张仁天和邵飘萍为访员。《一日报》为 16 开蜡纸版油印而成，共出 20 余期。每期印 120 份，分发给老师、同学和社会名流，受到大家的欢迎。

这张小报虽不起眼，但从中可窥视出邵飘萍的志向。当时，以殖民地都市和小市民城镇为背景的中国报纸，满纸散发着陈腐和污浊的气味，给人一种低俗和不入流的感觉：办报纸不过是一些失意的知识分子所为的事。因此有人说：那时，报社的主笔和访员，均为不名誉的职业，不仅官场仇视他们，即使是社会亦以搬弄是非为由看不起他们。但是，邵飘萍毫不理会这些对报人的歧视和蔑视，他决心要走报人的道路。

## 二、合办《汉民日报》

1912年，邵飘萍来到杭州，与杭辛斋一起共办《汉民日报》（1912年11月18日创刊）。《汉民日报》是浙江军政府资助的日报，杭辛斋任经理，邵飘萍（当时叫邵振青）为主笔。由此，邵飘萍开始了他职业报人的生涯。

《汉民日报》每日出对开两大张，广告和新闻各占四个版。新闻版先后设有不少栏目，如公告类的特别启事、总统公布、要件、军政府专电、批示汇志；评论类的时评一、时评二；通信类的本馆专电、译电、选电、新闻一、新闻二、新闻三、国内要电、本省要电、国外要电；读者稿件类的来稿、来件，以及副刊类的小说等。当然，其中最引人注目的，则是邵飘萍主持的时评。邵飘萍在《汉民日报》上的时评，多用"振青"署名，其主要内容是发挥舆论的力量："报纸对于善事，有引导维持之责任；对于恶事，则有监督纠正之责任。或赞扬，或痛骂，皆尽应尽之责任，无丝毫成见于其间。"（《汉民日报》1912年3月9日）

在杭州，邵飘萍开始了他的职业报人生涯。当时，他除了继续为上海的《申报》和《新闻报》作地方通讯员之外，还在浙江军政府主办的《浙江军政府公报》担任编辑。该报也系日报，后易名为《浙江公报》，经理是马叙伦，总纂是杭辛斋。后来，马叙伦在《我在六十岁以前》的回忆录中说："印铸局的公报总纂杭辛斋先生和编辑邵飘萍和我闹一点过节儿，印铸局改了公报处，我改任经理。"由此可知，此前邵飘萍还担任过印铸局的公报的编辑。此后，由于邵飘萍办报出色，被推为省报界公会干事长。

1913年年初，杭辛斋当选为国会议员，不久离开杭州赴北京上任,邵飘萍从此开始主政《汉民日报》。

## 三、自办《京报》

1918 年夏秋之际,在北京当记者的邵飘萍,未等《申报》聘约期满,便辞去了特派记者的职务,准备自办一份报纸。在北京这些年,邵飘萍目睹各党派、政客利用报纸为自己吹嘘的种种丑陋行为,深感揭露他们需要有自己的报纸。而新闻编译社的创办成功,更坚定了他办报的决心。他给将要出生的这份报纸取名为《京报》。

### (一)铁肩辣手办《京报》

1918 年 10 月 5 日,《京报》在北京前门外三眼井 38 号诞生。他在题为《本报因何而出世》的发刊词中写道:"民国以来,军阀所为者,俱为祸国病民,今则必须国民共起,志同道合,协力除之!"

发刊词亮出了他办报的目的, 协力除去祸国病民的军阀,体现出他敢讲真话的大无畏作风。

邵飘萍还手书"铁肩辣手"四个字,挂在编辑部办公室的墙上, 作为与编辑部同仁共勉的座右铭。这四个字大有来头,1916年,李大钊从日本归来在北京创办《晨钟报刊》,曾以"铁肩担道义、妙手著文章"作为报纸的警语。这两句话的原作者是明朝因反对奸臣严嵩而惨遭杀害的杨继盛,原文是"铁肩担道义,辣手著文章"。李大钊把"辣"字改成了"妙"字,体现了其教育大众,启发民众的办报理念。邵飘萍直用"辣手",体现的是邵飘萍监督政府的办报理念。正因如此,《京报》自诞生后,就与当时北京的《晨报》《国民公报》及上海的《民国日报》《时事新报》等齐名,打破了原来由《新青年》一家刊物独撑新文化运动的局面。

《京报》是一张对开四版的日报，较同时代其他报纸的特点是：新闻多、评论多、副刊多，因而受到读者的欢迎。《京报》的副刊之多，也是与众不同。除了《小京报》《京报·副刊》等，从周一至周六，每天都有不同的周刊，如周一的《戏剧周刊》，周二的《民族文艺周刊》，周三的《妇女周刊》等。其中由孙伏园主编的《京报·副刊》是当时中国著名的四大副刊之一，而由鲁迅主编的副刊《莽原》，更为《京报》增色不少。

《京报》的成功经验，曾经引起当时国内新闻界的普遍重视。

《京报》是一份大型日报。邵飘萍参照日本及国内京沪各大报的实际来设置版面：一、四版为广告；二版分评论、特别记载、国内外要闻诸栏；三版为各省新闻、北京琐闻、政府命令，以及"显微镜"栏目等。《京报》的办报宗旨和言论很快赢得了广大读者，报纸的最高发行量达到六千份，是当时北京地区发行量最大的一张报纸。

邵飘萍曾说，一个"完全的报馆"需要几个条件：一是有超众的人才；二是具备传递的交通设备；三是一切器具完全；四是占得"公平真确"四字。《京报》刚创办，邵飘萍就从各个方面下手，努力提高《京报》的声誉和地位。

《京报》创刊后，邵飘萍自任社长和主笔，协助他担任编撰和经营报馆管理的，除了夫人汤修慧外，还有友人潘公弼、吴定久（吴鼎）等，以及他的几个同乡和亲戚。这六七个人，不但自己办报，而且要给上海的《申报》发消息，集采访、编撰、管理于一身。后来业务增多，报馆陆续又增添了几位助理，不过最多时也只有十余人。后来《京报》改革，邵飘萍增开许多附刊和副刊，就大胆起用了不少青年学子及社会上的优秀人才，同时引进北大新闻学研究会的学员和他任教的几家学校的学生来报馆实习。这既为《京报》

解决了人才短缺的问题,也为社会培养了许多"超众的人才"。

至于设备和器具,报馆实行革新,不仅有自己的印刷厂,同时还设立了报纸发行的车队,当时邵飘萍还特意加印了纪念专刊和明信片,向外界广泛宣传。

《京报》在20年代中国报业中名噪一时,主要得益于两个方面。一是其迅速、准确的新闻报道与旗帜鲜明的原则立场。二是其经营得法,可以从容生存并不断扩大。创刊仅两年就自建了两层楼的宿舍。楼下为营业部,负责发行工作兼办广告业务。楼上为编辑部。在当时北京新闻界,是唯一自建馆舍的报社。《京报》附设的昭明印刷所,除了承印《京报》外,还接受其他出版印刷业务,经济效益也很好。

邵飘萍在一篇题为《新年三日旅行琐记》的文章中,谈到了办报的辛苦:"终日奔驰,管他人闲事,每晚平均睡四五个小时,此愚多年以来滥竽充数新闻界中极可怜不相干之生活也。每至一年将尽,便觉脑中沉滞不堪。盖三百余日所堆积之污浊新闻,不能发表者殆居其半。于是不得不利用休刊之暇,稍吸野外空气,以扫除之。年终休息,愚必数日旅行。前年赴上海,去年赴奉天,今年山西,亦所谓无意识之举动一种也。"

邵飘萍认识到,一家报社的稿源需由几个方面形成:一、访员的调查;二、通信社的送稿;三、外来的自由投稿。因此,除了加强《京报》和新闻编译社的采编,以及加强自身记者队伍的建设之外,邵飘萍还十分重视利用和依靠社会力量办报,先后出了23个副刊和附刊。

在邵飘萍的心目中,一家理想的报馆,它的内部组织应该这样:营业,分为印刷部、广告部、发行部。编辑,分为狭义编辑部和广义编辑部,即通常所说的文字编辑部,或又可称为内勤记者。内勤记者在报馆里是重要的一部分，邵飘萍称他为报馆的司令部，可分为：部长、主笔、编辑长、政治部、社会部、地方部、经济部、财政部、外交部等。邵飘萍认为，除编辑部外，还应设有电报与电话部、外交部、调查部、写真部(即摄影部)、校对部等。其中"外交部"即外勤记者站，它有不同的分工，如有人专司政治，有人专司财政等。

邵飘萍主持《京报》时特别注重刊登广告，并以此来维持报馆的生存。后来他还通过大量的试验，总结出制作广告的经验："一、图案；二、故意弄错，使看报的人注意，来改正他的错处，于是大家就注目他的报纸；三、用诗歌招徕；四、用刺激性强烈的题目或者很危险的话以引人注意；五、新的新闻，就是仿佛是新闻，其实是诱人看广告，不过未看前不知是广告，及看完后才知是广告。"

《京报》创办成功，显然是因为它的办报宗旨与时代潮流相结合。尽管当时北京市民的政治觉悟和对社会的关注远不及上海和江浙的绅商民众，但首善之区的地缘优势使得他们无法不注意身边不断涌现出的重大新闻，况且北京还有许多高等学府。从邵飘萍后来"革新"《京报》的动机看，北京高校师生是阅读《京报》的一个庞大群体。另外《京报》侧重于报道和评论政局战事，又讲求新闻的时效性和真实性，这对扩大《京报》的影响有着积极的作用。因此，当五四大潮袭来时，邵飘萍和《京报》几乎是它的发难者和堡垒，对运动的爆发和深化起了重要的推动作用。也是到了五四运动时期，《京报》真正做到了迫使政府"听命于正当民意"，于是被北洋军阀和政府所忌恨。当局势恶化后，它的命运就不可逆转了。五四运动以后，《京报》被查封。

(二)命运多舛的《京报》

《京报》自诞生之日至最终停刊,20 年间命运多舛。

《京报》从 1918 年 10 月 5 日创刊至 1919 年 8 月 22 日被北洋"安福系"查封,第一次的存活期不足一年。

1919 年,"五四"爱国运动在北京爆发。头天晚上,北京大学千余名学生和北京各高校代表,在北京大学法科礼堂集会,协商对在巴黎和会上中国外交失败的对策。邵飘萍第一个走上讲台,大声疾呼:"现民族危机系于一发,北大是全国最高学府,应当挺身而出,把各校同学发动起来,救亡图存,奋起抗争。"事后,他又于 6 月 4 日在《京报》上撰写了《为学生事警告政府》一文,揭露卖国政府对学生的要求采取敷衍态度。"五四"期间,《京报》的所作所为,使段祺瑞政府恨之入骨。8 月,《京报》终遭查封,编辑潘公弼被捕,邵飘萍被通缉。

邵飘萍回忆当时的情景:"军警临门,如捕大盗,仓促间从屋顶逃出,幸未就擒,暂避于东交民巷六国饭店。然未几安福内阁以扰乱京师治安罪名照会公使团引渡,并行文全国通缉。"最后,他不得不化装成工人逃至天津,再到上海,再折返天津,经奉天(沈阳)到朝鲜东渡日本,受聘于日本大阪《朝日新闻》。直至 1920 年安福系政府垮台,才重返北京,《京报》得以复刊。

1920 年 9 月,《京报》复刊后,邵飘萍将在日本《朝日新闻》学习到的办报经验,运用到自己办报的过程中,发誓要把《京报》变成"供改良我国新闻之试验,为社会发表意见之机关"。从 12 月 2 日起,全面刷新《京报》的内容,革除以前版式呆滞和限定门类的弊端。几年之后,他逐步完成了报馆机构设置、报纸版面、排字印刷的改造,《京报》也由一张对开两张的报纸成为日销 4000—6000

份的大报。

这时期,报馆编辑部也是人才济济,除了孙伏园、徐凌霄、吴鼎、潘劭昂等报界好手之外,也有周吉人、邵新昌等故旧和助手。《京报》还在津、沪、杭等地设立了分馆或派驻访员,并建立了自行印刷的昭明印刷局,还改铸了《京报》印刷的铅字,使之焕然一新。1925年10月26日,京报馆迁入新建的馆舍。

《京报》创办后,不到几年就成为北京地区名副其实的一张大报,其影响甚至波及整个中国。1922年10月9日,邵飘萍撰写了《京报三年来之回顾》一文,对《京报》进行了一番回顾。他说:"本报创刊于民国七年十月五日,竭愚个人之力,复得诸同志援助,幸以成立。愚个人既素无党派关系,更不欲以特殊势力为报纸之后盾。根基薄弱,而言论尚较自由。盖《京报》创刊之志趣,非有政治之目的,唯以愚个人既乐从事于新闻之业,欲以《京报》供改良我国新闻之试验,为社会发表意见之机关。故《京报》言论所注重者,不独政治问题,外交教育与夫社会上之种种事业,《京报》每顺世界进步之潮流,为和平中正之指导。崇拜真理,反对武力。乃《京报》持论之精神。出版不数月,颇蒙内外各界赞许,在言论上已占相当之地位。驻京之友邦新闻记者,更时时以《京报》关于外交之论文,介绍于各国有名之报纸,似以此? 我国人对于外交问题之意向焉。"

在国民革命运动进入高潮之前,《京报》更关注中国的社会进步和改革,十分关注首善之区北京的地方社会新闻。对北京的市政建设多有批评和建议。如交通,北京有轨电车于1924年12月18日才通车, 当时邵飘萍为之祝贺说:"北京交通上最感痛苦者,为道路之腐败,与缺乏市民公共的交通利器。如骡车、洋车、马车、汽车等等,无论新式旧式,要皆属于单独之性质。若能扩单独的而为公共的,非但有经济及迅速之美点,且在民众之心理上,亦能渐生变化,而滋长其公共的道德心与爱群之心。"又如电灯,邵飘萍曾写道:"北京固一黑暗地狱也,而今之具体表示其黑暗者,莫过于电灯",所以如此,就市民而言,是"对于无理之压迫甘心忍受"和"对于公益之观念极其薄弱",而"说者谓电灯公司于当局历来皆有黑暗之关系",邵飘萍就忍不住"敬告北京市民,若不以严厉手段对付,他种专利之业,皆将效尤"。

反腐败、反官僚,是《京报》的职责所在。邵飘萍既对窃国大盗口诛笔伐,也不放过任何贪官污吏。1923年4月,邵飘萍对泛滥于北京的众多小银行,提出扑灭的主张,他说:

> 北京小银行之多,可谓满坑满谷。其中固不无资本确实,兢兢业业以经营其分内之业务者,然翻戏拆白,所在多有。其内容之离奇可笑,犯罪胆量之目无刑章,直可编成如上海书肆中所出版之黑幕小说。此而不加以扑灭,一任彼魑魅魍魉高视阔步于光天化日之下,其将来所贻于市民之危险,奚堪设想。故本报特行提出,促有责任机关之注意。
>
> 以愚所知之确实情形,竟有号称银行而其所存仅有大洋一百十八元五角者。其余概为假账。又有串同实业公司会社,假造存款资本以图取得八千元之酬金者。非但读者诸君将喷饭不信,愚执笔时,亦几自疑为梦呓。然事实如此,有真凭确据,设一旦而遇凑死之鬼,一血汗钱存入此种银行,试问危险为何如者。故本报主张悉数扑灭,将此类翻戏党、拆白党一一逮捕,投之于狱。一可以预防金融之扰乱,二可以免得孤儿寡母之受欺,三可以

减少因彼等而发生之虚业公司,四则锄去一帮不肖官吏囚徒舞弊之魔窟,人道上,法律上,为国家,为社会,皆属必要而不容一日缓者。

至于扑灭之方法,其事甚易。只须检察官能稍稍尽职,将此类银行账簿一经检察,究竟其资本存在何处?有何证明?不难使之立刻关门大吉,享受铁窗风味。司法机关不信,曷一试之。

1926年邵飘萍遇害,《京报》被迫停刊。两年后在其夫人汤修慧的主持下再度复刊。汤修慧任社长和总经理。此后十年,汤修慧艰难支撑着邵飘萍的遗业,直至七七事变后最终停刊。

# 第四节　创办通信社

20 世纪初,新闻行业在我国属于初创时期。那时虽也有一些科举不第的文人加入办报行业,但他们在社会上的地位并不高,新闻这一行并不显山露水。不仅访员(记者)地位低下,而且消息毫无真实可言。凡属国内外重大新闻,皆为外国通讯社把持。那时,欧战胜负的消息,都依靠外国电信来传达。1921 年前后,俄国通讯社(后为塔斯社)也向北京派驻记者。中国的新闻市场,却由外国通讯社和外国记者称雄,这是中国新闻界的一个耻辱。在大批中国通讯社和众多记者出现之前,人们眼中只有洋人的标记,北洋军阀的一些头目十分注意与外国记者搞好关系。

这一现状,让怀着一腔新闻救国热血的邵飘萍不能容忍,决心以创办通讯社为新闻事业的突破口,与外国人一争短长。

新闻通讯社是指专门搜集和供应新闻稿件、图片和资料的新闻发布机构,是新闻流通的重要渠道,被称为"消息的总汇""供应新闻的大动脉"。

第一次世界大战时,国人对新闻的要求有了很大的提高,不过当时国内几乎没有像样的通讯社。有识之士提出,中国新闻界的当务之急是改善国内之新闻业;培养最新式的新闻记者之人才;与外国电信形成对抗之形势,使国内报纸能得到正确之消息,不受外人之支配。其中,最后一项更是急中之急。

中国人自办通讯社的历史并不长。1904 年初,广州的中兴通信社是国人最早创办的民营通信社。1908 年,清政府驻外使馆的随员在比利时创办了远东通信社。这个通讯社曾得到清廷驻比利时公使的赞助,由于有官方的津贴,它在国内一些大城市聘有通讯员,如北京的王康年、黄远生等。

自己创办通讯社的好处是:一是可与别的通信社作交换利用;二是可以采取对外通讯的材料;三是可增加自己报纸上的新闻。

邵飘萍先后参与发起和组织了东京通讯社和新闻编译社两个通信社。

## 一、东京通信社

1915年7月,邵飘萍会同东京政法学校的同窗潘公弼(以后他是邵飘萍创办和经营《京报》的主要助手),同乡马文车(此前是《新浙江潮报》的主笔),共同创办了东京通信社。三个人开始以半工半读的方式用中文向国内各报,尤其是京沪著名报纸发稿,发稿内容以国际和外交新闻为主。东京通信社成立后,为京津沪汉著名报纸提供东京通信。东京通信社的报道多发表在上海《申报》,署名如"东京通信社社员飘萍"等。东京通信社的新闻报道,影响最大的是对中日秘密交涉中"二十一条"的曝光。

袁世凯称帝前后,日本的动向最为诡谲,但是所谓帝制运动的成败,在相当程度上是看日本的态度,邵飘萍利用他在日本从近观察的优势,不断向国内发回报道,提醒国人要对日本有所警惕。据他观察,日本人对帝制运动的态度,可分为赞成说、旁观说和干涉说。邵飘萍在《日人所谓国体变更之里面》(发表于1915年9月7日)一文中转引大阪《朝日新闻》、东京《日月新闻》及《时事新报》等评论古德诺和宋育仁、杨度、严复、孙少侯、胡瑛等帝制分子的言论,所谓中国"政治上现象之变迁不啻俗语之所谓走马灯,急转直下,好看煞人",以及"履霜坚冰,帝制之论,今乃若决江河,沛然莫之能御",而白云苍狗,"实则彼外国顾问与杨、严诸公是否同为傀儡,明眼人当能见之"。袁世凯的帝制被迫延期之后,他又揭露袁世凯与列强的暗中勾结和博弈,预测出帝制运动的内幕"不外于延期之中,外交上大试敲剥,苟各国之欲壑可填。则帝制当实现之一日"。

1916年初,袁世凯派周自齐作为特使前往日本。帝制运动处于微妙阶段,邵飘萍敏感地预测到将有重大新闻产生,对周自齐一行给予了极大的关注,他前后撰写了多篇《东京外交界要闻》披露于《申报》。邵飘萍目光如炬,警惕地注意日本的舆论,是因为"日本之政治与舆论,观于已往,颇有密切之关系"。在《朝日新闻》报道中,邵飘萍发现揭露周特使多方活动,使日方承认帝制,并为之拟将汉冶萍公司让与之说的信息,实际上这就是不久后日本强迫袁世凯承认的"二十一条"中的一条重要内容。邵飘萍还预见到:"如此次以礼券交换承认,则中国南方反对帝制之人,将以日本为怨府",还警觉到日本不断刻意设计搅浑中国政局,捞取政治资本,"果日本人之意在援助袁总统,以全其帝制之创业乎?抑援助共和,以使现政府失败乎?"如果是后者,日本可能在袁一手炮制和操纵的帝制活动中,在遭到中国人民强烈反对面临破产时,顺势改变立场。事实证明这并非想象,邵飘萍从《每日新闻》等日本媒体的字里行间猜测出日本当局对华政策灵活而诡谲的真实目的和野心。

2月11日,东京千余名中国流亡人士、留学生在日本基督教青年会堂集会,表明一致对外的决心,主张抵御外侮,誓死不接受日本的无理要求。2月12日,邵飘萍写了《留日我国民之空前大会》一文,刊于18日的上海《时报》。此后,邵飘萍陆续报道了青山、早稻、神田、小石川等地在日中国人举行集会的消息。2月21

日的《时报》还详细刊载了中国留学生组织归国请愿团、归国参军团的行动和华人在中国驻日使馆前抗议的消息。这些报道,将最新、最有鼓动性的时事与观点的新闻传给了国内的读者。

1916年,邵飘萍、潘公弼等相继返回中国,东京通信社遂解散。

## 二、新闻编译社

1916年7月,邵飘萍到北京不久,就着手创办了当时北京最有影响的通讯社——北京新闻编译社。他创办通讯社的目的在《愚与我国新闻界之关系》一文中说得很清楚:"愚以他国人在我国有通讯者,率任意左右我国之政闻,颇以为耻。"为了改变外国通讯社垄断我国新闻资源的状况,并为自己在北京的新闻采访活动打下根基,他决定创办自己的通讯社。邵飘萍办的这家通讯社,在我国新闻史上有着重要的地位。它的出现,使北京新闻业的面貌出现大变,打破了政府阁议的封闭,争取到了阁议内容大半在新闻编译社首发的权利。

北京政坛风云迭起,编译社成立后,每日都有一二条引人注目的特殊新闻,常被中外报刊采用,北京各报纸面貌得以整改。到1924年,北京的通讯社达到20多家,政府要闻无一遗漏,打破了外国通讯社在京的垄断地位。这一变化与进步,不能不归功于邵飘萍的引领。

当时在北京,如果能筹得一千元,可以办一个像样的通讯社,甚至有二三百元也可以办起来。新闻编译社的主要业务是采编北京的新闻及选译部分外电,通过手写或油印发稿。发稿次数为每日一次,每次几十份,由雇员骑自行车将之分送各报,并向外埠各报邮寄。据包天笑回忆,当时邵飘萍每天发电稿的程序是这样:

"每天有三个时期。上午,如上海各报馆一样,无所事事。下午三四点钟,报馆及各通信社的报告来了,那都是普通新闻,他先发一次,往往自己不发,托人代发,其时潘公弼为《京报》编辑主任,常为他代发。夜来九十点钟,有些政治要闻,是属于当天公布的,再发一次。这两次都是发的新闻电。如果发第三次电,必在夜间十二点以后,那就非他亲自发出不可,且不拘于发新闻电,常发三等急电,甚而至于可以发密电,也是有的。"

邵飘萍交际很广,每日下午多半不在家中,夜夜有饭局,及至夜阑人散以后,回到家里他才忙开来。第一是打电话,他所通电话的人都是可以得到政界要闻的几位朋友,大都是出席政治会议的秘书长,汇集各部总长的智囊团,当然那是最好的秘闻。不过邵飘萍是有斟酌的,有的发出去,可称独得之处,有的觉得关系重大,只好按住不发。这些电报,就是在晚上 12 点钟以后才发的。

邵飘萍擅长采访,常以内幕和独家新闻取胜。如北洋内阁的阁议,居然成为邵飘萍获取新闻的重要地方,也是该通讯社每周二、四、六发布新闻的重头戏。此外,该通讯社编发的稿件及时快速,时效性强,多被当时的中外报纸所采用,或者被订购作为资料使用。北京乃至全国的报界都不同程度受到它的影响,以至于各报记载新闻的格式也采取该社的做法。还有人认为:由于新闻编译社的采访和报道,数年之后,加上北京通讯社的增加,"以至政府的重要新闻已无一可漏"了。

戈公振在《中国报学史》一书中曾记述:"我国人自办通讯社,起源于北京,即民国五年七月邵振青所创立之新闻编译社是也。"当时编译社所发稿件,现今已很难查找,但根据末代皇帝溥仪在《我的前半生》中回忆:"新闻编译社揭发我的逃宫是日本人的阴谋。并对我的盗卖祖宗遗物大为抨击。"可略见一斑。

# 第五节　新闻教育生涯

邵飘萍的身份是多元的,既是记者、报人,又是一位新闻教育家。邵飘萍十分重视新闻学教育。他说:"吾人既为中国之从事新闻业者,决不能谓新闻学之进步须坐待新闻业之进步。尤不能谓新闻业之进步,须坐待社会之进步而始进步也。"

邵飘萍认为:"以现在之趋势言之, 各公私大学之有文科者,殆皆有添设新闻学之望,而感其缺乏者则为教授之人才。以愚个人之私见,新闻与人生之关系,既如此其密切,新闻知识应列为国民普通知识之一。盖不问其将来所操何业,要不能与新闻完全无接触也。抑更有进者,普通新闻记者所需之知识,仅中学以上之教育已勉强可以应用(若为国际之重要记者自当别论);则中学之毕业而无力进大学者,先充国内普通新闻记者,乃最为适当。盖访员生活之日夜奔波,非青年不足以任此,是亦无力升学者一种职业之途径也。至若斯学高深之程度,自非在大学中研究不可。有理想的新闻记者,必须政治经济学社会诸学,皆有甚深之研究。此外,尤当有一二专门学科,与夫三国以上之言文;再加以多年之实地经验, 则庶几乎可与世界名记者问伯仲矣。愿有志斯学者其勉之。"

邵飘萍曾在北京大学、平民大学、中国政法大学担任新闻学讲师、教授。根据讲课内容加上对欧美、日本学者专著的参考,以及近20年的从业经历感受,撰写了《实际应用新闻学》和《新闻学总论》两本著作。他的新闻学著作和戈公振的《中国报学史》、徐宝璜的《新闻学》并称为中国本土新闻学的开山之作。

邵飘萍为中国新闻事业培养了一批优秀的新闻人才。所教的学生中,相当一部分是中国共产党的早期领导人。比如毛泽东、罗章龙、高君宇、谭平山等。

## 一、北大新闻学研究会

1918年春,蔡元培筹划在北京大学创办一个新闻学研究会,邵飘萍就写信给他,极力促成此事。北大新闻学研究会是中国第一个新闻学研究团体,会长由蔡元培担任,导师是留美归国的徐宝璜教授和著名记者邵飘萍。

新闻学会,并未正式列为大学学历教育。对北京大学新闻学研究会的评价,有学者认为是我国新闻学教育的起点。这既是一个新闻学的教学机构,又是一个新闻学的研究机构,邵飘萍在当中发挥了重要的作用。北京大学新闻学研究会的成立,既是中国新闻教育的发端,又是这个新闻学研究的开始。这个时间表说明一个问题,就是中国新闻学研究的积淀不厚,中国新闻教育的学术根底不深。(吴廷俊,《传播学的导入与中国新闻教育模式改革》,《新闻大学》,2002年第1期)

北大新闻研究会成立后,实际工作均由徐宝璜和邵飘萍两人主持。徐宝璜侧重于讲授新闻学原理,邵飘萍则主要讲授新闻的采访技能。"同学学习辅导则由邵振清独立承担"。这"辅导",包括指导会员开展新闻采访和报道的实习。

徐宝璜(1894—1930),字伯轩,江西九江人。1912年北京大学毕业后赴美国密歇根大学攻读经济学和新闻学。1916年学成回国,任北京《晨钟报》编辑,同时任北大教授兼校长室秘书。1918年徐宝璜主持北大新闻学研究会兼任导师,讲授新闻学,其讲稿曾以《新闻学大意》为题，发表在当年 9 月至 11 月的《东方杂志》上，以后经过多次修改，于 1919 年 12 月由北大新闻学研究会出版，书名为《新闻学》。

北京大学新闻学研究会从成立的第一天起，邵飘萍就十分投入地进行新闻学的研究和探讨。当时《京报》刚刚创立，邵飘萍工作非常繁忙，但他仍坚持每周上两个小时的课。

从蔡元培、徐宝璜、邵飘萍这一时期的演讲和著作中，都可以看得出来，新闻案例除了少数地方为了说明问题，征引美国、日本的书刊资料外，绝大多数都取自中国。有关新闻理论的论述和各项新闻业务知识的介绍，既引进了西方新闻学的观点，供学者借鉴，也尽可能地结合中国国情，贴近中国新闻工作实际，使之中国化，成为中国人自己的新闻学。

邵飘萍不仅有系统的理论建树，更有丰富的实践经验。因此，他在新闻教育中对学生进行自由主义的观念训导时，既体现出一种理性的庄严，又充满着来自信念的献身激情；既体现着一种来自西方文明的觉悟，又充满深刻的中国本土化的细致体察。他在全面贯彻蔡元培的独立自由教育精神和学术品格的同时，更与徐宝璜并肩携手，从自由主义新闻理念到自由主义新闻实践，互为补充，互为呼应，从而开创了北京大学乃至中国现代新闻教育的新局面。

邵飘萍提倡唯物主义的新闻反映论，认为新闻来源于社会生活，是社会生活真实、迅速的再现。在新闻业务实践上，邵飘萍是一个勇于创新的人。他重视报纸的经营管理。在新闻教育事业上，邵飘萍同样是个开拓式的人物。他讲课时深入浅出，理论联系实际，并且十分注意培养学生的动手能力。研究会的会员对邵飘萍都怀有特殊的好感。

邵飘萍提出:新闻事业必须有自己的独立性;记者应加强自己的业务素质;记者应重视学习采访艺术。这三方面正是邵飘萍对新闻事业的性质和新闻从业者的职业操守所提出的具体要求。记者要"主持公道,不怕牺牲",品性要完全独立,有操守人格。邵飘萍强调记者要"探究事实、不欺阅者";还讲授了大量新闻学的基本知识,如采访、组稿、编辑、校对等,并指导会员创办了《新闻周刊》。

会员的新闻实践活动,也主要由邵飘萍安排和辅导。不仅介绍会员前往各新闻社参观考察,还安排会员到《京报》馆实习。正因为有这么多的实践机会,才使得相当多的会员受到锻炼。

1919年10月,新闻学研究会会员得到一年结业证书的有23人,得到半年证书的有32人。他们中有不少人是中共最早的领袖级人物,如毛泽东、高君宇、谭平山、陈公博、罗章龙、杨晦、谭植棠等等。

## 二、邵飘萍和毛泽东

1974年,81岁高龄的毛泽东在接见外国客人时谈到邵飘萍。毛泽东说,邵飘萍的思想和人格对自己以后的发展产生了重大影响。在这之前的1936年,毛泽东在和斯诺的一次谈话中曾说:"特别是邵飘萍,对我帮助很大。他是新闻学会的讲师,是一个自由主义者,一个具有热烈理想和优秀品质的人。1926年他被张作霖杀害了。"(埃德加·斯诺,《西行漫记》第127页,三联书店,1979年)毛泽东在后来谈到自己在北京的生活时,除了说自己在北京从一个民主主义者转变成为一个共产主义者之外,很少谈到北京之行给他留下了什么愉快的记忆,但是在新闻学研究会学习的半年中,恐怕是毛泽东在北大期间获益最大的,在他的身上我们依稀还能看到一些邵飘萍的影响,邵飘萍对他的帮助是很大的。(方汉奇,《发现与探索——记祝文秀和她所提供的有关邵飘萍的一些材料》,见《报人与报史》,新华出版社,1991年)

1918年10月,北京大学成立新闻学研究会。当时,在北大图书馆当管理员的毛泽东也参加了北大新闻学研究会,听邵飘萍讲新闻学,成为我国第一批系统学习和研究新闻学理论的人士。

邵飘萍授课半年,给毛泽东留下了深刻的印象。当时邵飘萍除了讲授一般的报纸出版、新闻采访等业务知识之外,更强调"访员"(即记者)的素质与思想的训练。他以"贫贱不移、富贵不淫、威武不屈"砥砺会员,这恰与青年毛泽东注重人格主体精神培养的思想相合,加之邵飘萍当时已是强烈反帝和爱国的知名记者,他对新思想新思潮不竭的探索精神、他对新鲜事物的异常敏感、他的人格力量及他卓绝的新闻采访技能、他恣肆凌厉的社评文章和潇洒有致的音容言谈等等,都使毛泽东怦然心动。

毛泽东是中国共产党第一代领导集体的核心,也是中国共产党的新闻事业的主要开创者。有学者认为,1911-1920年是毛泽东早期新闻思想的形成准备阶段。这一时期,毛泽东通过阅读改良派、革命派的报刊和部分马克思主义报刊,先后接受资产阶级、马克思主义的新闻启蒙教育,初步形成了对报刊的看法以及早期的新闻思想。(朱伟峰,《由毛泽东的新闻实践看如何善用媒体》,《学习时报》,2011年6月20日)

在新闻学研究会,毛泽东迅速掌握了有关现代传媒的理念,并学会了办报的方法,特别是邵飘萍总结的报纸"善用为福,滥用为祸"的巨大舆论功能,对毛泽东日后善用新闻媒体的实践起了至关重要的作用。

毛泽东返回长沙后,在开展学生运动、"驱张"运动、新文化运动、工人运动及湖南"自治"运动等过程中,就运用了在北京所学到的知识,以新闻为武器,相继办起了《湘江评论》《新湖南》及平民通讯社等报刊和通讯社,又担任湖南《大公报》记者。1920年8月,毛泽东等在长沙创办了文化书社,由他起草的《组织大纲》称:"本社以运销中外各种有价值之书报为主旨",其中就有邵飘萍的《新俄国之研究》等。随后毛泽东等还成立了湖南俄罗斯研究会。此外,邵飘萍的一些新闻学论著也是该社社员学习书籍之一。湖南新民学会的会员讨论"个人生活方法"时,毛泽东表示说:"我可愿做的工作:一教书,一新闻记者,将来多半要赖这两项工作的月薪来生活。"1919年7月,毛泽东创办并主编《湘江评论》周刊。这份诞生于五四运动初期的刊物,紧握大方向,出色地宣传最新思潮,产生了巨大的社会影响,是当年进步报刊的楷模。

同时,毛泽东还先后在北京《新青年》《北京大学日报》,长沙《女界钟》《通俗教育报》,上海《申报》《民国日报》等十几种报刊上发表文章。通过这一时期广泛接触报刊以及亲自撰写文章,毛泽东利用报刊的宣传效果发表评论针砭时弊,倡导民主政治,收到了良好的效果。

1949年4月21日,毛泽东在新中国即将成立的日理万机时刻,亲自批复:确认邵飘萍为革命烈士。后来,他还多次在会见外宾及其他场合提到过邵飘萍。"文革"开始时,邵飘萍的英名受到玷污,他的遗物遭到查抄,邵飘萍夫人汤修慧从北京被赶回金华。1967年,汤修慧写信给毛泽东,申诉了被逐情况,在毛泽东过问下,她才于同年回到北京。

### 三、在平民大学国立政法大学开新闻课

继北京大学之后，邵飘萍在北京平民大学、国立北京政法大学、民国大学等几所学校教授采访学。他的教学主要是根据自己的采访经验来授课，他自言："愚则讲述新闻记者外交术，专研究探索新闻材料之方法。"

平民大学是一所私立学校，1921 年 11 月由时任国务院总理的汪大燮和张仲仁等倡议成立。汪大燮和邵飘萍相识，1923 年邵飘萍被聘为该校的新闻学教授。

平民大学设有董事会，邵飘萍是董事之一。这所学校的宗旨有：一是用本社会近代眼光，授予学生以实用的知识；二是本着科学的精神，辅助学生增进创造能力；三是本着平民主义，养成适合时代需要的社会人才。该校成立于五四新文化运动之后，办学宗旨体现了时代精神，即互助与协作、教育即生活等新观念。平民大学规模最大时学生达到千余人。

1923 年 9 月，北京平民大学的报学系（新闻学系）亦宣告成立。这是中国人最早自办的大学新闻系。《京报》报道说："我国新闻事业日益发达，新闻人才日见需要，北京平民大学为供应社会之需要，造就健全之新闻人才起见，特自今年下半年起添设新闻学与社会学两系，为国内各大学所未备之科目。"正式建系后，聘请北大新闻学教授徐宝璜任系主任，北京新闻通信社社长吴天生、京报社长邵飘萍等任教授。该系学制 4 年，共设有 42 门课，除文、史、哲、经济和外语类课外，专业课有新闻学概论、新闻采集法、新闻编述法（即新闻编辑法）、广告学、新闻经营法、新闻评论法、新闻事业发达史、新闻政策、新闻实习、剧评书评、速记学等，

此外还设有英文和日文读报、照相制版等;该系三、四年级时,就安排学生去报社实习采编和评论。另外,系学生组织了新闻学研究会,1924 年出版和发行了《平民大学报学系级刊》(月刊),这是当时中国报学界罕见的一个出版物。

国立北京法政专门学校是 1912 年由前清时期的法律学堂、法政学堂、财政学堂合并成立的,1923 年改称国立北京法政大学。邵飘萍于 1924 年为该校所聘,讲授新闻学。

邵飘萍告诫学生,记者的第一要素为品性。他认为报纸的重要职能是"报告新闻",而新闻必须"以真实为骨干,以兴味为血肉","凡事必力求实际真相,以'探求事实不欺阅者'为第一信条"。只有"以事实和真理"教育读者,才能取信于读者。

邵飘萍反对当时新闻界流行的"有闻必录"的做法。他说"有闻必录"究其根源,是无责任心的表示。他主张记者要时刻生活在自己的角色中,保持"众人皆醉,唯我独醒"的状态。邵飘萍在新闻实践、教学中形成了自己较为系统的采访思想:他提倡记者深入到采访第一线;提倡记者要有必需的修养,如丰富的知识、坚韧的意志、细密的作风及必要的技巧等。

1923 年 9 月,邵飘萍还与人合办务本女子大学。此校每月开支约 700 元,教师是尽义务性质来任教的,每月只发几元或十几元车马费。邵飘萍被害后,女子大学无法维持,只得停办。

除在大学任教培养专业人才外,邵飘萍还时常在社会上普及新闻知识,宣讲报纸常识,如曾在平民中学等地演讲青年读报的常识。

1923 年,根据教学讲义,邵飘萍撰写出版了被称为中国新闻采访学奠基之作的《实际应用新闻学》。这本书分为"外交记者之地位""外交记者之资格与准备""外交记者之外观的注意""外交记者之工具与杂艺""访问之类别与具体方法""访问时之种种心得""外交记者之分类""探索新闻之具体方法""新闻价值测定之标准""新闻价值减少之原因""原稿之外观的注意""原稿内容之注意点""余白"等13章。在这本书中,通过对自己采访经验的介绍和对具体案例的分析,他详细介绍了许多新闻采访的方法。

# 第六节　新闻思想

　　邵飘萍的新闻观是一个先进的中国报人的新闻观,是一个立志"新闻救国"的中国报人的新闻观,是爱国主义的、人道主义的新闻观。

## 一、新闻救国观

　　"新闻救国"是邵飘萍在杭州读书时就有的思想,是深受梁启超影响的结果。梁启超的文才在戊戌变法时期便已闻名,变法失败后,他流亡日本,探求拯救中国的良方。他在日本期间,接触了很多西方思想与政治著作,此后写出的作品不但有深度,而且因针砭时弊受到欢迎。邵飘萍是梁启超的忠实读者。梁启超在《报馆有益于国是》一文中提出的"两大天职"说——报纸具有监督政府和向导国民的职能,深深地影响了邵飘萍。

　　其实,早在金华读书时,邵飘萍就有了朦胧的新闻救国思想,这是受张恭影响的结果。张恭的父亲与邵飘萍父亲同为私塾老师,两人交情不错。由此张恭与邵飘萍也成了好朋友。张恭是一位旧民主主义革命者,与人办有《萃新报》。受张恭的影响,邵飘萍有了依靠报纸唤醒民众的想法。

　　1913 年 8 月,邵飘萍第三次入狱,由妻子汤修慧设法营救出狱后,再次亡命日本。此次到了日本,他和许多中国留学生一样,竭力思考的是如何尽快找到拯救国家和民族的可行方案和工具。邵飘萍感兴趣的是日本新闻业。日本自明治维新以后,新闻事业获得迅猛发展，此时已实现了由政党报纸向商业报纸的转变,这更强化了他新闻救国的观念。他一方面研习现代社会不可或缺的法律和政治,一方面深入研究和广为探求现代新闻学的知识。

把新闻救国具体到新闻实践中,邵飘萍有着更为具体的新闻思想。1918年10月5日,《京报》在北京诞生。邵飘萍确立了独立的办报方针:一是监督政府;二是唤醒民众,教育民众;三是顺时代进步之潮流。

## 二、独立的办报方针

在邵飘萍看来,新闻事业具有不同于其他事业的特殊性质,因为它是"社会公共机关""国民舆论代表",新闻事业即是"对于人类间相互传达意志、感情、趣味、知识与一切利害有关之消息",一个国家的报业应该基本反映出国民的思想要求,新闻舆论应以国家和民族利益为其是非的标准。基于此,邵飘萍确立了独立办报的思想和办报方针:报纸应该是超然于统治者与被统治者的第三种社会因素,它负有教育、指导社会舆论的责任,办报者则应在信仰、组织、经济及自身品格上完全独立。因为信仰独立才能信仰事实与真理而不为党派和个人所左右;组织、经济独立才能不受任何政治势力和经济势力的控制,这就要求报馆有自己能够赖以生存和发展的独立经济,从而摆脱权利和资本的控制,而实现经济独立的途径不外是扩大报纸的发行量,使"社会中人人皆属股东";报馆同人须"保有职务上精神上之自由",要有独立的经济地位、独立的思想和纯正的道德品质等等。所谓"布衣宰相""无冕之王""社会之公众人""居于统治者与被统治者之外的第三者"等等,社会上这么多对新闻记者的称谓,无不反映了社会和公众的希望和要求,因此记者更应该保持客观的态度,坚持正确的立场和判断是非的标准,同时也必须接受社会和公众的监督和制裁。

邵飘萍坚持"公平真确"的办报理念和宗旨,讲求新闻的时效性和真实性,立场客观公正。《京报》就是要突出它"辛辣"的特色。国民党著名将领冯玉祥曾经这样赞誉邵飘萍:"主持《京报》,握一支毛锥,与拥有几十万枪支之军阀搏斗,卓越英勇,只知有真理,有是非,而不知其他,不屈于最凶残的军阀之刀剑枪炮,其大无畏之精神,安得不令全社会人士敬服!"

邵飘萍认为新闻媒介的功效就在于对社会环境的监测和对政府的监督。他呼唤新闻自由,对反动政府压制新闻自由的行为,他坚决反抗。

他认为只有真正的民间报纸才能不折不扣地肩负起代表人民监督政府的神圣职责,任何官方或党派政治集团性质的报纸,根本不可能担当和履行这一神圣职责。后来邵飘萍"顺世界进步之潮流",这种思想在某种程度上有所变化,但他独立办报的信念不曾动摇,始终警惕报纸沦为军阀、议会和政客党派所操纵的御用工具。他说:"无论政府何种机关,苟其实际上无可取得国民信用之价值,纵挥霍多数金钱,言论界决不能颠倒黑白以为之助。纵观数月以前之安福系之功德者,盖其根本上不能存在,言论界接受多金亦爱莫能助也。"

邵飘萍在《新闻学总论》中指出:"津贴本为之新闻纸,我国今日尚占多数,新闻之性质殆与广告相混同,即依真理事实,亦并无宗旨主张,朝秦暮楚,惟以津贴为向背。此则传单印刷物耳,并不能认为新闻纸,与世界新闻事业不啻背道而驰。"但在那一时代,为报馆的生存考虑,他自己也不能完全免俗,为此他还走了一条拿了人家的钱嘴却不软的险径。

坚持真实客观的自由主义新闻立场,独立办报,主持正义,并为此以身殉报,这是邵飘萍留给后人最大的精神遗产。

### 三、强调记者的品德修养

邵飘萍曾说"新闻记者是社会的公人",记者应该具有品性。"所谓品性者,乃包含人格、操守、侠义、勇敢、诚实、勤勉、忍耐及种种新闻记者应守之道德"。品性就是新闻职业道德的全部要求。在邵飘萍的新闻思想中,强调新闻记者"品性为第一要素"的新闻道德。邵飘萍如此看重记者的品德修养,一方面是受了传统新闻伦理的影响,另一方面也是他在长期的新闻实践中的体会。他清醒地看到记者容易失足的客观性,以及记者丧失品格的危害性。他说:"外交记者发挥其社交之手腕,与各方重要人物相周旋,最易得一般社会之信仰,亦最易于堕落不自知而不及防。盖因其握有莫大之权威,则种种利益之诱惑环伺左右,稍有疏虞,一失足而成千古恨矣。"这是记者容易失足的客观性。他又说:"世每有绝顶聪明、天才貌美,利用地位,借便私图,至于责任抛弃,人格扫地。不仅害及一己,新闻界之前途,实受其累。"这是记者丧失道德的危害性。所以,记者的品性修养成了抵御"社会恶风之熏染"的有力武器。邵飘萍特别强调:"贫贱不能移,富贵不能淫,威武不能屈,泰山崩于前,麋鹿兴于左而志不乱,此外交记者之训练修养所最不可缺者。"这里,既有传统优秀道德的继承,又体现了新闻道德的独特内涵。

记者完全独立,不受社会恶风之熏染,不为虚荣利禄所羁勒,不搞有偿新闻或有偿不闻。邵飘萍反对奉系军阀,在《京报》上讽刺张作霖"一世之枭亲离众叛"、张学良"忠孝两难",且退回张作霖的 30 万元"封口费"。自言"张作霖出 30 万元买我,这种钱我不要,枪毙我也不要!"记者在道德人格的修养上,必须具备强烈的社会责任心。

邵飘萍认为,新闻记者应该"尽自己之天职""平社会之不平"。"苟见有强凌弱,众暴寡之行为,必毅然伸张人道。而为弱者吐不平之气,使豪暴之徒不敢逞其志,不能不屈服于舆论之制裁。"作为新闻传播者,要完成本职工作具有天然的职业权利,也即所谓的角色权利。邵飘萍主张"夫新闻社为社会机关,在社会上有独立之地位,且此种独立地位,与任何国家机关,皆属平等。"这体现出邵飘萍对新闻传播者的角色权利的认识,他更关注的是新闻的监督批评权。

邵飘萍主张记者"不为个人出风头,新闻来源严守秘密"等。他发表揭露时弊的新闻,时常接到警厅的来函,要求告知投稿人的姓名等。他答复:"凡某所办之报,登出新闻,皆完全由某负责。有何错误,可向某交涉。至于原稿及访员姓名,无论何时何地,概不示人,请谅!"

邵飘萍还提出切实保障记者地位的几项要求:①保有职务上精神之自由,不能视为机械的,或如其他被雇之使用人员。②非有资深不职或道德上之缺陷,不得以感情爱恶借口撤换之。而如年限契约等,亦宜有一定之办法。③失业记者之接受救济,定少年记者、老年记者等每周给费之最低额。④调查关于新闻业之法规惯例,为欲达新闻记者行使职务之圆满,努力于立法之修正改良。⑤设置新闻记者公共之图书馆及集会建筑物等。⑥根据国民保险条例,经营新闻记者之储蓄保险事业。⑦依一切适法手段,以图新闻记者地位之增高与意志之团结。

## 四、记者要有非凡的采访技巧

记者在采访中会遇到种种问题，如"旧式官僚以记者可厌可疑可畏，托辞拒见"，或者"纵破例接见，对方格格不入，十问九不答，五分钟后，非告辞不可矣"等。对此，邵飘萍认为应想方设法寻找应对之策。如，在忍耐中可利用时间与同座来宾攀谈，能得意外线索；或于采访之际，记者不表采访之意，凡事不持己见，争取对方议论，对其表示高尚的敬意。其谈吐中纵有误差亦不说破之，但遇其欲言又休时，则要擒住问明，勿令逃逸；谈话时之擒纵，在对方谈话奔放时设法擒之，若其沉默则设法纵之；最忌的发问，访问时提问为最重要之部分；记者每遇机要处，不露声色，惟泰然首肯，使人敢于尽量吐露，巧至握手道别，始如飞而奔至电报局，以可信之要闻致电于保管矣；利用反对党，可利用反对党互知各派秘密，但须知反对党所宣传半为不实，又当从他方证之，否则即为一方所利用矣；注视对方面目，闻要闻而不示惊诧，记者听到秘息，须闻之泰然，若未闻者。

邵飘萍主张记者需"网罗世间一切事物"，为此须"多结识朋友"，准备有"完备之日记簿"，当时许多人忌讳采访时记者用纸笔当面记录，于是记者须将采访信息暗记脑中，过后再记入日记簿；利用电话电报、铅笔和时计器（手表），记者在访问要人时，应于衣囊中预藏一厚纸片和铅笔，谈话中遇到难于记忆处，即可用手探囊摸索而书，使对方不察觉；预知名人履历、知悉汽车号数（牌照）、摄影术、化装术与开汽车。记者有时形同侦探，如有事须深入虎穴，或与政界的恶党宣战，即须假充仆役，藏身于彼等之秘密会议而得其消息。或因至此正义而触忤文网，也需要用化装术保护自己。

1917 年 3 月，中德两国断绝外交关系的决定正式公布之前，有一天，邵飘萍在国务院偶然听到院仆打电话通知美国公使，说总理段祺瑞下午将前往美国使馆访晤。这个电话立即触动了他的新闻神经，使他联想起时值美德断交，美国一定会拉拢中国，因而此时段祺瑞的会晤，很有可能会涉及中德关系。于是他抢先来到美国使馆，单刀直入向一位参赞询问双方会见的目的和内容，参赞大惊。他趁势表示自己并非局外人，只是想证实一下已经得到的消息。如此虚虚实实一番，他居然打探到了美国政府对自家使馆的有关指示。

随后他赶回国务院，向段祺瑞表示自己已经知道了内情，现在希望了解中德断交的确切日期。最后，他如愿以偿地获得了这条独家的内幕新闻。

报人张季鸾评价："飘萍每遇内政外交之大事，感觉最早，而采访必躬。北京大官本恶见新闻记者，飘萍独能使之不得不见，见且不得不谈，旁敲侧击，数语已得要领。其有干时忌者，或婉曲披露，或直言攻讦，官僚无如之何也。"

方汉奇在《邵飘萍新闻通讯选》的后记中，总结了邵飘萍新闻采访活动的特点：邵飘萍从事新闻采访活动，其一是善于发现线索，捕捉战机，如 1915 年关于"二十一条"、1917 年关于中德断交、1918 年关于宋教仁一案、1925 年关于"金佛朗案"等等，他的报道就是这方面突出的例子。所谓积微知著，邵飘萍始终有着对新闻的强烈敏感性。其二，他又善于深入发掘和追踪新闻线索，往往全力以赴，寝食俱废。从他的一些通讯报道中可以看出：邵飘萍采访新闻的规律，一般是在早上 7 点、中午 1 点、下午 6 点，这正是北洋官员上班之前、午休和下班之后。邵飘萍利用采访对象有空闲的片刻之间见缝插针。如1917年3月7日,他对国务院总理段祺瑞的那次突击采访,竟然从半夜11点一直持续到凌晨3点半,为了采访到新闻,真是废寝忘食。此外,他为了应付发稿和报社的日常事务,平常只能在报馆与人周旋。在他那里,采访真正成了一门炉火纯青的艺术。

## 五、致力于中国的新闻学

邵飘萍提倡唯物主义的新闻反映论,认为新闻来源于社会生活,是社会生活的真实、迅速的再现。在新闻业务的实践上,邵飘萍是一个勇于创新的人,重视报纸的经营管理。在新闻教育事业上,邵飘萍同样是个开拓人物,讲课深入浅出,理论联系实际,并且十分注意培养学生的动手能力。

北京大学新闻学研究会从成立的第一天起,邵飘萍就十分投入地进行新闻学的研究和探讨。从研究会活动期间所产生的一些具有代表性的研究成果看,他的研究,涉及新闻性质、新闻定义、新闻价值、新闻编辑、新闻评论、新闻采访、报纸广告发行和经营管理等新闻理论与实践的各个方面。

邵飘萍所著的《新闻学总论》《实际应用新闻学》,为中国报人自己编写出版的最早的新闻学专著,成为中国新闻业务和新闻教学的重要参考资料。邵飘萍在书中写道:"十余年前,社会新闻在报纸中毫无地位,决不能与政治外交并列。今不同矣,社会新闻有时超越政治新闻,因社会新闻涉及各种学科,且与人生之关系,较诸政治、外交尤为密切。读者在社会新闻中,可发觉社会是否进步或黑暗,从而鼓舞人民打破黑暗而奋斗,主张多数人民的福利。所以看一国报纸的社会新闻,可得悉该国之进步状况。"

1923 年 9 月,《实际应用新闻学》由京报馆出版。书中分别论述了记者的地位、资格和准备、外观注意事项,以及访问的类别和方法等。

《实际应用新闻学》专述新闻学的应用,而《新闻学总论》则是论述报纸性质、任务及新闻学的基本概念、新闻法制等的一部"总论",体现了邵飘萍一贯的办报理念:新闻机构作为社会公器和国民舆论的代表,必须具有超逾一切党派和集团的广泛的社会性,同时它还肩负着教育、批评、督导政府的"天赋"权利,因此,必须在法律上保障、尊重其神圣不可侵犯的独立性。

1924 年 2 月,邵飘萍还发表了《我国新闻学进步之趋势》一文,论述了中国新闻学的历史和现状,以及他与中国新闻学的关系,成为研究中国新闻史的一篇重要文献。

链接:

在邵飘萍的老家东阳市紫溪村,有一所飘萍小学,学校内建有一个"邵飘萍纪念馆"。

飘萍小学是由紫溪小学改名而来的。学校由邵氏宗祠改建而成,宗祠始建于 1490 年,气势不凡。邵飘萍纪念馆的门两边书有一副对联:"亢斋革命先行侣,千秋纪念邵东阳"。走进纪念馆,正中间"铁肩辣手"的

东阳飘萍小学

牌匾下是邵飘萍半身塑像，四周墙壁上张贴着邵飘萍生平大事记，中间的两个玻璃柜子里陈列着一些实物和他的著作，其中有他送给七妹的一副对联"莫放春和佳日去，最难风雨故人来"。

在飘萍小学，学校编写了校本教材《爱我飘萍》，每周由教师上一节课；开设了"飘小之声"校园广播站，其中有一个栏目叫"我是小飘萍"，鼓励学生们记录社会上和生活中发生的大小事情；每年的 4 月 26 日(邵飘萍遇难日)，学校就会举办读书、写字、黑板报比赛等一系列活动，以作纪念。

紫溪村邵飘萍故居，被列为东阳市文物保护单位。

在邵飘萍 110 周年诞辰之际，在东阳横店影视城中国革命战争博览城景区建有邵飘萍纪念馆。纪念馆内置有邵飘萍木雕半身像，雕像后的墙上，是邵飘萍自勉诗句："书有未曾经我读，事无不可对人言。"馆内陈列着图片、资料和遗物 500 多件，将邵飘萍的一生介绍得极为详尽。2009 年 8 月，重新布展后的邵飘萍纪念馆开馆。

在东阳市区有一条飘萍路；在金华市区，也有一条以邵飘萍名字命名的飘萍路。1986 年 7 月，在婺州公园建有一尊邵飘萍铜像。邵飘萍在浮桥街的故居，被列为浙江省文物保护单位。在东孝街的故居已修葺一新。

# 第三章 陈望道:好学力行 记者之师

## 第一节 概述

陈望道

陈望道(1891—1977)是义乌人,1891年出生在义乌西乡一个叫分水塘的村里。分水塘村地势较高,村中的水流一股流入义乌境内,一股流入浦江境内,村名由此而得。陈望道先后就读于义乌绣湖书院、金华府中学堂、浙江之江大学。1915年赴日本留学,先后在早稻田大学、东洋大学、中央大学学习文学、哲学、法律,获中央大学法学士学位。

介绍陈望道可从多方面切入。首先是学问上,他是修辞学家、语言学家、《辞海》主编。陈望道毕生从事文化教育和语文研究工作,是中国现代修辞学研究的开拓者和奠基人,也是中国第一个把马克思主义观点、方法带进汉语修辞领域的学者。他所著的《修辞学发凡》(出版于1932年),在大量语言材料的基础上,对汉语文中种种修辞方式作了系统而详尽的分析归纳。在批判地继承前人成果的基础上,首先提出了"消极修辞"和"积极修辞"两大分野的理论,进而把积极修辞分为辞格、辞趣两种。辞格归纳为38格,每格又分若干式,对汉语文中的修辞格式作了全面的概括。

其次是教育上,他是中国著名教育家,担任复旦大学校长27年。在他任职期间,复旦大学从一所普通大学,成为全国最知名的大学之一。陈望道于1923年秋天到1927年在上海大学任中文系主任、教务长、代理校务主任等职。上海大学成立于1922年10月,实际上是中国共产党直接创办的学校,为宣传共产党的思想和方针服务。在党的领导下,他率领全校师生投入反帝反封建的斗争。上海大学成为共产党进行革命活动的重要场所。上海大学师生不仅参加1925年的五卅运动,而且在上海工人第三次武装起义中,组织了行动委员会,与工人一起并肩战斗。

第三是政治上,他是政治活动家,中国共产党创始人之一,是《共产党宣言》第一个中译本的翻译者,是民盟中央副主席和上海市政协副主席。

1919年,陈望道从日本留学回国。经校长经亨颐的邀请到浙江第一师范学校任教。当时,这所学校名师云集,有沈钧儒、张宗祥、沈尹默、夏丏尊、李叔同、刘大白,俞平伯、叶圣陶等。浙江一师是浙江新文化运动的策源地。

陈望道在浙江一师待的时间并不长,他与夏丏尊、刘大白、李次九一起,被称为浙江一师的"四大金刚"。

陈望道在浙江一师教语文,当时语文教员有五位:陈望道、夏丏尊、刘大白、李次九和一名由省政府派来的秘书。陈望道、夏丏尊、刘大白、李次九在学校推行国文教育改革。"他们积极提倡新道德、新思想、新文化,反对旧道德、旧思想、旧文化。他们还反对盲目崇拜,提倡思想解放。有一次,陈望道在省教育会演讲时曾说到学生'要明辨是非,反对权威,并举例说先生有不对的地方,学生应该批评,不批评的不是好学生'等。他的这一发言,当即在师生中间激起了强烈的反响,既使广大青年学生受到莫大的鼓舞,自然也遭到那些师道尊严观念极为严重的守旧者们的强烈不满,当时在场的一些老先生拼命关动着脑袋以示反对。"(邓明以,《陈望道传》第23页,复旦大学出版社,2005年)陈望道等还提出反对尊孔读经,蔑视孔教会等主张。浙江一师学生在接受新文化熏陶后,纷纷起来抵制"丁祭",拒绝向孔子朝圣,并取消孔子诞辰休假的规定。

后来,浙江一师发生了一起学生运动,历史上称之为"一师风潮"。事情的起因是这样的:来自金华县的学生施存统在母亲病重时回家看望母亲。施存统见母亲病重,要求父亲请医生给母亲看病。父亲很为难地说出了实情,家里没钱请医生,仅有的一点钱要留着给母亲办后事用。父亲的这种盘算,在当时中国农村是很正常的,但在接受了新思想的施存统看来,简直是不可理喻的——到底是治病救人要紧,还是办风风光光的丧事要紧?

施存统回到学校后不久,母亲便去世了。母亲去世对施存统刺激很大,他"不断地苦苦思索:中国历来主张'孝道''百善孝为先',我爱母亲,可父亲虐待母亲;我要对母亲尽孝,就要反对父亲;可是,对父亲同样要尽孝,我又不能反对他。……他认为一味尽孝是不合理的,要以父母、子女间平等的爱代替不平等的'孝'。"(施月明,《我的父亲施复亮》,《光明日报》,2000年1月10日)施存统在陈望道的指导下,写了《非孝》一文,发表在《浙江新潮》第二期上。

此文一出,立即在浙江教育界引起轩然大波,认为这是洪水猛兽,大逆不道之邪说。浙江省教育厅责令浙江一师校长开除《非孝》的作者,但被经亨颐校长抵制。1919年12月8日,省教育厅派员再度来学校,直接向陈望道等查询国文科教育改革情况,并转来"社会问责书"。接着,省议员又提出了"查办经亨颐"的议案,并且查封了《浙江新潮》。1920年2月9日,时值寒假,浙江当局免去了经亨颐的校长职务,在调任经校长的命令中,附带要解除刘大白、陈望道、夏丏尊、李次九等四人的教师职位。新任校长又通知学生"暂缓来校",意在解散学生。留校的学生听到消息后,立即发信,通知回乡同学提前返校。全校教职员发出了挽留经校长的宣言,并派代表到省教育厅要求他们收回成命。当局下了休学令,派出几十名军警进驻学校。为支援浙江一师师生,杭州学联发动各校学生4000多人请愿游行,结果遭到军警镇压。随后,当局又派出700多名军警包围浙江一师,想以武力解散学校,把学生押回原籍。由此掀起了闻名全国的"一师风潮"。

对于"一师风潮"的定性,邓明以在《陈望道传》中是这样表述的:"'一师风潮'是五四运动在浙江的继续,'一师风潮'又是1920年全国学生运动中最突出的事件之一。它激起了全国各地,尤其是北京、上海等大城市广大师生的公愤,纷纷起来声援这场斗争。浙江罢课坚持了两个多月,直到4月才结束。"(邓明以,《陈望道传》第34页,复旦大学出版社,2005年)

"一师风潮"后,陈望道离开了浙江第一师范。年底,他返回故乡义乌分水塘村,着手翻译马克思、恩格斯合著的《共产党宣言》。1920年4月下旬,《共产党宣言》一书译稿终于完成,经过陈独秀、李汉俊校阅后,当年8月,《共产党宣言》中译本由上海社会主义研究会列为社会主义研究小丛书的第一种中文全译本正式出版。初版的千余册立即销售一空,应读者要求于9月重版。1921年9

月,中国共产党在上海成立了人民出版社,决定重印《共产党宣言》,至 1926 年 5 月,此书已相继出版 17 版,足见其流传之广和受读者欢迎的程度。

从党建的角度来看,陈望道是中国共产党的创建者之一。1921 年 7 月 23 日,中国共产党第一次全国代表大会在上海召开,这是共产党正式诞生的标志。陈望道身为中国共产党最早的党员之一,为筹备召开"一大"出了大力,同时也被推选为上海地区出席"一大"的代表。但由于对陈独秀家长制领导作风不满,以及陈独秀捕风捉影,做出有损于他名誉的行为,陈望道不愿再与陈独秀共事,愤而提出脱离组织的请求,因而未能参加中国共产党的第一次代表大会。陈望道虽然没有出席"一大",但也没有脱离党组织。"一大"召开后,中国共产党中央局要求上海、广东等地建立区执行委员会。不久,上海成立了中共上海地方委员会,陈望道为委员长,为中国共产党做了许多工作。陈望道担任上海地方委员会委员长为时不长,1922 年下半年便正式提出辞呈。党的"三大"召开以后,陈望道正式离开党组织。

陈望道因反对陈独秀的家长作风而要退党,但信仰共产主义终身不变。1956 年元旦,毛泽东主席在上海看望了陈望道这位老朋友,使陈望道产生了重新回到党内的想法。上海市委得知陈望道的想法后不敢做主,中组部也不敢草率行事,就向毛主席汇报。毛泽东深知陈望道的历史与人品。他说:"陈望道什么时候想回到党内,就什么时候回来。不必写自传,不必讨论。可以不公开身份。"1957 年 6 月,中共中央直接吸收陈望道为中共党员。

在本书,我们要描述的陈望道,是一位中国新闻教育界的前辈、复旦大学新闻专业的创始人、记者之师,同时也是一位众多新闻刊物的创办人。

新闻学在我国是一门较年轻的学科，它发端于近代。清朝后期，我们有了现代意义上的报纸。有新闻事业，必然会有新闻教育事业。综观我国新闻事业，并不缺乏新闻，缺乏的是发现新闻和烹制新闻大餐的人才。新闻教育的目的和意义就在于培养能发现新闻并善于烹制新闻大餐的人才。可以说新闻事业与新闻教育是互为条件地存在着的，相生相依。

后来，复旦大学也开办了新闻系，1941年陈望道任系主任。复旦大学的新闻系在陈望道任系主任的这些年得到了空前发展。1952年8月，全国高校实行院系调整，复旦大学新闻系将停办，在校长陈望道努力下，新闻系不仅继续办下来，而且把圣约翰大学等一些其他高校的新闻专业的师资并到复旦大学新闻系，使复旦大学新闻系得到了更大的发展。

复旦大学新闻系（院）成立70多年来，已为国家培养了6000多名本科生和研究生，2000多名专科生和进修生，其中不少毕业生担任了党政部门和重要的新闻、教育、科研机构的领导职务，为我国的革命和建设事业，特别是新闻事业，做出了积极的贡献。复旦大学新闻系成了我国新闻教育的一块金字招牌。

# 第二节 办报办刊的实践

中国现代文化人,大致与两个职业相关,当教师,当编辑。当教师是向学生教书育人,传道解惑;当编辑,办刊物,是向大众传播知识和观点,启发民智。也有相当多的文化人是两者兼顾,既是教师,又是报刊的编辑。比如鲁迅、陈独秀、陈望道。

陈望道从大学毕业进入社会,就开始亦教学亦编辑的工作,这两项工作成了他的终身职业。

## 一、编《浙江第一师范校友会十日刊》

陈望道于1919年从日本留学归来暂住在杭州。通过《教育潮》主编沈仲九的推荐,浙江第一师范校长经亨颐同陈望道见了面,经校长邀请他出任浙江一师的国文教员。陈望道很快就接受了聘请。

陈望道除了正常教学外,参与主编了学校的一个刊物——《浙江第一师范校友会十日刊》。当时,浙江一师师生编辑出版的报刊还有《浙江第一师范十日刊》《浙江第一师范学生自治会刊》《钱江评论》等。另外还有跨校际的《浙江新潮》,它是由浙江一师、浙江省立一中、浙江甲种工业学校的学生编辑出版的。在这些刊物中,影响较大的是《浙江第一师范校友会十日刊》和《浙江新潮》。其中,《浙江第一师范校友会十日刊》被誉为"'五四'时期浙江的一颗明星。"(邓明以,《陈望道传》第28页,复旦大学出版社,2005年)

陈望道到浙江一师后,同一师的刘太白、夏丏尊、李次九这三名国文教师开展了国文教育改革。他们积极提倡新道德、新思想、新文化,反对旧道德、旧思想、旧文化。他们还反对盲目崇拜,提倡思想解放。陈望道在编辑《浙江第一师范校友会十日刊》时,把它办成了教育改革,特别是语言文字改革的舆论阵地。在1919年10月10日出版的第一号刊物,提出了提倡白话文的观点。"改革我国的文字,教育人已认为必要了;在本校地位上看起来,更觉得不能不负提创的责任。所以从这个学年起,本校和附属小学国文科的教授,一律改用白话。"同时传授注音字母。陈望道有一些语言改革的文章也发表在这个刊物中。

## 二、编辑出版《劳动界》刊物

1920年8月15日,《劳动界》创刊。这个刊物是上海共产主义小组的工人刊物,由新青年杂志社发行。它是我党最早创办的一份工人周刊。此刊于1921年1月终刊。陈望道协助编辑出版了这个刊物。

陈望道先后在这个刊物上发表《平安》《真理底神》《女子问题和劳动问题》等文章。

## 三、参与创办《共产党》月刊

1920年11月,陈望道参加了上海共产主义小组出版的内部理论刊物《共产党》月刊的创刊工作。

## 四、主编《新青年》

"一师风潮"之后,陈望道辞去了浙江第一师范国文教员之职,作为"一师风潮"的中心人物之一,陈望道也成了全国文化教育界的风云人物。为此,上海星期评论社特地函约他试译《共产党宣言》一书。《星期评论》是孙中山为首的国民党于1919年6月创办的,曾宣传过社会主义和社会改革问题,也算是一个进步刊物。《星期评论》约陈望道翻译《共产党宣言》是计划在该刊物上连载的。这样,陈望道就回到义乌老家翻译中文版的《共产党宣言》。1920年4月,《共产党宣言》一书译成。

这年5月,陈望道在老家收到了星期评论社的电报,邀请他去上海任《星期评论》编辑。当陈望道应邀到上海时,《星期评论》却停办了。《共产党宣言》的发表之事和他的任职之事也不能如愿。不过,很快工作之事有了转机,陈独秀邀请他参加《新青年》的编辑工作。与此同时,《共产党宣言》中译本出版之事也有了着落,8月份,由上海社会主义研究会列为社会主义研究小丛书的第一种而正式出版。

《新青年》是1915年9月由陈独秀在上海创办的杂志,是反封建的新文化运动的积极倡导者和推动者,是激进民主主义的号角。五四运动后,《新青年》由一个民主主义刊物转变为宣传马克思主义的刊物。陈望道到《新青年》就职后,他在参与筹建上海马克思主义研究会及中国共产党上海发起组的同时,着力把《新青年》改组为党的机关刊物。这年12月,陈独秀应邀到广州任职,《新青年》编务工作就由陈望道主持。

在这之前,陈望道就以读者的身份,关注着《新青年》。《新青年》引领中国语言文学从传统走向了现代的崭新时代：从"文言"到"白话"，从"句读"不知到"标点"分明。但它的文章编排采用竖排形式。后来，钱玄同写信给《新青年》同仁，以非常激进的态度率先表态："我固绝对主张汉文须改用左行横迤，如西文写法也。"钱玄同从现代医学的视角作依据：人的眼睛是左右并列的，不是上下垂直的。如果左顾右盼，就十分"省力"；如果上下仰俯，就非常"费力"。应该说，钱玄同的提议是有道理的。"右手写字，必自左至右"，这就是教科书从小学起"一律改用横写"的原始资料和由来根据。但钱玄同的提议并没有得到陈独秀的认同。

在《新青年》讨论左行横迤的同时，关于标点符号的用法问题也在紧锣密鼓地讨论。1918年年底，陈望道写信给《新青年》同仁，发表自己关于横行与标点的看法。针对半推半就的"与古为徒"的"同病别发"，陈望道批评迟迟不肯文字横行是"(《新青年》)诸子缺'诚恳的精神'"。他奉劝《新青年》同仁不要有什么顾忌，不要让"后人而复哀后人"。否则诸子的"不敢放胆前去"将遗罪于后人。从胡适的个人意见、同仁的共同意见转嫁到外部的"印刷"困难并寄希望于"将来"，《新青年》等来的只是残缺和遗憾。

陈望道负责主编《新青年》后，与李达、李汉俊等人共同努力，不断扩大《新青年》的马克思主义倾向，把它办成上海共产主义小组宣传马克思主义的重要阵地。为了便于工作，陈望道特地从原居住地搬到了《新青年》编辑部。这个编辑部原为陈独秀的住所，也是党的机关所在地。当时，楼上在编《新青年》，楼下马克思主义研究会常常在开会。

陈望道在《新青年》打出了"马克思主义旗帜"的办刊方针。不是内容上完全改，也不是把旧的东西都排出去，而是把新的放进来，把马克思主义的东西放进来，先打出马克思主义的旗帜。开辟了《俄罗斯研究》专栏,介绍十月革命后苏维埃俄国的成就和各项政策;翻译刊登了大量有关马克思主义的论著和介绍、研究社会主义的文章。陈望道这样做是很有技巧性的,如此刊物的色彩不至于很浓,不至于引起人家注意,有利于原来的刊物作者可以跟过来继续为刊物写稿。因为《新青年》杂志原来的作者庞杂,所刊用的文章的倾向性差异也较大。这些作者的用稿,不能不考虑。

陈望道对《新青年》的改革,引起了胡适的不满。他给陈望道寄来了一张明信片,说什么他不反对陈望道编辑《新青年》,但反对把《新青年》用来宣传共产主义。胡适的这一主张遭到了李大钊、鲁迅等人的坚决反对。陈望道站在李大钊、鲁迅等人一边,坚持和捍卫《新青年》的马克思主义办刊方向。胡适此举失败后,又变换手法,提出要把《新青年》迁回北京编辑,以便控制杂志。对此,陈望道坚决地反对。胡适的用意始终没有得逞。

陈望道主编《新青年》期间,在"稍改内容""趋重于哲学"方面,减少了对实际问题的评论,增加了探讨学理的文字,特别突出了社会主义思想的学理探究。其间刊出的《马克思还原》、《讨论社会主义并质梁任公》(李达)、《马克思的社会主义》(施复亮)、《马克思的学说》(陈独秀)等文章,都从理论上分析探讨马克思社会主义学说,批判各种反马克思主义的思潮,具有重要的理论建设意义。《俄罗斯研究》专栏刊出的文字也较具有学术性。此外,随感录:《文化运动与社会运动》《中国式的无政府主义》《政治改造与政党改造》;通信:《无产阶级专政》(陈独秀答凌霜)、《马克思主义学说与中国无产阶级》(陈独秀答蔡和森)等文章也很注重学理研究。其中陈独秀答蔡和森的通信,讨论到了马克思主义的唯物史观、阶级战争、无产阶级专政等问题,批判了初期社会主义、乌托邦的社会主义、公团主义、吉尔特社会主义、修正派社会主义等。

陈望道在争取"北京同仁多做文章"、维护《新青年》精诚团结方面也做了卓有成效的工作。鲁迅发表了散文《故乡》,译作《三浦右卫门的最后》(日本菊池宽)、《狭的笼》(俄国埃罗先珂)等;周作人发表的作品更多,杂文三则,文艺论文一篇,翻译小说五篇,杂译日本诗三十首。北京同仁李大钊、高一涵、王星拱、张慰慈都有诗文发表。刘半农当时留学法国,远隔重洋,《新青年》也刊发了他的《伦敦》《奶娘》等六首诗。胡适对陈望道主编的《新青年》,采取应付了事的态度,寄了六首白话诗,一篇《国语文化的研究法》论文,陈望道也照登不误。除《新青年》同仁外,过去曾给《新青年》投过稿的人,如刘大白、沈兼士、沈玄庐、俞平伯等也有诗文发表。

陈望道从1921年1月8卷5号担任主编,至1922年7月9卷6号,前后共出版8号。总览这8号《新青年》,体现了陈独秀临去广东之前制定的方针,即:"稍改内容""趋重于文学哲学",争取"北京同仁多做文章"。陈望道在《新青年》的历史上占有重要一页。

## 五、编《民国日报·觉悟》

20世纪20年代初这段时间,陈望道在上海所做的事很多,一是积极宣传马克思主义思想,参与共产党的筹备工作,二是编辑《新青年》杂志,三是到复旦大学当教师,四是参与编辑《民国日报》副刊《觉悟》。

陈望道编辑《觉悟》是有其用意的,那就是要扩大马克思主义新思潮的影响。陈望道通过邵力子的关系,将这份工作揽过来。叶楚伧是这家报社的负责人,邵力子负责副刊《觉悟》的编务工作。这家报纸很有趣,《觉悟》上发的文章有时会成为矛,去刺《民国日报》上所发的文章,主副刊的观点不尽相同。这缘于邵力子与叶楚伧之间的观点差异。当时，读者对《民国日报》的正刊并不喜欢，爱看的倒是副刊《觉悟》。报纸要靠副刊来吸引读者，维护其在社会中的影响。这样，邵力子也就有胆量和资格以《觉悟》之矛去刺《民国日报》之盾。

随着马克思主义的广泛传播，各种与之相左的观点也就产生，两者之间也就有了论战。当时，梁启超、张东荪等接连在《时事新报》上装着讲学问的手法，发表文章反对马克思主义学说。陈望道等以《觉悟》为阵地，与之进行论战。

1920年11月5日，张东荪在《时事新报》上发表了《自内地旅行而得之又一教训》，文章说："救中国只有一条路，一言以蔽之：就是增加富力……开发实业。""我也可以说有一个主义，就是使中国人从未过过人的生活的都得有得过人的生活，而不是欧美现成的甚么社会主义，甚么国家主义，甚么无政府主义，甚么多数派主义等。"对此，陈望道在这篇文章发表后的第二天，就在《觉悟》上发表了《评东荪君的"又一教训"》一文。他质问道："东荪君！你现在排斥一切社会主义。……却想'开发实业'，你所谓'开发实业'，难道想用'资本主义'吗？"

《觉悟》在建党前后配合《新青年》积极宣传马克思主义，为建党作舆论准备。如在1921年4月13日刊登了《马克思学说研究社章程》，党史研究界认为，《觉悟》所登的这个章程，是上海报纸最早介绍马克思学说研究团体的文字记载。这年5月1日，《觉悟》出版了"劳动纪念专号"，刊登了李达化名"江春"的《"五一"运动》的文章。在这个专号上还刊登了陈望道浙江一师的学生叶天底的一幅版画《世风》，画面反映了受苦的劳工渴望摆脱压迫、期待解放的心情。版画的名字《世风》是陈望道所题。画的署名是"天底画，晓风题"。晓风是陈望道的笔名。

## 六、编《民国日报·妇女评论》

1921 年 8 月，上海《民国日报》创办一个副刊——《妇女评论》。这个副刊由陈望道负责编辑。

陈望道负责编辑这个副刊是再合适不过了。因为他是一个妇女问题的研究专家，是妇女解放运动的倡导者。自 1919 年 4 月至 1921 年 7 月，陈望道在《新青年》《民国日报》副刊《觉悟》《新妇女》《劳动界》等报刊上发表了大量有关恋爱、婚姻、子女地位等方面的文章，揭露和抨击旧式婚姻制度的罪恶，宣传新道德观。

《妇女评论》前后共出了 104 期，历时两年。陈望道主编《妇女评论》期间，他的另一个身份是共产党上海地方委员会的负责人。所以，他主持编辑这个副刊，正体现了共产党对妇女运动的领导。在《妇女评论》创刊号上，陈望道写了创刊宣言。

## 七、编《新南社月刊》

1923 年 10 月，由柳亚子、叶楚伧、胡朴安、余十眉、邵力子、陈望道、曹聚仁、陈德征等八人共同发起成立了新南社。新南社这个名字是相对于南社而言的。

在新文化运动的冲击下，南社解体，新南社成立。新南社有着自觉的文学转型意识，立志改造旧南社为新南社，把旧文学的南社改造成为新文学的新南社。然而新南社的这个建社愿望并没有实现。

新南社是开头大，结尾小。社刊《新南社月刊》，是由邵力子、陈望道、胡朴安等人编辑的。

## 八、编《民国日报·黎明》

1924年,陈望道与刘大白等一起编辑了《国民日报》副刊《黎明》。他在该副刊上发表了《毒火》《〈龙山梦痕〉序》两篇散文。

## 九、编《上海大学一览》

上海大学创办于20世纪20年代,原为一所私立学校,后来,共产党把它接管改组过来,办成了一所名义上由国共两党共同领导,实际上为共产党创办的新颖干部学校。陈望道受党组织的委派,到上海大学当中文系主任,同时被推定为《上海大学一览》的编辑之一、校刊编辑主任。

## 十、创办《大江月刊》

《大江月刊》是因大江书铺而得名的。1928年下半年,陈望道与友人一起创办了大江书铺。他办这个书铺的目的是通过进步的文化出版事业去推动当时正在逐步形成的左翼文艺运动。陈望道一边在复旦大学等学校继续任教,一边与友人筹建自己的书铺和刊物。

1928年10月,陈望道在鲁迅支持下,创办了《大江月刊》。这个刊物存在的时间并不长,只出了三期,但每期都有鲁迅的译作和文章。

书店开业后,确定的出版重心是进步书刊,宣传马克思主义著作,介绍先进的、科学的文艺理论等。当年许多著名作家的优秀文艺作品大都是在大江书铺出版发行的。如茅盾的《宿莽》、《野蔷薇》,丁玲的《韦护》,傅东华的《两个青年的悲剧》等。

同时也出版了不少世界革命文艺名著。如鲁迅译的苏联法捷耶夫的《毁灭》,沈端先从日文转译的高尔基的《母亲》,日本作家中野重治的《初春的风》。

## 十一、编辑《文学》

1933 年 7 月,陈望道参与编辑《文学》。《文学》的前身是《小说月报》,出至第 23 卷第 1 号后因商务印书馆毁于战火而停刊。1933 年 4 月,由郑振铎提议复刊,并改名为《文学》。刊物的编委有:郁达夫、茅盾、胡愈之、洪深、陈望道、徐调孚、傅东华、郑振铎、叶绍钧。鲁迅也是编委,但不署名。在《文学》创刊号上,刊有陈望道的《关于文学之诸问题》。

## 十二、创办《太白》

1934 年 9 月,在鲁迅支持下,陈望道创办了《太白》杂志。办这个杂志的目的是在大众语的讨论过程中,有一个发表意见的平台,有一个实践大众语的园地。

这年春天,在上海以至全国发起了一场大众语运动。事情的起因是这样的,当时国民党教育部的汪懋祖在南京《时代公论》第一一○号发表了《禁习文言与强令读经》的文章,提出小学学习文言,初中读《孟子》,高中读《论语》《大学》《中庸》。汪的论点得到了一些文化人士的应和。针对南京发起的这场"文言复兴""尊孔读经"的逆流,上海进步文化界人士立即组织力量,在《申报》副刊《自由谈》等刊物上予以反击,陈望道、胡愈之、夏丐尊、傅东华、叶绍均、黎锦晖、马宗融、陈子展、曹聚仁、徐懋庸、王人路、黎烈文等人发起了大众语运动。呼吁一切作家"必须实际接近大众,向大众去学习语言的问题,躲在书房里头不同大众接近,或同大众接近不去注意他们的语言,都难以成就大众语文学作家"。认为白话文运动还不够彻底,提倡"大众说得出、听得懂、看得明白、写得顺手"的大众语。

《太白》的编辑力量十分强大,在刊物上署名的编委有:艾寒松、傅东华、郑振铎、朱自清、黎烈文、陈望道、徐调孚、徐懋庸、曹聚仁、叶绍钧、郁达夫。鲁迅的名字虽没有在刊物上出现,但他是实际的编委。

陈望道为这个刊物取名为"太白",是有其用意的。一是太白俗称太白金星,太白晨出东方为启明,寓意着此刊物是传播光明的,黑暗的反动逆流即将过去;二是太白的"太"可作"至"字讲,白就是白话,太白是至白,是比白话还通俗语明了;三是太白两字的笔画少,符合汉字简化、改革的主张。

《太白》创刊后,旗帜鲜明地与"帮闲文学"相对立,展现了革命性、战斗性和科学性的特点。

《太白》刊物在中国报刊史上书写了两个第一:一是首次在刊物上使用民间的手头字;二是推出了科学小品文这种科普文体。

手头字为民间手头常写的俗体字。1935年初,上海文化教育界人士陈望道、胡愈之、陶行知等提出把这种俗体字用到印刷上去,使印刷体与手写体取得一致。1935年1月,他们成立"手头字推行会",选定第一批手头字300多个。在《太白》第一卷第十一期上刊出了《推行手头字缘起》一文,写道:"我们日常有许多便当的字,手头上大家都这么写,可是书本上并不这么印。识一个字须得认两种以上的形体,何等不便。现在我们主张把'手头字'用到印刷上去,省掉读书人记忆几种字体的麻烦,使得文字比较容易识,容易写,更能够普及到大众。这种主张从前也有人提出过,可是他们没有实在做,所以没有什么影响。现在我们决定把'手头字'铸成铜模浇出铅字来,拿来排印书本。先选出手头常用的 300 个字来作为第一期推行的字汇,以后再逐渐加添,直到'手头字'跟印刷体一样为止。希望关心文化的先生们,赞同我们的主张,并且尽量采用这个字汇。"这 300 个手头字的很大一部分,后来被《汉字简化方案》所采用。手头字把"简、便、明"作为大众语的三大原则。简,就是写起来笔画简单的;便,就是写起来笔头顺便的;明,就是看起来明白容易认识的。后来《太白》主动出面,联络全国文化界著名人士 200 多人及 15 家杂志社,共同签名发表《推行手头字缘起》和《手头字第一期字汇表》,并立刻铸出了这些手头字,在《太白》上广泛使用。

科学小品文也称知识小品或文艺性说明文。它用小品文的笔调,借助某些文学写作手法,将科学内容生动、形象地表达出来。科学小品文用文学笔法来写,寓科学性、知识性、趣味性、娱乐性于一体,使读者在文学欣赏中获得科学知识。科学小品一般短小精悍、通俗易懂,语言丰富多彩,形式生动活泼。

科学小品文的主要特点:科学性非常重要,内容必须合乎科学,引用的资料必须可靠,数据必须准确。写科学小品文的目的就是向人们普及科学知识,如果介绍的知识不合乎科学,不仅达不到写作目的,还会造成很坏的影响。比如,有科学小品文提出"盆花不宜在室内过夜",理由是植物在夜间要吸入氧气,呼出二氧化碳,在室内过夜,有害人的健康。事实上,每 300 平方米叶面呼出的二氧化碳才相当于一个人的呼出量。可见,几盆花放在室内过夜,不会影响人的健康。

《太白》在世上生存的时间并不长,从 1934 年 9 月创刊至

1935年9月停刊,只有一年时间,出了24期。

### 十三、辅导广西师专学生出墙报

1935年,陈望道主编的《太白》杂志停刊。这之后,陈望道在上海的处境并不好,他从《民国日报》主编叶楚伧那里得知,国民党将加害于他。为了躲避敌人的迫害,这年8月,他与弟弟陈致道、学生夏征农、祝秀侠及杨潮一起,受到办在桂林的广西省立师范专科学校的聘请,到这所学校任教。陈望道任中文科主任,并为学生开设文法学和修辞学课程。

陈望道在广西师专不但着重于校内教育革新,还努力推动校外的文化活动。他所做的第一件事是在校内外掀起了一场反封建斗争。第二件事是在校内外发动一场反对文言文的斗争。第三件事是开辟舆论阵地,活跃师专的学术空气和政治空气。在他倡议和支持下,中文科创办了一个校刊《月牙》。《月牙》密切配合当时国际国内形势,办得极有生气,先后出版了"抗日专号""反对文言文专号"。《月牙》虽是个内部刊物,但它在当年的广西文坛上确实是份有影响力的期刊。

除《月牙》外,陈望道还指导学生创办了一份《普罗密修士壁报》。壁报的名字是陈望道亲自取的,他为这个名字费了一番心血。他曾对学生解释过,为何不直接取"普罗列塔利亚壁报"或"普罗壁报"? 若在陕北,那样是可以的,然而在当前的桂林还没有这个条件。现在既以"普罗密修士壁报"命名,谁说不能简称为"普罗壁报"呢?

普罗密修士是欧洲古代文学作品中的一个敢于抗拒强暴,坚持真理和正义,不惜为人类幸福而牺牲一切的英雄。陈望道取这个名字,是希望师专的学生成为敢于斗争,做坚持真理和正义的普罗密修士。

陈望道对壁报的负责人沈国华说,作为一个编辑人员,不仅需要有一定的写作水平,更重要的是要虚心学习,有认真钻研精神,团结同学,不固执偏激。

壁报创办不久,在陈望道倡议下,开展了"关于中国社会性质问题"讨论,后来演义成轰动一时的广西"史托之争"。陈望道的用意是让学生更好地学习时事形势和提高思想认识,于是在壁报上刊出了一则"中国社会性质问题研究专刊"的征文启事。征文得到了学生们的响应,编辑部收到了大量来稿。来稿的观点大致可分史派和托派两类。史派认为中国是半殖民地半封建社会,中国革命要走民主革命、反帝反封建之路。托派认为中国是资本主义社会,中国革命要走无产阶级专政、推翻资产阶级的道路。由于两派观点对立,争论得很激烈,现有的壁报容量有限,参与论战的学生不等编辑部审稿完毕,就把文章贴了出去,广西师专成了壁报的海洋,其影响也超出了学校,在广西产生了较大的影响。"中国社会性质问题研究"专刊在壁报在刊出了四期后,由坚持托派观点的校长下令休战。

十四、主编《语文周刊》

1938 年 7 月,陈望道与陈鹤琴、方光焘等人发起成立了"上海语文学会"。陈望道被推选为副理事长。上海语文学会在上海地下党主办的《每日译报》上创办了一个副刊——《语文周刊》,这个副刊由陈望道主编。

陈望道在发刊辞中写道:"希望本刊能够做到的大概有两点:

第一希望我们的材料是现代的。第二希望我们的建设是普及的。"陈望道认为,语文建设不但是文化建设的一个部门,而且是一个基本部门,这个部门的建设工作做得有否成就,会影响别个部门的建设成效。

## 十五、主编《辞海》

《辞海》是目前为止我国仅有的一部兼具字典、语词词典和百科词典功能的大型综合性辞典。编纂《辞海》长达 21 年,而修订《辞海》长达 22 年。1915 年,《中华大字典》主编徐元诰和中华书局编辑所所长范源濂动议编辑《辞海》。后来,徐元诰升任北洋政府教育总长,范源濂任国民政府最高法院院长,《辞海》的编纂工作也就此搁浅。最后,中华书局请舒新城任主编,重新启动《辞海》的编纂工作。1936 年《辞海》终于出版。

1957 年 9 月 17 日,毛泽东主席到上海考察,与舒新城谈起了《辞海》。舒新城提议编辑大辞海和百科全书。毛泽东赞同舒的提议,认为先修订《辞海》,然后再搞百科全书,并对在场的上海市委书记柯庆施说,要帮舒新城解决具体问题。就这样,中央就把修订《辞海》的工作交给了上海。

1960 年冬,《辞海》第一任主编(当时称"主任委员")舒新城病逝。上海市委决定由陈望道任主任委员。《辞海》修订工作可分 3 个阶段:第一阶段是从修订《辞海》开始到 16 分册出版,由舒新城任主编;第二阶段是从 16 分册出版到《辞海》(未定稿)合龙,由陈望道任主编;第三阶段是从粉碎"四人帮"到《辞海》正式出版,由夏征农任主编。其中第二阶段工作量最大,亟待解决的疑难杂症也最多。辞海编委会成立后,以近 5 年的时间主持编出了一部

1160万多字的《辞海》(未定稿)。其中后4年是在陈望道领导下进行的。

陈望道对各分卷的负责人说:辞典应当是典范,百人编、千人看、万人查,因而必须严肃认真,毫不马虎;必须给人以全面又正确的知识,如果提供片面、错误的知识,将遗患无穷,就不能称作"典范"了。《辞海》副主编罗竹风称陈望道对《辞海》修订工作是"继往开来,承前启后,建树尤多"。

陈望道担任《辞海》主编期间(从1961年8月起至1977年10月逝世止),以"定人、定时、定任务"的做法开展工作。

1962年8月,陈望道主持辞海编委会第七次(扩大)会议,决定自8月下旬起对试行本进行修改,接下去就总纂定稿。定稿分两步走,第一步先修改一遍,陆续编印排本,供内部继续修改和解决交叉、平衡、统一用语等问题之用。第二步是在1963年7月20日到8月20日期间,原班人马再度集中,对试排本予以改定,准备等极少数政治性强的条目审定后,即付排印。但此事未能如愿。当时意识形态领域内错误的过火的政治批判加剧,《辞海》先以"未定稿"名义出版,在内部发行。

陈望道主持充实了辞海编委会的人选,北京、南京、杭州等地参加《辞海》修订的著名专家都被聘为编委。从1962年8月9日至1965年3月18日,陈望道主持召开了23次主任委员会议。在辞海编委会第七次(扩大)会议上,通过了建立主编负责制的决议,由总主编对全书负总责,各副总主编对分工主管的学科负责,各分科主编对本学科的各项工作负责。凡属内容问题,编辑不宜轻易改动,应多与作者联系,多问、多商量。对于技术性问题,可由编辑处理,作者不必多管。

陈望道还主持制定健全了辞海编委会工作的规章制度和保

证全书质量的各项办法。编委会主任委员会议先后制定了《〈辞海〉定稿工作中的组织及各方面的职责》《〈辞海〉使用专名号方案》《〈辞海〉汇总编排付印办法》等文件，并研究了全书如何进一步提高质量，就如何解决交叉、通读、发稿、附录和插图审查等问题提出了相应的措施。

陈望道在主持《辞海》修订工作的同时，还同吴文祺、胡裕树一起，负责语言文字分卷的具体编写任务。对《辞海》未定稿中的语法、文字、修辞部分的条目还亲自作审定和修改。

在《辞海》修订总纂定稿阶段快要结束之际，辞海编委会主任委员会于 1963 年 8 月 13 日举行第十八次会议。会议讨论了《辞海》的书名题签问题。找谁题签呢？党政领导人还是书法界大家？讨论的结果是，既然《辞海》是以"民间形式"出现的，那么就不请党政领导人了，也不请书法界大家，而是由业内人士来题签。大会一致推举陈望道题字，以志纪念。的确，以陈望道在学界的地位和对《辞海》编纂所花的心血，由他题签是当之无愧的。

遗憾的是，由于 1966 年开始"文化大革命"，《辞海》的修订工作无法按时完成，《辞海》修订本到 1979 年才出版。陈望道直到去世也没能见到修订本《辞海》正式出版。

# 第三节　打造复旦新闻系

## 一、上海新闻教育述略

辛亥革命推翻了 2000 多年来的封建帝制，成立了民国，这为遭受清政府严厉压制的近代新闻事业带来了生机。从武昌起义到民国成立，上海新办报刊不下 16 种，当时的报馆大多数集中在望平街(今为汉口路山东路)一带。每当报纸出版，人们争相来到这里阅报、议论共和国的大事。这里形成了传颂一时的"共和声"。

在民国成立以后 10 多年间，上海新闻事业开始走上现代化的道路。1912 年 9 月上海创办了民国第一通讯社和上海新闻通讯社。原有的英国路透社也扩大向各报发稿。原来以政论为主要内容而以后逐渐衰落的政党报纸，也向新闻性方面转化。至于原来就是注重新闻报道的《申报》《新闻报》，这时也加强了这方面的投入，特派记者常驻北京。

上海是我国新闻事业的重要发源地，也成了我国新闻教育的重要发源地。上海最早的新闻教育机构是创办于 1920 年的教会学校圣约翰大学新闻系。

1923 年，厦门大学报学科(创办于 1921 年)因闹学潮，该科教师 9 人及全科学生离开厦门，到上海创办大夏大学报学科。1925 年 11 月，中国著名新闻学者戈公振以国民大学报学系为基础，联络大夏大学、光华大学报学科学生创立上海最早的新闻学术团体——上海报学社。

1925 年春,南方大学创办了报学系及报学专修科。办学宗旨是:"唯其感化人民思想及道德之重大无比,故亟宜训练较善之新闻记者,以编较善之报章,而供公众以较善之服务。报业之为职业也,举凡记者、主笔、经理、图解者、通讯员、发行人、广告员,凡用报章或定期刊以采集新闻皆属之。本科之唯一目的,为养成男女之有品学者,以此职业去服务公众。"课程有"报学历史与原理""访事学""广告原理""报馆管理""编辑法"等。这年夏,光华大学创办报学科。因圣约翰大学发生反对校长的学潮,部分师生脱离学校,另组建光华大学,设立报学科与广告学科。

1931 年秋,沪江大学商学院设新闻科。1946 年 8 月,国立暨南大学创办了新闻系。1949 年上海解放后停办,在校学生并入复旦大学新闻系。

1928 年,民治新闻专科学校创办,出版《新闻记者》月刊,附设中国新闻函授学校。

1931 年 1 月,申报馆创办申报新闻函授学校。1935-1936 年间,编辑出版函授教材《新闻学概论》《报馆管理与组织》《实用新闻学》《通讯练习》《评论作法》等 17 种。1936 年停办。

1945 年 10 月,中国新闻专科学校创办,开设的课程有新闻评论学、经济地理、新闻编辑、心理学、新闻写作等课程。1949 年 5 月停办,在校学生一部分并入复旦大学新闻系,一部分并入华东新闻学院。

1949 年 7 月,华东新闻学院创办于上海。办学宗旨是"在短时期树立为人民服务的基本观念,为新民主主义新闻事业工作"。设置的课程有:"辩证唯物主义""新人生观""国内外形势""中国革命问题""新闻业务与政策"等。1951 年停办。

## 二、复旦大学新闻系

复旦大学是我国著名高校,新闻系(院)是复旦的一块牌子,也是中国高校的一块牌子。复旦大学新闻系是我国历史最悠久、海内外知名度最高的新闻教育机构,在课程设置、科学研究、学生培养诸方面,已形成了自己的传统和特色。一是学科门类齐全,学生可以自主选择。复旦大学学科门类基本上覆盖了自然科学、社会科学各个领域,学生可以根据自己的爱好和兴趣跨院系选修课程。二是注重新闻理论研究与社会实践的联系。在研究课题的选择上,以实践中提出的现实问题为主,以纯学术的理论问题为辅;在专业教学上,重视学生实际操作能力的培养,增加实习时间。三是注重同海内外新闻教育界和国内新闻界的交流。

党的十一届三中全会以来,复旦大学新闻系进入了新的发展时期。1981年和1984年先后建立了硕士点和博士点,形成了培养本科生、硕士生、博士生的完备的教学体系。本科生学制为4年,硕士生和博士生学制均为3年。1988年6月成立了复旦大学新闻学院。这是新中国高等学校建立的第一所新闻学院。学院现辖新闻系、新闻研究所和文化与传播研究中心,设有新闻学、广播电视新闻学、广告学、编辑与出版学等专业。1996年,新闻与传播学被列为国家"211工程"重点学科。2005年1月,新闻学院整体搬迁至邯郸路新院区。新院区占地面积58800平方米,隔国定路与复旦主校区相连,并紧邻五角场商业圈。

复旦大学新闻系是与我国的新闻事业发展相同步的。发端于1924年,成立于1929年9月。1930年,成立新闻学研究室。1931年,因办系有成绩,系主任谢六逸教授受教育部聘请,制订大学新闻系课程及设备标准,供国内各大学新闻系做准绳。这一年,复新通讯社在新闻系成立。1932 年 9 月 15 日,《申报》在第一版刊出校刊主编、复新通讯社社长何名忠采访 19 路军翁照垣旅长的通讯《上海血战经过》。1933 年 10 月,上海汉文正楷印书局出版新闻系学生管照微主编的《新闻学论集》,内收论文、讲演稿 20 篇,谢六逸作序。这本书是以"复旦大学新闻学会丛书"名义出版的。1934 年 9 月,由师生认股创立的复旦印刷所,由新闻系毕业生沈有秩承包,9 月印刷所开业。

1935 年 10 月,为庆祝复旦大学 30 周年校庆,由新闻系学生舒宗侨、唐克明、夏仁麟、盛澄世、盛维棪等发起筹办的"首届世界报纸展览会"在简公堂展出,主要展品有 33 个国家的 2000 多种报纸,有近万人参观,被誉为"中国新闻史上的创举"。后出专刊《世界报纸展览会纪念专辑》。1937 年 7 月,抗日战争爆发。11 月,上海沦陷后,复旦大学与大夏大学组织临时联合大学,复旦大学作为第一部分迁往江西庐山牯岭,1938 年 2 月,复旦大学部分师生迁到重庆夏坝复校。1938 年 8 月,谢六逸辞去系主任一职回贵阳老家。11 月,中央日报社社长程沧波兼任新闻系主任。

1941 年 9 月,程沧波被国民党中央党部派往香港担任《星岛日报》总主笔,由陈望道代理系主任工作。

如今的复旦大学生新闻系经过日新月异的发展,已成为中国目前占地面积最大、硬件设施最先进的新闻传播教育院区。

三、陈望道与复旦大学新闻系

陈望道与复旦大学有缘。他一生绝大多数时间都是在复旦大学度过的,或当教师,或当系主任,或当校长。陈望道对复旦大学有很深的感情。新中国成立初,中央有意让陈望道到北京,在国家政府部门担任要职。征求意见时,他很坦率地说,喜欢留在复旦大学教书。中央尊重陈望道的意见,任命他为复旦大学校长。陈望道是复旦大学历史上任职最长的校长。

1920 年, 陈望道接受了复旦大学中文主任邵力子的聘请,到中文系任教。1927 年陈望道任复旦大学中文科主任。后来,他离开复旦到广西大学等地任教。1940 年秋,他取道香港,再度回到当时迁校重庆的复旦大学任教。陈望道对复旦大学的贡献很大,其中之一就是把复旦大学的新闻系办成了全国名系。

复旦大学的新闻教育始于 1924 年。邵力子、陈望道等教师目睹我国新闻专业人才奇缺的现状,学习"欧美各报,多托学校代办新闻科,故人才辈出,报业乃兴"的先进经验,认为要改变我国地方报纸"实属不堪"的现状,必须开创中国的新闻教育事业。经校方同意,聘请有名望的主笔、记者、编辑来校讲授新闻学知识。陈望道在国文部开设了"新闻学讲座",邵力子开设"新闻学及现代政治",为复旦大学最早开设的新闻学课程。1926 年 9 月,国文科改名中国文学科,招收了一批新闻学的本科生。1927 年秋,陈望道接任中国文学科主任,继续为新闻学组招收本科生。

1929 年 9 月,在陈望道担任中文系主任时,新闻专业便开始从中文系独立出去,谢六逸为首届新闻系主任,1941 年陈望道任新闻系主任。复旦大学的新闻系在陈望道任系主任的这些年得到了空前的发展。上海解放后,陈望道为复旦大学负责人。1949 年 9 月,由于陈望道校务繁忙,曹亨闻教授代理系主任工作。1950 年 7 月,陈望道辞去系主任职,聘解放日报社长恽逸群兼任系主任。

复旦大学新闻系是我国历史最悠久、名扬海内外的新闻教育机构,是"新闻学研究和新闻教育的圣地"。中国新闻史学会名誉会长方汉奇评价说,在中国新闻教育史上,陈望道是资格最老、级别最高、声誉最隆、影响最大的系主任。

复旦大学因陈望道有了新闻教育这块牌子,复旦大学在新闻教育中,也一直发扬着陈望道所确定的"好学力行"的新闻教育思想。2006年,复旦大学所办的《新闻大学》杂志进行改革,改革的出发点就是为了更好地发扬"好学力行"的精神。其第1期卷首语写道:"从这一期起,我们准备从两个方面多作改进,一是秉承'学术自由'的百年校风,增加学术切磋的内容,希冀在不同观点的相互探讨甚至争鸣中,推动学术思想的开拓与理论研究的发展;二是发扬陈望道先生系训'好学力行'的精神,刊登一些来自新闻传播第一线的做法、经验与体会,为新闻从业人员提供理论探讨的平台,也为研究人员提供新鲜生动的实务营养。"如今,进入复旦大学官方网站,就可以看到对新闻学院有这样的介绍:"复旦大学老校长、著名教育家陈望道教授于1941年出任新闻系主任,确立了'宣扬真理,改革社会'的指导思想,并把'好学力行'作为系铭。"

## 四、确定"好学力行"系铭

学校有校训,校训是这个学校办学目标、办学特色、教育个性的体现。校训往往只有几个字,但这几个字的内涵很丰富。校有校训,与之相呼应,系也有系铭。抗战时期,陈望道任复旦大学新闻系主任后,主张确定系铭。当时有教授提出以"打成一片"四字作为系铭,其用意有三:一是通俗易懂,二是强调了新闻记者必须和人民站在一起,三是这口号是从延安传来的。这四个字也受到同学的欢迎,觉得令人兴奋。眼看着要举手通过了,陈望道却提出"好学力行"四字,认为这才是对新闻人更根本的要求。最后,陈望道的提议获得通过。与之相对应的是,陈望道还提出了"宣扬真理,改革社会"的新闻教育指导思想,以及培养"有巩固基础、有发展前途的新闻文字工作者"的办学目标。

当时的新闻系是四年学分制,1945 年秋季前规定 136 个学分即可毕业;以后因增加课程,改定为 146 个学分。一、二年级强调打基础,开设"新闻学概论""新闻采访""新闻中文文选""新闻英文文选""经济学""中国修辞研究"等课程;三、四年级强调实用和专门化。学生除必修专业课"新闻编辑""评论练习""时事研究""中文新闻写作""速记学"等课程外,还可根据分组要求,选修其他课程。

在师资力量上,当时专职教师很少,部分新闻业务课程是聘请报社人员兼任,如知名记者陆诒、萧乾、原《申报》主笔赵君豪、《大公报》总主笔王芸生等都来兼过课,其中王芸生新中国成立后还一直兼课,直到《大公报》北迁为止。

在教学措施上,陈望道强调理论联系实际。当时,由于学校离报社远,实习十分困难。1943 年 3 月 1 日,他便恢复"复新通讯社"(该社 1931 年创办,1937 年西迁时停办),陈望道亲自兼任社长,设编辑、采访、总务三部;编辑、记者均由学生担任,教师作指导,每五天发油印新闻稿一次,免费供各报刊采用。

陈望道除亲自讲授"修辞学""伦理学"课程外,还与讲师李光诒合开"评论练习"课,提出"撰写新闻评论,须具备两个条件,有胆有识"。在课程设置上,他主张广博知识,学有专长。陈望道说:"做一个记者,除了熟悉新闻业务之外,最好还要掌握一门专长。"因而学生除学习必修专业课外,还按兴趣分设文史哲组、财政金融组、政治外交组,学生根据分组要求,选修其他课程。

## 五、建设新闻馆

20世纪40年代初期，抗日战争已处于艰苦阶段。重庆作为"大后方"的中心，在"皖南事变"后政治环境日益恶化，设在重庆远郊区的复旦大学新闻系，办学条件困难重重。面对复杂情况，1943年陈望道提出以"宣扬真理，改革社会"为办学指导原则，意在广泛团结师生，爱国抗日，追求进步，趋向光明，主张"好学力行"。强调"学"与"行"并重后，全系面貌焕然一新。每周举办一次分析时事、讨论问题、研究学术的"新闻晚会"，盛极一时。

为了改善办学条件，1944年4月，陈望道向社会发起募捐筹建"新闻馆"，师生群起响应，四处募捐。7月，他不顾炎炎烈日，亲赴重庆市区募捐，借住在朋友家里，中午以烧饼充饥，晚上睡在臭虫很多的床上。在邵力子、杜月笙及许多校友的帮助下，募捐成功。终于建成一座有十来间房间的"新闻馆"，内设图书室、阅览室、印刷房、编辑室、收音广播室、会议室等。廖毓泉、廖蜀稷为它写了一副对联："复旦新闻馆，天下记者家"。陈望道却因募捐劳累过度，而卧病一个月之久。

1945年4月5日，"新闻馆"开幕典礼在夏坝复旦大礼堂举行，邵力子致辞，邵力子夫人傅学文剪彩。来宾有萧同兹、王芸生、潘梓年、胡秋原等及复旦大学师生共计600余人。于右任因公务在身，无法前来开会，但他事先草拟好了《新闻自由万岁！》的演讲稿，委托复旦大学新闻系教授祝秀侠代其宣读。于右任指出：新闻馆落成庆祝的意义，绝不止平常添设几个房舍，而是这馆舍命名的含义，中国新闻事业与复旦，在过去已有密切的关系，在未来更有远大的展望。

下午开放复旦大学新闻系举办的第二次世界报纸展览会,展出国内外报刊2000余种,并举行"新闻事业机关与新闻教育机关之联系"座谈会。陈望道作了题为《新闻馆与新闻教育问题》的重要讲话。他说:"现在中国新闻教育机关急需解决的问题似乎有两个:一个是如何充实教学的设备与内容,使有志新闻事业的青年更能学以致用,二是如何与新闻事业机关取得更密切之联系,使学与用更不至于脱节。筹建新闻馆,便是想尝试解决第一个问题的一部分,为解决第二个问题打下基础。我们切望能与新闻事业机关合作,能够以形影似的亲密关系,开辟自己的前途,谋求人类的幸福。"后来,集教学、科研、实验于一体的"新闻馆"声名鹊起,无愧于"记者之家"这一称号。

## 六、宽严相济爱学生

在培养目标上,陈望道强调学生要坚持真理。他对待学生可谓是宽严相济。系里开设了录音实习课,同学们借录音实习的机会,收听新华社的广播。此事不久即为中统特务发觉,蒋介石亲自下手谕责令教育部长朱家骅查明事实,并命令朱家骅对复旦大学新闻系的陈望道、李光诒、杨师曾等人要严加注意及查办。陈望道闻讯后赶紧同地下党组织的同志商量对策,事情才很快地转危为安。

在陈望道的民主思想影响和复旦大学地下党组织的领导下,新闻系学生十分活跃,参加全校各种进步社团举办的壁报近30种,如《嘉陵风》《文学窗》《世纪风》《缪司》《漫画》《交响乐》《云雀》《笔林》《观察家》《流沙》等。这些壁报既是复旦大学地下党支部团结群众的纽带,又是新闻系学生锻炼实际业务能力的场所。新闻晚会和各种壁报,唇枪舌剑,纵横驰骋,天地广阔,确实造就了一批能干的新闻记者。

陈望道对学生从严要求有一个典型例子:有个学生借书不还,陈望道到处宣传借书不还是种坏作风,制造舆论压力。后来这个学生偷偷还了书。陈望道对他说,我不是可惜书,是可惜你的坏行为。书,我甚至可以送你。陈望道觉得"要造成舆论,使他感到有压力,对改正错误、建立一个好的风气有好处。"

1938年上海复旦大学西迁重庆后,因复旦大学新闻系带动,重庆好些大学的新闻专业及专门的新闻学院便陆续兴旺起来。比如,中央大学新闻系、社会教育学院新闻系,以及重庆新闻学院、民治新闻专科学院等。

复旦大学新闻系在陈望道主任的领导下,办得生气勃勃,由一个不起眼的小系,发展成为一个引人特别关注的大系,系誉蒸蒸日上,名闻全国,报考复旦大学新闻系的人与日俱增。以下一组数据颇能说明问题:1944年,报考复旦大学有2787人,录取314人,其中报考新闻系的就有543人,录取仅30人。到1945年复旦大学共录取新生228人,其中新闻系新生有57人。当时复旦大学有5院24个系科,在校学生2000余人,新闻系学生占200多人,为全校之冠。

## 七、保留并壮大新闻系

新中国成立后,陈望道历任华东军政委员会文化部长、高教局长、新复旦大学(由14所大学调整在一起)的首任校长、政协上海市委员会副主席、民盟中央副主席等职,并任《辞海》主编。他因公务繁忙,于1950年7月辞去复旦大学新闻系主任职务,但他仍一如既往地关怀新闻系，他最关心的是新闻系任课教师问题，亲自出面邀请上海解放日报社社长恽逸群出任新闻系主任，邀请《大公报》王芸生、《文汇报》徐铸成这些新闻界名人来新闻系讲课。在校内，新闻系的不少课程是各兄弟系开的。陈望道亲自向各系打招呼，请他们派得力的教师为新闻系开课。如周谷城、周予同、郭绍虞、胡曲园、方令孺、漆琪生、贾植芳等名教授，都为新闻专业开过课。

陈望道在校部办公，很少到新闻系来，但他常把新闻系的人找去，或者打电话给新闻系负责人，提出具体意见和建议。新闻记者来校采访，他总是要新闻系派人去陪。1956年10月1日，《人民日报》由竖排改为横排，此前曾出试版，征求意见，他看过后，都交新闻系作为新闻史料保存。更为难得的是，新闻系师生邀请他参加活动，无论规模大小，只要他能抽出身来，总是有请必到，到会必发言。他平时看起来很严肃，但讲起话来却很幽默。在一次迎新会上，他勉励新同学要继往开来。他说："继往犹如吃进去，开来犹如排出来。肚子有三种态度，第一种是吃草挤奶，这是最好的，前人的东西经过他消化，创造出新东西；第二种是吃草屙草，食而不化，只能起书橱、字纸篓的作用，这种属无益无害；第三种，好东西被他搞成坏东西，吃饭拉屎，是最不好的。"

复旦大学新闻系的保留，是陈望道争取来的。1952年院系调整仿照的是苏联教育体制。苏联的新闻干部培训主要在党校，莫斯科大学没有新闻系，而是在俄罗斯语言文学系中设新闻专业（1953年才独立为新闻系）。与复旦大学新闻系同样有名的燕京大学新闻系并入北京大学后，就没有办新闻系，只是在中文系中设置了一个编辑专业。陈望道坚持办新闻系，向高教部提出继续办新闻系的要求，情况汇报到周总理那里，总理说这是陈望道的事业,要问他的意见。这不仅是基于陈望道对复旦大学新闻系的感情因素,也反映了他对中国新闻教育发展道路的体验与认识。就这样,复旦大学新闻系继续开办,而且让其他高校撤销的新闻专业并入新闻系。上海暨南大学奉令停办,该校新闻系58人转入复旦大学新闻系;中国新闻专科学校解散,31人经甄别考试被复旦大学新闻系录取。1951年9月,民治新闻专科学校停止招生,12位学生并入复旦大学新闻系。1952年9月,圣约翰大学新闻系停办,汪英宾、伍必熙等教师及44位学生并入复旦大学新闻系。1955年按照莫斯科大学新闻系教学大纲,复旦大学新闻系改学制为五年,停开选修课,废除学分制。

复旦大学新闻系成为全国新闻院系中历史最悠久,唯一薪火不断的院系。

## 第四节　新闻教育思想

"好学力行"作为系铭，是为复旦大学新闻教育的目标和手段；"好学力行"作为一种教育理念，是陈望道新闻教育思想的结晶。陈望道对复旦大学新闻系所做的开拓性建设，实际上也是对我国新闻教育的建设性贡献。

## 一、倡导好学力行的新闻教育指导思想

复旦大学新闻系在确定系铭时，陈望道以"好学力行"四字命名。他认为这才是对新闻人更根本的要求。与之相对应的是，陈望道还提出了"宣扬真理，改革社会"的新闻教育指导思想，以培养"有巩固基础、有发展前途的新闻文字工作者"的办学目标。

陈望道特别倡导"好学力行"的理念。他常打比方说，学游泳的不会游水，学艺术的不会表演，等于没学。所以他在系内设了复旦新闻通讯社。该社下设的编辑、采访等部，其部长均由学生担任。通讯社定期向市内各大报社发稿，使新闻系学生的实际采编能力得到了很大的锻炼和提高。

抗战时期，以郭沫若为首的文化工作委员会为迎接刚从延安来重庆的茅盾而召开欢迎会，许多名家如田汉、阳翰笙、老舍等人都纷纷前来赴会，陈望道也赶来看望老朋友。在会上，茅盾详细介绍了延安作家们勇于投入大生产运动的一片赤诚，陈望道也向与会者交流了复旦大学新闻系学生积极参加新闻和文学写作的盛况。陈望道就利用他和重庆文艺界的此种广泛联系，让复旦大学新闻系和中共中央南方局的青年组共同创办了《中国青年学生导报》。虽以青年学生为主要读者对象，但该报出刊不久就逐渐成为大后方学生与社会广大民众紧密联系的一个重要渠道。

陈望道把开门办大学新闻系的理念铺向社会，不仅进一步丰

富了中国高等教育的具体内涵,而且极大提升了重庆在我国新闻史中的地位。

## 二、要学生接受马克思主义教育,寻求真理,渴望进步

陈望道是中国最早接受、传播马克思主义思想的人之一,也是中国共产党的发起人和早期党员之一。抗战时期的重庆是陪都,在国民党统治区内,马列主义的著作被当局列为禁书,但在复旦大学新闻系的图书馆内,却藏有不少马列主义的著作。陈望道千方百计创造条件让学生接触到马列主义思想。"这些书也成为很多后来成了共产党人的青年,第一次接触到马列主义、毛泽东思想的源泉。"复旦大学的许多民主活动,陈望道都是大力支持的,最为出名的是从1943年下半年起新闻系开办的"新闻晚会"。新闻晚会每周一次,晚会以时事讨论、学术研究的形式,开展民主活动,人人自由发言,探讨国内外大事。晚会主题事关国家社会的内容,有"新闻与政治""我们的出路何在""中国将向何去"等。据统计,"晚会前后100多次,成为学生寻求真理,渴望进步的真实写照。"参加晚会的不仅有本系师生,还有外系的进步同学,连重庆市区的一些青年记者有时也赶来参加。由于影响很大,引起校方的担心,陈望道却说:"出了事情,我负责!"新闻系成为复旦大学民主力量最强的一个系。

在培养学生目标上,陈望道强调学生要坚持真理,有胆有识。当时他有句名言:"我不教学生做绵羊,我教他们做猴子。"他支持学生的民主运动,掩护地下党员的活动,把一个个遭到特务注意、盯梢的同志藏在家里,让他们转移到解放区去。

## 三、学以致用,着力构建中国新闻学教育体系

新闻学是近代社会发展的产物,我国新闻教育初期,教学思想、课程设置都是照搬美国的,并且授课教师和院系的负责人也多为美籍人员,如燕京大学、上海圣约翰大学的新闻系。陈望道负责复旦大学新闻系后,在教学思想和课程设置上,明显地体现中国化的特点,着力构建中国新闻学教育体系。

陈望道把培养学生进步人生观和坚持真理作为重点来抓,鼓励学生坚持真理,有胆有识,学有专长,要求学生树立进步人生观。在课程设置上,把《哲学原理》、《论理学》(也就是逻辑学)作为必修课。新闻系开设了《新闻采访学》《报业管理》《新闻编辑》《报馆实习》《新闻英语写作》《新闻评论》等专业课程。这些课程注重实用,与社会需求联系得较紧。在师资方面,专任教授中不少有着办报的经历,兼职教授基本上是新闻名家。另外,还经常请于右任、邵力子、叶楚伧、陶行知、田汉、潘梓年、王芸生等知名政治、文化、教育界人士来学校短期任教,做专题报告、座谈等。史学家顾颉刚给新闻系学生上课,为记者寻根问祖,说司马迁是中国新闻记者的老祖宗,希望大家也像司马迁那样秉笔直书。

新闻是一门实践性很强的学科。陈望道了解新闻教育规律——除了给学生讲解理论知识外,更应培养学生的实际操作能力。在继承传统,保存遗产方面,陈望道十分重视新闻史料,特别是革命报刊、进步报刊的收集工作。1946年战后,复旦大学复员迁沪,虽然交通十分困难,他还是把新闻系所藏的书报,特别是一部分《新华日报》,甚至中间派的《新蜀报》都搬回上海。1947年5月,上海进步报纸《文汇报》被国民党政府封闭后,新闻系资料室保存了两套战后出版的《文汇报》,除一套留系外,他把另一套《文汇报》赠送给陶行知先生创办的上海育才学校。在新中国成立前夕的反饥饿等运动中,上海大专学校学生办有大量油印刊物和传单,内容大都是爱国反蒋、反对内战的;为了教育后人,陈望道发动全系师生,多方收集这些材料。

## 四、识才爱才,不拘一格用人才

陈望道在重庆时期有不少识才爱才的故事。学生们这样描述这位系主任:他老是像赶路,虽然步伐那么平稳,你总觉得他一点也不悠闲,好像总在思考。你和他点头,他的回答也是那么淡淡的。你将感到他不那么容易亲近,而你去到他屋子里讨论"的、哩、吗、了"这些语言学上的问题,他会高兴地给你谈上三四个钟头,还会递给你一支香烟……

1944年复旦大学在重庆招生,湖南青年张啸虎报考新闻系,数学考了零分。按照规定,主科如果有一门零分,就不能录取,但张啸虎的两篇作文(一篇白话文,一篇文言文)都得了一百分。陈望道爱才,认为一个投考新闻系的学生,文笔这样棒,应该破格录取。经过他力争,终于打破常规,啸虎被破格录取。这事传开后,颇为轰动。

**链接:**

在陈望道的老家义乌分水塘村,义乌市已把陈望道故居开辟为纪念馆,为义乌市文物保护单位。

陈望道故居是一幢建于1909年间的前廊式天井院二层砖木结构庭院。房屋呈"凹"字形布局,正室5间,前设开堂,左右厢房各两间。西厢房西面有柴房一间,当年陈望道翻译《共产党宣言》就是在这间柴房中完成的。陈望道故居陈列着他的生平事迹、照片和部分珍贵书籍,是让人们了解革命的绝好教材。

在义乌城里有一条南北走向的街，命名为望道路。2010 年，义乌市把由东河初中、夏演初中合并而成的新学校，命名为

陈望道故居

义乌市望道中学。复旦大学党委书记秦绍德题写了校名。

义乌市望道中学校园

# 第四章  曹聚仁：自由报人 功不唐捐

## 第一节  概述

曹聚仁

曹聚仁(1900—1972)是兰溪人(他出生时老家为浦江县)。他是一个很值得关注、研究的人。他的成就是多方面的，既是一位名教授、名记者、名编辑、名作家，也是一位著名的社会活动家。

### 一、杂家·自由主义者

曹聚仁具有多方面的学识和素养，是具有多学科交融知识的通识专家。作为学者和作家，他博学多才，著作等身，于史学、国学、传记文学和散文小品等方面无所不精。曹聚仁只上过中等师范，没有硕士、博士的学位，却在23岁时(1923年)当上了暨南大学教授，在当时是相当罕见的。这是因为他家学渊源，又得经亨颐、单不庵、陈望道、朱自清、夏丏尊、李叔同等名师的指点，饱览经史子集，对国学有较深的造诣。在国学家中,像他这样能够走出书斋,读万卷书之余,兼行万里路,有丰富社会阅历的学者,并不多见。作为新闻记者,他主办过好几家报刊,并出入抗日前线,发表过不少激励人心的消息和通讯。在新闻记者中,像他这样有广博知识的饱学之士,并不多闻。作为教师,他讲授国学、史学和新闻学,培养了众多文学工作者和新闻工作者。

20世纪二三十年代,曹聚仁在上海从事教育和文化工作,主编《涛声》周刊,刊头以乌鸦为记。乌鸦是不祥之兆,这是对国民党反动派所谓"太平盛世"的嘲讽。鲁迅也用"罗抚""旅"等笔名在《涛声》发表文章,并指出《涛声》中带有"赤膊打仗,拼死拼活的文章"。1933年5月,曹聚仁为了纪念李大钊烈士,甘愿冒风险出版《守常全集》,鲁迅也义不容辞地写了《守常全集》的题记。1933年11月,《涛声》遭到查禁。国民党一些御用文人便运用《涛声》的刊头移花接木地把乌鸦这顶帽子横加给曹聚仁的头上,对之谩骂攻击。后来,曹聚仁主编《芒种》文学刊物,接着与陈望道等人合办《太白》杂志。

曹聚仁是一个自由主义者。在社会活动家中,像他这样广交各界朋友,有广泛人际关系的实不多见。他在共产党、国民党及其他党派中,有不少朋友。青年时期,他的同学、同事、朋友中间,有的加入了国民党,有些成为共产党人,原来大家相处都不错,没想到一夜间就反目成仇,彼此残杀。血淋淋的现实对他刺激很大,使他觉得政治太残酷太可怕,因而决心不参加任何党派。实际上,他参加过国民党,只是后来不参加组织活动罢了。到了晚年,他说:"我一生,不愿介入政治纷争,又从来没有远离过政治漩涡,像屠格涅夫笔下的罗亭,盼望着有一场风暴,风暴真的来临,却又胆怯滞步了。"有人用"不愿下海湿衣而又一直倚岸观潮"来形容他,倒是十分贴切。

正是这种多姿多彩的经历，才使得他在 20 世纪的文坛、报坛和政坛中，具有某种特殊的传奇色彩。他为祖国统一做了大量秘密工作，被周总理称为"爱国人士"，并被具体联系这项工作的罗青长称赞为"为祖国统一大业贡献了毕生精力"的人。他去世后，周恩来总理亲拟碑文——爱国人士曹聚仁先生之墓。

## 二、记者生涯中的五个第一

1937 年夏，抗日战争爆发前夕，曹聚仁走出书斋，走向战场，成为一名战地记者。他的战地记者生涯是从采访淞沪会战开始的。一走进前线，曹聚仁就如鱼得水，发了许多独家报道，在业界让人刮目相看，成就了他在中国新闻史上的地位。战地记者的工作经历，对他日后从事学术研究和社会活动，起到了一箭双雕的效果。

曹聚仁在中国新闻史上，书写了五个第一。

一是第一个发出台儿庄战役取得胜利消息的记者。1938 年 3 月下旬，他和妻子从武汉来到徐州，参加了徐州会战和台儿庄战役的报道。4 月 6 日晚，他首先向中央通讯社发出台儿庄战役获得胜利的消息。

二是第一个向海外报纸披露"皖南事变"真相的记者。抗战期间，曹聚仁访问过周恩来、叶挺、陈毅诸将军，1941 年 1 月 4 日"皖南事变"发生后，他深感悲愤，并将"皖南事变"的真相披露在海外报纸上。

三是第一个在海外华文报纸上为新中国系统地作爱国主义宣传的新闻记者。在 20 世纪五六十年代，曹聚仁用他手中的笔向海外广大华人华侨系统地宣传新中国成立后的新面貌、新气象和新变化。夏衍曾说:"据我所知,第一个在海外华文报纸上为新中国系统地作爱国主义宣传的,是曹聚仁。"

四是第一个将周恩来总理"国共可以进行第三次合作"的谈话公之于世的新闻记者。1956年7月16日,周恩来在颐和园接见并宴请曹聚仁。曹聚仁以《颐和园一夕谈——周恩来会见记》写成报道,发表在1956年8月14日《南洋商报》上。

五是第一个获得1958年"八二三"炮击金门信息的记者。1958年8月18日,毛泽东再次接见曹聚仁,要曹聚仁设法将"炮击金门"主要是打给美国人看的信息传递给台湾的蒋氏父子。曹聚仁以化名将电讯发至《南洋商报》,报纸以醒目的标题刊出了这条新闻。

### 三、著作等身

台湾著名的史学家李敖写作极为勤奋,著作等身,但他提起曹聚仁来,会说"曹聚仁先生的创作字数比我还多"。的确,曹聚仁一生与笔墨为伍,写作不择时地,只要灵感上来,挥笔成文,一气呵成。他的侄女曹景滇回忆道:"伯父当年却能在最吵闹的环境里写作。伯父的《北行小语》《北行二语》《北行三语》等在海外颇有影响的几本书,就是在我们的喧哗声中写成的。"

曹聚仁的好友马树礼说他:"聚仁兄初到香港的几年,我们相聚最多,有一年我从印尼回香港住了一段时间,可说天天见面,他那时写作很多,我们一起在酒店饮咖啡时,他手中总是拿着稿纸,边谈边写……"

曹聚仁主要著作有《国学概论》《中国近百年史话》《中国文学概要》《书林新话》《文坛五十年》《鲁迅评传》《我与我的世界》《万

里行记》《国学十二讲》等 80 余部，计 4000 余万言。

　　由于各种原因，在相当一段历史时期中，曹聚仁及其作品几乎湮没于历史的长河中。近 30 年中，已有 20 余家出版社出版了 30 余种曹聚仁著作，其中研究曹聚仁的专著就有 5 种。随着曹聚仁作品的广为传播，曹聚仁的名字也逐渐为内地的学人和读者所熟悉。

# 第二节 初涉新闻界

曹聚仁从事新闻工作是在抗战爆发后的 1937 年。但如果从他与报馆相往来，开始写新闻稿件算起，则要早得多，可追溯到他读浙江省立第一师范的学生时代。

## 一、与新闻界结缘

1915 年，曹聚仁考取浙江省立第一师范。读师范，毕业后回到本县任小学教师，学费则全部免去，每年只需要交 18 元半的膳食费。曹聚仁除交膳食费外，还需日常费用和放假回家的路费。当时，曹聚仁家要筹集这笔款项也非易事。他家只有五六十亩水田，为了筹这份费用，曹家需要卖掉 30 担稻谷，等于十亩田的收成，况且曹聚仁的哥哥曹聚德也在金华读省立第七师范，也需要一些费用。同时，曹家还在办学校。所以，曹聚仁每月只有一元钱的零用。在杭州一元钱够什么用？曹聚仁有一个好朋友查猛济，在杭州《之江日报》当编辑，曹聚仁便想为他的副刊写稿赚点稿费。查猛济说，除非写旧诗词，不然是挣不到稿费的。旧诗词稿费也可怜得很，你还是写点新闻吧！起码三四角一条，好的还有一元钱。

到哪里去找新闻？曹聚仁与兰溪的《兰江日报》联系，答应给《兰江日报》写杭州的通讯，不收报社的稿酬，但报社要送他一份报纸。曹聚仁便从《兰江日报》上寻觅材料，添油加醋，改写以后投给《之江日报》，有几回居然得了一元一条的稿酬，每月会有四五元钱的收入。这笔收入解决了曹聚仁的生计问题，而从另外一个角度看,更是他新闻事业的开始。那一年他 17 岁。

1920 年,浙江一师风潮爆发。曹聚仁将风潮始末写成新闻电讯,发表在《申报》《新闻报》《民国日报》等报刊上。后来他把这些通讯、消息合成一本小册子,叫《浙潮第一声》。国文教师刘延陵给他写序,其中写道:"思痛正如身经百战的老将,抚着身上的创痕,英气勃勃,依然想跃马上沙场去。又如,给爱人咬了一口,越痛越想送给她去咬。"这本书的出版,标志着曹聚仁真正和新闻结缘。

## 二、《民国日报》特派记者、撰稿人

曹聚仁与邵力子相识是在上海陈望道家里。1921 年,浙江省立第一师范毕业的曹聚仁,遭遇了考南京高等师范学校和武昌高等师范学校失利的痛苦后,来到上海,暂住浙江一师的老师陈望道家。在陈望道家,曹聚仁认识了邵力子。一见面,邵力子就对曹聚仁留有好感。当年曹聚仁所写的反映浙江一师风潮的通讯、消息在上海的报刊上发表,曾引起过邵力子的关注。曹聚仁经邵力子的推荐,到上海郊区川沙的一所小学去教书。

20 世纪二三十年代的上海,文坛和报界几乎是同一群人的两个阵地。初涉上海文坛的曹聚仁也逐渐在报界小有名气。从在川沙教书时起,他便是邵力子主编的《觉悟》杂志的长期撰稿人了。《觉悟》是《民国日报》的副刊,这份曹聚仁在杭州读书时便已熟识的报纸,是当时激进的社会文化宣传阵地,因而受到北洋军阀当局的压迫干涉,经济上也十分困难,邵力子等人艰难支撑,有时不得不自己掏钱买纸张印报纸。曹聚仁读书教书之余便大量写稿投稿,这些文章多发表在《觉悟》上,在 1923 年到 1926 年间,他的发稿量差不多有 150 万字。给《觉悟》投稿,他不曾拿过一文稿费,但这种历练对他的写作生涯是有意义的。另外，曹聚仁也借此结识了很多在后来的50多年间中国文坛政界的风云人物。由于《民国日报》的关系，他和叶楚伧、戴季陶、吴稚晖、柳亚子、胡朴安、于右任、沈定一等一批写稿人成了或亲或疏的朋友，并在他们的影响下参加了国民党。不过，曹聚仁后来很少提及自己国民党党员的身份，而更愿意以"自由人士"的角色出现。其主要原因是1927年国民党"清党"使他心悸且心寒，当然这是后话了。此时，曹聚仁的朋友圈子里还有张闻天、瞿秋白等共产党的早期领导人。

不过，曹聚仁投稿最久的一份报纸是好友陈灵犀主编的《社会日报》，时间从1931年开始到1937年"八一三"战役后，他离开上海为止。按照当时的新闻报业聚集地上海望平街上流行的报纸级别分类标准，对开的算是大报，可以参加报业公会，至于四开的，只能算小报，《社会日报》是一份小型报。不过在全盛时期，它的日销量却在2.5万份以上。有一段时期，曹聚仁为该报写社论，但常被检查处剪掉很多。有一次，除了题目，全文都被剪掉，这倒更引起了读者的好奇和兴趣。那几年，曹聚仁在《社会日报》的社论，有了一定的读者。

尽管如此，写稿是他的副业，教书才是他的正业。

1922年4月，江苏省教育会请章太炎主讲国学概论，从4月1日到6月17日，逢周六下午开讲，前后共十次。前几次演讲，听者云集，可后来听讲的人越来越少，主要因为国学对大多数听众而言专业性太强，理解起来本就很费劲，加之章太炎一口余杭方言，要听明白更是难上加难。而当时各家报纸对此次讲学又竭力宣传，事前刊登广告，事后要刊载讲学内容。教育会请了两位老先生记录，不知道是听不懂还是来不及记录，记录错误百出，根本无法刊登。曹聚仁以《民国日报》特派记者身份当场记录，凭着固有和新学的国故知识,顺利记录下来。邵力子十分欣赏曹聚仁的记录稿,便在《觉悟》上连载。不过,随讲稿一起刊出的还有对章太炎嘲笑白话诗的反驳文章,这是主办者不曾料到的,对此他们感到很懊丧。而章太炎对随载的批驳文章并不在意,倒是对曹聚仁记录的高度准确表示惊讶。后来,他从钱玄同那里知道了曹聚仁是单不庵弟子,便叫曹聚仁上门拜师,想不到他竟如此年轻。虽说初次晤见大师,但曹聚仁仍把关于新诗的意见给章太炎看,章太炎只说曹聚仁旧书读得不错,能从他的著述中找材料补充他的演讲,新诗的意见一概不论。同年11月,上海泰东图书馆依照曹聚仁的记录和整理出版了《国学概论》,到1925年12月,该书已重印十版。

## 第三节 战地记者

"九一八"事变后，曹聚仁力主抗日救国，写下了大量抗日救国的文章。上海各界救国会第一次大会，选出了马相伯、沈钧儒、章乃器、史良、王造时、曹聚仁、徐懋庸、沙千里等11人为委员。因为曹聚仁投入抗日的行列，触犯了国民党反动派政府，遭暨南大学解聘。

抗日战争爆发后，曹聚仁改了行，作为战地记者，他出入闸北战场，为《申报》《立报》《社会日报》撰稿。上海沦陷后，曹聚仁以中央通讯社战地特派记者的身份，随军到徐州前线，采访台儿庄会战，足迹遍及东战场，还先后访问了周恩来、陈毅、叶挺等共产党将领，并为海外报纸披露了"皖南事变"的真相。

### 一、走出书斋当记者

抗战前夕，"七君子"事件和西安事变发生。这两件事对曹聚仁震动很大，使他做出决定，要从书斋中走出，走向抗战的洪流。1937年夏天，曹聚仁在考虑走出书斋该做些什么。恰好，机会来了，曹聚仁暨南大学时的学生陈希文从广州来上海接洽出版《星粤日报》之事，并采购印刷器材、延揽编务人手。曹聚仁于是在《星粤日报》谋得一职——负责京沪一带的采访工作。说起来，记者这个职业对曹聚仁来说是很合适的。一是他有长期为报刊撰稿的经历，又有大学教授的学识，可以很快入门；二是记者的工作是要跑来跑去的，特别是战地记者，要到前线采访，正可以实现他投入抗战洪流的壮志。

曹聚仁换上了军装,选择了战地记者这一危险的职业,勇敢地奔向抗战第一线。他住进了与苏州河一河之隔的八十八师孙元良司令部,随军进退,出生入死,冒着枪林弹雨,源源不断地为《大晚报》《立报》和中央通讯社撰写战地通讯。10月,他进入谢晋元524团驻守的"四行仓库",目睹了800壮士英勇坚守的全过程,作了及时报道,给沮丧的中国人民以兴奋与安慰。

上海、南京相继失守后,曹聚仁受中央通讯社聘请,任战地特派员。随战线变动,也逐日往西往北,赶上了台儿庄战役和徐州会战。1938年4月7日,轰动海内外的台儿庄大捷首个报道的记者就是曹聚仁。消息见报后,举国若狂。接着,曹聚仁的《台儿庄巡视记》长篇报道于9日又在全国各报刊出。

曹聚仁用他的笔直接参与了一场旷日持久的爱国正义战争,直到这场战争最后以中国人宣告胜利、日本侵略者失败而结束。曹聚仁作为这场战争的亲历者,于1947年编著出版了《中国抗战画史》,书中留下了大量日本侵华罪证和中国抗日英雄事迹,这是第一部内容完备、见解独到的中国抗战史著作。

## 二、独家报道淞沪战役

1937年8月13日,淞沪之战开始。刚刚成为战地记者的曹聚仁,进驻在八十八师的司令部,作零距离的抗战新闻采写。当时,"发布军事新闻也是一个大问题,统帅部命令各军师部不得擅自发布新闻。总司令部拟定新闻,向苏州长官部报告,再由长官部转告上海市政府,由新闻处转告中外记者。可是日军方面每天发布五六次新闻,在宣传上争取先机,上海市政府所发布的都是明日黄花,不为中外记者所重视。"(曹聚仁,《我与我的世界》第706页,北岳文艺出版社,2001年)曹聚仁并非以记者的名义进入八十八师前线指挥部的,孙元良让他替代自己秘书周震寰的职位,这样,曹聚仁可以随着军部共同进退,他"便有替《大晚报》、《立报》和中央通讯社发新闻的机会了。"不过,发布这些新闻的责任,由曹聚仁自己负责。曹聚仁进入前线指挥部,我方关于淞沪战线的新闻发布,才转入正常。

战地记者在前线采访,必须了解军事,了解战局,这样,才能做到报道的新闻一是真实,二是不泄露军事秘密,三是读者感兴趣。曹聚仁深谙此理。他在前线指挥部,了解的军事战况很多,哪些战况可报,哪些战况不可报,他调控得很自如、得当。他认为战地记者要多写"侧面报道",这类新闻多是千字左右的特写,讲战场中发生的趣事,一是有故事性,读者爱看,二是能鼓舞士气、激发斗志。"三个军帽"的新闻可说是"侧面报道"的代表作。这是一篇特写。说的是,某晚日军从北四川路靶子路口,沿福生路向北站发动黄昏攻击。那时,中国军队凭着一堵砖墙守着巷口,只有三个哨兵,而日军却有一个分队人马,眼见是寡不敌众。三个哨兵摘下头上的军帽搁在战壕边,就匆匆离开了。在日军迫近战壕向三只军帽猛烈射击之际,三个哨兵在后面向日军猛投手榴弹,把日军全部消灭掉。这篇特写,刊在上海《字林西报》上,鼓舞了士气的同时也引起了新闻界的关注。

曹聚仁作为独立记者的作用很大。从9月13日起,上海发行量最大的《立报》便开始以"本报战时通讯"的名义刊登曹聚仁的通讯。起初,稿子还断断续续,到10月1日起,《立报》的头版头条几乎包给了他。据该报总编萨空了统计,两个月来,曹聚仁在《立报》发表了50余篇战地通讯、特写,加上几篇"战场小语",共发了六七十篇文章。

### 三、中央通讯社战地特派员

1937年年底,曹聚仁从安徽屯溪转道金华,回故乡蒋畈过了春节。正月初五,他到了金华,觉得秩序已经慢慢好转,跟前两个月不可同日而语,而少年时在此求学的记忆,也慢慢活了过来:莲花井的凉粉、摊铺上的金华酥饼、八咏楼与桃花坞⋯⋯在金华,他采访了浙江省政府主席黄绍竑。黄还请他到罗店寓所吃过一顿饭。

也就在这几天,曹聚仁与中央通讯社的张明烈、盛维启接上了头,他们都是他在暨南大学和复旦大学任教时的学生。与孙元良那边的关系既断,曹聚仁便正式成为中央通讯社的一员,称呼为中央通讯社战地特派员。中央通讯社社长萧同兹,对曹聚仁慕名已久,聘请他任战地记者。

曹聚仁在金华逗留数日后就去南昌。在南昌他应新四军军长叶挺的邀请,与彭文应、龚梅彬、程希孟等人,一起到皖南的南陵。这时,新成立的新四军刚到三战区开展敌后游击工作。他们四个人,先来到休宁第三战区司令部的驻地,见了顾祝同司令,也见了叶挺将军。叶挺还送给他几张敌军在南京奸淫暴乱的照片,后来,曹聚仁把它用到了《中国抗战画册》中。另三人跟叶挺去了新四军总部南陵,曹聚仁想去又不敢去。他想到了前车之鉴——中央通讯社记者刘尊棋在延安与共产党首脑会晤,这一消息登在《新华日报》上,蒋介石看了大为恼火,怪罪中央通讯社。中央通讯社便一脚把刘尊棋踢开了。曹聚仁想自己不过是中央通讯社的一个客人,不便做一些令中央通讯社不快的事。因而他托故留在了屯溪。在屯溪,他认识了马树礼、宦乡、邢松文,他们日后一起将《前线日报》办得极红火。曹聚仁在《前线日报》发表了多篇新闻特写,这便是他们之间良好合作的开端。

曹聚仁当战地记者时的衣食住行,今日说来,别有趣味。

先说衣。有一位当年暨南大学的学生,想象着曹聚仁这位脱下了蓝布衫的战地记者,一定是穿上了草绿色的呢军服,挂着斜皮带,腰上别着一把手枪。曹聚仁听了,微微一笑。其实根本不是这个样子。

1938年夏,曹聚仁从北战场的洛阳回到了汉口。有一天,他过江到武昌访友,碰到了警报,连忙转到黄鹤楼的山坳边躲避。一口气跑了百来级石阶,脚酸,气也喘,就借一处看相的椅子坐了一下。那位相师,看看曹聚仁的额角,又看看五官,微微叹息道:"你老哥吃粮是吃不出花头来的,人家忌妒你!你将来能够爬上排长的地位,中少尉阶层,就不错了!"曹聚仁笑着从袋里拿出一幅少将襟章给他看:"那就对不起了!我不想付相金了,你是想不到一个少将阶层的军官,会穿得这么破烂的!"

再说吃。一位从前方回到后方的参谋对曹聚仁说,在后方,要吃什么有什么;在前方,有什么就吃什么。曹聚仁觉得此话也完全适用于他。他经常与高级将领会面,吃的东西,并不算太坏。在台儿庄孙连仲司令部时,孙司令让村民杀了一头大肉猪请客。一大盆猪肉,青菜烧豆腐,好似乡下做社戏的场面。后来到汤恩伯的司令部,因为是打运动战,情形有所不同,司令部一晚上常换两三次住宿,吃饭更是有了上顿没下顿。有一天,汤恩伯招待曹聚仁夫妻,过了一会,范长江、陆诒等人也到了,每人用自己的碗盛一碗小米粥吃,汤司令用的是漱口杯。那粥装在一个脸盆里,菜是一盆萝卜干,一碟辣子烧蛋,大家吃得可香啦!

有一回,曹聚仁到了豫西,在一家条件还不错的人家住下。吃饭的时候,他们问他:"吃不吃油?"他当然说吃的。"吃多少?"曹聚仁就问他们平时吃多少,他们说:"我们顶多吃三钱。"于是大家都吃三钱。等到烧菜的时候,才发现这"三钱",乃是用线穿了一枚铜钱,到油壶中浸了一下,提出滴了两三滴,浸了三次,叫做"三钱油"。这还是不错的人家,贫苦人家,更不用说了。但是事情有时也有例外。有一次,他在瑞金一户人家,一顿共吃了64个菜,最后一道菜竟是整只乳猪!

曹聚仁在旅途中吃得最多的是粽子和茶叶蛋。粽子带起来方便,耐饥,长途跋涉,饥了就吃,结果酿成了胃病。茶叶蛋干净,但亦是不易消化的。这两样东西,越吃越怕。不过,巡行各地,各地的水果倒吃得很多。

再说住。走到哪里住到哪里是必然。在台儿庄那一次,曹聚仁与妻子邓珂云去了下邳。当时城中除了军人,只有一个县长、一个更夫和他们四个居民了。他们请人介绍住的地方,司令部的人说:"你们随便住好了。"卫士就替他们找了一家较为整齐的民房,走了进去,屋中空无一人,他们就在炕上睡了一晚。另有一次,他睡在军火车上,下面就是一箱箱平射炮弹,要是万一有事,马上就会粉身碎骨。

最后说行。曹聚仁刚当记者时,还是在上海,那时他有三支枪:两只手枪,一只快慢机,还有防毒面具等。他觉得颇神气。台儿庄会战后到了豫西,才知道要留下自己的性命,枪是万万不能有的。没有枪,还不至于送命;有了枪,即使是在田野耕作的农民,也会打这把枪的主意,除非百发百中,还可以双枪轮发,一边打一边上子弹,才有可能幸免。曹聚仁初上战场时,装备齐整,后来带的越来越少,只剩下一袋地图,一枚指南针。他还有过几顶钢盔,其中有两顶是日军的,这也算是抗战八年的一点纪念吧。

## 四、战地记者的地位

那么,众人到底怎么看新闻记者?新闻记者头上有一顶纸糊的帽子,就是"无冕之王",百姓看了,敬而远之不说,哪怕是端枪杆子的军人,甚至军政大员,都还是带着三分疑惑,三分畏惧,三分亲近,一分冷淡。

在台儿庄会战中,张自忠军长指挥临沂战役,勇立大功,一洗往日耻辱,但战后招待记者,他就不知怎么办了。之后请记者打牌,然后往每位记者面前摆上1000元法币做本钱。曹聚仁在开封采访路过清陵的孙殿英,孙不知道面前这个人要干啥,还是经秘书解释,才说了一些战场上的掌故。有一次,曹聚仁夜宿江西临川,住在一家旅馆的二楼,只听得楼下客厅里一片混乱,有人在大声对骂,继之传来投碗掷杯声。他凭栏俯视,见是两个全副武装的士兵在发威。闹了许久,这两位士兵便也在旅馆住下了。曹聚仁问老板怎么回事,老板吞吞吐吐,环顾左右而言他,只说他们是某总司令的卫士。第二天早晨,这位总司令赶到旅社来看曹聚仁。突然,那两个卫士走了过来,一声立正:"报告总司令,我们两人昨晚一时兴起,打碎了旅社里的许多茶杯饭碗,请总司令处罚!"总司令莫名其妙,曹聚仁则装作什么都不知道,生怕总司令故意做给外人看,狠狠地惩罚士兵。幸好司令深通人情世故,说了几句便离开了,让他们自己去跟旅馆老板商量如何赔偿。这样一来,旅馆老板则把新闻记者当成手持尚方宝剑的天神了。

抗战以前,中国的新闻事业还带有浓厚的旧气息。譬如说,在部队中,招待记者的总是由副官出面;在地方上,则由总务科担当,意思是记者是必须发津贴拿红包的,让管财务的人应付一下就可以了。当时的陋习是,很多机关、部门有记者津贴,凡是常去走动的记者,每月可领津贴二三十元。据说首都南京有一记者,来者不拒,每月可以领到1000块。曹聚仁抗战时期到长沙,见长沙竟有97家通讯社,有的记者一人在十家社里当差,领十家津贴。到了抗战,中央通讯社出大动作,明令社内记者除接受军政各方安全保护及交通安排外,不得接受任何津贴。而军方接待记者的工作,也从副官转到参谋长或参谋主任手里。记者不许乱拿钱,这是中国新闻界的一大进步。

另一点,原先的中央通讯社,对新闻采访一直是不怎么重视的,利用现代化的通讯工具更是罕见,连西安事变都先由路透社报道。等到淞沪"八一三"抗战之后,中央通讯社才正式成立随军记者组,每组配上五瓦特的电台和两名话务员。除了由CC系把持的浙江省外,总社在各省设立分社,分社的任务主要是传播、收发总社当日所发电讯,供应当地各报新闻,至于采集地方稿件,倒在其次。当时中央通讯社上前线的记者有27名,在国内通讯社中最多, 只是同日本不能相提并论——日方在中国战场的记者有800多人。中央通讯社的随军组,配属到战区司令部,有10个左右,而日本的记者,则配属到各战斗部队的联队(团司令部)或大队。日军记者肩上背着两瓦特半的发报机,骑马或者骑摩托车,随时可以发报,而中央通讯社的记者,则只能待在司令长官部的旁边,播送综合性的间接的军事新闻。中央通讯社也想教会记者发报,但这些文字行家科学知识太缺乏,又缺乏动手能力,便是曹聚仁,虽努力练过一阵,终于无功而返。中日在新闻上的差距,和军事上的差距相似。

## 五、最早报道台儿庄战役

　　记者进行新闻采访,是一项独立性很强的工作。要采访什么,怎样采访,报社不会做过多的具体安排,一切全靠记者自己掌控。哪些新闻可写,哪些新闻不可写,全由记者自己判断。所以,记者,特别是战地记者,一进入采访区内,真得要眼观六路,耳听八方,调动自己的学识和机敏,发现新闻、判断新闻、报道新闻。

　　1938年3月底,曹聚仁与妻子邓珂云一起由武汉到达徐州。按曹聚仁事先对抗日战局的分析,"相信以徐州为核心,在鲁南这一线上,会有一场新的战斗出现。"他们到达徐州的那一天,台儿庄战事正在激烈进行中。有不少中外记者赶到徐州采访这次战役。其中有《大公报》的范长江、《新华日报》的陆诒等名记者。

　　4月5日,曹聚仁和另外16位采访战事的记者,受我方参战部队指挥官孙连仲的邀请,到台儿庄前线察看。范长江与孙连仲素来相识,4月6日早晨,他便进入孙连仲的卧室交谈军情,后来曹聚仁也进入卧室与孙连仲交谈,这样,有关台儿庄战局的军情就落在范长江和曹聚仁手里。这天中午,台儿庄的另一名指挥官池峰城约前来采访的记者下午在运河车站见面,走到半路,日军炮队作密集阻隔射击,一名副官长赶来,邀记者们在一个村庄交谈。在与副官长闲谈中,曹聚仁捕捉到了一个信息——我军正在准备反攻的重要行动。而这个时候,恰巧范长江、陆诒已赶赴总司令部发电讯,其他记者缺乏新闻眼,听了就算数。曹聚仁却把它当成宝,一回到总司令部,便找军部的参谋长交谈,要他对这一行动进行推断。这个参谋长认为,从各种迹象看来,敌军在向后撤退,我们正在反击,至于成果如何,还不可知。那天晚上8点25分,曹聚仁利用总司令部军用电台向徐州随军组的同仁报告了总攻台儿庄将获得大胜的消息。这位同仁参考长官部所得的报告,写了一则战讯发到武汉中央通讯社总社。当天晚上四更时分,曹聚仁回到了徐州。一回到徐州,他便与同仁通电话,前线胜利的消息被完全证实。4月7日,台儿庄大捷的消息在全国各报刊出,极大鼓舞了全国人民抗战的信心。4月8日,曹聚仁写了一篇名为《台儿庄巡视记》的长篇报道,9日,这篇报道刊登在全国各报。曹聚仁成为第一个报道台儿庄大捷的记者。

## 六、战时经济报道

1939年深秋,曹聚仁到了福建浦城,在稻香村旅社包了两间房,其中一间用作书房,打开到处搜集、携带在身的一批沿海经济方面的资料,准备好好写一组通讯。

一天,突然有人闯进来,原来是浦城中学校长,想让曹聚仁去讲国文课。浦城中学用的是商务版《战时中学国文读本》,此书第12课是曹聚仁写的《谈敌军之用兵》。听说课文的作者到了这个山城,中学师生哪个不喜出望外?这篇文章,是曹聚仁上一年在洛阳小住期间,根据手头积存的日方军事资料分析写成的,至于被选进中学教材,出乎曹聚仁的意料。有些观点,事后看来,确有意义。如分析日军的行动,证据充分,论证科学,确有长处。他引用某军事家观点说:"敌人用兵,小处可取,大处可鄙。"敌大本营的战略,只有保持小胜的打算,没有包围全歼我军的勇气和胆略。如徐州退却时,我军汤恩伯部三路撤退,还携带了重兵器,敌军不但不敢包围,连追赶都不敢。这种透视是深邃、恰当的。

曹聚仁在浦城的主要工作,是研究沿海的经济战。这是他巡行战场后对诸多材料和感想的认真总结。抗战以来,日方"一度施行倾销物资政策,藉以吸取法币或换取物资。一、吸取我法币,以夺取外汇,减少法币基金,破坏法币信用,再吸取法币,掠购我军需物资。二、换取战区物资之输出,供给其军需工业之用。三、维护其在华的工商业市场,以济战时国外贸易的穷途。"日方想摧毁法币,摧毁中国经济,使得法币的兑换率直线下跌。如1938年4月后,法币在上海的黑市价从一先令二便士的外汇率,掉到八九便士之间。到曹聚仁写经济战的文章的时候,更掉到六七便士之间。然而,这种状况对中国农村经济和农民生活,并无多大影响。曹聚仁搜集商品的涨价幅度,又研究了一户自耕农抗战前后的收支情况,得出结论是:外汇率暴跌,于农民生活,只有衣服、杂耗这两项影响最大,但在全年开支中并不占大数目,而桐油、烟叶的收入激增,足以抵消。归根结底,中国的农民以自耕农为主,至少长江以南是如此。其经济以自给自足,物物交换为基本原则,在这样的1.5亿农民面前,外汇率的变动对他们几乎没有影响。中国正是托庇于这种自给自足的经济,才能坚持抗战,并一定能争取到最后胜利。这篇文章较长,数据多,比较枯燥。曹聚仁把文章寄给了《前线日报》和中央通讯社。结果是《前线日报》刊登了,中央通讯社再发专电,全国各报刊登,《前线日报》再登了一次。此事对曹聚仁来说是一生中最高的荣誉,比抗战胜利后荣获胜利勋章还要光荣。

### 七、采访红都瑞金

1940年,曹聚仁定居赣州。赣州下辖的瑞金县是著名的红都,曹聚仁对此当然有强烈的好奇心。作为一个史学家,他希望亲临观察,实地体验。

就在安居赣州的这个农历年正月,蒋经国邀曹聚仁夫妇去瑞金参加中央军校的集体入党典礼。在途中,蒋经国向曹聚仁出示不久前老家浙江奉化溪口被炸的照片。他的生母就死于那一次轰炸。当时六架轰炸机,向溪口镇疯狂投弹,导致蒋府旧宅墙缺壁破,砖瓦杂陈。蒋经国说:"日本军人用这种卑鄙的手段来破坏我的家,就算是出了气吗?世界人士都在嘲笑这种卑鄙的行为。"曹聚仁写了与蒋经国同赴瑞金的这篇通讯稿。

当曹聚仁由赣州经雩都(今于都)进入备受战火洗礼、十屋九残的瑞金城时,便看到每一堵破墙壁上,必有多重标语的痕迹,写了又涂,涂了又写,白底上有浓墨,浓墨中又有白底。曹聚仁看到一堵破墙,门上尚留"红军大学图书室"的字样,他想这扇门放在此时的陕北,必定会被当成珍贵的纪念品。离红都时期不过几年,曹聚仁碰到当地的乡民,总想从他们口中问一些活材料,但是不少人饱经忧患后守口如瓶,他们当然是知道朱德和毛泽东的,还有一些人知道一位苏先生。曹聚仁绞尽脑汁,想不出中共方面的要员有姓苏的,探问多了,终于恍然大悟,原来他们说的是苏维埃。满街人中,成年男子绝少,一眼看去,皆是孩童和老者,成年男子,或战死,或当红军去了。妇女谈吐,喜用新名词,但求神拜佛的依然很多。

苏维埃中央政府的旧址在瑞金城东四里远的一个有许多虬蟠大树的山村中。曹聚仁觅到了一个宗祠,即总办公厅的所在地。厅的右边有一排民房,朱德、毛泽东曾居住过。当地老百姓指着一间暗黑小房子对他说,这是毛泽东夫人的卧室,只见屋内摆着一张竹床。宗祠后面是一个广场,广场下有一大防空洞,洞口已经被填塞。当地百姓说,朱德、毛泽东有时整日在洞中办公。广场前,曹聚仁看到了红军烈士纪念塔。该塔建于1933年1月21日,由梁伯台、钱壮飞两位工程师设计，用旧桥梁的石块做成，石块暗黄，塔身为子弹状，塔四周嵌有朱德、毛泽东、周恩来、博古、凯丰、项英、邓发等人的题词，或宋体，或楷体，或行书，或隶书，都是文言行文，唯独邓发是一首新诗，尤为别致。当年国民党军队占领瑞金，蒋介石下令要保存几件史迹，此塔得以保存。曹聚仁还拍了几张照片。但是中国的政治文物保存是极难的，不到一年，"皖南事变"发生，这座纪念塔也终于被拆毁。

曹聚仁 4 月 5 日到瑞金，这一天正好是清明节，是民间传统祭奠死者的节日。第二天，他来到梨庭公园，"梨庭"这个词，估计应该取自成语犁庭扫穴。此地也竖立着一座纪念碑，正竖立在原来的骸髅冢间，碑名为"人民殉难纪念碑"。他环顾数百里山川，仿佛看到无数灵魂游荡其间，辗转呼号。这些殉难人的死因，看来已无从追寻。只能回过头来注目当下。而当下的抗日战争，毫无疑问是神圣的，即一定要把日本帝国主义赶出去。

## 八、编著《中国抗战画史》

曹聚仁和舒宗侨编著的《中国抗战画史》，1947 年由上海联合画社出版发行。全书分 10 个章节，彩照 14 幅、地图 60 多幅、黑白照 100 多幅。系统地记录了从抗战爆发到抗战胜利八年间，中国人民抗击日寇侵略，取得抗战胜利的历史。书中资料丰富、翔实，有着很高的研究和史料价值。

画册以"这是一部战争的记录"开始，第一章"引论"从四个部分阐述了日本社会，文化与民族性，明治维新与大陆政策，日本之内在的矛盾，甲午以来日本侵略中国之行径。

画册的第二章"日本侵略战序幕"分十一个章节，即：日俄战后日本侵略满蒙之阴谋,"九一八"事变,中国诉之于国联,"一·二八"淞沪战役(上、下),伪满洲国登场,长城战役——塘沽停战协议,阴霾中之华北,国人之抗战情绪,西安事变,英美苏及德国之远东政策。这些均为抗战期间发生的重要历史事件。

画册第三章至第九章为抗战经过,第十章是"胜利之页"。画册后面是"附录部分",有抗战史料述评,各战区将领一览,抗战大事记等。画册最后是彩图目次和地图目录。画册真实地记录侵华日军在中国犯下的南京大屠杀等滔天罪行。据首都敌人罪行调查委员会调查结果,我惨死同胞约30万人。书中刊载了制造南京血案的首恶——日军第六师团中将师团长谷寿夫射杀十九万余人,此外零星屠杀、其尸体经收埋者十五万余具,被害总人数在30万以上。内有标明"南京大屠杀,死人30万"的日军杀戮、强奸场面的历史照片8张;还有一个亲身经历了南京大屠杀的十多岁少女的日记等。

据说该画册后来成为东京审判日本战犯的重要物证之一。

摄影图像本身是记录生活,传递信息的工具,它不用翻译也能传遍全世界,是文化交流中最直接的媒体形式,特别是摄影图像在20世纪40年代的运用,以及众多的图像集中在一起的图像史的运用,再加之文字的相互辉映,使整部作品具有更强的历史感染力。

该画册的艺术特点是以抗战的历史为主体,选收的照片在编排上既有纵向的历史沿革的脉络,又有横向的题材门类,编排有序,从而使枯燥的学术语言在图像的辉映下显得更为清晰,历史陈述更为透彻。仅由照片来反映历史使人感到尚不够完整,而照片运用的实际价值意义是为文字历史提供更直观的图像信息,使其更生动,更完整,更具有鲜明性。

画册最后部分的地图目录,也是十分珍贵的史料,分别有地图、军阵线图、物产图、铁路图、公路图、形势略图、战局发展图、攻势图、战区变化图等画面资料的检索页码。在书中,这些地图并非集中在一起,而是与图片一样按时间历史发展的脉络分别安插在文字的各个章节中,浑然一体,自然流畅。比如反映湖北的有:武汉在全国地位形势图、日军进攻武汉路线图、武汉会战地区形势图、武汉作战末期敌我形势图,以及大别山战况演进形势图等。

《中国抗战画册》是一部全面反映抗日战争历史的画卷,许多照片来自各个省市、地方政府、博物馆、报馆、摄影社及当年英美新闻社等单位,是一部集众多社会力量编成的珍贵史料,时隔半个多世纪,仍是当今社会最具史学价值的爱国主义教科书。当今日本政府在教科书里篡改历史,对中国二战劳工消极赔偿;对在华遗留化学武器问题一直持消极态度;对南京大屠杀暴行一再否认;在慰安妇问题上一直是含混否认,掩盖事实;政府高层领导人参拜靖国神社并发表相关支持言论等,其所作所为都严重地伤害了中国人民。而《中国抗战画史》是当时历史阶段最有力的铁证。

# 第四节 报人生涯

1939年,曹聚仁的夫人邓珂云怀孕了。战地记者的生活太动荡不安了,曹聚仁想把家安在一个比较平和安定的地方。他想来思去,觉得江西的赣州是一个理想的地方。听说蒋经国在江西赣州搞新政,曹聚仁也很想实地去看看。

曹聚仁对赣州有兴趣是因为他看了《大公报》的报道。办在桂林的《大公报》接连刊登了记者孟秋江所写的几篇通讯,说蒋经国来到赣州担任江西第四行政区督察专员后,禁赌、禁烟、禁娼,禁得很彻底,再加上许多新政,赣州已呈新面貌。随后徐铸成、杨刚也在《大公报》上撰文,报道新赣南的变化。曹聚仁曾说过,那时候,青年人有四个理想世界:延安、南陵(皖南)、龙泉(浙南的小县,由陶行知的晓庄派主政)和赣南。

曹聚仁与蒋经国有过一面之交。1939年夏,他从长沙到南昌后,见到了蒋经国。蒋经国当时任江西省保安处副处长,筹划牯岭游击事务,曹聚仁对他的印象不错。蒋经国向曹谈了他在苏联的情况,也谈了他在临川训练新兵的情况,还谈起了他读过不少曹聚仁写的文章,表达了对曹的敬佩之情。这次面会后,曹聚仁写了一篇访问记,称蒋经国为"一个政治新人","记者细细地静静地看他的行止,他和劳苦民众相接近,并非矫情而为之。他懂得生活的意义,劳力的价值,他自然而然亲近那些用自己血汗挣饭的人。他,有光,有火,有力,吸引着一群有血性的青年;自然,也有人觉得头痛……"

## 一、办《正气日报》

蒋经国得知曹聚仁来到赣州,便把他当作贵宾相待。随后的几天,曹聚仁便随蒋经国到赣州各地看看具体情况。蒋经国管辖的江西第四行政区,有赣县、南康、信丰等 11 个县,面积 2.3 万平方千米。曹聚仁看了贫儿食堂、军人家属,还到瑞金参加中央军校分校的国民党入党典礼。走马观花让曹聚仁颇有感慨:赣州治安、物价稳定,街市上流氓和乞丐少。赣州也曾出现过煤油荒和食盐荒,有人趁机囤积,哄抬物价,蒋经国对此派人查出囤积的 3000 多箱煤油,按标准价放在交易公店出售,食盐也取缔商人垄断,由交易公店经营。赣州的气象是其他城市少有的。

几天相处下来,蒋经国与曹聚仁也就熟络了。蒋经国向曹聚仁谈起了他到赣州后的一些经历,谈起了他在苏联时的事情,也谈到了母亲毛福梅于 1939 年 12 月 25 日被日本飞机炸死的事。蒋经国得知母亲罹难后,非常难过。他对曹聚仁说,他多次动员母亲来赣州居住,开始母亲不同意来,经过多次请求才答应。他就托舅舅接母亲来赣州,不料耽搁了几天,母亲就被日本人炸死了。

一段时间的所见所闻,曹聚仁对蒋经国有了较为全面的了解——蒋经国在赣州推行新政,确实有所作为。

蒋经国在苏联曾办过报纸,知道舆论工具的重要性。他来赣州后,接手了原有的一张私营报纸,改名为《新赣南报》,作为专员公署的机关报,他自己任社长。《新赣南报》办了一年多,没有达到蒋经国的预期效果。《新赣南报》在刊登"皖南事变"新闻时,吃了一记闷棍,又因版面沉闷,消息平淡,与赣南奋发进取的政治姿态无法匹配,加上报社内部人事争夺厉害,报纸办得不景气。现在曹聚仁在赣州客居下来，蒋经国觉得他是主持这张报纸的不二人选。不久，蒋经国就来到曹家，挑明了这件事。谁料，曹聚仁竟婉言拒绝，理由是在赣州的居住时间不会长。蒋经国也真是如刘备三顾茅庐请诸葛亮一样，多次请曹聚仁留在赣州帮他打理《新赣南报》。对此，曹聚仁不再婉拒了。他答应蒋经国干半年再说，半年后报纸有起色了就退出。

曹聚仁于是成了江西第四行政区专员公署的高级参议，兼报社总经理、总编辑，集经营、言论、编务于一身。曹聚仁接手报纸后，提议改报名，叫《正气日报》。1941 年 10 月 1 日，《正气日报》正式出报。

曹聚仁对《正气日报》进行大刀阔斧的改革，并拿出一项项新的措施。他把原在中央通讯社工作，熟悉印刷业务的徐锡高请来当厂长。徐锡高多方设法买来从铸字到排印的成套设备，设备更新了，提高了报纸的印刷质量。一张报纸办得好与不好，主要决定于采编力量。曹聚仁请来一些能力强的编辑、记者。《正气日报》的确以全新的姿态出现在读者面前——编排醒目，言论锋利，印刷清晰。又请许多知名作家、学者撰稿。陈望道、李四光、竺可桢、王亚南、郭大力、刘思慕、袁水拍、张乐平等人的文章都在《正气日报》上出现过。

综观曹聚仁主政后，《正气日报》的变化有：

第一，有了全国乃至全球的视野。中国战场是世界反法西斯战场的组成部分，不明了世界局势，根本无从把握中国抗战的基本趋势。在《正气日报》的社论中，有许多是论世界战局的。如这年8 月 29 日的《所罗门群岛之役》，次日《论狮城之役》，9 月 7 日《北非大战之观察》等，写得有条有理，不说外行话，在当时实属不易。其次，注重战事后面的因素，推出凭大量材料写出的综述，剖析敌我实力对比,指出武器、技术等具体差距。如7月23日三版的《机械化》,分战车溯源、战车种类、机械化部队三部分,充满大量数据,没有空话。

第二,注重报纸与读者的交流。如8月15日推出通俗版,曹聚仁亲自执笔"纪念周报告",以平易的语言向一般百姓讲述一周大事,并刊出由他自己编的《正气民众课本》。第一课讲"东"一字,贯穿以抗日内容,形式新颖,只是一周只讲一字,节奏太慢,所以两次后,此栏不见了踪影。更有深意的是9月12日推出的商人版,刊出言论《商人应该有一所俱乐部》,这样看待商人,是非常有意义的。

第三,报纸的版面设计、大方、美观、简洁。曹聚仁几乎每天要写一篇社论,副刊文章一至二篇,加上署名"本报资料室""本报研究室"的一些大概也由他操刀的大块时事分析文章,他一天所写的文字,至少有3000字,还不说他为报社整体的谋划。

第四,懂得报业的经营。编务和采访对曹聚仁而言,是件驾轻就熟的事。而作为一家报纸的第一号人物,他所考虑的问题,就不只是编务和采访了,还有经营。曹聚仁上任初,蒋经国答应给报社3万元经费,但由于各种原因,这3万元拨款被相关部门卡着了,无法到报社。对此曹聚仁当着同仁的面说:"我们把报纸办好来,赚钱给他们看。"他向银行借了3万元钱,贷给供应纸张的山区农民,用以改进纸张的质量,并扩大数量。《正气日报》销路一年内增加到1.2万份,和《东南日报》《前线日报》成为抗战时期东南地区的三张大报纸,还行销云贵川等地。其中有两个特殊订户:西安八路军办事处和延安中共领导人李富春。到年底一盘存,报社居然赚了钱。曹聚仁接手《正气日报》时,只在第一版有广告,到后来,第四版也有了广告,报纸越来越得到读者的欢迎。他不依赖什么派的支持,赤手空拳,让报纸的内容和经营都取得了成功。

曹聚仁还开办了新闻、图书馆人员训练班,招收高中以上文化程度的青年,为报纸培养新生力量。

曹聚仁不仅把《正气日报》办得有声有色,而且还帮助其他报纸的青年新闻从业人员。当年在赣州负责《青年报》的李白江在一篇回忆文章中写道:"我开始办报完全是外行, 例如如何编稿,如何做标题,如何分版各类,如何安排用其所长写社论,作为一报之首,如何聘请特约撰述,以及如何组织报屁股文章……对我来说,确是千头万绪,手忙脚乱,于是求教于曹聚仁先生,他极其诚挚,热情,一一加以说明……他是一位博览群书,记忆力极强的学者,这又成为我的一部活字典……"同时,曹聚仁还是记者公会的首脑,赣州的新闻工作者团结在他的周围。

1943 年元旦,赣州遭敌机轰炸,报社也在其中,但是报纸只元旦一天未见,次日便有《正气日报》与《民国日报》的合版,仅篇幅缩小了一半,到 1 月 6 日,《正气日报》恢复出报,到 2 月 10 日,篇幅恢复正常。1 月 29 日,报社还刊出重要启事,成立衡阳办事处,冷水滩分销处,报纸开始面向粤汉湘桂沿线一带了。

1943 年 7 月 21 日,《正气日报》刊登启事两条:

**本报重要启事** 奉社长谕:曹聚仁辞职照准,调为出版社副主任,另聘高理文为本报总经理兼主笔,遵与八月一日起交替职务。此启。

**曹聚仁启事** 聚仁已辞去本报总经理兼主笔职务,所有外间投寄稿件及有关社务信件,请勿再由聚仁转交,以免延误。此启。

曹聚仁离开《正气日报》，并未离开以赣南为中心的圆圈，他仍是蒋经国的参议。不过，此时的他，与《前线日报》的关系越来越紧密。

## 二、任《前线日报》主笔

《前线日报》是国民党的一张军方报纸，它的政治背景是当时任第三战区司令长官的顾祝同，创刊于安徽屯溪，后来移到江西上饶。总编辑宦乡倾向进步，一度在新闻和言论方面与重庆的《新华日报》常不指名地互相引用。有一次，《前线日报》通讯版转载了《新华日报》关于陪都文化界纪念高尔基大会的报道，引起轩然大波。国防部新闻局力主查办，经人斡旋才化险为夷。

1944年，曹聚仁进了《前线日报》，任主笔。曹聚仁曾说过："金华的《东南日报》和上饶的《前线日报》（对开两张），要算战时最优秀的报纸。编排、印刷，以及副刊内容之充实，不独远胜在杭州时期的《东南日报》，若干还在衡阳《大刚报》、桂林《大公报》、《扫荡报》、《广西日报》之上。"他追溯《前线日报》优秀的原因之一是"浙赣闽接境地区，土报纸的质地产量，战时进步得很快"。

1945年8月，抗战胜利，曹聚仁从上饶到杭州，回到暌别八年的上海。到上海不久，曹聚仁就辞去中央通讯社特派员的职务，继续在《前线日报》任主笔，曹聚仁办报确有本领，他全盘主持《前线日报》时，报纸极有生气。同时他还兼任上海法学院和苏州社教学院的教授。

这期间，他看到蒋介石挑起反共反人民的内战，便写了《观变手记》一文，指出蒋政府崩溃的必然性。在《上海三月记》写道：国民党接收上海的头三个月，人民从热烈欢迎到怨声载道，还引用了一句讽刺意味极强的民谣:天上来,地下来,老百姓活不来! 盼中央,望中央,中央来了更遭殃。而一篇南京通讯还写了"国民党不亡,是无天理。"这就引起国民党管制舆论机构的注意,他们要监管《前线日报》,虽被顾祝同顶了回去,但当局对报纸的控制与日俱增。接着报社内部一些亲政府的人,发起集体加入国民党的呼吁。曹聚仁自然不愿意自投罗网,托词在家休息,从此与《前线日报》逐渐疏远,只保留前进中学(《前线日报》职工子弟学校)校长的职务。他担任这个职务不收学校分文聘酬,但费力不少。这之后,局势急转直下,人民解放军饮马长江,江南解放在即,国民政府的显要纷纷撤向台湾。马树礼派人送来船票,请曹聚仁全家去台湾,被曹聚仁婉拒。

# 第五节　北行记者

新中国成立不久,境外多持观望、怀疑,甚或敌视、妖魔化的态度,并且各种谣言纷起。在此背景下,自言既不"反共",也不"亲共",而是力求"知共"的曹聚仁以新闻记者身份,于20世纪50年代,多次从香港北上访问北京,并游历内地各地,以客观、中立、公正的立场,深入报道内地的社会巨变,产生深远影响。在抗美援朝、合作化运动、反右运动等重大事件均有所记录。

## 一、定居香港

1949年10月1日,中华人民共和国宣告成立。1950年8月,曹聚仁告别家人,乘上南下的火车去了香港。爱国人士、《星岛日报》社长林蔼民邀曹聚仁担任该报主笔。

1949年5月,《前线日报》社长马树礼曾经派人送来船票,请曹聚仁全家去台湾,但曹聚仁没有去。过了一年多,曹聚仁却孤身一人去了香港,这是为什么?

据朱仲玉在《会议缅甸》(《中华商报》)一文中介绍:曹聚仁觉得自己与蒋经国有过关系,与马树礼又有关系,怕共产党来了不肯饶他,就打算到南洋去谋出路。一开始,他对来自仰光《中华商报》筹备的聘书表示欣然接受。后来,他打听到全缅甸只有三五十万华侨,在东南亚华侨社会中影响比较小,就有点踌躇了。他与星系报纸联系,表示愿意出国去为这个系统的报纸工作。对方的答复是叫他在形势紧急时先去香港《星岛日报》,如内地解放后,共产党要收回香港,再到新加坡《星洲日报》。

在旧社会生活了几十年的曹聚仁虽然接受了这一事实,但思想情绪很混乱。他在《采访新记·南来》中非常坦率地说:我对于中共政权,一半是留恋,一半是旁观;因为我一向对政治没有兴趣,却对政治内幕有相当了解。曹聚仁早年就接触过一些共产党人,对中国共产党是有所了解的,1949年到1950年离沪之前,是他看书最多的一年。他承认共产党的方针政策为中国国情和现实所必需,但又放不下自由主义思想包袱,在现实面前感到怯懦和落伍,缺少勇气去经历一场脱胎换骨的思想改造。特别是1950年6月,艾思奇在北京大学一次演说中的一段话:"一块砖砌到墙头里去,那就推不动了,落在墙边,不砌进去的话,那就被一脚踢开了!"曹聚仁读后感受很深,觉得"这是对于自由的知识分子的提示。在中共政权之下,不独中共政党是一个有组织的整体,每一党员只是一个齿轮。中共起了带头作用,把民主政团组成一个整体,每一民主人士,也是一个齿轮。于是,全国的学校、报馆、通讯社、书店,都组成了一个整体,每一单位都只是一个齿轮。像我这样离开了齿轮的地位,到自由主义的圈子中来,对于我以后的命运,关系是很大的。我也如屈原一样眷怀反顾,依依不忍去,然而我终于成行了,这也是我心理上的矛盾。"

曹聚仁去香港,除了思想原因外,还有一个很重要的经济原因。曹聚仁几十年来主要是靠教书和卖文为生,现在书不教了,连文章都几乎不写了,等于失业在家。当时曹家除了曹聚仁夫妇和三个孩子外,还有曹聚仁的母亲、侄子和妻子的双亲。没有收入,一家九口人吃什么呀?

其实,在这一年中,曹聚仁除了看书,也曾经写信给徐铸成、王芸生、金仲华等,希望为自己找一份工作。当时,徐铸成等人去问了主管文化工作的夏衍这事怎么处理。夏衍表示看一下再说。

曹聚仁想去香港看看，他给邵力子写了一封信，谈了自己想去香港的动机。曹聚仁请邵力子为他指点迷津。

邵力子是曹聚仁的恩师，对曹聚仁的生活、事业、观念影响最大。

邵力子(1881—1967)，初名景奎，又名凤寿，字仲辉，笔名力子，绍兴陶堰邵家人，近代教育家、政治家。自1928年2月起，邵力子历任国民党中央政治会议委员、陆海空总司令部秘书长、国民党三届中央监委、甘肃省政府主席、陕西省政府主席等职。任职期间，主张停止内战，坚持国共合作，呼吁团结抗日，并为此奔波出力。中华人民共和国成立后，任中央人民政府政务院政务委员，第一至第三届全国人大常委，第一至第四届全国政协常委，民革常委。

早在1949年2月13日，邵力子以私人身份随"上海人民和平代表团"飞抵北平，与中共商谈和平。22日，他与另三位老人由北平飞抵石家庄，受到了毛泽东的接见。由于他在国共谈判中做了不少贡献，被毛泽东称作"和平老人"。

曹聚仁曾这样评价邵力子：邵先生，可说是蒋氏左右最清醒的一人。国民党主政二十年，只有他并未走上官僚主义的路子。不仅如此，邵力子一生都和青年接近。邵力子在上海三益里寓所的书房中，挂着一条横幅，上书"青年导师"四个大字，这是北伐时的全国学联主席狄侃赠送的，表明青年们对他的爱戴。

1938年，曹聚仁从南昌前往武汉。武汉是军政中心，邵力子担任中央宣传部部长。当时国共合作，中共的军政首脑也有在汉口，政治空气祥和，这和邵力子的居间斡旋也有关系。曹聚仁一到武汉就拜见邵力子，一同出席一个追悼殉难烈士的大会。会后邵力子满含深情对曹说:"慷慨赴死易,从容就义难,我的心情你能理解吗?""邵先生,聚仁谨受教。"曹聚仁说。

这次,曹聚仁去信不久,就收到了邵力子的回信,除了告诉曹聚仁一些大纲要目外,对他准备赴香港,并不表示什么意见。"可以到国外看看,在那边也同样可以为国尽力"。

于是,曹聚仁认为在"中共当局心目中,对于像我这样的人,本来不事关什么轻重的,留了也做不得什么用,去了也不算少了什么宝"。

1950年8月,曹聚仁去了香港。

## 二、遭受右翼攻击

曹聚仁单身赴香港,似乎很引人注目,香港各派都在观望,看他来香港后有什么动作。冯英子在《我所知道的曹聚仁先生》一文中说:"1950年秋,曹聚仁先生来到香港,他来做什么呢,我们谁也不清楚……至于这次他来香港,究竟目的何在,也弄不清楚。因此,我们决定对他看一下再说。"

曹聚仁到香港,开始很艰难。你既然不愿为新中国服务,肯定不是同路人!这是一个简单自然的推理,于是,左派们不理睬他。他到香港后发表的第一篇文章是《我从光明中来》,称赞中国人民解放军"纪律严明,真正的秋毫无犯"。说"中共治天下非常成功"。在1951年8月16日《星岛日报》上发表的《火网尘痕录》中写道:"从前国民政府时代行不通的,到了人民政府手中,事事都上来轨道。"而在另一篇文章中,还有结论式的语言:"我知道共产党所领导的革命,一定会成功,我要实行我自己的信念,绝不投机。"在《隔帘花影》里,曹聚仁介绍了冰心、梁漱溟、老舍、曹禺、张恨水、孙瑜等人在内地的生活和创作近况。在《数风流人物还看今朝》中，介绍了毛泽东、周恩来、陈毅、刘伯承、贺龙等中共领导人的事迹。一石激起千层浪，曹聚仁的文章在香港各界引起了强烈的反响。

由于曹聚仁的报道客观真实，揭穿了右翼报纸所虚构的内地新闻，因此台湾国民党"中央宣传部"便下令香港的右派媒体，向"从光明中走来"的曹聚仁进行总攻击，这攻击一直持续了5个月。右翼文人与曹聚仁的论争，牵涉到政治、哲学、文学等各个方面。其中最重要的是如何看待中国革命，如何评价内地新政权的问题。

有人统计过，当时围剿曹聚仁的文章有800多篇，而他反击的文章只有零星的几篇。这场论争已演变成人身攻击了。

后来，《星岛日报》转向右倾，林蔼民、曹聚仁也就脱离《星岛日报》。曹聚仁被新加坡《南洋商报》请为主笔，可是新加坡当局宣布曹聚仁为"不受欢迎的人"，无法前往履职，曹聚仁只能在香港从事写作。

三、特殊使命的记者

1956年7月，邵力子给曹聚仁寄来一封信，邀曹聚仁到北京去。

接到恩师的信后，曹聚仁便从香港北上到北京。曹聚仁不曾想，此次北行，使他成了集中报道新中国建设成就的第一个境外记者。这以后，他频频返回内地，多次与邵力子见面，还一同参加过全国政协组织的欢迎志愿军归国的盛典，在鸭绿江畔的丹东欢迎志愿军。

1956 年至 1959 年,曹聚仁先经常被邀回内地采访,毛主席曾两次接见他,周总理、陈毅副总理多次接见他。曹聚仁每次来北京,根据毛主席的意见,先让周总理、陈毅副总理及张治中将军等与曹聚仁会谈。

1998 年出版的《周恩来年谱》中有多处记载:"1956 年 7 月 11 日:(周恩来)出席中共中央书记处扩大会议。会上商议周恩来接见原国民党中央通讯社记者、现《南洋商报》特派记者曹聚仁的有关事宜……"

7 月 16 日,周恩来邀请曹聚仁在颐和园夜宴。曹聚仁的妻子邓珂云和儿子曹景行也应邀到北京。这次宴会经过,曹聚仁以"颐和园一夕谈——周恩来会见记"为题写成文章,发表在 8 月 14 日的《南洋商报》第三版上。接着印度尼西亚华侨主办的《生活周刊》也发表了更加详细的报道《周总理约曹聚仁在颐和园一夕谈》,正式向海外传递了国共可以第三次合作的信息。曹聚仁在报道中第一次提出"国共第三次合作"的口号,在海内外引起强烈震动,并且有深远的历史意义。

曹聚仁在他的《颐和园一夕谈》中,较为详尽地记叙了他同周恩来这次难忘的相聚。

记者入京时,恰好在周总理在人民代表大会公开发表和平解放台湾的重要演说之后。记者便问到"和平解放"的票面里的实际价值。周氏说:"和平解放的实际价值和票面完全符合的,国民党和共产党合作过两次,第一次合作有国民革命军北伐的成功,第二次合作有抗战的胜利,这都是事实。为什么不可以第三次合作呢?台湾是内政问题,爱国一家,为什么不可以来合作建设呢?我们对台湾，决不是招降，而是要彼此商谈，只要政权统一，其他都可以坐下来共同商量安排的。"周氏郑重说到中共政策，说过什么，要怎么做，就怎么做，从来不用什么阴谋，玩什么手法的。中共决不做挖墙脚一类的事。

周氏的话，只是一种闲谈。因为是闲谈，所以记者特别看得重要，他是把胸中要说的话，老老实实说出来了。

10月7日，由邵力子、张治中等人陪同，周恩来与再次赴京的曹聚仁会面。这次谈话内容，《周恩来年谱》记录得十分详细：周恩来回答了曹聚仁的询问：如果台湾回归后，将如何安排蒋介石等问题。周恩来说："蒋介石当然不要做地方长官，将来总要在中央安排。台湾还是他们管。"关于陈诚和蒋经国也都有提及。周恩来表示，陈诚如愿到中央，职位不在傅作义之下。（柳哲《曹聚仁的"三不朽"——写在曹聚仁先生诞辰105周年之际》）

1958年10月13日，也就是毛泽东做出炮击金门决定50天后，在周恩来、李济深、张治中、程潜、章士钊的陪同下，毛泽东这样告诉曹聚仁："只要蒋氏父子能抵制美国，我们可以和他们合作。我们赞成蒋介石保住金、马的方针，如蒋撤退金、马，大势已去，人心动摇，很可能垮。只要不同美国搞在一起，台、澎、金、马都可由蒋管，可管不少年，但要让通航，不要来大陆搞特务活动。台、澎、金、马要整个回来。"《周恩来年谱》记载，毛泽东当时表示，"台湾抗美就是立功。希望台湾的小三角(指蒋介石、陈诚与蒋经国)团结起来，最好一个当'总统'，一个当'行政院长'，一个将来当'副院长'"。

毛泽东对台湾政策，后来被周恩来概括为"一纲四目"。"一纲"是：只要台湾回归祖国，其他一切问题悉尊重蒋先生和陈诚等意见妥善处理;"四目"包括:①台湾回归祖国后,除外交必须统一于中央外,所有军政大事安排等悉由蒋先生和陈诚全权处理;②所有军政及建设费用,不足之数,悉由中央拨付;③台湾之社会改革,可以从缓,必俟条件成熟,并尊重蒋之意见协商决定,然后进行;④双方互约不派人进行破坏对方团结之事。

毛泽东的这个想法在 1963 年初通过张治中致陈诚的信转达给台湾当局。而根据中央文献出版社 2003 年出版的金冲及主编《毛泽东传》,毛泽东的想法正是在 1958 年会见曹聚仁的一段谈话表露出来的。

1959 年夏,曹聚仁再次到达北京,但毛泽东和周恩来却在庐山无法如期返回,中央决定先让曹聚仁到处走走看看。曹聚仁这次北行长达四个月,去了东北,又去武汉看了第一座长江大桥,时间远超先前各次。

这次北行之后,曹聚仁没有再到北京,但他在两岸间的工作并没有停下,只是方式有些变化。早几年,上海作家叶永烈和台湾一些朋友都告诉曹景行,台湾日月潭畔的涵碧楼有记载说,曹聚仁 1965 年某日在那里见过蒋氏父子。只是,曹景行至今还没有弄清楚这一记载源自何处。(曹景行《儿子回忆曹聚仁当两岸"密使"的细节与遗憾》,2009 年 10 月 10 日中新网-华文报摘)

曹聚仁是如何修炼来的"通天"本领?事情还得从头说起。

1955 年 4 月,周恩来在万隆会议上首次提出:对于台湾问题,可以本着求同存异的精神去解决,我们愿意在可能的条件下争取用和平方式解决台湾问题。

随后不久,毛泽东也在公开场合表示:国共两党过去已经合作过两次,我们还准备进行第三次合作。

两个讲话传达出一条重要信息:中共领袖人物解决台湾问题

的思维模式正在发生深刻转变。"和平解决"概念的形成和提出，既是承认、尊重客观现实的明智之举，也是"统一高于政争"这一中国历史逻辑的规定性要求。

"和谈"不能空谈，毛泽东、周恩来为蒋介石开列出具体条件。这些"条件"须透过适当渠道送达对方，这渠道又最好是非国民党非共产党，立场居中的"第三方"。在邵力子先生的举荐之下，曹聚仁这个人物遂被摄入中共领袖们的视野。

曹聚仁在 20 世纪 50 年代末曾向中共建议在金门重开国共和谈。披露这一秘闻的是原中共中央调查部办公室副主任、中共中央统战部办公室副主任、中共中央对台工作领导小组办公室副主任徐淡庐先生。

曹聚仁在 1956 年到 1959 年多次访问内地，都是由徐淡庐陪同的。他认为国家有关部门应该重视对曹聚仁的研究和相关纪念活动，不能埋没他为祖国统一大业所做出的重要贡献。他说："我是曹聚仁先生为两岸和平统一事业奔走时的历史见证人，我有日记和照片可以参考。"

徐淡庐说："曹聚仁在江西赣南时代，与蒋经国很熟，曹聚仁与蒋经国那一批人也很熟。曹聚仁曾对我说，有一位与蒋经国十分亲信的黄寄慈(曾任蒋经国的机要秘书，与曹聚仁都是浙江省立第一师范弘一法师的学生) 曾来澳门看过他。我们将情况向毛主席、周总理做了汇报。毛主席定了假戏真做的原则，是让曹聚仁做宣传。炮轰金门以后，他听了我们的意见后，曾写了一封信。我去广州以后，听他的汇报。陈老总(陈毅)对我说，他对黄寄慈讲，希望蒋经国派个代表团来，派人来谈判，国共和谈，让徐淡庐去当代表团的理事长……毛主席与曹聚仁谈了 38 天，有意识让他透漏过去，我讲第三次国共合作，尽管可以放心，派人来谈。曹聚仁当时确实提出过一个意见,在金门举行国共谈判。我们是准备让蒋经国到金门来。曹聚仁说,北京派人去最好,如果不去,他去金门会见蒋经国。据我当时所知,曹聚仁并未去台湾。蒋介石、蒋经国派人去澳门与曹聚仁见面,我是相信有的。那时候去很方便,没有危险。"

曹聚仁晚年在写给胞弟曹艺、原配夫人王春翠的家书中披露了许多他为两岸和谈奔波的事实:"本来,我应该回国去了,但此事体大,北京和那边(指台湾蒋介石、蒋经国父子)都不让我放手。前几年,我能把局面拖住,可说对得(住)国家了。""我何日动身,要等总理的指示!这两日,重要的客人都走了。我是等得这么久了。前天,碰到罗主任(指罗青长,当时任国务院总理办公室副主任、中共中央对台工作领导小组办公室主任,曾任中共中央调查部部长),他是这么说的。""我目前责任重大,只要翠(曹聚仁原配夫人王春翠)到了海外,安心过日子,不要关心我的工作,不要多担忧就好了。我的工作,目前很重要,幸而没有大危险。你劝她不要替我担忧就是了。"(10月5日致曹艺)

"我的写稿工作,乃是北京所指示的,面对华侨,当然不能一鼻孔出气,否则作用全失。我也想不到会变成全世界华侨的思想指路牌,所以,京中对我特别关怀。我的医病,也靠京中帮助的。我当然不能听珂云她们的意见,此间自有领导的人。"(1967年11月18日致曹艺)

"我替政府做事,或留或归,我是作不得主的。"(3月26日致王春翠)

"我的事,一切等总理决定,我不敢自作主张。不过他对我的工作还满意。"(1963年12月20日致曹艺)

"我最近很忙,本来26日回广州,因为那边(指台湾方面)要

我留在香港,就迟延下来了。"(9 月 24 日致曹艺)

"我的工作,绝对保密。他们(指批斗曹艺先生的那些人)要知道,就问周总理去好了,这是总理吩咐我的。"(1966 年 7 月 22 日致曹艺)

"如你所想,因为,这一线并未断过,北京也叫我留在香港等接洽。这十年中,那边并未有什么动作,这就是我的力量了。"(5 月 24 日致曹艺)

"我的行止也要听北京的吩咐的。本来,我的行止是不许告诉你们的。"(1 月 21 日致王春翠)

"我在做的事,一直在拖着,因为世界局势时有变化。别人也只是挨着,做过婆婆的,要她做媳妇是不容易的。我只是做媒的人,总不能拖人上轿的。……我何时回北京,还未定。要等总理回来再说。"(1964 年 1 月 5 日致王春翠)

"聚仁奉命在海外主持联络及宣传工作,由统战部及总理办公室直接指挥……工作情况绝对保密。"(1967 年 11 月 8 日致曹艺)

"我目前是替政府做事,种种都是不可以随便的。否则,我还不回国吗?我犹如一个哨兵,能够说,我不站在前哨吗?"(5 月 16 日午致王春翠)

正如曹聚仁自己在家书中坦言, 他是站在前哨的境外"哨兵"。他为祖国统一事业坚守阵地到生命的最后。(柳哲,《曹聚仁的"三不朽"——写在曹聚仁先生诞辰 105 周年之际》,《中国新闻出版报》,2010 年 6 月 23 日)


四、报史中的重要一页

1958 年 10 月 4 日,毛泽东发表《告台湾同胞书》,引起国内外广泛关注。10 月 3 日，即《告台湾同胞书》发表的前一天，新加坡《南洋商报》于头版显要位置发表了"本报驻香港记者郭宗羲三日专讯"：

> 明日起一周内停止炮击轰炸与拦截补给金马船只，香港第三方面分析此举将奠定未来直接谈判基础。
>
> 据此间第三方面最高层人士透露，最近已有迹象，显示国共双方将恢复过去边打边谈的局面。据云：在最近一周内已获致一项默契，中共方面已同意从十月六日起，为期约一星期，停止炮击、轰炸、拦截台湾运送补给物资往金门马祖的一切船只，默契是这些船只不由美舰护航。
>
> 记者获得此消息后，即设法向此间接近双方的人士采访，他即表示："请看三两天，便可揭晓。"

一家远在南洋的报纸，居然提前一天将中国核心军事机密和盘托出，可谓神通广大。一时间，《南洋商报》名声大噪。各国记者、特工也蜂拥至香港，纷纷打探郭宗羲何许人也？

郭宗羲就是曹聚仁。据曹聚仁的儿子曹景行回忆，1958 年 8 月，毛泽东再次接见曹聚仁，让他将中共金门炮战的目的主要是对美不对台的底细转告蒋氏父子。后来在报纸上以"郭宗羲"之名发表了独家文章，透露了炮轰金门的"醉翁之意"。提及这段历史，罗青长说："毛泽东十分重视曹聚仁，当时毛泽东讲(这是)政治性'试探气球'。""总理和我们也等着曹先生把消息传递给台湾。当时曹聚仁可能没有与蒋经国直接联系上，或者出于别的什么原因，但他为了执行毛泽东交给的特殊任务，在迫不得已的情况下，后来在新加坡《南洋商报》以记者'郭宗羲'的名义发表。"

30年后,曹景行在香港遇到了当年主理《南洋商报》香港办事处的郭旭先生。郭旭说他接到曹聚仁从北京发来的新闻稿电报,一时不知如何处理,就决定用自己的姓,造出了郭宗羲这个名字发表。后来曹景行又到新加坡《联合早报》(多年前由《南洋商报》与《星洲日报》合并而成)和马来西亚《南洋商报》,他们都把这篇独家报道作为报史中的重要一页。

毛泽东、周恩来故意放话泄露"天机",将炮击金门的战略部署告之一二,于是,才有了《南洋商报》神通广大提前报道的事情发生。事后,毛泽东在一次内部讲话中曾谈及此事:我们事先让曹聚仁这位大记者知道,也要准备让他第二日写成新闻去发表。当天,台湾即使知道,也不一定信以为真,若信以为真,要做防备工作也来不及了。让我们的大记者更出名也好。

## 五、向境外系统报道新中国的建设成就

曹聚仁是最早在境外华文报刊上为新中国系统地做爱国主义宣传的境外记者。

新中国成立伊始,境外多持观望、怀疑,甚至敌视、妖魔化态度。在这样的背景下,很有必要通过境外媒体客观公正地报道新中国人民生活、国家建设和社会发展的情况。曹聚仁以学者、记者的身份,担当起了这项重任。他出发到内地采访前写道:"我是一个绝对不带政治色彩,不夹杂政党利害关系的记者,而我们的报纸,也正是一份不带政治色彩、不夹杂政党利害关系的报纸,我们以新闻从业人地位访问祖国乃是创举。我今后是要看,要听,而且要向海外侨胞作真实报道的。我知道我的观察也许会错误,但我

决不歪曲事实。"他多次从香港北上,访问北京并游历内地各地,以客观、中立、公正的立场,深入报道内地的社会巨变,产生了深远影响。

1956年7月1日,曹聚仁从香港过深圳经广州到北京。他是以新加坡工商考察团随团记者的身份北上的。采访是他的主要任务之一。北京高层明确告诉他,可以随便访问什么人,可以到任何地方去看看,也不要专说好的一面,可以老实不客气写缺点。在7月5日到12日的一周里,曹聚仁先后访问了梁漱溟、章士钊、周作人、沈从文、徐凌霄、梅兰芳等文化界知名人士。

曹聚仁采访这些人有一个目的,在境外传说着共产党取得政权后,这些文化人日子不好过。通过采访,把这些文化人的生活工作情况如实地告诉给境外,就可以粉碎一些谣言。比如境外盛传作家沈从文在新中国成立后过着悲惨的日子。曹聚仁通过采访,了解到沈从文仍在当教授,也常有文章在《北京日报》《人民日报》的副刊上发表。曹聚仁在琉璃厂和东安市场的旧书摊上发现,胡适、陶希圣、林语堂的书都可以买到。"这是说在北京,学术思想自由研究的空气是存在的。他们并不曾焚书坑儒,消灭异端。"曹聚仁把这些信息传到境外。

这次北行之后,在随后三年里,曹聚仁常常北行。1957年,曹聚仁穿梭往返于香港与北京有6次。5月份这次到北京,他到北京功德林战犯管理所,采访了国民党将领杜聿明、王耀武、康泽、宋希濂、黄维。1957年6月6日的《南洋商报》刊发了由曹聚仁采写的反映这五人生活、学习情况的通讯。曹聚仁写道:"记者访问他们时,并无任何人在旁监听或偷听;招待记者的W同志,他只把一壶茶、几只茶杯、一包香烟放在桌上,便掩门出去,让我们可以畅所欲言。"后来,曹聚仁还到江西庐山和浙江奉化溪口采访。这两个地方与蒋介石有密切关系。这次采访行程有两个半月。

在 1956 年至 1959 年间，曹聚仁走访了北京、上海、天津、广东、湖北、黑龙江、江西、浙江等地，从新中国的抗美援朝、民族资本的社会主义改造、农业合作化等运动中，看到了国家生机和活力。曹聚仁在武汉参观了刚建设好的长江大桥。他在《武汉长江大桥侧记》中写道："在记者记忆中，似乎钱江大桥的长度比这条大桥还长些；后来到钱江大桥去看一看，长江大桥却比钱江大桥长得多。""记者一行人，登桥参观时，都是戴着藤制的圆帽子，有如战时的钢盔。步上数百步的竹排梯，在嘈杂声中挤过。桥顶正在装修，不时有铁条泥块落下来，这帽子倒有切实的用处。工人们工作得很起劲。参观的人，也是一批接着一批，对这一大建筑大感兴趣。"曹聚仁北行采访的这些报道，收集在《北行小语》中。

当我们站在今天的立场来看曹聚仁的这些报道时，也会发现曹聚仁当时雾里看花的印迹，造成的原因或是信息不对称，或是在"爱与真"的张力下丧失清明的判断。

# 第六节　新闻教育和新闻理论

　　曹聚仁是教授。教书是他人生中主要的一项工作。他在复旦大学、暨南大学教书，但教的是国学之类的课程。具体教授新闻学，是在苏州国立社会教育学院。

　　苏州国立社会教育学院成立于 1941 年 8 月，原址在四川省璧山县，1945 年在迁至南京栖霞山过程中暂借苏州拙政园为临时校址。学院设置了社会教育行政学系、新闻学系，电化教育系、科，社会艺术教育学系、科，国语专修科等七系三科。该院为当时国内唯一完备的成人教育最高学府。1947 年，曹聚仁到苏州国立社会教育学院任教。

　　中国人民大学新闻学院教授方汉奇，是当时曹聚仁的学生。他在《回忆曹聚仁先生》一文写道：

　　　　1947 年我在国立社会教育学院新闻系念二年级，这一年的下学期，系主任马荫良先生宣布将聘请曹聚仁先生为我们讲新闻采访课，大家早知道曹先生是名作家兼名记者，听说请他来给我们上课，都很高兴。

　　国立社会教育学院的院址当时在苏州，而曹聚仁的住家在上海。这门课每星期上一次，每次上课，曹聚仁都是头天晚上到校，在校内的教师宿舍下榻，第二天上完课就回去。方汉奇回忆道：

　　　　曹聚仁第一次上课时，先向同学们作了一个简单的自我介绍，然后就拿出讲稿来开讲。我打量了一下这位在当时享有盛名的教授，给我的印象是，他中等身材，但是头很大，显得很有智慧。身上总是穿着一套修饰得非常整洁的中山装，脚上总是穿着一双擦得很干净的皮鞋，手上总是拿着一个那一时代比较流行的公事皮包。讲稿和参考书都十分有序地装在皮包里，根据讲课的需要随时取出取进。他讲课时，带较浓重的江南一带的口音。

　　曹先生讲的新闻采访课，……印象比较深的有以下两点：一是他向我们介绍了很多他和鲁迅等文坛巨擘的交往，和三十年代以来的左翼作家们的情况。他的口才并不十分出色，但是讲课的时候很投入，很有激情，而且旁征博引，显示了他的渊博学识。二是他向我们传授了如何作卡片和如何利用卡片来积累资料的经验，并且带来了他自己的卡片，给我们示范。

曹聚仁在新闻教育中，注重的是实践。他曾说过："新闻学这一类课程，可以无所不教，也可以一无所教。"在上海法学院上课期间，他把学生拉到《前线日报》去，以报纸为教材，做深入的研究讲解。

## 一、用辩证法写军事新闻

作家以作品来确立自己在文坛上的地位。记者要成名，在圈内有一席之地，也需要新闻作品作基石。若一个记者能率先发现并报道某件历史性的重大新闻，或能写出有深度的新闻作品，那么，就有资格自豪，同行也会认同他在业内的地位。

新闻是实践性很强的工作。一篇新闻能否成为好新闻，并不在于它的文字长短、文笔是否优美，而在于它的内容是否符合受众的口味，是否有重大和深远的意义。因而，如何发现新闻，判断新闻、报道新闻，并不是随意为之的，而是需要记者的知识和理论素养。曹聚仁做战地记者，可谓是半路出家，在这之前，他是大学教师、学者。这种职业背景，使他有着充分的知识积累，形成了他分析、判断问题的能力。当战地记者后，他的行囊中，总带着几种版本的《孙子兵法》、克劳塞维支（德国军事哲学家）的《大战学理》。他认为："我的胸中，先有了鲁登道夫的'全体性战争论'的底子（鲁登道夫，德军统帅）。我首先要彻底了解现代战争的本质，这便是克劳塞支超过孙子之处。"他认为："一个战地记者，得懂得现代战略、现代战术。"（曹聚仁《我与我的世界》第 725 页，北岳文艺出版社，2001 年 2 月）并且，他还专门研究我军及日军的成败之迹。

真实是新闻的生命。作为新闻的事实，必须是真实的，但作为真实的事实，不见得都要成为新闻。这是新闻与真实事实之间的辩证法。作为战地记者的曹聚仁相当了解这个道理。他曾说，可能会因采访出错，但不会故意出差错。在淞沪战争期间，他进入八十八师司令部"蹲点"采访，其间与师长孙元良谈起了军事新闻的写法："军事新闻，当然不能太真实，太真实，那就等于替敌人做情报；上海环境这么复杂，一句话都错不得。却也不能太不真实，上海的国外记者，他们有种种新闻来源；日本军方，每天招待六次记者。豁了边的新闻，他们理也不理……"（曹聚仁，《我与我的世界》第 710 页，北岳文艺出版社出版，2001 年）有所报，有所不报，全服从于战局；但要报道的必定是事实，不能有虚假，这就是曹聚仁对军事新闻的辩证看法。所以,他爱写"侧面报道",认为这类报道"最有宣传意义,却又不至于触及泄露军事秘密的禁忌,这便是我们所需要的新闻。"

## 二、用史家眼光写新闻

时间是区别新闻与历史的参数。今天发生的、正在发生的事情,就是新闻;而昨天发生的、过去发生的事情,就是历史。今天的新闻就是明天的历史。从这个意义上说,记者在报道新闻的同时,也在为明天记录历史。因而,记者应具有史家的眼光才行。

新闻的深度取决于记者所站位置的高度。曹聚仁当战地记者,原有的学者身份并没有丢弃。学者型记者的背景,使他与其他记者相比,所站的位置更高些,发现新闻的眼光更敏锐些。他曾说:"我以研究历史的态度进入新闻圈子,和党国军政要相接触,也和在野人物相往来。"在采访台儿庄战役时,曹聚仁和范长江在运河边交谈,范长江对曹聚仁有"你是不同的"的评价。范长江的"你是不同的"指的是何意呢?曹聚仁一时也不解其意,后来他终于悟出其意了——"我一直在研究中国的历史,参以人文地理的知识,跟战场生活便合得拢来了。"

说来也巧,曹聚仁与孙元良就是由于研究历史而有缘相识的。孙元良曾在四川奉节用几包烟土换得一批太平军与湘军的文献,这批文献运到南京后,自己无暇整理,便通过他人介绍,把这批文献运到上海曹聚仁家里。曹聚仁在得到孙元良送的那些研究材料后,触发了对湘军及太平军的研究,对他后来的战地记者工作,有着很有意义的启发。曹聚仁说:"我这个研究湘军淮军及太平军的军制、军风纪的史人,对于进入部队做随军记者的工作也有着基本的常识了。"

曹聚仁在战地记者生涯中,积累了丰富的采访经验。在《新闻文艺论》一文中,谈了他对新闻文艺(报告文学)写法的真知灼见。概括起来是:①养成透辟的观察力——新闻眼。他的意见是:记者首先要脱去以自我为中心的世界观,学习观察社会和世界。客观现象变动不已,记者心胸中先要从变动中构成一个鸟瞰式的轮廓和波浪式的史的观念,也就是说把一件事放在一连串事件的发展过程中去看。他以吴佩孚为例,不仅要把他放在北洋派的发展过程看,而且要看他晚年在中日政府活动中的表现。这就是孟子所说的知人论世。②材料处理。怎么样处理材料,他劝人向司马迁学习。司马迁作《史记》,拆开来是一段一节的记录,合起来便是一件完整的制作。有纵的叙述(本纪与年表),有横的叙述(世家和列传),还有综合的叙述,明白了这个道理,就可知道怎么样处理新闻材料。③用艺术笔触作特写。凡该渲染的中心,侧面着笔。

### 三、记者是社会活动家

记者采访的过程是获得信息的过程。获取信息一是需要记者亲临现场,通过耳闻目睹所得;二是记者通过与被采访对象交谈,从被采访者那里获得。这就要求记者有社会活动能力,通过各种途径在速度最快、成本最低的情况下完成采访工作。记者从事采访,没有一定的人脉资源是万万不能的。

曹聚仁之所以能成为战地记者,正是因为他与孙元良将军有"私谊"。孙元良与曹聚仁因研究太平军和湘军的文献而相识,"七君子"事件前,身为救国会"常务委员"的曹聚仁在无锡被中统特务逮捕,后被移送至驻军八十八师师部。八十八师师长正是孙元良,他旋即释放曹聚仁。由此可见,曹、孙二人交谊之深厚,也可见民国时期人际关系左右事物的现状。

1937年,中国部队决定主动在上海与日军作战,将日军吸引到上海,避免日军沿平汉线进犯武汉。于是,"八一三"淞沪会战爆发。当时,政府规定军事新闻由驻扎在南翔的第五军总司令统一发布,各师司令不许发布新闻。但这样一来,军事新闻辗转数手,便成了"明日黄花"。孙元良需要记者帮他发布新闻。但另一方面,师部又害怕记者前来。因为敌军往往尾随报馆汽车找到师部,进而炮轰师部。在这两难之际,孙元良需要值得他信任的记者。他"以私谊希望我(指曹聚仁——笔者注)住到师部去,算作师部的工作人员,替他来发布新闻;这样,就把其他记者都挡住了,一则可以免去被敌军轰炸的危险;再则,也免掉了政府当局的指责。"曹聚仁凭着和孙元良的"私谊",以《大晚报》记者的名义,成了一名战地记者。"战地记者"曹聚仁和孙元良同住一幢楼,孙住二楼、曹住三楼。《自由报人:曹聚仁传》中说:"在上海的文化人中,像曹聚仁这般有关系、有能力的文化人少之又少,这也是曹聚仁为常人所不及之处。""每天午晚二餐,我(指曹聚仁——笔者注)和孙将军一同吃饭。柏亭以外,副师长冯圣法和参谋长陈素农也时常在座。吃饭时,他们有时检讨敌情,有时讨论作战计划,有时分配作战任务,我就在边上静静地听着。我听了他们的谈话,再向军事地图去了解情况;有时,看了军事地图,胸中有一个轮廓,再去听他们的谈话,格外线索分明。"这样优厚的待遇,连曹聚仁自己都感喟:"我一做战地记者,就找到这样有利的环境,那是同业朋友们所从来没有碰到过的。"因为广交游,曹聚仁俨然成为师部"客卿",有着诸多便利,甚至可以使用电话将消息直通报馆;因为广交游,与曹聚仁合作的曾虚白讲了"三个军帽"的消息,深受启发的曹聚仁后来写出的巡游记,被上海各报馆以显著位置刊载。

曹聚仁相信在家靠父母,出门靠朋友。此后,曹聚仁结识了蒋经国、毛泽东、周恩来等国共要人,他们都曾向曹提供过有价值的新闻。抗战时期,他身为中央通讯社的战地记者,在金华时,他与《东南日报》不但没有冲突,反而有更多的合作。

《东南日报》当时在金华出版,在浙闽皖赣的东南地区影响较大。曹聚仁是个与政治脱开干系的人。他不属于哪个党派,但这并没有使他的人缘不好,相反,倒使他拥有各个党派中的人缘。他同《东南日报》"三巨头"中的许绍棣、刘湘女都有交往,并且为《东南日报》写专栏。

再加上,他在上海期间,在多所学校任教,有着一大批的同事、学生。"战时当个记者是艰苦的,他(指曹聚仁)说:'我个人的幸运乃是二十多年从事教育工作的成果,当时,复旦、暨南、大夏各大学的友生遍布南北',他们给他的新闻工作以很大的协助和方便。"(邓珂云,《人文版〈后记〉》,见曹聚仁《我与我的世界》第923页,北岳文艺出版社,2001年)

因为人脉资源丰富,曹聚仁可以很轻松地在沪、浙、闽、赣一带采访,每到一地,上至当地的最高行政长官、下至普通的官兵,都会给他提供采访上的便利。

采访台儿庄战役,曹聚仁也得益于人脉资源丰富的便利。以至《大公报》的名记者范长江也好生感慨。两人在徐州交谈时,范长江说:"曹先生,你的情形是不同的,一做外勤记者,就这么一帆风顺。"台儿庄大捷之后,全国各地的记者不断涌入徐州一带采访。在这个时候,曹聚仁却离开了徐州,向西到开封、郑州、洛阳一带采访。对于曹聚仁的离开,在徐州的记者们都理解不了。其实,曹聚仁离开徐州并不全是他个人的决定,而是采纳了金知人的建议。金知人是一名军参谋长,曹聚仁与他熟悉。

## 四、记者要善于观察和分析

曹聚仁认为培养记者"透辟观察力"(即"新闻眼")的途径主要有:①记者"首先要脱去以'自我'为中心的世界观,学习观察这个客观的社会和世界",也即记者要"把每一事件放到一串事件的发展过程中去看,才可以明了其正确的意义";②在横的方面,"新闻记者必须学习使用望远镜",从宏观和纵深的角度观察新闻事件;③"三个谣言,便可以构成一个'真实'",记者要善于在矛盾、颠倒、重复的报道中鉴别出正确的新闻。

曹聚仁认为"新闻眼"的最大障碍是:"第一,我们不免为好奇心所激动,一个事件,只要它刺激了一般人的视听,迎和我们的好奇口味,就不估计这事件的社会意义,当作一件重要新闻来记述。第二,我们一半受社群心理的影响,一半受文艺描述习惯的影响,当执笔时,每不能保持客观的冷静态度;把强烈的情感注入文句,乃成为夸张式的记述,因而失去了全部正确性。第三,我们每相信自己的记忆力,以为亲闻亲见必十分可靠;其实记忆是不可靠的,在回忆中所能唤起的印象,都是渺茫的(据可靠研究,至多只有百分之二十的可靠性)。每当执笔时,我们容易和一般人一样,当记忆不真时,加以主观的修正和补充。第四,我们所使用的语言文字,意义是非常暧昧的;'普通习用的字眼儿,特别是形容词,常不免与实物相去甚远。'"

曹聚仁的论述,颇有学理上的深度,这与曹聚仁战地记者实践密不可分。以"望远镜论"为例,曹聚仁正是第一个向外界发布台儿庄大捷的人。1938 年 4 月 6 日晚 8 时 25 分,身在司令部的曹聚仁就断定我军在台儿庄取胜,并用电话告知胡定芬。指挥作战的田镇南军长尚不确定我军是否获胜,认为曹"发表过早",后来事实验证了曹的判断。因此,曹聚仁认为:"每觉得愈接近战线,所得的消息愈零碎,愈真实但未必正确;而能设法接近高级指挥部,所得的消息愈是综合的,愈增加正确性。"此类见解十分深刻,远非只端坐书斋中的学院派教员所能及。

应该说,从教授到记者,曹聚仁的转型是相当成功的。曹聚仁走下讲台,认识到自己的不足:"以往在讲台中对学生说得天花乱坠,而今轮到自己来实地采访了。我之于战地工作,有如这辆黑夜行驶的汽车,只是摸索着行进。"在从事战地新闻报道的实践中,他认识到了"幻想着游击队奇袭的神话"之荒谬,因为战场上根本没有"刺刀冲锋",也没有"肉搏"。曹聚仁毅然摒弃教条,直面现实的勇气值得赞赏。

为了胜任战地记者之职,曹聚仁跟张柏亭学习军事知识,"我(指曹聚仁——笔者注)除了绘军事地图这一项没有很好成绩以外,其他读克劳塞维支的大战学理论,读兴登堡、鲁登道夫的军事史,学习轻重兵器知识,总算上了路,及了格了。"在短时间内,曹聚仁便掌握了如此丰富的军事知识,实属不易,反映了他用心之专、善于学习。

曹聚仁不仅问学于人,也学习优秀新闻报道的写法。他总结"三个军帽"的新闻报道,认识到"这样的军事新闻,最有宣传的价值,却又不至于触及泄露军事秘密的禁忌,这便是我们所需要的新闻。"由此,他掌握到了军事新闻写作的秘诀。1937年10月3日,针对"国军动摇"的谣言,曹聚仁写了篇六百多字的新闻报道:首先写军部孙元良将军的生活,次写与旅部、团部军官的谈话,再写壕沟里士兵的情况。全文中,没有一个带刺激性的宣传字眼,也不驳斥敌方发言人的谈话,这样客观的军事报道刚一发布,孙元良将军大为满意。原因在于,曹聚仁的军事报道善于"用事实说话",用铁一般的事实击碎了敌人无耻的谰言。前文提到曹聚仁率先发布台儿庄大捷,这则军事报道没有因为获胜而张扬,其笔调之冷峻,反映出他写作新闻恪守"客观"的功力。曹聚仁在台儿庄大捷翌日(1948 年 4 月 7 日)便发出电讯,胜出《大公报》记者范长江 8 天(范长江的报道于 4 月 13 日刊出),胜出《新华日报》记者陆诒 9 天(陆诒的报道于 4 月 14 日刊出)。由此可见,作为战地记者,曹聚仁"新闻眼"之锐利、广交游、善学习的才干之突出。

**链接:**

2012 年 7 月,兰溪市梅江镇举行曹聚仁逝世 40 周年纪念系列纪念活动。有"梦回通洲、情系梅江"主题征文、成立曹聚仁学术联谊会、曹聚仁生平展馆正式奠基等活动。

曹聚仁生平展馆占地 315 平方米,拟陈列曹聚仁生平事迹展板、育才学园模型及曹聚仁力促国共和谈的场景模拟等。

兰溪市聚仁学校鸟瞰

曹聚仁故里——蒋畈村

为纪念曹聚仁，兰溪城内有一条聚仁街，有一所聚仁学校，曹聚仁在蒋畈的故居，被列为兰溪市文物保护单位。

兰溪市聚仁学校创建于1997年，是一所九年一贯制学校，全国人大常委会副委员长程思远、吴阶平分别为学校题写了校名。2011年6月，正式成立兰溪市聚仁教育集团。集团下属三所学校：聚仁学校、振兴小学和育才中学。兰溪市聚仁教育集团在"科学和人文相融，求知与做人并重"的理念引领下，坚持"质量立校，素质强校，科研兴校，以法治校"的办学方针，努力推进教育均衡发展，实现教育现代化。

# 第五章 石西民：新闻全才 领导行家

## 第一节 概述

石西民

在上海人文纪念公园,有一座石西民的墓,墓碑上刻着他生前的自律联:"知止求真须自励,悬鱼不羡淡清居。"显示了他生前虽官至中共上海市委书记的高位,但依然保持追求真理、清正廉洁的高尚品格。

石西民(1912—1987)是浦江县人。原名石士耕,笔名石东夫、怀南、何引流等。他的一生也同邵飘萍一样,几乎没有离开过新闻事业。

1928年秋,石西民于严州中学初中毕业,入上海群治大学高中部就读,10月,加入反帝大同盟和革命互济会。1929年加入共产主义青年团,同年转为中国共产党党员。1930年任中共沪东区委宣传干事,从事工人和学生运动,遭国民党政府通缉后,于1932年转北平大学学习。1933年在抗日同盟军吉鸿昌军部任政治宣传干事。同盟军被瓦解后,化装南下,与钱俊瑞、薛暮桥、孙治方等组织中国经济研究会,参与编辑《中国经济情报》杂志,从事抗日救亡活动。

1936年1月,石西民受聘担任《申报周刊》编辑,发表大量经济和时事评论。抗战爆发后,以《申报》记者身份赴华北战地采访。1937年11月,在武汉参加《新华日报》创刊工作,任要闻版编辑。《新华日报》迁重庆后,任编委、编辑部主任、采访部主任。

1946年10月,石西民抵延安,任新华通讯社和《解放日报》副总编辑。

1949年4月,南京解放,任中共江苏省委宣传部部长,《新华日报》社长。1954年2月,任中共中央宣传部副秘书长。翌年5月至上海,先后任中共上海市委常委兼宣传部部长、市委书记处候补书记、书记,上海市政协副主席。分管全市宣传、文化、教育等方面工作。曾主管《辞海》修订工作。1965年2月,石西民调任文化部副部长、党组副书记。1975年10月,任国家出版局局长。1980年出任中国社会科学院副秘书长、郭沫若著作编委会副主任、中国社会科学院新闻研究所名誉所长。像石西民这样具有丰富新闻履历的人实在很少。

在"文化大革命"中,石西民遭到残酷的批斗,被关押了八年多,身心受到极大摧残。无论在批斗会上,还是在关押期间,他从不诿过于人,从不乱写交代材料,更不揭发别人。江青在"文革"中曾两次咬牙切齿地说:"石西民是个坏人!"江青为什么如此仇视石西民?是怕石西民知道她20世纪30年代在上海的老底,向人去说。新中国成立后江青曾多次到上海,起初上海市委把接待江青的任务交由石西民负责。江青以毛主席夫人的身份自居,颐指气使,极难伺候。石西民为人耿直,内心十分厌恶江青这种作风。

后来他借口工作忙,怕接待任务做不好,请市委另派他人负责,市委就改派张春桥去负责接待江青。这可能引起江青的不快,所以"文革"中她必欲置石西民于死地。

石西民爱好戏剧,对昆剧和家乡婺剧更有好感。浙江几个婺剧团多次到上海演出,都得到过他的关照。婺剧《白蛇传》中的"断桥"是全国公认的好戏,被誉为"天下第一桥"。这个戏第一次在上海演出,是在大世界一个小场子里。那里的演出条件和空气都不怎么样,但石西民情系桑梓,捧场如故,看了不止一回。石西民的这一做法,没想到成了"文革"中的"罪行"之一,说他"鼓吹封资修文化",抢救垂死的昆曲,还支持家乡戏婺剧。

石西民十分注重新闻研究工作,1978 年,在他的主持下,创办了新中国第一个新闻学研究机构——中国社科院新闻研究所。其主要任务是研究、探索新闻工作的规律,完善有中国特色的社会主义新闻学体系,设有新闻理论、新闻业史、新闻摄影、编辑出版、世界新闻、广播电视等研究室。同时,受中国社科院研究生院之聘,石西民还担任新闻专业硕士研究生的导师。在他的指导下,新闻研究所确定将重庆《新华日报》史作为重点研究课题。

# 第二节 《申报》记者

## 一、《红旗日报》特约通讯员

石西民与新闻工作结缘,始于 1930 年。当时,他在上海任中共沪东区委宣传干事并兼任党中央的机关报《红旗日报》沪东区特约通讯员。在那个秘密工作的年代,虽然他与报纸编辑部毫无联系,仅写了几篇沪东工人运动的通讯,有的也登出来了,但是什么人送去的,报社在哪里,他一概不知。《红旗日报》通讯员是石西民最初的党报工作实践。

1934 年 1 月,石西民参加了由钱俊瑞、薛慕桥、孙治方、骆耕漠等人发起组织的"中国农村经济研究会",参加《中国经济情报》的编辑工作。《中国经济情报》是资料汇编性质的,不属严格意义上的新闻刊物,但编辑《中国经济情报》工作为石西民日后从事新闻采编,起到了练笔的作用。

## 二、在《申报》工作

### (一)《申报周刊》编辑

石西民真正从事新闻工作,始于 1936 年 1 月,在上海《申报》担任《申报周刊》的编辑。

《申报周刊》是《申报》的一个附属刊物,随报免费附送,它由俞颂华先生主编,初为月刊,1936年初改为周刊出版。石西民进入《申报周刊》完全是偶然。当时,石西民在上海从事左翼文化活动,所写的一篇稿子投到《申报周刊》编辑部,俞颂华对这篇稿子很赏识。那时,他正在物色编辑,就把石西民约到报社面谈,当场找了一篇文章叫石西民翻译。石西民经过这次特殊考试,就当上了《申报周刊》的编辑。

俞颂华是石西民新闻之路上的一个良师。他相当看好石西民,曾对家人说过:在我编辑部的同仁中,将来最有前途的是石西民。石西民在《申报周刊》待的时间不算长,但他从俞颂华处学到了不少编辑业务知识。石西民曾回忆说:"更有意义的是,从他的为人使我认识了在性格、行事上有别于邹韬奋、章乃器等人的另一类正直的知识分子,感到尊重和了解这种朋友,团结他们共同奋斗的重要。同俞先生相处的这段经历,对我后来的生活,特别是对我解放后在与知识分子相处时应该如何待人接物方面得到很多教益。"

抗战胜利前夕,俞颂华也到了重庆,应黄炎培先生之邀请,主编《国讯》。石西民时常从很远的化龙桥到张家花园,在《国讯》茅草小屋的宿舍中,和俞颂华促膝谈心。俞颂华那时的身体已虚弱不堪,步履艰难,《国讯》经费拮据,来稿只能给以薄酬甚至无酬,只得约请交谊深厚的笔友们给《国讯》写稿,当时,俞颂华也曾拄着拐杖去探望过石西民并向他约稿。那时,除了达官富商外,其他人的生活都是很清苦的,石西民当然也不例外。但他不计稿酬,在抗战胜利前后,利用工余时间,用笔名为《国讯》写过不少时事评论,宣传党的政策。

1946年,俞颂华回到上海。石西民到南京筹办《新华日报》未成,到上海向周恩来请示报社人员撤退事宜时,曾去探望病中的俞颂华,并辞行说自己要到解放区去了。翌年,俞颂华就去世了。

20世纪80年代,石西民与俞颂华子女恢复了通信联系。他鼓励俞颂华的子女要为父亲编纂一本《文集》。在搜集材料的过程中,他总是不厌其烦地给予指导,还帮助联系《文集》的出版单位。他还答应为《文集》写一篇前言。等到《文集》编辑基本完成,正想请他过目后写前言时,他已病得力不从心了。

(二)在华北前线当战地记者

"七七"事变发生后,《申报》要派记者到华北前线采访,石西民就去当战地记者,同去的还有一位摄影记者。他们经郑州、石家庄到达保定。采访了国民党华北政要孙连仲、宛平县长王冷斋及抗击日寇的士兵和民众,发表了《北行途次》《国防线上的石家庄》《平津失守与平汉前线》等一批战地通讯。

这些战地通讯,有记有叙,有点有面,现场感强而新闻容量大。如《国防线上的石家庄》一文,从石家庄重要的交通地位(也就是战略地位)着眼,写到石家庄兵临城下的局势:"敌人在加紧侵略河北进窥山西的过程中,早就注意到石家庄,过去日人高唱的沧石铁道或津石铁道是皆以石家庄为终点的。""所以,日本飞机经常光顾,低飞侦察,不时用机枪往下扫射。本月四日奉命驻防本地的某部曾用高射炮和高射机关枪向敌扫射,但未命中。"文章也写到了战争阴云笼罩下的石家庄商人、驻军、汉奸、普通百姓的心态和活动情况。

这次赴前线采访有个把月,首次当记者的石西民充分展现了新闻方面的才华。果然如俞颂华所言——石西民从事新闻工作是有前途的。

# 第三节 工作在《新华日报》

1937年8月13日,上海"八一三"战争爆发。此时,石西民正好从华北战场回到上海。《申报》准备在武汉办一个分馆,由俞颂华当总编。俞颂华就约石西民到武汉做分馆的筹备工作。11月,石西民来到武汉,但他没有参与《申报》武汉分馆的筹备工作,而是参与《新华日报》的筹备工作。此时,中共中央决定在国民党统治区公开出版发行一张大型机关报——《新华日报》。《新华日报》先是在南京筹备出版,因战事紧张而迁往武汉。石西民是共产党员,党组织要他参与筹办工作。1938年1月11日,《新华日报》正式创刊。

《新华日报》是中国共产党中央在抗日战争时期,向国民党当局提出,经国民党最高当局同意,在国民党统治区出版的中国共产党党报。为《新华日报》的公开出版,中共中央向全党发布过《中共中央关于党报问题给地方党的指示》(1938年4月2日)。指示指出:"由于过去党处在长期秘密工作之下,不能发行全国性党报,因此对于党的各项政策只能靠秘密的油印刊物传达,这样就造成同志们不了解党报的作用。在今天新的条件下,党已建立全国性的党报和杂志……党报正是反映党的一切政策,今后地方党必须根据党报、杂志上重要负责同志的论文当做是党的政策和党的工作方针来研究。在党报上下列几种论文:(一)《新华日报》上的社论;(二)《新华日报》《解放》《群众》上中央政治局负责同志的文章,必须在支部及各级委员会上讨论和研究……"

武汉时期的《新华日报》与后来有些不同。第一版每天用四号字刊登一篇社论,报头左侧经常刊登当日社论中的警句,右侧则是密切配合社论内容的战斗性很强的漫画。第二版为要闻版,以国内新闻为主。石西民负责编辑的就是第二版。当时,报馆的骨干力量多数是经党中央交涉,刚从国民党监狱释放出来的同志,几乎没有办报经验,石西民因编辑过《申报周刊》,算是有办报经验的人了。报社对编辑部提出的工作目标是:"编得好,出得早,印得清",后来又加了"销得多"一项。

## 一、在赣北前线采访

武汉时期的《新华日报》,属中共长江局领导。长江局的领导人是王明。"王明说要按欧洲的经验办报,实际是要通过报纸突出他自己。他经常要求报纸刊登他的又臭又长的文章,署名一会是王明(陈绍禹),一会儿是陈绍禹(王明),还要配发他的照片。对于这种做法,大家很是不满,暗暗地乃至公开地抵制。"由于受到王明排挤,1938年6月,石西民离开编辑岗位,受派到江西前线采访,这样,他又当战地记者了。

当时徐州失陷,日寇进逼武汉,赣北一带战事正紧。石西民于7月初来到南昌采访。他"出席过许德珩、雷洁琼等组织的抗日集会;与蒋经国作过长谈;在前沿指挥所听李汉魂将军分析战局,陈述坚持抗战、杀敌报国的决心;采访过薛岳、吴奇伟、冷欣、王耀武等国民党高级将领。在战壕里,国民党下级军官和士兵曾向他讲述与日寇恶战三昼夜,血洒战地的故事。作为战地记者,石西民冒着生命危险,屡次赶往战事激烈的前沿。"

石西民是共产党的记者,他去采访国民党高级将领,从不独自一人,都要找几个别的报社记者同行,也从没有遭到过采访对象的拒绝。在民族危亡关头,这些当年"剿共"名将,也根本不谈党派关系,有的只是杀敌爱国的言行。他在前线,采访到不少官兵在激烈战斗中的英雄壮举。如在一个战地指挥所,国民党某师长对他说:"我今晚即上前线指挥作战,与我部下共存亡,只有这样,我才算对得起国家,对得起部下。"

这段时间,《新华日报》上常常刊有石西民发自前线的战地通讯。如《记九江姑塘战事》《赣北战地见闻——辛劳的将领和神勇的士兵》《战地访问李汉魂将军》等。

这些战地通讯,把前线艰苦的作战形势写得很有立体感。《金轮峰歼敌记》一开头就告诉读者一个好消息——"德星线上苦战一月的××师将士,在敌人猛烈的炮火毒气袭击下,凭着血肉参加了东孤岭、桃花尖、烂泥塘、甘露寺一带的战斗,牺牲极为壮烈,敌人所遭受的打击也很大。……九月二十七日在金轮峰造成一个德星线上空前的大胜。"接着,就金轮峰位置的重要性作了分析,"金轮峰是敌人为了巩固赣北占领区域,并进一步进窥德安,整个庐山势必所取的。而对我方来说,守着金轮峰,就能守住庐山,就可以牵制敌人南犯,还可以威胁九江、星子等敌人的后方。所以,金轮峰一战不可避免,而且将会是一场恶战。接下来就写具体的战事,写得相当具体。金轮峰之战是一场拉锯战,先是敌人匍匐着向我方前进,一股敌人被我方包抄打乱,后来敌人率一千数百人再次包抄过来,被我军发现后,他们便以猛烈炮火向我方射击。""二十七日拂晓,庐山是一片对面看不见人影的大雾。千余敌人,乘着大雾迷离之际,冒险攀登鸡公包凹地。等候已久的我方将士,个个精神百倍,机关枪、步枪、手榴弹,雨点般向凹地内的敌人扫射。这时候的敌人,方才知道已陷入我四面包围之中。敌人在那样必死的困境之下,散开蹲伏在岩石树林间,作最后的挣扎。"这场血战持续一个多月,"金轮峰的宝塔虽然受敌人炮火的浩劫,但是金轮峰乃至整座庐山仍在我勇士固守之下。这是最使敌人坐卧不安的。"

当战地记者,行走在前线,是相当危险的,而及时采写出真实、客观的新闻,又不得不在前线穿行。越是战事激烈,越有值得报道的新闻。石西民就在这种危险的环境下采访。"有一次采访归来,刚遇到一个隐蔽的炮兵阵地,就碰上了日军两架轻型轰炸机前来轰炸,我还没有选择到掩蔽地点,炸弹就响了,我就伏在一门大炮的炮架底下。日军轰炸机见地面没有对空射击,愈加肆无忌惮,俯冲扫射,飞得很低,那驾驶员甚至把头伸出机窗向下张望。阵地上浓烟滚滚,好几个士兵被炸死了,我却从灰土中爬出,没有受伤。"石西民的这些战地通讯,向大后方人民如实报道了国民党爱国将士英勇杀敌的事迹。这些报道在《新华日报》刊登后,在社会上引起热烈的反响,石西民也因此成为读者关注的记者。

## 二、采访新四军

1938年10月底,武汉失守,《新华日报》移至重庆出版。而此时,石西民也结束了江西前线采访,他没有回重庆报社,决定接受中共东南分局同志的邀请,到皖南新四军军部去。一是继续进行前线采访,二是帮助新四军办一张报纸。

石西民来到皖南,创了中国新闻史上的一个"第一":他是第一个向全国人民报道新四军在江南英勇作战的记者。新四军是由红军改编的队伍,把新四军在江南抗敌的事迹及时向全国人民报道,有着重要的意义。

从南昌到皖南,要经过金华。此时的金华是浙江省政府的驻地,也是全国五个文化驿站之一。聚集着大批文化人士,办有不少报刊、书店和通讯社。石西民在金华见到了老朋友骆耕漠、邵荃麟,他们正在这里办一个大型刊物《东南战线》。通过他们,石西民认识了在金华很有影响的文化人严北溟,他是浙江省政府主席黄绍竑的秘书。

石西民到达金华后,黄绍竑派车来接他到城郊罗店黄的公馆谈话。对于这次会面,石西民晚年有所回忆:

> 作为一个新闻记者,我是打算要去访问这位主席的,但是他却先来邀请了。我去谈了两个小时,主要是他想了解一些江西战区的情况及政治情况,我也趁机问问他对浙江的抗战有何方针大计。黄绍竑是桂系的重要人物,不顽固,愿意与进步的人士包括像我们这些公开的中共党员交朋友。听他讲话的口气,是想在浙江干一番事业的。可是浙江的政治情况十分复杂,一个桂系人物,要在蒋介石的老家做出一番事业,确实是很少可能的。我不相信会出现奇迹,我也始终没有看到发动工农群众的坚实措施,因而也没有可能向读者报道点什么"气象"。(姚北桦、王淮水,《报人生活杂忆——石西民新闻文集》第21页,重庆出版社,1991年)

在金华期间,石西民为《东南战线》《浙江潮》等刊物写了多篇分析战局的专论。

新四军的军部在皖南云岭。石西民到云岭后,要求马上去前线采访新四军健儿杀敌的新闻,但新四军宣传部长朱镜我却要他先留在军部把军报《抗敌报》先办起来。对新四军来讲,石西民当过《申报周刊》和《新华日报》的编辑,是办报纸难得的专业人才。

《抗敌报》是一张四开的小型报纸,石西民和大家一起努力,很快就办起来了。随后,由他发起出版了《新四军一日》,并且在新四军教导队办了一个新闻训练班。其间他所写的报道有《活跃在京芜的新四军》《江南游击区横断面》《一年来的新四军》等。

1939年春,叶挺在周恩来陪同下来到皖南就任新四军军长。其间,石西民来到周恩来住处汇报工作和打算。当时,周恩来正在理发。周恩来要石西民早点到前方去采访,多向大后方的读者报道新四军战斗和工作情况,特别要多报道一些江南敌后的斗争情况,以鼓舞大后方的人民,增强大家抗战胜利的信心。

不久,石西民便去苏南陈毅率领的新四军第一支队司令部采访。很快,4月5日、6日在《新华日报》刊出了石西民采写的《陈毅将军访问记》。首次向全国人民介绍了陈毅英武豪爽、满腹经纶的大将风度。

石西民的战地通讯总是写得既有很强的现场感,又有纵深感;既有所见所闻的景和物,又有与采访对象的对话,还有宏观的背景资料介绍。陈毅率领第一支队初到苏南时,装备很差。有人对陈毅说:"陈司令,你的司令部只有七支枪,怎么能够抗日呢?日寇一包围来,你们是逃不掉的。我劝你们改换服装,穿便衣吧!"陈毅却正气浩然地说:"我们堂堂的国家正规军,怎能脱下军装改换便衣?"就在苏南一般民众震慑于南京失守、大军西退、敌人深入而人心惶惶时,陈毅领导的第一支队开始战斗了。

《陈毅将军访问记》分新四军怎样进入苏南的、我们是怎样战斗着的、我们怎样粉碎日寇的政治进攻的、克服困难的道路、一个重要意见等五部分,详细介绍了陈毅率军采用游击战术,与日寇进行英勇作战的事迹。自1938年6月15日至8月15日,陈毅率军与敌作战30余次,捷报如雪片一样飞来。从此以后,敌人不敢轻易下乡了,保持了苏南一片干净土地。这篇访问记末尾一段,以平实的语言,把陈毅英武豪爽的形象写得非常传神:

> 差不多三小时的谈话,至此结束了。陈将军最后很谦虚地说:"半年多来的战斗,我们总算在敌人种种进攻下尝到了各种考验。我们一个支队虽然仅仅获得击毙敌人二千余,缴枪二三千支的很小成绩,但是我们总算试验成功,我们没有被敌人赶出苏南,这一点是可以告慰国人的。倘若今天有人以我们不能打一个像台儿庄一样的胜仗来责备我们,这是过分的,他没有认识我们今天坚持江南战争政治上的意义。"话说到这里又转回来,他说:"倘若政治能进一步与军事打成一片,我们想那时候'关门捉鬼'并非难事。"

石西民在江南采访新四军一个多月,所见所闻一直使他处在兴奋和激动之中。他把这些令人感动的材料尽量写进通讯报道,寄给重庆报馆。回到皖南新四军军部不久,重庆《新华日报》发来电报要他回报社,他就告别了工作半年多的江南根据地,回到重庆。

### 三、回到重庆

1939年9月,石西民结束了东南前线的采访,绕道桂林回到重庆新华日报社。在《新华日报》,他先后任编辑部主任、采访部主任、编委、社委。在周恩来直接领导下,石西民与大后方的新闻界、文化界广大进步知识分子有着广泛的联系。

陆诒说："西民同志待人诚恳，坦率，很重感情，他对工作严肃，认真，一丝不苟，但在同志之间相处，又平易近人，善于团结他人。周恩来对《新华日报》工作提倡三勤：勤业，勤学，勤交友，西民同志可以说是报社中三勤标兵。他在办报业务方面是多面手，既能写社论、短评和专论，精心编辑报纸，又能做采访工作，写出文情并茂的通讯。在学习上，他不仅努力学习马列主义理论和党的方针、政策，而且专心研究日本问题，对敌情有较深的了解。在勤于交友方面，因为我们都在国民党新闻封锁和压迫下做过采访工作，更有共同的切身体会。他谦虚，热情，和蔼可亲，善于结交各方朋友，并把党的统一战线工作和采访工作紧密地结合起来，使我们的工作卓有成效。回忆在报社工作期间，我在政治上，思想上和工作上得到西民同志的教导和帮助极多，毕生感铭难忘。"

《新华日报》工作人员的生活是艰苦朴素的。特别是"皖南事变"后的一段时期，经济十分困难，每天只能吃素菜淡饭。除一部分工人每月发给很少一点薪金外，干部从上到下都只领一点生活津贴。尽管生活很苦，大家毫不在乎，充满着革命乐观主义。每当工作之余，学习会、歌咏队、篮排球运动、墙报、下棋等各种活动非常活跃。逢年过节，还要演出话剧。后来生活改善了一点，办起了小卖部，同志们业余有暇，可以花一点钱，吃一碗面，肯多花点钱的，可以加一个鸡蛋。一杯大曲，一碟小菜，就可以摆起龙门阵来。在各种活动中，报馆各部门的知识分子和工农干部都融合成一片，没有任何门户界限。

每当要冲破国民党顽固派的封锁和迫害，组织上号召进行一场斗争时，《新华日报》每一个部门的每一个同志，都是聚精会神地战斗如一人。而各级领导干部，也总是站在斗争的最前线。大家从上到下怀着一个信念：坚决完成任务；一个意志：一定要压倒敌人的嚣张气焰，而绝不被反动势力所压倒。

在"皖南事变"后紧急疏散的日子里，很多同志离开报馆，隐蔽地离开重庆去投入新的战斗。编辑部的同志有好几个要走了，为了安全，谁走，什么时候走，事先都不宣扬。可是，当同志们知道要分手了，在共同编完最后一天的报纸后，走的和留的同志无限激情地赋诗言别——待他年胜利重逢时，试比谁英杰！

## 四、对付新闻检查

石西民当编辑部主任期间，负责夜班编辑工作。当时，他这样描述自己工作节奏：

> 每天傍晚开一个碰头会，由副总编章汉夫主持，编委、各部主任都要参加，谈谈情况和编辑中的问题。会后各自散去，编国际国内版新闻的同志和我留下工作。我除了负责发稿外，就是写短评，有时跑到排字房去与工人商量拼版。等到版块拼好，就去把章汉夫同志唤醒来看大样。我因为做夜班，白天除需要写文章和外出参加一些社会活动外，不再管其他的工作。

抗战时期，国民党当局设有战时新闻检查所，推行新闻检查制度，控制报纸的新闻和言论，对原稿进行审查。大小报刊必须每日送审，动辄扣压、删改，以停刊、封门相威胁。《新华日报》首当其冲，大受钳制，开天窗、报纸被撕毁、报童被殴打是常事。

在应对国民党新闻检查方面，石西民和同志们自有一套对付的办法:检查官用红墨水涂抹他们认为不合适的字句,当送审的原稿拿回来后,他们会根据自己的估计和需要,把被红墨水抹去的文字照样登出来。有时为了防止新闻检查官的纠缠,也用红墨水在被涂的地方旁边打上红三角,搞得真假难辨。检查官渐渐看出用红墨水不行,就改用很浓的墨汁涂,但石西民他们仍用墨笔在被涂处旁边写小字,检查官还是奈何不得。后来,检查官索性用剪刀剪掉原稿上被删的字句,一张稿纸常常被剪得像一个蜂窝。

有时,明知送审通不过而报纸又必须登载的稿子,就根本不送审。如 1939 年 10 月 19 日《新华日报》刊登毛泽东的《和中央社、扫荡报、新民报三记者的谈话》就是这样。在这篇谈话中,毛泽东明确提出了"人不犯我,我不犯人;人若犯我,我必犯人"的我党对反共摩擦的态度。这篇稿子登出后,遭到了国民党当局强令停刊一天的处分,但在政治上《新华日报》却是胜利了。

## 五、报道"皖南事变"

1941 年 1 月初,皖南新四军军部 9000 人北撤途中,受到国民党预先部署堵袭的大军围歼,造成震惊中外的"皖南事变",达到了第二次反共高潮的最高峰。在国民党心脏地区重庆,周恩来一面向国民党当局提出严正抗议,一面布置《新华日报》把事件真相发布出去。

石西民和《新华日报》工作人员得知新四军被袭击的消息是在《新华日报》创刊三周年的纪念集会上,参加集会的周恩来刚刚收到一份电报,就向大家宣布了。周恩来勉励大家要坚定信心,勇敢战斗,他以会场上突然熄灭而后又恢复光明的电灯为例,强有力地说:"黑暗是暂时的,光明一定要到来!"此后,周恩来一面向国民党当局提出严正抗议，要求急电制止袭击新四军北撤部队的军事行动；一面布置《新华日报》要用各种宣传手段，把国民党蓄意袭击在江南英勇作战的抗日部队的消息发布出去，以引起中外舆论的重视。《新华日报》作为一个战斗单位，紧张地动员了起来，大家怀着悲愤的心情，下决心要排除各种艰难，打好这场宣传仗。

1月12日，即《新华日报》创刊三周年纪念的第二天，《新华日报》上透露了国民党制造"皖南事变"的消息。但是，《新华日报》随后编写的有关报道，统统被国民党新闻检查机关扣押。报馆四周山坳里和通往公路的小径上，布满了国民党的军警特务。1月17日晚，国民党政府军事委员会悍然发布命令和谈话，诬称新四军为叛军，军长叶挺交军法审判，撤销新四军番号。国民党政府强令各报在第二天刊登这个命令。黑云压城，寒流滚滚，《新华日报》从社长到报童全体动员，在周恩来的领导下，与国民党当局展开了激励而又机智的斗争。

国民党新闻检查机关于1月17日派出大员，坐守在《新华日报》。这个大员知道要《新华日报》刊登那个命令和谈话是不可能的，也不敢开口，而是宣称奉令来看看《新华日报》是否刊登了违检的新闻和言论，并表示要等到报纸印出来看完样张才回去复命。章汉夫对他说：报纸在防空洞中印刷，那里潮湿阴冷，场地狭小没有坐处，空气也不好，还是请他坐在会客室里等着，待到第一张报纸印出就送给他看。也许是这位检查老爷怕辛苦吧，他就同意了。好容易挨到天快大明，他看完那张报纸，发现没有违检的新闻后，就回城去了。可是这天一清早在重庆街头发售的《新华日报》，在二、三版赫然刊登了周恩来同志亲笔书写的"为江南死国难者致哀""千古奇冤，江南一叶，同室操戈，相煎何急?！"两大块题字。国民党当局的严密检查和封锁一齐破了产。

　　根据周恩来的指示，在坚决抗击国民党当局政治高压的同时，对新闻舆论界同行展开了紧张的工作，力争使他们在新闻报道中主持公道。1月17日那天夜晚漆黑如墨，石西民和潘梓年一起，打一盏灯笼走在崎岖的山径，到《新民报》《新蜀报》《商务日报》等报馆的编辑部，向他们痛陈"皖南事变"的经过，表明了我党的严正立场和态度，向他们提出真诚的呼吁和希望。

### 六、毛泽东赴重庆谈判期间的宣传报道

　　1945年8月28日，毛泽东由延安乘飞机到达重庆，山城轰动，举国瞩目，全世界都在关注从这里传出的重大信息。

　　《新华日报》在毛泽东、周恩来的指示下，采取了在版面上不直接多用笔墨，不用重彩渲染的报道方法。因此，有关毛泽东在渝期间的活动，除到达那一天的号外和参加中苏文化协会酒会活动的生动特写外，一般对毛泽东会客、拜访乃至两党代表谈判情况，都只采取简洁的类似新闻公报的报道形式。报纸运用周恩来早先提出过的"烘托式"宣传方式。

　　"烘托式"宣传，就是不由报社写大块文章歌颂毛泽东，而是大量刊发读者投书，表达人民群众欢迎毛泽东来渝的共同心愿；或者发表读者(包括境外读者)向毛泽东表示诚挚爱戴和良好祝愿的文字；报道国统区各界有的寄来药品，有的捐助非常有限的金钱，表示对党的领袖和对解放区军民的敬意等方面的花絮；在副刊上发表一些颂扬毛泽东的短小诗文……总之，所占篇幅都不大，但版面编排十分精心而又不虚张声势，使人感到平易亲切。这些短小的报道、来信和诗文，字里行间充满了广大读者的赤诚期望和爱戴。

不在版面上大规模地宣传报道毛泽东本人和他在重庆的言行,而只是在有限的新闻中,表达毛泽东对国内和平的热烈追求与信心,这样的宣传取得了好效果。周恩来对此评价说:宣传工作要做好,第一位是事实的真实。抗战胜利后人民群众最盼望的是和平、民主、团结。蒋介石在落后的人民群众中也还有相当大的影响。毛泽东毅然来到重庆,应邀共商和平建国大计,这一事实本身就最有力地证明了中共的和平诚意。难怪毛泽东一到重庆,国民党顽固派长期散播的什么中共蓄意发动内战之类的谣言,顿时全部破产。

## 七、做媒体的统一战线工作

石西民在《新华日报》工作,是当时重庆最活跃的记者之一。遵照党的指示,他积极在新闻出版界和其他爱国人士中进行统一战线工作,有不少其他报社的记者朋友,这为他做好媒体的统一战线工作奠定了基础。

据原《大公报》记者李纯青回忆,当时,《大公报》报馆地址在李子坝,《新华日报》馆址在化龙桥,两地皆傍嘉陵江,相去不过一站多路。石西民进城必经李子坝,每周总能见面一两次,不是早晨,就是黄昏。

他们谈论了蒋介石微服上饭馆,侍卫事先对老板交代好,只能收多少钱。这位蒋委员长回府很高兴,逢人便说:"重庆物价很便宜么,这个是,这个是……"

他们谈论了记者彭子冈当面叫孔祥熙为"孔胖子",行政院长只好无可奈何地点头答应的趣事。

重庆是长江三大火炉之一。炎热的白天汗水从胸口沛然流下,滴答有声;夜里,躺在床上休息,一动也不动,汗水仍然肆无忌惮地淌出来。在不能睡觉的时候,最讨厌的是那种连猫都怕的硕鼠,它们成群结队地四处游走,啃大米,撕衣服,饱餐之余又打磨牙齿,齿声刺耳,目中无人。有一次,李纯青实在忍耐不住了,利用暴雨洪流,将地板统统撬开,让地板与老鼠一齐滚入滔滔的江水之中。

第二天,李纯青向西民报捷:"我杀死了大约30只老鼠。"石西民以唱一支江南小调犒赏李纯青:孟姜女啊坟上冷清清……

《新民报》可说是一张有特色,也有点"特别"的报纸。它的创办者和主持人分别是国民党党员陈铭德和邓季惺,初创于南京,抗日战争爆发后西迁重庆。但主持人一直坚持抗日,崇尚民主,并对中国共产党的坚决抗日主张抱有深切的同情,不和国民党一个鼻孔出气,反而和以共产党为代表的抗日民族力量站在一起。在石西民看来,《新民报》是《新华日报》的友军。《新民报》有一位年轻记者张林岚,是石西民的同乡。为了追求抗日和进步,张林岚历经辛苦辗转来到重庆,进入《新民报》工作。他进入新闻界虽然如愿以偿,但还是总感不足,认为《新民报》只是一张民间报,不如《新华日报》政治性强,就向石西民提出想调入《新华日报》工作。石西民没有同意,他对张林岚说:你还是在《新民报》好,因为这张报纸是《新华日报》的友军,《新华日报》孤军作战是不行的,要有友军。《新民报》有许多好朋友,赵超构、浦熙修……都是进步的,是友军,所以你还是在《新民报》工作为好。他还向张林岚阐述了为什么要做好友军报纸工作的道理。他说:有些话,《新华日报》不好讲,不好登,倒是让《新民报》去讲,去登,要方便有效得多。有些消息,《新华日报》根本登不出来,由其他报纸来登,就比《新华日报》登方便。这一席话,坦率而简明地说明了石西民对《新民报》的估价和共同作战的相互关系。张林岚听后明白了事理,从此全心全意在《新民报》工作了半个多世纪。

重庆国共和谈时,忽然发生中共驻重庆办事处李少石(廖梦醒同志的爱人)被冷枪击中致死的事件,这个消息就是由石西民送到《新民报》用社会新闻形式发表的。为什么《新华日报》不发这一重要新闻?乃是考虑到这一冷枪是敌方故意打的还是偶然发生的,一时查不清,而且时值国共和谈时期,对未查清的事件由《新华日报》发新闻,不适当。但中共办事处人员被枪击致死,又是一个重大事件,新闻不可无反应,政治上也不应无反应,于是由《新民报》用社会新闻形式发表就比较恰当,立此存照,进退都主动。这是一种全面思考下运用新闻斗争的形式和方法。后来查明,这是件偶然事件,不影响和谈大局,但对这一事件及时进行透露,并为历史作下记录,却又是必要的。

又如著名的进步文化工作者沈慈久(胡愈之夫人)深夜回家,巷子里有人向她开了黑枪。这一新闻,也是由石西民交给《新民报》刊登的。这些事都不算大,但政治意义却重要,斗争策略的运用也高超,说明了《新华日报》《新民报》在当时配合作战的关系。

1946年1月10日,重庆妇女联谊会、青年会、民主建国会、中国劳动协会等20多个群众团体联合发起"陪都各界庆祝政协成立大会"。大会9点半在较场口广场举行。正当大批队伍举着团体机关的旗帜和彩旗进入会场,刚要宣布开会的时候,预伏在台上台下的国民党暴徒一哄而起,抢当主席,抢先宣布开会、散发传单,甚至大打出手。李公朴先生被暴徒打伤,在主席台上的郭沫若、施复亮等去劝阻时也被打。在台下,暴徒拿出铁石凶器逢人就打。等到周恩来赶到时,会场已乱成一片,许多参加庆祝会的群众纷纷被迫离开。这场暴行,是国民党顽固派破坏政协会议决议的铁证,也是一场人民群众争民主人权的斗争。这起暴行本已引起群众激愤,而国民党的中央通讯社和《中央日报》的有关报道又颠倒黑白,血口诬人,使重庆正直的新闻记者愤愤不平。这就引出了一场与国民党舆论机关的笔战和发公开责问信的斗争。

11日,重庆9家报纸的数10名记者在中苏文化协会开会,大家对中央通讯社的歪曲报道非常愤慨,对被暴徒打伤的《商务日报》记者梁柯平、《大公报》记者高学逵等人表示亲切慰问。会上一致同意公开揭露国民党中央通讯社的歪曲报道,当场推举几位同人起草责问中央通讯社的公开信,并决定采取各种可能的办法,一定要使这一公开信全文或摘要在自己所属的报纸上发表。记者为争取在本报刊登这封公开信,克服种种困难,有的甚至采取刊登广告的方式,终于使公开信在报纸上与读者见面。在这场斗争中,《新华日报》走在最前面,与《中央日报》进行了公开论战。这场斗争最后发展到重庆221位新闻从业人员联名提出《保障人权,忠实报道》的意见书,于2月17日公开见报,使国民党当局被动不堪,《中央日报》、中央通讯社再也无力狡辩。

1946年2月1日上午,重庆发生较场口事件。《新民报》晚刊当天就报道这一消息,揭露国民党特务打手的暴行。第二天出版的日刊,更以大量事实和篇幅进行揭露。但国民党中央通讯社却炮制了一篇新闻,为打手撑腰。这篇颠倒是非的"奇文",激起了重庆新闻界所有正直人士的义愤,石西民、浦熙修等42人联名发表《重庆各报记者为较场口事件致中央社一封公开信》,批判该社的这一报道。《新民报》以刊登启事的形式免费在广告版头条位置发表。中央通讯社不服,也写了一封《公开信》进行答辩,由《中央日报》发表。石西民、浦熙修等42位记者又写了《重庆各报记者对中央社复函之答复》,《新民报》照前次的方式刊出。

石西民对《新民报》的几位名记者都有正确的评价。如赵超构、浦熙修等人都是党的朋友,党要团结他们,随着革命形势一同前进。石西民与彭子冈、浦熙修等一同采访、并肩战斗,各报记者经常在浦熙修家和《新民报》的七星岗采访部交流情况,交换新闻,讨论宣传报道的斗争策略和方式方法,他们的聚会成了重庆的记者沙龙,也是战斗在第一线的进步记者的指挥所。在他们周围,团结了一大批记者,形成一支强大的战斗队伍。

从1944年起,重庆新闻记者之间逐步建立了相互交换新闻,互相支持的友好关系,在胡世合惨案发生时,曾经成功地相互配合,在宣传报道上狠狠打击了法西斯特务势力。到较场口事件发生时,新闻界的统一战线在广泛程度和斗争纵深上都有了显著的发展。按照资产阶级的新闻观点,新闻记者之间是一种冷酷的竞争关系,而在重庆,经过共产党的努力,各报、各通讯社记者之间却在一定的志同道合的基础上,建立起在新闻工作上互相支持的关系,这在当时不能不说是一个新鲜经验。

## 八、筹备出版《新华日报》南京版

1946年4月,石西民来到南京,筹备出版《新华日报》南京版。

办报,首先得有房子。石西民他们找到一处房子,已经谈妥,就要成交,房主忽然变卦。原来他们到哪里,国民党特务就跟踪前往进行破坏。最后,只得先由一位地下党同志购得中山路这栋房子,然后"卖"给新华日报社。为了使这笔交易合法化,石西民还特请南京颇有名气的大律师傅况麟做公证。共产党的房子"卖"给共产党,律师只是在合约上签个名,在报纸上刊登一则广告,就得到一根金条,还在六华春吃了一席美味佳肴。石西民回忆这件事,自已也感到颇为好笑。

八年抗战，国民党当局视《新华日报》如眼中钉，时时欲除之而后快，所以，还都南京后，他们百般刁难不让《新华日报》在南京出版。为了向国民党南京市政府申请出版登记证，石西民多次去找南京市市长马超俊交涉。这位市长既不敢准予登记，又不便公然拒绝，一拖再拖。到了9月份，筹办《新华日报》的人员、设备均已齐全，并且已经试刊，可谓万事俱备，但是，国民党政府始终没有发给登记证。由于登记无望，在中共中央代表团撤离南京以前，石西民就随周恩来先行返回延安了。

## 九、新华日报社长

1949年4月3日，中国人民解放军解放了南京。南京解放后的第二天，党中央已为在南京出版《新华日报》向石西民布置任务。这一天，周恩来在中南海接见和宴请一批即将南下的党内外新闻文化界的知名人士。周恩来宣布，把在国民党统治区有着巨大影响的《新华日报》在南京出版，把延安党中央机关报《解放日报》在上海出版。石西民任《新华日报》社长，范长江任《解放日报》社长。

第二天，石西民就乘车南下。到达淮河大桥北岸时，因桥墩被敌机炸坏，不通车，就请在蚌埠的华中支前司令部政委派卡车把他送到南京。到南京后，先是住在中山东路原国民党中央通讯社里，后来移到了国民党总统府。

石西民受军管会的委派，去接管国民党的《中央日报》、中央通讯社和中央广播电台，同时集中精力投入《新华日报》的筹备工作。《新华日报》为中共南京市委机关报。社址就是国民党《中央日报》的旧址,接管工作进行了三天。4 月 30 日,《新华日报》正式出版。自 1952 年 11 月起,《新华日报》改为中共江苏省委机关报。

石西民在南京是如何开展工作的呢?1984 年他在给《新华日报》的部下王淮水的信中,谈到了当年主持新华日报工作时的一些做法:

> 我现在感到解放区的新闻工作经验、作风与国统区的有很大不同。一个是自上而下的教育,宣传与总结推广经验,讲究纪律,文字严谨,作风严肃而认真,而国统区的传统(指武汉、重庆出版的新华日报)是强调联系群众,工作活泼多样,比较生动,不太严谨拘束,有其特点。我是两种风格、工作都试过的。从国统区去解放区,努力学习深感不足。然而近日看来也各有长处,不可一笔把某些特色全部抹杀。

姚北桦、李承郆在执笔撰写《南京〈新华日报〉史略》一文时,曾对照石西民上述来信,仔细查阅了过去全部合订本,又访问了当年的一些战友,经过分析研究,他们得出的结论是:"回顾解放初期的南京《新华日报》的许多工作,把党的两种办报优良传统结合起来,西民同志不仅是这样想的,也是身体力行,领导我们这样做的。"

南京《新华日报》正是在石西民的领导下,继承了两种党报的优良传统,通过实践,逐步创新,形成了自己的特色。主要表现在以下几个方面:

(1)南京《新华日报》作为中共南京市委机关报,既是党报,又是人民的报纸,必须根据报纸所处的地位和读者的需要,办出自己的特色。

（2）把正确宣传党的路线政策，放在工作的首位。宣传一定要根据群众的思想情况，考虑读者接受能力，做到有的放矢。

（3）城市读者历来有关心国内外大事的阅报习惯，要大力宣传时事，针对读者提出的问题，编写宣传讲话，进行问题解答，帮助读者正确认识国内国际形势。

（4）坚持新闻必须真实的原则，敢于讲真话。新闻报道，事实第一。事实是对的就说对的，不对就说不对。报纸要经常开展批评与自我批评，不要文过饰非，不要讲假话。

（5）为了办成一张真正的人民报纸，必须高度重视群众工作。这包括：建立直接为宣传报道服务的通讯员网；开展多种多样的社会服务活动；每天以一定的篇幅发表各阶层读者来信。总之，要使党报成为沟通党和群众的一座桥梁，真正发挥党的耳目和人民喉舌的作用。

作为一社之长，石西民善于团结干部，使用干部，五湖四海皆用。解放初期，报社的干部，大部分来自解放区，他们分别来自二野、三野，还有来自北京、山东的；有一部分是原来在国统区坚持斗争的地下党员，也有党外人士。几路大军汇集在一个单位，石西民任人唯贤，不分亲疏，一视同仁。他把任务交代明确之后，总是鼓励每一位同志出成绩，有了进步，他为你高兴；工作中出了问题，他首先承担责任，绝不把过失诿之于下级。对刚刚参加工作的年轻同志，更是谆谆教诲，爱护备至。他自奉简朴，一切遵守规章制度，从不作额外要求。但是，对同志们的生活则非常关心。王淮水当时任报社经理，石西民指示王淮水要搞好夜班工作人员的夜餐，除按财政局统一规定的供应标准外，再添一点钱，为他们增加营养。他还提出，把夜班宿舍挂上深色的厚窗帘，尽量避免周围噪音的干扰,让辛苦工作一夜的同志能够睡个安稳觉。每逢春节,他总要登门给报社职工拜年,特别是工人同志,一定要家家走到。他说,这不仅仅是出于礼节,更主要的是通过直接了解职工生活情况,听听群众意见,以便研究改进工作。那时报社同志的生活条件相当艰苦,但在石西民领导下,党内党外,上下一心,亲密无间,团结融洽。同志们每忆及那段时期的战斗情景,至今怀念不已。(王淮冰,《石西民与南京〈新华日报〉》,《传媒观察》,1994 年第 4 期)

有几位同志历史上有些问题,解放时他们没有逃跑,留下来了,这是对共产党的信任。但他们又不宜留在报社工作。临调出时,石西民和他们谈过话,对他们新的工作岗位,都做了妥善安排。有一位同志不想到分配的地方去,石西民又很快作了调整,尊重他的合理要求。不像后来搞政治运动那样,动不动就搞惩罚性的下放劳动。这几位同志临调出时,石西民还为他们举行过一次送别宴会。50 年代初,宴请的事是极少的,所以举行这次送别宴,就更加不容易了。

石西民在工作上精益求精,一丝不苟。他审阅《新华日报》大样时,不仅标题要一一过目,重要文章也都一字一句地斟酌、推敲、修改。经他审阅的大样,都会签上"西民"两字,以示负责。有时大样修改太多,在改样时遇到困难,特别是增添文字过多,版子拼不下时,只要向他说明情况,他都能不厌其烦地进行删节,从不使工人为难。

# 第四节　新闻界领导

　　1955 年到 1966 年,石西民回到上海做领导工作,历任中共上海市委常委、宣传部长、书记处书记兼中共中央华东局委员和宣传部长、市政协副主席等职务。据杨西光回忆,石西民的为人和作风有一个很突出的特点:实实在在。他虽然多年身居领导岗位,从来不是高高在上,而是十分在意做实事,讲求工作成效,很少听到他讲大话和空话,总在切实地研究上海文艺界、理论界、新闻界、出版界、教育界的种种实际问题,商议如何解决这些问题的具体措施。

　　艾煊在《春风化雨》的回忆文章中写道:"西民是学者、长者。肚子里能容得下种种古今学问, 也容得下种种性格不同的人。"(姚北桦、王淮冰,《俯仰之间——石西民纪念文集》第 95 页,江苏人民出版社,1996 年)

## 一、爱才护才

　　一场政治运动来了。在贯彻上面指示的同时,石西民也注意保持清醒的头脑,仔细研究,具体分析,竭力避免和减少失误。在反右派运动中,他反对在演员中划右派。他说,把演员打成右派,叫他们以后还怎样上台演戏、拍电影?与其说他们政治上有问题,还不如说有个人主义,通过教育帮助就是了。对于新闻界的一些言论,他反对简单地下结论。他说,新闻界的一些人,不要只看他一时一言一行,要看看他一贯的表现,更要看看他现在的态度是否已经转变。总之，他是千方百计地保护一些人。复旦大学原来要划较多的右派，主管同志感到为难，就来找石西民。石西民向市委陈述自己的意见，得到采纳，使一批知识分子免遭打击。

当时在上海，受石西民保护的新闻界人士不少。石西民曾在市委书记处讨论新闻单位运动中的问题时提出，不能因为党员负责干部不赞成所属党组织的某些意见，而接受上级党组织的领导，就说他是反党。石西民的这个意见也为市委主要负责同志接受，并说这位负责干部从小就参加革命。最终使这位报社负责同志及另两家报社三位同志在市委讨论中一起过了关，未被划成右派。据说当时还有一家报社有个右派预备名单，虽未上报市委讨论，但一旦上述那位同志被划进，这家报社也会对号入座。由于上述几位干部过了关，预备名单上的同志也就得以幸免了。

运动结束以后，石西民也尽力对运动中的消极影响做补救工作。当上面有了"摘帽"政策时，他催促有关方面尽快落实：能工作的及时安排工作，生活困难的让有关方面帮助解决。其中，对待《展望》杂志社负责人尚丁就是一个例子。

1957年，尚丁被错划为右派后，要求到最艰苦的地方去改造，石西民找他长谈，进行思想上的帮助。到1962年尚丁摘了右派帽子。在青海四年尤其是经济困难时期，尚丁得了严重的水肿病，他给石西民写信希望照顾调回上海。石西民接信后，即按实情要有关部门调回，让他养病后分配工作。石西民还提出，可分配他在上海文艺出版社任编审。市出版局负责人有异议："尚丁不是搞文艺的，这样安排不合适。"石西民听后，随手将尚丁在青海写的一部诗剧《名央嘉措》文稿递给他说："你可以看看。这样的一部诗剧，你写不出，我也写不出，为什么不能当文艺出版社的编审？而且他原来是古典文学出版社的副社长兼总编辑嘛！"这样才落实了对尚丁的安排。

石西民在上海工作的 10 年是"左"风日盛的 10 年。在反右扩大化中,他敢于挺身而出,"保"下了上海的"四大总编辑"(《文汇报》副总编辑唐海,《解放日报》副总编辑冯岗,《劳动报》总编辑马达等)。按照当时的条件,把他们打成右派,是"天经地义"的事。但是,他们还是被保了下来,只给党内一定的处分了事。虽不能说这完全是石西民个人的作用,但那时他是市委常委、宣传部长,个人作用明显。

当时,"四大总编辑"受处分后,情绪低落。石西民就要身边的工作人员同他们保持联系。后来,上海创办《解放》杂志,石西民兼任总编辑,他就要身边的工作人员去找这四人,问问他们是否愿意到杂志社工作,换换新环境。吴云溥回忆说,四位同志得知石西民的用心后,"他们一时瞠目不知所答,愣了一会才连连表示同意。至今我还清晰地记得当时他们那种始而惊讶、继而喜悦的面部表情。'在上海历任宣传部长中,比较了解知识分子的,西民同志当是其中最突出的一位。'这是两年前,上海一家报纸的老总对我说的,它反映了上海知识界对西民同志的评价。"(吴云溥,《石西民同志在上海》,《上海滩》,1988 年第 10 期)

石西民在上海工作期间,对林放是保护有加。林放是赵超构的笔名。新中国成立后,他在《新民晚报》工作,曾任总编。1956 年是言论活跃时期,林放的随笔写得有个性、有见解、有锋芒、有文采、有风趣。由此也引起了一些人的注意,连笔名也有人在琢磨。对此,石西民很不放心,担心林放闯出祸来。他要把听到的一些意见传给林放,但怎样传给林放呢?最后他让蒋文杰常到新民晚报社走走,顺便约林放喝茶聊天,把石西民想要对林放讲的话,讲出来。蒋文杰掌握一条原则:只说具体的意见,不传上纲上线的话。

"石西民保护林放，不仅仅是一个关照老朋友的问题。他同我讲'私房话'时说过，《新民报》中，浦熙修、赵超构只是组织上没有入党而已，听党的话，和党员一样。我们要帮一把，把几个老知识分子改造成工人阶级知识分子的标本出来。"

石西民的文集《时代鸿爪》中有林放写的序。林放说过一句言简而义丰的话：石西民是一个简易谦和的人。

据石西民的四弟石士助回忆：十一届三中全会后，石西民到上海治病，他就急不可耐地到当年他领导下受过委屈的同志家去，表示歉意，并谈自己的教训，使这些同志深受感动。有一位在1957年受过委屈的老报人，原来对石西民很有意见，以为是他整了自己。"四人帮"倒台后，遇到石西民，却自己作说明道，"文化大革命"中造反派把什么老底都翻出来了，是谁要批判的，又是谁在保护的，都清清楚楚，这才知道事实非原来所想。根本不是石西民整人。

石西民同志于1987年10月在北京辞世。上海党内外的同志给他家发去的唁电唁函，数量居各地之首，许多函电感情真挚，催人泪下。这不仅因为他在上海主持宣传文教工作期间思想解放、实事求是，事业建树卓著，特别是他这十年间在正确执行党的政策，尊重人才、爱护知识分子方面花了很大的心血。在党的路线正确、社会风气良好时，他尽心尽力使知识分子的作用充分发挥，而当"左"的思潮抬头、政治空气紧张时，他又想方设法保护一批身处逆境的知名人士，甚至在自己受到严重伤害、身患疾病以后，还牢记别人的委屈。这也是石西民为人的宗旨和人们对他难以忘怀的原因吧！

张林岚是石西民的老乡，他早年在重庆《新民报》工作，新中国成立后在上海新民晚报工作，并任副总编。他受石西民的影响较大,晚年他写了《追怀一位老记者:石西民》的长文,其中写道:"他自己是记者和知识分子出身,很能尊重知识,尊重人才,正确执行党的政策,与知识分子广交朋友,他的心是与知识分子相通的。且不说他在'左'的思潮日益严重的50年代中后期,真心爱护关心知识分子,重用、提拔了大批专家学者,培养出许多中青年艺术家,为贯彻双百方针,做了切实工作。在反右派反右倾等政治运动中,保护了不少人才,有口皆碑,知识界至今念念不忘。80年代他已离职,居家养病,我去北京探望时,他还说起:'我在上海那些年,许多工作没有做好。不过我自信还是对得起朋友的。如果换了个人,还不知会怎么样呢。'是的,如果换了个张春桥将不堪设想。"

1964年10月15日,这天的《解放日报》头版有张插图,画的是一位解放军战士手持钢枪守卫天安门。可画面的左上角,莫名其妙地伸出一只穿皮鞋的脚来,朝着天安门"踢"去。

读者的抗议电话铺天盖地涌来了。解放日报社紧急调查所有当事人。事情的经过是这样的:10月14日晚上,新华社发来重要通讯,报社决定放在头版发表。为了渲染效果,请美术编辑李义生为这篇通讯配插图:"站在天安门,放眼全世界"。版面做好后,就要制版。车间的一个制版工人不当心,把《支部生活》一张插图的局部,叠到了这幅画的上面,于是"一只穿皮鞋的脚"便伸到了天安门的城墙上。报社查清原委后有了结论:①事故是工人失误操作所致;②此事与美术编辑李义生无关;③工作流程有严重漏洞,要举一反三,以杜绝此类事故再发生。石西民打电话到解放日报社询问此事,并要求报社以书面形式向市委上报。

几天后,李义生另一幅"木工修船"的插图见报。有人对这幅插图作了特别的解读:画面上的那个船舵,如果遮住一部分的话,很像个"中"字；木工用的锯子，如果去掉一部分的话又像个"正"字，拼起来就是蒋介石的名"中正"。而在满地的刨花里，硬是认出了"陈毅""贺龙"字样。如此，反动派头目把革命家刨成碎片践踏在地，居心何其毒也……他们把解放日报和一封"举报信"寄给了中央。不久批示下达上海，要求市委彻查此案。

12月的一天，解放日报社负责人王维接到通知去市委向石西民汇报情况，进门看见有两位公安。还没说几句话，当时的市委候补书记、常委张春桥进来了，一见到王维，劈头盖脸就是训："那么多人都说李义生是反革命，就你不相信。你想一想，到底是思想右倾，还是故意包庇？"说完甩手就走。12月18日，李义生在报社被公安人员押送至上海第一看守所。

专政机关全盘接手此案，不久，经一批所谓专家精心"甄别"，在李义生约130幅已发表的插图中查出50余幅"有问题"。为帮助广大群众擦亮眼睛，在《解放日报》老大楼(汉口路309号)举办专场"黑画展"，里边不仅有"脚踢天安门""刀刨陈毅、贺龙"，在一幅忆苦思甜画里的青花瓷破坛上，还找到了"国民党党徽"；在一幅商店开业插图的花布上，发现了民国国庆的"双十"字形……"丧心病狂李义生，在党报上利用绘画反革命，铁证如山！"

解放日报党委终于向市委交出了一份"深刻检讨"。该"检讨"很快被转发全市部委办，上面还加了个按语。

王维记得很清楚，第二年春，石西民调往中央出任文化部副部长，他到《解放日报》辞行时还问起李义生案件，"我在上海处理过许多事情，但对李义生这件事，心里一直不踏实。"

## 二、新闻务虚会

据《解放日报》领导人王维回忆,石西民的领导作风比较民主。他和上海报社领导谈工作,除了正式传达中共中央或上海市委的决定以外,一般都是抱着商量的态度。还常常先听听大家的意见,然后讲他的意见。他讲了以后,再问问大家还有什么意见,有什么困难。大家发表意见,他边听边思索,不像有些人那样似听非听,讲话的人觉得自己受到尊重,发表意见也比较认真。他平易近人,和他相处,并不怎么觉得他是顶头上司。他比较随和,在他面前发表意见,也不用担心他会抓你辫子,上纲上线地批评你。他以平等态度对待下级,被领导的人也易于心情舒畅地接受他的领导。

石西民做领导工作,有一种不耻下问的精神。在一些非工作场合,如剧场休息时,遇到他,也常要问问下面有些什么情况,或提一些问题要下属讲讲看法,有时也问问下属在想些什么,有哪些打算。情况明才能决心大,他深知上海各方面情况复杂,自己分管的工作,摊子大、影响广,生怕因不了解情况而下错了决心。

为了从多种渠道获得信息,石西民从20世纪60年代初开始,常与上海新闻界负责人开务虚会。名义上叫务虚会,实际上是一种没有开会形式的聚会。那时,经过了1957年的反右派扩大化、1959年的党内反右倾斗争,加上国际上与苏共论战,国内则遇到严重的经济困难,人们心里的弦绷得紧紧的。他觉得自己除了在正式开会的时候鼓励大家讲话以外,最好还要有一种比较轻松、比较随便的形式,约一些同志无拘无束地说说心里话。取名务虚会,还有一层意思,就是这样的聚会,不谈具体工作,没有议题,不作决定。一般是两周一次。星期一傍晚在和平饭店碰头。参加的是解放日报、文汇报、新民晚报、上海人民广播电台、新华社上海分社的党员负责干部，金仲华、赵超构两位非中共负责人也应邀参加。石西民常常先到，来了一两个人就谈，也不必等所有的人到齐。没有发言次序，谁想讲什么就讲，可长可短，还互相插话。谈的大多是社会思想动向，石西民则把国内外重大事件向大家吹吹风，让大家心中有数。石西民常请金仲华、赵超构发表意见。两位非中共人士受到尊重，也能畅所欲言。谈话时清茶一杯，到了吃晚饭时，就在和平饭店吃便饭。

石西民对新闻工作有许多好的见解，有些意见是在闲谈时说的。他称赞《新民晚报》办得好，比较接近生活，表现形式也为群众喜闻乐见。报纸要办得叫人爱看，人家看了，才能接受你的影响，如果老是板着面孔训人，人家不看，什么目的也达不到。

### 三、负责修订《辞海》

1957年9月17日，毛泽东主席到上海考察，与舒新城谈起了《辞海》。舒新城提议编辑大辞海和百科全书。毛泽东赞同舒新城的提议。就这样，中央就把修订《辞海》的工作交给了上海。石西民直接领导这项文化工程。

这项工作于1959年正式启动，到第二年，《辞海》编辑所已经收到一批辞目稿了。不少稿子，尤其是社会科学、文学艺术方面的稿子，有穿靴、戴帽、大批判、贴标签的毛病。有位教授还建议，编辞书应该采用"知识性、群众性、革命性"的指导方针。稿子中的问题汇报到了石西民那里。他很清楚，这样的稿子是不能用的，实际上是当时政治运动中"左"的倾向反映在学术文化领域的一种表现,不纠正必然会影响到修订工作。但是要纠正,又不能采取简单的我打你通的方法。思想问题必须从思想上解决,用说服教育、正面引导的方法解决。

1961年春,《辞海》集中会稿、评审修改会召开,上海和全国各地几百位专家到会。石西民作了一次发言,他一面继续鼓励大家在学术上有不同意见可以讨论,一面郑重地对原来的《辞海》修订编纂方针加以充实完善,提出要具有"政治性、科学性、通俗性、正面性、知识性、稳定性"的方针。这六性中的"正面性""稳定性"是对原来方针的补充,实际上也是针对某些辞目稿中戴帽子、贴标签的倾向提出的。他还同时强调辞目释文的内容和文字,都要"四至"(指建筑基地或耕地四面所达到的地界。此处喻指辞目内涵的界限)分明,不要"越界筑路"。石西民的这一发言,得到了与会专家的热烈赞同,也使《辞海》修订工作完全走上了正确轨道。

石西民这一没有华丽辞藻的平实的发言,是在当时气氛下提出的合情合理的编纂方针,非常难能可贵,可以说是沙漠中的绿洲,狂热中的清醒,其实事求是的勇气,令人心悦诚服。

到1964年初,在《辞海》定稿复查会上,石西民又进一步向《辞海》主编、分科主编、编辑委员强调,要集中精力再审读修改一遍,五年辛苦,打好最后一仗。在自然科学方面,基础知识释文一定要扎实,介绍西方科学家的贡献时,不要乱套唯物唯心。在哲学社会科学方面,特别是某些政治性的辞目,如地理历史涉外的辞目,都要十分谨慎,实事求是。讲好不要都提发展马列主义,反之也不要把一切都联系到现代修正主义。对于别人的观点,以客观表达为主,不要乱贴标签,如实用主义,就是实用主义。有些方面,如地理历史,涉外的辞目,实在难写的,宁略宁缺,也不要影响邦交。到1965年4月,这一部选收13000余单字、84000余辞目的

《辞海》(未定稿),终于完成。

参与《辞海》修订的作者,有 5000 多人,能够在作者名单上留下名字的只不过 600 多人。但是,半个多世纪来,《辞海》却没有因署名闹过一次纠纷,也没有一次因稿费有过不开心。翻遍《辞海》修订版的任何一版,都没有石西民这个名字。但是,《辞海》人心里清楚,当年的上海市委书记石西民,是《辞海》的主要功臣之一。《辞海》的编纂工作,是他一手抓的。在《辞海》修订的关键时刻,都是石西民做出正确决策。没有石西民,就没有《辞海》修订版,而《辞海》却没有石西民的名字。可见在那个年代,无论是知识分子还是领导者,单纯,没有功利心,只有国家利益,没有个人利益。

# 第五节　新闻思想

石西民丰富的新闻实践和新闻思想留给了我们一笔宝贵财富,对照当前实际,有两个方面具有很强的借鉴意义。

一是新闻工作者应具有党性修养。石西民自觉接受党的领导,学习宣传马克思主义、毛泽东思想,使他站在时代前列激扬文字,成为一代名记者,其道德情操和治学精神令人钦敬。即使在"文化大革命"中身受囹圄之苦、身心饱受摧残的情况下,当党让他出任国家出版局局长时,他不顾友人要他珍惜余力的劝告而毅然赴任,说:"党让我去工作,我能不去吗?我的余力也有限了……"石西民在日寇压境、民生凋敝的危局中,对经济问题、日本问题进行深入研究,参加钱俊瑞、薛暮桥等人组织的"中国农村经济研究会",主持重庆《新华日报》的《日本研究》专栏,被称为"日本问题专家"。他认为:"做一个合格的新闻工作者,应该有广博的知识,特别要留心当前的国家大事,勤于调查研究,积累资料。"石西民的记者素质和新闻生涯,正体现了老一辈党报工作者成长的成功之路。

二是重视舆论引导的艺术。石西民在《周恩来同志与〈新华日报〉》一文中,根据周恩来的讲话精神提出:"在当时的情况下,党的一切工作包括宣传工作,都要做到使广大群众不感觉我们党在领导而实现党的真正领导。"石西民主管上海市委宣教工作时,称赞《新民晚报》办得好,有人不服气,说晚报是人家蹲马桶时看的。石西民说:"一张报纸办得让人家坐在马桶时看看也好嘛!报纸要办得叫人爱看,人家看了,才能接受你的影响。"

石西民看待一个问题,处理一件事情,最注重的是从实际情况出发,实事求是,正确地执行党的方针政策,因此能够不人云亦云,不盲从迷信,有自己的见解,有深层次的考虑。体现在新闻观上,就是坚持实事求是,遵循新闻规律办事。

## 一、"见报的必须真实,但真实的不一定见报"

石西民担任南京《新华日报》社长时,经常提醒报社工作人员,一张刚诞生的报纸,要想在群众中生根,赢得读者的信任,关键在于能否坚持新闻必须真实的原则,敢不敢讲真话。他说,新闻报道,事实第一。事实是对的,就是说对的;不对的,就说不对,并强调这是周恩来同志领导重庆《新华日报》时的一贯思想。

新中国成立后不久,有位记者曾写了一篇关于某私营工厂少数工人严重违反劳动纪律的批评稿,市总工会个别负责人坚决不同意发表,认为这样会长资本家的威风。官司打到石西民那里,他当即批示刊用。他说,工人有了错误,为什么就不能批评教育?这样我们才能恢复和发展生产嘛!在他的影响带动下,报纸经常开展批评与自我批评,不文过饰非,不讲假话。看腻了谎话连篇的反动报纸的读者,一旦读到这样严肃认真、光明磊落的报纸,自然耳目一新,感到两种政党领导下的两种报纸,确有天壤之别。

"见报的必须真实,但真实的不一定见报。"石西民认为,新闻报道真实还应考虑党的纪律的一面。

1949 年 5 月 23 日,原南京中央大学和其他大专学校的学生一万五千多人,在中央大学操场举行"五二〇"纪念晚会。《新华日报》派一年轻记者去采访,写了一则特写《纵情的歌唱》,于 5 月 25 日见报。当时中共南京地下党组织还没有公开,不许公开报道某某是中共党员。由于记者无知，报道中指明："晚会主席是中大学生朱成学。他是中国共产党党员"。当天，石西民把记者叫去，给他讲了一个无产阶级新闻报道的原则，大意是：见报的必须真实，但真实的不一定见报；一切以党的利益和人民的利益为取舍标准，这是个立场问题。接着，石西民将新华社内部印刷的一本小册子给作者，其中都是党中央负责同志关于新闻出版工作的指示。

南京刚刚解放，群众对党的政策十分陌生。由于国民党长期反动宣传的影响，有些人甚至疑虑重重。人们迫切要求了解党在新民主主义革命时期的理论和政策。面对这种情况，石西民要求编辑部把正确宣传党的路线政策放在报纸工作的首位。在进行宣传报道的时候，他教育编辑、记者，一定要针对群众的思想情况，考虑读者的接受能力，做到有的放矢。例如，当时有不少人对什么是剥削和非剥削的界限分不清楚，有些人甚至连人力车也不敢坐。石西民指示有关编辑，就这一问题专门写了一些答读者问，通过这些群众关心的日常生活问题，深入浅出地进行宣传，使群众逐步了解党的政策。6月间，报纸副刊曾连续数日转载关于对作家萧军及某报所谓的"错误"批评，石西民发现后立即制止，解放才一个多月，就连篇累牍地刊载此类文章，只能在新区知识分子中造成思想混乱，弄得人心惶惶。对他的远见卓识，编辑部同志无不敬佩。

《新华日报》创办时，是一张城市报纸。石西民认为，办好这张报纸一定要从城市的特点出发。而城市读者历来有关心国内外大事的阅读习惯，加之当时国内外形势错综复杂，读者极为关心，因此他指示编辑部要大力加强时事宣传。那时候，报纸每天除以较大篇幅刊登电讯稿外，还针对读者提出的问题，经常发表时事评论、宣传讲话、问题解答等。这些文章，立场坚定，态度鲜明，绝不含糊其辞,回避矛盾。抗美援朝开始后,又增辟了《时事一周》专页,石西民亲自执笔为专页撰写时政论文。报上几乎每天都有配合时事的漫画和图片发表。有述有评,图文并茂,生动活泼,尖锐泼辣的时事宣传,成为报纸一大特色。

## 二、遵循新闻规律办报

1955 年,中国派出代表团去苏联学习《真理报》(苏共中央机关报)的经验,回来后作传达、发文章,宣传的声势不小,而且在工作中参照执行。对于贯彻上级的指示,石西民往往不为一时的热闹所迷惑,而是冷静地看到不足,注意从根本上抓出工作实效。过了一年多,石西民调到上海工作,他针对学习《真理报》的情况,在上海市第一次党代表大会的发言中正式提出自己的看法。他说:"几年来,报纸工作中对我们自己过去办报的丰富经验总结不够,重视也不够,却教条主义地照搬苏联经验。据说,苏联报纸有权批评任何人的错误,但报纸出了错却可以不作自我批评,我们学了;苏联报纸没有通讯员(过去曾经有过),我们学了,就把通讯员取消了;苏联报纸不登讨论的文章,要登就是结论,我们也学了……结果,使得我们的报纸版面枯燥,新闻面很窄,八股味越来越浓,登文章就是自以为是的结论性文章,很多读者、作者的好意见在报上得不到反映。"

对于宣传工作的其他方面,在学习苏联经验中出现的问题,他也采取分析的态度,对不适合国情的就不照搬。

### 三、把握政策性，注重报道的效果和导向

石西民对政策的把握一是宏观上的，一是微观上的。石西民在任上海市委书记期间，对新闻媒体的领导是既看大处，又看小处，并把大处和小处结合起来，让具体从事新闻采编和领导的人都不得不佩服他这个内行的领导。

比如在抗日民族统一战线的旗帜下，他提醒一位民营报纸的记者写写汤恩伯的抗战言行，说汤虽列为"河南四灾"之一，但只要抗日，就该写他。

1950年4月6日《新华日报》刊登了文教组一位副组长的检讨，究其原因是他在写纪念晚会的新闻中增加了"掌声雷动"一语，不符合事实。

1962年春节前后，《解放日报》发动回乡探亲的职工写"回乡见闻"，讲农村形势开始好转的情况。当时正值三年困难时期，"回乡见闻"登了几篇后，石西民就打电话给报社领导王维说，你们登"回乡见闻"的用意是好的，但这样的稿子登多了，会不会有另一方面的反响。既然形势好了，就不必动员一部分职工因国家困难，回乡种田了。《解放日报》做了研究，决定收缩这个专栏的宣传规模，在适当宣传农村形势开始好转的同时，也讲整个经济形势仍然困难，还要继续艰苦奋斗。

同是在三年困难阶段，《解放日报》有一次宣传开展群众体育活动，石西民看后提出了批评。他说，现在大家口粮紧张，许多青年人吃不饱肚子。在这个时候提倡开展消耗体力大的体育活动，不太合适。你们这样提倡会加重缺粮的矛盾。他还说，群众体育还是要宣传的，当前可以提倡棋类等体力消耗少的活动。

石西民认为报纸要办得叫人爱看，人家看了，才能接受你的影响，如果老是板着面孔训人，人家不看，你什么目的也达不到。有几次他对广播电台的同志提意见，说他自己常在深夜回到家里，打开收音机想听听音乐，听到的还是进行曲。他说，都三更半夜了，可不可以放点轻音乐，让听众轻松一下？白天播放进行曲，有助于提高人们的劳动热情，而夜晚，特别是深夜，播放一些轻音乐，有助于人们休息。深夜宜放轻音乐，缺粮不提倡大运动量的业余体育活动，都是说宣传工作要从实际出发，讲求实际效果。

三年困难时期，内忧外患，一些报纸在开展批评方面谨慎小心，以免被敌对势力利用。《解放日报》生怕这方面犯错误，一个时期报纸的批评报道很少。石西民对这种状况颇为不满，他说，社会主义好，好到连一粒痱子都不生啦？他说，登意见批评稿要看他的正作用大还是副作用大，如正作用大，还是要登。不能因为怕被敌人利用就什么批评稿都不登了。你不登他也会造谣，总不能因噎废食吧！他的这些意见，对我们好犯片面性的毛病，可说是一剂良药。(王维，《善于领导报纸工作的石西民》，《新闻记者》，1990年第10期)

石西民在1950年一次新闻工作会议的报告中勉励大家："做新闻工作就是要做一辈子新闻记者，新闻工作者的前途就是如何做好一个人民的记者，通过自己的笔很好地来报道与指导人民的斗争；要做一个名记者，这个名是必须由人民来批准的。"他认为："增强党性和反映群众是密切相关的，是一个问题的两个方面，缺一不可。"这是石西民新闻思想最为闪光之处。

四、依靠群众办报

石西民在谈到重庆《新华日报》的成功经验时认为，该报"紧紧结合人民群众的切身体会和利益来进行宣传。这样做最能吸引广大读者,提高他们的政治觉悟,引起他们对我们党的政治主张的普遍关心"。石西民在学习《毛泽东新闻工作文选》的体会中说:"片面性是形而上学。……医治之道,除了学习理论之外,我看还是必须像毛泽东同志一再教诲的那样:深入群众,参加实际斗争。不能了解群众的真实心情、意见,任何高明的记者也无法防止倾向性错误。"

南京《新华日报》是石西民新闻实践的最后一站。为了把《新华日报》办成一张真正是人民自己的报纸,石西民高度重视报纸的群众工作。当时,报社群众工作组,是编辑部最大的一个组。他们每天要处理数以百计的读者来信,还要接待四面八方来访的大批读者。报纸每天用半个版篇幅发表各阶层读者来信,有建议,有批评,有议论,成为沟通党和群众的一座桥梁,真正发挥了党的耳目喉舌的作用。

1949年9月中旬,新华日报社收到了南京大三元酒家经理胡翼文的来信,建议"组织《新华日报》读者之友会",作为报社联系广大读者的纽带,读者之友会可通过建立读报组、组织读者晚会等形式,及时了解读者的想法和建议,为报社真切掌握民情,加强宣传的针对性提供帮助。《新华日报》于9月19日全文发表了该信,引起了广大读者的热烈反响,纷纷来信表示支持。石西民和总编辑杨永直专门邀请胡翼文来报社面谈。随后报社编委会又专门就读者之友会的组织形式、领导机构、会章、会员登记等具体问题进行了讨论,取得了一致意见,并报请南京市委宣传部同意。

10月26日,首批800多位读者在"工人之家"举行了"新华日报读者之友会"(简称新华之友会)成立大会。会上宣布"新华之友会"的领导机构是干事会,同时宣读了37条"新华之友会"章程,明确该会是"以加强读者对中华人民共和国各项政策、马列主义及毛泽东思想的学习与研究暨各种健康的社交活动为宗旨;以组织会友读报、学习时事政治、举办各类座谈会、演讲会、联欢晚会等健康的业余文化活动为主要任务。"至1949年年底,南京市读报组为2684个,参加者为45709人。其中既有干部、教师、工人、职员等有稳定职业者,也有大量会员是在校学生、家庭妇女和失业人员,其影响几乎遍及南京市区各个阶层和各个角落。

"新华之友会"是当时全国各级党报中仅有的一家读者组织。它有组织、有领导、有目的地指导读者开展读报学习、时事讨论,定期举行政治形势、时事政策专题报告会。还邀请党政军首长和学者名流作专题报告和演讲,把广大读者和知识界朋友吸引和团结在党报周围。

"新华之友会"的创立和迅速发展,对于宣传党的政策和人民政府的法令法规,解除群众疑虑,提高群众政治觉悟,稳定解放初期南京的形势,发挥了重要作用,受到了南京市委的重视、支持和赞扬。南京市委宣传部曾数次专门就读报组的发展和影响,向华东局宣传部做书面报告。它不仅带动促进了南京市学习时事政治之风的兴起,而且会友间还开展了各种形式的团结互助活动,帮助一大批失业失学者解决了工作和生活上的实际困难。当南京市各单位招干、招工、招生时,"新华之友会"都及时根据平时掌握的情况,先后向相关单位推荐了数百人并被录用,还有不少人经报社推荐和考试,被招进了华东人民革命大学和政府机关,从此走上了革命道路。(《1949年4月至1952年10月的新华日报》,新华报业网,2008年1月3日)

石西民不仅经常过问"新华之友会"工作计划、进度,还多次为会友作学习辅导报告和政治形势报告。在《〈新华日报〉在南京复生》一文中,石西民说"新华之友会"是解放初期南京《新华日报》"采取多种办法扩大与读者联系的一个特点",是"通过报纸加强党与群众联系的一个创举"。

石西民在 1959 年发表的《百花齐放、百家争鸣万岁!》一文中这样写道:"在社会主义社会中,对于人民内部各种不同意见,必须让他们充分发表出来,采取摆事实、说道理的方法,进行充分辩论的方法,才能真正发表正确的意见,克服错误的意见,才能真正解决问题。"刊登读者来信是发动群众批评和自我批评、提高报纸工作水平和群众思想认识的有效途径。南京《新华日报》每天用半版篇幅发表各阶层读者来信,1950 年 6 月 7 日《人民日报》发表述评,肯定了《新华日报》"改组副刊,以主要篇幅刊载读者的批评和建议"的做法,并指出:"批评和自我批评的开展,大大提高了读者的政治积极性。"

办报要依靠群众、要为了群众,这是石西民一贯坚持的观点。20 世纪 80 年代初,《金华日报》要复刊,请石西民提提建议。他在《祝〈金华报〉复刊》一文中指出:我祝愿《金华报》的同志,永远与群众心连心,成为群众最知心的朋友……希望《金华报》的同志一刻不忘倾听群众的呼声,把报纸办成群众爱看的人民自己的报纸。

末了,石西民祝愿《金华报》有一个好文风。地区报要办得通俗而又丰富多彩,使群众爱看,文风是一个关键问题。毛泽东同志说过:"我们所进行的宣传工作,都应当是生动的,鲜明的,尖锐的,毫不吞吞吐吐。"我们应当朝这个方向努力。一切假、大、空的现象,应在我们的报纸上完全消灭。

链接：

在浦江县图书馆，开辟有"石西民赠书陈列室"。陈列室里有1500多册石西民生前藏书。石西民逝世后，由其家属捐赠给浦江县图书馆。

石西民故居

石宅是石西民的老家，是石西民少年时曾居住过的房屋，如今已辟为"石西民同志故居"，属于浦江县重点文物保护单位。

2012年9月13日，上海市和浦江县联合在上海召开座谈会，纪念石西民同志百年诞辰，会上出版发行了《石西民文集》和《石西民纪念文集》。

中共上海市委常委、宣传部部长杨振武出席会议并讲话。杨振武指出，我们纪念石西民同志，要学习他坚定崇高的理想信念，学习他孜孜不倦的敬业精神，学习他培养青年、尊重人才、平易近人、爱护干部、严于律己的优良作风，坚守传承、创新开拓，以更加振奋的精神，

浦江县图书馆内的"石西民赠书陈列室"

更加扎实的工作,把党的文化事业的"接力棒"一代一代传下去。浦江县委常委、宣传部部长钱海乐作为家乡人民代表发了言。他说,石西民同志是浦江大地涌现出来的优秀儿女,他虽长期在外工作,却一直心系桑梓,情系故乡,十分关注浦江经济社会发展,关心家乡人民生活状况,曾多次回浦视察、探亲访友,为家乡的发展做出了自己的贡献。

# 第六章 王惕吾：联合报系 正派办报

## 第一节 概述

王惕吾

### 一、报人王惕吾

一个与报纸没有联系，只是喜欢读报的军人，脱下军装后，突然之间闯入了报界，数年后，不但立足于报界，而且不断壮大实力。他创造了一个奇迹，最终建成了一个联合报系，一个在全球华文报业中规模最大的报系。这个人就是东阳人王惕吾。

王惕吾(1913—1996)，本名瑞钟，东阳巍山王村光村人。王村光村坐落于一座红土小山冈的东首，旁边有八座小山丘拱围，形如燕窝。村始祖王元一，原居住在新昌县，南宋中进士，曾为江州刺史。南宋灭亡后，耻为元朝官吏，就携家眷隐匿于此，定居发族，遂成村落。东阳方言"冈""光"同音，现人以"王村光"称之。村里建有王氏宗祠,门前有三棵高大古柏,其中两棵现在仍苍翠遒劲。王氏宗祠亦称为三槐堂,尚存司马光书的"三槐堂"之匾。王惕吾在这里度过了少年时光。

1928年,王惕吾从东阳中学毕业,到上海文化大学读书。18岁那年,他考入中央陆军军官学校第八期。后随部队到台湾,官职从基层军官做起至副师长的位置,为了实现唤起民众的理想和喜欢读报的爱好,他于1949年底申请退役,后从他人手里接过《民族报》的摊子,并创办《民族晚报》。当时,他觉得自己年龄已不小了,正经历着人生重大选择,遂取名"惕吾",勉励自己时时自省自律。

不久,《民族报》与《经济时报》《全民日报》发行联合版,1951年改名为《联合报》,成为台湾当时的三大报之一。

《联合报》创刊40年来,由一报而发展为一个报系,在报纸方面有《联合报》、《联合报航空版》、《经济日报》、《民生报》、《联合晚报》、美国《世界日报》(纽约总社、旧金山、洛杉矶、加拿大多伦多分社)、巴黎《欧洲日报》、泰国《世界日报》。在其他文化事业方面有联合报文化基金会、世界日报文化基金会、《中国论坛》月刊、《历史月刊》、《联合文学》月刊、联经出版公司、中国经济通讯社、联合资讯公司、天利运输公司、纽约世界电视。有员工5000多人。无论从结构,还是规模方面来看,联合报系都已形成一个庞大的企业集团。

联合报系书写了三个"世界第一":

它是世界上覆盖面第一的环球报纸。它是环绕地球发行的,从亚洲的台湾地区、泰国,到美洲的美国东西部、加拿大,再到欧洲,再加上发行地区达120多个国家和地区《联合报航空版》,正好形成了一个圈,一个环球圈。联合报系无疑是世界性的报纸。

它是世界上第一家全天候在全球发行的报纸。联合报系的报纸是环绕时钟出版的。从早到晚，以格林尼治时间为准，在亚洲、欧洲、美洲发行的报纸，更是一天24小时在各地出报。他们称自己的报系是"日不落报系"。它是世界上最大的中文报纸，也是世界上单一语言文字最大报纸。

联合报系不但时时出报，处处出报，而且是行行相关的报系。有报纸、有通讯社、有书局、有出版社、有资讯机构、有电视台。

王惕吾还促成国产中文轮转机、中文全自动铸版机、中文计算机检排系统的研发，率先引领台湾报业迈向现代化与国际化。

1960年9月，王惕吾当选为台北记者公会理事长和台北报业公会理事长。后来任世界中文报业协会副主任、"国际新闻协会"台湾分会会长、体育协进会常务理事、田径协会理事长、台北奥林匹克委员会执行委员、"中华文化复兴运动推行委员会"委员。自1969年4月起连续当选国民党第十至十二届中央委员，从国民党十一届四中全会起任中央常务委员。1988年7月被聘为国民党中央评议委员。1990年任"国是会议"筹备委员，"国家统一委员会"委员。1991年投入巨资，创建了美国华隆医药公司，并将其第一个中药科学研究中心设在美国加州硅谷附近的斯坦福大学科学园区内。

1993年，81岁的王惕吾退休，把联合报系的担子交给了多年做他助手的长子王必成。1996年3月11日，王惕吾在台湾病逝。

## 二、中国人王惕吾

身在台湾的王惕吾非常强调自己是中国人。中国人就要为中国人争气，要为中国人服务。他曾公开表示："我们是中国人，我坚守中国人的立场,办报纸绝不是为某些政客,而是为中国人服务,为中华文明服务。"王惕吾的大女儿王效兰介绍说,她父亲坚信报社的成功其决定性因素不是资本,为中国人服务的大方向才是根本。

王惕吾一直对祖国前途和命运十分关切,希望"中国强大,五族共和,依靠文化,复兴中华"。他说:"祖国五族共和,靠文化传统,两岸未来能够团结在一起,复兴中华,也是靠文化。"他积极主张两岸统一,反对"台独"。从1988年开始,《联合报》增扩有关祖国大陆的版面,大量报道祖国大陆的新闻,以促进两岸相互间的了解认同和交流合作。王惕吾清醒地认为:"惟有一个大而统一的中国,才能使中国人摆脱几百年来受西方列强侮辱与歧视的命运,在世界舞台占有一席之地。"

1992年年底,《联合报》在头版头条刊登该报记者从北京发回的一条新闻:中共中央政治局常委、全国政协主席李瑞环接见台湾和海外华侨新闻界代表时表示,如果台湾搞独立,中国坚决不答应,即使"牺牲流血,在所不惜。"李登辉闻知此事后,对一些"立法委员"说:"那个报纸,我都不看了。"一些人为了攀附李登辉,竟说《联合报》是"中共的传声筒""《人民日报》的台湾版",由此还煽起了一场"退报运动"。一小撮"台独"分子针对《联合报》,煽动"退报运动"并暗地进行恐怖破坏,台北《联合报》总部大楼电梯被炸,纽约及旧金山的《世界日报》报社被纵火等。

但"台独"分子的倒行逆施丝毫动摇不了王惕吾一个中国、主张两岸统一的坚定立场。他说:"总统有任期,报纸没有任期。"他的一个中国的主张一直没有动摇。

王惕吾的目光是面向全世界,为全世界的华侨华人服务的。他希望通过他的报纸,促成世界各地华人之间的沟通与交流,向全世界传播中华文化的种子,发出中国人的声音,使全球所有华侨华人都能扬眉吐气。王惕吾为了弘扬中华文化,把两岸共同的中华文明发扬光大,还创办了联合出版事业公司,成立国学文献馆,捐资新台币 6 亿元设立"联合报系文化基金会"等,来推动中华文化事业。

王惕吾对中华文化的推崇和思考几乎达到了废寝忘食的程度。1980 年他因病赴旧金山休养期间,还在绞尽脑汁,殚精竭虑地思索中国文化问题,策划一个有关中国文化的出版计划。他认为应该出版一套中华文化丛书,而且取材一定要广、要精、要体现中华文化的精髓;文笔要深入浅出,使博大精深的中华文化在各阶层中国人中得到进一步传播、继承并发扬光大。王惕吾病愈回台湾的第二天,就立即组织有关人员进行规划、实施。经过不断努力,终于正式出版了《中国文化新论》,共 13 册。

为了使中华文化在新时代得到进一步发扬光大,王惕吾非常重视"追求进步、追求科学、追求现代化"的报业科技革新。他说:"凡是进步的,都要加以追求。"在 20 世纪 60 年代,王惕吾潜心研究中文检字排字自动化,第一台中文自动铸排机在台问世,并于 1966 年在《联合报》首先启用,引起了世界各地的广泛关注,标志着中文报业自动化时代的来临。70 年代中期,王惕吾开始研究电脑检字与排版,并请知名电脑专家进行专门研究与开发,《联合报》于 1982 年正式使用电脑检排,开创了中文报业进入电脑编排的新纪元。


三、东阳人王惕吾


台北市四维路 52 巷 3 号二楼,是台北东阳同乡会的会址。这个同乡会是由王惕吾提议创办的。在台湾有不少东阳老乡,身在台湾,心向老家,时刻想念家乡的亲人和家乡的一草一木。王惕吾就主动创议成立同乡会,并办《东阳简讯》,以寄托东阳老乡对家乡的感情,沟通与大陆的亲情;帮助东阳老乡创业、就业;创设同乡子女奖学金和留学无息贷款,鼓励学子们用功读书,积极上进。

为了表彰和纪念王惕吾对旅台东阳同乡的关怀及所做的突出贡献,乡亲们在同乡会馆内设立"惕吾堂",1992 年王惕吾 80 大寿期间,在这里设置"寿堂",前来祝寿的乡亲们络绎不绝。

1987 年 10 月 14 日,在全国人大《告台湾同胞书》发表 9 年之后,国民党中常委通过决议:"凡在大陆有血亲、姻亲、三亲等以内的亲属者,可登记赴大陆探亲。"封闭 40 年之久的大门轰然打开,游子归家的脚步跨越了波涛汹涌的台湾海峡。台湾老兵多半清贫,无旅费者较多。台湾三家电视台和《联合报》共同举办"为老兵而唱"演唱会,加上其他募捐活动,共筹得 2 亿多元新台币,作为老兵返乡探亲的补助款。旅台东阳籍老兵成立"访乡探亲团",有七八十人,王惕吾为资助老兵回乡捐款 2000 万元新台币。

据王惕吾的小舅子赵惠仁回忆,他和姐姐、姐夫的通信一直保持到 1953 年。新中国成立初期,信件全部辗转送达台湾。由于有个亲戚在瑞士,在通信上帮了不少忙。1954 年,因为两岸的特殊情况,双方中断了联系。

1984 年,赵惠仁终于在香港见到了阔别 30 多年的姐姐赵玉仙,可惜姐夫王惕吾没有同行。1989 年 7 月 10 日,赵惠仁和妹妹从杭州乘飞机到香港,见到了阔别 40 多年的姐夫。"我是多么想回到魂牵梦萦的故乡,到父亲坟头敬一炷香……"一说起故乡,王惕吾就无限怀念。赵惠仁说,姐夫和姐姐一直都非常喜欢吃东阳霉干菜,到台湾后也没有改变。海峡两岸恢复正常联系后,他经常给姐夫寄霉干菜。收到家乡的霉干菜后,王惕吾会分送给亲朋好友,与大家一起分享乡情乡谊。

王惕吾特别牵挂母校东阳中学。1990年,王惕吾捐赠100万美元设立奖学基金,奖励母校优秀学生,对东阳市考取高中和大学及参加国家和省级政府主管部门主办的各科竞赛、考试的优秀学生,均分别给予奖励。还设立东阳籍留美学生奖学金,给每位留美学生以2万–4万美元的奖金,至今,已发放100多万美元。1990年至1992年,王惕吾捐资330万元人民币,建造东阳中学体育馆、教工宿舍、女生宿舍等,作为对母校校庆的献礼。为帮助母校争创省级重点中学,王惕吾又捐资800万元人民币,用于建造省内一流的教学活动中心。

为帮助东阳发展现代化农业,提高农民收入,王惕吾出资委托浙江农业大学为东阳培训专业人才,分批选送680余人接受培训,资助经费20余万美元。

王惕吾先生还为家乡捐资1000万港币建成王村光小学;捐资300万港币和300万元人民币建造巍山镇初级中学;捐资500万美元建成巍山医院;捐资500万美元和800万元人民币,分别建造了东阳市急救中心和东阳市图书馆。

# 第二节 办报的起因、宗旨和原则

## 一、办报起因

1949 年底,官至副师长的职业军人王惕吾申请退役,结束长达 16 年(1933—1949)的职业军人生涯。王惕吾在军中其实有很好的发展前途,国民党政府落户台湾后,蒋介石办起了"革命实践研究院",并任院长。这个学院是培养将来可以担当重任的年轻人。王惕吾参加了第一期培训班,这个班有 50 人,都是蒋介石亲自选定的人员。培训期间,蒋介石与每位学员作交谈。他与王惕吾交谈后,决定让王惕吾从事政治作战工作。对于这项工作,王惕吾认为非自己所长,也非志趣所在,不愿接受这种安排。但要拒绝这种安排,肯定无法在军内继续待下去。思考的结果是,不接受这个安排而退役。

退役后的王惕吾准备做什么?办报。

王惕吾自幼关心时事,喜欢涉猎报刊。他在中央陆军军官学校时便喜欢读报,关心报纸上刊载的国内外的形势演变。当时《大公报》《上海时事新报》《国闻周报》《东方杂志》等报刊,都是王惕吾的精神食粮。读报成了王惕吾的一种生活习惯,由喜欢读报的生活习惯而对新闻事业产生了向往,这为他日后创办报纸,献身新闻事业播下了种子。

当然,他办报的理想是舆论报国,这与他从事军人职业时所认定的军人报国,有了交集。报国,是他一贯不变的志向。军人的经历使王惕吾对报业管理、经营方法，更讲究战略的运用，把战略的观念转化为企业的经营哲学，注重组织与决策的贯彻和效率的考核。

军人的训练与经历，与新闻事业的新闻言论自由要求，不仅没有抵触矛盾，反而加强了择"善"固执的信念，使他能够克服联合报系发展过程中的种种艰难困苦，能够在最困难的时刻坚守"阵线"。

王惕吾的军人生涯，也使他重视整体的团结与集体力量。联合报系40年来的急速发展，拥有一个和谐的团队，成了一种特殊的资源，为联合报系的发展发挥了很大的作用。王惕吾深信军队的作战战略原理与现代企业的管理原理有许多相同点。他经常在报系的会议中运用军事上的术语观念来说他对编务、业务、印务的改进道理。有时也会觉得更能抓住要点，更易引发报系同仁的认同。

王惕吾于1948年随军来到台湾。那时的台湾，"从军事的观点看，是存亡危急之秋，但从整个国内外形势看，当时艰危形势，却已不再是如何'戡乱'的问题，我深觉国家前途、军事上的国防固然重要，但如何唤起民众，从事国家的现代化，更是富强与统一的基本之图；而最能发挥这唤起民众，共同奋斗作用的，乃是新闻事业"。（王惕吾，《我与新闻事业》第2页，台湾联经出版事业公司，1991年）

《联合报》的前身是王成章创办（后由林顶立接办）的《全民日报》、王惕吾创办的《民族报》和范鹤言创办的《经济时报》，这3家报纸于1951年9月16日合并联合版，由王惕吾任董事长，林顶立任发行人，范鹤言任社长，1952年改名为《联合报》。后因各种原因，林顶立与范鹤言相继退出，《联合报》就成为王惕吾一人独有的媒体。王惕吾秉持"投资投资再投资、进步进步再进步"的原则，苦心经营几十年,将《联合报》由一家最初连员工的薪金都难以支付的小报,发展成为台湾最大的报业集团。

王惕吾是这样解释联合报系性质的:"一、这是以《联合报》为母体的文化事业系统。二、这是以新闻事业为轴心的文化事业系统。三、这是以联合报经营宗旨为中心的文化事业系统。四、这是以联合报全体同仁为整体的文化事业系统。所以,联合报系不是一个一般的企业集团,而是一个有母体、有轴心、有经营宗旨、有整体意志的文化事业系统。"(王惕吾,《我与新闻事业》第28页,台湾联经出版事业公司,1991年)

## 二、正派办报

台北联合报系第一大楼的四楼,是联合报的编辑部所在。走出四楼电梯,就可见对面的墙上挂着"正派办报"四个字,这是由王惕吾手书的。正派办报,是《联合报》的办报宗旨。

王惕吾对正派的解释是:"我所说的'正派',也不是静态的标准,而是社会变动中的不断维持一定的新闻言论立场的做法,绝不是拘泥不变的。所以,我说的正派,是与时俱进的价值判断。"(王惕吾,《我与新闻事业》第19页,台湾联经出版事业公司,1991年)《联合报》不是官报,而是民营报纸,这是基本的报纸立场,从意识形态上分,《联合报》"不是左派,也不是右派,也不是中立派,而是正派的民营报纸。正派的报纸并无所谓前进或保守。我们是正道的、正直的、正确的、正当的、正义的、正中的、正谊的报纸。"(王惕吾,《我与新闻事业》第14、15页,台湾联经出版事业公司,1991年)办一份正派报纸,是王惕吾对《联合报》的定位,让它在读者中确立正派形象,并肯定《联合报》为正派报纸,也是王惕吾的心愿、信念、方针、立场与努力。

报纸无论背景如何、立场如何,都仍不应偏离"社会公器"的基本立场与使命。王惕吾认为,"社会公器"应有如下的几项基本内涵:①为社会大众提供正确的咨询服务,满足社会大众的知情权。②维护社会整体利益。③反映公意,非为人利用的工具,不蓄意对社会大众作咨询与意见误导,不介入利益集团与政党斗争。

王惕吾认为:"报纸是社会的公器,献身新闻事业,是为社会的整体利益服务,个人虽有其党派、信仰、利害,但是,报纸不应是其操纵运用的,办报者与报纸间的关系应是经营的,而不是运用的,有公私性的区别;私人的因素,应不影响报社为'社会公器'的公众需求。"主张:"国家社会的利益高于报馆的利益,办报应做到无我、无你、无他。无我是大公无私,无你是不受利害关系的影响,无他是不为人利用。报纸唯一的服务对象是社会大众,唯一遵循的是公意,唯一维护的是国家社会的整体利益。"(王惕吾,《我与新闻事业》第15、16页,台湾联经出版事业公司,1991年)

王惕吾要求《联合报》全体同仁必须善尽社会公器功能,严守社会公器要求的共识。他把这样的信念归纳为两点与报系同仁共勉:一是国家的利益高于报社事业的利益;二是读者的信任是联合报的最大资产。这就是联合报系的新闻言论准则,也是联合报系全体员工的纪律要求。

要做到正派办报,报道应绝对求其正确,经过周密的查证,绝不捕风捉影、道听途说地有闻必录。《联合报》绝对否定与排除"马路新闻"与"内幕"式的报道。如果报纸有错误,便坦率地认错,但不能轻率犯错,不能因职业利益而犯错,也不能凭借新闻言论自由而铸错。联合报系的记者绝不是无冕之王,而是严格讲求事实证据的报道者,联合报系要为中国报业树立典范,联合报企业文化要具有崇高的新闻道德与记者信条,联合报企业文化也就是中国报业现代化的标志与表征。

## 三、办报原则

(一)盈余不分配　投资再投资

王惕吾办报,走的是与文人办报相左的路。他认为,文人办报犯了两大缺失:一是报纸只当作发表个人或少数知识分子言论主张的园地,而未能顾及社会大众的需要。这种只顾办报者意愿而忽略读者取向的经营,使早期的中国新闻事业无法根植于社会,好像大树缺乏盘根错节的基础一样,繁荣不起来。

另一项缺失是文人缺乏经营的观念,甚至根本缺乏把报业当作一种企业的价值观,一直囿于"君子不言利"的传统观念里,这种缺乏成本利润观念的经营,不利于报业的企业化,也就无法发展壮大。

所以,联合报系走投资再投资发展之路,靠本身克勤克俭的经营,以本身所获得收入,以不分配盈余的方法来积累资本,作不断投资,达成扩大再生产—扩大再投资—扩大发展,并把文化事业、企业经营,以及现代化管理结合起来。

《联合报》40年的迅速发展,最基本的意义,是为民营报业创立了一个新的形态,以企业的形态,突破了中国报业的文人办报的传统。具体表现在以下几方面:

把企业经营引进报纸经营中,一方面让报纸从知识分子的小圈子走向社会大众,另一方面也通过这样的经营方式与社会经济的发展紧紧扣在一起。如果把台湾民营企业的发展看作"台湾经验"的象征,那么,把《联合报》的民营报纸看作民营企业化,也是中国报业极具积极意义的"联合报经验"。就《联合报》内容取向而言,《联合报》初期勇敢地走社会大众新闻路线,便是走入社会基层,走出都市,探索社会脉动,把握民众意向的做法。其后,随着社会多元化的变迁,价值观念的变化,《联合报》的内容也不断地配合与适应而做必要的革新。

王惕吾把《民族报》《民族晚报》办得有起色后,想到了民营报纸的联合问题。单张的民营报纸各种力量太弱了,无以同党公营的报纸抗衡,只有走联合之路,一加一大于等于二,才能与之竞争。在这样的背景和思路下,《民族报》与《经济时报》《全民日报》联合经营,于1951年9月16日出版"全民日报、民族报、经济时报联合版"。三报联合不仅可以节省成本,而且可以借机将各报人事作一次全面的整合。

在三家报纸的联合中,联合版的各项社务由三个合伙人轮流担任,报纸经营实行"盈余不分配"的原则。水库里有水后,就可以不断地往里面放养鱼苗。王惕吾从接手办《民族报》,到后来办《联合报》,再到后来形成联合报系,盈余不分配的约定所起的作用是相当大的。当初王惕吾提出这个原则,可能是出于预防三方合作在权利、分工、分利上出现分歧,可在办报实践中,这个原则不但起到了当时的预期目的,而且为联合报系不断投资、扩张起到了保障资金的作用。如果是有盈余就分配掉,那么水库里的水位就浅,很难养出大鱼来。

就说《联合晚报》吧,它是以高端的气势出现的。报纸的售价是两大张5元,一创刊发行量就有28.5万份,业绩相当好。可从经济上看,却是亏损的。在创刊初期,王惕吾的策略是"发行重于广告",尽量将广告版面让位给新闻,等到发行量到达相当数字,再追求广告业务的增长。如此运作,创刊不到一年,就花掉了 9500万新台币,直到第三年才实现收支平衡。要是没有雄厚的经济实力,《联合晚报》根本不可能持续办下去。也正因为有经济实力做较长期间的亏损买卖,《联合晚报》才能成为台湾发行量最大的报纸——创刊 14 个月后,发行量突破 40 万份,最高发行量突破了 60 万份。

后来,在美国办《世界日报》,在法国办《欧洲日报》,开始几年都是亏本的,如果没有充足的资金做靠山,是很难撑过数年亏损这个坎的。

(二)与读者关系的理解

一份正派的报纸,与读者的关系是双向性的,一个是读者取向,一个是读者导向。前者要以读者的需要为报纸内容取决的依据;后者是为读者尽必要的咨询功能。为读者服务,一定要对读者的知情权有充分的满足。王惕吾认为,在资讯爆炸、知识爆炸,而又价值观念多元化的新闻言论自由社会里,报纸只为读者单纯提供资讯仍是不够的,还必须为读者提供咨询的功能层次。因而要随着时代的进步,为读者提供新知,扩大知识领域;另一方面,在错综复杂而有可能矛盾冲突的资讯中,为读者作整体利益性的评估。

为了处理好报纸与读者之间的关系,王惕吾在晚年对《联合报》的新闻采访进行三大改革:

一是把社会新闻的意义扩大为社会进步新闻。把与社会大众日常生活最具密切关系的第三版内容,在一般社会动态以外,增强科技与社会结构多元化变化的报道。这种改革的目的是扩大资讯的"层面"与满足读者知情权的服务。

二是开辟重要新闻的深入报道,对于重大新闻或与社会大众福祉有关的问题,在一般新闻报道以外,更针对问题做系统深入广泛的探讨。这种改革的目的是提高资讯服务的"层次",竭尽为读者咨询的功能。

三是巡回采访。不时地派遣资深或新秀记者前往台湾各地与大陆采访,或是专题采访,或是对重要新闻人物的专访。这种改革的目的是扩大读者的视野,把国家社会的国际化关系落实在资讯的传播上。

为了读者的利益,可以牺牲报社的经济利益。《联合晚报》创刊后,高雄市一个叫旗津的岛上有 7 户报纸订户,为了给这 7 户订户送报纸,需要特雇一名送报生,由他搭渡轮送报纸。从经济效益来考虑,7 个订户一个月的报款是 1050 新台币,而送报生一个月的薪水是 12000 新台币。但王惕吾坚决要做这笔亏本买卖。他认为:愈是这种小地方,愈能显现一张报纸的风格,在营业利益与社会责任无法兼得的情况下,宁可舍利益就责任。如果没有今天这 7 份报纸,将来怎么可能会有 70 份报、700 份报产生?

(三)与员工关系的理解

基于 "现代新闻事业就是一种企业或者说是文化生产事业,也就是群体群力的事业"的理念,王惕吾充分认识到员工在报社发展中的作用,因而,他要营造一个让员工在联合报系有一种归属感、成就感、荣誉感的工作环境。"我以联合报为荣,联合报以我为荣"成了联合报员工的认同。员工与报社的荣誉感是一致的,是相互认同的,相互归属的。"共有、共治、共享"是联合报系的企业经营方针。这个方针,能够融化为员工与报社的整体感,进而转化为员工与报社的有机体属性。每个员工站在自己岗位上竭尽职责的责任感,为报社共同利益提供自己一份力量的使命感,以及彼此照顾支援,共同呼应的和谐团结。

王惕吾为人低调,但在宣传联合报系时,却是高调的,高调的目的是宣传员工的业绩,增强员工的信心。有一件事很能说明这一点。

王惕吾曾不止一次在报系的工作汇报中说,联合报系经过40多年的奋斗与成长,已形成了"超级报团"。对"超级报团"的提法,有人认为有露锋芒之嫌,劝王惕吾以后的讲话中最好不提"超级报团"四字。但王惕吾不以为然,他认为,个人成就与企业或团体的成就,意义不同,他个人不敢夸口有怎样的成就,但联合报系的成长壮大是5000多名员工经历40年接力和全力奋斗的成果,是每一名员工的心血与贡献结合的成果,应该有一定的认同与评价。联合报系成为"超级报团"不只是事实,也是联合报系全体同仁共同参与的光荣标志,应该肯定、凸显、表扬全体同仁的贡献,把这光荣归之于全体同仁。提"超级报团"并不是他个人露锋芒,而是为全体同仁作表彰,也是在陈述联合报系全体同仁的努力,创造了一个中国新闻史上空前的"超级报团"。

如果说联合报系是一个和谐融合的大家庭,那么,王惕吾无疑是这个大家庭的家长。这个家长不是为了体现权威来治理这个家庭,而是担负维护与发展这个大家庭的责任,执行家庭成员的共同意见。

在台湾的单位内部,人员称呼,要么称男性为先生,称女性为小姐或女士,要么称他人以官职。可在联合报系内部,王惕吾对同仁的称呼有些特别,他视同仁为家庭成员,习惯称呼报社同仁为"小兄弟""小姐妹"或者直呼其名,甚至匿名称呼,大家都习以为常,亲切如家人。这样一种宽松、和谐的工作环境,使得报社同仁感到温暖,把报社当成干事业、成就自我的地方。报社开各种会议,员工们也敢无拘无束地发表自己的意见和建议。王惕吾对员工有见地有价值的意见、建议总是接纳。这种意见沟通和情感交流,便是联合报系凝聚意志与力量的重要因素。

(四)利他原则

《联合版》成立后,王惕吾和另外两位合伙人在内部设立业绩奖金:只要每月报纸发行量或广告收入量增加到规定的标准,每个员工都可以获得他薪资固定成数的业绩奖金。同时还对员工发放酬劳股,让员工与报纸利益长久性地联结在一起,以期实现劳资双方共有、共治、共享的目标。酬劳股的设计是这样的:三个合伙人把联合报总股份提出1/4,由员工分享股息、红利。由此,联合报系的股息分配变成四份,除了三位合伙人各持一股之外,全体员工也持有一份。这个做法,是台湾报业中未曾有过的。实施之后,大大提高了员工的工作积极性,从而大大推进了《联合报》的发行和广告业绩。

从这以后,《联合报》的发展势头相当好。1958年2月,《联合报》迁址,搬进了延平南路高四层的大楼办公。这个阶段,员工的薪酬不断调高,处在同行业之前茅。《联合报》对外招揽人才非常容易。记者的采访条件也不断提高,报社为他们配了一辆采访汽车。每当采访出动时,新闻圈内的人都知道,《联合报》的记者来了。记者在采访时介绍自己是《联合报》的,采访对象也青眼有加。

# 第三节 办报历程

由于事业的扩展,社址曾多次迁移,联合报系发展的过程分为"西宁南路时代""延平南路时代""康定路时代""忠孝东路时代"。每一个时代,都有它的阶段性意义,王惕吾个人从事新闻事业的心愿、观念、抱负与做法,则在"康定路时代"才获得开花结果。联合报系的制度化与现代化,也是在"康定路时代"发轫的。

纵观王惕吾40多年的办报经历,报业的扩大,几乎是在逆境中求变、求成、求发展的。当处在不利的发展环境中时,他总能想出应对办法,不但能平稳地渡过难关,而且能化解危机,把危机转化成新的发展契机,使得报纸更上一层楼。

王惕吾把创业划分为艰难时代、发展时代和成功时代。艰难时代筚路蓝缕,有双重困难:一重是客观条件的不足,一重是主观经验的缺乏。因而,他总是在摸索尝试,总是在错误与失败中磨炼,也总是通过权益变通来应付困难。由此才慢慢地挨过困难,积累经验,站牢脚步,进入发展时期。

## 一、报纸的定位准确

1950年6月,王惕吾办报半年后,台湾局势开始出现安家迹象,民众对资讯的需求更为迫切。王惕吾从中看到了《民族报》发展的机遇,他决定出《民族报》二次版,使读者可以在最短的时间内得知台湾最新的资讯。

所谓二次版,是在《民族报》正常的早刊之后,每天下午再编印一次晚刊。当时的《民族报》每天出一张半报纸,为了出第二次版,改为每天上午出一大张报纸,下午再出半张。这样,订户订了一份《民族报》后,相当于得到了两张报纸,是名副其实的"订一份,看两份"。从新闻上说,出第二次版的好处是显而易见的,几乎可以把一天内发生的新闻在当天告知读者,提高新闻的新鲜感;就版面而言,出二次版并没有增加版面,也就是没有增加纸张的成本。但就采访、编辑、发行的成本而言,就大大增加了。这是一桩叫好但要贴钱的买卖。但王惕吾看到了这桩贴钱买卖后所蕴藏的发展势头。

数个星期之后,《民族报》二次版开始在台湾报业显现威力——《民族报》的发行量上去了,在市场上的声势更大了。有的报社坐不住了,它们联合起来向政府施加压力:一张登记证不应该出版两次不同版的报纸,《民族报》出二次版的做法违规了,政府要处理它。按当时台湾出版法规,对报纸出版次数并没有具体规定。新闻主管部门对王惕吾说,出二次版的做法虽然合法,但其他报纸的意见不能不顾,折中的办法就是把二次版登记为晚报。王惕吾接受了这个折中的办法,把民族报二次版登记成《民族晚报》。1950年12月1日,《民族晚报》正式出版,这一天,距王惕吾进入报界不到一年。在不到一年的时间里,军人出身的王惕吾就拥有了两张报纸,不得不让台湾报界刮目相看。

《民族晚报》创办后,受到了读者的欢迎。不到半年时间,它获得了两个丰收:发行量超过了母报《民族报》;财务可以自行平衡。到了1952年,《民族晚报》成为台北发行量最大的晚报。

## 二、"联合版"催生了联合报系

在出版《民族报》二次版后,一个具有在联合报系发展史上里程碑意义的计划,在王惕吾的头脑中酝酿,并成为现实——倡议三报联合,增强抗风险实力。

王惕吾早年办报遇到最大的困难当数资金短缺了。这个困难,随着报纸发行量上升,愈显严重。接手《民族报》之初,当时的发行量只有1000多份,后来增加到6000多份。报纸当时的定价是每份5毛钱,每月的发行收入在9万新台币左右。广告收入不乐观,每月收入只有数千元。这笔收入无法平衡办报成本。好在报社同仁了解王惕吾的为人,不会以辞职来对付欠薪。

另一个困难是纸张紧缺。台湾当局为了管制新闻,抑制新闻及言论自由,发布了限纸令,规定报纸每日不得超过限制张数。后来,又实施报纸配售制度,各报用纸一律依规定的固定数量配给。

这两个困难使得王惕吾办报步履维艰。穷则思变,王惕吾想起了抗战时期重庆各报曾出过联合报这件事。当时,重庆各报社纸张及各项物资缺乏,一些报纸就联合起来出报。王惕吾觉得在目前的台湾也可以采用几家报纸联合出报的办法来应对困局。这样做的优点很明显,一是可以统筹运用紧缺的纸张,二是降低办报成本。找谁联合呢?当然是找民营的报纸。

王惕吾找了三家报纸,一家是《经济时报》,老板是范鹤年;一家是《全民日报》,老板是林顶立;一家是《公论报》,老板是李万居。最后的结果是,范鹤年、林顶立赞成合作,李万居婉拒了王惕吾的动议。1951年9月15日,《全民日报、民族报、经济时报联合版》在台北创办。两年以后,三个合伙人商议后把这张报纸更名为

《全民日报、民族报、经济时报联合报》，去掉"版"字，用上"报"字，显示出三位合伙人变得更为紧密了。

三报联合达成如下协议：因《民族报》在新闻采编方面的力量较强，联合后的编辑部门主要由《民族报》人员组成，负责采编工作；《全民日报》的经营力量较强、地方关系较好，负责业务部工作；《经济时报》规模较小，但人员不少是出自金融系统，主要负责财务部门的工作。三张报纸的其他人员择优安排相关部门。同时约定，报纸经营出现的盈余不作分配，用于扩大再生产。联合报的各项社务由三个合伙人轮流担任。三个合伙人各出纸两百令，资金 3 万新台币，作为《联合报》的共同资金。这些规定为三个合伙人和衷共济 20 年打下了信用基础。

联合版出版后，王惕吾几乎每天要工作 14 个小时，早上到报社处理行政工作；下午主持社论会议或采编会议；晚上再到编辑部看记者写稿、看编辑做题。到了深夜他到印刷厂看工人排字和印报。林顶立的志向在从政，当上台湾省议会副议长后，就基本上不过问社务了；范鹤年的志趣也不在报纸，他只负责若干财务事务，其他的事基本上不过问。一段时间下来，三个合伙人共同的事业慢慢变成由王惕吾一个人来做。后来，林顶立拥有的《全民日报》股份、范鹤年拥有的《经济时报》股份全部转为王惕吾所有，这张报纸更名为《联合报》。

### 三、创办《经济日报》

1967 年初，《公论报》因经营困难，已欠员工数个月的工资了，发行人找到王惕吾，想让他接办《公论报》。此时，王惕吾所经营的《联合报》处在花团锦簇之中。经过一番技巧性的迂回后，王惕吾接手了《公论报》。他的想法很简单，那个年代，报纸执照是稀缺资源，值钱，有了这张报纸执照，就多了一条发展的路子。王惕吾出资 120 万新台币买下了《公论报》的执照。同时，《公论报》的债务及发行人的私人债务也由王惕吾负责还清。

有了执照，办什么样的报纸呢？这让王惕吾费心思了。有人提议办晚报，因为此前，王惕吾曾办过《民族晚报》，经营得不错。只是 20 世纪 60 年代，王惕吾把这个中意的"儿子"送给了王永涛，以回报王永涛当年将《民族报》无条件地转让给他经营之恩。由于办过《民族晚报》，联合报社的采编人中，对办晚报很顺手。但这个方案被否决了。王惕吾认为，如果办晚报，就会给王永涛树立一个竞争对手，从道义的角度讲，他是不能这样做的。尽管报社同仁不这么认为，但王惕吾还是坚持自己的观点：办新报纸不要给同业带来困扰，另行开辟新的报业领域，对新闻工作更具挑战性，对社会也更具意义。

当时，台湾的经济呈上升势头，而台湾还没有专门的经济报纸，他认为，办一张经济类的报纸应该有一个发展空间。办《经济日报》，是另一个新的征程。他预见到了许多困难：先是采访人才缺少；其次是广告资源缺少；再次是发行上的风险。对于这些可预见的困难，王惕吾是见招支招：先是把《联合报》经济小组的记者全部归入《经济日报》，作为采访骨干，再另行招一批新人，由老手帮带。他给《经济日报》的定位是："第一，《经济日报》求'专'、求'新'，把握住'第二份报'的定位，不要与一般报纸走相同的路线，不合旨趣者，尽量减少或舍弃，以保持报纸特性。第二，专业报纸要做到权威与正确，不求奇峰突出，而要求百分之百正确，新闻报道不以'可读性'为满足，要着重'可用性'。第三，报纸要配合工商需要，作扩展宣传，作疾苦呼吁，企业家对社会的任务与政府部会首长同样重要,报纸要提高工商界在社会的地位,以激励工商界的热忱。"

1967年4月20日,联合报系的长子——《经济日报》正式创刊。

《经济日报》创刊后,立即面临营运上的困难,最初甚至无法找到合适的经济采访人才,而必须由《联合报》编辑部采访小组支应;在发行方面也出现亏损,销路与广告都打不开,员工们曾多次劝王惕吾改变内容,将经营专业性改为综合新闻性。但是,他没有气馁,他了解到经济专业性大报纸不易吸引读者的原因是缺乏现代化企业经营与市场研究的观念。王惕吾并不因现实的困难而动摇信念。他向同仁解说维持经济专业报纸内容与路线的宗旨与立场,说服同仁支持他的信念。他一再强调,如果《经济日报》一时未能为读者,尤其未能为工商界所接受,并不表示台湾社会不需要一份经济专业报纸,也不表示《经济日报》对工商界没有作用,而是仍有赖他们去做更好的表现,使社会人士、工商界注意到这份报纸的价值。

王惕吾坚持不改变《经济日报》的专业性质,并不是不怕亏本,而是深信只要能苦撑下去,《经济日报》的发行条件便会成熟。他认为社会经济发展到一定程度时,整个经济活动与每一个人的生活,每一行业的分工,都密切不可分割。因此,一方面必须由负有大众传播任务的报纸,对市场动静作更详尽的报道和沟通消息;另一方面工商界必然会因此认识到《经济日报》对他们企业发展的重要关系。他们迟早会发觉《经济日报》能够提供他们所需要的市场资讯,也能为他们创造产品提供更多更大需求。《经济日报》要用比其他综合性报纸更多的篇幅,来报道社会经济从生产到消费整个过程的动态。

为了加强《经济日报》与工商界的关系,也为了加强工商界对《经济日报》这份经济专业报纸功能的认识,王惕吾决定在《经济日报》成立工商服务部,在一般的经济新闻报道之外,注重协助工商界的特殊资讯服务。

第一,针对工商界的需要,作集中的采访。

第二,介绍工商界新产品与投资计划。

第三,为中小企业做广告与文宣设计。

第四,举办经济与企业管理演讲会与座谈。

第五,举办产品展览。

第六,举办工商界的参观访问。

第七,承办工商界委托事项。

这些工商服务事项的展开,受到工商界的欢迎,《经济日报》打入了工商界的活动范围。同时,让工商界亲切地体会到《经济日报》是"属于工商界的报纸"。

《经济日报》创办四年间,作了14次改版。报纸开辟了工商服务版,用比较通俗平易的方式来报道工商动态。王惕吾认为,经济专业性报纸必须针对各业的不同需要去开发资讯,对于工商业者而言,这更实际有益,他们阅报的兴趣也更高。

《经济日报》的工商服务部有一支专门报道工商各业新闻的记者队伍。他们采访的新闻侧重实用性,符合各行业读者的需要。除了报道,他们还要为客户设计和撰写相关稿件,参与组织展览、参观、演讲的工作。工商服务部把新闻与业务结合起来,不仅使《经济日报》的报道内容增加了实用性,而且带动广告业务。办报一年之后,《经济日报》的业绩增长了三倍多。经过七年经营,《经济日报》实现了扭亏为盈。一旦站稳了脚跟,《经济日报》便产生了爆发力,在这个领域内独领风骚十多年,它在新闻及言论上的影响力,都成为促进经济发展的动力。

### 四、办美国《世界日报》

王惕吾于 1963 年 9 月首次访问美国。一到美国,他就留意中文报纸,曾产生在美国办报纸的念头。20 世纪 70 年代,联合报系已扭亏为盈,进入一个平顺的发展时期。到美国办报纸的念头,在王惕吾的心中复活了。

王惕吾清醒地认识到:到美国办报,从经济效益上考虑,肯定是一桩在相当长时间内都要亏损的买卖,但办报的目的不是赚钱,而是满足在美华人阅览新闻资讯的需求。美国的中文报纸因规模小、质量差,无法满足华人的需求。

经过长时间的努力,投入了大量的成本和人力,1976 年 2 月 12 日,联合报系在美国所办的《世界日报》终于创刊。这家报纸,总部设在纽约,同时在旧金山设分社。《世界日报》成了第一份跨出唐人街向全美国发行的中文报纸,目的是借此使华人摆脱唐人街传统的阴影,融入健康开朗的美国社会。

1976 年 9 月 9 日,中共中央主席毛泽东逝世。如何报道毛泽东逝世这件全球重大新闻,对创刊刚 7 个月的《世界日报》是一个考验。那时,大陆与台湾,共产党与国民党处于严重对立。《世界日报》虽办在美国,但它毕竟是台湾来的报纸。如果对这个新闻轻描淡写地报道,显然与新闻的重大性不符;如果对毛泽东按国民党的评价作报道,显然与新闻的事实不符;如果对这条新闻作较详尽的报道,对毛泽东做历史性的客观评价,也会招来国民党方面的压力。

《世界日报》在报道这个重大新闻时,坚持正派办报的原则,作了持续的、详细的、客观的报道。通过这个重大新闻的报道，让在美国的华人认识了《世界日报》。

当《世界日报》编辑了解到毛泽东病危的消息时，就着手准备各种资料。毛泽东去世那天，所有人员全力赶工，足足整理出了几个版面的新闻和特稿，将毛泽东的生平、大事、功过、各界的评价作了详细报道。第二天报纸一上市，立即被抢购一空。原来只看香港出版报纸的广东华侨，也纷纷来买《世界日报》。由此，《世界日报》冲破了美国侨界的地域藩篱，发行量接近一万份。到了上世纪80年代，《世界日报》发行量已近20万份，发行区域已跨出美国，遍及中美洲各国。

## 五、办《民生报》

1977年底，台北的《华报》因为经营困难，决定出售。《华报》是一张四开型的小报，专门刊登风花雪月、奇闻轶事之类的文章，走的是通俗路线。这张报纸要出售，当时竟买者众多，最后王惕吾以2500万新台币买得报纸的执照。

获得执照后，办什么样的报纸，王惕吾颇费思量：按原来的样子办报是绝对不行的，那么，办什么样的报纸呢？当时的状况，如果办晚报，那是很顺当的事，但王惕吾否定掉了——他不想加重台湾晚报界的竞争压力。农业是台湾省的主导产业，是台湾经济之母。针对工商界已有了一份《经济日报》，那么针对农业、农村也应办一张农民报。后来，这个方案被修正，决定办一份以报道一般人食、衣、行、育、乐为主的生活休闲类的报纸，有关农业、农民的报道可以在《经济日报》上开专版来解决。办一张事关民生报纸的轮廓显现出来了。

王惕吾为这张即将问世报纸的定位是："要与综合性的报纸清楚区隔,把与民生无关的新闻留给其他报纸,而在生活休闲领域作最广泛、最深邃、最细致的营造;在经营生活休闲的同时,要不失寓教于乐的精神,生活娱乐事项必在文化的天平上称量。"它应是"家庭的第二份报纸"。

1978年2月18日,《民生报》正式创刊。在版式上,有了创新,打破了传统中文报每栏九个字的形态,拉宽行距,放大字体,让读者读起来更为方便。内容上,它是一份"没有国家大事的报纸"。报纸刚办之际,引起读者的不少惊讶,这张报纸怎么会这样的。有的学人认为办得新潮,颠覆了传统。

对于这些议论和意见,王惕吾的看法是："市场不一定能够准确评断报纸的好坏,却大可决定报纸的成败。对《民生报》而言,市场的检验似乎还要严格些,因为这是一项全新的产品,读者需要时间来熟悉产品特质,报社需要读者回馈来调整办报方向。"在对报纸作了调整后,到了第三年,《民生报》达到了收支平衡,成长之快,超乎王惕吾的意料之外。

六、办《欧洲日报》

在美国创办《世界日报》近20年后,王惕吾认为又有一件事值得他去做——到欧洲去办一张报纸。

这个想法缘于他1981年的欧洲之行。在欧洲各个地方,常可以看到华侨、华人的面孔。当时在欧洲的华侨、华人有60来万,其中约2/3居住在法国和英国。王惕吾想,如果办一份专为欧洲华人服务的中文报纸,将有助于他们团结和组织起来,争取共同的权益。

克服了重重困难,1982 年 9 月,王惕吾设在法国巴黎的"兰花传播公司"获得法国政府的核准,便决定将《欧洲日报》总社设在巴黎。王惕吾对《欧洲日报》的定位是:这是一份以华人社区为主的综合性报纸。第一,编辑旨趣必须是欧洲取向,协助华人了解、适应并融入当地社会。除了报道欧洲大事,还要强调与华人权益攸关的地方市政及社区性事务。第二,《欧洲日报》的发行以广大华人为对象。关于侨乡的报道,应该兼顾不同社群的不同背景与需要,采取多元主义。第三,《欧洲日报》的功能除了提供新闻与乡情,在遇到关于华人问题的争议事件时,应该扮演意见领导及整合的功能,以团结华人力量,维护华人权益。1982 年 12 月 16 日,《欧洲日报》正式创刊。

办这张报纸,王惕吾做好了长期亏损的充分准备。这张欧洲唯一的中文报纸在创刊 10 周年时,发行量近 2 万份,在积极推动当地事务中起到了桥梁作用, 与当地政府和其他媒体建立了良好的友谊。发行人王效兰(王惕吾的女儿)获得了法国政府颁发的文化骑士勋章。这证明《欧洲日报》得到了法国政府的肯定。

### 七、接办泰国《世界日报》

退居台湾的国民党当局为了争取各地侨民认同,以出资或辅助的形式,在全球各地办了一些报纸。时间一长,这些报纸就难以为继了。在这样的背景下,台湾当局有意让王惕吾接办泰国的《世界日报》。王惕吾与当局谈的条件之一便是:一接管报纸就要洗掉它的党营标签, 去掉报纸国民党海外宣传机构的身份和任务,国民党当局交出一切控制权, 此后不再过问报纸的任何言论与经营,把它改造成民营报纸,绝不能因为接办这张报纸,使自己原有的 5 张报纸沾上政治色彩。在经济上拒绝国民党的津贴与补助，在人员录用上，对报社原有人员作有选择的录用。

1986 年 2 月 18 日，一张新的民营报纸——泰国《世界日报》出版，共有七大张，在版式及内容上，都与以往的《世界日报》大不一样。一年之后，这张报纸的发行量由联合报系接管前的 2000 多份，增加到 1 万多份。到了第三年，这份报纸已扭亏，不再需要台北联合报系给予财务支援，成为泰国发行量最大的中文报纸。

## 八、创办《联合晚报》

1989 年初，台湾报业长达 30 多年的报禁解除。办报环境宽松了，王惕吾又有了办报的设想。这一回他决定办晚报。对于晚报，王惕吾是别有一番滋味在心头。早先，接办《民族报》不久办了一张《民族晚报》。这张晚报的前景非常不错，但王惕吾却把它交给《民族报》的创办人王永涛经营了，其用意是为了回赠王永涛当初把《民族报》转让给王惕吾办的好意。可惜的是，《民族晚报》在王永涛的经营下由盛而衰，亏损严重。

这时，王惕吾要办晚报，内外因都具备条件。从外部来讲，台湾晚报市场是由《自立晚报》《大华晚报》和《民族晚报》三家支撑的。《民族晚报》难以为继，《大华晚报》也是一蹶不振，整个晚报市场失去昔日的稳固。王惕吾办晚报，不存在与这三家晚报竞争的问题。从内部讲，联合报系的实力已大增，在台湾出版的《联合报》《经济日报》《民生报》各有自己的市场，而且相当稳固。《联合晚报》的定位是：文字横排，创造版面新形象；抓准新闻张力，制造新的议题；每天出版两张，售价五元（新台币）。这个定位，透露出还在母亲腹中的《联合晚报》的健壮气息。如果说横排的版面是为了吸引读者的眼球的话,那么抓新闻,制造新的议题是能够吸引读者眼球的根本所在,而低廉的价格(当时台湾报纸的售价是"三张八元"或"五张十元"),是能够吸引读者眼球的物质基础。这个定位,在当时的业界看来,是很难理解的,特别是每天只出两张这一招。报禁和限纸张政策解除后,办报的人多起来了,所办的报纸都在扩版,增加张数。《联合晚报》却反其道而行之,只出两张新闻版,连副刊也没有。这反而合乎人们对轻薄短小报纸的口味。1989年2月22日,《联合晚报》正式出版,当天发行量是285034份。这个份数超过了台湾任何一家晚报的数量。

## 九、办香港《联合报》

1992年,王惕吾80岁了。这一年,他又做出一个让大家吃惊的举动——到香港办报。

20世纪90年代初,正是中国内地改革开放后国力大增的时期,中国与英国就香港回归问题达成一致意见,1997年中国恢复对香港行使主权,回归后的香港实行一国两制。而从80年代开始,台湾与大陆的关系趋于平缓,往来频繁,在台湾的老兵可以回大陆省亲,台湾的企业家也纷纷到大陆投资办企业。"今天既成的事实,淹没昨天的政策;明天的行动,又准备冲破今天的禁忌。台湾对大陆开启的门,每天的缝隙都是不同的宽度。"

在这样的背景下,香港的位置也很突出,在香港办报也有必要。但香港的办报套路与台湾不同:发行以零售为主,而零售又掌握在几个报贩系统手中;报纸的娱乐性及趣味性浓,缺乏严肃的讨论;办报所需要的资本大。王惕吾通过调研,清楚地知道这些不同。他决定在香港办一张以知识分子为对象,与大众化的港报有区隔的报纸。报道内容上以内地与港台为焦点,突出港、台、内地三地的互动讯息,不仅适合在港台商的需要,许多在港内资机构人员也都订阅这份报纸,以获取与他们工作上有关的资讯。

1992年5月4日,香港《联合报》在已有70多家报纸的香港创刊。

# 第四节　办报理念

## 一、不受传统办报理念的束缚

王惕吾是由军人转为报人的,他之所以要办报,是出于一种朴素的对报刊的爱好,之前他没有受过传统新闻训练。跨进报业这个门槛后,王惕吾并不打算走传统的办报人亲自提笔之路,但办报必须具备的新闻价值判断等素养,他则努力地学习、吸收。他开始恶补新闻采编、经营管理等知识。在采编业务方面,他开始每天研读社论,同时坚持每天下午召开社论会议。开始这几个月,他在会上总是默默地听主笔与编辑的看法。每天的报纸,特别是社论他也看得很认真。每天晚上,他都到编辑部,站在记者、编辑的身后,看着他们工作。报纸出版后,他仔细看记者所写、编辑所修改的原稿,由此,他了解了每位记者的写作和分析能力。而详读社论,是在训练自己的判断大局、明辨事理的能力,其目的是训练自己掌握言论立场的能力。

过了半年,王惕吾由门外汉变成了能讲新闻 ABC 的人。他所谈的内容,令报社的编辑和记者惊讶:"他什么时候变成内行了?"王惕吾以自己的报馆为教室,以自己的同仁为老师,走出了他宽阔的办报之路。

王惕吾不像一般报人那样只一心耕耘编务,他还同时积极参与经营和印务,这种全面性的入门方式,奠定了往后联合报平衡发展的基础。他有时候走到街上,去了解为什么有些报纸卖得特别好;晚上,他虽在办公室后头的小房间,脑子里总是想着法子可以使自己的报纸多卖几份。他也仔细研究账册,企图找出可以使报社的开支与收入平衡的办法。编辑部的工作结束后,他转到印刷厂去。一方面了解机器运转的情形,一方面也与工人亲近,听听他们谈论报纸印刷情况。

只晓得机器怎么操作是不够的,王惕吾拿着表,默默地计算机器每分钟的印刷速度。这样,他可以知道工厂里需要多少人手,当工厂领班要求加人时,能够判断出要求是否合理。他由此知道报纸需要多少时间印刷,扣除掉印刷时间,可以把多余的时间留给编辑部,截稿时间往后延,往往可以得到更新的消息,在新闻上抢得领先。(王丽美,《报人王惕吾——联合报的故事》第25页,台湾天下文化出版股份有限公司,1994年)

## 二、善于与同行进行错位竞争

刚接手《民族日报》的王惕吾,总是为报纸的发行、广告、资金发愁。在同行的眼里,却根本不把《民族日报》当一回事。

在三报联合之后,王惕吾又有了一个新的设想:成立民营报纸联谊会与党公营报纸抗衡。就是把台北市民营报纸联合起来,形成一个整体,以便有力量与党公营的报纸抗衡。他把这个设想同《公论报》的李万居、《自立晚报》的李玉阶一讲,得到他俩的认同。1952年1月,由他们三人发起成立了"台北市民营报业联谊会",《民族晚报》《大华晚报》《华报》《征信新闻报》也申请加入,共有九张报纸结盟。

在王惕吾的办报生涯中,有一件事使他终生难忘。办报之初,王惕吾让发行人员拿着20份《全民日报、民族报、经济时报联合版》到台北火车站附近的一家大报交换报纸。交换报纸就是报社之间彼此约定，交换相同数量的报纸，相互之间不再收报费，这种做法属于报业行规。谁知，大报的发行主管听完《联合报》的发行人员说明后，露出了不屑的表情，对发行人员说："你以为什么报纸都可以跟我们交换吗？"说着，把那捆报纸扔到了门外。发行人员回到报社向王惕吾讲述经过后，王惕吾表面上很平静，对发行人员说："他们失态，是他们无理，不必为他们生气，我们自己把发行搞好就好了。如果有一天《联合报》变成大报，记住，我们不要用这种态度对待别人。"其实，这件事情对王惕吾有着很大的刺激，使他更明确了办报求胜的目标：他要追求的，不只是克服《联合报》的财务赤字，而且要超过一切障碍，追求更大的胜利。

民营报纸缺乏政府在新闻和资金上的援助，但在新闻言论上受政府的控制相对要松，可以发挥的空间比党公营报纸来得大。《联合报》只有走"群众路线"才能取得群众的认同，才能壮大自己的实力。于是，《联合报》有了这样的动作：处理新闻采取重点主义，扬弃传统四平八稳的新闻处理方式，抛开许多仪式性的例行事项，对于重点新闻突出处理，让读者明了新闻的重要性及意义。别人没有用的新闻，就扩大处理，大家都有的新闻，就提供更详细、更深入的报道，做到"人无我有，人有我好"。

新闻报道上，大胆摈弃了凡是主要领导人的任何新闻都放在一版头条的一贯做法，改为只有主要领导人的活动有新闻性，才能登在一版。王惕吾对一版的编辑说，我们办报是根据读者的需要和新闻的重要性处理，不要顾虑太多。

这样处理领导人的时政新闻，是国民党公营的报纸不敢做的，但《联合报》却做了。这成了《联合报》办报的异类所在，也是接近读者所在。

在新闻处理上，王惕吾还以社会新闻创造报纸的优势。

王惕吾办报初期的数年，无论是资金、办公条件、采访、印刷设备，都无法与国民党公营的报纸相比，唯一能比的是办报思路。当时，台湾"中央新闻社"每天固定在夜里0点截稿，"中央日报"等报纸是在午夜1点截稿。这样，无论是新闻社还是那些大报，他们在编发一天的新闻会存在空当——半夜至清晨这段时间。而这段时间会有不少新闻出现。王惕吾认为，这段时间的新闻报道了，就是独家新闻。报纸要报道这段时间的新闻，存在着印刷时间紧张的矛盾，所以发行量大的报纸就不会来做。那时，《联合报》发行数量不算大，具有延迟截稿的条件，可以尽可能地做足"空当期"的新闻。

"社会新闻"叫起来总不响亮，听起来也不很顺耳，但在那时的台湾，由于政治权力完全集中在行政体系中，其他立法、监察部门的活动姿态较低，民间部门的活动也很少，社会新闻也就成了焦点。这是报纸无法回避的现实。所以说，多登社会新闻，不只是报纸的主观选择，也是社会客观环境的产物。


### 三、广告上的突破

办报伊始，王惕吾把工作重心放在发行上，寻找发行的突破。七八年后，发行渐趋稳固，王惕吾把工作重心就放在了广告上。

民营报业联谊会成立后所做的第一件事就是要为会员争取广告来源，要求政府将例行及非例行公告广告在民营报纸刊登。

20世纪50年代，台湾报业的广告中，政府公告占大头，商业广告极少。但政府公告都在党公营的报纸上刊登，民营报纸分不到这杯羹。政府之所以这样规定，其理由是党公营的报纸发行量大,能产生最大的广告效益。民营报业联谊会的成立,让王惕吾找到了批驳这种说法的依据——虽然单张民营报的发行量不大,但九家报纸的总发行量并不比任何一张党公营的报纸发行量小,他们要求政府把联谊会的九张报纸看成一个结盟单位,任何政府公告在党公营报纸上刊登广告时,也在联谊会的九张报纸上刊登,而广告价格只按一张报纸的价格收取。"登一家,送八家"的广告策略果然打动人心,经过交涉,政府终于同意向联谊会的九家报纸刊登公告广告。联谊会收了广告款后,依各报发行量的比例分配到具体的报社。一笔广告款分给九家报社,每家所得到的广告款并不多,但民营报纸在广告源上有了突破,增加了民营报纸的社会功能,也提升了民营报纸的社会角色。

## 四、广告代理制度

20世纪50年代末60年代初,台湾报界争取广告的做法是广告业务员四处出动,在大街小巷向认识的和不认识的人、公司揽生意。工商户们并不认为广告能为他们营销产品起作用,之所以会在报纸上登广告,是作为人情卖给业务员的。他们要登广告,会把重点内容告诉业务员,由他们代为拟稿。面对这样的广告市场,王惕吾开始寻找突破的着眼点。

有一次,王惕吾到日本参加广告会议。日本电通株式会社社长在会上所说的一句话,引起了他的深思:"更多的广告,更多的贸易,更多的繁荣。"原来,广告的增量并不完全与经济的增量同步,经济总量不高的地方也可获得广告的增长。广告有着助推经济发展的作用。有了这种观念后,王惕吾决定尝试广告运行模式——实行广告代理制。1961年3月,《联合报》与一家广告公司签订合同,实行广告代理。凡是大型广告均由广告公司承揽代理,经专人设计完稿后,再交给报社刊登。

广告代理制度达到了一石三鸟的效果。对广告客户来说,由广告公司代理广告可以使他们的产品得到优化处理,他们可以专心从事制造生产。对广告公司而言,能获得比较固定的广告客户,有稳定的收入从事广告业务联系和设计。对报社而言,不但提升了广告品质,而且节约人力资源,增加了广告业务量。

## 五、重视分类广告

20 世纪 60 年代初的台湾,分类广告的业务剧增。在报纸张数无法增加的情况下,分类广告出现了无法及时刊登的情况。对此,王惕吾的做法是:宁可抽掉大的广告,优先刊登分类广告。

王惕吾这样做,有他自己的考量。大的广告客户往往是有一定规模的企业,他们无疑是报纸的重要客户——广告数额大,付款及时,抽掉大的广告,势必会引发他们的不满。但他认为,分类广告既是一种宣传,也是一种资讯,对广告客户、对读者都具有实用价值,而大广告的资讯价值少。在广告版面紧张的情况下,舍大广告而逐分类广告,就有道理可讲。这样做后,报社的广告业务成倍增长。

广告作为报纸的组成部分,也同新闻一样要传递真实、健康的信息。但在实际操作中,如果像新闻一样坚守真实、健康的底线,会流失一些广告业务,等于流失一些直接的经济效益。1965年,台湾报纸广告出现了低级黄色的苗头,而且有扩散的趋势。一些药品广告出现夸大疗效的虚假宣传。在报纸经营效益和坚守报纸品质的二元选择中,王惕吾明确地选择后者。他给广告部门下了四个原则:一是广告篇幅不得超越新闻;二是国内工商广告优先刊登;三是广告园地公开;四是版面与广告价格统一规定。联合报系按他所定的原则去做,虽然拱手让出了一些经济效益,但报纸的品质却越来越受到读者的称赞。

## 六、广告分版策略

1974年,《联合报》的广告业务不断剧增,出现了版面严重不足,业务部门不得不压缩新闻版面。王惕吾不同意"广告比例超过新闻"的做法,由此引起了广告客户的不满。3月1日,《联合报》刊登了"调节广告容量"的启事:"一、一般性商业广告,请刊登客户尽量缩小版面,节约版面;服务性分类广告,则请减少刊登次数,以便利他人。二、广告版面为求服务普遍公允,采取公开登记方式,依照先后顺序刊登。"

尽管启事登了,但广告量没有因此减少,报纸版面与广告之间的矛盾依然存在。这不得不迫使王惕吾寻找解决的办法。王惕吾采取了分版的办法。在这之前,《联合报》在地方新闻报道已采取了分版的做法,将台湾全省的新闻分成北、中、南等几个区域,分别编版。不同地区的读者可以收阅到比较详细的当地新闻,读到更切身的消息。随着新闻量的增加,《联合报》又对地方新闻加以细分,将北、中、南版分割成基宜、桃竹苗、中彰投、云嘉南、高屏、花东等更精专的版面。

广告不分版,所有的分类广告不论性质的针对性,都刊登在"通版"上,看似广告面很大,其实广告的针对性并不明确,而且广告的费用也大。一则高雄地区工厂征求业务的广告,对于台北市的读者并没有很大的关联。从广告的性价比考虑,没有必要在台北市发布广告或没有必要把广告传播到台北市。所以,对分类广告根据区域的有效性加以归类,划分到各个地区不同的版面,可以增加广告的容量。从1974年起,《联合报》采取了分类广告的分版做法,将原属于台湾省见报的第11版划分成台北市版及外埠版两种。凡是台北市内的广告,刊登在台北市版,其他的刊登在外埠版,广告价格也相应下调。

广告分版起到了一石多鸟的效果。对报社而言,既解决了广告版面吃紧的问题,又扩大了广告的业务量,效益只升不降。对广告客户而言,能及时刊出广告,而且价格降低,广告的效果明显。对读者来说,要了解工商信息,可以按地区域来寻找,了解起来更方便。

### 七、广告照相缩版

实施广告分版,仅是解决广告容量小的权宜之计。一段时间过去,广告版面紧张的问题又突现。如何在螺蛳壳里做更大的道场?王惕吾又生出第二计——采取照相缩版,扩大分类广告容量。

照相缩版是将原来每版可以容纳20批量的广告,以21批的篇幅来编排,然后用照相制版技术中的缩版方式,将21批的广告缩回到20批大小。这样做,在同样的版面内,容量增加了1/20,报纸可以更有弹性地处理每天的广告。

当然,这样做对读者阅读会带来了稍许的不便。好在这种做法并不是常态,只是一种缓解广告压力的权宜之计。从这种做法中,可以看到王惕吾为解决具体矛盾而善于思考、善于应变、善于创新的精神。

## 八、贷款上的突破

办报需要资金。20 世纪 50 年代,台湾的政府财政不断出现赤字,民营报纸很难贷到款。他们向台湾银行贷款,必须经由省政府批准,省政府又往往以民营报纸规模小而拒绝。民营报业联合会针对政府拒绝贷款的理由,提出了一项对策:民营报纸以互相担保的做法来提高信用,每一家报纸都由另外八家共同担保。各报尽可能地提供可供设定的担保物资,并提出可靠的经营计划,由民营报业联合会作为集体负责的保证。1954 年,九家民营报纸首次从政府的公营银行得了第一笔贷款。王惕吾用这笔贷款用于印刷设备的更新,买了一套新的铜模。

## 九、发行上的创新

发行是办报的最后一个环节,也是相当重要的一个环节。如果受阻,报纸办得再好,其意义也就被打折扣了。所以,做好发行工作,是办报人不可放松的。

报纸创办不久,为了扩大报纸的影响,王惕吾派人到"中央日报"社门口去卖报,因为那一带人多,加之"中央日报"的原因,买报纸的人更多。他要求卖报纸的人在卖报纸时喊出声来:"《联合报》来了,《联合报》来了。"对送报生,他也提出要求:每送三户报纸喊一声:"《联合报》来了。"这一喊,起到了报纸的广告作用,让更多的人知道《联合报》;这一喊,也在报纸与订户之间建立了一个沟通讯号。

联合版创刊当天,王惕吾要发行部门在台北市武昌街设立了一个批销处,每天清晨出报之后,送若干到这里,每份以报价的七折批给报贩,让报贩有利可图。

当报纸发行量达到 10 万份时,按报社原先的发行方法,全面经手发行递送报纸的话,需要大量的发行员和送报生,在管理上需要设立多个层次来监督,如此,报社的负担不轻,报社人员结构出现头轻脚重的情况。王惕吾意识到报社全面经手发行的不合理之处,决定实行改革:一方面要对报社有利,另一方面要使发行员有工作可做,不至于失去饭碗。

1973 年,一项叫"送者有其报"的发行改革方案出台:把《联合报》20 多年开发出来的报份,当作资产一样,依每一个送报生的资历和业绩,送给他们作为资本,鼓励他们自己出来经营业务,以这些既有的报纸继续拓展,开发自己的业务,从而带动总社报纸的成长。按照这个方案,每个送报者由"伙计"变成"小老板"。

尽管在实施之初,这个方案有一定的阻力——送报生还不愿自立门户当老板,但经过报社近两个月的解说和劝导,改革终于有了转机,有些送报生办起了分销处或营业处。他们当上《联合报》的发行老板后,经济效益不错。于是,更多的送报生也跟着走这条路,当起了老板。当这项改革结束后,《联合报》在台北市共设立了97 个分销处,14 个营业处。

几个月运行下来,证明这项发行改革相当成功,送报生有了属于自己的报纸后,不再只是依址送报,而是按自己规划的路线、发行订户准时送报。按规定,凡发行 1000 份以上报纸的营业处,自己管理、自己收费,再兼一个报区的送报工作,一个月的收入约有一万元新台币。这个数额在当时的台湾属于高收入了,也远远高于他们原来的收入。对报社来说,这个改革促进了发行量的上升。改革实施 5 个月后,台北市的报纸发行量增加了 25%。

报纸只有及时送到读者手里,才能体现价值和意义。报纸的寿命只有一昼夜,一昼夜后,又有新的报纸问世了。因而及时把报纸送到读者手里更显重要。报纸发行在小范围内不会有大的变故,当它在远距离发行时,受外界不可预知和确定的因素影响,会无法及时送到读者手里。而一旦出现不可预知的天灾人祸,读者对报纸的需求会比平时更迫切。在这样的情况下,如果报社能以非常规的、高成本的手段及时把报纸送到读者手里,更能体现报社对读者的责任担当。在王惕吾的报人生涯中,雇飞机送报纸就是一例。

1959 年 8 月 7 日,台湾中部发生大水灾,铁路、公路多处中断,南北交通一时断绝,《联合报》向台湾南部送报纸受阻。如何把报纸及时送到灾区,《联合报》的做法是包租飞机往南部送报纸。当时南部的嘉义没有机场,飞机无法降落,发行人员就与地方分销人员约好地点,将报纸用油布裹着,让飞机低空飞行时扔到地面。这一天,在台湾南部地区的订户反而比平时更早地收到了《联合报》。《联合报》每份报纸的零售价是一元(新台币),如果以飞机租费分担到每张报纸上,售价为 85 元(新台币)。这是一笔巨大的亏本生意,但王惕吾认为值得,损失的是经济,得到的是读者对《联合报》的赞誉和发行量的提升。这次水灾后的半年间,《联合报》的订户增加了 5000 份。

在 20 世纪,台湾报纸发行有过几个发展阶段:50 年代,报纸完完全全依靠火车往南分送,报纸送到读者手里已中午了,而偏僻的地方,第二天才能送到。这种报纸发送状况,使得以台北为据点的报社在中南部的市场占有率不大。到了 60 年代,报纸发行嘉义以南的地区靠包飞机运送,在台湾中南部地区的报纸发行量扩大。飞机运送的好处和局限性都很明显。飞机飞行受天气的影响较大,在许多情况下,报纸反而无法送到。70年代,随着台湾高速公路的建设,报纸发行开始走高速路。

王惕吾敏锐地觉察到高速公路对报纸发行的影响。1978年,他带着台湾省交通地图沿高速公路考察,记录了每个路段的通行时间;在未通车路段,有哪些道路可以衔接。此时,联合报系已有三张报纸:《联合报》《经济日报》《民生报》,报纸发行的运输量大。之后,联合报系注册成立了一个"天利运输公司",添置了多辆汽车,实行沿高速公路自送报纸到订户手里。值得一提的是,原先与其他报纸共同包租飞机送报纸的费用,王惕吾还是照旧支付。

# 第五节　对报业的贡献

　　王惕吾办报所承担的责任是全方位的。因为他是"外行"办报，采编这一块的具体操作，他可以名正言顺地交给他所聘的报业行家，但资金、印刷、发行这三个环节的事务是他无法交给他人去做的。正是这个原因，具体到印刷这一块，使他有更多的时间和精力去发现存在的问题，有更多的兴趣去寻找、研究解决问题的方法，做出了在中国的报业上远远大于其他报人的贡献：促成国产中文轮转机、中文全自动铸版机、中文计算机检排系统的研发，率先引领台湾报纸印刷业迈向现代化与国际化。

## 一、研发印刷机

　　印刷是办报的重要一环。印刷设备好，不但印得快而且印出的报纸清晰，因而一张有影响的报纸，不能没有性能优良的印刷设备。

　　1959年初，《联合报》迁址到康定路的新大楼后，报纸发行量不断扩大，但遇到了印刷设备陈旧、规模小的矛盾。考虑到报社发展的前景，王惕吾决定购买新的印刷设备。新的设备须向美国、德国或日本购买。王惕吾一了解，价格高得让他瞠目，每台印刷机最便宜的也要5万多美元。

　　除了价格高以外，向国外定购印刷设备还有一个问题就是交货期长。从订货到交货要近两年时间，这样长的时间，也实在让王惕吾无法接受。

　　无奈之中，王惕吾想要是台湾有企业能造印刷机就好了。他这个想法是有依据的，《联合报》用的一台印刷机就是由德国设计，上海精成厂于 1946 年制造的。这说明，中国企业并非不能造印刷机。于是，他与台湾的一些工厂联系，委托他们制造印刷机。几经了解、洽谈，与台湾宜昌机器制造厂达成合约——宜昌机器制造厂愿意承接这项新鲜但充满风险的工作。宜昌机器厂有一位来自上海的技工，过去在上海精成厂工作过，对印刷机有一定的了解。王惕吾对合作方说，一切开发费用全由《联合报》承担，如果印刷机造不出来，所有的费用也由《联合报》承担。

有了王惕吾的承诺后，宜昌机器厂把《联合报》的一台老印刷机的所有零件逐一测绘成图、翻砂铸模，再装配成机器。经过八个月的努力，一台转轮印刷机制造出来了，性能超过了原型母机，在全速运转时，每小时可印对开报纸 3 万张。这台印刷机的造价只有日本、德国机器厂报价的 1/3，而交货时间则提前了一年。在中国报业史上，由报人动念自制印刷机，王惕吾当属第一人。

印刷机造出来后，王惕吾并没有把它当成自己的专利，他向其他报社推介，要添置印刷机，最好向宜昌机器制造厂定制。在后来的 15 年中，宜昌厂不断改进产品，将原来单节式的设计，改为双节式，造出了数十台转轮印刷机卖给台湾各报社，取得了不错的经济效益。由于宜昌机器制造厂的成功带动，台湾也逐渐形成了印刷机制造产业。

## 二、研究中文自动检排

汉字是方块字，一字一形，字量庞大。在印刷时，要一个字一个字地从字库中捡出、排列，印刷厂要铸出所有的汉字，以供排版。与拼音文字比，铸字、排版显得相当的烦琐。印刷不但费时费工,成本也较大。

这个问题,王惕吾自踏进报界就关注了,如何提高中文检字与排字的效率,能否做到汉字的检排自动化,是他一直在思考的问题。1958年,王惕吾到日本参观报业。此时,日本报纸印刷已采用自动铸排机,印刷厂不需要储备大量的铅字,也用不着大量工人在铅字房不停检字,工作环境显得清静。日本文字中假名、片假名是由字母组成的,其他的则是汉字。在日文中,常用的汉字有1800多个。

日文印刷可以用自动铸排机检排,汉字印刷也可以用自动铸排机检排。

在东京参观东京机械制作所时,王惕吾向这个所提出设计中文报业的自动铸排机的要求。得到的回答是汉字有上万个,要作机械化处理很难做到。只有把字数减少到2000个左右才可以试一试。

回到台湾后,王惕吾决定由自己的报社来做这件事。他知道做这事不是一年两年能做好的,但值得花精力、时间来做。第一步要做的事是将中文常用字整理出来。报社成立了一个小组负责这项工作。小组人员逐日登记每个汉字在报纸中出现的次数,再将成年累月的登记结果加以统计分析,计算出个别汉字的出现频率。同时,从铅字房字架上补充铅字的记录中找寻线索,根据不同铅字补充数量的多寡,作为常用字的统计基准之一。小组人员还研究字与字之间的联系,以及常用词的组成。

做这项工作很单调,而且时间拉得很长,用了四五年,才找出了2300多个常用字。在此基础上,报社又找出了使用频率最高的960个"最常用字"。自动铸排机械设计的基础工作完成了。

为了开发自动铸排机,王惕吾先后四次到日本与东京机械制造所交换意见,经过长达6年的反复讨论,1964年,双方终于认为合作开发中文自动铸排机的时机成熟,签下了合约。1965年,日本东京机械所根据符号化原理为联合报社制造出了"联合报中文全自动铸排机"。

这台中文全自动铸排机虽然制造商是东京机械所,其基础工作是由联合报系完成的。在多年的研发中,美国国防部和芝加哥电脑公司都曾劝王惕吾打消研制的想法,认为"中国文字自动化是不可能的"。原来,美国国防部曾做过一个中文自动化研究计划,后来因难度大而停止。他们对王惕吾说:"中文字虽简单,却有太多同音字,而字形变化太多,无法归纳出比较简单的原则。除非先将中文符号化,自动控制才有可能。"王惕吾到芝加哥电脑公司参观时,对方得知王惕吾在做中文铸排自动化的工作,就说中文,电脑是不可能做出来的,中国文字太复杂了,那是艺术,不是科学所能分析出来的。但是,王惕吾就是不听他们的劝告。

"联合报中文全自动铸排机"分两部分:一是人工打字的纸带钻孔机;一是机械操作的自动铸排机,两者构成全部自动控制系统。人工打字部分有一个大型键盘,纵列 27 个键,横列 44 个键,每个键的位置安排上、下两个字,如此就包括了先前精选出来的2376 个常用中文字。其中最常用的 960 个字,根据性质分成政治、外交、军事、司法、经济等类,安排于键盘的中央,以便操作。其余的次常用字,则依部首排列于字键四周。

打字员打字的时候,其实是将每个中文单字的讯号传送给钻孔机,钻孔机在纸带上依据不同字的符号代码,钻出对应的孔。纸带中心是一排连续的小孔,作为带动纸带之用。纸带经过内部送信机处理,依纸带上的孔位,识别并读出该字的位置,随即进入铜模库中找出这个字的铜模,然后送到铸字机铸成铅字。铸完铅字之后,原来的铜模立即被送回铜模字库中存放,而新铸好的铅字,则依纸带所打的每行字数设计,自动排列成行。自动铸排机的平均铸排速度是每分钟 120 个字,这个速度,比起原来传统的手排字,是一个熟练工的四倍。以当时通常每天出版两张报纸来讲,仅是内文编排使用的六号铅字, 就有 700 万个字铅字的安全储存量,而这个数量的铅字重约 10 吨,一排排列在字架上,占地很大。采用自动铸排机操作,四部机器加上 8 部打字设备,所占空间不到原来的 1/10。报纸印刷结束后,所有的铅字逐一清理,需要花很多工夫。这道归位手续,现在不需要了,可省去不少人力。

"联合报中文全自动铸排机"的的确确是中文印刷史上的一次革命。

### 三、电脑排版

《联合报》在使用中文自动铸排机 10 多年后,又用上自行开发的电脑中文检排系统。

20 世纪 70 年代,王惕吾看到电脑发展的趋势,决定开始研究电脑检字与排版。那时,市面上已有能打印汉字的电脑,但字形模糊,无法用于报纸印刷。日本也有汉字不同书写体的造型,但价格很贵, 每个字的绘制费用在 20—30 美元, 字形准确度又不尽相同,也无法用于报纸印刷。

1980 年,王惕吾聘请美国电脑专家那福忠开发电脑中文检排系统。王惕吾给那福忠开出了与他在美国一样高的薪水, 这个薪水,比联合报社长的薪水还要高出很多。《联合报》选派了一批造字工人,一笔一画绘制字稿,再数据化定稿,存入电脑。采用这种办法造出了 8 万多个汉字。电脑采用大键盘输入法,平均每字只需要敲键两三次。1982 年 9 月 16 日,《联合报》正式使用由自己研发的电脑排版系统。这个系统比起自动铸排机的效率高出了许多。

# 第六节 礼贤下士

从军界到新闻界,这个跨度可谓不小。王惕吾能成功转身,应归功于他杰出的经营思路和管理方法。当他把报业平台搭建起来后,引进了大量的人才,依靠这些专业人才,王惕吾完成了联合报系的构筑,从而成为中国报业的一位巨子。

《联合报》能显赫于报业之林,分析起来原因很多。其中最为重要的是王惕吾惜才、爱才的用人之道。在台湾报界,对王惕吾的评价会因人而异,但有一个方面是大家都认同的,那就是王惕吾礼贤下士、善于用人。

王惕吾在用人、管理方面经过了一个角色转变。军人出身,养成了他严明纪律、恩威并施、赏罚分明的管理风格,但入道报界后,部队的那一套管理方法并不完全适合。新闻工作者的性格多半自由不羁,自主意识强,不易屈服于权威,也不易受指挥,作为老板,必须尊重他们的个性和专业知识,应该在人情方面着眼,知他、识他、用他、谅他。

王惕吾极其重视采访编辑第一线优秀人才。《联合报》驻海外特派员,如驻美国毛树清、驻日本司马桑敦、驻英国周榆瑞、驻香港卜少夫……在当时的台湾报界,他们都是知名的记者。他特聘林海音主编《联合报》副刊。十多年间,林海音将它办成了品牌。

在这方面,王惕吾留下了许多佳话,至今还为人所津津乐道。

1953年初,刘昌平接任《联合报》总编辑不久,得了当时人人畏惧的传染疾病肺结核。为避免传染给同仁,决定离开宿舍搬到旅社住下,准备就医。王惕吾得到消息,立即赶到旅社,请刘昌平到他家去休养治疗,刘昌平怕传染他家人,执意不肯,但是王惕吾苦口相劝,刘昌平终于被王惕吾的真情实意感动,点头答应了。王惕吾在院子里为他单独安排了居室,他夫人亲自料理刘昌平的饮食起居,十个月后刘昌平康复,重新开始工作。

这段生死之交,使得刘昌平对王惕吾感激不尽。刘昌平成了王惕吾一生中最重要的创业伙伴。从王惕吾于1949年底进入新闻界至1993年退休,这43年间,刘昌平一直在为王惕吾打拼,做了12年的《联合报》总编,后来又出任副社长、社长、发行人,为联合报系的发展做出了很大的贡献。

刘昌平的才能在台湾新闻界是公认的。有一年,官方的"中央日报"改组,准备让刘昌平出任总编辑,这个提议因国民党中央党部没能通过而搁浅。多年后,"中央日报"的人向刘昌平提及此事,刘昌平的回答是:"那时上面真的批准了,我也是不会离开《联合报》的。因为王惕吾先生,只有他辞退我,没有我向他辞职的道理。"

王潜石善制标题,多有脍炙人口之作,曾长期主持《联合报》的黄金版面第三版,但他性格多棱角,常有过激之论,数次因工作问题与王惕吾争论,咄咄逼人,但王惕吾保持风度,每每不与争论,默然离去。有一次,王惕吾等他发完议论,平静地说道:"你讲完了没有?我只告诉你一句话:无论才气,无论经验,你都比我强,我有一样比你强——我度量比你大。"不肯服人的王潜石终于在王惕吾面前服输了。后来,王潜石任美国《世界日报》副总编。

杨选堂在《联合报》任主笔20多年,是王惕吾重要的合作伙伴。有一天,杨选堂写了一篇社论,对当局一项财政政策有所批评,台湾当局财政部长对这篇社论很反感,立即向蒋经国申诉,并表示要辞职。此事转至国民党中央党部处理,他们要求王惕吾处分主笔。对此,王惕吾不同意国民党中央党部的指示。他认为,报社不合官意就要处分主笔,那么就谈不上独立评论。他答复国民党中央党部:"社论代表报社立场,与主笔无关。这件事,我来负责好了。"他绝口不提杨选堂的姓名。国民党中央党部把王惕吾的意思告诉给蒋经国,蒋经国说,可以取消处分,但要主笔写一份悔过书,保证不再犯。

王惕吾对传达此意的人说:"你我都是读书人,士可杀不可辱,要一个读书人去写悔过书,不是比夺走他的名誉还严重吗?这个事情,我绝不接受。"此事,因王惕吾的抗争,后来也就不了了之。

编辑刘洁曾因与王惕吾意见相悖,两次负气出走,不辞而别。王惕吾两次派人请他回来,大有萧何月下追韩信之遗风。

这些人后来都成为王惕吾事业的良友、办报的将才,分任联合报系海内外各大报的总编辑等重要职务,竭诚尽智为《联合报》服务,与王惕吾甘苦与共。

台湾才女林海音名作《城南旧事》,于 1982 年由大陆拍成电影。这也是海峡两岸较早的文化交流。该影片曾在 47 个国家公映,获多项国际大奖,一举誉满天下,并使大陆民众知道了林海音。其实,林海音不只是专长散文、小说的女作家,也是优秀的编辑。王惕吾特聘林海音主编《联合报》副刊。

林海音主持《联合报》副刊,培育了不少文学新秀。如钟肇政、文心、陈火泉、郑清文、庄妻、钟理和等。黄春明的第一篇短篇小说《城仔落车》,七等生的第一篇小说《失业、扑克、炸鱿鱼》都是在《联合报》副刊出的。

1963 年 4 月 22 日,林海音编好次日见报的副刊后,发现版面尚有一小块空白。想起有一首十几行小诗,正好补空白。从抽斗内拣出补发好,就下班了。

4 月 23 日早上,王惕吾接到好友的电话说:"今天《联合报》有篇东西很不对头呀。已有人到'总统府'讲了话,盼惕吾兄先作处理。以免老先生(指蒋介石)见到报纸后追问下来,就不好办啦!"

王惕吾马上查阅报纸,见副刊有署名"风迟"的诗《故事》,全文是:

> 从前有一个愚昧的船长,
> 因为他的无知以至于迷航海上,
> 船只漂流到一个孤独的小岛;
> 岁月悠悠一去就是十年时光。
> 他在岛上邂逅了一位美丽的富孀,
> 由于她的狐媚和谎言致使他迷惘。
> 她说要使他的船更新,人更壮,然后启航,
> 而年复一年所得到的只是免于饥饿的口粮。
> 她曾经表示要与他结成同命鸳鸯,
> 并给他大量的珍珠玛瑙和宝藏,
> 而他的须发已白,水手老去。
> 他却始终无知于宝藏就在他自己的故乡!
> 可惜这故事是如此的残缺不全,
> 以致我无法告诉你那以后的情况。

王惕吾一看,坏了!祸闯大了!

众所周知,蒋介石自大陆败退台湾已有十多年。1962年,毛泽东大跃进、人民公社化失败,百姓生活困难,蒋介石欲发动反攻大陆,结果没有成功。美国也不敢支持(反攻大陆,要越过巡航台湾海峡的美军舰队)。只得组织小股武装人员袭扰沿海,又连遭歼俘。《故事》这首诗非常敏感,这位船长可认作影射讥讽丑

化蒋介石本人。王惕吾立即找来副刊主编,弄清了经过,由林海音辞职了结此事。而那位诗作者名王凤迟,是高雄市基层政府的户籍员,被台湾警备总部以思想偏激罪名拘捕,关押了三年五个月。

对于社外的有才之士,王惕吾也是厚爱有加。

台湾有个历史小说大家叫高阳,曾为多家报纸同时撰写连载小说,稿费收入虽然丰厚,但因理财无方,竟债台高筑。1982年,高阳请求王惕吾预支稿费,王惕吾因爱其才华,慨然允诺,一次性为高阳还清二百多万元债务。没过几年,高阳又欠新债,生活贫困,居无定所。王惕吾得知后,倾力相助,雪中送炭,为他安排安身之处。

高阳喜欢喝酒,酒量大,而且要喝XO。20世纪五六十年代的XO在台湾是很贵的,高阳凭自己的稿费根本喝不起。那时候为了把中华历史小说在台湾传开去,王惕吾每天给他买好XO,送到小楼上去,让人把楼下的梯子抽掉,像古代的王羲之一样,让高阳进入一种意境,写好了一篇才把梯子搭上去,接他下来。

王惕吾资助过的人才,遍及文化、音乐和体育界。1987年华裔网球小将、15岁的张德培缺少训练经费,王惕吾闻讯,立即给他一百万元奖学金补贴训练经费。经过几年苦练,张德培脱颖而出,成为世界网球明星。

香港科技大学丁学良教授是安徽人,20世纪80年代在美国留学。他在《〈联合报〉王惕吾》(发表于《mangazine·名牌》2006年4月号)一文中,回顾了他与王惕吾的交往。

20世纪80年代中期,丁学良在美国念书。那时候,大陆来的留学生差不多都是公费生,对台湾相当好奇,但是同台湾接触又有诸多忌讳。虽然那时两岸在政治观点上有大分歧,而在民族认同上是一致的,所以大家都很想了解台湾。《联合报》驻美新闻中心主任张作锦了却了丁学良想去台湾看看的愿望。

1989 年底,丁学良在博士论文快做完的时候,想去看看台湾的基层选举情况。11 月 29 日,他到了台北,下飞机时已经是晚上七八点钟了,那些来接的人就催他们赶快走,说:"联合报的董事长还在等你们吃饭呢,他不断地打电话来问飞机有没有误点什么的。"丁学良听了之后,非常不好意思。他已经在飞机上吃过了,没想到那么大年纪的王惕吾先生,还在等他吃饭,还专门安排自己的奔驰 560 小车来接他。

到了联合报大楼,才知道王惕吾把联合报系所有不当班的高层都找来了,大家坐了两个大桌子。接待的人悄悄地告诉丁学良:"不到餐馆里请你吃饭,是因为餐馆里的菜不好吃。知道你很爱吃,所以董事长特意安排他的浙江私人厨师操刀,精心做浙江家乡菜给你吃。"丁学良有点受宠若惊,联合报社长刘昌平对他说,王惕吾对人一贯都是这样的。

后来丁学良去台湾乡下,王惕吾又说用专车送他。

大约是 1990 年,有一次,王惕吾去美国治病,丁学良就从波士顿坐火车去纽约看望王惕吾。晚饭后,他上车去张作锦先生家里住,发现车子后面有个很大的包。司机说是王惕吾安排让他带回波士顿的;原来是王惕吾要饭馆大师傅炒的他爱吃的三个家乡菜。那个时候王惕吾的慢性病已经是中后期了,但还是对晚辈后生照顾得很周到。

在王惕吾晚年肾衰竭的时候,他已经不能站立了。有一次他把联合报系跟他共事的一些人叫到他的办公室,一个个地摸着他们的手,说:"我这个人是行伍出身,从来没有受过新闻专业训练,我之所以做成了华文私人报业中数一数二的报系,是因为有你们。我有亲兄弟在浙江老家,已经分隔 40 多年了,但是我们呢,天天在一起,虽没有血缘,比亲兄弟还密切。"

王惕吾就是这样的一个人,他是用"袍哥"的情谊来待人的。我们现在说老板和员工之间靠契约、靠法律来维持关系,但是契约、法律是不能取代情谊的。王惕吾说,我们中国人常常讲大德和大节,讲只要大节好,小节就不要计较。"大节是看党派关系,看政治态度,小节是看这个人怎么对待自己的亲戚、朋友、同事,怎么对待长者、妇女、弱者。大节、政治观点是会变的,但是小的方面是很难变的。一个人不管你多么聪明,不管你的政治态度怎么正确,但是你小节不好,我就不敢用你,不愿跟你做朋友。"

联合报系一向以完善的员工福利闻名于报界,希望用良好的福利政策来减少员工的流动。联合报系员工享有的福利遍及衣、食、住、行、育、乐各个生活层面,这也成为联合报竞争的一大利器。

王惕吾对待报社员工亲如家人。1961 年他就开始实施"员工互助办法",例如:为员工办理社会保险;贷款为员工购置房屋;成立员工诊疗所、托儿所和员工"南园"休假中心;1996 年又捐资 1 亿元新台币,建立员工子女就学资助金等,受到员工们的普遍欢迎。

**链接:**

王惕吾情系桑梓,不断向家乡捐资建学校、医院,并设立奖学金,奖励家乡的优秀学子。

2012 年 11 月 13 日,东阳市第 23

王惕吾奖学金颁奖大会

届王惕吾奖学金颁奖大会暨王惕吾先生百岁纪念活动分别在东阳中学、巍山中学、巍山镇中学、吴宁一中举行。

东阳市领导对王惕吾先生热心无私资助家乡社会公益事业的善举给予高度赞扬和充分肯定：王惕吾先生艰苦创业、回报桑梓的精神，不断鼓舞着东阳学子发奋读书、立志成才，也激励了许多东阳学子走出东阳，报效国家。

王惕吾故里——王村光村

# 后　记

　　当这本书初稿的最后一页打印出来后,我突然之间感到很疲倦。这疲倦,如横渡大江大河,一上岸后就瘫倒在地一般。

　　写这本书的动议起于 2006 年。当时,我为金华的一所高校开课。一次,有一学生问我:"何老师,金华号称'小邹鲁',你所在的金华日报办得这么好,与'小邹鲁'有关系吗?"

　　"有。"我随口回答。

　　"有哪些方面的关系呢?"学生追问。

　　我一时语塞。

　　回到报社办公室,我陷入沉思——真的,有哪些方面的关系呢?我费力地以"新闻人物"做搜索词,在自己的脑海中搜寻这个答案。渐渐地,有几个人物在我面前清晰起来,邵飘萍出现了,陈望道出现了,曹聚仁出现了,石西民出现了,原来金华这块土地上出现过四位全国级的新闻巨子。原来金华的土地特别适宜新闻人才成长。原来新闻人才辈出是"小邹鲁"在金华当今的体现。三个"原来",完全可以回答那个学生的提问。

　　于是,我有了了解金华籍新闻人才和金华新闻史的冲动。而且还发现,抗战时期,金华曾是闻名全国的文化、军事重镇,各种报刊在金华出版,各种文化人在金华工作……我决定对这块材料进行发掘、整理。

拔出的萝卜经山泉冲洗后，鲜嫩度就体现出来了。经过一段时间的收集资料和思考，我发现，邵飘萍、陈望道、曹聚仁、石西民这四位金华老乡，对我国新闻事业的贡献，在中国新闻史上有着举足轻重的地位。一个地级市有这么四位新闻巨子，在全国的地级市中是很少见的。而抗战时期金华蓬勃发展的新闻事业，在全国地级市中也是很少见的。这就是金华地方文化的闪光点所在，也是"小邹鲁"这一称号在现当代金华的体现。我找到了发掘、整理这些材料的价值了。

世事在变。2008年，我承担了省社科院的一个重点课题"义乌人性格解读"，2009年又承担了以全国人大代表周晓光现象为例的中国人大代表"履职生态"研究的课题——"履职之路——全国人大代表周晓光现象解读"。于是把煮得五六成熟的金华新闻人才和新闻事业的研究搁置了。

2011年底，我以论著的形式分别完成上述两个课题的研究后，又开始生火煮那个被搁置的研究课题了。

此时，何生英加入了研究行列。她是我的同事，浙江大学的硕士。她大学毕业后一直从事刊物、志书和报纸的编辑工作。曾是《金华市科技志》的编辑和主要撰稿人，后任《信息参考报》的副总编。当我与她聊起研究课题时，她说，全国一流的新闻巨子还有一位，就是我们东阳巍山的王惕吾，他用40年时间打造出一个联合报系。何生英的祖籍是东阳巍山。她说，她在写硕士学位论文《报纸经营市场化问题研究》时，收集了王惕吾的一些资料。听了何生英的介绍，我很兴奋。原来，在金华的土地上，竟有五位全国一流的新闻巨子。五位巨子不单是数字上的吉利，更是分量上的厚重。由此我们可以说，在全国地级市中有五位国家一流的新闻巨子，唯金华市有，金华完全可以称为中国的"新闻人才之乡"。于是，我决定与何生英合作，把这个课题做得厚重些、完善些。

我们把原来的研究内容分成两块进行，一块是对金华五位新闻巨子的研究，一块是对抗战时期金华新闻界的研究。我们先把第一块研究做好。

研究是一项枯燥的工作。我们收集材料、甄别材料，围绕"新闻巨子"这个轴心组织材料，进而对五位新闻巨子做新闻实践、新闻理念、新闻教育等方面的梳理。经过半年努力，我们终于拿出了初稿。

面对初稿，我们诚惶诚恐起来。从框架结构来看，这本书的材料组织，相当于把五位新闻巨子的材料罗列出来后，再加一个垫子。每个巨子的材料都是独立的，可看成他们的新闻小传。为了让读者看起来清楚些，就按概述、新闻实践、新闻理论（观点）三大块来写。这样写的缺点是故事性差，优点是学理性强。一个垫子是指第一章，着重剖析金华厚重的文化。这是这五位新闻巨子赖以产生、成长的土壤，进而着重解析以五位新闻巨子为代表的新闻人才队伍对现今金华事业的影响。优秀的文化传统是无价之宝。金华新闻界拥有这份无价之宝，是多么让人羡慕。

这本书经过一个月的认真修改，如今已交付出版社印制了。这本书能顺利出版，要感谢金华市婺文化研究会提供的便利，感谢金华市委书记陈一新作序，感谢柳永清、吴伟东帮助校对，感谢陈少华拍摄照片，感谢应经纬对本书出版给予大力帮助。

何成明

2013 年 1 月 23 日于金华

# 参考文献

[1] 邓明以.陈望道传.上海：复旦大学出版社，2005.

[2] 周维强.太白之风——陈望道传.杭州：浙江人民出版社，2006.

[3] 散木.乱世飘萍——邵飘萍和他的时代.广州：南方日报出版社，2006.

[4] 郭汾阳.铁肩辣手——邵飘然萍传.杭州：浙江人民出版社，2006.

[5] 林溪声，张耐冬.邵飘萍与《京报》.北京：中华书局，2008.

[6] 石西民.时代鸿爪.北京：新华出版社，1985.

[7] 石西民.报人生活杂忆.重庆：重庆出版社，1991.

[8] 姚北桦，王淮冰.报人生活杂忆——石西民新闻文集.重庆：重庆出版社，1991.

[9] 李伟.曹聚仁传.郑州：河南人民出版社，2004.

[10] 卢敦基，周静.自由报人——曹聚仁传.杭州：浙江人民出版社，2003 年.

[11] 曹聚仁.天一阁人物谭.上海：上海人民出版社，2001.

[12] 曹聚仁.我与我的世界.太原：北岳文艺出版社，2001.

[13] 曹聚仁，舒宗侨.中国抗战画史.北京：中国文史出版社，2011.

[14] 曹聚仁.北行小语.北京:生活·读书·新知三联书店,2002.

[15] 王丽美.报人王惕吾——联合报的故事.台北:天下文化出版股份有限公司,1994.

[16] 王惕吾.我与新闻事业.台北:台湾联经出版事业公司.1991.

[17] 浙江省政协文史资料委员会.老报人忆《东南日报》.杭州:浙江人民出版社,1997.

[18] 何成明.义乌人性格解读.上海:上海人民出版社,2011.

"婺文化创新团队"研究成果

婺文化丛书 V / 钟世杰　主编

# 艾青笔下的故乡

周国良　陈文兵　著

 浙江工商大学出版社

**图书在版编目(CIP)数据**

艾青笔下的故乡 / 周国良，陈文兵著. — 杭州：
浙江工商大学出版社, 2013.5
（婺文化丛书. 第 5 辑）
ISBN 978-7-81140-797-6

Ⅰ.①艾… Ⅱ.①周… ②陈… Ⅲ.①文化史–金华
市 Ⅳ.①K295.53

中国版本图书馆 CIP 数据核字(2013)第 106528 号

# 艾青笔下的故乡

周国良　陈文兵 著

| | |
|---|---|
| **责任编辑** | 赵　丹 |
| **特邀编辑** | 许苗苗 |
| **装帧设计** | 周国良 |
| **出版发行** | 浙江工商大学出版社 |
| | （杭州市教工路 198 号　邮政编码 310012） |
| | （E-mail：zjgsupress@163.com） |
| | （网址：http://www.zjgsupress.com） |
| | 电话：0571-88904980，88831806（传真） |
| **排　　版** | 金华日报商务彩印有限公司 |
| **印　　刷** | 金华日报商务彩印有限公司 |
| **开　　本** | 850mm × 1168mm　1/32 |
| **印　　张** | 138.5 |
| **字　　数** | 3226 千 |
| **版 印 次** | 2013 年 5 月第 1 版　2013 年 5 月第 1 次印刷 |
| **书　　号** | ISBN 978-7-81140-797-6 |
| **定　　价** | 460.00 元(全 13 册) |

# 艾青笔下的故乡

题字：张雪明（中国书法家协会会员）

作者走访艾青故居

艾青最喜爱的村口一对大樟树

艾青故居正厅

艾青故居礼耕堂

重走艾青小时候玩耍的小石子路

艾青故居全景

走访大堰河村

走访大堰河之墓

艾青文化公园

艾青小学

艾青纪念馆大楼(老馆)

艾青陵园

艾青中学

金华一中(艾青读过的原浙江省立七中)

艾青纪念馆（金华少儿图书馆）新馆

作者周国良与中国作家协会主席铁凝(北京人民大会堂浙江厅)

作者周国良与艾青夫人高瑛(北京四合院)

作者周国良与艾青研究专家骆寒超教授(右一),原中国作家协会党组
成员、书记处书记吉狄马加(左一)(第八届金华国际诗人笔会)

作者周国良与艾青夫人高瑛(艾青纪念馆接待室)

作者周国良与高瑛女士在艾青纪念馆门前合影

# 目 录

# 第一章 艾青的故乡——金华

　　艾青的故乡在今浙江省金华市金东区傅村镇畈田蒋村。金华市域春秋时属越国。秦、汉为会稽郡。三国吴宝鼎元年(266)置郡名东阳,以郡在瀫水(即衢江)之东、长山之阳而得名,金华设立郡府建制自此始。"金华"这一名字由来,相传是因为金华位于金星、婺女星争华之地。东阳郡属扬州,领长山(今婺城区、金东区、兰溪市)、乌伤(今义乌)、永康、吴宁(今东阳)、丰安(今浦江)、太末(今龙游)、新安(今柯城、衢江区)、定阳(今常山)、平昌(今遂昌)9县,治设长山。南朝梁绍泰二年(556)置缙州。陈天嘉三年(562)撤州,东阳郡改名金华郡,郡名金华自此始。隋开皇十三年(593)改置婺州。大业三年(607)复置东阳郡。唐武德四年(621)改东阳郡置婺州,并于信安(新安)县分置衢州。唐天宝元年(742)改婺州为东阳郡,乾元元年(758)复为婺州,一直延续到宋元。元至元十三年(1276)改为婺州路。至正十八年(1358)朱元璋攻取婺州路,改名宁越府,至正二十年改为金华府。明成化八年(1472)析遂昌、金华、兰溪、龙游县部分地置汤溪县。金华府领金华、兰溪、东阳、义乌、永康、武义、浦江、汤溪八县,故有"八婺"之称。

　　金华素有"小邹鲁"之称,物华天宝、人杰地灵,后学得先贤之风范,世代相传而名人辈出。有文坛巨匠、丹青大师、爱国志士、民族英雄、专家学者。如:"初唐四杰"之一的骆宾王,五代诗僧、书画家贯休，宋代抗金名将宗泽，南宋"浙东学派"的代表人物吕祖谦、陈亮，金元四大名医之一的朱丹溪，明朝"开国文臣之首"宋濂，明清之际东渡扶桑传经授艺、被日本尊为"篆刻之父"的东皋心越禅师，清初戏剧家、人称中国莎士比亚的李渔等。近现代，有国画大师黄宾虹、张书旂、吴茀之、张振铎，新闻学家、一代报人邵飘萍，史学家、教育家何炳松，现代思想家、文学家陈望道，历史学家吴晗，著名诗人艾青、冯雪峰、潘漠华，当代摄影大师郎静山，杰出科学家严济慈、蔡希陶等。他们的功绩、成就，彪炳于史，为后人留下了一份宝贵的财富。

金华文化作为一种地域文化体系，发端于上山文化史前时期，浦江上山文化是金华文化的发端。秦到唐朝是金华文化的渐进时期，这一时期，金华地区出现了乌伤文化，忠孝之风盛行；出现了婺窑，青瓷技艺达到很高的水平；金华地区东阳、永康、义乌等的设置大多在这一时期。随着宋室南迁，中国政治经济文化重心随之南移，金华成了文化重镇，出现了大量书院，学者名儒登坛讲学，培养出了众多的人才，金华一时有"小邹鲁"之称，出现了吕祖谦、陈亮、唐仲友等著名学者，宋金元时代是金华文化的鼎盛时期。明清时期金华府统辖八县，分别是金华、兰溪、东阳、义乌、永康、武义、浦江和汤溪。这一时期，社会动荡，战乱纷呈，金华地区遭受多次兵火，社会文化发展受到一定影响，但文化还是在曲折中不断发展。民国时期是金华文化的繁荣时期，这一时期，金华地区交通发达，社会经济得到较快发展，出现了众多文化名人。改革开放以来，金华的社会发展进入全面走向现代化阶段，各项事业蓬勃向上，文化建设日新月异，婺文化也得到了重大发展。

# 第一节　金华文化的发端时期

金华文化发端于上山文化史前时期,浦江上山遗址代表了一种新发现的、更为原始的新石器时代文化类型。上山文化遗址位于钱塘江支流浦阳江上游的浦江县黄宅镇境内,已被公布为全国重点文物保护单位。在已出土的文物中,有约80件陶器,大多数器型为大口盆。此外还出土了大量石球、石磨盘等。2004年浙江省文物考古研究所发现了浦江上山遗址。经发掘证实,一万年前当地人就会种水稻,会用石磨棒和石磨盘磨稻谷脱壳,它将著名的河姆渡等史前文明上溯了3000年。

防风氏神话是中华民族上古文明延续至今的一脉珍贵文化遗产。它的传承一是典籍传承,二是口头传承。防风氏神话的典籍传承最早见于《国语·鲁语下》中:"吴伐越,堕会稽,获骨焉,节专车。吴子使来好聘,且问之仲尼,曰:'无以吾命'。宾发币于大夫,及仲尼,仲尼爵之。既彻俎而宴,客执骨而问曰:'敢问骨何为大?'仲尼曰:'丘闻之:昔禹致群神于会稽之山,防风氏后至,禹杀而戮之,其骨节专车。此为大矣。'客曰:'敢问谁守为神?'仲尼曰:'山川之灵,足以纪纲天下者,其守为神;社稷之守者,为公侯。皆属于王者。'客曰:'防风何守也?'仲尼曰:'汪芒氏之君也,守封、嵎之山者也,为漆姓。在虞、夏、商为汪芒氏,于周为长狄,今为大人。'客曰:'人长之极几何?'仲尼曰:'僬侥氏长三尺,短之至也。长者不过十之,数之极也。"之后,有关防风神话,见诸古文献的记载虽说也不少,但内容都基本相同。司马迁在《史记·孔子世家》中有关防风氏的记叙也上承于《国语》。典籍记载虽给人们留下了防风氏的基本印象——防风氏具有魁伟的身躯,因"迟到"而被大禹诛杀,然而,相比口头传承还是显得语焉不详、晦暗不清。《大禹杀防风》《王鲧治水》《大盘山与小盘山》《防风岩》等都记载了防风氏的传说,防风氏是吴越地区亦神亦人的顶天立地的治水英雄,具有百越民族创世神的神格。

金华文化的起源可以追溯到遥远的原始时代。早在距今约一万年前,金华的先民们就已经初步掌握了水稻耕种技术,创造了较成熟的原始稻作文明。商周以后,金华地区又有由姑蔑文化与越文化互相融合而形成的"乌伤文化",其突出标志是发达的青铜器、玉器和原始青瓷制作技术。尤其是原始青瓷的制作技术,处于同期全国的领先水平。进入秦汉时期,金华地区的青瓷制作技术日趋成熟,最终促成作为中国早期青瓷代表之一的婺瓷的兴起。

"姑蔑"最早见于《国语》,《国语·越语上》:"勾践之地,南至于句无,北至于御儿,东至于鄞,西至于姑蔑。"《吴越春秋》卷八作"姑末",《越绝书》卷八云:"姑末,今大末。"又《左传·哀公十三年》"姑蔑之旗"条杜预注:"姑蔑,越地。今东阳大末县。"

# 第二节　金华文化的渐进时期

　　这一时期,随着国家统一,北方人口南迁,中原地区的影响逐渐推进到金华地区,金华地区的文化越来越受到影响,出现了乌伤文化,忠孝之风盛行,婺窑出现,青瓷技艺达到很高的水平,金华地区东阳、永康、义乌等的设置大多在这一时期。

　　公元前221年,秦始皇一统天下,设置了乌伤县,属会稽管辖。义乌的建县史就从此开始。据义乌县志记载:"秦颜孝子氏,事亲丧,葬亲躬畚锸,群乌衔土助之,喙为之伤。后旌其邑曰乌伤,曰义乌,皆以孝子故。"秦王嬴政二十五年(前222),秦将王翦平定江南,在吴越两国旧地建会稽郡。郡内建县,其中以颜乌墓所在的今稠城为中心设邑。由于孝子颜乌因葬父而死,血诚格天,影响很大,因而根据颜乌葬父而献出生命这一事迹,将县名命名为"乌伤",旨在旌表颜乌孝德。乌伤县境,北接诸暨,西南邻太末(今龙游),大致包括今金华、兰溪、义乌、东阳、永康、武义、浦江、磐安八县(市)的全部或大部及仙居、缙云的一小部分。

　　相传秦时,距东海西150公里的于越境内,有一片肥沃的土地,这里风调雨顺,五谷丰登。按理说,老百姓应该丰衣足食,安居乐业,但由于当地财主的残酷剥削,许多农民流离失所,生活在水深火热之中。有一对颜姓父子,父亲名叫颜凤,儿子叫颜乌。两人从山东避乱南下。他们开始时给一户财主家打工,但后来财主见颜凤又老又病,已经没什么油水可榨,便把父子俩赶出了家门。颜乌和他的父亲只好行乞为生。由于经常食不果腹,父子俩常常饿得头昏眼花,特别是年迈的父亲,已经是重病在身了。好在颜乌是个孝子，服侍父亲十分周到。有一次，颜乌在行乞途中发现了一个小岩石洞，洞内面积不大，但冬暖夏凉。颜乌喜出望外，他把岩石洞收拾了一下，搬来几块干净的石块，大的当床，小的当凳。从此，父子俩就在洞内安身下来。转眼就是夏天，岩石洞内的蚊子渐渐多了起来，如何让病重的父亲不受蚊子侵扰而睡得安稳？聪明孝顺的颜乌自有办法。每天傍晚，颜乌总是先将父亲背到洞外乘凉，然后他自己回到洞里，赤身裸体躺下，那些又大又狠的蚊子嗡嗡地围住颜乌"狂轰滥炸"。过了个把时辰，等蚊子饱食后都心满意足地"撤退"了，颜乌才起身把老父亲背回洞中睡觉。有时候父亲忍不住问："儿啊，你脸上怎么这么多的红疙瘩？"颜乌总是笑着说："爹，您眼睛不好使，我脸上红润着呢！"天长地久，颜乌的孝顺行为感动了栖在岩洞口的一窝乌鸦，这些乌鸦见了蚊子就吃，后来洞中的蚊子竟没了。颜乌有时要饭回来，也会省下一点食物来喂给乌鸦吃。父子俩和乌鸦竟成了好邻居。一日天刚蒙蒙亮，乌鸦突然被一阵痛哭声惊醒，原来颜乌的父亲死了，颜乌抱着父亲的遗体在洞门口哭得死去活来，乌鸦也被那凄惨的哭声所感染，难过得"哇！哇！哇！"地哭叫起来。后来，有几只乌鸦相继离巢，朝不同的方向飞去。过了几个时辰，奇迹出现了，只见成千上万只乌鸦朝颜乌父子飞来，每只乌鸦的颈上都围着白色的丧圈。乌鸦在颜乌父子的头顶上转了几圈后，又向西北方向飞去，它们从1公里外的黄土地上衔来泥块，堆放到颜凤的身上……这些乌鸦你一块泥，我一块泥，忙忙碌碌地来回飞着，很快，乌鸦的嘴受伤了，泥块上都染上了点点滴滴的乌鸦血……到傍晚时分，乌鸦筑起了一座高高大大的坟墓。据说，后来孝子颜乌死后，乌鸦又在其父坟墓旁衔土葬之。人们在这里建起了祠堂，称为孝子祠。秦始皇平定江南后，这里建县名"乌伤"，公元624年，称"义乌"。据老人们说，当年乌鸦啄泥而成的大坑积水成塘,就是现在市客运中心北面的秦塘;乌鸦衔泥途中休息的地方因掉了不少泥块,成了一座小小的馒头山,前些年城市扩建,馒头山被取土做路,成为城中北路的一段,大概位置在义乌登峰机械有限公司附近。

这一时期出现了金华现存所知最早的方志——郑缉之《东阳记》。《东阳记》是一部记载金华在晋宋时代的乡土地理、山川、物产、风俗、文化等内容的著作,具有重要的文学价值和文献学价值。《东阳记》的作者郑缉之熟悉浙江地理,或有过任职于东阳(今金华)、永嘉(今温州)二郡的经历。其所作《东阳记》在北宋犹存于世,南宋时亡佚。

论及金华文化,不能不提沈约。尽管沈约不是金华人,但对金华文化的贡献是巨大的。沈约(441—513),字休文,吴兴武康(今浙江德清)人,南朝史学家、文学家、政治家,南朝名相。少时笃志好学,博通群籍,擅长诗文。仕宋、齐、梁三朝。在宋仕记室参军、尚书度支郎。在齐仕著作郎、尚书左丞、骠骑司马将军。齐梁之际,萧衍重之,封建昌县侯,官至尚书左仆射,后迁尚书令,领太子少傅,成为宰相。从 20 余岁时开始,历时 20 余年,撰成《晋书》120 卷。487 年,奉诏修《宋书》,一年完成。另著有《齐纪》《梁武纪》《迩言》《谥例》《宋文章志》《四声谱》等。皆佚。沈约孤苦贫寒,志向坚定而且热爱学习,日日夜夜不知疲倦。他的母亲担心他因为太劳累而生出疾病,时常让他少添灯油。他白天所诵读过的文章,晚上就能够背诵,于是精通众多典籍,能够写出很好的文章。从家中被起用接受朝廷征聘。济阳蔡兴宗听说了他的才能很赏识他。蔡兴宗时为郢州刺史,引荐沈约为安西外兵参军,兼任记室。蔡兴宗曾经对他的几个儿子说:"沈约的为人堪称师表,你们应该好好地向他学八咏楼系南朝齐代,东阳郡太守、著名史学家和文学家沈约建造,原名玄畅楼。竣工后沈约曾多次登楼赋诗,写下了不少脍炙人口的诗篇,其中有一首《登元畅楼》,并在此基础上又增写了八首诗歌,称为《八咏》诗,是当时文坛上的长篇杰作,传为绝唱,故从唐代起,遂以诗名改元畅楼为八咏楼。

八咏楼坐北朝南,面临婺江,楼高数丈,屹立于石砌台基上,拾级而上,通过一个敞开的小铁门,登上城楼。登楼远眺,雾气蒙蒙,远处南山连屏,近处双溪蜿蜒,尽收眼底。身后的建筑是一个亭子,里面竖立着沈约的雕像。进入大殿,里面设施齐备,非常整洁。墙上的资料重点介绍了历代名人和它的往来关系:南宋著名爱国女词人李清照避难金华时,登八咏楼曾写下《题八咏楼》的诗歌,元代的赵孟頫大书法家等也曾慕名前来登临题咏,留下不少的诗文名篇,艾青曾亲笔题写"八咏楼"三个字,为八咏楼增添了浓浓的诗韵色彩。1500多年中,八咏楼不仅与历代文人名士结下了亲缘,也与英雄人物有着密切关系。元末农民起义军的重要将领胡大海、明代抗倭英雄戚继光、太平天国侍王李世贤等,都曾登上八咏楼检阅他们的部队。周恩来同志1939年到金华视察时,也曾在八咏楼下的八咏滩头召开过近千人的群众大会,慷慨激昂地宣传团结抗战的方针。

这一时期,金华出现了黄初平与道教文化。黄初平(约328—约386),后世称为黄大仙,著名道教神仙,出生于浙江省金华兰溪黄湓村。15岁时他去放羊,有个道士见他本性善良,把他带到浙江金华山石室中,收他为徒。一学就是四十多年。他的哥哥黄初起一直都在寻找他,经过这么多年都没找到他。后来在街市上看到一个道士在占卜,黄初起就问他弟弟在哪里?道士说:"金华山有一个放羊的小孩,姓黄名初平,是你的弟弟不是?"初起听到之后,立即跟道士到金华山寻找。兄弟相见后悲喜交集,哥哥问弟弟道:"羊在哪里?"黄初平指着白色的石头说:"就在那儿",并喊:"羊起来"于是白石头都站起来变成山羊,有数万头。初起惊讶不已,便跟初平学道。他们俩都成仙了。黄初平别号"赤松子"。得道后易名赤初平,号黄大仙,故号称"赤松仙子"。民间流传其法力高强,能够点石成金。传说因为炼丹得道、羽化登天,而且以"药方"度人成仙,得到人们的信仰和崇祀。黄大仙信仰在 1915 年由普庆坛的创建人——梁仁庵道长传入香港,其后蓬勃地发展。香港著名的黄大仙祠就是供奉他的,终年香火不断。

贯休(823—912),俗姓姜,字德隐,婺州兰溪人,唐末五代著名画僧。7 岁时投兰溪和安寺圆贞禅师出家为童侍。贯休记忆力特好,日诵《法华经》1000 字,过目不忘。贯休雅好吟诗,常与僧处默隔篱论诗,或吟寻偶对,或彼此唱和,见者无不惊异。贯休受戒以后,诗名日隆,乃至于远近闻名。

贯休是唐末五代著名画僧。他的一生,能诗善书,又擅绘画,尤其是所画罗汉,更是状貌古野,绝俗超群,在中国绘画史上,有着很高的声誉。贯休爱憎分明,关心人民疾苦,痛恨贪官污吏。他的《酷吏词》,愤怒谴责了贪官污吏欺压百姓的暴行。他又有不畏权势的傲骨,在杭州时他曾给吴越王钱镠作《献钱尚父》诗,钱镠读后大喜,但要他把诗中的"十四州"改为"四十州"。贯休不肯依附权贵,断然回答:"州既难添,诗亦难改。"代表作是十六罗汉画像,《益州名画录》记载:画罗汉十六帧,庞眉大目者,朵颐隆鼻者,倚松石者,坐山水者,胡貌梵相,曲尽其态。或问之,云:"休(贯休自称)自梦中所睹尔"。又画释迦十弟子,亦如此类,人皆异之。颇为门弟子所宝，当时卿相，皆有歌诗。求其笔，唯可见而不可得也。太平兴国（976—983）初，太宗皇帝搜访古画，日给事中程公羽牧蜀，将贯休罗汉十六帧为古画进呈。十六帧罗汉像是贯休绘画作品中辉映古今的名作。不管作品的创作风貌，还是笔墨技巧，历来都受到很高的评价。赫赫有名的《宣和书谱》就说："以至丹青之习，皆怪古不媚，作十六大阿罗汉，笔法略无蹈袭世俗笔墨畦畛，中写己状眉目，亦非人间所有近似者。"

傅翕（497—569），南朝佛教界之神异人物，又叫善慧大士、双林大士，乃义乌双林寺始祖，与达摩祖师与、宝志和尚共称梁代三大士。南朝齐明帝建武四年五月八日生于双林乡傅宣慈家，年十六娶刘氏，生有二子，名为普建、普成。年二十四，遇梵僧嵩头陀，知其往世因缘，结庵松山双梼树间，自称当来解脱善慧大士，苦行七年，宴坐之间曾见释迦、金粟、定光三佛。傅大士曾创立轮藏，令转之者皆得大利，后世作轮藏者，皆安父子三人之像。陈宣帝大建元年四月二十四示寂，唐楼颖编大士语录，题曰《傅大士录》，又称《善慧大士语录》《善慧大士录》《大士录》。

从梁武帝普通元年傅大士在双梼树下结庵开始，云黄山下逐渐形成两处精舍，不过尚未正式建立寺院。直到最后一次见到皇帝（大同六年），才建议创建双林寺，得到梁武帝同意和支持。大同十年，傅大士把佛像经文交给信徒，又将屋宇田地资生什物全部捐给寺院。家资房屋捐舍既尽，另搭一屋立身，夫人妙光也自建茅草屋栖息，日夜劳动，生苦清苦，却又自得其乐。双林寺由傅大士开创后，高僧辈出，最终名扬天下，到隋代时号称"天下第三，江浙第一"，宋代被钦定为五山十刹第八，香火久盛不衰。

傅大士是三教合一之倡导者，相传大士一日身披袈裟、头戴道冠、脚着儒履去朝见梁武帝。梁武帝问："是僧邪？"大士手指道冠。帝问："是道邪？"大士手指靸履。帝问："是俗邪？"大士手指袈裟。宋代王安石厅堂中挂有一幅傅大士像，上有佛印禅师题诗："道冠儒履释袈裟，和会三家作一家。忘却兜率天上路，双林痴坐待龙华。"

骆宾王（约638—？），浙江金华义乌人。七岁能诗，号称"神童"。早年丧父，家境穷困。龙朔初，道王李元庆辟为府属。后拜奉礼郎，曾从军西域，又入蜀从征云南。返京后，任武功主簿，转明堂主簿，迁侍御史。被诬入狱，遇赦后出为临海丞。为徐敬业草讨武檄文，讨武兵败，逃亡不知所终。其为五律，精工整炼，不在沈、宋之下，尤擅七言长歌，排比铺陈，圆熟流转，或被誉为"绝唱"。

684年，唐高宗刚刚去世不久，武则天废掉了自己的儿子中宗，另立温顺的儿子李旦为帝，同时大开杀戒，清除李唐宗室元老。这年九月，开国元勋徐勣的孙子徐敬业在扬州起兵反叛，举起了讨武的大旗。在起义的队伍中，有一个人在大唐上下几乎无人不晓，这个人就是初唐著名诗人，"初唐四杰"之一的骆宾王。怀才不遇的骆宾王满怀悲愤之情，写下了著名的"讨武檄文"，檄文极大鼓舞了起义的将士，一时间捷报频传。然而两个月之后，起义军大败。徐敬业和骆宾王一行，连夜奔赴润州，准备入海逃往高丽，就在这时，徐敬业的部下王那相突然叛变，将徐敬业等二十五人杀掉，投靠了朝廷。骆宾王从此下落不明。对于骆宾王的下落，史书出现了两种说法，《旧唐书》和《资治通鉴》说骆宾王兵败被杀，而《新唐书》却说骆宾王逃跑了。

张志和（约730—约810），唐代诗人。字子同，初名龟龄，浙江兰溪人。十六岁游大学，以明经耀第，献策肃宗，深蒙赏重，任翰林待诏授左金吾卫录事参军，并赐名"志和"。后因事贬为南浦尉，未到任，还本籍，亲丧不复仕。扁舟垂纶，祭三江，泛五湖，自称"烟波钓徒"，著《玄真子》十二卷三万言，因以为号。兄鹤龄，恐志和遁世不归，为之在越州（今绍兴）城东筑茅屋一所。志和居之，尝有吏人派志和为淘河夫，即亲自执蕾劳作，毫无怨色。观察使陈少游闻而谒之，坐必终日，题其所居为"馆真坊"。又因草堂椽柱，皮节犹存。全无斧斤之痕，门巷更为漱隘，门隔流水，十年无桥，乃出资稍扩其居，并造桥，时称回轩巷、大夫桥。肃宗赏赐奴婢各一，志和使结为夫妇，取名"渔童""樵青"。人问其故，答道："渔童使捧钓收纶，芦中鼓泄，樵青使苏兰薪桂，竹里煎茶。"陆羽、裴休问有何人往来，答称："太虚作室而共居，夜月为灯以同照。与四海诸公未尝离别，何有往来?!"颜真卿为湖州刺史，张志和乘敝舟往访，颜欲为他造新船，张道："挠惠渔舟，愿以为浮家泛宅，诉讼江湖之上，往来茗冒之间，即野夫之幸矣!"其诙谐辩捷，类皆如此。

张志和博学多才，歌、词、诗、画俱佳。酒酣耳热，或击鼓吹笛，或吟诗作画，顷刻即成。尝于颜真卿席间与众客唱和渔夫词，张志和首唱："西塞山前白鹭飞，桃花流水鳜鱼肥。青箬笠，绿蓑衣，斜风细雨不须归。"颜真卿、陆羽、徐士衡、李成矩等共和二十五首。志和复剪素写景，须臾五本。随句赋象、人物、舟船、鸟兽、烟波风月，皆依文章，曲尽其妙。真卿与诸客传玩，叹服不已。唐朱景玄撰《唐朝名画录》，定逸品三人，张志和居其一。明董其昌《画旨》云："昔人以逸品置神品之上，历代唯张志和可无愧色。"

张志和既为山川隐逸，著作玄妙，故后世传为神仙中人。如《续仙传》云，玄真子"守真养气，卧雪不寒，入水不濡"。唐李德裕评张志和："隐而有名，显而无事，不穷不达，严光之比。"可谓恰到其分。

婺州窑是历史名窑,作为中国传统陶瓷文化中的一脉,婺州窑最早烧制于商周时期,发展于六朝,鼎盛于唐宋。近年来,浦江上山遗址和永康都发现了夹碳陶器,距今都已万年以上。这说明在万年前,婺州范围就出现了制陶工艺。大约在新石器时代晚期,金华地区的祖先就在丘陵地带建造窑炉,利用本地瓷土烧制硬陶和印纹硬陶,应用石灰釉烧制泥釉黑陶。在使用瓷土和石灰釉制陶的基础上,婺州窑在商朝晚期就烧制出了原始瓷,是烧制原始瓷最早的窑址之一。在江山、东阳、武义、义乌、龙游、衢县(今衢江区)等地发掘的商朝晚期到西周的遗址、墓葬中,都发现了原始瓷。

说起婺州窑,有两件事情是绕不过去的:一是唐代茶圣陆羽对婺州窑的评价;二是1976年的韩国新安海域的元代沉船。历史上婺州窑曾经有过鼎盛时期,知名度非常高,是唐代六大青瓷产区之一。对于婺州窑的评价,最著名的当属唐代茶圣陆羽。陆羽曾在《茶经》中这样写道:"碗,越州上,鼎州次之,婺州次,岳州次……"对于泡茶品茶用的瓷碗,陆羽将婺州窑排在了全国第三位,可见当时婺州窑的地位和价值非同一般。

婺州窑瓷器所产瓷器以青瓷为主,兼烧黑、褐、花釉、乳浊釉瓷和彩绘瓷。婺州窑自西晋晚期开始使用红色黏土做坯料,烧成后的胎呈深紫色或深灰色。由于使用了白色化妆土,釉层滋润柔和,釉色在青灰或青黄中微泛褐色。但釉面开裂,开裂处往往有奶黄色或奶白色的结晶体析出,是婺州窑青瓷的特殊现象。至宋代,在它的精致产品中,还出现过豆青、草青、粉绿等色调,并有光泽感。

　　婺州窑分布在今金华市及衢州市,在金华、兰溪、义乌、东阳、永康、武义、衢州、江山等地均发现遗址。目前金、衢两地发现有婺州窑遗址600余处,武义就占136处,有东汉、三国晋代等早期瓷窑,大部分属于宋代。五代、北宋武义青瓷窑群有:溪里窑群、壶山窑群、白溪窑群、寺后窑群等。由国家文物局主持编写的《中国陶瓷史》,有武义窑的专门介绍。武义婺州窑古窑址中出土的部分古瓷片还印刻有最富有元代特色的八思巴文字,其他地方较为罕见。武义窑在古代还作为外销瓷,销往东亚、东南亚,1976年韩国新安海域打捞的一艘中国元代沉船中,就有100多件乳浊釉瓷器,乳浊釉瓷器是武义窑的特色之一。

## 第三节　金华文化的鼎盛时期

宋金元时代宋室南迁，中国政治经济文化重心随之南移，金华成了文化重镇，出现了大量书院，学者名儒登坛讲学，培养出了众多的人才，金华一时有"小邹鲁"之称，出现了吕祖谦、陈亮、唐仲友等著名学者，《宋元学案》卷六○《说斋学案》说："乾淳之际，婺学最盛。东莱兄弟以性命之学起，同甫以事功之学起，而说斋则为经制之学。"

李清照《题八咏楼》："千古风流八咏楼，江山留与后人愁。水通南国三千里，气压江城十四州。"八咏楼是千古名胜，巍峨壮丽，精美多姿，世所罕见。李清照题八咏楼绝句，虽然用大部分篇幅状写此楼的悠久历史、风流盛况，以及重要位置、磅礴气势等，但这一切描写都只不过是为了烘托反衬。作者题诗的主旨从"江山留与后人愁"一句体现了出来，祖先留与我们如此美好壮丽的江山，作为子孙后代，本应使国家强盛、山河增辉，但是，朝中那些主和派却沉湎于享乐，在侵略者的刀枪面前一味退让逃跑，把大好河山拱手送给金人。现在，连千古风流的八咏楼也危在旦夕了。这"后人"，既是指李清照自己，也包括了中原抗金将士以及朝中同投降派做斗争的仁人志士。这首诗为人民代言，既写了祖国的大好河山，也谴责了投降派和南宋统治者，是一首优秀的爱国主义诗篇。

宗泽（1060—1128），北宋末、南宋初抗金名臣。字汝霖，汉族，婺州义乌（今浙江金华义乌）人，刚直豪爽，沉毅知兵。北宋嘉祐四年十二月乙亥（十四）日（1060年1月20日），元祐六年（1091）应进士试,对策陈时弊,考官恶其直言,抑为"同进士出身"录取。自此历任何并馆陶县尉,浙江龙游、山东胶州及登州掖县县令,勤政爱民,治绩卓著,名声远扬,但得不到朝廷的赏识。宣和元年(1119),反对朝廷联合女真征契丹,被贬提举鸿庆宫,于是上表引退,拟在东阳山兵广集粮饷,防止敌人进拢。不久,受到任河北义兵都总管令,率军救真定。宗泽先以神臂弓挫敌凶焰,后纵兵进击,破金兵30余寨,斩敌数百,所获羊马金帛全部赏将士。些时康王赵构赴金议和至磁州,宗泽叩马劝止,乃留相州。是年冬,宋钦宗任康王为兵马大元帅,宗泽为副帅。宗泽率军趋李固渡,途中遇敌,大破之。

次年正月,率军至开德,与敌人打了13仗,仗仗获胜。建炎元年(1127)六月,宗泽以69岁高龄任东京留守,知开封府,招聚义兵近200万,分署京郊16县,与金兵隔黄河对峙。此时岳飞投奔宗泽,宗泽见而奇其才,给以500骑兵,要其奋勇立功。岳飞听命而行,歼灭了敌人。从此岳飞就在宗泽部下南征北战。

建炎二年正月,金人大举入侵,宗泽又大破之,金溃不成军,尽弃辎重。自此宗泽威震天下,金人畏惮宗泽,都称"宗爷爷"。建炎元年七月起,一年上疏24次,这就是著名的《乞回銮殿疏》,上疏中力劝宋高宗还京,以图恢复北方失地,均为奸佞所阻。宗泽忧愤成疾,疽发于背。

宗泽明知自己病重,在世不长,却还是念念不忘地请求赵构回銮开封,誓师北伐。建炎二年七月癸巳(十二)日(1128年7月29日)临终前,他对前来探望的将领沉痛地说:"我以二帝蒙尘,悲愤至此,你们多能歼灭敌寇,那我死而无恨!"又不停地念诵杜甫名句:"出师未捷身先死,长使英雄泪满襟。"闻者无不泣涕。直至断气,无一语及家事,唯连呼"渡河!渡河!渡河"而逝。子颖与部下岳飞护枢至镇江，与夫人陈氏合葬于京岘山麓。后赠观文殿学士，通议大夫，赐谥忠简。

在国难深重的时候，宗泽的死无疑是南宋巨大的损失。他去世当天，东京人士无不痛哭流涕，千余名太学生慰问哭奠。有人叙述当时的情景，宗泽去世，刚入棺，士兵便蜂拥而入，吊祭三日不绝，大厅也摆满了无数祭品，如此深得军心民心！李纲在挽诗中也发出了"梁摧大厦倾，谁与扶穹窿"的哀号。

吕祖谦(1137—1181)，字伯恭，寿州(今安徽凤台)人，生于婺州(今浙江金华)，人称东莱先生。与朱熹、张栻齐名，同被尊为"东南三贤""鼎立为世师"，是南宋时期著名的理学大家之一。他所创立的"婺学"，也是当时颇具影响的学派之一。

吕祖谦一生长期从事教育活动，从学者甚众，连朱熹、张栻这些大儒兼教育家都乐意把子女送到吕祖谦门下就学。他创建的"婺学"，在当时有相当影响，与朱熹的"理学"、陆九渊的"心学"齐名并鼎足而立。浙东学派的大师全祖望在他的《宋元学案》中曾说："宋乾淳以后，学派分而为三：朱学也，吕学也，陆学也。三家同时，皆不甚合。"(《宋元学案》卷五十一《东莱学案》)在其弟弟吕祖俭的协助下，吕祖谦创建了其时与岳麓书院齐名的"丽泽书院"。"四方之士争趋之"，培养了大批学者。一直影响到明代的学风，"明招学者，自成公(吕祖谦)下世，忠公(吕祖俭)继之，由是递传不替，其与岳麓之泽，并称克世……明招诸生，历元至明未绝，四百年文献之所寄也……为有明开一代学绪之盛。"(《宋元学案》卷七十三《丽泽诸儒学案》)"丽泽书院"讲学的内容和方式，最为突出的有三个特点，这三个特点体现了丽泽书院的教育风格：第一，首重义理，以明理躬行为本；第二，推崇史学，以经世致用为务；第三，兼容并包,以平和宽大为怀。

陈亮(1143—1194),原名汝能,后改名陈亮,字同甫,号龙川,婺州永康(今属浙江)人。婺州以解头荐,因上《中兴五论》,奏入不报。孝宗淳熙五年(1178),诣阙上书论国事。后曾两次被诬入狱。绍熙四年光宗策进士第一,状元及第。授签书建康府判官公事,未行而卒,谥号文毅。所作政论气势纵横,词作豪放,有《龙川文集》《龙川词》。陈亮力主抗金,曾多次上书孝宗,反对"偏安定命",痛斥秦桧奸邪,倡言恢复,完成祖国统一大业。他的政论文、史论,如《上孝宗皇帝书》《中兴五论》《酌古论》等,提出"任贤使能""简法重令"等革新图强言论,无不以功利为依归。其哲学论文,具有朴素唯物主义思想,为永康学派的代表。他提倡"实事实功",有益于国计民生,并对理学家空谈"尽心知性",讥讽为"皆风痹不知痛痒之人"。他还与朱熹多次进行论辩。所作文章,说理透辟,笔力纵横驰骋,气势慷慨激昂,可谓"推倒一世之智勇,开拓万古之心胸"(《甲辰答朱元晦书》)。

陈亮有词 74 首,他的爱国词作能结合政治议论,自抒胸臆,曾自言其词作"平生经济之怀,略已陈矣"(《水心集》卷二十九《书龙川集后》)。如《水调歌头·送章德茂大卿使虏》:"尧之都,舜之壤,禹之封,于中应有,一个半个耻臣戎",《念奴娇·登多景楼》:"凭却江山管不到,河洛腥膻无际。正好长驱,不须反顾,寻取中流誓",以及《贺新郎·寄辛幼安和见怀韵》:"父老长安今余几?后死无仇可雪"等,其爱国愤世之情,慷慨激烈,气势磅礴,与辛弃疾词风相近似。刘熙载《艺概》卷四说"同甫与稼轩为友,其人才相若,词亦相似"。

唐仲友(1136—1188),字与政,又称说斋先生,浙江金华人。绍兴年间进士,曾知台州。著有《六经解》《帝王经世图谱》《说斋文集》等。其刻书活动主要是南宋淳熙间(1174—1189)知台州在临海时,所刻之书有《荀子》《杨子法言》《中说》《昌黎先生集》《后典丽赋》等。其中《荀子》二十卷,战国荀况撰,唐杨倞注。为唐仲友于淳熙八年(1181)知台州在临海时所刻。此书为二十卷本,版式半页八行,行大字十六,小字双行各二十四。刻成后,人称"宋椠上驷",赞其"雕镂之精,不在北宋蜀刻之下"。现日本尚有藏本,举为国宝。

婺中四先生指的是何基、王柏、金履祥、许谦。王柏是南宋人,字会之,婺州人。王柏少年时仰慕诸葛亮的为人,自号长啸。30岁以后,他觉得自己的这个号"有辱斯文",便改号"鲁斋",并拜何基为师学习儒学。这位何基也是金华人,他是朱熹的弟子。自朱熹去世后,宋朝的儒家学派林立,正宗朱学在浙江一脉,便由其弟子何基继承。之后,何基、王柏、金履祥、许谦四位金华的儒学大家,被并称为"金华四先生",亦称"北山四先生"。作为正宗的儒学传人,现在的孔庙中,还供奉着他们的画像。其事迹,《宋史》中亦有专门记载。他们"曾受学于吕祖谦,婺学色彩较重,但其后期的思想重心渐渐地转到了朱学之上,因其推广朱学有功,受到后世统治者的褒扬,列为理学正宗",许谦更是"把金华朱学推向了鼎盛时期"。孔氏南宗族人与许谦的交游笃深。孔涛曾携孔道辅击蛇笏请许谦题诗,许谦在诗中写道:"君家爱甘棠,什袭传八世。岂惟子孙珍,观者咸起畏。勿徒宝此传,肖德惟尚志。"孔洙之子孔楷深得许谦赏识,许谦"以女妻之"。吴师道与许谦"在师友之间",也应孔涛之请作《宋中丞孔公击蛇笏赞》。

浦江"月泉吟社"是由谢翱、方凤、吴渭、吴思齐共创的中国第一诗社。1286年,谢翱、方凤、吴渭、吴思齐共创"月泉吟社",首开中国文学结社之风,并以"四时田园杂兴"为题向全国征诗,应者达数千之众,限五七言四韵律诗。浙、苏、闽、桂、赣等各省吟士纷投诗稿,至次年正月十五日,共得诗2735卷。由方、吴、谢三人评定,于三月三日揭榜,选中280名,依次给予奖赏,并编成诗集付梓。现仅存《月泉吟社》一卷,载有前60名,收诗74首,附摘句33联。此书被收入《四库全书》和《宋诗纪事》。其最突出的主题,是借歌颂田园隐逸生活来表达对故国的怀念和对元统治者消极反抗的爱国思想。它对后世的巨大影响,还在于诗人结社这一组织形式。此后的诗社之风,多是仿效"月泉吟社"而来的。

月泉吟社开中华诗词大赛之先河。正因为月泉吟社在中国古代文学史上的重要地位,被誉为"中国第一诗社"。《四库全书》和《辞海》等辞书都有关于月泉吟社的专题介绍。《辞源》中则说:"月泉吟社"宋元后遗民所立诗社名。浦江吴渭,字清翁,号潜斋。宋时为义乌县令。入元后退居吴溪,立月泉吟社。延请乡里遗老方凤、谢翱、吴思齐等主持社事。至元二十三年春,以"春日田园杂兴"为题,征五、七言律诗,次年正月得诗2735卷,选中280名,并将前60名的诗汇为一卷刊行,即名《月泉吟社诗》。集中诗多隐含故国之思,姓名均为假托,别注本名于下。如第一名连文凤改称罗公福之类。

## 春日田园杂兴

### 连文凤

老我无心出市朝,东风林壑自逍遥。

一犁好雨秧初种,几道寒泉药旋浇。

放犊晓登云外垄,听莺时立柳边桥。

池塘见说生新草,已许吟魂入梦招。

朱丹溪(1281—1358),名震亨,字彦修,浙江义乌赤岸人。他所居的赤岸村,原名蒲墟村,南朝时改名赤岸村,继而又改为丹溪村。所以人们尊称他为"丹溪先生"或"丹溪翁"。朱丹溪倡导滋阴学说,创立丹溪学派,对祖国医学贡献卓著,后人将他和刘完素、张从正、李东垣一起,誉为"金元四大医家"。朱丹溪著书的态度十分严谨,至67岁时,著《格致余论》一书。不久又著《局方发挥》《本草衍义补遗》《伤寒论辨》《外科精要发挥》等,今仅存前三部书。

《格致余论》是朱丹溪医论的专著,共收医论42篇,充分反映朱丹溪的学术思想,是朱丹溪的代表作之一。该书以《相火论》《阳有余阴不足论》两篇为中心内容,创立"阳常有余,阴常不足"的论点,强调保护阴气的必要性,确立"滋阴降火"的治则,为倡导滋阴学说,打下牢固的基础。其他各篇,侧重论述滋阴降火和气、血、痰、郁的观点,内容十分丰富,每篇中又多以治验相对照。

朱丹溪的医学成就,主要是"相火论""阳有余阴不足论",并在此基础上,确立"滋阴降火"的治则,倡导滋阴学说。其他如恶寒非寒、恶热非热之论,养老、慈幼、茹淡、节饮食、节情欲等论,大都从养阴出发,均对后世有深远的影响。朱丹溪学说,不仅在国内影响深远,而且在15世纪时,由日本人月湖和田代三喜等传入日本,日本又成立"丹溪学社",进行研究和推广。迄今日本沿存"丹溪学社"。

# 第四节　金华文化的发展时期

明朝政权与金华文化休戚相关,明朝统治者尊经崇儒,表彰程朱理学,设立科举,以八股取士,立学校,兴教化等,力图重新恢复遭到破坏的中华优秀传统,以宋濂、胡翰等为代表的金华儒士起了重要作用。清朝政权在金华的确立,是以军事镇压开道,建立在血腥屠杀的基础上的,与"扬州十日""嘉定三屠"一样,金华有"金华三日",当时在金华的文人李渔就留下了"婺城攻陷西南角,三日人头如雨落"的诗句。明清时期,金华文化是在曲折中不断发展的。

宋濂(1310—1381),字景濂,号潜溪,别号玄真子、玄真道士、玄真遁叟,谥号文宪。金华浦江人,明初文学家。他家境贫寒,但自幼好学,曾受业于元末古文大家吴莱、柳贯、黄溍等。他一生刻苦学习,"自少至老,未尝一日去书卷,于学无所不通"。元朝末年,元顺帝曾召他为翰林院编修,他以奉养父母为由,辞不应召,修道著书。至正二十年(1360),与刘基、章溢、叶琛同受朱元璋礼聘,尊为"五经"师。洪武初主修《元史》,官至学士承旨、知制诰。后因牵涉胡惟庸案,谪茂州,中途病死。著作有《宋学士文集》《孝经新说》《送东阳马生序》等。

明初朱元璋称帝,宋濂就任江南儒学提举,为太子(朱标)讲经。洪武二年(1369),奉命主修《元史》。累官至翰林院学士承旨、知制诰。洪武十年(1377),以年老辞官还乡。后因其长孙宋慎牵连胡惟庸党案,全家流放茂州(现在四川省茂汶羌族自治县),途中病死于夔州(现在重庆奉节县)。在我国古代文学史上,宋濂与刘基、高启并列为明初诗文三大家。他以继承儒家封建道统为己任，为文主张"宗经""师古"，取法唐宋，著作甚丰。他的著作以传记小品和记叙性散文为代表，散文或质朴简洁，或雍容典雅，各有特色。明朝立国，朝廷礼乐制度多为宋濂所制定，朱元璋称他为"开国文臣之首"，刘基赞许他"当今文章第一"，四方学者称他为"太史公"，著有《宋学士文集》。宋濂是"开国文臣之首"，他坚持散文要明道致用、宗经师古，强调"辞达"，注意"通变"，要求"因事感触"而为文，所以他的散文内容比较充实，且有一定的艺术功力

在明朝开私家藏书风气者，首推宋濂。宋濂藏书始于青年时代。当时，他因元末战乱迁居浦江，于青萝山中筑室读书，因名其楼为"青萝山房"。兵祸之后，官私藏书毁损严重，而宋濂因隐居山中，仍能坐拥书城。明祁承汉《澹生堂藏书红》说："胜国兵火之后，宋文宪公读书青萝山中，便已藏书万卷。"清载殿泗《风希堂文集》卷二《宋文宪公全集序》则说宋濂"始自潜溪徒浦江，得卷氏藏书之富，首推宋濂"。宋濂藏书之精华，有少数流入清人之手。如北宋本《长庆集》，先后为钱曾、黄丕烈、潘祖荫所藏。《百宋一廛赋》："庐山《长庆》，见取六丁；金华太史，独著精灵。""《长庆集》北宋时镂版，所谓'庐山本'者。庚寅一炬，种子断绝，唯此金华宋氏景濂所藏小宋本，图记宛然，古香可爱，推稀世珍。"又有宋本《春秋经传集解》《史记》《文选》等流入清宫内府，《天禄琳琅续编》有记。宋濂还曾藏有宋刊《事林广记》，后归广东丁日昌，《持静斋书目》著录。《送东阳马生序》自述早年在贫寒中求学的艰苦，也很真实动人。

胡翰(1307—1381)，字仲申，一字仲子，浙江金华人。官衢州府教授。洪武己酉纂修元史书成，赐白金文绮，辞归卜居长山之

阳,学者称曰长山先生。工书,王世贞国朝名贤遗墨,有其书迹。卒年七十五。著有《宾州续稿》《金华先民传》。胡翰,学博无所不究,为文章明洁简峻,论议出人意,款句洒然,不落垒俗之态。雅好泉石,幅巾短杖,著书以自乐。有劝之仕,剧谢之。太祖聘致,授衢州教授,预修《元史》。初学古文于吴渊颖菜怜,宋潜溪攻举于业,移书招之同学。

戴良(1317—1383),字叔能,浦江(今浙江浦江县)人。以其家世居浦江九灵山(今属诸暨马剑乡马剑村)下,故自号九灵山人,晚年离居四明(今浙江宁波市),复号云林。浦江在元为登州(今金华市)属县,戴良年轻时即弃举子业不为,与宋濂等先后受学于乡先生吴莱、黄溍、柳贯诸人,可以说是"金华学派的嫡传弟子"。至正十年 (1350),著名党项族诗人余阙以浙东廉访使全事的身份巡视浦江,戴良执弟子礼往复问学,深得余阙赏识:"士不知诗久矣,非子吾不敢相与。"遂加以悉心指导,由是诗艺精进。正是凭借自己的勤勉好学和良好的师友渊源,戴良得以在东南文坛声誉鹊起,时人将他与另外三位金华籍文人宋濂、王祎、胡翰并称为"金华四先生"。

至正十八年(1358),朱元璋的军队亲取婺州。设浙东中书分省,微辟戴良、胡翰、许元等十三人入幕府,备顾问。次年,设立郡学,又任命戴良为婺州郡学学正。其时朱元璋刚刚控制浙东,左有陈友谅据湖广自雄、右有张士诚保吴中自守,彼此之间战事频繁。朱元璋处在夹缝中谋求发展,境况艰难,既急切需要招致一批文人学士为其出谋划策,又意欲借网罗地方缙绅名流之举获得礼贤下士的名声。戴良置身其境,又有文名在外,自然在朱元璋笼络的范围之内。这一次或许迫于无奈的出仕,使他充满了懊悔。在任职时就作诗说"失脚双溪路,今经两度春。不堪飞雪夜,还作望乡人","浮生苍拘变,莫景白驹催。自叹优时客,初心寸寸灰"。双溪在金华境内,代指朱元璋分省所在地,以"失脚""初心"成灰诸语隐晦地表示自己对这次仕履经历的苦涩自嘲。朱元璋自浙东移师之后不久,他就弃职挂冠而去。《明史》本传记载说:"太祖既旋师,良忽弃官逸去。"既云"逸去",显然走的时候连招呼都没打。这种公然不合作的态度,难免会招来忌恨,入明后戴良因忤逆朱元璋而死,实际上在这里即已埋下了祸患的种子。

　　胡应麟(1551—1602),字元瑞,号少室山人,别号石羊生。父僖,历官刑部主事、湖广参议、云南佥事。浙江兰溪人,5岁读书成诵,9岁从乡间塾师习经学,特爱古文辞。稍长,能撰各体诗篇。胡应麟16岁入庠为秀才。明万历四年(1576)乡试中举,会试不第。曾随父北上南下,沿途吟咏,见者激赏。所交皆海内贤士豪杰。大司空朱衡过兰江,求与晤面,泊舟三日以待。应麟感而见之,赋《昆仑行》680言答谢。朱衡称之为"天下奇才"。时王世贞执词坛牛耳,对其推崇备至,列为暮年所交五子之一。世贞卒,乃入戏曲家汪道昆主持的白榆社。道昆卒,即主持词坛,大江以南皆翕然宗之。性孤介,厌薄荣利,自负甚高。晚年益肆力于学。于县城内思亲桥畔筑室号"二酉山房",藏书4万余卷,专事著述。诗文主张复古模拟,后由重视格调转向于神韵。
　　胡应麟最为著名的著作是《诗薮》,共20卷,分内编、外编、杂编和续编。内编是分体总论,外编(包括杂编与续编)则是自周至元,依时代为序,对作家、作品进行评论。《诗薮》颇为完整、系统地表述了作者的诗学思想,远远超越了诗话发展前期的那种随笔、散论的性质,是集本体建构和作家作品批评为一体的诗学专论。

胡应麟笃信严羽之主张,却不墨守严氏针对"以议论为诗""以文字为诗""以才学为诗"之弊病,而把诗歌与禅宗联系说诗之法,其说诗比较切实,在于其对用事之探讨,形独特且系统之看法。胡应麟论诗,从力法比上受严羽之影响。运用此种方法,则偏黄庭坚之"夺胎换骨""点铁成金",得出全新之结论。综其《诗薮》全篇,可见胡应麟有关"用事"完整理论体系由以下三个方面构成:除以情景为诗歌摹写之对象,用事亦另一之重要手段。指出宋、明人在用事上之偏差失误,将情、景、事三者联系,并统摄在"工""巧"下论述,以"风调""神韵"为用事之极致标准。论"用事"贵浅显、易懂,或用句,或用意,咸臻化境;或减字,或添字,并无碍事。其他著作有《少室山房笔丛正集》《少室山房类稿》等 37 种 347 卷。

"江南第一家"又称郑义门,是饮誉中外的华夏古代家族文化的重要遗址。居住于此的郑氏家族,以孝义治家名冠天下。义门郑氏居于浙江浦江感德乡仁义里,其远祖郑绮,于南宋初年同族人共爨,四世孙郑德珪、德璋兄弟为仇家陷害,弟兄争着投监,德珪终于死在狱中,德璋待哥哥的儿子郑文嗣如同自己的儿子,以孝友为世人所知(《宋史·郑绮传》)。郑文嗣当家时,已十世同居两个半世纪了,族人不敢私藏一文钱,一尺帛,元武宗(1308—1311 年在位)旌表它为"义门"。文嗣堂弟文融(太和)主持家政时,订立族规 58 条,管理更严格,元朝政府因而豁免该族的赋役(《元史·郑文嗣传》)。到了明朝,郑家已有几百口人,有人进入政界。郑濂以粮长到南京,朱元璋(1368—1398 年在位)召见,询问他治家方法,表现出对这个家族的浓厚兴趣。胡惟庸案发之后,牵连到郑家,郑濂、郑湜兄弟争相赴狱。朱元璋知道后说,如此仁义的家庭,不会出叛逆,不仅不再审问了,还进一步任用郑湜为左参议。当东宫缺官时,明朝任命郑济为春坊左庶子,征白衣郑沂为礼部尚书,郑棠官为翰林院检讨。惠帝朱允炆(1399—1402年在位)给郑家题写"孝义家"匾,到明宪宗(1465—1487年在位)时重新表彰郑氏为孝义之门(《明史·郑濂传》)。郑氏历经宋元明三朝同居共爨的历史。

自南宋建炎年间开始,历经宋、元、明三朝十五世同居共爨达360余年,出仕173位官吏,无一贪赃枉法,无不勤政廉政。鼎盛时3000多人同吃一"锅"饭。其孝义家风多次受到朝廷旌表,洪武十八年(1385),明太祖朱元璋亲赐"江南第一家"之名。景区内保存有郑氏宗祠、昌七公祠、建文井、老佛社等一批重要历史文物。郑氏宗祠始建于元初,结构宏伟,风格古朴,宗祠内高悬众多历代名人题匾和联语,具有很高的艺术价值和文物价值。前厅及拜厅天井内有尊为明初文臣之首宋濂手植的古柏,枝干遒劲,上薄云天。景区内尚有孝感泉、九世同居碑亭、东明书院等古迹遗址20余处,内容丰富,蔚为大观。

东阳卢宅位于浙江省东阳市东郊卢宅村。卢氏自宋代定居于此,世代聚族而居,从明永乐十九年(1421)卢睿成进士起,到清代中叶科第不绝,陆续兴建了许多座规模宏大的宅第,形成一个较完整的明、清住宅建筑群,也是典型的封建家族聚居点。1988年中华人民共和国国务院公布为全国重点文物保护单位。

卢宅位于浙江东阳县城东门外,建于明景泰七年(1456)至天顺六年(1462),其后又不断修建而成一规模庞大的住宅群体。全宅占地约5公顷,由10余组按南北轴线布置的宅院所组成。主轴线沿照壁穿过三座石牌坊转折至肃雍堂、乐寿堂而止于世雍堂。住宅周围有河流环绕,通过跨河的九座桥梁而沟通宅内外联系。宅前大道西通东阳城东门。从门前众多牌坊可知,这是一处世代为官的家庭聚居地。肃雍堂是全宅的主厅,其布局和曲阜衍圣公府相似,前有门屋两重,堂前两侧设东、西厢。肃雍堂平面做工字形,以穿堂将前后二堂联结成一体。其中前厅原是歇山屋顶,后虽改为两厦悬山顶,但室内木构架仍保留歇山转角做法,斗拱式样也很华丽。

武义俞源太极星象村为浙江金华境内的古民居群,浙江省历史文化保护区,金华市著名景点之一。俞源太极星象村坐落在浙江省武义县西南部,距县城20公里,系明朝开国谋士刘伯温按天体星象排列设计建造。现存宋、元、明、清古建筑1027间。古建筑内木雕、砖雕、石雕精致,巧夺天工。在村口有占地120亩的巨型太极图。村中布有"七星塘""七星井"。俞源村文化底蕴深厚,人文景观与自然景观密切融合,是古生态"天人合一"的经典遗存,是寻古探秘休闲的旅游胜地。

太平天国金华侍王府坐落在浙江省金华市城东酒坊巷的侍王府,据史料记载,原为唐宋时期的婺州府治所在地,清代为试士院。1861年(咸丰十一年)春,侍王李世贤(广西藤县人,太平天国后期的重要将领)率领太平军由安徽、江西兵分三路进军浙江,攻克金华后,占领该地,修建侍王府,在此练兵、部署作战,作为太平军在浙江的最高军事指挥中心。拓建成的侍王府,正厅为侍王的办公用房,整个正厅的墙壁、房梁、柱子、斗拱、天花板都有彩画和壁画装饰,几乎达到无所不画,使精彩的绘画融建筑于一体。在侍王府西院第四进的墙壁和梁架上满是壁画和彩画,尤以《樵夫挑刺图》《四季捕鱼图》及《望楼兵营图》最为著名。

戏曲大家李渔(1611—1680),初名仙侣,后改名渔,字谪凡,号笠翁、觉世稗官等,浙江兰溪人。他家原是兰溪的大户,1646年清兵入浙时毁于战火,后移家杭州、南京等地。在穷愁坎坷中,他"卖赋以糊其口"(《玉搔头》序),曾在南京开过"芥子园"书铺,刊刻过著名的《芥子园画谱》和其他工具书。后又组织一个由姬妾子婿为主要成员的戏班子,周游天下,奔走于各地达官贵人的门下,以赚取钱财养家糊口。几十年间,他的足迹遍及大半个中国,曾经到过江苏、安徽、江西、福建、广东、湖北、河南、陕西、甘肃、山西和北京等地,"三分天下,几遍其二"。在漫游演出过程中,他亲自编导,有时还粉墨登场,参加演出,积累了丰富的创作、导演和舞台演出的实践经验。因此,他能够比一般的文人和专业作家更深刻地了解戏曲艺术的特点,从而跳出前人只是寻章摘句,囿于音律而研究戏曲艺术的倾向,在更广阔的基础上总结和发展了我国古代的戏曲理论。

李渔的戏剧作品主要有《笠翁十种曲》(《奈何天》《比目鱼》《蜃中楼》《怜香伴》《风筝误》《慎鸾交》《凰求凤》《巧团圆》《玉搔头》《意中缘》),以及《万年欢》《偷甲记》《四元记》《双锤记》《鱼篮记》《万全记》《十错记》《补大记》及《双瑞记》等。他的剧作多以才子佳人的爱情故事为题材,很少反映当时社会中重大的现实矛盾,而是以情节曲折、关目离奇见长,较少有较为深刻的社会内容。李渔著有小说集《十二楼》《无声戏》,长篇小说《合锦回文传》《肉蒲团》等,诗文集《笠翁一家言全集》,选编有《名词选胜》《尺牍选》等。

李渔的戏曲理论在清代戏曲理论中一枝独秀,他的《李笠翁曲话》是一部系统完备的戏曲理论专著,在中国古代戏曲理论发展史上,占有突出的地位。其中词曲部分,从结构、音律、宾白、科诨、格局等六个方面论述了戏曲文学的创作技巧;演习部分,从选剧、变调、授曲、教白、脱套等五个方面论述了戏曲的表演、导演艺术。

数学家张作楠(1772—1850),字让之,号丹村,浙江金华北乡区龙山村人。家贫,由嫂变卖首饰细软助其赴考,于清嘉庆十三年(1808)中进士。由处州教授历任桃源、阳湖等县知县,太仓州知州,徐州知府,淮徐海通兵备道。任太仓知州时,有盗乘火灾行劫,侦知首恶,连夜逮捕,清早带回城里。百姓惊服破案神速。娄河淤塞,经疏浚排水,增加农田 70 余万亩。离任后,人汇集其事迹,刻成《娄东荒政》。后厌倦官场,辞职回乡,潜心研究天文。曾自行设计制作"浑天仪"。著有《新测恒星图表》《新测中星图表》《新测更漏中星表》《金华晷影表》等。1912 年商务印书馆编印的《新字典》中载:"星名但载二十八宿,其所列中星,皆依张作楠之中星表推算递加,其与民国纪元之中星不差分秒。"他酷爱算术,与婺源齐彦槐、全椒江临泰为友,同研读西方数学。为官时,常须丈量土地,测算粮仓,因结合实用,著《量仓通法》5 卷、《方田通法补例》7 卷、《续编》3 卷。其他尚有《八线类论》3 卷、《八线对数类论》2 卷、《弧三角举隅》3 卷、《高弧细草》1 卷。凡履任,必随带一批铜、木、石工人及雕版、制仪器、刻算书。居乡时,与曹开泰等组织北麓诗社。其他著作有《四书同异》《乡党述注》《翠微山房遗诗》《梅簃随笔》《书事存稿》等。有三子,皆令务农、工,说:"世俗读书为科名,及入仕,则心术坏。吾不欲其堕落也。"

婺剧,俗称"金华戏",中国著名地方戏曲剧种之一。它以金华地区为中心,流行于金华、丽水、临海、建德、衢州、淳安,以及江西东北部的玉山、上饶、贵溪、鄱阳、景德镇等地,是高腔、昆腔、乱弹、徽戏、滩簧、时调六种声腔的合班。因金华古称婺州,1949年改今称。明清以来,金华一带是盐、丝入赣和漆、瓷入浙的商业贸易地区,加之物产丰饶,故历来是各种戏曲争胜斗奇之地。明中叶流行的义乌腔形成于金华府属义乌县。明末的高腔、昆腔,清初的乱弹腔,清中叶的徽戏,均曾在金华流行。婺剧的表演夸张、生动、形象、强烈,讲究武戏文做,文戏武做,所谓:"武戏慢慢来,文戏踩破台"。由于过去服装原无水袖,表演多在手指、手腕上下功夫,亮相、功架近似敦煌壁画的人物姿态,自具一格。且特技表演甚多,如变脸、耍牙、滚灯、红拳、飞叉、耍珠等。

婺剧角色行当分老生、老外、副末、小生、大花面(净)、二花面(副)、小花面(丑)、四花面(武净)、花旦、作旦、正旦、老旦、武小旦、三梁旦(第三位花旦)、杂(扮演神仙、老虎、狗,由管"三箱"的兼)共十五行。名演员有江和义、徐东福、周越先、徐汝英、周越桂、徐锡贵、王金龙、叶阿苟、郑兰香、葛素云、吴光煜等。

## 第五节　金华文化的繁荣时期

民国时期金华地区交通发达，社会经济得到较大发展，出现了众多文化名人，有国画大师黄宾虹、张书旂、吴茀之、张振铎，新闻学家、一代报人邵飘萍，史学家、教育家何炳松，现代思想家、文学家陈望道，文学理论家冯雪峰，历史学家吴晗，著名诗人艾青、潘漠华，当代摄影大师郎静山，杰出科学家严济慈、蔡希陶，文学家洪汛涛、曹聚仁、王西彦，经济学家千家驹等。

其中抗日战争时期金华是文化中心。1937年12月，浙江省会杭州沦陷，日军出于巩固占领区的目的，一时还无法越过钱塘江南犯浙江腹地。浙江省政府的军事、政治、文化机构陆续迁到金华市区及邻近的永康，这样金华就成了战时浙江的中心，文化名人云集金华，金华成了远近闻名的文化城，其地位可与当时的桂林相比。金华能成为战时文化中心，跟金华的地理位置、便捷的铁路交通密切相关，金华是浙赣铁路的枢纽，是文化人前往大西南等的必经之地。抗战时期，金华文化人才云集，据不完全统计，这一时期迁居金华的文化名人达100多人，这是金华文化事业得以繁荣的基础。

国画大师黄宾虹(1865—1955)，名质，字朴存、朴岑、亦作朴丞、劈琴，别署予向、虹庐、虹叟、黄山山中人等，中年更号宾虹。祖籍安徽歙县，生于浙江金华，现当代画家、革命家、出版家、教育家，在考古、金石、书画、印学、诗文、鉴识、编辑出版等方面都有惊人的成就。曾在北京、杭州等地美术学院任教。新中国成立后任中国美术家协会华东分会副主席。平生遍游山川，注重写生。中年所作苍浑清润，重视章法上虚实、繁简、疏密的统一；用笔如作篆籀，洗练凝重，遒劲有力，在行笔谨严处，有纵横奇峭之趣。晚年尤精墨法，喜以积墨、泼墨、破墨、宿墨互用，时在浓墨、焦墨中兼施重彩，使山川层层深厚，气势磅礴。并以"明一而现千万"的表现手法，画出浑厚华滋、意境深邃的山川神貌。画风"黑、密、厚、重"，特色显著。对画论、画史，均有研究，见解精辟。提出"五笔七墨"理论。著有《黄山画家源流考》《虹庐画谈》《古画微》《中国画学史大纲》《宾虹草堂藏印》等。

张书旂(1900—1957)，中国现代画家。原名世忠，字书旂，后以字行。金华浦江人。自幼喜好丹青，1922年中学毕业后，入上海美术专科学校学习美术，先学油画、水彩画等，后拜高剑父、吕凤子为师，专习中国画。1925年从上海美术专科学校毕业后，任浙江金华中学和福建厦门集美师范学校图画教师及厦门大学艺术系教授。1929年秋，在福建与徐悲鸿相遇，其绘画才能深得徐悲鸿赞赏，遂被聘往南京，任中央大学艺术系教师。不久提升为教授。1931年出版《书旂画集》。1932年，与诸闻韵、潘天寿、吴茀之、张振铎等人结成艺术团体——白社，研究、探讨、发扬和传播民族绘画的优良传统，并编辑出版《白社画集》。同年冬在南京举办首次个人画展。抗日战争爆发后，随中央大学迁至四川重庆。1941年创作《百鸽图》，此图长3米余，在橄榄树和杜鹃花的衬托下，生动地描绘了百余只姿态各异的鸽子，以象征、祈求和平。时值罗斯福连任3届美国总统，遂由当时的中国政府作为礼物，赠予罗斯福本人，深得罗斯福之喜爱，并将其悬挂于白宫，罗斯福去世后，又移至罗斯福纪念图书馆，永久收藏。由此张书旂应邀赴美举办画展，进行书画表演及讲学活动。1945年回国，不久再次赴美，定居。

1957 年 8 月 18 日病逝于美国旧金山。

吴茀之(1900—1977),初名士绥,改名黔,号吴路予,川字行,金华浦江前吴村人。幼承家学,酷爱美术,读书之暇,常临蒋南沙、挥南田工笔范本。15 岁考取严州省立第九中学,名列第一。19 岁拜陈友年为师,补习诗词、文史典籍。1922 年进上海美专高科班,受吴昌硕大写意派的启发,改攻写意,深得精髓。毕业后,赴苏州第一师范和淮安中学执教美术,1928 年出版《茀之画稿》,刘海粟题"超逸高妙"。1929 年回上海美专任教授兼沪江大学及附属中学美术导师。1932 年,与潘天寿、诸闻韵、张书旂、张振铎五人组织白社画会,继承"扬州八怪"的革新精神,从事诗、书、画的研究,在沪、苏、宁、杭等地举办白社画展,出版白社画集。常与潘天寿出入上海诸收藏家之门,赏鉴历代名画真迹,眼界大开,艺事日进。在教学中,既能作画示范,又能阐明画理与画法,成为上海 20 世纪 30 年代很受学生欢迎的名教授。抗日战争爆发,在沪积极举办古今书画展,为捐募救国基金不遗余力。1939 年赴滇任国立艺专教授,1941 年 8 月任福建省立师专中国画教授,新中国成立后,和潘天寿在中央美术学院华东分校(即浙江美术学院前身)民族绘画研究室和彩墨画系工作期间,对民族绘画的研究和为学校鉴别、购进大量明、清书画珍品,做出贡献。1957 年任国画系主任,紧密配合潘天寿对绘画虚无主义的批判,首创中国画人物、山水、花鸟、书法的分科教学。强调中国画教学的独立性,强调在继承传统的基础上创新,强调中国画造型是笔线造型,不赞成用明暗块面塑造的观念和方法作为中国画的造型训练内容;强调教书又教人,提倡人格教育。"文化大革命"中,作《篱菊图》《松色不肯秋》,被诬为"黑画",被批斗,于 1977 年 7 月 26 日逝世。

吴茀之曾任浙江省第三届人大代表、民盟浙江省委委员、中国美术家协会浙江分会常务理事。一生淡于名利,埋头于艺术创作和美术教育事业,擅长意笔花鸟;间作山水、人物、走兽,素有诗、书、画"三绝"之称。早年画风受吴昌硕影响甚多,后吸收青藤、白阳、石涛、李鲜诸家,自辟画风,形成丰润郁勃、婀娜多姿的独特风格在画史、画论方面也有很深的造诣和独到的见解。在创作和教学之余,著书立说,著作甚丰。已出版和整理成册的除画辑、画集外,有《马远和夏圭》(与邓白合著)及《画论笔记》《中国画十讲》《画微随笔》《吴溪吟草》《茀之题画诗存》等。

张振铎(1908—1989),原名鼎生,字闻天,金华浦江人。自幼受家庭熏陶,好学深思,笃志学习国画。1927年毕业于上海美术专科学校。1932年,与潘天寿等组成白社画会。历任上海新华艺术专科学校、昆明艺术专科学校、西南美术专科学校教授,国立艺专、湖北艺术学院、湖北美术学院教授、系主任、副院长,中国美术家协会湖北分会副主席、顾问,全国文联委员,中国民主促进会第四、五届中央委员及中央参议员,湖北省第三、四届人大代表和第四、五、六届政协常委。1980年,湖北电视台和中央电视台录制播放专题片《丹青不知老将至——张振铎教授的画》。治学勤奋,襟怀坦荡,植根生活,勇于创新,以继承和发展国画事业、培养美术人才为己任,数十年如一日。师承山阴画派,早年受业于经亨颐、吕凤子、潘天寿等。善于博取众家之长,作画简逸粗犷,苍劲浑厚,风格独特,李可染称之为"南张北李(李苦禅)"。其艺术创作生涯纵贯20世纪20至80年代,足迹遍及大半个中国,创作了大量有影响的作品,形成了特有的艺术风格,为我国画界公认和推崇。

新闻学家、一代报人邵飘萍(1886—1926)，原名邵新成，字振青，号飘萍，学名锡康，后改作镜清。中共秘密党员，著名新闻工作者，1918年创办《京报》。被称为新闻界全才。早年任《申报》的特约通讯员，后任《汉民日报》主编，1913年被捕入狱，1914年至日本创办东京通讯社，专为京、沪报纸提供东京通讯。1916年回国后，为《申报》等多家报社撰写时评。根据他的讲义出版的《实际应用新闻学》是中国第一部新闻采访学专著。1926年遇害。

邵飘萍祖籍东阳市大联紫溪村，出生于金华市城区芝英考寓(现谯楼巷)，13岁考中秀才，16岁入浙江高等学堂(浙江大学前身)。1912年任《汉民日报》主编，袁世凯称帝后，为《时事新报》《申报》《时报》撰稿，抨击袁的罪恶阴谋，以后又在两年里写了250多篇、20多万字的文章，揭露批判军阀政府。1916年7月，在北京创办了"北京新闻编译社"，1918年10月在北京创办《京报》，任社长，开始独立办报生涯。后又与蔡元培一起，创办了"北京大学新闻学研究会"并举办讲习会，第一期来学习的就有毛泽东、罗章龙等。1920年后，致力于新闻教育事业并赞颂俄国十月革命，介绍马克思主义思想。1922年在《北京厂甸春节会调查与研究》序言中，提出"欲改造现实之社会，宜先明现实社会中事物之真象"等进步主张。1925年，在李大钊和罗章龙介绍下，他秘密地加入了中国共产党，对共产主义运动作了大量的报道。1926年4月26日，以"宣传赤化"的罪名在北京天桥被奉系军阀政府杀害。1949年4月毛泽东亲自批文追认其为革命烈士。

史学家、教育家何炳松(1890—1946)，字柏丞，浙江金华人，中国历史学家。清朝光绪二十六年(1890)，何炳松出生于金华文昌巷的一知识分子家庭。其祖先住在今金华市婺城区罗店镇后溪河村。1903 年中秀才。1903 年,金华府将丽正书院改为金华府中学堂(今金华第一中学的前身),何炳松成为该校首批 20 位学生之一。1906 年,由于成绩优异,何炳松尚未毕业便被保送进浙江高等学堂(今浙江大学的前身)预备科,三年后转入正科。他的朋友金兆梓回忆称,何炳松自金华府中学堂到浙江高等学堂"无试不冠军"。1912 年,自浙江高等学堂毕业后,获浙江省府公费送往美国留学。1912 年冬,何炳松启程赴美国。在美国的四年留学期间,他一开始在加利福尼亚大学伯克利分校学法语、政治学、经济学。1913 年夏,考入威斯康星大学学德语、历史学、政治学。在威斯康星大学期间,他还于 1914 年起获聘为历史系兼职助教,负责收集远东及中日关系的资料。1915 年,何炳松自威斯康星大学毕业,获政治学学士学位。同年,他考入普林斯顿大学研究院,研究现代史及国际政治,1916 年毕业获政治学硕士学位,此后归国。在美国期间,他还担任留美中国学生会副会长(会长为胡适)。

归国后,何炳松起初担任浙江省长公署助理秘书,不久改任浙江省视学。1917 年,何炳松应蔡元培的聘请,到北京大学史学系任教授。同时,他兼任北京高等师范学校英语部主任,兼代史地部主任。在这一时期,他的译作《新史学》(ThNewHistory)完成。

1922 年到 1923 年,何炳松任浙江省立第一师范学校校长。1923 年 7 月,该校与浙江省立第一中学合并为新的浙江省立第一中学,何炳松任合并后的首任校长。1925 年,何炳松任武昌师范大学校长。

1926 年,何炳松赴上海商务印书馆工作,历任史地部主任、国文部主任、编译所所长、大学丛书委员会委员等职。任内,他主编了《中学史学丛书》《教育杂志》等,并兼任上海光华大学、大夏大学教授。1934 年当选中华学艺社理事长。1935 年至 1946 年,任国立暨南大学校长。1946年5月,被任命为金华的国立英士大学校长,但因病而未到任。何炳松为现代著名史学家和教育家,他的著作甚丰,他撰写《历史研究法》《通史新义》《程朱辩异》《浙东派溯源》,译有《新史学》《西洋史学》《历史教学法》,并编译了《中古欧洲史》《近世欧洲史》等,其中不少被用作大学教材。他的著述融汇古今,学贯中西,曾被誉为"中国新史学派的领袖"。

现代思想家、文学家陈望道(1891—1977),浙江义乌人,中国现代著名的思想家、教育家、语言学家。少年时期的陈望道即在家乡私塾中接受了传统教育。16岁时,他到义乌的绣湖书院学习,之后又到金华、上海等地求学。1915年,陈望道赴日本留学,初在东洋大学学习文学、哲学,后在中央大学学习法学,获法学学士学位。在日本期间,陈望道发奋读书之余,十分关心祖国的形势和命运,曾参加了留日学生组织的反对中国反动势力的斗争。1917年俄国发生的十月革命,对在日本的中国留学生产生了很大影响。陈望道结识了日本早期的社会主义者河上肇等人,开始研究马克思主义、社会主义学说,逐步转向进步和革命立场。回国后任复旦大学校长、上海大学等高校教授。他翻译了中国第一部《共产党宣言》,担任过旷世巨著《辞海》总主编,撰写了《漫谈"马氏文通"》和《修辞学发凡》等专著。

历史学家吴晗(1909—1969),原名吴春晗,字辰伯,浙江义乌人。吴晗是我国著名的历史学家,以研究明史见长。他一生著述甚丰,成绩卓著,发表过学术论文、札记、杂文等600余篇,主要代表作有《读史札记》《朱元璋传》和历史剧《海瑞罢官》等。吴晗自幼受到良好的家庭教育。1927年秋考入杭州之江大学。一年后之江大学停办，吴晗考入上海吴淞的中国公学，颇受校长胡适赏识。1930年，经燕京大学教授顾颉刚介绍，在燕京大学图书馆中日文编考部任馆员。1931年初，写成《胡应麟年谱》。时任教于国立北京大学的胡适因此举荐吴晗为国立清华大学史学系工读生，专攻明史。大学期间，吴晗写下40多篇文章，其中《胡惟庸党案考》《〈金瓶梅〉的著作时代及其社会背景》《明代之农民》等文，颇受当时史界名流青睐。1934年清华大学毕业后，历任云南大学、西南联合大学、清华大学教授。

1937年，抗日战争全面爆发后，吴晗应聘到云南大学任教授，后到西南联合大学任教。吴晗因对现状日益不满，逐步投入抗日民主运动。1943年7月，他加入中国民主同盟。这一时期，写下许多历史杂文，以辛辣的笔锋揭露了国民党的黑暗统治。

1946年8月，吴晗回到北平，仍在清华大学任教，并担任北平民盟的主任委员。北平解放后，吴晗以副军代表身份参与接管北京大学、清华大学，并担任清华大学校务委员会副主任、历史系主任等职务。1949年后，历任北京市副市长、中国科学院哲学社会科学部委员、北京市历史学会会长等职。他主持了改绘杨守敬的《历代舆地图》，以及标点《资治通鉴》的工作。随后又主持了明十三陵中定陵的发掘。吴晗十分重视历史知识的普及工作，亲自主编了《中国历史小丛书》和《外国历史小丛书》。1957年3月，吴晗加入中国共产党。1959年9月，他发表《论海瑞》《海瑞骂皇帝》等文章，提倡敢讲真话的精神。并在1960年写成新编历史剧《海瑞罢官》。之后，吴晗和邓拓、廖沫沙用"吴南星"笔名，在《前线》杂志发表杂文《三家村札记》专栏，以歌颂正义光明、匡正时弊为宗旨。1965年，他的代表作《朱元璋传》第四次修改稿出版，在运用历史唯物主义观点研究历史方面达到新的高度，有较高的学术价值。

1965 年 11 月,姚文元发表《评新编历史剧〈海瑞罢官〉》,指责吴晗的《海瑞罢官》是反党反社会主义的"一株毒草",是在"为彭德怀翻案"。诬陷吴晗"攻击毛主席""反党反社会主义"等等。接着,《三家村札记》也遭到批判。后来又给他扣上"叛徒""特务"等莫须有的罪名。"文化大革命"开始后,吴晗从精神到肉体惨遭摧残,随后于 1968 年 3 月被捕入狱,1969 年 10 月 11 日被迫害致死。他的妻子袁震也于 1969 年 3 月 18 日被迫害致死;养女吴小彦于 1976 年 9 月 23 日在狱中自杀身亡。1978 年中国共产党的十一届三中全会之后,吴晗的冤案得到平反昭雪。

冯雪峰 (1903—1976),1903 年 6 月 2 日出生在浙江省义乌市赤岸镇神坛村一个农民家里,他是冯家长孙,襁褓中就为之取名"福春"。"雪峰"是他自己改用的名字。冯雪峰不仅是革命战士和诗人,还是寓言家、杂文家、文艺理论家和鲁迅研究家。冯雪峰的杂文继承鲁迅杂文创作的优秀传统,立足现实,针砭时弊,充分发挥杂文的战斗作用。冯雪峰的文艺理论研究成绩斐然,他从现实主义原则出发,扶持文学新人,奖掖艺术杰作;他熟悉鲁迅,研究鲁迅,宣扬鲁迅,是鲁迅研究的奠基者和开拓者。冯雪峰是生活在同时代人当中的,他与领袖毛泽东、导师鲁迅、红颜知己丁玲以及"冤家"周扬都结下了不解之缘。他们之间的恩恩怨怨,基本上是贯穿中国现代文学发展史的始终的。冯雪峰是以"湖畔诗人"的身份走上文坛的。他的诗歌创作可分为三个时期:湖畔时期诗歌、上饶集中营时期诗歌和 1963 年间,在被错划为"右派"分子的情况下,偶用古体所写的几首咏怀之作。冯雪峰诗歌中一脉相承的是浙东人的硬气,一种质朴、耿直、倔强、刚毅精神,是义乌人精神的体现。三个时期诗歌呈现的美学形态是不一样的,分别呈现出清新美、沉雄美、哲理美。他的诗歌情感基调是热烈、明快和倔强。他的诗歌吸收了中外文学的营养,其中小诗主要借鉴的是日本俳句和印度小诗。

冯雪峰的杂文创作,开始于"左联"时期,1943年到1952年是冯雪峰杂文创作的鼎盛阶段。冯雪峰杂文集主要有三部:《乡风与市风》《有进无退》和《跨的日子》。冯雪峰杂文充分发挥"匕首"和"投枪"的作用,同时又兼具形象性和情感性。冯雪峰的杂文继承鲁迅杂文创作的优秀传统,立足现实,针砭时弊,充分发挥杂文的战斗作用。

冯雪峰先后出版过六部寓言集,是中国现代文学中创作数量丰富、成就显著的寓言家,是中国现当代寓言史上一个标志性的作家。冯雪峰寓言直面现实,有鲜明的时代特征;冯雪峰的动物寓言别具一格,充满了童趣,各种动物形象栩栩如生;冯雪峰寓言艺术性高,成功地运用了比喻、拟人、象征等表现手法。《大山的笑》是冯雪峰寓言中的精品。


潘漠华(1902—1934),浙江宣平(今属武义)人。原名恺尧,学名潘训,潘漠华是他的笔名和流传较广的别名,取人间像一片沙漠,他立志要在沙漠开花之意。后来也曾用过潘四、若迦、田言等笔名。据当时与潘漠华一起投身新文化运动的老同志回忆,"潘四"是指潘漠华在兄弟之间排行第四;"田言"是指潘漠华从小深知农民疾苦,决心通过文学创作,诉说农民苦衷。潘漠华于1902年出生在浙江省宣平县坦洪乡上坦村(即上坦村,今属武义县桃溪区)。1920年开始文学创作。小学毕业考入县师范讲习所,在小学任教后复入浙江省立第一师范,与柔石、魏金枝、冯雪峰等参加朱自清、叶圣陶指导的青年文学团体晨光社。后又与冯雪峰、应修人、汪静之结成湖畔诗社，先后出版《湖畔》《春的歌集》，两书收入其新诗68首。又创作农村题材短篇小说，有9篇收入《雨点集》。1924年考入北京大学文科，1926年在校加入中国共产党。同年南下到武汉参加北伐军，在先遣军二十六军二师政治部工作。1927年7月，离开军队至杭州，在中共浙江省委工作。9月被捕，得老师许宝驹营救出狱，回宣平进行党的活动。次年赴上海。曾领导宣平农民起义。1929年春，宣平农民暴动失败，不少同志隐蔽上海，漠华以译作《沙宁》稿费800元资助家乡同志生活。后赴开封、沧州、北平等地以教书为掩护，从事党的秘密工作。1930年至上海参加中国左翼作家联盟成立大会，并代表中国自由大同盟致辞。

王西彦(1914—1999)，浙江义乌人。1930年在义乌初中毕业后到杭州民众教育实验学校就读。1933年入北平中国大学国学系读书，开始文学创作，写出了最早的短篇小说《车站旁边的人家》。抗战初期，赴武汉参加战地服务团，到鲁南、苏北战地做民运工作。武汉沦陷后，到湖南《观察日报》和塘田讲学院从事编辑、教学工作。1940年到福建永安主编《现代文学》月刊。1942年后，先后担任桂林师院、湖南大学、武汉大学、浙江大学等校教授。1946年写有短篇小说《人的世界》。抗战后期开始写长篇小说"追寻"三部曲——《古屋》《神的失落》《寻梦者》，同时又写作"农村妇女三部曲"——《村野的爱情》《微贱的人》和《换来的灵魂》(第三部未完成)。新中国成立后，参加湘东和皖北的土地改革运动。1953年担任上海《文艺月报》编委。1955年后从事专业创作，发表了很多作品。出版长篇小说《春回地暖》和长篇小说《在漫长的路上》(第一部)。1986年加入中国共产党。主要成就在文学评论和散文上，以小说家的创作甘苦丰富他的作家研究,其评论鲁迅、茹志鹃作品颇多见道之言;又以小说家细致、传神的笔墨创作散文,长于刻画人物。《第一块基石》《炼狱中的圣火》分别成为文学评论和散文的代表作。

曹聚仁(1900—1972),字挺岫,号听涛,笔名袁大郎、陈思、彭观清、丁舟等,1900年7月7日出生于浙江浦江蒋畈村(今兰溪市梅江镇蒋畈村),我国现代著名作家、学者、记者和杰出的爱国人士。作品有论著《文史讨论集》《国学概论》《国学大纲》,散文集《我与我的世界》《今日北京》《万里行记》《文坛五十年》《北行小语》,报告文学集《采访外记》《采访新记》《鲁迅评传》,辑有《现代中国戏曲影艺集成》等编著共近70种,4000余万字。

单《鲁迅全集》《书信》就收了鲁迅致曹聚仁的二十五封来信。鲁迅逝世时,曹聚仁集鲁迅诗意写成挽联:

> 文苑苦萧条,一卒彷徨独荷戟;
> 高丘今寂寞,芳荃零落痛余香。

为了更好地纪念鲁迅和学习鲁迅,曹聚仁与夫人邓珂云编印了《鲁迅手册》(1937年上海群众图书公司出版,1946年上海博览书店重版),1956年,曹聚仁在香港又写了《鲁迅评传》,1967年又编著了《鲁迅年谱》,加上他所写的回忆、研究鲁迅的20余篇单篇文章,字数总在百万字以上。

洪汛涛(1928—2001),浙江浦江人,曾用笔名田野、田多野、了的、吕榆等。著名儿童文学作家、理论家,"神笔马良"之父。是与叶圣陶等齐名的中国"童话十家"。长期致力于儿童文学的创作与研究。

洪汛涛自幼喜欢绘画、篆刻、书法,尤其热爱文学,喜欢搜集民间文学。抗日战争前后,在乡村师范、中学做过教员,也为一些报刊撰稿。上海解放初,在军管会文艺处做戏曲编审工作。后调入少年儿童出版社,编辑《少年文艺》《儿童文学研究》等刊物。此后专门为儿童写作。曾任中国作家协会会员、中国电影家协会会员、中国民间文艺研究会会员、上海作家协会理事、中国儿童文学研究会常务理事。

20世纪40年代中期开始写作,出版有《天灯在看你》《尸骸的路》等集子多种。作品结集出版的共有70多种。其中主要的是童话,有《神笔马良》《十兄弟》《不灭的灯》及《神笔马良正传》《夜明珠》《小花兔找食物》《鱼宝贝》《望夫石》《半半的半个童话》《快乐的小鸟》等。粉碎"四人帮"后,他写出了《一张考卷》《花圈雨》《向左左左转先生》《白头翁办报》《慢慢来》《夹竹桃》《棕猪比比》《小鼯鼠第一次学本事》《小芝麻奇历记》《"亡羊补牢"的故事》《乌牛英雄》《苍蝇的诀窍》《狼毫笔的来历》《破缸记》《天鸟的孩子们》《鸟语花香》等40余篇童话新作,已收入《洪汛涛童话新作选》一集中。这些作品内容丰富多彩,故事生动有趣,受到小读者的喜爱。

洪汛涛的作品,不少被译成多种文字,在各地出版。童话《神笔马良》于1980年获全国第二次少年儿童文艺创作评奖一等奖,并被译成多种文字,在国外发行。他以此为题材写的电影剧本《神笔》,曾获我国文化部1949年至1955年影片编剧一等金质奖;在国外上演,也受到好评,该片曾获意大利威尼斯第八届国际儿童电影节八至十二岁儿童文艺影片一等奖;南斯拉夫第一届国际儿童电影节优秀儿童电影奖;1956年在第三届大马士革国际博览会电影节获短片银质一等奖章;1957年又获华沙第二届国际儿童比赛会木偶片特别优秀奖;还获加拿大斯特拉福纪念莎士比亚国际电影节奖等。其童话理论专著《童话学》获全国儿童文学理论评奖优秀专著奖。

摄影大师郎静山(1892—1995),浙江兰溪人,1892年生于江苏淮阴,从14岁起即喜爱摄影,此后90余年来相机就没离过手。他曾说:"拿照相机就是我的生活。""相机比太太还重要。""我做集锦照片,是希望以最写实、最传真的摄影工具,融合我国固有画理,以一种'善'意的理念,实用的价值,创造出具有'美的作品'。"

郎静山一生酷爱摄影,精研摄影艺术创作,并将集锦照相艺术发挥得淋漓尽致。郎静山于1926—1937年间任上海《时报》新闻记者,是中国最早的新闻摄影记者之一。1926年,郎静山发起成立了上海"中华摄影学社"(简称"华社"),这是我国早期较有影响的摄影团体。1930年郎静山在上海松江女子中学开设摄影课,开创了我国摄影教育之先河。郎先生1921年起参加国际沙龙活动,入选作品千余次,获奖数百次,先后被英国皇家摄影学会、美国摄影学会接纳为高级会士,并被10余个国家和地区的摄影组织聘为荣誉会员。1939年,郎静山将现代科学摄影技术与中国的传统绘画六法理论相结合,创出一条"集锦摄影"的新路子,"集锦之法"在于弘扬中国传统文化和东方艺术之本,因而国际上评论郎静山的作品是"最现代的、同时又是最中国化的"。1963—1992年创办台湾地区国际摄影展。30年来共有70余国家前来参加,每年举办一次,参展作品多达7000件。1966年创办亚洲影艺协会并为该会之永久荣誉会长。1905—1992年一直研究集锦摄影创作,87年如一日。1933—1977年出版10本书,其中包括摄影集和集锦摄影技术。1937—1992年参加世界各国无数摄影协会,并获颁无数荣誉。1995年4月13日,摄影大师郎静山在台北逝世,享年105岁。

杰出科学家严济慈(1901—1996),乳名朱银,谱名泽荣,学名寓慈、济慈,字华庭、慕光,号子祥、厂佛、岸佛。浙江东阳人。物理学家、教育家,中国现代物理研究奠基者之一。1923年赴法国留学,1925年获巴黎大学数理硕士学位,1927年获法国科学博士学位。他在压电晶体学、光谱学、地球物理学等方面都做出了卓越的成就,是中国现代物理学研究工作的创始人之一,也是中国光学研究和光学仪器研制工作的奠基人之一。1955年当选中国科学院院士。光学造诣精深。历任中国科学院办公厅主任、应用物理所所长、东北分院院长、技术科学部主任、中国科学院副院长、中国科技大学校长、全国人大常委会副委员长、中国科协副主席及名誉主席、九三学社中央副主席及名誉主席。主要论著《普通物理学》(正中书局,1947)、《热力学第一和第二定律》(人民教育出版社,1966)、《严济慈科学论文集》(科学出版社,1986)、《电磁学》(高等教育出版社,1989)、《严济慈科技言论集》(上海教育出版社,1990)。

蔡希陶(1911—1981),原名中矩,字侃如,曾用名玄彭,以号行,出生于浙江省东阳市虎鹿镇蔡宅村。青年时酷爱文学,创作短篇小说《蒲公英》,受鲁迅称赞。因家贫难上高中,遂进北平静生生物调查所当练习生。1932年,从四川宜宾出发,徒步沿金沙江入云南考察,经盐津到昭通,在天鹅街与黑彝奴隶主喝牛血结盟,顺利进入大凉山。野外调查 3 年,采集植物标本 1 万多号,并发现油瓜,引种成功。抗日战争期间,北平静生生物调查所迁至昆明,改称云南省农林研究所。1938 年成功引进名贵烤烟大金元、红花大金元,育成云南一号。新中国成立后,任中国科学院植物研究所昆明工作站(后改名植物研究所)主任。1955 年,周恩来、陈毅莅临视察,解决经费、场地等问题。奉命继续寻找植物资源,在瑞丽发现两棵三叶橡胶树,1955 年种芽嫁接于实生橡胶苗获成功,发展成大规模橡胶园,使中国进入世界产胶国前列。1956 年加入中国共产党。1959 年在西双版纳创建云南热带植物研究所和热带植物园,未几又建立大勐龙生态群落研究站。1961 年,在勐连山中找到自唐朝以来一直靠进口的内科名贵药物"血竭"资源龙血树。同年率中国科技代表团访问几内亚、摩洛哥、加纳、阿尔及利亚。1972年 8 月,奉命组织寻找抗癌药物美登木成功。终生研究植物资源及对植物资源进行分类,积累了珍贵的植物标本和资料。为植物资源学、植物引种驯化、人工植物群落等的研究做了大量开拓性工作,奠定中国人工植物实验群落学的根基,成为国内外知名的植物学家、植物资源学家。历任中国植物学会理事、中国科学院云南分院副院长、云南省科学技术委员会副主任、云南热带植物研究所所长兼党委书记。当选云南省第五届人大常委、第五届全国政协委员。

经济学家千家驹(1909—2002),笔名钱磊。1909 年 8 月生于浙江省武义县。1926 年 17 岁时考进北京大学,一边读书,一边参加中共地下活动。1931 年,他是"北大学生南下示威"宣言的起草人,强烈谴责南京政府对日不抵抗政策,后来在南京被捕,押回北京。北京大学非常学生会成立时，他被推举为主席。1932年毕业于北京大学经济系。他曾任北京大学经济系讲师，广西大学教授，《中国农村》《经济通讯》主编，香港达德学院教授。1936年千家驹参加全国各界救国联合会，任理事。抗日战争时期在香港从事民主运动，并为《大公报》撰写社论。后回广西，在黄姚与欧阳予倩等办《广西日报》昭平版。胜利后又去香港，办经济通讯社，兼达德学院教授。

1945年8月13日加入中国民主同盟，任南方总支部秘书长。1949年参加筹备并出席中国人民政治协商会议第一届全体会议。新中国成立后，他历任中国人民银行总行顾问，清华大学、交通大学教授，政务院财经委员会委员，中央工商行政管理局副局长，中央社会主义学院副院长，中国科学院哲学社会科学部学部委员，中国社会科学院顾问等职。他是第二至五届全国政协委员，第六、七届全国政协常委，民盟第五、六届中央副主席。1989年6月客居美国洛杉矶。千家驹晚年曾多次致函中共中央领导，对邓小平理论表示坚决拥护，对以江泽民同志为核心的党中央表示由衷敬佩，对我国改革开放和社会主义现代化建设所取得的辉煌成就感到欢欣鼓舞。后由美国返回祖国，居住在深圳。代表作品有《中国的内债》《新财政学大纲》《中国货币发展简史》《中国农村经济论文集》《广西经济概况》《我国社会主义经济研究中的若干问题》等。

# 第二章 艾青人生经历和创作历程

## 第一节 艾青人生经历

艾青是在婺文化的影响下，从金华这块黄土地走上文坛的。艾青的人生漫长而曲折，经历了 86 个春秋和 60 多年的创作生涯，留下了丰富的文学遗产。

艾青，原名蒋正涵，字养源，号海澄，笔名莪伽、克阿、林壁等。1910 年 3 月 27 日生于浙江省金华市金东区傅村镇畈田蒋村一个地主家庭，与曹禺、姚雪垠等都是同年的。父母嫌他命相不好，生下后直到 5 岁一直被寄养在贫穷农妇"大叶荷"（大堰河）家中，这使他从小感受到了劳动人民生活的苦难与辛酸，"感染了农民的忧郁"。这一特殊的经历、感受，后来成为诗人创作重要的题材来源与情感背景。他就读于浙江省第七中学（现在的金华第一中学），原来的校址就在金华的名胜古迹"八咏楼"的附近。南宋著名的女词人李清照独居金华时曾写道："闻说双溪春尚好，也拟泛轻舟。只恐双溪蚱蜢舟，载不动许多愁。"其中的双溪，指的就是由义乌江和武义江汇合而成的婺江。

"人比黄花瘦"的易安，登临八咏楼，望着滔滔江水泛起的层层涟漪,心中奔腾的情愁,也如这躁动的江水一样,激荡着,汹涌着,似一匹脱缰的骏马驰骋在浩瀚的天际。八咏楼楼高数丈,下临婺江,登楼可以远眺。"千古风流八咏楼,江山留与后人愁。水通南国三千里,气压江城十四州"的《题八咏楼》与《武陵春》成为千古绝唱,记载着一代人的历史,一代人的辛酸,见证了代代人的失落与彷徨,欢欣与希望。

金华古称婺州,历史悠久,文化底蕴深厚,有"小邹鲁"之称,曾涌现过众多的文学名人,如骆宾王、张志和、李渔等。饮着婺江水长大的艾青,带着他对艺术的执着和对美术的热情,于1928年夏考入杭州西湖艺术院绘画系。该院1930年改名为国立杭州艺术专科学校,1937年改名为国立艺术专科学校。翌年春,他在林风眠校长的鼓励下赴法国巴黎勤工俭学,"在巴黎度过了精神上自由、物质上贫困的三年"。在巴黎学习绘画的同时,接触了欧洲现代派诗歌。这期间他大量阅读了哲学和文学著作,其中俄苏小说、诗歌和法文版的现代诗对他影响很大,并促使他在专攻绘画之余尝试写诗。此时,读比利时诗人凡尔哈仑的诗成了他生命的一部分,他开始学写诗,表现反帝大同盟东方支部集会情景的《会合》是他的处女作。

1910年3月27日,艾青出生。用他自己的话说是:"我出生在浙江省金华县畈田蒋村一个姓蒋的地主家庭。我是这个家庭生下的第一个儿子,按理说是要喜庆的。但因为母亲难产,算命先生说我会'克死'爹娘。父母迷信,因此不喜欢我,很快,就被送到本村一位贫穷的农妇家里抚养。"①

1910年到1914年,艾青是在大堰河家度过的。大堰河家虽然物质贫穷,但充满温馨,使诗人感受到深深的母爱,十几年以后,诗人为她献上了《大堰河——我的保姆》。

1915年到1924年，是艾青的小学阶段。先就读于蒙馆，后进村办乔山小学读初小，后来先后在傅村镇育德小学、金华县立长山小学与金师附小就读。在育德小学读书期间，艾青成绩最好的两门学科是图画和美工，学校举行画展，都会有他的"作品"。并且他的作文也不错，作文多次获老师好评和学校表扬。

1925年到1928年艾青在金华一中学习，金华一中当时称为浙江省立第七中学。根据该校校志记载：艾青是1925年夏天考入该校初中部，1928年毕业。在校期间热爱诗歌，喜欢绘画，积极参加学生运动。[②]《游痕》(二首)——《湖心》《伤怀"古来多少英雄骨，埋遍西湖南北山"》是目前能够查到的艾青最早的诗作。《学蠡》第一期编辑时间在1925年5月1日，出版时间为6月，浙江省立第七中学校友会学艺股发行，定价是实洋三角五分，金华震东印刷局印刷。

1928年9月艾青考入杭州西湖艺术院绘画系，是该校绘画系第一届第二期的学生。在该校学习期间，"同班同学只有十几人。我常在早饭前出去画几张水彩风景"[③]。艾青学习优秀，从小培养起来的对美术的爱好和才能得到了长足的发展。

1929年到1931年奔赴法国巴黎学习绘画。在巴黎期间，如饥似渴地阅读西方文学、艺术、哲学、社会学著作，热衷于西方现代画派，主要是后期印象的绘画。在巴黎，艾青接触了波德莱尔、阿波里奈尔、凡尔哈仑、叶赛宁等作家作品，为诗歌创作打下了坚实基础。1931年9月在法国还参加《世界》周刊主办的左倾集会，以及反帝大同盟东方支部的活动。

1932年到1935年，艾青主要是在监狱里度过的。1932年创作第一首诗《会合》，此诗以笔名"莪伽"发表于同年7月出版的《北斗》第2卷第3、4期合刊。"一·二八"事变后，艾青回到上海，5

月,加入了"中国左翼美术家联盟",由他和江丰组织创办的爱国美术团体——"春地艺术社",得到了鲁迅先生的支持。7月,艾青等人因此遭反动派搜查并被捕入狱。在狱中,由于条件限制,胸怀大志的青年画家"被迫"变成"吹芦笛的诗人",翻译凡尔哈仑的诗作并创作了大量新诗,包括《芦笛》《巴黎》等佳作。艾青曾回忆说:"我借诗思考,回忆,控诉,抗议……诗成了我的信念、我的鼓舞力量、我的世界观的直率的回声。"他在1933年发表的第一首诗《大堰河——我的保姆》,以伤感和怨愤的调子歌颂了用乳汁养育自己的贫穷农妇,向不公道的世界发出了愤怒的控诉,表达了诗人对中国广大农民悲惨境遇的深切关心与同情。这首诗震动了诗坛,成为诗人的成名之作,从此"艾青"的名字进入了中国现代诗歌史,进入了世界诗歌史。1935年10月,艾青经保释出狱,年底回到故乡,与张竹茹结婚。

1936年到1940年,艾青在各地奔波,先后到过江苏、上海、山西、湖北、湖南、广西、四川等地,也迎来了他诗歌创作的第一个高潮期。1936年,出版了第一本诗集——《大堰河》,收入《大堰河》在内的九首诗歌。1937年7月,艾青到武汉等地投身抗日救亡运动。先后担任山西民族革命大学教师、陕西抗日艺术队队长、《文艺阵地》评委,并写下激情飞扬的诗篇——《雪落在中国的土地上》。1938年初到达西北地区,创作了《北方》等著名诗篇。同年到桂林,任《广西日报》副刊编辑,又与戴望舒合办诗刊《顶点》,此间较重要作品有《诗论》。1939年,发生婚变,与韦嫈结合。1940年到重庆,任育才学校文学系主任。这个时期他的诗作十分丰厚,呼唤民族生存和解放的声音虽然没有完全"拂去往日的忧郁",但个人的悲欢已与时代的悲欢相融合,流淌着"战斗者的血液"。诗人赞颂《吹号者》,擎着《火把》,《向太阳》歌唱。

1941年到1945年,艾青在延安解放区走进新生活,歌唱新生活。1941年"皖南事变"后,在周恩来的帮助下奔赴延安,受到毛泽东接见,并被选为陕甘宁边区参议员、延安文艺界抗敌协会理事,主持《诗刊》。1942年参加了由毛泽东主持召开的著名的"延安文艺座谈会"和中央党校的整风学习,并在鲁迅艺术文学院教过书。到延安后的诗作更贴近了革命现实,有的还采取了民歌体形式。这些诗以自信、明朗、奔放的格调歌唱人民的生活和斗争,向"远方的沉浸在苦难里的城市和村庄"发出了"黎明的通知"。1944年11月,被选为中共中央直属机关模范工作者和中央党校"为人民服务的模范",参加了陕甘宁边区的劳模大会,并获模范工作者奖状。1945年1月,"边区群英大会"召开,艾青获"甲等模范文化工作者"奖。同年,加入中国共产党。

1945年10月,随华北文艺工作团到张家口,发表了《布谷鸟》等诗。1945年12月任华北联合大学文艺学院副院长。1947年到1948年,艾青带领师生辗转冀中平原,经历了两年艰苦的战斗生涯。1948年初任华北大学三部副主任。从1937年到新中国成立前夕,艾青先后出版了《北方》《他死在第二次》《旷野》《黎明的通知》《愿春天早点来》《献给乡村的诗》《反法西斯》等诗集。1949年2月北京解放,艾青进京担任中央美术学院军代表。6月,参加新政治协商会议筹备会,任国旗、国徽图案评选组组长。随后参加全国第一次文代会和中国作协的筹备工作,同时被选为全国文联委员。1949年10月1日,艾青跟随着毛泽东、朱德、刘少奇、周恩来等开国领袖,登上了天安门城楼,参加了开国大典。同年,任《人民文学》副主编。1950年,随中共中央宣传工作代表团访问苏联,这期间,写有《西伯利亚》等多首诗篇。1951年,到广西参加"土改",《艾青选集》出版。1952年,《人民文学》改组,留任编委。1953年,艾青回到阔别十六年的故乡——金华。为纪念此次故乡之行,他写下《藏枪记》和《双尖山》。《藏枪记》是以民歌风格表现浙东山区抗日游击队活动的叙事诗。而《双尖山》则以诗人素有的细腻、缠绵笔致描绘双尖山的秀丽景观和她英雄的过去,抒及自己的忠情和展望她美好的未来,深深地拨动了读者的心弦。1953 年当选中国作协理事。1954 年应邀访问南美洲的智利,庆祝诗人聂鲁达 50 岁诞辰途中创作了《南美洲的旅行》及"海边诗抄"《礁石》《珠贝》《海带》等。

　　1955 年到 1958 年艾青卷入了政治风波,遭受了不公正的对待。1955 年,反胡风事件展开,艾青遭到批判。同年 1 月,《艾青诗选》出版。1956 年,先是在中国作家协会创作委员会诗歌组举行的座谈会上受到集中批评,后在中国作协第二次理事会(扩大)会议上,受到周扬的点名批评。同年,艾青和高瑛走了一起,组成了新家庭。1957 年,随着反右运动的全面展开,艾青处境更加艰难,12 月,被开除党籍。1958 年 4 月,被划为"右派",撤销一切职务。

　　1958 年到 1975 年艾青主要是在祖国的东北、西北地区"拓荒"。1958 年 4 月,受王震将军的邀请,艾青一家来到了北大荒,担任八二五农场属下一个林场的副场长。1958 年 11 月,到新疆生产建设兵团报到,采访苏长福,写成长篇报告文学《苏长福的故事》。1961 年,被摘掉"右派"帽子。1962 年到 1965 年,落户新疆生产建设兵团农八师所在地石河子,除了作《年轻的城》等诗外,完成长篇小说《沙漠在退却》初稿。1966 年"文化大革命"开始后,一再遭到批判,生活极其艰苦,身体也遭受摧残,白内障病日益严重。1972 年在周恩来总理亲自过问下,才得以改善。1973 年到 1975 年间,为了治疗眼病,为了家人团聚,在北京和石河子之间奔波。他从诗坛上消失了整整 21 年,直到"四人帮"垮台后才恢复了创作。

1976 年到 1977 年"四人帮"被粉碎后,艾青精神振奋,为重返诗坛作准备。1978 年到 1984 年迎来了艾青诗歌创作的又一个高潮。从 1978 年 4 月 30 日《文汇报》发表《红旗》一诗,宣告艾青的"归来"起,到 1984 年发表《全世界都看到天安门》止,短短 6 年时间,诗人共写了 180 多首诗歌。这 180 多首诗后来编辑出版了三个诗集:1980 年 5 月《归来的歌》,1982 年 10 月《彩色的诗》,1983 年 11 月《雪莲》。1982 年 5 月,艾青应邀参加"纪念艾青创作 50 周年"活动,"归来"后第一次回到故乡。

1985 年到 1992 年,艾青获得了众多的荣誉:1985 年 3 月获法国文化最高勋章;1986 年 6 月在六届人大一次会议上当选人大常委,11 月被推举为中国人民对外友好协会理事;1987 年 12 月任第三届诗歌奖评委会主任;1988 年提名为诺贝尔文学奖候选人;1991 年《艾青全集》出版,"艾青作品国际研讨会"在北京召开。1992 年 5 月,最后一次回到故乡,参加了大堰河诗碑的揭碑仪式。

1993 年到 1995 年,身体每况愈下,很少参加社会活动。

1996 年 5 月 5 日因病逝世,享年 86 岁。

# 第二节　艾青创作历程

艾青更多的是作为一个作家参加革命,可以称为革命作家。

1910 年 3 月 27 日艾青生于今浙江省金华市金东区傅村镇畈田蒋村一个地主家庭,但父母嫌他命相不好,生下后直到 5 岁一直被寄养在贫穷农妇"大叶荷"家中,"大叶荷""把自己的女孩溺死,专来哺育我。我觉得自己的生命,是从另外一个孩子那里抢夺来的,一直总是十分愧疚和痛苦。这也使我很早就感染了农民的忧郁,成了个人道主义者"④。这一特殊的经历、感受,使他从小感受到了劳动人民生活的苦难与辛酸,培养了他爱憎分明的情感,为艾青走上革命道路铺垫了情感基础。

1925 年到 1928 年在浙江省立第七中学学习期间,就积极参加学生运动。根据该校校志记载:艾青"民国 14 年(1925)夏,考入浙江省立第七中学初中部。对诗歌有浓厚的兴趣,他的处女作《游痕》发表在校刊《学蠡》第一期上。……在中学时代,受民主思想的冲击,和同学一起上街游行,喊口号,砸烂卖仇货的商店,捣毁'禁烟督察署'——公开卖鸦片的地方"⑤。

1932 年在法国参加《世界》周刊主办的左倾集会,以及反帝大同盟东方支部的活动开始。1932 年 1 月 16 日晚上,"世界反帝大同盟东方部"在巴黎圣约克街 61 号集会。艾青作为该组织的成员参加了会议,在那里,他和来自越南、日本等国的青年一起,义愤填膺地抗议帝国主义对东方各国的殖民统治,并当场写成《会合》一诗,记述开会的情景。诗中这样描绘了会议的热烈场面和青年们"燃烧着"的心:

他们——

虔爱着自由,恨战争,

为了这苦恼着,

为了这绞着心,

流着汗

闪着泪光……

紧握着拳头,

捶着桌面,

嘶叫,

狂喊!

窗紧闭着,

窗外是夜的黑暗包围着,

雨滴在窗的玻璃上痛苦的流着……

房子里,充满着温热,

这温热在每个人脸上流着,

这温热灌进每个人的心里,

每个人呼吸着一样的空气,

每个人的心都为同一的火焰燃烧着,

燃烧着,

燃烧着……

　　1932 年,艾青同其他十几位青年美术工作者一起被诬,以"危害民国""颠覆政府"的罪名逮捕入狱,经受了三年多的囚禁生活。他从 1935 年 10 月出狱到抗战前夜所写诗歌,见于《旷野》诗集中的《马槽集》,这是所谓"密云期"的作品,具有强烈的时代气氛。

抗战开始，艾青满怀热情地寻求着光明，"从中国东部到中部，从中部到北部，从北部到南部，又从南部到西北部"⑥，终于找到了光明的所在——延安。几年中，他一面不倦地寻求，一面辛勤地写下了大量诗歌。他的诗作，倾诉着民族的苦难，歌颂了祖国的战斗，深切地反映出抗战的时代精神；他的诗作，又表现了个人的风格特色和艺术才华。艾青，是抗战前期具有重大成就的一个最有代表性的诗人，而后在革命道路上不断得到磨炼，写下了《火把》。它不仅鼓舞人们寻找方向，而且也照亮了艾青自己的革命道路。1940年春天，艾青带了长诗《火把》到重庆，见到了周恩来。这以后的诗歌，已很难找到前些日子的沉重，而大多是快乐的心情、清新的诗章。如《高粱》赞美丰收与生命，《老人》《篝火》等表露了对劳动人民的珍爱，《公路》等诗更是真挚地歌唱劳动群众的业绩，并从那里汲取力量，得到振奋："行走在新辟的公路上/我的心因为追踪自由/而感到无限地愉悦啊/铺呈在我的前面的道路/是多么宽阔！多么平坦！/多么没有羁绊地自如地/向远方伸展——"这诗的情绪由静及动，从低到高，十分典型地反映了作者当时的心情。翌年初，皖南事变发生后，在周恩来帮助下，艾青来到了革命根据地延安。不久，毛泽东约见艾青，并开始与他通信。当时延安文艺界出现了一些批评不合理现象的文章，著名的有丁玲的《三八节有感》、王实味的《野百合花》。丁玲的文章批评了扔掉"土包子"老婆另找年轻貌美太太的领导干部等，毛泽东对这些批评很是光火。他找来艾青，要他出面讲讲话，刹住这股风气。艾青后来根据毛泽东的意见写了《我对于目前文艺上几个问题的意见》。但艾青毕竟是诗人，有着浓郁的诗人气质。他在文章的第六部分《文艺工作的领导》中情不自禁地指出："不要用狭隘的眼光去看文艺，不要把文艺当作新闻通讯一样报道消息的东西；或者以为作家都是'新闻记者',非传达某个号召或某个事件的始末不可。"⑦又说:"一首诗不只是街上的一张标语,一篇小说或散文不只是一张传单和通告。"⑧他天真地表示:"希望领导文艺工作的能首先了解文艺的作用,了解作者,了解作者思想、情感、技巧——语言、结构、表现手法等。"⑨后来,他还写了一篇著名的《了解作家,尊重作家》的文章,指出"尊重作家先要了解他的作品"⑩。

　　艾青到延安后,不仅是跨越到一个新的地区,也是跨越到一个新的时代。尽管带有知识分子的鲜明特点,艾青在毛泽东和他的革命文艺思想教育下进入了全新的生活和创作的境界。"今天,中国的诗人已和中国的政治的发展取得一致的步调,诗人已比关心自己的幸福更关心祖国的命运,诗人已为抗战,为反汉奸运动,为生产运动,为宪政运动……制作了许多诗篇;他们将一天比一天更密切地关心中国的政治,因为只有这样,才能使中国的新诗在中国革命的征程中,发挥它的教育大众和组织大众的力量。"⑪这些话写于参加延安文艺座谈会以后,却也反映了作者在延安的整个创作的日益自觉的方向。反映崭新的生活,为工农兵服务,为无产阶级政治服务,是收录在《黎明的通知》《献给乡村的诗》《反法西斯》《雪里钻》等诗集中这一时期诗歌的重要特点。所以作者日后曾总结道:"这个时期,我的创作的风格,起了很大的变化。"这个变化也明显地表现在作者以极大的热情歌唱延安的革命。1941年11月出席边区参议会时作《毛泽东》,赞颂伟大的人民领袖;1942年的《向世界宣布吧》,驳斥反动派的污蔑,歌颂解放区幸福的斗争生活;1943年,怒斥国民党对陕甘宁边区的进犯,作《起来,保卫边区!》,号召在毛泽东和朱德领导下紧密团结,进行针锋相对的武装斗争。《雪里钻》是作者第一首正面描写党领导的革命队伍的叙事长诗,与前一时期的《他死在第二次》等相比,反映了作者努力歌颂工农兵、无产阶级英雄等题材上的重要进展。但可以看到，正如不少从国统区来到革命根据地的文艺工作者那样，他们虽然努力地反映新的生活，却由于一段时间内思想感情上的距离，甚至格格不入，他们的作品往往在艺术上比较薄弱；艾青这时的诗作，也曾出现这样的情况。只是随着作者在延安生活的深入和思想的提高，这种情况才有了变化。爱的热烈如果反映出观察的深刻和理解的透彻，它们就能使政治信念化为高昂的形象的诗情。

1944年11月，艾青被选为中共中央直属机关模范工作者和中央党校"为人民服务的模范"，参加了陕甘宁边区的劳模大会，并获模范工作者奖状。次年，加入中国共产党。后随华北文艺工作团到张家口，在华北联合大学文艺学院领导工作，并发表了《布谷鸟》等诗。1946年任华北联合大学文艺学院副院长、华北大学三部副主任。从1937年到新中国成立前夕，艾青先后出版了《北方》《他死在第二次》《旷野》《黎明的通知》《愿春天早点来》《献给乡村的诗》《反法西斯》等诗集。1949年2月北京解放，艾青进京担任中央美术学院军代表，被选为全国文联委员。参加全国第一次文代会和中国作协，以及第一届全国政治协商会议的筹备工作，其间担任国旗、国歌、国徽图案评选组组长。1953年当选中国作协理事。

1957年艾青被错划为"右派"，1958年到黑龙江农垦农场劳动，1959年转到新疆石河子垦区，几年间积累了数十万字的创作素材。"文化大革命"中，艾青一再遭到批判斗争。创作中断了20年，直到1976年才重新执笔。1973年和1975年春因眼疾赴京治病，并在北京定居。在这一漫长阶段，诗人处于长期的痛苦压抑之中，备受生活的煎熬，创作陷入低迷期。

从 1976 年 10 月起,艾青重新获得自由写作的权利,出现了创作的高潮期。1979 年 2 月,艾青 20 年的沉冤终于洗雪,同年 6 月被增补为中国人民政治协商会议全国委员会委员,11 月当选中国文联委员和中国作家协会副主席、国际笔会中国中心副会长;1983 年当选为第六届全国人民代表大会常务委员。1985 年 3 月,法国授予艾青文学艺术最高勋章。自 1979 年起先后访问了德意志联邦共和国、奥地利、意大利、法国、美国、日本、新加坡等国。艾青几年里写作并出版了《归来的歌》(1980)、《彩色的诗》(1980)、《雪莲》(1983)3 本新诗集和一本新的论著《艾青谈诗》(1982),共创作长短诗 200 多首,其中影响较大的有《光的赞歌》《鱼化石》《墙》《古罗马的大斗技场》《盆景》等。诗集《归来的歌》和《雪莲》,先后获得中国作家协会的全国优秀新诗奖。另有重要论文《中国新诗六十年》《从"朦胧诗"谈起》等篇。

直到 1979 年彻底平反,艾青才回京重返诗坛。他一面忙于行政事务,一面为欢呼新生活和保卫世界和平而歌唱,写下《归来的歌》《光的赞歌》等大量诗歌,并先后出版了《欢呼集》《宝石的红星》《春天》《海岬上》等诗集。他的革命路程直到他生命的最后一刻,而艾青留给后人的是无尽的激励和对希望与光明的无限追求……在 60 年创作生涯中,艾青以极大的热忱,关心国家、民族命运,执着地追求光明,自觉地表现时代,用他从欧洲带回的"芦笛",吹奏出旧社会的"毁灭的诅咒的歌";吹响了反帝、反封建和中华民族解放的战歌;奏响了新世界的"光的赞歌";颂咏伟大祖国、伟大人民的颂歌;以更饱满的政治激情和深邃的哲理内涵,唱出了社会主义新时代的"归来的歌"。

艾青的诗歌创作,真实而又深刻地反映了我国社会主义民主革命和社会主义建设时期的巨大变革,堪称时代的史诗。艾青是鲁迅、周作人等之后的第二代现代作家,文化命运既受制于自晚清以来中国总体性的历史处境,又为30至70年代剧烈动荡的社会变革所裹挟、所塑造,因此留下了不同于第一代作家、更殊异于后来几代作家的深刻的心灵轨迹。反省这一历史脉络与"这一代人"思想形成史的关系,尤其是检讨它对后者创作诸方面的影响,是现代文学研究中、也是作家个案研究中最为棘手的地方。从这个意义上可以说,一个作家的历史的背后存在着更加复杂的一部几代知识分子奋争与思考着的心灵史,它不过是后者的一个缩影而已。它同时也昭示我们,历史只有到个人的全部悲欢与思索里取证,这样的历史才被证明是真实的、可信的。

艾青不愧是中华民族的诗坛大师,我国现实主义诗人的杰出代表,又是具有广泛影响的世界诗坛的巨匠之一,且被誉为中国诗坛的"泰斗"和"王子"。美国学者弗兰德曾将其与智利的聂鲁达和土耳其的克梅特并举,称为当代世界最伟大的三位诗人。他的诗作被译成30多种文字在世界各地出版,并荣获过法国文化艺术最高勋章、葡萄牙自由勋章等国际文化奖。他是永远闪耀在我国乃至世界顶峰的一颗璀璨的明珠,一直照耀在世界的东方……

注释:

①金华市艾青中学校本课程编委会:《走进艾青》。

②浙江金华第一中学校志编撰委员会:《浙江金华第一中学校志》。

③艾青:《母鸡为什么下鸭蛋》,《艾青全集》第五卷《散文·文论·附录》,花山文艺出版社1991年版,第250页。

④骆寒超:《艾青论》,浙江人民出版社1982年版,第5页。

⑤同②。

⑥艾青:《艾青选集·自序》,开明书店1951年版,第7页。

⑦艾青:《我对于目前文艺上几个问题的意见》,《艾青全集》第五卷《散文·文论·附录》,花山文艺出版社1991年版,第396、397页。

⑧艾青:《我对于目前文艺上几个问题的意见》,《艾青全集》第五卷《散文·文论·附录》,花山文艺出版社1991年版,第397页。

⑨艾青:《我对于目前文艺上几个问题的意见》,《艾青全集》第五卷《散文·文论·附录》,花山文艺出版社1991年版,第397页。

⑩艾青:《了解作家 尊重作家》,《艾青全集》第五卷《散文·文论·附录》,花山文艺出版社1991年版,第379页。

⑪艾青:《抗战以来的中国新诗》,《艾青全集》第三卷《诗论》,花山文艺出版社1991年版,第155页。

# 第三章　艾青的诗歌创作

　　艾青的文学创作包括诗歌、小说、散文、报告文学等，艾青的诗歌创作可分为四个时期：1932 年至抗战爆发是诗人创作的准备期与成名期；1937 年至 1949 年是他诗歌创作最重要的高潮，这一时期创作了大量的优秀诗歌；1949 年至 1976 年是艾青诗歌创作的第三个时期，这时期诗人歌颂新中国、歌颂新生活，1957 年后停止创作近 20 年；1976 年诗人唱着"归来"之歌重返诗坛，迎来了诗歌创作的第四个时期。

# 第一节 艾青诗歌创作初始阶段

艾青诗歌创作第一阶段是 1932 年至抗战爆发。艾青 1933 年发表了第一首诗,也是他的成名作《大堰河——我的保姆》,奠定了他诗歌的基本艺术特征和他在现代文学史上的重要地位。

从小热爱美术的艾青,在赴法国巴黎留学时,接受了大量外国文学和思想的熏陶,阅读了许多关于哲学、经济学、诗歌等方面的著作,从而使他的思想发展跨入了一个新的飞跃时期……

学成回国后,他加入了左翼美术家联盟,而由他创办的"春地艺术社",得到了鲁迅先生的支持。但是,艾青等人也因此遭反动派搜查并被捕入狱。

在监狱里,没有画夹,没有颜料,只有一笔一纸。艾青在监狱中无法画画,只好随时地记下一点回忆、思想、情绪……这监狱,仿佛是艾青最早的诗的摇篮。

在法国他写了第一首诗。也是在法国,从巴黎去马赛的途中,他写了第二首诗——洋溢的才情,娴熟的技巧,已经有了初初的舒展——虽然,还不为人知。

而现在,则是在法国人为了维护自己殖民者的利益而设的监牢里,艾青和"缪斯"结下了真正的不解之缘。

从血管里流出来的才是血。流浪着的艾青,渴望着自然与艺术的艾青,挚爱着故土与人民的艾青,在监狱里——在失去了一切自由的监狱里,第一次真正有意识地、强烈地感觉到了"战士"这个字眼的光荣与职责。

前后三年的监狱生活,对于艾青来说,是在诗的道路上阔步前进的三年,铁窗牢狱的制造者,是实在也想不到这里会培养出战士与诗人来的。

由于 20 世纪 30 年代的中国内忧和外患交织、形势分外严酷,尤其是日本的侵略使中国人民陷入更深重的民族大灾难中。人们纷纷拿起抗争的武器,投入到民族独立的战斗之中。此时的诗坛也异常活跃,唯美主义诗派分化,一部分人走出了象牙塔,汇合进现实主义诗派,壮大了其队伍,并且融入了唯美主义诗派所特长的诗歌艺术技巧,使其高亢的诗情,闪发着动人的诗美光彩,被称为时代主潮而奔腾在大时代的河床上。"这伟大而独特的时代,正在期待着、剔选着属于它自己的伟大而独特的诗人。"①于是,受了象征派艺术熏陶的艾青,把自己的诗思从祖国通向世界、从苦难的中国人民通向在苦海中挣扎的全人类,吹响了诗的芦笛。

如同艾青的生活一样,他的创作道路无疑也是曲折而艰难的。在那"芦笛也是禁物"的黑暗环境中,他给自己的诗歌定下的最初的基调,便是"给予这不公道的世界的咒语"。几年后,艾青曾这样谈起那些年代的诗歌创作:"一些诗人是更英勇地投身到革命生活中去,在时代之阴暗的底层与艰苦的斗争中从事创作,他们的最高要求,就在如何能更真实地反映出今日中国的黑暗的现实。"艾青的诗集《大堰河》以及他日后的创作,也正是这样的。

1936 年出版的第一本诗集《大堰河》,收集诗歌九首,它以深沉的感情和新颖的风格,受到了人们的喜爱。《大堰河——我的保姆》是最优秀的一首,艾青以真挚虔诚的心,怀念和赞美养育了自己的保姆大堰河,并为她受尽人间凌辱的悲苦命运抒发着愤懑和不平。诗中不仅对一个贫苦的劳动妇女充满了诚挚的同情,也对中国农村的遭遇寄予深沉的关切。农村的生活正在激变,艾青的思想感情也早已起了变化,对于出身的地主家庭,他如"新客"那样隔膜,而对于农村的受苦人——大堰河的儿子们,却"是比六七年前更要亲密"。他入狱后的第一首诗《透明的夜》把人类光明的前途,寄予一切被侮辱与被损害者的解放,而他的愤怒的情绪也通过一批流氓无产者在阴郁茫然中闪现着原始的、自发的、消极的反抗折射了出来。写于 1934 年的《九百个》,通过采用陈胜、吴广起义的故事对劳动人民集体力量形象地做出了高度估价,洋溢着坚定不移的乐观主义信念,很具有现实深度。而《巴黎》《马赛》是他域外题材的佳作。前者概括地描写巴黎这个世界名都的光荣与罪恶、庄严与无耻,"磁力"与"妓女"的意象表现了诗人既被它吸引又对它拒绝的复杂情感;后者对资本主义社会贫富对立和殖民剥削有更鲜明的揭露。

艾青在 1935 年 10 月出狱后到抗战前的作品收在《旷野》诗集的《马槽集》一辑中。三年的炼狱生活是艾青对社会有了更深刻的认识,对革命有了更强烈的向往和必胜的信念。出狱后他以时代战士的赳赳姿态,以革命乐观主义的坚定信念和对人民力量的深厚认识,慷慨抒怀!他一方面在《死地》《卖艺者》中续写着乡村的苦难与生死,但更多的诗以《春》《太阳》《黎明》《晨歌》为题集中地表达了向往光明、展望未来、坚信人民力量的情怀。他敏锐地感应着"密云期"的时代气氛,及时反映了剧烈的历史脉动。他歌颂太阳,期待黎明,相信烈士的鲜血换来了春天,更深情地表露自己的坚信与愿望:"我乃有对于人类再生之确信",愿为胜利的欢笑而牺牲,并呼唤着"请给我以火,给我以火"。这种不倦的追求,成为以后创作中一个重要的特点。这一阶段是诗人创作的准备期与成名期,已初步形成了自己的创作个性与艺术风格。

# 第二节　唱出时代的最强音

　　1937年至1949年是艾青诗歌创作的第二阶段。在抗战前期的三年半中,艾青"拂去往日的忧郁",迎着"明朗的天空",开始了新的生活和创作的道路。遍及半个中国的行踪,使他扩大了现实的视野,更深切地感染到时代的精神,促成了创作激情的高涨,同时也迎来了他诗歌创作最重要的高潮。

　　这一时期,艾青写出了近百首诗,出版了《北方》《旷野》《他死在第二次》《火把》《溃灭》等长诗和短诗集。他讴歌祖国的独立和人民的解放,赞美未来的光明和殉道者的永生,以强烈的诗情,悲壮的诗思和辽阔的诗境把当年那支"彩色的芦笛"炼成了时代的号角。

　　《北方》集内包括了作者在抗战初期的重要诗作,其间流露着一种忧郁的情绪。但是,他的忧郁也是其忧国忧民的强烈情绪的一种必然,其创作的总体是引人走向反抗和战斗,引人向往光明和未来的,这一点忧郁并不能代替他这时整个创作主旋律的高音节昂扬的调子。

　　艾青流徙于国内,目睹了到处蔓延着的"灾难与不幸""贫困与饥饿"。其诗大范围地表现了战乱中人民流离失所、家破人亡的惨痛,如《乞丐》《手推车》《旷野》;同时,他从烽火硝烟中汲取诗情,满怀激情地描写严酷的斗争,凸现古老民族在血与火的考验中坚忍不拔的顽强意志与对前途的坚定信念,洋溢着进取、乐观、昂扬的战斗精神。《他起来了》象征民族的觉醒,《北方》从民族几千年斗争历史中汲取力量,《风陵渡》则对现实充满信心。面对着苦难和斗争,作者把自己的感情、命运都赋予这时代,这片他深爱着的土地。他向着"中国的农夫""土地垦殖者""少妇"和"母亲",诉说起自己这"农人的后裔"的"流浪与监禁"的身世和"憔悴"的生命。这些诗作,反映了现实的生活斗争,包含着向上的思想内容。它们既不同于那些抗战口号的空洞的喊叫,更反对了逃避现实斗争的艺术的陶醉;不仅是个人创作的深化发展,同时也将抗战诗歌的思想艺术提高到一个新的境界。

艾青此时也有不少长诗创作,他以抒情浓郁的笔致,注重刻画人物形象,尤其善于细致地展示人物心理的变迁和波动,如《向太阳》《火把》。而《吹号者》《他死在第二次》两首诗均描写英勇的战士最后倒卧疆场的悲壮场景,着重表现他们纯洁美好的心灵、渴望战斗的激情和不畏牺牲的英雄主义气概。1938年春天写的《向太阳》是艾青的第一首长诗,它不同于叙事诗或一般的抒情诗,而更像一首颂诗。在他多年的创作中,不难看出他对光明对太阳的向往和追求。《向太阳》是具有代表性的一首诗,它"以最高的热度赞美着光明,赞美着民主",与抗战初期热烈的情绪相一致,充满了热情、乐观和希望……长诗诗情连绵,却又层次分明地反映了艾青心情的发展,越到最后,艾青越渴慕和靠近太阳。后来,闻一多在谈到诗人们的"知识分子气"时,曾说:"艾青说'太阳滚向我们',为什么不是我们滚向太阳呢?"应该说,在《向太阳》中已经出现了这种思想感情的良好转化的。特别是他在向往一些民主革命的领袖和理想的同时,更歌颂了社会主义革命的导师列宁和《国际歌》等,这里标志着艾青思想感情的趋向。在诗集《他死在第二次》内,最重要的是两首写于1939年春天的长诗《吹号者》和《他死在第二次》。后者着力描写一位受伤的兵士渴望战斗的激情,他接受祖国的号召,再次踏上征途,最后光荣地倒卧战场。长诗歌颂了受伤战士的革命责任感和英雄主义,他的激情来自民族的觉醒和解放,他的无畏联系着祖国的生机和希望,一草一木都鼓舞着他再去为它战斗、牺牲。虽然写的是艰苦的战争,但长诗反映的正是胜利的信念。同样描写战士牺牲的《吹号者》,比前者更具抒情性,也更为丰满动人。这诗本身就像飞着"血丝"的号角声那么悲凉、庄严。艾青的爱与沉痛也如诗句一样凝练而深邃。他曾自称这是"以最真挚的歌献给了战斗,献给牺牲"②。长诗形象地写出了吹号者对号角的爱、对黎明的向往等,更深情地抒写了吹号者青春纯洁的心灵和美的形象!

艾青在这一时期的创作面貌则更全面地反映在他大量的短诗当中。它们分别收录在《旷野》《黎明的通知》《献给乡村的诗》等集子里。这些诗歌不仅较广泛地反映了现实生活斗争的动向,更渗透着抗战时代的气氛,同时也交织着诗人对祖国、人民、原野、农村的热爱与希望,而难能可贵的是它们清晰地刻画下了艾青思想情感的历程。

寻找光明总是欢乐的,但也充满艰辛;革命的步履是坚定的,但也会出现困难。理解这种艰辛和困难,就更懂得他追寻的热忱和步履的踏实。这些集子内较早的诗作,色调明朗,情绪高昂。但在1939年秋后的一段日子里,一些诗歌中似乎出现了沉重的声音。这时候,奋起抗战带来的最初的热烈情绪已经沉寂,现实的困难和矛盾日渐逼近,作者此时又正好在国统区的大后方,"远离烽火,闻不到'战斗的气息'",却感受到了荒凉寂寞的氛围,于是他的笔有时显得沉重了。如果把1938年与1939年写的两首《秋晨》相比,同样是山水原野,色泽似乎灰暗了,生机也萧条了。同样描写士兵,《兵车》中找不到《吹号者》的壮美;即使描写了《小马》的"欢愉、新鲜",却感叹"它还不曾尝过辛苦"。这偶尔出现的沉重,正好反映了艾青的思索和探求。所以,与此同时,他在询问:"旷野啊——你将永远忧虑而容忍不平而又缄默么?"他在积聚:"我的胸中,微微发痛的胸中,永远地汹涌着生命的不羁与狂热的欲望啊!"他更在祈望:在严寒、冰层、残雪面前,"希望春天它早点来……我将穿上芒鞋去寻觅温暖",而冰雪也终于融化,"满怀着兴奋与喜悦……汹涌到那闪耀着阳光的远方去了"。

1941年皖南事变后,艾青进入延安,参加了延安文艺座谈会,他在毛泽东和他的革命文艺思想教育下,进入了一个全新的生活和创作的境界。他写道:"诗必须作为大众的精神教育工作,成为革命事业里的宣传与鼓动的武器","把诗和政治密切结合起来,把诗贡献给新的主题和题材"。这反映了艾青在延安的整个创作方向的日益自觉,收录在《黎明的通知》《献给乡村的诗》《反法西斯》《雪里钻》等诗集中诗歌的重要特点表现在反映崭新的生活,为工农兵服务,为无产阶级政治服务等方面。说明艾青开始深入根据地的工农兵生活,他的创作的风格,起了很大的变化。

艾青这时的乡村题材与国际题材作品,注意表现新的人物、新的生活,注入新的思想感情。他以极大的热情歌唱延安革命的伟大影响,用大量的诗篇来抗议法西斯罪行,歌颂苏联社会主义建设和反侵略的胜利,如《土伦的反抗》《希特勒》等。

抗战胜利后不久,艾青离开延安到华北,直至全国解放。在这段时间内,由于主要从事其他工作及参加土地改革,诗歌创作数量较少,后来就收录在《欢呼集》等集内。其中,从1947年到1948年,在土改全新的生活面前,艾青的诗魂复活了,他又有了抒情内容与形式的丰富和升华的激情。从此他结束了沉默,以全新的姿态来表现新式农民的新生活。

写于1948年的组诗《播谷鸟集》就是他面对中国社会向光明

转化的伟大变革,敏锐地发现了,并且再现了第一代翻身农民的新的心理特征的杰作,诗歌迸发着对翻身农民的欢乐和由衷地赞叹和欣喜。这标志着他这个时期歌唱新生活,从情调到风格的探索已有了定型的格局,也是对他这一时期创作的一个好总结。

艾青此时还写了《诗论》等理论文章,他的诗学主张坚持现代诗歌的战斗传统,阐明了诗歌创作的现实主义原则,对想象、意象、语言的散文美见解独到。这不仅是他诗歌创作经验理论总结,也是现代诗学探索的宝贵成果。

# 第三节　深情歌唱新中国

　　艾青诗歌创作第三阶段是1949年至1976年。《国旗》是艾青献给新中国的第一首歌。他朴实而诚挚地唱道:五星红旗是"美丽的旗""庄严的旗""革命的旗""团结的旗""我们爱五星红旗像爱自己的心"。新中国成立之初的诗作还有《保卫和平》《千千万万人朝着一个方向》《可耻的旅行》《亚细亚人,起来!》等。在这些诗作中最有特色的是《春姑娘》,它抒唱新中国成立后的第一个春天,把春天描绘成一个给人们带来快乐、绿色和阳光的可爱的小姑娘:"她赤着两只脚,/裤管挽在膝盖上;/在她的手臂上,/挂着一个大柳筐。"《春姑娘》是一首有童话色彩和喜剧情调的优美抒情诗,诗中跳动着单纯、明丽、欢快的激情,是诗人在刚刚开始的新生活面前充满着幸福感的心境的流露和表现。

　　1950年7月,艾青作为一个代表团的成员赴苏访问。在访问过程中,他怀着激动的心情,写下了《宝石的红星》等10多首诗,抒写了异域异乡的风物情致,歌颂了中苏人民的友谊。回国以后,他不倦地致力于诗歌主题的深化和题材的扩大,并重视运用感兴的和寄兴的意象,写出了《春姑娘》《亚细亚人,起来》《西伯利亚》等优美的诗篇。他的诗又开始飞翔了,有了联想与想象给人的暗示和回味,并且较好地融合了固有的艺术风格和民族气派,因此他的诗歌艺术在继《播谷鸟集》以来又一次有了新的突破。艾青着重探索人的心灵美, 更多地从人的精神生活角度来捕捉形象,抒唱生活,如《鸽哨》《下雪的早晨》,这些诗虽然疏离已有的艺术个性,显得平淡而自然,但它们仍保持着原有诗思的格局。另外一些取材域外的诗,如《维也纳》《南美洲旅行》《大西洋》等,其写实与象征互渗,想象与感受相融,为当时的出类拔萃之作。

但是,他在新中国成立初期所写的诗作,除了上述少数篇章显露了真正的才情外,大部分是急就章,浮光掠影,缺少内在意蕴和感染力的。对这种状况他自己也不满意,认识到要真切地感受新时代的生活和恢复被长期的行政工作所阻滞了的形象思维是需要一个过程的。因此,1952年他辞去了《人民文学》副主编的职务,终于有了较多的时间进行创作实践和艺术探索。

1953年,艾青回到故乡金华。为纪念故乡之行,他写下《藏枪记》和《双尖山》。《藏枪记》是以民歌风格表现浙东山区抗日游击队活动的叙事诗,它塑造了以杨大妈为代表的游击队员形象,表现了革命乐观主义精神和英雄主义精神,是作者在艺术上的一次大胆尝试。比较而言,《双尖山》的艺术成就更引人注目,它以诗人素有的细腻、缠绵笔致描绘双尖山的秀丽景观和她英雄的过去,抒发自己的恋情和展望她美好的未来,深深地拨动了读者的心弦:

> 但是,不管见过多少山,
> 我总忘不了双尖山——
> 你是我的生身之地,
> 我喝你的山泉长大,
> 矿水里的什么液汁,
> 在我的血管里回旋……

众所周知,写叙事诗确实不是艾青的所长,但1954年发表的《黑鳗》却是一次较为成功的尝试。它以浓厚的抒情气氛,诉说了民间流传的青年渔民陈全和美丽姑娘黑鳗的爱情故事，表现了劳动人民对压迫者的抗争和对幸福生活的追求。

当岁月进入了 1955 年，艾青的创作又走向了迷茫；直到 1956 年，其创作才有了突破的迹象，他接连出版了叙事长诗《黑鳗》和第二个诗集《春天》。此时，他的创作实践和诗歌艺术从反复的彷徨到探索中心的方面取得了成绩。他在感受生活和塑造形象的方式上有了更新、更圆熟的运用；在形象表现上重新重视自己过去虚实结合的方式，并作了更富单纯美的发展；运用拟人化的意象，把意象扩大和引申，在描写对象时捕捉不同的感觉，使其产生新的比喻等做法，使诗歌的形象更为丰满生动。而同时，他的诗歌形象、意象和语言都变得纯粹而唯美，这使得他的诗歌形式也从散文化的自由体趋向于格律化的自由体。

1956 年，艾青还针对文艺界的时弊写了四篇寓言和一首寓言诗，其中有批评"一花独放"局面的《养花人的梦》，要求尊重个人独创性的《黄鸟》，讽刺单调平庸倾向的《蝉之歌》等。这些蕴含着理趣的诗，在反"右派"斗争中都受到不应有的指责和否定。

1957 年，艾青被错划"右派"，停止写作近 20 年。

综观艾青从新中国成立之初到被剥夺创作权利之前这六七年间的诗作，尽管其艺术质量参差不齐，也没有一篇对他进行批评的文章；但是艾青是无愧于时代的，他一直在为人民幸福和世界和平而歌唱着。随着时光的流逝和历史的沉淀，人们越来越清楚地认识到，在新中国诗坛上，艾青一如既往地表现了横溢的才华、鲜明的个性和刻苦的追求。

# 第四节 "归来"之歌

"四人帮"被粉碎后,年已古稀的艾青复出,以更饱满的激情放开了歌喉,一直到生命的结束,这是艾青诗歌创作的第四阶段。他怀着无比欣喜的心情宣布"时代的洪流把我卷带到一个新的充满阳光的港口,在汽笛的长鸣声中,我的生命开始了新的航程。"

1978 年,沉寂了 20 年后又回到诗坛的艾青,又有了新的主题。他讴歌科学和民主,致力于扫除封建余毒。《在浪尖上》《光的赞歌》《听,有一个声音》等诗被传诵一时。《光的赞歌》写于1978 年 8 月到 12 月之间,全诗的构思核心就是"光",通过借"光"这一辉煌无际的形象用象征手法抒发出了引人深思的哲理命题。他还把诗思的触角伸向社会生活,《迎接一个迷人的春天》《钢都夜》《绿》《盼望》《大吊车》《太阳岛》等,都是对社会主义的颂歌。这段时期,艾青还写了不少对人生、对时代的哲理思考的诗,其中《盆景》《天涯海角》《仙人掌》《芦苇》等含蓄蕴藉、寓意深远,是老诗人半生"悲欢离合"中感悟出来的结晶品,更具艺术价值和历史韵味。艾青是一个对形象性具有概括魄力的抒情大家,这一点很突出地显示在《纽约》《芝加哥》《洛杉矶》《巴黎》等现代都市的风光抒写上。而在这些诗中,他揭示了资本主义世界物质文明的高度繁荣与精神文明的极端贫困的两种突出矛盾。

1980 年他出版了《归来的歌》,后来《彩色的诗》《雪莲》也相继问世。从这些诗作中可以看出他的表达方式更加练达圆熟,形象更加简洁明确,语法更加质朴纯净,不仅继续保持了真实与想象相结合的特色,而且增添了深沉的思考和睿智的哲理,尤其是《光的赞歌》《鱼化石》《古罗马的大斗技场》等诗作影响很大,因其更为深沉、凝重、睿智,并注重在具体物象中把握超越物象的意蕴,走向象征,成为"归来派"诗歌的代表作品。

然而,艾青创作个性中的哲理性削弱了他浓烈而执着的情感,并且其艺术风格也没有致力于形象的具体可感性,其语言就显得单纯有余而丰美不足。

在60年创作生涯中,艾青以极大的热忱,关心国家、民族命运,执着地追求光明,自觉地表现时代,用他从欧罗巴带回的"芦笛",吹奏出旧社会的"毁灭的诅咒的歌";吹响了反帝、反封建和中华民族解放的战歌;奏响了新世界的"光的赞歌";颂咏伟大祖国、伟大人民的颂歌;以更饱满的政治激情和深邃的哲理内涵,唱出了社会主义新时代的"归来的歌"。艾青的诗歌创作,真实而又深刻地反映了我国民主革命和社会主义建设时期的巨大变革,堪称时代的史诗。

艾青为我国诗歌的繁荣和发展倾尽了毕生精力,做出了卓越的贡献。他的诗影响了老中青好几代诗人,是继郭沫若之后中国新诗的又一面旗帜,被聂鲁达称为"中国诗坛泰斗"。

# 第五节　艾青诗歌创作成就

艾青生在一个地主家庭，却直接受到贫苦农民的乳汁的哺育；他曾"怀着浪漫主义的思想"在巴黎的繁华中度过了"精神上自由、物质上贫困的三年"，也曾因革命活动过了三年的炼狱生活。所以，他既有贫农后代的耿直、淳朴和忧郁的气质，又有地主儿子的幻灭、叛逆和追求的觉醒；他既根植于五四民主主义的土壤，又沐浴了西方世界的物质文明和精神文明，因而开阔了生活天地和思想视野。

因此，他一生的创作事业，就感情深度说，能和人民大众的爱憎息息相通；就感情广度说，又扩展到历史地发展着的全人类命运的疆域。他一直勇敢地进行着诗歌艺术的探索和实践，走出了一条朴实的又焕发着独特光彩的创作之路。其诗歌创作成就巨大，被称为不朽的诗坛泰斗。

20世纪30年代是艾青的创作个性与艺术风格形成基本定型的时期。首先，其抒情形象构成的方式从实写、虚写发展到突破这两种单一的形式，而采用虚实结合的方法；其次，其诗歌语言的形象化逐渐走向自然，其语言在一定程度上也变得流畅、生动和纯美；最后，在形式上，他不但把实践经验加以美学的理论相结合，而且还在创作实践中摸索到了自由诗在传达不同情绪时的一些自然音律的法则。

艾青曾经顽强地宣布，他要在世人的嘲笑中坚持"我的姿态"，唱出"我的歌"，这是种独立意志和自我意识的觉醒。纵观文艺发展的历史，艾青就是用这样的"姿态"、这样的"歌"显露出世界的潮流、民族的传统与个人气质的交汇点,从而也显示了中国新诗经过近 20 年曲折摸索和挫折后所必然出现的历史趋势。艾青诗句中的每一个字,都震撼着读者的灵魂。他的诗之所以能产生如此浩瀚的感染力,正是因为他把民众的郁结和心里的情绪强烈的宣泄出来了。

他诗中的忧虑,是因为农民的痛苦;振奋,是由于农村的苏醒;欢欣,更是来自农民的解放。可以说,艾青是和他笔下的农村劳苦大众一起感受旧世界的桎梏,经历抗战烽火的锻炼,共享解放的喜悦和土改的欢乐,他们是一起在革命的年代里前进着的"战友"。

想要深刻体会和了解艾青诗歌中深切反映的那种抗战的现实面貌和时代精神,首先就应注目于他抒写的关于祖国农村的篇章。它们写出了土地受蹂躏的痛苦,也写出了游动于地心的热气,以至震荡了大地的风云,而这些正是中国当时农村的现实和灵魂。

也正是由于整个时代诗风的特点和他本人生活经历的影响,艾青艺术气质中的忧郁一直蕴藏在他的诗歌中,其间或多或少存在茫然阴郁的流浪汉的影子,流露着一种忧郁的情绪。这种忧郁,是浸透了他的灵魂并且永远也摆脱不掉的忧郁。而恰是这种忧郁,构成了艾青诗歌艺术个性的最最基本的要素。

艾青说:"叫一个生活在这年代的忠实的灵魂不忧郁,这有如叫一个辗转在泥色的梦里的农夫不忧郁,是一样的属于天真的一种奢望。"③这是一种农民式的忠实于生活的清醒的现实主义态度。而艾青又说他"实在不欢喜忧郁",也多次表示要"拂去往日的忧郁",但艾青的诗产生于祖国的苦难中,是中国土地的忧郁传给艾青一种生命的固执,使他像土地一样负载了历史的重担。它不是冷淡的哀愁,而是热切的思虑;它反映了对祖国、民族、人民的爱与艰苦现实之间的矛盾,是尚未找到回答前的思虑;它不同于退让的叹息,而是进取的准备。正如诗人自己所说:"把忧郁与悲哀看成一种力!把弥漫在广大的土地上的渴望,不平,愤懑……集合扰来……仁望暴风雨来卷带了这一切,扫荡这整个世界吧!"他的忧郁,给人们一种更为深沉的力量。然而,在抗战期间,艾青仍孜孜不倦地向往、追求和讴歌。这种追求来之于信念,所以即使反映乡村苦难,它也往往在荒凉中萌生出生机,在暗淡里透露出光亮,在沉滞时预示着惊醒……而当笔触驰骋于意象,游荡于理想的境地时,他追求的热情便似火般地燃烧着。太阳、光明、春天、黎明、生命、火焰,不但出现于他很多诗作中,更是他不少诗篇专门讴歌的主题。他说过:"凡是能够促使人类向上发展的,都是美的,都是善的;也都是诗的。"④这说明艾青一直在不倦追求的路上,这既是出于内心的渴望,又表现着了自觉的意识。这种追求,正是时代的需要,也是时代精神的反映,这也导致他写的许多鸿篇巨作都直接号召、鼓舞人们为明天而战!如《向太阳》《吹号者》《他死在第二次》《火把》《黎明的通知》等诗,都似战斗的号角,催人醒来、起来、出发;又如明亮的火把,照亮了战士的征程。

"请叫醒一切的不幸者/我会一并给他们以慰安。"艾青把个人的感受融入到了群众的洪流中,把个人的命运焊接到了抗日的崇高使命上。无数青年读了艾青的诗,坚定了本来也许摇摆的信念,加热了本来可能有点冷却的心血。继续英勇地展开斗争,或舍生忘死,或拿起武器,投入到更为惨烈的战斗中去。通过这些作品,我们看到的艾青是一个以笔为枪、为鼓的战士。

同时,艾青的叙事长诗《吴满有》在其创作道路上是不容忽视的。这首长诗是用时间叙述和如实描绘的方法写的,诗句仍用口语,却简洁明快。艾青也深入到了战士中间,他的歌声也在他们中间荡漾,这一点有别于他以往的深沉忧郁。

20世纪40年代艾青的诗风逐渐转向悲壮、高昂,他偏重于用实写塑造形象,但没完全放弃虚写的方式,如《给太阳》《太阳的话》,都是他向往光明的激情的浪漫主义的高扬。他还改变了前期那种离开意象创造已成不可想象的做法,开始重视直抒胸臆。但由于采用理念性的构思,艺术个性和创作风格上尚未能和新主题所要求的表现相适应,他的诗里存在着概念化和现象罗列的倾向,使其自由体形式更自由和散漫。这也显示了其艺术风格在新旧交替时期的一种矛盾和混乱。

艾青是个典型的抒情诗人。他不善于模拟具体过程和具体实在的生活,像李季那样把情感隐匿在场面和事件的"客观"叙述之中;而是擅长以情感为旋律的动力,驱遣着事象物象的组合和转移,在富于比喻、象征和暗示的诗句中表情达意。同时,他也擅长以散文式的诗句自由地抒写;他的诗歌富于丰满的形象与诗意,并不拘泥于外形的束缚;很少注意诗句的脚韵或字数格式的划一,却具有内在的旋律与整齐和谐的节奏。艾青的这些方式表现在他新中国成立后的创作之中。

另外,艾青说:"一首诗不仅使人从那里感触了它所包含的,同时还可以由它而想起一些更深更远的东西。"⑤他的优秀篇章就达到了这样的境界,它们既有荡人胸怀的诗情,又有启人智慧的哲理。这不仅是说如《启明星》《礁石》《珠贝》那样在整体上运用象征手法所写的寓意深刻的诗,能够以其丰富的内涵让读者的审美活动伴随着人生思考,而且就连一些以抒情和描绘为主的诗章的字里行间也时常闪现着理性的光芒!

而正如艾青所说,"所谓形象化是一切事物从抽象渡到具体的桥梁"⑥。他的诗大多意深情浓,而这一切都是通过形象体现出来的。就形象的生动鲜明而言,艾青的诗在我国当代诗坛是令人瞩目的。丰富的联想以及象征、暗示、比喻等手法的广泛运用所造成的那些奇警、精致、活跃的意象,给诗人的形象带来了丰富的内蕴。

艾青的诗歌具有鲜明深刻的形象性,随着诗歌的结束,形象也就完成了。形象,不仅指人,也包括物,以及思想、情绪等抽象概念的形象化。所以在诗的情绪抒写上,他注重反抗的、梦境式的潜在意识的刻画。艾青认为,"诗人一面形象地理解着世界,一面又借助于形象向人解说世界"⑦。因此,他的很多优秀诗作均表现出一个特点:往往在一首或一段的最后升起一个意念,或一个思想,但这不是抽象的概念,更不是他所反对的"浮泛……无力的叫喊",它是在全诗中孕育起来的,是诗情的结晶,是形象的升华,也正是诗歌借以感人的力量所在。这种形象,反映了作者对于生活的熟悉和理解的深度。

艾青笔下的形象,总是具有他极为执着的特点,而这在叙事诗中就尤为明显。他描绘的虽是现实的生活,但手法上则常常运用新鲜的比喻、丰富的想象,从而使其产生的形象却似乎比实生活更贴切,更鲜活。此外,其中重要的一点就是:经常得益于他的美术素养。他有着自己独特的感受世界和艺术地表现世界的方式,他追求"有如画家一样地渗合自己情感的构图"。所以艾青用色泽、光彩的渲染以及构图、线条的安排,来增加形象的鲜明性。因此,他的诗歌明显存在法国印象画派的痕迹。他在诗的色彩处理上也融合了西方绘画的原理,追求瞬间、强烈的光影效果,立体与稳定的雕塑感。同时艾青也非常强调捕捉瞬间感觉及印象,在艺术创造中的作用这一点上,最深刻地显示了艾青的诗艺与西方印象主义绘画之间的联系。艾青在总结自己艺术经验时,也十分明确地提出"诗人应该有和镜子一样迅速而确定的感觉能力"。但他同时又不满足于捕捉感觉,反对"摄像师"式的仅把感觉还原于感觉。所以他强调主观情感对感觉的渗入,追求"对于外界的感受与自己的感情思想"的"融合",并在二者的融合中,产生出多层次的联想,从而创造出既是明晰的,又具有广阔象征意义的视觉形象:这就是艾青最常用的艺术方法。

美学绘画原理的运用,又不同于象征派诗歌从文字外壳进行虚造假设,而是从生活本身采集而来的。是生活实感再现与诗歌情绪的完美结合。灰暗褐黄的色调使现实的苦难更见沉凝;在浓绿翠蓝中会感到希望;当生机蓬勃时,诗歌中又呈现了鲜红与金色。当然,形象的鲜明性远胜于如此简单的概括,它们要丰富得多。而且作者诗歌中色彩的运用,也不仅仅是为了渲染情绪、烘托思想氛围,它最终还应符合事物本身独立的美感要求。

艾青的诗歌,之所以具有世界性,同时又具有民族性,在艺术表现上,是有根本原因的。这表明,艾青的诗歌创作,也是通过自己独特的途径,走着中西诗学相融合的道路而发展而来的,这是与中国新诗发展的历史趋向相一致的。艾青以自己杰出的艺术成就,成为这一历史归趋的代表。

艾青诗歌的形象完全依赖于语言的表现。艾青对于自己诗歌语言的基本要求便是"适切""准确","最能表达形象"。所以他坚持必须从生活斗争中提炼,他的语言反映出他对客观现实的认真观察和理解,凝聚着他从中产生的真情实感,又表现了他优异的创造力。他排除对华丽铺饰的模仿,没有古旧的羁绊,也很快摆脱了欧化的影响,创造出朴素生动的富有生命力的语言。他的劳绩丰富了我国新诗歌的艺术语汇,增加了新诗的艺术表现能力。

当时,打破旧诗的格律限制,探索符合现代生活节奏的比较自由的形式结构,始终是新诗孜孜以求的艺术目标。

30年代初期,戴望舒所谓诗歌节奏"不仅是音乐的,更应该是内在和情绪的"主张,开启了新诗散文化的艺术进程。如果说,戴望舒"雨巷式"缠绵细腻的形式结构,妥帖、深入地刻画了现代知识分子的情绪世界;那么,艾青则是使其审美空间里具有了忧愤深广的社会内容,并赋予这种散文化的诗歌形式以史诗般品格的第一人。

艾青是自由诗体的自觉提倡者,他说,自由诗体是"新世界的产物","受格律的制约少,表达思想感情比较方便,容量比较大——更能适应激烈动荡、瞬息万变的时代","自由体的诗是带有世界性的倾向"。从总体上说,艾青诗体的特点是,追求奔放与适当约束之间的协调,即是"在变化里取得统一,在参差里取得和谐,在运动里取得均衡,在繁杂里取得单纯"。他的诗在形式上不拘泥于外姓的束缚,很少注意诗句的韵脚或字数、行数的划一,但又运用有规律的排比、复沓造成变化中的统一,参差中的和谐,注重营造内在节奏的旋律美。

他的诗歌在语言上,仍表现出他一贯追求的那种浅显性、暗示性与启示性。他总是采撷鲜活的口语入诗,表面看起来平易朴实,然而又十分有工力,字与字、词与词、句与句的安排调遣,既明朗又含蓄,成为读者驰骋想象力和诱发思索的艺术载体。如《在智利的纸烟盒上》对画着高举火炬的自由女神的烟盒作了这样的抒写,诗作中的"白描"的功夫,朴素的魅力,真实的力量,没有遮掩的感情,毫不做作的语言,互为衬托,相映生辉。全诗都是"大白话",可是读来言近旨远,人们从中尽可获得对资本主义世界的不尽的思索和想象。

同时另一方面,艾青也提倡"散文美"。这不仅是为了呼应自由诗体破除束缚的表达特性,更重要的是诗人坚信广大人民群众的口语真诚朴质,新鲜丰富,亲切生动,潜藏着巨大的艺术表现功能。艾青就善于从生活中发现新奇不俗的比喻。如"乡村重压下的农夫——他们的脸像松树一样发皱而阴郁","冬天的池沼,/寂寞得像老人的心"等。他的短句活泼多姿,长句气势浩荡,朴素而又隽永,纯净而又深刻。艾青以自由体诗的创作步入诗坛。在漫长的艺术生涯中,他也曾尝试过包括民歌体在内的各种形式,但实践证明他驾驭得最好也最富于创造性的还是自由体诗。他的优秀的自由体诗堪称"自由"型:章无定节,节无定句,句无定字,而且没有严格的韵脚;然而却具有鲜明的节奏与旋律。他说:"节奏与旋律是情感与理性之间的调节,是一种奔放与约束之间的调协。"正是这种对节奏和旋律的重视,使他笔下的词句有节制地流淌着感情和情绪,有章法地显露着社会人生之真谛。

而他的诗,标志着"五四"以后自由体诗发展的一个重要阶段,又给以后的新诗创作带来了很大影响。

# 第六节　艾青诗歌的主要意象

从 20 世纪 30 年代末到 40 年代中期，我们可以将这段时间中国文学史的诗歌称为"艾青的时代"的诗歌。因为作为最早走向世界的中国新诗人之一艾青，用他那具有独创性的意象，凝聚着诗人对生活的独特感受，观察和认识，凝聚着诗人独特的思想与感情。"土地——农民、太阳——光明"便是在他作品中反复出现的核心意象系列，常将诗的情思引领到总体象征的层次。它们集中地体现了诗作的基本主题：对中国乡村和农民命运的深切关注，对光明与温暖以及所有美好事物的不懈追求，而深沉灼热的爱国情绪将二者融为一体。其中表现最直接的诗作就是《我爱这土地》和《向太阳》等。

在"土地"这一意象里，凝聚着诗人对祖国——大地母亲最深沉的爱！而爱国主义是其作品中永远咏唱不尽的主题。我们的祖国，贫穷落后，天灾人祸接踵而至。生活在这块土地上的国民，痛苦多于欢乐。我们是悲哀的，心中郁结着过多的"悲愤"，然而，这毕竟是生我养我的祖国！即使为她痛苦到甚至死去，中国的子民也不愿意离开这片笼罩着阴霾的大地！"死了"以后"连羽毛也要腐烂在祖国的泥土里"！诗句中所表达的，是一种刻骨铭心、至死不渝的最伟大的、最深沉的爱国主义感情。而这种感情在近代中国人民中具有典型性与普遍性的。

"为什么我的眼里常含泪水？因为我对这土地爱得深沉"，这两句诗，真实而朴素，却来自诗人内心深处，来自民族生命深处，通过描写眼里的泪，抒发了作者与中国土地合而为一的深情。因而具有不朽的艺术生命力。也正因为如此,"土地"的意象,自古就凝聚了最广大的人民生于斯、作于斯、死于斯的最深沉的爱。诗情,透过土地传达了诗人对其命运的关注与探索。这首诗可以看作是艾青的诗的宣言书:他至高无上的诗神是养育了他的以农民为主体的中国普通人民,他(她)们的生命存在。艾青宣称自己"始终是旷野的儿子"是"大堰河的儿子"。他用"土地——农民"意象组成的诗篇,一再展现悲哀、辛苦、贫困的"旷野",描述饱尝大地母亲千载痛苦的"地之子",刻画乞丐向任何人"伸出永不缩回的手",呈示"中国的苦痛与灾难/像这雪夜一样广阔而又漫长呀"!从个人不幸到战争灾祸,诗人写出了寒冷封锁大地、农民陷入绝境的悲惨景象,从历史苦难到现实变化,诗人在《复活的土地》《春雨》等诗中又写出命运终于改变。

艾青是一位与"土地"联系得非常紧密的诗人,其诗歌中的两个意象——"土地"和"太阳"。前者象征祖国,后者象征光明。诗题"我爱这土地",表达了诗人对生他养他而又多灾多难的祖国的深沉的爱,抒发了生活在那个艰苦的年代里的为祖国独立自由事业而奋斗献身的华夏儿女的共同心声。早在 1940 年冯雪峰就已经对艾青的历史地位做了理论上的评定:"艾青的根是深深地植在土地上的",是"在根本上就正和中国现代大众的精神结合着的,本质上的诗人","中国新诗的创造可以说正由他们在开辟着道路"。⑧

"太阳"的意象表现了艾青灵魂的另一面:寄寓了诗人对理想希望和一切美好境界的执着追求。诗人将诗与美、善视为三位一体促使人类向上发展的事物,他纯情地写"太阳向我滚来",纵情地写"我奔驰""我向太阳",豪情地写"火把"照亮了暗夜,更深情地发出"黎明的通知"。在诗中,诗人既是光明的呼唤者、创造者,又是理想的追求者和殉道者。他几十年如一日地热情讴歌着太阳、光明、春天、黎明、生命与火焰的"永恒主题"。这一时期写得最好的光明颂是《向太阳》与《黎明的通知》。《向太阳》从一个独特的角度歌颂了抗日解放战争给民族带来的新生。而《黎明的通知》则是以一个更加乐观、明朗的调子宣告着新的时代的来临："趁这夜已快完了,请告诉他们/说他们所等待的就要来了。"在这里,诗人正是一个时代的预言者与理想世界的呼唤者。艾青在"土地与太阳"的宏大思维结构中思考历史、体味人生,深切的忧郁成为贯注他几乎所有作品的"诗魂"。艾青认为,伟大的诗人是时代的代言人,最高的艺术品是生活真实的记录。而叫一个生活在这年代的忠实的灵魂不忧郁,只能是"属于天真的一种奢望"。对于苦难大地的感同身受,在理想追求道路上的坎坷曲折,关于人的命运的深广忧愤,提炼、拓展和深化了忧郁诗绪的质地、内涵。忧郁而不消沉悲观,沉郁顿挫使艾青的诗情感真挚感人,意境悠远辽阔,气度博大沉雄。《我爱这土地》便是"忧郁情结"的至情绝唱。

艾青的诗博大而沉郁,直白而优美;艾青的散文清新而深刻,短小而精悍!

艾青的散文较其诗歌来说是少之又少,然而,也有其动人之处,受益匪浅……试想,当你看到"蛔虫""蜘蛛""蚯蚓""蜜蜂""白蚁"之类,你会有什么感觉呢?不外乎"恶心"二字。但是当你进入了艾青先生的《虫》,这些令人恶心的小不点,却有魔力把你从厌恶的边缘拉回来,捧着他的作品一读再读,就像把六颗酒心巧克力,一颗一颗放在嘴里,然后让它融化,然后享受那饱满、浓郁的口感,然后回味无穷。另一篇题为《棉絮》,眨看之下还以为艾青先生是要把棉絮歌颂一番,以表达对其深爱什么的。但读到最后你才明白艾青先生想要表达的是"被欺骗的羞怒之火",因为先生在旧衣铺买的一直珍爱着的新棉絮里面全是旧的。在轻笑一声后，留给你的是内心的舒心和愉悦。


**注释：**

①艾青：《诗与时代》，《艾青全集》第三卷《诗论》，花山文艺出版社1991年版，第68页。

②艾青：《为了胜利》，《艾青全集》第三卷《诗论》，花山文艺出版社1991年版，第122页。

③艾青：《服役》，《艾青全集》第三卷《诗论》，花山文艺出版社1991年版，第124页。

④艾青：《服役》，《艾青全集》第三卷《诗论》，花山文艺出版社1991年版，第6页。

⑤艾青：《服役》，《艾青全集》第三卷《诗论》，花山文艺出版社1991年版，第6-7页。

⑥艾青：《形象》，《艾青全集》第三卷《诗论》，花山文艺出版社1991年版，第31页。

⑦艾青：《形象》，《艾青全集》第三卷《诗论》，花山文艺出版社1991年版，第31页。

⑧冯雪峰：《冯雪峰全集·论文编》，人民文学出版社2003年版，第77页。

# 第四章 艾青笔下的故乡人

## 第一节 概述

　　1910 年 3 月 27 日艾青诞生于金华市金东区傅村镇畈田蒋村,2010 年是艾青 100 周年诞辰。1910 年至 1928 年艾青在家乡度过了难忘的童年和少年时期,在大堰河家他感受了浓浓的亲情,在小学里他喜欢绘画和手工艺,在中学里创作了第一首诗歌,积极参加学生运动。1928 年 9 月艾青考入杭州西湖艺术院绘画系,是该校绘画系第一届第二期的学生。这一年艾青 19 岁,诗人就带着复杂的感情离开了故乡的小山村。从此,他过着漂泊的生活,足迹踏遍祖国的山山水水,也曾浪迹异国他乡。他虽然在外漂泊,心中思念牵挂的是故乡,笔下涌现的是对故乡的深切思念之情。

　　新中国成立前,诗人多次回到故乡。新中国成立以后,艾青曾在 1953 年、1973 年、1982 年、1992 年四次回到金华老家。1953 年春他在畈田蒋住了 20 多天,搜集抗日战争时期浙东游击队的抗日事迹,以民歌体于同年秋天写成了叙事长诗《藏枪记》。苦难中的 1973 年 9 月,他与夫人高瑛、儿子艾丹从新疆回金华住了一个星期,曾打算移家故乡。1982 年 5 月,他回故乡祭扫保姆大堰河墓,1992年5月回家乡为大堰河墓诗碑揭幕。艾青曾说:家乡实在太可爱了,"绿油油,水汪汪的"。他在一封给亲友的信中写道:"我虽然不爱写信,却很爱看信——很想知道'家乡'的一切。"①信中充满了对家乡的思念和对亲友的关心。自始至终,思乡之情萦绕诗人的脑海。

在艾青诗歌园地中,有一批诗歌与故乡金华休戚相关,它们构成了艾青诗歌的重要组成部分。乡思、乡愁、乡情、乡恋成为艾青不倦诗情的源泉。乡土是人的物质家园,也是精神家园。每个人都是"地之子",每个人内心都有一份乡土,这是任何人都摆脱不开的情结,是人类永远的文化情怀。

艾青乡土系列的诗作,主要指描写故乡金华以及抒发对故乡思念之情的诗作。综观艾青诗作,或多或少直接写到金华人与物的作品有《大堰河——我的保姆》《我的父亲》《少年行》《透明的夜》《强盗与诗人》《双尖山》《村庄》《献给乡村的诗》《藏枪记》《矮小的松木林》及《土地》等。在一些诗作中,尽管主要抒写的是其他事物,但难以抑制的思乡之情溢于言表,这些诗作包括《在铁窗里》《黄昏》《画者的行吟》《黎明》《赌博的人们》《旷野》《公路》《河边的芳草》《下雪的早晨》《垦荒者之歌》《鹿回头》《每个人都要从自己开始》及《面向海洋》等。

考察艾青的乡土诗,可以发现诗作中洋溢着浓郁的金华乡土特色。对于故乡的怀恋、对于乡村的眷顾、对于土地的亲和是其重要内容。乡情、乡风、乡愁,都得到了清晰的表现,怀乡诗洋溢着绘画美、忧郁美和人情美。周作人在《地方与文艺》中曾说文学创作"须得跳到地面上来,把土气息泥滋味透过了他的脉搏,表现在文字上,这才是真实的思想与文艺"②,艾青诗作很好地体现了这一要求。

# 第二节　怀乡诗创作分期

综观艾青的怀乡诗，从时间上看散布他诗歌创作的各个时期。从 1932 年《透明的夜》在监狱里对故乡的怀念，到 1979 年初稿、1981 年修改定稿的《面向海洋》在异国他乡对家乡的思念，大量的诗作透露出浓浓的乡愁。结合艾青的经历可以发现乡愁集中体现在三个时期。

1932 年初艾青回国，在上海加入中国左翼美术家联盟，从事革命文艺活动，不久被捕，在狱中写了不少诗，1935 年出狱。这一时期是艾青乡愁流露的第一个集中期。这时期主要作品有《透明的夜》《大堰河——我的保姆》《铁窗里》《画者的行吟》《黎明》。《透明的夜》写了"沉睡的村""狗的吠声""酒坛""杀牛场"，是故乡生活的真实写照。艾青自己对这首诗曾做过很好的解释："这首诗写在看守所，是回忆我家乡金华农村的一个场面。金华的乡间风俗，是善尚斗牛，旧社会偷牛、杀牛的贼也多。不能说他们都是坏人。那是生活逼出来的。我写《透明的夜》不是赞扬贼，赞美强盗，而是歌颂一群人的力量，歌颂他们在黑暗中粗暴的、反抗的力量。这和后来在《强盗和诗人》那首诗里所表现的，是同一种思想。"[③]《大堰河——我的保姆》抒发的是对乳母的真挚怀念之情。《铁窗里》"看见常拜访我的故乡的南流的云"，"在传来的卖花声里"抒发"对于家乡的满山火焰般杜鹃花的怀念"。《画者的行吟》《黎明》提到"家园的檐角""生我的村庄的广场上"，思乡之情显而易见。

抗战爆发后，诗人奔波于大后方的各地，身处异乡，目睹战争给人们带来的苦难和解放区的火热生活，故乡的影子又不时浮现

在诗人的脑海,乡愁渗透在这一时期诗作的字里行间。这一时期
(1937—1942),艾青大量的作品流露了乡愁,主要有《雪落在中国
的大地上》《我爱这土地》《黄昏》《山毛榉》《土地》《公路》《赌博的
人们》《旷野》《赌博》《古松》《我的父亲》《少年行》《强盗和诗人》
《村庄》《黎明的通知》《河边诗草》《献给乡村的诗》《矮小的松木
林》等。《黄昏》写出在异乡漂泊的诗人对故乡浓烈思念之情"我永
远是田野气息的爱好者啊……无论我漂泊在哪里,当黄昏时走在
田野上,那如此不可排遣的困惑着我的心的,是对于故乡路上的
畜类的气息和村边的畜棚里的干草的气息的记忆啊……"写于
1938 年的《我爱这土地》是爱国名篇,也是诗人乡愁的集中体现,
思乡之情和爱国热情完美地结合在一起。诗人以飞鸟怀土起兴,
来抒写他对土地的眷恋与挚爱。但是诗人何以想到以飞鸟恋土来
自喻呢?这与诗人的思乡之情不无关联。1981 年 10 月 28 日,艾青
给海外归来的美籍华人作家写下了"人情重怀土,飞鸟思故乡"的
题词。由飞鸟自然回归故土,推想到人的怀乡之情,可见这首诗抒
发了诗人浓浓思乡之情。诗人从小生长在农村,对家乡那片"紫色
的"土地,对江南乡野的泥土芳香,有着像土地一样的特别古老而
深沉的爱,所以愿意在死后"连羽毛也腐烂在土地里面",并且深
沉地抒发"为什么我的眼里常含泪水?因为我对这土地爱得深沉
……"《我爱这土地》可看作这一时期抒发乡愁的代表作。

　　第三时期是新中国成立后,此时诗人开始了新生活。1953 年
春回家乡搜集抗日事迹,完成了叙事长诗《藏枪记》的创作。回到
北京一年后,在同样是春天的一个早晨,诗人听见窗外鸟儿的鸣
叫声,回想起在家乡双尖山听到的迷人声音,写下了诗人自己非
常满意的怀乡诗《双尖山》。1958 年《垦荒者之歌》中隐隐地流露对
家乡的思念:"我的家乡在钱塘江上,/那儿是鱼米之乡……"进入

新时期后,诗人诗情再次爆发,思乡之情一脉相承,故乡是作者魂牵梦萦的。《鹿回头》:"快回来/不要离弃出生之地/椰林羽叶在招手/哪儿也没有家乡好。"《每个人都要从自己开始》开头便是"想起遥远的家乡/在那黑暗的岁月/邻居的孩子病了/母亲提了灯笼到村边/向荒野发出呼唤:/'孩子呀,快回来!/妈在这儿等你……'/那声音激荡着母爱,/谁听了也不免辛酸……"《面向海洋》:"难道它们也像我们/告别温暖的家乡……"游子拳拳之心清晰可见。

## 第三节 怀乡诗中的故乡人

艾青怀乡诗抒发了对故乡的深情,其内涵是丰富多彩的。对故乡的深情,首先表现在艾青诗作的故乡人物系列上,主要有大堰河、父亲、杨大妈等。作者把对故乡的深情集中寄托在乳母大堰河的身上。深情地写出了大堰河的辛苦、勤劳、纯朴,热烈地抒发了自己对大堰河的热爱:

> 大堰河,今天,你的乳儿是在狱里,
> 写着一首呈给你的赞美诗,
> 呈给你黄土下紫色的灵魂,
> 呈给你拥抱过我的直伸着的手,
> 呈给你吻过我的唇,
> 呈给你泥黑的温柔的脸颜,
> 呈给你养育了我的乳房,
> 呈给你的儿子们,我的兄弟们,
> 呈给大地上一切的,
> 我的大堰河般的保姆和她们的儿子,
> 呈给爱我如爱她自己的儿子般的大堰河。
>
> 大堰河,
> 我是吃了你的奶而长大了的
> 你的儿子,
> 我敬你

爱你！

如果说，诗人在 20 世纪 30 年代初创作的《大堰河——我的保姆》歌赞了一个善良勤劳的贫苦农妇大堰河的话，那么《我的父亲》则描写了一个中庸、保守、自私但又具有一丝开明和进步思想的乡村地主形象。这两首诗都是写实性的、自传性的，可以看作表现诗人儿童和少年时代生活的"姊妹篇"。《我的父亲》写于延安时期，排除了特定时代的氛围，剔除附在诗歌上的政治阶级因素，诗人曲折地抒发了对父亲的真情：

> 近来我常常梦见我的父亲——
> 他的脸显得从未有过的"仁慈"，
> 流露着对我的"宽恕"，
> 他的话语也那么温和，
> 好像他一切的苦心和用意，
> 都为了要袒护他的儿子。

从中可看出父亲对诗人的希望，父亲对"我"付出的"爱"，尽管这"爱"不合"我"心意，很难为我所接受。父亲要我做弟妹们的"模范"，"眼睛很慈和的看着我"，"热切地期盼我回去"，字里行间透露着父亲对"我"的关心爱护和我对父亲一份的情义。

《大堰河——我的保姆》《我的父亲》抒发的是对亲人的情思，那么写于 1953 年的《藏枪记》则再现了血雨腥风年代的一个感人的故事，通过杨大妈、杨小虎、杨明纲等形象，赞扬了家乡的游击战士们，赞扬了家乡的父老乡亲。由对亲人的思念，到赞扬乡亲们，体现了诗人的宽阔视野和博大胸怀。

**注释:**

①董正勇:《追踪艾青》,新疆大学出版社1997年版,第 95 页。

②周作人:《地方与文艺》,见《谈龙集》,北京十月文艺出版社 2011 年版,第 13 页。

③周红兴:《艾青传》,作家出版社 1993 年版,第 72 页。

# 第五章　艾青笔下的故乡景

## 第一节　概述

艾青对家乡的深情还体现在对家乡土地的誓言上。这鲜明地体现在《村庄》《献给乡村的诗》《双尖山》和《矮小的松木林》中。《村庄》写于 1941 年,《献给乡村的诗》写于 1942 年,都是延安时期的作品,都表现出对故乡的真诚怀念。诗人是 1941 年 3 月 8 日到达延安的,在延安"自由的空气、宽大的空气、快活的空气"里唱着自由的歌,在"歌唱早晨,歌唱希望,歌唱属于未来的事物,歌唱正在生长的力量"[①]的同时,又唱着思乡的歌。《村庄》这首诗的抒情方式独特,他表面看似对"故乡"憎恨,实际上表达对故乡刻骨铭心的爱。在延安火热生活中,诗人怀念起自己那个"可怜的村庄",想起了它的贫穷、落后、愚昧与丑陋。他"恨"故乡的丑陋,"恨"人们厌弃他们的村庄,"像浪子抛开他善良的妻子,/宁愿用真诚去换取那些/卖淫妇的媚笑与谎言/到头了两手插在空袋里踟躇在街边"。在诗篇最后,作者难以抑制对故乡的真挚情感,抒发了对村庄未来的希望:

要到什么时候我的可怜的村庄才不被嘲笑呢?
要到什么时候我的老实的村庄才不被愚弄呢?
什么时候我的那个村庄也建造起小小的工厂:
从明洁的窗子可以看见郁绿的杉木林,
机轮的齐匀的鸣响混在秋虫的歌声一起?
什么时候在山坡背后突然露出了一个烟囱,
从里面不止地吐出一朵一朵灰白色的烟花?
什么时候人们生活在那里不会觉得卑屈,
穿得干净,吃得饱,脸上含着微笑?
什么时候,村庄对都市不再怀着嫉妒与仇恨,
都市对村庄也不再怀着鄙夷与嫌恶,
它们都一样以自己的智力为人类创造幸福,
那时我将回到生我的村庄去,
用不是虚饰而是真诚的歌唱
去赞颂我的小小的村庄。

  与《村庄》相比,《献给乡村的诗》对故乡的感情一样深沉,但表现则要温和平静得多。它描写了故乡的自然环境,描写了故乡的树木、果树园、石井、小溪、旷场、房屋和生活在村庄中的父老乡亲们。故乡美丽宁静的自然风光,故乡人们遭受的不公正待遇,最后激发了诗人对故乡的热爱:

我的诗献给生长我的小小的乡村——
卑微的,没有人注意的小小的乡村,
它像中国大地上的千百万的乡村。
它存在于我的心里,像母亲存在儿子心里。

纵然明丽的风光和污秽的生活形成了对照，

而自然的恩惠也不曾弥补了居民的贫穷，

这是不合理的：它应该有它和自然一致的和谐：

为了反抗欺骗与压榨，它将从沉睡中起来。

　　1953年，艾青回到故乡，游览了故乡，故乡的山山水水在诗人心田里埋下了诗的种子。1954年一个春天的早晨，两只无名小鸟在窗外唱着"嘹亮而又圆润"的歌，引发了诗人思乡之情，激起了创作灵感，于是挥笔写成《双尖山》一诗。《双尖山》是艾青献给家乡的一首长歌，如果说，诗人在许多怀乡诗中都有许多对家乡美好景物的幻想和希望，那么《双尖山》则是真实地再现当年的梦想。诗中的字里行间都充满了诗人对家乡的热爱与思念，对故乡的变化和前景由衷的喜悦和企盼。诗人写出了双尖山的高大威严，"你像一个古代的骑兵，/满身披挂着弓箭，/骑着紫铜色的骏马，在天边驰骋"，写出了双尖山是摇篮，写出了双尖山展现的新面貌，更展望了双尖山美好的未来。

我想，再过几年，

在那辽阔的原野上，

将出现高压线，

在青青的山岗上，

也将建立起伐木厂，

公路将伸进这苍郁的森林，

在这静静的山谷里，

疾奔着的，叫啸着的

将是运载木材的车辆……

那时候啊，那时候，
我一定再回来，
看看我的双尖山，
看看我的家乡。

## 第二节　金华民俗风情

艾青怀乡诗抒写了富有金华地方特色的民俗风情。中国农村文化具有鲜明特征，正如余时英先生所说，"小传统以农民为主体，基本上是在农村中传衍的"[②]，它主要表现和凝聚在种种不同形式的乡村人情风俗、四时节庆、民间信仰与宗教以及民间文学艺术等方面。民俗是产生形成于民间又传承民间的世代相传的传统文化现象，是劳动人民在生产和生活中形成的人类文化遗产的重要组成部分。民俗的产生与一定的社会经济结构、生活形式相联系，民俗通过约定俗成的方式为人们所接受，是一种模式化了的行为准则和生活方式。民俗风情往往最能体现一个地方的特征。

金华，古称婺州，位于浙江省的中西部。金华历史悠久，根据古遗迹考证，金华在新石器时代就有人类活动，因而民风古朴浑厚勤劳节俭。自古以来金华人尚农务本，刻苦好学，热情好客，有浓烈的思乡恋乡情绪，所谓"美不美，故乡水；亲不亲，故乡人"。作为"生于斯，长于斯"的金华人，艾青诗作洋溢着浓郁的金华乡风。

生产生活习俗。《大堰河——我的保姆》的第四节、第六节和第七节集中地描写了诗人家乡金华的生产劳动、生活习俗，向读者展现了金华农民生活图景。例如第四节中：

> 你用你厚大的手掌把我抱在怀里，抚摸我；
> 在你搭好了灶火之后，
> 在你拍了去围裙上的炭灰之后，

在你尝到饭已煮熟了之后，

在你把乌黑的酱碗放到乌黑的桌子上之后，

在你补好了儿子们的为山腰的荆棘扯破的衣服之后，

在你把小儿被柴刀砍伤了的手包好之后，

在你把夫儿们的衬衣上的虱子一颗颗的掐死之后，

在你拿起了今天的第一颗鸡蛋之后，

你用你厚大的手掌把我抱在怀里，抚摸我。

其中就写到了烧饭习俗——在灶台用柴火烧饭，劳动习俗——上山砍柴、饲养家畜等。通过这些生产生活习俗，显现了当时金华农村的一个侧面，表现了大堰河贫穷的生活和繁重的劳动，控诉了黑暗的旧社会。

《村庄》中也多次写道："磨房和舂臼的声音说尽了村庄的单调，/无聊的日子在鸡啼和犬吠声里过去"，"让那些一辈子生在纺车旁的老太婆，/和含着旱烟管说着'长毛'故事的老汉们，/留在那里等他们的用楠木做的棺材吧"！《我的父亲》："满足着自己的'八字'，/过着平凡而又庸碌的日子，/抽抽水烟，喝喝黄酒，/躺在竹床上看《聊斋志异》，/讲女妖和狐狸的故事。"《藏枪记》："拉拉扯扯走进小酒店，/称了新炒花生整半斤，/烫了冬陈黄酒一斤半，/先是对饮后猜拳。""小虎五岁去上学，/七岁八岁捡柴禾，/十岁挑担卖豆腐，/十六岁上拜师傅。"这些诗句都不同程度表现了金华农村的生产生活习俗，尤其是酿酒饮酒制烟抽烟方面。《金瓶梅》中就有关于金华酒的记载，寿生酒是金华一带的传统米酒。金华农村过年必酿黄酒，俗称"春酒"，一般人家平常不喝酒，逢年过节或红白喜事才喝。有的人习惯站在柜台边喝酒，叫作"柜台靠"。旧时金华农村喜欢自家种的土烟，又称旱烟或烟丝。烟具最早有水烟筒、旱烟筒、朝烟筒之分。水烟筒用金属制成,有的称其为"凤凰尾巴",烟筒藏水,烟经过水的过滤后吸入,吸时呼呼作响,多系有钱人家使用。

礼仪习俗。中国的民族文化中,传统的民俗节日是非常重要的一个元素。中国是一个礼仪之邦,礼仪习俗范围很广,包括婚姻、家庭、喜庆、寿诞、祭祀等习俗。艾青诗歌中有大量的礼仪习俗的描写,蕴含着丰富的精神文化内容,有很强的表现力。

《大堰河——我的保姆》就选取了在年节里"切冬米糖"和"贴关云长"两个有代表性的习俗加以描述。冬米糖,又叫冻米糖,是金华地方春节的特色食品。进入腊月,各地忙着煮谷,舂米,炒"米花",准备切制冻米糖。冻米糖,吃吃酥脆,其香味甜,是农家过年必备茶点,具有浓郁的乡土风味。贴大红大绿的"关云长",即贴年画,与贴春联(贴红),是金华习俗,寄托了人民美好的愿望。民间以为"关云长"是忠厚有德的武神。通过这两个细节表现大堰河这位劳动妇女淳厚朴实的思想感情和美好善良的内心世界。

在《大堰河——我的保姆》第九、十节中,诗人通过大堰河的死,集中描写了金华丧葬习俗:"大堰河,含泪的去了!/同着四十几年的人世生活的凌侮,/同着数不尽的奴隶的凄苦,/同着四块钱的棺材和几束稻草,/同着几尺长方的埋棺材的土地,/同着一手把的纸钱的灰,/大堰河,她含泪的去了。"在《我的父亲》中同样写到了丧葬习俗:"在他出殡的时候/我没有为他举过魂幡/也没有为他穿过粗麻布的衣裳。"《村庄》提到:"留在那里等他们的楠木做的棺材吧!"《藏枪记》:"李树林的东头真有五个坟,/排列得像梅花花瓣一般齐整"。

旧时金华地区人死多用土葬,入殓木棺,挖坑埋葬,砌以块石,上盖石板,而筑土成堆,造成坟壤。丧葬仪式极为复杂烦琐,主要包括送终,移尸,报丧,灵水,浴尸,穿孝衣,守孝,出殡,入穴,开丧,送火种,做七等。《大堰河——我的保姆》中写到"送终""出殡"的礼节,表现了大堰河凄惨的一生,悲惨遭遇,也表现了诗人对乳母的真挚感情和深深怀念。《我的父亲》也写了出殡的仪式,出殡是丧葬仪式中最为隆重,出殡时儿孙辈身穿孝衣,头戴孝帽,脚着草鞋,腰捆稻草绳,一手提香碗一手拎孝子棍的孝子,随后一人背"魂幡",一人放路纸。通过这一仪式的描写,表现了"我怫逆了他的愿望","残忍地违背了他的愿望",表现了父子之间的隔阂,表现了诗人对新生活的追求。

落后习俗的描写。马克思这样批判过封建宗法社会:"这种失掉尊严的、停滞的、苟安的生活,这种消极的生产方式,在它另一面又产生了野性的、盲目的、放纵的破坏力量","它使人屈服于环境,而不是把人提升为环境的主宰"③。艾青在写出家乡独特风俗时,也批判了迷信落后的习俗。

《大堰河——我的保姆》中写到了看相算命习俗。看相算命在旧时金华农村颇为盛行。看相多以"柳庄""麻衣"等相理为依据,从人的五官四体、相貌气色来审察一个人的富贵贫贱、吉凶祸福。算命者多为盲人,肩背"弦子",手打小铜锣,走村串户,以售其技。若有求者则手弹三弦,边弹边唱,按求者年纪、生辰排算"八字"命运。艾青出生时,因罕见的难产,再加上左额较深,相貌奇特,算卦先生算了生辰八字以后,摇头晃脑地说:"这个孩子是克父母的!"一句话,使艾青刚生下就成为家庭"不受欢迎的人"。在《村庄》一诗中,艾青不无愤懑地说:"让盲眼的算命人弹着三弦走进茅屋去吧!"

赌博花会更是一种危害极大的陋习。1940年艾青写了《赌博的人们》一诗,是对下层人民的丑习和阴暗一角的描绘与暴露。诗中写道:"在那些阴暗的城墙的脚边/在那些乌黑的居房的角上/无数赌博的人们蹲在一团/紧张地注视着输赢的决定/污秽,破烂,愚蠢而又狂热/摇摆着身体,攒动着头颅/胜利的呼喊,失望的咒骂/伴随着第一卜铜钱落地的声音",这些人希望"想把贫穷的命运一下转捩过来",这当然只是一种梦想。这首诗逼真地描写赌徒们的形象、神态和心理,对他们的态度是"哀其不幸,怒其不争",对赌博这种陋习是一种有力地批判。在《我的父亲》也直接写到了这种陋习,"我的伯父是一个鸦片烟鬼,/主持着'花会',玩弄妇女","花会"是一种大型的赌博活动,赌徒不分男女老少,赌资不论银圆现钞,赌注不拘多少,诱惑性大,危害性也大。押花会,赢者贪得无厌,输者侥幸翻本,赌注越押越大,甚至荒时废业,变卖家产,典妻卖子。

　　落后习俗的描写,从一个角度揭示了农村落后的原因,抒发了诗人深深的忧郁。如鲁迅那样,艾青以敢于直面惨淡的人生,敢于正视淋漓鲜血的清醒的现实主义作风,昭示了乡村的苦难,这也是诗人忧郁诗风的一个重要组成部分。

　　**注释:**

　　①何其芳:《何其芳文集》,人民文学出版社1982年版,序。

　　②余时英等:《内在超越之路》,中国广播电视出版社1992年版,第193页。

　　③马克思、恩格斯:《马克思恩格斯选集》第二卷,人民出版社1972年版,第67-68页。

# 第六章　艾青笔下的故乡情

## 第一节　主要意象

诗歌主要是通过意象来抒发情感的。意象是审美情思的物化形式，是诗人升华并凝定感觉印象的一种基本艺术方式。意象是主体与客体的审美契合，是主观精神现象呈以具体感性形态，以具体的感性形态来表现审美主体的思想感情。对于意象及其作用，前人有过不少论述。从刘勰的"窥意象而运斤"(《文心雕龙·神思篇》)，到明前七子何景明的"夫意象应曰合，意象乖曰离"(《与李叔同论诗书》)；从胡应麟的"古诗之妙，专求意象"(《诗薮》)，到清代方东树的"意象大小远近，皆会逼真"(《昭昧詹言》)等均以意象论诗。20世纪初活跃在英美诗坛上的意象派在宣言中就提出了"运用意象把握具体细节，扬弃含混不清的泛泛议论"①的主张。韦勒克、沃伦在《文学理论》中说得更明确："意象是诗歌结构的一个组成部分。"②

作为中国现代诗歌艺术大师艾青在其《诗论》及有关诗歌创作的理论中，对诗歌意象作了比较全面、生动的论述："意象是从感觉到感觉的一些蜕化。""意象是纯感官的，意象是具体化了的感觉。""意象是诗人从感觉向他所采取的材料的拥抱,是诗人使人唤醒感官向题材的迫近。""意象:/翻飞在花丛,在草间,/在泥沙的浅黄的路上,/在静寂而又炎热的阳光中……/它是蝴蝶——/当它终于被捉住,/而拍动翅膀之后,/真实的形体与璀璨的颜色,/伏帖在雪白的纸上。""意境是诗人对于情景的感兴;是诗人的心与客观世界的契合。"③"用可感触的意象去消泯朦胧暗晦的隐喻。诗的生命在真实性之成了美的凝结,有重量与硬度的体质。无论是梦是幻想,必须是固体。"④可见,运用丰富生动的意象是艾青诗歌创作的自觉追求。

艾青对故乡有着深厚的情谊,他通过诸多的怀乡诗来抒发心中满溢的故乡情怀。他的怀乡诗塑造了众多的意象,其中最主要的是"土地"与"乡村"两个意象。意象是客观物象经过创作主体独特的情感活动而创造出来的一种艺术形象,是寓"意"之"象",用来寄托主观情思的客观物象。诗人通过将主观的"意"和客观的"象"的结合,融入诗人思想感情的"物象",赋予某种特殊含义和文学意味。"土地"象征着家乡、祖国与民族的不幸,而"乡村"象征着家乡与农民的现状与期望。

艾青怀乡诗的土地意象系列有代表田野的水田、沼池、旷野等;有代表山峦的荒坟、岩石等。土地意象系列展现的是中国农村的景象,它抒发的是诗人对中国农民真切的哀感。艾青从直觉情绪意象化推移,从卑微的田野,荒芜的田亩,枯死的野草,枯涸的池沼,再推向疏林横陈、墓堆散乱的山峦和斜坡。土地系列展示的是中国乡村的一片衰败荒凉景象,这个破败景象延伸出一层新意:土地的贫瘠、阶级的剥削和民族的压迫,使得土地的主人无法支配其土地而致贫困。土地乃苦难、忧患生涯的象征载体,忧郁的土地乃是种族忧郁的根源,而与土地相依为命的"大堰河"等土地之子也获得了灾难、痛苦、忧郁的象征。不管土地之子的物质生活如何艰苦困顿，精神生活如何阴郁痛苦，作为土地哀唱者的艾青，他的眼里总是含着泪水，在他死后，"连羽毛也腐烂在土地里"。

如果说，"为什么我的眼里常含泪水"的回答是"因为我对这土地爱得深沉……"，是诗人内在情感的外化表现，是最深厚积重的情感诠释，那么，诗人在《我们的田地》中先通过自己从小在家乡"以赤裸的脚蹂踩着它细软的泥土"的记忆，把对土地的眷恋与挚爱具体化为"它发散着刺鼻的香气,/它的黑色是无光而柔和的"。接着再写土地一年四季如何"以黑色的乳液/哺育了我们的生命"。于是情不自禁地发问："……我们怎能不爱/这丰饶而美丽的田地呢？"然而，这时我们却面临：

> ……无赖的暴徒
> 持着枪杆,从那边来了,
> 他们想凭着强悍
> 来抢夺我们的田地……

这样的时候,诗人如怀着肺腑的烈痛向人们发问:

> ——告诉我:
> 如果我们失去了它,
> 我们怎能生活呢?

诗情激越,撼人心旌,层层递进的叙事手法和卒章显志的创作方法更凸显了诗人遣词造句的纯熟与精辟。

艾青怀乡诗中除了饱含深情的"土地"意象之外,"乡村"意象也是不可或缺的重要意象之一。诗人记忆中的家乡是"它被一条山岗所伸出的手臂环护着。/山岗上是年老的常常呻吟的松树;/还有红叶子像鸭掌般撑开的枫树;/高大的结着戴帽子的果实的榉子树/和老槐树,主干被雷霆劈断的老槐树;/这些年老的树,在山岗上集成树林,/荫蔽着一个古老的乡村和它的居民"。村边那澄清的池塘,有浓绿的杨柳环抱,"水面上浮着菱叶、水葫芦叶、睡莲的白花"。它"映着天的欢笑和愁苦",它又是"天的忠心的伴侣","云的梳妆台,太阳、月亮、飞鸟的镜子","群星的沐浴处,水禽的游泳池";"而老实又庞大的水牛却从水里伸出了头,看着村妇蹲在石板上洗着蔬菜和衣服"(《献给乡村的诗》)……这是一个多么美丽、多么宁静的小山村啊!诗人淡淡几笔已将一幅典型的江南乡村的山水画完整传神地呈现在世人面前。同时,诗人运用一连串的比喻,把家乡的景致描绘的形象而生动。《旷野》(又一章)中"不驯服的山峦,/像绿色的波涛一样/横蛮的起伏着"。有着高大的山毛榉和不可排解纠缠在一起的黑色的岩石的不驯服的山峦,艾青不仅将有形的事物描绘得更加动人,而且把无形的事物刻画得历历可辨,塑造了一个个栩栩如生的形象。而又如《双尖山》:"而在巨大的岩石下面,/一泓清泉/发出淙淙的声音,/像一条银蛇/滑进了草丛,/不见了,/忽然又出现在林木那边。"这里用蛇比泉,这一"滑"字,不仅轻巧,而且生动传神,读来富有韵味。"大巧若朴"是很高的艺术境界,是技巧纯熟的表现。艾青的比喻,都是自然、朴实而恬淡的,它能平中见奇,攫住人心,有着天然去雕饰的朴素美。艾青的比喻多样而丰富,他运用比喻,从不舍近求远,故弄玄虚,而是把目光盯在身边的生活上。同样的状物,他有时是以实比实,把比喻与想象巧妙结合,造成"比想象更美"的艺术效果。如《献给乡村的诗》描写乡村重压下的农夫的形象:

我想起乡村里重压下的农夫——

他们的脸像松树一样发皱而阴郁，

他们的背被过重的挑担压成弓形，

他们的眼睛被失望与怨愤磨成混沌；

我想起这些农夫的忠厚的妻子——

她们贫血的脸像土地一样灰黄，

她们整天忙着磨谷，舂米，烧饭，喂猪，

一边纳鞋底一边把奶头塞进婴孩啼哭的嘴。

　　本诗采用了八行一节的比较整齐的分段，而且每一句都比较长，形成了流畅的艺术感觉。诗人这样写，也完全是为了抒发情感的需要，极好地体现了诗人对家乡淳厚而又深沉的绵绵思绪。诗的形式应该服从内容与感情的需要，本诗再一次体现了诗人的主张，使诗的内在韵律与外在形式融为一体。诗人的家乡是美丽的，但那个时候还很穷苦。诗人在诗中不仅只是怀念家乡，还对家乡寄予了期望。这再一次燃烧起诗人对家乡的深厚情感："纵然明丽的风光和污秽的生活形成了对照，/而自然的恩惠也不曾弥补了居民的贫穷，/这是不合理的：它应该有它和自然一致的和谐；/为了反抗欺骗和压榨，它将从沉睡中起来。"诗人在这诗的结尾处，明确地指出了家乡这样美丽，为什么人们那样贫穷？直接呼出："这是不合理的。"对当时的那个不公正的社会提出了控诉和挑战，并指出，自己的家乡一定会"从沉睡中起来"，诗人对此充满了信心。这样，此诗就不仅是一首怀乡之作了，诗具有了更高的含义。

　　乡村农夫的辛劳与污秽的生活与明丽的风光是如此的不协调，然而，艾青在《村庄》中则通过揭示生长自己的村庄的一种令人窒息的衰颓、闭塞和愚昧来表达一股强烈的企求改变旧样的渴望和对美好未来的期盼。正如诗人自己所说的那样："我们揭露这种贫穷落后,特别是农村的闭塞、愚昧。要不,我们永远只能用火药枪去抵敌日寇的大炮,用两条腿去和他们的铁甲车比赛。"这一连串的"乡村"意象不仅向世人展示了一个明丽淳朴的村落,更明显的是与村庄落后衰败的形象形成了鲜明的对比。然而,这一切始终挡不住诗人浓浓的乡情和隐隐的乡愁的体现。

在艾青的怀乡诗中除了土地和乡村两个母体意象之外,还有"黄昏""黎明"等意象。黄昏最适宜表现离情别绪,自古中国诗人的黄昏感受,将生命缺憾中的这种痛苦情结展现得淋漓尽致。而艾青也不例外,他在《黄昏》中写道:"我永远是田野气息的爱好者啊……/无论我漂泊在哪里/当黄昏时走在田野上/那如此不可排遣的困惑着我的心的/是对于故乡路上的畜类的气息/和村边的畜棚里的干草的气息的记忆啊……"这样的情景,如果是放在清晨,有朝露,有霞光,有孩童纯真的笑,那么又将是另一幅美景,而不是如现在,读着有一股辛酸和荒凉的韵味。与黄昏意象相比,诗人更注重"黎明"的意象的展开,是从反面对和谐、安宁生活的一种永恒的祈求。他说:"黎明,/为了你的到来/我愿站在山坡上,/像欢迎从田野那边疾奔而来的少女,/向你张开两臂——因为你,/你有她的纯真的微笑,/和那使我迷恋的草野的清芬。""黎明啊,/要是你知道我曾对你/有比对自己的恋人/更不敢拂逆和迫切的期待啊——"(《黎明》)在诗人看来,对黎明的渴望,就像婴孩对母亲乳汁的渴望,"而当我看见你/披着火焰的外衣,/从天边来到阴暗的窗口时啊——/我像久已为饥渴哭泣得疲乏了的婴孩,/看见母亲为他解开裹住乳房的衣襟/泪眼迸出微笑,/心儿感激着/我将带着呼唤/带着歌唱/投奔到你温煦的怀里"(《黎明》),这里写得多么细腻、贴切和形象啊。

　　艾青的怀乡诗通过土地、乡村、黄昏、黎明等意象,将社会意象和自然意象有机地结合在一起, 既描写了家乡美丽的景色,抒发了对家乡的赤子情怀, 也展现了旧中国农村的衰败荒凉的景象,抒发了对旧中国农民命运的真情的关切和深深地同情,也表现了诗人对家乡、对家乡父老乡亲美好未来的向往。

# 第二节 审美特征

艾青怀乡诗蕴含着丰富的审美因子,其美学追求是十分鲜明的。艾青早年酷爱绘画,在育德小学读书期间,艾青成绩最好的两门学科是图画和美工,学校举行画展,都会有他的"作品"。并且他的作文也不错,作文多次获老师好评和学校表扬。在中学学习期间,绘画打下了一定的基础,初一年级的绘画老师是中国现代著名画家张书旂,艾青自己曾说:"当年我特别喜欢美术,上数学课时,我装着上厕所,就出去画画了。"1928 年 9 月考入杭州西湖艺术院,当时班里的油画老师是王月芝,并兼教木炭画;中国画老师是潘天寿;水彩画老师是孙福熙。艾青常在早饭前,出去在西湖边画水彩画。1929 年到 1931 年,艾青在巴黎学习绘画,喜爱上莫奈、马奈、雷诺阿等画家的作品,参加法国名画家、印象派代表人物莫奈举办的"独立沙龙",送展自己的油画作品一幅,署名"OKA",并加入"独立画会"。艾青曾写了不少美术论文与评论,他说:"在桂林,我评论过李桦;在延安,我评论过古元、力群、焦心河、刘岘。"艾青与齐白石、李可染等画家关系密切。由此可知,艾青虽然主要从事诗歌创作,但他对绘画是精通的,并且一直有浓厚的兴趣。他在创作诗歌时,往往从绘画的角度观察生活、体验生活,然后用富于色彩的、形象的语言来描绘生活,正如他自己所说:"我有着'我自己'的东西吗?我有'我的'颜色与线条以及构图吗?"因而艾青的诗歌充满诗情画意,有着鲜明的绘画美。

艾青十分重视诗歌的绘画美,并把色彩、光线等技法作为把握意象、塑造形象的重要手段,抒写出优美深挚的诗情,表现出亲切动人的意象。他说："一首诗里面没有新鲜,没有色调,没有光彩,没有形象——艺术的生命在哪里呢？"[⑤]发达的艺术形象思维使画家出身的艾青在诗歌创作中如虎添翼,把绘画艺术融入诗歌创作中,用形象色彩写诗,用诗的语言画画,在他的诗歌里色与光的选择与意象的主题情绪是和谐统一的。艾青的诗歌犹如一幅画,鲜明的艺术形象和丰富的色彩,使人仿佛置身画中。《旷野》:"薄雾在迷蒙着旷野啊……/看不见远方——/看不见往日在晴空下的/天边的松林,/和在松林后面的/迎着阳光发闪的白垩岩了;/前面只隐现着/一条渐渐模糊的/灰黄而曲折的道路,/和道路两旁的/乌暗而枯干的田亩……"薄雾在迷蒙着旷野,在朦胧的清晨,看不见晴空下远处的松林和阳光下发闪的白垩岩,构成了画面的暗色。远近的距离赋予了画面鲜明的层次,映衬这一条灰黄而曲折的道路,暗与亮的对比,使诗的画面显得生动而有立体感。而诗歌由远及近的意境和对感觉的还原及瞬间的再现,充分体现出了印象派绘画的真谛所在。静态的绘画固然是美的,但是,更难能可贵的是绘画的动态性,就如同一部正在放映的电影,除了视觉的冲击,更有心灵的震撼。

> 想起遥远的家乡
> 在那黑暗的岁月
> 邻居的孩子病了
> 母亲提了灯笼到村边
> 向荒野发出呼唤:
> "孩子呀,快回来!
> 妈在这儿等你……"
> 那声音激荡着母爱

谁听了也不免心酸……

——《每个人都要从自己开始》

　　如此一动一静,跳跃着的字符,滚动着的辛酸,在寂静的夜里都显得格外的透明而心碎。

　　艾青在用语言捕捉美的光、美的形体的同时,也开始用色彩的语言表达情感。艾青用色彩的规律一般是,用暖色调代表光明、温暖、信念,用冷色调代表苦难、大地、忧郁等。比如他诗中经常所写的土色、泥色、山色、水色、树色、石色等大都色彩较浅,色质较暗,带有淡淡哀愁的色调美,这与他忧郁的情调正相吻合。而写到太阳、火把以及太阳照射下的景物,色彩就会非常纯净而浓郁,有时他也会用鲜明色彩的对比来塑造艺术形象。例如《公路》:"在万丈高的崖壁的边沿/以石块与泥土与水门汀/和成千成万的劳动者的汗/凝固成了万里长的道路/上面是天穹/——一片令人看了要昏眩的蓝色/下面是大江/不止地奔腾着江水/无数的乌暗的木船和破烂的布帆/几乎是静止地漂浮在水面上/从这里看去/渺小得只成了一些灰黯的斑点/人行走在高山之上/远离了烦琐与阴暗的住房/可怜的心,诚朴的心啊/终于从单纯与广阔/重新唤醒了/一个生命的崇高与骄傲——"由石块与水泥凝成的道路,天上的蔚蓝,滚滚的江水上泛着乌暗的木船和白帆,以及后来唤醒了象征着生命的崇高与骄傲的绿色,一幅有灰暗到明丽的画卷在天与地之间舒展开来。而《我们的田地》中也有这样的描写:"到了夏天,/已是一片茂密的绿色/遮住了黑色的土壤;/一天一天地过去,/开花,结穗,金色的颗粒,/遍地闪烁着光彩……是秋天了!"

　　忧郁美是艾青诗歌创作的美学追求,他在《复活的土地》中写道:"就在此刻,/你——悲哀的诗人呀,/也应该拂去往日的忧郁,/

让希望苏醒在你自己的/久久负伤着的心里。"艾青的一生是坎坷曲折的,他的性情一直处于压抑状态。他刚来到世上,就成为一个不受欢迎的人,他的家不接纳这个幼小的生命,只有在"大堰河"的怀抱里他才获得了神圣纯洁的母爱,但同时也染上了泥色的农人的忧郁。5岁的时候他回到了自己的家里,但那红漆的雕花的家具使他感到一切都是那么的陌生、那么的压抑,他在一个几乎没有父爱与母爱的环境里度过了他的童年时代。那种压抑的、被遗弃的感受形成了他那沉默忧郁的个性。童年记忆是强烈而又深刻的,它几乎影响了艾青的一生。他为了摆脱这种抑郁感,曾只身漂洋过海,试图在另一个世界里找到自己的精神家园。长期不安定的流浪生活使诗人变得更加忧郁。民族忧患感、时代忧患感是艾青诗歌忧郁美的历史背景,波德莱尔、叶赛宁等外国诗人的影响是艾青诗歌忧郁美的重要文化因子。

艾青曾说:"'忧郁'并不曾被我烙上专利的印子。我实在不喜欢'忧郁',愿它早些终结。"作为忧郁的创世者,他曾立言:"以自己的两颊之晕红与丰盈,交给了沉思和哀感,为了揭示众生之苦恼——换得了执鞭者的嫌忌,持有刀枪者的愤恨,彼拉多的呵斥,法利赛人的诅咒——甚至说:把他钉死。"这个形象是活脱脱的基督在中国的受难图。所以说,艾青的泪水是面对整个人类的苦恼而洒下的,他欲把诗歌当成拯救众灵于水深火热的甘露,为此,他愿永远地行吟,永远地流浪。他"把忧郁与悲哀看成一种力!把弥漫在广大的土地上的渴望、不平、愤懑集合拢来,浓密如乌云。沉重地移行在地面上"。对于这片土地,他"伫望暴风雨卷带了这一切,扫荡这整个世界"。然而,事实上艾青一生都没有摆脱忧郁情绪的缠绕,只是前期比较浓郁,后期更见深沉而已。

生活中的忧郁在艾青情感的熔炉中经受冶炼以后成为一种

美,它远高于那种具体的、世俗的忧愁和哀伤,而且,它唤起的也不仅仅是忧郁,而是思索、力量和美感。所以,他的忧郁尽管是深沉的,却也异常光亮和透明;它消释灵魂的痛苦,治愈内心的创伤。他的忧郁"不是哀歌式的忧郁。它甚至不是忧郁,而是经受生活考验的天才在生活当中深刻观察到的严肃的思想"。他笔下的忧愁往往被戏谑、嘲讽所代替,沉痛的悲伤出乎意外地转化为使人精神焕发的幽默。《村庄》这首诗表面看似对"故乡"的憎恨,实际上表达了对故乡刻骨铭心的爱。他怀念起自己那个"可怜的村庄",想起了它的贫穷、落后、愚昧与丑陋。他"恨"故乡的丑陋,"恨"人们厌弃他们的村庄,"像浪子抛开他善良的妻子,/宁愿用真诚去换取那些/卖淫妇的媚笑与谎言,/到头了两手插在空袋里踯躅在街边"。在诗篇最后,诗人难以抑制的对故乡的真挚情感,抒发了对村庄未来的希望:"要到什么时候我的可怜的村庄才不被嘲笑呢?/要到什么时候我的老实的村庄才不被愚弄呢?/什么时候我的那个村庄也建造起小小的工厂;/从明洁的窗子可以看见郁绿的杉木林,/机轮的齐匀的鸣响混在秋虫的歌声一起?/什么时候在山坡背后突然露出了一个烟囱,/从里面不止地吐出一朵一朵灰白色的烟花?/什么时候人们生活在那里不会觉得卑屈,/穿得干净,吃得饱,脸上含着微笑?/什么时候,村庄对都市不再怀着嫉妒与仇恨,/都市对村庄也不再怀着鄙夷与嫌恶,/它们都一样以自己的智力为人类创造幸福,/那时我将回到生我的村庄去,/用不是虚饰而是真诚的歌唱/去赞颂我的小小的村庄。"艾青作为一个诗人,以笔为武器,当"平庸与安分向我装出鬼脸",他并没有消沉,他说:"旧世界依然激起我的愤恨",他在《强盗与诗人》的最后高唱道:

但愿"诗人"和"强盗"是朋友

当我已遗失了竹叶刀的时候

我要用这脱落了羽毛的鹅毛管

刺向旧世界丑恶的一切。

由此,我们可以看出艾青虽然是忧郁的,但他也同样明亮的。这是一种明明的忧郁,一种"深刻而又明亮的悲哀"。

艾青说:"叫一个生活在这年代的忠实的灵魂不忧郁,这有如叫一个辗转在泥色的梦里的农夫不忧郁,是一样的属于天真的一种奢望。""在这苦难被我们所熟悉,幸福被我们所陌生的年代,好像只有把苦难能喊叫出来是最幸福的事;因为我们知道,哑巴是比我们更苦的。"并说:"诗人和革命者,同样是悲天悯人者,而且他们又同样是把这种思想化为行动的人——每个大时代来临的时候,他们必携手如兄弟","以人民的希冀为自己的重负,向理想的彼岸远行",为扫荡这古老的世界而斗争。⑥艾青还从创作心理角度阐述痛苦的创造价值:"只有通过长期忍耐的孕育,与临盆的全身痉挛状态的痛苦,才会得到婴孩诞生时的母性的崇高的喜悦","不曾经历过创作过程的痛苦的,不会经历创作完成时的喜悦。创造的喜悦,是最高的喜悦"。⑦由此可见,艾青不仅承载了时代、个人和创造的巨大痛苦,同时也获得了表达痛苦之后带来了畅然一泄的快感,这就是忧郁情调所特有的审美价值。

人情美是艾青怀乡诗在内容层面体现出的美学特征。艾青准确的景色描绘和"铿锵的音响",将家乡的风土人情和朴实憨厚的气质融入诗作。诗作的优美造型与和谐,将"迷人的"音乐性结合在一起,形成一种独特的人情美。艾青的韵文,在他的独创性的诗中,显得仿佛是在中国新诗史上的一个突变,和过去截然分开,没有一点相像的地方。一方面是古代的雕塑的单纯,另一方面是浪漫诗歌音韵的美妙的错综,这两者在他的韵文中融合起来了。在《透明的夜》的开头就特别灵动而有韵味:

> 透明的夜。
> ……阔笑从田地上煽起……
> 一群酒徒,望
> 沉睡的村,哗然地走去……
> 村,
> 狗的吠声,叫颤了
> 满天的疏星。
>
> 村,
> 沉睡的街
> 沉睡的广场,冲进了
> 醒的酒坊。
> 酒,灯光,碎了的脸
> 放荡的笑在一团……

真诚从本质上说是一种主观态度,它不仅是艺术的,更是思想的。在艾青诗歌中的人情美主要通过诗人对家乡的人情、事物、风俗等各方面表现出的真诚的情感来体现。他的这一主要特点恰恰有力地说明了艺术和思想是不可分离的。正是真诚使得艾青接受了先进的思想而形成了他的进步的社会观点,也正是真诚使得他无法回避和容忍不合理的野蛮的侵略者而对其持激烈的否定批判的态度。在他的怀乡诗中,这种真诚被艺术化了,它以不同的形态从各个角度得到了升华,从而形成一种极富感染力的艺术风格。艾青的真与诚还表现在他的自然描写中,他不会像其他的诗人那样在描绘大自然时"喜欢给它点缀上原来没有的彩色",而是异常忠实而生动地描绘和表现家乡大自然的真实面貌,从而更真实地再现了家乡人的人情美。

**注释:**

①庞德:《回顾》,《诗探索》1981年第4期。

②雷·韦勒克、奥·沃伦:《文学理论》,生活·读书·新知三联书店1984年版,第235页。

③艾青:《艾青全集》第三卷《诗论》,花山文艺出版社1991年版,第32—34页。

④艾青:《艾青全集》第三卷《诗论》,花山文艺出版社1991年版,第53页。

⑤艾青:《诗论掇拾(一)》,《艾青全集》第三卷《诗论》,花山文艺出版社1991年版,第48页。

⑥艾青:《服役》,《艾青全集》第三卷《诗论》,花山文艺出版社1991年版,第43、42、44、42页。

⑦艾青:《创造》,《艾青全集》第三卷《诗论》,花山文艺出版社1991年版,第46、47页。

# 第七章　艾青与亲人

　　血浓于水,中国人是最讲亲情的。亲情包括对父母等长辈,对兄弟姐妹等同辈,还有对子女等晚辈的情感。艾青的特殊经历,使得他的亲情与众不同。在他的诗歌中,很少直接赞美亲情,他仿佛是家庭的弃儿,以亲情为题材的诗歌所占的比例少之又少,本章我们主要通过《大堰河——我的保姆》和《我的父亲》两首诗歌走进艾青的亲情世界。他的身上带有叛逆、流浪和忧郁的特点。

# 第一节　弃儿叛儿艾青

艾青在中国现代文学史上是一个特例，他是家庭中的长子，由于迷信的原因，他被家庭所抛弃，成为家庭的弃儿。尽管父母并没有真正抛弃他，他们在经济上资助他，情感上牵挂他，比如在留学法国的事情上，他的父亲在他的反复请求下，拿出1000元银洋给他，他的母亲也拿出400元私房钱给他。在我们这个时代出国留学尚且还需要相当雄厚的经济基础，不可想象，在当时，没有父母的支持，艾青的法国之行能够成行。在艾青因参加"左翼"美术活动，被国民党政府逮捕判刑时，他的父母也是竭力为他奔波的。"被捕后三天，我们就知道了。我和他妹妹马上赶回金华，他父亲拿出些钱，又借了些钱，他妹妹还骑马到义乌去奔走。回到上海找到一个留法的沈津山，又通过他找了一个名叫陈仲达的做艾青的辩护律师。钱大多花在他身上了。"①艾青出狱后，马上替他提亲娶妻。父母的关心是显而易见的，但这一切艾青感受到多少？在他的诗篇中又有多少体现？这是很值得探讨的问题。

弃儿往往带有叛逆的特点，最终会成为叛儿。父母叫他讨茶叶，他不去；父母希望他回家继承祖业，他要出国走异路；父母希望他回家尽孝，他抗拒着。艾青说："我长大一点后，总想早点离开家庭。"他力图挣脱家庭的包围，实际上意味着对传统人伦关系及其道德观念的抗拒，叛逆与倔强因此在艾青的精神世界里生长起来。

在巴黎留学时候，一方面是父亲断绝了经济支持，另一方面是艾青顽强地打工过活，两方面的力量都加强了他的叛逆精神，以致到了父亲去世后,他也拒绝回家"尽孝"。在《我的父亲》一诗中,艾青这样说道:"我没有为他举过魂幡/也没有为他穿过粗麻布的衣裳;/我正带着嘶哑的歌声,/奔走在解放战争的烟火里 /母亲来信嘱咐我回去,/要我为家庭处理善后,/我不愿意埋葬我自己,/残忍地违背了她的愿望,/感激战争给我的鼓舞,/我走上和家乡相反的方向——/因为我,自从我知道了/在这世界上有更好的理想,/我要效忠的不是我自己的家,/而是那属于万人的/一个神圣的信仰。"

叛逆也包含着对传统文化的反叛,"从高小的最后一个学期起,我就学会了全盘否定中国的传统的旧文艺。对于过去的我来说,莎士比亚、歌德、普希金是比李白、杜甫、白居易要稍稍熟识一些的,我厌恶旧体诗词,我也不看旧小说、旧戏"。"我所受的文艺教育,几乎完全是'五四'以来的中国新文艺和外国文艺。"艾青上初中时写的第一篇作文,便引用了胡适的名言当作题目《一个时代有一个时代的文学》,在文章中他猛力抨击了文言文。老师的批语是"一知半解,不能把胡适、鲁迅的话当作金科玉律"。艾青在老师的批语上打了个大大的叉。

留法期间,艾青未能进入正规的艺术院校,接受严格的学院式教育。但这恰恰又使诗人的叛逆个性在巴黎的拉丁区找到了知音,西方现代派艺术的反学院派的叛逆性追求鼓励艾青的艺术选择朝着自由、健旺、充满血性的方向发展。这在艾青的诗歌中能得到鲜明地体现,在《透明的夜》中用一排排错落而钝拙的句式,营造了一个狞厉而火烫的夜境,勾勒出了一组粗俗而又炽热的生命形象。深夜、狗吠、酒徒,杀牛场、火一般的肌肉、过路的强盗,热气、酒气、血腥气,杂沓的步履、灯光下的喧嚣、醉中的阔笑……这一切,组成了对黑夜抗议性的骚动,呼唤和赞扬了原始的生命力。

这些在艾青身上都体现得十分鲜明。

感情是双向的,甚至是多向的,并不对等的。父母对艾青的爱,艾青能否都感受到?艾青对父母的情感又是如何的?期望越大,要求越高,失望越大;在艾青呢?压迫越大,反抗越远,离家越远,离心力越大。父亲不满足,艾青不快乐。对家庭而言,艾青是弃儿、叛逆儿、流浪儿、忧郁儿。笔者在上大学时,有幸聆听蒋海涛先生所授的中国现代文学,先生在上课时不时回忆起父母对他的关爱。跟艾青笔下的父亲形象相差甚远。孩子有病,父母吃药。在艾青与父母的隔阂中,父母应承担相应的责任,他们了解艾青吗?他们知道艾青的需求吗?而在艾青,也更多地感受到父母的不足与弱点,没有完全用心去感受父母的爱。这不能不说是一个遗憾。

事实上,艾青的父母并没有真正将他遗弃。当年将他寄养在别人家里,实在是由于迷信而出于无奈。在中国这个十分器重男丁的传统社会里,父母对于他这个长子并没有任何歧视的意思,而是一直努力将他培养成才,并将整个家庭将来的希望都寄托在包括他在内的男孩的身上——尽管这未必符合艾青本人的志向,但是其良苦用心不能不说令人感动,其情感的真挚是毋庸置疑的——因而后来才出钱供他读书,送他到法国留学,花了大把的钱将他从苏州"反省院"里保释出来,但是艾青仍然没有原谅父母,更没有体谅到当时父母的心境,表示"对父母,我一直是淡泊的"。封建迷信就这样无情地摧毁了艾青与生身父母的天伦之情,极其严重地伤害了艾青的心灵,令无辜的他失去了本来可以依赖的"家",从而直接影响到艾青一生的思想与情感。在后来的几十年里,艾青对生身父母的感情是十分矛盾的:既有血缘联系着的割不断的思念,又有无法原谅他们的怨恨,以致他在延安时在《我的父亲》中将父亲描绘成一个"中庸、保守、吝啬"的形象,新中国成立后他回乡省亲,就连父母的坟前他都没有去看一看。他的侄子蒋鹏旭出于人之常情写文章认为祖父(艾青的父亲)并不像伯伯所说的是封建家长,没想到怨恨中的艾青竟然不近人情,从此固执地拒绝侄儿登门。②由此可见,童年时的寄养生活在艾青的心头落下永远抹不去的阴影,一个始终解不开的死结。

艾青回忆说:"当时中国学生已受'进化论'的影响,那我的父亲为什么还讲迷信?真迷信还是假迷信?我看是假迷信。他生活在农村,交往的却是县里的县长,镇上的警佐。警佐是吴晗的父亲。吴晗的母亲是我们村里人,小时候我俩常一块儿玩。在那个地方,警佐很有地位和势力。另外,父亲还结交了军官、大学生,在'万国储蓄会'里有存款,订了《东方杂志》、《申报》。就是这么一个典型。那样的时代产生了这么个人物。不过,他讲迷信有时又是真的。有一次,他头上被麻雀拉了泡尿,就递给我一个木碗,叫我去讨七家的茶叶,给他'洗晦气',我不去,他一气之下把碗扣在我头上,血流了出来。我就生活在这样一个家庭中,很不愉快的。父亲常打我。有一次我被打后,气得写了张字条:'父贼打我!'放在抽屉里,他看见了,从此就不再打我。"

他的妹妹是从另一个角度认识父亲的:"哥哥是长子,爸爸对他期望甚高,要求自然比其他子女严,打得比较多。世上父母哪有不打自己孩子的?这看怎样去理解了。我记得哥哥幼年时很老实,父亲先送他到村中猛灌(对幼儿实行启蒙教育的初级学校)和村办乔山初小念了约四年光景。后来,又让哥哥读质量较高的傅村镇的育德小学,亲自将艾青交给自己的启蒙老师傅冰如、子冰两位老先生。'文革'中红卫兵斗著名历史学家吴晗时,揪住不放的就有吴的两句话:'两块冰(指两先生)教出来的学生,没有考不上学校的。'可见两人在当地的声望之高。在育德小学,哥哥各科成绩都好,作文还经常被张贴出去。父亲是中国第一批新学堂的中学生,因迷信梁启超的维新思想剪了辫子,回乡之后,订过很长一段时间的《申报》,常在东厢房楼上书房阅读新书,思想并不保守。另外,他还擅长书法、绘画,村里常有人请他写字,艾青从小喜欢画画,不能说没有父亲的影响。"

这个解不开的死结使他与父母之间隔阂很深,尤其是在艾青那里,感情上一直扭不过来,因而在父母的身边,他倍感压抑,性情忧郁、寂寞,进而促成他性格沉静寡语、对于事物的敏锐的观察力以及高度的艺术气质。同时,就是这种怨恨培植了艾青叛逆反抗的性格。一方面,他决不接受父亲对他人生道路的安排;另一方面,他同"五四"时期的许多青年一样极力想逃离父母,去寻求自己的精神之"家"。正如他在《少年行》一诗中所表达的那样:"我一句话不说心里藏着一个愿望,/我要到外面去比他们见识得多些,/我要走得很远——梦里也没有见过的地方:/那里要比这里好得多好得多。"只是由于各种因素,艾青的出走实在运气不好,远没有鲁迅、陈独秀、巴金等人的出走那么顺利,而是走出去不久又迫不得已折回来,如此反复多次。1924年夏,艾青报考金华省立第七中学却未能中榜,结果不得不"转回来",并且还得做他并不擅长的念古文、收地租、完粮等令他厌烦之事。1927年初,他深受来到他家乡的北伐军的宣传和鼓动,萌发出弃学到黄埔军校从军的决定。但是他的这个壮举很快为"四一二"事变所击毁,他只好再次返转回父母这里来。待在家里的艾青日子自然很不好过,势利的邻居们"惋惜"的神态和父亲严峻的神色都令他非常难受,心情压抑。

因为难产,楼仙筹自生了艾青以后,身体就一直不很好,小毛病不断,常常躺在床上,握了个水烟袋滋滋地抽烟。她也许比丈夫更迷信,因为她多病,想求神保佑她的身体,信过佛教,也信过耶稣教。她不识字,但她会背唐诗:"去年今日此门中,人面桃花相映红。人面不知何处去,桃花依旧笑春风。"——说不定还是艾人毅的。听信算命先生的话把艾青送到大堰河家之后,不用说她心里是十分舍不得的。

艾青曾说:"我妹妹是吃母亲自己的奶长大的,我是吃保姆的奶长大的,我和母亲亲热不起来。我到姥姥家,总是离母亲远远的,她生气地拽住我说:'我又不是老虎,你怕什么?'"撇开艾青的感受不谈,在母亲一方,是爱自己的孩子,希望孩子与她贴心亲近的。

她对艾青的疼爱从一件事也可看出:艾青到法国去的行李中除了父亲给的1000元鹰洋外,还有400元母亲给的大洋。楼仙筹担心儿子出国后遇上困难,把平时不肯轻易拿出的私房钱拿了出来。不知在写《我的父亲》时,艾青有没有想到母亲给的这400元大洋。至少他是没有把它写进诗里,也没有在其他地方提过。

艾青留法以后,楼仙筹又利用小弟楼德权赴法留学的机会,请他带钱给艾青——这位后来做了国民党参议员、南京外国语学校校长的弟弟却把钱私自花掉了,根本没交给外甥。

总而言之——不管艾青怎么说"和家庭关系不好",在家里"不受欢迎",对父母的感情"一直是很淡泊的",他的父母却是始终如一地爱他——用他们的方式。但未必是艾青喜欢的方式。如果没有他们的爱和支持,艾青也许永远只是一个名叫蒋海澄的人,成不了后来那个"诗坛泰斗"艾青。

一个有成就的作家、艺术家,他们生命的赋予者——母亲,常常是对他们的生活和艺术道路产生决定性影响的人物,他们也往往理所当然地会把最崇高的赞美献给母亲。艾青却似乎是个例外，他从没有写专文谈过他的妈妈，却在获知保姆去世后以一首令人回肠荡气的长诗《大堰河——我的保姆》献给了那位苦命的农妇，诗中说——

> 大堰河，今天，你的乳儿是在狱里，
> 写着一首呈给你的赞美诗，
> 呈给你黄土下紫色的灵魂，
> 呈给你拥抱过我的直伸着的手，
> 呈给你吻过我的唇，
> 呈给你泥黑的温柔的脸颜，
> 呈给你养育了我的乳房，
> ……

无论从诗的情绪还是语言色彩看，很显然的，大堰河在艾青的情感世界中替代了生身母亲，成了艾青精神上的妈妈。艾青出身于一个在他家乡颇有地位的地主家庭，父母在当地也很有名望，可是他为什么却非常思念一个身份低微、家庭贫贱的"保姆"呢？人们当然知道艾青自幼是喝保姆的奶长大的，也对艾青出生不久就寄居在保姆家里有所了解，但是总喜欢把这理解为他与劳动人民结下的深厚感情。然而，感情这东西是非常复杂的，仅仅说"感情深厚"未免太笼统了。仔细考察一下，人们不难发现，艾青是因为怀着一种深深的被弃感而将情感投入到"保姆"——大堰河的怀抱的。熟悉艾青身世的人都知道：艾青的母亲怀孕他的时候曾经做过一个令她惊恐不安的梦（这在那些非常迷信的人看来是很不吉祥的），艾青出生时母亲偏偏又是难产，后来算命先生又胡诌艾青"这孩子是克父母的命"，还要求家人教艾青将来称父亲为

"叔叔"，以"婶婶"来喊母亲，并且将年幼的艾青送到非常贫困的保姆家去抚养。

艾青最初的保姆并不是大堰河，而是一个名叫珠云的年轻女子，只是因为艾青当时年纪太小而记不太清楚。后来由于珠云的身体原因而转交给了大堰河。通常情况下，保姆是在顾主家吃住的，应该与他们生活在一起。可是，大堰河因为要照料自己的孩子，还有许多家务需要料理，只好将年幼的艾青带回自己的家，和自己长期生活在一起。久而久之，艾青对自己的父母非常生疏，就是来到了父母面前却怎么也找不到"家"的感觉，正如诗里所描写的那样："我做了生我的父母家里的新客了！/我摸着红漆雕花的家具，/我摸着父母的睡床上金色的花纹，/我呆呆地看着檐头的我不认得的'天伦叙乐'的匾，/我摸着新换上的衣服的丝的和贝壳的纽扣，/我看着母亲怀里的不熟识的妹妹，/我坐着油漆过的安了火钵的炕凳，/我吃着碾了三番的白米的饭，/但，我是这般忸怩不安！因为我/我做了生我的父母家里的新客了。"其中的"我呆呆地看着檐头的我不认得的'天伦叙乐'的匾"诗句，最耐人寻味，嘲讽意味非常明显。既然在亲生父母那里得不到所希望得到的疼爱和宠幸，他就只好回味在大堰河身边生活的幸福，因为他从大堰河那里得到了母爱。大堰河在她忙碌之余常常用她那"厚大的手掌"把幼小的艾青"抱在怀里"，并且经常亲热地"抚摸"他。在过年过节时，大堰河"为了他，忙着切那冬米的糖"，还"把他画的大红大绿的关云长/贴在灶边的墙上"，而且常常"会对她的邻居夸口赞美她的乳儿"，甚至做梦"吃着她的乳儿的婚酒"，把他当作自己亲生的宝贝，甚至超过了她的亲生儿子，这让他真切地感受到深厚而伟大的母爱。回想到这些，艾青便在他的这首成名作里，以铺陈排比的方式极力叙述大堰河对他的各种关爱，将他这个乳儿视为自己的亲生骨肉,从中获得某种替代性的心理补偿。

　　弃儿在大堰河那里感受到了亲情,找到了亲情,找到了温暖的感觉。

# 第二节　流浪者艾青

艾青在亲情方面还表现出流浪的特点。新中国成立前,诗人多次回到故乡。新中国成立以后,艾青曾在 1953 年、1973 年、1982 年、1992 年四次回到金华老家。1953 年春他在畈田蒋住了 20 多天,搜集抗日战争时期浙东游击队的抗日事迹,以民歌体于同年秋天写成了叙事长诗《藏枪记》。苦难中的 1973 年 9 月,他与夫人高瑛、儿子艾丹从新疆回金华住了一个星期,曾打算移家故乡。1982 年 5 月,他回故乡祭扫保姆大堰河墓,1992 年 5 月回家乡为大堰河墓诗碑揭幕。

诗人的一生是流浪漂泊的一生。1928 年 9 月艾青考入杭州国立艺术院绘画系,是该校绘画系第一届第二期的学生。这一年艾青 19 岁,诗人就带着复杂的感情离开了故乡的小山村。从此,他过着漂泊流浪的生活,足迹踏遍祖国的山山水水,也曾浪迹异国他乡。

1928 年秋,艾青考入杭州西湖艺术院绘画系。该院拥有一批留学归来或从国外聘来的著名教授,如林风眠、李凤白、吴大羽、李骧、潘天寿、李金发,可谓人才济济,几乎占去南方艺术院校的半壁江山。

艾青在杭州西湖艺术院学习不到一个学期的时间,当时年仅二十八岁的院长林风眠看了他的画之后说:"你在这里学不到什么,到外国去吧。"这句话正合艾青的心意,因为艾青一直以来总是忍受不了封建地主家庭的冷酷待遇,忍受不了宗法制农村闭塞、愚昧的生活,总是渴望到外国去,"孤独地飘泊,自由地流浪"。

1929年春天,十九岁的艾青怀着浪漫主义的思想,离开家庭和学校,与老师孙福熙及其兄孙福源、同学俞福祚和龚珏等人乘法国邮轮去了巴黎。艾青生命的航船终于驶进塞纳河,在巴黎泊了下来。他在这个繁华的世界里,度过了精神上自由、物质上贫困的三年。

所谓物质上的贫困,是指他到巴黎后,父亲只给他寄过一、两次钱,后来就断绝接济了,这使他几乎无法生活下去。无奈之下,他只好半工半读,自己找活干。这时候的艾青在美术上迷恋于印象派的绘画。这个流派当时在西方被认为是美术史上一股创新力量,艾青迷恋于这种再现生活的创新的艺术风格,应和着这一倾向,参加了"独立沙龙",并且拿了一幅画有几个失业者的油画参加了"独立沙龙"的画展,在那幅画上艾青第一次用了一个化名"OKA",后来,他在一些诗作上就沿用了这个化名的译音"莪伽"作笔名。

1931年9月18日,日本侵略军轻而易举地占领了东北的土地,民族危机一天天地深重了。在巴黎,艾青参加了反帝大同盟的一次集会。艾青的诗歌《会合》就是这次会议的记录。一天,艾青在巴黎近郊写生,一个喝醉了的法国人走过来,向他大声嚷嚷:"中国人,国家快亡了,你还在这儿画画!"一句话,好像在他的脸上打了一个耳光。

1932年初,艾青准备回国。1月28日是日本侵略军进攻上海的日子,也是艾青从马赛上船的日子,经过一个月零四天的漂泊,艾青终于到达上海。当时战争已经结束,当艾青看到闸北一带的断墙残壁时,他几乎要哭了。他在杭州遇到一个同学,他说上海有一个"中国左翼美术家联盟"。五月,艾青一到上海就参加了进去,和江丰、力杨等几个美术青年办了一个"春地画会",六月在八仙桥举行了一次展览会。7月12日晚上"春地画会"正在上世界语课,突然遭到法租界巡捕房密探的袭击,进行了半个多小时的搜查之后,把艾青、江丰、黄山定、于海等十三个美术青年一同逮捕,经过审讯,把艾青和那个同学关了起来,其余的都释放了。从此,艾青与绘画绝了缘,开始在狱中写诗。他在狱中关了三年零三个月,1935年10月艾青获释出狱,在战乱中他颠沛流离,到过许多地方。1936年,汇集他早期创作的诗集《大堰河》出版,并产生了巨大反响。

从1937年到1945年,整个抗日战争时期,是艾青诗歌创作的高潮期。1937年7月抗战爆发后,艾青从上海到武汉,后到临汾、西安、桂林等地参加抗日救亡运动,先后任山西民族革命大学教员、陕西抗日艺术队队长,中华全国文艺界抗敌协会刊物《文艺阵地》编委,《广西日报》副刊《南方》编辑等职。1940年春到重庆,任育才学校文学系主任。1941年春"皖南事变"后,奔赴延安,被选为陕甘宁边区参议员、延安文艺界抗敌协会理事,并主编《诗刊》。他参加了延安文艺座谈会,结识了工农兵群众中的英雄模范,创作中开始注重表现新的人物、新的世界。艾青当选为模范工作者,并加入中国共产党。抗战期间,有《向太阳》(1940)、《北方》(1942)、《火把》(1941)等9部诗集出版。诗人从大半个中国的滚滚烽烟中汲取诗情,笔端呈现严酷的斗争,悲壮的画面,有着血肉之躯的人物,以及进取、乐观、昂奋的战斗精神,使的艾青诗作具有时代感和现实性,排斥了种种与生活绝缘的雕琢气与意念化,把自己的诗作投入到争取进步艺术的前沿。

从1945年抗战胜利到1976年江青反革命集团覆灭。这31年间,的艾青生活和创作经历了诸多变化曲折。1945年9月,率华北文艺工作团从延安到张家口,不久该团归并于华北联合大学文艺学院,艾青任副院长,兼授文艺理论与创作的课程。因忙于行政事务,创作相对减少。1949 年 1 月北平解放,艾青又以军代表身份参与接管中央美术学院,还参加中国文学艺术界联合会的筹备工作,被选为中国文联委员。同年 10 月起任《人民文学》杂志副主编。1950 年秋访问苏联,著诗集《宝石的红星》(1953)。1954 年秋应邀到智利访问,有组诗《南美洲的旅行》问世。1957 年初被聘任《诗刊》和《收获》的编委。

不久,在反"右派"运动中,艾青被错划为"右派"。1958 年 4 月,艾青离开文艺界,先到黑龙江国营农场的一个林场落户,翌年又到新疆生产建设兵团,几年间积累了数十万字的创作素材。"文化大革命"中,艾青一再遭到批判斗争。1973 年和 1975 年春因眼疾赴京治病,并在北京定居。在这一漫长阶段,艾青长期处于或誉或毁的十字街头,创作不如前期活跃。这期间写有抒情诗集《春天》(1956)、《海岬上》(1957)和叙事诗《黑鳗》(1955);其中组诗《南美洲的旅行》和长诗《大西洋》在国际题材的诗歌中令人瞩目。

诗人像一片云,在各地飘荡。流浪漂泊的生活,给诗人创作带来了丰富的题材,使他的诗作内容丰富,表现了祖国各地的风情,也给他带来了国际诗人的桂冠。

## 第三节　忧郁的灵魂

艾青在亲情方面还表现出忧郁的特点。

忧郁美是艾青诗歌的鲜明特征,诗人的情感、情志或审美体验一般通过意象表现出来。但艾青诗歌的意象有自己的独特性,以灰色的意象负载自己的审美体验是其独特性的表现之一。灰色,在此既指一种颜色,又指一种情调,即一种阴郁的情绪情感格调。请看他的《手推车》:

在黄河流过的地域
在无数的枯干了的河底
手推车
以唯一的轮子
发出使阴暗的天穹痉挛的尖音
穿过寒冷与静寂
从这一个山脚
到那一个山脚
彻响着
北国人民的悲哀

在冰雪凝冻的日子
在贫穷的小村与小村之间
手推车
以单独的轮子

刻画在灰黄土层上的深深的辙迹
穿过广阔与荒漠
从这一条路
到那一条路
交织着
北国人民的悲哀

在这里,首先看到的是"物理"的灰色:阴暗的天穹,枯干了的河底,灰黄土层,荒漠。这些意象都是灰色的,作品通过这些灰色的意象渲染了时代的苦难、北方的衰败,也传达了诗人的忧虑与绝望。与"物理"的灰色相对应的是阴郁的情绪情感格调:"寒冷与静寂","冰雪凝冻的日子","交织着"的"悲哀",这些抽象无形的东西构成一种灰色的意绪,笼罩全诗。

土地意象是艾青诗歌的中心意象,灰色是土地意象的基本色调,而忧郁则是土地意象的情感特征。艾青的土地意象渗透着忧郁。诗人赋予大堰河土地母亲的品格,因此,低贱、平凡、沉默、宽厚、仁爱、纯朴、坚忍,既是土地的品格,也是农妇(农夫)的品格,"大堰河"成了"大地""母亲(乳母)""农民""生命"多重意象的组合。请看他的《大堰河——我的保姆》:

大堰河,为了生活,
在她流尽了她的乳液之后,
她就开始用抱过我的两臂劳动了,
她含着笑,洗着我们的衣服,
她含着笑,提着菜篮到村边的结冰的池塘去,
她含着笑,切着冰屑悉索的萝卜,

她含着笑,用手掏着猪吃的麦糟,
她含着笑,扇着炖肉的炉子的火,
她含着笑,背了团箕到广场上去
晒好那些大豆和小麦,
大堰河,为了生活,
在她流尽了她的乳液之后,
她就用抱过我的两臂,劳动了。

这段诗有着丰富的内涵,它诉说了保姆的不幸:大堰河为了生活,出卖自己的乳液,又出卖自己的体力。"在她流尽了她的乳液之后",再去干繁杂艰辛的农活与家务。它也赞美保姆的勤劳:在寒冷的冬天,在池塘边切着冰屑悉索的萝卜,在收获的季节,她在禾场上劳作。赞美了保姆的宽厚:"她含着笑"劳动,"她含着笑"承受苦难。

艾青的忧郁,作为一种内在情思,首先源于他独特的个人气质,正是这一气质铺就了艾青诗中最初也是最底层的忧郁诗绪和情感色彩。像生活在那个时代的所有人一样,艾青的一生是苦难的一生,却又多了一些曲折坎坷,使他的性情一直处于压抑状态。独特的"弃儿"经历,错位的童年记忆,被压抑被遗弃的感受,形成了艾青沉默忧郁的个性,并使之染上了一生挥之不去的"泥色的农人的忧郁"。而对于保姆"大堰河"因穷得无法生活而把自己刚生下的女儿溺死再拿乳汁来喂养他的愧疚,更使他"长久地成了一个人道主义者"。

远渡巴黎,是艾青艺术生命的一个转折点,也是进一步激发其忧郁气质、点染其苍凉灵魂的重要契机。只身漂洋过海,原为摆脱抑郁,在另一个世界里寻找自己失却的精神家园、寻找心灵的乐土；但在为那里的艺术所陶醉倾倒的同时，西方社会的冷漠无情又使他敏感脆弱的心灵倍觉孤独和绝望，实际更加深了他的忧郁。他在《马赛》一诗中写道："我的快乐和悲哀，/都同样地感到单调而又孤独，/像唯一的骆驼，/在无限风飘的沙漠中，/寂寞地寂寞地跨过……"贫穷使他过着一种半流浪的生活；作为一个弱国的子民，他又深切地体会到无处不在的悲哀和耻辱。但也在这里，他认识了影响其终生创作的现代主义诗人阿波里奈尔，并由此得到一支"拿法国大元帅的节杖也不换"(阿波里奈尔语)的芦笛。用这支芦笛，他"曾饿着肚子/把芦笛自矜地吹"，但得到的却是无人理解的悲哀："人们嘲笑我的姿态，因为那是我的姿态呀！人们听不惯我的歌，因为那是我的歌呀！"(《芦笛》)

年轻的诗人从国外生活的沙场上溃败下来，"走上了懊丧的归途"(《巴黎》)。但当他穿越高山大海的重重阻隔，终于回到祖国母亲的怀抱时，迎接他的又是什么呢？死水一般的现实使他痛苦，弱国受难的悲哀使他绝望，"他为此而向往革命，奔走呼号，积极投身进步的美术活动，而反动势力却将他投进了监狱"。三年铁窗生涯带来的摧残和无望，在艾青"农人的忧郁"和"漂泊的情愫"上，又增添了一层"囚徒的悲哀"。理想的破灭，现实的残酷，都不能不让诗人忧郁；而正是这种忧郁，使艾青愤而拿起了笔——"我很孤独，而我的心却被更丰富的世界惊醒了。我对生活、对人世都很倔强地思考着，紧随着我的思考，我在我的画本和速写簿上记下了我的生活的警句——这些警句，产生于一个纯真的灵魂之对于世界提出责难的时候，应该是最纯真的诗的语言。"于是随着一首感人肺腑的《大堰河——我的保姆》的写就，艾青终于用他从"彩色的欧罗巴"带回的芦笛，吹送出"对于凌侮过它的世界的/毁灭的诅咒的歌"。如果说在此之前艾青的诗歌创作还仅限于基于个人气质之上的对于现实的不满、对于世界的责难的话，《大堰河》中的象征意义则表明，此刻的诗人已以自己悲悯哀郁的情怀自觉地背负起沉重生活的十字架，用从海外带来的深情哀悯的芦笛，用发自心灵深处的忧郁悲愤的牧歌，从失望愤懑的哀怨转变为有意识的行动，从个人对于丑恶社会不承认不调和的态度，走向集体的抗争。

艾青的一生是坎坷曲折的，他的性情一直处于压抑状态，家庭弃儿的感觉时时伴随着他，他在亲情上的感受与常人是不同的。他对父母感到陌生，对家庭感到陌生，只有在大堰河那里感受到一些温暖，他的童年是沉默忧郁的，这几乎影响了他的一生。自我压抑感、生命悲凉感和国家民族的忧患感交融在一起，形成了艾青诗歌浓浓的忧郁美。

**注释：**

①叶锦：《艾青年谱长编》，人民文学出版社 2010 年版，第 24 页。

②程光炜：《艾青传》，十月文艺出版社 1999 年版，第 3—5 页。

# 附录 艾青怀乡诗赏析

## 第一节 《大堰河——我的保姆》赏析

[原诗]

大堰河,是我的保姆。
她的名字就是生她的村庄的名字,
她是童养媳,
大堰河,是我的保姆。

我是地主的儿子;
也是吃了大堰河的奶而长大了的
大堰河的儿子。
大堰河以养育我而养育她的家,
而我,是吃了你的奶而被养育了的,
大堰河啊,我的保姆。

大堰河,今天我看到雪使我想起了你:

你的被雪压着的草盖的坟墓，
你的关闭了的故居檐头的枯死的瓦菲，
你的被典押了的一丈平方的园地，
你的门前的长了青苔的石椅，
大堰河，今天我看到雪使我想起了你。

你用你厚大的手掌把我抱在怀里，抚摸我；
在你搭好了灶火之后，
在你拍去了围裙上的炭灰之后，
在你尝到饭已煮熟了之后，
在你把乌黑的酱碗放到乌黑的桌子上之后，
在你补好了儿子们的为山腰的荆棘扯破的衣服之后，
在你把小儿被柴刀砍伤了的手包好之后，
在你把夫儿们的衬衣上的虱子一颗颗的掐死之后，
在你拿起了今天的第一颗鸡蛋之后，
你用你厚大的手掌把我抱在怀里，抚摸我。

我是地主的儿子，
在我吃光了你大堰河的奶之后，
我被生我的父母领回到自己的家里。
啊，大堰河，你为什么要哭？

我做了生我的父母家里的新客了！
我摸着红漆雕花的家具，
我摸着父母的睡床上金色的花纹，
我呆呆地看着檐头的我不认得的"天伦叙乐"的匾，

我摸着新换上的衣服的丝的和贝壳的纽扣，
我看着母亲怀里的不熟识的妹妹，
我坐着油漆过的安了火钵的炕凳，
我吃着碾了三番的白米的饭，
但，我是这般忸怩不安！因为我
我做了生我的父母家里的新客了。

大堰河，为了生活，
在她流尽了她的乳液之后，
她就开始用抱过我的两臂劳动了，
她含着笑，洗着我们的衣服，
她含着笑，提着菜篮到村边的结冰的池塘去，
她含着笑，切着冰屑悉索的萝卜，
她含着笑，用手掏着猪吃的麦糟，
她含着笑，扇着炖肉的炉子的火，
她含着笑，背了团箕到广场上去
　晒好那些大豆和小麦，
大堰河，为了生活，
在她流尽了她的乳液之后，
她就用抱过我的两臂，劳动了。

大堰河，深爱着她的乳儿；
在年节里，为了他，忙着切那冬米的糖，
为了他，常悄悄地走到村边的她的家里去，
为了他，走到她的身边叫一声"妈"，
大堰河，把他画的大红大绿的关云长

贴在灶边的墙上，
大堰河，会对她的邻居夸口赞美她的乳儿；
大堰河曾做了一个不能对人说的梦·
在梦里，她吃着她的乳儿的婚酒，
坐在辉煌的结彩的堂上，
而她的娇美的媳妇亲切的叫她"婆婆"
……
大堰河，深爱她的乳儿！

大堰河，在她的梦没有做醒的时候已死了。
她死时，乳儿不在她的旁侧，
她死时，平时打骂她的丈夫也为她流泪，
五个儿子，个个哭得很悲，
她死时，轻轻地呼着她的乳儿的名字，
大堰河，已死了，
她死时，乳儿不在她的旁侧。

大堰河，含泪的去了！
同着四十几年的人世生活的凌侮，
同着数不尽的奴隶的凄苦，
同着四块钱的棺材和几束稻草，
同着几尺长方的埋棺材的土地，
同着一手把的纸钱的灰，
大堰河，她含泪的去了。

这是大堰河所不知道的：

她的醉酒的丈夫已死去，
大儿做了土匪，
第二个死在炮火的烟里，
第三,第四,第五
在师傅和地主的叱骂声里过着日子。
而我,我是在写着给予这不公道的世界的咒语。
当我经了长长的飘泊回到故土时,
在山腰里,田野上,
兄弟们碰见时,是比六七年前更要亲密!
这,这是为你,静静的睡着的大堰河
所不知道的啊!

大堰河,今天,你的乳儿是在狱里,
写着一首呈给你的赞美诗,
呈给你黄土下紫色的灵魂,
呈给你拥抱过我的直伸着的手,
呈给你吻过我的唇,
呈给你泥黑的温柔的脸颜,
呈给你养育了我的乳房,
呈给你的儿子们,我的兄弟们,
呈给大地上一切的,
我的大堰河般的保姆和她们的儿子,
呈给爱我如爱她自己的儿子般的大堰河。

大堰河,
我是吃了你的奶而长大了的

你的儿子，

我敬你

爱你！

一九三三年一月十四日　雪朝

[赏析]

一

对于《大堰河——我的保姆》这首诗，艾青有过自己的叙述，以下文字即是诗人的自述。

《大堰河——我的保姆》是我 1933 年 1 月写于狱中的一首抒情诗。

我在 1932 年 4、5 月间从法国回到上海。不久，我参加了"左翼美术家联盟"，与江丰、力扬等一些美术青年，组织了"春地美术研究所"（即春地画会）。1932 年 7 月 12 日，我们 12 人就被国民党当局逮捕，押在第二特区法院看守所。后来，江苏省高等法院第三分院以"宣传与三民主义不相容主义""危害民国紧急治罪法第六条、第十条，刑法第九条、第四十二条"为罪名，判处我有期徒刑六年。一天早晨，我从看守所的窗口看到外面下雪，想起了我的保姆，一口气写下了这首诗。我完全是按照事实写的，写的全是自己的真实情感，写完之后也没有什么改动。因为看守所的生活也不允许我反复修改。

我出生在浙江省金华县畈田蒋村一个姓蒋的地主家庭。我是这个家庭生下的第一个儿子，按理说这是要喜庆的。但因为母亲难产，算命先生说我会"克死"爹娘。父母迷信，因此不喜欢我，一生下来就遭到家庭的歧视。很快，就被送到本村一位贫苦的农妇家里抚养。这位妇女很小的时候从一个叫"大叶荷"的邻村卖到我们村，这个村离我们村大概五华里。"大堰河"这名字，小时候只是听口音的，1973年我回家乡，乡亲们谈起这首诗时告诉我，"大堰河"其实是"大叶荷"的误写，我们家乡的土音"大叶荷"和"大堰河"完全一样。所以，我在诗里写道："大堰河，是我的保姆。/她的名字就是生她的村庄的名字，/她是童养媳……"她卑微到连自己的名字也没有，从哪里来就叫哪里的名。我在"大堰河"家一直住了五年。诗里写了："我是地主的儿子，/在我吃光了你大堰河的奶之后，/我被生我的父母领回到自己的家里。"五岁那年，因为我要去念书了，被父母带回去了。在"大堰河"家里的五年，使我感染了农民的那种忧郁和伤感，使我对中国农民有了一种朦胧的初步印象。回到父母家里，我是在一种被冷漠、被歧视的空气中长大的。所以，我长大一点后，总想早点离开家庭。

"大堰河"一共生了五个儿子。她与前夫生了三个，前夫死后，从邻村上姜村招赘，又生了两个。1953年和1973年我两次回家乡，都去看了他们。《大堰河》这首诗，是出于一种感激的心情写的。我觉得只有在"大堰河"家里，我才感到温暖，得到宠爱。"大堰河"很爱我，我也爱她。1953年和1973年，我都到她墓上去了。

　　这首诗写好后,我就放在身边。后来要解到苏州去了，就把这首诗以及其他一束诗稿交给狱中的难友，托他出狱后带给我的朋友李又然。李把这些诗送到了《春光》杂志，发表于1934年该刊第1卷第3期，为了避过敌人的注意，我就根据本名蒋海澄的谐音第一次用了"艾青"这个笔名，以后我的第一本诗集即取名《大堰河》(上海群众杂志公司1936年出版)。

## 二

　　直接倾诉，真切深挚，淋漓尽致，感人至深，便是《大堰河——我的保姆》这首诗的突出特点。真挚的感情，要通过饱含真情的事情来直抒胸臆。二者一旦融为一体，作品便真情满溢，震撼人心。本诗中饱含真情的事情有二，这便是大堰河的笑与哭。

　　大堰河是诗人的保姆，身份卑微，她甚至没有自己的名字，"她的名字就是生她的村庄的名字"。艾青出生后，因为算命先生说他"克父母"，迷信的父母便把他寄养在贫穷农妇大堰河的家里。大堰河"以养育我而养育她的家"，她是用她甘甜的乳汁和无尽的劳作换取微薄的报酬，但崇高无私的大堰河总是以深挚的母爱无微不至地抚育和照料着乳儿。接连八个"在你……之后"的排比句描写了大堰河穷困的生活和繁重的劳动，诗人深情强调的是，"你用你厚大的手掌把我抱在怀里，抚摸我"。平常细微的动作中，我们看到了一颗温存善良的母亲的心。

　　"在我吃光了你大堰河的奶之后，/我被生我的父母领回到自己的家里。"分离的时刻，慈爱的大堰河流下了依依难舍的泪水。

诗人写道:"啊,大堰河,你为什么要哭?"爱的纯情充溢在这对保姆和乳儿之间,深挚的母子情也拨动了读者的心弦,唤起普天下儿女对乳母的亲切怀想。

流尽乳液之后的大堰河依然牵挂着乳儿,她来到乳儿的家里,"开始用抱过我的两臂劳动了"。劳动是那么粗重繁多,洗衣服、洗菜、做饭、烧火、晒粮、喂猪,但"她含着笑"愉快地做着。诗人在这里连用六个排比句式,像一组特写镜头,真切而又形象地描述了大堰河怎样"含着笑"进行繁杂而艰苦的劳作。只要能和乳儿在一起,"深爱着她的乳儿"的大堰河再苦再累也毫不在乎。"大堰河曾做了一个不能对人说的梦:/在梦里,/她吃着她的乳儿的婚酒,/坐在辉煌的结彩的堂上,/而她的娇美的媳妇亲切的叫她'婆婆'……"大堰河美好的梦境,恰是一位对乳儿倾注了全部感情的母亲的希冀。

大堰河"爱我如爱她自己的儿子",她因乳儿而笑,因乳儿而哭。"谁言寸草心,报得三春晖。"沐浴着春天阳光般母爱的乳儿,长大后同样在"心的最深处""深深的爱她",诗人说《大堰河——我的保姆》是"出于一种感激的心情写的",他把对大堰河的怀念、感激、赞美凝结成一首赞美诗,这是诗人写给乳母的赞歌,也是呈献给人类生命养育者的赞美诗。诗人在诗歌的结尾这样写道:"大堰河,/我是吃了你的奶而长大了的/你的儿子,/我敬你/爱你!"诗歌表达的正是赤子这种炽烈的情意。

《大堰河——我的保姆》带有自叙传性质,是发自诗人内心深处的一支深挚而沉郁的歌。这首诗塑造了勤劳、纯朴、宽厚、善良而又命运悲惨的农村劳动妇女——大堰河的形象。她身世悲苦,是个童养媳,没有人知道她叫什么,她的名字就是生她的村庄的名字,诗人通过一系列平凡的生活画面来展现她对"我"慈母般的爱和勤劳纯朴的美德。大堰河为养家糊口而去做乳母,她和乳儿本无血缘关系,但她却是那样无私地深爱着她的乳儿:"你用你厚大的手掌把我抱在怀里,抚摸我,/在你搭好了灶火之后,/在你拍去了围裙上的炭灰之后,/在你尝到饭已煮熟了之后,/在你把乌黑的酱碗放到乌黑的桌子上之后,/在你补好了儿子们的为山腰的荆棘扯破的衣服之后,/在你把小儿被柴刀砍伤了的手包好之后,/在你把夫儿们的衬衣上的虱子一颗颗的掐死之后,/在你拿起了今天的第一颗鸡蛋之后,/你用你厚大的手掌把我抱在怀里,抚摸我。"她给了乳儿在生身父母那里没有得到的天伦之爱。在流尽了乳汁之后,又靠劳动来维持生活了,也是为了能经常见到她的乳儿吧,就到乳儿的地主家庭当了佣人,开始辛勤地劳作,她总是"含着笑"去面对沉重的生活:"洗着我们的衣服","提着菜篮到村边的结冰的池塘去","切着冰屑悉索的萝卜","用手掏着猪吃的麦糟","扇着炖肉的炉子的火","背了团箕到广场上去/晒好那些大豆和小麦"。尽管终日劳碌但也不忘"在年节里,为了他,忙着切那冬米的糖",为的是养子能悄悄地来到她身边,叫她一声"妈"。大堰河曾有过一个美好的梦想,"她吃着她的乳儿的婚酒","而她的娇美的媳妇亲切的叫她'婆婆'"。遗憾的是,繁重的体力劳动和贫苦凄惨的生活,摧残了她的健康,没有等到梦想实现的那一刻,她就过早地"含泪的去了":"大堰河,含泪的去了!同着四十几年的人世生活的凌侮,/同着数不尽的奴隶的凄苦,/同着四块钱的棺材和几束稻草,/同着几尺长方的埋棺材的土地,/同着一手把的纸钱的灰,/大堰河,她含泪的去了。"

大堰河给予人的最多,留给自己的最少,一副薄棺,几束稻草,一把纸钱灰,成了她的陪葬物。更不幸的是,她死后家境的破落衰败:好醉酒的丈夫接着死去,家园被典押,大儿做了土匪,二儿成了炮灰，剩下的三个仍在"师傅和地主的叱骂声里过着日子"，她深爱的乳儿则身陷囹圄。诗人通过对大堰河生前死后的境况的描述，展现了旧中国农民共同的悲惨命运，抒发了对给大堰河带来无尽不幸的黑暗社会的愤慨。所以诗人说自己的诗是写给"这不公道的世界的咒语"。

和赞美大堰河的美好品质，倾诉大堰河的悲惨命运相联系，该诗还真实地抒写了诗人对劳动人民的热爱和思想立场的变化。艾青出生时难产，算命先生说他会"克父母"，因而一出生就被送到贫苦农妇大堰河那里去寄养，遭到亲生父母的"歧视"和"冷漠"的小艾青在大堰河的家里却得到了温暖和爱抚。大堰河不是母亲胜似母亲的母爱光辉，使艾青滋生了对劳动人民的深厚感情和对自己出身的地主家庭的隔膜，以致当他再回到自己家里时，他竟产生了"新客"之感。诗人在诗中反复强调大堰河与"我"的养育关系，说"我是地主的儿子;/也是吃大堰河的奶而长大了的/大堰河的儿子"，最后诗人表示，他这首呈现给大堰河的赞美诗，也是"呈给大地上一切的,/我的大堰河般的保姆和她们的儿子,/呈给爱我如爱她自己的儿子般的大堰河"。在这里，诗人"赋予了大堰河以某种象征意义，简直可以把她看作永远与山河、村庄同在的人民的化身，或者说是中国农民的化身"。把自己对乳娘大堰河的爱升华到了与大堰河一样命运的一切劳动人民的爱，使作品思想感情得到了升华，主题得到了深化。

三

《大堰河———我的保姆》在艺术上体现了艾青诗歌独特的审美品格，历来受到人们的称道。首先是叙事与抒情的完美融合。

抒情主人公"我"对乳母的绵绵哀思和深深的赞美之情,对这不公道的世界发出的愤怒的"咒语",都是通过一些具有代表性的生活片段和典型细节,通过对大堰河悲惨一生的描述而表达出来的。诗人善于融抒情于形象的描述之中。因而,在诗的叙事部分,我们感到浓郁的抒情气息。诗人的真实情感扎根于深厚的生活土壤之中,这是这首诗之所以具有强烈的艺术感染力的重要原因之一。

艾青说,《大堰河——我的保姆》"带有自传性质","我完全是按照事实写的,写的全是自己的真实情感"(《艾青谈他的两首旧作》)。《大堰河——我的保姆》的这种"自传性质",决定了这首诗极少用比喻意象,而纯以描述性意象为主。这类意象是诗人的心灵对现实的直接映照,其触角可以伸到生活的各个层次和心灵的各个领域,具有极大的包容量和丰富的表现力。《大堰河——我的保姆》"带有自传性质",但并非严格意义上的自传,从本质上说它依然是一首抒情诗,诗人以对大堰河的深沉的爱为动力,按照诗的艺术规律展开想象,其意象的运动与组合主要通过如下两条渠道进行。

其一是接近联想,即两种或两种以上的意象在空间或时间上接近,而把它们联想到一起。《大堰河——我的保姆》的信息提取方式主要是接近联想:"大堰河,今天我看到雪使我想起了你:/你的被雪压着的草盖的坟墓,/你的关闭了的故居檐头的枯死的瓦菲,/你的被典押了的一丈平方的园地,/你的门前的长了青苔的石椅……""坟墓""瓦菲""园地""石椅",这些事物都在大堰河生前或死后涉及的狭小的生活范围内,因空间接近的原因,被联想到一起来了,这是空间接近联想。紧接着:"在你搭好了灶火之后,/在你拍去了围裙上的炭灰之后,/在你尝到饭已煮熟了之后,/在你把乌黑的酱碗放到乌黑的桌子上之后,/在你补好了儿子们的为山腰的荆棘扯破的衣服之后,/在你把小儿被柴刀砍伤了的手包好之后,/在你把夫儿们的衬衣上的虱子一颗颗的掐死之后,/在你拿起了今天的第一颗鸡蛋之后,/你用你厚大的手掌把我抱在怀里,抚摸我。""搭好了灶火""拍去了围裙上的炭灰"等等大堰河辛勤劳作的场景,由于时间上接近的原因被联想到一起,这就属于时间接近联想了。

其二是对比联想,即由于对某一事物的回忆,头脑中又浮现出与之相对立的另一种事物。诗人描写了大堰河家极端贫苦的生活之后,紧接着联想到自己家里的豪华生活:"我摸着红漆雕花的家具,/我摸着父母的睡床上金色的花纹,/我呆呆地看着檐头的我不认得的'天伦叙乐'的匾,/我摸着新换上的衣服的丝的和贝壳的纽扣……"这里展示的还不仅仅是地主与贫苦农民悬殊的生活水平,而是诗人波涛起伏的内心世界:"我是这般忸怩不安!因为我/我做了生我的父母家里的新客了。"在大堰河家中的那段生活,给艾青留下了终生难忘的印象。他目睹了贫苦农民的痛苦生活,也发现了他们善良美好的品格;他对养育自己的大堰河充满深情,而对自己亲生父母的家却感到陌生而不安,艾青的叛逆思想在幼小时候已见端倪。此外,大堰河生前的勤奋劳作与死后的惨淡萧条、大堰河对乳儿的"美梦"与现实粉碎了她的梦均构成了对比。大堰河勤劳善良的品格与她的悲惨命运就在这对比中凸显出来,从而显示出诗人对大堰河的赞美和对不合理世界的诅咒。

《大堰河——我的保姆》中流溢着爱,这既是大堰河对她的乳儿的纯洁的、无私的爱,又是她的乳儿——诗人对养育他的乳母的刻骨铭心的爱,然而诗人并未以他的一己之爱为满足,《大堰河——我的保姆》是献给大堰河的,同时也是献给"大地上一切的,/我的大堰河般的保姆和她们的儿子"的,这表明了诗人的博大胸怀,同时也是这首诗的普遍价值之所在。

《大堰河——我的保姆》是"中国的诗坛泰斗"艾青的成名作,写于1933年1月上海狱中,当时监外纷纷扬扬下着大雪,监内寒气逼人,艾青百感交集,思绪驰骋,想起了家乡,想起了自己的乳母——大堰河,于是一鼓作气写下了这首传世名篇。1934年5月在《春光》杂志第1卷第3期上发表后,立即引起热烈的反响。许多人撰文评价这首诗。如茅盾说:"用沉郁的笔调细腻地写出了乳娘兼女佣'大堰河'的生活痛苦……我不能不喜欢《大堰河》。"胡风也给予了很高评价,在这里他提出了对于"这不公道的世界"的诅咒,告白了他和被侮辱的兄弟们比以前"更要亲密"。虽然"全篇流着私情底温暖,但他和我们中间已没有了难越的限界了"。这首诗当时还在日本引起过轰动,有人读了为之落泪。它是艾青的成名作,也是艾青代表作之一。中国诗坛从此增加了一位引人注目的新人。

诗中成功地运用了排比抒情。诗中有多处排比,且多长句,很适合描摹和抒情。上面引用的第四节的排比,扣住"手"来展开铺叙,乳母劳作的画面层层展开,作者爱和痛的情感层层递进,既突出了乳母的勤劳和辛苦,又强烈地抒发了作者的情怀。再如第七节"她含着笑……"六个排比句,倒数第二节中"呈给你……"八个排比句,都达到了铺叙排陈中抒情的效果。

《大堰河——我的保姆》典型体现了艾青诗歌的散文美特点。他于1939年提出"诗的散文美"主张。他认为"散文是先天的比韵文美",散文接近口语,新鲜、单纯,"富有人间味,它使我们感到无比的亲切"。这一主张是对"五四"以来自由诗传统的继承和发展,体现了自由诗的精髓。艾青诗歌的散文美首先体现为口语美。他通过对人们日常生活中口语的加工提炼,形成朴素、浅显而又生动、深刻的语言,用来表达现代中国人的生活和思想情感,易于被读者接受和欣赏。"我是地主的儿子;/也是吃了大堰河的奶而长大了的/大堰河的儿子。/大堰河以养育我而养育她的家,/而我,是吃了你的奶而被养育了的,/大堰河啊,我的保姆。"这近乎是在叙说家常,却有感人的力量。其次,艾青的诗不拘泥于外在形式的约束,而注重内在情绪的起伏变化和内在韵律的和谐。如《大堰河——我的保姆》全诗共十三节,有的四行一节,有的十六行一节,有的每行两字,也有的每行二十二字。整体看全诗虽不押韵,但每节首尾句重复吟唱,这样就用复沓的形式构成了局部的节律。另外,诗中运用了大量的排比句,这一方面是情绪表达的需要,同时也使诗的节奏和韵律在情绪的变化中形成一种内在的和谐。

1933 年春,身陷牢笼,失去自由的诗人透过阴冷监狱碗口大的窗户,看到天空飘落的雪花,想起了早已故去的保:"今天我见到了雪使我想起了你。"自然界的无情风雪引起了诗人的特殊感受和沉思,唤醒了诗人对乳母的思念,使他的思绪飞回到幼年时代,并由此展开对乳母大堰河的追忆和悼念。

就整首诗而言,诗歌采取的是第一人称的抒情方式。诗人直抒胸臆,偏重于整首诗内在的旋律和节奏,随着诗人感情的起伏变化,诗歌节奏的快慢、音调的高低、句子的长短,也相应地发生变化,意到笔随,真切深挚,淋漓尽致,扣人心扉,诗人只求把内容表达得鲜明生动,不追求含蓄蕴藉,富有余味,以致被批评有着言之过尽的艺术缺陷。把积蓄已久的内心情感,像江河决堤般地倾泻出来,直接的倾诉和呼号,是第一人称抒情方式的优势所在。直接倾诉的直率与真诚,往往具有感动人心的力量,造成强烈的艺术效果,而且这种畅快、狂放的宣泄,有时的确难以用理性意识来控制。

# 第二节 《我的父亲》赏析

[原诗]

一

近来我常常梦见我的父亲——
他的脸显得从未有过的"仁慈"，
流露着对我的"宽恕"，
他的话语也那么温和，
好像他一切的苦心和用意，
都为了要袒护他的儿子。

去年春天他给我几次信，
用哀恳的情感希望我回去，
他要嘱咐我一些重要的话语，
一些关于土地和财产的话语；
但是我怫逆了他的愿望，
并没有动身回到家乡，
我害怕一个家庭交给我的责任，
会毁坏我年轻的生命。

五月石榴花开的一天，

他含着失望离开人间。

## 二

我是他的第一个儿子，
他生我时已二十一岁，
正是满清最后的一年，
在一个中学堂里念书。
他显得温和而又忠厚，
穿着长衫，留着辫子，
胖胖的身体，红褐的肤色，
眼睛圆大而前突，
两耳贴在脸颊的后面，
人们说这是"福相"，
所以他要"安分守己"。

满足着自己的"八字"，
过着平凡而又庸碌的日子，
抽抽水烟，喝喝黄酒，
躺在竹床上看《聊斋志异》，
讲女妖和狐狸的故事。
他十六岁时，我的祖父就去世；
我的祖母是一个童养媳，
常常被我祖父的小老婆欺侮；
我的伯父是一个鸦片烟鬼，
主持着"花会"，玩弄妇女；

但是他，我的父亲，
却从"修身"与"格致"学习人生——
做了他母亲的好儿子，
他妻子的好丈夫。

接受了梁启超的思想，
知道"世界进步弥有止期"。
成了"维新派"的信徒，
在那穷僻的小村庄里，
最初剪掉乌黑的辫子。

《东方杂志》的读者，
《申报》的定户，
"万国储蓄会"的会员，
堂前摆着自鸣钟，
房里点着美孚灯。

镇上有曾祖父遗下的店铺——
京货，洋货，粮食，酒，"一应俱全"，
它供给我们全家的衣料，
日常用品和饮茶的点心，
凭了折子任意拿取一切什物；
三十九个店员忙了三百六十天，
到过年主人拿去全部的利润。

村上又有几百亩田，

几十个佃户围绕在他的身边，
家里每年有四个雇农，
一个婢女，一个老妈子，
这一切造成他的安闲。

没有狂热！不敢冒险！
依照自己的利益和趣味，
要建立一个"新的家庭"，
把女儿送进教会学校，
督促儿子要念英文。

用批颊和鞭打管束子女，
他成了家庭里的暴君，
节俭是他给我们的教条，
顺从是他给我们的经典，
再呢，要我们用功念书，
密切地注意我们的分数，
他知道知识是有用的东西——
一可以装点门面，
二可以保卫财产。
这些是他的贵宾：
退伍的陆军少将，
省会中学的国文教员，
大学法律系和经济系的学生，
和镇上的警佐，
和县里的县长。

经常翻阅世界地图，
读气象学，观测星辰，
从"天演论"知道猴子是人类的祖先；
但是在祭祀的时候，
却一样的假装虔诚，
他心里很清楚：
对于向他缴纳租税的人们，
阎罗王的塑像，
比达尔文的学说更有用处。

无力地期待"进步"，
漠然地迎接"革命"，
他知道这是"潮流"，
自己却回避着冲激，
站在遥远的地方观望……

一九二六年
国民革命军从南方出发
经过我的故乡，
那时我想去投考"黄埔"，
但是他却沉默着，
两眼混浊，没有回答。

革命像暴风雨，来了又去了。

无数年轻英勇的人们，
都做了时代的奠祭品，
在看尽了恐怖与悲哀之后，
我的心像失去布帆的船只
在不安与迷茫的海洋里飘浮……

地主们都希望儿子能发财，做官，
他们要儿子念经济与法律：
而我却用画笔蘸了颜色，
去涂抹一张风景，
和一个勤劳的农人。
少年人的幻想和热情，
常常鼓动我离开家庭：
为了到一个远方的都市去，
我曾用无数功利的话语，
骗取我父亲的同情。

一天晚上他从地板下面，
取出了一千元鹰洋，
两手抖索，脸色阴沉，
一边数钱，一边叮咛：
"你过几年就回来，
千万不可乐而忘返！"

而当我临走时，
他送我到村边，

我不敢用脑子去想一想
他交给我的希望的重量，
我的心只是催促着自己·
"快些离开吧——
这可怜的田野，
这卑微的村庄，
去孤独地飘泊，
去自由地流浪！"

三

几年后，一个忧郁的影子
回到那个衰老的村庄，
两手空空，什么也没有——
除了那些叛乱的书籍，
和那些狂热的画幅，
和一个殖民地人民的
深刻的耻辱与仇恨。

七月，我被关进了监狱
八月，我被判决了徒刑；
由于对他的儿子的绝望
我的父亲曾一夜哭到天亮。

在那些黑暗的年月，
他不断地用温和的信，

要我做弟妹们的"模范"，
依从"家庭的愿望"，
又用衰老的话语,缠绵的感情,
和安排好了的幸福,
来俘掳我的心。

当我重新得到了自由,
他热切地盼望我回去,
他给我寄来了
仅仅足够回家的路费。

他向我重复人家的话语,
(天知道他从那里得来!)
说中国没有资产阶级,
没有美国式的大企业,
没有残酷的剥削和榨取;
他说:"我对伙计们,
从来也没有压迫,
就是他们真的要革命,
又会把我怎样?"
于是,他摊开了账簿,
摊开了厚厚的租谷簿,
眼睛很慈和地看着我
长了胡须的嘴含着微笑
一边用手指拨着算盘
一边用低微的声音

督促我注意弟妹们的前途。

但是,他终于激怒了——
皱着眉头,牙齿咬着下唇,
显出很痛心的样子,
手指节猛击着桌子,
他愤恨他儿子的淡漠的态度,
——把自己的家庭,
当做旅行休息的客栈;
用看秽物的眼光,
看祖上的遗产。
为了从废墟中救起自己,
为了追求一个至善的理想,
我又离开了我的村庄,
即使我的脚踵淋着鲜血,
我也不会停止前进……

我的父亲已死了,
他是犯了鼓胀病而死的;
从此他再也不会怨我,
我还能说什么呢?

他是一个最平庸的人;
因为胆怯而能安分守己,
在最动荡的时代里,
度过了最平静的一生,

像无数的中国地主一样：
中庸,保守,吝啬,自满,
把那穷僻的小村庄,
当做永世不变的王国；
从他的祖先接受遗产,
又把这遗产留给他的子孙,
不曾减少,也不曾增加！
就是这样——
这就是为什么我要可怜他的地方。
如今我的父亲,
已安静地躺在泥土里
在他出殡的时候,
我没有为他举过魂幡
也没有为他穿过粗麻布的衣裳；
我正带着嘶哑的歌声,
奔走在解放战争的烟火里……

母亲来信嘱咐我回去,
要我为家庭处理善后,
我不愿意埋葬我自己,
残忍地违背了她的愿望,
感激战争给我的鼓舞,
我走上和家乡相反的方向——
因为我,自从我知道了
在这世界上有更好的理想,
我要效忠的不是我自己的家,

而是那属于万人的
一个神圣的信仰。

一九四一年八月

[赏析]

《我的父亲》和《大堰河——我的保姆》一样,都是艾青抒发亲情的重要诗篇。《大堰河——我的保姆》塑造了一个保姆形象,《我的父亲》书写的是父亲形象。《大堰河——我的保姆》直抒胸臆,饱含深情;《我的父亲》则写于特定的年代,带有冷静思考、思想批判特点,体现了诗人作为革命作家的特点。

一

1935 年长征红军胜利到达陕北, 自 1937 年 1 月中共中央进驻延安至 1948 年 3 月中共中央东渡黄河撤离陕北, 历经了 13 年,形成了千古不朽的延安精神。延安精神是中国共产党坚持真理、修正错误、实事求是、改革创新、全心全意为人民服务的思想;是理论联系实际、密切联系群众、开展批评与自我批评的作风;是独立自主、自力更生、艰苦奋斗、廉洁奉公、无私奉献的创业精神;是中国共产党的优良传统和宝贵的精神财富,是民族精神和共产党员高尚品质与优良作风的具体体现。

延安,陕北的一个小城,这里留下了党的战斗足迹。陕西是在中国共产党的领导下,全国开展革命运动较早的地区之一。1931年以后,刘志丹、谢子长等,在陕甘宁边区和陕北领导游击战争、创建革命根据地,使这里成为土地革命战争后期全国保存的一块较大的红色区域。1935年10月19日,红一方面军经过二万五千里长征到达陕北,与西北红军和先期到达陕北的红25军胜利会师,最终成为中共中央和中央红军长征的落脚点,诚如毛泽东所言,"没有这块土地,我们就下不了地"。

抗日战争全面爆发后,在国家、民族处于危亡之际,一大批热血青年和爱国志士冲破重重阻挠,从祖国的四面八方,满怀希望地奔向革命圣地延安。根据美国学者约翰·伊斯雷尔和唐纳德·W.克莱因的统计,1938年末,等待批准进入陕甘宁边区的青年学生有2万人。投奔延安的人中,有来时戴着钻石首饰的华侨,有上海滩的女明星,有冼星海、邹韬奋、丁玲、艾青、茅盾、萧军等著名的文化人,也有张学良的弟弟张学诗、杨虎城的儿子杨拯民这样的爱国军人。为了抗日,他们走到了一起。"理由很简单,延安没有盯梢的,延安吃饭不要钱,延安是自由、民主之地,抗日不受管束。"全中国的进步知识分子都同情和向往延安。到20世纪40年代初期,延安已经形成一个约4万人的知识分子群体。20世纪30至40年代的延安,见证了共产党人和知识分子的第一个"蜜月期"。

> 延安的城门成天开着,成天有从各个方向走来的青年,背着行李,燃烧着希望,走进这城门。学习、歌唱,过着紧张的快活的日子。(何其芳《我歌唱延安》)

诗人何其芳用热情洋溢的笔墨如此描绘那时的延安。诗文中所表达的浪漫情怀在当时是普遍存在的。很多人在到达延安之前,对延安并无特别形象具体的了解,光是"自由""民主""抗日"这3个抽象的词语,就足以让他们热血沸腾。

人们不禁要问:为什么如此众多的专家学者、文艺青年、爱国志士,离开大城市跑到小山沟,不住楼房住窑洞,脱掉高跟鞋绑上麻草鞋,甚至走出课堂冲进战壕?答案很简单,这是因为他们都怀着同一个希望——只有共产党才能救中国,选择了同一条道路——创造新中国的光明之路。

这一大批作家、诗人、画家、作曲家来到延安,给边区的文艺工作注入了新的活力,为延安的文艺大军增添了新的血液。他们和红军中的文艺工作者会聚在一起,延安文艺的百花园出现了生机盎然的局面。

他们一到延安,还来不及拂去身上的征尘,就急忙投入火热的战斗、生活中。按照毛泽东的指示,丁玲率先领导西北战地服务团开赴前线。毛泽东在欢送晚会上鼓励他们:"要用你们的笔,用你们的口与日本打仗,从文的方面、武的方面夹攻日本帝国主义。"

1938年8月7日,延安"战地社""战歌社"成员纷纷走上街头,打出"街头诗运动"的条幅,发布《街头诗宣言》。艾青、柯仲平、萧三、田间、公木、朱子奇、魏巍等都是这一运动的倡导者和参与者。艾青主张"诗必须成为大众的精神教育工具,成为革命事业里的宣传与鼓动的武器"。像"我的兄弟,/我的爹娘,/都惨死成一滩泥浆;/我的田舍,/我的家乡,/也轰炸得一片精光!……给我一枝枪,/我要上战场,/国仇家恨千万桩,/那个能够再忍让"(张季纯《给我一枝枪》)这样雅俗共赏的诗句,能读的,读得有味;能听的,听得入神。谢觉哉读了后高兴地给予了赞扬和评论,说:这些诗,"敌人看了惊,人民看了乐"。

当时的延安,由于词曲家的加入,歌曲也十分盛行。这其中,不仅有"信天游"的高亢,也有"蓝花花"的深情,更多的则是大地的激荡。光未然、冼星海在延安窑洞里创作的《黄河大合唱》,就是其中最响亮的歌。它唱出了民族的苦难,也唱出了炎黄子孙的刚强。毛泽东听后连连赞好。周恩来欣然命笔题词:"为抗战发出怒吼,为大众谱出呼声!"诗人公木和作曲家郑律成创作的《八路军大合唱》,是继《黄河大合唱》之后的又一力作。它那雄壮的旋律、刚健的节奏,伴随着进军的号令响彻全军。

当时延安的政治空气,和国统区自然大不相同。特别是阶级观念,是十分强烈的。艾青在这新环境的影响之下,在 1942 年 4 月 2 日为纪念"儿童节"(我国原定 4 月 4 日为儿童节,后将"六一"国际儿童节定为我国儿童节)撰写了《赎罪的话》(载 1942 年 4 月 4 日《解放日报》,同年 5 月 15 日《新华日报》转载)。在这篇文章中,艾青以一种悔罪的心情回忆了自己在儿童时代亲身感受到的或亲眼见到的因自己或其他原因而受罪与死亡的儿童的悲惨命运,回忆了战争给儿童带来的不幸。文章最后说:"我们的战争,必须同时是赎罪的战争。我们必须从旧社会最后的守卫者——法西斯手中,夺回人类的命运,夺回人类的希望","为了使人类和他的借以延续生存历史的后代,永远地浸沐在和平与幸福的空气中,我们必须坚持着消灭贫穷,消灭迷信,消灭礼教,消灭战争的光荣斗争。"这些话曾激荡过无数知识分子、有识青年的心。他们奔赴延安,向着心中的圣地,捧起延安的泥土、延河的水,心中一片深情、一片圣洁。"祖国啊!就剩下这一片干净土地了。"那是一个怎样的年代?一个革命理想高扬、革命激情燃烧的年代。尽管延安和陕甘宁边区的物质条件是那样的艰苦和困乏,但到处能听到革命战士嘹亮的歌声,到处能看到他们欢快的笑脸。在这块土地上,人们的理想和信念是实现社会主义和共产主义。

胡乔木同志回忆说,当时延安文艺界存在五大问题:首先,是所谓"暴露黑暗"问题。一个时期,"暴露黑暗"、"不歌功颂德"、使用"讽刺笔法"、"还是杂文时代"等主张,几乎成为一种时髦。《解放日报》文艺专栏和一些文艺刊物上,也有宣传这类主张的文字发表。有人在会议上直截了当地说:"我是不歌功颂德的。"

其次,是脱离实际、脱离群众的倾向。以鲁迅艺术学院为例,其办学方针也存在着一些问题。比较突出的就是从 1939 年强调"正规"和"提高"后,脱离实际、脱离群众、"关门提高"的倾向发展起来。大戏、洋戏充满了舞台,而且影响到延安的整个演出界。讲写作,就是契诃夫和莫泊桑的小说。鲁艺的新校址桥儿沟,紧邻农民的场院,但不少教师却关在自己的窑洞里,不与农民往来。

第三,是学习马列主义与文艺创作的关系问题。这在延安一些文艺工作者中也存在着模糊认识。作家欧阳山曾发表过"马列主义妨碍文艺创作"的观点。但也有的作家主张不要把"什么'教育意义''合乎什么主义'的绳索"套在文艺上面。

第四,是"小资产阶级的自我表现"。相当多的作家由于出身小资产阶级,又只在知识分子中找朋友,所以就把注意力放在研究和描写知识分子上面,甚至对知识分子的缺点也加以同情、辩护和鼓吹。

第五,是文艺工作者的团结问题。在文艺界发生的数不清的争论中,当然有些是有意义的,但也有许多是没有什么意义的,甚至是彼此攻击,在一些细小的问题上挑起争端。20 世纪 30 年代左翼文艺运动中就存在的宗派主义情绪,又被带到了延安,影响着文艺工作者的团结进步。

1941 年 7 月 8 日,"文抗"驻会作家萧军给毛泽东写信,希望约见谈话,反映一些文艺界的情况。7 月 18 日,萧军接到胡乔木代毛泽东写的信函,应约到杨家岭与毛泽东谈话。从下午 1 点到晚上 8 点半,谈话持续 7 个多小时。内容涉及延安文艺界的种种情况，以及站在一个文艺家的角度对共产党的方针政策的理解和意见。初次谈话，萧军对毛泽东很有好感，觉得这是一个可以交往的朋友。按当时党内分工，洛甫(张闻天)以中央书记处书记身份兼任中央宣传部长，分管宣传文化教育工作，毛泽东分管军事、外交工作。整风运动之前，毛泽东参加过一些文艺活动，主要是出于个人爱好，或集体政治活动组织需要。在与萧军和一些文艺家的交往过程中，毛泽东逐渐感觉到问题的严重性。尤其是在1942年初，张闻天要率领"延安农村工作调查团"离开延安一年多时间到晋绥调研，党的宣传文化工作在中央领导层暂时处于无人过问状态，加之延安文化人已经主动找上门来，毛泽东就开始过问此事，并将其纳入全党普遍整风运动。在此期间，毛泽东还约见了不少文艺家了解情况，尽量做到"兼听则明"。许多作家、艺术家都曾经接受毛主席之邀，到主席驻地谈情况。毛泽东还给许多作家、文艺家写信了解情况。除萧军之外，毛泽东亲自个别约见谈话与写信征求意见的延安文化人有：艾青、刘白羽、李伯钊、丁玲、萧三、罗烽、舒群、欧阳山、周文、草明、塞克、于黑丁等人。他还以"集体谈话"的方式与鲁艺的部分党员文艺家进行交流，如同周扬、何其芳、严文井、周立波、曹葆华、姚时晓等。对于一些重点人物，如艾青、刘白羽、萧军、欧阳山、草明等，毛泽东曾多次约见谈话或写信征求意见，让他们帮助搜集材料，提供有关文艺的意见。毛泽东掌握的情况越多，越感到问题的严重，越觉得有必要把大家召集到一起，面对面好好地谈谈，澄清是非，统一思想，明确任务，振奋精神，放下包袱，轻装上阵。应邀参加会议的，都是延安文艺的骨干，都是方方面面的领军人物。当时延安很艰苦，开会照相还是很奢侈的，但文艺座谈会还是照了一张合影。现在我们看到的那张珍贵的合影照片，其实是拍了三张，合成一张的。因为人多，一个镜头装不下。可惜人还不全,有些同志上厕所去了就没有拍上,这是当事人回忆的情况。

延安文艺座谈会的召开,并不是毛泽东的个人主张,而是中央的正式决定。据文献记载,1942 年 4 月 10 日,中央书记处工作会议上, 毛泽东正式提议并获准通过关于召开文艺座谈会的决定,并明确以毛泽东、博古、凯丰的名义召集这个座谈会,确定"拟就作家立场、文艺政策、文体与作风、文艺对象、文艺题材等问题交换意见"。后来,因为博古忙于其他工作,未能参加座谈会筹备事宜,所以座谈会是以书记处书记毛泽东和中宣部代部长凯丰的名义召开的。

会议开得很及时也很成功。大家由沉默变得热烈。围绕六个问题,先后有四十多人次发言讨论。朱德同志也发了言。会议达到了澄清是非、统一思想、明确方向的目的。当时,毛泽东对文艺家很尊重,就像诗人公木回忆的那样,开会不是简单发个"通知",而是发了正式的"请帖"。延安当时物质匮乏,纸张很缺。一般印刷品都用自制的马兰纸,但"延安文艺座谈会请帖"却是用粉红色的油光纸印的,算是延安当时最豪华的请帖了:

某某同志:

　　为着交换对于目前文艺运动各方面的问题的意见起见,特定于 5 月 2 日下午 1 时半在杨家岭办公厅楼下会议室内开座谈会,敬希届时出席为盼。

　　　　　　　　　　　　　　　　毛泽东 凯丰

这张请帖发到延安 100 多位文艺界人士手中。作为毛泽东的秘书,胡乔木自始至终出席了座谈会。据胡乔木回忆,在延安文艺运动兴起之初,毛泽东就多次发表讲话,阐明他的文艺观点。1936年11月22日,"中国文艺协会"在保安县(今志丹县)成立时,毛泽东号召文艺家们"发扬苏维埃的工农大众文艺,发扬民族革命战争的抗日文艺"。1938年4月10日,毛泽东在延安鲁迅艺术学院成立典礼上论述了"艺术的作用和使命"。他把经过长征到达陕北的原苏区文化工作者称作"山顶上的人",把由上海、北平等城市奔赴延安的文化工作者称作"亭子间的人",说:"亭子间的人弄出来的东西有时不大好吃,山顶上的人弄出来的东西有时不大好看。有些亭子间的人以为'老子是天下第一,至少是天下第二';山顶上的人也有摆老粗架子的,动不动'老子二万五千里'。"他要求这两部分人都不要以过去的工作为满足,都"应该把自大主义除去一点","作风应该是统一战线。统一战线同时是艺术的指导方向"。他还特别强调:"亭子间的'大将''中将'"到了延安后,"不要再孤立,要切实。不要以出名为满足,要在大时代、在民族解放的时代来发展广大的艺术运动,完成艺术的使命和作用。"1938年4月28日,毛主席再次到鲁艺发表演说,论述怎样做一个艺术家。他认为,一个好的艺术家必须具备三个条件:第一,要有"远大的理想","不但要抗日,还要在抗战过程中为建立新的民主共和国而努力,不但要为民主共和国,还要有实现社会主义以至共产主义的理想"。第二,要有"丰富的生活经验"。艺术家的"大观园"是全中国,"要切实地在这个大观园中生活一番,考察一番"。第三,要有"良好的艺术技巧"。技巧不好,"便不能表现丰富的内容","要下一番苦功夫去学习和掌握艺术技巧"。

5月2日下午1点多,延安文艺界代表人物——周扬、丁玲、艾青、陈荒煤、何其芳、林默涵、刘白羽、周立波、华君武、吕骥、陈波儿、萧军等120多位文艺家代表会聚到了杨家岭"飞机楼"底层南厅。("飞机楼",是中共中央机关工作人员和附近军民于 1941 年建成的一座延安的现代化建筑。砖石结构,当中三层,两侧一层,后面有一座木桥连着山体,从山上往下看,活像一架"飞机"。亦即中共中央办公楼。)底层南厅,是中共中央会议室兼饭堂,这天摆了 20 多条长板凳,上首放上一张木桌,铺了一块白布,就算是延安文艺座谈会的会场主席台。会议开始,由中宣部代理部长凯丰主持。朱德总司令和从前线回到后方的一些将领,如贺龙等也应邀参加了会议。

5 月 16 日,第二次会议,全天讨论。第二次会议上引起争论的焦点人物,仍然是萧军,显然思想问题并没有解决。他继上次会议发言大走调后,又开始放炮,说:"你们现在整'三风',将来总有一天会整'六风'。你们为什么不在十年以前就提出来呢?"显然这一回,是直接针对党中央、毛泽东了。此前,他在与毛泽东的频繁交往过程中,毛泽东曾经动员过他申请入党,但他拒绝了,表示自己个性太强,与党的组织纪律性难以相容,还是在党外自在些。这种更尖锐的言论,激起胡乔木、吴亮平、李又常等人的再次回应,或针锋相对地反驳,唇枪舌剑,烽烟四起。在这两次会议讨论中,大家发言陆续不断,气氛十分热烈。除了萧军的错误观点,也还出了一些奇谈怪论,比如有人大讲文学基本知识,用文学教程规划党的政策。然而,那些从战场回来的作家就见解不同,他们呼吁作家到前线去,经受战火的锻炼。毛泽东、朱德点头称是。

5 月 23 日,第三次会议,接着讨论发言。会议在临近下午讨论结尾时,朱德总司令发了言。他不点名地批评了萧军和一些同志的观点,然后现身说法,认为一个人参加革命,思想就要有转变。他动情地说:"岂但转变,我说就是投降。""就拿我来说,也一样。我是个从旧军人出身的人,我原来不是无产阶级,因为无产阶级代表的是真理,我就投降了无产阶级。我投降无产阶级,并不是想来当总司令。我只是替无产阶级打仗、拼命、做事。后来仗打多了,事情做久了,大家就推我做总司令。"朱老总讲得很激动,他用浅显通俗的大白话道破了文艺界整风的实质,把讨论推向了高潮。他点明了会议的主题,就是:要实现知识分子和文学艺术家由资产阶级或小资产阶级向无产阶级工农兵大众的根本转变。整个座谈会的讨论到朱德讲话为止。

晚饭前,天还亮着。西边天际霞光绚丽,全体到会人员集合,由摄影师吴印咸为大家照合影照。也没有专门排座次,大家入座后,毛泽东面朝大家站着四处张望,问:"丁玲在哪里?"看见丁玲坐在前排靠中的朱老总身边,这才放心地坐下,还笑着开了一句玩笑:"对嘛,照相坐前一点,不要明年再写'三八节有感'。"那天天气较热,晚上由于来听讲的人增多,屋里坐不下,会议移至"飞机楼"外的院子里,临时支起一盏煤气灯,由毛泽东做总结讲话。院子里的那棵洋槐树正在开花,微风吹来,阵阵飘香。大家的心情一下子畅快兴奋起来。

这就是《我的父亲》写作前后的时代社会背景。

二

艾青在《我的父亲》中所勾勒的"我的父亲",是一个很有典型意义的地主形象。他在本诗的第二节中说,他父亲曾在一个中学堂(即现在的金华一中)里念书,显得温和又忠厚,穿着长衫,留着辫子。胖胖的身体,红褐色的肤色。眼睛大而前突,两耳贴在脸颊的后面。人们说这是"福相",所以他要"安分守己"。因此,他总满足于自己的"八字",抽抽水烟,喝喝黄酒,躺在竹床上看《聊斋志异》,讲讲女妖和狐狸的故事。他不吸鸦片,也不玩弄妇女,只从"修身"与"格致"学习人生,做了他母亲的好儿子、他妻子的好丈夫。他写道:

> 没有狂热!不敢冒险!
> 依照自己的利益和趣味,
> 要建立一个"新的家庭",
> 把女儿送进教会学校,
> 督促儿子要念英文。

的确,这是一位比较安分守己的地主。一方面,他接受了梁启超的思想,在那穷僻的小村庄里,最早剪掉乌黑的辫子,成了维新派的信徒。他经常翻阅世界地图,读气象学,观测星辰。他又是《东方杂志》的读者,《申报》的订户,"万国储蓄会"的会员,堂前摆着自鸣钟,房里点着美孚灯。他想赶上新潮。另一方面,他却是无力地期待"进步",漠然地迎接"革命"。他虽知道这是"潮流",但自己却回避着冲激,站在遥远的地方观望。而在祭祀的时候,却又一样地假装虔诚。因为他心里清楚:对于向他缴纳租税的人们,阎罗王的塑像比达尔文的学说更有用处。

诗人笔下的"父亲",是半殖民地半封建中国的一个地主。之所以说他很有典型意义,是因为他是这个畸形社会整一代地主阶级的缩影。在半殖民地半封建社会里,这个阶级实际上已处于进退维谷之中。一方面,他们对末日将临产生了惶惑与胆怯;另一方面,他们又不甘心退出历史舞台,所以又教育他们的子女顺着他们所指引的道路,继承他们的祖业,保持他们剥削农民的"天国"。所以诗中这样概括了他的一生:

他是一个最平庸的人；

因为胆怯而能安分守己，

在最动荡的时代里，

度过了最平静的一生，

像无数的中国地主一样：

中庸，保守，吝啬，自满。

把那穷僻的小村庄，

当做永世不变的王国；

……

这首二百余行的诗，共有三十二节，可分为三部分来理解。

第一部分，写"我"近来常常梦见父亲，以及梦见他的原因。概括交代"我"没有遵从父亲的愿望，在家庭和革命之间做了选择。

第二部分，回忆父亲在动荡时代的种种表现，从家庭、环境、社会关系、对待革命的态度等方面，揭示了父亲性格的矛盾。

第三部分，着重写父亲和"我"的关系，"我"使他一再失望；为了追求一个至善理想，终于走上了背离家乡的道路。

不难看出，这首诗以父亲逝世为开端，然后以作者回忆为线索，集中写了父亲无所作为的一生，最后以"我"要效忠的是那属于万人的一个神圣的信仰作为感情的归结，从而把全诗推向高潮。

这首诗，真实地记录了作者的经历，通过作者和父亲之间的种种关系，描写了艾青与他出身阶级的矛盾和对立，从而概括了中国许多知识分子的生活道路，抒发了知识青年冲破重重阻碍选择自己道路的自豪感情。

艾青这时的思想状况正如他自己事后所说，这"才算真正看见了光明"。因为在这里他多年来所憧憬的已化为现实。就在这样的社会环境中，他以一个封建阶级的叛臣逆子的勇气"说了真话"，写出了这首长诗，真实地表现了他与自己出身的阶级的对立关系。

这首诗首先写了由于父亲的死讯，"近来我常常梦见我的父亲"，于是就自然地回忆起：

> 去年春天他给我几次信，
> 用哀恳的情感希望我回去，
> 他要嘱咐我一些重要的话语，
> 一些关于土地和财产的话语；
> 但是我怫逆了他的愿望，
> 并没有动身回到家乡，
> ……

这里所提到的"怫逆"，正是诗人与他父亲种种关系的焦点。诗中写道："地主们都希望儿子能发财，做官"，所以"他们要儿子念经济与法律"。但"我却用画笔蘸了颜色，/去涂抹一张风景，/和一个勤劳的农人"，又"为了到一个远方的都市去，/我曾用无数功利的话语，/骗取我父亲的同情"。他终于没有去念经济与法律，没有想发财、升官，而是去学画、写诗，到法国巴黎去留学。这是"怫逆"之一。

其二，几年以后，当诗人"两手空空"，"除了那些叛乱的书籍""那些狂热的画幅"和"一个殖民地人民的/深刻的耻辱与仇恨"，"什么也没有"地回到上海，后来又被关进监狱，判了徒刑，直到后来获得自由的时候，他父亲又"不断地用温和的信"，要他"做弟妹

们的'模范'"，又用"依从'家庭的愿望'"和"安排好了的幸福"，
"来俘掳我的心"。然而，诗人又"怫逆"了他：

> ——把自己的家庭，
> 当做旅行休息的客栈；
> 用看秽物的眼光，
> 看祖上的遗产。
> 为了从废墟中救起自己，
> 为了追求一个至善的理想，
> 我又离开了我的村庄，
> 即使我的脚踵淋着鲜血，
> 我也不会停止前进……

其三，诗人的父亲终于犯了鼓胀病死了。从此他再也不会怨
他的儿子了。但当诗人的母亲给他去信嘱咐他回去，要他为家庭
处理善后事的时候，诗人又"怫逆"了自己的家庭：

> 我不愿意埋葬我自己，
> 残忍地违背了她的愿望，
> 感激战争给我的鼓舞，
> 我走上和家乡相反的方向——

他终于没有在自己父亲出殡的时候，为他举过魂幡，也没有
为他穿过粗麻布的衣裳，而是：

> 我正带着嘶哑的歌声，

奔走在解放战争的烟火里……

当然,诗人对他父亲及家庭的这一切"悖逆"是由于思想认识及所追求的理想的根本分歧。诗中写到,他父亲不知从哪里得来的理论,说是中国没有资产阶级,没有美国式的大企业,没有残酷的剥削和榨取。他说他对伙计们从来没有压迫。而诗人由于这时已经从中国革命的理论与实践当中,学习了马克思主义,掌握了阶级观点与阶级分析法,明确了农村的阶级关系,所以认识到"镇上有曾祖父遗下的店铺"(当时诗人家在傅村镇和孝顺镇有和别人合股经营的"永福祥"酱酒坊和"蒋贤兴"南货店),"三十九个店员忙了三百六十天,/到过年主人拿去全部的利润"。"村上又有几百亩田,/几十个佃户围绕在他的身边,/家里每年有四个雇农,/一个婢女,一个老妈子,/这一切造成他的安闲。"正因为他能用阶级观点分析农村的阶级关系,所以:

> 自从我知道了
> 在这世界上有更好的理想,
> 我要效忠的不是我自己的家,
> 而是那属于万人的
> 一个神圣的信仰。

诗人正是这样以阶级对立的观点揭示了他对他的父亲及其家庭的种种"悖逆",做了他那人生之路的哲学思考,所以这首诗也就成了艾青对于自己出身的阶级所做的叛逆的宣言。

《我的父亲》是一首诚挚的诗,它能使人们对旧事物引起怀疑,对新事物引起喜爱,对不合理的现状引起不安,对未来引起向往。诗中回响着人民的声音,跳动着时代的脉搏。作者说这首诗

"完全是真的,是写实的东西。我的出发点是写个典型。父亲这个典型,我是意识很强烈的,是有意识地作为那个时代的一个典型来写的"(叶锦《艾青谈他的两首旧作》,原载《东海》1981年第4期)。因此,可以说这是一首带有自传性质的抒情诗。通过作者思想感情的变化,表现了激烈动荡、瞬息万变的时代的一个侧影。这首诗既有叙事成分,又不像叙事诗那样,有完整的故事情节,它更多地抒写诗人对生活的感受,以对典型环境的渲染及对典型环境中典型情绪的抒写,展示人物的内心世界、精神品质,以及其性格中最本质、最突出的某些方面,进而揭示其阶级属性的本质方面。作者把叙事和抒情结合得恰到好处。《我的父亲》主要侧重于以人物的内心世界来表现其精神面貌。那么,作者笔下的"父亲"是一个怎样的人呢?

父亲生活在新旧交替的时代,经历了中国封建末代王朝直至抗日战争时期。辛亥革命前后,西方的一些影响,维新主义的思潮,也缓慢地传到了浙江金华偏僻的农村。父亲既受到"四书五经"的熏陶,又受了新思潮的影响,有些文化科学知识,每每以维新派自居,在穷僻的小村庄里,他第一个剪掉辫子。时代的动荡,使地主阶级处于一种世纪末的精神状态,祖父和伯父沉醉于吃喝嫖赌,而父亲却和他们不同,从"修身"与"格致"学习人生,他重视知识,订了《东方杂志》和《申报》,经常翻阅世界地图,读点气象学,从赫胥黎的"天演论"知道猴子是人类的祖先。可是,这些有限的科学知识并没有改变他头脑里的封建迷信思想。他是一个"没有狂热!不敢冒险!",因为平庸胆怯而安分守己的地主。但作者清醒地看到,对于向他缴纳租税的佃户们的态度,并没有掩盖着父亲作为地主的阶级本质。

父亲很注意子女的前途,"把女儿送进教会学校,/督促儿子要念英文",这正是半殖民地半封建社会地主兼富商为子女寻找的到达理想的阶梯。在家里,他用批颊和鞭打管束儿女,要他们顺从,俨然是一个暴君。他认为知识是有用的,既可以装点门面,又能够保卫财产。他讲究实际,重视社会关系,无论是退伍的陆军少将、镇上的警佐、县里的县长,还是中学的国文教员,学法律、经济的大学生,这些都是他的贵宾。这些社会关系,或对他的财产地位有保护作用,或对儿女学习有潜移默化的影响。这些方面使父亲和那些死守古训的地主不同,也和那些处在偏僻农村的"土"地主有着很大的差别。迫于形势,他顺应潮流;实际上感情是淡漠的。他想回避冲激,所以又远远地躲开潮流观望。当"我"想投考黄埔军校时,他却沉默着。这是一种没有回答的回答,这种沉默反映了父亲矛盾的心理状态。他知道潮流是不能阻挡的,应当顺从;同时他更知道追随潮流有时要付出牺牲,他既想得到潮流带来的好处,又想避免付出代价,其实质是乘机捞点好处。这是父亲的人生哲学。作者在这里深刻地揭示了他父亲心灵的秘密。在对待革命的态度上,突出地表现了进退维谷的剥削阶级矛盾自私的阴暗心理。

艾青笔下这个半殖民地半封建中国的地主,正是当时畸形社会产生的一个半土半洋的地主阶级的缩影。时代的动荡,一方面使他们对末日的来临惊恐不安;另一方面又不甘心自愿退出历史舞台。于是,便教育子女顺着他的道路以承继祖业,保持他剥削农民的"天堂"。为了使子女顺从自己的意愿,他懂得如何在感情上去俘虏他们。诗中写道:"眼睛很慈和地看着我/长了胡须的嘴含着微笑";有时又是另一副面孔:"皱着眉头,牙齿咬着下唇,/显出很痛心的样子,/手指节猛击着桌子,/他愤恨他儿子的淡漠的态度。"用尽软硬兼施的手段,企图让儿子沿着他们的老路走下去。然而,波澜壮阔的时代,打开了人们的眼界,作者没有依从家庭的愿望,他蔑视这个阶级给他安排的所谓"幸福"。

恩格斯在致裴·拉萨尔的信中说:"主要的出场人物是一定的阶级和倾向的代表,因而也是他们时代的一定思想的代表。"(《马克思恩格斯选集》第四卷第 558 页)"父亲",作为从辛亥革命到抗战时期我国东南部农村的一个地主,是有典型性的。作者这样总结了他父亲的一生:

> 他是一个最平庸的人;
> 因为胆怯而能安分守己,
> 在最动荡的时代里,
> 度过了最平静的一生,
> 像无数的中国地主一样:
> 中庸,保守,吝啬,自满,
> 把那穷僻的小村庄,
> 当做永世不变的王国;
> 从他的祖先接受遗产,
> 又把这遗产留给他的子孙,
> 不曾减少,也不曾增加!
> 就是这样——
> 这就是为什么我要可怜他的地方。

然而时代在前进,一切新的、健康的、光明的,一定要取代旧的、腐朽的、黑暗的。作者以他敏锐的观察力,天然无饰的朴素语言,通过父亲一生经历的概括抒写,预示了父亲所属阶级不可避免的灭亡命运。

上面所引的诗中有几句："从他的祖先接受遗产,/⋯⋯/这就是为什么我要可怜他的地方。"有人说作者同情他的父亲。其实,"不曾减少,也不曾增加",正是他父亲保守中庸的性怕的一面。现实生活中既有继承遗产不择手段而使家业越来越大的人,也有不善经营家道中落甚至倾家荡产的人,作者无意为父亲的剥削行为进行掩饰,只是如实写出父亲不同于上面的两种人,至于诗中的"可怜",更不是"同情"的同义词,而是含有鄙视,即"可怜虫"的意思。作者站在时代的高度来看待他父亲平庸、保守而又可悲的一生。如果从诗的整体着眼,是不会产生误会的。

## 三

正因为诗人塑造典型的意识如此强烈,所以诗人写这首诗是经过了较长时间的思考与酝酿的。这与诗人创作《大堰河——我的保姆》是在一个下雪的早晨一气呵成,又有明显的不同。

艾青曾多次谈到他创作《我的父亲》的缘起。他说:"我的出发点是写个典型。父亲这个典型,我是意识很强烈的,是有意识地作为那个时代的一个典型来写的。写他的环境,写他的社会关系等等。写这首诗,我是酝酿了很久的。在刻画典型方面,我觉得《我的父亲》比《大堰河——我的保姆》要好些。"(叶锦《艾青谈他的两首旧作》,原载《东海》1981 年第 4 期)

一方面,"我的父亲"这个形象是当作一个典型来刻画的;另一方面,"我的父亲"这个典型又完全是真实的,没有什么虚构的。这就使有的读者在阅读这首诗时产生了一些阅读障碍。艾青有一次做了这样的解释:

最近一个外国人想翻译这首诗，向我提出不少问题，例如，当时中国学生已受"进化论"的影响，那我父亲为什么还讲迷信？真迷信还是假迷信？我看是假迷信。他生活在农村，交往的都是县里的县长、镇上的警佐。警佐是吴晗的父亲。吴晗的母亲是我们村里人，小时候我俩常一块儿玩。在那个地方，警佐很有地位和势力。另外，父亲还结交了军官、大学生，在"万国储蓄会"里有存款，订了《东方杂志》、《申报》。就是这么一个典型。那样的时代产生了这么个人物。不过，他讲迷信有时又是真的。有一次，他头上被麻雀拉了泡屎，就递给我一个木碗，叫我去讨七家的茶叶，给他"洗晦气"。我不去，他一气之下把碗扣在我头上，血流了出来。我就生活在这样一个家庭中，很不愉快的。父亲常打我。有一次我被打后，气得写了张字条："父贼打我！"放在抽屉里。他看见了，从此就不再打我。可见，有反抗他也害怕。……从这些背景情况中你们可以看看，我同父亲的关系究竟怎样？是不是同情他？我说不！说"有同情"，可能有那么几句：他从祖上接受了遗产，经营了几十年，没有增加也没减少。这是事实，他就是这么个人，我是有意识作为那个时代的一个典型来写的。我不违背真实。(艾青《与青年诗人谈诗》，原载《诗刊》1980 年第 10 期)

因为诗人的父亲本身在"那个时代"是一个典型，所以诗人"不违背真实"地写来，也就成了一个艺术形象的典型了。

长诗《我的父亲》在艺术上取得了可喜的成就。

首先，高度的艺术概括与精心具体的描绘达到了水乳交融的地步。我们知道,诗是最需要概括的艺术。这首诗写了父亲从辛亥革命之后到抗日战争中期的30年历史。这30年,正是中国社会处在风云激荡的大变动中的30年,这期间,经历了资产阶级领导的旧民主主义革命、五四运动、军阀混战、北伐战争、国民党法西斯专政,以至全民的反侵略战争。这种时代的、社会的影响,无不在父亲思想上留下印迹。诗人无意在诗中铺叙历史,然而父亲确实是这段历史造就的一个剥削者的典型。因此,诗人根据抒情诗的要求,用极为精练的语言把上述史实加以形象化的概括,使这首诗有着巨大的容量;同时,为了不妨碍抒情,诗人没有选取曲折离奇的情节,而是以富有表现力的细节,通过具体精当的描绘,造成一种气势,一步又一步把情绪推向高潮,达到强烈的抒情效果。

其次,这首诗具有不加修饰的散文美。诗人运用过各种形式写诗,民歌体、格律体,以及十四行体等,比较起来,他感到最得心应手的、写得最多、成功也最多的是自由体诗。《我的父亲》就是一首典型的自由体诗。它舒卷自如,行无定句,章无定节,不讲究押韵,但根据自己的构思,使诗中节奏的旋律和感情的旋律相吻合,念起来顺口,听起来和谐。这正是诗人对诗的散文美的追求。它比各种格律诗体更自由、解放,表达思想感情更方便,容量也比较大,更适合表现现代社会繁复的多种生活。因此艾青认为:"散文的自由性,给文学的形象以表现的便利,而那种洗练的散文,崇高的散文,健康的或是柔美的散文之被用于诗人者,就因为它们是形象之表达的最完善的工具。"(《诗论·诗的散文美》)这种散文美,避免了拖沓、冗长、啰唆,以及过分铺张、海阔天空不着边际的散文化的倾向,因而富有表现力。例如在《我的父亲》中,父亲怀着殷切的希望,"慈和"地"微笑"着,要把承继祖业的责任交给儿子,遇到的却是冷漠与蔑视,诗中写道:"为了从废墟中救起自己,/为了追求一个至善的理想,/我又离开了我的村庄,/即使我的脚踵淋着鲜血,/我也不会停止前进。"这节诗把承继祖业视为火坑,唯恐避之不远,为什么呢?因为作者心中闪耀着理想的光,这种理想是他抗拒旧家庭一切联系的强大力量,这种理想就是千百万劳动者共同的理想,而当作者"正带着嘶哑的歌声,/奔走在解放战争的烟火里⋯⋯",为实现理想进行艰苦卓绝斗争的时候,父亲告别了人间。诗的感情激越,节奏明快,而这种内在的旋律正和激越亢进的感情相适应,增强了诗的感染力。

再次,诗的语言富有浅显性和启示性。诗人善于把现代口语加工为文学语言,进而提炼为诗的语言,使深厚的思想和感情用最浅显的语言表现出来。比如诗中写父亲的个人品质比祖父、伯父好,有一定的科学文化知识,顺从潮流,结交社会名流。但这些并没有改变他作为地主的本质,对待向他缴纳租子的佃户们,他心里很明白:"阎罗王的塑像,比达尔文的学说更有用处。"这种浅显而又精警的语言,极尽揭露讽刺之能事,以最平凡的外形,蕴含着深刻的真理,用最经济的语言表达了最丰富的思想。再如开头对父亲肖像的刻画,从衣着、体态、肤色、发式、面部特点等,寥寥数语,不仅再现了父亲的形貌,而且写出了他的性格,展示了他的内心世界,跟后面父亲的所作所为构成了一个和谐的不可分割的整体。

# 第三节 《献给乡村的诗》赏析

[原诗]

我的诗献给中国的一个小小的乡村——
它被一条山岗所伸出的手臂环护着。
山岗上是年老的常常呻吟的松树；
还有红叶子像鸭掌般撑开的枫树；
高大的结着戴帽子的果实的榉子树
和老槐树，主干被雷霆劈断的老槐树；
这些年老的树，在山岗上集成树林，
荫蔽着一个古老的乡村和它的居民。

我想起乡村边上澄清的池沼——
它的周围密密地环抱着浓绿的杨柳，
水面浮着菱叶、水葫芦叶、睡莲的白花。
它是天的忠心的伴侣，映着天的欢笑和愁苦；
它是云的梳妆台，太阳、月亮、飞鸟的镜子；
它是群星的沐浴处，水禽的游泳池；
而老实又庞大的水牛从水里伸出了头，
看着村妇蹲在石板上洗着蔬菜和衣服。

我想起乡村里那些幽静的果树园——
园里种满桃子、杏子、李子、石榴和林檎，

外面围着石砌的围墙或竹编的篱笆，
墙上和篱笆上爬满了茑萝和纺车花：
那里是喜鹊的家，麻雀的游戏场；
蜜蜂的酿造室，蚂蚁的堆货栈；
蟋蟀的练音房，纺织娘的弹奏处；
而残忍的蜘蛛偷偷地织着网捕捉蝴蝶。

我想起乡村路边的那些石井——
青石砌成的六角形的石井是乡村的储水库，
汲水的年月久了，它的边沿已刻着绳迹。
暗绿而濡湿的青苔也已长满它的周围，
我想起乡村田野上的道路——
用卵石或石板铺的曲折窄小的道路，
它们从乡村通到溪流、山岗和树林，
通到森林后面和山那面的另一个乡村。

我想起乡村附近的小溪——
它无日无夜地从远方引来了流水
给乡村灌溉田地、果树园、池沼和井，
供给乡村上的居民们以足够的饮料；
我想起乡村附近小溪上的木桥——
它因劳苦削瘦得只剩了一副骨骼，
长年地赤露着瘦长的腿站在水里，
让村民们从它驮着的背脊上走过。

我想起乡村中间平坦的旷场——

它是村童们的竞技场,角力和摔跤的地方,
大人们在那里打麦,掼豆,飏谷,筛米……
长长的横竹竿上飘着未干的衣服和裤子,
宽大的地席上铺晒着大麦、黄豆和荞麦;
夏天晚上人们在那里谈天、乘凉,甚至争吵,
冬天早晨在那里解开衣服找虱子、晒太阳;
假如一头牛从山崖跌下,它就成了屠场。

我想起乡村里那些简陋的房屋——
它们紧紧地挨挤着,好像冬天寒冷的人们,
它们被柴烟熏成乌黑,到处挂满了尘埃,
里面充溢着女人的叱骂和小孩的啼哭;
屋檐下悬挂着向日葵和萝卜的种子,
和成串的焦红的辣椒,枯黄的干菜;
小小的窗子凝望着村外的道路,
看着山峦以及远处山脚下的村落。

我想起乡村里最老的老人——
他的须发灰白,他的牙齿掉了,耳朵聋了,
手像紫荆藤紧紧地握着拐杖,
从市集回来的村民高声地和他谈着行情;
我想起乡村里最老的女人——
自从一次出嫁到这乡村,她就没有离开过,
她没有看见过帆船,更不必说火车、轮船,
她的子孙都死光了,她却很骄傲地活着。

我想起乡村里重压下的农夫——
他们的脸像松树一样发皱而阴郁，
他们的背被过重的挑担压成弓形，
他们的眼睛被失望与怨愤磨成混沌；
我想起这些农夫的忠厚的妻子——
她们贫血的脸像土地一样灰黄，
她们整天忙着磨谷，舂米，烧饭，喂猪，
一边纳鞋底一边把奶头塞进婴孩啼哭的嘴。

我想起乡村里的牧童们，
想起用污手擦着眼睛的童养媳们，
想起没有土地没有耕牛的佃户们，
想起除了身体和衣服之外什么也没有的雇农们，
想起建造房屋的木匠们、石匠们、泥水匠们，
想起屠夫们、铁匠们、裁缝们，
想起所有这些被穷困所折磨的人们——
他们终年劳苦，从未得到应有的报酬。

我的诗献给乡村里一切不幸的人——
无论到什么地方我都记起他们，
记起那些被山岭把他们和世界隔开的人，
他们的性格像野猪一样，沉默而凶猛，
他们长久地被蒙蔽，欺骗与愚弄；
每个脸上都隐蔽着不曾爆发的愤恨；
他们衣襟遮掩着的怀里歪插着尖长快利的刀子，
那藏在套里的刀锋，期待着复仇的来临。

我的诗献给生长我的小小的乡村——

卑微的,没有人注意的小小的乡村,

它像中国大地上的千百万的乡村。

它存在于我的心里,像母亲存在儿子心里。

纵然明丽的风光和污秽的生活形成了对照,

而自然的恩惠也不曾弥补了居民的贫穷,

这是不合理的:它应该有它和自然一致的和谐:

为了反抗欺骗与压榨,它将从沉睡中起来。

一九四二年九月七日

[赏析]

《献给乡村的诗》以广阔的视野和胸怀表达怀乡情绪,充满沉重但又昂扬的情绪,具有深远的社会意义。艾青写过很多乡土诗歌,但有不少是以异乡为题材的,而描写家乡的诗歌最集中的是在延安时期。1941 年艾青在周恩来的帮助下来到了革命圣地延安,在结束了国统区的流浪生活后,艾青满腔热情地投入革命文学的创作中。然而艾青与延安的一些风气却格格不入,他认为作家没有得到应有的尊重,文艺也没有得到应有的尊重。他的观点在文艺界中遭到了批判,在延安整风中还被隔离审查。他的心灵受到了极大的打击,因此他在这个时期写了几篇著名的关于家乡和怀念家乡亲人的诗歌,包括《我的父亲》《少年行》《村庄》和《献给乡村的诗》。

《献给乡村的诗》中描写的乡村就是金衢盆地的乡村。那些情景许多是那里所特有的,不管哪个村庄,总是能看到群山环抱,因为那是河谷平原、丘陵和山地组合的地貌特征。还有那些果树、村庄的人、水井、晒场和房屋、道路、桥等等。尤其是对于那些乡村的人，那些社会最底层的人，那些最不幸的人，艾青还是那样地深情，对于家乡的人，都像自己的母亲一样敬爱他们，并由对家乡的人的爱而推广至全中国千千万万乡村的人民，艾青的感情是多么博大深厚。

家乡，在诗人心中一直占有重要地位。在他15岁离开家乡后，无论漂泊到哪里，无论遇到怎样的艰难困苦，家乡的一草一木，一山一水，都时时出现在他的心中，都给他以温情。

每当诗人思念家乡的时候，他的心就像蓄满水的水库打开了闸门，那醇厚的感情便汩汩而流了。1942年，诗人在延安再次想起家乡的时候，再也抑制不住那火焰一般燃烧着的情感，一泻而出，写成了《献给乡村的诗》，以献给自己的家乡，献给那里的山水，献给那里的父老乡亲们。

全诗共十二节，主要抒写了故乡的自然环境和乡亲父老。

前七节是抒写故乡优美的自然环境。在诗中，诗人想起了那里的一切——那里的树，那里的池沼，那里的果园，那里的石井，那里的小溪，那里的木桥，那里的旷场，那里的房屋。诗人惟妙惟肖、栩栩如生地抒写了故乡自然环境的优美静谧：

> 我想起乡村里那些幽静的果树园——
> 园里种满桃子、杏子、李子、石榴和林檎，
> 外面围着石砌的围墙或竹编的篱笆，
> 墙上和篱笆上爬满了茑萝和纺车花：
> 那里是喜鹊的家，麻雀的游戏场；
> 蜜蜂的酿造室，蚂蚁的堆货栈；

蟋蟀的练音房,纺织娘的弹奏处;

而残忍的蜘蛛偷偷地织着网捕捉蝴蝶。

八、九、十、十一这四节是想起了故乡的人。想起了乡村里的老人,那里的农夫,那里的牧童,那里的童养媳,那里的佃户,那里的木匠、石匠、泥水匠、屠夫、铁匠、裁缝……"想起所有这些被穷困所折磨的人们——/他们终年劳苦,从未得到应有的报酬。"想到了不幸人们的不幸与抗争:

我的诗献给乡村里一切不幸的人——

无论到什么地方我都记起他们,

记起那些被山岭把他们和世界隔开的人,

他们的性格像野猪一样,沉默而凶猛,

他们长久地被蒙蔽,欺骗与愚弄;

每个脸上都隐蔽着不曾爆发的愤恨;

他们衣襟遮掩着的怀里歪插着尖长快利的刀子,

那藏在套里的刀锋,期待着复仇的来临。

最后一节由点到面,想到了乡村,写出了乡村的卑微,它是中国千千万万个乡村的代表。抒发了自己对家乡深挚的情感:"它存在于我的心里,像母亲存在儿子心里。"家乡明丽的风光与污秽的生活形成了鲜明的对比,这对比是不公平的、不合理的,乡村终将觉醒过来,追求与自然的和谐,过上幸福安康的生活。

这首诗描写精细,感情深挚,格调明朗,对乡村未来充满信心。在前十一节中,诗人精细而准确地描绘了那里的自然环境,也描绘了那里的劳动者的生存状态。诗人对家乡的一切太熟悉了,可以说已经渗入血液里,诗人又是常常思念家乡,那里的一切就更鲜明地储于诗人心中了。因而,诗人写这一切时,是多么流畅,多么生动!

诗人是这样精细地描写家乡的树的:"山岗上是年老的常常呻吟的松树;/还有红叶子像鸭掌般撑开的枫树;/高大的结着戴帽子的果实的榉子树/和老槐树,主干被雷霆劈断的老槐树……"诗人想得多么细!像鸭掌般撑开的枫树,连那被雷霆劈断的老槐树……

在想起乡亲们时,诗人想得也非常细致:"我想起乡村里重压下的农夫——/他们的脸像松树一样发皱而阴郁,/他们的背被过重的挑担压成弓形,/他们的眼睛被失望与怨愤磨成混沌;/我想起这些农夫的忠厚的妻子——/她们贫血的脸像土地一样灰黄,/她们整天忙着磨谷,舂米,烧饭,喂猪,/一边纳鞋底一边把奶头塞进婴孩啼哭的嘴。"

诗人这样精细地描绘,完全是为了抒发自己对家乡醇厚深沉的感情。这些精细的描绘,已使读者深深感到诗人的情感了,可以说,那里的一切,早已成为诗人生命的一部分。在精细的描绘中来抒发自己的情感,是这首诗很突出的特色。读了这首诗,很自然地会使读者想到那首著名的诗《大堰河——我的保姆》,在那首诗中,诗人正是以这种精细的描绘来抒发自己对大堰河的情感的。这一首《献给乡村的诗》,可以说与《大堰河——我的保姆》有异曲同工之妙。

只不过这首诗采用了八行一节的比较整齐的分段,而且每一句都比较长,形成了流畅的艺术感觉。诗人这样写,也完全是为了抒发情感的需要。这样写,正极好地体现了诗人对家乡那醇厚而又深沉的绵绵思绪。诗的形式,应该服从内容与感情的需要,这首诗,再一次体现了诗人的主张,使诗的内在韵律与外在形式融为一体。

诗人的家乡是美丽的,但那个时候还很穷苦。诗人在诗中不仅只是怀念家乡,还对家乡寄予了希望。这再一次燃烧起诗人对家乡的深厚情感:

> 纵然明丽的风光和污秽的生活形成了对照,
> 而自然的恩惠也不曾弥补了居民的贫穷,
> 这是不合理的:它应该有它和自然一致的和谐;
> 为了反抗欺骗和压榨,它将从沉睡中起来。

诗人在本诗的结尾处,明确地质疑家乡这样美丽,为什么人们那样贫穷?直接呼出"这是不合理的",对当时的那个不公正的社会提出了控诉和挑战。并指出,自己的家乡一定会"从沉睡中起来"。诗人对此充满了信心。这样,此诗就不仅是一首怀乡之作了,而具有了更高的含意。从这里,我们可以进一步感到,诗人的视野和胸怀是多么广阔,他不是沉浸在个人的怀乡情绪里,更不是消极的,而是充满了一种沉重的,但又是昂扬的情绪,具有更深远的社会意义。

# 第四节 《村庄》赏析

**[原诗]**

我是一个海滨的省份的村庄的居民，
自从我看见了都市的风景画片，
我就不再爱那鄙陋的村庄了，
十五岁起我开始在都市里流浪，
有时坐在小酒店里想起我的村庄，
我的心里就引起了无尽的哀怜，
那些都市大街上的每一幢房子，
都要比我那整个的村庄值钱啊⋯⋯
还有那些珠宝铺，那些大商场，
那些国货陈列所，
人们在里面兜一个圈子
也比在家乡过一生要有意思，
假若他不是一只松鼠
决不会回到那可怜的村庄。
我知道这是不公平的，背义的，
人们厌弃他们的村庄
像浪子抛开他善良的妻子，
宁愿用真诚去换取那些
卖淫妇的媚笑与谎话，
到头了两手插在空袋里蹰躅在街边。

连傻子也知道那些大都市是一群吸血鬼——
它们吞蚀着：钢铁，木材，食粮，燃料
和成千成万的劳动者的健康；
千万个村庄从千万条路向它们输送给养……

我们所饲养的家畜被装进了罐头；
每天积蓄下来的鸡蛋被做成了饼干；
我们采集的水果，收割的大豆和小麦，
从来不会在我们家里停留太久；
还有那些年轻的小伙子借了路费出发，
一年年过去，不再有回家的消息；
只让那些愚蠢和衰老的人们，
像乌桕树一样守住那村庄。

磨房和舂臼的声音说尽了村庄的单调，
无聊的日子在鸡啼和犬吠声里过去；
偶然有人为了奔丧回到家乡时，
他的一只皮鞋就足够使全村的人看了眼红，
还有透明的烟嘴和发亮的表链，
会使得年轻的女人眼里射出光辉。

让那些一辈子坐在纺车旁边的老太婆，
和含着旱烟管讲着"长毛"故事的老汉们，
留在那里等他们的用楠木做的棺材吧！
让童养媳用手拍着那呛咳的老妇的背吧！
让那些胆怯得像老鼠的人在豆腐店的前面吹牛吧！

让盲眼的算命人弹着三弦走进茅屋去吧！

倒霉的村庄呀，年轻的人谁还欢喜你呢？

他们知道都市里的破卡车都比你要神气

——大笑着，奔跳着，又叫嚣着

从洋行和公司前面滚过……


要到什么时候我的可怜的村庄才不被嘲笑呢？

要到什么时候我的老实的村庄才不被愚弄呢？

什么时候我的那个村庄也建造起小小的工厂：

从明洁的窗子可以看见郁绿的杉木林，

机轮的齐匀的鸣响混在秋虫的歌声一起？

什么时候在山坡背后突然露出了一个烟囱，

从里面不止地吐出一朵一朵灰白色的烟花？

什么时候人们生活在那里不会觉得卑屈，

穿得干净，吃得饱，脸上含着微笑？

什么时候，村庄对都市不再怀着嫉妒与仇恨，

都市对村庄也不再怀着鄙夷与嫌恶，

它们都一样以自己的智力为人类创造幸福，

那时我将回到生我的村庄去，

用不是虚饰而是真诚的歌唱

去赞颂我的小小的村庄。

一九四一年十二月二十七日


[赏析]

　　《村庄》与《献给乡村的诗》都写于延安时期，都表现出诗人对

故乡的真诚怀念,只不过前者感情更强烈,后者情绪更温和些。当时诗人身处边区,目睹边区农民在共产党领导下组织起来,通过减租减息,农村正在换着新貌,新的农民正在成长。也这样的时候,诗人就自然地怀念起自己的那个"可怜的村庄",想起了它的贫穷、愚昧、落后和自然景物的秀丽,并抒发就是为了"它应该有它和自然一致的和谐",自己决心"快些离开""这可怜的田野"和"这卑微的村庄","去孤独地飘泊,去自由地流浪"的情怀。

一

《村庄》通过揭示自己生长的村庄的一种令人窒息的衰颓、闭塞和愚昧,表达了一股强烈的企求改变旧样的渴望和对美好未来的期待。

全诗共五节,第一节就说:"我是一个海滨的省份的村庄的居民,/自从我看见了都市的风光画片,/我就不再爱那鄙陋的村庄了。"因为"那些都市大街上的每一幢房子,/都要比我那整个的村庄值钱啊……/还有那些珠宝铺,那些大商场,/那些国货陈列所,/人们在里面兜一个圈子/也比在家乡过一生要有意思",但诗人也认识到这样对村庄是不公平的,因为"连傻子也知道那些大都市是一群吸血鬼——/它们吞蚀着:钢铁,木材,食粮,燃料,/和成千成万的劳动者的健康;/千万个村庄从千万条路向它们输送给养……"

第二节具体抒写了村庄给大城市"输送给养":"我们所饲养的家畜被装进了罐头;/每天积蓄下来的鸡蛋被做成了饼干;/我们采集的水果,收割的大豆和小麦,/从来不会在我们家里停留太久。"不断输送的结果是村庄变得贫穷落后,而都市则日益繁华。

第三节抒写村庄人们生活的单调无聊,重点写了人们生活贫穷,内心狭隘嫉妒:"偶然有人为了奔丧回到家乡时,/他的一只皮鞋就足够使全村的人看了眼红,/还有透明的烟嘴和发亮的表链,/会使得年轻的女人眼里射出光辉。"

第四节诗人用愤激的口吻抒写了对村庄"哀其不幸,怒其不争"的情感,村庄里人们愚昧落后,又缺乏觉悟,诗人感到十分痛心:"倒霉的村庄呀,年轻的人谁还欢喜你呢?/他们知道都市里的破卡车都比你要神气/——大笑着,奔跳着,又叫嚣着/从洋行和公司前面滚过……"

最后一节,新的农村、新的农民毕竟在边区开始露出了新貌。诗人亲身感受着这种变化,一股企求改变旧农村的强烈的渴望,一种对农村美好前程的憧憬,油然在心底升起。诗人最后以期待的语气写道:

> 要到什么时候我的可怜的村庄才不被嘲笑呢?
> 要到什么时候我的老实的村庄才不被愚弄呢?
> 什么时候我的那个村庄也建造起小小的工厂:
> 从明洁的窗子可以看见郁绿的杉木林,
> 机轮的齐匀的鸣响混在秋虫的歌声一起?
> 什么时候在山坡背后突然露出了一个烟囱,
> 从里面不止地吐出一朵一朵灰白色的烟花?
> 什么时候人们生活在那里不会觉得卑屈,
> 穿得干净,吃得饱,脸上含着微笑?
> 什么时候,村庄对都市不再怀着嫉妒与仇恨,
> 都市对村庄也不再怀着鄙夷与嫌恶,
> 它们都一样以自己的智力为人类创造幸福。

诗人的这种企求和期待是十分强烈而殷切的，以至于觉得这似乎是马上要到来的现实，竟然改变那种沉重的期待与企求的慢节奏为欢迎的快节奏唱道：

那时我将回到生我的村庄去，
用不是虚饰而是真诚的歌唱，
去赞颂我的小小的村庄。

## 二

《村庄》这首诗的抒情方式是颇为奇特的，它采用的是以“恨”传“爱”的逆向抒情方式，来表达对故乡刻骨铭心的爱。他“恨”故乡的鄙陋，它的整个村庄还不如都市里的一幢房子，在都市里兜一圈也比在家乡过一生有意思；他“恨”人们厌弃自己的村庄，“像浪子抛开他善良的妻子，/宁愿用真诚去换取那些/卖淫妇的媚笑与谎话，/到头了两手插在空袋里踯躅在街边”；他也“恨”都市里那些吸血鬼，“它们吞蚀着：钢铁，木材，食粮，燃料/和成千成万的劳动者的健康/千万个村庄从千万条路向它们输送给养……”；他更“恨”那些看见回家奔丧的人穿一只皮鞋也会眼红的村民。这些不幸的人们受到如此不公的待遇，却又如此默无声息地忍受着，那就索性让他们自生自灭吧：

让那些一辈子坐在纺车旁边的老太婆，
和含着旱烟管讲着“长毛”故事的老汉们，
留在那里等他们的用楠木做的棺材吧！

让童养媳用手拍着那呛咳的老妇的背吧！
让那些胆怯得像老鼠的人在豆腐店的前面吹牛吧！
让盲眼的算命人弹着三弦走进茅屋去吧！

这些愤激的诗句并不是真的意味着诗人对故乡的厌恶和唾弃，而是一种"哀其不幸、怒其不争"的情绪的宣泄，况且解放区农村的新变化更加剧了这种愤激情绪，使他急切地企盼故乡尽快改变贫穷落后的面貌。为了这一美丽梦想的早日实现，诗人便用他那嘶哑的喉咙深情地呼唤：

要到什么时候我的可怜的村庄才不被嘲笑呢？
要到什么时候我的老实的村庄才不被愚弄呢？
什么时候我的那个村庄也建造起小小的工厂：
从明洁的窗子可以看见郁绿的杉木林，
机轮的齐匀的鸣响混在秋虫的歌声一起？
什么时候在山坡背后突然露出了一个烟囱，
从里面不止地吐出一朵一朵灰白色的烟花？
什么时候人们生活在那里不会觉得卑屈，
穿得干净，吃得饱，脸上含着微笑？

从这段充满深情的呼唤里，可以强烈感觉到诗人希望迅速改变村庄面貌的急切心理。诗人以"恨"传"爱"，他对村庄的感情是复杂而又深情的，《村庄》里最后写道：

什么时候，村庄对都市不再怀着嫉妒与仇恨，
都市对村庄也不再怀着鄙夷与嫌恶，

它们都一样以自己的智力为人类创造幸福,

那时我将回到生我的村庄去,

用不是虚饰而是真诚的歌唱

去赞颂我的小小的村庄。

## 三

《村庄》和《献给乡村的诗》是田园诗。艾青曾把这两首诗和其他一小部分不同时期写农村的诗共17首合编在一起,以《献给乡村的诗》为名出了一个集子(北门出版社1945年版)。在诗集的《序》里,艾青曾以自我批评的口吻说:"我的这个集子,写的是旧的农村,用的是旧的感情。"从某种角度讲,这么说是对的。早在写《旷野》时,就有人指责艾青像叶赛宁,而艾青自己也承认:"由于出生在农村,甚至也曾欢喜过对旧式农村表示怀恋的叶遂宁。"(《艾青选集·自序》,开明书店1951年版)

艾青和叶赛宁有许多相同之处:他们都来自农村,童年都在农村的田野风光中度过;他们都酷爱大自然,在迷人的大自然里寻找灵感,写下了大量描写田野风光的诗歌;他们都参加了自己祖国的革命,写下不少的革命诗篇;他们对新时代有不适感和恐惧感;他们都受世纪末情绪和现代派文学的影响;等等。共同的特点使艾青深受叶赛宁的影响。成长在旧俄时代,后又成为苏维埃著名诗人的叶赛宁,他的瑰丽的诗篇和曲折的命运曾打动了许多中国诗人。高尔基说过:叶赛宁是上帝创造出来专为抒写田野悲哀的"器官"。叶赛宁自己也带着含混不清的感情向人们宣告:"我是最后的乡村诗人。"终其一生,叶赛宁都在乡村与城市这对富有象征意义的矛盾中纠缠不清。艾青虽有过资本主义大都市生活的体验,但他来自农村,他的生活足迹也大多在乡村。他的绝大部分诗是献给土地、献给乡村的,他对土地有着一种异常的感情:"为什么我的眼里常含泪水!/因为我对这土地爱得深沉……"(《我爱这土地》)叶赛宁许多为乡村抒情的诗,确实为艾青共鸣过。叶赛宁善于描写乡村美丽的田园景色,并且用那种世世代代缭绕在农村上空的忧伤的曲调,来奏出他优美的音响。艾青的诗同样充满了忧伤的情调,只不过他那些写给乡村的诗,大多去除了纯粹的田园风光,而留给人们一幅幅痛苦不堪的人生画面。对社会人生的过多关注使艾青无法沉浸到宗教的氛围中去,尽管他读过《圣经》,并写过好几首和宗教有关的诗篇。而叶赛宁的乡村诗却散发着浓郁的神香气息,绚丽斑斓地在他的诗作中熠熠发光。也许正是叶赛宁的这种宗教情怀,使他易于对生活产生幻想,他欢呼过十月革命,梦想过布尔什维克的"天堂",但革命的成功却使他幻想破灭,于是他痛苦,在矛盾中挣扎,最后走向自取灭亡的道路。他是一个生活的失败者,但对生活的忧伤却造就他成为一个伟大的抒情诗人。艾青也有过人生的痛苦、迷茫,但他热爱土地,在土地上留下了坚实的脚印,他走向了革命,并用自己生命的热情来为革命讴歌,所以他的忧伤是充满力量的,有一种崇高之美。不过,过分的政治热情多少也损害了一些诗意,特别是写于后期的诗,过强的政治倾向性反而使诗的审美功能得不到发挥。

叶赛宁用抒情民歌歌颂了至圣至爱的耶稣和俄罗斯中部的苍郁景色,艾青很佩服他的才情,并在艺术上有不少借鉴。比如叶赛宁很善于在自己的诗歌中加强形象的视觉感受,色彩在他的诗歌中起了巨大作用。在他的诗中,最常见的是蓝色和淡蓝色,如他写黄昏和清晨常用"蓝色的清晨""薄暮的蓝光""黎明前蓝色的晨曦"等,蓝色代表安谧和宁静,这里颜色的含义完全被诗人用来描写人的内在性格,它表示精神上的平静和悦及内心的安静。艾青也很注意颜色的特定含义,他的诗中常写到紫色:"伏倒在紫色的岩石上,/流着温热的眼泪,/哭泣我们的世纪。"(《向太阳》)"岁月在紫色的血泪中凝冻……"(《悼罗曼·罗兰》)紫色往往给人一种痛苦的感觉,色彩在艾青的诗里成了抒发感情的有力助剂,这和叶赛宁诗是一脉相承的。

叶赛宁曾接近过意象派,并在意象派的共同宣言上署过名,虽然后来他与意象派分道扬镳,但他却从意象派那里学到了不少诗歌技巧。"从意象主义者们中间出来,以旧俄罗斯农民的眼光,看着暴风雪疾驰而至的心情迎接了革命。他的诗充满了哀怨,留给人们以难忘的纪念。""……他的诗和周围的景色联系得那么紧密、真切、动人,具有奇异的魅力,以至达到难以磨灭的境地。"这是艾青对叶赛宁的深刻印象。叶赛宁很讲究诗歌的意象艺术,他总要给意象注入生命,使它鲜明活泼起来。"穿孝的白桦林哭遍了整个树林"(《冬天》)、"我的双眼贪婪地吮吸着黎明的乳房"(《普加乔夫》)、"把钢船投进无信仰的海洋"(《乐土》),这些诗中的意象虚实相生,在意象的背后蕴藏着强烈的感情力量。艾青也写了:"我知道,你又叩开白日的门扉了……"(《黎明》),"庞大的都会啊/却是这样的一个/铁石心肠的生物!"(《巴黎》)意象的构筑,色彩的妙用,浓郁的抒情性,成了叶赛宁和艾青共有的艺术特长,而这也是艾青倾心于叶赛宁的重要原因。

# 第五节 《少年行》赏析

[原诗]

像一只飘散着香气的独木船
离开一个小小的荒岛；
一个热情而忧郁的少年，
离开了他的小小的村庄。

我不喜欢那个村庄——
它像一株榕树似的平凡，
也像一头水牛似的愚笨，
我在那里度过了我的童年；

而且那些比我愚蠢的人们嘲笑我，
我一句话不说心里藏着一个愿望，
我要到外面去比他们见识得多些，
我要走得很远——梦里也没有见过的地方：
那边要比这里好得多好得多，
人们过着神仙似的生活；
听不见要把心都春碎的春臼的声音，
看不见讨厌的和尚和巫女的脸。

父亲把大洋五块五块地数好，

用红纸包了交给我而且教训我！
而我却完全想着另外的一些事，
想着那闪着强烈的光芒的海港……

你多嘴的麻雀聒噪着什么——
难道你们不知我要走了么？
还有我家的老实的雇农，
你们脸上为什么老是忧愁？

早晨的阳光照在石板铺的路上，
我的心在怜悯我的村庄
它像一个衰败的老人，
站在双尖山的下面……

再见呵，我的贫穷的村庄，
我的老母狗，也快回去吧！
双尖山保佑你们平安无恙，
等我也老了，我再回来和你们一起。

[赏析]

　　《少年行》写于延安时期，全诗共七节，抒写了诗人离开故乡远行的心情。

　　第一节写了少年即将远行，展现了一位充满热情、充满理想的热血少年离开闭塞、落后的村庄，去追求更远大的理想。少年是"一个热情而忧郁的少年"，他的"热情"是为了追求美丽的梦想；

他的"忧郁"是为了那闭塞、落后的家乡。

接下来两节内容,主要抒写了"少年行"的原因。其一是,生活环境闭塞、落后,村庄"平凡"而且"愚笨",村庄里"愚蠢的人们嘲笑我"。其二是,少年"心里藏着一个愿望",他要到"梦里也没有见过的地方:/那边要比这里好得多好得多,/人们过着神仙似的生活"。梦想是美丽的,现实是落后的,少年因此要离开村庄,远行去追求心中的梦想。

后面四节主要抒写了少年临行前的情景。父亲把钱交给我,而且教训我;老实的雇农为少年远行,脸上挂满忧愁;多嘴的麻雀在寂寥衰败的村庄里叽叽喳喳地叫着。而少年则"想着那闪着强烈的光芒的海港",义无反顾地即将远行。

《少年行》中抒写了诗人对故乡的情感,其中父亲的形象比较鲜明。某种意义上说,艾青是父母情感上的弃儿,弃儿往往带有叛逆的特点,最终会成为叛儿。小时候,艾青父母叫他讨茶叶,他不去;父母希望他回家继承祖业,他要出国走异路;父母希望他回家尽孝,他抗拒着。艾青说:"我长大一点后,总想早点离开家庭。"他力图挣脱家庭的包围,实际上意味着对传统人伦关系及其道德观念的抗拒,叛逆与倔强因此在艾青的精神世界里生长起来。艾青的父亲希望他能去读经济或法律,好升官发财,或者给弟妹做个榜样,守在自己的村子里,继承祖上遗传下来的产业。但对这一切,艾青都"怫逆"了。在民主与科学精神的引导下,他要远行——到法国去。

他到杭州学绘画,已经"怫逆"了他父亲的意向。现在他还要花费好多钱到西洋去,他父亲是绝对不会同意的。于是,诗人就"用无数功利的话语,/骗取我父亲的同情"(《我的父亲》)。他父亲以为艾青到法国真的能给自己赚大钱回来,终于同意了。

那天晚上,他父亲就把他叫到房里,掀起两块地板,从地板下面取出了一个装大洋的罐子。父亲的脸色阴沉,"把大洋五块五块地数好",一直数到一千块,然后"用红纸包了交给我而且教训我"道:"你过几年就回来,/千万不可乐而忘返!"(《我的父亲》)

然而诗人却——

……完全想着另外的一些事,
想着那闪着强烈的光芒的海港……

过了这一年的春节,诗人终于"像一只飘散着香气的独木船/离开一个小小的荒岛"一样,"离开了他的小小的村庄"。母亲意识到儿子此行的目标是万里之遥的异国他邦,不禁潸然泪下。他家那老实的雇农脸上也满是忧愁。走的那天,父亲一直送他到村头。这时的村庄像一个衰败的老人,站在双尖山的下面。他不敢去想他父亲交给他的"希望的重量",只是想早些离开这里。而这时那多嘴的麻雀偏不停地聒噪着什么,那只老母狗也老是跟着他……

再见呵,我的贫穷的村庄,
我的老母狗,也快回去吧!
双尖山保佑你们平安无恙,
等我也老了,我再回来和你们一起。

19岁的艾青,就这样怀着复杂的感情和远大的抱负离开生长自己的村庄去远行。

# 第六节 《透明的夜》赏析

[原诗]

一

透明的夜。

……阔笑从田堤上煽起……
一群酒徒,望
沉睡的村,哗然地走去……
村,
狗的吠声,叫颤了
满天的疏星。

村,
沉睡的街
沉睡的广场,冲进了
醒的酒坊。
酒,灯光,醉了的脸
放荡的笑在一团……

"走

到牛杀场,去
喝牛肉汤……"

## 二

酒徒们,走向村边
进入了一道灯光敞开的门,
血的气息,肉的堆,牛皮的
热的腥酸……
人的嚣喧,人的嚣喧。

油灯像野火一样,映出
十几个生活在草原上的
泥色的脸。

这里是我们的娱乐场,
那些是多谙熟的面相,
我们拿起
热气蒸腾的牛骨
大开着嘴,咬着,咬着……

"酒,酒,酒
我们要喝。"

油灯像野火一样,映出
牛的血,血染的屠夫的手臂,

溅有血点的
　屠夫的头额。

油灯像野火一样,映出
我们火一般的肌肉,以及
——那里面的——
痛苦,愤怒和仇恨的力。

油灯像野火一样,映出
——从各个角落来的——
夜的醒者
醉汉
浪客
过路的盗
偷牛的贼……

"酒,酒,酒
我们要喝。"

三

……
"趁着星光,发抖
　我们走……"
阔笑在田堤上煽起……
一群酒徒,离了

沉睡的村,向

沉睡的原野

　哗然地走去……

夜,透明的

夜!

一九三二年九月十日

[赏析]

一

《透明的夜》是 1932 年 9 月 10 日艾青被监禁在上海一所看守所里时写的。

几十年来,评论艾青诗歌创作成就时,《透明的夜》往往被忽略,一些选本和辞书大都没有收入。但它是一首异常重要和不可忽视的诗,它对艾青的创作生涯具有开创和转折的意义和影响。

艾青写出这首诗之后,便"撇开了学了五六年的绘画",把全部精力和智慧转移到诗歌创作上, 从而决定了艾青一生的命运。艾青放下他挚爱的彩色的画笔,是多么的痛苦啊,然而一旦体验和认识到了诗的审美天地的魅力,以及庄严的时代所赋予他不可回避的使命之后,艾青就义无反顾再没有动摇过,表现出艾青性格中的果断和诚挚的特点。因而这首诗对研究艾青的个性和一生的思想发展,以及创作风格的演变,都是很有价值的。当艾青回忆到因写了《透明的夜》而从绘画转到诗创作对他所产生的影响时,使用了"可怕"两个字,说明当时他心灵上所引起的震动。对于这个转折,不论肯定或否定,惋惜或庆幸,都可以成为研究艾青的一个课题。

尽管艾青不得不放下了画笔,但他对绘画艺术的艰苦探求及创作体验绝没有因此而幻灭。实际上绘画创作已经深深地开拓和丰富了艾青艺术审美的疆域,通过在巴黎的绘画活动,他幸运地领受了20世纪兴起的现代艺术思潮的洗礼,使他自幼年萌生的艺术天性进一步形成自觉的创作本能。20世纪50年代初,有诗歌爱好者在北京东总布胡同艾青当时的住处,看过他保存的一些过去的画稿,给他们留下了极深的印象。他们看到画稿中有一棵蓬蓬如盖、顶天立地的大树,很有梵·高的丝柏的风采。还有许多黑白画的人物动态,简洁而流畅,有鲜明的现代风格,且有浓浓的诗意。在艾青以后半个多世纪的许多诗篇中,仍有着绘画的色彩和造型的影响。是不是可以这么说,艾青的诗是画的延续,是他画梦的诗化。对艾青来说,诗的容量更大,可以海阔天空地写流动的变化着的事物。

《透明的夜》之所以能成为转变艾青一生的重要契机,主要还是由这首诗本身所具有的开创性的艺术魅力和活力所决定的,这是他一生中最初升起的一首朝阳一般灿烂的诗。这首诗写完以后,他问同牢房的朋友:"我的诗写得好些,还是画画得好些?"回答他的是"诗写得好些"。于是他放下了画笔。这首诗不但在他早期的创作中显示出才华,以他一生的创作来衡量,也是不朽的杰作。他的特异的情境、节奏和光亮是独一无二的。

1932年9月,在黑夜沉沉死寂无声的中国,年仅23岁的诗人艾青是一个夜的醒者和勇敢的叛逆者。面对着严酷的现实世界,诗人抑制不住满腔的悲愤,像郁积的地火从心中突然喷发,他向铁栅外的世界呐喊,以"过路的盗"和"偷牛的贼"的血刃一般锋利的语言,挥写下野性的火辣辣的诗行。诗骚动着热烈的气势,对于当年苍茫而寂静的诗歌领域无疑是一次猛烈的冲击。这样鲜活的诗,连同它的题目,在中国都是第一次出现,它为中国的新诗带来了纯新而健康的生气,它是向中国如磐的黑夜投射出的一个响箭般的信号。

这种具有真正意义的新诗,绝不是在灰暗的研究室和环垂着紫色帐子的客厅中所能吟出的,绝不是那些衰老在萎谢了的辞藻里写诗的人和顾影自怜的学者们纯熟的技巧所能制作而成的。《透明的夜》是真正的时代的强音,给人以溅血的震颤。它不是那种低声吟咏的诗,读者抑制不住地要提高嗓音去朗读它,不必细细咀嚼,而是大口地去吞咽,以整个生命和情绪去承受和拥抱它野性的冲击。中国窒闷的心灵获得了一次痛快的唱歌之前的呼吸。

也许有论者会说,这不过是诗人的一首初露才华的少作,它很难说是一首完美的诗篇,至多不过是一闪的异彩,是诗人忧伤的灵魂在人间寻觅安慰和温暖,在憧憬和臆想中现出的一片幻景而已,还不能说它是坚忍的战斗的火炬。我以为这论断并不公允,《透明的夜》不是一闪即灭的火花,艾青说:"它是歌颂一群人的力量,歌颂他们在黑暗中粗暴的反抗的力量。"它点燃了艾青的生命,引出了一位伟大的诗人,从地平线下走出来。

这首诗,不必一行一句地去解析,它的整体是透明的,袒露的,没有任何的荫翳,它一下子就亲热地贴近你的心灵。第一节只一行:"透明的夜。"一个巨大的魅惑人的意象的宇宙,一下子矗立在你的面前,你被它包容,不是模糊的远景,也不是闪烁的幻觉,是实实在在的真实的境界,你已置身其中:酒徒的阔笑,狗的吠声,醒的酒坊,野火一样的灯,血的气息,人的喧嚣,泥色的语言,血染的手臂和头颅,火一般的肌肉和里面的痛苦,愤怒和仇恨的力,夜的醒者,醉汉,流浪客,过路的盗,偷牛的贼……,向沉睡的原野哗然走去……,这些溅射着火和血的鲜活的形象、动态和语言,既陌生又新奇,每一行诗、每一个字都有血肉的跳动,发热发光。只有用这些新奇的短促的匕首一般的诗行才能深深刺入黑沉沉的旧中国的夜,创造出一个彩色的黎明。

二

关于新诗,艾青曾说过这样一段话:"目前中国新诗的主流,是以自由的、素朴的语言,加上明显的节奏和大致相近的脚韵,作为形式;内容则以丰富的现实的紧密而深刻的观照,冲荡了一切个人病弱的唏嘘,与对于世界之苍白的凝视。"(《诗与时代》)

说这话时,艾青已成为 20 世纪三四十年代中国最受欢迎的诗人之一。这段话包含着他对中国新诗发展道路的严肃思考。而这思考的结果,仍然体现了中国新文学的启蒙传统(至少就这里的表述而言),却也还有值得深究的地方——那"一切个人病弱的唏嘘"固不可取,更不宜倡扬,但那"对于世界之苍白的凝视",却是不该一般地斥之即弃的,也是不可能一下子完全摒弃得了的;倒是应该思考一下:那凝视何以会"苍白"因为文艺创作根本上是个人性的事,没有个人对于世界的切身观照,即对于世界的一种凝视,就不可能有真正的文艺作家诞生,从头考察艾青的创作生涯,我们会发现,如果没有那虽则嫌显"苍白"的对于世界之凝视,就不会有《大堰河》集,就不会有诗人艾青。作为《大堰河》集中的重要篇章之一,写于 1932 年 9 月 10 日的《透明的夜》,便颇能体现这一点。

全诗的关键,或者所谓的诗眼吧,就在于"透明"这个"夜"的限定词。作者直接用它点题, 又以之开篇末尾,至少表明作者由之生发展开的话题内容,并非那种随意而来,可说可不说的,而必有其究竟。再有,诗篇结尾一节:"夜,透明的/夜!"重音是诗人在强调、在提醒我们千万别忘记,他在这首诗里给我们描述的一切,都是在"夜"里才生有的。这一强调又使我们不能忘掉或者有意撇开这首诗赖以诞生之作者的处境——在上海法属第二看守所的监狱里,监房只有"碗口大的""唯一的窗"(《铁窗里》),那里的夜能是"透明"的么!这追问只能让人感到揪心的疼痛,进而免不了要生出些愤怒。

我们还是先来看看诗人为我们描述了什么,它们又意味着什么吧。"一群酒徒",其来龙去脉不得而知,"阔笑"是他们的特征。与之相应的是"狗的吠声,叫颤了/满天的疏星"——犬吠如豹啊!他们走进了"沉睡的街""沉睡的广场",他们"冲进了/醒的酒坊",他们在那里"放荡的笑在一团",他们喊叫着"到牛杀场,去/喝牛肉汤"。在村边的牛杀场里,"油灯像野火一样映出""血的气息,肉的堆,牛皮的/热的腥酸……"和"人的嚣喧","十几个生活在草原上的/泥色的脸","大开着嘴,咬着,咬着……",咬着"热气蒸腾的牛骨",不绝地喊叫着"酒,酒,酒/我们要喝",还有"牛的血,血染的屠夫的手臂,/溅有血点的/屠夫的头额"。——他们能够这样地"阔笑",又如此肆无忌惮地"放荡",将血气弥漫的牛杀场当作娱乐场所,在血腥的气息中醉酒寻欢,他们究竟凭了什么呢?他们都是些什么样的人?

他们的回答是:"油灯像野火一样, 映出/我们火一般的肌肉,以及/——那里面的——/痛苦,愤怒和仇恨的力。"这仿佛不属于文明时代。

诗人的解答是："油灯像野火一样，映出/——从各个角落来的——/夜的醒者/醉汉/浪客/过路的盗/偷牛的贼……"好一个"夜的醒者"，为"醉汉、浪客、盗、贼"的原始野性在文明时代存在找足了理由。诗人不只是在描述，他更是在审视，审视那"火一般的肌肉"和"——那里面的——/痛苦，愤怒和仇恨的力"，要寻究它们的来头。它们是野生的。正由于这种野生的力的存在，"沉睡的村"和"沉睡的街""沉睡的广场"，乃至那"沉睡的原野"，才有"人的嚣喧"，"哗然的"生气。正是有了这种野生的力的拥有者，即夜的醒者，这"夜"，只有"碗口大的""唯一的窗"的监房里的夜里，那"油灯"才会像"野火一样"，让诗人生出"透明"感来。

毋庸讳言，与那"火一般的肌肉，以及/——那里面的——/痛苦，愤怒和仇恨的力"，和"醉汉/浪客/过路的盗/偷牛的贼……"相生共存的，就有洋溢着原始生命的蛮力，一种可以保全性命，追寻幸福，捍卫和争取自由的力量，一种对现存秩序和制度透着极度蔑视的求生的强力。综观全诗，艾青用色彩鲜明强烈的意象系列为我们呈现的，就是这种原始的生命强力，他要告诉我们他对这种力的发现，要我们也注意并认清这种力的价值。那么，究竟是什么使得艾青对这种力如此感兴趣，如此郑重地予以诗意的描述呢？

我们都不会忘记，这首《透明的夜》是艾青在上海的监狱里写下的，我们都不会反对说艾青那一代中国知识分子是在五四新文化精神传统的培育下成长起来的，我们也不会忘记旧中国面临的深重危机和几代知识分子戮力探索变革现实、图富谋强的艰难历史。自这种变革现实的愿望一经生出起，就同时有了两种各偏执于一端而相对立的途径——启蒙与革命 (这只是最简洁的归纳)。

自郭嵩焘一代知识分子以来,启蒙这一途径始终有人在坚持和实践着。在彻底扭转中国发展方向上功绩斐然卓著的五四一代人中,鲁迅无疑是最具代表性的,尤其在对人本身的思考上。在关注并思考了"人与自然(兽)"的关系为中心的"自然观"问题之基础上,"鲁迅及其同代知识分子充分肯定了:作为有生命的自然存在物,人与自然之间,人与兽之间,存在着本性上的相通与一致。这就是说,人在本性上说具有原始的自然力、生命力,存在着原始的兽欲(食欲、情欲等)"。而在《略论中国人的脸》等文章中,鲁迅一再地提出和"提醒人们注意人的'返祖'现象",他企图帮助人们听从那"野性的呼唤","他要借野性的呼唤,唤回现实中人(特别是中国人)已经失去了的原始生命力,要求返归人的自然本质。在这呼唤里,有一种摆脱一切羁绊的自由感,一种由衷的喜悦,同时又充满了历史的焦虑"。他又在《摩罗诗力说》中强调拜伦反抗精神之"其战不复如野兽,为独立自由人道"的鲜明特征,指出人在根本上脱离了野兽的本能与盲目性。但在戮力于中国国民性考察的过程中,"无情的现实很快就使鲁迅强烈地感到只掌握了精神批判武器的知识分子,在占有了强大的国家机器的反动阶级面前软弱无力;在他得出了'一首诗吓不走孙传芳,一炮就把孙传芳轰走了'这一结论时,他就自然地产生了向'物质的批判'的承担者工农兵大众吸取力量的强烈要求。……这种由强调知识分子对人民的启蒙作用,到强调知识分子从人民中汲取力量的转变,在本世纪知识分子的精神历程中,是具有典型性的"。

正如帕斯卡尔等人曾指出的,正义与强力必须相伴而行,必须结合起来,正义没有强力则无能,没法实施;强力无正义则暴虐,要被指控,因此,就必须或者使正义的变为强力的,或者使强力的变为正义的。然而,究竟何谓正义众说纷纭,而何谓强力却是清清楚楚,这样就无法齐心协力地赋予正义以强力,而强力则可以否定正义并说正义就是它自己。笔者无意也无力在此为"正义"下一四平八稳的定义,但从生命的一切意义须在生存得到保证的前提下方值谈论,和人是群居动物不可能脱离人类社会群体而生存的角度出发,认为个人(群体)在尊重别的个人(群体)的生存权利的前提下,反抗外界对自己生存的侵害,当属正义之举。尽管有一种说法我们不能轻忽——晚清无知的中国人对欧美列国的没来由的轻视侮蔑,在一定程度上首先伤害了他们的精神人格,才进而激怒并引发了他们的掠夺性——但在率先推崇民主、平等的列国凭借武力即强力优势而率先弃"平等"精神于不顾,大肆侵犯中国的情境中,作为半殖民地半封建社会的中国的子民,中国知识分子无疑是代表了正义一方,为正义而战斗着——尽管"软弱无力"。

试将鲁迅笔下的那些"旷野""野兽"等意象,同艾青诗中的"旷野(原野)"等意象,"酒徒"等"夜的醒者"意象做一比较,我们会发现它们共同的特点:充满着原始味的生命强力。当然,艾青对"原始的生命强力"的关注与思考,无论在切身感受的强烈程度上,还是认识的深度、广度上,是远远不及他的师长一辈鲁迅等人的。由启蒙大众到从大众中汲取力量的转变,在艾青身上的体现与他的自我成长历程相应,更单纯得多,也更浅白而易于理解。

作为"五四"的儿女一代,幼年就敢于反抗父性权威,经历过大革命风潮,到巴黎半工半读苦熬的三年期间又深受西方现代派艺术反叛精神浸染的艾青,于1932年"一·二八"的炮声中返回祖国,"五四"时代大社会气氛在他身上的烙印立即显露出来了。何况那时,鲁迅等师长一辈正号召青年们多做实事,他的同龄人们正风风火火地做着自己力所能及的事。他参加了"中国左翼美术家联盟",和同人组织"春地画会",一起举办"春地画展",并且这些活动都得到了鲁迅以及当时左联领导人冯雪峰等人的支持和鼓励。人生阅历的浅稚，使他(们)自觉地响应着师长们的号召；变革现实的强烈愿望，推动着他们一心致力于实事，而无暇对变革现实途径的摸索进行更深入的思考。仅仅两个月后，"春地画会"就被当局视作非法政治组织予以打击，艾青和他的同人被关进了阴暗潮湿的监狱。然而，正是在狱中，失却了人身自由的痛苦刺激他思考幸福，死亡刺激他思考生命（也给了他思考的时间和空间），不听话的躯体刺激他竭力地弘扬精神，处境的恶劣刺激他寻求出路和得救。他年轻的生命是需要安慰的，他对养母的温暖亲情、对巴黎时与波兰籍女教师之恋情等的回忆中寻到了些许安慰，但这显然是远远不够的。他得开始重新审视眼前的世界。真正最有穿透力的眼光，其实是在人的内心里、思想里练就的。回忆、想象和联想帮他营构起他必须直面的现实世界，昭示他的出路和得救就取决于他能否从这现实世界中找到获救的力量。他(以及他的同时代人)坚信自己是为正义而从事他们的事业的，但当局以枪杆子和监狱——强力——否定了他们的一切努力并以"危害国家安全罪"监禁了他们。正是否定了他们一切的强力，让他们忽然间明白了自己是如何的软弱无力，进而刺激他们寻找可以用来保全性命、捍卫自由、反抗暴虐的强力，而这强力并不止于那外在的枪械、监狱等武器和机构，更应起源于活的生命，活的人的生命。因而，在对家乡杀牛习俗的回忆中，他获得了启示——关于强力的启示。这启示带给了他莫大的希望，他仿佛看到了世界的全部。全部的世界仿佛就要在他(们)的掌握之中了。在这启示带来的无限的惊喜中，他以年轻人的热情和急切的渴望创造了一个诗意的世界，这世界充满着原始的野性的生命强力。

这种原始生命强力，应该是一个觉醒者所具备的(正义与强力必须结合起来）。因此,那些"醉汉/浪客/过路的盗,偷牛的贼",那"一群酒徒",凭着他们"火一样的肌肉"里的那"痛苦,愤怒和仇恨的力",在艾青这里获得了"夜的醒者"的称誉——这称誉自然满含着对他们切实觉醒的期望。每当他们的"阔笑在田堤上煽起",诗人便仿佛摆脱了所有的羁绊,已置身旷野,世界宽广,视野也开阔,一种由有所发现而进步的成就感带来了无限生机,世界的一切都仿佛已被洞察个透,一切都已了然于心。——一切,都是透明的!连同这监房里的夜,连同这"沉在监狱的房里/震摇的/夹着难友的鼾声呀/像大航轮般/在深蓝的海洋上/以速力钻开了水波"(《聆听》)前进着的"夜"。

尽管艾青做了诗人,在以后的生涯中以他的诗歌创作在启蒙的岗位上不懈地做出了不可替代的贡献,但他始终没有忘记这"透明的夜"带给他的东西,他高歌着:"但愿'诗人'和'强盗'是朋友!"(《强盗和诗人》)如果诗人没有也认识不到强力的作用巨大,或者不愿意与"强盗"合作,那么他的诗歌中就会只充满个人"病弱的唏嘘",和那"对于世界之苍白的凝视"。

诗中这"透明",其实并不神秘,也不是诗人所独有的。它首先仍然是生命直觉的产物。凡是人,只要还有想象力、联想力,由他的想象和联想而产生并浮现于他脑中的一切,对他来说,没有不是透明的。在那里,他就是全知的造物主。其次,就有象征用法。如在艾青这里,"夜"象征当局统治下社会的黑暗,而当一切都已被洞悉,并有希望被变革,这"黑暗"里的一切就全透明了,仿佛沙场战势之于运筹帷幄的将帅。

这"透明"对于艾青是极重要的,也是来之不易的。联系《在路上》一诗里他对依理契(即列宁)领导的革命道路和托尔斯泰主义结合于"爱人类的罗曼·罗兰"之欣喜——"确信着我们的胜利!/

我们是该牵着手的！／走吧，一起的走，／真理在向我们招手"，这"透明"的收获之于他的意义是显而易见的。综观他一生的诗歌创作，这"透明"之境的臻达，简直具有了基石的意味。

再联系 20 世纪路翎小说艺术和绿原诗歌艺术，40 年代乃至七八十年代黄翔诗歌艺术，以及 90 年代初贾平凹小说艺术对野性之力的传达甚至弘扬，或者干脆就中国现代文学作家从 40 年代起向明显受教育程度低得多的农民、工人学习的"虔诚"和基于此上的"原罪"意识，来一个追根究底的思考和探究，我们会发现，艾青的这种精神成长历程，在中国现代知识分子中绝不是偶然的个案，而显示着某种程度的历史普遍性。

这"透明"基石，原来满浸着生命的负荷、历史的沉重。

> 我要用这脱落了毛羽的鹅毛管
> 刺向旧世界丑恶的一切。

## 三

《透明的夜》写的是一群活动在沉睡的田野和村庄里的酒徒，一群"从各个角落来的""夜的醒者"，"阔笑"着穿过"沉睡的街""沉睡的广场"，"冲进了醒的酒坊"和充满"血的气息，肉的堆，牛皮的／热的腥酸"的屠宰场，他们"大开着嘴，咬着，咬着"，还狂叫着"酒，酒，酒／我们要喝"。然后又"趁着星光"，"哗然地走去"……

诗中所描绘的这群"醉汉／浪客／过路的盗、偷牛的贼"是放荡、粗野的。然而，这是一群被三座大山压榨得家破人亡，怀着自发的报复心理沦入社会最底层的流氓无产者。由于他们已被驱逐出正常人的生活轨道，对前程茫然而没有信心，因此就过起狂嚼滥饮的放荡生活来。所以,这又是一群对旧社会怀有势不两立的报复心理的倔强者,在他们身上又透射出一种原始的健康色泽、异常旺盛的生命力,洋溢着一股天生的叛逆精神。所以诗人写道:

> 油灯像野火一样,映出
> 我们火一般的肌肉,以及
> ——那里面的——
> 痛苦,愤怒和仇恨的力。

诗人笔下的这群被三座大山压迫下的旧中国农民,一方面是那么放荡粗野、阴郁茫然和自暴自弃;一方面又显得那么强壮健康,充满报复心理。所以这首诗曾博得了文学批评家胡风的赞赏。胡风说:"最得异彩的是《透明的夜》。这是一幅色画,一曲高歌,他用着明朗的调子唱出了新鲜的力量,充溢着乐观空气的野心的人生。虽然在这里我们不容易直接和作者的情绪相触,也看不到情欲去向的远景,但却预告了作者的另一视角和心神的健旺了。"(《吹芦笛的诗人》,载《文学》1937年第8卷第1期)

胡风在这里指出由于诗人"用着明朗的调子唱出了新鲜的力量","充溢着乐观空气的野心的人生",所以"预告了作者的另一视角和心神的健旺"。当然,也正如胡风指出,由于此时的诗人虽因宣传革命而入狱,但对革命和阶级的认识还停留在一般激进的革命民主主义者探索革命力量的阶段,所以"在这里我们不容易直接和作者的情绪相触,也看不到情欲去向的远景"。

关于这首诗的创作指导思想,我们可以把诗人在七年后写的《诗人论》里的一段话作为研究的起点。他曾写道:

信任他们——

那些跛行者,盲人,残废了的……

那些穷人,负债者,以及乞丐……

那些卖淫的,窃贼,盗匪……

信任一切的不幸者,只有他们对世界怀有希望,对人怀有梦想;

他们说:我们是人类从今天到明天的桥梁;我们从现在带记忆给未来,又从未来带消息给现在;我们是人类的镜子,从我们,人类可以看见自己的悲哀;我们也是人类的鞭子,我们的存在,可以鞭策人类匍匐,向辉煌的远方,美好的彼岸……

这段话虽然写在这首诗写成之后的七年,而且在新版的《诗论》及《艾青选集》和《艾青全集》中都删改了,但这种思想认识在诗人当时写《透明的夜》时起着十分重要的作用。从这段话里我们可以看出,艾青当时是把人类的光明的前途寄予一切被侮辱与被损害者的解放,他并且从这些人的心灵深处发现了一种反抗的力、复仇的力、决不屈服的力,一种不可抗拒的野性的、潜在的力。无疑,艾青把开拓光明世界的希望寄托在被压迫的人民身上是对的。但是,革命应依靠什么力量,走什么样的道路,他当时的认识是模糊的。当时他没有认识到,任何原始的、自发的斗争,只能导向对社会的破坏,无法取得革命的胜利。而只有在代表先进生产力的阶级——无产阶级及其先锋队中国共产党的领导和教育下,把农民组织成一支有纪律的浩浩荡荡的革命大军,去向旧世界宣战,才能真正把光明世界开拓出来。所以说,《透明的夜》对当时的时代及其农村的反映是有很大的局限性的。

在这里尽管指出这首诗还存在着这样的局限,但并不意味着对这首诗的否定。这和一些别有用心的人的棍棒式的"批判"有原则性的不同。文痞姚文元就曾恶意中伤,说《透明的夜》描写的是"阴森的野蛮世界,给人以反动的恐怖感",还说什么它"描写血腥","描写……原始的强力的疯狂性",它"表现出艾青心中有一种异常阴暗的东西。这是狂热的个人英雄主义和一种冷酷残忍的资产阶级反动哲学相化合的产物"(《艾青的道路》,《文艺思想论争集》第253—254页,作家出版社1964年版)等等。

姚文元的"血腥"和"冷酷残忍"的棍棒永远代替不了诗歌的分析,应该说,在我国20世纪30年代前期的诗坛上,写农村的诗还是比较多的。但这些诗一般可分三种情况:

一是以中国诗歌会的诗人为代表的"捉住现实,具体描写"动荡中的农村的诗,如蒲风、杨骚、温流、王亚平等都写了不少。这些人的诗,革命意识强,但往往因为出于理性,革命意识不是渗透到对动荡中的农村生活的实际感受中去,而是外加的。这种写农村的诗,显示了被压迫农民的痛苦和他们反抗情绪的逐渐滋长、革命觉悟的日益提高。但不能不指出:为了突出政治思想意义和强调革命意识,竟丢掉了形象发展的内在逻辑,人为地处理人物个性转变,拔高人物思想,缺乏形象的感染力。

二是一些具有民主主义和人道主义思想色彩的现实主义诗人,他们以对破产的农村的深刻印象和对被压迫农民的生活的同情,写了不少农村的诗,如当年传诵过的《老哥哥》《老马》《村夜》等。这些诗虽然是当时农村现实生活的直接写照,但写得直露、平淡,很少蕴藉和深意,这是由于诗人自己对这种生活尚缺乏感同身受的激情,描写停留在生活的表象上。这类诗的形象只能直观地显示劳工神圣、同情劳动者生活困苦这样一些浮浅的感受和单一的想象，而不能激起读者感情的浪涛和联翩的想象，引导他们走上复仇的、奋起斗争的道路。有的甚至是前面大部分写田园美和农家乐，后面挂上一条今天已不再存在这种美景的尾巴，实质上在做桃花源式的怀旧情感抒发。

三是某些离时代较远、热心追求形式美的诗人，他们在某种程度上为了猎奇而摄取江村小景和农家之乐来点缀中国农村的"太平盛世"，起了掩盖真相、粉饰现实、麻痹斗志的作用。这就更不足取了。

而艾青则和他们都不同。因他童年时代在贫困的保姆家中长大，这使他对旧中国农村的破产衰败、农民的苦难遭遇有切身的感受。这种感同身受的生活经历，反映在他的这类诗里所抒发的感情就显得既强烈又深沉，所记述的事件就显得既真实又深刻动人。这类诗歌，最有代表性的除了《大堰河——我的保姆》，就是这首《透明的夜》。在《透明的夜》中，我们可以很明显地看到他并不是以旁观者的所谓劳工神圣的态度去看被压迫的广大农民阶层的，而是把自己灵魂深处的爱和光明的希望，都深深地渗透到他们身上去了。正是由于有了这种十分可贵的精神，在他到延安以后写的《强盗和诗人》里所反映的思想就有了一个更高的境界。

# 第七节 《强盗和诗人》赏析

[原诗]

在我年轻的时候
我曾有一个幻想：
为了人间的混乱和不平
我想到群山里做一个强盗

我要向剥削人的去抢劫
戮杀欺侮弱者的恶棍
抗议袒护富人的法律
和犯罪的人们交往

在我所驰骋的地域上
没有寄生的王
也没有靠怜悯过活的乞丐
终止一切不合理的制度
每天在仗义的冒险里高歌

但是，现实解除了我的幻想
书籍毁去了我的健康
我终于爱上了流浪

让自己不安定的灵魂
彷徨在这陈腐的世界上

什么时候起
我被叫做"诗人"的？
想起来真要哭泣！
在巴拿斯山上我遗失了竹叶刀
拿叹息当歌唱
——一天一天地瘦萎

如今，我已临近青年的边界
平庸与安分向我装出鬼脸
但是——我要反叛啊！
旧世界依然激起我的愤恨

但愿"诗人"和"强盗"是朋友
当我已遗失了竹叶刀的时候
我要用这脱落了毛羽的鹅毛管
刺向旧世界丑恶的一切。

一九四一年十月三十日晨

[赏析]

《强盗和诗人》写于 1941 年 10 月 30 日晨，是诗人延安时期作品，是一篇带有回忆和自叙性的诗章，抒写了诗人思想演变历程：年轻时，想劫富济贫，维护社会公平公正，终止一切不合理的制度。现实告诉诗人这是比较天真的念头,只有揭露旧社会,与旧制度进行坚决斗争,才能真正实现社会公平公正。于是诗人拿起了笔,成为了战士,"旧世界依然激起我的愤恨",用手中的笔来"反叛旧社会",揭露旧社会。

全诗一共七节,前三节自述诗人在少年时代就有了反对暴虐与压迫,同情弱者的人道主义思想。所以那时他幻想"为了人间的混乱和不平","想到群山里做一个强盗","向剥削人的去抢劫","戮杀欺侮弱者的恶棍","抗议袒护富人的法律","和犯罪的人们交往"。于是他可以在群山中"每天在仗义的冒险里高歌",以自己的劫富济贫,"在我所驰骋的地域上",建立起一个"没有寄生的王","也没有靠怜悯过活的乞丐","终止一切不合理的制度"。

后四节,抒写了诗人的思想变化,"现实解除了我的幻想"。通过学习革命理论与参加轰轰烈烈的革命实践,"在巴拿斯山上我遗失了竹叶刀"以后,就常"拿叹息当歌唱"——他做了一个诗人。《巴那斯山》是意大利大师安德烈亚·曼泰尼亚 65 岁时的绘画作品。巴那斯山是阿波罗率领的文艺女神居住的地方。太阳神阿波罗既主宰光明又主管文艺,他本身也是音乐神。据说神使赫耳墨斯生下来不久,因偷吃了阿波罗的牛被发觉,赫耳墨斯只好将自己做的龟背六弦琴交给阿波罗以偿偷牛的罪。宙斯发现阿波罗会弹琴,就把自己九个司文艺女神缪斯交给阿波罗领导,他们就住在巴那斯山上,终日唱歌跳舞、吟诗作画,巴那斯山也就成了文艺的发源地。19 世纪中叶在巴黎曾成立主张诗歌应不问政治、脱离社会斗争,强调"为艺术而艺术"的诗人团体"巴那斯派"。

他作为一个诗人,艾青以自己创作的诗作为向旧世界挑战的武器,不觉得很快"已临近青年的边界"。而正当这样的时候,"平庸与安分向我装出鬼脸"了。但他并没有消沉,"旧世界依然激起我的愤恨",他还要继续反叛下去！战斗下去！

在诗篇里，诗人与旧时代、旧势力之间已经构成了一对不可调和的矛盾。诗人终于成了一个战斗的富有现实主义精神的革命战士。所以他在这首诗的结尾处高唱：

> 但愿"诗人"和"强盗"是朋友
> 当我已遗失了竹叶刀的时候
> 我要用这脱落了毛羽的鹅毛管
> 刺向旧世界丑恶的一切

诗题《强盗和诗人》，初看觉得是一对反差鲜明的人物，但是诗人完成了从强盗到诗人的转变，从具有个人主义色彩的激进革命民主主义者，走向以天下为己任的为了真理和正义而永远进击的战斗诗人。强盗具备的反抗精神在诗人身上得到了延续，诗人是更有战斗力的自觉"强盗"。

# 第八节 《我爱这土地》赏析

[原诗]

假如我是一只鸟，

我也应该用嘶哑的喉咙歌唱：

这被暴风雨所打击着的土地，

这永远汹涌着我们的悲愤的河流，

这无止息地吹刮着的激怒的风，

和那来自林间的无比温柔的黎明……

——然后我死了，

连羽毛也腐烂在土地里面。


为什么我的眼里常含泪水？

因为我对这土地爱得深沉……

一九三八年十一月十七日


[赏析]

### 一

艾青这首《我爱这土地》无疑是新诗史上的杰作，它的诗体匠心独具。诗以假设和比喻开头，"假如我是一只鸟，/我也应该用嘶哑的喉咙歌唱"。"假如"是假设的语气,第二句的"也应该""嘶哑的喉咙"这两个关键词很重要。要完全理解这两个词语所表达的意味,就要结合这首诗写作的时代背景。

该诗写于1938年末,诗人向着"太阳",在广阔的"北方",看到了"敌人来到我们的家乡/我们的茅屋被烧掉/我们的牲口被吃光/我们的父母被杀死/我们的妻女被强奸"(《向太阳》)的荒凉的现实,看到了"雪落在中国的土地上","中国的苦痛与灾难/像这雪夜一样广阔而又漫长呀"(《雪落在中国的土地上》),"在冰雪凝冻的日子",诗人"穿过广阔与荒漠/从这一条路/到那一条路",感受到了"交织着/北国人民的悲哀"的大北国(《手推车》),甚至还看到了挂在树枝上的"无助的中国女人的皮"(《人皮》)。所以诗人说:"假如我是一只鸟,/我也应该用嘶哑的喉咙歌唱。"鸟且如此,人何以堪!

接着诗人连用三个比喻句,推动情感层层展开,"打击""汹涌""悲愤""温柔"等词语控制着情感的节奏。这里的中心意象是"土地""河流""风""黎明",但这些中心意象被一连串的象征或者比喻的词语所覆盖。"暴风雨"显然指的是当时的战争风暴,所以,"暴风雨所打击着的土地"也就是"血与泪,生存与死亡所垦殖着的土地"(《人皮》),但这"广大而贫瘠的土地/带给我们以淳朴的言语/与宽阔的姿态"(《北方》)。下面的两个比喻"悲愤的河流""无止息地吹刮着的激怒的风"所进一步指涉的含义加深了诗人的忧郁,但诗的情感转向舒展,诗人的痛苦流经了这片土地的富饶与美景:"林间的无比温柔的黎明……"美的刹那转瞬即逝了,流进了无言的省略号里。接下来,在诗的进展中突然出现诗人的情思:"———然后我死了,/连羽毛也腐烂在土地里面。"诗人的感情通过压抑、克制后突然爆发出来,在诗的结尾形成一个高峰,这给读者一个很强烈的刺激,刺激他去思考诗人的寓意,使他在一种惊奇兴奋的心情中忍不住重新将诗反复读几遍以体会诗人的心情:"为什么我的眼里常含泪水?/因为我对这土地爱得深沉……"

## 二

这首诗在诗体建设方面做出了重要的探索,主要表现在:第一,对古典诗歌艺术形式的借鉴和吸纳。以疑问句作为诗的结尾,这是中国古典诗歌中突出的表现手法。钱锺书在《谈中国诗》一文中拈出古典诗歌中的众多例句加以阐发,例如:"壮士皆死尽,余人安在哉";"阁中帝子今何在,槛外长江空自流";"今年花落颜色改,明年花开复谁在";"同来玩月人何在,风景依稀似去年";"春去也,人何处;人去也,春何处"。钱先生指出:"问而不答,以问为答,给你一个回肠荡气的没有下落,吞言咽理的没有下文。余下的,像韩立德临死所说,余下的只是静默———深挚于涕泪和叹息的静默。"这是该诗在形式上的突出之处,这种艺术手法的运用大大加强了现代汉语的艺术表现力,使得诗歌聚集的情感在瞬间爆发,形成一个高峰。《我爱这土地》为新诗诗体的建设如何从古典诗歌中吸收有益的艺术经验提供了很好的借鉴。

第二,新的形象、形式和语言方式的建构。20世纪40年代的诗歌,因为抗战,普遍重视诗歌的社会功能,而缺乏应有的诗美规范,所以诗体建设成为当时诗歌面临的重要任务。艾青在《诗论》中说:"诗人的劳役是:为新的现实创造新的形象;为新的主题创造新的形式;为新的形式创造新的语言。"艾青把新的形象、形式和语言方式的建构看作诗歌艺术创新的关键。艾青特别重视新诗的形象化创造,他在《诗论》中专门论述了诗歌的形象。他说:"诗人一面形象地理解着世界，一面又借助形象向人解说世界；诗人理解世界的深度，就表现在他所创造的形象的明确度上。"这首诗以鸟比人，在人与鸟、鸟与这土地、人与这土地之间架设一种内在的关联，诗中鸟的形象具有了人的个性和感情色彩。这首诗在形式建构方面最突出的是比喻手法的运用。比喻既是根植于中国文化独特思维的认知方式，也是中国诗歌中的一种重要的表现方法。作为形式的基本法则之一，"赋、比、兴"早在《诗经》中就被人们所把握和运用，以此物比彼物，使得诗歌语言变得生动，并在不同的事物之间建立起一种内在的关联，而这种关联也许是我们在日常的经验中很难直接感悟到的，从而创造出一个新的世界，产生一种清新的艺术感觉。比喻作为一种形式架构，是诗人对现实的理解、把握与深层的发现，在诗体建设中有着重要的作用。

这首诗所创造的新形式还有一个重要的层面，就是语言的散文化。艾青提倡诗的散文美，认为"散文是先天的比韵文美"，因为散文不需要修饰，不需要涂脂抹粉的本色，充满生活气息的健康。散文的语言接近口语，"口语是美的，它存在于人的日常生活里。它富有人间味，它使我们感到无比亲切"。并且艾青认为诗的语言是最能表达形象的语言，任何好的诗都是由于它所含有的形象而永垂不朽的。

阅读这首诗我们也可以发现，这种通过比喻、对比等表现手段在形象性中展开诗的意义，诗歌语言（包括格律、音韵、节奏、意象组合等形式要素）所构成的形象和意义空间，其表达功能远远超越了日常语言或概念语言中所应用的纯粹指意功能。诗歌的形象和意义往往潜隐于形式因素中，诗的材料是词语，但诗的形象和意义往往不仅来自词语所表达的字面意义，而更多的是来自这些意义的构成方式，包括声韵、节奏、词语关系所产生的氛围、意象的组合、技巧的运用等,如中国古典诗的平仄、押韵、对仗、句式,它"化实相为空灵","化实景为虚境,创形象为象征",尤其它能"探入生命节奏的核心……表达人类不可言状的心灵姿势与生命的律动"。由此可见,形式因素是诗歌艺术的精髓。诗歌的形式在于从个人的经验(言或表层结构)关联到诗意的不可穷尽性(言外或深层结构)。中国古典诗歌"在并置的物象、事件和(语言有时不得不圈出来的)意义单元之间留出一个空隙、一种空、一个意义浮动的空间,或者也可以说是颠覆性的空间,使读者在其间来来回回,接受多层经验面与感受面的交参竞跃而触发语言框限之外、指义之外更大整体自然生命的活动"。这种诗性空间的"空隙""空""意义浮动的空间"越大,诗的价值越高,"中国古典诗的水平之高下,主要不在于说出的东西,例如辞藻之华丽与否,而在于说出的言辞对未说出的东西所启发、所想象的空间之广度和深度"(张世英《哲学导论》,北京大学出版社2002年版)。诗歌必须从那种语法逻辑的支配下解放出来,在词与词之间的跳跃与连接中构成多层次交织的立体空间,这也就是我们所说的诗的内语境或诗的结构。艾青的诗在自由与严谨、开阔与集中、朴素与简练中开辟了一条新的诗歌的道路,即诗歌在形象地反映现实生活的情感时,以自由体的形式,采用自然朴素的语言,将其多种表现方法综合地加以运用。

# 第九节 《我们的田地》赏析

[原诗]

从什么时候起的，
我们爱这田地？
这田地是如此肥沃——
它发散着刺鼻的香气，
它的黑色是无光而柔和的。
我们从小就以赤裸的脚
踩踩着它细软的泥土；
我们长大了，才知道
就是它，以黑色的乳液
哺育了我们的生命……
年年的春天，
我们用耕犁把它翻耕，
又用锄头把它锄碎，
分成了一排排整齐的田畦，
散下了一颗颗净洁的种子；
跟随着肥料的浇泼，
与雨露的滋润，
它吐出了一点一点的青苗；
接着太阳的曝晒
与溪流的灌溉，

它迅速地长遍了
秆与叶——这就是我们的喜悦啊！
到了夏天，
已是一片茂密的绿色
遮住了黑色的土壤；
一天一天地过去，
开花，结穗，金色的颗粒，
遍地闪烁着光彩……是秋天了！
我们以感激
迎接这收获的季节：
一颗果子，是一粒汗，
却也是一年劳力的慰安——
我们靠着它，
换得了一家的饱暖，
度过了严寒的冬天；
……我们怎能不爱
这丰饶而美丽的田地呢？

如今，无赖的暴徒
持着枪杆，从那边来了，
他们想凭着强悍
来抢夺我们的田地……
——告诉我：
如果我们失去了它，
我们怎能生活呢？

一九三九年春　桂林

[赏析]

写于 1939 年的《我们的田地》表现了诗人对国家民族命运的关注。当时抗日战争进入艰苦阶段,目睹日寇的疯狂入侵,人民生活的苦不堪言,诗人观察战时的动荡生活,思考土地的命运。

如果说诗人在《我爱这土地》中所回答的是"为什么我的眼里常含泪水",那么,在这一首诗中所回答的是为什么"我对这土地爱得深沉"。诗人首先问道:"从什么时候起的,/我们爱这田地?"然后就是为什么"我对这土地爱得深沉"的相同发问。

然后诗人细数了"田地"的可爱,通过自己从小在家乡"以赤裸的脚/踩踩着它细软的泥土"的美好记忆,把对土地的眷恋与挚爱具体化为"它发散着刺鼻的香气,/它的黑色是无光而柔和的",从嗅觉、视觉角度写出了田地的美好可爱,表达了对田地的喜爱之情。

诗人接着再写土地一年四季如何"以黑色的乳液/哺育了我们的生命"。春天,我们耕田播种,种子在泥土里发芽成长;夏天,青苗迅速成长为一片茂密的绿色,这绿色遮住了黑色的土壤;秋天,是一个收获的季节,金色的颗粒遍地闪光,我们的生命便在这土地的收获里孕育和延续;冬天,依靠肥沃富饶的田地,"换得了一家的饱暖,/度过了严寒的冬天"。于是情不自禁地发问:"……我们怎能不爱/这丰饶而美丽的田地呢?"

然而,这时我们却面临:

> 如今,无赖的暴徒
>
> 持着枪杆,从那边来了,
>
> 他们想凭着强悍

来抢夺我们的田地……

在诗歌里,诗人把失去土地的罪责归咎于"敌人",但显然他在为"战争环境"异化了的某些国人身上,惊骇地发现了土地历史命运的悲哀。

这样的时候,诗人如怀着肺腑的烈痛向人们发问:

——告诉我:
如果我们失去了它,
我们怎能生活呢?

诗情激越,撼人心旌,其号召人民起来保家卫国的精神力量强大无比!

# 第十节 《矮小的松木林》赏析

[原诗]

矮小的松木林，
徘徊在黄昏旷野的
远处的山坡上，
天边微微发亮的云层
衬出它们黑色的褴褛；

可怜的松木林，
没有一条路可以
通到你们那儿去的；
连携斧的伐木者
都不曾看你们一眼。

被遗忘的松木林！
乞丐般的松木林！
谁来理睬你们呢？
只有我却欢喜你们：
——在我家乡的山背上
也有这样矮小的松木林啊……

## [赏析]

《矮小的松木林》这首小诗写于 1940 年。全诗共三节。第一节写了松木林长在"远处的山坡上",它显得"褴褛",颜色是黑黑的。第二节写了松木林不被人重视,孤寂地生存着,很少有人"看你们一眼"。第三节用了"矮小的""被遗忘的""乞丐般的"修饰词来形容松木林,写出了松树的弱者形象。最后三句表达了诗人的情感,诗人是喜爱松树的,他把松树和家乡联系在一起,通过松树抒发了浓浓的思乡之情。

松树为常绿乔木,树形多姿,苍翠挺拔,各具特色,是山地、荒漠造林、沟壑治理、庭园绿化的主要树种,也是具有提供用材、采脂等多种功效的优良树种。松树是笔直的,不论在多么恶劣的环境下,仍然耸立地生长着。别的树以旁出虬干为美,它却以正直、朴素、坚强为美。这种内在美要比只在表面上的美和在温室中娇生惯养的名贵树种高尚得多。松树外表不华丽,充满内在魅力。

从时代的角度去看,1940 年正值抗日战争艰苦阶段,《矮小的松木林》唱的虽不是"主旋律",但诗人通过对在"远处的山坡上"的"矮小的""被遗忘的""乞丐般的"松木林的关切,寄寓着一种对弱小者的怜悯与爱惜,同时也寄托着一种对家乡的思念之情。这种思想是和诗人的人道主义精神一脉相承的,而且,唯有对弱小者的怜悯与爱惜,才能生发勇敢地起来保卫它们的勇气。所以这首诗在当时所起的作用也是十分积极的。

诗人对松树的赞美,让人想起陶铸《松树的风格》中的语句:

　　你看它不管是在悬崖的缝隙间也好,不管是在贫瘠的土地上也好,只要有一粒种子——这粒种子也不管是你有意种植的,还是随意丢落的,也不管是风吹来的,还是从飞鸟的嘴里跌落的,总之,只要有一粒种子,它就不择地势,不畏严寒酷热,随处茁壮地生长起来了。它以不需要谁来施肥,也不需要谁来灌溉。狂风吹不倒它,洪水淹不没它,严寒冻不死它,干旱旱不坏它。它只是一味地无忧无虑地生长。松树的生命力可谓强矣!松树要求于人的可谓少矣!这是我每看到松树油然而生敬意的原因之一。

……你看,松树是用途极广的木材,并且是很好的造纸原料;松树的叶子可以提制挥发油;松树的脂液可制松香、松节油,是很重要的工业原料;松树的根和枝又是很好的燃料。

……都应该像松树一样,不管在怎样恶劣的环境下,都能茁壮地生长,顽强地工作,永不被困难吓倒,永不屈服于恶劣环境。

诗人通过《矮小的松木林》,抒写了松树的品质,抒写了对弱者命运的关心,抒写了浓浓的思乡之情。

# 第十一节 《我想念我的祖国》赏析

[原诗]

莫斯科多么好，
莫斯科多么美；
但是，请宽恕我：
我常常想念我的祖国，
她是我们大家的母亲，
离开她的日子愈久，
对她的想念愈深沉。

当晨曦在窗前，
投射了无比柔和的亮光，
我还躺在床上，
初醒的第一个念头
就是远离了的家乡。

我的记忆引伸得很远，
想起无数的河流和山峦，
南方明净的湖沼，
北国广漠的平原，
甚至一条小小的道路，
和一片杂乱的灌木林，

都清楚地浮现在我的眼前。

我爱我的祖国
和勤劳而坚强的人民！
我在那儿度过了几十年，
我在她的怀抱里成长，
她用辛酸的乳汁哺育我，
我从小就感染了她的忧伤！
当我还是一个儿童，
我已有了严肃的心情，
我用阴郁的眼睛，
看着数不清的苦难：
暴力在乡下横行，
善良的人受尽欺凌；
少年没有欢笑，
青年没有爱情；
谁有势力就可以犯罪，
谁有金钱就可以杀人；
妇女就像布匹一样，
被标上出卖的价钱；
在城市的街道上，
耀武扬威的是异邦人！
劳动者被无止境地榨取，
连血液和骨髓都被吸尽；
无边的黑暗笼罩着大地，
到处是叹息和呻吟……

十月革命的钟声，
惊醒了整个世界；
古老的亚细亚，
从迷雾里把头颅昂起来！

正义催促勇敢的人们，
成群结队起来斗争，
饥饿的呼号和抗议，
响遍了城镇和乡村；
街道上流淌着鲜血，
监狱里拥挤着囚人；
统治者愈来愈残酷，
反叛者愈来愈多……
一个劳动人民的儿子，
高举马克思列宁主义的火炬，
带领一切被压迫的人们，
向黑暗的世界进军，
他的名字叫毛泽东，
他是祖国希望的象征，
他是人民的大智大勇；
天下百川归大海，
天下英雄归毛泽东！
人民永远跟随他，
有了他就什么也不怕：
他带领千千万万人，

冲出重围去长征——
走过千里的草地，
爬过万丈的雪山，
风吹雨打太阳晒，
英雄的队伍从不停止前进……
在祖国艰苦的年代，
绝望就等于叛变！
我们团结如铁如钢，
度过饥饿度过灾荒；
岁月在血泊中浮游，
死亡在追赶着生命；
毛泽东永远鼓舞我们，
我们脚踵滴着血，
也愿意跟着他跋行；
就连最险恶的日子，
也坚信"总有那么一天"！
二十年、三十年过去了，
力量在战斗中增长，
一次比一次更沉重的打击，
打倒了一个比一个更凶狠的敌人。

一九四九年十月一日，
伟大的日子来临！
经历了一百年的斗争，
中国人民走进胜利的拱门，
五星红旗飘扬在北京上空，

下面激荡着欢呼的人民……
礼炮震动着整个地壳，
全世界都庆贺新中国的诞生！
从此我们和黑暗告别，
太阳在东方徐徐上升……

是的，和平不是我们的假期。
我们从斗争取得胜利，
为胜利要继续斗争。
我们知道：隔着海洋，
满怀失败的仇恨，
敌人在窥伺着我们——
他们以阴沉的注视，
等待我们疏于戒备的时辰。
我们要永远团结，永远警惕，
永远准备着——
粉碎敌人的任何挑衅。

莫斯科多么好，
莫斯科多么美，
我在窗口看着街上，
街上是欢乐的、前进着的人群；
很久，很久，我沉于遐想，
从美丽的莫斯科
我看见了，
祖国的灿烂的远景……

一九五〇年十月一日　于莫斯科

[赏析]

《我想念我的祖国》写于新中国诞生后不久的1950年。1950年7月底,艾青作为中共中央宣传工作代表团的成员,到苏联进行了为时四个月的访问。20世纪50年代初期,刚获得新生的祖国及诗人家乡百废待兴。而那时的苏联是"社会主义阵营"的领导者。我国人民当时十分虔诚地景仰这个人类历史上第一个社会主义国家,对莫斯科、红场、克里姆林宫顶礼膜拜,十分崇拜苏联的缔造者——列宁、斯大林。诗人艾青正是怀着这样的心情随团访问了这个邻邦,并写就了《奥特堡》《车过贝加尔湖》《西伯利亚》《亚细亚人,起来》《千千万万人朝着一个方向》《呼喊》《在菩提树的林荫路上》《十月的红场》等十多首诗歌。这些诗歌中都洋溢着诗人美好的祝福、热烈的赞颂和对苏联人民的深情厚谊。同时,还描绘了苏维埃政权在建设方面的巨大成就。这首诗是艾青旅居苏联时对祖国及其家乡的一支深沉的相思曲,是诗人歌唱祖国及其家乡的最富有历史感的一首长篇抒情诗。

全诗共九节。第一、二节写诗人身在异乡思念自己的家乡和祖国。异乡尽管很美好——"莫斯科多么好,/莫斯科多么美",但诗人思念的是家乡祖国,并且"离开她的日子愈久,/对她的想念愈深沉","初醒的第一个念头/就是远离了的家乡"。

接下来写思念的具体内容。首先这种想念的深沉表现在空间上的"我的记忆引伸得很远"。诗人想起南方的湖沼,北国的平原,"想起无数的河流和山峦","甚至一条小小的道路,/和一片杂乱的灌木林,/都清楚地浮现在我的眼前"。然后,写了自己儿童时候成长历程,感受到的忧郁,字里行间保姆大堰河的形象隐约可见。细数了家乡苦难的生活,弱者备受凌辱,黑暗势力横行霸道,到处是欺诈,到处是黑暗,诗人想起了黑暗旧中国不公平的一切。十月革命一声炮响后,中国发生了翻天覆地的变化,诗人情不自禁歌颂革命领袖:"一个劳动人民的儿子,/高举马克思列宁主义的火炬,/带领一切被压迫的人们,/向黑暗的世界进军,/他的名字叫毛泽东,/他是祖国希望的象征,/他是人民的大智大勇;/天下百川归大海,/天下英雄归毛泽东!"在革命领袖带领下,建立了新中国,诗人为新中国建立热情高呼:"一九四九年十月一日,/伟大的日子来临!""礼炮震动着整个地壳,/全世界都庆贺新中国的诞生!"最后,这首诗就这样通过对祖国及家乡的斗争历史和大好河山的时空的两度思念,表达了诗人对祖国及家乡的挚爱。而正由于这种挚爱的真切与深沉,所以就自然引出了思绪的第三方面——告诫人们要珍爱这来之不易的胜利果实:

> 我们要永远团结,永远警惕,
>
> 永远准备着——
>
> 粉碎敌人的任何挑衅。

诗歌的最后一节,照应开头,前后呼应,展现美好未来:"从美丽的莫斯科,/我看见了,/祖国的灿烂的远景……"

全诗感情真挚,赞美了家乡和祖国,着眼于当时现实,又有强烈的历史感。

# 第十二节 《藏枪记》赏析

[原诗]

一

杨家有个杨大妈，
她的年纪五十八。
身材长得很高大，
浓眉长眼阔嘴巴；
身穿粗布蓝衫褂，
不戴簪来不戴钗；
没有说话先就笑，
心直口快要数她。

杨家是个小村子，
整个村子都姓杨；
村子前面有小溪，
村子后面有山岗；
说起杨大妈的家，
就在小溪的边上。

有一天，杨大妈

站在村边石桥上，
忽然平地起大风，
吹得树叶沙沙响，
她正迈步想回家，
迎面来了李大娘，
她问李大娘哪里去，
李大娘说：
"有事要和你商量。"

两个人走下了石桥，
朝大路上望了一望，
一同坐在溪边石板上，
溪里的水映着夕阳……

李大娘告诉她：
"咱们的队伍走了，
昨天深更正半夜，
土地庙前面站满了人，
一阵阵的大雁朝南飞，
一排排的人马向北行；
队伍走了有几里路长，
不知道去什么地方，
这次走可不比平常，
连粮食草料都带上。"

杨大妈问：

"你可看见我家小虎？"
李大娘说：
"灯火缭乱看不清楚。"
杨大妈问：
"什么时候他们回来？"
李大娘说：
"恐怕要一年半载。"

杨大妈叹了一口气，说：
"从此无事不出门。"
李大娘站起来，说：
"逢人说话要当心。"

杨大妈的媳妇站在大门外，
一见婆婆回家来，
喊了一声："妈，
外面风这样大，
你赶快回家吧！"

晚上，杨大妈拿了一件破衣，
缝缝补补等她的儿子，
一等等到深夜正三更，
才听见小虎来敲门，
他好像有什么紧急的事，
一进门就叫了一声：
"妈，同志们都走了，

我因为负伤没有办法，
山高路远不能跟上，
上级决定把我留下。"
"这几天外面的风声很紧，
我有任务马上要动身，
留下的人枪要赶快埋伏，
明后天特务就要抓人，
我在家乡已被人注意，
要另外找地方去安身；
这里有两支枪交给你，
你给我好好保存，
等一天我回来，
我还要用它们……"

一支长马枪，
一支短手枪，
还有两包小子弹，
一起放在桌子上。

小虎说完话就想走，
母亲拉住他的衣襟：
"小虎，你要走，
做娘的不能把你留。
树有根，水有源，
鸢高万丈一线牵；
你看那家家梁上燕，

年年去了又回还，
你走得再多么远，
不要忘了旧家园。"
媳妇从里面追出来，
递给他一件短布衫，
她说："母亲年纪也老了，
说不定有三长两短，
你要是打这边路过，
不要忘掉回家看看。"
婆媳两个送他送到大门边，
一转眼就连影子也看不见。

## 二

小虎走了没有几天，
周老大来找杨老三，
狗腿子碰见了特务，
好像两亲家见了面，
一个拉来一个扯，
拉拉扯扯走进小酒店，
称了新炒花生整半斤，
烫了冬陈黄酒一斤半，
先是对饮后猜拳，
乌龟王八闹了半天，
喝得身子像棉絮，
颠颠倒倒走在路边，

吃了饵的鱼儿要上钩，
杨老三的话说不完：

"几天前，刮风天，
黑野猫半夜回家转，
他在前面走，
我在后面跟，
他走进了门，
我在门外听，
听了好半天，
什么也听不见，
等他一开门，
我就闪在墙角边，
看他匆匆忙忙溜过去，
差一点儿被他撞见。
他来时身上背了一支枪，
去时披了一件短布衫——"

"枪呢？"
"不见了。"
"什么枪？"
"一支长枪。"
"放在袋里？"
"太长。"
"背在背上？"
"要露出枪尖？"

"吃到肚子里？"
"不是糖梗。"
"真的么？"
"谁敢把你骗！"

三

特务狗腿子来到杨大妈家，
一口咬定她家里有枪：
"只要你们交出了枪，
对你们都不会怎样。"

杨大妈马上说：
"我们家里没有枪，
谁说有枪是冤枉；
小虎回来又走了，
我又有什么办法？
枪被他自己带去了，
你们要抓去抓他！"

特务咬咬牙，
空手回了家。

"真是见了活无常！"
砰的一声，她把门关上；
拿出手枪埋在灶房里，

谁也看不出什么地方。
她又爬上后面窗子上，
把马枪递给杨明纲；
明纲和小虎像兄弟，
她叫他赶快去埋藏。

正是严冬腊月里，
周老大带了四个人，
在房里撞来撞去，
翻箱倒柜找了一阵；

要找的东西没有找到，
取出一条麻绳要捆杨大妈，
杨大妈嗤了一声，说：
"随便到哪里我也不怕！"

他们把她带到傅村，
押在国民党乡公所，
关在一间黑房里，
外面加上一把锁。

这一夜杨大妈没有睡着，
转来转去想得很多，
想起自己的身世，
也想起她的儿子……

杨大妈是个苦命人，
从小卖到杨家村，
最苦苦不过童养媳，
黄连也要比她甜三分；

没有地，没有田，
只有一个小磨盘，
鸡叫三番她起身，
像一条母牛团团转……

杨大妈二十五，
生下儿子杨小虎，
有钱的生儿是喜事，
无钱的生儿苦上苦；

小虎五岁去上学，
七岁八岁捡柴禾，
十岁挑担卖豆腐，
十六岁上拜师傅；

小虎长到十七八，
常常深夜不回家，
做母亲的老盘问，
做儿子的不说话；

小虎带来一个人，

在杨家住了一阵，
这是上海的工人，
他年轻而又聪明。

工人和她谈起城市，
他说城市也像乡村，
上有天堂下有地狱，
上下一层压一层。

从此杨大妈知道：
人苦不是命里苦，
千种苦万种苦，
都因为剥削苦。

后来，日本人进了城，
奸淫烧杀拉壮丁；
年轻人组织游击队，
来时无踪去无影。

有时家里来了一群人，
交头接耳谈什么事情，
小虎要她到门口坐坐，
见了生人就咳嗽一声；

有时小虎要她送送信，
从这一个村到那一个村；

她走起路来快如风，
知道儿子做事为了穷人。

她问小虎：
"什么叫革命？"
小虎和她说：
"穷苦的人心连心，
团结起来闹斗争，
赶走日本狗强盗，
消灭汉奸顽固军；
做工的要有工做，
种地的要有地种，
万物本是劳动生，
天下主人属工农。"

晴天响起了霹雳，
天上盖满了乌云……
刚刚打走了日本鬼，
马上来了蒋匪军，
穷苦的人又得呕气，
汉奸特务到处横行……

杨大妈想来想去，
整夜不曾合上眼，
天啊黑得透不过气，
又是伤心又是恨……

四

窗子发白的时候，
来了一阵脚步声，
听到门外铁锁响，
牛头马面进了门；
他们包起她的嘴，
把她的头髻扯开，
拿来了一条板凳，
叫她赶快躺起来；

她的头发结在柱子上，
麻绳捆住了她的膝盖，
又搬来了一叠砖，
把她的脚跟抬起来——

牛头马面齐动手，
有的硬来有的软，
一个说情一个骂，
一个恐吓一个骗。

杨大妈的心里很平静，
一切诡计都看清——
先逼她交出枪支，
再逼她交出儿子。

儿子是个好儿子，
远近乡里都闻名，
敌人手里夺来枪，
又用枪来打敌人；

还有那些年轻人，
他们也是英雄汉，
打岗楼来杀汉奸，
杀得敌人丧了胆。

如今来了国民党，
不论功来不论赏；
地主恶霸更得势，
汉奸特务更猖狂！

上一次刑来问一声，
审问一阵又上刑，
她心里越想越气愤，
咬着牙齿不作声。

她本是苦难里长大，
什么也不能吓倒她，
就是走过阎罗王十个殿，
脚踩钉山也不怕！

她仿佛看见她的小虎，
还有许许多多年轻人，
一个个都生龙活虎，
举着枪在追赶敌人……

她的脚骨快断了，
她的眼睛发黑了，
无论他们问什么话，
她都回答说："不知道。"

强盗们问了半天，
硬来不行改用软——
解开绳索请她坐，
留下一个人和她谈；

要紧的话她一句也不说，
不要紧的话说了半天，
强盗们歪着头走了出去，
气冲冲地把门一关。

第二天是个下雪天，
天也昏来地也暗；
强盗们把她捆在柱子上，
房子里点了一盏灯。

一个人拿了纸煤头，
一个人捧了油灯台，
纸煤头上浸透了灯油，
点起了火向她走来⋯⋯

"你的儿子当土匪，
都是吃了你的奶。"
说话的是周老大，
这个人比蛇还厉害。

杨大妈仰起了头，
睁着大眼瞪着他——
她说："谁家的孩子，
还不都是吃了奶才长大？"

这些人为什么这样狠？
难道他们不是母亲养？
他们这样折磨一个老妇人，
是什么东西染黑了心肠？

杨大妈受尽了熬煎，
心里只有一个思想：
留下儿子留下枪，
再和他们拼一场！

母亲死了还有儿子，

杨树锯断了还有根——
只要留得儿子在，
一定会报仇雪恨。

乡公所把她送到县政府，
县政府把她送到公安局，
关了四个月才把她放回家，
到了家看不见丈夫，
媳妇流着眼泪告诉她：
"前几天县上来了人，
又把公公给抓走啦！"

强盗要他把枪交出来，
他说儿子回来他不在，
有枪没有枪他不知道，
说的是实话不是抵赖；

这个老头实在太老，
又像是痴又像是呆，
过了不久就病了，
只好把他放出来。

第三个轮到杨明纲，
杨明纲一样很刚强，
各种苦刑都受尽，
三天两天上公堂；

无论问他多少次，
都说他没有看到枪。
杨明纲关了一年多，
脸像黄土一样黄。

夏天蚊子叮，冬天虱子咬，
害得他病了一场，
千思万想只有一条路——
逃出牢笼走他乡。

杨明纲定下了主意，
日日夜夜等机会，
一天下午正放风，
忽然两个看守吵起嘴，
他就赶快往外溜，
一溜溜到后门边，
后门外面是围墙，
围墙足足有七尺高，
急急忙忙往上跳，
一跳跳到围墙上，
忽然听见枪声响，
头一枪没有打中，
二枪打在他的腿肚上，
连着枪声往下倒，
打枪的人就追上，

一把把他抓住了，
又是捆来又是绑，
接着是一阵乱棍，
打得他遍体鳞伤，
从此他又得了病，
一病病得不能起床。

杨明纲知道自己快要死，
才把知心话留给知心人：
"有朝一日你出去，
我们的队伍能回来，
你到杨家走一次，
问问杨大妈还在不在，
杨家村南有个李树林，
从东到西整整一排，
李树林的东头有五个坟，
恰像梅花五瓣开，
找到当中的那一个，
把里面的棺材打开来……"
说到这里明纲断了气，
下面的话没有说出来。

五

野火烧不尽
春风吹又生

还是在那石桥边，
李大娘碰到了杨大妈，
她一边笑一边说：
"游击队回来啦！"
杨大妈听了真高兴，
朝着李大娘连忙问：
"他们现在在哪里？
有没有熟识的人？"
李大娘说：
"游击队离杨家只有五里路，
昨天晚上到深塘坞；
带队的是一个傅村人，
他的名字叫延富。"

提起延富杨大妈很清楚，
原是和小虎在一个小组；
她请李大娘到自己家，
要她把手枪带给延富。

一走走到灶房里，
干草柴禾都搬开，
挖下墙根三尺土，
取出一个瓦罐来；
手枪就放在瓦罐里，
裹得像一个大粽子，
她把它一层层解开，

禁不住流下了眼泪……

"我为你啊受尽了苦辛，
我愿你多多杀伤敌人，
如今你落在英雄的手里，
我杨大妈死了也甘心！"

六

李树开花一片白，
解放大军过江来，
天下穷人站起来，
铁锁牢门齐打开！

杨家来了一个外乡人，
说是要找杨大妈，
有人陪他见了杨大妈，
杨大妈请他喝了一碗茶；
问客人家住哪里姓什么？
再问他带来了什么话？
他先说自己是哪儿人，
姓什么字叫什么名；
先说他是一个种田人，
二十岁上闹革命，
再说他怎样认得了杨明纲，
苦难朋友比骨肉都要亲，

说到这里他流下了眼泪，
为的是明纲哥已经牺牲；
接着说明纲临终交托他的话，
就为了这件事他才来找杨大妈。

杨大妈就带了他往村外走，
年轻的小伙子后面跟了一群，
李树林的东头真有五个坟，
排的像梅花花瓣一般齐整，
一个年轻人抡起了锄头，
一锄两锄锄开当中的那个坟，
打开棺材往里一看，
忽然大家都吃了一惊——

在那棺材的正中央，
躺前一支洋马枪！
洋马枪啊洋马枪，
一躺躺了整四年，
如今中国大解放，
你也见了太阳光！
枪托虽然霉烂了，
敲起枪膛响叮当……

洋马枪啊洋马枪，
大妈拿了你仔细端详，
大家为你吃了多少苦，

为你死了的有杨明纲。

杨大妈把枪给了一个年轻人，
他是村里的民兵队长，
她说："谁背上这支枪，
谁也真够荣光，
拿回去换上一根新枪托
再把枪膛擦它个雪亮；
背着它去上战场，
好比那关公的青龙偃月刀，
过五关来斩六将；
好比那赵子龙飞马挺枪，
怒杀曹兵在长坂坡上；
把奸臣佞贼都杀绝，
汉奸、特务都杀光……"

那个客人听了她的话，
看了一看那支枪：
"留在村里它也有用，
站岗放哨保卫家乡，
革命的事是细水长流，
弯弯曲曲万里长，
干流万流汇成了大海，
每一条小水都来自山岗，
不要看不起杨家是个小村子，
每个村子里都有杨大娘。

她就像那棕榈树，
直挺挺站在山岗上，
风吹雨打都不动，
皮是铁来骨是钢；
它生在乱石堆里，
墨绿的叶子像钢剑；
砍上千刀它也不断，
要它弯身难上难！"

熙熙攘攘一大群人，
走在杨家山岗上——
前面走的是民兵队长，
背上背了一支旧马枪；
他的后面是杨大妈，
那个外路人就在她的身旁，
他们一边走，一边笑，
个个人都喜气洋洋。

如今阳春正三月，
漫山遍野照着一片好阳光……

一九五三年秋天

[赏析]

1949 年 1 月，北平和平解放不久，艾青随军入城，在中国人民解放军军事管制委员会文化接管委员会工作，任中央美术学院军代表。不久，艾青参加了中华全国文学艺术界联合会和第一次全国文学艺术工作者代表大会的筹备工作。7月,大会召开,艾青当选为全国文联委员。艾青同时参加了第一届中国人民政治协商会议的筹备工作,担任国旗、国歌、国徽图案评选组组长。9月,参加第一届中国人民政治协商会议,当选为政协全国委员会候补委员。10月,《人民文学》创刊,茅盾为主编,艾青任副主编,并兼任文学工作者协会(后改为作家协会)创作委员会诗歌组组长,多次主持召集了诗歌创作问题的讨论。1950年的初春,艾青参加全国总工会、妇联、团中央、文联等各大团体联合组织的"宣传保卫世界和平旅行讲演",任副团长,从北京到上海、杭州、广州、武汉、西安等地讲演。1950年7月,艾青随中共中央代表团访问苏联四个月,其间所写诗歌均收入《宝石的红星》。1951年,开明书店出版了艾青的第一个选集《艾青选集》。同年,艾青在北京会晤了智利著名诗人巴勃罗·聂鲁达和苏联著名作家爱伦堡。

在这一时期繁忙的政务中,艾青于1953年的春天,回到了阔别16年的家乡,住了一个星期,祭扫了乳母大堰河的坟,也看望了大堰河的儿子。艾青上次离开家乡正是抗战全面爆发的1937年,那时他27岁,故乡和祖国都在经历着最为深重的民族苦难。现在艾青43岁了,经历了漫长的16年,故乡和祖国已经发生了翻天覆地的变化,在家乡的这段时间里,他还收集了自己家乡一带作为革命根据地在抗日战争和解放战争时期的人民革命斗争史料,准备写史诗性的作品。回到北京后的当年秋天,就根据在家乡收集的抗日斗争素材写成了《藏枪记》。

一

艾青家乡金华市金东区成立于2001年2月,是一个年轻的行政区域。区域为原金华县东郊乡镇,区政府设在多湖街道办事处。

金华市域春秋时属越国。秦、汉为乌伤县,属会稽郡。三国吴宝鼎元年(266)置郡名东阳,以郡在瀫水(即衢江)之东、长山之阳得名。金华设立郡府建置自此始。东邻义乌市,南接武义县,西与婺城区毗邻,北与浦江县接壤。境内有南北山群相峙而立。南山深纵,属仙霞岭的余脉,它西到龙游、遂昌、江山,南到永康、武义、龙泉,直通浙南山区。北山耸峻,它自东阳大盘山经义乌蜿蜒而来,横亘义乌、浦江、金华、兰溪等县之间。

这种自然环境,是建立革命根据地的极其有利的条件。1935年,粟裕和刘英领导的红军挺进师转战金华、遂昌、龙游等地,以后又留下部分同志在这一带坚持长期的游击活动。1942年5月15日,日军调动14万兵力发动了浙赣战役。5月21日,日寇侵占义乌县城。1942年7月7日,中共义乌县委根据"柳村会议"开展抗日武装斗争的决定,在义乌上溪下宅成立抗日第八大队,在金华、义乌、浦江三角地区建立了抗日根据地。八大队等抗日武装经历大小战斗230余次,先后攻克了日伪据点68个,毙日军180余人,伤俘日军260余人,毙伤俘伪军860余人,缴获轻重机枪80余挺,长短枪1200余支。解放战争时期,党又领导金华、义乌、浦江革命根据地人民重建"八大队",有力地配合解放军渡江南下,解放金华地区及浙西南一带。

艾青的故乡畈田蒋村,正处于金华、义乌、浦江三角地带。在那些年代,这一带革命根据地人民的优秀儿女们以深山密林为家,为推翻三座大山,进行了艰苦卓绝的斗争。《藏枪记》就取材于这样的背景之中。

# 二

这是一首长篇叙事诗,全诗分六个部分。

第一部分,写的是革命队伍从杨大妈所在的杨家村奉命北撤,她儿子杨小虎因负伤不能随部队转移,上级决定让他留下来。"一支长马枪,一支短手枪,还有两包小子弹⋯⋯"这时他身边还带着一支长枪和一支短枪,但特务已经盯上了他。他在深夜三更回家把这两支枪交给他妈。于是,一个藏枪的故事就这样引出。

第二部分,写周老大和杨老三两个狗腿子特务跟踪杨小虎,发现杨小虎把枪留在了家乡,"他来时身上背了一支枪,去时披了一件短布衫——"。

第三部分,写特务们追查枪的下落。杨大妈首先就成了盘查的对象。特务们的初次盘查被杨大妈搪塞过去了,杨大妈感到事情严重,当即就把短枪埋在灶房里谁也看不出的地方,随后就爬上屋后的窗子,把那支长枪递给杨小虎的像兄弟般信得过的战友杨民纲埋藏。紧接着,她家便撞进四个特务翻箱倒柜地搜查。枪没有被搜查到,他们就取出一条麻绳把杨大妈捆走。

杨大妈先被带到傅村,押在国民党乡公所,被关在一间黑房里。这一夜杨大妈自然不能入睡。诗接着就从杨大妈的角度,交代了杨大妈苦难的身世,"杨大妈是个苦命人,/从小卖到杨家村,/最苦苦不过童养媳,/黄连也要比她甜三分",同时叙述了杨小虎的成长经历和革命历程,既写了反动派的残暴凶狠,也写了杨小虎的思想觉悟过程。

第四部分,详细地抒写了特务们追查枪支的过程。首先是严刑拷打杨大妈,用上了俗称"老虎凳"的酷刑。"他们包起她的嘴,

/把她的头髻扯开,/拿来了一条板凳,/叫她赶快躺起来;/她的头发结在柱子上,/麻绳捆住了她的膝盖,/又搬来了一叠砖,/把她的脚跟抬起来——"敌人软硬兼施,可在坚韧不拔、英勇顽强的杨大妈面前终于束手无措。于是他们只得把她押到县里,关进公安局。

其次,特务们又抓走了杨大妈的老伴。杨大妈被释放回家,但回家时她已看不到丈夫。媳妇流着眼泪告诉她:"前几天县上来了人,/又把公公给抓走啦!"但她丈夫是个"又像是痴又像是呆"的老实人,他的确不知枪的下落,又因他被关了不久就生病了,他们无奈又只得把他放回家。

最后,敌人抓到了杨民纲。"杨民纲一样很刚强,/各种苦刑都受尽","无论问他多少次,都说他没有看到枪"。结果他被关了一年多,当他被折磨得"只有一条路"的时候,他下决心"逃出牢笼走他乡"。机会终于来了。一天下午放风,他乘两个看守吵起嘴来时,赶快溜到后门边,急忙往七尺高墙上跳,不料"忽然听见枪声响,/头一枪没有打中,/二枪打在他的腿肚上"。最后他终于被敌人抓住,"又是捆来又是绑",一阵乱棍"打得他遍体鳞伤,/从此他又得了病,一病病得不能起床"。杨民纲知道自己快要死了,才把知心话留给知心人。杨民纲牺牲了。

第五部分,游击队终于回来了,杨大妈把精心深藏的短手枪交给了游击队。杨大妈把埋在自己灶房墙根三尺土下瓦罐里"裹得像一个大粽子"的手枪,交给游击队带队的傅村人延富。

第六部分,"李树开花一片白,解放大军过江来"的时候,杨民纲的知心人来到杨家找到杨大妈,到村南头李树林里"排的像梅花花瓣一般齐整"的五个坟中,找到了那支整整躺了四年的洋马枪。藏着的枪终于重见天日,回到了革命战士的手中。

# 三

这首长诗选材真实、内容丰富，有许多可取之处。

其一是它的选材。《藏枪记》作为一曲"江南抗日游击战争记事诗"，献给我国光荣的民族解放运动的斗争史，献给我国英雄的人民，献给为我国的独立与解放而英勇牺牲的革命先烈们，它的历史价值是不可低估的。特别是对于艾青家乡金华的人民来说，对诗人在写作这一首诗时所倾注的这一腔热情所奉献出来的这一份厚礼，自然倍感亲切。

其二是叙事曲折有致，吸引人。首先是让杨大妈藏起儿子杨小虎留下的枪，然后一波三折，先是抓走杨大妈，软硬兼施都没有结果，其后又抓走了杨大妈的老伴，同样没有结果。最后抓走杨小虎的朋友杨明纲，将他折磨致死。到诗的结尾，解放军过江解放了杨大妈的家乡，被藏的枪终于重见天日。

其三是金华地方风俗的描写。《藏枪记》中的"拉拉扯扯走进小酒店，/称了新炒花生整半斤，/烫了冬陈黄酒一斤半，/先是对饮后猜拳""小虎五岁去上学，/七岁八岁捡柴禾，/十岁挑担卖豆腐，/十六岁上拜师傅"这些诗句都不同程度表现了金华农村的生产生活习俗。此外，《藏枪记》中的"李树林的东头真有五个坟，/排的像梅花花瓣一般齐整"，表现了艾青家乡丧葬习俗。旧时金华地区人死多用土葬，入殓木棺，挖坑埋葬，砌以块石，上盖石板，而筑土成堆，造成坟茔。丧葬仪式极为复杂烦琐，主要包括送终、移尸、报丧、灵水、浴尸、穿孝衣、守孝、出殡、入穴、开丧、送火种、做七等。

其四是语言通俗易懂。这首长诗通篇都是用"大白话"写成的。这样的语言与写法，既像快板诗或顺口溜，又像民间说唱诗。

例如开头第一段"杨家有个杨大妈,/她的年纪五十八。/身材长得很高大,/浓眉长眼阔嘴巴;/身穿粗布蓝衫褂,/不戴簪来不戴钗;/没有说话先就笑,/心直口快要数她",语言浅显易懂、朗朗上口,具有朴素的语言美。

本来,艾青打算根据在家乡收集到的抗日游击战争中可歌可泣的事迹,写一组"江南抗日游击战争记事诗"。但我们现在看到的只是这一首。他以后就没有再写下去。究其原因,是诗人对这首诗歌不甚满意。

艾青在《我的创作生涯》一文中曾说:"一九五三年回到离别了十六年的家乡,住了一个星期,我家的旧房子被日本人烧了,现在的房子是新盖的。写了长诗《双尖山》和另一首写浙东游击战争的叙事长诗《藏枪记》。这首诗我以不很熟练的民歌体写的,是我写作中的一次失败。"他在《与青年诗人谈诗》中还说:"我发现自己的诗里凡是按照事实叙述的,往往写失败了。如《藏枪记》,是我去家乡听了一个抗日游击战士的故事后写的。完全根据人家怎么说,就怎么写的,事情写得很清楚,但不感动人。而《吹号者》、《雪落在中国的土地上》、《向太阳》、《火把》这些诗毫无具体事实根据,全是想象的,但成功了。我没有当过伤兵,也没有当过吹号者,到现在为止,我还没有看见过一次火把游行的场面,完全是凭想象构思的,而且写得相当顺利,长诗《火把》几天就写成了。这里有一个问题很值得我们思考:为什么凭想象可以写出好诗来?为什么根据事实反而写不出好诗来?想象是以生活积累为基础的,生活积累并不限在一时一事上。运用想象也不限制在一时一事上。

过分要求生活的真实，反而展不开想象。"

这首诗与艾青诗歌名篇《我爱这土地》《大堰河——我的保姆》等相比，确实存在一些不足，诗中抒发的感情不够细腻真挚，诗歌的表现手法上，想象不够丰富，缺少鲜明的意象，诗歌语言也是浅显通俗有余，凝练含蓄不足。当然，造成这样是有其主客观因素的。客观方面与当时社会的文艺思想等有关；从主观原因来分析，则是他和前妻因家庭矛盾造成的分居局面，使他一直很苦恼。而他的创作习惯又善于从自我感受出发，通向社会、通向人类。这样，他的个人的不幸境遇和社会的蓬勃生活既无法和谐，他的创作心境也就免不了和时代精神不能完全合拍。这样的时候他另起炉灶，勉强创作，就成了他创作这首诗之所以失败的创作心境上的原因。

# 第十三节 《双尖山》赏析

[原诗]

是什么鸟在窗户外面
唱着,唱着,唱着,
在早晨的清静的空气里,
它的歌声这样嘹亮而又圆润。
这歌声引起了我的记忆,
我在家乡双尖山的峰顶,
也听见过这迷人的歌声……

亲爱的双尖山
你是我的摇篮——
早晨,你看着我起身,
晚上,你看着我睡眠;
你显得多么高
显得多么庄严,
晴朗的日子,
白云敷上阳光,
像一条金带,
缠住你的腰身,
你像一个古代的骑兵,
满身披挂着弓箭,

骑着紫铜色的骏马，

在天边驰骋；

阴天，浓雾蒙住你的脸，

你像一个被囚禁的武士，

那巨大而忧郁的影子，

谁看见了都会感到不安；

而当浓重的乌云

压在你的头顶，

四周沉寂地期待

那闪电的一击，

于是，带着隆隆之声，

就有倾盆的大雨来临。

双尖山，双尖山，

纵然你显得很高，

你也并不孤零，

你的东面是伏虎岩，

宽阔的断崖绝壁，

像一只猛虎蹲伏着，

想突然跳下山岩；

接着它的是离别山，

一条漫长的窄谷，

和麻密的原始森林；

你的西面是太阳岭，

在两架大山之间，

留着一个隘口，

使南北的居民

保持了一线牵连；

双尖山，双尖山，

你是群山的母亲，

群山环护着你，

像是你的儿孙，

而成千的山村，

星散在你的脚边，

我们远远近近仰望着你，

吸饮你所倾注的甘泉……

鸟儿站在高树上面，

唱着，唱着，唱着，

像山岩里流出的清泉，

唱着爱情，唱着思念……

我在童年的时候，

有过一个美好的希望。

我常常站在村边的山岗上，

发呆地看着北方，

那青灰色的宝座，

矗立在天边，

阳光照射的白垩岩，

勾引起了我的幻想，

我想等我长大了，

和砍柴的人们一起，

去攀登双尖山的峰顶，
因为我想知道：
天那边的世界，
究竟有多么大，
天那边的人们，
又是什么模样。

当我少年的时候，
我离开了家乡，
想望没有实现，
我就到处流浪，
我经历过很多很多，
到过许许多多地方，
看见过很多很多人，
流过了茫茫的海洋。

我见过吕梁山、五台山、
秦岭、恒山和泰山，
东北的兴安岭
和南方的十万大山，
它们都要比双尖山
高得多，高得多——
你和它们相比，
显得多么平凡。

但是，不管见过多少山，

我总忘不了双尖山——
你是我的生身之地，
我喝你的山泉长大，
矿水里的什么液汁，
在我的血管里回旋……

鸟儿唱着，唱着，唱着，
歌声里流注着热情，
从黎明就开始歌唱，
此刻已是太阳初升……

当我中年的时候，
我回到了家乡，
年轻的人们，
都不认识我了，
年老的人们，
向我瞪着两眼，
——走的时候是少年，
回来的时候是中年。

童年时候的伙伴，
陪我攀登双尖山，
我们沿着山谷，沿着溪流，
好像走进了"桃花源"，
远远近近都看见，
许多小山村建造了新房，

在一个山村的边上，
站立着一堵白墙，
一张宣传画，
向农民指出了方向，
一个世界两条道路，
一条走向愚昧贫困，
一条走向繁荣富强。

我们越走越高，
人好像在空中，
看山峰就在头顶，
走起来却要半天，
山风啊，这样大，
高树繁枝摆荡着，
好像一群喧闹的巨人；
石级啊，这样滑，
偶然向脚下一看，
下面是一片迷氛……
而在高山上面，
到处都是花木，
一阵轻风吹过，
花瓣就纷纷飘落……

我们已来到了
伏虎岩的巅顶，
伏虎岩的北面，

阴森森的一片叫千丈岩，
千丈岩，高千丈，
久远的年代和风化的力量，
把它劈成了广阔的纵断面，
在岩石的繁复的缝隙里，
纠结着各种植物，
千百条藤萝，
顽强地互相攀缠，
而最魅人的花朵，
却开在悬岩的边沿。

有人煮了新茶，
有人谈起往事，
在民族解放战争的年代，
这儿是游击根据地，
司令部就在这个古庙里，
山村里的猎户们都聚拢来，
用杀野猪的刀杀汉奸，
用射击飞禽的子弹射击。

在那山口上，
摆上一架机枪，
人们散在灌木丛里，
等着敌人的是死亡。

今天我访问这些山，

攀登摇摇晃晃的石级，
为的就是在这些山上，
都流过无数鲜血，
不驯服的双尖山，
像祖国别的山一样，
在暴风雨的前面，
坚贞地矗立着，
直到阴霾四散，
天上挂起了彩虹。

几个山村里的妇女，
挑着很重的柴禾，
迈着轻捷的脚步，
兴奋地谈着什么，
哗笑着从这里经过，
很快地奔下山坡。
在千丈岩的那面，
一架大山连着一架大山，
在两架大山里，
有几个小小的山村，
一条新辟的路，
像一根飘动着的线，
把几个山村连接起来，
在那个最远的山村上，
有几间粉白的新房，
那儿是一所小学，

——新文化的光，
现在已照亮了穷乡僻壤。

森林比毛发还要茂密，
岩山上处处是映山红，
春天的山野
多么醉人啊！
从那些密林里，
随风飘来一阵阵鸟叫，
叫得这山野更幽静了……

而在巨大的岩石下面，
一泓清泉
发出淙淙的声音，
像一条银蛇
滑进了草丛，
不见了，
忽然又出现在林木那边，
于是，沿着山谷
流着，流着，
经过了我的村庄，
流向远方……

极目瞭望，
在朦胧的天边，
是丘陵和池沼，

树林和村庄，
而一条浅灰色的江水
蜿蜒在原野上……

我想，再过几年
在那辽阔的原野上，
将出现高压线，
在青青的山岗上，
也将建立起伐木厂，
公路将伸进这苍郁的森林，
在这静静的山谷里，
疾奔着的，叫啸着的
将是运载木材的车辆……
那时候啊，那时候
我一定再回来，
看看我的双尖山，
看看我的家乡。

从下面山谷里，
升起了白雾，
风吹在脸上
显得很阴凉，
"细雨湿衣看不见，
闲花落地听无声"，
快下山吧，
雨越来越密了。

究竟是什么鸟

在那树林里,

唱着,唱着,唱着

好像在叫唤什么,

好像在诉说什么,

下雨了也不停,

对山野倾诉衷情……

一九五四年春　北京

[赏析]

一

《双尖山》这首诗,是诗人在新中国成立以后于 1953 年春回家乡体验生活后的创作成果。就在这次回家乡的时候,他在大堰河的儿子蒋正银及乡亲们的陪同下,攀登了在孩儿时代朝夕思慕的双尖山。正是这次游山览胜,在诗人的心田里埋下了诗的种子,回到北京一年以后,创作了这首优美的抒情诗。回乡之后,艾青沉浸在故乡的山山水水之中,沉浸在对童年往事的深情回忆之中。浓郁的乡情,是那样长久地感动着诗人,于是,在次年的春天,他怀着亲切愉悦的心情,写下了充满生命温情的怀乡之作《双尖山》。

双尖山,海拔 822 米,位于金华与义乌的交界,属金华山脉,因山顶似有双尖而得名。双尖山气势雄伟,它屹立在金(华)东义(乌)西之北,艾青称"双尖山是威壮的武士",他曾在诗中这样赞颂它：“你像一个古代的骑兵,/满身披挂着弓箭,/骑着紫铜色的骏马,/在天边驰骋。”双尖山下那片起伏的沃野,更是一块神奇的土地，骆寒超先生在一次演讲中说道：“浙江有两块神奇的土地,咱们的双尖山下,就是其中的一块,艾青、吴晗、施复亮、施光南、陈望道、冯雪峰等中国的文化名人都出生在这块土地上,这是一方人杰地灵之地。”

金东区傅村镇境内的双尖山是地理浙江的中心,双尖山是浙江省轴心点,以双尖山的其中一个山顶为圆心,250公里为半径,画上一个圆圈,就可纳入整个浙江的地理版图。“山不在高,有仙则名。”双尖山海拔不算高,但山上曾有起于隋唐时期的法华寺。而今,法华寺虽只剩遗址,但其佛家渊源犹存。双尖山义乌上溪一侧,有萧皇塘村,因帝王驾临而得名:相传南北朝时期梁武帝萧衍(464-549),曾派长子萧统(昭明太子)到双尖山周边萧皇塘等地赈灾。相传双头山两个山峰一曰“华金尖”,一曰“法华尖”,现义乌萧皇塘双尖山,法华尖下古有法华寺,规模空前,传说中有得道高僧做法之时,夜间在山下远方皆可见法华尖周围霞光四射,紫蕴涵绕,法华以此得名。只可惜,至今荡然无存,只见瓦砾处处,磐石错落。“法华”在当地方言中与“花花”相近,故名“花花寺”。

## 二

《双尖山》首先写了窗外的鸟叫声引起了诗人的记忆,想起了故乡,想起了故乡的双尖山,“是什么鸟在窗户外面/唱着,唱着,唱着,/在早晨的清静的空气里,/它的歌声这样嘹亮而又圆润。/这歌声引起了我的记忆,/我在家乡双尖山的峰顶,/也听见过这迷人的歌声……”这首诗就这样以小鸟的鸣唱勾起诗人的思乡之情起兴,让自己的诗情飘回到家乡,飘回到孩童时代。

诗人抒写了双尖山是他成长的摇篮,在童年的诗人看来双尖山"显得多么高""显得多么庄严"。诗人用了三个形象的比喻,说双尖山"晴朗的日子,/白云敷上阳光,/像一条金带","像一个古代的骑兵,/满身披挂着弓箭,/骑着紫铜色的骏马,/在天边驰骋","像一个被囚禁的武士,/那巨大而忧郁的影子,/谁看见了都会感到不安"。双尖山尽管"显得很高",但"并不孤零",它的东边是伏虎岩,与伏虎岩相连的是离别山,西边是太阳岭。双尖山与群山相连,它的山脚下是"成千的山村"。

然后诗人开始抒写登双尖山的所见所感。"我们沿着山谷,沿着溪流,/好像走进了'桃花源',/远远近近都看见,/许多小山村建造了新房。"诗人越走越高:"看山峰就在头顶,/走起来却要半天";道路又是如此的崎岖险峻:"山风啊,这样大,/高树繁枝摆荡着,/好像一群喧闹的巨人;/石级啊,这样滑,/偶然向脚下一看,/下面是一片迷氛……"而当诗人来到了"伏虎岩的巅顶"的时候,却有无限风光在险峰:"而在高山上面,到处都是花木","而最魅人的花朵,却开在悬岩的边沿"。"有人煮了新茶,/有人谈起往事,/在民族解放战争的年代,/这儿是游击根据地",于是诗人的眼光就投向对革命斗争史迹的造访:

> 司令部就在这个古庙里,
> 山村里的猎户们都聚拢来,
> 用杀野猪的刀杀汉奸,
> 用射击飞禽的子弹射击。

> 在那山口上,

摆上一架机枪，

人们散在灌木丛里，

等着敌人的是死亡。

　　双尖山，就这样作为诗人家乡人民在民族解放战争年代"流过无数鲜血"的见证，载入了艾青的诗卷。所以他又禁不住高歌：

不驯服的双尖山，

像祖国别的山一样，

在暴风雨的前面，

坚贞地矗立着，

直到阴霾四散，

天上挂起了彩虹。

　　诗人从回忆中回到现实，抒写了诗人眼中所见的双尖山。家乡的山庄这时已造起了无数的新房，还有新筑的公路，有欢笑的挑着很重的柴禾而"迈着轻捷的脚步""很快地奔下山坡"的山村妇女，连最边远的山村也办起了学校。山上，"森林比毛发还要茂密，/岩山上处处是映山红"，"从那些密林里，/随风飘来一阵阵鸟叫"。他把山间的一泓清泉，也描绘出了一种特有的意境美：

而在巨大的岩石下面，

一泓清泉

发出淙淙的声音，

像一条银蛇

滑进了草丛，

不见了，
忽然又出现在林木那边，
于是，沿着山谷
流着，流着，
经过了我的村庄，
流向远方……

　　诗人由现实想到双尖山的未来，也是对故乡未来的展望，是
诗人心中的一个美丽的故乡梦，仍然渴望着"我的摇篮"——"亲
爱的双尖山"将来更加美好：

我想，再过几年
在那辽阔的原野上，
将出现高压线，
在青青的山岗上，
也将建立起伐木厂，
公路将伸进这苍郁的森林，
在这静静的山谷里，
疾奔着的，叫啸着的
将是运载木材的车辆……
那时候啊，那时候
我一定再回来，
看看我的双尖山，
看看我的家乡。

# 三

《双尖山》是艾青自己比较喜欢的诗,轻盈柔曼,思绪绵绵。他不太善于描写具体与实在的生活,不太习惯轻率地把自己的笔墨投向瞬息万变的现实本身,《双尖山》正是规避了浮面的描绘,而随着事象的推移,渗透着诗人感情的推移,写得质朴、真切和细腻。

诗歌是通过意象及其组合来表现情感的。意象是审美情思的物化形式,是诗人升华并凝定感觉印象的一种基本艺术方式。对于意象及其作用,前人有过不少论述。从刘勰的"窥意象而运斤"(《文心雕龙·神思篇》),到明前七子何景明的"夫意象应曰合,意象乖曰离"(《与李空同论诗书》),从胡应麟的"古诗之妙,专求意象"(《诗薮》),到清代方东树的"意象大小远近,皆会逼真"(《昭昧詹言》)等,均以意象论诗。20世纪初活跃在英美诗坛上的意象派在宣言中就提出了"运用意象把握具体细节,扬弃含混不清的泛泛议论"的主张。韦勒克、沃伦在《文学理论》中说得更明确:"意象是诗歌结构的一个组成部分。"

意象可以分成不同类型,在《双尖山》中采用得比较多的是描述性意象和比拟性意象。描述性意象是通过直接现实物象的描写来直射情感的,即诗人对客观物象的直观性描写,但这种描述并不是被动的,而是让"感情被物象渗透,物象直射出感情",物我同一,"我和物的界限完全消灭,我没入大自然,大自然也没入我,我和大自然打成一气,在一块生长在一块震颤"。在《双尖山》中,诗人多处使用描述性的意象:"森林比毛发还要茂密,/岩山上处处是映山红,/春天的山野/多么醉人啊!/从那些密林里,/随风飘来一阵阵鸟叫,/叫得这山野更幽静了……""我想,再过几年/在那辽阔的原野上,/将出现高压线,/在青青的山岗上,/也将建立起伐木厂,/公路将伸进这苍郁的森林,/在这静静的山谷里,/疾奔着的, 叫啸着的/将是运载木材的车辆……/那时候啊,那时候/我一定再回来,/看看我的双尖山,/看看我的家乡。"通过描述事象、物象而直接表现诗人情感的意象,大多意在象中,多用接近联想,采用直接的描述性语言。我国古代诗歌中的赋大都为描述性意象。这种意象既可以多侧面、多角度地描绘中心意象或主要意象,构成酣畅排比的气势,可以直接展示某一事物的特征,也可以使诗歌的语言朴素、明朗,不刻意追求含蓄,却具有内在的旋律和散文美。

比拟性意象,是运用比拟手法创造的意象。比喻即"以彼物比此物也",多用相似联想。比喻,在古代曾分为明喻、隐喻、博喻、引喻、对喻、简喻、虚喻、类喻、详喻、诘喻等十种,因其分目过细,难免烦琐。现在人们将常用的比喻性意象按其归类分为明喻性意象、借喻性意象、博喻性意象、隐喻性意象。艾青曾说:"为事物寻找比喻,是诗人的几乎成了本能的要求,只有充分理解事物之间的差别,才能找到逼真的比喻。"艾青可说是善用比喻的高手,比喻性意象是艾青诗歌中十分活跃又光彩夺目的艺术元素。拟人句就是把某件东西比喻成与人相同,根据想象将物当作人来叙述或描写,使"物"具有人一样的言行、神态、思想和感情。所写事物必须具有人的特点,不能出现比喻词,不能出现表示人物的词语。总之,拟人就是用写人的词句去写物。这种手法又叫作"人格化"。它是一种常用的修辞手法。在《双尖山》中艾青成功运用了比拟性意象。

亲爱的双尖山
你是我的摇篮——

早晨，你看着我起身，

晚上，你看着我睡眠；

你显得多么高

显得多么庄严，

晴朗的日子，

白云敷上阳光，

像一条金带，

缠住你的腰身，

你像一个古代的骑兵，

满身披挂着弓箭，

骑着紫铜色的骏马，

在天边驰骋；

阴天，浓雾蒙住你的脸，

你像一个被囚禁的武士，

那巨大而忧郁的影子，

谁看见了都会感到不安；

而当浓重的乌云

压在你的头顶，

四周沉寂地期待

那闪电的一击，

于是，带着隆隆之声，

就有倾盆的大雨来临。

　　这里将双尖山比作人，"像一个古代的骑兵"，"像一个被囚禁的武士"，写出了双尖山的高大威严，也写出了它的变化多端。

而在巨大的岩石下面，

一泓清泉

发出淙淙的声音，

像一条银蛇

滑进了草丛，

不见了，

忽然又出现在林木那边，

于是，沿着山谷

流着，流着，

经过了我的村庄，

流向远方……

　　这几句将"一泓清泉"比作"一条银蛇"，抒写了双尖山优美清新的景色，抒发了对家乡的热爱。

　　通过丰富的意象，诗人抒发了对故乡的真挚情感。《双尖山》其实就是他对当年的梦想一次真实的再现。这首诗里写到家乡的山庄已建成无数的新房；有了新筑的公路；载重卡车吼叫着驶过时，担柴的山村妇女欢笑着在后面追跟；最高的山村里，也办起了学校……它的确写得很美，很有意境。引人注意的是：这首长诗渗透着艾青大量的主观情感，他的回忆，他对家乡一往情深的眷恋，全织入对双尖山的山野美景和双尖山地区人民的生活美景的描绘中了。诗篇回忆了童年、少年时期艾青对这座山神秘的感觉、美丽的幻想。他幻想着等自己长大了，能和砍柴的人一起去攀登这座大山，去看看"天那边的世界，/究竟有多么大，/天那边的人们，/又是什么模样"。这个永远让心处在骚动里，活在探究广大世界的幻想里的少年人,终于离开了家乡。这以后,他在世界各地漂泊时曾攀登过无数大山,看到过各式各样人的生活。可是他总是"忘不了双尖山":"你是我的生身之地,/我喝你的山泉长大,/矿水里的什么液汁/在我的血管里回旋……" 正是这种对故乡的深厚情感,使步入中年的诗人重返故乡、攀登双尖山时,对这座山的一景一色和环山地区人民生活美好的变化,怀有不同寻常的欣慰之情——尤其当听说抗战时期这里的游击队曾以双尖山为根据地和侵略者浴血奋战的事迹后,他更感觉到家乡不仅可爱而且可敬了。

这首诗用艾青一贯使用的大面积铺写的自由体来写,使复杂的意象描绘得自由、方便、充分,并能注意到宽式押韵,所以全诗意象丰盈、诗情饱满,语言富有散文美的自然、流畅。严辰说:"艾青回到他家乡去了一次,回来写了《双尖山》,他最喜欢这首诗,认为很久以来没有写出这样的诗了。"艾青的自我偏爱不是没有道理的。

# 参考文献

[1] 艾青. 艾青. 北京:人民文学出版社,2006.

[2] 浙江金华第一中学校志编纂委员会. 浙江金华第一中学校志.

[3] 艾青中学校本课程编委会. 走进艾青.

[4] 中共武义县委宣传部. 永远的晨光.

[5] 艾青诞辰100周年学术研讨会秘书组. 艾青诞辰100周年学术研讨会论文.

[6] 吴晓. 诗美与传达. 桂林:漓江出版社,1993.

[7] 陆耀东. 中国新诗史(1916-1949). 武汉:长江文艺出版社, 2009.

[8] 朱光灿. 中国现代诗歌史. 济南:山东大学出版社,2000.

[9] 骆寒超. 艾青论. 杭州:浙江人民出版社,1982.

[10] 骆寒超,骆蔓. 时代的吹号者——艾青传. 杭州:杭州出版社,2005.

[11] 周红兴. 艾青传. 北京:作家出版社,1993.

[12] 冯雪峰. 冯雪峰选集: 论文编. 北京: 人民文学出版社, 2003.

[13] 冯雪峰. 冯雪峰选集: 创作编. 北京: 人民文学出版社, 2003.

[14] 包子衍,袁绍发,郭丽卿,王锡荣. 冯雪峰纪念集.北京:人民文学出版社,2003.

[15] 陈早春, 万家骥. 冯雪峰评传. 北京: 人民文学出版社, 2003.

[16] 汪亚明. 土地与太阳：艾青的世界. 天津: 天津人民出版社,1999.

[17] 孙琴安. 雪之歌——冯雪峰传. 杭州: 浙江人民出版社, 2005.

[18] 鲍川. 鲁迅与义乌人. 北京:中国文联出版社,2004.

[19] 吕进. 文化转型与中国新诗. 重庆:重庆出版社,2000.

[20] 李怡. 中国现代新诗与古典诗歌传统. 重庆: 西南师范大学出版社,1994.

[21] 陈国恩. 中国现代文学的历史与文化透视. 武汉: 武汉大学出版社,2005.

[22] 汪剑钊. 二十世纪中国的现代主义诗歌. 北京: 文化艺术出版社,2006.

[23] 陈良运. 诗学•诗观•诗美. 南昌:江西高校出版社,1991.

[24] 钱理群,温儒敏,吴福辉. 中国现代文学三十年:修订本. 北京:北京大学出版社,1998.

[25] 王瑶. 中国新文学史稿. 上海:上海文艺出版社,1982.

[26] 舒启华. 婺州民俗大观. 西宁:青海人民出版社,1997.

[27] 乔治•桑塔耶纳. 美感. 北京:中国社会科学出版社,1982.

[28] 骆寒超,关登瀛. 艾青纪念文集. 北京:作家出版社,1999.

[29] 汪亚明,陈文兵,等. 中国新诗形态论. 北京:文化艺术出版社,2004.

[30] 王红,谢谦. 中国诗歌艺术. 北京:高等教育出版社,2004.

[31] 山东省现代文学研究会. 中国现代文学散论. 济南: 山东文艺出版社,1984.

[32] 骆寒超. 新诗主潮论. 上海:上海文艺出版社,1999.

[33] 骆寒超. 20 世纪新诗综论. 上海:学林出版社,2001.

[34] 骆寒超. 中国现代诗歌论. 南京:江苏人民出版社,1984.

[35] 王嘉良. 中国现代文学史. 天津:天津人民出版社,1998.

[36] 潘颂德. 中国现代新诗理论批评史. 上海: 学林出版社, 2002.

[37] 高瑛. 我和艾青. 北京:北京十月文艺出版社,2007.

[38] 高瑛. 山和云. 合肥:安徽教育出版社,2005.

[39] 叶锦. 艾青年谱长编. 北京:人民文学出版社,2010.

[40] 艾青. 艾青全集: 第 1-5 卷. 石家庄：花山文艺出版社, 1991.

[41] 程光炜. 艾青传. 北京:北京十月文艺出版社,1999.

[42] 张永健. 艾青的艺术世界. 武汉: 华中师范大学出版社, 1998.

[43] 杨匡汉,杨匡满. 艾青传论. 上海:上海文艺出版社,1984.

[44] 吴洪浩. 不灭的诗魂·艾青. 济南:山东画报出版社,1996.

[45] 周红兴. 艾青研究与访问记. 北京:文化艺术出版社,1991.

[46] 叶橹. 艾青作品欣赏. 南宁:广西人民出版社,1986.

[47] 牛汉, 郭宝臣. 艾青名作欣赏. 北京: 中国和平出版社, 1993.

# 后　记

　　专著《艾青诗歌的历史与文化透视》出版后,我们就考虑对艾青诗歌做进一步探索。作为诗人家乡的艾青诗歌爱好者,我们最终选定了《艾青笔下的故乡》这一题,努力对艾青与故乡金华的关系做进一步思考和总结。

　　《艾青笔下的故乡》首先介绍了艾青故乡金华的历史文化。金华文化发端于上山文化史前时期,浦江上山文化是金华文化的发端。秦到唐朝是金华文化的渐进时期,这一时期,随着国家统一,北方人口南迁,中原地区的影响逐渐推进到金华地区,金华地区出现了乌伤文化,忠孝之风盛行;出现了婺窑,青瓷技艺达到很高的水平;区内东阳、永康、义乌等县市建置大多在这一时期。随着宋室南迁,中国政治经济文化重心随之南移,金华成了文化重镇,出现了大量书院,学者名儒登坛讲学,培养出了众多的人才,金华一时有"小邹鲁"之称,出现了吕祖谦、陈亮、唐仲友等著名学者,使宋金元时代是金华文化的鼎盛时期。明清时期是金华文化的发展时期,著名的文化名人宋濂、胡翰、戴良、胡应麟、张作楠等出现在这一时期,浦江"江南第一家"、东阳卢宅、武义俞源等古民居群主要在这一时期形成,金华文化的重要代表婺剧也是在这一时期逐渐形成流行、自成一体的。民国时期是金华文化的繁荣时期,这一时期,金华地区交通发达,社会经济得到较大发展,出现了众多文化名人,有国画大师黄宾虹、张书旂、吴茀之、张振铎,新闻学家、一代报人邵飘萍,史学家、教育家何炳松,现代思想家、文学家陈望道,历史学家吴晗,著名文学家艾青、冯雪峰、潘漠华等。

《艾青笔下的故乡》对艾青与故乡金华的联系进行了梳理研究。这部分内容主要有:艾青的故乡、艾青人生经历和创作历程、艾青的诗歌创作、艾青笔下的故乡人、艾青笔下的故乡景、艾青笔下的故乡情、艾青与亲人等。艾青19岁就带着复杂的感情离开了故乡的小山村。从此,他过着漂泊的生活,足迹踏遍祖国的山山水水,也曾浪迹异国他乡。他虽然在外漂泊,心中思念牵挂的始终是故乡,笔下涌现的是对故乡的深切思念之情。新中国成立前,诗人多次回到故乡。新中国成立以后,艾青曾在1953年、1973年、1982年、1992年四次回到金华老家。

《艾青笔下的故乡》还对艾青的怀乡诗进行了赏析。艾青怀乡诗主要指描写故乡金华以及抒发对故乡思念之情的诗作。综观艾青诗作,或多或少直接写到金华人与物的作品有《大堰河——我的保姆》《我的父亲》《少年行》《透明的夜》《强盗和诗人》《双尖山》《村庄》《献给乡村的诗》《藏枪记》《矮小的松木林》等。在一些诗作中,尽管主要抒写的是其他事物,但难以抑制的思乡之情溢于言表,这些诗作包括《在铁窗里》《黄昏》《画者的行吟》《黎明》《赌博的人们》《旷野》《公路》《河边的芳草》《下雪的早晨》《垦荒者之歌》《鹿回头》《每个人都要从自己开始》及《面向海洋》等。本书主要对其中的十三首与故乡金华密切相关的怀乡诗单独进行了赏析,目的在于能让读者更好地了解诗人艾青笔下的故乡。

我们的心满溢感激,都因我们人生有幸。在写作期间,我们得到了家人、师长、朋友的鼓励和支持。我们特别要感谢高瑛女士的热情关怀和大力支持,感谢书法家张雪明先生为本书题写书名。

本书写作参考并吸收了国内外艾青研究者的研究成果，除书中已注明出处者外，限于篇幅，不再一一列举，特一并表示衷心感谢。

由于成书时间较为短促，又由于作者水平和人力的局限，本书缺点、错误在所难免，祈请专家、读者给予批评指正。

作　者

2013 年 5 月

浙江省社会科学界联合会研究课题成果

婺文化丛书Ⅴ·钟世杰　主编

# 吴茀之艺术论

骆风　著

浙江工商大学出版社

图书在版编目(CIP)数据

吴茀之艺术论 / 骆风著. —— 杭州：浙江工商大学出版社，
2013.5
（婺文化丛书 / 钟世杰主编. 第 5 辑）
ISBN 978-7-81140-797-6

Ⅰ.①吴… Ⅱ.①骆… Ⅲ.①艺术史-金华市 Ⅳ.①J120.9

中国版本图书馆 CIP 数据核字(2013)第 106516 号

# 吴茀之艺术论

骆　风　著

| | | |
|---|---|---|
| **责任编辑** | 赵　丹 | |
| **特邀编辑** | 许苗苗 | |
| **装帧设计** | 周国良 | |
| **出版发行** | 浙江工商大学出版社 | |
| | （杭州市教工路 198 号　邮政编码 310012） | |
| | （E-mail：zjgsupress@163.com） | |
| | （网址：http://www.zjgsupress.com） | |
| | 电话：0571-88904980,88831806(传真) | |
| **排　　版** | 金华日报商务彩印有限公司 | |
| **印　　刷** | 金华日报商务彩印有限公司 | |
| **开　　本** | 850mm×1168mm　1/32 | |
| **印　　张** | 138.5 | |
| **字　　数** | 3226 千 | |
| **版印次** | 2013 年 5 月第 1 版　2013 年 5 月第 1 次印刷 | |
| **书　　号** | ISBN 978-7-81140-797-6 | |
| **定　　价** | 460.00 元 | |

# 《婺文化丛书》编委会

# 序　言

癸巳春日,浙江美术馆正筹划组织吴茀之先生艺术研究及展览,收到婺州画友骆风寄来《吴茀之艺术论》书稿,系浙江省社会科学研究课题成果,我感到几分惊讶,更感到欣喜。骆风日常忙于教学,闲暇致力于研究吴茀之先生的艺术,近年来奔走于先生昔日之遗痕,辗转于其师友、学生及家属之间,整理史实,探究艺境,规模文藻,终有所成,实属不易,我为之叫好!

吴茀之先生是我的乡贤,又是近现代中国美术史中的一位中国画大家。由于种种机缘,对吴老的怀念之情不时回荡在我的思绪中,感动分外亲切。曾记得筹建吴茀之纪念馆的那一段经历,至今仍让自己引以为幸。1993年,浦江县政府基于地域文化特色,提出"让书画走向世界,让世界了解浦江"的思路,兴建名家纪念馆等文化设施。先生亲属为建馆慷慨捐赠了吴茀之书画精品80余件和部分书稿遗物。1994年吴茀之纪念馆建成开馆,接着又担任该馆的馆长近11个春秋,期间,筹划、组织了一系列的文化艺术活动,以研究吴茀之的艺术,宣扬他的学识、思想与精神为己任,并借此致力于民族精英文化的守望和传承。不知不觉间,自己仿佛已经成为吴茀之先生的"家人"。同时,吴茀之先生讲求意境与笔墨的写意水墨画风对我的绘画产生了很大的影响。我想,这应该也就是骆风邀我作序的缘由。

　　吴茀之先生师从近代中国画大师吴昌硕，并深得其大写意风格的精髓，出入"海派"后与潘天寿等共创"浙派"画风，奠定了浙派花鸟画审美、技法、教学诸方面的基础，起到了举足轻重的作用。他作为现代浙派花鸟画杰出的代表人物之一，在传承中国画传统文化的积淀上力主革新，以其丰润郁勃、婀娜多姿的风格，在花鸟画坛独树一帜，而荣载中国画史。先贤的伟业、成就，无时不在鞭策和鼓励后人；前辈的人品、言行，无时不在影响和教诲我们。

　　近些年来有关吴茀之先生的研究论述大多是从某一特征或某一方面的单线研讨，不免有些管中窥豹之嫌，像骆风所撰写如此全面、系统且以艺术论形式对其艺术智慧、才情、学养、游历诸方面的宏观论著乃为先例。艺术论从吴茀之生平、艺术思想为先导，追溯家学发端，寻踪觅迹，寻觅大师生平的足迹，以艺术本体为基点，深研学术思想之内涵；渐由风格、教育、人格为分论，由绘画、诗文的演进引现艺术特征，由师承、传授及变革来描述人格呈现的魅力，脉络清晰，论述得当。全书为读者展现了一段曾经动荡的历史年华，一位鲜活可敬的艺术大家和一条传统绘画的求新之路。作者撰写侧重史料，注重学术理念，突出艺术价值，辞章娴熟朴厚，掩卷之余，深感获益良多。故欣然命笔，谈点滴感受，权以为序。

马锋辉

癸巳三月于杭州

# 目 录

# 第一章　吴茀之艺术略传

## 引　言

问尔尔何如？峻嶒比鹤臞。

江天容汗漫，世路费踌躇。

有志难投笔，无功愧读书。

委怀从所好，写幅辋川图。

这是现代花鸟画大家、美术教育家吴茀之的《自题小照》诗，吴茀之于 1939 年题写在他的一帧照片上。相片上时年 40 岁的吴茀之戴着眼镜，面容清癯，双目闪烁着睿智的光泽，嘴角带着自信的笑意。时值抗战时期，烽火连天，政局动荡，这位从事美术教育的书画家对人生前途感到有些迷茫和无奈，自责一介儒生，不能报效国家，唯以寄托笔墨遣怀而已。

吴茀之是艺术的幸运儿。出生于书画之乡浦江，又在上海美术专科学校接受了系统的美术教育，尤其是得到了近代大师吴昌硕、王一亭等人的指教，为他开启了写意花鸟画的艺术之门。他天资颖慧，加之执着勤奋，终于成为中国现代画坛一位卓越的大家。

然而，吴茀之的艺术人生道路又是坎坷多难的。作为 20 世纪

吴茀之 1939 年像

的同龄人,他经历了极不平凡的时代风潮,他的艺术人生也随着时代风云的激变而起伏。最为不幸的是,吴茀之暮年遭遇了"文革",通往艺术最高峰的道路被无情地摧毁了。当"文革"结束,艺术曙光再次闪现在中国画坛时,他却带着深深的遗憾撒手人寰。

吴茀之的艺术道路是对中国画语汇的继承和绵延,他的艺术既具现代情怀,又与传统儒家的中庸清正相合。作为传统创新型画家,吴茀之的丹青生涯在这一群体中极具代表性。由此,我们可以窥见中国 20 世纪文人绘画的清晰脉络。

# 第一节　乡风家世

吴茀之的故乡浦江位于浙江省中部，浦江于东汉兴平二年(195)建县，古称丰安。唐天宝十三年(754)置浦阳县，以境内浦阳江得名。十国吴越天宝三年(910)改浦阳为浦江。从建制至今已有1800多年的历史。

浦江素有"文化之邦""书画之乡"之称，历史文化源远流长。浦江的"上山文化"遗址距今万年，是中国长江下游及东南沿海地区迄今发现的年代最早的新石器时代遗址，是世界稻作农业的起源地之一。浦江郑宅的郑氏家族，以孝义治家名冠天下，自宋迄明，同居共食15世360余年，三朝旌表，明太祖朱元璋御赐"江南第一家"。浦江民间艺术绚丽多彩、极具特色。起于明代的"迎会"(又称抬阁)，创作奇巧，堪称华夏一绝；浦江板凳龙(又称长灯)，集多种艺术和工艺于一体，游动时又融体育、杂技、舞蹈为一体；浦江剪纸，风格秀丽、装饰性强，以独具地方特色的戏曲人物剪纸，在中国剪纸中独树一帜；起源于南宋末年的浦江乱弹，是戏剧文化的"活化石"；浦江郑宅的郑义门古建筑群是一个集古代建筑、传统民俗和儒学文化于一体的典型；浦江麦秆贴画，以朴实的艺术质感，精巧的制作工艺，为中外人士所赞叹。

明代浦江乡贤戴良为《浦阳人物记》作后序，曰："盖山川之气，大则钟而为人，小则发而为货宝动植之类。"浦江山水毓秀，仙华山拔地而起，浦阳江蜿蜒而行，明山秀水孕育了众多的历史名人，二十五部正史中，记录浦江的先贤就有51人。在浦江悠久的历史文化中，书画尤为昌盛，可谓名家荟萃，代不乏人。《浦江书画

1959年浦江县前吴村全景

人物小传》收录从宋代至今的书画家有 255 人。北宋于正封，善正楷，所书《左溪山碑》，笔势雄迈。元代柳贯，长于楷书，工篆籀，行书纵横飘逸，《三希堂法帖》收有他的手迹。明代的宋濂被明太祖称为"开国文臣之首"，小楷端庄工整，篆书遒劲伟丽，草书龙飞凤舞，《草字汇》列其为明代"草圣"。宋濂次子宋璲，楷书秀劲，行书近赵孟頫，草书沉顿雄快，小篆之工为明代第一。明末清初的才女倪仁吉，工诗词、精书画，尤长发绣。画僧东皋心越（俗名蒋兴俦）书画篆刻俱佳，兼通琴道，康熙十五年(1676)东渡日本，传授治印和书画技法，被奉为"日本篆刻之父"。

上世纪初，在这方人杰地灵的沃土上，又涌现出一批在中国近现代美术史上深有影响的书画名家，如吴茀之、张书旂、张振铎、郑祖纬、徐天许等，他们以丹青妙笔为书画之乡谱写了新的篇章。

1900 年 4 月 26 日(农历三月廿三)吴茀之出生于浦江县前吴村。初名士绥，取自《诗经·周南·樛木》："乐只君子，福履绥之。"(毛传：绥，安也)字福之，以谐音改茀之，以字行，后又改名谿，号谿子，别署广明畸士，又号逸道人、仙华山逸。

前吴村位于浦江县西部，建村于唐乾宁年间(约 894—897)，为吴姓聚居之地，是唐代大文学家吴融的后裔。前吴村背倚四全山,环绕吴溪水,风光旖旎,并且文风鼎盛,名士辈出。

吴茀之的十四祖吴渭(1220—1290),字清翁,号潜斋,宋末曾任义乌县令。宋亡后,入元不仕,居于吴溪,创建"月泉吟社"。他邀请方凤、谢翱、吴思齐等宋代遗民,吟诗作文,共寄黍离之思而饮誉八方。"月泉吟社"是元初宋遗民创立的人数最多、规模最大、影响最深的遗民诗社。至元丙戌(1286),吴渭仿效宋代范成大故事,以《春日田园杂兴》为题,限五七言律诗,以"月泉吟社"的名义向天下文人征诗。三个月内,竟得2735首,经评审,将前60名的74首诗付梓为《月泉吟社诗》,这是我国现存最早的一部诗社总集。诗作内容借歌颂田园风光来抒发亡国之痛和故国之思,表明诗人自己不仕元朝的情操,具有深远的思想价值和艺术价值。诗社独特的征诗活动,对后世的文人结社产生了较大的影响。吴茀之对先祖吴渭十分景仰,他有两种款式的"清翁后人"的闲章,常钤于自己的得意之作上。

此外,先祖中较有影响的还有吴直方、吴莱父子。吴直方(1275—1356),字行可,元代集贤殿大学士,是元丞相脱脱的老师,对脱脱颇有影响。吴莱(1297—1340),原名来凤,字立夫,吴直方长子。延祐年间应进士试,不第。延祐七年(1320)被荐礼部。因与执政者不合,退居家乡深袅山中,自号深袅山道人,潜心读书著述,一时四方学者多从之学。一生深究经史,尤以文学驰名于世。卒后,门人宋濂等私谥渊颖先生,后更谥贞文先生。先祖中这些忠臣贤士爱国坚贞的节操,高风亮节的品行,对吴茀之影响终身,先辈的文才诗思是陶冶吴茀之艺术成长的重要精神遗产。

吴茀之出身清贫的耕读之家,家有瓦屋三间,薄田四亩。曾祖初晃公为太学生,祖父宜彰公20而卒,祖母盛氏勤俭持家,生母黄氏贤淑达理,继母为潘氏。吴茀之的父亲申卿公,是清末的秀

黄尚庆作品(吴茀之藏品)

才,诗文之余,喜作书画,擅长白描仕女。吴茀之有兄弟二人、姐一人。长兄士维,字克持;次兄士续,字克承。其中长兄吴士维是当地颇有名气的民间书画家,在浦江亦有一定的影响。吴士维(1885—1957),书法宗颜真卿而自出心裁,善行楷,喜写楹联,气势雄阔苍遒;所作擘窠书,元气淋漓,神完意足。又工水墨写意花鸟,浑厚华滋,质朴大气,生活气息浓郁。吴士维喜好垂钓,经常捕鱼捉虾,对于水族一类观察入微,尤以画蟹著称。曾作《蟹谱》册页一部,和《百蟹图》长卷,笔墨率意而生动有致,吴茀之长于画蟹即受其兄的影响。

　　吴茀之7岁入前吴村私塾读书,13岁入浦江县立浦阳高小读书。受父兄熏陶,他自小喜好书画,所作花鸟、人物颇能传神,表现出非凡的艺术天赋。吴茀之少年时代有一位重要的艺术启蒙老师就是他的舅父黄尚庆。吴茀之后娶黄尚庆之女黄丽贤为妻,黄尚庆又成为他的岳父。"黄尚庆(1865—1919)字云谷,号左溪生。浦江县岩头镇芳地村人。少从邑人黄志璠游,22岁入郡庠,38岁科试一等一名,补上舍生,后肄业于金华丽正书院。生平立身制行有狷介之风,善文学,兼长诗、书、画。诗学杜少陵,兼喜香山、东坡之作。书尤矫矫独造,从颜体入手,卒其所得,劲悍缜密,于李北海为近。画则山水、花鸟俱佳,长于大写意,擅画芦雁,取法边寿民。其所写梅花、芦雁等作,遗貌取神,令人想见罗浮春色,白蘋秋水间。尝书有《中江第一桥志》,勒于石,苍劲浑厚,雍容大方。邑内学之者颇众。"①金华老画家施明德说,黄尚庆文化修养极高,黄宾虹17岁时曾向其习文学诗。黄尚庆作画用笔灵变,用墨鲜活,书法凝练而劲挺,有碑版的风韵。黄尚庆书画艺术上的这些特点,对吴茀之有着潜移默化的影响。吴茀之珍藏着黄尚庆的三件书画作品和几帧诗稿,它伴随着吴茀之走过一生,吴茀之对黄尚庆的艺术崇敬之情和浓厚的亲情由此可见。②

　　1924年,吴茀之考取严州省立第九中学。严州中学历史悠久,前身最早是北宋文学家范仲淹任睦州知府时捐薪创办的龙山书院。严州中学素以"严实"的校风著称,培育出诸多各界英才,如石西民、夏承焘、邵华泽等等。在这所新式的学堂里,吴茀之接受的教育更加全面,知识结构进一步完善。吴茀之课余自习书,临摹《芥子园画谱》《点石斋画谱》,以及珂罗版的《恽南田工笔画册》《蒋南沙画册》。恽南田(1633—1690)就是恽寿平,为"清六家"之一,以画没骨花卉著称被称为写生正派。蒋南沙(1699—1732)就是蒋廷锡,是清朝康熙、雍正年间著名的花鸟画家,得恽寿平韵味,兼长水墨。由此可知,吴茀之学习花鸟是从工笔花鸟入手的,起点颇高。一方面,工笔画更讲究造型设色,初学者可以学到花鸟画全面的技法,如果直接从写意画入手,可能偏于一隅;另一方面,恽南田、蒋廷锡都强调写生,所写风物以活色生香而感人,这

通济湖风光

使吴茀之认识到自然写生与艺术提炼之间的关联性。

　　1919年7月,吴茀之从严州省立第九中学毕业回到家乡。父亲申卿公作为一名清末的秀才,深知儒学典籍和古诗词的重要性,他极有远见,并不因为吴茀之中学毕业而自足。为了吴茀之的学业能更进一尺,他又延名师为他讲学。"在离前吴村十里地的狮岩下,有位陈友年老先生,学问渊博,教导有方,申卿公备了礼品,带着茀之去狮岩下拜陈友年为师,研习《四书五经》《纲鉴易知录》和唐诗等。"③这一阶段的学习虽然时间不长,但对吴茀之的艺术人生影响极大。吴茀之进一步接受了儒家思想的陶染,同时在古典文学上也打下了坚实的功底,为日后成为"诗书画"三绝的文人画家奠定了基础。1920年,21岁的吴茀之任浦江城里民强高小教员,他已经开始作诗,并且开始创作花鸟画,在画上题诗,向着文人画的道路迈进。

故乡文人的和民间的双重文化传统,陶冶和滋养吴茀之艺术的成长,前吴是他艺术萌芽之地。1959年前吴村修建通济桥水库时沉入库底,吴茀之始终深深地眷恋着故土,他以家乡村前的吴溪为名,改名吴谿。吴茀之去世后,亲人按遗嘱葬他于通济湖之北的山麓,吴茀之长眠在养育他的土地上。

**注释:**

①见何保华、洪以瑞编著《浦江书画人物小传》,浦江县县志编纂委员会办公室1995年,第47页。

②黄尚庆诗稿现藏浦江吴茀之纪念馆,在黄尚庆遗留的诗稿中,附有一张吴茀之1961年手书的黄尚庆简介:

黄尚庆,字云谷,家在浦江东乡芳地,我母舅也。据知他十六岁失恃,十八岁进秀才,县试府试均获第一名,如再上升其才可中举,因困于家庭未果。二十二岁即患咯血症,五十二岁卒于家。一生治学甚勤苦,博览群书,精诗文,尤工书画,有大家风,名振浙东,其书画散于各地颇多,其诗稿尽毁于回禄,未传。

③见张岳健《吴茀之》,湖北美术出版社2005年版,第2页。

# 第二节　求学上海

　　浦江虽然是书画之乡,有着较浓郁的艺术氛围,但毕竟是个小县城,信息闭塞,见闻不广,限制了吴茀之的艺术视野。吴茀之风华正茂,壮志凌云,自然不甘于蜗居乡村以笔墨自娱,他决心去南方文化经济的中心城市上海求学。1922年8月,吴茀之以优异的成绩考入了上海美术专门学校。同乡张书旂、张子屏也考入这所学校。上海美术专门学校(简称"上海美专")是我国教育史上第一所正式美术学院,1912年11月23日由刘海粟、乌始光等创办,最早校名为上海国画美术学院,它为中国近现代培育了许多艺术精英。学校为了适应美术师资之需,1917年起开设师范科,后又分为高等师范科和普通师范科。吴茀之在上海美专读的是高师科,中西方绘画都学。吴茀之因为初次接触到西画,顿感新鲜,因此在素描、色彩等科目上下了不少功夫。

　　上海美专是当时科系非常齐全的美术专门学府,聘请了社会上许多艺术界名流担任教学工作,如陈抱一、王济远、黄宾虹、王一亭、潘天寿、郑午昌、傅雷、俞剑华、朱复戡、马公愚等,这些教师都是当时国内西画、国画、书法、理论等方面的顶尖人才。吴茀之在上海美专这所艺术殿堂里如鱼得水,孜孜不倦地接受艺术滋养,上海美专成为他艺术道路上的一个新起点。

　　吴茀之在上海美专勤奋好学,加之天资颖慧,本身又有一定的国画基础,不久便崭露头角,颇得校长刘海粟和主课教师许醉侯的青睐。许醉侯是吴茀之艺术道路上的一位良师和伯乐。许醉侯,生卒不详,上海浦东人,是王一亭的弟子,工诗书画,善绘山

上海美专外景

水,笔墨纵横,气势雄厚,颇有八大山人、石涛之概,书法酷似其师,古秀沉着,虚实兼列。许醉侯为人豪爽,广交友朋,且乐于救孤济贫。许醉侯当年在上海艺坛颇有影响,可惜中年早逝,渐被画界淡忘。吴弗之和他始终保持着良好的师生关系,毕业后还与许醉侯有书信往来,研讨诗画。许醉侯先生以为吴弗之是可塑之材,对他期望极高。许醉侯带领吴弗之拜会了上海画坛的领袖人物吴昌硕和王一亭,使他有幸能登门求教,看他们挥毫泼墨,听他们谈书说画,为他开启了大写意花鸟画的艺术之门。

鸦片战争开始,由于海禁大开,上海成为我国东部最大的商业都市。随着上海经济、文化的迅速发展,以及东西文化的碰撞和

许醉侯赠吴莆之作品

交融，出现了我国近代绘画史上声名显赫的"海上画派"，它成为了我国近代绘画的一面光辉旗帜。海上画派汲取明清陈淳（白阳）、徐渭（青藤）、陈洪绶（老莲）、八大山人、石涛和"扬州八怪"等诸长，又受清代金石学的影响，形成潇洒放纵又雄厚古朴的画风。"海上画派"自赵之谦开山以来，产生了一批以任伯年为领军人物的大家，标志着"海上画派"走向了成熟期。吴昌硕以及画派的艺术创作将海派绘画推上了高峰，诗书画印兼长的大师吴昌硕成为继任伯年以后的海派领袖人物。吴昌硕（1844–1927）原名俊、俊卿,字昌硕,别号缶庐、苦铁等,浙江安吉人,同治四年秀才。吴氏诗、书、画、篆刻皆精。尤以金石书法入画,如盘虬屈铁,其画笔墨淋漓,色彩浓郁,开近代写意画派新景象。吴昌硕在上海生活40余年,艺术创作活动主要在上海,因此在上海有极大的影响力。他所开创的金石派画风,辐射全国,以至日本。

吴茀之在上海美专求学时期,吴昌硕已年过八十,艺术上炉火纯青,声望如日中天,他的大写意花鸟画风,追随者极多。他的作品凝重朴茂,气势雄健,达到了文人画的一个高峰。吴茀之一见倾心,为之深深感染,艺术境界大为提升。他开始学习吴昌硕的大写意花卉,他登门请教,还常去画店观赏吴昌硕的作品,并买来吴昌硕的画册临摹,同时学习吴昌硕的行书。吴茀之学习吴昌硕的画风虽然时间不长,却已入门径,深得其三昧。

1924年春,他毕业创作《牡丹水仙》便是学吴派的佳作。这是目前能见到吴茀之创作的最早的一幅国画作品。作品是一幅五尺的大中堂,参差错落的几块磐石以泼墨法勾皴,嫣红的牡丹挺然盛放,以点染法写之,苍翠的水仙以勾花填色法描绘,似临风起舞。牡丹、水仙是吴昌硕常用的绘画题材,喻义福贵神仙,这是海派绘画谐俗的特性。构图上左低右高,颇显气势,是标准的吴家样,用笔苍劲,有草篆意趣,水墨氤氲,枯润相间,设色沉稳,古厚中显浓丽,甚至连苔点和画枯枝的手法也和吴昌硕如出一辙。时年吴茀之25岁,学"吴派"却能近乎乱真,实属不易。老师许醉侯对此评价极高,为此在画上题七绝一首并跋"吴君士绥,画笔雄浑,气象高古,近法缶翁,上追复堂,兹以近作索题,为书二十八字张之,甲子长至节许醉侯并题"。

吴茀之在上海美专求学还有一个重大的收获,是结识了一批对他一生艺术影响颇大的师友,如潘天寿、诸闻韵、张书旂等。尤

牡丹水仙1924年

其是潘天寿是他一生中最敬重最亲近和最长久的挚友。潘天寿（1897—1971），1922年应聘到上海美专任教，担任中国画的实习课教师。这是吴茀之在上海美专求学的最后一年，但潘天寿并没有直接教过吴茀之。潘天寿是吴昌硕的弟子，他见小自己三岁的吴茀之学习吴昌硕的画风能深入堂奥，十分钦佩。而吴茀之和潘天寿更是一见如故，往来频繁，研讨画艺，相见恨晚。吴茀之虽然和潘天寿年纪相仿，但他始终执师礼，对潘天寿的人品画艺都极其敬慕。

在上海美专的学习，奠定了吴茀之走向专业美术道路的基础，是他艺术生涯中至关重要的里程。

# 第三节 初楫艺舟

1925年1月，吴茀之从上海美专毕业，至此他不再用吴士绥的名字，而以"茀之"字行。"茀"字甚为生僻，音同"弗"，其义有三：第一，按汉许慎所编之《说文解字》，此字意为杂草茂盛，道路难行。自汉以后一千余年间，此字又增加了两个意义，第二通"治"，第三通"福"。吴茀之的弟子、著名花鸟画家柳村①认为，吴茀之用"茀之"自号，饱含深意。"吴先生最终确定用此自号，反映了他痛恨杂草挡道的书生意气，表达了他披荆斩棘的内心渴望，也说明了他要在艺术上独辟蹊径的坚强决心。"②

吴茀之毕业后经校长刘海粟推荐，去苏州省立第一师范美术科任教。这所学校的前身是宋代苏州文庙府学，光绪三十年，端方于此创办江苏师范学堂，1911年改省立第一师范学校。教员中有颇多学术名流，如颜文梁、吴梅、钱穆等。

吴茀之在苏州任教，中国画、西洋画都教，他教学态度十分认真，虽然他在浦江当过小学教师，但以前的知识和经验都显得不够用，他常向师友虚心请教，查找资料，编写教案，一丝不苟。教学相长，自身在知识和教学方面都有很大的提高。苏州名胜古迹和园林众多，吴茀之常领学生去写生。授课之余，他除了作画习书，还写了不少诗，这其中许多是题画诗，词句清新，意味隽永，大都收录在《吴茀之画中诗》中。

1927年下半年，吴茀之又受聘到江苏淮安中学任教。淮安中学始创于1903年，前身为清末丽正书院开办的淮安府中学堂。吴茀之教授国画，为教学之需，他想编一本画册作为国画的范本，又可展示自己近年来的绘画成绩，便于求教专家。他对毕业后的作品进行了一番整理，精心构思，苦心创作，增加了不少新作，1928年6月画册完稿。1928年暑假，他将画稿带到上海征求师友意见，校长刘海粟见他毕业后画艺突进，极为嘉许，欣然为画册题词"超逸高妙，士绥学弟国画日进千里，不禁狂喜，为题四字勉，刘海粟"。他又请经亨颐先生过目，经亨颐为他题写了书名《茀之画稿》。这一年年底，《茀之画稿》由淮安新民印刷所出版了，这是吴茀之最早的一本画集。

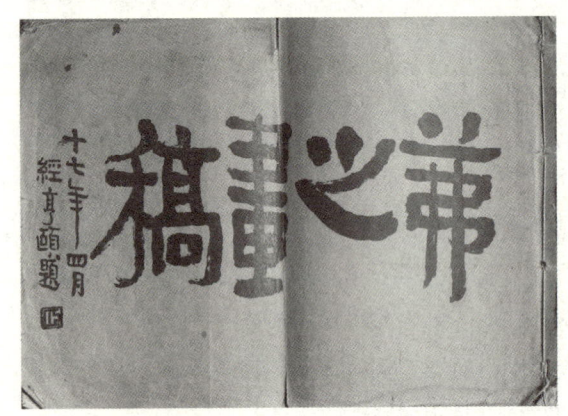

《茀之画稿》书影

《茀之画稿》中的作品

《茀之画稿》为宣纸单色石印线装本，磁青色封面，由经亨颐隶书题写《茀之画稿》四字，古朴端庄。封一是刘海粟的题词，画册前还有洪诠撰写的《茀之小传》，叙述吴茀之的艺术简历，夏艺珩、曾品仁撰写的序言,对吴茀之的诗、书、画都极为推崇。当时吴茀之尚不及而立之年,却才华出众,在艺术界已有一定的影响。此外,还有吴茀之的自序,以行书撰写,颇得吴昌硕书法的神韵。自序陈述了编撰画稿的初衷:

市上所售画谱珂罗版与铜版所印者价昂,不易购置,木刻与石印者内容又多陈腐不堪,因此学者皆以未得相当之蓝本为憾。

鉴于此,《茀之画稿》开本比《芥子园画谱》大,便于临摹,并用石印单色印刷,以降低成本。《茀之画稿》共有 60 幅吴茀之的作品,其中花鸟 49 幅、山水 5 幅、人物 6 幅。落款时间以戊辰年(1928 年)春为多。每帧都是横幅的册页,笔墨简洁,意境深邃。题材极其广泛,从梅兰竹菊到各类花鸟鱼虫都有。即使同一题材,其艺术表现方法也不尽相同。作品中笔墨风格近似吴昌硕的较多,有的作品也融合了李复堂、王一亭的笔意。从一些花鸟画的构图及穿插上,显露出吴茀之对个人风格的追求。这些画稿题跋有 10 幅作品是录前人的诗句,其余作品都是吴茀之先生自己撰写的诗句,吴茀之的诗风清新绮丽,使画意得以深化,也增加了文人画的气息。

1929 年,吴茀之受校长刘海粟之聘,回到上海美专任中国画的教授,同时兼沪江大学艺术导师。沪江大学创办于 1906 年,原名浸会大学,是一所教会大学。吴茀之在艺术上经常和师友交流,还参加了"寒之友社"的活动。"寒之友社"由经亨颐发起,1925 年夏成立于上海,会员有二十余人,均为艺坛知名人士,如陈树人、王一亭、刘海粟、张善孖等。还编辑了《寒之友》社刊,"寒之友社"一时名重艺林。

吴茀之将自己的作品拿给经亨颐请教,经亨颐的指点,督促他在艺术上发生了重大转折。经亨颐(1877—1938),字子渊,生于

刘海粟题词

浙江上虞,早年从事教育及民主革命活动,曾任浙江第一师范校长,春晖中学首任校长,他于诗、书、画、印均有杰出造诣。他坦诚地告诫吴茀之,目前吴茀之的书画作品面目和吴昌硕太接近,缺乏个人的风格,而作为一名艺术家,最重要的是要自立门户,否则意义不大。他的教诲对吴茀之的艺术思想产生了很大的震动。吴茀之把这一艺术观点与好友潘天寿商榷,潘天寿也同意这一观点。潘天寿对艺术风格重要性有着深刻的认识,他曾任教"中国绘画史"课程,并撰写了《中国绘画史》一书。他认为历史上杰出的书画家,都是能在艺术上推陈出新、独创风格的。潘天寿推心置腹的忠告,引发了吴茀之进一步的深思。

　　1931年,吴茀之游览叶园,见紫藤枝繁叶茂,却是盘绕在一棵参天大树上,才能以英姿夺人。他以此画了一幅古藤老树的作品,并题诗:

万花滴滴动飘摇,露气珠光映碧霄。

可惜临风依老树,他年何处托春娇。

他以诗言志,表明他不屑于依傍他人门墙、欲自立门户的心迹。吴茀之经过反思,很快认识到自己在艺术上的局限性。他又认真学习了《苦瓜和尚画语录》,石涛鲜明地提出"我之为我,自有我在,古之须眉不能画在我之面目,古之肺腑,不能安入我之腹肠,我自发我之肺腑,揭我之须眉"。大师的卓见,使他豁然开朗。他决心转益多师,自辟蹊径。他转学"扬州八怪",石涛、八大山人,上溯青藤、白阳。

经过几年的苦心学习和探索,吴茀之书画中吴昌硕的气味淡化了,开始逐渐脱离大师的藩篱,个人风貌初现端倪。1931年的作品《桃花墨竹》气息生动,笔墨朴茂,是他观赏石涛真迹后拟其笔意而作,却不为粉本所囿,自成一体。1933年的作品《晓窗春老》,写紫藤学缶翁,画雄鸡用王一亭笔法,熔二家于一炉,却不显唐突。他更留意从生活中汲取画材,1933年的佳作《惠兰》是对花写生的作品,潘天寿颇为欣赏,为之题跋:"茀兄为蕙兰写照,得如此佳构,真外师造化,中得心源者矣。可佩可佩!可畏可畏!"吴茀之画面的构图也开始丰富起来,颇费心思。吴茀之书法的结体趋于

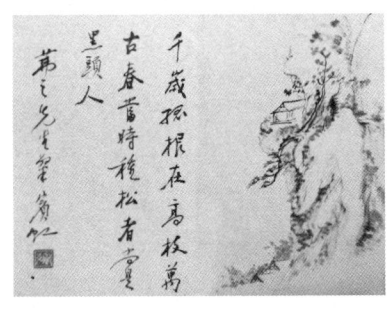

黄宾虹赠吴茀之作品

经亨颐赠吴茀之作品

方正而具画意,用笔凝重中蕴爽健。总之,作品中习法吴昌硕老辣、苍茫的气息隐退了,取而代之的是清新飘逸。经过师友的指点迷津,在茫茫的艺海中,吴茀之探寻到了前行的方向,踌躇满志地扬帆起航。

**注释:**

①柳村,字景文,1920年出生于浦江横溪镇(现属兰溪),他祖上和吴茀之是世交,故拜吴茀之为师。1942年毕业于福建师专艺术科,他与吴茀之有着长达40年的师生情谊,是吴茀之艺术的主要继承者和研究者,为吴茀之艺术研究会会长。

②见柳村《薪尽火传在高格》,载《婺星》2001年第1期,第22页。

# 第四节　结盟白社

"绘画社团是近代特定社会语境下的产物，本身蕴涵了深刻的历史、社会及文化内涵。文人结社和书画家雅集,在中国古代传统文化中历来已久,文人雅士通过社团组织达到切磋技艺、书画交流的目的,从而达情遣性,愉悦身心。"[①]近代众多书画社团的成立,大大促进了中国绘画艺术的发展。这些社团组织书画家研究探讨艺术,加强了书画家之间的交流。书画社团通过笔会、展览讲座、出版画册杂志、收授学徒、教授书画、参加慈善赈灾等活动,在

白社合影(左起:张振铎、潘天寿、诸闻韵、张书旂、吴茀之)

白社第三届画展合影

社会中产生了一定的影响。社团活动不仅使个人的艺术水平得到了提高,同时也展示了书画家的才华,从而推动了书画艺术的发展。

上海自开埠以来,地理优越,交通便利,经济发达,书画艺术市场繁荣,吸引了大量书画家会聚于此,因此绘画社团的数量最多(占近代绘画社团的三分之一强)。上世纪20年代末到抗日战争全面大爆发时期,是上海绘画社团最为繁荣的时期,这一阶段的绘画社团共有180余个,真是此起彼伏,争奇斗艳。在这股热潮中,白社画会成立了。

白社画会成立之前,吴茀之曾参加"寒之友社"和杭州"莼社"的活动,在社团中交流艺术,受益匪浅,于是产生了组织志同道合的笔友成立画会的愿望。1932年4月春假时期,诸闻韵、潘天寿、吴茀之、张书旂、张振铎五位师友齐集上海，雅聚一堂，谈书论画。潘天寿提议成立白社画会，"大家都是以教书为业，易生惰性，每周上完课后，就无所事事，闲散起来，让宝贵的时间白白空过，深感可惜"（见张振铎《忆寿师》）。

潘天寿的提议，师友们十分赞同，经过商议定名为白社。白社之"白"字有多层含义，"白"含有清白之意，砥砺社员清白处事，洁身自好；"白"者非官，五人均是教师，当时潘天寿在杭州西湖国立艺专任教，并在上海美专、新华艺专兼课，诸闻韵在上海美专和新华艺专任教，张书旂在南京中央大学艺术系

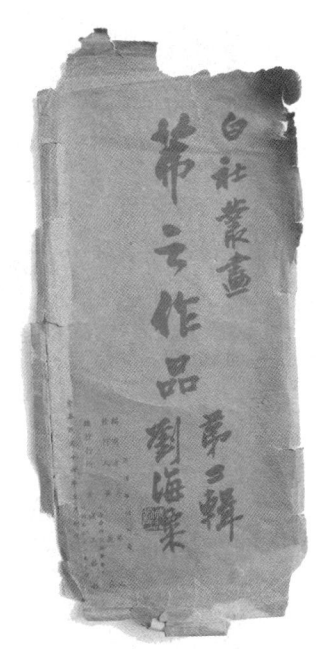

《茀之作品》第二辑书影

任教，吴茀之在上海美专任教，张振铎在新华艺专任教；"白"意味着白手起家，在艺术上重新开拓进取；"白"字五画，表示五人。根据"年长为尊，艺长为尊"的原则，推举诸闻韵为社长。

白社的宗旨是努力发扬文人画的优秀传统，主张以"扬州画派"的革新精神从事中国画创作，在艺术上追求个性，创造自己的风格，还制定了详细的社约："每年要组织一次展览，每人每年至少交精品20幅，不交作业罚款壹圆。并规定在书法、篆刻、画史、画论几项中每人选二项，为研究项目，待开画展时一并出示，还要举行研究讨论会。"②

白社画会成立后，社员随之付诸行动，研习艺术热情高涨，学

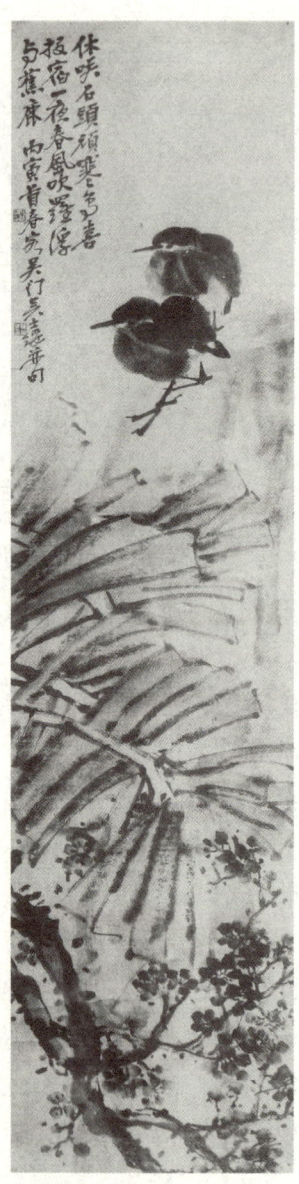

寒圃春意 1926 年

(《白社画集》第一册作品)

九日风味 1932 年

(《白社画集》第一册作品)

术气氛浓厚,交流活动频繁。白社成立伊始,就组织了救亡赈灾的义展义卖活动。1932年12月24日至26日,白社五人在上海湖社举办了第一届书画展,共展出作品136件。当年的《艺术》杂志上刊登了李宝泉《展览会月评》,文中写道:"综观白社五位作家,诸先生以功力胜,潘先生的苍莽,张振铎先生的松秀,张书旂先生的劲逸,吴茀之先生的气势,都各有自己的特长、心得。"白社第二次画展,于1933年10月17日至22日在南京民众教育馆举行。白社第三次画展,于1935年4月7日在杭州西泠印社举行。白社第四次画展,于1936年8月15日在上海公园图书馆举行。③《白社画集》第一册1932年由上海金城工艺社印行, 每人刊登作品5幅。《白社画集》第二册1934年由上海金城工艺社印行。白社的队伍也在扩展,在1934年就扩充了姜丹书、朱屺瞻、诸乐三、梁书、郭沫文、潘韫华等人。白社成为了上海众多绘画社团中出类拔萃的艺术组织。

白社画会的成立,为吴茀之艺术的成长增进了动力,社友间的督促和扶持,鞭策他在书画的研习上奋发前行。为了能稳定有效地逐步提高自己的艺术水准,他对自己作了一番规划:

(1)坚持作画宗旨:取经多方,融会贯通,自出新意。(2)扩大画题:人物十三个题,走兽九个题,山水七个题,花卉二十一个题,禽鸟十二个题,蔬果八个题,鳞介五个题,昆虫五个题,博古三个题。共计八十六个题,保证质量,按时完成。(3)技法探讨,力求"笔墨当随时代"。(4)书法日课,不容间断。临马鸣寺碑、钟繇、黄山谷、傅青主等历代碑帖。(5)"外师造化",游黄山、温州、浦江等地。(6)理论研究和诗文修养。编写《中国画概论》上编完成,撰《画微随感录》一册。诗好唐李白、杜甫、王维,宋陆游等,取法恬淡而富有韵致一路。勤于吟咏,将部分诗稿录于《画中诗》册,共收二百八

诸闻韵赠吴茀之作品

潘天寿赠吴茀之作品

张书旂赠吴茀之作品

张振铎赠吴茀之作品

十余首诗。(7)同人笔会,课堂示范。(8)成立"吴豁国画函授室",订函授简约十二条,收江浙一带学生九名,培养业余美术人才。④

白社五人的艺术风格原本都胎息吴昌硕,诸闻韵和潘天寿是吴昌硕的入室弟子。吴茀之曾得吴昌硕的指教,张书旂和张振铎早期私淑吴昌硕的画风。诸闻韵和潘天寿又是其他三人在上海美专时的师辈,吴茀之、张书旂、张振铎是上海美专的同学,又是浦江同乡。张书旂和张振铎是亲叔侄(张振铎为叔,张书旂为侄。张书旂大张振铎8岁,但辈分比张振铎小)。他们在艺术和个人的关系上,可谓有着千丝万缕的关联性,他们组成一个社团艺术风格极可能趋于同化。而事实上并非如此,他们崇仰"扬州八怪"的独创精神,都能跳出吴门的藩篱,去追寻自己的艺术风格。

白社同人之间,能相互指点,学习借鉴,却又尊重各自的艺术主张,真正做到研讨艺术直言不讳,追寻个性,我行我素。吴茀之的作品中吴昌硕的习气过重,社员同人即提出批评,张书旂作品中喜用白粉,有"白粉主义"之称,其风格雅俗共赏。同人中艺术审美取向有和张书旂相左者,但并不低贬书旂的画风,而是任其发挥特长。吴茀之为其撰文《白粉主义画家张书旂》,盛赞其"完成自家面目,另开国画之一派"。

吴茀之亦能汲其他人所长,为我所用,社员中他尤受益诸闻韵较多。诸闻韵(1895—1939),字汶隐,别署天目山民,浙江安吉人,幼承家学,能书善画。早年居上海,在吴昌硕家任家庭教师,与弟诸乐三均为吴嫡传弟子,擅长诗、书、画、印,堪称四绝,誉满海内外。尤长于墨竹,潇洒清逸,涉笔成趣。诸闻韵毕业于上海美专,曾留校任教。历任上海、新华、昌明等艺术专门学校中国画系教授、系主任,后任国立中央大学艺教系和国立艺专(中国美术学院前身)中国画系教授。诸闻韵作为吴昌硕的艺术重要传人,当时极有影响力,白社同人多受其陶染。对于潘天寿的雄健、张书旂的清丽,吴茀之皆能博采众长,熔于一炉。

结盟白社时期,是吴茀之艺术成长的飞跃期,是他个人艺术风格初步奠定时期。1935年,《白社丛画——茀之作品》第一辑,由上海金城工艺印行,画册由黄宾虹题签,可惜这个画册已杳不可寻。现在能见到的是1937年上海金城工艺印行的《白社丛画——茀之作品》第二辑,刘海粟题签。这是一套由单张珂罗版的画片组成的画集,作品都是竖的条幅,收录了1933年至1936年的作品共计18幅,题材十分广泛,花木、蔬果、翎毛、草虫都有,这些作品大多已失散民间,现在还留存的几幅作品,已成为他这一时期的代表作。如1934年创作的《柳岸闻莺》,垂柳主干上拔蹿出画面,昂扬挺立,枝叶下垂穿插其间,随风摇曳,画黄鹂寥寥数笔,简洁而灵动,长题款使左右呼应,飘逸中见稳重,足见吴茀之在构图上的布置已身手不凡。1935年作品《柳荫窥鱼》,鱼鹰一只回首,一只展翅,造型生动而笔墨鲜活,连水中争游的小鱼也画得形态各一,栩栩如生,作品极具生活情趣。同年所作《墨荷》以泼墨为主,水墨翻飞,酣畅淋漓,而花叶之阴阳向背都一一明了,气魄雄大而不失精微。

白社成立以来,吴苿之经过一番辛勤的耕耘,艺术上初见成效。吴苿之是一位早慧的画家,他创作这些作品时刚过而立之年,个人风貌初显端倪,吴昌硕的笔墨已被他融化吸收,化雄健为劲爽,化苍茫为浑朴。表现手法上,多种技法交织运用,笔墨更加丰富而耐读。他曾和校长刘海粟合作《松鹰图》,由吴苿之题诗:

满眼百花尽,苍松独向荣。

雏鹰初试羽,头角早峥嵘。

这是他壮志凌云,欲像雏鹰一般去搏击长空的心迹写照。

1937年,抗日战争爆发,白社活动也终止了。白社历时短,人员少,而成就艺术人才之多让人刮目相看。诸闻韵为吴昌硕的高足,诗书画俱精,被艺术教育界誉为"中国画教育的奠基人";潘天寿以雄奇霸悍的画风,横空出世,被公认为近现代中国画的大师;张书旂自创浓丽秀雅的"白粉画派",其代表作《百鸽图》是首次进入美国白宫的中国画作品;张振铎的水墨艺术雄飞劲爽,被尊为"长江画派"的鼻祖;后来加入白社的诸乐三、姜丹书、朱屺瞻于诗书画印以及美术教育、艺术理论上成就卓越。入白社时年纪最小的张振铎,认为白社对他的艺术影响最大,曾赋诗《忆白社有感》:

文人相亲不相轻,白社同人利断金。

画艺切磋成大器,文坛佳话永留存。

注释:

①见乔志强《中国近代绘画社团研究》,荣宝斋出版社2009

年版,第 68 页。

②见卢炘《大笔淋漓—潘天寿传》,杭州出版社 2004 年版,第 133 页。

③《朱屺瞻年谱》中,白社第四次画展地址在苏州城内公园图书馆。

④见张岳健《吴茀之》,湖北美术出版社 2005 年版,第 17 页。

# 第五节　流离三地

　　1937 年 7 月 7 日,抗日战争全面爆发,11 月 12 日上海沦陷。上海的书画家在国难当头之际挺身而出,共赴国难,以尽绵薄之力支援抗战。吴茀之也积极筹备古今书画展览会捐募报国的基金,成效斐然。1938 年 1 月,回到家乡浦江避难的吴茀之收到潘天寿寄来的信,告之国立西湖艺专自长沙迁到沅陵,国立西湖艺专和国立北平艺专合并为国立艺专,还可能向云南转移。老友分离,天各一方,吴茀之颇为思念潘天寿。他想国家有难,自己不能丢下画笔,随波逐流,应该坚守美术教育的岗位和坚持书画艺术的研究,而上海已风雨飘摇,无法立足。1939 年 5 月,他决定离开上海美专,去昆明国立艺专任教。

　　国立艺专由国立北平艺术专科学校与国立杭州艺术专科学校合并而成。北平艺术专科学校起源于 1918 年成立的国立北京美术学校。此校由蔡元培先生倡导创立,是中国历史上第一所国立美术学校。1928 年 3 月 1 日国立西湖艺术院创立于杭州西湖罗苑,1930 年秋,改名为国立杭州艺术专科学校,首任校长为林风眠。1937 年,抗战爆发,学校迁诸暨、江西贵溪、湖南沅陵。1938 年 3 月奉教育部令二校合并,改名国立艺术专科学校。又迁贵阳、昆明、四川松林岗,1942 年迁重庆。

　　离别之际,上海美专的师生为吴茀之举行了茶话会,并在册页上题名留念。著名书画家、美术史家俞建华在册页首页题字:"茀之先生,艺术名家,任教美专,桃李鼎盛,今将有滇南之行,同学画友不胜依依,爰举行茶会以志纪念。"①吴茀之也应学生之请,作画赠别，其中给女学生陈志新画了一本墨兰册页，手法各异，极具巧思，是他这一时期画墨兰的代表作（即西泠印社出版社2006年出版的《吴茀之兰竹谱》）。

1939年8月初，吴茀之抵达昆明，应聘国立艺专教授，同乡张振铎也于此任教，三位白社老友又相聚一堂。虽然都远离家人故土，但是知己故交，能一起谈诗论画，战乱之际，亦是快慰一时。1941年春，潘天寿离开了已迁徙在重庆的国立艺专，返回浙、闽任教。潘天寿以诗代简，希望吴茀之也回浙、闽。吴茀之为情谊所感，1941年8月，到福建南平福建省师专艺术科任教授。

1941年6月1日，福建省立师范专科学校（简称福建师专）诞生于抗战烽火中的福建永安，是福建省唯一的一所培养中等师资的最高师范学府，1942年5月迁校至南平沙溪之滨的水南后谷。当时师生工作、学习条件艰苦，教师待遇菲薄，但他们为了抗

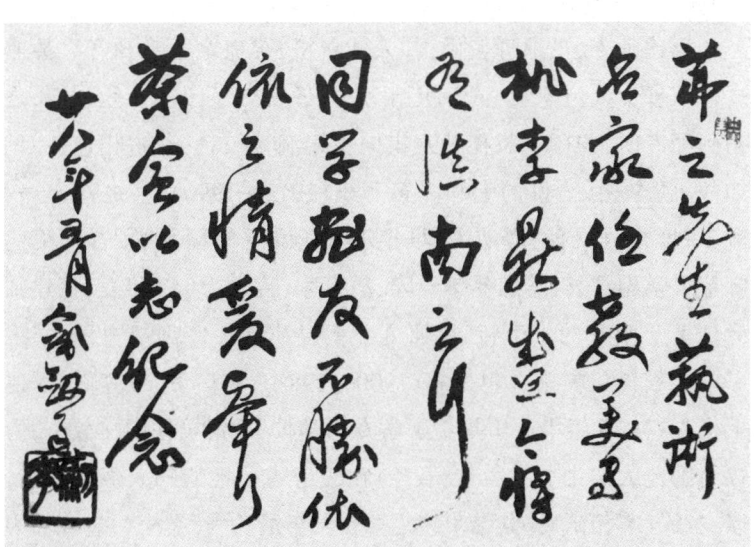

俞剑华题字

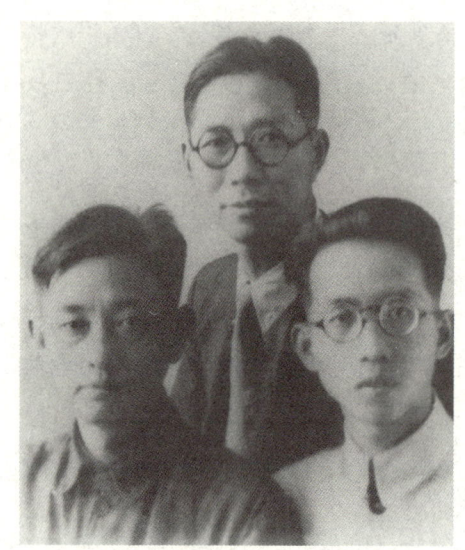

岁寒三友
(右：黄寿祺、
左：包树棠、
后：吴茀之)

战救亡大业努力工作，成绩可喜。吴茀之潜心教学之余，吟诗作画，迎来了一个新的艺术高峰。

福建师专，虽地理偏僻，却人才济济，吴茀之不乏知音。吴茀之与闽省学人包树棠、黄寿祺结为"岁寒三友"。1941年秋，吴茀之初到师专时，与国文教授黄寿祺同住碧涧楼校舍，萍水相逢，一见如故，朝夕相处，诗词唱和。黄寿祺(1912—1990)，字之六，号六庵，一度自号巢孙，霞浦人，早年求学于北平中国大学，曾任福建师范大学副校长，著名易学专家、教育家、诗人。1942年夏，福建师专迁址于南平的水南村，吴茀之与黄寿祺同住倚剑楼中，又结识了国文教授包树棠。包树棠(1900—1981)，字伯苇，号笠山，福建上杭人。1930年毕业于集美国学专门学校，后留校任国文教员，为福建师范大学中文系教授，长于诗文、考古。他们三人声应气求，以文章气节相砥砺，共结岁寒之盟。吴年最长为"吴松"，包次之为"苞竹"，黄最少为"黄梅"，并合影留念谓之"岁寒三友"。当时在福建文坛上三人齐名,人们则称之为"水南三学士"。除了唱和联诗外,也常在吴茀之的画作上题诗,吴茀之亦常有佳作相赠,这是吴茀之平生作诗最多的时期,可惜大部分在"文革"期间遗失了。吴茀之曾计划编辑《题画诗存》,并请黄寿祺为他题签,他和黄寿祺结下了深厚的友谊。他后来任国立艺专国画系主任时,还去函邀请黄寿祺赴杭州任艺专国文教授兼图书馆主任,但因故未果。

除了诗画创作,吴茀之在美术理论研究上也收获颇丰。1942年,他撰写的《中国画理概论》完成了。这部著作是根据上海美专和国立艺专讲课的讲义整理编写的。耗时十余年,苦心孤诣,共四万字,分四章上、下两篇,从理论到技法都有详尽的论述。吴茀之治学严谨,对于自己的这部著作,认为还有许多地方需改进完善。这本著作 2010 年已由上海书画出版社出版,可惜下篇佚失,如今难以窥其全貌。

1944 年 4 月,吴茀之画展在福建南平县礼堂举行,该展览是应南平浙江同乡会的几个好友建议而举办的。南平县虽然是山城,吴茀之却是甚负盛名,参观展览者络绎不绝,作品被重金选购。《东南时报》《南方日报》都登文报道。其中有一幅《甲鱼》为其得意之作,被慧眼识珠者高价购去。日后,吴茀之还向学生柳村多次提及,佳作割让,懊悔不已。

1944 年 5 月,潘天寿受聘国立艺专校长,他聘谢海燕先生为教务长,又欲聘吴茀之为国画科主任。吴茀之入闽以来,工作生活颇为安稳,不想动迁。潘天寿却恳言,吴茀之如果不去,他也不应聘校长了,吴茀之念及旧情,又顾及国立艺专发展前程,同意应聘。1944 年 5 月,吴茀之自福建南平出发,7 月到达位于重庆磐溪的国立艺专任教。

潘天寿接任国立艺专时,校长是陈之佛。由于学校合并而成,

吴茀之与潘天寿、谢海燕合影

人事纷争,风潮不断,迁徙再三,人心溃散,加之抗战期间,条件艰苦,可谓困难重重,陈之佛勉力支撑已是苦不堪言。潘天寿接任后,却不畏艰难,与吴茀之、谢海燕等同舟共济,谋求开创一个新的教学局面。"经研究,认为要办好这所学校,应当抓好两件事:第一件事,要有一支高质量的师资队伍,商聘教师要本着'学术自由、兼收并蓄'的方针。只要学有专精,即不讲什么派。第二件是抓学风,首先抓新生入学考试资格,铁面无私,又必须严格课堂纪律"。③

　　吴茀之已在教坛执教多年,积累了丰富的教学经验,他教授国画课,注重传统技法学习,又强调写生。对于学生的佳作,常题跋加墨,以资鼓励,加上他为人师表,以诚待人,深受学生的爱戴。

　　作为书画艺术家,情感比常人更为丰富。吴茀之流落异乡,远离妻儿,国恨家"愁",让他时常触景生情,通过笔墨来宣泄和抒发情感。他画《松荫伏虎》以表猛志长存，写《岁寒三友》以喻气节坚贞。作《鳜鱼》题句"有感山城食无鱼，写此解嘲"，以慨叹生活的清贫。绘《坛酒双鱼》以欢颂抗战的胜利……这一时期的作品，他常钤盖"清翁后人"一印，以示拳拳爱国之心。

抗战时期，吴茀之的艺术进一步升华而趋于成熟，奠定了基本的个人风貌。笔墨遒媚而显丰腴，构图巧妙而多变，画面层次增多，善于驾驭繁复的穿插，疏密对比加强，并且注重配景的描绘，生活气息更加浓郁了。他笔下的墨兰，一枝独秀，从前人的图式中脱颖而出，备显精彩，《兰谷春深》(1945年)成为他标志性的杰作。

抗战时期，吴茀之孤身一人，客居他乡，时局动荡，生活艰辛。对于一个从事书画研究和教育的艺术家来说，艺途艰险，前景渺茫。吴茀之并没有意志消沉，荒废笔墨，而是投身教育事业以报国，并能安贫自足，寄情于书画之中，使他的艺术进入了成熟期。

重庆作为抗战时期政治、文化中心，集聚了国内文化界的各

坛酒双鱼 1945 年

类精英,美术界也是人才济济,与他们相处交游,使吴茀之获益匪浅。吴茀之转涉三地,春城昆明,八闽林区,巴山蜀水,千变万化的异域风光,千姿百态的自然风物,使吴茀之的视野为之大开,"读万卷书,行万里路",饱览祖国的大好河山,吴茀之的心胸更加开阔。他寻幽访古,静观细察,盘龙寺凌寒争艳的红梅,开平寺翠色参天的古柏,嘉陵江上翔集戏水的鸭群,甚至门前硕果仅存的老南瓜,都被他一一涉入笔端。

**注释:**

①册页由吴茀之家属收藏。

②见吴茀之《中国画理概论·画微随感录》,上海书画出版社2010年版,第7页。

③见张岳健《吴茀之》,湖北美术出版社2005年版,第28页。

## 第六节　执教杭州

　　历经八年,抗战胜利,颠沛流离的生活终于结束了,国立艺专奉令迁回杭州原址。1946 年秋,撤销国立艺术专科学校,恢复国立杭州艺术专科学校,这座知名的艺术学府终于回到西子湖畔得以新生。1947 年夏,厌倦了纷繁校务的潘天寿,辞去了校长职务,教育部派汪日章任校长。

　　吴茀之回杭州以后住在蒋庄, 家眷也从浦江接到杭州定居。蒋庄是杭州一处著名的园林,面临西湖,风光秀美。吴茀之幽居此处,日与湖光山色相亲,画思倍增。春日,见蔷薇绽放,霞红映碧,作《蔷薇雏鸡》;夏日,观荷叶田田,芙蓉出水,写《映日》;秋日,赏三秋桂子,馨香醉人,画《双桂图》;冬日,踏雪寻梅,红装素裹,绘《梅雀争春》。其中,1948 年所作《蔷薇雏鸡》,花枝交错,极其繁密,

国立艺专校碑

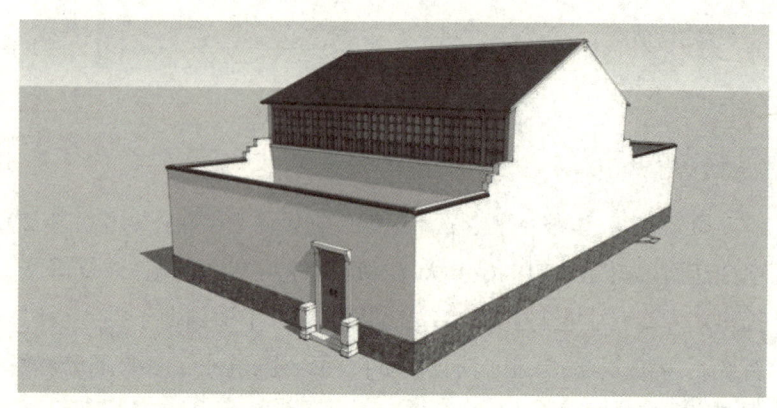

杭州吴茀之故居复原效果图(范静年制图)

却井然有序,气势夺人,是吴茀之构图较繁的精品力作之一。

吴茀之吟诗作画之外,仍潜心教学。1948年初,他拟定了《美术师范科图画课程标准》,条理清晰,切实可行,从临摹、写生、组合到创作,循序渐进,通过四个学期的分阶段学习,使学生掌握国画的基本技法和创作的手法。

1948年4月,吴茀之迁到红门局诚仁里二弄18号居住,潘天寿住楼上。1949年春,潘天寿从红门局迁到建德路居住,吴茀之就搬到楼上。他的画室可以远眺吴山风光,于是名为"看吴山楼",并撰联寄兴:

> 得饱看吴山,风雨晦明,楼居大可。
>
> 容优游艺苑,金石诗画,市隐何妨。

看得出,吴茀之对这简朴的画室十分称心,意欲安居此处,埋头治学。

1949年5月3日,杭州解放了,吴茀之刚刚度过了自己五十岁的生日,历经半个世纪的坎坷岁月,吴茀之跨入了一个新的时代,他满怀信心地迎接新生活的到来。生日前昔,他写下《五十生日自述诗》：

> 行年五十敢云老？如日方中正此时。
>
> 闻道而今真可待，百千万苦亦何辞。

杭州解放后，浙江省军管会接管了国立艺专。9月25日，浙江省人民政府委任刘开渠为国立艺专校长，倪贻德为第一副校长，江丰为第二副校长（兼党组书记），1950年11月，改名为"中央美院华东分院"。

解放初期，学校提倡艺术为社会服务，为人民服务。由于校领导有"左"倾的思想，艺术表现形式只倡导现实主义表现手法，重视人物画，轻视山水画和花鸟画，国画尤其是传统文人画受到冷落，潘天寿、吴茀之等一批原来从事国画教学的教授竟然没有课上了。对于这种尴尬的境遇，吴茀之并没有灰心丧气，也无牢骚怨言，而是积极参加学校的各项活动。1951年到1952年，他随校参加皖北霍邱土改工作，到农村调研，他看到新社会农村翻天覆地的变化，感到由衷的高兴，画了许多速写。1951年春，他赴杭县义桥农村写生，回来后创作了《锣鼓声中送公粮》，作品描绘农民在河埠头，装运公粮的劳动欢快场面，这是他首次创作现代人物画。这幅作品场景宏大，人物众多，造型准确而生动，表露了他顺应时代潮流的心态和对新中国文艺方针的拥护。

1953年，美院成立"民族美术研究所"，由潘天寿任主任，主要整理民族艺术遗产，收购古旧书画。吴茀之和诸乐三等老教授参与了这一工作。这些老教师怀着对传统美术的热爱和自信，做了许多惠及后代的实事。上世纪50年代，古书画价格极其低廉，潘天寿与吴茀之等人就经常光顾字画市场和掮客打交道，为学校购藏了许多有价值的艺术品，并将这些藏品，装裱整修，分类造册，艰辛可知。这批字画后来成为教学中传统绘画临摹的重要资料。

吴茀之在书画鉴赏中,也培养了高超的鉴定能力。他鉴定书画不拘泥于外表的面貌,而着重深入实质的气韵。如他购藏了一帧吴昌硕的《牡丹湖石》,这是吴昌硕1896年(丙申)的作品,画风与晚年不同。有人认为是赝品,而吴茀之另有高见:"我认为笔墨较为幼稚,而能大量落墨不拘于细节与形似,气息甚佳,真迹无疑。"①可谓慧眼识珠。

美术研究所除了购藏书画作品,还作了其他许多工作。吴茀之曾草拟过一份《华东美分院民族美术研究所计划指标草案》②,从草案中,可了解他们当时的工作设想。组织系统分办公室、学术研究委员会、美术品收购委员会三块。学术研究委员会又分研究组和研究生组,研究组再分美术史科、技法理论科、创作科、出版科。美术品收购委员会又分民族绘画、民族版画、资料科、民族图案和民族雕刻资料科,民族美术资料科分陈列馆、摄影室、装裱修理室。在美术理论研究工作上,他们编了古代画家小丛书。潘天寿编写了《顾恺之》,吴茀之编写了《阎立本》《阎立本的画迹》,并撰写了《吴道子的画迹及介绍》《吴道子人物创作方法探讨》等文章。吴茀之还进行美术教学方面的研究,编写《国画教学法》步骤提纲和授课讲稿。美术研究所卓有成效的工作,不仅使学校受益,学术研究层次也大大提升。

1954年,美院的绘画系又分彩墨、油画、版画三科。名为彩墨,实质上是国画,吴茀之担任了彩墨画的教学,他制订了具体的教学计划。他教学中十分重视传统技法的传授,也注重让学生到自然中写生。

1955年6月12日,由彩墨系主任朱金楼带队,潘天寿、吴茀之、潘韵、诸乐三携学生方增先、宋忠元等赴乐清雁荡山写生,吴茀之曾作《雁荡写生题志》记录了写生的行程和感受。

雁荡简称雁山,在浙江乐清县东九十里,雄奇秀拔,为东南名胜,有"不游雁荡是虚生"之语。其峰百有二,谷十,洞八,岩三十,绝顶有湖,相传雁之春归者多留宿于此,故名雁荡。山之周围约百八十里,最高峰为百岗尖,长年在云雾中,瀑布则以大龙湫为第一,水常不涸,全山风景游历难遍,精彩处大多在二灵一带,解放后划全山为大荆、芙蓉、南蚱、北蚱四区。所设二灵即灵岩与灵峰,均属大荆区,灵岩寺当家僧显道学佛而不为所迷,人亦颇能干而规矩;灵峰寺当家僧守觉从少出家即在此山,熟悉山中情景,善于招待,故游者住二灵有故归之乐,山路尚平坦,但高处亦有极险峻者,出产多茶叶,以兜率洞之云雾茶为最佳。此外所产吊兰方竹亦颇奇异,附近农民,大都品性善良,勤劳勇敢,因雁山曾为红军游击队根据地,群众思想亦较进步。

余于 1955 年 6 月 12 日偕华东美分院彩墨画写生团潘天寿先生等八人,取道杭临线出发,当日上午 6 时开车,在新昌午膳,下午 5 时许到临海宿,翌日转车至白溪,仅半日工夫,下车后步行二十里到达雁山灵岩寺。在此住半月又移住灵峰寺,计在山近匝月,于 7 月 9 日取道温州金华,11 日返杭。余在山得写生稿共七十余幅,归后,拟选其最感兴趣者抽暇画出,并预作写生题志数十则,以备画成后题写之参考。③

雁荡山的奇峰飞瀑,山花野卉令吴茀之心旷神怡,画兴大发,回杭后,他以泼墨法创作了《灵峰》,构图奇险,气势逼人,是他山水画中的代表作;他见到山民采挖的石斛,则以双勾法写之,画面长题跋,颇具巧思。

1957 年,民族虚无主义受到批评,国画教学得到重视,潘天寿担任副院长,彩墨画系改为国画系。1958 年 6 月,中央美院华东分院改称为浙江美术学院。1959 年潘天寿任院长,吴茀之任中国画系主任。行年花甲的吴茀之以老骥伏枥的精神，与潘天寿齐心协力，开始教学改革和探索，以浙江美院为摇篮，缔造了"新浙派画风"。

首先重新认识中国画的地位，认为民族绘画的发展对培养民族独立、民族自尊的高尚观念有重要意义。1961年4月，潘天寿出席在北京召开的全国高等学校文科和艺术院校教材选编会议时，正式提出中国画系人物、山水、花鸟三科应该分科学习的意见，这是中国画系教育改革的一个重要切入点。同时又建立了一套中国画教学体系，强调中国画建立自己的造型基础，主张摒弃以明暗素描作为中国画基础训练的教学方法，而代之以传统白描双勾练习，以速写作为基础训练内容，加强写生临摹。并且强调对古诗词、书法、篆刻的学习，同时强调教书育人，提倡人格教育。重视教师队伍的建设和教师素养的提高，招聘引进陆俨少、陆抑非、陆维钊等来校讲课。为了培养青年老师，提倡收徒授艺。潘天寿收叶尚青为徒，诸乐三收刘江为徒，吴茀之收朱颖人为徒，并帮助处理日常教学事务。1960年，中国画系还成立了花鸟画研究组，由吴茀之

吴茀之画案

讲授中国画论,吴茀之对于历代的中国画论,有系统的研究,他的讲授深入浅出,并能和现代创作相结合,颇受学员欢迎。

吴茀之虽然是国画系主任,但始终坚持在教学第一线,他上课极认真,从不因为自己是老教授而随随便便。他认真撰写备课笔记,亲自画课徒稿,吴茀之的教学对学生极具感染力。他不仅能讲解透彻,还勤于示范,对学生能因势利导,因材施教。他对学生极其热忱,常为学生改画,一经他修改,便是点石成金。课外学生登门求教,他也是不厌其烦。他身教重于言教,他的才学和人品,受到学生的格外尊敬。

吴茀之还承担了许多社会事务,1960年任浙江省美协常务理事,1964年当选为浙江省第三届人民代表大会代表,并随校到上虞丰惠镇参加社教运动。此外,还常和潘天寿、诸乐三等应邀去全国各地讲学、写生,并一起合作国画。1963年9月,山东省美协在济南举办"潘天寿、吴茀之、诸乐三书画联展"。随着名声日隆,单位及个人向他求画的人络绎不绝,他几乎都是有求必应,不但不计报酬,而且不论亲疏都一丝不苟,因此他的不少精品流传在民间。

吴茀之身兼教职,工作繁忙,仍笔耕不辍,精品迭出,艺术创作达到了高潮期。新中国成立后,他身心愉悦,思想发生了重大转变,从旧文人式的疏离政治、避世高隐情怀中脱离出来,他发自内心热爱新中国,拥护共产党的领导。新中国成立后,吴茀之作品气局宏大,境界雄强,他创作了一批大尺幅的作品,用于展览和场馆的陈列。这类作品既有很高的艺术性,又具欣赏价值。如《映波冷艳》《西泠之春》《美意延年》等,这些作品融入山水画的表现手法,湖水、坡岸、山岩等配景引入画面,作品的视角更广阔,充满盎然生机。这一时期的作品充满时代气息,朝气蓬勃,反映了新时代的精神面貌,如歌颂祖国、抒发美好愿望的《和平之春》《花开遍地》。国家困难时期,表达不畏艰辛、战胜困难的自信和乐观情怀作品《梅花一缶春风香》《柱石镇横流》等。他还以毛主席的诗句入画,创作了《一唱雄鸡天下白》《鹰击长空》等佳作。新中国成立后,吴茀之多次深入名山大川、乡村田野、公园花圃写生,绘画的题材更加广泛,许多农作物成为他表现的主题,如《农花四时》《山村佳景》。在表现技法上,他喜用复笔和重墨,笔墨趋向浑厚老辣,又却不失爽健和清新,设色厚重而丰富,明快中见沉稳,书法则跌宕多姿,参差错落,富有画意。

花开遍地 1958 年

1962 年 10 月,潘天寿画展在中国美术馆展出,并出版画册。潘天寿认为好友吴茀之最了解自己的艺术,他请吴茀之为自己的画册作序,吴茀之撰写了《潘天寿的画》一文,详尽地阐述了潘天寿艺术的师承、成就和特点。还撰写了《造险与破险》《潘天寿国画艺术的表现》等文章在《美术》《光明日报》等报刊发表。吴茀之提出的潘天寿"造险"与"破险"的构图手法,成了研究潘天寿艺术的一个具有重要价值的学术观点,被后来的研究者广泛引用。

潘天寿在北京的画展取得圆满成功之后,华君武代表中国美术家协会邀请吴茀之去中国美术馆举办展览。

1963年清明节,吴茀之制定了一份《63年个人创作计划》,规划创作一批作品,预备举办个人画展,计划内容如下:

1.决定应北京全国美协之约,第四季度国庆节在京举行个人花鸟画展,8月间在杭州预展。

2.必须抓紧创作时间,从4月6日按计划严格执行,切勿松懈。

4月6日—5月5日晨这个月内创作40张画,选用20张。每日上午动手,11时搁笔,下午继续进行。但有课时上午须提早到9时搁笔。下午亦须看实际情况决定。画稿和墨要先一日准备好。5月6日—6月5日及6月6日—7月5日两个月中创作80张选用40张,创作时间和办法按照上月进行(巨幅画4日完成一张)。7月5日后,将完成的创作送去装裱,约计可得大小50张。同时准备与寿先生等作山东之行,定8月底回杭,举行预展(连旧作准备作品90张),9月半全部寄京展出。

3.时间已急促,要随时检查数量质量,在去山东前必须完成个展全部作品。④

从吴茀之的创作计划来看,他的创作任务是十分繁重的。吴茀之在笔记本上记录他清理出画作的目录,早、中、晚时期的作品都有,可能就是预备个人展览的作品。但1963年底,吴茀之的画展并没有按计划如期在京举行。原因有二,一方面,吴茀之做事生性较慢,尤其是个人的事,常一拖再拖,工作一忙,自己个人展览的事就搁在一边了。另一方面,频繁的政治活动,使吴茀之已没有精力顾及个人画展。1963年秋,学院组织师生分批参加"以阶级斗争为纲"的农村社会主义教育运动。1963年10月师生121人赴诸暨农村,1964年4月师生387人去上虞县5个人民公社参加运动……学校的教学基本停止,阶级斗争风声日紧。天不遂人愿,1966年,史无前例的政治运动——"文化大革命"开始了,"文革"改变了他的命运,个人画展成为不能实现的幻影。新中国成立后,吴茀之生前没有举办过一次大型的个人画展,这是中国现代画坛的一件憾事。试想,吴茀之如果能在北京、上海举办画展,展示他的艺术成果,必然使他的书画艺术产生更加广泛的影响,从而受到画坛的瞩目。

**注释:**

①手稿存吴茀之家属处。

②手稿藏浦江吴茀之纪念馆。

③手稿藏浦江吴茀之纪念馆。

④手稿藏浦江吴茀之纪念馆。

# 第七节　夕照吴山

"文革"伊始,浙江美术学院这座艺术殿堂变成了文争武斗的战场。美院的造反组织"红战队"揪斗校领导,批斗教师,学校处于瘫痪状态。在声势浩大的造反运动中,美院校长潘天寿成为首当其冲的批斗对象,被扣上了"反动学术权威"的帽子。吴茀之作为国画系的主任,又是潘天寿的挚友,也被关进了"牛棚",进行劳动改造,批斗审查。

吴茀之在"文革"初期的日记中,详尽记录了被关进"牛棚"后的生活和被批斗的状况。他每天 5 点就要起床打扫卫生,整天参加无休止的批斗会。他年近古稀,患了重感冒,咳嗽不止,脚背水肿,却不能休息,仍要接受批斗。在"牛棚"中,最让他困惑的是写检查。曾口占吟诗、下笔如有神的教授,不知自己何罪之有,检查书总是迟迟晚交,而他向来做事严谨守时,为此又很自责。比身体的痛苦更难以忍受的是,造反派对美院工作成就的否定和对党委领导的质疑,无限上纲的诋毁,无中生有的诽谤。"牛棚"中,在政治高压下,人性之恶暴露无遗,相互揭发的,相互攻击的不乏其人,不停地有人被"揪"出来。身处困境,吴茀之心怀坦荡,无所畏惧。当"四人帮"的爪牙,污蔑"白社"是搞白色恐怖,他和潘天寿是狼狈为奸时,他愤然反驳,据理力争,大义凛然。

1971 年,吴茀之被"解放"回家,潘天寿已重病在床。对于"反动权威",昔日的许多亲友都避之不及,白眼相加。而吴茀之却多次冲破监视,去浙江省中医院探望慰问潘天寿,直至潘天寿去世前一日(1971 年 9 月 4 日)吴茀之还去探望过,这在当时被造反派知晓定然"罪加一等"。1971 年 9 月 5 日潘天寿含冤离世,吴茀之闻讯后悲痛万分,他无所顾忌地前去和老友告别。6日晚上他含泪在笔记本上写下一段文字,抒发痛失良友的悲伤之情。

一件伤心事

1971.9.6 灯下

潘天寿先生因患心脏衰竭症突于1971年9月5日上午4时30分在浙江中医院逝世,经年75年,死的前夕(4日),下午我去看他,交谈了半小时,神志清醒,脚气浮肿也比以前好多,只是两手有微颤,当时他还问及在校学习情况,侧耳静听,似甚关心,我以为病势已好转,当时医院里已到晚饭时间,即劝以加意静养,得暇约再见,不料就此竟成永诀! 这不仅是我个人痛失知己,更可惜的是我国画坛上一大损失! 今后我应怎样努力安排自己的余年,继承他和发展他呢?! ①

1972年,周恩来总理召见艺术界知名人士,吴茀之应召赴京。周总理关切地询问他:"潘天寿先生来否? "吴茀之悲伤地答道:"潘先生已经去世了。"周总理极为惋惜地说,这是国家一大损失。周总理的感叹,让吴茀之激动不已,他感到国家领导对于国画艺术还是重视的。挚友潘天寿的被迫害离世,没有让吴茀之对艺术的传承失去信心,他义无反顾地承担起这一重任。"四人帮"的倒行逆施也没有消减他追求艺术的勇气, 他以画笔抗争,1972年他创作了《篱菊图》《松色不肯秋》等作品,寄寓自强不息的精神。

1973年1月11日, 中央人民广播电台记者登门采访吴茀之艺术生活近况,吴茀之和记者交谈甚欢。他对如何深入生活、服务社会、国画的继承和发展、培养学生等方面,抒发己见,临别将新作《山茶腊梅》赠与记者,并即席题诗。

山茶才放腊梅开,万紫千红瞬息来。

浩荡东风拦不住,相期共醉艳阳杯。

诗中没有丝毫的颓废和失落的情感，而是满怀豪情，信心十足，他坚信严冬必然要退去，春天迟早会到来。

1973年，日本书道代表团访华来杭。10月24日，吴弗之应邀出席在西泠印社举行的中日友好书画会。他画兰花一幅，题曰"同人之心，其利断金"，又写书法一幅"旭日东升"，祝愿中日友谊如朝日般光明无限。

政治风云变幻莫测。在"文革"的疾风骤雨中稍得喘息的吴弗之，又被推上了"批黑画"的风口浪尖。1974年2月，"四人帮"在中国美术馆、人民大会堂先后举办所谓的"黑画展览"，矛头指向周恩来总理，"四人帮"的爪牙也在全国各地搞"黑画展"。吴弗之的作品《篱菊图》《螃蟹图》被罗织为"恶毒攻击"之黑画，吴弗之被造反派揪到屏风山批斗。1974年6月23日，《浙江日报》发表省革委会政工组召开美术工作摄影工作座谈会的消息，以题为《狠批文艺黑线，推进美术摄影革命》的文章，为"黑画展"助威。无中生有的罪名，令吴弗之愤懑不已，却又无处申诉。

《篱菊图》是吴弗之1972年创作的一幅四尺对开的作品，曾在1974年被杭州书画社出版年历时选印过。作品描绘篱边的红白菊花，凌霜盛放、秋光璀璨的景象，寄寓老当益壮、坚贞不渝的精神。画面笔墨浑朴，有吴昌硕遗韵，而穿插回旋独见自家风骨，犹以"驭繁"见长，密不透风处，层次井然有序。题跋借用吴昌硕的诗句"老菊灿若霞，篱边斗大花"。这样的佳作，却被造反派颠倒黑白，大兴"文字狱"，硬说题句中"斗大花"的"斗"是斗争的"斗"，将量词歪曲为动词，污蔑画家欲与社会主义为敌，真是欲加之罪，何患无辞。其实早在1930年吴弗之创作的《篱菊公鸡》中就抄录过吴昌硕的这首诗。为此，吴弗之被迫写了检查。

题的两句是吴昌硕的诗，这里用来题我画的含义是篱边的菊

篱菊图 1972 年

花到了晚期,还能开着像朝霞般灿烂,像酒斗大的花朵,这是由于土壤好、气候好的结果,正意味着我们生长在伟大领袖毛主席哺育下的人民快乐和幸福。由于社会主义制度的优越性,年老的人精神上也觉得很年轻似的朝气蓬勃,为革命而贡献出自己的力量,这一点就是我的思想内容,画的几朵白菊,只是为了突出红菊,作为反面的衬托罢了。至于篱和菊好像都画得不够完整,这是限于写意画意到笔不到的要求,并无其他含义,欢迎正确的批评![②]

在人妖颠倒的年代,这样的检查让人啼笑皆非,这却是吴茀之对"批黑画"的抗争,对捕风捉影罪名的驳斥。

1973年,和吴茀之相伴一生、荣辱与共的老妻黄丽贤病逝了。吴茀之与妻子相敬如宾,相爱至深,老年丧偶,世道浑浊,他更加郁郁寡欢。为了避开造反派无聊无理的纠缠,吴茀之去江西南昌儿子吴始楠家住了一段时间。祖孙三代,欢聚一堂,嘘寒问暖,其乐融融,亲人的关爱,让吴茀之倍感欣慰。1974年9月23日下午,八大山人纪念馆馆长吴振邦邀请吴茀之去青云谱八大山人纪念馆参观,在纪念馆,吴茀之观赏了八大山人和牛石慧的书画精品。回去后,他将所见真迹追摹画在一本写生册上。吴茀之早年即酷爱八大山人的作品,曾作《仿八大山人山水》(1945年),晚年学习传统仍旧不遗余力,精神可嘉。

"文革"以来,吴茀之经历了一生最大的磨难。批斗、抄家、写检讨、扣工资、批黑画,接踵而至,没有休止,尤为让他伤心的是斗争他的人中有的竟是他培育的学生。是非颠倒,友朋离散,已是风烛残年的老人,身心备受摧残,最终患上了胃癌。1976年10月,在医生的建议下,学生朱颖人陪他去上海瑞金医院治疗,不料已是晚期,回天乏术,只能向吴茀之隐瞒病情。吴茀之以为病情好转,又逢"四人帮"倒台,精神大振。1977年4月,吴茀之要出院回杭,他在病榻上作书画赠送医师,其中《螃蟹图》是他最后的绝笔。螃蟹形态生动,笔势流畅,水墨翻飞,如骤雨忽至,气势激昂,并题诗:

十月圆,九月尖,潇洒水国天,有酒非尔不为欢。

作品表露出得知"四人帮"粉碎后的欢快之情。很难想象,这帧饱含激情的杰作,竟是出自一位病入膏肓的画家之手,他将这张作品交给了他的大女婿张岳健。

1977年4月27日,吴茀之回到杭州,5月27日住进浙江中

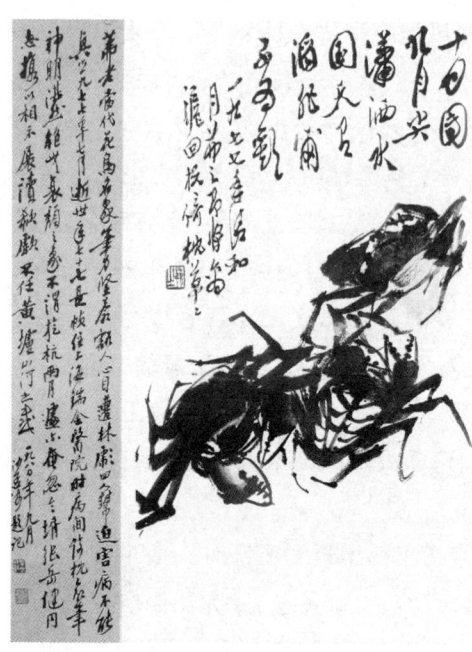

螃蟹图 1977 年(沙孟海题记)

医院。他对来看望他的美院领导说,希望你们努力把新美院办好,并对柳村等学生参加全国美展的作品给予指导。吴茀之在弥留之际,闻听窗外锣鼓喧天,欢声震地,这是外面举行庆祝粉碎"四人帮"的游行。他内心欣喜,却又抱憾再也不能拿起画笔。临终,他交代女婿张岳健,将他的诗篇整理装订成册,请精通诗词的陆维钊审订,争取出版。

1977 年 7 月 26 日晨,吴茀之在杭州病逝。8 月 1 日,按照他的遗嘱,骨灰安葬在浦江通济湖茅坪山的祖坟边,与妻子骨灰合葬,原墓碑由陆维钊题写。墓地背倚青山,松柏苍翠,俯瞰通济湖,绿水长流。吴茀之这位从浦江前吴村农家走出的书画家,终于回到了他一生魂牵梦萦的家园,安眠在故土的怀抱中。

1980 年 11 月,浙江美术学院、浙江省美协、浙江省展览馆主办"吴茀之书画展览",为吴茀之平反昭雪。吴茀之虽然已离去,但其卓越的艺术成就、高尚的道德情操为后人所景仰,纪念和研究方面的活动相继开展。1989 年,吴茀之艺术研究会在杭州成立;1994 年,吴茀之纪念馆在浙江浦江建成开馆;1999 年,吴茀之艺术中心在金华市建成开馆。他的书画作品集、诗词、理论著作、传记、研究论文，相继出版和发表。他的花鸟画艺术被学生继承和发扬，在浙江具有广泛的影响。

"文革"中，吴茀之的处境十分艰难，身心饱受磨难，但他毅然坚持习书作画，托物言志，寄情于笔墨之中，写寒梅劲松以示坚贞，作幽兰修竹，以志清白。并有《蓖麻》《氤氲四时》《迎春》等佳作问世。蓖麻本田野平凡草卉，经吴茀之妙手勾染，饶有诗情画意，其对蓖麻花、果、枝、叶之观察入微，描绘到位又富艺术感染力，让人慨叹画家匠心之独运。《氤氲四时》是画家以砚中余墨，随意挥写而成的"无心插柳柳成荫"之作，用笔刚柔相济，施墨浓淡相宜，为其晚年兰竹中的精品。《迎春》是作者踏雪赏梅归来后遣兴之作，老干嶙峋，红梅争艳，笔墨雄健，气势压人，背景以淡墨点乱，意喻瑞雪纷飞，真是妙笔生花。吴茀之晚年的作品，并没有因为经受政治浩劫而有悲怨愤懑之气，或孤高冷寂之意，也没有因为年老体衰而显得笔弱墨散，气局迫塞，而是愈老弥坚，风采依然。若假以天年，能如同辈的花鸟画家诸乐三、陆抑非、

吴茀之与妻黄丽贤合葬墓

浦江吴茀之纪念馆

金华吴茀之艺术中心

唐云一样劫后重生，以他非凡的才华和深厚功力，一定会达到一个新的艺术高峰。

吴茀之一生笔耕不辍，广植桃李，为后人留下了丰厚的艺术遗产，为社会造就了大量的美术人才。他的艺术创作，为中国现代画坛写下了辉煌的篇章。他继承并发扬了吴昌硕的花鸟画艺术，薪火相传而又独成一格，成为新浙派的主将之一。他教书

吴山明绘吴茀之遗像(诸乐三题字)

育人，坚守传统，注重修养，是中国美术学院国画教育体系的奠基者之一。他为人师表，品质高尚，是画坛德艺双馨的楷模。他如幽兰，身居空谷，不求人识，却有着悠远的芬芳。谨录吴茀之《咏墨兰》诗以收尾。

花多香袅袅，叶瘦影凄凄。

草木与同腐，飘零人不知。

注释：
①手稿藏吴茀之家属处。
②手稿藏吴茀之家属处。

# 第二章　论吴茀之艺术美学思想

　　吴茀之的艺术美学思想自成体系，卓然一家。这是他在长期的艺术实践中逐步形成的，深受时代、政治、文化等多元因素的影响。他的艺术美学思想也随着时代的变迁而成长，随着艺术风格的成熟而升华。作为一个书画家，美学思想是指导他艺术前行的航标，也是铸就艺术风格的基石。美学思想没有完备的体系，艺术实践必然是混乱、盲目的，美学思想没有高深的维度，艺术必定是贫乏、浅薄的。吴茀之作为一个典型的文人画家，又具有美术教育

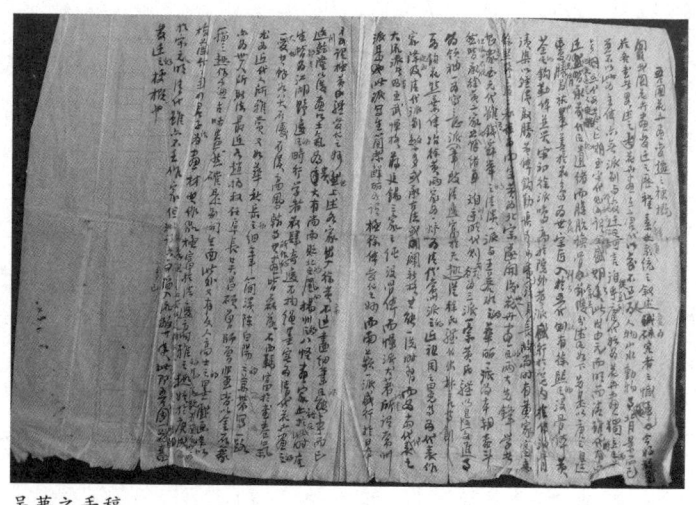

吴茀之手稿

家、美术理论家的多重身份,他卓越的艺术成就不仅表现在书画创作上,也表现在美术教育、艺术理论研究领域中,而这一切都是构建在他的美学思想体系之上。要深入解读他的艺术,必然要剖析他的美学思想。

吴茀之在书画创作的同时,十分重视中国画论、画史的研究。他结合自己的艺术实践和对艺术的感悟,写有论著《画论笔记》《中国画理概论》《中国画十讲》《画微随感录》《阎立本》《阎立本的画迹》《国画教学法》等,著述颇丰。我们通过研究他的论著,可以认识到他的艺术理论和实践是统一的。他的艺术理论不是来自道听途说,也不是沿袭古人,而是实践出真知。同时,他的画论也不是纸上谈兵,而是指导和提高他的艺术创作的指南针。这种理论与创作互为表里的关系,使他的美学思想更具有整体性、严密性、系统性。中国书画不仅是技艺积累的结晶,还是艺术思想的果实,而美学思想是艺术之树的根系,只有根系繁茂,才能硕果累累。

# 第一节　艺术功能——用慰劳人

不同的时代,对于艺术的功能有不同的诠释和要求,而对艺术功能的认识,是缔造艺术风格的主要因素之一。出生于 1900 年的吴茀之,处于 20 世纪伊始,恰恰是中国近代史上发生翻天覆地的变化时期。封建社会走向末路,豪强列国在中国争食夺肉,西风东渐,民主主义开始萌芽。随着清王朝的覆灭,负载文人画的士大夫群体消失,中国文人画语境发生重大变异。

近代中西文化的全面冲撞融合,对中国传统绘画艺术产生了强烈的冲击,新文化运动将传统文化推向转换的浪潮之中。悠久辉煌的中国传统文化几乎成众矢之的,康有为痛斥中国画在近代衰败至极,陈独秀、吕澂大呼国画改良、美术革命。社会的巨大变革,使传统绘画艺术生存的物质基础及文化语境发生了本质的蜕变,传统绘画艺术陷入前所未有之困境。随着传统绘画体系的变化,画家的生存方式及艺术手法也随之改变,首先就是艺术功能的改变。

潘天寿说:"东方绘画之基础,在哲学。"中国书画的哲学以老庄思想为主,兼容了儒家思想和佛家的禅宗思想,不同的思想意识使艺术的功能表现为不同指向。孔子曰:"志于道,据于德,依于仁,游于艺。"艺即是道,孔子的

用慰劳人

哲学思想集中点是仁,因此艺术是实现仁的理想工具,其社会功能,首要的是体现人性之善。孔子观周室壁画,又提出"知神奸""明戒鉴",指出艺术具有教育作用。而老庄的道家学派兴起之后,又否定了儒家的礼乐教化思想,宗炳提出"畅神论",苏轼云"画以适意",倪瓒称他作画是"聊写胸中逸气",都进一步表白了绘画怡悦情性、抒发个性的功能,这也是文人画在中国美术史上大行其道的原因。

吴茀之出生于书画之乡浦江的一个耕读之家,先祖吴渭、吴莱都是忠贞爱国、满腹经纶的硕儒,先祖的言行和风范对他影响至深。吴茀之的启蒙教育是在乡间的私塾中完成的,学的也是四书五经之类的儒家典籍。他求学的时代,儒家的思想已受到质疑和批判,但儒家思想的传统影响力还是根深蒂固的。吴茀之作为一个接受过传统文化教育的文人,必然深受儒家思想的陶染,因此,儒家思想是其思想的主流。他为人处世上恪守忠信礼义之道,艺术上遵循中庸之道,不激不厉,以雅正为美。

吴茀之一生从事文人画的研究和创作。他追慕文人画超然物外的老庄思想,他崇仰八大山人和石涛的艺术精神境界。吴茀之终身从教,面对的是莘莘学子,他的职业使他与世俗的万丈红尘有所间隔。因此,他的心性也倾向于道家的老庄思想。新中国成立前,政治黑暗,民不聊生,佛教的出世思想对他也有所影响。吴茀之接受过良好的传统文化教育,又在上海美专受到中西艺术观念的熏陶,使他的世界观、艺术观与传统的文人画家炯然有别。他所热衷学习的海上画派,具有谐俗性、商业性(吴昌硕即是以卖画为生的),这种具有商品性质的文人画与士大夫寄情遣兴的文人画,在艺术功能内涵上也是大相径庭的。

艺术家的艺术价值观,是以他的世界观、人生观为指向的,只

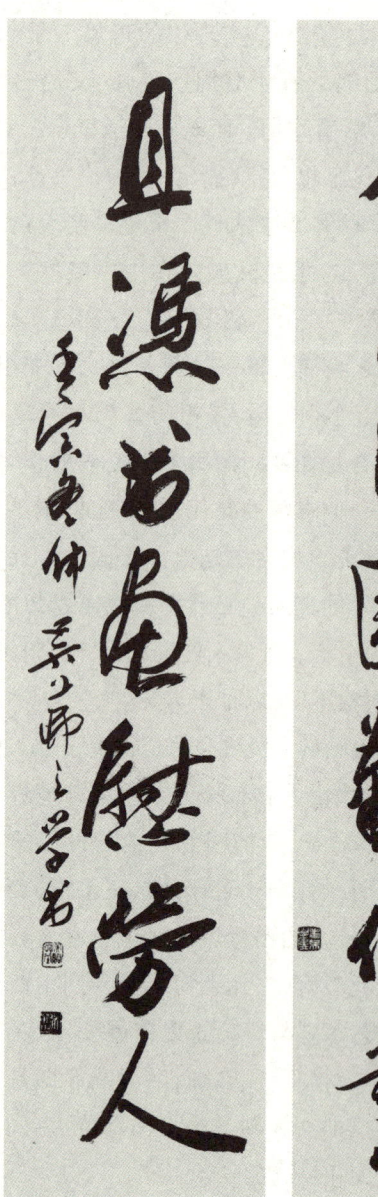
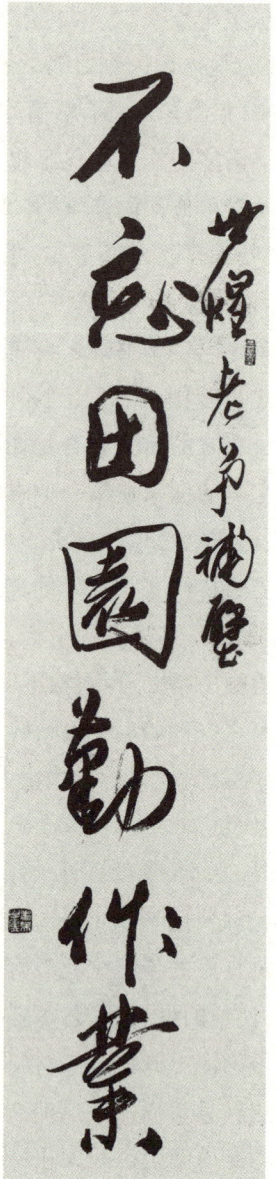

行书楹联 1962 年

有剖析他的思想,才能展示他对艺术功能的认知。

　　吴茀之所处的时代是中国绘画新旧交替、中西混融、变化过渡时期,随着民族忧患意识的上升,新文化的兴起,士大夫群体解体,艺术与社会、政治相连更为紧密。"蔡元培提出的'以美育代宗教说'将艺术的功能也推向了一个新的起点,他将古典画学'治心''养性'之说,提到陶冶国民情操的美育高度"。[①]在这样的历史背景下,吴茀之继承了传统儒家救国济世的忧患意识,同时又在绘画上保持了文人绘画的格调与境界。

　　吴茀之在著作《中国画理概论》绪论中他就阐述了他对艺术功能的认识:

　　画之为艺,虽重写形,实则艺进于道,为一种人类进步之标志,小则可以见各作者之品性与智慧,大则可以体表某民族某时代之文化。其迁想之精微,非穷理尽性,致知格物,不足以语此。其含义之深宏,非但寄情托兴,用以自娱而已,实为修身治国之助。唐张彦远道"画者,成教化,助人伦,穷神变,测幽微,与六藉同功,四时并运。"诚笃论也。[②]

　　他认同艺术的教化治国之能,也接受艺术寄情的修身之用。他在艺术上不追求空洞的唯美主义和玩弄笔墨的形式主义,而是用画笔抒写自己的心声,表达自然之美。他画的作品物象既夸张又不失本真,使民众能够接受,但和张书旂所走的"雅俗共赏"的艺术道路亦有区别,而是更趋向雅,更注重在画面中体现文人画的意蕴。但又摒弃了文人画中隐晦、清高、枯寂的一面,而是带给人生动、鲜活、明丽的美感。

　　新中国成立以后,他的艺术思想接受了新的洗礼,对艺术功能认识进入了一个新的境界——"用慰劳人"。这是一方白文的闲章,钤在新中国成立后的一些佳作中。郑板桥曾说他的作品是"用以慰天下之劳人,非以供天下之安享人也"。吴茀之酷爱"扬州八怪"的艺术,这也许是"用慰劳人"的由来。他将这方印章传给了他的大女婿张岳健,寄希望能传承他的这种精神。吴茀之将艺术从传统文人的情趣中解放出来,进入了时代的大视野。强烈的时代意识和文化使命感,使他的作品注入了现实的力量。他进一步走入到社会生活中去写生创作,肩负起为民众服务的责任,他让文人画走出了象牙塔,不再是贵族士大夫闲适自娱的游戏。

"不忘田园勤作业,且凭书画慰劳人。"这是吴茀之为学生张世煌撰写的一副楹联,意在勉励学生勤学书画,为民服务,与"用慰劳人"的喻义是相同的。潘天寿提出"艺术精神食粮论":"艺术为人类精神之食粮,即人类精神之营养品,精神食粮之生产文艺工作者也。"吴茀之的"用慰劳人"论和潘天寿的"精神食粮"论,是一脉相承的,都是为人民创作作品,通过"悦目"而达到"养心"。艺术的受众是"劳人",即劳动人民,所以艺术创作不能脱离生活,不能脱离时代,不能脱离人民。

新中国成立初期,文艺界片面地强调现实主义的艺术表现手法,造成了只有人物画才能反映现实、为社会服务的错误认识,山水画和花鸟画被轻视。直到中央提出"百花齐放,百家争鸣"的文艺方针后,局面才逐渐扭转。吴茀之始终坚信花鸟画也是能反映时代、为人民服务的。1959年,他撰写了《谈谈花鸟画的人民性和特点及继承与革新问题》,文中阐述了自己的观点:

同时,花鸟画能为工农兵服务,也可不必有所怀疑,尽管它是描写鸟语花香等美的欣赏方面的自然景物,只能间接地为政治服务,不像人物画那样可以直接反映新人新事等斗争生活。但经过艺术加工的花鸟,会显得比自然更理想,更美,更能满足广大人民的精神上需要,使他们的生活更丰富,更滋润,干劲更足,觉得人生更有意义。③

新中国成立初期，吴䍩之也画过几张现代人物画，但他并没有改弦易辙完全转入人物画创作。他清醒地意识到，花鸟画同样也能为人民服务，因此，还是坚守以花鸟画创作为主。

新中国成立以后，吴䍩之努力提高思想觉悟，积极投身于新社会的文艺建设之中，思想情感始终和时代潮流合拍。"笔墨当随时代"，画风趋于明朗、沉雄，他以画笔抒发对新中国的热爱，对新政府的拥护。他多次深入农村，了解农村生产建设情形，详记录，勤写生。人物画并非其所长，为了反映土改的成就，他还是积极认真地创作了《欢乐庆丰收》《锣鼓送公粮》等现代人物画。他还极有创造性地将农作物融入写意花鸟画中，如桑葚、蓖麻、棉花、稻谷、玉米、油菜等，这些题材在传统的文人画中几乎是空白。他运用花鸟画以物言情的象征手法表现绘画主题。1953年作《和平之春》，描绘春光明媚、群鸽飞舞的美景，表达对新时代生活的祝福。1962年作《大丽菊》庆祝国庆节，题曰"大丽之菊雄而健，丹花碧叶寿万春"，他以此表达对党和祖国的美好祝愿。他曾将毛主席诗句中可以作为创作内容或者题画的诗句，整理出来，抄录在一个笔记本上。

吴䍩之这类反映时代新貌的作品，艺术性和思想性都极高。与同时期的画家相比，在笔墨和意境内容的转换上，吴䍩之技高一筹，显得更加自然和成熟，没有图解政治的生硬感。他保留了纯正的笔墨和强烈的文人画气息，没有陷入西化写实，或类似宣传画，或过于直白等表现手法的误区，这得益于他高深的艺术修养和高超的艺术胆略。吴䍩之认为，"用慰劳人"是引导人民去欣赏艺术之美，而不是迁就或迎合民众去炮制低俗之作。他的作品境界高深，笔墨高妙，为业内专家称首，又能以趣味生动、活色生香为普通群众所喜爱。

吴茀之作为现代著名的画家，又是浙江美院的资深教授和身兼重要职务的学院领导，他总是以一个平凡的文艺工作者自居，认真地工作，勤奋地创作，教书育人，将自己的艺术无私地奉献给社会。他以"用慰劳人"的艺术价值观来看待自己的作品，只要能为人民服务，他从不吝惜自己的作品。吴茀之一生以教书为业，虽然是画家却很少卖画。新中国成立后，吴茀之鼎足浙江画坛，造诣非凡，公家单位、乡亲同好向他求画的极多。吴茀之对求画者，不论地位高低、关系亲疏，他都尽力而为，满足他们的要求，并且是不计报酬，不求回报。这类我们所谓"应酬之作"，他却从不敷衍应酬，无论求画者是否对艺术懂行，他都以极其认真的态度精心创作。因此，我们今天看到许多有上款的吴茀之作品，大多是佳作，有的甚至是他的代表作。吴茀之一生将砚田耕作的硕果，奉献给了劳动人民。他认为这正是艺术价值之所在，他以此为乐。在时代的引召下，艺术功能的转变，使吴茀之的艺术发生了蜕变。他的作品开创了新的境界，和传统的文人画拉开了距离，从而推动了中国现代花鸟画的发展。

**注释：**

①见姜澄清《中国绘画精神体系》，甘肃人民美术出版社 2006 年版，第 125 页。

②见吴茀之《中国画理概论·画微随感录》，上海书画出版社 2010 年版，第 10 页。

③手稿藏浦江吴茀之纪念馆。

# 第二节　艺术传承——贵有古意

中国书画艺术历史悠久，源远流长，历代名家、名画层出不穷，如灿烂之星河，光照后代，成为中国文化宝库中的奇葩。中国书画具有高度的程式化，高度成熟的技法表现体系。这一特殊的发展规律，保证了它能不断革新，与时俱进，而又保持民族文化精神不移。这也是中国书画相对于其他艺术门类，更能反映出中国文化精神和代表中华民族文化精神的原因。每一位名垂画史的画家，都是在广博地继承传统的基础上，创造新的艺术图式，从而确定新的艺术风格。

吴茀之青年时期，恰恰是传统文化受到质疑，中国画的主流文人画遭到嘲责的"受难期"。因痛感国势之弱，而指责民族文化为落后，是近代许多有识之士的极端态度，政治的弱败，导致文化观念向西方倾斜。康有为放言："盖中国画学之衰，致极矣！则不能不追源作俑，以归罪于元四家也。"《新青年》第六卷第一号刊出吕澂的《美术革命》，提出"我国美术之弊，盖莫甚于今日"。陈独秀以编者著文响应《美术革命——答吕澂》，痛斥文人画，疾呼输入写实主义，改良中国画。徐悲鸿亦慨叹中国画"至今已极矣"。一时之间，"美术革命""国画改良"成为时髦词。吴茀之求学的上海美专，是中国效仿西方美术教育而建立的第一所美术学校，校长刘海粟又是留洋学习过油画的"艺术叛徒"。在这样的学习环境中，培养出来的学生受到时代风潮的影响，很可能对传统国画产生误解而轻视之。而吴茀之却成为传统艺术的坚守者，中国传统文化所产生的巨大磁力，将他牢牢吸引着。他坚信传统国画根深叶茂，方兴

陶园幽趣 1926 年

未艾,他对于贬低国画和以西画来改造国画都持否定的态度。

近复以洋画之输入中土,日新月异,竟有主张混合西法,形成一种不中不西之绘画为中国画者;亦有国画所注重想象之表现,不易了解,欲将固有绘画所注重之笔墨神韵等,一概废而不谈,别树一种大众化之绘画者。试问:功利熏心,何能表现纯洁丰厚伟大质量?人主我奴,民族之独立性何在?不知日益提高大众之欣赏力,偏欲以低级之迎合之,则国画之衰退,将伊于胡底?此诚吾国绘画之危机。①

吴茀之对于民族艺术有着极高的自信心、强烈的自豪感。他在《中国画理概论》中阐明：

吾国在东方开化最早，素以精神文明著于世，绘画一道，相传至今，尤以传神为一，视西法之专以轮廓、明暗、远近、色彩等传形为能事者，益觉其超然有独特性。②

他能正确认识中国画传神的特性，而不是浅薄地以传形论国画的短长，在《中国画理概论》的《国画之地位》一章中曰：

考世界绘画之传统系有二：一曰西洋画系，缔造于意大利半岛，传布于全欧，近复旁及于美洲并亚陆。一曰东方画系，策源于中国，浸染西亚、印度、朝鲜而流行于日本，故意大利为西画之母邦，而中国实为东画之祖也，此吾国绘画在世界美术史上之地位也。③

吴茀之放眼于世界美术发展的历史，横向比较中西美术，明确指出中国绘画是东方艺术之源泉，地位和影响可与西方艺术并肩而无高下之分。他又指出：

故吾国画迹，为西欧政府所购藏者，莫不珍逾拱璧。近复以在国外常有中国画展览会之举行，西欧人士之注意东方艺术者，更明白中国画之意义与价值，争相欣赏之。并悟崇拜现实之不足以尽画之长，影响所及，西画作风，亦渐为之转移。自法国后期印象派以后，重灵感而忽视形象，大有倾向我国作风之趋势，此吾国绘画在技术本身上之地位也。深望举国上下，竭力提倡，将固有之国粹画，发挥而光大之，则将来之国画地位，当更有非意料所及者。④

吴茀之对国画的发展信心百倍，认为前途无量，与对传统国画妄加指责，自卑自弃者对比鲜明。坚强的民族自信心，让他更加尊重传统，从而研习传统，并终身受益传统。

吴茀之对传统的学习，首先表现在他十分重视临摹，在《中国画理概论》中有临摹一节，讲述临摹的重要性、方法和要点。

千百年来,名家衣钵相传,或师承,或模古,临摹一法,即取为学画快捷方式,然历来临摹主张,并非死守旧本,须以规矩入,仍须以规矩出,以学古脱古,而得自家面目为贵,此亦由于人之富于创造性故耳。

临摹虽画家末事,亦为初学所不可废,正如婴孩之学行,必学步也。⑤

他认为临摹是学画行之有效的捷径,同时临摹也是创造的基础,二者有着辩证的关系。

他对于临摹有许多真知灼见,他认为临摹不是简单地描摹师古,而是通过正确的手法,循序渐进地学习传统,掌握技法的同时,不断提高对绘画理性的认识,从而能将古法化为己有,逐步探寻创新之路。吴茀之对于临摹的认识是理智的、明确的,而不是盲目的、机械的。

综观吴茀之的丹青生涯,他一生学习传统矢志不渝。他少年初学国画即临摹恽寿平、蒋廷锡的画册。恽寿平绘画被称为“写生正派”,气息端正,是学习的绝佳粉本。吴茀之说:

又初学,不宜好高骛远,应先从派别之平正者入手,而后求诸苍莽雄奇。⑥

在上海美专读书时,他热衷于吴昌硕的金石派大写意花卉,所作近乎乱真,临摹功夫至深。后又上溯到石涛、八大山人、沈周、“扬州八怪”,尤好李复堂,他的一些作品可视为意临作品。如1931年见石涛本而拟其意作《桃花墨竹》,1945年观赏八大山人山水册页有感作《仿八大山水》,1964年拟任伯年的构图作《霜天烂漫》。在“文革”中,他观看八大山人纪念馆的藏品后还认真地追摹记录。

吴茀之对传统的学习,不只是局限在技法上,还十分重视对传统书画理论的学习和研究。在他的藏书中，书画理论的书籍颇多，如《画法要录》《佩文斋书画谱》《桐荫论画》《画学心印》《国画六法新论》《扬州八怪史料》……吴茀之撰写《中国画理概论》的目的之一，就是对传统画论的梳理和探讨。

但吾国画理至微，欲搜袭前人遗著，苦于茫于涯涘，难得系统，兹为与同志相互切磋计，就管见所及，择其较为重要而易领悟者，略加探讨焉。⑦

他在这本著作中，对于古人画论的引用极多，说明他对古代绘画理论了如指掌，烂熟于胸，所以引用论述时也能有的放矢，恰到好处。同时，吴茀之也认识到传统国画的学习有重实践而轻理论的弊习，他指出：

银藤 1931 年

惜乎，今日举国滔滔，咸趋于个人功利之一途，治画者虽不少，而画理之研求，大都无暇及之，长此以往，尽沦于工匠而后已。⑧

吴茀之对传统的认识能够十分深刻，得益于他理论和实践双管齐下，相互启迪和促进，从而探寻到传统真髓。

学古的目的是化古为今，使画中能蕴涵古意，不流于俗，吴茀之在《画微随感录》中论述：

画贵有古意。盖古，即今之对不趋附流俗曰古。古意之古，乃不落时习，无烟火之谓也，并非学古人画即有古意。⑨

贵有古意，将学古的意义提高到了一个更高的层次，学习传统的目的不仅仅是为了掌握传统技法，而且可以提升艺术格调，从而增强作品的感染力。元代书画家赵孟頫在艺术上崇古而不为古法所囿，借古开今。他在自跋画作中云："作画贵有古意，若无古意，虽工无益。今人但知用笔纤细，敷色浓艳，便自为能手，殊不知古意既亏，百病横生，岂可观也？吾所作画，似乎简率，然识者知其近古，故以为佳。"

清乾隆山水画家黄钺著有《画品二十四篇》，二十四品中，即有"高古"一品，古能显雅致，古能显厚重。吴茀之作画强调意境要新，笔墨要旧。旧并非是泥古不化，而是以传统笔墨传达古雅之气。

国画家成熟的过程是漫长的，往往要在传统中浸润数十年，才能学有所成，这也是近代几位大师享高寿而成大名的原因之一。吴茀之属于传统创新型的画家，他以传统为本，逐渐熔铸自己的个性语言，用自己的艺术印证了中国绘画的传承与绵延之路。他坚守传统矢志不移，尤其是在新中国成立初期的花鸟画、山水画被打入低谷时，他仍一如既往，以传统笔墨为底线，把握住了作品的格调，没有使国画沦为工具化、政治化的"宣传画"。他还多次向学院和美协的领导呼吁，艺术上要重视民族传统，不能盲目地效仿苏联。1951年，学院向他征求"工作的意见和今后希望"，他提出：

我觉得今天的绘画当然不能像过去那样现实性的贫弱，但也有它的健康部分和艺术的特点，这特点就是每个国家对世界宝库的贡献，使它更完整而丰富，希望今后应注意研究，尽量地批判地接受自己民族的遗产，作为我们广大人民自己的艺术。

中国花鸟画自唐朝独立分科，经过千余年的发展，已有了深厚的艺术沉淀，雄厚的传统底蕴使后学者受益无穷。吴茀之探古发微，立足传统，为现代花鸟画的发展作出了卓有成效的贡献。

吴昌硕的绘画艺术是近代文人画的一座高峰，吴茀之作为这一画派的优秀传承者，其作品属于文人画范畴，当之无愧。客观地说，吴茀之这一代的艺术家可以称得上是中国文人画最后的守望者。吴茀之的作品，从表达的精神到表现的形式都蕴涵着高雅的古意。吴茀之在国画创作中保留以诗入画的创作手法，许多作品画上题诗，诗画互融，寓意深远。新中国成立后的许多作品也沿用这一手法，这样表达的艺术方式，不至于直露或贫乏，如《花开遍地》(1958年)，画中题句"花开遍地看今日，一丈红争万里霞。画竟漫题补空，一九五八年七月一日作此向中国共产党献礼，吴谿"。作品中绘有蜀葵花，蜀葵又名一丈红，以此表达作者美好的祝愿，十分巧妙、贴切，诗句凸显了主题，又提升了画格。

在绘画技法上，吴茀之坚守应用传统的笔墨技法，主张笔墨是国画艺术表现的主宰，没有受到西画表现手法的影响，走向中西融合的道路，确保以纯正的笔墨来造型、来传情。在吴茀之的作品中，还沿用了一些传统的表现图式，如《梅花一缶春风香》采纳传统"岁朝清供图"的表现手法，吴茀之通过题诗赋予其时代意义。吴茀之的艺术与传统血脉相连，因而具有永久的生命力、深沉的感染力。

**注释：**

①见吴茀之《中国画理概论·画微随感录》，上海书画出版社2010年版，第20页。

②见吴茀之《中国画理概论·画微随感录》，上海书画出版社2010年版，第10页。

③见吴茀之《中国画理概论·画微随感录》，上海书画出版社2010年版，第37页。

④见吴茀之《中国画理概论·画微随感录》，上海书画出版社2010年版，第37页。

⑤见吴茀之《中国画理概论·画微随感录》，上海书画出版社2010年版，第54页。

⑥见吴茀之《中国画理概论·画微随感录》，上海书画出版社2010年版，第56页。

⑦见吴茀之《中国画理概论·画微随感录》，上海书画出版社2010年版，第20页。

⑧见吴茀之《中国画理概论·画微随感录》，上海书画出版社2010年版，第20页。

⑨见吴茀之《中国画理概论·画微随感录》，上海书画出版社2010年版，第119页。

## 第三节　艺术个性——打破常规

　　艺术传承的目的是为了创新。所谓的大师,就是在继承传统的基础上,创造出一个新的图式,开宗立派,在艺术的长河中留下一个新的坐标。对于继承和创新,吴㞦之认为是承前启后的关系,逐步从临习前人名迹的羁绊中脱颖而出,是每位有责任的艺术家前行的必由之路。

　　治画又分前后两个时期。前期为学的时期,重在吸收与研究。对各种形态与结构,皆须有一深刻之认识,向基本上做工夫。后期即为用的时期,重在发挥与创作。凭作者之智力与经验,向解放之大道迈进,而开辟一个新的境界。这新的境界,当然非循规蹈矩,描头画角[脚]那种东西,而是一种灵感的流露,全人格的表现。其高也,有若峰插云中,可望而不可即;其远也,有若舟行海外,茫无际涯。①

　　艺术创作,要能"从心所欲"而逾矩。所谓"矩",即是物体形色的本来相,常态。"打破常规"是吴㞦之的一方闲章,是他要求自己艺术上追求独立个性的精神表述。吴㞦之深受儒家思想的浸润,但也是儒道杂陈。在艺术创作中,他更倾向于崇尚自由个性艺术

打破常规

宁作我

的老庄思想。儒家讲求和谐中庸,合乎常规。而打破常规,就是要突破儒家的守常的保守思想。但是"打破常规"并不是打破规矩,所谓常规,是一种流俗、平常的方式方法,因此,创新是在原有的基础上拓展创新,而不是另起炉灶。

"宁作我"是诸乐三 1963 年为吴茀之刻的一方闲章。《世说新语·品藻》载:"桓公少与殷侯齐名,常有竞心。桓问殷:'卿何如我?'殷云:'我与我周旋久,宁作我!'"吴茀之打破常规的目的就是为了"宁作我",寻求自己的艺术个人风格。吴茀之说:"画贵参新意以求面目,万不可践陈迹以待生活。"正是有这样的艺术理念,吴茀之在艺术追求的道路上,没有迷失方向,勇于创新。吴茀之学习大写意花鸟,从吴昌硕入手,深得其神髓,但他沉迷于吴昌硕画风时,师友经亨颐、诸闻韵、潘天寿当头棒喝,使他幡然觉醒,从而取经多方,学习徐渭、陈淳、石涛、八大山人、"扬州八怪"诸家,逐步形成个人风格。

吴茀之在《游鱼图》(1938 年)中题跋:

余酷爱八大、复堂两家笔墨,此帧欲拟之,然写成自视,既非八大亦非复堂,还是自家面目,人各有我,苟能得其神趣,正不必强同也。

吴茀之认识到"人各有我",每个人的秉性、修养、经历都不相同。因此,画家所描绘的作品,风格面貌必然是不相同的。虽然是学习古人,也不必刻意去追求貌似的外表,故"不必强同也"。

吴茀之认为,画如其人。艺术风格首先受到个人天分和性格的影响:

个性强者,主观活动能力亦强,既不肯人云亦云,依人篱下,也不顾如实描写,投人所好,必是顽强到底,追求有所创新,久而久之,即不难产生自己独特的风格矣。此可从古今来不少名画家

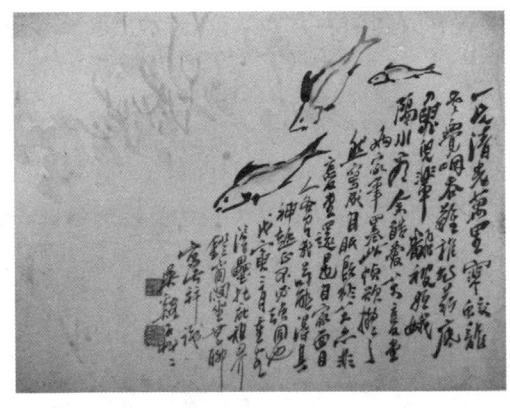

游鱼图 1938 年

中获得例证。[②]

　　所谓独特的艺术风格，一方面要能师古而化，另一方面也不是对自然形态简单的再现，而是艺术的提炼升华，二者缺一不可。

　　总之，国画上独特风格之求得，既不能满足于古人之成规，亦不能拘泥于自然形态的刻画，而是在"情景交融"，注重精神物质的表达与意境及艺术上的效果，此必须在不断的创作实践中获得之。[③]

　　吴茀之认识到，时代不同，人的精神世界也不同，所传达的艺术自然也不同。吴茀之青年所处的时代，儒学式微，西风东渐，是新旧文化交锋而形成的转型期。艺术随着意识形态的转变，必然追随时代发展变化。

　　吴茀之貌似随和，沉稳，而内蕴则刚毅机敏，正所谓大智若愚。吴茀之的这些性格特点，折射在其画作中，即是厚朴中蕴灵动，随意中见匠心。吴茀之的后人说吴茀之为人洒脱，很能接受新鲜事物。吴茀之热爱传统文化，但并不抱残守缺，对于西洋文化也不完全排斥，他青年时，也西装革履，并不穿长袍马褂。吴茀之具有包容万物的心态,才能在艺术上取长补短,不断创新,不墨守成规。

为了"打破常规",吴茀之在艺术表现的题材、构图、意境上都做了有益的尝试,努力和古人拉开距离,以免陷入平庸、流俗的窠臼。如他擅长的"四君子",这类传统题材表现手法极难突破,吴茀之却能别出新意。画梅穿插借鉴画藤法,可谓之"藤梅";画竹常以焦墨写野竹作配景,增长画面的气势;画菊千枝万朵,掩映错落,以繁取胜;画兰刚健婀娜,风采夺人,已是自成一家。他还拓展了许多新的画材,尤其是在农作物和草药上。1964年盛夏,吴茀之在莫干山避暑时创作了一幅《马缨花》,周昌谷在吴茀之的另一帧马缨花上补款,题曰:"马缨花向来不入中国画,有之者自茀翁始。"

吴茀之喜欢描绘秋天的景物,古代文人画描绘的秋景大多是荒凉萧瑟之境,以悲秋感慨时光流逝,而吴茀之笔下的秋天却是秋光璀璨,生机盎然。如作品《满园秋色斗斓斑》(1960年),描绘了金桂、紫薇、白菊、萱花、鸡冠花、一串红、凤仙花、牵牛花八种花卉,争相竞艳,胜似春光。

一唱雄鸡天下白 1962年

曝书亭古藤 1958 年

　　吴茀之的许多作品构思上都有独到之处,不同凡响。如《一唱雄鸡天下白》(1962 年),画面仅画一雄鸡引吭高鸣之态,背景全然是空白,以此扣题"天下白",雄鸡的眼睛夸张得极大,显得精神抖擞,而雄鸡的尾羽,仅用四笔扫出。新中国成立后,画家以毛主席的这句诗创作的作品为数不少, 而吴茀之此作却是以少胜多,独出机杼。又如《曝书亭古藤》(1958 年),是 1958 年 4 月吴茀之参加浙江省委检查团到嘉兴王店,在曝书亭见到两盆紫藤盛开,对花写照后,加工创作而成的。在构图上,吴茀之只截取了紫藤的局部,而对两个花盆,甚至垫在花盆下面的基座描绘得十分详尽。这样的表现手法似乎有些喧宾夺主,却恰恰能脱离通常画紫藤的藩篱,一方面增加了画面的庭院情趣,另一方面繁密的紫藤花和花盆疏朗的空白形成强烈的对比,更反衬出紫藤的茂盛。

　　文人画崇尚水墨,以淡雅为美,吴茀之作品《冬暖》(1959 年)却是色彩斑斓。山茶盛开着火红的花朵,南天竹缀满累累朱红色的果实,金黄色的腊梅花枝头绽放,一群绿色的绣眼鸟翔集在花间。这样绚丽纷繁的色彩,在画面上是极难调和的,如果处理不好,画面视觉显得火气和俗气。吴茀之知难而进,妙手剪裁。画中花木的枝叶都以水墨为基调,将色彩压了下去,鸟也用墨线勾勒和点染。使色彩不"跳"出来。这样的描绘手法使色彩既丰富又协调,正是从大俗中求大雅。

吴昌硕所开创的金石派写意花鸟,是中国花鸟画发展的一个高峰,要在其基础上有所拓展是极其困难的,需要非凡的胆略和才华,还要付出持之以恒的艰辛劳动。吴茀之以"打破常规"的胆略,去塑造"宁作我"的画风,终于成为新浙派的花鸟画大家。

**注释:**

①见吴茀之《中国画理概论·画微随感录》,上海书画出版社2010年版,第134页。

②见吴茀之《中国画理概论·画微随感录》,上海书画出版社2010年版,第138页。

③见吴茀之《中国画理概论·画微随感录》,上海书画出版社2010年版,第138页。

# 第四节　艺术审美——刚健婀娜

书画家的审美意识,对于个人艺术风格的塑造具有决定性的影响。书画作品之所以有雅俗之分,正是因为作者的审美有高低之别。书画作品中的笔墨、色彩、造型,都反映了作者的审美意趣。综观美术史,艺术风格的演变,即可印证审美意识的发展历程。吴茀之作为一位艺术大家,他的绘画面貌精彩纷呈,作品给人的审美感受亦各具千秋,或雄健,或秀丽,或清雅,或浑厚……但总体特征可概括为刚健婀娜,这就是他的绘画风格特点,也是他的审美追求。他的艺术创作都是在刚健婀娜的审美基点上生发的,并且逐步得以强化,最终凸现出个人风格。刚健婀娜的审美意识是他在长期的艺术实践中逐步形成的。

吴茀之 1935 年创作的《墨兰》题跋:

兰非凡卉,写叶贵得劲气,不可为法所囿,庶得疏荡之致,东坡论书法谓,刚健含婀娜,端庄杂流丽,此语亦为画兰不传之秘。

这段题跋虽然是吴茀之表述画兰花的心得体会,其实也反映了他的审美追求。"端庄杂流丽,刚健含婀娜"是苏轼《和子由论书》的诗句,表露了苏东坡重遒媚统一的审美思想。遒媚相连而不相互排斥,恰是阳刚之美和阴柔之美的结合,本质上也是体现了"中和之美"。在中国的文化中,"中和"有着深刻的文化渊源和内涵。《中庸》释为"喜怒哀乐之未发,谓之中,发而皆中节谓之和。中也者,天下之大本也;和也者,天下之大道者也。致中和,天地位焉,万物育焉"。"中和"在艺术作品中的美学价值正是表现和谐之美,刚健婀娜即是一种刚柔相济的和谐之美。

墨兰 1935 年

一个人审美意识的成因是复杂的，亦如一个人性格的形成，受到多方面的影响。而个性和审美意识，是密切关联的。因此，剖析审美意识，必须认知对象的个性。一方水土养育一方人，地域文化对于个性的形成影响巨大。艺术家的精神归宿往往指向家乡，吴茀之一生乡音不改，对故乡一往情深，有着浓厚的乡恋情结，他的个性具有深厚的故乡文化烙印。艺术家精神气质是地域文化滋养的结果，地域文化对艺术家的审美取向起到积极的影响。地域文化对画家艺术人格的影响极其深刻，既可表现为对地域具体题材内容的表述，如齐白石用画笔对故乡风物的追忆；也可以表现为对地域文化精神的阐述，如吴门画派作品中所传达的儒雅气韵。

吴茀之的故乡——浦江，自古文人辈出，儒家学风浓厚。浦江人崇尚儒雅，喜好以书画修身，具有士大夫的清高。同时，浦江又民风强悍，性格刚直又豪爽义气，正所谓外方内圆。浦江有句俗语："放下锄头能画画，放下画笔能打架。"较为形象地反映浦江人的个性,这些个性特点在吴茀之身上皆有体现。吴茀之性情随和,温文尔雅,而他个性又不乏刚毅,讲求气节。这些性格折射在他的审美意识上,即是刚柔相济——刚健含婀娜,这符合儒家的中庸之道。中庸即是儒家思想的方法论,也是儒家的审美尺度。而道家以精神自由为人格理想的审美追求,也在吴茀之的审美意识中有所体现,就是"端庄杂流丽",不为端庄所囿,而以流丽别出机杼。

在绘画艺术的审美上,对吴茀之影响最大的是吴昌硕。吴昌硕作为集大成的大师,将石鼓文中雄浑沉厚之美引入绘画,开创了苍郁浑厚的金石画风。吴茀之在上海求学时,即醉心于吴昌硕的艺术,讲求阳刚之美,追求雄健之意,这一审美意识贯穿他整个艺术生涯。与此同时,"扬州八怪"率真畅达的艺术境界也为吴茀之所倾心,"扬州八怪"恣情任性的笔墨意趣表达了在形式上求新求变,追求奇诡怪诞的美学境界。受此影响,吴茀之强调艺术要出自性灵,笔墨追求灵动,不为成规所囿,表现出对自然率真的艺术审美的推崇。此外,潘天寿的雄健霸悍,张书旂的潇洒工丽,都对他的艺术审美有所影响。

吴茀之在艺术上的实践和他的艺术审美是一致的。他说:

论画之用,有以轻灵艳丽取胜,亦有以古厚庄严见长,前者易取媚于一时,后者堪见赏于后世。但世人作画,大都迎合众人之心理,多趋于形似及轻灵艳丽一途,借博多金以求早誉,无怪画道之衰也。[①]

吴茀之作画追求遒劲的艺术视觉效果。他作画时下笔迅疾而厚重,如骤雨忽至,营造了一种力能扛鼎的气势。他画的线条劲挺而凝练,求毛而不求光,求拙而不取巧。他作画时喜用复笔,复色,也是为了产生厚重的艺术效果,使画面不至于因单薄而有轻巧之感。如他创作的《狂兰》是他墨兰作品中的"另类":山涧中的几束兰花,似经风欺雪压,而挺然怒放,用笔奔放健劲,跌宕不羁,境界超凡脱俗,与常人画墨兰所追求的雅逸、清寂的意趣迥然相向。这类作品,雄健之美发自本性,溢于笔端。

吴茀之认为,自然界的花鸟实景,在客观上虽然大多比较平凡,而在主观的艺术创作中,要寄寓雄壮之美。

我的浅见,还以为花鸟容易俗气,也容易小气。因为鸟语花香,美则美矣,但这是优美而不是壮美、崇高美,没有什么奇气。如能配上山水之景或匹以怪石,亦可使它气势磅礴有奇气。②

自然界的花鸟,带给观众只是一种视觉上美丽的享受,而画家在创作中,需打造一种更高层次的审美境界,这样才能震撼观众的心灵。吴茀之创作的《柱石镇横流》(1963年),柱石擎天,激浪排天,气势非凡,摄人心魄。只有胸怀豪气之人,方能营造出如此壮美的景象。又如《巨龙》(1962年),画面上巨松顶天立地,屈曲夭矫,宛如游龙。松树并非是特指,而是吴茀之意象中劲松峥嵘之气势的描述。

"婀娜"本意是柔软而美好,吴茀之崇尚阳刚之美并不排斥阴柔之美。他说:

写兰须得劲气,劲则其叶如铁,虽与众草为伍,而自有别,然风致亦不可少。③

风致可理解为风韵,唯有清润灵秀方显韵味。因此,他也反对用剑拔弩张的蛮力,他追求的是绵里藏针的内力。

今画注重力的表现,然而力贵含蓄,戒浮露及粗暴之气,否则虽有力亦觉霸气横行,不足尚也。④

南齐谢赫六法的第一条便是气韵生动。徐复观认为:"谢赫的所谓气,已如前述,实指的是表现在作品中的阳刚之美,而所谓韵，则实指的是表现在作品中的阴柔之美……气韵系代表绘画中之两种极致之美的形象。"⑤

吴茀之十分强调作品要有韵味，便是主张艺术上不可缺乏阴柔之美。

画重神韵，浓墨以提神，淡墨以取韵，神无韵不传，韵无神不生，今人作品常重神而忽韵，往往陷于苍而不秀，此以未知取韵故也。⑥

吴茀之有一方闲章"笔歌墨舞"，他作画确如载歌载舞，彩墨飞扬，极尽婀娜多姿之态。他下笔快，喜以点乩法落笔，稍停即逝，灵动多变。他的作品中，曲线多，婉转多变，善用破墨法，得氤氲之趣，又以淡墨淡色增添画面的层次，显得韵味无穷。如《蕉雨潇潇》，水墨的运用已出神入化，让观众似乎能感受到雨打芭蕉之声，作品以浓墨张气，以淡墨取韵，秀雅之中显劲挺，如美人临风而立。这类作品皆是貌似流丽而不失端庄之态，合阳刚阴柔二美于一体。

对于艺术的阳刚和阴柔之美，吴茀之从绘画作品的厚薄角度，也阐述了自己的审美观点。

但是我体会"厚"与"薄"是指艺术

蕉雨潇潇1935年

梅雀图 1963 年

修养及其成熟的程度如何,是对作品的艺术评价。所谓"厚",说得明白点就是圆浑耐看, 有蕴蓄;"薄"就是轻佻浅露,经不起寻味,归根结底还是以"厚"为贵,而"薄"为次。"厚"之所以可贵,从欣赏角度来说,在于它提供了"再创造"的空间,欣赏者对艺术发生兴趣,不只因为他被动地从作品中接受了什么,主要的在于他主动地发现了什么,补充了什么。由于艺术品丰富的内涵,能够启发欣赏者联想画外的事物,在有限的画面上"看出"无限的画意,使欣赏者也成为艺术的"创造者",即所谓"再创造"。韵味厚的作品如陈年绍酒甘醇可口,令人醉心。某些"薄"的作品也许能引起人们暂时的注目,但是久览则如嚼甘蔗,余下满口渣滓,不如吐之为快。所以"厚"与"薄"是就欣赏者对艺术品的感受来说明,并非指画家笔下事物真实厚薄度如何,当然与笔墨色的运用有着一定的直接关系。⑦

吴茀之在艺术创作、艺术欣赏中都主张厚重,反对轻薄。只有厚重才能产生内涵丰富的美感,让欣赏者余味无穷。

吴昌硕的绘画是以金石学为根基的,崇尚雄浑之美。学习他这一派的画风,容易产生的一个弊端,就是在审美上往往会过于偏执雄健奔放,由于综合学养无法和吴昌硕相比,所以绘画作品显得蛮力有余,而内涵不足,吴昌硕的不少弟子在艺术上都有这样的缺憾。也有明智者能洞察此理,而不落窠臼。如潘天寿以过人的胆略和才学,强化雄浑之美,持守"一味霸悍"而别成一派。吴茀之也能另辟蹊径,结合自身的个性,在雄浑中融入秀逸之美,使作品潇洒灵动,又不失刚健端庄,从而和吴昌硕的作品拉开了距离。吴茀之在主观的审美意识上首先有别于吴昌硕,因此,在客观的艺术创作中,他们自然会各有千秋。

**注释:**

①见吴茀之《中国画理概论·画微随感录》,上海书画出版社2010年版,第118页。

②见吴茀之《中国画理概论·画微随感录》,上海书画出版社2010年版,第143至144页。

③见吴茀之《中国画理概论·画微随感录》,上海书画出版社2010年版,第125页。

④见吴茀之《中国画理概论·画微随感录》,上海书画出版社2010年版,第133页。

⑤见徐复观《中国艺术精神》,华东师范大学出版社2001年版,第107页。

⑥见吴茀之《中国画理概论·画微随感录》,上海书画出版社2010年版,第130至131页。

⑦手稿藏浦江吴茀之纪念馆。

# 第五节　艺术生活——妙夺自然

唐代张璪提出的"外师造化,中得心源"已成为历代画家亘古不变的座右铭,吴茀之亦然。他作为一位文人画家,并不超然隐市,游戏笔墨,而是始终深入生活,从生活体悟中提炼艺术,重视生活、注重写生成为他艺术成功的重要支点之一,也是他塑艺术风格的必由之路。吴战垒说:

叔祖生平最服膺唐朝名画家张璪的两句话"外师造化,中得心源"。他鄙弃闭门造车,一味向古人乞讨创作态度,而崇拜大自然。"一生好入名山游"以扩大生活视野,积蓄丹青素材。

平时只要看到一花一草、一木一石有其动人之处,他就会流连顾盼,不忍离去,他善于静观默察,一旦抓住事物最能入画的风姿和瞬间,即兔起鹘落,摄于笔下。①

晚清至民国初年,受"四王"摹古的习气影响,画风陈陈相因,鲜有突破,尤为突出的表现是对现实生活的疏离。海上画派的谐俗性特征,使其题材具有局限性,紫藤、金鱼、松柏、仙鹤等口彩好的画材大行其道。而吴昌硕开创的金石派画风,更加关注笔墨气韵的表达和诗书画印的文人画程式,重"畅情"而轻"叙事",对于翎毛、草虫、水族之类的描绘较少。吴茀之作为吴昌硕的传人之一,并非盲目地崇拜吴昌硕,对其艺术上的缺失是有所明了的。他指出:

晚清的任伯年、吴昌硕,作花鸟的题材比较广泛,画风有特点,影响深远。但相比之下,当代的齐白石花鸟画的题材更为广泛,他画的蟹虾、草虫,特色鲜明,可谓前无古人。②

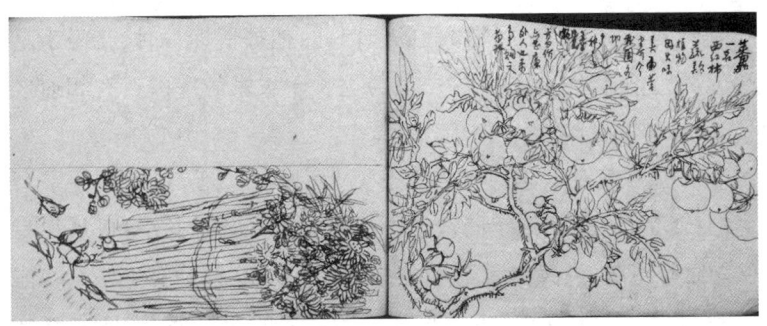

吴茀之所用写生本

吴茀之认识到,在艺术上如果脱离生活,则弊端无穷。

余谓:国画因囿于范本及随意想象之故,有时亦颇多缺点。常见不少作家,对于笔墨之运用,固有甚精练者,然其画中题材与布局,往往大同小异,不脱常套。或搬前换后,出于一律,殊觉臭腐而多习气。亦有毫不顾真理,违反自然者,如人高于屋,头大于身,石浮水面,帆不顺风,花木不依四时,水陆不辨来去,画宿鸟而举其尾,画麋鹿而粗其脚,类此之病,虽仅限于物之形态及常理之疏忽,亦甚易受人讥评。故学者切勿以国画重主观为号召,遗却客体或陈陈相因,不求变化。③

生活为艺术之源泉,写生是学习中不可或缺的重要一环,吴茀之认为:

学画有三个步骤,初学以古今名家为师,下番临摹工夫,以明法镜;次以自然为师,取法写生,以探其理;最后则以心灵为师,任意创作。④

吴茀之在艺术前行的道路上,他始终深入生活重视写生。吴茀之的故乡浦江前吴村,山清水秀,故乡秀美的田园风光陶冶了他热爱大自然的本性。吴茀之出身于耕读之家,少年时也从事过稼穑,熟知五谷,遍识山花。他对自然风物的情怀不同于文人士大夫阶层的清赏,而是根深蒂固的。因此,他抒情挥写时,流溢于笔端的情感是真挚感人的,这一点与生长于农家的齐白石有相通之处。

在上海美专求学时,吴茀之通过西画的学习,系统掌握了写生的技法。国画在传统的教学中强调临古,而西画教学更重视写生。通过学习,吴茀之对于写生有了新的认识,西画写生注重物体的结构、比例、透视,这大大提高了吴茀之的造型能力,使之终身受益,毕竟绘画是造型艺术。"当时他对西洋画感到新鲜,所以搞西洋画的时间他花了不少,素描、水彩、油画等都学过一点。暑假期间,他把课堂习作——人体素描、静物写生等作品拿到家乡,向乡亲们汇报"。⑤在现代的花鸟画家中,吴茀之的造型能力比较强,这与他曾经学习西画不无关系。吴茀之在艺术学习中,重视对表

吴茀之鳜鱼写生稿

现对象的观察和研究,还可能受到师长王一亭的影响。在吴昌硕的门人中,王一亭的作品是比较注重表现生活的,他在自家的庭院中,蓄养了许多禽鸟作为描绘的粉本,因此他笔下的题材比吴昌硕更为宽泛。

从吴茀之早期的作品,即可窥探出他重生活重写生的鸿迹。四君子为传统题材,欲求新意,难上求难,吴茀之却知难而进。1933年所作的《半肩秋色》,红黄白三色菊花装在一竹篮之中,是作者见街头挑担卖菊花者,有感而发所作,徒增市井生活气息。1935年作《百合花》,是忆写游黄山时所见景致,上有诸乐三题跋:"此帧笔墨喜其酷似让翁(吴让之),意境独造。"抗战期间,吴茀之流离他乡,嘉陵江上嬉水的鸭群,竹林间幽鸣的画眉鸟,门前的老南瓜,火炉边的毛芋,都成了他的画材。

新中国成立后,吴茀之将写生提升为艺术创作的原动力和花鸟画创新的突破口,写生进一步得到加强和重视,写生作品的数量和质量都达到了新高潮。新中国成立初期,文艺强调反映社会主义建设和为人民服务,人物画受到重视,山水画花鸟画一度被冷落。传统的花鸟画题材,确实很难适应社会变革的需求,吴茀之认为,拓新题材的有效途径是写生。

画家能注意写生,则构图及题材自然淡发生趣,故欲国画求新发展,正不妨描写古人所未曾入画的景物。

在美术界有人质疑花鸟画在新社会的作用时,吴茀之坚信花鸟画能为政治服务,为生产服务,为人民服务,他在《花鸟画的谈话提纲》中提出了自己的观点:

间接的服务——人的生活,不能离开周围的大自然和社会,画周围的东西就与生活有关,而且也要体验生活,用比喻或象征的手法表现作者的思想感情,画得好同样可以感动鼓舞人。[6]

吴茀之写生稿 1

吴茀之写生稿 2

吴茀之认为要使传统的花鸟画转型，才能适应社会的需求，要使绘画表现的内容和生活息息相关，才能感染他人，因此必须深入生活。

新中国成立后，美术界和美术院校都重视深入生活。吴茀之在学校的安排下，曾去农村参加土改及社教活动，带领学生去名山大川写生，和潘天寿结伴外出参观讲学……这些活动，让吴茀之开阔了视野，丰富了生活经历。他走出校园和社会接轨，更直观地认识了社会。同时，衣食无忧的生活，也使吴茀之有着充裕的精力去写生。杭州的湖光山色，是天然粉本；西湖的柳浪闻莺、杭州花圃是他常去写生的地方。作为美术学院的教授，教学要求吴茀之一方面要熟知花木鸟虫的形态结构，同时又要授人以渔，教授学生写生的技法。在吴茀之制订的花鸟画教学计划中，写生占的比重很大。他要身体力行，讲解示范，带领学生写生。综上所述，天时、地利、人和都促使吴茀之将艺术和生活的关系重新定位，从观念上得到加强，在实践中得以深化，从而在艺术创作中涌现了大量以写生为基础而创作的佳作，写生提升了他的艺术创作，强化了他的艺术风格。写生对于吴茀之的艺术发展具有举足轻重的意义。

目前，浦江吴茀之纪念馆藏有吴茀之的写生手稿数百张，这些写生稿仅仅是新中国成立后保留下来的一部分，由此可以推断，吴茀之写生是十分勤奋的。就写生而言，在现代花鸟画家中，吴茀之无愧是佼佼者。吴茀之写生的题材，包罗万象，以花鸟为主，兼及山水、人物，在花鸟的写生稿中，有不少是农作物及常人不太看重的闲花野卉，如桑葚、蚕豆、剑麻、紫茉莉，他以人弃我取的态度挖掘新的题材，有的画稿并非是特意去写生时完成的，而是生活中，偶然触及，以为有可取之处，即随手勾勒为之留影。吴茀之在生活中处处留心,时时在意,以艺术家的慧眼,捕捉可以入画的素材。

吴茀之的写生稿大多运用白描的手法,不论是用毛笔、钢笔还是铅笔线条,都有书写的意趣,流畅率性,而又能准确描绘出写生对象的形态和神韵。所绘翎毛类、走兽类的写生造型之准确,神态之生动,足以让人钦佩不已。吴茀之教导学生张世煌时说:

写生不能照样画葫芦,一丝不变地画下来,不是中国花鸟画的写生,而是西方风景画的写生或照相。⑦

吴茀之写生不是完全客观一成不变地记录对象形态,而是根据主观的审美有所取舍。

吴茀之认为,中西绘画的写生理念是有所区别的。

简言之,吾国写生,写其生机,轻形似而重神似,实写生之更进一层。非若西法之尚留恋于客观描写,竭力发挥之立体感觉及其外铄之印象美,一切受自然支配也。⑧

他认为中国画的写生是写其生气,而不能谨貌失髓。吴茀之的写生稿,给人的第一印象就是气韵生动、神形具备。他是以中国的写生理念去观照万物。

吴茀之的写生稿讲究构图、虚实、穿插,有的还带有题跋,似一幅完整的作品,写生稿有花卉的折枝、山野或庭院一隅的场景描绘,或对象部局细节的特写,从宏观到微观都通到写生收集有助于创作的必要素材。有的写生稿上注有文字,除记录时间、地点外,还有描绘对象的名称、色彩、生长习性等,如紫茉莉的写生稿上注"水粉花,即紫茉莉,可治病,活血、痢疾"。可见吴茀之花木知识之广博。他对于描绘对象的特征的了解是非常深人的,非一般画家可比。他在一帧虞美人花的写生稿上,用文字详尽地记录了虞美人花和罂粟花的区别,真是观察人微。他为学生张世煌修改画稿时，告诉他杜鹃花只有三个花瓣上有斑点，张世煌初不以为然，回家乡仔细察看杜鹃花后才信服。

吴茀之通过写生扩大了绘画的题材，尤其是农作物入画，具有浓郁的生活气息和时代气息。他指出：

野草闲花和农作物也应该画，尤其是农作物，和劳动人民的生活关系密切，他们对它也

吴茀之写生稿3

特别有感情和感到亲切，所以更不能舍弃它，同时这为花鸟画扩充题材，开拓天地。

他创作的《桑葚》《蓖麻》《农花四时》《田园一角》都是描绘农作物的佳作。写生也使作品的意境产生了变化，使之褪去了传统文人画的清高、孤寂的意韵，取而代之的是鲜活的生活情趣，这样的作品从思想上更能感染劳动人民。如《山村佳景》土墙上种植的金针菜，《水乡四月》桑田湖畔的鸭群，《蓼花水稻青蛙》稻丛中鸣叫的青蛙，这些看似寻常的农家风物，在吴茀之的笔下却耐人寻味。即使是传统的题材，也以浓厚的生活为基础，表现出新的意韵。如1961年观赏西湖菊展归来创作的《盆菊图》描绘品种不同的三盆菊花，争奇斗艳，秋色斑斓，与古人以菊花抒写隐逸的情怀迥然不同；又如1973年踏雪赏梅归来创作的《迎春》，枝杆昂扬，

花簇似锦,颇合毛主席《咏梅》的豪迈诗意,不复有疏影横斜的自怜自赏。

"外师造化"是创作优秀作品的正途,但并非是唯一的条件,艺术需要画家融入主观思想情感,中国画创作并不完全受客观形态限制,而是趋于借物抒情,融入主观意识,即所谓"中得心源"。"中得心源"是画家在体察生活的基础上,提炼事物之本,融入个人的情感,以艺术手法表达对客观事物的认识,吴茀之重视写生,但并不是简单地以写生替代创作。他认为:

为求国画新发展之大道,若必专事写生,将吾国数千年来精神所寄之笔墨与气韵,一概废而不讲,则何以修养身心,提高品格,尽其所至,亦郎士宁之流亚,吾未敢从。⑨

他认为写生与创作是承上启下、相互关联的关系。吴茀之曾对学生说:

写生有两种,一是对实物以取舍方法进行写生,二是通过观察,把对象的形象及神志记忆在脑里,这即所谓记忆画。⑩

这两种方法,其实也是一种再创作,并非纯自然的写生。吴敢在《吴茀之先生的写生理念》中提出第三种方法,即在写景写生稿的基础上融合"记忆画"的方法,对写生稿进行复制和再加工。吴茀之的一些代表作都是用这种手法创作的。如《曝书亭古藤》《山村佳景》《蓖麻》等。吴茀之的作品中,同一题材类似的作品有时会有多幅,仔细辨析,我们会发觉,他是在写生的基础上多次改进完善,逐步提升,精益求精,最终的作品与原始的写生稿是有天壤之别的。吴茀之对"记忆画"有深刻的论述:

按照经验来说,回忆中出现的事物是特征最突出最鲜明的事物,回忆时不被无关紧要的枝节所扰乱,便于要点的强化,可以说在记忆中的影像是醇化了的事物。它抛弃了与性格无关的枝节,更概括地把握住对象的特征，也可以说是对象特征的最高综合，不是偶然印象，而是特征的重新组织，或者说出现在回忆中的性格是某些被夸张了的性格。因此比较那种流行的拘于某一瞬间印象的速写，或无选择无分析的某种呆板的写生都要好得多。⑪

这一段理论，阐述了从生活中提炼典型的要素，再将其强化、升华的创作过程。吴茀之重视创作过程中的主动性和能动性，不为写生的细枝末节所牵制，这种创作思维是合乎中国画创作的特性和规律的。中国画本身注重内在的神韵，而不追求外形的完全相似。写意即是中国绘画的重要特性。吴茀之又指出：

论画之体，有以如实描写以形似胜者，有以略取其意，以神似胜者，前者多物趣，后者多天趣。

吴茀之艺术创作追求的是天趣，故不为形似所囿。新中国成立初期，美术界推崇写实主义的表现手法，受苏联影响，现实主义成为主导美术创作的思想，致使有的国画作品沦为毛笔画出的"西画"或类似"宣传画"，尤其是写意花鸟画和山水画，饱受其害。而吴茀之却能高瞻远瞩，不为时风所左右，坚守民族绘画的传统。

创作中，吴茀之强调对描绘对象进行提炼，更强调领悟对象的精神实质。

作画有"从外而来"和"从内而发"两种。从外而来即只讲造化写生，毫发逼真，全被自然物象所束缚，无一点画意。要在造化中能深得心源，即领悟自然对象的生意神态，并化为内在的感受，这就是从内而发，这样的画格调才高。⑫

吴茀之正是坚守从内而发的创作方法，故而能独领风骚，而不致陷入自然主义的泥潭。自然是恒定的，而画家所表现出的超越自然的独特图式便是风格，他认为：

据我体会，天分高而个性强者，大风格较易形成，盖天分高者,往往善于独立思考,学古人不肯为古人所囿,辄有以"自我作古",学自然也能改造自然,妙夺自然,故其独特风格易见。⑬

吴茀之深入生活的主旨便是"妙夺自然",铸就自己的艺术风格。他又说:

总之国画上独特风格之求得,即不能拘泥于自然形态的刻画,而是在"情景交融",注重精神特质的表达与意境上的效果,此必须在不断的创作实践中获得之。⑭

景是客观的,情是主观的,而在艺术创作中"境由情生",艺术家所创造的意境,是具有个人感情色彩的。正如吴茀之笔下的兰花,他既具有兰花普遍的形态特征,又非指某一品种,他以特有的笔墨气韵感染观众,更是以坚贞之质的香草气节打动观众。

吴茀之说,画花鸟的人,不仅要观察花鸟虫鱼,走兽飞禽,而且要领略大自然山水的气魄,以开阔胸襟,扩大视野。

吴茀之认为深入自然,不仅仅是为了写生,更重要的是通过体察自然风光、名胜古迹,去陶冶性情,增长学识,接受生活之蒙

 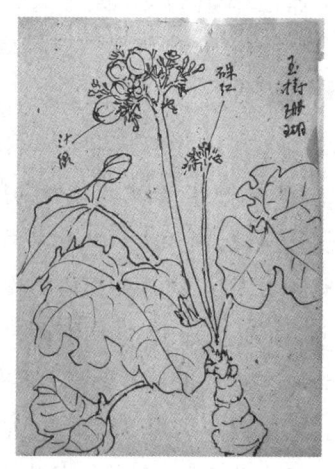

吴茀之写生稿 4

养。

吴茀之先生的写生观及其花鸟理念,是以革新与个人品格为根基的,体现出观照自然、高逸灵秀的人文情怀,在中国书画艺术生生不息的长河中,我们更需传承的就是个体特质的展现与传统文化品格不断升华的精神所在。[15]

吴昌硕弟子众多,然而能在传承其艺术的基础上有所拓展者,寥寥无几。这其中原因众多,但一个重要的因素,就是缺乏对生活的个人感受的提炼,处于人云亦云的状态。从表现形式、描绘的题材、和精神内涵都与其相仿,在艺术上自然不可能自成一派。齐白石也是习法吴昌硕的,他之所以都成了家喻户晓的大师,是因为他重视生活,练就了几项"绝活"。吴茀之艺术的成功也离不开写生,他以写生为革新花鸟画的实践,打通了传统笔墨和写生之间的脉络,为现代花鸟画注入了新鲜的血液,使传统的写意花鸟画在新时代焕发出勃勃生机。

**注释:**

①见吴战垒《写在金菊开放的时候》,载《纪念吴茀之先生专辑》(浦江文史资料第六辑),第79页。

②见朱颖人《名家讲学笔记》,广西美术出版社2004年版,第48页。

③见吴茀之《中国画理概论·画微随感录》,上海书画出版社2010年版,第70页。

④见吴茀之《中国画理概论·画微随感录》,上海书画出版社2010年版,第120页。

⑤见张岳健《吴茀之》,湖北美术出版社2005年版,第3页。

⑥手稿藏浦江吴茀之纪念馆。

⑦见张世煌、项冰如《且凭书画慰劳人》,中国美术学院出版

社 2009 年版, 第 45 页。

⑧见吴茀之《中国画理概论·画微随感录》, 上海书画出版社 2010 年版, 第 70 页。

⑨见吴茀之《中国画理概论·画微随感录》, 上海书画出版社 2010 年版, 第 76 页。

⑩见吴敢《吴茀之先生的写生理念》, 载《中国花鸟画》2000 年第 3 期, 第 10 页。

⑪见吴敢《吴茀之先生的写生理念》, 载《中国花鸟画》2000 年第 3 期, 第 11 页。

⑫见吴敢《吴茀之先生的写生理念》, 载《中国花鸟画》2000 年第 3 期, 第 11 页。

⑬见吴茀之《中国画理概论·画微随感录》, 上海书画出版社 2010 年版, 第 138 页。

⑭见吴茀之《中国画理概论·画微随感录》, 上海书画出版社 2010 年版, 第 138 页。

⑮见吴涧风《关照自然高逸灵秀》, 载《丹青流韵——纪念吴茀之先生诞辰 110 周年》, 中国艺术出版社 2010 年版, 第 57 页。

# 第三章　论吴茀之艺术风格

出生于 1900 年的吴茀之是 20 世纪的同龄人。20 世纪上半叶,恰是中国历史上翻天覆地的巨变期,伴随着国家的变革和转型,文化艺术也经历了前所未有的转变。在这样的时代背景中,吴茀之所经历的艺术道路和传统的文人画家迥然不同。吴茀之的童年时代,正是清王朝的统治末期,他接受的是儒家传统的教育,并以师徒相授的方式向舅父黄尚庆学习书画。他在上海美专这所中国最早的美术学校,接受了新美术教育的洗礼,较系统地学习了中、西绘画。晚清时崛起的"金石画派",成了他追摹的艺术目标,并奠定了他写意花鸟画创作的艺术格局。毕业后,他汲取了石涛、"扬州八怪"的画风,逐渐形成自己的风格。抗战中,他坚持创作,风格已成熟。新中国成立后,思想情感的转变,他更注重写生,关注对现实的表现,艺术创作达到了高潮。吴茀之"文革"罹难,艺术创作受到极大的影响,否则艺术会升华到更高的境界。

吴茀之终身以美术教育为职业,他的一生精力都倾注在教书育人和诗书画的创作上,他与卖画为生的职业画家和以书画自娱的文人画家在艺术本质上是有所不同的。应该说,他在书画研究上专业性更强,艺术性更纯粹。他的文人身份,与熟读四书五经、通晓琴棋书画的旧文人也不相同, 他既具备传统文人的本质,又接受了新式的教育,在中、西文化的交锋中,他坚守传统,又能开拓进取,成为文人画向现代体格转型的推动者。

# 第一节　艺术的演进

吴茀之自幼受父兄的影响,喜好书画,并得到舅父黄尚庆的指授。黄尚庆所作水墨写意画,简洁而奔放,注重笔墨韵味而不拘泥于形色。他在严州省立第九中学时,临习恽寿平、蒋廷锡画册,对绘画的学习可上溯到清早期。吴茀之在上海美专求学时,又深受"海上画派"的影响。"海上画派"中的领袖人物吴昌硕,是金石画风晚清到民国的主要继承者。在当时的上海画坛,吴昌硕的地位和影响力无人与之匹敌,吴茀之在上海的求学时期,也是吴昌硕在艺术上炉火纯青的辉煌期,吴茀之自然为他的艺术魅力所折服。在业师许醉侯的引见下,有幸得到吴昌硕的指教,这一时期,吴茀之书画面目都酷似吴昌硕。学习吴昌硕的画风,使吴茀之能站在一位艺术巨匠的肩上,而能高瞻远瞩,对吴茀之的艺术生涯具有决定性的意义。

身负盛名的吴昌硕,弟子遍布大江南北,且大多成就斐然。如北京的陈师曾(1876–1923)、陈半丁(1876–1970),上海的赵云壑(1873–1955)、王个簃(1896–1988)、王一亭(1867–1938)、诸闻韵(1894–1938)、诸乐三(1902–1984),与吴昌硕的嫡传弟子相比较,吴茀之并非是吴昌硕正式的门生,他没有正式拜吴昌硕为师过。而与私淑吴昌硕画风的画家比较(如齐白石等),吴茀之与吴昌硕的师生关系又近了一步,他毕竟得到过吴昌硕的亲炙。但是客观地分析,这种机会并不多,一位是画坛执牛耳的大师,一位是初出茅庐的上海美专学生,二人地位悬殊。当时,吴昌硕因年迈,并不来上海美专上课,吴茀之登门向吴昌硕求教,还曾将舅父家藏的

晚窗春老 1933 年

古画拿去请他鉴赏，但拜会的机会应该是很有限的。吴茀之没有成为吴昌硕正式的门人，从另外的角度来看，并非是件憾事，也许是幸事。在书画学习中，过于密切的追随者，有可能是忠诚的继承者，但往往缺乏创新能力，而成为翻版。如吴昌硕的大弟子赵云壑，学吴昌硕近乎乱真，但无个性可言。

吴茀之不仅在技法上学习吴昌硕的笔墨构图，更重要的是受吴昌硕艺术理念和格调气局的陶染，受益终身。吴昌硕的艺术集"金石派"之大成，融合诗、书、画、印于一体，是文人画的一个高峰，他十分强调书画家要具备综合的素养。吴茀之兼长诗、书、画，与吴翁的"四绝"有一脉相承之处。海派画家的作品，为适应买主的口味，难免有所媚俗。而吴昌硕的作品却能摒弃这一恶习，以"拙"代巧，气息高古，即便色彩鲜明，也能典雅凝重。从吴茀之早期学吴昌硕画风的作品来看，强劲放纵而具金石趣味，虽然技法上有些生硬，或内涵上有所欠缺，但都没有沾染柔巧纤弱的习气。

吴茀之对于吴昌硕画风的研习,并非是阶段性的,而是终其一生。从手摹心追,到逐步深入,从渐入佳境,到学而能化,最后门户自立。从早年的《牡丹水仙》(1924年)到晚年的《篱菊图》(1972年),皆有缶翁画风的鸿迹在其中。

吴昌硕以古籀石鼓文的线条作画,浑厚古朴,追求气势,而吴茀之以行草书入画,爽朗挺健,讲求天趣。他的学生朱颖人评价:

吴茀之先生思维敏捷,秉性爽快而憨直,强调天趣的自然气势,行笔从吴昌硕的慢速度转变为快速度,笔线刚中见柔,极有韧性;笔墨变化非常丰富。又不失统一的原则,为一般人所不易做到。①

吴昌硕喜用泼墨法,水墨横飞,墨色的枯湿、浓淡反差较大,对比强烈。吴茀之则善用破墨法,丰腴滋润,黑色层次变化极丰富,韵味十足。吴昌硕用色艳而不俗,浓重典雅,以古厚见长。吴茀之设色融合中西,清新妍丽,以繁复取胜。在画面的布局上,吴昌硕常以左下面向右面斜上,枝叶也多取斜势,左右相互交叉,气势峥嵘。吴茀之作品的构图变化万端,取回旋怀抱之态,穿插繁而有序,对比疏密有致,气势飞扬。花鸟画题材上,吴昌硕以梅兰竹菊、牡丹、荷花、松柏、蔬果等传统题材为主,尤喜写藤蔓植物,多蕴涵文人雅趣。而吴茀之的题材更加广泛,近乎无所不能,尤重写生,撷农作物、药材入画,富生活气息。吴昌硕写花鸟重在寄物抒情,或因卖画所需多绘寓意喜庆吉祥的景物。吴茀之作画则多托物言志,或更多表现自然生机之美,颇富时代气息。

吴茀之对于吴昌硕的艺术是高山仰止,学而不厌。他藏有吴昌硕的多种画册,时而温故知新。画室常年挂着吴昌硕的真迹,可以日观夜赏。他题画常抄录吴昌硕的诗句,或撷取吴昌硕诗意入

王一亭赠吴茀之作品

画。吴昌硕作为书画大师,其作品个人风格强烈,笔墨技法高超,入其门径,要有深厚的功力,破门而出,又要有非凡的魄力。吴茀之正是具备了常人所不及的功力和魄力,才能在继承吴昌硕艺术的基础上有所发展。

除吴昌硕外,对吴茀之艺术影响最大的应该是王一亭。王一亭(1867—1938),浙江省吴兴人,生于上海。名震,号白龙山人。早年学习任伯年画法,中年后拜吴昌硕为师。曾参与发起豫园书画善会。好佛,曾任中国佛教协会会长、上海总商会主席。能诗,工书,善画花果、鸟兽、人物、佛像,笔墨重拙而随意,特别以粗壮豪放的人物画著称。吴茀之的业师许醉侯是王一亭的弟子,从这一层关系上讲,吴茀之在上海求学时,得到王一亭的指教应更多。同时王一亭又是上海美专聘请的教师,在吴茀之的传记中,也有他向王一亭请教的详尽记录,王一亭曾为吴茀之题词褒扬其画艺。

王一亭和吴昌硕的情感介乎师友之间,王一亭的作品貌似吴昌硕,而实质有别。王一亭的作品注重感情表现,较自由奔放,长于画翎毛,人物,重视生活和写生。在吴茀之作品中,王一亭的笔法和造型的影响是显而易见的,如画石头,长线勾皴,浓墨点苔,这和王一亭的画法如出一辙。最为明显地表现在翎毛画法上,两者的表现手法极相似,笔墨简洁而神态生动,意趣拙重而不失灵巧。如麻雀、燕子、乌鸦、仙鹤的画法都基本一致。比较而言,吴茀之的笔墨更加精微,动态变化更复杂。吴茀之的古装人物画,也深受王一亭的感染,线条如行云流水,一气呵成。王一亭的线条比较直率单一,而吴茀之的用线更有起伏变化。吴茀之甚至在画作中的题字,有时也类似王一亭(如题"鹤寿"二字),足见吴茀之对王一亭的艺术亦是钦仰有加的。由于王一亭的画风和吴昌硕的比较接近,加之新中国成立初期对王一亭的艺术研究和宣传也较少,因此,王一亭对吴茀之的艺术影响力,没有得到足够的重视。其实,单就技法而言,吴茀之对于王一亭艺术的汲取要比吴昌硕更多。因为吴昌硕作品以花卉蔬果为主,很少作翎毛、人物。而吴茀之是多面手,自然会选择既是缶翁嫡派、又身手不凡的王一亭作为研习对象。

吴茀之上海美专毕业后,先后在苏州、淮安任教。这一时期,他较多接触到"扬州画派"的作品。"扬州画派"本与"海上画派"有一定的艺术渊源。"海上画派"中的佼佼者不少是受到"扬州画派"艺术的浸染。"扬州八怪"个性鲜明、直抒胸臆的艺术风格,使吴茀之深受感染,尤其是对李鱓的艺术情有独钟。李鱓(1686–1762),字宗扬,号复堂,别号懊道人,扬州兴化人。举人出身,曾供奉内廷,出任山东滕县知县,后罢官回乡,来往扬州,以文交游,以卖画为生,直至终老。李鱓的绘画题材宽泛,笔法丰富,尤擅用水,敷色清丽,墨彩淋漓。作品具有浓郁的生活气息,表达了个人的真切感受。吴茀之选择李鱓为研习对象是有多方面原因的,吴战垒说:"李复堂的灵动超脱,与吴茀之艺术个性十分吻合。"李鱓生性放达,画风奔放不羁,这与青年吴茀之不甘墨守成规的艺术追求是合拍的。李鱓曾在供奉内廷时,奉旨从蒋廷锡学画。蒋廷锡的画工整匀细,传承的是清初恽南田秀雅的画风,而李鱓画中娇艳妩媚的一面又是受蒋廷锡熏染。吴茀之早年曾临摹恽南田、蒋廷锡的画册,与李鱓的画风是有艺术渊源的。同时,李鱓的艺术对吴昌硕也有一定的影响,吴昌硕有的作品是模拟李鱓的笔意。因此,研习李鱓,吴茀之可以将前后所学的内容贯通起来,以便完整地把握住清朝花鸟画的发展脉络。

在技法上,吴茀之主要汲取了李鱓水墨运用所长。李鱓曾说"八大长于用笔,石涛长于用墨,至予则长于用水"。李鱓作品墨色浓重,滋润饱满,皆因其善用水。吴茀之在《水墨石榴》(1933年)题诗:

兴酣泼墨烂狂涂,远师复堂近缶老。

懒着丹青子与皮,聊写胸中意草草……

诗句抒发了追随李鱓笔墨风范的痴心。学习李鱓的艺术,使吴茀之画风刚健端庄之中增添了飘逸洒脱。作品中线条抑扬顿挫,墨色的枯湿浓淡都丰富起来了。破墨法的运用也趋于成熟。如《墨荷》(1935年)、《蕉雨潇潇》都画得水墨氤氲,酣畅淋漓。吴茀之在一些作品的造型、构思上对李鱓也有所借鉴。如《坛酒双鱼》(1945年)中鱼的形态和李鱓《鲶鱼图》鱼的形态颇类似。李鱓曾作《土墙蝴蝶花》,吴茀之的《山村佳景》(1963年)描绘土墙上种植金针菜,虽然取自农村生活所见,可能受李鱓画作的启发。吴茀之和学生朱宝庆(即朱豹卿)、叶玉昶论画中,有一段对李鱓《杨柳荷鸭》的论述,从吴茀之的言谈中可见吴茀之对李鱓艺术的学习和研究是十分深入的,但他又不是盲目崇拜,而能意识到李鱓艺术上的不足。

李鱓画,气不够旺,笔触则嫌硬。[②]

吴茀之回上海美专任教时,经亨颐、潘天寿等师友,对于他的绘画面目过于和吴昌硕相近而提出批评,使他意识到艺术追求上的局限性,他认识到不仅要学习"扬州八怪"的技法,更要学习"扬州八怪"自立门户的独创精神。师其法不如师其心,李鱓在艺术上勇于创新的精神更为吴茀之所钦佩,陈师曾在《清代花卉之派别》一文中写道:

明人善变者若林良、周之冕,到清恽寿平、蒋廷锡一变,至李鱓一变,乃自然趋势,不可强也。

李鱓先后从学于蒋廷锡、高其佩,但最终都能脱离师门的羁绊,独树一帜,而成了"扬州八怪"中的一员健将,名垂画史。

吴茀之取经多方,扩大了研习的对象,由"扬州八怪"上溯到石涛、八大山人、青藤、白阳诸家,又常与潘天寿去书画收藏家中观赏古画真迹,眼界大开,艺术境界日益提高。他参拟古人的笔法,又融入己意,创作了一部分作品,逐步与吴昌硕画风拉开距离。刘海粟在回忆录中谈到"昌硕老人对于吴茀之不为师门所囿的勇敢创新精神和成就表示欣然赞许"。③

成立白社以后,社友们切磋艺事,相互激励,他山之石可以攻玉,诸闻韵的松竹、潘天寿的山石、张书旂的翎毛,他都有所汲取,融会贯通,风格渐成。在《白社画册》一集、二集的作品中,可以看出他的作品题材广泛,常撷取自然景物入画,构图多变,注重枝叶穿插和画面疏密对比,笔墨中苍劲蕴秀逸,不单纯是吴昌硕的金石画风了。同时,作品又保留了浓厚的文人画气息,题跋常用自作的题画诗句,耐人品读。

抗日战争以来,吴茀之先后在云南、福建、四川任教,虽然颠沛流离,但他仍矢志不渝地进行书画研究,艺术风格已趋成熟。他在技法上,已是水到渠成,游刃有余。在整体的气局上,他延用吴昌硕的豪放雄浑,但笔路多变,不拘一格。有时将小写意的笔法融入其中,花叶的阴阳向背都刻画得较为精微,画面层次丰富,以繁见长。常以苔点、杂草渲染画面的背景,自然气息浓厚。他的书法也独成一格,结体颇具画意。他文思泉涌,诗词创作十分丰富,诗书画共冶一炉,互相辉映。八年抗战,吴茀之和有良知的知识分子一样,忧国忧民,更易触景生情,"感时花溅泪,恨别鸟惊心"。他以画笔抒写自己的真情实感,从这一点说,他这一时期的作品最接近文人画的本旨——"聊写胸中逸气"。因此,也有专家认为,吴茀之这一时期的作品从艺术性上讲应该是最高的。新中国成立后的作品虽然在绘画语言上更加成熟,但是表现政治性,反映时代性

松鹰泉石 1936 年

成为了创作驱动力的主导,使艺术纯粹表达个人情感的能动力受到制约。这样的结果,使作品思想性提高了,而艺术性有所减弱。

新中国成立后至"文革"前,是吴茀之艺术创作的高峰期,他的许多经典作品都是这一时期产生的。他的艺术观已有了改变,反映现实为民服务成为当务之急,他进一步深入生活,扩大题材,使农作物成为创作的主题。作品呈现出热烈欢快、欣欣向荣的时代气息,总体气势更加雄阔,笔墨趋向遒劲。他大胆落墨,小心收拾的作画方式,使他的作品豪放而不失精微,每个局部细察都无懈可击。他擅用复笔、积色,使作品笔墨和色彩层次更加丰富。他的作品既显现出高超的技法,高雅的品位,让专家内行称首,又能准确谱写自然风物,富有生活情趣,深受普通群众喜欢,这又不是"雅俗共赏"四个字所能概括的,应该是以雅化俗、以雅破俗。"文革"中,吴茀之在逆境中坚持作画,笔墨更加老辣,亦有佳作问世,但因受到政治迫害,身体、心绪都不佳,作品有时会出现笔墨过腻气息不畅的缺憾,总体水平没有超越。

综述吴茀之艺术演进的历程,大致可分为六个阶段:一为艺术启蒙期,指少年时期向黄尚庆学画,临习恽寿平、蒋廷锡的画册时期;二为学习求索期,指上海美专学习和苏州淮安任教时期,以学习吴昌硕画风为主,兼及"扬州八怪",代表作有《寒园春意》及《茀之画稿》中的作品;三为变法自立期,指在上海美专任教和白社活动时期,风格初显,透逸天成,代表作有《晓窗春老》《蕉雨潇潇》《松鹰泉石》等;四为风格成熟期,指抗日战争和解放战争时期,挥洒自如,以繁见长,代表作有《春江嬉鸭》《兰谷春深》《蔷薇雏鸡》;五为创作高潮期,指新中国成立以后到"文革"前,随心所欲,气势开张,代表作有《花开遍地》《山村佳景》《五果之图》;六为"文革"暮年期,指文革到去世,凝练苍劲,托物言情,代表作有《篱

山村佳景 1963 年

菊图》《蓖麻》《螃蟹》等。

吴茀之的画风源于"海上画派"吴昌硕的艺术，"海上画派"的许多画家都以卖画为生，作品中难免有媚俗的一面。而吴茀之终身从事美术教育职业，书画讲求高格调。据他的学生说，吴茀之对海派的艺术总体评价是不高的（包括新中国成立以后），但他对上海的画家来楚生，颇为推崇，因为他画格极高。20世纪 50 年代以来，新浙派挺然兴起，以杭州为中心，以浙江美院的国画教师为主力，一时名家荟萃,佳作迭出,承浙派之余脉,开拓新的画风。它继承了浙派刚劲的气度,摒弃了粗犷的习气,融入了文人气息,讲究笔墨韵味,使浙派再度辉煌画坛。吴茀之诗、书、画俱佳,作品传统功力深厚,时代气息浓郁,无愧是新浙派的首领者之一。

**注释:**

①见朱颖人《名家讲学笔记》,广西美术出版社2004年版,第16页。

②见朱颖人《名家讲学笔记》,广西美术出版社2004年版,第184页。

③见张岳健《吴茀之》,湖北美术出版社2005年版,第68页。

# 第二节　花鸟画艺术

中国花鸟画自唐代成为独立的画科以来,名家辈出,流派纷呈。自宋代始,苏轼所倡导的文人画逐渐成为花鸟画的主流。元代水墨花鸟画勃兴,成为文人墨客寄托情怀的主要载体。明代徐渭、陈淳的花鸟画纵横豪宕,清新隽雅,将写意花鸟画推向一个新的高度,清代的写意花鸟在风格技巧上更是争奇斗艳。清中期的"扬州画派",个性鲜明,不拘一格。晚清、民国时期的"海上画派",以花鸟画的成就最令人瞩目,尤其是吴昌硕的大写意花鸟画,对现代中国花鸟画起到了深刻的影响。

吴茀之一生主要的精力都倾注在花鸟画的研究和创作中,艺术上最重要的成就,也体现在写意花鸟画上。他在学习吴昌硕艺术的基础上,又取经多方,最终自立门户。

正因为吴昌硕是写意花鸟画的巨匠,因此要在吴昌硕的艺术上再拓展一小步,都是难乎其难的。齐白石、潘天寿也是汲取吴昌硕花鸟画的精髓,再融汇创新,而成为国画大师。客观地讲,吴茀之与他们比较,绘画风格确实不如他们强烈和鲜明。他是吴昌硕画风的一种渐变,在创造性上不能和他们等量齐观,但也是各有千秋。吴昌硕的艺术是他们再创造的源流,他们各得其所,各得家法,齐白石的艺术是醇香的佳酿,潘天寿的艺术是浓郁的烈酒,吴茀之的艺术是甘洌的香茗,滋味不一,艺术上各有所长,读者各有所爱。

卢坤峰、金鉴才将吴茀之在艺术上的突出成就概括为三点:讲气势,重意境,求变化。①这一评价可谓一语中的,入木三分。金鉴才说,吴茀之先生作画,先是以诗人的情怀开笔,满怀激情,势不可当,使观者也都为之动容,故作品气势不凡。而后他收拾画面时,又转入老师的角色,十分理性,认真而谨慎。正所谓大胆落笔,细心收拾。他重视写生,但创作中并非是纯自然主义,而是有所取舍,写生能为我所用。在他的作品中,不论是简单的折枝,还是繁茂的花木,他都能构建出不凡的意境,引人入胜,令人遐想。他反对作画有"画谱气",不重复古人,也不重复自己。他有时作画时一加再加,目的就是为了不落俗套,而求新意,即使画坏,他也在所不惜,勇气可嘉,精神可佩。也有专家认为,吴茀之作为美术教育家,职业本能使他过于追求技法的严密性,束缚了他艺术创造性的进一步发挥,这个观点似乎也不无道理,但是作品的艺术性高低,很大程度还是通过技法表现出来的,由此看来,亦不能偏废技法。

吴茀之借古开今,根据自身的艺术素质和艺术个性,结合时代的要求,对传统花鸟画进行了重组和创新。具体表现在以下三个方面:

其一,大写意和小写意的结合。吴昌硕的花鸟画显然是大写意,吴茀之虽然师法吴昌硕,但是他的作品并非都是大写意,不少作品是大写意和小写意手法融会贯通的结合体。他的花鸟画作品在整体气局上具有大写意的豪放,开张;而在具体形象的刻画上,则汲取了小写意精确、洒脱的笔法,笔法较收敛、细微,注重形态的生动性,画面层次的丰富性。如《暖冬》(1959年),山茶、腊梅、南天竹用的是大写意的没骨法,而画群鸟则是小写意的双勾法。这样的艺术手法,使作品不至于因单纯追求气势而使描绘的对象概念化、简单化;也不会因为顾及形态的准确性,刻意地去描头画脚,使作品显得小气、匠气。这种表现手法,使作品气势宏大,又能笔墨精微,作品的受众面也更加广泛,作品的艺术格调亦丝毫无损。吴昌硕的弟子往往步其画风粗犷的后尘,因功力不深,容易坠入粗俗、粗糙。而吴茀之却是粗中有细,放中有收,没有落入这一误区。

其二,传统笔墨和现代写生的结合。重视写生,是吴茀之花鸟画艺术创作的要点和亮点。通过写生,拓展了新的题材,表现出新的意境。吴茀之提出:"笔墨要古,境界要新。"他坚守以传统的笔墨手法表现新的事物,而不是采用光影的素描技法。如用双勾填色的手法画蓖麻籽,积色的方法画桑葚果,点厾的技法画马缨花。作品的背景,则用淡墨或淡色渲染,或用点苔丰富了画面的层次。吴茀之作为传统延续型的画家,传统精神始终占据着主导地位,他以传统的笔墨营造古典的东方意韵,但不故步自封,用大量的写生为花鸟画注入新的活力。新中国成立后,有的国画家用新的艺术手法表现新生活时,虽然注重写生,但弱化了传统笔墨,使绘画语言显得贫乏枯燥,创作流于大而空的形式。而吴茀之却能兼顾传统和写生,使传统的花鸟画

水墨石榴 1933 年

与时代审美合拍。

其三，文人画形式和现实主义结合。新中国成立后，现实主义的表现形式成为文艺主导，这使许多传统的文人画家无所适从。而吴茀之却高瞻远瞩，审时度势，突破了这一困境，他在创作中摒弃了传统文人画中孤高冷寂的审美倾向。吴茀之长期在美术院校执教，更强调绘画技法的重要性。他不为"以书入画"的教条所束缚，使绘画向专业性回归，注重技法的修炼，从而使文人画在技法上对现实主义表现具有了可能性。对于现实主义的事物，他不作政治的图解，而是挖掘其中的诗意，将其升华，用象征或隐喻的手法表达主题，在形式上保留了文人画诗书画印结合的形式，而表现的意境和情感却具有时代气息。如《柱石镇横流》(1963年)，以巨石浪涛表达不畏艰险、战胜困难的决心；如《梅花一缶春风香》(1963年)，以岁寒清供的传统图式表现乐观主义精神。国画作为传统的艺术，只有与传统对接才具有生命力，文人画形式和现实主义结合，使花鸟画的艺术性和思想性都得以挥发。

### (一)用笔

笔墨是国画的灵魂，也是国画技法表现的主要手段。吴茀之认为，笔墨是衡量国画艺术水准高低的标尺，是国画技法中的重中之重，他说：

吾国绘画之精神，第一在求笔墨之高超。笔动为阳，墨静为阴，阳以笔取气，阴以墨生彩。笔墨之间，实具自然阴阳之秘奥。天地有阴阳，而后万物生，绘画有笔墨，而后形质备。顾造物之形形色色，变化万千，欲求其象，必在于形似，形似须全其骨气，骨气形似皆本于立意，而归于用笔。故用笔尤为治画先急之务。古人以画传者，莫不于此竞竞三致意焉！画中神品逸品能品之分，亦大半以此为断。②

吴茀之在长期的艺术实践中,形成自己用笔的风格,概括起来分为四点:尚挺拔,求多变,追毛涩,善复接。

吴茀之说:

用笔之道,务去罢[通"疲"]软,而尚挺拔。除锐滞而贵松,绝浮滑而致沉着。譬如画一线,未落笔时,应如飞鸟投林,凭空作势。既落笔,则如云程发轫,从容而有力。中间部分,尤须挺腕务行。气不可断,收笔处更应藏锋得势,不可轻挑,作画能如是下工夫,自然笔到意随,动合法度。否则,笔着纸上,力轻则浮,力重则钝;疾运则滑,徐运则滞;偏用则薄,正用则板;曲行则若锯齿,直行又近界画,诸病丛生矣!笔既不灵,以求象物,纵得形似,而神韵索然。③

蔷薇雏鸡 1946 年

这段文字是吴茀之对国画用笔的要点及行笔方法十分深刻的阐述，也是他用笔恪守的原则。吴茀之作画喜用狼毫，为的是取其笔锋劲健。他执笔偏高，易于使转灵活，行笔速度较快，他强调落笔胆大心细。

他说，作画要凶，一笔下去，要有他的分量，不能哆哆嗦嗦，似是而非。"胆大说的是心无拘谨，看上去若不经意而丘壑自在；心细则必须十分专注，这样训练笔意才既有法度，又充分显露自己的情意。"

吴茀之传承吴昌硕的金石画风，崇尚雄健之美，用笔劲挺，同时又追求线条的变化灵活。

"为了求得线条的趣味与变化，吴茀之先生说，有时候可以在手指上稍稍做一点动作，似乎像转笔那样，使笔线的纹理与走向有变化，当然这是随机适当而用之。"④

吴茀之用笔讲求顺逆之分，虚实之别，干湿之变，能随势而发，随机而变。吴茀之的作品中，曲线多，直线少，呈回旋环抱之态。吴茀之的墨兰之所以富有极高的艺术感染力，首先在于撇兰叶的线条技艺高超变化万端。

对于用笔，他推崇黄宾虹的高见：

现代黄宾虹先生，提出用笔要旨，曰平，曰留，曰圆，曰重，曰变，诚言简而意赅，得用笔三昧。⑤

对于湿笔和干笔，他也有自己独立的见解：

故自元代始，用笔大都尚干去湿，然此不过时代之风尚使然，苟善用之，湿笔何尝无淋漓秀润之致，不善用之，干笔太过时，亦易踏浮而不著，涩而无韵之病，学者，勿失拘泥，自应以干湿互用为当。⑥

吴茀之用笔干湿互用，以干笔取质，以湿笔显韵，正所谓干裂秋风,润含春雨。

画春花,要得其滋润含露之意,故宜用湿笔,画秋冬之花,要得其傲霜之态,故以燥笔为之。凡画花卉,要得其迎风、带雨,含露之意志。

吴茀之运笔较快,但线条沉着,在于他追求毛涩的意味而使用笔不至于轻浮滑转,他说"毛之一字,实为避免光滑之秘,亦为写意用笔所当知"。为追求行涩之味,吴茀之提出运用书法中的"拨镫法"。

因为一味求快,线条容易油滑,吴先生指出"拨镫法",就是使流动的线条,避免油滑,于是强调手腕关节中的提按扭转变化,此中不能着意于手指,若凝于手指,则笔线又会入于既油滑又刻实的弊端,如搅厥一般。⑦

这样行笔,则如逆水行舟,线条圆浑而略带飞白,松动而又厚实,尽显毛涩之趣。

善用复笔或接笔,是吴茀之用笔的一大特色,写意画讲究一气呵成,反复修整,容易画蛇添足,而吴茀之却是复笔或接笔的高手,吴茀之作画时一鼓作气,收拾画面又煞费苦心。

收拾,对吴茀之先生来说,主要是完成两个方面的任务,一是补阙,二是救失。气有未畅,则须畅其气,势有未全,则须全其势,这就是补阙。⑧

这主要是通过接笔来补救,或增添枝叶或延长线条,使之气势增强,意境加深。

救失,就是拯救改造在大胆落笔的过程中很难完全避免的局部失误,通过"救",化险为夷,变失为得,别饶奇趣。

这主要通过复笔来补救,或复加墨色,或皴擦渲染,使笔墨更加浑厚,要点凸现,补救时,要做到不损笔力和墨气,干湿技法也有区别。

趁湿修正可以起到破墨法的效果，有时会产生既湿又枯，既毛又润，在又湿又枯中更增浑厚的感觉。若在干了以后发现补救，则当以积墨方法进行，花卉枝干上的苔点即是积墨法的运用，也可用皴擦补救笔线与气势的不足。⑨

吴昌硕通过复笔和接笔既完善了画面技法的不足之处，又强化了气势、意境，做到天衣无缝，不露痕迹。正因为多用复笔和接笔，吴昌硕的不少作品用笔较繁密却又是繁而不乱，繁而有序，他说：

凡画，欲简先其繁，能繁而不乱，始能简而不空。简和繁都不容易，繁得好更难。

吴昌硕用笔追求的就是难上加难，知难而进。对此，后人有极高的评价。学生卢坤峰说：

吴先生善于画繁，有不少这方面的佳创。特别是1958年画的巨幅《花开遍地》是新中国成立以来少见的，过去介绍不多，未得到应有评价，然大器终无久掩之理，以我看法，除了齐白石的《和平颂》之外，可称是第二幅了。从五十年代到现在，每逢节日庆典，各家合作的大幅画是不少的。但谈到艺术成就，平心而论，都不能和吴先生这一幅相比，这是可以见出吴先生的历史地位。⑩

吴昌硕认为用笔不单纯依赖于技法的磨砺，同时要注重身心学养的修炼。

但笔之操纵虽在手，而雅俗实发于心，古人作画，意在笔先，心使之而腕运之。故下笔有神，无一笔不从心坎中流出，自能笔为我用，而笔笔有我也，是以学者欲言用笔，尤须注重文字、诗书、金石的修养之功，以求深造焉。⑪

写意画的线条，强调"写"，它不仅是创作中塑造形体的手段，更反映画家的个性、修养，以及要表达的情感。吴茀之不仅是画家，也是诗人、书法家，以"诗、书、画"三绝著称。正因为吴茀之有着丰厚的学养，他的用笔不仅技法高超，而且意味隽永。吴昌硕用笔多篆隶笔意，以浑朴见长，吴茀之用笔以行草入画，节奏明快。

观赏吴茀之的作品，惊蛇入草般的线条，气势连贯，引人入胜。《墨兰图》(1935年)兰叶的用笔潇洒自如，如轻歌曼舞，尽显妩媚；《松鹰泉石》(1936年)，雄鹰画的笔健气雄，沉着凝练，势欲搏击长空；《蔷薇雏鸡》(1948年)，蔷薇花繁枝交错，穿插回环，线条虚实浓淡变幻莫测，点、乩、勾多种笔法交织，丰富中显统一；《映山红雉鸡》(1962年)，山石长线勾皴，白杜鹃用双勾法，红杜鹃用没骨法，雉鸡用点垛法，工写结合，收放自如；《木兰花》(1963年)，写枝杆似篆书之圆劲，点叶似草书之飞动，勾花似行书之流畅，尤其是点苔，凝重如屋漏痕，轻盈如风拂水，于细微处显真功夫。《螃蟹图》(1977年)，出笔如行云流水，简洁明快，作者的欢快之情溢于笔端……

吴茀之极度重视用笔技巧的磨炼，又能结合个人的胸襟和情感。故下笔游刃有余，不拘一格，观众易为之感染。

**(二)用墨**

关于用墨，吴茀之认为与用笔同样重要，然知者甚少。

论画重笔墨，不重迹象，实为吾国绘画上之特点，然笔墨二字，人多不晓，至于墨，则解者尤鲜。[12]

在《用墨》一章中，他对于浓墨、淡墨、破墨、积墨、泼墨、焦墨、宿墨、青墨八种墨法的技法和要点作了详尽的论述，说明他对传统的墨法是了如指掌。

吴茀之的用墨特色可概括为四点：鲜活淋漓，韵味隽永，大巧若拙，笔墨辉映。吴茀之的作品墨色沃润丰泽，极尽淋漓之妙，仿

墨牡丹 1937 年

佛是作者刚挥就的新作，鲜活如初。吴茀之用墨十分重视水的作用，他认为用墨的关键在于用水。

"用墨全在用水，水分掌握得好，墨色就用得好。"对于墨色的浓淡、干湿，吴茀之说："用笔和墨着于纸上，要做到墨迹既着纸又能离纸。""着纸是为了显现形态，离纸是要求得虚实变化。"用墨的要点就是掌握水分的多少，使墨色的浓淡枯湿，恰到好处。同时，恰当的水分，也可以很好地表现花木在大自然中的生命力。

吴茀之的学生叶玉昶曾翔实地记录了吴茀之课堂示范兰花的情形，让我们重温这一幕，探寻吴茀之用墨之奥妙。

这一天先生高兴，答应了为同学示范画兰的要求。但见先生拿起一支大兰竹，在清水中蘸湿，并滗去一些水分，使之含量适当。在笔锋的左右两侧，蘸上略浓的墨，而笔根仍保着清水。由于笔柱先含水，后在两侧蘸墨，所以笔柱中央部分，是藏着清水和淡墨的。蘸好墨后，先生用笔尖如蜻蜓点水似的动作，在清水中吸取极少量水分。在落笔时，先生将笔杆向后倾斜与纸面相交锐角。当笔接触纸面时，随即先藏锋由顺变逆向前运行。运笔时，忽重忽轻，忽快忽慢，或虚或实，或断或续。落笔实收笔虚以取笔情，落笔虚收笔实以求笔意。叶之转折处，或以实转，笔不离纸如折钗股；或以虚转，气相接如屋漏痕。由于笔巧墨乖，叶除有虚实嫩老之变外；尚有光泽可鉴。除得正侧偃仰之态外，更觉飞动有神。花茎以淡墨圆笔中锋画，取一波三折之势，由上至下生入根中。而后以淡墨笔用笔尖，蘸少许浓墨，从花茎顶端著花，先点当中两瓣，后就其余三瓣，中侧锋并用。用笔从各花瓣尖端向基部画去，落笔实收笔虚。瓣尖浓，后面淡，得前后上下左右之变。再以较浓墨点花心，墨色与花协调。花心随着花的动态不同而变化着。运笔如写草书，准确流畅，稳健潇洒。最后，先生在兰的根部前后，点了一些气势连贯，参差不齐的浓淡苔点。在点点时，先生先较快地点了五六点，而后较缓地补其斜势，当点到最后一点时，在旁观着的顾坤伯先生，不禁连声称赞道："妙极！妙极！"当这张画悬挂于墙上时，不觉有一股清香袭人，教室顿有高洁爽朗之感！⑬

兰谷春深 1945 年

棕榈枇杷 1963 年

吴茀之的《兰谷春深》(1945年),是他纯水墨作品中的代表作,幽幽山谷,淙淙流泉,兰芳竹秀,香雾空蒙。其墨色层次丰富,变化自如,尤其是淡墨的运用,若隐若现,出神入化,使表达的境界更加幽远深邃。

吴茀之说:

用墨要有韵味,无韵味则不活,物象是有生命的,是活的,如无韵味就不能表现对象的生命力。

吴茀之用墨能恰如其分地表现物象的质感、生气,又以墨之韵律抒写自己的情感。吴茀之说积墨在于提神,破墨在于增韵。如《春江嬉鸭》(1945年)用墨之枯湿浓淡十分微妙,用淡而湿的墨表现水鸭毛羽的柔软蓬松之感,用浓而枯的墨表现水鸭双翅的劲挺之感。清波荡漾,群鸭戏水,其悠闲欢欣之态跃然纸上,亦抒发了作者临渊羡鱼之情怀。

对于用墨的拙和巧,吴茀之有着辩证的认识。

吴茀之先生说,浮烟涨墨的笔触,被讥为"墨猪",为的是缺少灵动之美。当然一味灵动也不好,会入小家子气的。……他认为要"大智若愚,大巧若拙,及臻其妙"。简单地说,就是智与巧不能暴露无遗,要求含蓄回味,这就是中华民族的审美观,它常贯穿在各个艺术领域中。⑭

吴茀之用墨的手法变化万端,墨色层次极其丰富,但给人的感觉不是故作姿态,而是浑然天成。画面墨色统一协调而没有琐碎零乱之感,正是因为他正确把握了用墨拙和巧的关系。如作品《春晓》(1974年),画面的主体雄鸡以浓重的墨色写成,几乎没有浓淡层次之分,像一幅剪影,而背景中的紫藤的淡墨又灵动多变,与雄鸡重拙的墨色形成鲜明的对比。这样的处理手法,使雄鸡显得英姿勃发,紫藤飘逸多姿,画面简洁又大气,真不愧为大家手笔。这说明吴茀之在用墨的理论和实践上都已上升到一个很高的层次,具有一定的创新性。

吴茀之说:

前人于用墨之法,各有其宜,故笔从墨出,墨因笔现,笔不到处安有墨?笔墨二字,实互为表里,笔之浓淡清浊,固在乎墨,墨之干湿厚薄,实出于笔。⑮

笔墨是血肉相连的关系,二者都不可偏向,吴茀之有一方闲章"笔歌墨舞",是他追求笔墨的艺术境界,也是他作品笔墨辉映的生动写照。

但能浓而不滞,淡而不薄,干而不浮,湿而不滥,墨而不浊,这都有关于用笔力透纸背,虽淡亦厚,笔笔见笔,虽浓亦活,笔浑虽瘦而见肉,笔劲虽肥而有骨,笔无停机,墨处也自见元气磅礴,所以笔不碍墨,墨不碍笔,笔与墨会,而后能相生相发。⑯

吴茀之作品《棕榈枇杷》(1963年),最让人折服的是棕榈叶的笔墨表现手段。其用笔力能扛鼎,狂放而沉着,其用墨以焦墨浓墨为主,而在叶梢又隐含着晕化出来的淡墨。作品中笔墨水乳交融,相映生辉,充满了力量感和动感,将棕榈叶在狂风骤雨中翻飞起舞的形态表现得淋漓尽致,恰如其分地表达了"芦橘子低山雨重,棕榈叶战水风凉"的诗意。

笔墨是画家最重要的个性符号,吴茀之在长期的艺术实践中,从理论上到技法上,都形成了自己一套完备的笔墨体系,笔墨不仅是他绘画中写形传神的手段,也是他品格修养的写照。

### (三)色彩

传统文人画崇尚水墨,而淡化色彩,水墨画近乎成了文人画的代名词。这种倾向至"海上画派"以来,有了较大的改观。吴茀之在花鸟画的艺术探索中,既重视笔墨,也重视色彩的运用。他在《用色》一章中写道:

仰观宇宙,俯察品类,无不各有其色,画凭笔墨固可写其骨干,取其理事,表现其精神。然其真正之色相,终未能宛肖。此何足以夺化工之巧妙,尽绘画之能事?故画于笔墨外不得不更重设色焉。古称画为丹青,盖亦着重在设色也。⑰

同时他认为用色之难不亚于用墨。

冬暖1959 年

人皆知用墨难,而不知用色更难。用墨之不当,则滞涩暗淡,稍涉伧俗,似无伤大雅,用色之不当,则红绿火气,如村女涂脂,恶赖立见。⑱

在《用色》一节中,他对于设色的方法、原理有所论述,还详尽地列举了 11 种颜料的性能、使用方法以及制作方法等,可见他在理论和实践上对于色彩的运用,都有深入的研究。

吴弗之作品的色彩,既汲取了吴昌硕、王一亭设色的许多手法,又结合了西画色彩的原理,并注重自然的感受,在色彩上有了进一步的发挥。

吴弗之的作品,色彩给人的整体印象是清丽典雅。他说:"中国画以墨为主。用色要觉着典雅,浓丽而不俗气,娇艳而不轻浮,淡雅而有回味,古而有新意。"他的作品设色不论浓厚,还是清淡,都给人以清新雅致的感觉。他说"要以淡逸而不入于轻浮,沉厚而不流于淤滞,传染愈新,光辉愈古,乃为极致"。他认为用色要以淡取韵,以浓求厚,用色如用墨,这就是他追求的用色的艺术目标。

对于色彩在画面中表现出的雅俗,吴弗之认为除了技法外,还与个人的修养有关。他给学生张世煌的回信中说:

但鲜艳的画,容易失之红绿火气,比水墨画更难处理,仍当火艳而不俗为贵。同时水墨画不一定都是雅,搞不好还是俗不可耐,这是有赖于作者各方面的修养。⑲

他的作品《绿牡丹》(1966 年),是一幅色彩淡雅的作品。牡丹的花瓣以淡石绿点虱,用胭脂点花蕊,叶片的黑色中包含着浓浓不一的赭石色,整幅作品色调素雅却不显得单调,淡而有味。其代表作《霜天烂漫》(1964 年),是一幅色彩浓重的作品,金黄色和深红色的两丛菊花交相辉映,十分耀眼,但因为枝叶墨色浓重,加之菊花色彩多变,艳而不俗。

吴茀之在上海美专求学时,学习过西画的色彩,他对于色彩的理解和运用,比传统的文人画家更加宽泛。同时,在艺术实践中,他也清醒地认识到中西色彩体系的差异,他反对在国画中生搬硬套西方的色彩表现方法。他在《中国画理概论》的《用色》一章中,有一个自注:

　　此篇重写时, 拟将西洋色彩学结合光学的道理补充进行,俾学者知所取舍,并理解中国画之特点。[20]

　　其目的是在西学东渐的情形下,分辨东西色彩之别,使学者不至于混为一谈。新中国成立后,他写了《关于国画上光与色的问题》一文,论述了他对国画光和色的认识。

　　我国绘画与西洋绘画是世界上最突出的两大画系,由于社会历史背景及其他创作意图及方法等的不同,各有其普遍性的发展规律和特殊性的发展规律,因而在绘画上也就各有其民族形式与独特风格。大概国画比较重笔和气韵,是内在化一些,西画比较强调明暗色彩,是逼近自然形象化一些,其实都是从客观实际出发。正因为如此,新中国成立后,在新现实主义的号召下,一般美术工作者, 竭力追求客观事物的立体感远近感及其光与色的外铄美,同时即以西画的标准来衡量国画,批评国画不现实不科学,应向能够充分表(现)光与色的西洋油画看齐。虽然现在不像前几年那样严重,但对国画的光与色,还是存在着很多怀疑,这是与对民族传统的虚无主义现象和表现方法上的自然主义倾向分不开的。当然这也难怪,我们的国画确是没有按照对象因外光所及而引起的各种复杂的色彩变化去画,不过是否因为这样,我们就可以说国画不够科学不够现实呢? 我觉得不能这样说,还得再深入地研究一下。我国历来成千成万的国画家,其中也有很多聪明才智的人,绝不是呆子或瞎子,对于一切对象本身,所存在着光与色的变化和关系,是不会看不到的,是不会不懂的,而是国画的创作意图上及观察方法和表现上与西画有不同罢了。[21]

正因为吴茀之明了中西绘画表现的着手点不同,他在色彩的运用中,能中西相融而不失国画本色。如《五果图》(1963年)中的桃子,由黄绿色向暗红色转换,色彩变化微妙,冷暖对比自然,将桃子鲜润的色泽表现得惟妙惟肖。又如《绘声绘色》(1964年),秋海棠的叶子以花青写出,又略带汁绿色,用赭石画枝和背面的叶片,胭脂色画花,丰富的色彩极好地表现了秋海棠的娇艳之态。现实中的海棠叶当然不可能是青色的,但这种意象的色彩给人以真实的错觉美感,却又能符合色彩学中的补色原理。

在吴茀之的设色作品中,其画面的色彩变化十分丰富,五彩缤纷,又能统一协调,让观众不致眼花缭乱,这得益于他的调色技巧。吴茀之用色很少用单一的颜色,多用混合色。他说:

此外用色又须知合色浑化之妙,有正必有辅,如用丹砂宜带胭脂,用石绿宜

霜天烂漫 1964年

带汁绿,用赭石宜带藤黄,用花青宜带墨水,盖单用则浅薄,兼用则厚润矣。②

　　从吴茀之为学生叶玉昶示范画牡丹的过程,即可体察吴茀之设色高超的技法。

　　先生拿起一支羊毫笔,将笔在清水中洗净,先蘸以洋红,后蘸少许墨色,调成暗红色,在调色时,笔根不着盘,所以,笔尖呈暗红色,笔根呈淡红,中部是过渡色。而后再蘸少许清水。我想可能是画牡丹了。先生用暗红先点出花中的几瓣,再略蘸清水,减弱色调画其余各瓣。一朵花活灵活现就出现在眼前了。先生再用暗红色,在花瓣适当地方加强层次和转折变化。他说:"花可复加,叶不能覆盖。"又说:"这又不绝对。有时为了提神加重某部分叶,可以用较浓的墨或色复加,但复加不是覆盖。"花点好后,先生把笔在清水中洗洗,但并不完全洗干净,留有极淡的红色。随后蘸藤黄花青调成汁绿偏嫩黄色,再以笔的一侧蘸少许淡红,从花萼部分开始用笔向下画,中锋运行,起笔略顿,画花茎。由于笔中有汁绿淡红,所以画出的花茎,就感到十分娇嫩。接着分枝生叶。叶以汁绿为主,时而蘸花青,时而蘸赭石,时而蘸淡红,时而蘸淡墨。靠花旁边的叶,浓重呈绿偏青,趋向根部的叶,或绿中透红,或绿中带赭,变化之多不可记写。点好叶,

吴茀之生前所用颜料、墨

即以墨勾勒叶筋。嫩老叶以红勾之。勾勒叶筋时,先画叶的主脉后就侧脉。一般均在点叶的痕迹中勾勒,而勾勒叶筋的尖端却超出叶的痕迹之外,有时叶的痕迹小,而勾勒的叶筋却宽大,形成叶中的不同形式空白,极有虚灵写意之妙。最后用浓墨点花心,以沉着提神。[23]

吴茀之的代表作《花开遍地》(1958年),描绘了蜀葵、美人蕉、夹竹桃、紫薇四种盛开的花卉,花团锦簇,但画面色彩却井然有序。详察会发现画面的主色调只有两种:蓝色和暗红色。蜀葵的花和夹竹桃的花都用胭脂色画成,呈暗红色调;蜀葵的叶子用花青色,紫薇的花用石青色,呈蓝色调;而美人蕉却用意笔白描的手法画成白色。这样处理,色彩主色调突出,又能相互呼应。又如画中的蜀葵花,花瓣以淡脂点染后,再以浓胭脂的线条勾花脉,叶子用浅花青画出叶片,再用深花青勾叶筋,这样色彩既单纯又富有变化。作品的色彩从整体到局部都独运匠心,吴茀之不啻为调色高手。

吴茀之说:"着色不宜平板,亦须有笔法。"吴茀之用色的笔法千变万化,或点厾,或勾勒,或渲染,设色的笔法不同,产生的艺术效果也不同。

吴茀之先生说作浅色花卉易患单薄之病,若用陈师曾的意笔双勾填色法,会显出厚的味道。[24]

在吴茀之的设色法中,最具有创造性的是积色法。积色法从积墨法中引化而来,也可理解为复笔的一种。积色法指设色时多次点染,使色彩由浅至深,产生丰富的色阶变化。吴茀之在描绘蔬果和复瓣的花卉时,常运用这一手法,如画杨梅、桑葚、荔枝、牡丹、大丽菊、碧桃花等。通过积色法能恰当地表现水果的质感和花瓣的层次。积色时,浓淡色彩的相互晕化,会产生类似破墨法的艺术效果,鲜活的色彩极好地体现风物的自然生机。

《农花四时》(1966年)是吴茀之描绘农作物题材的佳作。这张作品尺幅不大,却画了向日葵、蕉藕、蚕豆、油茶四种农作物。这四种农作物前后交织,十分密集。为了让观众能一目了然,分辨出来,作者运用了不同的手法表现色彩。蕉藕的叶用花青色,花用胭脂色点虱,油茶的叶花青中加墨,花用白描法,向日葵的叶用泼墨法,花用石黄点染后再用赭石勾花瓣,蚕豆的叶双勾后填石绿,花用紫色点后用胭脂勾花脉。设色笔法变化之多,可见作者良苦用心。

近代写意花鸟画的设色方法大略可分两个体系,吴昌硕用色以复色为主,齐白石用色以原色为主。吴茀之在吴昌硕用色的基础上进一步深化和拓展,使色彩的表现力在写意花鸟画中得到了强化,这是对现代花鸟画发展的贡献。色彩是音符,吴茀之则是一位高明的色彩作曲家,经过他的妙手,每个"音符"都能发挥魅力,谱写出美妙的"乐章"。

### (四)构图

吴茀之对绘画的构图,十分重视,他以为构图会对画面效果产生举足轻重的作用,故不可小觑。他在《布局》一章中写道:

布局,即构图创稿。凭作者之思想,随意布置通幅之局。局势,画家谓之章法,为画前第一关键。古人作画,意在笔先,于搦管时,必默对纸素,凝神静气,看高下,审左右,幅内幅外,来路去路。胸有成竹,然后濡毫吮墨。先定气势,次分间架,次布疏密,次别浓淡,转换敲击,东呼西应,面面俱到,自然水到渠成,随笔涂写,无瞻前顾后之病,有掉臂游行之乐,其为佳构无疑。㉕

这一段文字,阐述了构图的重要性和构图的基本方法。明确了构图,作者才能自由挥写,从而获得良好的艺术效果。吴茀之作画下笔很快，可下笔之前总是吸着香烟，要经过一番苦思冥想，这是他在打腹稿。从他一些作品的草稿可以看出，他推敲的重点是画面的构图。

吴茀之反对作画时有"画谱气"。"画谱气"尤指布局沿袭古人的构图。他认为大千世界的风物形态神韵万千，故画面的构图也自然应随之千变万化。

布局之变化无穷，全幅有全幅之布局，一树一石有一树一石之布局。天地间包罗万象，既无不各有其态，画者意象所得，亦无不各有其布局。故古人惨淡经营，其创新章

花肥叶大显精神 1953 年

法，无一幅雷同，且其审慎精到之作，除间接与直接写生外，或求于败墙之上，或取诸月影之中，冥心搜索，朝夕观之，恒经年累月始成。㉖

吴昌硕作品的构图比较程式化，吴茀之作品的构图却是不拘一

格,根据表达的情感、表现的意境、追求的气势,巧妙地安排布局。如《花肥叶大显精神》(1953年),数丛红、白交错的牡丹花,从画面的右上方悬挂下来,画面采用折枝的构图,描绘的又非是折枝,而牡丹花"千枝万朵压枝低"的花繁叶茂之态,跃然纸上,极好地表现了主题——花肥叶大显精神。《一唱雄鸡天下白》(1962年),在画面的下半部描绘了一只引吭高歌的雄鸡,背景不着一笔,构图极简而意境极深。《松色不肯秋》(1972年)古松主干直通右上角,突出画面,而松枝又倒挂自左上而下垂,与松干成顾盼之态。树干、树枝两处分离,却气势连贯,画外有画,意境益加开阔。

吴茀之说:"我作画,喜欢一俯一仰,互相回合,这样气势不易逃脱,好像打拳一样,无一处空隙可击。"吴茀之的作品,构图呈太极回抱之势,气内聚而不散漫,这是总的特点,他在《布局》一章

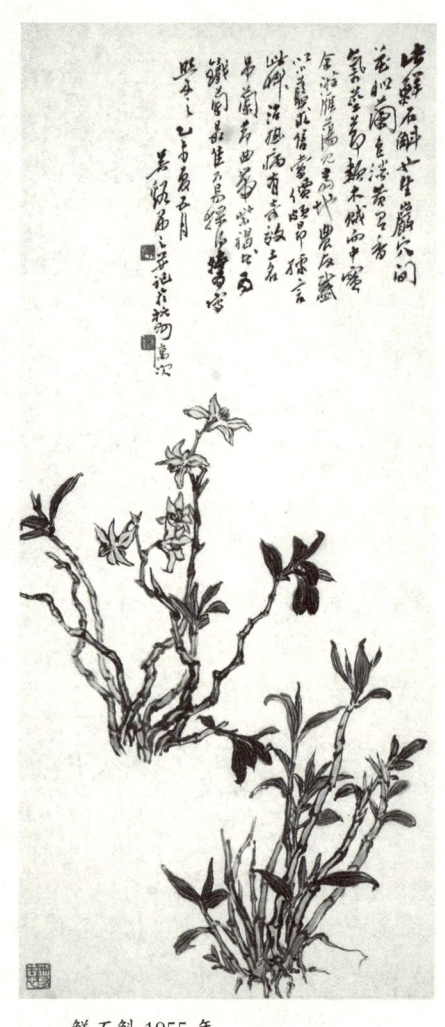

鲜石斛 1955 年

中,对布局宾主、虚实、疏密、开合都有论述,但他认为开合是最重要的。

　　至于画之开合,犹行文之起结,最有关于全局。要以起势为主,放得出,还要收得住,往来顺逆之间,即开合之所寓也,生发处是开,一面生发,即思一面收拾。自可结构严密,而无散漫之弊。收拾处合,一面收拾又思一面生发,则时时留余意,而有不尽之神。<sup>㉗</sup>

　　正因为吴茀之作画讲求开合,所以行笔放得开,收得住,俯仰揖让,随意生发而阵脚不乱,最终能气聚而神凝。在花木的穿插中,吴茀之十分重视"出梢"的处理。一幅画的章法分起、承、转、合四个部分,梢头往往是收合之处,所以方向回转,而且要少出梢。吴茀之的作品即使穿插十分繁密,露在外向的梢头,也仅一二枝,这样才能取势聚气。他说:

　　写意画的章法,气势很要紧,自然界的植物,有其朝阳性。这种朝阳性,使花叶、枝干也有一个总的趋势。作画时,应抓住这一特点,根据画面需要加以强调和美化。如果收枝四处分散,就会破坏这一个总的趋势。在总的趋势中,还应利用线条方面的矛盾对拗,来加强气势和增加变化。<sup>㉘</sup>

　　《樱桃芭蕉》(1946年),蕉叶下垂,而樱桃上挑,托起蕉叶,俯仰各得其势。《蔷薇雏鸡》(1948年),盛放的蔷薇自右向左倾斜,似摇摇欲坠,枝头出梢上扬右倾,一枝独俏,使气势回转。

　　吴茀之先生就画面构图处理,如择基筑室,先要择其朝向,然后南向留道地(空坪),确保阳光,北向置小园植竹以挡寒风,这样屋前屋后才有个舒适感。这个坐落朝向,即画中的开合虚实也。开者宜有空旷之感,合则家有依托之处。<sup>㉙</sup>

　　吴茀之以建筑的原理,生动地比拟绘画中开合的处理。创作中,他犹如一个高明的建筑师,规划出宜人的家园。如《霜天烂漫》

樱桃芭蕉 1946 年

（1964 年），画面上部是繁密的秋菊，下部是空灵的山石，菊花自上向左下方回转，自下向左上方取势，如此成回望呼应之态，开合自如，疏密有致。

受吴昌硕艺术影响，吴茀之作品的构图首重起势，他在作品中将表现的主体作为一条主线，横贯在画面中，气势连绵，其他物体都是围绕着这一条主线而生发的，如《蕉雨潇潇》中芭蕉的干，垂竖的斜线在狭长的画面中，益发彰显气势。《红榴初发》（1962 年）石榴树主干呈回旋的主线，愈显石榴树的苍老之姿。

吴茀之作品以繁见长，对于画面的繁简。“吴茀之说繁也不是去作自然主义的描写，而是一种艺术的需要，如繁简对比，造成视觉上的反差，所以繁中的简，存有理性的选择和概括，使其没有无谓之笔和啰嗦的感觉，简则要有丰满的感觉，简则能腴。否则,无神采可言"。

吴茀之作品能够繁而不乱,原因有三:其一,繁简的对比十分强烈,使观众能一目了然;其二,繁茂的物体外形都呈团块状,给人以整体感;其三,得益于他高超的穿插技法,他的穿插来龙去脉都一清二楚,没有含糊之处。行笔时,步步为营,层层递进,线条向内收聚。如《大丽菊》(1962 年),红、黄、白三色大丽菊花繁叶茂交织掩映,重墨浓彩画得密不透风,成为画面主体的一个块面,而配景山石则是淡墨画了寥寥数笔。尤其是大丽菊,花、枝、叶交叉都是不等边三角形,而最繁密处也有微小的空白。他的穿插富有理性,却又不教条。

吴茀之在构图上追崇八大山人、李鱓的空灵多变,他说:

布局之繁且难既如此,然则学者,当从何着手乎?曰:此无他,布局总以灵气往来,不闭塞为贵。

吴茀之十分注重画面的布白。他说:

章法既布白,在构图时,不仅要看对象本身占据画面的位置,还要注意空白大小的形态,即'知白守黑'也。一张画,一定要有一个大空白,和许多大小不等的小空白,空白的形状,切忌对称、相似,以不齐三角觚为美。

在《玉簪蜻蜓》(1945 年)、《鳜鱼》(1945 年)、《鲜石斛》(1955 年)这些作品中都留有大面积的空白,但并不让人感到空疏,意境却表达得更加悠远。

在构图上,吴茀之除了掌握一般的规律外,还在实践中探索出许多独特的极富学术价值的经验。他将布局分为平正与奇险二路。

平正一路,易板实则少变化,要以平中寓奇而能与轩昂为妙,奇险一路,易纵横而入魔道,要以奇中求正而得静逸为贵。此外,大幅布局宜紧,小幅布局宜宽,与东坡所云:写大字宜结密而无

鳜鱼 1945 年

间,写小字宜宽绰而有余之意无异,亦为学者所当知。㉚

浦江吴茀之纪念馆藏有部分吴茀之的国画草稿。这些草稿尺幅不大,有的较简略,有的较详尽,甚至连题跋也写好了,草稿上有许多修改的痕迹,像墨兰这样烂熟于胸的题材,他也画过草图。由此可见,吴茀之的创作态度是很严谨的,我们以为一挥而就的作品,事实上,他是经过认真推敲的。有的草图转换为完成的佳作,而作品和草图之间还有许多出入,这说明吴茀之在创作中并不拘泥于草稿,而是随机应变,临见而裁,在草稿的基础上进一步提升,最终创作出完美的艺术作品。

著名的画家大都有个性鲜明的构图独特形式,但也容易产生一个弊病,就是有的画家固守一种构图,带给观众的艺术视觉感觉比较单一。吴茀之的绘画构图,既有自己的个性化的规律,又不囿于程式,呈现出丰富多彩的样式,让读者目不暇接。

**(五)配景**

中国文人画追求简洁明了的意趣,花鸟画的配景,大都十分简略,或不画配景,亦可独立成章。画面的空白,即可发人遐想,起到无声胜有声的作用。吴茀之的花鸟画作品,重在表达自然风物的勃勃生机和鸟语花香的山野气息,因此,吴茀之对配景颇多留意,表达的方式和表现的技法亦十分丰富。大至山石,小至苔点,以及杂草、泉流、坡岸等都描绘得一丝不苟,他绝不因为是配景而草率成之。这些配景不仅让主题锦上添花,而且成为他艺术个性的符号。

山石是花鸟画重要配景之一,许多花鸟画家山石的画法都独成一派,是其画风的标志性图式之一。如吴昌硕以泼墨挥写山石,圆浑凝重;潘天寿以线条勾勒的方石,险峻霸悍。吴茀之十分重视画石的技法。吴茀之说:

八大笔墨尚简,潘先生从之,石涛笔墨尚繁,吾悉心研究,即以画石而论,石涛所画石头的转折层次,大有学问可研究。对于石法的处理,最能显示出大家与小家的区别,此中功夫非水到渠成不可。无论简繁,皆与笔墨的驾驭有关。[30]

吴茀之画石颇有王一亭的遗意,亦兼容诸闻韵画石的手法,以长线勾皴,一鼓作气,跌宕不羁,形态圆中寓方,又施以破墨法,使其产生氤氲之气,复加苔点或杂草,即显一片生机。根据表现的意境和主题不同,其山石画法亦有区别。

《空山盟古雪》(1935年),为突出主题松竹梅,山石用淡墨和淡赭石写成。《赤城霞》(1972年),为表现梅花凌寒怒放的气势,山石的墨色格外浓重以增强气骨。《菊竹襟怀》(1962年),因墨竹交叉繁密,山石以寥寥数笔的墨线勾成。《柱石镇横流》(1963年),山石是作品表现的主题, 勾皴点染, 笔墨繁复。《红榴初发》(1962年),为衬托石榴枝干的墨色,山石纯用赭石描绘。《和平之春》为表现春天的绿意,山石墨线勾勒后又填以石绿及少许的赭石。

吴茀之画水用勾线法,其用笔婉转自如,流畅利落,根据水纹的变化,笔墨繁简,浓淡不一。《鳜鱼》(1945年),淡墨横扫,以示涟漪泛起,墨色已淡到若有若无,亦现湖水的清澈。《兰谷春深》(1945年),山谷间三折泉流弯曲奔泻而下,勾画泉水的线条亦迂回曲折,随势而转,或实或虚,或疏或密,将流泉倾泻而下、喷珠溅沫之态,表现得淋漓尽致。《春江嬉鸭》(1945年),以网巾法勾画嘉陵江水,墨色由浓渐淡,笔意连贯,足显水波荡漾、浩渺生姿之状,《柱石镇横流》(1963年),以回旋翻腾的线条,勾画惊涛激射的巨浪,将波涛汹涌、激浪排空的气势,渲染得有声有色。

吴茀之作花鸟常在水际、石脚、地坡、庭园,配以幽草,既可丰富画面的层次,也使意境更加幽深。试想,吴茀之的作品中如除去这似乎微不足道的杂草,则必然大为逊色。

花鸟画中画草,看似容易成却难,既要符合杂草生长的规律,又要笔墨从容自如,二者缺一不可。吴茀之是画兰竹的高手,他以画兰竹的笔墨用于画草,自然是游刃有余。吴茀之画草不仅功力深,而且手法多。《蓼花蟾蜍》(1938年)、《花开遍地》(1958年)的草画得茁壮繁茂,聚散参差,乱中有序,柔中见刚。吴茀之画水际泽畔的杂草,则画得挺拔向上,高低错落,而交叉较少,这是符合水边杂草生长的特点,如《鹅戏花丛》(1958年)、《芙蓉翠鸟》(1959年)作品中的草。时节不同,杂草形态也有别。在作品《蔷薇雏鸡》(1948年)中,以淡花青的湿笔写茸茸嫩草,点缀春光融融的气息。在作品《鸡菊图》(1946年)中,以焦墨枯笔写萧疏的衰草,以示秋高气爽。有的作品中,杂草画得很长,与花卉交相掩映,或随风摇曳,或亭亭玉立,对主题的表现,产生了强化的作用。

吴茀之的作品中,点苔几乎无所不在,足见他对点苔法的重

视。吴茀之说:

> 点的作用很多,方法形式也极其丰富。点苔时,点得应道劲生动,不要认为一个点无关大局。其实,有时多了一个点便破坏了画面的章法斜势,有时少了一个点就感到章法不够严密。因此,一张画要达到一个点不能增,一个点不能减才好。

> 点不仅要注意其疏密、大小、浓淡、干湿的变化,还要注意点的节奏感,好像弹钢琴一样,有优美的旋律。[32]

吴茀之点苔法多用于山石、枝干、藤蔓、地坡水面之上,点苔有时是表现杂草、苔藓、浮萍之

秋兴 1966 年

类,有时点苔纯为画的效果所需,别无所指,以点生情,丰富笔墨。吴茀之点苔气势连贯,节奏鲜明,手法极其丰富。从作品《胜似春光》(1964 年),可窥探他点苔的独创性。作品杂草的根部都打满了密集的苔点,浓淡墨色不一的苔点,交融产生了破墨的效果,益发体现杂草的丰茂。山石上以飞动、犀利的笔触扫出尖长的焦墨苔点,在焦墨上又复以石绿苔点,以增进层次,山石坚硬圆浑的质感,通过苔点得以表现。菊花枝干上的苔点,大小错落,或光润,或毛糙,在菊花的梢头,又凌空以赭石作细小的苔点,与菊花的色彩相呼应,平添几分秋意。在琐碎的空白处,以淡墨苔点填补。点苔的作用在表现力上已被作者发挥到了极致。

　　恰如其分的配景,不仅对主题起到烘云托月的作用,也可拓展作品的新意。1964年,吴茀之在莫干山避暑,通过观察写生,创作了两幅凌霄花。一幅凌霄花沿石墙攀援而上,一幅凌霄花从庭院的粉墙上垂挂而下。以石墙、院门作配景,画面新意陡增,其中一幅《凌霄墨竹》有学生朱颖人的补款:

　　茀之先生此帧画于一九六四年游莫干山上所作,时见凌霄花盛开,遂有感悟,貌其神情。几度易稿,此是其中之一,其时此作情意新颖,笔墨浑厚,雄健有致……

　　正是作者观察视觉独特,配景取材巧妙,而使作品"情意新颖"。

　　吴茀之在一些大幅的花鸟画创作中,通过配景的添加,将花鸟置身于泽畔山涧,实质是花鸟画和山水画的结合,或称为是截取自然山水的一隅,以花鸟画的手法写之。这种表现形式,使花鸟画的境界得以扩张,艺术视觉更具冲击力。潘天寿、郭味蕖等画家在花鸟画和山水画的结合上,都探索出一条路子,吴茀之亦能独辟蹊径。《映波冷艳》(1959年)打破一般花鸟画的构图,以一株苍老的垂柳作为画面的主体和近景,湖畔盛放的秋芙蓉和垂柳相交映,画面左端三只动态各异的白鹭,却成了配景,似远眺所见。作品再现了柳塘秋光明媚的景色,视线由近推远,极富空间感。《西海门即景》是吴茀之1962年重游黄山后有感而作,数种山花竞放在山坡上,背景满布山岩,仅留出一条狭长的空隙,一株虬松从悬崖边斜插而下,让人仿佛感受到山风拂面,花香扑鼻。这类山水、花鸟结合的作品,潘天寿以气势夺人取胜,而吴茀之却以意境悠深而见长。

　　新中国成立以后,一些画家为了提高花鸟画表现现实的能力,对传统的花鸟画配景进行了创新,其中不乏可取者,但也有失

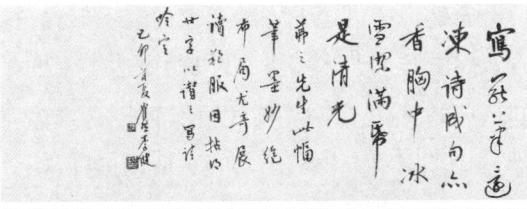

墨梅 1935 年
（李健题诗塘）

墨梅 1935 年
（李健题诗塘）

败者。比如有的作品生硬地添加一些有时代气息的要素作为配景，致使主题和配景缺乏协调感。有的作品盲目地运用西画的手法渲染背景，将留白取而代之，最终的画面效果是不伦不类，使作品丧失了中国画所固有的魅力。吴茀之是站在艺术地再现自然之美的角度上，去处理花鸟画的配景，在审美及技法上，使配景和表现的主题统一协调，使配景真正起到了绿叶衬托红花的作用，配景也成了他艺术表现中不可分割的艺术元素。

（六）题款和印章

中国文人画以诗、书、画、印并举的艺术形式独步艺林，成为中国艺术宝库中的一朵奇葩。文人画艺术综合性的表现形式,在艺术视觉上带给观众以多方位的艺术感染,并以此表达作者更深邃的情感和境界,同时也能体现一个画家综合的艺术修养。诗、书在国画作品中的表现载体是题跋,历代文人画家都长于诗文、书法,所以题跋都法书超妙,文辞典雅,喻义深刻。

吴茀之以"诗、书、画"三绝著称,他始终遵循文人画长于题跋的这一特点。吴茀之作品题跋的款式与画面的形式珠联璧合,引人入胜,题跋的文字内容升华画意,发人幽思。吴茀之十分看重题款在画面中所发挥的作用,甚至认为题款的好坏,可影响到作品的成败。

然款甚非易事,画固因题而妙,亦有因题而败者。题与画实互为注脚,毫厘千里,不可不慎。学者欲求款题精卓得体,自须注意书法、题句、款式三事。③

吴茀之十分推崇吴昌硕画面的题跋:

晚年惟吴缶翁每画必加题跋,或一画数题,多致数百字殊觉雄健古茂,附丽成观。诚以缶翁诗、书、画、金石,并皆佳妙,书画皆有金石气,以书法作画,画法作书,自然浑成一气,妙夺古人也。④

吴昌硕喜在画上作竖排长题,或诗或文,顶天立地,以助长画面的气势,吴茀之早年的一些作品即仿效这种题跋的款式。李鱓的题跋,参差错落,多有奇趣,对吴茀之亦有启发。吴茀之有的作品,以隶书题写画题,古朴端庄,有可能受潘天寿的影响。吴茀之称赞潘天寿题跋,常在他人认为不大好题的地方落款用印,堪称高手。

正因为吴茀之高度重视题款,因此在艺术实践中,广泛地学习借鉴,深入地研究和探索,题款和印章都成了他绘画艺术中密切相关的环节之一。吴茀之在《中国画理概论》一书中,有《题款》

章节,专门论述题跋。在浙江美术学院任教时,吴茀之为学生讲授题跋课程,编写了《题跋讲义》。对于国画的题跋,从实践到理论他都有深厚见解和经验。

吴茀之题跋的内容和款式都很丰富,不拘一格,最具有艺术价值的有以下几类。

其一,通过诗文,阐述画论画理。

兰非凡卉,写叶贵得劲气,不可为法所囿,庶得疏荡之致。东坡论书法谓刚健含婀娜,端庄杂流丽,此语亦为画兰不传之秘。

——题《墨兰图》(1935 年)

空谷无人,水流花放,此种境界非熙往拢来者所能梦见,漫以无声写之。

——题《兰谷春深》(1945 年)

这类题记,表达了作者对艺术的体悟和审美追求,是他艺术经验的结晶,这对认识和研究吴茀之的艺术都很有价值。

其二,通过题跋,感怀时事,抒发情感。

松荫伏虎 1946 年

避乱以来,久未饱饫此味矣,兹值胜利来临,诵少陵白日放歌须纵酒,青春作伴好还乡之佳句喜而写此,聊以解颐。

——《坛酒双鱼》(1945 年)

茫茫尘世路,熙攘有谁悟。长与佛为缘,愿把众生渡。日前遇汽车几毙,幸致命处未遭重伤,得庆更生,因奋病臂造无量寿佛一尊,祝众生共登彼岸也。

——《寿佛》

其三,记述创作的过程,或言物记事。

客暑游黄山,于丛草间见百合一枝挺然孤放,花的皓而香清,旁有山楂子累累如玛瑙细果,闲花觉亦爱,归写此帧以示不遗在野之意也。

——《百合花》(1935 年)

一九五八年四月参加省委检查团过王店见曝书亭油漆如新,周围花木旺盛,尤其五十年前之紫藤二盆放得更美丽而芬芳,当即对花写照并题诗记感,吴豀回杭州后复制并志。

——《曝书亭古藤》(1958 年)

孔雀仙人掌产生热带温带地区,有暖房亦可栽培,花期甚短,初开极雄伟,传说(隋)帝下江南观赏琼花即是此类。

——《令箭荷花》(1958 年)

这类题跋可以认识到吴茀之注重生活观察和写生,而能触景生情,有感而发,体现了吴茀之广博的知识面。

其四,吴茀之自作的题画诗,或记景言情,或遣怀抒志。

一枝飞雪出邻墙,误落毫端墨亦香。

清赏自应多妙语,何妨铁石作心肠。

——题《墨梅》(1935 年)

笙歌初放汉宫秋,寥落芳心孰与俦?

漫扑蜻蜓罗扇底,任他飞上玉搔头。

——题《玉簪蜻蜓》(1945 年)

淡淡碧云姿,红妆不入时。

天香清愈艳,何必看胭脂。

——题《绿牡丹》(1966 年)

这类题画诗是吴茀之作品题跋中,最具有艺术价值和欣赏价值的,充分体现了吴茀之在诗歌上的造诣和诗人的浪漫情怀。

对于题跋的款式,吴茀之认为:

来楚生为吴茀之治印

题句之款式,尤为重要。盖一幅画中自有其天然之落款处,题是其处,则称,既为之增色;题非其处,则不称,画亦为之减色。古画有多无款,即有款,亦仅于石间叶下题自名而已,良以题失其处,有伤画局也。⑤

吴茀之作品的构图不守成法,变化万端,因此题跋的款式也是随构图的需求而变,行文或长或短,排列或横或竖,其目的都是为画面效果达到尽善尽美。《鲜石斛》(1955 年)画面疏朗,空白多,吴茀之在作品上方洋洋洒洒题写了近百字,形成方的块面,使画面不致过于空疏,又能使读者对石斛的知识有所了解,可谓图文并茂。而《八哥海棠》一图,作者只于左上角题"吴谿子"三字名款,简洁明了,让位于主题。《鳜鱼》(1945 年)描绘的景物都在画幅的下端,于是在上端的空白处题诗写跋,行书高低错落有致,墨色浓淡相宜,为画面增添了一个层次。《香飘远在碧云端》所写兰竹高据画面右上角,呈掩映下垂之态,画家即在下端以工整的楷书节录郑板桥的诗句补空,款式齐头齐脚,与兰竹的摇曳多姿形成对比。有的作品,吴茀之将题跋的文字穿插进描绘的花木间,使之气势连贯, 又融为一体, 如《墨兰图》(1935 年)、《花开遍地》(1958年)。还有的作品,题跋放在分隔两处的景物中间,起着衔接画面的作用,如《春江嬉鸭》(1945 年)、《春晓》(1974 年)。有时,在画面主体已十分完整的情况下,吴茀之就将"吴谿"二字隐于山石间或杂草上,以防因题款而喧宾夺主。总之,吴茀之题款的位置、形式、题跋文字的多少,完全是从大局效果出发,而不是拘于表面的形式。

吴茀之对于题款是十分认真和严谨的,作品画好后,他要审视良久,才确定如何题款;有时,因未考虑好,他就将作品先搁置一旁,有的作品甚至放了几年还未落款。对于题款的文字,他斟酌再三,或先在草稿上写一遍,浦江吴茀之纪念馆存有一些他落款的草稿。他还将古人题跋的诗句抄录在笔记本上,以备题画所需。他对于一些文字的细节亦十分在意。

且用古人句,款尾宜注明借何人诗,或录何代人句。倘何人何代皆忘却,亦只得于本人名下缀以"并题字"或"题字"切勿写"题""并题"。因并题与题须自题诗句方可用。如抄袭他人句,亦写"并题"或"题",是冒名也,作伪也,则非所宜。㊱

吴茀之题款除自作诗外,有时抄录一些古代画家的诗句题跋,引用吴昌硕的最多。他大多在题款中注明诗的作者,不致以与他的题画诗混为一谈。

吴茀之赠送他人作品时,落款亦十分慎重,对于双款,他有个人独特的见解。

然画以单款为佳,传之于后,亦加珍重。如必欲为双款,则须视求之人如何,苟其人卑鄙不足道,当以不敏谢之如是,免得有累画者之格也。㊲

因此,吴茀之作品赠送至亲好友时,他才落双款。浦江吴茀之纪念馆存有一封 1966 年吴茀之写给"立仁同志"的信:

立仁同志:

前为您画红梅竹石一帧,在西湖书画社装裱时,发觉到直画横题,未能满意,曾告知英川同志,把已裱的原作调回重画……⊗

仅仅认为画面题款的方式不妥,吴茀之不惜将装裱好的赠送作品撤回而重画,其对待题款的认真态度,已近乎苛求。

吴茀之的学生张世煌说:"吴茀之对画上的钤印是十分讲究的,有时比题字还要慢,印章的地方是思考再三。吴先生常说,印章不仅要刻得好,还要盖得好,乱盖一通,要破坏画面,一幅好好的画不小心就被糟蹋了。"

吴茀之虽然不刻印,但通晓金石之学。吴昌硕诗、书、画、印四全,印追秦汉,雄健古朴,独开一派。吴茀之作为金石画派的传人,必然深谙篆刻之道。他的师友中,王个簃、诸乐三、来楚生、余任天等都是治印的名家。因此,吴茀之对篆刻有着很高的鉴赏能力,他的常用章,不少是这些名家所刻。他将作品的钤印作为题款不可或缺的一个重要环节,他说:

此外,如画上之印章,亦为款后所当经营,苟篆刻精雅,印色鲜洁,地位得当,亦足为画增色。⊗

吴茀之用于书画的印章大约七八十方,可分为三类:其一是姓名、别号、室名堂号印,如吴茀之、吴谿子、茀翁、老茀、看吴山楼、逸道人;其二是表明籍贯或纪年印,如浦江人、清翁后人、吴谿六十后作、茀之晚寓杭州、年臻八十;其三是表述艺术主张和追求的闲文印,如打破常规、用慰劳人、笔歌墨舞、且自看、不服老、宁作我。

在《款题(附印章)》中,吴茀之对于画中用印的源流,钤印的位置、数量、章的大小、印的内容和风格,都作了详尽的讲解,他在自己作品中,也严格遵守这些准则。他的作品在题款后钤两方印时,大多是一方朱文,一方白文,而很少类同。画风粗放时,印的风格也较粗犷,画风工丽时,印章风格也较工稳。如此,整体风格协调感统一。

他又说:

如上所云,则知画之题款大非易事,必须书法、题句、款式、印章四者皆佳,可以无憾,但人各有能有不能,或长于书法而短于题句,或善于题句而昧于款式,或优于款式而拙于印章。此只可用其所能,不可强其所不能。⑩

他告诉画家要量力而行,要善于藏拙,不要一味单纯地为了题款的形式去题款,否则起到了画蛇添足的作用。这一忠告,对于当今大多数拙于诗文、书法的国画家来说,具有相当的警示意义。

**(七) 题材**

与同时代的花鸟画家比较,吴茀之绘画题材的广泛性,首屈一指。吴昌硕主要画花卉和蔬果,吴茀之向他学习了一些传统题材的表现方法。他又广泛涉猎古人各个流派,并求教王一亭、诸闻韵等师友,不断地扩充题材。尤其是他十分注重观察自然,又勤于写生,以此挖掘出新的花鸟画题材。新中国成立后,他的艺术观产生了转变,在农作物的描绘上卓有成效,为传统的中国花鸟画注入了新的活力。

20世纪60年代,吴茀之曾计划创作一套100幅的花鸟册页,描绘100种不同的花鸟题材,他陆续完成30余幅,后因"文革"开始,精力不济而未果。《荣宝斋画谱》收录了22幅,即是其中的一部分。每张作品的尺幅虽小,却笔墨精微,题材构图无一类同。吴茀之如果能完成这套册页,必然是蔚然可观,成为现代花鸟画中

氤氲四时 1975 年

的一部杰作。以此也可以推断吴茀之的花鸟画题材至少在百种以上，他才有信心完成如此宏大的创作规划。

吴茀之虽然掌握了多种绘画题材的技法，但是在创作中，他强调要有选择，有重点，他说：

花鸟画取材，尤贵简而不繁。简则用志不纷，乃凝于神，一种孤高拔俗之格趣，自然跃然于楮上。观者亦较易心领神会，目醒而气爽也，不然徒以繁与多为能事，花鸟虫鱼满纸杂陈，纵所画极工，真是一幅标本图耳，虚实不分，宾主莫属，格趣安在哉？八大画以减笔取胜，良有以也。[41]

我们看到吴茀之创作的一些巨幅作品，场景宏大，层次丰富，其主要的表现题材只有三四种，宾主有序，主题突出。

对于传统题材，吴茀之并不喜新厌旧，他认为不能泥古不化，而要从其他方面推陈出新。

烂熟之题材，如松鹤、柳燕、猫蝶、牡丹、天官赐福等等，苟以极新颖之章法与生辣笔墨出之，何尝不能出奇制胜？[42]

花鸟画家大都擅长画"四君子"，吴茀之也不例外，而且是画"四君子"的高手，不仅技法超逸，而且风格独具。吴茀之画的"四君子"，能在继承传统的基础上，融入个人在自然中的感受，表达自己的思想情感。如《晴雪》，以画藤蔓的手法画白梅，疏影横斜，雪海香远。《殿秋壮观》（1961 年），是吴茀之观菊展后有感而作，三种盆菊盛放，秋光烂漫，秋英可餐。《香露清风》中的墨竹，是追忆家乡的山野风光，一枝独秀，竹露滴响。

最值得称道的是吴茀之笔下的兰花，兰花是吴茀之精湛画艺之菁华，是中国现代花鸟画艺术的一朵奇葩。吴茀之的兰花广受称颂，潘韵认为"当代罕见其匹"，郭绍虞亦赞为超绝无伦。卢坤峰曾在纪念吴茀之的文章中这样评价恩师的兰花：

应该指出的是，吴先生画兰竹的成就，特别是画兰，他将吴昌硕和石涛笔法融为一体，创出了自己的风格。吴先生画兰，不尚疏简，不取小巧，长于逆中求顺，辄能绝处逢生，潇潇洒洒，跌宕畅达，或生气蓬勃，或婀娜多姿，或苍茫淋漓，都充满着他对大自然的深刻感受。当今不必讲，恐怕扬州八怪之后鲜有其人。㊸

吴茀之画兰曾师法石涛、李复堂、吴昌硕等名家，经多年磨砺，逐步开拓了新的笔墨语言，而自成一家，画兰成了他花鸟画中的一绝。吴茀之在《画微随感录》中，对于画兰记录着许多个人的见解。

元僧觉隐以喜气写兰，明文衡山以风意写兰，各极其妙，余谓喜也，风也，其实一"畅"字足以尽之。盖喜则花歌，风则叶舞，花歌叶舞而心自畅，心畅手畅，而笔墨亦与之俱畅矣。

云林谓，余之竹，聊以写胸中逸气耳。东坡谓：写竹须腕中有风雨，当其下手，(如)风雨快，余谓之写兰亦何独不然。

写兰叠叶法，人皆视为畏途。其实，起手两手作象眼，三笔破之，如此陈陈相因，参差穿插，起笔紧而收笔放，并略间折叶而稍取偏势，叠叶自然可观。㊹

文人画伊始，画墨兰逐渐大行其道，书法家也有染指。但至明末以来，渐成习气，大同小异。过于强调书法的用笔，使兰花的形态渐失本真而呈符号化；过于追求雅逸的气息，使笔墨纤弱有余，刚健不足。即便是名流大家，在技法上亦有缺漏，如李鱓的墨兰气息较松散，吴昌硕的墨兰用笔较单一。

　　吴茀之画兰不是片面玩弄笔墨技巧，而更重视自然生活中的感悟，他所画的兰花不是照搬古人画谱，而是采撷于大千世界。他善于观察，勤于写生，时徘徊于兰谷，常流连于花圃，静观默记，心往神移，故笔下一叶一花皆得香祖风姿神韵。1933年清明节，他从山中采回蕙兰二束，对花写生，作品深为潘天寿先生欣赏，于画上题诗二首。吴茀之先生晚年仍写生不辍，曾在杭州抱病绘建兰一幅，画中题记："武林虹春桥花圃，育有名种建兰三百余盆，秋来气爽，倍觉馥郁之绝尘，余过此似乎病亦为霍然，归而即喜为之写照一枝并记。"其专注如此，令人钦佩。

　　吴茀之画兰花，不是简单再现自然，而是用笔墨去营造充满诗意的境界。意境不同，所表达的艺术手法也不同。如画急风骤雨中的狂兰，则老笔纷披，气势雄浑，似高士狂啸；写风和日丽下的春兰，

马樱花 1964 年

大丽花 1962 年

则洒脱爽利，花叶招展，如少女欢歌。吴茀之以赭石、汁绿描绘的兰花，敷色清丽，艳而不俗，与墨兰有异曲同工之妙。他画兰花有白描、没骨等多种艺术表现技法，都能融会贯通，各显其妙。

2006 年，西泠印社出版社出版了《吴茀之兰竹谱》，这件墨宝原是一本册页，共绘墨兰 20 幅。这是吴茀之 1939 年的作品，20 幅册页，全以水墨写成，笔墨、构图、意境绝无雷同，洋洋洒洒，蔚为大观，这是他一气呵成挥就的。画兰的个人风格已初露端倪，但还不十分强烈。《兰谷春深》(1945 年)，是他画兰风格成熟的代表作，将幽壑间空谷无人、水流花开的妙境表达得淋漓尽致。尤其是淡墨写就的兰花，参差掩映，风姿绰约，可谓妙到毫巅。《得气之清》(1975 年)是吴茀之晚年画兰的佳作，信手拈来，即兴挥写，笔墨放纵而气息幽雅，已到了至法乃无法的境界。

吴茀之画兰可以说是"绝似"又"不似"，真正体现了写意的精神。吴茀之画兰，笔墨高妙超逸，已臻化境。其用笔刚柔相济，遒媚相映，疏密相宜；其用墨水气氤氲，畅快丰润，熠熠生辉，尤善于用淡墨描绘花朵的丰满细嫩。吴茀之画兰与前人比较，总体上趋于劲健，强调作品整体的气势，而不过多留意一叶一花的细枝末节。吴茀之不愧是画兰花的圣手。

吴茀之经常描绘的花卉有桃花、蔷薇、牡丹、蜀葵、荷花、紫薇、秋海棠、萱花、鸡冠花、山茶花等数十种，还有一些是前人没有描绘过的花卉，如合欢花(即马缨花)、石斛、大岩桐，甚至是不知名的野花。吴茀之说："花卉之笔墨，常因气候而异，如春夏之淋漓浓茂，秋冬宜枯干凌峭。"他笔下的花卉不仅形态准确生动，更注重通过笔墨色彩表现其盎然生机。他不仅将花卉的主体刻画得十分到位，而且对花蕊、花萼、花蕾等细节也颇为留意，这些环节往往能反映花卉的特征。

鹰击长空 1960 年

值得一提的是,吴茀之很喜欢画大丽花。大丽花又名大丽菊,花色艳,花冠圆,花瓣密,写意画很难表现,而吴茀之却以此为题材,创作了多幅佳作,或双勾,或没骨,手法不一。从这些作品中,可以看出吴茀之对色彩的驾驭能力极强。他还曾对花写照,为学生张世煌示范大丽花白描写生,他对大丽花了如指掌,故能挥写自如。

吴茀之描绘的题材中,最具有艺术性、开拓性的是农作物。农作物前人有所涉及,但是作为绘画主题,像吴茀之这样描写深入和全面的,却颇为少有。他描绘的农作物有稻谷、玉米、棉花、麻、蓖麻、桑葚、蚕豆、番薯、豌豆、油茶等等。吴茀之挖掘农作物中具有观赏性的因素,在描绘中又能抓住其特征,使田头篱间的平凡之物,挥洒成饶有诗意的田园画境。吴茀之说:"追求物趣,容易落俗气,追求天趣可入雅境。"吴茀之描绘农作物,抒发他对乡村生活的热爱,表达对农民劳动者的赞美,故能化俗为雅。吴茀之将传统的笔墨技法巧妙地融入农作物的描绘中,如以撇兰花的笔意画稻谷的叶,以双勾填色画蓖麻的籽,以画藤的手法画豌豆的须蔓,以积色法画桑葚果……一股清新的乡野之风,拂荡在他的笔端。

翎毛类,吴茀之画得较多的有燕子、麻雀、八哥、翠鸟、家禽、鹭、鹰、鹤等。画翎毛,总体上,吴茀之沿袭了王一亭的笔路,整体而有变化,简洁而传神韵,厚拙而显巧妙。如吴茀之画群飞的燕子,乍视仅如几个墨点,细审每只燕子动态绝无雷同,十分传神。除王一亭外,张书旂的翎毛技法,吴茀之也有借鉴,如《山村佳景》中母鸡的造型与张书旂如出一辙。吴茀之画鸟,对鸟的喙和爪进行了强调,用笔较犀利,用墨较浓重。而画毛羽时,却用笔松动,墨色鲜活,利用水墨在生宣上的晕化,极好表现毛羽的质感。他画翎毛的手法以点垛法为主,有时也参以披簑法和勾染法。

鹰是吴茀之在翎毛类中描绘得较多的题材，可能是鹰雄健的英姿，符合吴茀之刚毅的个性。《松鹰泉石》(1936年)、《万里江山一击中》(1960年)、《鹰击长空》(1962年)都是他的代表作。吴茀之画过不少鹰的写生稿，还对鹰的羽翅、喙、爪都做过详细的记录。吴茀之画的鹰，造型生动，英姿勃发，而能不落窠臼。他画鹰用笔迅疾有力，墨色随意点染，由浓转淡，恰好体现了毛羽的坚挺或松软，画喙和爪的线条如铁划银钩，有剑拔弩张之势。

《鹰击长空》是吴茀之画鹰中的杰作，作品以毛主席"鹰击长空，鱼翔浅底，万类霜天竞自由"的诗意入画。作画前，吴茀之曾谦逊地向学生张世煌征询老鹰飞翔的姿态，师生交谈中，老鹰在抓小鸡时，翅膀向下拍，昂首回飞的这一动态，触发了吴茀之创作的灵感，他一气呵成，挥写完成了《鹰击长空》。翅膀下拍，鹰首上昂，整体的力度向内收敛，有一触即发之感，形象描绘出雄鹰欲搏击长空的气势，这比展翅翱翔更有爆发力度。这张作品曾在《浙江日报》

春燕图

刊登,极受好评。

吴䒌之认为:

国画主要在传神,但须掌握客观规律,有所感而发,故形与神不能偏废,白石老人说"在似与不似之间"很对,黄宾老更进一步说"真画要在绝似与绝不似之间",因为重点放在神似上,即使形似较差,果能入神,还是好作品。而且,加了一个绝字,更可发挥主观能动的作用,神得形,亦在其中矣。⑤

吴䒌之画翎毛,正是能在掌握鸟类形态的基础上,又抓住其活动特征,故而能以形似而服人,以传神而感人。

水族中,吴䒌之常描绘的有鳜鱼、鲤鱼、鲇鱼、螃蟹、青蛙、蛤蟆等。画水族,他大都用水墨来表现,也曾用朱砂画红鲤鱼和锦鲤。他画鱼类重在表现鱼儿在水中遨游的悠然闲适之趣,故十分注重笔墨的虚实变化,画面处理较空灵,他认为:

水中之象,所见惟影,笔墨在活泼泼地,宜淡不宜浓,宜略不宜细,到能会斯意。虽不画水,自在水中,苟鳞须具备,则形全神去,如在涸辙中。复堂题鱼诗云:"只画鱼儿不画水,此中自信有波澜。"真思已半矣。⑯

受长兄吴士维的影响,吴䒌之长于画螃蟹,吴䒌之画蟹有草书的笔意,下笔刚利、果断,尤其是蟹爪描绘得简洁而生动,笔未到意已足,着意表现螃蟹横行疾走、猛志长存之态。朱颖人说:

吴䒌之先生说自己画蟹,注重生气,齐白石画蟹,取其拙味,吴先生是从写生意趣入手,从生活气息着眼,故生气重于拙味。青藤之蟹也属重生气的一路。齐白石意在古拙,来楚生画蟹取白石的笔意,吴䒌之画的蟹可称齐白石之外又开一派。⑰

新中国成立后,吴䒌之还将一些时代的流行因素收进了花鸟画中,如电线、报纸、毛选等。从艺术审美的角度来看,这种表现形式并不十分恰当,但也反映了吴弗之与时俱进、敢于创新的艺术胆略。这其中亦有佳作涌现,如《春燕图》(年代不详),吴弗之用水墨的粗壮的线条画了一根电线杆,垂柳和桃花与之交映,春燕呢喃,飞舞穿梭于绿柳红桃之间,有一对燕子相依立于电线之上,似怡然自得。新农村的景色经过画家的妙手剪裁,明媚春光,跃然纸上,时代气息,扑面而来。

吴弗之作画照

对于绘画的题材,吴弗之既不故步自封,也不盲目创新。他在艺术探索中,掌握了多种题材的表现手法,又能去芜存菁,寻求个性的亮点。我们看他的作品会发现,有的题材,他只画过一两遍,浅尝辄止。有的题材,他却一画再画,不厌其烦。作为一位美术教师,从授人以渔的角度来讲,应该尽可能掌握多种题材的描绘手法;而作为一个有艺术个性的画家,他认识到不可能面面俱到,而必须有几个"强项"才能立足和称誉画坛。吴弗之在掌握广博的绘画题材的基础上,对于几个题材深入强化,使之成为他的艺术符号。

### (八)综述

随着金石学的勃兴，近代写意花鸟画取得了重大的发展，吴茀之青年时代恰逢这一盛世，他有幸蒙受吴昌硕等大师的指教。同时，吴茀之又接受了中国有史以来第一所美术学校中西绘画的教育。吴茀之精通诗、书，具有文人画家所必需的修养，使他的作品高雅而富有诗意。作为美术教育家，他技法全面，笔墨纯正，又长于理论著述。他深掘传统，尤以造化为师，创新开拓，将写意花鸟推向了一个新的高度。

中国写意画发展至晚清吴昌硕已至极致，要再往前超越一步是十分困难的，超越只能另辟蹊径。在吴昌硕众多门生之中，能脱颖而出，自立门户者，除一代大师潘天寿先生外，吴茀之先生是誉之无愧的。[49]

这是吴茀之学生马骏元对他的评价，十分确切中肯。当然，我们完全可以称吴茀之为大师，湖北美术出版社出版的《艺术大师之路丛书》将吴茀之和齐白石、黄宾虹都并列其中；张世煌和项冰如编著的《且凭书画慰劳人》一书的副标题是《国画大师吴茀之与一位农民国画爱好者的交往》。从大师的内涵出发，立足于学术的严肃性，称吴茀之为现代花鸟画大家更为恰当。这并不意味着低估了吴茀之的艺术成就，而是站在中国美术发展史的高度来审视其艺术的含金量。何谓大师？陈传席说大师的特征在"包前孕后"，即集前人之大成，而能开宗立派，并且艺术影响极其深远，以如此高的标准来衡量，吴茀之的艺术是有所不足的。何谓大家？清人华翼纶说："画有大家，有名家。笔墨隽永，毫无俗笔，自然名贵，是谓名家。浩浩荡荡，独与天游，不为物囿，虽寥寥数笔而神完气足，巨幛万卷，千岩成壑又恢恢有余，是为大家。"吴茀之的作品气势恢宏而神采飞扬，乃大家所为。客观地讲，近现代的画家在中国美术史上能列身于大师之位者,寥若晨星。我们自然不必苛求吴茀之也成为大师,这受当时主观和客观多方面因素的局限。

吴昌硕作为近代当之无愧的大师,他的绘画个性语言,已经达到了一个极致。因此,学习他的画风,很难从他的风格中脱离出来,以至于他的门人艺术面目相仿。吴茀之虽然风格上有所拓展,但总的艺术构架依旧沿袭吴昌硕的体系。吴茀之的作品是以繁见长,有的作品笔墨难免有烦琐之感,而中国绘画崇尚单纯、简洁为最高层次之美,吴茀之绘画语言与这一传统审美相左。当然,吴茀之也许有所察觉,他曾告诫学生:"学我的一路画,切忌啰嗦与肮脏。"吴茀之认为,学画应从繁到简,这是正确的。也许吴茀之的艺术最终会蜕化到简洁的境地,只是时机尚未到来。

文人画是文人直抒胸襟、表达情感的产物,是一种个性化的艺术,吴茀之有一方闲章"且自看",与文人画的宗旨是合轨的。新中国成立以后,受文艺方针的影响,许多国画作品对客观对象的描述强化了,而个人情感的表达有所弱化。吴茀之有的作品也有这种倾向,甚至连题画的诗句,有的也过于平直。吴茀之新中国成立前的作品艺术性较强,就是因为社会和政治等因素对其艺术的干扰较小,作品表达的情感更为纯粹和真挚。

国画家需要综合的修养,艺术修炼的道路十分漫长。大师大都大器晚成,齐白石、黄宾虹也是在晚年完成了变法,而登上了艺术的最高峰。而吴茀之不幸在晚年遭遇"文革",身心饱受摧残,使他的艺术提升近乎停滞,"文革"结束他即含冤病逝了。整整十年,对于一个惜时如金的艺术家来说,真是太宝贵了,无情的政治风浪使他的艺术生命只能在苟延残喘中挣扎,这是吴茀之艺术生涯中最大的遗憾和无法弥补的损失。以他勇于创新的艺术胆略,如果有一个良好的社会环境,吴茀之在艺术上的创造力会更加可观。

吴茀之先生概括潘天寿先生的画谓:构图奇特,笔墨浑雄,气势磅礴,境界开阔。这几句评说确实允当。⑩

有人说吴先生的画作情意盎然,品格高华,神形兼备,雅俗共赏,确实如此。

潘天寿和吴茀之在艺术上各有千秋,但又不能等量齐观,其中最大的差别是,潘天寿的作品在图式上已完成了向现代的转变,而吴茀之虽然有所创新,但是还徘徊在传统的图式中。这也是吴茀之没有进入大师之列的原因之一。目前学术界存在的问题是,潘天寿的艺术通过研究和宣传,已经在画坛得到了充分的认识,取得了应有的学术地位。相比之下,对吴茀之的艺术研究和宣传还十分薄弱,他的艺术价值没有得到广泛的认识,尤其是北方画坛,对他艺术的了解十分有限,甚至还存在着误区。我们要做的工作就是较全面和深入地研究他的艺术,以提高对吴茀之艺术的认知度。20世纪的中国画坛,应该有他的一席之地。

**注释:**

①见卢坤峰、金鉴才《讲气势·重意境·求变化》,载《纪念吴茀之先生专辑》(浦江文史资料第六辑),第87页。

②见吴茀之《中国画理概论·画微随感录》,上海书画出版社2010年版,第77页。

③见吴茀之《中国画理概论·画微随感录》,上海书画出版社2010年版,第76页。

④朱颖人《名家讲学笔记》,广西美术出版社2004年版,第34页。

⑤见吴茀之《中国画理概论·画微随感录》,上海书画出版社2010年版,第80页。

⑥见吴茀之《中国画理概论·画微随感录》，上海书画出版社2010年版，第81页。

⑦见朱颖人《名家讲学笔记》，广西美术出版社2004年版，第34页。

⑧朱颖人《名家讲学笔记》，广西美术出版社2004年版，第31页

⑨见卢坤峰、金鉴才《讲气势·重意境·求变化》，载《纪念吴茀之先生专辑》(浦江文史资料第六辑)，第88页。

⑩见卢坤峰《缅怀恩师吴茀之先生》，载《浙江文艺报》165期2000年12月28日。

⑪见吴茀之《中国画理概论·画微随感录》，上海书画出版社2010年版，第83页。

⑫见吴茀之《中国画理概论·画微随感录》，上海书画出版社2010年版，第85页。

⑬见叶玉昶《吴茀之的画法和画理》，载《纪念吴茀之先生专辑》(浦江文史资料第六辑)，第104页。

⑭见朱颖人《名家讲学笔记》，广西美术出版社2004年版，第55至56页。

⑮见吴茀之《中国画理概论·画微随感录》，上海书画出版社2010年版，第86页。

⑯见吴茀之《中国画理概论·画微随感录》，上海书画出版社2010年版，第88页。

⑰见吴茀之《中国画理概论·画微随感录》，上海书画出版社2010年版，第90页。

⑱见吴茀之《中国画理概论·画微随感录》，上海书画出版社2010年版，第91页。

⑲见张世煌、项冰如《且凭书画慰劳人》,中国美术学院出版社 2009 年版,第 42 页。

⑳手稿藏浦江吴茀之纪念馆。

㉑见吴茀之《中国画理概论·画微随感录》,上海书画出版社 2010 年版,第 54 页。

㉒见吴茀之《中国画理概论·画微随感录》,上海书画出版社 2010 年版,第 93 页。

㉓见叶玉昶《吴茀之的画法和画理》,载《纪念吴茀之先生专辑》(浦江文史资料第六辑),第 105 至 106 页。

㉔见朱颖人《名家讲学笔记》,广西美术出版社 2004 年版,第 60 页。

㉕见吴茀之《中国画理概论·画微随感录》,上海书画出版社 2010 年版,第 95 页。

㉖见吴茀之《中国画理概论·画微随感录》,上海书画出版社 2010 年版,第 96 页。

㉗见吴茀之《中国画理概论·画微随感录》,上海书画出版社 2010 年版,第 96 页。

㉘见叶玉昶《吴茀之的画法和画理》,载《纪念吴茀之先生专辑》(浦江文史资料第六辑),第 108 页。

㉙见朱颖人《名家讲学笔记》,广西美术出版社 2004 年版,第 71 页。

㉚见吴茀之《中国画理概论·画微随感录》,上海书画出版社 2010 年版,第 98 页

㉛见吴茀之《中国画理概论·画微随感录》,上海书画出版社 2010 年版,第 98 页。

㉜见朱颖人《名家讲学笔记》,广西美术出版社 2004 年版,第

180 页。

㉝见叶玉昶《吴茀之的画法和画理》,载《纪念吴茀之先生专辑》(浦江文史资料第六辑),第 106 页。

㉞见吴茀之《中国画理概论·画微随感录》,上海书画出版社 2010 年版,第 102 页。

㉟见吴茀之《中国画理概论·画微随感录》,上海书画出版社 2010 年版,第 102 页。

㊱见吴茀之《中国画理概论·画微随感录》,上海书画出版社 2010 年版,第 105 页。

㊲见吴茀之《中国画理概论·画微随感录》,上海书画出版社 2010 年版,第 105 页。

㊳见吴茀之《中国画理概论·画微随感录》,上海书画出版社 2010 年版,第 100 页。

㊴手稿藏浦江吴茀之纪念馆。

㊵见吴茀之《中国画理概论·画微随感录》,上海书画出版社 2010 年版,第 107 页。

㊶见吴茀之《中国画理概论·画微随感录》,上海书画出版社 2010 年版,第 109 页。

㊷见吴茀之《中国画理概论·画微随感录》,上海书画出版社 2010 年版,第 125 页。

㊸见吴茀之《中国画理概论·画微随感录》,上海书画出版社 2010 年版,第 125 页。

㊹见卢坤峰《缅怀恩师吴茀之先生》,载《浙江文艺报》165 期 2000 年 12 月 28 日。

㊺见吴茀之《中国画理概论·画微随感录》,上海书画出版社 2010 年版,第 122 页。

㊻见吴茀之《中国画理概论·画微随感录》，上海书画出版社2010年版，第141页。

㊼见吴茀之《中国画理概论·画微随感录》，上海书画出版社2010年版，第127页。

㊽见朱颖人《名家讲学笔记》，广西美术出版社2004年版，第156页。

㊾见马燮元《吴茀之先生的花鸟画王国》，载《纪念吴茀之先生专辑》（浦江文史资料第六辑），第115页。

㊿见朱颖人《名家讲学笔记》，广西美术出版社2004年版，第78页。

# 第三节　山水画和人物画艺术

　　花鸟画大家吴茀之不仅写意花鸟画成就卓越,其山水画和人物画也出手不凡。因为他创作的山水画、人物画数量很少,故而未得到关注。吴茀之在上海美专读书时,作为师范科的学生,花鸟、山水、人物都系统地学习过,他的业师许醉侯即擅长山水和人物,对他产生较大的影响。尤其是他掌握了速写的技法,能够准确捕捉人物的神情和动态。在他的著作《中国画理概论》上编中,阐述画理和技法时,并不是单指花鸟画,而是统指中国画,论述中大量引用山水画家、人物画家的画论。在著作的下编中,有人物画法和山水画法两个篇章。可惜下编已经失传,我们无法了解到吴茀之对山水画和人物画技法详尽的论述。上世纪50年代初,他在浙江美院民族美术研究所工作时,对古代人物画家进行系统的研究,编写了《阎立本》《阎立本的画迹》《吴道子的画迹及介绍》,还着手著写《中国人物画的新研究》。由此可以得知,吴茀之对于山水画和人物画是有深入认识的。

　　吴茀之山水画分为两大类:一类是拟古山水,一类是记游山水。在1928年刊印的《茀之画稿》中就收录了6幅山水画。这些作品,取材较广泛,画面大都取近景,总体风格近似吴昌硕和王一亭的山水,其中《雨余茅屋》题跋中称是"仿青藤翁意",《山态秋愈静》题跋中称是"拟八大意",可知他山水画的师法取向。吴茀之1928年冬所作《溪树秋深》,是目前能见到他最早的山水画原作。画中山岩耸立,壑藏曲水,秋树嶙峋,偃仰峥嵘,一位高士,静坐溪畔,怡然自得。吴茀之题曰:"戊辰冬仲,偶抚石田翁巨幅山水一过，自知功力未逮，不能是其万一也。"作品树石笔墨挺健苍劲，意境明净秀逸，颇得沈周的神韵，而峰峦之浑厚，苔点之苍茫，又融入了吴昌硕的笔意。

《性懒从来水竹居》（1942 年），是吴茀之在福建南平创作的山水画，绘江畔山峦间有瓦屋数间，四周松竹环绕，江中漂泊小舟一叶，远景中一孤峰独立江岸。右上端题款为"性懒从来水竹居，壬午中秋后七日写于剑津，略拟清湘法，吴谿。"民国时期余绍宋主编的《东南日报》特种副刊《金石书画》第 48 期上（1936 年 1 月 5 日出版）有一幅石涛的山水画，所画内容及构图与吴茀之画的《性懒从来水竹居》基本相似，吴茀之可能是从该报上看到石涛的作品受启发而创作的。《性懒从来水竹居》与石涛原作的最大区别是，紧临江畔的屋舍掩映在竹林中，这是原作中没有的。这幅山水画最精

溪树秋深 1928 年

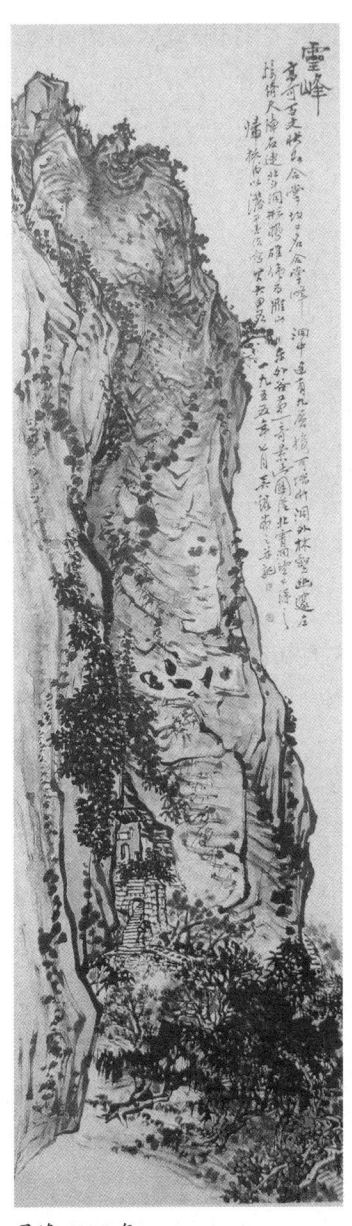

灵峰 1955 年

妙的笔墨也在竹林，竹叶随意点染，疏密得当，似江风吹拂，翠影乱舞，将"性懒从来水竹居"的诗意恰当地表现了出来。这幅作品正是吴茀之学习传统、古为今用的经典写照。

《仿八大山水》是 1945 年吴茀之作于重庆的作品，画上题记"近从友人处获观八大山水册页一帧，咫尺千里，神韵非常，抚摩良久，叹为观止，归而略拟其意，因余疏于山水，未免东施效颦之诮，奈何！"画面意境荒寂，颇有残山剩水的气息，而用笔又化八大圆浑为爽利，个性自现。从以上作品可得知，吴茀之在传统山水画上是下过一番苦功的。

吴茀之的记游山水，既有名山胜迹，也有乡村野景。1934 年，吴茀之曾与姜丹书、潘天寿先生同游黄山，第二年创作了《黄山莲花峰》《黄山文殊台》。此后，他似乎对黄山情有独钟，1962 年又与潘天寿同游黄山，创作了一套尺幅很小的册页，描绘了黄山秀丽的景致，笔墨十分精到。在吴茀之的山水画中,最具艺术性的,当数 1955 年 7 月创作的《灵峰》巨幅山水。这是他去雁荡山写生回来后绘制的佳作。在狭长的画面中,一座孤峰顶天立地,形象突兀。笔墨苍劲中见腴润,气势恢宏。吴茀之的山水画以勾勒点苔法为主,少皴擦与渲染,可以说是用花鸟画的笔法画山水画,故简洁生动。

1955 年秋天,吴茀之撷取杭州飞来峰景区一角,作了一幅立轴山水,这张画也堪称吴茀之山水画中的精品。寺庙的红墙外,古木参天,曲径通幽,高耸的经幢掩映在蓊郁的树荫中。作品笔墨苍劲,层次明了,画面的视野虽然不宽广,却将寺院优雅的意趣表现得淋漓尽致。尤让人称绝的是画中的点景人物,一位母亲手牵小儿从寺门口拾级而下,阶梯边坐着一位三轮车夫,眺望母子,翘首以待。画中的人物,吴茀之是画过速写稿的,描绘生动传神,亦富有生活气息。

吴茀之在娴熟地掌握山水画技法的基础上,又将花鸟画用笔引入山水画中,强化线条的质感和节奏。同时,在艺术探索中,吴茀之将山水画的宏大气势、广阔的视角,融入花鸟画中,从而使山水画和花鸟画的结合能有一个良好的契合点。

吴茀之的古装人物画,主要取法王一亭。王一亭的人物画以书法入画,用笔强劲有力,颇具金石味,他最擅长画佛教人物。1931 年,吴茀之画《寿佛》,这是他早年人物画作品,曾刊入《白社画集》第一册中。寿佛跌坐蒲团之上,林泉幽静,古木垂荫,云烟缭绕,超凡离尘,佛像的造型和笔法和王一亭如出一辙。1935 年端午节,吴茀之以朱砂写钟馗一幅。钟馗持剑回首,作品极其生动。衣纹的线条顿挫变化丰富,自然流畅。虽然整幅作品是以朱砂写就,却如墨色一样富有枯湿浓淡变化。

作于 1950 年的《锣鼓声中送公粮》,是吴茀之根据在杭县义

锣鼓声中送公粮 1950 年

桥的写生创作的现代人物画。作品描绘了新中国成立初期,乡村的河埠头,农民踊跃交纳公粮的欢快场景。作品共描绘男女老少人物共 24 人,有敲锣打鼓的,有撑篙摇桨的,有肩负粮袋的,有称谷装米的……神情动态不一,刻画的人物形象生动感人。背景中的树木桑田、瓦屋草垛,则显现了作者的笔墨特长,增强了艺术感染力。作品工写结合,创作态度极其严谨,甚至连晾晒在绳上的一排白菜都画得一丝不苟。这幅作品是新中国成立初期农村新面貌的真实写照,生活气息和时代气息浓郁。就这件作品而言,吴茀之人物画水平并不亚于专业的人物画家,他却在落款中谦逊地自称"吴谿初学"。

上世纪五六十年代,浙派人物画在中国画坛极具影响力,这一画派风格的形成,与潘天寿、吴茀之的理论指导是密不可分的,而潘天寿和吴茀之在人物画的研究和创作上是卓有成效的,才会对浙派人物画的形成产生有效的引导和推动作用。

# 第四节　书法艺术

吴昌硕所开创的大写意金石画派,是以深厚的"金石学"学养和书法功底为根基的。吴昌硕的书法"纯以气象博大,笔力雄浑取胜,在清代碑学书家中可谓首屈一指,无与伦比"。他犹得益于石鼓文,以篆籀写花,草书作干,形成浑厚雄健的画风。诗、书、画、印合璧,也是这一画派的个性图式。吴茀之作为缶翁画派的传人,在书法上是有极深的造诣,否则无法担当这一重任,吴茀之更多是以画家的身份引起世人的瞩目,其书法的成就及书法对绘画的积极影响没有得到关注。目前对吴茀之书法的研究很有限,王平撰写了《以画入书别有才》①一文,对吴茀之书法的要点进行了较深入的剖析。陈远鸣撰写了《吴茀之书法比较谈——兼论画家书法的特点和类型特征》②,从画家书法的角度,对吴茀之的书法进行了比较分析。

综观吴茀之的艺术,他书法的表现形式是极其丰富的,除了纯粹的书法作品外,他画中的题跋、诗稿、信札、画论及教学的手稿大都是以毛笔书法完成的。这为我们研究吴茀之的书法艺术提供了充足的资料。

吴茀之自幼接受传统的私塾教育,临帖习字帖是必不可少的,尤其是在书画之乡浦江,能写一手好字,在乡里是受人敬仰的。舅父黄尚庆和长兄吴士维,都以善书而受时誉。受他们的影响,吴茀之在少年时代,勤于临帖,打下坚实的基础。在上海美专求学时,他因喜好吴昌硕的画风,书法主要是学习吴昌硕,行书结体左低右高呈斜势,线条凝练有篆书笔意。虽然缺乏吴昌硕的浑

吴茀之临书

厚感和苍茫感,却具有一种朴茂的古意,如《茀之画稿》中题跋和《吴茀之画中诗》的诗稿都代表了吴茀之这一时期的书法面目。

吴茀之在上海美专教书时,听取经亨颐和潘天寿等师友的告诫,决心脱离吴昌硕画风的藩篱,探寻自己的艺术道路。他的书法也开始转变,临习《马鸣寺碑》《石门铭》以及钟繇、黄庭坚、傅山、黄道周

等名家的碑帖,对书法的传统学习更加深入。这一时期他书法中碑的意味比较浓厚,字的体势趋于扁方,形体向左右伸展,起笔和收笔较方正。在章法上,字的大小错落变化增大,节奏感增强。

《马鸣寺碑》,字体结构紧凑茂密,笔调厚沉,转折方正,可谓方圆对比富于变化,有刚柔相济之妙。20世纪初,在魏碑临摹风中,此碑笔法虽未成主流,然却独具一格。同时,吴茀之的书法还受到师友的影响,呈现多面化,如王一亭、经亨颐、诸闻韵、潘天寿等师友的书法,他都有所借鉴。

至上世纪 40 年代，吴茀之的书风逐渐发生了转变，他学习了他所追崇的画家的书法，如陈白阳、徐青藤、石涛、八大山人、李复堂、蒲华等人的书法。此外，祝枝山的书法对他影响颇深，其草书舒展纵逸，气韵生动，吴茀之在行草书中多有借鉴。

这一时期，他的书法由碑转帖，由稳健古拙转向丰润郁勃。笔锋起落变化有致，线条刚柔相济，粗细对比增强，笔画间的牵丝连带增多。字的结体方中寓圆，字体大小和纵横的对比进一步强化，字体中草书写法增多。整体章法上，节奏感极强，气势更加连贯统一，其代表作品是行书《万柳堂开绿绮天》。通过对画家书法的学习，吴茀之书法中字的偃仰、错落、展收、疏密、浓淡都更富有起伏变化，结体更具画意，增强了书法的视觉冲击力。

新中国成立后，吴茀之书法的气势增强，益发收放自如，用笔劲挺而凝练，沉雄而奔放。晚年的书法，则是人书俱老，更加刚健浑厚，起笔力压万钧，收笔斩钉截铁，枯笔和飞白增多。晚年，吴茀之的书法作品抄录毛主席的诗词较多。"文革"中，他还常临康里巎巎所书《楚辞·渔父》，借此抒发"文革"遭难的愤懑之情。其笔法灵动自如，而少纵横之气，更显本性而耐读，他跋中谦称"愧未得其神似"，而实质上这种作品更能流露出他的情感。1973 年，吴茀之作行书《缶道人题红梅诗》，是其晚年的书法精品，挥洒自如，妙极自然，字的结体和字与字之间的布势险中求稳，收中待放，章法富于变化而见沉稳，匠心独运而无故作姿态之嫌，犹显大家风范。据吴茀之的学生说，1975 年，中国举办第一届中国赴日书法作品展，吴茀之书法作品和其他书法名家一起参展。可见，吴茀之书法成就是得到公认的。

吴茀之说：

我写字，取法多，功夫少，博览各家书体，集取妙用，为我所用。

又说：

学前人书法，应知己之短，取人之长，董其昌学了不少米芾的字，因为他认为米字能补救他原有字体的弱点，于画亦然。③

这是吴茀之在书法的实践中，处理继承传统与自我创新的态度。他临习古人书迹，在熟练掌握各家用笔和法度的基础上，认真领悟各家书法的性情和气势。他喜好书法个性突出的书家，能融会其法度、神韵，并摒弃其乖张、怪诞的一面（例如他对徐生翁的书法并不欣赏），而取精用弘，时出新意。临帖的同时，他也重视读帖和理论研究。

临读碑帖的同时，也要看古今有关书法论著，这样好从各家评论中加以体认，以提高自己的论见，读碑帖，从其点书结构到整行通幅的气势都须细细参究，然后临写时及得心中有数。④

一般来说，书法家书法有功力而缺乏趣味，画家的书法风格强烈，而基本功有所不逮。吴茀之的书法是兼二者之长。学习书法，他强调基础的重要性。他给学生张世煌信中说："初学书法，既要摆得稳，放得开，又要笔力沉着。"同时又主张要有个性，他说：

前人关于书法，有言"结体因人而异，用笔千古不易"，此说大致可以这样理解，在点画中可以看出功力，结体方面可以展示时代气息与个人风格，至于所谓千古不易者，指的是最基本的用笔法则，意在笔先，运臂使腕，力达毫端，提、按、顿、挫等等，不论作哪种书体皆必如此。⑤

吴茀之认为，应掌握书法的基本技法，因为这是"千古不易"的，并不随时代的变迁而改变。在这样的基础上，才有谈个性问题，否则是无源之水。

吴茀之说自己在书法上"功夫少"是谦辞，他学书其实是十分

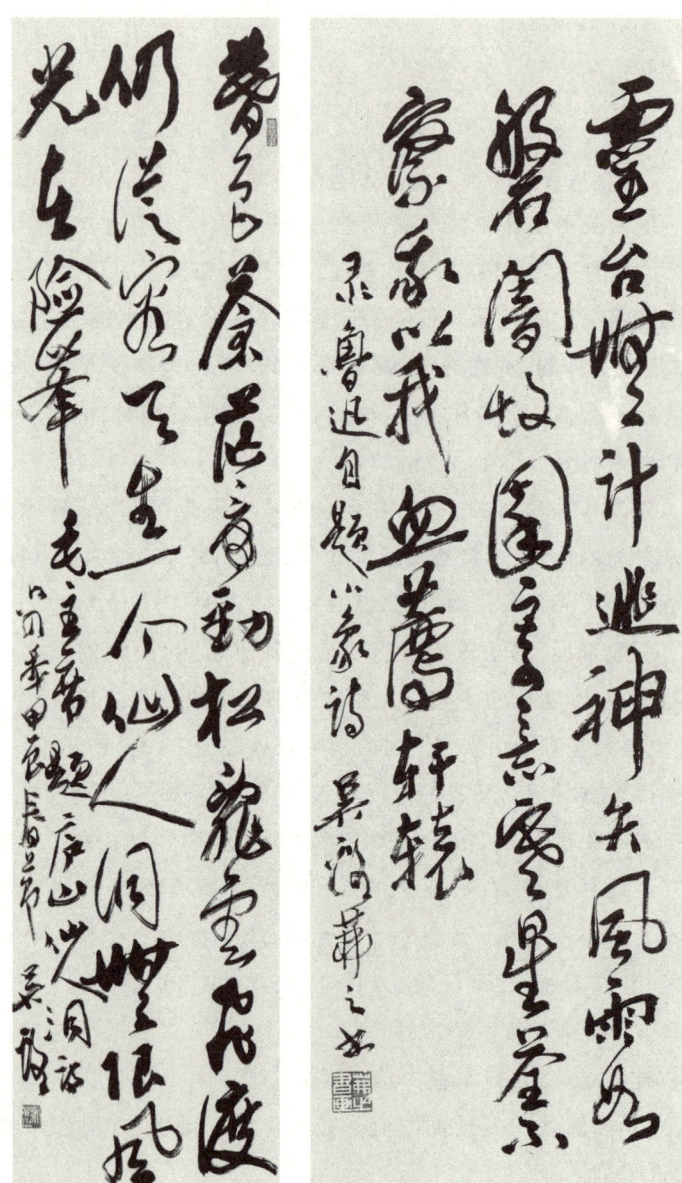

毛主席诗(行书)1964 年　　　鲁迅诗(行书)

勤奋的,他的学生说:"他学字亦是持之以恒,到晚年七十多岁,每天还用京方纸写字一张,虽在百忙之中,也不破例。"⑥

吴茀之于书法,真草隶篆都广泛涉猎,即使是行草书,亦有不同的面貌。可见他书法的基础是十分深厚而全面的。

作为一个写意花鸟画家,吴茀之的书法和绘画已是水乳交融的关系。朱颖人说:"吴茀之先生的书法就灵动多了,所以反映在他的画上敏捷而流动,蓬勃而苍润。"⑦可以说,他书法的成就决定了他绘画艺术的高下,绘画的笔墨和理念使他的书法更具有个性化的魅力。书画互融,他在书画的线条中凸现得最为充分。他用行草书的线条作画,刚健含婀娜之姿,畅达中蕴毛涩之味。他画的墨兰之所以能独占群芳,完全得益于他的行草书功力深厚。而在书法中,他又融入了绘画的语言。他书法中点的跳跃飞动,如苔点般变化万端,一气呵成的连笔,如画藤蔓般连绵回转。字的结体上或纵向伸长,或横向压扁,犹如"画"字。吴茀之认为笔墨是表达个性的,这一点上并无书画之分。书法是吴茀之重要的艺术成就之一,也是他绘画艺术形成的一个重要基因。我们研究他的绘画,首先要解读他的书法密码。

吴茀之学习书法和书法家学习书法目的是有所不同的。一方面书法是国画的基本功之一,是每一个国画家的必修课。另一方面,练习书法是为了题款所需。作为文人画,题款是必不可少的。除了独立的书法作品外,最能反映吴茀之书法艺术表现力的当数画面的题款,对于题款的书法他是这样认识的:

题款之字体,真、草、隶、篆皆可用,可以行书为最通行。最要者,体制有古法,笔画勿从苟简。篆隶贵得金石气,真书须免板滞,行草不可过于怪僻。行款时总以提笔直书,随浓随淡,一气呵成乃佳。此须平日间,对于书法多加练习,始克臻此,苟书法恶劣,题之反为画累,则不如学没字碑为是。犹有要者,题字之式样,以何种为宜,又须视所作之画如何。大约山水画及工笔画题字宜小而严整,题写意画,可略大而奔放,盖如是,始能书画相称,映带成趣也。⑧

吴昌之题画行草书居多,也有篆书、隶书和楷书。篆书和隶书大多用来书写画题,如《五果之图》《美意延年》等,也有题画都用隶书的,如《画眉桃竹》和《秋葵》。

吴昌之在自藏的《金冬心书书画小记》线装书封面上有一段题记:

"……拜读之余,酷爱其布局结构运笔浑穆,不以时人蚕头鼠尾法书之,而自奇古有致……"

从中可窥探出,他对隶书的审美取向。吴昌之学习过《石门铭》,他的隶书体势开张,线条凝重,行笔并不恪守蚕头雁尾,字体大小错落,字形或扁或长,总体给人感觉比较随意而多趣味,和他写意画奔放的笔墨极协调。

吴昌之用楷书题画的作品很少,如《兰竹双清》(1962年)、《香飘远在碧云端》(1963年),楷书用笔秀挺而略带碑意,笔画转折自如,有行书的笔意,章法因题画位置所定,或整饬,或错落。

吴昌之说:

题款时,看画的风貌,确定书体,旨在要有情趣。因此,我写字如画字,或长或扁,或大或小,或肥或瘦,或夹杂篆隶,或改变字的结构,不必究其出处。⑨

吴昌之的绘画风貌极丰富,其题画的书法也随画风而变。他写书法时,持笔较高,蘸墨后提笔直书,一气呵成,线条由润至枯,墨色由浓至淡,节奏起伏变化。《松荫伏虎》(1946年)的题画书法雄健苍劲,气势夺人,以增显苍松猛虎的磅礴之势。《玉兰花》题写

"木笔年年记岁华"，诗句写得流畅圆润，跌宕有致，与玉兰绽放春风浩荡的画意极协调。《篱菊图》（1972年）抄录吴昌硕的诗句，行笔老辣，雄浑挺拔，以表现老当益壮、雄心未泯的精神。绝笔《螃蟹》的题句写得从容坦荡，体势疏朗，欢欣鼓舞之情溢于笔端，与作品表达的主题珠联璧合。

吴弗之在书法上的成就，除了勤学苦练外，还得益于他良好的文学修养。学养的深浅决定了书法艺术水准的高低。吴弗之题画的诗句，大多是自撰的，都是有感而发活生生的文字。因此他在书写时，能恰如其分把握书写内容所蕴涵的思想和情感，能更好

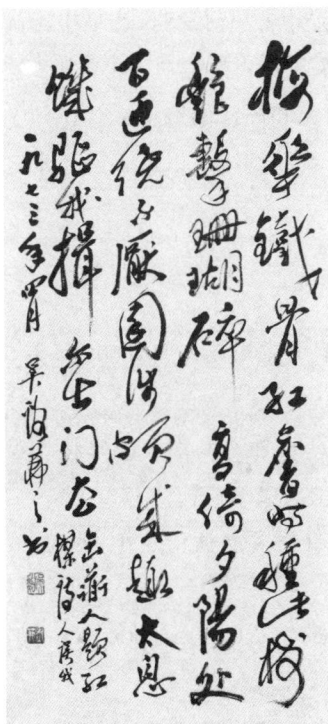

吴昌硕诗(行书)1973年

驾驭作品的行气和节奏。同时他对文字也有深入的研究，在他的书法中，很少有错别字，偶然有脱字或误写，他都认真地注明。他通晓篆书、隶书、草书、行书、楷书，以及假借字、异体字，因此在书写时，能自如地互用，使其书法面目丰富又符合文字准则。

但作为一个现代美术教育者，他(吴弗之)对书法的重视有更多的社会意义，是他，同潘天寿、陆维钊诸先生一起，首倡书法设科教学，同时也是当时浙江美院书法科的12位导师之一，他从宏观和微观上都推动了书法教育的现代化进程，对书法在现代的发展有很大的贡献。⑩

1963 年浙江美院在中国画系开设书法篆刻专业,这是中国高校中首创书法专业,吴茀之作为国画系主任当然是功不可没的。这也正是基于吴茀之在书法上有深入研究和高深的造诣,认识到学习书法是传承中国艺术的必修之路,筚路蓝缕,以启书法艺术之林。

**注释:**

①见王平《以画入书别有才》,载《中国花鸟画》2000 年第 3 期,第 30 页。

②见陈远鸣《吴茀之书法比较谈——兼论画家书法的特点和类型特征》,载《书画世界》2010 年第 5 期,第 88 页。

③见朱颖人《名家讲学笔记》,广西美术出版社 2004 年版,第 166 页。

④见朱颖人《名家讲学笔记》,广西美术出版社 2004 年版,第 166 页。

⑤见朱颖人《名家讲学笔记》,广西美术出版社 2004 年版,第 166 页。

⑥见黄遵阳《一代名画家——吴茀之先生》,载《纪念吴茀之先生专辑》(浦江文史资料第六辑),第 42 页。

⑦见朱颖人《名家讲学笔记》,广西美术出版社 2004 年版,第 161 页

⑧见吴茀之《中国画理概论·画微随感录》,上海书画出版社 2010 年版,第 102 至 103 页。

⑨见《吴茀之论画理与画法》张岳健整理

⑩见王平《以画入书别有才》,载《中国花鸟画》2000 年第 3 期,第 31 页。

# 第五节　诗歌艺术

宋代美术理论家邓椿在《画继》中说"画者，文之极也"，又说"其为人也多文，虽有不晓画者寡矣，其为人也无文，虽有晓画者寡矣"。表明文与画的关系是互为表里，而文脉对画脉又起着决定的作用，绘画的灵魂在于"文"。苏东坡说"诗画本一律，天工与清新""文以达吾心，画以适吾意"，他所提出的"诗画一律"观，建立了诗画的同构关系，成为文人画的要旨，对中国画审美产生了重大的影响。在"以诗入画"的艺术追求引导下，形成了诗画合璧的题画诗，题画诗使诗与画不仅在意境上相通，而且创造了新的艺术形式，成就了文人画艺术的独特景观。吟诗作赋或泼墨挥毫是文人寄兴畅情手段，二者互渗融合为一体，也使诗人画家的身份合而为一。自宋以来，丹青名家大都长于诗文。许多题画诗，随着墨宝传颂至今，成了脍炙人口的诗歌名作。

吴茀之作为一位杰出的文人画家，在他的艺术生涯中，吟诗作画是双管齐下，挥毫不止，苦吟不辍，他作诗的数量十分可观。根据现有的文献资料，他遗留的诗和诗句就有 300 余首。他的诗稿大部分在战乱和"文革"中遗失了，这仅仅是其中的一部分而已。据有关专家估计，吴茀之一生作诗应有 2000 余首。作为一个现代的花鸟画家，吴茀之在诗歌上的造诣，在同行中堪称佼佼者，他的诗作，与诗家并论，也不逊色。1999 年，朱颖人个人翻印了一部分吴茀之早期的诗稿，定名为《吴茀之画中诗》，这是吴茀之目前唯一面世的一部诗集。学者范达明对此进行了详尽而深入的研究，撰写了《读吴茀之画中诗》一文①，从《吴茀之画中诗》的版本特色、创作年代、标题与书名、题材种类、思想主题与表现手法、价值意义六个方面进行了阐述。陈新也撰写了《风雨如晦·鸡鸣不已——吴茀之先生三十年代题画残诗钩沉有感》②，对吴茀之诗中反映出的思想和情操进行了剖析。以上研究只是针对这部诗集，尚不能全面反映吴茀之诗歌的成就。

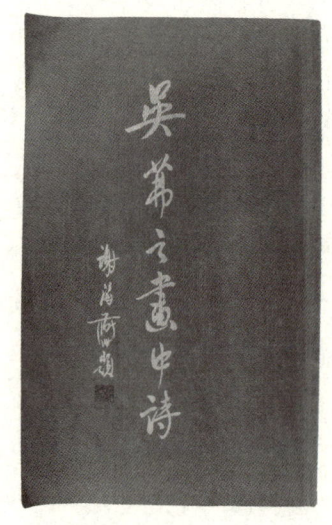

吴茀之画中诗书影

吴茀之的先祖吴渭，在故里结月泉吟社，以《四时田园杂兴》为题征诗，编撰中国文学史上最早的诗集《月泉吟社集》，在中国诗歌史上占有重要的地位。另一位先祖吴莱，也是诗文大家，吴战垒说："他曾以兵法喻文，作文讲究正合，纵横变化，风格高古奇崛，无丝毫甜俗气，作诗不喜近体，而擅古体歌行，诗格雄浑奇肆，为王渔洋所称赏。"吴莱死后由宋濂等门人私谥为渊颖先生，有《渊颖集》十二卷，吴茀之珍藏着一部前吴村刻印的《渊颖集》，时常拜读，诗风对吴茀之是有影响的。吴茀之的父亲喜好吟咏，舅父黄尚庆长于书画，亦擅长诗词。先人以诗书传家，流风所至，吴茀之受到诗歌艺术的熏陶，潜移默化，为诗歌艺术所感染，对古诗词即有浓厚的兴趣，少年习画时，喜欢仿效文人画抄录诗歌题于画上。

范达明根据《吴茀之画中诗》中《题山水屏条四首》的标题题注"录二十二岁所作即余学诗之第二年也"，推断出吴茀之21岁即开始学诗，当时吴茀之任浦江城里民强高小教员。吴茀之学诗可能是通过诗集、诗论自学，浦江文风鼎盛，民间有不少诗社，他可以请教乡贤。《题山水屏条四首》是目前能见到吴茀之最早的诗作，可能是题在自作的山水画四条屏上，是对春夏秋冬四季景色的描绘并借景抒情。这虽然是吴茀之学诗初期的作品，但诗句隽永清新，境界幽深超逸，表现出吴茀之非凡的诗歌天分。

吴茀之在上海求学时，为吴昌硕的艺术所感染，开始追随吴昌硕画风。吴昌硕对他的艺术影响，不仅是绘画，也包括书法、诗歌。吴昌硕是一位造诣极高的诗人，他虽然学画起步较晚，能成为一代宗师，得益于他诗文、篆刻、书法的修养。沈曾植评价说："唯余亦以为翁书画奇气发于诗。"吴昌硕的艺术，诗书画印高度融合自成一派，诗、画的融合，更多源于他诗歌韵律和意境，吴昌硕一生以诗人自许，在诗歌上所投入的精力，不亚于书画、篆刻。由此，吴昌硕艺术的行迹和观念，使吴茀之认识到作诗是文人画家不可或缺的看家本领，必须高度重视。在历代画家中，吴茀之最喜好吴昌硕的诗。他对吴昌硕的诗，有深入的研究，不仅能熟读默记，甚至对于诗句中词语的典故、含义都有考证。吴茀之不少作品抄录吴昌硕的诗或诗句，用于补

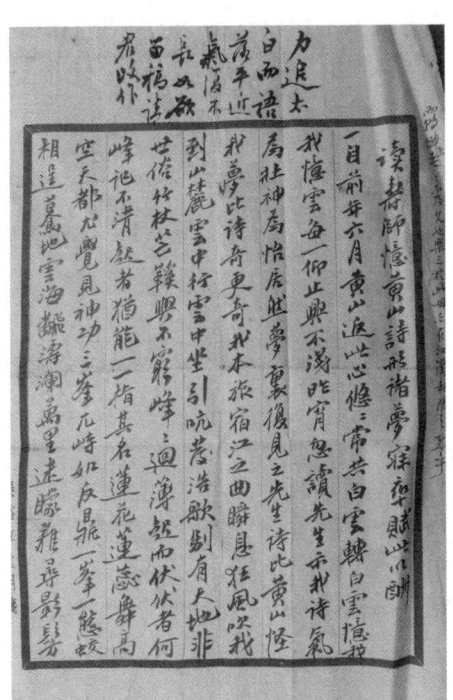

吴茀之诗稿1

白,或以吴昌硕的诗意来作画。吴昌硕的诗苍劲高古,旷逸纵横,对吴茀之学诗有深厚的影响。此外,吴茀之的业师许醉侯也擅长诗词,对吴茀之作诗有所指授,他写给吴茀之的信中,常附有自己的诗稿。

上海美专毕业后,吴茀之在苏州省立第一师范美术科任教。人间天堂的秀丽景色,常常引发他的诗兴,他作诗颇勤,《画中诗》就收录有50余首。有的诗,他晚年都还记忆犹新,如七言绝句《游留园》(1926年):

> 一路吟哦听晚鸦,闲游漫步不须车。
>
> 夕阳影里千章树,枝作珊瑚叶作花。

这首诗晚年他曾书写成书法作品赠给外孙女吴晓琳。1927年,吴茀之到淮安中学任教,他编辑的《茀之画稿》,画作中大部分的题画诗为自作,如《咏墨兰四首》之一(1927年):

> 我画放浪疏形体,写兰更为人所弃。
>
> 原居空谷结同心,不求妩媚以悦世。

吴茀之1976年赠送给儿子吴始楠的墨兰册页上也抄录了这首诗,而将"浪"字,改作了"荡"字。吴茀之有的诗作,前后多次修订,斟字酌句,使诗作逐渐臻于完美无憾。

吴茀之在上海美专任教时,上海集聚了全国各地许多遗老遗少,其中不乏晚清的翰林、进士以及诗词名家,他们大都以卖文为生,与上海的书画界保持着密切的联系,雅集时口占联句,交游时唱和吟咏,古风犹存。吴茀之在其中深受诗词风雅的熏陶,并有机会向名家请教。他曾将自己的诗作呈献给曹家达指教。曹家达(1868—不详)字颖甫、尹甫,号鹏南,别号拙巢老人。光绪二十一年(1895年)中孝廉(举人)后入南菁书院研究经书及诗文,有"诗文大家"之誉。吴茀之将自己的诗作抄写在吴谿草堂用笺上,三首

诗跋杂登

诗分别是《诗寿师忆黄山诗形诸梦补寐率赋此以酬》《中秋望月有感》《江边赏月》③，曹家达在诗笺上对于诗中的不足之处，一一作了批注，这种学习方式对吴茀之提高诗歌水平大有益处。

1932 年白社成立，吴茀之将诗文学习和研究也列为重点之一。"理论研究和诗文修养。编写《中国画理概论》上编完成。撰《画微随感录》一册，诗好李白、杜甫、王维、宋陆游等。取法恬淡而富有韵致一路。勤于吟咏，将部分诗稿，录于《画中诗》册，共收二百八十余首诗。"④白社中，诸闻韵和潘天寿都是造诣甚高的诗人，诸闻韵为"海上题襟馆书画会"会员，跟着前辈学习诗文，文才为世人所知。尤其是潘天寿的诗，"棱峭横肆"（张宗祥语），如他的画一样雄劲奇崛。上世纪二三十年代，潘天寿诗好学李贺、卢仝。吴茀之与潘天寿关系密切，亦师亦友，他的诗对吴茀之也有一定影响。社友们作画题诗，相互唱和，也成为白社的主要艺术活动。1934 年，吴茀之与姜丹书、潘天寿同游黄山后，潘天寿作了《忆黄山简同游邵裴子姜敬庐先生及吴子茀之》长诗，吴茀之作了《与姜敬庐先生同登黄山莲花峰放歌》，这首诗笔调雄健，奇气狂宕，有李太白遗风，受到孝廉曹家达的赞誉。

这一时期，吴茀之在上海书画界已诗名颇盛，师友雅集作画，他常即席题诗。如 1932 年与校长刘海粟合作并题诗《海翁写松嘱余补鹰并题以诗云》(见《吴茀之艺术传略》),还有为画友王个簃的《墨兰》题诗,为同乡张子屏《雁来红白鸡图》题诗。他还在教学中,常在学生的画作上题诗,以这种方式激励和引导学生重视诗文修养,如为学生程十发的《美人枯柳图》题诗:

> 歌残杨柳暗飞声,不见杨花扑面迎。
>
> 怪底回头无一语,满腔离恨托倾城。

吴茀之在福建师专任教期间,与包笠山、黄寿祺二位教授因都酷好诗词,意气相投,而结为岁寒之盟。吴茀之自谓他这一时期平生作诗最多。三人常欢聚一堂,吴茀之作画,二人题诗,或相互唱和。除夕之夜,酣饮联诗,通宵达旦,佳作迭出。可惜的是,这些诗稿大都散失,除部分题画诗随着画作能流传至今外,现在能见到的诗稿仅有离开福建时,和师友饯别的二首诗《甲申三月重入蜀,留别南剑诸友》《叠前韵再赠包笠山黄之六》。临行时分,他想到家乡沦陷,西行不能与家人告别,又作诗代简写了《寄家》一诗。

1949年5月3日,杭州解放,解放前夕恰为吴茀之的五十岁生日,他写下了《五十生日自述》一诗,对新中国充满了期待,这也是《吴茀之画中诗》抄录的最后一首诗。新中国成立后,因为社会政治对传统艺术干预较多,可能吴茀之也觉得古诗与时代风气不合拍,因此作诗不多,题画诗也减少了,甚至在画上题上了现代诗,如《鹅戏花丛》(1958年)。有的题画诗句清新贴切,亦可反映主题。但受时代局限,有的题画诗有政治化、口号化的倾向。1955年6月,吴茀之和潘天寿等率学生赴雁荡山写生,作《灵峰》《大龙湫》等诗。游绍兴时作《绍兴东湖》《东湖陶公洞》诗,这些记游诗情感真挚,多有自然气息。1965年,吴茀之对自己的诗作了一番整理,重新抄录部分自作诗,可能是想出一本诗集,但名称未定,有《看吴山楼诗忆》《吴谿诗跋别录》《茀之诗篓》等。如《吴谿诗跋别录》

自序:

　　余诗以题画与纪游为多，大都率尔操觚，随写随丢，未经留稿，每次整理画室时，常见故纸堆中一鳞半爪，辄录以及自遣，名曰别录。⑤

　　作为美术教育家，吴弗之十分重视学生古代诗词的学习。据他的学生回忆，吴弗之新中国成立前讲授过诗词课。新中国成立后，他在国画系亲授题跋课，在他自编的题跋讲义中，有《选作》一章，遴选吴昌硕和自己的画中题诗，向学生讲授题跋中诗文的表述方式和要点。在《国画系专业课诗词教学大纲》中，他在批语中阐述对诗词教学的个人意见:

　　1. 题画诗应放在讲授中作为与专业结合的重点自学，诗中如韩幹画马诗也应放在讲授中。

　　2. 平仄的辨别应在开始时就要学。

　　3. 重点应放在写作上，能够自己题跋，达到学与用结合。

　　4. 题画诗词希望能多选些便于应用。⑥

　　从批语中可看出，他希望学生通过诗词学习，能自作题画诗。

　　金鉴才在浙江美院附中

吴弗之诗稿2

学习时,持画向吴茀之求教,因画上有自题诗作,而使吴茀之青眼相加,常在诗词上给予指点。金鉴才在书画家中古诗造诣不凡,受益于吴茀之的教诲。吴茀之的侄孙吴战垒,是著名诗词大家夏承焘的得意门生,长于古诗文,这和吴茀之的陶染都是密不可分的。

"文革"的浩劫来到,吴茀之编撰出版诗集和举办个人画展的计划都付诸东流。"文革"中,他很少在画上题自作诗,却不承想因诗获罪。1972年,他创作《篱菊图》在画上题写吴昌硕的诗句"篱边斗大花"而蒙受不白之冤。1973年中央人民广播电台记者采访,他画山茶腊梅并题七绝一首,是他"文革"中极少的题画诗之一。1977年4月,他于病榻上倚枕在绝笔《螃蟹图》上题写诗句"十月团,九月尖,潇洒水国天,有酒非尔不为欢",成为他绝命诗。他生命垂危时,还在病榻上应医师之请书写《大龙湫》一诗。临终,他交代大女婿张岳健,整理他的诗稿,并请陆维钊修订,出版他的诗集。与诗画一生结缘的吴茀之,最终的遗愿是诗作能传于后人,可见他对自己的诗是十分自信的。

吴茀之的诗与他的画一样,既个性鲜明又不拘一格。他的诗取法广泛。

> 茀之诗出入于昌谷(李贺),玉川(卢仝),尧臣(梅宛陵),后山(陈师道)之间——黄寿祺撰《茀之题画诗存》序

> 茀之诗沉浸之唐之昌谷(李贺),宋之宛陵(梅尧臣),荆公(王安石),后山(陈师道),简斋(陈与义)——包树棠《吴谿草堂诗抄》序言⑦

从吴茀之两位诗友给他撰写的诗集序言中,可以略知吴茀之学诗师古的脉络。李贺的诗幽深奇谲,缠绵悱恻,卢仝的诗风浪漫且奇诡险怪。吴茀之早期的诗作,深受此种诗风的影响,如1926年

作的《巨幅牡丹附猫蝶》：

> 晓风几度欲催妆，漏泄春光满洛阳。
>
> 吴苑绮香红露种，汉宫艳影绿云藏。
>
> 狸奴闲眺还栖石，蛱蝶高飞漫过墙。
>
> 惆怅东皇留不住，偶将翠管写芬芳。

这首诗以美女喻牡丹花，构思新奇，色彩瑰丽，富有浪漫气息。

陈与义的诗笔力横空，疏朗明快，王安石的诗遒劲清新，写景咏史尤具独创性。在吴茀之的诗作中，也有豪放雄奇的一路，其代表作《与姜敬庐先生同登黄山莲花峰放歌》：

> 黄海奇峰三十六，几人造极穷游目？
>
> 吾与姜公兴最浓，各逞腰脚跻莲峰。
>
> 莲峰之高不敢仰，莲峰之巅广盈丈。
>
> 振臂一呼应者谁？侧耳恍闻天语响。
>
> 顷刻大块噫七喷，惊天拔地荡心魂。
>
> 俯视前海后海云万顷，遥瞻天目九华黛一痕。
>
> 壮哉造化出神怪，李白之诗清湘画。
>
> 七尺昂藏我愧多，将何尝此登临债？
>
> 高歌一曲狂欲癫，恨不乘风飞上天。

这首赞赏黄山风景之奇美，抒发自己振奋之豪情，将自然造化之美与个人的精神感受相融合，用画家的眼光描绘神奇的画卷，用诗人的胸襟抒写激昂的情怀，是吴茀之记游诗中的佳作。

按内容吴茀之的诗，可分为三类，纪事、交游、题画。从这些诗章中，可反映他艺术成长的历程和他的思想情感，对于进一步认识他的艺术具有重要意义。

吴茀之一生经晚清、民国、新中国成立三个时期，大半生与家人分离，在异乡执教，颠沛流离，忧国思乡之情，在他的诗作中多有反映。如《己卯元宵过扬子舞厅即景》（1939 年），是对沦陷区醉生梦死生活状态的反思；《题画》（1938 年），表达抗日救亡的志向等；《得浦江家书有感》（1939 年），抒发收到家信的喜悦之情；《寄家》（1944 年），感叹不能与家人团聚的惆怅之情。"文革"中，吴茀之身处逆境，亲人的关爱，使他倍感慰藉。1974 年，他去南昌儿子吴始楠家中小住，与家人同游八一公园之西湖写下《陪游八一湖》一诗。儿子护送他回到杭州，送别之后，离情难述，他写

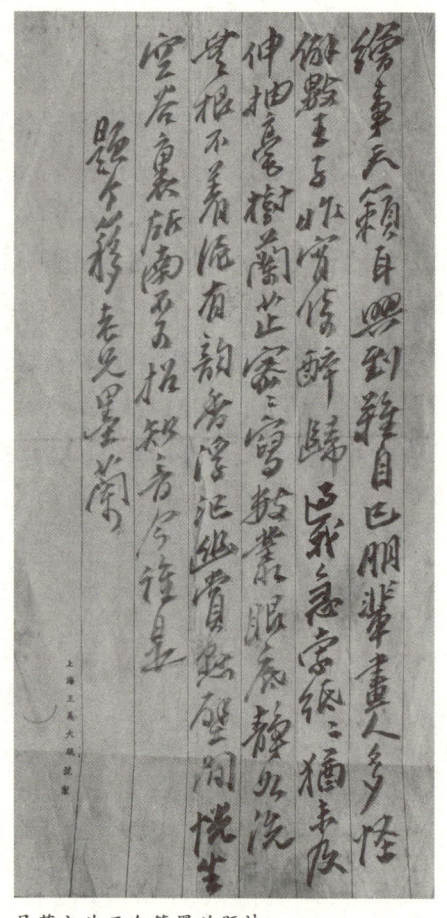

吴茀之为王个簃墨兰题诗

了《护杭儿楠返南昌有感》，并在信中寄给儿子吴始楠：

<blockquote>
刚送我来尔又还，聚时欢乐别惆惆。<br>
慰情车已蠕蠕动，告姐毋忘一老年。
</blockquote>

这首诗言语十分朴素，却以情感人，尤其是"惆惆""蠕蠕"这两个叠词，用得十分贴切，火车将已开动，亲人却难舍难别的情景

描写得十分生动,父子深情,溢于词外。

吴茀之热爱自然,一生好游名山大川,所到之处,写生作画并吟诗纪游。他的记游诗以画家的眼光品赏林泉风韵,作诗如作画,极富视觉效果。并常借景抒情,感叹造化之神奇。如1955年游雁荡山时所作的《大龙湫》:

> 何处真源在?苍茫下白龙。
>
> 摩空纤作态,坠地直如舂。
>
> 涧草经常绿,岩花别样红。
>
> 讵那不可见,云外听淙淙。

云烟缥缈,草绿花红,白练飞驰,泉声不绝,可谓有声有色,似一幅青绿的山水画卷。同游雁荡山的潘天寿,也作了不少记游诗,他对此诗评价甚高,以为得王维诗之神髓。

吴茀之的题画诗,是其诗作的精华,在他一生的诗作中,题画诗数量占绝大多数。作为画家,他写诗的目的与普通文人不太相同,除了提高修养外,主要是为了能在画上题诗,使诗书画冶熔一炉而符合文人画的准则。他也比较关注画家的诗,在他的藏书中,有《沈石田诗画精品》(沈周)、《白龙山人题画诗》(王一亭)、《八大山人诗抄》(朱耷)、《芙蓉庵燹杂草》(蒲华)等画家的诗集。想必他都有所探究,在题画诗上有所取法。

作为文人画,诗与画相互关联水乳难分,对于二者的关系,吴茀之有着深刻而独到的见解。在1962年北京中央美院田世光先生率学生来访时,吴茀之就诗与画的关系作了详尽的论述:

诗与画的关系怎样?

答:(1)神韵上的关系——东坡论画说"论画以形似,见与儿童邻。作诗必此诗,定知非诗人"。他把画与诗相提并论,目的应着重在传神。[张]南华论画亦说:"右丞董巨萧散闲逸,全以韵胜,指

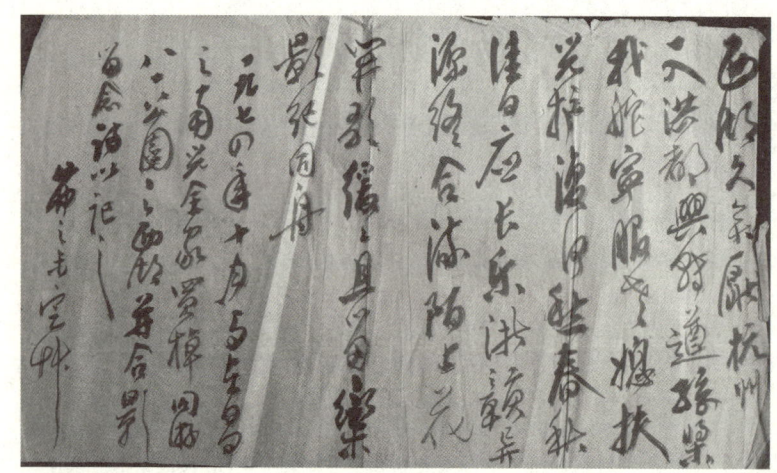

吴茀之诗稿3

点画论,无非诗趣。"这是因诗讲韵味,画亦如此,故画家应有诗的修养。谢赫"六法"第一条气韵生动,也含此意。

(2)意境上的关系——诗要双关有寄托,达到情景交融,耐人寻味。画亦如此,故诗画都是人们思想感情的产物,诗要有诗外之意,画要有画外之意,物我两忘,是情景的高度结合。

(3) 表现手法上的关系——诗的立意造句是极富有概括性的,虽寥寥数句,把它引申起来,可译成长篇文章。画也很着重这一点,真的好画,虽寥寥数笔,却能体现出极丰富的内容。

(4)风格上的关系——诗画皆以不落时习为佳。一落时习,风格便俗。诗之雅俗,生于立意,用字重在气骨。画之雅俗,生于构思及笔墨,也重在骨气。而所以变化之者,不外乎多读书。过去文人画之受人重视,意即在此。

总之,诗与画息息相关,除上面几点外,二者的关系是说不尽的。⑧

吴茀之身兼画家诗人,通过对书画和诗歌长期的艺术实践,

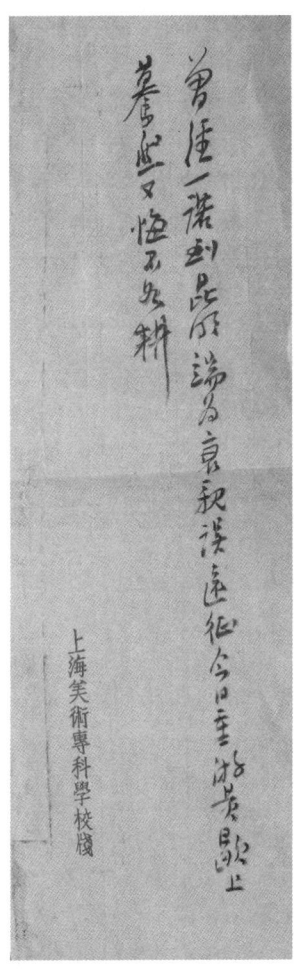

吴茀之诗稿 3

才能有此真知灼见。他在艺术创作中也遵循这一艺术规律，我们看他的画意境深远，韵味隽永，令人浮想联翩，皆得益于他以诗心造境。

金鉴才说，吴茀之先生作画，是以诗人的情怀入画。吴茀之落笔前思考的过程，一方面是打腹稿，另一方面是酝酿诗意，待诗思郁勃，情绪奔逸之际，再挥毫泼墨。吴茀之作画开始下笔极快，正是因为诗情充溢，难以遏制，须急挥方能畅情。吴茀之的画作，之所以笔墨生动，感染观众，与他这种"冲动式"的创作方式是密不可分的，如果是按部就班不紧不慢，可能就没有这种艺术效果了。

吴茀之的题画诗，有的是先写诗再作画，有的是画毕再题诗，以后者为多。1955 年 6 月，他从雁荡山写生回杭州后，写了《雁荡写生题志》，记述雁荡山概况和写生的行程，并说"余在山得写生稿共十余幅，归后，拟选其最感兴趣者抽暇画出，并预作写生题志数十则，以备画成后题写之参考"，其中有灵峰一则：

灵峰，高可百丈，状如合掌，又名合掌峰。洞中建有九层楼，可阶升，洞外林壑幽邃，左接倚天嶂，右连北斗洞，形势雄伟，为雁山东外谷第一奇景，此图从北霄洞望下得之，并系之诗云：

峒辟九重楼，神仙岂可求。

登临恣磅礴，合是画中游。

从题志中可知，吴茀之是先作《灵峰》诗，而后画了《灵峰》，但是在《灵峰》一画的题跋中，并没有抄录这首诗，可能是受到画面空白的局限。因此严格意义上，《灵峰》并非是题画诗。而《灵峰》这张画与诗的境界是相合的，笔墨雄沉，气势豪迈。

此外，1963年吴茀之创作的《山村佳景》，也曾作过题画诗：

短篱矮屋野人家，五月环栽萱草花。

见缝插针无废土，墙头艳于赤城霞。⑨

这首诗，也没有题写在《山村佳景》画作上。由此可见，吴茀之作题画诗并非是单独为了画上题跋，而是以诗造境，以诗入画，使观众欣赏画作时能产生诗意的遐想。从这一角度来看，画上题诗仅是一种形式，更重要的是要有诗的意境。

吴茀之国画创作以写意花鸟画为主，他的题画诗题材也以花木鸟禽为多，借物喻人，或抒情，或言志。又如题《题花鸟》：

遑遑名利太熏心，谁肯放怀入旧林。

叹息春光无限好，相亲惟有一孤禽。

抒发他淡泊名利的胸襟，甘于寂寞，远离红尘。与自然相亲，与孤禽为伍。

又如题《山柤》：

柤子自累累，薰风吹又红。

山乡常见此，味美记儿童。

由山柤联想到家乡，又回忆起童年时光，既饱含思乡之情，又感慨岁月流逝，苦涩中蕴涵着甘甜，耐人寻味。

写意画，笔墨追求简洁，以少胜多，背景不作渲染，以空白而引人遐想。绘画是平面的视觉艺术，题画诗却能创造动人的意象，将观众的思绪引入一个有声有色、超越自然的梦幻境界，或者说是境界更加广阔的空间。如题《墨荷》(1935年)：

> 婷婷娜娜镜中央，自爱鸥盟世界凉。
>
> 洗尽花容红十里，拈毫翻出墨痕香。

作品中并没有画水，而诗意却表现水面如镜，净植玉立，原本是纯水墨画，却让人联想到"花容"红妆，菡萏香远，真可谓佳句照眼，妙不可言。

又如题《松荫伏虎图》(1946年)：

> 惨惨松阴月上初，了无人处卧南墟。
>
> 风鸣谷应合长啸，正是枢星一睡余。

题诗将猛虎置于月夜松岗，狂风呼啸，益添画幅的磅礴气势，凸现老虎威猛的雄姿。

吴先生说，诗与画有互相启示的地方，又有截然不同的职能。以画去体现诗意，是以瞬间的视觉感受去表示连续的意象，或者是其他的触觉、听觉，都只通过视觉去联想，这样非抓住其中能引起联想之点去着意不可，再以此定夺所要表现的手法。[⑩]

杰出的画作，总是闪耀着高雅风致的诗意光辉。诗意可来自古人的诗卷，诗意也可来自自然风光。吴茀之创作的《橙黄橘绿》以苏轼的诗句"一片好景君须记，最是橙黄橘绿时"入画，跋曰："乙酉嘉平月山居无俚戏，写坡翁诗意以遣兴，想不出画稿时取诗为题，亦一法也。"取诗意为画题，是他创作的常用手法之一。如《芭蕉叶大栀子肥》(1963年)以韩愈的诗入画，《棕榈枇杷》(1963年)以白居易的诗入画，新中国成立后，还创作了不少以毛主席诗词入画的作品。吴茀之又常在大自然的感悟中，催生诗画的灵感，他于1947年写的《茀之诗意》记录他在西湖夜雨中，为奇景所陶醉，吟诗作画的过程。

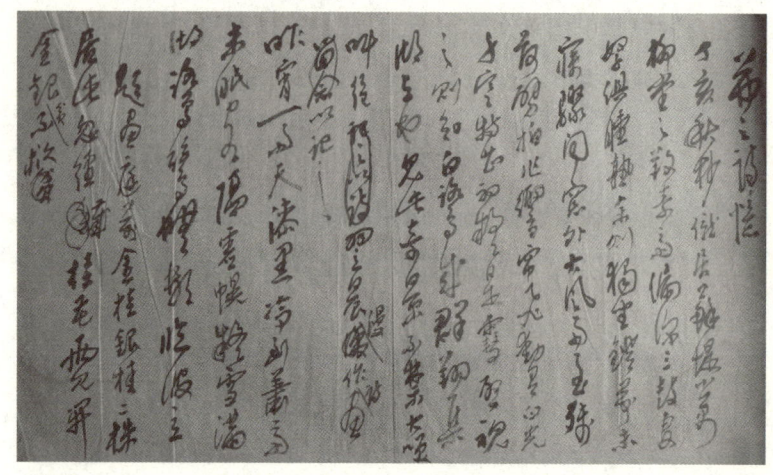

茀之诗忆

　　丁亥秋杪，僦居苏堤小万柳堂之养素斋，漏深近三鼓，妻孥俱熟睡，独余坐灯前未寐。骤闻窗外大风雨至，残荷噼啪作响，帘飞动，有白光，身寒特甚，初疑是雪，启视之，则知白鹭成群翔集湖上也。见此奇景，大叹叫绝，翌晨漫作诗画以记之：

　　　　昨宵一雨天漆黑，冷到萧斋未眠客。

　　　　隔虚幌疑雪映湖，鹭鸶无数凌波立。

　　从吴茀之的题画诗中，还可探究他的艺术取向、艺术见解。如题《画石》：

　　　　偶然学画石，下笔猛如虎。

　　　　未谙诸皴法，但求奇与古。

　　追求画石下笔力能扛鼎，有奇趣古韵，而不斤斤计较于山石皴法，是其艺术经验之谈。

　　又如题《狂兰》：

　　　　喜写兰花酒半酣，纵横飘逸碧毵毵。

　　　　风风雨雨随吾素，何必斤斤郑所南。

看吴山楼诗牍

历代文人画写墨兰,都追求清雅幽逸的意趣,唯有吴茀之不为成法所囿,突破传统,倚醉走笔作狂兰,显现了他敢于创新的艺术胆略。

除了题画诗外,在吴茀之画作的题跋中,还有题画诗句,句式类似对联,或五言或七言,虽然不是完整的题画诗,其作用却与题画诗异曲同工,并且蕴涵着深刻的寓意和哲理。如题《梅花一缶春风香》(1963 年):

蔬果熟了可代粮,梅花一缶春风香。

时值国家困难时期,粮食缺乏,号召人民多种蔬果以补食粮不足,诗句表达了不畏困难的乐观主义精神。

如《印度美人蕉》(1964 年):

彼美人兮不我好,花开犹是旧情多。

吴茀之诗稿中自注:

花朱红色,甚鲜美,叶紫褐色,比常见美人蕉稍大。据说,此种系昔年印(度)友好访问,到此时所赠。从尼赫鲁反华后,中印为边界问题关系恶化,但印度人民对我国还是友好的,题句即此意。⑪

由题句可知,吴茀之关心国家时事,这让画意更深入了一个层面。

如题《马缨花》(1964 年):

> 红绿扶疏细腻甚,有谁来画马缨花。

马缨花,俗称合欢花,古来画作中尚没有人入画,以此入画,吴茀之是首创者。"细腻甚"将马缨花针状花瓣纤细柔弱的特色表达得十分形象,"有谁来画"是感慨地诘问,也是自信地回答,诗句简短却意味深长。

吴茀之的诗歌,既表现了他的捷才睿智,也表达了他的文心诗情,滋养着他的书画艺术之树硕果满枝,成为他艺术成就中辉煌的篇章。正如王翼奇在《观吴茀之先生书画遗作展览》中对其赞誉:

> 图兰写竹俱臻妙,豪墨高吟亦轶群。
>
> 秋色斓斑篱菊在,长教艺苑挹清芬。

**注释:**

①见范达明《读吴茀之画中诗》,载《中国画:浙派传统与创新》,浙江大学出版社 2006 年版,第 32 至 62 页。

②见陈新《风雨如晦 鸡鸣不已——吴茀之先生三十年代题画诗钩沉有感》,载《婺星》2001 年第 1 期,第 25 至 26 页。

③手稿藏浦江吴茀之纪念馆。

④见张岳健《吴茀之》,湖北美术出版社 2005 年版,第 17 页。

⑤手稿藏浦江吴茀之纪念馆。

⑥手稿藏浦江吴茀之纪念馆。

⑦见张岳健《吴茀之》,湖北美术出版社 2005 年版,第 69 页。

⑧见吴茀之《中国画理概论·画微随感录》,上海书画出版社2010年版,第145页。

⑨手稿藏浦江吴茀之纪念馆。

⑩见朱颖人《名家讲学笔记》,广西美术出版社2004年版,第170页。

⑪手稿藏浦江吴茀之纪念馆。

# 第四章　论吴茀之艺术教育

　　近代中国美术教育，最大的转变是美术学院的建立。由此，中国画的传承方式从传统的师徒相授演变为学院课堂式的教学。20世纪20年代，诸闻韵、潘天寿在上海美专创办了中国画系，将中国画纳入学院教育体制，开了中国画学院教学的先河。美术学院的教学体制是从西方引进的，因此，西画教学有比较成熟的模式

吴茀之与美院部分教师合影（1964年）

可以仿效和学习，而国画教学尚是一方处女地，在这种情形下，诸闻韵、潘天寿、黄宾虹、吴茀之、诸乐三等一批造诣深厚的国画家义无反顾地担当起这一重任，他们成为中国画学院教学的开拓者。在国画教学上，他们恪守民族传统文化，在尊崇中国画的特性和规律的基础上，融汇学院的教学方式，他们经过半个世纪的探索和研究，创建了行之有效的学院中国画教学体系，以此延续了中国画的文脉，培育了众多的优秀国画家，他们的英名必然载入中国美术教育史册。

吴茀之是一位杰出的书画家，同时又是一位优秀的美术教育家。教书育人是他终身的职业，一生从事美术教育 50 余年。他高中毕业后，任浦江民强高小教员；他上海美专毕业后，先后在苏州省立第一师范、江苏淮安中学、上海美专、国立艺专、福建师专、浙江美术学院等院校任教。任教上海美专时，成立了吴谿国画函授室。纵览吴茀之一生，横贯小学、中学、大学教育职位，可谓穷毕生精力于艺术教育。

吴茀之是一位具有高深学识和丰富教学经验的美术教育家，在实践和理论上都成就非凡。他热爱教育事业，以实现艺术薪火的传播为己任，孜孜矻矻，将其一生奉献给了美术教育事业，为中国美术教育的发展作出卓越的贡献。

# 第一节　桃李鼎盛

　　吴茀之一生桃李满天下，教授过的学生数不胜数，为中国美术界造就了许多栋梁之材。在他的学生中，有不少成为了中国画坛的名家，如著名画家程十发、吴冠中、高冠华、李震坚、方增先等，都曾得到吴茀之的指授。广义地讲，与吴茀之有师生之谊，接受过他的教导的即为他的学生，那么吴茀之任教上海美专、国立艺专、福建师专、浙江美院等院校的学生都是他的学生，几乎占了中国国画界的半壁江山。狭义地讲，学生是指学习传承他花鸟画艺术的门下弟子，如张岳健、柳村、朱颖人、卢坤峰、金鉴才、何水

吴茀之授课照

法、马其宽、徐家昌、闵学林、张立辰等等。这些画家，已成为我国花鸟画坛的中流砥柱。浙派花鸟画，基本上是在沿袭潘天寿、吴茀之花鸟画的基础上发展和延伸的。浙江花鸟画创作的中坚力量大多是吴茀之的学生，或是再传弟子。浙江花鸟画创作的繁荣，与潘天寿、吴茀之、诸乐三、陆抑非等先辈在美术教育园地上辛勤耕耘是密不可分的。

吴茀之大半生都在美术学院中教书，但他教授的学生，并非都是学校里的大学生。只要是热爱国画，向他求教，他都会不加区别地倾心相授，可以说是有教无类。早在20世纪30年代，他成立"吴谿国画函授室"，招收江浙函授学生9名。《吴谿国画函授简约》（1936年）第二条写道："凡对国画有兴趣者不限年龄、性别、曾学未学均得函授研究。"虽然是函授，他的教学和面授一样认真严谨，如《简约》第五条："近授办法分二种，甲种每月发稿二期，每期四幅，每年发足九十六幅为满，乙种每月份发稿一期，每期四幅，每年发足四十八幅为满。"甲种函授生每年要临近百幅画，其技法学习是比较全面的，《简约》第七条："每期函授员之作品得附于函授稿中寄下，阅后当作评语择题字随同下期稿寄上，如有疑义得随时函询。"作品要评点题跋，其教学工作量也很大，他都一丝不苟地授人以渔。

吴茀之的故乡——浦江，是书画之乡，爱好书画的乡亲向他求教，他不遗余力，热情有加。张世煌是浦江一位农民，与吴茀之非亲非故。20世纪60年代初，慕名拜访向他求教书画，吴茀之待他如亲人，传授书画十余年。同乡张树才，在浙江美院附中就读时，常去吴茀之家中请教，吴茀之常给他改画，带他去写生。张树才附中毕业，回到浦江工作后，吴茀之通信指导他以农作物为题材进行创作。著名画家何水法、闵学林，在没有考进浙江美院前还

吴谿图画函授室登记册

是普通工人,他们都在艺术上得到吴茀之热忱的教导。浙江美院雕塑系毕业的学生吴伟山,被吴茀之的花鸟画艺术所感染,"文革"中竟然要改行,想拜师吴茀之学习写意花鸟画。当时吴茀之已被打入另类,开始他颇有疑虑,但被吴伟山诚心所感,毅然在逆境中传授技艺给吴伟山,在他的教导下,吴伟山"文革"后逐渐成为了有影响的花鸟画家,国画受到李苦禅的赞誉。

有的艺术家在人生的道路上曾受到吴茀之的指引,从而受益终身。著名画家吴山明是吴茀之的同乡同宗,少年时代喜爱作画,吴茀之见他对绘画有兴趣,就经常引导和鼓励他,并动员吴山明的父母让他去报考美院附中,使吴山明踏上绘画艺术之途。20世纪60年代初金鉴才本在美院附中就读,在书画和古诗上都得到吴茀之的指授,但因家庭经济困难,想转考浙江师范学院中文系。吴茀之得知后,竭力劝阻,教诲他要克服困难,放长眼光,从而使金鉴才没有放弃接受艺术教育。附中毕业后,因当年中国画系花鸟科不招生,金鉴才想参加工作,又是吴茀之来动员和说服他去报考新开设的书法篆刻科。金鉴才之所以能成为诗、书、画、印俱全的艺术家,在人生道路几次重大的抉择中,吴茀之影响功不可没。

朱颖人原是学西画的,浙江美院毕业后留校教的也是西画。1960年校领导让他转向跟吴茀之学花鸟画,并以门生代师授课。

刚开始朱颖人心中非常矛盾，因半路改行，他觉得底气不足而举棋不定。面对朱颖人的困惑，吴茀之启示他要"笨鸟先飞"。拜师后，朱颖人常去吴茀之家中看他作画写字，然后回家认真临摹，技艺逐渐提高。朱颖人不负恩师的殷切期望，不仅很好地传承了吴茀之的花鸟画艺术，而且发扬光大形成了清丽逸秀的画风，成为当代中国画坛的宿将。

## 第二节　艺苑良师

　　吴茀之是浙江美院中国画教学体系的奠基者之一。潘天寿作为浙江美院的一院之长，对于恢复中国画系，并实行人物、山水、花鸟的分科教学等所作出的贡献具有举足轻重的意义。浙江美院的重新崛起，潘天寿功不可没，这已成为共识。而吴茀之作为浙江美院国画系主任，在中国画教育发挥的积极作用，还没有得到充分的认识。潘天寿和吴茀之不仅有着深厚的情谊，二人的艺术见解也较为相同。潘天寿任院长，吴茀之当系主任，他们形影不离，探讨教学。卢炘说："时常是在吴茀之家中相谈，有时也会把诸乐三等先生也请来，许多教学设想都是经过这样的三两人议论，再到国画系提出公开的讨论，讨论意见有时会发生分歧。""相比之下，吴茀之先生与潘先生意见分歧少，相处得最亲密。就吴先生来说，他的水平足以当一校之长，但他情愿在潘天寿麾下当一个系主任。"①由此可知，潘天寿的许多教学思想和主张并非是一己之见，而是集体智慧的结晶，这自然也包含吴茀之对于教学的卓识远见。潘天寿在浙江美院，正是因为有了吴茀之这样志同道合的同人作为坚强的后盾，才能大张旗

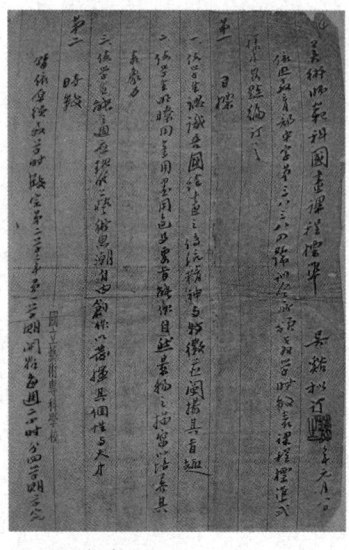

课程标准手稿

鼓地实施他的种种教育改革。在教学中,吴茀之努力作好潘天寿的助手由来已久。远在1944年,潘天寿出任国立艺专校长时,也是吴茀之任国画科主任,他们统一意见,配合默契,才能按照潘天寿的构想对国画系实施了有利于继承传统的措施与建设。也可以说,潘天寿是教学纲领制定者,吴茀之是教学方案具体实施者。

潘天寿捍卫民族绘画独立性,经过多年美术教育的实践,逐渐形成一套关于继承和发展传统的绘画教学体系。郑朝将其归纳为四方面:

1.坚持分系分科。

2.提倡深厚的传统文化素养和诗书画印四全。

3.强调抓牢中国画技法教学的特点。

4.正确处理临摹与写生的关系。[②]

而吴茀之的教学主张完全是和潘天寿一脉相承的,吴茀之强调中国画教学的独立性,强调在继承民族传统的基础上创新。吴茀之密切配合潘天寿对虚无主义的批评,实现了中国画人物、山水、花鸟、书法的分科教学,从而使浙江美院成为中国高校美术教育改革的领头羊,并由此取得丰硕的教育成果。

吴茀之通晓画理画法,长于诗、书、画。他言传身教,常题诗于学生作品之上,为学生讲授画论题跋等课程,注重培育学生的传统文化素养。

吴茀之强调中国画造型是笔线造型,不赞成用明暗块面塑造的观念和方法作为中国画造型训练内容,主张以白描代替素描练习,强调对传统笔墨加强学习。

吴茀之重视临摹,也注重写生,认为要先临摹古画,领略和掌握中国画笔墨的要领后,再深入自然中写生。美院建立了古画原作临摹室,吴茀之等老先生还画了许多课徒稿,供学生摹写之用。

吴茀之课徒稿(张振维题跋)

吴茀之认为,中国画是临摹再创作,西洋画是写生再创作,因此,二者学习的路径是不同的,在教学中要有所区分。

　　浙江美院的中国画教学正是在潘天寿、吴茀之等先生教学思想的引领下,走上了符合国画发展规律的正途,从而培育出一批传统功力深厚又个性鲜明的中国画家,为中国的艺坛增辉添彩。

　　对于潘天寿提出的各项教学改革主张,吴茀之不仅真心地拥戴,而且是忠诚的实践者。1960 年,美院成立了讲师团,讲授中国画常识,吴茀之积极响应,讲授《中国画用笔、用墨、用色问题》,第二学期讲授《中国画传神》。1961 年,潘天寿参加全国高等学校文科教材会议,提出《中国画系人物、山水、花鸟三种应该分科学习的意见》。吴茀之认真组织教学计划,编写国画教案,在全国艺术教学会议上推广了浙江美院中国画系的教学方案,形成了全国性的国画系分科教学局面。为了提高青年教师的水平,吴茀之等老先生每周二次给他们上辅导课。当时提倡收徒授艺,开展"拜师活动",吴茀之即收朱颖人为徒,教授写意花鸟画。潘天寿、吴茀之等陆续为学校收藏的古画约有近千件,国画系建立了古画原作临摹室,为学习传统国画艺术奠定了优良的物质条件。根据潘天寿的提议,1963年国画系成立了书法篆刻科,吴茀之不仅积极参与了各项筹备工作,而且担任书法导师。

浙派人物画的创立和发展,也倾注着吴茀之等老先生们的心血。国画系的重建使国画学科获得了独立的地位,改变了新中国成立初期,以西画的造型改造或改良国画的局面。潘天寿、吴茀之等老先生修养全面、学问深厚,他们卓著的艺术成就和坚定的文人画信念,深深影响着人物画家要提高自己全面的修养,要向传统的领域去"淘金"。人物画开始借鉴山水、人物画的笔墨,重视中国画特有的表现语言。经过探索,李震坚、周昌谷、方增先等在上世纪60年代开创了蜚声海内外的浙派人物画。浙派人物画的开创者李震坚原先就是学习花鸟画的,他是吴茀之的学生,其花鸟及书法都深得吴茀之的神韵,他擅长速写和素描,将国画写意花鸟画笔墨手法融于人物画中,使传统水墨与西画技法相结合,独成一格。可以说,是浙美的国画教学体系引导了浙派人物画的产生。

毛剑波说:

依我的感受,吴先生当时的许多教育思想后来都归结到潘天寿先生的名下,这种情况有点类似明代董其昌与莫是龙、陈继儒。潘先生、吴先生、诸乐三先生经常在一起讨论艺术,尤其是潘、吴二位,几乎是天天在一起切磋商讨,他们许多思想是相互生发的,由于潘先生地位高,名声大,像国画人、山、花分科,书法科的创立等思想,外人一般认为是潘老的功劳,这是可以理解的。③

潘天寿对浙江美院美术教育的贡献自然是不容置疑的,而在具体的推行和实施中,吴茀之功不可没。

在艺术教育上,吴茀之是极其严格认真的。吴冠中在《笔墨当随时代——读张振铎老师的画》一文中写道:"我于30年代学艺,潘天寿、吴茀之、张振铎先生是我国画的三位启蒙老师,吴老师重视笔墨教学要求亦极严格。"

吴茀之认为,要学习艺术必须要不畏艰辛,持之以恒,不能将学画当成墨戏,如随心所欲,必半途而废。他身为国画系主任,工作繁忙,却从不把自己当作是校领导,而是以教师的标准要求自己。吴茀之作为一个知名的画家,以他的学养和技法为学生上国画课,是轻车熟路,游刃有余。但他绝不因此而懈怠,仍然是一丝不苟,尽力而为之。他上的课程,都认真地撰写教学计划、教案、讲义,绘制课徒画稿,给学生讲座和谈艺时,他也预先写出讲稿或谈话提纲。浦江吴茀之纪念馆收藏的吴茀之手稿中,有近半是和教学有关的,有的教学手稿是经过他多次修订的。

教学中,他对学生的要求十分严格。他教学计划中制定的评分标准是"创作态度认真,不抄袭、不涂改、玩弄兴趣,如不合这个最低的要求即为三分以下"。他在学生学习花鸟的同时,要求学生在课余练习人物画,"课外作业,每周拟以课外二小时作意笔人物练习,七周课上完后,交意笔人物成绩一张,列入总成绩内记分。临摹写生或创作"。总之,课内课外他要求学生抓紧时间,认真学习国画的各类知识和技法,不荒废时光。

离开教学,他对学生的艺术成长既关爱又严格。金鉴才在美院附中就读时,携山水画请教吴茀之,因他的题画诗中有"似水吾心清且洁,知音何处是钟期"的句子,吴茀之即批评"你刚刚开始学琴,还弹不出高山流水,怎么就想到要找知音了呢?"这是告诫学生要虚怀若谷,才能更上一层楼。吴茀之的学生孙韬成,浙江美院毕业后分配在金华日报社工作,"文革"中,去吴茀之家中拜访,吴茀之询问孙韬成是否还坚持画画,孙韬成说已不作画了,吴茀

吴茀之画稿1

之听后严厉地说:"你不画画以后就不要再来见我了!"这句刻骨铭心的话使孙韬成幡然悔悟,他又重新拿起了画笔,最终,孙韬成成为了浙江师范大学美术学院的教授,可谓不负师恩。吴茀之激励学生要有滴水穿石的精神才能百炼成钢,最终取得艺术的硕果。

朱颖人说:

我觉得吴先生在教学上有很大一个特点就是尽量让学生在画画过程中发挥想象力、理解力。因为理解力提高了,才能正确把握绘画的原理,并称学画要注意格调,格调问题是绘画的生命。要注意雅、俗,因为入俗难医,又从画的风格来讲,他自己都讲出整个画面布置的过程。在上海时,他到吴昌硕那里求教,也是小心谨慎的。他常跟学生讲自己绘画的经历,分析给学生听,使学生比较容易理解绘画的道理。④

吴茀之在教学中重视临摹,但是反对机械地临摹,而是注重学生对艺术认知和感情能力的培养。他说:

画重天,临摹古人名作,正以我之天求古人之天也(自注:比对临摹,更深一层之意义),岂但探本源,求法度而已,集思广益,造诣必深,谁日不宜?⑤

临摹是对古人技法学习的过程，而更重要的是领会艺术精神。他在指导学生兼工带写作品临摹前，用一节课作详尽地讲解："介绍原作取材构图及创意，并联系实际说明其用笔、用墨、用色等兼工带写的传统方法与特点。"要求学生"能理解笔意，初步性能及原作意图与特点，知所取法"。尤其是对写意画的临摹，他有着十分辩证地见解："但大写意作品，往往作者也很难复制，学者只要了解他的意图与技法，而能灵活运用就行，自可不必强作临摹。"吴茀之在教学中常作画示范，又能阐明画理与画法，但不主张学生完全临摹他的画。他常给学生改画，目的在于启发学生思考，认识问题所在，从而掌握绘画的规律。

吴茀之在《临摹》一章中说：

故择稿时，须辨真赝，不可以其皮相仿佛某家，即认为真迹，亦不可但求好看，好看者往往甜俗，恐有影响于学者。取法乎上，仅得乎中，取法乎下则更下矣，不可不慎。⑥

吴茀之强调取法乎上才是学画的正途，才能培养正确的审美观，学到国画技法正脉。他自己学习花鸟是师法吴昌硕、李鱓、石

吴茀之画稿2

涛、八大山人、青藤、白阳，都是中国美术史上名垂千古的大师，他也是这样要求自己的学生。学生张树才曾对张书旂的作品发生兴趣，吴茀之告诫他，他的画风不属于张书旂一路，学画不要光追求表面的华丽，而应该在笔墨上下工夫。金鉴才曾有意学习张书旂的《翎毛谱》，吴茀之直率地讲，不但不要学，而且要少看张书旂的画。吴茀之对张世煌说："临摹是必不可少的，但要取法乎上，你们书旂哥哥的画，轻清流丽，独具风格，自居一家，水平很高，不过他惯于用浓重水粉，初学画的人搞不好，容易失之流俗，你要选古今开一代之宗的大画家来临摹。"⑦吴茀之之所以不赞成学生学习张书旂的花鸟画，并非对张书旂的艺术有成见，是唯恐学生被张书旂的画风表面的秀美所吸引，而忽视了国画本质的内美。他的这种见解是十分正确的，在张书旂的弟子中，确实画风少有免俗的。

他又说："且师学舍短，临真迹亦须择善而从，其有不近情理处，尽可改变，亦不必以其偶有疏忽，而抹杀一切也。"这是说在学习中要辨别思考，不能盲目迷信权威，要会舍短取长。他曾指出，吴昌硕画梅，枝梢好像被剪去一样，是其病，不足取法。在《名家讲学笔记》中，记录了吴茀之对明清以后一些著名画家的评论，其中一些画家的不足之处，吴茀之也一一道出。吴茀之有时还把自己的作品拿出来，请学生发表看法。其目的，都是为了提高学生的眼界，眼有了识别力，手才能跟上去。宁愿学生"眼高手低"，而不能缺乏艺术的洞察能力。

吴茀之作为学者型的艺术家，对中国绘画的历史有着深入的研究，因此才能高瞻远瞩，在艺术教学中能高屋建瓴，将学生引入传统的正途，也体现了他对传统的尊重。他培养学生的"精品意识""高峰意识"，避免学生因眼界不高而误入歧途。正如他所述：

国画之最高峰，如在云中，可望而不可即，今之学者不明此种境界,立在坟墩上,啸傲自得,以为最高峰即在此。⑧

　　吴茀之在艺术创作中重视写生，在美术教学中也重视写生。传统的美术教育是师徒相授的方法,老师笔墨示范,学生临摹老师的课徒稿,师法自然,似乎只停留在理论上,并没有很好地落实在实际教学中,其结果是学生缺乏对自然对象的提炼能力,也缺乏创新精神。新式的美术学院,其教学方法大都移植于西方的教育模式,固然重视写生教学,但大多采用明暗素描方法,追求物象的准确性,透视的科学性。与中国绘画的意象造型、散点透视大相径庭,与国画的迁想妙得、笔墨意味更相去甚远。吴茀之则提出了自己的写生观,在《写生》一章指出:

　　吾国绘画,自内心出发,重神韵,尚笔墨,在平面中蕴蓄无尽,富于一种潜在之神秘感。故写生多倾向于主观,外师造化,中得心源,以见其人与物二者间灵性之表现,非斤斤于形相与色相之追求,有时反以落形象与色相为浅薄为俗工,有失画之意趣。至阴影与透视法,更不甚注意,虽亦分阴阳之远近,其目的并不在物体凸凹与比例之真确,但求会心而已。⑨

　　他在教学中,正是用这样的思想观念去指导学生写生,从而解决了西法写生与国画审美无法融合的矛盾。在写生中,他要求以白描的手法为主,从而锻炼学生以线条塑造形体的能力,并且领略线条的韵律变化,从而认识国画的表现手法。写生之前,学生经过老师的讲解和临摹,已经初步掌握了方法、步骤和驾驭笔墨的能力。

　　他对意笔写生的要求:

　　意笔写生是把工笔写生中比较理智的繁琐的外形刻画,进而概括的充满精力的内在表现,必须透过客观事物一定的基本形与特征,传达出作者个性与对象间的精神实质,从而熟能生巧,作记

吴茀之画稿3

忆写生,做到"胆大心细""笔简意周",由具体而得其抽象,又由抽象而完其具体,更好更快地反映现实,具备了意笔创作的能力。

在教学中,吴茀之更注意培养学生的观察能力和思考能力,而不仅仅是传授技法,学生马燮元说:"吴先生带领学生外出写生,似乎很随便,边游边谈,不作速写,而注意引导学生如何观察与捕捉自然之生态,枝枝叶叶的生命力所在。"除了对景写生外,吴茀之还提倡学生记忆写生,这样会加深认识,有益提高。他看了学生张世煌默写的白描杜鹃花说:"这样学法好,中国画是很讲究默写的,默写比速写又进了一步,所谓外师造化,中得心源。领悟绘画对象的生意神态,化为自己的内在感受。这样的作品格调才高。"

正因为吴茀之教学重视写生,因此写生课时安排也较多,如折枝花卉教学时数:"讲解二小时,作八小时临摹,十二小时写生,完成册页临摹一张,写生二张。"在具体的教学中,他采用由易到难,由室内至室外,循序渐进的方法,由折枝花卉到整株花卉,从鸟类到草虫、树石,最后要学生结合临摹和写生,能融会贯通作花鸟草虫树石混合创作。表现手法上,也是先学白描、水墨,再作上色渲染。并希望学生"能结合传统技法的应用而有新的创造"。

对临摹和写生的关系,吴茀之是这样认为的:

> 通过自己的意识、感情,深刻地体验出来的,并非在对象的本身上就有笔墨,所以我们写生时应该更好地体会到某些优秀的传统作品,它是怎样来剪裁提炼的?怎样来加工组织的?怎样从对象中找出笔墨来的?如果能够这样分析比较研究,经过长期的练习,一定可以对于这个临摹与写生的结合问题上得到逐步解决,克服一切困难。

通过这样的教学方式,吴茀之将临摹、写生、创作,贯穿成一体,循序渐进,相互渗透,从而达到学以致用的教学目的。

名师出高徒,对于美术教育来说并非是恒定的规律。有的国画大师的弟子,身出名门艺术上却很平庸,其中一个很重要的原因,就是一些大师的艺术风格十分强烈,他的笔墨是不适宜临摹的,只能师其心,不能学其形。研究吴茀之的专家普遍认为,吴茀之的写意花鸟画是学习花鸟画的极佳范本,也是入门的捷径;或从艺术追求更高一步来说,学习吴茀之花鸟画艺术风格,会有更大的收获,最终能蜕化出来。这是吴茀之花鸟画在美术教育中的

吴茀之画稿 4

重大艺术价值之一。相对而言,潘天寿的花鸟画是很难学以致用的。风格霸悍而格调雄奇,笔墨简洁而格局森严,有高处不胜寒之感,令人难望其项背。吴茀之的花鸟画虽源于海派,却没有沾染海派谐俗的一面,格调高雅,是文人画的正脉。吴茀之的花鸟画,既有大写意挥写的气魄,又有小写意刻画的精微,放得开,收得住。他的花鸟画以繁见长,学者可以从中掌握更全面的技法。他的画题材宽泛,花鸟鱼虫无所不能,从学者可以领会多种题材表现手法。因此,他的写意花鸟画可以金针度人,惠泽桃李。

**注释:**

①见卢炘《潘天寿和国画系老先生群体》,载《中国画六十五周年》,浙江美术学院出版社1993年版,第66页。

②见郑朝《我院中国画历史上的几个重要阶段》,载《中国画六十五周年》,浙江美术学院出版社1993年版,第78至80页。

③见纪念吴茀之先生一百周年诞辰学术研讨会纪要

④见纪念吴茀之先生一百周年诞辰学术研讨会纪要

⑤见吴茀之《中国画理概论·画微随感录》,上海书画出版社2010年版,第129页。

⑥见吴茀之《中国画理概论·画微随感录》,上海书画出版社2010年版,第56页。

⑦见张世煌、项冰如《且凭书画慰劳人》,中国美术学院出版社2009年版,第9页。

⑧见吴茀之《中国画理概论·画微随感录》,上海书画出版社2010年版,第133页。

⑨见吴茀之《中国画理概论·画微随感录》,上海书画出版社2010年版,第69页。

# 第三节　著述丰厚

吴茀之在教学生涯中,勤于著述,他的许多理论著作,是为教学需要而编写的讲义,既可作为教学之用,又是学习和研究国画的典籍,是他的心血和智慧的结晶,是丰厚的文化遗产。

《中国画理概论》《画微随感录》是目前公开出版的吴茀之的理论专著。《中国画理概论》引例说明:"本编为曩年客沪时,因从者之索,始着手撰稿,曾用作上海美专及国立艺专讲义,只因遭乱后,疲于转从,迄未加以整理,勘谬补造,暇当任之。"可知曾用于教学之用,学生柳村在序言中说明了成书的经历:"早在上个世纪三十年代,茀师自沪海天斋开笔写作讲义,至抗战爆发,转赴昆明、重庆四年,又到闽中,在碧涧楼继续奋笔,十余年间,几经修订,积累成书,来之不易。"

这本书分绪论、通论、分论、余论四章,上下二编,共有四万余字。绪论讲述国画的起源、分类、派别和地位,这四个篇章引古论今,条理清晰,尤其是《国画之地位》一章极有个人见解。在当时西学东渐的情势下,他对中国画充满了民族自信心,并认识到中国绘画对西方印象派绘画的影响而希望国画昌盛发展,"深望举国上下, 竭力提倡,将固有之国画, 发挥而光大之,则

《中国画理概论·画微随感录》书影

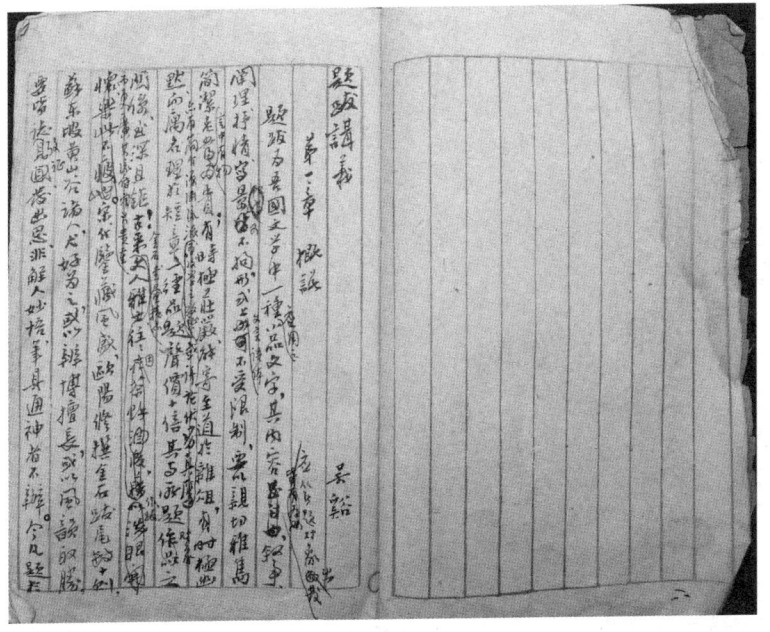

吴茀之题跋讲义

是将来之国画地位,当更有非意料所及者"。在通论中,详细阐述了临摹、写生、用笔、用墨、用色、布局、款跋等七个有关国画学习和创作问题。文中既讲述道理,又教授技法,谆谆教导,循循善诱。每个章节他都首先阐明要义,然后结合古代的画论、画理,分述其发展沿革,又结合自己的实践列举技法的要点。这些论述,有对前人理论和技法的解析,更多的是他的独立思考和个人感悟。这部著作,绝非是人云亦云的复述,也不是自以为是的独语。

《画微随感录》是吴茀之从教从艺的手稿,由于是随兴有感而记,篇幅长短不一,虽一鳞半爪,却是字字珠玑。内容涉及画史、画论、笔墨技法,以及和学生谈书论画的记录。这些论述是吴茀之个人在艺术求索中最深切的感受,更具有主观性、直观性,是他对艺

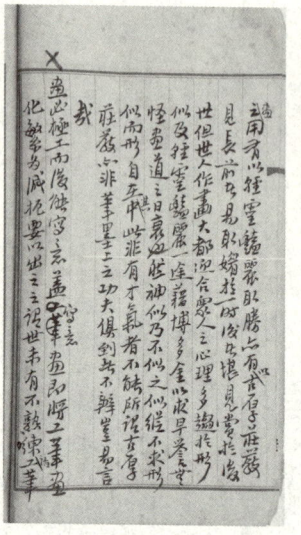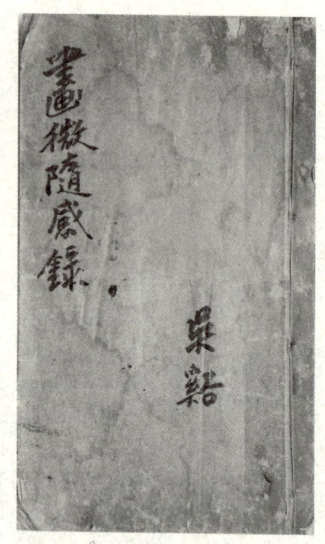

画微随感录手稿

术感悟的肺腑之言,艺术实践的经验之谈。

这两本著作吴㡷之用的大都是文言文,措词简洁扼要,陈述深入浅出,虽然是理论著述,文字语言并非平铺直叙,而富有感情色彩,读来朗朗上口,言语娓娓动听。这两本著作,史、论、法交辉,古、今、我参证,是吴㡷之国画创作、教学、研究的结晶,是吴㡷之艺术思想、艺术纲领的宣言。

此外,吴㡷之的著述还有《中国画十讲》《题跋讲义》《国画教学法》以及一些论文、讲稿,如《阎立本》《阎立本的画迹》《吴道子的画迹及介绍》《吴道子人物画创作方法的探讨》《中国人物画的新研究》《关于中国画的用笔、用墨、用色问题》《谈谈花鸟画的人民性和特点及其继承与革新问题》《关于国画上光与色的问题》等等。吴㡷之的一些著作还流传到国外,美籍学生博爱德女士在中国学成回国后,将吴㡷之口授的画论整理成《画论笔记》出版。张

吴
㡷
之
艺
术
论

218

书旅去美国时,曾带去吴茀之的手稿《中国画谈》,现存美国斯坦福大学胡佛研究院。吴茀之的许多学生也曾经记录整理他艺术教学中的言论,如朱颖人编著的《名家讲学笔记》,金鉴才将吴茀之和他的谈艺记录整理出厚厚的一叠笔记,不幸在"文革"中被窃走,他说这是他平生损失最大的一项财产。

吴茀之一生献身国画教育事业,是因为他有着强烈的民族自信心、自尊心,有着强烈的传承民族艺术的责任感。民国时期,西风东渐,国画艺术受到被西画改良的危机;新中国成立初期,文艺路线"左"倾,山水花鸟画被冷落轻视,但吴茀之矢志不渝地坚守国画教学岗位。"文革"中,文人画被作为封建余孽而遭唾弃,吴茀之仍向登门求教的学生热心地传授国画。"文革"中,吴茀之最为痛心和遗憾的是他被迫离开了讲台,不能将自己一生在国画探索中取得的经验和技法传授给学生。

春蚕吐丝,蜡炬成灰,吴茀之在美术教育上倾注了大量的心血,在教育实践和教育理论上都取得了丰硕的成果。他是一位聪慧而勤劳的园丁,广植桃李,精耕细作,迎来百花争艳,芬芳斗菲。

# 第五章　论吴茀之艺术人格

艺品即人品,是中国自古至今对艺术家所形成的共识,也是评判艺术高下的重要标准之一。北宋郭若虚说:"人品既已高矣,气韵不得不高,气韵既已高矣,生动不得不至,所谓神之又神而能精矣。"书如其人,画如其人,书画作品既表达作者的情感,也表现出作者的人格修养。书画家人品修养高,则会擢升作品的层次,书画家人品修养低,则会降低作品的档次,这就是所谓:"人品不高落墨无法。"中国文人画以诗文、书法提升绘画的笔墨品质和审美境界层次,尤其强调画家对人品的修炼。中国文化注重伦理和道德,审美以善为宗。德艺双馨,是民众对艺术家的期望,也是有社会责任感的艺术家的追求。

吴茀之是一位造诣非凡的书画家、为人师表的教育家,又是一位品质高尚的艺术家。他具有文人高清的本质,又不乏农民般淳朴的品性。他待人真诚热忱,做事负责认真。身处困境时,他耿直坚毅,面对名利时,他淡泊从容。与他结交和相处过的亲友、学生,对于他的人品莫不交口称赞。人们热爱他的书画艺术,这其中也包含着对他人格的深深敬仰。吴茀之的书画作品充盈着正气、清气、雅气,这得益于他艺术人格的修炼。正如他所述:"首先为人要作风正派,道德高尚,品质优良,然后艺事才能有成就。"

# 第一节　如兰斯馨

吴茀之作为一名受过传统教育的知识分子,他在艺术上坚持艺品和人品的统一,他说:

绘画之事,首贵立品,其次立意,又其次为理为法为气为趣。

然气之清浊,趣之雅俗,皆有关人品高下。人品不高,则利欲熏心,性与尘交,心为物蔽,虽刻意工巧,有物趣而乏天趣,其为气也非轻而薄,亦必粗而浊,故画以德成为上,艺成为下。必其人品高洁诚挚,而后其画始能沉着古厚有幽情,所谓画以人传也。不然矫揉造作,自欺欺人,始终缺乏真实性之表现。呜呼,可学者自当以立品为先,品立,则意远气清,风趣自足,所谓理法亦不难迁想妙得之。①

吴茀之深刻认识到,绘画作品的高下首先取决于其作者品质,而不完全是依托技法。而品质与作者的修养是休戚相关的。因此,要在艺术上有所作为,创造优秀的作品,首先必须做一个道德高尚、品质优良的人,这种艺术思想始终贯穿在他的艺术生涯中。

吴茀之的先祖吴渭、吴莱,都是忠贞不渝的志士仁人。他们的品质言行,吴茀之深受感染,他以"清翁后人"自勉,颇具先贤义重如山、刚正不阿的遗风。浦江县郑宅镇的"江南第一家",又称郑义门。居住于此的郑氏家族,奉行以儒治家,倡导"聚族合食共居",形成了长达十五世历经330多年的聚族同居史。孝

清翁后人

义治家的精神,使浦江的乡风注重以儒家思想教化后人。吴茀之的父亲教导吴茀之要诚信待人,尊师爱友。吴茀之少年时代,到狮岩下拜陈友年先生为师,学习古诗文,在先生家,因劈柴不慎击破了水缸,老师安慰他没关系,他的父亲得知后却买了一只新水缸运到陈友年先生家中,以作赔偿。②这是一桩小事,却反映了吴茀之父亲淳朴忠厚的本性,他以此事教育吴茀之如何待人接物。

吴茀之在上海求学时,老师们不仅在艺术上谆谆教导,恩师们崇高的人品,也深深地陶染了他。吴昌硕是一代宗师,艺坛泰斗,却谦逊随和,乐于提携后学;王一亭身为豪门儒商,仁慈侠义,常仗义疏财,济贫助困;刘海粟以革新艺术教育为己任,坚韧不拔,又爱学生如子;经亨颐乃学界名师,刚直不阿,诲人不倦……高山仰止,景行行之,恩师们非凡的人格修养,在吴茀之心目中打下了深深的烙印。

吴茀之青年时代先后参加过"寒之友社"和"白社",这两个艺术社团宗旨的共同点,就是倡导坚守人格清白,不与世俗同流合污。尤其是白社五人,都恪守道义,品格高尚。每个人虽然秉性不同,却亲如手足,惺惺相惜,相互激励。在师友们潜移默化的感染下,画品和人品统一成为吴茀之艺术人生的信条。

吴茀之一生经历清末、民国和中华人民共和国三个时代,这是国家命运多舛、政治风云频变的时期,他基本上是在社会动荡、政权更迭、战争频发、文化冲突、观念纷乱中度过的。时代风潮所掀起的巨浪,极易改变人的本性。吴茀之作为清贫的教书匠,在极端的困境中,仍旧坚守凛然清高的本质,正如他的题画诗句所表述:"竹寒不改节,可以比君子。"国家危难时分,吴茀之作为一个有责任心的知识分子,亦忧国忧民。他没有选择僻居林泉,以诗画自娱的隐士生活,而是离家别子,漂泊异乡,担当起教书育人的重任。吴䍿之终身从教，为人师表的职业道德要求使他更注重人格的淬炼，在校园的净土中，他面对的是纯真的学生，与世外的万丈红尘隔离得更远。在抗战时期，他对生活上有困难的亲友学生，总是热情相待，鼎力相助。

新中国成立前，吴䍿之疏离政治，但并非是漠然时局，他对时事还是关注。吴䍿之有一册线装的《诗跋杂登》，是他抄录的古今诗句题跋以及杂论。

吴䍿之与夫人黄丽贤合影

其中有三则是和时事有关的：其一《摘录申报自由谈》，是议论甲午战争失败，日寇侵占东三省之事；其二《泣别青年援马团》，是讲述为声援马占山将军誓死抗日，热血青年自愿结为团体去助战之事；其三是抄录陈梦蝶赠马占山孤军抗日屡战屡克的对联，"守土失孤忠举国同瞻黑马，复仇申大志他年直捣黄龙"。这些都是当时社会的热点、焦点问题。以上三则文字都饱含抗日救国热情，吴䍿之记录下来，也正是心有此想的表白。1931年，"九一八"事变前后，吴䍿之在《寒灯黄菊》题诗的"附志"中写道：

东北风云日紧，而余则放浪形骸，一若漠不关心者，写此不禁掷笔怅然并题句以寄慨。

这种自责，其实是国愁难消、报国无门的感慨。1938年，全面

抗战开始,他希望国人誓死卫国,奋勇杀敌。如《题虎》:

> 当今海内(兮),万丑跳梁。
>
> 安得猛士如虎兮,镇我四方。

他召唤国人不畏牺牲,不做亡国奴,坚信抗日必胜。又作《题画石》:

> 虏陈横中原,死者百万户。
>
> 玉碎毋瓦全,国破宁焦土。
>
> 纵使草无垠,此石坚可抚。

宁可玉碎,不为瓦全,铮铮傲骨,耿耿忠心。吴茀之作为一名知识分子,虽不能亲赴前线杀敌,但是通过掷地有声的诗文,与国人共勉保家卫国,宁死不屈。

吴茀之晚年遭遇了"文化大革命",这是他一生处境最为恶劣的阶段。关牛棚,遭批斗,写检查,被抄家……他年近七旬,又病体加身,在凄风苦雨中,他没有颓丧沦落,而是显现出不屈不挠的精神气节和忍辱自强的坚韧意志。吴茀之爱国守节,与人为善,却在"文化大革命"遭受不白之冤,他虽然委屈万分,但是没有对党和国家失去信心,他没有用画笔去宣泄对现实的不满,去抒发满腹的怨愁,也没有自怨自艾,计较个人的得失。他讲究操守,举世皆浊也誓不同流合污。"四人帮"的爪牙暗地告诉吴茀之如果揭发交代,生活费可以从70元提到80元。吴茀之怒斥,"我没有罪,不为五斗米折腰"。对于"四人帮"的倒行逆施,他没有吞声忍气,逆来顺受,而是竭力地抗争。"造反派"强迫他退休时,他不屈服,写上"毛主席说的老九不能走"。他的作品被批成"黑画",揪斗他时,他反斥"造反派":"为什么说我反对共产党?"对于这种无中生有的诬陷他不能接受。批斗后,他对学生朱颖人愤慨地说:"像他们这样批评法,他们就是拿毛主席的诗给我,我也可以批他是反动

吴茀之和潘天寿合影

的。"在当时的政治环境下,斗胆直言是要付出巨大代价的,而吴茀之却无所畏惧。他画《篱菊图》《松色不肯秋》以示抗争和自我表白。

　　吴茀之淡泊名利,一生所做的"官",只是一次教务主任,二度国画系主任。他兢兢业业,尽心尽责。吴茀之生活简朴,作为大学教授、著名画家,他没有名士派头,不讲吃穿,唯喜好抽烟以助画思。现存浦江吴茀之纪念馆的吴茀之生前的画室用具,都是极普通甚至简陋的家具。他常教导亲属要勤俭持家,他一双雨鞋竟然穿了二十几年。他留给后人的遗产除了他的书画作品外,只有书籍。他与潘天寿院长为了给美院引进人才,调入名师,几经周折,不辞辛劳,而他却没有为子女安排工作奔走相求。他很想让儿子吴始楠从南昌调回杭州工作,却成了没有完成的遗愿。

作为书画艺术家,吴茀之有着丰富的情感世界,对亲人、对师友、对学生都饱含情谊,赤诚相待。"茀之先生素性缓和,在家事继母至谨,当其尊君丧偶续娶,吴茀之特意挥笔写'玉堂春色'四大字置诸门端,以表示欢迎,人皆首肯。"④ 考入上海美专后,因家庭贫困,费用拮据,其族兄吴士槐主动借钱资助,吴茀之守信用,重情谊,参加工作后他省吃俭用,先还清借款,后才从浦江接家眷到上海居住。吴茀之有着浓厚的家庭观念,恋家思乡之情,在他的诗画中多有表述。他与妻子黄丽贤,琴瑟相合,相濡以沫。黄丽贤是一位普通的家庭妇女,她承担了所有的家务,全身心地支持吴茀之的事业。吴茀之风度儒雅,相貌英俊,又是大画家名教授。据说曾有女学生向已有家室的他传情示爱,吴茀之不为所动,断然拒绝。他将全家照挂在客厅,以表心迹。吴茀之对爱人相敬如宾,关爱至深,妻子晚年患了"痛风",他让儿女轮流陪护,并四处求医问药。妻子病逝后,有人劝他续弦,他拒绝,并戏言要立男子的贞节牌坊。他对儿女既严格要求,又关怀备至。二女儿想报考国立艺专,他表示大公无私,不开后门,不讲情面。得知南昌的儿媳徐菊芸身体衰弱,他特意从杭州寄去红参,以滋补身体。他大哥吴士维的儿子吴世骥书画有所专长,吴茀之任国立艺专国画系主任时,遂向潘天寿推荐,即被聘为校长室秘书。吴世骥不幸早亡,他的长子吴战垒考取杭州大学中文系时,家庭生活极为困难,吴茀之的收入也很拮据,仍每月接济他生活费。

潘天寿是吴茀之一生披肝沥胆、患难与共的挚友,友谊长达半个世纪之久。吴茀之对弟子说:"我与潘先生之间可以做到无所不谈。"有人编顺口溜:"潘老吴老,两人要好,亦师亦友,何人不晓?"二人友谊之深,可见一斑。吴茀之因为在上海美专求学时,潘天寿应聘来校任教,故终身对潘天寿执师礼。潘天寿亲切地呼他为"茀之"，他尊称"潘先生"。潘天寿"文革"中，被打成"反动学术权威"，师生中反戈一击者、落井投石者大有人在。吴茀之也被关进了牛棚，身陷囹圄，他忠贞不渝，不卑不亢。批斗潘天寿时，"四人帮"爪牙污蔑"白社"是搞白色恐怖，吴茀之义正词严地说，"白社"意为清白为人，不与权贵合作。造反派让他坐下，他愤然说潘先生不坐，我也不坐。潘天寿住院时，吴茀之曾瞒过监视数次去医院探望，潘天寿临终

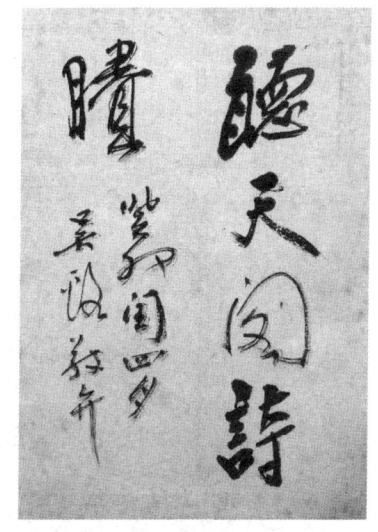

吴茀之为潘天寿诗集题签

前一日还在病榻前倾谈劝慰。闻听潘天寿逝世的噩耗，吴茀之悲愤万分，凛然赶往浙江省中医院诀别，他对家人说："父母法场被绑，儿女是无所顾忌的，我要去与潘先生告别。"吴茀之曾作《岁寒三友图》（1945年），潘天寿画上题诗："不因春芳菲，不以寒改节。臭味与谁同？空山盟古雪。"这正是二人君子之交淡于水，手足之情浓于血的友情写照。

吴茀之和张世煌，一个是著名的国画家，一个是普通的农民，他们结交为情感极其深厚的师生，演绎了许多十分动人的故事。张世煌是浦江礼张村的青年农民，喜爱书画。1961年冬，经堂兄张世恩引见结识了吴茀之，于是开始赴杭州登门向吴茀之求教。吴茀之对这位淳朴的同乡，给予极大的热情，让他食宿在家中跟随习画，张世煌经常"登堂入室"求教，俨然成了吴茀之家中的一员。吴茀之从临摹到写生、创作以至作诗，都不厌其烦地耐心示范讲

解，给他的习作修改补笔，还教导他为人处事的道理。

为张世煌授课，吴茀之不但分文不取，还常作课徒稿赠他学习，送给他的画作中有的是吴茀之的代表作，如《黄山降龙松》《鸦啼露滴桐》。当张世煌报考浙江美院落榜时，吴茀之宽慰他不要灰心，鼓励他在劳作之余，坚持习画，为此书对联相赠"不忘田园勤

吴茀之 1975 年像

作业,且凭书画慰劳人"。

张世煌品性忠厚,深得吴茀之信任,家中的一些事常托他代办,甚至将自己的后事都托付于他。对于恩师所托,张世煌事无巨细尽力而为。"文革"中,吴茀之家中门庭冷落,张世煌却依然如故,远道来杭,嘘寒问暖……为了纪念和恩师的情谊,为了让这些逸事留芳画坛,在吴茀之诞辰110周年之际,由张世煌、项冰如编著的《且凭书画慰劳人——国画大师吴茀之与一位农民国画爱好者的交往》一书正式出版了,师生交往的点点滴滴折射出的是真诚友善的人性光辉,彰显了吴茀之平易近人、平等待人、热心助人、潜心育人的可贵品质。

书画作品是书画家心血的结晶,如何对待自己的创作成果,亦可折射书画家的品格。吴茀之一生很少卖画,他的书画作品或自藏或馈赠他人。吴茀之艺术创作的态度十分严谨,待人也极诚恳。对于求画者,不论是公家的单位、亲朋挚友,还是一面之交者,他都一视同仁,认真对待,他不会因求画人是外行而草草应之。有时,十分精彩的作品吴茀之本想自存,但是求画者开口,吴茀之又会割爱相赠。

中国画史上,有着著名画家不屑卖画于达官贵人,却乐于赠与平民百姓的美谈。在吴茀之的故乡浦江,流传着吴茀之画《马头图》的民间故事。新中国成立前,浦江的县长是个贪官污吏。他知道吴茀之的画价值不菲,便登门讨画。吴茀之厌恶他的品行,故不予理睬。县长怕失脸面,就偷偷捡了吴茀之丢在废纸篓里的一张碎画,只有一个马头。县长拿回家将马头画题跋装裱,向外人谎称是吴茀之特意为他画的。民间传说固然不足为信,但在现实中,吴茀之对于官场中人,绝不趋炎附势。

吴茀之的画室花瓶中,插着一把没有扇骨的白折扇,据说是省长周建人(鲁迅之弟)请他画的扇,吴茀之颇不以为然,搁置了三年还没画好。一位官居国家文化部门要位的名人(据说是郭沫若)来浙江美院视察,他要了潘天寿的画后,又托人向吴茀之求画,吴茀之断然拒绝。吴茀之说,这位名人并没有为美院做了什么事情,我不需要送画给他。言外之意,如果是为了公家的利益,他是不会吝惜自己的画作的。这虽然是一桩小事,却反映了吴茀之崇高无私的胸襟。

对于普通的群众向他求画,他本着"画慰劳人"的思想,热情有加。有一次他回故乡,乡邻都闻讯赶来求画,他不论相识与否,都作画相赠,以致劳累过度,头昏眼花,汗流浃背。1977年,他在上海瑞金医院出院前,医生、护士、病友向他求画作纪念,他大病未痊,只能坐在病床上,用三合板倚枕作画,他强支病体,竟然画了几十张。一位裱画师,因生活困难,向吴茀之求画可卖掉换钱,吴茀之马上画了幅兰竹,送给他以解衣食之忧。有的人甚至将挖去上款的吴茀之作品,拿出请他补正,他也不生气,认真地补笔……

**注释:**

①见吴茀之《中国画理概论·画微随感录》,上海书画出版社2010年版,第38页。

②见张岳健《吴茀之》,湖北美术出版社2005年版,第3页。

③手稿藏浦江吴茀之纪念馆。

④见张世禄《吴茀之先生二三事》,载《纪念吴茀之先生专辑》(浦江文史资料第六辑),第17页。

## 第二节　画如其人

　　以物喻人是中国花鸟画的艺术特色之一,在传统的花鸟画题材中,许多花木都被寄予人格化的寓意。吴茀之一生喜写"四君子"、松柏、荷花,即是借助这些为历代文人所歌咏的贞花幽草,抒发他在人格上的高标追求。兰花是他最擅长、也是最具艺术魅力的题材。《孔子家语》记:"芝兰生于深林,不以无人而不芳;君子修道立德,不为困穷而改节。"兰花的高雅脱俗、遗世独立的品质,即是他高尚的人格的写照。画兰他常题"坚芳之质""得气之清",他

晴雪

向往如山谷的幽兰一样远离尘俗的羁绊,节守清高的本性。吴茀之笔下的兰花之所以能达到出神入化的艺术境界,不仅仅是他笔墨技法高超,而是他把人格的追求完全融入图画中,他画的兰花,涵括了自然之美、笔墨之美、品格之美,是真正的"心画"。

艺术风格的形成与艺术家的人格修养是休戚相关的。艺术作品是作者气质、禀赋、学养的自然流露,正所谓文如其人,画如其人。吴茀之一身正气,心胸博大,外在儒雅而本性刚毅,他的画中则呈现出一种雅正之气。落落大方,没有描头画脚的工匠气。言之有物,没有无病呻吟的酸腐气。通俗易懂,没有佶屈聱牙的学究气。讲究法度,没有恣肆粗野的江湖气。

吴茀之本性真诚,文人画是作者表述心声的艺术载体,这使他的作品与他的个性保持了同一性。吴茀之作为农家子弟,喜欢闲花野草远胜奇花异卉,田头篱落的果蔬庄稼,寄托着他浓郁的思乡之情和对劳动者的赞美。他喜爱纯净的大自然,厌烦市井的喧嚣,他笔下的花木含风迎露,生机无限。这是他生命的律动,对造化的敬畏。

潘天寿说:"吴先生作画做事往往是慢吞吞的,但能在慢吞吞中动脑子,然后出一奇点,急中生智,画出好的作品。"吴茀之做事总是不紧不慢,但下笔又很敏捷,他自谓"性慢心急"。所谓"快而能慢"表现在他的作品中,笔墨节奏性很强,又能入木三分,稳健而厚重。吴茀之性格温厚、举止文雅,但没有学究气,学生们说吴茀之极具艺术家的浪漫气质。吴茀之做事有时也随心所欲,喜怒哀乐都挂在脸上,兴致高扬,挥毫不止,情绪低落,搁笔不动。吴茀之反对"画谱气",就是反对作画过于程式化而了然无趣。他作画也打草稿或腹稿,但在具体描绘时,常能突发奇想,别出心裁融入新的艺术构想。他作画讲究法度,但更强调趣味性,他以造化为师,以自然中真切的美景入画,故能动人心弦。因此,他的作品中,很少有一稿多画的现象。

吴冠中谈道:"吴茀之老师对我说'我喜欢吃甜年糕,张振铎老师要吃汤年糕,潘天寿老师则爱吃炒年糕',是偶然吗?这三种年糕的口味透露了三位老师当时的艺术气质。"这段话十分耐人寻味,吴茀之喜欢吃甜年糕,甜是普通人都易于接受的口味,表现在艺术气质上,可理解为甜美、通俗。吴茀之的作品是标准的文人画,但普通百姓也喜爱,他的画是易于解读的,他画面表现的主题和意境,明了而不隐晦,很少表现孤寂、凄凉的情感,幽雅明快是他作品的主旋律。他的绘画技法熟练而到位,没有故弄玄虚的笔墨,没有虚张声势的构图。作为写意画,他能捉住物态的本质特点加以强化,对物态的夸张和变形都适可而止,观众一目了然,又回味无穷。"甜"要有节度,否则要甜俗、甜媚、甜腻,这是吴茀之极力反对的。他劝诚学生不要学习张书旂的画风,就是唯恐落入甜俗的歧途。吴茀之一生几乎不卖画,他作画不会过多顾及他人的口味,而

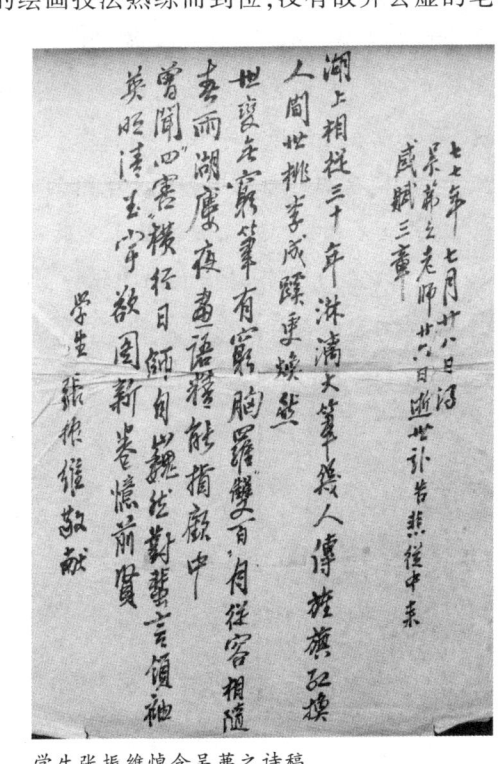

学生张振维悼念吴茀之诗稿

滑入媚俗的泥潭。他趣雅情真,故作品能甜美而不媚气,平易而不俗气。新中国成立后,吴茀之顺应时代的要求,摒弃了旧有文人的审美情趣,使自己的作品接近于广大民众的审美趣味。吴茀之主要是通过题材和意境的变化,使之适应时代和大众的审美,总体艺术格调并没有降低,从而没有使花鸟画陷入图解政治宣传化畸形怪圈。

马锋辉说:

吴茀之先生的艺术是一份珍贵的文化遗产,先生为人则是另一份珍贵的人文遗产。他虽成名很早,却一生淡视名利,不慕声华。他的才华多半是自我锤炼完成,不够展开发扬,许多绘画精品未能广泛地为人们所欣赏和研究,包括仍被时事所淹隐的很多重要前辈画家,他们曾处于历史盲点,却不趋世俗意识形态,耿介求是,坚守着最为纯净的一块艺术领地。在他们传递抱负的艺术实践中,人格意识的独立性、艺术理想的自主性、文化语境的使命感、人文含蕴的完整性都值得后人尊敬和学习。①

吴茀之的艺术正是他品格的化身,他的艺术能取得卓越的成就,正是因为他有着高尚的品格。因此要传承和发扬他的艺术,必须研究和学习他的品格。

**注释:**

①见马锋辉《灿烂归于平淡——关于吴茀之艺术对话》,载《中国书画》2008年第5期,第35页。

# 第六章　论吴莁之艺术鉴赏

## 第一节　作品辨伪

近年来,吴莁之的艺术影响逐增,他的作品颇受藏家青睐,市场价格大幅上扬,随之而来的是,赝品也层出不穷。从目前来看,吴莁之作品的赝品数量较大。从拍卖公司的图录,各类网店展示的待售或已成交的吴莁之作品来说,赝品占了一半以上。如雅昌艺术网展示的某拍卖公司2011秋拍吴莁之的作品有6件(已成交3件),其中竟有5件是赝品。这些赝品是不会消失的,还会通过各个渠道在艺术市场继续流动。

当前,书画市场上出现的吴莁之作品的赝品,按照造假水平可分为三类,且称为低仿、中仿、高仿。低仿者,大多出现在北方以及一些较偏远的省份。造假者对吴莁之的艺术了解甚少,伪作近乎瞎编乱造,他们将与吴莁之艺术风格毫不相关的写意花鸟画,随意添上吴莁之的名款,粗制滥造,较易识别真伪。中仿者,许多是根据出版的吴莁之书画作品集,临摹或是拼接组合,粗看颇为相似,这类伪作在市场上占的数量最多。实际上,出版物中的作品大多是吴莁之先生的代表作或精品,许多收藏在纪念馆、美术学

晚翠 1944 年

院等单位，市面上流动的可能性不大。这类伪作仔细审定是可以看出破绽的。吴茀之的笔墨技法极其高超，要临摹得很像，并不是件容易的事。高仿者，则对吴茀之的艺术有着较深入的"研究"，较熟练地掌握了他的笔墨技巧和构图要领。因此，不易辨别真伪。这类伪作貌似而神不似，缺乏生动气韵，易在题跋或点苔、穿插等细微地方露点马脚。高仿现在虽然并不多见，但是以后会日益增多，造假者也会"与时俱进"，不断提高水准，须引起藏家重视。

目前，新的赝品层出不穷，手法不断翻新，可谓防不胜防。吴茀之一生从教，学生极多，他又重乡情，赠给学生和同乡的作品数量较多，如果冒充学生和同乡的身份去编故事是有一定迷惑性的，须提高警惕。如国外回流的作品，更须谨慎，其实都是骗子惯用的伎俩。在一次鉴定活动中，浦江一农民将祖传的一幅吴茀之作品请上海博物馆钟银兰女士鉴定，竟被判为赝品，而作品的上款是藏者的祖父，款识尚完好如初。经过认真地察看和分析，才真相大白。原来藏者对书画是外行,数年前,曾将作品拿去装裱,被心术不正的裱画师用赝品调了包,而将原作的款识挖下来,补在赝品上,称得上是瞒天过海。如果这样"半真半假"的作品流传在市场,就很难鉴别。

几年前,北京一书画杂志向笔者约稿,要发一期介绍吴茀之艺术的专刊。笔者将一篇《吴茀之作品鉴定浅谈》的文章和两张吴茀之作品的图片发了过去。不料该杂志编辑频换,此事不了了之。去年,一画商告诉笔者,在北京某拍卖公司预展上,看到一幅落款为吴茀之的梅花,并附有一本杂志,杂志上刊登的是笔者《吴茀之作品鉴定浅谈》文章和这幅落款为吴茀之的梅花,据画商鉴定梅花是赝品。由此事可知,造假者可谓是绞尽脑汁,不择手段,骗术极其高明。

吴茀之作品的鉴定,可以从以下六个方面进行论述。

(一)师承

吴茀之作为浙派花鸟画大家,其艺术自然有着鲜明的个人风格,但在艺术表现中,也必然或多或少地流露出艺术传承的轨迹,因此必须明了他在艺术成长中受到哪些画家的影响。吴茀之早期临习恽寿平、蒋廷锡,在上海求学时学习吴昌硕,此外还受到李复堂和王一亭的影响。这其中,在笔墨技法上,受王一亭的影响极大,早期作品尤为明显。他画翎毛的笔墨技法及造型大多传承王一亭,这种笔墨风格的烙印,在他中晚期的作品中也有很深的体现。同时,他还受到"白社"师友艺术的影响,有的作品,画松类似诸闻韵,画石类似潘天寿,画鸡类似张书旂等。总而言之,吴茀之的艺术取法多家,百川汇成大海,而并非是单一专学吴昌硕。

有的造假者,对吴茀之艺术没有深刻的认识,浮浅地认为吴茀之只是学吴昌硕画风的, 便伪造一些吴昌硕风格的花卉蔬果,添上吴茀之的名款,充作吴茀之早期作品欺世。

### (二)笔墨

笔墨是鉴别作品真伪的关键所在。鉴定吴茀之的作品,应该以笔墨风格为主要依据。题材、章法、造型都是可以模仿的,现代技术复制印章已达到毫厘不差的水平,陈年的宣纸,旧墨都是可以寻求到的绘画材料,只有笔墨风格是作伪者最难把握的。

笔墨不仅体现了作者的技巧,也表达了作者的审美和修养。吴茀之作品的风格是刚健中蕴婀娜,通俗地讲,就是既俏丽又有力度。他的大写意技法,不是粗枝大叶,逸笔草草,而是用大写意的笔触画小写意,既准确又不失大气,耐人寻味,别有余韵。作为写意画,作伪者照猫画虎,也只能达到笔墨和原作比较形似,要达到神似是很难的。吴茀之作画是大胆下笔,小心收拾,故笔墨既有气势又有条理,收放自如。而作伪者或一味强横,笔墨过于粗野草率,或刻意经营,笔墨过于纤弱拘谨。吴茀之作品的线条,爽利而沉着,"毛"是其特征,用墨鲜润而厚重,"活"是其特点,这是鉴定笔墨中须把握的要点。

吴茀之作画,喜用复笔。吴茀之用复笔却极高明,通过复加,起到了积墨、积色的效果,增强了主题。而作伪者,不明此理,往往是画蛇添足。

吴茀之作品的设色明丽娇艳,却不失浑厚沉着。他上色时,注重用笔的变化,通过笔力增强色彩的丰富感。他早年学过西画,因此,在画面中讲究冷暖色的变化和统一关系。伪作用色或是过火,或是过烂,不堪入目。

他画花卉以写意没骨法为主,间用勾勒填色法,画叶时常用花青画叶片,用浓墨或浓花青勾叶脉。他画翎毛则以点垛法为主,间用披簑法。

他画坡石时,常用画兰竹的手法添加各类野草穿插其间,画草的手法极见功力。鉴定画作时，不可轻视。吴茀之很注重点苔，他的苔点节奏感很强，手法也很丰富，这是作伪者易于疏忽的地方。

### （三）穿插

花鸟画中，穿插极为重要，吴茀之画作的穿插功夫令人叹为观止。他笔下花木枝条的穿插十分繁杂，却是有条不紊，疏可走马，密不透风，开合自如，气韵生动。他的穿插技法，个人风格十分明显，分割多呈不等边三角形。吴茀之作画初，下笔十分迅猛，先画主题再逐步收拾，因此穿插是围绕着主题展开的。他的作品，即便是仔细临摹都十分难以把握，而作伪者更是心中无谱，穿插混乱，交代不清枝条来龙去脉，呈一团乱麻。

绣球花 1961 年

吴茀之作品中花木穿插的一个特点是出梢少，主要是为了聚气，将梢头通过转折回旋收拢起来，梢头延伸出去的只有两三处，且总体方向一致，而伪作的出梢往往是四面出击，且漫无目标。

吴茀之收藏书画名家册页

## (四)题材

吴茀之以画花鸟为主,兼作山水人物。他的花鸟题材十分广泛,并拓展了许多前人未画过的题材,如以农作物入画,这些作品大多出现在新中国成立后。他很注重写生,虽然是写意画,描绘的对象却是符合自然生长的规律,没有概念化,有自己独特的审美,这也是他花鸟画生动感人的原因。一些常人不注重的细节,如叶芽、花蕾、花蕊等,他都刻画得很到位,这也是鉴定真伪可以参考的一个方面。

吴茀之是画"四君子"的高手,尤以墨兰著称,这类作品个人风格极其明显。吴茀之的墨兰,单从技法上讲是十分高超的,难以描摹。作伪者尚有自知之明,故墨兰的伪作并不多见。目前,作伪较多的是花卉和蔬果,其中画面中有牡丹、菊花的伪作不少,笔墨和结构都比较混乱,仔细审视,是可以明辨的。

## (五)款识

款识、印章是鉴别书画十分重要的依据。吴茀之书法与画作的笔法是相通的,线条爽利,中侧锋并用。他隶书学《石门铭》,楷书习《马鸣寺碑》,行草书取法黄庭坚、米芾、祝允明、李复堂诸家。他落款的书法以行草书为主,兼用楷、隶,较少用篆书。早期书法肖似吴昌硕,20世纪30年代,字体渐趋方正,有汉隶、魏碑笔意,捺笔拖出略长。20世纪40年代以后逐渐形成个人风貌,字体大小错落,呼应成趣,整段题跋中,有几个字的竖笔拉得较长。

早期的作品署"吴士绥",或"吴谿",后用"吴谿茀之""吴茀之""吴茀之谿"的都有,若出现"溪"字,则无疑是伪作。曾有安徽收藏家寄来落款为吴溪的人物画求鉴,吴溪是另外一个画家,并非是吴茀之。

从题跋的文字内容上,也可以查寻作伪的蛛丝马迹。吴茀之作品中自题的诗文,大都是有感而发,时代气息较浓。有的伪作将书画集中出现的题跋移花接木,往往是言不达意,让人莫名其妙。有上款为张世煌的《墨松图》,经询问,张世煌并没有收藏此画,伪作是从《黄山卧龙松》一画中抄袭的上款文字。又见《芦雁图》,落款为"雁山归来后,作于蜀东艺村",雁山归来指的是雁荡山写生归来,是新中国成立后的事,"作于蜀东艺村"是指抗日战争中在重庆磐溪的事,真是风马牛不相及,说明作伪者对吴茀之的艺术历程,缺乏了解。又见《墨荷图》(1935年)上有吴茀之自题诗一首,查阅吴茀之诗集《画中诗》中有此诗,末句文字有所改动,修订文字,是吴茀之推敲诗句的惯用手法,综合笔墨等其他因素,可定为真迹。

若仅仅以核对印章来鉴定吴茀之作品的真伪,是十分危险的,目前印章的造假已几乎达到了和真迹一致的效果。笔者曾将吴茀之印章印文的原拓和伪作的印文进行比较,差别微乎其微。

鉴定吴茀之作品,应了解吴茀之不同时期的常用印章。如"清翁后人"多用于抗日时期的作品;"用慰劳人"用于新中国成立后的作品;"不服老"用于晚年的作品;"宁作我"用于 1963 年以后。

吴茀之习惯作画完成后即落款钤印,一些没有落款的作品大多是出现了少量的败笔,或者是草稿、课徒稿,这类作品市场上也有流传,真伪只能从笔墨风格上去鉴定了。

### (六)材质

画家为了追求不同的艺术效果,绘画所用的工具和材料是不同的。吴茀之对于作画材料颇讲究。他作画多用狼毫,尤喜用山马笔,取其犀利、健劲的笔墨效果。用墨大多是研磨出来的,不用现成的墨汁。他认为墨汁浓度不够,层次也不丰富。宣纸则喜用厚的夹宣,尤其是表面比较毛的,夹宣留得住笔痕,也能积墨积色,不喜用光滑、单薄的宣纸。吴茀之作画多用优质的画膏(如苏州姜思序堂产品),不用锡管中的颜料,画膏不仅色彩效果好,而且能经年不变色。以上所述是他作画所用材质的常规习惯,鉴定中不可拘泥于此,因为他作画有时受条件限制,自然有许多变数。

吴茀之的作品屏条较多,中堂、横幅、斗方、扇面都有,巨幅作品大多为大型场馆所作,较少见。他还画过许多单张的册页,但他整本的册页画得较少 (如西泠印社出版社出版的《吴茀之兰竹谱》)。手卷几乎不画。近见吴茀之伪作蔬果手卷和整本的花卉册,可知是作伪者主观臆造的。四条屏吴茀之也很少画(目前只有浦江吴茀之纪念馆藏有花卉四条屏),作伪者将其原尺寸不一的花卉作品,描摹伪造成四条屏,多次出现在拍卖市场。

吴茀之兼有诗人和教育家的双重气质,因此作品既洋溢着浪漫的气息,而技法上又能中规中矩,这是吴茀之作品总的风格特征,需很好把握。

# 第二节 市场行情

吴茀之一生以教书为业,虽然是知名画家,但很少卖画,因此在他的艺术生涯中,和他书画价格有关的资料和信息都很少。1927年,王一亭为吴茀之写过一帧类似润例的题词:"茀之吴君画笔浑厚,于魄力横逸之中而得形似,故能作花鸟栩栩欲活,公诸同好,将户限为穿也。丁卯春仲,白龙山人书。"王一亭并没有例出吴茀之作品的具体价格,故不能作为润例。时年吴茀之28岁,在江苏淮安中学任教。可能是有人要向吴茀之买画,故吴茀之请王一亭题了这段评价其艺术的文字。民国时,书画界请名流题写润例是一种时尚,王一亭是吴茀之的老师,老师为得意弟子题写润例是顺理成章的,况且对其艺术的评价十分准确,并无夸大之词。

吴茀之在《吴谿国画函授室登记》中有一页记录和他作品有关的价格内容:"参加暹罗中国书画展览会,《蕉荫猫蝶》100,《觅蝶图》100,《护雏》100,《设色锦葵》50,《蓼花寒鹭》50,合计标洋400。"这是他参加展览会,自己为作品标的价格,时间是在1936年。这个价格在当时的书画界属于高价位。民国时期的《艺文杂志》刊登了一些书画展出售作品时的价目。如第一卷第二期(1936年5月10日)的价目:"春华堂书屋展,张善孖四尺堂幅定一百元,张大千青绿山水定五十元,吴昌硕四尺花卉堂幅售八十元,八大山人遗画二帧售一百六十元至二百元……"二者比较,吴茀之为自己作品定的价值几乎与同时期的大师比肩,说明吴茀之对自己作品市场价值是十分自信的。这虽然不是实际成交的价格,但

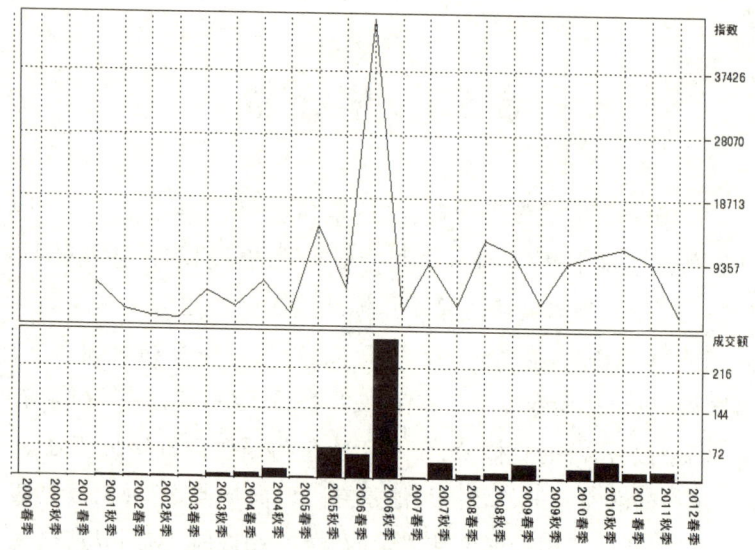

吴茀之作品拍卖价格指数表 1

也可反映出吴茀之作品当时的大致价位。

1944 年,吴茀之在福建南平举办个人画展,作品一售而空,其中有一张甲鱼是吴茀之的得意之作,本不舍出让,就定了很高的画价,不料还是被高价购去。时值抗战,地处山城,国画作品能够热销,既说明吴茀之艺术水平精湛,也反映吴茀之的作品极受书画藏家青睐。

新中国成立以后,吴茀之本着"画慰劳人"的思想,为公家和私人作画几乎都是免费的,公家单位一般只是招待食宿、游玩,并没有给予报酬。吴茀之作品进入艺术市场应该是 20 世纪 90 年代,随着经济的发展和书画收藏的兴起,吴茀之的作品受到浙江藏家的关注,价格并不高,一般只有数千元。

进入 21 世纪后,吴茀之作品的价格逐步攀升,但是买家主要

| 季度 | 上拍数量 | 成交数量 | 成交额（元） | 成交率 | 均价（元/平方尺） |
|---|---|---|---|---|---|
| 2000秋季 | 2 | — | — | — | — |
| 2001秋季 | 1 | 1 | 12,650 | 100% | 6,421 |
| 2002春季 | 2 | 2 | 12,980 | 100% | 2,426 |
| 2002秋季 | 4 | 4 | 18,940 | 100% | 1,455 |
| 2003春季 | 1 | 1 | 6,600 | 100% | 1,115 |
| 2003秋季 | 4 | 3 | 63,800 | 75% | 5,277 |
| 2004春季 | 10 | 8 | 79,860 | 80% | 2,801 |
| 2004秋季 | 7 | 6 | 159,750 | 86% | 6,701 |
| 2005春季 | 1 | 1 | 7,700 | 100% | 1,851 |
| 2005秋季 | 8 | 4 | 610,500 | 50% | 15,111 |
| 2006春季 | 10 | 7 | 475,200 | 70% | 5,524 |
| 2006秋季 | 11 | 9 | 2,884,200 | 82% | 46,783 |
| 2007春季 | 9 | 2 | 22,300 | 22% | 2,228 |
| 2007秋季 | 8 | 4 | 320,000 | 50% | 9,621 |
| 2008春季 | 2 | 1 | 72,800 | 50% | 3,052 |
| 2008秋季 | 2 | 2 | 115,360 | 100% | 13,154 |
| 2009春季 | 4 | 4 | 291,200 | 100% | 11,055 |
| 2009秋季 | 5 | 3 | 20,160 | 60% | 3,289 |
| 2010春季 | 6 | 5 | 219,520 | 83% | 9,700 |
| 2010秋季 | 12 | 8 | 357,280 | 67% | 10,939 |
| 2011春季 | 3 | 3 | 154,100 | 100% | 11,983 |
| 2011秋季 | 6 | 3 | 172,500 | 50% | 9,891 |
| 2012春季 | 1 | 1 | 17,250 | 100% | 1,690 |
|  | 119 | 82 | 6,094,650 | 69% | 12,512 |

吴弗之作品拍卖价格指数表2

局限在浙江，其中杭州、金华、浦江的藏家青睐吴弗之的作品为多。从雅昌艺术网的价格指数，可以分析吴弗之作品近十年来的价格走势。该指数来源于国内17家拍卖公司拍卖纪录的统计，吴茀之的作品在 2006 年达到一个高峰，46783 元每平方尺，随即又滑落，在近年又趋于平衡并回升。2001 年至 2011 年成交价平均是 12495 元每平方尺。这个指数只能作为了解其价位发展趋势的参考，所统计的价格是不确切的，因为拍品中赝品占的比例较大，并不能真实反映其市场流通的价格。实际上，吴茀之作品目前的价格每平方尺在 3 万元左右，精品可达到 5 万元以上，而南北价格也有差距变化，南方高，北方低。

吴茀之作品的价值总体上是比较平衡的，没有大起大落，但目前的价位与其艺术成就相比是明显偏低的。与资历相当的花鸟画家如陆抑非、唐云，以及"白社"成员张书旂、朱屺瞻相比，吴茀之作品价格的差距都很大。当代一些著名花鸟画家是他的学生，价格也大大超过了他，当然"弟子不必不如师"，但目前这些学生的艺术水准并没有超越他。吴茀之作品的市场价值远远没有达到其应有的高度，潜在价值还没有得到充分的提升。

影响艺术作品市场价格的原因是多方面的。吴茀之一生淡泊名利，生前很少宣扬自己的艺术成就。吴茀之去世后，浙江成立了吴茀之艺术研究会，建立了浦江吴茀之纪念馆、金华吴茀之艺术中心，并出版多本画集及著作。但这些研究和宣传吴茀之的活动主要局限在浙江，并没有在全国产生较大的辐射力，致使北方的艺术界和收藏界对吴茀之艺术缺乏认识，所以他的艺术价值在整个中国画界没有形成共识，极大地影响了吴茀之在画坛的地位和在艺术市场的认知程度。

吴茀之的主要代表作和精品都珍藏在浦江吴茀之纪念馆、中国美术学院和其他一些美术馆。在艺术市场，人们看到他的精品力作很有限。如果对吴茀之没有较深入的研究，就无法真正判断其书画价值,这也是影响其市场价格的因素之一。

　　吴茀之一生艺术上极其勤奋,创作的书画作品数量是较大的,但是和卖画为生的画家相比,数量又是偏少的。他创作态度认真,很少画相同的作品,实际上流传于世的作品数量并不多。新中国成立前,他从教迁徙多地,时局动乱,战争频繁,作品流失四方,毁损较多。如《茀之画稿》中的作品,至今未有原作面世。"文革"中,吴茀之被打成另类,书画作品也在劫难逃,又有流失。吴茀之去世后,作品都遗留给了四个子女,子女又选了81幅精品捐赠给了浦江吴茀之纪念馆。估计吴茀之存世的书画作品只有千余幅。现在市场上流动的作品,大多是他生前赠送亲友学生的作品,总体数量并不大。

　　总之,吴茀之作为现代著名的花鸟画家,美术教育家,为中国画发展作出了杰出的贡献,是20世纪中国具有代表性的画家之一,随着人们认识的加深和艺术市场的规范发展,吴茀之艺术作品应该会有一个较大稳定的提升空间。

# 吴茀之年谱

## 凡　例

一、编撰本年谱，是为了反映吴茀之学艺的艰辛探索历程及其艺术生活道路，故以吴茀之一生的艺术活动为主，凡与此有关人与事皆收入年谱。

二、本年谱重点参考和引用张岳健编撰的《吴茀之艺术年表》。年谱中的所述内容，来自吴茀之的日记、手稿、信札和已出版的各类画册、论著，以及研究和追忆吴茀之的各类文章，并参考与吴茀之相关的书画家年谱或年表的内容。

三、为了帮助读者了解时代背景，特于每年之末，摘要当年中国社会重大事件或美术界动态。

四、本年谱还收录了吴茀之去世以后，有关部门和专家宣传和研究吴茀之艺术开展的各类活动和成果。

五、囿于学识，本年谱叙述吴茀之艺术经历活动和引用罗列之史事，恐有疏漏和不当之处，敬请指谬，俟后订正。

**1900 年　庚子　清光绪二十六年　1 岁**

4 月 26 日(农历三月二十三),出生于浙江省浦江县前吴村。初名士绥,字茀之。

张书旂生　沙孟海生　林风眠生　夏承焘生

吴昌硕 57 岁　齐白石 38 岁　黄宾虹 36 岁　王一亭 34 岁

本年八国联军侵华,攻陷北京。

**1906 年　丙午　清光绪三十二年　7 岁**

入前吴村私塾读书,半农半读。

受父兄影响,喜欢图画,用纸笔画花鸟、人物,即能成形。

**1912 年　壬子　中华民国元年　13 岁**

入浦江县立浦阳高小读书。

学习书画,得舅父黄尚庆指教。

本年中华民国成立,改民国纪年。刘海粟、乌始光在上海创办上海图画美术学院。

**1913 年　癸丑　中华民国二年　14 岁**

在浦江县立浦阳高小读书。

本年重阳节,西泠印社在杭州正式成立,首任社长吴昌硕。

**1914 年　甲寅　中华民国三年　15 岁**

浦阳高小毕业。

生母黄氏卒,父续娶潘氏为妻。

**1915 年　乙卯　中华民国四年　16 岁**

入严州省立第九中学读书。常临摹《点石斋画谱》《芥子园画谱》及《恽南田工笔画册》《蒋南沙画册》等。

本年袁世凯称帝，"护国运动"爆发。

### 1919 年　己未　中华民国八年　20 岁

毕业于严州省立第九中学。拜浦江县狮岩下陈友年为师，补习《四书五经》《纲鉴易知录》和唐诗等文史典籍。开始创作花鸟画。

本年爆发"五四运动"。

### 1920 年　庚申　中华民国九年　21 岁

任浦江城里民强高小教员。研习书画并开始学作古诗。

与舅父黄尚庆之女黄丽贤订婚。

本年"中国画研究会"于北京成立。诸乐三拜吴昌硕为师，学习诗书画印。

### 1921 年　辛酉　中华民国十年　22 岁

为春、夏、秋、冬山水四条屏题诗。

本年 7 月 1 日，中国共产党在上海举行成立大会。

### 1922 年　壬戌　中华民国十一年　23 岁

8 月，与同乡张书旂、张子屏一起考入上海美术专门学校（简称上海美专），入高师科求学。受著名画家吴昌硕等先生的教导，始攻写意花鸟画。

本年日本东京举办"中日联合绘画展览会"。

## 1923 年　癸亥　中华民国十二年　24 岁

经常登门向吴昌硕、王一亭先生求教。曾将舅父家珍藏的王石谷山水长卷、吴镇墨竹长卷等原作,请昌硕先生鉴定。

潘天寿到上海美专教授中国画,两人一见如故,常切磋画艺,以师友事之。

本年诸闻韵与潘天寿共同在上海美专创立我国第一个中国画系,诸闻韵任系主任。潘天寿经诸闻韵引见吴昌硕,并拜吴昌硕为师。

## 1924 年　甲子　中华民国十三年　25 岁

毕业创作《牡丹水仙》,深得吴昌硕大写意神髓,受到上海美专教师和画家们的嘉许。

应吴茀之之嘱,诸闻韵作《竹石图》并赋诗相赠。

本年潘天寿受聘为上海美专教授。

## 1925 年　乙丑　中华民国十四年　26 岁

毕业于上海美专。任苏州省立第一师范美术组主任,教中国画、西洋画。此后以茀之字行。

作《芦渚幽禽》。

本年孙中山先生病逝。经亨颐等发起组织"寒之友社"。

## 1926 年　丙寅　民国十五年　27 岁

假日常与三五同人雅集苏州园林,吟诗作画。

作《寒园春意》《梅花双鸟》《陶园幽趣图》。

本年潘天寿、张聿光等于上海创建私立新华艺术学院。

**1927 年　丁卯　中华民国十六年　28 岁**

任江苏省淮安中学劳美实习教员。

仲春,王一亭题词一帧,赞誉吴苿之画艺。

大女儿吴晚香出生。

作《春抱幽香月中宿》。

本年吴昌硕卒,年八十四岁。

**1928 年　戊辰　中华民国十七年　29 岁**

《苿之画稿》一册出版。经亨颐先生题封面书名,刘海粟先生扉页题"超逸高妙"。

二女儿吴若漪出生。

作《蕉叶戏猫》《芳兰芸草》《芦花浅水》《石榴飞雀》《老鼠食瓜》《山态秋愈静》《枯木幽亭》《雨余茅屋》《佛寿无量》《冒雪行吟》等。

本年刘海粟抵马赛、巴黎,参观卢森堡、卢浮宫两大美术馆;杭州国立艺术院成立。

**1929 年　已己　中华民国十八年　30 岁**

任上海美专教授,兼沪江大学及附中的中西画实习导师。更名吴谿。

4 月,教育部在上海举办"第一届全国美术展览会",吴苿之国画《饲鹤图》参展。

本年为纪念宗师吴昌硕,诸闻韵与吴东迈、王一亭等人筹办昌明艺专。

1930 年　庚午　中华民国十九年　31 岁

与潘天寿曾出入于上海诸收藏家之门,观赏历代名画真迹。

诸乐三作四尺整纸《美意延年》相赠。

作《春意》《篱菊公鸡》花卉四条屏(《红梅》《绣球》《葫芦》《萱花》等。

本年,上海美术专门学校改名为上海美术专科学校,刘海粟任校长。

1931 年　辛未　中华民国二十年　32 岁

参加经亨颐等组织的"寒之友社"书画活动。

潘天寿为吴茀之所藏名家书画册页题签《碎金集》,并于其上作山水相赠。

作《花荫戏猫》《桃花墨竹》《银藤》《寿佛》《露气珠光》《清溪倒照映山红》等。

本年爆发"九一八"事件

1932 年　壬申　中华民国二十一年　33 岁

"白社"成立。由诸闻韵、潘天寿、吴茀之、张书旂、张振铎五人组成,以继承和革新中国画为己任。

《白社画册》第一集由上海金城工艺社印行。

12 月 24 日至 26 日,"白社"五人在上海湖社举办了第一次画展。

经亨颐作水仙册页相赠。

诸闻韵作墨竹册页及《闻韵花卉画册》相赠。

作《九日风味》《柳溪耕罢》《玉兰鹦鹉》等。

本年伪满洲国成立,"中国美术会"在南京成立。

### 1933 年　癸酉　中华民国二十二年　34 岁

10 月 17 日至 22 日,"白社"第二次画展在南京民众教育馆举行。上海《良友》《文华》《艺风》等报刊宣传介绍,选登了潘天寿、吴茀之、张书旂等人的作品及一张合影。

王一亭作《孤鸟栖石图》相赠。

与诸闻韵、诸乐三、汪亚尘合作《松鹰图》。作《盆兰》《贪看梅花不知寒》《水岸清兴》《涧底孤松》《火珠红缀》《一树松荫护海棠》《山石鸡冠花》《晓窗春老》《蕙兰》《水墨石榴》《半肩秋色》等。

### 1934 年　甲戌　中华民国二十三年　35 岁

1 月,刘海粟主持《中国现代绘画展览》,在德国柏林举办,共272 人作品参加,吴茀之花鸟作品《寒园春意》参展。刘海粟赠该展览德文画册一本。

《白社画册》第二集由上海金城工艺社印行。

姜丹书、潘韫华、诸乐三、梁书、郭沫文加入白社。

与姜丹书、潘天寿等同游黄山,作《与姜敬庐先生同登黄山莲花峰放歌》等诗。

作《墨荷》《仿郑午昌山水》《柳岸闻莺》《古柏》《栖鹰图》《红云白凤》《秋江鹭影》《香温茶熟》《万寿胜景》《狂兰》《天竹双喜》等。

### 1935 年　乙亥　中华民国二十四年　36 岁

4 月 7 日"白社"第三次画展在杭州西泠印社举行,朱屺瞻加入白社。

4 月,与白社同人姜丹书、潘天寿等游浙,初自杭州经富阳至桐庐,游桐君庙,登严子陵钓台,继经七里泷至建德、梅城,经兰溪至金华,游北山双龙洞、冰壶洞,便道诸暨访古苎萝村,访西子庙,再转水路经钱塘江而返。

《白社丛书——茀之新作》第一辑由上海金城工艺社印行,黄宾虹题签。

撰文《白粉主义画家张书旂》发表于《艺风》3卷2期。张书旂作草虫册页相赠。

与潘天寿等人发起成立"莼社",研究中国画。

儿子吴始楠出生。

作《柳荫窥鱼》《墨荷》《觅蝶图》《梧桐双棲》《古木寒鸦》《夕阳鸦飞》《竹石春风》《墨兰》《墨梅》《白荷》《朱砂钟馗》《黄山莲花峰》《黄山文殊台》《祝寿图》等。

### 1936年　丙子　中华民国二十五年　37岁

暮春与潘天寿、姜丹书、金维坚、张振铎、朱屺瞻等重游富春江。

8月15日,"白社"第四次画展在上海公园之图书馆举行,共展出"白社"成员书画精品二百余件。

成立吴谿国画函授室,订函授室简约12条,收江浙一带函授生9名。五件花鸟作品参加《暹罗中国画展览会》。

《国画用笔谈概》论文在《国画》第一号刊登。

与诸乐三、张天奇合作《鹤寿》,与诸乐三合作《佛国尘根净》,作《露叶烟枝》《依旧芙蓉艳若霞》《稻田飞雀》《秋声秋色》《棕树暮蝉》《天门揽胜》《松鹰泉石》《篱下霜菊》等。

本年12月12日,发生"西安事变"。

### 1937年　丁丑　中华民国二十六年　38岁

《白社丛书——茀之新作》第二辑由上海金城工艺社印行,刘海粟题签。

7 月 7 日抗日战争爆发。怀着满腔爱国热情,在上海筹备各项募捐救国基金之古今书画展览会,甚有成绩。

11 月 12 日,上海沦陷,12 月吴茀之启程返回浦江。

作《墨牡丹》等。

本年 4 月,国民党教育部在南京举办"第二次全国美术展览会";10 月上海文艺界救亡协会成立。


**1938 年　戊寅　中华民国二十七年　39 岁**

1 月,返浦江途中,感触良多,作诗数首。回浦江后,接潘天寿来信,知其随杭州艺专内迁至湖南沅陵。

王一亭卒,年七十二岁。诸闻韵卒,年四十五岁。

与张天奇合作《寒友》,作《花香鱼乐》《凌波仙子》《三友图》《楚竹湘烟》《唐人诗意图》《栀子花》《蓼花蟾蜍》《松菊犹存》《饱经风雨艳柴扉》《星光露气》《樱桃》。

本年 6 月,中华全国美术界抗敌协会在武汉成立,杭州艺专与北京艺专在湖南沅陵合并为国立艺专。


**1939 年　己卯　中华民国二十八年　40 岁**

5 月,离别上海美专,应聘国立艺专教授,美专师生举行了茶话会相送。作墨兰册页一本赠学生陈志新。

8 月初到达云南昆明,任国立艺专教授,又与潘天寿、张振铎朝夕相处,切磋艺事。

秋天,张振铎在吴茀之离别上海美专签名留言册上作画相赠。

11 月喜得家书,吟成七律一首

作《寒窗佳侣》等。

本年国立艺专迁昆明呈贡县安江村。

## 1940 年　庚辰　中华民国二十九年　41 岁

除夕夜,作《四十自寿诗》。

春节,与潘天寿等赴晋宁盘龙寺赏梅。

本年,汪精卫伪政府在南京成立;国立艺专迁四川璧山,8 月以后,国立艺专又内迁几次,最后到达重庆磐溪。潘天寿出任教务长。

## 1941 年　辛巳　中华民国三十年　42 岁

潘天寿离开重庆国立艺专回到闽、浙,先后任教于东南联大和暨南大学艺术专科及英士大学艺术专修科。潘天寿作诗代简,邀吴茀之回闽、浙。他即于 8 月到达南平,任福建省师专艺术科教授。

到福建任教后回浦江探亲一次。途经永康,与余任天相识。

在福建师专结识国文教授黄寿祺,同住碧涧楼校舍。

作《岁寒》《古柏栖鸦》《墨菊》等。

本年 12 月太平洋战争爆发。

## 1942 年　壬午　中华民国三十一年　43 岁

完成《中国画理概论》共四万字,分四章上下两篇。

在福建师专结识国文教授包树棠,同住倚剑楼校舍。与包树棠、黄寿祺最友善,常挑灯吟诗词,共励志操。

三女儿吴瑶仙出生。

作《松鹭》《钟进士冒雨渡江图》《性懒从来水竹居》等。

本年5月，毛泽东发表《在延安文艺座谈会上的讲话》。

**1943年　癸未　中华民国三十二年　44岁**

与包笠山、黄寿祺在南平福建师专之教授楼结岁寒之盟。茀之最长，为"吴松"；笠山居次，为"苞竹"；寿祺最少，为"黄梅"。摄影一张，茀之谓为"岁寒三友图"。

4月6日清明节，与黄寿祺、包树棠同游溪源庵，并即景吟诗。

自南平赴建阳东南联大探望潘天寿等，并同游武夷山。

作《开平寺古柏图》《布袋僧图》《竹石图》等。

本年陈之佛辞去国立艺专校长之职，教育部聘潘天寿继任。

**1944年　甲申　中华民国三十三年　45岁**

在福建南平举行"吴茀之画展"。

5月，潘天寿被任命为国立艺专校长，即聘吴茀之为国画科主任。

离别福建师专前夕，挚友设宴钱别，起程之日，师生夹道欢送，吴茀之作诗惜别。

于8月到达重庆磐溪国立艺专任教。

作《晚翠》等。

本年潘天寿赴重庆磐溪，接受国立艺专校长之职。

**1945年　乙酉　中华民国三十四年　46岁**

抗日战争胜利，作《坛酒双鱼》志庆。与潘天寿应邀到重庆商会曾会长家鉴定290余件历代名画。

作《岁寒三友》潘天寿画上题诗；作《天寒有鹤守梅花》《贵寿无极》《安贫长自足》《海鹰》《橙黄橘绿》《紫藤双燕》《蜻蜓玉簪》《鳜鱼》《种瓜得瓜》《兰谷春深》《春江嬉鸭》等。

本年 8 月 15 日,日本宣布无条件投降,抗日战争取得胜利。

## 1946 年　丙戌　中华民国三十五年　47 岁

2 月,吴茀之任国立艺专教务主任;

2 月 4 日(农历正月初三),吴茀之、潘天寿、谢海燕为庆祝抗战胜利后第一个新春佳节,合作《松竹梅》一图。

6 月,吴茀之自重庆飞抵上海,拜访刘海粟、谢海燕和宗兄吴士槐。

10 月,国立艺专复员完成,开学上课,随国立艺专从重庆迁回杭州。

作《红叶晴来忽有蝉》《鸡菊图》《明月芦花雁正归》《喜上眉端》《桃画竹眉》《南园日暖》《红叶慈鸟》《猫戏蜻蜓》《樱花芭蕉》《红梅书灯》《白猿洞啸》《松荫伏虎》《荷花鸳鸯》等。

本年 1 月,中国政治协商会议开会于重庆。

## 1947 年　丁亥　中华民国三十六年　48 岁

1 月 12 日(农历十二月二十一),吴茀之同潘天寿赴超山谒吴昌硕先生墓,并作诗致敬。

将家眷自浦江接到杭州定居,住西湖之蒋庄。

春季,张书旂至杭州国立艺专举办归国图片展览,潘天寿、吴茀之邀张书旂至西湖楼外楼饮酒作画。

由教育部颁发吴茀之抗战胜利纪念勋章。

撰《茀之诗忆》;为兄长吴士维《百蟹图》题跋;制定《美术师范科国画课程标准》。

作《双菊图》《南天竹》《老人峰下》《红梅群雀》《暗香浮动》《金银桂花两见开》等。

本年 5 月,全国各地学生发动反饥饿、反内战、反迫害运动；教育部聘汪日章接替潘天寿任艺专校长。

**1948 年　戊子　中华民国三十七年　49 岁**

任国立艺专教授。春季举行首届浙江美术展览,艺专师生多人参加展览。

吴茀之、潘天寿、倪贻德等举办美术讲座。

4 月,吴茀之一家六口自蒋庄迁到红门局诚仁里居住。

5 月,余任天在杭州民众教育馆举办扇面画展,吴茀之、潘天寿等分别为扇面作书襄助。

作《竹外一枝斜更好》《蔷薇雏鸡》《幽兰》《苍筠香兰》《水墨西瓜》等。

本年 11 月,东北解放;12 月,平津战役开始;秋季,黄宾虹来校任国画教授。

**1949 年　己丑　50 岁**

迁居杭州红门局诚仁里楼上,凭窗远眺,吴山在望,因颜画室为"看吴山楼"。

春季,与黄宾虹、潘天寿、诸乐三、郑午昌合作《荣落在四时之外》。

5 月 3 日,杭州解放。杭州市军事管制委员会派军代表到校接管。

5 月 23 日,经校维持委员会第四次会议讨论通过设立"艺术教育设计委员会",由潘天寿、吴茀之、林风眠等师生代表组成。

9 月,浙江省人民政府委任刘开渠为国立艺专校长,倪贻德为第一副校长,江丰为第二副校长(兼党组书记)。

作《清影》等。

本年 7 月,中华全国美术工作者协会在北京成立;10 月,中华人民共和国中央人民政府成立。

### 1950 年　庚寅　51 岁

作品《贫农之家》参加苏联画展。

11 月,90 名学生在老师带领下,分赴余杭、萧山参加土改革 1 个月;随校下乡,深入生活,写生了不少劳动生活场景中的人物画稿。

本年,土地改革开始,抗美援朝开始。学院改名为"中央美术学院华东分院"归华东文化部领导。

### 1951 年　辛卯　52 岁

春季,随师生参加义桥乡土改后,吴茀之创作人物画《锣鼓声中送公粮》《欢乐庆丰收》。

11 月,随校去皖北参加土改。

作品《葵鸡》参加上海华东美术展览。

本年 12 月,全国开展"三反""五反"运动。

### 1952 年　壬辰　53 岁

春季,潘天寿、吴茀之、诸乐三自安徽霍邱土改回杭州,途经上海,访朱屺瞻等老友。

学院并入中央美术学院,刘开渠任中央美院华东分院院长。

作《青松》等。

### 1953 年　癸巳　54 岁

美院设立"民族美术研究所",潘天寿任主任;与潘天寿等开始大量收购、鉴定古代绘画原作,为中国画教学提供珍贵的范本和教材。

2月,参加"黄宾虹九十寿辰庆祝会"。

为彩墨画教研小组拟定《彩墨课教学计划》。

作《花肥叶大显精神》《湖上消夏图》《青松》《飞鸽红梅》《牡丹长春》《三冬清景》等。

本年9月,全国国画展览会在北京开幕;10月,中国美术工作者协会改组为中国美术家协会,齐白石当选为主席。

### 1954年　甲午　55岁

4月,在学院举办"吴茀之花鸟画展",展出作品32件。

与潘天寿、诸乐三三人去上海物色师资。

潘天寿谓:"吴茀之先生能在慢吞吞中动脑子,然后出一奇兵,急中生智画出好作品。"王伯敏概括为:"慢而能急,急而能巧。"

作《光照紫薇戴胜归》《竹园一角》《晚翠》《秋色斑斓》《凌波仙子》《翠色参天》等。

本年9月,第一届全国人民代表大会第一次会议开幕。

### 1955年　乙未　56岁

5月,制定《彩墨画系第五学年第一学期意笔练习教学计划》。

6月12日,偕华东美分院彩墨画写生团潘天寿先生等八人取道杭临线出发,夜宿临海。第二日到达雁荡山灵岩寺,小住半月后,又移住灵峰寺。此行在山上近一个月,得写生稿共70余幅,并预作写生题志数十则,以备画成后题写参考。

参加为潘天寿六十寿辰在楼外楼举行的祝寿活动。

作《猫蝶图》《云林风色》《灵峰》《白猫萱花》等。

黄宾虹卒,年 92 岁。

本年美院原彩墨画、油画、版画三科均改为系。


## 1956 年　丙申　57 岁

由潘韵、邓白介绍申请加入中国民主同盟。

6 月,与潘天寿、诸乐三等赴黄山写生。

花鸟画作品 4 幅参加杭州市美协展览。

作《晚翠》《红花雄鹰》等。

张书旂卒,年 58 岁。

本年 5 月,毛泽东主席在全国最高国务会议上提出"百花齐放,百家争鸣"的方针。


## 1957 年　丁酉　58 岁

春节参加笕桥手工农联欢会。

6 月,与诸乐三、顾坤伯带领彩墨系学生去桐庐体验生活。

作《芳辰》《甘蔗萝卜》《偶忆桐庐》《西泠春暖》等。

齐白石卒,年 97 岁。

本年"反右运动"开始;潘天寿任中央美术学院华东分院副院长;"彩墨画系"改为"中国画系",校址迁移南山路。


## 1958 年　戊戌　59 岁

为中国画系负责人。

潘天寿、吴茀之、邓白、顾坤伯等老先生每周二次为青年老师讲课。

4 月,随省委检查团外出参观。

除夕,与潘天寿、黄曦、诸乐三合作《新喜》。

作《多种南瓜可代粮》《曝书亭古藤》《桑葚》《鹤松万寿》《蓼花水稻青蛙》《苏堤春晓》《红紫花开戏白鹅》《花开遍地》《仙掌琼花雀屏开》《金黛英雄花》等。

本年中央美术学院华东分院改为浙江美术学院。


## 1959 年　己亥　60 岁

潘天寿任院长;校第十三次院务委员会讨论决定,院务委员会由刘开渠、潘天寿、吴茀之等 23 人组成。

1 月,游宁波育王寺等名胜并写生。

10 月,撰写《谈谈花鸟画的人民性和特点及其继承与革新问题》。

为学生寿崇德作品《新安江水电站》题诗。与潘天寿、诸乐三合作《紫藤八哥》,作《千红万紫雀屏开》《映波冷艳》《芙蓉翠鸟》《三春》《大家欢乐过新年》《冬暖》《安石榴红五月》等。


## 1960 年　庚子　61 岁

中国画系成立花鸟研究组,先由潘天寿讲授《石涛画语录》、《扬州八怪》,继由吴茀之讲授中国画论。

美院提倡收徒授艺,收朱颖人为徒,并帮助处理日常教学工作。

春季,游超山为宋梅写照。

浙江省政府组织潘天寿、吴茀之、顾坤伯、余任天同游雁荡山、天台山、舟山、绍兴等地,回杭后,与潘天寿、顾坤伯三人合作巨幅《牧羊图》。

任浙江省美协常务理事。

作《雨竹》《松鹰》《山茶》《兰竹》《葡萄》《满园秋色》《秋光烂漫战西风》《夏障日秋听雨》《杨梅》《竹秀兰馨》《塘栖枇杷》等。

本年,我国普遍遭特大自然灾害,造成国民经济严重困难;文化部确立浙江美院为重点院校。

### 1961 年　辛丑　62 岁

7 月,吴茀之随潘天寿、诸乐三等赴温州雁荡山写生,三人合作《群芳献瑞》。

与潘天寿出席全国高等学校文科教材会议,潘天寿提出《中国画系人物、山水、花鸟 3 科应该分该学习的意见》。

与潘天寿应邀去湖州游太湖。

浦江青年农民张世煌结识吴茀之,拜师学画。

撰文《潘天寿的画》,与潘天寿合作《云天万里图》;为张书旂作品题跋。

作《鸦啼露滴桐》《夜来香》《鱼乐》《美人头上》《绣球花图》《盆菊》《绛冠成草色》《画兰写竹随风致》《鸣春》等。

### 1962　壬寅　63 岁

夏季,参加在杭州召开的"全国美术教育会议"。

10 月,与潘天寿、诸乐三同游黄山,并与潘天寿在清凉台合影。

秋季,随潘天寿赴上海博物馆鉴定古书画。

为《潘天寿画集》作序;11 月 29 日,《光明日报》发表吴茀之的文章《"造险"与"破险"——潘天寿国画的艺术表现》。

与潘天寿、诸乐三合作《红梅图》以赠浙江昆剧团;与朱颖人合作《引得清风蝶影来》。

作《玉簪花》《黄山异卉》《映山红雏鸡》《田园真兴》《灵隐所见》《晓露新妆》《良秋清艳》《氤氲四时》《桃花紫燕》《和平之春》《春酣》《美意延年》《一唱雄鸡天下白》《巨龙》《爱菊陶元亮》《丹花碧叶寿万春》《西海门即景》《长春》《八哥红梅》《秋花图》《红荔丰收》《秋色老梧桐》等。

本年姜丹书卒,年78岁。

### 1963年 癸卯 64岁

正式任命为中国画系主任。

中国画系设立书法篆刻科,参与筹备工作。

制定《63年个人创作计划》,预备举办个人画展。

4月26日,中央美院花鸟科田世光先生及四年级的同学等8人登门求教花鸟画创作问题,即谈形与神、诗与画等六点见解。

9月,山东省美协在济南举行"潘天寿、吴茀之、诸乐三书画联展"。

吴茀之、诸乐三、陆抑非等历年积累大量示范作品,留系作为教材。

作《棉麻丰收》《田园清兴》《雪中真有此》《梅花一缶春风香》《山村佳景》《绘声绘色》《红榴初发》《柱石镇横流》《鹤寿》《降龙松》《案头写照》《滇海移来》《海棠晴丝》《五果之图》《广玉兰》《剑麻花开结香铃》《芍药翠竹》《棕榈枇杷》《竹节海棠》《凌霄天矫闻天鸡》等。

### 1964年 甲辰 65岁

当选为浙江省第三届人民代表大会代表。

随校到上虞丰惠镇参加社教运动。

《雨竹》编入《现代花鸟画选》，由人民美术出版社出版；

因病在浙江医院疗养，经常到附近的植物园去写生，作花鸟册页多幅。

与潘天寿、诸乐三应邀赴超山观梅，合作巨幅《松石梅》。

与潘天寿、诸乐三合作八尺横幅《杨柳荷花鸳鸯图》；作《田园一角》《幽谷春深》《霜天烂漫》《美意延年》《秋艳寒香》《胜似春光》《兰竹图》《凌霄花》《印度美人蕉》《马缨花》《岁寒清品》等。

### 1965 年　乙巳　66 岁

撰《看吴山楼诗忆自序》。

与潘天寿、诸乐三同游嘉兴南湖，合作巨幅《鸳鸯戏湖》。

作《水乡四月》等。

### 1966 年　丙午　67 岁

因祖坟 1958 年迁移，撰写《移坟碑记》。

因患肾结石和肺气肿在浙江医院治疗。

"文化大革命"开始，潘天寿、吴茀之均被无故审查、批斗、迫害。

撰写《吴谿诗跋别录》，作《折来梅与兰》《绿牡丹》《农花四时》《秋兴》《梅姿兰质》等。

本年浙江美院停止招生。

### 1967 年　丁未　68 岁

吴茀之和潘天寿、方干民同关一室接受批斗。

本年造反派篡夺了学校的领导权，全省各地武斗不断发生。

**1968 年　戊申　69 年**

经常在"牛棚"参加学习。

本年学校开始所谓"清理阶级队伍";潘天寿成了浙江文艺黑线头号批斗对象。

**1969 年　己酉　70 岁**

经常在"牛棚"参加学习。

本年学院举办工农兵美术创作学习班;宣布潘天寿定案报告,定为典型的反动学术权威。

**1970 年　庚戌　71 岁**

经常在"牛棚"参加学习。

潘天寿病危住院时,吴茀之曾避开监视者去探望慰问。

本年取消"浙江工农兵美术大学"校名,恢复"浙江美术学院"校名。

**1971 年　辛亥　72 岁**

吴茀之被"解放"回家。

9 月 5 日,潘天寿含冤去世,终年 74 岁,6 日吴茀之闻讯与老友作最后的告别。

作《红梅》赠学生张世煌作新婚贺礼;为自作花鸟写生册页作序言;作《芭蕉双雀》《荷花紫薇》《虎须图》。

本年学院决定迁至桐庐县分水镇。

**1972 年　壬子　73 岁**

周恩来总理召见艺术界知名人士,吴茀之应邀赴京,周总理询问他潘天寿是否来京,得知潘天寿已去世了,总理深表痛惜。

除到学院参加学习外,在家中为广交会和出国展销会画些花鸟画。

吴伟山向吴苿之求教学习写意花鸟画。

题跋潘天寿《兰石图》;作《长青》《清影》《篱边大丽灿若霞》《红蓼花开报好秋》《枫林雀醉》《篱菊图》《松色不肯秋》《芦花明月听爬沙》《翠毫夜湿天香露》《一片清幽水石间》等。

本年美国总统尼克松来我国访问,中美双方发表联合公报;日本总理大臣田中角荣应邀访问我国,中日邦交正常化。

### 1973 年　癸丑　74 岁

1 月 11 日,农历癸丑腊月初八,中央人民广播电台记者登门采访艺术生活近况。为案头山茶腊梅写照,并题七绝一首于画上,向台湾美术界同人致意。采访稿在电台广播后,香港《大公报》《文汇报》相继相继刊登,并收入《对台湾宣传稿件选编(一)》。

7 月 23 日,妻黄丽贤逝世。

9 月底赴上海度国庆,参观古代书法展及上海中国画展。

10 月 24 日,以相川云峰、英智子等组成的日本书法代表团访华来杭。吴苿之应邀出席在西泠印社举行的中日友好书画会,画兰花一幅,题曰:"同人之心,其利断金。"此图陈列于日本中日友好协会。

吴苿之、诸乐三、陆抑非、陆维钊、朱恒、朱颖人、周昌谷、姚耕云等人在杭州饭店创作国画。

秋季,参观西湖菊花展后,追意为菊花名种写照。

与洪瑞合作《蓖麻全身都是宝》,在浙江展览馆展出。

为姚耘云所藏潘天寿《设色凤仙花》题跋;为何水法作《墨

菊》;作《鹏程万里》《香露沾罗衣》《消夏》《晴霞》《迎春》《蓖麻图》
《霜多不碍花》《坚芳之质》《五月榴花照眼明》等。

### 1974年　甲寅　75岁

作品《篱菊图》选印为年历画,由杭州书画社出版发行。

"批林批孔"开始,《篱菊图》《螃蟹图》被罗织为"恶毒攻击"之
"黑画"横遭"四人帮"的批斗。

4月21日,去西山公园牡丹亭写生牡丹。

去江西南昌儿子吴始楠家住50天之久,曾与儿媳孙六人买
棹游八一公园之西湖。

9月23日,参观南昌青云谱八大山人纪念馆,观赏八大山人
和牛石慧的书画作品。

11月,为春节画展创作作品。

为张世煌所藏《潘天寿竹枝图》题跋;作《红梅》《双清》《岁朝
清供》等

### 1975年　乙卯　76岁

身体多病,仍坚在家持习书作画。

作《春酣》《氤氲四时》《得气之清》《蕊寒香冷》《雨后》《竹节海
棠》《兰有芬兮竹晓烟》《兰花册页》一套等。

### 1976年　丙辰　77岁

4月6日,拖病与儿子吴始楠回故乡浦江,参观游览通济湖水
库,作画赠送有关单位和个人。

10月赴上海瑞金医院诊治胃癌症。

将梅、兰、竹、菊四帧册页题诗后,赠与儿子吴始楠;作《春满

南枝》。

本年周恩来、朱德、毛泽东相继逝世,"四人帮"被捕,"文化大革命"结束。

### 1977 年　丁已　78 岁

4 月 25 日—26,在上海瑞金医院病床上写书法 2 幅、画花鸟 8 幅,其中 8 幅落款赠给有关医师,以表感谢。

4 月 27 日出院回杭州,5 月 27 日下午住进浙江省中医院。

7 月 26 日晨逝世,8 月 1 日,骨灰安葬在浦江通济湖山麓的祖坟边。吴山明绘遗像一帧,诸乐三题字。

作品《紫茉莉》作为年历画花卉四条屏之一,由杭州书画社出版发行。

作《螃蟹》《雨露风晴试写来》。

### 1978 年

朱颖人等为吴茀之平反之后举办画展做筹展工作。

### 1979 年

1 月何保华撰文《都要多努力》发表在《浦江文艺》。

### 1980 年

11 月　浙江美术学院、美协浙江分会、浙江展览馆主办"吴茀之书画展览",平反昭雪。展出花卉、山水、人物、书法共 120 幅。

11 月 9 日,朱颖人撰文《叶带初晴雨——读吴茀之先生的两幅画》,发表在《杭州日报》。

11 月 22 日,姜东舒撰文《卓越艺术家吴茀之》,发表在《浙江日报》。

张岳健撰文《状物寓意，惟妙惟肖——喜读吴茀之先生螃解图》，发表在《东海》1980年第10期。

11月周昌谷撰文《天涯芳草——纪念吴茀之先生》，发表在《文化娱乐》1980年第11期。

### 1981年

1月吴战垒撰文《写在金菊开放的时候——怀念叔祖吴茀之》，王翼奇诗一首《观吴茀之先生书画遗作展览》，发表在《西湖》杂志1981年第1期。

吴茀之书画作品及张岳健、朱颖人撰文《吴茀之先生艺术简介》，发表在《浙江画报》第2期。

5月吴茀之画刊发表在《富春江画报》。

11月8日，张岳健撰文《融会贯通，超脱灵变——吴茀之的绘画艺术》，发表在《香港文汇报》第10版吴茀之画刊。

### 1982年

《吴茀之画选》由浙江人民美术出版社出版。

金鉴才、卢坤峰撰文《讲气势，重意境，求变化》，吴山明撰文《忆著名的国画家吴茀之先生》，张岳健、朱颖人撰文《长教艺苑授清芳——怀念吴茀之先生》，叶玉昶撰文《吴茀之的画法与画理》，发表在《新美术》1982年第1期。

### 1988年

10月"吴茀之书画展"于江西南昌八大山人纪念馆举行。

## 1989 年

4 月 10 日,吴茀之艺术研究会在杭州成立,并举行"纪念吴茀之先生九十诞辰首届会员画展"。

浦江县隆重举行纪念吴茀之九十诞辰大会,并编印《纪念吴茀之先生专辑》一书。

## 1992 年

朱颖人、何子堪编著《潘天寿、吴茀之、诸乐三课徒画稿笔记》由浙江人民美术出版社出版。

张岳健编著《吴茀之传》《吴茀之画理与画法》在上海书画出版社《朵云》杂志发表。

《著名画家吴茀之》电视专题片由浦江县摄成在浙江电视台多次播放。

## 1993 年

朱颖人撰文《从潘天寿和吴茀之先生绘画中得到启示》在《美术报》发表。

张岳健撰文《吴茀之的国画特点及其人品》,汪瑾撰文《吴茀之先生谈写意画琐记》,收入《浙江美术学院中国画六十五年》,由浙江美术学院出版社出版。

## 1994 年

2 月 24 日,吴茀之纪念馆在浙江浦江县建成开馆;吴茀之家属捐赠吴茀之国画作品 81 幅;沙孟海、程十发题写馆名。

朱屺瞻题写"吴茀之艺术陈列馆"。

4 月,《吴茀之画谱》由北京荣宝斋出版社出版。

## 1995 年

3月,《当代名画家——吴茀之画集》古吴轩出版社出版。

4月,吴茀之基金会在浦江成立,并举行吴茀之艺术研究会年会及吴茀之艺术研究会会员画展。

5月,宋忠元主编的《吴茀之画集》由中国美术学院出版社出版。

10月,浙江省浦江县邮电局、浦江吴茀之纪念馆发行《吴茀之画选》明信片。

11月, 中国书画名家 15 家纪念馆首届联会在浦江吴茀之纪念馆召开,并举行各馆馆藏作品联展。

## 1997 年

《吴茀之传》收入《中国名家精品大典》,由浙江教育出版社出版。

吴茀之的国画作品 15 幅,以及张岳健撰文《吴茀之的画品和人品》,在《中国花鸟画》1997 年第 1 期发表。

## 1998 年

浦江县人民政府邀请雕塑家卢琪辉创作的吴茀之塑像建成,屹立于浦阳江畔。

张岳健编辑的《吴茀之画集》由人民美术出版社出版。

## 1999 年

12 月 18 日,金华吴茀之艺术中心在浙江金华市建成开馆。同时举办 "吴茀之作品展""吴茀之藏品展""吴茀之艺术研究会会员作品展"。

## 2000 年

4 月, 金华吴茀之艺术中心编辑的《吴茀之书画集》由西泠印社出版社出版, 献给吴茀之先生一百周年诞辰。

4 月 26 日,《金华日报》发表专刊, 纪念吴茀之一百周年诞辰。

7 月 15 日, 由浙江省文联主办的纪念吴茀之先生一百周年诞辰学术研讨会。

由浙江省中国花鸟画家协会与《中国花鸟画》编辑部编印的《中国花鸟画论文选——纪念吴茀之一百周年诞辰学术研讨会专辑》第二辑发行。

11 月 9 日, 浙江省博物馆主办, 在浙江西湖美术馆举办"吴茀之先生一百周年诞辰书画作品展"。

12 月 28 日, 卢坤峰撰文《缅怀恩师吴茀之先生》发表于《浙江文艺报》。

为纪念恩师吴茀之一百周年诞辰, 朱颖人翻印吴茀之早期诗稿《吴茀之画中诗》。

## 2001 年

《吴茀之作品掇英》由西泠印社出版社出版。

柳村撰文《薪尽火传在高格——纪念吴茀之先生一百周年诞辰》, 陈新撰文《风雨如晦鸡鸣不已——吴茀之先生三十年代题画残诗钩沉有感》, 发表于《婺星》2001 年第 1 期。

## 2002 年

12 月 2 日, 李果撰文《独辟蹊径 自成意趣——吴茀之的花鸟画》发表于《中国书画报》的第 96 期。

### 2003 年

《西泠名家系列——花鸟画大师吴茀之》VCD 光盘由浙江文艺音像出版社出版发行。

### 2004 年

朱颖人编著《名家讲学笔记》(潘天寿、吴茀之、诸乐三),由广西美术出版社出版。

### 2005 年

7 月,张岳健编著《吴茀之》(艺术大师之路丛书)由湖北美术出版社出版,纪念吴茀之先生诞辰 105 周年。

马锋辉编著《吴茀之名作赏析》,由中国美术学院出版社出版。

### 2006 年

《吴茀之兰竹谱》由西泠印社出版社出版。

3 月 29 日至 31 日,浦江吴茀之纪念馆和金华吴茀之艺术中心联合主办"吴茀之书画珍品展",在金华吴茀之艺术中心展出,并印行《吴茀之珍品展》画册。

范达明撰文《读吴茀之画中诗》,收入其专著《中国画:浙派传统与创新》,由浙江大学出版社出版。

### 2007 年

《吴茀之花鸟写生册页》由西泠印社出版社出版。

中国书画名家馆联会和吴茀之纪念馆编辑《吴茀之书画集》,由浙江古籍出版社出版。

## 2008 年

吴杭主编的《吴茀之册页》四集,《吴茀之课徒稿》四集,由浙江古籍出版社出版。

《中国书画》2008 年第 5 期刊登吴茀之专题, 发表马锋辉、陈琦《灿烂归于平淡——关于吴茀之艺术的对话》。

4 月 10 日,骆风撰文《可与花鸟同争妍——吴茀之亦擅山水画》发表于《中国书画报》。

10 月 27 日,骆风撰文《刚健含婀娜,端庄杂秀丽——吴茀之先生笔下的兰花》发表于《中国书画报》。

## 2009 年

张世煌、项冰如编著的《且凭书画慰劳人——国画大师吴茀之与一位农民国画爱好者的交往》,由中国美术学院出版社出版。

3 月 28 日,朱颖人撰文《我的老师吴茀之先生诞辰 110 周年》在《美术报》发表。

6 月 18 日,浦江吴茀之纪念馆在永康市博物馆举办"吴茀之先生真迹作品展"。

## 2010 年

吴茀之著,陈银海、吴杭校注的《中国画理概论·画微随感录》由上海书画出版社出版。

浦江县文化广电新闻出版局编辑的《丹青流韵——纪念吴茀之先生诞辰 110 周年》由中国艺术出版社出版。

1 月 24 日至 3 月 3 日,《浙江籍近现代中国画名家展》在浙江美术馆展出,展出吴茀之国画作品 15 幅。

9 月,骆风主持的浙江省社会科学界联合会研究课题《吴茀之艺术论》立项。

11 月 18 日,纪念吴茀之、张书旂诞辰 110 周年书画精品展,在浦江博物馆举行。

吴杭撰文《吴茀之的中国画艺术》发表于《走遍中国》。

陈鸣远撰文《吴茀之书法比较谈——兼论画家书法的特点和类型特征》,发表于《书画世界》2010 年第 5 期。

吴茀之墓列为浦江县文物保护单位。

### 2011 年

9 月 15 日,"丹青流韵——张书旂、吴茀之中国画作品展"在合肥亚明艺术馆举行。

11 月 25 日至 28 日,"大音稀声——吴茀之花鸟作品展"在江苏南通博物苑举行。

### 2012 年

3 月至 4 月,浦江吴茀之纪念馆重修吴茀之墓。

8 月,"吴茀之花鸟写生专题展"在浙江美术馆举行,展出吴茀之花鸟写生册页 30 帧,山水写生册页 2 帧。

12 月,骆风主持的浙江省社会科学界联合会研究课题《吴茀之艺术论》结题。

骆风撰文《超脱灵变 诗情逸趣——浅谈吴茀作品辨伪》,发表于《收藏界》2012 年第 12 期。

### 2013 年

骆风专著《吴茀之艺术论》列为金华市第六批婺文化丛书,由浙江工商大学出版社出版。

吴弗之作品

红梅 1930 年　　　　　　　　　绣球 1930 年

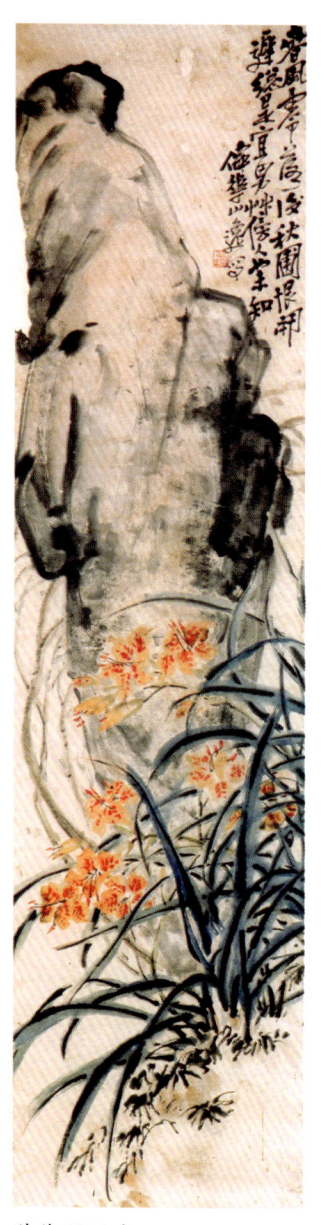

葫芦 1930 年　　　　萱花 1930 年

水岸清兴 1933 年

墨荷 1935 年

性懒从来水竹居 1942 年

紫薇戴胜 1954 年

云林风色 1955 年

苏堤春晓 1958 年

云天万里 1961 年(与潘天寿合作)

玉簪花 1962 年

田园清兴 1663 年

田园一角 1964 年

水乡四月 1965 年

梅姿兰质 1966 年

紫茉莉（"文革"时期）

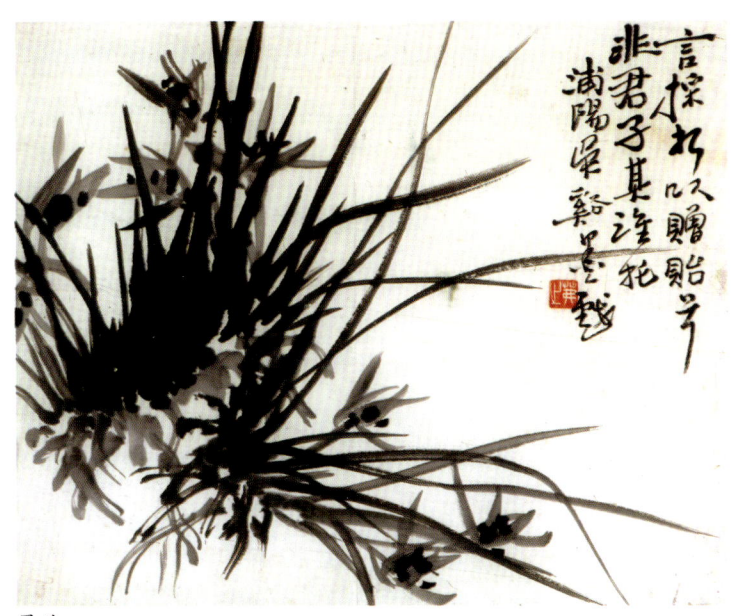

墨兰

墨竹

# 参考文献

1.葛路《中国绘画美学范畴体系》,北京:北京大学出版社,2009 年版。

2.姜澄清《中国绘画精神体系》,兰州:甘肃人民美术出版社,2008 版。

3. 曹玉林《当代中国画风格转型》,上海:上海书画出版社,2006 年版。

4. 李万才《海上画派》,长春:吉林美术出版社 2003 年版。

5. 李铸晋、万青力《中国现代绘画史——晚清之部》,上海:文汇出版社,2003 年版。

6. 李铸晋、万青力《中国现代绘画史——民国之部》,上海:文汇出版社,2003 年版。

7. 范达明《中国画:浙派传统与创新》,杭州:浙江大学出版社, 2006 年版。

8. 乔志强《中国近代绘画社团研究》,北京:荣宝斋出版社,2009 年版。

9. 罗月霞主编《中国书画之乡——浦江》,杭州:浙江人民出版社,2001 年版。

10.卢炘、郑朝、范达明编《浙江美术学院中国画六十五年》,杭州:浙江美术学院出版社,1993 年版。

11. 萧芬琪《王一亭》,河北:河北教育出版社,2002 年版。

12. 卢炘《大笔淋漓——潘天寿传》,杭州:杭州出版社,2004 年版。

13. 潘天寿纪念卢炘选编《潘天寿研究》,杭州:浙江美术学院出版社,1989 年版。

14. 卢炘主编《诸闻韵画集》,杭州:中国美术学院出版社,2005 年版。

15. 刘曦林《郭味蕖传》,济南:山东美术出版社,1998 年版。

16. 张荣东《兰竹精神——柳子谷艺术论》,北京:群言出版社,2008 年版。

17. 冯其庸、尹光华编《朱屺瞻年谱》,上海:上海书画出版社,1998 年版。

18. 吴宏定、陈樟榕编《纪念吴茀之先生专辑》(浦江文史资料第六辑),1989 年。

19. 朱颖人《名家讲学笔记》(潘天寿、吴茀之、诸乐三),南宁:广西美术出版社,2004 年版。

20. 张岳健《吴茀之》(艺术大师之路丛书),武汉:湖北美术出版社,2005 年版。

21. 马锋辉编《吴茀之名作赏析》,杭州:中国美术学院出版社,2005 年版。

22. 吴茀之著,陈银海、吴杭校注《中国画理概论·画微随感录》,上海:上海书画出版社,2010 年版。

23. 浦江县文化广电新闻出版局编《丹青流韵——纪念吴茀之先生诞辰 110 周年》,北京:中国艺术出版社,2010 年版。

24. 宋忠元主编《吴茀之画集》,杭州:中国美术学院出版社,1995 年版

26.张岳健编《吴茀之画集》,北京:人民美术出版社,1989年版。

27.金华吴茀之艺术中心编《吴茀之书画集》,杭州:西泠印社出版社,2000年版。

28.中国书画名家馆联会和吴茀之纪念馆编《吴茀之书画集》,杭州:浙江古籍出版社,2007年版。

29.张世煌、项冰如编著《且凭书画慰劳人——国画大师吴茀之与一位农民国画爱好者的交往》,杭州:中国美术学院出版社,2009年版。

30.《中国花鸟画》2000.3期(纪念吴茀之先生一百周年诞辰专辑)

# 结缘茀翁（代后记）

　　冥冥之中，我总觉得我和吴茀之先生的艺术有着不寻常的缘分。

　　记得少年时，我曾在家中的书柜里翻到一本吴茀之先生的画册，那时对他的国画艺术还不能领悟，但画册上吴茀之先生的相片给我留下深刻的印象。我在浙师大艺术系美术专业求学时，我的老师孙韬成先生是吴茀之先生的学生，他常常提及吴茀之先生的花鸟画，崇敬之情溢于言表。1994年2月，吴茀之纪念馆开馆，我专程和画友从金华赶到了浦江参观。那一天，细雨蒙蒙，吴茀之纪念馆内熙熙攘攘，慕名而来的人群，争睹吴茀之先生的作品为快。

　　1998年春天，我在金华严济慈图书馆工作，杨艳馆长突然告诉我一个令我振奋的消息，我们要和吴茀之的亲属洽谈，商议筹建金华吴茀之艺术中心，由此，我正式和吴茀之先生的艺术结缘了。那年秋天，我又专程赴南昌吴茀之先生的儿子家中，观赏了吴茀之先生的遗作，作品中超逸的笔墨、高雅的气韵、非凡的意境，令人陶醉，涤荡心胸。我认识到，为吴茀之先生这样成就卓著的艺术家在故乡建立一座纪念性和研究性的场馆具有非凡的意义，我全身心投入到这项工作中去。

　　筹委会经过艰辛和忙碌的工作，1999年底吴茀之艺术中心如期开馆。这是当时金华地区面积最大、设施最全的艺术展馆,它的设计和建筑都获得过了国家级的奖项。开馆伊始,我就负责吴茀之艺术中心的工作。2000年,为了纪念吴茀之先生的百年诞辰,吴茀之艺术中心编辑的《吴茀之书画集》由西泠印社出版社出版,我具体参加了这项工作,编辑中接触了吴茀之先生的大量作品和有关的资料,对他的艺术有了进一步的认识。

我在吴茀之艺术中心工作的10年中,对吴茀之的艺术进行了较系统的学习和研究。我主攻写意花鸟画,吴茀之先生的花鸟画成为我研习的重点,他的表现技法我在创作中借鉴较多,收效甚大。同时,我多方搜寻有关吴茀之先生的各类资料,对于吴茀之先生艺术理念有所领悟。

随着学习和研究的逐步深入,我对吴茀之先生的艺术崇仰之情与日俱增,他不仅是技艺超群的书画家,也是学养深厚的诗人,惠泽桃李的良师,更是一位品格高尚的艺术家。我认为,在现代画坛中,造诣、修养、人品能达到如此高度的画家屈指可数。但是,目前吴茀之先生在中国画坛的地位和影响与他的成就却是不相匹配的。鉴于此,2010年初,我申报了浙江省社科联研究课题——《吴茀之艺术论》,当年秋天,该课题批准立项,欣喜之余我又感到惶恐,在吴茀之艺术研究上,我只写过几篇浅显的文章,而这项课题要求完成一部专著,我深感自身知识和能力的不足,然而职责所在,我不辞驽钝,尽力而为。

吴茀之艺术研究,在浙江已颇有成效。吴茀之艺术研究会开展过数次研讨会,并汇编了论文集,吴茀之先生的学生及研究者也编撰过有关的论著,吴茀之先生的多种画册及著作也相继出版。这些成果为我的研究奠定了基础,在研究中可以引用和参考。同时,引发了我的思考,研究中如何创新,以避免"炒冷饭"。深思熟虑之后,我的课题研究从三个方面着手:其一是将前人的研究成果进行了细化和分类,在深入的基础上,提炼归纳出要旨;其二是挖掘新的史料,拓展新的视角和观点;其三是结合自身对吴茀之先生花鸟画技法学习中的体会,将其融入理论的论述中,做到有的放矢。

在课题研究中,我就有关问题先后采访或请教了吴茀之先生的学生,如柳村、朱颖人、孙韬成、金鉴才、张树才等先生,他们对恩师的评价和见解对我的研究很有帮助,使我受益匪浅。我又数次赴浦江吴茀之纪念馆查寻资料,得到吴杭馆长的鼎力相助。在纪念馆我见到了吴茀之先生的大量手稿、画稿,这些珍贵的资料很多是首次挖掘和采用,让我的研究变得更为丰满,也更有意义。此外吴茀之先生的后人张向丁、吴晓琳、范静年等也向我提供了有关吴茀之先生的资料和信息,这使我的研究能在占有更多史料的基础上进行分析和提炼。在此,谨向他们表示由衷的敬意和谢意。

在《吴茀之艺术论》中,我吸取了前人研究的部分成果,又进一步深入和拓展,注重全面性、系统性、真实性,全面展示了吴茀之先生的艺术成就,系统解析吴茀之先生的艺术语言,真实表述吴茀之先生的艺术思想。书中采用图片百余幅,力求图文并茂,并且编写了吴茀之年谱,以增强史料价值。囿于笔者学识,拙著中谬误或失当之处在所难免,乞望方家师友不吝赐教。

《吴茀之艺术论》虽然是由我执笔完成,但也是凝聚着众多学者和相关人员的心血。浙师大美术学院王义森教授对拙著进行了具体指导,浙江美术馆马锋辉馆长百忙之中拨冗为本书作序,金华吴茀之艺术中心芮顺淦主任对图文版式悉心指点。此外还得到金华婺文化学会、家人及学生的支持和协助,在此一并表示感谢。

去年清明节，我曾赴浦江和吴茀之先生的亲属为先生扫墓。在他的墓碑前，我曾默默祷告，要尽力作好这项课题。如今拙著付梓，心香一瓣，聊作溥奠，以不负与吴茀之先生的艺术之缘。

骆　风

2013 年 4 月于婺城大黄山上金大湖畔

婺文化丛书 V ／ 钟世杰　主编

情缘古婺

王连

编著

——黄庭坚及其家族和祖处婺州情结

浙江工商大学出版社

图书在版编目（CIP）数据

情缘古婺：黄庭坚及其家族和祖处婺州情结 / 王远编著. — 杭州：浙江工商大学出版社，2013.5

（婺文化丛书 / 钟世杰主编. 第 5 辑）

ISBN 978-7-81140-797-6

Ⅰ. ①情… Ⅱ. ①王… Ⅲ. ①黄庭坚（1045~1105）–家族–研究 Ⅳ. ①K820.9

中国版本图书馆 CIP 数据核字（2013）第 106569 号

# 情缘古婺
## ——黄庭坚及其家族和祖处婺州情结

王 远 编著

| | |
|---|---|
| 责任编辑 | 赵 丹 |
| 特邀编辑 | 许苗苗 |
| 装帧设计 | 周国良 |
| 出版发行 | 浙江工商大学出版社 |
| | （杭州市教工路 198 号　邮政编码 310012） |
| | （E-mail : zjgsupress@163.com） |
| | （网址 : http://www.zjgsupress.com） |
| | 电话：0571-88904980，88831806（传真） |
| 排　版 | 金华日报商务彩印有限公司 |
| 印　刷 | 金华日报商务彩印有限公司 |
| 开　本 | 850mm × 1168mm　1/32 |
| 印　张 | 138.5 |
| 字　数 | 3226 千 |
| 版 印 次 | 2013 年 5 月第 1 版　2013 年 5 月第 1 次印刷 |
| 书　号 | ISBN 978-7-81140-797-6 |
| 定　价 | 460.00 元（全 13 册） |

# "婺文化丛书"编委会

主　编：钟世杰

副主编：朱江龙　叶志良

编　委：(按姓氏笔画为序)

王亦平　王晓明　方雨辉　叶志良

朱江龙　杨鸽声　吴远龙　陈文兵

周国良　钟世杰　楼　冰

# 自　序

　　古人云:"人非草木,孰能无情。"情为何物?情乃诸如宗脉情、族缘情、挚友情、父子情、兄弟情、夫妻情、祖孙情、师徒情、同窗情、邻里情等等之属也。大千世界,芸芸众生,总由一个"情"字所牵挂,难解难分,或浓或淡,或深或浅,或真或假,林林总总,无所不有。北宋江西诗派创始人、著名诗人和书法家黄庭坚,在短短六十一个年头的人生苦旅中,也被各种情结缠绕着、困惑着、友善着、追求着和实践着。可以这样说,黄庭坚是一个多情善感的情种,处事为人,无不情意为先,情谊至上,充满着浓浓的人情味。无情未必伟丈夫,有情乃为真人杰。天经地义,传承至今。

　　我深深地被黄庭坚的情爱无言,百善情为先的所作所为、所占所行感动着和感化着。《情缘古婺——黄庭坚及其家族和祖处婺州情结》,就是在这样的心理环境中成就付梓的。既是对乡梓先哲人格品行的仰慕,也是对自己处事为人言行的约束。我想,这也许是当代人的共同心态。构建和谐社会,岂能缺失真实的人情味。情和爱是承担,情和爱是责任,情和爱是奉献,情和爱是分享,情和爱是荣耀。要不然人人冷酷无情,处处陷阱四伏,社会还能安定和谐吗?

　　我已是一个退休多年的老翁,子孙绕膝,养老薪金丰厚,既无后继乏人之虞,又无经济拮据之忧,尽可以天马行空,颐享天年。

因为退休之后,既卸下了沉重的职责包袱,放慢了紧张的生活节奏,又避开了无尽喧嚣的纷扰,远离了是非曲直的旋涡。心情如高山幽谷,平淡似白水素服。退休了,可以如闲云野鹤,春听鸟啼,夏闻蝉鸣,秋望皓月,冬赏残雪。可以在月色朦胧中仰望群星闪烁之清幽,在晨风习习中聆听林涛回荡之神韵。可以仰望蓝天,观云卷云舒之奇观;俯视江河,看风起浪涌之豪迈。可以尽情享受鸟语花香,品评高山流水,笑看世间人事之沉浮,冷观世界风云之变幻。然而,我却做不到,因为我被同乡先贤黄庭坚在人生苦旅和官场险恶的厄运中,仍然以情为重,付出了真挚的爱,传递了纯真的情而感化着。我甘坐冷板凳,老而挣扎不辍地写作,总觉得不为乡梓先贤写点什么,问心有愧,寝食不安。虽然有点自惭形秽,诚惶诚恐,却又乐不可支,心情舒畅。究其原因,就是一个"情"字。清朝著名史学家万斯同曾说:"必尽读天下之书,尽通古今之事。然后可以放笔为文。苟其不然,则胸中不能无碍。胸中不能无碍,则笔下安能有神。"我遵照先哲的教诲而实践着。与书结缘,怡情益寿。这就是"开卷神游千古上,垂帘心在万山中"之真谛。

大仲马曾说过这样的话:"人生是一串由无数小烦恼组成的念珠,达观的人是笑着数完这串珠的。"人生道路崎岖坎坷,每一段路都隐藏着不可预测的未知数,或许会有密布的荆棘,或许会有丛生的暗礁。但有一点可以确信,每个成功者的身后都有披荆斩棘的艰辛历程。因为生活绝不会怜悯懦夫,相反,只能接纳笑对人生的勇者。鲁迅先生也曾说:"伟大的心胸应表现出这样的气概,用笑脸迎接悲惨的厄运,用百倍的勇气来应付一切不幸。"同乡先哲黄庭坚就是这样一位成功者和勇者。他成功的精神支柱就是充满人情味的情和爱。

我从同乡先哲黄庭坚那充满情和爱的人生旅途的缩影中,从古婺先祖对黄庭坚这位族亲的真实的眷恋和思念中得到了启迪，情是永恒的，伟大的。只有用真诚的人情味去拥抱生活，才能增强亲和力与凝聚力，人世间也才能充满情，充满爱。情和爱，能让人世间更美丽。

这就是我编著《情缘古婺——黄庭坚及其家族和祖处婺州情结》的初衷。寸纸片言，聊以为序。

王　远

时年六十有九

农历岁次庚寅年(2010)壬午月乙未日谨识

黄庭坚画像(录自郑永晓《黄庭坚年谱新编》)

庭坚叩頭比因南

康簽判李次山宣義

舟行奉書并寄雙

井計夏秀得通徹

黄庭坚《与无咎书帖》之一

耳急々老伏奉三月

当手诲審別来

侍奉万福何慰如之

惠寄範詩楊州集實

黄庭坚《与无咎书帖》之二

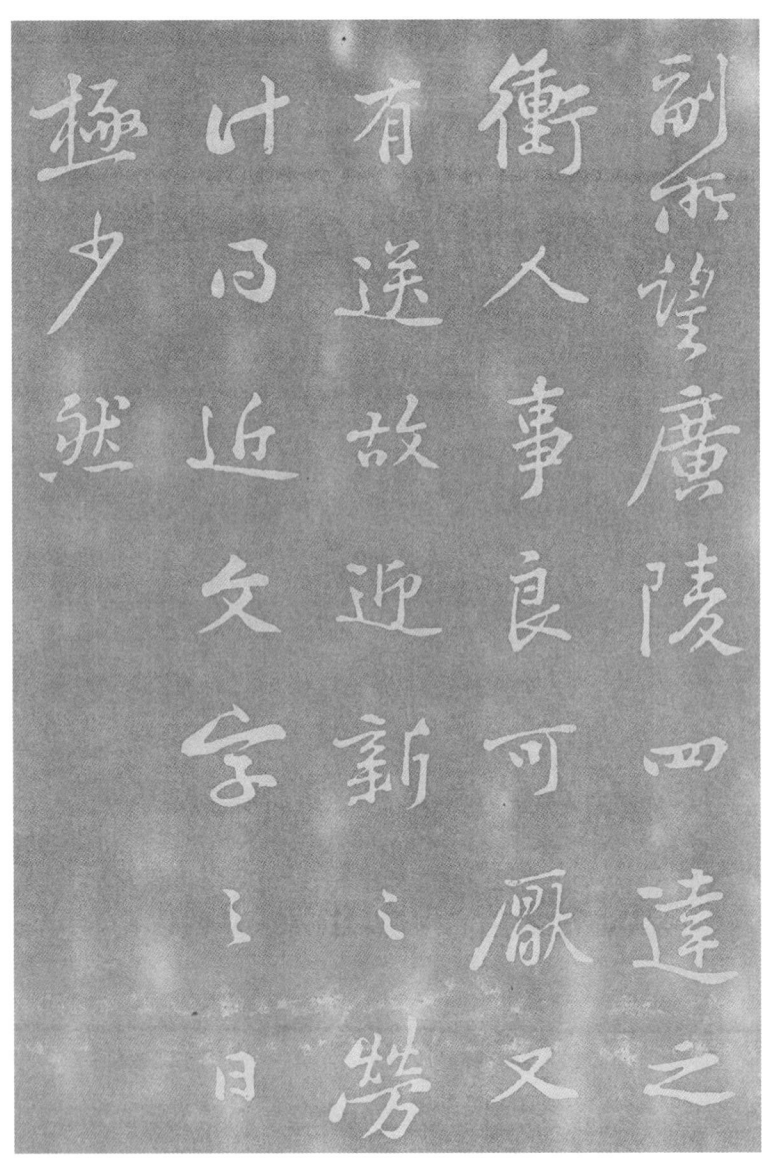

副卒望廣陵四達之
衝人事良可厭又
有送故迎新之勞
叶日近文字
極少然

黄庭坚《与无咎书帖》之三

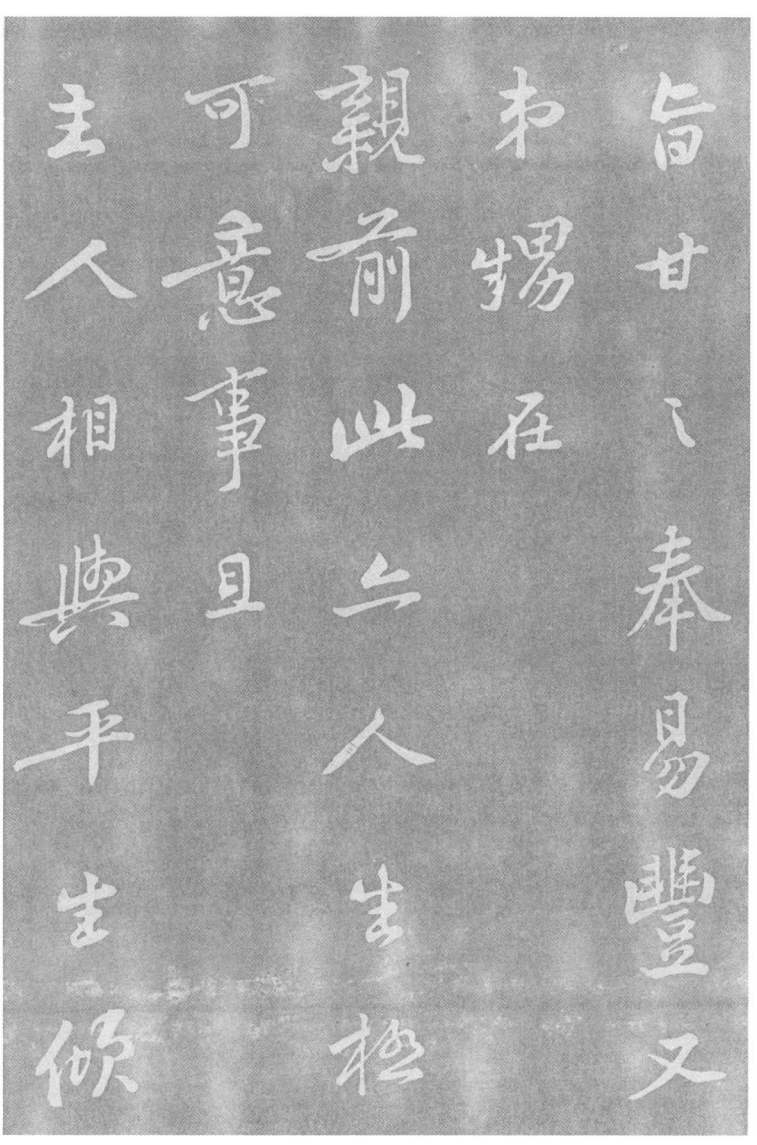

旨甘之奉易豐又
书锡在
亲前此二人生枥
可意事且
主人相与平生倾

黄庭坚《与无咎书帖》之四

倒條後□言問說又

潛有嘉除甚感孤

寂但赤知了何官

耳山川悠遠於書

懷想不可言千万

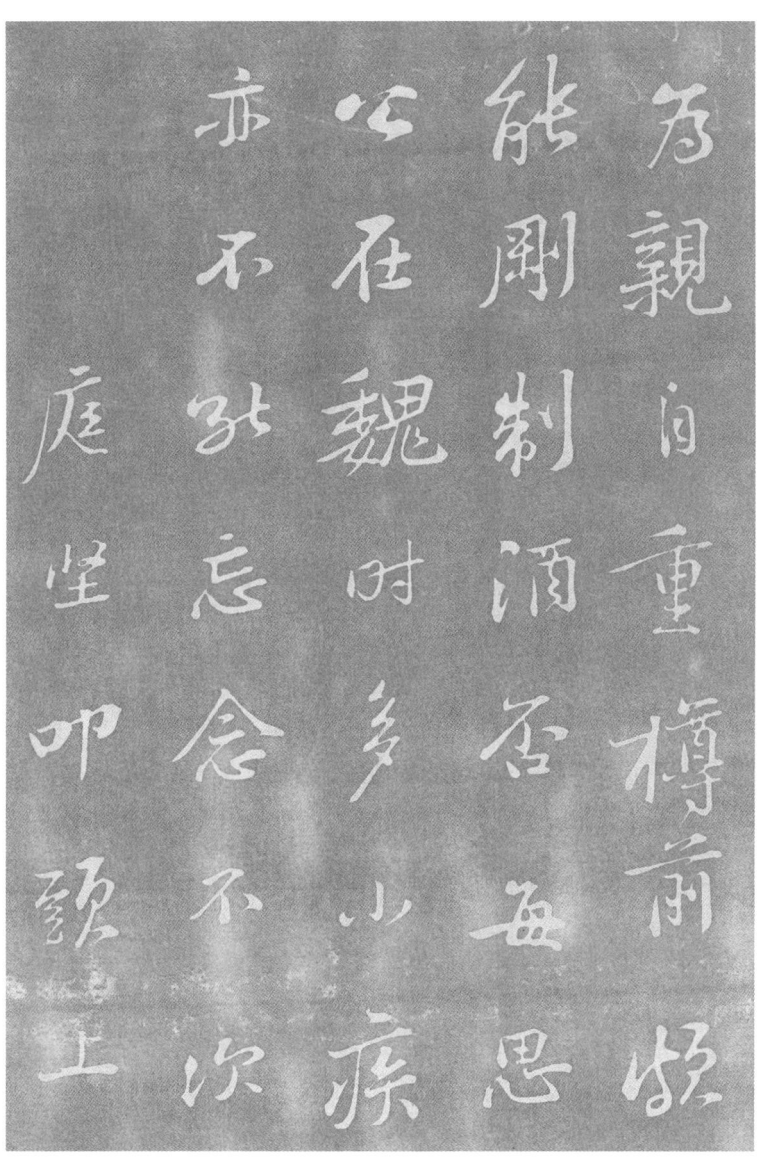

為親旧重樽前頻
能剛制酒否每思
公在魏時多小疾
亦不弘忘念不次
庭坚叩頭上

黄庭坚《与无咎书帖》之六

無咎通判學士老弟

宋翰林太史脩神宗實錄分寧

五月五日

黃山谷庭堅魯直書

黄庭坚《与无咎书帖》之七

# 目 录

## 下　卷　魂归古婺　薪火相传

宗脉寻根　上卷

正本清源

# 古婺黄氏　源自江夏

　　古婺金华县县东塘雅村东塘,东池黄氏系承陆终,望出江夏郡。

　　据《诸暨孝义黄氏族谱》载:"黄为嬴姓 14 氏,即徐氏、郯氏、莒氏、终黎氏、运奄氏、菟裘氏、将梁氏、黄氏、江氏、修鱼氏、白冥氏、蜚廉氏、秦氏、赵氏之一,出于陆终氏。陆终有后裔,曾被封于黄。今光州定城西十二里,犹有黄国故城。黄既为楚所并,子孙散之四方,以国为氏。"黄氏以陆终长子昆吾之子高,为一世祖。传至石公,因辅佐周有功,赐为黄姓,世居江夏,从此传衍各地。自战国后期以来,江夏郡(今湖北武汉一带)一直是黄氏发展繁衍中心。江夏黄氏始于黄香而闻名,其子黄琼,为官清廉,能奏劾贪官,历仕东汉尚书令、司空、司徒、太尉等职,封邡乡侯,食邑千户。其后形成黄氏望族。汉代以后,江夏黄氏因任官等原因,分别向大江南北迁徙。

　　塘雅村《东池黄氏宗谱》和《东塘黄氏宗谱》,都把尚书令黄香作为一世祖。黄香生八子,黄理、黄佩、黄瓒、黄深、黄琏、黄瑰、黄琼。黄理曾孙女黄氏,嫁蜀相诸葛亮为妻。幼子黄琼,历官司徒、太尉。黄琼生十二子,第九子黄储。黄储生三子,幼子黄琬,官至太尉。黄琬生十一子,幼子黄松寿。黄松寿生二子,长子黄盖,仕偏将军,幼子黄远,封关内侯。黄远生黄长文。黄长文生黄期。黄期生三子,长子黄穑,次子黄稼,幼子黄积,仕新安太守。黄积生二子,长子黄苾,幼子黄寻,皆为塘雅黄氏第十世祖。黄寻迁居安徽省黄墩,为黄墩始迁祖。黄苾,字惠卿,自幼聪颖,颇知韬略,被隋文帝征召为兖州总管,后官至按察使,金陵军民大都头。据《东塘黄氏宗谱》载:"苾者,江夏人,娶浦江吴英女。隋大业年间(约605—615),翁婿避乱归金华两头门居焉。"隋大业年间,为避战乱,黄苾和泰山吴英及妻子,从水路到金华,在赴浦江浦阳镇老家途中,途经两头门,见此地田多人少,丘陵起伏,是个安家立业之处,于是就定居两头门建村发族。两头门即今塘二村北首,古时去浦江过太阳岭必经之处。黄苾即为东塘、东池黄氏始迁祖。

黄苾生二子,长子黄居正,官至吏部侍郎。幼子黄居中,仕侍讲学士。黄居正生三子。长子黄梦圣,仕福州刺史;次子黄梦彩,仕袁州通判;幼子黄梦美,仕德安县令。黄居中生二子,长子黄梦瑞,幼子黄梦祥。黄梦祥生三子,长子黄铎,次子黄锤,幼子黄铨。黄铨生三子,长子黄潦,次子黄济,幼子黄沦。黄沦生四子,长子黄信,次子黄忠,三子黄行,幼子黄文。黄文生一子黄汝知,仕黄门侍郎,生三子,长子黄靲,仕江西采访使;次子黄鞠,仕著作郎;幼子黄鞬,仕黄门侍郎。黄鞬生七子,长子黄畴,仕中书侍郎;次子黄畎,仕工部侍郎;三子黄畊,仕防御使;四子黄畛,仕平瞄兵马使;五子黄疃,仕太守;六子黄甸,仕游击将军;幼子黄畦,仕黄门侍郎。黄畦生二子,长子黄大成,仕泉州判官;幼子黄大正,仕庐州太守。黄大正生黄福。黄福生二子,长子黄琏,幼子黄瑚。黄瑚生二子,长子黄谆,仕黄州太守;幼子黄说。黄说生一子黄亿,仕荆州节度使。黄亿生三子,长子黄荧,次子黄荤,兄弟俩均迁居崇德。幼子黄荣,生二子,长子黄浩,次子黄洪。黄浩生五子,长子黄珍,次子黄琬,次子黄璞,次子黄玘,幼子黄琛。黄洪生三子,长子黄琰,迁居弋阳;

次子黄瑕,幼子黄珌。黄玘生一子黄瞻。据《豫章先生传》载:"瞻,以策干江南李氏,不用,用为著作佐郎,知洪州分宁县。"黄瞻始居江西分宁,为江西分宁黄氏始迁祖。其五世孙即为江西诗派创始人黄庭坚,当在北宋年间。由是观之,黄庭坚先祖为婺州金华县塘雅村人,当无误也。

# "江夏"堂号　慎终追远

　　大凡每个姓氏宗族,均有郡望堂号,用以慎终追远。黄庭坚黄氏宗族亦然。

　　秦汉以后,随着家族的繁衍和播迁,姓氏原有的以血缘论亲疏的文化内涵日趋淡化,而以宗族地望明贵贱的内涵逐渐强化。地望,即为"郡望"。魏晋南北朝至隋唐时期,往往以世居某某郡的显贵宗族的地望,用来区别于其他同姓人。如魏晋隋唐时期,我国北方逐渐形成"四大郡望":范阳(今北京至河北保定一带)的卢氏,清河(今河北清河一带)的崔氏,荥阳(今河南郑州一带)的郑氏,太原(今山西太原一带)的王氏。均是族姓望族因世居某某郡而以郡名命名自己宗族的郡望。

　　"郡"是由春秋战国到秦朝几百年间逐步形成的地方行政区域。春秋时,秦、晋、楚等国在边地设县,后逐渐在内地推行。春秋末期以后,各国开始在边地设郡,管辖面积大于县城。战国时在边郡分设县,逐渐形成县统于郡的两级管理体制。秦统一中国后,全国分设 36 郡,后又增加至 40 多郡,郡下设县。郡和县长官均由中央集团任免,成了专制主义中央集权政权组织的一个部分。汉至隋唐继承了秦代的郡县制。汉朝时,又增加了州的划分政区,州管辖地域比郡管辖地域广,时全国约有 13 州,105 郡。三国时全国有 17 州,167 郡,1206 县。十六国及南北朝时,州多达 200 个。隋朝时有 241 州 680 郡 1524 县。到唐朝时，又增加了"道"的行政区划，以道辖州领县，但往往州、郡名称相互代用。到了宋朝，"郡"的行政区划已经废除。而用郡望表示姓氏宗族的显赫是从东汉开始的。如弘农郡的杨姓宗族，四代人有官至三公的高秩，世称弘农杨氏。又如汝南郡袁氏宗族，四代人有五人官至三公，世称汝南袁氏。东汉至魏晋时期，朝廷选用官员，不看才能大小，而仅看出身，凡是出身于世家大族者，均可依其籍贯及祖、父官位高低授予官职，久而久之形成"上品无寒门，下品无族势"的门阀士族统治阶层。世家大族为了维护这种特权，十分注重同一姓氏中血统和地域的区分。于是郡望不仅是某郡某氏的标志，而且代表着一种地位和权力。隋唐时实行开科取士，任官不完全凭出身，这样就造就了一批以宗室、大臣为主体的新士族集团。至宋朝，"郡"的行政区划废除后，《百家姓》中沿袭传统的"郡望"之论，大多依据汉魏至隋唐时期所形成的望族的地理分布。因此，姓氏的郡望，并非就是某个姓氏最初的发源地，而多数是在汉魏至隋唐时期所衍生出来的某个姓氏的望族居位地。由是观之，姓氏郡望不仅是该姓早期祖宗繁衍之地的标记，也是其宗族人口、经济地位、政治地位和文化地位的综合族力的标志。

随着"郡望"这一标明宗族身份的称号的产生，作为同郡同姓人群以标明某一家族或一房派名号的堂号也就应运而生。所谓"堂号"，也就是祠堂号，是申明一个宗族的出身来历，区分族属支派的标记。它的更深内涵，是中国家族文化中的一种用以慎终追远、弘扬祖德、敦宗睦族的符号标志，是寻根意识与祖先崇拜的体现，具有浓厚的宗亲色彩和精神纽带作用。堂号往往取其郡望名，兼有纪念先贤，光扬祖德之义。堂号也常书写在厅堂匾额，族谱封面和祖庙横额上，作为标记。

　　婺州东塘黄氏和江西分宁双井黄氏的郡望为江夏郡。江夏郡,汉高帝六年(前201)置郡,治所在安陆(今湖北省云梦),相当于湖北安陆、钟祥、潜江、沔阳、嘉鱼、蒲圻、崇阳以东,及河南光山、新县以西,信阳以东,淮河以南地区。此支黄氏,为东汉大臣黄香之族所在。东塘黄氏和双井黄氏的堂号就以郡望名命名。"江夏堂"就是北宋江西分宁黄氏杰出人物黄庭坚所立。黄庭坚亲自将江西分宁双井黄氏定名为"江夏堂"。"江夏郡""江夏堂"的郡望和堂号,黄庭坚曾在家乡江西分宁双井村构建黄氏大宗祠时就书写在祠堂匾额上。祠堂大门的祠联:"世泽浚源长,孝友无双,千秋俎豆昭前列;家声遗韵远,文章第一,百代衣冠推后贤。"永远成为婺州黄氏和江西分宁黄氏用以慎终追远、弘扬祖德、敦宗睦族的符号标志。

# 双井黄氏　根在古婺

　　江西分宁双井村黄庭坚家族,自婺州塘雅村迁居。双井村黄氏是婺州塘雅黄氏的分支。据塘雅《东塘黄氏宗谱》载,六世祖黄瞻以策干江南李氏,始知江西分宁县,在分宁县成家,届满后定居于分宁县双井村。黄庭坚高祖为黄元吉,曾祖父为黄中理。黄中理生子黄湜,为黄庭坚之祖父。黄湜生黄庶。黄庶为黄庭坚之父。

　　据《豫章传》载:"其先婺之金华人。六世祖瞻,以策干江南,用为著作佐郎,知洪州分宁县。瞻生圯,圯生元吉,元吉始卜筑修水上,葬两世于山中,遂占数焉。元吉生中理,赠光禄大夫。中理生湜,赠朝散大夫。"又据《文集》卷二十四《叔父和叔墓碣》载:"黄氏自婺州来者讳瞻,以策干江南李氏,不用,用为著作佐郎,知分宁县。分宁,吴楚地犬牙相入处也。著作(黄瞻)为县,使两地民不得相侵陵,水旱相移食。故湖南马氏亦授以兵马副使,将楚兵者二十年。其后吴楚政益衰,著作(黄瞻)乃去官游湖湘间。久之,念山川重深可以辟世无若分宁者,遂将家居焉。而葬于白上。著作(黄瞻)生元吉,豪杰士也,买田聚义,长雄一县,始宅于修溪之上,而葬于马鞍山。马鞍君(黄元吉)生中理,赠光禄卿。光禄(黄中理)始筑书馆于樱桃洞、芝台、两馆游士来学者常数百十人,故诸子多以学问文章知名,黄氏于斯为盛,而葬于双井。光禄(黄中理)生茂宗,实名黄沔,字昌裔。昌裔高材笃行,为书馆游士之师,子弟文学渊源皆出于昌裔。祥符中国学试进士,……有诏特收试。及试礼部,参知政事赵公安仁,翰林学士刘公筠擢昌裔,在十人中登科。"又据《别集》卷八《叔父给事行状》中载:"黄氏本婺州金华人。公高祖高瞻当李氏时来游江南,以策干中主不用,授著作佐郎,知分宁县。解官去,游湘中。久之,念藏器以待时,无兵革之忧,莫如分宁,遂以安舆奉二亲来居分宁,因葬焉。公曾大夫及光禄府君(黄中理)皆深沉有策谋,而隐约田间,不求闻达。光禄(黄中理)聚书万卷,山中开两学堂以教子孙。养四方游学者常数十百。而仕于中朝,多巨公显人。故大夫公十伯仲而登科者六人。凡分宁仕家,学问之原,盖皆出于黄氏。"再据《欧阳文忠公集》卷二十八《黄梦升墓志铭》中载:"予友黄君梦升(注,黄中理胞弟黄中雅之子),其先婺州金华人。后徒洪州之分宁,其曾祖讳元吉,祖讳某,父讳中雅,皆不仕。黄氏世为江南大族,自其祖父以来,乐以家赀赈乡里,多聚书以招四方之士。梦升兄弟皆好学,尤以文章意气自豪。"再据《挈斋集》卷十四《秘阁修撰黄公(黄庭坚叔父黄廉)行状》中载:"公讳莘,字子迈,其先婺州金华人,有仕江南者以著作郎(黄瞻)宰分宁,乐其俗土,因徙居焉。公宁之四世孙朝散大夫讳湜(黄湜,黄中理之子),以儒学奋,一门兄弟共学于修水上芝台书院,道义相磨,才华竞爽,时人谓之十龙(指黄中理和黄中雅兄弟俩十个儿子)。后登第者强半。朝散(黄湜之长子曰康州太守庶(黄庶),有诗名,实生太史氏庭坚。朝散(黄湜)之次子,公之曾大父,讳廉(黄廉),熙宁元丰间屡将使指体量。京东河决,活饿民二十五万,官至朝散大夫给事中。"

有关佐证黄庭坚先祖源自婺州塘雅村,除上述史料可以佐证外,还可以从下面的史实中可以得到佐证。据《周文忠公集》卷五十九《分宁县学山谷(黄庭坚)祠堂记》中有载:"黄氏本金华人,先生六世祖瞻尝为邑宰,厥后奉亲卜居,没则就葬,历三世,家修水上,宦学有声,而先生出焉。此世家之可考者也。"又据《遗文》附录载:"铢龆龀时,先祖为之曰:'吾七世祖仕南唐为著作郎,知分宁县,因家焉。传三叶,有孙十人,登第者七名,旁皆从水从是者。第四左朝散大夫位也。子四人,长从三从庶,中庆历二年进士第(黄庶),终大理寺丞,盖太史之父也。次从厂从兼,中嘉祐六年进士第(黄廉),终给事中,太史之叔父也。族广而散,不可缕数,姑自此列为二派,钩牵绳联起名,从木从火从土从金,又有双木双火者,合而计之,仅窬十四。皆以文学擢儒科,篷朝列……'"又据《道园学左录》卷四十《跋双井黄氏家谱后》中载:"豫章黄氏自金华来,其族分居丰城之宛冈,分宁之双井。双井之子孙众多,又分居筠之上高,宜春之万载。万载之族有太史文节公(黄庭坚)之从昆弟,户部郎中讳叔豹氏之七世孙,曰德荣者,持其谱相示,集受而观之,见其终宋之世,登进士第者相望殆数十人,衣冠文献,历历可数,求之郡乘,莫或过之。"又据《别传》中载:"山谷黄先生,宋洪州分宁县双井人也。六世祖瞻,世家金华,以策干江南李氏,用为著作佐郎,知分宁县,念山川幽遽可以避世,无如分宁,遂家焉。瞻生元吉,元吉生中理,尝筑书馆于樱桃、芝台洞,两馆游学之士常溢百人,故黄氏诸子多以文学知名,称江南望族。中理生湜,湜生庶。庶生庭坚。"

　　据上述史籍文献中有关黄庭坚家族黄氏渊源记载,源自婺州是有案可稽的。黄氏先祖为婺州人,江西之始祖为黄瞻。江西分宁黄氏家族中率先买田置业,喜爱收藏书籍,教子儒业,当推黄瞻之子黄元吉。黄元吉是黄庭坚高祖,黄元吉子黄中理是黄庭坚之曾祖父,赠光禄卿,继承父业,在樱桃、芝台两地构筑书院。学者甚众。黄中理生黄湜,黄湜是黄庭坚祖父。黄湜自幼勤奋好学,十位兄弟辈中进士及第者有七人,步入仕途者日众。黄氏渐为江西分宁之望族。据光绪《江西通志》载,黄湜兄弟辈中进士及第者有黄茂宗,大中祥符八年乙卯(1015)蔡齐榜进士。黄注,天圣八年庚午(1030)王拱辰榜进士。黄渭,景祐元年甲戌(1034)张唐卿榜进士。黄淳,宝元六年戊寅(1038)吕溱榜进士。黄浚,皇祐五年癸巳(1053)郑獬榜进士。黄湜,嘉祐二年丁酉(1057)张衡榜进士。黄灏,嘉祐二年丁酉(1057)张衡榜进士,兄弟二人同年同榜进士及第,世属罕见。黄庭坚之父黄庶兄弟辈中进士及第者有黄庠,景祐元年甲戌(1034)张唐卿榜进士,与叔黄渭同年同榜进士及第,世世称奇。黄庶,庆历二年壬午(1042)杨真榜进士。黄昭,庆历六年丙戌(1046)贾黯榜进士。黄雍,皇祐元年己丑(1049)冯京榜进士。黄序,皇祐五年癸巳(1053)郑獬榜进士,也是与叔辈黄浚同年同榜进士及第。黄廉,嘉祐六年辛丑(1061)王俊民榜进士。一族中两代人进士盈门,可谓书香门第。

黄庭坚祖母刘氏,人称仙源君,死谥桃源太君。黄庭坚父亲黄庶,字亚父,号青社,雅好诗文,句律奇出,曾为康州太守。他在《伐檀集》自序中有云:"既年二十五,以诗赋得第一。历佐一府三州,皆为从事。逾十年,郡之政巨细无不与,大抵止于簿书狱讼而已。其心之所存,可以效于君,可以补于国,可以资于民者,曾不有一事可以自见。然而月廪于官,粟麦常两斛,而钱常七千。向其所为,乃一常人皆不可勉,而能兹素餐昭昭矣。皇祐五年十二月青社自序。"诗集中《怪石二绝》,两诗警拔,世之称绝。其一有云:"山鬼水怪着薜荔,天禄辟邪眠碧台。钩廉坐对心语口,曾见汉唐池馆来。"黄庭坚母亲李氏,出身于江西望族,是御史中丞李常(李公择)的姐姐,封安康郡太君,生六子,长子黄大临,字元明;次子黄庭坚,字鲁直;三子黄叔献;四子黄叔达,字知命;五子黄苍舒,字号不详;六子黄非熊,字仲熊。长女黄氏,嫁南康洪民师,即洪朋、洪刍、洪炎、洪羽之母。洪朋、洪刍、洪炎、洪羽为黄庭坚外甥。

黄庭坚原配夫人孙氏,兰溪人孙觉之女,封兰溪县君。继室谢氏,谢景初之女,封介休县君。黄庭坚生一子一女,子黄相,字了然,小字小德,娶石谅之女石氏为妻。女儿黄睦,出嫁将仕郎舒城李文伯为妻。黄庭坚在女儿出嫁前,就与亲家翁龙眠李氏为素交。黄庭坚择婿知根知底,是为女儿日后计。

综上所述,江西分宁双井黄氏源出婺州塘雅东塘黄氏,是毋庸置疑的。

# 繁衍播迁　古婺望族

先祖黄苾定居塘雅建村发族后,子孙瓜瓞,继世簪缨,官宦之族,名播古县,为古县出东门望族。传至元朝时,族人更为兴旺,北宋崇宁年间(1102—1106),江西分宁黄瞻后裔黄叔达,寻根问祖,回迁塘雅居住。迁居外地谋生者络绎不绝。据《北山双井黄氏宗谱》载:"先祖黄允安、黄允明兄弟,于元大德至泰定年间(1306—1325)自塘雅村迁此",村名称大黄村。又据《北山双井黄氏宗谱》载:"明万历年间(1606—1610),村祖黄志远由大黄村析居明远桥东新屋",村名称小黄村。先祖黄允明,于明正统至景泰年间(1448—1449)自大黄村析居,村名称西力塘。又据《北山双井黄氏宗谱》载:"黄元祥,于明景泰至天顺年间(约1456—1458)自大黄村析居",村名称杨高畈村。又据《北山双井黄氏宗谱》载:"黄仁奇,于明洪武年间(1387—1396),自大黄村析居",村名称梅西塘。又据《北山双井黄氏宗谱》载:"黄士呈于乾隆间(约1770—1775),自大黄村析居",村名称大溪滩。皆居祖处塘雅村西北面,离祖处约十里地。又据重修于清光绪九年(1883)黄堰村《黄氏宗谱》载:"明成化年间(约1471—1475),先祖由塘雅迁婺西堰头。黄氏原住塘雅官田黄堰地(即今七宝塘村),故名黄堰头村。"塘雅黄氏后裔始建村于县西。而后又有后裔迁居县西黄村和吕塘下村。

黄氏后裔迁居祖处塘雅周边建村发族者为数更多。据《东池黄氏宗谱》载:"先祖黄世增于明朝中期正统年间(1436—1440),从东池(塘雅)迁居",村名称七宝塘村。又据《东池黄氏宗谱》载:"先祖黄增如于清道光年间(1830—1835)由东池(塘雅)迁此",村名称横垄塘,现改名为新安村。又据《东池黄氏宗谱》载:"村祖黄德宁于清乾隆间(约 1751—1754)由金南山迁此",村名称上沙塘村。又据《东池黄氏宗谱》载:"村祖黄夏于清康熙年间(约 1709—1713),由东池(塘雅)西京(现为塘一村)迁此发族",村名称金南山村。又据《东池黄氏宗谱》载:"先祖黄可仕,于明万历年间(1580—1583)从塘雅迁此",村名称小王村。黄可行,与其亲兄黄可仕同时从塘雅迁出,建村横塘村。又据《东池黄氏宗谱》:"先祖黄善,于明嘉靖末年(1564—1565),因开办瓦灶,从塘雅迁出",建村五渠塘村。又据《东池黄氏宗谱》:"明弘治年间(1496—1500),村祖黄一鸾自塘雅迁此",村名称羊尖山村。明朝天顺年间(1460—1463),有黄氏后裔从塘雅村析出,分别建莲塘村和蒙塘村。北宋嘉祐年间(1060—1062),有江西分宁黄瞻后裔,寻根问祖回塘雅村,建村塘雅村西南十里处二头门,现村名称顶塘村。在清朝年间,黄氏后裔从塘雅析出建村于塘雅村周边的有梅村、小台湾村、楼村、西京村、竹篷里村、鸟栅村、莲荷塘村等。

综上所述,自黄香十世孙黄芯于隋朝大业年间,迁居塘雅二头门定居建村后,其后裔散处县东县西 30 余个村落,尤以县东为多,成为古县黄氏的名门望族,占据黄氏的半壁江山。

# 世系纵贯　继世簪缨

据《东塘黄氏宗谱》载：江夏郡东汉尚书令黄香定为东塘黄氏一世祖。一世祖黄香，东汉大臣，居于江夏安陆，今湖北云梦。黄香十二岁始就博学经典，精研道术，以文章闻名京师，时人称"天下无双，江夏黄童"。后官至魏郡太守，著有《九宫赋》等文存世。东塘黄氏发祥地乃江夏安陆。黄香生八子。长子黄理，次子黄佩，三子黄珂，四子黄瓒，五子黄琛，六子黄琏，七子黄瑰，幼子黄琼。黄理玄孙女黄氏，嫁蜀相诸葛亮为妻。

二世祖黄琼，黄琼乃黄香之幼子，为官清廉，敢于奏劾贪官，闻名朝野。历任尚书令、司空、司徒、太尉等职。封邡乡侯，食邑千户。黄琼生十四子。长子黄德，二子黄赞，三子黄资，四子黄贲，五子黄卿，六子黄缙，七子黄乾，八子黄恕，九子黄明，十子黄贱，十一子黄储，十二子黄妥，十三子黄阁，十四子黄守亮。黄守亮迁南阳。

三世祖黄储，黄储乃黄琼之十一子。世居江夏安陆。黄储生三子，长子黄珩，次子黄瑜，幼子黄琬。

四世祖黄琬，黄琬乃黄储之幼子，官至太尉。黄琬生十四子，长子黄保，迁巴西；次子黄权，迁巴西；三子黄带，四子黄冠，五子黄伸，六子黄现，七子黄江寿，八子黄山寿，九子黄龟寿，十子黄椿寿，十一子黄松寿，十二子黄安，十三子黄缨，十四子黄簪。

五世祖黄松寿,黄琬之十一子,世居江夏安陆。黄松寿侄儿,黄安之子黄盖,官至偏将军。死后,孙权追论其功,赐其子黄柄为关内侯。黄簪之孙黄忠,三国时蜀汉名将,初属刘表,守长沙,后归刘备,初为讨虏将军,后迁为征西将军。

六世祖黄远,黄松寿之子,世居江夏安陆。

七世祖黄长文,黄远之子,世居江夏安陆。

八世祖黄期,黄长文之子,世居江夏安陆。

九世祖,黄穑、黄稼、黄积,皆为黄期之子。黄积官至新安太守。

十世祖黄苾、黄寻,均为黄积之子。长子黄苾,被隋文帝征为兖州总管,官至按察金陵,军民大都头。次子黄寻,秩满后,居于安徽黄墩,为黄墩黄氏始迁祖。长子黄苾娶浦江籍吴英之女为妻。吴英官至金陵太守。隋大业年间,战事频仍。黄苾翁婿携家小逃离金陵,至金华塘雅两头门地带安家定居,为塘雅东池、东塘黄氏始迁祖。

十一世祖黄居正、黄居中,皆为黄苾之子。黄居正官至吏部侍郎,生三子,长子黄梦圣,官至福州刺史,秩满后定居福州。次子黄梦彩,官至袁州通判,秩满后居于袁州。幼子黄梦美,官至德安县令,秩满后定居德安。黄苾幼子黄居中,官至侍讲学士。

十二世祖黄梦瑞、黄梦祥,皆为黄居中之子,均居于塘雅村。黄梦瑞无后以继。

十三世祖黄梦祥,居塘雅村业农。

十四世祖黄铃、黄锤、黄铨。皆为黄梦祥之子,均居塘雅村业农。

十五世祖黄漯、黄济、黄沦。皆为黄铨之子,均居塘雅村业农。

十六世祖黄信、黄忠、黄行、黄文,皆为黄沦之子,均居塘雅村业农。

十七世祖黄汝知,黄文之子,官至黄门侍郎,秩满后回祖居地塘雅养老。

十八世祖黄靪、黄鞘、黄鞬,皆为黄汝知之子。长子黄靪,仕江西采访使,秩满后定居江西。次子黄鞘,仕著作郎。幼子黄鞬,仕黄门侍郎。黄鞬生七子。

十九世祖黄畴、黄畯、黄畊、黄畛、黄疃、黄甸、黄畦,均为黄鞬之子。黄畴仕中书侍郎,黄畯仕工部侍郎,黄畊仕防御使,黄畛仕兵马使,黄疃仕太守,黄甸仕游击将军,黄畦仕黄门侍郎。黄鞬一门七子,个个为官,一时成为东塘黄氏佳话,流芳百世。

二十世祖黄大成、黄大正,皆为黄畦之子。长子黄大成,仕泉州判官。幼子黄大正,官至庐州太守。

二十一世祖黄福,黄大正之子。居塘雅村业农。

二十二世祖黄琔、黄瑚,皆黄福之子。居塘雅村业农。

二十三世祖黄谆、黄说,皆黄瑚之子。长子黄谆仕黄州太守,秩满居于黄州。幼子黄说,居塘雅村业农。

二十四世祖黄亿,黄说之子,仕靳州节度使。

二十五世祖黄莹、黄芉、黄荣,皆为黄亿之子。长子和次子皆迁居崇德。黄荣居塘雅村业农。

二十六世祖黄浩、黄洪,皆为黄荣之子,居塘雅村业农。

二十七世祖黄珍、黄璞、黄琛皆为黄浩之子。黄琰、黄瑕、黄璐,皆为黄洪之子。黄洪之子兄弟三人皆外迁他乡。黄洪五个儿子皆居塘雅村业农(东塘黄氏世系下文不再赘述,重点记述江西派黄庭坚家族之世系)。

二十八世祖黄瞻,黄玘之子。唐朝时因策干江南不用,用作著作郎,仕官于分宁,为江西分宁黄氏始迁祖。江西分宁黄氏,为尊祖起见,视黄瞻之父黄玘为江西分宁黄氏一世祖。

二十九世祖黄元绩、黄元吉,皆为黄瞻之子。长子黄元绩,字中理,宋建隆辛西进士,官至吏部侍郎。幼子黄元吉,字中雅,官至礼部员外郎。

三十世祖黄淳、黄滋、黄湜、黄沔、黄涣,皆为黄中理之子。四子黄沔,又名茂宗,字昌裔,宋大中祥符八年进士。三子黄湜,字茂询,宋嘉祐二年进士。长子黄淳,字茂伦,宋宝元元年进士(黄中雅一脉与黄庭坚没有直接关系,不再赘述)。

三十一世祖黄廉、黄襄、黄昭、黄庶、黄羽,皆为黄湜之子。幼子黄羽,仕太子中允。四子黄庶,宋庆历二年进士,知康州事。三子黄昭,宋庆历六年进士,仕监察御史。次子黄襄,字圣谟,别号台源先生,仕国子监司业。长子黄廉,宋嘉祐六年进士,仕吏部给事中。

三十二世祖黄大临、黄庭坚、黄叔献、黄叔达、黄苍舒、黄仲熊,皆为黄庶之子。五子黄苍舒,仕朝散郎。四子黄叔达,字知命,不仕,诗文俱佳,后归祖处塘雅村西南地两头门村定居发族,宗脉渊源,后人不忘。三子黄叔献,仕湖北转运使,届满迁居兰溪。次子黄庭坚,北宋著名诗人,其诗与苏轼并称"苏黄",诗风在宋代影响很大,开创了江西诗派,又是宋代四大书法家之一。长子黄大临,字元明,号寅庵、仕萍乡尹。

三十三世祖黄相、黄睦,皆为黄庭坚之子女。子黄相,仕中奉大夫,娶石谅之女为妻。长女黄睦,嫁舒城李文伯为妻。

三十四世祖黄霖、黄醮、黄黔、黄然、黄照、黄羔,皆为黄相之子,黄庭坚之孙。黄相次子黄醮,回迁祖处塘雅村定居发族。黄庭坚一脉源出塘雅东塘黄氏,其同辈和后裔,仍有回迁祖处塘雅村者。可见血脉传承,世俗看重,寻根问祖,世人夙愿。

# 人生百味　酸甜苦辣

　　宋仁宗庆历五年(1045)农历六月十二,黄庭坚出生于江西分宁县高城乡双井村。宋时,分宁属江南西路,县中有修水蜿蜒流淌,最后注入鄱阳湖。分宁县西北,修水上游,有一山水宜人之村庄,即为双井村,在分宁县西三十里。自先祖黄瞻以策干江南李氏,始知分宁县,历经数世,虽为分宁县望族,但传至黄庭坚时,家道中落,充其量也只能算是中等士大夫家庭,家中经济状况并不宽裕。黄庭坚自幼洁身自好,俭约持身。为地方官时能为贫苦大众着想,为民办实事善事。这与黄庭坚出身寒门和早年贫困生活不无关系。

　　宋仁宗皇祐元年(1049),黄庭坚五岁。庭坚自幼聪明好学,颖悟过人,读书五行俱下,数过辄母成颂。舅李公择见书架上书籍纷乱,随便抽出一本,考考庭坚,庭坚对答如流。舅李公择甚喜,甚奇。庭坚五岁时诵习《五经》。七岁作《牧童诗》,诗云:"骑牛远远过前村,吹笛风斜隔岸闻。多少长安名利客,机关用尽不如君。"其父黄庶喜其警悟,喜爱有加,悉心栽培。八岁时,有乡人欲赴南宫考试。黄庶率同舍饯饮,皆作诗送行。有人叫庭坚亦赋诗以娱。庭坚略加思索,口占一诗云:"青衫乌帽芦花鞭,送君直至明君前。若问旧时黄庭坚,谪在人间今八年。"黄庭坚聪敏过人,可见一斑。

　　宋仁宗嘉祐三年(1058),黄庭坚十四岁。是年,生父黄庶病故。黄庶宋庆历二年进士,时年二十五岁。黄庶中进士后仕大臣幕府,持议不挠。大臣对待黄庶是外敬内怀。以故黄庶终身官运不享,享年仅四十岁。黄庭坚丧父之痛,痛不欲生。次年,由舅父尚书李公择携庭坚游学淮南。李公择,名常,时权宣州观察推官,监涟水军。李公择无论为人为学,俱佳。除在经济上资助黄庭坚一家之外,还影响了黄庭坚的为人和文学创作。李公择被称为黄庭坚的引路人,并不过分。黄庭坚少年时代浪漫不羁,颇有豪气。《外集》卷十一《新寨饯南归》有诗描述黄庭坚少年时的浪漫和豪气,诗云:"往在江南最少年,万过在眼如鸟翼。夜行南山看射虎,失脚坠入崖底黑。却攀荆棘上平田,何曾悔念身可惜。辞家上马不反顾,谈笑据鞍似无敌。"

宋仁宗嘉祐五年(1060),黄庭坚十六岁。是年在淮南作《溪上吟》诗,叙述了自己春日踏青时,醉酒感物而作,并流露了仰慕陶渊明隐逸生活的想法。诗中有"短生无长期,聊暇日婆娑。出门望高丘,拱木蔓春萝。试为省鬼录,不饮死者多。安能如南山,千岁保不磨。在世崇名节,飘如赴烛蛾"之句。此种情绪与陶渊明的《桃花源记并诗》可相互印证。

宋仁宗嘉祐六年(1061),黄庭坚十七岁。是年,黄庭坚仍在淮南。嘉祐初年,朝廷择名士编校昭文书籍。孙觉才识过人,入选进馆阁校勘。孙觉,字莘老,兰溪城天福山人。其先祖孙钟,世居河南,为汉灵帝时汉阳太守。孙耽长于口至北宋初,裔孙孙佐廷任衢州西安知县时,前往兰溪,爱慕兰江之清幽,即命家眷自衢州迁居兰溪天福山。之后,孙佐廷后裔孙淳由天福山分迁女埠镇坦村。孙觉为孙佐廷之子。离京归高邮时,黄庭坚即往孙觉住所拜谒,由此结织孙觉。孙觉见黄庭坚才华横溢,将女儿许配给黄庭坚。自此黄庭坚与孙觉翁婿相称。黄庭坚与孙觉女儿结婚,当在宋英宗治平四年(1067)。

宋英宗治平元年(1064),黄庭坚二十岁。春,至京都赴礼部试。次年,自京都南归。

宋英宗治平三年(1066),黄庭坚二十二岁。秋,黄庭坚再贡于乡,荣膺首选。

宋英宗治平四年(1067),黄庭坚二十三岁。春,黄庭坚赴礼部试,登许安世榜进士,调汝州叶县尉。与孙氏完婚。

宋神宗熙宁元年(1068),黄庭坚二十四岁。是年九月赴任叶县尉。熙宁二年(1069)七月,元配夫人孙氏,卒于叶县,殡于叶县二十三年。至元祐六年,将孙氏遗骨运回江西分宁双井村安葬。熙宁三年(1070),黄庭坚二十六岁,仍就职于叶县,胞妹黄氏年二十五卒于是年。熙宁四年(1071),黄庭坚仍供职于叶县。十一月,岳丈孙觉自广德军移守吴兴。

宋神宗熙宁五年(1072),黄庭坚二十八岁。是年曾赴湖州拜谒岳丈孙觉。苏轼在湖州孙觉处拜读了黄庭坚留在孙觉处的诗。苏轼以为黄庭坚必轻外物而自重者。是年,黄庭坚参加招考回京学官考试,名列优等,出任大名府国子监教授,至熙宁九年,四年任期届满,文彦博器重他的才华和文章,坚持留他在任。黄庭坚任大名府国子监教授八年。在任大名府国子监教授期间,黄庭坚极力主张考试以至公缜密为主,以礼待士,深得人心。

宋神宗熙宁七年(1074),黄庭坚三十岁,供职于京都。是年,与介休县君谢氏结婚。谢氏,朝散大夫南阳谢公景初师厚之女,年二十归黄氏,年二十六而卒。殡于大名者十一年,元祐八年,将其遗骨运回江西分宁双井村,墓葬于元配夫人孙氏旁。第二位岳丈谢师厚,字景初,富阳人。谢绛之子。庆历六年进士,知余姚县,历任湖北运判、成都府提刑,至屯田郎。元祐七年四月卒,年六十五。

谢师厚正为女儿择婿时,有幸拜读了黄庭坚的诗,读罢乃云:"吾得婿如是足矣"。于是将女儿许配给黄庭坚。

宋神宗熙宁八年(1075),黄庭坚三十一岁,是年与妹夫王世弼有吟咏唱和。熙宁九年(1076),黄庭坚仍供职于京都。熙宁十年(1077),黄庭坚仍供职于京都。是年,女儿黄睦出生。神宗元丰元年(1078),黄庭坚仍供职于京都。神宗元丰二年(1079),黄庭坚仍在大名(北京)供职。本年学官之任已满,改任著作佐郎。十二月二十六,黄庭坚因与苏轼有诗往来,受"乌台诗案"牵连,坐罚铜二十斤。

宋神宗元丰三年(1080),黄庭坚改官,知吉州太和县(今江西泰和县)。秋,黄庭坚自汴京携家三十余口到吉州太和县赴任。一家沿汴河东下,经南京(今河南商丘县)、盱眙(今江苏盱眙县)入淮水。路过楚州(今江苏淮安县)时,下船拜访徐积。徐积,字仲车,楚州人,治平四年擢进士第。黄庭坚问政于徐积。徐积以"为政之务,虑不厌熟则寡过,睦僚佐则事举赠之"。黄庭坚对徐积的教诲,铭刻在心,说:"大雅之为人远矣。立参于前,坐倚于衡,何日忘之。"黄庭坚告别徐积后,路过高邮(今江苏高邮县)时,又拜访了秦观。黄庭坚在秦观府上欢聚二日,互赠诗文。黄庭坚一直南下,路过扬州(今江苏扬州市)。十月,至真州(今江苏仪征市),途经芜湖(今安徽芜湖市)时,又拜访了故友李端叔。李端叔,字之仪,沧州无棣(今属山东)人。元丰进士。元祐初为枢密院编修官。元祐末,始从苏轼于定州幕府,为签判。崇宁年间,因范纯仁起草遗表,忤蔡京,贬官太平州,居当涂姑溪,自号姑溪居士。黄庭坚又溯长江而上,舟次皖溪口(今安徽潜山县,为皖水入江口),巧遇张庇民。张庇民,字翔父,隐居泉万。黄庭坚为张庇民隐居地名曰"灵龟泉",并作《灵龟泉铭》赠与张庇民。在皖溪口,又巧遇舅父李公择之船。时李公择为提点淮南西路刑狱,提刑司在舒州(今安徽安庆)。外甥与母舅不期而遇,时虽正值风雨大作,但甥舅多年未见,也觉分外亲热,经常在船中畅谈至深夜。黄庭坚留住在舅父处十余天。舒州优美,茂林修竹、石牛溪清水涟漪。黄庭坚不禁流连忘返,遂自号山谷道人。《黄氏宗谱》载:"十月游山谷寺……先生游而乐之,因此自号山谷道人。"《宋史》卷四百四十四其本传云:"初,游潜皖山谷寺,石牛洞,乐其林泉之盛,因自号山谷道人云。"并作题诗:"司命无心播物,祖师有记传衣。白云横而不渡,高鸟倦而犹飞。"十一月二十一,黄庭坚与建康李参,彭蠡李秉彝、秉文,磁湖吴择宾,华阳丘揖等友人,同游潜峰,并石刻题名。十二月,黄庭坚过南康军(治所在今江西星子县)。

宋神宗元丰四年(1081),黄庭坚三十七岁。是年春,黄庭坚赴太和县任县令。太和县号称难治,要治理好太和县,黄庭坚也颇感棘手。然黄庭坚平易近民,受到百姓拥戴。在太和县任上,秋,曾在南安军(治所在今江西大庾县)考试举人。是年秋,黄庭坚与苏辙完交盖。时苏辙谪监筠州盐酒税(治所在今江西省高安县)。与苏辙定交后,黄庭坚作《秋思子由》《次韵奉寄子由》《再次韵奉答子由》《再次韵寄予由》等诗寄往筠州苏辙。是年,黄庭坚又与周敦颐的两个儿子周寿(字元翁)、周焘(字次元)相交。周敦颐,字茂叔,春陵人,曾任洪州分宁县主簿。《黄氏宗谱》载:"周敦颐濂溪二子寿、焘。寿,字季老,后改元翁。焘,字通老,后改次元。山谷在太和,元翁任吉州司法。至元丰五年,于黄裳榜登第。……次元亦于元祐三年李常宁榜登第。元翁终司封员外郎,次元终徽酉阁待制。"

宋神宗元丰五年(1082),黄庭坚三十八岁。《黄氏宗谱》载:"先生是岁在太和。按:九月十六《上运使刘朝请书》云:录录下邑,盖将期年,又承秕政之后,负逋在民,缧系满狱。苦勤教养,仅为佃民之安。"黄庭坚上书运使朝请,虽然谦恭自承似不懂吏事,实则为当地老百姓着想。三月至八月间,为销售官盐,黄庭坚深入所辖山区刀坑、劳坑、雕陂、大蒙笼、万岁山等地。《豫章传》云:"太和号难治。公以平易近民,民亦不忍欺。会颁盐茶,诸邑争授多数,独公平平耳。大吏不问而民安之。"《宋史》卷四百四十四本传亦载:"知太和县,以平易为治。时课颁盐策,诸县争占多数,太和独否,吏不悦,而民安之。"可见,黄庭坚为官之道不唯上而唯下。黄庭坚以诗明志,在《己未过太湖僧寺得宋汝为书寄山蔌白酒长韵诗寄答》中云:"户户无积藏,民病我亦病。呻吟达五更,韵为诵书语。"又云:"按图索家资,四壁达牖窗。掩目鞭扑之,桁杨相推枨。身欲免官去,驽马恋豆糠。"并摘出孟昶文内"尔俸尔禄,民膏民脂;下民易虐,上天难欺"四语,书"戒石铭"镌石以自警,爱民思想不言自明。

宋神宗元丰六年(1083),黄庭坚三十九岁。是年,黄庭坚仍在太和。十二月移监德州德平镇。据《任氏宗谱》载:"山谷在太和凡三年。至元丰癸亥(1083)移监德州太平镇(今山东三河县德平镇)。山谷有《大孤山诗刻》云:'是岁癸亥十二月,余自太和移德平。'黄庭坚解官太和县后,顺路返家分宁。船过彭蠡湖(今鄱阳湖),作《宫亭湖》诗。诗中有"平生来往湖上舟,一官四十己包羞"之句。

宋神宗元丰七年(1084),黄庭坚四十岁,在德平镇任上。据《德平县志》卷一载:"五代唐割安德东北境及平昌地合为一县,两地各摘一字,命曰'德平'(县名自此始)。宋属河北东路,熙宁六年省德平入德安,废县为镇,凡二十五年。元符初,复置德州。"据此记载,黄庭坚在德平时,不称县而称镇。黄庭坚赴德平途中,曾过金陵时,往访王安石于钟山。春,过扬州时,又拜访金华同乡俞清老。三月,经扬州达泗州。据《豫章传》载:"公奉佛最谨。过泗州僧伽塔,遂作《发愿文》,痛戒酒色与肉食,但朝粥午饭,如浮屠法。时元丰七年三月也。"黄庭坚已完全皈依佛教。子黄相出生于德平镇。

宋神宗元丰八年(1085),黄庭坚四十一岁。是年一至五月,在德平镇职上。四月十四,奉诏仕秘书省为校书郎。九月赴京就任,赐五品服。岳丈孙觉也于是年七月自秘书省监迁谏议大夫。黄庭坚在京就职后,其弟黄叔达也来京。

宋哲宗元祐元年(1086),黄庭坚四十二岁。是年仍就职于秘书省。三月十九,受司马光推荐,与范祖禹、司马康等共同校定《资治通鉴》。六月十六,诏黄庭坚、孔平仲、毕仲游、廖正一、晁补之、张耒等九人参加学士院考试,以充馆阁。苏轼任主考官。七月十三,岳丈孙觉升迁为吏部侍郎。十月初二,黄庭坚升任神宗实录检讨官,自号所居曰"退听堂"。

宋哲宗元祐二年(1087),黄庭坚四十三岁。是年,在秘书省兼史局。一月十八,升任著作佐郎,加集贤校理。十二月二十八,监察御史赵挺之弹劾苏轼,并兼及黄庭坚。是年,黄庭坚、苏轼、苏辙、李公麟、秦观、张耒、李之仪等十六才子,会于驸马都尉王晋卿之西园。据米芾《宝晋英光集》补遗《西园雅集图记》载:"自东坡而下,凡有十六人,以文章议论,博学辨识,英辞妙墨,好古多闻,雄豪绝俗之资,高僧羽流之杰,卓然高致,名动四夷。"一时传为美谈。

宋哲宗元祐三年(1088),黄庭坚四十四岁。是年,黄庭坚仕秘书省兼史局。一月十七至三月初一,苏轼、孙觉、孔文仲等先后知贡举,黄庭坚为参评。四月至六月间,黄庭坚得溃疡性疾病。是年,黄庭坚自编所作诗稿,因当时居于醴池寺退听堂,故书名为《退听堂集》。

宋哲宗元祐四年(1089)，黄庭坚四十五岁。是年，黄庭坚仍就职于秘书省兼史局。三月十二，弟黄非熊病故，年三十六岁。黄庭坚为弟作墓志铭。《文集》卷二十四《非熊墓铭》载："先大夫之幼子，以至和岁乙未(1055)月乙酉日丙申时辛卯生于临菑……""汝州防御史仲爰闻其家世，欲以女予之，而非熊不幸病死矣。得年三十有六。"七月二十六，黄庭坚升迁为集贤校理。据《长编》卷四百三十第四十二条载："甲午(二十六)，修实录院检讨官、朝奉郎、行著作佐郎黄庭坚为集贤校理。九月，遇明堂大礼，以任子恩泽奏补侄黄朴。"据黄庭坚《乞奏补状》载："臣早年未有子息。有兄之子朴，自襁褓过臣房下，抱携教养于今。年二十二，学问稍已知方……以臣于朴，私恩实均父子，重以老母今七十，钟爱在朴，不胜白发抱孙之情。扶杖假息，愿及见朴之阶仕籍也。欲望圣慈许以合得恩例先与臣兄之子朴。"又据《清波杂志》卷六载："元祐中，黄鲁直应任子，特请于朝，舍子而先侄。后遂为例。东坡荐黄自代之词，瑰琦之文妙绝当世，孝友之行追配古人。今士大夫当郊该荫补而累奏其子者也。"黄庭坚早年丧父，兄弟姐妹与母亲相依为命，兄弟及兄妹之间友爱甚深。是年，秦观季弟秦觏和仲弟秦觌从黄庭坚学。黄庭坚名其所居室曰"寄寂斋"。

宋哲宗元祐五年(1090)，黄庭坚四十六岁。是年，黄庭坚仍任职于秘书省兼史局。是年舅父李常、岳丈孙觉相继辞世后，黄庭坚哀痛不已，作《祭外舅孙莘老文》。

宋哲宗元祐六年(1091)，黄庭坚四十七岁。是年，黄庭坚仍仕秘书省兼史局。三月初四，黄庭坚与赵彦若、范祖禹等进《神宗皇帝实录》。三月十四，黄庭坚因以《神宗皇帝实录》书成有功，诏为起居舍人。但因韩川有谤言，吕大防必欲仍为著作佐郎。黄庭坚请再下，太皇太后曰："恐再缴，不如只依例改官。"六月初八，母病卒,特封母寿光县太君为安康郡太君。以黄庭坚上书乞以《神宗皇帝实录》书成,转官恩回授。母病年余,黄庭坚事母有曾,闵之行。

黄庭坚外婆陈氏六月初卒。黄庭坚为外婆作《祭亡女陈氏十娘文》云:"我祖江南,三年摇摇。元丰甲子,汝兄还朝。道淮溯洛,望汝来宁。不闻车音,乃闻哭声。"

《黄氏宗谱》中《与郭明叔提举书》载:"六月间李氏嫂倾逝。此怀苦楚,何以堪忍。诸侄已扶护归分宁。幸蒙朝廷恩赐优厚,感戴何已。"是年秋,黄庭坚护母丧归分宁。九月,黄庭坚到扬州,十月二十一到达芜湖。十二月二十,与弟黄叔达至李常墓哭祭,并题墓柱。

宋哲宗元祐七年(1092),黄庭坚四十八岁。是年正月初八,黄庭坚回江西分宁为母亲病逝半年祭。五月十四,叔父黄廉病卒于京师。居丧期间,外甥徐俯有书信给黄庭坚。

宋哲宗元祐八年(1093),黄庭坚四十九岁。是年,黄庭坚居丧江西分宁双井村老家。二月初一,葬母安康郡太君祔于双井之台平祖域。弟非熊同葬。《黄氏宗谱》载:"二月戊申葬母氏安康太君祔于台平祖域之内,康州使君之兆。"是年,黄庭坚作《代兄祭非熊文》"维元祐八年,岁次癸酉,正月己卯朔,二十九乙未,兄大临以清酌时羞之奠,昭告于亡弟非熊之灵……我等不天,安康弃养。以尔同归,及兹大葬。台平之原,先君所卜……二月戊申,安康祖行。尔亦就次,思如平生。别酒一觞,有泪纵横。"黄庭坚将母下葬后,在墓旁筑室守墓,名室名为"永思堂",意其永思慈母养育之恩。七月二十七,黄庭坚升迁秘书丞,提点明道宫,兼国史编修官。黄庭坚具奏辞免编修之命,欲乞求一宫观居住。黄庭坚早已厌恶官场,以种种借口具状呈奏,先后上奏《辞免史院编修状》和《辞免史院编修状》第二状,仍居于母亲墓旁守墓。万事皆空,唯慈母生养之恩难忘。九月，叔父黄廉归葬江西分宁双井之台平祖域。

宋哲宗元祐九年(哲宗绍圣元年，1094)，黄庭坚五十岁。是年，居江西分宁老家等待皇上辞免之命。四月十二，改元绍圣。是年，调任知宣州(今安徽宣城县)。四月，由分宁出发赴宣州，五月到洪州(今江西南昌)。六月十八，又被任命管勾亳州(今安徽亳州)明道宫，并责令于开封府境内居位，以便听候国史院之对证查问。此时章惇为相，蔡卞为国史编修官，因对范祖禹和黄庭坚等人所撰《神宗实录》大为不满，意欲借此打击报复，以泄私愤，黄庭坚蒙冤不屈。七月初，与苏轼相遇于彭蠡湖(今江西鄱阳湖)。时苏轼仍以"讽刺先朝"之罪名被贬往英州，相会三日，洒泪而别，此次作别，竟成永诀。七月十二，黄庭坚到达南康军(今江西星子县)。八月初八，到达彭泽(今江西彭泽县)。九月，过池州(今安徽贵池县)。同行者有长兄大临、弟叔献、子相等。兄弟间经过协商，决定寓家于芜湖。十月，由长兄大临陪同前往开封府。十一月，到达开封府境内陈留(今开封县陈留镇)，寓居净土院。在净土院寓居近两月，自云其寓所为"寂住阁"和"深明阁"。并作二首诗记其事。题"寂住阁"诗云："庄周梦为蝴蝶，蝴蝶不知庄周。当处出生随意，急流水上不流。"题"深明阁"诗云："象踏恒河彻底，日行阎浮破幂。若问深明宗旨，风花时度窗楝。"这两首诗表露出黄庭坚达观豪迈而又不随波逐流的精神境界。在陈留时，黄庭坚编辑尚未编完的诗集《退听堂集》。十二月二十七，因奸臣章惇、蔡卞等人上疏："实录院所修先帝实录，类多附会奸言，诋熙宁以来政事，乞重行窜黜。"欲将黄庭坚等人置于死地而后快。由此，黄庭坚被贬涪州(今四川涪陵县)别驾，再贬黔州(今四川彭水县)安置。据《豫章传》载："命下，左右或泣，公色自若，投床大鼾，即日上道。君子是以知公不以得丧休戚芥蒂其中也。"又据《别传》载："命下，左右或泣，先生颜色自若。投床大鼾,即日上道。"面对遭贬之危难局面,黄庭坚心境坦然,直面事实,无所畏惧。

北宋哲宗绍圣二年(1095),黄庭坚五十一岁。正月,仍有奸臣上奏所修《神宗实录》不实,乞重加贬谪。由是,黄庭坚又被降官一级。长兄黄大临亲自远送黄庭坚赴贬所。兄弟俩从陈留出发,取陆路经尉氏(今河南尉氏县)、许昌(今河南许昌市),横渡汉水,二月到达江陵府(今湖北江陵县),寓居承天寺。时住持僧人智珠正建造佛塔,请求黄庭坚在佛塔落成后为之作记。后黄庭坚作《江陵府承天祥院塔记》。尔后黄庭坚兄弟换水路溯江而上。三月十六,次下牢关。十七,宿黄牛峡。十八晚,宿鹿角滩下。途中翻山越岭,备尝艰难险阻之役,因作《竹枝词二首》,直吐心声,既抒发郁闷之情,又表现出对被贬谪之不满。途经巫峡时,黄庭坚作《减字木兰花》(襄王梦里)词一首,抒发羁旅之情。词中有"飞花漫漫,不管羁人肠欲断。春水茫茫,几度南陵更断肠"之句。过巫峡鬼门关时,黄大临心情沉重而先生却豁达自如。途经施州(治所在今湖北省恩施县)时,老友张仲谋仕施州太守,遣骑相迎。黄庭坚作《减字木兰花》(使君那里)词一首。词小序云:"距施州二十里,张仲谋遣骑相迎,因送所和乐府来,且约近郊相见,复用前韵先往。"夜宿歌罗驿(今湖北恩施县西南),梦李白,作词二首。启程后途经云安军(今重庆云阳县),游云岩寺。四月二十三,到黔州,寓居开元寺。寺坐落于摩围山下。黄大临不忍兄弟匆匆离别,滞留黔州近两个月。六月十二,黄大临挥泪告别胞弟黄庭坚。黄庭坚作《和答元明黔南赠别》诗。诗中有"急雪鹡鸰相并影,惊风鸿雁不成行"之句。

宋哲宗绍圣三年(1096),黄庭坚五十二岁。是年,黄庭坚在黔州。五月初六,弟黄叔达携带自己和兄黄庭坚的家眷抵达黔州,与黄庭坚团聚。十月,黄叔达携家眷归芜湖。六月,作《忠州复古记》,

始用"涪翁"之名。八月中秋节，黄庭坚及家人与黔州太守曹谱等人饮宴赏月。曹谱，字伯达。

宋哲宗绍圣四年(1097)，黄庭坚五十三岁。是年，黄庭坚仍被贬于黔州，督导子黄相读书甚勤。自贬谪后，黄庭坚俸禄微薄，生计艰难。不得已躬身建房、种地、买菜，自嘲黔中老农。《别集》卷十四《与唐彦道书》中有云："到黔中来，得破寺堙地，自经营，筑室以居。岁余拮据，乃蔽风雨。又稍葺数口饱暖之资。买地畦菜，二年始息肩。"十二月二十三，表兄张向提举夔州路常平，因黔州属夔州路管辖。张向启奏朝廷移迁黄庭坚以避嫌。黄庭坚由是移戎州安置。《周文忠公集》卷四十九《跋黄鲁直帖》云："四年三月，宗正丞张向除本路提举常平，实山谷之外兄，乞避亲嫌，十一月移戎州。五年元月改元符，方抵贬所。"是年，外甥洪刍派人送来书信问候，黄庭坚作答书。《文集》卷十九《答洪驹父书》中载有："驹父外甥教授：别来三岁，未尝不思念。闲居绝不与人事相接。故不能作书，虽晋城(晋城，系黄庭坚叔父黄廉之子，名叔敖，字晋城，编者注。)亦未曾作书也。专人来，得手书，审在官不废讲学，眠食安胜，诸稚子长茂，慰喜无量。寄诗语意高重，数过读不能去手，继以叹息，少加意读书，古人不难到也。诸文亦皆好，但少古人绳墨耳，可更熟读司马子长，韩退子文章。凡作一文，皆须有宗有趣，始终关键，有开有阖，如四渎虽纳百川，或汇而成广泽，汪洋千里，要自发源注海耳。老夫绍圣以前，不知做文章斧斤，取旧所作读之，皆可笑。绍圣以后始知做文章，但已老病惰懒，不能下笔也。外甥勉之，为我雪耻。《骂犬文》虽雄奇，然不可作也。东坡文章妙天下，其短处在好骂，慎勿袭其轨也。"黄庭坚对后人教诲之心，溢于字里行间。又为洪刍作《晋州州学斋铭》。

宋哲宗绍圣五年、元符元年(1098)。黄庭坚五十四岁。三月间离开黔州,中旬到涪陵(今四川彭水县)。在涪陵,游北岩寺,程颐堂谪于此。黄庭坚为其旧居名"钩深堂"。五月十一,上荔枝滩。六月底达戎州,寓居南寺无等院,名其室为"槁木斋""死灰庵"。黄庭坚以避表兄张向之嫌移戎州(今四川宜宾市)。张向奏徙黄庭坚以避嫌,此举为世人嗤之。张向为黄庭坚从母兄之子。黄庭坚对于亲旧,一直上承下逮,以恩意为主,而张向却如此绝情。到达戎州后,黄庭坚作《与东川提举书》,表达在戎州的心态和生活。八月十七,黄庭坚从永安城楼入张宽夫园待月。三十日,于戎州寓所。重九日,黄庭坚从无荁院游永安门。据《黄氏宗谱》载:"元符始元重九日,同僧在纯,道人唐履,举子蔡相、张溥,子相、侄桓,步自无等院,登永安门游息。"

宋哲宗元符二年(1099),黄庭坚五十五岁。是年,黄庭坚在戎州。初春,迁居于城南,亲自筑舍,名"任运堂"。作《任运堂铭》,曰:"或见僦舍之小堂名'任运',恐好事者多以借口。余曰:《腾腾和尚歌》云:'今日任运腾腾,明日腾腾任运。'盖取诸此。余已身如槁木,心如死灰,但不除鬒发,一无能老比丘,尚不可耶!"心情趋向好转。是时,黄庭坚答亲朋书信及为人作书颇多。甚觉劳敝。四月初二,为峨眉史庆崇书刘禹锡《浪淘沙》《竹枝歌》《杨柳枝》词各九首。五月,王献可罢职后,黄庭坚作书赠之,对他的清廉有节劝勉有加。九月,胞弟黄叔达到成都,次年二月离开戎州。在戎州,黄庭坚虽然生活困顿,但慕名而求学者甚多。黄庭坚从不收受求学者礼品,可见其高风亮节,可与日月同辉。

宋哲宗元符三年(1100),黄庭坚五十六岁。是年,黄庭坚在戎州。三月三十,胞弟黄叔达归江南。黄庭坚作《赠知命弟离戎州》《侄榴随知命舟行》等诗以赠。叔达不及到老家,不幸卒于荆州。五月,黄庭坚官复宣德郎,监鄂州(今湖北鄂州)在城盐税,为散官,正七品。五月十二,戎州太守刘广之率宾僚晏饮于锁江亭,黄庭坚躬逢赴晏。五月三十,避暑于安诏亭。七月,泛舟青州(今四川青神县),探望姑母张氏。张氏二子均在青神为官,清廉爱民,深受众望,得到黄庭坚赞誉。八月二十四,黄庭坚等上岩寺。九月初一,与表弟张介卿等游中岩。游中岩当受青神士人蒲志同 (字泰亨)之约,作《游中岩行记》,并作《谢泰亨送酒》诗,诗云:"风扫三峨山外雨,霜催五柳宅边花。非君送酒添秋睡,可耐东池到晓蛙。"九月初二,表弟张介卿及其兄侄邀请黄庭坚煮茗于玉泉。十月,又被朝廷委任为奉议郎,签书宁国军(今安徽宣城市)节度判官。黄庭坚自青神州赴眉山谒苏洵墓。十一月,黄庭坚自青神返回戎州,闻知胞弟黄叔达于四月前回江南,途经荆州不幸身亡,悲恸欲绝,即操管作《祭知命弟文》,祭文有云:"君殁荆州,我在万里。殁后四月,始闻讣音……'自我哭君,头发尽白。英风豪气,窘此一棺。拊棺长号,殆无生意。'"寄托对亡弟的思念。本月,传闻有知舒州(治所在今安徽潜山县)之命。十二月出川时,学生杨皓作十诗送别。杨皓,字明叔,为黄庭坚在四川时得意弟子之一。诗中"蛟龙得云雨,雕鹗在秋天"之诗句。祝贺先生黄庭坚此次复官必大有作为。黄庭坚也作十诗以赠,其中第九首云:"松柏生涧壑,坐阅草木秋。金石在波中,仰看万物流。肮脏自肮脏,伊优自伊优。但观百岁后,传者非公侯。"在赞扬勉励杨皓的同时也流露出自身鄙视流俗、坚持操守的高风亮节。十二月十一,黄庭坚顺江东下。归别时,天寒地冻,仍有二十余人赶到江边为黄庭坚送行。过江安(今四川江安县)时,江安太守石谅挽留黄庭坚父子在江安过年, 并与之结为亲家,时黄庭坚子黄相十七岁。子黄相与石谅之女匆匆完婚。

宋徽宗建中靖国元年(1101),黄庭坚五十七岁。是年正月,黄庭坚父子在江安(今四川江安县),为石谅等人作字序。是月十日,僧祖元自荣州追来饯别,黄庭坚感其诚意,复用旧所作《此君轩诗》韵赠之。至泸州(治所在今四川泸州市)、被泸帅所留,为其宠妓赋《浣溪沙》及《蓦山溪》等词。《浣溪沙》词云:"脚上鞋儿四寸罗,唇边朱麝一樱多,见人无语但回波。料得有心怜宋玉,只应无奈楚襄河,今生有分向伊么缠。"官妓盼盼拜谢,唱《惜花容》答谢:"少年看花双鬓绿。走马章台管弦逐。而今老更惜花深,终日看花看不足。坐中美女颜如玉,为我一歌《金缕曲》。归时压得帽檐欹,头上春风红簌簌。"此时黄庭坚心情比以往好。翌日,又作《蓦山溪》回赠官妓盼盼,词云:"朝来春日,陡觉春衫便。官柳艳明眉,戏秋千、谁家倩盼?烟滋露洒,草色媚横塘,平沙软。行乐闻弦管。追思年少,曾约寻芳伴。一醉几缠头,过扬州、朱帘尽卷。而今老矣,花似雾中看,欢喜浅。天涯远,信马归来晚。"三十日,黄庭坚一行到达合江县(今四川合江县),与令尹白宗愈泛舟安乐溪,上刘真人山。二月初三,黄庭坚到达汉东(今湖北随州西北唐县镇)。本月,到达万州(治所在今重庆万州区),万州太守高仲本留黄庭坚暂住。二十九日,与高仲本游香山寺。三十日,与高仲本游西山南浦,并与其同游三游洞。三月,至峡州(今湖北宜昌市),抵达巫峡,访神女祠。途经巫山县时,回首蜀中八年,感慨良多,作《戏题巫山县用杜子美韵》诗。途经巫峡鬼门关时,回忆昔日贬谪西行,想起长兄黄太临途经此地紧张神态,不禁莞尔。四月,到达江陵(今湖北省江陵县,又称荆州),泊家沙市(今湖北沙市)。再次接到尚书省札子,升迁吏部员外郎之命,要求乘快马速赴阙。因长年贬谪,黄庭坚身体每况愈下,再加上丧弟之痛,体质更不如前。故上书《辞免恩命状》,请求为官于太平州(今安徽当涂县)或无为军(治州在今安徽无为县)。黄庭坚上书朝廷后,在荆州等候朝廷复命。秋初,黄庭坚背胁所患脓痛多年,而今几近痊愈。于是扶杖登荆江亭,激动不已,吟七绝《病起荆江亭即事十首》,其中第四首云:"成王小心似文武,周召何仿略不同。不须要出我门下,实用人才即至公。"第八首有云:"闭门觅句陈无已,对客挥毫秦少游(秦观)。正字(陈师道)不知温饱否?西风吹泪古滕州。"六月二十二,准尚书省札予,奉圣旨不许辞免已升迁吏部之命。在荆州,与侍御史黄昭庆认宗,并与黄昭之子黄友闻、黄友益、黄友谅等相处友善。

宋徽宗崇宁元年(1102),黄庭坚五十八岁。正月二十三,黄庭坚一行离开荆州,经岳(治所巴陵、今湖南岳阳市)、鄂(治所今湖北鄂州市)州等地,打算返回江西分宁。正月二十六,至岳州。二月初一,独上岳阳楼,作《雨中登岳阳楼望君山》等诗。之一有云:"投荒万死鬓毛班,生出瞿塘滟滪关。未到江南先一笑,岳阳楼上对君山。"黄庭坚被贬九年之久,终能生还,欣慰喜悦之情溢于言表。二月初六,至通城(今湖北通城县),黄庭坚自通城入黄龙山,谒灵源惟清。灵源惟清,系祖心法嗣。元祐末,黄庭坚丁母忧期间与之交往甚密。三月二十四,寓万载(今江西万载县)广慧道场。四月初一,自分宁往萍乡,探望长兄黄大临。兄弟二人相聚半日。《萍乡县志》卷六《书萍乡县厅壁》云:"庭坚杭荆江,略洞庭,涉修水。经七十二度。出万载,宜春。来省伯氏元明于萍乡。蛮中九年,白头来归,而相见于此。访旧抚新,悲喜兼怀,其情有胜言者矣。"四月初五,饭于萍乡护法院。四月十五,离开萍乡赴江州(今江西九江市)与其家相会。二十三,过新喻(今江西新余县)登吴叔元秀江亭。五月初一,到筠州(今江西高安县)。是月到达江州,游庐山。六月初九,黄庭坚领太平州(治所在今安徽当涂县)事,九日而罢。寓居赭山广济院附近之滴翠轩。太平罢官后,又历经磨难。七月十一,复乘舟到达观台下。八月复至江州。八月初十,十二,次登上江州百花亭。八月二十五,有诏主洪州玉隆观。九月,至鄂州,居住年余。

宋徽宗崇宁二年(1103),黄庭坚五十九岁,是年留居鄂州,与范纯粹往来唱和。十二月十九,黄庭坚连夜从鄂渚(今湖北武昌)出发,次日清晨到达汉阳。岁末到达长沙,在舟中度过除夕夜。

宋徽宗崇宁三年(1104),黄庭坚六十岁。是年,黄庭坚从潭州(今湖南长沙市)历衡州(今湖南衡阳市)、永州(今湖南零陵县)、全州(今广西全州县)、静江(今广西桂林市)。五月十八,至贬所宜州。到永州后,黄庭坚担心家人受不了宜州的湿热气候,遂将家属寓于永州,只身前往贬所广西宜州。十一月初四,迁居城南,名其所居庐舍曰:"喧寂斋。"十二月二十七,胞弟黄大临自永州赶至宜州,探望胞弟黄庭坚。

宋徽宗崇宁四年(1105),黄庭坚六十一岁。是年,黄庭坚在宜州。正月二十,收到子黄相从永州寄出的报家中平安书。二月初五,胞兄黄大临离开宜州前,当地诸人为黄大临饯行于十八里津,黄庭坚作《宜阳别元明用觞字韵》《元明留别》等诗。其中有诗云:"霜须八十期同老,酌我仙人九酝觞。明月湾头松老大,永思堂下草荒凉。千秋风雨莺求友,万里云天雁断行。别夜不眠听鼠啮,非关春酪搅枯肠。"黄庭坚与胞兄黄大临这次分别,竟成永诀。三月十五,范寥自成都来宜州看望黄庭坚。五月初七,黄庭坚与范寥同迁往南楼。六月十六,和邵彦明、范寥、欧阳襄等游龙隐洞。九月初九,在宜州城楼宴集,作《南乡子》词。黄庭坚卒于宜州寓居,终年六十一岁。

宋徽崇宁五年(1106),正月,大赦天下,黄庭坚叙复奉议郎。

宋徽宗大观三年(1109),十一月,苏坚、蒋沣等护送黄庭坚之丧归葬江西分宁双井村祖茔之西。

宋徽宗宣和六年(1124),朝廷再次下令禁毁苏(苏轼)、黄(黄庭坚)文集。诏曰:"有收藏习用苏、黄之文者,并令焚毁,犯者以大不恭论。"

宋高宗绍兴元年(1131),绍兴初年,高宗皇帝中兴,特赠黄庭坚直龙图阁学士,加太师,官子孙各一人,并推恩及于其从弟黄廉之子黄叔敖和外甥徐俯。

宋恭帝德祐元年(1275),陈纬撰写的《太常寺议谥》文中有云:"自绍兴以来,褒贬有诏,一时之屈,百世之伸也,夫复何憾。独易名之典铁,非所以表前哲而风来世,谨按谥法曰:'道德博闻曰文,能固所守曰节。'公之文名,愈久愈著,如暾日之行天,终古不灭,非道德博闻不及此;公之气节愈挫愈劲,如精金之在冶,百炼不磨,非能固所守不及此。请以文节谥公,宜无歉。德祐元年岁乙亥朝奉郎新除太常博士陈纬撰。"黄庭坚谥"文节"。

乡梓情缘　中卷

水乳交融

# 进士及第　寻根问祖

　　北宋英宗治平四年(1067)，黄庭坚二十三岁。是年春天，黄庭坚赴礼部试，登许安世榜进士。据《豫章传》载："治平中，两首乡荐，遂登四年第。调汝州叶县尉。"雍正《江西通志》卷二十一有黄庭坚登"许安世榜"进士第的记载。同年，江西进士有王雱、曾肇、欧阳棐等。《嘉定赤城志》也载有"治平四年许安世榜"进士名录。《宋元学案补遗》卷九十八中载："许安世，字少张，襄邑人。治平四年进士第一，官至尚书都官员外郎，元丰七年卒。"又据《别集》卷九《宋故通直郎河东转运司勾当公事萧君子长墓志铭》载："治平四年，庭坚初仕，得叶县尉。"又云："与同年生湖口主簿何君表，郊社斋郎萧子长同归江南。登高临远，把酒赋诗，忘记道途之劳也。"黄庭坚登治平四年许安世榜进士是毋庸置疑的。

　　黄庭坚接到任汝州叶县尉的任命状后，与何君表、萧景修等结伴回江南。黄庭坚虽然中第得官，却实无做官之喜悦，从其在返家途中作《新息渡淮》的诗中可以看出。其中有诗句云："京尘无处可轩眉，照面淮滨喜自知。"黄庭坚对京城的烦躁和厌恶，对江南山水的喜爱和留恋的心情可见一斑。黄庭坚在回江南的途中所作《初望淮山》中有云："风裘雪帽别家林，紫燕黄鹂已夏深。三釜古人干禄意，一年慈母望归心。"在《光山道中》中也有云："出门捧檄羞间友，归寿吾亲得解颜。"从诗中不难看出黄庭坚眷恋家乡，想念老母之心情。黄庭坚中进士后,没有直接去叶县赴任,而是先回江南江西分宁双井村。一则是为了看望慈母。北宋仁宗嘉祐三年(1058),其父黄庶就辞世了,卒时年仅四十岁。而当时黄庭坚年仅十四岁。《文集》卷二十四《非熊墓铭》有云:"先大夫之幼子,以至和岁乙未月己酉日丙申时辛卯生于临菑。……先大夫捐馆舒康州,非熊方四岁。"至和乙未为至和二年(1055),其后四年,即嘉祐三年,先大父黄庶卒。黄庶为庆历二年进士,《后山居士文集》卷十八《李夫人墓铭》中载:"(黄庶)佐大臣幕府,持议不挠。大臣外敬内怀,以故官不达。夫人安之以相焉。"黄庶官位不进,盖因"持议不挠"之故。实为郁闷致病而卒。黄庭坚年幼丧父,承蒙慈母李氏抚养成人。进士及第后先回老家,是将慈母及弟妹等安顿好带到叶县,以便照顾。还有一个原因,那就是黄庭坚要回祖处婺州塘雅寻根问祖。水有源,树有根。中国人由于历史传统和文化背景,致仕后都有敬奉祖先的传统。注重自己的"根"。黄庭坚也不例外,寻根问祖是他一生的追求。

秋九月,黄庭坚从江西双井村动身,和兄长黄大临一道奔赴婺州,至祖处先祖黄瞻居住地塘雅村。据塘雅《东池黄氏宗谱》和塘雅《东塘黄氏宗谱》载:"黄庭坚和兄长黄大临到达塘雅村,正是塘雅村的传统节日九月初九日重阳节。"黄庭坚在东塘和东池黄氏族兄族弟的陪同下,先是祭拜了家庙,然后去始迁祖黄苬坟墓前烧香叩首祭拜,甚是虔诚。黄庭坚和兄长黄大临在东塘和东池黄氏长辈的热情款待下,住了五天后才离开塘雅村。

黄庭坚赴祖处婺州寻根问祖,拉近了婺州塘雅村和江西双井村的距离。在东池黄氏和东塘黄氏修撰宗谱时,都把江西始迁祖黄瞻和黄庭坚的高祖黄元吉、曾祖父黄中理、祖父黄湜、父亲黄庶及黄庭坚本人的画像载入宗谱之中,还都将黄庭坚的行状等也载入宗谱之中,以示东塘和东池黄氏源远流长。江西双井黄氏是婺州东塘黄氏的分支,敦宗睦族,自古理然。黄庭坚致仕后先回婺州祖处塘雅村寻根问祖,既是荣宗耀祖的一种体现,也是认祖归宗根文化的一种传承,更是慎终追远宗族文化的一种延续。

# 千里认宗　敦睦东塘

　　宋徽宗建中靖国元年(1101)，时年五十七岁的黄庭坚，在往贬所途中到达湖北荆州。抵达荆州后，不禁想起自己婺州先祖黄苾，婺州塘雅《东塘黄氏宗谱》载："隋开皇间有讳苾者，江夏人，娶浦江吴英女。大业间，翁婿避乱归金华两头门居焉。"黄庭坚古婺先祖黄苾，原籍湖北江夏人。江夏今湖北安陆县北。隋朝大业年间(约605—615)，黄苾翁婿为避战乱，自金陵迁居婺州塘雅两头门定居。黄庭坚到荆州后，就去拜访侨居荆州曾出任侍御史的同宗族亲黄昭之子黄友闻等兄弟三人。黄庭坚与黄昭之子兄弟三人见面后，就直言不讳地说起自己古婺先祖黄苾离开金陵，迁居古婺之事。黄友闻、黄友益、黄友谅听后十分感动。热情款待黄庭坚。黄庭坚提出和黄昭之子黄友闻等人认宗归祖之事，黄昭三个儿子更是喜上眉梢，异地同宗，视为手足，友善有加。

　　据黄庭坚《别集》卷十七《答荆州族人颜徒帖》载："宗子之礼，废同姓之子孙。数世之后遂为路人。切尝深悲之。旧尝闻先君诸言，长沙一族，初亦零替。闻有晦甫者(黄昭)，儒学里行，人所推崇。恨未相识。及不肖游学在淮南，则闻闽曹以待御史召，名动京师矣。哀衰宗坠绪，犹当敦睦，况贤者之子孙乎？今日相见，欢慰无已"。从黄庭坚《答荆州族人颜徒帖》中，不难看出黄庭坚对儒学里行，同宗族亲黄昭早已慕名，恨未相识。到达荆州后，黄庭坚闻知黄昭之子黄友闻等为官于荆州,就登门造访认宗,也在情理之中。更何况黄庭坚是一位对于宗亲"数世之后遂为路人,切尝深悲之"的性情中人,有机会认宗相识,敦睦宗亲,也就顺理成章了。

据《忠肃集》卷十三《侍御史黄君墓志铭》载:"君纬照(也作昭),字晦甫。曾祖余庆,祖深,皆不仕,考祢赠职方员外郎。黄氏世家长沙益阳县,其后徙江陵(也作江夏),今为郡人。君登庆历六年(1046)进士第,除归州司理参事军,移岳州华容县事。以秘书室丞通判桂州,迁太常博士。治平三年(1066),用今参知政事王公五琎、冯公京,知政范公镇,故待郎彭公恩永前后荐,召以为侍御史,行次衢州,五月二十六以疾终,享年五十四。好文嗜诗,类数百篇为《漫为集》。子六男友端、友闻、友颜、友益、友谅、友直、皆举进士。一女归殿直柳。"从《侍御史黄君墓志铭》中看出,黄庭坚在荆州认宗时,侍御史黄昭已经仙逝多年。黄庭坚在黄友闻等族亲的陪同下,祭拜了黄昭家庙,视黄昭为同宗先祖。

又据《文集》卷十《戏呈闻善二兄》中载:"黄友闻,字闻善。侍御史昭之第二子。黄友益、字益修。侍御史昭之第四子也。"在《与闻善帖》有载:"久闻晦甫伯父负天下大名,常恨不见其子孙。今乃得识面。"在《与黄颜徒帖》中也有云:"晦甫自闽漕以侍御史召。"从黄庭坚这些文章中, 可以看出黄庭坚与黄昭之子相处十分友善,视为兄弟。黄庭坚在荆州认宗后,视黄友闻为兄。黄友闻好酗酒,至醉方休。黄庭坚曾作诗劝其戒酒。黄庭坚在《书赠闻善饮酒》诗后,中云:"见子弟皆恂恂爱让,醉而温恭。中窃自喜,黄氏诸祖之遗庆深长,诸少年尚承其风泽,时有兴发者耶。因子立乞书书九诗。可与族中共观,知酒之利病如此。"黄庭坚千里认宗之后,与黄昭之子情同手足,不仅书信诗词往事,而且对酗酒有害身体之事也牵肠挂肚。可谓心诚至此,善莫大焉。明宋濂《宋学士全集》卷十三《题山谷手帖》中,对黄庭坚荆州认宗之事,评价中肯。文中有云:"摩围老翁自戎州回荆渚所遗二帖,正固陵即位复宣德郎监鄂州盐税之时也。其所称谅正黄友谅,乃元祐侍御史黄公之子,侨居于荆,逮翁之至,与兄益修(黄友益)持谱牒以叙宗盟,翁(黄庭坚)往拜其家庙,谅正以侍御公所用流离钟遗翁,其情好之笃,不翅伯仲。故翁称之为五弟强宗也。"黄庭坚荆州认宗,敦睦东塘,传为佳话。

# 兰溪女婿　翁婿情深

　　宋仁宗嘉祐六年辛丑(1061)，黄庭坚十七岁。是年，黄庭坚在舅父李常处游学。时兰溪籍孙觉造访李常，黄庭坚有幸结识孙觉。孙觉，字莘老。其先祖为汉代孙钟，祖居河南。孙钟子孙坚，汉献帝时任长沙太守。孙钟十七世孙孙镖，字钟王，号富春，唐代由安乐郡转迁富春郡。北宋初年，传至孙佐廷时，孙佐廷任衢州西安知县，届满后来到兰溪。爱慕兰溪瀫水之清幽，就命家眷徙居兰溪城天福山。孙佐廷之孙孙淳，择居于兰溪坦源。嘉祐六年，孙佐廷之子孙觉，离京，往高邮拜谒李公择。孙觉与李公择友善。据《宋史》卷三百四十四《李常(公择)传》载："常长孙觉一岁，始与觉齐名，俱受知于吕公著，其议论趣舍大多同，所终官职又同。"由此可见，孙觉与黄庭坚舅父李公择既是同窗，又是同调，结为忘年交。孙觉来到李公择府第，时在淮南就学的黄庭坚，见有婺州同乡来，不亦乐乎，就主动拜谒同乡先哲孙觉。据《黄氏宗谱》载："先生(庭坚)是岁在淮南。先生有作《二室墓志》云：'庭坚年十七，从舅氏李公择学于淮南，始识孙公，得闻言行之要，启迪劝奖，使知向道之方者，孙公为多。孙公怜其少立，故以兰溪归之。'"黄庭坚拜谒孙觉时，谈吐大方，才华初露，孙觉顿觉黄庭坚必是大器之才，即将女儿许配给黄庭坚为妻。事后，黄庭坚曾作诗《和答莘老见赠》，以记之。《和答莘老见赠》诗收入《外集》卷四。诗云："往岁在辛丑，从师海瀕州。外家有行役,拜公左邗沟。儿曹被鉴赏,许以综九流。仍许归息女,采荇助春秋。"诗中的"邗沟"又名邗江、渌水,春秋时吴王夫差所凿,故道自今扬州市南引长江北过高邮县西。故黄庭坚拜谒孙觉是在高邮。此时孙觉以女许配给黄庭坚,但并未成婚。

黄庭坚在高邮拜谒孙觉之事,对黄庭坚的学问、仕宦成长亦影响很大。黄庭坚在《和答莘老见赠》诗中又云:"斯文开津梁,盛德见虚舟。离合略十年,每见仰清修。"足见黄庭坚在孙觉熏陶下,其儒学根基及诗学眼光都颇有长进。

黄庭坚与孙觉女儿订婚之后,并未完婚,其原因有二,一是黄庭坚年仅十七岁,自觉尚年轻,结婚生子尚早。更重要的原因是黄庭坚认为尚未功成名就,不宜过早结婚,否则将为耽误青春。宋英宗治平三年(1066)秋,二十二岁的黄庭坚再贡于乡,荣膺首选。英宗治平四年(1067)春,黄庭坚赴礼部试,时孙觉知集贤院。黄庭坚赴京参加考试,住宿在泰山孙觉家中,由未婚妻孙觉之女料理生活起居。考试揭榜后,黄庭坚荣登许安世榜进士第,调汝州叶县尉。叶县治所在今河南叶县西南。

黄庭坚进士及第后,才与孙觉之女在叶县完婚。是年,黄庭坚二十三岁。据《外集》卷八《黄氏二室墓志铭》载:"豫章黄庭坚之初室曰兰溪县君孙氏,故龙图阁直学士高邮孙公觉莘老之女。年十八归黄氏……方是时,庭坚为叶县尉,贫甚,兰溪安之,未尝求索外家。"时黄庭坚仅仅是一个小官县尉,经济并不宽裕。与孙觉之女结婚后不久,征得泰山孙觉允许,就让爱妻回兰溪定居。一则可以不受儿女情长牵制,二则可以专心为民办实事,三则还可以减少生活费用。黄庭坚之举,实属无奈。然泰山孙觉十分理解黄庭坚的内心痛苦,慨然允之。足见翁婿之间情意深长,日月可鉴。

# 结识乡友　情同手足

北宋仁宗嘉祐七年(1062)，黄庭坚十八岁。黄庭坚仍在淮南，寄住于舅父李公择家，学于涟水军。时同窗好友俞澹，字清老，又字子中。祖籍扬州，自先祖从扬州迁居婺州孝川村定居发族后，人丁兴旺。北宋初年。黄庭坚在淮南涟水军学时，结识了同窗俞澹，知俞澹为婺州孝川人，与自己祖处塘雅毗邻，与俞澹视为手足。两人除切磋学业外，经常一同外出游山玩水，泼墨吟诗，结为忘年交。据《避暑录话》卷上载："俞澹，字清老。少与鲁直(黄庭坚，字鲁直)同从孙莘老学于涟水军，鲁直时年十七八，自称清风客。清老云：'奇逸通脱，真骥子堕地也。'尝见其赠清老长歌一篇，与今诗格绝不类，似学李太白，而书乃学周越。元祐间，清老携以见鲁直，欲毁去，清老不肯，乃跋而归之。"黄庭坚在淮南与金华老乡俞清老同学时，自称清风客，以示与同乡俞清老关系甚密，视为作客他乡。俞澹除视黄庭坚为知己外，对黄庭坚的学识才能也十分仰慕。他评价黄庭坚是"奇逸通脱，真骥子堕地也"。黄庭坚性格如同唐朝诗人李白，狂放不羁，其性格气质，疏放少检，正当少年，宴游嬉戏，时有纨绔之风。这种生活习性，可从《惜余欢》词中找到注脚。词云："四时美景，正年少赏心，频启东阁。芳酒载盈车，喜朋侣簪合。杯觞交飞劝酬献，正酣饮，醉主人陈榻。坐事争奈，玉山未颓，兴寻巫峡，歌阑旋烧绛蜡。况漏转铜壶，烟断香鸭。犹整醉花，借纤手重插。相将扶上,金鞍骗骞,碾春焙,愿少延欢洽。未须归去,重寻艳歌,更留时霎。"正因为这种性格,黄庭坚模仿李白诗风写了一首长歌,并学周越之书风,书成卷轴,送给俞澹。直至北宋元祐年间(1086—1093),俞澹还保存着黄庭坚的书轴,并带着书轴去见黄庭坚,意在勾起同学少年情景。黄庭坚见自己少年时作的狂放长歌,觉得有些幼稚,想把它撕毁,然俞澹不肯。黄庭坚念在同乡之谊,并在书轴作跋。以赠在淮南与婺州老乡同窗共学之事,黄庭坚在《文集》卷二十五《书赠俞清老》中云:"清老,金华俞子中也。三十年前与余共学于淮南。"在淮南共学期间,俞澹之兄俞秀老来淮南探望胞弟,由是黄庭坚又结识婺州同乡俞秀老,并有诗词唱和。异乡遇同乡,可谓百感交集,溢于言表。

黄庭坚与同乡俞澹各奔东西后,总还是念念不忘。在和朋友及家人言谈中,往往谈及和俞澹手足之情。《文集》卷二十六《跋赠俞清老诗》中有云:"俞清老旧与庭坚同学,才性警敏,无所不能。"流露出对同乡同学俞澹的爱慕之情。黄庭坚除对同窗俞清老有手足之情外,对其兄俞秀老也是佩服有加。《文集》卷二十六《跋俞秀老清老诗颂》中,黄庭坚如是评价他们兄弟俩:"秀老、清老皆江湖扁舟不能受流俗人拘谨束缚者也。往者金陵见与荆公往来诗颂,言皆入微道,人喜传之。清老往与余共学于涟水,其傲睨万物,滑稽以玩世,自首不衰。"俞秀老、俞清老兄弟俩那种玩世不恭、不受流俗拘谨的性格,与唐朝创新词坛的婺州城名士张志和的性格十分相似。洁身自好、出污泥而不染的绅士风度,也许是婺州张志和、俞秀老、俞清老、黄庭坚之类的共性,可谓是一方水土养育一方人。古老婺州养育出来的名人高士,无不是出淤泥而不染者。远的不说,近代的黄宾虹、邵飘萍、艾青、冯雪峰、吴晗等,无不是这类。

# 为兄分忧　弟迁兰溪

北宋英宗治平四年（1067），黄庭坚进士及第。据《续资治通鉴长编》卷六十五载："（治平四年三月），权知贡举司马光等上言，所考试合格进士许安世以下三百五人。"雍正《江西通志》卷二十一载："黄庭坚登许安世榜进士第。"黄庭坚进士及第后，于当年九月赴任汝州叶县尉。

黄庭坚为满足岳丈孙觉心愿，在叶县尉任上，与其女儿孙氏完婚。次年，即为北宋神宗熙宁元年（1068）的七八月间，传来岳丈孙觉因反对新法，出言不逊，被两次降职，于八月初三出判越州消息后，黄庭坚对江湖险恶、官场尔虞我诈之风更加深恶痛绝。据《辑稿》第九十七册《职官》六三载："（熙宁元年）七月十二日，右正言直集贤院同知谏院孙觉降太子中允依前供职，坐上言指名升黔两府大臣故也。""八月三日，太子中允直集贤院同知谏院孙觉通判越州，以言失实故也。"孙觉因反对新法，两度降职处分，对黄庭坚打击甚大。岳丈横遭不测，让黄庭坚不寒而栗。

孙觉被两度降职后，其女孙氏忧心忡忡，郁郁寡欢，终日茶饭不思，愁肠寸断，牵挂着慈父的安危。孝女之心，大孝无言。神宗熙宁二年（1069）七月初二，黄庭坚之爱妻、孙觉之爱女孙氏，终因积郁成疾，病殁于叶县，卒时仅二十岁。元配夫人孙氏积郁而卒，岳丈因反对新法而连遭降职处分，黄庭坚如五雷轰顶，以泪洗面。黄庭坚因远在异乡,无奈将爱妻殡于叶县二十二年,直至元祐六年(1091),才将爱妻孙氏之遗赅,归葬于江西分宁双井村村旁,赐封兰溪县君。黄庭坚作《哀逝》《悼往》《红焦洞烛宿》等诗悼念亡妻。《红焦洞烛宿》诗云:"重帘复幕夜萧萧,真感生怀不自聊。枕落梦魂飞蛱蝶,灯残风雨碎芭蕉。琼枝玉树埋黄土,衣笄妆台閟绛绡。故物尽能回白首,斯人无以永今朝。"黄庭坚对亡妻之痛,痛何如哉,诗里行间,尽露笔端。

黄庭坚遭亡妻之痛后,又在北宋哲宗元祐五年(1090)二月初三,龙图阁直学士、左朝散大夫、提举灵仙观岳丈孙觉卒。黄庭坚又遭丧失岳丈之痛。痛定思痛,痛不欲生。除此之外,黄庭坚因受"元祐党籍"案牵连,频频遭受贬谪,真可谓是人生道路上雪上加霜。其二弟黄叔献看在眼里,痛在心里。俗话说,兄弟之情,十指连心。黄叔献为了给兄长分忧,征得兄长黄庭坚允诺,于北宋哲宗元符元年(1098),从江西分宁双井村迁居兰溪。据修于民国二十九年(1940)兰溪《蛟湖黄氏宗谱》载:"始迁祖黄叔献(黄庭坚胞弟),由江西分宁双井村迁徙兰溪南蛟湖定居,其后裔分迁竹园。"《蛟湖黄氏宗谱》还列载了兰溪黄氏排行字号:奉先思孝,继绪明伦,本交百世,垂裕后昆,统纪传家,诗书礼乐,模范存悌。兰溪《蛟湖黄氏宗谱》始修于南宋中期,至民国29年已行九次编修。宗谱中保存了《送山谷老人》等珍贵史料。

黄庭坚兄弟间情谊之深厚,以大爱无言之美德而被世人称颂。这种美德,是中华民族的传统美德,世世相袭,更替不衰。它折射出亲和力的根源所在,是"根文化"的非物质文化遗产。

# 以仁立世　守信尚志

北宋英宗治平四年(1067)春,黄庭坚赴礼部试,登许安世榜进士第,初仕汝州叶县尉。神宗熙宁元年(1068),黄庭坚因赴叶县任迟到,被镇相富弼拘系。黄庭坚初次出师不利。在《思亲汝州》作诗下注云:"思亲,初到汝州,时镇相富公以予到官逾期下吏。"富弼,河南人,熙宁初出判汝州,熙宁二年,富弼复拜相。黄庭坚初涉官场,就遭他人鄙夷,甚是不悦,由此厌恶官场之心日增。熙宁四年(1071),黄庭坚作《冲雪宿新寨忽忽不乐》诗,诗中云:"小吏忽时须束带,故人颇问不休官。江南长尽梢云竹,归及春风斩钓竿。"流露出黄庭坚厌恶官场,宁愿归回江西分宁,悠闲自钓自乐、不受拘束的田园生活。

北宋神宗元丰五年(1082),黄庭坚任职于吉州太和令。虽厌恶官场,但在官位上仍坚守以仁立世,守信尚志信条,倡导轻徭薄赋,勤政爱民,深得民心。黄庭坚在《上运使刘朝请书》中云:"九月十六,宣德郎知吉州太和县事黄某谨再拜献书运使朝请阁下:窃以蕴知人之明者,不必左右为之先容;怀高世之度者,能越拘挛之议。徒阅其语今见其人……碌碌下邑,盖将期年。其吏事乃庸人之所能;其学问文章则迂阔而可笑。又承秕政之后,百度无纲,负逋在民,缧系满狱。帷其公而寡于断,廉而困于明,勤而短于文,学而蔽于事,政多有偏而不举,讼多有决而不情。簿书会期、常在诸邑之后,勤苦教养,仅为佃民之安。盖所谓学制锦则败财，代大匠而伤手者也。"年仅三十八岁的黄庭坚，对于为官之道，颇有见地，书中所言虽然谦恭，自承似不懂吏事，实则为百姓着想，忧民之所忧，想民之所想，急民之所急。黄庭坚这种为官之道，与民谚中所云"当官不为民做主，不如回家卖红薯"的旨意是相吻的。以仁立世，万民拥戴。

　　黄庭坚以仁立世的为官之道，不仅书于纸上，而且落实在行动上，凡事身先士卒，一丝不苟。同年三月至八月间，黄庭坚为销售官盐，深入所辖山区刀坑、劳坑、雕陂、大蒙笼、万岁山等人烟稀少的深山区，以身作则，为民兴利，颇有感触。黄庭坚作《四月戊申赋盐万岁山中仰怀外舅谢师厚》等诗，表达了自己今日之所以能为百姓效劳，多亏舅父李常的悉心栽培和教诲的心情。《豫章传》中有载："太和号难治。公以平易近民，民亦不忍欺。会颁盐茶，诸邑争授多数，独公平平耳。大吏不阅而民安之。"《宋史》卷四百四十四本传云："知太和县，以平易为治。时课颁盐策，诸县争占多数，太和独否，吏不悦，而民安之。"《别传》中也如是说："知太和县，以平易为治，时课颁盐策，诸县争占多数，太和独否。搜猕匿赋，询求民瘼，虽山溪穷僻处，县令所未尝至，必身亲之。或达旦不寐，邑多强族，不忍齐之以法，民亦不忍欺。雅喜文字之胜，日为文字之乐。"《外集》卷三之《己未过太湖僧寺得宗汝为书寄山蓣白酒长韵诗寄答》中有"户户无积藏，民病我亦病。呻吟达五更，韵为诵书语"等句。又记录赋盐之具体情景云："按图索家资，四壁达牖窗。掩目鞭朴之，桁杨相推枨。身欲免官去，驽马恋豆糠。"从这些诗作中，可以看出黄庭坚身为下层官吏，不得不服从上司旨意，而对平民百姓之灾难，亦深表同情，进而萌生弃官而去的矛盾心理。

　　黄庭坚在官任上，历尽崎岖坎坷，虽不能说无怨无恨，但以仁立世、为民做主、守信尚志的信条，却始终如一。

# 大孝无言　构室陪母

　　北宋神宗熙宁元年(1068)九月,二十四岁的黄庭坚赴叶县任县尉,全家老小三十余口人一并带上,微薄的俸禄要养活一大家子,生活的清贫和维艰可想而知。可是又因赴任迟到,被镇相富弼拘系。《实录》中有云:"思亲,初到汝州,时镇相富公以予到官逾期下吏。"富弼,河南人。熙宁初出判汝州。《宋稗类钞》卷六载,富弼初见黄庭坚,云:"富弼公初甚欲速见黄山谷,及一见,便不喜。语人曰,将谓黄某如何?原来只是分宁一茶客。"可见,官场不论才干,仅凭出身之陋习,根深蒂固,积顽成疾。

　　黄庭坚自初仕叶县尉始,无论调动也罢,降职也罢,始终将慈母带在身边,伺奉入微。哲宗元祐六年(1091),时黄庭坚就职于京都秘书省兼史局。慈母病有年余。黄庭坚事母有曾,闵之行。《豫章传》云:"公事母孝,有曾,闵之行。安康(黄庭坚慈母)卧疾弥年,公昼夜视颜色,手汤剂,衣不解带,时其疾痛疴痒而敬抑骚之,至亲涤厕脂,浣中裙云。"《别传》中也有如是说:"先生性笃孝,母病弥年,昼夜视颜色,衣不解带。"可见,黄庭坚在母病期间照料慈母无微不至。《别集》卷十五《与王立之承奉帖》中有载:"然以亲老至今未下榻,自局中还,则问膳饮汤药,未尝得分寸余阴,以故不能奉记。"又一帖云:"昨日到家,即问老亲药饵,初不知车马见辱也。"《别集》卷十七《与李德叟书》中有云:"两年来百忧满怀,又亲老常须医药。苍颜白发,已成一翁。但以老者系恋儿女,不欲问江湖,直强颜班列中尔。局中文字煎迫,旧书亦荒废,终日愦愦,了无可乐者。甚思阿耉诵诗,猬毛森张,慰此寥落也。"黄庭坚伺奉慈母,可谓真孝子也。同年六月初八,慈母李氏仙逝。黄庭坚在《与郭明叔提举书》中云:"家世不祐,六月间李氏嫂倾逝。此怀苦楚,朝以堪任。"朝廷特赐绢二百匹以示抚慰。慈母病逝后,黄庭坚在同年八月亲护慈母灵柩归江西分宁安葬,直至哲宗元祐七年(1092)正月初八才抵达江西分宁双井村。二月初一,葬慈母安康太君于双井之平台祖域。

黄庭坚安葬慈母后,就在老家守孝。既葬慈母于双井村,黄庭坚在慈母墓旁构室陪母,居室名曰"永思堂",意在永远思念慈母的养育之恩。《豫章传》中云:"遭母丧,哀毁过人,得疾几殆。既还葬,因庐墓侧终丧。"《别集》中也有云:"及亡,庐墓下,哀毁得疾几殆。"九月服除,黄庭坚向朝廷具奏辞免编修之命,欲乞一宫观居住。《豫章传》中云:"服除,除秘书丞,集贤校理,同修国史,辞疾,乞守太平。"黄庭坚居丧期满后,官升秘书丞,集贤校理,同修国史。然而黄庭坚以身体有疾为借口,要求辞去编修之命,去太平观就任。《别集》卷五《服阕辞免史院编修状》中云:"去国三年,百忧所萃。志气凋零,须发半白。勉从典礼,既见素冠。支离羸病,不任趋赴阙庭,旧学遗忘,难以讨论史事。陈力就列,岂容冒昧;坟土未干,曷胜乌鸟之情。仰瞻上天,敢陈蝼蚁之愿:伏望圣慈,除臣管勾宫观一次,许任便居住。一则艺植松槚,少报母慈;又得熙养岁年,稍堪王事。草芥在野,犹望哀怜。"《遗文》卷四有《辞免史院编修状》第二状:"伏念臣实以哀毁之余,生意几尽。先患目疾,几至丧明,忧患以来,全废文字。又得脚气,不便鞍马。往来田里,须杖自扶,未敢趋赴阙庭,靖共吏职。伏望圣慈察臣愚恳,非敢固自稽迟以干典宪。特除臣勾当宫观一任，或沿流一合入差遣。"黄庭坚至孝，虽已免丧服除，仍居于慈母墓旁守孝。并以种种理由，向朝廷表白辞免编修一职之心迹。哲宗元祐九年、绍圣元年(1094)，黄庭坚仍居双井村等待辞免之命。四月，黄庭坚从分宁出发赴宣城，五月到达江西洪州(今江西南昌市)。六月十八，又被任命管勾亳州明道宫(今安徽省亳州)。黄庭坚因参与编修《神宗实录》，遭宰相章惇等人打击报复，以泄私愤，结果被一再贬谪。黄庭坚面对遭贬之危难局面，仍然心境坦然，直面事实，无所畏惧，铮铮铁骨，方显英雄本色。黄庭坚慈母李氏，出身江西望族，为御史中丞李常(公择)之姐。封安康郡太君。

# 同乡灾民　遇救留用

据《宋史》卷十四《神宗本记》载："神宗熙宁元年(六月)己亥，河决枣张县。""(七月)壬午，以恩、冀州河决，赐水死家缗钱及下户粟。甲申，京师地震。乙酉，又震，大雨。辛卯，以河朔大地震，命沿地安抚司及雄州刺史候辽人动息以闻。赐压死者缗钱。京师地大震。""八月壬寅，诏京东、西路存恤河北流民。京师地震，甲辰，又震"。河北地带连续发生干旱、地震及洪涝等灾害。神宗熙宁二年(1069)，河北灾民大量流向叶县。时任叶县尉的黄庭坚亲临街头，安抚安置流入灾民，事必躬亲，极力赈济。但因事先并无思想上和物质上的准备，再加上赈灾物资匮乏，黄庭坚虽竭尽全力，却常感内疚。作《流民叹》《次韵邵之才将流民过悬帛岭均田》等诗，有"素餐每愧斯民病"之句，深感不能为妥善安置流民而忐忑不安。

黄庭坚在街头安抚灾民时，发现一位面目英俊却衣衫褴褛的青年人，蜷曲于临街屋檐下的石板上，全身发抖。黄庭坚向前询问情由，小青年吃力地告诉黄庭坚，自己是兰溪纯孝乡深泽人。本想赴京省亲，准备应考，结果遭遇地震，无家可归。便随流民流落至此，在叶县举目无亲，岂不是天绝我也。黄庭坚听小青年说是兰溪人，一种同乡怜悯之心油然而生。小青年自报山门说自己叫张鹏生，先祖张鞭，号天蒙居士，时职居内翰，见朝纲紊乱，弃官回故里,从湖州乌程阜乡迁徙兰溪纯孝深泽定居。黄庭坚听张鹏生说是张鞭后裔,对先祖张鞭弃官为民、厌恶官场之美德十分敬慕。黄庭坚见眼前流落街头的张鹏生,既是与岳丈孙觉同邑之人,是身处异乡遇同乡人,本当救济;又是张鞭之后裔,有奋斗拼搏之雄心,本当留用,为他尔后施展才华创造良好的环境。于是黄庭坚就收留了张鹏生。张鹏生感激涕零,连声道谢,并说:"天不绝我也。"

张鹏生留在叶县当差,既勤快又上进,深得黄庭坚青睐和器重。神宗熙宁四年(1071),黄庭坚对流民因灾涌入叶县的苦难情景,总是难以忘怀,由此及彼,勾起思亲之情,于是作《思亲诗》,诗云:"岁晚寒侵游子衣,拘留幕府报官移。五更归梦三百里,一同思亲十二时。车上吐茵元不逐,市中有虎竟成疑。秋毫得失关何事,总为平安书到迟。"黄庭坚将诗递给张鹏生。张鹏生读罢,对黄庭坚的为人和为诗,更是佩服得五体投地,觉得自己遇上了大恩人,于是读书更为刻苦,处事更为勤快。

同年,叶县西部春旱逢甘霖,万物复苏。黄庭坚喜上眉梢,乐不可支,作《作役县西喜雨寄任公渐大夫》诗。任渐,时任叶县令尹。诗云:"行役劳人望县斋,心如枯井喜尘埃。青灯帘外萧萧雨,破梦山根殷殷雷。新麦欲连天际好,浓云犹傍日边来。田歌已有丰年意,令尹眉头想豁开。"这首诗充分表露了黄庭坚与民同忧、与民共乐的忧国忧民的情怀。张鹏生读罢此诗,对眼前这位救命恩人更是肃然起敬。张鹏生后来的出息,与在叶县时和黄庭坚朝夕相处、耳濡目染、言传身教是分不开的。

# 恪守文道　明义衍德

北宋神宗熙宁五年(1072),二十八岁的黄庭坚任叶县尉届满后,曾赴洛阳等候调官职。在等候调动期间,黄庭坚赴湖州拜谒泰山孙觉。时孙觉仕湖州太守。苏轼在孙觉处初次见到黄庭坚之诗,耸然异之。《豫章传》中云:"先是眉山苏公子瞻见公诗于孙公莘老家,绝叹为世久无此作矣!因以诗往来。"《别传》中云:"东坡尝见其诗文,以为超然。绝尘,独立万物之表,与造化者游,名遂震。"《苏诗编注集成总案》卷八中云:"(熙宁五年十一月),公将赴湖州相度堤岸,戏赠孙觉。""至湖州为孙觉作《墨妙亭记》。觉出黄庭坚诗就质始异之。"苏轼与黄庭坚初识于湖州,并对黄庭坚的诗文恪守文道、明义衍德之超轶绝尘之本质,赞赏不已。黄庭坚对苏轼也有相见恨晚之感。

黄庭坚与苏轼在湖州初次相交后,情投意合,成为知交。神宗元丰元年(1078)二月,黄庭坚寄书于苏轼,并以《古风二首上苏子瞻》初通信息,苏轼亦有报书及和章。自此,黄庭坚与苏轼诗文来往日多。黄庭坚在《上苏子瞻书》中云:"庭坚齿少且贱,又不肖,无一可以事君子。故尝望见眉宇于众人之中,而终不得使令于前后。伏惟阁下学问文章度越前辈,大雅恺弟,约博后来,立朝以直言见排,补郡辄上课最。可谓声实于中,内外称职。凡此数者在人为难兼,而阁下所谓海涵地负,特所见于一州一国者耳。唯阁下之渊源如此，而晚学之士不愿新灸光烈，以增益其所不能，则非人之情也。"从此书信中，可知黄庭坚对苏轼是钦佩得五体投地。苏轼作和诗《次韵黄鲁直赠古风二首》以赠。其一云："嘉谷卧风雨，粮莠登我场。陈前漫方丈，玉食惨无光。大哉天宇间，美恶更臭香。君看五六月，飞蚊殷回廊。兹时不少假，俯仰霜叶黄。期君蟠桃枝，千岁终一尝。顾我如苦李，全生依路傍。纷纷不足愠，悄悄徒自伤。"其二云："空山学仙子，妄意笙箫声。千金得奇药，开视旨孺苓。不知市人中，自有安期生。今君已度世，坐阅霜中蒂。摩挲古铜人，岁月不可计。阆风安在哉，要君相指似。"从苏轼给黄庭坚的和章中，可以看出当时享誉于诗坛的两位巨子，相互仰慕，心仪已久。神宗元丰二年(1079)，远在徐州任上的苏轼寄书于黄庭坚。黄庭坚回函答之。《别集》卷五《与苏子瞻书》中云："顷自卫州试举人归于郑椽处，得赐教。不以污下难于奖拔，接引开纳，勤勤恳恳，俯伛而忘其臂之劳，强驽马于千里。不敢自绝，勉奉鞭勒，至于不胜任而后已耳。和诗词气高妙，无以为谕。往闻执事岂弟之声，今食其实。独根未有亲近之幸耳。"黄庭坚所书的字里行间，无不流露出对苏轼的敬仰和爱慕，心声之言，实实在在，可沁肺腑。同年十二月二十六，苏轼"乌台诗案"事发，黄庭坚因与苏轼有诗信往来受牵连而被罚铜二十斤。《豫章传》载："会苏公以诗抵罪，公亦罚金。"黄庭坚虽受"乌台诗案"牵连，罢北京教授任，改官知吉州太和县，但对苏轼的真挚反而与日俱增。

　　神宗元丰六年(1083)，黄庭坚在太和县任知县，作《食笋十韵》诗寄予苏轼，并附书札一首。《文集》卷十九《上苏子瞻书》之二云："自往至今，不承颜色，如怀古人。……且闻燕坐东坡，心醉《六经》，滋味糟粕，而见存乎其人者，颇立训传以俟后世，子云安得一见之！昨传得寄子由诗，恭俭而不迫，忧思而不怨，可愿乎！如南风报德之弦,读之使人凛然增手足之爱。"苏轼也作《和黄鲁直食笋次韵》诗回赠。哲宗元祐元年(1086)年初,黄庭坚仕职于秘书省,与苏轼第二次相见。《别集》卷十《题东坡像》有云:"元祐之初,吾见东坡于银台之上。"正月十二,苏轼和李公麟为柳仲远作《松石图》。柳仲远又求李公麟作《憩寂图》。苏轼为《憩寂图》题诗云:"东坡自作苍苍石,留取长松待伯时。只有两人嫌未足,兼收前世杜陵诗。"并邀黄庭坚同赋。黄庭坚因次其韵云:"东坡虽是湖州派,竹石风流各一时。前世画师今姓李,不妨题作辋川诗。"七月初,黄庭坚与苏轼、韩川等浏览京西南郊西太一宫,八月二十二,苏轼、苏辙、王巩一同观看黄庭坚诗文。据《苏轼文集》卷六十八《书黄鲁直诗后二首》之一云:"每见鲁直诗文,未尝不绝倒。然此卷语妙,殆非悠悠者所识能绝倒者也,是可人。"苏轼对黄庭坚的诗文的评价恰到好处,可见黄庭坚为文恪守文道,明义衍德。十一月十九,黄庭坚与张耒、晁补之夜坐苏轼处,偶得苏轼《黄泥板词》。《苏轼文集》卷六十八《书黄泥坂词后》中云:"余在黄州,大醉中作此词,小儿辈藏去稿,醒后不复见也。前夜与黄鲁直、张文潜、晁无咎夜坐。"黄庭坚与苏轼的关系犹如手足。

苏轼得知黄庭坚先祖是婺州人,黄庭坚是婺州血脉、婺州的种后,在观摩了顾恺之画婺州赤松宫得道升天的神仙黄初平牧羊图后,作《顾恺之画黄初平牧羊图赞》诗赠送给黄庭坚,以示对婺州神仙黄初平的敬仰,也表达了希望黄庭坚不要忘记祖处的殷切心情。诗云:"先生养生如牧羊,放之无何有之乡。止者自止行者行,先生超然坐其旁。挟策读书羊不亡,化而为石起复僵。流涎磨牙笑虎狼。先生指呼羊服箱,号称雨工行四方。莫随上抹芒屏郎,嗅门舐地寻盐汤。"黄庭坚得到此赠诗,受宠若惊,爱不释手,对故土黄初平牧羊时叱石成羊的故事更是如数家珍。对苏轼和顾恺之博学辨识,英辞妙墨,好古多闻,雄豪绝俗之资,神仙羽流之杰,卓然高致,名动回夷。后人览之,不独图书之可观,亦足信道是其人的境界,更是佩服得无以形容。

哲宗元祐四年(1089)四月,苏轼以龙图阁学士出知杭州,黄庭坚作《送少章从翰林苏公余杭》诗以赠。哲宗元祐九年(1094)七月初,黄庭坚与苏轼相遇于江西鄱阳湖,时苏轼以"讥刺先朝"之罪名,被贬往英州。二位文坛巨匠,平生知己,同处逆境,相见不免唏嘘感叹。相会三日,挥泪而别。从此以后,黄庭坚与苏轼再无相见之日。此次分别,竟成永诀。世称"苏门四学士"之一的黄庭坚,恪守文道,明义衍道之文风,世代相袭,堪称人表。

# 兰邑情结　胞妹连理

　　黄庭坚有兄弟六人,姐妹四人。黄庭坚妹,黄庶长女黄氏嫁给南康洪民师。康熙六十五年补刊本《南康府志》卷十六有《洪民师传》。《传》云:"洪民师,建昌人,博学多才,登熙宁三年进士。为石州司法参军。性至孝,以毁卒。娶黄山谷妹,生子朋、刍、炎、羽,俱有令望。"生子四,长子洪朋,次子洪刍,三子洪炎,幼子洪羽。北宋仁宗庆历六年(1046),黄庭坚妹黄氏病卒。神宗元丰六年(1083),黄庭坚有感于其妹死之不幸,赋《毁壁》以哀之。文中云:"夫人殁后十有四年,太夫人始知不得葬。哭之不成声曰:使是子安归乎。其兄弟无以自解说,念夫人建洪氏之庙南康庐山之下,故刻石于庐山,筑亭以麻之。仿佛其生平而安之。"《别集》卷三《毁壁序》中云:"夫人黄氏,先大夫之长女……年二十五而卒。"北宋神宗熙宁四年(1071),黄庭坚在叶县尉任上,常常思念亲人,作《思亲诗》,诗云:"岁晚寒侵游子衣,拘留幕府报官移。五更归梦三百里,一日思亲十二时。车上吐茵元不逐,市中有虎况成疑。秋毫得失关何事,总为平安书到迟。"可见,黄庭坚看重亲人亲情、亲情至上的传统美德。

　　北宋神宗熙宁八年(1075),黄庭坚在大名府期间,与大妹夫王世弼(名纯亮)吟咏唱和,和妹夫关系深笃,视为亲弟。神宗元丰七年(1084),黄庭坚在河北德平镇,曾作《留王郎纯亮》诗,诗中有云"河外吹沙尘,江南水无滓""我随简书来,顾影将一身"。说自己虽身在河北,却依恋着江南老家。姐妹夫舅之间无所不占,倾吐心声。黄庭坚兄弟姐妹之间亲同手足,大至伦理美德,小至生活碎事,无不互相照顾,互相提醒,共同长进。黄庭坚的大妹和二妹相继出嫁后,黄庭坚竟然操劳起三妹的婚嫁来。当他得知自己的门生张叔和是唐朝曲江张九龄的裔孙,道学流芳,其先祖于宋初建隆年间从南京迁往兰溪。哲宗元祐元年(1086),黄庭坚愿做月下老人,撮合三妹与张叔和的婚事,结果成为连理。《山谷诗集注》卷四在《赠送张叔和》诗后,任氏注云:"埙,字叔和,……取山谷季妹。"《周文忠公集》卷十六《跋黄鲁直所书〈金刚经〉》中云:"鲁直自题卷后云:'写到此,此绢已尽,亦可笑。然观以前,九分笔弱,终不成器。可漫留与六郎学书,若兄须读,当以鹅溪白绢写一卷,他时寄上。某再拜,后又有跋云:'得李伯时画《须菩提》,乃求鲁直书经。已春末叔和。'"黄庭坚在《与张叔和书》中云:"某至黔州将一月矣,曹守张悴相待如骨肉。"太守曹谱伯达、通判张诜茂宗对黄庭坚被贬谪黔州待之甚厚。《鹤山集》卷六十一《跋黄太史帖》中云:"前辈谪居,类为州县长吏所不礼,甚者恫疑虚喝,或又从而加害焉。太史居黔中,守贰曹伯达,张茂宗既善遇之,虽一椽曹亦至蔬笋之馈,风味良不浅也。承望人者,观此宁不知作云。"由此可知,黄庭坚与三妹夫张叔和情结兰邑,乡梓之情,血浓于水。

# 西禅听琴　赤松和音

北宋神宗熙宁八年(1075),黄庭坚在河北大名府任学官,趁余暇曾赴北京西禅院聆听戴日祥道士弹琴。《外集》卷十二《观道士篇》中,就有黄庭坚《西禅听戴道士弹琴》和《招戴道士弹琴》的记载。

黄庭坚为何爱听戴道士弹琴,不仅亲赴西禅院听弹琴,还招戴道士到府上为他弹琴,其原因除黄庭坚喜听道教音乐、崇向道教外,还有更重要的原因,就是戴日祥本属古婺人,十五岁出家于古婺道教圣地赤松宫,业成后,至北京西禅院主持禅院事务。戴日祥道士先祖戴叔伦(732—789),是唐代著名诗人,字幼公,金坛(今江苏人),曾任抚州(今江西)刺史,为先朝黄庭坚住处双井村父母官,晚年上表自请为道士。黄庭坚既信奉道教,又善诗,年轻时就对戴叔伦顶礼膜拜,视为楷模,特别是戴叔伦游金华赤松山时,所作的《智者寺》诗,对黄庭坚影响颇深。戴叔伦《智者寺》诗云:"已宿隆青山,复践灵源境。蜿蜒苔径长,荦确石路整。行爱砥树密,坐悦禅床静。幽意淡不惬,游足憩复聘。睇瀑跂崇基,追云端层顶。行行路已穷,望望日将冥。泠泠风回阁,皎皎月窥岭。翳翳辟动息,寂寂纷务屏。以之观化机,缅焉发深省。此身如露电,百年亦倾顷。如何乖赏心,驱驰昧风景。缘业可徜徉,许兹慰延颈。"戴叔伦这首《智者寺》诗,黄庭坚百读不厌。此外,黄庭坚对戴叔伦所作《古婺净居寺》诗,也是爱不释手。净居寺,旧名云居寺,晋天福八年建,在县东二十里。诗云:"玉壶山下西前路,六百年来迁佛场。满地白云遮不住,石泉流出落花香。"黄庭坚除对戴叔伦的山水诗欣赏玩味外,更重要的是对祖处婺州山水的眷恋,浓浓乡情总是萦绕在黄庭坚的心中。

据《兰源戴氏宗谱》载:"戴氏发祥地在今河南省境内商丘及民权县一带。经过春秋、战国、秦、汉之际的不断繁衍迁徙,大致在魏晋南北朝时期,逐渐形成了以安徽省北部、江苏长江以北及河北、山东交界等三处的戴氏繁衍中心。西汉时期,戴氏就已迁入浙江、江苏等地。戴叔伦先祖就在西汉时迁入江苏。至唐朝,戴叔伦一族在江南各地的基础更趋稳固。至北宋初,戴日祥与其先祖戴可守从江苏迁出,始卜龙邱之太末,择姑蔑溪兰源之地而居,成为古婺戴氏始迁祖。黄庭坚与戴日祥道士成为莫逆之交,情系于古婺养育热土和道教信仰。真可谓心系桑梓情,何处不识君。

# 情谊至上　迁居兰邑

兰溪有范氏子孙居住,生息繁衍始于北宋,源自苏州,其始迁祖为范仲淹之子范纯仁的儿子范正路。

黄庭坚与范仲淹子孙早有往来,在范仲淹四个儿子范纯祐、范纯仁、范纯礼、范纯粹中,与次子范纯仁、幼子范纯粹交往更深。在范仲淹的孙子辈中,又与范正路、范正平、范正思过往甚密,多有诗词唱和。范纯仁之子范正平,学行甚高,绍圣年间任开封尉,因父范纯仁弹劾蔡京一事,被蔡京所嫉。蔡京为相后,诬说范正平矫撰父亲范纯仁遗表,又诬说范纯仁行状,妄传圣语等谗言,被逮狱羁管。得释后,范正平闲居不仕,以吟诗与黄庭坚交往唱和,尤五言诗,深得黄庭坚青睐。黄庭坚与范仲淹家族如同一家,亲密无间。重要原因是黄庭坚先祖居于婺州,而范纯仁堂兄范纯诚后裔也居于婺州,正因为同乡之情,把他们的心紧紧地系在一起。

黄庭坚与范纯仁的交往,始于英宗治平四年。黄庭坚进士及第后,调汝州叶县尉,黄庭坚与范纯仁在叶县结为忘年交。范纯仁,范仲淹次子,字尧夫,北宋皇祐进士,比黄庭坚中进士要早十年余。尝从胡瑗、孙复学。范仲淹辞世于皇祐四年(1052),范纯仁才出仕,知襄城县,后迁侍御史,知谏院。王安石变法后,范纯仁毫无顾忌,上言变法有害民生。在叶县尉任上的黄庭坚,对王安石变法也持异议,与范纯仁英雄所见略同。王安石十分恼怒,范纯仁被贬知河中府,历转和州、庆州。在和州、庆州职上,亲政为民,宦绩听好。哲宗时累官尚书仆射,中书侍郎。以博大胸怀深得皇上恩宠。后因弹劾章惇而贬置永州。徽宗继位后,迁升观文殿大学士,促入觐。范纯仁以眼疾为由乞归居养。范纯仁为人夷易宽简,不以声色加人。刚正不阿,遇不平之事,则挺然不少屈。他常说:"吾平生所学,得之忠恕二字,一生用之不尽。"教育儿子及弟子则说:"苟以责人之心责己,恕己之心恕人,不患不至圣贤地位也。"正因为如是为官为人之道,与黄庭坚情投意合,相处如同昆仲。北宋熙宁二年(1069)七月,黄庭坚元配夫人子孙氏殁于叶县。黄庭坚悲恸欲绝。范纯仁闻知后,寄书黄庭坚以慰抚。熙宁九年(1076),黄庭坚在北京任学官,范纯仁知和州,他曾对儿子范正路说,黄庭坚是兰溪女婿,其妻年轻早夭,看在我和黄庭坚志同道合的情谊上,你能否迁居兰溪,以慰藉黄庭坚的心灵,日后也可为黄庭坚岳丈孙觉之墓烧炷清香。范正路允诺。范纯仁重于友谊之心日月可昭。

范纯仁儿子范正路,少有逸才,又酷爱山水。北宋熙宁十年(1077)春,范正路游学浙东时,遵照父亲范纯仁的旨意,来到了兰溪,寻芳于兰溪淑西纯孝乡之上竺坞(今兰溪朱家坞口)。上竺坞村鲍大宣议知其不凡之器,遂以女妻之。于是范正路定居于上竺坞,成为鲍家上门女婿,为迁兰溪范氏之始祖。此后,范正路后裔先后分迁兰溪之清口、芷芳岗、三泉、范宅、社溪、塘庵头、范村、竹溪、范才、范坞、范村、东山边、范坟头、莲畈、畈田、横塘范村、垄塘、舒村、尖山等村落,繁衍为兰溪范氏望族。范正路之孙范文裕,南宋时由上竺坞分迁清口(今兰江街道里范村)定居。范钟从子衢州知府范士表,南宋末任满,由衢州返乡迁居芷芳岗村。范喧,南宋时由上竺坞入赘三泉村童氏,遂定居三泉,其后裔范元寿从三泉村分迁社溪村,范元龙从三泉村分迁塘庵头村,范元龙从三泉村迁居范宅。南宋时,范嘉德,从上竺坞迁居竹溪。宋理宗时,范士浚从竹溪分迁水亭乡横塘范村。南宋末,范铭从竹溪迁居孟湖乡东山边。宋末元初,范块从太平乡双塘村迁居水亭乡范坞。明隆庆年间,范文育从横塘范村迁至水亭乡范才村。

范正路注重父辈与黄庭坚似海深情,遵照父旨毅然决然定居于兰溪上竺坞村。其后裔名人才俊如林。如宋淳祐年间任丞相兼枢密院使的范钟,大理寺正范洵,以及范浚、范浩等,其中仅进士出身就有二十多人。范氏宗祠至今还保留着"虎丘大学士,龙门宰相家;一门双柱国,十子九登科"的楹联,从中可以窥视出范正路后裔的熠熠风光和灼灼荣耀。

# 同宗同脉　异地寄情

北宋哲宗元祐二年（1078），黄庭坚仕职于京都秘书省兼史局。正月十八，提升为著作佐郎。其间，黄庭坚与苏轼、苏辙、李公麟、秦观、张耒、李之仪、黄隐等十六人，会于驸马都尉王晋卿之西园，以文章议论，博学辨识，英辞妙墨，好古多闻，雄豪绝俗之资，高僧羽流之杰，卓然高致，名动回夷，一时传为美谈。时仕国子司业的黄隐，与黄庭坚初识谋面，在闲谈中，得知黄隐与自己是同宗同脉不同居住地的族亲，分外激动，视为知己同调，昆仲相称。

黄隐，福建莆田人，初名隆，字仲光，又字从善。治平进士，官侍御史。元丰八年（1085），由承议郎守国子司业，力排王安石之学，被诬陷为"元祐党籍"之人，改知常州无锡县。其弟黄颖，字仲实，北宋元祐年间举经明行修，不愿离家而不就。哲宗就其家起用，历知长泰县，修治学舍，长治邑事。日中与诸生讲肆经旨，逮暮而归，悉心治学，专心致志。权龙溪尉时卒。幼弟黄彻，字常明，宣和进士。官至平常令，以忤权贵而弃官归。张浚欲启用，黄彻不就，以诗为伴终老。黄隐一门好学之士，以刚正不阿齐名于世。

据《东塘黄氏宗谱》载：黄隐先祖为唐朝刺史黄梦圣，为江夏黄氏十二世孙，也为东塘黄氏三世孙（从始迁祖黄苾排列），仕福州刺史，秩满后落藉福建莆田。其伯父黄居正，侍讲学士，其父黄居中，吏部侍郎。黄隐和黄庭坚均为东塘黄氏裔孙。而湖北江夏始祖黄香,也是黄隐和黄庭坚的共同先祖。黄香,后汉安陆人,字文强。九岁时,母丧,思慕憔悴,殆不免丧,事父至孝。夏天,为父扇扇,驱蚊纳凉。冬天以身温暖父之被窝,为闻名乡邻孝子。稍长,博识经典,写得一手好文章,京师号曰:"天下无双,江夏黄童。"和帝时,官至尚书令,勤于政务,尤公如家,在位多所荐达,迁魏郡太守,卒于家。其子黄琼,字世英,初以父任为太子舍人,辞不就。永建年间,公卿们极力举荐,称疾不进。李固十分羡慕黄琼,提携重用,初为议郎,累迁尚书仆射,争议朝堂,莫能抗夺,声威朝野。梁冀贪污事发,黄琼极力奏劾。梁冀终被诛杀,海内翕然敬仰。黄琼官至司空,卒谥忠。黄隐和黄庭坚同为名宦之后,秉承祖德,忠孝两全,后人敬仰。

　　黄庭坚结识同宗同脉黄隐这位宗亲之后,诗词唱和,往来不断。编入《文集》卷一的有《予欲金玉赠黄从善》,编入《文集》卷二的有《谢黄从善司业寄惠山泉》,编入《外集》卷七有《寄黄从善》等。黄庭坚敦宗睦族之心,诚而又诚,堪为人表。

# 缅怀乡友　作词哀悼

　　北宋神宗元丰三年(1080),黄庭坚奉朝廷之命,罢大名(京)教授任,赴京师史部,改官知吉州太和县。黄庭坚在离大名赴江西吉州太和县上任途中,溯长江而上,船至安徽潜山县皖水入长江口时,巧遇了祖处婺州隐士张庖民。张庖民,字翔父,时隐居泉下,斫土出坡怪之石,如龟状,伏而吐泉。黄庭坚与张庖民虽素昧平生,但与张庖民言谈中,得知张庖民是唐朝开创词坛的金华婺城区人张志和之后裔。张志和以《渔父歌》而闻名词坛,开创词坛新风。张志和,原名龟龄,字子同,自号玄真子。父为清真好道者。张志和年十六岁,就中明经科,因献策被肃宗赏识,命待诏翰林,授左金吾卫录事参军,并赐名志和。不久,贬南浦尉,遇赦后适遭父亡,遂归金华奔丧。自此后,张志和厌恶官场,浪迹江湖,自称"烟波钓徒"。二兄鹤龄,恐弟遁世不归,于越州东郭为其买地结庐。长兄松龄,又寄书信催归,志和仍居住越州,闭门不出。大历七年(792),友人颜真卿为湖州刺史,曾赴张志和栖息处拜访张志和。张志和后裔张庖民仕途不顺,为逃避残酷的社会现实,仿效先祖张志和"烟波钓徒"的浪迹生活,背井离乡,至安徽潜山县皖溪口,过着隐居生活。黄庭坚巧遇乡友张庖民,除对张庖民不同流合污的高尚情操深表敬佩之外, 对其选择的隐居之地也情有独钟,亲自命名其隐居地为"灵龟泉",并作《灵龟泉铭》及《灵龟泉上》诗以赠。据《文集》卷十三《灵龟泉铭·序》载："发皖口而西四十里,泉淙淙行山径乱石间。谓其来甚远。……于几原德遁形,命曰'灵龟泉'而铭之。"黄庭坚告别张庖民后,常和张庖民诗词酬唱往来,乡梓之情,朝思暮想,永难释怀。

北宋神宗元丰五年(1082),黄庭坚在太和县县令任上。六月,黄庭坚闻知张庖民在灵龟泉隐居地寿终正寝,心情十分沉重,对乡友客死于他乡深表惋惜和同情,亲赴皖溪口奔丧护棺,并作《张翔父哀词》以悼念。《外集》卷八《张翔父哀词》有云:"壬戌六月(神宗元丰五年,编者注),翔父之息耕(息耕,翔父之子,编者注)护翔父之丧过泉下。翔父才德初不在人后,俯仰庸人,不甚出奇见异。其于林泉,心安性服之也。作诗清壮,能为不经人道语。迪回岁晚,掩棺曹溪,为作哀词遗耕,且诿翔父甥胡僧孺唐臣镌之录龟泉上,以图不朽。"黄庭坚对乡友张庖民辞世深表哀悼,对乡友张庖民为人处世及诗词风格给予高度评价。《张翔父哀词》还云:"张庖民翔父,住在皖溪口开泉长安岭下。元丰庚申十月,余舟次泉下,斗泉品茗,嘉若人之同臭味,盖已凤期与之友。于是磐石礴泉上,斫土出石壤峥,如龟伏而吐泉,乃名曰'灵龟泉'。"黄庭坚与乡友张庖民不期而遇于他乡皖溪口,结为知交,为乡友隐居地命名作铭。张庖民辞世后,黄庭坚亲自奔丧于灵龟泉,并作《张翔父哀词》以悼念。由此可见,黄庭坚是位性情中人,特别对婺州祖处的同乡挚友,更是眷眷之心难泯。

# 高宗下诏　戒石刻铭

北宋神宗元丰五年(1082)，黄庭坚出任江西吉州太和县令。黄庭坚为官宗旨，向以勤政爱民深得人心。在太和县令任上，黄庭坚为让自己永远不忘为民做主的为官之道，曾摘录孟昶文内"尔俸尔禄，民膏民脂；下民易虐，上天难欺"四语，书《戒石铭》，镌石以自警。

据《徐氏宗谱》载："书《戒石铭》"，并有按语云："郡县戒石，自唐以来有之，但只有石无文。公(黄庭坚，编者注)任太和，摘孟昶文内'尔俸尔禄，民膏民脂；下民易虐，上天难欺'四语，镌石自警。后高宗中兴，恨不同时。宸奎天纵摹其笔法，勒石垂成，颁布天下云。见《宋史》及周益国公记。"黄庭坚镌石《戒石铭》，不仅轰动北宋朝野，至南宋高宗时，仍以黄庭坚镌石的《戒石铭》作为官者的言行准则，影响之广，可以说是历久不衰。据《杨氏宗谱》载："《戒石铭》，蜀孟昶之文也。太宗尝摘出此数语，山谷(黄庭坚，编者注)至是又书之。绍兴五年诏曰：'近得黄庭坚所书太宗皇帝御制《戒石铭》，可令颁布示天下摹勒。庭坚所书非独置之坐隅，亦以为晨夕之念，岂日小补之哉'。"又据《佩文斋书画谱》卷七十七从宋黄庭坚书《戒石铭》引《东里集》云："宋黄文节公庭坚书《戒石铭》，有吕忠穆公颐诰题识……'《戒石铭》本蜀王孟昶所作。太宗摘其中四句，今天下郡县皆刻石置公署之前，覆以小亭，长吏坐则正对之。此盖高宗绍兴五年六月复颁庭坚所书摹本于郡县,命长吏刻石置左右。"

南宋绍兴五年(1135),是黄庭坚辞世三十周年。宋高宗赵构,想起先祖宋太宗赵光义曾摘录蜀王孟昶文中"尔俸尔禄,民膏民脂;下民易虐,上天难欺'四语,令天下郡县皆刻石置公署之前,覆以小亭,长吏坐则正对之。至宋神宗元丰五年(1082),时任太和县县令的黄庭坚,重温宋太宗之诏令,镌石以自警之事,高宗赵构于绍兴五年复下诏:"近得黄庭坚所书太宗皇帝御制《戒石铭》,可令颁示天下摹勒。黄庭坚所书非独置之坐隅,亦以为晨夕之念,岂日小补之哉。"可见宋高宗对已辞世的黄庭坚的为官之道,是十分赏识的。据《周文忠集·平园续稿》卷十九《分宁县山谷祠堂记》载:"高宗中兴,恨不同时,追赠直龙阁,擢从弟叔敖为八坐,置甥徐俯于西府,皆以先生故。宸奎天纵,至下取其笔法,戒石刻铭,遍于守令之庭。"由是可见,宋高宗非但十分赞赏黄庭坚为官之道,而且还追封黄庭坚为直龙阁学士。且黄庭坚的从弟和外甥都得到赐封。可见封建王朝也是十分注重对地方官员的熏陶和制约的。

绍兴五年,宋高宗复诏戒石刻铭之令,引起地方官吏的十分重视。地方官吏纷纷执行从事,不敢怠慢。时任金华县知县的沂州人孙纬,自接到宋高宗诏令之日始,即着手勒石之事。孙纬除对黄庭坚的《戒石铭》视为信条之外,又因时南宋定都临安(今杭州),金华地处京畿更是马虎不得。于是孙纬临摹黄庭坚《戒石铭》笔法,令石匠勒石。石碑制成后,孙纬就将镌石的《戒石铭》,置于县衙公署前以自警。黄庭坚遗风遗韵,在其祖处婺州与日月共辉,同天地共存。

# 名宦世家　恩遇知交

北宋神宗元丰六年(1083),黄庭坚仕太和县知县。王巩因受苏轼"乌台诗案"牵连,元丰二年(1079),遭贬宾州。三年初赴贬所,直至六年方返归江西。王巩,王素之子,字定国,自号清虚先生,有隽才,长于诗,从苏轼游,是苏轼得意门生。苏轼官滁州太守时,王巩专程前往拜访。苏轼与王巩同游泗水,同登魋山。吹笛饮酒,乘月而归。苏轼又同王巩同登黄楼,对王巩说,李太白死后世无此乐三百年矣。王巩后历宗正丞,以跌宕豪世而不显。王巩贬期届满后,从宾州返回江西老家途中,与黄庭坚相遇于太和县江滨。黄庭坚见知交乡友王巩如同天降,出现在自己身边时,乐不可支。两人饮酒相庆,并为王巩《王定国文集》作序。其序有云:"定国富于春秋,崎岖岭海。去国万里,脱身生还。邂逅江滨,斗酒相劳。但以罪大责轻,未有以报君。为言郁然,发于文藻,未尝自怜。此其老未易为俗人道之。……故为序见之。……癸亥八月壬辰序。"元丰六年岁次癸亥。苏轼也为王巩《王定国文集》作序。序云:"今定国以余故得罪,贬海上三年……而定国归至江西,以其岭外所作诗数百寄余。"王巩虽被遭贬于岭南三年,然铮铮硬骨,豪气长存。《续资治通鉴长编》卷四百五十九第十五条元祐六年六月注引刘挚语云:"王巩坐事窜南荒三年,安患难,一不戚于怀,归来颜色和豫,气益刚实,此其过人远甚,不得谓无人道也。"从此评说中,可见王巩的性格与志向,和黄庭坚十分相似。既为同乡,又长于诗文,又性格志向意合,故黄庭坚与王巩知交甚笃。

黄庭坚与王巩知交,除上述因素外,还有一个鲜为人知的原因,王巩不仅出身于名宦世家,而且其先祖祖处同属婺州。黄庭坚和王巩的宗脉都源自婺州,都是婺州的种,婺州的传承人。祖情之血浓于水,理出同辙。

据义乌《莲塘王氏宗谱》载:王巩乃琅琊三槐王氏之后,其始祖为唐末黎阳(今河南浚县)令王言。王言初居今山东大名府莘县,其孙王祐知名于宋初。因曾居住的庭院中栽下三棵槐树而称三槐王氏。出自琅琊王氏,以"三槐"喻义勉励子孙努力仕宦,伫登三公(三槐,喻义三公,即仕途中最高官职。)王祐次子王旦,果然官至宋真宗宰相(公元998—1003年),进位太保,位居三公之首,实现了其父夙愿。王旦卒后封魏国公,谥文正。其后代为了纪念先祖王祐,便名堂号为"三槐堂"。王旦儿子王素,字仲仪,赐进士出身,历知鄂州。宋仁宗时,擢为知谏院。出知成都府时,为政务符合人情,蜀人感其恩,号曰王公异断。再知渭州,教民耕战,积粟可支用十年,士气感奋,敌不敢犯。官终工部尚书。届满后择地移居江西南昌,卒谥懿敏。生子王巩。先祖王祐长子迁居婺州义乌莲塘,为义乌王氏始迁祖。莲塘王氏裔孙王迪,实为王巩同辈堂兄弟。王巩堂兄王迪,北宋哲宗元祐年间(1086—1093)进士,任婺州知州,届满后卜居华溪。生四子,王泽、王淇、王渊、王廷玉。王廷玉进士及第,官至户部尚书。王巩出身于名宦世家,与苏轼和黄庭坚友善。苏轼得知王巩家世后,作《三槐堂铭》以赠。

黄庭坚、王巩的先祖均属婺州籍,而后裔又多居住于江西,乡情之谊,如胶似漆。再因为王巩是苏轼门生,黄庭坚与苏轼挚交。由此黄庭坚与王巩的关系,以乡情和友情为纽带,紧密地联结在一起,丝丝入扣,线线相牵。

# 情怀难释　心醉婺州

北宋神宗元丰六年(1083),黄庭坚任职于太和县。十二月,移监德州。解官太和县后,顺路返家江西分宁双井村,祭祖坟。获知胞妹死无葬身之地,赋《毁壁》以哀悼。

早在宋治平年间(1064—1067),黄庭坚与范仲淹之子范纯仁结为忘年交,常有诗词唱和,关系甚笃。范纯仁闻知黄庭坚沉浸于丧妹之痛,即寄书以安慰。黄庭坚丧妹之事,经范纯仁传播,范仲淹义子范纯诚也深为黄庭坚惋惜,范纯诚告诉其子范正辞,黄庭坚祖处为婺州塘雅村,与堂叔范纯仁为莫逆之交。由是,黄庭坚又与范仲淹义子范纯诚、义孙范正辞结下了不解之缘。

北宋神宗元丰六年,范仲淹义子范纯诚由朝请大夫知婺州保宁节度使。范纯诚,字子明,为范仲淹亲叔范钧的儿子,九岁丧父,母孙氏居河南偃师县。未冠,母又亡。范纯诚父母双亡后,范仲淹主动收养了范纯诚。据《清江范氏宗谱》载:"文正公(范仲淹)爱而教养之,奏补太庙太齐郎,转升朝请大夫。"又云:"仲淹从子。仲淹置义田,皆纯诚习办。因奏为长州尉,俾创规法,以贻永久。历官衢州司理。"范纯诚仕婺州保宁节度使后,得知堂弟范纯仁挚友黄庭坚祖处塘雅村,为自己管辖之域,便携儿子范正伦、范正辞、范正邦前往塘雅村,为黄庭坚祭扫祖茔。并嘱咐儿子,自己卒后葬于黄庭坚祖处,与黄庭坚先祖为邻。古人以情为重,情怀难释。

范纯诚在婺州保宁节度使任上，鞠躬尽瘁。《光绪金华县志》载："曾筑翠微楼，在州衙正寝之北子城上。"宦绩卓著，称"忠于上国，泽及下民，婺以大治，军护保宁，德隆朝野，名著缙卿，贻厥嘉猷，麟趾振振"。深得婺州百姓的爱戴。此种品行，与范仲淹悉心教诲不无关系。

北宋元丰七年（1084）十二月二十，范纯诚卒于任所，享年五十有九。范纯诚卒后，其子范正伦、范正辞、范正邦，遵照先父之遗愿，将先父安葬于婺州塘雅村南十里处，村名为溪干村。长子范正伦、幼子范正邦回吴县故里，侍奉老母。次子范正辞为守先茔，定居于溪干村。据《清江范氏宗谱》载："次子范正辞乙丑（北宋元丰八年）登进士，后以知州王彭举荐，授婺州教谕，因父故而葬清江，遂定居，以守生茔"。"范正辞次子范直忠，字之才，北宋宣和三年（1121）九月，以朝散郎知婺州，荐授大理评事。在仕婺州知州任上，重筑了婺州城墙，长达十里，宦绩载入史册。

范仲淹之子范纯礼玄孙范泉，明宣德二年（1427），到溪干村省亲祭祖，并到先祖范纯仁挚友黄庭坚的祖处塘雅村拜祭黄氏家庙。二月初二，范泉祭拜完黄庭坚祖处塘雅黄氏宗祠后，从婺江溪干村渡口乘船回吴县，船行至楼下殿潭江面，正值风急浪高，加之江水有漩涡，结果船翻沉江。范泉尸体直至下游方子潭才捞上岸，安葬于先祖范纯诚墓旁。宣德三年（1428）始，溪干村范氏后裔创立二月初二划龙船的习俗。以划龙船方式既寄托对范仲淹后裔范泉的追思，呼唤他魂归故里，又怀念范仲淹为清江范氏开山鼻祖范纯诚的养育之恩，还追念范仲淹子范纯仁与挚友黄庭坚的无私友谊，更是注释了范仲淹"先天下之忧而忧，后天下之乐而乐"的普天同忧同乐的情趣。

情怀难释，心醉婺州。范氏家族几代人与黄庭坚及黄庭坚的先祖和后裔的赤诚之情，日月可鉴。德行纯备，精金碎玉，风节峻历，霜松雪竹，先忧后乐，恩济斯民之美德，世代相袭，遗风永驻。

# 同乡牵线　造访荆公

　　北宋神宗元丰七年（1084），黄庭坚离开江西分宁双井村老家，赴德州德平镇，沿赣江、长江下金陵。过金陵时，当在一二月间，拜访了婺州同乡好友俞清老。由俞清老牵线搭桥，黄庭坚拜访了隐居于金陵钟山的荆公王安石。

　　《文集》卷二十五《书赠俞清老》有云：“清老，金华俞子中也。三十年前与余共学于淮南。元丰甲子相见于广陵。自云荆公（王安石，编者注）欲使之脱逢掖着僧伽黎，奉香火于半山宅寺，所谓报宁禅院者也。予之僧名曰紫琳，字清老。清老无妻子之累，去作半山道人，不废入俗，诙谐优游以卒岁，似不为难事。然生龟脱筒，亦难堪忍。后数年见之，儒冠自若也。”黄庭坚赴德平镇赴任途中过金陵，得知同乡同窗好友俞子中奉香于报宁禅院，皈依佛门，就登门造访。数年后见到同乡同窗，仍儒冠自若，更是促使黄庭坚信仰佛教的决心。同年三月，离开金陵到达泗州时，黄庭坚作《发愿文》，痛戒酒色与肉食。这与同乡同窗好友的作为不无关系。又据《石林诗话》载：“俞紫之，字秀老……少有高行，不娶，得浮屠心法，所至悠然，而工于作诗。王荆公（王安石，编者注）居钟山，秀老数相往来，尤爱重之……其弟澹，字清老，亦不娶，滑稽善谐谑，洞晓音律，能歌。荆公亦善之。晚年作《渔家傲》等乐府数阕，每山行，即使澹歌之。然澹使酒好骂，不若秀老之恬静。一日见云：‘我欲去为浮屠,但贫贱无钱买祠部尔。'公欣然为置祠部,澹约日脱发。既过期,寂无耗,公问其曰:'我思僧亦不易为,公所赠祠部,已送酒家偿旧债矣。'公为之长笑。黄鲁直(黄庭坚,编者注)尝作三诗送澹,其一云:'一客梦超俗,去发脱尘冠。平明视清镜,正尔良独难。'盖述荆公事也。"又据《潘子真诗话》云:"俞紫芝,字秀老。喜作诗,人未知之,荆公爱焉。手写其一联'有时俗事不称意,无限好山都上心'于所持扇,众始异焉。弟清老,亦修洁可喜,俱从山谷游。山谷所书'钓鱼矼上谢三郎,一帖石刻,在金三寺。鸡林每入贡,辄市模本数百以归,亦秀老词也'。"《文集》卷二有《戏答俞清老道人寒夜三首》,卷二十六又有《跋赠俞清老》《跋俞秀老清老诗颂》《书王荆公赠俞秀老诗后》《书玄真子渔父赠俞秀老》等文,足见黄庭坚与同乡同窗好友清老、秀老兄弟关系甚密,从中也可以看出王安石与清老、秀老关系非同一般。

黄庭坚在金陵逗留期间,与同乡同窗挚友清老、秀老兄弟俩情投意合,畅谈佛教之事,颇有心得。谈话间,俞清老言及王安石隐居于钟山。黄庭坚对王安石仰慕已久,有登门造访之意,却又难以贸然而行。俞清老看出黄庭坚的心思,凭自己与王安石的关系,愿意为黄庭坚引见。黄庭坚甚喜,就偕俞清老和俞秀老上钟山造访王安石。据《文集》卷三十《跋王荆公禅简》载:"余尝熟观其风度,直视富贵如浮云,不溺于财利酒色,一世之伟人也。"《别集》卷十一《书赠花光仁老》云:"某有梅花一诗,东坡居士为和,王荆公书之于扇。却待手写一本奉酬也。"又《苕溪渔隐丛话》卷一引《雪浪斋日记》云:"荆公问山谷云:'作小词曾看李后主词否?'云:'曾看。'荆公云:'何处最好。'山谷以'一江春水向东流'为对。荆公云:'未若细雨梦回鸡塞远,小楼吹彻玉山寒。又细雨湿流光最好。'"蔡上翔《王荆公年谱考略》卷二十二云:"山谷与荆公未知相见在何年也。至元丰间,始亲见公于钟山。且云'予尝熟观其风度'。然犹唱和阙如。"黄庭坚与王安石在钟山会晤,时王安石于熙宁九年第二次罢相后,退归金陵,隐居不出,不复问政。王安石晚年居金陵时,与俞清老、俞秀老关系极好。因此黄庭坚有幸拜见了王安石。黄庭坚一生中与王安石见面叙谈,也仅这一次。如果没有同乡同窗挚友俞清老和俞秀老兄弟俩引见,必将成为黄庭坚的终生遗憾。可见同乡之情,情深似海。

《临川先生文集》卷三中有王安石《跋黄鲁直画》一首:"江南黄鹂飞漫野,徐熙画此何为者?百年幅纸无所直,公每玩之常在把。"王安石与黄庭坚唱酬诗文仅见此首。黄庭坚有幸在金陵钟山造访王安石府第,全赖同窗同乡挚友牵线搭桥,可谓千载难逢。

# 刚正不阿　据理雄辩

北宋哲宗元祐元年(1086),黄庭坚任职于京都秘书省。三月十九,受司马光推荐,黄庭坚同范祖禹、司马康等人共同校定《资治通鉴》。《辑稿》第五十五册《崇儒·四》中载:"哲宗元祐元年三月十九,宰臣司马光言秘书省校书郎黄庭坚,好学有文,欲令范祖禹及男康(司马康为司马光之子)同校定《资治通鉴》,并从之。"黄庭坚悉心校定,谨慎有加。同年十月初二,黄庭坚升迁为神宗实录院检讨官。

黄庭坚参与修史期间,为王安石之事,与礼部侍郎陆佃发生争议。黄庭坚不以为陆佃官位高于自己而俯首听命,而是刚正不阿,舌战礼部侍郎陆佃,雄辩不已。陆佃,字农师,越州山阴人,王安石门人,时因新党失势,旧党对王安石之功不分皂白,一概抹杀,且诋毁之唯恐不力。而黄庭坚作为旧党中人,以为王安石在政治上之功过极难定论,而其人品和学识有过人之处,令人钦佩。黄庭坚于同年七月作诗《次韵王荆公题西太一宫壁二首》。其一云:"风急啼鸟未了,雨余蚁战方酣,真是真非安在,人间北看成南。晚风池莲香度,晓日宫槐影西。白下长干梦到,青门紫曲尘迷。"又作《有怀半山老人再次韵二首》诗,其一云:"短世风惊雨过,成功梦迷酒酣。草《玄》不妨准《易》,论诗终在《召南》。"王安石去世后,黄庭坚对党争纷纷颇为不满,对王安石学问极表佩服,对王安石之人品给以高度评价。而礼部侍郎陆佃,虽曾为王安石门人,却趋炎附势,随波逐流,丧失原则立场和人品道德。黄庭坚欲书王安石勿令上知之帖,礼部侍郎陆佃极力阻止。《别传》中有云:"礼部侍郎陆佃预修实录,先生欲书安石勿令上知之帖,佃力沮而以为谤也。先生争辩甚苦至日:'审如公言,得非佞史乎!'佃盖安石门人,且为官长,以是竟不得书。先生以是肇祸,然赖其言,事之本末因以尽传于世。朱子以为有天意者耶。"黄庭坚在与陆佃舌战中,坚持"荆公好佛,吾以为龙又无角,吾以为蛇又无足者也。然予尝熟视其风度,直视富贵如浮云,不溺于财利酒色,一世之伟人也。暮年小语雅丽精绝,去流俗,不可以常理待之也"之观点,与陆佃据理辩论。黄庭坚与陆佃之争,涉及所谓吕惠卿元缴王安石私书使其第二次罢相之事。据《续资治通鉴长编》卷二百七十八卷第四十五条熙宁九年十月丙午王安石罢相条有著文,陆佃曾有《乞降出吕惠卿元缴进王安石私书札子》说:"臣等勘会;昨来御史弹奏吕惠卿章疏内,称惠卿元缴奏故相王安石私书,有'毋使上知''毋使齐年知'之语,齐年谓参知政事冯京,且称'安石由是罢政'。大臣出处之由,史当具载。欲乞圣慈特赐指挥,降出惠卿元缴安石私书,付实录院照用。""黄庭坚欲以御史所言入史,佃固论其不可。恚庭坚表曰'如侍郎(陆佃)言,是佞史也'。佃答曰:'如鲁直意,即是谤书。'连数日议不决,遂此上奏。后降出安石书,果无此语,只是嘱惠卿言练相甫可用,故惠卿奏之,庭坚乃止。"

黄庭坚与陆佃为王安石一事,虽据理雄辩,然陆佃为官长,大权在握,不欢而终。由此可看出黄庭坚刚直不阿、尊重事实之品行。

# 乡情因缘　如胶似漆

北宋元祐三年(1088),黄庭坚仕职于京都秘书省兼史局。一月十七至三月初一,苏轼、孙觉、孔文仲等知贡举,黄庭坚为参详官。《别集》卷十一《题太学试院》中云:"元祐三年正月乙丑锁太学,试礼部进士四千七百三十二人。三月戊申,奏号进士五百人,宗室二人。子瞻(苏轼)、莘老(孙觉)经父(孔文仲)知举,熙叔、元舆、彦衡(上官均)、鲁直(黄庭坚)、子明(梅灏)参详。"三月初六,黄庭坚与苏轼等考试礼部毕,待诸厅参会,遂往诣李公麟。在李公麟处,巧遇婺州白沙溪滕珦后裔滕及。而滕及与苏轼早已相识并友善。在异乡巧遇祖处乡友,黄庭坚甚喜。

滕及先祖滕珦,唐朝建中元年(781),高中令狐峘榜进士,初为歙州绩溪令,凤翔少尹,太常博士,累官至礼部侍郎,太子右庶子,正议大夫。唐文宗太和二年(820),滕珦请求皇上半俸乞休。唐文宗以其鞠躬尽瘁于朝廷,下诏赠户部尚书,上柱国,银青光禄大夫,以四品给券还乡,并赐宅第于婺州白沙溪口。滕珦遵皇上旨意,迁居白沙溪口定居建村,为婺州滕姓始迁祖。滕珦品行峻洁,不慕荣利,松菊之思不尝一日忘怀,尝赋诗以陶渊明自比,当时名流因作《思陶佳趣》诗卷以赠。太和二年,以年老乞求还乡。临行时,朝贵倾钱,白居易、朱庆余、刘禹锡等人,各有诗赠。唐文宗并赐新第于白沙溪口。婺州知州闻知后,即在白沙溪口西五里地建

"观风亭",迎接滕珦到婺州定居。滕珦车马至"观风亭"时,婺州刺史窦痒率郡僚等候,为滕珦接风洗尘,实为风光一时。唐朝开成五年(840),滕珦卒,享寿八十七岁。滕珦生三子,长子滕遂,次子滕迈,幼子滕邈,皆进士及第。可见滕珦教子有方,一门显贵,皆以政绩闻于世。长子滕遂,唐朝贞元二十一年(805),明经及第,又书判登科,历大理评事,长洲刺史,吏治秩然。时人歌颂曰:"朝判长洲,其暮判吴,道不拾遗人不孤,皆谓有汉叔辅遗风。"后官至侍御史,内供奉,赐绯。著有《文武哲中论》行世,殁后,祀长洲名宦祠。次子滕迈,字遐举,唐朝元和十年(815)崔群榜进士,授秘书省校书郎,后知嘉兴监,浙东盐铁院,侍御史,内供奉,赐绯。历任台州、睦州、楚州、吉州、江州等州刺史,判度支院,加大中大夫,勋至上柱国,赐金紫,累赠银青光禄大夫,加太尉。生十子。其中七个儿子,皆进士及第,其他三个儿子虽未高中进士,但也居官贵显。一门十子,七子中举,也是世之罕见。幼子滕邈,唐朝元和八年(813)进士及第,官殿中侍御史兼内供奉。

滕及出身婺州阀阅世家,贤哲世济、美懿行修,家范著垂。北宋神宗五年(1082),滕及高中黄裳榜进士,历晋州和川县令,知舒州望江县。北宋哲宗绍圣三年(1096),试祠学兼茂科举第三,授亳州教授改京秩,知江宁府句容县、齐州、章邱、长清县,通判安肃军,官至朝散大夫。苏轼把滕及介绍给黄庭坚,说滕及是唐朝正议大夫滕珦之后裔。黄庭坚信口诵吟白居易《送滕庶子致仕归婺州》诗。诗云:"春风秋月携歌酒,八十年来玩物华。已见曾孙骑竹马,犹听侍女唱梅花。入乡不杖归时健,出郭乘轺到处跨。儿着锦衣孙裹衫,东阳门外数滕家。"滕及听罢喜上眉梢,为婺州故土有黄庭坚这样才华出众的先哲而自豪。

滕及面对苏轼,也吟诵起苏轼为先祖滕元晏所作的《滕达道挽词二首》。滕元晏,字达道,北宋太宗太平兴国八年(983),王世则榜进士,因刚直不阿而被朝廷发落至边陲,类同苏武牧羊之结局。苏轼为其所作的挽词,其一云:"先帝知公早,虚怀第一人。至今诗礼将,独数武宣臣。才大虽难用,时来也少信。高平风烈在,威敏典型新。空试乘边策,宁留汉相身。凄凉旧部曲,泪湿冢前麟。"其二云:"云梦连江雨,樊山落木秋。公方占贾鹏,我正买龚牛。其有江湖乐,俱怀畎亩忧。荆溪欲归老,浮玉偶同游。肮脏仪型在,惊呼岁月道。回头杂歌哭,挽词不成讴。"苏轼十分赞赏滕元晏的为人处世风格。黄庭坚从滕及吟诵的苏轼为滕氏先贤所作的挽歌,视滕及不仅是名门后裔,而且是同乡挚友。他又想起苏轼所作的《次韵滕元发许仲涂秦少游》的诗。滕宗敏,字元发,北宋真宗大中祥符元年(1008)姚旭榜进士,官至礼部侍郎,朝请大夫,素与苏轼友善。诗云:"二公诗格老弥新,醉后狂吟许野人。坐看青邱春泽芥,自浙黄潦荐溪苹。两邦旌旗光相照,十亩锄犁手自亲。何似秦郎妙天下,明年献颂请东巡。"乡情因缘,竟在李公麟处凝结,也为佳话。

苏轼、黄庭坚、滕及等人相聚于李公麟处,也是乡情因缘所致。李公麟,字伯时,苦水悸,拟作马图以排闷。黄庭坚率先作《观伯时画马》诗。苏轼步其韵,也作《次韵黄鲁直画马试院中作》诗。诗云:"少年鞍马勤远行,夜闻啮草风雨声。此见忽思短策横,千重故纸钻未透。那更陪君作诗瘦,不如芋魁归饭豆。门前欲嘶御史骢,诏恩三日休老翁,羡君怀中双橘红。"试院乡友会晤,竟成斗诗赛会,也是天意撮合。

# 昆仲情谊　天长地久

　　黄庶夫妇所生之子,长子黄大临,字元明;次子黄庭坚,字鲁直;三子黄叔献,字天民;四子黄叔达,字知命;五子黄苍舒,字号不详;幼子黄非熊,字仲熊。《后山集》卷十六《李夫人墓铭》中云:"夫人连昌人。李姓,溧水尉赠特进之子大理丞知康州黄庶之妻,集理校理佐著作庭坚之母也。初,特进贤其子,不妄与人。久之以归康州……六男,大临、庭坚、叔献、叔达、苍舒、非熊,校理其次也。四女有妇行,长为洪氏妇。"黄庭坚兄弟姐妹十人,相亲相爱,同心同德,和睦共处。

　　危难之时见真情,这是黄庭坚兄弟之间情谊的特点。哲宗元祐四年(1089)三月十二,弟黄非熊辞世,年仅三十六岁。黄庭坚作《母寿光县太君祭非熊文》云:"维元祐四年岁次己巳三月壬申朔十二日癸未,母寿光县太君李氏以清酌时羞之奠,致祭于幼子二十四郎之灵。"黄庭坚亲自为胞弟黄非熊作墓志铭。《文集》卷二十四《非熊墓铭》中云:"先大夫之幼子,以至和岁乙未(1055)月乙酉日丙申时辛卯生于临茆……""汝州防御史仲爱闻其家世,欲以女予之,而非熊不幸病死矣。得年三十有六。"黄庭坚因胞弟非熊英年早逝而悲痛不已。哲宗元祐九年、绍圣元年(1094),黄庭坚在江西双井村居母丧服除后,除知宣州(今安徽省宣城市),胞弟黄叔献、黄叔达一同送行。据《黄氏宗谱》载:"先生有池州(今安徽省池州市贵池区)斋山焦笔岩题名云:'江西黄大临,弟黄庭坚、叔献、叔达、子朴、相、桮,孙杰,绍圣元年九月辛丑泛舟同来。'"兄弟间经过协商,决定寓家于芜湖。十月,由胞兄黄大临陪同黄庭坚前往开封府。黄庭坚在《与梁大夫书》中云:"伯氏(黄大临)越州司理相送至府畿。"黄庭坚在开封府陈留镇作《与天民知命书》。给胞弟黄叔献和黄叔达寄家书,家书云:"道中适晴暖,行李甚得所。七哥清快,荤味亦不乏。吾上路来尤轻安。三十三(指女儿黄睦)切勿过忧。亦闻里面事稍慢,或岁初便得归也。漫寄少梨枣去作冬节。"黄庭坚在家书中表现出处变不惊,心境坦然,令人钦佩。

哲宗绍圣二年(1095)正月,因宰相章惇仍奏修编《神宗实录》不实之理由,乞重加贬谪。于是黄庭坚又被追夺一官,被贬谪黔州。《豫章传》中云:"责授涪州别驾,黔州安置。命下左右或泣,公色自若,投床大鼾,即日上道。"胞兄黄大临亲自护送黄庭坚赴贬所。途中历尽艰险,过巫峡鬼门关时,黄大临心情愀然,而黄庭坚却豁达自如。四月二十三,到达黔州后,黄大临不忍匆匆告别,留住黔州近两个月,于六月十二才挥泪与胞弟黄庭坚告别,离开黔州。黄庭坚作《和答元明黔南赠别》诗,诗中有"急雪鹡鸰相并影,惊风鸿雁不成行"之句,表达了兄弟分离之痛苦的心情。

哲宗绍圣三年(1096)五月初六,胞弟黄叔达携带自己的儿子和胞兄黄庭坚的家眷来到黔州。黄叔达于绍圣二年从安徽芜湖登舟,经夔州,会见堂兄黄叔向后,于是年五月初六到达黔州。黄庭坚在《与秦世章书》中,有云:"叔达附苏伯固船自芜湖登舟,携一妾一子,(妾)所谓李庆,(子)名相,小字韩才,盖仲子也。及山谷之子相,小名小德,小字四十,并与其所生母俱来。知命中道生一女。又与其从兄嗣直会于夔州(黄叔向为叔父黄廉之子,字嗣直),是岁五月六日抵黔南。" 又云:"舍弟叔达将其仲子及所生并护儿子相及其乳母,附苏伯固宣德船(苏伯固,名坚,元祐间曾从苏轼游学于杭州,后知铅山县),自芜湖登舟。"又一书云:"比舍弟知命携小子相,小侄相并两儿母到黔中,独处客舍一年,得骨肉在眼前,少慰岑寂。"《别集》卷十五《与王泸州书》有云:"某潜伏藜藿之间,亦粗能经理衣食之资,舍弟远挈小子并渠一予一妄来,相与处,亦慰眼前,余无足道者。"骨肉相聚,多亏胞弟情深意切,黄庭坚感激涕零。

哲宗元符二年(1099),黄庭坚从黔州移至戎州,其原因是时任夔路转运判官的外表兄张向为了避嫌。张向因奏徙黄庭坚以避嫌,颇不为人称道。胞弟黄叔达闻知此事后,于九月至成都,元符三年到达戎州,看望胞兄黄庭坚。至三月十三,黄叔达离开戎州回江南。黄庭坚作《赠知命弟离戎州》《侄稆随知命舟行》等诗以赠。黄叔达还没有到达江南,不幸卒于荆州。

徽宗崇宁元年(1102),正月二十三,黄庭坚返归分宁省亲。尔后自分宁往萍乡探望仕萍乡尉的胞兄黄大临。四月初一到达萍乡。黄庭坚与胞兄黄大临相聚半月,四月十五离开萍乡,赴江州(今江西九江市)与家人相会。

徽宗崇宁三年(1104),黄庭坚又被贬谪至广西宜州。三月十四,到达湖南永州后,黄庭坚担心家人不能承受宜州之湿热气候,将家属寓于永州,只身前往贬所宜州。十二月二十七,胞兄黄大临赶赴宜州,探望贬至宜州的胞弟黄庭坚。崇宁四年(1105)二月初六,胞兄黄大临告别起行,当地绅士为其饯行于十八里津。黄庭坚作《宜阳别元明用觞字韵》《元明留别》等诗,其中有诗云:"霜须八十期同老,酌我仙人九酝觞。明月湾头松老大,永思堂下草荒凉。千秋风雨莺求友,万里云天雁断行。别夜不眠听鼠啮,非关春酪搅枯肠。"全诗充满手足之情,乡关之念,哀婉凄绝,感人至深。黄庭坚与胞兄黄大临此次一别,竟成永诀。

黄庭坚昆仲情谊,此文之叙仅为冰山一角,他们情深意笃,与天地共存,与日月同辉,为世人之楷模。

# 舍子先侄　重情重义

北宋哲宗元祐四年(1089),四十五岁的黄庭坚仍就职于京都秘书省兼史局。据《书老杜诗跋》中载:"老夫今年四十五,不复能作诗,他文亦懒下笔。欲学诗,观老杜足矣。"究其原因,元祐四年夏,苏轼以龙图学士出知杭州,遂无诗伴,黄庭坚就懒得作诗。其二是常苦眩冒,多在史局,又多侍母夫人医药。由此,黄庭坚极少作诗作文。

同年七月二十六,黄庭坚升迁为集贤校理。据《实录》载:"七月甲午,以修实录院检讨官朝奉郎行秘书省著作佐郎黄庭坚为集贤校理。"九月,遇明堂大礼以任系恩泽奏补侄儿黄朴。黄庭坚曾作《乞奏补状》云:"臣早年未有子息。有兄之子朴(黄朴,黄大临之子),自襁褓过臣房下,抱携教养于今。年二十二,学问稍已知方……以臣于朴,私恩实均父子,重以老母年今七十,钟爱在朴,不胜白发抱孙之情。扶杖假息,愿及见朴之阶仕籍也。欲望圣慈许以合得恩例先与臣兄之子朴。"黄庭坚重情重义,把侄儿视为亲生,乞求皇上改儿子黄相为官为侄儿黄朴为官。黄庭坚早年丧父,兄弟姐妹与母亲相依为命,兄弟姐妹之间友爱甚深。从《乞奏补状》中所言,放弃儿子黄相为官,改用侄子黄朴为官的言行举止,可以看出黄庭坚的重情重义、情义大于天的朴素的传统美德。

对于黄庭坚以任子恩奏补侄儿黄朴的史实,《清波杂志》卷六中如是说:"元祐中,黄鲁直应任子,特请于朝,舍子而先侄。后遂为例。东坡荐黄自代之词,瑰琦之文妙绝当世,孝友之行追配古人。今土大夫当郊该荫补而累奏其子者有之。"黄庭坚的舍子先侄的言行,被誉为"孝友之行追配古人"。黄庭坚亲情至上的高风亮节,为时人所称颂,也为后人所折腰。

# 八咏煮酒　承天品茗

　　北宋元祐五年(1090)，黄庭坚护送岳丈灵柩归兰溪安葬后，就去婺州祖处塘雅祭祖，并游历了赤松山和双龙洞等风景名胜和道教圣地。

　　婺州知州张寿，得知黄庭坚赴祖处塘雅祭祖的消息，就差人邀请黄庭坚叙旧。黄庭坚不便推迟，就登八咏楼赴约。

　　张寿，江西人，与黄庭坚表弟张公介卿同宗同族。由此，黄庭坚与张寿有着一层远房亲戚的关系，何况张寿又在黄庭坚祖处任地方官，尽地主之谊也在情理之中。张寿和黄庭坚在八咏楼上煮酒论诗，不禁有"举头望明月，低头思故乡"之感叹。八咏楼，位于城东南隅，坐北朝南，面临婺江，楼高数丈，耸立于石砌台基上，台基高 8 米，门楼高 10 余米。原名玄畅楼、元畅楼。南齐隆昌元年(494)，东阳郡太守沈约登楼赋《登玄畅楼》诗，意犹未尽，复吟"八咏"，一时广为传诵。唐时由此易名八咏楼。黄庭坚与同乡远亲在八咏楼上，除煮酒叙旧外，黄庭坚吟咏起唐朝严维的《送人入金华——作赠别东阳客》的诗："明月双溪水，清风八咏楼。少年为客处，今日送君游。"黄庭坚向以亲情族情至上而为人称颂，而今站在祖处高楼上，不免流露出"少年为客处，今日送君游"的复杂心情和思乡之念。张寿也吟咏起南齐东阳郡太守沈约咏八咏楼《八咏》之一的《登楼望秋月》，诗云："望秋月，秋月光如练。照耀三爵台,徘徊九华殿。九华玳瑁梁,华榱与碧硝。以兹雕丽色,持照明月光。凝华入黼帐,清辉悬洞房。先过飞燕户,却映班姬床。桂宫袅袅落桂枝,早寒凄凄凝白霜。上林晚叶飒飒鸣,雁门早鸿离离度。湛秀质兮似规,委清光兮如素。照秋轩之翠影,映金阶之轻步。居人临此笑似歌,别客对之伤且慕。经衰圃,映寒丛。凝清夜,带秋风。随庭雪似偕素,与池荷而共红。临玉墀之皎皎,食霜霭之漾漾。辋天衢而徙度,轹长汉而飞空。"张寿吟罢八咏诗后,一发而不可收,又吟诵起先祖张志和的《渔歌子》来:"西塞山前白鹭飞,桃花流水鳜鱼肥。青箬笠,绿蓑衣,斜风细雨不须归。"两位同乡在八咏楼上,皓月之下,一边喝金华酒,一边论诗唱酬叙旧,别有一类情趣。

　　时任金华县知县刘武,闻知张知州寿在八咏楼上宴请婺州游子黄庭坚后,也差人邀请黄庭坚到承天楼品茗。次日,黄庭坚登上承天楼,知县刘武早已在承天楼上恭候。承天楼面对婺江,坐北朝南,原名大藏院。北宋大中祥符年间(1008—1016)建成。宋真宗赐号"承天",由此大藏院改称"承天楼"(今称天宁寺)。黄庭坚与祖处父母官刘武品尝婺州举岩茶于承天楼上。婺州举岩茶,问世于唐朝。隋朝开皇十三年(593)置婺州,唐人陆羽在《茶经》中就有"茶,浙东以越州上,明州次,婺州次,台州下"的记述。陆羽写《茶经》时(760前后撰成),婺州举岩茶尚未问世。至五代十国时,蜀国人毛文锡在《茶谱》中,始有婺州举岩茶的记载:"婺州有举岩茶,斤片方细,所出虽少,吸极甘芳,煎如碧乳也。"可见五代十国时举岩茶已闻名于世。至于婺州举岩茶称谓的由来,还有一些逸闻,这又得从赤松宫唐代主持人舒道纪说起。舒道纪,自号华阴子,婺州人,其祖父舒元舆兄弟五人皆进士及第。唐文宗太和八年(835),因"甘露之变"事败,时任御史中丞同平章事(宰相)的舒元舆及其三个弟弟皆被诛杀。由于家族蒙难,舒道纪遂出家进赤松宫当道士,后称冠师。舒道纪在任赤松宫主持时,与兰溪人号称"禅月大师"的贯休为莫逆之交。公元848年前后的一个春日,贯休来到赤松宫,与舒道纪切磋诗词。其间,他们一道去北山采集草药,来到武平殿、盘泉一带高山时,见一山铺,就向前讨茶喝。山铺里的老太婆就给他们沏了茶,舒道纪见沏的茶叶细嫩,外形挺直,绿翠显毫,汤色清澈,品了一口,顿觉汁浓味鲜,就问这叫什么茶,从哪里采摘的。老太婆说没有茶名,尔后走出铺门,指着对面重重叠叠的山岩,说是从那山岩旮旯里采摘的。舒道纪极目远眺重重山岩中点点翠绿,李白的名句"举头望明月,低头思故乡"涌上心头。舒道纪对贯休脱口而出:"这茶就叫举岩茶。"贯休听后击节称好,于是"举岩茶"的茶名应运而生。婺州举岩茶始名于唐朝,闻名于五代十国,至宋朝成为贡品,光绪《金华县志》中有"宋代设山场(茶税之所)、园户(茶民)"的记载,黄庭坚品尝着祖处名茶,心情格外畅快。在滔滔不绝的言谈中,流露出对祖处婺州的依恋之情。刘武面对黄庭坚这样一位才高八斗而仕途坎坷的游子,也流露出一种莫名的敬慕和同情的情感。两位异乡客,在细细品茗中,结下了忘年之交。

# 超越父爱　涌泉相报

北宋元祐五年(1090)二月初三,黄庭坚岳父龙图阁直学士、左朝散大夫、提举灵仙观孙觉辞世后,黄庭坚护丧至兰溪安葬岳父。安葬事毕,准备赴祖处塘雅村祭祖前,在兰溪城兰江边遇上了风华正茂的王公彦。王公彦执意要拜黄庭坚为师,从黄庭坚游学。黄庭坚在与王公彦交谈中,得知其先祖王彦超原为临清人,性格温和恭谨,能以礼待士。年轻时曾历任后唐、后晋、后周。显德年间,累功官河阳三城节度使,以功加检校太师。北宋初年,加中书令,封邠国公,后由临清(今会稽)迁义乌凤林乡来山村定居发族。其裔孙王固,北宋皇祐五年(1053)进士及第,官恩阳令(今广东江门市西南阳江县)。王公彦实与王固同辈,其父居于永嘉,为王彦超之子。黄庭坚听罢王公彦身世叙述,其先祖王彦超为婺州义乌王氏始迁祖,与自己祖处婺州金华,为接壤毗邻县域,一种乡情怜悯之心油然升起。经王公彦恳请再三,黄庭坚便收留王公彦为弟子。自此王公彦跟随黄庭坚。两位婺州裔孙竟成了师徒。黄庭坚携王公彦至京都秘书省史局,悉心栽培。黄庭坚待王公彦胜于亲子,不仅照顾生活起居,更在学业和为人道德方面循循善诱。王公彦学业日进,一时成为黄庭坚高足。

黄庭坚与赵彦若、范祖禹等人一起同修《神宗实录》。元祐六年(1901)三月十四,身为著作佐郎的黄庭坚因修史有功诏为起居舍人。六月初八,黄庭坚以《神宗实录》书成,上书皇上转官恩回授,以便集中精力面授王公彦。六月十八,黄庭坚慈母病卒。秋,黄庭坚与王公彦一道护母丧归分宁。葬母后,黄庭坚在慈母墓旁筑室陪母守墓,王公彦也似贤孙一般,终日守在墓旁,除刻苦攻读外,还照顾先生黄庭坚起居饮食。黄庭坚对王公彦悉心栽培,超越了父爱。

北宋绍圣元年(1094),王公彦应礼部试一举成名,进士及第,官湖北江夏县尉,成为黄庭坚始祖居住地的父母官。黄庭坚的人生道路因宰相章惇作忤,因此坎坷艰难,跌入一贬再贬的深渊。六月十八,黄庭坚被差往管勾亳州(今安徽省亳州)明道宫,并责令于开封府境内居住,以便听候国史院之对证查问。王公彦赴任亳州前与先生黄庭坚挥泪告别。王公彦任湖北江夏县尉,正是先生黄庭坚先祖黄苾的出生处。黄庭坚为不忘江夏祖恩,号江西分宁双井黄氏为"江夏堂"。王公彦对先生拳拳于祖处之情,铭刻于心。在江夏县尉任上,勤政为民,鞠躬尽瘁。北宋元符三年(1100),王公彦为报师恩,上书哲宗赵煦皇上,论宣仁无负于先帝,司马光无负于天下,极力为先生黄庭坚开脱冤情。而且言辞慷慨激昂,刀光剑影,纵论章惇诬陷忠良,误国殃民之罪,罪当杀。谁知,哲宗赵煦被奸臣章惇所惑甚深,不可自拔,竟将王公彦罢官撤职,并罗列莫须有罪名,也把王公彦斥入党籍。风马牛不相及的王公彦,竟因为是黄庭坚的弟子,也竟因为上书为黄庭坚辩论,弹劾奸相章惇,而无缘无故地被列入"元祐党案"的黑名单。王公彦蒙受不白之冤长达三十余年。直至南宋绍兴三年(1133),宋高宗赵构才为其平反昭雪。王公彦昭雪平反后,即长途奔波,赶赴江西分宁双井村恩师黄庭坚墓前祭拜。而此时,黄庭坚已长眠于地下二十九年。

天地君亲师,乃人生必当敬重。王公彦受黄庭坚师教滴水之恩,就涌泉相报,也因为由一个情字孕育出的涓涓细流,长流不涸。

# 老乡造访　举荐提携

　　北宋元祐五年(1090),婺州山口村邢氏六世孙邢宗贤,荣登马涓榜进士。其父邢允迪,官至枢密院令,迁右监门大将军。以曾孙女懿节皇后之故,赠太子少师,追谥恭王,再谥楚王,可谓门庭显赫,荣宗耀祖。

　　时年四十六岁的黄庭坚,在京都秘书省兼史局就职。邢宗贤得知黄庭坚祖处是婺州塘雅村,与自己居家山口村,仅隔十里,当为同乡乡友。他就斗胆地登门造访黄庭坚。黄庭坚见有俊气后生造访,就热情款待。邢宗贤在与黄庭坚交谈中,深被黄庭坚雍雍大方的言谈举止所感染,并视同知己。于是,邢宗贤也把家世告诉了黄庭坚。邢宗贤一世祖邢晖,字德明,居开封府,祖籍地河南郑州,仕五代后唐(924—946)监门大将军,提为开封府第一世祖。生三子,长子邢华,次子邢薛,幼子邢萃。二世祖邢华,字仁福,仕左武卫大将军,其子孙散居临安、严州、绍兴、江右各郡。二世祖邢薛,字仁正,北宋初年,随曹彬征南,留居严州,至太平兴国中期(976—983),任婺州通判,遂于婺州山口家焉,为婺州邢氏始迁祖。三世祖邢怀尚,邢薛长子。邢怀义,邢薛次子。邢怀季,邢薛三子,官至吏部通奉大夫,资德大夫。邢怀允,邢薛幼子。四世祖,邢昭库,邢怀尚长子。邢怀德,邢华之子,仕供备库枢密院副使,银青光禄大夫,捡校工部尚书兼侍御史,河南开国舅。生五子,邢昭庆,邢昭亮,邢昭远,邢昭素,邢昭懿。五世祖邢允迪,邢昭懿之子,官至枢密院令,迁右监门大将军赠太子少师。黄庭坚听了邢宗贤家世叙谈,深知眼前这位英俊少年是可造就之才。对于家世如数家珍,详明得体,是一位不忘祖恩祖德的孝子。

黄庭坚也把自己挚友邢居实的身世告诉了邢宗贤。北宋神宗元丰七年(1084),黄庭坚移监德州德平镇。途中在汴京作短暂逗留。登门拜访了时在汴京就职的岳丈孙觉和母舅李常。而邢居实也正游学于孙觉、李常门下,结识了祖籍河南郑州的邢居实。邢居实,字悖夫。据《嵩山集》卷十九《邢悖夫墓表》载:"元丰中,孙莘老(孙觉)李公择(李常)方宦于京师,悖夫游二公之门,二公待之常若不足……是时孙公须鬓皓白,为秘书少监,与悖夫相对若翁孙。既而黄鲁直自吉州太和县移德州德平镇。过京,鲁直有书称晁以道论三人,其书今行于世,所谓三人,则悖夫、陈无已、江子和是也。"由此可见,黄庭坚与邢悖夫交往甚密。哲宗元祐二年(1087)二月初八,邢居实卒于随州。临终前要求黄庭坚为他作行状,黄庭坚在《书邢居实文卷》中,十分赞赏邢居实为人为文。云:"吾悼夫才性高妙,超出后生千百倍。然好大略小,初日便为途远之计,则似可恨。后生可畏,当钦慕其才而鉴其失也"。黄庭坚视挚友邢悖夫同宗的邢宗贤,更有亲上加亲之感。尔后他竭力向苏轼、秦观等知己举荐邢宗贤。邢宗贤告别时,黄庭坚一再叮嘱同乡后生。勉励邢宗贤不要被眼前浮名所累,应当踏踏实实,用功勤学,如黄钟在架,虽暂时没有声音,但终会砰然轰鸣。黄庭坚对邢宗贤殷切期望溢于言表。

邢宗贤造访黄庭坚后,就赴知漓州事任上,勤政为民,深得百姓爱戴。在黄庭坚等同乡知友的举荐下,邢宗贤官至中奉大夫,恩赠太子少师,追封卫王,加封吴王。邢宗贤后裔更是飞黄腾达。历朝赐命有先祖特进光禄大夫、上柱国邢晖,赐进士文林郎婺州别驾邢薛,后裔有枢密院节度使、谥越王邢焕,赐进士第,兵部尚书邢降生,翰林院侍读、太学生邢异,侍经筵讲官、翰林学士邢恕,国子教、孝宗公主驸马邢硅,赐进士第、朝请大夫邢旭,进士第、中宪大夫邢如晦,进士第、朝请大夫邢汝揖,等等。真可谓三方伯,七大夫,封侯封公又封王;四学士,六尚书,为将为相为驸马。系出天璜,绵绵瓜瓞相传,幸家声箕裘克绍;支分国戚,奕奕簪缨不替,赖宗祖燕翼贻谋。为婺州出东门的名门望族。

# 两位亲叔　落籍浦江

　　江西分宁黄氏来自古婺,为婺州五大族之一。分宁黄氏开基始祖黄玘,是江夏祖黄香的第二十七代孙,婺州黄氏第十八代孙。黄玘,字世奇,唐末五代人,以祖泽补文林郎,后赠文中大夫。五代南唐末年,黄玘之子黄瞻徙居分宁,黄玘因为儿子迎养,于是偕二位兄长黄班、黄琛,一同自婺州金华塘雅迁至江西洪州分宁,与儿子同住于此。后来,黄班、黄琛迁往别处,独黄玘留居分宁,落籍双井。黄玘娶妻戚氏,生一子名黄瞻,字明远,读书入仕,官南唐王朝著作郎,后又知分宁。据黄庭坚《叔父和叔墓碣》载,黄瞻在官场二十余年,见吴楚割据,无意仕途,隐居于分宁。生二子,长子黄元吉,次子黄元绩。黄元绩、字天萃,宋建隆辛酉年(961)进士,官任翰林院庶吉士、吏部侍郎、五城兵马都指挥等要职。黄元绩生三子,长子黄中孚,官至兵马副使;次子黄中浼,与兄同职;三子黄中晏。黄元吉,字德中,未曾步入仕途,却是称雄一方的豪杰。生三子,长子黄中理,字时通,赠光禄正卿;次子黄中顺,字时从;三子黄中雅,字时尚,官大理寺评事。分宁黄氏传到第五代时,同族兄弟十三人中,有十人举进士,时人誉为"十龙"。黄中理和黄中雅各生五子,黄中顺生三子。黄中雅五个儿子为黄渭、黄浃、黄灏、黄注、黄浚。黄中理五个儿子为黄茂宗、黄茂哲、黄茂谒、黄茂隆、黄茂忠。黄茂谒,又名湜,生于宋淳化二年(991)八月,宋嘉祐丁酉

(1057)进士,官给事中,后赠通奉大夫,朝散大夫。夫人刘氏,封桃源县君。继配徐氏,共生六子,长子黄庶,次子黄廉,三子黄襄,四子黄昉,五子黄羽,六子黄昭。黄茂谒长子黄庶,字亚夫,宋仁宗庆历二年进士,历佐一府三州,后摄知康州,累升至刑部侍郎,大理丞。生六子,长子黄大临,次子黄庭坚,三子黄叔达,四子黄叔献,五子黄苍舒、六子黄非熊。至黄庭坚辈,江西分宁黄氏从兴起到繁荣而闻名天下。

黄庭坚四叔黄昉,自北宋神宗熙宁二年(1069)七月,亲侄黄庭坚元配夫人孙氏殁于叶县后,就萌生了去孙氏老家兰溪县毗邻的浦江县入籍之念。产生这种念头,主要原因有二:一是亲侄黄庭坚元配夫人孙觉之女孙氏,原籍兰溪县,而兰溪县与浦江县既是毗邻县,又同属婺州管辖;二是婺州黄氏始迁祖黄苾,娶浦江县吴英之女为妻。兰溪、浦江、金华三县,均为地域相连的邻县,同归婺州管辖。黄庭坚家族的宗族情、姻亲情紧密地联结在一起。婺州黄氏始迁祖黄苾,是江夏郡黄香十代孙,字惠卿,初官兖州(今山东郓城县),后升任金陵按察(金陵即今江苏南京市)。时金陵镇守长吴英,原籍浦江,十分赏识黄苾才干,遂将自己女儿吴氏许配给黄苾。黄苾成为了浦江女婿。尔后金陵一带战祸连绵,兵荒马乱。黄苾就和妻子吴氏、岳丈吴英一起出逃避难,安家于婺州金华县两头门村。黄苾生三子,长子黄居中,字畅外,以进士出身入仕,官至侍讲学士。幼子黄居正,字光内,官吏部侍郎。自始迁祖黄苾始,祖孙三代八人,个个为官入仕,其中进士及第三人。从此婺州黄氏家族新兴,声名大振,奠定了婺州黄氏家业。

北宋哲宗元祐八年(1093),黄庭坚在双井村服母丧期间,分宁双井黄氏第六代孙黄昉(黄茂谒之子,黄庭坚四叔)决定迁居浦江。黄庭坚得知此事后,极力支持四叔黄昉落籍浦江。同时,黄庭坚还亲自规劝堂叔黄向(黄茂隆之子),一同迁居浦江,两位兄弟辈族亲可以相互照顾。黄向听从堂侄黄庭坚的劝勉,两位同宗兄弟自江西分宁双井村迁居婺州浦江浦阳东市落籍,另立宗派,后世遂繁衍成浦江黄氏。

黄昉,字明仲。据元朝黄溍《黄文献集》记载,黄昉以祖先余泽当了个都统挂名官。黄向。官任承奉郎。在他们兄弟两房中,以黄昉一房最兴旺发达,黄昉娶妻于氏,生一子黄景硅。黄昉卒后葬在浦江县西花桥之南。黄景琏,字叔宝,娶妻朱氏,生二子,长子黄琳,幼子黄生。黄景硅卒后葬在浦江县北后店。黄琳和黄生又分为两支。黄琳于北宋大观年间迁居义乌洞门,另立基业。黄生继续留住浦江。黄生生二子,长子黄逢吉,幼子黄逢昌。自此而后,浦江黄氏日益吉昌,繁衍成为了浦江旺族。

# 护送灵柩　泰山归葬

北宋哲宗元祐五年（1090），是年，黄庭坚就职于京都秘书省兼史局。二月初二，龙图阁直学士、中大夫、新知成都府李常（公择）卒。二月初三，龙图阁直学士、左朝散大夫、提举灵仙观孙觉卒。一个是黄庭坚母舅，一个是黄庭坚岳丈，两老相继去世，黄庭坚哀痛不已。《老学庵笔记》卷四载："李公择，孙莘老，平时至相亲厚，皆终于御史中丞。"《别集》卷七《祭外舅孙觉莘老文》中有云："二月丁酉，公择去化；厥明戊戌，公亦命驾。邦国珍瘁，诗人永怀。失二长者，我心险哀。我初知书，许以远器；馆我甥室，饮食教诲：道德文章，亲承讲画；有防有范，至今为则。小人有亲，又有官箴。公丧不临，敛不抚衾。朔风零涕，亦陨我心。维当绝弦，以报知音。平生斗酒，同此臭味。敬奠以闻，其举斯觞。"母舅、岳丈相继仙逝后，黄庭坚情绪不佳。《别集》卷十三《与邢和叔书》中如此说："至亲中失公择、莘老二德人，哀念不可忘。顷来意绪尝愦愦，饥饱或不省识也。方今人物渺然，而朝廷屡失长者，可胜叹耶！今年来百事慵懒，唯思江湖深渺，可以藏拙养愚，但事势有未得者耳。"黄庭坚对失去两位亲人，除哀痛悲伤外，还流露出忧国忧民之怆然惆怅。

岳丈孙觉远祖孙钟，世居河南，为汉灵帝时汉阳太守孙耽长子。孙钟长子孙坚，汉献帝时任长沙太守。孙坚次子孙权，字仲谋，承父兄业，起兵江东，与刘备、曹操三分天下。孙权曾屯兵金华，其裔孙有定居金华城区者,也有迁居兰溪者。孙觉实为孙权之后裔,孙觉辞世后,黄庭坚就和妻舅、孙觉之子孙端,操办丧事。女婿和儿子亲自护送灵柩,从灵仙观护送回兰溪安葬。

黄庭坚和妻舅孙端常有诗词唱和,关系亲密无间。孙端,字子实。《周文忠公集》卷五十《跋山谷与孙端帖》中有云:"元丰八年七月,孙觉莘老自秘书少监迁谏议大夫。是年四月,山谷以校书郎召,夏秋间到京。所谓子实,名端,孙公之子,山谷娶孙公之女,故从俗呼端为大舅。"黄庭坚曾作《次韵子实题少章寄寂斋》诗,诗云:"虚名误壮夫,今古可笑闵。尸裹万里归,书载五车捃。安知衡门下,身与天地准。秦晁两美士,内行颇修谨。余欲造之深,抽琴去其轸。寄寂喧哄间,此道有吸引。狱户闻笞榜,市声杂嘲鞴。二生对曲肱,圭玉发石蕴。大小穷鹏鷃,短长春椿槿。欲闻寂时声,黄钟在龙笋。"黄庭坚还作《次韵孙子实寄少游》等诗。

黄庭坚善待岳丈孙觉,也是有口皆碑的。自北宋仁宗嘉祐六年(1061),孙觉将女儿许配给黄庭坚始,至北宋哲宗元祐五年(1090)孙觉辞世,其间三十余年,翁婿情深似海,虽然爱妻于神宗熙宁二(1069)早逝,黄庭坚仍念念不忘岳丈对爱妻的养育之恩。就在爱妻孙氏辞世次年的三月二十五,孙觉落职知广德军。据《辑稿》第九十八册《职官》六五载:"(熙宁三年三月)二十五,右正言直集贤院同修起居注孙觉落职知广德军。"黄庭坚终压丧妻之悲痛,寄书岳丈以安慰。神宗熙宁五年(1072),时孙觉就职于湖州,黄庭坚亲赴湖州拜谒老岳丈。《辑稿》第九十七册《职官》六三载:"(元丰六年)七月初九,诏朝请大夫试太常少卿孙觉,秘书省监朝散大夫叶均,两易其任,以觉与礼部侍郎李常亲嫌也。"因李常是黄庭坚母舅,孙觉是黄庭坚岳丈,李常与孙觉有姻亲之嫌,只得与叶均易任。黄庭坚知其事后,即书寄岳丈孙觉,敬请岳丈体谅。神宗元丰八年(1085),黄庭坚曾作《和答外舅孙莘老》和《和答莘老见赠》。是年孙觉官升右谏议。哲宗元祐元年(1086),给事中孙觉官至吏部侍郎。凡此种种,可见黄庭坚与孙觉翁婿之情非同一般。

　　黄庭坚和孙端将孙觉遗尸运送回兰溪后,葬于孙家村旁山丘上。招魂故里,长眠九泉,绿水相依,青山相伴,晨风习习魂幡飘,晚霞彤彤鸟归林。坟前山溪水潺潺,墓后丛林郁荫荫。风水宝地卧长者,青山绿水泽后生。

# 古婺祭祖　履痕处处

　　北宋哲宗元祐五年(1090)，黄庭坚护送岳丈灵柩回兰溪孙家村安葬后，又到婺州祖处塘雅村祭祖。在东塘黄氏族亲们的热情款待下，黄庭坚先在黄氏宗祠内祭拜了列祖列宗的神灵牌位，尔后又祭拜了列祖列宗墓茔。

　　黄庭坚在塘雅祖处祭祖后，在东塘黄氏族亲的陪同下，涉足于江南著名道观赤松宫。对赤松宫的历史及人物遗事，黄庭坚早已拜读，了如指掌。东汉《越绝书》卷二《越绝外传记吴地传第三》中记载着："乌伤县常山，古人所采药也，高且神。"在秦王政二十五年(前222)至东汉初平三年(192)之间，长山属乌伤县。常山，也称长山，为金华山古名。早在东汉之前，长山就已成为方士们垂青的调药、产药、采药和炼药之场所。东晋葛洪在《抱朴子·金丹篇》中，进一步宣扬了左元放《丹经》内卷，并在《神仙传》中具体记叙了皇初平在赤松山修道成仙的事迹。皇初平，即黄初平，原籍兰溪黄湓村人。十五岁，到赤松山修炼，后修炼成仙。在晋代，赤松山就建有赤松子庙。到了唐朝，金华山被杜光庭的《洞天福地岳渎名山记》列为道教的"三十六洞天"之一。在五代十国时期，吴越国开国君主钱镠(907—931在位)，重修"赤松子庙"，改建为赤松宫，北宋改额为宝积观。在宋代，是赤松宫道教香火鼎盛时期。信奉道教的黄庭坚，回祖处游历赤松山，也在情理之中。更何况宋真宗、宋神宗二位皇帝为重修赤松宫，为赤松子、黄初平、黄初起颁封诰诏书。大中祥符元年(1008),宋真宗御赐"宝积观"匾额。宋神宗(1068—1085在位),曾召见赤松道士黄惟滋,"赐度牒为赤松黄冠师,继赐'冲真'师号及紫衣"。再说好友苏轼曾作《顾恺之画黄初平牧羊图赞》诗,诗云:"先生养生如牧羊,放之无何有之乡。止者自止行者行,先生超然坐其旁。挟策读书羊不亡,化而为石起复僵。流涎磨牙笑虎狼,先生指呼羊服箱。号称雨工行四方。莫随上林芒屏郎,嗅门舐地寻盐汤。"令黄庭坚顶礼膜拜。黄庭坚游历赤松宫时,在道士热情挽留下,在赤松宫住了一夜,夜间听道士弹奏道乐,黄庭坚击节并作诗酬唱。

次日,黄庭坚又游历了金华洞。金华洞以石灰岩洞穴景观著称。自秦代著名方士安期生在此修炼登真开始,就有无数历史名人在金华洞留下足迹。洞内有"双龙蟠顶""仙人帷帐""五百罗汉""倒挂蝙蝠""彩云遮月""天马行空""海龟控海""龟蛇共生""青蛙盗仙草""寿星与仙桃"等十处景观。外洞和内洞还有历代摩崖石刻。早在宋代之前,双龙洞、冰壶洞和朝真洞合称"金华洞"。黄庭坚饶有兴趣游历了金华洞并作诗记之。

2003年,由上海人民出版社出版发行的《双龙风景名胜区志》第五编"莅山名人"第二章"古代莅山名人"中,就有记载黄庭坚游历金华山的史实:"黄庭坚(1045—1105),北宋诗人、书法家,字鲁直,号山谷道人、涪翁。祖籍浙江金华,现金华、兰溪、浦江均有他的后裔,族谱犹存。曾任校书郎,为《神宗实录》检讨官,继迁著作佐郎。与苏轼齐名,世称'苏黄',为'宋四大名家'之一,有《山谷集》。他曾多次游历金华山,现留有题诗三首。"

黄庭坚古婺祭祖,在祖处婺州留下了处处履痕,并作诗三首,赞颂婺州祖处山水巧夺天工,为古婺增辉。游子之心,恋乡之情,情真意切,感天动地。

# 黄龙高僧　指点迷津

北宋元祐七年(1092)，黄庭坚护送慈母安康太君之丧，抵达江西分宁双井村。居丧期间，黄庭坚曾上黄龙山，从高僧晦堂和尚游。黄龙山，在隆兴宁州(今南昌)西一百八十里，上有黄龙崇恩院。唐乾宁中期，晦机禅师得法于玄参彦，尝遇神僧，谓曰："此去东北，遇洪即止，逢龙可住。"晦机禅师后住黄龙山，禅侣云集。北宋时，僧慧南在此标举一家宗风，世称黄龙派。《石门文字禅》卷二十七《跋东坡山谷帖两首》中有云："前代尊宿火浴无烧香偈子，山谷独能偈之。初见罗汉南公化作偈，其略曰：'黑蚁旋磨千里错，巴蛇吞象三年觉。天下纳予，听茔十年。'晦堂曰：'鲁直作此有据乎，亦意造尔？'山谷曰：'吾聊为丛林戏耳。'晦堂大笑曰：'岂可以般若为戏论乎！'山谷始悔前所学未登本色垆鞴，乃卜居于庵之旁，方知晦堂真不请之友耳。"《罗湖野录》卷一又有云："太史黄公鲁直，元祐间丁家艰，馆黄龙山，从晦堂和尚游。而与死心新老，灵源清老尤笃方外契。晦堂因语次，举孔子谓弟子：'以我为隐乎，吾无隐乎尔。吾无行而不与二三子者，是丘也。'于是请公诠释，而至于再。晦堂不然其说，公怒形于色。沉默久之。时当暑退凉生，秋香满院。晦堂乃曰：'闻木樨香乎。'公曰：'闻。'晦堂曰：'吾无隐乎尔。'公欣然领解。"《五灯会元》卷十七《太史黄庭坚居士》条下载："往依晦堂，乞指径捷处。堂曰：'只如仲尼道，二三子以我为隐乎？

吾无隐乎尔者,太史居常,如何理论。'公拟对:'不是! 不是! '公迷闷不已。一日侍堂山行次,时岩桂盛放,堂曰:'闻木樨华香乎?'公曰:'闻。'堂曰:'吾无隐乎尔。'公释然,即拜之。"黄庭坚居丧期间,上黄龙山从晦堂和尚游。晦堂为黄庭坚指点迷津。

黄庭坚在黄龙山从晦堂和尚游期间,晦堂高僧还曾推算黄庭坚前世今生之命运。直言不讳地说,黄庭坚的前生是佛教徒女子,在被贬至涪陵时,有人会告诉其详情。黄庭坚觉得迷茫,无所适从,自己前世怎么会是佛教徒女子。虽然晦堂和尚说得一本正经,黄庭坚仍将信将疑。北宋元祐九年(1095),也为绍圣元年,十二月二十七,因谏官上疏:"实录院所修先帝实录,类多附会奸言,诋熙宁以来政事,乞重行窜黜,哲宗皇帝赵煦准谏,将黄庭坚贬至涪州(今四川省涪陵县)别驾,黔州(今四川省彭水县)安置。"北宋元祐九年(1099),黄庭坚果然被贬官至涪陵。到贬所不久,他就梦见有一位女子来拜访他。那女子自称她是黄庭坚的前生。这女子说,她前生信佛十分虔诚,虽然生为女身,但希望来世转为男身,并要才学过人,名重当世。黄庭坚听后半信半疑。那女子又说,你近年来患有腋气(狐臭),屡治不愈,主要是我前生的棺木已腐烂,髂骨被虫蚁侵扰,两腋下成为蚁穴。我的墓穴是藏风聚水的风水宝地,所以转世后文才横溢,诗名闻世。倘若你想免除此苦,就立刻带上仆人,登上后山寻找墓穴。黄庭坚果然在腐朽的棺木中找到骨骸和蚁穴,易棺后在原地安葬。黄庭坚的腋臭就不治而愈。至南宋时,何薳将这则传说写进了他的《春渚纪闻·坡谷前身》中。这则传说故事是否真实,值得怀疑,也不可太信,但又不是空穴来风,可谓令人费解。自此以后,黄庭坚笃信于佛门,并自号涪翁。"涪翁"自号,即从贬于涪州始。

# 惜才如命　赐字鞭策

北宋哲宗元祐八年(1093)，黄庭坚居丧分宁。二月初一，葬母安康太君裉于双井之台平祖域，弟黄非熊同葬于此。是年，黄庭坚因丧母之痛，又加之患有眼疾，曾具奏辞免编修之命。九月，叔父黄廉也葬于双井之台平，曾作《叔父给事挽词十首》《叔父给事行状》《将葬叔父给事祭文》等文章和诗词，哀悼辞世之叔父。是年黄庭坚又作《答何斯举书》，以回复何斯举来书。

何斯举，原名何颉之，是黄庭坚所识"二何"之一，入《江西诗社宗派图》。何斯举的宗脉渊源，又与金华和兰溪有所瓜葛。据金华《后塘何氏宗谱》载："始迁祖何淳伯，唐代迁居婺州婺城。唐朝末年，有何氏后裔从婺城析出，迁居城东上河街居住，今称让河街"。又据兰溪《青塘何氏宗谱》："宋治平元年(1064)，何德，字存仁，号少庵，从婺州上河街析出，迁居兰溪黄店清塘河。"唐朝末年，婺城何氏一支何敏章从婺城析出，迁居江西，为江西何氏始迁祖，即为何颉之先祖。何氏宗族如此的源与流，黄庭坚视何斯举与自己一样，根都在婺州，都是婺州的种，又都在唐朝时，先祖从古婺迁至江西，先祖是古婺同乡，而今后裔又是江西同乡，同乡之情又将他们紧密地系结在一起。在黄庭坚《答何斯举书》中，共四篇，其中第一篇有云："别来不复能通书，孤苦憔悴之状，不言而喻。中间每见邻老鬼父兄弟诗卷中有佳句，未尝不咏叹也。"其中第二篇有云:"外甥鸿父,得托贵门。相与遂有瓜葛,良以为慰,诸令弟想讲学不倦。哀悴昏塞,不记贵字,欲奉字曰'斯举',不知可用否?取《论语》所谓'色斯举矣'者,特恐或犯讳字耳。因来示喻陈季常所刻苏尚书诗集,烦为以厚纸印一本见寄。"黄庭坚给何颉之赐字为斯举,取《论语》中之义,可见黄庭坚与何颉之的关系非同一般。何颉之即以黄庭坚赐字为字,以示对师长的敬重。其中第四篇有云:"观斯举诗句多自得之,他日七八少年皆当压倒老夫。但须得忠信孝友,根深蒂固,则枝叶有光辉矣。"北宋元祐七年十一月,苏轼为礼部尚书。元祐八年,苏轼以端明学士兼翰林侍读学士知定州。又据《道山清话》中云:"斯举,少识苏子瞻,初名为颉,字颉之,后名颉之。黄庭坚鲁直极推重之,尝与斯举简云:'老病昏塞,不记贵字。欲奉字曰斯举,取色斯举矣。翔而后集。'"《文集》卷二十《书倦壳轩诗后》中云:"潘邠老密得诗律于东坡,盖天下奇才也。予因邠老故识二何,二何尝从吾友陈无已学问。此其渊源深远矣。"李彭《日涉园集》卷六有《喜二何从山谷游复用"涂"字韵诗云:"水部诸郎蚤尾书,涪翁杖履傲当涂。斑斑束笋门下士,杻貌蜡言鼙笑枯。翰墨澜翻纵蛩鱼,风采洒落凤栖梧。寄语南州双白璧,从今价重百车渠。"从李彭《日涉园集》的诗中,可以看出何斯举曾游学于黄庭坚。黄庭坚在被流放前夕有书帖送之者,当为亲旧学生之间来往密切者。从黄庭坚作《寄何斯举》《答何斯举书》等文中,可以看出黄庭坚与何斯举之间关系的密切。这种情切切、意绵绵的情趣,在很大程度上是先祖同住于古婺,后裔又同住于江西这种乡梓情结所致,"血浓于水"是不无道理的。

# 女儿婚嫁　连亲带故

　　黄庭坚和元配夫人兰溪县君孙氏,结婚于北宋英宗治平四年(1067)。神宗熙宁二年(1069)七月,元配夫人孙氏殁于叶县。婚后生活不及三年,未有子女生育。神宗熙宁七年(1074),黄庭坚在京都与朝散大夫南阳谢公景初师厚之女结婚。神宗熙宁九年(1076),女儿黄睦出生。黄庭坚子女生育,是先开花后结果。

　　北宋哲宗元祐九年、绍圣元年(1094),黄庭坚居分宁双井村服母丧期满。四月,携家眷由分宁出发赴宣城,五月,到达洪州。六月十八,又被任免为管勾亳州(今安徽省亳州)明道宫。七月初,与苏轼相遇于江西鄱阳湖,相会三日,洒泪而别,此次作别,竟与苏轼永诀。七月二十,黄庭坚一行到达南康军(今江西星子县)。九月十四,诏重修黄庭坚与司马康等所修之熙宁日历。九月,过池州(今安徽省池州市贵池区)。同行者胞兄黄大临,胞弟黄叔献、黄叔达及儿子黄相等。经过商议,决定先寓家于芜湖,由胞兄黄大临陪同黄庭坚前往开封府。黄庭坚一行在准备寓家安徽芜湖时,舒州(今安徽潜山县)学子李文伯慕名造访黄庭坚。黄庭坚在与李文伯交谈中,得知李文伯先祖父李朝,在北宋大中祥符三年至五年(1010—1012),曾仕婺州金华知县,是自己祖处婺州的父母官。又观李文伯的言谈举止,既庄重又潇洒,极具阳刚之气。他又想起自己女儿黄睦也该到谈婚论嫁的年龄了。再者,自己如此漂泊流离,作为父亲,也当为女儿找个依靠,安个家了。经兄弟之间协商，决定先寓家于芜湖。黄庭坚心想眼前这个后生是女婿的极佳人选。黄庭坚又追忆黄氏家族的播迁繁衍史。早在晋朝元帝时，先祖黄积，字符集，仕新安太守、生二子，长子黄寻，幼子黄芭。隋大业年间，黄芭为避战乱，从金陵迁居婺州塘雅村。兄长黄寻仍住新安，后迁居安徽黄墩。其子黄贞奕，后仕安徽歙县尉，届满后侨居安徽歙县，为安徽歙县黄氏始迁祖。安徽又有自己先祖的根和种。鉴于上述种种原因，黄庭坚权衡再三，决定将女儿黄睦许配给李文伯，连亲带故，是女儿最好的归宿。黄庭坚征得李文伯及兄弟和女儿允诺后，这门婚事就这样一锤定音。

黄庭坚与胞兄黄大临离开安徽芜湖，前往开封府途中，曾寄书给寓居于芜湖的胞弟黄叔献和黄叔达。《与天民知命》初八日书云："今日至武宁，见诸官毕，即行。"黄叔献，字天民。黄叔达，字知命。十七日又有书云："道中适晴暖，行李甚得所。七哥清快，荤味也不乏。吾上路来尤轻安。三十三切勿过忧。亦闻里面事稍慢，或岁初便得归也。"三十三系黄庭坚之女黄睦，出嫁李文伯后，黄庭坚劝其"切勿过忧"。黄庭坚对女儿的关心和爱抚溢于言表。

哲宗绍圣二年（1095），四月二十三，黄庭坚到达贬所黔州。寓居于开元寺，寺坐落于摩围山下。四月二十六，在给侄儿黄朴和女儿黄睦的书信中，对女儿黄睦关心甚切。黄朴，字匠师，黄大临之子，仕大主簿。《与大主簿三十三书》中云："安下处是南寺一位有水阁山亭，极潇洒。"末云："黔州摩围阁发。蜀人呼天为围。此阁正对摩围峰也。"黄庭坚在给女儿黄睦和侄儿黄朴的书信中，言及摩围峰及开元寺之事，意在劝慰晚辈勿要为其担忧。《豫章传》中云："至黔，寓开元寺摩围阁，以登览文墨自娱，若无迁谪意。"《别传》中有云："至黔，寓开元寺摩围阁，以登览文墨自娱。"由此可以看出，黄庭坚虽蒙遭贬谪，然心胸开阔，身处逆境而置之度外的豁达胸襟。

# 学子致仕　作文劝勉

　　北宋哲宗元祐八年(1903)，黄庭坚因母丧葬后，居双井村护丧。同年九月，叔父黄廉也葬于双井村之台平。黄庭坚为叔父黄廉作《叔父黄廉给事行状》以挽，云："将以今年九月奉公及刘夫人之丧，合葬于分宁双井之台平，大夫公之墓次。"十月初九，曾游学于黄庭坚的学子徐德郊，得官于淮南，亲自到双井村黄庭坚住处，与恩师黄庭坚话别。黄庭坚作《送徐德郊》一文，劝其为官当"简静平易"，劝诫勉励尽恩师之情。

　　黄庭坚与学子徐德郊情深似父子，极其看重徐德郊。究其原因，除徐德郊为人正派、学业勤奋、精干颖敏之外，还有一个重要因素，那就是黄庭坚与徐德郊宗族渊源同来于金华，他们的根都在金华。徐德郊始祖徐元洎在西汉建昭年闻(前38—前34)，寓居太末，即今龙游县。秦王政二十五年(前222)，秦统一宇内后，建郡置县。置会稽郡，太末县属会稽郡，县治在今龙游，境域为今衢州全部和遂昌、江西玉山等县及金华县的一部分。东汉初平三年，置金华县，属会稽郡。太末县九峰山一带地域归属金华县管辖。唐咸亨五年(674)六月，割金华三河戌地置兰溪县。唐嗣圣元年(684)，徐自洎后裔徐安贞从龙游灵山迁居兰溪望云孝乡卧牛岗(今兰溪东上徐村)定居发族。今兰溪不少徐氏村落，均为徐安贞之后裔，为兰溪县著姓之一。五代梁乾化二年(912)，徐安贞裔孙徐慨，从兰溪迁居洪州,今江西南昌,为徐德郊家族江西南昌始迁祖。徐德郊为婺州徐自泊之后裔,又是兰溪徐安贞的后裔。而黄庭坚为婺州黄苾之后裔,又是兰溪孙觉之女婿。竟因为这种特殊的渊源关系,黄庭坚十分注重乡情友情,格外器重学子徐德郊,也在情理之中。在黄庭坚《送徐德郊》一文中有云:"徐德郊从予游,不独以有瓜葛也。"这种瓜葛,就是指黄庭坚和徐德郊的宗族渊源的特殊性。在徐德郊将赴淮南为官前,亲自登门致谢恩师,也不无有这种特殊渊源的成分。婺州这方热土,不仅养育了像黄庭坚、徐德郊这样一大批不忘祖处的孝子贤孙,也孕育了像黄庭坚、徐德郊这样一大批为官清廉刚直的从政者。

黄庭坚在《送徐德郊》一文中,殷切期望徐德郊为官要"简静平易",句句出自肺腑。《外集》卷九《送徐德郊》文中有云:"徐德郊从予游,不独以有瓜葛也。其居乡党,父兄爱之,子弟安之;其仕于州县,有能吏之声。以草木臭味不远,故相从也密焉。今得官于淮南。访别于双井。予数年来病眩,不能作诗。因书近所为赋以赠别。在官者各有职典,民有亲疏,然大要简静平易,则足以使民移。"文中的"近所为赋"是指黄庭坚所作的《江西道院赋》。黄庭坚还将所作的《江西道院赋》赠送给徐德郊。此赋序云:"元祐八年,武陵柳侯子仪守筠之明年也。乐其俗之美,使为政者不勤,乃新燕居之堂,榜曰:'江西道院。'以鼓舞其国风,且为高安之父老雪耻焉。秋九月遣使来告成于双井永思堂,于是为之赋。"

黄庭坚对徐德郊关怀备至,除勉励为官大要是"简静平易"外,还将自己在淮南的挚友崔彦直介绍给徐德郊,若有疑事,可请教崔彦直释疑。在《送徐德郊》一文中,还有这样一段文字:"六合有佳士曰崔彦直,其人不游诸公,德郊可因公事携此文请之。崔知德郊自双井来,当扫径相迎。他日有疑事不能决,第访之。元祐八年十月癸丑黄某书。"九月,徐德郊造访黄庭坚话别。十月,黄庭坚就作文寄之。可见黄庭坚与徐德郊之情谊,非同寻常。

黄庭坚挚友范纯仁,曾亲自为兰溪《徐氏家乘》题字,这更能表明范纯仁对黄庭坚的敬重和对徐氏后裔的敬仰。

# 授意胞弟　迁居祖处

黄庭坚胞弟黄叔达,生性放荡不羁,喜游山水,不求仕进,大有陶渊明之遗风。黄庭坚对胞弟黄叔达的处世态度,甚是忧心。

北宋哲宗元祐九年、绍圣元年(1094)四月,黄庭坚服母丧期满,从家乡江西分宁双井村出发,赴宣城(今安徽省宣城市)就任。《别集》卷十四《与运使中舍书》中云:"伏蒙赐书存问曲折,感慰无量。失宣城得武昌,消息盈虚,诚如尊谕。"《宋名臣言行录续集》卷一《黄庭坚》中载:"绍圣初,知宣州,改鄂州。"《别集》载:"又与赵挺之有微隙,衔之且骨。绍圣初出知宣州,改鄂州。"黄庭坚原知宣州,因与赵挺之有隙,又改知鄂州。六月十八日,又被任命管勾亳州(今安徽省亳州)明道宫,并责令于开封府境内居住,以便听候国史院之对证查问。此时因章惇为相,蔡卞为国史编修官,对范祖禹与黄庭坚等人所编撰的《神宗实录》大为不满,意欲打击报复,以泄私愤。官场之险恶,令人防不胜防。

黄庭坚无奈东奔西走,任人摆布宰割。胞兄黄大临,胞弟黄叔献、黄叔达,儿子黄相,陪同黄庭坚赴任。九月,过池州(今安徽省池州市贵池区),兄弟间经过协商,决定暂时寓家于芜湖。十月,由兄长黄大临陪同黄庭坚赴开封府。黄庭坚一家漂泊于江湖,居无定所,可见一斑。

北宋哲宗绍圣二年(1095),黄庭坚又被贬谪于黔州。哲宗绍圣三年(1096),胞弟黄叔达携带自己的妻子、儿子和黄庭坚的妻子与儿女,从安徽芜湖出发,前往黔州探望黄庭坚。五月初六,黄叔达一行到达黔州,与黄庭坚团聚。《刀笔》卷八《与秦世章书》中有云:"舍弟叔达将其仲子及所生并护儿子相及其乳母附苏伯固宣德船,自芜湖登舟。不得道中一字,然计义无它,止是年少忽世间事尔。"又一书云:"比舍弟知命携小子相,小侄稻并两儿母到黔州。独处客舍一年,得骨肉在眼前,少慰岑寂。"黄庭坚与黄叔达同住于黔州期间,兄弟经常谈及日后何处安家、落叶归根之事。黄叔达总是以"四海为家"笑对之。黄庭坚却不然,他认为落叶归根是人生的最好归宿。他提议胞弟黄叔达归宿于婺州祖处塘雅村。一则婺州塘雅村是江西分宁双井村黄氏的根,二则婺州山清水秀,是喜好游山玩水的胞弟黄叔达的好去处。《文集》卷三十《题知命弟书后》中云:"知命弟、江南豪士也。意气合其臭味,极力推挽之不遗余力,有味其言之也;至不合其意,虽衣冠贵人唾辱之如矢溺。"黄叔达为人处世如此,也为人杰。黄庭坚的耐心开导,胞弟黄叔达心领神会,欣然应诺。

北宋哲宗绍圣四年(1097)。黄叔达告别胞兄黄庭坚,先回到安徽芜湖。尔后从芜湖来到婺州塘雅村祖处,择地于义乌至金华通衢处建村,村名称两头门村。村名由来,一则是为纪念始迁祖黄苾,黄苾定居于塘雅村两头门村。此两头门村非彼两头门村,仅沿用始迁祖村名而已。二则是建村处有东至义乌通衢,西至金华通衢,是通达义乌、金华两地的两头门。村又近婺江,又地近胞兄黄庭坚挚友范纯仁堂兄范纯诚之子范正辞建村于熙宁元丰七年(1084)的溪干村。黄叔达归祖建村选址,可谓用心良苦。

北宋哲宗元符年间(1098—1100),黄庭坚胞弟、黄叔达胞兄黄叔献,也从江西分宁迁居于兰溪建村发族。双井黄氏后裔心怀祖处之意,根深蒂固。

# 抚恤族亲　爱满热土

北宋哲宗绍圣四年（1097），五十三岁的黄庭坚被贬谪于黔州。《别集》卷十七《与七兄司理书》中载："庭坚处摩围之下，安固寂静，无时不湛然。"黄庭坚贬于黔州，思乡之情更切。又云："知命挈携在涪陵，十月乃归。"又据《刀笔》卷十《答宋子茂》中载："小子相十四，并其所生母在此。知命亦将一妾一子相同来。今夏又得一男子，曰小牛，相及小牛颇丰厚，粗慰眼前。"绍圣三年（1096），胞弟黄叔达，字知命，携自己家眷和胞兄黄庭坚之家眷来到黔州与黄庭坚团聚。黄庭坚得享受天伦之乐。督导儿子黄相读书甚勤，并延纳忠州人两小儿同在斋中，与相共课之。《别集》卷十七《与七兄司理书》中载："相虽淳良，终未好书，此司理谭存之。忠州人两小儿皆勤读书，一已十七岁，一与相同岁，延在斋中，令共学，差成伦绪。日为之讲一大经一小经，夜与说老杜诗。冀年岁稍见功耳。"黄庭坚悉心教子课读，苦心孤诣，可谓可怜天下父母心。

黄庭坚被贬谪黔州后，俸禄微薄，生计艰难。再加上儿子与夫人及胞弟黄叔达一家在此，生活更是清贫。黄庭坚不得已躬身建房，买地种菜，以度时日，并自称黔中老农。《别集》卷十四《与宜春朱和叔书》中有云："某待罪于此，谢病杜门，粗营数口衣食，便不至寒饥，买地畦菜，已为黔中老农耳。"同卷中《与唐彦道书》中，更是直言不讳："到黔中来，得破寺畎地，自经营，筑室以居。岁余拮据,乃蔽风雨。又稍葺数口饱暖之资。买地畦菜,二年始息肩。"黄庭坚虽然清苦,但心境坦然,无憔悴愁苦之态。两川人士争从之游,黄庭坚皆谆谆教诲,其德高望重,蜀人敬仰。

黄庭坚祖处婺州塘雅黄氏族裔,从江西分宁处得知族亲黄庭坚贬谪黔州后,生计清苦,度日如年,就组织募资,抚恤族亲。据《东塘黄氏宗谱》载:"族亲慷慨解囊,以资山谷。"婺州东塘黄氏后裔,在族长倡导下,纷纷捐资,不几天,就募集白银八斤之多。并由族长亲自出马,带领裔孙赶往江西分宁双井村,将募集到的白银如数交给双井村黄氏后裔,请他们捎带给黄庭坚,以示抚恤情怀。双井村黄氏后裔对祖处婺州东塘黄氏族亲的所作所为,感激涕零。族亲之谊,重于泰山。

据《庆湖遗老诗集·拾遗》中载:"有僧自峡中来持黄黔州手制茶。兼能道其动静与潘幽老赋二首。豫章人聚白金十余斤以寄鲁直,付一士子,竟隐之不送。"婺州东塘黄氏后裔和江西双井黄氏后裔,共同募集白银十余斤,托付一士子带给远在黔州的黄庭坚。这士子却将黄氏后裔的心血占为己有,独吞白银十余斤。此事被黄庭坚的外甥洪刍知道后,就气愤地写下了《骂犬文》,把那个独吞白银的不义之人,骂得个狗血喷头。并将《骂犬文》寄给黄庭坚,意在为舅父鸣不平。黄庭坚收到外甥洪刍的《骂犬文》后,非但没有认为外甥洪刍《骂犬文》骂得好,反而觉得外甥洪刍度量小,让世人耻笑。就作《答洪驹父书》以劝导。

外甥洪刍,是胞姐黄氏之子,字驹父,中进士后,仕晋州州学教授,近三年未曾有书信往来。黄庭坚收到外甥洪刍的《骂犬文》后,很不是滋味,即作《答洪驹父书》劝勉外甥洪刍。据《文集》卷十九《答洪驹父书》中云:"驹父外甥教授:别来三岁,未尝不思念。闲居绝不与人事相接。故不能作书。虽晋城亦未曾作书也。(晋城,名叔敖,字晋城,黄庭坚叔父黄廉之子)……凡作一文,皆须有宗有趣,始终关键,有开有阖,如四渎虽纳百川,或汇而为广泽,汪洋千星,要自发源注海耳。老夫绍圣以前,不知做文章斧斤,取旧所作读之,皆可笑。绍圣以后始知做文章,但已老病惰懒,不能下笔也。外甥勉之,为我雪耻。《骂犬文》虽雄奇,然不作可也。东坡文章妙天下,其短处在好骂,慎勿袭其轨也。"黄庭坚对外甥教诲,不是倚老卖老,而是平等相处,循循善诱。可见黄庭坚之人品是何等的高尚。他还劝诫外甥洪刍,切勿步苏东坡好骂之后尘,要宽怀待人。凡事有得有失,我虽失去白银十余斤,却得到清白的人格。黄庭坚处世待人之品德,当为后人之楷模。

婺州黄氏后裔和豫章黄氏后裔,因同情族亲黄庭坚生活艰难,自愿慷慨捐助白银十余斤,却被携带者隐匿占为己有,独吞银财。世道沉浮,各色人等,尽在不言之中。

# 身体力行　振兴诗坛

北宋哲宗绍圣五年、元符元年(1098),黄庭坚在黔州贬所,后又因表外兄张向以避亲戚之嫌为由,将黄庭坚移至戎州(今四川宜宾市)。黄庭坚表外兄张向,时知宗正丞提举夔州路常平。以手中权力,避嫌为名,将黄庭坚移至戎州,实乃小人之举,妇人之见。黄庭坚离开黔州,六月抵达戎州,寓居南寺无等院。

时诗坛西昆体盛行。这种文风专从形式上模拟晚唐诗人李商隐,追求词藻,堆砌典故,其代表人物有杨亿、刘筠等。因他们曾相互唱和,编成《西昆酬唱集》,故名,亦称"昆体"。黄庭坚直面此种诗坛文风,身体力行,力挽败局。八月三十,黄庭坚于戎州寓舍退听堂题王知载《朐山杂咏》,以弘扬正气正风。《文集》卷二十六《书王知载朐山杂咏后》中云:"诗者人之情性也。非强谏争于廷,怨怼诟于道,怒邻骂坐之为也。其人忠信笃静,抱道而居。与时乖逢,遇物悲喜,同床而不察,并世而不闻。情之所不能堪,因发于呻吟调笑之声。胸次释然,而闻者亦有所劝勉。比律吕而可歌,列千羽而可舞,是诗之美也。其发为讪谤,侵陵引颈以承戈,披襟而受矢,以快一朝之忿者,人皆以为诗之祸,是失诗之旨,非诗之过也……仕不遇而不怒,人不知而独乐,博物多闻之君子,有文正公之家风者邪! 惜乎不幸短命,不得发于事业,使予言信于流俗也。虽然,不期于流俗,此所以为君子者耶? 元符元年八月乙巳戎州寓舍退听堂书。江西黄庭坚责授涪州别驾戎州安置，年五十四。”此文是黄庭坚的著名诗论，是为诗坛盛行西昆体之诗风而作，针锋相对，为诗坛文风正名。

黄庭坚在戎州期间，对西昆体甚为不满，力主继承和恢复唐代诗圣杜甫的诗歌创作传统。“欲尽书杜子美（杜甫）两川双峡诸诗，刻碑藏蜀中”。以示推崇和倡导，为黄斌老草书杜甫诗便是佐证。黄斌老为著名画家黄文同之内侄，善画墨竹，黄庭坚常与黄斌老唱和，其中《次韵黄斌老所画横竹》云：“酒浇胸次不能平，吐出苍竹岁峥嵘。卧龙偃蹇雷不惊，公与此君俱忘形。”黄庭坚将胸中诗坛盛行西昆体之郁闷，借此横竹得发而抒之。黄庭坚想将杜甫所写的四川两峡之诗，全部书写于石，刻碑藏于蜀中，力图继承杜甫之诗风。

黄庭坚此举此行，被在京都仕朝散大夫的眉州丹棱名士杨素获知。时杨素已将家迁至京城，而将在家乡的田地财产全部献出来，修建高庙子。他知道黄庭坚有意将杜甫吟两峡之诗书后勒于石的心思后，就亲自离开京城，专程至四川戎州，敦请黄庭坚挥毫落墨，由杨素出资在高庙子刻碑建堂珍藏。黄庭坚认为杨素此举甚合自己心意，便允诺而为。据《杨素与大雅堂》记载：“‘夫刻石碑三百余方’‘作高屋广楹庇此石’。宋元符三年(1100)九月，全部工程竣工。杨素‘因请名焉’，黄庭坚为之题名曰‘大雅堂’，并作《大雅堂记》。”黄庭坚认为杜甫之诗与《诗经》《离骚》乃一脉相承，只有这些诗作才是“大雅之作”，才有资格登“大雅之堂”。《文集》卷十六《刻杜子美巴蜀诗序》有云：“自予谪居黔州，欲属一奇士而有力者，尽刻杜子东西川及戎州诗，使大雅之音久湮没而复盈三巴耳。而目前所见，碌碌不能办事，以故未尝发于口。丹棱杨素翁拿扁舟蹴犍为。略陵云，下郁鄢，访余于戎州，闻之欣然。请攻坚石，摹善工,约以丹棱之麦三食新而毕。作堂以宇之,予因名其堂曰'大雅'而悉书遗之。此西州之盛事,亦使来世知素翁真磊落人也。"卷十七《大雅堂记》又云:"丹棱杨素翁,英伟人也。……闻余欲尽书杜子美两川夔峡诸诗,刻石藏蜀中好文喜事之家,素翁粲然向余请从事焉。又欲作高屋广楹庇此石,因请名焉,余名之曰'大雅堂'。而告之曰,由杜子美以来四百余年,斯文委地,文章之士随世所能,杰出时辈未有升子美之堂者,况家室之好耶! 余尝欲随欣然会意处笺以数语,终以汩没世俗,初不暇给。显然,子美诗妙处乃在无意于文,夫无意而意已至,非广之以《国风》《雅》《颂》,深之以《离骚》《九歌》,安能咀嚼其意味,闯然入其门耶?……素翁可并刻此于大雅堂中,后生可畏,安知无涣然,冰释于斯文者乎!元符三年九月涪翁书。"

据《丹棱县志》载,大雅堂,在县南三里许。明朝孝宗弘治十年(1497),巡按御史荣华曾修建祠宇,并立杜甫、黄庭坚二尊石像,刻碑石纪念。丹棱知县江谦,每年于春秋两季率雅士到大雅堂祭祀,自此以后,就成为通例。此后,世人遂借能不能"登大雅之堂",来评论一件作品是高雅还是粗俗。可惜的是这一建筑及其琳琅满目的诗碑,在明末清初之际,毁于兵火。

黄庭坚所作的《大雅堂记》和杨素创建的"大雅堂",成为后人评价一件文学作品质量,能否"登大雅之堂"的典故的出处。

# 蜀中睦族　认宗归祖

　　北宋哲宗元符二年(1099)，五十五岁的黄庭坚在贬所戎州。是年九月，黄庭坚前往戎州倅黄斌老住处，造访黄斌老。黄斌老，四川潼川人，文同之妻内侄，登科后仕戎州倅，黄庭坚贬戎州后，因同出江夏郡黄氏之故，与黄斌老定交。邓椿《画继》卷四中云："黄斌老，不记名。潼川安泰人，文湖州之妻侄也。登科，尝任戎州倅。适山谷贬戎州，与定交，且通谱。善画竹，山谷有咏其横竹诗。"黄庭坚与黄斌老唱和诗颇多，其中如《次韵黄斌老》所画横竹云："酒浇胸次不能平，吐出苍竹岁峥嵘。卧龙偃蹇雷不惊，公与此君俱忘形。"黄庭坚把自己郁闷之情，借黄斌老所画的横竹尽情抒发，一吐为快。黄庭坚与黄斌老通谱之后，方知同为江夏郡始祖黄香之后。据《东塘黄氏宗谱》载：黄香，字文疆，少时博学经典，善著文，京师号曰："天下无双，江夏黄童。"安帝时，任魏郡太守，时遭水灾，黄香用自己的俸禄及所得赏赐，赈济灾民。著有《九宫赋》及《天子冠颂》存世。其子黄琼，公元86—164年，字世英，初以父任为太子舍人。黄琼称病辞不就，顺帝永建(126—132)年间，因诸公卿推荐，被朝廷征辟。黄琼素为李固所仰慕。李固给黄琼的书信中云："峣峣者易缺，皓皓者易污，阳春之雪和者必寡，盛名之下，其实难副。"黄琼至京师，初仕议郎，后迁尚书令，仕至太尉、司空。黄琼从孙黄琬，字子琰，建和年间仕五官中郎将，与陈蕃同心辅政，广纳贤士,一时人才济济。却遭权富所中伤,被废禁锢。后为豫州牧,击平冠贼,威声大振,封关内侯。董卓执政后,以黄琬之功臣,征为司徒,迁太尉,更封阳泉乡侯。黄琬与司徒王允谋划,准备诛杀董卓。事泄后,董卓大将李佳、郭氾合力攻破长安,黄琬被擒获下狱,死于狱中。居于江夏安陆的黄琬之子黄松寿携带家小,逃离安陆,直奔荒凉之地四川潼川避难(潼川,西晋置郡,治所在今梓渣,辖境相当于今四川潼川县地),遂落籍潼川,为潼川黄氏始迁祖。黄斌老为黄松寿裔孙。待时局平定,黄松寿返回湖北安陆居住,其子孙留住潼川。黄庭坚与黄斌老盖出同宗,均为江夏黄氏后裔。而黄庭坚先祖迁居浙江婺州,是在隋朝大业年间,始迁祖为黄苾。黄苾,字惠卿,隋文帝征为兖州总管,寻官按察金陵军民大都头。其岳父吴英,仕金陵太守。隋大业间,为避兵乱,翁婿两人逃离金陵,至浙江婺州塘雅安家。黄庭坚与黄斌老虽不同支,却是同宗族亲。俗话说,人生三大快事,即“洞房花烛夜,金榜题名时,他乡遇故知”。黄庭坚在戎州遇故知,当属快事。

黄庭坚与黄斌老通谱认宗归祖后,情同手足。黄斌老弟弟黄彝,字子舟,其名和字,是黄庭坚在戎州与黄斌老定交后,见其弟傲慢不羁,无所约束,且酗酒无度,终日惶惶,为规劝其走正道,入正门,有所作为而取的。黄彝得同宗族亲的黄庭坚赐赠的名和字后,珍惜有加,勉励鞭策,自后折节为纯儒,举八行,官至朝奉散郎。善画竹,文同自以为不及。黄庭坚给同宗族亲取名和字,一时传为佳话。

# 善解人意　成人之美

北宋哲宗元符二年(1099),五十五岁的黄庭坚被贬谪在戎州。《别集》卷十四《与中玉知县书》中云:"某僦居城南,虽小屋而完结,舍后亦有三二亩闲地,种菜植果,亦有饭后逍遥之地。所谓园日涉而成趣,门虽设而常关者也。生事虽粗具,竟未能有根本,然衣食随缘薄厚,亦自寡过少累耳。"在戎州时,黄庭坚虽然生活困苦,但慕名而求学者甚多。

江西玉山人刘瑜,字倩玉,敬慕同乡前辈黄庭坚的人品和学识,不远万里,从江西赶赴四川戎州,求学于黄庭坚。黄庭坚对同乡从家乡而来,觉得格外亲热。亲不亲,同乡人,确有同乡见同乡,两眼泪汪汪之感慨。黄庭坚在与刘瑜日常交谈中,得知刘瑜先祖刘巨容,唐朝大中年间(848—850),仕节度使,世居江西上饶。长子刘汾,唐咸道十二年(871)进士,出仕婺州刺史,后迁居江西南昌。其后裔刘岩,于北宋熙宁元年由江西南昌府仕婺州知州,届满后定居兰溪椒石,为兰溪江西派刘氏始迁祖。刘瑜先祖刘巨容后裔,从上饶迁出至玉山定居。黄庭坚既是兰溪女婿,又是先祖从婺州迁居江西分宁,一向以乡情、族情至上的黄庭坚视刘瑜为子侄,悉心栽培,从不收受任何礼品,对其他从学者也然。《外集》卷十《答棘道尉三帖》中首帖有云:"伏奉手诲,委扫除之币于不肖之庭,自视铁然,何敢当先生之礼,之所以为币,有不敢当也。闻古者相见之礼，以束惰乘壶一犬，言其足以将至意易致而不费也。朝觐之礼，天子受其挚而反其玉，虽于乘之富，亦不以其货也。唯足下之诚已达于不肖，其币则反诸从者。衰俗之中，稍以古道自振，亦吾侪之职也。伏幸照察。"第二帖中又云："重辱手教，不敢辞。所将之币，似未见察也。所谕行束惰者，前书尽之矣。幸足三复之。昔者孔子食于季氏，不祭而食：食于少施而绝，曰：'少施氏食我以礼，非以季氏之食而美于少施也。'足下谅之而已。"第三帖中云："适者极道古人之义而足下终不察，岂不肖之贪鄙污陋，素闻于世耶。物有可以取，则管仲与鲍叔贾分财多自与；有可以无取，则王阳不贪西邻过墙之枣。物有可以与，则孔子与原宪粟九百；有可以无与，则靳于子华之母请粟。故曰：可以无取，取伤廉；可以无与，与伤惠民。二者俱失。足下一举而使彼已俱失之，窃以为过矣。"黄庭坚虽穷困潦倒，但始终洁身自好，拒收任何礼物，堪称人表。

黄庭坚甘受清贫，自得其乐，还可以从《与宋子茂书》中找到注脚。《与宋子茂书》云："某富舍己渐完，使令者但择三四人，差谨廉者耳。既不出谒所与，游者亦不多。山花野草，微风掀动，以此终日。衣食所资，随缘厚薄，更不劳治也。此方米面既胜黔中，饱饭摩腹，婆娑以卒岁耳。"黄庭坚在清贫中自守、自娱、自乐，高风亮节，清廉有加。

黄庭坚在和刘瑜交往中，乡情、亲情、族情与日俱增。刘瑜虽出身寒微，但志向远大，是可造就之才。于是他又考虑起刘瑜的婚事来。他在《别集》卷十五《与宋子茂书》中，为刘瑜的婚事致书友人，请求帮忙撮合。《与宋子茂书》中云："有一事奉烦审问，闻前权江安尉屈伸有女弟，欲择一士人归之。比有一来从学举子，玉山刘瑜，字倩玉，年二十，颇卓立。以乡里难得婚对，初道屈氏婚，乃以为恐为门下之羞，老夫劝之曰：'士大夫立身非一轨。婚屈氏何害渠家尊长。'乃来见,恳若屈家犹在泸南,试与仔细问,当示一报,便可致礼币往来。刘君决可依者也。"宋子茂也为黄庭坚的善解人意之精神所感动,亲自说服屈伸,将其女儿屈氏嫁于刘瑜。在黄庭坚和宋子茂的积极牵线搭桥和说服撮合下,刘瑜与屈氏终成秦晋之好。

# 遥祭胞弟　心系古婺

北宋哲宗元符二年(1099),黄庭坚仍在贬所戎州。初春,迁居于城南,亲作傲舍,名曰:"任运堂。"黄庭坚心情逐渐好转。《文集》卷十九《答郭英发书》中云:"庭坚顿首:发春即治傲舍,悉谢遣公家人。唯两仆夫备使。令事事躬亲,所以不能嗣音。"《别集》卷十五《与宋子茂书》中云:"某寓舍已渐完,使令者但择三四人,差谨廉者耳。既不出谒所与,游者亦不多。山花野草,微风摇动,以此终日,衣食所资,随缘厚薄,更不劳治也。此方米面既胜黔中,饱饭摩腹,婆娑以卒岁耳。"《别集》卷十四《与中玉知县书》中云:"某傲居城南,虽小屋而完洁,舍后亦有三二亩闲地,种菜植果,亦有饭后逍遥之地。所谓园日涉而成趣,门虽设而常关者也。生事虽粗具,竟未能有根本,然衣食随缘薄厚,亦自寡过少累耳。"从黄庭坚给友人的书信中,可以看出黄庭坚虽身处逆境,但能洁身自好,淡淡面对。

是年,胞弟黄叔达从祖处婺州塘雅两头门村启程,与黄庭坚子黄相前往戎州看望被贬谪于戎州的胞兄黄庭坚。九月,黄叔达叔侄俩历尽艰辛,到达了成都。在《与范长老书》中云:"知命颠倒餍足,二月七日乃至戎州。"在《与弟侄书》中有云:"知命将李庆韩十涪婢妆奴往成都,此但留牛郎并其乳母于此。"哲宗元符三年(1100)二月初七,黄叔达叔侄到达戎州,与胞兄黄庭坚及其寄住于胞兄处的儿子小牛,及其乳母团聚。三月十三,黄叔达告别胞兄黄庭坚,携妄及子黄相和小牛离开戎州回江南婺州。《与范长老帖》中有云:"知命留此两月,三月十三日解舟去。"黄庭坚作《赠知命弟离戎州》《侄相随知命舟行》等诗以赠。《赠知命弟离戎州》诗中有云:"道人终岁学陶朱,西子同舟泛五湖。船窗卧读书万卷,还有新诗来起予。"胞弟黄叔达性格放浪不羁,终生不仕,喜游历。黄庭坚劝其"船窗卧读万卷书"。黄庭坚在《与相诗》中勉励侄儿黄稆"燕子日长宜读书"。谁知胞弟黄叔达未能回到祖处婺州,不幸卒于荆州。

北宋哲宗元符三年(1100),黄叔达于三月十三离开戎州,至同年八月,黄庭坚才得知胞弟黄叔达不幸身亡于荆州,由其黄庭坚子黄相及妄将尸体运回婺州塘雅村祖坟处安葬的消息。黄庭坚为失去了回婺州塘雅两头门祖处老家的胞弟而悲恸欲绝,提笔作《祭知命弟文》,遥祭远在婺州塘雅祖处的胞弟的灵魂。《文集》卷二十一《祭知命弟文》中云:"君殁荆州,我在万里。殁后四月,始闻讣音。""自我哭君,头发尽白。英风豪气,窘此一棺。抚棺长号,殆无生意。"黄庭坚还作《知命百日斋疏》,遥祭胞弟黄叔达。

胞弟黄叔达辞世,归葬于婺州祖处塘雅村。黄庭坚的心更与婺州紧紧地系在一起。在婺州塘雅祖处,不仅有始迁祖的英灵,还有胞弟归祖的英灵。情牵一线,脉承一流。

# 大爱无限　　没齿不忘

北宋哲宗元符三年(1100)，是年初，五十六岁的黄庭坚仍被贬谪于四川戎州。五月，复宣义郎，监鄂州(今湖北武昌)盐税。《与道微使君手书》中有云："庭坚五月五日被告，复宣义郎，添监鄂州盐税，但江涨，未能下峡。"《别传》中有云："徽宗立，起监鄂州盐税。"外甥洪朋闻知悲喜交加，作《得黔州消息》以抒怀，诗云："夜郎西上万里道，闻说解装四月时。摩围峰前何所作，谷滪洲外不胜悲。岂有高明为鬼瞰，真成憔悴被人欺。陛下宽仁过文帝，归来前席亦何迟。"五月二十，戎州太守刘广之率宾僚设宴于锁江亭，为黄庭坚壮行。

哲宗元符三年七月，黄庭坚离开戎州，泛舟至青神(今四川青神县)，探望姑妈张氏。仁宗嘉祐三年(1058)，黄庭坚父亲黄庶辞世后，全靠姑妈张氏接济度日，姑侄之情日益剧增。尔后，黄庭坚投奔母舅李公择处求学深造。据《任谱》载："山谷既得放还，以江涨未能下峡，西坝题名云尔。七月，自戎舟行省其姑于青神。山谷之姑，张祉介卿之母，介卿时为眉州青神尉。以七月二十一日解舟，八月十一日抵青神，具《与张介卿书》。今中岩多有八九月问题字。"《次虎跳题名》石刻题云："涪翁既作武昌盐史，会江涨不能下峡，乃拿舟至青神省姑氏。"黄庭坚在青神县探望姑妈期间，多有题字石刻留于世。

黄庭坚对姑妈于自家多有接济,恩泽有加,深为敬仰,赴青神省亲姑妈,当为报恩之举。何况姑妈二子均官于青神,清廉爱民,深受众望。作为表兄的黄庭坚有如此为官清正的表弟,深感自豪和欣慰。九月初一,黄庭坚与表弟张祉介卿等,赴蒲志同中岩之约。在《游中岩行记》之二中云:"信孺置酒之明日,九月甲子,蒲志同泰亨与杨琳君觌、弟岩景山,王箴元直,蒲楼庭臣,石充君美,史戡彦祖酌予于此。实与外弟张祉介卿,六祖祥师师范同来。黄某鲁直书。"蒲志同,字泰亨。为青神士人。黄庭坚作《和青神士人蒲志同字泰亨》诗以和。诗云:"我已人间无所用,鬓飘霜雪眼生花。东坡兄弟来虽晚,折箭堪除蚀月蛙。东坡海上无消息,想见惊帆出浪花。三十年来世三变,几人能不化鹑蛙。王座天开旋北斗,清班乌散落余花。有人难立百官上,不为庙中羌菟蛙。栽竹养松人去尽,空闻道士种桃花。昨来一夜惊风雨,满地残红噪暮蛙。"黄庭坚还作《谢泰亨送酒》诗,表示对蒲志同约他和表弟张介卿游中岩以谢。诗云:"风扫三峨山外雨,霜催五柳宅边花。非君送酒添秋睡,可耐东池到晓蛙。"黄庭坚对青神士人蒲志同的热情款待深表谢意。

　　九月初二,张祉介卿及其兄邀请表兄黄庭坚煮茗于玉泉。《游中岩行记》之三有云:"元符庚辰季秋之丁丑,尉张祉介卿及其兄邀予携茗煮玉泉。同来者杨琳君觌,张獬持远,自顷屡来,常若晦冥。是日天地开廓,极目千里。黄某鲁直。"九月初六,黄庭坚又与张祉介卿,王箴、杨琳、杨岩等,酌于慈之东堂。黄庭坚作《次韵杨君全送酒长句》《次韵君送全春花》《谢杨景山承事送惠酒器》等诗。

　　黄庭坚在青神逗留三月余。十一月初,自青神返回戎州,同月二十至戎州。直至十二月出川赴鄂州仕盐税史。黄庭坚在青神县看望姑妈及其表兄的日子里,深为姑妈及表弟和青神士人热情款待和友好往来而感动。学生杨皓为先生黄庭坚十二月出川,作诗十首送别。诗云:"蛟龙得云雨,雕鹗在秋天。"对黄庭坚脱离苦海,贬后起用,再展宏图,寄予厚望。黄庭坚在青神县逗留期间,深被亲戚情、朋友情、师生情等人性化情调所感动。人间有冷暖,唯情最恒温,令黄庭坚没齿难忘。

# 冒雨登楼　寄情婺州

北宋徽宗崇宁元年(1102)，黄庭坚时年五十八岁。是年正月二十三，黄庭坚离开荆州，准备返归分宁。经岳州(治所巴陵，在今湖南岳阳市)、鄂州(治所在今湖北鄂州)等地，一路顺风，心情尚佳。正月二十六，到达岳州。二月初一，黄庭坚冒雨独上岳阳楼。《手书雨中登岳阳楼望君山二诗跋》中有云："崇宁之元，正月二十三夜发荆州，二十六日至巴陵。数日阴雨不可出，二月朔旦独上岳阳数。太守杨器之，监郡黄彦并来。行二十里螺蚌中乃至，见住持僧年八十，跛曳而出，登其绝顶，环望积水数百里，实壮观也。有野马二十余群游平泽中。猿猴辈出，上下松楠间，景气甚野。"从字里行间，可以看出黄庭坚登上岳阳楼，一览无余，气象万千的景观，心情十分舒畅。

黄庭坚冒雨登上岳阳楼，感慨万千。思及婺州祖处先贤滕宗谅被贬巴陵郡，重建岳阳楼的旧事，又不禁伤神惨淡。

滕宗谅，字子京，婺州滕氏第十一世孙。北宋大中祥符八年(1015)，蔡齐榜进士及第。历仕潍州、泰州、边州判官，宦绩斐然。尔后试学士院，改大理寺丞，知太平州，后迁殿中丞。时明肃太后未还政，以滕宗谅有鲠议，擢左言，迁右司谏。因以言得罪，迁祠部员外郎，知信州，降监饶州酒税务。后又通判江宁府，移知湖州，赐三品服.滕宗谅仕途坎坷，防不胜防。在湖州时问民疾苦，省视风俗。未几,西戎犯塞边,遂以滕宗谅为刑部侍郎兼礼部尚书,阻敌于塞外,塞内得以稍安。时范仲淹经略陕西,知滕宗谅有非常之才,就推荐滕宗谅仕天章阁待制,知庆州,经略安抚招讨使,处置边事。滕宗谅甚得机要,边人倾服。不久,又遭小人暗算,弹劾滕宗谅。范仲淹极力为其辩诬,以正其名。滕宗谅又被移知凤翔府,后又移知岳州。滕宗谅在岳州职上,建学兴士,政通人和,百废俱兴。庆历四年(1044)春,滕宗谅又一次被谪,守巴陵郡。滕宗谅谪守巴陵郡后,重修岳阳楼。岳阳楼修竣后,范仲淹为其撰写《岳阳楼记》。范仲淹在《岳阳楼记》开头写道:"庆历四年春,滕子京谪守巴陵郡。越明年,政通人和,百废俱兴,乃重修岳阳楼,增其旧制,刻唐贤今人诗赋于其上,属予作文以记之。"范仲淹在《岳阳楼记》中感慨良多,以"先天下之忧而忧,后天下之乐而乐"的忧乐观,为世人赞颂。其文也与岳阳楼一样名垂千古。人谓:"楼自公作,范文正记,苏子美书,邵子篆额,称国四绝。"

滕宗谅后又迁苏州,卒年五十八岁。墓在池州青阳县九华山金龟源,范仲淹为其撰写墓志铭。滕宗谅娶李氏,封同安郡君,追封荣国夫人,生四子二女。黄庭坚在试院李公麟处,得知滕及之先祖滕宗谅之人生履历。由此及彼,黄庭坚心情十分沉重,自己人生道路如同婺州祖处先哲滕宗谅有着惊人的相似。幸运的是,滕宗谅虽多有劫难,却有自己的挚友范纯仁之父范仲淹的扶携和支撑,此乃不幸中之大幸。黄庭坚又念及范仲淹从子范纯诚在婺州任上,卒后葬于婺州蛇山,其子范正辞为守父茔,筑室定居,发族于婺州祖处。黄庭坚思前想后,情寄婺州,实乃由思乡之情所牵挂。

# 寒门学子　秉承祖训

　　黄庭坚一生命运多舛,仕途坎坷,不是常人所能忍受的。仁宗嘉祐三年(1058),年仅十四岁的黄庭坚就丧父。步入仕途后,黄庭坚这位寒门学子,也并非仕途坦荡,而是坎坷崎岖。自哲宗元祐九年始(1094),黄庭坚仕宦生涯步入低谷。因参与编修《神宗实录》被宰相章惇、国史编修官蔡卞等人以《神宗实录》不实为借口,屡屡遭受打击报复。元祐九年六月十八,被任命管勾亳州(今安徽省亳州)明道宫,并责令于开封府境内居住,随时听候国史院的对证查问,失去了人身自由。七月二十七,谏官上疏:"实录院所修先帝实录,类多附类奸言,诋熙宁以来政事,乞重行审黜。"黄庭坚被责授涪州别驾,黔州安置(今四川省彭水),自此过着漫漫无期的谪贬生涯。哲宗绍圣五年、元符元年(1098),黄庭坚又被以回避表外兄张向之嫌,从黔州移至戎州 (今四川宜宾市)。哲宗元符三年(1100),传闻有知舒州(治所在今安徽省潜山县)之命,十二月出川,离开戎州。徽宗崇宁元年(1102),黄庭坚又被改发荆州。徽宗崇宁二年(1103)又改派鄂州。十一月末,又被贬谪宜州(今广西壮族自治区宜山市)。崇宁三年(1104)五月,黄庭坚至宜州。崇宁四年(1105),六十一岁的黄庭坚病逝于贬所宜州。

　　黄庭坚仕途异常如此,盖文人墨客和刚直不阿者之悲哀。黄庭坚虽屡屡被贬谪,但面对危难局面,心境坦然,直面人生,无所畏惧。据《豫章传》载："命下，左右或泣，公色自若。投床大鼾，即日上道。君子是以知公不以得丧休戚芥蒂其中也。"并以高尚人品及渊博学识，为世人所拥戴。黄庭坚为何能够从容面对逆境，笑看人生，其主要原因是不忘祖训，以祖训为精神支柱，支撑着他走完人生之旅。据《诸暨孝义黄氏族谱》载："黄为嬴姓14氏之一，出于陆终氏。陆终有后裔，曾被封于黄。今光州定城西十二里，犹有黄国故城。黄既为楚所并，子孙散之四方，以国为氏。"十三世黄石，因辅佐周国有功，赐为黄姓，世居江夏。传至五十世黄歇，开基于武昌府江夏。汉高祖六年(前201)置江夏郡，治所在安陆(今湖北云梦)。此支黄氏，为东汉大臣黄香之族，黄庭坚为此族之后裔。黄庭坚先祖从婺州金华县析居于江夏分宁后，黄庭坚不忘祖训，将分宁双井黄氏立堂号"江夏堂"，以示宗脉一脉相承。

东汉时大臣黄香，从十二岁始，就博学经典，精研道术，以文章闻名京师，时人称"天下无双，江夏黄童"。后官至魏郡太守。著有《九宫赋》等文传世。黄香之子黄琼，为官清廉，敢于奏劾贪官。历任尚书令、司空、司徒、太尉等职，封邟乡侯，食邑千户。传至黄苾时，在隋大业年间，为避战乱，迁居婺州塘雅二头门村。至唐朝，黄瞻仕江西分宁令，定居分宁双井村。黄庭坚自幼在祖辈熏陶下，以祖德祖训约束自己的言行。先祖常用春秋时荣启期的故事开导黄庭坚。春秋时，衣衫不振的荣启期，满头白发，缠着鹿皮蔽体，独自鼓琴自乐，被孔子看见。孔子问："先生老而穷，何乐也?"荣启期曰："吾有三乐，万物以人为贵，吾得为人，一乐也；人生以男为贵，吾得为男，二乐也；人生命有殇夭，吾年九十岁，是三乐也。贫者，士之常；死者，人之终。居常以守终，何不乐乎?"孔子赞扬曰："善乎，能自宽者也。"黄庭坚自幼得到如此的启蒙教育，从小就意识到人生不如意事常八九，生老病死，自然规律；名利地位，身外之物。豁达,超脱,心灵净化,在于修养;学识,胸襟非常,在于品行高洁。这就是人生最高的境界。黄庭坚父亲黄庶经常用唐朝卒徒出身的宿州太守陈瑶,因贪赃被处死时,索笔题的诗告诫黄庭坚。陈瑶的绝笔诗云:"积金堆金官又崇,祸来倏忽变成空。五年荣贵今何在?不异南柯一梦中"。四句诗言简意赅,一语道尽人生。黄庭坚在这样的家庭环境中成长。至成年时,对于得与失的权衡,责与权的抗争,荣与辱的分辨,从未乱过方寸。这就是黄庭坚屡遭贬谪而笑对人生的大智若愚的气度和大彻大悟的智慧,既是一种境界,更是一种智慧。

# 博爱情怀　感悟挚交

北宋绍圣四年（1097），黄庭坚在贬所黔州。是年春，泸州太守王献可慕名投书信黄庭坚，请求黄庭坚为其作书。黄庭坚作《答王补之书》。王献可，字补之，山西泽州人，元祐七年（1092），累官知麟州西作坊使。因擅自统兵追击夏人勒停，起为英州刺史知泸州。元符元年（1098），迁左骐骥使，权发遣梓夔路钤辖管勾泸南沿边安抚使公事。元符二年（1099）五月，坐元祐中上书议论朝政罢职。王献可先祖王泽，汉时仕郡太守。王泽九世孙王通，自幼笃学，南北朝时教授于河汾。王通次子王福时，唐代任雍州司功参军，王福时生六子，皆以文学著名。次子王勃，为"初唐四杰"之一，曾作《滕王阁序》饮誉文坛。至唐末，王福时十七世孙，礼部尚书王永国次子王彦超，仕唐节度使，为避战乱，从绍兴迁居婺州义乌县凤林。唐朝天佑末年，王彦超幼子王槐，又称三府君，从义乌凤林迁居婺州金华县婺女乡，为山西太原王氏迁居金华始迁祖。一向以乡情至高无上的黄庭坚，得知王献可家族渊源后，乡梓情结驱动着黄庭坚，与王献可成为挚交。

《文集》卷十九《答王补之书》中载："今者不肖得罪简牍，弃绝明时，万死投荒，一身吊影，不复齿于士大夫矣，所以虽闻阁下近在泸南，而不敢通书。忽蒙赐教，礼盛而使勤，词恭而意笃，所以奉王公大人者，投之御魑魅苟活人之前，恐惧而不敢当，读之赧然。

……在今之时,能文章有名誉,居庭坚之右甚众。阁下不取诸彼而取诸此。何好恶酸咸与时异哉!平居其言不见信于人,况于罪戾,有言不信之时,阁下何取焉! 加以忧患之余,神明去干。旧所记书,昏忘略尽。穷乡又无书可备,寻绎提笔,临缄茫然不知所云。而辱委托丁宁,期于必得。勉辄承命,书其大略,言语味陋,安能增光辉万一,以慰孝子之思,以满全人之意。遽授来使,病于夏畦。庭坚再拜。"黄庭坚先后给王献可的书札,仅收录于《别集》卷十五的就有十七篇。可见黄庭坚与婺州王氏先祖王槐同宗后裔王献可的情谊,非同寻常。黄庭坚不仅与王献可常有书信往来,而且与王献可的季子也有唱和。《别集》卷十《书阴真君诗后》中云:"忠州半都山仙都观朝真殿西壁,有天成四年人书阴真君诗三章。余同年许少章以为真汉人文章也。以余考之,信然。因试笔,偶得佳纸,为钞此诗以与王泸州补之之季子。……绍圣四年四月丙午禅月楼中书。"从黄庭坚与王献可、王献可季子的书札往来中可以看出,黄庭坚博爱情怀,令人感激。他的博爱的落脚点,全在情爱上,一个"情"字左右全局。

北宋哲宗元符二年(1099),黄庭坚又被贬至戎州。五月,得知王献可因议论朝政,被诬陷而入无祐堂籍案、罢职为民的消息后,甚是痛心。黄庭坚为安抚王献可清廉有节劝勉有加。黄庭坚除引用挚友大文豪苏东坡《赤壁赋》中"天地之间,物各有主;苟非吾之所有,虽一毫而莫取……"之名言,劝导王献可珍惜拥有,知足者仙境,不知足者凡境而开导外,还引用唐代诗人白居易的《寄张十八诗》中"饥止一箪食,渴止一壶浆,出入止一马,寝兴止一床,……胡然不知足,名利心惶惶"之警世恒言,劝慰挚交要树立"无忧无虑又无求,何必偏偏计小筹"的知足常乐人生观,直面人生。《别集》卷十五《与王泸州书十七》之一云:"忽被旨罢泸州,所处僻左,未知其详审尔。计即东去,此在庸庸之情,戚嗟若不可终日。顷窃观气质仁厚,神宇深静,事郡之大节可与冰雪争鸣。"又云:"承欲渐解舟至王市,治行盛暑,良不易。……闻老兄囊中亦不丰,然随缘以为日用,岂有阙耶?子侄皆贤,想处之裕如也。闻命之初,贤愚无不动心,以为老兄何以处之。独不肖以为不然。"黄庭坚给王献可的书札,句句出自肺腑,字字温暖人心,岂能不感悟挚交。王献可在挚交黄庭坚的有理有据、言辞恳切的劝导下,洁身自好,保持晚节,名载史册,百世流芳。

# 传承孝道　播撒仁爱

北宋元祐二年(1087)，黄庭坚就职于京都秘书省兼史局，除著作佐郎。时挚交秦观季弟秦觌客住京师，始与黄庭坚交游。秦观，字少游，一字太虚。年少时豪情慷慨，长于文词。在徐州时，与苏轼交好，作《黄楼赋》，苏轼见之以为有奇才。登第为定海主簿。元祐初年(1086)，苏轼以贤良方正推荐秦观于朝，除太学博士。累迁国史院编修官，与黄庭坚共事，为黄庭坚挚交。因受元祐党案牵连，秦观被编管横州，徽宗当朝后，秦观方得复宣德郎，病卒于滕州。有《淮海集》存世，世称秦淮海。黄庭坚与秦观兄弟交好，还有一个重要原因，就是黄庭坚岳丈孙觉之子孙子实，与秦观兄弟友善。一向以重于亲情、传承孝道、践行孝德而闻名的黄庭坚，与秦氏兄弟情同手足也在情理之中。

秦觌，字少章，秦观季弟。据秦瀛《重编淮海先生年谱》载："(元祐二年)，先生弟少章觌客京师，黄鲁直以'寄寂'名其斋，赠以诗。"即《次韵秦觌过陈无已书院观鄙句之作》《晁张和答秦觌五言予亦次韵》等诗。又有《次韵子实题少章寄寂斋》诗，云："虚名误壮夫，今左可笑闵。尸裹万里归，书载五车捃。安知衡门下，身与天地准。秦晁两美土，内行颇修谨。余欲造之深，抽琴去其轸。寄寂喧哄间，此道有吸引。狱户闻笞榜，市声杂朝辗。二生对曲肱，圭玉发石蕴。小大穷鹏鷃，短长春椿槿。欲闻寂时声，黄钟在龙笋。"黄庭坚作此诗,表达了他对秦觏的仁爱之心。勉励秦觏不要为眼前浮名所累,应当踏踏实实,刻苦勤学,如黄钟在架,虽然暂时没有发出声响,但是最后一定为砰然轰鸣。从诗中不难看出,黄庭坚在秦觏身上所播撒的仁爱。黄庭坚初识秦观,是在黄庭坚任国子监教授期满后,赴吉州太和县任时,路过高邮,曾造访秦观,其后二人书信往还不断。秦观还将季弟秦觏和仲弟秦觌推荐给黄庭坚。由是,秦观两个弟弟就从黄庭坚学,既有挚交情,又有师徒情,情深意笃,重在孝道和仁爱。是年三月,苏轼出知杭州,秦觏随苏轼而往仕仁和县主簿。黄庭坚作《送少章从翰林苏公余杭》诗赠送。诗云:"东南淮海惟扬州,国士无双秦少游。欲攀天关守九虎,但有笔力回万牛。文学纵横乃如此,故应当家有季子。时来谁能力作难,鸿雁行飞入道山。斑衣儿啼真自乐,从师学道也不恶。但使新年胜故年,即如常在郎罢前。"黄庭坚勉励秦觏在学问方面经常有新的突破和长进。

黄庭坚除对秦观季弟秦觏充满情爱之外,对其仲弟秦觌也是仁爱满腔。秦觌,字少仪。好学有文采,亦游学于黄庭坚之门。《王直方诗话》中有云:"少仪好为诗,初不甚工。既而以所业见山谷,山谷赠此诗,当时交游间多以言为过。然少仪缘此诗思大发,非复往时,交游亦刮目视之。"黄庭坚作《赠秦少仪》诗云:"秦氏多英俊,少游眉最白。频闻鸿雁行,笔皆万人敌。吾早知有觏,而不知有觌。少仪袖诗来,剖蚌珠的历。乃能持一镞,与我箭锋直。自吾得此诗,三日卧向壁。挽士不能寸,推去辄数尺。才难不其然,有亦未易识。"又据《高邮州志》卷十《秦观传》中载:"季弟觏,字少章,从苏、黄游。工于诗,元祐六年进士,调临安主簿。仲弟觌,字少仪,亦能文。黄鲁直诗云'秦氏多英俊,少游最眉白。频闻鸿雁行,笔皆万人敌。吾早知有觏,而不知有觌。'"由此可以看出,黄庭坚结识秦氏三兄弟,秦观为最晚。黄庭坚对秦氏三兄弟传承孝道,播撒仁爱之言行,也与情系古婺岳丈孙觉之子孙子实的情爱不无关系。一个"情"字,为万物之纲,纲举而目张,自古理然。

# 嘱咐儿媳 莫忘祖处

黄庭坚独根苗黄相,出生于北宋神宗元丰七年(1084)。是年,黄庭坚四十岁,由太和县移监德州德平镇。据《别集》卷十六《答陈季常书》中云:"小子相已十岁,颇顽壮,稍知读书。"黄庭坚作《答陈季常书》,是在元祐八年(1093),由是推论,黄相出生于神宗元丰七年。又可从《刀笔》卷十《答宋子茂》中,证实黄相出生的时年。《答宋子茂》中有云:"小子相今十四,并其所生母在此。知命(黄叔达)亦将一妾一子相同来。今夏又得一男子曰小牛,相及小牛颇丰厚,粗慰眼前。"黄庭坚作此书,是在哲宗绍圣四年到达黔州两年后, 即哲宗元符二年 (1099)。还可从黄庭坚作于哲宗元符三年(1100),载入《别集》卷十八《与元勋不伐书》中得到佐证。《与元勋不伐书》中有云:"元明(黄大临)近赴越州司理,匠师在扬州守家尔。知命(黄叔达)挟雌将雏下荆峡迎元明,未得近音也……小子相今年已十七,诵书虽多,终未能决得古人义味。近喜作古诗,他日或有一长尔,未可量也。"据此种种推断,黄相出生于神宗元丰七年。

又据《山谷诗集注》云:"相,字了然,小字小德;睦(黄庭坚女儿)行第三十三,后嫁舒城李去华文伯。"哲宗元符三年(1100),是年黄庭坚五十六岁。被贬谪于戎州。十一月,传闻黄庭坚要知舒州(治所在今安徽省潜山县。)十二月出川,十一,顺江东下过江安

(今四川江安县)时,为江安守石谅挽留过年,并与之结为亲家。时黄相十七岁。《文集》卷十九《与苏子由书》之三有云:"小子相,娶石谅之女。蒙齿记,感激感激。"次年正月十二,宋哲宗驾崩。十三,弟佶继位,是为徽宗。是时,政权掌握在神宗皇后向氏手中。政局向有利于旧党方向转变,司马光、苏轼等三十三人,名誉相继恢复。《辑稿》第一百四册《职官》七六云:"元符三年正月十二日,徽宗即位,赦书应贬降责授官量与升陟。在外未量称者与量移,已量移者与叙用,已叙用者更与叙用。应流配人内有曾任职官,已经恩赦放还者量与叙用,应除名追官停任人等并终身不齿及放归田里,并因诗误连累自来未敢术仕人等,并许于刑部投状。散官编管人等,并仰逐处分析闻奏当议等,第旅行除名追官停任人等,曾编管羁经恩已放逐便者,并许于吏部投状依利施行。"此令利于黄庭坚恢复名誉。

徽宗建中靖国元年(1101)正月,黄庭坚儿子黄相与石谅女儿石氏匆匆完婚。黄庭坚为石谅诸子作字序。同月,黄庭坚与儿子黄相和儿媳石氏,离开江安继续东下。黄庭坚作《泸州中坝葛氏竹林留题》,云:"江南黄某自赖道蒙恩放还,元符三年十二月道出江安,江安宰石谅信道以亲亲见留作岁。建中靖国元年正月丙寅,置酒中坝葛氏之竹林。"子黄相与石谅女石氏完婚后,黄庭坚语重心长地对儿媳石氏说,江西黄氏祖处为婺州塘雅。水有源,树有根,日后千万不能忘记祖处,忘记祖处就是忘本。忘本乃为世人所不齿。逢年时节,要回婺州祖处塘雅祭祖。子黄相和儿媳石氏当即应诺,并遵父之教诲,黄相与妻携六个儿子亲赴祖处婺州塘雅祭祖,这是后话。

# 善待知交　莫逆情怀

　　范仲淹(989—1052),北宋政治家、文学家,字希文,苏州吴县人,大中祥符进士。景祐二年(1035),以天章阁待制权知开封府。次年,上《百官图》议朝政,被指为朋党,贬知饶州。宝元三年(1040),西夏攻延州,范仲淹与韩琦同任陕西经略副使,改革军制,巩固边防。庆历三年(1043),任参知政事,建议十事,主张建立严密的官任制度,注意农桑,整顿武备,推行法政,减轻徭役。因保守派反对,不能实现。范仲淹罢去执政,出任陕西四路宣抚使。后在赴颍州途中病死……范仲淹生四子,长子范纯佑,次子范纯仁,三子范纯礼,幼子范纯粹。范仲淹与黄庭坚有无交往,不详。然范仲淹推行“庆历新政”时,苏轼极力支持范仲淹,结果被反对派借机报复,坐罪消职,黄庭坚不满于苏轼被消职,在给苏轼的诗中振臂疾呼:“敢告大钧手,材难幸扶将。”黄庭坚对范仲淹的“庆历新政”也抱支持态度。范仲淹的儿子范纯仁、范纯粹,与黄庭坚的交往情深意笃,亲密无间。这其中的原因也与古婺有关。其一,范仲淹养子范纯诚,在婺州任上卒后,其子范正辞就迁居于黄庭坚祖处塘雅村南10里的溪干村,与黄庭坚祖处为邻。其二,范纯仁子范正路因仰慕黄庭坚,又因父亲范纯仁与黄庭坚关系甚笃,于熙宁年间迁居黄庭坚岳丈老家兰溪建村发族。由此观之,黄庭坚与范仲淹子孙情同于手足,概与古婺这方热土息息相关。北宋哲宗元祐二年(1087),黄庭坚就职于京都秘书省兼史局,与范仲淹子范纯仁及从孙范正平、范正思往来酬唱颇多。范正思,字子夷。范正平,字子默。黄庭坚曾作《次以道韵寄范子夷子默》诗,赠送范仲淹两个从孙。哲宗元祐八年(1093),据《宋大诏令集》卷五十八《范纯仁拜右丞相制》载,是年,范纯仁为尚书右仆射兼中书侍郎。黄庭坚寄书范纯仁,劝诫他要牢记父亲范仲淹的"居庙堂之高则忧其民,处江湖之远则忧其君"的为官之道。哲宗元祐九年、绍圣元年(1094),据《宋宰辅编年录》卷之十、《宋大诏令集》卷六十九《范纯仁罢相右正议大夫观文殿大学士知颍昌府制》载:是年,范纯仁罢相,知颍昌府,京西北路安抚使。范纯仁罢相后,黄庭坚又寄书于范纯仁,告勉范纯仁大丈夫能屈能伸,不为浮世所累。哲宗绍圣四年(1097)二月二十八,旧党人士吕大防、苏辙、刘挚、梁焘、范纯仁等再遭贬谪。徽宗建中靖国元年(1101)正月初二,范纯仁卒于任所。黄庭坚赴贬所途中闻知不幸,寝不安,食无味,疾首痛心。

徽宗崇宁二年(1103),范纯仁三弟范纯粹责授常州别驾鄂州安置。

黄庭坚在赴贬所途经鄂州时,范纯粹挽留黄庭坚小住鄂州,安顿劳累。范纯粹,字德孺,范仲淹幼子。《范氏宗谱》中载:"先生四月二十二同《与张叔和通判书》载:'庭坚罢太平,即寓鄂渚。会范德孺谪来……德孺以散官安置。'"《宋史》卷三百一十四《范纯粹传》中云:"徽宗立,起知信州……寻以言者落职,知金州,提举鸿庆宫。又责常州别架,鄂州安置。"黄庭坚留在鄂州期间,与范纯粹往来唱和之诗存于世。每首诗都流露出黄庭坚和范纯粹的亲密无间。

范纯粹,并非等闲之辈,沉毅有干略,论事切中要害。元丰中期,仕陕西转运判官。时五路出师无功,神宗欲再举。范纯粹言公私大困,根本不可忧。神宗遂放弃举兵。范纯粹也由此迁右司郎中。哲宗继位后,范纯粹以龙图阁学士出知庆州。后因元祐党案牵连夺职,知均州。徽宗时,以征戤阁待制致仕。卒年72岁。范纯粹一生忠贞不渝,历经磨难。在鄂州与黄庭坚相遇,有同病相怜之伤感。以诗抒发内心之郁闷。黄庭坚也多有诗词唱和。黄庭坚曾作《德孺五丈和之字诗韵难而愈工辄复和诚可发一笑》《次韵德孺五丈新居病起》《次韵德孺五丈感兴二首》《次韵德孺五丈惠觌秋之句》等诗,均作于鄂州与范纯粹相处之时。其后,黄庭坚南贬,范纯粹馈赠给黄庭坚物颇多,且遣其子至汉阳为黄庭坚送行。黄庭坚作《求范子黔染鸦青纸二首》诗以赠。《过庭录》中有云:"时王侍郎德孺自迁所还,会黄于武昌,老甚不平,且贫甚,侍郎厚赠,令诸子送至汉阳。"黄庭坚与范仲淹子孙情深意笃,这并非仅仅是文人雅士之间的往来,更深层的原因,就是婺州这方热土、这方山川所造就的乡梓之谊之故。四方游子对乡梓情结是十分看重的。俗话说:"老乡见老乡,情谊永不忘。"说的就是这个理。

# 心存祖处　宗谱作序

中华礼制,家必有祠,族必有谱。因此,在崇尚家族主义的社会环境中,族谱成为神圣之物。谱牒之学,起源很早,汉魏之世,门第始兴,谱牒学也于此时发达起来。作为著名族姓的江夏黄氏,开始编修家史族谱。直至北宋,随着黄姓的兴旺,也出现了黄氏谱牒的繁荣。特别在苏轼和欧阳修的大力倡导下,各地黄氏纷纷建祠修谱,写家传。江西分宁双井黄氏裔孙黄庭坚,亲自考订分宁黄氏世系,创修《黄氏世谱》后,成为后代黄氏谱牒的范本。

北宋元祐年间,婺州东塘黄氏裔孙着手编修第一部《东塘黄氏宗谱》。并敬请本族名流黄庭坚为《东塘黄氏宗谱》作序。祖处于婺州塘雅的黄庭坚欣然应诺,于北宋元祐七年(1062)菊月撰成《金华黄氏谱序》,载入《东塘黄氏宗谱》之首,成为《东塘黄氏宗谱》压谱之作。

黄庭坚撰写的《金华黄氏谱序》云:"黄为赢姓,陆终氏之后,受封于黄,今光州定城西二十里犹有黄国故城。黄既为楚所并,子孙散之四方,以国为姓。至汉,尚书令香居江夏为望族。有自江夏迁婺之金华者,其讳曰苾。历十九世传至荣。荣生二子,曰洪,曰浩。洪生瑕、珑。浩生琛、玘、璞,其子分为五大族。瑕之支则丰城,珑之支则剡,琛之支则监利,玘之支则弋阳,皆自金华而迁。稽之金华、丰城、弋阳三谱,有黄庭坚、魏了翁、李心传诸儒所采者颇同,当可信不诬。诸暨花亭之黄氏,实出于珑。珑之季弟玘,有子曰瞻,挟策游江南李氏,不用,后为著作郎,知洪之分宁县。珑遂与之同家于县之双井。江南起兵,髓弃双井,迁于剡,子惠复自剡迁今所。惠之孙,宋赠卫少卿,赈贫及于乡,待之举火者数载。黄氏墓在浦江者,见于开元十道图,则浦江之有黄氏已久,似未可以旧谱为信,要之其言,必有所本,无从考质也。一世祖荣与二世祖浩,皆隐居勿仕。三世祖玘,亦隐居勿仕。四世祖瞻,授兵马副使,将楚兵二十年。及吴楚衰,乃游湖、浙,遂居分宁,葬白土。五世祖元吉,掌樵县,赠光禄大夫,迁居于秀水之上。六世祖中雅,授光禄正卿。我祖湜,授给事中,再赠朝散大夫。先考庶,授刑部侍郎,官为最显。际今盛世,叨备官使,不获推恩于三代。顾以鄙劣,无似勿克,负荷骚寻、暮景俱在。一旦殁灭,以为大憾,安可无使后人知,夫源流之自而思亢其宗乎,盖一世已上,皆略勿著,盖慎之也。庸敢窃取斯义。断自七祖而下,邛陇之尚完,祭享之不废者,为之图若谱,远不可知,疑不能明者,悉阙焉。凡为图谱之法,亲者宜详,疏者宜略。为子孙者,各详其亲,则其所略者,自可互见。今不以亲疏为问而有所。或遗者,恐诸房子孙,不必人人能有图谱而有所。亲者,各致其详也。来者,当思补其未备,而无厌其伤于繁哉。"

　　黄庭坚为婺州祖处《东塘黄氏宗谱》作序,其思祖念祖敬祖尊祖之心,日月可鉴。

# 金华侯孙　孝行可风

北宋徽宗崇宁三年(1104)，六十岁的黄庭坚被贬谪在广西宜州。在到达湖南永州时(今湖南零陵)，黄庭坚担心家人不能承受宜州的湿热气候，就将家属寓居于永州，只身前往宜州贬所。黄庭坚到达宜州后不久，因不适应气候环境，就卧病在床，身不由己。

永州零陵人蒋沣，闻知自己祖处婺州的先哲黄庭坚被贬至宜州，而将其家眷安置在永州，就前往拜访黄庭坚及其家眷。蒋沣先祖蒋横，在东汉建武初年，追随光武帝刘秀征讨赤眉军。西汉末年，土地兼并剧烈，农民无以为生。王莽代汉后，又实行"王莽改制"，广大农民遭受更深重的灾难，有民谚云："王莽登基十八年，三岁孩童叫苦连(意思连三岁小孩生活也苦如黄连)。天凤五年(15)，琅琊人樊崇在莒县(今属山东)揭竿起义，史称"赤眉起义"。建武二年(26)，赤眉军因饥荒退出长安。建武三年，在新安(今河南渑池东)、宜阳(今属河南)一带，遭到刘秀部将蒋横的围攻，樊崇无奈之下投降，赤眉起义失败。蒋横因征讨赤眉军有功，光武帝刘秀封蒋横为逡道侯，并升迁为大将军。光武帝建武四年(28)，蒋横被同僚谗言所陷，惨遭杀害。蒋横所生九个儿子，四处奔走避难，除一个儿子逃奔楚地外，其余八个儿子均避难于江南。光武帝建武七年(31)，光武帝在贤臣良相的再三奏请下，终于省悟，不仅为蒋横冤白昭雪，而且还为九个儿子随地封侯。

长子蒋颖定居于会稽郡乌伤县西(义乌前身,宋时为婺州),封为公华侯,东汉初平三年(192),割乌伤西南地置长山县,为金华建县之始。隋开皇十八年(598),始建金华县。后人改称蒋颖公华侯为金华侯。至今仍称蒋颖为金华侯。次子蒋郑定居越州(今浙江绍兴),封为会稽侯;三子蒋川,定居于润州(今江苏镇江),封为临江侯;四子蒋辉,定居于湖州安吉,封为镇湖侯;五子蒋渐,定居于姑苏(今江苏苏州),封为临苏侯;六子蒋巡,定居于余杭,封为浦亭侯;七子蒋稔,定居于楚地平河县,封为九江侯;八子蒋默,定居阳羡(今宜兴)涌湖东,封为阳亭侯;九子蒋澄,定居阳羡(今宜兴)渭湖西,封为函亭侯。这就是后世称之为"江南无二蒋,九子皆封侯"的由来。

据《蒋氏宗谱》载,金华侯蒋颖,生二子,长子蒋铨,字可衡,行胜七;次子蒋镛,字可大,行胜八。长子蒋铨致仕于永州(今湖南零陵),遂定居零陵。蒋沣为蒋镛裔孙,实为金华侯蒋颖之嫡裔,是金华的脉,金华的种。仅因为这层关系,蒋沣对祖处在金华的黄庭坚,有着祖出一地的亲情感。再加上黄庭坚品德端庄,知识渊博,更为蒋沣所敬重。黄庭坚被贬于宜州时,不少士大夫怕引火烧身,不敢与黄庭坚往来。然而蒋沣不然,不仅敢与黄庭坚往来,而且还亲自照顾黄庭坚的饮食起居,尽心尽孝,有口皆碑。《别传》中载:"初,谪宜州,与零陵蒋沣相友善。士大夫畏祸不敢往还,独沣陪杖履。疾革,沣往见之,大喜握手曰,身后事委君矣。及卒,沣为棺送归葬双井祖茔之西。"从这一史实中,可见金华侯孙蒋沣乡梓之情,重于泰山。在黄庭坚患病期间,蒋沣从零陵赴宜州(零陵在湖南南部,与广西宜州邻接),问寒问暖,寻药煎药,无所不为。黄庭坚卒后,蒋沣又与苏坚、范寥等人,亲自护送黄庭坚棺木至江西分宁双井村安葬。金华侯蒋颖嫡裔蒋沣,孝行可风,大孝无言,为后人所称颂。

# 苏黄相长　占籍古婺

　　黄庭坚与苏轼、苏辙关系甚密。尤其是与苏轼更为友善，不仅常有诗词往来酬唱，更有书法作品切磋相长，史称"苏黄"。黄庭坚与苏辙的关系也不同寻常，情同手足。神宗元丰四年(1081)，时任吉州太和县县令的黄庭坚，闻说苏辙谪监筠州，治所在今江西高安县，与黄庭坚任所吉州同在江西。是年秋天，黄庭坚亲赴筠州，拜访苏辙，并与苏辙定交，成为忘年交。

　　据《文集》卷十九《寄苏子由(苏辙，字子由)书》之一有载："庭坚顿首再拜。诵执事之文章而原见二十余年矣。官学䄷系一州辄数岁，迄无参对之幸。每得于师友昆弟间，知执事治乞养心之美，大德不逾，小物不废。沉潜而乐易，致曲以遂直，欲亲之不可媾，欲疏之不能忘。虽形迹阔疏，而生平咏叹，如千载寂寥，闻伯夷柳下惠之风而动心者。然惟小不裕于学，方羊尘垢之外，朴拙无所可用。既已成就，虽造物之炉锤不能使之工也。得邑极南，幸执事在旁郡。且当承教、为发万金良药，使痼疾少愈。而到官以来，能薄不胜事剧，陆沉簿领中。救过不暇笔墨。且况以写心精微，故欲作记而中休。时因过宾高安行李，必问动静。"黄庭坚的《寄苏子由书》，充分表达了黄庭坚对苏辙敬佩之情和同情之心。

　　在《栾城集》卷二十二中，载有苏辙《答黄庭坚书》。《答黄庭坚书》中云："辙之不肖，何足以求交于鲁直(黄庭坚)？然家兄子瞻

(苏轼)与鲁直往还甚久,辙与鲁直舅氏公择(李公择)相知不疏。读君之文,诵其诗,愿一见者久矣。性拙且懒,终不能奉咫尺之书,致殷勤于左右,乃使鲁直以书先之,其为愧恨,可量也!自废弃以来,颓然自放,顽鄙愈甚,见者往往耻笑,而鲁直犹有以取之。观鲁直之书,所以见爱者,与辙之爱鲁直无异也。然则书之先后,不君则我,未足以为恨也。此闻鲁直吏事之余,独居而蔬食,陶然自得。盖古之君子不用于世,必寄于物外以自遣,阮籍以酒,嵇康以琴,阮无酒,嵇无琴,则其食草木而友麋鹿,有不安者矣。独颜氏子饮水啜菽,居于陋巷,无假于外,而不改其乐,此孔子所以叹其不可及也。今鲁直目不求色,口不求味,此其中所有过人远矣,而犹以间人,何也?闻鲁直喜与禅僧语,盖聊以是探其有无耶?渐寒,比日起居甚安,唯以自重。"从苏辙《答黄庭坚书》中,不难看出苏辙除对黄庭坚人品道德敬佩之外,还关心黄庭坚饮食起居。若不是挚友,能有如此之肺腑之言?!

　　黄庭坚与苏辙结交后,并有《秋思寄子由》《次韵奉寄子由》《再次韵奉答子由》《再次韵寄子由》等诗作,寄往筠州苏辙。苏辙也作《次烟字韵答黄庭坚》《复次烟字韵答黄大临庭坚见寄二首》等诗寄往太和县黄庭坚。黄庭坚始终认为像苏辙这样一位曾在其家乡为官且勤政爱民之学者,钦仰终身。苏辙之为人对黄庭坚也有所影响。黄庭坚勤政爱民、乐于山水、不求仕进的人生之道,受苏辙兄弟俩的影响,可以从诗词唱和中得到领悟。黄庭坚卒于北宋徽宗崇宁四年(1105)。时隔二十余年的南宋建炎三年(1129),苏辙之子苏迟出任婺州知州。苏迟在年轻时,就耳闻目睹了父亲苏辙和黄庭坚的书信往来及言谈举止,对黄庭坚的崇拜可以说是五体投地。黄庭坚的道德文章,对苏迟的成长和为人也产生不可磨灭的影响。苏迟在婺州知州任上,亲自去黄庭坚祖处婺东塘雅村,拜祭黄庭坚的先祖和黄庭坚的神牌,还以父亲苏辙亡灵的名义衷悼黄庭坚。苏迟从塘雅回婺城后,就萌发了侨寓婺城的念头。苏迟在婺州知州任上不到一年,就被调离。然而苏迟不想再为官赴他地就任,就侨寓在婺城。苏迟之子苏简,以父亲言行为楷模,入籍了古婺。苏简的后裔见先祖的挚友黄庭坚的祖处在婺东,他就择地于婺西落籍,形成黄苏两姓东西呼应格局,东西横贯于婺州。于是就迁居金华县县西二十都苏孟村入居。婺州有苏氏自此始。婺州有苏氏可以说是受黄庭坚影响而占籍的。

# 驰笔墨池　冠名金华

　　黄庭坚除作诗讲究独辟门户自成一家，在诗歌创作上也独树一帜，为江西诗派创始人外，在书法领域，也是声誉卓著，至今留下的墨宝真迹和四方碑刻，仍是价值连城。

　　《外集》卷九《书草老杜诗后与黄斌老》中云："予学草书三十余年，初以周越为师，故二十年抖擞俗气不脱。晚得苏才翁子美书，观之乃得古人笔意。其后又得张长史僧怀素高间墨迹，乃窥笔法之妙。今来年老懒作此书。如老病人扶杖，随意倾倒，不复能工，顾异于今人书者，不纽提容止，强作态度耳。"此篇作于哲宗元符二年（1099）的练习书法心得，可以看出黄庭坚练书法的历程和谦逊书法态度。曾敏行《独醒杂志》卷二，如是记述黄庭坚深谙书法的理念，文中云："元祐初，山谷与东坡、钱穆父同游京师宝梵寺，饭罢山谷作草书数纸，东坡甚称赏之，穆父从旁观曰：'鲁直之字近于俗。'山谷曰：'何故？'穆父曰：'无他，但未见怀素真迹尔。'山谷心颇疑之，自后不肯为人作草书。绍圣中谪居涪陵，始见怀素自叙于石扬休家，因借之以归，摹临累日，已废寝食。自此顿悟草法，下笔飞劲，与元祐以前所书大异，始信穆父之言不为诬。而穆父已死久矣。故山谷尝自谓得草书于涪陵，恨穆父不及见也。"从曾敏行的《独醒杂志》中所述之事，可知黄庭坚学习书法，不仅刻苦求精求真，而且取他人之长、补己之短的取长补短的精神。

哲宗元符三年(1100),是年五十六岁的黄庭坚,仍在戎州贬所。正月三十,书韩愈《送孟郊序》送给外甥张大同。《别集》卷十《书韩愈〈送孟郊序〉赠张大同》中云:"元符三年正月丁酉晦,甥雅州张大同治任将归来,乞书。适余有心腹之疾,是日小闲,试笔书此文。大同有意于古文,故以此遗之。"黄庭坚身患重病,仍然为外甥张大同挥毫泼墨,可见黄庭坚对书法的执着和对人心诚之美德。同年二月十二,黄庭坚为成都李致尧作书。酒后,彻悟行书之道。《外集》卷九《李致尧乞书书卷后》中云:"书尾小字唯余与永州醉僧能之。若亚栖辈见当羞死。元符三年二月己酉夜,沐浴罢,连饮数杯,为成都李致尧作行。耳热眼花,忽然龙蛇入笔。学书四十年,今名所谓鳌山悟道书也。"黄庭坚不仅擅长于草书,而且对行书也是孜孜不倦地探索和追求。特别在被贬谪后,黄庭坚不是沉沦厌世,而是在书法中真精进取。《佩文斋书画谱》卷七十七《宋黄庭坚伏波帖》引《铁网珊瑚》范成大语云:"山谷晚年书法大成。如此帖毫发无遗恨矣。"又引《书画题跋记》明文徵明跋云:"黄文节公书刘宾客《伏波》诗词,雄伟绝伦,真得折钗屋漏之妙。……此诗建中靖国元年五月己亥荆南沙尾书。于时公年五十七,正晚年得意书。且题其后云:'持到淮南示余故旧,何如元祐中黄鲁直书也?'……公元符三年自贬所放还,建中靖国元年四月抵荆南。"从后人对黄庭坚的书法评价来看,黄庭坚的书法已是炉火纯青,无与伦比了。

黄庭坚的书法作品,落款签署大多是"修水黄庭坚""江西黄庭坚""江西黄鲁直""江西涪翁""黄庭坚鲁直""黄某鲁直""涪翁"等等。但是北宋哲宗元符三年(1100),胞弟黄叔达从婺州祖处赴四川戎州看望黄庭坚,在归途中不幸身亡于荆州,归葬于婺州祖处塘雅村后,黄庭坚为缅怀胞弟归祖安家安葬,尔后的书法作品多有落款签署为"金华黄庭坚",并自诩"金华先生"。从中足以看出黄庭坚思祖思亲的拳拳赤诚之心。

# 官场险恶　悔步仕途

北宋英宗治平四年(1067),二十三岁的黄庭坚进士及第后,初仕叶县尉,自此步入官场。然而,黄庭坚仕途一直坎崎。黄庭坚初仕叶县尉,因上任迟到遭镇相富弼拘系始,仕途厄运缠身,无法摆脱。但黄庭坚遭富弼拘系,并非富弼之过,过在黄庭坚自身。这是富弼给初入仕途的黄庭坚的下马威,意在为官者当自重自律自束为上。富弼一向以为官清正严厉著称。对黄庭坚上任迟到,用拘系的手法管教,便是一例。仁宗时,宋、辽连年征战,富弼奉旨出使辽国谈判,义正词严,仁而有威,迫使辽国息兵宁事,南北之民数十年间未有战事硝烟,天下称善。富弼知青州时,恰逢黄河水灾,六七十万灾民逃往青州。富弼悉数招抚逃至青州境内灾民,筹划公私住房十万余间,极力动员地方官员及富户出粟救灾,并打开官仓储粮,救活灾民六七十万人。这又是富弼为官待人宽厚的一面。英宗时,富弼出任宰相。英宗将其父仁宗遗留器物赏赐给朝廷有功重臣,富弼也在被赏赐之例。然富弼坚持不受。英宗说:"这是先皇留下遗物,赠与重臣也是朕的一片诚心,何为不受。"富弼笑而答曰:"作为皇帝重臣,无功接受皇上额外所赐,日后皇上若有差池,臣何以劝谏。吃了人家嘴软,收了人家手短,自古理然。"英宗听罢,觉得富弼言之有理,不再馈赠重臣。富弼为官清正廉明如此,黄庭坚因上任迟到受拘系之苦,自食苦果,无须怨天尤人。

北宋神宗元丰二年(1079)十二月二十六,因受苏轼"乌台诗案"牵连,黄庭坚罚铜二十斤,改知吉州太和县。是年二月,苏轼罢徐州任,改知湖州。据"乌台诗案"载:"七月三日,御史中丞李定奏苏轼有可废之罪四,监察御史舒亶等又专摘苏轼湖州谢上表及诗中语,以为讥刺时政。诏令御史台选牒朝臣一员乘驿追摄。"据孔平仲《孔氏谈苑》卷一《苏轼以吟诗下吏》条载:"七月二十八,御史台官吏皇甫遵奉命从汴京赶到湖州衙门,当场逮捕苏轼,目击者云:'顷刻之间,拉一太守,如驱鸡犬。'"史称"乌台诗案"。又据《宋大诏令集》卷第二百五《尚书祠部员外郎直史馆苏轼责授黄州团练副使本州安置》中载:"十一月二十八日,苏轼文字狱结案。十二月二十六,责授黄州团练副使本州安置。"黄庭坚耳闻目睹挚友苏轼因蒙受文字狱之苦,连遭打击,深感官场钩心斗角,防不胜防,如履薄冰,随时有掉进深渊之可能,人心如此,概莫能测。

黄庭坚的仕途风波,一波未息一波又起。哲宗元祐三年(1088)五月,因御史赵挺之作梗,诏新除著作郎黄庭坚依旧著作佐郎。据《长编》卷四百十一条第二十九条载:"(元祐三年五月)诏新除著作郎黄庭坚依旧著作佐郎。以御史赵挺之论其质性奸回,操行邪秽,罪恶尤大,故有是命。"仅因元丰七年,时德州通判赵挺之,迎合执政旨意,在德州大力推行市易法,时黄庭坚移监德州德平镇,为当地平民百姓计,力阻在德州推行。数年之后,赵挺之对此事仍耿耿于怀,趁机报复。黄庭坚遭遇不测。哲宗元祐九年,绍圣元年(1094),六月十八,黄庭坚遭宰相章惇和国史编修官的打击报复。以所撰《神宗实录》不实为由,责令于开封府境内居住,限制人身自由。同年十二月二十七,因谏官上疏:"实录院所修先帝实录,类多附奸言,诋熙宁以来政事,乞重行审黜。"黄庭坚又一次遭受打击,被贬至涪州(今四川涪陵)别驾,黔州(今四川省彭水县)安置。自此,黄庭坚过着路漫漫的贬谪生涯。哲宗绍圣二年(1095)一月,仍有宰臣章奏修《神宗实录》不实,乞重加贬谪。于是黄庭坚又被迫夺一官,受降职处置。面对如此情势,迫于无奈的黄庭坚,违心作《谢黔州安置表》,表中云:"伏念臣草茅下士,诗礼小儒,渐阶清涂,厕列文馆,误蒙器使,孤奉国恩,罪在至愚,刑兹无赦。有司议狱,期从铁钺之诛。明主原心,终全蝼蚁之命。虽投裔土,犹得为人。此盖皇帝陛下有天地好生之心,有尧汤不蔽之福。旁开用命之网,或漏吞舟之鱼。顾兹未死之年,皆是再生之日。罪深责薄,感激涕零。重念臣万里戴天,一身吊影,兄弟滨于寒饿,儿女未知存亡。"云云。虽然《谢黔州安置表》中多有对皇上歌功颂德之句,然而"万里戴天,一身吊影,兄弟滨于寒饿,儿女未知存亡"短短数言,透露出对官场险恶的内心忧愤。哲宗绍圣五年、元符元年(1098),被贬于黔州的黄庭坚,又因外表兄张向的避亲戚之嫌为由,被移至戎州。人当落难,门庭冷落不说,连亲戚也鄙夷,人情冷暖,到了如此田地,不也悲乎。元符二年(1099),黄庭坚又被不明不白地列入"元祐党籍"案,再一次遭到打击。黄庭坚因长年贬谪,风餐露宿,食不果腹,衣不蔽体,身心透支,结果体弱多病。徽宗建中靖国元年(1101)七月,苏轼卒于常州。崇宁元年(1102),张耒知颍州,为苏轼举哀行服,为言官所劾,贬房州别驾,黄州安置。张耒仅为苏轼服丧,却遭贬谪,世道昏庸,不寒而栗。黄庭坚不以张耒遭贬而心惧,仍毅然作诗悼念挚友苏轼。《文集》卷八《武昌松风阁》诗云:"东坡道人已沉泉,张侯何时到眼前……安得此身脱拘挛,舟载诸友长周旋。"同卷《次韵文潜》中云:"年来鬼祟覆三豪,词林根柢颇摇荡。天生大才竟何用?只与千古图拜像!……经行东坡眠食地,拂拭宝墨生楚怆。"徽宗崇宁三年(1104),黄庭坚受"元祐党籍"案牵连,又被贬谪宜州。黄庭坚对仕途进退已完全心灰意冷,大有悔步仕途之感。在《跋资深书卷》中云:"崇宁三年十一月,余谪处宜州半载矣,官司谓余不当居关城中,乃以是月甲戌,抱被入宿子城南。予所僦舍喧寂斋,虽上雨旁风,无有盖障,市声喧愦,人以为不堪其忧。余以为家本农桑,使不从进士,则中庐舍如是,又可不堪其忧耶。"《别集》中有载:"居二年,上雨旁风,人不堪其忧。先生终日读书赋诗,举酒浩歌。自言家本农桑,使不从进士,则田中庐舍如是,又不可堪其忧乎! 闻者敬叹。"黄庭坚被贬谪宜州后,不准居于城中,只得居于城外,且房舍破漏,不挡风雨。面对如此残酷的处境,黄庭坚悔恨交加,发出"家本农桑""使不从进士"之感叹。可见黄庭坚对步入仕途所经所历后,已是大彻大悟了。

# 大彻大悟　诗书做伴

北宋徽宗崇宁三年(1104)，黄庭坚被贬至广西宜州后，对官场和仕途之梦幻已经彻底破灭。《别传》中云："先生终日读书赋诗，举酒浩歌。自言家本农桑，使不从进士，则田中庐舍如是，又可不堪其忧乎！"黄庭坚对步入仕途之后悔心理，跃然纸上。《明经世文编》卷四十六唐肃《跋山谷墨迹》中云："公以六十之年，横至贬斥，郡守从而厄之。至不容其居关城中，其困苦至矣。然观其跋李资深书，有云：'子城僦居，上雨傍风，无所盖障，人将不堪其忧，余自念家本农桑，使不从进士，则田中庐舍亦当如是，又何不堪其忧耶！'公之乐天知命，不以得失蒂芥于中者如此，故能以文墨自娱，而书法至老益臻其妙也。宜州无佳笔，公每以三钱市鸡毛笔作字。此纸亦果用鸡毛笔，则公书之妙又不可及已！"黄庭坚处于恶劣环境中，用鸡毛笔书写，盖为常事。《文集》卷二十九《跋与张载熙书卷尾》中云："一日饮屠苏，颇有书兴。案上有墨汁，而佳笔莫在，因以三钱鸡毛笔书此卷。由知者观之，在手不在笔哉。"黄庭坚以诗书做伴，苦度人生。

书法的真谛能参悟人生，寄托情感，传统文化中的孔孟之道，讲究"仁、义、礼、智、信"。而儒家"五常"，可以说贯穿在中华伦理的发展中，成为中国价值体系中最核心的因素，是中国人的传统美德。黄庭坚在作诗作书中，参悟和宣扬处事为人之道，使观者能理解或接受,乃至达成共鸣。自徽宗崇宁三年始,黄庭坚全身心投入诗书之中。是年,其作品有《长沙留别》《胜业寺悦亭》《离福岩》《赠益阳成之主簿》《花光仲仁出苏秦诗卷思二国士不可复见开卷绝叹因花光为我作梅数枝及画烟外远山追少游韵记卷末》《题花光画》《题花光画山水》《所住堂》《题高节亭边山矾花二首》《题花光为曾公卷作水边悔》《赠惠洪》《戏咏筼陵李宗古居士家驯鹧鸪二首》《李宗古出示谢李道人筼帚杖从蒋彦回乞葬地二颂作二诗奉呈》《书摩崖碑后》《浯淡图》《太平寺慈氏阁》《题淡山岩二首》《明运庵》《去年三月清明蒋彦回喜太守监郡过其玉芝园作诗十六韵二侯皆有报章今年三月余至玉芝园记录一时次其旧韵》《三月辛丑同徐靖国到愚溪过罗氏修竹园入朝阳洞蒋彦回陶介石僧崇广及余子相步及余于朝阳岩裴回水滨久之有白云出洞中散漫洞口咫尺欲不见介石请作五字记之》《代书寄翠岩新禅师》《戏答欧阳诚发奉议谢余送茶歌》《到桂州》《答许觉之惠桂花椰子茶盂二首》《以椰子茶瓶寄德儒二首》《寄黄龙清老三首》《赠法轮齐公》《礼思大禅师题名》《天保松铭》《中兴颂诗引并行纪》《题浯溪崖壁》《与长沙崇宁老帖》《题自书卷后》《题牧护歌后》《题李太白〈白头吟〉后》《跋与张载熙书卷尾》《蓦山溪》(鸳鸯翡翠)、《阮郎归》(盈盈妖女似罗敷)、《千秋岁》(稠花乱叶)、《西江月》(月侧金盆堕水)、《虞美人》(天涯也有江南信)、《青王案》(烟中一线来时路)。是年,是黄庭坚生平中诗作、词作、书法作品最丰的一年。足见黄庭坚已是万念俱灰,唯诗书做伴,度日消磨时光。

北宋徽宗崇宁四年(1105)初,至九月三十,黄庭坚在辞世前,仍唯诗书嗜好,和友人游山玩水,酬唱吟咏,诗书往来不绝。是年所作诗书有:《予去岁在长沙数与处度(名湛)元实(名温)相从把酒自过岭来不复有此乐感叹之余戏成一绝》《宜阳别元明(黄大临)用觞字韵》《元明(黄大临)留别》《信中(范寥)远来相访且致今岁新茗又枉任道(欧阳诚)寄佳篇复次韵呈信中(范寥)兼任道》《和范信中(范寥)居崇宁遇雨二首》《乞钟乳于曾公卷》《书自作草后赠曾公卷》《黎远字子思说》《题东坡小字两轴卷尾》《游龙水城南帖》《答李几仲书》《南乡子》(诸将说封侯)等。而词《南乡子》(诸将说封侯),竟成为黄庭坚的绝笔词。

人生多少悲愁,黄庭坚总是认了、接了,不强求,不怨怼,甚至当作身外事,都付于笑谈中。人生如此无奈,"早知无计留春驻,笑拈戏红葬落花"。可已晚矣。

# 归葬双井　招魂故里

　　北宋崇宁四年(1105)九月三十,黄庭坚辞世于广西宜州。辞世时,身边既无子孙儿媳,送终也无兄弟姐妹和族亲陪伴。唯有挚友范寥为其处理后事。儿子黄相及其孙子、儿媳,离开宜州仅月余,黄庭坚孑然一身辞世,不也悲乎。等儿子黄相闻丧耗后赶至宜州,黄庭坚与儿子、孙子等嫡亲,已是阴阳两隔。直至北宋大观三年(1109)十一月,黄庭坚遗尸由苏坚和蒋湋等人护送,归葬江西分宁双井村。据《豫章传》载:"大观三年十一月,归葬双井祖茔之西。"黄庭坚辞世与归葬故里双井村,时隔近四年。这四年中,黄庭坚遗体殡于龙隐洞。《别传》载:"初,谪宜州,与零陵蒋湋相友善,士大夫畏祸不敢往还,独湋陪杖履。疾革,湋往见之,大喜握手曰:'身后事委君矣。'及卒,湋为棺送归葬双井祖茔之西。"另一位护送黄庭坚遗尸归葬者苏坚,字伯固,与黄庭坚和苏轼友善。绍圣三年,黄庭坚胞弟黄叔达携其本人子与妾及黄庭坚家眷,就是乘搭苏坚之船进入四川,与黄庭坚团聚。可见苏坚与黄庭坚友善甚笃。据《苏轼诗集》卷三十二《次韵苏伯固主簿重九》诗的注释云:"黄鲁直谪死宜州,至大观间,伯固在岭外,护其丧归葬双井。其风义如此。"朋友之情胜于亲情,此理固然。

　　人世间凡事皆不可测。北宋崇宁四年(1105)闰二月十四,宜州乡农秦靖等馈送食物给黄庭坚。被贬于宜州的黄庭坚,尽管不断遭受到迫害，以至无容身之地，但宜州之平民百姓和地方士绅，仰慕黄庭坚的高风亮节，经常为其送来米、菜、肉、蛋等生活用品。乡农秦靖就是其中的一位。同时也不乏追随黄庭坚并前来求诗求书者。黄庭坚因此心境坦然。《玫瑰集》卷七十六《跋黄子迈所藏山谷〈乙酉家乘〉》中云："顷岁见张志溥庇家藏山谷杂记一小卷，谛玩不已，因略效其笔意手录之。兹见子迈所临《乙酉家乘》，典型具存，为录杂记于卷末而归之。呜呼！建中靖国以至崇宁，元祐诸公多已南归，而先生乃以《承天塔记》更斥宜，人谁能堪之。先生方惰然自适，观所记日用事，岂复有迁谪之叹。所谓青山白云，江湖之水湛然，宁复有不足者。家乘止四年八月二十八日。"可见黄庭坚虽遭多次贬谪，然心地仍然泰然，其高风亮节不也难能可贵吗！除宜州乡人仰慕黄庭坚的铮铮铁骨外，四川好学之士范寥，不远千里，从成都赴宜州拜访黄庭坚。《家乘》有云："十五日壬子，成都范寥来相访。好学之士也。得相（儿子黄相）、税（侄儿黄税）书。"《文集》卷八有《和范信中寓居崇宁遇雨二首》诗，对范寥之经历和为人约略述及，第一首诗云："范公来寻八桂路，走避俗人如脱兔。衣囊夜雨寄禅家，行潦升阶漂两屦。遣闷闷不离眼前，避愁愁已知人处。庆公忧民苗未立，曼公忧水水推去。两禅有意开寿域，岁晚筑室当石堵。他时无屋可藏身，且作五里公超雾。"第二首云："当年游侠成都路，黄犬苍鹰伐狐兔。二十始肯为儒生，行寻丈人奉巾屦。于江渺然万山阻，抱衣一囊遍处处。或持剑挂宰上回，亦有酒罢壶中去。昨夜禅榻寄曲肱，上雨傍风破坏堵。何时鲲化北溟波，好在豹隐南山雾。"《日涉园集》卷六有《次山谷答范信中韵》，云："范君胆勇如季路，三穴笑谈如狐兔。锐头初无儒生酸，果呼下邳换双屦。王年风义公独许，药里追攀险艰得。公随瘴叶落瘴乡，买舟返骨劳君去。少陵未筑来阳坟，上喜宗文有环堵。人生万事何所无，极目澄江锁寒雾。"从黄庭坚给范寥的诗中,略知范寥不喜儒书,而颇有侠义精神,负才豪纵不羁。黄庭坚临终前,仅范寥一人做伴送终,并为黄庭坚操办棺敛。后与苏坚、蒋沣及儿子黄相等人,护送黄庭坚遗体至江西分宁双井。

范寥自成都至宜州拜访黄庭坚、并与黄庭坚同迁往南楼,游龙隐洞。并与范寥论"点铁成金",批驳套用前人语句以为自作的不良诗风。并作诗与范寥唱和。谁知祸从天降,命不由己,黄庭坚竟于九月三十辞世,身旁仅仅好友范寥一人为其送终。人生如梦,此言真矣。

# 东塘族亲　双井奔丧

北宋大观三年(1109)十一月,黄庭坚遗体由苏坚、蒋沣、范寥及黄相等人,从广西宜州护送至江西分宁双井村。

婺州东塘黄氏族亲得知黄庭坚归葬双井村,在族长授意下,由二十位德高望重的族亲组成奔丧团,赴江西双井村奔丧祭祀,并敬请和携带家乡大佛寺和赤松宫的十位和尚和道士,一道奔赴双井村。大佛寺建于梁武帝大同六年(540),原名赤松岩寺,又名西岩禅寺,宋初改名石佛寺,俗称大佛寺。因寺内大佛依山岩雕凿而成,头长约1米,肩宽3米多,身高约20米,趺坐俨然。宋元丰年间(1078—1085)铸造了518尊铁罗汉,是婺州最古老最大的佛教寺庙,终日香火燎烧。赤松宫早在晋时已香火鼎盛,因黄初平、黄初起兄弟俩在此修炼成仙升天而负盛名,是婺州最大的道教宫观。婺州东塘黄氏族亲,为了超度黄庭坚的亡灵,敬请大佛寺和赤松宫的和尚和道士,奔赴江西双井村,可见东塘黄氏宗亲情重如山,用心可谓良苦。

东塘黄氏族亲到达双井村后,征得双井村黄氏族亲同意,按婺州习俗给黄庭坚送葬。在出殡前,亲眷齐集,举行祭奠仪礼。祭品丰盛,设三牲,从嫡亲到旁系再到朋友挚交,轮批祭奠,配以鼓乐丝弦。男人祭拜时吹唢呐,女人祭拜时配丝竹。孝子黄相,孝孙黄暴、黄檩、黄黔、黄然、黄照、黄羔及媳妇石氏等孝子贤孙,铭记乌鸦反哺和羔羊跪乳之深刻道理,尽忠尽孝。围着黄庭坚棺材顺走倒走各三圈,俗称"圆材"。然后再由道士把放在棺材背上的一只盛着清水的碗,用斧头击碎后,四个抬运灵柩的"材脚"抬起灵柩出殡。送殡行列,由两个举着两个捆扎得很大的纸做巨人(俗称开路先绎)引路,后为身穿麻衣,脚穿草鞋,头戴孝帽,腰捆稻草绳,一手提香碗篮,一手拄孝子棍的孝子黄相,随后一人背"魂幡",一人分发路纸。其余送葬男人戴平头白帽,女人用一块白布绕在额头上,每人手持一根竹棒,称"孝棒竹"送行。棺材抬到墓地入土时,孝子黄相丢七粒石子在墓穴底部,亲人相继于墓地跪拜。送丧者围着坟地左右各转三圈,叫"团坟",也叫"围山"。尔后由孝子黄相用泥块放置在棺材背上,后将黄庭坚的棺材安放在墓穴内。安葬完黄庭坚后,东塘黄氏族亲在黄庭坚故居内,请和尚和道士为黄庭坚亡灵超度三天三夜。

三天之后,东塘黄氏族亲向黄相讨要黄庭坚的衣冠遗物,准备带回去在祖处婺州塘雅村,为黄庭坚构建衣冠墓。黄相见祖处宗亲如此虔诚,欣然应诺,并亲自送祖处宗亲至村口,东塘黄氏族亲挥泪而别。

# 皇帝下诏　蒙冤昭雪

北宋崇宁四年(1105)九月三十,六十一岁的黄庭坚病卒于广西宜州。《豫章传》载:"崇宁四年九月三十日,卒于宜州寓居,年六十有一。"《别传》又载:"崇宁四年九月三十日,忽以疾不起。子弟无一人在侧。"《老学庵笔记》卷三,对黄庭坚的死因作了些许记述:"范寥言鲁直至宜州,州无亭驿,又无民居可僦,止一僧舍可寓,而适为崇宁万寿寺,法所不许,乃居一城楼上,亦极湫隘。秋暑方炽,几不可过。一日忽小雨,鲁直饮薄醉,坐胡床,自栏槛间伸足出外受雨,顾谓寥曰:'信中,吾平生无此快也。'未几而卒。"《玫瑰集》卷七十六《跋黄子迈所藏山谷(乙酉加乘)》中云:"家乘止四年八月二十八日,而先生卒于秋之晦。相去才月余尔。三山陆侍制务观尝言先生临终时,暑中得雨,伸足檐外,沾湿清凉,欣然自以为平日未有此快,死生之际乃如此。世言范寥信中访先生于宜,此书信然。"黄庭坚临终时身旁只有范寥一人。范寥,字信中,成都人,好学之士。是年三月十五,从成都到宜州看望黄庭坚。黄庭坚与范寥曾同登南楼,同游龙隐洞,亲密无间。黄庭坚的归宿如此凄凉,不能不让后人心寒。

黄庭坚辞世后,后任皇帝下诏给黄庭坚平反昭雪。宋徽宗崇宁五年(1106)正月,徽宗下诏,黄庭坚叙复奉议郎。《皇宋通鉴长编纪事本末》卷一百二十四中云:"五年正月丁未,大赦天下。……

轻第一等除名勒停人；黄庭坚叙复奉议郎。"正月，又诏除元祐堂籍碑。《宋史》卷二十《徽宗本纪》中载："正月己巳，以星变避殿损膳，诏求直言阙政。毁《元祐党人碑》。复谪者仕籍，自今言者勿复弹纠。丁未，太白昼见，赦天下，除党人一切之禁。"

　　高宗建炎四年（1130）三月，高宗下诏赠黄庭坚为直龙图阁。据《辑稿》第五十一册《仪制十一》中云："（建炎四年），吏部员外郎黄庭坚，朝散大夫晁补之，宣德郎秦观，三月并赠直龙图阁。朝散郎张耒，三月赠右文殿修撰。"南宋高宗绍兴元年（1131），高宗下诏追赠黄庭坚为直龙图阁，官子孙各一人，并推恩及于其从弟黄廉之子黄叔敖和外甥徐俯。"绍兴初，高宗皇帝中兴，特赠先生直龙图阁，官子孙各一人。"周必大《文忠集》卷五十九《分宁县学山谷祠堂记》中有云："高宗中兴，恨不同时。追赠直龙图阁，擢从弟叔敖八座，置甥徐俯于西府，皆以先生之故。"《宋黄文节公文集》卷首、卷二，收有崇宁五年初诰敕云："故朝奉郎黄庭坚等，自熙宁大臣用事变法，始以异同排斥士大夫。维我神祖念之不忘，元丰之末，稍稍收召，接于元祐，英俊盈朝。而尔四人，以文采风流为一时冠，学者钦慕之。及绍述之论起，党籍之论行，而尔四人，每为罪首，则学者以其言为讳。自是以来，缙绅道丧，纲纪日隳，驯致宣和之乱。言之可为痛心。乃朕纂承，既从昭洗，今尔四人，复加褒赠，斯足以见朕志矣。呜呼，西清之游，书殿之选，唯尔曹为称，使生而得用，能尽其才，亦何止于是与？举以追命，聊伸赉志之恨，亦以少慰天下之士大夫之心。"文中言及四人，即黄庭坚、张耒、晁补之、秦观。他们四人遭受元祐党案之冤，直至南宋高宗执政时，才平反昭雪。历史冤案，何等残酷。《宋黄文节公文集》卷首、卷二《诰敕》中又云："绍兴初，高宗皇帝中兴，特赠公直龙图阁，官子孙各一人。二年，公弟尚书叔敖以给事中召至行在。二月初六日戊辰，后殿引对,天语甚温,询公子孙曲折,许他日召至行在。及十七日,己卯,午刻,中使郑谌传宣至,叔敖就省中见之。上令问公诸孙曲折,叔敖即因谌附口回奏。当时特赠,实与张耒、晁补之、秦观四人同命。"黄庭坚得以平反昭雪,并推恩惠及至子孙、族亲及亲友,当在南宋高宗绍兴元年。

南宋恭帝德祐元年(1275),太常寺议谥黄庭坚为"文节"。《宋黄文节公文集》卷首、卷二收有陈纬所撰《太常寺议谥》一文,其略云:"自绍兴以来,褒贬有诏,一时之屈,百世之伸也,夫复何憾。独易名之典缺,非所以表前哲而风来世,谨按谥法曰:'道德博闻曰文,能固所守曰节。'公之文名,愈久愈著。如曜日之行天,终古不灭,非道德博闻不及此;公之气节愈挫愈劲,如精金之所冶,百炼不磨,非能固所守不及此。请以'文节'谥公,宜无歉。德祐元年乙亥朝奉郎新除太常博士陈讳撰。"由此可知,黄庭坚谥"文节"公,当在恭帝德祐元年。恭帝还下诏,赐封黄庭坚为"孝子"。是非曲直,自有公论。千秋功过,当由后人评说。黄庭坚蒙冤昭雪,并非皇帝的恻隐之心,而是还历史真面目。唯历史是真实的,只有尊重历史,才能得民心。得民心者得天下,顺民意者固天下,是颠扑不破的真理。

# 魂归古婺

## 薪火相传

下卷

# 衣冠遗物　祖处厚葬

　　北宋徽宗大观三年(1109)十二月,婺州东塘、东池黄氏族亲赴江西分宁双井村奔丧回来后,就着手操办黄庭坚衣冠冢事宜。

　　东塘、东池黄氏族亲构筑黄庭坚衣冠冢,郑重其事请来当地有名望的阴阳先生,为黄庭坚衣冠冢选择墓址。东塘黄氏族亲十分重视墓址风水。堪舆是一门专门学问,源远流长。风水学又称堪舆学。"堪舆"这名词见于汉朝《史记·日者传》。而《汉书艺文志》所载的书目中,就有《堪奖金匮》十四卷。堪舆学早在汉朝就已经相当发展和广泛应用。东汉许模对堪舆的释义是"堪,天道,舆,地道也"。这里的"天道"即谓天文;这里的"地道",即谓地理。这种释义与《易系辞传》中的"仰以视于天文,俯以家于地理"的说法十分相近。在堪舆家看来,仰视天文,日月星辰运行少,而俯察地理,山川水土形势多。堪舆又言之为地理。所以历代堪舆书籍,以地理命名的较为普遍,如《地理正宗》《地理天机会元》《地理全书》《地理真经》等。可以说,地理学是堪舆学的另一种说法。到了元朝末年,朱震编撰的《风水问答》,到清朝袁培松编著的《风水本义》,也有一个产生和演化的过程。晋朝郭璞所著的《葬经》中有如下的说法:"气乘则散,界水则止。"古人将气聚之而不散,行之而有止,看成是风水。堪舆学最重视的是"生气"。"生气"是忌风善水的,道理是有风则气散,故忌风。而水则可以将"生气"凝聚,故善水。这就是所谓"藏风聚水"之地,即为风水宝地的缘由。实际上"生气"是无形无象的,如何能知其所在而视之见,在风水学观点看来,这就是要有"峦山"这一实体和"理气"之虚像。"峦山"的存在与否是风水的首要,也是判断此地能否"生气"之所在。在风水学家看来,山环水抱、山明水秀之地,大多聚气而不散,行水而有止的风水宝地。东塘黄氏族亲陪着阴阳先生,在塘雅四周的山山垅垅,整整跑了一整天,为寻找黄庭坚墓穴的风水宝地而不辞辛苦。由此可见,古婺百姓对墓穴的风水宝地虔诚之心。

据《东塘黄氏宗谱》墓葬类所载:"黄庭坚衣冠冢在村边东口塘西小山坡上,坐西朝东。"东塘黄氏族亲之所以选择在这里构建黄庭坚衣冠冢,因为此地十分符合堪舆学中有关风水宝地之说,是一处"藏风聚水"的宝地。墓前是常年水盈的东口塘,能"界水则止",有"聚水"之景象。墓后是连绵小山岳,有"峦山"这样的实体,是聚气而不散、行水而有止的"藏风聚水"的理想墓地。墓穴为何又坐西朝东,坐西则表明分迁于江西分宁双井村的黄氏族亲,在婺州东塘黄氏祖处的西首。朝东则表明江西分宁双井村黄氏族亲的心永远向着东方的祖处婺州。东塘黄氏族亲为选择黄庭坚衣冠冢墓地,可谓用心良苦。

墓地选择好后,东塘黄氏族亲就用当地的青砖构筑墓穴,为使墓穴牢固不败,采用黄豆豆浆灌浇砖缝,并用大白公鸡鸡血染过的大米撒遍墓穴四周,以镇邪驱魔,清洁墓穴。置有黄庭坚衣冠遗物的棺材推入墓穴后,由阴阳先生"唱山",撒五谷后,族亲们将带来的生活用品置于坟前,供黄庭坚亡灵享用。

东塘黄氏族亲对分迁于江西分宁双井村的族亲黄庭坚魂归故里,安息于九泉之下,是十分诚心实意的,这是秉承后世,孝风可鉴的意识形态领域中的具体实践,也是弘扬祖德,启迪后人,继往开来的一种有形的版本。与其说是让族亲黄庭坚的亡灵安息于祖处,还不如说是敦宗睦族,承前启后的宗族观念的说教。旨在根根源源,世世蔓延,代代长流。

# 建祠缅怀　孝风蔚然

　　南宋恭帝德祐元年(1275)，黄庭坚被恭帝恩赐为"孝子"，距黄庭坚辞世一百余年。由此，黄庭坚这位北宋诗人、书法家的孝行孝德得以昭告天下。

　　黄庭坚的孝行孝德，史籍多有记载。黄庭坚年幼丧父，进士及第后，于北宋熙宁元年(1068)，就把母亲及兄弟姐妹携带至叶县任上，以微薄俸禄养活全家。北宋哲宗元祐四年(1089)九月，遇明堂大礼，黄庭坚以任子恩泽奏补侄子黄朴，舍子而先侄。《外集》中《乞奏补状》有云："以臣于朴，私恩实均父子，重以老母年今七十，钟爱在朴，不胜白发抱孙之情。扶杖假息，愿及见朴之阶仁籍也。欲望圣慈许以合得恩例先与臣兄子朴。"《清波杂志》卷六有云："元祐中，黄鲁直应任子，特请于朝，舍子而先侄。"黄庭坚"舍子而先侄"之举，在很大程度上是为年迈的老母着想，"重以老母今七十，钟爱在仆，不胜白发抱孙之情。"黄庭坚的孝心和孝行，为世人传为美谈，家喻户晓，路人皆知。哲宗元祐六年(1091)六月初八，黄庭坚为母亲能特封安康郡太君而作《辞免转官》及《乞回授状》，呈至皇上，恳求皇上恩准。据《豫章传》载："《实录》书成，当进一官，丐回授母夫人李。朝廷从之，遂君安康郡。"《转官状》中有云："以老母卧疾连年，告归之日过半。常忧窃禄，不免罪诛。适及奏书，例需爵赏。因人成事，义所未安，伏望圣慈追寝误恩。所有告命,未敢只受。"《乞回授命状》中也有云:"昨以讨论,无功不敢只受恩命,准尚书札子,奉圣不许辞免者。宠光下被,不敢终辞。窃有微诚,冒于国典。伏念臣母寿光县太君李氏,今年七十二。垂老抱疾,幸见孝治之朝,沾及禄养。而臣率蒙简任,使收笔墨之勤,实出非常之会,不胜人子私情。愿以特授朝奉郎回授老母一郡封。窃以在庭之臣,荣禄及亲者盖寡,成书之赏,后来用例者难攀,伏望圣慈,特赐开许。"《后山集》卷十六《李夫人墓铭》中载:"夫人始封寿光,校理辞所拜官,进封安康郡太君,从庭坚所乞,以转官恩回授也。"《辑稿》第五十册《仪制》一〇中云:"六年六月八日,诏实录院检讨官黄庭坚母寿光县太君李氏,特封为安康郡太君,从庭坚乞,以转官恩回授也。"《长编》卷四三五十九第十七条:"(六月丙申),特封实录院检讨官黄庭坚母寿光县太君李氏为安康太君,从庭坚所乞,以转官恩回授也。"黄庭坚为了让七十二岁的母亲从寿光县太君特封为安康郡太君,在完成《神宗实录》后本可进官一级,然而黄庭坚宁愿辞官降职,还要为母亲着想。此种孝子行孝德,可与日月同辉,与天地共存。

在母亲患病的一年多时间里,黄庭坚日夜侍奉在母亲床前,煎药喂药,洗衣洗裤,有曾,闵之孝行。《豫章传》中云:"公事母孝,有曾,闵之行。安康卧疾弥年,公昼夜视颜色,手汤剂,衣不解带,时其疾痛疴痒而敬仰骚之,至亲涤厕牏,浣中裙云。"《别传》中载:"先生性笃孝,母病弥年,昼夜视颜色,衣不解带。"《别集》卷十五《与王立之承奉帖》中云:"然以亲老至今未下榻,自局中还,则问膳饮汤药,未尝得分寸余阴,以故不能奉记。"又一帖云:"昨日到家即问老亲药饵,初不知车马见辱也。"《别集》卷十七《与李德叟书》中云:"两年来百忧满怀,又亲老常须医药。苍颜白发,已成一翁。但以老者系恋儿女,不欲向江湖,直强颜斑列中尔。局中文字煎迫,旧书亦荒废。终日愦愦,了无可乐者。甚思阿辈育诗,猥毛森张,慰此寥落也。"从上述史籍中所载可知,黄庭坚在老母病重期间,寸步不离老母,问寒嘘暖,喂药洗脚,真一孝子也。

慈母病卒后,黄庭坚亲护母丧归分宁。慈母下葬后,黄庭坚在母亲墓旁筑室陪住,室名曰"永思堂",意其永思慈母养育之恩。恭帝恩赐黄庭坚为孝子,黄庭坚受之无愧。

南宁景炎元年(1276),婺州金华县东塘黄氏族亲决定建造孝子祠,祀奉黄庭坚,弘扬黄庭坚孝行孝德。据《东塘黄氏宗谱》载:"孝子祠建于村东,三进三开间,黑瓦覆盖,雕梁画栋,内置勒石黄庭坚孝行事迹之碑。"东塘黄庭坚后裔还把十三经中的《孝经》分发给族亲。孔子曾说:"朝闻道,夕可死矣。"而"孝道"是诸子百家最为崇尚的大道之一,把"孝"视为天性,孝敬父母、尊重兄长作为为人处世的基本准则。于是东塘黄氏后裔父慈子孝、相亲相爱的风气蔚然而成。把父慈、子孝、兄友、弟恭的传统伦理,视为人生首先的最高境界。这种生生不息的伦理情感,影响着一代又一代东塘黄氏后裔,在潜移默化中接受熏陶和感染,且代代相传。东塘、东池黄氏后裔创造了诸如"孝敬公婆自得福,孝敬田地自得谷""敬九十九杯坟头酒,不如敬一杯咙喉酒""妻贤夫祝少,子孝爷心宽"之类的民谣,世代传诵。就是目不识丁的老翁老姬,也能将《花名宝卷》和《劝孝歌》中有关孝道的教诲,背得滚瓜烂熟。如《花名宝卷》中的"孝敬公婆为第一,自己也要做婆身,侬若勿把大人敬,遭人轻视遭人恨;在家尽心敬公婆,何用南海拜观音;一心只管行孝道,皇天不负孝心人"。又如《劝孝歌》中的"孝为百行首,诗出不胜录……若不尽孝道,何以分人畜?奉劝为人学,孝经宜早读。人不孝其亲,不如畜与禽。悲乌尚反哺,羔羊尤跪足。人不孝其亲,不如料与木……"在这种充满孝道思想的社会环境中生活的东塘、东池黄氏后裔,以孝为天性,以先祖黄庭坚为楷模,耳濡目染,世代相袭。

婺州金华县东塘、东池黄氏后裔建成孝子祠后,婺州知州刘怡赠送"纯孝天植"匾,金华县知县闻人韶赠送"孝行可风"匾,悬挂于孝子祠内,以示彰扬。清朝年间,东塘、东池黄氏后裔将孝子祠更名为"真爱堂",意在教育后人,对父母,对公婆,对兄长的孝,就要像黄庭坚那样,落实在"真爱"上,落实在行动上,不能只停留在嘴巴上。把"孝子祠"更名为"真爱堂",其内涵和外延更具有真实性和可操作性,是对孝行孝德的发扬光大。

# 子孙同行　祖处祭祖

　　黄庭坚于北宋崇宁四年(1105)九月三十,含冤辞世。北宋徽宗五年(1106)正月,宋徽宗大赦天下,黄庭坚叙复奉议郎。南宋高宗建炎四年(1130)三月,宋高宗赵构下诏,吏部员外郎黄庭坚赠直龙图阁学士。高宗绍兴元年(1131)、宋高宗赵构再次下诏,官黄庭坚子孙各一人,并推恩于从弟黄廉之子黄叔敖和外甥徐府。周必大《文忠集》卷五十九《分宁县学山谷祠堂记》中云:"高宗中兴,恨不时,追赠直龙图阁,擢从弟叔敖为八座,置甥徐府于西府,皆以先生之故。"对于此事,黄庭坚从孙黄𤤽家藏先祖亲笔日记中也有记载。黄𤤽,黄庭坚从孙,字子耕,尝从郭雍、朱熹学。以道自任,反复辩论,必无所疑然后才停止辩论,求学至真,不松不懈。进士及第后,知庐阳县,宦绩显著,百姓称颂。后迁知台州,时适评价黄𤤽条且建置,有条不紊,于理学造诣颇深。且爱民如子,百姓口碑极好。黄庭坚得到昭雪之后,儿子黄相在父亲墓前告慰亡灵,让慈父死而瞑目。

　　黄相在父亲黄庭坚冤案昭雪后的同年,即率妻儿回婺州塘雅祖处祭祖。北宋哲宗元符三年(1100),黄庭坚贬居于戎州。十二月十一,过江安时(今四川江安县),为江安太守石谅挽留过年,子黄相与石谅女石氏结为秦晋。黄庭坚嘱咐儿媳不要忘记祖处婺州东塘。父亲的教导,黄相夫妇铭记于心。待父亲冤案平反之后,即率妻儿赴祖处婺州祭祖归宗。其一,婺州东塘有慈父之衣冠冢。其二,叔父黄叔达遵照父亲之命,回迁婺州祖处定居,虽客死他乡,但遗尸仍归葬婺州祖处东塘。哲宗元符二年(1099),黄叔达携黄相及其自己的儿子黄栖等,亲赴戎州,看望被贬的胞兄黄庭坚。哲宗元符三年(1100)三月十三,黄叔达携黄栖等离开戎州回祖处,不及江南,客死于荆州。黄相对叔父黄叔达大恩大德,没齿不忘。

　　黄相,小字小德,因生母谢氏出身微贱,自小寡言,自卑心理阴影笼罩着。黄庭坚作诗劝勉黄相,诗云:"解著潜夫论,不妨无外家。"黄庭坚尝与王泸州贴,称黄相骨相庞厚。黄庭坚对独子黄相宠爱有加,又不愿望黄相步入仕途,黄相不违父命,悉习于学。直至高宗皇帝下诏,黄相才获一官半职。黄相仍视之淡漠。唯父恩叔情铭刻于心。黄相率妻儿回婺州祖处东塘后,即叩拜慈父黄庭坚和慈叔黄叔达于墓前,以表孝心不泯。黄相,字瞭然,号小德,官至中奉大夫。生六子,黄黔、黄醮、黄然、黄炁、黄照、黄羔。黄黔,字楚老,官任司理参军,生子黄塾,适居江西万载县,成为江西万载黄氏开基始祖。黄然,字子奇,号超然,以祖荫补吏部员外郎,后官任漳州法曹,四川提刑。黄醮,字升之,号日彰,官宣议郎。黄炁,生二子,黄童、黄恳。黄童迁居龙泉发族。黄羔生三子,黄奎、黄壁、黄联。次子黄醮,此行祖处祭祖后,遵照祖父黄庭坚遗愿,即留住婺州祖处东塘成家立业,休养生息,为归宗认祖的具体实践。

# 山谷嫡孙　回迁祖处

据《东塘黄氏宗谱》载,黄庭坚嫡孙,黄相三子黄醮,于南宋绍兴元年(1131),随父母兄弟回婺州祖处塘雅祭祖后,不忘祖父黄庭坚的遗嘱,萌生留居祖处之念,征得父母兄弟首肯后,就不与父母兄弟回江西双井村,留居于祖处塘雅村,在婺州祖处安家乐业。

黄醮留居婺州祖处塘雅村,事出有因,除缅怀胞叔黄叔达迁居婺州祖处、祖父黄庭坚衣冠厚葬于婺州祖处外,还有一个重要原因,就是追念和缅怀东塘黄氏先祖的厚德和看中祖处风水宝地英才辈出。自婺州东塘黄氏始迁祖黄苾于隋朝大业年间始居婺州塘雅村发族后,代有显贵问世。黄苾生二子,长子黄居中,官至侍讲学士,次子黄居正,官至吏部侍郎。黄居正生三子,长子黄梦美,仕德安令。次子黄梦彩。幼子黄梦圣,仕福州刺史。传至黄苾八世孙黄汝知,仕黄门侍郎。黄汝生三子,长子黄鞞,仕黄门侍郎。次子黄鞘,仕著作郎。幼子黄靳,仕江西采访史。黄鞞生七子。长子黄畦,仕黄门侍郎。次子黄甸,仕游击将军。三子黄疃,仕安康郡太守。幼子黄畯,仕中书侍郎。黄靳也生七个儿子,个个出人头地,名噪一方。黄畦生二子,长子黄大正,仕庐州太守。幼子黄大成,仕泉州判官。传至十四世孙黄谆,仕黄州太守。传至二十世孙黄亿,仕靳州节度使。真可谓代有俊杰脱颖而出,风光于世,显耀门庭。

先祖黄瞻自婺州祖处定居江西分宁双井村发族,继世簪缨,全赖婺州祖处风水宝地,孕育了一代又一代的英雄豪杰,叱咤风云,主宰沉浮。黄醮留住婺州祖处,重要原因在于仰慕婺州物华天宝,人杰地灵。

近现代,东塘黄氏后裔,也是风流人物迭出。以清官黄济川和著名大律师黄维时最闻。黄济川,字梅溪,出生于清道光十五年(1835),从小思维敏捷,喜好读书,见书就读,常常废寝忘食。乡邻称其为"神童"。6岁时画龙于墙壁,逸逸有生气,来往行人无不惊讶,为之拍手叫绝。黄济川写得一手好文章,诗词赋曲,无不精通。尤为书画见长,以画墨梅著称。他画的墨梅,傲骨凌凌,颇具气节。清道光二十九年(1849),举秀才,清咸丰八年(1858),中举人。后因家贫,辍学在家以教书授业为主。黄济川授徒有方,来之四方弟子盈室。邑之名士,多出于其门。清光绪五年(1879),金华知府赵曾向,江苏阳湖人,闻知黄济川学识人品,延聘黄济川入其幕府谋事。黄济川为知府赵曾向出谋划策,治理地方利弊。黄济川在府中谋事,公正廉明,从不徇私枉法。老家有一土豪劣绅,匿藏了一名知府追捕的重犯在家,知府赵曾向四出悬赏捉拿布告,且追捕之举日愈紧急。这土豪劣绅担心落罪于自身,便身怀二百重金,前往黄济川处,谋图贿赂黄济川,以脱逃罪名。黄济川秉公行事,拒重金不受,而是严厉斥之曰:"匿藏朝廷重犯者,罪与重犯者同。唯一之策,将匿藏朝廷重犯亲解官府,方得宽大处理。"这土豪劣绅重金收买不了黄济川,只得亲自绑其藏匿之重犯,送于官府。清光绪十五年(1889),黄济川进士及第,朝廷即以知县而用之。先后历任湖南慈利清泉县知县。黄济川在知县职上,严格自律,以廉洁著称,又以办事干练、政声斐然而得到朝廷重用。不久,就又调任于湖南武岗府,任知府。黄济川不以职位迁升而居功自傲,仍黾勉其事,鞠躬尽瘁,不以善小而不为,也不以恶小而为之。深得民心,社会风气聚变，世风日盛，民无顾忧，安居乐业。朝廷就将其调任于衡阳。黄济川尚未赴衡阳就任。武岗适有团民激变，会匪乘机焚掠，地方治安一度不宁。黄济川招募四方乡勇，亲自前往剿抚。武岗出现团民激变，会匪焚掠之事后，黄济川急速起草文书，将实情上报衡阳巡抚。终因武岗离衡阳路遥，再加邮路不通，军书未能按期送达。衡阳巡抚责其禀报迟延，将其就地免职。用一个李姓县令取代了黄济川。李姓知县本是胆小之徒，又是无能之辈，然善玩手腕、拍马溜须之技。时盗匪见黄济川被撤，由李姓县令代之，异常猖獗。李姓知县见匪势嚣张，躲在家中，不敢前往剿灭。黄济川虽被削职，然以民为重，带领乡勇，全力剿之。不少匪徒缉拿归案，送交官府。李姓县令沽名钓誉，见有利可图，就谎报事实，向衡阳巡抚请功。对被缉拿的匪徒，不问罪轻罪重，一概处之重刑。被处死临刑前大呼曰："假如黄青天在位，我们就不至于处死。愿在临死前，见一面黄青天，死亦瞑目。"即使在匪徒心目中，视黄济川为黄青天，可见黄济川为官为人之道德。黄济川刚正不阿，上书皇上，倾诉实情。光绪皇帝阅罢黄济川奏章，方知被小人戏虞。即下诏将衡阳巡抚调离，由他人充任。皇上又下诏调黄济川赴绥宁就职，任绥宁知府。黄济川在绥宁任职八年，贪官污吏惧怕异常，小心做人。清光绪三十年(1904)，黄济川已是古稀之年，他上奏皇上，以老疾乞归。皇上恩准，黄济川回归故里。黄济川回到故里塘雅村，两袖清风。再加之祖业不厚，又遭盗匪劫难。家中四壁徒空，负债累累，一文不名。乡邻称其为"清官"。黄济川对乡邻说："为官首要之道，乃清正廉明，方得后人称颂。若做一个贪官，图一时风流，然日后留下骂名，子孙无颜。为后代子孙计，也得为官清廉。"黄济川告老还乡后，热心公益，倡导重修黄氏宗祠。时又恰逢浙路初办，购股者多有观望，不敢认购。黄济川率先把仅有家资投入，以之唱和,改进民风。黄济川此举,亦是常人难以为之。黄济川为官十余载,恂恂一位儒者,不玩巧宦之道,皆以诗文书画结交四方之友。清宣统元年(1909),黄济川寿终正寝,享年七十有五,著有《双砚斋文存》三卷,《怡云山馆诗草》二卷,留与子孙,是为遗产。

黄维时,名凤炳,榜名维时,字志雄,也作智雄。生于清光绪二十一年(1895)十二月二十五。清光绪二十七年(1901),黄维时时年七岁入学。清宣统二年(1910)冬,毕业于塘雅高等小学。民国三年(1914)冬,毕业于浙江省立第七中学。民国五年(1916)夏,考入浙江公立法政专门学校。民国八年(1919),五四爱国学生运动爆发,黄维时积极参加五四爱国学生运动,被推选为法政学校学生会代表。出席杭州学生联合会,当选为评议长,后被推选为杭州学生联合会代表,出席全国学生联合会,积极从事革命活动。民国九年(1920)夏,毕业于浙江公立法政专门学校法律本科,出任浙江盐运使公署咨议。同年秋,留学日本明治大学政治经济研究科。民国十年(1921)夏,回国后,聘为浙江公立法政专门学校教员。上海公民书局出版了由他编著的《新市政论》。民国十一年(1923)夏,辞职后,聘为浙江私立法政专门学校校长。民国十二年(1923)一月,代表浙江公民大会,向杭州地方检察厅告发省议员贿选参议员事实。五月,回金华发动组建自治村。民国二十年(1931)辞官回金华从事律师职业,是为金华十大名律师之一。民国二十一年(1932),黄维时与乡绅蒋莲僧、钱瑞成、王质园、方俶新、金竹溪等人,组建双龙洞胜迹会,着手疏浚因闭塞的双龙洞内洞,历经三年艰辛,双龙洞疏浚和开发取得较大成果。并编写了《双龙纪胜》《北山胜概》《续原文钞》《黄维时诗存》等专著。民国三十四年(1945)八月十九病卒,享年50岁。

黄醮,1090年生,1162年卒,字升之,号日彰,官宣议郎。迁居祖处塘雅村后,生四子,长子黄富,次子黄贵,三子黄培,四子黄均。四个儿子个个伟岸潇洒,才华出众。除次子黄贵分居湖北汉阳外,其余三个儿子均结庐于塘雅,给东塘黄氏后裔输送了新鲜血液。东塘黄氏如虎添翼,人才济济,继往开来,成为婺州城出东门的名门望族。

# 双井裔孙　再迁东塘

南宋绍兴二年(1132),黄庭坚叔父黄昭之曾孙黄公玑,见同宗堂兄黄醮迁居祖处婺州金华县东塘安家后,也从江西分宁双井村析出,回迁祖处婺州东塘安家落籍,敦宗睦族赤诚之心,可谓拳拳又眷眷。

黄庭坚父亲黄庶辈兄弟五个。黄庶为长兄,弟黄庠,二弟黄廉,三弟黄昭,四弟黄羽。黄公玑乃黄昭之裔孙。黄昭生一子黄景珪。黄景珪生一子黄琳。黄琳生一子黄公玑。黄庭坚父黄庶,字亚父,北宋庆历进士(1043—1048)。历佐一府三州,皆为从事。后摄知康州,工诗,有《伐檀集》存世。弟黄庠,字长善,自幼博学强记,超敏过人。初至京都,就举国子监开封府礼部皆第一,名颂京师。所作程文流传外夷。届满后归回江西分宁双井后,因体弱而病卒。二弟黄廉,字夷仲,北宋嘉祐进士(1057—1061),历任知县知州。神宗诏访时务,黄廉对答如流,擢监察御史。时河堤决口,洪水殃及曹村一带,坏民田庐。黄廉受诏安抚,深入灾区,全活甚多。元祐初年(1086—1088),迁升为户部郎中。时陆师闵行茶法,川陕地区民怨载道。黄廉上奏皇上,弹劾陆师闵,茶法行止。黄廉官至给事中。其子黄叔敖,黄庭坚叔伯兄弟,字嗣藻。北宋元祐年间登进士(1091—1093)乙科,累官广东转运判官,兼提举市舶。黄叔敖明察暗访为民请命,列举所产不足民食的种种事实,上奏朝廷。结果遭奸人算计而被免职。未几,朝廷明察秋毫,官复原职。后迁户部尚书致仕,有文集、奏议、春秋讲义存世。黄公玑虽为名宦之后,不以祖辈荣耀等居功自傲,而是洁身自好,不入仕途,甘愿回迁祖处婺州落籍,以报祖恩。

黄公玑回迁祖处婺州东塘,辛勤耕作,创业创新,成为东塘黄氏后裔佼佼者。

# 北山宗谱 冠名"双井"

据《东池黄氏宗谱》载："先祖黄允安、黄允明兄弟,于元大德至泰定年间(1306—1325)自塘雅村迁大黄村。"村名称大黄村。又据《东池黄氏宗谱》载："明万历年间(约 1606—1610),先祖黄志远由大黄村柏居明远桥东新屋。"村名称小黄村。"先祖黄元明,于明正统至景泰年间(1448—1449)自大黄村析居",独自建村,村名称西力塘。又据《东池黄氏宗谱》载："黄元祥,于明景泰至天顺年间(约 1456—1458)自大黄村析居。"独自建村发族,村名称杨高畈村。又据《东池黄氏宗谱》载："黄仁奇,于明洪武年间(1387—1396),自大黄村析居。"独自建村发族,村名称梅西塘。又据《东池黄氏宗谱》载："黄士呈于乾隆间 (约1770—1775), 自大黄村析居。"在大黄村东南地建村,村名称大溪滩。皆居祖处塘雅村西北角,离祖处约十里地。这几支东池黄氏后裔,自元大德年间开始,陆续从祖处塘雅村析出,迁居于北山脚下,大佛寺南方或西南方定居发族。至明末清初,繁衍成婺州城出东门的又一支黄氏旺族,与祖处塘雅村敦宗睦族。

明朝崇祯年间,迁居于北山脚下的东池黄氏后裔,经几个村族长商议,决定编修东池黄氏分谱,谱成后冠名《北山双井黄氏宗谱》。冠名"北山",乃指此支黄氏后裔所居住的地理位置。又冠名"双井",乃指北山黄氏与江西分宁双井黄氏同宗同脉。江西双井黄氏即使远离祖处,祖处族亲,仍念念不忘。再者,双井黄氏后裔黄庭坚,是北宋著名的诗人和书法家,又是江西诗派创始人,是东池黄氏的骄傲,为荣宗耀祖,启迪后人,宗谱冠名也用心良苦。族亲情结是永恒的,是不以岁月沧海桑田而淡忘的。这也是古代人心里的企盼和美好的追求。

北山双井黄氏后裔以先祖黄庭坚为楷模,以祖训和家规约束和勉励族人,新人辈出,成为栋梁之材而被载入史册。就近现代而言,本支黄氏后裔的杰出人物有教育家黄人望和翻译家黄东华,他们继承和光大了黄庭坚的衣钵,成为北山双井黄氏后裔的翘楚。黄人望,生于清朝光绪六年(1880),卒于1948年,字百珣,又字百新。清朝禀生,毕业于日本早稻田大学政治经济系,留学生。在日本求学时,参加由孙中山先生领导的同盟会,青年时代就有志于革命。从日本留学回国后,先后担任北京大学、北京高等师范学堂、北京女子高等师范学校历史系教授,立志献身于祖国的教育事业,在大学任教期间与马叙伦成为忘年交。第一次国民党与共产党员合作期间,黄人望积极拥护孙中山先生倡导的"民生、民权、民族"三民主义治国方针政策支持北伐战争。民国十五年(1926),广州国民政府发出北伐动员令,黄人望和马叙伦一起,设法动员时任浙江省省长夏超,以国事为重,以民族前途为重,响应北伐战争。夏超被黄人望和马叙伦说服后,积极支持北伐战争,结果被军阀孙传芳通缉,黄人望只能只身出逃,躲开孙传芳爪牙的魔掌。民国十六年,发生了震惊中外的"四·一二"反革命政变,尔后南京政府成立。黄人望改变人生道路,步入政界,出任浙江省政府政务委员会委员,后又出任建德专区行政督察专员兼兰溪县长。届满后又相继担任嵊县、德清县长。在县长任上,他劝民业农桑,修水利,办工厂,政绩斐然,成为浙江省模范县。尔后又担任浙江省临时参议会参议员,致力于参政议政。抗日战争期间,他又亲赴丽水,协助吕公望办理浙江难民救济事宜,还亲自担任浙江难民工厂副总经理、中央赈济委员会驻浙江办事处主任,赈灾救援,乐于济贫抚困等公益事业。黄人望热心地方公益事业,慷慨捐资办学,曾于民国三十一年获得由浙江省政府颁布的热心教育四等奖状,又积极倡导修葺家乡著名佛寺大佛寺,并亲自撰写大佛寺修缮记,为保护家乡名胜古迹呕心沥血。抗日战争胜利后,在家中认真整理在大学任教时的各种教材,准备重新走上教坛,献身于教育事业时,结果患中风偏瘫,未能如愿。1948年,病死在金华城区寓所。卒后,将其私人寓所献给国家。

黄东华,生于清朝光绪十九年(1893),卒于1971年。年幼时出嗣傅村舅舅为养子,从母傅姓,名傅东华,笔名有黄则傅、傅则黄、黄约斋,不忘其身为黄氏后裔。又有笔名伍实、郭定一。因年幼时家贫,无奈出嗣。民国元年(1912),考入上海南洋公学中学部,以优异成绩毕业。民国二年,因其英语成绩出众,考入中华书局,担任编译员。同时,又以文才超人,同年在《中华小说界》上开始发表短篇小说,业余从事文学创作。民国三年,步入教育界,先后于浙江东阳县立中学、北京平民大学附属中学、北京高等师范学堂担任英语教师。民国九年始,先后任教于上海大学、中国公学等校英语教学,并从事业余著作翻译。民国二十一年,出任复旦大学中文系教授。民国二十二年,出任上海书店文学月刊《文学》执行编委,兼任商务印书馆编写高中和初中复兴国文教科书。民国二十四年,应家乡好友何炳松邀请,聘任暨南大学中文教授。"三·一三"事变后,黄东华积极参加上海市文化救亡协会,出任《救亡日报》编委,并和胡仲持等翻译家一起翻译《西行漫记》。上海沦陷后,出走上海,到搬迁至福建办学的暨南大学任教,在赴福建途中,被日军所俘,无奈一度出任由汪伪政权主办的《东南月刊》主编。旋又偷偷潜回上海隐居不出,闭门谢客,从事著作,翻译和语言文字研究。由他翻译的《飘》《夏伯阳》《唐·吉诃德》等译著,享誉翻译界而名噪一方。中华人民共和国成立后,黄东华先后担任上海市政协委员、中国作家协会会员、作家协会上海市分会理事、上海市语言文字学会理事、中国文字改革委员会研究员。专业从事《辞海》编辑及古籍整理工作。1971 年病逝于上海。生平著译甚富,均未汇编成集,这是民族文化的一大损失。

北山双井黄氏后裔,编修的宗谱冠名"双井",是敦宗睦族意识的一种体现,也是对先祖黄庭坚的追思和缅怀。

# 六世裔孙　再迁兰溪

据兰溪水亭黄村坞《鹤山黄氏宗谱》载:"黄庭坚六世裔孙黄镜,于南宋咸淳六年(1270),从江西修水分宁双井村析出,迁居兰溪太平乡鹤山(今水亭黄村坞)建村发族。"

黄镜,字耀元,行万九。他何以从江西双井村迁居兰溪,原因有三。其一,高祖黄庭坚为兰溪女婿,高祖之岳丈葬于兰溪,为追思高祖端庄品行和绝世才华,缅怀高祖岳丈孙觉对高祖的恩泽之德,迁居兰溪以慰藉高祖英灵。其二,高祖黄庭坚胞弟黄叔献,为秉承高祖心愿,从江西分宁双井村迁至兰溪城南蛟湖定居,其后裔分迁竹园、塘圩里等村定居发族。为提升江西双井村黄氏后裔在兰溪的实力和地位,黄镜毅然决然迁居兰溪。其三,兰溪山清水秀,居住宜人,何况黄镜是一位著名的处士,兰溪黄湓村乃东晋神仙黄初平、黄初起的出生地,得道于金华赤松山。兰溪和金华山连山,江连江,依山傍水。竟因为如此,黄镜入籍兰溪定居。黄叔献和黄镜先后从江西分宁双井村入籍兰溪后,子孙繁衍,逐渐成为兰溪县望族。水亭黄村坞黄氏后裔堂号命名为"钟瑞堂"。明朝嘉靖八年(1529)编修第一部水亭黄村坞《鹤山黄氏宗谱》。明朝万历三十五年(1607)重修。世系修录至二十四世。至清朝光绪三十四年(1908),已是第六次续修《鹤山黄氏宗谱》。宗谱卷目有谱序,谱略,辛七公支派记,谱例八条、家鉴、阳基图引、八景诗序,八景诗及图、像赞、贞七四公传黄君竹楼赞,隆廿三公肇基公传,墓图、旧祠堂记,先太史祠记、茔祠记,宋先太史公山谷行状,钓台诗,钟瑞堂记,改钟瑞堂序,钟瑞堂助祭会记,朝觐湘江送别叙,绛思录序,北斗哀思叙,重修高祖墓序、鹤府君墓志,仁里公墓志,惩恶条议,字行,黄氏宗谱跋,寿章、孀居引,藏谱字号。卷二卷七为世系行次。《鹤山黄氏宗谱》真可谓自黄镜后的鹤山黄氏的百科全书。本支名人有宋处士黄镜、黄公瑞、黄公器,明朝处士黄彦文、长江通判黄杨奉、明朝大学生黄世良,清朝秀才黄廷仪等,人才辈出,承先启后。

黄叔献一支黄氏后裔曾九次编修马达竹园《蛟湖黄氏宗谱》。新中国成立前,最后一次续修于民国二十九年(1940)。本支黄氏排名字号为:奉先思孝,继绪明伦,本文百世、垂裕后昆,统纪传家,诗书礼乐,模范存悌。排行字号体现了不忘祖宗,继往开来之精神。宗谱中录有珍贵史料《送山谷老人》,宋朝胡璞撰写的《宋先太史山谷公行状》,明朝胡应麟撰写的《八景诗》。胡应麟(1551—1602),字元瑞,号少室山人,别号石羊生。兰溪城北隅人。五岁读书成诵,十六岁入庠为秀才。明朝万历四年(1576)乡试中举。会试不第。父僖,历官刑部主事、湖广参议、云南金事。应麟少时随父南下北上,皆交海内贤士豪杰。时王世贞执词坛牛耳,尤推重应麟。世贞殁,应麟主持词坛,大江以南皆翕然宗之。应麟性孤介,厌薄荣利,自负甚高。晚年于兰溪城内思亲桥畔筑室,号二酉山房,藏书四万余卷。明朝万历三十年(1602)卒。胡应麟这位德高望重者为黄氏宗谱写《八景诗》,是为追慕黄庭坚的诗品而为之。

黄庭坚裔孙不忘祖训,不忘祖恩,承先启后,秉承传统美德,乃为发族发家之根本。

# 堂侄怀古　入籍义乌

　　北宋徽宋崇宁年间，江西分宁双井黄氏浦江分支裔孙黄琳，得知同宗先祖黄庭坚于北宋徽宗崇宁四处(1105)，客死于广西宜州后，悲恸欲绝。为扩展婺州祖处黄氏势力范围，决定迁居浦江、金华两地毗邻的义乌，形成以祖处金华为中心，西有兰溪，北有浦江，东有义乌的局面。婺州八县中，其中4县有江夏郡黄氏裔孙，形成居住半壁江山地域包围圈。北宋徽宋大观元年(1108)，黄琳告别父母和弟弟黄生，只身离开浦江，入籍义乌洞门村。黄琳，又名黄隆，字世珍。他只身入籍义乌不久，便与著名大忠臣、大英雄宗泽结成了姻亲。宗泽(1060—1128)，字汝霖，义乌人。北宋元祐六年(1091)应进士试，对答极陈时弊，考官恶其直言，抑为"同进士出身"。历任陶县尉，龙游、胶州县令，登州通判，掖县县令，治绩卓著。宣和元年(1119)，因反对朝廷联结女真攻契丹，被贬为提举鸿庆宫。宗泽上表引退，结庐东阳山谷中，读书著述。两年后，奉命监理府酒税。宣和六年通判巴州(今四川巴中)。靖康元年(1126)任磁州(今河北磁县一带)知州。时金兵入侵，太原失守，宗泽招募乡勇，率军救真定(今河北正定)。是年冬，钦宗任康王为兵马大元帅，宗泽为副帅。次年正月，宗泽率军至开德(今河南省濮阳)，十三战皆捷。建炎元年(1127)六月，宗泽以六十九岁高龄任东京留守，知开封府，分署京郊十六县，与金兵隔黄河对峙。建炎二年，金兵大举入侵,宗泽设计破之,金溃不成军。自建炎元年七月始,宗泽一年内上二十四疏,力劝高宗还京,以图恢复北方失地,均为奸臣所阻。宗泽忧愤成疾,疽发于背,于建炎二年(1128)七月病逝。赠观文殿学士,通议大夫,赐谥忠简。黄琳新到义乌,就与宗泽家庭联姻,对义乌黄氏家族的发展和繁荣,无疑创造了极其有利的条件。

黄琳与宗氏共生三子,长子黄玑,次子黄益,幼子黄中辅。长子黄玑,一名黄逢源,字正卿,又从义乌洞门村回迁至祖处金华塘上,与婺州金华祖处同宗族兄族弟共建家园。幼子黄中辅,一生淡泊功名,隐居不仕,崇向勤读书,尚气节,虽无一官半职,却以文学行义知名。时大奸臣秦桧诛杀议己者,黄中辅却毫不畏惧,曾在大平楼上怒题乐府诗一首,其中有"磨剑欲斩倭臣头"之语,为世人传诵。黄中辅晚年曾受到本郡转运使赏识,并被推荐进入官场。官府尚没来得及给授职,黄中辅因心火攻心而没。黄中辅生一子黄绍祖。黄绍祖生一子黄伯信。义乌洞门黄氏自黄绍祖始,家族人丁日益蕃昌。黄伯信再次与宗泽家族结成姻缘,娶宗泽的曾孙女为妻,生三子一女。长子黄梦炎,次子黄焱,幼子黄荧。次子黄焱,官任忠翊郎,权知安庆府望江县令。三子黄荧,太学生。长子黄梦炎,南宋淳祐十年(1250)进士及第,成为义乌洞门黄氏第一个进士,黄梦炎官至朝散大夫、行太常丞兼枢密院编修官兼权左曹郎官、朝请大夫,开创了家族科举入仕,书香传家之家风。

义乌洞门黄氏传至第八世, 出了个元朝大文豪黄溍。黄溍,(1277—1357),字晋卿,为江夏郡黄香第四十代孙。元朝延祐二年(1315)进士,任台州路宁海丞。延祐六年(1319),升任绍兴路诸暨州判官,察知当地官吏串通奸人以伪钞诈骗民财,邻县百姓亦受其害,立将官吏撤职查办。至顺二年(1331)入京,为应奉翰林文字,同知制诰兼国史院编修官。后转承直郎,国子博士。至正元年(1341),任江浙儒学提举。两年后因母老辞归侍亲。至正六年(1346),起用为翰林直学士,知制诰,编修《宋史》《辽史》《金史》,笔削无所阿。至正八年(1348),升侍讲学士、中顺大夫,知制诰同知经筵事。至正十年(1350)夏,辞官南归,家居七年,卒。追封江夏郡公,赐谥文献。黄溍的文章,在元朝知名全国,在中国文学史上有重要的地位。人们常把他与元朝文学家柳贯、虞集、揭傒斯三人并举,称为"儒林四杰"。

黄溍娶妻王氏,生一子名黄梓,官任杭州路同知海盐州事。黄梓生四子,长子黄瑄,次子黄琛,三子黄瑭,幼子黄珣,兄弟四人皆无所造就。黄溍之后,义乌洞门黄氏风光不再,但宗族人口增殖繁衍较快,成为出祖处婺州金华县东门又一江夏郡黄氏旺族。

# 开国文臣　作文褒扬

　　明朝开国文臣宋濂,为祖处婺州的黄庭坚曾多次作文褒扬其品德和才华,鞭挞北宋皇朝的错庸,无端陷害像黄庭坚、苏轼、秦观等一大批忠臣谋士。言辞激越,鞭辟入里。

　　宋濂(1310—1381),字景濂,婺州傅村潜溪村人。先从闻人梦吉学《春秋三传》,通《易》《书》《国礼》诸经。后从柳贯、黄溍、吴莱游。年二十五,在浦江郑氏义门讲授经学,居于浦江青萝山,以文章卓越闻名于世。元朝至正九年(1349),被推荐授翰林院编修官,以亲老辞不就,入龙门山著《凝道记》《孝经新说》《周礼集注》及专著。朱元璋攻取婺州后,设郡学,聘请宋濂为五经师。次年,奉诏至应天,出任江南儒学提举,命教太子。明朝洪武二年(1369),诏命宋濂总修《元史》。《元史》修成后,宋濂升任为翰林学士知制诰。洪武四年(1371),被贬谪安远知县。五年(1372),召回礼部主事。六年(1373),奉旨纂修《大明日历》100卷,择言行之大者为《宝训》5卷。尔后累官至翰林学士承旨、嘉议大夫,知制诰兼修国史。十年(1377),辞归。宋濂在明太祖朱元璋面前,凡所陈述,毫无隐讳。明太祖赞扬宋濂未尝说过假话,不曾讥诮他人之短,真谓真贤人。在明朝初年开国文臣中,推居首位。十三年(1380),因长孙宋慎受胡惟庸党案牵连,祖父宋濂蒙受株连。后降旨特赦,安置茂州。十四年(1381),病卒于夔门途中,谥文宪。宋濂自幼至老,未曾一日离去书卷,以书为伴。为文畅达藻丽,主张明道致用。高丽、安南、日本等国,常出重金购买宋濂文集。后人将其著述合辑编成《宋学士全集》,流行于世。

宋濂对祖处在婺州的黄庭坚,乡梓之情重于泰山,悉心研究黄庭坚生平及其著述,常作文予以褒扬,弘扬正气,激浊扬清。在《宋学士全集》卷十三《题山谷手帖》中有云:"摩围老翁自戎州回荆渚所遗二贴,正固陵即位复宣德郎监鄂州盐税之时也。其所称琼正,乃元祐侍御史黄公之子,侨居于荆,逮翁之至,与兄益修持谱牒以叙宗盟,翁继往拜其家庙,……故翁称之为五弟强宗也。……初翁三十余,尝过泗州僧伽塔,即造《发愿文》戒酒色与肉食,曾未几何,辄皆犯之,至于耆年,尚不能制其血气之私如此。岂饮食男女,人之大欲,虽贤者或不能免也?"宋濂对黄庭坚的评价,字里行间,充溢着人情味,言辞恳切,评价中的,既无溢美之词,也无贬低之语,不偏不倚,恰到好处。

宋濂对黄庭坚褒扬之作,在《宋学士全集》中有多篇收录。宋濂与黄庭坚所处朝代,其间虽隔两朝,然宋濂对前朝影响着一代又一代的贤人,视之为楷模,引之为骄傲,实乃肺腑之言,世世相传。

明朝洪武十三年(1380)初,东塘黄氏裔孙黄以礼官广州金事,致函给宋濂,请宋濂为正在续修的《东塘黄氏宗谱》作序。宋濂应诺,作《金华黄氏宗谱序》。同年三月上旬宋濂序言撰毕。序云:黄为嬴姓,陆终氏之后,受封于黄,今光州定城二十里,就有黄国故城。黄既为楚所并,子孙散之四方,以国为姓。至汉,尚书令香,居江夏为望族。有自江夏迁婺之金华者,其讳曰苾。历十九世,传至荣。荣生二子,曰洪曰浩。洪生瑕、珌。浩生琛、玘、璞。其子孙分为五大族。瑕之支则丰城,珌之支则剡,琛之支则监利,玘之支则弋阳，皆自金华而迁。稽之金华、丰城、弋阳三谱，有黄庭坚、魏了翁、李心传诸儒所采者，颇同当，可信不诬。诸暨花亭之黄氏，实出于玭。玭之弟玘，有子曰瞻，挟策游江南李氏，不用，后为著作郎，知洪之分宁县。玭遂与同家于县之双井。江南起兵，玭弃双井、迁于剡。子惠复自剡迁今所。惠子孙宋赠卫少卿，赈贫及于乡，待之举火者数十室。其妻仁寿县县君刘氏，出嫁资以规义田，均给姻族。故其三子十孙，多跻朊仕。而十孙之中，广西提刑育为最显。育之子朝请郎汝楫，当方腊之乱，罄家藏金帛，以赎族人之被俘者数百人。汝楫生八子，开、阅、阁同登绍兴甲戌进士，而闻与闿，亦相继抉绍兴庚辰、乾道己丑之科。闿复占时名，终荔浦丞，关官被仕郎。闵授官修职郎。兄弟一时荣贵，文星炳蔚，人皆以为荀氏八龙云。自是厥后，子孙日益繁。庶、兴龙食禄者，代不乏人。而诗书之泽，至今不替。省卿之裔孙卿钧，取分宁谱及金华文献公旧谱，参互考订。厘二谱，于后而续为图若干卷，征予序之。呜呼，氏族之学，难言者久矣。他未暇深论，姑以黄氏言之，有谓出于高阳氏者，自柏翳赐姓于赢。而其后有江、黄、诸国，为楚所灭。有谓出于金天氏者，自台骀封于汾州，而其后有沈、姒蓐、黄诸国，为晋灭皆以黄为氏。今去唐虞以前，殊为极远，其所出难稽，犹可言也。黄氏之望，非止江夏而已，若栎阳、若安定房陵，若汉东上谷，进郡，如此之类，多至四十余房，而五大族不与焉。氏族之书，虽或志之，何以不表其所自出。今去汉亦已远，其转徙之未易明，犹可说也。孝义之谱，以钟为始迁之祖，而以瑕之五昆季为其子。丰城之谱，则以五昆季系于洪，浩之下，且谓自季州而迁金华。新昌之谱，谓自秀州崇德而迁。丰城之谱，又谓江浙之黄，皆出建之浦城，自浦城而迁金华。庭坚又谓七世以上失其谱。而各谱及推至十二世。若合符节，近世有序，庭坚诸行，作山谷老人传，则又谓六世祖瞻知分宁县。瞻实生玘，抑又何耶？今去宋初，其时为甚迩，其事宜可征，如何纷纷而莫为之定也，盖因国谱局废，无官以莅之，民间所传，闻论者，不能旁搜广览，以会通故，矛盾不齐，宜无足怪。文献先师，尝相与论及谱事，公之先亦自金华来，居浦江，荐迁义乌。而上世实为瞻之后也，与滋谱通也宜哉，要之江夏族，金华实黄氏之望，故钧既修著之而复系二谱焉。所以辩亲疏，而志祥略也。今故历考郡谱，参以诸儒之论书之，俾世传之来者，有所考焉。

宋濂对黄庭坚及金华黄氏考证之文字，载入史册，彪炳千秋。

# 曾孙尊祖　谨撰年谱

　　黄庭坚曾孙黄㽦,字子耕,尝从郭雍、朱熹学,随朱熹学时间最长。朱熹,字元晦,一字仲晦,江西婺源人。初为政和尉。登绍兴进士第。历时高宗、孝宗、光宗、宁宗四朝,凡所奏闻,皆正心诚意,齐治平之道。累官转运副使、焕章阁待制、秘书阁修撰、终官宝文阁待制。庆元中致仕旋卒。嘉泰初年谥文,宝庆中赠太师,追封信国公。朱熹原籍江西婺源人。婺源于梁陈时为新安郡,故朱熹署款多称新安。居崇安时,榜厅事曰紫阳书堂,故称紫阳。又建草堂于建阳之云谷,榜曰晦翁,自称云谷老人,亦曰晦翁。晚年卜居于建阳之考亭,建沧州精舍,自号沧州病叟,又号遁翁。考亭为朱熹晚年收徒讲学之所,故人称考亭学派。其学出于李侗、罗比彦,尽得程氏之传,倡导穷理以致其知,反对躬以践其实,而以居敬为主,一生著作颇丰,门徒广聚。淳祐年间从祀孔庙。清康熙中期升位于十哲之次。黄㽦受朱熹影响,精研儒学,颇多建树。

　　黄庭坚于北宋崇宁四年(1105)卒后,黄㽦就致力于曾祖父年谱考略和编撰,在任渊《诗注》及《目录年谱》的基础上,广泛搜集曾祖父黄庭坚文集、外集、别集、尺牍、遗文、家藏旧稿、故家所收墨迹和四方碑刻。南宋宁宗庆元五年(1199),所作《山谷先生年谱》书成,共三十卷,较为详细地记录了曾祖父黄庭坚一生的行迹、交游与创作史实。《年谱》系年尤为独到,不仅将各年所作诗歌系于有关年月之下,还标明出处。而且对重要事件详作考辨,以纠其谬。如关于对黄庭坚《乙酉家乘》(1105,黄庭坚辞世前所作日记)的考证,悉心有加。《年谱》中有云:"先生《乙酉家乘》云:'正月庚午朔,元明(黄大临)自永州与唐次公俱来,居四日矣。'《家乘》盖先生日记。按范信中(范廖)有《乙酉家乘序》云:'崇宁甲申秋,余客建康,闻山谷先生谪居岭表,恨不识之。遂溯大江,历溢浦,舍舟于洞庭取道荆湘以趋八桂。至乙酉三月十四日,始达宜州,寓宿崇宁寺。翌日谒先生于僦舍,望之真谪仙人也。于是忘其道途之劳,亦不知瘴疠之可畏耳。自此奉杖屦至五月七日,同徙居于南楼。围棋诵书,对榻夜语,举酒浩歌,跬步不相舍。凡宾客往来,亲旧书信,晦明寒暑,出入相居,先生皆亲笔以记其事,名之曰《乙酉家乘》。而其字画特妙。尝谓余他日北归,当以此奉遗。至九月,行生忽以疾不起,子弟无一人在侧,独余经理其后事。及盖棺于南楼之上,方悲恸不能已。所谓《家乘》者,仓促为人持去,至今思之以为恨也。绍兴癸丑岁(1133),有故人忽录以见寄,不谓此书尚尔无恙,读之恍然,几如隔世。因镂饭以传诸好事者,亦可以见行生虽迁谪处忧患而未尝戚戚也,视韩退子柳子厚有间矣。东坡云御风骑气与造物游,信不虚语哉。甲寅四月望日蜀郡范寥信中序。'"黄替为使《年谱》史实可证可信,旁征博引至如此田地,也可以看出黄替对曾祖父的敬重和敬仰。对于绍兴元年,宋高宗诰敕官黄庭坚子孙各一人,并推恩及于其从弟黄廉之子黄叔敖和外甥徐俯的史实,黄替也详加考略,并附于《山谷先生年谱》末。《山谷先生年谱》中云:"绍兴初,高宗皇帝中兴,特赠先生直龙图阁、官子孙各一人。二年,先祖尚书以给事中召。"至行在。替家中藏先祖亲笔日记载,二月初六戊辰,后殿引对,天语甚温。询先生子孙曲折,许他日召至行在。及十七日己卯午刻,中使郑谌传宣至先祖,遂就省中见之。上令问先生诸孙曲折,先祖即因谌付口回奏。当时特赠,实与张耒、晁补之、秦观四人同命。词云:'敕故朝奉郎黄庭坚等,自熙宁大臣用事变法,始以异用排斥大夫。唯我神祖念之不忘。元丰之末,稍稍收召。接于元祐,黄俊盈朝。而尔四人(黄庭坚、张耒、晁补之、秦观),以文采风流为一时冠。学者钦慕之。及绍述之论起,党籍之禁行,而尔四人每为罪首。则学者以其言为讳。自是以来,缙绅道丧,纲纪日堕,驯致宣和之乱。言之可为痛心。肆联纂承,既从昭洗。今尔四人,复加褒赠。斯足以见朕志矣。呜呼!四清之游,书殿之选,唯尔曹为称。使生而得用,能尽其才,亦何止于是欤。举以追命,聊绅赍志之恨,亦以少慰天下士大夫之心。英爽不亡,歆此休显。'盖词臣推广高庙圣意及之。后之子孙优读褒训,衔戴国顺民,欲报无路,何但痛哭流涕而已。因辄附诸篇末。"由此观之,黄𪫫所撰《山谷先生年谱》实而有据,既不溢美,也不失实,是可信之史籍。

梁启超先生在《中国历史研究法补编》中谈及古代学者、文人、政治家,"想从他的遗文或记他的史籍,在零乱浩瀚中得亲切地了解,系统地认识,是不容易的。如能为其编制一部年谱,则其一生的环境、背景、事迹、著作、性情等可以整个地看出,毫无遗憾。"黄𪫫所编撰的《山谷先生年谱》,是符合梁启超先生之言。《适园丛书》本所载张均衡《跋》中,赞扬黄𪫫编撰的《山谷先生年谱》如是说:"谱经月纬,详考其地其人,纤细毕备,为自来编诗文者所未有的。"应该这样说,张钧衡对黄𪫫编撰的《山谷先生年谱》评价,是恰如其分的。

曾孙黄𪫫所以能够编撰出具有一定权威性的《山谷先生年谱》来,是黄𪫫对曾祖父黄庭坚的敬重和敬仰,是敬祖尊祖的一种有形载体。而这种载体,既可以反映出先祖一生的真实轨迹,还可以流芳百世,教育和启迪后来者。

# 画像行状　载入宗谱

　　无论是金华的《东塘黄氏宗谱》《东池黄氏宗谱》《北山双井黄氏宗谱》，还是兰溪的《鹤山黄氏宗谱》《蛟湖黄氏宗谱》、浦江的《东市黄氏宗谱》、义乌的《洞门黄氏宗谱》，都把江夏郡祖黄香、婺州金华始迁祖黄苾、黄庭坚之父黄庶，还有黄庭坚等先祖先哲的画像载入宗谱，同时还把《宋先太史山谷行状》《送山谷老人》等珍贵史料载入宗谱。此外，还将黄庭坚遗墨，著行作世，与东坡齐名，儒林宝之故，号为黄苏等史料载入宗谱。如录入宗谱的有《训跋奚移交》《山谷祖题磨崖碑》《上东坡先生书》《上欧阳公书》《苏长公裁答书》《自题诗稿》《鲁直祭知命弟文》《跋子瞻诗和陶集》《自叙真像》等名篇佳作。另有他人赞颂黄庭坚的名文也一并载入宗谱。如后学吴兴林静撰写的《黄文节公自叙真像》、麟溪郑涛撰写的《文节公赞》、前史官眉山苏衡撰写的《文节公先生赞》、后学周季凤撰写的《山谷先生赞》、尚书左仆射陈康伯撰写的《山谷先生像赞》、监察御史天台郑嘉撰写的《山谷先生赞》等。还将黄庭坚父亲黄庶写的部分诗词也录入宗谱。如《题大孤山》，诗云："彭蠡百年南国襟，万顷苍烟插孤岑。不知天星何时落，春秋不书不可寻。石怪木老鬼所附，兹乃与水司浮沉。鸣鸥大藤树下庙，祭血不干年世深。舳舻千里不敢越，割牲酒洒来献斟。我行不忍随人后，许国肝胆神所歆。落帆夜宿白鸟岸，睥睨绕寒藤荫银。银山大浪独夫除，比士一片崔嵬心。宦游远去父母国,心病若有山水淫。江南画工今谁家,指拭东绢倾千金。"又如《和子仪问蝉》,诗云:"红日桂树间,长我亭下荫。园林动秋意,高蝉忽微吟。清风转余声,杳若下远岑。微物感时节,铿锵吐商金。古乐久破碎,兹虫抱金音。荒忽尚偃塞,激起壮士心。愿为秋蝉操,被之朱弦琴。"等等,可见东塘黄氏后裔对同族先哲黄庶和黄庭坚一往情深。

此外,为缅怀孝子黄庭坚,建孝子祠,又名雍肃祀奉。后更名"荫堂"、又更名"真爱堂"。清朝咸丰年间,遭兵灾而毁。清朝光绪年间又重建荫堂,奉祀孝子黄庭坚,作《重建荫堂记》载入宗谱。《重建荫堂记》有云:"吾族山谷祠,曰雍肃堂……迄清咸丰辛酉年,红羊历劫,奥匪蹂躏,而栋栗榆枋,顿成一炬,识铜驼于荆棘。为子孙者,谁不兴禾氛之斐然。匪忝既靖,辄思创建,以奠宗祐而妥先灵……同治七所戊辰,元气渐复,民物少康,始挨户辞行捐,先建荫堂,以安栗主。"可见,东塘黄氏后裔对先祖黄庭坚敬奉虔诚有加。

《东塘黄氏宗谱》收录的黄庭坚父亲黄庶画像,并配以赞像诗文。吏部尚书周铢的赞文曰:"冠玉其姿,比玉其度,德媲君陈,行绍徐儒,雅汉文辞,步唐诗赋。进也论廊庙于陶唐,退也玩风月于林圃,表表贤名,百世令人景慕。"潞国公文彦的赞词曰:"声律身度,趋韵铿锵,甘和白采,质文炳琅,屏翰天朝,百辟为宪,雄视诗坛,杯声姐奠。"对黄庭坚的画像也配以赞词,赐御前金莲烛送归院翰林学士苏轼的赞词云:"山川炳灵,世美交济,孝友天成,文绝当世,贾井屈国,千载一致,文节谥名,龙图追记,后籍光荣,永贞勿替。"修国学士吕大防的赞词云:"忠并灵均,无行吟泽畔之悲,孝埒仲曲,有南游北顾之叹。节高陶五柳,兴逼杜陵诗,当年钦逸韵,千古仰高风。"另有赞词云:"山谷家风,文章清节,遗爱旁流,甘棠露浥,婺犹故丰,官居肇迹,一脉遥联,分宁禹穴。"东塘黄氏后裔子孙,宗族情结,永世不泯,对同族同宗先祖黄庭坚怀念之心,与世共存。

婺文化丛书 V / 钟世杰　主编

# 邵飘萍传

邵诚民　著

 浙江工商大學出版社

图书在版编目(CIP)数据

邵飘萍传 / 邵诚民著. — 杭州：浙江工商大学出版社，2013.5
（婺文化丛书. 第5辑）
ISBN 978-7-81140-797-6

Ⅰ. ①邵… Ⅱ. ①邵… Ⅲ. ①邵飘萍（1886~1926）
-传记 Ⅳ. ①K825.42

中国版本图书馆 CIP 数据核字（2013）第 103408 号

# 邵飘萍传

邵诚民　著

| | |
|---|---|
| **责任编辑** | 赵　丹 |
| **特邀编辑** | 许苗苗 |
| **装帧设计** | 周国良 |
| **出版发行** | 浙江工商大学出版社 |
| | （杭州市教工路 198 号　邮政编码 310012） |
| | （E-mail：zjgsupress@163.com） |
| | （网址：http://www.zjgsupress.com） |
| | 电话：0571-88904980，88831806（传真） |
| **排　　版** | 金华日报商务彩印有限公司 |
| **印　　刷** | 金华日报商务彩印有限公司 |
| **开　　本** | 850mm × 1168mm　1/32 |
| **印　　张** | 138.5 |
| **字　　数** | 3226 千 |
| **版 印 次** | 2013 年 5 月第 1 版　2013 年 5 月第 1 次印刷 |
| **书　　号** | ISBN 978-7-81140-797-6 |
| **定　　价** | 460.00 元（全 13 册） |

# "婺文化丛书"编委会

**主　编:**钟世杰

**副主编:**朱江龙　叶志良

**编　委:**(按姓氏笔画为序)

王亦平　王晓明　方雨辉　叶志良

朱江龙　杨鸽声　吴远龙　陈文兵

周国良　钟世杰　楼　冰

# 序　言

位于浙江中部的金华,是一座历史悠久、人文荟萃的国家级历史文化名城。这里自古崇文重教,文风鼎盛,历代名人辈出,群星闪耀。一代新闻巨擘——邵飘萍就是其中一位杰出的代表。

邵飘萍谱名新成,又名镜清、振青,笔名飘萍。祖籍浙江东阳大联乡紫溪村,1886 年 10 月 11 日出生于金华市区谯楼巷一个贫民之家。

邵诚民先生所著的《邵飘萍传》一书,以翔实的史料、宽广的视野、生动的文笔,向我们较为全面地展示了邵飘萍短暂而光辉的一生。

邵飘萍是新闻工作者的楷模。在风雨如晦的年代,他投笔办报,以一个报人、记者的身份,抨击邪恶,伸张正义,为民族解放而大声呐喊,留下了《新闻学总论》《实际应用新闻学》等我国新闻学开山之作,是当之无愧的"新闻全才""一代报人"。

邵飘萍是五四运动的发轫者,是我国民主革命时期杰出的文化战士。他一生疾恶如仇、不畏强暴,怀着"新闻救国"的理想,以报纸为阵地,以笔为武器,秉持"挥毫似剑伐魑魅,喋血如丹荐轩辕"的"铁肩辣手"精神,宣传爱国民主思想,反对封建专制独裁。

在从事新闻记者工作的十四年间,他曾四次被追捕,数入牢狱,但其民主革命之志始终不屈不挠。

邵飘萍是传播马列、讴歌革命的先驱。他撰写的《新俄国之研究》和《综合研究各国社会思潮》,是中国共产党成立之前介绍、宣传马克思主义的重要著作。1926年4月,他因不屈服旧中国反动势力的威逼和利诱,在北京天桥刑场被奉系军阀张作霖以"宣传赤化"为由杀害,时年仅四十岁。

邵飘萍的一生是追求光明、追求革命、追求真理的一生。毛泽东在与美国记者斯诺谈话中曾说:"特别是邵飘萍,对我帮助很大",称赞他是"一个具有热烈理想和优良品质的人"。1949年4月,毛泽东亲自批准邵飘萍为革命烈士。

斯人已去,精神长存。作为邵飘萍烈士的故乡后辈,我们为有像他这样的先贤而感到骄傲和自豪。我们有责任让先烈的革命精神彰显于世、代代相传。邵诚民先生历时数十年收集、整理、研究有关资料,以文学传记的形式来书写邵飘萍革命的一生,就是对这种传承的有益探索。我相信,每一位阅读此书的人,都会从中得到精神的激励,获取前行的力量。

是为序。

徐加爱

2012.6.27

(注:徐加爱系中共金华市委书记)

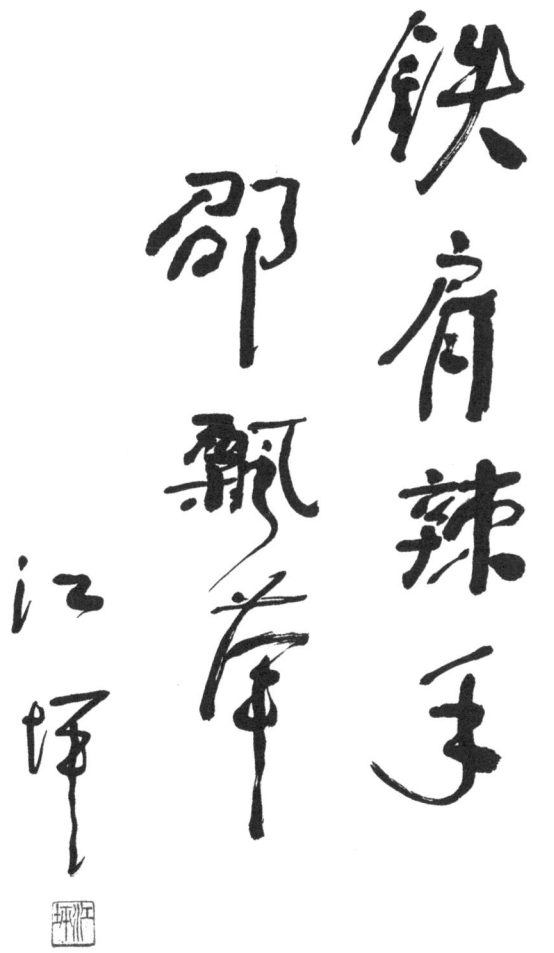

铁肩辣手

邵飘萍

江坪

浙江省记协名誉主席、原浙江日报社总编江坪先生为本书题词

# 目　录

# 楔　子

　　位于浙江中部的金华，山川秀美，物产丰富，人杰地灵。在这块广袤的大地上，曾经孕育出许多杰出的中华儿女，一代新闻巨擘邵飘萍就是其中的一位。

　　邵飘萍，原名邵新成，又名镜清，后改名振青，飘萍是他的字，笔名阿平、素昧平生等。浙江金华人，祖籍浙江东阳大联乡紫溪村。1884年农历年底，邵桂林(名坦懋，字枝香，号桂林)先把母亲张氏和第二个儿子新煌暂时留在东阳，然后带着妻子徐凤珠，挑着箩筐，里面装着三儿新富和女儿新翠两个孩子，大儿子新胙牵着一头羊，从东阳大联乡紫溪村迁居到金华。起初借居在东市街东阳同乡曹祥的家里，两个月之后，又移居到芝英考寓。为了生计，不久，邵桂林开办了一所私塾，收徒授学。1886年10月11日(农历九月十四日)，在浙江中部婺江之滨的古城金华，此时，天渐渐地黑了，夜幕开始笼罩大地，忙碌喧闹了一天的城市开始静寂了。约莫晚8时左右，从金华东市街鼓楼里谯楼巷，一幢当年给考生们住宿，叫"芝英考寓"的破旧房中，突然传来一阵婴儿的啼哭！声音格外的洪亮和清长。一个小生命在这漆黑的夜中来到了这苦难的乱世，此人便是民国年间名噪一时的京报社长、著名新闻记者、一代报人邵飘萍！

　　邵飘萍自幼机灵贪玩，下河抓鱼，爬树掏鸟蛋，均是他的拿手好戏。人说穷人的孩子早当家，邵飘萍就是这样。他受严父邵桂林的教诲，又目睹人民的困苦，所以从小就极富有同情心。一天大雪纷飞，邵飘萍看见一个同学只穿一条破旧的单裤，冷得直打战，当即二话不说将自己的裤子脱下一条给那同学穿上。这件脱裤子助人御寒的往事，至今仍在家乡邻里当中传颂着，成为美谈。另外，由于"巧对残钱"的机敏，他还被乡邻称为"小神童"。邵飘萍八岁那年，有一天家里来了一个衙役，要把他背到金华知府衙门里去。他母亲很奇怪，衙役就说了原因。原来是邵飘萍在金华鼓楼玩耍遇见金华知府继良，知府听说邵飘萍很聪明，便拿出个破铜钱，对邵飘萍说："小娃娃，你对一句话来。"邵飘萍一看铜钱缺了一块，随口答道："不成方圆。"知府一听，惊讶连连称赞："奇才！奇才！"

　　天下父母之心，都希望自己的子女能成才，成为济世治国之才，其父邵桂林也不例外。他寄希望于邵飘萍，期待他学有所成，通过科举这块敲门砖，去敲开仕途之门。因此，自邵飘萍记事起，邵桂林就给他讲家乡名人小时候苦读书的故事。在这些有趣的故事里，邵飘萍幼小的心灵受到了悠久的民族文化的熏陶，受到了历史教育和人生教育。除此之外，邵桂林还经常讲述邵氏家族的一些事情。如西周召公"周召共和"的伟业，战国燕太子丹派遣荆轲刺秦王的壮举，东陵侯邵平不满秦朝暴政隐居种瓜的傲骨，北宋康节先生著书立说的学问，安简先生邵亢由中原徙居东阳县的德泽，东阳紫溪邵氏繁衍为"东邑之望族，婺群之名乡"的功绩，祖父邵煜洸无以为生参加太平军的往事等。其父邵桂林对他进行"家史"教育，使邵飘萍同时也受到了"国史"的教育。邵飘萍的爱国主义思想，大概就是从这里开始的。所有这一切，使邵飘萍理解了父亲的苦心。他自小聪慧，记忆力尤强，长大后要干一番大事的志向已在他心中生根发芽。在去金华府考秀才那天，他穿了件蓝衫,人小衣长,考官看见后出了一题叫他对:"小童生蓝衫拖地。"邵飘萍听了随口答道:"老大人红顶朝天。"那考官听了哈哈大笑,赞声连连。从此,"小神童"的美名就传遍了方圆百里。

邵飘萍父亲邵桂林

邵飘萍自幼受父亲严格的传统封建教育,成为了"神童"、小秀才,后又受维新改良思想影响,具有强烈的民族主义情结。他长居金华农村,目睹人世间一幕幕的惨剧。在金华,又受到张恭和秋瑾的启迪。到人文荟萃的杭州后,他更为民主革命家章太炎、蔡元培、徐锡麟所影响。平时,邵飘萍常用业余的时间为报馆写地方通讯,不久,被上海《申报》聘为通讯员。他笃喜新闻,对报业怀有一种与生俱来的特殊感情。浙江素称文化中心,报纸为文化的先驱,使命重大,因此浙人中卓具才识的革命志士,有不少人此时都奋身囊笔从事报业了。此时,办报人因爱国反帝反封建饱受危难,备受艰辛,甚至身遭斧钺。邵飘萍对他们在清政府淫威之下仍努力奋斗的革命精神,更是十分钦佩,报纸对国家、对人民、对革命所起的重大作用,促使邵飘萍走上了"新闻救国"之路。

邵飘萍这个出身寒门的书生,究竟凭着什么出奇的本领和胆略,能够在民国历史最黑暗的北洋军阀时代,投笔办报,以一个报人、记者的身份"平社会之不平,苟见有强凌弱,众暴寡之行为,必毅然伸张人道,而为弱者吐不平之气,使豪暴之徒不敢逞其志,不能不屈伏于舆论之制裁"?在他从事新闻工作的十四年当中他曾多次被捕,数入牢狱,而民主革命之志终不屈挠。只要是合乎真理、合乎正义的事情，他认准了，就一定坚持到底，鼎镬不辞。在袁世凯和直系、奉系军阀炙手可热的时候，他公然直斥前者为"袁贼"，称后者为"国民公敌""鲁民公敌""一世之枭雄"，攻击军阀之间的内讧为"以暴易暴，毙一虎而仍生一狼"，指出军阀政府的统治"比强盗更可怕"。"三一八"事件爆发，他名列段祺瑞政府发布的黑名单的第十六名，《京报》被列为北洋军阀准备"扑灭"的四种报纸当中的第一种。此时他仍然把矛头对准残民以逞的皖系军阀，鸣鼓而攻之。在此，值得世人敬佩和铭记的是，当年以专著全面宣传马克思主义，介绍新俄国、新生苏维埃社会主义的，邵飘萍是中国第一人。《新俄国之研究》和《综合研究各国社会思潮》两本专著，均出版在1920年即中国共产党成立前一年。此时能著书立言，客观而系统地宣传科学社会主义，赞颂俄国十月革命，这在当时的中国是绝无仅有的。1915年，是他第一个从日本向国内报道袁世凯同日本密签卖国的"二十一条"的内幕。1919年五四运动爆发前夜，又是他第一个走上"五三"晚会的讲台，感情悲愤而激昂地报告了巴黎和会上中国外交失败的经过和原因，又具体地分析了山东问题的性质及当前的形势。最后，他大声疾呼："现在民族危机系于一发，如果我们再缄默等待，民族就无从挽救而只有沦亡了。北大是最高学府，应当挺身而出，把各校同学发动起来，救亡图存，奋起抗争！"在扭转中国历史命运的"五三"晚会上，邵飘萍敲起了祖国危亡的警钟，为中华民族求解放而大声呐喊。他是伟大五四运动的直接发轫人，他的历史功绩是卓著的。1916年，从日本回到北京的邵飘萍又创办了中国第一家通讯社——新闻编译社。1918年10月5日，邵飘萍又在北京前门外三眼井三十七号创办了大型日报《京报》。在他的主持下，《京报》一时成为人民大众抨击反动军阀的喉舌。此时，由他所著的《新闻学总论》《实际应用新闻学》更成为中国最早的新闻学专著。由业余通讯员、特派记者、主笔，直至报社社长、总编、著名新闻记者的邵飘萍，不仅在中国新闻史上享有盛名，在中国近现代文化史上也有一定的影响。他的一生，是为反帝反封建军阀的民主革命事业奋斗的一生，是一个正直的、爱国的新闻记者战斗的一生。1926 年 4 月 26 日，年仅四十岁的邵飘萍以"宣传赤化"的罪名被奉系军阀张作霖枪杀于北京天桥。他的被害，引起了广大人民群众对反动军阀的无比愤慨，他的名字已经成为和反动封建军阀作斗争的牺牲者的象征。

　　邵飘萍以报纸为武器，与贪官污吏、反动军阀作斗争的传奇一生，绘就了一幅真实生动、鲜活悲壮的民国北洋军阀时代的众生图。一个正直、爱国的新闻记者，以笔为枪，坚决和无情地抨击、鞭挞反动军阀、贪官污吏们的种种丑行和倒行逆施，他不惜离妻别子，还曾两次亡命扶桑，直至被土匪军阀张作霖枪杀！为展现民国北洋军阀时期这段中国最黑暗的岁月，以及揭开杀害一代报人的秘史，于是便有了如下的文字——

# 第一章　遇良师投身报业
# 　　　为中华挥笔讨袁

　　清宣统三年(1911),辛亥革命爆发后不久,此时已是浙江的深秋时节,到了夜晚,那吹到人身上的风已有阵阵凉意,邵飘萍已经接连好几天都处在兴奋和激动之中。杭州光复的消息,似一盏明灯,点亮了他的人生梦想!对民主共和向往已久的他此刻认识到,不能再在金华当一个普通的教师了,他应该到杭州去闯一闯,到更广阔的天地去施展自己的才华和抱负。有了这个大胆的念头后,邵飘萍心想:何不听听父亲的意见,看他是否能支持儿子的抉择!一天,晚上吃饭时,邵飘萍对父亲说:"爸爸,我决定辞去教书的工作,到杭州去。"

　　老人突然听到儿子冒出这样的话,心有不悦,但从儿子那坚定的目光中似乎又理解了儿子的选择,邵桂林略显迟疑地说:"生逢乱世,好男儿是该有志气,可是你此去杭州,人生地不熟的,去做什么?谁又能帮你呢!"

　　邵飘萍看父亲一脸担心,给老人讨好地夹了点菜说:"爸,这您老别担心,我可以先去找在杭州的同学和朋友。"

　　"你是去找那些革命党人吧?"邵桂林说,"爸不反对你去杭州,但你要小心啊!"

　　邵飘萍说:"爸,放心吧。"又对桌边默默吃着饭的妻子沈小乃说:"等下帮我收拾下行李,辛苦你了,小乃。"

沈小乃连忙放下饭碗,对邵飘萍莞尔一笑,跑进房中替邵飘萍打点起行装。

邵桂林默默地看着儿子,听着儿媳妇沈小乃在房中翻箱倒柜地找东西,那响声一下又一下撞击着老人的心头。此时,房中突然响起一个女婴的哭声,那是邵飘萍的女儿仍贤的哭声,她被吵醒了。邵飘萍听到女儿的哭声连忙来到房里,从沈小乃手中抱过女儿温柔地亲着女儿那粉红色的小脸蛋说:"我的小心肝哟,别哭喔。"可是女儿今天不知怎么了,任凭邵飘萍怎么哄,还是伤心地扭动着一双小手,哭着。难道,女儿也知道她的父亲不久就要离开她和妈妈了?

沈小乃见女儿哭得伤心,连忙放下手中的活,抱过女儿,说:"可能饿了吧。"说着扯开衣服,给女儿喂起奶来。女儿吮着母亲的奶汁,小嘴儿还是呜呜着。几滴晶莹的泪珠此时还挂在女儿那粉嫩可爱的小脸蛋上,一双黑白分明的大眼睛在看着邵飘萍。邵飘萍抚摸着女儿的小手,对沈小乃说:"我去杭州后,这个家就交给你了。等我找到事做,再回来接你们。"沈小乃听了,许久,只是温柔地、静静地看着邵飘萍说:"什么时候走?"

邵飘萍说:"就这几天。"看着女儿吮饱了奶,终于安静地睡了,邵飘萍才又匆匆地走了出去。

邵飘萍到了杭州,没有立即去找杭辛斋,他俩是在偶然的情况下相遇的。那天,旭阳高照,邵飘萍约了在杭州的几位同学、友人,来到迎春楼茶馆喝茶。此时,杭辛斋也正和一个朋友在喝茶闲聊。邵飘萍看见快步走了过去:"杭先生,真想不到会在这儿碰见您。"

这不期而遇,也使杭辛斋十分高兴,立即起身相迎,拱手说:"呀,是邵振青君,文章如雷贯耳也!久仰,久仰。"

邵飘萍不好意思地一笑说:"那里,先生才真是大名鼎鼎呢!您主编的《中华报》《浙江白话报》是新思想的倡导者,赫赫有名呢!"

两人一见如故,杭辛斋笑着拉邵飘萍坐到身边,对朋友介绍说:"这就是邵振青君,字飘萍,是浙江省立高等学堂的高才生,文章写得很有特色,出手也快。"

邵飘萍连忙说:"杭先生,您太抬举我了。您才是我所敬仰的思想进步的老文学家,您因涉康梁案,受尽清廷拷打折磨,险被杀头的壮举我深受感动,您是报人的楷模啊!您更是报界的老前辈,我此次来杭真希望能得到您的指教和帮助。"

"我也求贤若渴啊。"杭辛斋起身紧紧握住邵飘萍的手说,"这不正是天降英才,我这阵正准备在浙江办一张具有全国影响的大报,以鼓吹宣传辛亥革命,你的到来,使我的信心倍增,我们的报纸一定会红遍大江南北!"说完拉起邵飘萍就朝《浙江白话报》报馆走去。

人生历程中,一个偶然的机遇,有时也许就会决定一个人的毕生追求和他的事业道路。邵飘萍与杭辛斋在茶馆巧遇,这是他正式投身报业,踏上新闻救国人生之路的开始。其实,在大学读书时邵飘萍就萌发了新闻救国的思想。大学毕业后返回金华府中学堂(现金华一中)任教,由于热爱新闻事业,利用教学的业余时间,积极为上海、杭州等地的报纸写稿。邵飘萍认为,报纸对宣传革命、启发民众觉悟的作用很大,早日踏进报业大干一番,才是他的人生梦想。今天,著名报人杭辛斋热情相邀,正合他的志趣。此时此刻,邵飘萍跟随着杭辛斋迈着轻快、稳健的步伐走进了报社。在报社门口,邵飘萍看到刚刚粉刷过的白墙上挂着"浙江白话报"的木牌,报社的房屋十分简陋。走进杭辛斋的办公室,那楼板踏上去,还会吱吱作响,那桌子上堆满了稿件和书籍,由此可见主人的繁忙。不过不大的空间,倒也收拾得颇有文化氛围,粉刷一新的白墙上挂着一幅名人字画,使这小小的天地充满了雅趣。

此时,杭辛斋亲自为邵飘萍泡了杯龙井茶说:"明天你去省政府一趟,带上我的信把准备创办《汉民日报》一事与省长朱瑞谈谈,他如能答应,一切也就迎刃而解了。"

"朱瑞?恐怕……"邵飘萍看着杭辛斋,目光里流露出一丝犹豫,"他是清廷的官员,能答应吗?"

杭辛斋看邵飘萍担心,哈哈大笑了数声说:"你去和他谈一下,不就知道了吗?"

第二天,一早邵飘萍就敲开了省长朱瑞的办公室。朱瑞看了杭辛斋的信,慢条斯理地说:"好啊,省政府也正有此意,为激扬革命军士气,开明社会风气,报纸,那可是我们政府的喉舌,我同意创办。"

邵飘萍想不到朱瑞这么痛快,欣喜万分地说:"那么,省长是否能支持点办报经费呢?"

朱瑞听了邵飘萍的话,不阴不阳地一笑,也不说话,从抽屉中抽出一张纸,挥笔写了数字说:"你到许维力那里去一下,他知道该怎么办。"

"找他有用吗?"邵飘萍咕哝道,一脸犹疑。

"他可是财政总长!"朱瑞哈哈笑着说。邵飘萍"噢"了一声,若有所思地走出朱瑞办公室。

邵飘萍在省政府打听到许维力的办公室,坦然地敲开门把省长朱瑞的纸条递上。许维力快速地扫了扫纸条,胖嘟嘟的脸上才挤出一丝阴笑,他蔑视地盯住邵飘萍说:"好啊,朱瑞省长都同意了,我照办就是了。我省是该有一张具有全国影响的报纸,不过,报纸要为我们说话，为我们的革命呐喊助威。"

邵飘萍笑着说："只要是为人民，为大众谋福利的，报纸是喉舌，肯定是要鼓吹的。"

在经理杭辛斋、主笔邵飘萍的多方积极筹措下，军政府向《汉民日报》军政府拨开办经费六万元，报社先设在杭州上扇子巷德律风第十八号军政府印铸局内，不久又迁到焦旗杆十二号（今清泰街金鸡岭口），于杭州光复后十一天，即 1911 年 11 月 18 日如期出版。《汉民日报》以"尊崇人道，提倡民权，激励爱国尚武之精神，建设完全无缺之共和政府"为唯一宗旨，起着浙江都督府机关报的作用。《汉民日报》发行伊始，日出两大张，大力宣传孙中山的主张，推进民主革命。邵飘萍"以亟亟希望中华民国之完全成立"的急切心情，议论激烈，为定国安民而论，为革命张目而评。当有人终日无所事事，却以军政府委任状作营私的利刃时，邵飘萍"为此惧"而立即在《汉民日报》上发出警告：

"革命非行乐事，乃不得已而为此剧烈之举动也。

"故革命所以救同胞，非以造饭碗，存争饭碗之心，则政治黑暗且甚于昔日，何必多此一举哉！

"愿诸君每做一事，必自问曰：为大局乎，抑为私利乎？若良心上认为私利，则弗为也。

"诸君当知，此次革命可以强国，亦可以亡国。譬之大厦一齐推倒，能从速建设，则洵然善也。若各怀私利，取其木料砖瓦以充私室之用，则昔之大厦终成一片空基而已。"

在此，邵飘萍认为革命为破坏之手段，破坏为建设之预备，两者相距时间不过数分钟，因此他视以革命牟私利者，是与汉奸无异的小人。警告军政府要清群小，要用人唯当，要克日兴办社会上的重要事务,以辟民困,无负革命。"卖报,卖报,新出版的《汉民日报》。"杭城的大街小巷,卖报人在大声叫着,跑着。

《汉民日报》的出版,一时间轰动了杭城。每天,邵飘萍都在报馆里奋笔疾书,一篇篇切中反动政客和军阀痛处的时评,让广大民众看了拍手称快,邵振青的大名,一时成为杭州街头巷尾、茶馆酒店议论的话题。

此时,在杭州女子师范学校读书的汤修慧也看到了《汉民日报》上邵飘萍所写的时评,她泪水奔涌地对女同学说:"写得太好了!他终于如愿以偿了。"

女同学不解地看着她说:"这邵振青,你认识?"

汤修慧自知有点失态,连忙抹去泪水,对同学笑了一下。

女同学不肯放过,催促她:"你别不好意思了,要是我,喜欢就大胆地去找他!"同学说完笑着跑出去了。

听了女同学的话,汤修慧的脸上掠过一丝不易察觉的微笑。

第二天,汤修慧向学校请了假,来到了《汉民日报》报馆。此时,邵飘萍正伏桌奋笔疾书,那扇十分简陋的房门开着,汤修慧轻手轻脚地走了进去,笑眯眯地看着邵飘萍。

邵飘萍抬头一看见汤修慧, 开心地笑了:"仙女飞临寒舍,蓬荜生辉啊!"

汤修慧说:"你还好意思说呢,如不是看到《汉民日报》上你的文章,我还不知道你也到了杭州。"

邵飘萍说:"对不起,对不起,我是想忙过这一阵子后再去学校看你的。"

"你不用解释,说吧,如何认罚。"汤修慧那闪烁着智慧的目光盯住邵飘萍,不依不饶。

"好好,我认罚,谁让我怠慢了汤小姐呢。"邵飘萍放下笔,整理好案头,笑着拉起汤修慧说,"请吧,我的汤小姐,上餐馆去嗄一顿。"

来到如意楼餐馆,邵飘萍为汤修慧点了西湖醋鱼、东坡肉等几样爱吃的菜,举起酒杯,笑着说:"来,为我们的团聚,干杯!"

"不,应该是为你真正踏入报界,为《汉民日报》的创办并一炮打响干杯!"汤修慧开心地笑着,说,"当然,也为您给本小姐赔罪,为我们的相识相逢干杯。"

两人酒杯一碰,都喝干了杯中的酒。邵飘萍说:"说真的,这一阵把我忙得够呛。报馆人手少,馆务一大堆,我又刚刚经手报业,你看,这个忙的。"

"你们的报纸,很受民众欢迎。"汤修慧颇有同感地点点头,说,"是啊,我真想赶快结束学业,来替君分忧,那该多好。"

"你能这样想,我邵某真是从心里高兴,能在这芸芸众生中遇到你这样的红颜知己,这是我的幸运!"邵飘萍举起酒杯,两眼放光,语气温柔地说,"千万不要放弃学业,好好学,有一天会用到的。"

喝了酒,邵飘萍和汤修慧边走边谈,从餐馆到汤修慧的学校有好长的路。邵飘萍说:"我送你回校吧。"

"不了,你请回吧。"汤修慧笑着说,"不要太辛苦了,你自己可要保重身体啊。"

邵飘萍喊来辆人力车,让汤修慧先上车,然后自己坐上去,不一会儿就来到了学校。汤修慧跳下车,此时,在秋日的阳光下,她看着眼前自己所钟情的男人,他那张脸比平时更生动,比平时更显得神采飞扬,在七彩的秋阳辉映下闪闪发光。

"下个星期天,我来找你一起游西湖去好吗?"邵飘萍对汤修慧说。

汤修慧开心地点了点头,静静地看着拉着邵飘萍的人力车渐渐地远去。

杭州汉民日报馆。邵飘萍和杭辛斋边喝茶边谈论时事。

杭辛斋说:"据最新可靠消息,冯国璋已率部于 11 月 2 日攻下汉口,军民死伤惨不忍睹,最可怜的是汉口难民,渡江南奔,船到中途,均被冯国璋军队的炮弹击沉,可怜这穷苦百姓,断胳膊断腿在江水中浮沉呼救。最令人发指的是那些妇女儿童,披头散发在水中惨嚎,终被无情的江水沉没……"杭辛斋说到动情处,几度哽咽,老泪纵横。突然猛地拍了一下桌子说:"最令人气愤的是,冯国璋还因此被赏封二等男爵,真正是天下奇闻!"

邵飘萍听了,痛骂道:"这个该千刀万剐的刽子手!"当即挥笔疾书,在第二天的《汉民日报》上怒而抨击:

"冯国璋以奴隶之性,贪残之心,焚掠汉口,惨杀同胞无算。

"呜呼!此非人道主义之毒蛇猛兽,人人得而诛之乎?乃袁世凯之内阁方以其能涂炭生灵,赏给二等男爵,然则袁贼之居心可知矣。

"粉冯之骨,碎冯之身,为汉阳人民吐冤气。褫袁之魄,斩袁之头,为中华民国定大局。

"呜呼!男儿勉乎哉!"

该时评在报纸上一经刊出,一时洛阳纸贵,《汉民日报》名声大噪。无论走到哪儿,人们都在谈论邵飘萍的文章。有叫好的,有担心的,也有恨之入骨的。

汉民日报馆电话铃声响个不停。邵飘萍在灯下挥笔疾书。

大街上报贩在狂奔高喊:"新加印的《汉民日报》!邵振青又鼓吹北伐!"

人们呼啦一下涌向报贩,不一会儿,报贩手头的报纸全部卖空。

邵飘萍对时局变化十分敏感,对卖国贼袁世凯也有入木三分的认识。1911年12月2日,南京光复。邵飘萍欣喜若狂,立即在《汉民日报》上积极鼓吹北伐,力主顺民心,乘胜势,进取北方"以见犁庭扫穴之功"。他发表《呜呼前清之资政院议员》一文,抨击议员暗受袁贼操纵,听命于袁世凯一人,掣金百万运动报馆,离间军队。在全国起革命之师,主共之政时,从事于助纣为虐,伪改宪章,借款增兵,违背人道,以尽歼同胞。他诚告各省同胞,警惕袁世凯之清内阁,假咨政院之名义,肆行其阴谋鬼蜮之伎俩,以损我民国之名。

1912年元旦,当选临时大总统的孙文,字逸仙,号中山,广东香山县人。少时入教会学堂读书,吸受欧化,目击清政日非,遂倡言革命;嗣复往来东西洋,结合中国留洋学生,组织同盟会,一心与清廷为难,好几次运动革命,统归失败。至是民军起义,把中国二十二省的舆图,得了三分之二,不禁夙愿俱慰,奋袂回国。这天,孙中山由上海乘专车,到南京就职,火车上面,遍挂五色旗,随风送迎。这五色旗寓着五族共和的意义,是由江苏、浙江联军在光复南京后由都督程德全及湖南志士宋教仁等,创造确定下来,后来又定为国徽。在武昌起义时,用的是铁血旗,即十八星旗。云南、贵州、广东、广西独立时,仍然用的是同盟会的青天白日旗。为此,各省独立,均用的是白旗,这就是五色旗的来源。快到中午时,孙中山的车队抵达南京,此时,南京的政学军商各界来到车站欢迎,驻南京的各国领事,也到车站迎接。突然,各炮台、各军舰,齐鸣炮二十一响,表示热烈欢迎。在隆重、庄严的氛围中,孙中山宣誓就任临时大总统,定国号为中华民国,颁发《临时约法》,实施民主共和制,为中国历史开了新纪元。

汉民日报馆,杭辛斋和邵飘萍在兴冲冲地谈论孙中山就任临时大总统的事。邵飘萍激动地对杭辛斋说:"今日何日?非我中华民国有大总统之第一日乎。同胞久困于虐政,初不料犹有自举总统之一日。然同胞当知所以有此日者,心血头颅抛费不知多少。同胞乎!其毋负健儿志士之苦衷,以永保中华民国无极。"说着邵飘萍还振臂高呼:"总统万岁!中华民国万岁!"

杭辛斋也哈哈笑着说:"好好好!实在大快人心啊!中国终于有希望了!"

可是,让邵飘萍担心的是,孙中山先生的革命本来是成功了,应该按照共和政体去建造这个国家。然而,孙中山却没有这样做。正如后来的史学家所说的,孙中山还只停留在资产阶级民主革命阶段,他不可能有革命彻底性。所以在宣统皇帝宣布退位,袁世凯出面和他"议和"时,孙中山就采取了消极主义,临时大总统做了不到两个月,便让位给袁世凯。袁世凯当了临时大总统后,就昏昏然、纷纷然,天天大宴,日日庆贺歌舞,从早到晚,灯红酒绿,醺醺大醉。孙文辞去总统后,曾为革命欢呼呐喊的邵飘萍深感失望,气得睡不好觉。

汉民日报馆内,邵飘萍在屋里走来走去,一脸的不开心,他走到窗前猛地推开窗门让冷风直吹。杭辛斋说:"怎么了,看把你气得,是不是为了袁世凯?"

邵飘萍"砰"的一声狠击了一下桌子,说:"辛亥革命的胜利果实被袁贼夺走了!从此,我不能再写了,再鼓吹辛亥革命,那不是往袁大头那奸贼脸上贴金了吗?"

杭辛斋说:"错了,以我之见,越是在这样非常时刻,你越不能停下你手中的笔,你越要大声鼓吹!当然是为民众,为真理而鼓吹！"

邵飘萍看住杭辛斋，叹了口气说："辛亥革命成功了，我还以为中国从此走向光明了，人民的生活会从此摆脱苦难。可是，现在，胜利之果却被袁贼夺走了，才看见希望和黎明的数万万同胞又将陷入黑暗，在悲惨中挣扎！"

杭辛斋轻轻地拍拍邵飘萍那由于悲愤而微微起浮震颤的肩膀，语重心长地说："振青啊，难道你还没想通吗？你可是重任在肩的报人啊！"

邵飘萍听杭辛斋这样说，似有所悟，长叹一声说："袁世凯做他的假革命，我干我的真革命，你说得对，我是重任在肩的一名报人，报人的使命就是唤醒民众，为民喉舌！"

此时，杭辛斋哈哈笑着说："振青啊，看来你茅塞已开，一切尽在不言中喔。得，不管如何，去找个酒馆，我们一醉方休！"

走进西湖边的一家小酒馆，两人挑了一张靠窗口的小木桌坐下。跑堂的立即跑来说："两位来点什么？"

杭辛斋说："有什么好酒，拿来就是！"

"好的。"跑堂的刚想走，被杭辛斋叫住说："另外，卤花生再来一盘，新鲜的西湖醋鱼一条，五香牛肉半斤，白切鸡一盘，快点上！"

跑堂的说："好嘞，先生稍等，马上就来！"

邵飘萍看杭辛斋今天的举动有点与往常不一样，说："难道还有什么好事，值得先生如此破费！"

杭辛斋一脸神秘，笑着说："你猜呢？"

邵飘萍是个直性子，焦急地说："你就快点说嘛，天下都归袁世凯了，还能有什么好事啊！"

"看把你急得，又提什么袁世凯。"杭辛斋哈哈笑着说："除了袁世凯,难道就没有好事了嘛!"说着,杭辛斋为邵飘萍亲自斟满酒,说,"告诉你,从明天开始,我就把《汉民日报》交给你了,这副重担让你挑,你就是总经理兼主编!"

"您,您说什么?让我挑这样重的担子?"邵飘萍大吃一惊,不敢相信眼前发生的一切,惊喜与激动使他说话都有点结巴了,说,"让我挑,可先生您,您又准备到哪去了呢?"

"这是真的,千真万确。"杭辛斋一双慈祥仁爱的眼睛看着邵飘萍,神色凝重地说,"根据孙中山先生的指示和推选,我即刻要去北京担任众议院议员,所以《汉民日报》就拜托你了。对你,我是寄予厚望的。"

邵飘萍感激地看着杭辛斋,说:"先生,放心吧,我定会把《汉民日报》办好。"迟疑了一下,又对杭辛斋说,"可您,这一去北京,就要与袁大头这老贼共事,我不放心啊。"

杭辛斋苦笑了一下,说:"这是革命的需要,当然,我会小心的。"说着,他拍拍邵飘萍的肩膀,说,"来,把杯中酒喝了,今天这就是辞别酒了,希望你发挥你的长处,在报上多写些时评,唤醒民众的斗志,我们一南一北共同呼应,为祖国美好的明天而奋斗吧!"

邵飘萍凝视着面前这位德高望重的新闻界前辈,心中的感激和敬仰之情油然而生。他感激恩师的知遇之情,这位比他年长十八岁的老前辈,曾经和严复、王修植等人创办过著名的《国闻报》,宣传维新思想。后来,他由改良主义转向革命,1905 年加入同盟会,不久去北京创办《京话报》。由于直言无忌,触怒清廷权贵,曾经获罪下狱。经朋友营救出狱后,与同乡挚友许祖谦合办《浙江白话报》。1911 年杭州光复时,他又代表革命党与企图负隅顽抗的旗营清兵谈判,最后促使旗营归顺。此时,他一边办报一边从事社会事业,浙江省内的团体约五十三个,由他主持的居其半数。遇到邵飘萍后,他非常赏识邵飘萍的才干,特别是邵飘萍那激进猛烈的政治态度,不畏权贵的革命精神,酣畅淋漓的文笔。在他的推荐下,不久,邵飘萍就被推选为浙江省报界公会的干事长……

1913年,一个春风温柔地吹着,但仍寒意袭人的早晨,在杭州火车站,邵飘萍与恩师握着双手依依惜别。火车怒吼了几声,那白色的蒸汽四处喷溅着,"咔嚓嚓"地轰响着的火车渐渐地远去。

当了临时大总统的袁世凯,得意忘形地"欢庆"一阵子后,那份高兴劲儿终于渐渐地冷淡下来。几天来,他把自己关在书房静静地反思。良久,突然想起段祺瑞曾经多次向他旁敲侧击"讨封逼宫"之事,此时他又气愤难平:"这个段祺瑞,他妈的,也太不识抬举了,我老袁亏待过你吗?如今你得以青云直上被任命为陆军部总长,没有我的提携,哼,那清廷会知道你吗?在将军中你又拿什么来称雄……"他真想立即找段祺瑞来,当面责问他,然后让姓段的俯首称臣,唯命是从。想到此,他长叹一声,欠了欠软瘫瘫的身子。"不行呢,如今这姓段的已今非昔比,兵权在握,万一弄巧成拙,他怀恨在心,以后来一个'军不从君',那我画虎不成反类其犬,这个大总统岂不成了傀儡啊!"想到这里,袁世凯发呆了,一双手扶在那张闪耀着紫褐色光芒的八仙桌上,抖动着,一颗硕大的脑袋耷拉了下来,想着这些不顺心的事儿,连喘气儿都有些不均匀了。

嫉贤妒能,防人之心重,这可以说是袁世凯做人做事的特性。对谁他都要防着点,即便是段祺瑞,这个可以说是与他生死与共的铁哥们,他也从不放心,也疑神疑鬼。对他的部下,轻则不用或用而不放心;重则罢官黜废。他笃信曹操的名言:"宁教我负天下人,休叫天下人负我!"此时,对段祺瑞他更不放心了,他握紧拳头,咬紧牙关,骂了一声:"我要找个机会,把姓段的兵权收回!"

其实,要收回兵权随便找个理由不是不可而是还没到最佳时机,理智和直觉告诉他还不能收回。因为,当前的革命军还在不断壮大,北洋系的内部纷争也已初显端倪,中国的形势还不容乐观呢。他自己手下虽拥有冯国璋、王士珍、徐树铮等文臣武将,但是,姓段的绝非等闲之辈,况且他的兵将能够左右大半个中国,特别是北京城,还不是都看段祺瑞的脸色行事。袁世凯明白,这姓段的不是省油的灯,不好惹呀,弄不好惹出一身臊气。

袁世凯左思右想,不知如何是好了,这收也收不得,不收又不放心,弄得喝茶茶也不香,吃饭也味同嚼蜡,连最爱的烟也不吸了,整天耷拉着头,在书房里不断徘徊。他原想趁这阵闲暇仔细欣赏一下由各国各地为他荣任"中华民国临时大总统"而送来的奇珍异宝和极尽美言谀辞的贺章,可是一想到段祺瑞那张阴笑着的脸孔,他做什么都没有了兴趣。他忽然想到,何不找王士珍来商量一下?可一想到王士珍也附和那姓段的向他"讨封"过,便又变了念头,心里骂道:"什么东西,一路货色!"想想还是找冯国璋吧,这人虽粗俗但还是忠心可嘉的,毕竟是自己的左右手呢。

冯国璋,字华甫,直隶河间人,武备学堂出身,是袁世凯的得力助手,曾在湖北一带镇压过革命军,袁世凯能当上大总统,冯国璋当推首功,袁世凯当上大总统之后,根据袁的密示,冯国璋一遍又一遍接连发出通电,促使解散国会,攻击责任内阁,主张实行总统制,这才使袁世凯"以无限权能展其抱负"。现在冯国璋被袁世凯任命为江苏都督,有着"宣武上将军"的头衔,左右着大江南北,说话、做事如今也是举足轻重的人物,人虽内向,不太多说话,可肚子里的"锦囊妙计"却不少。他听说袁总统急着见他,火速赶到总统府。

"华甫,你来了,有点急事要与你商量一下。"袁世凯面露微笑地让冯国璋坐下。

冯国璋连忙说:"好,好,华甫站着听。"

"早几天,从外国使节处得知,在治国方面,还是他们较先进,尤其在军队上,他们不分军种、建制,均统一由大元帅指挥。"袁世凯说时,那眼不时扫着冯国璋,想看他有什么反应,可是冯国璋脸上只是微笑,站得毕恭毕敬,看不出有丝毫反对的地方。于是,袁世凯咳嗽了数声,语气坚定地说:"如今中国已是共和制民主国家了,依我看也可以实行大元帅统领军队了。"

冯国璋听了,心里"咯噔"了一下,但嘴里却只说了一声:"不过——"一双眼直勾勾地看着袁世凯,袁世凯心里抽了一口冷气:"怎么,这小子不同意实行大元帅制,为什么?"然而,老奸巨猾的他不动声色地说:"有什么,你就直说无妨!"

冯国璋说:"我认为,中国帝制历史悠久,军队一直是以帝制来编排的,如突然改变旧制,我担心军界各方恐怕难以接受,弄不好天下又要大乱了,依我看,是否能先搞一个较缓和的办法?"

"那你看如何缓冲?"

"总统想的大元帅制,是怎么个'制'法呢?"

"自然是先设元帅府,强化建制了。"

"依我看,最好缓设府,设个过渡机构,反正先把军权统一就好了。"

袁世凯听了,半晌没说话,心想:"这小子又在要什么花样?"就说:"我看就先叫'海陆大元帅统率办事处'。"

冯国璋听了,心里又"咯噔"一下,凉了半截。哼,这姓袁的真不是个东西,人家拼着性命打下的江山,还没坐热,又要被釜底抽薪了。想是这样想,可他在袁世凯面前却不敢表露出来,嘴上却说:"好,好,我看可以。不过,那些陆军、海军的参谋三总部总长们又该如何称呼?"

"既称统率办事处,那他们自然都是'办事员'了。"袁世凯哈哈笑着说。

看着袁世凯那得意忘形、如释重负的样子,冯国璋躬着身,背着双手也只有陪着傻笑,不知道说些什么才好。一石击起千层浪,袁世凯的"元帅梦"在费尽心机的盘算下终于要成现实了! 军界的一场明争暗斗又将在中国大地上风起云涌。

此时,一个贴身随从急切地在门外报告:"报告大总统,有急电!"

"拿过来!"袁世凯接过随从递呈上的一封急电,快速看了一下,顿时勃然大怒:"浙江这个朱瑞,真他妈饭桶一个! 连个报人邵振青都管不住,他妈的,接连在《汉民日报》上给我捅娄子,这样的报馆还开着干什么,早该给我封了!……"袁世凯气得吹胡子瞪眼,"啪"一下把那份电报摔在八仙桌上,"华甫,这还像话吗,你看看,这都够毙他几次了!"

冯国璋接过电报一看,吃了一惊,骂得也太狂妄了吧,说什么:"袁贼不死,大乱不止。同胞同胞,岂竟无一杀贼男儿耶? 署名邵振青。"

"来人!"袁世凯气愤难平地喊来了贴身随从,说,"立即给浙江朱瑞复电,即刻把那个邵振青抓起来,把《汉民日报》封了!"

"是!"贴身随从答应后就快步办事去了。冯国璋见袁世凯还在为这事气冲冲的,便附和着骂:"如今这些报纸、记者也太不像话了,什么人都敢骂,真正是无法无天了。"冯国璋假惺惺安慰了老袁几句,也急忙走了出来。

杭辛斋到北京后,邵飘萍以《汉民日报》为武器,不断在报上发表文章,用激烈的言辞抨击浙江亲袁派势力的种种丑恶行径。这样一来,邵飘萍就与杭州的权贵结下了深仇。

那是1913年4月的一个漆黑的夜晚,此时,整个杭州城已被夜的黑幕遮盖住了。山岭、河流和树木,在茫茫夜色中连一点轮廓也显现不出来。那夜风在静寂的城市上空呜咽,听去既悲怆,又凄凉!

夜色已深了,但汉民日报馆的印刷厂机器却在飞速地转动,那响声在这静寂的夜里听上去特别响亮。此时,在印刷厂附近突然闪现出几个形迹可疑的人影,在汉民日报馆印刷厂门口贼头贼脑地东张西望,见四下没有人影,就飞速地一个接一个闪进报馆,点燃一堆废旧报纸,泼上一桶煤油,刹那间,那罪恶的火苗冲天而起……

那几个恶棍做了坏事后,立即趁着火光消失在茫茫的夜色中。

刚才走开去小解的报馆门卫发现了大火,立即大叫:"不好了,着火了!"印刷厂的工友们听到叫喊立即冲了出来,抄家伙、提水的,大家奋力灭了大火。此时天也开始亮了,可是那浓雾却在弥漫,城市刚刚从黑暗和静寂中走出,只有凝结在那柳树枝上的露水,在黑夜中闪着光亮。

邵飘萍踏着晨露,一早就来到报馆,工友们向他说了昨夜有人来放火烧报馆。邵飘萍苦笑,看见报馆墙壁上昨晚火烧过的一片残迹中,依稀写着几个大字:"当心你的脑袋!"此时的邵飘萍,望着那被大火烧灼得发黑的和歪斜丑陋的字迹,望着已被烧得破破烂烂的窗户,他的心里腾地好似燃起了一团怒火!他气愤地转过身,对工友们大声说:"工友们,不要怕!我邵振青是吓不倒的!

我拜托大家坚守自己的岗位,就是对我邵振青的最有力支持。"

　　工友们听了都暗暗点头,讨论着。有钦佩的,也有对放火者之流所不齿的。这时,城市中的一切都明亮了起来,天空渐渐变成淡白的、白的、浅红的、红的、玫瑰色的。报馆附近的车声和脚步声也渐渐嘈杂起来了。邵飘萍走进报馆办公室,在稿纸上重重地写下"1913年4月12日"后,放下笔长吁了一口气,好像要把一肚子的怒火和不满都吐出去才好,他心里明白:"这肯定是朱瑞、许维力之流做得好事!想威吓我,没门!为我中华,哪怕要我的性命,也在所不辞!"

　　他走出报馆,清晨的凉风夹着泥土的芬芳扑面而来,他连着做了几个深呼吸,陶醉在自编的一套强壮身体的伸展动作里。突然,"啪"的一声,他与两个装疯卖傻冲过来的恶棍撞了个满怀,其中一个故意把邵飘萍撞倒于地,另一个又故意把邵飘萍掉在地上的那副眼镜踩得粉碎。

　　邵飘萍从容地站起来,一脸的坦然,毫无惧色。他此时内心闪过:"报馆那半夜里的大火以及此时此刻的撞人,都是这伙恶棍干的好事。"他掸掉沾在身上的灰尘,然后弯腰拾起被踏成粉末的眼镜,看看又毫不犹豫地把它扔掉了。他鄙视地朝那两个人拱了拱手说:"这一大早两位装疯卖傻,可真够辛苦的,请你们告诉主子,就说我邵振青筋可断、骨可碎、房可烧、镜可碎,但要他出卖自己的灵魂,万不可办到!"说完,邵飘萍对两位挑衅者鄙视地拱拱手,一走了事。

　　邵飘萍主笔《汉民日报》,仗义执言,故此险情常在。由于他反袁持论激烈,浙江的亲袁势力也就总想加害于他。一个初夏的早晨,杭州城笼罩着薄薄的微雾,此时,太阳还没有出来,从西湖上吹来的暖风还带着潮湿的凉意。邵飘萍坐着一顶轿子朝汉民日报馆方向去,半路上突然遇上两名刺客,邵飘萍在轿内觉察到这两人鬼鬼祟祟地在查问路人,可能是亲袁派派来的刺客。他不露声色,急中生智地狠狠骂道:"邵振青啊邵振青,你真该死啊!"这话正好被那两个刺客听到,一时弄不清楚这轿内的人是否是邵飘萍,不敢轻易下手。他们查不到邵飘萍,只好笑着打着哈哈躬着身转过头一溜烟跑走了。

邵飘萍在轿内大笑说:"这帮蠢驴!"

面对凶险的时局,邵飘萍不消沉不退缩不顾身遭多次迫害,仍以"报馆可封,记者之笔不可封也。主笔可杀,舆论之力不可蒇"的大无畏精神,在逆流中奋进,不断在《汉民日报》上发表著名文章:《省检事长也应停职》《不知法律之省法院长》《请省检事长自请停职》《为天职报被毁敬告检厅》《警告各法院》。特别是1913年5月9日发表的《呜呼共和国人民之生命财产》一文,邵飘萍愤怒地呐喊:"我们已是共和国了,但人民并非共和国之人民!"他在文章中列举了金华、东阳、德清等地官僚残害老百姓的种种事实之后,又以"人但知强盗可怕,不知无法无天的官吏比强盗更为可怕"的尖锐语言,痛斥袁世凯及其之流的苟政。

夜已经很深了,可邵飘萍仍在奋笔疾书。写累了,他推开窗户朝外望去,五月那温暖湿润的风顿时吹了进来,可那天空是漆黑得看不见星星,不时有闷雷响过,可能要下雨了。他又坐了下来,准备把手头这篇文章写好,突然,听到屋顶被什么东西砸到了,"哗啦啦"一阵巨响从瓦片上滚过,沉闷地落到了房间的地上,邵飘萍小心地向前一看,黑乎乎的是一颗土制炸弹,这群恶棍是想炸死他啊!幸亏他这几天多了个心眼,在地上铺上了被褥,才没有引起爆炸。邵飘萍立即喊来工友小心地将那颗炸弹移走,工友们都叫邵飘萍最好到外边躲几天,避过这阵再回报馆。邵飘萍笑笑说：“吉人自有天相，想炸死我，并从此要我停下手中这讨伐袁贼的笔，哼，休想！”

工友们见劝也不听，只好嘱咐邵飘萍要小心些，又各自做活去了。第二天深夜，刚上床睡觉的邵飘萍，被一阵猛烈的敲门声惊醒了。一工友慌张地敲开邵飘萍的房门说："邵主编，不好了，外边来了好多便衣警察！"

"你快去拦着点，就说主编不在！"邵飘萍飞快地穿好衣服对工友说。工友说："这可怎么办，你可如何才能脱身？"说完连忙跑到报馆门口，琢磨如何才能帮邵飘萍脱离这眼前的困境。"我自有办法，放心！"邵飘萍冷静地对工友说。

邵飘萍在房里也急得像热锅上的蚂蚁，看起来，逃走已是不可能了，可也不能就这样被这群恶棍捉住了，他在屋里转来转去，看看窗外，那便衣、军警可真不少。在这万分危急之时，邵飘萍突然抬头看到了天花板，他心里不由得叫了一声："天呐，这真是天助我也，何不躲在天花板上，也好逃过此一劫！"邵飘萍刚刚趴在天花板上，那房门就被便衣和军警猛地撞开了，一阵杂乱的脚步声伴随着骂人声，冲进来好几个恶棍。

工友说："早就和你们说主编不在，你们就是不信！"工友一看房里没有邵飘萍，心里提着的一块石头终于放了下来，说话的口气也硬气起来，"这半夜三更的，闹得人连觉也睡不好！"

进来的便衣、军警在屋里转了半天，一无所获，只好口里骂着脏话："他妈的！算这姓邵的命大，又让他跑了！"边骂边在屋里乱翻了一气，没找到什么，只好灰溜溜地走了。

浙江省政府、省长朱瑞办公室。朱瑞此时正在看当天的《汉民日报》，突然，一篇邵振青写的《哭告蒋都督》时评，引起了他的注意,他不由得放下了喝着的龙井香茶。时评中有这么一段:"财政为国家命脉,财司财政者即为国家命脉之所寄。虞廷恺为财政司签事,纵容私役,冒领公款,致被人两次批颊而不耻,其不足以司财政者一。统捐开办,虞即揽权纳贿,统捐局长以贿得者居其大半。翼虎出柙,入邑食人,遂惹起绝大风潮。人民对于政府之信用全失,而虞之得意如故,揽权纳贿如故,即观于认捐之有准有不准,亦可见其一斑矣。其不足以司财政者二。……徒因遂其私,乃置产茧诸地数万生灵于不顾,将来风潮一起,大局将危,且以一人而糜烂全浙,其不足以司财政者三。呜呼! 全浙江生灵因生路断绝,群入水火,虞复倒行逆施,事事激变,共和新国乃使民憔悴,虐政至于斯极,都督不问,此非都督之责,其将谁责?……"

朱瑞越看越气愤,他"啪"一声把报纸摔到桌上,气呼呼地说:"这个邵振青,太无法无天啦!"

突然门外差役高喊:"袁大总统急电!"

"进来!"朱瑞怒气未消地拿起茶杯猛喝了几口说,"拿过来!"

差役把一封电报交给朱瑞,他飞速看了电报内容,原来是袁世凯命令他立即查封《汉民日报》并抓捕邵飘萍。朱瑞见这回连袁大总统都震怒了,正中下怀,立即下令查封《汉民日报》,并以"扰乱治安罪"及二次革命的嫌疑罪名抓走了邵飘萍。这一天是1913年8月10日,历史将永远记住这一天。

杭州军政执法处一行刑室里,四周阴森可怖,那惨白色的墙上鲜血斑斑,挂满了各种刑具。

此时摇身一变,已是杭州军政处长的许维力,一张驴脸狰狞可怖地笑着,他看着邵飘萍,得意忘形地说:"哈哈! 邵飘萍,你锋芒太露,自食其果啊!"

邵飘萍轻蔑地一笑,反唇相讥道:"哼! 别以为你许维力摇身一变,财政处长又成了军政处长,可你为非作歹,危害浙江民众,你不得好死啊!"

"你……"许维力一时语塞,气得浑身发抖。

邵飘萍狠狠地瞪了他一眼说:"你什么你,无言以对了吧。"说完朗声大笑数声。

许维力怒气冲冲地喊:"来人!"一名打手应声来到行刑室,一把将邵飘萍的手扭到背后,恶狠狠地说:"都进到这里了,还不老实点!"

"你废什么话!"许维力皮笑肉不笑地说,"给他点颜色看看,让他知道我们军政处的厉害,看他无言还是有言?"

那位胸脯上露出黑乎乎毛发的打手狞笑着,一把将邵飘萍的两只手绑成十字形,挥起一段木头朝邵飘萍的两只手猛击几下,痛得邵飘萍呻吟了几声,痛骂道:"你们这群披着人皮的豺狼,打一个手无寸铁的报人,你们还是人吗?"

许维力狞笑着说:"姓邵的,这次只要你好好地写个悔过书,以告诫浙江民众,再不要为乱党所迷惑了,这样的话,我们以往的……就……啊哈哈,以往的一切'过激'就一笔勾销了!"

邵飘萍听许维力这么说,哈哈大笑,一本正经地问:"为你们而写,为你们这几年在浙江的政绩而写?"

许维力以为邵飘萍已就范,高兴地说:"对,就按你刚才说的去办报、去写,保你前途无量,享不尽的荣华富贵!"

邵飘萍此时依然一本正经地说:"好啊,再不写你的那些贪官污吏行为,再不写你吸食鸦片,只写你如何官运亨通,摇身一变就成为军政处长,大权在握!怎么样?"说完哈哈大笑着。

许维力恼羞成怒地朝那打手吼道:"他妈的,还不带下去,好好地让他尝尝味道!哼,我倒要看看,看你的骨头有多硬,真是不见棺材不落泪！用那竹签给我狠狠地戳他的手指！"

邵飘萍在狱中受尽了各种非人的拷打和折磨。但他始终没有屈服。

八月的杭州城，正是盛夏时节。邵飘萍从狱中托人带信给汤修慧，让她设法去营救，并要她去军界找一位名叫吕公望的永康籍的好友。汤修慧知道后，心急如焚。她顶着盛夏酷暑的灼人阳光，四处奔走呼告，经多方打听终于找到了好友吕公望。吕公望安慰汤修慧说："汤小姐，请放心，我一定设法将振青君救出来！"

邵飘萍被捕入狱的消息一传出，当年浙江政界、军界和社会上一些知名人士也参加了营救活动。

此时消息也传到了金华，邵飘萍父亲邵桂林得知邵飘萍被抓进了监狱，如遭雷劈！急忙从金华赶到杭州来探望儿子。

探监那天，天气特别闷热。邵桂林一早就来到了监狱，他恨不得马上就看到惦念中的儿子。可是探监是有时间的，那短暂的等待此时对这位父亲来说，却好像等候了一个世纪之久。他开始诅咒这个该死的监狱了，为什么要把好人关进这里！我的儿子不是在报上为受苦受难的民众说了真话吗？这难道是民国的监狱吗？不关坏人，却要关好人，真正是黑白颠倒的世道啊！……"邵桂林，你可以进去了！"狱卒的喊叫让邵桂林由愤愤不平中清醒过来，急忙跟着狱卒走进了散发出阵阵臭气的监狱。穿过一条长廊，里面的光线阴暗恐怖，那些关犯人的牢门都上着锈迹斑斑的铁锁，牢门上方有个小方洞，方洞中间焊着粗铁棍。走到走廊最里面的一间，那狱卒踢了下牢门，对着小窗口说："邵飘萍，有人看你来了！"

"废话少说，快点！"那狱卒翻着白眼打开了那把铁锁，"当啷"一声将牢门打开对邵桂林说，"念你这把年纪大老远来了，给你们几分钟！"

邵飘萍看见父亲,泪光闪闪,激动地说:"爸,你何必跑那么多路来呀?"

邵桂林见儿子已被折磨得不成人样,心都碎了,老泪纵横地用手抚摸着儿子伸过来的双手,说:"看看,你这浑身都是乌青红肿的伤痕,这些狗东西真下得了手啊!阿爸一直希望你有花头,所以才让你来杭州,本想你能做出一番事业来,不想你都进到这班房里来了。"邵飘萍此时握着父亲那双温暖却粗糙的大手,笑着安慰道:"阿爸,要做一番事业,哪能没有危难?再说你不是说过男儿流血不流泪,可你今天却流泪了!"

邵桂林见儿子这样说,连忙止住泪水说:"我这是心痛啊!你呀,就会嘴硬,你这从小就不屈不挠的个性!"

邵飘萍笑着安慰父亲说:"阿爸,尽管放心,他们哪能让我蹲在这里吃白饭,总有一天会放我出来的!"说着邵飘萍用手擦去父亲眼角上又涌出的泪水说,"记得小时候,你曾对我说'鹿死不择音,人生斯世,见义不为者,择音之类也!舍生取义,死不择音之类也,愿竖子如死不择音之鹿足矣'!"

邵桂林听儿子这样说,暗暗点头,他相信儿子的苦不会白吃,总有一天,儿子会出人头地,儿子一定会干出一番惊天动地的大事业来。邵飘萍见父亲不说话,怕父亲担心,连忙又说:"对了,阿爸,汤修慧已托人带信来过,说很快就可以出狱了!"

邵桂林说:"是啊,爸错怪她了,她是个好女孩!此次多亏她四方奔走,要不然,我这个老头子真不知如何是好呢。"

邵飘萍见父亲直夸汤修慧,心里十分高兴,说:"人家本来就不错嘛!"

邵桂林说:"你爸不糊涂,知道你们俩深爱着对方,虽然你已结婚了,但你自幼过继给我大哥坦楠为子,按照我们东阳老家一子兼祧两房的风俗,可以各娶一妻的。"

"阿爸,这可不好吧。"邵飘萍听父亲这样说急了,"这样做对汤修慧和沈小乃都不公平。"

"有什么不公平!"邵桂林打断邵飘萍,咳嗽了一声道:"此次为了救你,汤姑娘可真是义无反顾啊,那么热的天,她放下学业四处奔走,其情可嘉,这可是患难见真情啊!我也想通了,天下有情人终成眷属啊,我又怎能做祝员外呢?再说,沈小乃人是贤惠但却没有文化,难帮你的,你如今在外面办报,每天都与文字打交道,也实在需要一个帮手,这汤姑娘才貌双全,可以帮你啊。等你出狱后,我想选个好日子,你们就成亲吧,也好乘此机会冲冲喜!"

邵飘萍见父亲态度转变,心里也暗自欢喜。其实,他心里也确实很喜欢汤修慧的聪明和机灵,特别是她那做事的果断和豁达大方的心胸,能娶她为妻,他是梦寐以求,恨不得立即将她拥入怀中。想到这里,他就对父亲说:"等出去再说吧。"

"这事就这样定了!"邵桂林斩钉截铁地对儿子说。

"好了,快走吧!"那狱卒吸足了烟跑过来催邵桂林说,"探访时间已过了,快走吧!"身后的铁门"当啷"的一声又关上了。邵桂林不甘心地边走边回头望着邵飘萍。邵飘萍在铁窗里望着父亲那苍老的背影渐渐地远去。夜里,整个监狱寂静的毫无生气,只有偶尔传来的从行刑室发出的惨叫声,撕破了这可怕的宁静。此时的邵飘萍在那破旧的木板床上翻来覆去,辗转难眠。好不容易迷迷糊糊睡去了,却又被臭虫咬醒,他气恼地爬起来,借着那从铁窗口射进来的夏夜的月光,把那木板床上爬着的臭虫一只只捉住,包进许维力要他写悔过书的纸里。捉着这些臭烘烘的臭虫,此时他的脑中突然闪过了一个奇怪的念头,他不由得暗自好笑,这个许维力如这些臭虫一样,实在太坏了。他把包好的臭虫压在被褥下,又迷迷糊糊地睡去了。第二天,邵飘萍刚吃过牢饭,正在看书。这时,狱卒跑来对他说:"邵飘萍,监狱长来看你了。"说着狱卒把牢门打开了。还没等邵飘萍回过神来,那位笑容可掬的胖嘟嘟的监狱长已站在了牢房门口,慢条斯理地道:"邵飘萍呐,袁世凯大总统,宽宏大量,凡对孙中山之乱党的叛逆行为,不仅不再加以追究,而且还把孙中山保送到了日本国。"邵飘萍静静地站着,脸上似笑非笑地听监狱长胡吹袁世凯的善心仁政。监狱长越吹越来劲,声音犹如雷吼:"姓邵的,做人要懂得感恩!回去以后,不要太放肆了,不准再与袁世凯大总统作对。老子告诉你,如果继续和袁大总统作对,那是以卵击石,不得好死!"

邵飘萍听监狱长说要放他出狱,心里一阵惊喜,但嘴上却说:"哦,我知道了,大人还有什么要说的吗?"

监狱长得意扬扬地说:"我说完了,你今天就可以走了!"

邵飘萍也不说谢,只是蔑视地扫了他一眼,从衣袋里掏出一包东西塞进他的口袋里,然后笑眯眯地凑到他的跟前对他说:"这是我代表袁世凯送给你的一点奖赏。记住,千万等我走了再打开。"然后,邵飘萍边走边意味深长地回头说:"要是老袁知道有你这么一个知己,他就不会有孤家寡人的悲哀了,可惜啊。"邵飘萍说完,拱拱手大踏步地向外走去。监狱长见邵飘萍已出了监狱大门,心里一阵惊喜,看来这姓邵的还是有良心,临走还能送东西孝敬他一下。急忙回到办公室,关起房门,把刚才邵飘萍送给他的纸包小心翼翼地展开。然而,他看到的是一包散发着奇臭的臭虫和蟑螂,他禁不住一阵恶心。"这个邵飘萍,实在太可恶了,刚才不该就这样把他放了!弄不好,他一出去这是放虎归山,后患无穷啊!"监狱长顿足长叹数声,但又无可奈何,只好自认晦气。

邵飘萍一走出监狱,许多平时要好的军政界人士、社会名流都在门口迎接他了,汤修慧也挤在人群中一脸灿烂地在等他。邵飘萍朝大家拱拱手:"谢谢各位了,邵某三生有幸,多谢各位各方运动才能脱离苦海,容我后谢!"说完紧走几步,一把将汤修慧拥进怀里。汤修慧哭了,也许是高兴,也许是太激动了,看到邵飘萍的一刹那,泪水就忍不住涌上了她的眼眶。此时此刻,邵飘萍也是悲喜交加,不能自已,他纵有千言万语,但一时又不知如何表达对汤修慧的感激之情。他知道,此时说什么都是空话,只有以加倍的努力办报为民发声,才能报答友人和汤小姐的深情厚谊。

为防备袁世凯之流再次加害的邵飘萍听从军政界朋友的安排,骑着白色高头大马,并接受十名军警守护一起回到金华。

邵家一时门庭若市,邵飘萍反袁入狱不畏强暴的壮举,在金华广为流传,成为美谈。有敬其无所畏惧者,有敬其道德文章者,三教九流,纷至沓来。更有亲朋好友,天天为他接风洗尘。

而更让邵飘萍意想不到的是,父亲已悄悄地为他张罗婚礼了。婚房就放在金华游宅街(现旌孝街362号)的老屋里。不久,在父亲的操办下,他和汤修慧这对有情人终成眷属。成亲后,邵飘萍告别了父亲、沈小乃和女儿。然后,他就同汤修慧父女一同登船,重返杭州。他们一行三人,乘船顺婺江而下。路过兰溪时,当地有位名士叫俊英的还特邀他们登上被称之为"花船"的画舫,尽兴游览了美丽的兰江夜景,那兰江远远望去一片波光潋滟,渔火闪烁。离开时,当地的官员还让邵飘萍一行乘大船,还在船头挂起一对写着"邵"字的大灯笼,并派员跟船护送。这样,可以省去途中被检查盘问等麻烦。一路行来,凡遇到盘查的,远远地就看到了那只大灯笼上的"邵"字,一听说是邵振青的船路过,二话不说就放行了。看来,邵飘萍反袁的壮举已誉满天下,名扬乡野。那些关卡,当差的早已听说过"邵振青"的大名了,也就不用靠岸检查了。

到杭州后,邵飘萍被浙江省立女子师范学校聘为老师,成了汤修慧的老师。教学之余,邵飘萍带着汤修慧游吴山、去灵隐、登六和、观大潮,悠哉游哉不亦乐乎。夫妇俩有一次去西湖划船,船到湖中央,邵飘萍盯住湖中盛开的一朵朵粉红色的荷花,沉思良久。"怎么了?飘萍君。"汤修慧接过木划,轻轻地拍击着冰凉的湖水,说,"你肯定有话要对我说。"

"是啊。"邵飘萍看着那在湖水中漂浮着的也不知被谁弄断浅绿的荷叶,感叹道,"我们此时犹如这残缺的荷叶在随波逐流,毫无方向,难道我们就此沉沦不振,安于现状吗?"

汤修慧那双如湖水般清澈的眼看了他一下,笑着说:"这可不像你啊,有什么你就说吧。""是这样的。"邵飘萍也把目光迎向汤修慧,说,"最近听说,有好大一批爱国志士准备东渡日本国去寻求救国之道了。"

"我也听说了,不过……"汤修慧忽闪着秀气的大眼,欲言又止,只是看住邵飘萍,"还是先听听你的打算吧。"

邵飘萍说:"你不妨直说嘛,有什么看法。说句心里话,我也真想出去看看,这样浑浑噩噩地混日子,比杀了我还难受!平心而论,当个教书匠是不得已而为之,我无什么嗜好,此生唯独对新闻记者的工作有着浓厚的兴趣,愿终生追求之!"说到这里,他看了一下汤修慧,又继续道:"接办《汉民日报》后,我原想在报界有所发展,可是没有想到,袁世凯之流却让我不得已放弃了新闻记者的工作,我岂能就此任由摆布?"汤修慧静静地听着邵飘萍这些发自肺腑的倾诉,她理解邵飘萍那颗忧国忧民之心,但新婚燕尔的她怎么舍得邵飘萍又要去冒险远行呢,何况那是相隔几千里的日本!汤修慧陷入了爱情与事业的两难之中。邵飘萍见汤修慧不说话,又继续情真意切地说:"我如再这样混下去,就会成为井底之蛙,更会一事无成。再看看我们的国家,民国初建,百废待兴。我以为,唯有新闻可以救国,去唤醒民众,时不我待啊!更何况如今袁贼当道,他一日不亡,我的心就一日不得安宁。当然,现在的生活是很幸福,在学校,有娇妻的陪伴,有众多学生的爱戴,有情同师长的同行。然而,难道我邵飘萍就这么平庸地虚度青春年华了吗?慧,真的,我的内心在受着无法再忍受的刺痛和煎熬啊!我真害怕从此就这样一步步走向黑暗和死亡⋯⋯我真想冲出去,展翅翱翔!"邵飘萍说完朝天大喊数声。汤修慧动情地道:"萍,我理解的,只要你认为是对的,我都会支持你的!""是吗?修慧,太谢谢你了!"邵飘萍那双黑白分明的大眼闪烁着泪花,激动地道,"只是太对不起你了,刚与你结婚,为了新闻事业却又要与你劳燕分飞!"汤修慧此时再也忍不住自己内心压抑的情感,一下子抱住邵飘萍,泪水儿就如串线的珠儿落了下来。那小船被这突如其来的摇晃弄得差点侧翻。他们这对有情有义的苦命鸳鸯,生逢民国这样的乱世,又只好忍受这样一次次的折磨和煎熬了。

　　1913年12月底,一个冬天的早晨,太阳光虽然照在人身上,但却毫无暖意。邵飘萍为探求真理,为寻求救国之道,与前来码头送行的汤修慧依依道别。与邵飘萍一起前往日本的还有一批爱国志士。汤修慧这一天打扮得楚楚动人。可是,当邵飘萍最后一次拥抱她,把她放在心口上,轻柔地说:"再见了,慧!"的时候,她心里又是什么滋味呢?多么令人感动的场面呀!此时,朝霞像红色的海洋一样淹没了东方的天空。邵飘萍提着行李,站在码头那坎坷不平的台阶上,拥抱着他的可怜的、哭得筋疲力尽的、伤心的、用她的整个心灵和他告别的爱妻。整个大自然此时都保持着沉默。汤修慧嚎啕大哭,邵飘萍也流泪了。他慢慢地放开了她的手,离开了她。她倒下去,跪在大地上,双手举向天空,双眼望着渐渐远去的

邵飘萍于1916年春在上海

邵飘萍。他咬着牙跳上了轮船，船上的汽笛"呜呜"叫着，越开越远，最后看不见了。此时，太阳升起来了，被丢下的可怜的汤修慧一时失去了知觉和记忆。等她醒过来时，她觉得这世界又冷酷又凄凉。大自然的一切美景，在她看来都和她心爱的人一同远去了。第二天，船到上海时，邵飘萍提了行李，心想这次去日本不知何时才能回国，应该与上海报界的朋友道一下别才好。为此，他下了船，来到码头附近法大马路郑家木桥安吉里的中华旅馆，把行李托寄好，立即打电话与几位报界朋友约好。找了一家酒店喝了酒，说了此次去日本的想法，朋友们都钦佩他的胆略和才华，都祝福他一路走好，到日本学成归来好报效祖国。第二天一早，他又告别大家乘舟东渡。

此次与他一起同行的，有浙江都督府的职员六人，这也使旅途有了伴，使他感到不太寂寞。

# 第二章 求真理东渡扶桑
# 反袁贼回国笔政

邵飘萍乘坐的这只船，一出了内海，就开始颠簸了。此时，从船窗望那海，白浪涛涛，此时的大海仿佛在狂舞。不是圆滑匀称的海浪一排排滚来，而是在遥远处，在闪烁不定的黯淡月光下，海面被无情地撕裂、蹂躏、击打，掀起的波峰一个又一个在海面跳跃、舔食。此时的轮船在大海里走起来很费力，它不断地震动、摇晃、呻吟，在狂乱的海中艰难航行着。船上的同行中许多人都趴在船舱板上痛苦地呕吐了。邵飘萍还好，不过，颠簸中的他却思绪万千。他认为，水能载舟，也能覆舟。只有去唤醒民众，才有覆舟之伟力。他想把自己的所见所闻告诉修慧。当船路过长崎在开往东京休息的途中，他找了个日本人，付给他三个铜板，把一封信交给他，让他把信寄给修慧。可结果是鸡飞蛋打，肉包子打狗有去无回，修慧根本没有收到他的信，钱也没了。这是什么世道啊，不能什么人都讲信用的，日本人也一样，邵飘萍这样想。

到了日本后，他就进入浪人寺尾亨专为中国人办的政法学校读书。他的求知欲十分强烈，非常刻苦用功，打下了厚实的日文基础，为他后来从日文译著中研究马克思主义创造了条件。

一天，邵飘萍下了课，准备到食堂用餐，在学校那间学生餐厅里，他遇到了同窗潘公弼，一个人在角落里啃着冷馒头，苦着个脸呆坐着。他买来了热菜热饭走到饭桌前问："怎么了，公弼君，一个人吃闷饭？来，一起吃。"

潘公弼不好意思苦笑了下，说："不小心，钱包被人偷走了！"

邵飘萍说："我还以为什么事呢，钱财身外事，想开点。"说着，连忙把自己身上不多的一点钱拿出来，安慰道，"我们可是老同学了，给你一半先救救急，等有了稿酬就好说了。"

"这可不行！"潘公弼急了，一张白净好看的国字脸立时涨得通红，说，"你也刚到日本，用钱的地方多得是，怎么好意思让你破费。"

邵飘萍笑着说："谁让我们是同窗呢，我又岂能见困难不帮，别跟我客气了。"

潘公弼感激地看着邵飘萍说："如今，我们都远离家乡，要知道，没有钱是寸步难行的。"

邵飘萍笑道："别犯愁，船到桥头自然直，车到山前必有路，我们一起共渡难关吧！"

邵飘萍去日本不久，汤修慧就病了。一天，她一脸憔悴地躺在床上。此时，屋外邮差在喊："汤修慧女士，日本来信！"

她急忙打开门，从邮差手中接过信拆开急看：是飘萍，是她心爱的人给她来信了！看着这情深意长的信，泪水儿顿时涌满了她的眼眶。

邵飘萍的信是这样写的："修慧爱鉴：接八月五日来书，令人急死。时事新报之情形，亦早知之。然无如何也！此处亦困不可言，北京报纸皆被警厅干涉，神州报又不寄款来。弟虽有余款六十元，然两月饭，至今又有旧欠，如何维持。夏衣均已当去，本月之粮不知何在？只有金戒两只尚在手中，然君之病，弟岂不急，同时事报之所以如此，弟文亦有函以致之。故弟又不可归，若曰随波逐流，同去附和，弟宁死不能为此！现将金戒两只脱下寄君，本欲此处换银以汇,然中国金日人须折扣,不如君自换之,鱼肝油亦已送来寄上。呜呼!请君勿再言弟不过问,弟之心无刻不念君。但有天知之耳!此间,弟惟竭力设法,君可不必以弟为念。细思弟不知何以有此厄运,真是天时人事相逼而来,使弟不可一日安心也!弟本有与君同来东之心,然君未毕业,此总是小事。且君有老父在,同来则不能,因年老也!不同来又不可,因无人也!试思弟以百忙之身,诸事日萦于脑际,又安能期身体之健康。弟惟不愿告君而已!盖弟爱君,誓必自始至终,毋负君也!即寄钱唐道尹之书,好话说尽,若为他人必不肯无志气至此。然君病旦夕不能正医,除求人之外,尚有何法。况有效与否,尚未可知。真真凄凉人也!前日以数篇文字,卖与上海新闻报,得二十余元。此时,君病之信未到。弟以家中兄弟甚多,我父函来又屡言困难,故不得已欲尽我心,又将二十余元全寄往金华。君试思,弟处境之苦,有以复加乎!君如谅及此,则弟虽死犹甘矣!潦倒海边,无家可归。书此以当吻!晤惟希爱照千万自重!……"此时的汤修慧读着这字字情真意切,句句催人泪下的信,早已泪水滂沱了。她真后悔将自己病重的事告诉飘萍了。她一次又一次地看着信,摸索着飘萍寄回的她在飘萍走时送给他的戒指,伤心地哭着。她一遍遍地自责,不能为飘萍分担一些困难,反而要向他伸手,实在是不应该啊!可是自己这也是万般无奈才这样做的。还没等汤修慧从心疼自责中走出来,此时邵飘萍又从日本来信了,他对汤修慧说:"弟以傲骨天成,岂能寄人篱下,故唯有勉力所为,欲以新闻记者终其身,世不仕王侯,高尚其志,君亦赞成否?"从信中,汤修慧真切地体悟到邵飘萍那刚毅的性格和热烈追求新闻事业的坚定信念。而让汤修慧感动和彻夜难眠的是信中的诗:"六和塔高接云霄,飞渡登临伴阿娇。最是可憎三眼佛,至今触绪便魂销。人生悲乐总春常,才说欢娱又断肠。塔上佛前私语后,归来别去太匆忙。"读着这些诗,那些与飘萍在一起的美好时光仿佛又闪现在她的面前……特别是那次,她的第一篇有关教育的短论文在邵飘萍的鼓励和指点下在上海出版的《妇女时报》杂志上发表了。该杂志是由江苏人包天笑主编的。发表那天,她欣喜若狂地把这一好消息告诉飘萍,飘萍笑着说:"怎么样?梦想成真了,该好好慰劳一下我的女英雄了!"

汤修慧乐不可支地说:"那就看你怎么慰劳了!"

"我们一起去西湖划船。"

"好虽好,可我这阵太忙了。"

"那么,我们找家小店庆贺一下?"

"算了,这又要破费不少,我看你要不弹琴,要不就给我吹一段笛子吧,再说你已有好久没吹笛子了。"

"好,这确实是好主意!"邵飘萍接过汤修慧从蚊帐挂钩上拿下的竹笛,充满深情地吹了起来,那是婺剧里《穆桂英挂帅》中的一段曲子,那雄壮激越的笛声让人听了心情振奋,从笛声中汤修慧似乎感受到了飘萍那发自内心的祝福。自那以后,汤修慧一发不可收,她的有关教育、卫生一类的短文就不断在《妇女时报》上发表……

邵飘萍在日本法政大学攻读的是法律政治,该大学规模小于早稻田大学,并与法务省有关系,来日本的中国留学生大多都在这两所学校就读。有一天,在日本主编《甲寅》杂志的章士钊来约邵飘萍一起去拜访因"二次革命"失败也已来日本的孙中山先生,邵飘萍也正有此意,两人相约乘车来到孙中山寓所。屋里已坐满了逃亡或在日本求学的有识之士,有黄兴、陈英士、黄膺白、吴弱男等。

邵飘萍与章士钊进屋时,孙中山正在慷慨陈词:"我们曾经把'驱除鞑虏,恢复中华,建立民国,平均地权'作为同盟会的革命纲领,也为此而筹建了国民党组织,使我们在反帝反封建的斗争中取得了胜利。而现在总结我们的'二次革命'失败的原因,却又来自我们本身组织的涣散,以致有的党员不听指挥,各行其是。"他说到这里,朝进屋的邵飘萍和章士钊点点头,示意坐下,然后,他抬高嗓门继续说,"为此,我们要成立一个新的组织——中华革命党!我在此要庄严地承诺:必将以实现民权、民生两主义为宗旨,以扫除专制政治,建设完全民国为目的。当然是在原来的基础上进一步地完善和发展。不过,在此,我要提醒先生们,凡是入党者必须先立誓约,打手模!好,没有意见的下面请各位开始签名!"

一石击起千层浪!在座的基本上都签了名,可是黄兴却反对这样做,气得孙中山说了他几句,黄兴却一言不发拂袖而去。他们力邀邵飘萍和章士钊也参加中华革命党。

章士钊却笑而婉拒,说:"孙先生,我崇尚无拘无束的无政府主义,当然,即便我不在革命党里,我也会始终如一支持先生的革命行动。"孙中山尊重他的选择,只好罢了。

此时的邵飘萍心里也无法理解为什么孙中山要把倒袁的希望寄托在国外,而不去唤醒国内的民众呢。当陈英士、黄膺白等同乡也要他加入中华革命党时,他不好反对,只好说:"我也赞同章士钊先生的想法,谢谢孙先生及各位同乡的美意。"说完,他与章士钊告别了孙中山先生等人。离别时,邵飘萍对送到门口的孙中山说:"虽然我不在组织,但我作为一个新闻工作者来说,我还是要反对袁世凯的,今后,你们有什么用到我的地方,说一声就是!"

孙中山紧紧握住邵飘萍的手说:"革命党的大门始终向你敞开着!"

邵飘萍和章士钊离开孙中山寓所，叫了辆车坐上往学校返回，章士钊的寓所也在邵飘萍学校的附近，正好相伴同行。邵飘萍说："袁世凯一意孤行，破坏约法，摧残民意，即窃国又卖国。现在，孙中山先生这些有识志士却把日本作为反袁世凯这个老贼的中心，可是行严兄，这小日本能靠得住吗？日本正张开血盆大口，妄图一口独吞掉中国啊！"

章士钊也感叹道："我也是看不懂呢。"

邵飘萍又说："综合来日本这段时间收集的各种信息来看，我考虑再三，决定联合几个同学创办一个'东京通讯社'，可向国内的几家大报输送消息。把日本人的野心以及袁世凯的野心向国人传递，以引起国人的重视。"

章士钊说："好主意！你和我想到一块去了，经费不够，我支持你！"说着就从随身的皮包里掏出钱递给邵飘萍。

邵飘萍说："这……太谢谢你了，你这是雪中送炭啊！"

章士钊说："不必客气！你如今是一个远离祖国亲人的学生，可我是一个有些收入的也有良知的主编。唉，同是天涯沦落人，相逢何必曾相识，何况我们志同道合！你就抓紧把通讯社办起来吧！"不久，在《甲寅》杂志社章士钊主编的资助下，邵飘萍、潘公弼和马文车三人也倾尽各自的所有积蓄，才共同在小石川区下富板町十九号福田公寓，办起了"东京通讯社"，然后，他们积极为北京、上海、武汉等著名报社发东京通讯。

1914 年 7 月，第一次世界大战爆发后，日本就借口英日同盟的理由，声称要履行同盟的义务。这样一来，对我国是十分不利，形势异常危急，中国的上空，一时乌云满天。1914 年 8 月 21 日，《朝日新闻》发表"中国新议定书"六条，说中国已经同意作为日本的被保护国，第三国不得侵害中国。否则，日本将采取"临机必要之处置"。这样一来,中国就将被日本置于刀口之上。日军此时要入侵中国,随时都可找个借口操刀了,形势非常严峻。邵飘萍连续几天抓紧收集各种信息,密切关注着时局的发展。此时,时局的发展,果然不出邵飘萍所料。不久,日本就趁西方列强无暇东顾之际,以对德宣战为借口,说要代替中国收回被德国侵占的占领地,并立即派出大批军队在山东半岛龙口登陆,强行占领了青岛和胶济路全线。

1915年1月18日,日本驻华公使明火执仗地向袁世凯递交了企图灭亡中国的"二十一条"要求,以此作为支持他称帝的交换条件。主要有以下几点:一是承认日本享有并扩大原德国在山东所侵占的一切权益;二是日本在南满和东蒙享有土地租借权和所有权、居住权、工商经营权、铁路经营权和矿山开采权;三是中日合办汉冶萍煤铁厂矿公司;四是中国的沿海岛屿不得租借或转让与第三国;第五是中国要聘用日本人为军事、政治、财政顾问等。

这都是一些后果不堪设想的亡国条件,苛刻无比。但此时的袁世凯称帝心切,竟想一手遮天,准备承认。这幕外交丑剧,虽在极端秘密下进行,但纸包不住火,终于在1915年2月上旬,被外电详细披露了肮脏交易的真相。邵飘萍看到后,拍案而起,立即赶到电报局,及时发电报给上海《申报》。上海街头,报童在大街小巷飞奔狂呼:"卖报,卖报!上海《申报》发表由日本"东京通讯社"邵飘萍发来的最新消息:中日新议定书主要内容披露!"此时,人来人往的街头,人们纷纷驻足争相买报一睹真相。同时间,在日本的李大钊也为怒潮中的"留学生总会"写出《警告全国父老书》的电文,呼吁全国人民一致抵抗日本的侵略,挽救处在危亡中的祖国。

日本东京。日本基督教青年大会堂里座无虚席,约有一千多人云集在这里同声声讨卖国贼袁世凯。邵飘萍此时也来到了这里。他惊喜地看到，今天来的都是流亡到日本的中国著名人士，有留学生、教授，也有经商、旅居的爱国华人同胞。在民族危难之际，华人中的党人、非党人和各派都云集到这里了。大会堂里，气氛热烈，呼喊声此起彼伏。无数的旗帜，在人头上空飞舞，忽而又在人群中隐没，忽而又被举起。突然，人群中有人振臂高呼："打倒袁世凯！"众人立即响应，那呼喊声、愤怒声犹如霹雷在大会堂的上空滚动，久久回响……这时，邵飘萍看到那振臂高呼口号的是一个留着一字胡的青年学生，而站在他旁边的是章士钊。邵飘萍站起来，朝他们走过去。章士钊也惊喜地看到了邵飘萍，他侧身问李大钊："你认识邵振青君吗？"

"久仰大名，可惜还不认识。"李大钊说，"有人说是他第一个揭露日本政府提出灭亡我国的'二十一条'的，我早就想拜见这位勇敢的同胞了！"

章士钊笑道："他就是邵飘萍，这个人你值得一交，你们有着许多共同之处……"说着，章士钊急忙拉着李大钊迎向邵飘萍。

邵飘萍大步向前，紧紧握住李大钊伸过来的双手，激动地说："你刚才那振臂一呼，让我看到了中国的希望之光！"李大钊谦逊地笑了一下说："还是飘萍君勇气可嘉，能第一个站出来揭露卖国的'二十一条'，试问当今的中国，能有几人做得到！"章士钊推了下邵飘萍，说："你们俩都是爱国的有识之士，都是有血性的中国人。"然后，咳嗽了一下，又说，"你们早该认识了，飘萍君，他就是留日学生总会的李大钊君。"

"哎呀，原来是李守常君，大名鼎鼎，真是如雷贯耳啊！"邵飘萍说，"你的《警告全国父老书》可是像一支利箭飞向袁世凯这老贼的心窝。"

李大钊也称赞道："飘萍君，你才是中国的功臣！真想不到，我们竟相会在日本国,我也早就想来拜访你了!"

章士钊说:"太好了,可以说有缘才能相会在日本!让我们都高举反袁的大旗,今天,这可是值得纪念和庆贺的相会呀。"

此时,潘公弼也跑来了。邵飘萍连忙对李大钊说:"守常君,这是我的同窗,叫潘公弼,我们一起办了个'东京通讯社'。"

李大钊热情地伸出手握住潘公弼,说:"看起来,中国的优秀青年都跑到日本国来了,今后只要大家团结起来,可是一股了不起的力量呢。"

章士钊此时笑着打趣道:"你看看,谁说我们是一群五谷不分,四体不勤的书呆子,我们可都是最忠心、最爱国、最有血性的知识分子啊!"李大钊、邵飘萍、潘公弼、章士钊的手紧紧地握在了一起,大家都开心地笑了。此时,有个留学生突然高呼:"孙中山先生来了!"

人群顿时一阵激烈地骚动,人们欢呼起来,响起雷鸣般的掌声。孙中山紧走几步,登上讲坛,向大家挥挥手,大声说:"袁世凯破坏《约法》,妄图复辟做皇帝,他弄权窃国、欺世盗名,他的一生以骗人起家,误人误国,专制狠毒,有我孙文在,决不令此辈猖狂祸国!"孙中山的演讲赢得了满堂的喝彩和掌声阵阵。

孙中山演讲完走下台,随后留学生接连不断上台演讲,场面十分庄严。邵飘萍急忙迎向孙中山,微笑着说:"孙先生的精彩演讲,太好了!"

"噢?"孙中山见是邵飘萍,顿时笑容满面,说:"你是邵飘萍,你和章士钊一起来过我的寓所。"邵飘萍点头笑着说:"是的,孙先生的记性真好。"随孙中山一起来的陈英士这时也走过来,说:"他和我是同乡,就是他最早向国人透露袁世凯的卖国'二十一条'的!"

孙中山快慰地笑道:"好啊,你可为国人做了一件好事呢!"说着,孙中山伸手拍拍邵飘萍的肩膀,说:"看来,你今天是以记者的身份要采访我了?"邵飘萍连忙笑着说:"是啊,可不知孙先生方便吗?"

孙中山说:"不愧是名记者,眼力敏锐,更善于捕捉时机,好,我接受采访!"

邵飘萍见孙中山答应,急忙掏出笔和笔记簿准备采访。忽然,一个便衣打扮的人跑过来说:"孙先生,不好了,门外来了许多日本警察!"孙中山说:"怕什么!"

陈英士连忙对那便衣打扮的人说:"你保护孙先生先走,日本警察我来应付。"那便衣点点头,急忙护送孙中山朝外走去。孙中山在离去时对邵飘萍说:"不好意思,我们再约时间吧。"

"再见。"邵飘萍朝孙中山挥挥手,微笑着目送孙先生消失在人群中。此时,集会也接近尾声了,人们都开始朝大门口走去,邵飘萍连忙也随着人流,回到了学校。

晚上,就着灯光,邵飘萍一挥而就,写出了《留东我国民之空前大会》一文,将集会向国人作了详细的介绍,并立即跑到邮局,发电报给上海的《时报》。连着数日,他四处参加集会,现场采访,写出《气焰万丈之留东我国民奋起》等时评,报道日本青山、早稻、神田、小石川等地,留东国民继续集会的情况,披露各省旅居东京华侨召开同乡会,公举代表进行抗议的举措以及学生组织归国请愿团,归国参军团的行动和华人中的党人,非党人在驻日公使馆门前大声疾呼达于沸点的实况。邵飘萍的这些报道,有力地推进了国内的反袁运动。

驻日公使馆。公使陆宗舆坐在安乐椅上边看当天的报纸,边悠闲地呷着茶。一秘书走到门口,敲了下门,说:"报告,袁大总统电令！”

"拿进来！"陆宗舆连忙放下搁在办公桌上的双脚，整理了一下衣服，接过电报看了起来。袁世凯命令立即解散留日学生总会，并停发官费。陆宗舆不敢违令，立即对秘书说："按袁总统电令要求，你去通知留日学生总会，立即解散，对闹事的学生停发官费！"

"是！"秘书答应后，退出办公室就去办理了。

邵飘萍得到消息后，立即写出《解散留学生总会之失国体》一文，刊于报端，列举事实驳斥日本当局污蔑该会"有害秩序"的谬论。谴责陆公使"以日人一言，而即以官力压制国人"，直言"处置该会以解散实为极不得体"，怒批陆宗舆"与亡国之外交官有相似处"的丑态。

陆宗舆看到邵飘萍的文章，勃然大怒，但又无可奈何，想想自己这是好比老鼠钻风箱——两头受气，真是有苦向谁言呢？

1915年5月9日，袁世凯不顾全国民众的反对，悍然接受"二十一条"。全国为之轰动，质问的电函像雪片似飞来，概而言之，全都是"反对"两个字。全国教育联合会立即作出决定，定每年"五九"为国耻纪念日，勉励中国青年毋忘这奇耻大辱！同时，抵制日货运动，也似钱塘江大潮，从上海、北京、天津等地，一下子扩展开来并迅猛推进，遍及全国。搜查汉奸，焚烧日货，声势更为壮观。面对亡国条约，哪能袖手旁观，让万里神州就此沦落！茶馆酒楼、街头巷尾到处都在谈论这卖国的"二十一条"，无不骂这丧权辱国的人民公贼袁世凯。此时，在国内，游行集会，上街演说也此落彼起。民族的尊严受损，国家危在旦夕，使国民悲愤无已。报纸在大声疾呼，报贩们奔走在大街小巷。"号外！号外！邵飘萍发自日本的六论《世界列强之野心》《注意帝制延期中之外交》《帝制问题与借款》等，上海《时事新报》和《申报》最新披露！"

人们蜂拥而上抢买报纸,一睹为快。读着报,有的笑,有的狂呼:"邵飘萍,你太了不起了,你的'只有消灭帝制,否则就无自存之道'的时评,直捅那袁贼的心窝,太痛快了!"袁世凯看到《时事新报》上的邵飘萍文章后,大发雷霆,立即电令停止邮寄到外地,以免扩大影响流毒全国,贻害青年和民众。此时,任凭袁世凯怎样威胁,如何镇压,人民救亡图存的气势已日益高昂,睡狮已在觉醒,反对"二十一条"的声浪正在传遍中国大地……

日本政法大学。邵飘萍正在听老师上课。忽然门外走来几个日本警察,其中一个粗鲁地敲了下窗台,老师听到连忙把教室门打开:"你们,有事吗?"

有位军官模样的警察,威严地看了一下老师,然后朝大家说:"你们中间谁是邵飘萍?"

"我就是。"邵飘萍大声而平静地说,"请问警察先生找我有何公干?"那警察听说,立即拉下了驴脸,目光犀利地扫了扫邵飘萍,厉声道:"你在我大日本国是读书的学生,可你却利用'东京通讯社'和在我大日本国的报纸上接连发表有关中国和大日本国行政事务的议论激越!"

邵飘萍唰地站了起来,压抑住内心的愤怒,回击道:"那么请问,关于日本国的不平等的'二十一条'和中国的袁世凯的卖国行为就让他们像一出丑剧一样演下去吗?"

日本警察仍然神色严厉的抬高声调说:"你们是留学生,要以学为主,何必去管那些个国家的政治要事呢。今天,我们奉令警告你们不许狂妄地去参加任何的以爱国为理由的政治聚会,如不听奉劝,将按大日本国有关法令遣返回国!"

邵飘萍也抬高了声调,说:"关于中国的内政,希望日本国的公使不应横加干涉!至于我的言论,本人一直崇尚自由,任何无理干涉的人都会咎由自取,不得善终!"

那警察听了,气得脸唰地成了紫青色,气急败坏地吼道:"你……你简直无理取闹!"

日本老师急忙向前打圆场,讨好地说:"这位先生,请不要和学生一般见识,我是老师,会按你们的要求严加管束的,请放心吧!"一边掏出烟来,颤抖着手,微笑着,一支支分发给几位警察,并亲自点上火。警察们洋洋得意地抽着烟,不再说什么,只有刚才训斥过邵飘萍的那位出门时扔下句狠话:"邵飘萍,你给我小心点,哼!"

邵飘萍不卑不亢地答:"喔,是吗?"

留学生们都轰地笑了。


面对国内外的反袁声浪,袁世凯这一阵真是度日如年,苦不堪言。这几天,他足不出户、寝不安枕、食不知味,只是接连抽着烟,想着对策,如何才能实现自己的梦想,而又受到大家的拥戴。想想也确实令人气恼,他一直把段祺瑞,冯国璋和王士珍三人当成股肱,可这三个人却各怀鬼胎。段祺瑞是合肥人,一心想拉自己的皖系成气候。表面上看为他效忠到底,内心里却想左右他。那冯国璋是直隶河间人,也一心想培植一支强大的直系势力,有朝一日,也来控制他,继而就可取而代之。不过,在他们"代之"之前,谁都得打他老袁的旗号,都只能以他袁世凯为靠山的。思之再三,自己选择当皇帝的心是不能再动摇了,可老百姓却不答应。如今,云南宣布独立了,蔡锷组织了"护国军",已挥师讨伐来了,更可恼的是,全国响应,"护国运动"也轰轰烈烈地展开了。

但袁世凯"登极"的决心是下定了,一切都按计划在进行中。离大典还有几天,云南兴起的"护国运动"怒潮般地遍及全国,袁世凯六神无主了。侍卫官遵从他的旨意将赶制的朝服送到他面前请他"试穿",他眼角儿也不想看。御膳堂送来的午膳,比当年"老佛爷"的还要丰盛,他却不耐烦地怒斥一声,"撤下。"他从早到晚,一直闷坐在寝室里, 垂头苦思百思不解:"大总统我都当得了,为啥就不能做皇帝呢?中国是我的,就是我的!护国,护国,难道我做了皇帝,中国就不是中国了,我难道就成了洋鬼子了?"袁世凯越想越气恼。

正是袁世凯又气又恼的时候,人报:"陆宗舆公使来电!"袁世凯说:"拿上来!"

袁世凯匆匆展开,脸上的欣喜立即消失了,"混账!当我袁世凯是三岁的孩子,几句大话就吓昏了?"他气得声音都颤抖了,大骂道,"我一国之主,变更不变更国体是我的事,你邵飘萍,一个报人有什么资格说三道四?"但他还不得不继续看陆宗舆公使在信中摘录邵飘萍刊发于上海《申报》上的《英俄法日之同时一箭》中的一段"……又第二次警告,将道破变更国体之并非出于民意,以促袁氏之反省。倘再拒绝劝告,则四国即合同为适当自卫之行动云……"

"反了,反了!"袁世凯气得把电报狠狠地扔到地上,只觉得头昏昏沉沉的,于是躺到座椅上,闭着眼睛,只管喘粗气。可就在这时,内侍来报:"张作霖求见大总统!"

袁世凯听说是张作霖来了,脸上由阴转晴,说:"让他到会客室。"可话一出口,老袁心里又有点后悔。

自从清皇室让出中南海,袁世凯就以临时大总统身份从旧居铁狮子胡同搬入,居仁堂楼上便作了他的居室,楼下便是他的办公室和会客室。可是,这个会客室却不是会一般的客,而是贵宾、密友才能享此尊荣。居仁堂前院里还有一个会客室,叫"大圆镜中"，那是会一般的客人的，张作霖当时的军职只是个师长，在"大圆镜中"会他已属"恩遇"了，袁世凯偏偏破例把他请到居仁堂的会客室，可见对张作霖的"优遇"了。但张作霖并不满足这个"优遇"，与袁世凯谈话间，两眼总是盯住多空格里的古玩器物，那玩物中有一个绒线盒子，盒子里放着四只打簧金表，每个表上边环绕着一个圆珠子，背面还有珐琅烧的人物。张作霖好像是着了迷，一双眼死盯着不离开。袁世凯见他这样，心中很不是味儿。"这张作霖怎么了，看样子没见过什么世面，看到好东西，那眼珠儿都快掉出来了，真没出息！"袁世凯刚想发作，但转念一想："我这就要做皇帝了，在这种非常时期，得收买人心，一件玩物又算什么呢，送给他吧。"袁世凯笑着把那个绒线盒子拿出来，说："看样子，雨亭很喜欢此物，送给你吧！"张作霖连忙双手接过那稀世珍玩，笑哈哈地答谢："这……夺人所爱，多不好意思啊！"

袁世凯大笑数声："只要雨亭喜爱，凡是我袁世凯这里有的，我都舍得，你我情同兄弟，又岂惜这一件古玩呢！"可是，当张作霖拿着那件玩物离开居仁堂时，袁世凯忽然又心疼起来："这张作霖这样见财眼红，以后得势了，他是否要同我一争天下呢？"

袁世凯正在为张作霖苦恼时，突然，内侍又来报："后院太太们又在大闹了，请大总统快去平息！"袁世凯此时的眉头又增添了几层皱纹。原来，袁世凯除了一个正式的妻子于氏外，还有九个姨太太。袁世凯答应"登极"之前要把家里每个人都加封的，到时候一声宣诏，即成大礼。可谁知这加封也不顺利。

袁世凯赶到内宅的时候，家里已乱成一锅粥，太太们正在大闹不止。那位备受袁世凯喜欢的天津杨柳青人五姨太杨氏，此时想以自己的声望来做"和事佬"。拨开众姐妹，开口道："别闹了，你们都当妃子，至于我么，你们爱叫啥都行！"

那六姨太平时就嫉恨杨氏,嘲笑道:"哟,五姐,我们这哪敢呢,谁不知道你如今已怀有龙种了,有朝一日,老大一躺,那正位不就你的了,我们这群姐妹岂敢与你比!到时,不回彰德又能上哪儿呢?"

袁世凯听了,气得火冒三丈,他立在众妃当中,气呼呼地说:"都别闹了,到时你们都得伴随我的灵柩一块回彰德!"

众妃听了,一时语塞,这场家哄闹剧总算暂时平息了。

袁世凯毕竟是袁世凯,无论中华大地上刮起什么风,无论中南海内如何争斗,也不去管段祺瑞,冯国璋等人的阳奉阴违,他此时此刻要做中国的皇帝那决心是毫不动摇了,并且已决定于1915年12月13日举行隆重的"登极大典"。

此时的北京城又沸腾了,萧条已久的大街小巷,渐渐又热闹起来。当然,最明显的,要数那些当铺和古卖店。这一阵儿,无论是坐落在繁华闹市,还是深僻胡同里,几乎家家小店都是门庭若市,生意异常的火爆。许多人突然又对那些早已束之高阁的朝服,冠带之类的旧服装发生了强烈的兴趣,千方百计都想搞到手,为此,一股抢购风正悄然兴起。要知道,当年,小皇帝被赶下台之后,民国成立,共和昌盛,谁也不留恋蟒袍、玉带和乌纱帽了。可是人们做梦都想不到, 身为民国共和国的大总统如今又要当"袁皇帝"了,那些被人们乱丢弃到垃圾堆的破烂又要大放异彩了!清室那些可望再起的遗老最有办法, 只需把那些旧服装从箱中翻出来,掸掉灰尘,拿太阳下晒晒就可已穿了,可是这却苦了那些北洋旧人以及从革命党投过来的新贵,还有一些自认会被"入阁"的众生。这一阵儿,他们愁眉千结,不知如何是好,总不能就穿西装去"面圣"吧,可是,做已来不及了,只好四处狂奔,遍寻旧衣,丑态百出。更有甚者,还跑到戏班里去借衣服。

这一阵儿,袁世凯感到自己确实太累了。担任大总统两年来,为权为地位为自己,他可是绞尽脑汁啊,这又岂能不累?任职不到一月,他接二连三地下令,解散国民党,开除议员中的革命党人;他虽是北洋军的创始人,那些首领均是他的左右心腹,可是他又不放心这些北洋首领,又成立由他为统帅的陆海军大元帅办事处……这一件件,一桩桩,全都要他去操心!尤其如今就要当皇帝了,更忙得他如热锅上的蚂蚁团团转,此时,他跪在祖宗牌位前哭诉说:"为什么偏偏把我生在这万民反对皇帝的今天。生不逢时,今后可能连祖宗也跟着受累,不能说我袁世凯无能了!"话虽这样讲,但做皇帝的梦还是快实现了,虽然累得要死,但一想梦想就要成真,心里那个乐呀,让袁世凯想想都开心。

夜色渐渐开始浓了。北京的冬夜是寒冷的,无论是街上还是胡同很少看见有人走动,连叫卖声也听不见了,唯有夜风在空荡荡的城市上空呜咽,既悲怆,又凄凉!袁世凯在室内来回踱着步子,脑子里一片混沌,家事国事,件件都让人不省心呢。室内太闷了,袁世凯走到庭院中,抬头看天色。此时的天空蒙上了一层浓云,他心里不禁一沉。有关星相学的书上说过,历代帝王登大位时,以晴朗的天空为佳,要是万里无云,星光灿烂,那就预示一派旺盛景象。可是,今天却一颗星星都看不见,难道这是不祥之兆吗?他想着看了半天,对星相半信半疑。"唉,吉人自有天相,我是堂堂袁世凯,怕什么呢!"

北京中南海居仁堂。这里,历来并不是一个庄严的地方,有人说它不伦不类。昔日曾作过皇帝妃嫔们的宴舞厅,也做过客厅,当然,也做过宦官们的赌场。最光彩的,应该是今天了,袁世凯要在这里举行隆重的"登极大典"。此时,居仁堂大厅中,上首已摆放好龙案龙座,那龙座设在龙案前,两旁却无仪仗,只有袁世凯平日贴身的几个卫兵站在座后。那些很想在袁世凯皇帝御前争宠的文武官员们一大早就齐聚这里了。不过这些人,有的朝服纱帽,有的长袍马褂,有的盛装整齐,有的西装革履,还有的便服简装,可谓形形色色,五花八门,简直就像一群拥进大雄宝殿中烧香的善男信女!可谁相信,就是这些人,就要拥戴袁世凯成为皇帝了!九时过去了,袁世凯才出现在人们面前,大厅里所有的人都吃惊而惶恐地看着袁皇帝。他没有按照历代皇帝登极时穿戴龙袍、皇冠,而是穿着大元帅服。然而,他却光着脑袋。人们犯了猜疑:那元帅帽子,顶部饰有叠羽,很是威风,可是,他却从来都不戴。有人对比一下,觉得这顶元帅帽,无论如何要比大清皇帝当年赐给他的花翎顶子要高贵得多。可他为什么不戴呢?后来,据他的近卫透露,这顶元帅帽子颜色不正,绿色颇重,所以袁世凯不戴。也许是他有了做皇帝的决心和准备,但却还未实践过。今天,面对众百官朝贺他登上皇帝的宝座,反倒不自然起来。他生就一副五短的身材,看上去上下不太协调,但他是军人出身,平时无论立或坐,总是挺直腰板,目光平视。今天,在龙案前、龙座上,反而十分拘谨了。良久,袁世凯突然感到有点不对劲儿,他扫了扫面前浮动着的各式面孔,有些儿忍不住要动怒了:"为什么这大厅里没有一个人呼'万岁'呢?"暗自恼怒了半天,他忽然想起:"人家高呼'万岁'是在等你宣誓——不,是宣诏之后呀!"于是,他急忙从元帅服中摸出阮忠枢早为他写好的"诏示全国"改为"通令全国"的诏书,挺了下胸,清了清嗓门,然后高声宣读起来:"……君主立宪,乃国民一致所求……"诏书念完了,此时,他又把胸挺了挺,然后垂下双手,用比较浓重的河南话宣布:"承受帝位,改元洪宪!"念完后,他站立着,目光呆滞地等着大厅里能爆发山呼海啸般的"万岁"呼声。可是,最后,他失望地瘫坐在龙座上。

袁世凯登上帝位的消息很快传到了日本,邵飘萍知道后,十分震怒,恨不得立即返回祖国,投身到国内正轰轰烈烈展开的反袁运动中去。正在此时,上海新闻界,为了加强倒袁的力量,电邀邵飘萍归国共谋反袁大业,邵一口答应。邵飘萍想自己不久就要离开日本回国了,走之前,应该去拜访一下中国驻日公使陆宗舆。

那天,是个阳光灿烂的日子。下午一时左右,他从学校坐车来到驻日公使馆。门卫拦住了邵飘萍,说:"你找谁?"

邵飘萍笑着递上名片:"我是东京通讯社的邵飘萍,请你禀报陆宗舆公使。"

门卫说:"陆公使病了,不想见客。"

邵飘萍说:"哎呀,这太不巧了,可是,我就要离开日本了,走之前很想见他一面,拜托你务必能促成一见,本人十分感激!"

那门卫见邵飘萍十分诚恳的样子,就说:"好吧,你稍等片刻,等我通报一声,是否答应接见。"说着,门卫拿起电话,将门外有人要见告知了陆公使,陆公使答应给邵飘萍二十分钟交谈,门卫放下电话对邵飘萍说:"去吧,陆公使答应见你。"

邵飘萍走进使馆的会客厅,那墙上挂着几幅山水画和书法,靠着窗户摆着一只小茶几,茶几上一个小三彩中国瓷瓶,插着几朵白黄相间的菊花。茶几两旁是把橡木椅子,镶着绿绒的椅垫儿。邵飘萍顾自坐了下来,他感到客厅里太冷,此时,他发现在边上还有一只火炉正在送出阵阵暖流。过了一小会儿,陆公使穿着一件中国产的皮袍走了出来,一脸的病态,好像是病了。

邵飘萍连忙站起向前握住陆公使的手,关切地问:"听说公使您贵体欠安,是否积劳成疾呢?今特来问候。"

陆公使说:"非所谓积劳成疾,乃心灰意懒,所以也可以说是病了。"说时,双手伸向火炉取暖,口中长叹不已,他示意让邵飘萍坐下。

邵飘萍说:"帝制问题发生而后,先生态度如何?"

陆公使答:"我不能有态度。"

邵飘萍说:"筹安会中之某君,先生以为是什么人呢?"

陆公使答:"此殆所谓天生之尤物啊!"

邵飘萍说:"某国之对我如此,果系利权问题吗?是这样吗?"

陆公使答:"非利权问题,若利权问题,则又稍容易讲话了,然而……"说到这里,他叹了口气,又继续说,"我对于这件事早有报告,所谓以国家为孤注,以元首为孤注。对此,我多次以个人名义书呈袁总统。为此,大总统是能谅解我的。可是,这帝政派不知什么原因要这么快就实行帝制了,这实在让我无法理解这其中的原因了,今之所以还没尽失颜面,主要是还有几个在做这种让人讨厌不是人做的外交官苟存于世之故啊!"

邵飘萍说:"帝政问题在国内已算实现,对外交涉果已至如何程度了,那么,我们是否就可以对外称中华帝国了呢?"

陆公使笑着说:"这还不好说,大约应该在明日之后吧!"

邵飘萍说:"对了,还有加盟问题如今怎么样了呢?"

陆公使说:"对加盟问题现在已暂时不提了,看起来,这欧战的最终结果也不远了。"停了一下,又说:"在今年五月中日交涉的时候,当时虽然很难处理,但是我还是千方百计把这事做好了。可是面对今天这些问题,本来是平安无事的,可我也实在无法再胜任了。我虽然没有什么大病,可我认为自己已无力再负担这样的重任了。为此,考虑再三,决定辞去公使之职好去休养几年了。另外,我在杭州西子湖边还有些地产,到时盖间小屋也可作为休养之处,每个月所花费也不会太多,能有这样的日子,我的心已满足了。扪心自问,我对国家,对总统是忠心可鉴,苍天可表的。"说着,他又连着长叹数声,又说:"我身为外交官多年,自认为有一两件事是可以记入史册的,等过了十年或二十年后,或许,这其中的一些事件必定可以披露在外交史册上的,如能实现这个愿望,我就安心了,也对得起袁总统对我的栽培和知遇之恩了。"

邵飘萍说:"那你是真的要辞职了,不后悔吗?"

陆公使:"这是铁板钉钉的事了,怎能生变!如果明年一月我还走不掉,那么到二月肯定可以回国了。"

邵飘萍说:"我可要比你早就回国了。"

"啊唷,是吗?那实在太好了,有机会,请到杭州西子湖边来找我。"陆公使十分热情地说道,并站起来把邵飘萍送出大使馆。

日本东京江户码头。此时虽说已是1916年的春天了,但早晨还是很冷,灰色的云层遮住了太阳,那针刺般的北风从日本海上一阵阵吹来,让人冷得发抖。邵飘萍裹紧了衣服,让自己能暖和点。这一天,李大钊、潘公弼也站在码头上,为邵飘萍送行。

潘公弼一双手死死拉着邵飘萍,双眼含泪地说:"你走了,我们的东京通讯社也只好停了。"

邵飘萍安慰道:"你看看,我是走了,但那是回到祖国,你应该高兴才是!再说,你还可以继续为国内发电稿啊,不要这么多愁善感好吗?"潘公弼此时被邵飘萍说得有点不好意思了,他是性情中人,毕竟与邵飘萍相识以来,情趣相投,两人可谓情同手足,无话不谈,这一旦分开,不知何日才能相聚一起了,所以才有这一刻的依依不舍,他嗔怪邵飘萍道:"送君送到江户码头,如没有惜别之情,那我不是成了个没心没肺的人了吗?"

邵飘萍笑了:"好你个潘公弼啊,你这样子,我也要被你感化了。"李大钊也笑了,说:"飘萍君这是回祖国去反袁,我们暂时留在日本,但我们反袁的大旗仍将高高举起!"

潘公弼激动地道:"我们都会为未竟的事业而奋斗,不久,我也会回到祖国的,到时,又能与飘萍君为新闻事业而呼号了。"

李大钊说:"对呀,我们一定会相会在自己的祖国!"

邵飘萍拊掌道:"是呀,送君千里,总有一别!好了,你们回吧!"此时,那催人的汽笛声拉响了,船要起航了。邵飘萍踏上了轮船的跳板,向他们挥挥手,说:"我走了,多给我来信来稿。让我们高举反袁的大旗,同为中华而奋斗吧!"轮船越来越远了,但李大钊、潘公弼那离别时的一脸真情,是那样深深地铭刻在邵飘萍的脑中,那"再见"的声音久久地在大海的上空回响……

收到邵飘萍从日本发来的电报,说今天到上海。汤修慧起了个早,到小吃摊上买了早点,立即乘黄包车飞奔到了轮船码头。此时码头上已挤满了人,许多都是来接人的。过了一会儿,可能是轮船快到了,码头上人越来越多了,一些不同国籍的水手、商人、捐客、搬运夫、苦力都涌到了码头上来了。这天天气相当晴朗,因为是早春天气,所以让人感觉还是很冷。淡淡的春阳照耀着那些停靠在港口边大大小小的船只。汤修慧举目眺望,在远处,漂浮着星罗棋布的渔舟和小船,其中有些船只,依然还保持着古代船只的那种美丽的样式。这时,汽笛声声,从日本来的轮船靠岸了,码头上的人开始骚动起来,纷纷朝轮船望去。汤修慧一眼就认出了邵飘萍,她拼命挤到最前面。邵飘萍此时也在人群中看到了汤修慧,两个人几乎同时喊了出来。

"修慧!"

"飘萍!"

邵飘萍扔掉了手中的行李,紧紧地抱住了冲过来的汤修慧,把她贴在自己的胸前,泪水止不住涌了出来。"你怎么老不开口,什么也不对我说?"她看住邵飘萍,控制着颤抖的双唇,温柔地说。

邵飘萍仍然紧紧地拥着她,低下头,轻轻地吻着那熟悉的,她的无比甜蜜的嘴唇。此时,他的心和她的心幸福地紧缩起来,似乎停止了跳动。良久,他们被一位车夫的询问声惊醒才恢复了常态,那车夫说:"先生,是否要坐车?"邵飘萍朝汤修慧优雅地做了个手势:"请吧,我尊贵的汤夫人!"夫妇俩上了车,路过上海最繁华的南京路时,看到一家布行生意特别好,许多人从布行里出来都拿着红色的布匹,还有许多人往布行里挤,好像在抢购。

凭着记者的敏锐嗅觉,邵飘萍对汤修慧说:"慧,这里好热闹。我看该下去看看。"说着又对司机说:"师傅,请先停一下!"

司机急忙一个刹车,说:"先生这是要去哪儿呢?"

邵飘萍说:"你没看见,这布行好热闹,大家好像都在抢购红色的布匹啊。"司机笑了,说:"先生是说这红布吧?"说时,他又要发动车子,又被邵飘萍拦住了。司机惊奇地说:"难道先生也要去买一块红布来吗?"邵飘萍说:"我是想看看,为什么有这么多人去抢购?"

司机说:"你不知道,这是袁世凯在'登极'时,花了五十万银圆做了一件黄色龙袍。一班攀龙附凤之徒,就纷纷购买来红色绸缎赶制朝服,我国封建时代的服色体制,黄色象征高贵。因此君主穿黄色龙袍,称作'黄袍加身',红色象征尊贵,因此臣子穿红色朝服,称作'满朝朱紫贵'。如今袁世凯已实行帝制了,又改元洪宪。这'洪'于'红'谐音,而此时有些商人就趁机投机一把,借此生财,所以,这红绸布也就跟着洪宪皇帝的登台,畅销于市了。"

"原来如此,好一个狗皇帝!"邵飘萍对汤修慧说,"走,我们也去凑下热闹。"

邵飘萍和汤修慧下了车走进布行,邵飘萍二话没说,就让老板也剪了一块红绸缎,然后出来对等在门口的司机说:"附近有裁缝店吗?"

"过这条马路就有一家。"司机说。

"怎么,你也想做一件?"汤修慧笑着问,"该不是你又有什么鬼点子了吧!"邵飘萍笑而不答,来到裁缝店让老板也给做一件红绸衣,不过他却要求老板把红绸做袭衣和衬里。他这是反其意而用之,别人把红绸缎买来是做面子的,那是炫耀荣华,表示趋时。邵飘萍这样做是表示对袁世凯的鄙视、轻慢、讽刺和抗议。这也是对袁贼"登极"的"预吊"吧。

从裁缝店出来,司机边开车边感叹:"先生,刚才您这样做,真让人敬佩!要知道,如今那袁皇帝可是个杀人不眨眼的魔鬼,如传到他的耳里,您的处境就危险了,难道您不怕吗?"

邵飘萍笑道:"作为一个有良知的中国记者,就是要想方设法让民众看清那袁贼的真面目。不过,我和你一样,无职无权势,也就只好用这种方法去唤醒民众了!"

"原来您是记者啊,难怪做事与众不同!如果中国的记者都能与您一样有骨气,那我们的国家就有希望了。"司机说。此时,邵飘萍在上海的临时住处到了,邵飘萍和汤修慧下了车。司机连说:"再见。"依依不舍地开车走了。

晚上,吃了饭,汤修慧因身体还在复原中,想早点睡觉了,就说:"早点睡吧。"邵飘萍轻吻了下她的脸说:"慧,你先睡吧,这不,我还得写几封信,准备好明天见报的稿件。"汤修慧抱住丈夫,似有不依之意,脸红了一下,但看邵飘萍那认真的样子,也不好再坚持,就说:"不要太迟了,你也要注意身体啊。"说完就到房里先睡了。邵飘萍就着灯光,飞快地给李大钊、潘公弼各写了信,然后又拿出早已写好的文稿再润色了一下,此时已是大半夜了。

第二天,一大早邵飘萍就起来了,先把信扔到邮筒中,然后就来到了上海申报报馆,拜见了申报社长史量才,两人相见恨晚,交谈十分热烈。史量才说："飘萍君,有你的加盟,《申报》将如虎添翼,其发展将不可限量!这不,接下去我还将扩大版面,更新内容,将加大对国内外时政的报道,你在这方面是专才,希望你将国外所学应用于今后的报务上,这就是我聘你来的真正目的。"

邵飘萍微笑着说:"《申报》是上海资格最老,销路最广,最受民众欢迎的报纸了,能有如今的成就先生当推首功!今日能有幸受聘成为《申报》的一分子,必将恪尽职守,为《申报》的发展壮大竭尽所能!"说着,邵飘萍拿出一大叠文稿交给史量才。史量才连忙展开翻看有:《东京外交界最近消息》《日人对我特派大使之猜测》《日本之对我政策如何》《日本两要人之谈话纪要》《日人所希望于俄国特派使者》等,还有《东交外交界要闻》十数篇。史量才看了,说:"飘萍君,太

邵飘萍、汤修慧和女儿邵仍偲

谢谢你了,这么多文稿,出手之快啊!可以想象,你的大脑是每一刻都在运转的啊!"此时,有人来找史量才社长,邵飘萍只好对史量才说:"史社长,那我先去做事了。"说着,就退出了社长办公室。回到自己办公室后,他又写了起来。

此时,护国军发展迅速,袁世凯自知地位不保,于是便不时玩弄手腕愚弄民众。对此,来到《申报》担任主笔后的邵飘萍变得更为敏锐,每每穴风稍起,即刻就被他逮住。并马上在《申报》《时事新报》《新报》上发表时评予以戳穿。

当袁世凯先窃取总统,继谋为皇帝,当皇帝不成,复又谋总统

时,邵飘萍又以《唤醒袁君之迷梦》和《噫——又伪造调停案》之作,警告袁世凯:"人生上寿不过百年,君既半矣,君果能悟于帝业之不可成,则不得不及早远引以去。君能去,尚不失为犯罪中之一忏悔行为也。不然多留一日,则国家愈危,国民愈苦,而君罪也愈重。君所希望之复任总统,仍不可得,此损国害己者。"对此,邵飘萍大声呼号:"袁氏一日不去,则中国一日无政治可言。"又说:"无论伪造何项条件……即袁氏日暮途穷之表征,内外俱困之佐证。吾民为求真正之共和政治,真正之自由幸福,所当牺牲其小者近者,以与袁氏争最后十五分钟之胜利。"以上言论为国人指明了斗争的方向。

大典之后,袁世凯并没有过度地兴奋。他盼着做皇帝,但真做了皇帝,却又感到不如盼时令人陶醉呢。为此,一连几天,他变得沉默,优柔起来,什么龙袍,元帅服,长袍马褂统统被他丢在一旁,却只穿了一身黑制服。别看他为人处世朝三暮四的,可生活却十分有规律。目前怎么办? 全国汹涌澎湃,萧墙内又众叛亲离,中南海再牢固,也不是安居之处。袁世凯此时感到他将要成为真正的"孤家寡人"了。人就怕走到绝路,一到绝路,不愿干的事也得干;不想见的人也得见。虽然昔日心志坚决,今天也会改变初衷。袁世凯费尽心机当了皇帝,不想这个皇帝可真不好当啊! 此时此刻,已到了山穷水尽之时,袁世凯不免又想到了段祺瑞,对了,让他来收拾这个残局!

段祺瑞终于被袁世凯"请"进了中南海。那天,气候依然严寒,刮着刺骨的西北风,风卷着从长城以外裹来的沙尘,使北京城陷入弥漫的雾气之中。在居仁堂那小会客室里,袁世凯见到段祺瑞,只深情而又颇有伤感他叫了声:"芝泉!"便示意让他坐下。

段祺瑞长衫便服,戴了顶黑色礼帽,进来时把礼帽扣在手中,朝袁世凯鞠了躬,便一声不响坐在位子上。此情此景,宛如老袁刚死他来吊丧,一副凄惨的样子。良久,段祺瑞先开了口,"芝泉近期总是小病不断,身体欠佳,为此,少来问候您。"

"我知道,这不怪你,我也是事事不顺心,脱不开身,该去看你,想着而已。"袁世凯说,"这些话也不要说了,你是谁,我还不了解。平时咋着都行,可困难当头了,能够共渡难关的,除了你,还能有谁呢?"说着,袁世凯揉揉眼睛,那眼睛看上去有些儿微红。

看老袁这样忧伤,段祺瑞有了同情之心。"是的,老袁能有今天,实属不易啊!"然而,一想到这几年的交恶,他端起茶杯,呷了一口,说,"如今国家危难之时,过去的就别提了,大人如感到无人可用,我倒可以举荐一位天才,希望能重用他!"

袁世凯听了,心里一惊,但又是意料之中,他知道段所举荐之人就是徐树铮,但不用这人,段祺瑞是肯定不会答应的。这也是"病急乱投医",袁世凯也是没有办法了。于是袁世凯就说:"芝泉,我看这样行不行?由你担任国务卿,让徐树铮暂就国务院副秘书长之职,代行秘书长,你看如何?"

"一切听从大人安排!"段祺瑞心里乐着说。


1916年6月的一天,邵飘萍一大早就起来了,边吃饭边对汤修慧说:"李大钊今天从日本回来了,他说是到上海停留办点事立刻就要去北京的,等下我去码头接他,中午你自己吃吧。"

汤修慧笑着说:"这太好了,你们又有伴了。对了,潘公弼不知什么时候回来?"邵飘萍说:"也快了,他来信说恨不得立即飞回祖国,好一起加入反袁的队伍!"邵飘萍临出门时,提醒汤修慧说:"慧,你可别忘了吃药!"

"知道了,你快去吧,别让人家等你!"

邵飘萍匆匆地走了出来,喊了辆黄包车,来到上海码头。虽然已是六月的天气,可那天的空气却相当凉爽,高高的、动得很快的云在蓝色的天空中飞过,那一阵阵,强烈的却没有变化的风吹起来,使那昨天被雨打湿了的路上却扬不起一点儿尘土。邵飘萍只等了一会儿,李大钊乘坐的轮船就到了,两人长久地握着手。邵飘萍说:"此次回来,守常君就不走了吧?"李大钊说:"不走了,为扫除帝制,让我们一起高举反袁的大旗,重建共和而战斗吧!"邵飘萍笑着说:"这太好了,我早就盼着这一天了!"

"不过在上海先会会老朋友,我还得北上到北京去,《晨钟报》总编辑汤化龙约我去谈一下,想聘我去做编辑。"

"哦,看来守常君早有打算了。"邵飘萍说,"不如我与史量才社长引见一下,一起在《申报》同谋发展。"

"上海是不错。"李大钊说,"不过,我还是想去北京发展,到时,我希望你也能来北京一起共图大业。飘萍君的一番美意,我深表感谢了。"

邵飘萍见李大钊心意已决,也不好再说什么,笑着说:"虽然我们天各一方,但我们的矛头都是直指袁世凯这卖国贼的!到时,我如能来北京发展,一定会去找你的。"

"一言为定,飘萍君!"李大钊说。

"一言为定,为我中华!"邵飘萍坚定地看住李大钊说,两眼闪闪发光。

袁世凯真是后悔莫及,可一切都已木已成舟了。他原想重用段祺瑞、徐树铮替他冲挡一阵。可做梦都想不到,一个说烦琐事务太多抽不开身,另一个却闭门哑口,举国上下轰轰烈烈的反帝制运动,他们竟充耳不闻、闭口不提。袁世凯急在心里,气得发火。但是仔细一想,由于他这样重用不会也让他们卷入反帝制行列又稍感安慰。目前,那冯国璋反成为他的一块心病了。思之再三,他又让人去请冯国璋出面,联合不独立的各省将军,再发一个"挽留袁世凯继续做大总统"的通电。不久,袁世凯虽然在"无可奈何花落去"的情况下向全国发布了"取消帝制"的通令,并且应冯国璋等人的"慰挽"而再任了大总统。可是,全国早已轰轰烈烈掀起的反帝反袁运动,却越来越高涨了。袁世凯整天愁眉苦脸地哀叹:"不是反对帝制吗?现在不帝制了,我还当我的大总统,为什么还不行?"袁世凯越来越干瘦了,人也萎靡不振了。白天吃不下饭,晚上却老做噩梦,袁世凯这"病"从春初就开始了。可是,他很想找人一诉衷肠。可是,他最宠爱的北洋三杰,那称为龙的王士珍不照面了;称为虎的段祺瑞几乎成了一只死虎;称为狗的冯国璋,又是那样冷热无常。袁世凯思之再三,想想这班人,真是心灰意冷:"都是一群中山狼,忘恩负义的小人,全都背信弃义,与我老袁作对,在看我的笑话!我老袁英雄一世,没有对不起你们的地方。可如今,一个个为什么都如此狠心!"想到这,他轻轻地躺到床上,再也不想睁眼了。可是不好的消息却接二连三地传到他的耳里。人称"汤屠户",因保袁有功被老袁任命为湖南都督的汤芝铭此时宣布独立了。"反了,反了!"袁世凯气得火冒三丈,让来告诉这坏消息的儿子袁克定把房门关得死死的,他不想再见任何人,不想再听任何消息。可是更坏的消息又传到了他的耳里,由他钦定的援湘军副总司令,外号"喜儿"的唐天喜收了湖南一霸赵恒惕送上的贿银三十万两后把老袁任命的援湘军总司令马继增杀死,然后就随赵恒惕去"护国"了。老袁知道后大叫一声:"天亡我也!"就再也起不来了。袁世凯这一气,病便深入了五脏六腑。到最后几日,老袁的病便突出表现在膀胱上,此时的他连小便都困难了,尿毒渐渐地在全身蔓延。儿子袁克定找来的法国医师给老袁导尿,可是,导出的全是血尿了。袁世凯自知病情严重了。恐怕自己已难逃劫数了。他让守在身边的家人火速去请段祺瑞和徐世昌。此时的袁世凯痛苦地呻吟着,示意先后赶来的段祺瑞、徐世昌坐到他身边,拉着两个人的手不肯松手却不说话,那脸色和神情,看上去是那么的忧伤和绝望!过了好久,他才叫人去把大总统印取来交给徐世昌,有气无力地说:"总统应该是黎元洪的,我要是好了,也准备回彰德啦!"说完就闭上眼再也不吭声了。公元 1916 年 6 月 6 日(农历五月初六日)早晨六时,这个做了八十三天皇帝又被迫废了自己的袁世凯终于含恨离开了人世,享年五十八岁。他可不想死,他认为他不能死。至多他不当总统,回到老家彰德。但是,他到死都还以为自己是会统治中国的,由于对此他深信不疑,所以直到死去,袁世凯都未曾留下只字片言,包括他的家事。

李大钊在上海会了朋友,办完了事就要到北京去了,临走那天,邵飘萍和汤修慧一直送他上了火车。送走李大钊后,已是快吃中饭的时候,邵飘萍说:"慧,好久没时间陪你到饭店吃饭了。怎么样?今天让你打打牙祭。"汤修慧笑道:"好啊,这一阵身体不好,老吃素食,是想吃点好的了。"邵飘萍拉着汤修慧找了一家上海有名的小吃店,点了菜就吃了起来。这家小店生意特别好,那菜的味道也确实不错,价格也算公道。人来了一拨又一拨,个个都吃得赞声连连。邵飘萍和汤修慧吃了饭,让伙计过来结账,伙计跑来笑眯眯地说:"先生,今天我店不要钱!"

"为什么不要钱?"邵飘萍好奇地问。

"袁世凯死了!所以我们老板特别高兴,为此本店今天一天都不要钱!"那伙计说完就忙去了。

邵飘萍此时才留意到在店里吃饭的人都在议论"那袁贼真的

死了"。

"这种祸国殃民的狗皇帝早就该死了!"一位上了年纪的老人激动地说。

又有一学者模样的说:"那是他太好色了,听说他每晚都要一位姨太太陪他睡觉,每天隔两小时就要吃两粒参丸,如不吃说话就有气无力的!"

旁边一位商人打扮的笑道:"听说那袁世凯是因为三期梅毒突发,导致心脏停搏才死了的,真是作孽啊!"

此时坐在饭店最里面一张桌上,一位绅士样子的中年男人冷笑道:"你们都是乱猜测,那老袁是因为肠炎中毒才死去的,本来只是大肠上生疮,西医师说要把坏肠这段切除,但老袁家人都反对刀割,才又请来中医师用中药,为此延误了治愈时机,导致病情加重不治身亡!"

邵飘萍看大家都在谈论袁世凯的死因,都在为袁贼的死去而拍手称快。他忽然觉得应该快回报馆去,把这所见所闻见于报端,也不失为一大趣闻啊!那袁世凯是死了,但中央的政权将会旁落到皖系军阀段祺瑞的手中,中国又将陷落到军阀大混战中,民众的生活将会在水深火热中挣扎和煎熬!想到此,邵飘萍拉着汤修慧快步走出了饭店,跳上了一辆黄包车朝《申报》报馆方向拉去。汤修慧说:"把我先送到家吧。"邵飘萍说:"不和我去报馆了?去听听同仁们有什么议论。""不去了,我还得回家吃药呢。"汤修慧说。"唉哟,看,我把这都忘了。"邵飘萍拍了下脑袋说,"对了,你昨天复查过,是否都好了?"

汤修慧说:"从检查上来看,医生说还要注意休息和调养一些日子。"

"这样就好了,我就放心了。我老在报馆忙,也没时间照顾你,真是难为你了！"邵飘萍说。此时,邵飘萍突然看到上次自己买绸布过的那家布行,就在前面,就对那黄包车夫说:"师傅,请你拉到布行门口等一下,我们要进去看看。"

汤修慧问:"萍,你又想到了什么？"

邵飘萍笑而不答,拉着汤修慧直奔布行大门。布行里,堆满了红颜色的各种布匹。可是布行里却异常的冷清,没有几个顾客光顾不说,凡是走进来的看到那些曾经盛极一时的红色布匹都直摇头,指指点点却看不到一个来买布的顾客。布行里原来笑脸常开的老板此时沮丧地坐在那里,好像一个木偶瞪着死鱼似的目光。此时,老板突然看到邵飘萍和汤修慧春风满面地走进来,立即回过神来,堆起笑容说:"欢迎光顾小店,请问你们要买何种品质的布,我这里的红色布,是全中国最优质、最地道的品种,包你们满意而归,物有所值！"

邵飘萍笑道:"老板,恭喜你发财咯,红色布匹销路可是一直不错的啊！"老板叹了一口气,说:"我这次是肯定亏本,弄不好就要血本无归了！想不到这袁世凯会这样短命,我这是把身家性命都投进去了,原想能好好赚上一笔,唉,真是人算不如天数,真是倒了血霉啦！"邵飘萍见老板那愁容满面的样子,忍不住说:"不过,你不也在袁世凯刚称皇帝那阵借机大捞了一笔横财吗？"

邵飘萍的话似乎击中了那老板的痛处,老板连忙掩饰道:"不瞒你说,那阵我也跟风是狠捞了一笔,可我是鬼迷心窍,想一夜暴富,想借机再多发点财,可,这,这算什么事啊？"

邵飘萍说:"哦,生意人嘛,想赚钱这也是人之常情,可你也不能囤这么多红布啊！"那老板急了,说:"这也怨不得别人,一心想赚钱,结果就轻信了别人的建议,这也可谓世事如浮云,变幻莫测,谁又能拿捏得准呢！"邵飘萍哈哈大笑,说:"哦,原来是有高人给你指点迷津的,这也真是害人不浅啊!"老板连连叹气:"主意是不错的,当时赚得我快发疯了,可如今又愁得我快死了,哎,这作的哪门子孽啊!"

邵飘萍一本正经地看住老板说:"其实,只要你肯出一笔钱给我,邵飘萍我不妨也给你出个主意,你又何愁卖不出这批红布匹呢?"

"真得?您是邵飘萍?"老板听邵飘萍这样说,一双手紧紧拽住邵飘萍,双眼闪闪放光,堆出讨好的笑容说,"我记起来了,您曾经光顾过小店买过红布的!"说着猛地一拍大腿。"对了,您就是那位经常在《申报》《时报》《时事新报》上写文章的名记者邵飘萍!我非常爱看您的时评,特别是您的《同迫退位》《十五省劝退》《唤醒袁君之迷梦》《揭穿限制君权说之诡谋》《呜呼袁世凯》等反袁文章。我说得对吧,这次您一定要帮忙解解围啊。"

邵飘萍笑了,想不到这老板还十分留意时事政治,实在难得,看来就冲他能一口气说出这么多自己所写的时评,这点忙自己是推不过去了,就说:"好吧,看在你读了我那么多文章的份儿上,我就给你出个主意吧。"说着解开自己衣服的纽扣,亮出用红绸缎作衬里的夹袄背心让老板看,那老板看了,恍然大悟,开心地大叫道:"邵大记者,这实在是一着妙招呀!穿在您身上看上去高雅、帅气、大方、品位不俗。不过,最好您就这样穿着到大街上走一走,那么,我这店里的红布就不愁没人问津了,太谢谢您了!您真是本布店的大救星啊!"那老板一路说着"好人呢,可帮了大忙了,这下我小店就有救了。"依依不舍地送邵飘萍夫妇到大门口,说:"邵大记者,等小店积压的红布全卖光,我一定到《申报》来重重谢您,您放心,我说话算数的。"

邵飘萍哈哈大笑,说:"那是和你开个玩笑的,你还当真了,别过了！"邵飘萍拉着汤修慧的手，坐上还等在门口的黄包车，向还站在门口笑成一朵花的布庄老板挥挥手，朝《申报》馆奔去。人们看见邵飘萍穿着红夹袄，倒也好看就纷纷仿效，积压的红绸缎没几天就全部被抢购一空。

袁世凯死后第三天，1916 年 6 月 8 日，黎元洪抱病宣誓就任新的民国大总统。黎字宋卿，湖北黄陂人，此时他刚刚五十二岁。二十岁那年在天津入北洋水师学堂，毕业后被派往海军服役。此人很识时务，很会揣摩人的心理，跟谁做事，便会讨谁喜欢。当袁世凯死了，他整天提心吊胆，因为他作为袁世凯的副手做了许多让国人不高兴的事，他怕国人算他的老账。如今，黎元洪又神气了，不光不顾虑国人问他的罪，相反，又品评起别人的短长来了。腰板也挺得更硬，高大的身材显得比过去魁梧多了，面色似乎也一下子红润起来。此时此刻，他在病中走马上任，走上一座招灾招祸的宝座。可是，他却没有使中华走向健康、富强，而是走向"膏肓"，走向更加四分五裂。黎元洪走马上任，当上中国大总统的这一天，北京城却下起了一场冷雨，那冰冷的雨中还飘舞着寒澈入骨的雪花。此时，段祺瑞仍任国务总理。黎元洪的就职仪式刚结束，段祺瑞与国务院秘书长徐树铮就躲进一个密室。这预示着北京又将掀起一场大搏斗！

上海申报馆。邵飘萍正在改写一篇稿子。社长史量才走来对他说："飘萍君，下午一时有一个国会议员座谈会你去吧，听说孙中山、黄兴也都来参加会议的。"

"好的。"邵飘萍答应着仍手不停地写稿，一边说，"史社长，地点在哪？"

"霞飞路尚贤堂，可别忘了啊！"史量才说完就匆匆地走了。

邵飘萍写好稿,回到家,此时汤修慧早已做好饭在等他了。邵飘萍飞快地吃好饭。此时他看了下挂表已十二点多了,就对汤修慧说:"下午一时有一个重要访谈。"说完就跑出门喊来辆黄包车直奔尚贤堂。汤修慧见邵飘萍这么匆匆忙忙的,看来这个访谈肯定很重要,也不好拦他,只是在心里担心丈夫的身体。

邵飘萍到时,尚贤堂里已来了不少人,许多是三年前离别的旧友。全是因袁世凯死了才又从政复出的,如褚辅成,一看到邵飘萍就迎向前来握手问候,老朋友相见正是悲喜交集,感慨万般。过了一会儿,汤化龙走了进来,汤字济武,湖北浠水人。汤化龙君是此次会议的主席,他一看到邵飘萍就微笑着说:"飘萍君,我可是每天都在拜读你发表在《申报》上的时评啊!""承蒙抬爱。"邵飘萍谦逊地笑笑说:"我们可是老朋友了,今天又能来与会采访,非常感谢您的邀请!"

汤化龙说:"此次会议是由议员们建议才发起的,这几年由于帝制论兴起袁世凯称帝,许多政治家议员,新闻记者都为避祸相继跑到海外去了。没跑走的也都闭门谢客,不谈国是。如今袁世凯死了,大家感到应召集老友们相聚一堂,为此,才有今天的盛会!"

"我想问几个问题。"邵飘萍说,"正式内阁非国会开会何时能确立?如今北京政局是否平稳?"

汤化龙说:"正式内阁非国会开会还不能完全确立。我此次回来,在南京停留了两天,到镇江时火车坏了又停留了一天。唉,这一路上走走停停,人也感到有点累了,可是一看到这么多老朋友,我又感到精神百倍了。对了,飘萍君,从目前来看,北京政局还算平稳,我和议员们都盼望能早一点召开国会。对此,我很有期待。"说时,汤化龙看了一下放在口袋里的金挂表,说:"飘萍君,二时一刻快到了,会议要开始了,今天就先谈到这里。"说着就走到主席台上就座。此时，孙中山、黄兴、胡汉民都相继来到了会场。孙中山今天穿着一身白色的学生服，一脸平静地微笑着，坐在来宾席上。黄兴走进来时分别与旧友们打招呼开着玩笑，许多函件从他的那件在日本也穿过的衬衫中透露出来，由此可知他为国事的奔走和繁忙了。邵飘萍急忙走过去先与孙中山打了招呼，孙中山见是邵飘萍，笑了，说："我们在日本见过面。""是呀，孙先生好记性。"邵飘萍说："孙先生此次到上海后，曾进行两次演说，你的'袁世凯虽死，而袁世凯所遗留之制度不随以俱死'之说反响强烈，对我国民的触动很大。但不知孙先生今天发表的演说内容主要是什么？"

孙中山说："哦，大会今天没安排我的演说，明天我才演说，今天主要是听黄兴、胡汉民等人的演说。"

此时，大会宣布开始。汤化龙微笑着致开会辞："今天两院同仁在这里召开茶话会，承蒙各位名流贤达，新闻界知名记者能莅临会议赐教，真是不胜荣幸。我认为如今袁世凯死了，但中国的时局今后如何尚难定论，大家都感到国家的前途迷茫毫无头绪。不过，今后的时局是不能再诉诸武力了，而应该在政治上去做才好。那么，与会的两院同仁应负起政治上的责任，并努力去争取做好，千方百计去建设国家。国会开会的时间就要到了，各位同仁也即将北上参加开会。为此，我在此希望各位在政治上有势力的先生以及在社会上有名望的言论家，大家尽兴发表、各诉心声，为国建言，为民造福，如能有好的建议治国的方略作为两院同仁的指南，这就是我们今天召集开会的目的，谢谢大家！"

汤化龙讲完后，黄兴立即走上主席台，慷慨陈词："当前我们面临的改革，总得来说是新势力与旧势力的斗争，也是民党与官僚之间的斗争。从当前的时局来看，代表新势力的民党已占优势。

如要问胜利的原因,那是民心一致当推首功,以及还有各省的爱国志士所付出的牺牲和忠勇军人的前赴后继战斗才换来的。然而,我们也不能低估袁世凯。袁世凯可是一个有魔力的人,他虽然死了,但他的魔力还在。就说国会能恢复依旧这事吧,到今天才明白,这完全是袁世凯的魔力影响才导致如今的迟疑不决。为此,我在此呼吁,要破除那袁世凯的魔力,首先应该革新政治,更希望凡是有新思想的同仁们,能团结一致成立一个真正能体现民意的党派大团体,去与那些腐败的官僚作斗争。如果做不到,那么国家的根基是不会牢固的。为此,我在此呼吁,在制定宪法时,应该首先加入'反对国体者有罪'这一条。只有这样,今后才不会再有搞乱国家政治的行为发生,这是我在此希望在座的各位一定要切记自己身上的责任啊!谢谢大家!"

黄兴一说完,邵飘萍就迎向前说:"黄先生,您刚才对议员们所发表的言论,堪称精彩绝伦!我非常赞同,那袁贼虽死,但我们又岂能高枕无忧!我认为,一旦群龙无首,自然就会有野心勃勃觊觎国家最高权力的人跳上政坛前台的。为此,所以更不能就认为国家就会走向复兴,谁又能保证不会出张世凯、李世凯呢?万万不能被胜利冲昏头脑啊!黄先生,我已将您的言论记下,如您同意,明天将刊于《申报》之上!"

黄兴笑着说:"飘萍君,十分愿意,革命总是需要有舆论的支持,您可是我的知音呢,太谢谢您了!"

"好,那我先走了,后会有期!"邵飘萍告别了孙中山和黄兴,出了尚贤堂,跳上黄包车朝报馆奔去。

做了国务总理的段祺瑞,心情非常轻松,此时,他同棋友张淡正在下象棋。这位张淡可是和段祺瑞是棋逢敌手,在北京棋界享有"北段南张"之美称。两人正杀得不可开交时,徐树铮慌里慌张地走进小客厅,对段祺瑞使了个眼色。段祺瑞见徐树铮一脸不高兴,连忙让张淡先休息喝喝茶,便把徐树铮推进一间密室,开门见山地问:"树铮,有事?"徐树铮叹了口气点点头。

"快说!"

"那黎元洪正在酝酿召开国会,要制定宪法,你知道吗?"

"是吗?你听到了什么!"

"他要夺权了!要通过国会,拆散责任内阁!"

"他不要命了,料他也不敢,哼!"

"他怎么不敢?"徐树铮狞笑着说,"这几天,与他关系密切的金永炎、丁佛言等人频频出入总统府,行动诡秘,肯定绝无好事!"

"他如敢召开国会,我就会让议员们免了他!"段祺瑞恶狠狠地骂道。

"免了他?什么理由呢?"

"这……那你说该怎么办?"段祺瑞顿时没了主意,就地兜起了圈圈。

"要免他,谈何容易!"徐树铮奸诈地笑着说:"我认为,上策是力阻他召开国会,如国会开不成,那宪法也就出不来,那么他理由再多也是瞎子点灯白费蜡,嘿嘿,权也就到不了他姓黎的手中!"

"嗯,此招甚妙!"段祺瑞嘘了一口气,轻轻点头说,"树铮,那你就抓紧去运动,千万别让姓黎的开成国会!"说完,两人从密室出来,徐树铮说忙就走了出去。此时,段祺瑞也没了下棋的心思。他就让张淡先走,再约时间下棋。这时,秘书长徐树铮拿着几张报又走了进来说:"请总理放心,我已安排人去做了。"说着把报纸递给段祺瑞,然后又往段祺瑞的茶杯里加满了水,然后就微笑着站在段祺瑞旁边候着。"小扇子,你可大意不得啊!"段祺瑞拿起一张当天出版的《申报》，一篇署名阿平的文章引起了他的注意。看着看着他"扑哧"一声地笑了，对徐树铮秘书长说："你看过今天的报纸吗？"

徐树铮秘书长摇摇头，说："还没看。"

段祺瑞说："那你看看这篇阿平写的文章。"徐树铮秘书长拿起报纸念了起来："试问，孙中山和黎元洪有何区别，谁人不知，这可是床上和床下的区别。"徐树铮秘书长看了"哈哈"大笑着说："段总理，写这篇文章的阿平可真是够绝的啊！"

段祺瑞说："你去查查看，这位叫阿平的人真实姓名，也许以后还能用得着！"徐树铮秘书长说："这是上海发行的《申报》很有名，发行量也很大，请总理放心，我立即去查！"

段祺瑞说："凡是在全国有名的报纸，你都给我收集送来，有空我都要加以研究浏览一下，我倒要看看，这些新闻记者，到底能出些什么高招儿。""是！"徐秘书长答应着，"总理，您还有什么吩咐？"

"去吧，有事我会叫你的。"段祺瑞说。徐秘书长鞠了个躬，退出了段祺瑞的小会客室自个儿办事去了。

几天后，段祺瑞又变得垂头丧气了。因为徐树铮没能阻拦住黎元洪召开国会。此时，南方多数省均主张召开国会，恢复《约法》，更加上海军的李鼎新竟以宣言独立来威逼召开国会。黎元洪终于在 1916 年 6 月 29 日召开了国会，制定了宪法，并选出了副总统，又组成了包括国民党议员在内的混合内阁。此时，徐树铮决心搞黎，黎元洪又决心搞徐，可徐的后面是段祺瑞。因而，以黎元洪为首的总统府和以段祺瑞为首的国务院发生了新旧约法之争。从此，矛盾加深，各怀鬼胎。此时的中国政局便笼罩在一片尔虞我诈，"你方唱罢我登场"的混乱当中。

一天,段祺瑞正在办公室发呆,想心思。徐秘书长笑眯眯地走进来说:"段总理,您让我去查的阿平已查清楚了!"

"哦。"段祺瑞急切地问,"是何方高人?快说!"

"阿平者,即邵飘萍是也,邵飘萍即邵振青是也!"

段祺瑞说:"哦,他已从日本回来了?"

徐秘书长说:"据查,老袁死后刚从日本回来,如今他在上海《申报》《时报》《时事新报》主持笔政。他所写的文章很受民众的欢迎,自他到任以后,《申报》的发行量为此大增,在上海成为最抢手的报纸!"

段祺瑞说:"哦,邵飘萍!此人可不是等闲之辈啊,有机会,应该认识一下。"

一天早上,邵飘萍正在赶写一篇重要时评,此时,史量才走了进来,递给邵飘萍一张单据说:"飘萍君,黎大总统汇来十万大洋给你,请你手下留情哟。"

邵飘萍放下笔,拿过单据用眼扫了下,笑着说:"难道,我写的文章只值这区区十万大洋?"说着就要撕掉。

史量才急忙拦道:"千万别撕,你不会先留着?"

"留着何用?"邵飘萍不由分说把那单子撕了个粉碎,丢进了桌下那只纸篓儿里。

史量才想说什么,但只是摇了下头,终于没说出来。邵飘萍见社长要走,问:"史社长,不知贵社还要招记者或编辑吗?"史量才说:"怎么,还有谁想来?"

邵飘萍说:"我有位同窗好友要从日本回国了,我们在日本时共同创办了'东京通讯社',他名叫潘公弼,是一个非常优秀的青年。"

"哦,凡是你飘萍君推荐的人我还信不过吗,你的面子我一定给，你就让他过来吧！"史量才笑笑说，"《申报》的发行量在逐渐上升，我也正在考虑，想聘用那些有才华，有抱负的青年学子来共同发展报纸，飘萍君，你的推荐正中我的心思呢。"

"是吗？"邵飘萍大喜过望，说："太感谢您了，这样的话，我立即写信让潘公弼回国共举大业！"

"一言为定！"史量才说完就走了。

邵飘萍下班后回到家把这好消息告诉了汤修慧，汤修慧说："太好了，这下你又有帮手了，那你还不写信告诉潘公弼，让他抓紧回国！"

"信已发出去了，我不放心，在邮局又发了电报。我想这样双管齐下，不久，他就会回来了。"

"真有你的，这叫双保险呢。"汤修慧见天渐渐黑了，连忙到厨房里端出几样小菜和饭，两人吃了起来。吃好饭，邵飘萍又在书房里看书写文稿。汤修慧说要去包天笑家看看，好长时间没去了，怪想的。她让邵飘萍陪着一起去访访老友，邵飘萍说："我还得赶稿子，你代问候一声，有时间我再登门拜访他。"汤修慧见飘萍忙，不再坚持，独自一个人出去了。

邵飘萍坐下来，刚写到一半时，史量才突然来访，说："哟，一个人在用功呢，夫人呢？"

"啊唷，我说这眼皮儿怎么老跳，原来是您这位贵客临门呢！"邵飘萍惊喜地起身握手，给史量才泡了杯金华的茉莉花茶，说，"平时喝得都是龙井茶，今天尝尝我家乡的茶。"

"是吗？好香哟！"史量才接过茶杯先呷了一口，称赞道："好茶，味道清香怡人。"

史量才说："我怕你忙，碰不到你，可事情有点急，所以跑来碰碰运气，还好被我逮住了。"

邵飘萍说："不知社长亲自登门所为何事呢？你可是无事不登三宝殿的啊！"

史量才笑道："对，你说对了，我可是无事不登三宝殿的！"说着把一张金光闪闪的聘书双手递给邵飘萍。

"这是什么？是给潘公弼的聘书！"邵飘萍迟疑地接过聘书，打开一看，怔住了……那是给他的聘书！

史量才说："不知飘萍君是否愿意赴任？"

"这——，如此重任，史先生太抬爱邵某了，实令我有点诚惶诚恐，不知该怎样回答先生了！"邵飘萍说。

史量才说："飘萍君不要感到意外，你是我社的不二人选，如此重任非你莫属！你也知道，如今，在我国，报纸的国内外新闻，主要靠外国通讯社供给，而本报的专电，你也知道一直是少得可怜，如长期下去，报纸会越办越糟。为此，我思之再三，认为报纸要有新的拓展，新的腾飞！当然，要想革新报业，首要的任务是要在全国建立起一个通讯网。为此，当务之急就是要派一个驻京记者到北京去发展。对此，我首先就想到了你。就目前来说，你是我社派出的有史以来的第一个驻京特派记者。据我所知，你也是我国享有特派记者声誉的第一个记者。希望你不负重托，到京后为《申报》的发展壮大再立新功！飘萍君，不知你意下如何？"

邵飘萍说："能得到先生的信任并委以重任，我万倍感谢！可我只是怕有负先生厚望……"

史量才说："飘萍君，不必疑虑！我可看好你了，在当今的新闻界，作为记者老弟可谓是佼佼者，特别是你所提倡的作为记者'其脑筋无休息，其耳目随处警惕，网罗世间一切事物而待其变'等语可以说是记者的座右铭啊！再说，你肯定是知道，这特派记者的地位，况且还是常驻北京的，其待遇在新闻记者中，可是最高级别的。"

"好，话已说到这份儿上，先生的盛情美意，容我后报！请先生放心吧！"邵飘萍说，"不知何时去北京？"

史量才说："就七月底吧。对了，你的同窗好友什么时候回来？"

"也就这几天吧！"

"等他到了，你把在上海的工作就交给他负责好了。"

"太谢谢你了，史先生！"邵飘萍说着站起来又给史量才茶杯里加了点开水。正说着，汤修慧回来了。她一见史量才，立即礼貌地向前问候："哟，史先生可是贵客呀，好长时间没碰到了，实在难得！"

"可不是的，报务缠身呢！早就想到府上来看看弟妹的。这不，今天来了，碰巧你又出去了。弟妹是越来越漂亮了！飘萍老弟，我可真要羡慕死了，家有贤妻，这也是人生的一大快事啊！"史量才说着站了起来，"好了，弟妹回来了，我也该走了。"

"咦，怎么我一回来，史先生就说要走。"汤修慧说着向前替史量才茶杯里再加了点水，说，"史先生，再坐一会儿，来，喝茶。是不是我回来的不是时候？""弟妹的嘴可不饶人啊！"史量才原准备站起来想走，可被汤修慧一说，又只好坐下了，说："弟妹有所不知，我可是真想多坐一会儿，这一呢天也不早了，你们也要休息了，二呢还得回报馆处理报务。要知道，弟妹不回来，我也要走啰，有时间我会再来打扰的，谢谢弟妹和飘萍君的款待。"说着站了起来，走到门口去开门。邵飘萍和汤修慧一直送到门口，对史量才说："那路上走好，我们就不送了！""请留步！"史量才说着坐进候在门口的小轿车，对他们挥挥手致意，小轿车一会儿就消失在夜幕中了……

送走了史量才，汤修慧一边铺被褥，一边追问："这史量才来肯定有事吧？"

"怎么,你真想知道?"邵飘萍故意逗汤修慧,说,"想过去北京吗?"

"去北京,是玩儿,还是常住?"汤修慧不解,但知道邵飘萍肯定有事瞒着她,装成生气的样子,说:"你要再不说,我就不理你了。"

"哈哈,看起来,我早就被你看穿了!"邵飘萍讨饶道,"史量才来,是想聘我为驻北京的特派记者!不知你怎么看?"

"我说呢,怎么一看我回来,他就要走。他是怕我拉你的后腿吧?"汤修慧说,"到北京去发展,这太好了!你不是早就有这个念头吗?我支持你去,那可是全国的政治中心啊!"

"慧,谢谢你!你不但是我的妻子,也是我的知己,此生能拥有你,是我的福气!"邵飘萍动情地道,说着把汤修慧拥进怀里吻了起来。良久,汤修慧理了下被邵飘萍弄乱的头发说:"打算什么时候走?""等潘公弼日本回来,交代完工作就走,也就七月底吧。"邵飘萍说,"你先睡吧,我再看会儿书。"

"别太迟了。"汤修慧吩咐完就先睡了。

转眼到了七月底,此时,邵飘萍把在《申报》的工作已移交给了潘公弼。7月31日中午11时,邵飘萍对前来送行的汤修慧说:"放心吧,慧,等我安排好住处,就来接你到北京!"夫妻俩依依不舍,握着手不肯松开。邵飘萍咬咬牙,忍住涌上眼睛的泪水,拥别了汤修慧,大踏步地走进检票口。这次他由沪宁车站出发,同行的还有国会议员刘成禺。该君曾在日本、美国居住多年,他说话的嗓门特大,人也很爽快,一路上有他为伴邵飘萍才感到人生也不寂寞。8月1日早晨到达浦口车站。这一路上也没遇到盘问,搜查,行李也自由提取,十分方便安全。可是到了浦口时,突然有三个穿着黄军服的小兵,走进他们的包厢,高声问:"有国会议员吗?"刘成禺说:"我就是。"那兵士听说立即一个敬礼,毕恭毕敬地笑着拿出所属长官的名帖,用双手递给刘成禺。另外两个士兵急忙向前将那有点重的行李重新整理好了。这一切都看在邵飘萍眼里,他在心里想:这些官军能奉命优待国会议员,是好现象。可是,如这要在袁贼未死之时,如有议员从北京微服出走,被他们这样高声喝问,岂不要被吓得心惊胆战吗?当然,作为国务议员也应该自爱才是啊。从车窗望出去,车站里的兵士,也有挂着双枪的,一把是长枪,另一把却是烟枪,最显眼的是脑后面拖着的又粗又长的大辫子,走起路在后面摆来摆去。这要在前清,肯定像个好男儿的打扮,可是如今已是民国了,这样的装束,实在不太雅致了。

下午2时半左右,一阵嘈杂声把邵飘萍从睡梦中惊醒。原来此时车已到了蚌埠车站。几分钟后,车又慢慢地向前走了。在离站台不远处,约有上百个小孩跪在道边哭着叩头求食,车一直开了约有一里地,都有这样讨食的小孩和穷苦百姓。此情此景,十分悲惨!邵飘萍忍不住摸了下自己的袋子,也只有铜圆十多个了,如果全部拿出分给他们,又担心他们因此争抢斗殴,闹出人命就不好了。目前这一幕让邵飘萍看到内心非常震惊,这实在太惨不忍睹了,这些难民很可能是因闹水灾从附近这数十里的村里逃出来的。田野里的庄稼全被淹没在水中,就是到时收割产量也要减半了,甚至颗粒无收了。一路上,那难民的乞讨呼告声与火车轮子的嘈杂声相混合在邵飘萍的耳中撞击,一直开到固镇车站,这凄惨的一幕还在不断闪现。不过,一路上,也看到了不少高楼大厦林立路边。最让邵飘萍难以忘怀的是这成千上万的难民那乞讨求告的悲惨身影啊!8月1日下午,从南方宿州到徐州这段路,那路两边已快成熟的红高粱一片片的从车边闪过,在阳光下长势茂盛,可以预见会有一个好收成。可是也让邵飘萍恶心不快的是那立在路边的军警,奇形怪状,花样百出。有穿青布短衫的,也有拖着长辫头发乱成一团像个叫花子的，更有甚者站不像站，曲腰斜足，把枪当拐棍支撑自己身体的为最多。这还像军警吗？如让外国人看到，那么对我国会有什么好的评价呢？真是岂有此理啊！

8月2日的早晨，车到了山东济南。这一路走来，路上经过许多车站，可让邵飘萍奇怪的是没有看到有卖报的小贩，车上也没看到有读报的人。这如果在西洋或日本等国，到处都可看到报纸的，无论是谁都会利用乘车这段时间看看报纸，也好了解政经野史等趣闻内幕，以解旅途之孤独。邵飘萍正在纳闷时，一个小报童从站台里闪现出来，手里拿着报纸在叫卖，但去买报的人仍然很少。那报童边喊边靠近车厢叫卖。邵飘萍朝报童招招手，他欢快地叫着跑了过来。邵飘萍看到他手中的报纸有来自上海的《申报》《时报》《新闻报》三种报纸和一些本地的报纸。邵飘萍问他："上海的这三种报哪种好卖？"

报童说："《申报》最好卖，一天能卖30多份呢，《新闻报》《时报》一天卖20多份左右。"

邵飘萍问完也买了一份《山东时报》和一份《青岛新报》，看了起来。这《青岛新报》是日本人发行的报纸，对于我国的时事，自大总统以下以及各方面的人物，常常采取取笑嘲讽的手段，更可恶的是还危言耸听，由此可看出日本人所鼓吹的友谊之虚伪之险恶啊！此时，车又开动了，一路上这山东一带，树木葱郁，苹果、蜜桃、花红在夏天的阳光下鲜红欲滴，可见这里的土地之肥沃。那铁道的两旁，槐树一棵连着一棵，那翠绿的枝叶在清风中轻轻闪动摇曳。如此江山，十分美丽可爱啊！

# 第三章　驻京特派第一人
# 　　　创建新闻编译社

　　邵飘萍一走出北京车站,杭辛斋就迎了上来,吩咐司机把邵飘萍的几件行李装到车后厢里。此时邵飘萍看着刚从监狱中出来不久的杭辛斋,看上去显得比以前要苍老,人也比过去瘦多了。"老师,谢谢您还来接我!""别客气!"杭辛斋说,"接到你要到北京来的电报,很是兴奋了好几天,这以后我们又可常在一起了"。

　　"老师,这几年您可吃了不少苦啊!"

　　"可不是吗!"杭辛斋长叹了口气,说,"如那袁贼不死,我还得在监狱中享清福呢。"

　　邵飘萍听他这么说,不禁笑了,"怎么,吃了三四年的苦,还没吃够?"

　　"怎么说呢?"杭辛斋两眼闪闪发光地看着邵飘萍说,"不是有一句老话'吃得苦中苦,方为人上人'吗。坐了几年牢,可我却从中受益匪浅啊。"邵飘萍说:"哦,看不出老师还有所收获,这牢是没白坐啊!"

　　杭辛斋哈哈大笑数声,叹道:"谁知真患难,忽悟大光明。日出云俱静,风消水自平。功名几灭性,忠孝大劳生。天下唯豪杰,神仙立地成。"

　　邵飘萍听了,看着这个昔日的有志之士,不知说些什么了,"老师,您变了,变得不像原先的您了!"

"是吗？我怎么没觉得有什么变化，我还是我，老样子。"杭辛斋笑笑又说，"不过，有一点或许你说对了，对人生、对功名，我也看开了。不过，如今我仍然是在为孙中山的革命活动做些力所能及的工作。"

"老师，我让您找的房子在哪儿？"

"北京这阵儿也乱着呢，房也不太好找，这不，这会儿先把你拉到那儿安顿好再说，快了，沿着顺城墙走去，就在南城珠巢街上，房子不太大，过一阵子工作理顺了，凑到机会，再找好一点的吧！"杭辛斋说，"不过房屋的质量比北部要好些，宽敞些。"

"老师费心了，太谢谢您了！在北京我是人生地不熟的，全靠老师您帮我呢。"邵飘萍说。

"别太见外了，有事你就找我，不要不好意思。"杭辛斋说。说着话，南城珠巢街到了。杭辛斋带着邵飘萍下了车，走进一个大杂院里，掏出钥匙开了房门，说："飘萍君，你先休息吧，坐了好几天的车，也累了，哪天有时间我们再聚了。"杭辛斋说完就开车走了。邵飘萍也确实有点困乏了，倒头就睡了。

第二天，一大早邵飘萍先到北京办事处报了到，再到邮局给汤修慧和史量才分别发了平安电报，然后就跳上一辆洋车，对车夫说："到北京晨钟报馆！"那车夫麻利地应道："好嘞，先生坐好！"说着迈开双腿飞也似的朝报馆奔去，不一会儿就拉到了晨钟报馆，邵飘萍跳下车，扔给车夫几枚大铜子，说声："谢了！"然后走进报社，邵飘萍正想向那门卫打听李大钊在哪个办公室，李大钊此时碰巧走到了门口看到了弯着腰在打听的邵飘萍，非常高兴，喊道："飘萍君，接到你的电报，原打算去车站接你的，可这个忙呀，真不好意思！我应该先去拜访你的，可你倒先来看我了。"

"我一安顿好就跑来找你了，比起我，你可是老北京了。"邵飘萍紧紧握住李大钊伸过来的双手,说:"我估计你肯定忙的抽不了身,替人家做事不容易啊。对了,北京的局势如何?"

李大钊说:"如今袁世凯虽然死了,但是帝国主义支持下的封建军阀的反动统治并没有寿终正寝,那皖系军阀段祺瑞成了北洋政府的新首领,占据了北京的政治舞台。为此,我们仍要为之奋斗啊!"

邵飘萍说:"我非常赞同你的观点,这不我可是随你而来到了北京,让我们一起奋斗,为新闻事业,为中华民族的复兴而努力吧。"两人越说越兴奋,邵飘萍看了下表,快吃午饭了,就说,"我们找个饭庄,边吃边聊好了。"

李大钊立即响应,说:"这附近就有一家小饭店。"说着,李大钊和邵飘萍走出报社,找到那家饭馆,点了菜和酒,边吃边聊了起来。李大钊说:"飘萍君,此次来京有些什么打算呢?"

邵飘萍:"我如今的身份是《申报》驻京特派记者,此次一路走来,看到各地的情况和社会、民情,对我触动很大。特别对报纸上所写的新闻无论在数量和质量上都没有占压倒优势不说,还存在两种极大病根,新闻材料缺乏和所刊登的消息不准确。身为记者,我深感重任在身,应当为革除这些病根而努力!你呢,在《晨钟报》做得还好吗?"李大钊叹了口气,只是闷头喝着酒,似乎有一肚子的苦水要倒,但又不知如何开口才好。

"怎么了,遇到什么不顺心的事了?"邵飘萍端起杯与他碰了碰说,"说吧,也许我能替君出出主意呢。"

李大钊说:"这一阵,我时常失眠,内心也很矛盾,不知如何做,才能不违背良心。一要对得起读者,二又不能有违于恩人之情。"说着,他又一口喝干了酒。

邵飘萍见他这样,一下子心里明白了,"你不说破,我也能猜到你为何烦恼？肯定是为了汤化龙吧。"

李大钊说："是为了汤化龙！你说他在未经我允许的情况下将我千辛万苦才写完成的稿件改得面目全非发在《晨钟报》上，你说，这叫我如何是好呢？"

邵飘萍说："原来如此！我说呢，就凭你老弟的学识和才华以及对国家和社会的认知程度，所写出的文章肯定是无懈可击的，也是有自己的独到见解的。"

李大钊说："我也是碍于他曾经资助和帮助我，才一而再，再而三的忍气吞声不好明说。可是，如今他是总议会的议长，他的思想观念却仍停留在袁世凯当政时期，与我所追求的办报理念和写作风格每天都在痛苦地冲突之中……咳，我不知如何选择才好？"说完，他又一口把酒喝了。邵飘萍看他这样矛盾、痛苦，只好劝慰说："等以后我有了自己的报纸，第一个就聘你！可如今，我和老弟一样，都是受人之聘，我们可是一根藤上的苦瓜，同是天涯沦落人啊！"

"来，干杯！"李大钊说，"飘萍君，请别担心，虽受制于人，但原则还是要坚持的，为了追求真理，就是抛头颅、洒热血也在所不辞！如实在不行，我只有选择离开《晨钟报》了。"

在中国，所有事情总是被世界的事情所牵动。黎段府院矛盾渐渐加深的时候，全球也在大乱。从 1914 年起，以英、法、俄为核心的一方和以德、奥为核心的另一方在欧、亚、非三大洲进行了一场空前规模的帝国主义战争，即第一次世界大战。这场战争的起因和目的，就是为了争夺商品市场和重新瓜分世界。这场战争共卷进去三十三个国家，人口在十五亿以上！现在，中国要在这场世界大战中表明态度了！此时的段祺瑞摆出一副"太上皇"的样子，扬言:要以国务院之名,发表对德宣战公告!段祺瑞气哼哼地想:"我段某人就不相信,没有他黎元洪的话我就办不成事!不,我一定要办成大事!所有的大事我都得办,只要在中国,哼,我都能办成!"可是,段祺瑞准备对德采取的一连串行动,有人立即报告给黎元洪,他不悦道:"这样重大的事情,为什么不事先与我通气?他段祺瑞也太霸道了吧?"黎元洪虽怒火填膺,但却不知如何应对才好。丁佛言恰好在身旁,就说:"召开特别议会,由议会来决定战争的进退。"

段祺瑞知道后,冷笑数声,不屑一顾。可是,他做梦都没想到,国民党议员会首先发难,加上其他议员中对"对德宣战"意见分歧,国会上立即嘈杂不堪,群情激奋。段祺瑞看民主的方式显然不行了,他要用武力来达到目的。他如今是国务总理,又兼陆军总长,他便要以此身份将各省督军召到北京来"议政"。

黎元洪知道此事,火速赶到外交大楼,阻拦说:"此事必须由议会来主持,各省督军不能进京干涉!"这一下,把段祺瑞气得不轻,鼻子都歪到一边去了,心里骂道:"不识抬举的黎元洪,我非实现对德作战不罢休,哼!"不过,黎元洪心里也明白,觉得如今还得忍一忍,还不能除去段祺瑞,弄不好,段祺瑞如真起兵"逼宫",自己还没有办法阻止他。现如今,袁世凯死了,中国的天下便三足鼎立了。那奉系张作霖占据着东北,直系曹锟的势力在北京和天津一带,另外的皖系段祺瑞虽然意在长江范围,可活动的地点却在北京。从当前来看,那张作霖还没成气候,可是这曹锟对段祺瑞却早已是磨刀霍霍了。于是,黎元洪决定立即召见曹锟密议除段大事。曹锟获知后火速赶到总统府,黎元洪在密室接见了他,并亲自为他添了茶,说:"我早就盼着你来了!那段祺瑞一意独断专行,意图擅自宣布对德宣战,如任其胡为,弄不好全国人民就要遭殃啊!

我对他是仁至义尽，但他手握重兵，我又奈何不得！只好求助于老兄了，有机会把总统大座让贤给老兄来坐吧。"

曹锟一听，浑身热血奔涌，他本性非常看重这"名利"两字，立即把那胸脯一挺，朝黎元洪深深一揖，然后扑通跪倒大声道："曹锟不才，万分感谢大总统的知遇之恩！"说着，猛一拍胸脯，说，"老弟，你就下令吧，我曹锟为你赴汤蹈火，在所不辞！"黎元洪连忙扶起曹锟说："如今的中国兵荒马乱多年了，人心都思安了，大动干戈不是上策啊，要我看，我们还得召开国会……"他说时冷笑数声，做了个手劈的姿势。曹锟点头叫道："还是总统棋高一着，此招甚妙，立即开国会，除去段祺瑞！"然后恭敬地退出总统府。

中国将又一次陷入混乱。

初到北京的邵飘萍，立即发挥他那新闻记者的天才技能，白天他四处采访，奔走；晚上十二点以后他准时赶到邮局向上海《申报》发《北京特别通信》等新闻电稿。一天，他写了一个上午的文稿，感到有点累了。就独自一个人来到了北京的一家颇有名气的茶馆。刚坐下喝了几口茶，此时，《新闻报》派来的张继斋、《时报》的黄远庸、《中华新报》的张季鸾，还有凌霄汉阁主徐凌霄都陆续走了进来。老朋友相见，分外亲热，邵飘萍就和他们边喝茶边闲聊。

邵飘萍微笑着说："我此次受上海《申报》的委派来到北京，人生地不熟的，还望各位鼎力相助，多多赐教才是！"

张季鸾说："飘萍君不必客气，您如今已今非昔比，是知名的特派记者了，何况我们是多年的老朋友了，有用得着的地方尽管说一声好了。不过，对我们这些记者在当今社会的地位，我是很有感触的啊！"

"哦。"邵飘萍说,"那您说说,有什么看法?"

张季鸾呷了口茶,说:"在座的各位,表面上看去都很风光,都是记者,而且都是各知名报纸委派到北京的驻地记者,身份何等高贵?可是,所谓的天之骄子、无冕之王的记者在如今民国的有些老百姓眼中地位低下不说,令人气愤的是,还被说成是专会造谣,耍无赖的流氓记者!这实在是新闻记者的悲哀啊!"

黄远庸、徐凌霄、张继斋听了,频频点头颇有同感。

邵飘萍说:"这也怪不得老百姓的,弄成今天的局面,依我看,这也是在我们这些当记者的人中有些人根本不配称为记者!自己行为不端,才招来民众的非议啊!不是吗?我认为作为一名有良知,有社会责任感的记者,应该深入到社会的各阶层中去了解民众的疾苦,真实地反映他们的诉求。而不能躲在象牙塔里捕风捉影,胡编乱造才对得起广大民众。另外,最致命的一点是,如今,有些报纸的新闻都取自于外国的编译社,加上有些编辑又不细辨真伪,看到拿来就用,这样,可信度就可想而知了。"

张季鸾说:"可是,在当今的新闻界都采取类似做法,我们自己也无力阻挡这种旧习,只有身体力行,洁身自好,不随波逐流就对得起'记者'这两个字了!"

邵飘萍说:"是啊,我们不但要身体力行去努力,还要下决心革除这种陋习!如今,中国的报业刚刚兴起,望各位都能为之奋斗。为此,我准备创办一个为民讲真话,新闻来源确切,追求真理的新闻编译社。到时,请各位先生同仁多多指教和支持!""这个想法太好了!"大家纷纷赞同邵飘萍这一决定,期待他早点把新闻编译社创办成功。见大家谈兴正浓,邵飘萍却把话锋一转,对黄远庸说:"远庸兄,你发在《时报》上的北京特别通信,每一篇我都要连读几遍,精彩绝伦,堪称范文!兄不愧是名进士出身,自八股以至策论,现又受了新文化新文学的影响,此所谓'腹有诗书气自华'啊。受你的影响,我如今除了发通电,也开始学着写北京特别通讯了。"黄远庸说:"飘萍老弟也出手不凡呢,如你发在《申报》上的《北京特别通讯——'郑家屯案之经过内容'》,真实,客观地披露发生于 1916 年 8 月 13 日沈阳附近郑家屯,辽源驻军与日军发生冲突过程,互有伤亡。8 月 20 日日军占领郑家屯中国兵营,两国政府为此进行交涉以及'呜呼议员之怪状'等文中活画出国会议员们的钩心斗角的丑态,一针见血地指出,他们之间的政见纷争是:'为金而已,位置而已,饭碗而已!'以我之见,你的北京特别通讯最突出的一个特点,就是'简洁,精炼、流利、畅达;有条理、有层次、句子短、节奏快;不堆砌辞藻、不刻意求工,很少冗词冗句'。不过,我还是更加喜欢你所发的通电,精密而又迅速,这可是老弟的独门功夫啊!"大家喝着茶,又闲聊了一会儿,邵飘萍此时看了下怀表,快吃午饭了,心想还有一大堆事要做,只好站起来朝大家说:"我先告辞了,等我忙过了这一阵,我请各位喝酒,到时请务必赏光!"说完就走出了茶馆,朝一辆正在候客的黄包车喊道:"黄包车!"那车夫一跃而起,把车拉到他面前说:"先生上哪儿?"

"到邮局!"

"好嘞,先生请坐好!"黄包车夫麻利地应道,拉起车就飞跑,不一会儿就到了邮局。邵飘萍下了车,掏出几个大铜子扔给车夫。

在邮局,邵飘萍先给汤修慧发了电报,让她接电后速来北京。接着,又给潘公弼也发了电报,让他辞了《申报》的工作,速来北京发展。发完了电报,邵飘萍才长长地透了口气,走出邮局,见刚才拉他的那黄包车还候在门口就朝他招了下手,那车夫立即把车拉到面前说:"先生,这会儿又要上哪儿了?"邵飘萍上了车,好奇地道:"你怎么还在等着我?"

那车夫脸红了一下,说:"我看先生出手大方,您这上邮局办完了事,肯定又要往回走的,所以就在门口候着啰。对了,看先生不像本地人,这会儿又要拉到哪儿呢?"

"到北京办事处!"

"哟,那可是记者、办报的去的地方。看起来,先生是记者啦!"那车夫一脸敬佩讨好地道。邵飘萍只是笑了一下,又扔给他一枚大铜子。车夫这次跑得更快,没一会儿就到了北京办事处。

汤修慧接到邵飘萍的电报后很快来到了北京。到京那天,邵飘萍起了个早赶到车站接汤修慧。此时的北京已是初秋天气,邵飘萍身着灰色长衫,梳着中分发式,鼻梁上架一副金丝眼镜,迈着焦急的步履赶到车站的出口处。过了一会儿,汤修慧随着挤挤挨挨的旅客队伍走了出来。刚才冷清的出站口顿时热闹了起来。

"修慧!"邵飘萍叫着,接过汤修慧手中几件简单的行李。汤修慧却只是目不转睛地看着自己的丈夫,细心的她知道丈夫已等得有点急了。她朝候在附近的一辆马车招了下手,那马车夫说:"两位上哪儿?"

邵飘萍连忙说:"南城珠巢街。"说时把行李扔上车,然后又扶汤修慧上了车。马车夫说:"好嘞!您两位坐好,得儿驾!"邵飘萍兴高采烈地道:"修慧,早就盼你来北京了,你来了我们要着手做一件大事。"

此时,汤修慧的注意力被沿街摆设的各类货摊所吸引,听丈夫说要做大事,她笑了,说:"我知道,你是个大才子,一个爱搞政治的人。如今又成了驻京的特派记者,怎么?做大事?什么大事?"

"创办国内第一个新闻编译社!"邵飘萍也被汤修慧所感染,也开心地笑了,"这个决定是我到北京后才慎重作出的,我一定要改变外国通讯社垄断我国电讯发布这一局面,不能任由外人左右我国的政治新闻!""你的想法我肯定支持,可是这办一个新闻编译社,可要花不少钱吧?"汤修慧看住邵飘萍的眼睛,好像不太相信邵飘萍这到北京又没多少时间,要钱没钱,要势力又没势力,这凭空就要办什么新闻编译社,这能行得通吗?

"这用不了多少钱!"邵飘萍听出了修慧心中的担忧,"我都了解过了,钱只要几百元就可以了,外加一具日本的油印版,一刀中国的毛边纸就可以了,社址就先放在珠巢街,也就是我们的家里,等以后发展了再换新址。"

"就这样简单?"

"就这样简单!"

"还有工人呢?你有没有想过?"汤修慧提醒道,"他们的工资多少?""哈哈。"邵飘萍笑了,说,"暂时不招工人,你我都是工人,等潘公弼来了,也算一个。"

"原来,你这么急让我来北京就是打得这个主意啊!"汤修慧也笑了,"你这个社长可够苦的,连自己的太太也要当工人!"想想又道:"那潘公弼一时又来不了,只好我们夫妻先做起来吧。"

"辛苦你了,慧。"邵飘萍一时不知如何是好,不过为了追求自己所钟爱的新闻事业,他深信汤修慧一定会理解他的选择和决定的。

此时,邵飘萍夫妇乘坐的这辆马车正穿过北京颇有名气的大栅栏。这里,人声嘈杂、车水马龙。过了一会儿,又路过了"瑞蚨祥"和"同仁堂"。胡同内各种腔调的吆喝声此起彼伏。此时走来的是一个打鼓儿的,汤修慧看他挑了两个大竹筐,筐里装着些碎铜烂铁、破衣旧鞋、瓶罐玻璃等,手持鼓较宽大,有如茶杯,发出的声音为"叭、叭、叭"的疲软声,传不太远,只好边走边吆喝:"有破烂的我买！""有碎铜烂铁我买！"

"这北京城挺好玩的。"汤修慧望着那打鼓儿的走远了，对邵飘萍说，"这收烂铁破铜还唱歌似的。"

"这打鼓儿也不简单呢，还分好几种呢！"邵飘萍说，"你不知道，这根据收购物品的不同各有其职业特点。一种是腋下夹一个蓝布小包，内放戥子和试金石等；有的还在肩上披一提包袱皮。他们专门收买金银首饰、古玩字画、玉器、硬木家具、古旧瓷器和贵重衣物等细软物品。对这种称之为'打小鼓儿的'，因其鼓形不大，约有银圆大小；又称为'打硬鼓儿的'，因其敲打发出的声音为'梆、梆、梆'，很脆，很响，能传出几十米远。再一种'打鼓儿的'就是刚才走过去的，专门收购居民的废旧物品，不计好坏什么都要，被北京人称之为'打软鼓儿的'，或又称'打疲鼓儿的'。"

"嗨，想不到这还有这么多学问呢，对北京，你还真了解不少呢。"汤修慧说。"我也是在写稿，采访之余了解了些，北京太大了，好看好玩的地方多了去了。"邵飘萍说，"北京就这小胡同就多达三四千条，听北京的居民说，过去商业网点少，且多集中在大街面儿上，老百姓购买消费品、日用品和用具修配主要靠这些走街串巷的小贩。按四时节令，老百姓一听吆喝，就知道是卖什么的来了。特别是那吆喝声，多种多样、丰富多彩、生动风趣，其声腔悠扬和美，让人听上去颇有韵味。这种由吆喝和响器汇成的叫卖声，构成了胡同里老北京人的生活交响曲。还有北京的一些货郎号称'八不语'，即行医的、锔碗的、绱鞋的、卖掸子的、劁猪的、剃头的、修脚的和粘扇子的，而是靠响器招揽主顾的。说是'八不语'，其实远不止这八种。如剃头的'报君知'，卖炭的用大扁鼓、卖油的敲梆子、磨刀的抖动钢片褡裢或吹喇叭等，都是各有招法呢。"

听邵飘萍讲了这么多有关北京胡同的生活习俗，汤修慧在惊叹之余仍要邵飘萍继续讲北京："你讲了这么多,北京还有比胡同好玩的你怎么不讲了?"

"哦,一时半会儿也讲不完。"邵飘萍看了下瞪着一双大眼,永远难以满足的妻子,说,"如北京的各种庙会、吃、住、行等等,都非常有特色和魅力。好了,你如今已来了北京,就慢慢地去体悟吧!"

此时,马车仍在胡同中穿行。汤修慧留意到那胡同的墙壁上张贴着光怪陆离、五花八门的各类广告。一家茶庄的门前的"幌子"在随着北京初秋的暖风晃动着。稀稀拉拉的电线杆下,站或蹲着几个赤裸着身体,张着手在向过往的人群乞讨的孩儿,那脸都是黄里带黑,瘦得皮包骨头。在一家戏园子门口拐弯处,站着几位身穿时髦旗袍,浓妆艳抹,指间夹着烟卷儿的"摩登女郎",她们不时向过往的那些男人们抛着媚眼儿调情。从戏园内不时地传出几句颇有韵味的京戏唱腔。有几位腰间扎着宽黑色牛皮带、歪戴着大檐帽的巡警在人流中摇晃着,哼着小调匆匆地穿过。街市上一些衣着华贵考究的达官名流在悠闲地边走边高声谈笑着溜达。

此时,邵飘萍夫妇乘坐的马车来到了南城珠巢街一家大杂院门口,那马车夫"吁——"的一声吆喝,马听话地停了下来在打着响鼻。邵飘萍扶着汤修慧下了车,说:"我们的家到了。"

"就这儿?"汤修慧四下看着那房屋低矮简陋,地面也高低不平,最扎眼的是那门窗狭小,室内的光线肯定好不了。

邵飘萍掏出几枚大铜子递给那马车夫,然后说:"先凑合着住吧,就这房还是托杭辛斋给找的呢!如今世道混乱,北京的住房不好找啊。"

汤修慧虽然对这住房不满意,但想想邵飘萍也是初来北京打拼,俗话说"万事开头难",只好罢了。一进屋,汤修慧就忙开了。她是要干净的人,找了块抹布就擦洗起家具和门窗来。邵飘萍说:

"哎,我有事出去一下,中午你自己对付先吃着,我可能要很晚才能回来。"

汤修慧见邵飘萍要走,说:"对了,我忘了告诉你了,你的堂弟邵云勋不是也在北京读书吗?听说很快就毕业了,何不让他也来为你的新闻编译社帮帮忙。"

"你不说,我可真的忘了,我来北京还没与他联络呢!"邵飘萍说着就出门走了。

1916年8月下旬的一天夜里,邵飘萍的家还亮着煤油灯。此时,邵飘萍就着灯光在书写,他的堂弟邵云勋在篆刻,汤修慧却发挥在学校练就的技能在油印着新闻资料。邵云勋说:"哥,到明年我就毕业了,你可答应过我的要帮我找事做的。对了,你如今是名记者,找份事做,可不会太为难吧?"

"不为难的。等你毕业了来我这里就是了,你这样的优秀青年,都抢着要呢!"邵飘萍哈哈笑着说,"我想,如不出意外的话,明年的此时,恐怕我已拥有了自己的报纸了,你来了真好能赶上大展身手的时候,又说什么为难呢!"

"你呀,想办一份自己的报纸都快入迷了,看把你美的!"汤修慧也笑了,说,"但愿你早日梦想成真,等有了钱,我们也好早点搬出这个破烂地方"。

邵飘萍说:"你们就耐心等着吧,我并非在痴人说梦,我一定会有一份能替天下老百姓说真话的报纸!"

邵云勋说:"哥,你的话我坚信不疑!如今我来北京读书,也是因为你对我的鼓励,你说让我好好读书,到时一起到北京去,要不然,我肯定来不了北京呢!"邵飘萍边写边说:"哟,我的一句话,倒促成了一位青年才俊呢。对了,明天正好是星期天,你不读书,正好帮我一起把这些新闻资料发送到北京的报社。然后,再到邮局发专电到上海、天津、浙江等地的几家大报。我看这些普通新闻由你发，重要的政治新闻我去发，我们分头行动吧！"又忙了一会儿，邵飘萍终于编写好了最后一篇新闻消息。他站了起来，伸了下懒腰，"啪"地推开了窗户，一轮明月高挂在空中，那些散落的星星，一闪一闪的在发射着晶莹的光，此时的天空如挂着片浅蓝色的布幔，妩媚而又柔和。不知什么时候，汤修慧也站在邵飘萍身后，说："这北京的秋夜真的好美啊！我看你站在这里都老半天了，在想些什么呢？是不是很兴奋啊！""是有点。"邵飘萍说，"慧啊，我是在想，从今天开始，中国人才有了自己的第一个北京新闻编译社，我们编译社所提供的消息必须做到真实可靠，每天要有独家新闻，也就是说每天都要保持发一两件特殊稿件。还有，我们为各报提供的新闻是免费赠送的。""免费赠送？"汤修慧不解邵飘萍的用意，说，"短时间还行，如长期这样，我们能承担得起吗？"

"先赠送再说，等有了一定知名度，再适当收点工本费。如本市每月可收十元，外地的十五元。"邵飘萍说。此时，邵云勋也篆刻完了最后一张新闻资料。汤修慧急忙又油印了起来。几分钟后，汤修慧把包扎好的新闻资料递给邵飘萍和邵云勋。邵飘萍说："我们得连夜把这些资料分送到北京《晨钟报》《国民报》等报，你自己先睡吧！"

汤修慧爱怜地看了一眼邵飘萍说："你呀，一工作起来就像个'拼命三郎'，都这么晚了，明天一早去送也不迟啊。"

"不行啊，慧，你应该知道，这做新闻的就要把所有的新闻能在第一时间报出来！对于我来说，我认为报道最重要，其他的不重要。""你总是最有理的，我是担心你这样整夜会吃不消的。"汤修慧见邵飘萍和邵云勋各推了一辆自行车朝外走，说，"你自己不要命，还让云弟也跟着受罪，快去快回哦。"汤修慧见劝也没用，只好急步向前把门开了，门外月光如水般泻进来。看着邵飘萍和云弟骑上自行车披着柔和的月色渐行渐远了，她才回到了屋里，吹了煤油灯，顾自睡了。

　　自从创办了新闻编译社后，邵飘萍可以说是忙得不亦乐乎。每天都要把获得的消息手抄油印，然后分送给本市各报馆，外地则发专电或快件邮寄。人手不够，有时云弟来帮忙一下。可是如果雇人手又要增加开支。邵飘萍和汤修慧只好咬咬牙自己苦点、累点，每天连轴转地做着。不过，功夫不负有心人。由他所编发的独家新闻，因提供的消息确实可靠，颇得北京及外地各大报的好评和欢迎，北京新闻编译社的名声也因此越来越响亮，前来要稿的电话不断。在邵飘萍所办的编译社影响下，北京的通讯社也相继纷纷问世，一时掀起了办通讯社的热潮，一下子冒出了数十家通讯社。其中，不少通讯社还被军阀收买操纵，利用来替他们说话。有些人甚至把通讯社作为升官发财的门路。在乌烟瘴气的政治环境中，唯有邵飘萍所办的新闻编译社出淤泥而不染，坚持反帝反封建的立场，是北京办得最好的影响最大的通讯社。作为新闻记者的邵飘萍，不仅改变了当时中国新闻的薄弱和中国记者的地位及作用，同时也发挥出他的聪明和才华。

　　一天夜里，邵飘萍和汤修慧正在油印编写好的新闻资料，李大钊来访了，他一进屋，闻到一屋的油墨气，说："哟，还在做呢。飘萍兄，你的新闻编译社可办得不错哇！如今新闻界和政界都在议论呢。"

　　"是吗？"邵飘萍仍未停下手中在编写的笔，示意修慧给李大钊泡杯茶来，然后说："你看看，都忙得没时间和你联系了，你先坐一下，我立马就好了。对了，最近你都在忙些什么呢？"

李大钊接过汤修慧端来的茉莉花茶，呷了一口："哟，好香的茶呀。"忍不住又多喝了几口才说，"我已离开《晨钟报》了，如今已在《新青年》做事。"

"我说呢，最近在《新青年》上读到了你的论文《青春》，写得不错，很有激情，是反封建文化思想的一面旗帜，在读者中反响强烈！"邵飘萍此时也编好了最后的几篇新闻稿，坐到李大钊身边与他谈了起来。汤修慧连忙给邵飘萍也泡来一杯茶，并为李大钊加了点开水，然后转身又去忙着油印了。李大钊看着邵飘萍笑着说："听说你通过邵瑞彭的介绍，参加了进步文学团体'南社'，祝贺你啊！"邵飘萍不好意思地笑笑说："其实，我最大的兴趣和追求是新闻，对于文学方面，我有时也会写点。"突然，又有人敲门。章士钊微笑着走了进来："哟，今天什么风把守常老弟也吹来了。"

"我也是刚到一会儿。"李大钊见汤修慧忙着油印，连忙站起来准备去倒茶给章士钊。"看来我们很有缘。"邵飘萍用手按住李大钊说，"你是客人，还是我来吧。"说着站起来给章士钊倒了杯茶说："行严兄登门肯定是有事。"章士钊说："可不是吗？我是有求而来的！近日我准备到湖南料理事务，《甲寅》杂志经理陆鸿达也一起去。为此，我想聘请飘萍老弟替我代理馆务一段日子，不知可否愿意？""非常愿意！这是行严兄看得起我啊！"邵飘萍想都没想就一口答应了下来。自己虽然如今办了新闻编译社，但仍苦于自己还没有一份公开发行的报刊，只是每天为人执笔作"嫁衣"，无从施展自己的一腔报国热血和新闻才能。这真是"踏破铁鞋无觅处，得来全不费工夫"。为此，他不但欣然接受，还要谢谢章士钊这一番美意，为他送来了一块可以施展新闻抱负的阵地呢。想到这里，邵飘萍微笑着说："另外，我还要推荐守常弟也一起编《甲寅》杂志，不知是否可以？"

章士钊道："怎么，守常老弟《晨钟报》不做了？"

李大钊说："已出来一段时间了。"

"你呀，早就该来找我了！"章士钊脸上涌上一丝少有的笑意，说，"我们可以说是老朋友了，不要见外了，聘你为《甲寅》杂志的编辑，行吗？"

邵飘萍急忙推了下李大钊，说："还不快谢谢行严兄！"

李大钊连忙站起来，毕恭毕敬地朝章士钊鞠了一躬，说："行严兄的这份盛情美意，小弟在此谢过了！"

章士钊见他这样，急忙也站起来，回了一礼说："守常老弟千万别这么多礼，你的文笔和对'新文化运动'的观点，我也是颇为欣赏的。你能来编《甲寅》杂志，我可是求之不得的。如今有你和飘萍加盟于《甲寅》杂志，我就放心了。"正说得热闹，汤修慧从厨房端来了热气腾腾的几碗素粉干，说："让你们尝尝我们家乡的特产，这可是用金华火腿做的，你们肯定没吃过。"

李大钊忍不住吸了几口气："好香哦！这金华火腿可是早就闻其名了，看起来我们口福不浅呢。"

章士钊也一改往日的谦让，脸露谗相，端起碗就先喝了一口浓汤，连连称奇道："好鲜美的火腿汤！要知道，这在过去是只有皇上才能享用的贡品啊，看来，今天，我是来对了。"

邵飘萍说："如有机会到金华，一定请你们尝尝用火腿做的菜肴，如火腿鱼翅、火腿春笋、火腿扑风翅、火腿炖老鸭等地方风味，包你们吃了一辈子都忘不了。"

李大钊和章士钊不约而同地说道："有机会一定要去金华尝尝地道的火腿菜品。"李大钊吃的最快，连最后一口汤都喝掉了。汤修慧在一边看他们吃得开心，只是笑着说："吃慢点，小心烫了，如喜欢吃，下回来还可以烧的。"章士钊却慢吞吞地细细品尝着，边吃边赞叹:"好吃啊,此是我吃到的最美味的食物了!此乃人间绝品啊!"

邵飘萍看他们那副吃相,诡谲地笑道:"火腿不仅好吃,还是一味良药呢!"

李大钊和章士钊同声道:"好新鲜哟,说来听听!"

"那是我小时候,"邵飘萍说,"我的父亲邵桂林当时在金华乡下唐宅坐馆,记得是住在村民唐桂燕家。我那天也不知吃了什么,一个晚上起来拉好几次稀便。急得我父亲第二天就请来医生,可是吃了药也不见好转。时间一久,我都瘦成皮包骨头了,头发黄得跟松毛一样。此时,一位好友把一碗已蒸熟的陈年火腿片送给我父亲。当时,我们家境贫寒,平时很难吃到荤腥一类的食物。我很想吃肉的时候父亲就会说:'想吃肉,到书本中去找!'可这次,我想吃又不能吃,因为我还忌食油腻,拉稀还没好呢。父亲看着那喷香的火腿肉片,又看看我,见我瘦得像个病猫似的可怜样,叹了一口气说:'好孩子,等你病好了,爸一定让你吃个够。'父亲说完背过身去抹着眼泪,还以为我没看见,忍不住吃了二、三片火腿片解解馋,然后把那碗火腿肉放进篾笼里,盖好后就到塾馆教书去了。当时我已近一个月都是吃点干菜和稀饭,看到香喷喷的火腿肉片,都快馋疯了啊!见父亲出去了,忘了自己拉稀还没好,忍不住掀起笼盖,偷偷尝了一片,呀,太好吃了!心想:吃几片不会有问题吧?我经不住那美味的诱惑,一片又一片,就像狂风扫落叶一样,只一会儿工夫,那碗火腿肉被我吃了个精光。此时,我才发起愁来,一边看着书,一边等着父亲回来的严厉责罚。父亲回来发现火腿没了,瞪着眼问:'你怎么把火腿都吃了?''爸,太好吃了,所以忍不住就吃光了。'我小声说,'从来都没吃到过这么好吃的东西!'父亲已经抬起准备揍我一顿的手,听到我老实的回答此时却变成摸我的头了,他颤声说:'孩子不是爸不给你吃,爸是怕你的身体吃不消啊!'当晚,我整整折腾了一夜,几分钟就上一次茅坑。父亲又爱又疼,坐我身边整整地守了我一晚,双眼都熬红肿了。可是做梦都没有想到,第二天我却不拉了。自那以后我再也没得过痢疾,也就是说,那碗陈年火腿成了治好我拉肚子的良药。此事可是发生在我身上活生生的真事,你们说是不是稀奇。不过后来我也了解到这火腿在金华确实是民间的秘方,但必须是陈年火腿才能治痢疾。"

李大钊说:"飘萍兄,听你这么说,我肯定是信了。不过什么时候你应该送我一只火腿,我肯定是把火腿藏起来,等以后有了孩子,如果也不小心拉稀了,也好让他吃了就恢复健康,岂不是美事一桩?"大家都被李大钊的风趣、幽默说笑了。汤修慧此时又端上两个盘子,说:"再给你们尝尝金丝蜜枣蒸火腿和金华酥饼吧!"

李大钊、章士钊双眼放光兴奋地喊了出来:"飘萍兄,贵夫人今天可是把我们待为上宾了,这人间美食可是一个连着一个啊!"

两人尝了火腿蜜枣,又各吃了一个酥饼,那个开心劲儿好像发现了珍宝般快乐无比。此时,李大钊却感叹道:"要我看呢,如果那段总理和黎大总统发现人间还有这样的神奇美食,肯定又要争得面红耳赤了吧?"

邵飘萍说:"他们才不稀罕这火腿、蜜枣的,听说段祺瑞与黎元洪正为是否向德国宣战而闹得不可开交呢。"

李大钊说:"是啊,姓段的有权有兵,一有机会,他又会跳出来兴风作浪、呼风唤雨了,到时中国又要遭殃了!"

"这些都是国家的政治,我认为还是不要去议论为妙。"章士钊吃好了素粉干,抹了下沾在嘴上的油星说,"作为文化人,我们编好自己的杂志才是本分。"

李大钊反驳道："行严兄多虑了，我们说得可都是实情。再说如府院之间的矛盾激化，中德如果宣战，还不是又要殃及中国百姓，那么，国家又将陷入战乱，这是谁也不愿看到的啊！"

章士钊听李大钊说得在理，也就不再回击，只是一脸不悦地坐在那里喝茶，看汤修慧在油印文稿。邵飘萍这时看了下挂表，已快夜里九点钟，心想还要到邮局发一些政治要闻，就对李大钊和章士钊说："怎么样，我们边走边谈吧？有几篇重要新闻上海催得急，不好意思，只好上邮局走一趟。"

"也该走了，这美味的火腿、蜜枣、酥饼今天都尝过了，令人难忘啊！"章士钊笑着对汤修慧说："我们吃饱喝足先走了，谢谢夫人的盛情款待！"李大钊也向汤修慧表示感谢后随邵飘萍一起走了出来。

汤修慧送到门口，说："两位有时间再来啊。""有好东西吃，我们肯定来！"李大钊和章士钊抹着油光闪亮的嘴巴笑着说。

1917年3月的一天，一大早邵飘萍就来到国务院办公室找老朋友徐树铮。这时，徐树铮秘书长正在赶写着什么材料，他见邵飘萍走进来，连忙微笑着让人给邵飘萍泡了杯茶来。刚刚寒暄了几句，此时电话铃响了，他拿起电话，一听是段总理让他立即过去有事商量。他不好意思地对邵飘萍说："你先喝着茶，我去一下就来。"邵飘萍说："好，我等你。"此时邵飘萍看到这办公室很大，放着许多张办公桌，办公人员走进走出在忙着公务，隔壁就是段祺瑞的办公室。忽然，邵飘萍意外听到一个办公人员打电话："您好！请问，您是美国大使馆吗？"停了一会儿又说："哦，我找你们大使，是吗，大使不在？那好，事情有点急，我这里是中华民国国务办，请您务必转告大使，段祺瑞总理将在今天下午三时与你们大使会面,请速转达,谢谢!"听到这些话,邵飘萍马上联想到当时美国刚与德国断交,美国想拉拢中国,希望争取一致行动。这段祺瑞在这个极其敏感的时候会晤美国公使,肯定与中德关系问题有关。自己应该抢在段祺瑞前面到美国公使馆了解实情才好发新闻。可是自己刚才答应徐树铮等他一会的,要是就这么不告而别,会让人说不守信用。邵飘萍正在急得举棋不定时,徐树铮夹着个公文包又回来了,说:"邵大记者,不好意思,让你坐冷板凳,你也看到,这阵政府的事多,忙呢!"邵飘萍握住徐树铮伸过来的手说:"徐秘书长,我还有个采访,看您又这样忙,什么时候我们再约谈如何?"

"都要吃午饭了还走?也该让兄弟有个表心意的机会吧!你这次来北京,苦于我整天忙着也没好好与你促膝交谈,我有一肚子话想对你说呢。"见邵飘萍着急要走,徐树铮只好站起来送客,"也好,你邵大记者可不是闲人,我们再约时间,一定要好好谈谈!""我也是早想与您深谈了!我们是老朋友了,再说您又是段总理跟前的大红人,兄弟我许多事还要您多多关照呢。好了,就这样说定了再约时间。"邵飘萍心想:"这徐树铮可是段祺瑞的贴身秘书,府院之争多半是他从中搅得局。此人想与自己攀交情,还不是想利用自己手中的笔和媒体来为他们这些政客涂脂抹粉,作为记者与这些政客打交道自己也是无法避免的事,可是他从心里痛恨这些丑恶的政客,为了自己的一己之私争权夺利,把一个好端端的中国搞得乌烟瘴气。"邵飘萍大踏步地走到门口跨上一辆黄包车说:"快,美国大使馆!"一到使馆付了车钱,急忙打听到美国参赞的办公室,他敲了下门就走了进去。此时,那美国参赞正在接电话,见了邵飘萍,脸上立刻露出笑意,放下电话:"先生,您是?"

"我是上海《申报》驻京特派记者邵飘萍!"邵飘萍也礼貌地笑了下,单刀直入地说,"参赞先生,下午三时您将和段祺瑞总理会晤,另外,中国也将和贵国保持一致,宣布同德国断交,我想证实一下同德国断交的确切日期?"美国参赞见邵飘萍连珠炮似的发问,只是朝他歉意地笑了一下,脸露为难之意,支吾说:"这……"邵飘萍见他这样,连忙说:"请参赞先生放心,我不是局外人,也没有什么不良居心,只是想进一步了解,方便的话请您提供。"

那美国参赞见邵飘萍一副执着的样子,只好说:"你刚才说的没错,我下午就要和段总理谈谈中国和德国断交一事。先生,不知我这样的回答你满意吗?"

"谢谢您,我先告辞了!"邵飘萍说完就快步走出了美国大使馆。接着,邵飘萍又立即坐车赶回国务院采访段祺瑞。敲门进去时,段祺瑞正在悠闲地呷着茶,抬头见是邵飘萍立即满脸堆笑说:"哟,邵大记者,看你这风尘仆仆的样子,肯定有什么事要见我吧?"

"不愧为一国之总理啊,您一眼就看出我的心事!"邵飘萍急步向前握住段祺瑞伸过来的手,说,"有重要的事要得到您的证实。"段祺瑞一听,心里咯噔一下,难道姓邵的已知道我下午要去美国大使馆会晤之事,脸上却不动声色地道:"有什么重要的事要我证实?"

邵飘萍见他这样装不知的样子,就说:"我在美国使馆史密斯参赞处得知,下午三时您将去与他会晤并商谈与德断交的事,这消息真实吗?"

段祺瑞听了,心里不禁大吃一惊。这当记者的就是神通广大,自己还没行动呢,消息就已走漏了。但又一想,自己这一阵处境也甚为不妙,与黎元洪的不和搞得他是焦头烂额,穷于应付,不过,既然这姓邵的已从美国人那里获得了消息自己又有什么好担心的呢?再说,我段祺瑞又怕过谁呢?何况迟早也是要向外公布的,告知他也多少是卖个人情，以后如有用得着这些记者的地方也好说话。想到这里，他才转而一脸严肃地道："是有此事。"

邵飘萍紧追不舍，说："那么，我国何时与德国断交？能明确告诉我吗？"段祺瑞说，"确切日期还难决定，不过也就这两天吧，当然要等两院会议，总统府联席会议后才能对外宣布，作为总理，我也只能说到此为止。"

邵飘萍见已问不出什么，只好告别段祺瑞立即飞车赶到邮局向上海《申报》连发三次急电。

在黎段府院矛盾逐渐加深的时候，内务总长孙洪伊却成了国务院秘书长徐树铮的死对头。孙洪伊此人五十岁左右，瘦面细眼，做人却很机灵。此时，中国银行为总兑现，借到美金五百万元，说好按九一交款。这件事系阁议秘密决定的，根本没有与银行团商量。这也是段祺瑞任总理以来的第一笔从日本处获得的五百万大借款，可是想不到这孙洪伊却将此事泄露了出去。邵飘萍首先获得了这一内幕，立即连夜写成北京特别通讯《中日借款之丧权辱国》，将真相揭发出来告知国人，并赶到邮局发电给上海《申报》。第二天，街上人们在纷纷议论，争抢着在买报纸，卖报小贩在奔跑着狂呼："号外，号外！邵飘萍揭露中日大借款之内幕！"

报纸的披露引起了外国银行的抗议。此时，北京市面原来平静的票价，一夜间暴涨。那徐树铮爪牙很多，立即捉到那孙洪伊泄露大借款秘密，即在收回扣之外还有三十万酬金付给日本人的证据，他立即四处宣扬"孙洪伊以贱价购买中票，并以高价抛出，损公利私，从中谋取厚利！"此事在内阁、议会上由暗攻变成明斗。后来发展到相互冲突，甚至闹得府院之间的工作都无法进行。黎元洪正为如何除掉徐树铮在犯愁，此事却给了他一个现成的借口，立即以平息府院之争为由，罢免了孙洪伊的内务总长和徐树铮的国务秘书长的职务。段祺瑞知道后,冲着总统府直骂娘:"黎元洪也动杀心了,我要不叫你跑到我门外求饶,誓不为人!"又对拉着孩子、妻子要回天津的徐树铮说:"你等我把总统府闹翻后一起走!"

"那非良策。"徐树铮奸笑道,"那黎元洪是杀我这只鸡,给你这只猴看的。嘿嘿,你要去闹,这不正中了他的奸计啊!"

"那,这口恶气,我岂能就此罢休!"段祺瑞气愤地说。

"段总理不必忧心,来日方长,我们要耐心等待时机啊!"徐树铮说完狞笑数声带着妻儿先到天津去了。

段祺瑞也只好先把这口恶气压在心底。可是,段祺瑞万万没有想到,就在这节骨眼上,他的心腹之一,被称为"四大金刚"的傅良佐,却瞒着段祺瑞,擅作主张纠合公民团和段祺瑞的亲信闯进了议院,那个庄严而充满火药味的国会,立即被闹得鸡飞狗跳,人仰马翻。段祺瑞冲傅良佐怒斥道:"你呀,真是成事不足,败事有余。怎么能未经我允许就这样做,这闹国会还不如闹总统府呢,还不快给我都退走!"可是请神容易送神难,这纷纷乱的局面傅良佐也控制不了了。气得段祺瑞只好调来兵警,才把那些快成疯子的公民团赶走。可是公民团是被赶走了,但国会也议不成事了,那么对德宣战的事也就悬而未决了。段祺瑞是个不办成事不收手的人,他即刻以陆军总长的身份向各省督军发出邀请到北京"议政"。

在盛大的欢迎宴会上,段祺瑞慷慨陈词道:"请各位来京,是商讨对德宣战一事。如今,世界大战已全面展开,战争的目的,是重新瓜分世界,如今,摆在我们面前的是参加同盟国还是协约国。也就是说,谁中立谁吃大亏。在此,权衡再三,我国要考虑同日本的结盟问题。否则,日本是我们近邻,如成为战胜国,那么受害的就是中国!为此,我认为,中国要对德宣战!"各省督军听了段祺瑞这样说,纷纷表态称:"原来我们都请求中立,今天看来应该对德宣战!"随后一起来到外交大楼要求两院议员面陈黎元洪总统,要求立即宣布对德断交。那黎元洪却顽固地一再表示"此事应由议会来决定,请各位督军不要干涉!"大家看总统、总理所持意见针锋相对,一时也没了主意,有的干脆持消极态度悄悄地溜走了。最后,只好又是"法定人数不足"不欢而散。段祺瑞的"武力逼宫"没有奏效,两天过去仍不见黎元洪"回心转意",便决定暂避到天津,静待时机。果然没出段祺瑞所料,第三天,浙江督军倪嗣冲一进门就大叫道:"不好了,出大事了!""什么事?这么大呼小叫的!"段祺瑞让倪嗣冲坐到桌边的紫檀木椅上,说,"慌啥呢,有话慢慢说。"

"出大事了,不能慢说。"

"那就快说!"

"黎元洪把你给免了!"倪嗣冲气呼呼道,"他说你,不经国会通过竟擅自让内阁会议通过对德宣战,这不合法也有违民意,更有违总理之职权……"

"他敢怎么样?"

"决定免掉你的总理之职!"

"他妈的!发兵!立即发兵!"段祺瑞气得鼻子都歪成个丑八怪了。此时,他在这幢六底六间的双层洋房里暴跳如雷,整个院落都被他的愤怒震得地动山摇!段祺瑞心里想:"只要我手一挥,兵便会潮水般地涌向北京,北京城就会翻个个儿!想当初,是我以前线四十二将领之名向清廷发一纸空文,那清廷还不就乖乖地离开了'龙座'!那袁世凯当大总统,也还不是凭我那一纸空电?哼,我就不信他黎元洪能比溥仪的根基还深!如今敢把我免了,不报此仇,枉为此生!"发兵,是迟早的事。如今,他让人去请徐树铮来,看看他对发兵的态度。

此时,段祺瑞家的客厅内,许多内阁要人在进进出出,十分忙碌。此时,前来采访的邵飘萍被门口侍卫拦住,说:"对不起,今天段总理不见客!"

"是吗?"邵飘萍机敏地一笑,说,"那么,我找你们管事的也一样,请通报一下说《申报》特派记者邵飘萍前来采访!"侍卫说"请等一下。"抓起电话就打。邵飘萍此时却在心里琢磨,看来这段祺瑞被免掉总理的消息是真的了。昨天,他得胜归来,正需要有人看他的得意神态。而今天的他却如一只丧家之犬,怎么能让人在其面前看笑话呢?这也难怪不见客了!此时,侍卫打完电话对邵飘萍说:"你可以进去找陆部参事丁锦,一进门就能看见的。"

邵飘萍谢过侍卫走了进去,看见一个坐在一张桌子边发愣的人,那人看见邵飘萍就微笑着示意。邵飘萍心想,此人可能就是丁参事了,就说:"你好,你是丁参事吧?"说时瞟了眼堆在桌子上由各处寄给段祺瑞未经拆封的许多函件。丁参事礼貌地一笑说:"听侍卫说你是邵记者?要采写新闻?"

邵飘萍连忙说:"是啊,听说段总理已回来可能会有重要消息发布,为此特来拜会。"丁参事说:"不会吧?本人还未接到通知有什么重要消息发布!"

邵飘萍说:"哦,如是这样,那么我可是听说黎元洪已下令免去段总理之职,难道此传闻是假的吗?"

那丁参事听邵飘萍这样说,只是诡秘地摊了下手说:"此事恕我无可奉告!"正说着,徐树铮突然脚步匆忙地走过来看见邵飘萍就说:"哟,邵大记者!幸会,幸会。你这是来访问段总理吧?可惜段总理今天无时间接见。"他也不等邵飘萍回答,就径直走到桌边摊开纸就书写起来。邵飘萍拍了下他的肩头说:"你的书法不错哇!我一直听说你的棋艺、茶道享有盛名,想不到你的书法也堪称一绝啊!"

徐树铮抬起头笑了一下说:"邵兄过奖了,我这是雕虫小技而已,上不了台面的。"此时又走过来一个人,只是朝邵飘萍看了一下,就把嘴凑到徐树铮的耳边压低声音说:"刚才段祺瑞总理说'如今国事方艰,黎元洪这个庸才足以误国,哼!他还敢免总理?谁怕谁?他仍当他的总理,理他做啥?他不能眼看着事情坏下去!'"

徐树铮听了,忍不住笑了出来,那人急了,说:"树铮兄,亏你怎么还笑得出来?哎,你可得替段总理想个妙计击败那黎元洪才是!"说时朝邵飘萍努努嘴。徐树铮知道他是怕邵飘萍听见,说:"你轻得像蚊子叫,听不到的。"那人这时提高了声音说:"你还在这磨蹭啥哩,段总理让你快去呢,他此刻谁也不想见,只等你去有大事要谈!"徐树铮见他这样说,只好对邵飘萍说:"看来,段总理今天不会受访了,邵兄还是先回去,对不起了!"说完徐树铮随那人就匆匆地走了。

邵飘萍心里想:"看来,好戏还在后面呢。"他忍不住问丁参事:"刚才那人是谁?"

"曹汝霖呀,怎么,你们不熟?"

邵飘萍只是笑了一下,也没说熟不熟,只对丁参事说:"不打扰你了,谢谢。"然后转身走出段宅,急忙坐车直奔总统府,可是那门卫也拦住不让进去,说黎总统今天在开会,一律不见记者。等回到家时,已是晚上八时左右了。修慧见飘萍回来,说:"看把你忙的,饭还给你热着呢。"说着连忙去端已热了好几遍的几碟小菜。

邵飘萍心里有事也顾不上吃饭,心想应该给靳云鹏挂个电话,探听一些消息,于是他拿起电话就摇:"请给我接靳云鹏府!"

可是半天电话只是响,没人接。修慧把饭菜端上饭桌,说:"人是铁,饭是钢,你先吃饭吧,我来守电话。"邵飘萍端起饭碗还没吃几口,突然,电话铃响了。邵飘萍从修慧手中接过电话,对方在电话中说:"喂,我是靳府!请问您是?"

邵飘萍说:"我是《申报》记者,我姓邵,请问靳先生在吗?……哦,不在,已于今天七时半随段祺瑞总理到天津去了。"邵飘萍连忙又问道,"那么你是否知道一起去的还有人吗?"对方又说:"同行的还有傅良佐、许世英、杜持等十余人。"邵飘萍说:"谢谢你呀,好,再见!"

过了几天,邵飘萍坐着有总统府牌子的车开进了国务院,在总理府门前被传达长拦住不让进,说:"邵大记者,请回吧,总理说不见客!"邵飘萍从包里取出五百元递给他说:"总理见不见没关系,请你去通报一下,如能成,还有五百元送给你,好吗?"那传达长见钱眼开,就走进去通报了。过了一会儿,传达长笑着出来:"有请邵大记者。"邵飘萍走进段祺瑞办公室的小客厅里,段祺瑞说:"有什么事,你就说吧。"邵飘萍答道:"对德宣战总统府联席会议是否已通过?"段祺瑞只是看着邵飘萍不答。邵飘萍说:"本人如在三天之内在北京走漏风声,愿受透露国家机密之处分。"段祺瑞说:"口说无凭,我们还是谈其他的事吧。"邵飘萍说:"我愿立军令状。"说着就把写好的军令状给段祺瑞,那段祺瑞看了点了下头,就和他谈了起来。邵飘萍走出门口时,又给传达长五百元,然后急奔电报局用密码向上海《申报》发电报。第二天,上海街头,报贩在街上不停地叫喊:"号外,号外,来自北京的最新消息,邵飘萍披露最新消息:我国将参加协约国对同盟国宣战,并调动在法华工十五万参与协约国修建工事!"上海街上,人们纷纷争购《申报》。

离开徐树铮，段祺瑞就感到自己六神无主了。北京"不爽"，为此他避到了天津，也是为了与徐树铮探讨下一步该如何走才好。现在要发兵了,可谓箭在弦上,连吴光新、倪嗣冲都在摩拳擦掌只等自己一声令下,可是他要看徐树铮的态度。使他想不到的是,徐树铮礼帽长衫,一副学士派头,面带微笑地坐在他的小客厅里呷着茶,抽着烟,只是不说话。段祺瑞却是沉不住气了,迫不及待地说:"树铮,我咽不下这口恶气,我想立即出兵,把那狗娘养的黎元洪赶下台!"

良久,徐树铮才说:"出兵到北京讨黎,将要成为千古罪人!"

"这……为什么?"段祺瑞听了,心里突然一惊。

"出师无名!"徐树铮说,"如今世界潮流倾向共和,中国命运也仰仗共和,帝制刚被取消,那姓黎的又是共和国的总统,你出兵伐他,岂不罪过?""啊?"段祺瑞大叫一声,浑身冷汗直冒,手里那杯香茶"啪"的一声砸在地上,把他刚穿上的新鞋裤都溅湿了。想想自己这一路走来的人生,可谓历尽坎坷,如今登上国务总理的高位,却仍不满足。

徐树铮看段祺瑞一副垂头丧气的模样，在心里暗暗好笑。"发兵,发兵! 我的段总理呵,难道除了发兵,就想不出一个出奇制胜的办法了吗?"徐树铮走到窗边，此时，风停了，一轮皎洁的明月已升在了西天边上。汽车笛鸣不时从二马路上传来。远处，点点灯火与闪烁的星光交相辉映，给这座海滨城市增添了神秘的色彩。

段祺瑞见徐树铮此时好像一个诗人，望着这迷人的夜景沉浸在陶醉之中，此时他的内心却在烧着熊熊怒火! 可是见徐树铮如此平静,他只好尽量压低语气说:"树铮,都火烧眉毛了,难道我们就这样甘心被姓黎的宰割吗?"徐树铮见段祺瑞急成这样,笑笑,说:"你听说有关徐州会议的事了吗?"

段祺瑞听徐树铮这样说,愣了一下,又轻蔑地笑笑,说:"知道,你是说张勋吧,那人能成啥气候?从1916年6月9日起,他已先后召开了三次徐州会议,妄想恢复清廷的统治,可惜各派势力并不齐心,所以至今未有结果。"

"是呀。"徐树铮说:"他的雄图一日不实现,他的心就不会死,我料定他还想再开!"

"可是这能行吗?"段祺瑞看着徐树铮,心里七上八下,犹豫不决。徐树铮却笑了:"我倒想支持他再开第四次徐州会议,并且一定成功!而且到时他如真进入北京,他肯定要把那小皇帝又扶上龙椅的。那么,我们又岂能追随他搞复辟呢?啊!哈哈。"

此时,徐树铮不是冷笑,而是仰天大笑数声。

听了徐树铮的如意算盘,段祺瑞连声惊呼:"树铮呀,此计妙不可言!你不愧为是我的军师啊!太好了,立即委你为我的总代表,即刻奔赴徐州面见张勋速成此事!"徐树铮此时摸了下自己那过早颓秃的头顶笑了笑说:"请段总理放心,静候我的好消息吧!树铮连夜就赶到徐州去。"说完就大踏步地走了出去。过了没多久,天就亮了,段祺瑞还在打麻将。这时,贾润泉拿着一叠报纸走进段祺瑞小客厅。段祺瑞说:"有什么新闻?"从贾润泉手里接过报纸就看了起来。那是刚出版的《申报》,是北京特别通讯,写的标题是"段内阁春梦方酣/免职令秋霜严降/林际斜阳谁家庭院/隍中蕉鹿即日分明"。段祺瑞气得鼻子都歪了,他把报纸"啪地"摔在桌上,说:"他妈的,人一走茶就凉?好你个邵飘萍,竟然耍起我来了。前一阵他来找我还写下军令状,可是几天后,上海北京的报纸都披露了我与他的谈话,把我当傻子使?哼!咱们骑毛驴看唱本,走着瞧!哼,这还不知到时鹿死谁手呢?"

张勋发兵那天,阳光灿烂,没有风,天空是蔚蓝的。此时的徐州九星山,远远望去,特别雄伟奇秀,近处的云龙山峦却显得碧翠苍郁。可是令人扎眼的是那早汛退去的黄河,却毫无生气地带着贫瘠和悲凄向下游汩汩流去。此时,张勋心情激动地坐进北上的专车。临走也没忘记把清廷赐给他的翎顶袍褂带上。"此次进京,必需朝圣,没有袍带是不成体统的!"张勋越想心里越兴奋。这次他听了徐树铮的劝说,费尽心机才又开了第四次徐州会议,终于决定北上扶帝。可是他做梦都想不到的是,准备一进北京就将黎元洪推翻的他,却意外地接到了黎元洪要他立即"率部进京"去"拱卫京师"!哈哈!这真是"天上掉下的馅饼"。他也正好堂而皇之地以"武力调停府院之争"为名挥师北上!想想也是,也难怪张勋要弹冠相庆了。这些年来,张勋活得不容易啊。民国成立了,当下又有哪个中国人敢不剪辫子?可只有他和定武军敢至今不剪;袁世凯扑灭"二次革命",又是他第一个杀进南京,还将日本领事馆官员也杀了,为此他还向日本人赔礼又赔了巨款;那清朝隆裕皇后死的时候,在众多遗臣中他是唯一敢发"国丧"唁电的人;今天发兵,他又将去推翻一个共和国的总统,还要帮清帝重新恢复江山,他要做一件平生最伟大的事情!张勋到天津后就住进了他在德国租界里的住宅,刚与夫人曹琴说了一会儿话,卫兵就来报:"段祺瑞总理来拜!"张勋心里大吃一惊:"这段芝泉消息真灵,我刚到,他就知道了?"说着连忙穿戴整齐出门迎接段祺瑞。

"老总亲临寒舍,张勋备受感动啊!"张勋站立着说,"应该小弟先来拜望才是,让您先来,实不敢当啊!"说时,张勋把段祺瑞迎到客厅,紧挨着他坐下,又把佣人端来的香茶往他身边移了移,说,"唉,那黎元洪也太目中无人了,好像只有他才是真心忧国忧民。哼!想当年,要不是您老总的贤让,他能当成这个总统吗?这人也太不懂报恩了！"

"唉，那些陈年烂芝麻的事就别提了。"段祺瑞呷了口香茶，说，"如今大哥您到了北京，最要紧的是要维持好治安，这是头等大事啊！别的事情么，也要妥善处理。"

张勋听段祺瑞话中有话，就说："你我兄弟，请老总直说无妨！"段祺瑞想想也是，都说张勋是个粗人，他倒觉得张勋却是粗中有细，就挑明了说："我是想呢，你想保清帝复位，此事还得等待时机，不能勉强为之啊！"听段祺瑞这样说，张勋心里不免大吃一惊，刚才还一脸笑容的他瞬间阴了下来，心里七上八下起来："那徐树铮代表你姓段的在徐州会议上不是签了字吗？那段黄绫上的墨汁还没干呢！"可转念一想："这段祺瑞历来奸猾狡黠，常常是翻手是雨、覆手又是云。哼，我不怕，有字据在，到时不怕你不认账！"为此，张勋不露声色的一笑说："是成是败，听天由命吧！"

半夜时分，张勋一声令下，想不到就马到成功了。他冲进总统府，黎元洪慌急之中就跑到日本使馆躲了起来。张勋就让人把那面早已备好的龙旗挂了出去。然后第二天一早，张勋就跑到毓庆宫门前跪着要求面见皇上。溥仪的老师陈宝琛对皇上说："那张勋又来了。"溥仪说："他又来请安啦？"

"不是请安，是来拥戴皇上复位听政的。"

"什么？"这突如其来的"好事"把溥仪吓蒙了，半天没回过神来，不知如何是好，眼睛只是盯着陈宝琛，看老师有什么好主意。

陈宝琛说："你最好少说话，先推辞，然后说'既然如此，就勉为其难吧'。"

溥仪在养心殿召见了张勋。张勋跪着向他说了一大堆如"共和不合咱的国情，只有请皇上复位，万民才能得救"等等，并说："如皇上不恩准，臣就长跪不起！"

溥仪故作推辞说："我如今还小,何德何能担此大任。"少顷,又说,"对了,大总统又该如何处置呢?"

张勋说:"大总统肯定会要求退位的,到时皇上准奏不就行了。"溥仪沉思良久后才说:"既然如此,我就勉为其难吧!"

张勋复辟成功了!那是1917年7月1日,这天,人们起来打开门一看,呀!整个北京城每家每户都纷纷挂起龙旗,那些没有布制的人家,只好用纸临时糊一面龙旗挂上。而更称奇的是,此时的大街上有的妇女、男人还穿上了清朝的旗袍,报贩们在街上高声大叫着"宣统上谕!"

那张勋也摇身一变,成了朝廷的议政大臣,还兼任着直隶总督。连黎元洪也奏请奉还了国政,领了溥仪封的"一等公"头衔,然后就躲进了日本公使馆,当起了"寓公"。此时,北京城发生的事,段祺瑞的心腹曾毓隽立即作了报告。曾毓隽在电话里对段祺瑞说:"北京乱了!老百姓都到估衣店里去买朝服、马褂;有的去求人用马尾做假辫子。还有蔡元培提出辞去北大校长一职,以示抗议!嗨,那个热闹,三言两语也讲不完!""哦,蔡还真有气节啊!"许多天没说话的段祺瑞,此时兴奋至极,他放下电话,就对贾润泉大叫道:"速去膳房,备好酒宴,并请徐树铮及各位都到客厅,我要好好痛饮几杯!"

徐树铮无精打采地被请来了,段祺瑞盯住他心事重重的样子,把他拉到密室里急迫地说:"怎么了,那张勋在北京复辟成功了,你还不高兴?"

"不是的。"徐树铮说,"就因为知道北京的情况,我才不想来的!"

"为什么?"段祺瑞不解其意,说,"快说出你的想法,接下去我们该怎么办?"徐树铮见段祺瑞真有点急了,就和盘说出了自己反复策划了一晚上的计划。段祺瑞听了连连击掌说:"好计也!树铮啊,你不愧为我的知己,你的妙计,连诸葛亮也要自叹不如啊!"

"可是,那黎元洪该如何处置呢?"徐树铮说。

"哎呀,那还不好办。"段祺瑞说,"他不仁,我也不义!把他废了,他也只有干瞪眼吧? 哈哈!"说完一阵狞笑。

"那可不行。"

"这又是为什么?"

徐树铮突然怒目圆睁,好像要喷出火来,挥起手掌做了一个凌厉下劈的姿势。段祺瑞吃了一惊,许久才说:"你,难道要杀了黎元洪?"

"是的,铲草不除根,春风吹又生!"徐树铮也是一阵冷笑,那声音听去让人毛骨悚然。

"那你想让张勋去杀?"

"不,我想过了, 这功劳还是留给那溥仪吧,他最合适不过了。"徐树铮说。两人对视良久,都仰天大笑不止。此时,段祺瑞拉着徐树铮走出了密室。宴会正在热烈举行之中,段祺瑞对正在狂欢中的所有人说:"明天,我们将在马厂举行誓师大会,宣布那张勋复辟皇室,是违反民意的反动行为,我们必须讨伐他,推翻他!"


段祺瑞的讨逆五万大军全面进攻北京的时候,邵飘萍正在天津采访。为了深入前线采访,第二天一早,他又冒险坐车回到北京。可是,谁知道因第八师出兵讨逆,把部队开到廊坊时,那张勋的辫子军不能应战,就把铁路扒了,为此断绝了京津之间的交通。这时,北京的居民正纷纷逃难,那行李如山一样堆在车站里。邵飘萍此时在车站看到,逃难的百姓挤着骂着乱哄哄地好不容易上了火车,邵飘萍随着人流也挤上了车,可是那车上的座位却已满满的,连车厢过道里都挤得严严实实的。突然又说站中的一节铁路断截了,宣布不开了。顿时,小孩、年老的妇人、有病的、甚至孕妇都又挤着、叫喊着下了车,步行着走到东交民巷附近停了下来。此时那枪声在空中乱响,"呼呼"叫着的子弹在城市间乱飞,大家怕挨枪子儿,只好都聚集在这里不敢冒险前行了。不时能远远地看到那辫子军在四处抢劫居民,可谓无恶不作,实在令人不齿与痛恨!在这样混乱危险的环境里,邵飘萍仍不失时机地四处采访,写稿,但此时交通已断,所写稿子也发不出去,这可怎么办呢?7月7日凌晨,邵飘萍就走路来到京奉火车站观察一下情况。10时左右,恰巧有一列挂着英国国旗的火车要通过战地,邵飘萍急中生智,也来不及告别修慧,就飞身一跃跳上了火车,在车上邵飘萍碰到了在北京的日本友人山本医学博士。车上的难民何止千万,座位都挤满了难民,邵飘萍只好手扶车厢边铁栏杆站立着。这时,车开到丰台停了下来。邵飘萍感到好奇,急忙也下车探听原因。在他走过的路两边有两个战壕,伏兵全趴在里面。没一会儿,那原先还伏在壕中的两军士兵突然起立互放枪炮,空中此时又响起飞机的轰鸣声,随之将炸弹扔下,那田地刹那间被炸成一个个巨坑,呼啸着的子弹嘶叫着从邵飘萍的耳际飞过,好像越来越近。邵飘萍此时看已不能逃回到他原先坐的二等车厢了,只好急跃入火车后面的行李房里,躲进皮箱、行李的空隙中。这时,那子弹"啪啪啪"胡乱响着,好似冰雹砸在车厢的左边。车厢里的妇女、小孩大概被这吓人的枪炮声吓着了,那哭声呼天抢地,听去让人心碎欲绝。还好,此时火车也越开越快了,那枪炮声也只是从车顶上嘶叫着飞过,也渐渐地远了,终于离开了危险之地,邵飘萍也从行李中钻了出来。此时,邵飘萍看到车窗已被子弹击破,有一位穿着邮差衣服的日本人的腿被子弹打中在流着血。邵飘萍连忙从那日本人的衣服上扯下一块布条,给他做了简单的包扎,让血暂时止住,那日本人感激地一再致谢,邵飘萍拍拍他的肩膀用日语说:"忍着点吧,等下到站我会让人抬你到医院去看一下,大家都是难友,别太介意。"说完,邵飘萍走到过道上,从车窗里看见,那些走投无路的辫子军像疯狗一样在田野里四散窜逃,边逃还把枪扔得满地都是,一边狂呼:"救命啊!"那神勇无比的讨逆军却任凭辫子军哭爹叫娘,仍在身后穷追不舍,喊杀声、流弹的呼啸声时时从远处传进车厢,车过丰台之后,一路上已看不到那些狼狈逃命的辫子军身影了。但此时火车的通行仍不自由,因不时要等从北面来的第八师军队专列先通过。为此,邵飘萍所乘的火车只能等在单线处候着,以免两车冲突。此时,邵飘萍却不轻易放过这两车交汇等车的几分钟,他先找军官,再找兵士谈话。这一路开来,走走停停,前后已遇到五批了,无论是士兵还是军官,均让人感到和蔼可亲。他们纷纷都问邵飘萍前线的战况如何。当邵飘萍将一路所见战况,那辫子军连战败北的消息说给他们听后,全都欢呼跳跃起来,大喊:"前进!前进!"这时,又有一趟专列开来,邵飘萍看见那车后拉得都是从辫子军那里缴获的以及昨日万庄战败所丢弃的辎重车,都有枪弹、炮弹,最多的是食物。那车上的军官笑着对邵飘萍说:"昨日战斗只用了四小时,就活捉辫子军约五十余人,抓住后把他们的辫子剪掉,头发剃掉然后就放了,此次战斗,死伤的不多。"停了一下,那军官又说:"后面还有来自南京的五十营军列,也快到了。"此时,火车到了黄村停了下来,邵飘萍看见站台上有红十字队,连忙让人把那受伤的日本邮差抬去救治。车到万庄车站时,邵飘萍发现这里昨天虽然发生过战事,可如今已秩序如常了。站长对邵飘萍说:"还好,站中没有受到损失。"车这时到了廊坊,邵飘萍心想这里是第八师讨逆先遣队驻扎之地,因此就特别注意。此时,他看见那车站的门口张贴有"讨逆军参谋处""第八师招待处"以及"布告"等字样。经打听原来军队已全都去追击辫子军了,没有一个留守在这里。车这时又开了,可是在半路上,第八师军队以军事上的必要为名,所过大车均要接受检查,特别是从北边开来的车,不能不怀疑可能有辫子军所携带的危险品,或者奸细等藏在车中。凡是在脑后垂有豚尾巴的人,一律从严盘问,不过等问明白如没有疑问就可以放了。此时正是北方的盛夏时节,那烈日在空中喷着炽热的火焰,烟雾迷蒙的淡黄色天空,让人感到郁闷、酷热和难受。不时还刮来一阵干燥炎热的狂风,凶恶地嘶叫、呼啸,把路边那槐树、杨树的叶片吹得掉在地上四处乱飞。邵飘萍这次自北京跳上车后,一直没有吃过东西,车上的饮料、食物成为稀缺之物,有的也是自带的,不肯接济给别人。这一路上所过车站不少,但却没有看见有卖食物的。看到的只有像讨饭模样的难民在卖黄泥水和像王瓜一样的东西。下午七时终于到了天津,邵飘萍急忙找了家日本人开的叫玉屋的旅馆,洗了澡。此时,邵飘萍感到浑身无力,头昏眼花。心想:可能是十多个小时坐车,又没有吃过东西,天气又是奇热难熬,累病了。约休息了半小时,邵飘萍感到好多了,但还是没什么胃口,只吃了点东西,就拖着病体来到天津意大利大马路十一号,采访讨逆军总司令段祺瑞。在大门口,邵飘萍见有一辆日本领事的车已停在那里,可能是为那位日本邮差在车中受伤的事而来。等了一会儿,日本领事走了,邵飘萍立即受到召见。邵飘萍走进办公室,段祺瑞立即伸手相握,微笑着让座,并让卫兵泡来香茶,段祺瑞说:"如此兵荒马乱的,邵大记者还来采访,实为难得啊!"

邵飘萍见段祺瑞态度沉着和冷静,但仍显憔悴之色,就说:"此次张勋复辟造成京津路断,我被困北京多日,还好搭上了一辆英国人的专列历尽千辛万苦才来到天津,为的就是采访您,您是此次讨逆军的总司令啊!"

段祺瑞听了,脸带笑容道:"张勋和他所带领的辫子军,我向来不齿。多年来,我都想把这辫子军消灭掉,如今已是民国了,堂堂军队,还留根猪尾巴,成何体统,使我中华的脸面丧尽!可是从袁世凯到黎元洪执政,都未听从我的劝告,以致酿成今日复辟之恶果,今天才得到扫清辫子军的机会。张勋事发在 7 月 1 日,我担心世界各国要说这堂堂中国在这危急关头,竟无一人肯站出来拨乱反正?可此时我又被黎元洪免去了总理之职,守在租界家里过着平民的生活。可是事关国家安危,责任在肩不能就此甩手不管啊!为此,第二天,我就赶到马厂与第八师计议,第三天就从马厂出兵,先收回了天津,设立总司令处,一致讨贼。现在估计三天之中,大局当可决定。对张勋逆贼及其所部,我发誓这次一定要彻底肃清,不留后患!另外,在对待清室方面,我始终同情溥仪,认为他是被张勋胁迫才这样的。如溥仪能以平民资格,公开声明遵守民国法律,说清是被张勋威逼的情况,那么,我以及民国政府也会给他一条出路并原谅他的。我原想今晚就到北京去,可是考虑到北京的中央政府机关因张勋复辟之乱仍在瘫痪中,也怕我去那张贼会铤而走险,乘机扰乱,那么就会贻祸内外侨民,则是我不愿看到的。为此,我还是静待几日,料那辫子军在北京,也不敢任意胡为的。前几天,有飞机到天津,给我带来一封信函,说北京政府机关的设备正在筹建中,最多三天,北京张贼之乱就可平定,到时我就可以去了。那么,到此,这里的临时机关就可以全部撤销了。对了,如今靳云鹏为总参议,国务院办公处现在设在省长署里,你也可以找他再详细谈谈。"

"谢谢段总理刚才的谈话。"邵飘萍说,"还有一点,我想明确一下。上海英文版《大陆报》讲述:'此次讨逆成功,实则乃冯玉祥也!'不知段总对此有何看法?"

段祺瑞听了邵飘萍的提问,仍不气不恼,笑着答道:"冯玉祥在这国家危难之机挺身而出, 在廊坊就任讨逆军东路一梯团司令,九日打响讨逆第一枪,十日就与西路军会师于丰台,十二日就攻进北京右安门。听说张勋这时逃进了荷兰使馆。当时,北京的大街小巷都扔满了猪尾巴。情况就是这样,至于说他是否英雄?民众自有公论。当然,我非常感激和敬佩他支持和加入我发起的讨逆大军,等北京平定后,我自会论功行赏的!"采访完段祺瑞后,邵飘萍回到旅馆时已是深夜了,他立即在灯光下挥笔疾书,写成《中央特别通讯》"三日来北京居民之惨状/讨逆军内外一致响应/我之丰台遇险/段总理之谈话/可怜一星期之皇帝",然后赶到电报局急发给上海《申报》报馆。

1917 年 7 月 13 日,北京城重新挂上了五色国旗,共和国重新出现了!此时,北京所有报纸都在头版,用显著的标题称赞段祺瑞为"最后推翻帝制的英雄!""再造共和的旗手!""中华民族的救星!"

此时的段祺瑞醉了!

讨逆军的全体官兵也都醉了!

当贾润泉把那些油墨未干的报纸送到段祺瑞手上时,此时此刻的他,可谓是又惊又喜。他感谢老天爷给了他一个千载难逢的机会,因祸得福,使他一夜间成了历史上能够名留青史的"英雄",历史从此掀开新的篇章!此时,他越想越得意,抬头看那天时,嗨,那天空看上去今天出奇的蔚蓝!那阵阵吹来的夏风,也不热了,而且是沁入心肺的凉快!他在指挥所的阳台上来回走了几步,伸了伸由于连日熬夜已有点酸痛的腰背,兴奋地喊道:"润泉,我们走,立即去北京！"

1917年夏，可以说是个多事之夏。张勋的辫子军闹复辟刚刚被段祺瑞的讨逆大军平定。这不，听说此时汉口又闹起了水灾，北京社会各界都在募捐相助。一天，邵飘萍为采访救灾义演来到了一个朋友家，因为这户人家正在排演《金玉奴棒打薄情郎》一戏。邵飘萍刚刚坐好，戏就开始了。那花旦身材虽瘦小，但模样却俊秀可人，有一张好看的瓜子脸，特别是那水汪汪的大眼睛，是那样的含情脉脉，看去平凡弱小却透出秀丽、聪颖的气质，那一颦一笑、一举一动，无论是做功和唱腔都使邵飘萍内心深受震动，这人世间还有如此秀丽可爱的人儿！此时，邵飘萍忍不住就多看了几眼。演出一结束，邵飘萍就向朋友打听这位花旦的身世。原来，她的名字叫祝文秀，艺名花小桃，原籍南京，后随祖父全家迁居无锡前洲西塘村。其祖父经商又务农，家道殷实。其父祝模宝，是个好吃懒做的纨绔子弟。一次喝醉了酒，骑着马昏昏沉沉地闯进了一家古董店，损坏了许多古玩，此祸一闯，祝家破产。此后祝模宝撇下儿女，一溜烟东去日本，再无音信。一家生活仅靠文秀之母徐三姐替人家作嫁衣裳来维持。

祝文秀十七岁那年，天津有个戏班到无锡挑选角色，美丽的文秀被班主一眼看中了。此时，为了弟弟读书和母亲的生活，她同意入班并向班主提出一次借三百元安家费，母亲随戏班充任戏服缝工的要求。班主答应了，文秀便进了戏班。文秀虽无文化，但聪明、机灵，讨人喜欢。从师不久，她很快就学会唱京戏、梆子戏和江南的民歌小调，并取艺名花小桃，挂牌演出，小有名气。那时，她们戏班里的七个姑娘到庙里对佛像盟誓，结为异姓姐妹。七人中算文秀最小，为此，大家都亲昵地叫她七妹。然而，好景不长。善良的班主不久就死了。戏班就由一个很会花钱,但又凶残成性的自称"娘舅"的人接管了。不久,他就逼文秀还安家费。文秀借的三百元,利滚利竟变成了六百元。由于文秀一时无力偿还,有一天,就被这丧尽天良的"娘舅"悄悄骗卖到了歌妓院。戏班的姐妹们获悉,赶忙四方筹措,凑足了六百元钱,方才把文秀赎了出来。

邵飘萍此时听了祝文秀的不幸人生,对她深表同情。那朋友看邵飘萍对祝文秀问得这么细心,就说:"飘萍君,不瞒你说,其实我就是文秀二姐的伯父,你如有意认识文秀,何不我把她叫来,你们聊一聊。"邵飘萍就说:"好,那就麻烦你了。"

过了一会儿,刚刚卸了妆的祝文秀就突然出现在邵飘萍的面前,此时,她的一对黑色的大眼睛正在凝视着邵飘萍,哇!这难道就是自己梦中的白马王子?那么英气逼人,那么风度翩翩。特别是从他的那双戴着金丝眼镜的眼睛所透出的坚定和智慧的目光,让她一见就被深深地吸引了。看来,二姐的伯父没有骗她。刚才二姐的伯父来叫她,她心里还有点不好意思呢。幸亏她来了,要不然,可能就会失之交臂,错过了上天安排的这次见面机会!可是自己又怎么好意思在一个初次见面的心仪男子面前倾诉心声呢?还是等他先说吧!于是,她只是朝邵飘萍莞尔一笑,静静地看着邵飘萍。邵飘萍知道祝文秀不好意思先开口,就说:"你的戏演得太好了!可是你的人生却是那么不幸,刚才听了你的身世,我深表同情。"

"听说你是记者吧?"祝文秀好奇,羡慕地道,"那你肯定神通广大,认识很多人吧!"

"是呀,我是上海《申报》驻京特派记者。"邵飘萍说,"谈不上神通广大,要说认识人多,那也是记者的职业所在,没什么的!"

"不,至少在我看来,记者是天下最了不起的,是最受人敬佩的人！"祝文秀说，"可惜我没什么文化，只有仰慕的份儿。"

"那还不好说，如今，我们是朋友了，你如愿意，有机会我可以教你如何采访，不妨也做回记者试试。"邵飘萍打趣道。

"好啊，好啊，你可说话算数，到时别要赖哦！"祝文秀笑着说道。又聊了一会儿，邵飘萍看了下挂表，说："今天能认识你，我非常高兴。真想再和你聊一会，可惜身为记者，有时也是身不由己呢，只好先聊到这里，有时间我会再来看你的。你如有什么困难，可直言相告，千万别客气！"说完，邵飘萍就一步一回头地走了出来。祝文秀靠在门口，看着邵飘萍跳上了一辆黄包车，不一会儿，就没了踪影。不知怎么的，她此时忽然感到有一点舍不得，这似乎太快了吧？她感到自己的双颊烧得厉害，心在狂跳不止，她忽然感到有一种说不出的甜蜜涌上心头，就轻松地走了回去。

自那次与祝文秀认识以后，邵飘萍连着好几天都来看祝文秀为救灾义演排戏，可是他都没看完就又匆匆走了。祝文秀很想与邵飘萍说说话，可一直都没等到机会。一天，邵飘萍又来了，这一次他一直看到祝文秀戏演完，就把祝文秀叫到戏院的无人之处，说："文秀，想不想和我一起生活？"祝文秀只是脸红红的，不说行也没说不行。心里此时浮上了义父说过："邵飘萍是个记者，耍笔杆子的，在当今社会还不如寻个做生意的实在。"此时，面对邵飘萍，她不知该如何回答，动摇在"笔杆子"和"做生意"之间。

"你倒说话呀！"邵飘萍见她为难的样子，只好说，"不过，如你没想好，也不要急着回答。"祝文秀见邵飘萍不再要她马上回答，反倒又点心里过意不去，就说："我们认识还不长，等我想好了，就告诉你。""好吧，我静候佳音！"邵飘萍又问了文秀家里的一些事，然后就说，"还有好几个地方要采访。"说完就又匆匆地坐车走了。

过了几天，邵飘萍又来找祝文秀了，可是那些和祝文秀一起救灾义演的小姐妹对邵飘萍说:"祝文秀今天演了一半,有事先走了。"其实,她们是在骗邵飘萍,是祝文秀看见邵飘萍来了,不知该如何面对邵飘萍,因为她此时还没决定下来,所以只好先躲开邵飘萍。那天,躲在暗处的祝文秀,狠着心看着邵飘萍带着一脸惆怅走了。此时,她真想追上自己的心上人,可是,她硬了硬心肠,没有迈出脚步。过了几天,邵飘萍又来了,可是他这次又扑空了,因为祝文秀真的不在,到上海去了。邵飘萍一听连忙问来地址,立即写信给在上海的好友,请他们多加关照,同时写信告诉祝文秀,如有困难或需要可以到上海《申报》馆取钱开销。此时,祝文秀看到信,心里十分感激飘萍对她的一片真情,可是自己是为了暂时避开他才来到上海亲戚家的呀,自己虽然出身贫寒,但还是知道做人的分寸的,在没有与飘萍确定关系之前,自己又怎么好意思去花他的钱呢?为此,她没有到申报馆支取分文。虽然祝文秀去了上海,但邵飘萍并不灰心。他对祝文秀的母亲徐三姐关心备至,经常买礼品去看望,或者送戏票给她看。她母亲病了,他就在百忙中抽空给她请来医师诊治并亲自熬药照顾她。知道她母亲能绘几笔国画,邵飘萍便不时带些书画印册馈赠让她鉴赏。有一次,还弄到了一幅仇十洲的仕女临摹本相送,更得文秀母亲的喜欢。文秀母亲见邵飘萍才貌双全,性格温和,待人接物又彬彬有礼,心想:这人世间就是打着灯笼也挑不到像邵飘萍这样心地正直、善良的人了。于是就竭力成全,不时去信给文秀,说:"飘萍这个人待我是再好不过了,我看待你也会真好的,我替你相中了!你还是早定主意好。"后来文秀曾多次开着玩笑说过:"我是阿萍买通了我娘才跟了他的。"此话大概并非全假。

讨逆的成功,着实让段祺瑞"英雄"了好几天,可此时徐树铮不在身边,他又不知这接下去该如何收拾这个烂摊子。他一个电话,让徐树铮立刻到北京来议事。徐树铮赶到时对段祺瑞第一句话就是:"无论天大的事都先放放再说,头等重要的就是立即去拜见黎元洪!"

"你说什么?"段祺瑞简直不敢相信,瞪着眼看住徐树铮,"前一阵,你不是让我借溥仪的手把他杀了?今天却又要去拜见?你这是唱得哪一出戏呀?"

"此一时非彼一时也!"徐树铮狂笑数声说,"请问,这一阵北京的报纸是怎么美誉你的,不都赞你为'再造共和的英雄'吗?"

"嘿嘿,我这是拣个现成的吗。"段祺瑞得意地笑道,"那还不是多亏张勋将黎元洪赶下台的!"

"是啊,如今共和再造了,如你不明不白地将黎元洪废了,这能让别人服气吗,这个江山能坐得安稳吗?"徐树铮说,"当时,张勋复辟了,自然就要去杀总统,我当时只想去推一下,让溥仪去做这个罪人,可想不到那溥仪却不敢杀。如今你反复辟讨逆成功了,你老总成了'再造英雄'!所以,我们不但不杀他,反而要在这'再造'的旗帜上再增添几分光彩!"此时,段祺瑞终于想明白了徐树铮的良苦用心,猛击了一下桌子:"好,此计甚妙,我即刻去见黎元洪!"

段祺瑞和黎元洪又会面了,那是在日本驻华使馆的小会客室里,别看这地方小,却布置得十分豪华,环境也很幽静。那黎元洪此时好像在做梦,会在这样一个地方,与自己的死对头见面。如今的他,已是过了"知天命"之年,从走入北洋水师到如今,一晃三十多年过去了,自己一直为国家的繁荣而奔波,始终追随袁世凯。袁当了总统,他也成了副总统,袁死了,他又成了总统。如此赫赫一生,如今却败在段祺瑞面前,他正是恨自己当初太仁慈,没有杀了段祺瑞。段祺瑞此时是以胜利者的面貌出现在黎元洪面前的,他一脸春风得意地坐在黎元洪面前,举手投足中略显得有些傲慢,不时用眼角乜斜着黎元洪,心里恨道:"你黎元洪也太不是人了,手里有权了,副总统、大总统都让你一个人当了,还如此翻脸无情,连我都敢免,什么东西呢? 也会落得今天这灰头土脸的下场,哼,和我斗,就有你好看的!"不过,一想到徐树铮的妙计,是为了在那"再造共和"的旗帜上增添色彩的。于是,他立即满脸堆笑地说:"那张勋也太不自量力了, 还想推翻共和, 这不是自寻死路吗?"

"段老总说得太对了,那张勋也太不识时务了!"黎元洪连忙讨好应道,一双眼直勾勾地看住段祺瑞,不知接下去还要说什么。

"我这次来,是来与你商议一件大事!"段祺瑞说这话时鼻子端正,脸膛也端正,看样子,态度也十分诚恳,说话的语气很温和。可黎元洪还是摸不准段祺瑞的用意,心里仍七上八下地:"和我商议大事?"嘴上却说:"一切都听你安排吧。"

段祺瑞装成没听见,仍笑容可掬地说:"张勋妄想让溥仪复位,我们是坚决不能让其得逞的!"

"是的,是的!"黎元洪急忙附和说,"北京挂龙旗那天,我也是立即发出'讨逆'通电的,我还马上又给……各方都发了电报呢!"他想说,"我当时立即还给你发了急电,想请你回北京主持国政",可话到嘴边,知道这实在是有点心口不一,也有点马后炮的意思,只好又吞了回去。

段祺瑞只是笑笑, 好像并不介意他们之间曾经有过的不愉快,做出一副"当仁不让"的样子,说:"过去的就当全没发生过,为了国家,我们还要精诚团结共理国事才是啊!"说话的时候,段祺瑞显得非常真诚,好像是在劝黎元洪不计前嫌,两人携起手来为了共同的目标而努力！黎元洪顿时心慌意乱得好似万马奔腾,连说话都有点杂乱无章了:"黎元洪无德无才,实是误国不浅呢！如此重任,岂能再言担当,不敢造次了！……"听了黎元洪的话,段祺瑞不由得舒了口气,提着的那颗心终于放下了,笑着说:"既然阁下心意已决,我再坚持倒是显得我不近人情了,也罢,如有用得着的地方,不妨来找我提出来,请保重吧,我就此别过了！"

四天后,冯国璋成了大总统,段祺瑞仍做他的国务总理兼陆军部总长,徐树铮也重操旧业,当他的国务院秘书长。那冯国璋当大总统,是依国会通过的宪法决定的。因他是副总统,宪法规定在总统缺位,而一时又无法新开国会时,那应由副总统代行总统之权。段祺瑞此时虽是"再造共和"的英雄,但国法、宪法所规定的他也只能依照,心中虽有不甘,但也只能眼睁睁看着总统之位让那冯国璋坐上。可冯国璋是直系的人马,与曹锟、吴佩孚都是"兄弟"。如今黎元洪下台了,这北方称雄的成了直皖两家。不过,在中国,双雄又岂能合作很久,总有一天,还会有一场可怕的厮杀到来！徐树铮也看到这种表面的平静不会太久,与其在沉默着等待这场暴风雨般厮杀的到来,还不如去早些制造这一场可怕的厮杀！那么,该如何去掀起这场腥风血雨呢?……

邵飘萍是个性情高傲,敢作敢为的人,在他眼里可以说什么都不买账,但对于汤修慧,他凡事都让她三分。有一天,在邵飘萍不知情的情况下汤修慧让人从金华老家把沈小乃接到了北京,还连同已长得玉雪可爱的女儿仍贤。邵飘萍知道后又惊又喜,一边亲着女儿的小脸,一边连声夸汤修慧:"还是你想到我心里去了,我也一直想把小乃和女儿仍贤接到北京,可我实在太忙了,每天除了采访,就是编稿,嫁给我们这些做新闻的命真是太苦了！"

沈小乃一边在做家务,一边只是在偷偷地笑。她是个不善言说的人,能守在丈夫身边,尽尽自己妻子的责任,作为女人的她也就心满意足了。此次汤修慧派人把她接到了北京,她是从心里感激她的。不久,沈小乃又生了二女儿仍偲。那汤修慧因自己结婚以来,一直没有生育,为此对小乃所生的女儿都特别喜爱,对仍贤、仍偲视同己生,这都是平常妇女不可及的。

这一阵,北京因张勋复辟闹得人心惶惶的,还好如今大兵退去,一切又恢复了平静。邵飘萍所办的新闻编译社也因兵乱停办了一段时间,如今又恢复如初,为此邵飘萍又整天奔忙在其中。可是不管再忙,邵飘萍也还是要忙里偷闲地到处探访冶游。他平时所结交的都是要人,也就是幕府所称为智囊人物,可从他们那里探听到新闻。因此有时不免还要逢场作戏,花天酒地与这些要人们厮混,也许可以在无意中得到意想不到的新闻资料。于是,逛胡同、叫条子成了家常便饭,对此,汤修慧不能禁止。那沈小乃每天只是做家务,对邵飘萍是从来不过问的。因为她知道,丈夫所做得都是与新闻有关的,何况有汤修慧管着呢,她乐得图个省心。

一次,邵飘萍扔下饭碗要出去,对汤修慧说:"我出去一下,有几个朋友约我去吃酒。"

"怕是吃花酒吧?"汤修慧说,"我也去!"

邵飘萍笑说:"这如何可能呢?哪有带着太太吃花酒的,况且满桌子都是男客,而其中却有女宾,似乎成为笑话。"

汤修慧说:"谁敢说是笑话?我就要训斥他们一顿。谁定的这个法律?只许男人吃花酒,不许女人吃花酒,你们还叫着男女平权,却事事排斥女人。"邵飘萍听了也无可奈何,只好让她同去。

到了胡同的院子里,邵飘萍有许多朋友是认识汤修慧的,还真不敢笑话她,只说:"邵太太也来了,欢迎!欢迎!"入席以后,大家都叫条子,汤修慧也跟着叫条子。这在当年的上海妓院中,也叫"叫局"。就是召妓侑酒之意。上海的妓院印有局票,可在北京的这间妓院则用红纸剪成纸条,写上所要召的妓女名字。此时,黎元洪被赶下了台,冯国璋成了大总统后,又准备召开国会讨论所谓的对德宣战案等,这几天,各省议员已云集京师。为此,那上海的妓院岂能错过这发财的良机,也派了名噪一时的红姑娘,到北京来淘金,时人谓之"南花北植"。汤修慧就把上海最著名的姑娘叫来,她们不知道征召者是一位女人,吃惊之间,汤修慧却说得一口吴语,先自招呼她们,说自己也从上海来的,并和她们称姐道妹,十分热情,一点都不搭架子。于是,这一班花间姐妹,大家也都纷纷叫汤修慧为"姐姐",一点也不拘束。但有一次,还真闹了个笑话。当时,那北京的八大胡同的妓院,是集体的,不像上海租界中的妓院,是散处的。它那里是,每一妓院是一个大院落,里面多的有几十个姑娘,少的也有十多个姑娘,每一位姑娘就有一间房,各有领域,不能侵越。还有一个规矩,另一个院子里的姑娘,不能平白无故到这个院子里来,除非是客人叫条子,那是本院有好处的。再则是客人串门子,带回了别院的姑娘来,这个名称,叫作"过班"。那天,有人请客,邵飘萍和朋友酒足饭饱之后,由这个院子到另一个院子串门子去了,修慧当时也跟了去。北京当时这种妓院,也带有一些官派,凡有客人踏进门去,便会有人来为他们引导,还会问你是找哪位姑娘,便会带到那位姑娘房里去,这种人在当时被叫作"跑厅"。这次汤修慧跟着邵飘萍一起到了那里,那个叫作"跑厅"的不认识修慧,以为邵飘萍是带了别院的姑娘来了,就大呼"过班!"被汤修慧当时就一个耳刮子,打得那个"跑厅"一下子憷了,痛得他龇牙咧嘴地叫着逃走了。邵飘萍这时也看见了,见朋友都在暗暗发笑议论,但在这种场合又不好说修慧什么,只好装成没看见,就拉着修慧坐下再说。汤修慧也知道自己不该动手打人,脸红了一下就说:"我还是先回家去,你自己早点回来!"说完就独自坐车回去了。后来邵飘萍回来,汤修慧就说:"你不说我,我也知道,我也很后悔,我是一个有知识的女子,出手打人是不对,也有失闺仪。好了,今后那种地方我再也不去了!""我去,还不是为了弄新闻吗?"邵飘萍对于这件事,始终没说什么,只是笑了笑,仍忙着写他的新闻稿件。想想,又说:"长相知,才能长相守啊。"听邵飘萍这样说,修慧的心里舒坦多了,不过嘴上仍说:"我这不是担心你吗?"

"有什么不放心的?我还是我,为了新闻事业,与那些人在一起,也是无奈之举!"邵飘萍说,"我这是出淤泥而不染啊!"

话说到这份儿上了,汤修慧也就不再说什么了。

一天,午后时分,邵飘萍正在编下期的《甲寅》杂志。这时,章士钊走了进来,对正认真编稿的邵飘萍说:"飘萍君,辛苦了!"

邵飘萍一抬头,见是章士钊,就高兴地喊了起来:"哎呀,你回来了?怎么也不先来个电话,也好到车站去接你啊!"

"是想给你电话的,但一想你这一阵肯定很忙的,又要编《甲寅》又要编新闻编译社的稿件,又要完成《申报》特派记者的采访任务,哪怕你有三头六臂,也够你忙的了!"章士钊笑着说,"看看你,这一阵可瘦多了,这半年来,《甲寅》幸亏有你张罗,反响还不错嘛!"说着,章士钊与站起来相迎的邵飘萍热烈地握着手。邵飘萍说:"快坐,我去给你倒杯茶来。"说着站起来倒茶。

章士钊这时拿过刚编完的《甲寅》,边看边皱眉还摇头。心里想:"看来这《甲寅》不能再编下去了。"

邵飘萍端来茶,说:"此次章先生回来不会再走了吧?"

章士钊说:"不,过不多久,我还要去上海的。"邵飘萍说:"咦,我还以为你回来,我好松口气了!可你还去上海,那对这《甲寅》你接下去有何安排?"

章士钊喝了一口茶,叹了口气说:"实在不行,只好先停一段时间。"

邵飘萍想不到章士钊会突然决定停掉《甲寅》,难道他对目前的《甲寅》有看法不好说出口,就说:"如是这样,那实在可惜了。"

"那也是无奈之举唉。"章士钊说,"看吧,如有机会,可以再考虑复刊的。"

邵飘萍想说可以再帮他一段时间的,但看他态度已很坚决,也就只能表示惋惜之意,说:"章先生考虑问题比我周详的,我也不再劝你了。不过,我还得谢谢你给我的机会,通过《甲寅》这个平台,我学到了很多知识。"其实邵飘萍心里已不再满足于替别人编杂志,当记者,他是多么想早日拥有一份自己的报纸啊!

这时,章士钊想想又说:"对了,李大钊最近还好吗?"

"怎么,章先生找他有事?"邵飘萍说,"我也没碰到他,他是编好稿就走的,他总是很忙。要不,我打电话让他来一下,晚上我们聚聚,一则为你我的团聚,二则为你荣任北大教授兼图书馆主任而祝贺!""看来什么都瞒不了邵老弟啊。"章士钊想不到邵飘萍这么神通广大,已知道他到北大任职的事了,看来这当记者的就是厉害,自己以后可不能小看了这个邵飘萍呢,嘴上却说,"这是谁告诉你的?我也是七月份才被委此职位的,我还没好意思说起呢,是蔡元培吧?"

"其实,我也是听说的,不是蔡元培。"邵飘萍说。

"你快说呀!"章士钊说。

"我是听胡适说的,他也是八月份被蔡元培聘为北大文科教授兼哲学研究所主任的。"邵飘萍见章士钊真有点急了,才说了出来。"我说呢,哦,是胡适,他可是第二批庚子赔款的留美学生。"章士钊说,"对了,那么他发在《新青年》上的《文学改良刍议》一文你是否看过?"

"看过,此文还引起极大反响呢!他的另一篇《诸子不出于王官论》是一篇翻案文章,不过还深受蔡元培的赏识,又听说陈独秀也极力推荐他到北大任教的。"邵飘萍说,"不过,蔡元培是看好胡适有过长期接受西洋教育的经历又是个'精熟汉学'的人才,特别是对他改革旧文学的主张颇为赞同。"

"看来,你对胡适也很熟啊。"章士钊说。

"胡适深受杜威实用主义的影响在政治上倾向改良主义。"邵飘萍说,"许多人都赞赏他那'不持极端,态度和缓'的'纯粹学者的态度',你认为如何?"

"哦,对胡适,我也只是仰其才学,不过他是受蔡元培器重的人,是个温和稳健的人。"章士钊也频频点头。

"对了,你找李大钊,是否也想介绍他到北大去?"邵飘萍话锋一转笑说。

"是啊,我是有此意!"章士钊说,"我因各方面的任务太繁重了,准备辞去图书馆的职务,如李大钊愿去,我就向蔡元培推荐让他去当这个图书馆主任,你也知道,他是比较适合的。"

"那他肯定会去的,还不得高兴得跳起来啊!"邵飘萍说。


已有好几天了,段祺瑞的情绪十分消沉,坐在笨重的太师椅上发愁。此时徐树铮在看一份材料,时而发出冷笑。张勋被消灭后,此时有两种主张:一种是恢复旧国会,仍让黎元洪复职任总统;另一种是依照辛亥革命南京临时政府的办法,召集临时参议院,重新制定国会组织法及参众两院议员选举法,另行选举参众

邵飘萍在北京任《申报》特派记者

两院议员。徐树铮这时放下材料说："我们可以放出风去,赞成重新制定章法,选举参众两院为好!"

"我也是这样想的。"段祺瑞说,"只有这样我们才能争取到时间,但如何去做?还要好好琢磨一番。"

"此事好办。"徐树铮说,"西城安福胡同有一处房子很宽大,实用合适可以利用起来。"

"哦,就是那幢原来叫'梁宅'的,是不错,我看可以。"段祺瑞说,"不过,做时千万要小心些!"

"我知道。"徐树铮说,"我们可先把办法制订出来,然后再从各省选举议员,规定是每省出席五个代表来北京参加临时参议院会。当然,这些代表必须是按您的授意或各省军政长官推荐的,您说这样做,可以说是万无一失吧。"

"好,就按你说的办!"段祺瑞此时才又恢复了笑脸,轻松地哼起了小调。

此时的冯国璋虽是代理总统,但他仍感到自己这个位置还坐不稳当。如今这北洋军阀已明显分为直皖两大派,各省的督军、省长及师旅长也都隶属该两派,奉系虽然自成一派,但却与直系很接近。另外,南方还有革命党一派势力。冯国璋做梦都想能通过南北和谈这种方式来达到统一,如能成功,那么,旧国会就可以得以保持下来,自己这代总统也就顺理成章成为真正的大总统,而且会不费一枪一弹,平安无事地坐拥天下。可是,正当冯国璋派直系的重要人物,长江三督之首李纯去南方和谈时,段祺瑞与徐树铮等人在安福胡同所做的事却被他全都知道了,冯国璋一怒之下,立即下令免了段祺瑞的国务总理和徐树铮的秘书长之职,可是气过后冯国璋又害怕了,感到自己恐怕会吃不了兜着走,也落个与黎元洪那样的下场。于是他又下令说:"立即任段祺瑞为参战督办,以后关于参战的事务全部交给段祺瑞参战督办处理,不必再呈送总统府和国务院了。"冯国璋这一招原想是把段祺瑞的实权控制在对外问题上,但是由于参战督办并不属于谁,反而弄巧成拙,让段祺瑞成了从军事、外交到内政都拥有无限权力的"太上内阁"总理,冯国璋自己反而倒成了个空架子总统。此时徐树铮虽然没有被恢复职务,但段祺瑞又握有了实权,为此,徐树铮仍然是个炙手可热的人物。暂时失去官衔的徐树铮,并不感到悲伤,他想"手里有兵,兵可以打天下!"段祺瑞与冯国璋是因"武力"而僵的,那么"我非以武力重振旗鼓不可!"此时,他怨段祺瑞太"心慈手软"。现在,他要悄悄地做一件震动中国的大事出来,让段祺瑞看看我徐树铮也非等闲之辈!徐树铮想到这里,得意地笑了:"我要借奉天张作霖之力,兴兵南下!"

张作霖这时也在摇摆不定,他想靠直系,但又想不如和皖系搞好关系利益更大。徐树铮很了解张作霖这个"苦心"。不过,为了能让张作霖立即出关南下,他要把一份厚礼送给张作霖,那是根据《中日军械借款协定》,第一批以货代款的步枪,计有二万七千支已运抵秦皇岛了,张作霖收到此大礼,肯定就会兴兵出关。果然,不出徐树铮所料,张作霖收到那批枪后,立即派出三师奉军进入关内,并在天津设立了"关内奉军总司令部",并委任徐树铮为副司令一职。可是没多久,张作霖就识破了徐树铮的阴谋,他也不想去与南方革命党结仇,立即以"边防吃紧"为由,把已进关的三个师又"急令返回"了。这一下,把徐树铮气得吹胡子瞪眼的直骂娘!那送给张作霖的二万七千支步枪就这样打了水漂,换来的却是一纸"关内奉军总司令部"副司令的空头衔！

不过此次张作霖的奉军入关后，时间虽然短暂，但冯国璋知道了就很害怕，立即又请段祺瑞回北京组阁，这样军权又回到了徐树铮手里，中国的命运又一次掌握在段祺瑞和徐树铮的手中。此时段祺瑞以北京政府名义授予吴佩孚"孚威将军"的军衔，并派徐树铮到湖南衡州去拉拢吴佩孚。徐树铮到达衡州的那天，烈日炎炎，吴佩孚军戎齐整，汗水淋淋地站在车站的出口处，看到徐树铮，立即迎到跟前，先是个毕恭毕敬的军礼，然后伸手紧紧握住徐树铮的手说："树铮阁下光临衡州，子玉非常欢迎！"

"树铮久仰将军威名，今特来打扰，还望多多赐教才是！"徐树铮略微抬了下头，笑着说。

"子玉不才，还请阁下训示！"吴佩孚不待徐树铮说话，又说，"子玉久慕段总理和阁下的人品，早就盼着能得以相识，又承蒙段总理授给'孚威将军'之美誉，实是感激涕零此知遇之恩，今后如有用得着的地方，子玉将以身相报！"

徐树铮听了，开心地笑了。"子玉将军乃国家之栋梁，社稷之希望，段总理无时不在念着将军的治国之才，所以此次特派树铮来看望将军，今后诸事还得多多有赖将军的鼎力相助啊！"

"今后有事，子玉均听从段总理和阁下的指挥与差遣！"吴佩孚拍着胸脯说。

一天夜里，邵飘萍想进一步了解大总统选举的内幕，还有安福系最近还有些什么新动作，就把段祺瑞、徐树铮约到家中搓麻将。邵飘萍见段祺瑞今天手气不错，一脸春风得意，就说："段总理，我有一事不明，那王揖唐议长听说是你一手提拔的，可是此次推选大总统却为什么不选你呢？"可是正在段祺瑞要答话时，汤修慧却抛出了一张红中："红中。"段祺瑞大喜过望："好！谢邵夫人送的红中，不好意思，我又和了。"

邵飘萍急了，把麻将"哗啦"一下推开说："太可惜了，就差那么一下，就自摸了。段总理啊，你今天可是财星高照啊！罢了，只好认输，来，钱给你……"

"段总理可是贵人呢。"汤修慧说，"看来今天这麻将也是认得人的啊，自你上桌起手气就这么顺。"说着，递给段祺瑞一张大钞，"剩下的也沾沾你的喜气，就别找了。"

"哟，什么话嘛！"段祺瑞乐不可吱地把钱找给汤修慧说，"我虽身为总理，也不能见钱眼开啊！这做人呢，可不能太贪啰！"

汤修慧说："段总理啊，你可真是个明白人呢，不愧为'再造共和的英雄'世人之楷模啊！可是你却当不成总统，倒让徐世昌成为总统！"

段祺瑞说："你们有所不知，这选总统在中国也是个麻烦事，我与直系至今不和，选我怕又要挑起战争，那老百姓又要吃苦头啰。可是如选曹锟，那我们'安福'派的颜面又将何存？选张作霖吧，他的名声太臭不说，势力也太弱了，盘算再三，才决定把这个曾在袁世凯手下做过国务卿的，被人称为'八面光'的徐世昌请出来担任大总统的。"

邵飘萍说："那如此看来，这徐世昌也是你一手提拔的，可是他却不知恩图报，反而却要把你和树铮都给免了，这也太说不过去了吧！"

"是啊，俗话说，'人善被人欺，马善被人骑。'"段祺瑞一提起这个徐世昌，也真是恨死了，"什么人啊，你们不知道，为了能推他当大总统，我还特意让树铮和王揖唐去请他，我还心甘情愿地也陪着冯国璋一起下了台。可是想不到我这个东郭先生却被蛇咬了一口！我倒要看看,在中国,谁笑到最后?……咦,该轮到我坐庄了吧？"

"是的,是你坐庄了。"汤修慧说,"我们都在听你说话呢,好了,你先出牌。"

邵飘萍说："不过,这徐世昌连你这恩人都敢免,似乎有点过河拆桥,不够仗义吧！"

徐树铮说："人说做好人有好报,从徐世昌这件事来看,应该说,'人有良心狗不吃屎'才对。不过,你们不知道,当时去请他出任总统,他心里肯定是乐开花的,可是他表面装的不肯出任,推辞说：'如此重任,只怕世昌无能为力吧！'王揖唐就说：'国会那边的事,学生都已妥为安排了,只待大会一开,诸事便完成了,老师只管就任就行了。'可是任凭我和王揖唐一再邀请,他还是不太放心,最后又听人说琉璃厂的吕祖庙很灵验,但时间急迫,想去抽签已来不及了。最后,王揖唐只好把话挑明了,告诉他这是安福胡同组织的国会,也就是段总理委派专程来请他出任总统的,他才说'你们先休息吧,容我再想想'第二天一早,他找到我们就表示愿意当总统。"

邵飘萍说："看起来,这徐世昌是经过一番深思熟虑,才答应出任总统的,还真够狡猾的啊！"

徐树铮咬牙切齿地说："何止狡猾？把总统捞到手就变脸,还算是人吗？这口恶气总有一天要出的！"

段祺瑞说："对于'武力统一'的政策我向来都是极力推崇的,可是那徐世昌上台后就和我对着干,主张什么'和平统一'的方针,可是明眼人都看得清清楚楚,在当下的中国,这不是痴人说梦吗？可是思来想去,如今的我已不在其位了,他们愿怎么干就怎么干,随他们好了,这叫作眼不见为净啊！我也乐得能如此悠闲自在几天,这有多好哇!"

徐树铮听了,冷笑数声说:"大家尽管放心,什么徐世昌、冯国璋,还有钱能训,他们要想当总统,当总理顺当些,那就要服从段总理的调遣,否则,哼!他们这些人是逃不出如来佛的手掌的。"

这时,段祺瑞用眼瞪了下徐树铮,想说"话说多了吧",可一想不妥,只好在桌下用脚踢了下徐树铮,说:"该你出了,我是一条。"

"哈哈,一条,好呀,谢谢段总理哩!"徐树铮笑了,"在下就不好意思了!唉,我还是自摸吧。"说着伸手把摸到的麻将一看,"哇,真的自摸了,哈哈,和了!"

"今天都看你们招财进宝的,我玩到现在都未有收获,手气怎么这么臭,看我的。"邵飘萍摸起一张牌迟疑了一会儿才拿起:"哎呀,真是奇了怪了,你们看看,又差那么一点点,我也自摸了,在前一盘我看段总理出七筒时,其实我就可以和了,可是对段总理,我又岂敢得罪呢?所以就坐失良机了,人生,有时就差那么关键的一步,情况可就大不同啰!你们说是吧?是不是这个理儿?"

"算了吧,我说邵大记者,"段祺瑞笑了,"你这是赌场失意,可情场肯定是会得意的啊,哈哈哈……"

"我都得意什么啊,你可别胡说。"邵飘萍说,"这不,老婆都快把我一脚端了。"

"我可不敢乱说的。"段祺瑞拿眼瞟了下笑得正在擦泪水的汤修慧说,"这情场,是男人都会撞到的,啊?是吗?不过,修慧夫人,你可千万别多心喔,要不然,就是我的不是了。哈哈哈……"汤修慧也笑了,说:"我才不多心呢,我呀,料他也不敢!"

"好了,就此打住,言归正传。"邵飘萍说,"段总理,听说那个被称作'陆屠夫'的陆建章也跑到上海和南方革命军接触,也是赞成'和平统一'的人物,不过听说在天津被人乱枪打死了,罪名是他在山东、安徽、陕西等处勾结土匪,煽动军队作乱,可有此事?"

段祺瑞说:"传言属真,不过,我当时得知也感到吃惊和惋惜,一个南征北战三十多年的将领,竟被人从黑暗处飞来的子弹打死了!"徐树铮阴笑道:"最精彩的还是代总统冯国璋的那道电令,说陆建章按照惩治盗匪条例,应立即正法。此电令立即在李纯、陈光远等直系军阀中引起混乱。哈哈,原来,他们也知道害怕呀!"

邵飘萍说:"对于主战、主和之争。我听说有河间派、东海派、张谷派、梁汤派、岑西派、熊希龄派等,可谓形形色色,行动各异,目的虽不同,但倾向于和平较多,为什么和平派拥护的人会多起来? 因为民众的心中都是希望和平的啊!"

段祺瑞听邵飘萍这样说,也感慨道:"我也是因为想国家早日安宁和平下来,所以想以武力统一中国,可军阀派系这么多,谁又来听你呢? 中国的事,要做好难啊!"

徐树铮见苗头有点不对,就转了话头,说:"听说邵大记者这阵正在忙着筹办自己的报纸,到时可别忘了帮段总理多鼓吹呀!"

"是的,是有此事。"邵飘萍说,"不过到时我的报纸替民众说话,还请段总理、徐秘书长千万别来打压或扑灭哟! 当然,政府如做了有益于民众的好事,善事仁政,我的报纸肯定是会鼓吹的!"

"民国不是提倡言论自由吗?"段祺瑞笑着说,"作为报纸,是应该办得与众不同,要不然,谁要看呢! 不过,对于关系重要的新闻,还应慎重记载为好。如《北京时报》能坚持为政府说话,就办得不错,这样的报纸应成为北京新闻界的楷模,我不但要称赞它,还要大力支持它!"听段祺瑞这样说,那《北京时报》的背后靠山肯定是段祺瑞了,传言看来不假了。邵飘萍在北京两年来最深切地感受是:报纸大多为政党所操纵,为政客在唱赞歌,很少无政治背景的。因此,在新闻报道上就无真实可言。就他所知,那《黄报》接受的是张宗昌的资助,《顺天时报》则以日本人为背景,《晨报》又为研究系所操纵。在当今的北京,政客、党派纷纷出钱收买报纸为自己服务,议会党团也利用报纸互相攻讦,他们用职、权、利操办报纸。顺我者昌,逆我者亡。这类"津贴报纸"没有自己办报的宗旨和独立的政见,一般都奉行有奶便是娘的实用信条,谁权大就为谁说话,谁给的钱多就投入谁的怀里。因此,这样的报纸也就无人敢信了。面对北京报界的这种乱象,邵飘萍主张新闻报纸应成为改良社会政治的锐利武器。所以,当务之急必须自办一张能充分和及时地反映民众呼声,又能完全表达出自己心迹的报纸!

这时,沈小乃抱着已一岁的儿子也凑过来看搓麻将。汤修慧连忙让沈小乃坐到她身边去,小乃答应着坐了过去低声说:"我包了点金华的土馄饨,让二位客人也好尝尝。"

徐树铮眼尖,急忙问汤修慧:"这小男孩是谁的孩子?"

"飘萍的呀。"汤修慧说。

"好福气哟,有儿有女的,让人羡慕呀!"徐树铮笑着说,"对了,叫什么名字呢?"

"叫贵生,生于八月桂花飘香之时,取'桂'音为贵。"汤修慧说,"好听吧?"

"好,好,贵生既文雅而又寓意深远,不愧为大记者所取之名也!"徐树铮连连击掌赞叹道,"飘萍呢,你可真不错呀,生了儿子嘛也不吱声,本来我和段总理都该贺个礼,给个人情的嘛。"他一边说,一边一双眼老是往沈小乃打量着心里在嘀咕:看样子这位就是飘萍的大夫人了,人很老实,穿着土气,可是嘴上却说,"你看看,家里还藏着这么好的贤惠妻子,我可真是自叹不如了!"沈小乃听了脸红了一下,跑到厨房煮馄饨去了。

"你也艳福不浅呢!"邵飘萍笑着反击道,"你不是刚刚从张宗昌手中救出烟花女子平芳春吗？此事可是轰动了整个天津城的！"

"唉哟喂！其实我是想逢场作戏，从那流氓成性的张宗昌手中把那平芳春救出，抱个不平就算了。"徐树铮叫苦连天地说，"可谁知那平芳春竟是一个多情而又正直的女子，跪在我面前非要我娶她为妾，如不答应她就不起来。幸亏我的夫人夏红筠洞悉我内心是真心喜欢平芳春的，知道我的个性，想办的事是非办成不可。她知道劝我反而徒增烦恼，不如顺水推舟送个人情，我也想不到因仗义救美，却意外又纳了个小妾。不过，有时想想可也意外的称心！"

乘大家说话之机，汤修慧到厨房里端来了沈小乃刚煮好的馄饨，笑着说："夜宵来了，请段总理、徐秘书长尝尝我们家乡的土馄饨！"

"这哪好意思？"段祺瑞看着那碗馄饨，阵阵香气直钻鼻孔，此时也忘了自己的身份，见大家都吃得很香，连忙也吃了起来，边吃边连连赞道："味道是不错嘛！平时都吃的是大鱼大肉的，这种土馄饨看看不怎么样，可一到嘴里那个味美可口，齿留清香，着实使人难忘啊！"夜宵吃过，邵飘萍和汤修慧送走段祺瑞和徐树铮回到房里。汤修慧见时间还早，就找出一大堆《申报》，把上面邵飘萍所写的"北京特别通讯"一篇篇剪下来，放好以备以后有用。邵飘萍这时在灯光下又编写起新闻编译社的文稿。汤修慧说："萍，你刚才怎么会把要办报纸的事透露给段祺瑞和徐树铮？我可提醒你对这两个人，可要多长个心眼儿。特别是那个姓徐的，一看就不是个善类！我可以断定，那陆建章肯定是他派人去暗杀的！"

"慧，不必担心的。"邵飘萍说，"我想迟早是要知道的，再说办报纸在民国还是允许的，如何应对他们，我是心中有数的。另外，那段祺瑞虽几沉几浮，但在当今的中国也是个呼风唤雨的人物。

我之所以要办报，就是想让政府听命于正当民意之前，这也是我要办一份为民众说话报纸的真正目的！"

"说啊，我知道你心中有很多话想跟我说。"汤修慧笑着说，"你是想新闻救国，对吧。"

"那是我一生的理想。"邵飘萍似乎有些激动地说，"一个人从娘胎到这个人世间，有的人碌碌无为也是一生，有的人轰轰烈烈也是一生。我是一个普通的农民的儿子，虽不想有什么大出息，但却对新闻事业产生了浓厚而强烈的兴趣。所以，我认为，我的人生道路应该是为新闻事业发展壮大而奋斗的一生。当然，我也知道，要想在新闻事业上有所建树，是需要付出不懈努力的。特别是在当今这军阀混战、民不聊生、战乱不断的社会，要想在新闻事业上有所建树，有时恐怕还会有生命的危险。但我也顾不了那么多了，既然选择走这条新闻的道路，我就要一直走下去！"

"我也看出来了。"汤修慧说，"其实，我是从心底里盼着你能拥有自己的报纸，能早一天实现你的人生梦想！"

"是吗？"邵飘萍欣喜而激动地一把把汤修慧拥进怀里，说，"还是你理解我此刻的心情，我想办一份属于自己的报纸，都快疯了！"良久，邵飘萍才松开紧紧抱着的汤修慧，说："我已去信上海《申报》，要求辞去驻北京特派记者之职，另外也写信让潘公弼立即来北京同办报纸。"

# 第四章　铁肩辣手创京报
## 义薄云天为民呼

　　转眼已是北京的秋天了,那是 1918 年 10 月 5 日。那天,邵飘萍一早就起来忙碌了。他走到外边,抬头看那天明净无云,只有那已渐渐升到东方上空的太阳,把北京城照耀得明亮而温暖。此时,在北京前门外三眼井三十七号,邵飘萍和工友们一起,把写着"京报"的牌子挂到了三十七号门前右侧的砖墙上。那木牌上的字,是邵飘萍自己写的。这时,来《京报》报馆祝贺和看热闹的人络绎不绝。这些人中,有的是记者,也有来帮忙的亲朋好友,还有达官贵人。那《京报》馆门口两边,放着许多盛开鲜花的花篮,有玫瑰、月季、茶花,颜色有红的、白的、黄的,还有紫的,一朵朵,一簇簇,在北京十月的秋风中,披着寒霜,争妍斗艳,喷芳吐香。它们开得是那么热烈,那么茂盛。

　　邵飘萍这时朝前来祝贺的各报记者,社会各界的贤达名流,亲朋好友,连连作揖施礼后高声道:"今天是我《京报》开馆的喜庆之日,万分感谢各位前来祝贺!以后还要仰仗各位多多支持!我将秉承'铁肩担道义,辣手著文章'的本报宗旨来办好《京报》。各位先生、同仁,愿我们是民众之喉舌,天下之公理。铁肩辣手,去塞求通!"邵飘萍的话音一落,顿时响起叫好声和雷鸣般的阵阵掌声。还有潘公弼点燃的鞭炮声,更把这种激动人心的氛围推上了又一个高潮。此时,最忙碌的还有汤修慧,她一脸春风地笑着跑进跑

邵于1924年出版此书

出，和《京报》馆的同仁们在迎接前来道贺的来客。同时，送给每一位来祝贺的人都是一张《京报》和副刊《小京报》。

邵飘萍今天也确实高兴，看到前来祝贺的人比他预计的还要多，这使他感到非常的欣慰和激动，为了创办《京报》，为了这神圣、难忘的这一刻，要知道，他为之付出了多少努力啊！从今天开始，他邵飘萍才真正拥有了独资经营的报纸，也有了能替人民说话的报纸！此时，李大钊、杭辛斋、徐凌霄、黄远生、张季鸾等北京的名记者都来京报馆道喜了，邵飘萍亲自迎向前一一握手致谢，并随他们一起欣赏着挂在正面墙上的，由他亲书的"铁肩辣手"条幅。"好一个铁肩辣手啊！"李大钊看了，大叫道："飘萍君，我只知你的文章好，可今天才知你的书法也堪称一绝。特别是这个'辣'字，让人佩服呀，飘萍君，请说说其中之深意。"

"对，我们也有此意。"大家纷纷附和道。

邵飘萍一笑说："铁肩辣手，是取之于明朝因反对奸臣严嵩而惨遭杀害的杨椒山的诗句，'铁肩担道义，妙手著文章。'我只是将'妙'字改成了'辣'字。这样，'妙手'也就变成了'辣手'。另外'辣手'，也是我们金华家乡的方言。章炳麟曾释：'今人谓从事刚严猛烈者为辣手，辣之言厉也！'"

听了邵飘萍的一番解释，大家都说这一个"辣"字改得实在太妙了。

邵飘萍又说："把这四个字高悬于墙上，就是勉励报社同仁齐心协力办好《京报》。"听了邵飘萍的话，大家都把敬佩的目光投向这位真正为真理、为民众讲真话的京报社长。

李大钊这时边翻看刚才汤修慧递给他的《京报》,边连连赞叹说:"飘萍君,你的创刊号也很有看头呢,那第二版'特别记载'栏目,还登着安福系政府违法乱纪的消息呢,那段祺瑞看到了,肯定会把鼻子又气歪了!"

杭辛斋这时也凑上来说:"你的《京报》一出就是每日两大张,了不起啊,那是大手笔啊!从你的版面设置来看,在《汉民日报》这几年的锻炼,你积累了很多经验,又加上你到日本,和在上海、北京这些年的丰富阅历,并集各报之所长来设计安排、设置版面,可谓燃犀铸鼎,给人以耳目一新的感觉。"

黄远生也颇为欣赏邵飘萍《京报》的栏目设置,说:"是的,我也赞成杭先生的意见,你目前的一、四版为广告;二版分评论、特别记载、国内外要闻诸栏;三版为各省新闻、北京琐闻、政府命令以及'显微镜'等栏目,这样的版式确实让人有新鲜感。"

"我非常感谢各位方家老师、新闻前辈、同道好友的指点和赐教!"邵飘萍说,"我邵振青虽拼一己之力,创办了《京报》,今天受到了大家的真诚祝福,我深受鼓舞,感激涕零!在今后还全仗各位能多多伸出援手,同心协力,为《京报》的不断发展壮大而共同努力!"

邵飘萍话音刚落,徐树铮从外面兴冲冲地走进《京报》馆,满面笑容地道:"邵大记者,真是恭喜啊!"他一面抱拳作揖,一面让跟在身后的使者献上一个特大的花篮。

邵飘萍见是徐树铮就迎向前握手寒暄,说:"徐大秘书长能来道贺,真使我邵某蓬荜生辉啊!区区一张小报,连您的大驾都惊动了,邵某倒有点诚惶诚恐了,你来个

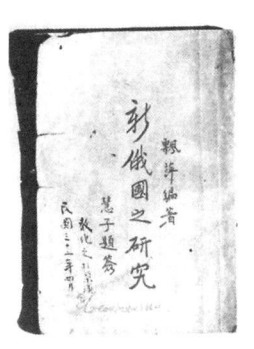

邵于 1920 年出版此书

电话道个喜就可以了啊。"

"你我可是老朋友了,飘萍君不必在意。"徐树铮说着从口袋里掏出一个红包双手递给邵飘萍说,"我可是身负重托啊,这不,段祺瑞总理听说你的《京报》今天开馆,立即要我送上这份贺礼,还请邵大记者万勿推辞,我也好交差啊。"

邵飘萍急忙推开递给他的红包,笑着说:"你们段总理也太客气了,我何德何能?凭空就接受红包,又怎么好意思呢?"

徐树铮笑着硬把红包塞到邵飘萍的手上,说:"段总理说了,今后还要你邵大记者多多在报上给予鼓吹呢,再说大家都是朋友哟,这是贺你《京报》开馆的红包,有道是:有来无往非礼也,请笑纳吧!"邵飘萍还是不肯收,两人正在推让,正好汤修慧走了过来,看见这一场面,笑着把红包接了过去,然后喊来潘公弼对他说:"这可是段总理的贺礼呢,你把它放好,我们可是欠了人家段总理一个大大的人情啊。"

徐树铮笑呵呵地说:"还是邵夫人懂人情会做人。"

邵飘萍说:"今后还仰仗段总理和徐秘书长对《京报》多多关照呢,并请向段总理致意,谢谢他送来的花篮和贺礼,有不周到的地方,也请多多包涵!"

此时,徐树铮看到李大钊也在场,笑着说:"啊呀,李先生也来贺喜啦!肯定是你们蔡元培校长派你来的吧?"

"不,我和飘萍君可是老朋友了。"李大钊连忙说,"当然,我也是受蔡元培委托前来贺个喜的。不过,你可是政府要人啊,你大驾光临,邵君的《京报》肯定会增色不少啊!"

徐树铮说:"是啊,我们和邵大记者也是老朋友了,他的《京报》开馆,我们知道后段总理立即让我赶来贺喜!正如你说,我在政府担任要职,可那也不是人干的活啊。起起落落,宦海浮沉,这几年一路艰难坎坷,可谓九死一生啊！如今,邵大记者办了《京报》,我此来的目的是想让邵大记者,在他的报上多做一些宣传,少在报上挑政府的刺,少在报上骂我们的不是咯。"

邵飘萍说:"只要你们多做有利于老百姓的事,多关心民生的疾苦,我又怎么会骂你们呢？就是给我邵飘萍一百个胆,我也不会去对抗政府的。作为报纸,只能起到警示作用,希望政府能多为人民谋福利,做好事。"此时,徐树铮看着那墙上挂着的"铁肩担道义,辣手著文章"。忍不住大声读了出来:"好一个'铁肩辣手'啊！能把明人杨椒山的'妙'字改成'辣'字,飘萍君,你也真不简单哦。"

"是吗？"邵飘萍笑了,说,"我这可是东施效颦啊。"

李大钊也笑着说:"不过,在民国的报人中,飘萍君可以说是第一个敢有'辣'味的报人。当然,这对有些人来说,也许并不喜欢这个'辣'字哦。"

潘公弼却凑到邵飘萍旁边,耳语道:"有人正在打你的主意,你可得睁大眼睛小心喔。"邵飘萍笑着说:"甭担心,天塌下来,地接着,做人就要顶天立地。作为一名报人,就该有这种'辣劲'。如今的时局已纷乱极点,为什么会造成这种局面？我认为是国民毫无实力的缘故,所以我办报的目的,就是要大力倡导从政治教育入手。树不拔之基,乃万年之计,治本之策。必使政府听命于正当民意之前,就是《京报》今后要做的和办报的宗旨啊。我这样做,徐秘书长,你说是不是？"

徐树铮连连鼓掌:"说得太好了。不过,你可手下留情,对我和段总理可别太'辣'啰。哈哈哈……"

"那要看什么事了。"邵飘萍笑着说,"该'辣手'的时候,我肯定会毫不留情,谁都知道我这可是对事不对人的哦。哈哈哈……"

在场的受到感染,也都笑了起来。

忙了一天,邵飘萍也感到有点累了,送走最后一批来《京报》道贺的客人,他就回到家里,一抬头,见由堂侄邵逸轩画的那幅猛虎图已从房内移到了房门上。心想哪有把画挂在房门上的道理,就问沈小乃:"是谁挂的?"汤修慧笑呵呵地从房里走了出来,大声说:"属虎的挂的!"

邵飘萍见她一副得意的样子,停住脚步,也不动手去摘取,却慢吞吞地欣赏着那猛虎昂首长啸的雄姿,又瞧瞧在一旁诡秘微笑的汤修慧,心里似乎明白了什么,却不恼怒,忽然仰天大笑起来。

那正在做家务的沈小乃猜不透邵飘萍为什么这样好笑,站在一旁不说话的汤修慧心里是明白的。汤修慧是想借此猛虎图让邵飘萍了解她内心的诉求,是想提醒他一下。汤修慧提倡妇女解放,反对把妇女作为男人的附庸,主张男女平等。另外,她的生肖属虎,飘萍的生肖属狗,所以挂画的目的,是寓有"以虎克狗"之意,指女人不该自卑自贱,甘居男人之下,而应该具有努力进取,胜于男人的志气。其实,邵飘萍也知道汤修慧是在跟他开玩笑,所以才会大笑不止,并不点破的。一晃又半个月过去了。一天,吃好了晚饭,邵飘萍就对汤修慧说:"你们自己先休息吧,我要去帮潘公弼一起编写明天要出的《京报》,还有新闻编译社、《申报》来电向我约的稿件,唉,一大堆的工作要做,今天恐怕又得午夜才能回来!"

汤修慧追着他喊:"要不我也跟你去编稿子!"

"算啦!这一阵为了筹办《京报》,你也够累得了,早点睡吧!"

邵飘萍来到《京报》编辑部,潘公弼伏在灯下正在编报。看到邵飘萍,他兴奋地对邵飘萍说:"你知道这一阵《京报》销售了多少吗?""我看不会少吧?"邵飘萍急忙也挥笔编写起来,"你说啊,多少？"

潘公弼说："起初那几天，也就是三百来份，可是最近却突然猛增到四千多份了，飘萍君，我们又一次成功了！"

邵飘萍听到这一消息，也吃惊地道："公弼啊，我们的联手又一次说明，我们永远会走向成功！不过，这成功里面，你的功劳可是最大的哦。"

潘公弼此时也颇为动情地说："看到今天的成功，我就会想起我们在日本时三个人，你、我还有马文车把手放在一起说过的那句：'让我们一起努力吧！'你还记得吗？"

"怎么能忘呢！"邵飘萍也深有感触地道，"在我的人生中，幸亏能遇到你这样的知己啊，人生能得一知己，此生足矣！愿我们共同努力吧！"

潘公弼说："随着印数的增加，我看广告业务方面也该进一步拓展了，那么，我们的《京报》发行量又将再上一个台阶的。"

"我看可以的，你的想法正合我意。"邵飘萍说，"如果广告上去了，那《京报》的销量肯定也必须突破万份大关，对此点我有十足的信心！不过，我们两个人实在太忙了，这样没日没夜地干，恐怕要吃不消的，我考虑再招几个人手。"

"那敢情好。"潘公弼说，"也是呵，我们俩好比是那不知疲倦的牛呀，从早晨一直干到午夜，自从《京报》创刊后，我们就没睡过一个踏实的觉了，我早就盼着能好好地睡他个三天三夜啊！"

"这件事就由你去办，在报上登一则本报招助理的启示，明天就见报。"邵飘萍说。

"好的。"潘公弼说，"听说最近在北京新开的报纸、通讯社有很多，不过这些从业人员情况很复杂，可谓良莠不齐，鱼目混珠。每一家报社、通讯社都靠后台老板来维持报业。更让人气愤的是，有的人是专干敲诈勒索的,有的人则挂名领干薪的,真正是无奇不有。那北洋政府更是可恶,他们为了控制舆论界,还给报社分成等级,并'赠送'宣传费加以收买。据可靠消息,在北京,受领宣传费的报社、通讯社已达到上百家之巨,所领款额少则五十元,多的达六百元。"

"你所讲的,我也是早有耳闻,经过一段时间的深入了解,确实存在报社收'津贴费'的丑行。"邵飘萍说,"对这种行为,我们将在《京报》上加以抨击,揭露他们为了取得'津贴费',而置国家利益于不顾,甚至装聋作哑,完全丧失了从事新闻业应该坚守的公正立场。明天我就把稿子交给你,在《京报》上刊发出来!煞煞这股歪风邪气!"过了一会儿,邵飘萍又说:"公弼啊,目前从北京新闻界来看,我们《京报》无党无派,也不以特殊势力为后盾,而且是言论自由,并要为改良我国新闻作些试验,更是社会民众发表意见的机关,为此,我们以言论为重,涉及诸多方面,当然还应注意社会效益。"

"是呀,我知道,如对社会上的犯罪问题你也是十分关心的。"潘公弼如数家珍般地指出,"我还知道,你是'新民辅成会'的积极支持者。听说此会是由中外人士发起,以救济指导那些出狱的囚犯,令其自新自立为目的。你不但去参加发起人的会议,还发表即席演说,严厉责问:'大人物犯罪何以不能拘之法庭,投之牢狱'?你对小百姓在低劣处境下的偶然犯罪主张:'一面救济有姓有名可指之囚徒,一面尤当从改良社会周围之景象上着想,以求根本上不致有多数罪犯发生。'当安福系政府当局的社会名士,就枝枝节节问题指责学生时,你却认为京都学生有不束身之处,那也是个教育问题,不宜看得过重。在对于一般社会上的'流行病症'时,你更认为不可独对青年学生求全责备。并大声呼吁:'青年学生为未来中国之柱石,为中国前途计,不能不爱学生'。"

"是呀,你知道的。"邵飘萍心情有点沉重地说,"如今军阀混战,南北对峙。要知道,天天听到和看到的都是民不聊生、人心堕落、国事不振的一幕幕,我的心又岂能平静安宁？我,我真是心急如焚啊！"

"作为报人,你每时每刻都在声讨和抨击他们！"潘公弼说,"面对这个丑恶的人世,你始终是一个勇敢前行的战士！"

"怎么讲？"邵飘萍看住潘公弼,眼睛一眨一眨的,心想,还是老同学知道我。"特别是你的《忽而》《风雅》等时评,我至今印象深刻,都能倒背如流。"潘公弼说,"当你看到北京安福系之流,结党营私,唯利是图时,你在文中进行了尖刻的抨击:'忽而议场大哄,忽而弹案提出,忽而阁员冲突,忽而财长辞职出京,忽而又一弹案提出,忽而财长回任,忽而陆长请假,忽而弹案各自疏通撤回。此种滑稽之儿戏,究竟为谁开玩笑耶？呜呼,此下流社会苟合苟离之现象耳！此各党各派皆无政治能力之表征耳！此无耻官僚出尔反尔患得患失之面目耳！此北方党派自杀自灭之作用耳！至如我国,且无论成功如何,要先在救目前岌岌不可终日之危象,而内外交迫愁叹之声盈于朝野,乃为之元首者,偏有闲情逸韵,提倡风雅,敷衍无赖文人耶,抑神经麻木,真不知有亡国之痛耶,敢问！……'"。

"哈哈。"邵飘萍说,"想不到,你真能背出来。"

"就因为有你这些让人爱不释手的文章,《京报》虽是初办,但如今已是很受读者的欢迎。"潘公弼说,"了不起啊,飘萍君,你已在读者面前树起了一面爱国反帝、爱憎分明的旗帜,你的言论也越来越被社会所重视了。"

1919年2月的北京，阴雨连绵，整个北京城都湿漉漉的。这一年，邵飘萍和祝文秀这对有情人终成眷属，共同生活在一起了。祝文秀是1918年秋从上海回到北京的，邵飘萍为她洗尘。两人交往年余，然后就在北京大同公寓备了几桌酒。虽仪式简单，但场面倒也很气派，花去约六百元左右。此时，邵飘萍又托朋友替祝文秀找到了一处房子，那是西四牌楼迤南路东的一条胡同，叫作羊皮市九号，这是幢典型的北京四合院，是一顺三间的旧式平房，祝文秀就居住此处。这年刚刚二十三岁的祝文秀，此时正在拾掇中饭后桌上的残羹剩饭，刷洗碗筷。突然有人敲门。她打开门，春风中一位身材魁伟，一脸斯文的青年立在门口。他用掺杂着浓重湖南湘潭的乡音，对她深施一礼道："邵先生在家吗？"

祝文秀见来人虽陌生，但却文质彬彬的像个书生，心里已生出许多好感，但嘴里却说："邵先生正在午睡，请您先进来在客堂间稍候吧！"

祝文秀说着让进了青年，并示意让他在沙发上坐，随手把茶几上的一份刚出版的《京报》递上，微笑道问："先生，您贵姓？"

青年人一脸英气，目光炯炯，身上套着北京人盛行的蓝长衫，更显得风度翩翩。他这时留意到邵宅窗明几净，室内收拾得格外

祝文秀在北京

整洁。那硬木家具也摆放得很有条理。还有堂屋的墙壁上挂着几副由邵飘萍手书的屏条，内容是古人格言或唐人的诗句。这时，他见祝文秀问话，也微微一笑："免贵姓毛，名泽东，字润之，在北大图书馆就职，我是邵先生的学生，今特来拜访！"说着又立起身向祝文秀鞠躬致意。

祝文秀见状，连忙回礼道："别客气，别

客气,先生您请稍坐!"说着连忙替毛泽东倒来一杯香茶说:"来,先生先喝茶,看会儿报纸,邵先生一会儿就休息好了。"

"文秀,谁来了?"邵飘萍稍事休息后醒来,听到文秀在和人说话,就边穿衣服边问祝文秀。

"是北大图书馆的毛先生在等你呢!"

"哦,是小毛来了,快请到里屋坐!不必拘谨,在我这里,尽管随便些。小毛,让你久等了吧?"

毛泽东说:"我刚来不久,是学生打扰您休息了。"

邵飘萍笑着从八仙桌上拿起香烟,礼貌地递给毛泽东一支,说:"你是湖南韶山冲的,应该会吸烟吧?"说时用温和探询的眼神打量着眼前这位湖南学生。

毛泽东不好意思地说:"烟是会抽,可如今条件不允许,我只抽家乡带来的土烟。"

"是呀。"邵飘萍似有所悟地道,"你如今在北大图书馆担任图书馆管理员,每月只有八元钱的收入,这点李大钊曾多次对我说起你,不容易呵,从湖南来到北京求学,学生的日子苦哇,老百姓的日子都很苦啊!"

毛泽东这时呷了口茶说:"今天来拜访先生,是想请教一下您对新闻学的高见!"

邵飘萍朗声笑道:"高见何有?我百无一嗜,唯对新闻事业乃有非常之趣味,愿终生以之。所以我为此还创办了《京报》,为的是逼使政府能听取民意。民国以来,军阀所为者俱为祸国殃民,今则必须国民共起,志同道合,协力以除之!"

邵飘萍这时端起盖碗接连大口喝了几口茶,然后又说:"小毛,你来北大求学,对新闻也产生了强烈的兴趣,对此,我很赞赏。可是,你也许还不太知道,记者在民国其实地位很低。记者的职业在科举年代唯落魄文人和疏狂学子才肯干。所谓的优秀分子,大都醉心进考场,很少有人肯从事此业。所以,当时有人说:'江浙无赖文人,以报馆主笔为之末路。'可见在当时的记者被轻视的程度。自从梁启超等学者出面办报后,社会对记者,也就是访员的眼光才有了变化。但仍视记者或访员为'无赖',主笔为不名之职者,仍大有人在。记者被官场所仇视,也为社会所轻薄。记者自己,则根本不敢以'无冕之王'自居。所以,我认为,根本问题在于人才之缺乏。报业缺乏政治、业务素质合格的访员、编辑。要改变新闻事业的现状,不在于社会如何说,而在于记者如何去做。为此,只有倡导研究新闻学培养优秀记者,才是提高报业质量的根本所在。为此,我不顾《京报》创办才不久,报务工作异常繁重的情况下,还是一口答应北大校长蔡元培先生的聘请,参加了于1918年10月14日晚间8时,在北大理科十六教室召开的北京大学新闻研究会成立大会。并担任新闻研究会的导师,并在每星期日上午10时至11时,由我担任演讲,课堂是安排在北大红楼第三十四教室。对了,小毛,我记得你是每逢我讲课你都是很早到的。从这一点来看,你对新闻确实是产生了浓厚的兴趣。"

毛泽东谦逊地笑了下,说:"是的,我特别喜欢新闻事业,也更喜欢听您讲课。对了,邵先生,据了解,我国的报业教育,开始于民国元年全国报界俱进会提议的新闻学校,可是不久却流产了,根本没有实行过。民国7年也就是在您主导下成立的北大新闻研究会,才是我国报业教育之发端,这个发端人,便是先生您啊!也就是说,您是我国新闻教学事业的开拓者。"

邵飘萍说:"我创办了新闻学研究会,授课的目的是想为未来的新闻界开一生面。小毛,你要切记,新闻之学,期于应用,尤贵在多创造经验。对于记者来说,每天都要与各方要人周旋,最易为环伺左右的种种利欲所诱惑,稍有疏虞就会做出堕落之事。所以,我要求记者要以品性为第一要素。并主张记者要尽自己的天职,平社会之不平,苟见有强凌弱,众暴寡之行为,必毅然伸张人道,而为弱者吐不平之气,使豪暴之徒不敢逞其志,不能不屈服于舆论之制裁。"

毛泽东听得聚精会神,连连颔首。

邵飘萍又接着说:"人但知强盗可怕,不知无法无天的官吏比强盗更可怕。如今时局变幻莫测。小毛更须小心从事!"

毛泽东连连击掌道:"先生言之有理,尤其对时局分析得鞭辟入里,使学生茅塞顿开,受益匪浅!"

邵飘萍此时忽然想起:"小毛,据我所知,你已取得在新闻学会听讲半年的证书?"

毛泽东点点头:"对,说是每周讲习三至五次,五个月就结业的。"

邵飘萍停顿了一下,说:"哦,我记得是分为一年和半年的,一年的是二十三人,半年的还有你们湖南的罗章龙,山西静乐的高君宇,如果我没记错的话,是三十二人。"

"是的,先生的记性真好。"毛泽东信服地笑着连连点头。

邵飘萍弹掉手中的烟灰,说:"太好了,国家兴亡,匹夫有责,有抱负志气的热血青年必须走这条路!"

此时,祝文秀又进屋沏茶水,毛泽东站起身说:"今天聆听了先生对新闻事业的独到见解,可谓收获颇丰啊,学生盼望再次有这样的机会。邵先生报务繁忙,学生不便再打扰了,改日再来求教!"刚走了几步,邵飘萍忽然说:"小毛,请等一下!"说着让祝文秀到屋里取来几块大洋塞到毛泽东手里,道:"小毛呵,你们八个人挤在三眼井那间斗室里,困境可想而知,加之北京时局动荡,民不聊生,物价昂贵,你们又没有什么收入,虽然你在图书馆工作,但工资很低的,请收下本人的一点心意,兴许能帮助你们暂时渡过难关。今后如有什么困难,可随时到京报馆或家里找我,我将尽力帮助,不必客气的。"

毛泽东此时内心一阵激动,他想推辞,可是他发现邵先生那充满真诚、友善的目光正在注视着他。他不能辜负先生对他们的一片爱心!于是,毛泽东感激地说:"我代表八位同学谢谢邵先生的一片美意!"在这之前,毛泽东通过自己与邵飘萍的交往,得知邵飘萍是个疾恶如仇,在新闻界颇有影响的人物。为此,他敬重邵飘萍,很爱听他讲的有关新闻学方面的知识。他不能忘记邵飘萍说过的:"区区之意,愿为未来之新闻界开一生面。"邵飘萍是这样说,也是这样做的。他通过新闻学会,培养了一大批新闻人才,而且对中国革命产生了有益的作用。这时,毛泽东对送到门口的邵飘萍和祝文秀说:"邵先生请留步吧!"说着就坐上了停在胡同口的黄包车,毛泽东刚准备付车费,又被邵飘萍抢着付给了车夫,说:"还是我来吧。"毛泽东不知说什么好了。

祝文秀此时看见,毛泽东的眼里有泪光闪闪。他们看着那辆黄包车拉着毛泽东渐渐远去,毛泽东还在不时朝他们挥手致意……

一天,毛泽东吃好饭在北大校园的路上一边慢悠悠地踱着步,一边在思考着。走到学生楼附近,邓中夏、罗章龙、许德珩、高君宇、张国焘正好也兴冲冲地走了出来。他们见是毛泽东就站住了,罗章龙说:"哟,毛同学,好自在啊,一个人在踱方步?我们正要去找你哩!"

毛泽东说:"找我,有事吗?"

高君宇此时抢过话头,说:"是这样的,这一阵,我们好多同学商量了一下,准备在新闻学研究会的基础上,再办一个《国民》杂志社,该杂志社以'增进国民人格,灌输国民常识,研究学术,提倡国货'为宗旨,宣传的是爱国主义思想,并联合津、京、沪等地的有志爱国青年来从事此项事业。目前,我们已联系和团结了许多不同类型的知识分子,既有初具共产主义思想、民主主义思想的黄日葵、谢绍敏、顾颉刚、周炳琳、李泽影等,也有无政府主义者、国家主义分子、基尔特社会主义者易君左、曾琦、美载盛、段锡朋、周长宪等人。怎么样,请你也参加吧! ”

毛泽东说:“这当然好了,我举双手赞成! 可那办杂志社的经费又从何处筹集呢?”

邓中夏笑了,说:“我们几个早猜到你会提经费问题,创办《国民》月刊的经费,由这些地区的爱国学生自愿捐凑,每人约捐大洋五元,共筹集一千五百多元。社址已选在北池子骑河楼路南五十三号。可以说,万事俱备,只欠东风啰。”

罗章龙这时接过话头说:“是呀,你如参加那就和我们一起去找李大钊先生吧! ”

毛泽东答应着随大家一起来到李大钊在北大的办公室,李大钊正在赶写着文稿,听到敲门,就说:“请进! ”

罗章龙、高君宇、毛泽东、张国焘、邓中夏等鱼贯而入。李大钊见是他们几个,先放下文稿,温和地笑着说:“看来,你们这么多人一起来找我,肯定是有什么重要的事吧? 各位同学,到我这里,不必客气,都各自找个座坐下说。”

罗章龙说:“李先生,我们几个筹办了个《国民》杂志社,准备请您担任指导和总顾问,请李先生一定要成全我们,大力支持我们! ”

“好啊。”李大钊笑了,说,“看来,我是非答应不可啰! ”

张国焘这时也插进来说:“我们还想再聘请邵飘萍、徐悲鸿先生为杂志社的顾问。”

李大钊说:"这太好了,如能请邵飘萍、徐悲鸿先生担任顾问,那么,杂志社的阵容就强大啰!不过,我也就不能当仁不让咯!"

"这是为什么呢?"大家异口同声道。

"你们有所不知。"李大钊说,"邵飘萍、徐悲鸿两位先生的学问、声望都比我高,地位也比我高。所以,我认为,我可不能以'总顾问'自居!"

张国焘急了,说:"李先生,请不要再推辞了。我们认为一您是我们图书馆的主任,二您又是我们学生心目中的领袖,请您担任总顾问是同学们一致同意的。"

大家纷纷说:"是的,请李先生别拂了同学们的一片赤诚之心,就当仁不让一次吧!"

"你们呀,真拿你们没办法。"李大钊只好笑着答应了下来。

毛泽东最后说了一句:"这就对了嘛!您李先生,可是我们大家心目中的指路灯啊!"

罗章龙看李大钊已经答应担任总顾问,就随大家一起告别李大钊走了出来。罗章龙说:"我看《国民》杂志创刊之日就要到了,大家都分头行动吧!我和许德珩现在就去拜访邵飘萍先生,把请他来担任顾问的事敲定。另外我把同学们已交来准备在创刊号上用的文稿也带上,请邵先生审阅一下。"

罗章龙和许德珩来到京报馆,看到潘公弼正伏案认真地编着稿件,就敲敲门走了进去。罗章龙微笑着说:"您好,潘主编!忙呢?"

潘公弼抬头见是罗章龙和许德珩,笑了,说:"怎么,今天学校不上课啊?是又来送稿子的吧!"

"哟,怎么一开口就是送稿子。"罗章龙也笑了,"难道不送稿子就不好来找您了吗?真是三句话不离本行!可今天你是猜错啰！"

"哦,这可就有点令人费解啰。"潘公弼摇摇头说,"不是来投稿,我猜,肯定是来见我们邵社长了。"

许德珩接过话头,说:"这次你可猜对了,可邵社长在报社吗?"

潘公弼说:"你们呀,来找邵社长,肯定是又为了办什么学社吧?"

罗章龙说:"不愧是《京报》的主编呢,做什么都难瞒过你的火眼金睛。是的,我们正在筹备创办一份《国民》杂志,为此,特来找邵飘萍先生予以指导。当然,也请您能在百忙中多给我们的《国民》杂志支持几篇文章。对此,我们将表示万分感激!"

潘公弼听了,笑了起来:"好呀,你们用不着拉稿的,对于爱国学生所编的杂志,我肯定也会支持的。其实,等你们的《国民》杂志出版了,我肯定也会投稿的。"罗章龙说:"那我们先谢谢了。"

"我还有一大堆事要做,不好意思,不能再陪你们说话了。"潘公弼说,"邵社长在后院的书房里正忙着呢,是我帮你们叫,还是你们自己去找?"

许德珩连忙说:"谢谢,真不好意思,占了您宝贵的时间,我们还是去拜访邵社长吧!"说完,罗章龙和许德珩就径直走到邵飘萍所在的后院书房。透过窗子,看到邵飘萍在书桌上奋笔疾书,时而停笔想了下又写。罗章龙敲了下窗玻璃,邵飘萍听到响声抬头见是罗章龙和许德珩,就招手让他们快进屋。邵飘萍放下笔,微笑着看住罗章龙和许德珩,说:"小罗、小许,今天亲自到报社来,是为了办《国民》杂志的事吧?"

罗章龙惊讶地道:"怎么,邵先生已听说了吗?"

"是呀。"邵飘萍说,"刚才,李大钊给我来了个电话,对我说了你们几位同学准备于 1919 年元月 1 日创刊《国民》杂志,这可是件可喜可贺的大事啊!"

罗章龙说:"我和小许来就是想聘请您为《国民》杂志社的顾问的,不知邵先生是否能接受此聘?"

"我非常乐意!请放心,虽然我报务缠身已是非常忙了,但是我仍要挑起这副重担。"邵飘萍笑着说,"能帮助学生们分担点工作,也是我的责任,更是我的快乐!"

罗章龙说:"我们从心里感谢邵先生的大力支持。《国民》杂志有了您,还有李大钊、徐悲鸿等重量级人物的坐镇,肯定会很快风靡全国的。"许德珩提醒罗章龙道:"你带来的那些文稿,快请邵先生审阅批改一下。"

"哎呀,你看我差点把大事都忘了!"罗章龙连忙把书稿递给邵飘萍说,"请您看一下,一篇是黄日葵的《东亚永久和平之基础》,还有一篇是邓中夏的《中日新交涉》,这两篇文章我们准备发在《国民》创刊号上,您看是否合适?"

"好,那请你们先稍等一下,我立即就看。"

邵飘萍接过文稿立即就看了起来,不时拿红笔把一些句子画掉或在字里行间写上自己的建议和眉批。没一会儿,他就看完了稿子,连声称赞道:"你们带来的这两篇文稿很不错,是专文抨击日本帝国主义的侵略和不平等的'二十一条'的,从内容来看,也展示出鲜明的政治色彩。我看,一经发表,就好像两把投枪,直刺入那些帝国主义的心脏,会掀起强烈的反响!我也同意发在创刊号上!"邵飘萍想了下又说:"从我国的情况来看,当前最缺少的是国民的学术思想,让我忧心的是国民在学术上至今无所表示。为此,我认为要想救中国,根本问题是在国民的自我觉悟。如国民自觉了,那么,那些所谓的无赖、下等政客,以及那些妨碍国家文明,进步的障碍者,自然就会归于被淘汰的命运。当然,我的这些议论,那些当政的和权贵、官僚们听到是肯定会不高兴的。当然,你们学生所办的《国民》杂志的宗旨'增进国民人格,灌输国民常识,研究学术,提倡国货'等正中我的心怀,也深感钦佩!今后如遇到困难,凡是我能力所及,我肯定鼎力相助!"

北大红楼第三十四教室。这天是星期天,又是邵飘萍为北大新闻研究会学员讲课的日子。邵飘萍今天要讲的是新闻学基础知识、新闻材料的采集方法以及记者的修养等。来听课的学生约有五十余人,学生中有毛泽东、罗章龙、陈公博、区声白、谭鸣谦、易道尊、杨开慧、高君宇、张国焘等。新闻课一开始,罗章龙第一个站起来发问:"请邵先生谈谈您在当记者时的亲身经历好吗?我们听说您为了反对袁世凯,曾被捕多次,是有这样的事吗?"

邵飘萍说:"是的,我在杭州办《汉民日报》时,曾因为反袁世凯,被捕三次,还被关进监狱达九个月。还因为我在日本东京大反'二十一条',大反帝国主义而受到日本军警的注意,那次我差点被驱逐回国。不过,我认为,军阀碰他一下没有什么了不起,他要来逮捕我,我就跑掉了。同学们,作为一名记者,就要敢于'主持公道,不怕牺牲',其品行要完全独立,要有操守人格,具有侠义、勇敢、诚实、勤勉,忍耐等品格。做到'贫贱不能移,富贵不能淫,威武不能屈,泰山崩于前,麋鹿兴于左而志不乱';不要'利用地位、籍便私图',以致'责任抛弃,人格扫地'。要切实做到'不为社会恶风之熏染,不为虚荣利禄所羁勒,是为养成外交记者资格之先决问题。'"这时,张国焘站起来发问:"邵先生,作为记者,该如何坚持操守?另外,探究新闻的真实性又该如何做到,最好请邵先生举例说明一下!"

邵飘萍说:"社会之所以不重视访员,半为访员自身的弱点所致。作为访员，也就是记者，对于新闻材料不忠实舍取，不求实际真相的态度是最要不得的。所以，我强烈要求作为一名记者，一定要'以探究事实不欺阅者为第一信条'。只有做到不受'小利之诱惑'，不让'个人意气泯没其良'，不视'他人名誉为无足轻重'而轻逞造谣之技，才能忠实舍取新闻材料，取信于民众，取信于社会。对于当前我国报纸中常见的'有闻必录'，我认为这是'自逃其责'，是'最无责任心的表示，也是最易流于不道德之专制的恶习'。在此，我再次强调，希望有志于新闻事业，以革新进步为己任的外交记者们，更希望今天在座的将来有志于走向新闻事业岗位的同学们，万万不可沿袭旧恶，切切希望做到凡事必力求实际真相。在此，我将张勋复辟时的切身经历告诉同学们！当时，由我所办的新闻编译社被张勋的辫子军封掉了。北京的电报局也被辫子兵所占，为尽快探询实情，我就像战地记者一样，冒着生命危险，从北京乘临时列车，一路采访至天津，并马上电驰沪上。作为一名新闻记者就必须要有这种责任心和勇气！"

毛泽东这时也站起来要求提问。邵飘萍微笑着说："你还有什么要提问的，请说吧！"

毛泽东说："希望邵先生讲一下，作为记者该怎样恪守职业道德？还要具备哪些知识以及采访细节及技巧？"

邵飘萍说："作为一名记者，要善于观察、推理和联想。还要判断新闻的价值。做到机警敏捷，不失时机，不放过细密之处。在此我还要举例说明一下。我在编《汉民日报》以及现在的《京报》时，好几次接到警厅来信，来电话，要求我告诉投稿人，也就是作者的真实身份。对此，我总是以凡是我所办之报，登出的新闻，皆完全由我负责。有何错误，可向我交涉，至于原稿及记者的姓名，无论何时何地，概不示人。这就是作为记者要恪守的职业道德，对新闻来源一定要严守秘密的原则。另外,我国新闻事业所以幼稚腐败之原因,固由于政治上,社会上一切设备均尚未能脱离幼稚腐败之可怜境域。报纸为一切事物之缩影,自不能单独发展而不受环境之束缚。唯报纸自身内容之幼稚腐败,于可能的范围以内,有急需加以改良者,第一应注意之点即为新闻。由此,这外交记者的地位就尤显重要啊!"邵飘萍这时看了下怀表,见同学们都在认真地记录着,又说,"同学们,我的课今天先讲到这里,下一周我们再继续讲!另外,在此我先透露个好消息给大家,为了提高同学们的采编新闻的业务能力。我准备正式创办《新闻周刊》,为同学们提供一个采编新闻,发表稿件的实习园地,这也将为同学们今后走向社会,在社会实践中成为有用之才创造机会。好,同学们,下课!"

这时,毛泽东走过来笑着说:"邵先生,您今天的课可谓声情并茂,精彩绝伦!不过,对我国新闻事业的幼稚源于政治的腐败,那么,还有其他呢?其他的落后,难道就不是源于政府的腐败了吗?"

邵飘萍听毛泽东突然这样问,就停住了脚步,笑着看住他:"说吧,你似乎有很多话要说。"他们边走边说,离开了北大红楼三十四室。走到校门口,邵飘萍说:"是否到我《京报》报馆看看?"

"好啊。"毛泽东说:"正好,我有同学们写的几篇稿子想在《京报》发表,请您斧正一下。""好,等下交给潘主编好了。"邵飘萍说。说着他们上了停在门口的一辆豪华马车,这是辆洋式的四轮大马车,可坐三四个人。那样子很豪华,车上,每边有三盏灯,共六盏,很漂亮,人坐进去也很舒适。邵飘萍说:"这是我的自备车,等以后《京报》壮大了,有了一定的实力,为采访方便,再换成小轿车。

毛泽东边听边羡慕地点头,用手抚摸着那光滑的座椅。不一会儿,车已到《京报》报馆门口,走进报馆的编辑部,邵飘萍看到潘公弢正在编稿,没察觉他们走进来,就喊了一声,说:"公弢啊,看把你忙的,人走进来都没发现!"

潘公弢猛抬头,看见邵飘萍还有一位青年学生站在面前,不好意思地笑了:"哎呀,这一阵真是太忙了!"指着毛泽东问:"邵社长,您带这位青年学生来是要安排在报馆实习的吧?"

"不是的。"邵飘萍说,"他是北大的学生,对新闻事业非常有兴趣,老家是湖南韶山冲,叫毛泽东,字润之,怎么样?我介绍的够清楚了吧?"

"哦,毛泽东。"潘公弢连忙站起来和毛泽东握手问好,"湖南韶山冲,听说那里四面环山,是个风景秀丽的地方啊。"

"是啊,风景优美,山清水秀,那可是神仙住的世外桃源呢!"邵飘萍也赞叹道。

"家乡是个美丽的地方。"毛泽东感叹道,"不过,人民的日子太苦了,要不然我就不会千里迢迢地来到北京读书,来追寻我人生的梦想啦!"

"好男儿志在四方啊。"潘公弢说。

毛泽东说:"潘先生,我带来几篇同学写的文章,你可得先登哟。"

"好,欢迎你们为《京报》写稿。"潘公弢说,"我十分喜欢大学生所写的文稿,能贴近时代,敏锐新潮,富有创意,还直言不讳!"

毛泽东说:"谢谢夸奖,我们还要多努力!"

邵飘萍说:"我们《京报》刚创办不久,规模也不大,如今印刷还要委托别人来完成,所以有时质量还难如人意。不过不久就会有不小的变化,我想,到那时,我将拥有自己的印刷厂,实现编辑、排版、印刷一条龙作业,只有这样,质量才会真正上一个台阶。再者,我平时无什么嗜好,唯对新闻事业有着强烈的兴趣,所以从心底处喜欢新闻工作,并希望能在新闻界开创出一条非同凡响的新路!"

毛泽东此时凝视着那副挂在编辑部中央的"铁肩辣手"的条幅。良久,他才赞叹道:"从这四个字里,我知道了邵先生办报的理想,和先生与众不同的品格与胆略,也知道了《京报》虽是初办,却能受到广大民众的喜爱和称赞的原因了,邵先生,您真了不起!您不仅是一名真正有良知的报人,您还是我见到的,民国最有责任心的记者!如今,《京报》已在广大读者面前,树起了一面爱国反帝,爱憎分明的旗帜!我从心深处敬佩您啊邵先生!您可是学生强大的后盾啊!""啊唷,小毛呵,被你这样表扬,我都有点飘飘若仙了。"邵飘萍笑了,"其实,我只是做了作为一个报人应该做的事。"

"那也是要有勇气的。"毛泽东说,"北京的报纸这么多,近段时间就更多了。可以说有钱有背景都可以办报,特别是各报所附的小报,动辄涉及隐私,十之八九还有黄色新闻。像《京报》这样,能替广大底层民众说话的报纸太少了。另外,对邵先生所办的《小京报》,我也感到很有特色,也很有品位。无论是剧谈、文苑、诗词、小说等,我每期都要看的。尤其是剧谈,是为了提高戏剧在民国的地位,一些新颖的观点,很值得一看。"

"是呀。"邵飘萍说,"我也是看不惯北京报纸这种自毁品格,贻害社会的颓风,所以刷新《京报》版面,凡属花柳猥亵一类品评记事,淫秽小说以及不堪入目的广告,文字等一律彻底清除。即使减少《京报》的发行量,我也决不同'黄根'同流合污。想不到,我此举却在社会上引起强烈的反响,社会各界的许多知名人士纷纷来电,来信赞成《京报》的行动。当面目一新的《京报》一出版,立即被抢购一空!后来我知道,《京报》也受到了蔡元培校长的美评。对此,为了表达感激之情,我还特约《小京报》同仁在中央公园水榭举行了宴会。可是晚上,被我请来的徐凌霄、病蝶、重远、百纳、杏娜、紫岫等编辑、作者又在通商饭庄设席共庆《京报》的成功之举。那晚的宴会笙歌迭奏,谈笑风生。大家都认为我此举,在金钱至上的民国社会中,确是一个非常高尚、难能可贵的行动,堪称民国新闻文化界的榜样!可是我却感到自己还做得不够,因目前限于个人力薄,又时为经费所困,尚无足称,请俟异日耳!"

毛泽东说:"对《京报》的进步,在新闻文化界可谓独树一帜,也是有口皆碑的。在新文化运动中创办的《京报》,既受新思潮的影响,又代表着新潮流,将在漫漫黑夜中闪烁发光!"

邵飘萍说:"我始终坚持《京报》要顺世界进步之潮流,为和平中正之指导。崇拜真理,反对武力,乃《京报》持论之精神。出版以来,已受到社会各界的欢迎和赞许。特别是驻京对我友好国家的新闻记者,不时把《京报》中有关外交的时评介绍到各国有名的报纸,并把这些论点看成我国对于外交问题的意向来参考。"

这时,潘公弼说:"昨天,我到警察厅拿回被检查过的大样,有好几处又被开了'天窗'。如今,他们已要求我们每天都把大样送去检查,无论是文章、照片、漫画、稍不顺眼的,这些狗军阀政府就会抽掉!"

毛泽东此时在心里想,邵飘萍这样做,绝非轻易,看来,他要把《京报》办成人民大众反帝反封建的喉舌,既花心血又要承担风险。如今在北京的报社、通讯社、记者们都在北洋军阀的屠刀下生活,是不会有言论、出版的自由的。稍有不慎,就会有生命的危险。

毛泽东正想对邵飘萍说:"对那些军阀可要小心啊!"此时一位模样十分端庄秀气的女子,拿着一大包各地作者、通讯员寄来的稿件快步地走了过来。"好沉呢,每天都有好几大包信函!"说着,她把包放在屋角的一张桌上。邵飘萍用手压住想站起来施礼的毛泽东,说:"小毛,不要客气!她是我夫人汤修慧。"然后又对汤修慧说,"他就是我时常对你提起的小毛,叫毛泽东,字润之,如今在北大图书馆工作。"

"哦。上次李大钊来我这也说起过,说新来的小毛是个难得的人才,能吃苦不说人又勤快,还很有思想,也对新闻产生了浓厚的兴趣。如今看见,果然气度非凡!"汤修慧说。

毛泽东见汤修慧夸他,心里十分高兴,连忙站起来施礼,说:"谢谢邵师母美言,我还是个学生,今后我会好好向邵先生学的。打扰了好长时间,那我就先告辞喽。"

"也好,改天我们再约吧。"邵飘萍说,"对了,小毛,你等一下!你说要走我倒想起李大钊曾对我说起你们为了能赚点活动经费,准备办一个新闻学社,利用业余时间采访、写稿,把文章印成小册子,然后分送到各个报社,可惜还缺少一笔经费,借贷又无门路,看来,这种忙我是非帮不可的!修慧,你去取一百元大洋来给小毛,让他和同学们也能如愿以偿,如还不够可随时来找的。"

"唉,真不好意思。"毛泽东说,"你不但给我们上新闻课,还要支助经费,这叫我们如何感谢才好啊!"

"我们可是师生哟,老师帮一下学生天经地义,何必言谢呢?"邵飘萍说,"何况你是湖南人,我是浙江人,我们可也算半个老乡哦,如今老乡远离乡土,遇到了困难,作为乡友又岂能袖手旁观啊!"突然,汤修慧喊:"飘萍,有人找你!"来人是个文静秀气的青年学生,叫吴焕之,他今天找到报社来是想找点事做,他走进来先向邵飘萍一鞠躬,说:"邵先生,那天在书店幸亏您给我解了围,我是来谢谢您的!"

"哦,是吴焕之!"邵飘萍说,"这人生在世,谁都会遇到个七灾八难的,小吴不必放在心上!来,请坐下谈谈还有什么要帮忙的,尽管提出来!"

"刚得到过您的鼎力相助,又来要您帮忙我还真不好意思开口了。"吴焕之迟疑地说,"我看您办了《京报》,事业正如日中天,事情一定很多,所以想来找点事做。"

"看你,吞吞吐吐的,像个大姑娘。"邵飘萍说,"如你有时间就来,我会按劳给酬的。"

吴焕之脸红了,说:"可这……我是说帮您,不是为了报酬。"

邵飘萍说:"我知道你为了报恩,想帮帮我。"说着从办公桌抽屉里拿出一份名单让吴焕之看,"来我报社的,除了你,还有好多贫苦学生,有的来实习,也有的来领取书学费的。"

吴焕之激动地说:"邵先生,您可是贫苦学生的救星啊!俗话说'滴水之恩,当涌泉相报',此恩此情,将永铭我的心头!"说着泪水奔涌,"扑通"一下跪倒在地。

"小吴呀,男儿膝下有黄金,快起来!"邵飘萍急忙扶起,也动情地道,"你如今的困难,我感同身受,千万别这样了!何况人生相逢就是缘分,有困难了相互帮帮就过去了。来,你们应该成为好朋友的。"说着就把吴焕之介绍给刚才准备走的毛泽东,说,"小毛,刚才这一幕你都看到了,有道是'同是天涯沦落人,相逢何必曾相识',都是劳苦民众的孩子,不远千里来到北京求学,大家相互携起手来,共渡难关吧!"

毛泽东微笑着握住吴焕之的手,说:"吴焕之,让我们擦干泪水,挺起胸膛做人,千万不要辜负了邵先生对我们的一番深情厚谊啊!"

吴焕之说:"请邵先生放心吧,我一定会做个有作为的人。"说完,他和毛泽东都说还要到学校去,就告别邵飘萍夫妇各自回到了学校。

邵飘萍和汤修慧回到家时，沈小乃已做好了一桌的饭菜。汤修慧边吃边聊刚才报馆看到的吴焕之和毛泽东。汤修慧给邵飘萍夹了块香喷喷的霉干菜烧肉，说："你说呵，那个吴焕之突然还跪下了，刚才真吓了我一身汗！这个孩子可是动了真情了，要不然，一个男孩又怎能轻易这样做呢？看来，你为了帮他买书而把心爱的一只怀表当了倒也值了。这真是，'救人一命，胜造七级浮屠'啊！"邵飘萍一边飞快地吃着，一边说："是呵，好苦命的孩子！唉，你不知道，那天在书店幸好被我碰到，要不然，这孩子就惨啰！"

"此话怎讲？"汤修慧说，"你还有什么瞒着我，快说！"

邵飘萍叹了口气说："那家书店的老板说他偷书，正在扭着他往死里打，你看那孩子像个贼吗？"

"我看不会的，那么老实巴交的一个孩子，斯斯文文的，又怎么会去做这种事！"汤修慧也有点愤愤不平起来，"那些老板，就是没人性，在他们眼里，恐怕穷人都是贼吧？哼，这个世道真是黑白颠倒啊！"

"我也那样想的啊。"邵飘萍说，"当时我就没顾得多想，立即替他付清了书钱，先救人要紧！你不知道，当那吴焕之哭着对我说，他是实在太喜欢那本书了，但袋里已没有钱了。而且已是一天都没吃东西，他不是存心想偷书的。当时，我听到看到这一切，心一下子好像撕裂开了样的痛！可是我给他付清二十二元大洋书费后跑到邮局去寄信时却掏不出钱了，情急之下只好把怀表押在当铺。这不，后来就由你去赎回来啰！"此时电话突然响了，沈小乃放下正在喂饭吃的儿子贵生，接起电话，然后对邵飘萍说："飘萍，是找你的！"

邵飘萍放下筷子,拿过电话问:"请问是哪位?"

对方说:"是我,邵飘萍啊,怎么,连我都听不出了,我是梁启超!"

"哎唷,不好意思!"邵飘萍说,"是梁部长啊,电话都打到家里来,我可受宠若惊呀,请部长大人指示吧!"

梁启超在电话里说:"邵社长,我刚才打到《京报》后,潘公弼说你不在,所以就打你家里碰碰运气,你可真是难找啊!刚才我给你说的事情,我想了一下,还是先不要见报为好,千万记住我的话!因为这对段祺瑞总理的声誉还有他的决策都有关联的,所以特此来电请你暂时不要见报!"

"好,好的。"邵飘萍说,"我都听你的,梁部长,我明白你的苦衷,不会给你添乱的。请放心吧!"

梁启超说:"那好,说定了,我挂机了。"

邵飘萍说了声"再见!"就挂断了电话,仍回到饭桌上,吃完最后一点饭。

有一天天还没亮,《京报》馆的门口就开始喧闹起来。那些头戴礼帽的《京报》馆工友们此时披着早晨的霞光在忙碌着,这是邵飘萍刚刚组建好的送报自行车队的工人们,他们正在往自行车上捆绑、码放着刚刚从印刷厂送来的,还飘着阵阵油墨香气的《京报》。不一会儿,他们这支满载着报纸的车队就散开了,奔向四面八方。再过一会儿,大街小巷,北京的大大小小胡同都响起了报贩们那高声的叫卖声:"看报来!刚出版的《京报》。快来瞧!有安福系政府违法乱纪内幕消息……"

"看呢!中国已成'战胜国'之一,已派出专使陆宗祥、顾维钧、王正廷、施肇基和魏宸祖出席巴黎和会,邵飘萍最新披露重要内幕……"

另一个女报童声音喊得又好听又尖亮："《京报》邵飘萍重要披露：帝国主义列强在巴黎和会上公开分赃，中国这只大肥羊将成为群狼撕咬的猎物，快来看啊！卖报！卖报！"报童们的喊叫声引来过往行人的争相购买。

"给我来一份！"一位青年学生急切地拿过报纸就看了起来。

"我也要一份！"无论老人、妇人、军人还有商人学者都抢着买了报纸翻看重要新闻。

"哎哟，痛死人啦！挤什么挤？把人家的脚都踩痛了。"被踩到脚的矮胖女人大声叫骂道，接过报童手里的《京报》就看了起来。此时，人们三五成群地聚在街头、巷尾、菜馆、酒楼还有饭店、旅社都在争看今天的《京报》，议论着巴黎和会，还有安福系的内幕消息。两位学者模样的老年人边走边评论着《京报》上邵飘萍的《密约宣布》。那位矮胖的颇为激动，大声地读着："密约之性质有二：一为两国或数国间平等相互之密约；一为强国对于弱国攫取权利之密约。中日密约之性质，当然属于后者无疑。大凡密约宣布之作用有二：一为密约因宣布而消灭，一为密约宣布而确定。故弱国之主张宣布，目的在于消灭。强国之主张宣布，目的在于确定。形式相同，作用大异。"那位瘦瘦的老人此时说："邵飘萍厉害啊，可谓一针见血。他在此提醒国民，合力以助赴欧专使之发言，并以全国公意，请求各国之平等判断。"此时，一位商人也凑上来说："邵飘萍的《请国人注意外交上根本问题》的时评更是切中要害！他指出：'我国对于德国宣战，声明中德条约一律无效。皮之不存，毛将焉附？我国人一致主张无条件收回山东所属之一切主权，在公理上自然十分正当。……故国人于此不宜枝枝节节分段请求，根本上宜全国一致以废除胁迫而成之中日条约，如二十一项，如军事协定，如各种路矿密约，若不一律废除，则日人随时随地以借口，中日永无亲善之期,即我国国运永无恢复之日。'为此,邵飘萍在此大声呼吁奋起的国民,要抓住救国的根本,废除中日间一切胁迫而成之条约!"

这时,有好多青年学生也听到了他们在议论当前的局势,其中有一位浓眉大眼的学生大声道:"最可恨的是美国!他们基于联合反苏的利益,美国对日本作出了妥协,与英、法帝国主义狼狈为奸,不顾中国人民的强烈抗议,无理拒绝了中国收回山东主权的正当要求。"

段祺瑞一到办公室,就喊来徐树铮说:"你把这几天的《京报》都给我拿来!"徐树铮见他一脸阴沉,两眼中闪着寒光,不敢怠慢,立即打电话让人把《京报》找来递给段祺瑞。

段祺瑞翻看着《京报》,对徐树铮说:"这个邵飘萍,真不知好歹,你都看了吗?最近几期的报纸,都在胡说些什么啊!"

徐树铮接过报纸,说:"他又写什么了?"

段祺瑞说:"警察厅那些新闻检察官是干什么吃的?我不是早就规定,凡是对安福系有攻击的文章都给我撤下!"

"您消消气。"徐树铮讨好地说,"要不然,我打电话让邵飘萍来一下,看他有何说法!"

"他来有什么用?还不是变着法儿损我!"段祺瑞此时鼻子又开始歪了,气哼哼地说,"真是给脸不要脸,我们待他不薄,可是他却老是和我们过不去,三番五次在报上揭我们的老底。"

徐树铮说:"据密报说他这阵老和一些学生搞在一起,从他的所作所为来看,他不像记者,倒像个搞政治的。"

"是呀。"段祺瑞说,"你言之有理,我也感到他对政治特别有兴趣。"

"不过,我倒是想我们应该利用他。"徐树铮说。

"不,你错了。"段祺瑞说,"利用此人可以,但绝对不可重用!"

"哦?您为何这样想!"徐树铮说。

"你呀,你,今天怎么了?我的军师!"段祺瑞说,"你怎么不用脑子想想?邵飘萍是何许人也!不过,请你以后说话办事都提防着点,小心像我又中了他的圈套!对了,你给我安排人盯着他点,看看他都跟些什么人打交道,哼,不要犯到老子手中,叫他吃不了兜着走!"

"是!"徐树铮答应道,"我立即安排人手密切监视邵飘萍。"

1918年10月邵飘萍在北京创办《京报》

# 第五章 五三晚会勇登台 五四运动发轫人

"五四"时期的邵飘萍

1919年5月的北京虽已是春天,但早晨还是很冷。邵飘萍一早来到了《京报》编辑部,和潘公弼只是点了下头,就埋头挥笔疾书起来。这几天他实在忙得团团转,都已经好几天没睡过安稳觉了。5月1日,邵飘萍从上海《大陆报》看到最先透露出的消息,说中国政府"接巴黎中国代表团来电,谓关于索还胶州租借之对日外交战争,业已失败"。邵飘萍立即赶到总统府要求采访徐世昌总统,但徐世昌拒见记者,让顾问林长民答复邵飘萍,说:"胶州亡矣,山东亡矣,国不国矣!"看来,中国外交在巴黎和会上的失败,至此已确信无疑。自1915年日本向中国提出"二十一条",引起国人强烈的反日情绪,时至今日,又不能收回山东权益。这一丧权辱国的消息,肯定会引起全中国人民压抑多年的愤慨。邵飘萍此时感到应把这一消息立即在《京报》上揭露出来,马上赶回报社,先给李大钊、罗章龙打了电话,让他们晚上到《京报》来商议大事,因白天他要赶到各个社团商讨补救之计。晚上他在报社写稿,好抽点时间交换意见。等他从社团回来时,天已经黑了。他趴到桌上又飞快地写了起来。潘公粥问："你饭吃了吗？"邵飘萍只说了声："这种时候,哪还有时间坐下吃饭！"仍不断地挥笔疾书,连头都不抬一下。潘公弼见他这样玩命,只好苦笑笑,连忙给汤修慧挂了电话,让她送点饭到报社来。汤修慧正眼巴巴地和沈小乃守在饭桌边等邵飘萍回来吃饭呢,接到电话连忙带了饭菜赶到报社,进门就喊："怎么了,写稿都写得连饭也不吃了！我的社长大人！"

邵飘萍只说了声："慧,先把饭放下吧,我马上好了。"还是不肯停下笔来。汤修慧见状心想,还从没见他这么拼命过,可能国家出什么大事了？就走到跟前看见文章的标题是《请看日本朝野与山东问题》《国民对待外交之准备勿以空言塞责》等评论。

这时,邵飘萍终于写完了最后一个字,才长吐一口气说："真是累死我也！好了,我吃饭,由亲爱的夫人审一下稿,如有不妥还请斧正！明天立即见报！"

汤修慧笑道："人是铁,饭是钢,一餐不吃饿得慌。好,让我审,我就审,这有何难啊？"说着拿起稿子就大声地读了出来："'日本国因山东问题,其内阁,其贵族院,其国民团体,皆一致强词夺理,为示威之运动。我国民,我政府,我国之议会团体,对之也有动于衷否乎？欲夺他人生命财产以自肥者,其气概且如此。然则吾人为国家生命自救灭亡起见,安得不一致奋起以与决一生死也哉！'好,写得太好啦！"

邵飘萍端起饭碗,还没吃几口,李大钊和罗章龙风风火火地也赶到了报社,进门就大声叫道："飘萍君,中华民族已危在旦夕啊！"

邵飘萍连忙放下饭碗,说："请守常、敖阶君快快坐下说！"

李大钊说："昨天,我们得知钱能训内阁已发出密电,命令出席巴黎和会代表在山东条款上签字。现在北京各大专院校已行动起来,准备举行声势浩大的抗议活动!"

邵飘萍说:"我请两位来,也是为了此事!因事情紧急,我从总统府徐世昌那里了解核实事情真想后立即赶回报社,喏,刚把明天见报的稿子写好。目前的情况是,我得知5月2日,山东将有三千多工人,在济南举行'收回青岛演说大会',到时,我想其高昂的气势将引起国人注目,也会令日本人震惊!还有各种社团已纷纷召开应急会议,为谋补救。其中最重要的,一个是国民外交会议,还有一个是学界大会议。好,下面听听你们带来的最新消息!"

李大钊说:"北大的《国民》杂志社,获悉中国外交失败后,立刻举行了常务会议并作出决定,将于5月7日举行大示威,并已草拟宣言送往各报:'青岛归还,势将失败。5月9日在即,凡我国民当有觉悟,望于此日,一致举行国耻纪念会,协力对付,以保危局。北京专门以上学校,全体学生二万五千人叩'。给《京报》的这一份我现在给你,务必登在明天的报上!"

罗章龙这时接着说:"邵先生,我们新闻研究会和马克思主义研究会也准备明天开会,并邀请您务必也参加会议!"

邵飘萍问:"也是为中国外交失败的事开会吗?"

"是呀,我们想好好策划一下。"罗章龙说,"把声势搞得大一些,以激起全国民众共同反对!"

邵飘萍说:"我肯定准时到会!"

"你不但要参加会议,我们更希望你能上台发表演说,以鼓舞斗志!"罗章龙说。

"行,敖阶君,我答应你!"邵飘萍说。

"还有啊。"李大钊说,"蔡元培校长准备于5月2日在北大饭厅开会,参加的对象是学生的班长和代表,约有一百多人参加会议。另外,我们计划于5月2日下午在北大西斋饭厅也召开紧急会议,凡是参加《国民》杂志社的各校学生代表都要求参加。你是《国民》杂志社的顾问,你更要参加。还有更重要的,决定于 5 月 3 日晚 7 时,在北大法科大礼堂召开全体学生大会,并约请北京十三个中等以上学校的学生代表参加会议,并隆重邀请你参加此次重要大会!"

"对于学生们的决定,我无条件地全力支持!"邵飘萍说,"我将在大会上报告北京国民外交协会通电各省于'国耻日'同时召开国民大会,要求政府拒签合约的消息,并准备发表演说。"

"好,那就这样说定了,我们先告辞了!"李大钊和罗章龙说,然后和邵飘萍握手后就匆匆走了。

潘公弼见李大钊,罗章龙走了,就对邵飘萍说:"我看怕是要闹学潮吧?飘萍君,你和这些学生处得火热,要是被当局看见了,不会怀疑你在鼓动学生们闹事吧!"

"公弼呢,我知道你是好心提醒我。"邵飘萍说,"我才不怕呢!我自认自己是还有天良的报人,至今既无党也无派的无政府主义者,我提倡的是要言论自由,今天我所做的,也是为了唤醒还在迷茫中的国民,拯救我的国家,更为了实现以新闻救国的誓言,对此,我义无反顾,何惧之有?"

1919 年 5 月 3 日,也就是"五三"晚会。此时,开会时间未到,可是前来参加大会的学生、老师都已聚集在北河沿北大法科大礼堂,约有上千人了。来参加"五三"晚会的学校,除北大之外还有:高等师范、中国大学、朝阳法专学校、工业专门学校、农业专门学校、法政专门学校、医药专门学校、商业专门学校、汇文中学、高师附中、铁路管理学校等十三所中等学校的学生代表。此时,邵飘萍已来到会场。李大钊老远就看见了,就站起来向邵飘萍招手,说:"飘萍君,请到我这里来!"

邵飘萍走过去时,看到高君宇、易克嶷、许德珩、谢绍敏,张国焘等都已来了,他微笑着向他们打招呼。邵飘萍走到李大钊坐的前排, 李大钊说:"等下大会临时主席廖书仓宣布大会开始后,你是第一个上台演讲的,怎么样? 都准备好了吧?"

"放心吧!"邵飘萍说,"我早就想一吐为快了! 不过,守常啊,今天来的学生比我们估计的还要多啊!"

"是啊。看来我们在早晨贴出去的公告牌上,那些措辞慷慨激昂的布告也起了不小的作用呢。"李大钊也兴奋地说,"当然,还有蔡元培校长在 5 月 2 日的鼓动,他向同学们指出,这是国家存亡的关键时刻,号召大家奋起救国!"

"是呀。"邵飘萍说,"北大高工的一位学生代表叫夏秀峰的当场就咬破手指,写血书,在开会的学生们都激动得眼里要冒出火来!"

此时大会临时主席廖书仓快步地走上主席台,神色严肃地大声地道:"各位老师,各位同学,现在我宣布'五三'晚会准时开始!"此时会场顿时鸦雀无声,几千双燃烧着怒火的年青目光在静静地等待着是谁第一个上台演说。

"同学们,老师们!"廖书仓又说,"下面首先由京报社长、北大新闻学研究会导师、《国民》杂志社顾问邵飘萍发表演说,请大家以热烈的掌声欢迎!"

会场上顿时响起雷鸣般的掌声。在掌声中,邵飘萍一脸威严地大步走向主席台,感情悲愤地大声道:"同学们,老师们! 欧战以来,日本先于 1914 年 11 月,借口履行'协约国'义务,派兵占领青岛。继于翌年 1 月提出'二十一条',5 月 7 日致最后通牒,限中国政府二天内答复。后又借反对中国参战为名,使列强密谋承认其有继承德国在山东的权利。而由于中国对德参战,皖系段祺瑞又需仰赖日本的借款,政府遂沦为日本的附庸,以致'巴黎和会'上中国外交的失败。同学们,老师们!由于英、美、法等帝国主义与日本有着共同的利益,为此,他们相互勾结,蛮横地拒绝中国代表的请求,竟毫无保留地将德国在山东掠夺的一切权利全部让于日本。对这种卑鄙、肮脏的行径,我们能容忍吗?我们能坐以待毙吗!"

"我们决不能容忍!""我们决不能坐以待毙!"会场顿时爆发出愤怒的呼声,那呼叫声此起彼伏,犹如惊雷在大地上阵阵滚过。

"喊得好!"邵飘萍激动地道,"是的,同学们,老师们!我们岂能眼睁睁地看着我们的大好河山被这些穷凶极恶的帝国主义霸占、瓜分。同学们,现在民族危机系于一发,如果我们再缄默等待,那么,我们的民族就无从挽救而只有沦亡了。北大是最高学府,应当挺身而出,把各校的同学都发动起来,救亡国存,奋起抗争!"此时的邵飘萍越说越激动,竟振臂大声疾呼起来。邵飘萍这富有战斗性和号召力的声声疾呼,强烈地震撼着每一个与会者的心灵,大家的情绪更为激烈,愤慨至极。邵飘萍演讲完走下台时,同学们还在愤怒地呼叫着。接着,新闻研究会的会员,还有国民杂志社的社员高君宇、许德珩、谢绍敏、易克嶷先后登台,他们声泪俱下,慷慨陈词,痛斥帝国主义瓜分中国的阴谋。此时,会场上人头攒动,口号声此起彼伏。谢绍敏更是悲愤填膺,当场咬破手指,"哗啦"撕破衣服,当场血书"还我青岛"四个大字,揭之示众,此时此刻的会场气氛非常凄凉悲壮!全场同学老师全都站立起来,有的振臂高呼,有的泪下如雨,有的还在慷慨陈词!大会一直开到深夜23点才结束。与会者一致作出了以下决定:

一、联合各界一致力争;二、通电巴黎中国专使,坚持不在合约上签字;三、通电全国各省市于5月9日国耻纪念日举行群众游行示威运动;四、定于 5 月 4 日(星期日)齐集天安门举行学界大示威,同时推举代表到各国(日本以外)公使馆,陈述对于青岛之民意及决心。

李大钊、罗章龙、高君宇、许德珩此时都还在和同学们商议着明天上街游行的计划。邵飘萍对李大钊说:"守常君,我先赶回报馆,还有好多重要文章明天要见报,就此别过了!"说完邵飘萍就赶回《京报》报馆,进门见潘公弼亮着灯在编明天的版面,就对他说:"公弼,你给我把一版留一半位置,等下我把'五三'晚会的有关新闻写好,明天要见报的!"

"好的。"潘公弼说:"印刷厂我已通知他们,也在等你的重要新闻呢!说不印好不回家!""哦,是吗?"邵飘萍说,"那真是太谢谢他们了!我马上就写好!"邵飘萍说完就挥笔疾书起来,不一会儿,他把写好的新闻《北京学生界之愤慨》以及评论《勖我学生》《速息内讧》递给潘公弼。"你编好速送印刷厂!""好的。"潘公弼说着拿过来一看,忍不住读了出来:"各校学生会议已有结果,今日下午将有对于外交问题之表示,全体一致出校,行列为有秩序之示威运动,并通告海内外主张对于外交问题坚持到底,此种举动实不容轻忽视者。学生因外交问题一致奋起以促朝野人士之觉悟,此青年界之生气,国家前途之好现象。在此,我认为,勉励有志于救国的学生,既须有奋起之气概,尤望其努力修养,以收最后之效果,未可以一时之表示,遂引为自足。对此,我要敦促当局,在国民奋起对外之时,尤宜速决国内问题,不要内讧不息。"

"怎么样? 还有要修改的地方吗?"邵飘萍问。

"好,太精彩了!"潘公弼连连说好。

"对了,公弼,我感到为了配合明天的重要行动,有必要把《京报》版面再调整一下。"邵飘萍看住潘公弼说,"你看怎么调整好?"

"唉,我都忙半天了!"潘公弼说,"不过,看到你的文章以及明天学生的重要行动,我也认为应该调整一下!"

"那好。"邵飘萍说着就调整了《京报》的版面,要闻栏在"国民一致奋起"的大标题下,刊出《国民外交协会之决议》《学生界之宣言》。广告栏登出《国民外交协会特别大会》,代为通知社会各界诸君出席于"五七"在中央公园召开的国民大会,讨论救亡图存之方法。改完后他对潘公弼说:"就这样吧,你速送印刷厂付印!让你也如此辛苦,我真有点不好意思了。"

"为了救亡图存,受点辛苦也是值得的!"潘公弼说完就到印刷厂去了。此时,邵飘萍走到窗前,推开窗门,天很快就亮了,此时,浓雾正在弥漫,这个城市是又黑暗又静寂。新的一天就要开始了,一场惊心动魄的学生运动将要拉开序幕了!

报馆门口的喧闹声和一阵急促的电话铃声把邵飘萍吵醒了,他一看怀表:"哎呀,已快六点钟了!"他急忙跳起来,心里责怪自己不知怎么就睡过去了,也许是实在太累了,坐在椅上想休息一下就睡到了天亮。此时他先抓过电话问:"《京报》邵飘萍,请问您是谁啊?"原来是修慧打来的电话,她说:"昨晚,我等你一夜,不回来也不来个电话,让人好担心啊!"

"慧啊,对不起,实在对不起!"邵飘萍急忙安慰道,"你也知道,我这人一忙起来,也就忘了给你先挂个电话。你不知道,昨晚我去'五三'晚会现场回来到报馆写新闻改版面了,等做完天也快亮了,我估计你和小乃、孩子们也该睡了,所以也就不打电话吵你们了!"

"是吗?是想过要给我们打电话,还是根本就忘了?"汤修慧在电话中听去似乎真有点生气了。不过,话一出口,她又有点后悔不该责怪飘萍了,他忙也是情有可原啊。

"慧啊,你可不要生气,也不要担心!等忙过这阵,我肯定好好陪你玩一天。"邵飘萍说。

"我不是生你气。"汤修慧在电话中说,"我是怕你一工作起来就不要命了!今天总可以回来吃饭了吧?再说你儿子贵生哭着闹着要找你这个整天不在家的爸爸呢!"

"今天,我立即要赶往堂子胡同国立法政专门学校,到那里参加由北京各校学生代表在那里举行的集会。另外,下午1点多钟,北京十几所中等以上学校的三千多名学生将在天安门前汇集举行游行示威活动。为此,我肯定又不能回来了。对了,你把家里的事先扔给小乃做吧,你最好这几天也到报社帮帮潘公弼,我看他也快撑不住了。好了,就这样吧!"挂断电话,邵飘萍就赶往堂子胡同国立法政专门学校,等他到时,来参加会议的代表已到齐了。此时,大会开始了,北大代表孟真被大会临时选为主席,然后,法政学校的刘琪报告开会的目的是为了讨论救亡图存的方法,还有下午到天安门游行要注意的事项。接着,邵飘萍和另一位记者分别报告巴黎和会经过和我国外交当前情况。经过一小时的悲愤发言,孟真主席最后说:"下面我宣布,请各位代表即刻回校召集同学,于下午一时在天安门集合,然后整队游行东交民巷,对各国使馆示威,抗议巴黎和约,要求收回青岛!"会议结束后,大家都分头忙去了。

历史将永远记住这一天!1919年5月4日下午1时多点,北京十几所中等以上学校的三千多名学生排着整齐的队伍,手中挥舞着白色的小旗,走在队伍最前面的高举分别写着"取消'二十一条',还我青岛,宁为玉碎,勿为瓦全"的标语牌。此时,同学们迎着北京五月的寒风,大声呼着口号:"还我青岛!""外争主权,内惩国贼!"那口号声响彻北京的天空,声声震天动地。此时,过往的路人都避在街道边,看着、讨论着这悲壮难忘的一刻。听到口号声的民众不分男女老少都从四面八方的胡同、菜馆、饭店、商店、旅馆中跑了过来,他们不知道为什么这么多学生都汇集到天安门前游行示威。在金水桥南还竖立着一幅巨大的白布对联,上面浓墨大书:"卖国求荣,早知曹瞒遗种碑无字;倾心媚外,不期章惇余孽死有头。"骂的便是曹汝霖、章宗祥这两个卖国贼。这时,人堆中有文化、有见识的就说:"日本佬又使坏想把我们的青岛吞了!"也有的说:"是我们国家又出国贼了!"说着指着学生们高举着的旗帜说:"那不明白写着:严惩卖国贼曹汝霖、章宗祥、陆宗舆吗?""妈的,真是家门不幸啊!"围观的民众这下子似乎明白了,中华民族又到了危急关头! 有的也跟着游行学生喊起口号来,为学生们助威声援。有的干脆也加入到游行队伍里喊起口号。但有的还在观望,不时和认识的不认识的人交换自己对学生爱国游行的看法。邵飘萍此时也挤在围观的民众中,他要把今天这伟大、悲壮的历史画面在明天《京报》中刊登出来。他要让人们永远记住:这就是震惊中外的伟大的五四运动!

此时,那曹汝霖的官邸却乱成一团。正在和章宗祥等人玩牌开心笑谈着的曹汝霖,被突然冲进来的佣人吓了一跳,骂道:"他妈的,不敲门就闯进来,你找死啊!"

那佣人气急败坏地叫道:"不好了!陆、陆宗舆总裁急电!说、说……"

"你有屁快放啊!"曹汝霖三角眼露出凶光,咆哮道,"说什么啊?养你们这些人真是没用!"

"是、是陆总裁……不对。"佣人急的直跺脚,翻白眼,这下总算把话说清楚了,抖着嘴说,"他让你赶快离开,说有数千学生在天安门游行,此时有部分学生朝这里冲来了!"

"冲我家来？"曹汝霖轻蔑地狞笑道，"就凭那些乳臭未干的学生娃，还敢冲我家闹事儿？真他妈的敢到太岁头上动土啰！让我走？我姓曹的虽不是什么皇亲国戚，可也是一国之总长啊！我今天就是不走了，我倒要看看，他们学生能把我怎么样！"

"不过，学生们还骂你和章宗祥大人是卖国贼！"佣人突然又冒出一句话来。曹汝霖听到这句话，顿时傻了。还没等曹汝霖回过神来，突然又一个佣人气急败坏地跑来喊道："总长大人，门口已被大批学生堵住了。此时正在撞大门呢，边撞边高喊着要打倒卖国贼……"

章宗祥此时脸吓得雪白，只好急促地催曹汝霖道："我知道你不怕那些学生娃，可是好汉不吃眼前亏啊，这乱糟糟的，弄不好被他们胡乱打死，又有谁来替我们做主啊？"

曹汝霖一听，知道章宗祥这是给自己台阶下，也就脸色缓和下来说："也是，死在这群欠教养的学生们手中，不是枉为英雄一场吗，是太不值了，说你我是卖国贼，真是笑话！走，留得青山在，不怕没柴烧啊。"这时，那佣人焦急地大叫道："大门很快就被撞破了，你们赶快逃吧，快啊！"就在这时，那门被一阵猛烈地撞击声冲开了，怒火中烧的学生们高叫着："严惩卖国贼！""还我青岛！"人群犹如决堤的洪水"哗啦"一声冲了进来……曹宅内的军警因有"文明对待"的指示，又受了学生爱国热情的感染，只从旁观察而未有作对的表示。

此时吓得浑身发抖的曹汝霖气急败坏地窜进一秘密的厢子间，午宴后同到曹宅的章宗祥也由仆人领入地下锅炉房中。学生们看到的是曹汝霖的父亲，还有未成年的儿子和小老婆苏秋佩，学生们并未对他们作任何伤害。因为找不到曹汝霖，愤怒的学生们便在房中点起一把火。这时，有人就大叫道："看啊！火烧赵家楼了！"曹汝霖急忙逃了出来,跑到后院的围墙边。正好一个机灵的佣人给他找来了一架梯子,在这危急关头,他也顾不了斯文了,撩起长衫的下摆,飞快地翻墙而过,逃命去了。不过,让他疼痛难忍的是,在落地时却崴了脚,走路一拐一拐的,像只受了伤的跛脚鸭子。与他相比,那位躲在地下室里的章宗祥就没那么幸运了,在他跑出来时左顾右盼了一会儿,立即被守在那里的学生们发现抓住了。他痛得嚎嚎乱叫:"你们抓错人了！"

"不会吧？"学生中有一位其实认识他,当场就戳穿了他:"章宗祥,你就是烧成灰也骗不了我们！怎么？你为什么也在这里！肯定是又来同曹汝霖密议如何卖国吧？"学生们气愤地叫道:"给这卖国贼吃点苦头,狠狠地揍他,看他还敢卖国不！"大家冲上去,对着这个民族败类一顿暴打。就在这时,北京警察总监吴炳湘奉徐世昌大总统的命令,领着大批军警赶到了。他们当场逮捕了走在后面的 32 名学生。其中北大学生 20 人,北京高师、高工 2 人,中国大学 1 人,文汇大学 1 人。

北大校长蔡元培得知学生被捕的消息,立即投入对被捕学生的营救。5 月 4 日晚,北大学生回到学校,齐集法科大礼堂开会,讨论如何营救被捕的学生。此时,蔡元培闻讯赶到会场,态度温和地说:"同学们,发生这类事我这当校长的应引咎辞职,但首先要把被捕的同学保释出来然后我再辞职。"说完他连夜赶到自己当年曾帮助赴德留学的孙宝琦家中拜访。这主要是他知道孙宝琦是段祺瑞敬重的人,所以他想求孙宝琦设法营救被捕的学生。孙宝琦见是当年帮助过的恩人蔡元培, 可是也连连摇头说:"此事困难啊,我也爱莫能助,还请蔡校长体谅我的难处！"蔡元培却心有不甘,希望孙宝琦能帮帮他,就呆坐在孙宝琦的会客室里一直坐到深夜仍空手而归。

5月5日凌晨,北京政府以教育部之名,明令各校校长查明为首滋事的学生一律开除。总统徐世昌身边的反动势力扬言说:"必须严办这次被捕的学生,北大也要解散!"5日下午2时,北京14校校长在北大开会准备营救被捕的学生,一致认为:"学生的行动,为团体之行动,即学校之行动,决定只可归罪校长,不得罪及学生一人。"对此,他们组成以蔡元培为首的校长团,于6日下午来到教育部找傅增湘,说:"我们来是要求释放被捕的学生!"傅增湘说:"好的,此事我向钱能训要求一下,但是否答应我不敢保证!"晚上,蔡元培带着校长团又来到警察厅找到吴炳湘要求放人,可是经过很长时间的交涉,吴炳湘才阴沉着脸说:"要释放学生可以,但你们要答应两个条件!"

"请说吧。"蔡元培说,"两个什么条件?"

吴炳湘说:"一是明天不许学生去参加国民大会,二是各校明日必须立即复课!"此时,蔡元培为了尽快把学生营救出去,就顾不了那么多了,就说:"好,我愿以自己的身家性命作保,请立即放人!"

5月7日上午10时,被捕的32名学生全部获释。此时,这些被捕的学生在同学的陪同下,先后分乘六辆汽车返回了学校。当这些汽车开往北大时,街道的两边挤满了观望和欢迎的民众,那欢呼声如雷滚动,响彻云霄。此时,蔡元培亲自率领北大全体教职员、学生在红楼前的广场上相迎。师生相见,悲喜交集,此情此景,令人难忘。在场的许多人都流下了眼泪。此时,许德珩对闻讯赶来采访的邵飘萍说:"当我和出狱的同学们走进这沙滩广场时,我们看到为被捕学生付出巨大努力的蔡先生,站在那里是那样的沉毅而慈祥,他含着泪水强作笑容,还温和地勉励我们,安慰我们,给我们留下了极为深刻的印象。对此,有人说:'在5月4日爆发的学生运动中,蔡元培先生不是正面出马冲锋陷阵的主将,而是侧面策应掩护大军的护法者。'对此,我也认为,蔡元培先生所起的是别人替代不了的护法使者的作用。"5月7日,蔡元培公开通电,引咎辞职,以示抗议。

面对迅速发展的五四运动,邵飘萍对潘公弼说:"公弼,我们针对当前的时局,每天都要发评论,并在《京报》上大块、专版地安排,这样才能积极推动'五四'运动朝着健康的方向发展,你说对吗?"

"我看可以,也可以采取出专刊的形式。"潘公弼说,"这几天,你没日没夜的写稿、采访、开会,可累坏了吧?"

"是啊,看起来还得忙一阵。"邵飘萍说,"对了,我这里刚写好一些稿子,你安排版面发掉!""好的,我立刻就安排编发掉,送印刷厂。"潘公弼说着拿过前几天的让邵飘萍翻看,"你看,已接连发这么多了。《外交失败第一幕》《坚持到底》《速释学生》《研究对外之办法》《再告工商实业界》和《内外交迫》等,都是评论啊。那段祺瑞如看到你要他'速释学生'。他肯定鼻子又要气歪了!"

"是吗,那就让姓段的歪鼻子吧!"邵飘萍说,"我这是实事求是,此次学生的游行示威,非由于私仇宿怨,而是外交困于绝境,学生是出于天良所致,非法律范围所可限制,故群众之肇祸,与个人之故意犯罪大异。为此,我肯定要在报上提醒当局注意,对那些主张解散北大者和乘机报复者,如不平不当,肯定将激成全国之变,我这可不是故意吓政府的,那段祺瑞如要恨我,我也不怕!由他去吧!"

"你这样直言不讳,坚决支持学生的爱国反帝运动,又在《京报》上一次又一次地发表评论,还高声呐喊'大祸临头,忍无可忍'!那段祺瑞不恨你才奇怪呢!"潘公弼颇为担心地劝邵飘萍道,

"我看,你还是小心点才是啊!"

"你怎么也和我的家人一样?"邵飘萍说,"我知道,你们都是担心我,为我好,可是眼睁睁看到北洋军阀在倒行逆施,我怎能不讲?就是枪毙,我也要讲!""哦,对了。"潘公弼说,"听说你又生了个儿子,叫什么名字?"邵飘萍说:"叫祥生,好听吗?""吉祥如意的祥吧?"潘公弼问。"是啊"。邵飘萍说,"希望儿子的出生能给我们的生活带来安宁吉祥!另外,他是生于四月蔷薇花开之时,又取'蔷'音为祥。"

北洋政府为了扑灭"五四"烈火,于6月1日,接连发出两道命令:第一道是为卖国贼洗刷罪行,说"曹汝霖迭任外交财政,陆宗舆、章宗祥等先后任驻日公使,各能尽维持补救之力,案牍俱在,无难复按",替曹、章、陆涂脂抹粉作开脱;第二道命令是继续污蔑学生的爱国行动是"纵火伤人""举动越轨""以爱国始,以祸国终",甚至说学生已构成非法行为,不能不诉诸法律之制裁,悍然下令"即日一律上课",对不听从命令而"纠众滋事,扰及公安者",扬言要逮捕法办。两道命令在同一天发出,对卖国贼褒扬保护;对爱国学生却诬陷、威胁,这就更加激怒了广大学生。6月3日上午,学生们忍无可忍,再一次走上街头有的边发传单,边高呼着:"严惩卖国贼!""还我主权,还我青岛!"有的学生在街头向围观聚集的群众作演说,痛诉当局对卖国者保护,对学生却诬陷、威胁。可是就在这时,当局突然派出大批军警捕去学生一百八十一人。邵飘萍知道后立即在《京报》上发表署名文章《为学生事警告政府》,抨击道:"政府但知对人,而不知对事;但知打肤浅之官话,而不肯视为重大问题加以细密之研究。我在此唤醒政府勿再专事对人敷衍,以益使风潮扩大。"

可是北洋政府不顾社会舆论，也不怕邵飘萍的抨击，于6月4日又狂捕七百多名学生。北洋政府的大逮捕并没有因此吓住爱国学生，迫害愈厉害，反抗也就愈激烈。6月5日，北京各校五千多名学生每人背着行李，甚至连面包，牙刷毛巾等用品都带了。准备陪着被捕的同学一起去坐牢。邵飘萍获悉后，不顾家人、友人的劝阻，也不怕北洋当局的高压政策，继续第一时间赶到现场采访后又赶回报社急速写好文章，在《京报》上猛烈抨击道："镇压学生的爱国反帝运动，就是为卖国扫障铺路！"同时，他又鼓励北京社会各界要"持久进行"斗争，并多次警告北洋政府不能用"军警之办法"对付学生。否则，爱国风潮将更为猛烈。当《京报》收到东京特电，北洋政府接到陆专使官电，确悉我国在6月28日拒绝在巴黎和约上签字后，邵飘萍立即于6月30日用两次《京报》号外进行特快报道，以告慰国人。7月1日，邵飘萍又在《京报》上刊出巴黎和会专使陆德祥、王正廷的新闻照片加以褒扬。

段祺瑞这一阵对北京的报纸特别留意，每天他都要让手下把报纸送到办公室翻看。这天他一早就来到安福俱乐部，刚坐下没一会儿，徐树铮就捧着一叠报纸来到办公室对段祺瑞说："这都是刚出版的北京报纸，喏，有《京报》《五七日报》《救国周刊》《益世报》，还有《晨报》《国民公报》《进化》《民声丛刊》《工人宝鉴》《太平》等，够您看一阵了。"段祺瑞也不吭声，只是示意让徐树铮坐下，他顾自翻看起报纸，没一会儿，段祺瑞突然猛拍了下桌子，气急败坏地骂道："这个以争青岛主权为宗旨的《五七日报》《救国周刊》真是他妈的一派胡言！什么玩意儿，把安福系和日本人挂上钩。徐树铮，立即传令下去，以'扰乱治安'的罪名禁止出售该报！另外，把他们的印刷局也一起封了！"

"是，我立即去办！"徐树铮此时见段祺瑞那鼻子又气歪了，车转身准备去派人查封报馆。

"等一下,还有呢!"段祺瑞气呼呼地道,"对《晨报》《国民公报》的样稿,必须让警厅派人每天审查后才能付印!另外,对什么《进化》杂志《民声丛刊》《工人宝鉴》《太平》等宣传无政府主义的印刷品,都一律视为'鼓吹社会革命,无政府,同情罢工,共产等邪说',也一律给我查禁!特别是对《京报》的邵飘萍,要派人严加监视!对邵飘萍,近期我对他特别留意了一下,仅学生爆发游行以来的两个月,他就发表时评等署名文章达四十多篇。从他所发表的文章来看,此人有扰乱学生心态之用心,可谓心怀叵测,你要让人盯住他,密切注意他的动向!"

"是,我立即派人去办!"徐树铮说完转身就办事去了。

徐树铮刚走,司法总长朱深脸色铁青走进了段祺瑞办公室,把几张《小京报》,还有上海的《时事新报》拿给段祺瑞看,十分气恼地道:"这个邵飘萍太不识抬举了!您看看,他所办的副刊《小京报》上的文章,什么《鱼行老板》《猪子营生》,明明是在讽刺曹锟贿选总统吗?特别让我气愤的是《小京报》又转载上海《时事新报》上的一篇短文,明明是在含沙射影的讥讽我把聚敛所得供安福系贿选总统。他邵飘萍自以为聪明,原文虽未写我朱深的名字,但意思已很清楚,现在整个北京城都在议论此事,影响极坏啊!段总啊,您看,对这个姓邵的,我们该怎么办?"

段祺瑞已看出朱深对这件事十分愤怒,也不好再说什么,心里也想起邵飘萍曾多次让自己难堪,何不借朱深的手教训一下邵飘萍。就佯装十分生气地说:"连堂堂司法总长也敢讥讽,邵飘萍也太大胆了!好了,此事你自己看着办吧!"

朱深恶狠狠地说:"好,我立即派人查封《京报》,逮捕邵飘萍!"说完气哼哼摔门而去。

八月的北京，已是很热了，连那吹到人身上的风都是炽热得难熬。在北京前门外三眼井三十七号《京报》报馆，有一天，邵飘萍正在办公室写文稿。忽然，电话铃响了。他接起电话问："是哪位？我是邵飘萍！"电话里传来的是老友包天笑爽朗的笑声："飘萍，我现在东车站，今天就回上海，我看你没日没夜地忙，就电话里向你道个别，我们什么时候再聚，如今局势混乱，你自己可要多小心啊！"

"包先生，请您在那稍等片刻，我到车站送送您！"邵飘萍说完挂了电话，立即快步走到报社门口，上了一辆黄包车赶到火车站。等邵飘萍到时，包天笑已上了火车，他远远地望见邵飘萍满头汗水跑来找他，包天笑过意不去连忙走出包厢迎接邵飘萍，说："你这么忙，就不要来送了，看把你跑得一头汗水！"邵飘萍说："就是再忙，老朋友走了，还是要送送的！"此时，包天笑在过道上突然看见章士钊夫人吴弱男，原来她就在隔壁的车厢。她告诉包天笑，章士钊在上海病得不轻，幸亏邵飘萍帮她拍了电报到上海，现在她也要赶去上海照顾章士钊。他们正在说话的时候，火车却已到了开行的时候，只见那火车站长夹了两面红绿旗，走进月台来了，邵飘萍说了声："两位一路保重，请代问章士钊先生，祝他早日康复！到了发个平安电报给我！"说完就急急忙忙地跳下车去了。此时包天笑却突然发现邵飘萍匆忙中却把他的一支手杖，遗留在他坐的车厢里。包天笑连忙朝窗外看，邵飘萍已在月台上频频向他招手呢。包天笑急忙将那手杖从窗口伸出去递给他，可是那火车却蠕蠕开动了。邵飘萍忙说："不要了！不要了！那手杖送给您，作为一个纪念。"此时火车越开越快，渐渐地就看不见了。

邵飘萍此次来送包天笑，老感到身后有人在盯着他。此时，那个跟踪的尾巴来不及跳下车，正在急得干瞪眼，可是邵飘萍却嘲弄地朝他挥挥手。然后跳上一辆黄包车，一会儿就没了踪影。此时，那人也不顾一切地飞身跃下车朝邵飘萍追来……

邵飘萍好不容易甩掉身后的尾巴，回到报馆时，天已开始黑了，他细心地观察了一下报馆的周围，没有发现什么可疑情况和可疑人物。然后他才走进报社，在办公室先给汤修慧去了个电话，说："你们自个先吃吧，我把手头上的稿子写好就会回来。"

此时，报馆里除了邵飘萍在忙，那潘公弼和几位记者也还在忙碌着明天的版面安排，校对的，编稿的，划版的，每个人都在认真地做着事。忽然电话铃响了，邵飘萍接起电话，从话机里传来一个男人非常焦急的声音："请《京报》邵飘萍先生接电话！"

邵飘萍急忙说："我就是邵飘萍！请问您有什么事吗？"

"啊呀，邵先生，不好了！"电话里那人急促地道，"安福系已派军警来抓您了，您快走吧！"

"抓我？"邵飘萍大声追问，"请问先生是何路朋友？安福系来抓我您又从何知道的？"

那人在电话里也大声回道："邵先生，这您就甭管我是谁了，赶快逃走先躲过这飞来横祸才是！我也是敬重您先生的为人，所以才冒险给您打个电话，快走吧，邵先生！"说完，对方就把电话挂了。邵飘萍从打电话人的口气中判断知道此次是凶多吉少，可能是要来抓他了。急忙中从堆在桌上的文稿中，抽出几份最重要的放进一只手提箱中，然后又找出李大钊、罗章龙刚送来的重要书报，文稿也塞进箱内。此时，潘公弼也神色慌张地跑来说："飘萍君，赶快走吧！报馆外有军警在叫喊了，我从门缝里看到还有警车停在旁边，快走吧！这里就交给我好了！"汤修慧也听到了动静和门外的喊叫声，也急忙跑了过来说："怎么走？门外已被军警包围了，就是插翅也难逃了！这可怎么是好啊！公弼呵，你平时蛮会动脑的,还不快想个办法,难道就眼睁睁看飘萍被他们抓了？"

这时,潘公弼猛拍一下大腿:"有了! 飘萍君,我看,此时您该学学水浒里的梁山好汉时迁才是啊! "

"亏你想得出呀! "邵飘萍苦笑了一下,拍拍潘公弼的肩膀说,"好兄弟啊,看来我只好做回时迁啰! 报社就交给你了,你可得帮我守好! "

潘公弼说:"人在报社在,你放心走吧! "

汤修慧着急地催道:"还不快走？这里有我和公弼,放一万个心走啊,你真要把人急死啊! "邵飘萍此时双眼红红的好像要喷出火来,突然吻了一下汤修慧,说:"保重! 慧,我走了! "他手里拎着手提箱,推开屋后门,仓促地却灵巧地爬上了屋顶,然后俯身在《京报》馆那灰色的房脊上飞快地行走,幸亏他穿得是一双软底布鞋,才没有弄出很大响声来。

此时那报馆的大门被军警们撞击得山崩一样响,汤修慧故意慢吞吞地去开门,心里想飘萍应该逃远了,才把门一下子拉开,那正在用死劲撞的几个军警随着她的开门扑了个空跌倒在地,恶狠狠地骂道:"他妈的,死娘们,你找死啊! ""我这不是来开门吗？你们自个儿不长眼,怪谁呢! "汤修慧也回击道,"朝女人吼,算啥能耐! "

后面的军警一把推开汤修慧,说:"女人闪一边去,我们抓得是邵飘萍,邵飘萍呢？ "

"你们自个不长眼呢？"汤修慧白了一眼那军警说,"你问我邵飘萍在哪？我还要问你们,邵飘萍犯了民国什么罪?你们要来抓! "

那军警也没好气地道:"这个我们无可奉告! 我们当军警的只管执行命令,上面让抓谁就得抓谁,如抓不到邵飘萍,我们回去也难交差呀! "说着他们就在报馆里乱翻乱找。看到不顺眼的地方就乱砸一气,好端端的一个报馆,一下子被他们弄得鸡飞狗跳,乌烟瘴气。可是所有的旮旯都找遍了,没有找到任何有价值的罪证,也没有抓到邵飘萍,气得他们在嚎叫着骂娘。此时,邵飘萍乘着夜色的掩护,从屋顶上爬到了一家院子的矮墙上,然后机警地跳了下来。他朝四周扫了一眼,没有一个人影儿,正在着急时,一辆人力车慢悠悠地哼着小曲儿过来了。

邵飘萍等那车走近时,就凑上去压低声说:"劳您驾,兄弟!辛苦一趟成吗?"

人力车夫说:"好嘞,先生这是要我奔哪呢?"

邵飘萍挥了下手说:"多给你几个大铜子儿,立马送我到六国饭店!""啊唷,那可是好地儿呢!好嘞!"那车夫唱歌似的道,"请先生可坐稳了!我可是飞毛腿呢,奔六国饭店,一眨眼儿就到!"说着,拉起人力车迈开腿真的飞奔起来,不一会儿,就消失在喧闹的街市里……

军警们见找不到邵飘萍,嘴里骂着:"真他妈的晦气,这两手空空的回去,还不得又挨一顿臭骂!"说着,掏出盖着血红大印的封条先封了编辑部的大门,然后又几枪托把挂在墙上的《京报》馆条匾也砸了下来。然后向正怒目相向看着他们作恶的汤修慧道:"哪一位是潘公弼?"说着,把恶狠狠的目光扫向潘公弼。

"怎么?"汤修慧警惕地反问道:"抓不到邵飘萍,你们又要乱抓一个充数?还有你们这样执行任务的吗?"

潘公弼怕这群疯狗丧失人性要加害汤修慧,急忙把汤修慧拦开说:"老夫就是潘公弼!"

"好,够硬气儿。"那军警贼眉鼠眼的狞笑道,"邵飘萍抓不到,把你抓去也一样!"说着,掏出手铐就拷了潘公弼,然后对另一位军警说,"把他带走!"

汤修慧厉声道:"他又不是邵飘萍,你们凭什么要把他抓走?"

"凭什么?"军警恶狠狠地道,"他不是《京报》的主编吗?抓的就是他!"说着用肩膀猛地撞开汤修慧,然后扬长而去。汤修慧被那恶警这一撞击,差点倒地,幸亏被站在她旁边的一名记者扶住。不过那一撞,使汤修慧那被撞的地方痛了好几天。

此时,在北京的各个胡同里、街上都有军警在往墙上张贴布告。军警边贴布告,边嘴里还不住地嘟囔着:"哎、哎、哎!我说你们前面这几位是不是往后闪开着点儿看好不?这也真是的,这着的是哪门子急呢?待会儿让老子贴好了,保管让你们看个够!嗨,这真他妈的不开眼儿!"

一位样子很清瘦的老人这时挤到人堆里看热闹,但他不识字儿,只好向站在他身边的学者模样的中年人打听:"不好意思,劳你这位先生大驾,这墙上贴的都是啥哩?政府又在发布啥重要事情啊?"那人冲老人一笑,说:《京报》报馆被查封了,社长邵飘萍跑掉了,所以安福政府贴布告要在全国通缉邵飘萍!"

"政府为什么要通缉他啊?"那老人又问。

旁边一位学生对他说:"还不是因为邵飘萍在'五四'时期对爱国学生的支持,还有他在《京报》上对镇压学生运动的猛烈抨击,所以安福政府就要抓他去坐牢啰!"

"嗨,看来你们只知其一,而不知其二。"说这话的是一位绅士模样的胖子,他颇为神秘地说:"据可靠消息,那邵飘萍没有逃出北京,而是躲进了六国饭店,安福政府就行文外交使团以'侮辱政府'为由企图引渡邵飘萍,引渡不成后,又指责邵飘萍'有扰乱北京治安之计划',再次行文引渡,仍然不成。所以就行文全国以通缉邵飘萍。听说他们抓不到邵飘萍就把《京报》报馆的一个姓潘的主编抓去抵罪。还无端判了两个月的监禁!"

"唉,这是什么世道啊!"

"坏人得意,好人遭罪,民国还有公理吗?"

"那姓邵的是好样的,但愿他能逃出虎口,可千万别让他们逮着啊!"围在布告前的人们发出感叹,在交头接耳,悄声议论着。

暂时脱离危险的邵飘萍,此时坐在东交民巷六国饭店的一间豪华客房里,从窗口往下看正好是六国饭店的大门口,他发现在门口附近有许多可疑人物在活动,那很可能是当局布下的侦探和暗哨。看来要想逃出去还得想个办法,可是他此时担心着报馆和家人是否也遭到了毒手。他好几次拿起电话想给修慧打个电话,可是又担心是否有特务和军警在守着电话机,布好了天罗地网正在等着他上钩呢!他拿起电话又放下,如此这样折腾了好久,最终,他忍不住拿起电话拨到了家里,当他对着话筒"喂"了一声,可话筒里却没有声音!突然,话筒里传来修慧的声音,她连珠炮似的急迫地说:"哎唷喂,许老板,您好您好啊!我早就和您说好了,定好的布和衣服您就按我的要求做好就成了,用不着试穿的,都是老朋友了,好,不用送来的我自个儿会来拿的,不用客气,那就这样说定了,明儿见!"说到这就"咔"的一声挂了电话。邵飘萍想,从修慧在电话里说话的口气,可以判断家中肯定有警察在守着抓他,要不然修慧是不可能这样对他说话的。看来,家是不能回去了,可是老这样躲着也非长久之际,更何况是靠六国饭店使馆界来保护自己,这实在是让人深感耻辱啊。时间过得飞快,邵飘萍躲在六国饭店已将近一星期了。虽然此段时间他仍挥笔不止,把写好的文章,托人带给汤修慧,《京报》虽然被封了,但新闻编译社还照样运转。邵飘萍思来想去,老这样困在六国饭店,自己都快疯了!邵飘萍在心里盘算,哼,你安福政府不是想抓我姓邵的吗?我何不三十六计走为上计,来他个金蝉脱壳远走高飞,让他们骂娘去吧！

第二天一早,邵飘萍刮好胡子,提了把热水瓶来到烧开水的地方打水,看见那烧开水师傅穿着工作服,忙碌着帮人灌水瓶,心里突然咯噔一下,他眼睛不由得一亮:"哈哈,有了！"于是他故意慢吞吞的让其他人先打水,等轮到他时,其他人都提水走了,他就对那师傅说:"师傅,你每天都这么早烧开水,很辛苦啊！"

那烧水师傅叹了口气:"唉,我们生来贱命一条。嗨,这种世道,能有水烧混口饭吃已是万幸了啊！"

"不,你总有一天会好起来的。"邵飘萍看住他说。

"是吗？"烧水师傅说,"那要有这天,也是托你的吉言啊。看起来,你可是个有文化的人,能住在六国饭店里,那可是有身份的人！"

"你猜得不错。"邵飘萍说,"也许我是身在福中不知福吧。你看看,平时老是穿些好衣服,可从来都没穿过你身上这样的工作装,所以我很想和你换下衣服穿穿,不知你是否愿意？"

烧水师傅吃惊地看着他说:"你是说要换我这身破工装？你这不是吃亏了吗！"可心里却感到面前这位绅士样子的人是不是脑子有问题啊。唉,自己活到如今年纪也不小了,这可是头一次碰到这种怪事。嗨,管他呢！想那么多干啥！他要换就给他呗！于是就说,"你真想要换我的衣服？"

"是啊,我心甘情愿要换你的衣服！"邵飘萍笑着说。

"那好,我答应就是！"烧水师傅说,"不过,我身上这套已是又旧又破了,我另外给你找一套好一点的。"说着走进开水房里间拿出一套比较好的衣服给邵飘萍,"你就拿去穿吧,看得出,你是好人,好人我是不能去害他的！"

邵飘萍笑着接过衣服,连忙把手中的几块大洋递给他说,"谢谢你,帮了我的忙,这些钱你拿去再买套新衣服吧!"

"啊唷,这么多!"烧水师傅见钱眼开,心里那个高兴呀,他差点跳起来,急忙伸出双手接过邵飘萍递给他的大洋,说:"钱我就收了,你忙你的吧。"说完就提着开水壶哼着小曲儿走了。

邵飘萍拿了衣服,急忙回到自己的房间,经过一番精心打扮,变装易容。等天黑下来他从房间里走出去时,人们看见的是一个捡破烂的老头,步履蹒跚着走出六国饭店的门口,那些守在那里的军警,侦探对这脏老头连看都没看一下,可是他们做梦都没想到,邵飘萍已从他们的眼皮儿底下大模大样地溜走了!此时,邵飘萍如脱笼的小鸟,乘着夜色跳上一辆黄包车直奔北京丰台火车站。夜,疯狂的夜,像一个醉汉,风呼呼地时而发出几声尖利的咆哮。这是1919年8月的一天。北京丰台火车站。站台昏黄的路灯下,蜷缩着许多蓬头垢面的乞丐。他们横七竖八地躺着,几只锌皮破烂空罐头盒胡乱地放在脚边。可怜的人儿,这是一群被上帝遗弃了的生命,看得出来,他们已有好多天没吃到东西了。此时,由远而近,一辆蒸汽机火车鸣着震耳欲聋的汽笛声,"呼哧、呼哧"地排放出巨大的白色气浪,缓缓地驶进了站台。刚才还冷清清的车站一下子热闹起来,人们提着、背着、扛着沉甸甸的行李,前呼后拥拼命顾自地挤进一只只绿皮车厢。此时,车厢里一片混乱,瓜皮果壳仍得满地都是。一股难闻的、刺鼻的混合气味弥漫了整个车厢。邵飘萍此时头戴一顶浅灰色的旧礼帽,身上是一件较宽大的带点烟灰色、补着好几块补丁的斜襟短褂,下边着一条宽档藏青色布裤,脚上是一双旧的黑色圆口布鞋,也混在这群肮脏的人们之中,挤进了这个肮脏、喧闹的世界。邵飘萍踏上的这辆火车是开往天津方向的。他上车不一会儿,火车就启动了车轮,火车越开越快,"轰轰"地怪叫着,像头饿极了的怒狮,冲向前方的天津车站。

邵飘萍此时注视着满车的同胞,看着眼前这无数面黄肌瘦的同胞,心里升腾起难言的痛苦与愤怒。这些该千刀万剐的狗军阀,好端端的一个中华被他们弄成支离破碎,民不聊生!老百姓到何日才能扬眉吐气?何日中华民族才能像巨人般屹立于东方?

邵飘萍轻轻地叹了口气,浑身疲惫地将身子靠在车厢的旮旯里,通过车窗玻璃,他看到的是空荡荡的站台,昏黄惨淡的路灯,还有无边无际的茫茫黑夜与原野。邵飘萍用手将帽子往下压低了少许,机警地朝车厢里又睨视了几圈,还好没有谁注意他的存在。这一切可从人们那麻木、呆滞的目光里可以看清楚的。好了,此刻,他可以好好地、美美地睡上一个好觉,愿上帝能送给一个好梦……此时,火车“当啷啷、当啷啷”地哼着有节奏的曲子,风从车窗呼啸而进,吹飞起邵飘萍身上的破衣服,使邵飘萍悠然自得地进入梦乡……

梦中,汤修慧走到他床前,边给他盖好踢到床下面的毛毯,边爱昵地数落他:“你呀,连睡觉都不老实,老是把毯子踢掉,受了凉怎么办?真让人不放心啊!……”此时,祝文秀红肿着杏子眼,也爱昵的责备他:“阿萍,您跑到外国去了?怎么也不和我说一声,真是的!瞧!饭都凉了。阿萍啊,您在哪儿?您在哪儿啊?……”

此时,他的眼前又闪现出小乃那双充满温情爱意的眼睛,手上抱着刚出生不久的二儿子祥生在对着他微笑着,却不说一句话……“哐啷”一声震响,把邵飘萍从梦中惊醒了过来,他睁眼见自己还是坐在火车上,刚才是自己睡过去了在做梦。他暗自叹息:“修慧、小乃、振亚,都是我不好,孤零零地撇下你们担惊受怕,唉,我此时也是十分想念你们啊!”邵飘萍叹了口气,然后从口袋里摸出烟,抽了起来。抽了几口烟,忽然想起文秀写给他的信还没看过,连忙从口袋里拿出来,祝文秀在信里这样写道:“萍君:这两日,我看你甚忙,所以我写封信告诉你,你也当原谅我前几日说的话,想你不容易办到,所以我再退一步想,前要请汤太太,到舍下一谈,这一层是恐怕以后家中有什么不和睦事情,使你左右为难,所以我,打算当面说说明白,现在既然不能办到,也可以不必请她来了。我的说话,则要对你说明白,你想可以办到,或不可办到,就是了。因为你是家中一个主人,各种事情也应当晓得的,所以我也不用对她说了。但是家里须要有一个规矩,不可以像现在的情形,我对于各种家规教训,有理的,我是极喜欢听的。再有一句话,我要告诉你,这几年,我的姐妹们,同你的朋友,常常问我,说:'你——,你打算如何结局,'我就回答:'阿萍从前说过的,他能够叫我到他家里去,是平等的,若不能叫我到他家里去,他一定想法安排我,并且他对我是很好,待我的爷娘兄弟也是极好,这种情形,别人是办不到的。虽然现在因为有他的难处,并且当初也说明白的,所以这样我也心满意足,不能怪他的。'既然我这种言语,说在外面,所以你办事的时候,要常常望你替我想想,并且望你努力前进,倘若此事不能办好,再要像从前的,你即不能,再往下做去,我想也不如事体,因为汤太太已有两个意思,你终要做一个,并且此事也不可以耽搁。我想你一看,我上面的说话,就可以有一个回音,所以我望你,今朝没有回音,明日无论如何,要回复我的,免得我心思不定,但有一层,不要为了我的苦命人,破坏了你的极好的声名,这是要紧的。文秀。"此时,邵飘萍看完了祝文秀的信,又长叹了数声。火车在漆黑的夜色中,继续"隆隆"地向前奔驰。

到天津后,邵飘萍就住进一家外国人开的旅馆。第一件事他就给汤修慧打了电话,他怕还有侦探守在报馆里,拨通电话他先不说话,等到话筒里传来修慧那熟悉的问话声时,他才轻声地说:"慧啊,是我呀!"电话里传来修慧急迫而又惊喜的声音:"飘萍,不用担心! 那些狗已到别处咬去了, 你安全吗? 啊唷, 你逃走的这阵, 我真正是度日如年啊。你说吧, 你打我电话, 肯定有话要说的! "

邵飘萍说: "我刚到天津, 我是问问家里, 报馆的情况怎么样了? "话筒里又传来汤修慧气愤的声音: "那群疯狗把我们的《京报》封了, 潘公弼也被他们抓去还被判坐两个月的牢, 这些遭天谴的恶狼, 实在可恨啊! "邵飘萍连忙安慰道: "报馆被封是暂时的, 等过了这阵风声, 我们可以再复刊的。只是苦了潘公弼了, 你得设法去看看他, 辛苦你了! "

"看你说的。"汤修慧极为动情地说, "我们是夫妻, 用得着说辛苦吗? 至于潘公弼我已托人在疏通中, 讲好明天去看他, 再说, 我办事能力你也该清楚的, 世上的事, 只要用心去做, 总会做成功的, 放心吧! 对了, 你还有什么事, 就说吧! "

"报馆和家中有你在, 我就放心了。"邵飘萍说: "唉, 只是我如今在外面, 许多资料, 参考书, 钱和换洗衣物都没带, 很不方便。我准备让祝文秀来拿, 你按我写好的书名单子准备好让她带来好了。"

"哦, 好的。"汤修慧似乎想说什么, 停顿了一下, 又说, "我明白你的用心良苦, 其实你不让她来。我也会设法把东西带给你的! 你这样的安排也好, 只是你得让她在路上小心些才好! 哦, 对了, 那位小毛回湖南老家去了, 说去主编《湘江评论》, 临走他找到报社要见你, 可惜你那一阵都在外边忙, 我也把这事忘了。其他没什么事了吧? 那我就要挂电话了! "

"暂时没有了。如有我随时会给你电话的。"邵飘萍说, "哦, 对了, 潘公弼被抓了, 如有事可同潘劲昂多商量的。""好, 我知道了。""辛苦你了, 慧。"邵飘萍说完听修慧挂他才挂了电话。

祝文秀无精打采地一个人坐在沙发上, 已一个多星期了, 邵飘萍离开她这么长时间里连一点消息都没有！此时,她后悔不应该给飘萍写那封信了,唉,短短的几天,她好似度过了漫长的几年。她想哭,想对着苍天咆哮！老天为什么老和她过不去,为什么总把灾难降临到她的头上。她知道,这次邵飘萍出走,凶多吉少,而那群野兽又是何等的凶残！天呢,要是真的有个三长两短,她痛苦地闭上了眼,不敢再往下想……突然,"喵——"的一声尖叫,一只小波斯猫窜到她的膝盖上,那蓝色的眼睛闪烁着幽光,一阵急促的电话铃声惊吓了它。她走过去,轻轻地抚摸着它那光滑绸缎似的皮毛,嘴里哄道:"我的小亲亲,别怕！别怕！那是电话啊！"她一把抓过电话筒,一听,对方是她朝思暮想的阿萍！那熟悉悦耳,洪亮清晰的声音,是他呀！她感到一阵晕眩,极度的,突然的兴奋使她拿话筒的手和整个身体都在颤抖了。

"阿萍,你可想死我了！跟着你,我总得提心吊胆地过日子,你这是在哪儿打电话啊?"

"振亚,我也想你的！我在天津,你快来！我住在……"从电话里听去,邵飘萍很着急。

祝文秀此时眼里含着晶莹的泪水,声音压得很低的道:"我记住了,阿萍,我马上就到,放心吧！"

祝文秀在雾气腾腾的夜色中,摸黑走出了羊皮市胡同,正好路口有辆三轮车在候客,她说:"去火车站！""好嘞！"那三轮车夫拉起祝文秀就飞跑起来,直奔前门火车站。不一会儿就到了,她急忙到车站售票口买了张四等车厢的票检了票, 连夜就赶到了天津。此时,她来到了一家外国人开得旅馆。那门面装修得金碧辉煌,走进去时,祝文秀朝大门口笔直立着的一名金发碧眼的男侍一笑,那男侍也友好地报以微笑,并热情地为祝文秀拉开了玻璃大门。祝文秀来到三楼一间豪华客房,鲜红色的地毯直扎人眼。此时,邵飘萍正伏在一张写字台上挥笔疾书。

"阿萍!"祝文秀一下子扑了过去,泪水竟夺眶而出。

"振亚!"邵飘萍也扔掉笔,紧紧地拥抱住祝文秀。此时此刻,他感到祝文秀那绵软的身躯在他怀里颤抖,一股热浪涌满了他的全身。祝文秀嘴里只是:"阿萍,阿萍……"的轻声呼唤,此时,语言完全显得是那么多余无力。邵飘萍轻柔地抚摸着她那丰盈的身子,她有着一种文文雅雅的娴静,也有女性的温柔和善良,妩媚和安恬。

落地玻璃窗外,茫茫的雾气,像乳白的轻纱,飘落在整个城市的上空。此时,祝文秀甜美地冲着他嫣然一笑,那妩媚舒坦的眉宇间,纯真得像个小女孩。祝文秀的脸和那黑色的头发,在灯光下焕发出柔和的光华。她温柔亲切,多像夜间开放的玫瑰。良久,他们面对面无言地笑着,开心地笑着。房间清凉,地毯没有声息,陈设豪华,柔和的灯光下,箭头帐竿,铜床钩,发出温馨亮丽的光芒。此时, 女性身体的不可言传的美妙, 使他走进了一个只有热情、销魂、酩酊如醉的神奇世界。此时,窗外开始下起了霏霏细雨,但感情的极峰却在他们心头明光闪闪。祝文秀此时心儿迷醉,似睡非睡。有着浅浅酒窝,丰润的面容上焕发出一种细润如瓷的光泽。邵飘萍温柔的爱抚使她幸福得双唇颤抖不已。但他的不告而别又使她不安与惊惧,她看住他道:"阿萍,你为什么逃离北京?"

"北京有人算计我!"邵飘萍放下祝文秀那绵软的手,边整理衣服边说。

"是谁?"祝文秀不敢相信,竟有人要加害邵飘萍。

"就是靳云鹏内阁的那个名叫朱深的司法总长和尹朝桢,借口《京报》侮辱政府之罪名,派军警来抓我,为不致遭其毒手,我只好不告而别,先在天津躲一躲,再图良策!"邵飘萍说着站了起来,走到窗前,窗外细雨淅沥,街灯点点,照亮了沉沉夜色。

"他们为什么抓你呢?"

"这伙民族的败类!"邵飘萍愤愤地道,"还不是因为我在'五四'时支持爱国学生运动,在《京报》上抨击段祺瑞这伙人面兽心!于是,他们就来封我的报馆,还派人来抓我,还好我得到消息从房上爬出,逃出火坑。振亚,这一次我差点见不到你了!"

祝文秀突然张开手臂,一把拥住邵飘萍,泪水飞涌道:"阿萍,你可千万千万小心提防啊!"

邵飘萍轻抚着祝文秀,内心也为之动容地说:"吉人自有天相,只要活着,我姓邵的就不会停下手中这支笔。这批豺狼,你不去揭露他,也会乱咬人的!"说着,邵飘萍掏出手帕,轻轻地拭去祝文秀脸上的盈盈泪水。此时,他才注意到祝文秀瘦了。原先好看的鹅蛋形脸蛋蒙上了一层暗淡的阴影,两只杏子眼眼圈乌青。唉,是他拖累了这个女人,让她担惊受怕,一种怜悯、愧疚、悲凉的心绪涌上了他的心头。一阵电话铃声把他从这种复杂的情感氛围中唤醒。

他接过电话,又心情沉重地放下。然后什么话都不说,拉开抽屉取出一封信,想了想,一双明亮的眼睛定定地看住祝文秀,说:"振亚,有封十分重要的信你帮我上街到邮局寄掉,寄好后立即返回北京,到京报馆找汤修慧,让她给我找几本书,我编稿急用!"说时,将一张字条递给她,并嘱咐道:"所有要的书名都已写在字条上,你放好别弄丢了!"

"可是,我去她能给我吗?"祝文秀似乎有点疑虑地道。

"我已有电话给她了。"邵飘萍说,"不过,这可不是一次轻松的任务哦,你可要比平时多点心眼,不要被特务盯上就慌了神,要千方百计完成我交给你的任务!"

"你就放心吧！"祝文秀非常激动,由于兴奋,竟使她的脸犹如桃花盛开,美艳欲滴。她常常感叹自己没有文化,不能像汤修慧那样帮他料理报务。有时背着邵飘萍也常常暗自垂泪,伤神。而今,他竟要她只身一人去报馆找汤修慧取书。这是他对她的信任,她仿佛看到沉沉的黑夜中升起了希望之星,那么夺目,那么瑰丽,那么辉煌! 只要她能够做到,就是粉身碎骨,她也会为之而死!

祝文秀为避免被眼线盯上,走进火车站却没上客车,反而上了辆开往北京方向的大篷车。可是,开到半路上天突然下起了倾盆大雨,可恨大篷车却是无顶棚的,顿时把一车人都淋成了落汤鸡,她幸亏带了把雨伞,但还是被淋湿了。到北京后,她想找辆黄包车,但等了半天还是雇不到,她只好咬着牙朝《京报》报馆方向急走。此时,雨点像被击落的鸟儿一样拍打着翅膀,在泥泞不堪的街道上不断跳动着。大雨一阵猛似一阵地倾泻着,像是在狂吻大地。祝文秀顶着把雨伞,两只脚被风撩得歪歪倒倒的一会儿深,一会儿浅地跋涉在北京南新华街上。突然,沉雷犹如猛烈的山崩似的隆隆滚动,斜着穿过整个天空。那迅间闪亮明灭的火花,好像春天火红的郁金香。此时的祝文秀,被这无情的风雨折磨成水人儿了。她咬着牙,忍受着雨风的淫威,走过东琉璃厂,拐进了一条小胡同。这时,她朝四周环视了一圈,没发现有可疑的人盯梢。突然,她快速地闪进了位于前门外三眼井三十七号已开门的《京报》报馆。

她把邵飘萍写好的纸条递给了守着报馆的汤修慧,嘴里一口一个大姐地叫着,她们相拥恸哭。"看把你都淋成什么样了!"汤修慧有点动情地道,"看你,也太实诚了! 下这么大雨,你就不能躲躲吗? 对了,飘萍怎么样了?"

祝文秀抽抽咽咽地说:"他在天津一个外国人开的旅馆里,让我来是要把书带去,他要急用!"

汤修慧见他浑身已湿透,心中顿生怜悯之情,急忙从箱中翻出她穿过的几件衣服,柔声道:"还不快换掉,要生病的!"

祝文秀这边换衣服,汤修慧那边也手脚麻利地已把飘萍所要的书找出来捆扎好。祝文秀接过书籍,说:"姐姐,谢谢你了!"

汤修慧点点头,说:"让飘萍这些天小心些,千万保重!报馆的事情让他放心,有我守着呢!"

祝文秀正想走,被沈小乃叫住了,她烧了碗热腾腾的姜汤端来,说:"在我们老家金华,淋了雨喝碗红糖姜汤,就没事了!"

祝文秀连说:"谢谢,谢谢小乃姐姐!"

"不用谢,不用谢!"沈小乃说完又顾自去忙了。

次日,天津火车站。祝文秀提一只棕色小皮箱,身穿丝绸花旗袍,足下肉色丝袜,衬着一双南美洲响尾蛇皮做的尖而秀气的小皮鞋,腕上戴着半个铜圆大的一只小金表,活脱脱一个贵妇人模样,她此时扭着腰肢走出站台。正当她东张西望时,突然,她的肩头被谁拍了一下,她猛地回头一看,一个压低草帽,浑身打满布丁的车夫立在她的面前,轻声地对她说:"你是祝小姐吗?"

她听到此人叫他祝小姐,吓了一跳,非常吃惊,在这陌生之地,竟还有人认识她,而且还是个穷车夫,这时,她想起邵飘萍让她遇事要多留个心眼,立即装成根本不认识,平静地道:"你认错人了!"说完,绕过拦在面前的车夫,夺路欲走。

"振亚!是我!"那人力车夫此时把草帽一抬,原来是邵飘萍扮得。祝文秀又惊又喜:"阿萍,你怎么扮成这样!"这时,一辆三轮车悄悄地跟在他身后。邵飘萍一把接过祝文秀手中的皮箱,压低声说:"快乘上三轮车,有话到旅馆再说!"没等祝文秀再说什么,她已被邵飘萍连推带抱地塞进了人力车,邵飘萍也上了后面一辆车。不一会儿,车子就消失在五光十色的闹市人流中。

天津,外国人开的一家旅馆。

邵飘萍挽着祝文秀推开一间特等客房的门,祝文秀一见房内的陈设"哇"的一声叫了起来:"太好了,阿萍!"此时,祝文秀双目不停地在房内转:这房的左角隔成小间,墙上有门,内为浴室。左角置一大铜床,被帐铺设,极为鲜艳,床前悬蓝色绒幔。右墙紧靠幔处,为通外室之门。门右为书桌,左墙有长窗,开窗见小凉台,可见外边街景。窗左有镜橱,室中偏左置有小圆桌及数椅。壁上杂挂着几幅西洋画,月份牌,旅馆之规划,广告等。邵飘萍刚把房门轻轻关上,就被祝文秀的双手紧紧地搂住了。顿时,她脸上背上的热气把他包围起来,他一下子什么也不知道了,只听见双方心房的跳动。良久,邵飘萍这时看到她那突然显露出的天使般神态,心里非常激动,充满感激之情。祝文秀说:"今天你装扮得真像,可让你吓坏了!"说完走到那面亮晶晶的橱镜前用梳子整理起刚才被弄乱了的头发。邵飘萍哈哈大笑:"我这是考验你!看看你的应变能力,还不错,挺冷静的!"

"你真坏!"祝文秀娇嗔地道,"不帮人,还来吓人呢!"停了一下又道,"那雨都把我浇成'落汤鸡'了!"说着,指了下她刚才换掉的那件旗袍说,"幸亏修慧姐可怜我,把好的衣服让我换!对了,还有小乃姐姐还烧姜汤让我喝,要不然,不生病才怪呢!"说着,用她的一双小拳头,朝邵飘萍身上雨点般的敲来。邵飘萍并不避让,反而温柔地抓住她的手,哄道:"好了,是我不对,但事情紧急,我也无奈,只好请你多原谅了!再说,你此次去也很有收获!修慧、小乃对你都不错,你们能相处如宾,我的心也就安了!说吧,今后如让你帮忙,你还去吗?"说时,点上支烟,抽了起来。

"真的?"祝文秀转嗔为笑,"那肯定去的!我刚才也是试试你的！"说着，一双水灵灵的眼睛盯住邵飘萍，仿佛要从他那充满智慧的目光中寻找出什么。

邵飘萍开心地笑了，说："昨天早晨的那场雨那么大，我还真不想你去了。谁知我醒来，你已走了人！怎么样？汤修慧她说什么来着。"

祝文秀道："她让你放心，报馆有她，要你保重！千万别出去！"

邵飘萍弹弹烟灰，说："看起来，北京时局紧张，此处也非久留之地，姓朱的不会善罢甘休。为安全计，我们去上海吧。"

祝文秀心头不免一热，老是这样换旅馆躲躲藏藏的，终非良策。她同意他的打算就说："到上海，行，避过这阵再回北京，可我妈她怎么办？"

邵飘萍道："你妈那我已托友人照看了，放心吧！"

祝文秀动情地看住邵飘萍说："你都忙成这样，还没忘照顾我妈！"说着，双眼又泪汪汪了。邵飘萍此时一把抱起娇小身轻的祝文秀说："你看，你看，说得好好的，又哭什么呢？唉，就你泪水多，我最怕女人这样一副泪水盈盈的模样了。"他把她拉到那张大铜床边说："你还没睡过这么高级的床，好好享受一下，等下我赶好几篇急着要用的文稿，我们就到上海去！"

祝文秀温顺地躺在铜床上，目送着邵飘萍走到那张圆桌边，伏首疾书的样子，此时，她心里思潮翻滚，感慨良多。邵飘萍突然间抬起头，对她道："对了，浴室有冷热水，你不洗一洗？""好哇，昨天淋了雨还真想洗呢。"祝文秀从床上跳起，奔到浴室，放满一池水。然后，她脱掉衣服，舒适地躺在里边泡着。这时，她发现浴室的上方有一块明晃晃的玻璃，她那娇小的身材，圆而有力的双肩，和她那丰润的，什么时候都露着笑意的脸容很相称；腰细细的；头发披散开来像波浪一样滑腻柔软，又像带雨的云彩一样的黑；两只银杏型的眼睛黑白分明,顾盼之间,让人觉得眼波欲流;一双漂亮的小手,加上一双小巧玲珑的脚,浑身上下一切都非常调和完美无瑕。"太美了!"邵飘萍写好稿子也走进浴室。祝文秀好像被人窥见了什么秘密似的,不好意思地闭上了眼睛……

火车厢内。

邵飘萍化装成工人模样,躲在三等车厢的一个角落。这时,他佯装睡着了。祝文秀也穿着她母亲的服饰,装扮成保姆的样子,身边还带着一只特大藤篮,躲在车厢的另一头,但一双眼睛却机警的扫视着周围。此时,车厢一阵晃动。邵飘萍睁开了双眼,看到车中的人们都一副懒洋洋的模样,顾自做着各自的事。他从行李中抽出一本书,不料在翻书时露出了他那白净的手。他的那身肮脏的工人服与他那双秀才样的手在光线下形成强烈的反差,车厢中一阵骚动,邵飘萍却似无人那样专注在他的书中。书的诱惑实在太大了,让人迷醉。祝文秀突然发现有几双眼睛在盯着邵飘萍,显然,他们也感到奇怪了。她站了起来,若无其事地走近邵飘萍,用脚碰了下他的手,压低声音道:"你快把书放掉,人家都在瞅着你哩!"

邵飘萍抬眼一看,确实有几双眼睛在他身上贼样的转。他连忙放好书,感激地拍拍也已蹲下身来的祝文秀的肩头,说:"马上就到上海了。"祝文秀会心地一笑,如释重负地长出了口气。当她的目光再度扫视过去,那些原先盯着邵飘萍的贼眉鼠眼不见了。……

此时,上海到了,远远地望去,黄浦江边,宏伟的海关大楼尖顶显得气派辉煌,还有鳞次栉比,高耸入云的洋楼一眼看不到头。街上手拿文明棍的洋鬼子比比皆是。有轨电车"叮当"穿梭往来,拉黄包车的身上发出难闻的汗臭,飞快地奔跑着穿行在大街小巷。此时,邵飘萍一招手,十几辆人力车蜂拥而至:"先生,太太,请侬上车!"

他俩挑选了一辆较干净的车,对车夫说:"请侬拉到白克路!"

"好咧!请太太、先生坐稳当啰!"车夫拉起就跑,跑得飞快。车路过南京路时,那灯红酒绿、十里洋场中转出的靡靡之音,令人心醉神驰。黄浦江里,到处停泊着外国的船只,各色的旗帜,在海风吹拂下,狂乱地飘动着。外国轮船上那些隆鼻深目的水手们叽叽喳喳的说笑声也不断传来。码头上,那西装笔挺的外国阔佬同衣衫褴褛、面黄肌瘦的中国挑夫,形成了鲜明的对比。车到白克路,邵飘萍和祝文秀走下车,付了车钱。祝文秀问:"我们上哪儿?"邵飘萍说:"我们先找间普通点的旅馆,住下再作打算。"

"好,我也真想美美地睡一觉。"祝文秀非常赞成地道。

他们住进了一家钱较便宜的小旅馆,与在天津时比较,简直是天壤之别了。匆匆地安顿下来,邵飘萍对她道:"你先休息一下,我得立即给上海的《申报》《时事新报》写稿筹点钱,另外,我还要同几位友人联络一下。"说着,拿起旅馆的电话就打给包天笑家里,说:"喂,是包天笑先生家里吧?请他接电话!"

包天笑凑巧刚吃了中饭,想休息一下,一听说有电话,连忙接了过去道:"我是包天笑,请问您是哪位?"

邵飘萍连忙答道:"我是邵飘萍!我刚刚到,第一个电话就打给您,我现暂住在四马路的一个叫惠中的小旅馆里,您可以就来吗?"

包天笑答:"哟,是振青呀,我可以立刻来!"

邵飘萍急忙说:"还有一事,我到此旅费已竭,你可以借给我一百元钱吗?如不便,少些也无妨。"

包天笑连忙道:"可以!可以!我立刻送来!"说完就把电话挂

了。此时，祝文秀打来热水，拧好毛巾，让邵飘萍先洗了脸，又替他泡好茶，就轻手轻脚地张罗饭菜去了。

邵飘萍刚把烟点上，还没抽几口烟，包天笑突然敲开了他们的房门，说："我刚打听那旅馆管事的，说你们住在楼上，可看见门口旅客牌上，却写着是赵先生，我想这赵与邵音相近，不会有错，所以就敲了门，果然没错！"

邵飘萍连忙伸手握住包天笑的手说："想不到包先生这么快就来了，快请坐！"

包天笑走进屋，看见还有一位年轻的女子在座，不知如何称呼？邵飘萍见状连忙介绍道："这是张小姐，我们一同从北京来的，她是无锡人，要回去望她的妈妈，我们做伴同来的。"

包天笑礼貌地朝张小姐点点头，也不便多问，就从袋里掏出100元钱说："这点钱在上海只能用一个星期的开销，到时如不够，可随时告诉我。""够了，您这是雪中送炭啊！"邵飘萍接过钱随手递给祝文秀了。包天笑这时又问："你此次被逼出走，而潘公弼又被拘留，这个京报馆、新闻编译社，如何办理呢？"

邵飘萍说："哦，这个不用忧虑，修慧自能料理。我刚和她通了电话，潘公弼被拘，公弼的太太屡次到报馆来吵，除了薪水照发外，还有公弼别的进款，也要我们担任。当然是我移祸于他，听修慧说现已调停好了。现在我们先要把潘公弼保出来，修慧正在设法办理此事。"

包天笑赞叹道："飘萍呵，我觉得在现代妇女中，如修慧其人，殊不可多得啊！"

"是的，是的。"邵飘萍也颇有同感说，"我这一出来，报馆、通讯社，还有家就全扔给了她，全靠她一个弱女子支撑着，唉，身为七尺男儿，自愧不如啊！"两人又闲聊了一会儿，包天笑就走了。

包天笑走后,邵飘萍就伏在桌上,一直写了好几个通宵。祝文秀每晚一次次醒来见邵飘萍还在看书,双眼都熬得很红了。她一次次地催他:"不要太辛苦了,你这样'拼命三郎'的样子,真不要命了!"有几次她真恨不得夺掉他的笔,不能再写了!但看到他那时而愤怒,时而狂笑,时而咬牙的表情,她却打消了自己这种近乎愚蠢的念头。她理解,应该完完全全的理解他的这种拼命精神。

有几次,她看他实在太辛苦了,也爬起来,帮他烧点夜宵,帮他倒茶,点烟,有时一直陪他到天明。每次天亮后,他就把一叠书写好的稿件交给她,说:"吃好早饭,你就到邮局发出!"晚上他如此辛劳,可白天他也是四处奔走、采访、会友。一回到旅店,他就扑在桌上又是拼命地写稿,连续的劳累,让祝文秀担心的事终于发生了。

有一天,祝文秀从外面寄信回到旅店,见他躺在床上,头上盖着毛巾。她伸手过去一摸他的额头,天呢!烫得吓人!她吓得哭喊着冲了出去,她飞速冲到街口,叫来一辆人力车,对着车夫喊道:"师傅,请快帮我送人到医院!"经医院诊治,他是劳累过度,加上偶染风寒,疗养几天就会好的。从医院出来后,他俩觉得住旅馆开支太大了,就在白克路附近的永年里弄内以每月十元租了一间光线阴暗的亭子间,房间虽简陋,但却充满了生活的温馨。然后又到木器店租来几件家具,还雇了一个叫阿金的佣人帮着做饭,干些家务。邵飘萍每天仍然是看书,写稿,工作起来就不顾一切。祝文秀为此每天都要提醒他注意休息,他也总是报以理解的微笑。

有一天夜里,祝文秀半夜醒来准备如厕,凑到邵飘萍面前看到邵飘萍正在写醋熘黄鱼几个字,祝文秀就说:"哟,天还没亮呢,你就把明天的菜单都开好了。"邵飘萍只是笑,也不点破,仍手不停笔说:"明天你就知道了,快去睡吧。"文秀只好仍回到床上,不一会儿就睡了。第二天,吃了早饭,邵飘萍交给祝文秀一叠厚厚的文稿,让她到邮局发出,并说:"过去我都写新闻稿,文学一类的很少写,这部时事讽刺剧是我初次尝试,叫《醋熘黄鱼》。"

祝文秀似懂非懂地笑笑说:"咦,昨晚我还以为是菜单哩,哦,原来是你写的剧本,不过,凡是你写的,我都喜欢,我想这部讽刺剧投出后一定会引起轰动的!"说完就跑到邮局寄出。不久,该剧在上海各剧团隆重上演,真的引起了不小的轰动……

一天,晚上吃了饭,邵飘萍拿出两张戏票对文秀说:"走,今天先不写稿,等看完戏回来再写。"两人坐车来到剧场,看到门口广告牌上写着:新编时事讽刺剧《醋熘黄鱼》,编剧:邵振青。两人走进剧场,一看哈,真是座无虚席,盛况空前啊。邵飘萍心想:自己这是初试牛刀,看来,文学这种形式还是很受广大民众喜爱的。看了戏,祝文秀才知道这是讲上海哈同花园主人的大妻小妾争风吃醋的讽刺剧。为此,心里也很佩服飘萍不但在新闻上独树一帜,而且在写剧本上也不逊那些所谓的文艺行家呢!

第二天,邵飘萍吃过饭后就伏案写稿,老半天都没抬一下头。祝文秀从外边寄信回来,见邵飘萍还在写,就走到他跟前轻轻地说:"阿萍,你出去的时候,有一个叫张季鸾的来过电话,说让你回来去个电话。"

"可你昨天没对我说。"邵飘萍说。

"是啊,昨天看戏一高兴,就把这事儿忘了。"祝文秀说,"你知道的,我这人老是丢三落四的,那你赶快给他个电话吧!"

邵飘萍心想自己本来就要给张季鸾打电话的,想不到他已经来过电话了。连忙拿起电话拨到张季鸾家,过了一会儿,话机里传来张季鸾的声音:"我是张季鸾,请问是哪位?"

邵飘萍说:"怎么了好久没见了!张老弟,我是邵飘萍啊!"

张季鸾惊喜地叫道:"哈哈,是邵大哥呀,您真是个大忙人呢!昨天我已给您去过电话,说您不在,想见您都这么难啊!"

邵飘萍问:"你是怎么知道我在上海的?"

张季鸾道:"您邵大哥可是名人啊!您的北京《京报》被封,您逃出报馆后,那安福政府张榜在通缉您我也是有所闻的,也真在替您捏把汗呢!不知您躲到什么地方去了?前几天,包天笑来找我说起您已来到上海了,所以很想见您老哥一面!我们兄弟可是有好长时间没见面了啊!"

"哦,原来是包天笑给你通风报信的。好,太好了,我也真想找你呢,我现住在永年里弄一个亭子间里,不过你如来还得给我带些个铺张。"

张季鸾说:"哦,好的。想不到我的邵老哥也会穷困潦倒了,反倒向我要救急了!说吧,带多少?"

"唉,往事不堪回首!"邵飘萍说,"此番落难到此,一路受尽颠沛流离之苦,现在已快山穷水尽了,我这穷老哥现在等你这富老弟大发慈悲救苦救难哩,当然是多多益善喽。"

张季鸾说:"能接济我的邵老哥出此苦海,是我的福分啊!您等着吧,我即刻赶到!"晚上,张季鸾在一家上海高档饭店设宴为邵飘萍和祝文秀接风洗尘。张季鸾端起酒杯说:"来,首先为您逢凶化吉,逃出虎口,也为我们再次相逢干杯!"

邵飘萍对祝文秀说:"为了表达我们对张老弟的深情厚谊,我们俩应该回敬一杯。"祝文秀脸红了一下,说:"原谅我不能喝酒,只能少喝一点,聊表敬意,还望张先生海涵。"

张季鸾说:"唉,我真替您犯愁,您在'五四'学生运动中为那些学生娃娃撑腰,得罪了安福政府中的许多要人,虽然您如今逃离了虎口,可他们又岂能就此放过您?唉,我真是想不通,您怎么会和那些学生搞到一块去的。"

"嗨,不是我说你,你可千万别轻看了那些学生。"邵飘萍说,"若干年后,就是这批被有些所谓的学者看不上眼儿的学生娃娃,真的还会产生几个中华民族的脊梁呢,世事又有谁能预料的啊!"

"您总是有理。"张季鸾说,"可是您如今已把自己搞成有报被封,有家难归的地步了。不是我自私,人有时也得为自己也想想啊!"

"我知道你这是为我好。"邵飘萍说,"但作为报人,如果还有良知,当你亲眼看到善良被邪恶压倒时,你能不站出来说点人话吗?为此,面对安福政府袒护卖国贼,镇压手无寸铁的爱国学生的丑恶行径,我就在报上抨击,镇压学生的爱国反帝运动,这就是为卖国扫障铺路。所以,我认为自己这样做是对的,就是杀我的头,我也决不后悔!"

"唉,我说不过您。"张季鸾说,"可是您总不能不顾自己,我也知道,也敬佩您的为人,您为爱国学生说话,可因此也得罪了那些军阀们。唉,连章士钊也说您变了。"

"哦,章士钊也提起我了?"邵飘萍说,"唉,我们已好久未碰面了,我应该去拜见他。在日本时,还多亏他的帮忙,我才能组建了东京通讯社。"

"好,不说了。"张季鸾说,"不管别人如何评论,我也赞成您说的,作为一个报人,能替老百姓说点公道话,无愧于心就不错了。您先在上海避避风头,我也替您张罗个地方,因为我是担心,那安福政府对您恨之入骨,此地也非久留之地啊!等有消息了,我再来告诉您。"说完,他喝干最后一口酒,就匆匆地走了。

第二天吃了晚饭,邵飘萍忙完手头的文稿就对祝文秀说:"章士钊曾在困难时帮过我,我去拜访他一下,你自己先睡吧。"说完他就乘车来到章士钊宅邸。章士钊看见邵飘萍来看他,非常高兴,忙让下人给邵飘萍沏来香茶款待他。谈到此次"五四"学生运动,章士钊情绪颇为激动:"作为一名学生,不以学为主,却高谈阔论什么爱国!更不应该的是还汇集到天安门,弃学去街上游行,向政府示威,逼迫当局表态!这还像一个学生的作为吗?我始终认为,作为学生,就要以学习为主,将来学业完成,也好成为国之栋梁。如果像他们这样,不学习,反而去闹事,去搞什么爱国学生运动,那我们的国家到何时才能真正强大起来呢?"

"对行严兄刚才的谈论,我不敢苟同。"邵飘萍强压住自己的激动情绪说,"学生也是有血有肉的人,在面对国家受到帝国主义列强的欺辱之时,又怎能还坐在学校读书而无动于衷呢?眼睁睁看到国土被列强瓜分强占;看到卖国贼仍然逍遥法外;看到统治者在出卖国家;看到广大普通民众在苦海中挣扎,还能麻木不仁地安坐在课堂中读书吗?试问,这样的学生就是学富五车,胸藏锦绣又有何用呢!"

章士钊被邵飘萍反诘的脸色一阵白,一阵红,脸有点愠色了,说:"我真弄不明白,学生不以课业为重,却要去搞些旁门左道,这都是些什么样的革命啊!"

"行严兄,这可不是你往日的风格啊!"邵飘萍摇摇头叹息道,"过去的你对革命的那种向往和激情,如今都没有了,你的变化都让我感到不相信了!"

"此言差也!"章士钊淡淡地一笑,"我变了吗?我仍然还是我啊,我始终都是按着我的生活方式追求我的人生和梦想的啊!"

"你的变化实在太大了!"邵飘萍颇为感慨地道,"过去的你,对人生,对革命事业充满激情!你不但在精神上支持革命,你还在物质上真心诚意的支持革命。你难道忘了吗?在日本的时候,你还帮助孙中山,帮助我成立东京通讯社,这一切我是永远不会忘记的!"

"是吗?那都是过去的事了,还提他干什么!"章士钊说,"其实说变的,应该是你变了,现在有那么多的学生唯你之词而听,都说你是爱国学生运动的煽动者。可是你想过吗?你这样做,这于己于国于民皆无利益啊!"

"你……"邵飘萍被他说得心里好像有一团火在升腾,但是他却狠狠地压住了内心的愤怒情绪,知道再和他争论下去也不会有什么结果,如今他们已不是在同一条道路上走的人了,于是邵飘萍就说:"有时间再来看你,今天先告辞了!"说完就离开了章宅。

祝文秀自从那天看了邵飘萍编的讽刺剧《醋熘黄鱼》后,好几次催邵飘萍陪她到哈同花园看看。可一直都没空,一天晚饭后,邵飘萍心情很好,就对祝文秀说:"文秀,今天我们去哈同花园散散步,也好圆了你的梦。"祝文秀听了,十分高兴:"好呵,想不到这事你还记得,我可忘了。""你忘了,我可不敢忘啊!"邵飘萍俏皮地笑道,说着,两人坐着黄包车来到了哈同花园,然后就下了车,沿着一条林荫小道慢慢地走去。祝文秀觉得这里布置得美丽极了。为此,她不时东看西望,更想让邵飘萍停下脚步,好细细地观赏。园中走道纵横,平坦宽广,笔直如箭。令人惊奇的是,这里绿树成荫,园里道路两旁都开满了各种各样,五颜六色的鲜花和绿油油的小草,那风儿吹来飘起缕缕清香,所以游园的人,不论在清晨,还是烈日当空的正午,或者是夕阳西下的傍晚,都可以走在清香扑鼻的绿荫下,不会受到阳光的直接照射。"太美了!我可是头一回看到这样美丽的花园。"祝文秀目不转睛地看着,发出感叹,"你在《醋熘黄鱼》说的花园就是这里!"

"是啊。"邵飘萍说,"怎么样,不虚此行吧?"

"好,实在超出我的想象。"祝文秀说,"可是,你在戏里那么辛辣的讽刺那个外国老板,他如看到了,肯定很气恼的!"

"不会的!"邵飘萍说,"那老板可是我的好朋友,再说我那是文学创作,用得都是假名,他是有身份的人,也会理解我真实的用意的。"

祝文秀听邵飘萍这样说,似有所悟:"哦,我猜你这样做,表面上是在写那外国老板的行为,实际上是在讽刺政府中的有些人,是不是这样?"

"哈哈。"邵飘萍笑了,"看来,我的文秀不愧为梨园出身啊。算你说对了,不过我可没那么明目张胆地做过!哈哈!"他们两人边说边走,不知不觉又回到了哈同花园的门口。此时他们向左转弯,与行色匆匆的王揖唐差点撞个满怀。王揖唐见是邵飘萍,不由得一愣。邵飘萍也吃了一惊,连忙笑着说:"啊呀,真是冤家路窄!我的王大总长,一向可好啊?"

王揖唐也不知是吃惊,还是掩饰内心的狐疑,哈哈笑了:"我说是谁啊,都说你远走高飞了?哈哈,原来是远在天边,近在眼前,你这个邵大记者竟然还在上海!"

"是吗?"邵飘萍说,"让您大出所料啰。哈哈哈……"

王揖唐也跟着邵飘萍爆发出一阵古怪的笑来。不过,那笑声让人听去有点阴森可怖。邵飘萍知道,王揖唐这是在狞笑!

此时的祝文秀,看着他们的古怪模样,不知是怎么回事。可是,潜意识告诉她,这个姓王的可不是个善茬子,他肯定是个丧门星!王揖唐笑了一会儿,对邵飘萍只说了一句:"邵大记者,我还有事,就此告辞!"然后朝邵飘萍挥挥手就跳上一辆黄包车阴笑着走了……

邵飘萍见王揖唐走了,急忙拉着祝文秀也上了一辆黄包车,朝相反的方向拉，然后又让拉车师傅七拐八拐地转了好几条街，看看后面没有可疑的车辆跟着，才回到了家。祝文秀边用毛巾擦汗边问："刚才那人的笑声好可怕哦,他是什么人？"

"他是王揖唐。"邵飘萍也用毛巾洗了脸,说："他可是安福政府段祺瑞跟前的大红人啊！"祝文秀一听一下子紧张起来说："那可怎么办好？如今他知道你还躲在上海,会不会让人来抓你啊？"

邵飘萍也感到此事有点不妙,对文秀道："看来,此处也非久留之地了,我们该早作打算……"

正说着,杭辛斋笑着推门而入："早作打算,你们准备上哪儿玩？"邵飘萍见是杭辛斋,高兴地迎向前握手问好："真是啊,杭先生您回来了？刚才我们正在商量准备离开上海。"

"哦。"杭辛斋说,"我刚从广州回来,包天笑昨天来对我说,你人在上海,我就急忙登门来看看你,怎么了,此次准备上哪呢？"

"唉,目前还没考虑好去哪儿,只有四处漂泊啰。"邵飘萍说。

"是啊,我在报上看到你的《京报》被封,潘公弼主编又被抓。"杭辛斋说,"我也替你不平啊,可是我们一介报人,又怎么能斗得过那些当权者呢,再说,你老在上海一个地方,也不安全啊。"

"杭先生言之有理。"邵飘萍说,"不过,不是我小看他们,想抓住我,也没那么容易的。"

"要我说,你有空也不妨看看周易方面的书吧。"杭辛斋说,"我如今是闭门在家一心钻研周易,已有所收获了。我十分希望你利用这段时间好好读读周易,我想这对你今后的人生会有些帮助的。""是的,杭先生说的这些道理,我都知道。"邵飘萍说,"我的父亲对周易就很痴迷,可他却不去钻研周易。那时,我也会拿过书看上几页,可不知怎么的,一看那书我就犯困,总之提不起什么兴趣。"

"哎,你呀你,不是我说你。"杭辛斋也不管邵飘萍是否愿意继续这个话题,仍然侃侃而谈道,"那周易学,可是我们中华民族祖先遗留下来的宝贵财富啊,其他的就不去说他了,就说那奇妙的六十四卦吧,这其中包涵了多少宇宙之间无穷变化的哲理啊!"

"哦,我知道了。"邵飘萍说,"为了钻研周易,所以,您就把自己关在家中,两耳不闻窗外事,一心只钻周易学了。什么人生的梦想,什么追求您都统统不要了。做梦都想通过潜心钻研周易,从中寻找到国家发生变化的契机,来获得如何才能救国的道路? 是不是这样啊? "

邵飘萍刚才的话,似乎说到了杭辛斋的心里。不过,他也没说"不对"也没说"对"。仍然固执地对邵飘萍说:"飘萍啊,我还是倾心我的周易,我不弄懂读透它,是不会回头的。不过,我还是劝你有空能多读读周易,是会有好处的。"两人又聊了些办报上的心得体会,杭辛斋看夜已深了,他就说:"飘萍啊,记住我的话,有空多看看周易,我这可是好心哦。俗话说,'不听老人言,吃亏在眼前',希望你能听我这一句劝。"说着就站起来朝门口走去,邵飘萍一直把他送上车,看着他消失在茫茫的夏夜中。

逃亡中的邵飘萍每天依然很忙,祝文秀每天的任务是早上为邵飘萍把夜里写好的文稿送到邮局寄掉,然后就帮佣人阿金做做家务。邵飘萍关心的是国事、天下事,很少过问家务事。可有一天,却忽然管起祝文秀吃螺蛳来了。他手不停在写文章,可口不住叫祝文秀:"那东西味道虽好,也少吃点,会生病的。"

可是祝文秀正吃在兴头上,吸了一个又一个,不听他的。邵飘萍见祝文秀吃个不停,有点火了,放下笔,端了那碗螺蛳就"哗啦"倒进了墙旮旯儿的痰盂里。这下气得祝文秀也使起性子来,"嘭"的一下,把还没吃完的剩饭连碗扣在了桌上。两人你看我,我瞪你,邵飘萍还朝祝文秀做着鬼脸逗她,祝文秀忍不住,又"扑哧"的一声笑了。"你呀。"邵飘萍重新又去盛来一碗饭,说,"我知道你最爱吃螺蛳,可也不能吃太多了,我这也是为你好啊。"然后,邵飘萍又去写文章,祝文秀又吃起饭来,不过螺蛳没有了,她仍然有点心疼那倒在痰盂里的螺蛳。午饭后,邵飘萍对祝文秀说:"晚饭我不回来吃了,包天笑今天约我,还有张季鸾几个朋友会会面。"祝文秀说:"那你出去得小心点哦。"

"放心吧。"邵飘萍笑着打趣道,"我后脑勺长着眼睛呢。"说着就披上外衣大踏步走了出去。他坐黄包车先到邮局把刚写好的文稿寄出,然后又到几个地方办了事,等他赶到鲍德饭店时,天已开始黑了。此时,张季鸾也正好赶到,两人说着一起走进鲍德饭店,没想到和正在鲍德饭店过道上东张西望的徐树铮撞了个满怀。邵飘萍见是徐树铮,心里不免又一惊,但又不知说什么好,只好"哈哈哈"地笑了……

那个徐树铮见邵飘萍这样,也跟着"哈哈哈"地笑着……

张季鸾看着他们俩发笑的样子,一时丈二和尚摸不着头脑,心里十分奇怪,轻声道:"飘萍君,你们这是怎么了。他是谁?"

那徐树铮朝张季鸾斜了一眼,就径直走开了。张季鸾就更感到好奇了:"飘萍君,这究竟是怎么回事啊?"

"这真是不是冤家不聚头哦。"邵飘萍说,"刚才的这位就是安福系段祺瑞的军师,人称'小扇子'徐树铮啊,他也是幕后操纵者,要知道他可是一个呼风唤雨的人物!"

"哎呀,如是这样,"张季鸾担心地道,"那你就危险啰!"

"别那么担心。"邵飘萍说,"吉人自有天相。再说,我们一直交往都还不错,他不至于那么坏吧,唉,管他呢!"说着话,他们走进了包天笑在电话里说过的包厢。包天笑早就在包厢里了,刚才在过道上碰到的徐树铮和包天笑竟坐在一张桌上,正在边喝茶边聊天。一看他们到了,包天笑连忙笑着让邵飘萍、张季鸾坐到另一张桌去,并笑着逐一介绍:"这位是《京报》社长邵飘萍先生。"此时,徐树铮只是笑,也不说破。邵飘萍也跟着笑,也不解释。只有包天笑被蒙在鼓里。也许碍于包天笑的脸面,两人都没说他们早就认识了,反而同时相视良久后都向对方礼貌地拱拱手,然后坐下来喝茶。介绍完他们,包天笑又介绍张季鸾,说:"这位是《中华新报》总编张季鸾先生,是有名的报人、笔杆子,今后徐秘书长要有事,可尽量找他就是!"

张季鸾微笑着先伸出手做个揖,徐树铮迟疑了一下也拱拱手回了礼。张季鸾说:"徐大秘书长,可是政府要人啊,今后还望多多照顾哦。"

徐树铮只是笑着点点头,也不说话,还不时用眼角瞟着邵飘萍,嗑着瓜子儿,喝着茶。邵飘萍也不怕他,一边与包天笑聊着,一边也拿轻蔑的眼神瞅着徐树铮。这顿饭,让邵飘萍吃得很不是滋味儿,要知道徐树铮也来,他肯定是不会来的。不过,他知道包天笑的良苦用心,他还是从心里感激包天笑的。天下没有不散的筵席。看看时间不早了,大家都各自走了。此时,张季鸾悄悄地拉了下邵飘萍的手,说:"走吧,到我办公室再聊一会儿吧。"走进张季鸾的办公室,刚坐下,邵飘萍就叹了口气道:"唉,自古才大难为用,老来诗名不厌低。季鸾老弟,实不相瞒,如今我还真不知还能躲到何处才能安宁啊?"

"飘萍君,不要担心,我已有安排了!"张季鸾说着,拉开抽屉,拿出一份鲜红镶金边的聘书递给邵飘萍,"我思之再三,你如今身处险境,那些安福系的人老在惦记你,上海已非安全之地!正好日本《朝日新闻》报社要聘我去,我觉得你此时到日本去避避风头较好,所以向《朝日新闻》报推荐了你,希望你珍惜这难得的机会哦。"此时的邵飘萍正是又惊又喜:"哎呀,季鸾弟,您这可是雪中送炭啊,叫我邵某该如何谢您啊!"

"我们可是好朋友啊。"张季鸾说,"能替朋友分担些困难是我做人的准则,特别是像你这样能替老百姓说话的报人朋友,我更是帮定了!"

"太谢谢您了!"邵飘萍颇为动情地道,"这真是疾风知劲草,患难见真情啊。"

"这样呵,我简单地讲一下报社的情况。"张季鸾说,"报社在大阪,是日本唯一获得密苏里新闻学奖金的报纸,在国际新闻界享有盛誉。你此次是出任中国问题顾问一职,月薪三百日元,每年可休假一个月,差旅费以高级社员的标准支付。还可以报销北京和大阪间的往返旅费及日用生活费。另外,对你的保证人是日方的寺尾亨,还有中方的殷汝耕。好了,基本情况就这些。你回去就抓紧准备一下,不日就好动身了!"

"遵命!"邵飘萍面露感激之情,"季鸾老弟,我会好好把握您给的这次宝贵的机会,不负弟之所望,谢谢!"

第二天,一早邵飘萍对祝文秀说:"我出去一下,很快就回来,你也准备一下,我们准备离开上海了。"说完就出去了。

"哦,好的。"祝文秀说着就准备了起来。邵飘萍刚走没一会儿,有两个一矮一胖的打扮十分斯文的人走进了白克路永年里。那个矮个子微笑着向走到门口倒洗碗水的祝文秀打听:"劳您这位小姐大驾,我们打听一个人。"说着从袋里掏出一张印有邵飘萍相片的报纸问祝文秀:"报上的这个人,您看到过吗?"

祝文秀一看是邵飘萍的照片,心里大吃一惊,莫非这两个人是侦探?连忙机灵地摇摇头,脸不改色地说:"你们找这人,有什么事吗？"那个矮个子刚想说，被那胖子拦住了说："我们是报上这个人的好朋友，听说他就住在这里，所以我们就找来了。"

"哦，好朋友？"祝文秀不露声色地说，"可是，我却从来没看到有这个人住在这里！可能你们记错了吧？我是此处的老住户了，怎么就没看见过呢？真是莫名其妙！"

那两人不约而同地说："哦，从来都没看到过？那谢谢你了，我们再到附近找找看！"说着就匆匆忙忙地走了。

此时，邵飘萍办完事回来了。祝文秀说："刚才有两只狗来过了，还拿着一张印有你照片的报纸来找你，我说从来都没看到有这个人住在这里，他们信以为真，就走了。阿萍，此处已非常危险了，我们赶紧走吧！"

"是啊，这些走狗随时都可能来抓我！"邵飘萍说，"时令已冬至了，天气也将越来越冷了。你今天就回北京，让你妈徐三姐替我做一厚一薄二床被子和几件换洗的衣衫，这样我好带到日本好用，你回来时，可先打电话找张季鸾家，我这几天先到他那躲一躲，这里是不能住了！"

祝文秀说："好的，我让妈抓紧赶制，很快就回来的，你自己小心点哦。"说着，祝文秀就直奔火车站，赶往北京找她妈做衣被去了。没有几天，祝文秀带着她和妈徐三姐替飘萍赶制出的被褥，衣衫赶回了上海。第二天，他们再次化装成工人和佣人，挤上摩肩擦背的四等车厢。两人机灵地扫了周围一眼，就用力挤向车厢一角席地而坐。车厢里充满了各种怪味，空气污秽不堪。祝文秀此时才感到有点累了，几天的张罗、奔波，此时的她靠在自己带来的大藤篮上轻轻地合上眼睡了，邵飘萍却怎么也睡不着，他不时看一眼进入梦乡的祝文秀，不时看看晃动着的车厢和挤在车厢里的同胞，有的在闲聊，有的在打盹，有的在发呆，只有他手里拿着书在看。此时,他掏出烟来想抽一支,但看看车厢这么拥挤不堪,空气也不好,就打消了念头,又把烟塞回了袋里,不想无意中却从书里掉出了张纸条,原来是他前一阵写给文秀的,"一天有三个地方开会,归来已夜了,夜间又百忙,直到二三时未息,真真苦死我了",还有一张是"落花流水"的纸片也夹在书中。这些纸条都是他写给文秀,以寄思念之情。想不到文秀把它夹在书中,好不时拿出来看看。唉,自己该好好待她才是。此时,火车已安全抵达天津,他们准备转车去奉天。在候车室还没一会儿,突然耀武扬威地进来几个铁警,整个候车大厅,雀声顿消,气氛立即紧张起来,旅客们都在静候着来盘问。这时,一个身材魁梧的铁警来到邵飘萍和祝文秀的面前,拿眼瞟了瞟邵飘萍,却问祝文秀:"请问太太你们准备上哪儿?"

祝文秀神色自如地笑着回答:"我们新婚不久,准备到奉天探亲看生病的母亲。"

那铁警转而问邵飘萍:"是这样吗?"

邵飘萍只点了下头,手里却把早准备好的几块光洋塞到他手里,轻轻地说:"老总辛苦啦! 一点小意思,自个买包烟抽吧!"

那铁警几分钟前还铁青的脸色瞬间变成紫红了,他挥挥手,掂了掂手中的光洋,说:"走吧,走吧!"此时,开始检票了,他们顺利地检过票上了去奉天的火车。经过几番颠簸,他们终于到达了奉天车站。他们拿上行李,随着乱哄哄的旅客队伍走出了奉天车站。此时,祝文秀眼里含着悲凉的泪水,看着邵飘萍那消瘦的脸孔。是的,要暂时分手了。而这次的离别又是非同以往,他此次是远离故土,到陌生的异帮日本国去。他孤零零的,又怎么让人放得下心啊! 她流着泪叮咛道:"阿萍,要不是还要回北京照料我的妈妈,我怎么忍心让你离我远去! 你不要总是累得像滩泥,照顾好自己。我等你，等你返回祖国！”

听了祝文秀那充满深情的话，邵飘萍的心中犹如翻江倒海般地难受。他伤感地道：“振亚，扔下你和妈妈，还有修慧、小乃他们，还有我的孩子，远涉重洋再次到国外，是因为这世道是豺狼虺蜴恣意横行的天下。北京的朱深还在悬赏我，如今取道朝鲜亡命日本，如时局好转，我会立即回来与全家再享天伦之乐！对了，你有空也多到《京报》去看看汤修慧她们，要主动点，多和她们联络，也

邵飘萍逃亡中

代我照顾好妈妈，还有你自己！”

呜！——火车的汽笛声拉响了。无情地提醒他们离别的时候到了！此时，邵飘萍抓着她的手，她依偎着他，全身颤抖，眼睛惊慌失色。

“我的振亚，我的文秀，我的花小桃，我不告别，等着我，我答应你，我一定会很快回来的！……”

“该走了！该走了！”邵飘萍看着检票口进站的旅客越来越少了，忍不住对祝文秀说。

“等等……等等，别走！”她再次慌忙地抓住他，“再等一秒钟，好吗？”

“你看，大家都走了！”

此时车站检票员在用喇叭喊话：“没检票的旅客，请抓紧检票上车！”

可是祝文秀仍望着他的眼睛，注视着他：“别走，还有五分钟，

车才会开。再等一会儿,别走!"

"到时候了,我的振亚!我此次先要到大连,然后再乘船到日本,不能误了车时啊!"

"就好,再等一秒钟,我会自己放开手,放你走。"终于,她迟疑不决地挪开双手,"去吧,要记着自己的话,你永远是爱我的。"说着,她哭着再次扑向他:"亲爱的,就此别了!"他轻柔地抚摸着她,给她擦去在夕阳下泛着霞红的脸庞上的泪水,吻了下她的头发,就头也不回地走进了检票口。此时,她也忍不住冲到了站台上,看着邵飘萍踏上了列车,一位检票员来拉她出去。此时邵飘萍从渐渐启动的火车窗口向祝文秀不断地挥手致意,从车烟囱中喷出的白色气流把他遮得时隐时现,最后就看不见了。此时,祝文秀有点后悔,她想:"啊!我为什么还要留在这里呢?我为什么不跟着阿萍一起走呢?对于我,苦难并不可怕,可怕的是我的至爱已离开这个地方。我要和他同生共死,或者用我来拯救他宝贵的生命。慢走,亲爱的,我赶上来了!"此时此刻,她真想坐上另一班列车去追上邵飘萍,可是忽然想到,唉,我还有母亲啊!何况飘萍临走时还吩咐她要照顾好母亲。面对这个现实,她只好叹了口气,无精打采地打道回府。

邵飘萍在北大新闻研究会担任讲师

# 第六章　再赴日探索马列
## 重回国复活京报

日本大阪市浪速区难波"海泉寺",创建者是海泉坊,庙以此得名。寺周荒草丛生,一派冷落凄凉之景,看得出,来这里烧香的人是屈指可数的。不过,这破破烂烂的庙宇里,住着一个和尚和一个尼姑。每天一早,他们都要把寺院扫得干干净净。寺院四周是繁盛的树木和一块很大的空地,其中的假山却千姿百态,有鬼斧神工之妙。庙的附近还有很多商店及一家叫作"惠美须"神社,经常进行一些非常热闹的祭典活动。

邵飘萍在日期间

邵飘萍来日本后,因收入不高,为了这偏远的地方房租便宜,就住在这寺院的二层楼上。共两间,一间是卧室,另一间作书房。书房中的一切都说明了清贫的单身汉生活。漂亮的旧写字台、圈椅、书架,全是桃花心木做的。书架上码放着许多书,有《资本论大纲》《社会主义研究》《社会问题研究》《社会主义社会学》《露(俄)国大革命史》《卖笑妇之研究》等。雪白的墙上,挂着一幅马克思小像,墙角下还堆放着厚厚的一摞书报杂志。

邵飘萍这时正在手执毛笔撰写《新俄国之研究》一书。俄顷,他停下笔,呷了口茶,又点了根烟,深情地端详放在案头的一张祝文秀的小照,照片中的祝文秀正微笑着对着他看,她头上几绺乌而发亮的刘海短发从额头披下,显得鸭蛋形的面孔红润妩媚,特别是一对机灵的大眼睛,好像啥事情经过她这对眼睛都可以看得透彻。她身材娇小苗条而不虚弱,浑身洋溢着青春的活力,她的性情像水一般的温柔,可是她的意志却比钢铁还要坚强。记得她曾告诉他,她小时候很要强,性格完全像个小男孩。她很喜欢骑毛驴,有一次,她像往常一样骑着一头毛驴在慢慢地溜达,可这毛驴走起路慢腾腾的,比老牛快不了多少。这时,有一个先生对她说:"怎么骑毛驴,骑马不是更快吗?马跑起来风快,又精神又威风。嘿!那才神气呢!"她说:"这马我倒没骑过,不过,你说得这么好,不妨也可以试试看,可是上哪儿去找呢?"先生说:"我就有一匹马,性情温驯,完全可以试一试。"

第二天,那先生果然守信用,把他的一匹深红色的好漂亮的马牵来了。她高兴地抚摸着马脖子上那长长的鬃毛,捏捏马的耳朵,心里想:果然是匹好马,浑身火红,并无一根杂毛,头至尾,长一丈,蹄至脊,高八尺。马显得又高又大,让她从心坎里喜欢。这时,马在她的抚摸下不断地打着响鼻,甩着黑亮的马尾。先生催她说,你骑骑看,比不比毛驴快!她嘴上不好意思说,心里面对这样高大的一匹马,倒也有点怕了。但话已说出,只好咬咬牙,抓住马鬃毛,扑了好几次才爬上了马背。这马也真老实,只在原地转了几下,就驮着她走了起来。那先生在后面喊她:"你用腿夹下马肚子,再把缰绳将马头拉高,马就会跑起来的!"她此时真的用双腿一夹,把马头拉高,那马果然就跑了起来,把她震颤的歪歪斜斜,好像要把她抛下来那样。这时,她真的有点害怕起来,双手下死劲抓住马缰绳和鬃毛。马此时跑得越来越快了,那呼呼的风声和马蹄的"得得"声让她的心一颤一颤的。她忽然感觉有一种从来都没有的快感流遍全身，此时的她第一次体味到骑马的乐趣！那马倒也颇通人性，驮着她跑了一会儿就用嘴响着鼻风，头一摆一摆的，脚步也慢慢地停了下来。打那后，她就专骑马不骑毛驴了，还特意做了马裤马衣。回想起这些事，邵飘萍竟对着祝文秀的照片喃喃地道："振亚啊振亚，你现在也在思念呼唤着我吗？"

邵飘萍在日研读马克思主义

良久，他轻轻地叹了口气，暗自好笑，把手里的烟头揿灭。站了起来，走出寺院，在门口和正在干活的和尚打了个招呼。和尚指着邵飘萍远去的瘦长背影，对前来叫他吃早饭的尼姑说："哎，你看，住在我们这儿的这位中国来的先生待人可真热情，彬彬有礼，气度非同凡响，恐怕是中国一位了不起的人物呢！"那尼姑点点头："嗯，我也是有这种感觉。"

此时，邵飘萍慢慢地走到了街上，在一处电车站点他停住了，看了下手上的怀表，焦急地等着电车到来。不一会儿，电车一路响着开到了跟前，他立即跳上了电车。几分钟后，《朝日新闻》报社的铁栅栏突然闪进他的视野，他连忙随着拥挤的人流下了车，快步走进报社的大门，一位穿西服态度温和的工作人员向邵飘萍先鞠躬，然后微笑着说："邵先生，请您随我来。"那人把他径直带到《朝日新闻》社长办公室，轻轻地敲敲门。随着里面一声"请进！"他又是一鞠躬，示意邵飘萍可以进去了。邵飘萍也报以一声"谢谢！"，就整理了一下身上的西服和领带，然后走了进去。此时，早在等候邵飘萍的该社社长荣一崎尾立即迎向前来，先是对邵飘萍一鞠躬,然后说:"邵先生能到《朝日新闻》工作,我们深表欢迎!"邵飘萍留意到,坐在荣一峙尾旁边的中年男子这时也站了起来,朝邵飘萍鞠了一躬,只是自我介绍说:"鄙人松谷青岛,请多关照!"然后就坐了下来,双眼注视着邵飘萍,却不说话。

邵飘萍朝他们微笑着,点点头,然后把张季鸾的信递上用日语说:"此是张季鸾先生的推荐信,请两位不吝指教!能来贵社工作,我将十分珍惜此次学习的机会!"

荣一峙尾说:"对于邵先生的人品以及所办的《京报》,我们也有所闻也是敬佩的。听说邵先生此次是第二次来日本了,怪不得邵先生日语说得如此流利。当然,我们特别对邵先生所写的文章很留意,您的有些文章写得很有分量!我社原先是请张季鸾来的,可是他特别推荐了您,当然,我们也欣赏您的才干,为此,我们欢迎您加入我们的队伍!"说着他看了信又顺手递给了松谷青岛。

松谷青岛仔细地看过信,叹了口气道:"唉,我真替你们中国担心,怎么会这么混乱啊?军阀们把持着政府,派系太多,要找一个能代表国家说话的政府简直是太难啦!"

邵飘萍没等松谷青岛说好立即答道:"请松谷先生不必担心,没有总理替国家说话,那么,作为记者,他的天职就是为了维护国家和人民的利益而说话,难道这不可以吗?"

此时,松谷青岛那紧皱的浓眉扬了扬说:"您这样说也可以,不过,请邵先生留意,我社之所以聘您来担任中国问题的顾问,是想让您从世界和平的角度来分析中国的!"

邵飘萍听了,朗声说:"对于此点,请社长、总编两位先生不必担心!对目前我国和贵国的特殊关系,我这里有写好的专文呈上,观点是否合适?请两位审阅后告知,谢谢!"说着将厚厚的一叠稿件递给荣一峙尾。当荣一峙尾颇感意外地接过稿件时,对松谷青岛瞟了一眼。没等他们再说什么，邵飘萍就行了日本礼说："不好意思,耽误你们宝贵的时间太多了。"说着就转身离开了社长办公室。

荣一峙尾此时在反复看着邵飘萍的文稿，不时还发出感叹声："松谷君,这位邵先生出手不凡呢,我认为他是个优秀的人才呀！特别是这一句'惟善人能受尽言'我似乎有点不明白,你是人人皆知的'中国通',你解释一下,是什么意思？"

松谷接过文稿,笑笑说道："此句意思是,只有聪明的人才能让对方无保留地把话说出来！"

"说得好啊。"荣一峙尾若有所思地说,"是啊,特别是像我们《朝日新闻》这样世界知名的大报,更应该有这样的胸怀和气魄！"

"我倒认为应静观一段时间才能下此结论。"松谷青岛说,"邵是做过报社社长的人,在对待政治问题上不应该如此锋芒毕露,您不这样认为吗？"

"此言差矣。"荣一峙尾果断地道,"相反,我却十分欣赏他的直率和尖锐的说话方式,这也恰恰说明他的与众不同和独特的思维才干,这样的人才,我们要好好留住他！"

祝文秀在奉天送走邵飘萍之后,就只身回到了北京,不久,她就病倒了,经医院诊断为干血痨。幸好病在初发,经二、三个月的延医调养,她那白皙的面颊此时又丰满红润起来了。此时生病躺在床上的她,却倍加思念远在日本的邵飘萍。然而,她为了不让亡命在日本的邵飘萍知道病情替她担忧,封封回信只字不露出生病之事。由此,倒也显示出一个柔弱女子在这样的时候,还是为她所爱的人着想,这也是她可贵可爱的一面。

一天下午,她像往日一样,一个人闷在屋里,正在独自伤神,此时,有人敲门,她起床打开门,一名邮差把一封信递给她。她急忙看那封信上的字，又是邵飘萍寄自日本的信！她欣喜若狂地拆开邵飘萍的来信："七妹，我近日患病每况愈下，望见信后速至日本。请来日本前速将启程日期告之于我，届时我当亲赴码头接你！……飘萍。"祝文秀拿着信，一遍又一遍地看着，读着，泪水又涌满了她的眼眶。天啊！他生病了！这可怎么办呢？此时，他在异国异土，远隔千山万水，她恨不得立即飞到他的身边！……

她仔细端详着他那随信寄来的照片，还有小诗一首："身世如萍逐浪浮，国危家破扶桑游。京都洒尽离人泪，誓不低头作楚囚。"从照片上可以看出，飘萍瘦了！她的心为之一阵阵发痛，发颤。祝文秀的母亲听到女儿伤心的哭声连忙走进卧室，看到女儿泪水涟涟的样子，手里还拿着一张纸，在边看边抹眼泪，吃惊地问："文秀，你又怎么了？是飘萍来信了吧？"

祝文秀见是母亲，泪水顿时夺眶而出："妈妈，阿萍他在日本生病了！"

"你说什么？"她母亲吃惊地道，看着文秀。"他来信了，问您身体可好？又说他病得很凶，让我前去照料，可是这……妈妈，您又需人照料，我可怎么办才好啊！"

祝文秀母亲此时听了，全身都有些麻毛毛的，本来这些日子她的心总是在突突乱跳，这平空的一声闷雷更使她一时也没了主意。她将本已稀疏的眉毛皱了几皱，和着泪水迸出几个字来，"你还等什么，你快去，快去吧！"

"妈妈，您，能行吗？"祝文秀含泪看住母亲说道。

她母亲擦着老泪道："文秀，不必担心妈妈，寿南他在妈的身边呢，你快去，他需要你啊！"

"妈妈！……"祝文秀此时一头扑进母亲的怀里，泪水飞迸地道，"妈，只有您最知女儿心了！"

她母亲搂住她，大颗大颗的泪珠滚落在文秀的脸上，一双布满青筋的手温柔地摩挲着她的头发，可是竟半天说不出一句话来。许多年来，她们相依为命，逃过了多少灾，度过了多少难啊！此时，母亲颤抖着手擦去文秀脸庞上的泪水，声音哽咽地道："你抓紧准备一下，就去吧。"说时唉声叹气又道，"他信上还说什么没有，比如带点什么的？"

祝文秀道："对，他说日本天气冷，让带个被面去做棉被，还让带几斤茶叶去。去时要从上海走，先到他的好友张季鸾那去一下找他帮忙。"

她母亲放心地点点头："对，你就照信上说的办，张季鸾是他的好友，找他准行！"

第二天，祝文秀母亲就赶制了两个被面，还让儿子祝寿南去买来几斤茶叶和一些吃的，让祝文秀动身去日本。临上车时，母亲抱住祝文秀又是泪水涟涟的，好不让人难舍难分，祝寿南把行李放到靠车窗位置的货架上，摸了摸，感到摆得稳妥时才静静地看着她们母女那抱头难分的样子，却不知如何说好。这时，火车拉响了汽笛。祝寿南拉开了母亲死死抓住姐姐的手，焦急地道："要开车了，妈，姐又不是不回来了，快下车吧！"

祝文秀双眼红红地看住母亲下车时还不断地回头对她说："你自己注意小心！到了日本就发个电报来！"说着一步一回头的走下了车。

"好，你放心吧！我会好好照顾自己的，妈，弟弟，再见了！"祝文秀望着母亲那被风吹乱了的缕缕头发有好多都已变白了，还有她那悲凄凄瘦削的背影，心里一阵难过。此时，随着火车的启动，渐渐地母亲和弟弟寿南的身影也在远去，变成模糊一团了，突然，她再也无法忍住自己的哭声……

祝文秀到了上海,按照邵飘萍信里告诉的地址,很顺利地找到了张季鸾。张季鸾热情地接待了她,并说:"去日本的事情由我来办,嫂子你尽管放心住下!"

第二天,一早,张季鸾又来陪祝文秀检查身体,做好行前的各种准备。出发去日本那天,张季鸾亲自来送祝文秀上船,找到铺位,并交代旅途的注意事项,一切安排妥后,才对她叮咛道:"我已经给飘萍兄写了信,又拍了电报,嫂子到了日本,他会来码头接你的!"

在船上,祝文秀和两个白种人,一个日本人住同一个房间。海上的颠簸,使祝文秀感到有些头晕,倒没有其他反应。另外三个女人晕船很厉害,翻肠倒肚大呕大吐生活根本不能自理,全靠祝文秀照料,甚至连上厕所也要祝文秀搀扶,她们十分感激祝文秀的帮助,用半生不熟的中国话称赞她是她们的"再生父母"。祝文秀走到甲板上望着大海。祝文秀乘坐的是一艘日本的"大连丸"海轮。这时,一弯残月向西坠下,夜的帷帐徐徐开启。晨曦中东方的天幕上,渐渐地呈现出鱼肚白,须臾,又化为恬静的绛红色;再一会儿,便见波光潋滟的水面, 托起一轮硕大的金盘,冉冉地升上遥远的山尖。墨绿的水面,变为浅绿色。最后,又变为一片湛蓝。清爽的,略带咸味的海风轻轻地吹拂着,岸边的波涛声,发出一阵阵犹如阒雷似的响声。浩瀚无涯的洋面,泛起无数的涟漪,波光点点,金鳞片片,仿佛撒了一层碎金。旭日的光

邵飘萍在日《朝日新闻》任中国问题顾问

芒,照耀在海面上,形成一条金光大道,那么耀眼,一直延伸向遥远的尽头。远处,锯齿般连绵叠嶂的峰峦,渐渐脱去朦胧的岚纱,显露出巍峨峥嵘的雄姿。此时,刚刚从睡眠中苏醒过来的日本岛,披上了一层灿烂的霞光,仿佛一位亭亭玉立的少女,穿了一件色彩斑斓的彩衣,美丽极了!祝文秀站在轮船上的栏杆旁眺望着,心情犹如海浪般汹涌,那海潮冲撞着岸边的岩石,溅起无数的白色花朵,发出"哗哗"的巨响。轮船这时泊了岸,邵飘萍果然早已在神户码头边的一只小木船里等候了。船上的祝文秀此时看见邵飘萍的手里高高地举着一顶帽子,正向自己挥舞着,还看见他另一只手抱着两个自己喜爱的布娃娃。她也高兴地取出花手帕向邵飘萍一个劲地舞动起来。同行的三个外国女伴看见这情景,以为是兄妹俩,就笑道:"你们兄妹,可真亲呀。"他们终于在异国的土地上重逢了。他朝她冲了过来,她嘴里欣喜地喊:"阿萍!"也不顾一切地扑进了他的怀里,他紧紧地抱住她,两人都把头靠在对方的肩上,轻轻地,甜蜜地哭了好久,欢乐的眼泪是多么的甜蜜啊!邵飘萍和祝文秀先乘木船,后乘火车,来到了大阪市。邵飘萍这时对祝文秀说道:"振亚,走!今天为了庆贺你初次来日本国,我要给你接风洗尘,到中国饭店吃一顿!"说完邵飘萍拉着祝文秀朝一家中国人开的饭店走去。他们谈笑着来到了中国饭店,店内陈设很豪华,金碧辉煌。大理石的墙壁,花纹光滑,钢铸的吊灯架和楼梯扶手、栏杆,金黄耀眼。它看上去似乎是特别为国际友人预备的,每个房间有三个叫人的电铃,电钮旁边用线条勾画了一个人的轮廓。饭店的服务都是一流的,服务员看见客人都是客客气气、彬彬有礼。他俩刚刚坐下,笑容可掬,打扮得花枝招展的女招待就姗姗地走了过来,甜甜地笑问:"先生、小姐,两位用点什么?"

邵飘萍说:"请先来三荤一素四个菜。"

女招待莞尔一笑,说:"好,请两位稍等,马上就来。"

祝文秀担心地看一下邵飘萍说:"你一下就要四个菜,这店弄得这么豪华,价钱一定很贵的!"

邵飘萍笑了,说:"今天是给你洗尘,破费点也是应该的!"

祝文秀此时把嘴一撇道:"洗尘是假吧?哄我开心才是真的!"

其实,从一看见邵飘萍开始,她根本就看不出邵飘萍有生过病的痕迹。看起来,他分明是假称生病,把她诓骗到日本来的!

邵飘萍知道谎言已被文秀识破了,只好说:"唉,你们女人呢,就是心细。你想想,你要再不来,我都快成了'路有冻死骨'了!"

这时,女招待把四个菜都端了上来,邵飘萍用筷子夹了菜,放到祝文秀的碗里,说:"好了,就算我向你赔罪。你要知道,这些日子我真是度日如年,望穿秋水啊!"

祝文秀见邵飘萍那一副认真的模样,忙忍住笑,但是"扑哧"地笑声还是喷了出来边笑边说:"明明是骗我来的吗!"

邵飘萍见祝文秀笑了,心里一宽道:"我让你来日本,主要是让你见见世面,好好学习一下文化,将来回国后也好像汤修慧那样,成为我的一只手臂!"

祝文秀道:"我恐怕要让你失望的!汤修慧她读过大学,我一个苦人家的孩子,什么书都没读过,能行吗?"

"怎么不行?常言道:'只要功夫深,铁杵磨成针。'何况你天性聪慧,只要肯吃苦用功,我想是没有问题的!"邵飘萍喝了口酒,与祝文秀碰了一下杯道,"振亚啊,只要你不要小孩子脾气,我会好好教你认字识文的!"祝文秀喝了酒,脸孔有点微微泛红,好像春天盛开的粉红花朵十分好看。此时,她放下酒杯道:"那我恐怕还是会让你失望的!"

"不会的,不会的!"邵飘萍肯定地道,"这样吧,可以当场考考你,看看你有多少可造之处?"说时,邵飘萍笑着用筷子蘸着杯里的酒,在桌上写了"没有,有"三个字。然后指着字,对祝文秀说:"这三个字,你猜猜看,可把它说成两句话,怎么说都可以,但必须连成句。"祝文秀此时盯着桌上的字,半天突然笑道:"阿萍,我连上了!"

"说来听听!"

"袋里没有钱,身上有虱子。"邵飘萍听了,笑得前仰后合,眼泪都要流出来了,连声喝彩,"妙句,妙句哉!振亚啊,真有你的,连得好,好一个'袋里没有钱,身上有虱子'啊!"祝文秀见邵飘萍并没有难住自己,也发出一阵银铃般的笑声。这一餐饭吃得开心,又有意思,邵飘萍高兴,祝文秀果然文思不凡,出句惊人。这字让她对得多风趣呀!他们喝完了最后一口酒,两个人都感到差不多了,该走了。邵飘萍问:"还点菜吗?"祝文秀连连打着饱嗝,说:"再吃就醉了,我们回去吧!"邵飘萍一招手,那位非常妩媚的女招待袅袅婷婷地走了过来,一双美目瞟着邵飘萍说:"先生,请您付给四十日元。"

祝文秀吃惊地在心里喊:"天呢,这么贵!"但嘴里却说:"小姐,你可别算错了!"女招待莞尔一笑道:"不会错的,四个菜加酒饭四十日元。"

邵飘萍也不说话,掏出一张一百日元的递给女招待。过了一会儿,女招待笑容可掬地把六十日元找给了邵飘萍,然后,礼貌地道:"欢迎先生,小姐再光临本店!"

走出饭店,祝文秀道:"四十日元,一顿饭,太贵了!难怪人家都说你有'千金散尽还复来'的慷慨气派!"邵飘萍爽朗地笑道:"为我的小桃妹花点儿也值得呀,要不然,你大老远地从中国来,又是被我骗来的,如不破费点赎赎罪愆,我于心不安啊!"

"阿萍,千万别当真!我是舍不得我妈妈,又舍不得你呢!"

"你来总是该庆贺的。"邵飘萍此时拉着祝文秀纤细绵软的手,连说带笑地回到了日本大阪市海泉寺寓楼。上楼后,邵飘萍说,"好了,为表示诚意,我再弹首日本歌曲让你听听。"说着就弹起了钢琴,悠扬的琴声使祝文秀都有点陶醉了。祝文秀来了以后,邵飘萍怕她太辛苦,又请了一位四十七岁的日本佣人负责买菜做饭,照顾生活。这时,邵飘萍在《朝日新闻》的月薪是三百日元,但物价贵,收入少,他们每天的菜金只好限制在一至二元,每顿饭只能吃一个菜。为了生活过得好点,邵飘萍就拼命写稿,用稿酬来补贴些家用。有一天,邵飘萍从外边回来,十分高兴地对祝文秀说:"走,今天陪你到街上走走,中午就在外边吃点,然后再陪你去看场电影吧。"祝文秀舍不得花钱,不肯上街,更不用说到外边吃饭,还要看电影,这又得花去多少钱呢?所以故意说:"算了,不出去了,又要让您破费,再说我们也没有闲钱啊。"

"这你就别担心了。"邵飘萍说,"我刚收到一笔稿酬,也该慰劳一下你了!"

"哦。"祝文秀说,"我说呢,你一脸喜气洋洋的。不过,我看还是别去了吧!"

"不,我说话算数。"邵飘萍说,"快吃中饭了,这样,今天我带你不是去吃饭,是去尝尝日本颇有特色的煎饺,然后再带你去一个叫作别府的'地狱之城'游玩一番,也算是此次让你到日本来的补偿吧!"

"什么,地狱之城?"祝文秀惊诧地叫道,"那肯定是个恐怖的地方?怪吓人的啊!"

"哈哈!"邵飘萍笑了,"你不能只从字面上来理解那个地方的,其实那是个人见人爱美景佳肴胜天堂的地方!我虽然没去过,但听去过的人说那根本不是地狱,分明比天堂还要令人神往啊!"

说着话,祝文秀就跟着邵飘萍来到了街上,在一个转弯的地方,有一家饺子店。他们径直走进去在一个靠窗的地方坐了下来,此时,祝文秀留意到店里生意不错,桌子基本上都已坐满了。可让她感到奇怪的是每张桌,有的坐三个,有的坐五个,都是就着一盘、二盘煎饺,然后点了啤酒吃煎饺,还有的人一边吃着米饭,一边把煎饺当菜下饭,也有边吃拉面,再吃一口煎饺的。邵飘萍此时就喊来男招待了解情况,他十分热情地介绍说:"日本人很少吃水饺、蒸饺,吃得较多的是煎饺,就像你们中国的锅贴。另外,日本饺子是在擀得非常薄的圆形饺皮中间放上馅,馅料也和你们中国的差不多,但菜肉馅居多。然后就是放到平底锅中慢慢煎熟。还有一点是日本人将饺子归为炒菜、小吃,而不是主食。所以你们看到就会感到有点不可思议了,这与你们中国人是有区别的。不过,据说饺子还是在江户时代从你们中国传到日本的,现在已深入到日本人的生活了。哦,对了,你们也来点煎饺尝尝吧。"

"谢谢你了,给我们说得这么详细。"邵飘萍说,"听你说得这么好,给我们也先上一盘吧!外加两碗饭!"

"好的,马上就好,请先生、小姐稍候片刻!"那男招待一鞠躬后然后转身忙去了。没有几分钟,另外一位女招待微笑着端来了他们点的一盘煎饺,还有二碗饭,祝文秀此时拿起筷子先夹了一个金黄色的煎饺,轻轻一咬,她"呀"了一声,对邵飘萍说,"哎,真是名不虚传啊,这皮咬起来脆脆的,这馅呢更是味美多汁,嗯,太好吃了!"不过,她发现端来的只有六只饺子,虽然饺子包得很大只,她只要吃二只就饱了。但她还是忍不住问那位女招待,"请问,你们是按只卖还是按盘算的?"

女招待说:"哦,我们日本一般餐馆卖得煎饺都是一盘装六个,每盘售价五十日元。"

"啊,我的妈呀!"祝文秀差点没喊出来,吃惊地朝邵飘萍直使眼色,邵飘萍却装成没事的样子,笑着把五十日元给了那位女招待,女招待微笑着问:"先生、小姐是否还要再来点?""不要了!"祝文秀连忙抢着说,"够了,我们尝过了就好了。"她是怕邵飘萍为了争面子又乱花钱,急忙让女招待还是为别人忙去吧,这种天价的饺子又怎么消受得起呢?邵飘萍看祝文秀紧张、心疼、可惜的样子,却哈哈笑了:"你呀你,不是我说你,又不是让你付钱,看把你肉痛成这样!哎,钱是身外之物,人才是最宝贵的。我向来不吝啬钱财,何况为我心爱的小桃妹花点钱也是天经地义的事啊!走吧,吃饱喝足了,我们即刻到九州去,去看看那更像人间仙境的白池地狱!"

"还去啊?"祝文秀有点迟疑了,"这不知又要花掉多少钱了?"

"怎么不去?"邵飘萍说,"我说过的就不会改变的。"邵飘萍知道祝文秀是又在担心钱,就说:"去吧,钱不是问题,只要有我手中这支笔,我们不会没有钱的。"

他们要去的别府位于日本九州岛东北部的大分县,当邵飘萍他们乘坐汽车临近别府市时,一股淡淡的硫黄味儿扑鼻而来。此时,只见城内无数个地方冒起白烟。他们下了车,靠近一看,白烟有的是从烟囱里冒出来,有的直接从地表的缝隙钻出来。抬眼看去,几乎每个招牌上都写有"地狱"两个字,连街边卖蒸鸡蛋和蒸玉米的小店也写着类似"地狱蒸玉米"的字样。邵飘萍此时就向在卖"地狱蒸玉米"的一位老人打听,他笑笑说:"那'地狱'其实是高热温泉,水温通常接近一百度。在古时候,人们看到这样滚烫的热水,泥浆,白烟从地下冒出来,就会心生恐惧,所以将其命名为'地狱',延续至今。现在街头卖的那些鸡蛋、玉米、地瓜等小吃都是用

'地狱'热气蒸出来的。日本的温泉很多,但能称得上'地狱'的温泉却并不多。据说,别府有两千四百多眼温泉,占日本的十分之一。也就是说,一半以上的家庭有温泉,每分钟涌出量达到二十多万立方米,居日本第一。"邵飘萍和祝文秀谢过那位卖小吃的老人,继续向前没走几步,有一个叫"地狱釜"的地方,挤满了很多人。他们走近一看,原来是一排排的灶台,人们此时都在用"地狱"的蒸汽蒸饭吃。如何把盛菜的蒸笼放到灶台里有不小的讲究,灶台里的蒸汽温度很高。此时,有一个人急不可耐地把手伸进去,就被烫得"嗷嗷"直叫。此时,有一位工作人员走过来对他们说:"别急,先要戴上特制的手套。"说着,他十分熟练地把要蒸的食物都放好,然后看了下手里拿着的怀表,说:"大家过二十分钟就可以享用蒸好的饭菜了。"等了好一会儿,此时饭菜终于熟了,大家也忘了斯文,冲上去一顿疯抢,把那饭笼吃了个底朝天。此时,在旁看热闹的邵飘萍也忍不住抢了二盒饭菜与祝文秀吃得好香。旁边有一个人说:"这下好,吃饱了再上路,下面可真是去地狱了啊!"

邵飘萍他们跟在一大群人后面,开始了"地狱巡游",这一游不要紧,整整穿越了"八层地狱"。首先他们先来到负有盛名的"白池地狱"。在一个不大的院子里,一个白绿色湖泊的一角浓浓白烟滚滚升起,水是透明的,但由于水底结了一层钙化物,所以水的颜色看上去有点微绿色,宛如人间瑶池。接下来他们还看了"鬼山地狱""山地狱""海地狱""血地狱"等七个"地狱",每一个都让人惊奇万分,感叹不已!其中最独特的是叫

邵飘萍在日期间撰写《新俄国之研究》

做"釜地狱"的。在一个不大的院子里,居然有不同的热泉在涌出来,有的清澈透亮,有的似血池,有的好似泥浆。在"八层地狱"中,还有各种各样的"牛鬼蛇神",这让邵飘萍和祝文秀的此次"地狱之行",显得更加难忘和奇妙。这些"牛鬼蛇神"原来就是用热泉水饲养的各种动物,有些是平常只在热带才能存活的动物。如在"白池地狱"旁边的屋子里,那大鱼缸里就养有各种各样的热带鱼。在"山地狱",既有庞大的非洲大象,还有懒洋洋的大河马,最凶猛的要数"鬼山地狱"的大鳄鱼了。此时,邵飘萍和祝文秀看见在温泉旁边的几个池子里,有七八只巨鳄张着血盆大口在慢慢游弋。除了这些"凶神恶煞",园子里还养着一些热带植物。在"海地狱"旁边的一个人造池塘里,此时却一派生机盎然,在日本寒冷的冬季,这里却盛开着粉红鲜嫩的荷花。看着此处的美妙风景,邵飘萍不禁感叹道:"这里有哪点像地狱?分明是令人向往的天堂啊!"祝文秀也附和说:"是啊,此行是我有生以来到过的最美的、难忘的地方!"

邵飘萍在日本虽然生活艰苦,但是他争分夺秒地工作、学习,不肯让时间白白地流逝。每天早晨,当祝文秀一觉醒来,发现邵飘萍早已不在屋里了。日本女佣告诉她,邵飘萍天没亮便起床,在家里伏案写作一段时间以后,已经赶去上班了。下午四点钟下班回来,又把自己关在书房里写作到深夜方才休息,几乎天天如此。白天,邵飘萍除了在《朝日新闻》上班,其余精力几乎全部用来研究西方各国的政治思潮和流行的各种主义,特别是潜心研究了马克思主义。他通晓日文,日语十分流畅,客来谈笑风生,语言交流无滞,阅读和写作也很熟练。为此,他买了大量的日文书籍,房内书架上放满了书刊,其中多数是社会学、经济学方面的书。他利用空余时间先后攻读了《资本论大纲》《社会主义研究》《法国大革命史》这一类宣传马克思主义的著作。

邵飘萍曾经参加过旧民主主义革命,向往过民主共和,但他怀有探索新思想新潮流的强烈欲望,充满了追随时代步伐的青春活力。早在俄国爆发十月革命的时候,他就在《北京特别通讯》中作过报道,十月革命的成功,使他看到了新时代的曙光。此次侨居日本,令他的思想发生了很大的飞跃,迈出了向共产主义转变的步伐。走十月革命之路,他决心以俄为师,改造中国。为此,他利用在日本报务工作之后的一切时间,日夜不停地赶撰《新俄国之研究》《综合研究各国社会思潮》等专著,以便向国人系统、全面地宣传马克思主义。为此,在他所著的《综合研究各国社会思潮》一书中,他这样写道:"马克思即发现剩余价值之学说,证明资本家之富均从剩余价值发生,为资本家榨取劳动者所有以成其富之证据。与唯物观中之阶级斗争说,同时授予劳动者运动之科学根据焉。"他认定:"马克思的学说授劳动阶级以极大之武器,授劳动者以必胜之券。"他又在《新俄国之研究》一书中,专门介绍了十月革命的苏维埃俄国的政治、经济、文化、教育等各方面的制度和政策。他是第一个向我国人民介绍斯大林的人。他在书中把斯大林的原姓"朱加施维里"译成"裘额修拉伊里"。他热情地讴歌俄国十月革命开创了"世界历史上之一新纪元"。他的这两本书,是在我党成立一年前写的,属于我国最早宣传马克思主义的一批书籍,出版之后,立即销售一空,为马克思主义在我国的传播做出了贡献。《新俄国之研究》一书,还被共产党人的湖南自修大学列为教学参考书,如今还在党的一大会址和毛泽东故居陈列着。

1920 年 5 月,又一场大战此时正在中国的北方酝酿之中。徐树铮回到北京就发出邀请让张作霖到段祺瑞处赴宴,想借机杀掉张作霖。张作霖收到邀请帖立即赶赴段祺瑞住宅,此时已是华灯高照,夜色朦胧。当张作霖走进静悄悄的段宅时,忽然感到有点阴森可怖。此时,他犹豫了一下仍硬着头皮走进设在小客厅的宴会,段祺瑞微笑着亲自拉他坐下,给他斟酒;那徐树铮更是谈笑风生,殷勤备至,不断劝他多喝点。那张作霖是"绿林"出身,是出了名的奸诈小人,他一边满脸堆笑应酬有度,一边心里在盘算如何才能巧妙的脱身。他心知肚明,段祺瑞和徐树铮不会放过他的。今天自己来赴这个鸿门宴是提着脑袋来的,如能和徐世昌总统或钱能训国务总理一起来就好了。此时,他发现那些进进出出的招待人员都是些彪形大汉,他明白自己已是身处险境了。"我该赶快溜走才是上策!"几杯酒过后,他装作十分难受的样子对徐树铮说:"啊呀,树铮呢,我一时内急,可能是吃坏了肚子,想去方便一下!"

"好啊,让我陪老总你去!"徐树铮怕他耍花招,也怕他借机溜掉。

"啊唷,那多不好意思,去那种脏地方!"张作霖推却不掉,只好随徐树铮走出客厅。那如厕的茅房在客厅右边房后。徐树铮陪张作霖走出去刚刚向右要转弯,心想着自己陪去有失身份如传出去也要被人作为笑柄,料他也插翅难逃了,就朝那暗淡灯光处指指说:"喏,就在那里了,你自便吧!"就站在原处等他出来。

张作霖急忙走进茅房,抬头看那围墙不高,周围又是黑漆漆一片,他暗暗高兴,此时不走,还待何时?便一个纵身飞到了墙上,然后又往下轻身一跳,便立在了墙外,赶紧放开脚步一路狂奔,一会儿就消失在茫茫黑夜中了。那徐树铮在外等候多时,见张作霖还没出来,连忙走进去看看,张作霖已没了人影!此时,他心里暗暗叫苦不迭,竟忘了那姓张的是绿林出身,那翻墙越户是他的拿手好戏啊,自己还像个傻子样在外等他半天!他想那张作霖此时肯定逃回天津大本营去了,于是立即命令廊坊驻军截击。可是人算不如天算,他做梦没想到那位陆军部总长靳云鹏却在暗中帮了张作霖,此时已绕道逃到了天津。张作霖从此对徐树铮恨之入骨,发誓非除掉他不可。

1920年7月14日爆发了中国军阀史上规模最大的第一次"直皖大战"。这场战争,因为皖系段祺瑞要在东面对张作霖,西边对曹锟两面作战,兵力过于分散。战争刚一开打,西线皖军前敌总司令曲同丰即战败被俘。皖军惨败,段祺瑞通电下野,徐世昌立即以总统名义解散皖系老巢"安福俱乐部",并通缉祸首徐树铮等人。徐树铮此时狼狈逃到了东交民巷日使馆内躲起来,一闷就是三个月。此时,他苦苦哀求日本人想想办法让他逃出去。驻天津日军总司令小野寺对他说:"将军想逃出去,就得委屈一下了。"

"此话怎讲,如何委屈?"徐树铮问道。

"如今,您是四面楚歌啊!徐世昌在通缉您,曹锟的军队已包围了北京,您如何走得掉?我琢磨了很久,只有把您装进一只很大的柳条箱内,当作一种什么东西,然后由我们派军官带到火车上,装入头等车包厢,您才能脱险啊!"

"哎呀,我的妈啊!"徐树铮此时哭笑不得,"我堂堂中国上将军,却想不到落到此种境地,要被日本人当成'一种什么东西'才能运走的地步。如不这样,只有被困在此。"徐树铮叹了口气,说:"就按贵军的意思安排吧!"

一个秋风萧瑟的下午,邵飘萍正在书房内挥笔疾书。此时,祝文秀兴冲冲地跑进屋:"阿萍,信!北京来的,是修慧姐写的!"

"哦。"邵飘萍惊喜地从祝文秀手中接过信,边看边大声地叫道:"太好了,振亚!那个老盯住我的安福系的走狗朱深垮台了,我们总算熬出头了,又可以返回北京重振《京报》了!"

"是呀,朱深是垮台了,但是,新的朱深还会钻出来的。阿萍你可要小心些才好!要多留个心眼才好!"祝文秀看着他那副兴高采烈的样子,泼冷水道。

"振亚,不管那么多,我姓邵的不怕!必须立即向《朝日新闻》打辞职报告,你准备一下行装,我们在近日回国,刻不容缓!"邵飘萍说着猛击了一下桌子,两眼闪闪放光地说,"振亚,我打算取道朝鲜,从那里返回祖国,也好让你亲眼看看朝鲜人民亡国后的悲惨生活。你可知?朝鲜亡于日本,人民成了奴隶,没有自由,生活得不如牛马,多么耻辱和痛苦啊!中国如果不迅速改变局面,也很危险,也会像朝鲜一样亡国的!"

祝文秀此时看着心情激动的邵飘萍,连连点头,说:"阿萍,我们分头行动,要知道我的心早已飞回祖国了。妈妈,我们的妈妈,正在忍受着思念亲人的煎熬啊!"

邵飘萍说:"振亚,我现在就到《朝日新闻》社去要求解聘,你也得抓紧点准备!"

说完,邵飘萍就来到报社,找到社长提出解聘,并递上了"请假书"。荣一峙尾社长没有答应,并竭力挽留。邵飘萍强调要赶回北京复活《京报》,再三要求。经过磋商,荣一峙尾无奈地站起来说:"看来,无论何种条件给您,邵君也要回国啰?"

邵飘萍颇为遗憾地道:"承蒙阁下抬爱,以丰厚的条件再三挽留,对此邵某深表歉意,给您和报社添麻烦了。"

荣一峙尾此时拿起电话让松谷青岛过来一下。松谷青岛接电话后立刻走了进来,看见邵飘萍就是一鞠躬。

荣一峙尾说:"邵君要求解聘赶回国内不知您的意见如何?"

松谷青岛叹了口气道:"说心里话,我是很不愿意邵君离开本社的！可这，突然之间让我到何处去找邵君这样难得的人才呢？"

"松谷先生！"邵飘萍怕他不同意，有点急了，说，"这点请您放心，我会时常给您发些特别报道的！"

荣一峙尾此时露出了笑容，说："我看，这倒是个较好的补救办法，那就放邵君走吧！"

松谷青岛仰天长叹了一声："唉，这简直是要了我的命啊！"

邵飘萍连声"谢谢"，拱拱手，急忙快步离开了《朝日新闻》社社长办公室，没走几步，他心想自己一生重信用，对这次聘期未满而辞职，于心不安，于是又返回社长办公室，然后在《朝日新闻》社的聘约上写道："此为愚充日本朝日新闻社顾问聘约之后幅留作纪念者。愚于直皖战争后归国，《京报》复活，致未满期而请求解约，往返磋商，始承允诺，为愚生平最抱歉之事，特志之以谢该社焉。飘萍。"写完他把聘约交给荣一峙尾社长，然后坐车赶回家中，见祝文秀还在卧室收拾东西，一双眼睛凝视着墙上挂着的一副书法，那是邵飘萍送给她的纪念品："莫放春秋佳日去，最难风雨故人来。"祝文秀听见了邵飘萍走进来的脚步声，连忙把对联从墙上取下，卷好，心想："这是阿萍送给她的纪念品，必须带走，不能把它扔在日本国。"此时，邵飘萍也走进来帮忙整理行装。祝文秀就问："日本人答应了？"邵飘萍说："好不容易说服了他们啊！"此时，他看着那一大堆书，犯愁了，分量实在太重了！他只好忍痛挑选了小部分，捆成一大包，由祝文秀提着。大部分书籍和其他用品都只好留给日本友人了。收拾到后来，祝文秀抱着那只金鱼缸舍不得给人，邵飘萍就一路上抱着带了回来。

他们绕道朝鲜，在朝鲜逗留了一天。为了激发祝文秀的爱国主义思想，邵飘萍还特意让她看看朝鲜码头虐待工人的非人惨景。他们到了奉天时，路费已经用完，祝文秀把身上仅有的一条金项链拿到当铺当了五十元大洋,才买了车票回到北京。

回到北京后的邵飘萍早上正在与汤修慧商议如何恢复《京报》,此时,门外传来急促的敲门声。邵飘萍对汤修慧说:"你去看看,是谁一大早就来敲门?"

汤修慧刚想去,此时,潘公弼一脸慌张地跑来说:"不好了!振青兄,有几个自称是卫戍司令部的大兵在叫门呢,怕不是又来找麻烦的吧!"

邵飘萍说:"哦,这些人鼻子可真长,我这刚到家,他们就找上门来了,我倒要会会他们是来干什么的!"

汤修慧抱住邵飘萍说:"还是让我来吧,万一情况不对,你也好见机行事!"

潘公弼却说:"修慧嫂,你去没用的,他们指名要社长去!"

邵飘萍说:"还是我去会会他们,谁怕谁啊?我姓邵的才不吃这一套呢!公弼,你去对他们说,在会客室稍等片刻!我就来!"

邵飘萍稍微整理了下衣服,就来到《京报》报馆会客室。

一个军官带着四个士兵在会客室里静候着。邵飘萍一走进来,他们就全体起立,毕恭毕敬地朝邵飘萍致军礼。邵飘萍示意他们坐下,微笑着说:"各位长官,一大早就造访敝报,有何公干啊?"

那位军官模样的又是一个敬礼,说:"报告,我们吴大帅听说您刚从日本回国,为此特意亲自派我们来以示慰问和欢迎!"

"哦,是吴佩孚知道我回来了。"邵飘萍说,"怕是又来抓我的吧?"

"那都是安福系的人干的!"军官又是一个敬礼,大声说,"我们吴大帅说了,过去的一笔勾销,他如今是总司令,说到做到!"

此时,突然有卫兵大声叫道:"吴府秘书长陈廷杰到!"

喊声刚落,吴佩孚府上秘书长陈廷杰彬彬有礼满脸微笑地走进来:"邵社长,鄙人是吴府秘书长陈廷杰,今天吴佩孚大帅让我来,是专门给邵社长您这位大功臣授勋的!"

邵飘萍听说是来向他授勋的,颇感意外地道:"我邵某无功不受禄,你们吴大帅是要给我授什么勋啊?"

汤修慧也接过话头,频频追问:"是呀,陈廷杰秘书长大人,我们振青何德何能,一大早劳您大驾来亲自授勋,你们这是唱的哪一出啊?"

陈廷杰大声道:"啊呀,我的邵夫人呢,这样的大事你为什么不知道?振青兄此次在日本《朝日新闻》被聘为中国问题高级顾问,他的政论涉足高层,为国争光,波及世界,功高盖世啊!"

此时,邵飘萍已明白了陈廷杰的来意,就对修慧说:"既然政府和吴大帅如此看重《京报》,修慧啊,我们可不能不知好歹啊!"

"是啊,看看,不愧为是见过世面的大功臣啊。"陈廷杰笑容可掬地展开"嘉奖令",大声读道,"京报社长邵飘萍,旅日期间,受聘《朝日新闻》社,为国立言争荣,为我中华扬眉吐气,功勋卓著,誉满东瀛,特授予二级勋章一枚。北洋政府:曹锟、吴佩孚、张作霖。"

陈廷杰宣读完"嘉奖令"把他递给邵飘萍,邵飘萍只好接过微笑着对潘公弼说:"公弼啊,请转告《京报》同仁,这可是政府和陈廷杰秘书长对我们报社的关心和一番美意啊!"

陈廷杰急忙解释道:"不是,不是!应说是吴大帅、张大帅,还有曹公的关照才对!"

邵飘萍说:"是啊,如此看来,我们可要把这个荣誉高高挂在报社的中央,让谁一进来就能看到!"

潘公弼此时拿着"嘉奖令"说:"好的,我立刻去挂上!"

邵飘萍又喊住他说:"公弼呢,先别急着挂,弟兄们忙了半天,辛苦了,你带他们去帮我好好招待。"潘公弼说:"各位长官,请!"

"谢谢！"陈廷杰连连摇手说，"邵社长，千万别客气了，招待就不必了。"说着，凑到邵飘萍跟前，故示亲热地道，"我们吴大帅说了，邵社长从此可是自己人了，《京报》如有什么困难，可直接找他去！"

邵飘萍无奈地一笑附之，看着陈廷杰和大兵们趾高气扬地跟着潘公弼走了。

"哼，我说呢，会有什么好事！"汤修慧说，"天上是不会掉馅饼的，给你授勋？这是黄鼠狼给鸡拜年，根本就没安什么好心肠啊！"

邵飘萍此时也自嘲道："看来，我此次亡命日本，反成了为国争荣了！凭空还飞来个二级勋章，哈哈，我既有名又有利。唉，管他们是什么用意也好，居心也罢，他们有千条妙计，我姓邵的有一定之规，抓紧复活我的《京报》才是当务之急啊！"

对于吴佩孚等军阀的收买，邵飘萍根本不屑一顾，他一心致力于复活《京报》，日夜四处奔走，筹划资金。1920 年 9 月 17 日，《京报》终于得以复刊。

《京报》复刊开业这天，前来报馆祝贺的来客络绎不绝，他们之中有军阀要人、政府官员、教授、商人老板等，三教九流应有尽有。邵飘萍和汤修慧这时忙得不亦乐乎。突然，潘公弼跑来说："振青兄，有一位姓鹿的将军带着几名军人前来贺喜。""哦，走，去看看是谁呢？"邵飘萍听说是姓鹿的将军连忙和潘公弼迎到门口，一位年轻英俊的军官看到他就是一个敬礼："冯玉祥将军特派本人前来祝贺贵报复刊大喜！"

邵飘萍微笑着说："谢谢冯将军，请问将军您贵姓高名啊？"

鹿钟麟又是一个敬礼："在下免贵姓鹿，鹿钟麟！"

邵飘萍这时紧紧握住鹿钟麟伸过来的双手，大声道："鹿将军，太好了。鹿有一种高贵的品格，舍生取义，死不择音！"

鹿钟麟说："过奖了，不过冯督军对邵社长的文德极为赞赏，认为社长您本人像鹿一样确有舍生取义之勇气,为此,他还亲自为您题了条幅送给您:树中华正气!"

此时,来《京报》馆贺喜的人看到这块条幅,都纷纷叫好,鼓掌。人群中有一位叫张翰举的报人大声叫道:"太好了!邵社长呀,你这次东渡日本,可谓名利双收,身价百倍,我们可是光了脚死命撵也赶不上你啊!"

"哟,我当是何方神圣呢?"邵飘萍说,"原来是张翰举先生,你的《大陆报》也不赖啊!"

"我这张小报又岂能和你比啊!"张翰举道,"充其量也只能混口饭吃,从来没有这么多大人物来捧场,不过,看我的《大陆报》也不会有杀头的危险噢!"

"你千万别客气了, 我知道你和北京的军阀们都搞得很熟的。"邵飘萍说,"当然,搞报纸我从来不主张千篇一律,你的《大陆报》搞得好影响也很大,可是你不能光靠那些政治花边奸情暗杀,道听途说的新闻啊!"听了邵飘萍这样说,张翰举语露不悦道:"这个请你放心,我无非是为了生存,不过再不济也不会跟着混蛋政客'堕落'的!"

"哦,这样就好!"邵飘萍两眼盯着他说,"作为报人,应该有起码的良知啊。"张翰举"嗯"了一下,说:"我先告辞了。"此时,潘公弼拿着厚厚一本登记册走进来满脸笑容对邵飘萍说:"振青,今天来贺礼的人可真多,我吃不准是否都收下?"

"怎么,你吃不准可问修慧嘛!这些事可都归她管的!"邵飘萍说着拿过登记册翻看了几页,"哟,李大钊也送来贺礼了,怎么不和我说一声,我已经好长时间未碰到他了!"

潘公弼说:"他自己到南方去了, 是让一位青年学生代送来的。"邵飘萍在继续翻着登记册,突然看到吴佩孚的名字就说:"吴大帅也派人来过了？"

潘公弼连忙轻声说："是啊，我刚想问你他的钱是否收？"

"为什么不收？"邵飘萍道，"贺礼么，我们按习俗都要收下的，再说这吴佩孚的钱本来就是从老百姓那搜刮来的，我们拿来也是还之于民嘛！"此时，汤修慧捧来一大堆信函，电报，对邵飘萍说："今天收的电报，信件太多了！对了，飘萍啊，大家都在说报馆的照片做成明信片是一大发明哦！"

"哦，那确实是首创。"邵飘萍说，"不过，那是表彰你，我也认为你此项发明该申请个专利才好！"

"不过，也有不满意的啊。"潘公弼说着把一份寄回来的《京报》展开，说，"唉，还在报上题了首打油诗嘲讽呢！"

"哦。"邵飘萍和汤修慧一看，不禁齐声读了出来，"锋芒依旧，万变归宗，事事空。墨引是非，百无聊聊，早早了。"

"哼，实在是太无聊了。"汤修慧不屑地骂道，"此是文人在变相谩骂我们！"

"不，我看是好像在提醒我们。"潘公弼说，"你不能光看表面的，我看其实是首藏头诗。"

邵飘萍只是点点头，朝他俩看着，又拿起报纸看那首诗，不禁叫道："好一个空了啊！"

"怎么？"潘公弼道，"你也看出明堂来了？"

邵飘萍猛拍了下桌子，说："肯定是他！"

"啊，难道是你的熟人？"汤修慧说，"这样的话，那是在提醒你哦！"

"何止是熟人啊？"邵飘萍说，"你们是否还记得，前一阵不是从上海寄来一笔七千八百元的汇票吗？寄款人不也是'空了'吗？所以，我想，此人肯定是我的恩师！"

"哦。"汤修慧和潘公弼不约而同地叫了出来,"记起来了,是有这回事,你的恩师,那就是杭辛斋啰!"

邵飘萍点点头,一时无语,拿起报纸又反复看着由恩师所题的那首诗……"不过,由我看,你的恩师是在善意地提醒你。"潘公弼此时打破沉默说,"对《京报》的复出,好评还是如潮啊!特别是对刊出你的新著《新俄国之研究》已出版,还有《综合研究各国社会思潮》不日也出版的广告,读者来电询问到何处能买到很多啊。"

"是啊,说起好评,那是很多。"汤修慧说,"特别是对你与吉人合编的《俄国大革命史》连载文章,还有《改造世界之人物》中专门介绍《新俄国之伟人列宁》一文,另外对你连续发在评论栏里,署名阿平的三篇《平心思之》时评,历数安福系结党营私,唯利是图,破坏财政,破坏司法,导致社会堕落之罪,呼唤民众关心国事,不弃职责等内容,大家看了都大声叫好,都说如今复出的《京报》有看头!"

"还有一大亮点呢!"潘公弼也补充道,"许多读者打来电话,肯定我们在紧要新闻栏中所刊登的《劳农俄国之儿童教育》一文中介绍的劳农政府的教育方针,阐述了儿童教育对国家未来的重要性。认为这些文章起到借鉴和启迪教育作用,希望我们今后能多发些这方面的文章。"

"是呀,办《京报》作为改良我国新闻的试验,此是我的初衷也是夙愿。"邵飘萍也接过话头说,"在我刚从日本回来时,有朋友曾对我说:'来年政潮不靖,虽原因甚多,而舆论界之不善引导,实亦不能违言。'对此,我也有同感。所以我决心要把《京报》办成表达公正舆论的有力武器,那就是'勉力造成全国人公共发表言论之机关'。在创刊时,因限于财力,《京报》只能以短小精悍著称于时,此次复活《京报》，我则把在朝日新闻社任职时学来的一些先进经验，结合我们《京报》的实际，将在尽可能的范围之内，对报馆的内部组织、编辑方法、新闻搜集、排印、体裁等加以革新。另外，至今我们还要送到别处去印刷，这也是我们的弱点。随着《京报》复刊后的发展，发行量的进一步增大，有了一定的实力，接下去将筹建我们自己的印刷厂，到时编辑、排版、印刷都由我们自己来完成。到那时，我们的《京报》才会真正的腾飞！"

那曹锟和张作霖联合起来赶走段祺瑞之后，过了不久，又有了矛盾。此时，在南方的孙中山领导的革命军却在不断壮大，并派出代表与段祺瑞、张作霖秘密联络，想共同举事推倒曹锟和吴佩孚。徐树铮知道后，惊喜万分，立刻电告段祺瑞。段祺瑞知道后即刻复电并命他"火速到南方与孙中山磋商！"徐树铮接电后放下已写了大半的《建国诠真》一书和新婚不久的爱妾，日夜兼程地赶到了广州。孙中山知道徐树铮已来广州。立即单独给蒋介石写了封信说："徐君此来，慰我数年渴望。"同时又给廖仲恺、汪精卫发了电报，说："兹请两兄及介石为我代表，与（徐树铮）之磋商军事之进行。现我军决定于旧历年后用兵，希望皖系策应，使直系更无归路。自来战略因于攻略，吾人攻略既同，期为南北一致，以定中国，其庶几也。"

徐树铮在广州受到了孙中山所领导的革命党人的盛情款待，精神为之大振，他兴奋地接连电告段祺瑞，说："再起东山，曙光在前！"为了把联盟的事做稳妥些，他在蒋介石陪同下来到桂林拜见了孙中山先生。孙中山除了亲至城外迎接徐树铮，还以上宾待之。对此，徐树铮大受感动地对孙中山说："我皖系力量完全可以为先生所用。我即去福建，那里的军队统帅系我皖系李厚基，只要孙先生一动身,那里便可策应!"徐树铮走时,孙中山又亲送他登车,并说:"中华兴旺,有赖你我!愿我们共同为炎黄子孙造福!"可是,俗话说:"天有不测风云。"徐树铮在去福建准备说服李厚基一起举事时,此时北方因瓜分直皖战争胜利果实不公又爆发了直奉第一次战争,结果奉军惨遭失败而又退回到山海关,日夜练兵,伺机再起。直曹立即恢复旧国会,并通过"天坛宪法",要出钱买个总统当当。可是在南方的广东,陈炯明却突然背叛了孙中山,导致孙中山北上的计划只好暂时搁浅。使人意想不到的是,那"看风转舵"的福建皖系军阀李厚基也突然宣布脱离段祺瑞,投靠了曹锟。徐树铮知道后,不敢去福州了,只好改道直奔延平找旅长王永泉,他是自己信得过的人,想利用他去惩罚李厚基。可是王永泉却不吃他那一套,根本不理会徐树铮对他说的"组织中国最高级的政府"等话是什么意思。他说:"中国的政府实在太多太乱了,谁能管着谁?我他妈有地盘,我就是王!"说完冷笑几声,扔下徐树铮一个人吹胡子瞪眼生闷气儿,他却走了,徐树铮只好连夜离开延平,悄悄地又溜回到上海。南方乱了,孙中山、段祺瑞、张作霖的三角联合只好束之高阁了,北上计划也只好暂时取消了。徐树铮此次南行一无所获不说,还丢失了皖系在福建的势力,这使他又气恼又沮丧,只好把自己关在屋里继续写未完成的《建国诠真》了。

每年进入十一月,北京已是寒风刺骨冷得让人受不了。邵飘萍这天吃早饭时对汤修慧说:"等下召开报务会议,你先通知潘主任,让各部门负责人都参加。"

汤修慧说:"又有什么新想法了?"

邵飘萍说:"你知道的,我们《京报》每日出两大张,均以新闻灵通、消息真实、议论精辟为社会所重视。为此,来稿非常多,可谓源源不断,由此所来稿件登不胜登,为此,结果导致诸如华北灾情严重此类重大题材,也无法作系统的报道。所以我让大家来讨论一下如何应对。"

吃好饭,邵飘萍和汤修慧来到会议室,大家已济济一堂在静候他们了。通过大家热烈探讨,最后邵飘萍说:"决定从1920年11月2日起,增《赈务日报》一张,随《京报》送阅,这是我们《京报》复活后的第一张增刊,旨在宣传华北救灾事宜,冀以引起国人的同情和救助。"说到这里,邵飘萍对潘公弼说:"公弼啊,你可在增刊号上登一个启事,欢迎任何救灾团体将稿件、图片投来,且一律免费刊登,另外,也登平民社会之疾苦,以及社会中种种黑暗情形与描写社会贫困之小说、新闻。今天会到此,大家分头准备吧!"晚上,潘公弼将明天出版的《赈务日报》刊号大样送给邵飘萍审阅。上面有由他所写的《请看有多少救灾团体》一文,其他还有《内务部办理灾赈经过情形节略》《佛教筹赈会消息》《华北救灾协会消息》《南洋兄弟烟草公司热心赈灾》《日本演剧救灾》《妇女劝捐助赈》《边君仗义输粟》《各省区筹赈办法大纲》《灾民幼女教养所之公启》《呈请缓征旗租》《丰台南洋公司散赈处之往来难民图》《南洋烟草公司丰台灾民收养图》等文章。邵飘萍看过大样对潘公弼说:"创刊号的内容已相当丰富,你辛苦一下,跑趟印刷厂就这样付印吧。"潘公弼答应说:"好的。"就到印刷厂去了。自《赈务日报》增发以来,邵飘萍收到大量来信,来稿来电,好评不断……

很快,一个多月过去了。此时,忙碌编稿之余的邵飘萍又惦念起海外华侨的状况,想以辅助联络以救本国之阽危,以期来促进我国人在海外事业的发展。为此,邵飘萍多次打电话与蔡元培、李石曾商议,准备再增发附刊《海外新声》周报。李石曾在电话中颇为激动地道:"飘萍君,我们可是老朋友啰,三年前,你在帮章士钊代理《甲寅》杂志时,就连载过我所写的《关于华工问题》一文,后因材料无继而中止,至今想想都令人惋惜。这次看到你又复活了《京报》,高兴之余我可是向你提了两次,应该办一份海外华侨方面的报纸,所以一听说你准备增刊《海外新声》,我是举双手赞成的! 如今时机已成熟了,现在颇有求得材料之机会,海外教育等各种事业又正在积极进行,欧美南洋各处的我国侨商也均感到没有一个传达通讯机关甚为不便。由此看来,你增发《海外新声》是适逢其时啊!"

邵飘萍颇为激动地对他说:"是啊,我此次也得到许多海内外同志、友人的赞助和鼓励,所以我想可先在报纸上特辟'华侨消息'的栏目。又听说老朋友萧子升十二月从巴黎回到了北京,我准备聘他担任《海外新声》的编辑主任,他可是知名的青年教育家,又是海外事业的活动家。他还有个得天独厚的条件,他与各处华侨始终保持联络,有很厚实的基础,又深悉我国人在海外活动的情况,所以,他肯定是能胜任此项工作的!"

李石曾说:"我也听说萧子升此人不错,是个优秀人才。对了,你的《海外新声》主要有哪些栏目啊?"

邵飘萍说:"石曾君,我创办这张增刊,旨在增强社会对于国际联合的兴味,以期促进海外各种事业的发展。主要栏目有'国际要闻''瀛海丛谈''侨务述评''海外近事'等。还有一点是它将以真切的记载,精确的图表,知名的论著,专业的新闻为一大特色,希望石曾君还能像过去那样支持我啊!"

李石曾说:"请飘萍君放心,我肯定是支持你的,不过,不知什么时候增刊《海外新声》啊?"

"我准备于 1920 年 12 月 13 日再增附刊《海外新声》周报!"邵飘萍说,"到时请多提宝贵意见,多给我们写稿! 好,今天就先谈到这里。"邵飘萍挂了电话,就亲赴萧子升住处,谈了自己要发增刊的计划,那萧子升倒也是个性情中人,立即高兴地接受了邵飘萍的聘请,担任起《海外新声》的编辑主任。

一年一度的春节即将临近。邵飘萍有一天吃饭时对汤修慧说:"修慧啊,《京报》自复活以来,可以说是越来越受广大读者的喜爱了,特别是青年朋友的读者!使我感到欣慰的是,《京报》也极为海内外各界所称许!你知道,此时新文化潮流汹涌澎湃,势不可挡。对此,我想作为报纸应追随时代的潮流,计划从 1921 年 2 月 20 日,即春节出版日起,将《京报》第七版彻底革新,创办《青年之友》专版,慧,你看如何? 我想你肯定有话说!"

"我是有话说!"汤修慧说,"你的主意是不错,可你忙得过来吗? 我是怕你吃不消啊!"

"哎,靠我一人那肯定是吃不消的!"邵飘萍说,"此版面我准备延请凌霄之友红叶主持,另外,再请专门的学者来担任撰述人。我呢,为专版再亲书'青年之友'四字,你看如何?"

"好啊。"汤修慧道,"你想得很周到,但是稿源如何? 有把握吗?"

"稿源如今对《京报》来说是源源不断地涌来,我想不会有问题的。"邵飘萍笑着说,"另外,我还想啊,对《青年之友》的译文栏,按日刊载各国名著中有世界价值者;对《自由论谈》栏,可随时把社会各种重大问题,提出公开讨论;对《文艺栏》,对新诗、小说、名剧,经慎重选择后刊登,并介绍西欧近代文学;《讲演》栏中除连续登罗素的讲稿《社会构造学》外,还可随时择刊名人的演说。"

"嗯,看起来是不错。"汤修慧说,"经过调整的版面,明年与读者见面的《京报》将更加贴近社会,追随时代的步伐,成为受社会民众喜爱的报纸!"

"好,那等下潘公弼从印刷厂回来,你把我的计划对他说一下,抓紧把版面调整好。"邵飘萍说,"对了,慧啊,过春节时,我也抽点时间陪你去逛逛北京的庙会,平时我们都忙于办报,大家都过年了,我们也该休息一下。"

"这可是你说的,别到时又赖账。"汤修慧说,"你每次过年都说要陪我游览一下北京,可从来都没兑现过!"

"今年可非同往年。"邵飘萍说,"如今《京报》如日东升,发行量在迅猛上升,我想经过改版在春节推出时,肯定又会再上一个台阶!所以我想好好陪陪你这个功臣啊!"

"好,那就静候佳时啰!"汤修慧调皮地笑着说,"哎,说到过年,也该给你爸寄点钱去,你家人口多,都靠你爸也真不容易啊!"

"是啊,我都忙着报务,老爸、老妈年纪也大了,一直都想抽个时间回老家去看看,可是除了东躲西藏的折腾了一阵,如今好不容易等来报业逐渐走上轨道了,你说为了报纸我只好先放下亲情,这也是万般无奈的选择啊!"邵飘萍颇为动情地说。

"看你,我知道你忙着办报。"汤修慧说,"我也知道你是个大孝子,不是你不回去看老人,而是你实在忙得脱不开身了。所以,我也就瞒着你给爸写过信,寄过钱了。"

"慧,你太理解我了,谢谢你替我尽了孝道!"邵飘萍说着一把抱住汤修慧,此时,他一边吻着她的颈项,脸颊,一边轻轻咬她的耳朵,嘴唇擦过她的眼睛、鼻子,然后又把手插进她的头发,然后,轻声地对她说,"慧,你是世界上心地最善良的女人啊,慧,我爱你!"

正月初一那天,汤修慧帮沈小乃打理好家务,就穿上新衣服跑到书房,对正在看改版后刚刚送来的《京报》的邵飘萍说:"走,我们逛庙会去!"

"今天可不行,到初六再陪你去。"邵飘萍抬起头,对汤修慧说，"你可能还不知道老北京人的一些习俗吧？""那有什么？如今可是民国了，有些习俗也该改改了！"汤修慧说："何况这都是一些压制我们妇女的旧习俗！说什么，正月初一至初五妇女不能出家门，各家也'忌门'不接待妇女，还有妇女在家，这几天也不准动刀剪，只有到初六才能走出家门等等。哼，我才不信这一套呢！怎么，你不是新文化运动的积极鼓吹者吗？难道你也还信这一套？"

"我才不信这一套呢，不过几千年延续下来的一些习俗，一下子要改过来也很难的。"邵飘萍说，"主要是我初一至初五都要忙着拜年，虽然我们远离家乡，在北京也没什么亲戚，可是同行、同事、朋友之间也总要走走的，我也知道这些拜年活动很烦琐，很累人，但又必须做，否则会被别人看不起，认为是缺礼教。这都是些礼节性拜年，你说累不累？可真累！但是，谁都知道，可谁都不能违背，否则将孤立于家族，孤立于社会，这个就是北京人的老礼儿啊。不过，说好了的，初六一大早就陪你去逛个够！好吗？"

"好，你一说一大堆，你总是有理的！"汤修慧说，"哎，那我去帮潘公弼看稿，编稿吧，要这样让我闲着等五天，那才受不了呢！"

"你呀，真是受累的命哦。"邵飘萍说，"你每天为这个家，为我的报纸和新闻编译社忙忙碌碌的，这大过年的，让你好好休息一下，你又要去找活干。对了，你实在闲得慌，可找几个人来搓麻将啊。"

"这大过年的，你让我找谁去？"汤修慧说，"过去徐老四还常来打牌，可这一阵他也总说很忙，也不知在忙什么。"

"哦，你是说徐彬彬吧？"邵飘萍说，"他如今可是大忙人了，《京报》副刊《小京报》由他负责后发展势头也很不错，他如今也今非昔比啰，能不忙吗？"

他俩正说得热闹，此时，电话突然响了，邵飘萍拿过电话，电话里传来李大钊十分高兴的声音："飘萍君,我还以为您出去拜年了,那我先在电话里给您和家人拜个年! 我已看到改版过的《京报》了,让人有焕然一新,如沐春风的感觉啊! 太谢谢您了,刊出我写的《介绍柯祖基的〈人生哲学与唯物史观〉》这篇文章。另外,我看刊出的还有徐伟、徐六几等人撰写的《劳农政府中之三女杰》,《近代的妇女运动》《文学是什么》等章节, 我看这些文章都很不错,值得一读,看过的人也都反映很新鲜,让人看了有所收获。可是,这些文章我看很长呢,明天是否继续刊登?"

邵飘萍说："守常老弟,我也在电话里给你拜年了,有时间我们再聚聚。至于你说的这些文章很长,是啊,明天将继续连载的。另外明天的《京报》将登出《妇女解放与社会主义》《唯物史观概要》《国家社会主义批评》《进化与革命》等文章和恩格斯的照片,还特载《克鲁泡特金著作年表》,并且在'社会·运动家'栏中介绍了《恩格儿》一书。怎么样? 值得期待吧!"

"太好了,太值得期待了!"李大钊在电话中非常赞许道,"飘萍君,《京报》改版后所选登的文章很贴近社会民众,很受广大青年的喜爱,可以说,已真正成为广大青年之友了!"

"我这也是初步进行调整下版面。"邵飘萍说,"等试行一段时间,根据发行情况再进行改版。"

"我相信会越改越好的。好,祝您和《京报》在新的一年更上层楼! 再见了!"李大钊说完就挂了电话。

转眼到了初六,吃好早饭,邵飘萍就对汤修慧说："今天我带你去看两个地方,一个是白云观庙会,另一个是厂甸庙会,这两处庙会在北京都是具有代表性的,凡来北京的都要去那儿游玩。"

"这都听你的,你说上哪儿就上哪儿! 北京你比我熟。"汤修慧说,"到北京也好几年了,除了忙报务,就是为你担惊受怕,哪有时间出去逛庙会啊!"

"是啊,我知道委屈了你呀。"邵飘萍说,"所以今天非要带你出去逛逛北京的庙会!"此时,汤修慧就想让沈小乃和孩子一起去玩,沈小乃不肯去,说"不喜欢出门",也不肯让孩子们跟去,汤修慧也只好算了,说:"我带点甩货回来给孩子玩。"说着他们就来到门口,招了辆黄包车,说:"到白云观庙会!"那车夫一声:"好咧,先生、太太请坐稳了,立马就到!"说完放开脚步就奔跑起来。

邵飘萍这时对汤修慧说:"白云观离此不太远,在北京外城西便门外西侧约一里处,是道教全真龙门派的祖庭,享有'道教全真第一丛林'之称。'丛林'本指众佛僧聚集的寺院,而道教从创立之始并不要求信徒出家,故长期没有众道士群居的道观。金时,道士王重阳集儒、释、道为一体开创了道教全真派,同时建立了类似佛教的制度:出家,修行,传戒。这也是区别于道教另一宗派——正一派(天师道)的一大特点。白云观前身为唐天长观。元代,王重阳的弟子丘处机在拜谒了成吉思汗之后,受封为国师,统领北京道教,在太极宫(金改天长观为太极宫)基础上扩建为长春宫,明代才易名为'白云观'的。数百年来,白云观不仅以建筑侈丽瑰伟冠绝京城,更以每年正月初一至十九的庙会而享誉京城。"

"飘萍啊,看来你对北京的庙会也很有研究的。"汤修慧说。此时,白云观到了。他们下了车,付了车钱给那车夫,就朝白云观走去。汤修慧此时留意到今天来看庙会的人还真不少,有达官贵人,也有平头百姓,他们或乘车、或徒步,三五成群,说说笑笑都来看白云观庙会。那庙前东侧,有许多摊贩,一个连着一个,汤修慧走近看看,都是些风味小吃或应节甩货。两侧则是各色讲究的茶棚,看那些茶客多为有身份或有钱人。此时正好看到有艺人在串棚唱竹板书,而且还边走边唱,仔细一听,唱得都是些吉祥、祝福的词语,这些艺人在唱时还停下来向正在喝茶的客人们讨赏钱。

邵飘萍对汤修慧说:"其实我们初六来看庙会还是早了点,白云观庙会最热闹的日子是正月初八的'顺星',正月十三至十七的'灯节',正月十八之夜的'会神仙'及正月十九上午的'宴邱会'那才真正热闹哩!可是我们没时间了,接下去又要忙报纸了!"

"哎,来过看了就好了。"汤修慧说。

"不过,今天我们还有两项重要活动一定要参与的。"邵飘萍说。

"什么重要活动?非要参加!"汤修慧好奇地睁大眼睛问道。

邵飘萍笑道:"这是凡到此地来的游客都要去的, 一是摸石猴,二是打金钱眼,好玩吧? "

"嗯,好玩。"汤修慧说,"可是摸石猴肯定有什么好处吧?"说着,他们就朝前走去。邵飘萍说:"传说在山门墙上的那只石猴浮雕,摸了它可以祛病避邪,所以凡是到此处来的游客是一定要摸过石猴才能走的。说话间他们走到了那有石猴的山门,可是在等摸石猴的游客已排起了队伍。没有办法,汤修慧心里想摸一下石猴再走,也只有排进队伍慢慢等候。幸好来摸石猴的此时还不太多,不一会儿,就轮到他们摸石猴了。摸好石猴,邵飘萍说:"我们赶紧走吧,弄不好那打金钱眼的地方又要排队的。"

他们边走边看,此时正好碰到一位道士,邵飘萍向他施礼问候,那道士笑着还礼说:"看来两位施主是要去打金钱眼吧?喏,就在前面不远处。"邵飘萍说:"不知这打金钱有什么作用呢? "

那道士说:"此处有一个美丽的传说。在山厅内的院落中,等下你们走过去就能看到有一座石桥,名'窝风桥'。传说在早年有位僧人,因与道家斗法,取'西风吹散白云'之义,自名'西风和尚'，在白云观以西建了一座庙，名'西风寺'。于是邱真人知道后就在观内修了一座'窝风桥'，以使西风不畅，遂破其计。后来，白云观的香火却越来越旺盛，而那西风寺则烟消雾散了。"说话间，他们已看到了道士说的窝风桥。此时，替他们带路的道士又施一礼，说："施主请便吧。"说完就走了。

这时他们见那窝风桥下并无水，却在那桥洞中端坐着一位鹤发童颜模样的道士，闭目合睛，身上披着一件极厚的衲衣。在那道士的头前脑后，桥洞的两侧各是一个直径一尺多长的大木钱，钱眼内悬一个铜铃，在不远处围着一群人在等打金钱。他们走过去一打听，只要将现钞兑换成铜板等硬币就可以打金钱眼中的铜铃。汤修慧就去换了硬币突然拿起就打，想不到她一打即中，那清脆的铃声突然响起，围观的人群顿时欢呼起来，纷纷说："啊，太了不起了，她跑来一打就中了！她这一年之内诸事如意，平安吉利呀。"

邵飘萍也说："慧啊，你可是出手不凡啊。这真是不鸣则已，一鸣惊人呢！"

"我可是连看也没看的。"汤修慧也好奇怪，"那乱扔出去的硬币却击中了那金钱眼。"

"哎，生活中有些事是无法解释清楚的。"邵飘萍说，"这叫作天注定该你打中，谁也抢不走的！好了，我们现在就到厂甸庙会去！那可是比这里好玩多了！"说着，邵飘萍对一车夫一招手，那车夫就来到了跟前。"请把我们拉到厂甸庙会！"邵飘萍对那车夫说，然后他扶着汤修慧上了车。那拉车的很卖力，跑得飞快，邵飘萍就问他，"这位师傅，这厂甸有什么说法吗？肯定有许多典故吧？"

拉车的此时放慢些脚步，说："嗨，这北京的厂甸那可有说法了！不过，这厂甸指的是琉璃厂外面的空隙地儿，琉璃厂是我们北京一条古老的文化街。在辽代时,那里称为海王村,到了金代,又叫海王庄。到元代又设立了烧制琉璃的窑厂;明代扩充了其生产规模,是工部所属五大厂之一;清代时又将琉璃窑厂迁到京西门头沟,那里只留下了琉璃厂与厂甸的街名。从康熙年间开始,将灯市分为'灯归城内,市归琉璃厂。'从此,每年正月初一至十六在琉璃厂及厂甸搭棚列肆,成为过大年万商歇市期间的集市所在。俗称厂甸庙会,又叫逛厂甸。1917年钱能训任北洋政府内务总长时,又在昔日的琉璃窑厂的空地上建了海王村公园。后来又开了和平门,拓宽了新华街,厂甸从此便成了琉璃厂四通八达的中心。而厂甸庙会的范围则以海王村公园为中心,东至火神庙,西至琉璃厂中段,南至沙土园口,北至西河沿口。那里在旧时的正月里,是北京最热闹的地方。林立的摊点上,堆满了大家喜欢,平时又难以见到的各种玩具、甩货、各种风味小吃、特色食品;还有各种旧书、旧画、古董、珍玩……嗨,凡是去了的人总能找到自己喜欢的东西,凡是去过的人,总之还会惦念着再去的。"

说话时,厂甸庙会到了。那车夫把车停稳了,笑容可掬地道:"先生、太太看来不是本地人吧?"

"也算也不算吧。"邵飘萍说,"我们老家在江浙,来北京办报也好几年了,也可说是半个北京人了吧。"

"哦,是办报先生,怪不得如此平易近人,彬彬有礼。"车夫仍然满脸是笑地套近乎,"敢问先生是办的什么报?"

"《京报》,看到过吗?"邵飘萍说。

"啊唷,敢情是名声响亮的《京报》啊!"车夫又惊又喜地大声叫道,"何止看过,我是每天都要看的,这是替我们这些穷百姓说话的报纸啊……太好了,我真是好运气!想不到今天能给我所崇拜的京报社长夫妇拉了一回车!"此时,邵飘萍和汤修慧相扶着下了车。邵飘萍付车钱给他，他拉起车就要跑，被眼疾手快的邵飘萍拽住了，说："这位师傅，你辛辛苦苦拉我们来到厂甸，一路上你还详尽地介绍了厂甸的许多典故习俗。对此，我们应该好好地谢谢你才是！所以，这车钱是断然不可不付的，要不然，我们心里也会过意不去的！今后如有用得着我邵飘萍的地方，可到《京报》报馆来找我！"

此时，车夫只好接过邵飘萍付给的车钱，仍不忘提醒邵飘萍，说："你们走进厂甸时，如要买东西，可直接到南新华街两侧，还有海王村公园、火神庙、吕祖祠、土地祠等处去买去看，那里的摊贩最为集中，货物最多，还少走冤枉路。"

"谢谢你啊！"汤修慧和邵飘萍齐声向车夫说。那车夫也说了声："再见，祝你们玩得开心！"然后就拉起车走了。

此时，邵飘萍和汤修慧向车夫所讲过的几处地点走去，他们慢慢边走边看，那大街上，席棚布帐鳞次栉比，各种摊贩摩肩接踵，可以说是货堆如山，人流如海。最显眼的是，那大大小小的甩货摊子一个紧挨着一个，摆在海王村公园的里面和周围。这时，有一群孩子在这里窜来跑去，嬉笑着在追逐玩耍。他们走到跟前，看那摆放在摊位上的甩货，略分约有四五十种，如面人、泥人、锡制刀枪、竹木刀枪、蜡鸭子、泥嫁妆、绢花、毛猴、戏剧花脸鬼脸、大风车等，可谓五花八门，精彩纷呈。看那所使用的原料恐怕也有十几种，如面的、泥的、金属的、竹木的、蜡的、绒布的，还有纸质的。可说是丰富多彩，应有尽有。看着这么多甩货，汤修慧心里想，应该给几个孩子买点过节礼物，也好让他们也高兴一下。于是她就掏钱买了几样甩货，让小贩包装好带回送给几个孩子玩。邵飘萍此时看在眼里，"哎，还是修慧会做人，心里总想着孩子。"

看了甩货，邵飘萍他们此时来到了厂甸庙会的画棚地段。规模最大的要数新华街东侧沿师大附中西围墙搭建的大画棚了。此处，隔不远留个门，里面挂满了旧字画。"说是旧字、旧画，其实旧的很少，绝大部分是新的'做旧'。人，对于失去的极为留恋，对于稀少的尤为珍贵。为此，厂甸庙会的字画商人也正是抓住了人们的这种心理，'做旧'，造假，来卖个好价钱。"一个也来逛厂甸庙会的老人笑着对邵飘萍说了以上这些话，他看邵飘萍一脸斯文，很和善，就好心地告诉他。也怕外乡人来北京一趟，花钱买个假货回去，会难受一辈子的！邵飘萍感激老人的善意，继续向老人请教，微笑着说："您老就请多赐教无妨，如真有好画，我倒想买幅回去挂挂。"

那老人此时指着那些画，继续侃侃而谈："画棚里的这些字画，本不甚值钱，因为来得容易，都是仿制品或无名者的作品，尽管艺术性比真的或名家的不差，甚或更好，但毕竟缺乏历史性。不过，话又说回来，对于买主来说，历史性在价格中占很大比例。说不值钱，也要看是谁买。所谓'内行看门道，外行看热闹。'如果遇上懂字画的，买卖双方都心知肚明，可以把价压得很低，买者有意无意弄张玩玩，卖者只要有点利也就出手了。若是外行买，经卖主一吹嘘，还以为是捡了个大便宜！那内行买得便宜，因为他有'懂门道'的早期投资，也是价值的一部分；外行多花的钱，实际上就是'学费'。此外，还有一种情况，此类假字画平日里店铺有的是，标价也比画棚中的便宜，但很少有人问津，挪到画棚后，尽管标价高了，也总有人买。这是因为庙会人多货多，大家都认为能买到便宜货；再者，人都爱凑热闹，冲动易失理性，卖主正好利用了人们的这种商业心理和本性，这也是厂甸庙会气氛的效果。画棚里的画，虽说假的多，但选假的手段也有高有低，很有一些是不堪入目的。如果是以字画论字画，不是以人论字画，那么不论是内行从艺术角度欣赏,还是外行以'热闹'着眼,不少字画还是物有所值的。"

"太谢谢您了,经您刚才的赐教指点,我们可收获不浅啊。"邵飘萍说,"听说这厂甸庙会的书摊也很有名气,我们也想去看看。"

"是呀,厂甸庙会与京城其他庙会不一样,区别之一就是书摊多。"老人似乎一说起书,就更来劲儿了,他如数家珍似的娓娓道来,"不过,那众多的书摊,根据地点和书籍的不同,也分成几等。如土地庙、海王村公园内的书摊规模都较大,大多为琉璃厂的名书铺及城内隆福寺等处的书铺所设的摊点,其书量大类全,不乏精刻善本,全部为线装的古旧书,也有售洋装的当代旧书的摊点,多为西单商场和东安市场书铺所设,且书的货色稍差一些;此外,庙会区域的边缘所设的书摊,就属于再次一等的了,类和量都较零散、残缺,很难找到善本,多为城内各庙会的书摊赶回厂甸,当然无法与中心区域的大书铺的摊位争长短了,由于问津者少,故称之为'冷摊儿'。但有时那'冷摊儿'倒能满足寻觅者的愿望。"

"好,我们就到那'冷摊儿'书铺去淘点宝吧!"邵飘萍对那老人说,"经您这指点迷津我们少走弯路不说,还收益颇丰啊,再一次谢谢您!我们就此别过了!"说完告别老人,与汤修慧两人走进"冷摊儿"书铺,淘起宝来。

《京报》的《青年之友》栏目推出后,在社会上引起了强烈的反响,每天都收到由青年读者所写的大量稿件。有一天,邵飘萍对潘公弼说:"看情况,我们将从4月1日起调整下版面,将《京报》第六版的'紧要新闻''贫民根本问题'及'凌霄剧评'等栏目改排在第五版,腾出第六版,给'青年之友'栏目扩充一下篇幅,每日改为一大张。这样改,你看如何?"

"我看是应该调整了,最近青年人来稿来电特别多,都说《京报》变得越来越受他们喜欢了!"潘公弼也十分赞成对版面作一些调整。

"对了,你再拟个《本报特别启事》出去,呼唤他们,'有志文化运动的,快来吧!'等内容,明天就在报上刊出。"邵飘萍说,"还有,我手头有两篇来稿,我看不错的,一篇是《妇女运动与劳动运动》;另一篇是《基尔特社会主义浅谈》,你抓紧编好,就发在改扩版后的《青年之友》栏目里,我想刊出后将会为革命青年所喜欢。"

"好的,我抓紧编发掉。"潘公弼说,"社长,还有什么想法吗?如没有,我就要到印刷厂去了。"

"哦,这样啊。"邵飘萍说,"为了加强与青年的思想交流,我准备创设一个与投稿者的茶余谈话会。可每月招待作者一至两次,届时再会同《青年之友》的编辑人员,与来参加谈话的男女青年读者交换意见,也好联络感情,你看怎么样?"

"嗯,此点子不错!"潘公弼说,"可以说是富有创意的。"

"是呀。"邵飘萍说,"我是希望以此为起点,渐成固定的研究学术的组织。"

"好主意。"潘公弼说,"那我们就把它付诸实施吧。"

可是到了4月23日,邵飘萍再次召开报务会议,强调说:"我将再次调整《京报》版面,此次调整目的在于突出一下《京报》的'京'字,更为注重报道北京的社会新闻,准备把第五版改为'北京社会·附金融粮食'栏目,该栏目将由我亲书以显醒目点,该栏目改版后将专门刊载北京社会上有关的新闻。如发生在北京的重大讼诉,突发之火警、争斗、抢劫、杀人等等事件均可以在我们的《京报》上得到反映,并要求以浅易通俗的笔法,道其因果缘由,过去现在等等。当然,我改版'其旨在于改良社会',此是我多次调整版面的真实希望啊!"会议开好后,邵飘萍让潘公弼到他办公室,对他说:"明天就在报上登出征聘启事,就说我报要聘'特别熟悉本京情形者'为特别新闻访员数名。哦,对了,这篇由良六译,英人所著的《马克思派社会主义》及社会活动家巴枯宁的文章,还有三寸之大的马克思及其夫人肖像各一张,在明天《青年之友》栏目里发掉。"

　　过了两个月,一天,邵飘萍对正在忙着编稿的潘公弼说:"公弼呵,我报推出的《青年之友》最近收到读者来信来电很多啊,看情况,我准备于6月1日起对版面再次实施革新,使之'成为青年人自由发表关于学术上的一切意见之公共机关'。你看如何啊?"

　　潘公弼笑着说:"不知邵社长又要增加些什么内容?"

　　"我想在版面上再增加对新思想、新学说的介绍,还有评论和社会问题方面的调查、商榷等内容,不知妥否?你在此方面可是权威呵,最有发言权了!"邵飘萍看着他说。

　　"我看好啊,这样一改,我们版面更加丰富充实了。"潘公弼说,"也就是说,我们的来稿会像雪片似的飞来,《京报》的发行量将再创新高!"

　　"不过,我除了改版,我自己也要身体力行的。"邵飘萍说着,从采访包里抽出厚厚一叠刚刚采访来的北京当地新闻递给潘公弼,说:"这批稿件你编发时用我'镜清'这个笔名好了,你看看,即刻安排编发掉!"

　　"好家伙,您这么忙,还亲自去采访当地新闻啊。"潘公弼暗暗佩服邵飘萍的快身手,急忙翻看着稿子,有《京兆赈务内幕种种》《世袭佐领溺女之惨剧》《南郊抢案》《芙蓉为害》《抢劫后之杀人劫财案》《衣食困人惨象》《懒惰的结果》《市政方面拉杂谈》《请看设计谋房产案》等。"您这些稿子将使《北京社会》这个栏目增色,为广大市民所喜欢啊。这不仅触及社会问题,而且还揭开了黑暗内幕,起到了有力地鞭挞了北京当局的作用喔。"

"对了,这一阵忙,也忘了问你,小沙土园二十一号那二十多间房整修的怎么样了?"邵飘萍说,"搬迁报社的日子我已决定在1921年5月22日,你看可好?"

"我看可以的。"潘公弼说,"不过也只能短期先用着,目前我们《京报》发行量逐步增加,业务不断扩充,新址也只有平房二十多间,再加上北京新闻编译社也要搬过去,还有您的家人都要移居过去,所以如此一算还是不够用的。"

"先这样用吧。"邵飘萍说,"等以后有了实力,我们重新自建一个新报馆如何?"

"那敢情好啰。"潘公弼笑了,"对此,看如今《京报》发展的势头,我相信肯定会有自建的新报馆的!"

"公弼啊,这建新馆呢先放放。"邵飘萍说,"我下一步打算在明年筹建自己的印刷厂,你有时间也好留意离我们新报社近点是否有空房?到时,我们也好结束委托他人印刷的历史,报纸的质量也好上一个台阶了。"

"你还有什么打算啊?"拿着一大包信件的汤修慧走进来冲邵飘萍说,"你不是说还要买辆采访汽车吗?"

"是呀,汽车是代步用的,此事我已托人去办了。"邵飘萍说,"不过,这样算来又要化掉一大笔钱了。对此,我们的修慧女士是否又要批我花钱如流水喽!"

"只要你用在正事上,我举双手赞成!"汤修慧说,"你也知道,报社上上下下也有二十多号人吃饭,平时的开销不算,还有些不速之客有时闯来也要打点,唉,我肩上的担子也不轻啊!"

"我知道,这个家和报社幸亏有你张罗着才能有今天的局面。"邵飘萍说,"所以我一直认为你是我的福星啊。"

"马屁不要拍了!有件麻烦事一忙还没有对你说呢。"汤修慧说,"前几天女高师有位叫苏梅的女学生打来好几个电话,说'青年之友'栏目里有篇署名为'右'的文章有意攻击她,非要我们说出作者的真实姓名,而且许多对此事知情者也纷纷打来电话,要求宣布这位'右'者的真实姓名,这些人还威胁说如这样可与《京报》无涉!对此,我当场就回绝了她们的无理要求!"

"此事你做得对!"邵飘萍说,"就新闻来源守密而言,我始终认为,无论报社或记者,对于新闻的来源,宜做到始终绝对秘密。若泄露于外,陈于官厅,示于友人,非但最不道德,而且足以使报社蒙极大之不利,以后就会无人再热心提供材料了。即使因一则新闻而惹起文字之祸,也要慎重处理好才是。至于这件事,修慧,你去查一下是哪位编辑编的文章,我的意见立即辞掉该人。另外,对苏梅女士,我会亲赴女高师向她道歉,但姓'右'的作者真实姓名是不会对她说的,这是我们《京报》的原则!"

1921年11月的一天,那天,北京城在飘着雪花。邵飘萍吃了早饭就来到办公室,刚坐下门卫老李就拿着一大捆书报走进来,见邵飘萍正在忙着写稿,说了声:"邵社长,早啊!"放下书报就走了。邵飘萍急忙把那捆书报打开,翻看起来,突然看到一份《北京大学月刊》上登着的启事:"对于马克思派学说研究有兴味的和愿意研究马氏学说的人,都可以做本会会员。"看到这则启事,邵飘萍心里一阵激动:"这真是太好了!自己应该即刻去报名成为其中的一分子。"邵飘萍兴奋地连忙站了起来准备到北大去找罗章龙。此时,汤修慧带着一批到报社来实习的学生走了进来,见邵飘萍要外出,就说:"这些学生今天来实习,你这位社长该给他们先上下课啊,怎么又要出去?""欢迎各位同学来《京报》实习!"邵飘萍微笑着向同学们致意,然后又对修慧说,"我到北大罗章龙那有点急事,办完就赶回来,你可是副社长啊,学生来实习的事就委托你了,你先给他们讲讲吧!""邵社长,您好!""邵社长好!"同学们纷纷向邵飘萍问好,脸上都带着十分钦佩的神色打量着邵飘萍。邵飘萍又朝同学们微笑着点了下头说:"同学们有什么疑问,可尽管问汤社长!我去去就来!"邵飘萍匆匆走出报社,自己开着刚买来的黑色美制老式"福特"小轿车来到北大找罗章龙。罗章龙见是邵飘萍,十分热情地说:"这一大早来找我,肯定是为参加马克思学说研究会而来吧?"

"是呀,正为此事而来!"邵飘萍兴奋地说,"我看到启事,立即赶来先报个名!"

"您可是报人中最早宣传马克思的人,我们非常欢迎啊!"罗章龙微笑着说,"如今看到启事来报名的又增加四五十人,原先参加过'五四'运动的许多积极分子也纷纷报名参加。"说着,他把一份《北京大学马克思学说研究会发起人及部分会员录》拿给邵飘萍登记,邵飘萍接过一看,参加者有李大钊、张国焘、瞿秋白等,加上邵飘萍计有 151 人。邵飘萍说:"参加的人还真不少啊。"

"是啊。"罗章龙说,"现在我和你去看看我们的活动室吧。"罗章龙边走边对邵飘萍说:"马克思学说研究会成立后,蔡元培校长还同意腾出马神庙北大第二院西斋宿舍中两间宽敞的房子,作为学会的活动场所。"说着话,他们已走到了那两间房子的门口,罗章龙掏出钥匙打开房门。邵飘萍走进去一看,房子虽然不太大,但却布置的淡雅而温暖,室内的墙上挂有马克思肖像,像的两边贴有"出研究室入监狱,南方兼有北方强"的一副对联,还有"不破不立,不立不破"的标语口号。四壁还贴有革命诗歌、箴语、格言等,让人感到气氛庄严而神圣，"怎么样，振青兄，看了有什么建议吗？"罗章龙说。

"太好了，很不错啊！"邵飘萍说。

"是吗？"罗章龙微笑着颇为自豪地说，"大家都亲切地称它为'亢慕义斋'，即共产主义小室。"

"哦，'亢慕义斋'，共产主义小室。"邵飘萍也笑了，"这个名字太贴切了，取得出神入化，让人肃然起敬啊！"

"我也有同感。"罗章龙说，"平时这活动室既是图书室，又是翻译室，还作学会的办公室，党支部、共青团及其他一些革命团体经常放在这里活动。"

"具体都有些什么活动，如何安排的呢？"邵飘萍说。

"哦，活动的方式多种多样。"罗章龙说，"如翻译和介绍马列主义的书籍，宣传马列主义，开展思想意识形态的斗争，抨击五花八门的封建主义，资产阶级反动思想等等。另外，在个人研究基础上召开讨论会，一般每周召开一次。可先由会员就自己所研究的课题报告心得，然后大家来讨论，一次讨论不完还可以下次再继续。也可以先列专题，如现已确立了'唯物史观''阶级斗争''剩余价值''无产阶级专政'等专题，然后分工研究，一个小组专攻一题。还计划定期举行演讲会，请一些对马克思主义研究较深的教授到会作专题演讲，根据需要也可以举行不定期的辩论会，以辨明真理，扩大宣传。"

"研究会活动看来内容十分丰富，安排得也十分周到，合理。"邵飘萍说，"我相信，会有大批要求进步的青年加入进来！"

"是呀，我也对此充满信心！"罗章龙说。

"有什么需要我帮忙的，可随时来找我。"邵飘萍说，"如今马列研究学会刚刚建立，会遇到许多困难，可随时提出来，千万别跟我客气啊！""我从心里非常感激您！"罗章龙颇为动情地道，"过去我们一遇到困难就来找您，您每次都那么真诚地支持我们，如今我们都是马克思研究小组的会员了，有困难让我们一起来克服吧！"停了一下，罗章龙又说，"最近我们决定，为了把马克思主义扩大到广大民众中去，现已成立了各种外文翻译组，准备进行有计划的马克思著作翻译工作，现设有日文翻译组，我知道您去过日本两次，有很深厚的日文底子，准备把您编入该组，不知意下如何？"

"好，这样的安排很好。"邵飘萍说，"这样的话，我可以挤时间，帮助校订一些马列的译著。此事非常重要，报社再忙也要挤出时间来的，请放心！不过，到明年等我的印刷厂建成了，还可以放在我那里排版和印刷了！"

"是吗？"罗章龙惊喜地道，"如果这样，那实在是太可喜可贺了！"说着，罗章龙从活动室的书架上抽出刚于1921年5月复创的《工人周刊》给邵飘萍看："振青兄，这本周刊的前身是《劳动之音》，于1920年10月由北京共产主义小组创办的，不久就被北京当局查禁了。复创后的《工人周刊》如今由我为主编，编委成员有李大钊、宋天放、高君宇、何孟雄和我组成。"邵飘萍边翻看着《工人周刊》边说："看起来是不错，不知发行量怎么样？""哦，这个周刊除介绍国内外劳工界消息，报道各地工人受奴役的悲惨生活之外，还着重报道工人劳动和斗争的情况，积极启发工人的阶级觉悟，大力提倡组织工会，号召工人团结起来进行斗争，对推动工人运动的发展起着重要作用，复创后很受工人的欢迎呢！"罗章龙说，"最大销量曾达到两万份，还被工人们誉为'劳动者的喉舌'呢！"

"哦，如这样，我们今后可以相互提供新闻材料。"邵飘萍说，

"我是记者,又是报社社长,身份较特殊,我可以把从东交民巷外交团,路透社、电讯社,以及德国、法国等各国方面所取得的一些重要时事新闻消息提供给你们采用。""好,我看可以。"罗章龙说,"目前我们在《工人周刊》编委会下,又附设了北京劳动通讯社,并在各地聘有通讯员和特约记者,今后,对他们所采之新闻,除提供《工人周刊》选用外,还可以向您的《京报》等国内大报刊供稿,您看如何?"

"我是非常欢迎的!"邵飘萍说,"让我们相互支持吧!"

1920 年祝文秀在北京

# 第七章 支持工运成喉舌
# 二七惨案怒发声

1922 年暮春时节,北京城里,刚上任不久的梁士诒内阁抑直迎奉,正当老百姓们议论之际,发生的"胶济铁路赎案"又使举国震惊! 此时,吴佩孚通电抨击,冯玉祥桴鼓相应,张作霖誓死维护。打倒媚日政府呼声响彻全国。在军阀们激烈的电战中,此时奉军又大举入关,直军紧急动员,中国一时风起云涌。

正当军阀混战之时,各地的罢工潮也一浪高过一浪。香港海员一千五百余人,为反对英国资本家剥削,要求增加工资,举行罢工。至 1922 年 1 月底,罢工人员增加到三万人,经过五十六天的尖锐斗争,最终取得了胜利。邵飘萍获悉这一消息,立即对正在编稿的潘公弼说:"公弼啊,我根据香港访员发来的罢工信息写成的《香港水手罢工情形之详记》《香港水手罢工详情续记》《香港海员大凯歌》等文章,你安排在《京报》连续刊发,此是罢工发生后香港工人的行动,他们步调极为整齐,其内部组织也很完备,与近来东西洋各国的同盟罢工相比,并无逊色,实足为我国劳动运动之先河,其远及将来之影响,恐非我人所能料及。"

潘公弼说:"好,我立即编发。"又说:"共产党提出要制定保护工人的法律, 规定工人无论男女都应享有'无限制的选举权、言论、出版、集会、结社,罢工绝对自由','废除包工制','保护失业工人',实行'八小时工作制',等等,听说吴佩孚也同意提倡'保护劳工'要'法统重光',还准备重开国会制定宪法,是这样吗?"

"哦,这是吴佩孚刚刚取胜,可能是为收买人心吧。"邵飘萍说,"所以,他才通电发表包括'保护劳工'在内的四大政治主张。不过,我听李大钊说,他们也想利用吴佩孚企图叫共产党去铲除交通系在铁路上势力的机会,并通过吴佩孚的重要幕僚白坚诚,也是他的老同学,将六名共产党员,安排到津浦、京绥、京汉等六条铁路管理机构中担任密查员,以便加强对工人的领导。听说如今在京汉铁路沿线已先后成立了六十六个工人俱乐部。不过,最近风声紧起来了,吴佩孚已在阻挠京汉铁路总工会将在郑州召开的成立大会。"

"这个吴佩孚终于要露出狐狸尾巴了!"潘公弼说,"狗总是改不了吃屎的,鬼才相信他会真心保护劳工!"

"所以,对吴佩孚这个军阀,我们要密切注意他的动向!"邵飘萍说,"在最近一段时期,我们要多派访员,四路出击,坚决支持铁路工人的一切正义行动!"

此时,京汉铁路总工会为表示对吴佩孚等北洋军阀阻挠召开成立大会的反抗和愤怒,决定举行总罢工,并将总工会由郑州迁到汉口江岸办公。1923年2月2日,总工会发表特别紧急启事和大罢工宣言,郑重宣布:"从2月4日正午起,京汉路全体一律罢工。并号召工人们为人权而战,为自由而战!"工潮发生后,邓中夏、罗章龙、高君宇等人在中国劳动组合书记部领导罢工斗争,奔走于长辛店和北京之间,并昼夜驻守在前门车站,及时掌握罢工动向,指挥工人同反动军阀吴佩孚作斗争,同时呼吁全国工人:"本着阶级斗争之精神,切实援助。"

邵飘萍知道后,立即与罗章龙、高君宇等共产党人取得联系,同时派出摄影、文字记者四处采访。然后让潘公弼把已编好的版面拆了,说:"对 2 月 5 日的版面,进行调整,以'京汉全路工人昨午起大罢工'的大字标题发布三千五百字的要闻。"

"好的。"潘公弼接过邵飘萍递给他的文稿见其要点为"昨日十二时起列车均停止""原因为总工会开会被干涉""全路罢工以争自由及人格""先声讨黄殿辰,赵继贤,洪云""京绥陇海申浦正大响应说""军警横蛮""罢工起因""罢工通电告知中外"等。另外还有派出的记者写来的《各界热烈同情》《坚决支持工人正义斗争》《汉口各工团举行游行示威》等通讯以及工人、学生、市民、各方爱国人士为反对北洋军阀政府压迫工人而发给《京报》的各种宣言和通电。翻看后,潘公弼对邵飘萍说:"振青兄,如今罢工斗争此起彼落,萍安罢工、唐山五大煤矿罢工、粤汉铁路大罢工、京奉路山海关工人大罢工,可谓一浪高过一浪,从目前所掌握的情况来看,那吴佩孚可能不会善罢甘休吧?我估计,此次罢工潮可能会闹大吧,我真替那些闹罢工的工人捏把汗啊!"

"我们要密切地注视此次罢工斗争的发展,《京报》全体同仁都要全力以赴,把版面全部用来报道罢工斗争!"邵飘萍说,"报社里这几天凡是能写的编辑、记者除留下值班的,其他全部都到罢工一线去采访!"说完扔下一句,"我有点急事,出去一下。"就匆匆地走了。京汉铁路实现总罢工,全路交通立即完全断绝,北洋政府顿时陷入内外交困的局面。此时,帝国主义列强在北京的使团立即召开紧急会议,唆使北洋军阀政府用武力镇压罢工,公开干涉中国的工人运动。英国驻汉口总领事劳灵费尔,于 2 月 6 日竟然召集以湖北督军肖耀南为代表和外国资本家,在领事馆召开秘密会议,策划如何镇压工人的罢工斗争。会议结束后,肖耀南立即给吴佩孚打去电话,此时已是深夜了。吴佩孚在睡梦中被电话铃惊醒,不悦地拿起话筒,吼道:"妈的,这半夜三更的有什么屁事还要给老子打电话？谁啊？快说！"肖耀南很是焦急地对他道："报告大帅，情况不妙啊！英国人要我们当机立断，痛下决心，把此次闹罢工的那几个领头的抓起来，把事态压下去！如拖下去等闹大了就不好收拾了！"

"你懂个屁啊！"吴佩孚似乎被触到了痛外，恼怒地叫道，"你们都是猪脑子吗？刚才那京汉铁路局长赵继贤也来请求我出兵镇压工人！可是我刚说过'要保护劳工'，他妈的，如今又要逼我自打嘴巴自食其言。罢了！哼，这也不能怪老子翻脸无情，我已仁至义尽地对他们派来的罢工代表说过，郑州是军事重镇，又怎么好随便就召集开什么成立大会？何况如今还造成全路交通都陷入瘫痪了，这不是逼我不仁吗？"肖耀南拿着话筒听着，似乎听出了吴佩孚内心的烦躁和不满，但他还是拿不准这位反复无常的大帅内心真实的意图，为了不至于做错事，他小心翼翼地试探着问："按大帅的意思，他们不仁，我们也只好不义啰？"

"嗯，你等等……"吴佩孚提着电话，似乎犹豫了一下，此时他正好走到了屋里那座耶稣基督像前，心里好像被什么东西猛击了一下，为此，他用发狠的口气道，"唉，看在耶稣基督的份上，这些迷失方向的暴民是该拯救了，好，该严办的就坚决严办吧！"

此时，肖耀南提着的心才算放了下来，他对着话筒，口气非常强硬和得意："是！遵大帅令，对这些暴民坚决严办！"

2月7日，此时的北京已是初春的天气，但早晨仍然很冷。那天空灰色的云遮住了地平线上刚刚冒出头来的太阳，那一阵阵吹来的西北风吹到人身上好似针刺般的疼痛，连那耐寒的松树枝也在这北方寒冷的晨风中直打战了。

这天，肖耀南带着部队一大早就把在郑州、江岸、长辛店等处进行罢工的工人包围起来。直至午后说是工人在闹事，军队立即

邵飘萍与祝文秀在北京

驾起机枪，举起步枪，对着罢工人群进行开枪扫射，当场就打死了领导这次罢工的京汉铁路总工会江岸分会会长、共产党员林祥谦和湖北工团联合会、京汉铁路总工会法律顾问、共产党员施洋大律师，还有工人纠察队队员达40多人，伤数百人；另外，四十多人被捕入狱，一千多名工人被开除，惨遭失业，这是由吴佩孚等北洋军阀和帝国主义相勾结制造的灭绝人性的历史上罕见的大惨案！更令人发指的是，这群毫无人性的疯狗还贴出布告说，死者不许收尸、伤者不许就医，实行全城大戒严；还惨绝人寰的将被他们血腥杀害的人头割下，血淋淋地挂在火车上威胁别的工人……

"二七"惨案发生后，邵飘萍一直伏在办公桌上挥笔疾书。此时，潘公弼把一份从罢工前线发来的特别报道送到邵飘萍这里，哽咽着说："此是徐凌霄刚从长辛店发来的快电，共产党员林祥谦，还有施洋大律师以及纠察队员共四十多人都被他们当场枪杀了！"邵飘萍此时突然听到这个惨痛的噩耗，气得脸色变得铁青，沉重地把笔放下，站了起来，走到窗前，"啪"地打开了窗门，面朝窗口站着，让那二月份的冷风直吹自己，久久的一声不吭。然后又从袋里掏出烟来，一个劲地闷吸着，仍不说话，潘公弼看他这样，知道邵飘萍心里也和自己一样，痛苦万分，正在滴血啊！

京报馆的工人们得到这一消息，也都在议论纷纷，强烈控诉这种惨无人道的暴行！良久，邵飘萍才对潘公弼和刚刚从外面采访归来的汤修慧悲愤地大声叫道："通过此惨案,我们彻底看清了吴佩孚这条披着人皮的中山狼!这是对民国'约法'的公然践踏和撕毁!"

"从电报上看,"潘公弼说,"此次带部队去镇压的是肖耀南!"

"不,真正的罪魁祸首是吴佩孚和帝国主义列强!"邵飘萍一针见血地痛斥道,"肖耀南充其量是他吴佩孚豢养的一条走狗帮凶!哼,这就是他鼓吹到处标榜的所谓'保护劳工'啊!"说到这里,他突然抓起电话,大声地叫道:"给我接吴佩孚家,让他来接电话!……什么?我是谁?我是《京报》邵飘萍!对!……怎么?他人不在?开会去了……哪,你告诉我吴佩孚在何处开会?……什么?无可奉告。喂喂……"

潘公弼见邵飘萍气愤难平,就想劝劝他:"振青兄,你打电话,那吴佩孚又怎么会在此时接你的电话呢?"此时,邵飘萍的拗劲却上来了:"公弼,我此时倒要听听他如何向我解释的?他的四大政治主张,什么保护劳工难道是脱裤子放屁吗?你帮我一直打,打遍他所能去的地方,哪怕是洛阳、郑州、武汉,直打到他接我电话为止,我非要当面揭穿他这个伪君子才算替那些惨死的工人兄弟出口恶气,讨个公道!"

潘公弼见邵飘萍这样执着,也只有无奈地摇摇头正要打,却被汤修慧拦住了,说:"飘萍啊,我们大家和你一样,对吴佩孚这个两面三刀玩弄权谋的伪君子痛恨入骨!可是,如今全北京知道这一悲惨事件的工人、学生、爱国人士都在走向街头去声援了,我看我们当务之急是把报纸编好印出来!促使当局那些当权者给工人,生者或死者一个公正的说法!还有,刚才我看了徐凌霄的特别报道,句句带血的控诉啊,我看可以加印一个特别'号外'发出去,你看这样妥否?"

邵飘萍此时被汤修慧一番话惊醒了，是啊，是该先把报纸赶印出来，把真相让更多的民众了解，将军阀们镇压工人的暴行彰显于天下才是自己最要紧的事，他看汤修慧在这种危难时刻，却是那么从容淡定，机敏干练，冷静果断地做事。对此，他是从心里感到欣慰和安慰。修慧成熟了，所做得事越来越让他佩服了。为此他也冷静了下来，对潘公弼说："公弼啊，刚才修慧说得不错，就按她的意思编吧，不过先不用'号外'的方式，可以这样开头，'昨日午后，京中接官场报告，说是徒手工人启衅，遂不得不开枪轰击，一场惨祸，击毙工人三名，重伤者二十余，轻伤者三十余，此事可算军队胜利，赵继贤的压迫政策一时成功，本报甚愿工人从此即不敢再行抬头，则赵继贤之勋业可谓能削平工潮，应铸铜像！若因此引起极大恐怖，或因不平而致大反动发生，则非吾人之所愿闻，然正太铁路何以又有罢工之举？岂工人真不怕枪弹耶？或者一闻长辛店之已用激烈手段对付，可望其惊慑从速开工？至各路全行罢工之说，及粤汉又继正太而起之说，想赵继贤等即能令军队开枪，必系成竹在胸，定有办法，则虽风声鹤唳，草木皆兵，又似不足惧矣，拭目俟之！'然后再转发些其他通讯社的消息。"说着，递给潘公弼刚收集来的一些消息，指着说："你看看，这神州社、中一通讯社、国闻通讯社中的一些内容，我据此些消息所编写的如众议院议员王恒等对于政府提出的质问书如下：'……京汉铁路工人全体罢工，溯其原因，乃因郑州警察所长黄殿辰，滥用职权，干涉工人开会，甚至占据会场，捣毁牌匾。查人民集会结社自由，载在约法，自非妨碍公安。警察只有保护之义务，决无任意干涉之权利。究竟2月1日京汉铁路工人开会，警察有无妄肆干涉之行动？如果有此行动，政府应如何处置此等蹂躏约法，滥用职权之警察官吏，以保障约法上人权之尊严？此应请政府答复者一也。中国交通事业,幼稚异常,而国有铁路,特为尤甚,现在京汉铁路,隐然化为一人一系之私产,上之国帑,不能得丝毫之收入;下之劳动工人,不能享应有之工资;中而商人旅客,不能得交通之便宜,究竟政府此后对于国家产业上之收益,与军事上商业上以及普通人民之交通,与劳动界应得的合理之工资,有无通盘之筹划,斟酌尽善之交通政策,此应请答复者二也。劳动问题,为西方政治上一般棘手之问题。溯厥原因,乃由于百年以前政治当局,方针误用。一面在经济上提倡资本制度,促进贫富之不均,一面在法律上视劳动家别为一种人格,酝酿百年,而天道好还,而俄罗斯遂涌现一种别一人格之国家,使第三阶级以上之阶级,尽倒转而化奴隶。我国政治经济两面,于世界皆为后进,历史上既无积重难返之嫌,而约法上复规定人民一律平等,与其集会结社之自由。现在政党可立政团,商民可立商会,农民可立农会,教育界可立教育会,学生会,军人可立偕行社联欢社,而工人开会,独被干涉,是否现政府犹袭西方百年前之劳动政策以促未来之社会革命?此应请答复者三也。本席以为晚近政治,只要号称为一个政府,以上之三个问题,非有具体的计划不可,否则其人即不配当政治之局。……,标题是《昨日长辛店枪击工人大惨局》。你们看看,编排如何啊?""编得可谓是无懈可击。可人家把屠刀都举起来了,枪杀了那么多无辜的工人生命。"汤修慧说,"你这瞻前顾后的,还担心什么啊!"

"可能是你处事的冷静与淡定感染了我吧。"邵飘萍此时看着汤修慧说,"我看还没到最后摊牌的时候!"

潘公弼与汤修慧听了都相视一笑,各自分头忙去了。

第二天,邵飘萍吃了早饭就来到办公室,此时潘公弼和几位编辑也来了,正在忙着编写刚从各地发来的新闻快电,来稿。邵飘萍对潘公弼说:"公弼啊,我们要激励国人继续'为自由而战,为人权而战'。在《京报》上安排大块版面,刊登北京工人,学生,市民集会游行, 控诉军阀残害工人罪行的消息和声援罢工者正义斗争, 要求释放被捕人员,保障工人集会结社自由的呼吁。"说着,他把昨天连夜写好的几篇文稿递给潘公弼,"你抓紧编发这组重要的稿子,我要借此向国民宣传'民不畏死,奈何以死惧之'的道理,以发扬革命烈士临危不惧,至死不屈的大无畏英雄气概。"

"你这样声援罢工工人,那么我们报社可能又会受到封杀的危险!"潘公弼边翻看文稿边担心地道,"看来你昨晚又是一夜没睡啊!"说着边翻边情不自禁把文稿标题读了出来:"《昨日特别阁议与罢工风潮》《汉口路工死三十一人大惨剧》《北京工人昨为工人举行示威》《汉口江岸格杀工人惨剧记详》《解决工潮问题国会议员之奋起》《强迫开工中之京汉路潮》。振青兄,你的这些文章犹如一发发炮弹,威力很大啊!"突然他翻到了最后一篇,竟大声地叫了起来:"《第三国际慰问京汉路工》的消息!'第三国际中央执行委员会,最近因中国京汉路工人罢工殉命,特向中国铁路工人表示慰问之忱,并由俄国铁路工人集款三万卢布,以接济罢工工人。'振青兄,这条消息可是重磅炸弹啊!"

"是呀,所以我让你抓紧编发掉。"邵飘萍说,"当工人看到此消息,一定会深受鼓舞的,同时让那吴佩孚看了,帝国主义列强们看了都是沉重的一击!公弼啊,如今我们面对的形势非常严峻,据我所知,'二七'罢工惨案已震惊国际,那些所谓的资本主义国家都在喧嚷不休,支持吴佩孚这条帝国主义的走狗。那企图利用工人的吴佩孚,于此时始看清工人群众的结合并不只是为加薪及减短工作时间的作用,确是形成中国革命运动中的一种极有纪律与力量的中坚力量,于是不得不抛弃其伪政策,而骤然施展其凶残毒辣的手段去禁止,甚至解散、封闭工人在郑州的工会。等到工人因争集会、结社的自由而起来举行大罢工时,此时的吴佩孚更是心惊肉跳地知道工人阶级确是国民革命的先锋。于是,吴佩孚就向罢工工人挥起了屠刀!"

"是呀,实在是太可恶了!"潘公弼说,"我也听说北洋军阀政府已对声援工人斗争的国民采取了高压政策, 颁布临时取缔章程,不允许工人在北京城内结社集会,游行示威,还禁止中国劳动组合书记部的活动,逮捕工会的负责人。"

"吴佩孚实在太无耻了!"邵飘萍说,"有压迫,就会有反抗!如今北京声援工人的活动仍在进行。据我所知,因中国劳动组合书记部总部是全国工人运动的最高机关,这次又直接支持了京汉铁路工人的大罢工。所以,它便立即遭到北洋军阀政府的查封。如今,军警已查抄了总部,还在到处捉拿、通缉共产党人邓中夏、罗章龙、高君宇等人。但这些共产党人在吴佩孚的屠刀下并没有停止活动。他们一方面通过'民权运动大同盟'等团体发出通电,抗议并声讨吴佩孚屠杀工人的罪行,另一方面推动京都各社会团体建立'京汉铁路罢工后援会',准备筹款援助罢工工人,抚恤此次遇难的工人家属。"

"二七"惨案发生后,吴佩孚下令查抄了北方劳动组合书记部,并派出特务军警,侦缉队在全城搜捕北方共产党的负责人。此时的北京城笼罩在一片白色恐怖之中,处处缇骑密布,禁网森严。在这最危险的日子里,北京大学共产党支部的罗章龙、高君宇、缪伯英、于天放、何孟雄、俞秀松等人却仍坚守在岗位,隐居在北京骑河楼,北京大学地下室一处印刷厂编写《京汉工人流血记》,此书由罗章龙为主编。这几天罗章龙正为印刷发行量达数以万计而发愁。李大钊知道后就让他去找一下邵飘萍,可罗章龙说:"我们的《工人周报》《向导》都是靠他的财力物力上的支持才能顺利出版的。可是我们党内的黄凌霜还说他是吴佩孚的走狗,那何孟雄、刘仁静也跟着起哄,攻击说,'这种人,叫条子,吃花酒、嫖妓女,还有脸在报上骂这骂那,真是无耻之极!应和他断绝来往才是……'。你说如今我们遇到困难了,又要去找邵飘萍,你说,我又怎么好意思再向他开口啊?"

李大钊说:"对此,我始终认为,'五四'以来邵飘萍始终和我们站在一起,患难见真情,他是一个有良知的报人,一个爱憎分明的新闻人才,尤其在宣传马克思主义和发展我国新闻事业方面的贡献,不可低估。当然,我们也应该理解,为了办报和新闻事业,他坚持不党不派的立场,对此,我们不能过分苛求他了。"

"我也是这样想的。"罗章龙说,"我们党如今刚刚建立,大量的工作在等待着我们去做,像他这样富有正义感的报人是我们团结的对象,还有许多事需要他帮忙、支持,我们又岂能把他驱之圈外呢?"

李大钊此时也颇为动情地道:"我与邵飘萍君相识在日本,当时他为了躲避袁世凯的迫害亡命到日本,我们相见恨晚,颇为投缘。他时有惊人之举,是他第一个站出来揭露卖国的日本'二十一条','五三'晚会是他第一个上台发表演说。另外,不知你是否看到过邵飘萍发表在《东方杂志》上的《俄国新政府之过去现在未来》这篇文章?他主张取消一切前俄与我国所订的条约,并认定苏俄是反帝统一战线的可靠盟军,为此他不断撰写文章,力促中苏建交。作为一名报人,有这种政治远见和胆识确实令人敬佩啊!"

"我也看到过,确实有过人的胆识。"罗章龙说,"不过给我印象较深的是1922年8月,越飞出任苏联驻华代表这件事。越飞来华后举办的招待新闻界记者那次宴会,我也去了,当时他还继来宾之后略述了意见。第二天，我就在《京报》'中外要闻'栏中读到他写的《俄罗斯共和国代表越飞君到京后活动》的报道。不久，他又在《京报》上发表长篇评论《促中俄外交关系之进步——欢迎俄代表越飞君》，并同时刊出《俄代表越飞君寄赠本报之肖像》的消息。该评论通过摆事实作对比的方式，详细说明列宁领导下的苏俄与沙皇统治下的俄国立国方针的本质区别，阐明新俄国之外交政策，'乃反对历来帝国主义之侵略政策'中国当局理应给苏俄代表以'特别优待'，'早达中俄两国之携手共维远东大局之目的'，'使中俄两国之外交关系开一新纪元'。邵飘萍创办的《京报》还配合这种形势，连续数日报道苏联国内的新气象。但是当时的北京当局却无视邵飘萍和广大民众的呼声，屈服于美、英、日、法四国公使的压力，拒绝与苏联代表进行建交谈判。"

李大钊此时也抬高了声音说道："自从我和他相识以来，无论在公在私，他都是我所敬重的人！对此，我们不但要团结和信任他，还要不断地去引导他、争取他，使他所办的《京报》成为北方战线上反帝反军阀的一面旗帜！"

"是啊，我们的想法是一致的。"罗章龙感叹道，"如说到他对我们的支持和帮助，那实在是太多了！不过，最让我感动和难忘的是出版《非宗教论》一书，当时的京报社、华俄通讯社、光报社等都从人力、物力上给予了大力支援。可是邵飘萍更为出版此书，采用支付广告费的方式，捐助许多纸张，印刷也是按成本计算的。当时的铜版印刷价格昂贵，费用均由京报社承担，并由他在1922年2月刚刚创办的昭明印刷局印刷的。难能可贵的是，在书里，还公开刊印了卡尔·马克思的铜版像，该铜版像也是由邵飘萍的《京报》馆铸版制成的。该书除三十三篇论文外，《非宗教论》序是由我撰写，高群写的后记，有你写的《宗教与自由平等博爱》，蔡元培的

《以美育代宗教说》，陈独秀的《基督教与基督教会》等文章，还刊登八英寸科学名人铜版肖像三十四幅，又附全国分省宗教'教毒'地图一巨幅，总图二幅，均用锌版印刷。有意思的是，他还特意在《非宗教论》这本书上做广告，我至今仍能背诵出来：'请看北京最完美的京报，邵飘萍君主笔，专门学子十余人，分任编辑。京报在数年前，已成北京有名之报纸。因其新闻灵确，议论谨严，各国人士，皆甚注意，故东西各报，往往以专电介绍其批评。前年被安福权奸封闭，通缉主笔，监禁记者，至安福倒后而始复活。重新出版以来，自办印刷局，扩为两大张，内容益求完善。且不惜巨资，凡遇重要问题发生，新闻以外，复有极美之照片铜版，以引起读者之兴味。此次奉直战事爆发，各界因其新闻特别迅速正确，销数骤增，一跃而达 6000 份以上。故广告效力，非常伟大，而价格则特别从廉，以辅助社会各种事业之进步。'守常兄，刚才我背诵的怎么样？你肯定也还有印象吧！"

"太好了！"李大钊佩服地道，"可以说你是倒背如流，一字不差，好记性啊！那'专门学子'指的是北大学生和马克思学说研究会的会员是吧？"

"是呀。"罗章龙说，"这些学生是通过北京党组织派到《京报》去见习的。邵飘萍对这批学子十分重视，由他和夫人汤修慧亲自负责培养训练，如今都已成了新闻战线上得力的记者和编辑了，邵飘萍为我们共产党造就了一大批新闻人才啊。"

李大钊此时也以肯定赞许的语气道："可以说，从共产党 1921 年成立的最初岁月起，为了实践主义，邵飘萍就从人力、物力、财力等各方面给予我们党大力的真诚帮助，这对党在北方区宣传马列，胜利打开局面，顺利进行活动，作出了一个马克思主义信仰者的重大贡献！敖阶老弟，话已说得这么多，你快去找邵飘萍吧。"

"可是，如今北京当局和吴佩孚等反动军阀正在搜捕我们呢。"罗章龙迟疑地道，"看来，为安全计，还是把邵飘萍约出来谈比较好，你说呢？"

"哦，我看也是。"李大钊说，"那么就由我来给他打电话，明天上午九时到北京郊外，也就是圆明园的入口处碰头，不见不散！那么，敖阶老弟，我们分头行动吧！"李大钊说完就匆匆地走了。

第二天上午八时四十分，李大钊和罗章龙准时都已来到了圆明园遗址的入口处，此时凛冽的寒风阵阵吹来，让人感到十分寒冷。这天李大钊头上戴着一顶已有些旧了的黑色礼帽，身上的大夹袄也有好几年了，所以在早晨的寒风中站着这样等人，还真让人有点受不了。那罗章龙躲在厚厚的"棉猴"里，可还一个劲地喊冷，两只脚不时地跺来跺去。这时，罗章龙看了下怀表，说："守常兄，你说这邵飘萍今天会如约而至吗？"

"你难道还不知道？他可是一诺千金的人啊！"李大钊也冷得搓起手来说："这'二七'惨案发生后，他可能这一阵又在熬夜奋战了！"

"是呀，他可是个出了名的'夜猫子'啊。"罗章龙冷得嘴唇说话都发抖了，"不过，我们约的时间恐怕早了点吧。"

李大钊说："唉，谁让你催得那么急啊，他如知道任务紧急，也不会说什么的！"此时，穿着一套运动员服装的邵飘萍突然出现在他们面前，装成打招呼的样子："两位师傅，来得早啊！"李大钊和罗章龙此时都不敢相信眼前的这位温文尔雅的先生就是邵飘萍，不约而同地叫道："哈哈，振青兄，你可真是化装高手啊，您如不说话，可还真被您蒙混过去了！"

罗章龙又凑了一句："早就听说，您在《京报》被封那阵，也是靠易容术才骗过了侦缉队才脱得险啊，如今亲眼所见果传不假，实令小弟钦佩啊！"

"有那么神吗？雕虫小技而已。"邵飘萍笑道，"让两位在这寒风中等我，真不好意思！不知两位有什么急事找我？不妨直说吧！"

"唉，为避开那些特务，我们才到这种废墟荒郊碰个头。"罗章龙说，"因事出突然，才一大早就约您出来的，辛苦您了。"

李大钊这时环视了一下四周，见没什么可疑人物注意他们，就在一堆破砖头前站住了，随手捡了一块砖头，说："大家都找块好点的当凳坐吧，我们就在此商量一下吧。"

大家都各自找了块破砖坐了下来。此时，李大钊咳嗽了一声，说："振青兄，我们此来先是代表中共北方特委会向您一直以来热心支持我们的工作表示感谢！特别是在《向导》《工人周刊》上的出版方面所给予的人力、财力、物力方面的大力协助深致谢意！"

"印几本小册子，何足挂齿啊！"邵飘萍说，"能替老百姓说话的你们，多分担些困难也是我乐意做的，何况我也是一个有良知的报人！再说你们的《工人周刊》编得很不错啊！特别是这一期更出彩啊！如守常老弟写的《艰难的国运》可谓是句句切中时弊，字字振聋发聩啊！"

"唉，那都是匆忙之作，不提它了。"李大钊微笑着道，"如论为文，我又岂能与振青兄相比啊！"

罗章龙此时也微笑着道："是啊，在振青兄的热情支助下，我们的《工人周刊》才能按时出版，真该好好谢谢您才是啊！"

"好了，李兄，罗兄不必把它放在心上。"邵飘萍说，"倒是你们那种不畏艰难，决心使国家和民众重新振奋起来的坚定信心，使我邵某深受感动啊！"李大钊见时机已到，就说："振青兄，我们都是老朋友了，只好向您说实话了，我们此来是告诉您又遇到大困难了！……"

"那还吞吞吐吐的干什么？"邵飘萍也急道，"快请说啊！只要我姓邵的能帮的没有二话！"

"好，痛快！"李大钊此时对罗章龙交换下眼色："详情就让敖阶老弟和您说吧。"

"哦，是这样的。"罗章龙说，"振青兄，我们刚刚编好一本《京汉工人流血记》，此书是此次'二七'大罢工的纪实，记录了中国无产阶级的英勇斗争业绩和共产党人宁死不屈的大无畏革命精神，并用铁一般的详尽事实，控诉了北洋军阀政府血腥镇压工人斗争的罪行，还汇集了罢工斗争的一些重要文献以及国内外声援的通电、宣言和倡议等。可是我们的印刷发行条件极端困难，如排字、铸版、打纸型、装订等各方面工作如今都放在北京大学一地下室印刷厂里秘密进行，可想不到最近发行数量突然激增，此时，北京又处在白色恐怖之中，反动当局正在四处搜捕我和同志们，再加上我们的人力物力均感不足，这真是火烧眉毛只好又来求助于您了！"

"不是我说你们啊，朋友么，就应该肝胆相照。"邵飘萍说，"凡是在出版和经济上需我伸援手的，姓邵的我义不容辞！"

"振青兄，要不是守常兄要我再找您。"罗章龙说，"我还真不好意思来开口了！"

"把书稿交给我吧！"邵飘萍说。

"好，恭敬不如从命。"罗章龙说着把《京汉工人流血记》的书稿递给了邵飘萍。

邵飘萍接过书稿说："请放心，我连夜安排印刷，力争在五月份出版！""你这是雪中送炭啊！可是此书非同普通书籍，要小心点哦。"罗章龙说，"最好能秘密印刷，如被当局查到了，可能会危及您的报社的！"

"哦,这个请尽管放心好了。"邵飘萍此时压低声音道,"我那昭明印刷局敫阶老弟和守常老弟可能都没去过吧?以后有机会再去看吧,在前门外前孙公园东夹道二号。"

"规模大吗?都有些什么设备?"罗章龙忍不住问道。

"有工人三四十人,加上住房、校对室、印刷间、铅字房、铸字炉等计有20余间,还有手摇印刷机和印制号外、名片、信纸信封的小机器。"邵飘萍说到这里,把声音压得更低说,"我还挖有地下印刷室,不过平时关闭,只有印密件时才用的。不过,最近《京报》销数又增加了,我打算到10月底再购几台印机扩充下印刷部。"

"好,好!这样我们也放心了!"李大钊此时看了下罗章龙说,"敫阶老弟,看起来在对付北洋军阀方面,我们的振青兄可有一套办法哦。哈哈!"

邵飘萍笑了说:"我,这也是被逼出来的啊,我们惹不起还能躲不起吗!"

"是呀,在这种非常时期,我们也要运用非常之手段处之。"罗章龙赞同道,突然又好像想起了什么,问道,"振青兄,谈完了公事,我们也要关心下您的家事啰,听说您最近一喜一悲?是怎么回事?"邵飘萍说:"连你们都听说了?是呀,我那位沈夫人去年又给我生了个女儿,玉雪可爱得很讨人喜欢,我就取名叫仍奇。可是今年我那沈夫人却患肺病住到了天津医院,虽经全力救治,但最后还是离开了人世。唉,自从1909年深秋,她由父母做主嫁给我,给我生了两个儿子、三个女儿,可谓劳苦功高啊!可是嫁给我这样的报人,却没有给她过上一天安宁的日子。我整天在外采访办报,东躲西藏的,如此想想,她的命可真苦啊!由此,每每想起她生前的贤惠持家、性情温和的种种好处,我的心啊就会撕裂般的痛!"

"逝者已矣,还望振青兄节哀顺变,保重自己,嫂夫人在天之灵,知您有这份心也该欣慰了啊!"罗章龙劝道。

"唉,沈夫人的贤淑我也略有所闻。"李大钊说,"听说她来北京后,从不出头露面的,主持起家务,更是安排得井井有条,大受报馆工作人员的称赞。不过,更让我感到钦佩的是,她能与汤修慧夫人姐妹相称,共带儿女,这一点可不是一般女子所能做到的啊!""是呀,说到我这位沈夫人的好处实在是太多了。"邵飘萍说着不禁泪水奔涌,有点哽咽了,"她见我的汤夫人一直来未有生育,却又感其品性贤惠,就做主把我的第二个儿子祥生正式过继给她,也好慰其晚年寂寞……你们说,这样知冷知热,心中充满爱的人,那可恶的阎王却要这么早把她捉了去,真是痛刹我啦!"

李大钊和罗章龙又安慰了几句就走了。

"二七"惨案发生后,邵飘萍胸怀正义,情系劳工,顶着《京报》再次被北洋军阀政府查封的危险为工人奔走呼号。为此,《京报》成为了工运的喉舌。三月下旬,当邵飘萍获悉将在3月22日召开死难烈士追悼会这一消息后,立即赶回报社,让潘公弼挤出版面,刊出《施林暨'二七'遇难诸烈士追悼大会筹备会启事》:"22日下午一时假厂甸高师风雨操场同声一哭死义者。"

3月22日那天中午,邵飘萍胡乱吃了点饭就对修慧说:"我去参加'二七'死难烈士追悼会了。"修慧就说:"我也去吧。"邵飘萍担心她的身体受不了,说:"算了,你还是给我守着报馆吧,你去了,看到那种悲凄的场面,恐怕回来又要好几天难受哩,再说我爸这几天又闹着要回金华了,你就替我多陪陪他老人家吧,一家大大小小的都靠你支撑着呢!你看,这老天也真会凑热闹,还下起雪来了。""那是老天也愤怒了啊。"汤修慧说,"这雪花飘得太及时了,下吧!为那些在'二七'惨案中死去的人们,狂舞吧!"这雪,还真得越下越大了，只一会儿工夫，整个北京城的屋顶，地面上，树杈间都挂上，铺满了洁白的雪。邵飘萍顶着风雪准时来到了追悼会场，他留意了一下，前来参加追悼会的人还真不少。此时，他走到那摆放着的花圈挽联面前，只见中共代表献的花圈上这样写着："自由是我们被压迫人民共同的需要，军阀是我们被压迫人民共同的仇敌。"紧挨着的是青年团代表送的挽联，只见上面写着："施洋及'二七'诸烈士同志们流血是为了工人阶级的自由，中华民族的解放，是我们最可敬的死者。为了劳苦群众的利益奋斗万岁！"此时，追悼会在沉痛的哀乐声中开始了。一个叫何孟雄的青年团员先沉痛地介绍了施洋烈士的生平及品格，然后突然提高声调说："以后革命工作'非和平所可成功，要继续诸烈士之志方可'啊！"

这时，施洋大律师的夫人抱着才三岁的女儿由人扶着，一路哭着登上了临时搭起的灵台，她此时已伤心欲绝的连话都说不出来了，她连连朝前来参加死难烈士追悼会的认识和不认识的人们致以三鞠躬。此时，人群中突然有人振臂呼起了口号："为争自由而牺牲是光荣的事！""继诸先烈奋斗争自由！""热心平民革命，劳工运动！""杀国贼，除内奸，灭强盗！"与会群众慷慨悲歌，愤怒声讨北洋政府的暴行，纷纷盛赞革命烈士气壮山河的斗争精神。此时，追悼会场突然被反动军警包围了，并威胁说："不准喊口号！必须立即解散！"但参加"二七"惨案追悼会的一千多位群众却不畏军阀的威胁和阻挠，仍然坚持把追悼会开完才各自散去。邵飘萍开完追悼会，立即赶回《京报》，对潘公弼说："公弼啊，今天前来参加'二七'死难烈士追悼会的人达上千人，场面非常壮观！对此把我所写的这篇消息，'施林追悼大会详情补记'为题，于3月24日在一版给我刊出！"

"是！不过我要提醒你一下。"潘公弼忍不住道，"你这样连续报道'二七'惨案有关的内容，我们的报纸可能又要被查封的危险！"

"不怕的！"邵飘萍睁着充满血丝的眼睛气愤地道，"吴佩孚这些狗军阀如此草菅人命，如果我邵飘萍不站出来说几句公道话，如今还有谁敢说真话呢？难道你忘了吗？"

"可是？"潘公弼说，"唉，我知道你办报做人做事的原则，我怎么能忘？我这是担心你啊！比如你那些自勉诗句'书有未曾经我读，事无不可对人言'我是永远不会忘的！"

"当然，我知道你是为我好！"邵飘萍说，"不过，面对如此惨烈的死难事件，不如实报道的话，就不是我邵飘萍了，也违背了我创办《京报》的初衷了。对了，工专韩士元的'京汉血征文征影'广告还要连续挤出版面再登！"

"从3月22日开始登的，已好几天了。"潘公弼说，"最近版面很挤啊，来稿实在很多啊。"

"我的意见，继续刊登，扩大影响！"邵飘萍说，"最好登到4月5日结束。哦，对了，我回来时，施夫人对我说她正在写《亡夫律师施洋被军阀诬杀冤单》一文，大约九百多字。我让她拿到《京报》刊发，她答应了，大概到月底能写好。你就安排版面从4月1日至5日连续刊登，以这篇字字泪、句句血的檄文声讨帝国主义及其军阀走狗诬良为盗，滥施淫威，草菅民命的滔天罪行！"

这时，汤修慧和在北方交通大学读书的同乡金士宣走了进来，汤修慧进门就喊："飘萍啊，你的同乡来了！"

邵飘萍一看是金士宣，十分高兴地请他坐下，又对修慧说："你替我泡杯茶来。"然后亲切地问金士宣，"你上次对我说的《铁路运输学》一书已写好了吧？"

"是呀,我已带来了。"金士宣说着从包里拿出书稿递给邵飘萍,"还请邵先生斧正一二才是。"

"哪里,哪里!你可是名列第一名的高才生啊!"邵飘萍笑着翻看着书稿,说,"好,连北大蔡元培先生都给你题写了书名,使此书增色不少啊!这样好了,就按上次我答应你的,书由我的昭明印刷局印刷,然后再由我的报馆发行部代发行,你看如何?"

"实在太谢谢您了,邵先生!"金士宣十分激动地说,"您除了印刷还代发行,这是对我的最大鼓舞啊!"

"哦,对了。"邵飘萍说,"听说你如今在交通部实习啊。"

"是的。"金士宣说,"不过,我已接到通知,今年六月份我将派往美国留学四年。"

"这可是大喜讯啊!值得庆贺一下。"邵飘萍听了非常高兴,对给金士宣端来茶水的汤修慧说,"修慧啊,我们的金士宣同乡将留学美国了,我们得为他饯行一下!"

"那可是好事啊,是要庆祝一下!"汤修慧也表示赞同。

"这样好了,由我来安排!"邵飘萍说,"最近刚好我要在北京饭店宴请在香山休养的哈尔滨铁路督办,还有留美获博士学位的王景春先生,到时请金同乡也来作陪,这也算为你饯行了,好吗?"

"那怎么好意思啊!"金士宣此时心里非常感激邵飘萍的知遇之情,但他发现邵飘萍的目光是那样真诚,他也就答应了下来。

他们正聊着,这时乡友胡逸民也跑来登门求教,对邵飘萍说:"胡汉民赠我五千大洋,托我来北京办报,宣传革命。如今已在骡马市大街魏染胡同办起了《国风日报》,可我是个有勇气却无办报经验的门外汉呀,所以就找您来了!如今您可是新闻界巨擘,名声赫赫啊!我不是谦虚,确实是初生的胎儿,请您多帮助!"

邵飘萍听了,笑着道:"让我们一起共勉吧!"

金士宣见他们谈得热闹，就对汤修慧说："听说飘萍的父亲也来北京了？怎么没见他老人家？"

"哦，他在后院和孩子们在一块呢。"汤修慧说，"不过，过几天他就要回金华了！"

"那好！我应该去拜见他老人家一下。"金士宣说，"你带我去看他吧，要不然我这一去美国好多年，一时就看不到了，"汤修慧说："好啊。"就带着金士宣朝《京报》馆后院走去。

一天，邵飘萍正在写稿，邵逸轩领着他的弟弟邵贵禄走进了办公室，那邵贵禄人很机灵，嘴巴很甜，看到邵飘萍就直喊："四叔，四叔。"喊得邵飘萍心里好似灌进了蜂蜜那样甜滋滋的。连忙先放下已写了一半的稿子，先陪陪这位从东阳紫溪老家赶来的侄儿说说话，"我写给你的回信收到了？"

"嗯，收到了。"邵贵禄说，"此次家乡准备重修云峰寺，听说您答应捐助，乡亲们都很受鼓舞啊！所以就让我来北京，一是探望您和胞兄邵逸轩，二是把您所赠的捐款带回去！"

"哦，捐款我早已备好了。"邵飘萍这时对邵逸轩说，"逸轩，你到四婶那取二百十五元大洋来给你弟弟带回去，就说我说的，去吧！"邵逸轩答应着就去找汤修慧了。此时，邵飘萍又拉开抽屉，拿出前一阵抽空写好的《重修云峰寺大殿并西厢记》碑文，说："此碑文你看看，不知可好？"

邵贵禄连忙接过看着，情不自禁读了出来："余素不信宗教，于佛教更未之研求。然闻村人有重修云峰寺之举，欣然乐助其成。盖不重宗教而重祖宗之遗泽也。尝读康熙乙未景溪公所为记及同治己巳重修云峰寺引，知斯寺之由来已久。所赖以绵延勿替者，则我邵氏之祖若宗皆与有力焉。自有清同治至今，世事沧桑，寺宇又将废矣。思先人缔造之艰难，念古迹保存之责任，我邵氏子孙义不容辞,情所应尔,所费又不多乎!故他人之视云峰寺也,或因佛法可崇,从而享之。窃谓如果有佛,则至诚足感心既佛耳,何有于寺?唯山川灵气,祖宗遗泽,赖斯寺而长存。所谓佛者,亦历史上一可爱之陈迹而已。后之视今,犹今视昔。愿我族人,其世世永宝,万代无极。"邵贵禄读了,连说道:"四叔啊,这篇碑记写得言简意赅,风趣幽默,情深理切,真乃奇文也!我如带回去肯定会引起轰动的啊!"

"有这么夸张吗?"邵飘萍笑了,"怕是你在哄四叔开心吧!"

此时,邵贵禄又进一步说:"四叔,听村人说,您只是在十五岁时考中秀才时回过紫溪,自那后您多年没回东阳紫溪老家了,乡亲们可想念啦,能不能写几副对联让我带回去?"

邵飘萍今天心情很好,就答应说:"好呀,你走时来拿就是,我抽空给你写几副。"过了几天,邵贵禄走时真的来要答应过的对联了。可是此事邵飘萍一忙已忘了,他连忙把钱交给贵禄:"你上街去,要买最好的纸回来。"贵禄到街上,用六块大洋买了三副,急忙回到家,叔侄二人一个展轴铺纸,一个濡墨挥翰,没一会儿就写好了。一副是给贵禄的:"待其酒力醒茶烟歇,可以调素琴阅金经"。贵禄看了半天,不解其意,就要四叔解释,邵飘萍就说:"此是唐代文学家刘禹锡《陋室铭》中的字句,我希望你不慕荣利,要追求读书为乐淡泊情趣。"

此时贵禄又指送给堂叔邵坦荣的:"'汾阳大富贵亦寿考,庐陵蓄道德能文章',这副该如何解释?"

"哦,"邵飘萍说,"这两联都分别引用了唐代郭子仪富贵长寿和宋代的欧阳修蓄道善文的典故,也是对长辈们的祝愿和颂扬。对此,宋代的欧阳修在谈到文和道的关系时,还说过'道胜者文不难而自至'这样的话。还有这第三副我是为南马一个亲戚写的,你带回去给他吧。"邵飘萍正要解释,此时,汤修慧突然喊:"飘萍,有你电话!"

"贵禄,你把对联放好了,别让人看见又要让我写,我可实在没那么多时间写啊!"说着他跑过去接过电话,一听是罗章龙打来的,就高兴地叫道:"敖阶老弟,是为马克思诞生一百零五周年纪念日出特刊一事吧?"

"是呀。"罗章龙说,"眼看纪念日就要到了,不知振青兄编排的如何了,我的心急啊!"

"你呀,总是那么心急!要知道心急可吃不到热豆腐的啊!"邵飘萍说,"我也是马克思学说研究会的会员啊,我们可是一条船的啊!敖阶老弟,你听好了,我安排于 1923 年 5 月 5 日出版《马克思纪念特刊》,这张特刊一大张四版:一版刊出马克思像,马克思夫人燕妮的像;另外还有熊得山的《马克思诞生日百零五周年纪念》,胡南湖的《马克思传》;二版的有汉俊的《马克思与达尔文和亚当斯密特》,胡南湖的马克思著作史;三版的有林可彝的《马克思主义者政治运动的觉悟》,昆一鸣的《敬告中国无产阶级》;四版的有彭守模的《马克思纪念日的感想》以及马克思的诗二首《作战的韵律》《狂叫》还有《马克思夫人燕妮传》,这一期特刊的照片,文稿都很有特色。另外"马克思纪念特刊"这七个大字由我亲手书写,为的也是能让读者注意。还有,为了引起读者对本期特刊的重视,我还准备在这期第二版的广告栏里,以头条显著位置发表《本报编辑部特启》,我读给你听一下,如不妥可以修改的?阅者大注意:'今日为社会主义鼻祖马克思氏之纪念日,本报承研究马克思学说各团体之赞助,发行特刊一大张,随报附送,不另加价,倘有遗失,请向送报人索阅为荷。'敖阶老弟,为了保险起见,我还在本期第一版的广告栏内,再用头条位置登了个较简略的《特启》如下：'阅者注意，本报今日附送马克思纪念特刊一张，不另取费'。怎么样，听了有何见教？直说无妨！"

"振青兄，您的排版总是那么无懈可击，我非常满意和感激！"罗章龙说，"不知何时能看到大样？"

"如今有了自己的印刷局很快了。"邵飘萍对着话筒说，"明天就可以看到大样了，到时我如忙就让人送过来好了。你那么忙，就不要亲自跑一趟了！""那怎么好意思啊！您可比我更忙啊！"罗章龙说，"明天下午我正好有点时间，我还是来看下大样，省得您又要安排人手了。哦，对了，听说汪大燮等人创办了北京平民大学，准备设立新闻系，并聘您为主任教员？"

"是呀，我已答应此事。"邵飘萍说，"敖阶老弟，目前我国新闻事业日益发达，新闻人才也日见需要，据我所知，在我的创议下平民大学为供应社会之需要，造就健全之新闻人才起见，准备从1923年下半年起添新闻学与社会学两系，为国内各大学所未备之科目。所以，我认为凡有志于新闻事业者，当以此为研究之唯一机会。""振青兄，可喜可贺啊！"罗章龙说，"如此看来，您为中国的新闻事业发展又迈出了坚实的一步啊！不是吗？是您自1918年在北大首开报学选修课，发端新闻教育后，如今您又在私立北京平民大学建议添设新闻系，并讲授新闻采访学，尽管您的工作繁忙异常，可您考虑到中国的新闻人才之奇缺，您还是热情地承担了此重担，实在令我敬佩啊！还有，徐宝璜教授告诉我您在百忙中还一边授课，一边又把北大新闻学会成立以来为学生们所喜欢的讲稿编写成《新闻材料采集法》一书，而且您还请徐宝璜、冯玉祥等十多位名人作序，阵容强大啊，出版后肯定会引起强烈反响的。振青兄，我都望眼欲穿了，真想一睹为快啊！不知何时能出版啊？"

"哦，谢谢夸奖。快了！大约在1923年8月初能脱稿，估计在

9月就可由《京报》报馆总发行了,然后再由上海及各省的商务印书馆为寄售处。"邵飘萍说,"此书出版后到时正好给平民大学作为讲义之用。这是我从事新闻记者十多年来的总结,我认为在新闻学中最难做好的就是访员部分了。我国新闻界极感缺乏者,为访员之人才。报纸内容之幼稚,实以此为主因。为此,我期望能将访员的知识得以普及。此书内分十四章,每章五六节至十余节。每节又分若干项,凡新闻价值之鉴别,新闻记者之分类,各种要素之方法,访员谈话之径路,新闻访员之应守道德,应有技能,应注意之各机关,以至电话之运用、专电、通讯,一切为访员所当知之事,都汇于书中。好了,等书出版后,我会送一本给你的,今天就谈到这里,我挂电话了。"

邵飘萍赶到中南海时,那边门周围已等着很多记者了。此时,国务院秘书厅的万秘书神色严肃地从里面走了出来,还没等他开口,已等得不耐烦的记者们都围了上去。万秘书朝大家挥舞了下手,抬高了声音道:"奉张绍曾国务总理指令,今天召开的会议,不准备接受记者的采访了,请大家快散了回去吧!"

记者们听了,顿时炸开了锅,纷纷向万秘书责问道:"今天开的是何重要会议?连记者都不让采访!"

"难道有什么见不得人的黑幕?怕我们记者把它曝光!"

"我们抗议!记者的采访权利都被剥夺了!"

"新闻自由难道是一句空话?共和政府为何怕新闻记者啊!"

万秘书此时仍然脸上不愠不怒地向大家解释道:"请静一下,各位!至于为何不接待记者,因此次会议虽说是国务活动,但那纯属外交礼仪,所以一律不让记者采访,大家请回吧!"

说完,万秘书也不听大家的抗议和责问,转身径直很快走进了大院。大家都一拥而上想跟他进去,结果被突然从里面冲出来的全副武装的卫队拦在了门口。此时,记者们被这杀气腾腾的场面激怒了,场面一时陷入了混乱……邵飘萍把这一切都看在眼里,心想:"看来今天的国务活动肯定有什么不能见光的内幕交易?如果不是此原因,为什么突然拒见记者?看来,自己要想个办法混进去才好!"此时,在人群中的张翰举走到邵飘萍跟前神秘兮兮地道:"振青啊,看来今天的国务活动大有文章啊?要不然,他们这么怕我们进去!"

"嗯。邵飘萍看了他一眼,说:"这是欲盖弥彰啊!他们越不让进,我倒偏要进去看个究竟!"

"怎么进?"张翰举翻了下由于熬夜而无神的眼睛说,"门口岗哨林立,连只苍蝇都飞不进啊!"

"是吗?"邵飘萍笑了,"张老弟,我想这区区小事难不住你吧?我们都各自设法混进去吧。"说完就匆匆走到中南海外,来到长安街上。此时,突然看见一辆法国产的小轿车缓慢地转弯朝他这边开来,他顿时眼前一亮:"这可能是法国公使乘坐的轿车?何不前去看个清楚!"想到此,邵飘萍急忙冲小轿车跑去,边跑边用手示意轿车停下!那轿车开到眼前还真的停了下来,邵飘萍连忙礼貌地对车里的外国人笑着用英语说:"您好,您可是法国公使克罗特尔先生?"

"哦,您看来有点面熟?不知有何事拦我的车?"克罗特尔也笑着握了下邵飘萍伸给他的手说。

"看来克罗特尔先生记性很好啊。"邵飘萍彬彬有礼地笑答,"我们可是老朋友了,我是京报社长邵飘萍!"

"想起来了!"克罗特尔说,"你的《京报》很有名啊,特别是你的那篇《中法实业银行搁浅之教训》使我印象深刻!"说着连忙打开车门说:"可是我接到贵国的邀请马上要开会,要不然我们可以畅谈一会儿。"

"刚好,我也要去,要不顺便就和您一起进去吧!"邵飘萍机警地笑着说道。

"那好,请邵先生上车吧!"克罗特尔爽快地道,"我们也好边开边聊一会儿。"邵飘萍上车后,车就朝中南海开去了,在门口那些守卫见是法国使馆的车,立即就放行了,小轿车径直就开到大院里停下,邵飘萍此时怕被人发现,连忙将帽檐儿往下拉了拉,然后和克罗特尔笑谈着走进了国务院会议厅,那些会务人员根本没发现邵飘萍也混进了会场,并把他当成是法国使馆的人员登记好就入了座。

没一会儿,曹锟和吴佩孚、张作霖派来的代表王怀庆等政府要员都相继来到了会议厅。此时,法国公使克罗特尔连忙起身,带着他的随员微笑着与曹锟等中国官员们礼仪见面后,然后又分宾主相继坐下。此时,曾被段祺瑞以北京政府名义封为"孚威将军"的吴佩孚首先站前来讲话:"我荣幸地代表中国北洋政府,非常热忱地欢迎尊敬的克罗特尔公使阁下,以及各位前来参加会议的先生们、朋友们!今天的会议主要是如何为寻求公平解决围挠中法两国多年有关赔款结算问题的讨论会!下面先请尊敬的法国公使克罗特尔发表意见!"

邵飘萍这时低着头,坐在一个角落里把手放在自己带来的那只公文包里,飞快地将吴佩孚刚才的讲话悄悄地速写下来。

法国公使克罗特尔这时也站了起来,向在座的施礼后,微笑着看了一眼吴佩孚,说:"承蒙贵国政府的约请,能前来参加今天的会议,我深感荣幸!可是刚才听了贵国尊敬的巡阅使吴佩孚大帅阁下的谈话,在此,我先要纠正一下,我们今天来不是参加什么讨论会,而是为追还欠款而来! 各位尊敬的先生们,朋友们可能也早有所闻吧? 那笔数目很大的庚子赔款贵国已拖欠多年了,若还不用金佛郎结算? 那么,一切后果将完全由贵国政府负责! ……"

法国公使说完坐下后,会议厅里一时气氛异常紧张。邵飘萍这时边飞快地笔录边察看与会代表们的各种表情,神态,可是等了半天都没有一个中国代表肯站起来说句硬气话,只是在交头接耳地议论着。这时,曹锟听完了翻译后急忙与吴佩孚交换了下眼色,然后他咳嗽了几声,装作好像并不针对法国公使刚才的谈话,脸带微笑地道:"是啊,对于久拖之款,我们也甚感遗憾! 可是要求中国以金佛郎偿付对法庚子赔款,这样中国就要多付关银六千二百余万两啊! 当然,至于如何赔付,一切都好商量的,无非大家看看,提出条件来吗! "

邵飘萍听了曹锟刚才的谈话,心里暗暗吃惊,看来曹锟话里暗藏玄机,不明说罢了。这曹锟看等了半天仍没人出来说话,只好又说道:"如无他法,是否可再次降低税收试试? 大家都把心里想到的点子大胆说出来吧! "

"我看啊。"吴佩孚这时打破沉默又说道,"此案已引起我国民众强烈地关注。另外,世界各国也牵涉到利益关系。为此,我认为不能贸然行事! "此时,法国使馆来参加会议其他代表听吴佩孚这样的表态,又在耍拖延的把戏,非常不满,纷纷警告中方:"如再拖着不还欠款,将采取严厉的措施! "

邵飘萍看双方这样僵持着,看来今天不会说出什么结果。他就乘上厕所的机会, 悄悄地溜出会议厅, 出了中南海大院赶回了报社,伏在办公桌上把刚刚探听来的写成《赤裸裸的金佛郎案谈》《国际地位没有算什么? 》《为金佛郎案警告法使》等文章,并对潘公弼说:"这是我刚采访来的有关金佛郎案的文章,你抓紧编掉! "

"好的。"潘公弼说，"振青兄，刚才冯玉祥将军打来电话，约您于6月7日下午2时到南苑一叙，让您务必前去并先给他回个电话。"

"哦，好的，对了。"邵飘萍说，"你对我说过近期新闻编译社的来稿来电猛增，人手已忙不过来了。我看这样，你在《京报》上登个招聘外交、财政金融、司法及普通政治访员的启事出去，有合适的就多招几个，由修慧和你负责考核，此事你抓紧办好！还有事吗？"

"有！就时间还没到，刚才也来电话了。"潘公弼说，"刚才来电话是什么筹备组的，说您是起草委员，问您《新闻记者公会章程草案》写好没有？"

"他们也真催得急！"邵飘萍说，"准备于1923年12月2日放在中央公园来今雨轩召开筹备员会，讨论通过《新闻记者公会章程草案》，可时间还没到啊！"

"其实打电话找您的还有啊。"潘公弼说。

"还都有谁？"邵飘萍问着，可手却不闲着在翻看着桌上堆着的一大堆来信来稿。

"您的乡人叫杜仲彬的，说是在国立美专读书，今天打来电话找您过。"潘公弼说，"这个人上次还到报社来过，你还替他代付学、膳费过，并让他在节假日来报社协助校对，可他已有好长时间没来了。"

"是呀。"邵飘萍说，"都怪那些狗军阀老是打来打去争权夺利，弄得邮路、交通时有中断，我的这位老乡也真不容易啊，我也只能给予力所能及的帮助。"

"务本女子大学原创办人胡春霖也来过电话。"潘公弼说。

"她说什么呢？"邵飘萍问。

"她说十分感谢您救助于危难之时。"潘公弼说，"看样子她情绪非常激动,是带着哭声告诉我的,说多亏您筹捐经费不遗余力,才复得政府辅助而使该大学续办并获得了更坚实的经济基础。"

"是呀,我也是觉得能办起一所大学不容易啊,何况是女子大学就更不容易了!"邵飘萍说,"我不能眼睁睁看它倒掉啊!不过,要到明年七月初才能组织好董事会,到时我将修改学制、扩充班次,然后再增聘教授,迁移校址,添设图书馆,增购一些教学仪器。唉,还有一大堆事情要做啊。看来,公弼啊,为了让到《京报》找我的人不跑冤枉路,这样好了,你安排一下,给我登出'欲与飘萍晤谈者赐鉴'的广告,说:'友人枉驾或来函约见者,往往失迎相左,非常抱歉。兹定每星期二、四、六下午一时至二时,在社恭候。欲晤谈者,请莅临赐教为幸!振青敬白。'你看,这样可好?"

"好啊。"潘公弼说,"此广告一登,那找您就容易啰。"

第二天一早,整个北京城都在叫卖《京报》,人们看后都在议论纷纷,有的痛骂政府真是太无能了!有的却说这是法国在趁火打劫!也有的说北洋政府有些委员想趁机捞好处,中饱私囊!更多的是为邵飘萍所写的《赤裸裸的金佛郎案谈》叫好!

曹锟也看到了《京报》上所登的《赤裸裸的金佛郎案谈》一文,他简直不敢相信自己的眼睛,看着看着气得手都有点抖了:"这个邵飘萍真是了不得啊,昨天的会可以说是拒绝所有的记者参加的,可他是用得什么绝招得到会议内容的?"而更让他愤怒的是邵飘萍写的《滑稽的调和》中的"选举总统而给钱,似乎甚可耻。若于制宪名义之下而多给钱花,则岁费以外之不正收入,又视为当然。其意殆谓宪法可以买卖,总统不可以买卖耶?"这,这不是在讽刺着骂我吗?不行!此事我得问问吴子玉,他这个关口是如何把的?想到这他抓起电话就打吴佩孚。可吴佩孚这时也正在办公室拍桌臭骂他的部下:"难道我的命令是放屁吗?我不是严令此次与法国公使的会谈一律不准让记者进来！"

那位刚上任不久的卫戍队长脸此时已吓得雪白,他抖着嘴唇道："可我们是从严守着的啊,可说是连苍蝇都难飞进一只的,可……"

"还可个屁！"吴佩孚气得连连拍桌子骂娘,"你们都是一群饭桶啊！如果不是你们的疏忽,那消息是如何捅出去的？这会议刚刚开过,第二天这报道就登在了《京报》上,弄得全国沸腾,民众声讨！"

这时,站在吴佩孚旁边一直没说话的陈廷杰也感叹道："大帅啊,看来这邵飘萍确实有非凡的才能啊！昨天,我也在场的啊,我还特别吩咐弟兄们从严监视来参加会议的人员,可我真是弄不懂这姓邵的如何溜进会场的？"

"你们啊,都是一群蠢货！"吴佩孚斥责道,"也不知道你们是怎么守的门？还在这磨蹭啥,快去！立即把报纸给我统统收起来！"

陈廷杰听吴佩孚这样说,急了："大帅啊,事已至此,一切都木已成舟了,如果您这样做,可能还会适得其反啊！"

此时, 处在气愤中的吴佩孚听了贴身秘书长陈廷杰的话,似乎有点道理,但他一时仍难转过弯来,双手握起笔在桌上一张宣纸上用力地写上"邵飘萍"三个字,突然朝还站在他面前等候吩咐的下属吼道："一群没用的废物！养你们这些废物有何用？就是成千上万,哼,你们也不敌一个邵飘萍！还不给我滚一边去！……"此时,电话突然响了,陈廷杰急忙拿起电话,一听是曹锟的声音,急忙连说："吴大帅在,吴大帅在！大帅,曹公电话！"

吴大帅连忙接过电话,曹锟气愤地道："子玉啊,你可看到报纸上邵飘萍的文章？你不是在我面前拍过胸口说绝不会出纰漏的吗？这又该如何解释啊？"

"是啊。"吴佩孚只好先压下自己心中的愤恨宽慰曹锟道,"我也正在为此事纳闷啊,曹公啊,刚才我还在责骂我的属下,可他们都说没有玩忽职守,从严防范的啊! 可是……"

"不要可是了!"曹锟大声道,"今后对北京的报纸,要警厅加强查处! 特别是对邵飘萍的《京报》更要从严防范!"

"是!"吴佩孚回道,"请曹公放心,我一定严令密切监视邵飘萍!"

此时,在奉天的张作霖也看到了王怀庆递给他看的《京报》,他得意地对王怀庆说:"怀庆啊,那吴佩孚还老在我面前吹嘘说给邵飘萍授了个二级勋章,还送去了祝贺的钱,自以为收买了人家,看看,这不,昨天你们与法国公使会谈金佛郎一事,不是说很秘密的吗? 如今又被这邵飘萍给捅了出来,哈哈,子玉这回是偷鸡不成反蚀了米啊,真是个蠢蛋啊!"

祝文秀弟弟祝寿南

# 第八章 拓报业新增附刊
## 求真理迎孙援冯

邵飘萍这一阵都在为重新复活《小京报》忙得不亦乐乎。在这之前，他于1922年10月10日起在《京报》附设了《经济新刊》，并亲撰《经济新刊之旨趣》后对潘公弼说："公弼呵，增此刊所设的目的，在于介绍东西各国经济财政状况，普及经济知识，监督政府财政计划，揭露金融界的盘剥及国际资本侵略的野心，使经济学者有自由发表意见，相互讨论问题的机会。"

"是呀，此刊增发后，肯定会引起反响的。"潘公弼说。果然不出所料，此刊增发后，来信来电都说此刊内容非常吸引人，并说，"这在北方的报刊中尚属首创，很受学者们的欢迎和好评。"

过了不久，一天，邵飘萍又对潘公弼说："公弼呵，由北京高师教育革新社主编的《教育新刊》将从1922年12月27日起附设于我《京报》，并在每星期日随《京报》附送，此事我已谈好了。"

"好，不过送报纸的人手很紧张了。"潘公弼说。

"哦。"邵飘萍说，"如送报人不够，此事你和修慧说一下再多雇佣几个脚踏车夫，要保证在早上九点以前送到！"

一天，邵飘萍从外边回来，边吃饭边对汤修慧说："慧呵，我想在当前社会学很值得研究，我们将为广大读者提供一个讨论中国现代社会问题的平台。对此，我决定从1923年1月5日起，由我报发行中国社会学会余博士等人编辑的《社会新刊》，同时，还发行由北大经济学会编辑的《北大经济学会半月刊》，这是为研究经济原理，介绍世界经济学说，讨论批评经济现象而提供的新园地，我想肯定会受到读者和作者的欢迎的。对了，此事你等下对潘公弼说一下，要不然，他又要说我老往他肩上压担子，他说已忙得招架不住了！"

"我看也是！"汤修慧说，"你这老是附设，发行，增刊的。人还是那几个人，忙得过来吗？"

"咦，我不是让他和你说多招几个脚踏车夫吗？"邵飘萍说，"怎么，他没对你说？"

"说了，也招了！"

"那就行了呗。"邵飘萍说，"如还不够，再招！"

两个月后的一天，邵飘萍来到报社，对正在埋头编稿的潘公弼说："公弼呵，我刚从诗学研究会回来，他们对《京报》很器重，想把《诗学半月刊》附设在《京报》发送，扩大影响，我想这也好啊，刊物由他们自己编辑，也费不了我们多少工夫。就答应从1923年3月28日开始再增发《诗学半月刊》。同时，还带来了石评梅作者的几篇稿子，喏，都给你吧！"

"哦，石评梅？"潘公弼接过稿子翻看起来，"哟，还不少啊。有《月色弥漫的花园》《陶然亭畔的回忆》《罪恶之迹》《星火》，听说此人是个著名诗人，在妇女界有一定的知名度，为人正直，持论也很激烈，爱打抱不平！"

"哦，看起来，你对石评梅还知道不少呢？"邵飘萍说，"此人是很优秀。你也知道，我们如今在扩充附刊，但绝不能滥竽充数。对此，我还是十分注意办刊人员的政治素质的。这个石评梅，我是听北大学生欧阳兰说起过，对她推崇备评价很高，说要推荐她来主编《妇女周刊》，并想让我和她见个面谈一下。可我这阵实在忙不过来,还没看到她过呢。"

"那她可能是看到了我报将附设七种周刊的文告了。"潘公弼说,"就目前来说,我们已有了六种附刊,这不但有益于读者,也使我们《京报》的内容更贴近社会民生,丰富多彩了。"

"是呀。"邵飘萍说,"我们目前的《京报》日出两大张,这增设附刊,也是我对报业经营的一种尝试,为的是可以'多种附刊轮替发行,周而复始,既不患单调,又不致凌乱,于学艺之专研,报章之体例均为有益。'如今看来,形势不错啊,各学术团体看到我们的文告后都纷纷来洽谈,都希望与我们合作,我估计不到一个月,计划就可以落到实处了。"

"哦,那你已和徐老四谈好了?"潘公弼说,"他编的是《戏剧周刊》是安排在星期一随《京报》附送的吧?"

"是呀"。邵飘萍说,"这个徐凌霄总是推说身体不好,不能多写文章。上次那个《小说周刊》在我劝说下,才勉强答应在每日写笔记、小说、评论各一至二篇。此次《小京报》复活,我又拉红叶同主其事,并将《小说周刊》并入,他才答应担任主编《小京报》。此次是由《小京报》改组成《戏剧周刊》、专研关于旧剧及新剧艺术的原理,以促其改进,主编仍由徐凌霄担任,步堂、小隐等为执笔。"

"那星期二随报附送的《民众文艺周刊》,听说原来是叫《劳动文艺周刊》吧?"潘公弼说,"还有大名人鲁迅帮忙校阅呢!"

"这本刊物是于1924年11月4日,首发京报附刊《劳动文艺周刊》易名而来。"邵飘萍说,"原因是该刊原编辑脱离了劳动文艺研究会,因此从25期后就不再沿用旧名,以免瓜葛。该刊主要是为一般民众、劳动者等第四阶级呼吁,以期引起读者对第四阶级的同情心,目前已谈好由该民众文艺周刊社的编辑胡也频、荆有麟等担任主编,鲁迅也答应担任校阅,对该刊可谓是增色不少啊。"

"那星期三附发的《妇女周刊》还没谈好吧？"潘公弼说。

"已约好晚上和石评梅见面谈。"邵飘萍说，"那欧阳兰为能争取主编《妇女周刊》已找我好多次了。还说她们有一个'蔷薇社'，有一批有才能的女子参加了她们的组织。"

"哦，看来她们是势在必夺啰。"潘公弼说，"那还有星期四的《儿童周刊》、星期五的《图画周刊》、星期六的《文学周刊》、星期日的《电影周刊》都已谈好了吧？"

"都已谈好了！"邵飘萍说，"其中的《文学周刊》原来是由星星

新建京报馆

文学社与绿波社等团体共同编辑的，主要是研究文学，再加搜罗中外创作，可第三十三期后，已改为由北京文学周刊社编辑，张友鸾、于成泽、姜公伟等负责编辑和发行事务。"

"如此看来，这新增的七种周刊敲定后，再加日刊《京报副刊》，还有调整后继续保留的《北大经济学会半月刊》和爱智学会编辑的《社会科学半月刊》、总计为十种附刊了。"潘公弼说，"振青兄，了不起啊！能在如此短短时间内，魔术般地新增这么多附刊，可谓是空前的创举啊！"

"不，此时我倒感到肩上的担子不轻啊。"邵飘萍此时虽然心里升腾着初战告捷的喜悦，但他仍平静地说，"我的体会是此次成功主要办法还是依靠社会力量，要不然光凭我们报社这些人手是不可能的啊！当然，在选择社团主编时，虽不论资排辈，但我也十分重视名流学者，专家教授的名人效应。为了使这些附刊办出各自的特色，我与主编社团只作原则商量，采取了编责、文责自负的

办法。对了,公弢呵,你把我的声明登在《京报》上,如下:'各种附刊上之言论,皆各保有完全的自由,与本报无须一致'。此声明你连续给我多登几次!"

"好的。"潘公弢说,"你这样从表面上看,一是为《京报》预留了后步,二是能使附刊畅所欲言。实际上是对附刊言论的保护,一旦有事,可以上下一推了之。此招甚妙矣!这既是对付反动北洋政府当局的一种办法,也是在白色恐怖下办报人的一种自我保护啊!不过,我认为,你此次与有组织的社团大合作,在经营报业上,可以说是一条经济实惠办报的好点子。"

"是呀。"邵飘萍说,"如《戏剧周刊》谈好的是稿费包干制;那《劳动文艺周刊》采取的方式是两不付,印刷费和稿酬都不付;只有《京报副刊》,给主编及作者要付一定的'奉薪'。这样,《京报》附刊虽然新增不少,但实际上花的钱却不多的。"

晚上,邵飘萍吃好饭正在办公室看各地的来信、来稿、还没看一会儿,那石评梅就如约来了。石评梅倒是快人快语。见面就对邵飘萍说:"邵社长,我听欧阳兰说您为办报可吃了不少苦啊,能不能说给我们这些后辈听听,也使我们能增长点知识和经验!"

"是呀。"邵飘萍说,"为了办报,我曾屡遭封馆,通缉,坐牢甚至有亡命到日本两次的人生经历,要办好报,做一个正直的报人难啊!"石评梅听了就说:"积弊日久,欠债愈多,作为喉舌,报纸不去抨击,谁去抨击?报纸不替民众说话,谁又能替民众说话?邵先生,您做得极对,我十分佩服。不过,我和欧阳兰几个姐妹,各有为国效力之抱负,但却才疏学浅,当然不敢效董狐之笔,步邵先生的后尘。但是我想,总不至于给《京报》抹黑的吧?"邵飘萍听了,颔首微笑着又道:"如果让你来主编《妇女周刊》,不知石小姐有何打算?"石评梅听邵飘萍这样说,知道邵飘萍已同意将《妇女周刊》让她们来主编了,就非常高兴地说:"邵先生如能玉成此事,评梅和姐妹们将非常的感激!要知道,至今还有多少女子,仍在封建礼教的桎梏中呻吟,这是对妇女界的摧残啊!还有多少聪明智慧的女子,还在为引贤顺贞节为光荣,这实在是妇女界的愚昧无知啊!还有多少有才能的女子,整天湮埋在柴米油盐,描鸾绣凤之中,这更是妇女界的悲哀啊!我认为,《妇女周刊》应为激起妇女界的觉醒而呼号,以自力去粉碎那几千年的封建桎梏,焚烧掉网罟,创造一个新生和美好的未来!"

"说得太好了!"邵飘萍满意地点着头,爽快地道,"好,听了石小姐刚才的一番高论,甚合我意!《妇女周刊》就由你们来编辑,不过,要求你们立即着手筹办,争取在1924年底出刊。另外,我建议石小姐,可把刚才所说作为《妇女周刊》的宗旨,略作整理作为发刊词。"

"谢谢邵先生对评梅的信任和支持!"石评梅此时非常激动,泪水儿在她的眼眶里翻涌着,良久,她注视着自己面前这位新闻界赫赫有名的人物却是这样的平易近人,古道热肠。她一定要把《妇女周刊》办得有声有色,为妇女们争气,也为邵飘萍争光!在离开时,石评梅再次对邵飘萍说:"请邵先生放心,评梅接手编辑《妇女周刊》后,绝不负邵先生的厚望!"

北京。宣武门内刚家大院五号,这是祝文秀刚刚迁来的新居。这天,邵飘萍和鲁迅乘坐"福特"小轿车一路谈着开到了刚家大院五号门前,车"嘎"的一声就停了下来。邵飘萍此时对鲁迅说:"周先生,下车小坐一会儿,有些事还要和您谈谈。"

"哦,好的。"鲁迅说,"可是为办副刊的事?"

"是的。"邵飘萍笑着引着鲁迅从车里钻出,步入院内时正好看到祝文秀在园中替花草浇水,就朝祝文秀道,"振亚,快来迎接一下,这位就是常和你说起的周先生!"

"哦,周先生您好!"祝文秀机灵地笑着放下水壶,连忙朝鲁迅施礼道,"请周先生屋里坐!"鲁迅也连忙还礼后笑着说:"谢谢,别客气。"

宾主寒暄已毕,邵飘萍与鲁迅坐下来喝茶说话。邵飘萍这时递给鲁迅一支烟道:"兄弟此次邀请周先生面叙为的是《京报副刊》即将创刊,万分感谢您力劝孙伏园先生来为我主编《京报副刊》!""是呀,孙伏园一怒之下离开了《晨报副刊》。"鲁迅弹了下烟灰,笑笑说,"也正好您《京报副刊》缺人手,可伏园他心有顾虑,为您的《京报》人力少,经费也拮据,发行量不大等因素而举棋不定。我呢是因他为我的一首诗《我的失恋》已发排了却被那个《晨报副刊》的代理总编辑叫什么刘勉己的抽掉而发怒而辞职的心存感激。为此,我就鼓励他一定要出这口气,非把《京报副刊》办好不可!"

"孙伏园能来《京报副刊》任职,多亏先生才促成了此事,兄弟我心存感激!"邵飘萍说,"另外我还想特请周先生亲手指教,并主编明年创刊的《莽原》半月刊,正好此时主编《图画周刊》的团体解散了。这样,《莽原》就可顶替该刊在星期五出版,成为随《京报》附送的第五种附刊,不知周先生意下如何?"鲁迅此时又吸了几口烟,慢悠悠地道:"我看可以,愿与邵先生同舟共济办好《京报》附刊《莽原》半月刊,以拯救和唤醒我国四万万苦难的同胞和这破碎多难的河山!不过,我还有点不明之处就是这费用方面如何处理的?"

"哦,这请周先生放心!"邵飘萍说,"对《莽原》则是以报代酬,每期除随《京报》附送外,再增印几千份给主编团体可自行出售作为报酬,您看可行吗?"

"我看可行。"鲁迅呷了口茶,弹了下烟灰说,"《莽原》的宗旨是'率性而言,凭心立论,忠于现世,望彼将来',不知邵先生是否也赞成？"

"我非常赞成周先生对《莽原》的期待。"邵飘萍说,"我也同样希望中国的青年站出来,对于中国的社会现状,毫无忌惮地加以批评！对此,希望周先生能给创刊号《莽原》一些有分量的批评文章！"

"此来我是有些准备的。"鲁迅此时笑了。从随身带着的一只包里抽出几篇文稿递给邵飘萍说,"邵先生,这些文稿花去我好几个夜晚,您让孙伏园放在《莽原》发吧！"

"太谢谢周先生了,您可真是个有心人啊！"邵飘萍说着连忙双手接过文稿,翻看着,有《春末闲谈》《灯下漫笔》《论'费厄泼赖'应该缓行》等文章。实在太好了！篇篇都有强烈的反帝反封建的战斗精神。邵飘萍没想到鲁迅竟如此爽快一拍即合,顿时眉飞色舞起来,"我坚信,《京报副刊》有您的支持、孙伏园先生的加盟,肯定会在报界一炮打响！兄弟我除保证每天有《京报副刊》外,还先后增设了《戏剧周刊》《民众文艺周刊》《妇女周刊》《儿童周刊》《文学周刊》《电影周刊》《国语周刊》《教育周刊》,还有《小说周刊》等十几个周刊。"听完邵飘萍一口气报出已办这么多文艺周刊,鲁迅此时非常钦佩地道："飘萍先生不愧是国家的脊梁、民族的希望！"

邵飘萍笑道："周先生不必过奖,今日您欣然应允《京报》之委。兄弟我不胜感激！日后还望您常赴《京报》报馆指教！"

鲁迅呷了口茶,说："飘萍兄发自肺腑之言辞,使愚兄受宠若惊,深感不安。我一定不负所望,愿与《京报》同命运,与仁兄共患难与存亡,愿以我血荐轩辕！"此时,邵飘萍听了呼地一下站了起来,紧紧地握住鲁迅同时伸过来的手,朗声道："你我志同道合,定能如愿以偿！让幸福、民主的自由之花开满中华！"

鲁迅看着异常激动中的邵飘萍深有感触地道："今天,你我真是有点'酒逢知己千杯少'啊！"

邵飘萍也点点头,说："我也有同感。"然后与鲁迅不约而同地仰天开怀大笑。

鲁迅此时掏出怀表看了下时间,然后微笑着说："飘萍兄,今天就谈到这里,今后如有文章我就直接寄给《京报》了,好,先告辞了！"邵飘萍见鲁迅要走,就对内屋喊道："振亚,快出来一块送送周先生！"

祝文秀听到喊她急忙从屋内走出,此时鲁迅已坐进车里,笑着对他俩拱手说："两位免送,谢谢！"

祝文秀此时才仔细地打量着鲁迅,平时她听飘萍说起这位在北京城颇有名的风云人物时都会有一种钦佩之情油然而生,而此时当真正的鲁迅出现在面前时,她却感到和自己所想象的有很大的落差,出现在自己面前的鲁迅是一个平和健谈的学者,但见他脸色苍白,脸庞瘦削,宽而高高的印堂,唇上有着粗而浓重的胡须,穿一件灰色棉袍显得朴素而庄重,特别是他那眉宇间,时而流露出一股英气和威严。此时,邵飘萍和祝文秀一直目送着轿车消失在北京雪后泥泞的胡同口后才走了回来。


一天午后3时,邵飘萍如约来到了北京官场胡同俄代表公署。俄代表喀拉罕与邵飘萍握手后就开门见山道："听说张作霖与朱庆澜共同发表该省为自治省,不承认中央所签的中俄协定。对此,我处也接到哈尔滨来电报告,不知阁下是否听到过？如果是真的,那么中俄协定实行起来肯定还有许多困难啊。"

邵飘萍笑笑,又问："不知喀拉罕先生对外蒙问题有何举措？

贵国何时能撤兵？"

喀拉罕代表此时抬高声调道："我国政府愿援助中国以保有外蒙的主权，至于撤兵，我认为不存在多大问题。不过，问题是如果我们撤兵，可是贵国的吴佩孚、冯玉祥、张作霖等人之间，能否相互谅解而派兵来接收，这可是还很不好说吧？为此，我们希望外蒙仍为自治区域，一切纠纷，由贵国政府自己与外蒙讲清楚，则主权自然保持。如果只是靠军队去压服，此非解决问题的好办法，难免继徐树铮之后，而一误再误。如按现在情况来看，就是我国答应将兵撤去，到时蒙古人却希望自成一共和国。那么，中国政府又怎么能行使其主权呢？我们不谈表面的客气话了，如果贵国想从根本上解决问题，中国政府与外蒙之间，必须双方都能相互谅解，这样的话，让外蒙自己想与中国走到一起，到时我国撤兵就没有问题了。还有，对中俄互派大使问题，不知邵君听没听说？"

"哦，我也真好为此事在奔走呼号呢。"邵飘萍说，"还请喀拉罕先生说来听听！"

喀拉罕笑了下说："这件事实际上本来没多大关系。然而我国十分重视同中国建立关系。所以有必要互派大使，就连那些很小的国家都这样做，何况我们呢。不过我代表处就在这几天就会将有关建交、互派大使的照会送达贵国外交部了。对此，邵先生为两国建交所作出的努力将是历史性的贡献，这好比邵先生所写的《新俄国之研究》一书一样伟大！对了，我们约好在下星期开一纪念中俄邦交成立的宴会。并请邵先生召集贵国的各界人士来参加盛会！"

"好，一言为定，让我们为中俄邦交举杯庆贺！"邵飘萍此时颇为激动，紧紧地和喀拉罕握手拥抱。

1924年6月19日晚8时，中央公园"来今雨轩"大门口，一座彩色灯光扎成的牌楼在细雨蒙蒙中闪烁出迷人的光芒。此时前来参加中俄邦交庆祝宴会的中外宾客已陆续来到。邵飘萍今天是东道主,此次宴会是他以私人名义宴请喀拉罕先生的。邵飘萍此时心情很激动,在自己不懈的努力下,中俄终于成功建交了。为此,他一早就来到会场布置和忙碌了。在门口,他让汤修慧、潘公弼带着《京报》的员工迎接来出席邦交宴会的宾客。然后他又走进会场,看看还有什么纰漏要改进。会场上有万国旗和中俄两国国旗交叉挂在前面,显得庄严和神圣。此时他停留在两国国旗的面前,凝视着,内心却波涛汹涌难以平静!看着,看着,他的眼睛湿润了。眼前中俄的国旗能并立悬挂在一起,这可是第一次啊!要知道他还是第一次看到这样的旗式,一镰刀,还有一铁锤,再加上五角星,那旗的颜色是赤色的,那刀和锤,五角星却是金色的。这时,汤修慧跑来对他说:"振青,已八时二十分了,我看客人差不多都到齐了,可以开始了吧。"

"好,可以开始了。"邵飘萍说着留意了下来客。俄方代表喀拉罕先生,还有俄方代表团伊凤阁君等职员早已到席,中方的有熊秉三、汤尔和、蒋梦麟、王幼山、梁秋水、冯友伟、张公权、徐佛苏、胡鄂公、刘景山、雷惠南、余天休及总商会孙、高两会长,中西文京沪记者秦墨哂、吴天生、林众可、费觉天等,还有留日十五省学生代表姚、杨、廖三君共计三十余人均已到席。

邵飘萍今天是主人,他微笑着站起来首先发言致辞:"今晚虽是小雨,承蒙俄国代表喀拉罕先生及代表团职员各位先生和我国各界重要人物仍热心莅会,敝社同仁非常荣幸感谢!今天是因为纪念中俄邦交成立,开一个庆祝宴会。这个宴会,有两种意义。一种是纪念过去中俄协定办到签字可说是历经艰难,中俄邦交从此开了新纪元。还有一种是希望将来,努力进行中俄协定的实施,以及中俄正式会议的顺利发展。对此,我估计还会有不少的阻力。如目前存在的第一件事就是俄使馆的收回问题,那些所谓的公使团就有阻止进行的言行和动作。我认为此事不是俄国的事,是中国应该实行协定的义务,为此《京报》近日对于此事,曾再三提出正当的理由,希望公使团能觉悟。据我所知,公使团所以违背公理公法而不顾的,含有以下两种目的如下:(一)要俄代表取消抛弃1901年条约的利益。(二)要俄代表事事遵守他们的规则,限制其行动。这几乎是他们的梦想!依我推测,此事不过时间问题,不难得到圆满的结果。如果还有很大阻力的话,可能在今后还有其他重要问题,如中东路问题等。我们只好以中俄两国人民的力量,督促政府实行协定,而且在中俄两国的关系上,有互派大使的必要。我们在适当的机会面前,必须团结一致反对帝国主义的侵略,实现中俄在东亚共存共荣的主张。为此,我希望各位在座的先生,多多赐教。在此,我谨以杯中酒祝中俄两国人民的健康努力,并祝今日在座的各位先生健康努力,奋勇前进,达到我们所抱有的正当目的而奋斗!"

会场顿时爆发出"干杯声"和雷鸣般的掌声。

此时,汤尔和博士站起,颇为激动地道:"我今天庆祝喀拉罕先生!他到中国来不满九个月,居然完成这样的大使命,在历史上留下有绝大价值的纪念。我们对于喀拉罕先生不但表示敬意,而且表示热烈的欢迎!不过,我对于喀拉罕先生有两点希望:第一,希望喀先生确信中国是他们的忠实好友。因为中国人的性质,不承认你做朋友的时候,却是刁钻古怪,很难说话;一经和你定交以后,那是永久不渝的。第二,希望喀先生有极端忍耐的心思,凡事不要性急。现在协定虽然告成,恐怕前途还有不少暗礁。中国人的事情很奇怪,你要他立刻办到,有时很觉为难。不过到了相当时期,一定可以发展,圆满解决的。我相信中国民族是有能力的民族,一定配得上与苏俄民族携手,造成世界和平事业。这一点也要望喀拉罕先生谅解的。

"我现在要庆祝中国自己,因为近年以来,中国政府和国民对于外交的观察渐渐明了。在1901年以前,看见东交民巷的朋友,好像神圣。他们说的话似乎没有不处于公法、道义的公理。简而言之,就是没有不对的。到了近年,渐渐觉得他们的意志、行为、眼光、手腕都令人发生疑问。远的不说,比如最近的威海卫事件,上海公廨事件,甚至还有近几天的俄使馆事件,他们的用意所在,真使人难于索解。我们也不愿意去用很激烈的话,开罪任何方面。但是我敢说,'东交民巷没有人'这句话,恐怕是千真万确。这几年来我国的朝野进步虽慢,但可惜东交民巷的朋友,他们的头脑还是19世纪的状况,没有经过新陈代谢。我不能不送给他们一个称号,叫作'愚'。古书上有两句话,说是'邻之厚,我之薄也'。我现在可以套他的调子,叫作'邻之愚,我之智也'。以智当愚,不怕他们如何蛮横,终有使他们屈服公理的一天。

"我现在还要祝贺《京报》。这一次中俄交涉,《京报》在正面或在后面都有极大的力量促进他的成功,固然可贺。而且这几天,《京报》为了俄使馆的问题很透辟地主张公论。听说东交民巷的先生们很不高兴,竟有干涉的形势。在现今的时代,还想狐假虎威,干涉言论,如何办得到?他们的头脑虽愚,我想也决不至此。恐怕他们不过一种恫吓手段,或者竟是面子问题。仿佛是东交民巷向来在中国有无上威权,现在听凭报馆糟蹋,装作听不见,未免有损东交民巷的尊严,所以明知无可奈何,也不能没有一点表示。要是果然这样,那就完全是腐败官僚的办法,够不上老夫的评论。我为什么要庆贺《京报》呢?邵先生不要见怪,有些时候恐怕邵先生太忙的缘故,《京报》不大精彩,颇有我醉欲眠的神气。这一次承东交民巷的盛情,给他打上吗啡针,我晓得此后的《京报》,一定精神焕发,每天有极痛快的言论,极有趣的新闻,供给我辈读者。"

会场再次响起经久不息的阵阵掌声。在掌声中,朱鹤翔参事又站起发表讲话,他颇为动情地说:"今日北京报界最有名之人物邵飘萍先生宴请苏联代表喀拉罕君,庆祝中俄协定之成立。鄙人得逢其盛,非常欣幸,非常感谢。此次中俄协定之成功,非成于成功之日,其间实有原因。我外交部及王正廷督办与喀拉罕代表接洽在先,确立基础。嗣经智识界重要人物从中帮忙,又有在座之熊秉三督办竭力斡旋,最后仗顾维钧总长主持。鄙人完全秉承意旨,稍效奔走之劳,与喀拉罕代表洽商。幸赖喀拉罕代表毅力,开诚示我友好之谊,故于两星期之内克底于成,为历史上最重大事件之纪念,可胜欢慰。喀拉罕代表为新式外交家,我侪均甚钦佩。现下中俄协定,已入履行时代。鄙人愿望喀拉罕代表对于汤尔和先生所云忍耐两字之意味,加以重视,则可信中俄协定必能有完全履行之一日。顷间雷殷先生代表中国人民之意,希望早日召集中俄正式会议一节,鄙人深信以喀拉罕代表之推诚相见,与顾维钧外长切盼中俄正式条约成立之志愿,彼此定能达到圆满之效果,届时中俄两国人民亲善之程度,更当何似。鄙人希望六个月之后,邵飘萍先生乃在此处设宴庆贺中俄两国人民团圆之喜,敬举一杯祝颂中俄两国万岁!"

此时,"干杯"声和"万岁"声久久在宴会厅里回荡。

蒋梦麟校长看到这激动人心的场面,心情也十分激动,他站起来发言道:"刚才邵飘萍先生说中俄协定签订以前种种困难,这话是对的。言外之意,人所共晓。即如今晚同席的人,都是希望中俄邦交条约恢复的。但其中有主张无条件承认俄国的,有主张非有条件不可的,当时辩论甚烈。智者见智,仁者见仁。然而因此也曾惹出不少是非。邵飘萍先生说将来实行协定时,必更有许多困难,这也是自然的。即交还俄使馆一个小问题,已经惊动了东交民巷,几位先生们又要行施所谓'太上政府'的威权了。然而他们所以如此,实为国际帝国主义在背后作祟。我们记得三年前俄代表越飞来时,蔡元培先生在席间曾说'俄国是我们的先生'一句话。这句话引起了许多外国报纸的反抗。可见欧美各国最怕的是中国和反帝国主义的俄国携手,所以从中阻挠。他们实在是太愚了,这是做不到的。他们愈是这样做,中俄两国遇到了共同的阻力,就会愈加亲密。"

蒋梦麟校长演说完鼓掌坐了下来。此时,胡鄂公先生接着说:"这次中俄协定,我们固然知道中俄间今后取得兄弟亲睦之情谊,但是这不过是一种人生普通互助的人生观感想罢了。我们对于这次协定,尤其应当注意的,是表示我们被压迫的弱小民族,以数千年奋斗的力量,到今日才得着最后的胜利。这种胜利的价值,确是我们今日的结果。可是我以为我们现在所应该做的事情,不是专于搜寻侵略我们帝国主义的仇敌,因为帝国主义的仇敌已经被我们知道了。我们现在只就帝国主义所作着罪恶的地方,联合各弱小民族,适用我先哲列宁先生联合战线的口号。所以最近的工作,就是使帝国主义列强压迫我们所订的一切不平等条约一律废除,以表示我们将来扑灭帝国主义的先步。因此我便认定中俄间这次协定已经表示世界各弱小民族到了联合战线的时机了。中国的弱小民族呵!你们不要错过了。可爱的俄罗斯底一般朋友正在前途燃着熊光耀耀的火把,作我们的指导者呢!"

此时,整个宴会会场气氛更加热烈,来宾们纷纷举杯,高声祝贺中俄建交。

紧接着，余天休博士、刘景山、雷殷君都作了发言。最后俄代表喀拉罕先生作最后的演说："今日承京报社长邵飘萍先生之召，得与中俄人士如此庄严灿烂之盛会，极为荣幸欣喜。顷聆邵先生所言中俄协定已往将来之困难，自是确论。我们必须打破此种困难，以得最后之胜利。近日读邵先生对于外交使团之评论，非常钦佩。闻将引起外交使团之不快，几乎属意料中。但他们这种行为完全是无益之举，请邵先生不必有所顾虑。至使团之不喜俄国之抛弃前俄政府在华所得之利权，彼等何曾为俄国可惜此类利权？唯恐因是引起中国国民之精神，影响于彼等之利权耳。故外人每证余将为不正当之宣传。余实热心宣传者，惟并无不正当之处也。外人在华之宣传有两种：一系鼓吹压迫中国国民之自由者。如自恃其有领事裁判权之各外报，敢日肆其侮辱中国政府国民之言论，及使团种种无理之主张是也。二系希望中国得到自由，希望废除中国从前与各国所订不平等之条约。因此类条约不废除，中国永无得见天日之日。故我必仍本此目的以宣传，试问有何不正当乎？使团因《京报》之正论，即欲加以干涉。试问各外报之侮辱中国，何以不干涉之？如果使团的态度，我以为其根源于各国的对华政策，即背后有帝国主义命令其如此，故不能谓尽属使团之过。中国欲废除不当条约而达与各国平等之目的。当先使各国政府知中国国民之公意而改变其对华之政策。但何以能使各国政府知之？则在中国国民之努力，殊非空言所可奏效也。最后关于中俄问题，我必忍耐以待圆满之解决。惟望中俄两国奋斗前进，且望中国有脱离苦海，跻于各国平等自由之地位！"

喀拉罕先生讲完，邵飘萍就站起带头鼓起掌来，全场来宾也跟着鼓起掌。此时，邵飘萍微笑着把手中的酒杯高高举起，高呼："让我们为中俄两国并肩奋斗而干杯！"

喀拉罕见状,也呼地起立把手中的杯举起,朗声道:"为中俄两国的建交干杯,乌拉！"

"来今雨轩"的宴会此时已进入了高潮。

此时,邵飘萍和汤修慧把一面特制的"精神可师"的锦幛赠送给喀拉罕先生和苏联驻华大使馆,喀拉罕先生也代表苏俄回赠了礼品。看到这一难忘的情景,宴会厅里又爆发出一阵又一阵掌声和叫好声。记者们也纷纷亮出相机,把这一伟大的历史画面抢拍下来。此时,在会场门口,两名混进会场的可疑人物有所获后想偷偷溜走,却被今晚担任警戒的潘公弼和京报社的员工发现了。潘公弼向前厉声问其中一位瘦高个:"怎么？会还没完呢,两位就要走了？"

瘦高个脸一阵白,一阵红的正好被门口的灯光照了个清楚,潘公弼看在眼里,心里已明白了几分,可是那瘦高个却不说话,装成没听见的样子,潘公弼有点不耐烦了,大声道:"聋了？哑了？问你话呢？你们到这儿来是干什么的？"

此时站在边上的几位青年员工也火了,纷纷责问道:"肯定不是什么好东西,鬼鬼祟祟的又想来害人了吧！"

这时,一直躲在旁边发抖的矮个子却说话了:"我们不是坏人,是晨报社的,"说着,他指了下瘦高个,"他是我们的主任！"

潘公弼轻蔑地朝他横了一眼,说:"哦,晨报社的,别瞎蒙人了吧？你们《晨报》我可是很熟的呀,怎么没看到你们过啊？"

这时,一位青年记者也凑上来说:"是啊,我也是晨报社的,可我从来都没看到过你们！"说着还亮出了记者证。

一高一矮的两位可疑人物顿时慌神了,支支吾吾的不知说什么好了。围观的京报社员工纷纷摩拳擦掌,有的说:"他们肯定是来探听情况的,准不是好东西,该揍他一顿,让他们长长记性！"说着就要动起手来,却被潘公弼拦住了,说:"让他们走吧！不过,请把你们的'记录'留下。你们也太过分了吧？今晚是我们京报社邵社长私人宴会,你们不请自来不说,白吃白喝也就不和你们计较了,可你们还要做这种偷鸡摸狗的丑事,也太不仗义了吧？"

那瘦高个此时把头低垂着哭丧着脸,矮个子磨蹭了半天,见如不交出"记录"也无法走掉,只好把"记录"掏出来,说:"不好意思,这'记录'给你们好了,请放我们走吧！"刚才还像只丧家犬的瘦高个突然朝矮个子臭骂道,"还不快滚！丢人现眼的东西,老子回去再和你算账！"说着,骂骂咧咧地赶快溜走了。

青年记者说:"潘主任,为什么不抓起来,还把他们轻易地放了呢？"

潘公弼说:"把这两个丧门星抓起来有什么用？败坏了我们的兴致不说,让外国人看到了,中国人的脸也不光彩啊！"

大家听了,是有道理,也就散开做自己的事去了。

宴会散时已是深夜了,送走最后一批宾客后,邵飘萍对汤修慧说:"慧,我们也走吧,看来,今天的会议还是很成功的！"

潘公弼这时凑上来说:"何止成功？振青兄,您今天可是一亮相就给人风度翩翩,口若悬河的形象,如被那张绍曾看见也会自叹不如啊！"

"你少吹他了！"汤修慧说,"你再吹他还真不知道自己姓啥哩。就是再能耐,也不能与国务总理张绍曾比啊！"

"那张绍曾啥玩意儿？"潘公弼听了有点不服气了,说:"自从他张绍曾当国务总理以来,可以说没做过什么好事儿！就连他组成内阁的成员财政总长刘恩源,教育总长彭允彝、农商总长李根源,个个都是坏事做尽,弄得民怨鼎沸啊！不过,那张绍曾最臭的一着棋是不该接受北洋直系军阀曹锟、吴佩孚等人的请求,任命那个孙传芳为福建督军,你们看呵,中国迟早又要乱啰!哼,如果我们振青兄能做上国务总理这样的官位,中国就会治理成一个理想的国家了!"

"别扯太远了!"邵飘萍说,"我看一个人活着就应该清楚自己该如何活?我此生唯对新闻事业有着强烈的兴趣!能作为一个报人有多好啊!当年我在杭州读书时,曾与陈布雷、张任天等人办过《一日报》,从那时开始,我就坚定了自己走'新闻救国'的志向,做一个正直的报人,平社会之不平,为老百姓说话,哈哈,这又多好啊!"

"是呀,此点我也赞成!"汤修慧笑了,"可以说今天是我来北京办报以来最开心的一天!"

"我也是!"潘公弼说,"不过,我也在担心振青兄在宴会上的讲话肯定又会得罪那些外交使团的,不知什么时候又会派狗腿子来报社捣乱了!"

"我看,振青啊。"汤修慧也担心道,"这个世道,如没有枪杆子做靠山是很难活命了!"

此时,邵飘萍若有所思地点点头道:"我也在考虑这个迫在眉睫的问题,准备在军界多交几个朋友。可如今在中国你看,这些军阀都不是孤立的,段祺瑞靠日本人做靠山,曹锟靠英国人做靠山,张作霖也是靠日本人做靠山。中国说是三足鼎立,实际上还是两个靠山支撑起来的。那孙传芳更是个随风倒的人物,谁的树大他就靠谁。还有,孙中山太远,共产党太弱,那吴佩孚又是英美帝国主义的代理人,不过,我正在同冯玉祥接触,感到此人还有正义感。"

"振青兄,冯玉祥的口碑还不错。"潘公弼说,"据说他的行伍之道十分坎坷,他依附过段祺瑞。然而,段祺瑞的小扇子军师徐树铮嫉贤妒能,排挤他扣发他的军饷,要改编他的混成旅,并且企图把他'流放'边疆。冯玉祥为此离开了段祺瑞,转而依附了曹锟。不料曹锟的大将吴佩孚却又把冯玉祥视为能够与他争雄的敌手,处处刁难他。第一次直奉大战,冯玉祥为曹锟立了汗马功劳,曹锟以报恩之心加委冯玉祥为河南督军,但又同时宣布吴佩孚的心腹宝德全为河南军务帮办。冯玉祥知道,宝德全是监视他的。这个宝德全不仅常说冯玉祥的坏话,在第一次直奉战争时还在郑州以北抄冯玉祥的后路。对此,冯玉祥恨这个宝德全恨得入骨!结果,那宝德全赴任途中经开封拜见冯玉祥时,竟被冯玉祥枪毙了。吴佩孚知道后,一怒之下,把河南督军的要职全安排给他自己的人,那冯玉祥一到任后,又一个不收,全部赶走!从此,冯玉祥和吴佩孚的矛盾就激化了。而最使吴佩孚气恼的,是他在洛阳做五十大寿的那天,冯玉祥却让人抬着一坛清水给他贺寿来了。他说:'大帅,我冯玉祥是个穷当兵的,我的阵地也荒凉。大帅寿,本当厚礼以贺,怎奈力不从心。清水一坛,愿大帅寿福无疆!'吴佩孚还以为冯玉祥是说着玩的,堂堂的河南督军,赫赫国中名将,岂有以水贺寿之理,便笑着说:'好,好!君子之交淡如水啊,焕章将军以清泉相赠,实为子玉莫逆。'可当他发现冯玉祥送来的真是清水时,便气愤地骂道:'冯玉祥,你果然以清水戏弄我,我会还给你清水的!'果然,没有多久,吴佩孚便在曹锟面前献计,曹锟便以升迁冯玉祥为'陆军检阅使'之名,将他调到北京南苑。从此,冯玉祥就有职无权,有名无实了。"

"好啊,公弼呀。"汤修慧说,"看不出你对这些军阀还很了解的啊。不过,我也听说这个冯玉祥对治军方面很有一套办法。"

"对冯玉祥,我也感到他与其他军阀不一样。"邵飘萍说,"上次我受他的邀请去过南苑,就当时的政局及其他种种问题进行了交谈。我觉得他是个大智若愚的人,也是有抱负的军人。他痛恨北洋政府的腐败,立志要做一番救国救民的大事,所以一直被北洋军阀上层人物所歧视,排挤,并处处受到吴佩孚的猜忌和压制。他知道明看是调任他担任陆军检阅使,实际上是吴佩孚要置他于死地。但他却不露声色,埋头练兵。他还谈到他的军队缺乏政治上的人才,为此常在暗中注意与各方面的联系,随时留心物色在政治上有资望、有办法、有远见卓识,又能善于同他合作的人士。"

"冯玉祥已多次打来电话催你去南苑。"潘公弼说,"说这次是到南苑参加督军阅兵式,同时还邀请了北京各界的代表人物呢!"

"我是准备去。"邵飘萍说。

北京南苑,中国第一营。此时,军号连绵,喊操声跑步声军歌声一波波地漾开了微红色的晨光。新的一天又降临到了南苑!

北京的老百姓如今都在说,"入了南苑是条虫,能出南苑是条龙。"南苑是军人的炼狱,将军的摇篮。因为在南苑,每天都在淬砺剑锋,百练精兵。

冯玉祥将军有令:冬夜筑城,不准张灯,不准举火,一镐一个白印印。如此一来,光一夜筑城就四十里,可惜也冻伤冻残了军人兄弟好几百啊!风雪越野强行军。冯玉祥要求脱鞋,脱袜,脱掉棉衣急行军,一夜行军一百二十里,可谓一路冰雪一路血啊!浴水检阅,任凭风狂雨猛,洪水滔滔。在风雨中接受检阅的三万个士兵却如三万根桩,纹丝不动,此情此景,令人动容!冯玉祥还推出了有名的三操两讲。这就是饭前瞄十枪,饭后劈十刀,又在睡前举十回石头,睡后再练十回杠子。另外,还有每周检查每月考核每季检阅。逢礼拜天还要整理内务,然后栽树浇菜,灭苍蝇搞卫生做礼拜,无论是官还是兵都说苦呀!

冯玉祥听见了,就对官兵们训话:"军人要忍人之不能忍,耐人之不能耐,大风大雨里站得稳,行得端,才能做到救国救民!"

此时,灰蒙蒙的太阳照耀在南苑军营围墙上那巨幅对联上:"劳则成国富,苦则成国强——毋忘国耻"。

冯玉祥的南苑兵营是一座大工厂。在这里,兵学工蔚然成风,人人都学成一身好手艺。这里是培养木工铁工泥瓦工的大学校,并规定凡来南苑当兵的,不学会一门手艺就不准退伍回家。

兵营是座大学校。无论是六百字读本,还是八百字读本,如一天能认两字,年节就能给家中写平安信,说父母高堂在上,儿在军中万事平安,末尾总有一句:奉检阅使之命,小侄冯玉祥拜老伯平安!

兵营又是大家庭。一名叫董树棠的上士,打赵倜时负了伤,卧病疗伤多年,浑身秽臭冲天,无人敢走近身。冯玉祥知道了却亲自为董树棠洗澡。要大换血,冯玉祥又把胳膊一伸说:"先抽我的!"当兵的此时感动得哭了,说:"冯检阅使真比俺爹还要亲啊!"

官兵们都在唱:"张(自忠)扒皮,梁(冠英)扁担,嘴臭不过石友三。""石友三的杠子韩复榘的绳,梁冠英的扁担赛如龙。"不打不骂,当个参谋一边挂。从陆军大学分来的三十个学生,如今已跑了二十六个,没跑的是张克侠、何基沣、董振堂、李兴中——三个共产党和一个共产党的同路人!

每逢军官结婚,就送锅碗瓢勺外加一部纺车。如发现下级给上级送礼,被查到就要罚军棍50下。如果眷属生育了,军医院设有妇产科,有聘来的露茜小姐为护士,实行西式接生,确保母子平安又健康。

子女教育也很有特色。办有幼稚园,另外还建有求知小学、育德中学、培德女校等学校。对此,经费充裕,自成体系。如宋哲元太太母女同班学习,一时在军中传为佳话。还有佟麟阁夫人学习刻苦,被评为"模范眷属"。小孩子如果淘气,校长就会代行家法,在训育室里放着军棍一排排,谁违反了校规就要被罚。

在南苑,三万人是一个大家庭,冯玉祥将军是这里的家长,他威严而又慈祥。由他所领导的这支模范军队声名远播!每天,驻京的武官,来华的旅游者,南北的政要,各界的名流,还有学生代表团,都纷纷来到南苑参观、学习。在这里,他们吃惊地看到,邮局、商店、银行、学校、澡堂、教堂一应俱全,还有设施一流的野战医院。另外,还有学兵团、教导团、高教团、欧战史、日俄战史,国际法,孙子兵法,高水平的教官、低文化的学员。而更让他们大开眼界的是,这里的伙食卫生,内务整洁,士兵身体强健,队列威武雄壮。军营里整齐地排列着马可尼无线电、毛瑟式步枪、马克沁机关枪。特别让人惊心动魄的是:克虏伯山炮、野炮的爆炸声以及传来的隆隆冲杀声,还有画着仁丹唇髭的人头靶在硝烟弥漫中不断战栗。此处的军事表演把参观活动推向了高潮。于是,日本武官对北京政府提出了强烈抗议。

在这里,各国的使节们看到了中国民族主义可怕的崛起。

在这里,那些政要们看到了令人生畏的武力。

在这里,学生们却看到了中国的希望和光明的未来。

总有一天,南苑的这条潜龙将嘶鸣京华!

邵飘萍有一天随着前来参观阅兵式的人群也来到了南苑,他此时戴着帽子和墨镜,坐在来宾席的后排。

阅兵开始了,当兵容整齐的队伍迈着雄健的步伐行至检阅台时,站在检阅台上的冯玉祥大声问道:"你们是什么人的军队?"

此时,迈着矫健步伐列队走过的官兵齐声响亮答道:"老百姓的军队!"

冯玉祥又大声发问:"你们吃穿用是什么人给的?"

官兵们又是一声响亮的回答："老百姓给的！"

从检阅台前走过的队列严整，步伐一致，答话响亮震耳，显示出冯玉祥这支军队的威武和良好的军事素质，获得了前来参加阅兵式人们不绝的称赞声和掌声。邵飘萍此时看见冯玉祥将军脸上露出了颇为满意的微笑。此时，邵飘萍也被这惊心动魄的检阅场面震动了，他连忙拿出相机，把这精彩的画面拍摄下来，同时快速地将冯玉祥刚才与官兵们的对话记在采访本上。

检阅结束后，冯玉祥还邀请新闻界人士座谈。在南苑司令部的会议厅里，冯玉祥谦逊地微笑着说："各位新闻界的朋友，大家对刚才的检阅可以直抒观感，存在什么不足，千万别见外，要说心里话啊！我是个军人，喜欢直来直去，竹筒倒豆子，让人痛快！要知道，如今要训练出一支好的军队，可谓是困难如山！就如我们目前就存在粮饷不足！众所周知，一直以来，我冯玉祥的军队是个没娘的孩子。在直非直，驻豫非豫，如今又被冷落在南苑，中央不管，地方不理。官兵粗粝半饱，盐水就食。虽然军人的心是冷的，但军人的血却是火热的啊！好吧，话虽如此，我冯玉祥还想听听大家的意见！"话音一落，气氛顿时活跃起来。此时，站起来发表看法的倒是很多，可是冯玉祥听到的都是一些恭维话，听上去让人很舒服，但却没有半点帮助，这不免有点令冯玉祥感到失望，正在感叹之余，这时仍然戴着墨镜的邵飘萍突然站了起来，说："我刚才看到了官兵们精彩绝伦的阅兵式，确实让人耳目一新，令人难忘！可是激动振奋之余，我却有点担忧起来！"

"哦。"冯玉祥此时脸上挂着惊讶的微笑，注意地看了一眼这位戴着墨镜的先生，等了半天，终于等到了一个说话与众不同的人了，他颇为兴奋地说："请这位先生不妨直说！"

邵飘萍仍然不快不慢地道："我们国家经过连年的内战，已是民不聊生,苦不堪言了！就目前形势而言,外有帝国列强虎视眈眈,内有各派军阀混战不断。如此,我们的国家岂有安宁之日？从今日阅兵式上我可以知道冯将军是一个治军的行家,也是一个怀有雄才大略的军人！我认为,冯将军不能再屈居此南苑弹丸之地了。应该离开北京这个军阀你争我夺的漩涡而屯兵西北才为上策啊！再说,据我了解,如今西北是唯一没有帝国爪痕的净土,我认为,如冯将军到西北后,通过开发使西北各项事业发达,物产丰富后即可以调剂全国的人口,再施以化兵为农工之大政策,将来必定可以大有作为啊！"

"好啊！"冯玉祥越听越在理,忍不住拍案叫道,"这真是'听君一席话,胜读十年书啊！'但不知阁下尊姓大名？"

邵飘萍连忙摘下墨镜, 微笑着向冯玉祥伸出手说:"冯将军,刚才恕飘萍唐突了！"

"啊呀,真是大水冲了龙王庙,自家人不认得自家人了。"冯玉祥见是邵飘萍,急忙握住邵飘萍手,语带敬意地道,"您刚才戴着墨镜,应该是焕章怠慢邵先生才是啊！"

"哪里。"邵飘萍说,"最近因报务繁忙所以来迟了,还望冯将军见谅才是！"

"我是望眼欲穿啊！ "冯玉祥笑着回过头大声叫道,"钟麟快来,邵社长来了！"

鹿钟麟此时听到冯玉祥叫他, 急忙跑了过来见是邵飘萍,欣喜地大叫道:"邵社长,您可让我等得好苦哦！我眼都瞪出血了,可愣是没看见您呀？您可真是神出鬼没的噢！"说着亲热地握住邵飘萍的手嘘寒问暖。

"钟麟。 "冯玉祥给他使了下眼色说,"你陪邵社长到书房稍坐,等下我还有事要与邵社长谈。"

"好的。"鹿钟麟答应道,然后就亲热地陪着邵飘萍离开会议室朝冯玉祥的书房走去。

吃了晚饭,冯玉祥陪着邵飘萍来到小会客室里,然后把门关上,笑容满面地道:"今晚就我们俩,我想多听听邵先生对当前局势的看法以及今后该如何谋划?还望邵先生直言相告,使焕章不致迷失方向啊!"

"哪里,哪里。冯将军过谦了!"邵飘萍说,"刚才您已看了李大钊的信了,我和他的意见是一致的,都是希望您能到苏联学习考察,至于在未出国的这段时间,应设法与孙中山所领导的南方革命力量取得联系。还有,建议应将部队改编为国民革命军,成为一支真正被老百姓所拥戴的队伍。这样等孙中山所领导的革命力量展开北伐时,也好为其声援。我认为这才是冯将军今后所要走得光明大道,而非北洋军阀相互混战可比啊!"

冯玉祥听了颇为动容,连说:"对!对!邵先生所言极是啊!可是如今我困在南苑,又如何去得苏联呢?"

"哈哈!难道冯将军忘了?"邵飘萍提醒他道,"那黎元洪不是曾任命将军兼任西北边防督办,准备让您接收外蒙古的主权谈判吗?由此,您和苏联曾任特命全权驻华代表喀拉罕先生也相处甚欢,成了朋友是吗?"

"是有此事。"冯玉祥笑了,"看来还是报人厉害啊,天下的事都了然于胸,什么都瞒不了您啊。说起此次谈判可谓是历尽坎坷啊!实际上从1922年中俄就开议了,当时中国政府强烈要求苏联撤出蒙古归还主权。当年一月,苏联代表要求中国政府支付'维持蒙古秩序的代价'。到了二月,答应'中俄商约签订时'归还外蒙古主权。四月份,又表示即将撤军,外蒙事'庸毋列入议题'。延至十月,苏方立场突然发生变化,宣称'不能单独谈判撤军问题'。十一月,苏方首席代表越飞公然宣布'苏联自外蒙古撤军不符合中苏共同利益',形势急转直下。而此时,外蒙库仑的态度也发生了变化。也许是对于在布尔什维克的羽翼下当皇帝不自在,更可能是出于对未来革命的恐惧,外蒙活佛准备取消独立,并要求苏联撤兵。1923年5月31日《中俄解决悬案大纲》终于签字。苏联政府承认'外蒙古为完全中华民国之部分,及尊重在该领土内中国之主权'。也就是在此时,那黎元洪让我兼任西北边防督办的。可此事一直拖着未实现。今年又听说曹锟准备召见我,可能又是为接收外蒙的事吧!"

"是呀,外蒙的事能谈到如今这个份上已很不易了!"邵飘萍感叹道,"何况冰冻三尺,已非一日之寒。有些事还望冯将军一定要捕捉住时机啊。还是那句话,如有机会就到苏联走走看看。没走之前,立即行动起来离开北京,屯兵西北边防,这样一可以取信于各方,免除军阀之间争位夺权之嫌疑,少些干扰;二既可争取到时间让军队苦练备战杀敌之本领,这样才会建成一支永不言败的铁军。平时,除卫戍边防之外,还可以自己开垦军粮,丰衣足食,就可以减少向地方上摊派军粮,这样就会受到老百姓的拥戴! 如冯将军坚持做下去,就会有意想不到的收获啊!"

"哦,说下去!"冯玉祥说,"焕章愿闻其详!"

邵飘萍笑了:"可以收到四利也! 一是可以巩固我国防;二是可以免除掉兵祸;三是能够调和人口;四是又能增加物产。如此强国利民之举,冯将军又岂能不动心啊?"

冯玉祥此时大喜过望。连连击掌道:"邵先生所言,甚称吾意,使焕章有拨开乌云见青天之感啊! 如此美言,请邵先生再说下去吧!"

"还说下去?"邵飘萍此时看了下挂表说,"时间不早了,明天一早我还得赶回报馆，有机会我们再约时间聊吧！"

冯玉祥只好无奈地笑了下说："也罢！您我都忙啊！邵先生的建言焕章是百听不厌啊！还望邵先生有时间多来南苑指导，焕章非常欢迎！"说着，叹了口气又道，"不知李大钊先生是否已平安到达苏联了？

"我看不会有差错的。"邵飘萍说，"冯将军尽可放宽心，他儿子李宝华说已到苏联了。"

"这样就好。"冯玉祥喃喃地说道，"愿主保佑他，好人一路平安，阿门！"说着，还用手在胸前比画着十字。

此时，邵飘萍看到冯玉祥将军刚才替李大钊祷告时那种虔诚的表情，感叹道："看来大家所传您是基督教将军，今日亲眼所见果然不假，真是令振青大开眼界啊！"

第二天一早，冯将军就来到邵飘萍住的地方了，进门就说："焕章昨听邵先生一席话，犹如茅塞顿开。为此，焕章别无所求，唯有一条要求！"

邵飘萍边打点行装，边说："冯将军不必客气，有话请直说无妨！"

"其实，焕章是担心邵先生过谦推辞。"冯玉祥说着双手递给邵飘萍一封还未封口的信笺，笑着说，"还是请邵先生自个看吧！"

邵飘萍连忙接过信笺，抽出来的是一张聘书，只见聘书是冯将军亲笔所写："特聘邵飘萍先生为我军特别顾问。冯玉祥。"此时此情，邵飘萍的眼睛湿润了，他颇为动情地紧紧握住冯玉祥双手说："能为冯将军建言献策是振青的荣幸啊！希望冯将军早下决心，速赴苏俄考察学习，找到拯救中国四万万同胞早脱苦海之希望，外争世界同盟之力量，内与孙中山所领导的南方革命力量相协作，南北呼应，以取全胜。另外，切切记住在有机会时应将所部改名为国民革命军,如此才能名正言顺,众望所归。冯将军请勇往直前,永不退缩啊!"

冯玉祥听了说:"请邵先生放心,焕章记在心里了,只待时机成熟即可实施。哦,对了,我听李大钊先生前些日子告诉我说您的老师杭辛斋于 1924 年 1 月 24 日去世了,他可是新闻界的老前辈,还参过政,当过众议院议员,又是近代周易学之宗师啊!"

"是啊。"邵飘萍沉痛地道,"杭老师的突然离世,使我非常痛心!所幸的是,在老师弥留之际我放下繁忙的报务去了趟上海见了他最后一面。此时,他已瘫痪在床,只有头脑还是清醒的,一个为了正义奋斗了一生的人,就这样被无情的病魔折磨的不成人样了,面对老师,我肝胆欲碎啊!"

"唉,斯人已矣,还望邵先生节哀顺变。"冯玉祥劝道,"都是我不好,给您挑起这些伤心事。我这个人有个毛病,想起什么就会对您说什么的。"

"这样才不见外啊。"邵飘萍说,"这说明冯将军是把振青当自己人了,心里有什么就说出来,坦坦荡荡才是君子所为啊。"


自从袁世凯当了大总统后,再到曹锟靠贿选成了大总统。在这十二年间,军阀们总把中国的乱局说成是徐树铮搞的。大有"庆父不死,鲁难不止"之势。如今,那徐树铮也被直系的后台英国人逼出了国门,周游世界去了,按说,中国从此该太平无事了吧?错了,中国不但在乱,而且乱得更加令人痛心!

那张作霖经第一次直奉战争败退山海关后,十分痛恨贿选总统曹锟,在心里暗暗发誓一定要报这个仇!但他知道仅凭自己势单力薄,就不断向段祺瑞伸出橄榄枝,以示友好,然后又联合段祺瑞一起派人与孙中山所领导的南方革命党联络。此时,孙中山因陈炯明的突然叛变暂时推迟了北上的计划,但还是愿意和张作霖合作的,于是,形成了反直三角大同盟。1924年9月3日,江浙战争——齐(燮元)卢(永祥)之战爆发了,炮火像闪电撕开了南方的秋季,杭嘉湖平原的大地上腾起了滚滚狼烟。此时,北京的曹锟下令讨伐浙卢。奉天的张作霖问罪曹锟和吴佩孚。南方的孙中山北伐。天津的段祺瑞通电讨直。1924年9月5日,张作霖的奉军便从朝阳和山海关两处同时向曹锟发起猛烈的进攻!战争的暴风雨越过江淮河汉疾驰北移,第二次直奉大战爆发了!此时的北京中南海总统府一片混乱。"奉军竟敢进攻北京?这个张作霖吃了豹子胆了,立即组织人马讨伐!"大总统曹锟再也坐不住了,他铁青着脸立即签发命令成立了"讨逆军总司令部,"并以大总统的名义,委任吴佩孚为讨逆军总司令,又任命王承斌为副司令兼直隶后方筹备总司令,同时任彭寿华为第一军总司令,王怀庆为第二军总司令,冯玉祥为第三军总司令。同时,要求一路军沿着京奉铁路东进;二路军出兵喜峰口,趋平泉、朝阳;三路军出兵古北口,趋赤峰。冯玉祥接到电令,心里迷惑了:"这吴佩孚是何用意,为什么要我兵出古北口?据了解,那里山岭重叠,山道险峻,交通差,老百姓都很穷,如此走何时才能到达赤峰呢?"冯玉祥越想越奇怪就找到王承斌问明原因,说:"王总司令,部队就要开拔了,可是此去赤峰路途险峻,不知道总司令为我设了几处兵站呢?"

"哦,是冯将军呀。"王承斌倒是实话实说,笑着道,"接曹大总统和吴佩孚总司令的电令,此次出关讨伐奉军张作霖,因事情紧急就不设兵站了,要求各军给养就地筹措!"

"就地筹措?"冯玉祥听这样说,顿时急了,"不设兵站?也不想想,我部所经过的地方,荒无人烟,让我的千军万马到何处去筹措?这岂不是故意在刁难我冯玉祥吗?真正是岂有此理!"

可是面对冯玉祥的责难，王成斌也只能无奈地苦笑笑。冯玉祥只好找到吴佩孚，吴佩孚"嘿嘿"奸笑着说："焕章呵，不是子玉压着供给刁难你啊，你还不明白吗？大总统如今也是困难如山呀！偌大个中国，何处不要钱呢？加之曹大总统执政日短，国库如洗。你可是将军呀，就应该为我们这些统帅想想多分担点困难。如此次选你走古北口这条道，地势险要，攻守不易都是事实。所以我们思之再三，认为非劲旅不足以胜任。对此，曹大总统和我才决定让你来挑这副重担的，如此看重，你就应该知足才是啊！"

"可是，你答应每月由河南帮助我军饷二十万银圆，如今已十多个月仍分文不见。"冯玉祥说，"我的部队都穷成什么样了，你可是都看见了。"

"焕章呀，我答应你的总会兑现的。"吴佩孚安慰道，"等打完此仗，到时一起给你吧，你再逼我也是拿不出一个子儿啊！"

冯玉祥这时总算看明白了，曹锟和吴佩孚是把他当成"拾来的孩子"看待的，他只好暂时把愤怒压回心里，愤然回到了军营。刚坐下没一会儿，侦探的报告又燃起了他心中的怒火！那彭寿华所带的第一军是"兵马未动，粮草先行"。那王怀庆的第二军所走之路处处是兵站，唯有他所走之路荒漠苍凉。此时，冯玉祥的心才彻底冷了。于是，他让部队延宕四日才出发，全军经过三日才开拔完毕，到北古口时，已是第十四天了。此时，他一头扎进走在最后的鹿钟麟旅部的草棚里，与鹿钟麟两人喝起了酒来。这时，一位有着白净脸的中年商人来到了军营，对卫兵说："兄弟，我有重要事情要面见冯将军！"

冯玉祥知道后对鹿钟麟说："酒先喝到这吧，我们改天再喝。我得去看看自称要面见我的是何方神圣？"说完他就来到门口，一见是段祺瑞手下的贾德耀旅长，他们在七师时关系还很铁的，急忙紧紧握住他的手笑呵呵地道："哎呀呀,我说口气不一般肯定是贵人驾到,果然是老朋友贾旅长啊!恕焕章怠慢了!""是呀,老兄兵出长城,为此,小弟特赶来为将军助助阵嘛!"贾德耀也喜笑颜开地道。

"请,快到我的草棚里谈。"冯玉祥拉着贾德耀的手,径直来到草棚,相对坐下,鹿钟麟连忙让人端来了热茶,然后又退了出去。

"大老远地来到我这个穷地方,也没什么好招待的,就喝口清茶吧。"冯玉祥笑着说,"德公此来肯定是受人所托吧？"

"看看,还是冯将军的眼力厉害啊。"贾德耀端起杯大口喝了几口茶说道:"是呀,兄弟此来是受段祺瑞重托,有要事面谈!"

"有何要事,兄弟不妨直说!"冯玉祥说时朝他扫了一眼,似乎有点不太相信,贾德耀是个细心的人,他也感觉到了这点,连忙从怀中掏出一封信,说:"冯将军,我有段祺瑞的信,请过目后就明白了。"

"哦。"冯玉祥接过信展开一看,确实是段祺瑞亲书,信里说,"他对内战早已厌倦了,希望冯明辨如今的局势,不要再替那个贿选总统曹锟卖命了,但不知阁下对今后有何打算？如能以实告之,芝泉定会臂助。"

冯玉祥看了信对贾德耀说:"请合肥放心，如时局对我有利,到时我力请合肥出来主持大局,请德兄务必将我此话带到! 此处不是畅谈之处,这样好了,我让田雄飞随德公同到天津与合肥面谈好了。"

贾德耀听了,连说:"好! 好! 还是冯将军想得周全。那么,事情紧急,兄弟就此别过将军,告辞了!"说完就匆匆地和田雄飞走了。

贾德耀刚走,这边副官又慌慌张张跑过来说:"张作霖派人来了！"

冯玉祥说："快请客人进来！"

"是！"副官话声落处，十一师骑兵团长陪着奉军驻京办事处的负责人马炳南满头冒热气地走进了草棚。

"哎哟，冯将军，总算看到您了！"马炳南把头顶上的皮帽一摘，气喘吁吁地说，"张作霖派兄弟此来是为了把这封信亲自交到您手中，哎，累死俺了！"说着从怀中掏出一沓纸，然后拼成一封信递给冯玉祥。

冯玉祥接过来一看，原来是八行笺，上面写着核桃大的十个字，凑到蜡烛前就着那晃动的火焰扫了下字条，笑容满面地道："炳南呵，除了此条，雨帅还有什么想对我说啊！"

"哦，俺们雨帅说，如论亲谊，他与曹锟曹三爷还是儿女亲家，但如论私交，也是多少年在一起打拼的老兄弟了。但是个人私情又怎能比得了国事重要？为了国家，任何东西都可以抛开！"马炳南边喝茶边郑重其事地又说道，"俺们雨帅还说，他十分痛恨曹老三利用贿选当上了大总统，这是北洋的耻辱！此次是实在已到了忍无可忍的地步了。为此，他发起兴兵靖难之举，而义无反顾，还希望冯检阅使您能与他携手同心同德，为民为国，扫清阴霾，建立千秋功业！"

"好，看来雨帅举事已决，不过，有些事我看还得挑明白了说清楚较好！"冯玉祥说，一双犀利的眼睛老是在马炳南的脸上扫来扫去。马炳南此时也颇为赞同说："对此一点，雨帅他也想到了，在俺来时他还特别吩咐过的！"

"看来雨帅也想到一块去了。"冯玉祥说，"那我就直话直说了。第一，奉军决不能入关！"

"可是，冯将军奉军如不入关，又岂能打败曹吴啊！"马炳南一听有点急了,大声叫道,"俺们雨帅说过,如此举事成后,奉军将全部退回到山海关,以诏天下无私!"

"哦,如此举事成之后,奉军将全部退回到山海关……"冯玉祥此时站了起来,嘴里却喃喃自语地在草棚里踱起了步子。那晃动,跳跃的火红色烛光不断摇曳着,把他那魁伟的身躯映照在刷成白色的泥墙上,走到门口时,正好与这时走进来找他的参谋长刘骥的目光碰到了一起,他顿时果断地点了下头说道,"炳南呵,我看这样好了。第二,事成之后,就请孙中山先生来北京主政,段祺瑞来主军,我和雨帅就都不入中枢了,以军人不涉政治,为民国开一先河,你看如何啊?"

马炳南听了笑了,说:"俺们雨帅也有此想,可谓英雄所见略同了。"

听了马炳南的话,大家都哈哈笑了,刚才紧张的气氛一下子被冲淡了,在场的各位都感到轻松多了,前提已谈好,接下来就谈具体事项的安排。

马炳南说:"俺代表奉方要求冯将军命令部队拖延向平泉进军,并要求现已到前线的张、李二旅停止进攻,这样好让奉军集中力量进攻喜峰口。"

冯玉祥爽快地答应了下来,说:"你所提的我都同意,可贵部总要接济点军饷给我们吧?"

"军饷,俺大帅早已安排好了。"马炳南笑着说,"联络标志还要讲一下,贵军就佩白布红日臂章,俺们奉军佩黑布白日臂章,举事那天务必要佩戴好,以免误伤。"此时,他突然拍了下自己的脑门子:"哎哟,说了半天,冯将军,俺们何时举事好呢?"

"俗话说得好,水无常情,兵无常势。你们奉军就大胆进攻好了,我们只有相机行事了!"刘骥突然打破沉默说道。

"炳南呵,这一时半会的也很难说啊。"冯玉祥沉思了一会儿说道,"我看,十天半月之内,好吗?"

"也只好先这样了。"马炳南想想这一下子要冯玉祥敲定下来,确实也有点强人所难,何不让他写点什么,这样也能看到他的诚意,自己回去也好对大帅有个交代,于是就说道,"冯将军,刚才俺们所谈甚为重要,麻烦将军给俺写上几个字,兄弟也好回去交差啊。"

"好啊,好!"冯玉祥笑了,这马炳南看来是不简单啊,还给我来这一手,也好,好事做到底吧。于是从抽屉中找来一张东昌毛边纸,和一枝已冻得僵硬的狼毫,用嘴呵了呵气,在那方缺了个口的砚台上蘸了下墨汁,略一思索,就写了个很大的"成"字,然后签上冯玉祥自己的名字,递给马炳南说,"这样可以了吧?"

"好,好,可以了!"马炳南一脸灿烂地接过冯玉祥的字,小心地折好揣进贴身衣袋里,讨好地道,"冯将军,看来俺们此次举事肯定能成功!"

"是呀,事成之日,你老马可是第一功臣啊!"冯玉祥此时拍了下他的肩头,动情地说,"为了此事,你可没少受累啊!多亏你从中穿针引线的,我冯玉祥记着你的好啊,特别是在我娶新夫人李德全女士时,你费尽心机给段祺瑞、贾德耀等人绕了个大弯儿送给我的一百万元支票,可是帮我度过了艰难的日子,我和我的官兵们都念着你的好啊,谢谢你了,炳南兄弟!"

凛冽的寒风吹拂下马炳南告别冯玉祥出关了。

这几天,高原上翻腾起一阵阵黄色的沙浪,那黄沙仗着狂风,如风暴中汹涌的大海,以不可思议的速度旋转着,朝东南方向扑去,霎时,整个天都变成灰蒙蒙了。刚吃了早饭没一会儿,冯玉祥就让副官通知各旅团长到会议室开会。没一会儿，人就到齐了，不大的会议室顿时热闹起来。但人们都不说话，只是看见了相互点点头就算打招呼了，然后就一个个坐到位置上，神情都非常严肃。此时，冯玉祥也神情严肃地坐在座位上，他用温和的眼神扫了扫前来开会的旅团长——张之江、李鸣钟、宋哲元、刘郁芬、张树声、孙连仲、熊斌、鹿钟麟……让他安慰的是被称为"五虎上将"的几名将领也全部到了。可是他突然发现前来开会的多了个长脸高个儿军人，还朝冯玉祥欠身笑了下，算是打了招呼。他连忙轻声问坐在右边的参谋长刘骥，刘骥告诉他是孙岳的连襟，叫邓宝珊。冯玉祥心里咯噔一下，他来干什么？刹那间，他的心有点不安起来。冯玉祥看看人已到齐，就对刘骥说："开会吧，你先讲吧，我断后！"

刘骥先宣读了总参谋长张方严从秦皇岛打来的电报，其中有一句"不有意外胜利，恐难挽回危局了。"一屋子来开会的人听了，心一下子沉了。

这时，冯玉祥突然站了起来，语气十分沉痛地大声道："大家追随我冯玉祥，从民国三年剿'白狼'，民国五年竖旗护国，民国六年讨伐张勋复辟，民国七年武穴顿兵，民国九年困处信阳，民国十年局促陕西，民国十一年血浴郑州到如今第二次直奉战争，吃了多少苦？流了多少汗？我冯玉祥点点滴滴尽在心头记着大家的情义啊！"说到此处，冯玉祥已是泪流满面了。他继续抬高声调动情地说道："各位跟着我冯玉祥出生入死这么多年，为了救国救民，可是这国家却被救得气息奄奄，这老百姓更被救得民不聊生了！可叹我等身为堂堂的军人，却落得执戈不能抗外乱而御侮，被人操弄而厮杀在内战疆场。咳，这是什么世道啊？我，我冯玉祥真不知该带你们走什么路才好！……"说到这里，他突然连跺几脚，抱头痛哭起来。

此时,坐在椅子上的鹿钟麟终于看明白了。从冯玉祥开始讲话直到现在,他的每一句话都是那么充满真诚,带着强烈的感情色彩!从这些话中,他感触到了冯将军的内心世界和所爱所憎,他也知道冯将军在等待着有一个人把他内心所想说的说出来!自己跟随将军这么多年,冯将军的为人他心知肚明,他应该勇敢地做这个人!他环视了一下坐在会议室的人们,大家都低头无语。此时,只听见那狂风在敲打着窗户纸,那尖锐的呼啸声在这寂静的屋里听去让人惊心动魄。鹿钟麟也想到了冯将军这些年对自己的呵护和栽培,俗话说,"士为知己者死,女为悦己者容"。还迟疑什么呢?砍头只是碗大个疤。此时不说,还待何时?想到这里,鹿钟麟不再犹疑,坚决地站了起来朗声道:"冯将军刚才的一番话我听明白了!我等多年来追随冯将军,原来就不是为了个人的富贵荣华。有道是,纣无道,汤武起,此是大义,为此也叫周武革命。可是如今国事如此不堪,实令人痛心疾首啊!为此,我等尚有良知和热血的军人,绝不能昧于旧道德了。在此,我呼吁各位,为了救国救民,哪怕横亘在面前的是刀山火海我们也要上,让我们胜则额手同庆,败则就共赴国难!天日耿耿,我们决不反悔!"说到这里他扫视了一下大家,看大家都在全神贯注地注视着自己,那目光里似乎都在跳跃着火花!此时,他舔了下干裂的嘴唇,大声道:"何去何从,还请冯将军下令,我们二十二旅坚决服从调迁!"

"我同意鹿钟麟的决定!"第七混成旅张之江首先站起来响应,他可是西北"五虎上将"之首。看到他站起来响应了。李鸣钟也不甘示弱,大声叫道:"我也同意!"紧急着,会议室里响起了一连串的"同意"声,宋哲元、刘郁芬、刘骥、熊斌都争先恐后地表明了自己的态度。最后一个站起来的是邓宝珊,他不慌不忙地说道:"陕军第一师和十五混成旅,坚决听从冯将军指挥!"

此时,冯玉祥才神色严峻的起立,目光里流露出一种非常激动的神情,他朝各位凝视了一会儿突然挥起拳头砸在了那张已是摇摇欲坠的破桌上……

1924年10月19日太阳刚刚落到地平线上时,冯军顶着那漫天的风沙开拔了。此时后卫的变成了前锋,鹿钟麟的二十二旅如飞奔的烈马,光一天就急行军达一百二十里,可是仍然嫌慢,让后面的赶紧跟上!跟上!为了抢时间争速度,连吃饭都跑着吃,每个兵发一摞烧饼和一个酱疙瘩,连水都来不及喝一口了。

二十二旅四十四团一营营长张俊声,二十日深夜突然接到命令说旅长找他,他急忙来到旅部所在地。鹿钟麟见面就对他说:"张营长,大局有变,部队要回京里去,你这一营先开,另外你再带上一连机关枪。记住!让全旅的骆驼大车也赶上,装作领给养,还有要把武器弹药藏在车下面,人都散开走,你可给我小心呵,千万别露出马脚!"

可是那张俊声愣是听了半天仍不明白,说:"哎,我说旅长,这黑灯瞎火的到底回京干啥呀?"

"干啥?"鹿钟麟凑到他耳根前说,"把那狗日的老吴推了!"

张俊声此时吓了一跳,连说话都有点结巴了:"这还了得,这,这国家不是又要乱套了吗?"

鹿钟麟马上把脸拉下,加重语气道:"你给我少多嘴,立即出发!"

21日子夜时分,朦朦胧胧的星光下,如碎银般的点点光亮闪闪烁烁的漫过来了。此时的张俊声突然一个激灵,听到半空中突然响起沉闷地喝叫:"口令!——"

"班师!——回令!——"

"回京!"张俊声底气十足地回道,然后就咚咚地跑下了城楼。此时,城门轰隆隆地被人推开了。

凌晨 1 时左右,张俊声带着第一营先把中南海包围了。昏黄的街灯下,冯玉祥的先头部队悄悄地摸进了北京城,不一会儿,电报局、电信局、警察局、外交部、财政部、参谋部全部都站上了兵。

这是一次策划得天衣无缝的兵变。城里城外在黑夜的掩盖下配合得何等密切啊!到天快亮时,东交民巷也被大兵们围得个水泄不通。此时,只听见街上不断响起呼啸着掠过那空旷大街时的尖锐响声,不时还会响起"砰砰"的擂门声以及喊叫声。

这时,微红的晨光慢慢地映到了窗户纸上,被闹腾了一夜的北京人擦着睡眼惺忪的眼睛都起来了。小孩子想出门看看,都被大人拦住了,谁也不敢出门。有胆大的,不怕死的就跑到胡同口去瞧热闹了。

大街上都是荷枪实弹的大兵,五步一岗,三步一哨。那些大兵们都穿着灰不溜秋的单制服,皮背心,身上背着长枪和闪着寒光的大刀。因在外守了一夜,所以每个大兵的肩上都覆盖着一层白霜。大兵的胳膊上还佩着白布红日的臂章,上写:"真爱民,不扰民,誓死救国。"可是,今天这大兵纪律严明,对百姓都彬彬有礼。这不是奇了怪了吗?怕是假装的吧?

北京人看着琢磨着,脸顿时吓黄了,胆小的更吓得满脑袋都是汗水儿。哎唷,妈呀,这肯定是兵变了!谁不怕兵变啊?除了那些光屁股的街头混混儿,没心没肺的,一个人吃饱了全家不饿的主,是良民百姓一听兵变谁都怕啊!这兵变就是杀人放火,强奸妇女,就是关城门,把人头割了悬首示众——唉,这造的是哪门子孽啊?这年头儿让军阀们闹得已不成样子了。山海关的人死都堆成山了,可如今又把战场摆到北京城了,他妈的,这还让不让小百姓们活了!

这时,太阳终于跃出了地平线,把刚才还碧蓝的大地,灰扑扑的胡同染成了光辉灿烂的金色。此时,不知是哪个带兵的军官把威严的哨声吹响了,聚集在胡同口看门道的成千上万老百姓都哗的一声涌上了街头。刹那间,街上,胡同里又响起了喧嚣的早市声。"甜米的,胡椒姜丝的!""粥咧,大米粥咧!""喝罢!甜的还有咸的!""喂哎!五香牛肉来牛肝牛肚儿!""哎,来一碗儿豆汁,热腾腾的豆汁咧!"

那小贩殷勤的叫卖声,还有街上叮叮当当的洋车打铃声和说不出名堂的吃喝组成的杂七杂八的早市声,声声扣人心弦,让人不得不想去亲自尝一尝。

北京政变的当日下午1时半,邵飘萍就赶到旃檀寺检阅使署,要求采访冯玉祥将军。守卫说:"冯检阅使刚才来了电话,说把你送到北苑会面。"说着把邵飘萍带到一辆小车边,说:"请上车吧,冯将军已在北苑等先生了。"

车抵北苑时,冯玉祥果然已等在那里,看到邵飘萍立即微笑着向前握住邵飘萍的手。进屋坐下后,冯玉祥就神情祥和地说道:"此次战争,说是讨伐之师,原来不是不可与张作霖战的。但是如要战那就应该有所准备的,可是,那吴佩孚却没有什么准备就去打了,实在让我吃惊。第一点就拿武器说吧,如飞机,那奉军方面无论在速度和力量上,都远超十倍于直方,飞机上还可装备各种炸弹,直方却没有。其他的就更不用说了。最明显的如服装,在供给上存在不公平的对待。有的军队穿皮的,可有的只有棉的,有的只穿着两层衣裤,不冻坏才怪呢。当兵的在前线打仗,不是因为奉军的强大而打败仗的,大部分都是被饿死冻死的。又如粮食问题,根本是没有预备。我军出发时,吴佩孚要我们沿途吃老百姓的,说吃完你就盖个图章,将来由地方官结账,可是方圆百里根本是无人烟,何况我们是不喜欢打扰老百姓的,可是此次我们想打扰也找不到吃饭的地方啊。由上所说的种种迹象,吴佩孚准备工作实在是粗心的,掩饰是没有用的,更让人叹息的是,在指挥军队上更是错误百出。如所用的地图,是太不准确了,纸上说的地点与实地可说是相差上百里之距。这样就使军队在部署上前后不联,使精锐部队一点也没发挥作用不说,还处处被动挨打,造成巨大的伤亡,失去战斗力的合计有一万四千多人。更让人痛心的,吴佩孚不知道如何稳定军心。他将数种待遇不同的军队都放在一起打仗,这又岂能打好仗呢?何况前线那一带,早已是冰天雪地结冰都有二寸厚了。由上种种不利情况来看,加上又是挨饿受冻,真正是饥寒交迫,失败是必然的结果。所以,自从奉直开战以来,直从来没有打胜仗的消息传来过。事实胜于雄辩,这都是因为毫无准备就发动战争所造成的错误啊。"说到此处,冯玉祥叹了口气又道,"如今的中国,水旱不断发生,老百姓已经苦不堪言。士兵如今在外打仗,可是政府内部却很腐败。为此,我在无奈之中才与各军一起来挽救国家的危亡,到北京后,我要求大总统做如下三点:一、立即下令停战。二、派人收拾前方的队伍。三、不分党派政系,邀集全国公正人物,公开解决时局的会议。为此,我想大总统是能够听取我的要求的。这样,我军也就可以立即退出北京,自始至终,我没有干涉政府的用意。今天所以这样做,对曹总统没有什么恶意,对吴佩孚也保全私交,我这样做实在是万不得已,是为民请命,为国救亡,绝对无其他目的啊。"

邵飘萍问:"冯将军对内阁之事是如何安排的?"

冯玉祥说:"对此,我不想过问,再说我革命可不是为了当官,我与张作霖已约定都不入中枢的!"停了一下,又说,"哦,总统府收支处长兼北京官钱局督办李彦青已抓起来了,现由京师警备总司令鹿钟麟看管着呢,这李彦青可是贪污罪,理应枪毙!还有那王克敏财政总长也被抓起来过,可不小心被他跑了,听说跑进日本公使馆了。"

邵飘萍说:"那么北京的治安还有外交问题呢?"

冯玉祥道:"哦,对外交团方面,我已通知黄郛去联系了,向他们说明北京的治安无问题,对外国人的生命财产一律提供安全保护,请各国侨民放心。据报告,目前黄郛已遍访过外交使团了,一切进展较顺利。"

"哦,对了。"邵飘萍说,"苏联大使喀拉罕先生通过华文参赞伊凤阁先生要我转告冯将军,希望对于报告本国的电报,给予发出的便利。对此,我听说北京一切交通,除有特别符号的汽车外,电话、电报预定昨晚或今晨即可恢复原状,是这样吗?"

冯玉祥说:"哦,北京的治安可力保无问题的。我部此次行动有八个混成旅进入北京。如在北京的孙岳军队,早就和我部一致行动了,在给孙中山先生通电时也是一起列名的。为此,我想北京不会有什么变乱,居民大可安心。"

当说到吴佩孚的态度时,冯玉祥说:"据我来看,有以下四种可能:一是仍然向前与张作霖的奉军作战;二是或者是先退回来另作打算;三是或者是将一半的部队仍向前推进与张作霖的奉军作战,另一半部队调转向后来攻打北京、解救围困在延庆楼的曹锟大总统;四是立即乘上轮船回到青岛或者到其他地方去。不过,依我看,如今军心如此,一二三项都不太可行了,只有第四项较有可能啊。哎,谈到我与吴佩孚的友情,已是老朋友了,可以从他管辖京汉路多年来说,每年都有许多收入的,财权军权,握于一手,可是此次与奉军作战却连一点准备都没有,每当想到此点,我都要为他惋惜感叹啊,特别是为那么多成千上万死伤的兵士和老百姓而痛心疾首啊!"

邵飘萍又问:"那么,以您看张作霖的态度又将如何呢?"

冯玉祥听了,沉思了一下道:"哦,对此我认为如果吴佩孚杀个回马枪返回北京,那么张作霖肯定是紧追不舍的。可是如果他再推进部队向前进攻,可叹军心已失又如何推进呢?为此,吴佩孚已陷入进退两难的处境。如果吴佩孚选择到青岛或其他地方,那么,那张作霖也就不好违背民意来扰北京了!"

"十分感谢冯将军接受我的采访。"邵飘萍微笑着说,"我有点事想请冯将军帮忙。"

冯玉祥也笑了,说:"我们可是老朋友啊,何况邵先生又是我的顾问啊,有什么就请说嘛,只要我冯玉祥能做到的没有二话!"

"好,痛快!"邵飘萍说,"我的老朋友丁佛言先生,还有我《京报》报馆的四名记者如今还被关在卫戍司令部里,请冯将军将无辜的受害者立即释放!"

"哦,好的,好的。"冯玉祥答应道,立即提笔写了一张单子,喊了声,"来人!"副官应声走了进来。冯玉祥对他说:"命令你速与卫戍司令部联系,将仍被关押的丁佛言和《京报》社的四名记者送到北苑来!"

"是!"副官答应后就快步走了出去。

冯玉祥这时微笑着对邵飘萍说:"对此事,我已知道丁佛言和贵报记者都是无罪被捕的。为此,请邵先生放心,最迟晚上就可以释放了。"

"太谢谢冯将军了!"邵飘萍紧紧握住冯玉祥的双手说,"那今天就谈到这里,我还得赶回报社把今天的独家采访情况安排好版面,明天好见报!哦,走之前,我还有一句话要对冯将军说。"

"邵先生请讲！"

"此次可是好机会啊。"邵飘萍说，"不知冯将军还记得振青曾对您所提的建议？"

"记着呢！"冯玉祥笑了，"邵先生所指的就是给部队改名称吧？我怎敢忘啊！接下来就要开军政会议对此事进行讨论。另外还有组织摄政内阁，让孙中山北上来商定国事等，到时开会还要邀请邵先生也来参加。"

"不知何时开会？"

"我想最迟二十五日就要开的。"

"那好，我静等冯将军通知了，就此别过，冯将军！"邵飘萍说完就匆匆走出了北苑，然后乘车赶回《京报》社。此时，北京已是华灯初上了。潘公弼没去吃饭，他知道邵飘萍采访回来还要安排版面，就在等他。邵飘萍一看见他就说："公弼啊，你把我这篇《冯检阅使与本社邵君谈话》刚才在车上写好的文章，还有'主张停战率队回京之冯使'的四寸近照安排在第二版，另外《冯军驻京后之京畿治安》《冯玉祥等主张和平通电》《冯检阅使之布告》等文稿放在第三版，于10月24日刊出！"

"好的。"潘公弼说，"我版划好立即送印刷厂排印，哦，对了，你快到家里去吧，修慧嫂已电话问我好几次了。"

"哦，好的，那我走了。"邵飘萍说，"辛苦你了！"说完邵飘萍就走出了编辑部。

10月24日，北京的报纸又恢复了出版。一早，报贩们就在大街上、胡同里吆喝开了。

"——哎，快来买啊，看呢，《京报》独家访谈！《冯检阅使与本社邵君谈话》！""——哎，看报，看报！邵飘萍重要披露，《冯玉祥等主张和平通电》！"

"号外,号外! 鹿钟麟在景山架炮,曹总统被囚延庆楼!"

"快来看呢,快来看! 李彦青昨深夜被抓,王克敏逃进日使馆!"

此时的北京中南海被冯玉祥的兵围着,大总统曹锟好像热锅上的蚂蚁,烦躁不安的徘徊着,不时支棱起耳朵听那从街口传来的"呜嗷,呜嗷"的叫声,听着听着突然骂了出来:"这是啥东西在叫呢? 他妈的在报丧啊!"

守在他旁边的一个兵听了,说:"总统,那是冯玉祥的军用骆驼在叫。"曹锟一听,火气直窜:"什么玩意儿呢? 养大了咬你一口,不思图报的人呢比狗都不如! 这可是长安街啊,也不长眼瞧瞧,啥鬼牲口都往街上走!"

那兵急忙赔笑道:"总统啊,您千万可别生气了,生气伤身体啊,我马上去说一声,让他们赶快牵走这些讨厌的骆驼!"

"我能不生气吗? 不声不响地就咬人一口!"曹锟骂时整个人都抖了起来, 连那身丝绸睡衣也抖得窸窣乱响,"去把冯玉祥叫来,他怎么不敢来见我了!"

小兵仍然小心地赔着笑脸:"冯检阅使说了,他现在实在忙得脱不开身,过一阵他肯定会来看总统的。"

这时,内阁总理颜惠庆耷拉着脑袋,苦着脸走进了居仁堂二楼,把到北苑见冯玉祥的情况说给曹锟听。"曹总统,冯检阅使要来跟您谈一下,说他此次班师回京,心无他念,确实是因厌恶内战才这样做的,还请您理解他的苦衷。他说目前急需要做的是请总统立即发布停战令,以免无辜生灵再遭涂炭!"

"冯玉祥心里还有我啊?"曹锟语带伤感地道,"又不是我要打? 打来打去的穷折腾,让我这老脸往哪儿搁啊?"

"冯玉祥还说啊,"颜惠庆说时看了一下曹锟,小心地凑到他跟前，"请总统把子玉所兼的职务全部撤销，还要从严惩办此次战争祸首！"

"放他娘的狗屁！"曹锟呼地一下从那张皮转椅上跳了起来，怒目圆睁大吼道，"要我亲手办子玉？除非这太阳从西边出来！再说此次讨伐张作霖的讨伐令是我下的，这与子玉何干啊？让冯玉祥和孙岳自己来和我说！我倒要看看这两个没心没肺的东西如何向我开这个口？"

可是说曹操，曹操真的到了。那孙岳不快不慢的正好此时来到了门口，也不知孙岳听没听到刚才曹锟的臭骂，反正孙岳进门后就先鞠了一躬，说："曹总统，让您老受惊了！"

"哎哟，你这是不请自来呀！"曹锟朝孙岳翻了下白眼，讥笑道，"你怕是走错了地方了吧？还到我这快赶下台的总统这里干啥啊！"

"总统您先消消气儿！"孙岳说，"孙岳此来是有件事要和您老谈。"

"没什么好谈的，和你这种家贼说都怕脏了我的口！"曹锟越想越来气儿，一肚子的火直往上冒，"他妈的！和你媳妇蹿起来要我？为了蒙我还让你媳妇在我这里打了一夜的牌，这不是明摆着在陷我于不义吗？你们还是人吗？把我抬上金銮殿的是你们，如今又要往我脸上扣屎盆子的又是你们！真是家门不幸啊，养了你们这一群贼啊！"

站在一边的颜惠庆不知如何是好，只好把头压得低低的。孙岳却仍然咬牙忍着气，耐着性子对曹锟说："曹总统，您可别气坏了身子。对此次班师的事三言两语也难说清的，请您还是先把停战令下了！"

"哦，你这是最后通牒吗？"曹锟把眼皮子翻了翻，"我要是不下呢？"

孙岳此时脸色也有点不好看了，抬高声音道："您应该下！"

曹锟把眼皮子又一翻，脖子上青筋直跳，气哼哼地道："我要是偏不下呢！"

孙岳见他这样，心里真有点火了，把脚跺得咚咚响，大声道："您非下不可！"

此时，曹锟气得差点背过气去，嘴唇直抖，双手乱舞，尖声叫骂道："他娘的！这不是在逼宫吗？老子就是不吃这一套！你干脆拿刀子把我宰了好了！"

刘夫人听到叫骂声也赶了过来，流着泪对闻讯赶来站在一边的曹锐说："四爷啊，您帮我劝劝你哥，就答应人家吧，别拧着了！"

那曹锐铁青着脸，没好声地道："这可是国家大事啊，我算是哪根葱？插不上话呀！我倒要看看，哪个吃了豹子胆的，敢把总统杀了！"

颜惠庆这时叹了口气，只好硬着头皮走到曹锟跟前说："总统啊，您老可早下决断啊！我听冯玉祥说那鹿钟麟正把大炮架到景山上去正瞄着这里呢！"

"这吓唬谁啊？"曹锟说，"还用大炮来逼我？你冯玉祥跟吴佩孚有矛盾，又不是一天二天的事了？用得着拿国家的事儿来出气吗？天底下还有这个理儿吗！"

"是呀，无论是谁都不该拿国家的事来出气的啊。"颜惠庆此时也痛苦无奈地催促曹锟道，"唉，如再拖下去，不下令的话，前线有几十万军队就全完了啊！"

孙岳见老是这样僵持着也不是个事儿，只好又装成笑脸，语气温和地说："三爷啊，那焕章和子玉虽有矛盾，但他们还是换过帖子的兄弟啊，不管怎么样，事已如此，您可是总统啊，您总要给个台阶让他们下吧,这样大家面子上都能过去了,还有什么不好说的呢?"

此时曹锟已是泪流满面了,他无力地垂下了头。"唉,罢了,子玉啊,子玉,三爷对不起了!……"

10月25日上午,冯玉祥在北苑召开北京政变后第一次军事会议。众英雄相聚一堂,纷纷握手言欢,心情无比激动,一时不知说什么才好了,坐了半天,还是冯玉祥打破沉默先开了口:"各位英雄啊,这次我们可是捅破了天窗啊!"

孙岳抹着激动的泪水说:"是呀,此次我们的回马枪可是连洋人都大声称奇啊!如今北京的报纸都在说,'飞将军突然从天而降,兵不血刃冯玉祥政变成功,打得那吴佩孚是分不清方向'哈哈哈!"

"不,错了,这可不是政变!"冯玉祥止住了笑,浓眉一竖大声说道,"这不能说是政变,而是为了彻底铲除掉军阀,救国救民的一次革命行动!"

冯玉祥话音一落,热烈的掌声随之响起。冯玉祥提出接下来就是迎接孙中山北上主政,请段祺瑞来主军的事了。因此事在起事前都已议好的,目前就是发通电了,但是,他等了半天都没有人吭声!此时,冯玉祥有点坐不住了,他站了起来,颇为激动地道:"如果不请孙中山北上主政,不让段祺瑞来主军,那么,各位不妨看看,还有谁能挑起这副重担!"经冯玉祥向大家分析了国内外的形势和利弊,说得口干舌燥,最后大家才通过了邀请孙中山到北京主政的决议。这时,冯玉祥又站了起来大声道:"我还有一句话要说一下,咱们革命可不是为了当官的,对此,我与张作霖在起事前已约定都不入中枢。"

冯玉祥的话,好像一块巨石投进了大海,激起了阵阵波浪!在座的,有的赞成,有的感到不可思议,也有的保持着沉默。议论声在会议厅回荡。这时,王承斌突然站起来说:"如今我们已是革命了,老军号也该改了吧?"

"是呀,是应该改了!"刚才嘈杂的议论声顿时烟消云散了。大家都把目光投向了冯玉祥,冯玉祥此时,想起了邵飘萍在南苑对他说的建议:"建立一支人民的军队。"是呀,是提出的时候了,他这时慢慢地睁开双眼,朝大家扫了扫,微笑着说:"我想了一下,我们此次是为拯救国家和人民于水火才起事的,所以我先提出一个国家的国字,接下来看哪位再提后面两个字?"

胡景翼大声叫道:"我们是人民的军队,何不就用民字啊?"

孙岳唯恐落后,早已坐不住了,他拍手叫道:"那就用国民军好了,再说孙中山先生是国民党的创立者,咱们叫国民军可说是名正言顺,从此,中国的大地上,又有了一支救国救民的军队,实在太好了啊!"

在大家的掌声和欢呼声中,冯玉祥神色严肃地大声宣布:"从今天开始,我部就改名为:中华民国国民军了,今天也是中华民国国民军成立的日子!"

经过会议讨论,冯玉祥所部为国民军一军,胡景翼所部为国民军二军,孙岳所部为国民军三军。并一致推荐冯玉祥为国民军总司令兼第一军军长之职,刘骥为国民军参谋长,同时,又公推与孙中山先生有关系的国民党人李书诚、李烈钧分任陆军总长和参谋总长,以表明欢迎孙中山北上之诚意。会议快结束时刘骥踌躇满志的起立,大声宣布:"最后,下达讨吴令如下:'吴氏佩孚,狂猖性成,昏顽罔觉,迫胁残部,狼奔豕突,占据津门,付之孤注,祸国凶孽,披猖京畿,为大局奠安之梗,不得已挥泪出兵……'——讨伐吴佩孚令:冯玉祥、胡景翼、孙岳,1924 年 10 月 30 日。以上宣读完毕，今天的会就到这里，散会！"

会议结束时，天已快亮了。冯玉祥这时走到了窗边，此时，东方已现出了一片柔和的浅紫色和鱼肚白。只一会儿，那黎明时的玫瑰色彩，天空变化的种种奇妙的颜色，全慢慢地显现出来了。这时，他悄悄地对也走到窗口看天色的胡景翼说："我看啊，这回讨伐吴佩孚还是让你们先打头阵吧！哎，我那些兵啊，我还担心他们对吴佩孚一时下不了手啊！"

"我看也是的。"胡景翼说时颤动着红彤彤的蒜头鼻子，带点哭音地说，"我如不答应您还算什么兄弟啊，可我有时想想，这革命为什么还这么难啊！"

没等段祺瑞进北京，冯玉祥就对溥仪动手了。1924年11月5日，他让鹿钟麟到神武门把那些护军的枪全部下了。没一会儿，整个北京城都传开了，人们争先恐后地朝皇宫这边赶，边赶边传播："冯玉祥要大逼宫了！"

此时的宫门外可谓是人山人海，站在警戒线外都静静地等着看大逼宫呢。大家伙儿叽叽喳喳议论时，接连开来了好几车的大兵，全都是荷枪实弹，个个是威风凛凛。从车上最后下来的还有京师警备司令鹿钟麟，警察总监张壁，从法国回来的博士李石曾三个人，他们下车后带着全副武装的士兵，神情十分庄严地大步走进了神武门。

此时宫里正在为溥仪搬出皇宫吵得不可开交。

《修正清室条例》没念完，内务府总管大臣王绍英就气呼呼地道："我说司令啊，这民移清祚，这可非征服可比，那优待的条例，也是中外全知道的，可为什么你们要单方面撕毁呢？而且还要皇上废除尊号？"

鹿钟麟听了，反击道："那么请问王大臣，民国条例明文规定清室尽快搬出皇宫,可你们为什么一拖就是十几年呢?"

王绍英知道理亏,但还是装糊涂说:"可政府啥时下过令呀?"

鹿钟麟这时抬高声调道:"民国政府以慈悲为怀,可是你们却噬脐而报!你们还用我举例吗?这几年你们盗卖古物,滥赐名号,不奉民国正朔,特别是民国七年的张勋复辟案,一件件、一桩桩,简直是罄竹难书!"

那王绍英此时被驳得瞠目结舌,无言以对,只好耷拉下脑袋轻声道:"不能再通融了吗?这非得搬呀?"

"这是上峰的命令,哪容得你们讨价还价!"鹿钟麟大声道,"非搬不可!"

皇后的父亲荣源这时说:"这如要搬啊,我看皇上是无所谓的,可就是太妃们在哭闹着不肯搬出去,唉,可怜这孤儿寡母的,还望你们是否能宽限几天再搬?"

鹿钟麟这时有点不耐烦了,说:"哦,那老太太们可以缓几天,可皇上今日是非搬不可!"

朱益藩是皇上的师傅,他实在看不下去了,但又不敢发作,只能装成笑脸也来求情。"您也看到了,这太妃们如不搬走,那皇上又怎能自个儿忍心走呢?这样把隆裕太后落在宫里也不是个事吧?""这造得什么孽啊!"王绍英忍不住哭了起来,"唉,天可怜见啊,人死了总得入土为安吧?"

这鹿钟麟真是火大了,心里骂道:"真是给你脸不要脸!"刷地下从怀里抽出颗手榴弹砸在一张八仙桌上,铁青着脸叫道:"说这么多废话干啥?痛快点!你们倒是搬还是不搬?"

在场的王公大臣,太妃们都吓得魂不附体,面如土色,连声说:"我们搬!马上就搬走!"

此时,溥仪来到了隆宗门,鹿钟麟连忙向前施礼问好,溥仪也急忙还了礼。鹿钟麟就微笑着说:"你虽然是皇上,但我还是称呼你溥仪先生吧,我问你,你是愿意当个平民还是仍当皇上啊?"

溥仪却没有笑,低着头,语调平和地道:"我愿意当平民。"

"好,好啊,"鹿钟麟说,"只要是民国的公民,那么政府就有责任保护他!同时,我劝你废除尊号,也欢迎你今天出宫!"说着,鹿钟麟就把手伸向了溥仪。可也不知那溥仪是装成没看见呢,还是从心里就不愿意和要在今天把他和一大家子赶出宫的人握手,愣是没把手伸出去就走了,弄得个鹿钟麟尴尬了半天,心里很不是滋味儿!

下午1时20分,在一片哭哭啼啼中,载着溥仪皇上一大家子的车队缓缓地开出了宫门,朝醇王府方向开去。可是远远的大街上,胡同口都挤满了要看皇上的人,可是谁也没有看见皇上!因为那开出来的小车全都挂着明黄色的窗帷,遮得严严实实的,这真是让人大失所望啊!只看见了走进宫里的人一拨又一拨,先是神气活现的警察进了宫,然后又说是善后委员走进了宫,再接着是印铸局的人也入了宫。再往下才是热闹呢,先是太监、宫女,那后脑勺上的小辫子一甩一甩的,在太阳光下挺惹人眼。再接着是大荷包,花盆底儿,还有两把头儿,大家伙儿哭的哭,笑的笑往前走。特别是那些宫女们,走起路来一扭一扭的,个个都是杨柳细腰细皮嫩肉的。那太监们的说话更像斗败的公鸡在叫,此时的神武门好像是刚散场的戏园子,满大街走得都是穿着清朝服装的戏子!这时,西下的太阳开始慢慢地暗淡下去了,原来金红色的云雾也变成了一片褐色的微光,在紫禁城那红墙黄瓦上,映出了令人伤感的临终告别。此时,在一片"乒乓乒乓"的尖厉响声中,那太和殿、中和殿还有保和殿的水牌在西下的金色阳光中被一个个摘了下来。也就是说宣统十六年十月初八,民国13年(1924)11月5

日,冯玉祥拔除了中国历史上最后一个皇帝——爱新觉罗·溥仪,由鹿钟麟把他驱除出了宫,五千年的封建帝制从此在中华大地上彻底覆灭了!溥仪迁出了宫禁,移居到了醇王府,这个消息经《京报》等报纸披露后,整个北京城都挂起了喜庆的旗帜,庆祝这一划时代的革命。可是那王公府第却是哭声一片,躲在青岛的前朝遗老们知道了这一消息好似突遭雷劈,如丧考妣!可是在这之前被溥仪赶出宫的太监、宫女们知道了却哈哈大笑:"这是一报还一报啊!"

可是针对冯玉祥驱赶溥仪一事,责难和贺电如雪片似的飞向冯玉祥!

段祺瑞从天津打来了电话,责问冯玉祥说你这样做太孟浪从事了。

孙中山却从广州发来加急电报,祝贺冯玉祥为中华彻底拔除了复辟的祸根,实在是可喜可贺啊!

可是那胡适却接连打给冯玉祥电话,斥责冯玉祥这样做是不讲国际信义!

章太炎这时也发来电报祝贺冯玉祥为国为民做了件功德无量的大事,称赞诸君第一功。可此时却有不知名的小报攻击鹿钟麟将尿撒进了宣德炉里,实为大不敬啊!鹿钟麟看到后,立即发表严正声明,称这是无中生有诬陷忠良之军人,实在恶毒可恨!故宫之宝价值连城连小儿都知道,可是我堂堂民国军人人格更是无价之宝,岂容小人恶意诋毁!

邵飘萍知道后,立即在《京报》上刊出《废帝号为当然之办法》的时评,说:"我多年以来,就为民国国家体面上深感惋惜,也间接为清室的前途担忧。为此,主张彻底改革溥仪氏之名义及地位等问题已不止一次了,所幸的是今天在冯玉祥将军等诸君的努力下,终于让溥仪迁出了宫禁,并劝他废除了尊号,和平圆满地解决了。"

刚到人生六十多岁的段祺瑞,历经几次宦海沉浮,在冯玉祥和张作霖的领衔通电下,终于爬到了极位上。1924 年 11 月 24 日,执政府成立了,段祺瑞又坐到了铁狮子胡同陆军部那把雕花梨木靠背椅子上。此时,他在心腹不齐,心乱如麻的情况下,匆匆走进总统府,开始执政的生涯,等前来参加典礼仪式的人都走了后,他才坐了下来,一个人坐椅子上长吁短叹。自己如今是"小媳妇终于熬出头了。"可是,如今天下的形势还是难让人省心啊。第二次奉直大战的战火虽然暂时平息了,但国家已是处处千疮百孔了。作为执政者,那么,应该从何处着手才好呢?如要办好这乱成麻的国事,又该让谁去做呢? 他一时陷入了迷茫,一下子理不出个头绪了。这一切都被跟随段祺瑞多年的张汉元看在了眼里,连忙靠近他跟前说:"段老总啊,以我看,您得先把班子搭起来。"

"我是想搭呀。"段祺瑞皱着眉头说,"可没有合适的人,又如何搭啊?何况徐树铮又跑到外国周游还没回来,我就是想搭也搭不成啊!"

"可我听人说徐树铮已回到香港了。"张汉元说,"您何不发个急电让他火速来北京!"

"啊呀,我真是愁糊涂了!"段祺瑞连连拍打着自己的脑门子说,"这一阵把我忙得急得,把他已回到香港的事都忘了!好,汉元啊,你立即去给徐树铮发个电报,让他接电后速回北京!"

可是在香港的徐树铮接到段祺瑞的电报后,却左右为难了。面对段祺瑞的真诚邀请,他颇为感动。但想到国内如今的混乱局面要他回去收拾,他却感到还不到时候。对直奉的第二次战争,他早就预测到张作霖肯定会失败的,可是他却做梦都未想到那冯玉祥会来个回马枪，这真是人不亡秦，天要亡秦啊！他是从骨子里都瞧不上这个冯玉祥的！为此，他曾多次想排挤掉冯玉祥这支队伍。冯玉祥这次杀回北京，曹锟和吴佩孚都败了，这使他大吃一惊，而更让他吃惊的是，段祺瑞又这么快被冯玉祥和张作霖抬上了摄政内阁的执政。可是，此时的徐树铮感到发生在眼前的这些事实是虚幻的，是不会长久的。他认为，目前国内的各派政治势力还很难统一到一起，内战还无法避免，段祺瑞这把执政交椅还很难坐得牢靠。考虑再三，最后，他给段祺瑞发了电报，说自己身体尚在康复中，此时还不能回去帮他理政，还望他谅解。

段祺瑞收到徐树铮的电报后，十分纳闷，也非常生气："唉，此时正是我最需要他的时候，可是他却不肯伸出援手！"可是想到徐树铮车前马后的替他出力过，段祺瑞是个念旧情的人，就以执政府的名义，委任徐树铮为"中华民国考察欧美日本各国政治专使"。同时，还为徐树铮办好了国书，还配了助手，并拨了一定的经费，还装模作样地发电报向他交代了任务。

然而此时，张作霖却言而无信，抛开了北京政变前曾经信誓旦旦答应冯玉祥保证奉军不进关内的谎言。当张作霖看到曹锟、吴佩孚的政权一倒，他便立即挥师西进，率领奉军长驱直入山海关。

段祺瑞上台后，即刻宣布维持帝国主义在中国的特权，说什么"内谋更新，外崇国信"，洋人和日本人听了都心花怒放，弹冠相庆了。而更让冯玉祥大失所望的是，在段、张、冯这个联合政府内，段祺瑞和张作霖明里暗里勾结一起对付冯玉祥。他们还与驻京的各国公使串通起来，一致反对孙中山北上。哎呀，这可怎么办呢？冯玉祥一时没了主意啦。如今眼睁睁地看到由冯玉祥牵头的集南北豪贤于一堂的委员会方案流产了，孙中山"国民会议"的主张又胎死腹中。天下又乱了！如今，奉军已南下津浦，攻掠苏浙皖沪。国民军南下京汉，攻打河南湖北。张作霖还忍痛把皖系最后一块山东地盘割给了张宗昌。此时，处境险恶的冯玉祥只好被迫于1924年11月24日从天津回到北京，通电下野辞职了。

当邵飘萍等各报记者赶到旃檀寺时，已人去楼空了。"走啦，冯将军上天台山啦！"那看门的叹着气说。"这不走能行吗？接二连三地发电报请孙中山来，可弄了半天又去抬段祺瑞回来当了执政，这不是耍人是啥啊？先前还听说什么孙中山主政，让段祺瑞主军的，可中国的事能说得准吗？一个要打倒军阀，另一个却是军阀的老祖宗，冯将军要废除不平等条约，可段祺瑞上台后却要'外崇国信'，水火又怎能相融啊！唉，这冯将军呀真是聪明一世，糊涂一时啊！"

冯玉祥的北京政变虽然遭到反动军阀官僚政客的非议和责难，却得到了革命势力的肯定和赞扬。对此，孙中山还特地致电祝贺。1924年11月10日，孙中山发表《北上宣言》，"义旗聿举，大憝肃清。诸兄功在国家，同深庆幸，建设大计，即欲决定，拟即日北上与诸兄晤商"。

邵飘萍和他的《京报》，也给冯玉祥以积极的扶持，赞颂国民第一军的功绩和严明的纪律，并不断建言，推进革命，从舆论上予以紧密的配合。

此时，孙中山发给冯玉祥的电报说将于12月31日到达北京。冯玉祥知道后，考虑到孙先生的安全，立即派北京卫戍司令鹿钟麟先赶到丰台车站，请孙中山先生在丰台下车。孙中山却摇头，说："我相信北京的老百姓对我会友好的，我要同他们见面。"

1924年12月31日，孙中山历经艰难，终于到了北京。这天，鹿钟麟代表冯玉祥在北京车站迎接孙中山先生。只见孙中山着大狐皮外套,黑色皮鞋,面貌憔悴,一望即知孙中山这是抱病而来的。当孙中山和他的随行人员走出车站时,军乐队立即奏起了欢快的乐曲。同时,礼炮轰鸣,彩旗摇动,从四面八方闻讯赶来欢迎的人群此时聚集在车站的两边,约有十万人喊着:"欢迎!欢迎孙中山先生!""国民会议万岁!""孙中山先生万岁!"听着,看着眼前这欢呼声如潮的动人情景,孙中山此时感慨万千,他的眼睛湿润了,他激动地连连朝夹道欢迎他的人群挥手致意,一直到他乘坐的车开到了铁狮子胡同,还沉浸在激动的情绪中不能自已。

孙中山此行还将印好的传单分发给前来欢迎他的群众,人们都争相阅读起来。其中,有的还大声地读了起来:"中华民国主人诸君,兄弟此来,承诸君欢迎,实在感谢……兄弟此来,不是为争地盘,不是为争权利,是特为来与诸君救国的……十三年前,兄弟与诸君推倒满洲政府,为的是求中国人的自由平等。然而中国人的自由平等,已被满洲政府,从不平等条约里,卖与各国了,以致我们仍然处于次殖民地之地位,所以我们必要救国。……关于救国的道理很长,方法也很多,成功也很容易,兄弟本想和诸君详细地说,如今因为抱病,只好留待病好再说。如今先谢诸君的盛意。中华民国十三年十二月三十一日,孙文。"

一直等看不到孙中山的车队了,邵飘萍才急忙赶回报社,对正在编排版面的潘公弼说:"公弼啊,刚才孙中山抵京时,可谓是盛况空前啊!不过,可惜的是孙先生因病没有出来与欢迎人群见面,只是让那汪精卫出来说,'无论何人,都不能与孙先生见面,只是由他向大家表示谢谢。'还有,那孙先生的车在新车站上只停留了九分钟,就开走了!"

"没看到孙先生,那是可惜了。"潘公弼说,"振青兄,明天可是元旦了,按惯例我们要放假三天的。"

"假是要放的。"邵飘萍说,"喏,我刚写好的《因何欢迎孙中山先生》的特评原准备随《京报》配上孙中山从天津寄赠的肖像用特刊发出的,可是要放假三天,拖得太久了就不新鲜了。我看,公弼啊,我们把它改成《京报号外》好了,这样,读者就能早点看到有关孙中山先生的消息了。"

"是呀,我看这样最好了。"潘公弼说,"说到孙中山赠给《京报》的肖像,这可是孙中山赠给北方新闻界的第一张照片啊,如今还有许多读者来电话讨要 12 月 6 日登过孙中山先生照片的这张报纸呢!""哦,是吗?"邵飘萍颇为兴奋地道,"也难怪有人来索报,要知道那纸张印刷皆极优美,喜欢的人肯定就多啰!还有一点是随报附送,不另收费。倘有遗失,务向送报人索取。"潘公弼说:"特别是你那篇《因何欢迎中山先生》更是那么充满热情,让人过目难忘啊!"

"有那么夸张吗?"邵飘萍笑了,"那也是我的有感而发啊。"

"何止有感而发啊?我看是热情喷发才对!"潘公弼此时有点激动了,竟大声地背诵起来:"欢迎有主义有主张,真诚革命,数十年如一日,毫不含糊之中山先生;欢迎贫贱不移,威武不屈,失败不馁,成功不居之中山先生;欢迎反对帝国主义,反对不平等条约,反对国际资本掠夺,绝对不排外也不媚外之中山先生。"

"好啊,公弼,你的记忆力确实不错。"邵飘萍说。

"那要看记什么了。"潘公弼说,"好的东西,我是过目不忘,差劲的东西我早就丢到了九霄云外啦!"

"哦,对了。"邵飘萍说着又从采访包里掏出一叠文稿递给潘公弼,"这些稿件刚从罗章龙处送来,你看看安排在 1925 年 1 月 4 日、5 日的《京报》版面上,这可是独家新闻,你抓紧编发掉!"

"好的。"潘公弼答应着,翻看起稿子,一篇是《北京国民会议促成会宣言》，还有《国民会议促成会今日成立》《国民会议促成会成立大会之盛况》等。当他看到《尔愿为普通之一平民否》的时评中的"勿染欺世盗名之时疫"堕为"著名流氓"这段话时，颇为担心地对邵飘萍说："振青兄，你这样旗帜鲜明的替孙中山和共产党说话，那段祺瑞如看到了肯定会暴跳如雷，把鼻子又气歪了！"

"有什么不对吗？"邵飘萍说，"我认为孙中山先生的决定是对的，对内召开国民会议，结束军阀统治；对外废除不平等条约，反对帝国主义侵略。对此，中国共产党再次号召召开国民会议，以制定宪法，建立民主共和国。这是何等英明的决策，让我看到了中国的曙光！"

"话虽不错，可你也要小心点才好啊！"潘公弼说。

"是的，我的潘老弟！"邵飘萍说，"我知道你这是担心我！可有时候我也顾不了那么多了，何况此时冯玉祥早已失势西去上了天台山，孙先生的处境十分险恶，作为报人的我如不伸手为他呐喊呼吁，说得过去吗？"

"反正，你自己小心点！"潘公弼说，"对了，最近读者对《京报》的印刷质量很有意见，字迹不明，要求我们加以改进。"

"哦，此事我已安排人手去另购一批铜模并改制一批新字出来。"邵飘萍说，"对此事，我刚去电话催过，他们正在日夜赶制一至六号的新铅字，到时我报大小铅字均调换成新铅字，这样《京报》及附刊的面貌将焕然一新了！"

这时，汤修慧走了过来，对邵飘萍说："哟，你回来了！刚才吴定九来电话说，新报馆的设计图纸已绘好了，是一幢青砖灰瓦的两层楼房，坐西朝东，上下各有七间。正门门楣上刻有你写的'京报馆'三个大字。楼下是营业部、传达室，楼上为编辑部、经理室，楼房后面还有个四合院，正房是我们的卧室；东厢房给吴定九做办公室;西厢房给你做书房兼办公室,你看这样的安排设计还好吗?他还说过几天把图纸送来让你过目后就好动工了。"

"听上去很不错啊。"邵飘萍说,"如今建新馆所筹的资金也基本到位了,地址也已选定在宣武门外骡马市大街的魏染胡同三十四号,可谓是万事俱备,只欠东风啰! 也就是说等图纸一敲定,我们就好建新报馆了!"

"也就是说,"潘公弼也凑上来说,"这样一来,等新馆建成,我们的京报馆就变成了大型日报社,而且设备完善,功能齐全,在北京新闻界也可算是首屈一指了啊。"

"还有一事。"汤修慧说,"罗章龙已来过好几个电话,让你去他那里,说李大钊从苏联回来了,有重要事要和你说!"

"好,我立即就去!"邵飘萍说,"公弼啊,你和修慧辛苦点,我办完事就赶回来!"

邵飘萍上了车,小轿车犹如箭一样朝北大驶去。几分钟后,车子停在沙滩红楼前。邵飘萍吩咐司机说:"请稍等一下,我办完事就来。"说完大步地走进李大钊的办公室。看门的一位老人见是他,友善地招呼了一声,放他走了进去。

李大钊、罗章龙正在一间房中谈话,见邵飘萍进来,连忙起身寒暄道:"等您多时了,我们猜,您是个忙人,肯定又为报务所缠,脱不开身吧?"

邵飘萍不好意思道:"对不起,让你们久等了! 这一阵都忙着采访孙中山先生了,故来迟一步。"大家相互礼让一番,坐下交谈起来。

李大钊开门见山地道:"敥阶老弟,像邵振青先生这样在社会上有一定地位和影响的人入党之后,可以不受地方党组织的管辖,换句话说,他是只和你我两人保持直线联系的特别秘密的共产党员。"

罗章龙听了,颇为赞同地说:"对,这是客观形势的需要,这对振青来说,也有利于为党工作。"

李大钊这时用征求的目光看住邵飘萍,微笑着道:"怎么样?我们以后就称您振青同志,这样可好?"

邵飘萍此时感到自己的心跳加快了。看来,他要求加入中国共产党的申请组织上已批下来了。他慢慢地站了起来,突然感到有一股热血涌了上来,他激动地,但表情严肃地道:"我服从组织上的决定,保守党的秘密,永不叛党!"

此时,李大钊目光炯炯地对邵飘萍说:"最主要的是,您不要轻易暴露自己的共产党员身份。除我俩外,没有特殊情况的话,就连您的亲属,包括您的夫人都不能透露。"

邵飘萍心领神会地点点头。

"为了安全起见,"罗章龙这时语气缓慢地又说,"我和守常不能直接和您见面,经考虑决定通过北京大学外文系的谢磊同志和您保持工作联系,她是个精明强干的女共产党员,平时,她会负责及时把党的精神和任务告诉您的。"

邵飘萍认真地点头说:"好,我服从组织上的安排。"

"那好。"罗章龙这时也神情严肃地道,"我现在正式通知您,振青同志,您的入党申请已经中共北方局审批,从工作需要考虑已批准您为中共秘密党员!"说完,用双手紧紧地握住此时处在激动兴奋中的邵飘萍,语重心长地道:"振青同志,让我们一起,为共产主义的实现而奋斗吧!"

这时,李大钊也把手伸了过来,三个人的手此时紧紧地握在了一起。良久,李大钊笑容满面,非常抱歉地道:"那么,就这样吧,今天先谈到这里,我还要去参加一个会议。"说着,又对罗章龙说:

"敖阶,你们再聊会儿,代我送送振青同志!"说完,李大钊就匆匆
地走了。

"哦,对了。"罗章龙说,"你的那位外孙女王宝英和她的丈夫
华挺先生,在苏联东方大学读书表现很不错啊。"

"这是千载难逢的人生机遇啊。"邵飘萍说,"他们夫妇应该倍
加珍惜这样的机会。我已去信对他们说,希望他们勤奋钻研马克
思主义,以优异的成绩来报答组织上对他们的培养。"

"听说您又出版了一本新书?"罗章龙微笑着说,"您这么整天
忙这忙那的,又要采访、编稿,还要到平民、政法两个大学去讲授
采访学、报纸的编辑、经营管理,许多社会活动你又千方百计都参
加,我想您怎么还有时间写书呢?"

"唉,作为报人,不忙那是瞎话!"邵飘萍说,"我这也是有时间
就写点,断断续续地写,于去年7月总算完成了《新闻学总论》一
书并顺利出版了。出版后反响还不错,早就想送你一本留个念,可
事情忙就拖下来了。今天我已带来两本,一本给你,另一本你替我
给守常吧,刚才只顾说入党的事了,一激动倒把送书的事忘了,
哎,你说我这人忘性儿咋这么大!"说着从随身带着的采访包中,
抽出已签好名的《新闻学总论》两本递给罗章龙。

"太谢谢了!"罗章龙非常高兴地双手接过书,边翻看边赞声
连连,"哇,振青同志您真是了不起!您一写就是十章十节七万多
字,真是大手笔呀!这可是您从事报业以来的心血结晶,既介绍了
国外新闻学业的研究成就,又针对国内新闻业的现状,结合您从
事新闻业以来的宝贵经验及真实感受,可以说从理论和实践的结
合上,对中国的新闻学作了阐述,我虽未细读,但我相信,此书的
出版将为中国新闻学的研究和普及作出可贵的开拓,肯定会受到
国内外读者的欢迎的!"

"过奖了。"邵飘萍谦虚地道,"唉,自顾年已四十,精力已衰,而成就无可数,故欲出其二十年来潜研及经验所得,尽力讲授,佐以著述,以飨有志于此之青年。如时间和精力允许的话,我计划出一套'新闻丛书',已出版的两部著作《实际应用新闻学》和《新闻学总论》,只是其中的第一、二种,往下准备再著述的是编辑、广告、发行等理论和方法,列为三、四、五种,已预告读者的书名是《新闻编辑法》和《广告及发行》。但我实在太忙了,还不知到何时才能完成此心愿啊!"

1925年农历正月初三,也就是1月26日早上8时,邵飘萍乘车来到北京西直门车站,等候了两个小时才坐上了火车。想不到的是那司机把这车开得很不稳当,特别是每次停下后再开时,突然加大油门,那车猛地向前开去弄得乘客东倒西歪很是难受!邵飘萍忍不住说:"唉,这车开得实在太差劲了!"乘客中有位老人说:"那有什么办法啊?说是老司机都回家过年了,所以只好以新手代替开了,可是这新司机还没很好掌握开火车的手段,吃苦受罪的就是我们这些乘客啰!"

大家议论了一会儿,也无可奈何只好罢了。这时车开到青龙桥时,邵飘萍突然远远望见,那开创京绥铁路第一人杰詹天佑先生的铜像迎面一闪而过,心里油然升起无限的敬意,这可是唯一为中国人建造的铁路啊!虽然为建造这条铁路至今还欠外债三千多万元,但这条铁路毕竟为中国人争了口气啊!火车一路开开停停,下午五时终于平安到达张家口了。这一路上还在车上认识了何九皋君,在交谈中知道他是京绥局警备处的第一课长,邵飘萍感到他待人很诚恳。车快到张家口时,何九皋说:"飘萍啊,等下到张家口你就别去住旅馆了,你就暂时住在警备处吧。"

邵飘萍心里很感激何先生一见如故的真情厚谊,但也知道这张家口也没什么旅馆可住，就答应道："好啊，可就是太麻烦你了！"

"你我相识是缘分啊。"何九皋笑笑说，"何况我们很谈得来，真是相见恨晚啊！"

邵飘萍跟着何九皋边谈边走，不一会儿就来到了警备处，原来那处长也姓冯，是冯玉祥将军的哥哥。冯玉祥将军从天台山移驻张家口后一直与其哥哥同住警备处的宿舍里。邵飘萍知道后，真是喜出望外，心情非常激动。何九皋也十分惊喜，连忙把这一情况对冯处长说了，冯处长也急忙对冯玉祥说了。冯将军听说邵飘萍此次是专程来采访他的，即刻安排了晚餐要与老朋友叙旧长谈。晚上，邵飘萍与冯玉祥将军边吃边聊。邵飘萍微笑着说："我们可是老朋友了，今天我想先谈谈宗教问题，我最近从各国的报刊上看到都有反抗宗教的思潮发生，反观我国的青年，也有这样的心理。冯将军所部是信奉耶稣教的，可是，西北人民则特别迷信回教、佛教。从外面的世界来看，再对照一下我们的内部情况，为此，我认为是重大的问题。如今，张之江与李鸣钟两部都统所部目前辖区在察绥，他们对于宗教，是如何处理的？我认为确实有特别注意的必要。对此，我提两点建议给冯将军：一是政教完全分离；二是信仰绝对放任自由，各不妨碍异教的存在。"

冯将军说："你我的想法是一样的，我们信奉耶教，并不是迷信宗教，只是认为耶稣有爱人之心，可当作'为人'的模范。对于其他圣贤豪杰，也同样崇拜其为人，不会有入主出奴、分门别户这样的想法。刚才邵先生所建议的两点，我将真心诚意地去实行。对于回教、佛教等，我军将完全尊重信仰者的自由。对此，我将下令张之江、李鸣钟等将领要对此特别加以注意。"

邵飘萍说："看来冯将军也早已想到了，由此看来将来西北是不会有类似宗教这样的问题发生的，这可说是令人欣慰的事啊！另外，我想再说说文化政策。我是想从过去曾经治理西北过的人来说，他们都是靠武力来压服老百姓而不计后果的。如徐树铮治理外蒙古，就是最恶劣的例子。为此，我主张如要开发西北，就先把交通工作做好，才能根绝土匪。还要把教育做好，只有提高老百姓的文化水平，让他们了解我国五族共和的历史，这样才能不会有外向之心。然后再改良农牧技术，做到交通运输畅通无阻，让邻近的人因为受到好处而都喜悦，远方的人也都闻风而来归附，再慢慢调节内部人口，这样就可以做到内外同化了。再者，原有的军队知道农工，如开垦实行，那么土匪就无所立足了。对于人民，绝对不用任何武力，就可以收到巩固边防的效果了。如今，冯将军和所属各部都已在这样做了，这是令人高兴的事。上面我所讲的，是根本方针这一节。说到所谓的'西北'这个概念，实际上范围界线是很难分明的。过去政府曾经设过这些名义，不过是用来敷衍军人的，没有实际开发的意愿。现在已真的命令冯将军来实行整理，来巩固西北边陲，那么就很有重行订定的必要。况且西北之外，还有东北。此时，'北与北'这部分，非常密接。如果不重新划定，就容易造成纠纷。为此，我希望政府当局应该在冯将军开始任职的时候就要把这些事考虑进去才好。自从东南、东北的战事发生以来，各路交通全都受到影响。如军队扣留车辆，把交通运输搞乱了，使沿途的商货堆积如山不知如何才能运出。当前的交通当局，好像已在全力以赴对待这些问题，看来不久就会恢复原来畅通的状态了。我来时在京绥的路上看见，各路车辆全都交错杂乱，到了不好追查盘问的地步，有津浦的，有京奉的，有京汉的。由此可见京绥的车辆也肯定在各路都有，不容易归还到原路上跑了。从目前整顿的成绩来说，我认为京绥应排在第一，这当然是由于冯军的援助之故,这是明摆着的事实。我认为冯军做得最关键的几点是:一是促运商品货物;二是严禁军人无票或有票越级坐车。在此,冯军所组织的稽查队,工作十分认真而且专查军人。并且不问是冯军的还是其他军队的,如有敢违犯的,立即严惩。另外,还另外挂一节车厢,给兵士们乘车。为此,京绥的普通客车中,从来没有发现有兵士敢无票越级乘车的事发生。由于运货的及时催促,稽查的认真工作,因此,该路现在的收入,已超过原先的收入的数倍。而且还不扣所收上来的款项,路款与军费各分为二。如果按现在这样的势头进行下去,那么,我国所欠的路款外债就可以还掉了。对此,我听说从 1925 年 1 月起,政府就决定先把外债处理好。就以上来看,我认为通过冯将军所部的整顿,有以下几点值得推行:一是车到时间非常准确;二是开车次数增加;三是车辆调剂与加挂等。这如与战时的京绥路相比,真正是天壤之别啊!令人高兴的是,他们正将各种办法详加订定,已准备寄往京汉各路参照实行。据我了解,冯将军部下的张副官司长,以及驻在宣化府的蒋旅长等,对此类方法及计划有很多,只等冯将军核准后,就可以交给京绥路局宋局长去执行办理了。以上这些都是冯将军对于西北交通整顿治理的事实啊。还有,我来张家口看到街市的状况,路政已多年不修了,公众的卫生情况也不好,从这些情况可以说过去张家口的当局实在该死!还有,城市里的交通机关,更是不完备。除旧式的骡车等外,只有十分肮脏的洋车了。据了解,全市破汽车内附全副'音乐队'的有好几辆,开车时发出的怪响声震耳欲聋,能使人头昏脑胀。而且晚上电灯还黑暗,连写字也无法看清。打电话,电话也不灵。唉,说了这么多,占了冯将军您许多宝贵的时间!"

冯将军笑了,说:"你说的这些建议和看法是十分宝贵的,我如今已任职西北边防督办了,可谓是重任在肩啊!你我是老朋友了,应该多帮帮我啊!"

"那是自然的事,能帮冯将军是我的荣幸。"邵飘萍说,"如今政府已让你督办西北边防,我看不如办一份刊物,就叫《西北周刊》,随《京报》发送,刊名下署上'西北边防督办'等字样也好说明开发西北是已经得到了北洋政府的认可的。另外,在创刊号上刊登你赠送给我的一张近照,以增添色彩。我还准备在头版以'记者'的身份写一篇《开发西北之重要关系》加以鼓吹。说明开发西北的重要性,指出可以巩固国防,减除兵祸等。我们抓紧筹办的话,最快可在 1925 年 2 月 15 日《西北周刊》就可与读者见面了。你看怎么样?冯将军这样是否可行?"

"好啊!"冯玉祥笑容满面地道,"我举双手赞成!你就着手去操办吧,在办报刊方面,你可是权威啊!另外,你此次来张家口可要多住几日,按理应该陪你到各处转转的,可是实在公务缠身,一时难以脱身,还请邵先生见谅啊!"

"冯将军不必介怀的。"邵飘萍说,"我此来,也是趁《京报》过春节停刊放假才抽空到张家口走走,一是知你到张家口就任西北边防督办心里想念,二是原想到绥远包头去的,但因为放假只有三天,因时间太短,所以就直奔张家口来了。这样啊,我明天准备到张之江都统处转转,听说那里还有土匪时常出来骚扰,做记者的就是好奇,我要去看个究竟如何?那今天我们就说到这里吧,有机会再来打扰冯将军了。"

"也好。"冯玉祥一直把邵飘萍送到门口,说,"那《西北周刊》的事就拜托你了!"

"放心吧!"邵飘萍说着就离开了冯将军的住处,回到了自己睡觉的地方,倒头就睡了。

第二天,夜里十二时许,邵飘萍跟随冯将军的重要军官六人乘车来到火车站。不一会儿,冯玉祥将军也微服来到车站,对邵飘萍说:"我们在此等一会儿,等下绥远都统李鸣钟马上到了,有事要谈。"

邵飘萍想不到冯将军在百忙中还抽身来陪他,心里十分感动,就陪着他站在月台上等候李鸣钟的到来。此时有风从西北方向徐徐吹来,让人感到那风是那么轻柔,温软可爱。这时,邵飘萍看见那车站的旁边堆着许多麻袋,有一位面孔和眼睛都深黑的像印度人的苦力躺在麻袋上呼呼大睡,冯将军就走到那人跟前,用手拍拍那麻袋装的是什么东西?想不到那苦力十分警觉,用低沉的声音说:"煤……煤啊。"有一位站在旁边的巡察这时看到了,立即朝冯将军立正行礼,他看到那苦力仍然旁若无人的卧着不动,即刻朝他厉声叱道:"立即起来敬答长官的问话!"冯玉祥却不以为然地诘问那巡察说:"他为什么要站起来?人家正睡得好好的。咳,你们总是如此,真是令人扫兴!"那巡察巴结不讨好,弄得个灰头土脸的,只好嘴里喃喃地说着:"煤……煤唉!"趁冯将军不注意就匆匆地溜走了。

这时,冯将军突然说:"张之江都统为什么不到车站来?"已来的张之江部下说:"张都统说头很痛,不能吹风的!"

冯将军脸有不悦地说:"李都统这次来是很难得的,头痛也要来,立即打电话让他赶来!"

不一会儿,张之江赶到了。冯将军问他:"头还痛吗?"

张之江红着脸说:"刚才还头痛欲裂的,可接到将军电话说要赶来。嘿,不知怎么的?来到这里头痛也霍然好了!"

"你呀,你呀。"冯将军听了笑了,"来了就好。之江啊,你来与邵先生认识一下,他是京报社长邵飘萍,此次来张家口后还准备到各驻地转转,看看。"

"哦,幸会,幸会!"张之江连忙脸带微笑与邵飘萍紧紧握手,说,"还请邵社长多多指导啊!"

"张都统可是冯将军的得力部下啊。"邵飘萍说,"我这次实为旅游,四处走走看看的。"

对张之江头痛还赶来这件事,虽然事小,但对邵飘萍来说触动很大。由此可见冯将军在治军上是上下一贯的,也可见他的严谨与服从。接下来,还有一件更小的事,让邵飘萍的内心更是深受震撼。这时邵飘萍看到冯玉祥朝一位在车站送迎的士兵走过去,那位士兵赤手提着枪站在风中,表情非常专注地望着车来的方向。冯将军走到他的面前问道:"你为什么不带手套?"

那士兵高声回答:"有,在衣袋中!"说着就从袋里掏出手套。冯玉祥道:"那还不套上!天还这么冷,把手冻坏了就不好了啊!"

"是!"那位士兵立即把手套套在了手上,脸上浮现出感激的笑意。邵飘萍把这一切都看在眼里。看来冯将军无论是对干部还是普通的士兵,都倾注了他那发自内心的浓浓的关心和爱意,冯玉祥的治军确实有他独特的魅力啊。

冯玉祥这时转过头对邵飘萍说:"邵先生,我们还是到待车室中去等李都统吧。"

走进待车室,一股刺鼻的炭酸味儿直入肺腑,让人简直受不了。邵飘萍留意到那地上铺着的地毯已经腐朽了,还有那桌上的白布也已污成黑色了,这就是所谓的头等待车室。冯将军笑指桌上的白布幽默地说:"这块布几乎是宣统元年曾经洗过一次吧?为什么会懒成这样啊?"

冯玉祥立即让人叫来站长,问他:"此趟车为什么到现在还没到?据我所知,有位局长来时却分刻不误?还有我来上任时也被误时达六个小时,这是什么原因啊?"

那位车站站长小心地赔着笑脸解释道:"这误点原因,一时也讲不清楚的。就京绥路来说,水源不足,停车时添水费时过多,所用的煤质量太差火力不够,还有最重要的是采办人员可能从中渔利,这些积习一时也难改正。另外,不断发生的战事,也是造成行车不按规则的原因。如破坏机件,损坏了车头,还有许多车内的玻璃都被打碎了。说起这些腐败军人的罪恶,可以说是罄竹难书啊!所以造成误时也不是只有京绥这条路才有!不过,我听说冯玉祥将军来治理后,最近已发通告限期每趟车恢复法定时间行车,对此,以后这样误时的车会很少了。"

此时,李鸣钟都统乘坐的车终于到了。邵飘萍立即向前与李鸣钟交谈起来,李鸣钟叹了口气说:"那曹锟和吴佩孚的军队把绥远一带的老百姓手里的钱财都搜刮走了,留给我们的是一个烂摊子,可是我们还得咬着牙做事。如塞北一关,在那里工作的人员连工资都拿不到,被人取笑说是'义务稽查'呢!为了生存有的就去营私舞弊,靠些不干不净的钱来活命。针对这一情况,目前,我们正在从严整顿。另外,绥远一带,土匪特多,还异常凶猛。每个土匪都有两匹马,跑起来每天能跑三四百里,那些土匪非常狡猾。如果我们去围剿了,土匪知道了就立即逃走了。我们如走了,土匪们又都聚到了一起行凶作恶。如果要去围剿,就必须是通过训练的编队骑兵才能歼灭他们!这些土匪军火还十分充足,全都是从官兵们手里买去的。据了解,原先政府驻扎在绥远的军队已把军火都卖给了土匪。兵和土匪之间,平时就靠交易军火而生存,大家各得其所,已经形成了一种习惯。更令人痛恨的,原绥远警务处长兼警察厅长余鼎铭,还把烟土运到北京卖掉,然后回到绥远时把枪支带回再卖给土匪,仅靠这项不法的收入就刮得近百万元。听说此人如今已从天津逃到上海,逍遥法外了。还有马福祥的部下,去年曾有过去抢老百姓的惨剧发生。幸亏冯将军来了之后，立即枪毙四百多人，那些绥远的士兵看到这一情况，才不敢再动歪脑筋了。"

"那么，马福祥可能心里会有想法啰？"邵飘萍问道。

"没有啊。"李鸣钟说，"冯将军与马都统的关系至今相处不错的。"

"哦，看来冯将军治军的威望和谋略确实不凡啊。"邵飘萍感叹道。此时，已是深夜了，大家也都各自睡觉去了。

第二天，邵飘萍告别冯将军后与薛京兆、刘监督、刘师长等人相伴返回北京。这时，驻在宣化的第二混成旅旅长蒋君也，从张家口一起同归宣化去。当这位蒋旅长到站下车时邵飘萍看见，此时驻扎在宣化的部队，早已列队在车站迎候了。蒋旅长还热情的邀请邵飘萍及其他军官一起下车参观。刘师长等军官就在这严寒的黑夜中，为邵飘萍他们举行了一个小型的阅兵式。蒋旅长对邵飘萍说："这些列队的士兵都是今年五月前刚补进来的新兵，刚才接到张家口冯将军的电话，立即在数分钟内集合在这里的。"

邵飘萍看那些士兵差不多都未满二十岁，最大的不过二十二岁左右，但都整齐干练，而且身材也相差不大，体魄非常强健，可以说在我国的军队中还没看到过啊。那宣化府就在京绥路的旁边，此时已是深夜了，不好进站去。另外，火车停几分钟后也要开行了。邵飘萍只好和蒋旅长他们一一握手告别，回到了火车上。

孙中山北上，段祺瑞是通电欢迎的。但段祺瑞当了执政者之后，在宣布施政方针时，他却不同孙中山商量。特别是当孙中山提出了国民议会组织的商榷意见时，竟遭到了段祺瑞的拒绝。他唯恐末日来临，采取了与孙中山针锋相对的方针，并立即正式公布

"善后会议"条例,召集各地军阀政客,商量如何公平分赃,妄想结成反革命联盟,企图与国民会议相抗衡。邵飘萍了解这一情况后,心里越想越替冯玉祥不值。"唉,冯焕章啊冯焕章!看看吧,这就是你请出来执政的段祺瑞啊。他为人老奸巨猾是出了名的,这真是'小人中山狼,得志必猖狂'啊!"

邵飘萍火速地赶回报社,立即打电话让潘公弼过来一下,然后放下电话,他就挥笔疾书起来。

几分钟后,潘公弼跑进邵飘萍的办公室,说:"振青,你脸色不太好啊?怎么了又遇到什么烦心事了?"

"唉,简直把人气死了!"邵飘萍气呼呼道,"那段祺瑞如今反悔了,公开与孙中山唱反调了,还以中国政府的名义发表什么'致使团书',说要尊重与外国签订的一切条约,以此获得外国列强对他的支持。他召开善后会议与孙先生准备召开的国民会议相抗衡。令人气愤的是参加善后会议的都是些什么人呢?会议成员杂凑瞎来,无能力可言;各方敷衍,虚与委蛇,无诚意可言。而最可恨,可耻的是如张宗昌、张作霖等屠夫利用俄白党和日本人残杀奸淫本国同胞,连这样的民族败类也被列为参会代表。如此的段执政,真是'武夫拥戴,授以屠刀',无合法可言!"说着,邵飘萍把刚写好的《善后会议之第一使命》《善后会议前途如何》《江浙人民与善后会议》《善后会议中之江湖派》等评论递给潘公弼,说:"你把我这些评论以'飘萍''平生''素昧'的笔名连续在《京报》上推出,给我狠狠地抨击这不得人心的善后会议!"

"我听说那个叫什么胡适的也参加了'善后会议'?"潘公弼说。

"是呀。"邵飘萍说,"他还给许世英写信说,'我这回对于善后会议,虽然有许多怀疑之处,却也愿意试他一试。'你说这胡适说的是什么话啊？我立即写信告诉他，青年界对你颇有意见，《京报》当然要慎重发表此类稿件。我还听说当局对你极为不满，此固意中，亦无可慎，并自信对'当局'的抨击是毫无偏见或感情之作用的。可是这个胡适不但不听我的好心劝告，反而横加攻击说什么'平生不学时髦，不能跟人乱谈乱跑，尤不能诳事青年人，所以常遭人骂，但八年的挨骂已使我成了一个不怕骂的人，有时见人骂我，反使我感觉还保留了一点招骂的骨气在自己人格里，还不称老朽。'你说这个胡适脸皮怎么这么厚啊？"

"还说是有名的学者呢？"潘公弼不屑地说道，"我看是斯文败类才是！"

"哎，这胡适也成不了什么气候！"邵飘萍说，"可恶的是那个段执政！他不但用'善后会议'对抗国民会议，还收买了社会上的'报棍'给他写捧场的文章，在小报上帮他涂脂抹粉，吹嘘他的那些专门坑害老百姓的政绩。"

"那我们何不也来个针锋相对？"潘公弼说。

"是呀，我们想到一块去了。"邵飘萍说，"正好李大钊也托人带来口信说此段时间要大张旗鼓呼吁在北京召开国民会议预备会，并成立临时国民政府，以形成强大的宣传舆论，迫使当局同意召开会议。对此，公弼啊，你安排一下，我们《京报》要天天以大块的版面，来报道北京各界邀请李大钊、李石曾、于右任、杨杏佛等社会名流、学者演讲的消息和内容，积极配合中国共产党对时局二次主张的宣传。"

"好的。"潘公弼答应道。这时，电话响了，他拿起电话，对方说"是北京妇女国民会议促成会筹备处的，请让《京报》社长邵飘萍先生接电话"！"好，请您稍等。"潘公弼连忙把电话递给邵飘萍说，"振青，您的电话。"

　　邵飘萍接过电话,说:"我是京报社长邵飘萍,您哪位啊?噢,是北京妇女国民会议筹备处的,准备在《京报》刊登一个启事。哦,好的,可以安排,哦,准备先于2月24日召开筹备会,还要邀请李大钊、汪精卫、李石曾,还有我也参加并演讲,哦,谢谢你们的热情邀请,我肯定准时到会的!哦,另外还要邀请廖仲恺夫人、伍智梅女士、鲍夫人等参加。哦,这次大会是由共产党和国民党左派倡导的国民会议促成会议全国代表大会,将于1925年3月1日在北平召开,各省、区、代表二百多人将参加大会。好,好啊,真是盛况空前啊!不过,为慎重起见,请你们最好写好启事抓紧派人送到报社来,我们好安排刊登!"放下电话,邵飘萍兴奋地对潘公弼说:"公弼啊,看来还是共产党有办法啊,能在北京召开这样重要的大会太了不起啦!而且大会还将宣布'人民之自由与权力,应由人民力争;人民应有打倒军阀与打倒帝国主义之坚强信念;国民会议为团结全国人民进行战斗与夺取权力之机关'等三项宗旨。听听吧,这才是人们梦寐以求正义的呼声啊!这样啊,你在3月2日给我留个版面,我将亲自采访此次大会情况,并给予详尽报道!"

　　一天下午,邵飘萍刚从外面采访归来在赶写一篇文稿。潘公弼拿着一封善后会议秘书厅寄来的信函来找邵飘萍,说:"振青,有您的信,是秘书厅寄来的,怕是又有什么事吧?"

　　"哦,让我看看!"邵飘萍接过信函,拆开一看,见上面是这样写的:"敬启者:'会议开始,一切善后问题之解决,应以国民同情为指归。素仰台端,主持谠论,导扬民隐,特聘先生为顾问,尚祈南钺时锡,籍匡不逮。此致,邵振青先生台鉴。善后会议秘书厅二月二十日。'哼,他们这是妄想封我的笔,让我不替广大人民大众说话啊!"

"我看此是善者不来，来者不善啊。"潘公弼担忧道，"振青，这些人可是什么事都敢做的，你可要小心哟！"

"我才不怕呢！"邵飘萍说，"不过，先不理睬他们，等过段时间等我有空再复函！"

"嗯，我看也是。"潘公弼说完又去编稿去了。

此事大约过了十几天，邵飘萍这一阵一直在外奔走呼号，除了忙报务，就是参加由各界召开的促进会，发表演说，力促国民大会的召开。一天上午，邵飘萍来到办公室，对正在埋头看大样的潘公弼说："给善后会议秘书厅的复函我写好了，你看看，可把来函和我的复函一起发在3月4日出版的《京报》上，申明我的立场，不使他人有机可乘！"

"哦，好的。"潘公弼接过复函，打开一看，不由得就读了起来："敬启者：'顷接大函，以善后会议顾问一席见委，无任惭惶。振青自惟学识谫陋，且十余年来未与政治发生直接之关系。顾问名义，责任重大，愧不敢承，应请收回成命，以授贤者。关于善后之一切进行，振青凡可为力之处，应无不尽力，故不在乎名义有无也！敢布愚忱，尚希亮察。顺颂，勋祺。邵振青三月三日。'此函复得太有水平了，振青！让他们碰了个不软不硬的钉子！他们肯定会气得直骂娘吧？哈，哈哈！振青，你真是太不识抬举了！"

"是吗？"邵飘萍也笑了，"我这也是既以其人之道，还治其人之身也！"

1925年3月份，对于邵飘萍来说，可谓是伤心的月份，因为3月5日他的好友高君宇先生不幸在北京协和医院因病去世了。他是因奉命陪伴孙中山先生北上，在途中劳累过度而至旧病复发才撒手人寰的。邵飘萍惊悉噩耗后，痛彻肺腑，立即赶到高宅看望了他的家属，并商量准备于 1925 年 5 月 8 日上午 8 时至 9 时半在哈德门外法华寺致祭，10 时出葬城南陶然亭。同时，将《高君宇先生出殡启事》刊登在 5 月 6 日的《京报》上。

可是这边伤痛的心还没平复，另一个巨大的悲痛又向邵飘萍袭来！1925 年 3 月 12 日上午 9 时 30 分，手造民国之孙中山先生在北京铁狮子胡同行辕逝世了。此时，国民会议促成会全国代表大会尚在会期，孙中山先生壮志未酬逝去，邵飘萍非常哀痛。他乘着小轿车飞快回到报馆对潘公弼说："公弼啊，此时我的心好痛啊！中外瞩望之中山先生逝世，国民丧一导师！但孙先生虽死犹生，他的伟大一生以及他的精神将永存千古！"邵飘萍边说边飞快地写好了《哀悼孙中山先生》和《孙中山先生传略》等文章递给潘公弼，说："公弼啊，你负责通知印刷厂加印《京报》号外，我们要以整版篇幅刊出孙中山先生逝世的消息和孙中山先生遗像等图照文稿，并对孙先生伟大传奇的一生，给予极高的评价，希望政府与国民勿因孙先生之死而止其工作。"

"哦，振青，我会安排好的。"潘公弼说，"孙先生的去世，这是我们国家的损失啊。"

这时，汤修慧也风尘仆仆地从外边采访回来，神情也非常沉痛地对大家说："据使团方面消息：因孙中山先生为中华民国之开国者，且曾为中华民国之临时大总统，认为有为下半旗并吊唁之必要。唯因惯例，须得驻在地政府之通知，方能举行。另外，段祺瑞闻孙中山逝世，除立即特派民党要人柏文蔚及内务次长王秉为治丧专员并专办中山之丧事。还有，中山行辕，已组织治丧办公处，推定于右任为主任，下分四股，股长为孔庸之、汪精卫、李烈钧、宋子文四人，此外股员甚多，总计在三百人左右。治丧事务，即专由该处处理。在采访中还了解到，中山先生于 3 月 12 日上午 9 时宣示遗嘱之际，特令人请廖仲恺的夫人入室。此时，中山先生以手指夫人宋庆龄氏说：'彼亦同志一分子，吾死后望善视之，不可因其为基督教中人而歧视之。'对此，我想啊，孙中山在去世前特别嘱咐，也有可能是因为廖仲恺是反基督教运动中的人吧。"

"不错，此趟采访收获不少啊。"邵飘萍说，"我也从罗章龙处得到的重要消息，孙中山先生的灵柩将由中央公园社稷坛移至西山碧云寺暂厝，最后葬地遵遗嘱为南京紫金山，3月15日将有三十万人送到西直门，上万人送到碧云寺，还要举行公祭活动。到时，我们将派记者沿途跟踪摄影，然后用上等的相纸制成明信片，给崇敬孙中山先生的人们收藏纪念。修慧啊，这些事你负责安排好啊，我还有要紧的事要出去一下，晚上不用等我吃饭了。"说着，提上采访包就匆匆地走了。

段祺瑞如今虽然名为执政，他那日子过得却并不顺心。该执的政，各方面掣肘都很大。对此，他是哑子吃馄饨，心里有数。那执政的"大任"不是靠他力争来的，而是冯玉祥和张作霖把他抬上台的。那是因为推倒曹锟后，一时也找不到合适的人选，那张作霖不是老北洋难以服众，冯玉祥呢没有这种野心来主大政，所以才把这金交椅让他来坐的。可是自从当上执政后，百事待理，他还真有点乱了阵脚，一时没了主意，常常独自长吁短叹或对手下乱发脾气。前一阵，有三百多下级军官的女眷把执政府包围了，要求把欠饷发了，可是他刚上台从哪去掏钱啊？后来还好他的次子段宏圆好言相劝才把这娘子军弄走了。这几天，听说孙中山病逝了，他立即派出了治丧专员。开吊的那天，他连礼服、用车等都安排妥帖了，不知怎么又下令不去了，把国民党人气得破口大骂，公开声明说今后再也不会与他合作了。此时，他又想起了老搭档徐树铮，不知何时才能回来帮他一把啊？国家的事情实在太多了，比起他皖系的大家族中的事,不知要多多少啊?段祺瑞这样想着,烦恼着来到了执政府,屁股刚刚坐下,那来向他报告事儿的人就一个接着一个,可就没有一件能让他高兴点的事儿。这时手下的送来一大堆刚出版的报纸,段祺瑞就挑了一张 3 月 14 日出版的《京报》看了起来,上面以大字标题"痛悼孙中山先生,国内外一致"通栏刊发。又拿起一份也由《京报》附送的《图画周刊》上面也有《中山先生出殡纪念号》以及出殡中的各种照片二十二张。段祺瑞看着邵飘萍这样大张旗鼓的宣传孙中山,心里感到很不是滋味儿,怪不得这阵儿他跑我这儿也没过去勤了,这分明是在明里暗里在与我作对吗?看来自己对这个邵飘萍还应该让人从严看着他点!……此时,电话铃突然响起了!他皱了下眉头,抓起电话,没好气地道:"谁啊?——有事快说!"

电话那头是教育总长王九龄非常惊恐的声音:"是我王九龄啊,我的段老总啊,可不得了!学生又要闹事了!"

段祺瑞抬高声调道:"你慢慢说,慌什么!"

王九龄道:"西直门那里今天聚集了三十多万人,都去送孙中山最后一程的人。在这些参加追悼活动的人中,大多数是学生。据报还有共产党人李大钊在活动,是想通过大规模的追悼和送灵活动,在北方再次掀起一个反帝、反军阀、反政府的民众运动。对此事,老总啊,我们该如何应付?"

"王九龄啊,你怎么不用脑子想想?"段祺瑞没好气地对着话筒训斥道,"孙中山死了,人们去参加追悼会,也是情理之中的事儿,你有什么好大惊小怪的啊?连这点事儿都处理不好,你这个教育总长是怎么当的?不过话又说回来,如果真如你所报的,有李大钊等共产党人在追悼人群中煽动学生闹事儿,那可就不能掉以轻心了!你可是教育总长啊,该怎么去做总不要我教了吧?"

"是！老总，我知道了！"王九龄大声地在电话中保证道，"我将立即下发训令京中各大学及京师学务局，饬令认真防范共产党，特别是严防李大钊等共产党人的活动！"

"好了，抓紧去办吧！以后遇到这种芝麻的事少来烦我啊！"段祺瑞训斥完就放下了电话，继续翻起那堆报纸，挑来挑去，他还是挑出了一张《京报》，只见那上面有篇高尚德写的特别通讯《上海日商纱厂罢工问题》，立即引起了段祺瑞的注意，他接着往下看。该通讯记述了罢工的起因及根源，发展和性质，明言："工人最近已用'反对东洋资本家的虐待'为口号，可知民族的情感在增长，已成一必然的趋势。故以此次罢工的性质说，已不仅是工人对资本家的奋斗，而是具有民族性的工人对外国资本家的奋斗。而此运动的趋势，亦必至发展为中国一般民众反对日本帝国主义的运动。"该文作者还警告段祺瑞所领导的政府，在日使已经向外交部交涉的情况下，"苟诚心欲洗刷当今政府非安福时代之再现，不使人民再忆及过去亲日之罪恶，应立即予以驳复，并立令上海军警当局停止帮助日商压迫工人的行动"。《京报》以《上海日商纱厂工潮之近情》《援助沪罢工工人》等文作连续报道，抨击军警摧残压抑工人之横暴，并针对日商厂主指责停工系共产党从中作祟的论调，明确指出："籍使有之，然帝国主义资本主义者，蹂躏人权之罪恶，显系不可掩的事实，是则劳动者痛切肤髓、自起而与资本家搏斗，此争人权之运动也！孰得而非之？即我国社会先觉之士，愤劳动界同胞之遭荼毒，起而为之声援，为之指导，因其份也！彼日商安得以'挑拨''煽惑''指使'等罪名轻轻掩过世人耳目，以售其欺也！"

段祺瑞看到这里，气得猛拍了下桌子："一派胡言！如何处理上海工人与日商的矛盾，那是我和政府的事，用不着你姓邵的来说三道四的,哼,来人!"说着把手中的《京报》摔在了办公桌上。

侍卫长听到段祺瑞喊叫立即冲了进来说:"老总,您有何吩咐?"

"去把我儿子宏业叫来!"

"是!"侍卫长答应后立即退出房门就找他儿子去了。此时,他才端起杯子轻轻地呷了口茶,刚才看《京报》引起的不快也慢慢平复下来。当他把沉思的头抬起时,儿子段宏业,一个长得很标致的年轻人已突然出现在他的面前。不过,他不说也不坐,只是静静地看着父亲,让父亲先开口。

段祺瑞看着儿子,却一时又不知该从何说起了。"唉!"段祺瑞叹了口气,手挥了一下,"坐吧。"

段祺瑞这些日子为处理烦乱的国事而苦恼,可是家事也让他不省心啊。就说这个儿子段宏业吧,悄悄地在"朝"中也拉起了一派,就是大家在议论的太子派。他是想让冯玉祥和国民军去对付奉天的张作霖。不过,和太子派闹对立的却又是他的老舅吴光新,那吴光新是极力主张让张作霖来对付冯玉祥的,这也是人们在背后说的国舅派,而令他为难的是这两派都在极力争取他的支持,要他表态明确支持一方。可是他思之再三,认为两者应该兼顾才好。可是日子拖得越久,矛盾却越来越深了,只是没挑明罢了。现在,儿子站在他的面前,该先说什么呢?他倒左右为难起来了。

"爸!"段宏业忍不住倒先说话了,"张作霖儿子给我来了电报,说要我和他拜把子,你看我是否答应他?"

"哦,拜把子?"段祺瑞吃了一惊,说,"他是说要同你义结金兰?"

"是呀。"段宏业有点得意地点了下头说,"怎么,不可以吗?"

"不可以!"段祺瑞斩钉截铁地道,"如果说张作霖的兵能与你拜把子我信,他的儿子又怎么能和你拜把子呢？"

看父亲这样的态度,儿子也就不好再说什么了。良久,段祺瑞看儿子不再说话,才说出来:"儿子啊,你帮我一个忙,想办法把徐树铮给我催回来,我这里有好多事要等他来办啊！"

段宏业点了下头, 说:"此事我去办吧！可怎么能联系上他呢？"

"徐树铮如今可能已在法国了。"段祺瑞这时用慈爱的目光看着儿子,说,"你可试着发电报找他,可连续多发电报催他回京！"

"好的,父亲！"儿子说完就匆匆地走了。

1996 年 9 月本书作者和女儿邵
安琪在东阳大联乡紫溪村

# 第九章　拍案起笔伐沪案
# 　　　倒张贼力助松龄

　　进入五月,江南已是春意益然,春天的江南是美丽的,风很柔和,空气很清新,太阳也很温暖。可是就在这样春光明媚的季节里,在上海却发生了惨无人道的枪杀中国纱厂工人的血腥事件!

　　1925年5月14日,上海内外棉纱厂工人为抗议日本资本家无理开除工人而再次举行罢工。5月15日,共产党员顾正红带领罢工工人来到棉纱厂关闭着的大门口,对那看守大门的日本职员说:"请把大门打开,我们要求见厂主!"

　　那看门的日本职员装成没听见,根本不理睬顾正红和工人们。此时工人们开始喊起了口号,有的还用力摇晃和推那关闭着的大铁门。顾正红再次对那日本职员说:"快把铁门打开,我们要见厂主!为什么把工厂停了?为什么撕毁二月罢工时与工人签订的协议?"可是那日本人仍装聋作哑不说还用鄙视的目光瞪工人们。工人们开始被激怒了,就用力地摇推开铁门,冲了进去。好多日本工头拿着棍棒就朝工人们乱打起来,工人们也被激怒了,被迫地操起棍棒予以自卫还击。在激烈的搏斗中,日本工头突然拔出手枪朝顾正红和工人们开枪了!此时年轻的共产党员正好冲在前面,那颗罪恶的子弹穿透了顾正红的胸膛,他当场倒在了血泊中,为中国人民的反帝爱国运动和无产阶级的解放事业,献出了宝贵的生命。这时,《京报》派出的记者把这血腥事件写成通讯于5

月19日发函,邵飘萍于5月24日晚上收到,愤怒地立即喊来潘公弼,对他说:"公弼啊,日本人公然开枪杀害我们的同胞,烈士的鲜血不能白流,我们要在《京报》上声讨他们的罪恶行径!我认为可以《上海内外棉纱厂罢工风潮详志》为题发排,内容要点为'捕房与厂主逼迫工人……空前未有开枪杀人之惨剧,……日厂主汇报日政府……我交涉员电京外交部请示,……上海各团体对日本又激昂。'编好后,公弼你送印刷厂,明天就可见报!"

"好,我马上编好送去!"潘公弼说,"我估计这次罢工风潮会闹大了。"

"我也是这样想的。"邵飘萍说,"所以,报社这段时间要加强对上海的来信,来电的收集,另外,再多派几位记者赶到上海去。还有,对北京特别是执政府方面对顾正红被枪杀事件有什么动向,我们也要加强人手密切关注。"

这时电话响了,邵飘萍连忙接起电话:"是哪位啊?我是京报社长邵飘萍!"

电话里是北京大学外文系的谢磊:"振青同志啊,我是谢磊啊。"

"哦,您好。罗章龙和我说起过您,不知您找我有什么事吗?"邵飘萍对着话筒说。

"看来您也是急性子的人!"谢磊在电话里发出一串银铃般的笑声,然后她说,"和您开玩笑的,可别介意。下午2时,我乘五路'当当'电车在宣武门内站点下车,我有事要和您面谈,记住我手里还拿着一份《京报》,好了,见面再聊,我挂了啊。"

下午2时,邵飘萍准时来到宣武门内电车站,这时"当当"电车正好也到了,谢磊手里拿着份《京报》从电车上走下来,邵飘萍急忙迎向前去,说:"您好,您估计得很准时哦,可说是分秒不差!"

"是吗？"谢磊笑了，"您我可都是惜时如金的人啊，罗章龙可叮咛过我说您是个大忙人呢！我们就边走边聊吧！这样啊，振青同志，上海内外棉纱厂共产党员顾正红被杀害之后，在党的领导下，上海各界正在募捐救治死伤工人，各大中学校的学生也纷纷参加追悼烈士顾正红。可是上海租界的巡捕又把许多学生抓进了牢房，并以所谓的'扰乱治安'罪，将于 5 月 30 日对被捕的学生进行审判。此时，上海、文治、大夏等大学的学生闻讯后，迅速行动起来，要求当局释放被捕的学生。另外，帝国主义又通过租界当局，抛出增加码头捐等'四提案'，这将严重威胁到我国的民族工商业。"

"太可恶了！"邵飘萍气愤地道，"我可以《上海中外人间将起大风潮》为题，在《京报》上披露华商联合反对租界工部局的'四提案'，让他们的丑行昭然于天下！"

"好，上级党组织也是这个意思，要您密切关注事件的发展，配合党做好宣传工作。"谢磊说，"还有啊，最近，中共中央召开了紧急会议，决定于五月底在上海举行一次声势浩大的反帝宣传示威运动，抗议帝国主义杀害中国工人的罪行。为此，上级党组织要求《京报》加大宣传力度，把这场工人运动引向深入！"

"放心吧。"邵飘萍说，"在上海方面，我已加派了人手。对北京地区的新闻采集，我也作了布置。"

"好，很好！"谢磊说，"如有重要消息，我会第一时间设法通知您的！另外，还有件要紧的事是李守常要我对您说，对直系的冯玉祥，奉系的郭松龄要多做工作，对张作霖与日本人的勾结，应给予无情的揭露！好，大家都忙，就说到这里吧。"

"那我用车送送您吧。"

"不用了，我还是坐电车比较方便，谢谢您了！"谢磊说完掉头朝电车站点走去,邵飘萍也赶回了报社。

1925年5月30日,上海各校学生两千多人,分头来到租界各条大马路发表演讲,散发传单,揭露顾正红被害,学生被捕以及"四提案"事件的真相,立即在广大民众中引起了强烈的反响。愤怒的市民纷纷拥向街头并高呼"收回租界""打倒帝国主义"等口号。这时,英国租界巡捕房面对情绪激动的学生和群众,立即出动了大批巡捕禁止学生演讲,并动手殴打,拘捕了工人和学生。上海广大民众听到这一消息后,长期积压在心中的怒火被点燃了,纷纷跟随学生涌向南京路老闸捕房,强烈要求释放被捕的学生和工人。英帝国主义巡捕看到这一情况,竟向手无寸铁的人民群众开枪屠杀,顿时血肉横飞,当场被打死十三人,重伤十五人,被捕五十三人,造成了举世震惊的"五卅"惨案。

晚上八时,邵飘萍接到了《京报》派到上海去的记者发来的专电,看了内容后,顿时大声地呼叫:"这是灭绝人性的屠杀啊!"

潘公弼等报馆人员听到邵飘萍那悲愤的呼声立即也赶了过来,争相传看那份从上海发来的有关"五卅"惨案的专电,看过之后都非常愤怒。"这些外国强盗视中国人命如草芥啊!""英国佬凭什么在中国的土地上横行霸道?"

"好了,大家愤怒管愤怒还是抓紧把稿子编好,工作做好以实际行动来声援上海人民吧!"汤修慧劝大家说。

邵飘萍此时也说:"是呀,大家都回到自己的岗位吧!"同时他把上海记者发来的专电编成的《沪租界巡捕枪杀学生之惨剧》一文,递给潘公弼,说:"此文以大标题于6月1日在第二版刊出!另外,对此惨案我准备写篇时评,等下再给你,评论栏你给我先留好位置。"下午三时左右,门卫兼收发的老李头又送来一大堆信件和各地报刊。邵飘萍从中又挑出《上海昨日罢市》《北京学生对沪惨案之奋起》《外交部准提极严重之抗议》等消息以及英路透社、日东方社的有关电讯稿，然后对正在看稿的潘公弼说："公弼啊，这些稿件你安排在6月2日第二版、三版发出。另外，我刚写好了《外人枪毙学生多名巨案》的评论，发表时就署'飘萍'好了，放在评论栏内，为引起读者注意，我看你在排版时就用手书体大字再加上着重圈来突出，你看如何？"

"我看可以的。"潘公弼说着就看起了邵飘萍递给他的评论。看着，看着，忍不住又读了出来，"日、英帝国主义乃是已退化于野蛮阶级之人中豺狼，自称文明绅士之强盗化身！振青，写得太神了，可谓是入木三分，一针见血啊！"然后，他又接着读道："凡有人类，必有同情。对于失业工人表示同情，为世界各国国民常有之事，何独我国？学生因是被捕，已足见上海租界之暴虐无伦。至其余学生对于被捕学生之设法援救，不过文字呼冤，以游行要求租界外人之释放。乃竟开枪发弹，击毙多人。试问以手无寸铁之学生，何以能有抵抗暴动之事实，这是择人而噬，噬完后乃以'排外暴动'等罪诬之，即再枪杀若干倍之良民，亦觉其野蛮行为之悉属正当，世界未至末日，安有如斯黑暗惨酷之现象？人类未至全灭，岂竟皆慑于英日之威而不敢为严正之批评？呜呼！弱国国民可以被杀之名词多矣，强盗帝国吞噬人类之术语，亦甚伙矣。除了所谓'排外''暴动''不稳'等等之外，尚有一运用最为便利之名词焉，即彼等随便诬人以'赤化'是也。彼等知'赤化'两字最为各国中上阶级所惧，最不能得各政府绅士之同情，于是欲任意压迫我国人时，每不问理由事实如何，辄以赤化两字加之，……以为杀我最烈之氯气炮，亦不敌赤化两字之足以诬陷良民而最易发生效力。在此，我呼吁世界各国勿为英日所愚，对他们的暴行起而质问，起而抗议！以人类同情心与公理公德心，一致使英日暴徒屈伏于万国公法之下。好啊，振青，此篇评论见报后，肯定会引起轰动的！"

"哦，有这么厉害吗？"汤修慧这时兴冲冲地进来对他们说，"告诉你们一个好消息！共产党就'五卅惨案'发表《告全国民众书》了！"说着把刚才从街上的学生手里拿到的一份宣传单递给邵飘萍，只见上面写着："这次事件的性质不是偶然的，它起于日本帝国主义向中国民族运动的主力军——工人阶级进攻，而成于英帝国主义对援助工人的民族运动之铁血镇压政策。它说明了反抗运动的目标，绝不止于惩办凶手、赔偿损失、抚恤道歉的问题，而是应该以废除一切不平等条约，推翻帝国主义在中国的一切特权为其主要目的。并号召全国各种被压迫阶级的群众来反抗帝国主义野蛮残暴的大屠杀，全国各种被迫阶级的群众坚持到底来维持并发展这个长期的民族斗争。"邵飘萍看到这里，心里不由得想起那天谢磊说的共产党已在推动把反对"五卅惨案"运动向深入发展，如今看来果然是这样。不过，在众人面前，哪怕是亲人面前，他还不能亮出自己共产党员的身份，而只有默默地替党做一些力所能及的工作。还好他有一份《京报》为阵地，那么他就要以报纸为武器，为实现共产主义的伟大理想而战斗！……沉思良久，他抬起头来神色严峻地对大家道："看来，一场声势浩大的声援上海人民的爱国斗争运动已经在全国拉开了序幕！"

"我刚才从街上回来时，市民们都很愤怒，都在骂外国人欺人太甚！"汤修慧说，"传单也是满天飞，有的在演讲，有的在痛骂。各种消息都有，说在共产党的号召下，全国民众怒吼了。还说如今在广州、汉口、济南、青岛、开封、南京、香港等地的人民都起来声讨、抗议了，到处都在举行罢工、罢课、罢市，声援上海人民！看这阵势，我看北京也快动起来了！"

此时，电话响了。邵飘萍抓起电话说："我是《京报》邵飘萍，您是哪位啊？哦，冯将军？您好，您好！"

冯玉祥在电话里语调沉痛地说："邵社长，对于上海'五卅惨案'死难同胞而进行的罢工斗争，我国民军将全力以赴地声援他们，并决定全军将士裹黑纱以示哀悼之情！文稿已邮发你了！"

"好，收到文稿我立即将此消息发在《京报》上，谢谢您啊冯将军！"邵飘萍说，"冯将军，等忙过这阵我抽时间到您那儿去一趟，有事要和您聊。"

"好啊，非常欢迎您的来访！那我们就这样说定了啊！我马上就要开会了，今天就这样吧，我挂了。"冯玉祥说完就挂了电话。

这时潘公弼又跑来对邵飘萍说："刚才接到沪案救济会秘书处电话，说准备于 6 月 13 日召开沪案救济会成立大会，说你被推为评议员了，地点在中央公园，让你务必参加。还有北京报界沪案后援会秘书处也来了电话，准备于 6 月 8 日下午二时在中央公园来今雨轩召开北京报界沪案后援会成立会，特邀你参加！"

"好，到时这两个会我都要去的。"邵飘萍说，"刚才我从大量来电来稿中挑出《空前大流血第一天》《上海罢市纪实》《法租界昨亦罢市》《关于上海惨剧之各方民论》《北京新闻界沪案后援会宣言》《喀拉罕表示最深挚之同情》《全世界知识阶级对沪案之愤慨》《苏联政府公报对沪案之警论》《悲愤慷慨之日本华侨》《冯玉祥全军裹黑纱》等消息、通讯、图片等，公弼啊，你编好，可以整版连续在《京报》刊出，让全国民众来声讨英国人的罪行！还有如这几天实在版面不够的话，我看可以从 6 月 8 日开始编辑发行《京报特刊》第一期，你看怎么样？"

"我看来稿这么多，许多照片都是血淋淋的真实写照！出特刊是最便捷的办法了。"潘公弼非常赞成这样做，说着指着几张血泪模糊，张目不瞑的被害者及残忍的行凶者的照片又说，"振青，我看还可以在照片上写上'呜呼痛哉——请看上海各大学学生被英人枪毙者,已觅得尸体之一小部分(五位被害者)''请看上海南京路英人率所谓义勇队之炮车,架起大炮,以轰击我无罪同胞之铁证''请看上海南京路捕房英人,惨杀我同胞后,凯旋得意之凶横态度'等字样。这样图文并茂,起到的宣传效果就会倍增!"

"好,就这么决定了!"邵飘萍当场拍板说,"你编好让印刷厂先印八千多份,此期写真特刊全部随报附送!公弼啊,我敢断言,此期写真特刊肯定会引起强烈反响!"

"我也是这样想的。"潘公弼说,"面对这些鲜血淋淋,血肉模糊的照片,就是铁石心肠的人也会动容的啊!"

这时, 好几个从外边采访回来的记者对邵飘萍说:"邵社长,我们看到街上许多学生、群众在游行,号召抵制英货、日货了!"

"哦,其实全国都已出现了抵制英货、日货的群众性运动。"邵飘萍说,"我早就在关注这一问题了,看来我们也应该对此有所行动了!"

"那就是说,邵社长准备在英、日的商品广告上开刀啰!"潘公弼说,"我的振青呀,此招太狠了点,我们自己也会损失惨重啊!"

"看来我什么都瞒不了公弼啊!"邵飘萍说,"可是唯有这样才能给英日等狗日的狠狠一击!管不了那么多了。公弼啊,你立即通知《京报》社同人于6月7日正午,在观音寺街福兴居召开紧急会议。"经开会讨论,大家一致赞成邵飘萍的主张,撤销对国民经济绝交国——英、日的商品广告,并于6月9日在《京报》刊出"停止英日一切广告声明"。

"振青,你总是有那么多惊人之举!"开完会走出会议地点时潘公弼说,"你细算过吗?此举要亏损多少?"

"我知道,刊登国内外的各类广告,历来是报刊的重要经济来源。"邵飘萍说，"可我不是拜金主义者，我还要重视报纸的社会效益。拒登英、日的商品广告，退还英、日公司的高额广告费，是对上海爱国反帝运动的最好的声援！你说是吗？"

"是啊。"潘公弼说，"你为了社会效益自创《京报》以来，曾经撤掉桃色版面，以牺牲发行量来改革报纸；你也曾不惜投入巨资出版纪念马克思、列宁还有'五一'节的特刊，随报免费赠送订户；这次你撤销日英广告后，对爱国反帝民众来登广告，则是收半费或者全免费。同时，还为腾出更多的版面用于宣传反帝爱国斗争而多方奔走呼号，请银行、公司捐出长期广告栏位置一个月，专载各对外团体的义务广告。"

"是呀，'五卅'惨案以来，全国民众怒火填膺，各对外团体成立的广告实在太多了。"邵飘萍说，"我报的版面和经费有限，为此许多广告因无法刊登而拖下来了。还好，在我的苦心劝说下，好多银行团体都表示支持我的决定。公弼啊，接下来我们还得在《京报》第二版的广告栏内，连续刊出启事，同时刊出声明：'本社总经理邵振青鞠躬，以无比感激之情，敬代各团体鸣谢，并对允可单位登报表扬。'你看这样可以吗？"

"我看可以了。"潘公弼感叹道，"振青，你这样做，我是非常敬佩的。要知道，这在自费办报，自负盈亏的情况下，是何等难能可贵的自我牺牲精神啊！"

沪案第一期写真特刊出版后，果然反响强烈！《京报》的电话都被打爆了，潘公弼刚放下电话，还没喘上几口气，电话又响了！潘公弼说："肯定又是来电购第一期写真特刊的！"他抓起电话，对方在电话里问："特刊还有吗？""是要特刊吗？哦，你们等一下，我问一下邵社长。""看来不出我们的预料啊。"邵飘萍说，"你就问他要多少份？如数量大可单独加印！"

潘公弼就对着话筒问："你们是哪个团体的？要多少份特刊？"

对方立刻在电话里说："我们是北京大学声援爱国团的，能否单独给我们印五万张？"

"可以的。"潘公弼说，"你们明天就可派人来报社提取特刊！"

"哦，太谢谢了，你们可解了我们的燃眉之急了！那就这样说定了，明天下午我们派人来《京报》提货！"潘公弼听对方把电话挂了，才放下电话对邵飘萍说，"振青，此次来电购的总额已达二十多万份了，这次我们是空前大成功啊！"

"这次确实让人惊叹！"此时汤修慧突然跑进来对邵飘萍说，"我刚才到各校去转了一下，看到他们把第一期沪案写真特刊作为演讲分送品，在争相传阅，看过评价都很高啊！更让我吃惊的是，在街上我还看到许多学生把特刊褙在背上在慢慢行走，后面还跟着许多人在边看边讲，情绪非常激昂！听街上的老百姓说，北京九城各处都看到褙着特刊的学生在街上行走，都在痛骂这外国人是毫无人性的狗豺狼！"

"对此，我和公弼是有所预料的。不过能再版四次，连外省都来过好多电话对特刊评价很高，这倒是没想到的。"邵飘萍说，"此次也可以说是我们《京报》有特刊以来第一次大成功啊！公弼啊，看来形势大好呀！我看打铁趁热，赶快把第二期《京报特刊》推出去，时间我看你可安排在6月14日出版，此期稿我已选好，主要是英国人在上海横行之状态写真。然后是再把《京报特刊》第三期推出，时间安排在6月17日，此次特刊的图片也已选好，集中刊出上海被害同胞放大单独尸身照片十多幅，此为英国人残杀我同胞的铁证。另外再配上文字说明。紧接着，再于6月22日把《京报特刊》第四期推出，此期内容主要是汉口惨案写真，也是图文并茂，以血写的事实来声讨英国人的野蛮屠杀！在此，公弼、修慧你们都在，第一期特刊我们是随报附送的，但我想自第二期起改随报附送为分离零售，这样我们也好有点收入，否则我们的成本投入实在太大了。不过这些收入，除扣掉纸张印刷费外，多下来的收入我决定全部捐助给上海罢工人员，你们看此举如何？"

"我们完全赞成！"汤修慧和潘公弼异口同声地道。

"好，那就这样定了！"邵飘萍说。

"不过，你这样全力以赴支持爱国反帝运动，那些帝国主义的走狗早就对你恨之入骨了！"潘公弼说，"记得当时，你看到《华北明星报》他们在转载你6月3日《愿国民注意根本问题》的评论时，有意进行歪曲，把标题篡改为'京报袒护暴动学生'把你气坏了，这简直是下三滥的手段！你立即予以反击，直言不讳地质问帝国主义：'暴动学生之一名词，真可谓滑稽极矣！请问外国绅士：学生是否有手枪？是否有机关枪？是否已因暴动而杀死外国绅士多人？否否不然，多死者乃为学生。'此时，你愤怒至极，在翌日署名飘萍的时评《新口号》中，公开喊出：'严办外国凶手，打倒外国强盗！'是这样吗？"

"是这样的。"邵飘萍感叹道，"对此次'五卅'惨案，几乎所有的帝国主义列强，都与日英帝国主义勾结在一起，共同从舆论上来围剿中国人民的正义斗争。唯独社会主义的苏联，对中国人民的这场伟大斗争在物质和精神上给予了强有力的支援！另外，还有日本共产党领袖片山潜、德国共产党领袖锡琴等人给予了声援！"

"振青，据说此次'五卅'爱国反帝风暴，席卷了大中城镇，甚至连穷乡僻壤都波及了。"潘公弼说，"可谓史无前例，影响深远啊！"

"是呀。"邵飘萍说,"据说全国各地约有一千二百多万民众投入了这场声势浩大的反帝爱国运动。公弼啊,为了更有力地打击帝国主义,鼓舞人民的反帝爱国斗争,接下来,我们应再次强化对'五卅'运动的报道。"

"可是我们《京报》的宣传版面已由开始时的一版,二版半,扩大到如今的将近四个整版了。"潘公弼说,"如要再强化我的意见是只有出特刊了,其他还有什么办法?"

"哦,办法是人想出来的。俗话说,'世上无难事,只怕有心人嘛。'你说是吗?"邵飘萍说,"我指的强化报道,不只是扩展版面,而是在报道方式上要灵活多样,我看啊,除特刊外,我们还可以设特别通讯,专门刊载社会学者,名流在声援'五卅'爱国反帝运动方面的言论文章。对此,我手中就收到了孙中山夫人宋庆龄所写的《对于'五卅'惨剧之意见》一文,写得非常深刻,如在《京报》上刊出,无疑对民众是个巨大的鼓舞,对这场爱国反帝运动也有着重大的指导意义。你看看,抓紧编发掉!"

"有这样好吗?那,我要先睹为快了。"潘公弼接过稿子就翻看起来,看着看着就忍不住大声朗读起来:"……'今日所急者不在灭此爱国之火焰,而在善用此火焰,使成积极有益之努力,以解放中国脱离英日帝国主义之压迫,凡中国国民皆有负此救国重任。孙先生四十年革命目的之一,对内推翻满清帝制,对外反抗一切强权与侵略,皆是实现反对帝国主义。此为一切爱国者应有之主张,不可信外人挑拨之辞,因惧被诬赤化,遂便国也不爱也!……'振青,你所言极是,孙夫人此文刊出后,肯定会引起强烈地反响!"

"另外,我还想请清华学生会来主撰《京报副刊救国特刊》,请北大学生会来主撰《京报副刊沪汉后援专刊》,再请北京市救国团主撰《京报副刊救国特刊》。"邵飘萍说,"我这样安排是充分发挥社会力量,也好缓解一下我们报社在人力、财力上的高强度付出,不是一举两得吗?"

"我看是个不错的主意。"潘公弼说,"在诸多附刊的参与下,就可以形成合力,同声讨伐英日帝国主义,声援沪上工人的正义爱国斗争。"

"还有一点是最重要的。"邵飘萍说,"我们还要以中共《告全国同胞书》为准绳,在《京报》及诸多附刊上,狠狠揭露日英帝国主义和军阀相互勾结的罪行;多刊登众多革命团体的抗议、宣言,以及一切爱国志士的言论。集中报道民众集会,游行示威的活动消息;真实反映民众提出的建立反帝统一战线,废除一切不平等条约,取消领事裁判权,收回租界,取消戒严令,无条件释放被捕学生和群众,严惩杀人凶手,并赔偿损失等严正的要求,向帝国主义发起强有力的反击!"

邵飘萍吃了中饭后,立即又来到办公室看稿子,正好潘公弼也在编稿,两人就聊了起来。潘公弼说:"刚才有位叫石评梅的来电话说女师大杨荫榆校长把警察都带到学校去了!"

"哦,我也略有所闻,看来他们要对女学生下毒手了!"邵飘萍说,"对此,为弄清实情,我已让修慧到女师大了解一下。公弼啊,那位杨校长是因为章士钊在背后替他撑腰,才敢如此妄为的。哼,简直是狗仗人势,有辱斯文!"

"那个章士钊可是你的老朋友了。"潘公弼说,"听说他如今是教育总长,一上任就说要整顿学风呢。"

"章士钊自己又嫖又赌,这样的人不配言整顿学风!"邵飘萍说,"其实他这是做给段祺瑞看的,不过章士钊拍了半天马屁,想不到姓段的根本不领他的情,人家对他以前的许多做法很是不满。据说段祺瑞让手下对他说,'你如自信能干得下去,可来司法部上任。'他知道后屁颠屁颠的直乐,连忙去约了躲在家里不去上班的陆长吴光新一起到执政府,列席特别会议。他这样做其实是表示他来上任,是政府召集阁员办理外交之意,并非他自动复职的。另外,他又派人疏通新闻界,也给我来过电话,说他早就不想干了,再不从政了。可是'五卅'惨案的发生,要求修改不平等条约以及收回领事裁判权的呼声目前已一浪高过一浪。为此,政府让他担任司法总长,使他感到责无旁贷,他应该竭尽所能做好此职,新闻界如能赞成和为他鼓吹,应该是对事不对人,至于上次的学潮,实在是学生们对他的误解。不过,好在不久他就要辞去教育总长这个兼职了,所以也可以说与学界已不存在冲突了。你听听,他倒推得一干二净了。明明是在他的怂恿下,那杨荫榆才敢把警察带到学校来弹压学生的!"

"是呀,我也认为就是章士钊在背后捣的鬼!"此时,汤修慧从女师大采访回来,跑进门就接过话头说了起来,"更惨无人道的是,石评梅对我说,杨荫榆他们把学生们当成战场上的俘虏,分成班级看管起来,还宣布停止供饮食和茶水。同学们一个个又饿又渴,有的体弱的同学实在熬不住就饿晕过去了,可是这些丧尽天良的还是死活不管。有位叫刘和珍的同学还对我说,那杨荫榆是早已策划好的,让那些警察进了学校就在墙上贴出布告,勒令她和石评梅、许广平等六位学生骨干立即离开学校,她们不走,那些警察就动手打人了。可是他们竟猪八戒倒打一把,说成是学生们先闹事,无奈之下才把警察叫来的,简直是黑白颠倒,满嘴胡言!"汤修慧说着还拿出了石评梅交给她的一份《北京女子师范大学启事》递给邵飘萍说:"此是女师大学生以自治会名义写的紧急声明,要求在《京报》上刊登,以争取社会各界的支持!"

"还好振青让我留了空位,"潘公弼说,"看来,振青是料事如神啊！"

"其实，好戏还才开场，等着把明儿报纸一出"，邵飘萍哈哈一笑又说，"那才叫热闹呢，弄不好姓章的又要来兴师问罪了！"

第二天一早，《京报》馆的脚踏车送报队就在北京的大街，胡同里飞快地穿梭，把一份一份飘着浓郁墨香的《京报》送到每一家订户手中。同时，一批批小报童也从报社蜂拥而出，他们边跑边大声叫喊："——喂哎，快看来！邵飘萍重要披露，女师大学生被警察殴打内幕！《京报》！《京报》！女校长发威将六学生赶出校门，《京报》记者实地调查报告目击记——震撼披露！"

邵飘萍此时在办公室看刚出版的《京报》，突然，电话响了，邵飘萍拿起电话说："我是京报社长邵飘萍，请问您是哪位？哦，原来是章总长，不知有何指示啊？"

电话里章士钊阴阳怪气地道："飘萍老弟，我是行严啊，说不上什么指示，我此次复职是出于无奈啊！你老弟可是知道的，我此次出任可是司法总长，教育这个摊子是兼任的，所以要管好也很难啊！如今世风日下，连学生都很难管了，看看北京这些大学，依我看没有一所可称得上是正常的！唉，飘萍老弟，和你扯远了，什么时候有空再和你聊吧。今天我是看到了贵报登了女师大那个'声明'，加之杨荫榆又来找我闹，说'声明'与事实有出入，并要求派人来向老弟加以说明。"

"哦，是吗？"邵飘萍对着话筒，提高声调道，"可是行严兄你是了解的，本报一向持论公正，决不偏袒任何一方。为慎重起见，我还在女师大学生自治会那'声明'的同一版面，又专门刊登了由本报记者所写的实地调查报告，不知你都看了吗？"

"看了。"章士钊连忙在电话里解释道，"可杨荫榆也看到了，对贵报的调查报告不发表意见，但要求再刊登他们所写的《杨荫榆校长启事》《北京女子师范大学启事》等两个声明,以正视听,并说决不能让几个捣乱的黄毛丫头把水给搅浑了!还说报社如不肯刊登他们的声明就是持论不公,就是被她们女学生收买了或者故意和他们作对!甚至说出高价买你们的版面也要立即登出来!飘萍老弟,此事你看我们可是老朋友了,我才竹筒倒豆子都和你直说了!此次整顿学风,我也是忧国忧民,实出无奈啊!……"

"这样啊,行严兄。"邵飘萍对着话筒口气非常严肃地道,"首先请行严兄转告杨荫榆,《京报》是百姓的喉舌,从来不收不义之财!另外,我们可是老朋友了,你的面子总要给的。你让杨荫榆派人把声明拿过来吧,我看在章总长的面子上照登!"

"哦,那就谢谢了,唉,忙啊,我们兄弟找机会再聊吧,先挂了啊!"章士钊说完把电话挂了。

汤修慧来办公室已多时,对邵飘萍答应章士钊再登杨荫榆的声明很是不解,说:"你怎么能答应那姓章的呢?这种为虎作伥的事可做不得啊!"

"慧啊,言重了!"邵飘萍颇为得意地笑道,"看来连名满天下的才女都没看明白我的用意啊!"

"什么吗?你倒快说呀!"汤修慧急了,"你这个人,人家在火里,你却在水里,亏你还笑得出啊!"

"哎,你呀,揣着明白装糊涂,怎么连这点都看不破呢!"邵飘萍止住笑说道,"你想啊,我报记者所写的'目击记'和女师大学生自治会的'声明'已是'原告'在前,杨荫榆他们的两个'声明'登出来,好像是百般抵赖的被告自供状,再写得巧舌如簧、黑白颠倒,又有谁会相信呢?这就是作为报人,就要尊重事实,也要尊重广大读者,更要相信广大读者都会有自己的思辨能力,肯定会在对比中看清事情的本来面貌!"

邵飘萍刚写完一篇稿子,这时他抬头望下窗外,天色慢慢变黑了。他连忙拿起电话给祝文秀挂了个电话,说:"振亚,是我啊,等下我有事要你去办!"祝文秀惊喜地道:"好啊,那你过来吃晚饭吧。""好,我挂了啊。"邵飘萍把电话又拨给了汤修慧,说:"慧啊,晚饭我不回来吃了,我有急事要去办。""哦,北京这阵不太平啊,你可小心点啊!"汤修慧吩咐道。

邵飘萍又忙了一会儿,就走出报社,招了一辆黄包车径直拉到了刚家大院五号祝文秀住的地方。他敲了下门,祝文秀在厨房里忙着,说:"门开着呢,进来吧!"

邵飘萍走了进去,闻到了从厨房里飘出的阵阵香气:"烧什么好吃的慰劳我啊?振亚!"

"自从我搬来,你都好一阵没来了,我还以为你把我和娘忘了呢!"祝文秀边往桌上端菜,边说道,"今儿个怎么想起我了?"

"唉,谁让你跟了我一个办报的啊?每天都有忙不完的事,我也想天天守在你身边,可是作为报人的责任和使命,"邵飘萍叹了口气说,"我也是别无选择,只有忍痛割爱了呀!"

"唉,你都瘦成啥样了?"祝文秀从厨房里又端来刚炖好的一罐清炖鸡,给邵飘萍先舀了一碗鸡汤,说,"这是按我娘的要求炖的,说可补了,多吃点啊。"

"呀,好香啊。"邵飘萍端起碗喝了一口,说,"别光看我吃,你自个儿也吃吧。这样啊,振亚!"邵飘萍神色突然变得严肃起来,从袋里掏出一封已写好的信,然后郑重其事地对祝文秀道:"明天中午,你把这封非常重要的信送到天津去,千万要小心!"

祝文秀放下碗,接过信,看了下信封上的地址,疑惑不解地道:"这信为什么不从邮局寄?"

邵飘萍压低声音道:"那样做是不安全的,派你送到天津,我才放心！这封信很重要的！"

祝文秀冲邵飘萍一笑："怪不得外面人家都说你是个喜欢搞政治的人。"

"随人家说去，人各有志嘛。"邵飘萍这时也吃好了饭，站了起来，拉过祝文秀，在她秀气丰腴的脸蛋上轻轻地一吻，说，"振亚，明天去时穿漂亮些！此行非同小可！如碰上眼线，必须千方百计甩掉，一定要把信送到！"

祝文秀笑道："你呀，老是叮咛个没完，放一万个心，我保证把信送到！"说着，走到梳妆台前，拿起一个玫瑰红的粉镜盒，轻轻地掀起夹层，把那信折小后塞了进去，然后"啪"地盖上说，"放在这里保险丢不了！"说着，把那粉镜盒放在贴身袋里。这时，邵飘萍用手将祝文秀搭在额前的一绺头发梳理好，温柔地道："我还得赶去开会，等忙过这阵再来看你。振亚，明天路上务必当心，要随机应变啊！"

祝文秀穿着法国式的时髦花旗袍，水光流滑，浓妆艳抹，好一副贵妇人模样。她大模大样地下了车，十分从容地走向天津站检票口。中午的阳光照耀在她那秀气而带点自信的脸庞上，落在她那珠光宝气的衣服上，折射成一团金光四射的风景。长蛇阵般的旅客中，她的装束可以说是鹤立鸡群，夺人心魄。她高昂着头，一副不屑一顾的气势，表情冷若冰霜，斜着眼走进了检票口。车站检票口，早已挤得人山人海，各种声音，杂色人群蜂拥而至飞入耳鼓。但她好像视而不见，闻而不躁，一脸旁若无人的样子。她这时镇静地从随身携带的坤包中拿出粉镜盒，"啪"地打开，面对粉盒中的小镜子又补了补妆。几名搜查旅客的军警朝她上下打量之后，以为她是哪位有权势人物的官太太，便谄媚地对她傻笑着直打哈哈:"夫人,请慢走,慢走呀!嘻嘻!"

祝文秀鄙夷地白了这群狗杂种儿几眼,心里骂道:"狗东西,神什么气儿!"她此时昂首迈步,手里挥着小手绢儿,步如飞燕,好比一个凯旋的英雄,轻轻松松地通过了貌似森严的车站检票口。她如释重负地终于吐了口气,按着由于过分紧张还在跳得十分激烈的胸口,回头望望还在骂骂咧咧盘查来往旅客的一群黑狗,心里涌上一阵庆幸逃脱后的兴奋。此时,她跳上一辆人力车,按邵飘萍拿给她信封上的地址,在一家门面装潢得富丽堂皇的店铺前下了车,付了车钱,然后再次拿出粉镜盒往脸上抹粉。突然,她在镜中发现了一个头戴圆顶合帽,一身短装的家伙,鬼鬼祟祟的尾随于后,她走他也走,不紧不慢地同她保持着一丈左右的距离。祝文秀突然感到全身一阵发毛,心如奔兔,不好,此人肯定不是善茬儿!甩掉他!此时,她强压住内心突然袭来的阵阵恐惧,命令自己一定要装成没事儿一样,稳住阵脚,不能露出马脚,坏了大事!必须设法甩掉这条狗尾巴!祝文秀故意停停走走,在街上的商店里进进出出。这时,她突然紧走几步,快步闪进一家笑声大作的冷饮店。店里人影晃动,谈天说地,三教九流的人物都有。祝文秀要了一份冰激凌,慢腾腾地吃着,背对住门口,边吃边掏出粉镜盒偷看。那尾巴也走进店内,装成根本没看见她似的,他要了冰激凌吃着,边吃边把一对狗眼朝她扫来。她乘那"尾巴"低头用舌头舔碗边的一刹那,撂下半碗冰激凌,疾步冲出了店门,她边跑边回头看,心里盘算着如何才能甩掉这条可恶的"狗尾巴"!她迅速地在拐弯处回头又望了下身后的那条"尾巴",又闪进了一家百货店,走到柜台前,佯装选购花手帕。"尾巴"也像幽灵样地跟进百货店,远远地假装观看商品,不时地用狗眼窥视着她的举动。她暗暗担心,如果再不甩掉"尾巴"看来事情要坏了!她思来想去,可想不出一个好法子。唉,倒霉!碰到这个丧门星!突然,她看到店铺门口走过几名巡警,她两眼一亮,心里暗暗叫好,计上心来。她此时索性若无其事地走出店铺,大步流星地朝着停在马路边的一辆人力车走去。人力车夫见是一位"贵妇人"来光顾,连忙讨好地笑着迎向前来问:"哎,这位太太,您这是要上哪儿?"

她优雅地提提花旗袍,一只脚踏上人力车,趾高气扬地朗声道:"警察局!"然后,一屁股坐进车,大声道,"快点,钱加倍给你!"

"好咧!您坐好!"人力车夫拉起就飞快地奔跑。

跟在后面的"尾巴"见她坐车跑了,大吃一惊,立即也飞步冲到另一辆人力车前,凶狠地叫着:"妈拉个巴子!快!追上前面的那辆,追不上,小心枪毙了你!"人力车夫不敢怠慢,立即飞奔追去。两辆车一前一后穿街过巷,拐东往西来到了天津某警察局的大门前。祝文秀不慌不忙地走下车,掏出几个铜子儿扔给车夫,便朝警察局走进去,门警见是位穿得十分华贵的美丽女子,立时喜笑颜开,咧开镶有金牙的嘴巴,大献殷勤地作躬打揖地道:"啊哟!我还当是谁呢?原来是太太您啊!太太真来得巧极了,局长大人刚回来,请,请到里面喝茶!"

祝文秀也不吭声,心里忍不住好笑,这个白痴,见了女人就昏头,哼!表面上却也朝门警丢了媚眼,脸上浮起些浪笑,挑逗的那门警又抓耳又咽口水的,一副恶心样。此时,她敏捷的又从坤包摸出块大洋,悄悄塞进涎着口水的门警手中,娇声娇气地道:"辛苦了,兄弟,一点小意思,自个买包烟抽吧!"

金牙门警见钱眼开,立即笑哈哈地道:"啊唷,太谢谢太太了,就您疼咱当差的,您走好,请!"

这时,那差点追上的"尾巴"却吃惊地呆在门口,不知如何是好了,只好在心里骂道:"妈的,白忙乎了一阵,呸!活见他娘的鬼了！"他眼睁睁望着祝文秀那婀娜多姿的背影走了进去，看来是自己看走了眼，想想只好耷拉着脑袋，骂骂咧咧地跳上车走了。

天刚刚放亮，胡同里静悄悄的，还没有人走动。祝文秀走出刚家大院五号的大门。她边走心里边盘算：这一阵邵飘萍为忙报务，把人都瘦成猴了，唉！得上菜场买点鱼，再打电话让他来吃，也好补补身子。她这样想着走到附近一条胡同时，发觉这里岗哨林立，戒备森严。她心里暗忖道："怕是出事了吧？她想反正买鱼还早，不如先走过去看看，一边想一边走向前去。

"喂！干什么的？站住！"突然，一位持枪的军警朝她厉声叱道。

"买菜的。"祝文秀回答着仍走了过去，脸上挤出微笑，"我往家去，得从这过去！"

那军警铁青着脸，喝道："妈的，这会儿戒严了，绕道走！"

"老总，我住刚家大院五号，每天都打这儿过，今天怎么不让过啊？"祝文秀压抑住内心的不满央求道，并向那军警飞了个媚眼，说，"行行好，兄弟！我家里还坐着锅呢，您老低头不见抬头见，请您高抬一下贵手让我过去吧，啊！"

军警不耐烦地叱道："妇道人家少管闲事，麻利走吧，别他妈的惹麻烦！"

祝文秀走到胡同中央一个姓白的军阀公馆门前时，看到门口围成乌鸦鸦的一片，有拍照的，有划白线的，有指手画脚的。

她怀着好奇的心情挤了进去，人群中，有个老头在感叹："真是惨不忍睹啊，白司令和她的家眷全被人杀死了。天啊，昨天还活蹦乱跳的，今儿个却全死了！"

祝文秀听完那老头的话，心里已明白眼前发生的事，怪不得如此军警林立，杀气腾腾，赶情姓白的死了。这个吃千刀的狗军阀早该死了！祝文秀心里暗暗高兴，不露声色地拨开人群,快步跑回家中,抓起电话就喊:"喂,京报报馆吗？我找邵飘萍！"

对方答:"我就是,你是振亚吧？"

祝文秀兴奋地对着话筒喊道:"阿萍！我是文秀,哎！给你报个好消息！你猜怎么着？今儿个一早我准备到菜场买点好菜做给你吃,可路过咱们住家附近的白公馆,嗨！姓白的全家老小全让人给宰了！"

邵飘萍左手夹着一支烟,右手握住电话,说:"好,很好！你看到的就这些吧？嗯,有进步了,你也学会采访了？振亚啊,谢谢你给《京报》提供了一条颇有价值的新闻。好,就这样。哦,对了,晚上就你们自个吃吧,我还要去开个会,不能过来了,有空我再过来,好,挂了啊。"

邵飘萍放下电话,抓起毛笔就飞快地把刚才的新闻编成稿子。此时,他心里非常高兴,这则消息太重要了,这将给那些残害民众的狗军阀们敲响了丧钟！几分钟后,他将编好的文稿递给了潘公弼,说:"这消息可是祝文秀第一次提供的,非常有新闻价值,你拿去发排,明天见报！"

潘公弼和邵飘萍相视一笑,说:"好,我立即发排！"


新报馆落成,乔迁后的第二天,早上邵飘萍吃饭后来到办公室,刚把茶泡上,潘公弼嘴里哼唱着也走了进来。邵飘萍见他春风满面的,就说:"看你,这么高兴,碰到什么好事啰？"

"是呀,我还沉浸在昨天为你四十岁贺寿,荀慧生、马富禄合演的《打樱桃》这个戏中呢。"潘公弼乐呵呵地道,"此戏堪称绝品啊！那花旦的嗓子简直能穿天！好一个'梆子二黄两下锅呀'太过瘾了！"

"看把你乐得!"邵飘萍说,"是啊,慧生这个人确实不简单啊,经过这么多年的勤学苦练,他的荀派表演艺术已到了炉火纯青的境界了,实在是令人敬佩啊!"

"昨天那个《开山府》也很不错,那马连良演邹应龙,无论是唱功和做功都让人回味无穷。"潘公弼说,"不过,最解气的是打骂严嵩那一场,那马连昆演严嵩,阴险奸诈,活灵活现!"

"哦,对了。"潘公弼说,"我听慧生他说可能在十二月中旬,他要南下到上海演出呢!"

"此事你给我记着点啊。"邵飘萍说,"我这人一忙起来就会忘了!我们相交甚笃,他到上海,我再忙也该去送送他的,再让他带上我写的信,也好让在上海的友人好照顾他啊。"

"好,到时我会提醒你的。"潘公弼说,"哎,振青,听说孙传芳通电讨奉了!他的五省联军已进入上海了,天下又不太平了!"

"是呀,我也看到了。"邵飘萍说,"上海出版的英文报纸在欢呼呢!说什么即是那个诸葛亮先生在世,亦恐难取得如此令人惊讶的战果。说那孙传芳简直是一鼓作气,10月19日五省联军已到了南京,10月23日又挺进到蚌埠了。说那千里津浦兵列相望,汽笛哀鸣,枪声一站接着一站,可谓是横扫千军,所向披靡,锐不可当啊!"

"对对,是这样的。"潘公弼说,"我也听说了,说十几万奉军如今直挺挺地摆在那津浦线上呢,还说尾巴在天津,头部在上海,好像一条被抻直的长蛇。我看呢,那张作霖这回除了丢脸的撤退,还能有什么办法呢?"

"不过,以我看呢,"邵飘萍说,"是那奉军欺压百姓太甚,还搜刮民脂民膏,奸淫妇女,无恶不作,所以让孙传芳捡了个现存的。要知道,孙传芳本来也是亲奉的,现在不亲了,因为张作霖侵害了他的利益,他当然要自卫了。虽然说这个孙传芳是个不精文墨的人,一直笃信武力,但听说福建一败,倒使他也长了一点文治的本领。为此他还搞了一本《入浙手册》,使他声名远播呢!该手册大体说,他们是被周荫人逼出福建才来到浙江的。为此,必须严于纪律,对浙江人秋毫不犯。所以订了纪律若干条,违反者将受到严惩!当然,也该着孙传芳'时来运转',他打听到冯玉祥与张作霖是面和心不和的。于是,他就派把兄弟杨文恺去了张家口,给冯玉祥送去了'秋波'并结为金兰兄弟。对此冯玉祥也派段祺澍到杭州面见孙传芳,还对杨文恺说,'馨远出兵打张作霖,我非常赞成!不过,如今我还不能与那奉张公开作对,当然,我会设法牵制住张作霖,使他无暇调兵南下增援。'果然,孙传芳势如破竹,打得那奉军是哭爹叫娘,狼狈逃窜!如今那孙传芳正是春风得意之时,于是,他就想攀附皖系段祺瑞了,又做起了能一统天下的美梦了。不过,他也是秋后的蚂蚱蹦不了多久的!"

"振青,想不到你对孙传芳这个人了解得还真透彻啊。"潘公弼说,"唉,这些军阀打来打去的,还不都是为了一己私利,可苦了我们老百姓了!"

"对这些军阀我向来没有好感!"邵飘萍说,"特别是那个土匪出身的张作霖我更是深恶痛绝!"

"哦,那冯玉祥不也是军阀吗?"潘公弼说,"我看你对冯玉祥很是敬重的啊!"

"冯玉祥与那些军阀可完全不一样!"邵飘萍说,"他也痛恨北洋政府的腐败,也立志要做一番救国救民的大事的人!另外,在奉军中还有位叫郭松龄的也是位有良知的正直军人,如今他是奉军主力三军团的参谋长兼第十军军长,也是'陆大'派的首领,并以拥戴少帅张学良和统一中国为己任。他不仅看不起张作霖的那些土得掉渣儿的绿林哥儿们，与同为少壮的日本士官派亦争斗不已。于是，'老派'的就骂郭松龄为'郭鬼子'，'洋派'的则讥笑郭松龄为'小六子的灵魂'，他们之间就这样水火难容，看谁都不顺眼儿！"

"可为什么叫郭松龄为郭鬼子呢？"潘公弼说，"还有小六子是说张学良吧？"

"哦，那是郭松龄长得暴眼鹰鼻，颇像俄国毛子的军人，所以就被叫成'郭鬼子'了。"邵飘萍说，"小六子也就是张学良。"

1925年10月10日，奉军领队郭松龄随中国军事代表团应邀来到日本东京观操，他刚住进帝国饭店的一间豪华客房，侍者刚刚端来茶水，还没喝上一口，这时就有客人来访。

来人是一位日本大佐，看上去粗矮壮实，目光犀利，他微笑着自我介绍："我是参谋本部的冈田大佐，今特奉命前来安排签字事宜。"

"哦，签字？"郭松龄是丈二和尚摸不着头，他一下子怔住了，吃惊地道："可此事不是在奉天已谈好了吗？"

日本冈田大佐还以为郭松龄故意卖关子，就有点不耐烦了，说："张作霖同意在关东租界地展期东满南满土地经营权问题上作出重大让步，以换取大日本对争霸关内的支持！"

可是此时签字代表于冲汉人还在日本釜山候船呢，性急的日本冈田大佐错把郭松龄当成了签字代表，冒冒失失不搞清楚就撞上了门！

郭松龄刚才听日本冈田大佐这样说，好像凭空里听到了个霹雷！他此时感到浑身的血好像要沸腾起来，说话时连声音都有点抖了："阁下说的可是'二十一条'第二款吗？"

日本冈田大佐此时也感到事情有点不对头，脸色一下变了，惊慌失措地道："阁下不是签字代表？啊呀,对不起！"说完就失魂落魄地走了。

这时，随郭松龄一起来日本的夫人韩淑秀走进来悄声地说："茂宸,经我让盛世才辗转打探,张作霖还要再次发动战争。他在请求日本人提供军火,可是必须答应日本人,以承认'二十一条'为条件。张作霖准备用日本人提供的军火,准备和冯玉祥的国民军开战！"

郭松龄听了,吃惊地道："这可是真的吗？"韩淑秀道："千真万确！刚才那位冈田大佐不是误将你当成了张作霖派来签密约的代表了。"

"简直是卑鄙无耻！"郭松龄气得火冒三丈,突然猛击了下桌子,愤怒地道，"张作霖如再听信杨宇霆这个小人的谗言,再和冯玉祥开战,无疑是飞蛾投火,自取灭亡！我不能再让东北军重蹈战火了！"

此时,突然有人敲门。韩淑秀警惕地问："谁啊？"

日本女侍轻轻地推开门,恭敬地递上一张名片给韩淑秀。她连忙将名片给丈夫,郭松龄接过一看,名片上印有"国民军第二十师师长韩复榘"的烫金文字。郭松龄心想:来人虽然不太熟,但既然已找上门了,还是见见为好。于是对日本女侍说："请客人进来吧！"

随着乳白色房门再次被日本女侍推开,身着戎装,长方脸,扫帚眉,魁梧彪悍的韩复榘出现在郭松龄夫妇面前,他进来后先行军礼,然后说："茂宸兄！我是代表冯将军来拜访您的！"两人握手落座后,韩淑秀连忙让侍者端来茶点,然后她微笑着退出了房间。

韩复榘见房间里只剩下他们两人了,就微笑着道："冯将军对您景仰已久,平时常常说起您,说您早有改革大志。早年曾随朱庆澜到过四川,参加过辛亥保路风潮,又在广东受过孙中山先生的影响。还说您当年与张学良在吉林剿过土匪,一面坡一战,使您崭露头角。第二次直奉大战又是您一举攻克芳胜,就连日本人的报纸都称您是'攻下芳胜之勇将郭松龄'嘛!了不起啊,郭将军!哈哈……"

"啊呀,韩师长,过奖了!"郭松龄连忙摇手制止韩复榘的吹捧,叹了口气道,"唉,韩师长有所不知,其实我在东北军里又算得了什么呢?"

韩复榘听他又是叹气,又是摇头的,似有满腹的牢骚,苦水无处申诉,但他仍不点破,继续用好听的恭维他:"兄弟我早有所闻,郭将军虽身在旧军队中,但对旧军队中的恶习却深恶痛绝,一直以来都有改革旧军队的抱负,我想,将军的一腔热血,苍天可鉴,必有大展雄才的一天!"郭松龄听了,低头呷了口茶,叹了口气道:"唉,韩师长只看到我光鲜的一面,可您不知我内心的苦啊!说到改革东北军,但这谈何容易?我这是剃头担子一头热啊,我是做梦都想把东北军改革成一支铁军,可此时我也是孤掌难鸣啊!是的,可能兄弟你也有所闻,张学良对我亲如兄弟,但张作霖却不支持他的儿子,再加上东北军里士官派又根深蒂固,要做成大事比登天还难啊!至于我如今的处境更是人微言轻啊!"

韩复榘见他言犹未尽,措辞谨慎,情绪低落,心想,何不趁此激他一下,看他如何反应,便语带不满,替他抱不平道:"哼!都说张作霖善用人才,如今看来,不过徒有虚名而已!像郭将军这样的智勇奇才,却得不到重用而被埋没军中,简直是暴殄天物啊!"

果然,不出韩复榘所料,郭松龄被韩复榘刚才说的话触痛了内心,他的脸腾地一下子红了,颇为激动地道:"韩师长,虽然你我素昧平生,但今日交谈甚为投缘!话已说开了,也不妨向您倒倒苦水儿!在奉军这些年,我没有功劳也有苦劳。不是我自夸海口,两次直奉大战,我为张作霖立下了赫赫战功。可是讨直胜利后,那些贪生怕死之辈都得到了封官晋爵,可我郭茂宸决不为其所动,对于功名利禄,我向来视如粪土浮云!可是,我毕竟是堂堂中华七尺男儿啊!眼看国家不断内战,人民生灵横遭涂炭!如今在日本观操,看到日本官兵持枪拼杀,喊声如雷,军旗猎猎,战号嘹亮,我的内心可真不是味儿啊!"此时,郭松龄越说越激愤,就站了起来,在那猩红色的地毯上踱起了方步。突然,他转身面对两眼放光正在听他说话的韩复榘跟前,大声地道:"那日军为何如此强大,野心勃勃?那是因为他们有铁的纪律,有称霸世界的野心!比比看看,可我们奉军却士气低下,腐败堕落。可为何会这样呢?我认为,全是那张作霖骄横好战,听信奸人所言才造成今天的衰败!如姓张的再不悬崖勒马,还想称霸关外,东北军迟早毁在他的手中!可令人气愤的是,他又在磨刀霍霍了,妄想再掀内战,我……"

韩复榘听到这里,心里暗暗吃惊。他见郭松龄神情激动,好像话里有话,急忙追问道:"哦,那张作霖还想打内战?听郭将军刚才那番话,我实在有点搞不懂?刚停战不久,为何张作霖还想开战?这不真是天下的笑话吗?以兄弟看,此是郭将军过虑了,张作霖不会是言而无信的小人吧?"

郭松龄这时冷笑数声道:"唉,韩师长,可能是你们都被张作霖的假象所蒙蔽了!不过事关国家安危,你我虽然才认识不久,但责任感使我不得不说,张作霖已与日本人签了密约,想以'二十一条'为代价,取得日本人提供的军火后,再向冯玉祥的国民军开火!……"

"啊?这张作霖真是个卑鄙无耻的小人!"韩复榘听了郭松龄

的话,冷汗直冒,气愤地骂道,"要不是冯将军心地仁慈,几次可以灭他姓张的都不忍下手,他张作霖早就献罪于天下了,他不思报恩,反而去勾结日本人再掀内战,这还是人吗?"

"韩师长!不必担心!如今东北军的大部兵力,都握在我手里!"郭松龄神色严峻地道,"国家如今危在旦夕,人民苦不堪言!东北军早有厌战情绪,张作霖为了一己私利,不断发动战争,以为官兵所怨恨。如今张作霖变本加厉,还想出卖国家投靠日本人,此种卖国求荣的行径是人所不齿!我是有血性的以国家为重的军人,绝不是他张作霖豢养的走狗帮凶!如他一意孤行命令我向国民军开战,在这民族国家大义面前,我只有反戈一击,朝他张作霖开火!"

"郭将军!"韩复榘激动地大叫一声,一把将郭松龄紧紧地抱住,热泪盈眶地道,"郭将军,想不到您如此深明大义,刚才的慷慨陈词,句句掷地有声,令兄弟我感动敬佩啊!在此,兄弟我代表冯将军非常感谢您的一片赤诚之心,如今那姓张的已凶相毕露,意欲向我国民军大开杀戒,幸亏遇到了您,郭将军,请受兄弟一拜!"说着"扑通"跪倒在地就要拜他。

"啊呀!韩师长,不必多礼,快快请起!"说着郭松龄急忙用双手把韩复榘扶起,凑到他耳边轻声叮嘱道,"韩师长,你我虽刚认识,但却相见恨晚!请兄弟此次回去后,千万要转达给冯将军,就说如张作霖令我部向国民军开战,我决不会向贵军开枪!此事已迫在眉睫,关系重大,你一定要严守秘密!"

韩复榘颇为动容地道:"请郭将军放心!鄙人非常敬重您的人格,此次回国后我立即将您的决定禀明冯将军,并再约时间商议今后如何进退。对郭将军今日的义举,兄弟我感铭在心并严守机密,如有所负,必遭天谴!"

奉天。张作霖所住的大青楼内灯火通明,荷枪实弹的侍卫像木偶般杵在大门口。这时,一辆小汽车开到了门口,从车里相继走出张学良和郭松龄。候在大门口已经多时的张作霖的秘书急忙微笑着迎向前来说:"张大帅已等两位多时了!"

张学良"哦"了一声,也不太理那秘书,便偕郭松林大步走进老虎厅东侧的会客厅。只见张作霖板着个脸在来回踱步,突然抬头看到张学良和郭松龄,脸色顿时和缓下来。郭松龄倒也机敏,立即向张作霖恭恭敬敬地敬了个军礼。张作霖立时堆起笑脸,大声道:"好呀!郭茂宸!盼星星盼月亮,我们的勇将终于东渡归来了!如再见不到你,我张雨亭又要拍加急电报催你啦!"

"哦,是这样的,大帅!"张学良和郭松林坐下后,张学良连忙向张作霖解释说,"茂宸此次在日本观看秋操后,原想接电就赶回的,可是想不到却病了。"

"我也没怪他,能赶回来就好了!"张作霖说着,还一反常态地亲自替郭茂宸斟上茶水,笑眯眯地道,"茂宸呵,身体可都康复了吗?此次到日本观操肯定有许多感想吧?不妨说给我听听!"

"谢谢大帅的关心!茂宸身体已好了!"郭松龄见张作霖很想知道日本秋操的情况,就如实把自己的想法和在日本看到的对张作霖和盘托出,"回大帅的话!此次茂宸在日本看秋操,只见他们的官兵都有一种视死如归的武士道精神,几场操演,士兵从不叫苦。队列齐整,军号嘹亮,令人敬佩!不过,依茂宸之见,也没什么了不起的!日本军部每年都来邀请我们去看操,除向我们借机炫耀大和民族的武力之外,实际上也是在恫吓我们。对此,我建议大帅对日本这种别有用心的邀请,也应该婉言谢绝才对!"

"好啊,说得太好了!是应该回绝日本人,省得他们老在我们中国人面前耀武扬威!"张作霖连声称赞郭松龄,又向张学良道,

"汉卿呵,你此次做得好啊!你让郭茂宸这样有智有勇的军人到日本实在是明智之举啊!你看刚才的话说得多好呀,可以说是句句在理,字字掷地有声!既看到了日本人的实力,又不妄自菲薄小看我们自己,茂宸呵,你此行的收获可不小啊!"

听张作霖这么吹他,郭松龄却感到不可思议。他回来后已和张学良的谈话中知道张作霖对他去日本观操很有意见,可今天见了面却一味吹捧和赞赏,可见张作霖的虚伪和阴险!郭松龄强压住内心的不满和气愤,仍以平静的口气问:"不知大帅急召茂宸前来,有何差遣?"

"哦,是这样啊。"张作霖呷了口茶,润了下嗓子说道,"茂宸呵,我张雨亭一直非常赏识你是个将才!想当年你从广东回来之后,我就认定你将来肯定会有一番作为,所以就启用你在讲武堂做了教官。后来汉卿一再向我推荐你,说你是个难得的将才,从那以后,我就对你特别关注,不断地提拔你!也许你不知道吧?广东回来时的你,只不过是个少校军衔!如今你可是一军之长了,这些年来你进步的很快啊!"

郭松龄越听心理越气恼,但又不好发作,只有打落门牙往肚里吞,还得装成笑脸说:"是呀,多谢大帅对我的栽培和提携,茂宸没齿不忘!"

"你知道就好!"张作霖说,"对你这样的有用之才,我当然要重重提携了!你还记得吗?上次我们跟吴佩孚打仗,我把你升成副军长给汉卿做助手,你确实不负所望,将那吴佩孚打得是丢灰弃甲,狼狈逃窜!所以这次我又想到了你,才让你速来奉天的!"

郭松龄听张作霖又提起两次直奉大战,他出力最多,但却没有得到半点好处。对此,不说也就忘了。可一说此事积压在心中的怒火又被点燃起来了,他真想撕破脸皮质问张作霖一番,做人为什么如此缺德不守信诺,还算什么大帅？但当看到张学良正微笑着看着他,话已到嘴边也只好忍住了,换上笑脸说:"可大帅你还没说让我来是有什么新任务啊？"

"哦,茂宸呵,年轻人性子就是急嘛！"张作霖此时看了一下张学良,提高声调说,"你可能已有所闻了吧？那孙传芳的五省联军准备向我奉军开战了,军情危急啊！对此,我思之再三,感到唯有你能挑起这副重担,所以发电报让你来奉天替我筹建第三军团！知道我的用意了吗？也就是说我要把奉军的主力全由你来指挥,连姜登选和韩麟春的两个军都算上,全权由你和汉卿调动和指挥,准备狠狠地打他个硬仗！茂宸呵,有这个胆量吗？此副担子可是不轻啊！"

"谢谢大帅对茂辰的信任！我当然敢！"郭松龄听张作霖这样说,心中暗喜,急忙立起身连连拍着胸脯说,"只要大帅让茂宸挑的担子,就是再重,再难,哪怕是粉身碎骨,也要坚决完成,绝不退让！"

"好！我要得就是这话！"张作霖满意地向前拍了下郭松龄的肩膀,神情严肃地道,"茂宸呵,如今我把兵权交给了你,希望你不负重托,到时,给我打他个漂亮仗凯旋！你准备一下立即赶到滦州去集结兵力,接下去把新组建的第三军团放在津京一带防守待命,等我的命令再给我狠狠地打！"

郭松龄双脚并拢,一个军礼,大声道:"请大帅放心！只要我郭茂宸在喘气,绝不让那狗日的孙传芳踏进东北半步！"

1925 年 11 月下旬,一个月黑风高的寒夜,二十四岁的张学良听说郭茂宸病了,急忙连夜赶到天津探望郭松龄。可是当他下车后踏进病房时,他是做梦都不会想到,郭松龄此时准备兵变已是箭在弦上！

坐在郭茂宸床边的韩淑秀见张学良来了，连忙给他斟上茶，然后就悄悄地退出了病房。

"汉卿呵,那杨宇霆实在太坏了！东北的事情让他这么一折腾全毁了！"郭松龄边整理衣服边气愤地道,"唉,您父亲也真犯糊涂,净听那杨宇霆瞎摆布！您看看,守着东北大片好山好水不好好耕耘,却硬要到关内逞能逞强！可恨的是这姓杨的是个无能之辈,一下子就把三个师兄弟的性命全葬送了！我们东北军要是还让姓杨的折腾下去就全完了啊！"郭松龄越说越激动,边说边拍着床沿,声调大得惊人:"汉卿呵,您说说,这是怎么一回事啊？那杨宇霆打了败仗跑回来不好好反省不说,还要到您父亲面前煽动去打冯玉祥的国民军,您说呵,汉卿！杨宇霆他究竟安的什么心呢？哼！我看呢,他这是变着法儿在让我们去给他当炮灰！""唉,茂宸啊,那杨宇霆的为人做事,我心中是有数的。"张学良苦笑了一下,劝郭松龄道,"你自己也要保重身体呵,凡事都别太激动了。以我之见,你病好了再去跟我父亲好好谈谈,把心中的想法都对上将军说说,我想上将军虽然做事较固执。但对好的建议他还是会采纳的。"

"啊呀,汉卿呵,您可高看您的父亲了！"郭松龄把头摇得像拨浪鼓说,"不是我贬低您父亲！我的话有什么用呢？上将军思维古板,心里老想着扩大地盘儿,根本没有国家民族的念头啊！"

"那,那你说还有什么好法子？"

"办法有啊！"郭松龄见话已说到这份儿上了,倒不如把事儿挑明了说出来更好。他突然从床沿上站了起来,在房里来回踱了几步,停在张学良面前,将右手挥起然后朝下劈去,大声道,"让上将军把占着的位子让出来,他也好安度晚年了！"

"啊？你这是疯了！"张学良听郭松龄这样说,如遭霹雳一击！

此时,张学良的脸色都变得铁青了,厉声道,"茂宸呵,你是不是气糊涂了？让我父亲下台,那你这是想让谁上台啊？"

"让您上台啊！"郭松龄浓眉一扬,嘴角带笑,一字一顿高声道,"父下子上,此事自古有之,何况您也早该独当一面了啊！"说着郭松龄用手摸了摸下颌那乱蓬蓬的络腮胡须,旁敲侧击道,"汉卿呵,您这次来天津不只是看我吧？恐怕还有什么重要消息要告诉我吧？"

张学良还没从刚才的惊愕中回过神来,只好淡然一笑,说:"是呀,我此来一是看望你,二是转达老帅之命,即刻在天津召开三军团和直隶将领参加的军事会议商讨一下,准备如何进攻冯玉祥国民军的谋略！"

郭松龄听了,"嘿嘿"冷笑道:"这些年来,汉卿呵,你我可是情同兄弟啊！你心里在琢磨什么？是蒙不了我的！也就是说你此来的全部使命没有这么单纯吧？如今那些主张战争的人在奉天可是炙手可热呢！他们这一阵肯定在挖空心思寻找能说服我的人呢！"

张学良听了,心里暗暗吃惊:"你郭茂宸也太多心了吧？真是的,自己的一点心思还是躲不过这郭鬼子的火眼金睛。不过,既然他这样说,我又何必还遮遮掩掩呢？"想到此,他就坦然地说道:"不瞒你说,我也是主和派！自然,我也看到了你和李景林联名发给老帅的电报了。平心而论,你们的电文,可谓是义正词严,句句在理,我甚为敬佩！虽然你们的电文通篇都是为广大东北官兵和老百姓着想,但是你郭茂宸是否想过？在重大军事行动即将展开的关键时刻,你这样和大帅的决策唱反调,将会造成怎样的严重后果吗？你这样做对吗？"

郭松龄回敬道:"汉卿呵,我和李景林联名的电报大帅看了肯定不高兴,但我反对内战是不会错的！对此所产生的后果我也早有心理准备,为此,我才冒死向老帅苦谏的!可是您父亲在发给李景林的回电说的是人话吗?太令人气愤了啊!汉卿呵,我郭茂宸是什么样的人难道您还不知道吗?如果连您都不理解,我是无话可说了啊!"

听着郭松龄这些掏心掏肺的话,张学良的内心深为震撼,无言以对了。对郭松龄如此执着的劝战精神,说张学良不为此感动那是假话。可他毕竟是张作霖的儿子,也是个有情有义知道深浅的血肉之躯啊!想到此,张学良苦笑了下说:"你我相识相知到如今,茂宸兄呵,从感情上来说,我赞成,也理解你这样做!可我是军人也是老帅的儿子呵,如今你这样做实在让我很矛盾,也很为难啊!现在你逼我和你们联手去反对战争,这不是陷我这个老帅的儿子于不伦不孝吗?……啊呀,你啊!"

张学良刚才一番话对郭松龄触动很大,他眼眶含泪,冲动地一把抓住张学良的双手,激动地颤声道:"汉卿啊,此事我知道是难为您了,除了我,还有谁知道您心中的苦楚?可是在我心目中的您,应该是一个顶天立地,处事果断的人!可是如今的您在大是大非面前,却变得如此懦弱,怅然若失!"

张学良听了,突然猛地把手挥了一下,好像要把心中的不快和困扰多日的烦恼全部驱除掉,脸色一变大声道:"茂宸呵,你我都是军人,军人以服从命令为天职此话你是知道的!话已说得够多了,还望茂宸兄能听我一声劝,尽早把军队集结好,准备向国民军进攻才是明智的选择啊!"

郭松龄听了,沉思良久才含泪说道:"不是我郭茂宸故意要和您唱反调,事已至此,今天我把心中的想法也都告诉您了。发动战争,让老百姓遭殃的蠢事我不能再做了!对此,我准备再发电报给老帅,让他收回再战的命令!如老帅仍固执己见,不听我的劝阻,那……那就只有回军兵谏这条路了！"

张学良听了，吓得面如土色，连忙走向前一把抓住郭松龄的手，眼眶里泪花闪闪，激动的嘴唇张了几张，他想再劝一劝郭松龄，但又不知该说些什么才好？半晌，他终于扔下一句："茂宸呵，我还得赶回奉天去，你我就此别过，望你再好好想想，请自重吧！"说完话，张学良苦笑笑就匆匆忙忙地走了。

北国十一月的天气，气候是格外的寒冷，此时，一场罕见的特大暴风雪突然来临了。张作霖获悉郭松龄在滦州倒戈后，整天心烦意乱地躲在屋中抽大烟。他边抽着大烟边臭骂着张学良把忘恩负义的郭松龄推荐给他，自己辛辛苦苦打下来的东三省的江山，就要毁在这郭鬼子的手里了！这时，他终于过足了烟瘾，把烟枪放下又坐了起来，一双气得血红的三角眼无力地扫了扫堆在小坑桌上的各类报纸。《奉天时报》《沈阳快报》《东三省公报》全都刊登了郭松龄在滦州发出的三个讨伐张作霖的《通电》，他轻蔑地冷笑了一下，把这些报纸都扫到一边去，拿起了一份《京报特刊》翻看起来。这是邵飘萍办得很好的报纸，他倒要看看。这张特刊一大张二整版，全是用厚纸铜板精印，刊登的都是人物照片，鲜艳夺目。照片中的人物有冯玉祥、孙岳、岳维峻等将军，还有"保护京畿治安京畿警卫总司令兼京畿警察总监"鹿钟麟将军，"时势造英雄首先倒奉"之孙传芳，"通电之外无所成自岳州赴汉口"之吴佩孚将军，"东北国民军之崛起倒戈击奉"之郭松龄将军，"忠孝两难"之张学良，"一世之枭亲离众叛"之张作霖，"鲁民公敌"之张宗昌，"直民公敌"之李景林，"甘心助逆"之张作相，"教育界所反对"之章士钊，"免职避匿"之朱深，"临时辅政"段祺瑞，"冯督办会办"马福祥，"本报记者"邵飘萍，"本报记者视察包头之纪念"等照片。张作霖耐着性子,边看边冷笑。突然,邵飘萍写的《日军阀之干涉中国内政》的文章使他睁大了眼睛!邵飘萍说:"吾人所以反对张作霖者,固因其违反民意,妄肆野心,以武力逞威权,视战争如儿戏,独夫民贼,不应再听其专横。……故虽拥有东省之富庶,而财政紊乱,胡匪猖獗,暴敛横征,社会破产,数次侵略关内之战,皆耗费数千万金,可莫非东省人民之所负担,充其舍近图远穷兵黩武之虚荣心理,东省民力将无复得资休养之期,推翻张作霖,即为铲除整理地方之障碍。"接着,他又拿起最近出版的《京报》翻看起来,刊有:《郭松龄致张学良一封信》《联冯反奉原因及其经过》《张作霖之末路》《奉张大势已去》《郭军三路攻奉》《郭松龄军前进》等用黑粗大字作标题的时局战事新闻。张作霖看着这些新闻和照片是越看越气愤!这时,他突然又看到了由日本人办的《盛京时报》连忙翻看起来,只见日本人也居然以《崛起的郭松龄》为题,还刊登了郭松龄的照片及生平。"妈拉个巴子!没有一个好东西,全是落井下石!小六子啊,你可害死了我啊!"张作霖两只精明的狐眼此时是气得要流血,凶狠地睁大着,气愤地猛拍着桌上的电文、报纸在骂着张学良这个不长眼的儿子。

"嘿嘿。"说曹操,曹操就到。张学良分毫不差的正好愁眉苦脸地来到了大帅府,没进门他就先叫了声:"父亲!"他叫完站在门口却不敢进来。张作霖只是"哼"了一声,算是答应了。张学良朝一脸盛怒的张作霖看了一下,轻声地道:"王永江省长和杨宇霆总参议已在大青楼等您多时了,说是要对滦州兵变商议个退敌之策!"

"尽是屁话,已经晚了,小六子!"张作霖将手里的象牙烟枪狠狠地掼在那烟盘上,顺手把一张《京报》扔给走进来的张学良,恶狠狠地瞪着血红的鱼眼叫道,"你自个儿看吧,邵飘萍都在替郭鬼子鼓吹些什么?妈拉个巴子!连日本人也在吹捧郭鬼子了!这个忘恩负义的小人，还敢在全国发通电讨伐我，还给我列了十条罪状！这些都是你所谓的情同手足的狗屁朋友做得啊！"说着，他又把桌上堆着的报纸抓起狠狠地扔给张学良，发疯般地吼道："好好琢磨下吧，小六子！这叫做人有良心，狗都不吃屎！"张作霖想想又叹气道，"怪只怪我用人不当，被狗日的郭鬼子咬了一口！妈拉个巴子，他还要'清君侧'，还要我张雨亭的脑袋？口气不小啊？哼！我立即调黑龙江的骑兵来痛击郭鬼子，幸亏吴兴权的兵权没有交给他，还好我留了一手，要不然就全毁在这狗日的手里了！"

张学良从地上捡起报纸，看到上面的是一张《京报》，跳进他视野的是用粗体大字作标题的《再致张学良书》《电告进攻锦州奉军》《奉张已出走说》等文章。

"邵飘萍不是也和你私交不错吗？"张作霖气呼呼地从坑上下来，在地上连连跺着脚，抓过报纸质问张学良道，"可他明明知道我是你父亲，却如此在他所办的报上讨伐我！骂我是'独夫民贼'，还鼓励你'父让子继'！妈拉个巴子，你交得都是些什么朋友啊！更可恶的是那郭鬼子，妈拉个巴子，还要我'自宜引咎自责，以谢国人！'，这还了得？"张学良此时看见父亲脸色铁青，嘴唇颤抖，甩手跺足，痛苦万状。张学良是看在眼里，痛在心里。他是想好好劝劝父亲，可是一时又不知道说些什么才好？沉思良久，他才轻声说道："父亲，郭松龄是我推荐的不假，但他在治军上确实也有才能的，如今他虽然倒戈反您，但也是情有可原的还望父亲千万别急着用兵才好！我看此事还有缓和的希望，让我想个万全之策出来应对！"

"对那郭鬼子，你还心存幻想？"张作霖把眯缝眼瞪得老大，讥笑道，"你就继续做梦吧，小六子！还有啥好法子？快说来听听！"

张学良不慌不忙地道："我认为还没到鱼死网破的地步吧？父

亲,如您同意,我即刻赶到昌黎去,见见郭松龄,我想他姓郭的还不至于那么绝情吧?"

此时的张作霖已是六神无主,不知该如何是好了,他暗自叹了口气,说道:"也只好死马当活马医了,你去一下也好,此也实在是万般无奈之举啊!如今国民二军已三路进入山东,孙岳军也已回到直隶。那李景林电促我张雨亭下野,吴佩孚也乘势竖旗讨伐,冯玉祥更是通电骂我!从广州的国民党人,上海的共产党人到江南江北的直系军头全都动起来了!如果你认为在郭鬼子最春风得意之时还能说服他,爹我也就不拦你了!可你去是去可得小心啊,如实在不行,你爹我就要与郭鬼子一决高下了!……"张学良信心满怀地道:"父亲,您老就等我的好消息吧!"

"那你就赶快到昌黎去吧!"张作霖说完就来到大青楼客厅,看到杨宇霆苦着个脸在走廊里来回走着,见张作霖急匆匆地走来,连忙跟着走进屋。省长王永江却拿着张《京报》边看边冷笑着,张作霖看他跷着个二郎腿一副悠然自得的样子,就拍着巴掌叫道:"我的岷源老弟,你倒好!人家在火里,你却在水里!看你的样子好像一点都不急嘛!"

"我的大帅啊,有什么好急的啊!"王永江连忙放下腿微笑着坐了起来,说,"越是在这样的时候,大帅一定要沉得住气!以兄弟之见,事情或许还有转机!"

"哦,你为何这样想?"张作霖心急如焚地说,"快说来听听!"

"哎哟,其实大帅应该看出来的啊。"王永江说,"那郭鬼子此次是草率起兵的,再加上太低估了您大帅的真正实力,更致命的是他的过于乐观和骄傲,所以我认为郭鬼子最终必败无疑!"

"是吗?你为什么这么肯定!"张作霖听他这样说似乎有点道理,但还是不太相信,就说,"你说郭鬼子有这么多人响应他,正闹得如火如荼呢！你凭什么说他必败无疑啊？”

　　“大帅呵，我岷源说话都是有依据的。”王永江说，“你别看郭鬼子如今有冯玉祥、李景林，还有南方那个孙传芳等军阀的声援，可这些人都是貌合神离，虚张声势而已！”

　　“哦，对此我倒是疏忽了！”张作霖暗暗点点头，不得不佩服王永江这过人的精明和老谋深算。杨宇霆那张苦瓜脸这时也绽出了难得的笑容，称赞道，“王省长可说是我们的‘智多星’啊！我看，你就别卖关子了，还不把你想到的金点子都说出来！”

　　“还有啊？”张作霖也急了，说，“那你就痛快点嘛！别像个老娘们似的啊！”

　　“好，好！性急吃不了热豆腐啊！”王永江笑了，说道，“你们想过没有？还有最关键的一点！嘿嘿，我已将清乡警察独立大队悄悄地派到巨流河一线了，我要在那里给郭鬼子致命的一击！他做梦都想不到我会在那奉军最后一道防线上与他决一雌雄！还有我还给吴大舌头发了电报，让他的骑兵也赶到巨流河一线埋伏阻击郭鬼子！如今我们和奉系老将都是一根绳上拴着的蚂蚱，如让郭鬼子打胜了，哼！谁都跑不掉！最后还有如实在难挽回战局的话？我看可以向日本关东军求助，只要日本人肯答应出兵，哈哈，那郭鬼子的死期就不远了！”

　　“妙哉！想不到岷源老弟还有如此完美的计谋！”张作霖转忧为喜，笑容重新回到了他那张又黑又黄的老脸上，连声称赞道，“好，太好了！岷源老弟，被你刚才这一点拨，我此刻的心才算有点放下了。日本人那里吗，就让邻葛去说说。不过，条件是非让日本人出兵不可。这样我们就稳操胜券了啊，哈哈！”

　　杨宇霆在旁听了，也连连拍着胸脯说：“大帅尽管放心，邻葛此去肯定马到成功，让日本人出兵以解燃眉之急！”

　　杨宇霆冒着纷飞的大雪从旅顺赶了回来,他要尽快把与日本人面谈的事告诉给张作霖。当他和开车来接他的王永江走进大青楼时,看到张作霖一脸怒气地坐在那里发呆,地上都是花瓶的碎片散落着。张作霖听到脚步声,抬头一看是他们,转怒为喜地张口道:"哎呀,你们可来了!哦,对了,邻葛,那日本人是否答应出兵啊?"

　　"大帅,先让我喝口茶润润嗓子!"杨宇霆接过侍者送来的茶连喝了几口,才说道,"叫白川义胜的日本司令官因郭鬼子不承认日本人在满蒙的特殊利益,很是反感。当我提出建议要求他们出兵支持,他爽快地答应并建议日本政府准许出兵干涉!"

　　"哦,这下子好了!有日本人的支持,那郭鬼子的末日也就不远了!"张作霖一下子眉开眼笑,又恢复了往日的神气,话也多了起来,"不过,邻葛,世上没有毫无所求就肯挺身而出的朋友的!那日本人肯定是有所图谋的,他们都提出了些什么条件啊?"

　　"是呀,还是大帅明察秋毫啊!"杨宇霆脸上浮上一丝不易察觉的奸笑说,"那日本人虽满口答应出兵,但条件却很苛刻,要我们先签一份密约,而且指定大帅亲签才行!另外,日本人派来的特使浦江澄中佐如今也来到了沈阳,现住在悦来客栈里专等大帅您去面谈呢!"

　　"狗日的日本人,来得倒快啊!"张作霖听说还要亲自去面谈签约,一时又犯起难来了。

　　杨宇霆看张作霖在屋里走来走去,沉默不语。连忙又说道:"以我看你就先去面谈,不管什么条件都先答应日本人,我们也管不了那么多了,先让日本人出兵才是要紧的啊!"

　　王永江这时见张作霖在看他连忙说:"不过,我们不能毫无原则地乱签啊?至少要看看日本人所提的条件能不能接受!"

"是呀,我也是这样想的!"张作霖连忙附和道,"那就先了解一下再签也不迟!"

杨宇霆听了,连忙把放在身上的密约拿了出来递给张作霖,说:"日本人鬼得很,让我们赶快做决定!"

张作霖把密约给了王永江,说:"岷源老弟,还是你来看吧!看看日本人都提了啥条件?"

王永江展开密约,只见纸上共写了四条:"第一,间岛地区行政权的移让;第二,吉敦铁路的延长,并与图们江以东的朝鲜铁路接轨与联运;第三,日本侨民在东三省享有商租权;第四,洮昌道所属各县准许日本开设领事馆。

王永江看了密约,心里倒抽了几口冷气,连连叹道:"这日本人果然奸诈啊,大帅啊,他们这是乘人之危啊!以我之见,日本人所提的条件我们是无法接受的!如让大帅亲签,到时如追究起来,恐怕会遭人唾骂!"

"那怎么办啊?"杨宇霆有点急了,脸有愠色地道,"如我们不签,弄不好日本人又会去帮郭鬼子的!延误了时机再后悔就来不及了啊!"

"我是担心大帅您啊!"王永江想想如今已是火烧眉毛,可如推翻杨宇霆此次的努力,自己又拿不出更好的办法,如惹恼了日本人,那就会铸成大错,就说,"我怕到时日本人咬住大帅不放,你们看看?还有什么万全之策?"

"这样好了,邻葛呵,还是你全权负责到底!"张作霖已听出王永江的担心,于是就笑着说,"你去对日本人说,就说我身体有所不便,就由你负责签约,此事就这么定了!"

王永江见张作霖这样说,心里的一块石头才放了下来,感叹道:"生姜还是老的辣啊!"可他嘴巴上却连连鼓动杨宇霆说:"邻葛呵,还是大帅做事有城府啊!我思之再三,也认为还是你好事做到底较合适,你办事向来稳健老练我们也放心,去吧,辛苦你了!"见他们这样说,杨宇霆此时也一心想促成此事,也没细想就顶着漫天飞舞的皑皑白雪,驾车来到日本人住的悦来客栈,与日本浦江澄中佐签了密约。

张作霖大帅府此时灯火通明,在老虎厅会议室,杨宇霆向参加军事会议的将领报告郭鬼子军队的情况,杨宇霆得意扬扬地道:"告诉大家一个振奋人心的好消息!如今日本关东军已大举介入了,那郭鬼子几次进攻均被日本人压下去了!还听说郭鬼子的兵经连续作战已是人困马乏,又加上天寒地冻,缺衣少吃,士兵都是饿着肚子在作战,已产生厌战情绪了。看来,此次郭鬼子就是有三头六臂,我看也难挽回败局了!另外,据可靠情况,说郭鬼子电请冯玉祥出兵京榆,但冯玉祥却又与李景林部发生战事,根本抽不出兵来。而更要命的是冯玉祥支援郭鬼子二十万用来做六万套棉大衣却又因交通中断,棉大衣被积压在日本商人的仓库里!你们说这郭鬼子也真够倒霉的吧?还有更加让他伤心气愤的事哩!说郭鬼子派军需处长去向李景林借款三十万,借子弹八十万粒。可那李景林也真够缺德的,不但不借,反而让他手下的叫李爽凯的军长把郭鬼子派去的军需处长轰了出来!这些人中,还数冯玉祥最仗义了!在郭鬼子兵变后冯玉祥提供了大量食品和钱,只因兵力受到李景林的牵制而无法支援郭鬼子。听说这一阵那郭鬼子是怒火中烧,度日如年啊!"

此时,王永江却坐在椅上在静静地听杨宇霆吹得眉飞色舞,他边听边将着唇上的黑胡子,始终没说一句话。

突然,一侍卫来报:"大帅,有您的电话!"

张作霖连忙站了起来，走到会议室隔壁接电话。只一会儿，他就喜气洋洋地回到会议室对各位参加会议的将领说："再给大家通报一个好消息！郭鬼子司令部的参谋长邹作华已答应做我们的内应！"

张作霖的话顿时引起在座将领的喝彩和叫好！只有王永江听了发出阵阵冷笑："有什么好笑的？我早就看出这个邹作华不是个东西了，哼，大帅和各位都可不要高兴太早，对此类卖主求荣，见风转舵的小人，我们可得时时提防着点，弄不好就会咬你一口！"

杨宇霆却不以为然地道："我可不这样认为，岷源呵这你就多虑了！这叫识时务者为俊杰啊！邹作华能在此时反戈一击，这不是帮了我们的大忙了吗？哈哈，我们欢迎还来不及呢！各位说是吗？啊？哈哈！"

张作霖也得意非常地道："我看那是活该啊！这是老天爷对郭鬼子的惩罚！让他也尝尝被人背叛的滋味儿！这叫作一报还一报啊！妈拉个巴子，到时打败了郭鬼子，我要论功行赏，这邹作华吗也该给他记上一功！"

"是呀，这叫赏罚分明。"杨宇霆接过话头说，"是该给邹作华记上一功！大帅呵，郭鬼子此时已深陷在白旗堡了，任他哭爹叫娘也只有等死的命了！"

"哦，是吗？"张作霖顿时兴奋起来，追问道，"郭鬼子可不是草包儿，你不要轻看他了！"

"我可不敢胡言乱语！我知道郭鬼子精明，可我也不是省油的灯，由他疯狂！"杨宇霆奸笑道，"我没等他回过神来，已派人把铁路沿线的那些水塔全都他妈的炸掉了！哈哈，没有了水，他的那些机车就成了一堆没用的废铁！这老天又冷得邪乎，他郭鬼子再厉害，也只有干瞪眼了，就等着挨宰吧！"

"好,干得漂亮!"张作霖连连朝杨宇霆跷起大拇指,颇为欣慰地说,"雨亭我多亏大家伙拼死帮我,到时我定重重有赏!"

张作相听了,连忙叫道:"还有我啊,大帅!我们吉林的兵也不是屠头!你我可是兄弟啊,兄弟就应当冲锋在前!在巨流河,我们可以从正面进攻那狗日的郭鬼子,让那小子也知道我张作相也不是好惹的!"

"唉,大帅呵大帅!可不能落下我啊!"坐在椅子上,不怎么说话的汤玉麟看大家争先恐后地纷纷表态,再也坐不住了,急忙站了起来,连连拍着胸脯说,"这些年来我与大帅虽时有不和,但如今那郭鬼子忘恩负义起兵作乱,敢对大帅动刀,那就是和我汤二虎过不去!刚才看各处都已有了精密部署,也好,大帅呵,我十一师此时正好在朝阳一带呢,您看呵,我何不出其不意地从后面直扑大凌河两岸,打那郭鬼子个措手不及!怎么样啊?哈哈!"

"好啊,实在是太好了!有人说,'上阵父子兵,打虎亲兄弟',此话看来是有道理啊!我雨亭此生幸亏有你们这些不是兄弟胜似兄弟们的拔刀相助,是我的造化呀!"张作霖微笑着,颇为动情地道,"刚才听了老哥们的一席话,我这凉透了的心又回暖了!雨亭我把话搁在这儿了,大家伙儿这些年和我一起,风里来雨里去的,吃了不少的苦啊!如今,在这生死关头,你们又都挺身而出帮我渡过难关,到打败郭鬼子那天,我会个个重重有赏,决不食言!"

1925年12月24日,此时,天刚刚放亮,郭松龄指挥着东北国民军,发起了兵变以来最猛烈,也是最悲壮的攻击。这时,他拿起望远镜望去,透过朦胧的晨光,可以看到那崎岖不平长长的河岸上,无数的机关枪在疯狂地喷着橘黄色的火焰。此时,晶光闪眼的辽河冰面上,全被密不透风的火网封住了。攻击部队此时在发起最艰难的进攻,那齐腰深的雪地形成了一个天然的屏障,成千上万的东北国民军都死在这辽河的雪窝里。郭松龄这时在河岸上挥刀督战，看到关东汉子一个个倒在冰河里，没一会儿就成了竖在冰面上的一排排冰塔。他的心在流血啊！

邹作华这时突然跑过来对郭松龄说："不好了，日本人也来参战了！你看那炮火一排排在河面上爆炸，掀起喷泉似的水柱！以我看，咱们的炮可没有这么大威力和齐整！"

"哦，还有这事？"郭松龄不相信地朝邹作华瞟了一眼，急忙拿起望远镜看了一会，说，"咱们的炮怎么了？为什么都哑了！"

邹作华却不吭声蹲下来低着头，用拳头在狠狠地砸着地上的雪，"呜呜"地哭了。"那些炮兵都不肯再打下去了，以我看你还是快找汉卿说说好话，按弟兄们的意见言归于好吧！"

郭松龄听了，气得脸色一会青一会儿紫，暴凸的眼珠子血红血红的，那目光恶狠狠地朝邹作华瞪着，厉声咆哮道："你去告诉那些打退堂鼓的软蛋！谁他妈的想反悔我毙了谁！天塌下来地接着，你就说我郭松龄与那张作霖誓不两立，反他是铁板钉钉的事，是不会改变的！"说完他跃上马背，策马而去……

不一会儿，喊杀声和枪炮声就渐渐地停了。此时，战局逆转了，从公主屯开始到西佛，绵延百里的辽河战线，东北国民军在张作霖和日本人的联合夹击，再加上邹作华的中途叛变不幸失败了！俗话说："兵败如山倒啊，墙塌众人推！"此时，郭松龄和妻子韩淑秀坐在一辆马车上朝山海关方向狂奔赶路。韩淑秀忍受着这马车颠簸的阵阵难受，问郭松龄道："我们这是逃往哪啊？""唉，都他妈逃得比我还快！"郭松龄忍住悲愤的泪水，说，"我们只有先到山海关魏益三那儿，他还有二万人呢，我们还可以东山再起，与那张作霖拼个鱼死网破！"

这时，后面追来的骑兵已越来越近了，那是张作霖从黑龙江调来声援的骑兵,他们边追边挥刀高声狂呼:"老哥们,追上去!活捉郭鬼子重重有赏!"此时,那近似狂吼的叫喊,在这寒冷空旷的雪野里,让人听了是那么胆战心惊!此时,车慢马快,追兵离他们是越来越近了,韩淑秀看到这一情景,突然对那驾车的士兵说:"喂,你停下来!"然后哭着对郭松龄道:"老郭,后面骑兵已近在咫尺,你骑马先走吧,我留下对付他们!"

"你疯了!"郭松龄一把抱紧韩淑秀,流着泪对她说,"我们可是夫妻啊,无论天塌地崩都要在一起!"说着猛地夺过那驾车士兵手中的鞭子,狠劲地抽了那马屁股一下,那马即刻又狂奔起来!

大约中午时分,郭松龄他们逃到新民西南约四十五里,一个叫作苏家窝棚的地方,被穆春师骑兵团长王永清带领的骑兵追上了。双方经过了惨烈的一阵厮杀,郭松龄的卫队营数百名官兵终因寡不敌众,被王永清的骑兵用马刀砍杀殆尽。屯子里到处都是被砍死的士兵,血腥气味冲天。郭松龄夫妇乘乱躲进了屯里的一家农户的菜窖里,可是没躲太久,他们就被王永清的骑兵搜捕到了。郭松龄夫妇手拉着手从菜窖里走了出来,立即被押上汽车解运到辽中县老挞房,关在一家烧锅坊里。

夜里,在暗淡的毫无生气的灯光里,郭松龄在低矮寒冷的房里左右徘徊着。此时,他正在后悔应该听听妻子韩淑秀对他的多次忠告,要他防范邹作华这个阴险小人,可是由于自己的刚愎自用,最终真得被这个叛徒出卖了!……这时,屯里的鸡相继叫开了,他望了下窗外,天已开始放亮了。一位看守他们的军官叫屠书溪的,非常敬佩郭松龄的为人为事,他偷偷地乘人不注意塞给他笔和纸砚,说:"我看您一夜都在来回走着,心里还有什么不放心的?请快写在纸上!天就大亮了,您的赶紧点,郭军长!"

"哦。"郭松龄感激地朝屠书溪点了下头,说道,"我是为反张作霖,反内战而死的,死的其所!只可恨那张作霖如今又与日本人勾结,如我一死,可怜东三省的父老乡亲又会深陷战乱之苦了!每想到此,我的心在痛啊,就是死了,也实难瞑目啊!另外,很想再与汉卿见上一面,但恐怕也难如愿了……"说着,他挥笔在纸上给张学良写下了以下几句,"汉卿军长:我没有置下什么私产,除留下少部分给父母之外,其余的均捐献给慈善和教育事业。"此时,他悲从中来,再也不想写什么了,就把笔扔在了桌上,不再说一句话。

1925年12月25日上午,郭松龄夫妇被张作霖的卫队团长高金山等人,用汽车拉到翟家窝堡的一块粳米地里。此时,一轮红日冉冉升起,照耀在雪地上,也辉映在郭松龄夫妇的身上,这美丽的晨曦,把周边的一切都镀上了一片金黄。卫队团长高金山咳嗽一声,然后威严地朝郭松龄夫妇扫了一眼,大声宣读了张作霖的手令,接着问郭松龄:"郭军长,您还有什么要说的吗?"听到要就地处决,夫妇俩面无惧色。郭松龄只是把胸脯挺了一下,一双要喷血的眼睛鄙视地瞪了高金山一眼,嘴角浮起一丝不屑,就抬起头来望着远方,没有说话。高金山见郭松龄不回答,就又问韩淑秀:"那郭嫂子,您还想说什么吗?""人生自古谁无死啊!"韩淑秀大声道,"茂宸,我们这是为正义而死!古人说,'胜者为王败者寇'。有什么大不了的?好了,先朝我开枪吧!我们夫妇为反内战而死,虽死犹荣!"

高金山见已问不出什么了,只好朝那行刑的士兵挥了一下手,冷酷地发出了命令:"郭军长,一路走好!"随着罪恶的枪声,郭松龄夫妇相继倒在了朝霞铺满的雪地上。此时,韩淑秀那头巾却像一团鲜红的火焰在寒风中,雪地里不屈地飘抖,跳跃!

奉天,张作霖宅邸。两个全副武装,神气而威风的大兵立在两只大石狮的旁边。张作霖卧室,奢侈豪华的摆设,价格昂贵的澳大利亚地毯显示出主人的富甲一方,堂几上一口英国钟"嘀嗒,嘀嗒"地有节奏地走着,是十足的舶来品。而最抢眼的还是墙上的一幅《刘皇叔夜宴图》,给这偌大的空间增添了一份热闹和华贵。此时,剃成光头,身穿青色缎面皮坎肩的张作霖,悠闲自得地蜷卧在大坑上,上面铺着一张张牙舞爪的东北虎虎皮。一个打扮得非常妖艳的姨太太,用她浑圆白嫩的纤手往他的烟枪里添上大烟膏,边添边和张作霖飞着媚眼,时而还发出肉麻的浪笑。突然,张作霖的眼皮跳了几下,流着口水,淫邪地笑着:"我的小心肝哟,哎呀!手脚倒是快点嘛!让老子好过足烟瘾啊!"张作霖说着用手拧了一把姨太太那芙蓉花般的脸蛋,姨太太卖弄风骚的一躲一闪"咯咯"地浪笑着,不小心把一只雪白丰满的奶子从宽松的睡袍里露了出来,被张作霖看见了一把搂过,嬉笑道:"好啊,小宝贝都跑出来了,也想来过烟瘾哩!"说着顺势压住姨太太的身子,张嘴一口含住奶头,一紧一松地吸吮着,吸得那姨太太浑身痒痒地扭动着身子,嘴里"哦,哦!"地呻吟着,绯红了脸,用拳头拼命地捶打着张作霖的背脊。

"你这小宝贝这么浪声浪气地一哼哼,挑逗得老子倒是有点想那事了!"张作霖说着就要来解那姨太太的腰带。"报告!"门外突然有人喊道。张作霖皱了下眉,赶忙松开搂着姨太太的手,起身下地,随手抓过他那杆心爱的镀金大烟枪把它放在茶几上,然后叫了声,"进来!"不耐烦地骂道,"妈拉个巴子,迟不来,早不来,偏偏寻老子的好时辰来!"

随着门响,走进来的是他的贴身参谋还有杨宇霆两人。这位参谋表情严肃,双腿并拢毕恭毕敬地面对住张作霖,先"唰"地行了个军礼,然后口齿清楚地道:"大帅,京报的那个邵飘萍真不识抬举！您赠送他的三十万元，竟全部退回来了！"

"什么？你再说一遍！"张作霖不听犹可，一听真差点没把他气得抽筋，他气急败坏地叱道，"妈拉个巴子！本帅念他是个人才，爱慕他，才赠给他三十万元，妈拉个巴子，太不识抬举了！"

杨宇霆这时也递给张作霖刚出版的《京报》，说："大帅，您看看，郭鬼子死后，邵飘萍还在《京报》上替他说话！您看看，大帅就是这一段。"张作霖顺着杨宇霆所指的看去，那是《京报》上的时评，标题是《日本暗助奉张之成功》，邵飘萍揭露道："日本阻止郭军之前进，各省严守中立态度，实际则使郭军中途淹留，奉张可以从容备战，致从九死一生中获得最后之胜利。故此次郭军之败，乃日本助张政策之成功，日本亦何爱于奉张乎？简直言之，日本侵略东省之成功而已。日本之外交，颇为敏捷而善避嫌疑，然今次竟不避嫌疑以补充守备名义而增兵东省，亦可知其大非得已矣！"张作霖越看越气，"啪"地把《京报》摔在炕桌上，吹胡瞪眼地厉声吼道："传我的话，妈拉个巴子！打进北京后，立即逮捕邵飘萍！但必须抓活的，这样的人才应为我所用，让他乖乖地听从于我！"

杨宇霆在旁听张作霖还想邵飘萍听命于他，摇摇头道："大帅想邵飘萍替您说话？以卑葛看大帅这是枉费心机啊！不是吗？您大帅待邵飘萍还心存善念，还敬他是个人才。可姓邵的对您却老是和您过不去，老在报上找您的碴骂您！不知大帅可记得？1918年当时您在秦皇岛劫了北京政府向日本人订购的17000支步枪，邵飘萍就在《申报》上写了篇《张作霖自由行动》的文章，可恶的是还把您的出身与劫枪相联系，使您十分难堪吧？此次郭鬼子反您，邵飘萍可说是最得力的吹鼓手，接二连三地在《京报》上发表赞扬郭鬼子的文章，还有郭鬼子的通电反您的电文将近二千字，也刊在《京报》上。还亲撰评论，说'西北和东北国民军合力打到之奉张一派素与国民福利不相容,为中国革新前途大障碍之横暴势力'。除鼓吹郭鬼子,他还不遗余力地吹捧冯玉祥并与他勾勾搭搭。大帅,您说这样的人还能听命于您吗?!"

那参谋也"嘿嘿"地奸笑道:"大帅,您若留下邵飘萍,那可真是养虎为患,大错特错啊!大帅!恕卑职直言,您可记得是谁在《京报》上称您为'一世之枭雄亲离众叛'?又是谁在《京报》上辱骂您为'马贼'呢?这种贱人还留他何用?对此,大帅可要三思而行啊!"

张作霖这时看了下杨宇霆那深恶痛绝的眼神,于是下了决心,咬牙切齿地对那参谋道:"妈拉个巴子,攻进北京城,立即处决邵飘萍!"

参谋冷笑一声,"铮铮"地碰了下皮靴上的马刺朗声重复道:"是!攻进北京城,立即处决邵飘萍!"说完,参谋和杨宇霆就雄赳赳地大步跨出了张作霖的卧室。

1986年应金华市委宣传部、金华日报社邀请到金华瞻仰邵飘萍铜像的祝文秀一家。

# 第十章　愤怒声讨三一八
## 慷慨就义名千古

　　塞北张家口。冯玉祥这几天在家里,想好好地理一下头绪,但面对这纷扰喧闹的人世,想静一静也很不容易啊。戎马倥偬半生的他,历经磨难,如今也变得世故聪明多了。听说徐树铮先回到上海,现又来到了北京,不知他和段祺瑞又密谋了什么?此人成事不足,败事有余。中国这些年的战乱,基本上都因他而起。可以说,徐树铮不死,中国的内乱就难止啊!此时,桩桩件件往事在冯玉祥的脑海中翻腾。时间还得从1916年秋天算起,那年冯玉祥带领十六混成旅由四川调到河北廊坊,当时担任陆军部次长的徐树铮无缘无故不发他棉衣,还把军饷扣了,更可恨的还要把他的一个团调到甘肃去。冯玉祥对此坚决不同意,徐树铮火了就把冯玉祥的旅长职位抹了!孙中山于1917年开始护法运动,当时的福建督军李厚基护法军败,冯玉祥此时又被徐树铮调去援闽,他就拖着迟迟不发兵,徐树铮就霸王硬上弓又让冯玉祥去支援湖南。冯玉祥被逼不过,拍案而起!在武穴宣布独立并通电主和,徐树铮乘机将冯玉祥撤职查办。曹锟知道后就找徐树铮谈了好几次,最后徐树铮仍不买账,还是把冯玉祥排挤到贫穷的湘西去了。从那时起,冯玉祥和段祺瑞、徐树铮之间就结下了疙瘩,埋下了互不相容的种子。而更让冯玉祥痛恨的是,徐树铮还把他的大恩人陆建章,于1917年冬在天津诱杀了!每想到此,冯玉祥恨不得将徐树铮碎尸万段,方解心头之恨！最新消息证明徐树铮此次从法国已订了军火回来，他的目的就是准备武装联合孙传芳，然后再一齐来对付国民军！新仇旧恨，点点滴滴，此时都涌上了心头。冯玉祥想到此，突然猛击了一下桌子，下了决心。"此人绝不能再让他活在世上！弄得大好河山不得安宁！可是又该如何对付他呢？……"忽然他想起陆建章的儿子陆承武前一阵来找他，说准备去北京暗杀徐树铮。当时他说："不行，这是胡闹！"陆承武说："我父亲不也是被他暗杀的吗？我也是以牙还牙，替我父亲伸张正义！"

冯玉祥想想也是，这确实也是个除害的办法。让陆承武替父报仇，从常理上也说得通，日后大家知道了，也掀不起什么大浪！总之，把徐树铮这个害群之马除掉了才是当务之急！要不然，还得费尽心机想新的办法。于是，冯玉祥亲自从贴身的手枪队里挑出二十人随陆承武到北京去暗杀，可是却没成功，只好再等机会了。这时，一阵急促的电话铃声把冯玉祥从沉思中拉了回来。冯玉祥拿起电话，是鹿钟麟的声音，他说："冯将军，徐树铮在北京已办完了事，准备于 12 月 29 日夜里乘专车返回上海，您看应如何处置啊？"

"哦，是吗？我知道了，你等一下啊，让我想想！"冯玉祥此时拿着电话，不知该如何回答才好，心里好像有十五个吊桶在七上八下地折腾……如我下命令在半路杀了他？可之后又如何去面对国人的追问？还有段合肥那我又该如何去解释呢？如不杀他，可能今后就没什么机会了，如他跑到孙传芳那里一串联，天下又将战事纷起，不知又有多少生灵将惨遭涂炭啊！思之再三，他只好对着电话里的鹿钟麟说："我一时还没想好，过一会儿再打电话给你！"

冯玉祥是个做事光明磊落的人，如今真要去暗杀徐树铮，在这紧要关头，他倒有点犯难了。此时，他放下电话，又坐回到椅子上,仔细地思考着对策。一轮夕阳正在慢慢落下,屋里越来越黑了。但是他故意不开灯,让自己坐在黑暗中想着如何对付徐树铮。他想,徐树铮这个人如能把他的聪明才智用到正道上,那又该多好啊!可恨他所做过的这桩桩件件,又有几件对得起国家和人民呢?想到此,昔日的怨、恨、仇都如潮水般涌上心头!冯玉祥突然感到自己不能再犹豫了!他猛地站了起来,打开电灯,抓起电话就对还在等他电话的鹿钟麟说:"想好了,抓住徐树铮,立即就地枪决!"

电话那头的鹿钟麟听到冯玉祥这样说,"啊!"地叫了一声,似乎有点意外。其实鹿钟麟也恨这个徐树铮,看不惯徐树铮平时恃才傲物、盛气凌人的样子,可如今见冯玉祥真要杀他,杀一个国家特使、上将军、做过陆军部次长、国务院秘书长、西北边筹使的这样一个重量级大人物,这真让鹿钟麟大吃一惊,连说话都有点颤抖了:"总司令,这,这样行吗?"

"怕什么!天塌了地接着!你就只管执行命令吧!"冯玉祥在电话里叫道。"是!"鹿钟麟大声地答道,放下了电话。

冯玉祥看看天色已不早了,准备回房睡觉了,突然,桌上的电话又响了!他接起电话,还是鹿钟麟焦急的声音:"总司令,刚才接到报告,徐专使专车已从北京前门车站开出了!"

"哦,狗日的倒快啊!"冯玉祥说,"瑞伯呵,这专车开起来速度很快,依你看在何处动手较好啊?"

鹿钟麟在电话里听出了冯玉祥心里其实还没最后决定是否杀徐树铮,连忙献上一计,说:"以瑞伯来看,总司令此次如再迟疑,让那姓徐的逃过此劫,那说不准天下又无宁日啰!如真想干掉他,还来得及,可电话命令张之江,让他去做掉他!"

冯玉祥说:"瑞伯呵,此事非同小可,还来得及吧?"

"以我看来,专车此时到廊坊还有段时间。"鹿钟麟讨好地道,"只要总司令决心定了,我立即通知张之江!"

"那好!"冯玉祥在电话里沉思了一下,口气决然地道,"立即电话传达我的命令:让张之江逮捕徐树铮,就地枪决!"

"是!总司令放心,我即刻命令张之江!"鹿钟麟放下电话,立即摇通了张之江,把刚才冯玉祥的命令转达给他。张之江一听是让他抓住徐树铮就地枪决,也吃了一惊!心想自己虽忠于冯玉祥,但徐树铮身份特殊,不得不小心点,就说:"杀徐专使可不是小事,应该考虑周全才好!"

鹿钟麟在电话里听出张之江对此心存疑虑,立即加大声调道:"紫珉呵,你可给我听清楚了,这是总司令的命令!"

张之江听出鹿钟麟口气强硬,只有执行,连忙给在车站负责警戒任务的彭仲森旅长挂了电话说:"你立即赶到车站,让那站长给万庄车站站长打电话,说'已调度安排好车道了,徐专使的专车可以通行'。同时,要亲眼看着站长打完电话,不得有误!"张之江接着又派参谋长张钺带着卫队在车站等候徐树铮的专车,"一到立即逮捕就地枪决!"

此时的廊坊车站笼罩在一片漆黑中,可以说是伸手不见五指。那凌厉的寒风一阵紧似一阵,间忽还飘起了米粒般大小的雪子,吹打到人脸上是那样又冷又痛。在这漆黑的冬夜里躲在附近的官兵们,一边不断地跺着已快冻僵的双脚,一边急切地盼着目标快点出现,他们好早点完成这该死的特别任务,可以回到炕上再美美地睡到天亮。突然隆隆的响声从廊坊车站的西北方向传过来了,越来越近了,随着刺眼的亮光,一列专车徐徐驶进了车站月台的一侧,这就是徐树铮乘坐的专车。此时,徐树铮坐在特等包厢里还没睡呢,车突然停了下来,他顿生疑问,骂道:"他妈的!谁吃了豹子胆了？敢突然停车！"他的随员也急忙问月台上的值班员："为什么在这里停车？"可是没人理他，也没有人回应徐树铮的责问。徐树铮等了一会儿，见没有人答应，他突然站了起来，想下车去看看停车的原因，可不知怎么的他迟疑了一下又退了回来，仍旧坐到椅子上生闷气。这时，专使特等包厢的门被推开了，张钺带着几名卫队荷枪实弹地走进包厢，对徐树铮说："请徐专使下车，张师长有事要和你面谈！"说着用双手将张之江的名片递给徐树铮。

徐树铮接过名片但没看，只是乜斜着眼扫了下张钺等人，心里已知大事不妙，就说："请你告诉张师长，此次回北京又忙又累，再说现在我身体又不方便，谢谢他的邀请，以后有机会再拜访他吧！"

张钺见徐树铮不肯下车，心想又不好就在车上动手，只好先退了回去，并立即报告了张之江。

张之江听了，知道老奸巨猾的徐树铮肯定察觉了，立即果断地派副官黄中汉再到车上请徐树铮下车！

看到凶神恶煞样的黄中汉提着手枪来请，徐树铮知道再也躲不过去了，只好慢条斯理地系好领带，穿上大衣，然后戴上毡帽抬着头走出了车厢，此时，徐树铮边走边想："大不了让我下去为难一下而已，我可是在中国可以呼风唤雨的上将军，谁又敢把我徐树铮怎么样呢？……"为此，尽管被黄中汉等人用枪指着，他仍快而不乱地朝一片漆黑的车站出口走去。可是，他做梦都没想到，死神已悄悄地向他走来！

张之江此时已在廊坊车站的出口处布下了天罗地网，手枪营营长郭松，手握手枪立在黑暗处，静静地等着徐树铮从这出口走出来。张之江可说是个做事稳健、心思缜密的人。在执行冯玉祥命令的同时,他也考虑到杀掉徐树铮这样影响很大的人所要承担的后果。为不致惹火上身,此时,他突然想到了陆承武,让陆建章的儿子来上演一出为父报仇的假戏那是再好不过了!于是他立即将自己的想法对鹿钟麟说了,鹿钟麟听了也觉得可以,并立即派人找来了陆承武。这时,从车站出口处走出来的徐树铮,见门口漆黑如墨,只有远处的狗在阴森森地叫着。他突然感到情况异常,转过身想返回车站,可是已经来不及了,守在黑暗处的大兵一拥而上把他猛地架起,嘴巴也在这时被大兵用布堵上了,然后他们就推着徐树铮快步走下行道,此时,早已子弹上膛的营长郭松朝徐树铮"砰——砰"开了两枪,45岁的徐树铮没有挣扎一下就倒在了地上。

徐树铮,这个段祺瑞的心腹、军师,可以说是当年中国的奇才,更可以说是个能一言兴邦、一言丧邦的怪杰,就这样如柳絮飘落撒手人寰了!这一天是1925年12月30日凌晨。

也就在同一时刻,随他同行的眷属和贴身随员全部被请到了车站附近的一所小学软禁了起来。此时,天渐渐地放亮了,要替父报仇的陆承武匆忙地从北京赶到了廊坊车站,立即来到小学校,向徐树铮的家属、随员宣读了早已写好的声明:"当年,徐树铮凶残地把我父亲陆建章杀害了,今天,我也杀了徐树铮,替我父雪了恨,报了仇!各位,我陆承武对不起大家,让大家也无故受累在此挨冻!现在,各位愿去北京或是天津,任凭自选,如愿意的话,我也可派车把各位送去!"

也就在这同时,在北京的《京报》和大大小小报纸,均登出了"徐树铮廊坊被杀,陆承武为父报仇"的文章。

第二天,就是1926年的元旦了。邵飘萍从平民大学、政法大学上完课,又乘黑色美制老式福特小轿车,赶回位于北京南城魏染胡同的新《京报》报馆,他让司机把车停在外边,说等下还要出去办事。然后他朝门道南端的营业部仔细地看了看,便朝左拐上了楼梯,来到了设在二楼的《京报》编辑部。

潘公弼正和几位编辑在排明天元旦的版面,见邵飘萍来了,只是抬头和他笑了一下,又低头编他的版面了。有一位青年编辑却恭敬地垂首而立,笑意吟吟地道:"邵社长,您又上平民大学、政法大学授课去了?"

邵飘萍看了一眼新来的编辑一语双关道:"是呵,授课容易,可是要把那些祸国殃民的军阀铲除掉才不容易呢!"

大家听了都停下了手头的活,看着邵飘萍。

"诸位同仁!"邵飘萍清清嗓子,说,"依我之见,明天元旦的特别版面必须设计得别开生面些,必须把鱼肉国民,搜刮民脂民膏的军阀丑恶的罪行披露于报端,标题必须尖锐,不能含糊,比如像这张照片。"说着从桌上随手拿起一张张作霖身穿戎装的照片,说:"标题就可以定为'奉民公敌张作霖',还有这张是'鲁民公敌张宗昌'!"

邵飘萍进来时来套近乎的青年编辑,这时却突然冒出一句:"邵社长,鄙人斗胆劝您,这种独出心裁的报道,恐怕要招致杀身之祸的!以鄙人愚见,不如措辞婉转点,尊意如何?"

邵飘萍"哈哈"仰天大笑:"此实是懦夫所为!报纸必使民众快意,军阀切齿,这才是《京报》之战斗风格!'国家兴亡,匹夫有责',诸位!含义是什么?'铁肩辣手'四个字,我为何要把它们高悬于墙中呢?我的用意是,把它作为座右铭,大家每天看见它,才会把《京报》的宗旨永铭于心!"话音未落,掌声如雷。那个受到邵飘萍批评的青年编辑闪动着惶恐不安的目光,羞愧难当地低下了头。这时,他嗫嚅着嘴说道："邵社长,鄙人,鄙人真是才疏学浅啊!"

邵飘萍此时目光威严地盯住青年编辑,沉痛地道:"你不是才疏学浅!才疏学浅不可怕,可怕的是像某些人被军阀的淫威吓破了胆!专门做些隔靴搔痒的官样文章刊于《京报》上。这才是对《京报》极大的侮辱,背叛!如果这样就简直难以容忍!"

群情激奋,又是阵阵疯狂的掌声。那个年轻编辑知道自己刚才的言行令社长很生气,知趣地悄悄溜走了。

此时,邵飘萍朝大家挥了下手,说:"诸位同仁,明天就是阳历新年了,我先给大家拜个早年了,祝大家新年快乐!我还有事要办,大家多辛苦点,按我刚才的意思画版,分头忙吧。记住,要永远保持《京报》的独特风格!有不明白的可以问潘公弼主任,也可去问汤修慧。好了,大家辛苦点!还有晚上我已在饭店准备了年夜饭,等下我一定赶回来与各位好好聚一聚,喝上一杯,迎接元旦!"

"好,太好了!"大家欢呼跳跃,又爆发出开心的笑声。邵飘萍说完,大步跨出京报馆,坐进停在门外的轿车,一会儿就消失在北京的茫茫人海中。


一天,邵飘萍在报馆看稿,突然电话响了,一名编辑拿起电话听了下,对邵飘萍道:"邵社长,您的电话!"

邵飘萍接过电话,原来是一位朋友打来的,告诉他:"'狗肉将军'张宗昌这几天都在八大胡同妓院!"

邵飘萍对这个狗肉将军的丑行早有所闻,总想找个机会把他的罪恶披露于报端!他立即放下电话,喊上趴在桌上打瞌睡的司机道:"走,上八大胡同!"

几分钟后,汽车停在了一个妓院的门口。邵飘萍下了车,大摇大摆地走了进去。许多平时熟悉的人物都与他点头微笑。邵飘萍此时找了个座,然后掏出烟慢慢地抽着,喝着跑堂的刚送上的盖碗茶,可他的两只眼睛却死死地盯牢那门口。但是,等了半天,"目标"没有出现,难道今天不来了?

这时,一位热心朋友叫的"条子"扭着屁股来到了邵飘萍跟前,她叫"一枝香",在上海曾名噪一时。此时,她见邵飘萍只把目光盯着大门口,根本不瞧她一下,就又扭着丰臀,颤着一对大奶子,挤到了邵飘萍的面前,嗲声嗲气地道:"哟,一个人喝闷茶呢!"说着就把软绵绵、滑溜溜的一双手搂住邵飘萍,邵飘萍连忙拿掉她搂到脖子上的光滑圆润的手臂,正色道:"哦,问你件事,要说实话,说好了我加倍赏你钱!"

"哦,对帅哥,只要我知道的,都会告诉你的!""一枝香"飞了他一个媚眼,含情脉脉地道。

"'狗肉将军'今天来吗?"

"连着几天都在这儿混呢!听说今天要来,还指名要我去伺候呢,可到现在还没见他的人影儿!""一枝香"此时闪动着秋水般的一双凤眼道,"怎么,您想见他啊?"

邵飘萍弹掉烟灰,冷笑道:"今天来此,是想见识一下他是如何行凶作恶的!"

"哎哟喂,先生请小声点呵,这姓张的将军可惹不起啊,如今在北京他是能呼风唤雨的人物,可不是等闲之辈!你我躲都唯恐不及,你还敢去碰他,怕是鸡蛋碰石头吧!""一枝香"好心地劝道,不敢相信自己面前这位一脸斯文的先生那过人的胆量,看来也是有来头的人物。于是"一枝香"好奇地问道:"我看先生是有身份的人,来打听这些事可能是记者吧?""是吗?"邵飘萍朝他笑笑,反问道,"难道不像吗?"

"不,我不是说你像不像,你肯定像喽!""一枝香"说,"我是担心你如是个记者,怎么敢去碰张将军这样的大人物?不是飞蛾投火吗?这是自寻死路!我劝您还是省了这份劲罢!"

邵飘萍听了"一枝香"的话,斩钉截铁地道:"谢谢呵,姑娘不要担心!常言道:'人无伤虎意,虎有害人心。'不过,姑娘也有所不知,我邵飘萍却是:'明知山有虎,偏向虎山行!'是个不怕事的记者!"

"哇!你就是邵飘萍啊!""一枝香"惊喜地叫道,"我早就听说您了,您可是能替老百姓说真话的新闻记者!您所办的《京报》,我几乎每天都要去买来看的。"

邵飘萍朝她笑笑,突然端起茶杯呷了一口,气愤地道:"听人说张宗昌遇着'吃狗肉'手气不好的时候,他就要临时强捉一个妙龄少女来开苞,说是见见红,运气就来了。惨无人道的是,他就在光天化日之下,在烟榻之上强奸,不管这女孩子如何呼天喊地惨嚎,他仍施展他的淫威,实乃十恶不赦,无耻已极!"

"一枝香"被邵飘萍说得泪水也涌了出来,她看着满脸愤怒的邵飘萍,低声道:"邵先生,女人生来命苦呵,但掉进烟花之地的女人就比黄连更苦千倍!"

邵飘萍这时猛地抓过桌上的茶杯掷于地下,随着"哐啷"一声,砸成粉末,碎片飞渐四散,落满角落。

这时,沉醉在寻欢作乐中的人们全都吃惊地跑出各自的房间,看到邵飘萍目光如炬地盯着门口,却不说话,一脸愤怒。人群中认识邵飘萍的窃窃议论道:"他是有名的京报社长邵飘萍,专捅那些军阀的痛处,是个正直,颇有胆识的报人!"

"哦,可他这是干吗发火呢?"

"听说是冲着'狗肉将军'张宗昌来的!"

"好呀!真也有不怕死的,敢去碰姓张的,了不起,了不起啊!"

"你等着瞧吧,准有好戏看呢。"

"不了,我看还是快点走人为好,弄不好要把我们搭进去就倒霉了!……"

一天,邵飘萍正在京报馆会议室召开报务会议,汤修慧从外边采访完赶了回来,一进门就喊:"飘萍,我刚从鹿钟麟那里得知,此次大沽口事件完全是日舰蓄意挑衅!经查实,国民军死十四人,伤八人。日本滕号舰伤三人,其中一人是个中佐叫满日正迁的只不过被流弹擦伤了耳朵。"说着,她接过潘公弼给她倒来的茶水喝了几口,又气愤地道:"日本人真是太没人性了!要知道,这可是自从庚子之变后第二十六年,我们中国军人又一次血溅大沽口啊!可明明是这些外国强盗蓄意挑衅制造的事端,现在反而要我们赔款谢罪?真是颠倒黑白,弱国无外交啊!听鹿钟麟说,此次停在海面上共有薄号、藤号、平户号、利报号、史迪华号、雪卡德号、艾丁堡号、辛普森号、柯克斯迪洛夫号、弗拉拉夫号,马克密克本尔号等二十六艘外国列强的军舰麇集在大沽口外,用炮口对着我们。荷兰公使欧登科还代表英美法日意比西荷八国向段祺瑞执政府递交了最后通牒:停止交战、拆除障碍、恢复航行、废除检查,还威胁说,'上述各项若于3月18日正午得不到满足时,则关系各国海军当局决采取所认为必要之手段'。你们听听,这简直是岂有此理?公理何在啊!"

邵飘萍听汤修慧这样说,立即结束了报务会议,对汤修慧说:"修慧,我立即赶到执政府等有关方面了解一下情况,报社里的事就交给你了!"说完就匆匆走了。

大沽口血案,整个中国都沸腾了!愤怒的钟声敲响了!人们吼叫着,焚烧日货的火光此时映红了雪光中的北京城。

1926年3月17日下午四时，段祺瑞执政府接受外国列强最后通牒的消息传出来后，北京各大学校愤怒的钟声震撼了整个北京，此时此刻，无论是共产党还是国民党，不管是国家主义派还是醒狮派，一百五十多个爱国学生团体代表紧急聚会在中法大学。这时，也在中法大学读书、共产党员、又是国民党北京特别支部组织部长、北京学生总会党团书记、北京国民革命运动主席的陈毅也来到了会场，作了简单的动员宣传后，就由他率领二百多名学生代表来到铁狮子胡同国务院。可是，经交涉只有四名代表被允许进去陈述民意。可是，留在门外的请愿代表也要进院，并要求执政府严厉驳复列强的通牒，竟遭到执政府卫队的推搡殴打，有五名学生代表还被执政府卫队用刺刀戳伤了。执政府的屠刀，顿时激起爱国学生愤怒的烈火！北京城的北大、北师大、女师大、中法、朝阳、燕京、清华大学等校，连夜召开紧急会议，一场更大的爱国请愿、抗议斗争序幕拉开了！

第二天，也就是1926年3月18日，晨曦的微光刚刚照耀在浅灰色的前门楼子上，此时，成千上万的爱国学生已如潮水般涌到了天安门广场。约11时左右，爱国学生的请愿队伍开始朝铁狮子胡同前进，他们边走边高喊口号："废约废约！废除《辛丑条约》！绝交绝交！与八国绝交！开战开战！与列强开战！"

此时，天空阴沉的可怕，寒冷的风把爱国学生们手中的纸旗吹得狂舞乱响。不一会儿，还飘起了小雨和雪。那雨和雪带着爱国学生们脸上的泪水，愤怒地淌了下来，写满了滴滴仇恨。下午1点20分，爱国学生请愿队伍来到了铁狮子胡同，把执政府围得水泄不通。这时，人们挥舞着手中的纸旗，喊着愤怒的口号，似一股不可抵挡的洪流，朝执政府那紧闭着的大铁门冲去！此时，执政府所在地，那三层高，建筑风格是哥特式的大楼房，这时看起来犹如一叶愤怒狂涛中的孤舟。大楼前站满了一脸杀气的军警,个个荷枪实弹,一层一层,整整五道人墙,可谓是铁壁铜墙!那刺刀在雨雪中闪着逼人的寒光,对学生们张牙舞爪!铁门很快就被愤怒的学生撞推开了,人们满含悲愤地涌了进去,只一会儿,整个执政府大院都站满了爱国学生。佩带红底领章,穿着镶有黄铜字"府卫"制服,手持步枪或德国式手枪的军警看到学生们拥了进来,顿时如临大敌,杀气腾腾地监视着爱国请愿学生。突然,《国民革命歌》声响彻天空,由远渐近……共产党人李大钊高唱着歌声,手举一面红旗,雄赳赳,气昂昂地走在又一批请愿队伍的前面。花花绿绿的传单随着寒风,和着雨雪从请愿队伍手中飞出,撒满天空,请愿群众手中挥动着五彩缤纷的纸旗,上面写着"打倒帝国主义!""废除辛丑条约!""外抗强权!内除国贼!"

一名爱国学生这时拿着号筒在风雪中振臂高呼起口号。

国立女师大学生刘和珍也举着白底黑字的校旗在游行队伍中挥动着,高喊着口号。此时,执政府门前,几名请愿代表在与卫队交涉,要求觐见国务院总理贾德耀,可是那贾德耀却躲着不肯出来接见爱国学生。执政当局的冷漠和敌视激起了前来请愿的爱国学生们心中愤怒的火焰!人群开始骚动了,朝执政当局划好的警戒线渐渐逼近……

突然,半空里骤然响起"嘟——",一声尖锐刺耳,悠长的哨音。与此同时,那些脸色铁青的士兵们"刷"的一声全举起了枪,把应该对列强的枪口却对住了爱国学生。紧急着"哐啷"一声巨响!从执政府北侧的大红木门内"呼呼呼"地窜出几百名手持大刀的满脸杀气的卫队士兵,如狼似虎地扑向毫无察觉的请愿爱国学生。

这时,爱国学生涌动的队伍里,有人通过铁皮喇叭突然大声叫喊:"冲啊!同学们!狗军警们不敢朝我们开枪的!……"随着喊声,请愿队伍朝前涌动的速度加快了。顿时,明晃晃阴森森的刀锋齐刷刷地顶在了爱国学生们那瘦弱的胸膛上!双方都互不相让,怒视着对方,寒冷的空气里弥漫着一派杀气。此时,"嘟——,"又一声短促的警笛吹响了!紧接着,狗军警们朝学生们扣动了扳机,"砰砰砰",大屠杀开始了!请愿群众在与前来镇压他们的执政府卫队展开了搏斗。

这时,冲在队伍前面的李大钊,头和手均被卫队的大刀砍伤,鲜红的血从他的头上流淌下来,但他没有后退,仍在同卫兵们搏斗着,冷静地指挥着请愿队伍朝大院外撤退。血,到处都是血光剑影!一场野蛮的屠杀,一场毫无人性可言的屠杀,就这样永远铭记在中国人民的心灵上。

中法大学学生陈毅,此时也铁青着脸,在大刀、枪弹、棍棒中来回穿梭,拼命地救着血泊中的伤员。罪恶的子弹这时突然击中了刘和珍的背,她强忍住剧烈的疼痛,勇敢地咬着牙,从执政府大院朝外慢慢地爬着,她的身后拖成了一条血路。这时,有一位女学生冒着生命危险来救护刘和珍。突然,一个卫兵从后面挥起木棍猛击刘和珍,妄想致她死命。刘和珍在地上躲闪着,突然,她死死地抓住了木棍,用近乎嘶哑的声音对那女学生叫道:"别管我了,快!你快跑吧!"

"砰"的一声枪响了,那卫兵狰狞地笑着,来救刘和珍的女生应声倒地,鲜血从她的头上涌出,刘和珍惨叫着抬头刚喊了一声:"狗日的,刽子手!……"此时,又一颗子弹射到了她的头上,她愤怒地倒在了地上,面对住东方。

这时,代理京师警备司令李鸣钟驾车急急忙忙地赶到执政府,看到卫队旅参谋长楚溪春挥着鞭子把那些杀红了眼的大兵赶到一边去。他看到大院里地上躺满了被打死和打伤的学生,殷红的鲜血从那些死者、伤者的身上,咝咝地流出,吐着血沫。大院里的树干上,墙壁上都溅满了鲜红的血点子,门口的大铁门上还糊着许多肉块,在慢慢淌着血水。纸旗,鞋子、眼镜,自行车更是扔得满地都是,这哪里是神圣庄严的执政府机关,简直是不堪入目的屠宰场啊!李鸣钟这位西北五虎将之一,看着这触目惊心,残忍的血腥场面,两条腿顿时都吓软了。此时,他悔恨自己应该把那属奉军的卫队旅的枪支全部下掉就不会有今天这悲惨的一幕了!如此多的学生被惨杀,自己可要成千古罪人了啊!

这时,站在旁边的楚溪春皱着眉,叹了口气道:"哎,刚威将军呵,事已如此,后悔也没用了。走吧!我们到执政那儿去,看他如何说?"

他们奄拉着头,来到吉兆胡同。此时,段祺瑞与号称'小神童'的吴清源正在小书房里对弈。看情景,吴清源已把段祺瑞杀得无路可逃,他苦着脸正在思索对策如何才能反败为胜,挽回点面子呢。可是,在这节骨眼上,段祺瑞猛一抬头,看到李鸣钟一副灰头丧气的模样,气就不打一处来,"哗"地把棋盘一推,朝他吼道:"他妈的!北京城治安都被你维持成啥样了?学生都冲到我执政府来了,太目无王法了!你要做不了,就给我他妈的滚一边去,惹毛了老子,小心我崩了你!"

"哎呀,我的段执政,您老千万别来气儿啊!"李鸣钟脸被吓成青白,抖着手说,"我已加派人手,立即把北京治安整顿好,请段,段执政放心!"

怒气冲冲的段祺瑞看李鸣钟这副熊样,真是哭笑不得,不过见他一味说好话,歪着的鼻子才慢慢正了回来,变成笑脸对垂手而立的楚溪春道:"楚参谋长,此次卫队旅表现不错,你去对他们说,等此次风波平息了,我一定重重赏他们!这么多学生敢来冲击执政府,没有卫队旅官兵替我挡着……后果真是不堪设想!他妈的,这哪儿还像学生啊?我看简直是土匪投生的,哼!"

李鸣钟灰不溜秋地在心里骂着段祺瑞从执政府走了出来,此时,只看见警车尖叫着疯狂地飞驰过京师大街,市民们都惊慌地在逃避,临街店铺的伙计在慌慌张张地上门板。有轨电车全部都停开了,交通中断了。白色恐怖笼罩在整个北京城。许多无辜的学生、群众被逮捕,送进了监牢。国民党要人李石曾、徐谦、顾孟余等都先后逃出北京,共产党人李大钊也只好暂时藏在苏联大使馆避避风头。

《京报》编辑部。

邵飘萍悲愤地重重地放下电话筒,用拳猛击案头道:"卑鄙!无耻!无辜群众,学生的鲜血不能白流,血债终将有日加倍偿还!"

报馆内的几名记者也气愤难平地围拢过来,向他请示说:"邵社长,我们怎么办?"

邵飘萍果断地挥了下手,对刚从印刷厂赶回来的潘公弼说:"公弼呵,报馆你看一下,事不宜迟,我立即亲赴惨案现场采访!并到段执政处等权威方面交涉!你们几个跟我去,我们在那里会合!"说完他就开车走了。几位记者迅速地跨出《京报》报馆,跳上自行车,飞往出事地点。夜,只见灰蒙蒙的天上,蒙着一层惨白的月光,整个北京城显得可怕的寂静、冷清。发生这样史无前例的惨案,市民们都不敢走出来了。《京报》报馆里。邵飘萍此时坐在书房里,案头上的烟灰缸里已压满了烟头,香烟弥漫在整个书房。他写写停停,一篇篇讨段檄文从他的笔底飞出。《世界空前之惨剧——不要得意,不要大意》:世界各国不论如何专制暴虐之君主,从未闻有对于徒手民众之请愿外交而开枪死伤数十百人者。民众方面,本报劝其不必再为与虎谋皮之愚举。将来革命怒潮中,必有十百倍惨酷于此之事……《可谓强有力之政府矣——举国同声痛哭,列强一致赞成》:此诚中华民国之新纪元,段祺瑞半生学佛之大善果也。《小沙场之战绩》:前夕之打围游戏,以国务院为小沙场,其军令之严明,指挥之如意,极大战绩,有足为国史要材,佛林佳话者。还有《日英之露骨的干涉》《警告司法界与国民军》《诛人类之蟊贼》《警告法大学生》《凶杀案如何解决》等。邵飘萍把这些文章全部刊登在《京报》上,有力地抨击了段祺瑞反动政府,为死难的同胞发出了不平的呐喊!

中饭后,邵飘萍坐在沙发上看着《京报》,呷着茶。

祝文秀推门进屋,邵飘萍抬头对她说:"振亚呵,这些天,忙得人连轴转,很少时间和你坐一起,来,你也够累的,坐下歇会吧!"

祝文秀苦笑笑:"阿萍,唉,这一阵儿,我真是好担心啊!'三一八'后,你不分白天黑夜的采访、写稿,参加'三一八'死难者追悼会,听说你在陈毅学生讲完后,也上台作了演讲,猛烈地批评了政府?你呀,真是不要命了啊!这些天你吃睡都不好吧?让你上我这儿来,想做点好吃的给你补补身子,可你总说忙啊忙的,你这样不要命的办报,可别累垮身体啊!"

邵飘萍笑了一下说:"不要紧,振亚,有你和修慧帮我,我觉得有用不完的精力,好着呢!"

祝文秀听他这样说,也不好再说什么,就站起来先给他杯里加了点水,然后给自己也倒了杯茶,呷了一口,接着又道:"话虽这么说,但以我看,对张作霖这号人,你还是少在报上得罪,人家势大气粗的,又是个玩枪杆子的,有一天当心把你杀了!"

邵飘萍弹了弹手中的烟灰，气恼地道："张作霖这个马贼，他的那些罪恶丑行，倒行逆施，我不讲，北京如今恐怕没人敢讲！此次大沽口遭日本兵舰炮击，就是张作霖勾结日本人所致，这样的国贼不除，国无宁日啊！哼，就是枪毙我，也要讲！你不知道，他还错把我邵某当成利令智昏的小人，为了让我不再替郭松龄鼓吹，他还妄图以三十万元来收买我？他这样做，哼！比袁世凯称帝时企图收买梁启超的二十万元还多十万元，这恐怕是民国以来收买舆论数目最大的荒唐交易！而更不可思议的是他还自以为得计，想堵住我伸张正义的嘴，真可谓奇闻也！可惜，他做梦都想不到，我邵飘萍不识好歹，不买他的账，把三十万元汇款都退回给他了！"

"可你这样做，想过后果吗？"祝文秀深知邵飘萍的脾气，宁折不弯，但出于爱和担心，忍不住又劝道，"听说张作霖已占领了通州，张宗昌的军队已到了黄村，很快就要到北京了。外边已乱成一锅粥了，银行在挤兑，粮店在抢购，火车站人山人海，能逃得都逃走了！依我看，不管怎么说，你要当心点儿，以免不测。我劝你这一阵千万在报上少骂那些军阀了！要知道，张作霖这种人是什么事都干得出来的！"

邵飘萍若有所思地点点头道："振亚呵，不要紧，文天祥说得好，'人生自古谁无死，留取丹心照汗青。'放心吧，我知道如何对付这帮衣冠禽兽的！"

"邵先生，来客人了！"佣人在屋外喊道。

邵飘萍和祝文秀闻声从内屋走出，原来是冯玉祥部京畿警卫总司令鹿钟麟来访，他满脸微笑，身着戎装，威武英气地朝邵飘萍一个军礼："您好，邵先生！"

邵飘萍连忙向前紧握住鹿钟麟的手，笑着道："原来是老朋友来访，久违了，鹿将军！"

祝文秀连忙吩咐佣人给鹿将军上茶,一边打量着经常听飘萍夸奖的国民革命第一军冯玉祥将军的这位部下:他看上去不过二十多岁的样子,他那标准的笔直的军人身材,略显得有些清瘦,但那一身合体的青灰布军服,配上大沿军帽,整齐的斜皮带,和皮带前侧佩带的那一支小巧的手枪;这一切,都显出一种英气勃勃,神武有力的风采。他那清瘦文雅的脸,使人想起投笔从戎的书生,但他那两道剑锋一般高高扬起的黑眉,和黑眉下那一双深沉果决的眼睛,却只有那种在长期的行武生活中磨炼得坚韧不拔,百折不回的人才能具有;加上那悬胆般的鼻梁,刚毅的紧闭着的嘴唇,更使人找不出丝毫的书生气质。他的膝盖下面打着一双黑色的皮绑带,穿着布袜布鞋的脚显得硕大而有力。

邵飘萍和鹿钟麟是老朋友了,多日不见,分外亲热,双方寒暄后,邵飘萍知道他这次来肯定是有要紧事,就笑着道:"鹿将军可是忙人啊,你可是无事不登三宝殿的!"

鹿钟麟也笑而答道:"是呵,我可是受冯将军所托有要事相告!"

邵飘萍见他神色突然严肃起来,连忙对他道:"哦,那好,鹿将军,请到客厅商谈!"

鹿钟麟也彬彬有礼地回道:"好,大家请!"

三人一同步入客厅,客厅收拾得干净雅致。屋子当中铺着一块长方形的红地毯,上面放着两张不十分大的卧椅。靠着窗户摆着一只小茶几,茶几上一个小三彩中国瓷瓶,插着几朵小红玫瑰。茶几两旁是把红木椅子,镶着绿绒的椅垫儿。粉得雪白的墙上,挂着几幅精致的名人格言字画。邵飘萍和鹿钟麟在椅子上坐下来后,祝文秀走进内屋,佣人又送上二杯盖碗茶放到茶几上,然后退了出去。

邵飘萍从抽屉里拿出烟，递鹿钟麟一支，鹿笑着说，"谢谢，我不会抽。"邵飘萍只好顾自点上烟，抽了起来。

鹿钟麟看着邵飘萍，沉痛地道："邵先生，时局不妙啊！冯将军特委派兄弟前来说，您是他所聘请的高等顾问，也是国民军所敬仰的报人和先生，为此，特请邵先生务必与我国民军将士一起撤离北京城，迁往南口。据悉，张作霖和直系吴佩孚已勾结在一起了，并扬言要欲置先生于死地！恕兄弟直言，邵先生此次如不暂离开此地，恐将是凶多吉少啊！"

邵飘萍听了"哈哈"大笑数声颇为自信地道："张作霖，东北有名的土匪、马贼！不过，他儿子张学良与我交情不恶。我想他老子凶狠霸道，他张学良不至于就那么绝情吧？"邵飘萍说到这里，若有所思地停顿了一下，又道："当然，冯督办和鹿兄的一片好意，兄弟是刻骨铭心，没齿难忘！办报以来，几经磨难，兄弟我赖以仁人志士多方关照，方才逢凶化吉，转危为安。奈何《京报》为民众之喉舌，虽遭敌手切齿，但创办之不易，兄弟岂能就此舍其而去！国民军退出北京后，兄弟将暂避入六国饭店，听听风声，再图打算，鹿兄您看如何？"

鹿钟麟听了邵飘萍一番言词，句句诚恳，字字发自肺腑，沉思良久，感叹道："邵先生，您不愧为民族精英，大难临头而心不惊，佩服！佩服！不过，小弟还是要奉劝邵先生，对张作霖之流你可不能心存幻想！至于张学良吗，我看到时候也不见得会伸出援手！从郭松龄被张作霖所杀这件事上，邵先生难道还不能看明白张学良这个人吗？今天冯督办让我来知会下邵先生，他已决定4月15日将国民军全部撤出北京。既然邵先生决意坚守在《京报》，我只好将此情回禀冯督办，兄弟在此还望邵先生千万多加小心，保重！保重！"

邵飘萍道："我心意已决,请代向冯督办致意,《京报》在,邵飘萍在! 我倒要看看,张作霖和吴佩孚能横行霸道到何种程度!"说时,挥起拳头猛击了下茶几,茶杯应声落地,摔成了碎片。

"您肯定知道了吧? 吴佩孚已放出风声进北京就要去抓段祺瑞,还好张作霖给了段祺瑞面子,那姓段的才不能不'自动'下野,又溜回到天津做他的寓公了!"

"自从段执政上台以来,还不到半年就被他搞得民怨鼎沸,国不像国,这样的人早就该下台了! 对此,我早有所料了。"邵飘萍说。

"怎么样? 还是和我们一起走吧!"鹿钟麟这时站了起来,再一次劝邵飘萍道。

"鹿将军,不要再劝我了! 您的苦心振青在此心领了!"说着也站起来准备送送鹿钟麟。鹿钟麟看邵飘萍执意不离开北京,甚为遗憾,但也无可奈何,只好颇为动情地道:"既然如此,兄弟我只好将邵先生实情回复冯将军,告辞了!"说着,从公文包中抽出一张照片,递给邵飘萍,说:"冯督办的近照,他让我亲自给您,说给先生留个纪念,请先生惠存!"

"哦,太好了,谢谢!"邵飘萍如获至宝地接过冯玉祥的照片,良久地凝视着照片上冯玉祥将军那亲切、威严的面容,然后颇为动容地紧握住鹿钟麟的手,充满深情地道:"请您谢谢冯将军! 祝他和国民军全体官兵一路平安!"

祝文秀听说鹿将军要走,也从屋内走出相送。鹿钟麟走到门口又回头一个军礼,高声道:"邵先生保重,我们后会有期!"说完,大步地走出了邵宅,坐上停在门口的一辆军车里,朝国民革命军的驻地飞驰而去。

翌日,奉军占领了北京城。前门大街,行人稀少,店铺关闭,全副武装,趾高气扬的奉军巡逻队从空荡荡的,一片狼藉的街面上走过。

1926年4月18日,数以万计的难民哭叫声里,吴佩孚与张宗昌的直鲁联军举行了入城式。刀光闪闪,喊声震天,一队又一队荷枪实弹的士兵排着队列,威风凛凛的迈进了北京城,他们边走边大声吼叫:"坚决扑灭赤化分子!"

这时,好几辆警车在呼叫着掠过京师大街,车过后街上随风飘满了缉拿赤化分子的传单。有人捡起来一看,见上面写着:"凡宣传赤化主张共产者,不分首从,一律处以死刑!"几乎一夜间,北京大学、北师大等学校,凡是和共产党沾边的都先后逃出了北京。李大钊这时也只好先到苏联大使馆避难几天,等风声过了再图他法。紧接着,在北京的许多进步报纸,如《世界时报》《中美晚报》《中美通讯社》《益世报》接二联三地被查封了。与此同时,好多进步报人也先后被捕了。如《民立晚报》的成舍我社长,《社会日报》社长林白水都被以宣传和鼓吹赤化罪被捕被杀害了!白色恐怖的阴云笼罩在北京城的上空,北洋政府统治此时进入了历史上最黑暗,最惨无人道的时期。

北京东交民巷的六国饭店门前,街面上游弋着许多便衣特务。过往行人神情木然顾自快步地走着。偶尔有几辆外国人驾驶的轿车疾驶而过。时而有奉鲁联军卫队面貌狰狞地走过。

六国饭店内,邵飘萍坐在一间豪华客房内在赶写一篇文稿。这时,神情不安的祝文秀刚刚跑来对邵飘萍说:"阿萍,整个北京都是奉鲁联军,到处都在抓人!修慧姐让我来告诉你,千万别回《京报》!也别往家里打电话,有狗特务盯着呢。奉军已贴出布告二十七条,其中有'宣传共产,鼓吹赤化,不分首从一律处以死刑'等内容。街上到处贴满了传单,说什么他们首先要把赤党肃清!还说您是卢布党记者！"说着颤抖着手递给邵飘萍几张传单，气愤地道："这是您的堂弟邵泛萍在街上捡来让我交给你看的！"

邵飘萍接过传单看过，轻蔑地"哼"了一声，安慰祝文秀道："没有关系，别理这群疯狗！我暂避此地，他们抓不到我，对《京报》就不会造成威胁，有汤修慧在《京报》维持报务我非常放心！我每天照样可以写稿，照样可以捅这些狗军阀！不过，外边的事就要靠你和汤修慧了！"

祝文秀抿着嘴唇，看着邵飘萍那双满含希望，充满深情的眼睛道："阿萍，您放心吧，我和修慧姐会尽力应付的，如情况有变，我会随时设法通知您的！"

邵飘萍信任地微笑着说："振亚，你别看这伙军阀耀武扬威的模样，挺吓人的，实际上是：兔子的尾巴——长不了啰！今天，一朝大权在握，做尽了坏事，明天又被另一个军阀赶下了台，一个原来好端端的中国，全让这群狗军阀搞得乌烟瘴气，实在可恨可恼也！"

祝文秀被邵飘萍这么一说，原先的担心，愁容也渐渐舒展开来。但愿噩运快点被春风吹散，光明快点照耀在正直和善良的人们面前！祝文秀走时将带来的小狗阿富留给飘萍，邵飘萍抱着颇有灵性的阿富亲了一下，看着祝文秀离开了六国饭店。

北京。张作霖宅邸。刚刚整修过的客厅看上去富丽堂皇，天花板上饰有淡淡的图案花纹，装在天花板上的几只灯球射出明亮柔和的光线，照耀着陈列在壁橱内的奇珍异宝上，不断放出奇异的光芒，迎门的墙上还挂着一幅闪闪发亮的武器饰物。此时，张作霖手里端着他那杆心爱的镀金大烟枪，面对一个满脸媚态的中年汉子，慢条斯理地说："好，事成后本帅决不食言，北京造币厂厂长这个肥缺给你,另外,再赏大洋二万!不过,要是你不能把姓邵的从六国饭店里逛骗出来而把事情搞砸了,你非但当不成《大陆报》社长,还要小心着点儿你的狗头!哼!"

这位中年汉子,就是张翰举,他听了张作霖的话,把头点的像鸡啄米,说一句,拍一下胸脯,吐沫乱飞地道:"大帅,您老放一万个心,把邵飘萍抓住,可谓易如反掌! 他的情况我知道,不过把他骗出来后,你们要迅速下手,要不然误了时机,就不能怪我不替大帅您效力尽忠了!"

张作霖皮笑肉不笑地道:"好啦好啦,你妈拉个巴子要是跑了人,就别怪我翻脸无情!"

"是,是,是!鄙人一定说到做到,抓住邵飘萍!"一脸奴才相的张翰举,深知张作霖的牛脾气,但是自己要想在北京混下去的话,不拍张作霖的马屁,在当今世界是寸步难行的啊!听了张作霖那暗藏杀机的话,他不但没有丝毫的后悔之意,反而认为自己此次抓邵飘萍是手到擒来,十拿九稳的事儿。对于邵飘萍的为人处世,根据他这些年来和邵飘萍的来往交情,他认为是胸有成竹的,至于出卖陷害朋友,终会落个遗臭万年的罪名,他是连想都没有去想过!

这时,张作霖见事已说妥,就对张翰举道:"话已说到这个份上了,你就给我抓紧去办吧!"说完朝他手一挥,又顾自躺下吸起了大烟。

一个贴身参谋就朝张翰举喊道:"送客!"身穿长衫、头戴灰色礼帽的张翰举连忙站起来朝张作霖奴颜婢膝地长长一揖,肉麻地道:"大帅,您老就听好消息吧!"说完,用手理一理拖到额头上来的长分发,哼着戏曲儿,大摇大摆,得意扬扬地摇出了张作霖戒备森严的宅邸。

其实这个张翰举,在北京城也是个著名人物,也是新闻记者。可是他有个难听的绰号,叫"夜壶张三",这绰号是北京八大胡同里的姑娘所取的,是因为他口臭,专门说下流话,做坏事。他也开了报馆,办了一份报纸,叫《大陆报》,自任为社长。他为了把这家报馆维持下去,动用了全部刁钻古怪的智慧。为了在北京混下去,他买了一座宽大的房子,他要这么大房子,不是为办报所用,报馆只占一小间,摆摆样子而已。他这大房子是用来招待来客的,里面有布置得很华美的房间,有会客厅,还有吸大烟的烟室等。那么,他要招待的是什么样的人物呢?是从各省到北京来的督军以及什么镇守使、巡阅使等等。总之,都是武人。为了迎接这些人,他就必须每天探听,某省的督军,什么时候到北京来?他知道了就会立即赶到车站去接,迎接来了,便成了他的主顾。而且,他总是让他们在这里住得称心如意,这样,他就可以得到这些人的好感和赞赏。

但是,要到车站远远地去接客人,他就需要一辆汽车。这在当时的北京,拥有一辆汽车是很了不起,也是很威风的。当时,北京的私家车还不多,哪怕是总长阶级,也不过坐一辆马车而已,阔气一点的坐双马车。不过,有几个大军阀,已是有汽车了,他们出来,肯定身后跟着两个马弁,站在汽车两边的脚踏板上,显示威风。

那些外省的军人,跑到北京来往往茫无头绪。特别是初次来北京的,更不知住在哪儿较好。在这种节骨眼上,由他开辆汽车亲自去迎接,正是千里送鹅毛,又热情,又热烈,乐得这些武人手舞足蹈,感激涕零的不知说什么好了!为了博得这些武人的欢心,他还特意娶了一位黑市夫人,大概也是八大胡同中的"窑变"。"窑变"是什么呢?中国的古瓷器中,有一种烧窑而变色的,却变得十分美丽,就叫作"窑变",很是珍贵。北京的妓馆,就叫作"窑子",有些嫁了人仍不脱窑风的,也叫作"窑变",当然,这都是当时的北京那些名士们在作乐时取出来的。

他娶来的这位黑市夫人,带来了一位父亲,却是能操办宴席的厨子,这倒让张翰举喜出望外,今后招待那些军阀贵客,就不必上馆子了,在自己家里就可以做出一手好菜,这真是把一个"夜壶张三"乐得个前仰后合!张翰举为了巴结这些军阀,真是用心良苦,对军阀要人们所需要的一切,他都安排得十分周到细心。如果他们高兴了要成一个赌局,有宽大的厅房,连吸鸦片的烟室也准备好了。他深知,这班武人贵客们,都是老枪阶级,赌局总是连带了饭局,这时,他的老丈人厨子就会大显身手。住在他家的贵客们,或者有时玩得高兴了要招几位胡同里的红姑娘来陪伴的话,也可以由他的黑市夫人介绍她的小姐妹来,畅叙幽情,温柔一番。如果要留宿在他家里的话,也有很华丽的房间,最柔软的卧榻供其尽情享用。有诗曰:"温柔乡是英雄冢。"一个老粗的武人,搂着一个美丽多情的女人美美睡上一觉,又怎么不销魂呢!从此,在北京,这"夜壶张三"的大名,就不胫而走。虽然听上去不太雅观,但却成了军阀时代的宠儿呢!那些督军们到北京来,匆匆办好事以后,也就要回去了。身受了张翰举的逢迎招待,必须想谢谢表示一下心意。手头阔绰的就多给他一点钱不算一回事,遇到了小气抠门的主,少给了他,他就要开口了:"哎,我的爷啊!近来,兄弟我办报可真不容易呀!我这个报,已经赔贴了不少哩。为了宣传主义文化事业,总是要硬挺下去,不过我的报是支持公正的,上峰每天都要看的,您大帅如能赐予兄弟一点津贴,感激不尽!"在这种情形下,就是再抠门的军阀也只好解囊相助了。这个"夜壶张三"靠了他的刁钻古怪,八面玲珑,在当时的北京还真是个吃得开的人物呢!

"夜壶张三"哼着小调,来到了东交民巷六国饭店,被门卫拦在门口不让进,张翰举急了,道:"我可是邵飘萍的好朋友,有急事找他!"

门卫听他这样说,就拿起电话打到邵飘萍房里,问明情况,才让张翰举走进六国饭店。张翰举这时穿过豪华的地上铺着红地毯的走廊,敲开了邵飘萍的房间。

邵飘萍正在伏案而书,见张翰举走进,忙放下笔,颇感吃惊地道:"张先生,什么风把你吹来了?"

"嘿嘿,是呵,听人说奉鲁联军一进北京城,你就失踪了,我猜呵你准八九不离十猫在这儿避风头儿!"张翰举转动着一双绿豆眼做出一副十分亲昵和世故的神态。也不等邵飘萍让座儿,就大模大样地往那软绵绵的皮沙发上一靠,跷起一条二郎腿,点上邵飘萍递上的烟连续喷出几团烟雾,笑眯眯,慢悠悠地道,"邵先生,憋坏了吧?哈哈!兄弟我已通过关系疏通了上峰,已允许你在北京继续办报!"

"什么?"邵飘萍不敢相信张翰举所讲的话,盯住他那十分得意的面孔,追问道,"此话当真!"

张翰举听了,把烟头摁灭,扔在烟灰缸里,有点生气地道:"怎么?信不过我啊?我张翰举的为人,您老兄可非常清楚的!虽说被胡同里那些臭女人取了个不太雅的绰号,不过,为人处世,不是我自个儿在吹啊,就凭仗义疏财这几个字儿,我张翰举在当今北京城,还是个铁锅炒豌豆,当当响的人物!"

邵飘萍见张翰举掏心掏肺地认真起来,心里颇为歉意。是啊,人家或许是一番好意。再说,自己平时待他也不薄,想来他也不至于会去干伤天害理之事吧!另外,他和张作霖、张宗昌、吴佩孚等这帮军阀平时也确有来往。如果真如他所说,已平安无事的话,自己还得好好谢谢他呢!再说自己老是躲在这里也确非长远之计,他多么想早日重返《京报》啊!邵飘萍也许是归心似箭,以至于放松了应有的警惕,心里悬着的一颗心也就放了下来,脸上涌出了笑意,又递给张翰举一支烟,说:"张作霖老奸巨猾,诡计多端。他视我为眼中钉,肉中刺,还曾汇巨款三十万元来收买我,但遭我严词拒绝,又屡被我在报上痛击,新仇旧恨,他岂能就此善罢甘休!"

张翰举阴邪地笑道:"邵先生,您可真是智者多虑啊,有他儿子张学良发话说情,他再心狠手辣,也不会对您下毒手的!别人您可以不信,可还不信我这老朋友吗?"说完,一阵哈哈大笑,那笑声让人实在无法捉摸。

邵飘萍这时心情沉重地站了起来,在房里来回踱了几步,伫立在窗口,望着窗外那稀稀拉拉的路人。昏暗的天色下,有几辆马车拉着人和货"得得"地跑过去,眼看就要下一场暴风雨了。突然,他眼前一亮,看到一只蜻蜓张着透明的翅膀在窗边来回飞翔。看样子,这是一只刚刚破壳而出的小蜻蜓,有着细细长长的身子,色彩十分艳丽。也许它飞累了,停在了窗台上,转动着一双特大又好看的眼睛。邵飘萍此时心里想起,这小精灵总是在清明前后出没,过了秋天,渐渐就消失了踪影。几年的蛰伏,只为几个月自由而灿烂的飞翔,蜻蜓的一生,令人叹息。如果自己也有一双蜻蜓这样的翅膀,该有多好啊!忽然一阵春风吹来,那只蜻蜓猛地张开小小的翅膀,顿时消失在灰蒙蒙北京的春光里,不见了!哎,眼前的北京,一幅萧条风景。他突然一个寒战,感到那从窗口吹进来的春风,还是那么阴冷阴冷的,北京的四月和金华老家的四月是无法相比的。这时,他忽然感到一股恋乡思情汹涌心头。是啊,什么时候能够再回老家金华,祖籍东阳大联紫溪村去走走,与故乡的挚友亲朋们团聚畅谈一次,那才是人生最大的快乐啊! 再说自己这些年离开金华,来到北京一晃就是已近十年了都没回去过,只是在1922年6月到杭州办完事就回到了北京。连母亲病重自己都没时间回去,记得只是接连给她老人家写了五封家书以示慰藉。此时,他永远忘不了母亲含辛茹苦将他们兄妹九个抚养成人的恩情;忘不了母亲在昏暗的油灯下用家乡的土布为自己缝制衣服的情景;更忘不了母亲在自己临行时深情的目光和祝福……他也想起自己曾对汤修慧和祝文秀多次谈起自己的父亲母亲和兄弟姐妹,可是一直来忙于办报,东躲西藏的,所以一直未完成这个心愿。他还记得曾给汤修慧寄过杜甫的《野望》一诗,以解怀乡忧国的思情:"西山白雪三城戍,南浦清江万里桥。海内风尘诸弟隔,天涯涕泪一身遥。唯将迟暮供多病,未有涓埃答圣朝。跨马出郊时极目,不堪人事日萧条。"……哎,一幕幕,一桩桩,此时往事犹如春潮在他心里翻腾展现……真可谓:"人生苦短,快如飞鸿。"古人云:"哪怕外面风光再好,总有思乡一片心情。"自己如今已年逾四十了,最多再干十数年,到那时,落叶归根,千条江河归大海啊!……

"邵先生!信不信您自个儿掂量,我可是拼着全家性命来通风报信的,兄弟我,告辞啦!"张翰举放下茶碗,呼地一下站起来想抬脚走掉。

"哦,张先生!"邵飘萍从沉思中惊醒,见张翰举一脸不悦,好像刚才自己在沉思往事轻慢了他,连忙拱拱手,微笑道,"您不畏凶险替我奔走报信,容我日后再报相救之恩!待会儿我清理一下文稿,今晚我就返回报馆,安排一些事务!"

张翰举听邵飘萍这样说,顿时脸上挂满笑意,说:"好!兄弟信已送到不便久留,日后再到报馆打搅,兄弟先告辞了!"

"那我就不送您了,您请走好!"邵飘萍送到门口,朝张翰举拱拱手。

张翰举客气地道："飘萍兄请留步！"说着也回敬一揖，疾步下了楼梯，连跑带走飞快地出了六国饭店那五光十色的转门，朝东郊民巷深处跑去。这时，他气急败坏地跑进一个院子，在一间卖小吃的窗台上，抓起电话快速地摇了下把手，然后低声道："总机吗？请给我接通京师警察厅！"只一会儿，电话就通了，他就迫不及待地喊道："喂！是京师警察厅吗？我是大陆报社的张翰举，我有重要的情报报告，邵飘萍今晚要回京报馆！……"

天空暗云低垂，天色虽然还没有黑尽，路上的车辙还看得见，在前面微微地发亮，可是两旁的景物都变得模糊了，每一样东西的轮廓连在一起，成了一些大的黑块。这是一个昏暗的变幻不定的夜，潮湿的四月春风一阵阵地吹来，夜色越来越浓了……邵飘萍在夜色中匆匆地走出了京报馆，等他走到大门口时，停了下来，四处张望着，见没有发现什么可疑处，便敏捷地钻进了一直停在门口的"福特"轿车。车子颠簸着开出了坑坑洼洼的魏染胡同北口。车子拐过北口时，速度慢了下来，正在这时，几条黑影从黑暗处窜出，强行用枪把车拦了下来。一个脸上蒙着黑布只露出两只凶光逼人的眼睛，用黑洞洞的手枪对着他，厉声问道："你是京报社长邵飘萍吧！"

邵飘萍看对方来势汹汹，顿感自己此次已无法脱身了，但仍从容答道："是又怎么样啊？"

这时，车踏板上又窜上一个密探，挥起枪把，"哐啷啷"砸碎了车窗玻璃，然后伸手把车门拉开了，同时把手上的一张照片对照了一下，阴沉沉地对邵飘萍道："我看你就是邵飘萍！走！跟我们到京师警察厅走一趟！"

"简直是一群土匪！"邵飘萍见他们把车窗砸碎了，怒不可遏，痛骂道，"你们真是卑鄙无耻！我要声讨你们！"

任凭邵飘萍怎么痛骂，愤怒，都已无济于事。

被劫持的汽车，在苍茫的夜色中飞驰。此时，双手被手铐铐上的邵飘萍心潮起伏，望着飞快掠往车后的昏黄路灯，贴满广告的墙壁，破旧的民房，穿梭而过的车辆……他在心里自问，他们怎么对自己的行踪了如指掌？这次回《京报》馆只有张翰举知情，难道真是他这个道貌岸然的豺狼，走狗出卖了自己吗？不是他还会有谁呢？这个无耻没有骨气的混蛋文人！……

汽车弯弯绕绕地继续朝京师警察厅开去。

这时，在京报馆的门前，几名身着黑色制服的警察把守着大门，他们一脸杀气地不时来回走着。胡同里五步一岗，立着面露凶光的士兵，手中的德国造步枪全上着寒光闪闪的刺刀，在昏黄的路灯下显得威风凛凛。报馆后面的邵宅里，汤修慧和邵飘萍的几个孩子，大儿子贵生，小儿子祥生，三个女儿仍贤、仍偲、仍奇蜷缩在屋的一角，孩子们都瞪着惊惧的目光，最小的女儿仍奇在无声抽泣，却不敢哭出声来。这时，汤修慧走了过来，把仍奇抱在怀里，仍奇长得好可爱，有一个圆圆的小脸蛋，白里透红的皮肤，像个小维纳斯，一双胖乎乎的小手儿在擦拭着汤修慧那眼眶里涌出的泪水……汤修慧目光如炬，瞪着暴徒们在报馆里行凶作恶。屋里已被翻得一塌糊涂，地上，床上，书架上都是乱七八糟的书籍。十几名凶神恶煞般军警在翻找着邵飘萍所谓宣传赤化的罪证，找来找去，该找的地方都找过了，可是他们却一无所获！这时，有一位嘴唇上留着八字胡，戴着一副眼镜，好像军官样子的，走到汤修慧面前，凶狠地道："汤修慧放明白点！快把邵飘萍那些宣传赤化的罪证交出来！否则连你也一块抓去！"

汤修慧轻蔑地答道："什么罪证？你们不是都搜遍了吗！在女人前逞什么英雄？我们只是一个报人，民国政府不是提倡言论自由的吗？发表几篇批评政府的文章，就要遭此横祸，就要被判坐牢，被杀头！民国还有什么自由可言？人民和生命财产还有什么保障可言啊？……"那个"八字胡"被汤修慧一阵暴风雨般的诘问弄得哑口无言，眼睛翻白，但也无可奈何。

突然，一密探如获至宝地尖叫起来，"找到了，找到了！"

汤修慧愤怒的目光朝他狠狠地扫了扫，原来他从天花板的夹层里翻到了《新俄国之研究》手稿，还有一叠苏联名人的照片，最下面一本是1917年出版的《实用一家经济法》，此书是邵飘萍第一次赴日期间写好的，内容侧重于国民的家庭经济生活，然其中的思考主线都是爱国主义的。书中还着重抨击中国"政治不良，租税繁苛，聚敛浪费，以及社会风格之良窳"而不能使中国走向富强。"八字胡"冲过去，抓过来胡乱翻了一下，欣喜若狂地对其余搜查人员大声说道："哈哈！这些就是邵飘萍宣传赤化的罪证，走！回警察厅！"

北京某报馆里的一间客厅，《京报》编辑部主任潘公弼，与几位来自北京各报馆的报人在悲愤地议论。

潘公弼睁着红肿的眼睛，对大家道："邵飘萍社长昨天晚上返回途中惨遭毒手，各位同道有何良策？大家不妨都想想办法！"

此时，一位个子很高，脸很瘦的报人首先说："邵飘萍先生被捕，咱们报界同仁岂能袖手旁观？大家伙儿合计看看，一定要把邵先生营救出来才好！"

另一位矮而肥胖的报人立即响应，大声道："仁兄言之有理，我们不能坐视不救，我提议，大家一起到张公馆找下张学良，听说来抓邵先生的是他老子张作霖派来的人！"

"好！"大家都响应道。潘公弼说："那我去叫几辆人力车来，我们马上就去！"说着他就急步来到门口喊来了好几辆人力车，大家坐上后飞快地来到北京石老娘胡同张公馆。只见那大门前岗哨林立，戒备十分森严。他们走到门卫那里，要求见张学良少帅。门卫说："你们等着，我进去通报一下！对了，你们要求见张少帅，什么事啊？"潘公弼连忙道："我们都是北京新闻界的报人，一共十三位代表，要求见张少帅，有要事相求！"那门卫听了，不再说什么就进去通报了。良久，一青年军官从公馆内大步走到大门口，朝大家傲慢地扫了一眼，大声道："传少帅令，请十三位新闻界代表到客厅去，等候接见！"

大家鸦雀无声地尾随那军官身后鱼贯而入。潘公弼此时留意到，那是一间十分宽敞的豪华客厅，天花顶篷上吊着七八盏梅花灯，地上铺着猩红色的地毯，大厅的正中一幅猛虎下山的巨画，两旁放着两张半圆式太师椅，其他都是名贵的红木椅子有十来把。代表们进去后也没有坐下，只是齐刷刷一字儿排开在客厅正中。

几分钟后，着笔挺军服的张学良，铁青着脸，老练稳健地步入客厅，几名贴身警卫雄赳赳地尾随其后，分开两边守护着，张学良冷着脸坐在太师椅上，也不说话。这时，十三位新闻界代表公推爱国报人、北京晚报社的刘煌，京报社的潘公弼出面说话。

刘煌对张学良说："今天来此，我们十三位代表强烈要求，请张少帅能本着舆论的善意和民国保障人权的精神，向老帅张作霖恳求，立即释放京报社长邵飘萍先生！"

说话间，张宗昌、王琦也阴沉着脸来到了客厅，一个是狗肉将军，一个是北洋军阀执法处处长，都是邵飘萍的死对头。这时，警厅执法处长王琦道："你们与邵飘萍都是知己朋友，今天来为他请愿,人事已尽了,邵飘萍也已经有名誉了。"

张学良则毫无隐讳地道:"此次逮捕邵飘萍,据我所知,老帅与吴佩孚及各将领早已有此种决定,并定一经捕到,即时就地枪决。我与邵飘萍私交也不恶,惟此次要办邵飘萍,并非因其记者关系,实以其宣传赤化,流毒社会,贻害青年,罪在不赦,碍难做主!"

刘煌、潘公弼等报人代表听了,立即要求张学良想办法保住邵飘萍的性命。但张学良却一口拒绝道:"此次取缔宣传赤化分子,早经奉天军事会议决定,警厅只是奉令执行,邵飘萍不过是其中之一而已。再说此事乃老帅决定的,虽说张作霖是我的父亲,但也无可奈何!现在我们虽然在此谈话,可是邵飘萍是否还在人世,已不可得知了!"说完想拂袖欲走。

"少帅!少帅!你可不能见死不救啊!"众人拦住他,悲愤地喊道。张学良见大家救人心切,只好站住,脸露为难之色道:"各位!此次要治邵飘萍的罪,为的是他宣传赤化,不是因为他是记者。另外,我并没有下令封他办的《京报》,这都是老帅和吴佩孚的命令,不可违令啊!我还要去接待齐抚万将军,不能再耽搁了!"说完,张学良就匆匆走了。

新闻界代表们再三与军方、警方交涉,但反动军阀顽固坚持"宣传赤化,罪在不赦。"连续谈判了三个小时仍毫无结果。代表们只好含泪而归。黄报社长薛大可知道后,立即写信给张学良,但也没有消息;《东方时报》记者张培风也赶到张学良府上请求释放邵飘萍,但都被拒绝。各界代表以私人的交谊,接连奔走各方营救,但仍是毫无进展。在北京的东阳同乡,大联紫溪村人邵逸轩,邵泛萍、杜仲彬等人,听到邵飘萍突然失踪的消息,马上就协同汤修慧、祝文秀等四处打听,祝文秀让弟弟祝寿南去打听消息,找邵飘萍的下落。后来经多方努力,祝寿南通过警厅的老关系,才知道邵飘萍为张作霖的警厅所捕。当时,北京的政局可谓混乱不堪,各派军阀都可随便乱抓人。汤修慧、祝文秀随即在祝寿南的陪同下赶去,但邵飘萍已被转移他处囚禁,只说吃了三个鸡蛋才押走,去向就怎么问也不肯相告了。他们连夜又继续寻找多处,但还是不知去向,汤修慧、祝家姐弟及众亲友此时真是心急如焚啊!

汤修慧拖着沉重的双脚回到报馆时,已是深夜11时左右了。但是,躺在床上怎么也睡不着,脑子里都是飘萍的身影在闪现,翻腾……于是,她披衣起床,来到了飘萍平时用的那间书房,翻看起飘萍在早年所写的许多随笔,他写道:"国中多伪君子,不如多盗贼。盗贼可教,伪君子不可教也。盗贼可诛,伪君子何法以诛之乎?孙中山到沪时,往见之人无虑千百。然不外三种心理:其一,实心商国事者;其二,久闻盛名,以一见为幸者;其三,以谈国事为资,而窃想从中得好处者。偶捡敝箧,得秋女侠手翰。尝忆接到此书时,距秋女侠之死已半月。初闻之而大惊,继审视邮票上之月日,知为秋女侠被害之前五日所发者,欲寄回书,已无从寄矣。呜呼!东南光复,非一日矣。然东南人之投首虏庭者,尚以月薪数百金之故,恋恋不归。其醉生梦死,可怜亦复可恨。然苟实行没收以充军用,则此辈不啻劫诸虏庭,而还付我民也,其功岂可没哉。今之所谓大局,与君主时代之所谓大局不同。今之大局,乃吾人身家切己之关系也。居今而徒争私利,不顾大局,是直饮鸩止渴之智耳。丧心病狂,可痛孰甚?"……看着随笔,汤修慧心想:飘萍可能想把这些随笔整理成书吧?她这样想着,翻着,却翻到了飘萍失踪前所写的,已于4月22日刊在《京报》上的《飘萍启事》,她忍不住又看了起来,飘萍这样写道:"鄙人至现在止,尚无党籍(将来不敢预定),既非国民党,更非共产党。各方师友,知之甚悉,无待声明。时至今日,凡有怨仇,动辄以赤化布党诬陷,认为报复之唯一时机,甚至有捏造团体名义,邮寄传单,对鄙人横加攻击者,究竟此类机关何在？主持何人？会员几许？恐彼等自思亦云将哑然失笑也。但鄙人自省,实有罪焉,今亦不妨布之于社会。鄙人之罪,一不该反对段祺瑞及其党羽之恋栈无耻;二不该主张法律,追究段、贾等惨杀多数民众(被屠杀者大多数为无辜学生,段命令已自承认);三不该希望取消不平等条约;四不该人云亦云承认国民第一军纪律之不错(鄙人从未参加任何一派之机密,所以赞成国民军者,只在纪律一点,即枪毙也不否认,故该军退去以后发表一篇欢送之文);五不该说章士钊自己嫖赌,不配言整顿学风(鄙人若为教育总长亦不配言整顿学风)。有此数罪,私仇公故,早伺在旁,今即机会到来,则被诬为赤化布党,岂不宜哉！横逆之来源,亦可以了然而不待查考矣。承各界友人以传单见告,特此答陈,借博一粲,以后无论如何攻击,不欲再有所言。"此时,汤修慧看着邵飘萍的这些文字,眼泪却忍不住涌了出来！唉,睹物思人,不知飘萍如今被关在了哪儿？那些恨他欲置他死地的狗军阀们肯定在百般折磨着他！唉,我可怜的人儿呀,你是否此时也在担心着我和家人啊？……她这样想着,不知什么时候竟睡过去了。大约凌晨3时左右,突然一阵急促的电话铃声吵醒了汤修慧,她条件反射地跳了起来,抓起就问:"是哪位啊？"对方是她的一位老朋友,焦急地说道:"别管我是谁了！您快到张培风那里看看,他可能知道邵飘萍的情况！"

汤修慧感到事情已火烧眉毛了,稍稍整理了一下衣着,火速赶到了花园饭店找到张培风恳切地道:"请您一定帮我恳求张学良把邵飘萍放了吧！"张培风看了汤修慧一眼,沉痛地道:"张学良那儿我已好话说尽,但已经晚了,飘萍君此时已被杀害了！"汤修慧听了,"啊呀！"大叫一声晕倒在地,等汤修慧被救醒时天也露出了鱼白色,天亮了……

泪痕满脸的祝文秀，不时地站起来，走到窗前朝外面望着，又慢慢地踱到床前，唉声叹气地坐下。还不到两分钟，又神经质地跳将起来，拉开门，两只肿成核桃样的大眼直勾勾地盯着门外。良久，又悲伤、失望地收回目光，凄凄惨惨地伴着不断涌出的泪水，去把门又关上了。这时，她扫了一眼桌上佣人端来的饭菜，饭菜早已冷了。三天了，她除了到外边东跑西颠地求人营救邵飘萍，没有好好吃过一顿饭。回来后，望着这人去楼空的伤心地，只有痴呆呆地凝望着桌上镜框中邵飘萍的相片，嘴里喃喃地道："阿萍，我的阿萍啊！你在哪儿啊？真让人担心呀！"

突然，外边有人在急促的敲门。她条件反射似的迅速跳起，一个箭步冲到门口，拉开门，一个长得十分憨厚的年轻男子，有点口吃地对她嚷道："你，你就是这家的主人吗？"祝文秀见他脸孔憋得通红，连忙说："对，我就是呀！"

这位口吃青年闪动着有点水肿的单眼皮说："我，我是，南，南口的二愣子！"

祝文秀见他口吃厉害就说："您慢点说，别急，别急啊！"

他不好意思地道："今儿个，我，我一早儿就，就到天桥去，去串亲戚，听，听我二姨讲，一大早儿，警察厅在，在天桥东刑场，枪，枪毙了一个报，报馆的社，社长，叫邵飘萍！邵先生曾，曾经帮助过我，他看得起我们穷苦人！他是我所敬，敬仰的好人啊！这会儿，整，整个北京城，都轰动了！你，你千万要保重啊！"说完，一路痛哭而去。"天啊"，这从天而降的噩耗，好似一个晴天霹雳！此时的祝文秀顿感天旋地转，心如刀绞，眼前一黑，昏死过去。这时，汤修慧刚刚走到准备敲门，听到屋内"天啊！"一声儿大叫，不知怎么了？她连忙推门而入，看到祝文秀倒在了地上，急忙将祝文秀扶起，心急地连声叫道："文秀，快醒醒！"在她的呼唤下，祝文秀慢慢地睁开了双眼,见是汤修慧,也不说话,只是用手不断地抹眼泪。

"看样子,你可能也已知道了!"汤修慧非常难过地道,"我赶来是想对你说,飘萍他被狗军阀们杀害了!""姐姐!我,我刚才也听人说了!"祝文秀这时突然猛地一下子双手抱住汤修慧,放声恸哭!

汤修慧见祝文秀这样,泪水也止不住奔涌而出,失声哭道:"哎呀呀,飘萍啊,你就这样撇下我们孤儿寡母走了!是哪个遭天杀的把你害了啊?"

邵飘萍的大女儿邵仍贤这时带着弟弟贵生、祥生,两个妹妹仍偲、仍奇也找到了这里,看到大人们哭得这样伤心,也跟着边哭边喊着:"爸爸!你是被坏人害死的,我们长大了一定要替你报仇!……"

京师警察厅昏暗,潮湿的牢房。沉重的镣铐撞击声不时传来。

一阵皮鞋踏地的"咔嚓、咔嚓"响声,由远而近,阴气森森。

"咣当"一声巨响,沉重的金属牢门被人打开了。一名又矮又丑的督战执法处警察,手持一张布告,杀气腾腾地出现在牢门口,厉声宣读道:"京报社长邵振青,勾结赤俄,宣传赤化,罪大恶极,实无可恕,着即执行枪决,以昭炯戒,此令。"

又是一阵镣铐"哗啦啦、当啷啷"的碰撞声。此时,身材修长、面目清秀的邵飘萍一瘸一

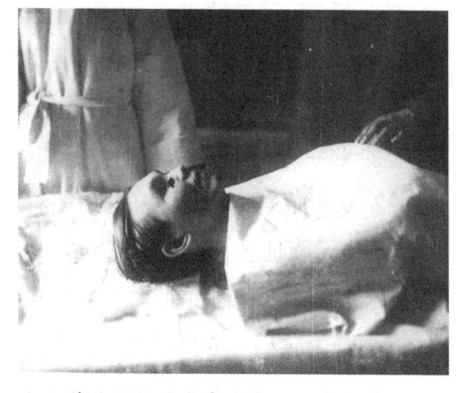

邵飘萍被军阀杀害在北京天桥东刑场

拐地缓缓地从牢内走出,他走得很慢,每走一步都要忍受着剧痛的折磨,那是因为他的腿在督战执法处,严刑讯问中,胫骨被打断了。这时,几名凶神恶煞样的警察押着他到天桥刑场去。邵飘萍艰难地,咬着牙,昂着头,挺着胸膛,面无惧色地微笑着,与牢狱中的难友们一一告别。邵飘萍身穿灰色丝葛长衫,外罩一件黑色马褂,虽然脸上,腿上都留有遭受非人酷刑的痕迹,但仍显得从容俊逸,特别是鼻梁上架着的一副金丝平光眼镜,更使他显得风度翩翩。这时,他神态镇定,脸含微笑缓缓地通过那长长的监狱走廊。被这突如其来的行动,惊醒了的难友们,全伸长了脖子,把乱蓬蓬的脑袋顶在冰冷的铁栏杆上,悲哀地目送着这位名传遐迩,震动中外的风云人物。铁栅栏里,此时涌动着成百张肮脏的、面黄肌瘦的含满泪水的面孔。突然,许多人都哭了起来,那声音是那样的凄哀和悲伤!

此时,浅蓝色的夜空上,刚刚泛出点点鱼肚白。让我们永远记住!——1926年4月26日凌晨4点30分,北洋军阀执法处长王琦押着邵飘萍前往北京外城右五区警署所在地天桥东刑场。警厅开出汽车两辆,第一辆载着执法处的大刀队及监刑官,第二辆上押着邵飘萍。两辆汽车像鬼影一样悄悄地疾驶刑场,囚车通过的道路上黄土被掀得纷纷扬扬,四月北京的冷风惨雾裹着这两辆囚车。此时的北京城人们还在沉睡中,只有远处传来几声狗吠声,和婴儿的啼哭声,还有火车发出的断断续续的吼叫。车厢内,汽车颠簸的身子乱晃的北京执法处处长王琦和其他几名监刑官,在不时地打着哈欠,抽着烟,把车厢内的空气搞得乌烟瘴气。另一囚车内,几名持枪的军警将邵飘萍夹在他们中间。此时,邵飘萍用牙齿咬着自己的嘴唇,眉宇间透出一股视死如归的神态。

自从4月24日晚上,回报馆在返回六国饭店的路上被突然逮捕后,他就知道,此次自己已是在劫难逃了!是啊,死,对于他来说,早已是置之度外的事了。他始终认为,作为一名知识分子,无论社会怎么变迁,如何暗无天日,都不可能也不应该放弃对祖国和民族命运的忧思和呐喊!不能忘记对时代走向的认知把握,对人生和人类前途的强烈关注,甚至为其付出青春和生命也毫不畏惧,这就是作为一名中国知识分子的本质,也是自己一生所追求的!自从他投身报业以来,因为疾恶如仇,每每把社会弊端、政坛丑闻、军阀罪恶毫不留情地披露于报端。为此,他得罪了地方权要,触痛了军阀政敌而招致了死神临头。如袁世凯、段祺瑞、张作霖、张宗昌、吴佩孚之流,更深恶痛绝于他,其缘出自于他为民众的悲惨苦难而呐喊!死,为正义、为新闻事业而死;死,为共产党、为革命,为天下苦难的中国民众而死,是死得其所的!

可是,此时此刻,他不放心的是深爱至死的《京报》!他倒下了,这副千斤重担就完全落在了汤修慧身上了。一个女人带着一大帮孩子,还要操持报务,在民国这样昏暗混乱的时代,她能撑下去吗?这种魔鬼横行的世道,她不容易啊!此外,他还不放心祝文秀,连同她那善良的弟弟和母亲!他死了,会有更多的有良知的报人站出来,与黑恶势力作斗争!光明终会战胜黑暗,阳光有一天会普照苦难的中国大地……此时,他也想起了老父亲、老母亲,他自从离开家乡金华,从事报业以来就没有回去看过他们,作为儿子的他是有愧的。而唯一使他安慰的是,1922年金华家乡突遭洪灾时,父亲写信向他求援,他立即寄上一千元钱以解燃眉之急,这是他唯一替老父亲做过的事啊!记得父亲曾写信给他说已把这些钱在金华白莲巷附近新建了一处住宅,并以"新成棠圃"四字命名,表示对他这个不孝子的永久纪念,想到这里,他不禁潸然泪下!此时,他也想起了父亲曾多次来信劝他,要"审时度势","时行则行,时止则止"，应该"急流勇退"。还引用了论语中的一段话："帮有道，危言危行；帮无道，危行言孙，"来劝他。对此，他从心里感激父亲对儿子的关爱和担忧。但是，为了追求自己所热爱的新闻事业，他要义无反顾地走下去，誓不回头！

这时，汽车"嘎"的一声，突然停住了。邵飘萍从沉思中抬起头从铁栅网着的小窗口望出去，外边是一片荒草丛生的地方，四周死样的寂静，空气中弥漫、飘荡着腐朽的气味儿。邵飘萍心想，这里看来就是刽子手们向他动手的地方了，也是他离开这个罪恶世界最后看到的地方。此时，他神态安详地慢慢跨下囚车，环视着刑场四周，只见岗哨林立，杀气腾腾。他用手扶了下眼镜，然后又平静地掸掸长衫，向早已等候着，奉命前来监刑的王琦等军政官员们，用鄙视的目光朝他们扫了扫，讥讽道："诸位免送！"说完"哈哈"大笑数声，再次用他那如电如炬的目光，扫视了下这群军阀的狗爪牙。然后，从容不迫地快走几步，回头调侃道："我先走了，你们随后就来！"刽子手们此时朝他举起了马枪，其中有位监刑官看着状至从容，脸无惧色的邵飘萍，走到他跟前，战战兢兢地说："请大人跪下！"邵飘萍"哈哈"大笑道："还要跪下？妄想！狗……"话音未落，刽子手们的马枪响了，"砰！砰！——"罪恶的子弹，击中了邵飘萍的脑部，由他的右眼下穿出。一个伟大的身躯，为了中国人民的解放事业和他至爱的新闻事业，庄严地倒下了。

邵飘萍被北洋军阀张作霖，吴佩孚等人杀害后，北京的《世界日报》头版以大字标题"邵飘萍以身殉报"，以致哀悼；北京《晨报》《湖南大公报》《社会日报》等数十家报纸发表文章表示哀悼。中国共产党的机关报《向导》周报著文致敬；中共北京地委机关报《政治生活周刊·红色五月特刊》(第 76 期)发表以"怀英""怀德"署名的两篇悼念文章。《新闻青年》杂志、《东方杂志》、《国闻周报》都先后报道了这一悲痛的噩耗，同声哀悼邵飘萍。其中有"岳威""岳雷"的署名文章，说道："邵飘萍君之死及北京的文字狱，奉军在北京之暴行，北京各报多惮不敢言，唯《京报》社长邵飘萍尚以深刻讽刺之笔，据实直书。因此，大遭奉军首领之忌，欲得而甘心。邵卒被其友人所卖而被捕，判以死刑，于 4 月 26 日枪毙。……自此以后，北京报纸愈噤若寒蝉，不敢有所陈述。较激烈的分子，多纷纷逃出北京。"这篇署名文章，还赞扬《京报》社长邵飘萍君，"是北方舆论界反对帝国主义及奉系军阀最激烈者"，号召"全国舆论界，应该为邵飘萍君之死而力争言论的自由，和人权的保障。"当时，在北京的李大钊等 80 多位各界著名人士也向反动北京当局提出了控诉。邵飘萍被害的噩耗传至金华，邵桂林三天三夜不食不语，家内不敢举哀，唯亲自撰联一副："碧血洒天桥，与先烈同留正气；'青萍'挥地府，愿义师迅扫妖氛！"堂弟邵泛萍也撰挽联一副，以寄哀思："斯世不容才，祢衡毕竟遭天忌；中宵何处笛，向秀难忘赋旧心。"东阳紫溪村还在由邵飘萍资助重建的小宗祠"成德堂"设立牌位祭悼亡灵。

邵飘萍被捕杀的消息传开后，国内外各界多愤激不平。如上海公团联合会，各省旅沪公民协会，沪杭各报馆，均有电代为呼吁。冯玉祥将军获悉邵飘萍被杀，顿时失声痛哭，他赞叹"飘萍一支笔，抵过十万军！"邵飘萍的

邵飘萍被张作霖杀害后的灵场

死，也震动了当时在国民政府里的许多军政要人，他们相继给邵飘萍致送挽联。1932年，东阳南乡邵氏村落合力重修《紫溪邵氏宗谱》，邵飘萍堂弟邵泛萍向当政的国民党要员和社会名流征集纪念邵飘萍的文字，得到三十一人写的诔志传赞和题词。"既为干将莫邪矣，宁畏缺折呜呼报界之牺牲者"，这是当时的国民党中央委员兼监察院院长于右任题的挽词。孙中山的儿子孙科赠送的诔志是："飘萍先生传，革命以来，烈志之士，慷慨取义决头殉身者，不可胜数，而其从容坚定者，莫邵君飘萍若；晚清至今，三十余年间，新闻事业飙起，议论政事，抨劾要津者，亦不可胜数，而其明察事理，动中肯綮者，亦莫邵君飘萍若。呜呼！以斯二义，君已卓然可传。况君斡助吾党，致力革命，至勇且笃耶！君讳振青，字飘萍。赞曰：君躯干不逾常人，而修眉爽额，目光炯炯四射。平居不甚拘小节，临大事乃蹶起无所避。不惜与北庭权要相接，然实察其秽迹以为资料，讽刺呵骂，为革命张目，卒以此撄祸。顾自君死，国内所谓言论，盖未尝有锐利俊爽如君者。吁！可哀也已！"除此之外，韩复榘、刘峙、顾维钧、顾祝同、白崇禧、傅作义、谷正伦、吴铁城、马寅初等都写来了诔志传赞和题词，以表哀悼之情。

鲁迅先生后来闻知邵飘萍被害，十分悲痛，在《语丝》中曾撰文对《京报》社长邵飘萍表示悼念。1936年，毛泽东在延安接受美国记者斯诺采访时说："在新闻学会里……特别是邵飘萍，对我帮助很大。他是新闻学会的讲师，是一个自由主义者，一个具有热烈理想和优良品质的人。1926年他被张作霖杀害了。"此段话在斯诺后来出版的《西行漫记》一书中可以找到。1949年4月，毛泽东亲自批准邵飘萍为革命烈士。1974年，毛泽东在会见外宾时，又一次谈到邵飘萍，说鲁迅知道他。此时的毛泽东已是八十一岁的老人，由此可见他老人家对邵飘萍的一片真情！

邵飘萍牺牲后,汤修慧重新恢复了《京报》并勇敢地肩起社长的重担,直到"七七"事变,抗战爆发她才逃往香港。她曾积极参与当时在北京、天津、上海、香港、重庆等地的新闻报刊活动,成为我国著名女报刊活动家,她的一生也为中国新闻事业写下了令人难忘的一页。中国共产党没有忘记自己的优秀儿女,1986年3月2日,汤修慧的骨灰与邵飘萍同葬于北京八宝山革命烈士的公墓中。

1984年,中国社会科学院新闻研究所名誉所长,新闻界的老前辈石西民先生倡议铸造邵飘萍的铜像。该建议立即得到了中宣部新闻局,中华全国新闻工作者协会,北京、上海和浙江等地二十六个单位的赞同和支持,铸造铜像工作由金华日报社具体承办。1986年7月1日邵飘萍铜像在金华市婺州公园落成,铜像基座正面,镌刻着由陆定一所题的"邵飘萍铜像纪念碑"八个刚劲有力的大字。铜像总高三米,造型逼真,线条凝重,英俊潇洒,坚毅沉着,双目炯炯有神,再现了邵飘萍烈士当年的风采。该铜像,出自上海大学美术院雕塑系主任章永浩先生之手。碑文由著名新闻史学者、中国人民大学教授方汉奇先生题写,生动地概括了邵飘萍烈士战斗,光辉的一生。同年,将原金华市婺江东路改为飘萍路。

1986年4月26日,在邵飘萍烈士殉难六十周年纪念日,东阳县府命名东阳大联乡紫溪小学为"飘萍小学",并由全国人大常委会副委员长严济慈亲书校名。同时,在"飘萍小学"内,还专门设立了邵飘萍陈列室,内有邵飘萍生前使用过的碗、扇、帽、书法及有关专著等。

1996年东阳横店集团徐文荣出巨资创建邵飘萍纪念馆,该馆设于清代民居"瑞霭堂"中,面积约二千五百平方米,由瞻仰大厅、陈列室、资料室等组成。该馆的落成开创了全国革命烈士纪念馆民办的先河。

1984年6月，位于北京宣武区原骡马市大街魏染胡同三十四号的京报报馆被北京市指定为市文物保护单位。北京市宣武区房管部门还按国家有关规定，将京报报馆舍全部收购为国有，并把它作为历史上著名文化遗址加以永久保存。北京市有关部门，为了表彰邵飘萍烈士的历史功绩，还把他的遗骨从天宁寺厝地移入八宝山革命烈士公墓。1984年11月1日，北京新闻界、教育界集会隆重纪念邵飘萍一百周年诞辰。全国人大、中顾委、中共中央宣传部和中共北京市委、北京市人民政府的领导出席了大会。全国人大常委会副委员长严济慈出席纪念会并讲了话，号召学习邵飘萍的精神为"四化"建设努力工作。大会开得隆重热烈，高度评价了邵飘萍革命、战斗的一生。

金华市人民政府于2006年7月批准，由金华市文物局，负责对位于市区游宅街三百六十二号的邵飘萍故居进行了修缮，并于2007年5月顺利竣工。从此，古老的金华又多出一处人文景观，可供后人瞻仰、浏览。2011年春，金华市文物局报经市人民政府批准，又对邵飘萍位于市原浮桥街的又一处老屋进行了修缮，并准备不久向全市人民开放，这为启迪教育广大青少年增加了一处绚丽多姿的人文风景！

邵飘萍被害后，祝文秀和母亲徐三姐、弟弟祝寿南，以及京剧界友人马连良等人帮助汤修慧为邵飘萍收敛遗体。当时，祝文秀才三十岁。因张作霖扬言要将邵飘萍遗体分尸，祝文秀弟弟祝寿南为邵飘萍移灵柩多次，终因劳累受惊吐血而亡。此时，失去爱人、亲人的祝文秀随母亲到了天津。当年，来劝她改嫁的都被她拒绝了。不久，她和母亲回到了老家江苏无锡市前洲西塘村。一天，在母亲的坚持下收养了丢在门口的一个男孩,取名祝韶华。因张作霖扬言要将邵飘萍一家杀尽,为此改名为邵华。此后,邵华当了三十八年的人民教师,与妻子刘秀瑾相濡以沫,恩爱有加,过着虽艰苦但却甜美的生活。1986年,受到金华市委宣传部,《金华日报》社等部门的邀请,祝文秀带着儿子邵华,儿媳刘秀瑾一家来金华参加了邵飘萍铜像落成仪式,瞻仰期间,有亲友对祝文秀说:"趁您老健在,把儿孙们的姓都改回来吧!"于是,大家与邵家亲友一商议,写了申请签了字,回到无锡时,将儿孙的姓全部由"祝"改为"邵"了。在回到无锡乡下的这段漫长的岁月里,他们一家日子过得十分清苦,以种菜、刺绣度日。直到邵华长大后,成为了人民教师,清贫的生活才逐渐改善。邵华与媳妇两人对祝文秀十分孝顺,一直供养母亲三十七年直到离开人世。他们夫妇俩也相敬如宾,一时成为街坊邻里的美谈。

如今,中国新闻学的开创者、杰出的无产阶级新闻战士邵飘萍离开我们已整整八十六年了,但他那种为追求真理,忠诚祖国,抨击邪恶,至死不渝的浩然正气将与世长存,他的光辉业绩以及为中国人民的解放事业,新闻事业而浴血奋斗的革命精神,将永远载入中华民族的史册!

# 参考文献

[1] 方汉奇.邵飘萍选集[M].北京：中国人民大学出版社,1987.

[2] 华德韩.邵飘萍传[M].杭州：杭州出版社,1998.

[3] 胡星寿.身世飘摇雨打萍[M].香港：香港正之出版社,1992.

[4] 赵庆元.蔡元培传[M].合肥：安徽人民出版社,1998.

[5] 包天笑.钏影楼回忆录[M].香港：香港大华出版社,1973.

[6] 徐宁.铁火西北[M].北京：团结出版社,1999.

[7] 邵飘萍.邵飘萍新闻通讯选[M].北京：新华出版社,1993.

[8] 陈益民.民国旧事[M].天津：天津人民出版社,1998.

[9] 尹均生.中外名记者及新闻风格[M]. 武汉：

邵诚民（右一）、邵诚良（左一）与祝文秀在无锡太湖边

武汉理工大学出版社,2010.

[10] 戈公振.中国报学史[M].上海:上海古籍出版社,2003.

[11] 邵宏春,邵永星,等. 东阳紫溪邵氏宗谱景溪公族下摘编[Z].东阳:未正式出版,1995.

[12] 汤修慧.一代报人——邵飘萍[C]//中国人民政治协商会议北京市委员会文史资料委员会.文史资料选编:第6辑.北京:北京出版社,1980.

[13] 祝文秀,口述.关于飘萍的二三事[C].祝韶华,记录整理//中国人民大学新闻系《新闻学论集》编辑组.新闻学论集:第7辑.北京:中国人民大学出版社,1983.

[14] 邵寿生,邵诚民. 邵飘萍史料补正[J]. 科学与城市杂志,2006(5).

[15] 郭根.关于邵飘萍[R].东阳文史资料选辑:第2辑.东阳:自印.1991.

[16] 邵惠庆.邵飘萍的少年时代[Z].金华:未正式出版,1970.

[17] 邵金宏.我所知道的邵飘萍诗一首[Z].金华:未正式出版,1969.

[18] 方汉奇.惊伏起蛰,挥斥风雷——积极参加"五四"运动的新闻记者邵飘萍[J]. 桥,1999(5).

[19] 张亦民,童然星.湮没六十年的中共秘密党员邵飘萍[J].世纪,2003(3).

[20] 尤伟.邵飘萍和祝文秀[N].江南晚报,1999-03-05(8).

[21] 兰秀子.乱世一叶舟——记祝文秀与邵飘萍的不渝爱情[J].文史天地,1999.(1).

[22] 邵润宏.我所知道的邵桂林和邵飘萍及家史[Z].金华：未正式出版,1968.

[23] 方汉奇.报史与报人[M].北京：新华出版社,1991.

[24] 方汉奇.发现与探索[C] // 中国人民大学新闻系《新闻学论集》编辑组.新闻学论集：第 7 辑.北京：中国人民大学出版社,1983.

[25] 方汉奇.关于邵飘萍是共产党员的几点看法 [C] // 中国人民大学新闻系《新闻学论集》编辑组.新闻学论集：第 9 辑.北京：中国人民大学出版社,1985.

[26] 方汉奇.邵飘萍和他创办的副刊[J].新闻与学习,1984(6).

[27] 祝文秀,口述.我和飘萍共同生活的七年[C].祝韶华,记录整理// 中国人民大学新闻系《新闻学论集》编辑组.新闻学论集：第 7 辑.北京：中国人民大学出版社,1983.

[28] 溥仪.我的前半生[M].北京：群众出版社,1960.

# 后　记

　　当父亲说,一代报人邵飘萍就是我的四曾祖父时,我为之震撼,也为之自豪。自那以后,也萌发了一定要为我的四曾祖父邵飘萍写一本文学传记的强烈心愿。叔叔邵寿生知道我的打算后就鼓励我,并把他从邵家年长的老人申阿鸾、邵伟处了解来的有关邵飘萍的珍贵资料交给我。在我收集有关邵飘萍资料的过程中,我还得到了邵惠庆、邵永星、吴兆德、邵宏春、邵润宏、邵根宏等邵家老人的热情鼓励和帮助。他们把有关邵飘萍的青少年时候的情况告诉我,为我写作本书提供了弥足珍贵的资料。

　　进入20世纪80年代后,对邵飘萍的研究逐渐多了起来,全国各地相继刊登和出版了有关邵飘萍的文章和书籍。在欣喜之余,我也发现了一些问题。为此,我深感有必要把我所知道的邵飘萍事迹写成文学传记,以飨广大读者。但是,要写好本书确非易事,何况我完全是靠工作之余来完成的。加之十年"文革"浩劫中,邵飘萍的许多珍贵资料,图片都被付之一炬了,许多邵家老人也都相继过世。为此,收集邵飘萍的资料可谓困难重重。为此,我曾数次前往北京、无锡等地探望当时尚健在的我的四曾祖母汤修慧和祝文秀老人,两位老人的家人都非常热情地接待了我,当知道我要写作本书时,除热情鼓励之外还把所知道的邵飘萍情况告诉我,为我写好本书增添了力量,丰富了书的内涵。写作本书,对邵飘萍的少年时代我只是几笔带过,显得较简略,着重写的是邵飘萍到杭州办《汉民日报》,直至到北京创办《京报》,亡命日本,然后被北洋军阀张作霖杀害。可以说,从1911年至1926年是邵飘萍人生最辉煌的时期。特别是经五四运动的战斗洗礼后,邵飘萍迅速从一个自由民主主义者向马克思主义者转变,直至成为了一名中国共产党党员。由此可以看出,一定的社会环境才造就了邵飘萍这样的杰出人物。在此,要感谢原东阳县委统战部的华德韩等人及时向县委上报中共中央组织部《关于要求认定邵飘萍同志为中共党员的报告》,后经当时尚健在的罗章龙教授向党组织递交了邵飘萍为我党秘密党员的证明,1986年7月10日,中共中央组织部下达〔86〕组建字108号文件:认定邵飘萍同志1925年春加入中国共产党。由此,既恢复了邵飘萍烈士历史的本来面貌,也奠定了邵飘萍是我党新闻事业先驱者的地位。另外,在写作本书时,我还着重把握好传记文学应该以艺术的手法来描绘人物的成长历史这个特点,以求能生动地塑造在本书中所出现的历史人物的形象,做到能较好地反映社会历史的真实,起到启迪人、教育人的作用。

本书在周国良先生的热心鼓励下,有幸列入金华市婺文化研究会2012年度的工作成果,对此,我非常珍惜和深表感激。在本书即将付梓之际,首先要感谢中共金华市委书记徐加爱先生在百忙中为《邵飘萍传》作序,新闻界老前辈、浙江省记协名誉主席、原浙江日报社总编江坪先生还欣然泼墨为《邵飘萍传》题词。

本书成稿于2011年的10月。写作过程中,刘秀瑾老人多次来信鼓励我,并热心地给我寄来有关邵飘萍的资料和珍贵的照片。许多朋友知道后,也纷纷给我寄资料,提供线索,关心我的写作,热情地帮助我。如浙江省新闻工作者协会秘书长陈建华先生,人民日报社李翰彬先生,法制日报社李郁先生,山西《党史文汇》

钟启元副主编,金华日报社原社长、总编吴小钢,现社长、总编陈东先生,金华市委宣传部刘土祥先生,文学启蒙恩师章伟文先生,金华市作家协会主席王槐荣先生,婺城区文联主席李英先生,金华和义乌市科普作家协会主席何建农先生、著名作家朱吉荣先生,著名诗人方竟成先生、张乐初老师,挚友钱志华、戴欣梅、蒋树康、蒋烈阳、肖金木、张耀威,东郊村主任邵福林等。在此,值得指出的是,我的亲家许光明夫妇、岳父吴洪其对我写作本书非常支持,认为能给中国人民的解放、新闻事业献身的邵飘萍撰写传记,是极其有意义和功德无量的好事。我的妻子吴巧琴、女儿邵安琪、女婿许晨、外孙许耀华、弟弟邵诚通、邵诚良,舅舅陈永兴、内兄弟吴国祥、吴国庆,连襟郑文兴也不断地鼓励和支持我,才促使我克服困难完成了本书的写作。

另外,金华市达厦房地产有限公司董事长徐志辉先生,永康"德庄"餐饮连锁企业、吕记好农庄著名企业家吕永谊先生,金华"默香"酥饼食品厂徐朝林夫妇,以及陈勋教、许兵、应加强、黄伍强、汪根友、杜福良、张斌、殷建民、李成松、蒋奇利、汤立、罗增强、徐国平、徐光明、王秀明、姜金明、吕文周、金煦光、吴斌、陈文伟、陈彦杰、夏美丝、叶利民、洪在明、魏龙富、徐正林、朱炳华、徐家麟、张根芳、卢萍、巫渭清、王基高、张立富、金建平、张登文、章竹林、徐益丰、严亮奇、郑庆华、吴少峰、李自力、朱金燕等友人对此书出版给予了热心的支持和鼓励,洪东真、龚惠娟、傅爱华、钱妍等还热心地帮助校对。另外,还借鉴吸收了有些专家的研究成果。在此,一并表示衷心的感谢。

最后,我怀着十分真诚的心,希望各位关心邵飘萍研究的学者、专家给予不吝的指正,限于学识水平,书中难免会有出入和差错,在此谨致诚挚的谢意。

作者写于二〇一三年秋

附

录

# 豫章先生传

豫章先生讳庭坚,字鲁直,姓黄氏。其先婺之金华人。六世祖瞻,以策干江南,以为著作佐郎,知洪州分宁县。瞻生玘,玘生元吉。元吉始卜筑修水上,葬两世于山中,遂占数焉。元吉生中理,赠光禄卿。中理生湜,赠朝散大夫。湜生庶,尝摄康州,赠中大夫,公之皇考也。公幼警悟,读书五行俱下,数过辄忆。康州奇之。既孤,从舅尚书李公公择学,公择尝过家塾,见其书帙纷错,因乱抽架上书问之,无不通,大惊,以为一日千里也。治平中两首乡荐。遂登四年第。调汝州叶县尉。熙宁中,诏举四京学官。有司考其文章优等,遂除大名府国子监教授。留守太师文公才之,留再任。用荐者改著作佐郎。先是眉山苏公子瞻见公诗于孙公莘老家,绝叹以为世久无此作矣!因以诗往来。会苏公以诗抵罪,公亦罚金。直委知吉州太和县。改授宣德郎。太和号难治。公以平易近民,民亦不忍欺。会颁盐策,诸邑争授多数,独公平平耳。大吏不阅而民安之。到官年余,称监德州德平镇奉佛最谨。过泗州僧伽塔,遂作《发愿文》,痛戒酒色与肉食,但朝粥午饭,如浮屠法。时元丰七年三月也。序迁奉议郎。哲宗即位,转承议郎,赐五品服。乃以秘书少校书郎召入馆。未几,除修神宗实录院检讨官,集贤校理。逾年,除秘书省著作佐郎。朝廷数议除美官,为言事者所梗,不果。又迁都奉郎。遇郊,当任子,舍其子而官其兄之子。《实录》书成,当进一官,丐回授母夫人李。朝廷从之,遂君安康郡。公事终孝,有曾、闵之行。安康卧疾弥年,公昼夜视颜色,手汤剂,衣不解带,时其疾痛疴痒而敬仰骚之,至亲涤厕牖,浣中裙云。遭母丧,哀毁过人,得疾几殆。既还葬,因庐墓侧终丧。先是苏公尝荐公自代,其略云:'瑰玮之文,妙绝当世;孝友之行,追配古人。'世以为实录云。服除,除秘书丞,集贤校理,同修国史。辞疾,乞守太平。除宣,又改鄂。未几,管勾亳州明道宫。绍圣初,议者言《神宗实录》多诬失实,召至陈留问状,三问皆以实对。责授涪州别驾,黔州安置。命下,左右或泣,公色自若,投床大鼾,即日上道。君子是以知公不以得丧休戚芥蒂其中也。至黔,寓开元寺摩围阁,以登览文墨自娱,若无迁谪意。俄以外兄作本路常平官,避嫌,移戎州。公一不以介意。与后生讲学,孜孜不息。两川人士急从之游,经公指授,下笔皆有可观。今上登极,复宣德郎,监鄂州在城盐税。改奉议郎,签书宁国军节度判官。改朝奉郎,知舒州。又召以为吏部员外郎,辞疾不拜。上章乞郡,得知太平州,到官九日而罢。管勾洪州玉隆观,寓居江夏。公风韵洒落,胸中恢疏,初无怨恩。谈笑皆谑,或以忤物。盖尝忤赵丞相正夫而公不屑也。公往尝作《荆州承天院塔记》,转运判官陈举承风旨,采摘其间数语,以为幸灾谤国。遂除名,编隶宜州。虽被横逆,未尝一语尤之,浩然自得也。崇宁四年九月三十,卒于宜州寓居。年六十有一。大观三年十一月归葬双井祖茔之西。先配孙氏,莘老之女,封兰溪县君;后杨谢氏,师厚之女,封介休县君。一男曰相。一女曰睦,嫁将仕郎舒城李文伯。公学问文章,天然成性,落笔妙天下。元祐中,眉中苏公号文章伯。当是时,公与高邮秦少游、宛丘张文潜、济源晁无咎皆游其门,以文相高,号四学士。一文一诗出,人争传诵之,纸价为高。而公之文尤绝出高妙,追古冠今,烛后辉前。晚节位益黜,名益高,世以配眉山苏公,谓之"苏黄"。公尝游潜皖,乐山谷寺石牛洞之林泉,因自号山谷老人。天下皆称曰山谷而不名字之,以配东坡云。公楷法妍媚,自成一家。游荆州,得石本《兰亭》,爱玩之不去手,因悟古人用笔意,作小楷日进,曰:"他日当有知我者。"草书尤为奇伟。公殁后,人争购其字,一纸千金云。

史赞曰:自李杜没而诗衰。唐末以及五季,虽有以比兴自名者,然格下气弱,公靡骩骳,无以议为也。宋兴,杨文公始以文章莅盟。然至为诗专以李义山为宗,以渔猎掇拾为博,以俪花斗果为工,号称"昆仑体",嫣然华靡,而气骨不存。嘉祐以来,欧公称太白为绝唱,王文公推少陵为高作,而诗格大变。高风之所扇,作者间出,班班可述矣。元祐间苏、黄并世,以硕学宏才,鼓行士林,引笔行墨,追古人而与之俱。世谓李、杜歌诗高妙而文章不称,李翱、黄甫湜古文典雅而诗独不传,惟二公不然,可谓兼之矣。然世之论文者必宗东坡,言诗者必右山谷,其然,岂其然乎?山谷自黔州以后,句法尤高,笔势放座,实天下之奇作,自宋兴以来,一人而已!

（录自龙榆生《豫章黄先生词》）

# 山谷先生别传(节录)

明·周季风

　　山谷黄先生,宋洪州分宁县高城乡双井人也。六世祖瞻,世家金华,以策干江南李氏,用为著作佐郎,知分宁县。念山川幽邃可以避世,无如分宁,遂家焉。瞻生元吉,元吉生中理,尝筑书馆于栖桃芝台洞,两馆游学士常溢百人。故黄氏诸子多以文学知名,称江南望族。中理生湜,湜生庶,并举进士。庶有诗名,名律奇崛,世谓山魈水怪着薜荔之体。尝摄康州实生先生,先生讳庭坚,字鲁直,幼颖悟过人,读书五行俱下,数边辄成诵,康州奇之。七岁能诗,舅李公择见其架上书纷乱,抽取试之,无不通者,惊曰,一日千里。治平三年乡试,出野无遗贤题,先生诗有谓"谓水空藏月,傅岩深琐烟"之句,考官李询击节称赏,知其当以诗名四海。遂登四年进士,主簿余干,政暇讲论礼乐,赋咏诗歌,民俗丕变。调叶县尉,作《新寨》诗,半山老人称为清才,非奔走俗吏。熙宁初,举四京学官,第文优,教授北京国子监。留守文潞公才之,留再任。东坡尝见其诗文,以为超铁绝尘,独立万物之表,与造化者游,名遂震。知太和县,以平易为治。时课颁盐策,诸县争占多数,太和独否。搜猕匿赋,询求民瘼,虽山溪穷僻处,县令所未尝至,必身亲之。或达旦不寐,邑多强族,不忍齐之以法,民亦不忍欺。雅喜山水之胜,日为文字之乐。移监德州德平镇。赵挺之倅德州,挺之希合提举官意,欲行市易法。先生以镇小民贫,不堪诛求,若行市易,必致星散。迁奉议郎。哲宗立，召为校书郎，神宗实录检讨官。礼部侍郎陆佃预修《实录》，先生欲书安石勿令上知之帖，佃力沮之而以为谤也。先生争辩甚苦，至曰：'审如公言，得非?史乎！'佃盖安石门人，且为官长，以是竟不得书。先生以此肇祸，然赖其言，事之本末因以尽传于世。朱子以为有天意者耶！逾年，迁著作佐郎，加集贤校理。《实录》成，擢起居舍人。丁母忧。先生性笃孝，母病弥年，昼夜视颜色，衣不解带。及亡，庐墓下，哀毁得疾几殆。服除，为秘书丞，提点明道宫，兼国史编修官。又与赵挺之有微隙，衔之切骨。绍圣初出知宣州，改鄂州。章惇、蔡卞与其党论《实录》多诬，俾前史官分居畿邑以待问，摘干余条示之，谓为无验证。既而院史考阅，悉有依据，所余才三十二事，先生书用铁龙爪治河，有同儿戏，至是首问焉，对曰："庭坚时官北都，尝亲见之，真儿戏耳。"凡有问，皆直辞以对，闻者壮之。知非儒生文士而已也。贬涪州别驾，黔州安置。命下，左右或泣，先生颜色自若。投床大鼾，即日上道。至黔，寓开元寺摩围阁，以登览文墨自娱。言者犹以处善地为觝法，以外亲张向嫌，遂移戎州。泊然不以迁谪介意，蜀士慕从之游，讲学不倦。凡经指授，下笔皆可观。徽宗即位，起监鄂州税，签书宁国军判官，知舒州。以吏部员外郎召，皆辞不行。丐郡得知泰平州，至之九日罢。主管玉隆观，自涪归，道出江陵，作《承天院塔记》，其略云(略)。文成府帅马碱饭诸部使者于塔下，环观先生书，碑尾但书作记者黄某，立石者马某而已。时闽人陈举自台出漕，先生未尝与交也。举与李植、林虞相顾前请曰，某等愿托名不朽。先生不答。举由此憾之，知先生与挺之有怨，挺之执政，遂以墨本上之。诬以幸灾谤国。其文初无幸谤之意，遂除名羁管宜州。携家南贬，泊于零陵，独赴贬所。居二年，上雨旁风，人不堪其忧。先生终日读书赋诗，举酒浩歌。自言家本农桑，使不从进士，则田中庐舍如是，又可不堪其忧乎！闻者敬叹。崇宁四年九月三十日,忽以疾不起。子弟无一人在侧。先是,徙永州,未闻命而卒。初,谪宜州,与零陵蒋湋相友善。士大夫畏祸不敢往还,独湋日陪杖履。疾革,湋往见之,大喜握手曰,身后事委君矣。及卒,湋为棺送归葬双井祖茔之西。绍兴间,赠龙图阁学士,加太师,谥曰文节。先生早岁受知东坡,与张耒、晁补之、秦观并游其门,天下称苏门四学士,而先生诗文尤俊伟,凛然有二汉之风,非三子者比。世以配苏,故称苏、黄。

(录自清乾隆缉香堂刊本《宋黄山谷全集》)

附录三

# 黄庭坚与《江西诗社宗派图》中有关诗人关系简介

宋人记载吕本中此图者有胡仔《苕溪渔隐丛话》前集、赵彦卫《云麓漫钞》、王应麟《小学绀珠》和刘克壮《江西诗派小序》等。而以胡仔所录最为接近吕本中原作之貌。《苕溪渔隐丛话》前集卷四十八:"吕居仁近时以诗得名,自言传衣江西,尝作《宗派图》,自豫章以降,列陈师道、潘大临、谢逸、洪刍、饶节、僧祖可、徐俯、洪朋、林敏修、洪炎、汪革、李錞、韩驹、李彭、晁冲之、江端本、杨符、谢迈、夏倪、林敏功、潘大观、何凯、王直方、僧善权、高荷,合二十五人以为法嗣,谓其源流皆出豫章也。"兹以胡仔所记为依据,将这二十五人与山谷之关系简介如下:

## 陈师道

山谷与陈师道之关系有口皆碑。二人互相尊重,陈师道《答秦觏书》:"仆于诗初无诗法,然少好之,老而不厌,数以千计。及一见黄豫章,尽焚其稿而学焉。……仆之诗,豫章之诗也。"魏衍《彭城陈先生集记》亦云:"初,先生学于曾公,誉望甚伟,及见豫章黄公庭坚诗,爱不释手,卒从其学,黄亦不让。"刘克庄《江西诗派小序》以为陈师道:"文师南丰,诗师豫章,二师皆极天下之本色,故后山诗文高妙一世。"《风月堂诗话》卷上云："陈无己与晁以道俱学文于曾子固，子固曰二人所得不同，当各自成一家，然晁必以著书名于世。无已晚得诗法于鲁直，他日二人相与论文，以道曰：'吾营不可负曾南丰。' 又论诗，无已曰：'吾此一瓣香须为山谷道人烧也。'"而山谷对陈师道之诗亦极推崇，山谷在建中靖国元年所作《答王子飞书》，对陈师道之为人及诗文极力称颂，已见正文。故王云《题魏衍集记》云："建中靖国辛巳之冬，云别涪翁于荆州。翁曰：'陈无己，天下士也。其读书如禹之治水，知天下之脉络，有开有塞，至于九川涤原，四海会同者也。其论事，救首救尾如常山之蛇；其作文，深知古人之关键；其作诗，深得老杜之句法，今之诗人不能当也。子有意学问，不可不往扫斯人之门。'云再拜受教。明年春至京，贤士大夫出涕相吊曰，无已亡矣。云惊叹失声，痛恨无穷。……因记涪翁之语，录以示昌世(魏衍字)。"山谷又在《次韵秦觏过陈无已书院观鄙句之作》(《文集》卷三)一诗中云："我学少师承，坎井可窥底。何因蒙赏味，相享当牲醴。试问求志君，文章自有体。玄钥锁灵台，渠当为公启。"鼓励秦觏向陈师道学诗。《别集》卷十八《与元勋不伐书》："今代少年能学诗者，前有王逢源，后有陈无已，两人而已。"《冷斋夜话》卷二载："予问山谷：今之诗人谁为冠？曰：无出陈师道无已。"

# 潘大临

字邠老。《张耒集》卷四十八《潘大临文集序》："邠老，故闽人，后家黄州。崇宁中，予以罪谪黄州，与邠老为邻。邠老少学为人，则已不能合其乡人，众不悦之。邠老独与当世知名士游，往往屈辈行与之交。"潘与山谷关系密切。《别集》卷二《书倦壳轩诗后》云："潘邠老密得诗律于东坡,盖天下奇才也。余因邠老故识二何。"《别集》卷十六《答何斯举四书》:"每岁见邠老龟父诗卷中有佳句,未尝不咏叹也。"《文集》卷十七有《与潘邠老帖五》,其一云:"瞻相风度,殊有尘外之韵,中心窃独喜,知足下胸中进于忠厚之实,故见此光华尔。得示诲及新文,匆匆中疾读,已觉沉疴去体,未三复也。"又一帖云:"身在公家,又年过四十,渐不能堪,如此碌碌,度岁月尔。"是山谷与潘大临初交,至迟在元祐任职馆中时期。潘又与徐俯、洪刍、王直方等亲承山谷指教者交游甚密。《冷斋夜话》卷四载其断句"满城风雨近重阳"颇为时人称道。刘克庄《江西诗派小序》云:"东坡文潜先后谪黄州,皆与邠老游,其诗自云师老杜,然有空意,无实力。余旧读之,病其深芜。后见夏均父读邠老诗,亦有深芜之评。"有《两宋名贤小集》本《潘邠老小集》一卷存世。

# 谢　逸

　　字无逸,号溪堂先生,与其弟谢迈并称"二谢"。谢逸没有见过山谷,但据惠洪《冷斋夜话》卷七云:"临川谢无逸,布衣而名重缙绅,于书无所不读,于文无所不能,而尤工于诗。黄鲁直阅其《与老仲元》诗曰:'老风垂头嚓不语,枯木查牙噪春鸟。'大惊曰:'晁、张流也,恨未识耳。'"另外,洪朋、王直方、吕本中等亦对其诗颇为推崇。今存《溪堂集》十卷。

# 洪 刍

字驹父。曾多次亲承山谷指点。《文集》卷十九《答洪驹父书》第三篇提出："自作语最难,老杜作诗,退之作文,无一字无来处,盖后人读书少,故谓韩杜自作此语耳。古之能为文章者,真能陶冶万物,虽取古人之陈言入于翰墨,如灵丹一粒,点铁成金也。"此即山谷著名之"点铁成金"说。洪刍的创作成就居"三洪"之冠。有《老圃集》二卷补遗一卷。《南康府志》卷十六有传。

# 饶 节

字德操,一字次守。出家为僧,法名如璧,号倚松道人。《许彦周诗话》:"饶德操为僧,号倚松道人,名曰如璧。作诗有句法,苦学副其才情,不愧前辈。"饶节没能见过山谷。但与王直方、夏倪、谢逸等有唱和关系,并与吕本中相交甚密。所作诗歌吕本中《紫微诗话》以为风格"萧散",盖颇得"活法"之妙。吕氏置之江西派中当之无愧。

# 僧祖司

字正平。因有恶疾,又号病可、癫可。苏巑(伯固)子,苏庠弟。《嘉定镇江志》卷二十有小传云:"僧祖可,字正平。后湖苏养直之弟。元名序,后为僧,易今名。豫章徐俯为《东溪集》序。"葛立方《韵语阳秋》卷四记载徐俯曾称赞祖可对王安石、苏轼及山谷等前辈诗人"皆心得神解"。所作诗篇时有新奇瘦硬之处。原有《东溪集》，已亡佚。《声画集》中存其逸诗及断句二十余首。

# 徐　俯

　　字师川，号东湖居士。为山谷之甥。山谷曾亲自指导其作诗并对其作品予以高度评价。《文集》卷十九有山谷元符元年所寄《与徐师川书》云："所寄诗超然出尘垢之外，甚善。"同卷又有崇宁元年所寄书云："所寄诗……辞皆尔雅，意皆有所属，规模远大。自东坡、秦少游、陈履常之死，常恐斯文之将坠，不意复得吾甥，真颓波之砥柱也。"《文集》卷二十《书倦壳轩诗后》亦云："师川亦予甥也。比之武事，万人敌也。"可见山谷对徐氏期望甚高。徐俯晚年欲摆脱山谷诗风，自立一家，《清波杂志》卷五："东湖徐师川，……公视山谷为外家，晚年欲自立名世，客有赞见堪称渊源所自，公读之不乐。答以小启曰：'涪翁之妙天下，君其问诸水滨。斯道之大域中，我独知之濠上。'及观序《修水集》，造车合辙之语，则知持此论旧矣。"刘克庄《江西诗派小序》云："豫章之甥，然自为一家，不似渭阳，高自标树，藐视一世。同时诸人，多推下之，然集中不能皆善。旧传豫章见师川《双庙》诗，勉诸洪进步，今《双庙》诗不存，则其诗零落亦多矣。"山谷而外，徐俯又与洪朋、洪炎、李彭、韩驹、王直方等交往甚密。今存《两宋名贤小集》本《东湖居士集》一卷。

# 洪　朋

字龟父，山谷之甥。与洪刍(字驹父)、洪炎(字玉父)、洪羽(字鸿父)，号称"四洪"。洪氏诸甥均亲承山谷指点，《文集》卷三十《书舅诗与洪龟父跋其后》："龟父笔力可抗鼎，它日不无文章垂世。要须尽心于克己，不见人物臧否。全用其辉光以照本心，力学有暇，更精读千卷书，乃可毕兹能事。"可见对洪朋评价甚高，并期以发扬光大。洪朋终身布衣，然诗名甚盛。《南康府志》卷十六有《传》云："字龟父，民师子。受业于祖母文成君李氏。手不释书，落笔成文，尤长于诗。舅黄山谷尝谓龟父笔力可抗鼎，异日不患无闻。两贡礼部不遇。早卒。遗稿有《清非集》。"除山谷外，谢逸、王直方、吕本中、刘克庄等对其诗歌亦极为推崇。刘克庄《江西诗派小序》云："三洪与徐师川，皆豫章之甥。龟父警句，往往前人所未道，然早卒，惜不多见。"

# 林敏修

字子来。与夏倪、谢逸等有交往。《宋史·艺文志》载其《无思集》四卷，已亡佚。《宋文集》等书中有其佚诗数首。时有瘦硬之句，与其兄盖皆受山谷间接影响者。刘克庄《江西诗派小序》云："二林诗极少，曾端伯作《高隐小传》，云有诗文百二十卷，今所存十无一二。兄弟皆隐君子，不但以诗重。"

# 洪 炎

字玉父。作为山谷之甥,洪炎与山谷关系密切。山谷去世后,《文集》之编撰即由洪炎总其事。《文集》卷二十有《书倦壳轩诗后》,自注云:"洪玉父轩名。"且云:"洪氏四甥,才器不同,要之皆能独秀于林者也。"洪炎的作品,《四库全书总目提要》卷一百五十六《西渡集》条以为"酷似其舅"。有《西渡集》。《南康府志》卷十六有传。

# 汪 革

字信民。绍圣四年(1097)进士。汪革没有见过山谷,但与洪炎、谢逸、吕本中等交往甚密。刘克庄《江西诗派小序》云:"吕荥阳居符离,信民为教官,从荥阳学,故紫微公尤推尊信民。其诗云:'富贵空中华,文章木上瘿。要知真实地,唯有华岩境。'盖吕氏家世本喜谈禅,而紫微与信民皆尚禅学。"《文献通考·经籍考》著录有《青溪集》十卷,已佚。吕本中《紫微诗话》载有其佚诗及断句数首,可以看出曾受到山谷之影响。

# 李 铮

字希声。生平事迹不详。与谢逸、王直方等有交往。刘克庄《江西诗派小序》云:"与徐师川、潘邠老诸人同时。"所作《李希声集》一卷已佚。《王直方诗话》《永乐大典》残本及《宋诗纪事》中有其逸诗七首及断句若干。

# 韩　驹

字子苍。《宋史》卷四四五有传。据周必大《周益国文忠公集·省斋文稿》卷一九《题山谷与韩子苍帖》云："陵阳先生早以诗鸣，苏黄门一见比之储光羲。暨与徐东湖游，遂受知于山谷。晚年或置之江西诗社，乃曰：'我自学古人。'岂所谓鲁一变至于道耶？"徐东湖即徐俯。此外，韩驹尚与李彭及吕本中等人唱和。据刘克庄《江西诗派小序》记载，韩氏作诗反复推敲、修改，其诗有磨淬剪之功，终身改窜不已，"有已写寄人数年，而追取更易一两字者，故所作少而善。"今存沈曾植辑《江西诗派韩饶二集》本《陵阳先生诗》四卷。

# 李　彭

字商老。山谷舅父李常之从孙。山谷《文集》卷十三有《李商老殖斋铭》。李彭曾表示愿列山谷弟子行。《日涉园集》卷七有《上黄太史鲁直诗》云："勤我十年梦，持我一瓣香。聊堪比游夏，何敢似班扬。尚愧管中见，应须肘后方。他时解颜笑，何止获升堂。"李彭交游甚广。除山谷外，尚与韩驹、徐俯、饶节、惠洪、谢逸、何斯举等人唱和。有《日涉园集》十卷。吕本中《紫微诗话》曾称其诗文"公择尚书家子弟也。东坡山谷文潜诸公皆与往还，颇博览强记，然诗体拘狭少变化。"《南康府志》卷十六："李彭，字商老。常之孙。家学

232

渊源,无所不通。黄山谷称为令器。"

# 晁冲之

　　字用道,又字叔用,号具茨先生。有《晁具茨先生诗集》。晁冲之具体事迹不详。《晁具茨集》卷首有喻汝砺《晁具茨先生诗集序》,略述其生平,可参考。刘克庄《江西诗派小序》以为喻氏:"此序笔力浩大,与叔用之诗相称。余读叔用诗,见其意度宏阔,气力宽余,一洗诗人穷蛾酸辛之态。"晁冲之似未见过山谷。但与山谷周围之人如陈师道、王直方、秦观有往来。又与吕本中相友善。《晁具茨集》卷十五有《过陈无已墓》诗云:"以我怀公意,知公待我情。五年三过客,九岁一门生。近访遗文录,重经故里行。寄书无郑尹,谁为葬彭城。"又据朱弁《风月堂诗话》卷上载,陈师道尝问晁冲之作诗得何"悟门",晁氏云:"别无所得,顷因看韩退之杂文,自有入处。"如此,是晁氏学诗于陈师道,而间接得法于山谷者。

# 江端本

　　字子之。曾与晁冲之、吕本中等有交往。所作诗歌,仅有四首见于《永乐大典》残本。刘克庄《江西诗派小序》曾批评吕本中在《江西宗派图》中舍其兄江端友而列江端本,以为"子我诗多而工,舍兄而取弟,亦不可晓"。则在宋人眼中,江端本诗并不甚佳。

# 杨　符

　　字信祖。没有见过山谷，但与饶节等有往来。所作《杨信祖集》一卷已佚。《永乐大典》残本中载其七绝一首，又刘克庄《江西诗派小序》引其断句两句。时人对其诗之评价亦鲜见。

# 谢　迈

　　字幼盘，号竹友居士。谢逸之弟。与谢逸并称"二谢"。二人皆隐居终身，从未步入仕途。刘克庄《江西诗派小序》曾叹其"老死布衣，其高节亦不可及"。谢迈未能见过山谷，但与山谷之甥洪刍、李常从孙李彭及王直方等有所往来，并与饶节、汪革等人唱和。元末方回等以为谢迈诗学山谷，盖从洪刍、李彭等处间接传山谷衣钵者。

# 夏　倪

　　字均父。曾与山谷唱和。并与惠洪、汪革、吕本中等交往甚密。《风月堂诗话》卷下云："王立之夏均父俱以宗女夫人仕。……均父名倪，饶财，亦好学。"刘克庄《江西诗派小序》云："均父集中，如拟陶韦五言，盛逼真，律诗用事琢句，超出绳墨，言近旨远，可以讽昧，盖用功于诗，而非所谓无意于文之文也。"所作《远游堂集》二卷已佚。今存《两宋名贤小集》本《五桃轩集》，收诗五首。

# 林敏功

字子仁。隐居不仕。与谢逸、夏倪等有交往。原有《林敏功集》十卷,已佚。《宋文鉴》等书中有其诗及断句若干首,多瘦硬之句,可见曾间接受到山谷之影响。

# 潘大观

字仲达。潘大临之弟。作品失传,事迹亦不详。

# 何　颉

生平事迹不详。胡仔《苕溪渔隐丛话》作"何觊",赵彦卫《云麓漫抄》中无此人。而刘克庄《江西诗派小序》无此人而有可颐,字人表。今按《文集》卷二十《书倦壳轩诗后》云:"潘邠老密得诗律于东坡,盖天下奇才也。予因老邠故识二何,二何尝从吾友陈无已学问。此其渊源深远矣。"李彭《日涉园集》卷六有《喜二何从山谷游复用'涂'字韵诗》云:"水部诸郎虿尾书,涪翁杖履傲当涂。斑斑束笋门下士,柜貌蜡言颦笑枯。翰墨澜翻纵壑鱼,风采洒落风栖梧。寄语南州双白璧,从今价重百车渠。"按《文集》卷八有《寄何斯举》《戏何人表》《谢何十三送蟹》等诗。山谷所言之"二何"其一即当为"何颉",山谷字之曰"斯举"。《别集》卷十六有《答何斯举书》四首。

其第二首有云:"外甥鸿父,得托贵门。相与遂有瓜葛,良以为慰。诸令弟想讲学不倦。哀悴昏塞,不记贵字,欲奉字曰斯举,不知可用否?取《论语》所谓'色斯举矣'者,特恐或犯讳字耳。"其第四篇有云:"观斯举诗句多自得之,他日七八少年皆当压倒老夫。但须得忠信孝友,深根固蒂,则枝叶有光辉矣。"又《道山清话》云:"斯举黄州人,少识苏子瞻。初名颜,字颉之,后名颉之。黄庭坚鲁直极推重之。尝与斯举简云:"老病昏塞,不记贵字。欲奉字曰斯举,取色斯举矣,翔而后集。但恐或犯公家讳字耳。"《周文忠公集》卷五十一《跋曾无疑所藏黄鲁直晚年帖》云:"友人曾无疑所藏太史黄公帖,其前一幅崇宁癸未公寓武昌,窜宜州,十二月赴贬时留与黄州何颉斯举者。"山谷被流放前夕有书帖送之当为亲旧学生间来往密切者,何颉为山谷学生无疑。但二何中的另外一人,是否即何颐,二人是否为兄弟,均已不可考。

# 王直方

字立之,号归叟。《风月堂诗话》卷下云:"王立之夏均父俱以宗女夫人仕,立之读书喜宾客,黄鲁直诸晁皆与之善,著《归叟诗话》行于世。……立之名直方,为人正称其名,然罕有知者。"山谷在汴京期间,与其父王槻(字才元)关系甚密。山谷又有《急雪寄王立之问梅花》《王立之送并蒂牡丹戏答》等诗赠与王直方,已见正文。此外,《王直方诗话》中又记载洪刍、李錞、潘大临等亦与之交往并有诗赠答。所作《归叟集》一卷已佚,方回《瀛奎律髓》中载其诗四首及断句若干。刘克庄《江西诗派小序》以为王直方诗"绝少,无可采"。

# 僧善权

姓高,字巽中。与惠洪、谢逸等有交往。惠洪《石门文字禅》卷二六有《题权巽中诗》云:"巽中下笔,豪特之气凌跨前辈,有坡、谷之渊源。"有《真隐集》三卷,已佚。《声画集》中存其逸诗九首。

# 高　荷

字子勉。崇宁元年,山谷在荆州,高荷往见之,贽以五言长律《见黄太史》。山谷读后,极为赞赏,并有《赠高子勉四首》《次韵高子勉十首》赠之,已见正文。《山谷诗集注》卷十六任氏注云:"高荷,字子勉,江陵人。上山谷长篇,警句云:'蜀天何处尽,巴月几回弯。'因此得名。"《文集》卷二十六有《跋高子勉诗》云:"高子勉作诗,以杜子美为标准,用一事如军中之令,置一字如关门之键,而充之以博学,行之以温恭,天下士也。"又《遗文》卷十《跋欧阳元老、王观复、高子勉帖》云:"王观复、欧阳元老、高子勉三君子虽事业不同,要皆为已学,先行其言而后从之者也。此其声名煊赫于时而所为不碌碌,然后予言可信。"刘克庄《江西诗派小序》云:"亲见山谷,经指授,记览多,如《麦城》诗押险韵,略无窘态。集中健语层出,紫微公乃以殿诸人,何也?可升之。"

(录自郑永晓《黄庭坚年谱新编》)

# 附录四

# 江西《分宁黄氏宗谱序》

　　吾之黄氏,唐之前驰誉江夏者,尚书令香,仆射琼,中郎将琬。唐之后驰誉浙水者,著作郎明心,崖州司户基,循州长史旺,承奉向,太常知承著。绍兴进士开、阅、阁、闻、阎,国子黄石,大学士千里,衢州司户棠,校书郎仲龙。淳祐进士、枢密院编修梦炎,河南教谕文叔,漕元武叔,承武郎愕,将士郎,翰林著学士缙。驰誉于豫章者,校书郎璞,承议郎用,分宁令瞻、崇信判官茂宗,太常少卿淳,南阳主簿注,光禄少卿渭,康州太守、侍御史昭,给事中庶。元丰进士公麟,嘉祐进士公虞、公骥,承议郎大临、太史秘书集贤校理庭坚、袁州通判叔达、推官叔向、节推司户叔豹、司理叔虎、吏部尚书叔敖。绍兴进士公度,侍御史龟年,秘书郎中。吾黄氏之先,固本于楚之江夏,而后本于浙江之金华。自汉至今如此,其久,来历分合如此其详,故夫谱牒中有曰湖广黄氏,如江夏、江陵、监利者,有曰江西黄氏,如分宁、庐陵、弋阳、丰城者,有曰浙江黄氏,如诸暨、崇德、新昌、金华、兰溪、浦江、义乌者。虽曰散处星布之众,不过出于陆终氏之一本。如天下之水,虽曰江淮河汉之多,不过出于岷山碛石也。吾历官朝野,往来湖浙,每遇宗人,而常以谋符之祖系宗派。即今一辙第,惟后嗣之行有不同,而世有不等之异,不克编历,亦付之憾焉。尝曰:家之有谱,犹国之有史,殊不知历代国史,乃吾家世传、谱牒同也。何也?汉史有黄明心、黄基、黄旺,黄用,乃吾家谱之中有明心等也。宋史有黄瞻、黄茂宗、黄淳、黄注、黄向、黄昭、黄庶、公麟，公骥、大临、庭坚、叔达、叔向、叔豹、叔虎、叔敖、公度、龟年、黄中、开、阅、闻、阎、黄石、千里、仲龙、梦炎、黄愕。元史有黄铸、文叔、武叔、黄渭，乃吾家谱中无有不同。故曰：吾家之谱，即国之史，岂诬哉！是以谱牒之作，系于海内。故家使或家不至古，而谬引妄据，以眩乱世人之耳目，兹亦不宜为而为之者。噫！吾之祖宗，有汉、唐、宋、元之故旧，有千百年之遐远。如诸谱牒而备览，遐远之祖宗子嗣，不过在此一卷中耳。如云观谱牒，而孝义之心油然而兴者，亦岂诬人也哉！吾家之子孙，知谱牒为孝义之根本，时宜辑之，则子孙以祖宗之心为心，而永言孝思之不忘者。传曰：仁人孝子，非斯人，其谁欤？吾不援此以自誉，而辑谱牒，则吾之素心也，亦所以令其后人而为之也。故书以示，吾之子孙能如吾之祖父之心为心，世辑之而勿替焉，岂不称贤矣哉！

> 至正十八年戊戌三月之吉
> 山谷道人曾孙诚之元孙祐　谨识
> (录自金华《东塘黄氏宗谱》)

附

录

后

记

# 后　记

　　我在编著《情缘古婺——黄庭坚及其家族和祖处婺州情结》的过程中,参阅了先贤任渊、史容、黄庭坚嫡孙黄𥅴等有关黄庭坚的年谱、家乘等专门著作,也参阅了当代研究黄庭坚的专门家郑永晓先生的《黄庭坚年谱新编》。在收集资料过程中,新编《金华和协黄氏宗谱》理事长黄贤根先生提供了旧谱《东塘黄氏宗谱》,东池和北山双井黄氏后裔提供了极其宝贵的口碑资料。在谋篇布局、拟订纲目过程中,得到了金华市婺文化研究委员会秘书长、金华市少年儿童图书馆馆长周国良先生的悉心指教。在此一并表示真诚的谢意。

　　我对黄庭坚情有独钟的缘由,除了敬重黄庭坚在逆境中充满情爱、情谊至上、百行情为先的高尚情操外,还有一个原因就是黄庭坚祖处婺州塘雅村,早在清朝光绪年间就已发展成为一个大集镇,农历每月三、六、九日为集市日,商贾云集,成为金华与义乌、浦江、武义、东阳等地的货物集散地。况且此处人杰地灵,载入史册的俊杰名流不乏其人,实属风水宝地。我的老家离塘雅村仅四里路,农田相接,水渠共用,祖祖辈辈友善相处。我小学毕业于塘雅小学。参加工作后,又在塘雅初中工作了近十五个年头,其间,我与黄氏后裔和睦相处,同饮一井水,共享一片天。朝朝暮暮,生活在黄氏后裔的群体中,获得了许许多多有关黄氏宗族的信息资料。黄氏后裔博大的胸怀,如同接纳百川之水的大海,深为异姓者之涕零。我与黄庭坚先祖及其后裔虽然不是同宗同族,但也称得上共土同乡。血浓于水的桑梓之情,休戚相关,难解难分。

我自认为才疏学浅,又孤陋寡闻,治学不甚严谨,书中纰漏舛误之处在所难免。倘能得到专家学者和热心读者的不吝赐教,深感荣幸至极。

作　者

农历岁次庚寅年(2010)癸未月庚午日草成

婺文化丛书 V / 钟世杰　主编

# 白沙古堰的历史与传说

张柏齐　崔士文　编著

浙江工商大学出版社

图书在版编目(CIP)数据

白沙古堰的历史与传说 / 张柏齐, 崔士文编著. —
杭州 : 浙江工商大学出版社, 2013.5
（婺文化丛书. 第5辑）
ISBN 978-7-81140-797-6

Ⅰ.①白… Ⅱ.①张… ②崔… Ⅲ.①堰-介绍-金
华市-古代 Ⅳ.①K928.79

中国版本图书馆 CIP 数据核字(2013)第 106519 号

# 白沙古堰的历史与传说

张柏齐　崔士文　编著

| | | |
|---|---|---|
| **责任编辑** | 赵　丹 | |
| **特邀编辑** | 许苗苗 | |
| **装帧设计** | 周国良 | |
| **出版发行** | 浙江工商大学出版社 | |
| | （杭州市教工路 198 号　邮政编码 310012） | |
| | （E-mail : zjgsupress@163.com） | |
| | （网址 : http://www.zjgsupress.com） | |
| | 电话 0571-88904980, 88831806（传真） | |
| **排　　版** | 金华日报商务彩印有限公司 | |
| **印　　刷** | 金华日报商务彩印有限公司 | |
| **开　　本** | 850mm × 1168mm　1/32 | |
| **印　　张** | 138.5 | |
| **字　　数** | 3226 千 | |
| **版印次** | 2013 年 5 月第 1 版　2013 年 5 月第 1 次印刷 | |
| **书　　号** | ISBN 978-7-81140-797-6 | |
| **定　　价** | 460.00 元（全 13 册） | |

# "婺文化丛书"编委会

主　编:钟世杰

副主编:朱江龙　叶志良

编　委:(按姓氏笔画为序)

王亦平　王晓明　方雨辉　叶志良

朱江龙　杨鸽声　吴远龙　陈文兵

周国良　钟世杰　楼　冰

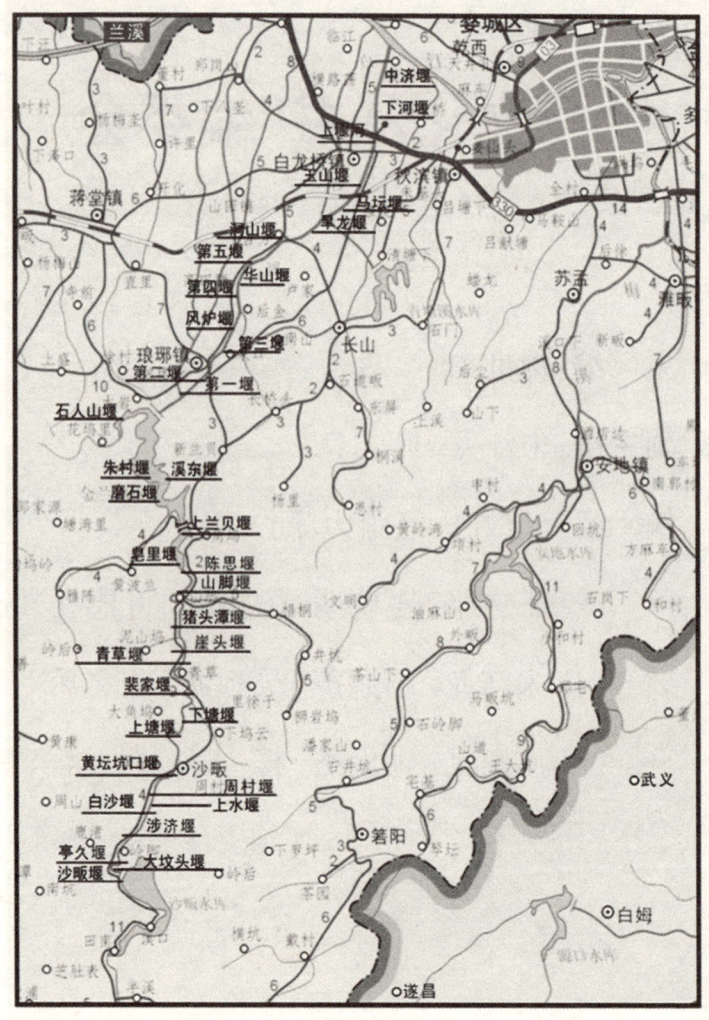

白沙溪三十六堰分布图

崔士文制图

# 序　一
# 怀念筑堰伟人　传承先人精神

　　三十六堰今犹在,饮水不忘掘井人。金华市机关离退休干部张柏齐、崔士文、徐康有等十位年逾八旬的高龄体弱老干部,为了抢救和挖掘白沙溪文化,保护和合理利用白沙溪三十六堰千年古水利设施,历经四年时间,走村庄,访村民,下溪滩,入深山,进庙堂,探古迹,实地考察,博览文史,收集发掘白沙古堰群古水利工程遗存和历史文化资料,从遗落于民间的古石碑、古堰簿、古宗谱、古庙宇等遗存以及当地的民间传说中寻找蛛丝马迹,编写出三十余万字的《白沙古堰的历史与传说》文献,引起了金华市委、市政府领导的关注,婺城区委、区政府将此专题列入重要的议事日程之一,几位老同志为弘扬白沙溪文化所付出的非凡努力,在社会上产生了较大反响,并得到了有关部门和专家的赞赏。同时也给人们以诸多的思考与启迪,对我本人而言,更是浮想联翩。

　　我是生长在白沙溪畔,喝白沙溪水长大的,同时因政务关系也亲历了一次次与白沙古堰群的亲密接触。我从少儿时代,就知道"白沙老爷"卢文台创建白沙古堰群的丰功伟绩。新中国刚成立时的20世纪50年代,当时正处于"一穷二白"靠天吃饭的状况,农业走向合作化道路,为改变晴则旱、雨则涝、连年灾害的局面,依靠集体力量,大力开展兴修水利运动,金华地委调动全地区的人力、物力、财力,靠锄头、畚箕,木制独轮车,用"人海战术"兴建了金兰汤水库。又用人工开挖渠凂，修建东干、西干渠道，改造了白沙第一堰、第二堰和新昌桥旱龙堰等堰坝，实现了农业自流灌溉，确保了岁丰年稔，我有幸目睹了白沙溪流域的这一时代变迁。改革开放以来，随着经济建设的发展，人民生活水平的不断提高，人们对饮用水提出了更高的要求。金华市委决定，安排我到金华沙金兰引水工程建设指挥部，担任总指挥并做了一点工作。

往事越千年，古堰开新篇；遗产谨珍惜，历史须借鉴。三十六座古堰群创建者卢文台，是一位外来客，其祖籍远在河北省定兴，是东汉初的大将军，他位高权重，却不居功受赏，悄然隐退来金华南山这一穷乡僻壤，垦荒种地，自食其力，创建了规模巨大、气势恢宏的白沙古堰群。对此，《宋昭利庙碑记》的作者杜旟有一句很精辟的评语："功盖一时不如遗利于万世，宠极生前不如享荣于身后。"行笔于此，不禁联想起我们这些号称"人民公仆"却常常摆老爷架势的革命同志，相比于一个封建时代的"白沙老爷"的境界，不知做何感想。

当政的、为官的谁好谁坏，老百姓心中自有一杆秤，白沙古堰群和沿岸的黎民百姓一起见证历史，悠悠千载风雨同样阅尽人间沧桑，至今白沙溪流域群众仍在怀念"白沙老爷"，白沙庙里千年香火不灭，千烛辉映，万香缭绕，人们在祭奠他们心中永远的"救星"，实际上也是在胸中诅咒天下飞扬跋扈的"灾星"！还是那位杜旟先生说得好："汉时至今，千有余年，君公将相不可计数，其存炎炎，其亡泯泯！"我不禁感叹，人民大众是多么善良和正直，历史是多么残酷和公正！

白沙古堰群水利工程能够经受千年风雨考验，发挥其特殊的效用，离不开群众的呵护和再创造精神，更要求我们今人要尊重先人的智慧，保护先人的创造，传承和弘扬先人为民造福的精神。

同时,进一步发掘蕴藏沉淀的历史文化资源,满足人民文化生活之需,为浙中崛起,开辟新时代发挥它独特的作用。张柏齐、崔士文、徐康有等老同志以卢文台坚韧不拔治水筑堰的精神挖掘整理这一宝贵文史,本人实乃钦佩之至;但这毕竟是一项艰巨浩繁的文化工程,光靠他们几位"八旬后"确乎势单力薄。但愿"白沙老爷"卢公的精神能感召更多人,特别是更多有远见卓识的领导人,则幸甚。更愿杜旟在《宋昭利庙碑记》里描绘的升平景象天长地久:流水兮渊渊,白沙兮涓涓;昔耕兮今获,侯与民兮同乐!

朱洪法

(第八届全国人大代表、原金华市人大常委会主任)

2012 年 6 月

# 序　二
## 白沙古堰群的启迪

读了《白沙古堰的历史与传说》,很受启发,感到是一本很有价值的书。

白沙溪三十六堰是水利建设史上的一个奇迹,是历史文化遗产的瑰宝。但是随着时光的流逝,现在已经很少有人知道它的久远历史和珍贵价值。十位离退休老同志,多次下溪进村实地考察、寻访,又查典籍、考碑帖,进行了全面、系统的调查,撰写了五十余篇调查报告和文章,深入地发掘、完整地揭示了白沙古堰群创建历史和重要价值。

白沙古堰群始建于东汉初期,最后一堰成于三国吴国赤乌元年。一千九百多年来,灌溉着沿溪两岸三县数百里范围二十多万亩农田,使之成为旱涝保收的沃土,保证了金汤兰地区万千百姓能够安身立命,繁衍生息,促进了金华的经济发展和社会文明。

历史上,金华的农业、手工业和商业发展较早,经济繁荣。早在汉代,金华就是一个产粮区,两晋时已广泛植桑养蚕种茶,至唐代,婺州的纤、锦、罗等优质丝织品已列为贡品。宋代,尤其是南宋,偏安临安,金华是它的财赋供应基地和军事重镇,经济和文化已相当发达。金华的纺织业兴盛,"民以织作为生,号称衣被天下"。兰溪出土的宋淳熙元年陪葬棉毯,是我国历史上发现的最早的棉毯,已达到相当高的工艺水平,说明当时棉纺织业已很成熟。

金华还是当时的刻书、印书中心。南宋时出现在金华的——类似现代银行汇票的纸币"关子",是我国历史上最早的三种纸币之一。婺江上更是百舸争流,运输繁忙,这足以说明当时商贸业也已相当发达。我国最著名的南宋女词人李清照有诗云:"水通南国三千里,气压江城十四州",写出了当时金华的辉煌和雄居东南的重要地位。

水利是农业的命脉,农业和以农业为基础的手工业、商贸业的发展都离不开水,都与白沙古堰群有着密不可分的关系。因此,这本书不仅有助于我们认识白沙古堰群,有助于研究保护历史文化遗产并加以合理开发利用,而且是研究金华经济和社会发展史很有价值的文献。

书的第二、三章是关于白沙古堰群创建者卢文台的生平、故事传说和诗词。唐宋碑刻,金华、汤溪县志,卢氏家谱都认为是卢文台东汉初年随冯异征战以后离职归隐的,但对他的经历,白沙古堰群是否由他创建也有不同看法。为此,我查阅了《后汉书》,有史可考的是两点:第一,冯异是光武帝刘秀的重要将领,部下兵多将广,平赤眉、定关中,在刘秀夺取天下的战争中居功至伟,在云台二十八将中名列前茅。刘秀诏书说他"功若丘山"。第二,破赤眉的崤底之战。这一战役是冯异指挥的,击溃了赤眉主力,降者八万余人。但无卢的史料。唐碑、卢氏家谱中所述官职及任职之地也与《后汉书》的"百官志""郡国志"不符。由于年代久远,史料缺乏,难考其详。其实卢文台任过什么官职并不重要。自古以来,"君公将相不可计数,其存炎炎,其亡泯泯",能有几人被群众以传统的纪念方式立庙祀奉,香火至今不断,四朝多次加封,荣名显赫?"功盖一时,不如遗利万世",群众崇敬的、朝庭褒奖的是他带领沿溪百姓创建白沙古堰群遗大利于后世的功绩和他"不辞胼胝",也就是不辞劳苦、不畏艰难为万民造福、为国家谋利的高尚精神。这种精神是中华民族的优秀传统精神，在今天仍给我们以深刻的启迪，是值得大力弘扬的。

本书作者们，均已年届耄耋，不辞奔波劳苦，又殚精竭虑，写出了洋洋三十余万字的大作，值得我学习。柏齐等同志邀我作序，我正是在他们这种精神的感召下，才不揣疏浅写了这篇序言，以表敬佩之意。

赵毅通

（原中共金华市委常委、常务副市长）

2012 年 6 月

# 序 三
# 白沙溪三十六堰是金华先人智慧的结晶

2011 年 10 月,市政协文史资料委员会应部分老同志的要求,曾经组织委员视察白沙溪堰坝,召开座谈会,落实徐加爱市长对白沙溪文物保护相关指示。视察活动邀请了决策咨询委部分老同志和一些关心文物保护工作的离退休干部参加,他们对白沙溪流域文物保护及流域开发提出了许多很好的意见和建议。尔后,这批老同志不顾年事已高,继续在白沙溪流域走访,收集整理了《白沙古堰的历史与传说》图文资料。他们的精神,难能可贵,令人感动。《白沙古堰的历史与传说》一书,内容丰富,翔实全面,是一部不可多得的集白沙溪流域历史文化、水文、保护开发与利用研究于一体的资料性图书,值得后人珍惜。

白沙溪三十六堰,自东汉始建,历史悠久,是我省最早的水利工程,至今还有相当部分在发挥着作用,在金华市乃至浙江省的水利发展史上具有重要的地位,也是反映金华西部地区发展历史的重要见证,更是金华先人智慧的结晶。祖宗留下的宝贵遗产,提倡因势利导,与自然和谐相处的思想理念,我们都应当认真研究,借鉴有益的思想文化,促进当今事业的发展。文物很脆弱,一去不复返,是不可再生的。对历史留下的物质文化和非物质文化遗产,我们都应当义不容辞地做好保护、传承和弘扬工作。尤其是作为国家级历史文化名城的金华,更应该重视文化遗产和文物保护,按照文物保护的法律法规要求,综合规划,切实做好保护、利用和开发工作。

白沙溪第二堰在文物部门的重视、努力下,已经被省政府公布为省级文物保护单位。此乃进一步理清白沙溪流域的整体保护思路和明确其开发目标,充分挖掘白沙溪流域的历史文化资源,真正实现科学保护、利用的契机。相信《白沙古堰的历史与传说》的出版,不仅为我们提供了一本比较完整的白沙溪三十六堰的文史资料,而且在加快浙中崛起、实现金华经济社会和谐发展方面也一定会发挥积极的作用。

朱恒钱

(金华市政协副主席)

2012 年 5 月

# 序　四
# 老同志们的心愿

在金华市区婺州公园,有一批常年坚持晨练的离退休干部,习惯于晨练后谈论国内外新闻大事,关注金华经济建设和社会事业发展。自 2009 年以来,他们就对金华南山白沙溪三十六堰历史文化遗产的研究发掘工作非常重视。

他们组成了调研组,四处奔波,辛勤工作。在大量调查研究的基础上,积累了三十多万文字和一批影视资料,撰写了多份调查报告。从三十六堰坝现状、卢文台其人其事到遗迹保护、资源利用、防洪抗灾、湿地开发、旅游景观、名人传说、古庙文化等进行了翔实的调查研究,提出了具体意见和建议,从而引起了各级领导的重视。时任婺城区委书记的陈陆一在调研组的一份报告上批示,认为所提"建议很好"。要"综合规划,分步实施"。金华市市长徐加爱在看了调研组《关于加强白沙溪三十六堰历史文化遗产的调查报告》后,作了重要批示:"此报告很好,翔实可信。"提出了要对三十六堰中现存的十九堰加强保护的具体要求。金华市政协副主席朱恒钱,亲率部分政协委员前往白沙溪实地视察后召开座谈会,认为白沙溪三十六堰是金华市水利事业发展的重要见证,要明确责任,抓落实,做好历史文化遗产的保护利用工作。党的十七届六中全会发表关于加强文化建设的决定以后,调研组又同金华小邹鲁文化促进会(简称"文促会")联系,"文促会"积极参与,认为大力弘扬传播白沙古堰群历史文化遗产，将是婺城区又一张灿烂夺目的"金名片"。此举得到婺城区领导的支持和帮助，派人员陪同"文促会"人员进行了实地考察。"文促会"顾问、市政协原主席丁民同志不顾年事已高，亲自带领考察组进行了实地考查，开启了新的研究工作。《今日婺城》报开辟《白沙溪历史文化古今谈》专栏，发表的第一篇文章就是丁民同志所撰写的《白沙溪三十六堰给我们带来的思考与启迪》。《今日婺城》也发表了调研组多篇文章。"文促会"还与《金华日报》联系，发表了《白沙溪三十六堰——古婺都江堰》的重要报道。

几年来，调研组不断深挖细找，不辞辛勤劳累，不顾寒冬炎夏，跋山涉水，深入边远山区，走村进户，访问知者，寻找古迹，了解历史，收集民间故事，查找家谱资料，拍照摄像……广泛收集具有研究价值的资料。大家在调研工作中，任劳任怨，不计个人得失，千方百计克服困难：没有办公场所，讨论研究问题，通常在婺州公园凉亭里或就近聚在同志家里；没有交通工具，就乘坐城乡公交车或租用车辆，或请子女开私家车帮忙；在外工作时用餐，个个争相付钱，自掏腰包；打印资料费用自理；撰写报告废寝忘食；摄像拍照请老年大学摄影班同学帮助……这一切都表现了"自讨苦吃"、无私奉献、团结协作、乐在其中的精神。如果要扪心自问，这是为什么？既不图名，也不为利，凭着一股热情，自愿做些有益于社会的实事。实践证明，离退休老同志在长期的革命和建设年代中，铸就了坚强无私的人生价值观，公职可以退休，发挥余热的精神永不消退。现在辛劳结出硕果，大家由衷地感到欣慰。今后随着时代的进步，社会的发展，白沙古堰群历史文化资源必将被不断发掘、利用和弘扬，成为金华又一张亮闪闪的新名片，这就是老同志们的心愿。

向子范

（原中共金华市纪委副书记、市监察局局长）

2012 年 6 月

挖掘历史文化遗产
促进当代社会发展

郑金平

农历壬辰年七月

（郑金平，政协浙江省第十届委员会委员、金华市政协主席）

弘扬白沙文化
振兴婺城经济

陈晓

二0一二、六、

(陈晓,中共金华市婺城区区委书记)

文化遗产不可再生，

开发保护刻不容缓

王健　2012.5.29

(王健,金华市婺城区区长)

# 前　言

2009 年春,金华市机关一部分离退休同志,自行组织赴婺城区琅峰山景区参观旅游,发现金华南山白沙溪沉淀蕴藏着十分丰富的历史物质文化与非物质文化遗产。这里有东汉初辅国将军卢文台创建的白沙溪三十六座白沙古堰群,兴建金兰、沙畈水库后,现存的有二十五座,其中保存完整仍在发挥功效的有十九座;还有琅峰绝壁风景胜地;有石岩寺洞天,古婺州窑遗址;有红军革命斗争史;有福民胜地,名山第乙;有洞山古塔,以及白沙殿昭利庙为中心的古庙群;还有卢文台"白沙老爷"创建三十六堰,为民造福流传的神话故事……在走遍白沙溪流域,多次深入调查的基础上,老同志们向婺城区委作了关于开发白沙文化生态旅游资源的调查报告,得到当时区委书记陈陆一同志的重视与支持。他批示:"离退休老同志这种关心婺城经济和社会发展的热心值得在位的各位领导干部学习……请区政府邵永华同志认真听取老同志的意见,综合规划,分步实施,使之成为我区的一大旅游亮点"。

此后,调研组又发现白沙溪三十六堰距今已有一千九百多年历史,比日韩联合申遗的国际项目狭山池、碧骨堤还早二百年。它如同古婺的都江堰。然而,对此历史文物,现在只对三十六堰中琅琊徐的第二堰加以保护,申报批准为浙江省重点文物保护单位。金华作为历史文化名城,很有必要对三十六座古堰群的历史全

1

貌,特别对保存较完整仍在发挥其功效的十九座古堰全面加以保护。于是,调研组在 2011 年 5 月将两年多深入实际调查的资料,向金华市政府写了《关于加强保护白沙溪三十六堰历史文化遗产的调查报告》,引起了市长徐加爱同志高度重视。他批示:"此报告很好,翔实可信,建议存档备查。请有关部门认真研究所提建议,提出保护意见。我提两点原则意见,供参考:1.征集三十六堰文物、照片、资料集中保护、展览;2.对现存十九堰,能保护的,有保护价值的,予以妥善保护。"此后他在婺城区考察讲话中说道:"金华白沙溪一带蕴藏着十分丰富的历史文化资源,要十分重视发掘整理利用。"蔡健副市长对调研组向金华政府的报告也批示:"请市水利局将有关意见吸收入'十二五'白沙溪保护修建规划中。"

与此同时,市政协组织部分委员,赴实地视察了白沙溪三十六堰现存古堰后,认为白沙溪三十六堰历史悠久,规模宏大,是金华先民智慧的结晶,一个城市的发展,离不开历史文化的传承。对白沙溪三十六堰,要科学论证,制定规划,开展抢救保护和合理开发利用。

此后,调研组遵照徐市长批示的精神和有关领导的要求,进一步深入白沙堰区,集中力量,继续发掘整理利用三十六座古堰群,特别是现存二十五堰有关物质文化与非物质文化的资料。拍图片、查古碑、征古帖、阅宗谱、寻找有关遗址遗物,查看文物历史现状,收集有关故事传说,以及调查白沙古庙群……到今年 6 月,调研组又对调查收集资料进行复查核对补充。在先后历时三年半的基础上,编著成《白沙古堰的历史与传说》一书。内容包括:白沙古堰风貌犹存、卢文台创建白沙堰与相关文化、白沙老爷神话、治理开发保护白沙资源的有关资料附件。全书连同图片文字资料约三十万字。重点突出,文理结合,图文并茂,融物质文化与非物质文化于一体;历史性、现实性、探讨性、乡土性相结合。对保护金华市水利历史文化遗产和治理白沙溪水利,开发白沙溪生态文化旅游资源,具有一定的探讨价值和参考价值,为白沙溪三十六座古堰群向国家级乃至国际申遗,做了一些前期性的工作。

参加白沙堰调研组的有:金华市机关离退休干部张柏齐、向子范、王得民、张寿全、杨增友、黄师禹、邢文良、徐康有、应辉、崔士文十位同志。直接参与收集图片和整理文字资料的张柏齐、崔士文、徐康有、黄师禹、邢文良五位同志。黄师禹、邢文良参加调研又为本书收集图片尽了很大努力;徐康有为本书提供了大量重要资料。他们都为本书作出很大贡献。但出书署名不能太多,只能由张柏齐、崔士文两位执笔者为本书作者。

再说调研组和我们作为本书作者,都不是水利和文物专家,也不是文化工作者,只凭着把金华南山白沙古堰群,这笔伟大悠久的历史文物遗产,能够流传于世,传承先人为民造福的美德。对卢文台这位外地人到古婺白沙溪创建白沙古堰群的伟大精神,能够世世代代传承下去,成为现代人一心为公、执政为民的良好榜样。同时,促进金华社会主义文化的大繁荣,大发展,也为金华历史文化名城增添光彩。

由于调研组人员大部分是年逾八十高龄的老人,头脑开始迟钝,眼睛昏花,落笔不很畅通,心有余力不足,对本书内容、编排等工作,又是外行,所以书中文字和编排难免出现谬误差错,疏漏不足之处,请读者批评指正

　　张柏齐　　　　　　　　　　崔士文
（金华市决策咨询委员）（原金华市经济委员会科长）
2012 年 6 月

# 目  录

## 后　记 ·························· 275

# 第一章 白沙古堰风貌犹存

## 第一节 白沙溪与三十六堰

### 一、白沙溪源流与三十六堰堰址

白沙溪,又名白龙溪,位于金华婺城区西南部,发源于遂昌、武义两县交界的狮子岩(1260),自南向北从遂昌县云峰镇门阵流入境内,是一支青山绿水,河清水畅,资源丰富,全长65公里的重要主干河流。东汉初卢文台运用"以潭筑堰蓄水,开浚引水灌田"的科学经验,创建的白沙溪三十六堰,就建筑在白沙溪上。

白沙溪入境后,自银坑至沙畈段的山坡降陡、水流湍急,溪宽5米左右,河床砂卵石岩嵯峨。从小洋

沙畈堰址

坑,接纳银坑,上回坑水,出自小龙葱尖(1324),分大小龙葱三支派向东合于龙葱,至芝肚坑。西纳水竹篷,东纳半溪左别源(1320)水,经大坞头、杨柳树脚、黄家田至半溪村汇集于沙畈村,先人运用"以潭筑堰蓄水,开渎引水灌田"的经验,在沙畈村南的龙嘴潭,迨成白沙溪三十六堰的首座**沙畈堰**(沙畈水库大坝)。

　　白沙溪水转东北流,在岭脚村大公潭筑有**大坟头堰**。经南坑引六苟潭水于停久村建有**停久堰**。经岭脚至天宁寺、筑有**涉济堰**和高儒村的**白沙堰**为卢文台首创堰。东纳石坞,西纳官坑水,在东边村建了**上水堰**。穿虎掌桥至周村,在横山头潭下又建**周村堰**。东纳群坑水,折北流至赛畈,兴建**上塘堰**和**下塘堰**,作为水碓动力之用。西纳大角坞水,筑有**黄坛坑口堰**。东纳乌云水至青草村,在裴家潭下筑有**裴家堰**、**青草堰**和**崖头堰**。西纳毛洋大尖,泥山坞水,在辽头村猪头潭下建造**猪头潭堰**。北流经山脚,穿山脚桥,建有**山脚堰**,至店边,东纳梧桐坑水,北折西流经东山、潭背、杨梅园、梧桐汇入,在陈思坞潭,筑有**陈思堰**。继北流至皂里筑有**皂里堰**。经李村新殿口筑有**上兰贝堰**、西过磨石畈合妙康源水筑有**妙康磨石堰**。溪西经猴狲峦北流筑有**朱村堰**。东流合邵家岭水筑有**溪东堰**。合西坑百丈潭水至石人山入溪

白沙溪第一堰址(金兰水库)

筑有**石人山堰**。流至东子马龙,东纳龙头冈水,在燕山与乌龟山之间千年角潭,筑有**白沙第一堰**(金兰水库大坝)。

白沙溪水流经琅峰山脚下建有第二堰。过琅琊徐,至东铺,又有直坞水经殿塔、泉口、新殿下汇入建有**第三堰,风炉堰**。经幽栏里华山潭,古方东转北,直注洞山潭、将军潭,至新昌桥村万潭;筑有**第四堰、华山堰、第五堰、洞山内外堰、旱龙堰和马坛堰**。穿过浙赣铁路新昌桥,进玉山潭,建有白龙桥**玉山堰**。穿公路过白龙桥,古廊桥,临江、东俞村建有**上河堰和下河堰**(改造成橡皮坝)。最后三十六堰之末,为东俞村的**中济堰**。白沙溪水于临江注入金华婺江,白沙溪三十六座古堰群全长为45公里。

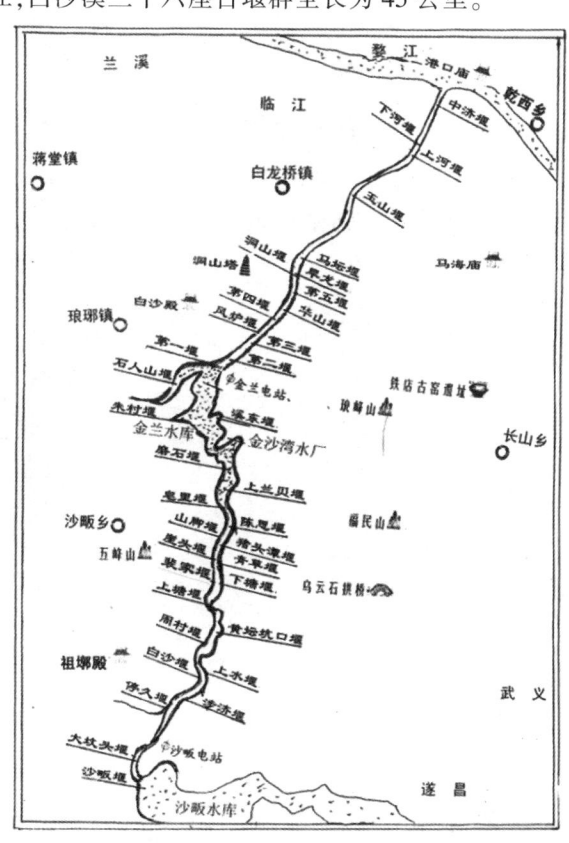

白沙溪三十六堰示意图　　　　　崔士文制图

## 二、白沙溪三十六堰

白沙溪三十六堰之兴筑,据传于东汉初期卢文台创建,后经三国孙吴时乡民大力修筑成三十六座古堰群,总俗称"白沙堰"。距今已近两千年历史,是浙江省内最早水利工程设施之一。原浙江省省长李丰平题写"**白沙堰**"三个大字的碑亭,屹立在琅峰山风景区内。白沙古堰,历经沧桑,屡遭水毁,屡毁屡建,废兴演变甚多。

新中国成立后,经受六十年的风云演变历程,大力开展兴修水利,1960 年 9 月在原大岩乡山后金村,兴建了金兰水库,淹没了六座古堰。将白沙第一堰、第二堰、风炉堰、旱龙堰和玉山堰,五座古堰改建成水泥河

李丰平题写"白沙堰"碑亭

卵石堰,替代了传统古老的筻笼堰历史,配套改造成自流灌溉渠道,受益农田灌溉面积从 12 万亩扩增到 27.8 万亩。

改革开放以来,随着经济建设的发展,1995 年在三十六堰的

首堰,沙畈堰上又兴建了沙畈水库。对水库下游的大坟头堰、停久堰、白沙堰、周村堰、白龙桥镇的上塘堰、下塘堰、猪头潭堰和第四堰八座古堰先后改建成混凝土结构堰。上河堰、下河堰改造成橡皮坝。利用沙畈、金兰两座水库的优质丰富水源,兴建了金沙湾水厂,为金华城乡人民提供了优质丰富一流的自来水。白沙溪三十六座古堰群简介如下:

（一）沙畈堰

原堰位于金华市婺城区沙畈乡沙畈村南的龙嘴潭,引里堰潭水,灌田110亩。由于沙畈是个独特的盆地地理环境,有着几十条山脉支流汇合集雨131公里的水资源优越条件,沙畈水库的大坝就建在沙畈古堰址上。

（二）大坟头堰

又名青龙堰。位于沙畈乡岭脚村,堰高1米,长40米,引大公潭水,灌注溪东岭脚,南皮头畈田20亩。1999年改建成"堰、桥"结合两用的混凝土电厂堰。

（三）停久堰

又称辅苍堰,俗称新路下堰,位于沙畈乡停久村。引六苟潭水入小溪,流百余米筑堰引水入渠,注溪西,灌田500余亩。1975年将水碓改建柴油机埠,增灌高儒、停久高沿田200亩。1979年改装电力机为二级提水,1982年改二级为一级,装机24马力。兴建沙畈水库后,改建为混凝土结构堰。

（四）涉济堰

又名岭下堰,即岭下畈之进水堰,灌田100亩。位于沙畈乡岭下据虞氏宗谱载：有田百余亩，清康熙二十八年至乾隆十五年(1689—1750)为虞士惠名下，后筑防洪堤，设宴庆祝。不久，洪水毁田，堰废。已改建水电站。

（五）白沙堰

为卢文台所开首创堰，又名高儒堰，位于沙畈乡高儒村。1975年渠首为洪水所毁，1978年重建易名小溪里堰，原堰高1.7米，长70米。灌溉溪西停久、高儒二村田700亩。2012年5月改建成混凝土结构堰。

（六）上水堰

位于沙畈乡东边村南。水东注，灌东边、高儒、岭脚、酒店四村农田170亩。下游为下水堰。从东边西北进水，流溪东，为上水堰临时筑堰补充水量。

（七）周村堰

位于沙畈乡周村天宁寺前横山头潭下。水东注，灌溉大麦滩、周村畈田，堰高1.2米，长80米。1977年新开溪滩田350亩，建成三级电灌机埠，扩大灌溉受益850亩。2012年5月改建成混凝土结构堰。

（八）黄坛坑口堰

位于沙畈乡赛畈村黄坛坑口。原为小堰，注溪西，灌田20亩。1951年赛畈村新开渠道，加大堰坝，高1.5米，长80米，灌田300亩，为沙石临时筑堰灌溉农田。

（九）上塘堰

又称上水碓堰，位于沙畈乡周村前。水东注，主要作水碓动力之用,亦灌少量溪滩田。1953年水碓毁、堰废。2011年改建为混凝土堰。

（十）下塘堰

也称下水碓堰,位于沙畈乡周村前,与上塘堰只一潭之隔。主要为下水碓动力供水,亦灌水碓后田5亩。1975年洪水,河床改道,水碓和堰均毁。2011年改建为混凝土堰。

（十一）裴家堰

位于沙畈乡青草村裴家潭下。灌溪西青草溪前畈农田32亩。

（十二）青草堰

位于沙畈乡青草潭下。堰高2米,长90米。水东注青草畈田67亩,新中国成立后新造农田灌田增加到111亩。

（十三）崖头堰

又称社头堰。位于沙畈乡青草村北、下坞潭下。水西注辽头村崖头畈田26亩。

（十四）猪头潭堰

位于沙畈乡辽头村猪头潭下,俗称辽头会堰。注溪西辽头村下田75亩。已改建成"桥、路、堰"三结合的混凝土堰。

（十五）山脚堰

位于沙畈乡山脚村下溪沿,水西注横峦上田。1964年建公路山脚桥,堰废。

（十六）陈思堰

又称陈思坞潭堰,亦称大堰。位于沙畈乡山脚村西,陈思坞潭下。堰高 1 米，长 90 米，水西注中央滩、皂里畈、泥山坞、辽头、山脚、皂里等村田 130 亩。

（十七）皂里堰

位于原兰贝乡皂里南，皂里潭下。水东注人家畈下田 10 亩，有水碓一座。1960 年兴建金兰水库，原堰和水碓被库水淹没。

（十八）上兰贝堰

位于原兰贝乡皂里殿口。灌田须经李村附近用牛拉水车提水，灌上兰贝石桥头田 25 亩。原有水碓，均为金兰水库淹没。

（十九）磨石堰

位于原大岩乡妙康口。水东注磨石畈及石堂头，灌田近 100 亩，为金兰水库水淹没。

（二十）朱村堰

位于原大岩乡朱村人家上"石鸡舍"，水西注，灌村下田，为金兰水库淹没。

（二十一）溪东堰

位于原大岩乡石堂下。水东注，灌田 25 亩。为金兰水库淹没。

（二十二）石人山堰

位于原大岩乡坛头殿附近。水东注，灌田上十石、下十石。为金兰水库淹没。

（二十三）第一堰

俗称千年堰。原堰址位于琅琊镇山后金村，燕山下与乌龟山之间的千年角潭，金兰水库大坝建在第一堰址上。原堰高 4 米，全长 60 多米。水西注,灌溉杨塘下、直里、开化、泽口、下杨等乡村农田 2.4 万亩。1953 年 3 月至 1954 年 7 月,第一堰建成双孔进水闸一座,新开渠道 108 米,加深总渠 600 米,建陡门 1 个,防洪堤 1 道。受益琅琊、古方、下杨(今并入古方乡),金兰、镇江(二乡今合并为临江乡)等 5 乡(今为三乡)、22 个村,灌田 3.2 万亩,旱地改水田 600 亩。兴建金兰水库后,1962 年 11 月,第一堰修建成混凝土干砌石的人工湖,堰长 38 米,高 1.2 米,引水电站尾水入进水闸,至江头,分水入麻吉垄水库。自堰口至郑岗山水渠 6.9 公里,经拓宽加深,上游设计可通流量 4 立方米/秒,自流灌溉面积增加到 4 万多亩。

(二十四) 第二堰

位于琅琊镇琅琊徐村东琅峰山下。水东注泉口、长山等畈,并引水入清塘水库,灌田 3 万余亩。民国 17 年(1928)山洪毁泉口村渠塍百余丈。正值需水,适遇断流,人心惶惶,莫此为甚。乃建木枧以通其流,然水势沉重,随建随坏,需费浩繁,功且不补其患。乃于渠塍基脚挖深丈余,概用巨松横卧其下,间一巨松则打一坚桩夹之,其上用百余斤棱石交互叠砌,砌一层则用丈余条石牵制,面封石板,渎内涂以水门汀(即水泥)。1961 年泉口村渠塍又毁于洪水,县人民政府拨款重修。1962 年 12 月,将该堰改建成混凝土堰。堰长 100 米,高 1.4 米,顶宽 1 米,底宽 3 米。堰坝东端建排沙闸 1 孔,进水闸 1 孔,宽 3 米。整修引水渠 5.7 公里,设计可通流量 3 立方米/秒。灌溉面积扩大到 3 万余亩。1996 年 12 月 28 日批准为县重点文物保护单位。2011 年 1 月 7 日批准为省级重点文物保护单位。

（二十五）第三堰

又称文台堰。原位于琅琊镇新殿下南。水东流后金、马坦等村。有内、外二堰，外堰为溪西高塍村上进水堰。内堰潭水位降低，上水困难，经常用龙骨水车或抽水机提水。1968 年在东山潭修建河卵石堰坝，引用第二堰水灌溉农田后，外堰消失。

（二十六）风炉堰

古称常熟堰，又名风流堰，位于琅琊镇东铺村南。受益古方、临江二乡，并为塱力垄水库进水堰。原堰系簸笼河卵石临时建筑，屡毁屡修。1978 年至 1979 年，建成水泥块石堰。堰长 115 米，高 1.3 米，顶宽 1.3 米，底宽 2.3 米。双孔进水闸 1 座，并采用干砌块石水泥砂浆勾缝，护砌渠塍 5 公里。设计可通流量每秒 4 立方米，受益田 2 万余亩。后经二次重修加阔成混凝土道路，建成"堰、路"两用，可通汽车的公路堰坝。

（二十七）第四堰

位于白龙桥镇卢头村东，水西流古方、后杜、新昌桥村。2008 年改建为可通小车，"堰、路"两用混凝土堰，受益农田 1400 余亩。

（二十八）华山堰

古称师姑堰，位于白龙桥镇古方幽兰里村西。从华山潭进水，水东注幽兰里、古方等村农田 250 亩，为沙石料临时筑堰。

（二十九）第五堰

位于白龙桥镇古方村东，水东注。自智显寺(寺废)进水，经天姆山至让长，灌田 1000 余亩。下游与第二堰、旱龙堰同灌区。堰长 70 米，高 1 米，为沙石料临时堰。

（三十）洞山堰

位于白龙桥镇新昌桥村洞山脚下。山上有一座六角面体形，砖石结构，楼阁式空心砖塔的洞山塔。洞山堰，有内、外二堰，内堰自洞山潭进水，堰长 25 米，高 1 米，为三合土结构，灌新昌桥、大圩村农田 600 亩。洞山外堰，高 1 米，长 40 米，灌古方、新昌桥、大圩农田 800 余亩，为沙石料临时筑堰。

（三十一）旱龙堰

又称岸龙堰，位于白龙桥镇新昌桥村东，水东注。民国 36 年（1947），由金华江水利工程处副处长、主任工程师徐焕章（1898—1978）设计建造篾笼河卵石堰和七座篾笼河卵石防洪丁坝防洪堤。1963 年，第二次设计改建大河卵石水泥堰，干砌块石水泥砂浆勾缝堰，从此，改变了屡筑屡修屡毁的篾笼临时筑堰。堰长 140 米，高 1.4 米，自瓦灶头进水，分一支至东里、大圩，一支至让长乡，灌田 3000 亩，下游与第五堰同灌区，为当时金华县内最长的水泥河块石块石堰。

（三十二）马坛堰

又名"万潭堰"，位于白龙桥镇新昌桥东。灌溉东里、大淤、让长、叶店村。据雍正十年《万坛堰帖》记载："万潭一堰，创自先朝各出已资买田雇工，开浚筑堰承水灌注田禾，照田出资分水。"1963年引用旱龙堰水灌溉，堰消失。

（三十三）玉山堰

位于白龙桥镇白龙桥村玉山公园下。明嘉靖十二年(1533)曾重修一次。1965 年 12 月改建成混凝土块石堰。堰长 92 米，高 2 米。灌溉白龙桥、叶店、东俞等村田 3000 亩。东俞村祠堂内保存着清乾隆三十八年(1773)五月《玉山堰碑》石碑。

（三十四）上河堰

位于白龙桥镇临江村东南。堰长 50 米,高 0.5 米,灌溉临江上畈农田 800 亩。现改建成临江橡皮坝。

（三十五）下河堰

位于白龙桥镇临江村东南。与上河堰同一堰,两堰口上下游相距 20 米,灌溉临江下畈农田 600 余亩,现改建成临江橡皮坝。

（三十六）中济堰

位于白龙桥镇东俞村,水东注东俞村,灌田 20 余亩。为三十六堰之末。旱时无水。1954 年,引用上游玉山堰水灌溉后,中济堰消失,仅留一淏口。

## 三、沙金兰生态功能区与三十六堰

沙金兰生态功能区,包括白沙溪源头银坑和沙畈、金兰两座中型水库, 库区面积 237 平方公里,1999 年被列为省级自然水源保护区,2002 年被市政府列为水源涵养与生态功能区, 成为金华市区居民优质饮用水源地。

20 世纪 50 年代末期, 中共浙江省委要求在金华地区建立继杭嘉湖以后全省第二个商品粮基地。白沙溪流域金(华)兰(溪)汤(溪)毗邻地区,是金华的重点产粮区。中共金华地委做出拦截白沙溪水,"建金兰汤水库,保农田灌溉"的重大决策。金兰汤水库大坝建在大岩乡山后金,又名大岩水库。当时地委书记李学智亲自

沙畈水库

领导,于 1958 年 4 月动工,以金、兰、汤三县为主,组织全区各县(市)劳力自带工具铺盖,政府发粮票,上工地支援建库。当时没有机械设备,施工条件差,水库大坝 377 万土石方,全靠肩挑,分层填土夯实施工。经过三年艰苦奋斗,到 1960 年 9 月,一座坝长 110 米,高 44.6 米,蓄水 6800 万立方米的中型水库建成。水淹没了三十六堰中的皂里堰、上兰贝堰、磨石堰、朱村堰、溪东堰、石人山堰共 6 座白沙堰。同时,利用当地低丘缓坡地势落差,相继兴建了 88 座小(一)(二)型水库,改造了第一堰、第二堰、风炉堰、旱龙堰和玉山堰,使之形成中小水库相连,库、堰、渠、涑相接的"长藤结瓜"式的自流灌溉网络。受益农田从 12 万亩增扩到 27.8 万亩,灌区范围两个县 20 个乡镇。(金华、汤溪县合并后,称金兰水库。)

　　改革开放以来,随着工业化、城市化的快速发展,为确保金华市区人民饮用清洁水的需要,1992 年金华市政府在充分论证基础上,决定在金兰水库上游 20 公里处,兴建沙畈水库,大坝建在三十六堰首堰沙畈堰的堰坝止上,沙畈堰从此消失。沙畈水库采用混凝土重力坝,完全机械化施工。于 1995 年建成,库容 8558 万立

金兰水库

方米，与金兰水库联成一起，集雨面积308平方公里，水源异常丰富充沛。然而，水库总指挥陆乌铁同志，在一次押运钢材时不幸牺牲，批准为烈士，其墓建在离大坝不远的山上。白沙溪三十六堰，通过兴建金兰、沙畈两座水库，共淹失7座堰。现存25白沙古堰，其中保护完整继续发挥功效有19座堰。

为解决市区人民饮水问题，利用沙畈、金兰两座水库的优质丰富水源，1999年采用重力流和水库与水厂之间的高差，通过隧洞从金兰水库取水，兴建了日供水能力30万立方米的现代化金沙湾水厂。

金沙湾水厂，位于金兰水库边的秀丽山峦间，琅琊镇湾坞。建筑物和生产构筑物与周边环境相协调、相融合，整体设计以欧式风格建筑为主，生产区与办公、生活区之间嵌以人工湖和中国古典韵味的长廊，在小桥流水衬托和四面青山的怀抱下，异域风光与山野情趣交相辉映，花草树木搭配合理，四季有花，四季常绿，是一座现代化的花园水厂。水厂采用目前国内最先进的生产工艺和全自动控制设备，实行全自动化，生产出厂水质指标完全达到甚至优于国家饮用水卫生标准。检测指标共有106项，全部合格，有的指标甚至好于国标100倍，与世界上最严的欧盟水质标准基本持平。

金沙湾水厂（利用沙畈水库、金兰水库优质丰富水源，兴建现代化的金沙湾水厂，提供金华市民优质自来水）

　　沙金兰生态功能区，随着金兰、沙畈水库和金沙湾水厂的兴建，加强了库渠河道管理，确保农田灌溉的需要。特别对水库上游，根据生态环保的要求，加强了两岸森林的养护管理，增加植被，防止水土流失等地质灾害的发生，对饲养牛羊牲畜和鸡鸭等家畜的养殖场进行搬迁。加强污染面源治理。通过村庄整治，新农村建设，全面改善功能区生态环境，夏秋季严禁游人在库内游泳洗澡,丢弃废弃物品,从而确保市区人民饮用水源清洁。金华自来水好,与加强沙金兰功能区的统一管理是分不开的。

## 四、白沙古堰群址现状剪影

白沙溪三十六座古堰群,俗称"白沙堰",始建于东汉建武三年(27),已有近两千年历史。经受了新中国成立以来六十年的风云演变历程,兴建了金兰、沙畈两座水库,淹失了七座古堰外,现将现存的白沙古堰群堰址的现状,剪影如下。

（一）白沙溪三十六堰之首堰——沙畈堰

白沙堰调研组在原沙畈堰堰址合影从左崔健、崔士文、张柏齐、邢文良、向子范、徐康有、王得民、黄师禹、胡佩生

**沙畈堰:**位于沙畈村南的龙嘴堰。1995年建沙畈水库大坝,建在原沙畈堰的堰址上。

(二)白沙溪三十六堰之——大坟头堰

**大坟头堰**:又称**青龙堰**,位于岭脚村,已改建成"堰、桥"结合的混凝土电厂堰。

(三)白沙溪三十六堰之——停久堰

**停久堰**:俗称新路下堰,位于停久村,改建成混凝土堰。

（四）白沙溪三十六堰之——白沙堰

**白沙堰**：又名高儒堰，位于高儒村。为白沙老爷首创。2012 年 5 月改建成混凝土结构堰。

（五）白沙溪三十六堰之——周村堰

**周村堰**：位于天宁寺前横山头潭下，2012 年 5 月建为混凝土堰。

（六）白沙溪三十六堰之——黄坛坑 口堰

**黄坛坑口堰**：位于赛畈村黄坛坑口。1951年加大堰坝，仅保持沙石临时筑堰。

（七）白沙溪三十六堰之——上塘堰、下塘堰

**上塘堰、下塘堰**：又称上水碓堰、下水碓堰，两座堰位于周村前赛畈，2011年均改建成混凝土堰，改建后称赛畈堰。

(八)白沙溪三十六堰之——崖头堰

**崖头堰**：位于青草村北、下坞潭下，为沙石临时筑堰。

(九)白沙溪三十六堰之——猪头潭堰

　　**猪头潭堰**：俗称辽头会堰，位于辽头村猪头潭下。已改建为"堰、桥、路"三合一的混凝土堰。

（十）白沙溪三十六堰之——山脚堰

**山脚堰：**位于山脚村下溪沿，1964 年建山脚公路桥，堰废。

（十一）白沙溪三十六堰之——陈思堰

**陈思堰：**又称陈思坞潭堰，位于山脚村西，陈思坞潭下。仍保持沙石临时筑堰。

(十二)白沙溪三十六堰之——第一堰

1953年建造的"白沙溪第一堰"堰碑

金兰水库大坝、原第一堰址。

　　**第一堰:**俗称"千年堰",原堰址位于琅琊镇山后金村东,燕山脚下与乌龟山之间的千年角潭。金兰水库大坝就建在第一堰址上。

(十三)白沙溪三十六堰之——第二堰

**第二堰**：位于琅琊镇琅琊徐村琅峰山下。1996 年为县级文物保护单位,2011 年 1 月 7 日批准为省级重点文物保护单位。

(十四)白沙溪三十六堰之——第三堰

**第三堰**：琅琊镇,原堰位于后金材新殿下南,1968 年引用第二堰水灌田后,留内堰进水口,外堰消失。

(十五)白沙溪三十六堰之——风炉堰

**风炉堰：**又名风流堰，古称常熟堰。位于琅琊镇东铺村南。现存堰自 1963 年来，经历三次加宽、加固改造，已建成可通汽车的"堰、路"两用综合混凝土堰。

(十六)白沙溪三十六堰之——第四堰

**第四堰：**位于白龙桥镇卢头村东，2008 年改建成可通小车的混凝土堰。

(十七)白沙溪三十六堰之——华山堰

**华山堰:**古称师姑堰,位于白龙桥镇古方幽兰里村西,为沙石料临时筑堰。

(十八)白沙溪三十六堰之——第五堰

**第五堰:**位于白龙桥镇古方村东,为沙石料临时筑堰。

(十九)白沙溪三十六堰之——洞山堰

**洞山堰**:位于白龙桥镇新昌桥村洞山脚下。有内、外两堰,外堰为沙石料临时筑堰,内堰自洞山潭进水,为三合土结构堰。

(二十)白沙溪三十六堰之——旱龙堰

**旱龙堰**：又称岸龙堰，位于白龙桥镇新昌桥村东。1963年改建成水泥河卵块石堰。

(二十一)白沙溪三十六堰之——马坛堰

**马坛堰**:原称万潭堰,位于白龙桥镇新昌桥村东,1963年引用旱龙堰水后,堰消失。

(二十二)白沙溪三十六堰之——玉山堰

**玉山堰**:位于白龙桥村玉山脚下。1965年改建成混凝土块石堰。

(二十三)白沙溪三十六堰——临江橡皮坝

**原上河堰、下河堰**：位于白龙桥镇临江村东南。两座堰已改建为橡皮坝。

(二十四)白沙溪三十六堰——中济堰

**中济堰**：为三十六堰之末。位于白龙桥镇东俞村,引用上游玉山堰水后,中济堰废。

# 白沙溪三十六堰基本现状表

| 序号 | 堰名 | 俗称今名 | 堰址 | 结构 | 灌田(亩) | 备注与受益村 |
|---|---|---|---|---|---|---|
| 1 | 沙畈堰 | 水库大坝 | 沙畈乡沙畈 | 混凝土 | 110 | 改建为沙畈水库大坝 |
| 2 | 大坟头堰 | 青龙堰 | 沙畈乡岭脚 | 混凝土 | 20 | 改建为电厂堰,岭脚 |
| 3 | 停久堰 | 新路下堰 | 沙畈乡停久 | 混凝土 | 700 | 停久、岭脚、高儒 |
| 4 | 涉济堰 | 岭下堰 | 沙畈乡岭下 | | 100 | 改建水电站,堰废 |
| 5 | 白沙堰 | 高儒堰 | 沙畈乡高儒 | 混凝土 | 700 | 2012年改建为混凝土堰 |
| 6 | 上水堰 | 上下水堰 | 沙畈乡东边 | 沙石临筑 | 170 | 东边、高儒、岭脚、酒店 |
| 7 | 周村堰 | | 沙畈乡周村 | 混凝土 | 850 | 2012年改建为混凝土堰 |
| 8 | 黄坛坑口堰 | 黄坛坑口堰 | 沙畈乡赛畈 | 沙石临筑 | 300 | 赛畈村 |
| 9 | 上塘堰 | 上水碓堰 | 沙畈乡周村 | 混凝土 | | 2011年改建为混凝土堰 |
| 10 | 下塘堰 | 下水碓堰 | 沙畈乡周村 | 混凝土 | 5 | 2011年改建为混凝土堰 |
| 11 | 裴家堰 | 裴家潭堰 | 沙畈乡青草桥 | | 32 | 青草溪前畈已不存在 |
| 12 | 青草堰 | 青草潭堰 | 沙畈乡青草 | 沙石临筑 | 111 | 青草 |
| 13 | 崖头堰 | 社头堰 | 沙畈乡青草北 | 沙石临筑 | 26 | 辽头、崖头畈 |
| 14 | 猪头潭堰 | 辽头会堰 | 沙畈乡辽头 | 混凝土 | 75 | 辽头下田 |
| 15 | 山脚堰 | | 沙畈乡溪沿 | 沙石临筑 | | 1964年建桥,堰废 |
| 16 | 陈思堰 | 陈思坞潭堰大堰 | 沙畈乡山脚 | 沙石临筑 | 130 | 中央滩、皂里畈、泥山坞、辽头、山脚、皂里等 |
| 17 | 皂里堰 | | 原兰贝乡皂里南 | 砂卵石 | 10 | 1960年被金兰水库淹没 |
| 18 | 上兰贝堰 | 兰贝堰 | 原兰贝乡皂里南 | 砂卵石 | 25 | 被金兰水库淹没 |
| 19 | 磨石堰 | 妙康堰 | 原大岩乡妙康口 | 砂卵石 | 100 | 被金兰水库淹没 |
| 20 | 朱村堰 | 石鸡舍堰 | 原大岩乡朱村 | 砂卵石 | | 被金兰水库淹没 |
| 21 | 溪东堰 | 石堂堰 | 原大岩乡石堂下 | 砂卵石 | 25 | 被金兰水库淹没 |
| 22 | 石人山堰 | 坛头殿堰 | 原大岩乡坛头殿 | 砂卵石 | 22 | 被金兰水库淹没 |
| 23 | 第一堰 | 千年堰 | 琅琊镇山后金东 | 混凝土 | 4万 | 金兰水库西干渠道灌区 |
| 24 | 第二堰 | 琅琊徐堰 | 琅琊镇琅琊徐 | 混凝卵石 | 3万 | 泉口、长山等 |
| 25 | 第三堰 | 文台堰 | 琅琊镇新殿下 | 混凝卵石 | | 引第二堰水,外堰废 |

| 序号 | 堰名 | 俗称今名 | 堰址 | 结构 | 灌田(亩) | 备注与受益村 |
|---|---|---|---|---|---|---|
| 26 | 风炉堰 | 常熟堰 | 琅琊镇东铺村 | 混凝土 | 2万 | 古方、临江 |
| 27 | 第四堰 | 卢头堰 | 白龙桥镇卢头村 | 混凝土 | 1400 | 古方、后杜、新昌桥 |
| 28 | 华山堰 | 师姑堰 | 白龙桥镇幽兰里 | 沙石临筑 | 250 | 幽兰里、古方等 |
| 29 | 第五堰 | 古方堰 | 白龙桥镇古方村 | 沙石临筑 | 1000 | 天姆山、让长 |
| 30 | 洞山堰 | 洞山外堰 | 白龙桥镇新昌桥 | 沙石临筑 | 800 | 古方、新昌桥、大圩 |
| | 洞山堰 | 洞山内堰 | 白龙桥镇新昌桥 | 三合土 | 600 | 新昌桥、大圩 |
| 31 | 旱龙堰 | 岸龙堰 | 白龙桥镇新昌桥 | 混凝卵石 | 3000 | 让长、大圩、东干灌区 |
| 32 | 马坛堰 | 万潭堰 | 白龙桥镇新昌桥 | 篾笼卵石 | | 引旱龙堰水,堰废 |
| 33 | 玉山堰 | 白龙桥堰 | 白龙桥镇白龙桥 | 混凝块石 | 3000 | 白龙桥、叶店、东俞 |
| 34 | 上河堰 | | 白龙桥镇临江 | | 800 | 改建为橡皮坝 |
| 35 | 下河堰 | | 白龙桥镇临江 | | 600 | 改建为橡皮坝 |
| 36 | 中济堰 | 东俞堰 | 白龙桥镇东俞 | | 20 | 引用玉山堰水后,堰废 |

# 第二节　三十六堰各堰特色与效能

### 一、古貌新颜沙畈堰

沙畈堰,又称大堰,是白沙溪三十六堰中的首堰,位于沙畈村南龙嘴潭,是卢文台隐退停久建了白沙、停久两堰后之第三座堰。今天雄伟壮观沙畈水库的大坝,就建在古老的沙畈堰的堰基上。从此看到的沙畈堰消失,古貌换新颜。

1978 年改革开放以前,金华市建成的包括金兰水库在内的水库,都是以农业灌溉为主,兼顾防洪和发电效益。改革开放以来,随着工业化、城市化的快速发展,金华市区规模大大扩大,白沙溪流域崛起了白龙桥、琅琊、蒋堂等小城镇,城乡居民随着生活水平的提高,对饮用水质量的要求越来越高,加快城市供水工程建设日益成为城乡人民的迫切需求。而白沙溪源远流长,集雨空间广阔、水资源十分充足。于是,金华市委、市政府于 1992 年决定在金兰水库上游 20 公里处,兴建沙畈水库。1995 年建成沙畈水库与金兰水库联成一起,为金华市区 80 万人民以及有关乡镇,通过金兰水库隧道,提供全国一流的优质自来水。同时也推动了白沙溪流域农业现代化的发展。现在,琅琊镇水碓村,已建成一个占地 1025 亩,设施完备,科技先进、产品优质安全的葡萄精品园。泉口村建了面积 410 亩的龙门生态鳖养殖基地,实行鱼鳖混养,形成经济效益与示范效应明显的特色渔业精品园。

## 二、首建白沙（高儒）堰

金华古称婺州，地处丘陵，缺水干旱历来是农业丰收的最大威胁。广大农民在长期的生产实践中，为了战胜干旱，在田野深挖蓄水灌田称为"塘"，容易水尽干涸；在溪流拦水开渠灌田称为"堰"，水流可以多级利用。山塘和溪堰为丘陵地区抗旱夺丰收起了极大作用。

金华南山白沙溪三十六堰，卢文台最早运用"以潭筑堰，引水灌田"的科学方法，在白沙溪上建筑的堰叫白沙堰，因位于高儒村又名高儒堰。因为白沙溪自遂昌流入金华境内后，汇集了银坑溪等诸多支流，经田铺，芝肚坑，两岸均为峡谷，很少甚至没有耕地，到了双溪口才有耕地栽培稻黍。到了停久、高儒，有了数百亩大的田畈。停久是卢文台定居的地方，他就在居住所在地高儒门前溪里首建白沙堰。白

白沙堰即高儒堰

沙堰历来是三十六堰的代表堰。故历代《金华府志》记载为："白沙堰广一丈三尺，长六十里。"

高儒、停久两村，农田相互接壤穿插，当时始建白沙堰后又引六苟潭水即建停久堰，共灌溪西两村农田 500 亩。还建有水碓加

工粮食。1982年为增灌两村高沿田200亩,将原电动机二级改为一级提水,装机24千瓦。

1975年白沙堰渠首被洪水所毁,1978年重建。两村灌溉面积增加到700亩。2012年5月改建成混凝土堰。

卢文台首建白沙堰,再建停久堰,为他当时创建其他三十多座堰,提供了丰富的实践经验,特别是"以潭筑堰蓄水,开渎引水灌田"和"一字形篾笼堰"的筑堰经验。

## 三、江南水利第一堰

白沙溪三十六堰中的第一堰,称得上江南水利的第一堰。位于琅琊镇山后金村东,燕山脚下与乌龟山之间的千年角潭。原堰高4米,全长60多米。水西注灌溉山后金、琅琊滕、琅琊徐、白沙

白沙溪第一堰的堰碑(1953年建造)

卢、西畈、高田塍、下江头、山迴铺、下杨、周家等二个乡二十二个田乡村二万四千亩农田。是三十六堰中的第一大堰,建于三国吴嘉禾年间(232—237),为三十六堰创建者卢文台深谋远虑规划确定的一座堰,是他逝世后三十六堰中最后建成的一座堰,于三国吴赤乌元年(238)开渠放水,受益22个村,灌田3万余亩。1960年建成金兰水库后,对第一堰的灌溉渠道改建为人工湖,通过配套改造成自流灌溉东干渠道,使受益面积扩大到4万亩。

据明代兰溪人赵崇善所撰《白沙水利碑记》记载:"白沙堰共三十有六……源深流长,荫多利溥……匝围二百里,田不知几千万顷。……惟第一大堰关键最急……。此堰上朔十八所,而数当十九……一不碍,二、三不碍,则三十六堰总无碍……一窦不塞,百里漾波。故堤防拥卫,较他堰特甚。"这些记载说明,管理好第一堰,对整个三十六堰关系非常密切。因此,千百年来,当地百姓群众,非常重视第一堰的管理养护工作。民间至今还保存着《白沙第一堰总录》,又称《白沙第一大堰计开规式》其中有许多经验符合今天科学发展观的要求。

首先,有一个科学严密的渠系灌溉网络。第一堰大堰之上有小堰不一,此等豪强之徒堰长可指名具禀,究治施行。

其次,依据严格、安全、生态的要求加强堰坝管理。第一堰水利灌注金华、兰溪、汤溪三县三乡六都人户田段。堰基计阔一百余丈,堰塍计阔一口口余。(原文缺二字)在堰塍基址基础上,每年由堰长合集承水人户出工用竹一百余担,制作竹箍两行,垒石充满箍内,两头直抵堰岸,确保堰坝安全。第一堰还置山两片,一片在堰之东,名"马面山",作为护堰砍用木材毛竹之用;一片在堰之西,名"黄泥勘",作为取土封堰之用。堰区两岸高山封山育林,保护植被,防止水土流失,不使泥沙淤塞堰区。

第三,护堰所需经费物资,由承水人户合理负担。凡殷实、小康者,分上中二等,分别不同标准,按亩收取钱谷,集中保管,账务公开。贫苦受益人户不出钱谷,只出劳力,编入夫牌,轮流分批上岗护堰,堰方供应午时一饭,要求出勤出力,按质按量,确保堰坝坚固。

第四,加强防汛工作,严格河面管理。每年农历二月春社,即立春后第五个戊日,祈谷之生这一天,即着手上述护堰工作。这个规定适应当地经常出现"桃花汛"的实际要求。如遇久晴旱灾,周知承水各村劳力全体把堰筑好,防止田禾旱涸。同时,严格规定堰水首先必须满足农田灌溉需要,春社以后一律不许在河面撑放木排、竹排,到秋社立秋后第五个戊日,苍谷之熟以后方可撑放,以防堰道损坏。

现今,上述各点给我们以深刻的启示:水是生命之源,生产之要,生态之基。兴水利,除水害,事关人类生存、经济发展、社会进步,历来是治国安邦的大事。联系我们金华实际,地处丘陵,洪旱交错,要"兴金先兴水"。但农田水利仍然是个薄弱环节。我们的古人,筑堰拦水,灌溉农田,并且重视堰坝管理,有条不紊地引水灌田。他们这种强烈的灾患意识,抗灾护堰重于泰山的意识。从当地实际出发,制定行之有效护堰规式的做法,都值得我们认真学习、继承、发扬。

白沙溪第一堰堰址(金兰水库大坝)

## 四、滕珦与第一古堰

1960年金兰水库兴建前,白沙溪三十六堰的第一堰,位于琅琊镇山后金村东燕山脚下,与西侧乌龟山之间的千年角潭。原堰高4米,全长60多米。灌溉二乡二十二村,农田2.4万亩,至今山后金村杨家进水溇仍保留一公里长的灌溉渠道。堰边有水碓磨坊，加工稻麦，堰上有大塘一口，可灌农田百余亩。

1953—1954年，新开并加深渠道，建了陡门与防洪堤，第一堰

白沙溪第一堰原杨家进水溇灌溉渠道遗址

灌溉面积扩大到三万二千多亩。1960年兴建金兰水库的大坝就建在第一堰的堰址上。经过几次西干渠灌区自流灌溉配套改造，受益农田扩增到四万多亩，成为江南水利第一堰。

山后金村是白沙溪下游白沙畈进入白沙溪源流纵深的交通要道，有大岩"六保"之称。即山后金行政村，包括山后金、大岩、花坞、冯家、大栗下、大塘沿六个自然村。山后金村地处"南山进出口"，由于地理位置重要，1942-1945年，日寇占领金华时，日军一度驻有一支小分队。大岩"六保"村民深受其害，苦不堪言。日军还曾开掘一堰缺口，破坏水利设施，严重影响农田灌溉。

旧时，第一堰因山后金村唐朝出过一位高官，名叫滕珦，生于兰溪紫岩乡南住山（今兰溪上华寺前村），致仕后回乡居住于白沙溪口——燕山坑口，即山后金村。于是大大提高了第一堰的知名度。据《金华县志》(1992年版)记载，滕珦(753-840)，唐德宗建中

元年(780)进士(其子滕迈宪唐元和十年(815年)进士,是婺城区唯一的父子双进士。)任礼部侍郎,太子右庶子,善鼓琴,赋诗。与白居易、刘禹锡为友。太和初致仕,筑第白沙溪口。卒赠户部尚书。据《全唐诗》校注,滕珦,东阳人,历茂王傅,太和初以右庶子致仕,四品给券还乡自珦始。意思是说滕珦以右庶子告老还乡,自滕珦开始,四品官还乡,朝廷发给证券。实食八百户。

滕珦为官清廉,受人称道,著有《梅窗集》18卷,《思陶佳趣诗卷》等。《全唐诗》收录诗一首:《释奠日国学观礼闻雅颂》。白居易于太和三年(829)《送滕庶子致仕归婺州》诗:春风秋月携歌酒,八十年来玩物华。已见曾孙骑竹马,犹听侍女唱梅花。入乡不杖归时健,出郭乘轺到处夸。儿着绣衣身衣锦,东阳门户胜滕家。

滕珦肖像　滕迈宪肖像

山后金村滕氏家谱提供父子双进士肖像

滕珦还乡定居白沙溪口——燕山坑口期间,婺州刺史逢节就第拜访。这也推动着当地官民对白沙第一古堰的养护管理。

## 五、平安度汛第二堰

白沙溪三十六堰中的第二堰,位于金华市婺城区西南部,距市区18公里的琅峰山下。堰水东注泉口、长山等村,是全省最早不可移动历史水利文物遗产,是省级文物保护单位。

旧时第二堰堰塍经常受到山洪冲击,因为白沙溪水流过琅峰山后水势过急,某些薄弱的堰塍屡建屡毁。在一千九百多年风风雨雨的过程中,不知经历了多少次的重修。有记载的是民国 17 年(1928)一次和 1961 年一次。金兰水库建成后,原来二堰灌溉泉口、长山等畈农田扩大到 3 万多亩。

白沙第二堰

第二堰 50 年来,年年平安度汛。谁知 2011 年 6 月 19 日,特大山洪堰侧防洪堤被冲击出现决口,险情危急。经守候当地的群众和部队官兵全力抢险,在决口处推入 5 辆报废大卡车,以 14000 立方沙石和 3000 多个沙包,堵住了 30 多米决口,确保了琅琊徐村人民生命财产安全。

第二堰这座古堰,位于集历史景观、自然景观和人文景观为一体的琅峰山下风景名胜区,是开发白沙溪生态文化旅游产业的中心,也是歼击日寇获胜的爱国主义教育基地,还流传着卢文台许多治水的神奇故事。这些为白沙溪第二堰增添了秀丽的自然风光优美的生态环境。丰富的文化内涵、珍贵的历史文物,必将为白沙溪流域经济繁荣做出巨大贡献。

## 六、长山得益于二堰

长山,包括长山一、长二、长三、长四,共四个行政村,是白沙溪流域规模最大的一个村。创建三十六堰以来,长山、泉口等畈农田,历来受二堰堰水东注灌溉。1960 年兴建金兰水库后与一批小型水库,形成"星罗棋布,长藤结瓜"的灌溉网络。二堰堰水引入清塘水库,灌注长山及库下各村,灌溉面积扩大到 3 万亩以上。当地农民面对"清清一库水,满满万吨粮"而感到欣慰。既确保农田旱涝保收,又满足生活用水需要。

长山对二堰灌溉得益大,历史悠久,于是流传着许多白沙老爷治水的生动神奇故事。主要的是卢文台幼女嫁给长山一书生为妻。有一年大旱,白沙娘娘给女儿一串珍珠,资助书生及早报效朝廷,女儿见旱情就把珍珠抛弃在长山农田,结果珍珠变成泉井,解除了旱情,获得丰收。至今长山村仍留着数十口常年溢水的古井。再是金扁担的故事。传说长山村有个扁担洞,洞内有一条"月亮潭"闪烁月光形成的金扁担。白沙老爷筑堰用这条金扁担挑运土石方,金扁担套两只大箩筐倒下土石方就是一座堰。还有,白沙老爷是天庭龙的化身,在东海与龙女相互爱慕,私奔过了婺江五百滩,直奔到长山,已经疲劳万分,就在一个殿内蒙胧入睡,结果露了龙的原形,村民就称这座殿为"伏龙殿",现今是市级文物保护单位,殿内塑着长山村人,明末抗清民族英雄朱大典像。

朱大典(1581—1645),字延之,明万历四十四年(1616)进士。曾任山东巡抚,兵部右侍郎等职。明末京师陷落,福王立于南京。清兵破南京,福王被擒。大典仍归金华,据城固守,鲁王监国,任大典为文华殿大学士。大典辖金、兰、汤、浦四县。唐王立于福建,大典任东阁大学士,督师如旧。清兵下浙东,劝降,大典裂书,杀招抚使,与部将固守金华。清兵围城两旬,知西城新筑土未坚,以炮专攻其处,城崩。大典家妇女先入井自殉,他携火绳与部将、子孙、馆师、宾从坐火药库中,遂举火,药库爆炸如地震,殉难者32人,大典全家男女22人均殉难。其出嫁石门的女儿自缢。后人在金华八咏楼立祠纪念。

## 七、堰废渠在第三堰

第三堰又名后金堰,位于后金村新殿下南。水东流灌注后金、马坦村。

这座堰最鲜明的一个特征，就是堰区河床广阔，堰潭水位很低。因为白沙溪水，流过琅峰山后，骤然流速湍急，不仅加阔了河床，还把溪水分成东西两股，降低了溪东堰潭水位，使第三堰沙石堰的堰水上不了渠(浚)道。于是，把堰

白沙第三堰

分筑内、外二堰。外堰将溪西之水拦向东边，筑了篾笼河卵石结构的拦水堰；而内堰仍然由于堰潭水位低，上水困难，堰水进不了渠(浚)灌田。为使堰水入渠(浚)，旧时只能用丈八龙骨水车三人礴，即三个人力车水，才能把堰水提上去进入渠(浚)灌田。抗旱紧张时，还要轮番顶替，点香计时。以后建了机埠提水。

1962年上游第二堰改建成混凝土堰，灌溉面积扩大。第三堰内堰于1968年在东山潭建了河卵石堰坝，不用提水上渠(浚)，可以引用第二堰堰水灌溉农田。于是，第三堰外堰消失，而内堰渠(浚)仍在通水应用。

## 八、独具特色洞山堰

洞山堰，位于白龙桥镇古方村东，新昌桥洞山脚下，故名洞山堰。洞山风景秀丽，洞山堰在三十六堰中，是具有内外两堰，堰景结合，防洪抗旱结合，独具鲜明特色的历史文化古堰。这主要表现在：

(一)河床广阔分内外两堰

白沙溪上游山区，河床狭窄仅40米左右，而洞山段河床阔

洞山堰外堰

200 余米,坡降比仅千分之三,又有和尚潭和洞山潭两潭蓄水,落差缓慢,非常适宜拦水筑堰。为确保两岸广大肥沃良田的丰收。当地百姓就把河床分为内、外两部分,分筑内外两堰。外堰建于和尚潭西,长 40 米,高 1 米,是篾笼河卵石堰。1960 年金兰汤水库建成后,沿用传统的沙石堆积塑料布护面过水的临时堰,灌注古方、后杜、思村、双牌、后童等地农田千余亩。内堰建在洞山潭下,长 25 米,高 1 米,是"三合土"结构的固定堰,接引外堰之水,流入洞山潭,经洞山渎灌新昌桥、大圲村农田 800 余亩。

(二)倚山阻洪筑新堤防洪

这里流传着洞山潭在洪峰期"上水鲶鲐"兴风作浪的故事。当地百姓在依靠洞山冲挡洪峰的同时,又在洞山上造了宝塔镇妖捉怪。这些是带着迷信色彩的故事。真正解决这里的防洪问题,还是1965 年在新昌桥村边原来 7 座篾笼河卵石丁字坝的基础上,在古方村至新昌桥村白沙溪洞山段,新筑了一条沙石防洪堤,顺流长3000 米,高 3 米,这条堤坝解决了水冲河床"十年河东,十年河西"变化的弊端,不仅有效发挥了分洪防洪的作用,还使两岸开发可耕土地千余亩。

(三)堰、潭、泉、井四结合

洞山内堰进水处,又称洞山浃

洞山段地质属深层的红层裂隙地层,有丰富的地下水资源。洞山堰上有和尚潭、堰下有将军潭,堰西下又有洞山潭。上下游共有八个深水潭,潭深莫测,常年积水。还有几十个常年溢水的泉孔和泉水井。这堰、潭、泉、井四结合的水资源,使洞山内外两堰,一年四季,昼夜不断的清水畅流,确保了两岸农田百年不受大旱的丰收。

(四)具有秀丽的自然风光

这里馒头形的洞山,山上有古塔,有古庙,有古树林,还有"鲶鲐形"起伏绵亘脉络的岗阜,给洞山古堰提供了优越的生态环境,给人们以无穷的遐想和向往。

九、重中之重七座堰

金华南山白沙溪三十六(座)古堰群,堰距全长45公里。其中从琅琊镇后金村的风炉堰到新昌桥村万潭堰(马坛堰),河流全长2公里内,就有风炉堰、第四堰、华山堰、第五堰、洞山堰(有内、外堰)、旱龙堰、万潭堰七座古堰,平均0.3公里就有一座堰。洞山段范围内称得上整个三十六堰中的重中之重,对白沙溪两岸农业发展,起着举足轻重的作用。洞山段七堰密集区,区别于白沙溪其他各区堰段,具有五个鲜明的特点。

白沙第四堰

(一)水位落差好

落差是河道上某一段两个地点,在同一时间观察水位后按同一基准面计算所得的差数。落差是决定筑堰水力资源大小的重要因素之一。落差过大过小都会影响水力资源的合理利用。白沙溪上游是山区,中游是半山区,水势都较湍急。而自洞山段开始是低丘缓坡,溪水缓慢流向婺江南岸河谷平原,两岸伸展面广阔。我们的古人懂得水势落差的原理,在这里建堰是最理想的地方,所以距离0.3公里就有一座堰。

(二)受益面积大

旧时白沙溪三十六堰灌溉面积共计12万亩,1960年兴建金兰水库及其下游一批小(一)(二)水库后,扩大到27.8万亩。其中上游各堰只占2%,中游各堰占25%,而洞山段(包括它以下四座堰)以下要占73%。其中马海畈受益1万亩以上,白水畈受益2万亩以上,还有长山等都是具有一定规模的田畈。这里成了金华县(含汤溪)的重要产粮区,粮食征购任务要占全县的三分之一。20世纪80年代后期,这一带粮食多得没处放,只好用"露天墩"防雨布盖墩,暂时加以解决。

(三)作物需水多

旧时金兰汤一带耕作制度以立秋前后收割的早中稻为主,而栽培一亩早中稻从育秧到收割需水 500 方,确保全流域早中稻丰收共需水 6000 万方。洞山段六堰密集区是白沙溪全流域农作物供水的主要地区,为了供水筑堰就密。这

白沙第五堰

个供水需求,到 1960 年兴建蓄水 6800 万方的金兰汤水库及其灌溉网络后才得到了满足。

(四)地下水丰富

白沙溪兴建金兰汤水库及其灌溉网络后,地下水资源,据省水文地质第四普查队在古方、白龙桥地段深层取 79 眼井检测,每昼夜水量为 2 万立方米。这里每一座堰都有一个潭,潭深储水,还有一批泉井。地下水资源异常丰富。遇到干旱季节,地下水起了很大作用。1990 年 7 月下旬干旱,东俞村农民联户挖井抗旱,22 口井确保了 300 多亩早、晚两季水稻丰收。

(五)古今两种坝

旧时洞山段堰坝结构是篾笼堰。即采用两年以上老毛竹做成篾笼,用松木打桩,将河卵石装入笼内,填满沙石,草皮封堰。这种篾笼堰,枯水期能封挡水引水入渠,洪水期水往坝上过,畅泄无阻。现在,万坛堰、华山堰、第五堰和洞山外堰仍保持古堰风貌。第四堰、风炉堰、旱龙堰已改成混凝土砌块石堰或水泥砌块石堰。

另一方面,洞山段七堰密集区,在农田灌溉问题解决以后,有些忽视河道疏浚和两岸护堤,影响水流畅通,洪水来临时有的堤岸冲击受损。市水利部门已把白沙溪三十六堰作为重要问题纳入"十二五"规划加以解决。

马坛堰(万潭堰)

## 十、堰边建桥旱龙堰

旱龙堰名称的来由,是建了这座堰后,即使大旱之年也能确保丰收,因为这里地下水资源丰富。旱龙堰自古以来位于金、兰、汤交通要道。现在,为解决东岸天姆山村与西岸新昌桥村,交通阻隔问题,在堰边建了一座3米多阔的简易桥,可通行人、人力车和拖拉机,桥边立有一块"新昌桥"的石碑。

自兴建三十六堰以来,堰坝两岸村庄交通阻隔,人看得见,喊得应,鸡犬相闻,但不能直接前往走亲访友或面对面商讨有关事

务,特别是堰务。这一直是堰两岸百姓想要解决的问题。为此,人们经历了如下几个过程:

开始采取原始办法。当枯水期,就在堰面上步行而过。这仅是夏秋两季,当冬春两季,堰面流水不大时,农民一般是穿草鞋冒寒涉水而过,士人要脱下鞋袜赤脚而过,或者托人背过去。以后对地处上游堰身不长的小堰,曾经出现过"墩步"。即在堰面竖直安装若干石条,阔狭大于人足,距离按人步距。"墩步"可使行人谨慎地通过,老人小孩则不行,特别挑担者要身强力壮胆大者才能通过。再后来就是建桥。旧时建桥要发动两岸百姓共同出资出力,困难多,很不容易。只有堰身短的小堰才能在堰边建桥,白沙溪下游的大堰就建不起来。因此,堰边建桥只有新中国成立后才能办到。旱龙堰边的桥,也是在进入新世纪才建起来的。近年来,在白沙溪上游的小堰,也在堰面加浇了水泥,作为桥通行了。

旱龙堰下边的新昌桥

## 十一、堰面通车风炉堰

风炉堰位于琅琊镇东铺村东,古称常熟堰,又名风流堰。自从这里建了风炉堰以后，自流灌溉，两岸常熟丰收，所以古称常熟堰。风炉堰在白沙溪三十六堰中，称得上仅次于一堰、二堰的第三座大堰，受益范围为古方、临江的农田2万余亩。风炉堰有超逸俊杰的风度，人们又称风流堰。

现在的风炉堰，一个最明显的特点是堰面通汽车。旧时风炉堰溪滩广阔。西岸高田塍、芦头等村与东岸后金、幽栏里等村，两岸商讨防洪抗旱问题更不方便。枯水期行人可在堰面涉水而过，丰水期洪流滚滚，没有渡排，只得向上绕道过琅琊桥，向下绕道过白龙桥，一弯就要多走六七里"冤枉路"。

自从1963年来，风炉堰经历过三次加宽、加固、改造。1978—1979年改建成水泥块石堰，堰基非常坚固，行人在堰面通过不成问题。

改革开放以来，风炉堰之上原第三堰之下，有几家企业在无水的溪滩挖沙出售，为避免大量的沙石运输通过白龙桥，2007年就在风炉堰的堰面上浇注水泥成了公路可通汽车。这样既可

风炉堰(常熟堰)

解决白龙桥的交通拥挤，又缩短了运输路程，达到了双赢的效果。

十二、需要重修万潭堰

万潭堰，又称马坛堰，位于白龙桥镇新昌桥村东的万潭。1963年上游旱龙堰改建成水泥块石堰后，引用旱龙堰水灌溉农田，万

潭堰消失。然而,当地农民要求重修万潭堰的呼声较高。其原因:

首先横跨铁路的上溪滩、下溪滩和中洋滩三畈的低洼田,共有 800 余亩,由于地势较低,灌不到金兰水库西干渠的水,新昌桥、大圩村的部分农田仍需万潭堰水灌溉。

其次,溪流东西两岸交通的需要。新昌桥自古以来是金、兰、汤交通要道。西岸的东周、山回铺、古方、后杜、新昌桥等村与东岸天姆山、马海地、让长、卢家等村,两岸需通过白龙桥绕道而行。有了万潭堰,可通过堰面直通对岸,既省时方便,又避免交通拥挤。

第三,重修万潭堰,计划先在"调渡潭"下,即原来摆渡的地方。要求重修建成宽 3–4 米,高 0.8 米,长 120 米的新的篾笼堰,在丰水期水从堰上过,有利缓冲洪水,枯水期栏水灌溉,能收到防洪抗旱的效能。同时,更为"万潭古堰"保留历史文化遗址。

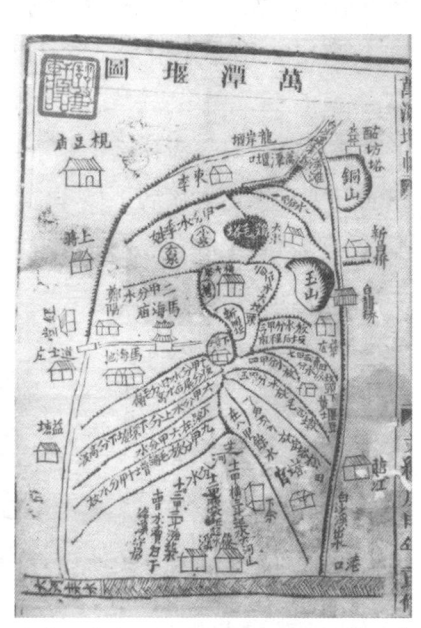

清雍正十年(1732)三月二十日万潭堰灌溉流程图

第四,农村改革以来,堰区建了一个水产养殖场,有了万潭新堰,堰水可以满足养殖场常年用水的需要,又可改善村镇环境。

第五,重修万潭堰,资金可采取"以江治江"的办法,即以疏浚河道,出售砂、石的资金,作为修堰的资金。

### 十三、善待三座古老堰

白沙溪三十六堰,在金兰水库下游,尚有三座古老堰,至今仍沿用原始的临时筑堰,默默地维护农事丰顺。这三座堰就是:古方幽兰里的华山堰、古方村的第五堰和洞山塔下的洞山外堰。其中第五堰堰长 70 米,高 1 米,灌田 1000 亩;洞山外堰堰长 40 米,高 1 米,灌田 800 亩;华山堰堰长、堰高与上述两堰类似,灌田 250亩。

这三座堰至今为什么仍是沿用原始的沙石临时筑堰?因为1960 年兴建金兰水库后,白沙溪下游古堰密集区内,第一堰、第二堰、风炉堰、旱龙堰、玉山堰等,都随着金兰水库的建成,改建为永久性的混凝土或水泥块石结构堰,从此,告别了古老篾笼堰的历史,纳入东西干渠灌溉农田。可是在这古堰密集区

古方第五堰

内,尚有部分地势较低的溪边低洼田,受不到东西干渠的灌溉。这些低洼田,丰水期不需要灌溉水而流失,枯水期又灌不到东西干渠的水而备受旱灾。农民只好继续沿用原始临时堆砌沙石筑堰,以塑料布封水拦水灌溉,满足低洼田灌溉的需要。

对于这三座古老堰是否要建成永久性的混凝土或水泥块石结构堰,当今有三种不同看法:第一种认为,这三座堰可以作为水

利历史文物加以保护,不需要改建。因为一千九百多年前,卢文台创建三十六堰,这就是最古老筑堰的一种模式。第二种认为,把这三座堰用水泥修建为古老的篾笼堰。丰水期水从堰上过,枯水期拦水灌溉。这样在白沙溪下游古堰密集区,可以看到不同时代,不同材料,不同筑堰结构和发展史。第三种认为,沙石填筑的临时堰,屡建屡毁,屡毁屡建,需要花费人力、物力,也不利于发挥防洪抗旱功效,还是改建为永久性的混凝土堰为好。

要善待这些意见,既治理水利,又保护文物,按照"修旧如旧"的原则,我们倾向于采取第二种意见。

### 十四、平息纠纷玉山堰

玉山堰位于白龙桥镇白龙桥上游的玉山脚下,始建时为篾笼垒石沙石堰。自卢文台规划定址兴建一千九百多年来,经过多少次重建重修已无据可查。

由于玉山堰自白沙溪上游下数已经是第三十三座堰。旧时溪水到这里已经是水尾巴,流量减少。可是地下水源丰富。但这里是婺江南岸的河谷平原、叶店、东俞两村农田3000余亩主要靠堰水灌溉,面积大,进水少。因此,历史上两村为合理分水,经常发生水利纠纷。据说旧时有段时期,两村互不通婚。发生于乾隆三十八年(1773)五月

东俞村保存的玉山堰碑

的一次水利纠纷,两村发生械斗,打伤打死人命。现今嵌砌在东俞村俞氏宗祠墙内的碑文,就刻着金华县知县赵某平息这次纠纷合理分水的历史记载。

金兰汤水库建成以后,玉山堰灌区受东干渠灌溉,水源充足,能满足农田用水需要。由此两村和睦团结,互通往来。

### 十五、上下河建橡皮堰

白沙溪下游的下河堰,与上河堰是同一座堰,只是从另一个堰口进水。两堰口上下相距20米。

近几年这两座堰已合并改建为一座橡皮堰(坝)。因为,自从1960年兴建金兰水库后,农田用

临江橡皮坝

水都受库水灌溉,原堰已不担负灌溉功能。这两座堰距白龙桥镇1.5公里。白龙桥镇新建了婺城新城区,就近又建了奥林匹克花园。这里已成为小城镇,居民日益增多,改善生态,美化环境的需求日益迫切。还有,距下河上河堰上游1.5公里,有座原来是金汤通衢大道的白龙桥,现今对步行古桥仍然保留,后来新建了公路桥,去年又建了休闲观光建筑——精美的古廊桥。当地领导机关根据群众要求,把上河下河堰改建为橡皮堰(坝),以提高水位使

白龙桥段的白沙溪形成一个美丽的人工湖,使古堰功能向新的休闲观光发展。有利于改善婺城新城的景观,也为建设一个水上乐园创造了条件。

橡皮堰(坝)由一块一块橡胶粘起来,上游需要蓄水时,水泵就往堰袋里充水,之后上游就形成湖景。橡皮堰(坝)只要不泄洪都可以正常蓄水,对当地居民来说起了"空调"作用。

如今,白沙溪三十六堰的琅琊段,应琅琊徐、琅琊滕、白沙卢、高田塍等村要求,也计划在三十六堰第三堰的原址上,兴建一座橡皮堰(坝),改善当地的生态环境。

### 十六、古方受灌六座堰

古方畈位于白沙溪下游古堰密集区西侧,包括古方一、古方二两个行政村,以及周边的卢头、东周、后杜、新昌桥等十多个村。古方今属白龙桥镇,此前有古方乡建制。白沙溪自古方开始向下走向河谷平原。古方阡陌连片,与周围大畈毗连,其中,白水畈是八婺第一个大畈,面积2万亩以上。

古方受白沙溪三十六堰中六座堰灌溉,即第一堰、风炉堰、第四堰、第五堰、华山堰和洞山堰。这里自创建三十六堰以来,年年岁岁,旱涝保收,俗称为"婺之沃野",历来是粮、油、猪生产基地,特别是粮食生产基地。古方乡粮食生产的贡献,在八婺居于首位。20世纪中后期,在粮食实行统购统销的年代,古方一个乡的粮食征购任务,要比田少人多一个县的任务还多。

古方农业生产的全面发展,带动了农村文化的繁荣。每当卢文台九月十三诞辰之日,人们都以雄伟的仪仗队前往白沙庙朝拜。1949年以后,白沙庙会移到古方村。这里有一座"元檀殿",传说为七天修成佛的赵元檀而建。每年三月十六他诞辰之日,都举行盛大庙会。传说古方村原姓潘,宋辽开战,潘洪通敌叛国,定"灭九族"罪。古方潘姓怕连累其罪,改为朱姓。此后村中不演"潘洪摘印"的剧本。村里建有明代的朱姓祠堂,面积1.2万多平方米,祠堂三进。背后建有紫阳寺,是给贵族子弟读书的地方。还有"七幢屋",其柱有二围粗,是"七幢屋"组合为一体的古建筑群。

白沙溪水育英才,古方历史名人辈出。如朱胜(1389—1453),字仲高。明永乐十五年(1417)举人,初授刑部主事,审理案件,精明公正。升郎中,后调河南、山西诸郡督办储饷有功。正统四年(1439)任武昌知府,创办社学,重视教育。正统九年(1444)调任苏州知府。教民勤事农桑,革除陋习,治理刑狱,注重察访,政绩获朝廷褒奖。苏州百姓作《十善诗》歌功德政,有"金华山水育英才,敕守姑苏声誉驰"之句。景泰三年(1452)升任江西布政使,次年赴任,病卒于衢州旅途。

## 十七、值得深思涉济堰

涉济堰,又名岭下堰,是岭下畈农田的进水堰,位于停久堰之下,高儒堰之上。这座堰在三十六堰中,是失效最早的一座堰。

据当地虞氏宗谱记载,这座堰灌田100多亩,在清康熙二十八年(1689)至乾隆十五年(1750)间都是当地虞士惠名下的家产。虞氏为了保护这畈耕地,在田边利用河道修筑了一条防洪堤。正当防洪堤修筑完成,设宴庆祝不几天,一场山洪冲毁了防洪堤和全部耕地。山区人多田少,虞氏损失极其惨重。

过去,涉济堰洪水毁田堰失效的教训,给今天的人们以无限的深思。筑防洪堤原是件好事,但不可以违背水势的自然规律。洪水在河道走势有其自然规律,不可以人为地加以阻止。筑防洪堤缩小了河道的阔度,河道狭窄,必然经受不了洪水大于河道的冲击,毁田废堰是违背人与自然和谐规律的惩罚。

水利是最亲近自然的一项工程,它与人类历史一样悠久。中国传统"天人合一"的思想,就是修建水利工程必须重视生态环境的理论基础,违背了它必将走到事物的反面。

"白沙平,金西宁"。涉济堰的教训,使我们认识到治理白沙溪水利工程,必须应用生态学的原理,确保工程与生态环境的和谐发展。

## 十八、名山古刹山脚堰

*山脚堰遗址*

山脚堰位于下溪沿,地处白沙溪金兰水库上游,黄坛坑口、崖头、猪头潭、陈思堰等堰密集区,仅灌溉横峦上少数田。山脚堰因有福民山、福民寺的景观而提高了知名度。

山脚即福民山脚，原有一座通往周村的公路桥，桥基坚固。1992年计划兴建沙畈水库，大量建库物资要经过此山脚桥。于是公路延伸，山脚桥扩建为二车道的公路桥，1964年公路桥址就在山脚堰的堰址上。

福民山位于兰贝源，满山翠绿，林木葱郁，山清水秀，竹海如波，盛产茶叶，20世纪50年代已经是制作龙井茶的茶源基地。山脚的莲花亭上，悬挂着"名山第乙"的匾额。这是为什么？传说明太祖洪武帝曾到福民山，看到这里山清水秀，感叹不已，遂封福民山为"名山第一"。随身大臣刘伯温提出"名山者，山外有山，哪有第一？"洪武帝听之有理，遂命名为"名山第二"。可是，"名山第一"的匾额朝廷官员已经写好送出京都。到了福民山，正在议论如何更改时，一位过路智深盐商走向匾前，提笔在一字尾部轻轻向下方一带再用力一横，又在横尾向上一钩，把"一"字改成了"乙"字。原来的"名山第一"就成为"名山第乙"了。

福民寺是座古刹，建在福民山上，上有禹王庙，禹王旁座为神童"七总管"。"七总管"故事在这一带流传已久又广。故事发生在兰贝源的一起龙虎斗中。神童为帮师父而受伤，跌落白沙溪，被洪水冲流湾潭里，打转三圈仍回湾潭，直至尸体发臭，被一位老农捞起。三天三夜后发腐尸体发出了香气，变成了佛骨。神童梦托老农，要将他尸身安在福民山禹王庙内，可保一方平安，风调雨顺，此举极为灵验。至今这一带乡民，在每年十月十四举行盛大庙会，祀奉"七总管"。龙虎斗的故事暗指"伏龙"与"伏虎"相斗，两者在禹王庙并座，更能巩固白沙溪三十六堰治水成果，确保年年平安，岁岁丰收。

## 十九、秀丽景观青草堰

青草堰地处白沙溪上游，因青草峦、青草潭、青草桥而得名。灌溉面积不多，连同后来的新开田共 89 亩。然而，这里古迹很多，风景秀丽。

旧时青草峦上有古梅十数株。"山寒酿雪花，皎映潭镜岩"，过去游览者到此赏梅之心远于香色之外，赞其"俏也不争春，只把春来报"。

白沙溪过狮子岩经过上坑约一里处有座飞瀑。虽然达不到李白《望庐山瀑布》其二所云"飞流直下三千尺，疑是银河落九天"的壮观，但这里悬崖上的飞瀑，"倾峡直泻二十余丈"，如同"白虹贯山，晴闻风雨"，另有一番风味。

离飞瀑不到三里处有座飞桥，桥高六七丈，飞

县级文物保护单位——乌云石拱桥

桥架在高耸壁立、夹峙皆石之上，相隔四五丈。两岸用大木缚杉树架设成桥。其巧妙不亚于在峭岩陡壁上凿孔架道的四川栈道。

离青草堰不远的下乌云，是个小村庄。这里有座明代建造，巧

夺天工的石拱桥,为县级文物保护单位。桥体全用溪滩的河卵石铺成,不用"三合土"勾缝,桥形呈弯弓状。虽经几百年的山洪冲击和牛、车、行人踩踏,但至今还是保持原状,屹立不倒。

至今,这里古梅。飞桥已不存在,但飞瀑、石拱桥不可移动的历史文物仍然存在,不仅为三十六堰之一的青草堰增添了光彩,也为人们提供了游览的好去处。

## 二十、九座水碓两座堰

依赖白沙溪第四堰,洞山堰两座堰的丰富水力资源,在农田灌溉受益面积较多的古方、后杜和新昌桥三个村就建造了加工大米、磨粉、榨油等九座水碓。

据查考,白沙溪流域和我国南方各地一样,魏汉以前,都用手臼、踏碓、麦磨加工稻谷成米或麦子磨粉。到了东晋,自杜预(222—284)发明"连机碓"即水碓以后,稻麦才逐渐推广水碓加工。白沙溪流域,历来是重点产粮区,1600—1700年以来,三十六堰堰水在灌溉农田的同时,又作为水碓动力加工稻麦或油料。据调查,白沙溪流域120多个村,先后建成的水碓在150座以上,有的村有两座碓。现今的琅琊镇旧时共有水碓33座,其

碾子　　　　　　　　　　　　磨下盘

中琅琊徐、琅琊滕、高
田塍、白沙卢四个村
就有水碓15座。

白舂    白舂

旧时，白沙溪流
域利用三十六堰水作
为水碓冲击动力大体
有三种情况：第一种，专门为水碓拦水筑堰。如上塘、下塘就称水
碓堰，主要为水碓提供水源而建堰。第二种，在农田灌溉渠道分一
股水作为水碓冲击动力，这种占多数。如古方村，位于第四堰和洞
山堰的受益上游的首村，水源丰富，
建有6座水碓。第三种，堰水在丰水
期农田灌溉与水碓冲击动力同时应
用，枯水期因水源不足，水碓暂停。
利用水碓动力加工稻麦，也有三种
情况：一是单纯置白舂米，将谷加工
成米，这种占多数。二是加工稻麦结
合水碓冲击轮轴，轴心一头舂米，一
头磨粉。这在水源充足的大村也占
多数。三是水力冲击轮轴转动"米
坊、磨坊、油坊"三结合水碓。新昌桥
村的杜顺根水碓，就是利用第四堰
和洞山堰两座堰的丰富水力资源，
建造了两台卧式水轮，16个碓头的
"三结合"大型水碓。有日夜舂米加
工粮食的米坊，有玉米、大小麦加工
成粉的磨坊，还有油菜籽榨菜油食

水碓村的村标

用,柏籽榨青油点灯,蜡制烛及肥皂的榨油坊。凡水碓用后的余水,仍利用灌溉农田。

至今,稻麦粮油加工已全面实现机械化。乡村有的加工户还在车上带着机器上门加工。水碓已先后全面废弃,只留下了水碓遗址或村名和水碓的石臼、磨盘、碾子等零部件遗物。

杜顺根水碓遗址

## 二十一、淹没水底六座堰

1960 年建成金兰汤水库,淹没了三十六堰中的 6 座堰,即皂里堰、上兰贝堰、磨石堰、朱村堰、溪东堰、石人山堰。

淹没的 6 座堰,有以下四个特点:第一,都是受益面积很少的小堰。皂里堰灌田 10 亩,上兰贝堰灌田 25 亩。六座堰总共灌田 400 余亩,其中朱村堰受益百来亩。第二,皂里堰和上兰贝堰是水碓堰和牛车堰,都以堰水作为水碓加工稻谷的动力。上兰贝堰受益田为高沿田,堰水要通过牛车旋转滚动把水提上去。第三,堰区淹没古迹文物有横山潭、狮子潭、乌龟潭几个深水潭。有一个龙潭位于 500 余丈高的湖山顶上,潭水可灌山田 10 余亩,是旧时接龙祷雨之处,今仍屹立在库中。淹没宋王提刑古墓 1 座。墓地的山原

金兰湖(金兰水库)

名石笋源,后又名王山。提刑是宋初设于各路主管所属各州司法、刑狱和监察的官员。第四,受淹村规模小。这些村迁到琅琊新址后,仍然受三十六堰二堰灌溉,村民对三十六堰创建者卢文台仍然倍加崇敬。朱村原有一座坛头殿,祀奉"白沙老爷",为六个村共有,殿边大树遮阴,殿内茶水供应,是过往行人歇脚的好地方。六个村迁到新址后,又在新朱村建了一个坛头殿,殿周围仍然是郁郁葱葱、亭亭玉立的香樟,大粟、水杉等树林,使殿处在一片青翠绿色之中,生态环境优美。

## 二十二、白龙桥与中济堰

中济堰为三十六堰之末,水东注东俞村,今已消失。中济堰边原来荒凉并无住户,只有一座上铺木板的白龙桥,今天已崛起一座可观的小城镇。

白沙溪末尾的白龙桥,是古婺通向古衢大道必经的桥梁。旧时的白龙桥,是桥墩铺木板的简便桥,屡被洪水冲毁,屡毁屡建,

白龙古廊桥古碑

当地村民负担很重。现存于叶氏宗祠的碑文说明，当时金华县三十六都叶店村民叶应弟等，于清乾隆元年(1736)二月十八日，向金华县署呈帖，意为白龙桥系通衢大道，又兼驿递往来，行人络绎不绝。而白龙桥建在水深港，埭阔丈余，面铺杉板，骤冲骤落，一年数换，修理按户捐派，每费多金，村民又负杂役，负担过重。为此恳请白龙桥参照塌水桥、含香桥，岭下朱桥做法，由一图、二图专修管理，凡差徭杂项一体优免。今天的白龙桥已与过去大不相同。现在三座桥村民没有出钱出力，都由公家修建。有一座是保留历史原貌的步行桥；有一座是现代化的公路大桥；还有一座是近年兴建精致美丽的红色廊桥，供人们休闲观光，人称"廊桥映月"。

白沙溪上游山区，盛产毛竹木材。旧时的白龙桥所在地，虽是竹木山货的集散地，农历二、五、八有集市，但

原白龙桥的公路桥

当地没有固定住户,午前市散人空。新中国成立以来,特别是改革开放以来,白龙桥所在地实现了城市化、工业化、农业现代化,新农村建设成绩显著。马海地、叶店等村相连一片,企业商店林立,街道整齐清洁,居民人口稠密,建筑日新月异,这里已经形成一座现代化的新城镇,是浙中的重镇、婺城区的新城区。白龙桥镇政府,就设在镇上。

　　白龙桥的历史文物非常丰富。离桥不远的玉山,竹木青翠、风景秀丽。山脚有三十六堰中的玉山古堰。为卢文台规划定址兴建,已有一千九百多年的历史。有保留完整的县文物保护单位马海地昭利庙。有按原状保护的叶氏宗祠,现为村民的休闲活动中心。有俞氏宗祠嵌在墙壁上清乾隆三十八年(1773)的古碑。还有经幢寺院等古迹。

　　金华人陈越作的"江南有座金华城,城边有座白龙桥"的歌曲唱遍全国,为金华和白龙桥提高了在全国的品位和知名度。

白龙古廊桥

二十三、结合电灌周村堰

周村堰是白沙溪上游,依靠三十六堰水灌溉,规模与白沙堰(即高儒堰)、停久堰相近的一座堰。

周村堰农田灌溉一个重要的特点,就是除拦水筑堰外,还与电灌机埠提水灌溉相结合。

周村堰位于天宁寺(寺早废)前横山头潭下,东注灌溉大麦畈、周村畈农田200余亩。1964年开始白沙溪流域和全国各地一样,开展"农业学大寨"运动。学习大寨人自力更生,艰苦奋斗,改造自然,建设"大寨田"的经验。这个运动一直持续到1978年。到1977年周村共开垦了新开田350亩。原来周村堰进水口的高度低于550亩农田灌区。随着电力的发展,采取建设三级电灌机埠提水,装机25.5千瓦。这使灌溉面积又增加300多亩,总共达到850亩。至今,周村利用沙畈水库之水,正在把周村堰改建成混凝土结构堰,使堰水的受益面积扩大,减少电灌的提水量。

其实,在"农业学大寨"运动中,不少村新开了"大寨田",三十六堰堰水能满足灌溉需要的,就不建机埠提水了。堰进水高度低于灌区,必须提水灌溉的,还有停久、高儒等一些村。

改建后的周村堰

## 二十四、上下塘建固定堰

白沙溪三十六堰中，上塘、下塘两堰，位于沙畈乡周村前赛畈，是以水碓动力为主的水碓堰。随着机械加工粮食的日益发展，这两座堰分别于1953年、1975年先后废弃。

开展"农业学大寨"运动以来，白沙溪

改建后的上塘、下塘堰

流域不但建设了许多高沿的"大寨田"，溪滩改田面积也大大增加。原来上塘堰下的赛畈，农田依靠黄坛坑口堰引水灌溉。通过"农业学大寨"，赛畈农田新增了100多亩，达到300多亩，为满足赛畈农田的灌溉需要，赛畈村先在原上塘堰下和下塘堰各筑了河卵沙石临时堰，2011年新建为混凝土结构的永久堰。俗称"赛畈堰"。

据《白沙昭利庙记》记载，周川有一股琼坑水自东而合，北流三里到赛畈。琼坑原有一座高永庵，风景雅致秀丽，但高永庵早已废。

## 二十五、综合起来说古堰

白沙溪原有三十六堰，兴建两座水库，淹失七堰，现存遗址二十五堰，其中保护完好继续发挥功效的有十九堰。总体来说，三十六堰从沙畈堰开始到中济堰终止；从东汉永平三年(60)兴建白沙堰(高儒堰)开始,到三国吴赤乌元年(238)建成第一堰,先后放水灌溉,前后经过一百七十八年。在这告诉了我们三个问题:第一,三十六堰的设计、规划、定址、监理、组织等工作都是卢文台亲自制定实施的,他也参加了"不辞胼胝""手上长茧"的部分实践活动。第二,在筑堰工程中,卢文台的部将三十六人,每人"监司"分管一座堰。这些人至今没有留下名单,只在传说中有左右虎臣灵助将军茅太尉,协应将军蔡令公,或茅、杨、蔡、尉令公之说。但太尉、令公都是古时对高官的尊称,不是姓名。这些官衔都高于卢文台,都不足信。因此,三十六位部将是为白沙溪三十六堰立下汗马功劳的无名英雄。第三,当时兴建三十六堰,是卢文台统筹和白沙溪流域先民经过几代人的努力完成的。历史是人民群众创造的。三十六堰建成后,在长达一千八百多年风风雨雨过程中,不知经历了多少次的重建、重修,耗费了多少人力、物力、财力才把如此巨大悠久的水利历史工程,代代相传地保护下来,这是白沙溪流域人民无穷智慧和力量的结晶。

## 二十六、带动八婺都建堰

白沙溪三十六堰,是在秦昭王时李冰父子兴建都江堰的影响下,先后经历一百七十八年时间兴建起来的。在白沙溪三十六堰的带动下,八婺各地筑堰引水接踵而起,至今仍然产生重大影响的,主要有以下一些堰。

东阳洲义堰,位于东阳江上,又名州姜堰,建于东汉末,迟于白沙溪筑堰一百六十多年,灌溉旧时东阳八都溪北定安畈农田3万秤(十六秤合一亩),即1800多亩。

永康高堰,唐大中年间(847—860),永康县令顾德藩创建,位于城南五里的南溪上游,明崇祯年间(1628—1644),邑人周凤岐重开,清康熙三十五年(1696)堰被木商摧坏,知县沈藻督令修治。

武义仓部堰,唐昭宗时(889—904),由官至仓部侍郎的徐镒,致仕回乡后创建,位于县南三十五里清溪上。他创建的堰为"涵瀛",即暗渠。水自溪底行,溪上水涸,而堰水长流,灌溉农田万余亩。乡民怀念他的恩德,将此堰命名为"仓部堰"。

金华石板堰,明洪武十一年(1378)由曹伯坚创建,位于六都竹溪塘下,今堰址模糊,但附近石板堰村仍在。

兰溪李渔堰,清顺治元年(1644)至八年(1651),清戏曲理论家、作家在家乡孟湖夏李村时,率众开沟挖渠、拦水筑堰,灌溉农田 2000 余亩。

直至民国(1912—1949)拦水筑堰仍是八婺重要的灌溉设施。浦江在民国期间,先后兴建的堰有珠山后门口堰、樟畈堰、高堰、官堰、毛桥中堰、石马头太古塘堰等。

总体来说,旧时八婺各地先后筑堰 6581 座。这对缺水的盆地丘陵,战胜干旱夺取丰收,起了不言而喻的重要作用,这也与白沙溪三十六堰的带动密不可分。

# 第三节 三十六堰堰坝结构与管理

## 一、堰坝结构的简述

水泥河卵石旱龙堰

　　白沙溪三十六堰的兴建,迟于四川都江堰三百多年。从建筑结构来看,有些是采取了都江堰的做法。如"遇弯截角,逢正抽心"原则。三十六堰从上游到下游,只有洞山段有个转弯。因此没有什么遇弯截角,而采取的是"逢正抽心"。即堰坝采用"以潭筑堰蓄水,开渎引水灌田"原则建在河道中心,堰坝呈一字形。有的堰水东注,有的西注,有的东西两注,有的堰分内外两堰。

　　在一千九百多年的历史进程中,三十六堰堰坝不知经历了多少次冲毁重建重修,通过长期的实践,促进了堰坝结构由低级到高级,从简便易毁到逐渐加固防毁的过程。

建堰初始,一般是砂石碓砌草皮护面的堰坝。这种堰做法简便,只要把河道砂石聚集堆砌到一定高度,用草皮塞阻渗漏护面就好。但这种堰易被洪水冲毁,需要屡毁屡建。

泥沙石临时筑第五堰

以后发展到篾笼堰的做法。即选用两年以上的冬毛竹,直剖开编成篾笼,用松树打桩固定篾笼,再将卵块石装入笼内,然后以草皮封堵护面筑成堰坎。这种堰坝比砂石堆砌的堰坝要坚固,但仍易冲毁需重建。

接着是采取挖深堰基,用巨松或垒石篾笼置于其下,三合土(石灰、浆泥、沙石)浇注隙缝,然后用大块青石护面。这样的结构较为坚固,一般不易被洪水所冲毁。

到了民国时期(1912—1949),有了舶来品水门汀(水泥),特别是新中国成立以后,从1960年金兰水库兴建后,对白沙第一堰、第二堰、风炉堰、旱龙堰、玉山堰等重点堰改建成水泥块石堰,从此告别了篾笼堰的结构历史。堰坝结构一般采用水泥块石堰或混凝土结构堰。这种结构具有永久性、坚固性,一般不易被洪水冲毁,如有破损只要重修就好了。至今,仍在继续发挥功效的19座堰中,有16座已经这样做了。

然而,现今仍有3座堰坝地处水势平缓地带,仍沿用传统的做法,即用卵石泥沙堆积筑堰(用推土机堆砌砂石)大幅塑料布铺于堰面,石块压布引水入渠,屡毁仍需屡建。

堰水引入渠浃,旧时都挖泥开浃成渠。渠道两岸易生杂草,流水往往受阻,还会滋生钉螺,每年甚至每季需要清障排淤,否则有碍流水畅通。兴建金兰水库后,东西设干渠,再设支渠到分渠,现在都已改为阔狭不同的水泥渠,流水不受阻碍畅通而过。现今即使分渠有的进田渠也是水泥三面光的"U形渠"。流水畅通无阻,实行农业钢架大棚栽培的,还将进田渠水装置不同形式的喷灌、滴灌,既适应作物需要,又大大节约用水。

## 二、旧时堰坝工程的养护管理

白沙溪三十六堰建成后,时和岁稔的金(华)兰(溪)汤(溪)三角地带,经济一代比一代繁荣,人民生活一代比一代富裕。主要表现在:

一是农业生产长足发展。水是农业生命之源,俗话说:"有水无肥一半谷,有肥无水只能哭。"白沙溪流域农业有了堰水灌溉以后,不用靠天吃饭,实现旱涝保收,种粮粮丰收,种果果甘甜。荒野变良田,两岸成富乡。这里历代是婺州重点产粮区,也是历代田赋征收重点区。于是顺应朝廷,卢文台屡屡封侯封王。百姓爱戴,历代建庙塑像敬仰。

二是发展了粮食加工业。古代稻谷加工成米,完全依赖人力,以石臼、踏碓舂米。要耗费大量人力,三十六堰建成后,可引用堰水动力冲击,通过水碓加工稻米。一座水碓可以置臼五六个,每天舂稻谷十六担。有的水碓一根轴心,一头带动舂米,一头带动磨粉,叫作"双轮碓"。水碓昼夜滚动操作,效率更高了。

三是开通水上航运。白沙溪源头深,峡谷长,竹木资源极其丰富。兴建三十六堰后,流水畅通无阻,竹木可以编成竹排、木排,顺流而下,通过婺江、兰江、富春江销售到全国各地,增加山农收入。

四是发展了陶瓷业。白沙溪流域,特别是中游铁店一带,地下瓷土资源丰富,东汉中晚期就已出现烧窑场。到了宋元时期,婺州窑产品名声大振,既具陶器的深厚,也有瓷器的精致产品远销日、韩等国。铁店窑遗址,2001年6月已被批准为第五批国家级重点文物保护单位。

一千九百多年的历史经验证明,农田水利工程是农业生产的重要基础设施,是农村经济发展的重要保障,也是农村生态系统和精神文明的有力支撑。因此,历代农民和朝廷官府都十分重视白沙溪三十六堰水利工程的养护管理,并且认真做好以下几方面的工作。

一是加强堰务管理。每座堰都建立堰会,推选有威望的乡贤若干人为"头首",为主者任堰长。堰会是每座堰的常设管理机构。堰会购置按受益面积出资的会产堰田,堰田租谷(金)收入作为每年岁修堰坝的费用,以及出工修堰劳力的饭餐费用。在几座受益面广、堰坝阔长的重点堰,如第一堰,还对周围山林实行封山育林,保持水土,保护生态。规定堰北的山为修堰取土用,堰南的山为修堰砍伐木材毛竹用。堰顶建小屋,给专门看堰的人居住。

二是抓好水务管理。堰水入渠灌注农田,各堰都因地制宜,按不同情况,制定不同的堰规。若遇干旱,支渠与分渠之间需要合理分水,由各甲长协商,堰首确定。分渠之间分水,由甲长决定。有的堰授予堰首和甲长一把体形与重量大于一般锄头的"堰把",指挥分水大小。

三是严格管好水面。白沙溪航运以满足农田灌溉为前提,对于贩卖竹木放排,历代官府勘合扎付榜文下帖规定,春社(立春后第五个戊日)以后不许撑放,秋社(立秋后第五个戊日)方可撑放,并且不许损坏堰道。如明成化六年(1470),金华府衙曾发出"兴建水利以养民生"的榜文,规定不许"撑放排扇""放舡捕鱼""拆坏堰道"。成化十三年(1477)金华府、县共同发出榜帖,"不许各处人民贩卖木植撑放排扇,捕鱼人户放舡损坏堰道,不许豪强偷泄水利"。违者,"许容指名呈究"。

四是调解水利纠纷。在枯水期,特别是受到干旱威胁时,有的地方往往出现为争堰水引起纠纷的情况。一般情况下由各堰堰长或甲长与乡贤共同调解解决,在调解不成时,堰首用的"堰把"重六斤,甲长用的"堰把"重四斤,比农民用的一般要阔些,他们用那把"堰把"挖泥或草饼堵进水口对分水有决定权。至于争水引起伤害人员的刑事案件,则报官府依法处理。

联系我们金华今天的实际,水利建设起步早,力度大,成效显著,已经取得"全国水利建设先进集体"的光荣称号。但随着工业化、城市化的快速发展,用水需要量迅猛增加。水利仍然是个薄弱环节。旧时白沙溪三十六堰管理水利工程的经验,古为今用,对推动农田水利事业再上新台阶,仍然具有一定的现实意义。

三、堰渠配套用水管理

三十六堰建成后,各座堰的堰会,是最高管理机构,设堰长或堰首,对堰的重修、岁修和渠(浤)道开挖疏浚,都由堰会负责实施。

旧时,在封建所有制下,堰基建在溪河之中。属天然资源,即"王土",今天称"全民所有"。只要经过官署核准,就不需付出什么代价。而土地属私人所有,开渠(浤)损耗土地则要给田主价值补偿。加上堰坝岁修、重修等资金,都要由堰水受益田主分摊负担。收取负担的形式,各堰不同,一般有两种:一种是规模较大的堰,如一堰、二堰等,对受益田主,凡富裕者,交纳现金或稻谷等实物,贫困者"以工代资",即参与修堰修渠以劳动抵交负担。另一种是不分贫富,统一向受益户收取应负稻谷实物或现金,有的在稻熟收割时,由专人挑着箩筐在稻桶前收"堰谷",实行这种形式者占多数,对未缴负担费用、偷水或以堰水偷卖者要给以必要的处罚。

在用水管理上,各堰也有些区别。规模较大的堰,分两级负责制。如第一堰在堰下设潨,潨下分坪。潨设潨长,坪有专人负责。一般的堰则在堰下分若干甲,设甲长。修堰、放水都统一规定时间。用水紧张时,分水按受益范围大小,确定分水口大小,或者先后轮流放水,点香计时,违者处罚。

兴建金兰水库后,实行农业合作化和人民公社化,水源充足,但使用上起了一些变化,堰或库渠之水凡关系到几个村或几个乡,则由当地政府牵头,组建管理委员会,制定包括"先用活水,后用死水","先放远田、高田,后放近田、低田","上游照顾下游"等团结用水制度,避免意外现象发生。

实行家庭联产承包责任制,把土地分包到户经营后,为避免户与户之间争水现象,则在原来"甲长责任制"的基础上,通过计划调度,由灌区的乡、村放水员,根据公平合理原则,实行"一把锄头放水",避免相互争水现象。

随着工业化、城市化、城乡一体化的快速发展,堰和库渠之水,不仅要满足农田灌溉,还要满足工业用水需要,正在提倡建立村水务员的制度,实行统一合理用水。


四、就地取材修堰和筑堰


白沙溪三十六堰,初建期时间短、速度快,以后长期的重建重修也很及时,这与当地筑堰原材料丰富,能够就地取材是分不开的。

建筑白沙溪三十六堰,最主要的原材料有四种:

第一种,是砂石。这里溪流的河床,由两岸山上随洪冲泻下来的砂石形成。河床底层是泥沙,上层为大小不

制作篾笼堰所需——"马面山"上的竹林

同的石子。这是修筑堰坝最主要的原材料。

第二种,是毛竹。白沙溪沙畈段及其上游,自古以来是茂密的竹林。至今沙畈乡拥有竹林46000亩,人均4亩。即使到了洞山和下游玉山,也还有竹林。我国春秋时代编成的《诗经》,其中《卫风》的《竹竿》篇,就提到毛竹"桧楫松舟"的用途。到东汉初期,剖竹成片,竹片分层成篾的技术已很娴熟。修筑堰坝的"篾笼",就是以毛竹为原料的。

第三种,是松木。白沙溪两岸山上,有专用竹林,也有竹松混交林。修筑堰坝以巨松横卧并间打松木竖桩,就不易被洪水毁坏。

第四种,是块石。琅琊镇南面有座山叫石人山。这座山上的石头是磐石般坚硬的青石。集中开采加工青石的场所,旧时叫"石宕",石人山"石宕"运去的青石,能让堰坝更坚固。

白沙溪三十六堰分别建成的各种堰坝,都就近就地取材。通

制作篾笼堰打桩所需——"马面山"上的松树

过建堰防旱抗旱也防洪，从而形成人与自然和谐相处的生态系统，这完全符合今天科学发展观的要求。

## 五、堰帖堰碑和堰规

白沙溪两岸农民和当地官府，在一千九百多年间管理三十六堰水利工程的实践中，积累了丰富的经验。当今尚存的堰帖、堰碑、堰规，就是历史留给后人，具有极大历史和现实意义的非物质文化遗产。

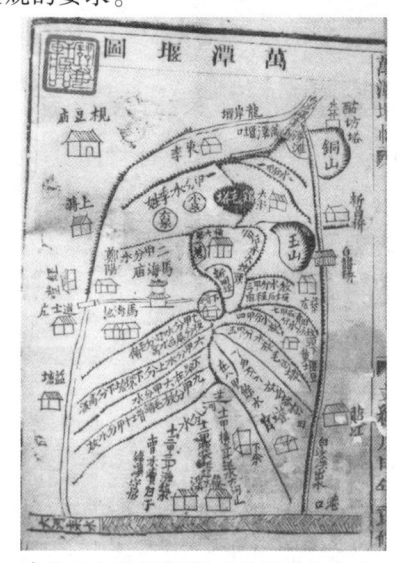

清雍正十年(1732)万潭堰计开分水灌溉流程图

堰帖，是白沙溪三十六堰旧时的朝廷官府，根据百姓禀告，明确水权、养护工程，调解纠纷所制定的文告。明清两代至今有文字可查，朝廷、婺州司府、道宪。就三十六堰合理分水，偷泄堰水、禁止放排、殴伤致讼等，曾经下帖扎付榜文的年代有：明洪武二十七年(1394)，永乐六年(1408)，景泰七年(1456)，成化六年(1470)，弘治六年(1495)，万历十年(1637)；清顺治十二年(1655)，康熙五十三年(1714)等。近年发现的《万潭堰帖》，记载着清光绪三十四年(1908)，特授金华县正堂赵，循旧例以息水利讼端，对三十六都三、四两图，土民叶茂桂等人呈称：万潭堰创自先朝，各出己资买田，雇工开浚筑堰，承水灌溉田禾，每年自农历五月初一开始，为分水将田主分作十二甲，每甲设甲长一人，十二天一轮，周而复始，并无争端。《堰帖》附有白沙溪三十六堰自洞山

清乾隆三十八年(1773)年五月
玉山堰碑

堰、旱龙堰、万潭堰，直到郑阳、马海地、黄塘、下余、叶店、白龙桥至港口的分布图。然而《堰帖》于甲寅年(咸丰三年，即1854年)因兵灾所失。有的田主因此不循旧规，因水引起争端，要求继续给帖，杜绝持强争水。《万潭堰帖》遵循康熙六十一年(1722)与雍正十年(1732)的旧例，做出新的规定。由于堰帖所附《万潭堰图》，从堰口进水到支渠、分渠、毛渠，进田渠都由各甲商定放水起止日期，水利纠纷因此平息。

堰碑，是记载三十六堰建堰后的受益功绩，或为调解水利纠纷所镌刻在石碑上的文字，作为以后的纪念或标记。至今原碑不在，内容可查的有

《白沙水利碑记》，碑文为明代兰溪人赵崇善所撰。碑文总的是强调管理好第一堰的重要性。还有坐落在白沙溪下游的玉山堰，进水为东俞、叶店两村共同灌用。历史上水利纠纷不断。至今东俞村把平息乾隆三十八年(1773)水利纠纷后确定合理分水的文告，刻成《玉山堰碑》，嵌砌在俞氏宗祠后厅东侧的墙壁永久保存。碑文字迹模糊但原

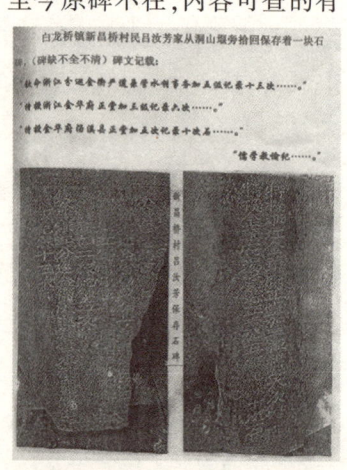

新昌桥村民吕汝芳保存的石碑

碑仍在。

近年新昌桥村民吕汝芳，在洞山堰发现保存着一块残缺不全的石碑，碑文记载着"浙江分巡金衢严道兼水利事务，浙江金华府正堂，金华府汤溪县正堂"，有关保护白沙溪三十六堰的内容。

堰规，是白沙溪三十六堰，保护管理每座堰的乡规民约。由每座堰灌区的受益户共同制定，每座堰都有自己的堰规。至今有《白沙第一大堰计开规式》，还可查考。各堰堰规，内容具体，可操作性强，深受受益户欢迎。

今天，我们加强保护堰帖堰碑堰规等水利非物质文化遗产，是发展社会主义先进文化的主要内容之一，必须深入挖掘文化内容，发挥其在水利建设中的地位和作用。

## 白沙第一大堰计开规式

大堰水利灌注金华、兰溪、汤溪三县三乡六都人户田段。堰基计阔一百余丈，堰埂计阔一（？）余，堰口开掏引水直下，分为十一大涵，支分水（？）各有尺寸开后。

其大堰埂基址依例。是堰长着令塈子并督堰甲，起集承water人户干办，约用竹一百余担，制作竹部两行，叠石充满笼内，两头直低岸为界，用柴篠黄泥筑作。自二月社后起手须用及时修理。至五月分丸以后，起集承water人户一槩前来修筑渗漏。（？）令谦密不容灭裂，如遇天色久晴，即许堰长告。（？）县，若令各都墨老，协同起集人夫，督井筑作。本堰水利所注地方广阔，田段授多，税粮重大，毋得徇情隐忍。以致水利不通。田禾旱涸，农民失组，累那不便。

堰下第一涵名「三丈泷」。分二坪。东一小坪，阔贰丈。西一大

录于《白沙第一堰总录》首页

# 第二章 卢文台创建白沙堰与相关文化

## 第一节 卢文台其人其事

### 一、卢文台一生

东汉初辅国大将军卢文台韬迹隐退金华南山首创白沙溪三十六堰,深受溪流两岸金(华)兰(溪)汤(溪)方圆数百里百姓爱戴敬仰。卢文台是位不恋高官厚禄,为人正直,行善积德的伟大历史人物。

卢文台,字高明,幽州范阳(今河北定兴)人。据其后裔白沙卢村旧谱源流和民国新谱所载,卢文台为周、春秋姜太公后裔,因先祖拥立齐桓公而受封于卢邑,这里古有卢戎族,就以卢为姓。此后卢氏家族多数聚集于河北范阳一带,繁衍为大族。

卢文台受家庭熏陶,自幼聪颖过人,酷爱诗书,尤其擅长习武。稍长后容貌气宇轩昂。当时汉室疆域动荡不测,匈奴边寇屡有侵犯,卢文台立志报效朝廷,投军从戎。先阴结刘寅,刘寅遇害,改从刘秀(前5—57)。新莽末,汉光武帝刘秀命邓禹(2—58)讨赤眉数战不利。复遣冯异(?—34)讨赤眉,时由步兵校尉除骠骑将军的卢文台,以步骑从冯异,战敌赤眉于崤底。冯异由偏将军,封夏阳侯征西大将军。冯异诸将并坐论功时退避大树下,军中号为"大树将军"。卢文台从"大树将军"屡建战功,赤眉主刘盆子及其将樊崇等三十万众悉降汉。刘秀于建武三年(27)在洛阳论功行赏,卢文台一度拜辅国大将军,先后出任过贝、濮二州刺史,曾出镇过江南、剑南二道。东汉永平三年(60)庚申,明帝刘庄追感中兴功臣,图画二十八将于南宫云台,诸将均有像,卢文台不与。他深感汉室外部匈奴屡屡侵犯,内部权益纷争不断,同朝名士严光(字子陵)与刘秀共窗封谏议大夫不授,隐退富春垂钓修身养性。老子云:"知足不辱,知止不殆。"于是卢文台挂冠弃职,率部将三十六人出宜阳(洛阳西南),下江南,韬迹隐退来到婺南括苍辅苍山,今婺城区沙畈乡停久村。

卢文台隐退辅苍,身着布衣,脚穿草鞋,平易近人,和蔼可亲。看见当地林木苍苍,水清石洁,土壤肥沃,适宜垦荒种地。于是,屯垦以居,开辟田畴,自食其力,号称卢畈。当时白沙溪水势湍急,晴则旱,雨则涝,连年灾荒,两岸百姓深受其害,不得安宁。卢文台目睹此状,继夏禹治水精神,效秦蜀郡守李冰父子兴建都江堰之举,率部将和当地百姓利用河流水势落差拦水筑堰,堰坝呈一字形,开渠引水灌田,先后建成首含辅苍尾跨古城的三十六堰,使原来的白沙溪流域农田,成为自流灌溉,旱涝保收,沃野数百里的粮仓。尤其是三国吴赤乌元年(238)大旱,周边许多地方禾田枯焦,颗粒无收,而白沙溪流域两岸因受三十六堰之水灌溉,获更大丰收,当地百姓对卢文台感恩戴德,万民崇敬。

卢文台兴建三十六堰治水灌溉,历代朝廷对其功绩封诰颇丰。先后七次加封,其中四次封侯,三次封王。唐广明元年(880)封武威侯。制曰:"干旱为忧,祷雨必应,灾蝗肆戾,入境俱消。"后梁开平二年(908)吴越王钱镠天宝元年,封保宁王,书曰:"屏汉室之奸宄,救吴田之干旱"。宋政和三年(1113)封昭利侯,赐庙额昭利。宋淳熙十年(1183)封灵贶侯。宋嘉泰元年(1201)封孚应侯。嘉定十年(1217)加封广济王。元至正十八年(1358)封忠烈王。

历代官员诗人,为卢文台题诗纪念者颇多。南宋左丞相王淮(金华人)亲题七律诗《白沙遗兴》:"白沙三十有六堰,春水平分夜涨流。每岁禾田无旱日,此乡农事有余秋。功驰汉室为名将,泽被吴邦赐列侯。千古威灵遗庙在,至今血食偏遐陬"。明成化年间进士,首任汤溪知县宋约,赋《谒隐真祠》诗曰:"当年辅国有奇功,勇退归山作卧龙。不问生前承帝宠,却从殁后赐侯封。巍巍古柏临清渚,寂寂高坟对碧封。三十六湾溪堰水,至今利泽未曾穷。"明永乐年间进士杜桓(金华曹宅人)亦写《白沙春水》诗曰:"白沙溪水镜光清,水面无风似掌平;春暖锦鳞吹细浪,晚晴黄鸟啭新声。烟堤绿树人家小,云渚斜阳钓艇横;三十六渠饶灌溉,秋田万顷仰西成。"时至今日,曾任浙江省省长的李丰平,也给白沙堰书写了《白沙堰》的碑铭。

为感念卢文台筑堰治水的恩泽,白沙溪流域两岸百姓,都尊称他为"白沙老爷""白沙大帝",纷纷建庙塑像敬仰,至民国大大小小的白沙庙共有三十六座,可以说是一堰一庙。现今列为市、县文物保护单位的有白沙庙、祖墩庙、马海庙、栅川白沙庙。白沙庙亦称昭利庙,据南宋金华学派代表吕祖谦学生杜旟所撰《白沙昭利庙记》所载,三国吴黄武六年(227)三月大水,辅苍祖庙香火,随波漂流到村南(今白沙卢村南),居民范氏请官建庙,吴王孙权命诸葛恪(诸葛瑾之子)和杜宣,核实复命获准建白沙庙,于三国吴赤乌二年(239)始建,为金华境内最古老的庙宇,历代香火不绝。20世纪50年代后期庙宇改建成粮库,1992年冬拆库还基,白沙溪流域乡民为复庙踊跃捐款捐物,出钱出力,按原貌筹划,至今庙内有高大的卢文台及夫人塑像,有关帝庙,观音阁,庙宇宏伟壮观,焕然一新。这里每当农历九月十三,卢文台诞辰之日,都举行盛大庙会。这个节日不因王朝更迭而丢失,而是生生不息,代代相传。

迄今沙畈乡停久村"勅封昭利侯卢公之墓"尚存。

忠烈王卢文台像(《白沙昭利庙记》第 15 页)

## 二、卢文台生平探讨

卢文台创建白沙溪三十六(座)堰,功绩流传很广,至今兴盛不衰。

然而,卢文台"生前勋业无人识,殁后王侯累代褒"。对其生平和生卒年月,史书都无明文记载。记述白沙溪三十六堰的历史文献,仅南宋庆元六年(1200),金华临江人杜旟撰的《宋昭利庙碑

白沙大帝·昭利侯

记》(简称宋碑)。碑文提到庙有唐碑两块,其一立于唐大中十一年(857),无作者姓名。唐碑中提到"侯诛王莽"。宋碑认为"史有明文,非侯事也"。唐碑又提到卢文台"在汉为上柱国大将军,贝濮二州刺史,后为辅国大将军,出镇剑南、江南二道"。宋碑认为"官号、地名皆非汉制"加以否定。宋碑肯定的只是卢文台"汉时讨赤眉有功"。除此之外"其详不可得闻也"。再有史料是卢文台后裔所编白沙卢村的宗谱。宗谱记载:"讳文台卢侯世居范阳,官历辅国大将军,从大树将军冯异,讨赤眉于崤底。永平三年庚申,图画中兴功臣于云台,侯不与,即韬迹于婺州之括苍……创堰三十有六"。于是,今天对卢文台的生平历史,说法很不一致,归纳起来有以下三种。

第一种,依据宋碑和民间传说,认定卢文台西汉成帝时,(有的认定西汉武帝,有误)仕为步兵校尉,王莽篡位,谢病归里。后从刘秀兄弟刘寅,刘寅遇害,改从刘秀,随冯异讨赤眉有功,刘秀建武三年(27)论功行赏。卢文台拜辅国大将军,但功成不受,隐退金华婺南辅苍,创建三十六堰。

第二种,依据宋碑,白沙卢村宗谱,以及民间传说,认定卢文台新莽末,先从刘秀兄弟刘寅,刘寅遇害,改从刘秀。刘秀命冯异讨赤眉,卢文台时为步兵校尉除骠骑将军,率步骑从冯异,战败赤眉于崤底。冯异当诸将并坐论功时退避大树下,军中号为"大树将军"。卢文台随刘秀从冯异讨赤眉屡建战功,刘秀即位洛阳,论功行赏,一度拜辅国大将军。以后出任过贝州、濮州刺史,出镇剑南、江南二道。永平三年(60)庚申,明帝刘庄追感中兴功臣,图画二十八将于南宫云台。诸将均有像,卢文台不与。于是挂冠弃职,率部将三十六人出宜阳(洛阳西南),下江南,韬迹来到金华婺南括苍辅苍山,屯垦以居,首创三十六堰。

第三种,卢文台在史书无片言只字,按民俗特点,往往把好事附会于诸神。有的神确有其人,比如胡公大帝——胡则,就有其人,是北宋以兵部侍郎致仕。有的神虚无缥缈,并非真人,而为一代一代群众所塑造。卢文台即使确有其人,只是在辅苍屯垦过,当地群众先后修建了三十六堰,却把卢文台附会为"白沙大帝",兴修水利之神。

以上三种认识中,第一种认识,拔高夸张了卢文台的隐退缘由。弘扬卢文台治水精神肯定是对的,但他在受宠得意之时隐退民间,不去当时富裕中原而千里迢迢到当时的穷乡僻壤,与一般逻辑不符,而且切断了他后半生任职的历史,隐去"图画云台"的环节,有悖于宗谱等有关史实。同时,排除第三种认识,因为有背白沙溪两岸百姓几十代人,对卢文台功绩流芳百世、代代相传。有的真人真事,往往湮没在历史长河中。民间广为流传之词,不可能是没有蛛丝马迹的空穴来风,完全是人为的附会。今天,巍巍丰碑三十六堰犹在,卢文台墓尚存,附会之说,不敢苟同。

我们之所以采取第二种认识,记载卢文台生平,是有以下依据的。一是卢文台随刘秀从"大树"将军讨赤眉有功,各种观点都是一致的。二是卢氏家谱记载"图画云台"之说,查考《后汉书·马武传论》,表述为"永平中,显宗追感前世功臣,乃图画二十八将于南宫云台"。《后汉书》对"图画云台"二十八将的记载是邓禹、寇恂、冯异、岑彭、贾复、吴汉、盖延、陈俊、臧宫、耿弇、铫期、王霸、任光、李忠、祭遵、万修、邳彤、刘植、耿纯、坚镡、朱祐、景丹、王梁、杜茂、马成、傅俊、马武、刘隆,其中没有卢文台。"图画云台",补充四将:窦融、李通、王常、卓茂,其中也没有卢文台。这些与卢氏宗谱记载:"'图画中兴'功臣于云台,侯不与"是吻合的。元至正二年(1342)兰溪紫岩著名诗人于石《昭利庙》诗中有:"策勋不与云台绘"之句。深表"明征不爽",即痛心不畅快。这些都与卢氏宗谱记载吻合。三、对卢文台任职,"在汉为上柱国大将军后为辅国大将军"。我们是从卢氏宗谱"官历辅国大将军"记载而得知的。卢文台出任过贝、濮二州刺史,出镇剑南、江南二道。宋碑否定"官号、地名皆非汉制"。然而,《辞海》(1989年版)有关条目注释:东汉初州设刺史,东汉末改设州牧;东汉初在边远地区设道置县,军人镇守。唐碑之一无作者姓名。立碑者可能按唐制论汉制(今人也有以现职比古职)。卢文台出任二州,出镇二道,若按唐制官号地名都存在,唐时上柱国系功勋称号非官名。因此,卢文台出生河北,之所以不隐退江北而到江南,因为他出镇过江南,熟悉江南;他隐退后即在婺南创建三十六堰,因为他出镇过剑南,对四川都江堰有所了解。他官职由辅国将军至戍守边疆。他胸怀大志,不被朝廷信任,反而受到排挤,愤而韬迹婺南辅苍身处异乡,为民谋利,造福一方,创建三十六堰。这样说法比较符合一般逻辑,更有助于突出卢文台的高尚品德和治水功德。

卢文台隐退时间非东汉建武三年(27),应为永平三年(60)。他在东汉建武元年(25)论功行赏时,正当壮年;而隐退应该是花甲老人了。但他老当益壮,对白沙溪晴则旱、雨则涝的灾情熟知,继禹治水精神,为创建三十六堰亲自策划制订规划,踏勘建堰地形,选择建堰地址,率领部将偕同当地群众,参与建堰实践活动。卢氏宗谱说他建堰时"不辞胼胝",即手上长出老茧也不辞劳苦。

经过几代人的艰苦努力，终于先后建成三十六堰，于三国吴赤乌元年（238）先后开渠放水灌田。卢文台为民造福的功绩流芳百世，值得大大弘扬，世世代代相传。当地百姓无限崇敬建庙祀奉，理所当然。其实，对卢文台的崇敬祀奉，远远不止白沙溪两岸金、兰、汤地区，而是整个江南，凡是称白沙的地方，姓卢的村庄，他们自称卢文台是自己的祖先，卢姓还有东渡到韩国去的。

见白沙卢村《白沙卢氏宗谱·卷之一》

## 三、卢文台运筹帷幄在停久

东汉永平三年（60），曾经扶持东汉光武帝刘秀讨赤眉屡建战功，曾拜辅国大将军的卢文台，在"图画云台"事件后，深感"既同崤底战，不同绘云台"，对当时朝廷大感失望。于是愤而率部将三十六人，出宜阳，下江南，韬迹到达婺州括苍辅苍，觉得停久这个地方，有夕阳西照的日夕岭，有山清水秀的三台山和五峰岩，又有一片土地可以耕种。于是就在停久留下来，在此安家落户，开荒种地，号称卢畈。

然而，这里的乡亲父老，都向他反映停久这一带，白沙溪五月阴霾多雨，山洪成灾，七月酷暑，久旱不雨，种的庄稼不是遭遇山洪，就是缺水，经常有种无收，百姓食不果腹，衣不遮体，生活困难。卢文台想为朝廷打天下，为的是使百姓苍民过好日子，现在隐退了，更应关心百姓疾苦，治理水患干旱，让百姓苍民过上好日子，是义不容辞的事情。于是，他想起夏禹王治水采取疏导法，秦昭王时李冰父子拦水筑都江堰,秦郑国开郑国渠引水。综合这些经验,根据白沙溪的地势、流水湍急,但有落差,治理水旱以拦水筑堰为上策。同时,分析当地溪口以上都是峡谷,在溪口以下才有可耕土地。于是决定先在溪西流一里处坛下稍下一点,因地制宜,就地取材,先筑白沙(高儒)堰,继而又筑停久堰。引水灌停久、高儒农田700亩。这里农田有了堰水灌溉,得到全面丰收。百姓欢呼卢文台领导好,筑堰办法好。

于是,在建白沙(高儒)、停久堰之后,又建沙畈堰。紧接着,卢文台决定全面考察白沙溪地形,实施筑堰拦水灌溉农田的治理计划,他率部将将山上砍来的毛竹、藤条编成竹排,顺流而下,根据水势落差,确定建堰地址。在岭脚建大坟头堰,岭下建涉济堰,青草峦建裴家堰,下坞潭下建崖头堰,猪头潭下建猪头潭堰,皂里潭下建皂里堰,大岩乡山后金村建第一堰,琅峰山下建第二堰,新殿下南建第三堰,东铺村南建风炉堰(又称风流堰),炉头东建第四堰,幽栏里西建华山堰,古方村边建第五堰,洞山脚建洞山堰,双岗顶下新昌桥村东建旱龙堰,过新昌桥建马坛堰(万潭堰),经玉山建玉山堰;一直汇入金华婺江,上下共计三十六堰。

卢文台建堰计划决定以后,将部将三十六人分工在案,分别监司三十六堰。建堰过程中,依赖乡民百姓,有钱出钱,有力出力,有物捐物,殷富带头,分担"头首"。至三国吴赤乌元年(238),前后一百七十八年不知经过了几代人的艰苦努力,投放了多少土石方,使用了多少木桩竹篓和各种物资,最后第一堰建成。三十六堰都可引水灌田。当年适逢大旱,白沙溪两岸周边方圆数百里,颗粒无收。而白沙溪流域,由于三十六堰堰水灌溉,反而获得更大丰收,仓廪充实。当地百姓对卢文台感恩戴德,无限崇敬,于三国吴赤乌二年(239)在白沙村南始建"白沙庙",祀奉纪念。

由于卢文台是隐姓埋名到达婺南括苍辅苍的,以后年代当地百姓追感他的功德立祠(祖庙)祭祀，就名为"隐真祠"。地点在辅苍桃源乡通仙里。隐真祠建在他的墓冢前，墓名"隐圣丘"，坐三台对五峰，左右两臂之山各离祠二里，作为龙虎卫护。山下有二潭，上名"麓渚潭"，下名"三国潭"，因祖庙建于三国初，故得此名。庙前有大松挺秀，东北有石山，常年云雾缥缈，瑞霞蒸蒸上升，遂为"香炉山"。祠左有洞，广深各三丈许，水声潺潺。有桥名"通仙桥"，右百余步为停久，卢文台久住而得名。其上首有石泉两穴，极甘冽，无旱溢，常滚滚，可灌田三十余亩。据说是卢夫人以其水添妆调粉，故名"金钗井"。庙后为"幽宫"，有卢文台"巨足迹"，宫中细花碧砖，可作磨刀石，还有连理树一株，亦奇观也。

白沙老爷创建白沙堰图 (原金华五中美术老师陈仲濂绘画)

## 四、卢文台功绩流传与卢姓东渡

卢文台功绩在民间的传说，不仅范围广大，影响深刻，而且具有鲜明的特征。

一是集中于一个"水"字。水是人类赖以生存和发展不可缺少替代的自然资源,也是农业的命脉。卢文台的生平和伟大事业,创建三十六堰,都是围绕一个"水"字。白沙溪文化,实质是水文化,是众多文化资源中,还没有被人们关注发掘的一种文化。

二是白沙老爷在民间的传说不限于白沙溪流域的金、兰、汤地区,以及兰溪、浦江、义乌、遂昌、丽水等地,还影响到江南各地。凡是地名称白沙的地方,都有有关白沙老爷事迹的传说。凡是姓卢的乡村,都自称是卢文台的后裔。今年(2012)元宵灯节,淳安县文昌镇卢家村,龙灯的头特别大,称为"虎龙头",据说是为了纪念祀奉始祖卢文台的。

三是民间流传白沙老爷的故事,大都与他创建三十六堰治水有关。许多地方,百姓视白沙老爷为龙,是天庭的水神,把三十六堰看作龙,也看作不长角的虬,从而演绎了许多有关水与龙的故事。

更值得一提的是,韩国也流传着与卢氏本是一宗的说法。20世纪90年代,韩国总统卢泰愚执政期间,他的夫人和家属也曾先后到我们金华东阳卢宅寻根访祖,受到卢宅人的热情接待和欢迎。

原来,我国古代的卢戎族不仅在河北范阳繁衍,其后裔还东渡去韩国。

### 五、昭利侯卢公墓

卢文台墓,在今沙畈乡停久村,原桃源乡通仙里。当时墓名"隐圣丘"。墓周围山清水秀,坐三台对五峰,即面对三台山和五峰岩。还有"三国潭""香炉山"等风景。墓中刻着《勒封昭利侯卢公之墓》碑文。墓左右有"创开圳道,驰名东汉""退隐辅苍,施泽吴邦"等对联。一座东汉古墓遗址,历经沧桑,至今仍能保存下来,真是

昭利侯卢公墓(《白沙昭利庙记》第17页)

一件具有重大价值的历史文物,这是白沙溪流域百姓重视文保的功劳,他们为当地人民留下一宗宝贵的文化遗产。

该墓清道光四年甲申(1824)曾经捐修。清道光二十四年甲辰(1844)刊碑铭云:"汉故将军卢公之墓,琅岩徐清臣建"。现墓为清光绪二十二年丙申 (1896)仲冬吉日所立,是全境同立。

卢公墓原名"隐圣丘"。这些都与卢文台韬迹隐退埋没真名实姓有关。当地乡民尊重他的意愿,故把真情隐去。当地流传的《隐真祠记》,都可查到以上缘由。

昭利侯卢公墓

# 第二节 白沙昭利庙文化

## 一、白沙古庙群的调查探析

《宋昭利庙记》有云:"功盖一时不如遗利于万世;宠权生前不如享荣于身后。"《明昭利庙记》也云:"生而封侯不如死而庙食,封侯者不时之荣,庙食者面世之贵也"。古来感念故人功德,都视"庙食"为至高无上的荣誉。东汉初卢文台率部将,在白沙溪首创三十六堰,造福一方。白沙溪两岸120余村的黎民百姓感念卢文台建堰治水的丰功伟德,历代也以"庙食"方式建庙塑像表示敬仰,于是形成了以白沙古昭利庙为中心的古庙群,文脉传承生生不息,今调查探析如下。

### (一)白沙古庙群的范围

白沙古庙群是指全长65公里白沙溪两岸百姓,为纪念卢文台创建白沙溪三十六堰的功绩,在一千七百七十多年历史风雨中,先后建成以琅琊白沙昭利庙为中心的白沙古庙群。三国孙吴初始建停久祖墕庙,三国赤乌二年(239)兴建白沙昭利庙以后,白沙溪两岸及受三十六堰之利的范围内,供奉"白沙老爷"的白沙庙或昭利庙有三十六座之多,都是旧时遗留的古庙古迹。虽然庙宇规模不大,但蕴藏着深厚的历史文化遗产,文脉传承生生不息。具体来说,建在沙畈乡的有首座白沙庙的祖墕庙、黄潭昭利庙、小洋坑白沙庙、六苟水口庙、高儒昭利侯庙、山脚福民庙;建在琅琊镇的有一百二十余村供奉的白沙昭利庙、琅琊徐本保白沙庙、铁店石岩庙、新殿下东山庙、上盛南山庙,雅城永镇庙。还有淹没不掉的妙康八角庙和黄石塔坛头庙、石人山白沙庙、岳村下陈庙、黄坡兰庙、大岩新庙、白沙卢关王庙。建在白龙桥镇的有灌田数万亩的马海庙、古方元檀庙、洞山关王庙、新昌桥胡公庙、天姆山庙、下杨永丰庙、清塘下花园庙、黄堰头景安庙、后童昭利庙、山下施庙。建在蒋堂镇的有开化庙、董村庙。建在长山乡的有伏龙庙、西镇庙、下溪蜀山庙、马正白沙庙。建在乾西乡的有坐镇白沙溪出水口的港口庙、金兰交界的栅川白沙殿。另外,还有兰溪的地下长河洞源白沙庙、皂洞口白沙庙、马达白沙庙、烟溪昭利庙、灵洞白沙庙。其中被列为市(县(区)文物保护的有停久祖塬庙、白沙卢白沙庙、古方元檀庙、横大路马海庙、栅川白沙庙,长山伏龙庙六座。

(二)白沙古庙群的特征

白沙古庙群,是金华南山白沙溪永不衰败的文化遗产,是整个白沙溪水文化的重要组成部分,也是白沙溪文脉传承的精神纽带。白沙古庙群文化,区别于其他各种不同形态的文化,主要呈现以下几点鲜明的特征。

第一,堰庙结合,按堰建庙。白沙溪利用河流水势落差,拦水筑堰三十六座,每座堰都因自流灌溉确保农田丰收。堰水成了丰收水,聚财水,平安水。《白沙昭利庙记》记述"乡居怀其惠,立庙祭之"。当地百姓就在每座堰建一座庙。三十六座堰基本上是三十六座庙。如停久堰就建有祖塬庙,第二堰就建有白沙庙,其目的一为感恩卢文台功德,二为祈求堰坝的安宁。

第二,村庙结合,按村建庙。有的堰受益范围基本上在一个村范围内,于是百姓就在村水口或村首建庙。俗称"本境庙"或"本保庙"。建庙的主要目的是祈求一村聚财丰收。如后童村的昭利庙就建在村北约两百多米处。已被水库淹没的原黄石塔、朱村等六村共建的坛头庙和妙康村的八角庙,都是面对村的水口庙。下杨村的永丰庙为祀"白沙老爷",建于清乾隆三十六年(1771),以保本村"永丰"。为保一村平安,栅川村白沙庙,始建于明洪武年间,清康熙戊子年(1708)毁于大风,乾隆年间重建,今又重新修建。

第三,灌庙结合,灌区建庙。这就是按堰水灌溉的受益范围建庙。如马海畈受第三堰、风炉堰、华山堰、第五堰、旱龙堰和万潭堰六座堰水灌溉,受益农田上万亩,涵括郑阳、横大路、马海地、叶店"三保"四村,他们就在横大路村东建了马海庙,祀奉"白沙老爷"。明代重建,清代重修。现已旧貌换新颜,被立为市级文物保护单位。白沙古庙群就坐落在三十六堰灌区范围内。

第四,溪庙结合,港口建庙。如石柱头村地处白沙溪出水口与婺江交汇处。该村就在婺江岸村口,坐镇白沙溪出水口建港口殿,祀奉"白沙老爷",为临江、东俞、筱溪、杨石,江溪三岸民众,祈求神灵降服水灾确保农田丰收。

第五,树庙结合,有庙有树。白沙庙在建造时,就考虑到改善环境,在庙前庙后栽种香樟等古树,作为庙宇悠久坚贞吉祥的象征。至今白沙庙、祖塽庙、高儒昭利庙、新朱村坛头庙、石柱头港口庙和栅川白沙庙等都栽有亭亭玉立、枝叶茂盛、永不凋谢的高大香樟古木。

另外,白沙古庙群中,有的建有关帝殿,塑有关公像,意在弘扬关公"过五关斩六将""单刀赴会"的伟大胆魄和"义薄云天"的精神,镇护堰坝和村庄的安宁。有的白沙庙,雕塑的神像,有固定在庙内的"座神",还有用轿子可在本村或外村迎接的"行神",迎神与迎龙灯结合。有的白沙庙还有定期纪念白沙大帝的庙会,开展各种民俗文化活动。如白沙古昭利庙的庙会为农历九月十三，古方元檀殿的庙会为农历三月十六，横大路马海庙的庙会为农历九月初十，开化庙的庙会为农历十一月初六，这更增添了白沙古庙群民族传统文化的浓厚氛围。

(三)白沙古庙群的发展阶段

白沙古庙群文化历史悠久，在一千七百七十多年传承发展的过程中，既具延续性，又有阶段性，大体可以分为以下几个阶段。

第一阶段始建期——三国魏晋。白沙古庙群文化，可以追溯到三国吴黄武六年(227)，是年农历三月初三，白沙溪上游发洪水，白沙祖塽庙的香火，随波飘流到今白沙卢村南。村民奏请建庙，吴王孙权准奏。在赤乌元年(238)逢大旱仍获得更大丰收的第二年，即赤乌二年(239)始建白沙庙于白沙卢村南，这是金华境内最古老的庙宇，为以后白沙古庙群的形成创造了条件。

第二阶段延续期——唐五代。在白沙古庙群的延续中，唐代一些地方，百姓自发立碑追念卢文台恩德。大中十一年(857)有块不具作者姓名的碑立于白沙庙。碑文中叙述了卢文台任职功绩。其中错说卢文台"讨赤眉为诛王莽"。但也足见当时百姓对卢文台的尊敬。唐广明元年(880)六月，史书记载黄巢军陷睦(严州)婺(金华)等州。但民间传说黄巢军压境婺州时。适逢大雨，双溪水涨，水无渡船，陆绝桥梁。于是白沙庙未被兵灾所毁。百姓认为是"白沙老爷"显灵，烧香朝拜者有增无减得以延续。五代后梁开平元年(907)建立吴越的钱镠，受封为吴越王，他凭借修建钱塘江海塘和太湖建造堰闸的经验，对三十六堰创建者卢文台倍加赞赏，封卢文台为保宁王。白沙古庙群得以新的传承。

第三阶段兴盛期——宋代。北宋政和三年(1113)徽宗封卢文台为昭利侯,赐庙额昭利。据清道光二十六年(1846)贡璜画的《昭利庙图》记载,当时重修的昭利庙高四丈九尺,中宽二丈二尺,平连五室,中檐前接一亭,亭檐三层,高透百丈余……四连三天井,东设斋房,西设偏殿,庙基占地十五亩余,非常雄伟壮观。南宋偏寓临安,金华离京近,朝廷更加重视三十六堰建设,肯定创建三十六堰的功绩。

第四阶段再延续期——元明清。这个时期白沙溪流域沃地百里,人口繁衍,村庄密集,受益面广,历年丰收。金、兰、汤地带成为婺州田赋征收的重点地区,地方官府都重视这里田赋征收。元代蒙古族与汉族文化有差异,但为田赋征收,婺州路官署仍奏请朝廷,于至正十八年(1358)加封卢文台为忠烈王。明代开国文人宋濂(金华人),东阁大学士吴沉(兰溪人)都给昭利庙立碑记,为白沙古庙群赋予了文学艺术的内涵。清代曾将部分白沙古庙群重建或重修。特别是咸丰十一年(1861)至同治元年(1862),白沙庙毁于太平军兵灾,但当地百姓同襄义举,重新建庙,白沙古庙群文化得以再延续。

第五阶段,再现辉煌期——当代。新中国成立以来,特别是农村改革三十多年来,党和政府把文化视为民族的血脉,视同人民的家园加以保护弘扬。20世纪90年代初,对白沙庙建粮库或供销社的,拆库还基,搬社还庙。白沙溪两岸百姓为重建拆库还基的白沙庙,踊跃捐款捐物,出钱出力,拆建的白沙庙都已按照原貌重建,庙宇焕然一新。我们深信,在《中共中央关于深化文化体制改革推动社会主义文化大发展大繁荣若干重大问题的决定》指引下,白沙溪历史文化资源必将得到更快开发,白沙古庙群文化,也将在传承中创新,创新中传承。

古昭利庙图(《白沙昭利庙记》第16页)

## 二、白沙古庙群剪影

白沙溪两岸的黎民百姓,为怀念祭祀"白沙老爷"卢文台创建白沙古堰群的丰功恩德伟绩,先后建庙塑像,建成以白沙殿昭利庙为中心的三十六座白沙古庙群。虽然庙宇规模不大,但都突出一个"古"字,都是历代先人传承遗留下来的古庙、古迹,蕴藏着中华民族传统历史文化的遗韵遗风。根据我们调查和文物部门的史料,将部分白沙古庙群的现状剪影展示如下。

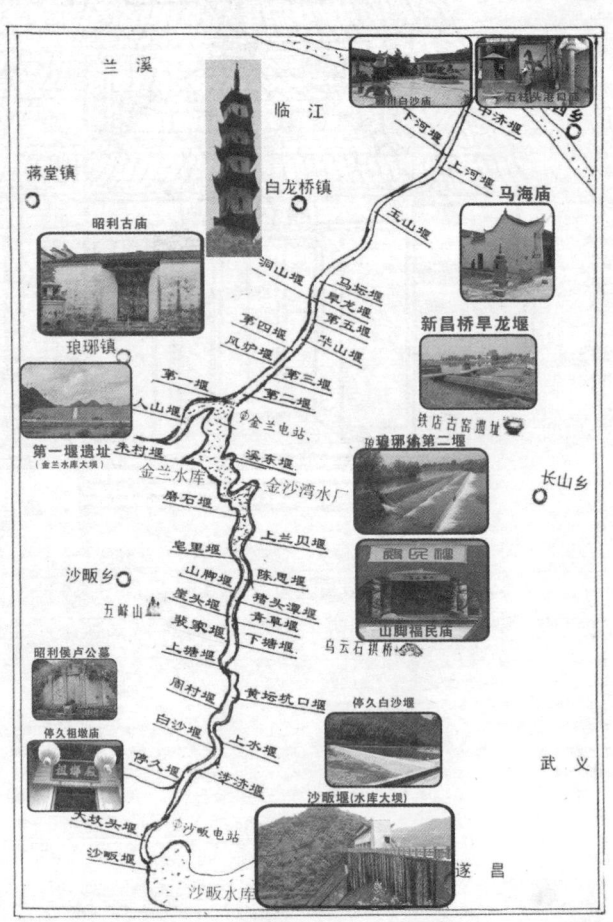

白沙古堰、古庙群示意图　　　　　崔士文制图

## （一）白沙昭利庙

古昭利庙前门

白沙殿中殿

白沙殿，又称白沙昭利庙，白宋徽宗政和三年（1113）加封卢文台昭利侯，赐庙额曰：昭利，亦称昭利庙。位于金华市婺城区琅琊镇白沙卢村村，始建于三国吴赤乌二年（239）据道光二十六年（1846）贡璜昭利庙图记记载，原庙宇宏伟壮观，坐南朝北，正殿四进，殿高四丈九，中宽二丈二，平通五室，中檐前接一亭，亭檐三层，高透殿丈余，亭顶中有活狮头，供操练比武表演，前殿有戏台。正中殿白沙大帝神像高四丈二，前立茅、杨、蔡、尉四大令公，左右有部将三十六位神像。东设斋房西设偏殿，为关帝庙、观音阁、天王殿。殿基占地 15 亩，建筑面积 2760 平方米，为金华境内最古老的庙宇建筑，是方圆百里120余村供奉的一座古庙。1996 年公布为金华县文物保护单位。

天王殿

关帝庙

观音庙

（二）白沙祖庙祖埠庙

祖埠庙，原名隐真祠。坐落于金华市婺城区沙畈乡停久村，始建于三国孙吴初年，是乡民为怀念卢文台隐居辅苍开辟田畴，筑堰灌田，造福于民而建的首座白沙庙。坐西北朝东南，占地面积 500 平方米，前后两进，中间置穿廊。一进前檐明间开设八字大门，二进后檐明间供奉卢文台像。庙柱有对联，其中一副："东汉末功堰开三十六，南虞胜境会逢甲子年"。甲子年应为三国吴赤乌七年（244），是三国吴黄武六年（227）祖埠庙洪水冲毁重建的年份。祖墩庙下有"三

祖埠庙大门

正殿昭利侯忠烈王像

国潭"，证实祖埠庙建于三国孙吴初年，早于白沙庙二十年。庙后一座卢文台昭利侯坟。2004 年被公布为金华市文物保护点。

（三）山脚福民殿

福民山福民殿。位于沙贩乡山脚福民山上，面对五峰山，峰峰相连，又形似"伏虎五爪掌"，风景秀丽。福民山山顶上有座禹王庙，庙内有位"七总管"神童。

山脚下一个亭内有块"名山第乙"的碑匾。"七总管"神童和名山第乙的故事前文《名山古刹山脚堰》已述，不再重复。

福民殿

（四）坛头庙

坛头庙匾额

坛头庙，原位于黄石塔村，是石人山、朱村、溪东、黄石塔、包家、乌山坑六村共有的水口殿。坐落王山，面对三堰六村，是仅小于白沙昭利庙规模的白沙庙。现移至金华市婺城区琅琊镇新朱村。坐北朝南，三开间，妙康、朱村移民为怀念白沙大帝而造。

坛头庙大门

（五）铁店石岩殿　婺州古窑遗址

石岩殿，又称石岩寺，位于婺城区琅琊镇铁店畲族村石岩山，这一带涉丹霞地貌，山上有狮子岩，山下有石岩寺洞天。明太祖朱元璋早期，曾在石岩寺洞天与乌山顶隐住，倒栽丹枫一棵，留言："若此树能活，可得天下矣"。至今此树犹存，有三围多粗，枝叶茂盛向下撑。现石岩寺已修复成风景秀丽的高温避暑胜地。

石岩山下是 2001 年 6 月 25 日由国务院批准的第五批国家级重点文物保护单位铁店婺州窑遗址，系宋、元窑遗址。窑为龙窑，出产乳浊釉瓷器、黑褐瓷。品种有三

北宋·婺州窑褐彩堆塑瓶

足鼓钉洗、高足杯、瓶、碗等。器物纹饰以素面为主。铁店窑址的产品除供民间使用外，也是大宗的外贸商品，外销日本、朝鲜和东南亚诸国，并在朝鲜新安海域出土而引起陶瓷界的广泛关注。

婺州古窑遗址及文物

（六）为灌田数万亩而建的马海庙

马海庙前门双井

马海庙,亦称马海地昭利庙,是马海畈数万亩受益农田的民众为祭祀"白沙老爷"兴建了第三堰、风炉堰、旱龙堰、华山堰、第五堰、万潭堰的丰功伟绩,由郑阳,横大路,马海地和叶店"三保"四村建造的马海庙。于明代重建,清代重修,殿前八字大门,建有戏台,檐明间两侧,有双井与庙共存,是独特的历史文化遗产。大殿坐北朝南,占地面积531平方米,前后三进,左右设厢房。第一进大门两厢鼓和钟。第二进中院,白沙大帝、白沙娘娘神像。第三进后宫,为卢公堂。西侧建一座"三保经堂"的观音堂。每年农历九月初十,开启祭祀白沙大帝农历九月十三诞辰之日,此风俗沿袭至今。1999年6月10日马海庙被公布为金华县文物保护单位。

马海庙中殿

观音阁

马海庙全景

（七）金兰交界的白沙庙

栅川白沙庙,位于金、兰交界的乾西乡栅川村,始建于明洪武年间,清康熙戊子年（1708）毁于大风,清乾隆年间重建。建筑坐北朝南,占地面积110平方米,原有三进,有戏台,现仅存第三进。原第一进建筑的遗址上建有一座仿古建

调研组成员崔士文（左2）、王得民（左3）、张柏齐（左5）、邢文良（右2）、扬增友（右1）在白沙庙调研留影

筑。1994年及2004年做过大修,翻修了屋面、屋脊,大部分木构件被更换,并在第三进明间前檐加了两根水泥柱。庙后有一棵大樟树,庙北有座五神庙和一棵古樟树。2004年3月29日,金华市文体局公布栅川白沙庙为市级文物保护点。

栅川白沙庙前景

(八)坐镇白沙溪出水口的港口殿

石柱头港口殿，位于乾西乡石柱头村西南，坐落在白沙溪水注入婺江汇合处，形成坐镇白沙溪三十六堰的出口，故名"港口庙"。为祀卢文台

白沙老爷、白沙娘娘像

而建，坐北朝南，三开间。各柱均用方形石柱，上均有楹联题刻。大门前的空地上有大清光绪辛巳年(1881)、民国12(1923)建的石经幢四座。殿西有一棵五百多年树龄的大樟树。据传此庙是白沙老爷审鬼之处，好鬼放行，恶鬼砍头，不许再有来生。

港口殿大门

(九)古方元檀殿

古方村在得益三十六堰中六座堰，怀念"白沙老爷"的同时，

又在古方一村南市街，为纪念一位七天修道成天王的神仙赵元檀而建一座元檀殿。坐北朝南，三开间大殿，沿街北靠朱氏祠堂，前后三进，左右设厢房，为金华市文物保护点。每年农历三月十六日举行盛大庙会。

（十）下杨永丰庙

下杨永丰庙，位于金华市婺城区白龙桥镇下杨村西面，始建于清乾隆三十六年（1776），建筑坐南朝北，占地面积219平方米，原有两进，现仅存二进大殿，经堂及侧屋为后人所加。大殿三开间，明间均用方形石柱，并有楹联题刻，后檐明间供卢文台像。

永丰庙大殿白沙大帝像

永丰庙经堂

（十一）琅峰山本保白沙庙

琅峰山本保白沙庙，位于琅峰山风景名胜区内。有数百小岩洞镶嵌壁间浑然天成的岩洞，洞中塑有卢文台等神像。其背后有一石笋奇观。洞侧耸立高大的石门"双扇门",今存"东石门",凌空耸立,仰观令人惊栗。琅峰山又是抗日爱国人士打击日寇的战场之一。金华县人民政府已公布其为"爱国主义教育基地"。1999年,金华市人民政府命名其为"琅峰山风景名胜区"。

白沙古庙

白沙大帝、白沙娘娘像

(十二)清塘下花园庙

清塘下花园庙,位于金华市婺城区白龙桥镇清塘下村东南面,祀夏禹王及关公。建筑坐东朝西,占地面积104平方米,为一单体建筑,三开间。各柱均用方形石柱,前檐明间开设八字大门,后檐明间供夏禹王及关公像。

花园庙大门

(十三)黄堰头景安庙

黄堰头景安庙,位于金华市婺城区白龙桥镇黄堰头村中央,祀白沙老爷及紫华大帝。建筑坐北朝南,占地面积70平方米,为一单体建筑,三开间。

景安庙大门

(十四)后童昭利侯庙

后童昭利侯庙,位于金华市婺城区白龙桥镇后童村北面约200米处。建筑坐北朝南,占地面积87平方米,为一单体建筑,三开间。前檐明间开设八字大门,后檐明间供卢文台像。

这里流传着一个故事,马海庙卢文台部将蔡令公的马,偷吃了后童村民的麦苗,被打断了一条腿。结果复长的麦苗秆粗穗大特别丰收。后童村因此建庙纪念。

后童昭利侯庙大门

正殿白沙老爷、白沙娘娘像

（十五）高儒昭利侯庙

高儒昭利侯庙，位于金华市婺城区沙畈乡高儒村北面约3里处，建筑坐西北朝东南，占地面积455平方米，前后两进。第一进为院门，一间，开设八字大门。第二进大殿三开间，后檐明间供奉卢文台像。

高儒昭利侯庙大门　　　　　　昭利侯庙大殿

（十六）黄坛昭利庙

黄坛昭利庙，位于金华市婺城区沙畈乡黄坛村东面，建于清乾隆辛亥年（1791）。建筑坐南朝北，占地面积48平方米，为一单体建筑，三开间，后檐明间供奉卢文台像。明间三架梁下书"大清乾隆辛亥年秋月日""梁柱基地唐念叁助"。

黄坛昭利庙大殿

(十七)西镇庙

西镇庙,位于金华市婺城区长山四村西面约120米处,建筑坐北朝南,占地面积148平方米,前后二进,左右设厢房,供奉大禹王。

西镇庙大门

西镇庙大殿

(十八)下溪蜀山庙

蜀山庙位于金华市婺城区长山乡下溪村的北面,清代建造。

建筑坐东南朝西北,占地面积235平方米,前后二进。第一进门厅、第二进大殿均三开间,一进前檐明间开设八字大门,一、二进间设台阶11级。二进各柱均用方形石柱,并有楹联题刻,后檐明间供奉禹舜王。

蜀山庙大殿

蜀山庙大门

(十九)六苟水口庙

水口庙,位于金华市婺城区沙畈乡六苟村东村口,重建于民国 36 年(1947),为一单体建筑。建筑坐北朝南,占地面积 45 平方米,三开间。

六苟水口庙

(二十)小羊坑庙

小羊坑庙,位于金华市婺城区沙畈乡小羊坑村西北面,清晚期建筑,坐西南朝东北,占地面积 137 平方米,原分前后两进,现存一进三开间。20 世纪 80 年代初期,因建小羊坑村大会堂拆除了第一进建筑及一、二进间厢房。

小羊坑庙

（二十一）洞山关王庙

洞山关王庙，位于白龙桥镇古方洞山塔脚边。坐东朝西，三大开间、八字大门，面对古方村。

洞山塔，建于明代万历二十三年（1595），是金华市城区唯一的一座古塔。造型优美，构造坚固，端庄宏伟，雄伟秀丽，为楼阁式空心砖塔，平面六角形7层，高20余米。1990年被列为县级重点文物保护单位，2012年已重修恢复原貌。

洞山塔暨关王庙

洞山关王庙

（二十二）新昌桥胡公庙

新昌桥胡公庙，位于白龙桥镇新昌桥村，坐北朝南，三大开间，八字大门。

相传胡公母亲应氏，向白沙老爷、白沙娘娘求签而得子。胡公名胡则。胡则为官四十七年，是北宋前期政坛的一位中高级官吏。胡公要求皇上免除衢、婺两州百姓身丁钱，百姓感恩，塑像祀奉。这里于每年农历二月十一日，祭拜胡公大帝，农历九月十三日启祭祀白沙大帝的盛大庙会。

胡公大帝

新昌桥胡公庙

## 三、白沙古昭利庙文脉传承

白沙庙，亦称昭利庙，是为崇敬卢文台而建的庙宇。白沙古昭利庙文脉，指的是白沙庙延续修建与各种庙会民俗的有机结合。

白沙庙延续修建,促进了白沙庙文脉的繁荣;白沙庙文脉的繁荣,推动了白沙庙的延续修建;两者相互依存、相辅相成。白沙庙自三国吴赤乌二年(239)始建至今(2012),一千七百七十多年来文脉沿袭,代代相传。1996年被公布为县文物保护单位。

白沙老爷卢文台

（一）一次别开生面的盛大庙会活动

这次白沙庙会最大的特点是,白沙溪三十六堰的受益村都参加,开创了白沙庙文化前所未有的美景和盛况。起源是民国35(1946)农历九月十四日,为纪念白沙老爷九月十三诞辰,在白沙殿演戏。当时正是抗日战争胜利后第一次白沙庙会,观众都沉浸在文娱活动的欢乐中;而后殿的正栋突然塌落,一个儿童惨遭压死。此事引起了当地三十六堰最密集的高田塍、白沙卢、琅琊滕、琅琊徐四个村的重视,发起重修白沙庙,后有四十余村参与修庙事宜。民国37(1948)重修竣工,十月初四举行隆重开光仪式。这次典礼集中展示了金(华)兰(溪)汤(溪)三邑百姓,对白沙老爷的无比崇敬,先后有数万人前往朝圣。礼品中上百斤的蜡烛就有10余对,白沙老爷神像前供品各异,灯火辉煌,香烟缭绕。庙内诵经朝拜者熙熙攘攘,热闹非凡。庙外人流如涌,络绎不绝。参与诸村各显特色,叶店村恭送珠灯100盏,琉璃灯50盏,彩灯30盏,花篮灯50盏。东俞村陈列10张八仙桌祭品,有时鲜水果,有猪头、鸡、鸭、鹅等熟牲,有各种水产、海鲜,有各式金银、珠宝、首饰,还有面粉捏制,竹木雕刻、珠宝串成的"猪""牛""羊""兔""虎""豹""花""蝴蝶""孔雀""天鹅""真珠宝塔""子牙钓鱼"等制作手艺精湛的手工艺品。祭品之多,花色之全,选材之考究,制作之精巧,款式之新颖,造型之生动,令观众叫好不绝。为防盗窃,还请派10名警察守卫。开光当晚,筱溪村出资在大殿门前广场燃放五彩缤纷的焰火。同时,邀请"老智云""大荣春""方荣福"三个戏班斗台演出三日四夜,号头声,锣鼓声,唢呐声,丝竹声,此起彼伏。还有一台出自汉代,称得上戏曲祖宗的木偶戏。每场演出开始和剧终,都由木偶戏放铳为号,统一行动,以示公平竞争。各戏班都选出自家的拿手好戏竞相争雄,各显技艺。观众为寻看好戏,人浪忽儿涌东,忽儿挤西,摩肩接踵,不厌不倦,通宵达旦。亲自参与这次典礼,至今健在的八旬以上老翁,都认为是令人终生难忘的一次民俗文化活动。

(二)白沙庙文脉的起源和传承

白沙庙文脉历史悠久,起源可追溯到三国吴赤乌二年(239),在白沙村南始建白沙庙,为金华最早的庙宇。

此后,白沙庙历经沧桑,在一千七百多年的风雨历史进程中,不知经历了多少次被风、火、兵等灾害所毁,屡毁屡建,兴废甚多,结合重修立碑记载的主要有:

唐代,白沙庙内有碑两块:其一立于大中十一年(857),不署作者姓名,叙述卢文台任职功绩。其二立于广明元年(880),碑文为进士唐岩所撰,说"黄巢军拥众压境"白沙庙未毁,当地百姓认为是神灵所显,朝拜者有增无减。

北宋政和三年(1113)宋徽宗封卢文台为昭利侯,赐庙额昭利。由金华临江人，应直言敢谏科贤良杜旟撰《宋昭利庙碑记》。这次修建古昭利庙，可谓白沙庙文脉史上的一座里程碑。南宋京都临安，金华离京不远。朝廷对三十六堰倍加重视，卢文台屡屡加封。元至元元年至六年(1335—1340)，朝廷曾下令拆毁婺州城墙，至正十二年(1352)重建。卢文台至正十八年(1358)加封忠烈王，白沙庙重修与重建城墙同时，成为婺州诸庙诸神之首。明洪武元年(1368)所立的《昭利庙碑记》，由东阁大学士兰溪吴沉撰文，大夫御史中丞龙泉章溢书丹，翰林学士宋濂篆额，大大丰富了白沙庙文学艺术的内涵。明隆庆二年(1568)曾经重建白沙庙。

清代是修建白沙庙最频繁的年代。具体在康熙五十三年(1714)，嘉庆三年 (1798)，道光二十四年 (1844) 同治十二年(1873)，光绪十九年(1893)，宣统二年(1910)，都修建过白沙庙。

20世纪50年代末，白沙溪流域是金华的重点产粮区，根据储备粮食需要，白沙庙改成粮库。1992年以来食品丰富，粮食有余；拆库还基建庙，重塑佛像，再现了当年辉煌，显示了民族传统文化的特色和生命力。

(三)经久不衰的庙会和失传民俗

白沙溪先后建成三十六堰后，历代方圆二州三县八都，成为沃野百里，村庄密集，人口繁衍，时和岁稔，经济富裕的金、兰、汤三角地带，发展了水碓粮食加工，水上航运交通。宋元时代利用当地瓷石泥和柴炭资源，烧制瓷器运销外地，经济发展呈现了一片繁荣景象，经济繁荣推动了民族传统文化的发展。白沙庙区范围上规模的村庄有长山、古方、后杜、新昌桥、叶店、东俞等四十多个，每当白沙庙重修开光，卢文台九月十三诞辰或三月十六祭日，各村都会举行朝拜活动，纪念卢文台的丰功伟绩。来朝拜的各村都以"堂中产"组建雄伟的仪仗队,出行时钢叉队清道,大铜锣"十三响"(单敲十下连敲三下)开路,火药铳助威,高迎大幅旌旗,吹打锣鼓音响,轿抬香案"行神",摆祭品,赴白沙庙祈求农业丰收,经济发展,消灾除难,宗族繁荣,子孙兴旺。这种民俗不因王朝更迭时代变迁而改变。失传的民俗主要是舞队和跌叉;舞队,是白沙庙仿周礼策划的民间祭祀,是驱鬼除魅的民俗,按甲子的辰年举行。头年腊月二十五集队,次年正月初六活动。舞时一人执神仗前引,后随 10 岁以上 12 岁以下童子若干人,戴红帽穿皂衣,手执驱逐疫病的摇鼓,按春夏秋冬四时和二十四节气分别摆阵,从"狮子舞"开始,到"狮子舞"结束。然后,擂鼓欢呼,音节响亮,震动山谷,其间穿插方言编成七字句的吉利语,祈求一年四季二十四节气平安无灾。此项民俗失传于清嘉庆三年(1798)以后。

跌叉是一种民间武术技艺。参与者每人举一把木柄长 1.4 米左右的钢叉(或大刀),叉(刀)下悬红缨丝带和振动发声的三个铁环。叉(刀)柄上卷红绿色条。跌叉有二人对打,四人对打,八人对打,十六人围打等。当表演到高潮时,集中演武厅一人将钢叉(刀)抛入亭顶狮子口,被庙檐的狮子口含住(内有吸铁石),一人又抛上钢叉(刀)将前者钢叉碰撞下来,观众随之大声喝彩。钢叉队由参与村利用农闲培训组成。这种民俗失传于新中国成立前。

# 第三节 白沙水文化

## 一、川流不息水文化

金华南山白沙溪，文化资源极其丰富，不仅有三十六堰这不可移动的历史物质文化遗产，而且蕴藏沉淀着深厚的非物质文化遗产。只要我们认真地发掘利用金华南山白沙文化，也不会逊色于北山赤松文化。

白沙溪畔的三台山、五峰岩

"水通南国三千里"（见宋李清照《题八咏楼》诗）。金华南山的水四通八达，水文化的内涵丰富，影响深远。且不说白沙溪岸有琅峰绝壁、玲珑宝塔、古窑遗韵、名山第乙等自然景观。更为丰富多彩的是那卢文台生动神奇的治水故事，今人艰苦兴建"两库"（金兰、沙畈）的"人定胜天"精神，为治水感恩而建的"禹王庙"式的昭利古庙群，有辽阔的湿地风光，有深潭泉井轶闻，有春米磨粉水碓古迹，有曲调优美的山歌，筏客撑排棹歌，农民抗旱蹈水歌，还有那水文化，以及神化的龙文化等。真可谓"蜿蜒白沙溪，千古流不息"。

水文化是当前未被人们重视的文化。现在全国各地皆知"金华饮水好"，"金华自来水有点甜"；这已经成为提高金华城市品位的"金名片"。我们继续发掘白沙水文化。它将是金华又一张光耀炫目的"金名片"。白沙水文化，具有鲜明的民族性、人民性、乡土性。只要我们从"水"的角度，开阔视野进一步去发掘利用白沙水文化，其流传在人民口脑中，甚至被历史湮没，埋没地下的文化资源，都将被发掘出来，满足人民群众的文化需求。

现在，值得欣慰的是，金华各级领导对弘扬白沙水文化，根据《中央关于深化文化体制改革，推动社会主义文化大发展大繁荣若干重大问题的决定》精神，已经引起高度重视。认为一个城市的发展，离不开文化的传承，要求十分重视对白沙水文化的发掘、整理和利用。做到在保护中发掘、利用，在发掘利用中加强保护，使金华人民从历史文化遗产中受到福利，更好地为金华这座历史文化名城增添光彩。

## 二、各具特色的潭泉井塘水文化

潭、泉、井、塘，是白沙溪两岸各具不同特色，内容丰富多彩，底蕴深厚宽广水文化的重要组成部分。

潭：即深水处。白沙溪三十六堰，每座堰可以说都有一个深水潭，这里列举十八处，即大公潭、六苟潭、裴家潭、香粉潭、猪头潭、陈思坞潭、狮子潭、横山潭、龙潭、乌龟潭、霹雳潭、洞山潭、玉山潭、将军潭、和尚潭、师姑潭、白沙潭、东山潭。这其中陈思坞潭、狮子潭、横山潭、乌龟潭已被金兰水库淹没。其中自古以来乡民接龙求雨处于湖山顶上的龙潭，因地势高，库水只淹没一部分，龙潭仍如一座灯塔，屹立于水库中。上举十八处深水潭中，后八处面积都在一二十亩以上，晴能储水，雨能溢洪，水深莫测，碧波荡漾，既是水利设施，又是自然景观。这里还流传着许多神奇生动的故事。传说洞山脚下的洞山潭,有一条上水鲶鲌精经常兴风作浪,造成洪涝灾害。自从洞山上建了洞山塔以后,如同一把锋利的铁叉,叉住了鲶鲌精的头部,使之动弹不得,但鲶鲌精的尾巴仍然狠狠地摆动,企图垂死挣扎。后来,在古方村金姓祠堂边,挖了一口深井,又如一把锋利的铁叉,叉住鲶鲌精的尾巴,直到它一点不动为止。自从鲶鲌精头尾都被叉住不能动弹以后,洞山潭年年平安度汛,白沙溪下游永无灾害,确保了年年岁岁农田丰收。

泉:地下水天然露头成为泉。白沙溪两岸的泉水,有三种情况:一是塘堨或田堨涌出的接触泉。长山村共有这种泉水十多处,涓涓细流,常年不息。在农业合作化,人民公社以生产队为基本核算单位时期,土地集体统一经营。农民们满意地说:“土地连片不隔丘,一股泉水流到头”,确保了旱涝保收。二是溪岸涌出的侵蚀泉。新昌桥村白沙溪岸有一孔川流不息的“冷水泉”。清清之水从村边流入村庄,既可灌溉又可洗涤,也增添了美丽乡村的景色。三是石缝中涌出的断层泉。白沙溪琅峰山上,有一根石笋,清泉常年顺着石笋淳淳而下,水清甘甜,久旱不涸,严寒不冻,常年如此。游人们誉之为“仙水”并称为奇观。

井:即凿地或穿地取水。最为知名的是马海地昭利庙大殿门前左右两边,两口直径一米多的圆形井。这两口井与马海地昭利庙共存。传说这是白沙溪白龙的两只眼睛。井中泉水常溢,清澈见底,味甘洌。人民公社化大办食堂时,昼夜用三匹马力水泵打水也打不光,铜铁丢弃井底久不生锈。除此之外,还有地处停久村边的金钗井。传说是白沙娘娘为帮农民抗旱,用发髻的金钗刨井,直至手上刨出鲜血土中冒出了清泉,以后她用这口井水累年添妆打扮,故名金钗井。

塘:平地挖泥储水就是塘。旧时一般是为储水挖泥成塘,但有的塘是因工业或建筑需要挖泥成塘。白沙溪流域铁店一带,婺州窑东汉已经出现,宋元名声大振国内外。瓷石泥是婺州窑制品的主要原料,山后金村边的一口十多亩面积的大塘,就是婺州窑挖瓷石泥年数久远形成的。

生动丰富的实例告诉我们,在白沙溪这块令人引以为荣的热土上,三十六堰历史文化遗产是众多水文化资源的主体。其实,与三十六堰相关的历史水文化资源有许多还未开发出来;而发掘弘扬白沙溪水文化的历史资源,首先必须做好保护工作。社会历史不可复制,历史文化不可重建。白沙溪具有唯一性和不可再生性的水文化资源,必须对其进行抢救性的保护,做到"保留现状,修旧如旧,由点到面,全线保护"。同时保护与开发相结合。坚持不懈地贯彻执行"保护——开发——保护"的原则。

## 三、水文化神化的龙文化

龙是古代传说中一种有麟角须爪,能兴云作雨的神异动物。世界上不存在什么龙,可它是人们心目中的吉祥物。在金华南山白沙溪流域龙文化异常繁荣。龙文化实质是对水文化的神化。在这里:

### (一)有白龙的故事

传说金华古婺有双龙。处于北山的为黄龙,活动在黄土岗阜,处于南山的为白龙,活动在溪流田畈。故南山白沙溪又名白龙溪,金华通衢州大道的桥称为白龙桥。白龙有两角,一角伸向汤溪,一角伸向古婺城。龙头长在马海地。龙尾摆向长山的蟠龙村,龙身盘踞在让长的龙蟠村。白

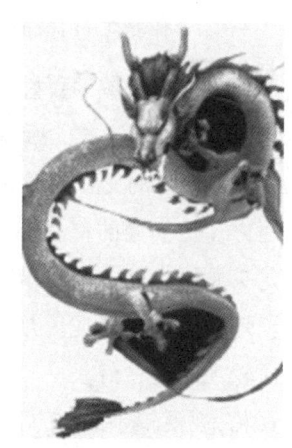

民间传说的龙

龙还有一双眼睛,则是马海地昭利庙前的两口井。这条白龙自白沙溪源头一直到婺江边,共有三十六节,就是白沙溪三十六堰。每节龙还有一个大肚皮,就是堰边的深水潭。水多时蓄到肚皮里,天旱时吐出来。所以白沙溪两岸,年年风调雨顺,粮食多得吃不完。

(二)有堰为龙虬的传说

古代称有角的曰"龙",没角的称"虬"。虬也能兴云作雨。卢文台创建三十六堰,就是三十六条虬。当地农民称第四堰为乌龙虬,俗称四黑龙。因为这里深水潭多。旱龙堰这条虬,肚皮特别大,所以这里地下水很丰富,即使干旱也能丰收。对其他各堰堰身长的是称二十丈之虬,三十丈之虬,堰身短的称百尺之虬。据当地有关记载,在建三十六堰前,"吾婺山川峻急,晴则忧旱,水则忧潦。一遇恒旸之岁,则田苗立槁……幸而斯土有斯水,斯水有斯神(虬)。白沙溪一带,盘亘金汤地界,决渠降雨,荷锸成云,民之被润泽而丰美者,至深且久……数千百年如一日……,(虬)皆神之无所不在也"。于是,白沙溪流域的百姓,视堰为虬,视卢文台为龙之神。

(三)有迎龙灯民俗

白沙溪流域的百姓,为感恩卢文台创建三十六堰的功德,为纪念白龙带来了丰收。所以每年元宵灯节,都用篾丝和皮纸扎成龙灯以及琉璃灯的龙灯迎送。全流域120余村,是金华迎龙灯最集中的地方。他们迎的都是有龙头龙尾中间一节一节子灯联成的板凳龙。规模较大的村,灯长一二百骑,规模较小的村,灯长七八十骑。今年

白龙桥民众喜迎板凳龙

(2012)元宵节,金华市两个区,共出龙灯59条,其中白沙溪流域占15%的乡镇出灯22条,占总龙灯的40%左右。灯节为正月十三至十五三天。龙灯色彩各异,有金龙、白龙、乌龙、黄龙等,其目的是祈求风调雨顺,国泰民安。叶店村还将龙灯申报为省级非物质文化遗产。

四、咏白沙春水古诗十一首

## 白沙溪遗兴

王 淮

白沙三十有六堰,春水平分夜涨流。

每岁田禾无旱日,此乡农事有余秋。

功驰汉室为名将,泽被吴邦赐列侯。

千古威灵遗庙在,至今血食偏遐陬。

王淮(1126—1189),金华人。南宋绍兴十五年(1145)进士。淳熙元年(1174),任翰林学士,知制诰。九年为左丞相。十五年,授观文殿大学士,封鲁国公。判知衢州,力辞。改提举洞霄宫。卒,赠少师。本文作于(宋)淳熙九年(1182)。

## 谒隐真祠

宋 约

当年辅国有奇功,勇退归山作卧龙。

不问生前承帝宠,却从殁后拜侯封。

巍巍古柏临清渚,寂寂高坟对碧峰。

三十六湾溪堰水,至今利泽未曾穷。

宋约,卫辉府胙城人,汤溪第一任知县。本文作于明成化九年(1473)。

## 白沙春水

杜桓

白沙溪水镜光清,水面无风似掌平;

春暖锦鳞吹细浪,晚晴黄鸟啭新声。

烟堤绿树人家小,云渚斜阳钓艇横;

三十六渠饶灌溉,秋田万顷仰西成。

杜桓,金华曹宅人,明永乐年间进士。

## 白沙溪怀古

杨鉎

炎汉重扶志愿高,寇歼遂解战时袍。

生前勋业无人识,殁后王侯累代褒。

青草祠边云作障,白沙涨外雨如膏。

即今怒涌寒溪水,犹是潮阳杀气豪。

杨鉎,地方诗人。

## 昭利庙

于石(介翁)

百战归来万壑坚,寒溪怒涌白沙泉。

策勋不与云台绘,立德非徒巨石迁。

香冷尚须燃汉鼎,水流犹是灌吴田。

愚民未谈前朝事,浪说神能驾铁船。

于石(介翁),兰溪紫岩乡人,著名诗人。该诗作于元至正二年
(1342)。

# 昭利庙怀古

戚昂(雪岩)

曾观郡志有遗篇,赫濯声灵括婺传。

伟烈生前诛汉贼,余波死后灌吴田。

铁船驾海今无考,金阙封章昔有镌。

四七云台云已矣,白沙俎豆尚依然。

戚昂(雪岩),金华人,地方诗人。


# 堰水三十六

叶叔薰

古传庙食赤乌年,事与州城相后先。

高邑愧他生草莽,辅苍许我逸林泉。

马桥通报云为从,龙沼成婚月有缘。

堰水广疏三十六,天长地久泽无偏。

叶叔薰,地方诗人,原题为《昭利庙即事》。


# 白沙春水

朱士贞

白沙连翠竹,春岸漾清波。

堰合千山雨,渐分万顷禾。

灵昭黄武始,泽沛赤乌多。

欲问卢侯事,遗碑尚不摩。

朱士贞,明朝地方诗人。

## 白沙溪即事

滕 熙

山迥溪势曲,两岸涨春波。

堰入沙坪阔,溉分水碓多。

泛萍留钓碣,折柳挂渔蓑。

遗泽恩昭利,豳风欲继歌。

滕熙,杨塘下人,地方诗人。

## 白 沙 溪

滕云翰

百里山水溪,流光总净涓。

石青横作堰,渚绿溉成田。

润遍三吴地,波余两汉年。

沙连霜月白,昭利仰前贤。

滕云翰,地方诗人。

## 昭 利 庙

陶山庄

古庙遗东汉,巍峨镇辅苍。

石开潭影静,溪合堰流长。

门对蓉峰秀,炉分麓渚香。

年年秋九后,咸与献霞觞。

陶山庄,地方诗人。

注：①宋徽宗封三十六堰创建者卢文台为昭利侯，赐庙额昭利，三十六堰与昭利庙有密切联系，故诗人以昭利庙作诗名。

②诗中提到铁船驾海、龙沼成婚，均系亚史，诗人持批判态度。

# 第四节 白沙红色文化

## 一、光荣的金西母亲河

白沙溪溪流一支来自遂昌门阵，另一支从金华银坑、至芝肚坑双溪口两支相互汇合后，弯曲长流至临江石柱头，汇入婺江。卢文台在白沙溪创建三十六堰而名垂后世。粟裕将军率领工农红军挺进师，在白沙溪银坑、

粟裕大将

芝肚坑一带坚持三年武装革命，同样是青史增辉的事业。白沙溪数千年的文明史，不愧为一条有着光荣革命传统的金西母亲河。

1935年1月，工农红军挺进师在江西组成，由粟裕任师长，刘英任政委。同年5月20日，挺进师到白沙溪南山深处银坑、塔石、上阳等地，开展游击战争。曾奇袭龙游溪口公安分局，灵山派出所。5月25日，挥师袭击汤溪县城。6月5日，在银岭与敌保安团遭遇，保安团被歼三十余人仓皇溃退。同年秋，蒋介石命令"闽浙皖赣四省剿匪总部"，向浙西南游击根据地大举"清剿"。为粉碎"清剿"计划，粟裕等人于1936年2月，率领两百多人到浙西南开展革命活动。同年3月中旬，部队返回金华、汤溪铁路沿线打击敌人。12月，在金(华)汤(溪)遂(昌)武(义)交界处一带活动。1937年正月十五，进门阵、银坑、芝肚坑与当地群众共度元宵佳节。同年夏，粟裕亲自

主持,在宣平芝坑建立"党宣遂汤工委",由他的警卫员赖德标任工委书记,下设十一个支部,其中包括银坑、芝肚坑、周坞等支部,共发展党员一百二十多人。同时,积极发动群众,壮大红军队伍。"七七"(1937)事变后,国共合作,9月19日,挺进师与国民党遂昌县政府,在门阵谈判共同抗日。同年10月16日,挺进师分别在银坑祠堂、门阵白沙庙开动员大会。此后挺进师大部分由粟裕率领开赴皖南,编入新四军。部分仍留在浙闽地区,组织群众参加抗日斗争。

## 二、工农红军在银坑一带的革命活动

粟裕将军率领的工农红军挺进师,在南山深处的银坑、芝肚坑一带坚持武装斗争前后三年的时间里,给当地人民留下了许多可歌可泣的光辉事迹。

1935年5月,粟裕、刘英率领的工农红军到了银坑。队伍有里把路长,红军军帽上有闪闪红星,枪和大刀柄上系着红布。到银坑后,一部分继续往前开,一部分留下,分别住在银坑、芝肚坑、黄檀

工农红军在银坑革命

井、田铺以及门阵等地。他们进村就帮穷人家挑水、扫地、舂米,还同群众谈家常,宣传革命道理。穷人们都把红军当作贴心人。但地主土豪,有的闻风而逃,有的关门躲在家里。有一位女红军身背药箱,还

给生病的穷人治病。当时村子里贴满了"打土豪""分田地""红军万岁""共产党万岁"等标语,有的标语刷在墙上,刮也刮不掉。

红军在银坑,对三个恶霸地主,抓来开斗争大会。穷人们纷纷上台控诉揭发他们霸占田地,逼死人命,奸污妇女等罪行。有三个地主,听到红军来了,逃得无影无踪。红军就率领穷人打开他们的粮仓、钱柜,开仓济贫分粮分钱。穷人们纷纷到他们院子领粮领钱。银坑很少田地种粮,穷人们看到他们几年也吃不光的白米和生锈的银圆,非常气愤。穷人们分到粮钱,满村是欢呼声,村里自开天辟地以来没有这样欢乐过。

银坑村给红军洗衣、煮饭,送情报的许云香,对当时红军活动一清二楚。许云香(1911—1976),新中国成立后任银坑村党支部书记,农业社长。二十五岁守寡只一子。抗美援朝时带头送子参军。她赴县开会穿草鞋徒步进城。曾先后28次被评为乡、县、省劳模,出席过全国社会主义建设先进单位代表会议。曾领导全村开垦千年荒滩,造田50亩。群众说:"唐朝樊梨花不及银坑许云香",人人称她老模范。

工农红军挺进师北上抗日了,但光荣的金西母亲河,革命火种不灭。让长乡龙蟠村徐文佩(1918—1949),1939年在安徽泾县参加新四军。1941年"皖南事变"中被捕,关押在上饶集中营。翌年3月在押送福建途中逃出回乡,以教师身份积极宣传抗日救国。1948年9月与乡人金明开办农民夜校,共同组建"农工自救团",12月参加金萧支队八大队,活动于白沙溪长山、石门、汤溪一带,队伍扩展至160余人。1949年1月,组建中共金汤区委区署任区委书记兼区中队长,2月20日,智取敌浙赣铁路新昌桥碉堡,缴获轻机枪1挺,冲锋枪2支,卡宾枪3支,步枪7支,手榴弹100余枚,子弹2000余发等枪支弹药,为金汤地区的革命斗争做出贡献。后改任浙东人民解放军第六支队十大队,任大队长。1949年6月参加整编学习,任汤溪县大队副大队长,在10月31日进山剿匪时不幸牺牲,时年三十一岁。

新昌桥碉堡

(注:铁路新昌桥碉堡,1942年6月—1945年8月,被日军占领,驻碉堡日军对周围各村奸淫掳掠,无恶不作。抗日战争胜利后由国民党军驻守。该碉堡是日本侵略与解放战争的见证,至今无人管理,破旧不堪)

### 三、粟裕刘英的革命诗篇

## 抒 情

粟 裕

半世生涯戎马间,一生系得几危安。

沙场百战谈笑过,际遇数番历辛苦。

松苍敢向云争立,草劲何惧疾风寒。

生死沉浮寻常事,乐将宏愿付青山。

## 江海风云

粟 裕

武装斗争廿余年,转战频繁几万千。

英雄业绩烈士血,可歌可泣壮诗篇。

吾辈不能忘过去,创业艰辛忆先贤。

江海风云汇青史,激励人民永向前。

## 征 途

刘 英

幼时不知路,今日上征途。

赤心献革命,决然无反顾。

附:门阵红军"纪念亭"楹联两副。其一:甘为真理捐忠骨,怒向云天索光明。其二:国共和谈事业千古传,军民抗日丰功盖九州。


注:工农红军挺进师政委、中共浙江省委书记刘英,于民国31年(1942)5月18日,被国民党顽固派杀害于永康方岩。

# 第三章 白沙老爷神话传说

白沙老爷卢文台

(原金华市人大常委会主任朱洪法题字："怀念筑堰伟人、传承先人精神"；原金华市中医院创始元老、95岁的林希韫医师书写题字；原金华五中美术教师陈仲濂创作绘画)

# 第一节 隐退安家忙筑堰

## 一、在停久安了家

一千九百多年前的东汉时候,现在金华所在的地方叫作长山县。那时,南山一带白沙溪边到处是野花灼灼,芳草萋萋,虫鸣兔奔,蝶舞蜂飞,一片葱郁而娴静的景象。此刻,正是太阳偏西时分,一队军士沿白沙溪从远处匆匆而来,为首的一位方面大耳、身材魁伟、面目和善,此人就是卢文台。

卢文台一行人从宜阳出发,晓行夜宿,走走停停,这一日来到今天的婺城区沙畈乡停久村附近一个叫辅苍的地方,卢文台边走边东张西望,一会,他突然站住身,向快步前行的军士挥了挥手:"停下,停下,都停下!"

众人停下脚步,其中一个问:"将军。"卢文台摆了摆手:"我讲过,现在我们一不在朝中,二不在军中,大家都兄弟相称,叫我大哥好了!""是,大哥,我们走得好好的,为什么停下?""弟兄们跟我出来,还不是厌烦了打打杀杀,钩心斗角,你争我夺的生活吗?""是啊。""这次我们急流勇退,不正是要找一个地方隐居下来,过平静安稳的日子吗?""对啊。""我们一路过来已经好几十天了,你们看眼前这块地方怎么样?"

众人将四面一看,个个叫好,一个说:"这里地势开阔野草长,开荒挖地好种粮。"一个说:"这里山青青,可以砍柴烧饭,水清清,方便浇田灌地。"大家你一言我一句都说这个地方好。卢文台点点头："好,那我们就在这里安家吧。"接着他一一指点:哪块地上种粮,哪个地方搭房,哪个地方开沟引水……

男子汉最大的特点是说干就干,第二天,他们到附近老百姓家借来钩刀、锄头,开始行动,有的砍竹子,有的割茅草,有的平地基,很快,三天时间,三间简易茅草铺搭起来了。"结草为庐"之后,接着他又找到打铁店来个"化剑为锄",各人佩带的宝剑,除留下几把防兽以外,都请打铁匠打成锄头钩刀,又买来烧饭炊具。大伙在这里安下了家,齐心合力,砍草烧灰,开荒种地。菜种下去了,庄稼也播下去了,田地越来越多,这片新开的田地就叫卢畈。

## 二、着手筑堰引水

谁知,到了六月老天开晴,一直晴到八月,本来碧波荡漾的白沙溪只剩下涓涓细流。庄稼受旱,溪两边田地禾苗晒死无数,农民急,白沙老爷心里更急,决定趁天旱溪水干涸来个拦河筑堰,慢慢把水储满,才能继续引水浇灌田地。

这时有的兄弟看了看白沙溪,开始怀疑了:"大哥,就我们三十来个人,在这么阔的溪里筑一道堰,怎么筑?把溪里的石子堆起来,不漏水吗?明年春天雨水多,被冲垮又该重筑吗?"

卢文台说:"这几天我到附近村里打听过,山上毛竹很多,我们可以把溪里石子装进毛竹肚子里,用来筑堰。都江堰就是用这个办法筑堰的。"

"毛竹这么细,石子怎么装得进去?"

另一个兄弟说:"怎么装不进?把毛竹从梢头剖开,剖成八股、六股或十股,毛竹肚子就可以撑开,可以把溪里石子装进去了;装好,再用篾条箍把每段箍牢扎结实,就成了一条装有石子的篾笼,几十条篾笼不就可以筑成一道堰吗？"

还有一个弟兄说："对对对，我们四川老家就是用这种办法拦水的。"于是，在白沙溪河床上摆起了工场，卢文台跑前跑后指挥，自己也动手参与。大批毛竹运来了，如山高的柴草堆起来了，大堆大堆黏性黄泥和草皮运来了，人们把溪里鹅卵石一个个装进剖开的毛竹篾笼里，装满，用篾条箍箍好、扎实，一条条装满卵石的篾笼连接起来，从溪这边垒到那边，经过几天时间，篾笼垒成一堵高高的篾笼墙坝；而篾笼与篾笼之间的缝隙先用草皮塞紧堵实，然后再用黄泥堵塞渗漏。长长高高的一座堰就筑成了，旁边又做了泄水闸。不过几天，在下游不远的地方，又筑了一座堰。

水拦住了，水位提高了，汩汩清水又流进了卢文台他们新开垦的田地里，流进下游农民田地里，百姓们开心极了。这先建的一座堰就是白沙堰，因为白沙堰在高儒村边又名高儒堰。

（以上两篇由徐康有、鲍友棣提供材料　章竹林整理）

# 第二节 神力兴建白沙堰

## 一、神掌岩双扇门

卢文台为使白沙第二堰早些兴建起来,使两岸大片农田能够及时得到灌溉。他急急忙忙到了琅峰山,忽然乌云滚滚,电光闪闪,一个震耳欲聋的大天雷,震得地崩山裂。他眼前的琅峰山岩石滚滚倾倒而来。他心想如果山倒了砸死自己事小,如果琅琊徐村庄压掉的是几百人的生命,还有正在兴建的第二堰会倒掉,河水泛滥,百姓遭殃更为严重。情急之中,容不得他多想,当即"呼"的一声自己冒着生命危险用尽全身之力,用比蒲扇大几十倍的巨掌以千钧之力顶住了岩石,终于化险为夷,保住了村庄,堰保一方平安。可是岩石上留下了他上百尺见方大的手掌印,以后这块岩石就称为"神掌岩"。然而,路边还有一块巨大的悬竖石壁挡住了去路。白沙老爷毫不犹豫地抽出身佩的"青虹剑",一剑将石壁劈成两半,成了"双扇门"。经历沧桑风雨,今仅有"东石门",后人作了一首诗:"白云不须关,焉用双扉设"。至今琅峰山下,有卢侯创建的"白沙第二堰",年年雨季,虽有山洪,但都平安度汛。

## 二、白沙神灵显圣

三国吴赤乌元年(238),白沙溪两岸大旱。当乡民在溪筑堰引水以灌稻田时,用锄头畚基动手开挖才三四十步就遇到一块小山般的巨石坚不可凿,大家都束手无策,正在忧虑非人力所能办到时，一齐跪拜祈祷于卢文台。天庭对卢文台兴建三十六堰非常支持，命令雷公电母都助一臂之力，霎时，明朗的晴天，黑云滚滚雷雨震叠，并且听到空中有如汹涌波涛般的喊声。约莫一个时辰后，天转晴朗巨石震开了。三十六堰最后一座堰建成了，先后全面放水后，白沙溪沿岸即便大旱仍然丰收。此后，卢文台手撑竹排顺流逐堰检查质量，有渗漏的塞补，受力面大的砌以大块青石，确保堰坝坚固。有一次他所撑竹排的篙杆搭到一处，竟涌出清清泉水成了一个潭，后人就在这里建白沙庙，把这个潭命名为"涌泉潭"。以后重修堰坝，堰顶都有一个深潭，聚集涓涓滴滴的地下水，以便缺水干旱时灌田之用。

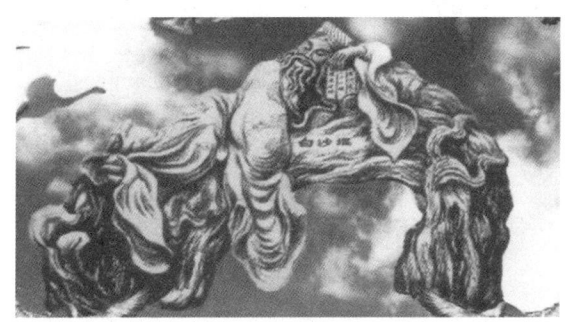

白沙老爷显灵(原金华五中美术教师陈仲濂绘画)

## 三、白飞鸽变石灰

传说白沙老爷到了婺南辅苍，率部将和百姓创建三十六堰。起初筑的堰是篾笼垒石或沙石堆积、草皮护面的临时堰。以后改筑篾笼垒石，松木打桩，三合土浇注，块石护面的固定堰。筑这种堰对毛竹、松木、鹅卵石、块石等都可就地取材。而三合土由石灰、黄浆泥、沙子三项组成，其中石灰是主要原料，白沙溪两岸没有石灰石，不产石灰，只有瓷石可制陶瓷器。石灰必须到有石灰石烧石灰的北山九龙一带去购买。从南山到北山,路程百余里,相隔一条婺江。当时运输石灰,主要靠人力肩挑,挑一担石灰需要两天时间。没有石灰浇注,固定堰不坚固。可是北山石灰窑的老板,是个盘剥势利小人,凡去挑买石灰的人,不管给货多少都要一百二十斤算一担的价钱,白沙老爷气得很就亲自出马,化成一个九旬老汉,到北山买挑石灰。石灰窑老板看他白发苍苍,犹豫地说:"你这么大年纪,为筑白沙堰出力挑石灰,难得难得,别说买了,只要你能挑,尽管挑去就是了。"于是,白沙老爷就把石灰一块一块地扔到石灰篮里,就这样整整一窑石灰被捡得只剩下了两块。白沙老爷对石灰窑老板说:"谢谢了,我就挑着两篮石灰回去了。"白沙老爷离开石灰窑以后,石灰窑老板不看不知道,看了吓一跳:满满的一窑石灰,只见九旬老汉挑去两篮后只剩两块了。

原来白沙老爷扔到篮里的石灰,一块块都变成白鸽子,飞到白沙溪工地了。以后筑堰工地需用的石灰都是从北山由白鸽子飞来变的。购买石灰的银子,白沙老爷还是给石灰窑老板偿付清楚了。

## 第三节 神力为民办好事

### 一、仗神力驱敌兵

唐广明元年(880)夏六月,黄巢军在攻破福建、浙江交界的仙霞关以后,经江山又攻下衢州,首领刘遇麾兵抵达婺州,拥众逼境。刘遇骁勇善战,欲趁婺州守军未有准备,喋血集攻。婺州姓袁的守将感到寡不敌众,惊慌失措、失魂落魄,觉得没有其他办法。只有乞灵于卢侯保佑,免祸清灾。于是夜间通过牧童托梦祈求卢侯神灵保佑。结果在六月夏天,婺城下了通宵大雨,双溪暴涨,水无渡船,陆绝桥梁,黄巢军欲将撤退,守城部队有备乘胜追击,英勇奋战,黄巢军一片混乱,刘遇五匹战马暴毙,本人也被帐下诛杀。黄巢军逃窜到松阳,聚集于卢侯墓冢,深夜忽听有万马奔腾声,敌军惊恐万分,仓皇逃窜而去。对于这些传说,婺州守将与当地百姓,都认为是仗卢侯神灵相助,是卢侯显灵之结果。事后地方具奏朝廷,唐僖宗于广明元年底封卢文台为"武威侯"。

### 二、嫔龙女随奔王

古有泛郎神与嫔龙女的故事,泛郎神是雷法水部的神将,司掌天上水务,神通广大。传说泛郎神即婺之白沙昭利侯。于是引出了下面的故事。卢王一天驾着铁船浮游于东海,突遇狂风骤雨,海上波涛滚滚,汹涌澎湃。结果船破永嘉江,沉于海底。卢王在龙宫见到了神嫔龙女,两人一见钟情,相互爱慕,于是两人决定私奔,一路相随到金华五百滩,遇见一位渔翁说,如若后面有人问起我们两人,你就回答他们已经过五百滩了。他俩走了不久,随后果然龙王派夜叉追赶而来,问渔翁前二人已去多远,渔翁作了上述回答。追赶者忧虑地说,我们过一滩已经很困难了,何况还有五百滩。于是,放弃追赶垂头丧气回去了。可是,龙女怕过五百滩会累死自己,俩人就在长山地方一个佛殿内睡觉,睡时原形显身,后人就称此殿为伏龙殿(长山村至今有伏龙殿),称五百滩就是金华的伏龙宫。泛郎神与龙女加快步伐直奔南山,到洞山下的洞山潭,过青草,经乌云到了坐三台,对五峰,依山傍水的地方停留下来定居。从此这对鸳鸯就在这里永久居住,称为停久。白沙娘娘当干旱之年,用自己的金钗刨井,曰:"金钗井"长年累月用这口井水添妆打扮,泉水成了"香粉潭",能灌溉一些农田。

### 三、珍珠变了泉潭

传说白沙老爷膝下无儿,只生两个闺女,长大后大女儿许配古方村一家殷富潘员外之子为妻;二女儿许配长山村一位书生为妻,家境虽不十分富裕,但日子也还过得去。两位闺女,每当九月十三日白沙老爷诞辰之日,都回家为父祝寿。

一日,白沙娘娘觉得二女儿日子过得差一点,为女婿早日学成报效朝廷,就把一串十八颗珍珠给了二女儿。二女儿在拜过父亲寿辰之后,高高兴兴回长山去了。谁知在途中,碰到了强人,要抢她项上挂着的珍珠,二女儿拼命地逃跑,心想,我宁愿把珍珠抛向田畈,也不给强人抢去。于是,她一边快跑,一边把珍珠抛到长山田畈中。强人抢不到珍珠,只得垂头丧气地走散了。当时,正值长山干旱、稻田龟裂、禾苗枯黄,农民叫苦连天。谁知道,二女儿的珍珠抛到田畈以后,开始像闪闪烁烁的宫灯,落地后一颗颗珍珠变成了一个个泉井,十八颗珍珠变成了十八个泉井,清清的泉水流向田畈,禾苗由黄变青。这一年虽然算不上大丰收,但仍然是个好年成。

第二年又到九月十三白沙老爷诞辰日,二女儿回娘家说起去年珍珠变泉井的奇怪事。大女儿听了,也纠缠着母亲给她一串珍珠给古方百姓造福。白沙娘娘只好把自己项上挂的那串珍珠给她。大女儿回家后也把珍珠抛向古方的田畈,结果十八颗珍珠变成十八个水潭和泉井,其中玉山潭、旱龙潭、洞山潭等都是面积一二十亩以上的大潭。潭深百余丈,潭水清澈见底,大旱不枯,常年积水,可灌注古方及以下各畈农田用水,百姓得到了很多好处。

## 四、石人山石九精

白沙溪琅琊山南面有座石人山,高三十三(丈),壁立皆石,古称石人山,山下有一个潭叫石人潭。由于年代久了,山上十块石头成了十个石人精。这十个石人精在石人山上,自称是三十三天天外天,白云生处的神仙,天天逍遥自在,知晓一些天上事情,对人间也很留恋。有一天,他们兴致勃勃,看着山下人间的荣华富贵,高官厚禄,非常羡慕。正在这个时候,白沙老爷隐退婺南辅苍,烧木炭,当农民,兴建三十六堰。他撑着竹排到了石人潭路过石人山脚。这群石人精竟议论起白沙老爷来了。他们说白沙老爷“是个大傻瓜,有官勿做。躲到山里开荒地,烧木炭,背朝前脸朝后撑竹排,还在筑三十六堰,这些都是吃力不讨好。”

白沙老爷被这群石人精讲得既可笑又可恨也懊恼,停下竹排说:“石人精呀石人精,你们不为人间做好事,还取笑做好事的人,你们虽然成了精仍然要露原形变石头的。”话音未落,只见南山深处拥上一片黑云,滚滚而来,顿时雷电大作,一阵狂风暴雨,瞬间十个石人头,被雷击得落了地,只有一个站起来头朝北仍是石人,其余九个掉到了石人潭,石人潭成了他们的放生潭。从此以后,他们只敢做好事不敢做坏事,后人称他们为石九精。至今人们远远望去,这里好像真的有十个石人,其中九个断了头,一个头朝北,后人称这块山为石人山。

白沙老爷观察白沙溪的地形,上面湖山坑有一股水过来,湖山潭可以灌山田十数亩。西坑百丈坛又有一股水过来,流入石人溪,他觉得这里水势落差都适合筑堰引水。于是率领几位部将和当地百姓,在这里筑了一座石人山堰,灌田上十石,下十石(一石等于二亩五分),当地百姓享了白沙溪水的福。1960年兴建金兰汤水库后,石人山堰被水库库水淹没了。

## 五、一箱银报恩情

传说白沙老爷到了婺南辅苍以后,率领部将和百姓,首创三十六堰。过了一两年,白沙溪上游的各座堰都筑好了。他更挂心溪流的中游和下游的各座堰。因为那里的溪流,已经走出山区、半山区,由低丘缓坡流向婺江南岸的河谷平原,受益面积广阔,与当地百姓利害关系更加密切。于是,一天他打点两箱银子作盘缠,带了几个随从部将,撑乘竹排,由停久出发顺流而下,到了琅峰山下,他心想带两箱银子可能用不完有多余,如若又把银子带回来逆水拖排也吃力,于是决定上岸寄放一箱到溪边的村庄。这里住着琅峰世祖后代的四兄弟,为人厚道忠诚,吃苦耐劳,一心想勤劳致富,撑一份好人家。白沙老爷上岸后,对四兄弟说,我有一只箱子,想借你们家放一放,过段时间撑排回来再来取。徐家四兄弟见寄放人身材魁梧,和蔼可亲,像个办大事的人,毫不犹豫地满口应允,同意把箱子寄放在他家的八仙桌下。谁知白沙老爷为了筑三十六堰,日理万机,一天一天过去了,竟把寄放箱子的事忘得一干二净,到白沙溪中游、下游的堰都筑好,也没有去拿原来寄放的那箱银子。

四兄弟天天等着那位寄放箱子的人来拿箱子,等呀!等呀!等了几年还是没有来拿。可是箱子放在八仙桌下,吃饭休息很不方便,想把它搬到里面一点的香几下。谁知箱子用力拖也拖不动,为什么会如此重?打开一看,发现里面全是白花花的银子。四兄弟心想,俗话说:"寄物重千金",为人应以诚信为本,但是等寄放箱子的来拿也不来拿,丢了也赔不起。可是银子放在家里不会生银子。不如把银子卖了买成田地山荡,一来田地山荡偷不走,二来种植作物有出熟,如果主人来取箱子的银子,可把田地山荡还给他。四兄弟就用这箱银子买了一百多石好田和大片山荡。因为田地山荡都集中连片,为了灌溉需要,又在村边筑了一座堰,拦白沙溪水开渠灌田。这样,四兄弟很快富起来了,每年都拿出一些粮食救济穷村民。几年工夫又添置了好几百石田地,造了两座大院,四个厅堂,子孙一代代繁衍不息。

到后来,村里人打听到过去寄放这箱银子的是白沙老爷。可是年间已久没法把银子还给他。为了感恩报答白沙老爷,他们建造了"白沙庙"。每当白沙老爷九月十三诞辰之日,全村都以雄伟的仪仗队去朝拜祀奉白沙老爷。村里人为了怀念白沙老爷讲不完的恩泽,又在村东头造了一座本保庙,立了白沙老爷的佛像,每逢初一、十五都去朝拜他。取名本保庙,意在富了不忘本,保佑全村农业丰收,经济发展,消灾除难,宗族繁荣,子孙兴旺。

## 六、港口殿杀恶鬼

金华南山白沙溪两岸,有三四十座古庙,庙内塑有白沙老爷的佛像。白沙老爷主要是管水,求雨得雨,雨透旱除。可是,港口殿里塑的佛像也是白沙老爷。这里的白沙老爷,不但管水,还在管鬼。凡白沙溪两岸的好鬼、恶鬼都要经过港口殿,进行审查,过白沙老爷这一关,好鬼放生,恶鬼杀头。

港口殿坐落在白沙溪流到脚,与婺江水汇合的地方,即临江石柱头。在港口殿,白沙老爷有一次升堂审鬼,一连三审,还勿落契,管殿的殿师感到奇怪。平时白沙老爷审鬼一堂便好,可这个鬼三堂下来还判勿落,又拍起案桌,火气蛮大。殿师到堂后侧耳倾听,原来这个鬼叫包华堂,是邻近村的人。殿师跑到邻近那个村,讨讯包华堂死了没有,打听到包华堂确实死了。他家里很发财,可是个黑心财主,他的千份家当,都是靠克勒穷人攒起来的,他出借一担谷,还时要两担,三担,借一块洋还时要两块、三块。有的穷人被他逼债逼得自尽。他还有意损坏溪堰,让穷人的作物得不到及时灌溉而失收,他可以放债收高利。殿师便对包华堂家里人讲了白沙老爷审包华堂的事情。家里人慌极了连忙备了猪头、鸡、鹅、斋饭,到港口殿向白沙老爷求情,要求开恩,放过包华堂这个鬼人。白沙老爷面对家人,当场拍起桌子,火凛凛地说:"包华堂专门克勒穷人,胡作非为,死掉也是个恶鬼。你们送礼求情,要我放生,好咯,送来的东西我收下,分给被他克勒欺凌死的好鬼受用,回去好好做人。但包华堂过不了港口殿"。于是,提起红朱笔,在包华堂名字上一钩,咯吱一声,恶鬼的头落了地。白沙老爷还高声宣判,凡克勒穷人,吸穷人血汗,在乡间胡作非为,毁损溪堰水利设施者,都同包华堂一样,死了还要杀头,不再让他有来世。

## 七、白沙大帝来由

明太祖朱元璋,即洪武皇,在建立明王朝前,据说曾经到过白沙溪流域的石岩山,福民山,也住过白沙殿昭利庙。有一天傍晚,朱元璋躺在白沙老爷的神座旁,朦朦胧胧地睡着了。梦见白沙老爷卢文台,那天晚上多喝了几碗酒,心情很高兴,想给白沙溪两岸多造出几千石好田,给当地百姓耕种,使白沙堰更好地为民造福。于是,白沙老爷去向天庭借了一头大仙牛,讲好天亮前归还。大仙牛借来后,白沙老爷把牛厄套上牛峰背,牛丝棒一挥,哼哼两声,大仙牛就沿白沙溪下游飞奔而去,犁到之处,溪滩摆直成良田,荒地翻松变好地。

然而,好事多磨,耕不了多少地,公鸡报晓,天快亮了。白沙老爷心想已耕的田还不够白沙溪两岸百姓耕种,怎么办?他想出了一个办法,即把大仙牛套上大铁耖拿来耖。只要田耖平了,就可以种水稻。每把耖是十二根铁耖子,白沙老爷是用一百二十根耖子的大铁耖。本来,盘横耖应该三路耖,收直耖应该两路耖,白沙老爷觉得太费时。为了在天亮前多耖田,白沙老爷摆起了大耖阵,盘横耖用三十路耖,收直耖用二十路耖。这样,长山畈,让长畈,马海畈,古方畈,上白水,下白水,许许多多大畈,一个大畈只要大耖阵一耖,就耖得平平展展。白沙溪两岸,白沙老爷耕过耖过的都是好田。各个大畈的田,既可以栽水稻,又可以种燥作。没有耕耖过的地方,就是溪两岸的丘陵和山冈。

明太祖朱元璋一觉醒来,对梦境清清楚楚,明明白白。他就把国师刘伯温叫来,交代说:"我加封白沙老爷卢文台为白沙大帝"。洪武元年(1368),朱元璋登基做了皇帝,建立了明王朝。自那以后,白沙溪两岸百姓认为皇帝"开金口",就是"圣旨下",既称卢文台为白沙老爷,也称卢文台为白沙大帝。

## 第四节 神助建筑白沙庙

### 一、庙梁柱的来历

传说三国吴赤乌二年(239)。白沙溪两岸百姓,为了感恩白沙老爷创建三十六堰的功德,经吴王孙权恩准,在白沙村南边建造白沙庙祀奉。造庙需要几百棵特别大的树木当栋梁和柱子,而当时白沙溪两岸取不出这样的大树。经过众人打听,这种大树只有二百里开外的衢州樟树潭才有。于是白沙老爷打扮成一个穷人模样,到衢州樟树潭买树。当时正巧有一批腰围粗的大树,开化树客已经卖给树行老板了。树行老板是个低价进高价出,盘剥剋扣的奸商。认为一个衣衫褴褛的穷人哪能买得起这批大树?就夸其大口说:"你如能拿得出一半的铜钱,这批树就半卖半送给你了。"白沙老爷心想:对付你这种奸商,狠一点没关系。就拿出银子付清了树价,并说:"请你给我把树放到樟树潭江边的埠头顺水送去。"又说:"多谢了",就离开了树行。

白沙老爷对这批大树用水运,即从衢江顺水而下到兰江,再从兰江转弯经婺江到临江, 再转南上白沙溪逆水运到白沙庙基西的冷水泉取树。这个冷水泉是白沙老爷在建造三十六堰时,撑竹排到这里,竹排一个急转弯,他把篙杆猛猛地搭到岸边形成的泉水井。

当时,正在建造白沙庙的众多木匠,个个忙着从冷水泉中涌上来的大树中取料。这时有人问:"木料够了没有?"木工师傅们异口同声地说:"够了"。话音未落,正拖了半截的一棵大树就拖不出来了。如今白沙庙西的那个冷水泉里,还长着好几棵粗大的树。这些树就是当时取料没有抽上来的大树,冷水泉也就成了树生泉。

造白沙庙还欠好几棵大树作柱子,后来只好用石柱子代替。

## 二、庙建在荷花座

白沙老爷仙逝以后, 白沙溪两岸百姓感念他兴建三十六堰,为民造福的恩德,要建一座一定规模的庙堂。庙基选在哪里好?这是一件大事。

白沙老爷有位哥哥在九峰石华寺。他指点说:"弟弟一生为水忙碌,庙基要选在荷花形的地方,佛像塑在荷花芯上。因为荷花长在水上面,出淤泥而不染,又如鱼一样不可离水。"根据白沙老爷哥哥的指点,当地金(高田塍)、卢(白沙卢)、滕(琅琊滕)、徐(琅琊徐)四村的"头首",就决定把庙基选在金、卢、滕、徐四村一个毗连大畈冷水田中间的高地上,常年不失水也不被水淹,佛像塑在一口泉井旁,像荷芯,这里的形状正像"荷花座"。

白沙庙建好后,白沙老爷佛像头顶高挂一块"功高御捍"的金字匾额,白沙娘娘头顶高挂一块"泽流万古"的金字匾额。庙宇由皇上赐名"白沙庙"。白沙庙正房、偏房共二百间,规模雄伟。

九月十三是白沙老爷诞辰之日, 白沙溪两岸百姓十分怀念他,都在这一天举行盛大庙会朝拜祀奉他。

白沙庙门前的场地,面积不算很大,可是朝拜白沙老爷热闹之年,都能安下十几台戏班,还有演把戏的、耍猴的、卖草药的、卖山货的、摆小吃摊的……应有尽有,十分热闹。说来也奇怪,这么一块不大的场地,却能容纳下这许多人马,又不觉得拥挤,传说是这"荷花座"能伸能缩能放能收的缘故。

每逢白沙庙的庙会,庙祝由金、卢、滕、徐四村轮流主持,生生不息,代代相传。

# 附录一 关于白沙古堰的调查报告

## 关于开发白沙文化生态旅游资源的调查报告

为开发金华市南山白沙文化生态旅游资源,促进金华西部经济社会和谐发展,市机关离退休干部的十位同志,前往白沙溪流域实地考察调查,今将考察调查情况汇报如下。

一

金华市南山白沙溪,发源于遂昌武义交界的狮子岩,主流长65公里,从遂昌门阵入境,接纳银坑溪、大铺水、左别源等水流入沙畈水库,经金兰水库后,又流经琅琊镇,白龙桥镇古方村,新昌桥村,直到乾西乡石柱头入婺江。

水是人类赖以生存和发展不可缺少和替代的自然资源。联合国近期发布《世界水资源开发报告》中指出:"到2030年,水将比石油还昂贵……可能引发'水资源'的战争"。金华市南山白沙溪,水资源十分丰富,沙畈、金兰水库以特别优质的水,解决了全市城区人民的饮水问题。白沙溪流域两岸兴建了一批小(一)小(二)型水库,形成"长藤结瓜"的灌溉网络,农田得以自流灌溉。这里由水资源衍生的水文化底蕴也很深厚,内涵丰富多彩,博大精深。

南山白沙溪古代有位"大禹式"的人物,他姓卢,名文台,随汉光武帝刘秀讨赤眉屡建战功,受辅国大将军。后来他率部将三十六人,韬迹退隐金华南山辅苍(今沙畈乡停久村),垦荒种地,自食其力。卢文台眼看白沙溪丰富的水资源白白流失,不能为民造福,决心领兵率民,筑堰引水,先后筑成三十六堰。由于白沙溪水自流灌溉农田,造福于民,后人为纪念卢文台的丰功伟绩,于三国吴赤乌二年(239)在琅琊镇白沙卢村南,塑佛建庙,香火不绝。

白沙庙为金华境内最古老的庙宇建筑。历代王朝对卢文台均有封诰。四次封侯三次封王。浙江省原省长李丰平也书写"白沙堰"碑铭。近代当地远近百姓感念卢文台恩德,于每年农历九月十三他诞辰之日,举行盛大庙会,盛况空前,年年岁岁,沿袭至今。

1992年冬,撤销当地粮库,拆庙还基,乡民自发出钱出力,在白沙庙基地东侧重建白沙庙。1996年12月18日,金华县人民政府将其定为重点文物保护单位。

二

白沙溪流域,主脉自南向北渐降延伸,形成"东西两山夹一溪"的地形。两岸山上峰峦叠翠,林木葱葱,风景极其秀丽,生态环境优越,水资源十分丰富,名胜古迹自然景观很多,历史文化内涵极其丰富。开发南山白沙溪文化遗产也不逊于北山双龙洞的文化遗产。

1995年在白沙溪深处的沙畈,兴建了沙畈水库,使它与1960年建成的金兰水库相连。为解决金华市民饮水问题,从金兰水库中通过隧道取水,建成现代化的金沙湾水厂。该厂具有高科技设备和严格精密的管理模式,使金华人民喝上了全国一流的优质自来水,是金华被评为"全国十佳宜居城市"的主要条件。凡参观过金沙湾水厂的人，都为金华人能喝上水质浊度以下指标，可直接饮用的优质水而感到幸福、自豪。现在世代居住在白沙溪两岸的人民，正在为保护提高水库周边的生态环境和文化资源作不懈的努力，沙畈水库及其电站，都正在成为文化生态旅游休闲的地方。

坐落琅琊镇西的琅峰山，是集人文、生态、旅游于一体的风景名胜区，又是浙西南的革命根据地之一，是我军金萧支队十大队主要活动地点和驻地，也是抗日爱国人士打击日寇的主要战场之一。为缅怀抗日英雄和新中国成立前后革命烈士的英勇功绩，山腰建有烈士陵墓，竖有"抗日阵亡战士纪念碑"。1995年3月31日，这里已由金华县人民政府公布为"爱国主义教育基地"。1996年和1999年，先后由金华县人民政府、金华市人民政府命名为"琅峰山风景名胜区"。

白沙溪流域还有深处丛林以白沙庙为主体的古寺庙群。琅峰山向南推进数公里，有座"石岩寺"，神像也塑在石岩洞内，寺旁竹木成林，满山翠绿，景色宜人。这里留有明洪武皇亲栽的丹枫。由石岩寺沿溪源纵深推进五公里处，有座福民山，树木绿荫蔽日，山上有福民寺，寺庙历史悠久，流传着神童"七总管"和明洪武皇对这里原送"名山第一"后改"名山第乙"的动人故事。这里既是炎夏避暑胜地，也是游人流连忘返的景点。

这里还有一处国家级的重点文物保护单位——婺州古窑遗址。位于琅琊镇铁店村，是宋、元窑遗址。1989年12月被批准为浙江省重点文物保护单位。2001年6月被国务院批准为第五批国家级重点文物保护单位。可惜的是一个国家级重点文物保护单位，当地连一个文物或图片的陈列室都没有。

## 三

开发白沙文化、生态、旅游资源，可为金华市民提供一处观光、旅游、休闲、健身的好去处,满足城乡人民日益增长的文化生活需求,也有利于保护改善沙畈、金兰水库周边的生态环境,促使当地经济社会和谐发展。这里在20世纪30年代,第二次国内革命战争,粟裕、刘英率领红军挺进师,在沙畈乡银坑、芝肚坑一带进行武装斗争,是浙西南革命根据地之一。

我们考虑开发白沙庙——琅峰山——石岩寺——婺州窑遗址——福民寺,直到沙畈电厂和水库这一条文化、生态、旅游线,可以有三种模式:一是民间集资开发;二是统一规划民间为主政府适当扶持开发;三是招商引资开发。这三种模式各有利弊,比较之下第一种模式民间无序分散开发易出偏差;第三种模式易使资源流失,利益外溢;第二种模式既可避免上述偏差,又可实现开发一个景点,致富一方百姓,达到双赢;但在实施中必须注意以下几点:

首先,统一规划,加强领导。白沙溪流域水资源和水文化资源丰富,名胜古迹景点也多,开发必须以科学发展观统一规划,发挥其"龙"头作用,这是确保规范有序开发的重要保证。规划可以市、区旅游部门为主,会同琅琊镇和有关村,在现有镇文管所基础上组成领导小组负责实施。重点是把白沙溪两岸有关水资源的物质文化与非物质文化遗产整合成既有相互联系,又各具特色的名胜风景区。形成集名胜景观、人文景观和山水风光、爱国主义教育、革命传统教育于一体的旅游观光地,切不可低起点、粗动作,各行其是,各自为政。

其次,分别主次,分步实施。开发要与村庄整治、社会主义新农村建设结合起来。从城乡人民最关心、最期盼、最具现实利益的项目着手,先开发交通便捷,有个性、有特色,能吸引更多游客的景点着手,使投资者得到现实好处而增强信心,加大投资力度,向纵深开发发展,不可以一哄而上,齐头并进。

第三，尊重民意，联合开发。要尊重原来的所有权、承包权。拥有资源所有权的集体和承包权的农户，要保护他们的权益，他们是开发资源的主体，也是受益者。有关开发的大事、要事、难事，都要先听民意，而后实施。考虑到开发要投入大量资金，政府适当扶持是必要的，要以民间社会集资为主，"政府搭台，民间唱戏"。考虑可以采取股份制的形式集资，以所在村为主，实行多方面联合，分别开发，依法经营。

白沙古堰洞山密集区调研
（左张柏齐、右崔士文）

第四，注重生态，保护环境。每个景点开发前，都要进行全面科学评估，制订可行性计划，保护好自然资源，保护好生态环境，保护好群众利益，切不可使生态环境和群众利益遭受任何损害。

第五，设施配套，搞好服务。凡开发的景点，都要把"农家乐"餐饮业跟上去，把交通、停车场等有关服务设施跟上去，要发展具有地域特色的农副产品、手工艺品。结合开展游客自采、自摘、自挖茶、果、笋等活动，吸引更多游客来观光旅游。

崔士文　张柏齐

金华市机关离退休干部调研组

2009 年 6 月 5 日

## 附:中共金华市婺城区委原书记陈陆一
## 对《关于开发白沙文化旅游资源的调查报告》的批示

　　离退休老同志这种关心婺城经济和社会发展的热心,值得在位的各位领导干部学习。婺城要发展需要更多的有识之士的共同奋斗。旅游产业是婺城的一大特色,开发白沙的建议很好,请区政府邵永华同志认真听取老同志的意见,综合规划、分步实施,使之成为我区的一大旅游亮点。

陈陆一

2009 年 10 月 6 日

# 关于开发白沙溪荒弃湿地、保护文化遗产的调查报告

为了开发白沙溪荒弃湿地，保护白沙堰文化遗产，我们市机关部分离退休干部，最近前往白沙溪流域，下溪进村十多次进行调查考察。今将调查情况报告如下。

## 一、卢文台创建三十六堰，杰出的历史水利工程

自东汉初以来，白沙溪流域筑有三十六堰，是东汉初辅国将军卢文台隐退今沙畈乡停久村率部将和乡民所筑，为全国稀有文化遗产。

新中国成立以来，白沙溪三十六堰发生了巨大变化。可分为两种情况：第一，新建水利工程，旧堰消失，废弃的有 17 座。第二，改造成混凝土水泥卵石等结构，保存完好或用沙石临时拦水建堰，继续发挥功效的有 19 座。

据白沙溪两岸乡村干部和老农介绍，三十六堰之所以经久不衰，至今仍发挥巨大作用，除白沙溪源远流长，具有水势湍急分级落差等优势外，主要是工程坚固，它采取历史上沿用的"篾笼装石垒"的做法，即在堰基夯粗大松树作桩，篾笼装石块，以大青石"三合土"护面而成。这种类型的堰坝具有"万古不朽"的功效，不愧为杰出的历史水利工程和稀有的历史文化遗产。

## 二、治理白沙溪荒弃湿地，实施好河清水畅工程

据调查，20 世纪 50 年代前，白沙溪是条河通水清，潭深无底，溪水流畅的清水河。不仅生态环境十分优美，两岸农田也完全依

赖三十六堰灌溉。20世纪60年代以来,大办水利,先后兴建了金兰、沙畈水库,大部分农田受库渠之水灌溉。因此,库坝下游除汛期丰水季河水流急外,河床长期干枯,大片溪滩湿地荒芜废弃,面积不下数千亩。现今只有几头黄牛、水牛或山羊放牧吃草,有养鸭场,小块水面养鱼,少数几处圈养梅花鹿,还有沙石采挖场。

土地是人类赖以生存、不可再生的重要资源。不仅实现工业化、城市化需要大量土地,加强农业现代化示范园区和粮食生产功能区"两区"建设,也更加离不开土地的基本要素。然而,至今白沙溪两岸,特别是高田塍、后金村至新昌桥、大圩村等地段,一望无际的荒弃湿地没有被规范地开发利用,实在令人叹息!

如何治理白沙溪,开发利用荒弃湿地,使白沙溪成为河清水畅,潭深水洁,环境优美的金西"母亲河",我们考虑必须坚持人和自然和谐,顺应自然规律和社会发展规律,以市场配置资源,实行合理开发,优化利用。主要措施是:

要通过规划引导。在对白沙溪流域进行全面调查考察的基础上,科学编制《白沙溪暨三十六堰全面综合治理规划》。实施重点是疏浚河道,清障除淤。要按上游水库丰水期开闸溢洪不受洪灾的要求,确定河道深度和阔度,保护加固堤岸,还白沙溪河清水畅的本来面貌。

要利用河流的堰坝、溪潭,溪岸的古塔、庙宇和长期湮没的"上水鲶鲐"等民间故事,建设现代化、规模化融观赏、垂钓、采摘、游乐、吃住、休闲等于一体的农林牧渔农业综合区。经初步统计,在金兰水库下游地段,就可以开发建设有堰有潭,有山有庙,有塔有林的洞山景区。按照八座堰建设八个可供水上游览的人工湖。由于白沙溪荒弃湿地面积大,在确保不遇洪涝灾害的前提下,两岸高阜地区也可开发旅游设施与游乐项目结合,具有"农家乐"特色的度假村。

要以河沙养开发。开发需要大量资金,资金来源于荒滩下层丰富的河沙。要把疏浚河道,清淤排障与挖河沙结合起来,以出售河沙的收益作为启动资金,做到以江治江以项目养项目。

总的来说,开发白沙溪这个项目,要比开发其他地方简便得多,因为它"不与民争地"只与两岸村集体发生关系,也是有关村自己的事业。政府只是牵头,组织有关部门与有关村共同建立白沙溪三十六堰治理开发领导小组,或按市场规律组成的开发股份公司,加强领导,规范操作,科学管理,分步实施,开创白沙溪治理新局面并不很难。

### 三、文化遗产不可以再生,开发保护已刻不容缓

白沙溪三十六堰,是金华的一项历史悠久、工程浩大的水利工程,不仅在"兴金先兴水"方面发挥过巨大历史作用,它也是一项具有悠久历史意义的文化遗产。

三十六堰这项工程经过以后历代修筑管理,至今一千九百多年仍在发挥重大作用。特别是新中国成立以后,金兰和沙畈水库的兴建,不仅大大改善了白沙溪流域的农田灌溉,而且使金华城市饮用水,从金兰水库通过隧道取水,这水是全国一流的优质自来水,水库兴建为金华城市建设做出了巨大贡献。保护好这样一项杰出的历史水利工程,是我们现代人义不容辞的职责。遗憾的是,至今已申报批准作为文化遗产保护的只有琅琊徐第二堰,于2011年1月7日,才成为第六批省级文物保护单位之一。对于整个白沙溪三十六堰,仍然没有系统地、完整地进行调查考察,申报市级、省级乃至国家级的文物保护单位。

通过我们这次调查,白沙溪三十六堰的堰名、堰址、堰坝结构和历史沿革已和、很清楚,为申报市级、省级乃至国家级文化遗产提供了前期条件。我们在这次调查中,已积累一些珍贵的可供申报文化遗产参考的实证。

向子范、王得民、张寿全、杨增友

黄师禹、邢文良、张柏齐、崔士文

(金华市机关离退休干部调研组)

2011 年 4 月 25 日

调研组成员张寿全(左2)、崔士文(左3)、邢文良(左5)、张柏齐(左6)等在白沙溪湿地,新昌桥村调研,并与该村书记郑炳良(右1),村主任柯健康(左4)等合影。

# 关于加强保护白沙溪三十六堰
# 历史文化遗产的调查报告

金华南山白沙溪，又名白龙溪，发源于遂昌、武义县交界的狮子岩。北流经门陈入境，全长65公里，沿途汇入30余条大小支流。曲北流经沙畈水库，注入金兰水库，集雨面积308平方公里，是金华南部仅次于婺江的重要河流。这里有处全国稀有全省最早的历史水利工程，叫作白沙溪三十六堰，俗称"白沙堰"。现报为省级文物保护单位仅以瑯琊第二堰替代，很有必要以白沙溪三十六堰历史面貌全面加强保护，做好申遗工作。今将我们历时两年，下溪进村十多次的调查情况报告如下。

一

白沙溪三十六堰，为东汉初卢文台创建。他先后建成三十六堰，使白沙溪两岸农田灌溉受益。

记载三十六堰的历史文献有：南宋庆元六年（1200）金华学派代表吕祖谦的学生杜旟所写的《白沙昭利庙记》：三十六堰"首衔辅仓，尾跨古城。大水至时，不受其溃"。明《嘉靖金华县志》载："汉辅国将军卢文台开堰三十六处，灌溉金华、汤溪、兰溪三县土地，为利甚溥。农多赖之。"明《万历汤溪县志》也载："白沙溪共计三十六堰，在县东二十里……汉辅国将军、今封昭利侯卢文台所开，首含辅苍，尾跨古城。"1994年《金华县水利志》载："三国吴赤乌元年（238）大旱，乡民先后利用山脉水势落差，筑堰蓄水，开浚建渠，引水灌田的白沙溪三十六堰，农田获丰收。"

历代王朝对卢文台的丰功伟绩均有封诰。唐广明元年（880）

封武威侯。后梁开平二年(908)封保宁王。宋政和三年(1113)封昭利侯,赐庙额昭利。元天顺元年(1328)封忠烈王等。南宋左丞相王淮(金华人)曾题《白沙溪遗兴》诗。

## 二

白沙溪三十六堰,具体地说是:沙畈堰、停久堰、白沙堰、大坟头堰、涉济堰、上水堰、周村堰、黄坛坑口堰、上塘堰、下塘堰、裴家堰、青草堰、崖头堰、猪头潭堰、山脚堰、陈思堰、皂里堰、上兰贝堰、磨石堰、朱村堰、溪东堰、石人山堰、第一堰、第二堰、第三堰、风炉堰、第四堰、华山堰、第五堰、洞山堰、旱龙堰、马坛堰、玉山堰、上河堰、下河堰、中济堰。

白沙溪三十六堰之所以经久不衰, 能在历代发挥重要作用,除溪源流长,具有水势湍急分级落差等优势外,主要是工程坚固。除个别水势平缓处是简易拦水堰外, 其堰基都夯下粗大松树作桩,篾笼垒石块,以"三合土"浇筑,大青石护面。同时,定规界,筹资金,成立堰会。毁损重修,年年岁修,精心管理。所以自东汉初至民国以来的一千九百多年间,都能为金华地区,特别是白沙溪流域两岸人民发展生产改善民生发挥极其重要的作用。这主要表现在:

首先,引水灌田,确保农业丰收。白沙溪流域涵括金华、兰溪、汤溪(今并入金华)三县,两岸均为肥沃良田,面积不下三十万亩。金兰汤"三角地带"历来是金华地区的重点产粮区。而白沙溪两岸的农田,完全依赖三十六堰灌溉,确保岁岁丰收。当地百姓为感念卢文台恩德,于三国吴赤乌二年(239)始,在白沙村南建庙塑像敬仰,称他为"白沙老爷",于每年农历九月十三诞辰之日,举行盛大庙会,年年岁岁,朝拜祀奉。

其次,代替人力,发展粮食加工。古代稻谷加工成米,完全依赖人力,以石臼或踏碓舂米,花费人工大,出米效率低。自建造三十六堰后白沙溪两岸人民利用水力落差冲击,建造旋转木制机轮舂米的水碓。旧时这里离堰较近的村庄,村村有水碓,有的村乃有上下两座水碓。全流域共有水碓150多座。水碓昼夜滚动操作,一座水碓一字排开按臼五六个,功效胜过人力舂米十多倍。

第三,推动各地筑堰引水灌溉。金华地处丘陵,干旱历来是农业的最大威胁。白沙溪兴建三十六堰后,金华八婺乃至严、衢等地,筑堰引水接踵而起。就金华来说,主要有:东阳州义堰,建于东汉末,迟于白沙溪筑堰一百六十多年。永康桃枝岭堰,建于南朝陈天监二年(561)。东阳都督堰,建于唐开元中(731—742)。永康高堰,建于唐大中年间(847—860)。武义仓部堰建于唐昭宗(889—904)。东阳苏堰,建于南宋乾道间(1271—1294),金华石板堰建于明正统元年(1436)。兰溪李渔堰坝,建于清顺治元年(1644)至八年(1651)。民国期间(1912—1949),浦江兴建珠山后门口堰。……总之,旧时金华各地有堰6581处。这对丘陵缺水,战胜干旱起了极大作用,也与白沙溪三十六堰的推动是分不开的。

<h2 style="text-align:center">三</h2>

新中国成立以来,1960年兴建蓄水6800万方的金兰水库。1995年在沙畈堰址兴建库容8558万方的沙畈水库。在白沙溪下游又兴建了一批小(一)(二)型水库,形成"星罗棋布,长藤结瓜"式的水利灌溉网络,白沙溪流域两岸灌溉条件得到根本性改善,绝大部分农田依赖库渠之水灌溉。更值得一提的是,金兰和沙畈水库的兴建,使金华城市饮用水,从金兰水库通过隧道取水,水源取之不尽、用之不竭,是全国一流的优质自来水,金华因此成为

"全国十佳宜居城市"之一,外地一些住户纷纷想迁来金华定居。有的人来金华办事,把金华水带回家去饮用。饮水优质已经成了金华的一张金名片。

金兰和沙畈水库的兴建,也使白沙溪三十六堰的原状发生了一些变化。现今尚有二十五座古堰,其中保存完整仍发挥功效的有十九座。将第一堰、第二堰、风炉堰、第四堰、旱龙堰、玉山堰等已改造成混凝土堰和混凝土块石堰。有三座堰因地势平缓仍沿用旧时篾笼装卵石泥沙堆积筑堰,用大幅塑料布铺于堰面,石子压布护堰引水。这三座堰是:华山堰、五堰、洞山堰,(有内外堰,内堰三合土结构);另外,马坛堰原堰虽废,但仍需筑堰引水。

四

白沙溪三十六堰,是我国继都江堰之后,在金华的一项历史悠久、工程浩大的水利工程,也是金华一项重要的历史文物。

然而,遗憾的是过去都没有按白沙溪三十六堰的历史面貌加以保护。今年1月7日,琅琊第二堰报批准为第六批省级文物保护单位加以保护。琅琊第二堰是三十六堰中的一座堰,保护琅琊第二堰不等于保护了白沙溪三十六堰。正因为如此,对于白沙溪三十六堰历史文物既未系统地调查考察,又没有完整地申报历史文化遗产,更无任何保护措施。

金华旧时历代官员,对白沙溪三十六堰保护较为重视。我们在调查中发现白龙桥镇新昌桥村民吕汝芳在洞山堰边发现并保存着的一块残缺石碑,碑文提到"钦命浙江分巡金衢严道水利事务加五级记录十三次"某某,以及"特授浙江金华府正堂加三级记录六次吴,特授金华府汤溪县正堂加三级记录十次石,儒学教谕纪",有关保护白沙溪三十六堰的遗迹。同时,发现民间保存着,清光绪三十四年(1908)重修的《万坛堰帖——金华白沙溪三十六堰》布局地形图。这些都是有关白沙溪三十六堰历史文物的佐证。

文化遗产不可再生,开发保护刻不容缓,保护好白沙溪三十六堰的历史文物,是我们现代人义不容辞的职责,保护历史文物不能顾此失彼。为此特提出如下建议:

首先,把现存的十九座堰,全都加以保护。在每座堰的堰址树立标志,立碑留念。即使兴建现代新型的堰,原堰仍需保留立碑说明。

其次,保护与开发结合。洞山堰的堰址,在洞山下、洞山上有古塔,有古庙,有古木,有"鲶鲌上水"的神话传说;白沙卢村南的"白沙庙"至今香火不绝。这两处都应作为历史文物的旅游景点,列入三十六堰开发保护。

第三,完整地申报市级、省级乃至国家级的重点文物保护单位。据说有的国家,迟于金华白沙溪建堰数百年的引水工程,正在申报世界的文化遗产加以保护。


        张柏齐        崔士文

金华市决策咨询委员 原金华市经济委员会科长

2011 年 5 月 15 日

(参加调查的人员还有:原市纪委副书记向子范,原市机关党委书记王得民,原市审计局局长张寿全,原市环保局正局级调研员、高工黄师禹,原市水产局局长杨增友,原市工商银行调研员邢文良)

**附1:中共金华市委副书记、市长徐加爱对《关于加强保护白沙溪三十六堰历史文化遗产的调查报告》的批示**

此报告很好,翔实可信,建议存档备查。

请有关部门认真研究所提建议,提出保护意见。我提两点原则意见,供参考。

1.征集三十六堰文物、照片、资料集中保护、展览;

2.对现存十九堰,能保护的,有保护价值的,予以妥善保护。

徐加爱

2011 年 5 月 24 日

**附2:金华市副市长蔡健对《关于加强保护白沙溪三十六堰历史文化遗产的调查报告》的批示**

请市农办、水利局、文物局研阅。

请水利局将有关意见吸收入"十二五"白沙溪保护修建规划中。

蔡 健

2011 年 5 月 18 日

**附3:金华市文物局2011年6月10日向金华市市长徐加爱上报《加强白沙溪三十六堰文物保护意见的汇报》**

# 金 华 市 文 物 局

## 加强白沙溪三十六堰文物保护意见的汇报

徐加爱市长:

　　加爱 2011 第 430 号批示件已收到。您对市决策咨询委员张柏齐、市经委崔士文等老同志集体调查编写的《关于加强保护白沙溪三十六堰历史文化遗产的调查》的重要批示和两条重要意见,市文物局主要领导高度重视,作出两次部署,并于 6 月 8 日主持召开了白沙堰保护座谈会,邀请市、婺城区水利水务部门的领导、专家及文物系统的专家,根据您的重要意见,拜读了老同志编写的调查报告,围绕白沙堰的保护利用及修建规划进行了深入细致的研究,提出以下意见:

　　一、认真贯彻徐加爱市长批示,向全社会征集与白沙溪三十六堰相关的文物、照片及资料,予以集中保存,并在适当的时候对社会群众开放展示。

　　二、根据文物法律、法规相关要求,以"保留现状、修旧如旧、以点带面、全线保护"的指导思想,在认真调研的基础上,切实做好《白沙堰等三十六堰保护规划》。

　　三、在我局积极努力下,省政府已公布白沙堰(第二堰)

为省级文物保护单位。当前，我局拟商规划部门，划定保护范围和建设控制地带。聘请业余或专职文保员进行日常管理，并纳入文物稽查支队日常巡查和监督检查范围；对现在保存基本完好且仍发挥蓄水灌溉作用的大坎头堰、亭久堰、白沙堰、上水堰、周村堰、黄坛坑堰、青草堰、崖头堰、猪头潭堰、陈思堰予以特别关注，由业余或专职文保员进行日常巡查，配合水利部门，检查监视行洪情况，发现安全隐患及时采取必要措施。

四、根据《中华人民共和国文物保护法》的相关要求，对部分废弃的堰坝是否恢复原状，组织专家进一步论证，并在规划中体现。对不拟恢复的堰坝在遗址上立碑说明。

五、与新闻媒体配合，大力宣传相关文物和历史，提高全社会保护白沙溪三十六堰意识。

金华市文物局

2011年6月10日

抄：市名城委正副主任、蔡健副市长；市水利局、婺城区政府；张柏齐等同志

# 关于治理白沙溪金兰水库下游水利的调查报告

**蔡健副市长并徐市长：**

今年5月，我们市机关几位离退休干部，向市领导汇报过《关于加强保护白沙溪三十六堰历史文化遗产的调查》。蔡副市长阅后批请市农办、水利局研阅，并提出了落实意见。徐市长阅后做出重要批示和处理意见，市文物局按照批示及时写了《加强白沙溪三十六堰文物保护意见的汇报》，提出五点具体保护利用的意见。我们很高兴，并表谢意。

关于白沙溪三十六堰历史水利工程。从1960年和1995年分别先后兴建金兰和沙畈水库后，农田灌溉和城乡人民饮用水条件得到了根本性改善。我们原认为白沙溪已经没有什么治水任务了。但从今年6月中旬两次特大洪水所暴露的问题来看，事实并非如此。白沙溪三十六堰，不仅历史文物要保护，其水利特别是金兰水库下游的水利，是社会基础设施的短板，也是急需倾力补齐进行治理的一项重要任务。

首先，部分堰坝设施简陋屡遭水毁。金兰水库下游幽兰里村的华山堰、古方村的第五堰、新昌桥村的洞山堰和马坛堰，由于这段河道水势平缓，仅以传统篾笼装石临时筑堰，塑料布护面，洪水来临一次，堰基被冲毁一次，屡毁屡建，加之管理不能及时跟上，使得丰水期多处低洼渠道漫灌，浪费水资源；枯水期有些村群众反映连救火用水也得不到保障。

其次，多处堤坝年久失修，受今年"6·19"洪水冲击，金兰水库下游后金村至大圩村段东岸，古方村至大圩村段西岸，已经出现多处泥砂石土堤坝毁损。特别是琅琊徐村第二堰(省级文物保护单位),堰侧防洪堤坝受洪峰冲击出现决口,情况万分危急,经当地群众和部队官兵全力抢险, 在决口处推入五辆报废大卡车,以及 14000 立方沙石和 3000 多个沙包,才堵住了 30 多米决口,确保了下游特别是琅琊徐村人民群众生命财产的安全。

第三,河道全面淤塞不畅。特别是金兰水库下游新殿下、高田塍至铁路新昌桥段,河道已经五十多年没有疏浚,河床大大抬高,河水经常干涸,致使 20 世纪 60 年代开发的 5000 多亩溪滩田(当时这些田在粮食征购任务外,农民俗称"帮忙田")基本上变成了荒滩,在古方、后金村有三处采砂场在挖砂出售。

另外,白沙溪金兰水库上游,两岸生态环境保护不够到位,雨季水色混浊,影响城乡饮用水质量。

对于白沙溪三十六堰,不仅要保护好历史文物,更需根据今年中央一号文件和中央水利会议精神, 按照蔡副市长 5 月 18 日批示,抓住当前重大战略机遇,全面规划,统筹安排,综合治理,从根本扭转白沙溪三十六堰尤其是金兰水库下游水利建设滞后的局面,促进水利事业的可持续发展。为此,我们建议:

要治标治本兼顾,把现在多处简陋的沙石堰修复成混凝土砌块石堰。要抓住防洪薄弱环节,对失修的泥砂石土堤坝除险加固。特别是白沙溪第二堰河堤决口,必须及时除险加固,巩固成果。要在金兰水库下游重点河段全面疏浚河道,清障排淤,确保河水畅通,还两岸失荒良田的原来面貌,使这里成为金华湿地后备资源的一个聚集区。要继续加强金兰水库上游的水利工作。这里没有沙畈水库的渠道,古堰仍在发挥作用。要特别加强生态环境保护,防止水土流失,做好农村污水处理,确保白沙溪水源不受污染和城乡人民饮用水安全。要政府主导,农民参与,增加财政投入,引导农民积极投工投劳,加快白沙溪水利改革发展,并把有关村的水务员制度建立健全起来。

市决策咨询委员　　　　　　　　张柏齐

原市纪委副书记　　　　　　　　向子范

原市工商银行调研员　　　　　　邢文良

原市环保局局级调研员、高级工程师　　黄师禹

原市经委科长、注册会计师、注册审计师　　崔士文

2011 年 7 月 20 日

## 附:金华市副市长蔡健对《关于治理白沙溪金兰水库下游水利的调查报告》的批示

　　按照确保防灾减灾与建设保护相结合的原则,请水利局将有关合理建议吸收到该区整体规划中。

蔡　健

2011 年 7 月 25 日

# 附录二 关于白沙古堰的新闻报道

婺城区白沙堰比日韩联合申遗项目狭山池、碧骨堤还早数百年

## 我市古水利文化遗产保护还缺些啥

昨日，婺城区琅琊镇白沙卢村村民，大庆油田退休干部卢福仓在网上查找资料时，看到这样一则消息：日前，日本和韩国邀请申遗专家专门为狭山池和碧骨堤举行共同申请世界遗产研讨会。

"号称日本最古老蓄水池的狭山池和韩国最古老蓄水池遗址的碧骨堤，建造年份都在白沙堰之后。我市其他地方还遗留着不少古水利设施，能否提请有关部门捆绑申遗？面对日韩强有力的文化遗产保护，我们是否应该反思我们在文化遗产保护上还差些什么？"他说。

### 一、白沙堰比日韩申遗项目早数百年

卢福仓想为白沙堰申遗，主要因为白沙堰跟他的先祖卢文台相关，《浙江通志》等史书对其事迹均有记载。

卢福仓的父亲卢勇森给记者拿出清朝刊录的《昭利侯白沙图志》，其中收录了崇善撰的《白沙水利碑记》、徐与参撰的《白沙昭利侯事》两篇重要文献。

卢文台,字高明,幽州范阳人(今北京昌平一带),东汉时期讨伐赤眉有功,官至辅国大将军。后来,他带着一帮忠实的随从,弃官来到婺州南部一个叫"辅苍"的地方,一起垦田自给自足。

当时,婺州一带干旱不断,卢文台就带领随从在白沙溪上筑堰引水灌田。根据专家推算,卢文台筑堰的时间约在公元 27 年。

到三国吴赤乌元年,白沙溪一带再次出现大旱,卢文台后人带领乡民再次扩大筑堰引水的范围,在全长数十公里的白沙溪上建起三十六堰,首衔辅苑,尾跨古城,泽被县境数万亩粮田,后称"白沙堰"。

明朝诗人朱助路过此地,感念卢文台,诗兴大发,写下《白沙春水》一首:"……春田足禾稻,堰分三十六,岁历百千多,欲问卢侯事,遗碑尚不磨。"

《卢氏宗谱》还提到,卢文台离世后,他的后人卢隆二和明朝的永十五公等人多次出资修缮白沙堰。

相比之下,日韩联合申遗项目比白沙堰要晚得多。碧骨堤坐落在韩国金堤市,建于公元 330 年,距今 1681 年,全长只有 3 公里左右。狭山池堤坝坐落在日本大孤狭山市。据日本《古事记》和《日本书纪》记载,距今只有 1400 年左右。

目前,日本和韩国为狭山池和碧骨堤建立了相应的博物馆,并举行定期的文化节,来扩大影响。

## 二、白沙堰至今还在造福一方

经历岁月沧桑,碧骨堤只留下一个闸门遗址,而狭山池堤坝所留下的遗址也不多。

在考证狭山池堤坝年份时,日本考古学家发现部分的填土中铺满带有树叶的枝条。这种建坝方法叫"敷叶工法",据他们考证,这是从中国和朝鲜半岛流传来的。

跟它们相比,白沙堰历1800年不衰,三十六堰遗址还在,还在造福一方。

60多岁的徐荣鑫是婺城区琅琊镇琅琊徐村村民,他家紧挨着白沙三十六堰的第二堰。

他说,小时候,每到灌溉时,村民就会聚集在一起编制竹笼,装入石头,封口后叠到第二堰上。过不久,溪水就漫入左右两侧的水渠,流向千亩粮田。

刘竹余是琅琊镇泉口粮食合作社负责人。他说,白沙溪第二堰的水渠分东西两条。绵延10多公里。上游金兰水库和沙畈水库虽已成为饮用水源地,但每到水稻种植和分蘖时节,水库还会放水灌溉。

### 三、我市还有不少古代水利遗存

在古代,我市是一个依水而生的地方,留下了不少古水利设施,让人感到惊奇的是,不少古水利设施还在各地发挥作用。

据中国水利水电科学研究院等单位专家初步考证,狭山池和碧骨堤的设计方式,跟我市不少古水利设施构造相仿。

仓部堰,坐落在武义县泉溪镇仓部堰村,为唐昭宗年间在外为官的村民徐镒所建。据《武义县志》、《武阳石城徐氏宗谱》记载,徐镒为乡民做了许多好事,其中最让人称道的是仓部堰引水工程。

原来,徐镒回到故里后,正逢大旱之年。徐镒体恤民情,多方奔波,谋求良策。经过苦思冥想和无数次跋山涉水的实地考察,他终于想出"引山泉水灌溉农田"的想法。他召集村民从水资源丰富的山上引下山泉,汇入溪流,并在溪流不含水层内砌筑方形涵灜和多条支濒。

仓部堰分露出表面的明渠和埋在地下的暗渠两种，其中，暗渠即地下水渠18条，沿用至今，灌溉刘宅、王山头、官田、巩宅、泉溪等沿线近20个村庄上万亩农田。

蜀墅塘，坐落在义乌佛堂镇与赤岸交界地带，为宋孝淳熙年间大理寺卿兼翰林学士王槐回乡所造，整个灌溉水系分三枧九圳，分别流入下游近三万亩农田，至今仍在发挥作用。

李渔坝，位于兰溪孟湖乡夏李村西约800米。李渔坝原名石坪坝，系清代著名文学家李渔在家乡担任"祠堂总理"地设计创建。坝长9.7米，宽1.6米，高3米，用红条石砌筑，坝底设一石孔，平时用木板密封，坝内淤泥过多，可开坝孔清淤，现仍作灌溉用。

除了李渔坝，李渔还牵头修建了伊山后石坪坝、庵头坝、龙门坝、堰公坝等4座水坝，直到现在也还在灌溉。

## 专家观点：

### 申遗未尝不可　保护仍需加强

"如果能将散落在各地的这些'明珠'串联起来，申遗并非没有可能。""省百物质文化遗产"基地主任陈华文说。

在陈华文看来，申遗需要政府部门的支持。申报世界遗产的形态在一定程度上有点相似于参评诺贝尔学奖。获得申遗取决于两个因素，一是遗产本身所具有的"突出普遍价值"，另一个是遗产所呈现的"真实性和完整性"。

陈华文表示，针对这两个非常客观的因素，保护和申报世界遗产中需要做的更多工作，应该是对文化遗产价值的基础研究，申报模式的探索和对遗产真实性和完整性的维护，保护遗产与现代化发展地协调等。

(刊于 2011 年 2 月 23 日《金华日报》今日焦点·要闻)

# 婺城"白沙文化"有望得到开发

**本报讯**(通讯员 刘慧君) 昨日,婺城区举行旅游工作座谈会。区府办、旅游局、琅琊镇有关负责人参加了会议。区长助理邵永华参加会议。

座谈会上,市离退休老干部代表在座谈会上为婺城区的旅游事业发展献计献策。多年来,老干部们从多个角度实地考察,调研了婺城南山区域的旅游资源。他们着重对白沙溪流域的人文资源如白沙庙的文化传承等进行了抢救性的收集整理工作。并建议把白沙溪流域里星罗棋布的文保单位、景点,如铁店窑遗址、洞山古塔、琅峰山区块等进行串珠式的规划整合,着重提出利用金兰水库下游丰富的水资源并综合规模化种养业开发乡村休闲旅游,把白沙溪流域建设成为金华市区的后花园。

据悉,2009年5月以来, 市机关十多位老干部在调研的基础上撰写了《关于白沙文化生态旅游资源的调查》,报告送给区委书记陈陆一。陈书记对调查报告给予充分肯定和热情支持,并指示"婺城要发展,需要更多的有识之士的共同奋斗。旅游产业是婺城的一大特色,开发白沙的建议很好"。本次座谈会旨在贯彻落实陈陆一书记的批示精神,充分听取了老干部们的建议和意见,为开发婺城区旅游市场奠定基础。

(刊于 2010 年 1 月 15 日《今日婺城》)

## 白沙溪三十六堰的前世今生
### ——市民提供古水利遗址的清代史料

三十六堰今犹在,不见当年修渠人。在婺城区琅琊镇,保留着一片古水利遗址,历经一千九百多年的历史,如今还在造福一方。它,就是琅琊镇白沙溪流域上的白沙溪三十六堰,并引起社会热议。前几日,市文联退休老干部陈启寿向记者报料,他手中收藏有两本关于白沙溪三十六堰的文史资料,其中一本是清朝光绪三十四年(1908)的《万坛堰帖——金华白龙桥三十六堰刻本》,详细绘制了三十六堰的布局地形图,另一本《光绪金华县志》记载了白沙溪三十六堰的具体方位。一群机关退休老干部也专程送来一份《关于开发白沙文化生态旅游资源的调查》,报告考证了三十六堰的来历,同时提出了利用文化遗存和自然景观,开发白沙文化生态资源,形成北有"双龙一垅八站",南有"白沙一溪八景"旅游线的建议。

### 一、1900多年,三十六堰造福一方

白沙溪,主流长65公里,从沙畈溪口门陈入境,接纳银坑溪、大铺水、左别源等支流后入沙畈水库,经金兰水库后,又流经琅琊镇、白龙桥古方村、新昌桥村,直至乾西乡石柱头入婺江。

退休老干部崔士文、张柏齐等人在调查报告中写道,据《昭利侯白沙庙记》记载,白沙溪古代有位大禹式的人物,叫卢文台。汉成帝末年,卢文台在汉光武帝刘秀手下战功卓著,最后当上了辅国大将军。刘秀功成后,卢文台没有居功受赏,而是仿效严子陵在

富春江垂钓,修身养性。

东汉建武三年(27),卢文台率领手下官兵三十六人,隐居到金华南山辅苍(今沙畈乡停久村),垦荒种地,自食其力。当时,白沙溪水流急落差大,两岸农田晴则旱,雨则涝,天灾连年,民不聊生。卢文台眼看丰富的水资源白白流失,不能为民造福,于是,效仿战国时李冰兴建都江堰等水利工程之举,带领士兵和附近村民,不辞劳苦地兴建白沙堰,利用水势落差,先后筑成三十六堰,成为我省最早兴建的水利工程。三十六堰筑成后造福于民,卢文台备受当地民众崇敬。

三国吴赤乌元年(238)遇大干旱,乡民开堰引水,喜获丰收。后人为纪念卢文台的功绩,在琅琊镇白沙卢村南塑佛建庙,称卢文台为"白沙老爷"。

239年,白沙庙建成。后经历代修葺,庙宇宏伟壮观。历代王朝对卢文台均有封诰,历代官员文人多为白沙庙题词。南宋右丞相王淮是金华人,就曾题七律《白沙溪遗兴》:"白沙三十有六堰,春水平分夜长流。每岁田禾无旱日,此乡农事有余秋。"感怀其功绩,也描述了当时人们有序利用三十六堰的景象。

二、当年,三十六堰怎么运作

三十六堰最早的时候是怎么开渠运作的,如今尚找不到史料记载。但是,根据陈启寿提供的史料,一直到清朝光绪年间(1875—1908),三十六堰还在为当地居民所利用。

在清光绪三十四年(1908)重修的《万坛堰帖——金华白龙桥三十六堰》刻本中,不但清晰地绘制了三十六堰的布局地形图,还记录了康熙、雍正、光绪年间当地政府调解村民用水纠纷,合理分配三十六堰运作的协议书。

其中一份签订于雍正十年(1732)的协议书写道:"特授金华县正堂赵为给帖以循旧例,以息讼端事……据士民叶茂桂等呈称,万坛堰创自先朝,各出已资,买田雇工,开浚筑堰,承水灌注田禾。照田出资分水,派定日期,分作十二甲,各立甲长,每年以五月初一日为始,十二日一轮,周而复始,并无搀越争端等事。原始有押帖十二张,迨至甲寅兵灾之后,押帖被失,无序渐至,强者紊,刁者越,不循旧规,争端滋起。身等立议具呈分恳,前来据此合行给帖,仰各甲长勿得持强搀越争竞,永远遵照。"(标点为记者所加)其后的具体协议中,详细列出了每堰起始的位置和引水灌溉的范围,每一甲、每一堰具体用水的起止时间,每项条款陈述得非常清楚明白。

据陈启寿介绍,这是现存较少的关于金华水利工程的资料,说明三十六堰在清代仍与当地民生息息相关,当地村民仍然依赖三十六堰确保农事丰顺。

白沙溪三十六堰历经千年,默默为当地的农业发展贡献着自己的力量。

三、如今,三十六堰能否开发

昨日,记者与婺城区文物办取得联系,得知白沙堰已于今年1月7日被核定为第六批浙江省文物保护单位。文物办的郎女士说,他们对白沙溪流域的三十六堰做了普查,其中二十三堰自1960年以来因为修造水库、开发等陆续不存在了,剩余的十三个堰也只残存部分遗迹,保存最为完整的主要是位于琅琊镇琅琊徐村的白沙第一、第二堰,但也已经用水泥改建过,目前,相关的保护措施正在拟定之中。

一个历史如此悠久,如今部分仍在发挥功效的古水利工程怎样才能在新时代展现它的价值？

　　崔士文、张柏齐等市区退休老干部多次考察了白沙溪流域的琅琊镇琅峰山、古方古村落、石岩寺等地，罗列出"卢文台手掌印""双扇门""七间厅"等几十处自然风光和古建筑，提出了开发古方村落、白沙庙、琅峰山、石岩寺、婺州窑遗址、福民寺，直到沙畈电厂和水库的文化、生态旅游线路。在确保沙畈、金兰两个上游水库水质安全、生态环保的前提下，为金华西部旅游经济再增亮点。

　　老干部们的愿望能否实现，有待相关部门考证和规划。通过史料追寻三十六堰的原貌，是希望引起大家的思考：今天，我们当如何尊重先人的智慧，保护先人的遗存，同时进行合理开发，在新时代发挥它独特的作用。

（刊于 2011 年 3 月 15 日《金华日报》第 8 版）

# 保护白沙溪三十六堰刻不容缓
## 金华市政协委员视察白沙堰并出谋划策

金华市政协组织部分市政协委员，邀请部分市决咨委员、市机关离退休老同志，于2011年10月25日视察了白沙溪堰坝保护工作情况。委员们实地视察了省级文物保护单位白沙溪第二堰，白沙溪风炉堰的保护利用情况。听取了市文物局、市水利局关于白沙溪堰坝修复和保护利用情况的工作汇报。市决咨委员张柏齐、市机关离退休老同志代表崔士文介绍了白沙溪堰现状的调研情况。市政协副主席朱恒钱、秘书长徐月明、副秘书长方竞成、汪永革参加视察活动。委员们就如何做好白沙溪三十六堰的保护利用提出了建议意见。

委员们认为，白沙溪三十六堰历史悠久，规模巨大，是丘陵山区解决缺水干旱问题的有效途径，更是金华先民智慧的结晶。金华成为国家级历史文化名城以来，文物保护成绩斐然，有目共睹。委员们建议注重挖掘白沙溪流域的文化资源，把白沙堰的保护与防洪、灌溉、旅游结合起来，进一步加大治理力度。委员们指出，一个城市的发展，离不开文化的传承，我们要把白沙溪三十六堰的保护列入政府的工作之中，加强宣传，增强意识，开展好抢救、整理、开发、利用工作，使沿途老百姓从历史文化遗存中享受到福利，更为金华历史文化名城增光添彩。

朱恒钱最后指出：白沙溪堰坝是水利事业发展的重要见证，要明确责任抓落实，科学论证定规划，保护和利用相结合，广泛宣传达成共识，上下齐心做好白沙溪堰坝历史遗产的保护和利用工作。

（刊于《金华日报》2011年10月31日）

## 附:保护白沙溪三十六堰若干问题的探讨——崔士文 在金华市政协委员视察白沙堰会上的发言

白沙溪三十六堰,是具有三十六座白沙古堰群特色的不可移动历史文化遗产。如何发掘、保护和开发利用,提出三个问题,供请各位领导和委员们研讨。

第一,白沙溪与白沙古堰群具有独特的基本特征。

白沙溪,又名白龙溪,俗称"兰贝源"。发源于遂昌、武义两县界从门陈入境,接纳银坑溪、半溪等几十条大小溪流,汇集诸水流入沙畈堰,1995年兴建为沙畈水库。经沙畈乡的山脚,注入金兰水库,经琅琊镇,过铁路新昌桥,穿过白龙桥,于临江的中济堰注入金华婺江,全长65公里。三十六座古堰群全长46公里,就建在白沙溪上。这是一条青山绿水,河清水畅,水资源丰富的仅次于婺江的重要的母亲河。

白沙溪最宝贵的是地下水资源极为丰富。白沙溪上游兴建金兰、沙畈两座水库,下游又建83个小水库,还从金兰水库取水到金沙湾水厂,日供水量达30万吨的情况下,地下水资源还是非常丰富。据省水文地质第四普查队1982年6月79眼井抽水测验,白沙溪地下水水量达2万立方米/昼夜,年产水量可达730万立方米。因此,白沙古堰群采用"以潭筑堰蓄水,开渎引水灌田"的经验筑堰,在河道面上看不到有流水过滩的情况下,但每座白沙堰中还是有水提供农田灌溉和生活用水。这是多么宝贵独特的物质文化遗产。

第二,白沙古堰群与卢文台其人及文化遗产。

白沙溪三十六堰,根据《金华市志》《万历汤溪县志》《金华志》等有关史料记载为卢文台创建。卢文台,字高明,是幽州(今河北定兴)范阳人,东汉初期随汉光武帝刘秀讨赤眉,战功不赏,隐退至金华南山停久,创建白沙古堰。吴赤乌元年(238)大旱,与乡民筑堰蓄水,开浚引水灌田,先后建有三十六堰,取名"白沙堰",已有近二千年历史,为省内最早水利工程之一。

卢文台创建白沙古堰群造福于民,受历代皇朝四次封侯,三次封王。白沙溪两岸民众,为纪念"白沙老爷"创堰的丰功伟绩,先后建造以白沙殿昭利庙为中心的三十六座白沙古庙群,虽然规模不大,但香火连年不衰。还发现这里有国家、省、县级文保单位和风景点二十多处,与白沙古堰群历史文化遗产有密切联系。如陈启寿保存的《万潭堰帖》;东俞村祠堂保存的乾隆三十八年(1773)《玉山堰碑》石碑,以及白沙卢村保存的《白沙第一大堰总录》等,都说明三十六堰的文化遗产丰富深厚,是白沙历史文化的重要见证。

第三,设立白沙古堰群古方洞山展示区的建议。

白沙古堰群,经受新中国成立以来六十年的风云演变历程,尚有25座堰的保护、开发利用问题。市文物局已向市长做出全面的汇报。按照"保留现状,修旧如旧,以点带面,全线保护"的指导思想,根据白沙堰的现实状况,提出在古方洞山段,建立白沙古堰洞山展示区的设想。主要理由有以下六点:

一、洞山段堰距密集。在金兰水库下游,从第一堰、第二堰至新昌桥万潭堰的8公里左右范围内建有12座堰。从第四堰到万潭堰全长不到2公里内建有风炉堰、第四堰、第五堰、华山堰、洞山堰(包括内、外二堰)、旱龙堰和万潭堰共6座堰,平均0.3公里就有1座古堰。建议修建成白沙古堰群集密区(或核心区)的古堰群展示区。

二、灌溉受益重点区。金兰水库兴建后,灌田从 12 万亩扩大到 27.8 万亩,而洞山密集区的受益面积要占总面积的 75%,粮食征购任务占当时全县三分之一。

三、现存古堰坝多。其中尚有华山堰、第五堰、洞山堰和万潭堰 4 座古堰,仍保持原古堰面貌。可按照"修旧如旧"的原则仿古修复成篾笼堰。仿古修复成四种不同时代,不同材料筑堰的古堰建筑模式的展示区。

四、水土资源丰富。地下深层的红层裂隙地层,地下水资源非常丰富,而且一堰一潭储水量大,可修复建成"八堰、八潭(湖)"的水清河畅,生态环境秀丽的风景区。

五、这里文物资源丰富。有明代洞山塔,明代古方朱氏宗祠,紫阳寺,白沙庙,元檀殿,以及抗日战争时期新昌桥碉堡和红军革命斗争史等历史文化遗产。

六、湿地开发空间大。从古方第四堰至铁路新昌桥 3 公里的河道已五十多年未清淤,防洪堤坝年久失修,河沙石料被淹没在河沙石道底下,20 世纪 60 年代开发的溪滩田地 3000 多亩,80% 已变成一片荒溪滩,通过河道治理,进行开发利用。

最后,我们经历了三年多时间的调研,对白沙溪三十六堰保护、水利设施河道治理、白沙湿地开发利用这三大问题,提出调查报告和建议。由于我们十位年逾八旬的高龄老人,实在是心有余而力不足,只有寄希望于后辈。乘此机会移交给大家,请你们一代来完成了。拜托! 希望在你们身上。谢谢!

2011 年 10 月 25 日

# 白沙溪三十六堰给我们带来的思索与启迪

婺城区白沙溪三十六堰古水利工程遗存的被重视和发掘,给人们带来了不小的惊喜与赞赏,同时也给人们带来了诸多的思索与启迪。我觉得至少有如下几个方面:

一是在婺城这块令人引以为荣的热土上,蕴藏着无比深厚与宽广的历史文化资源,而水文化只不过是众多历史文化资源中的一小部分,还有众多的历史文化资源还未被人们所关注与发掘。在推动社会主义文化大发展大繁荣的今天,我们要努力提高文化自觉,正视当前这样的情况,进一步加强这方面的工作。

二是就三十六堰古水利工程本身的发掘而言,人们也只是着重从古水利工程建设与保护的角度进行了大量的发掘,并取得了丰硕的成果,但如果能从更深更广的层次,从水文文化的视角来作进一步的发掘,就会发现其蕴藏着的水文化历史资源远比单纯的水利资源要丰富得多。白沙溪三十六堰古水利工程自公元20年开始建设已历经一千九百多年,其中仍有十几条堰至今仍在为百姓造福,说明它为白沙溪流堰在繁荣经济,忙乱善民生,促进社会发展与进步,拓展对外交流,提升人们的精神面貌和核心价值观等方面都做出了巨大贡献。从这个意义上说,白沙溪三十六堰不仅仅是一条"旱涝保收"的古水利工程设施,而是婺城区一个为人们展示经济持续发展,社会不断进步的"窗口",从文化的意义上来说,它又是一条生动的"文化长廊"。这些水文化历史资源的进一步发掘与弘扬,必将为这个古水利工程遗存,赋予更丰富的内涵和重大意义。

三是在进一步发掘水文化历史资源中，人文资源无疑是一个十分重要的内容。因为历史是劳动人民创造的。我们在参观考察中看到不少当地百姓为感念一千多年前发起并带领白沙群众治理白沙溪东汉骠骑辅国大将军卢文台而建的庙宇，规模虽不大，但多达几十个，群众亲昵地尊称他为"白沙爷爷"。世上本没有神仙，就像永康的胡公大帝一样，为百姓减免赋税，做了好事，百姓感其恩德，慢慢地就被神化了。胡公是"为官一任，造福一方"，而卢文台则是一位不计功名利禄，带领三十六名部将退隐金华南山，而且是一个外地人(今河北定兴县)，与白沙溪群众一起，战天斗水，为民造福，并且在他死后，他的后人仍与白沙人一道前赴后继，代代相传，则是一个更了不起的传奇人物，在当地至今还流传着他的许多动人的传说故事。例如：他带领百姓在治水中，因势筑坝，合理布局；在管理中，公平分水，消除矛盾，做到各村团结协作，和睦相处等，这些都表现出他具有相互的科学发展理念。在一处白沙溪庙中，听说有一只香炉在发洪水中，被冲到了十几里路外，这说明白沙溪并非十分温驯。洪水来时，堰坝被冲垮，土地作物被毁，生命财产受损，但白沙群众在灾难面前，不退缩，不气馁，发扬勤劳勇敢不屈的精神，一次次战胜灾害。这方面感人的事迹数不胜数，这些正是十分生动和宝贵的文化历史资源。通过深入的发掘，认真的研究和提升，简练地概括出白沙溪人的精神，也就是婺城人民的精神，它不仅展示了中华民族的传统美德，也体现了社会主义先进文化的前进方向，这种精神得以传承与发扬，为当代的社会主义文明建设服务。

以上这些都说明，白沙溪三十六堰古水利工程的初步发掘仅仅是为白沙溪丰富文化历史资源的进一步开发开了一个好头，艰巨的任务有待我们用更大的努力去完成。要着重指出的是，历史文化资源的发掘，在某种意义上说，也是一项"抢救工程"，那些散落乡间及埋藏在地下的宝贵遗存；那些流传在广大民间的传说故事，如不及时发掘，将会随着时代车轮的前进而被湮灭，这将是一个无法弥补的损失，也是我们这代人对历史与后人的"失职"。

有人会问：三年前我们市机关的一些离退休老干部就已经发掘出了白沙溪三十六堰这一古水利工程历史文化资源，并向有关领导部门写了报告，还提出了进一步开发利用的建议，但为什么时至今日，仍有很多人对卢文台其人其事并不十分了解。相比之下，北山的黄大仙只是《神仙传》中的一篇二百多字的小故事，通过小说、民间故事以及众多影视作品长期不断的传播和弘扬，如今已成了名扬国内外的"侨仙"，其"普济劝善"的美德和精神，已广为人们所赞誉。这一点很值得我们深思。

传播与弘扬，除了运用各种各样有效的渠道和生动活泼的方式，还需要有各式各样的媒体、平台与园地。由金华小邹鲁文化促进会与婺城区新闻传媒中心共同创办，将在《今日婺城》上开辟《白沙溪文化古今谈》专栏，就是为广大热心于发掘、研究与弘扬历史文化资源提供的一个平台和园地，希望大家热情地支持她、爱护她，并为她踊跃投稿，为推动挖掘、弘扬历史文化资源的事业鼓与呼。

编者热情邀请我在专栏上写点文章。我因身体欠佳，而且对白沙溪三十六堰这一古水利工程缺乏深入的考察研究，实在是心有余而力不足，但作为水利和新闻战线上的一名老兵，我又是义不容辞的，因而在病榻旁草草成文，算是一个"开场白"，也是一块引玉的"砖"吧！

丁民

金华小邹鲁文化促进会顾问、金华市政协原主席

（刊于 2012 年 2 月 8 日《今日婺城》"白沙溪文化古今谈"专栏）

# 白沙溪河道治理新规划新鲜出炉

5月25日,婺城区水务局组织召开《金华市婺城区白沙溪河道治理规划》评审会,省河道管理总站主任陈永明,市水利渔业局局长包晓华,婺城区副区长王金生等出席会议,省水利专家郑月芳、徐华敏,以及市河道管理处和婺城区发改、财政、规划、国土、文物等部门乡镇的领导参加了评审会。

此次规划的区域是金华江主要支流白沙溪。规划范围分两段,涉及河道总长度为33.55公里,其中上游河段从沙畈水库坝脚至金兰水库库尾,长度为16.55公里;下游河段从金兰水库泄洪渠出口至白沙溪出口,长度为17公里。《规划》从流域概况、防洪现状及存在问题、规划范围、目标及原则、水文分析及水利计算、防洪工程规划、河道景观、堰坝及水环境工程规划、防洪非工程措施规划、管理规划、投资估算、规划实施的意见与有关建议等方面进行了综合规划。

评审专家组听取了规划编制单位关于规划成果的汇报。与会人员围绕规划的必要性、范围、原则、水文及水利计算、工程投资与实施计划等问题,进行了认真评审,提出了许多建设性的意见和建议。与会领导和专家要求地方政府和有关部门进一步统一思想,提高对白沙溪河道治理规划工作必要性和紧迫性的认识。同时强调,规划确定的目标、原则和工程方案符合白沙溪的实际,是今后指导白沙溪河道建设和管理的重要依据。

通讯员洪航军

(刊于2012年5月30日婺城新闻网)

# 附录三 关于白沙古堰的实物资料

## 李丰平"白沙堰"题字与碑亭

东汉永平三年(60),"白沙老爷"卢文台,率部将三十六人,运用"以潭筑堰蓄水,开渎引水灌田"经验,创造白沙溪三十六堰,总称为"白沙堰"。距今已有近两千年的历史,是浙江省内最早的水利工程设施之一,原浙江省省长李丰平题写"白沙堰"三个大字的石碑亭,屹立在琅琊镇琅峰山风景区白沙第二堰旁。

黄师禹 崔士文 摄/文

# 古方洞山塔

　　古方洞山塔位于白沙溪三十六堰洞山古堰群密集区。造型优美,构造坚固,端庄宏伟,雄奇秀丽,是古代历史文化象征性的景观建筑。建于明代万历二十三年(1595),是金华市城区唯一的一座古塔。该塔为楼阁式空心砖塔,平面六角形七层,高二十余米。塔身逐层内收,层青砖檐头,外壁绘有佛像、壁画。塔底层有拱门,与塔心相通,内壁两侧自下而上各有一排小坑,可供攀登之用。1990年被列为县级重点文物保护单位。2012年重修恢复原貌。

胡佩生　崔士文　摄/文

# 白沙大帝卢文台

　　白沙大帝,昭利侯,忠烈王,俗称"白沙老爷"。东汉建武三年(27),任步兵校尉,后授辅国大将军,姓卢,名文台,字高明,幽州范阳(河北定兴)人。随汉光武帝刘秀,讨伐赤眉,没有居功受赏,率部将三十六人,隐退至金华南山(沙畈乡停久),垦荒种地,开辟田畴,筑堰蓄水,开渎引水,灌溉田禾,创建三十六座古堰群,造福于民,距今已有近两千年历史。白沙溪流域民众深感崇敬,建庙塑像,先后建有三十六座白沙古庙群,受历代朝廷四次封侯三次封王,被明太祖朱元璋封为"白沙大帝"。

唐广明元年(880)被封为"武威侯"，后梁开平二年(1908)封"保宁王"，宋政和三年(1113)封"昭利侯"赐庙额"昭利"，宋淳熙十年(1077)封"灵贶侯"，宋嘉泰元年(1201)封"孚应侯"，嘉定十年(1217)加封"广济王"，元至正十八年(1281)封"忠烈王"。

　　《白沙老爷传说》已列入婺城区第二批非物质文化遗产代表作名录。

金华市机关离退休干部调研组

# 新昌桥村民吕汝芳保存的石碑

白龙桥镇新昌桥村民吕汝芳从洞山堰旁拾回并保存着一块石碑(碑缺不全不清),碑文记载:

"钦命浙江分巡金衢严道兼管水利事务加五级记录十三次……。"

"特授浙江金华府正堂加三级记录六次……。"

"特授金华府汤溪县正堂加五次记录十次石……。"

"儒学教谕纪……。"

新昌桥村民吕汝芳保存石碑

胡佩生　崔士文　摄/文

# 清乾隆三十八年(1773)五月《玉山堰碑》

《玉山堰碑》现存白龙桥镇东俞村俞氏祠堂内

# 清乾隆元年(1736)二月《白龙古廊桥碑》

《白龙古廊桥碑》现存白龙桥镇叶店村叶氏祠堂内

# 浙赣铁路新昌桥碉堡

　　铁路新昌桥碉堡，位于婺城区白龙桥镇浙赣铁路新昌桥东。1942年6月至1945年8月被日本军队占领四年之久，驻碉堡日军对周围村庄百姓奸淫掳掠，无恶不作。抗日战争胜利后的1949年2月20日，金萧支队金汤区中队长徐文佩(1918—1949，白龙桥镇龙蟠村人，该村现有徐文佩革命烈士墓)组织智取新昌桥碉堡，缴获了国民党交警队的枪支弹药，为金汤区的革命斗争做出贡献。现存新昌桥碉堡，常年失修，无人管理，破烂不堪。

胡申生　崔士文　摄/文

# 新昌桥水碓遗址

　　新昌桥水碓,位于婺城区白龙桥镇新昌桥村,是村民杜顺根祖先始建于宋朝的一座二台卧式水轮,米坊、磨坊、油坊"三结合"的联合加工水碓,俗称"杜顺根水碓"。有 16 个碓头加工稻谷的米坊;有玉米、大小麦加工成粉的磨坊和油菜籽榨菜油(食用)、柏籽榨青油点灯、蜡制烛及肥皂原料的榨油坊。

杜顺根水碓遗址　　　　碾子　　　　　　磨下盘

调头踏　　　　舂臼　　　　舂臼　　　　碓子

胡佩生　崔士文　摄/文

# 附录四 关于白沙古堰的文献资料

## 白沙卢氏宗谱

間譯文臺盧侯世居范陽歷官輔國大將軍從大
樹將軍馮異討赤眉於峭底永平三年庚申圖畫
中興功臣於雲臺而侯不與侯卽韜跡于婺州之
括蒼不辭胼胝圖繼禹功創堰三十有六以惠求
茲迄今墓址尚存焉而乃赤烏年間忽顯靈異廟
食白沙此紫巖于君題廟之訏明徵不爽也越三
十有二世
欽恩歲進士諱隆盧公又出世居白沙富甲一鄉出
質築堰以續成祖德勇焚香而變助神功此其
散見於邑誌堰譜碑文者亦旣班班可逮三十

琅琊镇白沙卢村《白沙卢氏宗谱·卷之一》

# 宋昭利庙碑记

应直言敢谏科贤良临江杜旟 撰文

奉直大夫沿海制置使郡人潘孝恭 篆额

婺于东南为乐郡，金华于婺为沃壤。有所谓白沙溪者，其所灌之田于金华为上地。自沟洫①之迹亡，水无定制。流者为堰，汇者为塘，为陂②、为湖。唯堰之利溥，其为功实难。湍激屈曲，与溪为谋，涝③旱之变，不隄④则涸。盖白沙堰，三十有六。首喷⑤辅苍，尾跨古城。大水时至，不忧其溃。阅时不雨，其流有决。蔓衍磅礴，其田不知几千万顷。民受其利，无有终穷。而白沙之「灵贶」实于是主之。侯姓卢氏，汉时讨赤眉有功，尝显灵矣。其详不可得闻也。婺之南，有山名「辅苍」，林麓菁葱，水石洁清，侯游而乐之。垦田以居，号「卢贩」，遂庙食其地焉。

吴黄武四年三月大水，庙之香火漂至白沙。居民范氏复诸官，官清

(41)

诸朝。吴王命诸葛恪、杜宣榱其故。不谖，乃许建庙。今庙其故址也。

赤乌元年旱，乡民谋开堰引水，以灌稻田。锄畚所及才三四十步，巨石

矗[6]然隐地。役夫敛手，乃祷于侯。是夕雷雨震叠，空中淘淘若喊声。

迨明，石已开矣。三十六堰，以次而成。唐僖宗封「武威侯」。钱氏有

吴越加「保宁王」。国朝政和三年，守袁灼有请赐庙号「昭利」。淳熙

十年，守钱佃复有请封「灵贶侯」。非神听卓然，昭苍无爽。历代襃

崇，其可徼欤。夫生无所成志士所耻，死而不忘古人所贵。均二者，固

有重轻：功盖一时不如遗利于万世；宠极生前不如享荣于身后。故「西

门虽贤，被不仁之名：若敖虽盛，有不食之鬼」。汉时至今，千有余

年，君公将相不可计数。其存炎炎，其亡泯泯，朽骨孤魂，荡为太墟。

若侯者乃能垂惠显灵，终古如此。以视昔之法施于民，以死动事者何如

哉。孙仲谋，一代英主。黄武以来，国有令政，侯以神相感，肇①迹此

时。

《白沙溪三十六堰》之《白沙昭利庙记》第 41 页

庙有唐碑二：其一，大中十一年丁丑立，不著作者姓名。云：「侯

讳文台，字高明，幽州范阳人也。在汉为上柱国大将军，出镇江南、剑

南二道。」官号、地名皆非汉制。又云：「侯诛王莽。」然更有明文，

非侯事也。所谓「乘铁船娠龙女」，事极俚⑧下，疑当时巫史所为。其

一，广明元年进士唐岩撰云：「黄巢拥众压境，郡守乞灵，侯因牧童以

通梦焉。守上其事，封武威侯。」按史广明元年六月，巢陷睦、婺、宣

三州。侯于此时，当未遽封，岂广明以前事耶！

庆元六年，白沙张颐⑨来言曰：「昭利庙自汉以来，揭旗奉香，岁

千万计，顾两碑断坏，愿有以更之。卜诸神，莫宜先生。」顾尝从予

学，许之。予友翁谊闻而喜曰：「吾将具石以谒⑩子。」事之相偶乃如

此耶。子尚奚逊，于是取旧文读之，录其可信，辨其不可信者。而又系

之以辞，使祭者歌之。

越之俗兮蟲⑪蟲，越之祠兮累累。

怙⑫厥⑬妖兮之嬉，饥与饷兮孰

注：此碑文在转载唐碑原碑文时，"在汉为上柱国大将军"后漏"贝濮二州刺史，后为辅国大将军"一句。

《白沙溪三十六堰》之《白沙昭利庙记》第 42 页

尸。洁牲兮明粢⑩，民则富兮神肥。夫孰如兮我侯，食丰兮德优。涔旱兮勿忧，视吾堤兮安流。流水兮渊渊，白沙兮涓涓。尔后兮我先，盍⑤耕兮侯田。流水兮渥渥⑷，白沙兮濯濯⑶。昔耕兮今获，侯与民兮同乐。侯则忘兮何心？吾所安兮吾民。

宋庆元六年庚申建

注释：

(1)　洫（xù）：田间的小道。

(2)　陂（bēi）：池塘。

(3)　涔（cén）：雨水多。

(4)　隄（dī）：同「堤」。

(5)　盍（xián）：通「衔」。本文为相接之意。

《白沙溪三十六堰》之《白沙昭利庙记》第 43 页

(6) 贔（bì）：①用力的样子。②乌龟的别称。

(7) 肇（zhào）：①发生，引起；②开始。

(8) 俚（lǐ）：粗俗低下。

(9) 颙（yóng）：①大；②仰慕。文中此处为人名。

(10) 谒（yè）：进见（地位或辈分高的人）。

(11) 蚩（chī）：无知。

(12) 怙（hù）：依靠，凭借。

(13) 厥（jué）：他的，那个。

(14) 粢（zī）：古代供祭祀用的谷物。

(15) 盍（hé）：何。

(16) 渥（wò）：沾湿，沾润。

(17) 濯（zhuó）：「濯濯」，有光泽。

《白沙溪三十六堰》之《白沙昭利庙记》第44页

# 白沙水利碑记

## 卷四 水利

### 白沙水利碑记

余惟国家财赋取给东南，水利其孔也。庵⑴国恤者，于利害是愍而砥柱实式凭之。浙上游婺澂⑵，固称岩郡，割属汤溪。而县东二十里白沙堰共三十有六，所从来焉，自汉柱国昭利侯浚汇之。凡田之多寡，注之大小，地之远近，流之长短，起止分派，俯仰曲折，每与溪为谋，而惟第一大堰关键最急。夫此堰上朔十八所，而数当十九，非谓拖咽铄⑶液，谬任凝泻，而今滥觞，泠蹄贻他蠹也。一不碍，二、三不碍，则三十六堰总无碍。汤之十都、十一都、十二都，以达金之三十四都、三十六都，兰之三十一都，三县六都，水分六带。匝围二百里，田不知几千万亩。源深流长，荫多利溥，系惟是一大堰，是系然一窦不塞，百里漾

《白沙溪三十六堰》之《白沙昭利庙记》第 118 页

波。故堤防拥卫，较他堰特甚。繇⑷汉迄今千百年，勘合札付，世守无

更缘。万历丁丑邻衅偶启，几泄越旧制。壬寅幸汪侯、刘侯及我兰程

侯、武范侯四侯徽诣临诘⑸，指顾廓清，无甲乙绮也。时虽田野沸腾，

荷锄扶杖往者，命且悬旌。而汪侯之心冰鉴澄澈，海天浩浩⑹，委曲调

停，使水之吞吐潴泄流览靡遗无虞，此溢无虞，彼滞廻澜树障，侯盖苦

心也已。春田之馥⑺，南国之棠，其与水脉融乎，土膏秒乎，污邪篝娑

满乎？秋冬社赛，盖凭灵焉。当击土鼓，为侯已事鸣鸣也。余向知婺源

稔，侯上善。今侯之知汤兰，视之共一水，天水之平，安在以邻国壑

也。辅仓古城，恩津活泼，黄坛马迹，灵泽饱满，我瀲尤欣及波也。

镂诸贞珉⑻，欲观侯之海若，请问之水滨。

（明）兰溪人 赵崇善 撰

《白沙溪三十六堰》之《白沙昭利庙记》第 119 页

（ 120 ）

注释：

(1) 廑（qín）：勤劳。

(2) 滹（hū）：水名。

(3) 铄（shuò）：削弱。

(4) 邎（yáo）：遥远，久远。

(5) 诘（jié）：责问，追问。

(6) 溕（měng）：形容水广大无边。

(7) 葭（jiā）：初生的芦苇。

(8) 珉（mín）：似玉的美石。

《白沙溪三十六堰》之《白沙昭利庙记》第 120 页

# 白沙溪《源流考》

## 源流考

白沙溪，其源东自遂昌天堂岭之乌阴坑。岭高五百余丈，坑北为鼓岭，稍南为薄刀岗。三水悬流三四里，合处为长溪滩。西流三里至荒田头杉树岭，水合焉。岭上为田坪，其山为独龙岗，属宣平界。又西流四里至上门阵崇岗岭，水南合焉。岭南接括苍，较天堂更高四百余丈。出水一里，经水牛背又五里，为下岭根，稍外为碣尖。三里为致上岭。又三里为两度水。又三里西经加峦，又一里至上门阵。处州、遂昌所淘铁沙，此地亦有炉冶矣。合溪一里，为下门阵。西流二里至小阳坑，属汤溪界。施孤殿水合焉。又五里，回坑水合焉。西北流五里至双溪口，银坑水合焉。银坑水出篆黛银山。山甚险峻，上耸千有余丈。顶有石方丈许，古仙人弈此，犹有棋子石遗焉。腰开金银两洞，洞深丈许，夹硐相对，内间生

（121）

《白沙溪三十六堰》之《白沙昭利庙记》第 121 页

(122)

银榴，光耀眩目，绵若瓜蔓。其水北流三里至枪山头，山三峰削成。水西转，与龙葱水合焉。龙葱山山石礌硌，俯视篆黛银山更高三百余丈。西接银岭有石如铜，俗名银根。出泉三里许，合篆黛银山水。二里经金神许，时闭时开，随雨暴涨。水东流十余里，有潭名黄鲤岩，圆大丈山南岱岭，水西流三里，向东合焉。山上有白坛，高十余丈。有岩如屋，樵牧所避风雨者。下有田三百余亩。东坑水亦溉焉。其岭上通回坑以至崇冈岭，惟有攀萝附葛矣。合流东三里至双溪口。路旁竖有石笋，大十围高二丈许，中茁青栗十余株，枝叶蓊翳②，里人莫敢折焉。其水合流为黄坛井。又北流经五里峦，龙井坑水合焉。又北流一里，至长蛇陉③南与池吐坑水合焉。坑水出池吐尾，以山象池吐鱼尾而名也。其顶为竹楗④尖，尖高千数百丈。由水竹坪东流十余里合溪。北流五里，为山高岭。岭高二百余丈，两山夹水，林木遮蔽，非中午希见日影。中有老鹰岩，亦孤特也。岭外为插花坛，左别源水合焉。其水出自田坪，与

《白沙溪三十六堰》之《白沙昭利庙记》第 122 页

宣平葛山连界。北流十余里，为王瓜田。又五里，为白峰头。西转三里，为半溪。又二里至插花坛。合溪东流四里，南经将军地，地外有插剑坛。壁立二十余丈，有石二丈许，倒插如剑。坛外为柿树岭，又名虎阙山。水经东北流一里，鸭乳坑水合焉。又北流一里，闪西峦水合焉。又二里，为田铺。又东流五里，为溪口，大高坑水合焉。坑顶为大高岭，岭右为日片山，山东接周坞，南接大风门、小风门，以岭顶风大故名也。水西流与苦竹坞、白峰岭水合，流三里至溪。又北流三里，瞻竹坑水合焉。坑顶为安船尖，民居为罗坪，与金华茶园、黄杨、石井坑接界。水南流十里入溪。自双溪口至此，始有田可耕矣。溪西流一里为坛下，稍下为沙贩堰。又西流一里为沙贩，寺陇坑水合焉。坑水出寺后尖，尖高八百余丈。南接安船尖，东接五峰山，中有银洞，深四五丈。水流为银坑坞，坞建鸳⑤峰寺。南流一里，石涧水合焉。又三里，至沙贩入溪。溪西年坑水合焉。西流一里，至垅里垅。两山夹峙，中有独

《白沙溪三十六堰》之《白沙昭利庙记》第 123 页

（124）

山，山有饭铫坛，高三丈余。溪转北一里，至麓渚潭，南坑水合焉。

其下为青龙堰，西注停久。南坑水出坳头坪，坪西为周山头，山西接塔

石源。水北流二里，为南坑。又北流七里经苔岩，又东流五里经麓渚，

又一里入溪。二里经日夕岭，行晚至岭正当夕阳西照，故名。溪西为停

久，其山起为三台，山下金钗井，泉涌常灌田三十余亩。相传，卢夫人

以金钗取泉也。泉左为香粉潭，稍北为祖埌之塔，塔有卢侯墓，汉光武

时隐者也。垦田注水，民乐利焉。墓前有祖埌殿，殿对五峰山，山下为

岭脚。溪北流一里，至高儒。稍下为三国潭，官坑东流合焉。堰为白沙

堰，西注高儒畈。又北流三里为董边。其上有涉浒堰，注天宁寺前畈。

又一里为酒店，石坞出水合焉。水西经香炉山，过横山头，山建天宁

寺。周川堰水东注焉。溪北为西岩尖，尖后黄坛源水出焉。又北流三里

里，为周川。琼坑水东合焉。坑内高永庵亦幽雅矣。又北流三里，为赛

畈。下塘堰水注焉。东经回龙山，又三里经东案、西案，日坑堰东注门

《白沙溪三十六堰》之《白沙昭利庙记》第 124 页

前贩焉。又一里，达角坞水合焉。坞水出牛背冈，东流十里经达角坞

又三里入溪。东流二里，至西山埠，乌云坑水合焉。坑水出鸦塍岭，南

接牛场岭，与金华黄杨界。西流七里，漆树坞水合焉。又西流三里，经

老鸦尖至乌云，东流过屏风山，张坞、大源水合焉。又一里，篁坑水合

焉。又四里，至西山入溪。东流二里，经乌云岭，稍下为火夹岭，戴公

坞水合焉。又一里，经青草峦、裴家堰，西注青草门前贩焉。峦有古梅

十数株。山寒酿雪花，皎映潭镜岩，萧公已赏心于香色外矣。又一里，

上坑水西合焉。水出狮子岩，西接桐圆岭后。东流三里，为上坑。又一

里，悬崖作飞瀑，倾峡直泻二十余丈。所谓「白虹贯山、晴闻风雨」者

也。又三里，过飞桥，桥高六七丈，山耸壁立，夹峙皆石，约隔五四

丈。两岸大木缚杉树架之，巧胜于蜀栈矣。合溪一里，经里枭坞，又

一里至碨头。水转南过社头，社头堰西注，人家后无山坞水合焉。水

出清塘坞西并茅石庵。山甚高耸，以顶坳古有庵也。东流十里，过青龙

《白沙溪三十六堰》之《白沙昭利庙记》第 125 页

(126)

桥入溪。合流一里，东经纲山，东古源水合焉。溪西为辽头，有猪头潭，堰水注焉。北流曲折二里，东经福民山，上有禹王庙，旁座七总管，极灵应矣。溪西，陈思坞水合焉。堰筑坞口水注中央滩，皂里畈。其东为山脚，梧桐坑水合焉。坑水出包六公，其山为送天雷，两峰矗霄，莫与埒矣。水东流，为狮岩坞。又三里，为旧殿下。又一里，平坑水合焉。平坑水出长龄周辽岗。岗东接大龙背，南接箬阳岭，与金华界。水流五里，至平坑。又一里，至东山，山顶为潘七岩。水东流三里，为潭背，草山出水合焉。又一里，茶园坑水合焉。坑水出长坑岭头，与金华界。水北流三里，经杨梅原，其顶为九姑山，古传有九姑祠焉。水东流三里，为梧桐。以山势展翅若飞凤，故名梧桐，欲使凤栖也。又西流一里，经珠山，山北为潘八岩，岩腰有洞，人迹难到矣。又三里，西坑水合焉。又五里，为店边，瑶坞水合焉。又二里，至梧桐岙入溪。北流一里，塘坞垅水合焉。又二里，为皂里，黄家寮出水合焉。

《白沙溪三十六堰》之《白沙昭利庙记》第 126 页

〔127〕

后田堰水注其畈。又一里，为横山潭。又一里，经李村新殿口堰水注其畈。又一里，至上兰背海螺弯。出水五里，至石公。又五里，经昌期岭合焉。东流一里，经狮子岭，为狮子潭。潭外为兰峰下，大坞水合焉。大坞水出毛栗坪，流二里，西经瑞安岭，又西流一里，人家坞水合焉。又三里，经虎爪坛入溪。西过磨石畈，磨石堰注焉。妙康源水合，其西源水始揭⑩树岭，岭南接塔石。东流五里，为桐园岭后。又二里，为城磡头。又五里，为雅城。山势拥护，若别有天矣。水曲流二里，为西畈。东流三里，为下珠。东经曼头坪，三里，为黄豹峦。又一里，为双坑口，岳村出水合焉。北流一里，为李家，稍外为孙家。又一里，为阴坑，稍外为吴坑。又三里，至妙康口入溪。溪西经猴狲峦，惟猴狲可过，故名。北流三里，为朱村。石宕前堰水注其畈，东坞坑水合焉。又三里，为横山坞，湖山坑水合焉。坑水自塘湾东流三里，邵家岭水合焉。又一里，萝桐坞水合焉。又北流一里，七字弯水合焉。又四里，湖

《白沙溪三十六堰》之《白沙昭利庙记》第 127 页

(128)

山坑水合焉。湖山顶高五百余丈，方坪有潭，古寺僧所化龙潭也。远近祷雨多灵应焉。潭水灌山田十数亩。水出一里，为桥头。西坑百丈坛出水合焉。流三里，至石人山入溪。石人山高三十余丈，壁立皆石，上有石人三，作临流之象。石人山堰西注黄石塔。又一里，东经马坛背，上溪东堰注其畈。又一里，北经石笋原，以宋王提刑葬此，故又名王山。今墓对石笋尖，又名焰山尖，甚灵秀矣。溪为米筛溪，夏家堰注其东，土田灌毕，即并溪入第一堰。不许辄有开掘。稍下为乌龟潭。北经大岩岭，花坞出水合焉。花坞水出茅田，流二里，西经鹰岩尖，东经金刚岭，又五里，至大岩转南入溪。东流三里，至第一堰，堰自吴赤乌始也。堤水入溪数十步，为霹雳潭。潭有黄坛马迹，开溪卒见马迹而止。溪北一里，为东坪。坪东一丈西二丈，堰水所分灌溉田不知几万顷矣。卢侯之泽洵远哉。堰下一里，华坞水合焉。又一里，叶坞坑水合焉。坑水出箬帽尖，西经金牛冈，东经老鼠梯，三里，至广云寺，瑞安岭东水

《白沙溪三十六堰》之《白沙昭利庙记》第128页

合焉。稍北，牛轭坞水合焉。经筥⑤箕弯流三里，盘龙坞水合焉。又一里，园里仙桃水合焉。又二里，经一面山，至童子马垅入溪。北过琅峰山，山壁立三十余丈，多异草。其石陨，辄成火灾。堪舆家即山腰岩洞供水星神焉。稍右离山悬竖石壁两扇，名「双扇门」。不知何时倾圮一扇，遗石尚存。杨染塘诗云「白云不须关，焉用双扉设」是也。山下为第二堰，东经将军坛，注泉口、南山、长山等畈，泽浃③于金华乡矣。峙坞出水合焉。峙坞水出麦磨坛，东接栅源，水流三里，过伏虎山，又一里，至樟桥头，妙弯水合焉。北流三里，郑坞水东合焉。珠花垅水逾百福塘，南合焉。又一里，郭坞水东合焉。又一里，甜瓜垅水西合焉。垅水南出达顶，西出石岩寺，分注二里许至铁店合。流三里，至泉口入第二堰漊。而南山诸垅，亦并汇于万坦门前漊矣。溪东流稍下，为司姑堰。又下经十分产⑤，昭利庙在其西，庙供卢忠烈王像。吴黄武四年，祖墰塔所漂香火也。又一里，经东山至第三

《白沙溪三十六堰》之《白沙昭利庙记》第129页

堰，东流后金，直下天姆山等处。又一里，至欵下风流堰，水西注焉。

又名常熟堰。又一里，至炉里，为第四堰。

处。又一里，第五堰东流寺后、直下等处。又二里，西经峒⑩山，山碣

立溪中，高十余丈，上建图浮并文昌阁，水天一色，云影流空，真胜境

也。又二里，经双岗顶，其下为岸龙堰。东近天姆山，注让长塍、马海

等贩。稍下过新昌桥，又一里，为马坛堰，东流桐里、大溆、叶店、筱

溪等处。又三里，经玉山，其下为玉山堰。东流叶店、竹园、东临等

处。又一里，过白龙桥，又五里，西经龙山埠，为上河堰。水流临江各

贩。又五里，为下河堰。水过临江，直下各贩，又一里，插会入金华港

矣。

汤溪学教谕嘉兴沈宝麟　撰

(130)

《白沙溪三十六堰》之《白沙昭利庙记》第 130 页

注释：

（1）篆（zhuàn）：汉字的一种字体。本文此处为地名。

（2）蓊翳（wěng yì）：形容树大枝叶茂盛，遮天蔽日。

（3）陉（xíng）：山脉中断的地方。本文此处为地名。

（4）槤（péng）：山峰名。

（5）鹫（jiù）：原指一种很凶猛的鸟。本文此处为寺庙名。

（6）埚（guō）：庙名。

（7）埚（guō）：庙名。

（8）枭（xǐ）：地名。

（9）硔（hóng）：地名。

（10）埒（liè）：①矮墙；②堤坝；③山上的水流；④相等。本文此处是「相比」的意思。

（11）捅（tǒ）：地名。

（12）辄（zhé）：专擅，独断专横。

（13）筲（shāo）：一种竹器。本文此处为地名。

（14）浃（jiā）：普遍。

（15）十分产：地名。

（16）峒（dòng）：山名。

（131）

《白沙溪三十六堰》之《白沙昭利庙记》第 131 页

# 白沙溪三十六堰

《白沙溪三十六堰》封面

## 白沙溪三十六堰

白沙溪三十六堰之兴筑，据传于东汉初年为卢文台创建。后经三国孙吴时乡民大力修筑而奠其基，距今已有近二千年历史。历经沧桑，屡遭水毁，屡毁屡建，废兴演变甚多。建国以后，白沙溪中游建起金兰水库，下游堰坝大都改用混凝土建筑，灌区渠系配套成网，数万亩黄土丘陵得到开发利用。受益田亩扩大数倍，百分之九十以上受益农田达到旱涝保收。白沙溪三十六堰旧颜换新貌。

沙畈堰：俗称大堰，位沙畈南。引里堰潭水，注溪东耕地，灌田一百十亩。

大坟头一停：引大公潭水，浇注溪停示岭脚南皮头畈田二十亩。

亭久堰：俗称新路下堰，位亭久东南。引六荷潭水入小溪（古道），流百余米筑堰引水入渠。注溪西，灌田五百余亩，原有水碓今

（133）

废。一九七五年建柴油机埠二十四马力，增灌高儒、亭久高沿田二百亩。一九七九年改装电动机为二级提水，一九八二年改二级为一级，装机二十四千瓦。

涉济堰：又名岭下堰，即岭下畈之进水堰。据虞氏宗谱载：「有田百余亩，清康熙二十八年至乾隆十五年为虞士惠名下，后筑防洪堤成，设宴庆祝。不久，洪水毁田，堰废。一九六六年，亭久、高儒建水电站时，从二米多深处挖出昔时筑堰之方木数块。

停

白沙堰：今名高儒堰，亦称岭脚门前堰，位于高儒村。一九七五年，渠首为洪水所毁，一九七八年重建，易名小溪里堰。灌溉溪西亭久、高儒二村田七百亩。

上水堰：位东边南。水东注，灌东边、高儒、岭脚、酒店四村田一百七十亩。下游一水堰，名下水堰，从东边西北进水，注溪东，平时不筑堰引水，旱期临时筑堰进水，为上水堰补充水量。

《白沙溪三十六堰》之《白沙昭利庙记》第 133 页

周村堰：位天宁寺前横山头潭下。水东注，灌溉大麦滩、周村畈田二百余亩。一九七七年新开溪滩田三百五十亩，建成三级电灌机埠，装机二十五点五千瓦，后又扩大灌溉三百多亩，共受益八百五十亩。

黄坛坑口堰：位黄坛坑口。原为小堰，注溪西，灌田二十亩。一九五一年赛畈村新开渠道，加大堰坝，增灌田二百亩。

上塘堰：又称上水碓堰，位周村前。水东注，主要作水碓动力之用，亦灌少量溪滩田。一九五三年水碓毁、堰废。

下塘堰：也称下水碓堰，位周村前，与上塘堰只一潭之隔。主要为下水碓动力供水，亦灌水碓后田五亩。一九七五年洪水，河床改道，水碓和堰均毁。

裴家堰：位裴家潭下（青草桥上）。灌溪西青草溪前畈田三十二亩。

青草堰：位青草潭下。水东注青草畈田六十七亩。建国后新造田二十二亩，共灌田八十九亩。

《白沙溪三十六堰》之《白沙昭利庙记》第 134 页

(135)

崖头堰：民国《汤溪县志》称社头堰。位青草北、下坞潭下。水西注辽头村崖头畈田二十六亩。

猪头潭堰：位辽头猪头潭下，俗称辽头会堰。注溪西辽头村下田七十五亩。

山脚堰：位于下溪沿。水西注横密上田。堰废，何时湮没无考。

陈思堰：当地称陈思坞潭堰，亦称大堰，位山脚西陈思坞潭下。水西注中央滩、皂里畈、泥山坞、辽头、山脚、皂里等村田一百三十亩。

皂里堰：位皂里南，皂里潭下。水东注人家畈下田十亩，有水碓一座。一九六零年，堰、田、水碓均为金兰水库库水淹没。

上兰贝堰：位皂里殿口。原有水碓，灌田须经李村附近用牛拉水车提水，灌上兰贝石桥头上田二十五亩。为金兰水库库水淹没。

磨石堰：位妙康口。水东注磨石畈及石堂头上，灌田近一百亩，为金兰水库库水淹没。

朱村堰：位朱村人家上「石鸡舍」，水西注，灌村下田，为金兰水库库水淹没。

溪东堰：位石堂下。水东注，灌田二十五亩。一九六零年，为金兰水库库水淹没。

石人山堰：位坛头殿附近。水东注，灌田上十石、下十石。一九六零年，为金兰水库库水淹没。

第一堰：位于琅琊滕东南，水西注。一九五三年三月至一九五四年七月，建成双孔进水闸一座，新开渠道二百零八米，加深总渠六百米，建陡门一个，防洪堤一道。受益琅琊、古方、下杨（今并入古方乡）、金兰、镇江（二乡今合并为临江乡）等五乡（今为三乡）、二十二个村，灌田三点二万亩，旱地改水田六百亩。一九六零年，金兰二级水电站建成，一九六二年十一月，第一堰修建成混凝土砌石堰，长三十八米，高一点二米。引水电站尾水入进水闸，至江头，分水入麻吉垄水库。自堰口至郑岗山水渠六点九公里，经拓宽加深，上游设计可通流量每秒四立方米，灌溉面积增加到四万亩，为金兰水库灌区之干渠（自此

《白沙溪三十六堰》之《白沙昭利庙记》第 136 页

堰以下，白沙溪各堰均为金兰水库灌区）。

第二堰：位于琅琊镇琅峰下偏北。水东注泉口、长山等贩，并引水入清塘水库，灌田三万余亩。民国十七年（一九二八年）山洪毁泉口村渠塍百余丈。正值需水，适遇断流，人心惶惶，莫此为甚。乃建木枧以通其流，然水沉重，随建随坏，需费浩繁，功且不补其患。乃于渠塍基脚挖深丈余，概用巨松横卧其下，间一巨松则打一竖桩夹之，其上用百余斤棱石交互叠砌，砌一层则用丈余条石牵制，面封石板，滨内涂以水门汀（即水泥）。一九六一年泉口村渠塍又毁于洪水，县人民政府拨款重修。因该堰溃接近民房，常有小孩溺水，为安全计，加做部分盖板。一九六二年十二月，将该堰改建成混凝土堰。堰坝东端建排沙闸一孔，进水闸一孔，宽三米。整修引水渠五点七公里，设计可通流量每秒三立方米。灌溉面积扩大到三万余亩。

第三堰：原位于新殿下南。东注后金、马坦等村。因属沙石临时建

《白沙溪三十六堰》之《白沙昭利庙记》第 137 页

筑之堰，堰潭水位降低，上水困难，经常用龙骨水车或抽水机提水。一

九六八年，引用第二堰水，第三堰堰口废。

风炉堰：古称常熟堰，又名风流堰，位琅琊乡东铺村南。受益古方、临江二乡。一九五六年，为郭力垄水库进水堰。原堰系大河卵石临时性建筑，屡毁屡修。一九七八年至一九七九年，建成水泥块石堰。堰长一百十五米，高一点三米，顶宽一点三米，底宽二点三米。双孔进水闸一座，并采用干砌块石水泥沙浆勾缝，护砌渠塍五公里。设计可通流量每秒四立方米，受益田二万余亩。

第四堰：位卢头东，水西注。由于河床较高，防洪堤底建一涵洞，即可引水入白沙溪古道，灌田六百亩。

华山堰：古称师姑堰，位古方乡幽兰里西。从华山潭进水，水东注幽兰里、古方等村农田二百五十亩。

第五堰：位古方东，水东注。自智显寺（寺废）进水，经天姆山至让长，灌田一千余亩。下游与第二堰、旱龙堰同灌区。堰长七十米，高

《白沙溪三十六堰》之《白沙昭利庙记》第138页

一米，为沙石料临时堰。

洞山堰：位古方洞山脚下，故名。山上有一座砖石结构的空心塔，名洞山塔，六面体形，共七层，高三十米，建于明万历二十三年（一五九五年），是金华县内仅存的古塔。洞山堰自洞山潭进水，有内外二堰。内堰长二十五米，高一米，为混凝土结构。外堰为泥沙卵石临时填筑，长四十米，高一米。灌古方、新昌桥农田八百余亩。

旱龙堰：位新昌桥东，水东注。一九六三年一月，改建成混凝土堰，堰一百四十米，高一点四米。自瓦灶头进水，分一支至东里、大淤，一支至让长乡，灌田零点三万亩。下游与第五堰同灌区。

马坛堰：位新昌桥东。灌溉东里、大淤二村。一九六三年上游旱龙堰改建成混凝土堰后，原受益田引用旱龙堰水灌溉，马坛堰废。

玉山堰：位于白龙桥上游玉山脚下。明嘉靖十二年（一五三三年）曾重修一次。建国后，于一九五四年改建成混凝土块石堰。一九六五年十二月重修，堰长九十二米，高二米。灌溉白龙桥、叶店、东俞等村田

(139)

《白沙溪三十六堰》之《白沙昭利庙记》第 139 页

零点三万亩。

上河堰：位于临江村东南。堰长五十米，高零点五米，灌溉临江上畈农田八百亩。为泥沙卵石临时堰。

下河堰：位于临江南东。与上河堰同一堰，而另一堰口进水。两堰口上下游相距二十米，灌溉临江下畈农田六百余亩。

中济堰：仅留一浃口，水东注东俞村，灌田二十余亩。为三十六堰之末，旱时无水。一九五四年，玉山堰改建后，引用玉山堰水灌溉，中济堰废。

（140）

《白沙溪三十六堰》之《白沙昭利庙记》第 140 页

# 历朝勘合札付榜文下帖

## 历朝勘合札付榜文下帖

▲大明洪武二十七年，钦蒙朝廷差官勘过堰道，分定上下、大小沟洫，量田多寡，视地远近，制流长短，井井有法。字八百四十号勘合。

▲永乐六年给赐榜贴。

▲景泰七年，蒙司府给赐榜贴二纸。

▲成化六年，又蒙司府给有榜文。

▲成化十三年，又蒙府县送赐榜贴勘合札付告示等项俱令照依祖例旧额，圫薪高筑坚固，不许各处人民贩卖木植撑放排扇捕鱼人户放缸[1]损坏堰道及被豪强偷泄水利，许容指名呈究。

▲宏治六年，本府近奉帖文为救荒事抄蒙钦差提督河道水利浙江等处提刑按察使司佥[2]事伍案验前事转蒙巡按浙江监察御史吴案验奉都察巡浙江一千八百十二号勘合札付。

《白沙溪三十六堰》之《白沙昭利庙记》第 150 页

（151）

▲万历十年，因二堰人民执前四六分案后官哄给下帖致争间蒙上司明文行到府亲勘。

定案。

惧究。因执前四六分水废帖诳控藩宪叚(3)蒙批县查勘。恩蒙县主杨秉公勘详

康熙五十三年六月间旱。二堰陈姓聚众黑夜盗掘，殴伤守堰数人致讼，

大清顺治十二年，蒙道宪给赐榜文。

附：

成化六年又蒙司府给有榜文附录于后（摘录）

金华府为兴举水利以养生民事，据金华县申备三十一都白沙第一堰堰长卢胜敢等状呈开：本堰堰埭长一百丈有余，堰埭阔三丈有余。堰水灌溉金华、兰溪二县三乡六都田土数多难计。其堰系是山溪，徃(4)被洪水兴发，堰埭冲坏，堰埭被沙石污塞，水不通流，田禾荒旱。今蒙上司明文兴举水利，

《金华县水利志》之白沙溪第 151 页

缘胜敖等遵依起集原编总小夫甲承水受利之家，协同节次修筑。方略得完，又被处州、遂昌、金华、兰溪、义乌、浦江、岩州等处人民贩卖木植撑放排扇，及有蓄养鸬鹚⑤捕鱼人户壅放缸只，俱各节行到堰拆坏堰道，及有各处水碓拥水捣米，各图利己，不思田禾损害。祖有定例，每年春社以后不许撑放排木等项，秋社以后方许撑放……

右 榜 谕

众 通 知

成化六年四月初九日给

注释：

(1) 金（qiān）：田间水道。

(2) 舡（xiōng）：又读（chuán）船。

(3) 叚（jiǎ）：同「假」。

(4) 往（wǎng）：「往」的异体字。

(5) 鸬鹚（lú cí）：一种水鸟，俗称「鱼鹰」。

(152)

# 《金华县水利志》之白沙溪

白沙溪，又名白龙溪，发源于遂昌、武义两县界上的狮子岩(1260)，北流经门阵入境。过小洋坑，至坑口，左纳慈姑殿水，复北流，左纳上回坑水，至黄坛井，左纳银坑溪水。银坑溪源出小龙葱尖(1324)，分大小龙葱三支派向东合于龙葱，东流纳篆岱水，经银坑注入。复北流右纳金竹坞水。至芝肚坑，左纳水竹篷水。折东转北，右纳半溪水。半溪出龙潭背之左别源(俗称早平原)(1320)，经大坞头、杨柳树脚、黄家田至半溪村汇入。复流前，过田甫，折东北流至溪口，右纳东来水。转西北流，右纳乾竹坑水。至沙畈西，左纳年坑水(此处计划建沙畈水库，大型)。转东北流，左纳源于水门、经南坑至六苟(鹿渚)之水。经岭脚至天宁寺，右纳石坞水，左纳官坑水。穿虎掌桥至周村，右纳群坑水。折北流至赛畈，左纳大角坞水。至西山，右纳乌云水。至青草，左纳毛洋大尖水。至青龙桥，左纳泥山坞水。北流经山脚，穿山脚桥，至店边，右纳梧桐坑水。梧桐坑，源出大坞尖，北折西流经东山、潭背、杨梅园、梧桐汇入。继北流至皂里注金兰水库(中型)。库区右有朱前坞水注入，左有妙康水注入，包家处有东、西坑水分南北入库。金兰电厂西南有大坑水经花坞里汇入。山水库，流至东子马龙，右纳龙头冈水。出琅琊桥，过琅琊徐，至东铺，又有直坞水经殿塔、泉口、新殿下汇入。经古方转北，至新昌桥东，过浙赣铁路桥，穿白龙桥，于临江乡后杜东汇入金华江。历史上著名的水利工程白沙溪三十六堰即筑此溪上。山后金西有水渠与西北诸溪相通，谓金兰渠道，系新中国成立后人工开挖，规模巨大，属水库配套工程。

白沙溪长 65 公里,县境内 55 公里。流域面积 348 平方公里,境内 320 平方公里。银坑以上坡降陡,溪宽 2–5 米,河床砂卵石岩嵯峨, 水清湍急。自银坑至金兰水库段长 48 公里, 河床阔 5–40 米,为大鹅卵石结构,坡降 10‰。金兰水库以下长 16 公里,河床阔 60–80 米,为砂卵石结构,比降 3.3‰。

刊于 1994 年《金华县水利志》第 24 页

# 第十一章　引水工程

引水工程最早见于堰坝和水枧。堰坝多设于小溪细流之间，筑堰时，以沙石泥土为材料，很不牢固，大水一至，堰身冲洗无存，又得重建。水枧也是古代引水工程之一，只是用大松木段对剖，挖去心木，或用一根大毛竹捅空，一端连接水口，另一端置于田丘上，即能引水灌溉。随着生产实践的深入，人们的引水经验不断丰富，堰坝的建筑材料和结构，由原来的沙石堆筑，改为用松木打桩、用大河卵石或块石垒砌，加强了堰坝牢度，且能在较大溪流中造堰。到了近代，科学技术不断进步，筑堰采用了钢筋水泥作材料，质量坚固，引水量大，抗洪力强。建国后，多采用混凝土或浆砌块石筑堰，还出现了现代化的钢筋混凝土渡槽和凿岩穿山的隧洞等引水工程。

## 第一节　堰　　坝

### 白沙溪三十六堰

白沙溪三十六堰之兴筑，据传于东汉初年为卢文台创建，后经三国孙吴时乡民大力修筑而奠其基，距今已有近 2000 年历史，历经沧桑，屡遭水毁，屡毁屡建，废兴演变甚多，建国以后，白沙溪中游建起金兰水库，下游堰坝大都改用混凝土建筑，灌区渠系配套成网，数万亩黄土丘殿得到开发利用，受益田亩扩大数倍，百分之九十以上受益农田达到旱涝保收。白沙溪三十六堰旧貌换新貌。

沙畈堰　　俗称大堰，位沙畈南，引里堰潭水，注溪东耕地，灌田 110 亩。

大坟头堰　　引大公潭水，浇注溪东岭脚南皮头畈田 20 亩。

亭久堰　　俗称新路下堰，位亭久东南。引六苟潭水入小溪（古道），流百余米筑堰引水入渠，注溪西，灌田 500 余亩，原有水碓今废。1975 年建柴油机埠 24 马力，增灌高儒、亭久高沿田 200 亩。1979 年改装电动机为二级提水，1982 年改二级为一级，装机 24 千瓦。

涉济堰　　又名岭下堰，即岭下畈之进水堰。据虞氏宗谱载："有田百余亩，清康熙廿八年至乾隆十五年为虞士惠名下,后筑防洪堤成,设宴庆祝.不久,洪水毁田,堰废."1966 年,亭久、高儒建水电站时,从 2 米多深处挖出昔时筑堰之方木数块.

　　白沙堰　　今名高儒堰,亦称岭脚门前堰,位于高儒村.1975 年,渠首为洪水所毁,1978 年重建,易名小溪里堰.灌溉溪西亭久、高儒二村田 700 亩.

　　上水堰　　位东油南,水东注,灌东边、高儒、岭脚、酒店四村田 170 亩.下游一小堰,名下水堰,从东边西北进水,注溪东,平时不筑堰引水,旱期临时筑堰进水,为上水堰补充水量.

　　周村堰　　位天宁寺前横山头潭下.水东注,灌溉大麦滩、周村畈田 200 余亩.1977 年新开溪滩田 350 亩,建成三级电灌机埠,装机 25.5 千瓦,后又扩大灌溉 300 多亩,共受益 850 亩.

　　黄坛坑口堰　　位黄坛坑口.原为小堰,注溪西,灌田 20 亩.1951 年赛畈村新开渠道,加大堰坝,增灌田 200 亩.

　　上塘堰　　又称上水碓堰,位周村.水东注,主要作水碓动力之用,亦灌少量溪滩田.1953 年水碓毁、堰废.

　　下塘堰　　也称下水碓堰,位周村前,与上塘堰只一潭之隔.主要为下水碓动力供水,亦灌水碓后田 5 亩.1975 年洪水,河床改道,水碓和堰均毁.

　　裴家堰　　位裴家潭下(青草桥上).灌溪西青草溪前畈田 32 亩.

　　青草堰　　位青草潭下.水东注青草畈田 67 亩.建国后新造田 22 亩,共灌田 89 亩.

　　崖头堰　　民国《汤溪县志》称社头堰.位青草北、下坞潭下.水西注辽头村崖头畈田 26 亩.

　　猪头潭堰　　位辽头猪头潭下,俗称辽头会堰.注溪西辽头村下田 75 亩.

　　山脚堰　　位于下溪沿.水西注横峦上田.堰废,何时湮没无考.

　　陈思堰　　当地称陈思坞潭堰,亦称大堰,位山脚西陈思坞潭下.水西注中央滩、皂里畈、泥山坞、辽头、山脚、皂里等村田 130 亩.

　　皂里堰　　位皂里南,皂里潭下.水东注人家畈下田 10 亩,有水碓一座.1960 年,堰、田、水碓均为金兰水库水淹没.

　　上兰贝堰　　位皂里殿口.原有水碓,灌田须经李村附近用牛拉水车提水,灌上兰贝石桥头上田 25 亩.为金兰水库库水淹没.

　　磨石堰　　位妙康口,水东注磨石畈及石堂头上,灌田近 100 亩,为金兰水库库水淹没。

　　朱村堰　　位朱村人家上"石鸡舍"，水西注，灌村下田，为金兰水库库水淹没。

　　溪东堰　　位石堂下。水东注，灌田25亩。1960年，为金兰水库库水淹没。

　　石人山堰　　位坛头殿附近，水东注，灌田上十石、下十石。1960年，为金兰水库库水淹没。

　　第一堰　　位于琅琊塍东南。水西注。1953年3月至1954年7月，建成双孔进水闸一座，新开渠道108米，加深总渠600米，建陡门一个；防洪堤一道。受益琅琊、古方、下杨（今并入古方乡）、金兰、镇江（二乡今合并为临江乡）等五乡（今为三乡），22个村，灌田3.2万亩，旱地改水田600亩。1960年，金兰二级水电站建成，1962年11月，第一堰修建成混凝土砌石堰，长38米，高1.2米。引水电站尾水入进水闸。至江头，分水入麻吉莘水库。自堰口至郑岗山水渠6.9公里，经拓宽加深，上游设计可通流量4立方米/秒，灌溉面积增加到4万亩，为金兰水库灌区之干渠（自此堰以下，白沙溪各堰均为金兰水库灌区）。

　　第二堰　　位于琅琊镇琅峰山下偏北。水东注泉口、长山等畈，并引水入清塘水库，灌田3万余亩。民国17年（1928）山洪毁泉口村渠塍百余丈。正值需水，适遇断流，人心惶惶，莫此为甚。乃建木枧以通其流，然水势沉重，随建随坏，需费浩繁，功且不补其患。乃于渠塍基脚挖深丈余，概用巨松横卧其下，间一巨松则打一竖桩夹之，其上用百余斤梭石交互叠砌，砌一层则用丈余条石牵制，面封石板，浚内涂以水门汀（即水泥）。1961年泉口村渠塍又毁于洪水，县人民政府拨款重修。因该堰淓接近民房，常有小孩溺水，为安全计，加做部分盖板。1962年12月，将该堰改建成混凝土堰，堰长100米，高1.4米，顶宽1米，底宽3米。堰坝东端建排沙闸1孔，进水闸1孔，宽3米。整修引水渠5.7公里，设计可通流量3立方米/秒，灌溉面积扩大到3万余亩。

　　第三堰　　原位于新殿下南，东注后金、马坦等村。因属沙石临时建筑之堰，堰潭水位降低，上水困难，经常用龙骨水车或抽水机提水。1968年，引用第二堰水，第三堰堰口废。

　　风炉堰　　古称常熟堰，又名风流堰，位琅琊乡东铺村南。受益古方、临江二乡。1956年，为郭力垄水库进水堰。原堰系大河卵石临时性建筑，屡毁屡修。1978年至1979年，建成水泥块石堰。堰长115米，高1.3米，顶宽1.3米，底宽2.3米，双孔进水闸1座，并采用干砌块石水泥沙浆勾缝，护砌渠塍5公里。设计可通

白
沙
古
堰
的
历
史
与
传
说

236

流量 4 立方米/秒，受益田 2 万余亩。

　　第四堰　　位卢头东。水西注。由于河床较高，防洪堤底建一涵洞，即可引水入白沙溪古道，灌田 600 亩。

　　华山堰　　古称师姑堰，位古方乡幽兰里西。从华山潭进水，水东注幽兰里、古方等村农田 250 亩。

　　第五堰　　位古方东。水东注。自智显寺（寺废）进水，经天姆山至让长，灌田 1000 余亩。下游与第二堰、旱龙堰同灌区。堰长 70 米，高 1 米，为沙石料临时堰。

　　洞山堰　　位古方洞山脚下，故名。山上有一座砖石结构的空心塔，名洞山塔，六面体形，共七层，高 30 米，建于明万历二十三年(1595)，是金华县内仅存的古塔。洞山堰自洞山潭进水，有内外二堰。内堰长 25 米，高 1 米，为混凝土结构。外堰为泥沙卵石临时填筑，长 40 米，高 1 米。灌古方、新昌桥农田 800 余亩。

　　旱龙堰　　位新昌桥东。水东注。1963 年 1 月，改建成混凝土堰，堰长 140 米，高 1.4 米。自瓦灶头进水，分一支至东里、大淤，一支至让长乡，灌田 0.3 万亩。下游与第五堰同灌区。

　　马坛堰　　位新昌桥东。灌溉东里、大淤二村。1963 年上游旱龙堰改建成混凝土堰后，原受益田引用旱龙堰水灌溉。马坛堰废。

　　玉山堰　　位于白龙桥上游玉山脚下。明嘉靖十二年(1533)曾重修一次。建国后，于 1954 年改建成混凝土块石堰。1965 年 12 月重修，堰长 92 米，高 2 米。灌溉白龙桥、叶店、东俞等村田 0.3 万亩。

　　上河堰　　位于临江村东南。堰长 50 米，高 0.5 米，灌溉临江上畈农田 800 亩。为泥沙卵石临时堰。

　　下河堰　　位于临江南东。与上河堰同一堰，而另一堰口进水。两堰口上下游相距 20 米，灌溉临江下畈农田 600 余亩。

　　中济堰　　仅留一溇口，水东注东俞村，灌田 20 余亩。为三十六堰之末，旱时无水。1954 年，玉山堰改建后，引用玉山堰水灌溉，中济堰废。

# 《金华县水利志》之碑文杂记

## 碑记杂文

### 白沙昭利庙记

（宋）杜　潮

　　婺于东南为乐郡，金华于婺为沃壤。有所谓白沙溪者，其所灌之田于金华为上。地自沟洫之逵亡，无定制。流者为堰，汇者为塘、为陂、为湖。堰之为利也溥，然其为功也实难，俯仰诘曲，与溪为谋，涝旱之变，不激则湮，盖白沙之三十有六，首衡辖仓，尾跨古城。大水时至，不忧其溃，阅时不雨，其流有决。有非人力所能及者，蔓衍秀穰，其为田不知其几千万亩，民受其利无有终极。而白沙之灵既侯实主之。侯姓卢氏，汉末讨赤眉有功，尝显矣！其详不可得闻也。婺之南，有山名辅仓者，林麓蔥蒨，水石洁清，侯游而乐之。墓田以居，号卢扳，侯既没，葬焉。因遂庙食其地。吴黄武六年三月大水，庙之香火漂至白沙。居民范氏，复请诸官，官请诸朝。吴王命诸葛恪袭其故。不诬，乃讲建庙。今庙其故址也。赤乌元年旱，乡民谋开堰引水，以灌稻田。疽奋所及才三十步，巨石磊然隐地，役夫歌乎，乃祷于侯。一夕天雷震以雨，空中滃涵若喊声，迨明，石已开。三十六堰之基于此。唐僖宗封武威侯。钱氏有土封保宁侯。政和二年守袁灼，有请赐庙号昭利。淳熙十一年守钱伸，复有请封灵贶侯。非神听响答无爽，历代褒崇其可徽欤。夫生无所成，志士所耻，死而不亡，古人所贵。均二者，固有重轻。功盖一时，不如遗利于万世，宠极生前，不如享荣于身后。故西门虽贤，被不仁之名，若敬虽盛，有不食之鬼。汉末至今，且千余年，君公将不可胜算，其存炎炎，其亡泯泯，朽骨孤魂，荡为大虚。若侯者，乃能垂惠吐灵，终古如在。民受无穷之利，己享无穷之报，其可尚也已。孙仲谋一代英主，当黄武巳来，国有令政，侯乃能以精神相感通，肇建此时，其可信也已。

　　庙故有唐碑二。其一立于大中十一年，不著作者姓名，云：“侯讳文台，字高明，范阳人。在汉为上柱国大将军，贝濮二州刺史，后为辅国大将军。出镇江南、剑南二道。”官号、地名皆非汉制。又云：“侯诛王莽”。莽史有明文，非侯事也。而所谓乘铁舰，统龙王女者，事极俚下，疑当时巫史所为也。其一广明元年，进士唐岩撰，云：“巢拥众压境，郡守乞灵焉，因牧童以通梦寐，字上其事，封武威侯。”按史：广明元年，巢陷睦、婺两州。侯于此时不当得封，岂广明已前事耶！

*1994年《金华县水利志》第296页*

庆元六年八月,白沙张顺来言,曰:今自州里以及他境之民,揭旗奉香而至者以千万计。庙且大兴,顾两碑断坏不存。愿有以更之。卜诸神,莫宜于先生。顺尝从予学,予许之。予友翁谊闻而喜曰:吾方累石以谒子。事之相偶乃如此耶。子尚奚逊,于是予取旧文读之,录其可信者,辨其不可信者,而又系之以辞,使絜者歌之。粤之俗兮蚩蚩,粤之祠兮累累。怡厥妖兮以嬉,饥与馑兮执尸。洁牲兮明粢,民则瘠兮神肥。夫孰如兮我侯,食虽丰兮德优,涝旱兮勿忧,视吾堤兮安流。流水兮渊渊,白沙兮娟娟。尔后兮我(今)获,侯与民兮俱乐,扬旗兮如林,烷香兮如云。侯语汝兮勿勤,吾所依兮吾民。

民国《汤溪县志》文征上之十三页至十五页

## 白沙水利碑记

(明)赵崇善

余惟国家财赋取给东南,水利其孔也。疆国恤者,于利害是惎而砥柱实式凭之。浙上游婺徽,固称岩郡,割属汤溪,而县东二十里白沙堰共三十有六,所从来焉,自汉柱国昭利侯浚汇之。凡田之多寡,注之大小,地之远近,流之长短,起止分派,俯仰曲折,每与溪为谋,而惟第一大堰关键最急。夫此堰上溯十八所,而数当十九,非为扼咽铄液,缪任凝泻,而今瀹筋,涝踌贴他盖也。一不碍,二、三不碍,则三十六堰总无碍。汤之十都、十一都、十二都,以达金之三十四都、三十六都,兰之三十一都,三县六都,水分六带,匝围二百里,田不知几千万亩。源深流长,蔚多利溥,系惟是一大堰,是系然一涘不塞,百里潆波,故堤防拥卫,较他堰特甚。縣汉迄今千百年,勘台扎付,世守无更缘。万历丁丑邻衅偶启,几泄越旧制。壬寅辛汪侯、刘侯、及我兰程侯、武范侯四侯微诣临诣,指庙廓济,无甲乙绮也。时虽田野沸腾,荷锸扶杖住者,命且悬旌。而汪侯之心,冰鉴澄澈,海天浩浩,委曲调停,使水之吞吐瀹泄流览壓遽无虞,此溢无虞,俟滞回浪树障,侯盖苦心也已。春田之霞,南国之粲,其与水脉融乎,土膏莎乎,污邪涛婆潪乎,秋冬社赛,盖凭灵蔫,当击土鼓,为侯已事鸣鸣也。余响知婺源稔,侯上眚,今侯之知汤兰,视之共一水,天水之平,安在以邻国壑也。辅仓古城,恩津活泼,黄坛马迹,灵泽饱满,我灏尤欣及波也。镂诸贞珉,欲观侯之海若,请问之水滨。

民国《汤溪县志》卷之十七,文征上,第36页。

1994 年《金华县水利志》第 297 页

## 《汤溪县志》中记载白沙溪三十六堰

民国《汤溪县志》第五卷封面

中華民國十六年12月（1927年）奉志开修
二十四年四月15日（1935）修写完成。

湯溪縣志卷之五

（建置下）

（莊區表）

舊制縣城內四隅曰東隅曰南隅曰西隅曰北隅隅各有

巷東五聖巷南太平巷〔舊為司馬巷鄉宅巷〕西司馬巷北賢關巷橫

街五直街五城外四鄉東金華鄉南逐昌鄉西龍游鄉北

蘭谿鄉鄉各有都凡十六〔東鄉管都五凡十至十四等都屬之南鄉管都二凡十五〕轄圖八十

六東鄉之北鄉管都六凡一二四五八九等都屬之

十六兩都屬之西鄉管都三凡三六七等都屬之

戶二圖十六都編戶三圖西鄉三都編戶五圖二都編戶七
戶一圖七都編戶四圖北一都編戶五圖二都編戶七
十東鄉十一都編戶三圖十一都編戶四圖南一都編戶十五都編
戶五圖十二都編戶四圖南鄉十二都編戶十五都編

湯溪縣志卷之五　建置下　莊區表　一

民国《汤溪县志》第五卷之一

白沙溪三十六堰

现为沙畈水库大坝

杜舌板堰（前志）县南十里十三都（访册）厚大庄注溪东

砂坂堰○（前志）县南逶昌乡十六都（访册）梧亭庄注溪东

青龙堰○（前志）县南逶昌乡十六都（访册）遇川庄注溪西

涉济堰○（前志）县南逶昌乡十六都（访册）梧亭庄注溪东

白砂堰（前志）（旧志）共计三十六堰在县东二十里金华乡之十都澳杜国乡将军今十一都十四都逶昌乡之十五都十六都

封昭利侯卢文台所开首哪辅仓尾跨古城量田之多寡定注之大小观地之远近制流之短长堰各有潭漂筑塞大抵皆注仰诘曲典溪为谋其利诚溥其功诚难详载堰名迷左（按）堰列二十六其十堰俱隶金华故不录○（访册）亦名高儒

周村堰○（前志）（访册）县南逶昌乡十六都梧亭庄注溪东

停久堰○（前志）（访册）县南遇川庄注溪西

汤溪县志卷之五 建置下 水利 一四一

民国《汤溪县志》第五卷之二

湯溪縣志卷之三

下塘堰（前志）縣南逺昌鄉十六都○

日坑堰（前志）縣南逺昌鄉十五都○（訪冊）週川莊注溪西今煙

輔倉堰（前志）縣南逺昌鄉十五都○（訪冊）梧亭莊注溪東今湮

裴家堰（前志）縣南逺昌鄉十五都○（訪冊）無考

青草堰（前志）縣南逺昌鄉十五都○（訪冊）梧亭莊注溪東

山脚堰（前志）縣南逺昌鄉十五都○（訪冊）梧亭莊注溪東今湮

陳思堰（前志）縣南逺昌鄉十五都○（訪冊）蘭峯莊今湮

皂裡堰（前志）縣東金華鄉十四都○（訪冊）蘭峯莊注溪今湮

上蘭背堰（前志）縣東金華鄉十四都○（訪冊）蘭峯莊今湮

磨石堰（前志）縣東金華鄉十四都（訪冊）蘭峯莊注溪東

民国《汤溪县志》第五卷之三

朱村堰（前志）縣東金華鄉十四都大巖莊注溪西

夏家堰（前志）縣東三十里金華鄉十都許令灌注夏家些小田土灌畢卻併入第一堰並不許輒有開掘○（訪冊）大巖莊注

東溪

第一堰（前志）縣東三十里金華鄉十都夫白砂爲堰三十六以上各堰所注也蓋此堰源遠流本有十八堰此則居十九矣何以名曰第一也其田不過數百畝而止其地不過一二里而迤邐此堰灌注遠幾千萬縣金鄉水分六帶週方二百餘里其田無慮乃編五百之堰一百餘丈長陰多利口開掘直下蓋名曰第一非謂經始此也編五百堰一夫以時繕二千餘年矣前明勘合簡付下帖榜衛視昔加詳輕富強迄今猶晉置二處之堰山以取抵薪隄防掘衝特苦自漢迄今

興觀覦之念亦限於法制而罔敢踰越炎詳見水利之碑○（訪冊）高隄下莊注溪西

第二堰（前志）縣東三十里金華鄉十都○（訪冊）泉口莊注溪東

第三堰（前志）縣東二十五里金華鄉十都○（訪冊）泉口莊注溪東

湯溪縣志卷之五 建置下 水利

四二二

民国《汤溪县志》第五卷之四

244

溪心堰　大莊注溪西　縣南八里厚

吳坦堰　大莊注溪西　縣南十二里厚

昭慎重以　從闕略以

以上本前志下新增　凡關繫較巨事實顯著而爲（前志）所未載者稍爲增益者灌田無多與廢不常者仍

中濟堰　（中）新築在三都○（訪冊）待考　在上濟下濟二堰源口之

旱龍堰　一（前志）縣東二十五里注溪東　都○（訪冊）下塘莊注溪西

常熟堰　（前志）縣東二十里金華鄉十　○（訪冊）一作風流堰高塍下莊注溪東

師姑堰　都○（訪冊）高塍下莊注溪西　（前志）縣東三十里金華鄉十

第五堰　一○（訪冊）酷坊莊注溪西　（前志）縣東二十三里金華鄉十

第四堰　一都○（訪冊）酷坊莊注溪東　（前志）縣東二十五里金華鄉十

民国《汤溪县志》第五卷之五

# 白沙第一堰总录

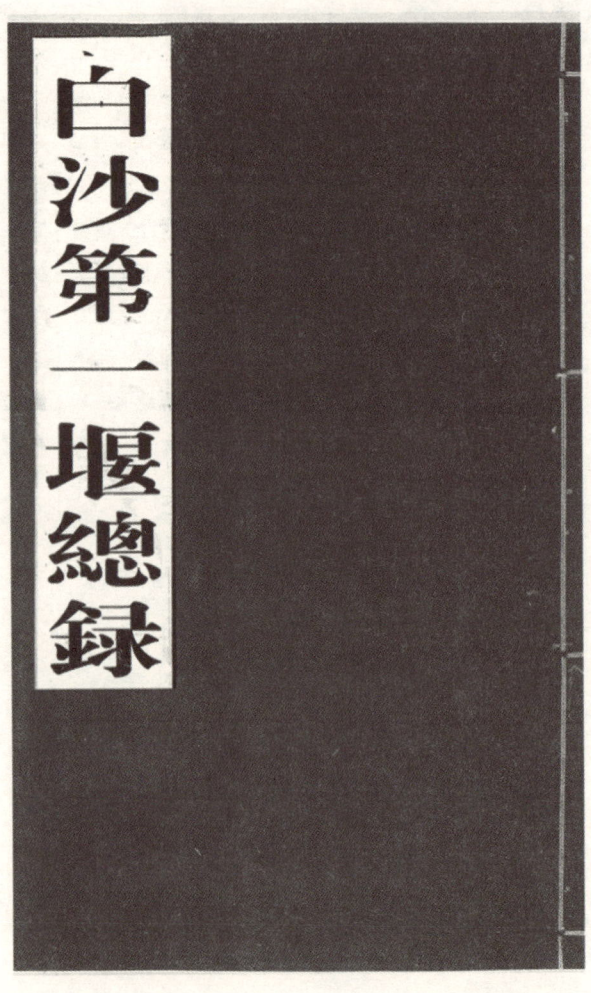

婺城区琅琊镇白沙卢村保存提供的《白沙第一堰总录》封面

## 白沙第一大堰计开规式

大堰水利灌注金华、兰溪、汤溪三县三乡六都人户田段。堰基计阔一百余丈，堰堢计阔一（？）余。堰口开掘引水直下。分为十一大溇，支分水（？）各有尺寸开后。

其大堰堢基址依例。是堰长着令堰子并督堰甲，起集承水人户于办。约用竹一百余担，制作竹簕(1)两行，叠石充满簕内，两头直抵岸为界，用柴篠(2)黄泥筑作。自二月社后起手须用及时修理。至五月分龙以后，起集承水人户一熨(3)前来修筑渗漏，（？）令谨密不容灭裂。如遇天色久晴，即许堰长告（？）县，着令各都里老，协同起集人夫，督并筑作。本堰水利所注地方广阔，田段极多，税粮重大，毋得徇情隐忍，以致水利不通，田禾旱涸，农民失望，累罪不便。

堰下第一溇名「三丈溇」。分二坪：东一小坪，阔贰丈；西一大

〔141〕

白沙古堰的历史与传说

坪，阔三丈。俱仰堰长掌管。每年自二月社后，起集承水人户，上堰筑作。

堰墢务要坚固，取令水利流行。

本堰置山两片：一片在堰之西，名「黄坭埘」。一片在堰之东，名「马面山」。每年专备砍砟④柴薪，紧密筑捺。一年取坭封堰，所用竹篰修作堰墢及合该神福等项并堰上支用，即从堰长于上等人户，各随高下，率敛⑤钱谷。仍于上中二等人户，各率谷米逐日供给作堰人夫午时一饭。须令尽日用工，以便稽⑥考。

于正月半后逐村挨究。除上中二等人户认助钱谷外，其余承水人户一概量力编入夫牌，节次计度合用数目，即令堰子轮流起集前来，用工修葺坚固。如有堰甲不行用心集众及人户不遵起集并将老幼搪塞者，即从堰长责罚；如有恃强不服者，即许堰长具名呈县究治戒责施行。

每年作堰须从堰口开掏，横阔四丈到霹雳坛边，取令深见黄坛马迹方可毕功。又其中五分系是逐村作捺，灌注上淤些小田土，其田才得放

婺城区琅琊镇白沙卢村保存提供的《白沙第一堰总录》之二

过，即便开放溄水流行，不得久占作作捺有妨大溄水利。

本堰系是山溪浅水，全赖人工作掠，每当春社，筑作之后，不许客商撑放木牌过堰撞损堰塝。如有豪强恃横撑驾者，仰堰长擒拿送县惩治施行。

大堰之下有作小堰，承接余水，灌注白杜横汾的泉溪网坍等处田土。每于夏秋缺水之际，多被彼处豪强聚集凶徒各带器械前来盗掘堰水，横行毁拆，为害非浅。合行禁约，如有仍前败放水利者，即着堰长率领堰子堰甲，起集承水人户到堰擒拿，送县究治。如或力微，先须告官，差人止遏(8)，免令遏凶扰乱官政。

大堰之上，有小堰二条：一名「朱裴堰」，一名「夏家堰」。此二堰灌注些须田土。又有水碓小堰，凡遇天旱，即许大堰堰长率领人户前去，并放入于大堰，小堰人户不得阻执。

各溄设立溄长。缘上流诸溄取令灌足外，却有私卖与不承溄者，以

婺城区琅琊镇白沙卢村保存提供的《白沙第一堰总录》之三

致末流田土多受其害。今后仰各溉长奉公巡守，如有不遵着，堰长责罚戒惩。

十一大溉各有小坪分水，今将各坪分水丈尺开列于后。

第一大溉名「三丈溉」。作二坪分水：

东一小坪，阔二丈，注岩下滕徐等处；

西一大坪，阔三丈，水入社头溉。

第二大溉名「社头溉」。作四坪分水：

东二小坪，各阔二尺，水注昭利庙边田；

中一大坪，阔三丈，水入义鹆溉；

西一小坪，阔一尺五寸，水注江头岭下田。

第三大溉名「义鹆溉」。作二坪分水：

东一小坪，阔二尺，水注金家贩；

西一大坪，阔三丈，水入赤山溉。

(344)

婺城区琅琊镇白沙卢村保存提供的《白沙第一堰总录》之四

第四大溇名「赤山溇」。作二坪分水：

东一小坪，阔三尺五寸，续名「馍[1]头溇」。水注下杨畈及西畈；

西一大坪，阔二丈，水入青枧[1]畈。

第五大溇名「青枧溇」。作二坪分水：

东一大坪，阔二丈，水入五枧溇；

西一小坪，阔三尺，水注青枧畈。

第六大溇名「五枧溇」。作五坪分水：

东一小坪，阔三尺，水注坭寺畈；

西一小坪，阔三尺，水注坭寺后畈；

第二小坪，阔二尺，水入华公枧；

第三小坪，阔四尺，水注双牌畈；

第四小坪，阔六尺，水入李陂畈。

西一大坪，阔二丈，水入李陂畈。

第七大溇名「李陂溇」。作四坪分水：

(146)

东一小坪，阔五尺，水注

第二小坪，阔三尺，水注孝廉畈；

第三大坪，阔二丈五寸，水入摄公漒；

第四小坪，阔二尺，水入王务漒。

第八大漒名『摄公漒』。作五坪分水：

东一小坪，阔三尺，水注阮畈；

第二大坪，阔二丈一尺，水入湖渎漒；

第三小坪，阔一尺，水注漒下田一坵；

第四小坪，阔二尺，水注泉畈田；

第五小坪，阔三寸，水注漒下田三坵。

第九大漒名『湖渎漒』。作三坪分水：

东一小坪，阔七尺，水入三漒；

中一大坪，阔一丈六尺，水入登赤漒；

婺城区琅琊镇白沙卢村保存提供的《白沙第一堰总录》之六

(147)

西一小坪，阔二寸，水从王五墙里过注社坛前田。

第十大溇名「登赤溇」。作二坪分水：

东一小坪，阔三尺，水注王十三门前田；

西一大坪，阔二丈，水入石莿溇。

第十一大溇名「石莿溇」。作五坪分水：

东一大坪，阔一丈五尺，水入土册溇续入黄坭坪；

第二小坪，阔二寸，水注田一小坵儿。

第三小坪，阔一尺六寸，水注董二门前畈田；

第四小坪，阔六寸，水注田一坵；

西一大坪，阔一丈三尺，水入洪溇分水小溇。

以上大溇一十一处，溇坪阔狭丈尺各有古额。放水至大溇大坪外，有强梁豪势之

其余灌注些小田土去处，其（？）不过一二尺、三四尺，

人，不依古额，盗行开掘，意在偷卖水利或将古额溇坪丈尺增减、筑

婺城区琅琊镇白沙卢村保存提供的《白沙第一堰总录》之七

塞，利已损人作弊不一，以致走失水利人户均受其害，此等豪强之徒仰堰长指名具禀，究治施行。

注：文中标有【？】处，为原资料中该处文字残缺或模糊难辨。

注释：

(1) 箔（bǔ）：用竹子编制的竹笼子，用来填装沙石筑堰。

(2) 蓧（diào）：古代除草用的农具。

(3) 槩（gài）：同「概」。

(4) 砟（zuò）：砍的意思。

(5) 敛（liǎn）：同「敛」，收，聚集。

(6) 稽（jī）：考证，考核。

婺城区琅琊镇白沙卢村保存提供的《白沙第一堰总录》之八

(149)

(7) 沿（yán）：同「沿」。

(8) 遏（è）：阻止。

(9) 鹢（yì）：一种能高飞的水鸟。本文此处为湴名。

(10) 鞲（fú）：同「袱」。本文此处为湴名。

(11) 枧（jiǎn）：木制的用来引水的长管子。

(12) 莿（cì）：湴名。

婺城区琅琊镇白沙卢村保存提供的《白沙第一堰总录》之九

# 白沙溪三十六堰之《万潭堰帖》

金华市古子城古婺轩保存提供白沙溪三十六堰之《万潭堰帖》封面

## 萬潭堰

特授金華縣正堂趙　爲給帖以循舊例以息訟

端事據三十六都三四兩圖士民葉茂桂等呈

稱切念身地有萬潭一堰創自先朝各出己資

買田僱工開濬築堰承水灌汪田禾照田出資

分水派定日期分作十二甲各立甲長每年以

五月初一日爲始十二日一輪週而復始並無

攙越爭端等事原給有押帖十二張迨至甲寅

兵燹之後押帖被失無存漸至強者越

不循舊規爭端滋起身等立議具呈公懇前來

金华市古子城古婺轩保存提供白沙溪三十六堰之《万潭堰帖》之一

據此合行給帖爲此帖仰各甲長毋得恃強攬

越爭競永遠遵照須至帖者

右帖仰四甲甲長葉六十三准此　　帖行

邱（印）

雍正十年三月二十日給

押

立議約三十六都三四兩圖葉茂桂　鄭等情因

萬潭一堰創自先朝凡我先人各出己資厘價

買田顧工開賣築堰承水灌洼田禾自上至下

金华市古子城古婺轩保存提供白沙溪三十六堰之《万潭堰帖》之二

一 分派日期定爲十二甲各甲堰長每年放水以

五月初一日爲始每甲輪放一日晝夜交接總

以日出爲期週而復始並無攪越等情亦無雀

角等事迫至甲寅兵燹之後官帖遺失議約

無存漸至強築不遵古制居上者覇截堵築居

下者踰越攪放爭端滋起若經公廷有傷親鄰

情面今逢堰臨期集各甲長公同立議再爲永

禁恩蒙

府主准賜下 十二張分給各甲永復成例自議

之後凡遇放水之時自上至下每甲輪放一晝

金华市古子城古婺轩保存提供白沙溪三十六堰之《万潭堰帖》之三

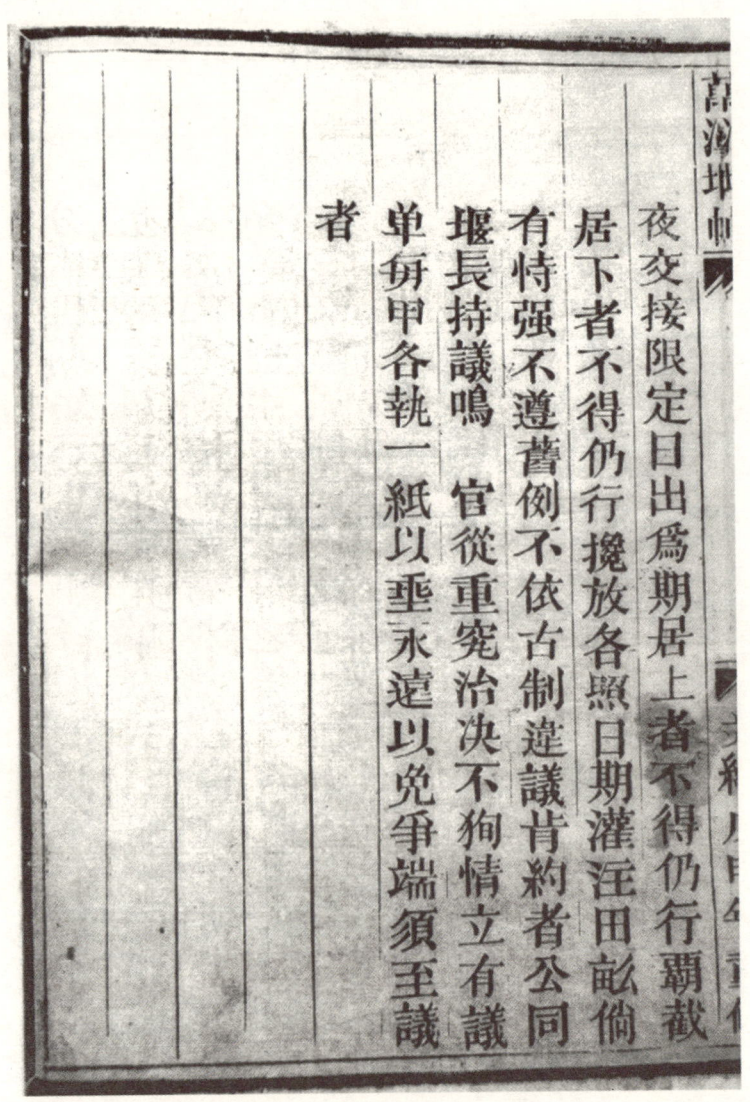

夜交接限定日出爲期居上者不得仍行覇截
居下者不得仍行攪放各照日期灌溉田畝倘
有恃强不遵舊例不依古制違議肯約者公同
堰長持議鳴　官從重究治決不狥情立有議
單每甲各執一紙以垂永遠以免爭端須至議
者

金华市古子城古婺轩保存提供白沙溪三十六堰之《万潭堰帖》之四

計開水期

一甲長葉五十八　自唐石橋下新開垽起

水灌洼裡墩坂裡三石上秧田下秧田前程後

坂田漁皮堰瀆沿田止

二甲長葉六十三　自西石五下四石起水

灌洼五石魚口高田徹桑藥樹下藥大庄第五

甲承田止

三甲長藥七九三　自西石五下雙九斗起

水溉洼龍裏九墩坂毛四端黃高呴深湖田止

四甲甲長方六五　自下環橋頭及四石橋下

金华市古子城古婺轩保存提供白沙溪三十六堰之《万潭堰帖》之五

鴛溏堰帖

横石八分開二處起水一處灌下環塘上塘下

馬海畈新昌堰承水田止一處灌下路口黄潊

頭七甲承水田止

五甲長黄九八　自六石下横賣進水漬田

起水灌墳頭下景安廟前廟後湖田邊徐家魚

皮堰賣邊止

六甲乜長葉招達　自四石四進水上官塔下

官塔各畈鴨躍泉車汪田止

七甲甲長葉十六　白黄古坵進水毛舖𤲞姓

門前章姓門前并東畈十甲承水田止

水稀庚申年重修

金华市古子城古婺轩保存提供白沙溪三十六堰之《万潭堰帖》之六

八甲甲長葉周赤　季　合旅一輪値日夜日
出日入爲期葉姓自塘石橋下石四起水灌魚
村壠屠裡槳思壙四甲承永田止季姓灌本村
門前門後玉山脚白沙溪邊止
九甲甲長張七十倪三十一　自瀆東塘圻起水
瀆四九斗瀲起水東汪石塲頭本堰瀆邊止西
溉萬壜壠官大路止
十甲甲長鄭茂五十二　自横三斗起水大河止
十一甲甲長鄭勤四・自布袋圻起水
十二甲甲長鄭倪余　自三斗塲起水

金华市古子城古婺轩保存提供白沙溪三十六堰之《万潭堰帖》之七

萬潭堰帖

## 再議水期

再議舊例每輪有遊濆水一日季姓先年受買

胡姓水期半日藥姓受買章姓水期半日共一

日季姓因水只得半日誠恐不敷灌汪央托堰

長向象甲長求情勸眾將遊濆之水拍贈半日

季姓灌汪共成一日藥姓接放水濆路有五里

之遠應將遊濆水半日加于藥姓亦共成一日

以後十三日一輪末而第十四日水濆應歸鄭

倪余守放在上不許橫行開掘如有違議送

官究治三甲水期改於第六日放汪方黃葉七七

金华市古子城古婺轩保存提供白沙溪三十六堰之《万潭堰帖》之八

康熙六十一年五月

計開十三日水期期末水濆歸鄭鄭倪余守放

日立依舊照邱帖議

鄭乞乞倪余俱改一日特此再議

今因萬潭堰帖議被匪遺失不齊人心不古不

依舊章於是邀同照邱帖議十四本堰圖十四

張呈明縣王　張公賜印分給十三甲各執一

本另有一本歸於鄭姓水瀆存執以免爭端如

堰水有多只准上甲餘下甲以義相通須至帖

議如不遵者鳴　官究治

金华市古子城古婺轩保存提供白沙溪三十六堰之《万潭堰帖》之九

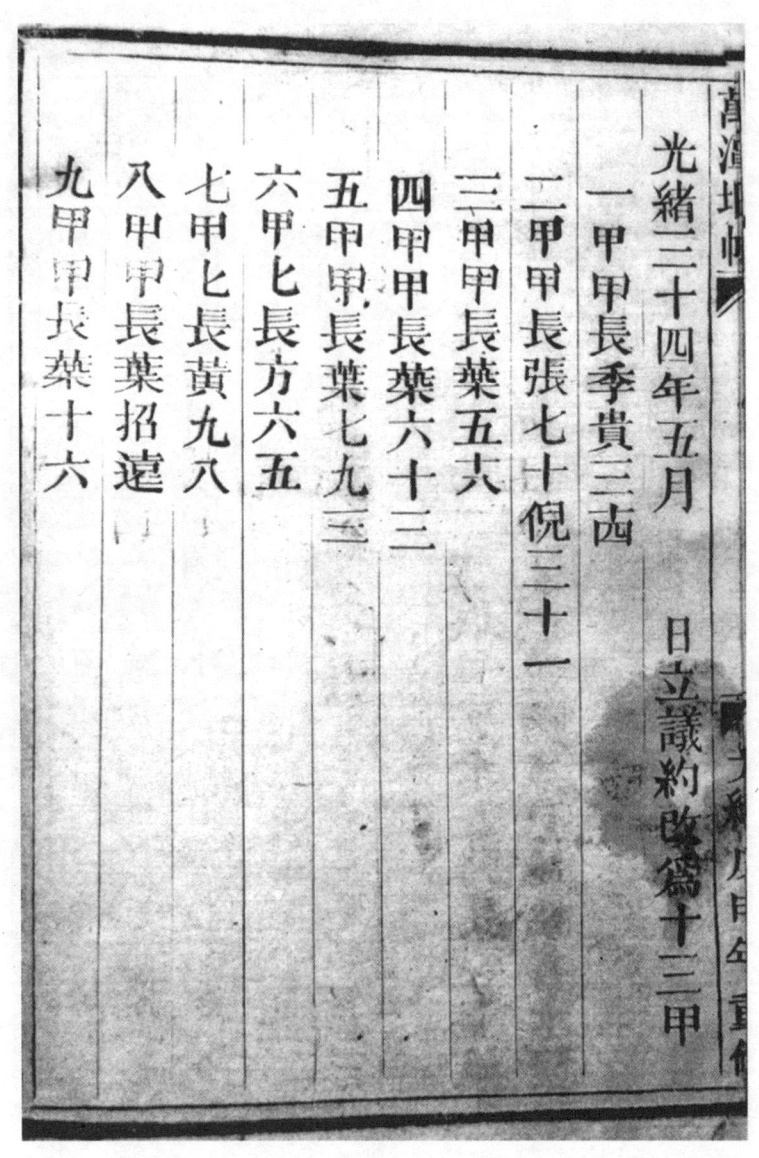

金华市古子城古婺轩保存提供白沙溪三十六堰之《万潭堰帖》之十

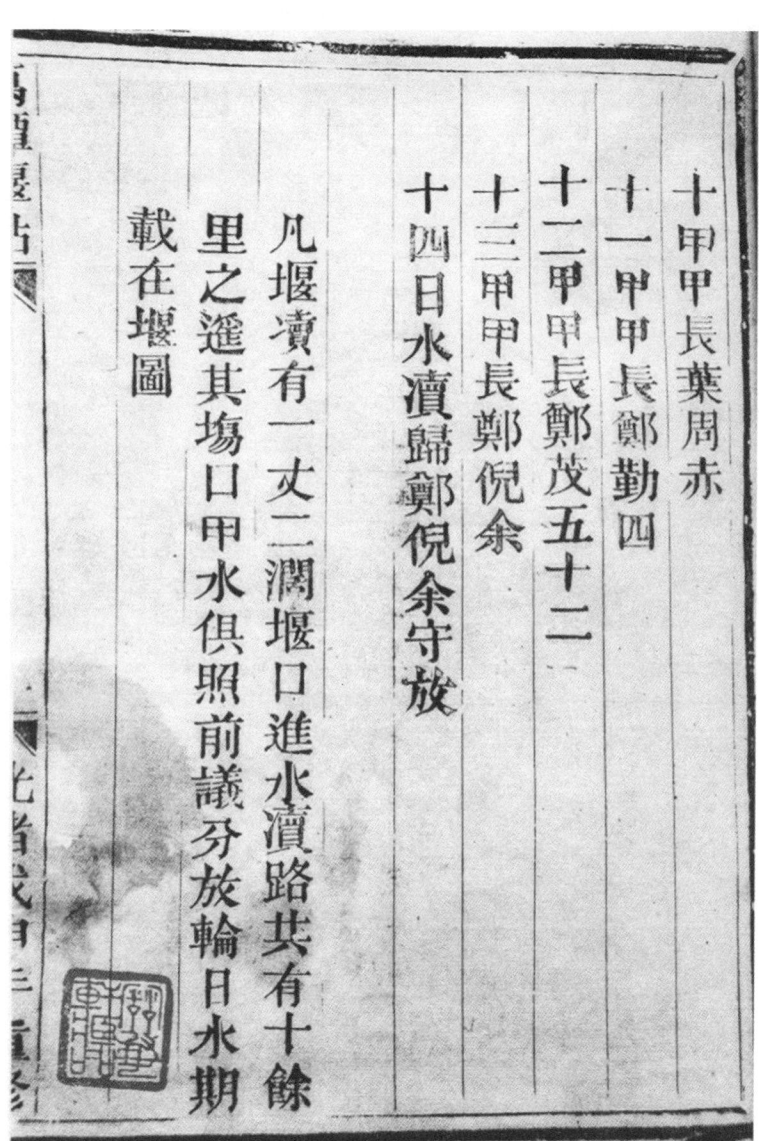

十甲甲長葉周赤

十一甲甲長鄭勤四

十二甲甲長鄭茂五十二

十三甲甲長鄭倪余

十四日水瀆歸鄭倪余守放

凡堰瀆有一丈二濶堰口進水瀆路共有十餘里之遙其塌口甲甲水俱照前議分放輪日水期載在堰圖

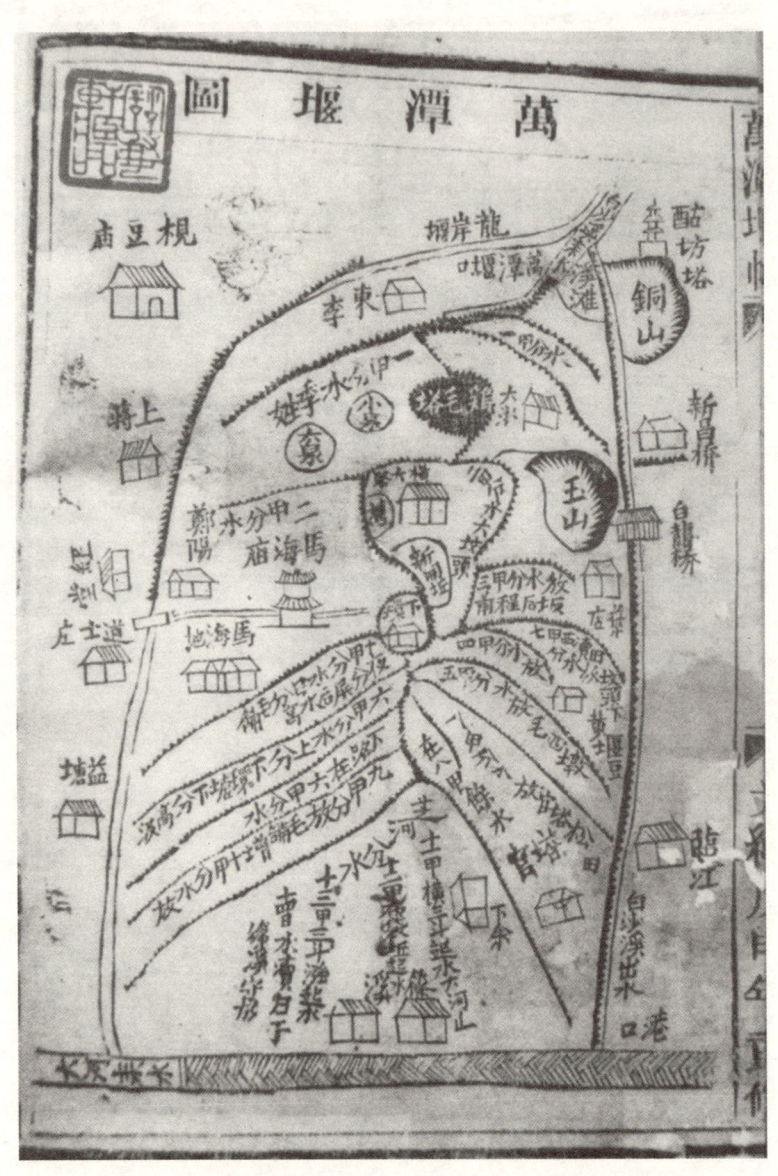

《万潭堰》灌溉渠道计开水期流程图

# 关于金华三十六堰若干问题的论证

## 石　夫

## 问题的提出

《金华市志》在大事记中记三十六堰之文曰："东汉初,卢坂侯文台率部屯垦婺南括苍辅仓山,始建三十六堰。"在水利建设编中说:"东汉初,卢文台屯垦婺南括苍辅仓山,建白砂溪三十六堰"。

《金华县志》在大事记中记白沙堰时则说:"吴赤乌元年(238),旱,乡民始开堰引白沙溪水灌田,取名白沙堰,为省内最早水利工程之一。"

两志对同一事物的说法差异甚大,除始建年月,相差200多年外,还有其他差异。

究境谁的说法比较确当? 只有考诸历史文献。

## 历史文献和地方志的记述

现今所存关于三十六堰之最早的历史文献,就我们所知,首推南宋庆元六年(1200)杜旟所写的《白沙昭利庙记》。杜氏兄弟五人并有诗名,时人称为"金华五高"。旟从学于吕祖谦,诗文与陆游、陈亮相唱和,理学与叶适、陈傅良相切磋。《白沙昭利庙记》用笔严谨、考证翔实,是篇力作。故从万历《汤溪县

· 64 ·

志》起，历届汤溪修志，此文都搜集在志中。其中有两段文字值得注意，现录之如下："侯姓卢氏，汉时讨赤眉有功，尝显矣，其详不可得闻也。人婺之南，有山名辅仓，林麓菁葱，水石洁清，侯游而乐之，垦田以居，号卢畈，遂庙食其地焉"。又曰："赤乌元年，旱，乡民谋开堰引水，以灌稻田，钮畚所及，才三十六步，巨石蟠然隐地，役夫敛手，乃祷于侯，一夕大雷震以雨，空中汹汹若喊声，迨明，石已开矣。三十六堰实基于此"。这两段文字说明两个问题。一是卢文台系西汉末年人，曾镇压过赤眉起义，他的主要业绩是"垦田以居，号卢畈"；可能在开发卢畈时修过水利。二是赤乌元年，旱，乡民开堰引水，三十六堰关系大概如此，把卢文台和修建白砂堰分头写，有很大好处，因宋时对卢文台其人其事已十分模糊，很难写清，避免胡下结论。饱学之士，都采取这种慎重态度，求实精神。洪武元年大学士吴沉撰文翰林学士宋濂篆的明碑，也采取这样写法。

再看历代地方志的记述。现存记述最早的当推雍正《浙江通志》记述金华县水利时转引的嘉靖《金华县志》，文曰："白沙溪在县西又名白龙溪，《嘉靖金华县志》：汉辅国将军卢文台开堰36处，灌溉金华、汤溪、兰溪三县土地，为利甚溥，农多赖之"。同书在记述汤溪县水利时有云："白砂堰在10都白砂，共计36堰……汉柱国将军卢文台所开"。

另一部现存最早的万历《汤溪县志》也这样记述："白砂堰共计36堰，在县东20里……汉柱国将军、今封昭利侯卢文台所开，首口喇辅苍，尾跨古城"。康熙、乾隆、民国《汤溪县志》均沿袭此说。

万历《金华府志》记述得很简单："白砂堰广一丈二尺，长六十里，在十都。"康熙《金华府志》沿袭此说。

以上浙江省通志、金华府志、汤溪县志所记，除卢文台官

· 65 ·

职不确切外，都说汉卢文台开堰，说法比较慎重。对搞不清楚的人和事，采取比较模糊的概念，失实的可能性就比较小。“汉”这个朝代概念的时间跨度很长，既可理解为西汉，也可理解为东汉，亦可延到公元220曹丕篡汉时止。更有甚者，一些正统观念极强的古代史学家和文学家，把蜀汉也看作是东汉政权的延续(公元263年蜀汉灭亡止)。

《金华市志》忽然变“汉”为“汉初”，汉初的概念虽亦模糊，但时间跨度上很短。而且市志在记述时，又多出“率部屯垦……辅苍山”一个短句。这个短句是市志编者为改变历代地方志记述的“汉”改为“汉初”的一个伏笔。因有些野史稗史曾经有说过，卢文台在建武三年(27)跟随冯异，在敝底战役中彻底击败赤眉军，立下大功；是年，光武帝按功行赏，封官加爵，卢文台不愿接受封赏，故率部来辅苍山等记载。市志的评审稿曾把修建白砂堰断为建武三年，因评稿时对此提出异议。市志编者用“汉初”代替“建武三年”，仍是一脉相承的说法。卢文台既然率部来辅苍山，当然是建武三年或略后的事，否则，他的部众早已散失了。其实，这些野史、稗史写了许多迷信故事，一看就可知是一种极不严肃也不正确的作品！很难作为依据。

从上所述，我们认为杜旃《白沙昭利庙记》的记述比较科学，他把卢文台开辟卢畈作为一事，赤乌元年，旱，乡民修建白砂堰又为一事，而且说明，“三十六堰实基于此”。在没有发现更早的历史资料前，杜说是比较可信的。因此，赤乌元年始建白砂堰的说法，较有根据。

1993年第二期《金华方志研究》第66页

# 卢文台其人

　　白砂堰的始建年月，始终与卢文台密切联系在一起。所以有必要加以说明。

　　卢文台究竟是何许人也，出生何地，生卒年月，历史情况，史志都无明文记载。南宋杜旃已说："其详不可得闻也"。杜旃更从两块有关卢文台的唐碑加以考证，认为是于史无徵，错误百出，现摘录于下："有唐碑二，其一立于唐宣宗大中十一年（857），不著作者姓名。云：侯讳文台，字高明，幽州范阳人也。在汉为上柱国大将军贝濮二州刺史，后为辅国大将军，出镇江南剑南二道，官号地名，皆非汉制。又云，侯诛王莽，史有明文，非侯事也。所谓驾铁船，嫔龙女，事皆俚下，疑当时巫史所为也。"所谓官名地名，皆非汉制者，按上柱国大将军，系战国时楚国最高军职。秦汉之际，亦曾有此官。两汉无此官职，直至北魏孝庄帝才置柱国大将军，北周时始增置上柱国及上柱国大将军，位高权重。隋唐至明代为散官。至于辅国大将军两汉亦无此官名，至汉献帝时，才封其岳丈伏完为辅国大将军。汉置州郡，唐才设道。故地名亦非汉制。"其一广明元年（880）进士唐岩撰文云，黄巢拥众压境，群守乞灵，因牧童以通梦马，守上其事，封武威矣。按史，广明元年巢陷睦婺二州，侯于此时，不当得封，岂广明以前事耶？"唐碑两块所记，皆属谬误。由此可见，唐时，卢文台其人已不可考。

　　按说，卢文台兴修36堰，灌田几万亩，其利大矣，地方志应千方百计搜集资料，予以记述。明万历《汤溪县志》人物编有隐逸、流寓等12个目，无卢文台片言只字，万历《金华府志》亦无记述。此后编纂的府志县志更加无法记述了。但与卢文

· 67 ·

台同时的汤溪人龙丘苌隐逸于野,文名甚盛,《后汉书》任延传中曾加记述,历代《汤溪县志》均有传记,而兴水利的卢文台却无片言只字,不值得深思吗?

汉民族的民俗特点,往往把好事附会于诸神,有的"神"确有其人,如永康胡公大帝是胡则,汤溪县城隍是汤溪首任知县宋约。也有的神却是虚无飘渺,并非真人,而是群众塑造。如流行于金华东片的邢公大帝、徐公大帝,即无真人可言。金华、兰溪、汤溪一带群众则将卢文公附会为白沙大帝,兴修水利之神。

因此,我们可以这样说,卢文台即使确有其人,也不过是开发卢畈有功,被群众附会为神。传说多于事实。不能把卢文台看成是兴修36堰的创始人。

## 关于科学的表述

地方志在记述一些有争议的事物和一些不很明朗的历史事实时,要十分注意掌握好分寸,力求表述的科学性。

《金华市志》在记述36堰时缺少科学性。"东汉初","卢畈侯文台率部屯垦"等的表述,缺少科学根据,已如上述。"始建三十六堰"(大事记)建白沙溪36堰(水利编)的表述也缺乏科学性。36堰从沙畈至临江、白龙桥,蜿蜒曲折,30公里有余,建造36堰,显然是经过几代人的努力才告完成的,按古代的科学条件决非一人一时可以完工。这是常识范围内的事情。把建造36堰归功于卢文台一人,显然有悖事实,不符合科学性。而《金华县志》记述:"引白砂溪水灌田,取名白砂堰,为省内最早水利工程之一"则比较科学。

我们仅就白砂堰一事展开评论,决不是对整个《金华市

· 68 ·

1993年第二期《金华方志研究》第68页

志》的评论。

　　以上所述，仅一家之言，希望能得修志同仁和水利专家的批评指正。

1993 年第二期《金华方志研究》第 69 页

# 后　记

　　至今白沙溪流域乃至江南一带百姓,历代传颂奉若神明的辅国将军,人称"白沙老爷"的卢文台,史书上竟没有只言片语的记载,而对汤溪同时隐逸于野,人称"东方隐士"的龙丘苌,却在《后汉书·任延传》中曾有记述。因此,对卢文台生平就有各种不同的看法。同时,卢文台隐退缘由和为什么不去当时的富庶中原,而千里迢迢来当时穷乡僻壤的婺南辅苍,这两个问题,一直成为白沙文化研究者的难题。

　　现今所有记载卢文台及白沙溪三十六堰的历史文献,有人说仅有南宋庆元六年(1200)杜旟写的《宋昭利庙碑记》。其实,能够说明卢文台生平及其隐退婺南辅苍缘由的史实应该有三:一是杜旟写的《宋昭利庙碑记》(即宋碑);二是宋碑中提到的,民间自发而立无作者姓名,记述卢文台任职功绩,被宋碑否定的唐碑;三是卢文台后裔白沙卢村保存的《卢氏宗谱》。

　　本书依据《卢氏宗谱》,查阅《后汉书》,有取舍地采用唐碑某些内容。对卢文台生平及其隐退婺南辅苍缘由,初步作了回答。这是否历史真实?对这个问题今后还可继续深入地进行探讨研究。本书写作的初衷和主要目的,不在于上述问题,而在于如何保护发掘全国稀有全省最早,一千九百多年的白沙溪三十六座古堰群历史文化遗产;弘扬卢文台一心为公、不谋私利、不辞劳苦、为金华创建白沙古堰群宏大历史水利工程的伟大精神。他的这种精神，受到了历代百姓的无比崇敬，他本人更是我们后人的学习楷模和榜样！

本书对白沙古堰群的历史与传说的说明，还是很粗浅的，特别对白沙古堰群的历史变迁，发掘蕴藏的丰富文化内涵，金兰水库下游的白沙古堰、第五堰、华山堰、洞山堰、万潭堰密集区堰坝的保护和开发利用，调研得很不够，今后还须进一步的认真调查和研究。

另外，本书在成书过程中，曾得到金华市图书馆领导亲切开导和指导，得到郎亚红、胡佩生和邵新民等同志的大力支持，也得到丰达文印社刘乐同志不分昼夜打印帮助。特别是在下乡进村调研中，到一地得到一地的乡、镇政府的支持，得到沿溪村民老农，特别是吕汝芳、金兆雄、童三奶等的热情接待，无保留地提供资料。在此一并表示衷心感谢！

金华市机关离退休干部调研组

2012 年 6 月于金华

# 金华市机关离退休干部调研组成员名单

| 姓 名 | 单 位 及 职 业 |
|---|---|
| 张 柏 齐 | 金华市决策咨询委员、原市农经委副处退休 |
| 向 子 范 | 原中共金华市纪委副书记、市监察局局长离休 |
| 王 得 民 | 原中共金华市机关党委书记退休 |
| 张 寿 全 | 原金华市审计局局长退休 |
| 杨 增 友 | 金华市水利渔业局,原水产局局长退休 |
| 黄 师 禹 | 原金华市环保局正局调研员退休,高级工程师 |
| 邢 文 良 | 原金华市工商银行调研员退休 |
| 应 辉 | 原金华市经济和信息化委员会副处级退休 |
| 徐 康 有 | 原金华县交通局局长离休 |
| 崔 士 文 | 原金华市经委科长退休,注册会计师,注册审计师 |

婺文化丛书 V / 钟世杰　主编

# 永康话与永康文化

徐天送　徐关元　编著

 浙江工商大学出版社

**图书在版编目(CIP)数据**

　永康话与永康文化 / 徐天送, 徐关元编著. — 杭州
: 浙江工商大学出版社, 2013.5
　(婺文化丛书 / 钟世杰主编. 第 5 辑)
　ISBN 978-7-81140-797-6

　Ⅰ.①永… Ⅱ.①徐… ②徐… Ⅲ.①吴语-方言研
究②文化史-永康市 Ⅳ.①H173②K295.53

　中国版本图书馆 CIP 数据核字(2013)第 106536 号

## 永康话与永康文化

徐天送　徐关元　编著

| | | |
|---|---|---|
| **责任编辑** | 赵　丹 | |
| **特邀编辑** | 许苗苗 | |
| **装帧设计** | 周国良 | |
| **出版发行** | 浙江工商大学出版社 | |
| | (杭州市教工路 198 号　邮政编码 310012) | |
| | (E-mail : zjgsupress@163.com) | |
| | (网址 : http://www.zjgsupress.com) | |
| | 电话 0571-88904980, 88831806(传真) | |
| **排　　版** | 金华日报商务彩印有限公司 | |
| **印　　刷** | 金华日报商务彩印有限公司 | |
| **开　　本** | 850mm × 1168mm　1/32 | |
| **印　　张** | 138.5 | |
| **字　　数** | 3226 千 | |
| **版 印 次** | 2013 年 5 月第 1 版　2013 年 5 月第 1 次印刷 | |
| **书　　号** | ISBN 978-7-81140-797-6 | |
| **定　　价** | 460.00 元(全 13 册) | |

# "婺文化丛书"编委会

主　编：钟世杰

副主编：朱江龙　叶志良

编　委：(按姓氏笔画为序)

　　　　王亦平　王晓明　方雨辉　叶志良

　　　　朱江龙　杨鸽声　吴远龙　陈文兵

　　　　周国良　钟世杰　楼　冰

# 《永康话与永康文化》编委会

顾　问：徐天送

主　编：徐关元

副主编：俞彬琳　项瑞英　吕七成

编　委：(按姓氏笔画为序)

　　　　吕七成　应春娟　项瑞英

　　　　胡惠省　俞彬琳　徐关元

　　　　程美爱　潘美蓉

# 写在前面

地方文献工作是公共图书馆工作的重要组成部分,对地域方言和地域文化的研究,是我们一直关注的问题。作为图书馆工作者,我们深深地认识到,深入研究作为吴语南方代表的永康方言,对于繁荣永康文化,保护非物质文化遗产,丰富吴语文化,意义极其深远。

自从《永康日报》开辟"品味永康话"专栏以来,对永康话的研究出现过几次高潮,诸如《品味永康话》的出版、"永康方言语音建档发音人评选"、《永康话词典》的编写等。对此,我们都尽力提供资料查阅、文献收集、多方求证等帮助。为了让更多的人了解永康话及永康文化,年初我们着力编写《把永康文化带回家》这本地方文献小丛书。通过车站、企业、学校等途径,深入广大新永康人当中,并通过他们传送到祖国各地,从深度和广度方面推进了永康话的研究。

为了丰富我市地方文献内涵, 及时汇集永康话研究的成果,进一步推动永康方言、永康文化的研究与传承,扩大宣传力度,我们组织力量选编了部分相关文章,通过徐关元、徐天送、俞彬琳等人的努力,编写了《永康话与永康文化》一书,作为永康市地方文献小丛书2,并且被选入"婺文化丛书V"正式出版。希望本书对我市各界人士, 特别是教育文化部门的工作者提供一点参考和帮

助,为广大新永康人了解永康文化提供一个窗口,为海内外研究
方言的专家学者提供一份参考。

对于外地的研究永康方言的文章,我们尚未全部发现和编
入,这不能不说是一个遗憾。希望通过本书的出版,抛砖引玉,有
更多的有识之士加入永康话研究的队伍中来,使永康话与永康文
化的研究更上一层楼。

《永康话与永康文化》编委会

2013 年 5 月

# 目 录

## 永康话文化解读

## 方言书籍中的永康话语词

永康话文化解读

# "永康话"能当"吴语"代表吗

## 徐天送

"'永康话'为'吴语代表'！"

"吴语：分布在江苏长江以南和浙江大部分地区，以苏州话和永康话为代表。"

以上两段话来自"百度搜索"网站。作为永康人，着实"受宠若惊"，简直比选上全国人大代表还光荣。但细一想："永康话"果真有资格当"吴语"代表吗？为什么堂堂的杭州话、宁波话、绍兴话、上海话、温州话都当不了代表，独独"抬举"我们永康话呢？我在互联网上"上穷碧落下黄泉"，"望尽天涯路"，想找一点新的证据，但总是空手而归。

最近，通过市博物馆的陈进韶先生介绍，结识了上海中医药大学的永康籍教授李鼎先生，承蒙他惠寄了几篇有关吴语的大作，总算找到了一些蛛丝马迹，现转述于此，以飨同好。

先从"农"和"侬"说起。

## 一、"农"的本义

上海师大古籍研究所的徐时仪先生在其《"侬"的语源义探析》[1]一文中说："'农'声在文字没有产生前的原始语言中具有约定俗成的'厚'义。王力先生《同源字典》说：'水厚为浓，汁厚为脓，酒厚为醲,衣厚为襛,诸字同源。'段玉裁注《说文》在'襛'和'浓'字下也指出'凡农声之字皆训厚'。'厚'亦即'多',古百越族用'农'声作族称词,其词义正是取的'多'义,寓义繁衍兴旺,即'人丁兴旺'义。农,又指神农氏。相传神农氏用木制耒耜从事农耕。'农'又传说为厉山氏之子名。《礼记·祭法》:'是故厉山氏之有天下也,其子曰农,能殖百谷。'郑玄注:'厉山氏,炎帝也。起于厉山,或曰有烈山氏。'孔颖达疏:'农,谓厉山氏后世子孙,名柱,能殖百谷,故《国语》之神农之名。柱作农官,因名农是也。'商周时的青铜器农卣上亦刻有以'农'为名的人氏。"

徐先生接着指出:"'农'由具体的族称一方面泛指为人的自称,特指为姓氏,又由作为人的自称而引申虚化为第一人称代词;一方面由作为人的自称而引申指从事耕作之人,又进一步引申为耕作。无论是族称还是耕作,其词义都或多或少地与其原始语源义有关!"

由此可见,"农"的本义是"多""厚",后作族称或人名,"耕作"和"农民"属于后起之义。楼侗孙先生称:"在我们家乡话里,几乎都用'农'字来取代'人'字……凡是'人'的地位,几乎完全被'农'字所取代了。"从而据此推论这是因为当时永康属农耕社会之故。现在看来是不够恰当的。"永康农"应写作"永康侬"更确切。其他的"读书侬""小侬""手艺侬"也应如此。因为只有"侬"才具有"人"的含义。"永康"是地域,不是族群。

## 二、"侬"的演变

据汉字造字法,"侬"属形声字。"农"是声旁,"人"是形旁,意即指"人"。在古代,由百越的一支发展而来的一些壮族又称为"侬人"，"侬"又用作姓氏。

但对"侬"的演变，有几种不同观点。

一种是"土著话"说，以潘悟云、陈忠敏的《释侬》[2]为代表。

潘文认为："东南方言中的许多方言词并不一定都有汉语的来源。""'侬'也是同样的情况，其地域分布只在古代百越族人居住的东南沿海几省。许多民族对'人'的称呼也就是族称或自称。古代吴人称'人'为'侬'，自称也为'侬'，所以，我们自然会猜想，'侬'可能就是古百越语词，意义为族称和自称。古代百越人在接受汉语的同时，把他们自己语言中用作族称和自称的 nɑŋ 保留下来，成了这些方言中'人'义和第一人称的方言词，那是很合情合理的事。"

另一种是"'侬'即'人'"说，以永康籍专家李鼎先生为代表。

李先生在《吴侬和人称代词辨析》[3]中写道："吴人所以称为'吴侬'，原因是由于这些地区的方言'人'说成'侬'，实际是一'人'字的变音。此字不见于《说文》……《广韵》首次收进'侬'字，并注：'吴人自称曰侬。'此后的辞书都跟着以'我'解释'侬'，其次才补出'渠侬，他也'而忽略了作为'人'的基本字义。《康熙字典》始引用《六书故》的说法：吴人谓人，'侬'即'人'声之转，瓯人呼若'能'——这段话指出了'侬'就是'人'字语音的变异。经查检戴侗《六书故》'人'部没有这段文字，但在序例中有说：'吴人，越人呼人为妈红切（音农），今俗书作'侬'；台人鱼邻切（音宁）；温人奴登切（音能）。'……吴越称人为'侬'，现在金华地区永康、东阳、义乌一带的口语就是如此。说台州人称为'宁'，这在方音中分布最广，说温州一带称人为'能'，现在缙云话也是如此。戴侗从'宁''能''侬'之间找出了语音变异的轨迹，很有道理。"

李先生在他的另一篇文章《吴声歌曲中称人为"侬"》[4]中又写

道:"吴语称'人'为'侬',本是属于汉语各方言间的语音差异,我们只要将各地方音来个横向比较,就能探出其间的演变流程。口语中'人'这个音,从东北方到东南方可以排出'盈'→'宁'→'能'→'侬'→'囊'→'郎'一类音,莫不是'人'音的变异。"李先生认为,"侬"既然是方言用字,其根源就在方言之中,自应从方言调查中去探明其究竟。"侬"字要从吴语及其周围方言中去探究,人称代词的演变也应从方言中去探究。大量古汉语语词,现在仍然活在南方方言中,这是胜过书本的活文献。(见《再读"吴侬"和人称代词》[5])

两种说法,各有其理,但笔者更倾向于李先生的"侬即人"说,原因在于此说有更丰富、更充实的方言证据,而前说只不过是推测、估计而已。以永康方言为例,"侬"只出现在复数的人称代词中:我们——我勒侬;你们——嗯勒侬;他们——渠勒侬;咱们——自勒侬。单数人称代词不用"侬"。这是否与"农"的本义"多""厚"有关?我看确是如此,由此可推永康方言似乎比苏州方言更"古"(苏州方言中"侬"作单数第一人称代词"我")。李鼎先生在其《"吴侬"和人称代词辨析》中称:"《汉语方言概要》一书所举的吴语,苏南以苏州话为代表,浙南以永康话为代表。就此范围的方言作比较,可以了解吴语的变异和发展的历史,浙南甚至闽北保存吴语的古音,苏州则属后期吴语的发展,'软语'之'软'也是以苏州话为最。"这正说明,永康话属于前期吴语,是更古老的吴语,完全有资格当吴语代表。

**参考文献**

[1] 徐时仪."侬"的语源义探析[J]. 医古文知识,2003(3).

[2] 潘悟云,陈忠敏. 释农[J]. 中国语言学报,1993(2).

[3] 李鼎. 吴侬和人称代词辨析[J]. 医古文知识,2001(1).

[4] 李鼎. 吴声歌曲中称人为"侬"[J]. 解文说字,2007(3).

[5] 李鼎. 再读"吴侬"和人称代词[J]. 医古文知识,2004(1).

## 附:李鼎先生给笔者的信

天送老师:

新年好!

寄来大作收到,很高兴能看到有关家乡的著作。

大作中收罗面广,许多永康话对我来说是闻所未闻,大开眼界。如说有什么"不妥之处",在"附录""后记"中都已谈及,只要多下些琢磨、推敲功夫就好了。

楼桐孙老先生的一些解释是不能同意的,近来有人被弄糊涂了,这种误解要澄清,不能想当然。

行话、隐语,不能作为方言的要点,这不是提高品位,可能是相反。

我对这方面只能说是关心,有兴趣,谈不上有造诣。对于方言、方音,总会有种比较心理,一是与书本文字相比较,一是与周围的方言相比较,一比较就可理出个源流、演变的关系来,我写的几篇文章就是这么来的,遵嘱,附上,供参考。

有机会再谈。

李 鼎

2008-02-25

# 永康话是吴语代表之一

徐天送

　　笔者曾发表过《"永康话"是"吴语"代表吗》一文,提到几点永康话可作为吴方言代表的证据,但说服力不足。最近,笔者从袁家骅等著的《汉语方言概要》(语文出版社 2001 年旧版)中,发现了重要证据,我们可以理直气壮地说:永康话是吴方言的一位代表!

　　该书在第五章吴方言中, 用了 27 页的篇幅谈到吴方言语音,其中只提到两个音系:苏州音系和永康音系。谈"苏州音系"用了19.5 页,谈"永康音系"用了 6.5 页。其他地区的音系,虽然在叙述中偶有提到,但只是作为比较对象提出来。对吴语区音系进行全面系统论述的,只有苏州和永康两个音系。仅凭这一点,就可以看出该书作者将永康话作为吴方言的一个代表,即吴语的南极代表。

　　该书指出:"现代吴语的分布区域包括江苏省江南镇江以东部分(镇江不在内)、崇明岛和江北的南通(东郊一部分)、海门、店东、靖江等县,以及浙江省的大部分。从语言特征上说,靖江和丹阳是吴语的北极,接近下江官话,浙南温州、金华、衢州三区是吴语的南极,境内还有闽南话(人口约 100 万)、畲话和蛮话……不过典型的吴语从多方面考虑,以苏州话为代表是比较适宜的。可惜它不能代表浙南,所以另以永康话为例,略作补充。"(见第 57 页)

　　永康话为什么能作为吴语南部的代表呢? 该书作者认为:

　　第一,永康话较为单纯,受近代北方话影响较小,文白异读较不明显。

该书在谈到"永康音系"时,有一说明:"明清两代金华府所辖金华、兰溪、义乌、东阳、永康、武义、浦江、汤溪八县。在浙南吴语中形成一个土语郡。永康话是其中较为单纯的,受近代北方话影响较小,文白异读较不明显。永康话内部又有两种方音,西北部称上角腔,东南部称下角腔……县城及其附近都属下角腔。赵元任在《现代吴语的研究》中所记永康音恐系上角腔。这儿的音系是永康城里的,属下角腔。"

那么,为什么永康话比起金华七县来较为"单纯"呢?《汉语方言概要》认为,方言的分化往往与集体迁移、区域经济、地理交通等历史、地理因素有关。

从历史看,永康在金华地区最早建县。根据《金华市志》记载:三国赤乌八年(245)分乌伤南界上浦乡置永康县,从此永康正式建县;而金华在隋开皇十八年(598)建县,义乌在唐武德七年(624),兰溪于唐咸亨五年(674),东阳于唐垂拱二年(686),武义于唐天授二年(691),浦江于唐天宝十三年(754),汤溪于明成化六年(1470)。

也就是说,永康建县要比金华早357年,比义乌早379年,比东阳早441年,比汤溪更是早1225年。而且,永康在唐武德四年(621)置丽州,八年废州复县,有过四年成为"州"的历史。据《唐会要》,大历十三年(778),永康为"望县"(即繁华重要之地),宋《九域志》记载,永康为"紧县"(即重要之地,有三千户以上),元代永康是"上县"(元代县分上中下三等),以上这些"级别",恐怕不亚于当今的"百强县"。

永康建县早,说明成为政治、文化中心早;"望县",说明经济、社会较发达。从地理看,永康东、南、北三面环山,形成永康盆地,又缺少贯通各县的大江大河,历来交通不甚发达,这些都是永康话较单纯、较独立的原因。

第二,"永康话中复元音相当丰富,在整个吴语区内部是独特的,也许能说明吴语较早的面貌。"(见第80页)

第三,"中古复元音韵母,今永康仍读复元音,这可以说是保存了较多的古音,并与北京语音接近。"(见第81页)

第四,从声调看,吴语主要类型是7个或8个。苏州话是7个声调,松江、吴江、嘉兴声调高于8个,上海话中青年人说的话只有5个声调,而永康话是6个声调,即阴平、阳平、阴上、阳上、阴去、阳去。

第五,从变调看,永康话中有5种常见的由连读而产生的变调:①两个字连续几乎都要变调,双音节词语的重音一般落在第二音节上。北京话读轻声的字,永康话都不轻读,反而重读。如"葡萄""萝卜""玻璃";②三字连续变调,如"三家头""白开水""落大雨";③四字连续变调,如"勿三勿四""麻离杓鼻""门口头塘";④小称变调,如"小猪""小婶""小佛";⑤量词变调,如"一打""三朵""三粒"。有些变调还会产生词义和语法上的变化。

《汉语方言概要》成书于上世纪50年代,2001年出第二版,2006年第三次印刷,作者是北京大学教授。该书是大专院校中文系的重要参考书。

袁家骅等先生对永康话的深入研究,揭示了永康话的单纯性、历史性和独特性,表明永康话作为吴语在南极的代表是有较充分理由的。笔者除了对袁先生等有识之士表示由衷敬意和深切感谢外,也殷切希望我市有关部门,能重视永康话的研究,加强人力、资金的投入,这将有助于繁荣永康文化,提升永康城市品位和形象。

曾有一联描绘永康崛起：

"看水叠玉带，山焕丹霞，怜蝶飞狮舞弄春潮，一脉吴音惊世界；仰科技振兴，人文蔚起，喜巨贾豪商集盛会，五金名片誉神州。"

如何保护，发掘"永康话"这个独特的"一脉吴音"？每个永康人都有责任。我们要增强文化自觉，提高文化自信，在发展、繁荣永康经济的同时，加大文化建设力度，以无愧于"吴语南方代表"这一称号。

# 永康话方言语法特点初探

徐天送

吴语语法结构与普通话基本一致,因此,永康话的语法结构与普通话也没有很大的区别,但在词法、词类、句法等方面还是有一些自己的独特之处。

# 词　法

永康话构词的主要手段之一,是重叠。

## 一、形容词后的重叠

关于色彩的,如:红打打(鲜红色),绿沉沉(深绿色),白脱脱(白净),乌滋滋(深黑色),乌油油(黑而发亮),紫笃笃(深紫色),黄怪怪(黄而明色),白壳壳(白而无神),白练练(白而耀眼)。

关于冷热感觉的,如:热烘烘(肌肤微热),凉甩甩(凉爽),冷飕飕(寒冷),汤汤侬(温度高),冰冰侬(温度低),得得抖(害怕),乖乖侬(害怕)。

关于各种情貌的:慢吞吞,出出侬(痒而发笑),漾漾侬(欲呕吐状),弹步弹步(迈着八字步,不慌不忙的样子),句欠世欠世欠

(读作啊欺欺,指用手入颈或肢窝使人笑)。

## 二、动词重叠式

如择择暖(挤在一起取暖),洗洗伲腻(洗干净),出出屁股(露出臀部),做做食食。

又如:"医生讴午多睏睏。"(医生叫你多睡睡)

"葛粒事干你少讲讲。"(这些事情请你少说说)

两动作次序有先后,头一个动作完成用重叠式,如:

"饭食食再去。"(吃了饭再走吧)

动词重叠后再加一个语助词"吗",表示"试一下"的意思,如:

望望吗(看一下)

食食吗(尝一下)

打打吗(你胆敢打人? 谅你不敢)

动词重叠后再加一个语助词"在",往往表示命令或诉求语气,如:

衣裳洗洗在(把衣服拿去洗)

替我捋捋在(帮我抚摸抚摸)

台桌缴缴在(把桌子擦一擦)

有时形容词作为动词的修饰语,在重叠后加上一个"箸(音)",表示请求,祈使语气,如:

"小心,慢慢箸趔。"(小心一点,慢慢儿走。)

"勿要慌,渐渐箸食。"(不要着急,慢慢吃。)

词头词尾的附加,是永康话构词的又一手段。

杭州话、金华话中带"儿"尾词的较多,永康话中却基本没有。

普通话里带"子"尾或"儿"尾的名词,永康话中一般用"头":如阶沿头(阶沿),床横头(床边),斧头(斧子),鼻头(鼻子),望头(希望),花头(花样),五更头(早上),午饭头(中午),午罢头(下午),乌晕夜头(晚上),锅灶头(灶),河头(河边),塘头(池塘边),田头(田边),签头(面条上的菜或肉丝),呆头(呆子),耸塌头(无能之人),驮杠头(专门干扰事情的人),大头(大数、大部分),小头(小数、小部分)、兴头(正高兴或兴奋之际),霉头(倒霉)。

一些表示时间或方位的名词,则在词尾加"头里"来表示。如:阁头里(家中),眠毛熟里(睡梦中),大橱里(橱中),猪栏里(栏中)。

# 词　类

### 一、人称代词

| 普通话 | 我 | 我们(咱们) | 你 | 你们 | 他 | 他们 |
|---|---|---|---|---|---|---|
| 永康话 | 我 | 我粒侬(自粒侬) | 午 | 午粒侬 | 渠 | 渠粒侬 |

### 二、疑问代词

| 普通话 | 谁 | 什么 | 哪里 | 怎么样 | 怎么办 | 怎样 |
|---|---|---|---|---|---|---|
| 永康话 | 者侬(或啥侬) | 者西 | 岂嗒 | 生样子 | 者办 | 生 |

### 三、指示代词

| 普通话 | 这(近指) | 那(远指) | 这些 | 那些 | 这时 | 那时 |
|---|---|---|---|---|---|---|
| 永康话 | 嗒,格拉 | 渠拉,重拉 | 葛粒 | 渠粒,重粒 | 葛时节 | 庚时节 |

## 四、方位词

| 普通话 | 右边 | 左边 |
|---|---|---|
| 永康话 | 大手隅、正手隅 | 小手隅、反手隅 |

## 五、量词

| 普通话 | 约二十 | 一百上下 | 整一千 | 一下 | (走)一次 |
|---|---|---|---|---|---|
| 永康话 | 毛廿 | 百把 | 满千 | 一计 | (趣)一埭 |

## 六、助词

| 普通话 | 的 | 得 | 地 |
|---|---|---|---|
| 永康话 | 个(读如"骨",音变),例:我的——我个 | 勒（读如"来"），例:跑得飞快——跑勒飞快 | 箸，例：慢慢地——渐渐箸 |

## 七、程度副词

作为附加成分,放在形容词、动词的前面或后面,表示程度的加强：

①前加"忒",相当于普通话中的"太""过于",如："忒大""忒老""忒认真""忒结角"分别表示"太大""太老"(指农作物成熟过头或食物煮过了火候)"太认真""太执拗,太倔"。

②前加"高""危险""险火",相当于普通话中的"很""非常",如:"高快活"(很高兴),"危险大"(非常大),"险火好望"(非常好看)。

③后加"猛",相当于普通话中的"得很""厉害",如：

来食猛(贪吃得很)　　好猛(好得很)

要眠猛(渴睡得很)　　着力猛(累得厉害)

凶猛(凶得很)　　　　肚饥猛(饿得厉害)

④后加"子起",表示"……一下",时间或动作的短暂,如:

坐子起(坐一下)　　　食子起(吃一下)

做子起(做一下)　　　看子起(看一下)

八、"来"和"勿"嵌在动词和结果补语中间,说明可能和不可能,如果带宾语,语序跟普通话不同

永康话:食来落,食勿落,讲来渠过,讲勿渠过。

普通话:吃得下(吃得了),吃不下(吃不了),说得过他,说不过他。

九、量词可以直接作为指示代词

如"这个人"可以表示为"个人","这朵花"说作"朵花"。"这辆车"可以说成"部车"。"这些人"可以说成"粒人"。

十、谓语动词的修饰语常后置

如"你先走,我就来",永康话讲作"午趋头前,我便来"。

十一、动词的"体""过去时"用动词后加成分表示,"现在时"和"将来时"用动词前加成分表示

例:过去时——

普通话:已经吃了

　　永康话:食过了,食歇了

现在时——

　　普通话:刚刚吃

　　永康话:正隉拉食

　　普通话:正在吃

　　永康话:姜姜箸食

将来时——

　　普通话:快要吃了

　　永康话:便要食了

　　普通话:将来毕业

　　永康话:竞日毕业

## 十二、语助词

　　语助词(包括一部分连词、副词和所有的语气词)在永康方言的口语里自成系统,很少与普通话相同。

　　"庚""庚末":表示"那么","这么一来"。

　　例:"庚末我午罢来接午。"(那么我下午来接你)

　　"要末":往往连用,引进选择复句。

　　例:"要末赞成,要末反对,者干亨重重缠缠讲勿清楚？"(或者赞成或者反对,为什么要这样啰啰嗦嗦说不清？)

　　"咦":表示"又"。

　　例:"咦勿去莲？"("又不去啦？")

　　"书咦勿读,做咦勿做,午究竟想者干？"

　　("书又不读,事又不干,你究竟想做什么？")

"得哇"：表示安慰、祈求语气。

例："好得哇，争者西？"

（算了罢，争什么？）

"哈"：表示"和"，"与"。

例："哈午去嬉。"（和你一起去游玩。）

"伐"：表示疑问语气。

例：上海去过伐？（去过上海吗？）

"午晓得渠生病伐？"（你知道他生病吗？）

"啊"：表示祈求，强调语气。

例："字要写写好啊！"（字一定要写好！）

"午出门，要豪躁点转来啊！"（你出去，一定要赶快回来！）

"者乖"，相当于"难道"，表示疑问、反问、推测语气。

例："个事干者乖是张三做骨？"（这事难道是张三干的？）

"者乖午赫都勿懂？"（难道你这样都不懂？）

# 句　法

有些永康话的句子，语序往往与普通话不同。

## 一、疑问句宾语或状语前置

例："饭食过咪，午？"（你吃过饭了吗？）

"落恰那，赫早午更？"（这么早到哪儿去？）

二、感叹句往往用倒装句

"亨黄妩勒,个小细囡!"(这个小姑娘真漂亮!)

"忒远了,渠嗒!"(那儿太远了!)

三、惊叹语气,往往将惊叹词用于前面

"啊育勒!火烧屋莲勒!"(发生火灾了!)

"喔呼呼!个番薯赫驮勒!"(这个番薯好大啊!)

永康话的语法特点,恐怕远远不止以上几方面,还有待同好者补充。以上描述有失误之处,恳请方家指正。

# 永康话的词汇与普通话有何不同

### 徐天送

　　语音、词汇、语法是语言的三大要素。永康话与普通话不仅语音迥异，就是词汇和语法也有许多不同。本文试从词汇的角度探讨一下永康话与普通话的区别。

　　首先，是词素的差异。同一种意思，永康话所用的词素与普通话不尽相同。

　　例如，普通话里的"天"，永康话称"日"，普通话里的"太阳"，永康话称"日头"。其他如（括号里的是永康话）：

| | |
|---|---|
| 今天(该日) | 明天(明朝) |
| 昨天(上日) | 前天(尝日) |
| 早晨(五更) | 傍晚(乌映) |
| 上午(午前) | 下午(午罢) |
| 小孩(小家脚) | 小男孩(小侬) |
| 小女孩(小细囝) | 青年(后生侬) |
| 白糖(糖霜) | 红糖(砂糖) |
| 麦芽糖(白糖) | 桂圆(圆眼) |
| 鸡蛋(鸡子) | 脸盆(面盆) |
| 木柴(柴架) | 打雷(响雷公) |
| 闪电(霍闪) | 害羞(倒厌) |
| 干净(妮腻) | 肮脏(恶糟) |

喝水(食茶)　　　　　现在(阳者)

从前(之前)　　　　　顶嘴(应嘴)

游泳(洗洗浴)　　　　相识(面熟)

石阶(踏道)　　　　　肚子(窝肚)

蚂蚁(虎奶)　　　　　金鱼(三粉鱼)

麻雀(麻只)　　　　　母鸡(草鸡)

公鸡(雄鸡)　　　　　丈夫(老公)

妻子(内家)　　　　　玉米(株禾祭)

茄子(落苏)　　　　　丝瓜(天萝)

南瓜(金瓜)　　　　　马铃薯(洋芋)

荞麦(花麦)　　　　　冰雹(龙铍)

冰凌(冻道)　　　　　口吃(疙舌)

脖子(头颈)　　　　　膝盖(脚窟头)

全部(统统)　　　　　回家(归去)

撒娇(奇特)　　　　　天井(明堂)

灵活(活相)　　　　　执拗(结角)

睡觉(眠熟)　　　　　出殡(上山)

难看(腻心)　　　　　讨厌(得人憎)

右手(正手)　　　　　左手(反手)

富(有、爽)　　　　　穷(冇、典古)

埋(摁)　　　　　　　斜(苴)

藏(闳)　　　　　　　胖(壮)

单身汉(独自人)　　　经纪人(牙郎)

其次是普通话里的一些多音词在永康话里往往变成了单音
词,例如:

顽皮(皮)　咳嗽(嗽)　狭窄(狭)　寒冷(冷)　筷子(箸)

灰尘(塕) 躲藏(幽) 站立(隑) 一毛不拔(抠)

而普通话里的一些单音词,在永康话里成了多音词。例如:

肩(攀肩) 额(额介头) 霰(雪泽子) 狼(狗屠) 丑(腻心)

美(黄妩) 脸(面切) 舌(口舌)

永康话与普通话的词汇差异,第三个方面表现在副词上。

普通话表示程度深的词主要是"最""很""非常",而永康话中相应的词则是"高""尽""险火""额外"等。

先看"高"。相当于普通话的"很","非常"。

(1)我高高兴。(我很高兴)

(2)我高想念阿妈。(我很想念妈妈)

(3)渠(格)个衣裳高的确。(他的衣服很合适)

(4)格根树上的桑枣高多高多!(这棵树上的桑葚很多很多!)

(5)渠(格)跳高跳得高高。(他跳高跳得很高)

(6)屋前的溪水高清高清。(房子前面的溪水很清很清)

"高"在永康话中可以作为形容词,表示从下向上距离大之义。如例(5)加"·"的"高"就表示此义。由于它含有"大"的义素,当它在形容词或者心理动词前面作修饰语时,它就演变成表示程度深的副词,如例(1)到例(3)。如果表示程度的加深,常把"高"和所修饰的对象一起重复使用,以达到强调的目的。如例(4)、例(6),"高"在修饰形容词和心理动词时,基本上不受限制,与"很"相当。如"高狠""高毒""高坏""高没良心""高穷/富"等。

再看"险火""危险"。

这两个词在永康话中都是形容词,表示"不安全"或者"某种状态达到比较深的程度"。年老的人一般用"险火",而年轻人则用"危险"。

(1)渠(格)病高险火了。(他的病很危险了。)

（2）不要去，高危险！（不要去，很危险。）

（3）看照相上，我笑得太险火了。（看照片上，我笑得太厉害了。）

但是，当"险火""危险"在形容词、心理动词前面时，它们演变成了程度副词，表示的是"十分""非常"之义。如"险火大""危险大""险火高兴""危险喜欢"，并且，两个词可以互相修饰。例：

（1）渠（格）跌伤了，险火危险哎！（他摔伤了，伤势非常危险呀！）

（2）渠（格）跌伤了，危险险火哎！（同上）

以上两例，前面的"险火""危险"都是程度副词，后面的"危险""险火"都是形容词。

永康话中的这三个程度副词，显示了一个词汇演变规律，即含有"超过一定常规量，达到某种较高状态"的词，都有演变成表示程度深的副词的语义基础。目前年轻人和网络语中流行的"暴""超"两个甚度程度副词也类似这种情况。

永康话有时还用很忌讳、很不吉利的咒词来代替"非常"，如：

非常重（死侬重）　非常热（死热）　非常倔（死硬）　非常威（死侬威）

这些咒词、不吉利的词有时却用来表现相互关系的"亲热""无拘无束"。如：

好朋友、情人之间见面，问："这几天你在哪儿？"

永康话可这样表达："该两日午（你）死恰那？"或"两日葬恰，午（你）？"

在这里"死""葬"均无贬义，而是表示"想念极了""一日不见，如隔三秋"之意，是"贬词褒用"。

永康话中副词"便"的意义、用法也比较独特。

在现代汉语口语中，时间副词"便"已不再使用，但在永康话中，"便"的用法十分丰富。并且"便"都可以移到句尾，形成一种移位强调,现作分类说明。

第一,相当于时间副词"就",表示动作很快将要发生,如:

(1)母亲:衣裳洗好了没?

女儿:便要洗好了。(就要洗好了。)

(2)母亲:衣裳洗好了没?

女儿:要洗好了便(很快就要洗好了。)

"便"放在句尾是一种强调式的回答,突出"洗"动作将要完成的时间非常短。

第二,表达一种反诘语气,相当于"难道""怎么"。如:

(3)亨冷的天,你便穿亨点衣裳?(这么冷的天,你怎么穿这么一点衣服?)

(4)亨冷的天,你穿亨点衣裳,便?

(这么冷的天,你只穿这么一点衣服,难道?)

第三,对动作的发生或者状态的出现,表示一种惊讶的语气,相当于"就",如:

(5)你亨快便归来啦?(你这么快就回来了?)

(6)我个病好去啦便。(我的病这么快就好了。)

"便"移到句尾,更强调"病好完成"得快,有时,这种移位后还对这种"病好"的情况表示一种意外喜悦的心情。永康话中,"病好去啦便"后常按有"真运气"之类的句子。

第四,"便"位于句后,可以表示一种不满或不屑的语气。

(7)渠(格)坐啦不动便。(他就是要坐在那儿一动不动。)

(8)午(你)得哇便!(你得了吧!)

(9)午(你)替我得哇便!(你给我算了吧!)

第五,用于假设复句后一个分句中,表示假定出现前句子情况,就会出现后面的情况,相当于"就"。

（10）你再不归去，我便打过来哇。（你再不回去，我就打过来了。）

（11）你再不归去，我打过来哇便。（你再不回去，我就要打过来了。）

（12）好好歇歇起，好早点好去便。（好好养着，可以很快就好去。）

突出强调"便"，说话者希望安慰病者，因此将病将好起来的时间作为信息的聚焦点。

永康话"便"的后置用法，为人们提供了一种凸显信息的方式，启示人们要从信息的传递功能去安排语序。不过，这种用法在现代汉语中已消失，它只不过是汉语较古的一种语用法。例如：

（1）储光羲《苏十三瞻登玉泉寺峰入寺中见赠作》："鸿濛已笑云，列缺仍挥电。忽与去人远，俄逢归者便。"（《全唐诗》卷一三八，1397）

此句的正常语序是"俄便逢归者"，意思是说："（云与电）一下子离人远了，一会儿就又看到它们回来了。""便"的后置也是为了突出"快"。

（2）杜甫《江涨》："江发蛮夷涨，山添雨雪流。大声吹地转，高浪蹴天浮。鱼鳖为人得，蛟龙不自谋。轻帆好去便，吾道付沧洲。"（《全唐诗》卷二二六，2443）

此句的正常语序是"轻帆便好去"，前几句是描写江涨之后的情景，在这种江涨的情况下，轻帆就好出发了。

（3）张先《玉联环·双调》："无由重肯日边来，上马便、长安远。"（《全宋词》卷一，63）

此句的正常语序是"便上马、长安远"，"上马便"中"便"突出无奈的语气。

（4）陈日章《鹧鸪天》："内乐清虚息万缘，逍遥真是地行仙。徒他玉带金鱼贵，听我纶巾羽扇便。"（《全宋词》卷三，2028）

此句的语序是"便听我纶巾羽扇","便"的后置突出对这种闲适生活向往的语气。

永康土话由于其原生态强,受外界"污染"少,许多词非常形象,极富表现力。如:

苦闷(焦臭)(用可闻的气味表现难以触摸的心情)

可爱(得侬笑)

精明(较斤)(相当于斤斤计较)

吝啬(小气猫猫,屁股搔搔)

不理睬(懒对)

现报(现刀口)

节俭(做侬家)

不守信用(口舌冇骨头)

很轻(屁轻)

算计到家[老滑子(睾丸)筋算断]

说话不负责(乱管念)

时髦或识相(香识)(用识得香臭来表现高度的识辨能力)

词序差异,也是永康话与普通话词汇的第五个差异。例如:

客人——侬客

热闹——闹热

喜欢——欢喜

头衔——衔头

这一点,永康话与温州话很相近。

作为古代汉语的"活化石",永康话中保留着一些普通话中所没有的古语词和古代典故(包括前面介绍的一些古汉语用法)。例如:

(1)形容菜肴丰盛的"雍"。

(2)相当于第三人称代词"他"的"渠"。南北朝的《孔雀东南飞》中"渠会永无缘。"南宋朱熹《观书》诗:"问渠哪得清如许？"

(3)称"回家"为"归去"。晋代的陶渊明著《归去来辞》称:"归去来兮,田园将芜胡不归"。

(4)将不当官的平民百姓称为"白身人"。相当于古时称未当官的读书人叫"白衣秀才"。

(5)称爱说"大话"、"假话"的人为"伯嚭"。《辞海》称伯嚭又称太宰嚭,春秋时吴国大臣,深得吴王夫差宠信,吴破越,他受越贿赂,许越媾和,并屡进谗言,潜杀伍子胥。

(6)称小孩顺从,听话为"百僚"。而百僚古代指的是"官吏",《书·皋陶谟》有"百僚师师"句(意为官员众多)。一般说来,官员对皇上是很顺从,很听话的。

(7)称脾气倔强为"娘羌"。羌,是古族名,羌族在周朝就存在,后部落分散,以游牧为主,自汉至清,不断爆发起义,反抗封建统治。羌族的不屈不挠精神,可见一斑。

(8)称"风筝"为"纸鸢"——诗云"儿童放学归来早,忙乘东风放纸鸢"。

(9)称小孩"顽皮"、"调皮"为"老貔貅"。"貔貅"为古籍中的猛兽名称。《礼记·曲礼上》:"前有挚兽,则载貔貅。"孔颖达疏:"貔貅是一兽"。古代行军,前面有猛兽,就举起画有貔貅的旗帜以警众。又比喻勇猛的军士。《晋书·熊远传》:"命貔貅之士,鸣橄前驱。"

(10)称年轻男子的妻子为"孺人"(读如"汝银")。在古代,称天子之妻为"后",诸侯之妻为"夫人",大夫之妻为"孺人",士之妻为"妇人",庶人之妻为"妻"。永康话中的这种称呼显示属于用古代的尊称。

本文从词汇的词素、音节、副词作用、形象性、词序、古语词等六个方面,初步探讨了永康话与普通话的差异。还远远未能全面把握永康话词汇的特点,希望广大读者补充、指正。

**参考文献**

[1] 雷冬平. 近代汉语常用双音虚词演变研究及认知分析[M].北京: 中国社会科学出版社,2008.

[2] 沈克成,沈迦. 温州话词语考释[M]. 宁波: 宁波出版社,2009.

# 永康方言中的"话"

## 项瑞英

"说话"二字,看似一词。其实你中有我,我中有他。

说"你中有我",是二字都为多义词,既可当动词,又可作名词。而且都能代表一种议论文体,如《师说》《捕蛇者说》和《六一诗话》《人间词话》。说"我中有他",是"说"多用于陈述,而"话"则常见于倾谈,如"从头说""话当年",味道、用法,都颇有不同。

永康民风向来剽悍张扬,重质少文。永康人说起话来也是高腔大嗓,哇哩哇啦,扎手舞脚,语调极强,语速很快,相争一般。因此永康话中用"说"的地方少,大量出现的是"话"字。笔者统计,永康方言中带"话"的词语中有三十几个,全部都是名词,可分为四字、三字、二字三组。今择其中最具地域特色、草根情趣,而且表现力强,生动形象的,略加浅析,以飨读者。

其一,仙神外话和驮(大)头天话。永康方言中把那些不着边际、难以置信、不合事理的言谈称为"仙神外话"。仙与神本非凡人,讲的话当然空虚妄诞;而"外话"也同"外史""外传"一样,都是些不见经传、道听途说的东西,可以姑妄听之,甚至一笑置之的。另外还有个版本,叫"设神念话"。永康土著先民原属古代南方少数民族"百越"之一的浙越,他们断发文身,科头赤足,信巫重鬼。屈原《九歌·山鬼》一章,对此有过传神的描述。

古代永康操巫觋之业的,女的以"问灵姑""舞山姐"为业;男的从事忏星做道场的"老司"为主。行法之前先设神坛,焚香跪拜,耸身跃舞,念念有词,听者不知所云,云遮雾罩。

芝英人又有一说,叫"天外依话",意为天外神仙,现在时兴叫"外星人"讲的话,当然胡天胡地,难以理解了。

"驮头天话"指的是惯于信口开河、乱吹牛皮的人讲的空话、驮话,带着浓重的自吹自擂、矫揉造作的味道,听了让人头都会驮(大)起来,嘲讽厌恶之情溢于言表。

其二,惃(gǔn)头磕话和两百五话。永康方言称讲话做事呆头呆脑,不精灵,难与之沟通,不知好歹的人为"惃头磕"。这种人讲起话来颠三倒四,不近情理,讲出为归,当然不值得一听,无须当心落肚,甚至会当面表示不屑,面露鄙夷之色。至于"两百五",在永康方言中常用于骂人或嘲讽。究其来源,大概是在明清时期通用铜钱,以青绳串起,1000个铜钱为"一贯",两百五十个铜钱只有满贯的四分之一。永康依借此说明有些人的智商与常人相比,明显处于弱智水平,仅比呆头好一点,所以又称之为"四个千"。他们讲的话当然也不足采信,不能当真,大可不听的了。

其三,空口白话和空头驮话。有一种人讲起话来往往乱吹牛皮,满嘴许愿保证,却无一兑现,说了等于没说,永康依称这种行为叫"千句一",他们讲的话、下的保证叫"空口白话"。听了这类人的云遮雾罩,侃侃而谈后,人们常会冷笑说上一句:"空口白话少讲讲得了,还是来点实在的好勿好?"空头驮话则指的是那种无中生有,捕风捉影,夸大吹嘘,天花乱坠,借以骗人、蒙人的话。讲这种话的人,往往能把水鬼骗上岸的。

其四,倭毛话和貊蛮(音拍麦)话。永康方言中的"倭"是个贬义很重的骂人的词,意为蛮不讲理,态度恶劣,强词夺理,曲解对方,只讲歪理,不讲公道,专占便宜的丑恶行为。只要是中国人都知道它特指的是日本鬼子。《汉书·地理志下》载："乐浪海中有倭人，分为百余国。"在日本德川幕府时期内战中失败的家臣、武士、浪人(流氓)逃亡出海，窃占我国沿海小岛，流为盗寇，打家劫舍，杀人放火，奸淫掳掠，无恶不作，我国历史上称之为"倭寇"。这"倭"字属永康方言独有，小侬(儿童)相争发急，横眉瞪眼，互骂对方"倭""倭毛""倭劣""倭侬"。

"毛"在永康话中也多用于贬义，指的是那些刻啬小气(吝啬)、没有气量、小肚鸡肠、狗皮料作，拖泥带水，一点也不痛快的人或行为。"倭""毛"二字连用，可见其丑陋、凶横。由此可知，那些常讲"倭毛话"的人是会被人们深恶痛绝、视为另类的。

"貊蛮"二字大有来头，也为永康方言所独有。《后汉书·西南夷传》记载："哀牢夷(东南少数民族总称)出貊兽。"注："貊大如驴，状颇似熊，多力，食铁。"其凶恶厉害，可想而知。"蛮"与"貊"同义，也指粗野，不可理喻，动不动就要横。二字连用，程度上加重许多。永康话中的"貊蛮内家"似乎比一般的"泼妇"、"雌老虎"还要凶野可怕、桀骜不驯，貊蛮侬讲出来的"貊蛮话"，近似于那头能发出令人丧魂落魄的吼声的"河东母狮"了。

其五，眊眠话和念花话。永康人讲的"眊眠话"就是普通话中的"梦话""梦呓""魇话"，指的是人们在睡梦中遇见可怕的事情而发出的惊呼或呻唤。讲话的本人莫知莫觉，不知所云，听话的人更是一头雾水，难以理解了。有些人讲的话不近情理，难以让别人接受，对方就会说他在讲"眊眠话"，意为他姑妄言之，我姑妄听之。因为人们在讲"眊眠话"时眼睛半开半合，大脑处于半昏迷状态，讲出来的话当然荒唐悖理、稀里糊涂、根本不作数的。

"念花话"则不同，讲话的人本来是醒着的，但因种种原因如发高烧、受刺激、遭惊吓而神志不清，说出一些类似于胡说八道的昏话。永康方言中"昏"与"花"近义近音，"头昏眼花"就是一例。

其六，牲徒话和惶恐(恐念坤)话。永康人把一切兽类，不分家养野生，都呼为"牲徒"，因为它们不通人理，没有人性，因而也用以比喻"畜生"一般的坏人恶行。但"牲徒话"跟"讲的不是人话"又有不同，憎恶厌恨的程度更重些，而且大都特指那些淫秽下流、不堪入耳、涉及色情方面的粗俗恶语。在永康人看来，那些开口闭口讲"牲徒话"的人不仅品质恶劣，全无教养，而且人格低下，几乎近于畜类了。

"惶恐"是个深含责备、鄙视的词，与普通话中绝不同义。在永康方言中，大凡男孩读书不用功，爱惹事闯祸，驮依不务正业，赌钱打架烦细娜，坏事干尽，令人极为不满或办事无着落，犯了大错，都可以叱为"惶恐"。最严重的则是一句"惶恐尾巴焦"，相当于普通话中"头上生疮，脚底流脓——坏透了"。"惶恐话"便是这类人讲的，惹人反感，遭人鄙弃应是情理中事。但也有反用以自责的，例如："唉，我个依真惶恐"或"我生(怎么)会古亨(这么)惶恐的？"就又应当另作别论。

其七，阴司话和死侬话。永康侬称那些日常言行举止阴阳怪气，勿死勿活，阴恻恻、冷冰冰的人为"阴司侬"。这些人讲起话来往往板着一张勿阴勿阳的脸，死样罢气，引逗别人笑哭，他自己却是从来面无表情，"喜怒不形于色"的，而讲出来的话往往含有讽刺挖苦、正话反讲、反话正讲的幽默味道。这种话在永康方言中便叫"阴司话"。"死侬话"的含义和"阴司话"相近，但讲话依脸上表情不像"阴司侬"那样做作强装，讲出的话也少了些幽默感，多了些阴森气氛，讲的话引人倒胃口，让人听了"腻心"。

其八，永康方言中带"话"的词语，二言的更多。如"侬(人)话""鬼话"互为反义，前者诚恳坦白，后者奸刁诈伪。"好话"听了让人高兴，"反(念歹)话"则使人发火。真话人人爱听，假话个个反感。笑话又叫"笑林广记"，听了让人开心，驮话也叫"山海经"，很能引人入胜。"直话"是良言，逆耳而利于行；"古话"是格言，言简而含义深；"老话"如金玉，内藏人生哲理。"气话"虽然出于愤怒，内中不无真情；疯(颠)话听来似乎无理，却也别有意趣……而骂侬骂得最凶的则要数"嚭话"和"雀话"了。

"嚭话"专指那些惯会"萝卜头自(念 xì)青(称)自"的人经常挂在嘴边的吹嘘自夸之词，说自己或家人多么有本事，多么能干，多么了不起，讲得天坛过，地坛转，其实都不过是用来骗人的虚言空话。讲这种话的人永康方言叫"伯嚭嘴"，也叫"驮伯花"，是本地独有的一个名词。佰嚭在历史上实有其人，就是春秋末期吴越争霸时吴王夫差的大臣太宰嚭，"太宰"即宰相。吴王灭越后，伯嚭接受了越王勾践和大臣范蠡的珍宝贿赂，专门在夫差面前为越国说话并进谗言，使夫差杀了重臣伍子胥，为勾践复国报仇帮了大忙，最后导致夫差国破家亡，自己也落了个身首异处的可耻下场，是个出了名的奸臣。此人妒贤嫉能，奸佞险恶，惯于阿谀拍马，口蜜腹剑，心怀叵测。永康侬把他作为反面典型，加以鞭挞；把言而无实、文过饰非、谄媚虚夸的话叫作"嚭话"，实在是非常形象、入木三分的。

"雀(念爵 jiǎo)话"中的"雀"，普通话中读"鸟(niǎo)"，是个骂人的粗话，多见于宋元小说中的口语。我八九岁时跟小伙伴们玩游戏起争吵时，我骂他一句"你讲的都是雀话！"他马上回应我"尿操白火墙"。因为尿浇在干燥的墙上很快便会留下一片狼藉印迹，近似一幅抽象画。"雀画"和"雀话"在永康方言中是谐音。这"尿操白火墙——雀画(话)"还真是一条绝妙的歇后语呢。永康侬常讲的一句话"雀话勿相信"，既可指不信别人有此本事，也可指自己无此本事，而且语气坚决，语调高亢，阳刚张扬，尽显永康侬本色。

综上列举,不难得出一个结论:永康方言中的"话"字多放在形容词后,作为名词词尾;就感情色彩而言,常用以贬斥和不满,但它的内容丰富,含蕴丰厚,形象生动,古风犹存,有着很多社会民俗、历史文化的积淀,表达细致明确,朗朗上口,易记难忘,表现力强。而这也不失为永康方言的一个优点吧!

# 几个永康土话的由来

项瑞英

永康土话，来自山坑村落，出于村妇农夫，既古又野，草根味儿特浓，生活气息特重，群众喜闻乐见，而且多有出典，很能引人入胜，今录数句于后，聊以抛砖引玉。

## 敲　竹　杠

相传此话出于县城东北角的桥下太平村。此地小路萦回，交通闭塞，民生艰难。早年太平十八村，青壮男丁多以扛轿为业，一年三百六十五日，翻山越岭，栉风沐雨，赚点辛苦铜钱养家糊口。

那时有钱侬家进城赶会，游山玩水，走亲访友，出门便要坐轿。这轿有竹轿、台轿之别，而以竹轿为多，用根粗麻绳把竹交椅绑在两根长竹杠上，两个轿夫扛着走，晃晃悠悠，坐的人固然舒服，这扛轿的人可就难受了。走驿道平路还好一点，走起山路来便得吃尽苦头。双肩上的肉又红又肿，磨破了皮，痛得刀割火燎一般。因此扛到半山腰陡峭处，扛轿的轿夫已是筋疲力尽，苦楚难熬，脚步自然放慢，坐轿财主非但不体谅，还横眉竖眼，恶声恶气，轿夫气不过，便故意止步不前，用手狠敲竹杠，意为没力气，扛勿动了，要坐轿的客官加点脚力铜钱，否则便拖拉怠工。这时客人上勿上落勿落,进退两难,只得答允加钱。渐渐地停轿敲杠便成了惯例,而"敲竹杠"也就成为趁机勒索,强迫对方破费加钱的俗话。

# 两　百　五

明朝万历年间,永康芝英镇黄店有个财主黄老员处,公婆两个原是表亲,后来成了亲,只生了一个独子,取名黄乖。这黄乖虽是个弱智儿,但爷宠娘爱,百依百顺,把个鼻头涕当作掌上珠。长大后更是一切都由他做主,结果闹出许多逆情悖理,让人哭笑不得的错事来。

一年秋天,黄乖到雅庄一户佃户家去收租。按照租约,黄泥田五十把,应该交湿谷三百十二斤半。那年大旱,稻谷歉收,佃户请求九折交租。黄乖拿着算盘,横打竖打了十几遍,总算算了出来,应收湿谷二百八十斤四两(十六量秤),不凑斤数。如果用驮令(大秤)来称比较难。他抓头挖脑想了老半天,还是想不出什么办法来,于是就问佃户,究竟要打个几折才能凑足斤数。佃户想了想才讲:"倘若打八折,便能凑足斤数。"黄乖一听眉开眼笑,连声称赞:"你真个聪明,想得真快。凑整数便勿会错,便按你讲的,按八折交谷好咧。"

佃户一听,喜出望外,连忙称了二百五十斤湿谷,秤头翘翘地让黄乖看。黄乖以为得了大便宜,高兴得逢人便讲自己多精灵,佃户多老实。从此之后,雅庄人送了他一个美名,叫"两百五",把自以为聪明的人干的傻事叫作"黄乖",还特地请村私塾老秀才为他编了一首打油诗:

黄乖收租谷,小数算勿出。九斤变八折,小数为驮(大)数。吃亏勿晓得,还讲勿会错。成了两百五,丑名传千古!

# 猢 狲 姜

五指岩高山悬崖之上,长着一种草药,生着蓬蓬凤尾般的常绿叶片,叶片上有粒粒白色的小星点,根部有毛茸茸像生姜的棕褐茎块,佝头缩脑,活像一只老猢狲,当地人叫它猢狲茎。别看它其貌不扬,明朝神医李时珍的名著《本草纲目》上有名,叫作"接骨草",是专治跌打损伤的奇效灵药。

据说好多年前有一个斫柴樵夫,上五指岩砍柴割茅,攀援之际被一株小树挡住去路。樵夫挥起砍柴钩刀,把小树砍倒。当时他也不在意,进了两天,又沿老路上山砍柴,忽见那小树依然直挺挺地立在那里。当时樵夫大为惊奇,便想这里头定有奥秘,决心要探个究竟,便仍然将小树拦腰砍断,他自己则躲到一块大岩石后面,大气不敢出地仔细观察。不一会儿,只见一群猢狲叫着跳着来到树旁。一只小猢狲捡起断树,接到断口上边,一只老猢狲就攀上悬崖,采下一株接骨草,去掉叶,捣烂茎,敷在断树创口上,再扯来一根葛藤扎上,这秘密终于揭开了。

又一天,樵夫上山担柴,忽见一只小猢狲从悬崖枯树下一拐一拐地跑过来,"吱吱"叫着,似乎是向他求救。原来它是从枯木上因断枝摔了下来,跌断了一条腿。老樵夫身上未带药,也不会医治。放到崖下岩洞里,另一只公猢狲爬上崖壁,采下几蓬接骨草,给小猢狲医治好包扎停当。没过几天,这小猢狲的断腿便复原,完好如初,又能活蹦乱跳地上树攀岩了。

此事给老樵夫留下深刻印象，深信这岩上野草定是外伤良药，便记在心里，细加保护。不久，村里一位后生，上山采草药，不慎跌断了小腿胫骨，又无钱买药，正痛苦不堪。老樵夫闻讯便攀上石崖，采下接骨草，学着老猢狲的手法，给这个后生包扎敷搽，不多久，这个后生便能上山砍柴了。这消息不胫而走，村人便叫它"猢狲姜"，而那块长满此草的岩石，形状也很像一只猢狲的头，于是当地人便叫称它为"猢狲姜"。

# 斤 兑 斤

永康东北中山村五指岩出的生姜很有名，俗称"五指姜"，当地山民几乎家家种植。它的来历很是不凡，据说是当年白蛇娘子为救许仙，到昆仑山南极仙翁那里去盗得仙草灵芝，与守仙草的二郎神、鹤鹿二童子恶斗一场，好不容易逃出重围，奔向杭州，已是精疲力尽，慌乱中撞上了永康境内的五指高山，怀中有一块灵芝草也给撞碎了，散落在身边草地里，不一会儿，这仙草便在这里生根发芽，成了生姜。

五指岩生姜因是天神仙草的后裔，自然具有特殊的灵效，能强身健体、活血生精，益寿延年，名气越来越大，各地药商闻名而来求购，一些过往客商来到永康中山，也总要买点五指岩生姜带回去。永康有句民谚："一天吃得三钱姜，到老不用开药方。"

据说明朝时，中山乡姜农卢岳海挑了一担生姜到处州府(今丽水)叫卖。刚巧知府老爷的女儿身患风寒重症，咳嗽不止，请来名医诊治，切脉开方，内有一味引子药，指名道姓，非要永康五指岩的老紫姜不可，急切之间，哪里去寻？知府老爷正在发愁间，勿听门外传来叫卖声："五指岩老紫姜，斤兑斤！"知府老爷喜出望外，连忙让衙役喊他进来，买他一斤老姜，塞给他一块一斤重的黄金。知府老爷的女儿喝了药，果然是药到病除，马上就好了。

这卢岳海得了一斤黄金，当时也没在意，还以为是块黄铜，心想一斤生姜换一斤黄铜，也赚大发了，拿回家给人看，竟是块金砖！他心里越想越不安，是不是知府大老爷急错了，错把金砖当黄铜？如果发觉了，追要起来，那自己可真得"吃不了兜着走"，非被抓进班房，屁股打烂不可！于是打定主意，第二天一早便动身赶往处州府，到衙门去送还黄金。知府老爷一见他便笑容满面，打了个揖，说多亏老丈送来仙药，治好女儿的病，而且使她精神焕发，更显得貌美如花，娇媚动人了！卢岳海连忙告罪，说明来意。知府哈哈一笑说："不必还了，你讲的'金兑斤'，一斤生姜兑一斤黄金，我没付错，你也未骗我，当官做生意，都得言而有信。况且，这仙药救了我女儿一命，还不比黄金更珍贵呀！"

从此，"五指岩生姜——斤兑斤"的永康民谚便沸沸扬扬地传了开来。

# 铜 锅 柄

永康侬碰到一个流里流气、蛮不讲理、欺小凌弱、恣意横行的恶小村氓，常会指着他的背脊心，斜眼撇嘴，不屑地对身边熟人啐上一句："个铜锅柄，还当自己是根朝骨呢，真是麻离勿知自面花！"口气中很有点不屑、鄙弃的味道。

为什么永康侬会把"土流""流犯"喊成"铜锅柄(读"麦")"呢？版本不一，大致有二。

据我母亲说,永康侬把烧饭的大锅叫作"铁锅",而烧菜的铁锅则叫作"铜锅"。这铜锅的柄一般是用无用的硬木棍做的,烟熏火燎,汤沾油盐,全身乌黑油亮,看了腻心,碰了难受,但又离它不得,没它不行,和"土流"之可厌很有点相似。

另一版本是读初中时的恩师胡也衲先生同学生们课后闲谈提及的。记得当时胡老师讲得兴致勃勃,眉飞色舞,逸兴横飞,同学们听得津津有味,仄着侧耳,目瞪口呆。胡老师说当年大户人家冬天下人吃大桌饭,常有一道咸菜豆腐,连锅端上桌来,放在台桌中央。最讨厌的便是中铜锅柄,挡住无法伸筷夹菜,人们嫌碍事,便把它推到一边。后来人们把这种人见人厌称为"铜锅柄"了。

# 百 "话" 集

## 吕七成

"话",在通行汉语中是个多义词,但是,它最基本的常用的意义却只有一个:作名词,意为"话语"(《辞海》)、"语言"(《新华词典》),或者说得啰唆一些"说或写出来能够表达思想的声音或文字"(《中华字海》),所以,一般字、词典都把这一意义作为它的第一义项。

永康土话中的"话",其意义就很单调很狭窄了。如果排除"斯文侬"从"斯文地"引入的日常生活中稀有人用的意义(比如"告喻""说""谈""文体"等),那么,大约可以这样说了:永康土话中的"话",基本上是个单义词,就是"话语"的意思。

但是,这个"单义词"却有极为庞大的容量。可以这样说,它包容了所有所有的永康话。无论你说的是天地古今、南北东西、上下高低、好坏粗细……就像田地里种的各种各样的豆都叫作豆、山野里开的千种万种花都叫作花一样,各种各样不同内容、不同意义、不同情调、不同人群说的永康话,归根结底都可纳入这个"话";在"话"下汇集,在"话"中分类,结成各种"话"的群体。这些群体里的"话"们自然都有共同的或相近的特质。经历了许多风雨之后,其中不少话语群体就有了自己固定的"标签",比如"驮头天话""仙神念话""尽头话""呆头话""好话""恶话"……反过来说,每个话语标签之下都集结着许许多多甚至是难计其数的话语。比如"老实话"这个"标签"之下,谁能知道有多少种多少句"老实话"呢?

这是概而论之,可为"百'话'集"的"摊头"。

那么,"百'话'集"将欲何言?简言之,就是想说说上面所说的各类永康土话的"标签",也就是项瑞英老师在《永康方言中的"话"》一文里所说的"永康方言中带'话'的词语"。

这样的词语有多少?三十几个?肯定不止一百个?也不一定。拙文以"百话"为题,仅仅想说明它的丰富、丰厚而已。的确,这些"话"虽然很土很俗,但是,它们展示的却不仅仅是极丰厚的量,更还有极丰富的民间生活、极丰富的百姓感情、极丰富的语言艺术和极丰富的人生智慧。因为这些"话"的土和俗,它们的含义显得"浅"而"白",所以拙文记录它们将以"罗列"为主要手段。行文中,或随处简言串释,或随机小语点评,绝无深入之研究。我想,这也许是一个别有意趣的品味角度,说不定还会在这简明的欣赏中尝到更清纯的风味呢。

下面就让我们的永康百"话"排队报到吧。

[空口讲白话]不给予实际利益,只开空头支票。"空口",其实是"空手"。"白话",则为空话、废话。①驼背讲直话、②软侬讲硬话、③矮子讲长话。一组近义短语,说的是地位低、身份微的人讲与地位身份很不相符的话。驼背、软侬、矮子均喻没权没势没实力者,而直话、硬话、长话却略含异义。直话强调了正直与公正,硬话强调了犟劲与勇蛮,长话却是有点虚飘的漂亮话。三个短语中,语①是久传的常用语,而语②语③则是以语①为母体的日常生活中的灵动衍生语。

[大(音驮)头天话·仙神念话]也可说是一组近义词,归结的都是"不实之话"。前者强调的是其话之"空"与"大"(没分寸地吹);而后者突出的却是那话的荒唐与无聊,有时还借此"话"形容那些让

人难以理解的行为,正如"这种做法,真是仙神念话摆(了)"。

[背脊后话·面头前话]一组反义词,背着人说的话与当面说的话。"背脊后话"常含贬义。

[滚头挞话·两百五话]两词义近,均指超常不近情理的粗蛮话语。前者有点"流氓气",而后者除却"流气"还带点"呆气"。

[拦天话·漂亮话]"拦天话"是"大头天话"的"儿子",主打吹牛牌。"漂亮话"虽貌似实话,其实是美化了的做不到的空话,是隐形的"拦天话"。

[高头话]这是一种赢家的漂亮话,一种胜利者成功后被人另眼相看的"拦天话"。例如,"他成功了,高头话也该由他讲格"。

[真心话·心里话·肚里话]都是肺腑之言。"肚里话"最土,而且似乎有点不合科学,其实是它的"民根"最深,说的也最生动最形象。

[有心话·良心话]"有心话"是满含心机的"存心话",一般是指良性的真诚的话语。"良心话"却只指凭良心说的话,也就是本着道德规范说的话。

[开心话·快活话]都是开心话。快,土音 Kuā。

[内行话·外行话]"专家"说的话·门外汉说的话。

[老实话·骗侬话]真话·假话。

[斯文话·客气话]"斯文话",文质彬彬的话。"客气话",有时也指那种斯斯文文礼待人家的话,但它常指的却是虚与周旋,敷敷衍衍的语言。

[下流话·正经话]一组反义词。正经,即正派、严肃、规规矩矩。

[乌龟话·王八话]无论龟(jū)话鳖话,反正是缩头缩脑、藏藏躲躲、没志气没出息的话。王八,龟和鳖的俗称。永康侬也有说"黄斑"就是那种背壳花斑褐黄的龟。

[尽头话·过头话]尽头，极限也。"尽头话"，堵底了的话，那是不容退步没有挽回余地的话。"过头话"呢，有点荒唐了，因为它已离开事实，"冇数脉"，没分寸了。

[大侬话·小侬话]大侬，一指成人，二指长者、有权有地位者。"大侬话"的意思可想而知；用"二"之义时多是贬义，如"讲讲大侬话容易，真做就难了。""小侬话"则仅指童言。

[老古话·新时话]"老古话"是前朝古代传下来的话，如俗谚格言等。"新时话"则反之，是现今代的时尚语言。新时，即新鲜时髦，例如"中饭有新时菜"。新时话，有时也稍带贬义，如"你这话真是新时话！"听者对说者表示不相信不赞同，甚至不理解。

[现成话·天排话]"现成话"好理解，只要想想"管现成""食现成饭，享现成福"就明白了。"天排话"呢，永康话中的"天排自然"与"现成"是同义词，"天排话"不就是"现成话"的翻版？只是"天排"比"现成"更具有语言艺术而已，那是老天爷把一切全安排好了的啊。

[宽心话·贴心话]"宽心话"，只是让人"宽心"的话，即安慰人、为人解解闷消消愁的话。"贴心话"却是对人极为理解、同情、关怀备至的语言了。它们虽不能说是同义词，但其情感却是典型的同类。

[伤心话·戳心话]人有伤心事，则口出伤心话。这是自身(心)的情感"话"露。"戳心"呢，却是戳痛别人之心，所以，戳心话实为伤他人之心的伤心话。

[两面话·光搪话]"侬前讲侬话，鬼前讲鬼话"、"面前一套，背后一套"的话叫两面话。光搪话呢，虽无两面话的鬼气，却也是"阳"气不足的，那话以"光滑"骗人搪塞人，似乎滴水不漏，其实也是很须警惕的。

［滚轮话·四方话］两种另类的"光搪话"。滚轮(也说"廓轮")话,那话儿滚圆滚圆的,谁听了都舒服,大家都"捧球",还不"光搪"?真是严丝合缝,千面玲珑。四方话呢,正正道道,没一厘歪,没一毫斜,放之四海皆"正是"(对)。永康话不是还说"四方窟窿凿正正"的么,那真是四平八稳十面威风了!

［泼蛮话·猧子话］"貊蛮"还是"泼蛮"?(项瑞英老师在《永康方言中的"话"》里写作"大有来头"的"貊蛮",此处暂不论是非。)这种话的特质就是"泼"就是"蛮",似乎很有点横。也不知为什么,它几乎只与女人与小孩有缘。猧子呢,就是项老师所说的"倭毛"。项老师把"倭毛话"说得那么凶狠,那么万恶不赦,我倒以为是说了尽头话、过头话。猧子话,常说作"猧子腔",这些话,往往只是童言怨语,也就是想占点便宜头而违背规则违反常理的语言。通常说,它们耍的只是"歪"与"赖",而绝不是"横"与"霸"。猧,音 wō;猧子,即小狗。

［出气话·牢骚话·讽凉话］受了气,针对对方说几句撒撒气的话,这话就叫出气话(当然,"出气"还有另解,有如指"没规矩"的"变"一般;那种出气话则有点离开常理、有点"出奇"的意味了)。受了气,受了压,心里不满,发发牢骚出出气,那话就叫牢骚话,它是一种另类的出气话。讽凉话就不同了,虽然也是心头不顺,但那是很不满意,甚至有点妒忌,又不想直言指责,就来点委婉的带刺的,出口就成了讽凉话。

［呆头话·坐裤话］永康侬指斥人傻气常骂"呆头坐裤",说"你真呆头,裤啥(怎么)坐来葛赫(这样)重!"等等,可见"呆头"和"坐裤"是彻头彻尾的同义词,就是傻子。傻子所说的话不就是"傻话"吗?

［聪明话·手段话］机灵的饱含智慧的语言是聪明话。相比之下,手段话是有过之而无不及。永康话里的手段是"能手"、"本领

大"的意思,所以手段话中不仅有聪慧的特质,只怕还充斥着"机谋"呢。手段,也会带贬义,如"她太手段了!"

[死偢话·阴司话]两个"话"一个义。字面上虽然"死气沉沉"、"阴气逼人",词义呢,却是充满机灵和滑稽(虽然有点不死不活、阴阳怪气),话里全是让人想不笑都难的幽默和诙谐。

[小俗话·私己话·床头话]旧时,永康乡间把"话语"叫作"俗话","说话"叫作"讲俗话"。小俗话,顾名思义就是不大的话语,不过,这个"不大"不是个子不大,而是声音不大。可见,小俗话就是窃窃私语的"私语"。如"(会场上课堂里)勿要交头接耳讲小俗话"。当然,它也可引申为"背后数人"的私己话。私己话,就是不能公开的二三个人私下说说的或"体己"或"数人"的话。而"床头话"则是一种特定情境之下的私己话。永康话里不是有个"床头鬼迷扣(去)"的说法吗?一般就是指男人(尤其是有权势的)被女人(妻妾、情人)在枕席之间用花言巧语迷惑了。这床头话的厉害可想而知。

[吉利话·罪孽话]吉利话多指祝颂之言,就是那些预祝吉利的好话。罪孽话一般指那些让人含冤受屈甚至遭罪的"俗话",冤枉好人的话儿就是典型的罪孽话。

[啰唆话·混账话]啰唆话的啰唆,一般是指:①不简明;②纠缠不清。而混账话就不这么平淡了,那是一种有点无理甚至有点无耻的话。

[朝天话·朝南话·癫偢话]不负责任、无担当却冠冕堂皇的话叫朝天话。朝南话,是某个格子里的"朝天话";它也不用担当责任,还总是"正确"的代表;打的是"官腔",是不一定为"大偢"的大偢话。癫偢话虽然有时也可"朝天"、"朝南",但那是偶然和碰巧,归根结底,它就是一种疯子的胡话。此话,虽可直指疯子的真疯话,但更多的是用来比喻那些正常人的放弃理智的东拉西扯的没

了分寸的话语。

[念花话·依依话]也许,此前所有"带话的词"都是名词,但这两个却不。念花话,就是讲昏话说糊话,是不是动词?依依话也常说作"听依讲",则是"顺从人的意愿",大约是个形容词吧?

[永康话·东阳话·上海话·北京话·中国话·美国话……]一组谁也不知其数的带"话"名词,也许是一个无极限系列吧。

[官话]①旧指各地通行的语言(如普通话、北方话),永康民间还有个"学官话"的小故事呢。②即现时之所谓官腔。

[白话]①空口讲白话中的"白话",即空话。②旧指"闲话""闲故事""大话柄"之类。所谓听白话,则指听此类话题。

[土话·洋话]方言·外国话。

[粗话·细话]下流话·斯文话。

[骚话·野话]都是粗话。骚者,似乎更具下流淫秽之意吧。

[肶话·屌话]肶(音 Pié)与屌(音 jiáo),分别为女阴男阳,即如屄与屌。肶话(先声明一下,这里是就事论事,绝无半点轻视女性的意思),以女阴命名的话,肯定不是好话,而且还是较广义的孬话,比如荒唐的没用的虚假的恼人的恶心的等等,全可归入此话。

肶话,也常说作"肶腔谈"。也许是旧时男权主义的影响吧,"屌话"的地位可比肶话高多了。"屌话勿相信,我便要试试嘛"中的"屌话勿相信"约等于另一句永康话:"三个勿相信",实质是颇不相信人家的一套,对自己的一套却满怀希望和信心。再看一下另一个例句,"屌话格,他是无论怎么弄弄都赚来归格!"看来,这男子汉的"话"并不含多少贬义,似乎还有点实、有点重、有点奇。它们不是轻飘飘、虚扒扒的空话大话,更不是傻里傻气、流里流气的两百五话滚头榾话。那么,到底是什么样的话呢?大约是只能意会难以言传吧。

[乌话·亮话]两个玩笑"话"。例如,甲:两个侬灯也勿点,墨墨乌格,讲乌话啊？乙:(开灯)亮了,开始讲亮话。

[大(驮)话]①故事、传奇之类。②空话。

[笑话]①惹人笑的小故事。②耻笑、讥笑或被人耻笑的事情。例:①让人笑话了。②这事都成笑话了。

[贼话]也是一种假话,只是它饱含贼性罢了。

[酒话]醉话。

[尿话]没志气、不振作、没用场的话。例:尿侬讲尿话。(尿侬,软弱无能者。尿,音 sóng。)

[俗话]见"小俗话"条。

[绽话]这个"绽"(念 zhài),是带着责备的讽刺,如"勿要绽她了"。"绽话",就是这种话。

[癫话]即癫侬话、疯话。

[直话·屈话]直话,见"驼背讲直话"。屈话,它是直话的衍生词,意思与直话背道而驰。屈,弯曲,土音念 kuó。

[花话]糊涂话。例:念花话了,快不行了(指人在弥留之际)。

[反话·硬话·软话·昏话·侬话·鬼话·屁话·假话·真话·古话·闲话·空话·气话……]一群极浅显极俚俗的"话",全是率真无饰的名词。

[讲话·听话·传话·学话]它们一般作动词。讲话,谁都懂。听话,①听人讲话。②服从、依顺(作形容词)。传话与学话都是转述别人说的话,但用法上有一定差别:传话较客观、平淡;学话常常是主动的有意识有目的的。学话也叫"学白"。

[多话·念话]两形容词。多话,常用来指责人说那些不必要说不应该说的话,如"你真多话,讨厌！"说的还是"话"。而"念话"却不一定,它往往用来形容行为的荒唐,如"真格念话摆(了),你啥

(怎么)好固赫(这样)做？"

[俗话言语·俗话俚经·大话柄·自念话应·话蒲篓……] 这是一群另类的带"话"语词,特点是"话"字都不在词尾。俗话言语和俗话俚经还是明指"话语",后者加了"俚经",则稍减了那话语的尊严。例如,"想不到她还有那么多的俗话俚经!""大话柄"说的仍是"大话"(故事),一个"柄"字更显见了民间故事的俚俗与有趣。"自念话应"即是自言自语,是动词吧？只是有时候让人觉得它有点神经质。"话蒲篓"呢,却是名词,指的是人;那人成了装"话"的大蒲篓,喻得也真够形象的。这样的人,"话"能不多么？

至此,"百'话'集"大约可以收尾了。因为这一一走来的"话"们确实已让我们领略了永康话蕴含的极丰富的民间生活、极丰富的百姓感情,还有极精彩的语言艺术和人生智慧。但是,我还是想节外生枝再说几句,因为有一种不带"话"的永康"话"让我丢不下。

永康话里有一个词叫"腔谈",它就是表现形式不同的"话"。如"那些腔谈真难听"就是那些话真难听。有时候"腔谈"拆开了用,一个"腔"一个"谈"就成了两个"话"。如开口腔、笨头腔、猾子腔、死依腔……它们和上角腔、下角腔之类不同,除了指说话的声调、语气之外,还常常代表"那种话"。如"笨头腔",除了瓮声瓮气之外,更要代表的是"两百五气"的话。如"他呀,笨头腔真多!"猾子腔即是猾蛮话,死依腔即是死依话。"谈"呢,也一样。如空谈、多谈、接谈、文谈、野文谈等,都可理解成"×话",就是空话、多话、接(过来说)话、俗话、流气诱笑的话等。像"腔""谈"这样的隐形之"话"的存在,实在是永康话的一种独特风光。

那么,除此之外可还有？当然还有,如以"白"代"话"的:讲白(说话)、勿讲白(有怨隙而相互不说话)、对白、搭白……又如以嘴代话的:多嘴、接嘴、应嘴、骗侬嘴、问(念磨)嘴(也说"问口")……

以上节外之枝，可为"百'话'集"之余韵。

也许，几蓬节外的碧枝翠叶又让我们体会到了永康话的别样风情了吧？你不因此更感到永康话的丰富多彩么？

# 永康话词趣三尝

**吕七成**

永康话常用词语不仅丰富多彩,而且有极大一部分是情趣横生的。

永康话常用词语不仅丰富多彩,而且有极大一部分是情趣横生的。也许是因为敝帚自珍吧,常常,我会觉得这些词语描画之形象,意味之深长,情调之风趣,比那些词典里的一本正经的词语们可有意思多了。就比如这个"敝帚自珍"吧,我们永康话里就有个俗语"自(xì)齷(wò,屎)勿嫌臭"和它同义,都是比方珍惜自己的破东西。两个一比较,"自齷勿嫌臭"虽觉得俚俗一些,却比"敝帚自珍"风趣生动多了;"自珍"得连屎臭都不闻了,还不够狠么?还不够酷么?还不够有趣么?我想,它具有如此的生气和活力,好就好在那十足俚俗的夸张上吧。

本文题为"词趣三尝",自然就是从"情趣"这个角度来品味了,而且,将尽量避开词组、熟语,只以单纯的"词"为例。

# 声　趣

我没有钻研过音韵学,对语言的音韵问题是真正的门外汉。所以,说品尝永康话常用词语的"声趣",其实只是展示一个我以为有趣且可一"思"的现象。

都说永康话"硬",和普通话距离远,人家听起来特难懂。这里却有一个很有意思的现象:有一批在永康土话中经常用到而在普通话日常语言中稀罕出现的单纯词(尤其是动词),它们的音和义,在永康话日常运用时,竟和普通话词典里的注释或完全一致或十分相近。

比如,揹 kèn(如揹住)、撳 qìn(做动词,如撳牢;做量词,如"一手撳")、捺 nà(如捺勿牛头食水)、揞 huá(如揞拳)、揪 jiū(如揪头发)、擤 xǐng(如擤鼻涕)、摎 jiū(求取,土语中带贬义。如"他总想到老人处摎点钱")、㧝 sǒng(推)、轧 gá(挤压。如人太多,轧"出脱"了)、戽 hù(如戽水)、盻 xì(怒视,土语中为发怒之相。如好好格咋盻得起来?有时组成"山盻"用)、矢 zè(侧头。如"娘头脉矢来"。矢≠矢)、勼 jiū(聚集。如这几位常勼在一块打麻将。土语中常作"窝缩"用,如天天勼在家里,赚什么钱哟!)、劙 lí(划开,划破。如被指甲劙了一道血印)、捵 tiàn(拨动。如捵灯草)、拗 ào(不顺从)、踜 lí(走动。"踜来踜扣"。扣,去)、抠 kōu(用手指挖,用薄片刮)、嬉 xī、系 jì、捋 luō(如捋树叶)、搛 jiān(用筷夹菜)、扤 wù(摇撼。如那木桩打得真牢,就是扤勿动)、扽 dèn(发力猛拉条状物)、掇 duō(如掇凳子)、㫰 làng(晾晒。如那衣服没真燥,再㫰一下)、垘 jiàn(斜着支撑。如垘屋)、褙 bèi(把布、纸一层层粘在一起,如旧时妇女做布鞋要褙"布板")、掼 guàn(跌倒、使跌倒;用力摔物于地。如那大鱼一下就掼死了)、氒 dū(以指头、棒头、笔头等点戳)、囥 kàng(藏)、挈 qiè(提、举。如把手挈起来)、烊 yáng、煨 wē、焖 mèn、焐 wù、搓 cuō、煝 méi(①隐焰慢燃。如"煝灰"。②粗纸搓的纸芯子火引,如"纸煝")、滚 gǔn(汤、水烧开。土语这一"滚",沸沸翻腾之势毕现,一百个"开"也难比此一"滚"吧?)、銛 xiān(锹、铲)、锹 qiāo、篓 lù

（篾编板制的笼箱之类。如纸板篾）、蚬 xiǎn（如"蚬壳"）、脬 pāo（如尿脬）、阄 jiū（如抓阄）、怂 sóng（软弱无能）、趄 qiè（倾斜。如趄坡；趄着身子）……你看，它们离普通话多近！

出现这种有趣的现象，是因为文化是社会生活的历史结晶，词典反映了永康话的真实存在？还是因为永康话从根子上就没离开过汉民族的最大众的原始语言，有许多既成的共同的语言成分在之后的长期分化演变中并未被异化湮灭，而是原汁原味地保留了下来？这确实是值得我们思考的。

看来，历史的确不可割断，语言的历史当然也不例外。只要略做点调查，就可发现永康话与普通话的距离不光不是十万八千里，还让人感到总有千丝万缕的联系。

譬如，普遍话中念 sāo 的骚、臊 sāo（臊臭），永康话也说 sāo；普通话中念 sēn 的森，念 sēng 的僧，土话也念 sēn 和 sēng；沙、纱、莎、痧、裟、鲨等，"土""普"均念 shā；申、伸、身、呻、参（人参）、绅、珅、深等，大家都念 shēn；针、珍、斟、真、砧、榛、臻、箴、甄等，"土""普"全念 zhēn；圳、阵、朕、振、震、鸩、镇全念 zhèn；冈、刚、岗、肛、杠（抬）、缸、纲、钢、矼等为 gāng；方、芳、坊、钫等为 fāng，温、辒、瘟等为 wēn；肯、恳、垦等为 kěn，永康话与普通话也没什么差别……

这个现象是有趣的，也是富于启示性的。它不仅提示了永康话与普通话的亲近关系，同时也显示了永康方言词语的丰富性和生动性，尤其是那一批在普通话中貌似生僻的动词形容词，那真是一群永康土话中功不可没的极其活跃的分子。我想，不仅永康不会忘记它们，而且，汉民族的大众语言也会永远记住它们的。

还有一种让人十分惊讶的情况。比如"大"字，普通话念 dà，永康话读字时念如"殿"（diàn），说白音却为"驮"（duō）。巧的是，出身巩地（河南）长期生活在长安、洛阳、成都等地的诗圣杜甫，在他的

《夜归》一诗中却有一个也念如"驮"的"大"字出现："夜半醉归冲虎过，昏黑家中已眠卧。傍见北斗向江低，仰看明星当空大……"杜子美老圣人总不见得住过永康吧？却怎地忽然吐出一个与永康土话近音同义的"驮"字来？岂不奇也怪哉！从这里，是否也可见永康话源远流长之一斑？

当然，此说根据依稀，仅为"趣谈"而已。

# 意　趣

永康土话的词语，当然"丰富"如天上的星星，多多而美美，它们的意趣，自然也像漂亮的星空一般深沉而诱人。本节，想摘两颗小星星欣赏欣赏。

其实，"丰富"本身就是极具情趣的。

比如老永康侬见到一个"侬"字，马上可以想到一大群补充式的合成形容词、动词，如粘侬、绽侬（膨胀欲裂的感觉。绽，土话念zhài）、倥侬（倥 guàng，土话念 juàn，心神不定，惶遽烦躁）、冰侬、昏侬、戳侬、硌侬、烫侬、焦侬、乖（怕）侬（以上各词的主要词素或者说中心词根均可叠音再组词，如粘粘侬、绽绽侬、冰冰侬、焦焦侬等）、叮侬、熏侬、呛侬、欺侬、骗侬、唬侬、损（土话念 sě）侬、害侬、怨侬（埋怨人）、食侬（常以"食侬格"这个土"的字结构"指称凶残者）、趁侬（旧时指妇人偷汉）、膨侬（因物体有格外的伸出、突起部分易让人碰到、戳到、抵到、虱（dǔ）到而感觉不便不适。膨，借音，意为触碰，土话含 bài）、茧侬（茧，借音。意为钩住、挂住、挡住）、野（诱）侬笑（这是一个"萝卜菜""航空母舰"式的合成词，一般不作词组）等等，至于如"打侬、踢侬、杀侬、敲侬"者，虽不能说数不胜数,但确实是很"丰富"的。如果连上读书侬、卖豆腐侬、种田侬、打铁侬、卖缸侬、野侬等等偏正合成名词,那"队伍"就庞大得惊人了。真是丰富得有趣。

又比如形容"盯着望",就有(眼睛)"油望出""麂娄娄""眼盯盯""乌珠珠"等;描述"冷"就有冰结骨、冰冰侬、冰侬、冰冷、冷冷冷、冰凉、凉等;描画"胡说"的就有"天郎过,地郎转"、天头地得、娘头扯得、扯口得、乱管念、不一嘴、尿壶嘴、狗喊(念 hà)、烂口腮、阁(念 gé)眼讲、活乱念、乱念等(因叙述需要其中间杂了词组);表示打人的"打"就有敲、锻、捶土话(念 zèi)、张(同,如"张娘颈",即掴耳光)、约、(jí,击。土话念 zé)、(lüè,敲击。土语念 liáo,意为横击)等;分别禽畜性别的就有雌(狗、猪)、草(鸡、鸭)、娘(牛娘、羊娘……)、女(羊、猪)、公、雄、骚(羊)、牯(黄牯、水牯)等;一把极其简单的锄头,也有锄头角、锄头口、锄头板(腰)、锄头襻、锄头脑、锄头砧(楔子,又分铁牙砧、硬树砧)、锄头柄等诸多名称。确实丰富得有趣。

当然,最能体现意趣的还是词语含义的形象生动和深刻。

比如这赤日炎炎的五黄六月,在大太阳底下干活,那热呀,普通话里好像只有"大汗淋漓""火烧一样"之类的"正经"词语,而我们永康话中却有非常"极致"的说法。比如:"烤鱼唉(ɑi)""油晒出""煎侬油""晒焦""晒侬干"等。那人在烈日底下,有如鱼躺油锅;不说出汗说冒油、煎油;连人的身子都晒焦晒成干了,这是怎样的热?日头落火了啊?大地冒火了啊?似乎还不够,好像有一千度一万度似的。这才是形象、生动、深刻呢。而且,虽然笑不出来(太热了!),那词语却实在是有"情"有"趣"的。

而寒冬腊月呢,人们有机会就会到街头场尾晒晒日头取取暖,普通话里就叫"晒太阳"吧?永康话却叫"孵日头"。一个"孵"

字，就把人们在暖洋洋的日头底下如"鸡娘孵小鸡"般慵懒、陶醉的神态描画得淋漓尽致了。你想想，以那老母鸡抛开两翅蹲身孵蛋的模样比喻人们或卧或坐闭目养神的晒日头取暖的姿态，何其相似乃尔！这词儿不也是刻画得神态毕肖、趣味盎然吗？

又比如，普通话里把不孝顺的儿子叫"逆子""不肖儿"等，土话中也说"忤逆种"，我觉得都不如永康话里的一个"白生子(zì)"。白白生的，一把血一把汗的生养，如今却……白白生了，把血泪辛酸全包容在这一个最通俗又略含蓄的"白"字当中了，也可谓情浓趣足，只是这一"趣"是"苦趣"罢了。

有些词语，在永康土生土长，也只有在永康土生土长的人才能更好地领会它的情趣(甚至具体意义)。

比如"背刀"与"背驮(大)刀"。两个词一字之差，意义却相去十万八千里。"背刀"，是指禽畜被宰杀(如，不听话的畜生，你要背刀了啊？)。这是一个借代修辞格，是以宰杀时必"加之刀"这一局部形象代替整个宰杀过程。而"背驮刀"却是说：那人虽抛头露面，却只是为人家摇旗呐喊跑跑龙套做做下手帮的，并非要紧主儿。用的是象征辞格。这词儿大概是从民间戏剧中关老爷(关羽)与周仓的主从关系衍生出来的。那周仓，不是副将似副将，不是保镖似保镖，不是仆人似仆人，横竖是"下手帮"一个，而他最突出的具体形象就是老替关老爷背那把八十二斤重的青龙偃月刀。"背驮刀"无疑是取义于此人此事的了。

又比如"鸭老奶""鹅秀才"这一组。说的是鸭"贱"好养好"弄果"，有如旧时财主官家的"老奶"(女佣)，体健身贱好"对搭"。而鹅呢，娇贵，有如旧时的文弱书生(秀才)。"弱筋薄力"，弄不好七病八毛的，难饲养难待弄。简言之则是"鸭如老奶，鹅似秀才"。如此比喻，要不是身历其境者，如何能知其中三昧。

# 活　趣

永康话日常语言中,因为要"避凶趋吉"等原因,常常把一些原来所用的词话偷去,换成一些似乎八竿子打不着边儿的词语来表达。我们暂且称它为活用吧。此中情趣,也就暂且叫"活趣"了。

比如"死"是凶险的,所以,人死了,人们常常不直言其死,而说其"倒、走、扣(去)、过扣、转扣、过辈、冇(mǎo)出脱、到山郎(因农家多建墓于山垭、山坡)、到马竹岭(因火葬场)等,对不被自己尊重者,还说成"扣货"(如物之弃)、"趄"(qiè,歪斜了,躺下了)、"趄螺"等。甚至建坟造墓地避讳"坟墓"两字而说成"建园"(园kàng,藏)。

又比如说钱物用尽用完的尽与完,永康话日常语言中原来是说"光"的。但人们以为此"光"字太不吉祥了,就找了个大吉大利的"大团圆"中的"圆"字来代替,说成"用圆"了。多有意思。

再如永康话把甲鱼叫作鳖。而这个鳖字,与平常说人遇事不顺、遭受挫折而引起的情绪低落、精神不振、一副狼狈相的"扁"、"扁叮当"中的"扁"同音(土语),所以,很多老永康叫甲鱼不叫鳖,而找了一个反义词叫"兴"。把那"圆扁扁"的东西叫作"兴",真是天外来风,用心良苦呀,其实,也就是图个好兆头而已。

有的时候,并不为避凶讳险,而是为了避"流"避"俗"。比如,说男女性交,很多人说成"睏""约"等。它和把"出门佬"回家看老婆的性事比成"望田水"如出一辙。这虽说不一定可称它们为化丑为美或化腐朽为神奇,但毕竟都是"脉脉"含情、字字得趣的呵。

当然也有的是什么也不避什么也不讳的,仅仅是为了说话的风趣。这些生气勃勃的新鲜词语,往往是即兴之作。比如把"吃粉干"说成"夹(连)糠食",就是因为旧时种田农家从不买粉干,都是用稻谷"兑"(换)粉干的,是连谷壳(糠)一块给人家的,所以有"夹糠"一说,要不是"农家头"出身,这个"夹糠食"不把你吓一跳才怪呢。

这样的"即兴之作"实在不少,就暂不多谈了。

如果说以上所列的活用词语均是因某种特殊原因而作的"拉郎配",除去精神安慰,没有多少实质性的意义变化,那么,下边所列当是和它们有根本区别的一类了。

比方"公然"(也说成"公宏自然"),原是单纯的"公开、无所顾忌"的意思。不知什么时候起,它却兼作副词用如"极、很"之类了,如"他的字写得公然不错了"。比方"老实",原是诚实忠厚的意思,之后的歧义却是"确实、实在",如"我老实不敢说她半句!"是不是从"老实对你不客气"这句警告"做人别太老实"的戏谑隐语变来?比方"危险",明明是形容那种紧急状况的形容词,也分生出"极、很"的副词意义来,如"他的病已危险重了"。其实,永康话这个副词的"异名"本就不少,"歇虎、显豁、邪乎、歇火"等,不都是"老三一个"?不为"老三"者就更丰富了。如"烂"(烂差、烂熟)、"较"(土音 gào,较好、较重)等等。比方"凿",原意只为名词"凿子"、动词"用凿子穿凿"。永康话中这个"凿"却可以这么用:"你剪裁不当,这块好布让你凿掉了""这事儿搞得真凿!"这个凿显然是"糟蹋""坏了事"的意思了。比方"熟":"这两个老人越来越熟了""这几张纸让孩子玩得熟熟了"。前一句中的"熟"并非熟悉等意思,而是指"人老体衰、形状变质"。后一句中的"熟"则又是指物品的类似变化;纸熟就是说纸质变了,又皱又毛又软,没了生气。显然,这些都不是熟的原意了。比方"经过",明明是"通过""经历"(动词)和"过程"(名词)的意思,永康话中却派生出一个形容词意来:经久不坏。如"早就怕这老人要走了,一晃又过了两年,他还真经过呢!"比方"钩",大约是从"钩"的形体特征引伸出一个"弯曲"的意义来,所以可以说"钩着指头""钩头缩脑"之类。比方"道地",从恰当、合适的意思又引出一个"家境富裕"来,如"他家十分道地格"。

　　显然,此类词的"活趣",其实质是意义的变化与发展(词义的扩延与丰富),是更有分量的活趣。

　　永康话常用词语是极丰富的,其各式词趣也是极丰厚的。本文所及,仅其万分之一吧?

　　真希望看到更多更好的词趣品味。

# 从"驼头天话"说开去

**胡惠省**

拜读完 2012 年 10 月 17 日《永康日报》"五峰·西津"副刊上发表的本市文坛耆宿项瑞英先生的文章《永康方言中的"话"》，曾在田间地头多年聆听乡民们野活络的我，油然产生了许许多多的感触。

项老先生对耳熟能详的永康话作了潜心品鉴，文章自始至终充满了浓郁的学术气息，归结了若干关于具有永康方言特色的"话式"结构短语，的确让人会心一笑，给读者带来了耳目一新的感觉，例如"设神念话、倭毛话、牲徒话和諕话"等等。然而"驮头天话、棍（gǔn）头碛话、空头驮话、貊蛮（音拍麦）话、眊瞑话、惶恐（恐念坤）话"等等，拿这些音义结合体，来解读我们"古老"的永康话的特定语意，无疑存在着可商榷的地方。

## 一、永康话语词溯源

把流传了几千年的乡音——永康土话称为"古老"，千真万确，名至实归；因为大量的永康话语词，可以从古汉语词汇大河里觅到其出身，溯出其源头。

1."驮（大）头天话"

"驮"字，普音（凡涉及普通话读音一律简称"普音"）念 tuó，土音(凡涉及永康话读音一律简称"土音")读 duǒ，两者音近有异，究其因，经过几千年的淘滤、传承以后发生点音变，实在是正常不过的事。可惜这里采用"驮"字，就落入了"重音轻义"的思维陷阱。为什么呢？

首先，因为"驮"字无论古义、今义压根不存在"大"的含义，毫无出处可考。查《古代汉语词典》驮字条，其基本含义诠释为：①"牲口驮载物品"；②"牲口驮载的货物"。前者作动词理解，后者作名词理解。再查《现代汉语词典》驮字条，仅有一条解释，就是"用背部承受物体的重量"，虽然没有古义解释得那么明确——本词涉及的对象是牲口，可是例句中的对象却明白无误地涉及了马和人，对象从牲口扩大到了人，基本义并没有发生大的变化。

其次，因为在永康话里，不难找到"大"的表意不念土音 duǒ，而念近似普音 diè 的活字典例子。例如大后村，就极少人不读"diè 后村"，却念"duǒ 后村"的，"考大学"也是如此；当然"大坟山"是不念 diè，而读 duǒ 的。再如"大家"这个代词，土音几乎没有人读成"duǒ 家"的。这说明什么呢？这说明这样一个事实：在永康话里，同一个"音义结合体"——语词，有时念普音或含近似普音，有时念土音；两者约定俗成，古今通用。由此可见，永康话其实不光是"古老"的，更是"现代"的，也是"与时俱进"的。

叽呱叽呱响了一大堆，土音 duǒ，意义"大"的字，到底该怎样写才符合"音义和谐一体"的表意境界呢？答案就是古汉语的"都"字。都，当古义为"大"的时候，普音念 dū，土音念 duǒ，答案就这么简单。其实永康话的用字，由于历史音变的不可避免——民间叫"读白去"，该怎么写的确让人不太摸得着头脑，因此往往复杂化，其中单纯"同音字化"的选字路数，导致了一种"以音害义"的结果。

"驮"字的问题明白了,那么"头"字就顺理成章了吗?首先看看"天话"是什么意思吧,天话就是"犹如天一样大的牛逼话",也就是"都伯嚣话",否定的贬义色彩十分明显。"天话"既然如此,那么把"都头"跟"天话"连起来,这个"都头"究竟要表什么意思呢?是头大的人——土语叫"都头赤"的——特别牛逼、特别伯嚣吗?似乎解释不通。其次,能否从四字短语两两构成的语法结构中去考察一下,也许会有所收获。假设"都头"跟"天话"是一个并列结构,那么这个"头"字的含义,至少要有与"话"的含义"接近"才对路。这个假设让我想到了"逗"字,查古汉语工具书,其中有一条词义为"招引、逗引",这个意义跟"天话"就容易关上联了;再结合《现代汉语词典》对"逗"的解释,古义招引、逗引,今义基本沿用下来,只是增加了一些新的义项罢了,譬如"逗笑儿"。这让笔者豁然开朗,似乎大彻大悟。

为此,永康民间专门讽刺"吹牛不上税,不吹白不吹"德行的俗语"逗尿 suī 壶"(尿的普通话读音有两,suī 是口语读音,跟永康话几乎全同)的"逗",实在不能写成"抖"了,否则将被曲解不少。这条俗语无疑成为了"都逗天话"不可或缺的佐证。(争鸣后补注:逗尿壶,其实是"抖(逗)尿壶"的谐音双关用法)

这就是"都头天话"应有的"音"和"义",那么"空头驮话"自然得写成"空头都话"才对,"天头地得"不写成"天逗地对"真不通,"讲大话"就该"讲都话"啦。以此类推。

2.关于"大家都依"的写法

上面提到的代词"大家",一般永康依很容易误认为"婆婆"的那个"大家"的写法,其实婆婆的"大家"也可以从古汉语里找到依据,那就是"典"字的古义——掌管、管理的意思。因此,"大家都依"是否可写为"典家都依"。

### 3.关于"掩身"的写法

不久前有个同事问我永康话的"yǎn 身"该怎么写,我想了半天,才答复,是否可以这样写——掩身,其实也是自作聪明的硬写。什么叫掩身?掩护身体吗?不靠谱。现在的年轻人固然不晓得,因为自他们记事起,压根没见过,更没有穿过这种衣裳;穿过掩身的过来人,要求读到"掩身"就能想到曾经穿过的内衣,恐怕也不容易吧。

原来"掩身"是一种永康侬传统的内衣,现在都被五花八门的棉毛衫取代了。从自给自足的自然经济时代,到全面短缺的卖方经济时代,永康侬世世代代穿的内衣,就是这种叫"掩身"的内衣。它是一种用土布裁缝的对襟内衣,纽扣自然是传统的布扣啦,后来发展为用洋布缝制,制式并没有什么大的变化,可就是纽扣不用布扣罢了。当时永康侬的内衣似乎只有上衣,没有下衣(类似棉毛裤的);电视剧里穿着"掩身"睡觉的角色倒是有下衣的,不晓得是否得叫"掩裤"。

后来查阅古汉语工具书,翻阅了许久,才偶然发现,普通话"亵渎"的"亵"字,在古汉语里就是一种内衣的意思。想想古人造字真是聪明绝顶:在一件贴身得不能再贴身的内衣里伸进一只"执着"的手,去表达"轻侮、不庄重的举动"的含义,你说不是"猥亵"是什么?那么"亵"xié 字怎么成为取代"掩身"的"掩"字呢?记忆中似乎听到过永康乡民们把"亵渎"的亵字念为 yé 的,这不就对了吗?因此,"yé 身"不该写"掩身"了,而该写"亵身"的啦。

## 二、永康话与生产劳动

流传了几千年的乡音——永康话,是在"生产劳动"中呱呱坠地的。

4."惃头碻话"

查《康熙字典》"惃"字条:音衮,乱也。没有其他意义可以套解"做事呆头呆脑、不知好歹、不精灵"的贬义含义,这说明此处"惃"字的选用也是值得商榷的。

农事劳作和粮食加工作为祖祖辈辈的永康先民们一年到头最主要的活儿,各种活儿中所用的家伙——农具和器具,不仅是他们十分重要的财产,更是他们心中沁润着浓郁感情的宝贝。譬如锄头,钩刀,杀剑等小农具;麦磨,磨砻,手臼等粮食加工器具。就拿麦磨来讲,顾名思义,就是把麦子磨成面粉的器具,是由最普通的石头和木头组成的——大凡农业文明的粮食加工器具都是如此,在它们身上几乎找不到丁点儿金属构件,因此往往默透着一股原始绿色与历史环保的劲儿。"惃头碻"似乎也如此,虽然贬义,却也不乏原始的情味。

磨麦面劳作瞧上去是一件很有趣味的事。先把磨砻榨头套入石磨柄眼,再把麦子倒进麦磨凹槽里,接着开始磨麦的操作:一边巧妙用力让磨砻榨头旋转起石磨爿来,一边乘隙用扒龙钩把凹槽里的麦子抔入磨眼,不断重复以上动作,白白的麦粉就会从上下磨爿的隙缝中汩汩地淌出来。这个活是个技术活,哪怕是熟手也未免能一直顺溜地旋转到歇工的,一不小心,旋转不当就会使磨砻榨头从柄眼上脱落下来。这时熟手们总能恰到好处地使力翘起磨砻榨头,迅速准确地榨入柄眼;而生手们往往不得不放开榨头横柄,跑到石磨边用手把榨头榫入磨眼。见过石磨磨麦的人不难明白磨砻榨头的构造是怎样的,它是一个直角接榫的木结构装置,如果用一根没有直角结构的木棍垂直插入柄眼,那么操作者是无法站在地上旋转起石磨的。也就是说只有"榨头"才能使石磨旋转起来,而"棍头"是无法旋转起石磨来的。

因此,对一个做事呆头呆脑、不知好歹、不精灵的人,往往冠以"棍头榨"的诨号,这个诨号就这样划时代地无可避免地应运而生了。后来发展成为"棍头棍脑",它所无情调侃的对象,自然跟"棍头榨"没有两致。这时的"棍头",已经赋予了感情色彩,从一个物名词演变成为了一个特定的形容词,完成了词性的转变,当然棍头本身的名词性质仍然保留着。

关于"榨"字的选用,源于另一种粮食加工的劳作活儿——搋米(搋,普音 chuāng,土音 xuān,舂米)。在手臼上搋米,是离不开一个重要的配件"榨器头"的。"榨器头"——又一种木石结构的农耕器具,搋米的杵头是石制的条形方石,截面边长常常达到 15 厘米光景,石身常常不少于五十厘米;杵头的另一端自然要榫装一根木柄,从而成为跟磨礱榨头一样的直角结构,以便搋米者抡起杵头榨下去,让手臼槽里的粮食颗粒脱去壳儿。如此这般的劳作过程,似乎"磑"是完成不了的吧。


三、永康话与"生死情结"


流传了几千年的乡音——永康话,又是在"生死情结"的社会意识中诞生的。

5."惶恐(恐念坤)话"

永康侬在生活中遇到不讲诚信、做事乱来、不计后果的人,常常加以严厉的指责,甚至咒死的辱骂,譬如乱桩,乱来,要死,要黄髡(kūn)等等。其中"要黄髡"往往跟"姆(mú)巴头焦"组合一起,叫成"黄髡姆巴头焦"的咒语。

笔者早年在田头跟着老农夫们一起干活,常常听到他们念叨着农谚、俚语,很顺口,易上心。譬如"清明断雪,谷雨断霜""霜降不降,十八日稳当""三十三,本分担""路见不平,众人铲抄""黄髟姆巴头焦"等等。等溜完顺口溜,老夫们常常还会解说一番这些农谚俚语的意思,当时我就不止一次听到过"黄髟姆巴头焦"的一种版本,说:"不知多少年代前的古老侬,他们能通过观察自身姆巴颜色的变化,预知自己还能活多久,如果看到自己的姆巴渐渐变焦——近似深褐色——就晓得自己快要死了,催促自己赶紧为后事做些准备。"

听后似乎大气不敢出,这种解说未免让人瘆得慌,却也充满着神秘感。懵懂中的我,当时还不懂得人是从类人猿进化过来的,不晓得这些能看自己姆巴变焦就能预知自己死期的古老侬,到底有多古老。等晓得人是如何来以后,我就估摸着,这些古老侬,可不是一般的古老,想来"他们"还处在从猿到人的初始进化阶段,还处在渐渐把自己的尾巴蜕化掉的艰难进程中。

总之,老农们的启蒙教育让我增长了一条难得的知识:姆巴头焦,就意味着将要死亡。也很能理解为什么永康侬诅咒人,往往把"要死"跟"要黄髟"承接起来,原来这里还是一种修辞——寓意反复吧。

这样看来,常常跟"姆巴头焦"连起来咒人的"黄髟",极可能也是将要死的意思了。查《康熙字典》引注《礼·曲礼》:"君子式黄发。疏:人初老则发白,太老则发黄。"式,解为尊敬;黄发,解为老人。"髟"字,不难找到解释,就是剃去头发的意思,在此引申一下,作脱发或秃发讲。到此,对"黄髟"的本义似乎可以得出一个解说:"头发发黄的高老人,一旦开始脱发,就意味着死期即将到来。"至于项老先生解说"惶恐"(实为"黄髟")的种种其他含义,作为词义扩大的引申义,也是未尝不可的。

此外，与"黄髭姆巴头焦"义同而形式略有不同的"黄髭面焦"恐怕也可以对此作一点佐证。限于篇幅，其他语词暂时不一一阐释。

总而言之，永康话是一种现代的古老话，又是一种生活化的农耕话，还是一种充满着生死情结的哲理话。

(本文在《永康日报》发表时用笔名"楚篱东"——编者)

# "从俗""遵古"和"音义和谐"

## 吕七成

读了项瑞英老师的《永康方言中的"话"》一文(见2012年10月17日《永康日报》),可谓感触良多,只是由于疏懒,才未能及时将感想成文。有机会的话,也许以后会补上这一题的。读罢楚篱东(系胡惠省老师笔名——编者)老师的《从"驮头天话"说开去》(见2012年11月7日《永康日报》),更是感慨系之:在记录整理或者解读品味永康方言时如何"给字"?真是让人颇费心思呵!

项老师在他的大作中,"略加浅析"了仙神念话、驮(大)头天话、悃(guěng)头磕话、两百五话、空口白话、眊眽话、念花话、嚣话、雀(念爵 jiáo)话等一系列永康方言中以"话"为"尾"的语词。记录这些语词时选用的文字,除少数几个(如"悃"、"貊蛮"、"雀")外,大多是见过面的、意想中的,让人感到比较熟悉。其"给字"特点,总体感觉就是重于从众从俗。

而楚篱东老师的文章却是以"文字考古"的方式开始,从项老师的"驮头天话"说开去的。然后就是:"驮头天话"变成"都逗天话","抖尿壶"变成"逗尿壶","天头地得"变成"天逗地对","讲大话"变成"讲都话","大家驮侬"变成"典家都侬","掩身"变成"褰身","悃头磕"变成"棍头榨",等等。其给字特点给人的感觉是:明显地倾向于"遵古"。

一"循俗",一"遵古",孰优孰劣?谁高谁低?这是不可"空口白话"的,还是以那些受"项语""楚言"搓挼的永康土"话"为例看看吧。那么,衡量的依据是什么?我想,楚老师所说的是否达到"音义和谐一体"的表意境界就是最好不过的标准了。

## 一、驮头天话与都逗天话

书面记录方言语词选择用字时,第一个要考虑的就是这个语词的基本意义,这是大前提。只有在这个大前提之下,才能根据临选文字的音和义准确选定用字。例如永康话中的"抖尿壶",它的基本意义就是以男子晨起倾倒(抖)尿壶里的昨夜积尿这一行动来比喻某些人的"哗啦啦"式的特多且连绵不绝的说意义不大的话,甚至是半废话、废话。比如,说某人"抖尿壶赫,只管让他讲得格"。虽然其中或许也稍带"嚣"气,但主旨却在于"尽情倒(抖)尿"。如果根据"逗引"之义以"逗"换"抖"变成"逗尿壶",不免让人想起拿着夜壶玩把戏、做杂技之状来了。这个意义,恐怕是很有点"悬"的吧?

那么,"驮头天话"的基本意义是什么呢?

项文(以下凡涉楚项两先生的文章则称"楚文"、"项文")说:"驮头天话"指的是惯于信口开河、乱吹牛皮的人讲的空话、驮话……听了让人头都会驮(大)起来。据此,项文自然把这个短语写作"驮头天话"了。而楚老师却另有高见。对于"天话",楚文的解读是"犹如天一样大的牛逼话",其基本意思与项文的"空话、驮话"相去不甚远,只是语言两式,文质迥异罢了。两人的分歧主要在"驮头"一词上。项老师对"驮头"的领会是"头都会驮(大)起来",而楚老师持的却是否定意见,给字也就完全不同了。首先,楚老师认为在古、现代汉语词典里都找不到"驮"字有"大"的含义,选用

"驮"字则已落入"重音轻义"的思维陷阱。于是推出一个古汉语中含有"大"的意义的"都"(音 dū)字取而代之。而后又从短语的语法结构和古汉语词义两方面考虑推出一个含有"招引、逗引"意义的"逗"字,与"都"合成"都逗"。于是,"驮头天话"自然成了"都逗天话"。

两条思路,两个结果。孰是孰非?谁好谁孬?这自然也是不可"空口白话"的。我们不妨也列一些材料看看,能否因此释疑。

为此,我专门做了一次调查,问了许多的"同村":"驮头天话"的"驮头"如何理解好?同村们的意见倒很一致:头驮(大)啊。不过,他们对"驮头"的作用却各有不同的理解,其中有些人认为"驮头"是"形容"(修饰)天(或天话)的。永康话里不是还有说"驮头天"的吗?譬如:勾个侬(那个人)也是个"驮头天"!再如,你不要"驮头天"啦!前一例的"驮头天"当是指代那种人,后一例的却似乎是"驮头天话"的省略。这一说还真有点意思。看来,"驮头"无论是修饰天还是限制"天话",它都只是以一种形象来说明被修饰限制者的性质、状态而已,就像以"滚头"修饰"楂"和以"磨砻"限制"扎头"一样。

"遵古",是必须咬文嚼字的。我们也不妨嚼几个字看看。

楚老师说"驮"字"压根不存在'大'的含义",这应该是对的。但是,能否反过来考虑一下:"大"字可不可以读成"驮"呢?翻检《康熙字典》,"大"字的义项中可见:"又《广韵》《集韵》《韵会》并唐佐切。音驮。杜甫《天狗赋》:不爱力以许人兮,能绝目以为大。"等字样。果然,"大"字确有一读是"驮"。看来,这一音读也不乏用它的人;同是诗圣杜甫,在他的《夜归》一诗中也用过这个读"驮"的"大":夜半醉归冲虎过,昏黑家中已眠卧。傍见北斗向江低,仰看明星当空大……(见《唐诗一万首》)

说到这里，永康话里极大量运用的这个"duò"出现于书面语言时该怎么写其实是已见眉目了，那就是可以大大方方地写上"大"，就如"驮头天话"可以写成"大头天话"一般。当然，如果你不放心，也不妨在它之后加个音注，不就更加明白了吗？

## 二、"大家驮侬"和"典家都侬"

"大家驮侬"的词义(或者说语意)是十分明白的，就是媳妇的婆婆，这不可能有异议。为什么又见异写？完全是"给字"的分歧。

那么，到底是写成"大家驮侬"好还是写成"典家都侬"妙？我是赞成"大家驮侬"的。

先说"大家"。"大"，普通话念 dà。永康话说白音通常为 duò，书面土读却近似于 diǎn。而在一些特定语词中，"大"的说白音与土读音却完全一致，都变调念成 diǎn，比如在婚礼场合中敬称做媒侬的"大宾"，比如说节气的"大寒"、"大暑"等等。可见，称媳妇的婆母为"大(diǎn)家"，此"大"此"diǎn"都应该是对缕的。

楚文根据"典"有"掌管、管理"的古义选用了它，推出"典家"，虽有一定道理，但疑义也不少。比如封建社会里妇女的地位，她们能不能真正"当家"而且被摆上"文化台盘"？为什么不把当时更有资格当家的公公们敬称"典家"而只称"子公"？等等。照我的"呆头想"(低智能推测)，也许，"大家"是从永康侬称妻子为"内家"的"内家"升级上去的吧？(真是瞎猜！)不过，我的"呆头想"里还有两条有据可查的"参考资料"：(1)古时有称祖父为"大父"的。例，《韩非子·五蠹》："大父未死，而有二十五孙。"(2)亦称祖母为"大母"(从"母亲"升上来了？)。例，《汉书·济川王传》："李太后，亲平王之大母也。"而永康风俗在称呼"大家子公"这辈时，儿媳与她的儿女们是平辈的,旧时,不是都叫"阿嬷阿爷"吗？再联系永康吕姓是汉高祖老婆吕后娘家的吕裔这一传说,这"大母"与"大家"的传承关系实在也是有根有据而且很生动的了。

再说"驮侬"。既然"大家"选用了"大"字,"驮侬"再写成"大侬"(虽一读 diàn,一读 duò),到底还是让人感到不太顺眼的。所以,借"驮"字之音一用,写成"驮侬",这也是可谅解的变通"从俗"。其实,方言书写中借音之事是很难避免的,因为那些土得掉渣的土话,不少时候是土得实在没字可写的。

那么,为什么不赞成写作"都侬"呢？这个"都"有"大"的古义,它比"驮"更有资格啊。这么说也许是对的。但是,我以为这个"都"离"今"太远,离"乡"也太远,而且读音 dū 与 duò 相去也不近,如"大头大脑"说成"dū 头 dū 脑",总觉着"硬结绞"的,不和谐感太强,是应该"慎用"的。所以,我觉得还是借这个永康老乡比较面熟也比较好念的"驮"字一用好。

看来,这个语词,无论是"读说"还是"理解",都还是写作"大家驮侬"较顺气。

### 三、"惛(gǔn)头碴""棍头榨"和"滚头挞"

项文对"惛头碴"的解读是:讲话做事呆头呆脑,不精灵,难与之沟通,不知好歹的人。楚文对此没有异议,只是认为"惛"字的选用"值得商榷"。也许是我身居永康上角的缘故吧,对项文关于"惛头碴"的释义似乎也难以完全赞同。因为,我们这里的"惛头碴",是"高(很)滚"格"呆头滚"格"大(duò)小滚"格"滚头滚脑"格"滚三滚四"格"大滚""挞头"(还是"扎头"？)。这种"挞头",并不一定是弱智,但痞气十足却是肯定的。如果说这些"挞头"勿精灵,那也是有别于"傻"的勿精灵,因为它浑身充斥的是野蛮无理、不近人情。所以,如果让我为"棍头磕"这个土词语确定用字,多半会不是"滚头�"就是"滚头扎"。理由呢?第一,"滚头挞"是以"大(duǒ)滚"的"滚"为意义核心的,它是在"滚"这个基础上长大的。"滚"是什么?就是行为粗野、不通情理啊。"滚头挞"不过是把"滚"扩张得更生动更形象罢了。有些地方不是把那些"不通情理、胡搅蛮缠"的人叫作"滚刀肉"吗?我们把本地的此类人称为"滚头挞",似乎也不无道理吧?第二,如果写成"磙头扎"那是因为"磙"这种用岩头"打成"的大型滚压器给人的形象实在是大而生硬、丑而粗鲁的。用它来为我们永康这个"滚头挞"表意,其实也颇般配。当然,这也许又是我的"呆头想"了。

至于楚文认认真真地从"手白、麦磨"引出的"棍头榨",我以为还是值得商榷的。首先,"棍头榨"这个名字整词就让人感到不好理解。"榨"是什么?压出汁液?还是哪种器具?以它来代替那个推拉磨爿的"直角结构",还真不如借用有点击敲打之意的"挞"(如"指头挞到面")或者有"钻、刺"之义的"扎"呢,而且,在土语中"榨"的音读也不如"挞"。我又要"呆头想"了:如果"棍头榨"变成"棍头渣",可能倒是一个别具一格、另有洞天的好结构。因为,此"棍者",其实可以理解为就是人。比如"光棍""赌棍""恶棍",就是"独自侬""食赌饭格侬""恶侬"。那么,"棍头渣"不就成了"人渣"?以此"人渣"去表述那种不通人性的粗鲁者,"恰到好处"不说,说"还凑活"总不为过吧?

那么,说到底这个"gǔn 头 zhā"你究竟赞成怎么写?我想,从感情与习惯上考虑,还是"滚头挞"比较好。

### 四、关于"亵身"

楚文特别提到了"关于'亵身'的写法",认为永康依传统的内衣"掩身"应写作"亵身"。

读者诸君以为如何？我是肯定有异议的了。

"掩身",旧时的一种竖领、直襟、布扣的单衣。说它是内衣,也对,有如今天的衬衫,但和暖之季,它也是"表服"。实在的,那时候,"一层纸布隔层风,两层纸布好过冬"的"穷苦侬"们,其实不真正把它当作单纯的内衣的。那时节,穿着"掩身"相亲的后生也大有人在。

离题远了,言归正传吧。此等"掩身",如何给字。楚老师根据"古汉语工具书"及"记忆中似乎听到过"的乡民们的一种读音(亵念 yé)而确定写作"亵身"。

我以为这是值得商榷的。

"亵",《说文》:"私服,从衣,埶声"。说白一点就是:《说文解字》一书说,"亵"的意思是"内衣、便衣"(即所谓"宅居之服"),衣为形符,埶为声符(看起来"轻慢"之义是发展的结果了)。所以,(1)楚文中"贴身的内衣里伸进一只'执着'的手"之说,只怕不太可靠。(2)"亵"读作什么？普通话念 xiè 是无疑的,永康话如何读呢？楚老师介绍了一个"似乎听到过"的记忆音 yé,这也是不可靠的。我的记忆却是:"亵"的永康话旧读与普通话很近,是 xiě,仅仅是声调之异。

应该说,"亵"在乡间肯定是一个生僻字。我曾向十余人做过它的读音调查,结果是:一般"乡民"都说没见过这个字;十余人中有三位八十左右高龄的退休教师（一位初师毕业,两位普师毕业），其中两位说不认得，一位说"电视上见过，但不会读"；倒是两位上世纪90年代初的高中毕业生能读出 xiè。可见，在乡间（尤其是旧时），能读褉的人并不多。楚文所说的"褉"的记忆音 yé，多半是那位乡民的讹读，或者就是作者的讹听，甚至是误记。有一个很有参考价值的小材料：热，从火执声，与褉同声旁。它的读音，普通话念 rè，永康说白音似 nié，书面旧读却是 xiě。由此可见，"褉"的永康话旧读音比较踏实的应当是 xiě。

因此，"掩身"写成"褉身"，从音的和谐角度去看是应该否定的。

那么，"掩身"到底该如何写？有一个"裺"（音 yǎn 演）字，除却通常的"涎衣"（即永康话说的小儿遮挡"下巴水"的"下巴兜""面前兜"之类）的意思外，还有"衣领、衣缝、襦（短衣）"等解。我想，无论从音和义的角度去看，都是可作"裺身"的"裺"的。如果再把"身"字也改成衣旁的"裑"（shēn，义为衣身），写成"裺裑"，不就两两相映成趣了么？可惜，这样写法太古气了，而且，如此这般地提炼出一个"老鼠归牛角"的意境，简直会让人怀疑是否陷入了"钻古""迷古"的泥潭了？那是绝对不可取的啊！

以上四例，能否说明这样一个观点呢？就是记录书写永康土话语词时，无论是"从俗"还是"遵古"，一定要根据语词的基本意义，选择与这些语词同音同义（至少要近音近义）的文字，组成"音义和谐"的一个整体来表述。这是一个不容忽略的规则。因为，这个规则实在是我们整理本土方言、传承本土文化的极关键极紧要的一环。

# 永康话中的五金情结

徐天送

　　一方水土养一方人。一方人说一方话。作为地域文化的表现形式，方言可以将地域文化表现得真真切切。上海是个商业化的城市，上海话中就有许多从买卖、生意、账目、价格引申而来的方言词：买面子、卖人情、买关节、卖关子、买账、卖俏、卖老、勿管账（不管）、开码头、闹市面（出外闯荡）等。北方人（中原汉人）历史上长期与外族（胡人）征战，深受其苦，所以带有"胡"字的词汇，含贬义的就不少。如"胡闹、胡搞、胡说、胡扯、胡来、胡作非为、胡搅蛮缠、胡言乱语"等，如果说，上海话中有"生意情结"，北方方言中有"胡人情话"，那么，永康话中有什么"情结"呢？

　　众所周知，永康是"百工之乡"，清·道光编撰的《永康县志》云，永康"土石林木金银铜铁锡皆有匠"，"织布、裁衣、锢露（铸造）多鬻技于他乡。"其中尤以五金工匠最为著名，以打铁为例：相传早在唐代，永康方岩已有铁匠打制菜刀、剪刀和锄头，设铺出售，生意兴隆。元代曾将悄康生产的铁锁列为朝廷贡品。几百年前永康古山一位姓孙的铁匠，发明了刻铣锯齿的三角锉刀……永康五金匠以精良的工艺、丰富的产品，饮誉大江南北。1992年版的《金华市志·人物传》中，专门收录了两位永康籍的"打铁老师"——吕家骥（1894—1968 开业于嵊县）和程钟炉（1898—1972 开业于安徽屯溪），他俩可以作为现代永康五金工匠的写照。这也表明永康五金工匠已成为永康文化的一个符号，载入史册。既然如此，在永康方言中，是否可以找到"五金情结"？我们不妨从以下三方面去找一找。

## 一、崇工习俗

在农耕社会，人们崇尚的是"耕种犁头实"，对工、商等业总是抱有一种贬斥的心态，这与儒家思想中"重农抑商"是一致的。因此，在许多地方，民间对做手艺的人总是报以鄙视的眼光。例如金华的方言中，对从事五金的手艺人称呼是"打小铁""打白铁""敲洋铁""打铜"等，表面看去，这些称呼似乎很"中性"，实际上带有瞧不起的口气。

而永康则不然。凡是手艺人一律以"老师"称之。铁匠——打铁老师，铜匠——打铜老师，篾工——做篾老师，木工——做木老师，泥工——泥水老师……尽管这个"老师"的意思是指"师傅"，与"教师"有别。但从语气上说，他们的地位与其他地方的称呼是大有不同的，含有相当尊重的意味。传统伦理中有"天地君亲师"之说。"老师"虽排在第五位，但毕竟已到了与"天地君亲"相提并论的位置。从中是否可窥视"百工之乡""崇工"习俗之一斑？

## 二、引喻习惯

《诗经》开创了"赋比兴"之说，方言中也常常有比喻的语汇。永康话中以五金为喻体的语汇相当丰富，俯拾皆是。例如：

1.以"铁"为喻体的

冷铁难打，老竹难弯

好刀勿磨是块铁

铁怕落炉,侬怕落汤

侬是铁,饭是钢

配饭还需鱼,敲打还需小铁铢

打铁先打钉,当和尚先念经

石板上钉钉——硬对硬

藕荷叶包铁钉

2.以"铜"为喻体的

开铜挣(比喻专找别人缺点错误)

铜锅柄(比喻不三不四,不务正业,傍权势、傍大款、欺侮平民百姓的二流子)

吃铜(比喻暗中偷占他人钱财或明目张胆敲诈勒索)

铜锣三日勿打要上铜青,老奶三日勿训要假做贞(这是旧时歧视妇女的谚语。"假做贞"形容不驯从丈夫,不愿过性生活)

穷虽穷,还有三胆铜

着力铜钱快活用

落末落末,净(整)铜镬(比喻好处落到最后的人手里)

3.永康是衡器大市,有不少以"秤"为喻体的

生拉的性,钉拉的秤

官有斤两民有秤

上下三处是根秤,邻舍八家是面镜

4.以"刀"为喻体的

别人屁股好磨刀

共刀割勿着你自的柄

刀快食侬血,话毒要人命

5.以"锅"为喻体的

锅破勿管漏——置之度外

锅都仰天烧——到处如此

担柱捣锅——横生是非

6.以"锯"为喻体的

人情像把锯,你勿来,我勿去。

……

有趣的是,不但成人的永康话中洋溢着"五金"气息,就是在小孩子的童谣山歌中,也有"五金"的痕迹。

如《望(永康话念 mòng)样精》:

"望样精,敲铁钉。

敲三枚,钉戏台。

敲枚添,栽苋菜。

棺材下,栽苦蔓。

任你打来任你夹。"

岂但小孩童话中有"五金",连"状元"文章——陈亮的文章也以"五金"作比喻,他在与朱熹辩论时就说:"人只是这个人,气只是这个气,才只是这个才。譬如金银铜铁,只是金银铜铁,炼有多少则器有精粗,岂其于本质之外换出一般,以为绝世之美器哉!"(《陈亮集》卷二十八《又乙巳春书之一》)(意思是说,圣人与凡人一样,都是生活在现实生活中,两者的区别如金银铜铁锡一样,锻炼有多少,造成的器物有精有粗,不存在脱离金银铜铁的一般性质的"绝世美器"。)陈亮在表达"要以适用为主"的事功思想时也说:"正欲搅金银铜铁镕作一器,要以适用为主耳。"(《陈亮集》卷二十八《又乙巳春书之一》)

明代大思想家李贽评论朱、陈之事时说:

"异哉,堂堂朱夫子,反以章句绳亮粗豪目亮,悲夫!士惟患不粗豪耳,有粗有豪而后真细出矣,不然,皆假也。"

陈亮将永康手艺人的话语引入大雅之堂,似乎有粗豪之嫌,然而恰恰显示了陈亮的"真性"——永康人的血性。

### 三、"行话"变"口头禅"

行话,是各行业为适应自身需要而创造使用的词语。例如,相声的行话中,段子称"话",表演段子称"使话",笑料称"包袱",姓什么称"什么腕儿"。当今网络也有行话:看不懂——晕,不满——靠,提意见——拍砖,支持——顶,羡慕——流口水,倒霉——衰,我——偶,……

旧社会,由于世道险恶,人心叵测,做手艺的前辈为了保全自己,便于同行之间互相沟通,就创造了行话。行话作为手艺人的秘密,看家本领,绝不外传。师徒之间全凭口传心记,没有文字记录。过去同行相见,不说技艺高低,先以行话交流,如果对答如流,即如一家,如果一问三不知,或一知半解,便会遭到对方歧视。永康从事五金的手艺人也同样有一套秘不外传的行话。然而,由于永康五金行业发达,从事五金产业的手艺人众多,随着产业的工业化、现代化,这些行话渐渐地被一些人从行内传到行外,并以其强势的语言扩散力,传播到永康的360行,扩散到各个角落,有的甚至成了人们的口头禅。

例如,永康手艺人的行话中,称一千叫"一片",一万叫"一筒",这已成为永康人口头表达中常用的数词了。最为普及的行话,则非"罗"莫属。有些年轻人简单是三句不离"罗"。"罗!俩日葬恰啦,罗?赫俩个电话打落都耐依接!午个罗哩!"(意思是:喂!

这几天在什么地方？你！打了好几个电话都没人接！你这个家伙！)尽管对"罗"的出处和含义众说纷纭，有"同年哥"说，有"行担"说，有"箩筐"说，有"讨饭箩"说，有"骡"说，有广西少数民族"僳僳"说等等，但有一点是公认的，则其"专利权"属永康早年做手艺人(包括五金工匠)，是永康手艺，特别是五金手艺的行话。"罗"从手艺人的行话变成普通人口的口头禅，永康话中五金情结之深，可见一斑。

最后，录一首爱尔兰诗人希尼的《铁匠铺》于此，让"打铁"老师的形象定格于本文之中。

我所知道的只是一扇通往黑暗的门/外面/旧车轴和铁箍生着锈/里面/锤在铁砧上短促的叮当声/出乎意外的扇形火花/或一个新的马蹄铁在水中变硬时嘶嘶作响/铁砧一定在屋子中间什么地方/一头尖如独角兽/一头方屁股/坐在那儿不可动摇/一个祭坛/他在那儿为形状和音乐耗尽精力/有时围着皮裙/鼻孔长着毛/他倚在门框上探出身来/回忆着马蹄的得得声/当汽车成行掠过/然后咕哝着进屋里去/一阵砰砰和轻击/鼓动风箱/把实实在在的铁锤平

# 永康话中的地域个性

徐天送

据研究,"古希腊中最早熟、最文明、最机智的民族都是航海民族","这个民族好比一群蜜蜂,生在温和的气候之下,但土壤贫瘠,只能利用可以通行的出路去采集、搜寻、建造新的房子,靠灵巧和身上的刺保卫自己,建筑轻盈的屋子,酿成精美的蜜,老是忙忙碌碌的探求,嗡嗡之声不绝,周围一些大型的动物却只知道让主子牵着带去吃草或去莫名其妙的角斗。"而那些"守在山中","不喜欢旅行"的民族,往往"粗野简单","始终是来开化的蛮子"。((法)丹纳《艺术哲学》)这段话形象地诠释了"一方水土养一方人"。依此类推,永康这方水土养了一方怎样的永康人呢?如果从永康方言之中去考察一番,也许会发现永康人个性的一鳞半爪。

## 一、自信自立

"拍肩头两个极,不认自疲"这句永康方言中的歇后语,是永康人高度自信的表现。人体的肩头有块肩头骨,高高凸起,我们的先人就抓住这个相似点,认为人不能自卑——不能认为自己差,而要认为"我行","我能行"!

也许有的同乡认为我误解了这句话的含义:这句话明明是批评人自高自大嘛,你怎么说成了自信?把贬义词说成了褒义词?不错,以往人们确是如此理解。受孔孟之道的影响,以往人们只视"谦虚""温良恭俭让"为美德,谁要是张扬个性,认为"天生我材必有用",谁就会被看作"狂人""疯子"。因此,我认为有必要把这句话放在当代新的语境下作出新的解读。只有实事求是地承认自身价值、自身个性和长处,才能树立信心,从容面对,奉献社会。自信才能自强,自强才能自立。从这个角度看,"不认自疲"是一种极为可贵的品格。

正因为这样,永康人勇于进取,敢为人先,讲究效率。对"一个吹箫,一个拿孔",一个人的事两个人做,非常反感,认为"三脚壶炉丁当空","三个和尚没水食"。和温州人一样,"宁为鸡口,勿为牛后","鸡首虽小,乃进食;牛后虽大,乃出粪",有强烈的老板情结。拿破仑说"不想当将军的士兵不是好士兵",温州人说"不想做老板的人不是真正的温州人",永康人虽没有公开这么说,但在行动上认同。永康经济发展模式与温州惊人地相似即可证明。永康话"人多颈扛滚,鸭多不生卵"意为人多扯皮多,摩擦多,难平衡,难搞定,就像鸭子多了反而不下鸭蛋一样,从另一个侧面说明了尊重个体,讲求效率的永康风格。

如果说,仅仅这几句永康话还不足以说明永康人的个性特征,那么,我们不妨来看看永康历史的代表人物陈亮,看看他身上的"DNA(基因)"。

陈亮有两段话很典型,颇能彰显他的鲜明个性。

一段是他对朱熹的答复。他说,如果论修养,讲礼仪,我不如其他学者,但是如果讲做堂堂正正的事业,讲应对波诡云谲的国家大势,进行打破思维定势的谋划,想大局,图大事,进行战略思考,那么,我自认为比他们略胜一筹。("至于堂堂之陈,正正之旗,风雨云雷交发而并至,龙蛇虎豹变现而出没,推倒一世之英勇,开

拓万古之心胸,世俗所谓粗块大脔,饱有余而文不足者,自谓差有一日之长"。《陈亮答朱熹书》)

另一段是他对自己画像的自赞。他对当时贪图荣禄,苟且偷安的衮衮诸公很看不起,对自己的画像则说:"他的衣服很粗野,他的相貌很高古,(他)靠着天而大声呼喊,提着剑用力挥舞。只是(他)禀性很笨,所以对别人常常冒犯。可叹没有穿上朱紫的官服,随画的人去画好了(画像)。远看像陈亮,近看还是像陈亮,不管像不像,请问当今天下,谁称得上人中的蛟龙,文中的老虎?"(其视当世苟禄窃位之士,蔑如也。尝自赞其画像云:"其服甚野,其貌亦古。倚天而号,提剑而舞。惟禀性之至愚,故舆人而多忤。叹朱紫之未服,谩丹青而描取。远观之一似陈亮,近视之一似同甫,未论似与不似,且说当今之世,孰是人中之龙,文中之虎!")

可谓自信到了极致,与毛泽东的"俱往矣,数风流人物,还看今朝"有异曲同工之妙。

《金华市志》中记载:"民间流行着'义乌拳头,金华甜头,兰溪喷头,武义芋头'之俗谚。义乌人刚毅强悍,崇武尚文;金华人待人好言善语,遇事不露声色;兰溪人为人爽直,遇事易怒;武义人忠厚诚恳,处事随和。"以笔者几十年来与周边县市籍的同学、同事交往看,除"兰溪人遇事易怒"一点不明显外,其余均是较为中肯之言,而永康话中的说法则暴露了永康先民中那种"阿Q"式的农民狭隘的排外意识。

## 二、重视事功,重利轻义

这方面典型的永康话有两句:一句是"一个铜钱一个命,两个铜钱打人命。"视钱如命,当有多一点的钱财可取时,不惜抛弃性命来抢夺。这里面固然有穷的因素作怪，但把钱放在生命之上，为钱就不顾他人死活，这不能不说是一种病态。是重利轻义的典型表现。

另一句是"铜钱窟窿里翻筋斗"。民国以前，有一种内方外圆的金属货币叫铜钱。那种不到一公分宽的小孔，想在里面翻筋斗是不可能的，只不过是一种夸张的说法，既说赚钱之难，更说心眼之窄，一辈子关注的只是金钱两字。

尽管陈亮的"永康学派"和叶适的"永嘉学派"都有"义利并重""农商双行"之说，但实际做起来往往是"利重于义"，"利先于义"。温州、永康一度假货流行，可见一斑。

### 三、重视交际，广开门路

永康话中有不少劝告人们关注沟通，重视"公关"的谚语，现在听来都很有现实意义。如"朋友多个好，冤家少个好"：这是当年爷爷奶奶对我们的教诲。这个"好"并不是单纯从"利用价值"的功利观念出发的，而是从内心发出的一种厚道，一种待人以诚，一种淳朴的民风。他们往往不是以衣帽取人，只要是来客，即使穿草鞋，披破衣的人，也要"端凳""倒茶"，真诚接待。其实，现在经济政治交往中也离不了这一"黄金规则"，如多边贸易，统一战线等等。这是中华民族"和"文化的具体表现。

"客是条龙，不来要穷"；这句话把"客"提升到"龙"的位置，更表现永康人对客人的尊重，对人际交往的重视。这句话对经济领域的交往是完全正确的，顾客盈门，当然是事业兴旺的标志，但对政治领域，则须分别对待。有权者来客盈门不一定是好事，特别是对要官、跑官，或权钱交易来说，是一种极不正常的政治现象，是法制不健全的表现。

"自己食,落屙缸;客人食,传四方":这句话的本意是自己多吃,只不过是多造肥料,不如让客人多吃,以便为自己扬名,奉劝人家要自奉节俭,客气待人。话说得粗俗,含义倒不俗。

"多道门,多道风":永康人重视"门户来去",即与亲友、邻里的礼尚往来,往往要馈赠礼物,花一笔开支,相当于现在的"应酬"。多一道关系,多一番应酬,可以多一条渠道,多得到一份信息,多得到一番关照。在闭塞的封建社会有这种认识,应该说是有远见的。尽管有人是出于虚荣,要撑门面。但作为一个开放的社会,应该"推窗放入大江来","让永康五金走向世界,让世界五金汇集永康",而不仅是开道门,透点风而已。

随着改革开放,永康人走向全国走向世界,各地的许多优秀品质正逐渐影响、改造着永康人。一种更理性、更利他、更真诚、更旷达的永康地域个性正在形成之中。

# 永康话中的独特称谓

## 徐天送

有一个笑话，说的是好几个不同国籍的人在酒吧喝啤酒，都发现酒杯里掉进了一只苍蝇，他们的表现截然不同：

美国人讲的是公平，他把侍者叫过来，让她换一杯；

英国人讲的是绅士风度，他也同样让侍者换一杯，但加付了一杯酒的钱；

德国人讲究科学精确，他思考了一下，啤酒里含有酒精，能消毒，没关系，他把苍蝇捡出丢掉，照样把酒喝掉；

俄国人大大咧咧，十分豪爽，居然没有发现苍蝇，咕咚咕咚地一饮而尽，连苍蝇也喝下；

而日本人有的是占小便宜的小家子气，他让侍者换一杯的同时，还向酒吧索取了一杯酒的罚款。

……

如果把这个笑话引申一下：假如当中还有一个永康人，他会怎样表现呢？

也许会这样：

"请把你们的老板叫过来，"这个永康人说。当他见到老板过来后，他拿起酒杯，放到老板的眼前，然后说："罗，那你自己食食嘛！"

这个永康人的"风度"如何，暂且不论，至于那个"罗"是什么意思？确实让外人丈二和尚摸不着头脑。

由此想起 2000 年永康电视台"华溪春潮"的春节晚会上,一首《罗,永康!》引起的反响。歌词全文如下:

"罗——罗!罗——罗!您哪里?——我永康。——永康哪里?——长恬雅庄……罗,咱们永康!罗,咱们永康!"

"一声'罗'哟,我热泪盈眶。身怀一身绝技,肩挑两只箩筐,踏遍了天下的山山水水,走过了城乡的街街巷巷,补铜壶修锁喂——铸铜锅饭勺喔——罗,永康!"

"一声'罗'哟!我热泪盈眶。手揣一纸合同,肩挑乡亲厚望,逗留过多少码头车站,拜访过多少厂矿商场,电钻、拖把、保温杯哟,汽车摩托、滑板车哟——罗,永康!"

"一声'罗'哟,我倾诉衷肠:好啊,富民政策!好啊,改革开放!冒出了林立的大厦厂房,招来了四海的宾朋客商,求学进校读外语哟,上机上网过大洋哟——罗,永康!"

由于词作者和歌唱者都倾注了极大热情,这首歌当晚把晚会推向了高潮。

有的说,这首歌唱得我热血沸腾!有的说,这首歌再现了永康创业者的原生态,鲜活生动,有滋有味……观众纷纷向晚会主办者索要歌词。有的人当场把它录下来,在公共汽车上播放。可以说,这是"罗"这个生存于永康民间的特殊称谓第一次登上"大雅之堂"。

晚会后,马上听到了一些质疑、反对的声音,焦点在"罗"上。他们认为,"罗"是一种野蛮的、不文明的称谓,甚至是骂人的叫法,怎可登上"大雅之堂"?有的人甚至质问:这是宣扬精神文明还是宣传精神野蛮?怎么能将永康人"丑陋"的一面展现在"大庭广众"之前?

事后,有关媒体也没有对此进行报道,这首歌也从此销声匿迹,没有再出现。

对这首《罗,永康!》的思想性和艺术性,我们暂不作讨论,但对至今还"活"在成千上万永康人口中的"罗",倒有必要探究一番。"罗"究竟是什么意思?是"亲切"的称呼还是"轻蔑"的称呼?是在"传播文明"还是在"泛滥野蛮"?它的历史渊源是什么?为什么有生命力?它折射出永康人的什么样的人文心理特征?走向现代文明的永康人,究竟应该怎样对待它?

为了更全面地考察"罗"所蕴含的意义,我们不妨从"罗"的"现在时"——今义和"过去时"——古义两个角度进行考察:

"罗"的今义:"罗"是对对方的一种称呼,其语法功能与曾经流行或时下正流行的一些称呼相当,如"同志""师傅""先生""老板"……但感情色彩有别。上述称呼均带有尊重对方的含义,属于"敬称"一类。"罗"是否可以划到"敬称"里头呢?不能。因为:

它不能用于父辈和其他前辈身上,如果有人称其父为"罗",难免要吃耳光。

它不能用于领导身上。有谁胆敢当面称其上司为"罗",除非准备下岗。

那么,称"罗"的对象指哪些人呢?一是朋友,叫一声"罗",有种亲切之感;二是同辈的熟人或同行业的人,称"罗"可以套近乎,有种亲近之感;三是对一种有几分"痞"气,但又不是特别讨厌的人;四是泛指自己与对方以外的第三者(一般指平辈或下辈),称为"个罗",相当于"那个",含有轻蔑之意。由此我们可以初步认定,"罗"是一种介于"敬称"与"贬称"之间的一种"昵称"或"蔑称"。

从年龄层次上看,"罗"出现频率较高的大都在 20 岁至 50 岁之间,特别是 30 岁至 45 岁之间。

从性别看,主要是男性。

从职业看，主要是从事营销、产业的人群，在一些年轻的公职人员中，也流传这种称呼。

从永康的当代史考察，"罗"的称呼发端于上世纪七十年代初。那个时期，人们对政治开始厌倦，社会开始松动，一些年轻或有手艺的永康农民开始摆脱农业的束缚，外出闯荡谋生，成了当时"主流社会"——农业社会的"边缘人"。他们认为自己是"另类"，不是"正宗"的永康种田人。他们生活艰苦，风餐露宿，闯荡江湖，彼此之间以"罗"相称，含有几许哀愁，几许无奈，几许调笑。他们像列宁说的，在异国他乡只要一听到《国际歌》，就知道是"自己人"那样，只要叫一声"罗"，彼此就知道是永康人，而且是同一命运的永康人。据芝英、古山一带的中年人说，"罗"相当于"同年哥"。

"同是天涯沦落人，相逢何必曾相识！"

"罗"成了他们相识相知，相濡以沫的纽带，后来，这一称谓就蔓延到永康的各个角落，各个阶层之中。

问题是，那个时代的这些永康人为什么不选别的称谓，偏偏选"罗"？"罗"究竟有什么含义？下面就来考察一下"罗"的历史渊源，"罗"的"过去时"。

"罗"的古义：

《辞源》(1988 年版)"罗罗"词条：

开朗放诞貌。《世说新语·赏誉下》：司马太傅(道子)为二王目曰："孝伯(王恭)亭亭直上，阿大(王忱)罗罗清疏。"

彝族旧称。

传说中的鸟兽名。《山海经西山经》："(莱……)其鸟多罗罗，是食人"又《海外北经》："(北海)有青兽焉，状如虎，名曰罗罗。"

《辞海》(2000 版，下同)第 2031 页载：

"罗罗"，彝族旧称。也作"卢鹿""保保""罗落""落落"等。"卢鹿"之称最早见于唐代史籍,元在今四川地区及大凉山一带设立"罗罗斯宣慰司"。"罗罗"等名为元明以来史籍所习用,中华人民共和国成立后已不用。

在《辞海》第 1897 页"彝"的字条载:

古地域名、古族名。在今云南东部,自三国两朝以来,长期处于建宁(今云南英靖一带)大姓爨氏统治,故名。……明以后专指罗罗。

永康台胞楼桐孙先生的《永康方言乡音语意诠释》一书中,在"山里乌爨"词条里提到:"就浙江省讲,永康僻处浙东,'永康农'也可说是地道的'山里乌爨(音窜,我们读'铳'音)''乌爨'是古代'蛮爨'的一族,'罗罗'也为'蛮爨'的一种。从乌爨这句话看来,可知永康古代居民曾与'爨蛮'有关,该是如何的落后。"

看来,这个"罗"与"野蛮""不开化"是脱不了干系了。那么,如果称"罗"为另一个同音字"骡",会怎么样呢?

《辞海》第 1383 页载:

"骡,家畜名……公驴与母马所生的种间杂种……耐粗饲、耐劳、抗病力及适应性强,挽力大而能持久,役用价值高于马与驴。寿命亦较长。一般无生殖能力,多作挽、驮用。"

《辞源》第 1886 页载:

"骡兼有马之体力和驴之耐久性……《旧唐书》一四五《吴元济传》:地既少马,而广畜骡,乘之教战,谓之骡子军,尤称勇悍。"

以上是从纵的时间上来考察"罗"的古今义,我们还可以从横的空间上来考察"罗"的比较义。我们发现,"罗"还有"外地版"——湖南版。

2003 年第 8 期《书屋》载蒋祖炬《湖南辣椒与湖南人》一文称:"湖南仁人志士以天下为己任的使命感,在中国各省份中极为突出。明初和清初的两次大规模移民,对湖南人的性格和民风影响甚大。两次大移民,都是由于战乱导致人口锐减,十室九空,大批外地人移入湖南,这种人口的重新组合,使湖南出现新民风。因此,任新福等人在《湖南通史》中认为,新移民的开拓进取精神,汉族和苗族等少数民族的融洽,使湖南人逐渐成了反抗坚忍、敢作敢当、忍耐刻苦、骁勇强悍的气质,常被人称为'骡子''蛮子'。"

根据以上考察,我们是否可以对永康话独特的称谓"罗"的含义达成以下共识:

从字面上看或上世纪70年代以前看,"罗"是一种野蛮、落后、不开化的代名词,绝对含有贬义。至今永康上年纪的人或知识分子中极少使用它,可见一斑。

词义是要变化的,从上世纪70年代开始,"罗"被赋予新的含义:开拓、敢闯、反抗、强悍、耐苦、非"正统"。这与陈亮被人称为"有血性""狂人""粗放"等有一脉相通之处。将"罗"一概斥为贬义已属不当。大多数永康人认同于他相当于"同年哥"一类称呼,不必过于计较其感情色彩。

要以历史的科学的平常的心态看待称谓的产生、演变和消亡,正像由"师傅"变为"老板","小姐"由褒义变为贬义一样,"罗"的语义也不能作一成不变的僵化的理解。

# 永康方言的"洋"文化解读

## 徐天送

这里说的"洋"文化,是指永康方言中的"洋"族词汇的文化信息,如"洋火、洋灰、洋车、洋娃娃"之类。"洋"在现代汉语中是个多义词,但作为语素,在词语中的基本意义是指"外国、外国的"或指"现代的(与'土'相对)"。方言词汇是地域文化的重要载体。永康方言中的"洋"族词汇究竟积淀了哪些文化信息?包含着哪些待解的谜团?笔者谈点自己的一孔之见。

永康方言中的"洋"族词汇,大致可分为三大类:器物(工业产品)类,动植物、农副产品类,人物、观念类。让我们分类来讨论。

### 一、器物(工业产品)类

关于"穿"的,有洋布、洋袜、洋纱等。

关于"用"的,有洋伞、洋火、洋油、洋漆、洋灰(水泥)、洋号(铜管乐器)、洋鼓、洋锁、洋车(特指缝纫机)、洋铁(镀锌铁皮)、洋钉、洋蜡烛、洋铁桶、洋铁、洋房、小洋楼等。

这一类外国进口的产品(也有的是用外国技术、设备、原材料在国内制造的),往往价廉物美,轻巧耐用,与中国的产品相比简直是"不战而胜",迅速在国内(包括永康)普及。当国人提起这些洋产品时,内心涌起的是"不得不佩服"的情绪。还有一些未带洋字的外国产品,如脚踏车(自行车)、火车、汽车、飞机,包括现在家喻户晓的空调、冰箱、彩电、电脑、手机无一不是外国人发明制造,有的是通过引进设备、技术,由国内工厂制造。当有人说,现在中国人除了说话和吃饭还是中国的外,其余所有一切,都"全盘西化"了!人们似乎无言以对。是啊,对照以前"耕地基本靠牛,照明基本靠油,交通基本靠走,通讯基本靠吼,取暖基本靠抖,降温基本靠手(扇),休闲基本靠酒,娱乐基本靠求,治安基本靠狗"的生活,我们应该实事求是的承认,在器物层面,西方文明胜过中华文明。这些"洋"族词汇,出现在永康方言中的时间,估计大致是在清代同治、光绪以后,"词龄"也不过 150 来岁。因为在这期间发生的"洋务运动"以前,中国基本上闭关锁国(汉唐宋除外)。而西方的几次产业革命,最早的一次发生在 18 世纪末到 19 世纪中叶,以新的纺纱机械等技术为特征,比中国的洋务运动早几十年。至于以蒸汽机、转炉炼钢和铁路为中心的第二次产业革命,发生在 19 世纪中叶和 19 世纪末,距今不过一百几十年,以电力、化学工业和内燃机为特征的第三次产业革命,距今只有一百年左右,最近一次以微电子技术、生物工程、宇航工程、海洋工程、互联网以及新材料、新能源为标志的产业革命距今还不到半个世纪。西方在这一百来年科学技术突飞猛进,产业革命令人眼花缭乱,给人类生活带来了翻天覆地的变化。人们对新产品目不暇接,新名词来不及添"洋",就直接用音译或意译拿过来用了。一些"洋族"词汇也渐渐退出永康方言的历史舞台,以至于我们下一代不知某些"洋词"为何物,这不能不归功于近三十年来国家的改革开放,归功于中国开始融入全球化的浪潮。

## 二、动植物、农副产品类

如:洋鸡、洋鸭、洋猪、洋蚂汉(蚯蚓)、洋葱、洋芋、洋番薯、洋生姜、洋索面、洋奶等。

如果说,在"衣""行""用"等方面,西方工业产品让我们刮目相看,甚至产生"崇洋媚外"情绪;那么,它的"食"方面产品却不能让我们"恭维",有些甚至让我们产生了某种厌恶的感觉。为什么?因为这一类产品采用工业化方式生产,虽量高,但质粗、味寡,价虽廉,物不美。"洋"不如"土"。永康市场上"土鸡""土鸡蛋""两头乌""土猪肉"等"土货",价格远远高于同类的"洋货"便是明证。为什么如此聪明的老外,在农副产品上却略逊一筹呢?其原因就在于他们将工业化生产的方法用于农副业。饲料是加添加剂的工业产品,饲养又是工厂化方式的饲养,怎能比得上天然放养,吃绿色饲料的"土货"呢?我们的"土鸡""土猪",虽生长期慢,但"慢工出细活",肉嫩、细、香,营养丰富,品质远远高于洋货。如果在以前温饱未解决的情况下,人民尚不计较"土"与"洋"的话,那么,在如今向小康迈进,开始讲究生活质量之时,中国人对食品开始"崇土蔑外",就不足为怪了。非但如此,在目前对"转基因食品"尚未定论的情况下,人们对"洋食品"还产生了恐惧心理。当然,出于食品安全考虑,也有相当一部人,特别是年轻一代,对某些加工食品依然还存在"崇洋"心理。

## 三、人物、观念类

如洋人、洋鬼子、假洋鬼子、出洋相、洋嬉嬉、洋里洋气、洋气之类。

这一类"洋"族词汇,除了"洋人"属于中性,"洋气"(指穿戴时尚,生活方式西化;亦指女子漂亮、性感、性格开朗)带有褒义外,其余的全部属于贬义。如:

出洋相:指闹笑话,出丑。

洋嬉嬉:形容轻浮、嬉皮笑脸,不稳重,不端庄。

为什么我们的方言中,在器物层面"崇洋",在人物、理念层面却"贬洋"呢?细想起来,原因有三:其一,历史上中国人的"锁国心态"。中国的历代统治阶级提倡"镇止民心,使少私寡欲而不乱",以维持整个社会心理结构的固定和平衡。自成"天下",居世界之"中",认为"非我族类,其心必异"。因此,历史上对外国,外族人称之为"蛮""番""胡""夷"。《老子》曰:"视之不见名曰夷。"《说文》段注则云:"夷,平也。"因此,夷有取消、消灭的意思,如"夷为平地"、"夷九族"。吴大澂将"夷"解释为"古夷字即今之尸字也。古尸字即今之死字也……东夷之民,蹲居无礼仪,别其非中国之人,故尸与人,相夷而不同"(《字说》)。尸当然就是"鬼",后来称洋人为"洋鬼子",称为洋人做事或剪掉辫子,穿戴不合中国传统的人为"假洋鬼子",也就不奇怪了。其二,是近代以来,西方列强对我国的侵略,激起中华民族共愤。(尽管后来有人说是为了做生意)故对洋人无好感。其三,则是中西的文化、文明的冲突,如西方的重个人,中国的重集体;西方的重竞争,中国的重和合;西方的重平等,中国的重等级;以及西方信仰基督教,中国信仰儒、道、释等等。所谓"道不同,不相为谋"。清代张之洞提出"中体西用"更为统治者奉为圭臬,也深深影响了广大民众。

通过以上对永康方言中"洋文化"的辨析,我们可以发现:在"器物"层面,永康人普遍"崇洋";在"食物"层面,永康人大部分

"贬洋",但也有少部分"崇洋",特别是年轻人;在"精神理念"层面,比较复杂,一部分民众"拒洋",而知识阶层大体"崇洋"。而在官商群落中,往往在官能享受方面"崇洋",在利益守护方面"拒洋"。永康方言中的"洋文化"演变史折射出了近代中国社会的发展史和永康人的心态演变史。

106岁的老人周有光,曾对"西化"做过精辟的分析:"西化是五光十色的。建造洋式塔楼而没有十三层和十三号,把希特勒曾经破除的迷信也'化'来了,这是囫囵吞枣的西化。友谊商店不友谊,是名不符实的西化。洋大人处处受到特别优待,不少去处'犬与华人'不得入内,自尊变为自卑,这是堂吉诃德式的西化。在'五七干校'的高粱地里侈谈'身居茅屋,胸怀世界'的国际主义,这是阿Q式的西化。还有瞎子摸象式、皇帝新衣式、州官点灯式、移花接木式等等,格式繁多,恕不细谈。"(《静思录》,人民文学出版社2012年1月版)

对照一下我们永康方言中的"洋文化"和"西化"心态,我们属于什么式?如何建立起理性的、科学的"西化观"?怎样树立起我们本民族、本国、本地的文化自觉和文化自信?怎样才能使我们生于斯长于斯的这方水土,永葆我们身体健康和心理健康?这恐怕是每一个永康人都要面对的问题。回顾一下永康"洋"文化的变迁史,不失为一个有益的借鉴。

# 从永康话看先人之"疤"

## 徐天送

笔者在《永康话中的地域个性》中谈到,永康人具有"自信自立,重视事功,重视交际"等特点,本文想谈谈我们的先人的"缺点"。然而,把先人的"疤"揭出来,是否合时宜?会不会破坏"永康形象",影响永康的经济发展和社会和谐?

前不久,笔者观赏 500 年一遇的"日全食",想起《论语》中的一段话:"君子之过也,如日月之食焉。过也,人皆见之;更也,人皆仰之。"(《论语·子张》。意思是说,有德行的人的过错,像日食和月食。他的过错,人人都看得到;改正了,大家都敬仰他。)可见古人是非常赞成指出缺点错误并努力改正它的。但是我国封建社会又有很强的"为尊者讳"的传统,认为对祖宗和有地位的人,不能揭短,要为他们避讳、隐瞒。我们的官修史书就很少暴露统治者的罪行,现在民间流行的族谱、村志,也鲜见污点、丑事的记载。用永康话说,就是"自己的屁股不能掀开让别人看"。然而,"疤"是客观存在的,即使像阿 Q 那样忌讳"光""亮",也难以遮掩。

事实上,邓小平对毛泽东"三七开"的评价,党的关于若干历史问题的"决议"(其中有许多对毛泽东的批评),并没有影响"中国形象",也没有阻碍中国的经济发展和社会进步,台湾的柏杨、李敖对中国国民性的批评,日本高桥敷写了《丑陋的日本人》、美国人威廉·莱德金和尤金·伯迪克写了《丑陋的美国人》(中文译名

《困惑的外交官》)都没有对当地造成反面的消极效果。鲁迅先生说："多有不自满的人的民族，永远前进，永远有希望。多有只知责人不知反省的人的民族，祸哉，祸哉。"我们要建设文明永康，提升自身的人格品位，就不能不正视我们的先人之"疤"。

从笔者目前搜集的永康话看，我们的先人至少有这样两个"疤"：

其一，诚信度不高之"疤"。我们的一些先人，似乎精明有余，厚道不足。

例如，反映在"商业行为"上，有这样一些永康话：

滑头滑脑做生意，呆头呆脑背簌箕。

种田靠天，生意靠骗。

牛皮勿吹，铜钱勿归。

方岩货，还对半。（指买方岩的商品，还价可砍掉一半）

熟地好搭言，生地好赚钱。（为什么"生地好赚钱"？因为信息不对称，"生地"不知道货物或做工的价格底线，便于开高价；"生地"也不清楚此人的"诚信记录"，缺乏应有的警惕和防范。当然，也不排除"生地"对此种货物或手艺的稀缺性）

这些话，确实反映了当时生意场上的一些现实，但如果以偏概全，将商业行为总结为纯粹是一种欺诈行为，将欺骗作为经商的主要手段，并将其作为一种成功的"经验"传于后人，那就大错特错了。永康历史上出现过著名的诗人、作家、官员和著名工匠，但没听说出过大商人，是否与此有关？不得而知。但有一点可以肯定的，即缺乏诚信的商人是难以持久，难以走遍天下的。还有一些永康话，是反映手艺人偷工减料，干活不讲质量的。如：

泥水懒，漆糊涂。（意思是说泥水匠、油漆工是不需要精雕细刻、勤奋工作的，糊弄一下，别人也看不出来）

裁缝勿偷布，内家冇布裤。（意思是说裁缝师傅是会私自截留

主人的布料的,要不然,他老婆就没裤子穿了)

吃铜。(打铜或做其他手艺的人私扣主人的金属原材料)

在经商、做工上缺乏诚信,在金融信贷、货币往来方面彼此就更难互相信任,以致出现:

剀(读 gěi,即"站")着放账,跪着讨账。

勿借由你,借了由我。

一千勿如八百现,八百勿如六百亲手递。(指一千元的账面收入不如八百元的现金,八百元的现金由他人转交不如当面六百元现金亲自给予)

呆归勿呆出。(意思是说,收取别人的钱物,会傻乎乎地多收;付给别人的钱物,决不会傻乎乎地多付)

这些话暴露了赖账的无耻和讨账的艰难,揭露了在金融信贷方面缺乏诚信的危害。

如果说,上述缺乏诚信的行为是明显的,大家都觉察得到,那么,还有一种行为是隐蔽的,大家习以为常而很少觉察到的,这就是在祭祀时表现出来的"不诚"——"做羹饭,买爷意——应付"。

"做羹饭",本是一种纪念祖先的祭祀活动,按理说,心应是诚的。然而在一些人看来只是一种骗骗先人的虚假仪式。只是为了"买爷意"——讨好一下墓里的人。后来居然作为一种典型的应付行为积淀下来,成为一句歇后语。

也许,我们的先人存在这样的"疤",与当时的大环境有关。100 多年前,美国传教士亚瑟·亨·史密斯在《中国人气质》中写道:"一位很有心计的人,写过一篇很有意思的论文,认为两个中国人做普通生意,就是一个成功地欺骗了另一个……让孩子去做买卖,等于把他毁了。假秤、假尺、假钱和假货——这些现象在中国是难以避免的。甚至有名的大字号,向公众公布这样的告示:'货真价实''绝无二价',而实质上是表里不一,名不符实。"对于这个先人之"疤",我们的先人并非听之任之,而是一直进行劝勉、斗争。例如:

做官凭印,做侬凭信。

勿怕人不敬,只怕自不正。

前半夜替自己想想,后半夜替别侬想想。

小侬勿哄,老侬勿欺。

上下三处是根秤,邻舍八家是面镜。

家中有黄金,路上有平秤。

骗侬一遍,害侬一世。

勿贪财,祸勿来。

所以,外地的朋友也不要误读,永康的先人是"乌鸦一般黑",永康的今人都遗传了先人之"疤"的基因,缺乏诚信。事实上,即使是先前所提的那些永康话,也包含有揭露、针砭的因素。现在我们永康能走向世界,世界也正走向永康,正是绝大多数永康企业和企业家诚信经营的结果。

其二,同情心缺失之"疤"。

从现代平等的、人权的观念看,残疾人、妇女、儿童、弱势群体均是需要我们格外尊重的。演讲中"女士们"放在前,事故报道中特别指出妇女与小孩都体现了这一理念。然而,在永康话中,却存在不少嘲笑、讽刺他们的话,这不能不折射出我们的一部分先人的同情心的缺失。

例如,嘲笑残疾人的:

缺唇讲瓮鼻——差不多

缺唇咬箸——正好

黄胖舂年糕——吃力不讨好

癞头和尚——做不得主

癞头想青梦——奢望

癞头钻刺窠——自讨苦吃

癞头巴勿舍——正中意愿

哑口咬苦瓜——有苦讲勿出

哑口学嘴——讲勿清

盲眼穿针——盲目从事

盲眼摸溪滩——难辨方向

驼背讲直话——直言不讳

驼背落棺材——两头翘(摆勿平)

天下三个恶:独眼、跷脚、癞头壳

嘲笑弱势群体的:

讨饭侬想脂油饭——勿自量

讨饭侬争阶沿——空争

讨饭懒得弯——该饿

歧视妇女的:

囡是半天雪,落着牛屙也该歇。

三个内家侬抵棒鸭(嘲笑妇女在一起多嘴)

嫁鸡随鸡,嫁狗随狗,嫁个猫狸绕山走

老婆旋——摸勿出窠

老旦插花——硬扮

其实,我们中国古代的思想家早就劝告人们要有同情心。孟子就说:"无恻隐之心,非人也;无羞恶之心,非人也;无辞让之心,非人也;无是非之心,非人也。"(意思是说,没有同情心的,不是人;没有羞耻心的,不是人,没有谦让心的,不是人,没有是非之分的,不是人)孔子也是以人为本的,一次马车出事故,孔子问:"伤人乎？"不问马。

然而，我们的先人为什么保留着那么多缺乏同情心的话呢？是否他们都存在着某种"集体无意识"呢？据百度网介绍："所谓'集体无意识'，就是一种代代相传的无数同类经验在某一种族全体成员心理上的沉淀物，而之所以能代代相传，正因为有着相应的社会结构作为这种集体无意识的支柱。"我们不妨以祥林嫂为例。祥林嫂在鲁镇的遭遇，是鲁镇集体无意识的表现。鲁镇的老百姓为什么对祥林嫂这个"弱者"这么缺乏同情心，她临死的时候，居然讨不到一粒米？

原因就在于当时的社会舆论：祥林嫂"克"夫"克"子，"不干不净"。祥林嫂嫁过两次，两个丈夫都死了，儿子也被狼吃了，这一切都是祥林嫂"克"夫的命所决定的。这么一个"扫帚星"似的女人，人们避之唯恐不及，谁还敢同情呢？

对比永康先人的缺乏同情心，恐怕也有这个因素——封建迷信的"因果论"。我们小时候，听大人们说，那些残疾的人都是因为前世没有"修功"，而得此报应的。他们现在这个样子，是"罪有应得"。从此，我们幼小的心灵中就这样种下了"不同情"或"少同情"的种子，以至听到这些嘲笑、歧视残疾人的话，见怪不怪，反而觉得好笑。当然，我们也听到过一些关于"积德""修功"的劝告，但相比之下，不及前者"强势"，所以缺乏同情心的心理就慢慢"沉淀"下来。要改变这种心态，继续靠"因果论"是不行的，主要需从制度层面、机构层面、法治层面来解决，例如《救济法》《城建法》的制订，社保制度的实施，"人权""平等""公民"等现代理念的传播、深入，人民生活水平和国家财富水平的提升（如人行道上的盲人道、公共厕所里的残疾人扶手）等。但是，对这种集体无意识的"唤醒"，对先人之"疤"的反省，也是一件不可小看的措施。在这方面，党政干部和公务员要起带头作用。如果他们本身缺乏"平等"意识、"服务"意识、"执政为民"意识，动不动就"你知道我是谁吗？看我怎么收拾你！""为党说话还是为百姓说话？"那么，不要说社会要和谐很难，就是多点"同情心"也很难。

有人针对"含金量"提出了一种新概念——"含人量"。这主要针对有的人"物化""异化""人味"减少而言。衡量"含人量"多少的一个重要标准，就是"同情心"。所谓"以人为本"，就是对人要讲"人道"，讲"人权"，讲"同情心"。科学发展观是"以人为本"的，那么，学习和践行科学发展观，可否从呼唤"同情心"开始？

# 漫谈永康熟语的艺术魅力

吕七成

## 以艺术手段营造、强化艺术魅力

这里所说的艺术手段，仅指"比喻""比拟""夸张""警策""谐音""对偶"等积极的修辞方法。永康侬以这些艺术手段，从不同的角度，在不同的方位，塑造着永康熟语的形象和神韵，强化了美感和力量。

比如，说人空假话多，用了一个极限夸张的"千句一"。千分之一哪！说一千句只一句实，说一万句才十句真，此人只怕比"驮伯嚭"还"驮伯嚭"，比"扯口得"更"扯口得"吧？又如形容场地狭窄，用了一个极度夸张的比喻："鸡尻端孔"(尻，kāo；尻端，屁股)。小小一个鸡屁眼，几分几厘？那"地方"之小绝不只是"真小"二字了得的。"鸡屁眼"，简直是小得奇怪，小得惊人，小得可怜，似乎还真个是小得可笑！假如有人说他出生的那个小山村"鸡尻端孔赫点驮"，你不觉得有趣？又如"铜钱赶铜钱堆"，用的是比拟修辞格，把静物动化，把"死钱"活化；那个"富者易更富，穷人(无资本)想富难"的抽象道理，也就形象化、具体化了。这枯燥的东西不就生趣勃然了？又如"茶也有到(借音，指"点、滴")呷呷"，用了个"借化格"，以小气到不肯以滴茶点水招待人这一"细节形象"代替了"慢待"亲友的整个内容。简洁又深刻，比絮絮叨叨一大堆的如何如何"勿客气""勿至诚"可凝练动人多了。又如"背日头孔"，用的是借代格和移觉格，以在烈日下耕作的某个单一状态代替整个繁重辛苦的劳动，且把不可触摸的阳光"移"成了可扛可背的东西(沟通了感觉)。区区四个字，表达了怎样的一个意境？烈日下的那农夫，背的岂止千斤万斤，背的是一个"驮日头"呵！又如"三日勿洗面，牛赫健"(赫，像……一样。健，力大。)用的是"幽默"手法(修辞学家张弓把它归入表达类修辞格)，打了个"哈哈"，轻轻"讽"了人家一下，既达到了目的，又轻松了气氛，好不潇洒。又如"懒出虫"，"懒"怎么会生虫子？原来是"谐"了一下音，"烂"被谐成了"懒"，却让"懒"倒尽了霉——出虫了，是肉烂了？还是心烂了？真有点叫人寒了心！赌场上把连局大赢叫"猪头疯"，就是以"疯"谐"丰"。这一"谐"，不仅增加了情趣，而且也因含蓄而增加了语言力量。又如"六月勿晒背，十二月要悔"，是"双关"还是"含蓄"？此语一般理解为大热天有好日头，不好好晒晒，到十二月阴雨绵绵，你想晒也来不及。(我以为这是浅层理解)但也有人认为这是劝告人们五黄六月别怕热怕苦，好好干了，丰收了，十二月过年日子就好过了，不用"悔不当初"了。(我以为这才是沉下去的理解。含蓄就是力量，艾青说，含蓄是子弹在枪膛里的沉默！)佳词妙语真是耐人寻味。

从以上区区所举，已经可以领略到我们的先人是怎样以丰富的语言机智地赋予永康熟语足够的艺术魅力了。但是，应该说，和"比喻"与"警策"比起来，无论是容量还是力量，以上各类都还是显得单薄的。

在永康熟语中，"比喻"和"警策"的存在，不说铺天盖地，也可算漫山遍野吧！只要你略为梳理一下就会发现,歇后语和谚语占了整个熟语的大部分(比如徐天送、林克成先生在他们的《品味永康话》一文中就收了谚语1700余条,歇后语近600条),而歇后语,一句句都离不开比喻(其"歇前"部分即"谜面"就叫"譬"或"比"),谚语则大多为"警句"。可见,"比喻"和"警策"在永康熟语中的地位与作用非同寻常。

先说说比喻吧。

古希腊哲学家亚里士多德说:比喻是天才的标志(《诗学》)。我国著名学者钱钟书说：比喻正是文学语言的根本 (《旧文四篇》)。看来,我们的先人决非仅仅是"地才"(种田地和做手艺的里手),因为他们在自己的语言中牢牢抓住了"比喻"这个根本,创造了那么多含意精切、形象动人的熟语。

数量众多的歇后语之"譬",确实多为天才的比喻。比如,"一口井水食到脚(底,最后)——从一而终",那女人对丈夫的始终如一的忠贞简直被那"井水"圣洁化了!(此语现在自然不止比喻女人的忠贞了,比如也说坚持在一个单位工作一生之类)"两八调两六——差勿多",两"钱"之差,没多少赚折(shé;亏本)输赢,平平淡淡一比喻,却语意深刻形象动人,极能服人服心。"三斤猫狸拖四斤鸡——着累",土话一句,其形象多么鲜明,其喻理又是多么准确,好不精彩!"羊脚蹄试汤——得寸则进尺",杀羊煺毛,要把整羊浸汤热泡一下。汤"驮"(烫)了不行,小(凉)了也不成,所以,那"屠行"必要先以"脚蹄"试汤来断定"汤候"而后行事。如此平凡的俗情,我们的先人却把它提炼成了天才的比喻,似含蓄又透彻,比得简直有点"精辟"!

…………

比喻自然不仅仅作用于歇后语。对其他熟语,它也起着巨大的塑造修饰作用。因为永康熟语的浩繁,我们不能方方面面一一列举。这里,只想以几个甚至称不上谚语的常用定型俗语为例,再看看比喻在永康熟语中的普遍的天才表现。

"牷(jie)猪",阉割雌猪。这是一件难办的事:一是那"猪娘花头"不易找,二是那半大"猪娘"挣扎起来让"牷猪"者更加难为其事。永康话中常在"牷猪"之后加一个"赫"字,组成一个固定俗语,表示像猪一样,以其比喻一类具体的棘手繁难的事情或行为。比如:这小鬼还一点未识(不懂事),替他换身衣裳真是"牷猪赫"着累。"换衣裳"竟以阉割母猪来作比,把那个"繁难"比得真是有点"登峰造极"了。类似的还有一个"剥牛赫",与"牷猪赫"相比,也难也烦。只是更侧重于费力罢了。

"稻秆纱帽",永康话把对人奉承吹捧叫作"戴稻秆纱帽"。真是比喻也是土生土长的,那"稻秆"金黄闪亮却只是自己田里种出来的收获后留下的一把干草,既土又贱,便宜得几乎一文不值。它编织的"官帽子"是什么东西?可想而知。用它来比方奉承话,比得多好!这一比把那谄媚之言外表的堂皇艳丽和本质的"俗、轻、贱、鄙"一股脑儿全比出来了。我以为,普通话里的"戴高帽子"之比与我们这个"戴稻秆纱帽"之比真是不可相提并论。

把那些贪婪成性、爱钱如命者比作"铜钱老虎";把那些巴着母亲寸步不离或者老是缠着姑娘一刻不放的后生之类比作甩也甩不掉的"粘脚鸡齷(屎)";把那些甚矮者比作"火炮头"(就我们的感受说,这一比甚至略胜了《水浒传》中以"三寸丁谷树皮"比武大。"火炮头",原指那种叫"两踢脚"的爆竹爆后留下的断头短段);把会落地乱跳的黄豆叫"豆猢狲";把只读书吃饭而不参加体力劳作的读书侬叫"蛀米虫"(饱含种田地侬对文化的排斥性?);把"乱性"的女人叫"黄瓜篮";等等。那些生活中原本呆板平常的物事,一经比喻,全让人觉得生龙活虎光彩夺目起来。

举例到此为止吧。我想,仅此也已足见比喻的天才力量对永康熟语的丰羽戴翅功能了。

再简单地说一下"警策"。

前面已提及:永康熟语中的谚语,大多为警策语(警句)。反过来说,警策修辞格的积极运用,就是这些谚语气韵非凡、魅力洋溢的关键和根本。比如"上床夫妻,落地君子",八个字,貌似平淡的叙事,实则含意深长。主旨似在提醒夫妻们要"规矩"行事,当时,你能说它不蕴含着封建礼教的大背景?如果我们仅仅把它理解为一幅活画旧时代夫妻性生活的简图,就把好端端一个警句肤浅化了。又如"眂(没)爷娘家教",这是一句批评人(甚至骂人)的俗语,也是一句不能随便使用的俚谚。因为,它的语言效果是十分强烈的,被如此指斥者,不仅自身丢尽面子,而且连父母尊严、家道门风全被一下子否定了。真乃语简言奇,其讽诫意义尽在言外矣。又如"心头气勿灵清"。这个谚语,倘若实指人的脑子糊涂,并非是警策语,例如人于弥留之际"心头气勿灵清"了,仅指其人已失去正常的思维能力,的确不见警醒意义。但是,永康依用它,绝大多数是指其人对某人某事心存不切实际的幻想,犯的是政治、道德、思想、生活、事业、交际等方面的糊涂。劝人别"心头气勿灵清"了,就是提醒他警告他别幼稚了别犯糊涂了。又如"硬树有硬虫钻(蛀食)"。这个谚语是以比喻的形式出现的,有点像歇后语,它的本体应该是:你硬你坏你威风,但是,还有比你更硬更坏更威风的来治你。一般的平头百姓是很喜欢它的,也许是没权没势者可以从此得到一点安慰吧!当然,这里的警策语的光辉肯定是不能无视的。

以上,我们选择了几个警策意义较隐蔽的永康谚语为例,来说明警策修辞格在永康熟语中的积极作用。至于那些警策意义明显的俗语俚谚,比如"海水难量,侬心难托""浪一浪,扣(去)一丈""慢鸟先飞"等等,尤其是那些"农谚""气候谚语"之类,警策成功带给它们的无穷魅力是显而易见的,这里就不再啰唆了。

# 音韵锵然心鸟鸣

永康熟语能一贯地得宠于永康大众,除以上所说的(当然还有未说及的)各类光华闪耀的特征外,有较强的音韵感和节奏感恐怕也是一个不可或缺的因素吧!说起来朗朗上口,听起来音韵锵然,不光"悦耳",更重要的是"悦心"。让心感到舒适,感到柔和和甜美,心鸟则和鸣矣。这自然也是一种强化魅力的特殊艺术手段。

比如"天勿管,地勿管,起个五更捧驮碗""食官饭,打官鼓;鼓打破,有侬补""小侬取气眼前,驮侬取气三年""小侬唱过年,驮侬唱种田""田要近种,囡要远送""食过端午粽、棉衣远远送""霜风猎猎响,萝卜夜夜长""萝卜青菜,各侬各爱""黄胖双(舂)年糕,着累勿讨好""长长水,浅浅流""聋耳朵,好对课"等等,真乃声韵铿锵,加之酷似对仗(有的实可作"宽对"),说起来简直像背诗句念对子,其节奏美感让心的涟漪紧随着生活的波浪荡漾。这不能不说是语言韵律与节奏的优良效果。

其实,即使语言结构上的节奏形式不像以上所举一类那么明显,音韵感也确实不是那么强烈的许多永康熟语,细细体味起来,其节奏音律的跳动还是颇为活跃的。

比如,"讨个媳妇扣(丢)个团""砂糖口嘴剃刀心""对面人情难推却""饱汉勿知饿汉饥""麦磨爿呈(jīn)灯笼壳""人情薄如纸"

"好言勿如直""口舌有骨头""锅破勿管漏""拣日勿如撞日""自解自宽""觑(qǔ)䭴八鼾""横盘竖硌""疏(sā)疏朗朗""密密缕缕"等等，面对它们，你仍会感到语言脉搏在连连跳动，你仍能感受到那音乐一样的韵味。这就是我们心的颤动与语言魅力的共鸣。

事实上，那些以甜美的音韵和活泼的节奏为突出特征的永康熟语对永康依的吸引与熏陶，是从他们的婴幼时代就开始的，我们不妨看下面一组儿歌式的"婴幼熟语"。

当母亲奶奶们让婴孩模仿拱手相拜的动作时就会念："请，请，外公外婆烤麦饼；拜，拜，外公外婆卖豆借(拜，音近 biè。借，荐)。"当母亲奶奶们让婴孩摇摆晃动时就会念："摇依摇，打(摘)葡萄，葡萄老妈有柴烧，阿爷胡须割落当松毛。"当母亲奶奶们把婴孩背在背上时就会念："背背背，买青菜，青菜萝卜买个来。"当母亲奶奶们一人一边拽着孩子学步时就会念："秧程程(jǐn jín)，过太平；秧程秧，过永康。"当孩子骑着什么的时候就会念："郎仓郎仓，骑马上学堂。"当喂孩子吃热食需略为催凉时就会念："东凉西凉，宝宝(常念孩名)食长长。"当给女婴梳头时就会念："梳头光光，鸡子一双；梳头了了，鸡子一木勺。"当与婴孩一同看飞鸟时就会念："鸟(音吊)，飞郎(这里)来，哈(给)你趋(蒸)糕趋杨梅(馃)。"当孩子大哭时，就会念："䭴老猫(máo)，跳过桥(jiáo)。"当孩子哭哭笑笑时就会念："一记嘤，一记笑，猫狸街狗上镬灶"……这些俗语，就像"领侬娘"们的育儿伴奏，充实着她们的生活。由于音韵与节奏的需要，它们出口时的变调是很厉害的。比如"背背背，买青菜，青菜萝卜买个来"一句，"背背背"就会念成"béi běi bēi"，"买青菜"就应念成"mè qǐn cēi"，且各句末字拖音均甚长。

这些固定的惯用俗语，并非什么格言警谚，婴孩们也大多听不懂意思。它们的作用大约比如今的"胎教"略高一筹吧！不过，婴孩们对音韵与节奏的感受一定是十分真切的,甚至是让他们一生受益的终身"深刻"。

当然,因为它们句子较长,字数较多,你把它当作儿歌看似乎也不无道理。尤其是像下面这种,当母亲奶奶们让婴孩模仿推磨的动作时就会念(还是说"唱"好,她们念这些"伴奏"时多如唱山歌):"叽沟,磨麦;点灯(也有说"杀鸡"的),请客。客勿来,我自活(爬)上扣(去)陪,鸡头鹅头省归来"。或念:"叽沟喔(去声),磨糖蕨(去声);糖蕨水,浆板壁(bè),板壁开朵花,姐姐卖黄瓜;黄瓜几点(多少)一斤?尽你择,尽你称……姆(你)个细囡生赫(怎么这样)筋!"

这大约真是儿歌了。但是,讨论它不是本文的任务,打住吧。

永康熟语不仅个性鲜明,风姿卓立,而且五彩缤纷,各呈风韵。如果说它们过去和现在像阳光一样照亮了永康侬的生活,那么,将来(能否说永远?)它仍然会像过去和现在一样,以其灿烂的光芒照耀着永康侬的生活。因为,阳光是永远的阳光,语言的魅力是永存的。

# 永康话语汇的前世今生

**胡惠省**

永康话语汇跟其他方言一样，其词音义身世与现状是可考的。笔者曾在《从"驮头天话"说开去》(见 2012 年 11 月 7 日《永康日报》第 14 版)一文中，就此谈了三点意见：第一，永康话是现代的古老话，许多不能在现代汉语里找到的字眼，可以在古汉语里找到；第二，永康话是生活化的农耕话，一些看似冷僻难写的词语，其实包含在原始的生产劳动和生活方式中；第三，永康话是充满着"生死情结"的哲理话，不少"桀角"得难以理会的俗语，可以从关于生死的社会意识话语中找到恰当的表述。

其一，永康话是一种烙印着"生殖崇拜"和"性色文化"的庄严话和调笑话；其二，永康话简直是生活中活脱脱口语的录音带。

以下，笔者把经过多年搜集、整理、考证的永康话语汇，分别从语音和语义两方面做必要的解释和简要的阐释，且把它作为永康话这座方言大厦的砖石抛出，以引来操共声同韵的乡友们的美玉。如果能让只闻其声、不知其形的永康话还原为可说可读、可闻可书的方言语，那岂不是一件大幸事！[(1)本文涉及的注音标调，凡是按普通话四个声调不能标出的，除有特殊说明外，一律标成"∧"；(2)标单引号的字，表示暂时打不出，用分体字合成代替；(3)普音为普通话读音，土音土义各为永康话音和义。]

## 一、农具家什类

[木勺罾 cèng]像木勺一样的罾,就是鱼兜。罾,普音 zēng,土音 cèng。捞鱼的兜子。木勺,就是木制的水勺,现在多被塑料水勺所取代。

[柱礩 zi]木柱下的垫石。土木结构的传统房屋有这个构件。礩,普音从反切 zhi,土音 zi。《说文》释义,柱下石也。故不能写成"柱子"。

[芟 sá 剑]镰刀。芟,普音 shān,土音 sá。笔者拙文《从"驮头天话"说开去》的"杀剑"有误。因为杀,针对动物;芟,针对植物。

[硬挎 guǎ 箩]一种装有固定挎柄的小竹箩。挎,普音 kuā,土音读白 guǎ。写成"硬挂箩"不取。

[石硪 ŋó]硪,普音 wò,土音 ŋó,夯实地基用的一种工具。农耕文明中筑坝、修路和建房都需要它。石硪,就是在一块一定厚度的立方石的四个角上,穿上四条绳子,由四个人协调一起——先抬起后砸下,从而达到砸实土质地基的目的。

[尿 xī 沏 qiè]施肥用的农具。沏,普音 qī,土音 qiè 或 qì。沏,比喻取用,因为拿尿沏施肥的动作与用茶壶沏茶的动作相似。

[地簟 diě]一种晾晒谷物用的大型粗篾席子。簟,普音 diàn,土音 diě。

[镴 là 沏]镴做的茶壶。镴,锡和铅的合金。永康民间镴沏,其实不是镴制的,而是纯锡制作的,因为铅是有毒的,不宜制作饮具。

[吊蹦枷 jūa]旋转拍打五谷穗子使脱粒的一种农具。《古汉语词典》注:连枷,打谷脱粒的一种农具。枷,普音 jiā,土音 jūa,声调

难标。也可写成"跳蹦枷"。

[镬铲 qiàng]铜质或者钢铁质的饭勺,大小不等,用于炒菜或盛饭。镬,普音 huò,土音 wǒ,就是锅。铲,土音读白为 qiàng,铲的动作相似于使用饭勺的动作,所以用铲表勺。

## 二、动作行为类

[拤 kuà]捉,拿,捕。例如:拤鱼。拤侬。杀人犯拤来枪毙。普音 qiá,土音 kuà。《现代汉语词典》注,用两手掐住。

[攫 jüá]用手提东西。普音从反切 jué,音矍,土音 jüá。《中华大字典》释义,《韵会》引《说文》"爪持也",本从鸟类之爪,后引申到"人手"。

有人认为本动词应写"撤",因为《说文》注,"手有所把也"。殊不知《中华大字典》作了勘误:"《段注说文》'以手有所杷也'。杷,各本误把,今正。杷,本训收麦器,引申之"用手捊聚亦曰杷"。通俗文曰:"手杷曰掊,手把曰攫。此杷与把之别也。"这里的"用手捊聚"千真万确不是"用手提东西"的意思,因此,本动词还是写"攫"为妥。

[拽 yě] 移动,拖动。例如 "渠张台桌拽过点"。普音有 yè、zhuāi、zhuài 三个读音,土音 yě。《集韵》注"羊列切,拖也"。又《正韵》注"延结切,曳入声,拖也"。

[垝 lêi]墙倒塌。普音从反切 duì。《康熙字典》释,墙堕也。例如"坏墙'土兑'去了"。坏,古音 hū,土音 huǒ,《康熙字典》注,垣也。墙壁的意思。写成"火墙"不取。

[搛 jiě]普音 jiān,土音 jiě,例如:搛菜。《辞海》注"夹持,用筷夹菜为搛"。

[捵 tiē]普音 tiǎn，土音 tiē。例如：佢 gú 只箱捵过来。把他捵来打老 K。《集韵》注"他典切，音腆，手伸物也"。就是拖、拉的意思。

[隑 gêi]斜靠，动词。例如：梯子隑 gêi 在墙上。新墙不隑秤（谚语）。普音 qǐ，古音 gāi，土音 gêi。《扬子方言》《广韵》释义：隑，陭也；企立也。

[詶 xuê]普音 xù，土音 xuê。古义有"恫吓"义项，土义引申为"训斥"是否可行？求榷。例如：詶娘卖屁。詶过渠。

[谖 xuê]普音 xuān，土音 xuê。古义欺诈、欺骗，土义沿用下来，例如：让他谖去了。水鬼都被谖上燥滩来。

[趐 xuê 冾去]走哪里去。趐，普音 xué，土音 xuê。《现代汉语词典》释义，来回走，中途折回。冾 qià：哪里的意思，是"岂兒"的合音兼词，也就是用第一个字的声母和第二个字的韵母组成一个读音，这其实是反切注音。


三、生产生活类


[燂 suá 珏珏蒲]煮玉米棒。燂，普音从反切 shán，土音 suá。义从《说文解字》注，炊也。珏，普音土音都念 jué；造词思路跟普通话的"玉米"一样，作为珏的基本义——"合在一起的两块玉"，古今沿用。说到底，就是因为"珏珏、玉米"跟黄色的玉，在色彩和形态上有相似点，所以通过比喻给这种农作物取上名。

[烀 wú 番薯]煮番薯。烀，普音 hū，土音 wú。《现代汉语词典》释义，用少量的水，盖紧锅盖，加热，半蒸半煮，把食物弄熟。可写成'焐'。

[搦 niǒ 麦面]和面。搦，普音难注，因为《普通话拼音方案》里没有这个音节的音素。土音读如 niǒ。《集韵》注，女六切，音忸，搁

搦不伸也。"搐忸不伸"简直就是"和面的动作"。

[半饧 xǐng 沑]饧,普音 xíng,土音 xǐng。《现代汉语词典》释义,糖块、面剂子等变软。沑,普音从反切 niǔ,土音 niù。《集韵》释义,温也。这些含义跟土义很接近,指一些加工晒干的食品,还没有全干,或者储存不当受潮变软,例如,萝卜钱还半饧沑,没晒燥。

[照模 mǔ 子]按照分寸做(某事)。模,普音 mú,土音 mǔ。模子,现代工业中广泛应用的一种冲压工具。古代也有类似的模子,譬如清明餜模子,民间俗称清明餜印,木制的。

[咋 zā 头顿 dé 脑]点头哈腰或者嗜睡的样子。咋,普音 zhā,土音 zā。《中华大字典》释义,啖也,啮(咬的意思)也;由"咬"引申为"禽类啄食",再由"禽类啄食"引申为"人点头的样子"。顿,普音 dùn,方音 dé。义从古"以头叩地"派生而来。

[下巴洒]吃剩的食物,比喻抄袭别人的言论或见解。洒,不写成撒,因为撒带有主动性,而洒没有主动性的意味倾向。吃东西漏掉了食物,符合非主动性的表意情态。

[亲家姆 ḿ]亲家母。姆,普音有两读音:mǔ 和 ḿ。姆 ḿ,就从生活里的口语中来。

[熇 hè]普音土音都念 hè。《古汉语词典》:①火热,炽盛;②烧,如"熇焚"。土义引申作蒸,例如:放饭馒头熇一下。

[汪溏](1)鸡蛋没有完全煮熟,蛋清不硬,蛋黄呈半流质状。(2)比喻用不软不硬的话作讽刺挖苦。例如:汪汪溏溏的话,听了真戳心。


四、品行情态类

[三轱五辘]轱辘,就是车轮,土语叫轱轮,也叫轮盘。古代车

制,有一轮、二轮和四轮的,就是没有三轮、五轮的;三轮的比二轮车多出一轮,五轮的比四轮车多出一轮,犹如十三点,意味着二百五、棍头榨、大 duǒ 小棍 gǔn 等。如果写成"三个五陆",以上贬义意味无法蕴含。

[半肫 jūng'齿来'zài]肫,普音 zhūn,土音 jūn。《现代汉语词典》释义,鸟类的胃。"齿来",普音从反切 dǎi,土音 zài 或 zi;义从《中华大字典》,引《广韵释诂》,吃也。在中国几千年来一直把温饱放在社会生活首位的历史背景中,一旦可以放开肚皮吃饭,有人假如只吃个半饱,被斥为"傻瓜、不精灵",那是最顺理成章的事。跟"半傻肫'齿来'"的意义差不多,也许存在着程度上的差别。动词"齿来",一般情况下是贬义的用法。例如:倒"齿来"。"齿来"不肯歇。

[半刹两结](1)半途而废,干两下就作结,比喻为人做事没正形。刹,刹车,比喻中途停下;结,作结。(2)不上不下,中不溜秋。例如:诶,半刹两结,上不去落不来。

[嚷 niáng 犟 qiāng]语气呛口、态度蛮横的样子。嚷,普音 rǎng,土音读白为 niáng。犟,普音 jiàng,土音从古音 qiāng。因此不写成"娘腔、娘犟"。

[嫹妩]漂亮,妩媚。嫹,《字汇》注"莫交切,音茅,美好貌";普音从古念 máo,土音俗读为 wáng。也可以写成"璊妩",而不写成"潢妩"。因为璊字似乎蕴含天生丽质的情味——玉石是天生的,而潢,侧重于人为的装饰性。写成"王伍"更不取。

[倒屩蛮 mǎi]害羞,不好意思。蛮,土音 mǎi,用法跟普通话的"很"相同。

[卯踅 xuê]卯,木匠术语叫卯眼,永康话叫窟窿,跟榫头相对。踅,普音 xué,土音 xuê。原意是来回地走,这里指滑动的意思。卯眼

安装上榫头却闹闹动,形容木匠手艺不精,做工不利,泛指办事不成。不写成"冒术"。

[冇 nèi 术]缺乏技术,做事不成。冇,普音 mǎo,从粤语引入普通话音系,土音 nèi;都是没有的意思。例如:真的冇术,哼点毛病修弗转去。

[横蛮 māi]为人不厚道,蛮横不讲道理。蛮,普音 mán,土音读白为 māi。词义"野蛮无理"古今通用。

[泼 pái 蛮 mái]跟横蛮义近,程度比横蛮高;通常用于内家侬,例如:泼蛮婆。泼,普音 pō,土音读白为 pái。词义"泼辣、泼皮"古今通用。另有"泼蛮叽哝"佐证。

## 五、动作行为类

[园 kàng]东西藏起来。普音土音都念 kàng。例如:点东西园岂儿都忘记了。钞票园好,别让人偷了。园,《集韵》注,音亢,藏也。

[幽牢]躲藏,藏得深。普音土音同念 yōu。例如:我们来做幽牢的游戏吧。幽牢点,别让他寻着。《说文》释义,幽,隐也。

[匽 yé 牢]躲藏得深。普音从反切 yǎn,土音 yé。例如:匽牢,不让他看到。匽冷 qià 也不晓得的。《说文》注,匽也,从匸 xǐ,妟声。《广韵》释义,隐也。

[挼 luǒ]揉。普音据《古代汉语词典》念 ruó,土音 luǒ。例如:摔疼了挼挼哉 sei。不哭不哭,妈妈挼挼。挼,《集韵》《韵会》《正韵》释义,手摩也。

[搜 māi 线]拉,拉线。普音从反切 mán,土音 māi。例如,电线搜过来。搜根绳晒衣裳。搜,《集韵》释义,引也。土义"拉"沿用了古义"引"。也可写成"绷"māi,张开、对拉的意思。

[惓 juán 侬] ①使人心里不安的样子；②让人忍俊不禁的样子。惓，普音 juàn 或 quán（据反切），土音 juán。例如：心里惓惓侬。啧啧啧，真惓侬哟。《玉篇》释义，惓，闷也，与"倦"通。也可写成"倦侬"，《玉篇》注，之爽切，不悦也。

[迂 wà]走过，越过。普音 wàng，土音 wà。例如：从佢 gú 兑迂过去。坛 da 迂不过去。《古汉语词典》释义，往。佢，普音 qú，从广东话引入，音义跟第三人称的"渠"相同，假如《永康话词典》最终定稿，"渠"就是"他（她、它）"的用字，那么，"佢"字是否可以借用为永康话的近指代词 gú（股）的用字待榷。

[铡 zā]砍。普音 zhǎ，土音 zā。例如：刀铡过去。骨头给我铡铡出来。

[咋 zā]咬，家禽啄食。普音 zhā，古音 zé，土音 zā。例如：鸡咋食。劳鸦咋。粗眼鸡娘咋台扁。《中华大字典》释义，啉也，啮也（咬的意思）。土义引申为"家禽啄食"。

## 六、生活生产类

[典谷西天]典谷，就是卖掉维持生活的必需品——稻谷；想来贫困得万般无奈，连生存的基本物——粮食都得卖了（并非卖余粮）；西天，表意跟"日薄西山"义近，喻指穷困到只剩"一双脚脖肚"，来日无望。有俗语"西天望日"佐证。

一说"西天"可否写成"洗舔"，贫穷得犹如洗过舔过一样。舔的动作，经历过全面短缺经济时代的国人，想来并不陌生——早年永康乡民食珪珪羹，食完后，不仅要舔舐碗壁，还不惜脸面地伸直食指把碗里黏着的残羹刮下来，然后放嘴里吮食下去。

这个成语的措词争论已久，有人写成"典古西天"，典古，就是典卖古董古物,想来家中有古董古物可卖,还谈不上贫困吧。

[煦 qū]蒸。普音 xù,土音 qū。例如:煦发糕。煦馒头。煦馃簟 diè。《说文》释义,蒸也。"煦馃簟"的"簟"字,在普通话里写成"箅 bì",蒸锅中的竹制屉子。

[嘘 qù]火或蒸汽的热力接触到物体。普音 xū,土音 qù。例如:板盖嘘。用高压锅嘘记渠,弗汄 xūā 才怪。普通话里也有这个含义,见《现代汉语词典》。

[冻瘠 mín]冻疮。瘠,普音土音都念 mín,《古汉语词典》释义,病,灾难。由于读音相同,就姑且用它来担当"冻疮之疮"的用字吧。

[赍 jí 赍诚诚]热情客气地招待人。赍,普音 jī,土音 jí;《古汉语词典》释义,"把东西送给人",在我国古代章回小说里常有"赍发、赍赍"双音节词出现,也是这个意思。诚,就是诚心、拿出诚心的意思。合二,一边拿出家中最好的食品,一边献出至诚的心,热情招待客人,这就是它的本意。

['膸'yún 肉]在猪的胸腔中部、附着在脊椎骨附近的左右两条精肉,也叫"里'膸'"或"里'膸'肉"。普音 yín,土音 yún。《古汉语词典》释义,"夹膸肉",兴许指俗称的"大排肉",取其音近,权当作'膸'肉之'膸'吧。

[镬燂 dě]锅巴。燂,普音 tán,土音 dě;《中华大字典》引《考工记·弓人》释义,"炙烂也"。烤食物至烂,也许有点糊,不是锅巴还能是什么?

[黄泥塯 be]土块。塯,普音从反切 pì,土音 be。《说文》释义,凷 kuì 也。就是土块的意思。

[沉鼻头]潜泳的永康话俗称。

[脑指勼 jiū]使点劲把五根指头纠结起来,当作击人头部使之

疼的工具。俗称"五爪栗"。《说文》释义,"勼,聚也"。['敆'hé 脑指勼]一种惩罚小孩的手指击打动作。"敆",普音从反切 kě,土音 hé;《广雅释诂》释义,"击也"。

## 七、俚语俗语类

[齎 jǐ 兄呗健点,死去呗便点]齎,普音 jī,土音 jǐ。《古汉语词典》释为"持有、集有、携带"的含义,贴近永康话中"(财物)存在,没有丢失"的含义;然后引申到人身上,表示"人活着"的意思。例如:东西齎啦的,弗打乌。某人还齎兄弗?

本俗语的感情倾向鲜明,它界定了"人生生死过程的最高境界"的标准——人活着时健健康康、快快活活;到死时好死些,犹如睡着一般,没有任何离世时刻的折磨与苦痛。这是永康先民心中最朴素、最彻底的唯物主义思想意识。

[忦 xì 的肉高价 guāi 痛,别侬的肉好煎冻]忦:害怕。普音 kuǎi 或 jiè,土音 guāi。《康熙字典》引《集韵》注,苦怪切,音蒯;又居拜切,音戒,忧惧也。例如:一个侬走夜路,还真有点忦呢。听鬼故事,忦蛮 mái 忦蛮!

社会生活中,人们之间难免存在利害冲突,一旦发生利害冲突,芸芸众生的灵魂就得到淋漓尽致的表演。总有一些人的利害观是自私的,越自私的人,越不会顾及别人的利益,越不顾及别人利益的人,越不择手段地自私自利,从而形成"有己冇别侬"的恶性循环结果。跟另一条俗语"前半夜替己想想,后半夜替别侬想想"形成反义关系。

[掇 duó 别侬的老臌 gu 拌火笼]掇:拿,搬。普音 duō,土音 duó。《现代汉语词典》注:①拾取,采取;②<方>用双手拿,搬。臌

gu,声调不入普通话四声,暂空。含义请读者翻翻通行的普通话字词工具书,哪怕《新华字典》,也不难明白个中意味。火笼,一种农耕时代常用的取暖器具,火笼钵里盛着炭火,炭火上面覆盖着适量的炭灰,让炭火热量慢慢释放,从而达到取暖的目的。

本俗语的批判指向是很鲜明的,就是批判任意侵犯别人利益和不惜践踏别人人权的人的丑恶嘴脸的。老膦,作为男性生殖器的一种俗称,是永康话里特有的,别的方言似乎无出其右——具备如此精妙生动的生殖器称谓。本俗语的感情色彩绝不是"生殖调笑"倾向的,而是充满"生殖崇拜"倾向的。请看男性生殖器的多种称谓,或男根,或命根,或阳具等等,里面用"根与命"的字眼,足见其严肃性和神圣性。不难设想,一个不惜牺牲人家男根的人,其"不容诛"的"罪恶"该有多深重!

从而也引出了另外两条俗语:[老膦拌火笼, 越拌越冰依]和[绝后代算]。玩味起来,前者也不属于生殖调笑倾向的,正因为有人不惜侵犯别人的权益,所以就有人奋起维权,甚至"正当防卫":你"绝后代算"地害我命根,我何不将计就计,把你的"兵器"——火笼里的炭火熄灭?熄灭炭火最便利的武器,也许就是受害者的"尿液"了,这恐怕是"越拌越冰依"的原因吧。

[路见不平,众人铲抄]笔者在《从"驮头天话"说开去》《永康日报》(2012.11.7)一文中曾用过这条俗语,当时写成"路见不平,纵身铲草",有朋友指出,不该"纵身",而该"众人",意见中肯,我愿跪受。此外,"铲草"似乎跟"路上不平"没有必然的意义联系,还是写成"铲抄"比较合理。愿与读者朋友共勉。

本俗语的意味并不隐晦,汹涌的人类心河历来流淌着"真善美"的主流,始终与顽固的恶流——"假丑恶"搏斗着,一旦遇见"不公不正、不平不直、不良不祥"的恶势力,总有见义勇为者站出来,加以"铲抄"。这里的"众人"当然包括国家公权机关,而不仅仅是见义勇为者。

[攀肩头两个级,冇 nèi 侬讲己'疲'xié]"疲":差,劣。普音从反切 hé,土音 xié。例如:个侬忒"疲"了。尽"疲"的东西让我买着了。《唐韵》《集韵》注音,呼合切,音欻;《说文》释义,病劣也。有人写作"瘄",查《康熙字典》引《博雅》注,疾也,音未详。因此"瘄"字不如"疲"字恰当。本俗语的寓意重点在后句,前句是衬托,用了"起兴"的修辞法作了衬托。

人性中的劣根性,总难避免,再过几千年的文明演进,恐怕也难以绝迹。越"嘴上没毛"的人,越自以为是;越思想幼稚的人,越坐井观天。这恐怕是人性中的铁律。少不更事的人不认错,那是无知,不该承受太多的指责;思想不成熟的人,不认错,那就不必太多姑息。跟另一条俗语——[己屙不嫌臭]同义。

[好侬不留种,恶侬捭 bǎi 捭动]捭:无顾忌切碰,到处招惹。普音土音都念 bǎi。古今词典都有"分开"的义项在。《说文》释,两手击也;《现代汉语词典》释,分开。例如:纵横捭阖。捭阖之术。土语里有两种使用情况:一是单用,含义近似"拍",动作幅度力度都不大(这时音调变为第四声 bài);另一是叠词,如同本俗语,这时"招惹、切碰"的幅度力度都大。

社会生活中有一种现象,那就是"好侬往往没有好报,坏侬常常没有恶报"。受宗教思想的影响——好有好报,恶有恶报,人们意识中往往先入为主,主观认为做好侬就得好报,做坏侬就得恶报,一旦"上帝打盹"导致好报与恶报的出入,就发出了以上感慨。从此,做好侬的积极性似乎受到挫伤,也为做恶侬不招报应而愤愤不平。

其实,做恶侬和做好侬损益情况也许大致相当,人们对恶侬恶报现象理所当然,即使报应了也不去在意记账,一旦没遭报应就牢记心上;大家对好侬好报现象也理所当然,一旦好报不兑现,也就牢记心上。此外还有一个事实:好侬的心性往往比较隐忍,苦楚常常压在心里,能不跟人计较就不计较,这样真的不利延年益寿。而做恶侬却恰恰相反。

## 八、指称虚词类

[阿坛 da]与[点所seî]

阿坛 da:这里,这地方。坛,普音 tán,土音多音:①da(声调难入普音四声);②dàng,③dǎng,④dá。例如:阿坛 da 的路不好走,咱们走别坛 dàng 过。处处坛坛 dǎng。经济论坛 dá。坛的含义从古,《古汉语词典》注有"场所"的义项;《说文解字》释义,祭场也,坛之言坦也。场所就是土语"地方"的意思。

点所seî:这地方的意思,跟"坛"同义。所,普音 suǒ,古音从反切 shǔ,土音读白为seî。《说文》释义,伐木声也,从斤户声;又处所。所述"处所、地方"几乎就是今义,说明这个含义古今沿用,没有障碍,可惜读音差别大些。

[渠 gé 呢 lá][佢 gú 呢]与[岂呢 lá][岂坛 dá]

渠 gé 呢 lá:那里,他(它)那里,远指代词。例如:渠呢一处农家,不晓得吮啥地方。"渠",普音 qú,土音 gé。"渠"的含义,古汉语工具书通常有两个注释:一是《说文》的"水居所也",就是沟渠;另一是《康熙字典》的"俗称他人为渠",就是他或她的第三人称用法。永康土语的"渠呢"的"渠"不作第三人称用,而作远指代词"那里"用。

"渠"作第三人称用的例子,土语里也存在。譬如,上角腔里的一句调笑话:"渠 góu 和渠打相打,俺 ŋǎ 去劝渠,渠还照己讲俺打渠。"——永康上角(四路西溪一带)关于"他"和"我"的发音很独特,把"渠 qú"发成 góu,把"俺 ǎn"发成 ŋǎ。这就是土语里"渠"作为第三人称用法的例证,跟古汉语的通行用法相同。此外还有"渠gé 旯阁头远不远"的句子,也作第三人称用。

佢 gú 旯:这里,近指代词。普音 qú,土音 gú。例如:从佢 gú 旯到渠 gé 旯,好点路呢。佢 gú 点地方不错("佢旯"省为"佢")。近指代词 gú 选用"佢"字,其实是无奈之举——姑且用"渠"的同音字"佢 qú"(《辞海》注,广东方言词,他)来替用一下,因为实在找不到合适的字眼,尤其不选实词"股",又包含指代词含义的虚词,真的太难找寻了。笔者不赞成随意选用一些实词字眼去同音代替虚词字眼,譬如用"股、谷、估"等去表"gú"的字形。

岂 qì 旯:哪里,疑问代词。岂,普音 qǐ,土音 qì。例如:你到岂旯去。你旯阁头住岂旯?《古汉语词典》注,语气副词,表反问,释为"怎么、难道、哪里"。土义就是"哪里"的古义沿用。旯 lá,某些方言区往往把"旯"和"旮 gā"字组成双音节词——"旮旯"来使用,《现代汉语词典》释义:①角落;②狭窄偏僻的地方。"地方"的含义是基本吻合永康土语之义的。岂坛,与岂旯同义。

[点 niè][滴 dèi]与[些 lè][仂 lè]

点:原指液体的小滴,名词,后来发展成以"小"为含义的形容词,就是"一点点"的意思。普音 diǎn,土音 niè(第四声)。含义无需求考,因为无论源于何处,这个含义都在现代口语和书面语中广泛使用。

滴:普音 dī;土音 dèi,有时念 dī,跟普音一样;含义跟"点"相同。例如:做保姆是不省力的,点点滴 dèi 滴都得做好的。滴 dī 滴东西。这两个实例句子,告诉我们一个事实:永康话语汇的音义体,有时与普通话大相径庭——保留着古汉语的用法,而有时跟普通话又高度一致、完全统一。

些 lè:表不定的数量。与"点、滴"含义相反对,不是很多,但一定有多的意思在内。普音 xiē,土音 lè,读音差别较大,因此有人主张把它写成"仂",普音土音都念 lè;例如:苔 gú 仂 lè 东西是啥侬的。哼 hāi 仂 lè 东西啥掇上去?《中华大字典》"仂"字条有四条义项,一到三条都跟数量有关,分别是"数之余也"、"十分之一也"、"三分之一也",第四条"谓脉理也",因此"仂"字作为土语表"不是很多的多数"意思,是可以用的。

[的 guóe]与[地 jì]

的:普音 de,轻声;土音 guóe(拼音姑妄用之),接近"嗰呃"的合音兼词。普通话用法是结构助词,主要是定语的标志;此外,还有语气词的用法,放在句末。例如:我覔阁头在永康。阁头用来食饭睏熟的。土语在用法上跟普通话没有什么不同,就是发音差别大。有人主张用"咯、格"等替代"的",我觉得仅仅为了切合读音就用替代词,会增加永康话书写的畸变性,导致永康话在民族共同语——普通话中的非共融性,对此我们应该慎之又慎。

地:普音 de,轻声;土音 jì。普通话虚词用法主要是结构助词,作状语标志词;此外,也有用作一些文言形容词或副词词尾的翻译。例如:①他急急忙忙地跑回家。②至谷中则森然干霄(沈括《梦溪笔谈》)。例 2 中"然"作为形容词"森"的词尾,一般译为"的样子",也可以译为"地"。森然,"形容高耸林立的样子",或者"高耸林立地"。一旦翻译为"地",就是状语标志的用法了。

土语"地 jì"的用法,跟普通话基本相同。例如:你懈 jiě 懈地 jì 蹓 liě,弗要着急。这里的"地 jì"就是状语标志的用法。

## 九、品行情态类

['扴'sá 适 guá]赶快,快速,形容词。'扴',普音 shǎn,土音 sá。古音从反切,音闪。义从《集韵》,疾动貌,则快速行动的样子。适,普音 shì,古音 kuò,土音 guá。《广韵》《集韵》《韵会》《正韵》注音,古活切,音括;《广韵》释义,"疾也",就是快速的意思。"适 guá"字吻合土语表义,然而乡民们恐怕不易接受 guá 的读音,这是一个缺点。如果用古音、普音都念 guá 的"趏"字,含义跟土语不吻合,也存在类似缺点。《中华大字典》释,"趏,走貌,见《玉篇》",就是走的样子,这跟快速含义几乎没有联系,因此舍弃不用。

[暴殄捣]暴,土音读白为 bó,义残暴;殄,普音 tiǎn,土音 tié,义灭绝,古今沿用。普通话成语"暴殄天物",义指"任意糟蹋自然物(鸟兽草木)"。土语含义指向人类杀食动物的行为情态,后扩大到对人类本身的行为情态:胡蛮,粗鲁,冒险等等。如果写成"半天倒"或"拌铁倒"很难会意出以上含义。例如:做侬弗好庚暴殄捣的。个侬高暴殄捣,弗要理渠。

为此,引出另一条土语——[七殄八捣],表意跟"暴殄捣"接近。至于[撂天甩]的"天",笔者不主张写成"殄";因为这条土语就是要表达"把天撂起来甩开,形容为人处世非常冒险"的意思,含有夸张的修辞意味。

[胡蛮胡鲁](1)行为粗鲁蛮横的样子;(2)做事不靠谱,近似马马虎虎。由形容词"胡蛮"和"胡鲁"并列结构而成。例如:个侬胡蛮胡鲁,弗要跟渠来往。也可写成"虎蛮虎鲁"。

[兼嘬 cé 婆娘]兼做别人婴儿奶娘的哺乳妇女,有"忙得不可开交"的含义。试想,一个哺乳期的妇女,且不说不能不做家务,既

要哺乳自己的婴孩,又要哺乳人家的婴孩,可见其怎样的生活状态!嗺,土音cé,普音zuō;《现代汉语词典》释"<方>吮吸:小孩儿嗺奶"。例如:渠忙来像兼嗺cé婆娘,有歇空。

[活躐liě世]原指白活一回,后指得到的东西少得可怜,又引申为小气,贬义。躐,普音liè,土音liě。《中华大字典》释义,"跋前行曰躐",就是行走的意思。例如:活躐世,哼点点东西。个侬真活躐世。[躐路]的"躐"也用此字。

[活傥]为人处世洒脱大方,点子多,门路广。含有普通话"倜傥"的意义,但比倜傥义广。例如:个后生侬高活傥。与土语[活相][活泛]同义。

[真虎裘]真货的意思。虎裘,就是虎皮。例如:买着真虎裘了,真开心。虎裘不能写成"虎丘"或"货丘"。

[百嫽liáo]特指小孩子乖巧懂事,有时也用于低辈的成年人。嫽,古音反切"了",普音从古,土音liáo。《中华大字典》释义:①好也,见《方言》;②慧也。例如:渠兒小家角真百嫽。渠份侬家的新妇高百嫽。


十、动作行为类


[敨呃]打嗝。敨,普音tǒu,土音tóu;字义"打开(包着或卷着的东西)"古今沿用,例如:渠幅画敨开望望嘛。稻桶簟敨出来。引申为"惬意,舒服",例如:敨气。写成"偷屙",实在是同音而误。

[摐]撞击。普音chuāng,土音xuān。《集韵》《韵会》反切注音,音窗;《博雅》释义,撞也。例如:摐麻糍。摐岩头。摐年糕。

[扤wǔ]动,动摇,摧折。普音wù,土音wǔ。《唐韵》《集韵》《韵会》《正韵》反切注音,音兀;《说文》释义,动也。例如:大树扤不动。

小树要扤死。

[爁 lǎ]普音 là,土音 lǎ。(1)火烧。《集韵》反切注音,音臘,火貌。例如:火爁了一片茅草地。爁珪珪蒲。(2)火烧的声音。《集韵》反切又注,音猎,火声;土音念 lǎ。例如:爁爁爁,一阵烧过渠。

[噭 jiào 噭扼腻]擦擦干净。噭,普音土音都念 jiào。《古汉语词典》注为"洁白,洁净"属于形容词。在土语里活用为动词,有"使洁白、使洁净"的意思。例如:载桌噭噭扼腻。也可以写成"皎"。

[跍 gú]蹲。普音从古,念 kū,土音 gú。《集韵》反切注音,音枯,蹲貌。例如:跍落来食饭。

[扤]普音从古音,《唐韵》反切注音,竹甚切,上声(音枕);《说文》释义,深击也。土音 zēn,字义沿用古义"深击"。例如:扤锄头。锄头扤开去了。

[劙 dé 树]砍树。劙,普音 duó,土音读白为 dé。《古汉语词典》注:劙,duó,砍木。例如:把佢 gú 根树劙两段。

[拎 jīn]抓,握。《集韵》《韵会》反切注音,音琴;急持也,与捡同。例如:拎牢攀肩头。手拎牢。

[焥 jián 火]淬火。《集韵》反切注音,音坚;灼铁淬之。就是把钢铁烧红,然后放在水中或药水中使骤然冷却,从而变硬。例如:打锄头要焥火记噻。

# 探路"音义和谐"

## 胡惠省

唐朝诗人卢延让《苦吟》诗云:"吟安一个字,拈断数茎须。"说的是作诗炼字心迹之苦。长久以来,为了抠准永康口语中的某个字眼,"拈断数茎须"可是常有的事,而事实上"须辈"前仆后继、捐躯"吟场"却不得而"准",甚而至于,自以为苦"准"了某字,却遭到乡友们"不准"的轻易之否,此刻简直出离了苦——无言闷苦。究其因,也许还真没达到"音义和谐"、老少咸宜的会意境界吧。

再看,著名苦吟诗人贾岛在他的《送无可上人》一诗"独行潭底影,数息树边身"句下加注一首小诗:"两句三年得,一吟双泪流。知音如不赏,归卧故山秋。"极言炼句时间之久,吟成后开心,可见一斑。无独有偶,我也经历过"三年苦吟,一朝而得"的欢娱呢。

何谓"音义和谐"呢?首先,读音上至少不能与口语相差太远,最好与口语读音吻合;但也不能固执,因为永康口语读音白化讹误现象并不少见,得勇于纠误。第二,坚持字义出处观,坚信大量永康口语词是从古汉语中传承下来的事实。第三,警惕陷入不自觉的"因音害义"或"因义妨音"的悖理思维中去,当出现音义矛盾时,宁愿从义也不从音。

在探求"音义和谐"的路途上,我把苦索经历的几点写下来,愿与孜孜发掘永康文化精髓的同仁们共勉。

## 一、当出现"以音误义"状况时,"以合义为先"

乡民们常把"闪电"写成"(雷公)火线""火煽"和"霍煽",其实依从"合义为先"的原则——姑且称作原则,应该写成"忽㷔"。

㷔,普音从反切 yǎn,土音 xiè。《唐韵》《集韵》《韵会》注音,以冉切,音琰。《说文》释义,火行微㷔㷔也。意思就是火在微微闪动。"忽",是迅速、快的意思,也就是"迅雷不及掩耳"的"迅"吧。

以此类推,"金团(糰)"得写成"蒸团","金瓜"得写成"荆瓜"(南瓜)才对路。

南瓜,中国 600 年前开始栽培。按果实形状分为两个变种:圆南瓜和长南瓜。大辽国自公元 916 年建国,南瓜被当地人称倭瓜,亦称番瓜。瓜结实,形横圆竖扁,而色有黄、黑绿。当时人们称黄色的为南瓜,黑绿色的为番瓜。其实一圃之中种形相异,农家也未强去区别。但是当时南方人由于其来源于北方,将其称为北瓜。后来,南瓜在南方各地得到了广泛种植,并且由于气候和土质的原因,南瓜的味道相对北方而言,独有特色,而且相对更易于生长。由此,人们也就将其称为南瓜。

我揣测,荆楚为南方的代名词,因此称南瓜为"荆瓜"。

乡民们还把一种传统的施肥农具"尿沏""尿滴",写成"尿苂""尿对"。沏,普音 qī,土音 qiè 或 qì。沏,比喻取用,因为拿"尿沏"施肥的动作与用茶壶沏茶的动作相似,另外尿沏的咀和茶壶的咀也是相似的,所以用"沏"字。

把农具"斪锄""两角斪",写成"朱锄""两角朱"。斪,普音 qú,土音 jū;《玉篇》释义,锄属。就是锄类农具的意思。类似的还有把"篦担"写成普通话的"扁担",甚至"米担",这些都是有悖"合义为先"原则的。因为"篾",除了"竹皮、篾片"以外,还有一个比较冷僻的含义:一种竹子,又称桃枝竹。因此,"篾担"应该就是"竹制的扁担"的意思,而"扁担"是普通话的写法。

至于"玉米"的永康口语写法,千真万确的难,本人苦吟了三年,才在"茅塞顿开"情境中悟到,它就是"珏珏",因而"珏珏蒲"自然得如此写。此前的写法比较冷僻,难以做到"音义和谐",譬如写成"捐'稤'"和"娟秬"的。

珏,普音土音都念 jué;造词思路跟普通话的"玉米"一样,作为珏的基本义——"合在一起的两块玉",古今沿用。说到底,就是因为"珏珏、玉米"跟黄色的玉,在色彩和形态上有相似点,所以通过比喻给这种农作物取上了名。

永康传统干菜"萝卜松鲞",写成"萝卜松相"或"松相",也是难以达到"音义和谐"意境的。鲞 xiang,单用时,只适合"鱼鲞",是指干腊鱼,或者咸鱼干,可是加上定语——"萝卜"和"松"以后,完全符合汉语组词的规律了。鉴此,"米胖墒"可以通行,而省词为"墒"就讲不通了,因为炒面究竟不是土做成的。

关于蔬菜"老藠",常在食堂的小黑板上读到"老赵"或"老焦",会意之余还真想调侃一下,喊它"老赵先生""老焦同志"呢。藠,普音 jiào,土音 jiǎo。《现代汉语词典》,藠字无单注,在"藠头"下,注为"薤 xiè",其实就是永康话的"老藠",因而"老藠棵"自然得如此写啦。

"树箓火",有人写成"竖楼火""自来火"。箓,普音土音都念 lù,《说文》释义,竹高箧也。就是大竹箱的意思。后来凡是盒子类的家什,无论啥材质做的,一律称为"箓"。

"敁厄",常常误成"偷屙"或"偷沃"。敁,普音 tǒu,土音 tōu 或 tǒu;《现代汉语词典》释义:①打开(包着或卷着的东西)。②抖搂

(尘土等)。"敁呃"的"呃"是"呃逆"的省词,医学上指"由于膈肌痉挛,急促呼吸后,声门突然关闭,发出声音,通称打嗝儿"。读者体会一下自己"打嗝"经验,不难理解"敁"字就是"张开口"的意思了。因此"偷屙"属于"敁呃"的同音而误,它们之间没有意义联系。

田边流水灌溉的水沟叫"水甽",或写为"水畎",可是有人写成"水堰"。堰,是堤坝的意思,不能用于水沟的表字;畎,普音quǎn,土音yuè,与"甽"为异体字,意为"水沟"。因此用于田水出入的"田缺",写成"田畎",无论音义都是和谐的(这时得念成近似普音的qué),因为田缺不仅仅是把田岸开个口子,而是实实在在用如"流水"的,这也属于特殊的"水沟"吧。

写到此,不禁想起永康高垌村那个"圳"字的写法,"高垌"被写成"高镇",可是有年头了吧。小时候听长辈说到高垌,都说"高yuè 高yuè"的,心想是哪个yuè字呢?是"院、愿",还是"县"?后来赫然看到了"高圳",心中疑问还是不释,因为这明明是"深圳"的"圳"字,怎么能念yuè呢?再后来才明白个中原委,原来"圳"和"甽"是形近字,由于乡民们不晓得圳字的读音,就按照农事中常用的"水沟"的"甽"字去读了。"甽",普通话念"朱闰"的反切音;永康口语读成yuè音,如此用字恐怕也是有悖"音义和谐"的吧。

鉴此,"乌棉"该写成"胡棉",因为有类比的"胡萝卜""胡桃"为证。"乌勒头""胡粒头""囫囵头",得写成"葫芦头",因为有永康谜语"一个葫芦七个洞"可佐证。"反超骨""反翘骨",得写成"饭勺骨"才好,因为这里是比喻取用。"苦潭""蒲团""苦团",该写成"䐚臀";"䐚",《中华大字典》注,音窟,臀也。因此"苦团""股臀"的写法,实在是"䐚臀"的近音写白。"鼻同滩"或"鼻筒滩",其实是"鼻洞痰"的近音写白。

## 二、当出现"义同(近)音异"状况时,"以合音为先"

"拾东西""捡东西""掇东西",都不如"撮东西"来得"音义和谐"。撮,普音 zuǒ 或 cuō,土音 cé。当念 cuō 时,《现代汉语词典》释义,<方>用手指捏住细碎的东西拿起来。土义就在这个词义的基础上加以引申,成为"撮东西"的用法了。在表意"捡拾"的四个字(拾、捡、掇、撮)中,唯独"撮"字的读音最接近永康口语读音了,因此"撮"字是我们的不二选择;这正好体现了"以合音为先"的措词路数。所谓"合音"就是贴合永康口语之音,与其读音最贴近的音。

很遗憾,此外我还拿不出更多的字例,以做出充分的阐释,敬请读者包涵。

## 三、当熟字和生字都能表达同一意思时,坚持"从熟不从生"

固执合义为先的路数,有时不免走向反面。譬如把小时候玩过的游戏——"处侬家",硬写作"俶侬家"。俶,普音 chù;《古汉语词典》释义:作,筑。处,《中华大字典》释义,居室也。处,名词活用为动词,"作居室"也是可以的,如此活用就非常符合"处侬家"含义了。再说,俶字,永康音几乎不读普通话 chù 音,而读 sú 音的,尽管这里也许存在因为读不来而致白化误读的事实,但至少在读音上难以做到音义和谐了。因此,选用熟字"处",舍弃生字"俶",成为了无法替代的选择了。至于"取侬家"的写法,"取"字恐怕难入游戏本身的内容范围,缺失"合义为先"的要件。

老公老婆的同义称谓, 在永康口语中可以吇作 "官人"(嫁人)、"许人"(娶人)。人,就如不少地方戏曲剧种一样,往往读如

yin 之音,永康也不例外,为了迎合这个方言读音,乡民们只顾读音,直把它写成"官营""许营",甚至"官银""许银"的。这样写尽管也合"从熟"的路数,可是违背了"合义为先"的要件,当然也不足取。

口语中"官人"和"嫁人"称谓是同义语,无论自称还是他称,都以老婆一方为主人称谓老公一方。而"许人"和"娶人"称谓虽然也是同义语,可两者的主人立足点显然不同,前者以岳父岳母为主人,后者以女婿为主人。这里的"许"是"许配"之"许",就是答应的意思。然而口语事实中,通行喊老婆只有"许人",几乎没有"娶人"的,究其因,并非不存在"娶人"这个称谓,而是"许"和"娶"音近而误罢了。

我曾经把"大侬"写作"都侬",却招致"群起而攻之"的尴尬局面,因为"都"字虽然含有"大"的意义,可毕竟太古汉语了,难以博得乡民们的吆喝,这就是"从生不从熟"的下场。"大"字,《中华大字典》引《集韵》注音,唐佐切,音驮。可见"大"字是个多音字,土音或念 duǒ,或念 dià,约定俗成,大可不必"之字多个曲",把"大侬"写成"都侬"的了。

其他还有,割稻农具"杀锲"或"芟锲",不如写成通俗的"杀剑"。锲,普音 qiè,土音 jiè,《古汉语词典》释义,镰刀一类的农具;表意非常吻合口语,可总是太陌生,难以约定俗成。同理,从含义细分角度看,"杀剑"不如"芟剑",因为"杀"字多针对动物,而"芟"字多针对植物;可是从生、熟的角度看就未必了。再说"芟"字的含义——芟除,跟永康口语表"间苗"的动作词,读 sēn 音的太接近了,譬如"芟菜""芟毛菜"等等。

关于蚊子的口语字可以写成这样——"蟲虫",可由于"蟲"字实在太冷僻,还不如写成"蟆虫",容易让大家接受。

## 四、从俗为先,大胆从雅

骂人的话"半肫'齿来'",如此写可谓用俗,而"半肫载"的写法,也不可说用雅。其实"齿来"为生字,"载"为熟字。

"齿来",普音从反切 dǎi,土音 zài;义从《中华大字典》,引《广韵释诂》,吃也。载,古今沿用"充满"的含义,本身没有吃的含义,可是"撑饱肚皮"与"充满"具有相似点,是可以比喻取义的。

动词"齿来",在一些语境下具有贬义色彩,例如:"倒'齿来'""'齿来'不肯歇",这时写成"载"似乎不妥。

如果把"半饧沑"写成"半稀纽",会怎么样?会伤害"合义"要件。饧,普音 xíng,土音 xǐng。《现代汉语词典》释义,糖块、面剂子等变软。沑,普音从反切 niǔ,土音 niù;《集韵》释义,温也。这些含义跟土义很接近,指一些加工晒干的食品,还没有全干,或者储存不当受潮变软,例如:萝卜钱还半饧沑,没晒燥。这时候,就需要"大胆从雅",不惜用上雅字"饧"。

此外,"檯桌"不如写成"台桌""载桌";"馋舌"不如写成"挂舌",因为"挂"字的"牵挂、挂念"的含义,非常贴合"馋舌"的心理活动;"青天胶结"不如写成"青天皎洁";"结角"不如写成"桀角";"缴缴""揩揩(扼腻)"不如写成"皦皦""皦皦(扼腻)",皦,普音土音都念 jiǎo,本义"明亮、洁白",在此是否把形容词活用为动词,当"揩"的意思解释,供商榷。

## 五、适当讳饰,蕴味其中

为了回避一些难以启齿的粗话,特意用同音字去替代,譬如把"拉屄屌"写成"拉皮条"。拉皮条是对从事容留卖淫嫖娼的中间人职业行为说的,皮条客是对从事这种职业者的称谓。这个口语词,是从吴方言主区上海、苏州等地输入的,属于外来词,不属永康本地的土语。

把"屌异"写作"着异"也是如此。屌,普音 diǎo,土音 jiǎo;男性生殖器的通行写法。异,优异、特异,本指性能力特别强旺的意思。后来词义扩大到生活的方方面面,任何有突出的表现,都可说"着异"。把俗语"眼睛屌堵兄",写成"眼睛鸟堵兄"固然也是讳饰手法。

## 六、考证不离典籍,措字不忘口语

上述提到的"敆呃",还有关于男性生殖器"老臁"或"老鼓"的写法,在典籍中是无法找到的,全在永康口语中活脱脱地生存着,世世代代传承着。

# 饶有情趣的永康童谣

## 项瑞英

　　民谣又称民歌,古代简称为"谣",是一种长期流传于民间、儿童们随口唱出的韵语。在历史长河的波涛浪花中,山村茅舍的蓬窗油灯下,市井乡镇的长街短巷里,一言半语地日积月累,然后于大庭广众、豆棚瓜架前吟哦啸唱,广为流传,形成了许多长盛不衰、脍炙人口的山歌小调、芜词野曲,久而久之,便成了今天的民歌民谣。永康侬一律呼之为"山歌"。

　　生于民国,长于抗战的我,从小便在母亲低吟、算命瞎子高唱的山歌声中受到濡染熏陶,从而对它产生了浓厚的兴趣,留下深刻的印象,在童稚纯真的心田中烙下深长的印痕。纵使韶光流逝,风波屡经,岁月蹉跎,早生华发,而今年逾古稀,渐入耄耋,但枯坐书斋之际,徘徊花径之时,常会闯入心扉,挥之不去,反复咀嚼,味有余甘的,还就是这些山歌童谣,而记得最清的便是那首《摇喔摇》:

　　　　摇喔摇,山坑打葡萄,葡萄干,诱(读作"夜")驮(大)孙(读作"酸")。驮孙勿百僚(听话、懂事),买根驮糕条。驮糕条,放抽屉,老鼠翻转遍;放碗界(菜橱),猫舓舓;放床头,老鼠翻九楼;放床厅(沿),老鼠来迎灯!

　　于是我便常痴痴地想,这老鼠真聪明,真活相,真快活,什么时候能和它交上朋友就好了——当然,最好是自己便是只小老鼠。

长大一些后,大约是五六岁时吧,我又爱听芝英算命先生"内家仙"一边拨弹三弦,一边朗声慢唱的《反唱歌》:

> 反唱歌,倒唱歌。先生弟来后生哥,记得娘舅生外(读"念")婆,我在阁头端洗盆;记得阿爹接新妇,我在轿前敲驮锣。当我生落头一日(读"聂"),我便会唱古怪歌。唱得日头西边出,唱得岩头滚上坡;满天月亮星一颗,天下奇事多勿多?

"内家仙"的吟唱入心入耳,我坐在小竹交椅上,手托下巴听得出了神。一边听一边想,天下稀奇事还有哪些呢?于是便顺着歌儿往下诌:"猪生老虎狗生骡,鹅娘飞上紫燕窝……"

抗战胜利那年我七岁,从城北十里的樟塘、作塘坑回到城内北镇殿后、育婴堂边的老家,进了西街有名的徐氏小学(后人民小学),一天家中来了个打铜棍唱山歌的女盲人上门乞讨,母亲便给她盛一大碗米饭,还夹上几块白切肥肉。盲人吃了后再三道谢,还给我们唱了一首《长毛花》:

> 长毛花,红丹丹(读打打),山野婆娘赤(读出)脚踝。因团孙(孙女),嫁驮伯。驮伯会撑船,小叔会赚钱。赚个派(破)铜钱,给(读"纳")小婶买丝线。丝线寸寸断,买鸭卵(蛋)。鸭卵香,买砂糖。砂糖甜,买双鞋。鞋结角,买把轿。轿难坐,去烧锅。锅难烧,买根箫。箫难吹(读去),买本书。书难读,买块肉。肉好食,上下街沿脱地得(肚泻拉稀)。

女盲人唱完后走了,我便扯住母亲的衣襟问:"妈,孙女怎么能嫁给大伯呢? 这不乱了辈分了吗?"母亲伸出右手中指,戳着我的额界头,唭了一句:"鸡狗勿如的小家脚,塞亨(怎么这么)多问(读'磨')?"吓得我舌头一伸,连忙打住,但这个问题直至今天还粘在脑子里,这"囡囡孙"怎么可以嫁大伯? 她为什么嫁大伯? 是她无知么? 侬家穷么? 还是山里乡风习俗便是如此的呢?……想来想去,想得头脑发胀,也想不出个所以然来。

还有这"长毛花"三字也很值得玩味。它的学名叫杜鹃花,这杜鹃据说是蜀帝杜宇所化,他为思念爱妻病故,日夜悲啼,泪尽出血,可见情深。江西叫作映山红。音乐舞蹈史诗《东方红》中的《十送红军》唱的就是它。永康城里人都叫它"毛节花",因为它是灌木,枝有节,叶有白毛。只有太平、桥下、四路、古山、方岩一带叫它"长毛花"。小时候我虽然遭过母亲叱责,但这"多问"的旧习却是始终难改,读书遇事,一有不懂之处,总要打破沙锅问到底。后来在太平村碰到一位老先生,他向我解释说,当年长毛(太平军)侍王李世贤部攻略金、衢、严、处等府,所向披靡,只有永康官兵民团进行顽强抵抗,县城几度易手,城乡大镇拉锯争夺,血战多年,直到太平天国败亡才停止。而太平村一带更是当地胡、吕两姓民团与长毛战斗最惨烈的地方。一仗打下来,山头草木都被鲜血染红了。战后这些山上的杜鹃花开得分外鲜艳热烈,如火如荼,百姓为了不忘这场惨祸,就把它叫成"长毛花"了。

随着年岁渐增,童心渐减,"好奇"转向对各类知识的渴求。天文地理,风土习尚,民情民俗我都时时留心,处处在意。十来岁时我记得最牢的是《十十谣》:

一、一,仙居杨梅永康吃;二、二,金华豆豉萝卜鲞;

三、三,爷在衙门圄做官;四、四,爷敲锣鼓圄做戏;五、五,五蒲大蒜过端午;六、六,爷食骨头圄食肉;七、七,爷种田地圄抲虿;八、八,爷杀鸡鹅圄抲碗;九、九,爷炊(读"区")糯饭圄做酒;十、十,十个痢头贺生日。

有意思的是从"三"开始直到九,唱的都是"爷"和"圄"之间的关系。其中既有"上阵父子兵""家和万事兴"的血肉亲情,也有对逆情悖理的"败子""逆子"的讥嘲唾骂;既有殷殷拳拳的希冀,也有恨铁不成钢的惋叹。

童谣也叫"儿歌",指的是简单、浅易、好懂、易记、生动有趣,读来朗朗上口,适合儿童传唱记诵的韵诗。它来自民间,口头流传,约定俗成,带有特别浓重的草根风味,地方特色,又富有童心童趣,极具想象联想,启蒙引迪,拓展心智,给儿童以强烈的美感享受,把一幅幅五彩斑斓,极富夸张性和幽默感的漫画展示在他们的面前。

有一首童谣叫《黄毛头》,是我从五六岁便爱唱的,特别是看到邻居的小女孩,便会嘻开因换牙而缺齿的嘴巴,漏风漏气、"知""雌"不分吼起来:

> 黄头毛,结角几(不顾事理,一味孤行),叫(念"噢")
> 你生圄生老鼠,叫你端凳端交椅,叫你炖茶去吊水,叫你
> 上塘要落溪,叫你走东偏走西。

我曾问过母亲:"妈,这黄头毛真的会生老鼠么?为什么她不生小猫、小狗呢?小狗多好玩,老鼠多腻心呀!"正忙着干活的母亲便回答我:"我怎么知道人家喜欢生什么?你不会自己去问黄头毛

啊?"实在忍不住了,我便找了个邻家比我小两岁的"驮眼蛋"女娃,提出这个老是搅扰我的问题。"驮眼蛋"瞪了我一会,竟"哇"的一声大哭起来,跑回家去,牵出她的娘,上门到母亲那里告我的状去。

还有一支专唱山里婆娘的童谣,叫《三月三》,那是我百听不厌,一听就忍不住要喷出笑来的:

> 三月三,四月八,山里婆娘拜菩萨。蓁穄(玉米)饼,
> 满怀塞,青柴炭灰满面擦。长毛花,满头插,脚穿花鞋带
> 鞋拔(一种铜制的拔鞋工具)。上阶沿,喊小婶,下阶沿,
> 叫驮嬷(念"嘛"大伯妻)。一路走(趔)去咕咕呱,一脚溜
> 去七丈八。回头还骂我三伯田岸狭。勿知(她)自脚板阔
> 勿阔。横向量量七寸二,直向量量一尺八!

唱着这支童谣,一个"山里婆娘"——其实是个山里女子小蛮婆的形象便会跃入我的脑际,蓬头飞鬓,土布小裈,小脸像八月熟透、红中带黑的山地橘,而那双明眸大眼,便是秋晨洒落在山地橘上的两颗晶莹流转的露珠,走起路来一阵风,讲起话来咕咕呱,那不就是我儿时的小伙伴——老家山村的阿杏么?

进了城里小学堂,脱缰的小野马便算是套上了笼头,再也不能上山下水钻林子,满世界飞着玩去了,还得听老师的絮叨,吃老师的戒方,这厌学、怕学、恨学之情油然而生,于是一首儿歌《读书谣》不知被何人何时带进了徐氏小学,而且很快地便风靡全校,无论是刚入学的一年级新生,还是快要毕业的老油条,都哇哩哇啦地念了起来。

> 一年级,望造佛(看小人书);两年级,玩(读"搞")粉

笔;三年级,画板壁;四年级,塑泥佛;五年级,考勿出;六
年级,冇毕业。

现在回想起来,我当年读小学的情景,大抵也是如此。只不过
我倒没有"考勿出",也没有"冇毕业"。1949年底,便以"同等学力"
的名头,考入当时永康的"最高学府"永中了。

永康侬老少妇孺都知道,据说是状元陈亮做的一篇《地景赋》
中,收入许多村镇地名。小侬脑筋骨头勿实,记不住那么多。幸好
儿歌童谣中也有涉及地名的,记得最牢的是《月亮婆婆》:

> 月亮婆婆,点灯烤罗。烤双食双,赶到雅庄。雅庄偷
> 菜,赶到上水碓。上水碓偷麦面,赶到永康县。永康县偷
> 箦儿,赶到方岩。方岩偷香火,赶到九里所。九里所偷泥
> 鳅,赶到温州。温州偷牛,赶到牛栏头。牛栏头偷锄头,赶
> 到锅灶头。锅灶头偷饭锹(念"超"),让癞头拖(念"添")
> 着,打得"饶"啊"饶"!

开头我常把第二句唱作"点灯敲锣",但是觉得跟下面一句
"敲双食双"总连不上。后来有位老学究告诉我,据清朝乾隆、嘉庆
中笔记所载,有一种米粉饼叫"罗",是古代民间炊制的八月十五
摆月时的供品。这样一来,儿歌中的月亮婆婆点灯就不是敲锣,而
是"烤罗",而一首儿歌也就前后相连,自然贴切,既极富生活情
调,又能增长小儿许多知识了。

# 永康话的语言禁忌

徐天送

"老成侬死了,不能讴'死',要讴'过背','去了';'安葬'要讴'上山';'放尿''放屙',要讴'上东司'……"小时候,听到长辈的这些"啰嗦",总是很不耐烦:为什么要"之"字多个"曲"呢?直截了当叫,不是更明白易懂吗?到后来上了年纪,才逐渐明白,这叫作"语言禁忌",是人类"禁忌"的一个重要内容。"禁"从"示",表现的是对鬼神为祸的避忌;"忌"从"心",表现的是内心的敬畏。

禁忌是一种普遍而又复杂的社会心理现象,不仅永康有,古今中外都有。它是人们对某些言行的自我限制。最初起源于宗教。在人类社会的原始阶段,人们往往对自然现象和自然力不理解,甚至困惑恐惧,以为有一种超自然的神力发挥作用。禁忌,是人类的一种防卫手段和措施,用以避免超自然神力的危险而发出的信号,最典型的就是那种印有"宜""忌"的"历书"。语言禁忌,也是其中的一种。古人以为语言和大自然的风声、雨声、雷声一样,有一种超自然的神力,既可降福消灾,也可给人类带来苦难。因此,人们将言语所代表的事物和言语本身等同起来,将表示祸福的词语看成祸福本身,并在言谈中非常小心谨慎地使用相关词语,唯恐触怒神灵,遭受惩罚。所以有些语词就不能说——"禁";有些语词就要回避、变通——"避讳"。这就是"语言禁忌"产生的原因。

范仲淹在《兵部侍郎致仕胡公墓志铭》中写道:"公讳则……

皇考讳彭,王考讳……考讳承师。"在胡则及他的祖宗名前都加了一个"讳"字,这是为什么呢?这是因为人活着的时候不是神,所以不用忌讳他的名字,死后变成鬼神,所以不能提他的名字。如一定要称死者的名字,应称其"讳"。因他们的名字已经和他们的灵魂一起变成了鬼神的一部分,属于神圣的东西,直呼其名,就是对鬼神的触犯。《左传·桓公六年》:"周人以讳事神,名,终将讳之。""人死曰终,终则讳之,生则不讳。"《礼记·檀弓下》:"卒哭而讳,生事毕而鬼事始已。"

禁忌语是禁忌观念的载体,折射出人们祈福避祸、避俗求雅的社会心态。但各地的禁忌语有所区别。永康方言中的语言禁忌大致有以下几种:

## 一、称谓禁忌

称谓禁忌出于某种礼俗。俗话说:"子不言父名,徒不言师讳。"对祖先和长辈的名字,不能直接称呼,一律在名字后加辈分称谓,如××叔公、××伯公、××叔、××哥、××姐等。家族内长幼辈之间是如此,师徒关系的长幼辈之间是如此,陌生人之间也要视年龄大小,采用适合对方身份的称谓。

例如问路,对方若是与自己年龄不相上下,一般称"同年哥""表嫂",老年人则称"阿公""阿婆",公职人员可称职务、职称("同志"一词已少用,有同性恋之嫌),办厂做工的则称"老板""师傅"(忌称"打工仔"),而对年轻人则称"帅哥""美女"(忌称"小姐")。

近年来对职务、年龄的口头称呼出现一种新的"潜规则"——模糊化:称职务要往"高处"套,称身份要往"尊贵"套,称年龄要往"低处"套,忌"精确"。如"××副局长",则直呼其某局长,把"副"字略去;副校长、副市长也同理,副职的一律以正职称之。在同单位中,有的还把"长"字略去,直呼x局、x处。店主称顾客往往都称"老板"。而在年龄段的称呼中,往"低处"靠,对方若是六十出头,忌称"阿公""阿婆",宜称"阿叔""阿姨"(或"阿姐"),对方若是四十上下,还可称其"后生侬""细囡",忌称"同年哥""表嫂"。这种称呼的"潜规则",表现了当代社会"官本位""富本位""以年轻为贵"的社会心理。

"罗"是永康底层百姓很普遍的一种招呼语,但是,对长辈及上级忌称"罗"。

称谓禁忌也体现在取名禁忌上。封建社会,国君取名回避国名、官名、山川名、牲畜名和器币名。因为这些名称在社会生活和祭祀活动中经常使用,如果废弃不称,就会引起混乱和麻烦。此谓"六避",老百姓取名,忌与长辈名字同字或同音。

当代永康人取名用字力求独特、典雅、含蓄、趣味,具有鲜明的时代性。他们总结了"文革"中紧跟政治形势,给名字打上太多政治烙印,以致不得不改名的教训(如"卫彪""学青"),出现了以下几多几少的趋势:

祈求幸福平安、健康成长的用字多了,追求光宗耀祖、衣锦还乡的字眼少了;含蓄、典雅的书面语多了,直白、粗鄙的俗语(特别是政治口号用语)少了;仰慕前贤、努力奋斗的字眼多了,不劳而获、坐享其成、多子多孙的用语少了(以前农村"天赐""七召""招弟"较常见)。文言词、异体字、生僻字多了(如"赟""蔷""昶"等),表示农耕社会追求的少了(如"土""根""田"等)。

至于企业商品取名的禁忌,则忌用多音字、偏字、语意隐晦字、雷同近似字,忌用不吉语、触犯戒规语。这方面已有书刊专门介绍,这里不再赘述。

## 二、丧葬禁忌

趋吉避凶是人类普遍的心态，作为最不吉利的事——死，是人们最忌讳的。因此，对"死"及与"死"有关的字眼，都在禁忌之列。在永康，人们通常将人死亡称为"硬去了""断气了""去了""走了""转去""过辈了"。称"死日"为"忌日"，"出丧"为"上山"。"棺材"为"寿材""大屋"，"做棺材"为"做大屋"。遇见抬棺材，要说"官也来了""财也来了"。死人穿的衣服称"寿衣"。寿衣质料不能用皮（忌"转世野兽"）、绸缎（"缎"谐音"断"，有"断子绝孙"之嫌），大都用绢（表示"眷眷留恋"）和棉（表示"绵绵不绝"）。衣裤的件数，忌双喜单。

## 三、性禁忌

对于涉及性行为和性器官的词语，人们通常认为是亵渎语，说这些话的人，永康人往往视之为没教养，称为"滥粗滥教"，因此在日常的交际中都忌讳使用，而用别的词语来代替。

例如：

男生殖器——吊、鸟、雀、小弟弟、小鸡鸡、下身、那个东西。

女生殖器——阴部、下身。

性行为——房事、同床、床笫(zǐ)之事、夫妻生活、做爱、睡觉。古代则称"云雨""风流韵事""鱼水之欢""同房"等。

不正当的性行为——外遇、出轨、归出、偷鸡摸狗、寻花问柳、找野鸡、打炮、包二奶、傍大款、桃色事件、绯闻等。

性工作者——鸡、鸭。

拉屎拉尿——上东司。《汉语大词典》:"东司亦作'东厮'。指厕所。宋无名氏《张协状元》戏文四五出:'黄昏侍奉我上东司。'《醒世恒言》卷三十:'原来支成登东厮去了。'"现代则称"上厕所""去洗手间"等。

月经——例假、特殊情况、那个、好事情。

怀孕——有喜。

动物的性事——发情、叫春。

四、破财禁忌

江浙之地,商贾云集。作为百工之乡的永康,讲实学、讲义利并重,民间对财富的追求是强烈的。对于破财的词语禁忌十分重视,因为财运的好坏直接关系到他的务工、做生意的赚折,收入的多寡乃至一生的命运。这从经商者、手艺人的行语、暗语中表现更为明显。例如:

经商开店的:

"关门"叫"打烊""休息""家中有事";买财神像忌说"买",要说成"请"("文革"中对毛主席像、毛主席语录也说"请"),卖者忌说卖,要说"送"。广告中房子出卖,也说"转让",忌言"出卖"。

做手艺的行话:

| 钱——老底 | 金匠——过黄 | 锡匠——过荷 |
|---|---|---|
| 铜匠——过肯 | 铁匠——过硬 | 钉秤匠——过横 |
| 住宿——扎朝 | 酒——斗进 | 菜——辽新 |
| 香烟——火烟丝 | 一万元——一筒 | 一千元——一片 |
| 吃饭——闪汉 | 好——很 | 差、坏——小撮 |

……

这些行话、暗语,出于安全、保财、发财考虑,由广大的手艺人共同创造,约定俗成,流行于某一群体之中。可惜尚未有人系统收集、整理。这是我市五金文化的一个重要组成部分,希望趁这些创业者健在,有人抓紧做这个工作。

## 五、数字禁忌

据说旧时的荆楚之地流传这样的谣谚:"做官的怕一(逆),当皇帝的怕二(二主争国),卖豆腐的怕三(酸),当财主的怕四(事),当婊子的怕五(武),卖肉的怕六(绿),做强盗的怕七(奇),姓王的怕八(做王八),生病的怕九(久),说谎的怕十(实)。"这十类禁忌,都是以数字谐音来表达一种禁忌。当代坊间也有类似的传说:当官的喜六(禄)不喜八(七上八下),经商的喜八(发),新婚夫妻喜九(久)。"二"则普遍不喜欢,因为"二"字头的词大都不好听:二流子、二百五、二手货、二婚生、二道贩子……

在当代社会,许多运用数字的地方又派生出了一些新的禁忌,如:

电话号码:忌四(死),喜八(发)。

汽车牌号,忌八(翻)、四(死)。喜六,"六六大顺"。但也有不忌讳,选用414的,不过在后面加了一个英文字母——X,变成414X,X像一把叉,变成了"负负得正",成了独一无二的吉祥号码。

楼层:忌四、十四、十三、十八。忌十三是因为国外讨厌这个数字,忌十八是因有"十八层地狱"之嫌。永康总部中心的几座20层以上的大楼,都没有"13""14""18"的楼层数字。

年龄:庆贺生日,有"男不做三,女不做四"之说,因"三"谐音

"散"，"四"谐音"死"。此外，到了七十三岁或八十四岁时，一般老年人会把自己的年龄说大一岁或小一岁，所谓"七十三、八十四，阎王不叫自己去"，就是这个年龄的忌讳。因孔子、孟子两位圣人的终年为七十三、八十四，圣人都难以过此关口，何况一般人？故有此忌讳。对"百岁"也忌言。因百岁常常用来指人寿之极限，如"百年好合""百年之后"，即使活到一百岁，也只能说是九十九岁，怕有不幸灾祸发生。

## 六、其他禁忌

(1)对残疾人的禁忌：

盲人——失明　聋子——失聪

肢体残疾——行动不便

(2)对人体某些器官修补后的称谓，忌称"假"，选用"义"：

假牙——义齿　假肢——义肢

(3)对人身体高矮、胖瘦的委婉语：

胖——发福　瘦——苗条　矮——精悍

## 七、委婉语

禁忌语言变成委婉语的组成方式：

(1)反义词代替：把不吉、不洁的禁忌语换为吉祥、雅致的说法。如："停尸房"叫作"太平间"。出殡时对参加葬礼来宾的回礼称为"利市"，其中有一种煮熟的豆就称为"利市豆"。

(2)相关联想：如"性行为"说成"房事""睡觉"，来月经称为"身上来了""来例假"；"耳聋"称"失聪"；"怀孕"称"有了"；男性生殖器说成"小鸡鸡""鸟"。

(3)模糊说法:如"死"说成"去了""逝世""圆寂"。"做棺材"说成"做大木"。"文革"时期将四类分子子女称为"可以教育好子女",也是一种委婉语的表达方式。

(4)趋吉避凶:如旧时杀猪人家请客,吃猪的肝、心、肺等内脏,称吃"猪三福"。

(5)以雅代俗:如"性行为"称为"鱼水之欢""云雨""风流韵事""绯闻""桃色事件"。"棺材"称"寿材","鸡爪"称"凤爪",家畜发情称"叫春"。

(6)同音替代:过年时餐桌上有"鱼、生菜"之类食物,以讨"年年有鱼(余),岁岁生菜(财)"之类的口彩。

## 八、语言禁忌的意义

语言禁忌在社会文化生活中具有积极的意义。

首先,了解、懂得地方方言的语言禁忌,表现出对他民族、他地、他人的尊重,有利于不同地区、民族之间的交流和友好往来。《礼记·曲礼》云:"入竟(境)而问禁,入国而问俗,入间而问讳。"时代要求人们接受他地文化的"承诺"与"约束",了解和尊重他人的禁忌和风俗。这是化解文明冲突、增强文明沟通的重要内容之一,也是扩大国际贸易、增加进出口业务的必要条件。

其次,语言禁忌要求主动避开凶险、污秽的字眼,用委婉的语言进行表达,把本来不祥的事物和现象用吉祥的词语加以掩饰和回避,并非出于虚伪,而是求得心理平衡的一种善意的修辞手段,体现了一种文明进步。提倡语言的含蓄、优雅,反对语言的粗鄙、低俗,体现的是一个地区和国家的文明程度,这与奉承拍马、掩盖真相不能混为一谈。

此外,语言的禁忌,也丰富了汉语的语汇和表达方式。如委婉语的使用,使同一事物产生了多达几个、十几个词义相同或相近的词语,极大地丰富了词汇与表达方式,也将方言提到一个更高的层次。

当然,对某些含有迷信色彩和封建等级观念的禁忌语,我们也要区别对待,不能一概继承;对某些只通行一地、一时的禁忌语,随着开放和交往的扩大和频繁,逐渐消亡,也可顺其自然,不一定"抢救"。

古人将文化人称为"文曲星"下凡。含蓄典雅的委婉语就是一种"曲"的表现。但要"曲尽其妙",实属不易。本文只罗列了永康方言禁忌语的一小部分,期盼广大读者、同好指正、补充。

方言书籍中的

永康话语词

# 《汉语方言概要》中的永康话语词

**徐天送　辑**

[**帮衬**]　照应,帮忙。

[**趵**]　物体突然跃起。

[**滗**]　滗干。《心明经音义》引《通俗文》云:"去汁曰滗。"

[**巴望**]　盼望。

[**漕(铺)**]　沸,沸溢。

[**搭**]　①同,和。"搭仔耐一淘去",同你一起去。②"搭酒",用菜就酒。"搭酒菜"。

[**渧**]　滴水。《埤苍》:"漉也,一曰滴沙沙。"《集韵》:"丁计切,音帝"。谚云:"绳锯石头断,水渧阶沿穿。"

[**刁枭**]　奸刁,阴险。

[**顶真**]　认真。

[**踮**]　踮脚,脚尖着地。

[**塌台**]　丢丑,丢脸。与"坍台"同义。

[**推板**]　略差,稍逊;怠慢。

[**庹**]　两臂引长叫一庹。义同"寻"。见《字汇补》。

[**埭**]　①行列。《正韵》:"埭俗作土大。"②趟,回。"去仔一埭",去过一回。

[**盥**]　涮洗使净。

[**铜钿**]　钱。

157

[夹里] 衣服里子。

[剀] 刀割。

[火] 发怒。

[开心] 快活。"寻开心",开玩笑。

[囥] 藏匿。《集韵》:"口浪切,音亢,藏也。"比较闽南潮州。

[考究] 讲究。

[悭] ①悭吝,啬刻。②汗垢,泥垢。

[块头] 个儿。"大块头"。

[隑] 斜靠,倚墙而立。《玉篇》:"渠铠、牛哀二反。《方言》:'倚也。'""扫帚隑勒墙角落头。"

[掼] 摔,字亦作"掼"。"掼脱",扔掉。

[作兴] 可行,可以,也许。"勿作兴",不合适,不应该。

[作成] 给甜头吃,给颜色看。

[做人家] 节俭。

[扯直] 两相抵消。

[冲克] 五行忌走。(旧时以地支配方位,相抵触叫冲;以天干配五行,相制伏叫克——见《汉语大词典》)

[饭糍] 锅巴。

[吐] 涎,吐沫。

[齐头] 恰恰,恰巧。

[事干] 事体。事情,事儿。

[缠错] 弄错,搅乱,混了。

[浇头] 拌面用的菜,类似北京的面码儿(素的)或卤。

[劲道] 劲儿。

[起劲] 高兴,兴冲冲。

[花头] 花样。"起花头""花头经""花样经",耍花样。

[霍闪] 闪电,打闪。

[蜺] 虹而有雾气。

[甩、摔] 义近掼。"甩脱",扔掉。

[搳拳] 猜拳。

[紃] 《广韵》:"刺缝。"《玉篇》:"行孟切,缝絍也。"

[豪燥] 快,火速。与"快"同义。《集韵》:"先到切,快也。"

[活狲] 猴子。

[活络] 灵活,不固定。

[买账] 甘拜下风,佩服。

[煝头] 点火的纸捻儿。(比较"触霉头",倒霉,晦气。霉俗作"楣")

[面汤] 洗脸水。

[念] 二十。《说文》:"廿,二十并也。"席氏读说文记曰:"宋人题开业寺有'念五日'字"。

[弄耸] 作弄,逗。

[人客] 客人。(浙南)

[晾] 晾。

[老板] 店主,厂主,掌柜的。

[弄堂] 胡同。

[落苏] 茄子。

[坳翘] 干翘,不平貌。

[洋钿] 钱,银元。

[旺] 火势旺盛。

[用场] 用处,用途。

[齆] "齆鼻头",鼻塞语音不清。《埤苍》:"鼻病也"。又见《广韵》《集韵》。

[呕] 叫,唤。

[温吞] 水微温。

[颎] 没入水中,埋在灰里。见《广韵》《集韵》。俗作"沃"。

[望望] 看一下。

[读读] 读一下。

[洗洗] 洗洗罢。

[撸撸] 抚摸。

# 《吴方言词典》中的永康话语词

### 徐天送　徐关元　辑

# 一　画

[一日到夜]　从早到晚;整天。

[一生一世]　同"一生世"。陆文夫《故事法》:"他一生一世只帮人,不求人。"

[一头……一头……]　表示一个动作跟另一个动作同时进行。元代无名氏《杀狗劝夫》第三折:"即是这等,待我一头开门,一头念诗你听咱。"《清平山堂话本·梅岭失妻》:"巡检一头行,一头哭。"《初刻拍案惊奇》卷五:"大家一头笑语,一头行走。"胡祖德《户谚外编·表妹成亲》:"一头说话一头哭,说话停时哭不停。"

[一式一样]　完全相同,没有什么两样。《官场现形记》第二九回:"余道台见了这副神气,更觉得同花小红一式一样,毫无二致。"

[一刻不等两时辰]　亦作"一刻不等两时"。立时立刻。胡祖德《沪谚外编·陆野医卖娘子》:"一刻不等两时辰,自己走到赌场门。"

[一点一划]　形容做事认真踏实,循规蹈矩。程乃珊《当我们

不再年轻的时候》六："做学问嘛,就得一点一划,容不得半点花巧。"评弹《再生缘》第五回："公子爷是一点一划的读书人,假使他知道这里是小姐的堂楼,是不会随便上来的。"

[**一塌糊涂**] 形容一发不可收拾或糟到极点。

[**一滴滴**] 同"一的的"。《采风》(1984.14)："上海话中像'一眼眼'这样,用'一+量词重叠'来表示数量极少极小。"又如:一滴滴小意思,请侬笑纳。

# 二　画

[二郎腿]　坐的时候把一条腿搁在另一条腿上的姿势。

[十三点]　言行不合情理;疯疯癫癫;傻里傻气。

[七七八八]　事物的七八成。谓"差不多"。清朝褚人获《坚瓠四集·罢耍词》:"元人有《叨叨令带风入松》词云……杯中物直饮到七七八八,醉中日月真无价。"《何典》第八回:"那消一年半载,便将鬼谷先生周身本身,都学得七七八八。"

[七打八]　十去七八。所谓剩不多。《西洋记》第六十四回:"三太子反吃一惊,说道:'反把自家的船倒烧得七打八哩。'"《何典》第二回:"活鬼虽说是个财主,前日造庙时已将现银子用来七打八。"刘复注:"或作七搭八,犹言七八成。"

[七讲八讲]　说东道西,到处乱说。

[七高八低]　形容高低不平。评弹《孟老头》:"路上有一段七高八低不大好走,你关照他要下车拉。"

[七缠八缠]　纠缠不休。如:伊一日到夜七缠八缠,我拨伊烦煞勒。

[人是衣装,佛是金装]　同"人是衣妆,佛是金妆"。陆文夫《移风》:"人是衣装,佛是金装。"

[人客]　客人。

[人家]　指家产。《沪剧小戏考》:"赠盘缠赠盘缠,拿我一家人家全偷完!"

[人家人]　旧时指正派家庭中的妇女。《海上花列传》第十六回:"堂馆道:'俚叫诸十金,就来里倪隔壁。'实夫道:'倒像是人家

人。'"

[**入舍**] 入赘。宋朝苏轼《续纂·陡顿欢喜》:"富家儿乍入舍女婿。"《元典素·户部》:"本路孟甫男陵园野驴与女哇哥为婿,一十五年入舍,立到婚书。"《何典》第五回:"话说刘打鬼自从入舍到活家,作了财主婆的老公,思衣得衣,思食得食,安居乐业的,岂非一般发迹?"

[**力道**] ①力气;力量。叶圣陶《火灾·饭》:"这位先生很有点力道,他在衙门里出进,时常同县官讲话。"②效力;作用。茅盾《秋收》三:"我就知道祖宗传下来的豆饼好!豆饼力道长!肥田粉吊过了壮气,那田还能用吗?"

# 三　画

[三日两头]　经常;时常。《黄绣球》第十七回:"这里黄绣球自与黄通理赶办各事,三日两头,照常同张先生、毕太太等,往来商酌。"

[三只手]　扒手。胡祖德《沪谚外编·三只手》:"吃仔三顿无出息,只好做做三只手。"

[三脚猫]　①对某些技艺都略知一二而并不精熟的人。②不精熟的技艺,小本领。鲁迅《书信集·致章廷谦》:"但医生须得人,不可大意,随便令三脚猫郎中为之。"评弹《白蛇传·投书》:"如果头子活络,嘴讲得来,真有点三脚猫,那是我要好好派他用场。"③特指不精通的拳脚功夫。胡祖德《沪谚》:"学得三脚猫,踢翻泥涂灶。"评弹《再生缘》第十七回:"幸亏儿子会两记三脚猫,偏得快,这才没有给刺死。"

[工钿]　工钱。

[下半日]　下午。

[下作]　下流。《官场现形记》第六回:"气的是这班不长进的老爷,干此下作营生,偏会偷偷摸摸。"

[下作坯]　品德下流的人。(骂人的话)

[下脚]　①剩下的渣滓或沉淀性物质。陆文夫《井》三:"料酒是黄酒的下脚,价钱便宜。"②小账。《歇浦潮》第八回:"我有一个姊妹,也在生意上帮忙,只拆一份下脚,洋钱有到一百多块呢!"③食用的牲畜内脏;下水。如:猪下脚。④落脚;居住。越剧《五姑娘》:"依我看,让阿天先走,找好下脚的地方,再来接侬。"⑤辅助性的

(活儿)。如:我只会做做下脚生活。

[**大人家**] 富户;大户人家。《平妖传》第十一回:"遇着好佛的就陪着烧香,大人家往往有之。"《何典》第六回:"算计已定,便走到一个大人家去,发起利市来。"潘慎注:"大人家,大户人家。"

[**大头天话**] 荒诞没有根据的话;大话。绍闻《百丈岭》:"大头天话少讲讲,你开啥玩笑!"

[**大老母**] 亦作"大老马",指大老婆。《海上花列传》第二十六回:"逃走倒勿是逃走,为仔大老母搭俚勿对,俚家公主放俚出来,教俚再嫁人。"《孽海花》第三十回:"他又深知道彩云虽则一生宠擅专房,心上时常不足,只为没有做着大老母。"

[**大后日**] 大后天。

[**大细**] 子女。明朝冯梦龙《山歌·镬子》:"咦要我支持拜节茶汤茶水,咦要我照管个男儿大细个点心。"清朝王有光《吴下谚联·大细》:"子女多者,统言大男小女,毕竟贵男贱女之意多,一似大属男小属女者。自钱塘名妓苏小小名噪一时,原之称儿女者,讳大小而曰大细。"胡祖德《沪谚》卷下:"冷来要破絮,老来要大细。"

[**大面**] 戏曲角色"净"的俗称。包天笑《钏影楼回忆录·两堂度曲》:"惟有子青哥,他偏要唱净(即俗称大面)。"树《姑苏春》:"忻医生要是也喜欢看大面戏的话,以后倒是值得看一下。"

[**大饼**] 烧饼。《新民晚报》(1986.3.18):"我原是卖大饼油条为生。"

[**大前日**] 大前天。

[**大样**] 气派大,大方体面。明朝柯丹丘《荆钗记·辞灵》:"你若依了我,嫁了孙家,大样妆奁,十分宝贵。"

[**大路**] ①普通;一般;大众化。《新民晚报》(1984.6.20):"'大路'一点,黄瓜切片后腌制片刻,泌干水加糖醋辣油、'香头'等调

料拌渍就可以了。"《解放日报》(1988.3.30)："对大路菜,要实行限价销售管理。"《新民晚报》(1988.5.26)："他的音色比较'大路',不像邱岳峰、童自荣那般特征鲜明,一听就能辨认出来。"②说话办事合乎情理,上路。

[上] ①做;干。《海上花列传》第十八回："难末姘戏子、做恩客才上个哉,到后来弄得一场无结果。"程乃珊《银行家》五："陌里陌生的人和银行,我是信不过的,利钿再高,我也是不上的。"②指给别人颜色看;寻衅;较量。《海上花列传》第二回："索性搭耐上一上,试试看末哉!"评弹《大红袍·怒碰粮船》："这些恶贼削尖了头只想铜钿,趁此机会上上他们!"滑稽小戏《王小二过年》第一幕："格种人是应当上上俚,勿罪过格。"

[上山] 指因违法犯罪而被关押。《新民晚报》(1988.9.18)："有的是流氓阿飞,'上山''进庙'多次的惯犯。"《解放日报》(1988.10.29)："据调查,个体户群众中有20%是刑释、解教人员,有相当多的人虽未上过'山'进过'庙',但也有过这样那样的违法违纪行为。"

[上日] 昨天。如:新生是上日来报到的。

[上心事] 担忧。清朝柯吾迟《漏网喁鱼集》："其一人曰:'你这老人家不上心事;尚来打听甚?'"叶圣陶《线下·外国旗》："今天不成功了。你不见老寿正在上心事么?"

[上半日] 上午。

[上台盘] 亦作"上台面"。谓言谈、举止得体,上得了大场面。《海上花列传》第三十回："朴斋不上台盘,远远地腌在一边。"《新故事专辑》："讲出来真叫不上台面,这邵振声前前后后曾向老潘借过四百元钞票。"又如:侬迭种闲话只好私底下讲讲,不上台面格。

[上灶] 犹言掌勺儿。《清平山堂话本·快嘴李翠莲》："三日媳

妇要上灶,说起之时被人笑。"《约法三章》:"烧菜归奈,生煤炉、烧火归我,奈做上灶,我算奈下手。"

[上照] 指某人在照片上的面貌比本人好看。胡考《上海滩》:"有许多人不过是上照,本人未必好看。"

[口气] 口音。《二十年目睹之怪现状》第八五回:"还坐了八个人,都是宁波、绍兴一带口气。"

[口头] ①器物靠近外边的部分。如:钢笔就勒拉抽斗口头。②出入通过的地方。

[口谈] ①口头禅。如:个样粗俗的闲话渠是一直当口谈的。②口音;口气。《初刻拍案惊奇》卷十四:"李氏与大郊面质,句句是杨化口谈。"

[口彩] 指吉利话。《文明小史》第十五回:"听了这个,甚是希奇,但是听了他的口彩,心上也高兴。"常锡剧《两兄弟·碰壁》:"现在正是要紧时候,你还要来讨这种口彩!"评弹《孟丽君·洞房刺奸》:"大凡新娘娘全怕难为情格,板要横劝竖劝,讨讨口彩,说说好话,多少肯吃点。"

[门面] ①面子;体面;表面的排场。《警世通言》卷二二:"招得这般女婿,须不辱了门面。"又如:伊欢喜讲讲场,装门面。②一定布料的宽度;门幅。如:门面两尺七格料作,买八只就够了。

[门面板] 规定要做的事。《说新书》一:"刚刚我这种话,什么'领领小囡烧烧饭,服侍男人是你门面板',这种话被老支书晓得不行的。"

[门前] 前边;面前。《醒世恒言·陈多寿生死夫妻》:"(柳氏)一头说,一头走到门前,把那象棋子乱撒在街上、棋盘也掼做几片。"评弹《孟丽君·母女相会》:"床门前光线比较亮,床背后来得暗。"《吴歌新集·啥个尖尖尖上天》:"毛笔尖尖手里用,绣花针尖

尖在姐门前。"亦说"门前头"。

[门路] 线索。《警世通言·金令史美婢酬秀童》:"闲话中间,陆门子道:'金阿叔,偷银子的贼有些门路么?'金满摇首:'哪里有!'陆门子道:'要赃露,问阴捕,你若多许阴捕几两银子,随你飞来贼,也替你访着了。'"

[门槛] ①窍门;诀窍。评弹《白蛇传·投书》:"讲到做生意赚铜钿格门槛,苏州城里城外,要让还我第一把交椅。"评弹《大红袍·抛头自首》:"老爷呀,瞎子杀人有门槛格。"②指找窍门或占便宜的本事。程乃珊《蓝屋》:"这个老三,门槛贼精的。"《上海民间故事选·一百二十条店观》:"这个钱雨财剥削店员的门槛最精,手段最辣。"

[卫生衫] 机织的绒里内衣。亦说"卫生衣"。

[卫生裤] 机织的绒里内裤。

[叉麻雀] 打麻将牌。鲁迅《南腔北调集·中国之基本》:"唐、宋的踢球,久已失传,一般的娱乐是在家里彻夜叉麻雀。"包天笑《钏影楼回忆录·在新年里》:"至于后来流行的叉麻雀,当时苏州看也没有看见。"叶圣陶《隔膜·一个朋友》:"伊又喜欢'叉麻雀',下半天和上半夜的工夫都消磨在一件事上。"

[叉嘴] 插嘴。明朝冯梦龙《山歌·歪缠》:"我也无介气力听渠叉嘴,自听卖鱼个开言。"《九尾龟》第三十回:"龙蟠珠不等秋谷说完,急叉嘴道:'他就是踠哇香呀!'"《负曝闲谈》第一回:"另外一人叉嘴道:'陆相公,据人氏如此说法,你是有福气的了。'"

[飞烫] 滚烫。《缀白裘·党人碑·酒楼》:"让我去拿一壶飞烫个热酒来吓。"

[小人] ①小孩儿。王安忆《人人之间》二:"这小人一养出来就是哭,哭,一刻不停地哭,他娘就是被他哭死的。"评弹《阿林转

变了》："下班回去,抱抱小人。"②子女。独角戏《两个理发员》："偶(我)是带仔小人一淘去拍全家福。"

[小人家] 无钱无势的人家;小户人家。

[小九九] 小算盘。比喻为个人或局部利益的打算。

[小囡] 小女孩。

[小弄弄] 同"小来来"。《文汇报》(1982.1.19)："他跟着别人从'小弄弄'到大赌,一个本分老实的青年就此逐渐堕落。"《新民晚报》(1984.6.19)："小弄弄,马马虎虎,太狠心,可要不客气,懂伐?"

[小肠气] 疝气。《缀白裘·四节记·嫖院》："小肠气发哉,筛热酒来。"高晓声《荒池岸边柳枝青》七:"甚至把小肠气地说成是狗咬时急落下来的,割了才出院。"

[小姐] 旧时对妓女的谑称。清朝钱泳《履园丛话》:"吴门称妓女曰小姐,形之笔墨,或称校书,或称录事。"徐珂《清稗类钞·方言类·上海方言》:"小姐,普通尊闺中未嫁之女子为小姐,上海幺二以下之妓亦有此称。"

[小鬼] 同"小鬼头"。《何典》第一回:"到得十月满足,生下一个小鬼来。"谈玉忠《濛濛雨夜》:"不会是小鬼弄白相呢?"滑稽戏《三毛学生意》:"店里事情不做,老是玩,看你这个小鬼能出山。"

[小菜] 泛指鱼肉蔬菜等。特指下饭的菜。明朝邵灿《香囊记·途叙》:"小子出萝卜做小菜,有何不可?"柴萼《梵天庐丛录·下饭》:"吾乡谓菜肴曰下饭,若吴人直曰小菜耳。"鲁迅《且介亭杂文·随便翻翻》:"先前这几个钱就可买一天的小菜,吃够一家。"

[马夹] 同"马甲"。苏州评话《飞夺泸定桥》:"有的是上身赤膊套一件对胸马夹,有的是只穿一件蓝布紧身单布衫。"

[乡气] 土气。

[开片]　开篇。《九尾龟》第一回："此时许宝琴抱着琵琶,弹了一套开片。"《海上花列传》第三回："孙素兰和准琵琶,唱一支开片,一段京调。"

[开头炮]　打头炮。叶辛《蹉跎岁月》："苏道诚抢开头炮,他举起满满一碗酒,站起来,话声琅琅地说……"《新民晚报》(1988.8.17)："佛山市却不声不响,然而又惊天动地地开了头炮,组建了一支职业足球队。"

[开间]　量词。房屋宽度的单位(每开间相当于一根檩条的长度,约一丈左右)。亦泛指房间的宽度。程乃珊《蓝屋》："开间小点没关系,只要间数多点。"

[开房间]　在旅馆租用房间。旧时也特指嫖妓或男女搞不正当关系。胡朴安《上海俗语大词典》："开房间,向旅馆中赁定房间也。上海风俗浇薄,男女以开房间而图其苟且行为者,旅馆中无日无之。"茅盾《子夜》："昨天和赵伯韬到华懋开房间的女人是……"亦作"开栈房"。

[开胃]　开心。《糊涂世界》第八回："子厚心里是满肚不开胃。"

[开洋]　去头去壳后晒干的虾。胡朴发《上海俗语大词典》："开洋,虾米也。"《新民晚报》(1987.2.28)："根据她的指点,胡乱点了几样开洋肉片汤之类的'大路货'。"

[开消]　①指责;斥责。胡考《上海滩》："新来的见少老爷发脾气,未对她当面开消,责怪老三,早已躲了出去。"②付账;支付的费用。《海上花列传》第十五回："罗老爷倪搭开消仔,勿来哉呀。"

[开通] 开导。评弹《王孝和》:"路兄,让我再来开通开通他。"

[开销] 同"开消"。

[开路] 走路;离开。程乃珊《蓝屋》:"你讨厌这个把你养大的'破'房间,你尽管开路好了。"《小说月报》(1982.3):"阿雪替他们量了身材,记下尺寸,留下料子,就可以让他们开路。"《人民日报》(1983.12.9):"如果有谁不愿就位,或者就位而不尽责,那就应该批评教育,坚持不改的,只好请他开路。"

[天开眼] ①谓老天睁开了眼睛,比喻极其难得的事。明朝汤显祖《还魂记·回生》:"天开眼了,小姐啊!"苏州评话《群英会》八:"不想今天天开眼,军师大发慈悲,打听一琥消息能得到赏赐,想必这恩赏不会小。"②谓老天有眼,比喻天理自然存在。元朝杨维桢《周铁星》诗题注:"张氏(张士诚)亡国,亡于其弟士信,趣亡于毒敛臣周倿倿。山阳铁冶子,以聚敛功至上卿,伏诛日,曰:'钱谷盐铁籍皆在我,汝国欲富,当勿杀我。'主者怒曰:'亡国贼不知死罪,尚敢言是耶!速杀之。'吴人快之,或手额谢天曰:'今日天开眼也。'"《水浒传》第六十二回:"你这财主们,闲常一毛不拔,今日天开眼,报应得快!"③久雨天晴。如:等到天开眼了,小孩就可以到外面白相了。

[天公] 天气。胡祖德《沪谚外编》:"四月天公好莳秧。"越剧《一日千里》:"大年初一好天公,出门面对太阳红。"

[天老爷] 老天爷。茅盾《春蚕》:"他们全家一个月的忍饿失眠总算不冤枉,天老爷有眼睛!"评弹《西厢记·赖婚》:"这种小囡说话,天老爷勿是奈做格。"

[天光] ①天高;早晨。胡祖德《沪谚外编》:"李三娘挑水到长江,日间肩挑三担水来吃,夜间推磨到大天光。"②天气。如:今朝天光好。

[**天晓得**] 表示难以理解或难以分辨；天知道。周而复《上海的早晨》："天晓得徐义德想的啥办法，真不讲情义。"又如：伊怪我不好，真是天晓得！

[**无用场**] 无能。《海上花列传》第四十九回："珠凤生来无用场。"

[**元宝**] 纸锭。如：买串元宝。

[**木**] 迟钝；不灵敏。鲁迅《书信集·致曹聚仁》："看起来，就是中学卒业生，或大学生，也未必看得懂《涛声》罢，近来的学生，好像'木'的颇多了。"又如《致母亲》："许多人都说他太聪明，还欠木一点。"越剧《祥林嫂》："祥林嫂真变得多了，时常淘米忘记淘箩，最近一年来越来越木啦。"

[**木大**] 呆笨；傻。亦指头脑迟钝的人。《文化娱乐》（1983.3）："阿唷，我的木大女婿，还不快去帮帮玉娇？"

[**木爿**] 当柴烧的木片，柴爿。

[**木作**] 木工活。《醒世恒言·赫大卿遗恨鸳鸯绦》："这匠人叫做蒯三，泥水木作，件件精熟，有名的三料匠。"

[**不犯着**] 犯不着；不值得。《孽海花》第五回："为这一点小事，办一个小人，人家议论不犯着。"

[**不着调**] 同"勿入调"。孙芋《妇女代表》："这个死媳妇，就像迷住了窍似的，这么不着调，吃饱了又走啦！真气人！"金河《典型形象》："安装队的这些青年人干活真不着调。你看，干了这么屁一点，这么早就下班了！"

[**不着落**] 说话做事没有分寸。范小青《光圈》："这个小人，热心是热心，就是脾气古怪，讲闲话不着落。"

[**不搭界**] 同"勿搭界"。《收获》（1981.6）："我并不是硬去想那些与种田地不搭界的事，不过现在这些鬼名堂实在教人恼！"

[**太公**] 曾祖父。《崇明县志》："曾祖父曰太公。"

[太婆] 曾祖母。《崇明县志》："曾祖母曰太婆。"

[扎墩] 形容身体强壮结实。如：小伙子看上去蛮扎墩,力气一定勿小。

[瓦爿] 瓦。亦指碎瓦片。胡祖德《沪谚外编·庵堂相会》："瓦爿也有翻身日,困龙终有上天庭。"评弹《白蛇传·投书》"阿喜晓得王永昌做人刻薄吝啬,一个铜钱看得像瓦爿那么大。"又如：格家人有解放前是穷得一张瓦爿也勿赊。

[少须] 同"稍些"。《市声》第五回："弟不该在苏州耽搁了几天,开秤迟了几日,少须吃亏。"

[日长夜大] 一天天很快地成长起来,迅速发展壮大。唐人《金陵春梦》第二集："二陈在当时以其纵横捭阖的手腕,在每次风潮中,占尽了便宜,于是日长夜大,羽毛丰厚,在当时居然成为一大豪门的派系。"《新民晚报》(1984.4.14)："看孩子日长夜大,笑起来咿啊有声,忍不住对准那红扑扑的小脸亲个没完。"

[日头] 太阳。元朝吴昌龄《张天师》第二折："想当初尧王时有十个日头,被后羿在崐仑山顶上,射落九乌。"明朝冯梦龙《山歌·等》："日长遥遥难得过,双手扳窗看日头。"《儒林外史》第十四回："手持黑沙团香扇,替他遮着日头。"长篇叙事吴歌《五姑娘》第一章："徐阿天日头当中一步跨进厨房门,五姑娘拿一只蓝边花碗替伊把饭盛。"

[日头里] 太阳底下。《缀白裘·绣襦记·乐驲》："方才拉日头里数个了,连影子才算拉哈哉。"

[日脚] 日子,清朝胡文英《吴下方言考》卷十一："唐·韦索殳《才调集·无名氏古体夏诗》：'彤彤日脚烧火井。'案日脚,晷影也。今吴谚谓去日之速曰日脚快也。"《何典》第八回："他娘甚喜欢,便端正一肩行李,拣个入学日脚,来到鬼谷先生家住下。"《雪岩外

传》第三回:"如今要照此建造起来,可要多少日脚方能成就?"高晓声《蜂花》:"只差时辰,不差日脚。"

[见气] 动气;生气。鲁迅《华盖集·牺牲谟》:"请你不要见气。"越剧《九斤姑娘》:"客人你勿要见气,牛末有根绳,马末有只铃,阿狗阿猪都有个名,怎么你会没有名字的呢?"

[气闷] ①气压低或空气不流通而感觉不舒畅。如:门窗勿开,房间里邪气气闷。②寂寞。鲁迅《朝花夕拾·范爱农》:"现在是躲在乡下,教着几个小学生糊口,但因为有时觉得很气闷,所以也趁了航船进城来。"③烦恼;烦闷。如:所说伊为迭桩事体心理一直交关气闷。

[气彭彭] 形容很生气的样子。《缀白裘·玉簪记·秋江送别》:"阿哥,你去相公为奢了气彭彭?"

[手劲] 手的力气。如:拗手劲。

[手势] ①手段;手腕。《歇浦潮》第二十六回:"我虽然没有甚势力,我侄儿倪俊人却很有手势,包你将他办一个重重罪名。"②手里有东西拿着或有处可放,显得自然,叫"有手势";手空闲着,不知道放在哪儿好,显得尴尬,叫"没手势"。《文汇报》(1982.2.1):"用他的话来说,喝茶提神解渴利尿,又有手势。说得对嘛,熬夜的人不会喝茶或吸烟,就会手头空空,显得呆板和单调。"《新民夜报》(1982.4.16):"请把台上的骨头拾到碗里带走。""留着让值班的局长干,否则他直挺挺站在那里怪没手势的。"

[手脚] 为了达到某种企图而暗中采取的行动(多含贬义)。沪剧《阿必大回娘家》:"噢,婶娘,你要当心这雌老虎的手脚。"

[毛毛雨] 比喻微不足道;小意思。《新民晚报》(1986.7.16):"你的未婚夫自以为拿点小东西是'毛毛雨',不会犯法,这种想法是极其有害的。"《文汇报》(1987.8.3):"他讪笑着从口袋里掏出一

厚叠人民币认罚，连眉头也未皱一下，只是在离去时抛下一句：'这是毛毛雨。'"

[**毛头小伙子**] 指年轻的男子。陆文夫《移风》："刚才的两句话，不是什么毛头小伙子说的。"程乃珊《蓝屋》："他可不能有那些毛头小伙子才做得出的举动。"评弹《王孝和》："你放心，王孝和这样一个毛头小伙子，一共才二十四岁的人，有什么了不起。"

[**毛头姑娘**] 指年轻的女子。沪剧《罗汉钱》第二幕第三场："不正经的，毛头姑娘小伙子，及早回来免得将来要吃亏。"

[**毛估估**] 粗略估计一下。《生活周刊》(1986.7.6)："天气介冷，啥人高兴翻开地上的水表盖去看表？上个月我毛估估多算了你们四十个字，这个月给你们拉拉平。"

[**毛货**] 毛料。评弹《高速》："王庆祥一看，只见沈主清穿了毛货裤子、新皮鞋、外加新剃头，头发溜光、显得很漂亮。"

[**毛病**] 病。胡祖德《沪谚外编·郎中歌》："第一个郎中半仙人，察脉辨症极精明，九死一生重毛病，药发如箭病拔轻。"沪剧《珠衫记·杭州报信》："勿好了，丈夫已经有毛病，并且毛病严重。"

[**长大**] 指身材高大。《歇浦潮》第九十三回："看你倒也长得长长大大，像煞一个男子汉大丈夫，说话怎的不怕罪过。"

[**长年**] 长工。《崇明县志》："农佣曰长年。"长篇傻事吴歌《五姑娘》第一章："徐阿天家里穷来呒饭吃，要到方家浜杨金大屋里做长年。"

[**化**] 写字时渗墨而使字迹模糊。

[**凶**] 对人要态度或出言不逊。独角戏《拉黄包车》："你再凶，我拿你头敲扁！"滑稽戏《三毛学生意》："哪能，嘴巴还要凶是伐？"

[**勿入调**] 亦作"弗入调"。不正派；不正经；不规矩。《海上花列传》第九回："耐勿入调末，我去教蒋月琴来，也打耐一顿。"鲁迅

《书信集·致徐懋庸》:"'弗入调'则北边人不懂的,在南边,恐怕也只有绍兴人深知其意。"

[**勿三勿四**] 同"勿二勿三"。评弹《西厢记·拷红》:"而且还要留张先生住在西厢。赖得半真半假,勿三勿四。"《垦春泥》(1980.2):"街坊邻居议论纷纷,说那寡妇行为不端,丈夫亡故还没满七,就勿三勿四勾引男人。"

[**勿好看**] 难堪。《文明小史》第五十五回:"请耐进去搭哩说一声,要是明朝呒不下文,要勿怪倪,马路浪碰着子,倪要拨勿好看拨哩看。"

[**勿作兴**] 亦作"弗作兴""不作兴"。①不应该;不可以;不允许。《老残游记》第七回:"若论那些大盗,无论头目人物,就是他们的羽翼,也不作兴有一个被王太尊捉着的呢。"《海上花列传》第二十三回:"耐剥脱俚裤子,可是勿作兴个!"倪海曙《杂格咙咚·警察访问》:"无锡肉面筋下趟来吃末哉,今朝弗作兴就叮扰那。"陆文夫《队长的经验》:"你怎么老是闷头闷脑,不作兴放点笑脸?"②不时行;不流行。《文明小史》第八回:"我们外国规矩,是向来不作兴送客的。"

[**勿要**] 亦作"弗要"。不要;别。《缀白裘·荆钗记·说亲》:"姑娘弗要说起,你去阿哥弗会干事了。"鲁迅《伪自由书·王化》:"而红头阿三说的是:勿要哗啦哗啦!"

[**勿着杠**] 得不到手;落空。《海上花列传》第十五回:"三洋块钱勿着杠阻。"亦作"勿着港"。

[**勿搭界**] ①没有关系;无涉;不接触。《解放日报》(1988.7.3):"按字面理解,'与我勿搭界'无非是表白自己与某人或某事无关。"②应酬客套话,意为"不要紧,没关系"。如:"谢谢侬帮忙。""勿搭界!"

[**勿管帐**] 不管;不过问。《海上花列传》第二十九回:"以后再有啥事体,我勿管帐。"

[**风光**] ①体面;光彩。胡祖德《沪谚外编·新妇歌》:"第九房新妇自家坐只小船来,身上衣衫全借来,歇仔三日四日就来讨,面上风光那里来。"②炫耀。《官场现形记》第四十九回:"我只可怜我们老爷,做了一辈子的官,如今死了,还不能够叫他风光风光。"

[**乌青块**] 身体因受撞击而在皮肤表面形成的青黑色瘀血块。如:今朝拨脚踏车撞一记,大腿浪撞出一块乌青块。

[**乌漆抹黑**] 形容非常黑。《曲艺》(1983.9):"'你看是哪个?''乌漆抹黑的我看不清。'"亦作"乌漆墨黑""乌侧墨黑"。

[**乌糟**] 见"污糟"。

[**文气**] 文雅;娴静。如:伊格小囡蛮文气格,平常欢喜看看书,听听音乐。

[**文静**] (颜色)素雅。如:迭块料作颜色蛮文静,搭侬倒蛮相配。

[**亢**] 同"囥"。章炳麟《新方言·释言》:"《广雅》:'亢,遮也。'今淮西、淮南、吴越皆谓藏物为亢,读如抗。"

[**火势**] 威势。评弹《玉蜻蜓·厅堂夺子》:"还是我先来拿点'势'给他看看。"

[**火焦火辣**] 热辣辣地发痛。《品花玉鉴》第四十九回:"潘三一人,如何闹得过他们,只得忍气吞声,后门口又火焦火辣的难过。"

[**斗气**] 小气。评弹《大红袍·怒碰粮船》:"一千铜钿真叫斗气,说说罢哉。"

[**认账**] 承认。《二刻拍案惊奇》卷七:"今日说起,已自认账。"

[**爿**] ①劈成片的竹木等。评弹《万缕千红》:"想当初是旧木料,破竹爿,因陋就简拿猪棚盖。"②碎成片儿的东西。滑稽小戏《骗术奇谈(一)》第一幕。"里响才是砖头瓦爿,拿去啥用场?"《小

说选刊》(1987.8)："这杀蛇烧蛇,碰不得铁器的。用碳爿杀。"③量词,商店、工厂等一有叫一爿。《九尾龟》第二回："近来着实有些积蓄,所以到天津来开爿南班堂子。"高晓声《飞磨》："单说镇上的茶馆店,就有三爿。"倪海曙《杂格咙咚·苏州话诗经·兔子东躲西藏》："爷娘刚刚生我,不开十爿典当。"④指物体的一半。《崇明县志》卷四："物半曰爿。郑樵《六书略》:判木也,音戕。"高晓声《飞磨》："这两个县把一座常州城劈成两爿。"苏州评语《三国·孔明看病》："看见孔明一只手烘个手炉,一只手羽扇轻摇。鲁肃想,孔明也有毛病呢,半爿冷,半爿热。"

[尺寸] 尺度;范围。评弹《西厢记·游殿》："让我先来报点数目俚听听,让俚好晓得晓得尺寸。"

[巴结] 努力;勤奋。《海上花列传》第十回："做生意末巴结点,阿晓得。"评弹《白蛇传·计阻》："我勿能硬劲勿让俚走,俚板要拿我恨格,一恨不肯替我巴结做生意格勒!"沪剧《为奴隶的母亲》第三场："想我恨生做人一世巴结,竟遭如此下场。"

[巴望] ①希望;盼望。评弹《玉蜻蜓·庵堂认母》："我横巴望,竖马望,今朝给我巴望到了,我又怎么勿认?"叶圣陶《四三集·半年》："我想到张先生的狮子样的脸,又巴望能赖学。"②指望;盼头。茅盾《林家铺子》："不答应他有许多不便之处,答应了,将来倒有巴望。"昆曲《刺梁冀》："搭救俚笃两个,有点巴望哉!"

[书堂] 旧称私塾。《醒世恒言·李玉英狱中讼冤》："元来收拾起一间书室,请琥一个老儒,把玉英、承祖送入书堂读书。"

[书腐腾腾] 形容书生气十足的样子。评弹《文武香球·一马双驮》："喔唷,格歇辰光用勿着书腐腾腾哉,豪燥点跟尼走。"

[水码头] 用石头铺成台阶由岸旁一直伸向水面以供洗菜、洗衣等用的设施。陆文夫《故事法》："请他想想办法,把我们这条

巷里的路铺铺平,把石驳岸和水码头修理修理。"

　　[**水磨粉**] 糯米浸泡后连水磨成浆,再滤去水分而制成的粉。
《文汇报》(1980.4.22):"不知从什么年代起,他们江浙一带年年春
节都时行吃水磨粉汤团。"

# 五　画

[**末脚**]　最后。彭端高《田塘纪事》:"犹豫了好一歇,终于抛却吃茶念头,佝佝地,排在末脚。"《沪剧小戏考》:"看见三顶轿子飞呀飞呀跑得好像飞格能。第一顶,小娘舅,末脚一顶六婶婶,当中一顶一个面熟陌生人。"

[**正门正路**]　一本正经地;正正经经地。《何典》第四回:"我是正门正路说话,你不肯听,也只得由你便了。"

[**本当**]　原来;本来。评弹《大红袍·怒碰粮船》:"海洪本当涵养功夫有限,现在听完,眼睛里简直要冒出火来!"评弹《西厢记·惊艳》:"本当又勿是我叫奈去赶路,是奈自讨没趣!"

[**本钿**]　本钱。

[**本家**]　妓院老板。《海上花列传》第四十七回:"即时齐韵叟带领大队,簇拥而至,痴鸳拦臂请进,韵叟道:'耐阿是算本家？'痴鸳笑而不辩。"

[**龙头**]　①自行车的把。如:车子拨人有撞一记,龙头歪脱勒。②旧时称邮票。《深圳青年报》(1984.5.10):"一八七八年我国首次发行的邮票票面上印有龙的图案,故邮票又有'龙头'之称。"

[**打相打**]　打架。《江苏戏曲》(1980.8):"我和人家打相打,打不过人家。"

[**打样**]　①同"打烊"。②指事先通过观察了解情况或摸底。《生活周刊》(1987.4.26):"老兄,你胆太小,我已打过样了,还有朋友汽车接应,怕什么!"《解放日报》(1988.5.16):"当时曾有些新分配到厂的大学生,先悄悄地到厂门口来'打样',不敢相信这里能生

产高精度机械刀具,而误认为是一有造切菜刀、剃头刀的厂家。"

[打烊] 商店等营业场所晚上关门停止营业。《文明小史》第十九回:"不提防堂倌一声呼喊,说是打烊,只见吃茶的人,男男女女,一哄而散。"

[打野鸡] ①嫖妓。《海上花列传》第十回:"俚乃自家去打个野鸡。"《文明小史》第十七回:"姚老夫子见儿子没同那人去打野鸡,方才把气平下。"②指在正当职业之外去干别的事挣钱。包天笑《钏影楼回忆录·儿童时代的娱乐》:"京戏大概是从上海来的,也有从各方来的,他们谓外江班,到苏州来打野鸡的。"又如:白天上班,晚上还要借辆黄包车,到车站附近去打野鸡,接生意。

[打雄] 交配。明朝李诩《戒庵老人漫笔·今古方言大略》:"鸟兽交感,驴马曰罩,鸡鹅曰撩水,余鸟曰打雄。"《何典》第七回:"若论那些膏粱子弟,大半只晓得吃食、打雄、屙屎、困。"胡祖德《沪谚外编·庵堂相会》:"燕子飞来成双对,蝴蝶穿花来打雄。"又《沪谚》卷上:"麻雀打雄,越小越凶。"

[扒] ①一心为某件事而忙碌。评弹《白蛇传·投书》:"想我王永昌,扒死扒煞,扒到今朝,也总算扒像仔份人有哉。"②用手或工具拨泥土或其他东西。《吴下方言考》卷四:"吴谚谓用锄去土曰扒。"③从别人身上偷窃财物。《苏州谚语选·附录》:"扒:称剪绺贼叫'扒儿手'。"

[田头] ①田地。如:男女老少日夜奋战在田头。②田畔。《衰浦县志》:"田畔曰田头。"

[田鸡] 青蛙。宋朝叶绍翁《四朝闻见录》丙集:"杭人嗜田鸡如炙,即蛙也。"清朝顾禄《清嘉录·田鸡报》:"三日,农民听蛙声于午前后,以卜丰稔,谓之田鸡报。"叶圣陶《游泳》:"人家看了他上下腈突出的肌肉,一定会想起餐盘中的熏田鸡。"

[田岸] 田埂。《何典》第三回："行不到一条长田岸,只见一个老鬼,撑着一根灯草拐赖棒。"

[田垟] 田地。甬剧《姑娘心里不平静》："太阳高高照四方,姑娘送饭下田垟。"

[田畈] 田地。甬剧《朝外货》："远处,田畈上一片秋收景象。"《清明》(1980.2)："从山脚到他家,约摸三十里地,好在都是平坦坦的田畈路。"《小说月报》(1980.3)："美珠得知后,连忙扔下手里活,从田畈飞步赶回。"

[田横头] 田畔。越剧《一日千里》："男男女女,老老少少,成天成夜开河挑泥,赛过神仙一样,连过年过节都搬到田横头去哉!"

[叽哩加拉] 象声词。形容轴转动的声音等。清朝胡文英《吴下方言考》："吴中形轴转声曰叽哩加拉。"

[叫子] 哨子。清朝翟灏《通俗编》卷二六:《梦溪笔谈》:'世人以竹木牙骨之类为叫子,置人喉中吹能作人言,谓之颡叫子。'"

[叹苦经] 向人诉说困难的情形。如:伊老是勒拉我面前叹苦经,哭穷。亦作"叹苦境"。

[四脚朝天] 面朝天、背着地的姿势。《上海民间故事选·捉"强盗"》："那个胖特务跌了个四脚朝天。"

[出山] ①学成某种技艺,成材。鲁迅《〈竖琴〉后记》："他作品中最有名的《果树园》……是在'文人府'的悬赏时,列为一等的他的出山之作。"茅盾《子夜》："这就出山了!我原说的,虎门无犬种。"《文化与生活》(1981.1)："这个小姑娘学唱戏,是会'出山'的。"②熬出头。胡考《上海滩》："朱买臣五十岁始发迹,我彭良丞就注定不会出山?"又如:倪子工作了,爷老头子总算出山了。

[出门] 出嫁。《警世通言·吕大郎还金完骨肉》："家嫂有些妆乔,好好里请他出门,定然不肯。"《何典》第一回："且待你逢好日

出门时,我来奉陪不迟。"

[出手] 购买礼物的价钱。卢群《绣娘》:"现在的风气,送礼出手太大。"

[出气] 支出。《石点头》第七回:"然除了读书的吃死饭,一家之中,出气多,进气少。"

[出风头] 亦作"出锋头"。出头露面显示自己;露脸。胡朴安《上海俗语大词典》:"出风头,以己之长,炫耀人前,因得美满之赞誉,谓之出风头。又与作出锋头,有及锋而试之意。"

[出水] ①撒尿。《小说选刊》(1987.8):"乡长见兄不言,便起身,走到屋外,只移两步,就朝地里出水。"②衣服等用肥皂之类搓洗后,用水冲洗干净。如:被单我已经搓好了,只要出出水就可以了。

[出场] 出面干涉某事。《歇浦潮》第二十六回:"将来如果诸窦山再来惹你,我可以替你出场。"

[出血] 比喻破费;破财。《中国青年报》(1988.1.16):"送礼除了传统的婚、丧、娶之外,这两年又有了新发展。什么'升学、就业、参军礼''提升晋级礼''乔迁新居礼',甚至连中彩券、评上先进、抱上了孙子、多得奖金等等,都要出血。"严民《一个死囚的忏悔》:"我问你,咱们认识了快半年,何时'出过血'?闹半天,你是光沾别人的。"

[出色] ①漂亮;标致。如:伊个囡唔长得邪气出色。②反话。犹言不好了;糟糕。评弹《珍珠塔·下扶梯》:"采苹一看,出色!方才倒两层一走,现在走了一层又不走了。"

[出产] 收入。胡朴安《上海俗语大词典》:"出产,进项也,生利也。"《歇浦潮》第十六回:"阿珊和他的伙计李阿光私下一商议,说这件事虽然有些为难,却很可以出产一注钱。"又如第七十二回:"派到何奶奶手中,为数无几,只够贴补她日用开销,要想添几

件时路衣服也愁没出产处。"

[出账] ①付出款项;支付。如:买只彩电,又要出账几千只洋。②付出的款项。如:迭个月出账勿多,还有点结余。

[出局] 妓女应招侑酒。葛元煦《沪游杂记·青楼》:"看戏、饮酒、书小红纸传妓曰叫局,妓应招曰出局。"

[出息] 收益;收入。《官场现形记》第四十八回:"这人现在已不在刘公馆了,另外找了一个人家,听说出息很好。"胡祖德《沪谚外编·三只手》:"吃仔三顿无出息,只好做做三只手。"高晓声《走上新路·新事情》:"大铜钱会生小铜钱,比田里出息胜几分。"

[出梅] 过了黄梅季节。鲁迅《书信集·致母亲》:"上海刚刚出梅,即连日大热。"亦作"出霉"。

[出淌] 同"出傥"。滑稽小戏《代理丈夫》:"打扮打扮到跳舞场里去白相是蛮出淌拉海。"

[出道] 学成某种技艺或有了一定职业,可以独立。《孽海花》第二十一回:"这会儿讲走门路,正大光明大道儿,自然要让连公公,那是老牌子。其次却不有个新出道人家不知道的。"程乃珊《银行家》:"你两个孩子出吗?"评弹《白蛇传·计阻》:"喔唷,板板指头靠十年勿曾看见,奈已经出道格哉。"《新民晚报》(1986.2.21):"'出道'是艺徒从师学世有成,可以毕业的行话。"

[生来] 本来;原来。《海上花列传》第十八回:"耐是生米一迳蛮称心,我陆里有故个福气?"《九尾龟》第九十四回:"生来是你错了呀,什么吃醋不吃醋?"

[生姜] 姜。《平妖传》第二十六回:"你道没有盘缠,便是李天王,也要留下甲仗,生姜也要捏出汁来。"

[生活] ①活计。明朝无名氏《精忠记·争裁》:"生活是他做,酒饭是我吃,工银是我得。"《海上花列传》第二十三回:"耐末总归

自家做生活,要勿去学俚哚个样。"茅盾《春蚕》:"木匠生活,老通宝早年是会的。"②挨揍、受到打击、伤害等叫吃生活。《海上花列传》第二十五回:"故歇饶仔耐末哉,晚歇耐再要强末,办耐个生活。"滑稽小戏《兄弟争美》第四幕:"算算我格面孔上又呒不搭啥物事,阿奇怪!到吃仔好几记生活,来得格痛。"又如:手节头拨锄头吃着一记生活。

[生梨] 梨。

[生意] 指职业。《海上花列传》第一回:"朴斋道:'有个米行里朋友,叫张小村,也到上海来寻生意,一淘往来哚。'"滑稽小戏《约法三章》:"断命格阿兰!捺叫我做十三块六角,停生意!"

[仗托] ①依靠。明朝冯梦龙定本《精忠旗·银瓶坠井》:"须保孤儿,须保孤儿,潜踪迹,他方避,仗托伊。"②以为。如:我伏托仔你去过哉,啥人晓得耐呒不去。

[代] 同"埭"。刘复《瓦釜集·第十七歌》:"你田岸浪一代一代跑跑,跑得脚底乙烫?"

[白日撞] 亦作"白撞"。白天潜入人家行窃的小偷。《二刻拍案惊奇》卷三九:"这是你串同了白日撞,偷了我帽子去了。"《古今小说·沈小霞相会出师表》:"你莫非是白日撞么?强装公公差名色,掏摸东西的。"清朝李玉《清忠谱·创祠》:"伊心太不良,伊心太不良!赛过白日撞。"葛元煦《沪游杂记·剪绺白撞》:"若白撞,更难防范,衫履翩翩,直入行栈及住宅,遇人诡称觅友,或称买物,乘间窃取者甚多。"

[白白里] ①无代价;无报偿。《警世通言·小夫人舍钱赠年少》:"王招宣初娶时,十分宠幸,后来只为一句话破绽些,失了主人之心,情愿白白里把与人,只要个有门风的便肯。"②徒然。如:白白里化了格点气力,结果是一无所获。

[白话] 说话。《醒世恒言·陈多寿生死夫妻》:"王三老正在门首,同几个老人家闲坐白话。"汪仲贤《上海俗语图说》:"上海俗语有'愿与苏州人相骂,不愿与宁波人白话'。"胡祖德《沪谚外编·学生十不好》:"三不好,上课之时多白话。"又如《沪谚》卷下:"情愿搭有志气人相骂,不愿搭无志气人白话。"

[白食] 不出钱而得到的饮食。亦泛指凭空得到的财物。《嘉定县续志·方言》:"白食,俗谓欺诈人财物也。即素餐之意。"

[白鼻头] 坏蛋;奸细。柯蓝等《不死的王孝和》:"我们三班头上有几个白鼻头,可要小心啊!"

[白撞] 见"白日撞"。

[仔细] ①了解。《女优现形记》第二章:"倪刚出来做生意了,勿大仔细该号规矩,勿知阿作兴。"②清楚。如:侬问问仔细再回来讲拨我听。

[用头] ①用度。《官场现形记》第十五回:"这天晚上,鲁总爷又有甚么用头,开开箱子拿洋钱。"②用场;用处。倪海曙《杂格咙咚》:"唔笃想想看,一个人着仔格件衣裳,阿赛过身浪挂仔招牌,叫别人一看,就晓得是为仔鸦片烟,变仔呒用头人个哉。"《沪语便读·论眼睛》:"五官当中,眼睛最有用头。"

[甩] 丢;掷。袁家骅等《汉语方言概要》第五章:"甩,摔。义近掼。甩脱:扔掉。"长篇叙事吴歌《五姑娘》第一章:"去年伊在田里拔稗草,随手甩到我这过路人身上。"

[犯贱] 不知好歹,自讨苦吃。《官场现形记》第四十四回:"我说他们这些人是犯贱的,一定要弄得人家上门,不知是何打算。"来准方《第二个母亲》:"我看你的皮肉又在犯贱。"

[犯着] 值得。《官场现形记》第三十六回:"就是老兄也不犯着因此得罪福中堂。"《海上花列传》第四十八回:"就要得来,碰关

千把洋钱,舍犯着嗄!"评弹《白毛女·死里逃生》:"洋钿要推板百半把,啥犯着。"

[**外公**] 外祖父。

[**外婆**] 外祖母。

[**外甥**] 外孙。

[**外甥图**] 外孙女。

[**包饭作**] 做包饭生意的人家。滑稽小戏《你又跑了》第一幕:"啥闲话,十五块一月?奈当侬屋里是包饭作?"茅盾《多角关系》:"那女人是包饭作的老板娘。"秦瘦鸥《沙利文杂忆》:"他们吃不惯由包饭作供应的冷菜冷饭,因而都在外面'打游戏'。"

[**市面**] ①指某方面的情况。王鹤林《刘阿奶吃喜酒》:"有的说:'丰收年,六元的小红纸包送不出。'得着这个市面,她先是有点儿吃惊。"《新民晚报》(1985.2.2):"去年以来,横彩条羊毛衫风行一时,而二姊偏偏买了一件茜红的。家人七嘴八舌地议论她'不领市面'。"②指社会上。程乃珊《风流人物》:"市面上有句话:'有吃不吃猪头三。'这可是千真万确呢。"③场面。陆文夫《还债》:"林大妈先上几个冷盘,跟着便是冰糖蹄膀,乳腐酱方,虎皮四喜肉,红烧狮子头……全是大块的文章,肉做的市面。"又如:撑市面。④生意。《上海民间故事选·打法官》:"资本小倒霉,市面全给资本家做去了。"⑤活动的地盘。如:格搭哦没侬格市面。

[**头**] ①用在"二""两"等数词前面,表示约数。《中国现在记》第一回:"在上海住了半年,银子用了头两万。"沪剧《卖妹成亲》:"侬要吓煞我哉,头二百元!呒末格。"②用在"年""天"前,表示时间在先的。如:头天。

[**头大**] 头脑发胀。形容为难或讨厌。《二十年目睹之怪现状》第十回:"先生出了题目,要作八股,侄儿先就头大了。"

[头寸] ①指人的来头、地位等。唐人《金陵春梦》第五集:"那是汪精卫一个亲戚,在南京当个什么长官,头寸不太大。"②买主;客人,《海上花列传》第二十一回:"俚乃勿肯叫,勿是个吃醋,总寻着仔头寸来浪哉,想叫别人,阿晓得?"③尺寸。亦比喻具体情况。包天笑《钏影楼回忆录·我的拜年》:"特为定制了一顶小头寸的暖帽。"评弹《隋唐·捉鹦哥》:"你说话不大对头寸。弟妇一早喊你起身,从你屋里动身,为啥走了这样许多辰光,还刚刚到镇上。"评弹《顾鼎臣·花厅评理》:"要讲林子文是真凶手啦,格个头寸是大大交碰勿拢格。"

[头脑] 零星杂物。《何典》第七回:"无如那个痴囝,已于半月前偷了些衣裳头脑,逃走得不知去向。"刘复注:"犹言零碎。"又如:箱子里乱七八糟,全是些派勿来用场格鞋袜头脑。

[头家] ①指聚赌抽头的人。胡祖德《沪谚外编·郎中歌》:"赌里无君子,赌钱输热客,死活要钱是头家。"②指打牌时第一个出牌的,也指游戏等第一个开始的。

[头路] ①头绪。评弹《珍珠塔·七十二个他》:"听了半日,头路都呒摸处。"②门路;路道。《二刻拍案惊奇》卷二二:"公子不揣,各处失人寻头路。"《九尾龟》第二十四回:"看见丘八认真翻起面来,不是头路,此刻自家身体,还在别人手内,眼前不免吃亏。"鲁迅《书信集·致李秉中》:"'指导青年'的话,那是报馆替我登的广告,其实呢,我自己尚且寻不着头路,怎么指导别人。"又《致宫竹心》:"我并无交游,止认得几个学校,而问来问去,现在的学校只有减人,毫不能说到荐人的事,所以已没有什么头路。"③头发朝不同方向梳理后露出头皮的一道缝儿。评弹《再生缘》第七十八回:"头路分开齐似线,青丝巧挽髻时新。"

[汁水] 汁儿。如:雅梨肉嫩汁水多。

[讨人] 旧时称被卖身无自主权的妓女。《海上花列传》第三回:"善卿知道那新买的讨人来了,和双珠爬在窗槛上笮候。"

[讨口彩] 说吉利的话以取好兆头。评弹《白蛇传·投书》:"喔唷,先生,奈实头会讨口彩格。"锡剧《水泼大红袍》:"歹言出口不应该,夫妇应宜讨口彩,屡次未中都是你,唉!讨妻不着苦一辈。"

[讨贱] 同"犯贱"。如:侬又要讨贱啦?

[弗入调] 见"勿入调"。

[弗作兴] 见"勿作兴"。

[弗要] 见"勿要"。

[弗高兴] 不愿意;不肯。倪海曙《杂格咙茶·黄包车》:"俚弗高兴,还是叫黄包车吧。"

[奶奶] ①乳房。《南北宫词记外集·咏挂腰》:"同心结解开,香罗带放开,才见多情小奶奶。"胡祖德《沪谚》卷上:"要看白奶奶,要走三里塘桥街。"茅盾《水藻行》四:"姐儿年纪十八九,大奶奶,抖又抖。"②乳汁。明朝冯梦龙《山歌·诈睏二》:"情哥郎好像穷老人个头巾只一顶,小阿姐儿再像牛奶奶洗浴满身酥。"胡祖德《沪谚外编·做人家》:"佣人多来无数目,二官吃奶奶,三官吃奶奶。"苏剧《窦公送子》:"我想三朝个小宝宝,勿会得吃粥,也勿会吃饭,是要吃奶奶个哈!"③少奶奶。宋朝柳永《玉女摇仙佩·佳人》词:"愿奶奶,兰心蕙性,枕前月下,表余深意。"《古今小说·木棉庵郑虎臣报冤》:"奶奶看得如意,但凭选择,即当奉赠。"《何典》第十回:"罗刹女见称他奶奶,不觉欢喜。"

[奶奶头] 乳头。《吴歌新集·啥个长来啥个短》:"手指头长来脚趾头短,舌头撩撩乘风凉,奶奶头相对童男子,头发团相对好姣娘。"

[奶娘] 奶妈。《歇浦潮》第十八回:"这奶娘本是无双的旧人,他服侍无双已有数年。"

[**发利市**] 说吉利话;讨吉利。《何典》第六回:"算计已定,便走到一个大人家去,发起利市来。果然人见他少年清秀,念文字琅琅有声,便把粥饭舍与他吃。"茅盾《春蚕》:"你倒先来发利市了!年年像去年么?"

[**发痧**] 中暑。叶圣陶《在民间》:"上礼拜儿子发痧,险些儿那个。"湖剧《麒麟带》:"一定是发痧,我代你刮刮就好。"

[**对开**] 对打;一对一较量。《新民晚报》(1986.8.18):"我家有六兄弟,吓也把你吓融会贯通!有魅力对开。"《解放日报》(1989.5.2):"哈哈,朋友,侬拎不清,现在不行对开了,我吃饱饭跟侬对开,随后到山上蹲几年,犯着伐?"

[**台面**] ①桌面。如:明天来吃饭的客人多,就用刚刚漆好的圆台面吧。②酒筵。《九尾龟》第五十四回:"若是台面上八个客人,每人叫一个局,就要开销十六块台面洋钱。"《海上花列传》第三回:"台面是要散快哉,说请洪老爷带局过去,等来哚。"③比喻交际应酬的场合。《海上花列传》第四回:"晓得耐哚是恩相好,台面浪也推板点末哉。"④公开的场合,奈迭种闲话摆勿上台面个。⑤旧指赌博时桌面上所下的赌注。如:大家赌红仔眼睛,台面越来越大。⑥脸面;脸蛋。《雪岩外传》第十一回:"那戏班中有个唱花旦的金小翠,生的好一个台面。"⑦臀部的谑称。如:后面看过去,只看见一只台面。

[**台盘**] ①筵席;宴会。《官场现形记》第一回:"还有些上不得台盘的,都在天井里等着吃。"②指正儿八经的场合;应酬交际的场面。《儒林外史》第四回:"胡老爹上不得台盘,只好在厨房里或女儿房里,帮着量白布,称肉,乱窜。"《海上花列传》第三十回:"朴斋不上台盘,远远地掩在一边。"《官场现形记》第十四回:"背地里作乐,当面假撇清,这种不配抬举的,不应该叫他上台盘。"

# 六 画

[老三老四] 言行傲慢不虚心或好为人师;老茄。沪剧《杀狗劝夫》:"吃我用我勿算数,还要老三老四拿我打。"陆文夫《故事法》:"老伙计忙不迭地站起来,我也不敢老三老四地坐在那里。"《解放日报》(1988.9.11):"她一直没有发言,却睁着一双大眼睛蛮有兴味地看着我们几个人老三老四地七嘴八舌,滔滔不绝。"亦说"老七老八"。

[老土] 烟土。沪剧《卖妹成亲》:"啥人走来寻着我,弄两个铜钿买老土。"

[老土地] 指在某地住了很久的人。也指在某单位工作多年的人。《生活周刊》(1988.9.18):"有位1965年毕业的大学生,尽管其有诸多论文、科研成果及译作问世,并有专家推荐,但因为其不是某医院的'老土地',就被排斥在外,连考试资格也被取消。"

[老大] ①木船上领头的船夫。亦泛指船夫。《崇明县志》:"呼舵工曰老大,以一船之司命也。"《官场现形记》第十五回:"输给本船上拿舵的老大,姓徐名字叫得胜,是他赢的。"周作人《知堂回想录·西兴渡江》:"那些渡船上的老大,都是饱经风险过来的。"陆文夫《毕业了》:"你去看报纸吧,老大多了要翻船的。"②指人(多含贬义)。犹言"家伙"。如:个老大真有点莫明其妙!

[老太公] 称老头儿;老人。

[老太婆] ①丈夫称自己的妻子(一般用于中年以上的)。《上海民间故事选·越狱》:"老太婆叫我送到你家,你勿要送,叫我回去吃老太婆牌头?"沪剧《卖妹成亲》:"而且我搭佢老太婆旺过东

道,想勿到伲个老太婆倒拨伊。笃水滴啦油瓶里。"②老年的妇女(多用于蔑称)。如:我看见迭个老太婆就触气。

[老公] 丈夫。苏州市文联《苏州谚语选·附录》:"老公,妻子对丈夫的俗称。"《醒世恒言·李开公穷邸遇侠客》:"那婆娘看见房德没甚活路,靠他吃死饭。常把老公欺负。"《缀白裘·烂柯山·梅嫁》:"[旦]见俺的夫君。[净]想前头个老公吓。"

[老古话] 长期流传下来的对生活经验具有总结性的话。胡祖德《沪谚外编·庵堂相会》:"古老话:'吃得苦中苦,方为人上人。'"评弹《再生缘》第三回:"有句老古话:'嫁出去的女,泼出去的水。'"

[老兄] 指人(多含贬义)。如:个老兄真是个宝货!

[老头子] 旧上海称地痞流氓的首领。如:拜老头子。

[老先生] 对人的一种诙谐称呼。《上海民间故事选·抬了车子走》:"他'老先生'伸出脚来,大皮鞋朝车板上一踏,歪转了头颈讲横对话。"

[老宅] 旧居;故居。胡祖德《沪谚》卷下:"荒年不要忘记大麦,穷人不要忘记老宅。"

[老来子] 老年所生之子。《何典》第六回:"单生这色鬼是个老来子,自小纵容惯了。"陆文夫《只准两天》:"据说女人只要筋骨好,四十八岁还可得个老来子。"高晓声《陈家村趣事》:"他爹娘就生他这么个老来子,一出娘胎就皆大欢喜。"

[老来俏] 指年老而好打扮。《小舞台》(1983.1):"咦,那不是老阿姐吗?真是老来俏!"《新民晚报》(1988.4.7):"隔壁娟娟出差广州,买来几件富有时代感的老年服装给她妈妈穿。谁知她妈妈连连罢手,怕穿上会给人家说'老来俏'。"

[老到] (办事)老练周到。茅盾《喜剧》:"你办事越来越老到

了啊！"

[老底子] 过去；以前。《苏州谚语选·附录》："老底子，从前。"《人民日报》(1989.4.4)："'老底子'是上海话'以前''过去那年代'的意思。"评弹《再生缘》第五十回："世态炎凉，人性萧薄，老底子亲眷朋友已经都跟刘捷不往来了。"

[老油条] 称处世油滑而工作疲沓的人。王朔《刘慧芳》："爸，你说这话就像个老油条。"

[老面皮] 厚脸皮；不识羞。《缀白裘·八义记·盗孤》："老吾个面皮，走拉戏房里去罢。"胡祖德《沪谚》卷上："世间无难事，独怕老面皮。"

[老派] 犹老法。茅盾《林家铺子》："论到这种事呢，照老派说，好像面子上不好听。"

[老套头] 老一套。清代范寅《越谚》："老套头，旧章也，成例也。"又如：侬迭种老套头闲话少讲讲。

[老酒] 酒。亦特指绍兴酒。鲁迅《书信集·致章廷谦》："游杭之举、恐怕渺茫；虽羡五年陈之老酒，其如懒而忙何。"评弹《群英会》十九："周瑜的酒性不好，吃饱了老酒对小兵发酒疯。"

[老调] ①老一套；老样子。茅盾《秋收》："不境是近年来半个月每天两顿总是老调的淡南瓜！小宝想起来就心里要作呕了。"②同"老掉"。苏州市文联《苏州谚语选·附录》："老调，死的别名，又称翘辫子。"评弹《西厢记·游殿》："全是算命先生害人，说我勿做和尚要老调。"

[有花头] ①有问题；有花招。如：迭句闲句里厢有花头。②有办法；有路道。如：我晓得侬有花头，求求侬帮帮我格忙。③隐指有不正当男女关系。《文汇报》(1992.3.23)："莫非日子过好了，像有的个体户那样，丈夫在外面有了'花头'？"

[有两日] ①有时候。《初刻拍案惊奇》卷三二："有两日归来，狄氏见了千欢万喜。"王古鲁注："吴语作'偶而'解。"②有好几天。如：伊出门有两日勒。

[有种] 有胆量；有勇气。程乃珊《银行家》："有种，把事情摊在台面上一一讲清。"《新民晚报》(1981.5.9)："你有种就一直不要开灯！"《新民晚报》(1984.4.25)："好，有种！可不要后悔！"

[有数] 有交情。评弹《将心比心》："你所谓'有数'，是开后门，不可以的。"又如：伊拉两家头老有数格。

[死样活气] 有气无力、没精打采的样子。鲁迅《且介亭杂文二集·"京派"和"海派"》："我宁可向泼剌的妓女立正，却不愿意和死样活气的文人打棚。"评弹《白毛女·死里逃生》："大家勿要死样活气，快点追啊。"

[夹里] 里子；衬里。《平妖传》第十一回："紫花细布道衣一件将白绫做了夹里。"评弹《西厢记·拷红》："我当时为仔顾全面子，勿料现在连夹里亦贴脱。"胡祖德《沪谚》卷下："夹里大是面子。"又《沪谚外编·做媳妇》："青布鞋面白夹里，做媳妇不比做媛女。"

[毕恭毕正] 形容非常端正。如：两个字写得毕恭毕正。

[过] 传染。宋朝周密《癸辛杂志后集·过癞》："闽有所谓过癞者，盖女子多有此疾，凡觉面色如桃花，即此证之发见也。或男子不知，而误与合，即男染其疾而女瘥。"《古今小说·范巨卿鸡黍死生关》："瘟病过人，我们尚不去看他，秀才你休去。"《九尾龟》第八十三回："听得钱康寿死在湖北，身后萧条，一个个早已躲得远远的，恐怕过了穷气。"

[过世] ①转世；投胎。《平妖传》第十一回："都道在佛地上走一遍，过世人身不绝。"②去世。胡朴安《上海俗语大词典》："过世，人死也。见秦符登传。"《醒世恒言·徐老仆义愤成家》："公公乃过

世的人了,他的说法,那里作得准。"沪剧《阿必大回娘家》:"从小父母过世早,丢下兄妹两人受尽苦。"

[**过房**] 过继。宋朝欧阳修《濮议》:"但习见闾阎里俗,养过房子及异性乞养义男之类,畏人知者,皆讳其所生父母。"明朝冯梦龙定本《万事足·买妾求嗣》:"家业凋零,难以度日,欲将此女过房与人。"《海上花列传》第四十七回:"漱芳过房拨我,算是我个囝仵。"

[**过路**] 通道。评弹《再生缘》第五回:"方才江三嫂跟我说,从这只扶梯上来,另外还有一只扶梯好出去,这儿不过是一条过路而已。"

[**当着不着**] 谓该做的时候不做或该说的时候不说。明朝冯梦龙定本《风流梦·溜金解围》:"[丑]大王,你可也当着不着的。"《二刻拍案惊奇》卷十二:"世事莫有成心,成心专会认错,任是大圣大贤,也要当着不着。"

[**吃力**] 辛苦;劳累。《青浦县志》:"疲劳曰吃力。"宋朝邵雍《天意吟》:"未吃力时犹有说,到收功处更何言。"清朝李渔《玉搔头·微行》:"怎么,我坐龙驹凤辇的人倒不吃力,你反这等作起娇来?"

[**吃勿消**] 支持不住;受不了。茅盾《搬的喜剧》:"刚住了四个月又要搬,我可真真吃勿消呀!"滑稽小戏《三毛学生意》:"白吃一碗豆腐花,等一歇吃起生活来吃勿消。"

[**吃勿落**] ①吃不下。《负曝闲谈》第十八回:"倪刚刚起来勒,吃勿落来里。"②(工作、任务等)承担不了。如:格桩事体我一个恐怕吃勿落。

[**吃白食**] 吃东西不付钱。《老残游记》第十七回:"你吃白食,我担人情,你倒便宜!"《何典》第二回:"众鬼晓得催命鬼是当方土地手下第一个得用差人,平时拿本官做了大靠背,专一在地党上扎火囤,拿讹头,吃白食诈人的。"陶菊隐《袁世凯演义》第十九回:

"做东道主的都是那些神气十足的竞选人，而吃白食的都是替他们的'搭轿子'的绅士之流的人物。"苏州评话《隋唐·捉鹦哥》:"他手下的教师和恶奴来吃白食还是小事,吃醉了酒将店打光,那是常有的事情。"

**[团扁]** 用竹篾编成的圆形浅口扁平的器具,没有眼儿。茅盾《春蚕》:"这娘儿两个已经洗好了那些'团扁'和'蚕箪'。"

**[回报]** ①回答;答复。《何典》第二回:"活鬼已经吓昏,那里回报得出?"《市声》第二十三回:"步青终是个生意场中人,不知做官的诀窍,听了张季轩这么一问,不觉发一个大瞪,竟一时回报不出来。"丰子恺《缘缘常再笔·新年怀旧》:"倘我们的管账先生因为自己的店账没有收齐,回报他们说,'再等一会儿付款',收账的人也会很客气地满口答允。"②回言谢绝。《九尾龟》第二十二回:"不多一回,叫局的局条,一起一起陆续而来,顷刻之间,已接了二十余张局票,黛玉叫娘姨回报。"《官场现形记》第三十回:"心里寻思道:'我今天头一天接差,他有甚事情来找我?'先回报不见。"③打招呼;告诉。《黄绣球》第二十四回:"我们也去买点东西,带回家去,再顺便到虹口去回报一声,说客是不请了。"又如:"阿二,耐去回报一声,说电影勿去看哉。"④辞退。如:俚个保姆回报仔吧。⑤报复。鲁迅《华盖集·评心雕龙》:"骂人,自然也许要得到回报的。"

**[回应]** 同"回音"。《水浒传》第一回:"道童笑了一声,也不回应,又吹着铁笛转过山坡去了。"

**[回音]** 答复;回答。《何典》第四回:"六事鬼归来,回音了雌鬼。"

**[刚刚]** 才;刚才。《嘉定县续志·方言》:"刚刚,俗谓适才也。"《负曝闲读》第十八回:"倪刚刚起来勒,吃勿落来里。"倪海曙《杂格咙咚·黄包车》:"实在刚刚自家忒煞要紧哉，格个雨是云头雨

呀！"

[网袋] 网兜。沪剧《被唾弃的人》："林蕴华手拎网袋缓步回家。"

[囡] 女儿。《定海县志》："俗呼女子曰囡。"胡祖德《沪谚》卷上："拨囡高三分。"陆文夫《双手致意》："他只有个独养囡，就是我的老家小。"萧坚《沉重的镣铐——关于中国人口问题的思考》："开始的时候家里人待我都还好，可是等我一连两胎养的都是囡后，他们全都变了。"

[囡囡] 同"团团"。清朝悟痴生《广天籁集》："月月亮亮，农家囡囡出来白相相。"《吴歌新集·勿曾着奈嫂嫂嫁时衣》："月亮圆圆，荷花囡囡转来张娘。"

[团] ①小孩儿。胡祖德《沪谚·外编·隐语》："师姑养团——众公之力。"沪剧《为奴隶的母亲》第七场："这个团拉里向哭勿停，我想还是抱伊出来走走。"苏州评话《岳传·龙门败十将》："王明晓得周侗是名师，定有办法，就通知汤家、张家明朝送小团来读书。"②儿子。《嘉定县志·方言》："团，俗呼儿也。《集韵》九件切，音塞。俗读若暖，平声。"

[先生] ①旧时称高级妓院中的妓女。徐珂《清稗类钞·方言类·上海方言》："长三妓院称妓曰先生，年长者曰大先生，又曰浑倌人。"《海上花列传》第三回："善卿道：'我也好几日勿曾碰着。先生呢？'阿珠道：'先生坐马车去哉。'"《九尾龟》第一回："章大少可是刚刚起来的，我们先生到书场去了，请你去点戏。"②医生。如：耐胃里勿舒服，阿要请先生来看看。

[年三十] 农历除夕。《缀白裘·翡翠园·拜年》："舒秀才馆拉去湖广，直到昨日年三十夜到屋里。"

[竹爿] 劈成片的竹子。胡祖德《沪谚外编·嘲小热昏》："切拆，切拆，竹爿拍拍。听小热昏，唱个一只。"

[**伏里**] 伏天。如:大伏里。

[**价钿**] 价钱。评弹《西厢记·游殿》:"张生想格杯茶价钿一定蛮贵格。"评弹《顾鼎臣·花厅评理》:"晓得格,来讲价钿哉。"

[**伉**] 同"囥"。毛奇龄《越语肯綮录》:"伉,藏物也。今俗犹呼藏为伉,音苦浪切。"

[**伉大**] 同"戆大"。《海上花列传》第二十八回:"耐个伉大末,再要自家吃哩。"《九尾龟》第四十七回:"唔笃个大人末,勿是倪勒浪说伊,直头是个伉大。"

[**自顾自**] 擅自;径自。《文汇报》(1980.6.22):"这年轻人竟趁他休息的当儿,自顾自上去开起机器来了。"

[**自家**] 自己。明朝柯丹邱《荆钗记·民戴》:"恁般多宝贵,端的是男儿。自家乃是本府亲随隶兵。"《海上花列传》第十回:"耐要自家有志气。"茅盾《春蚕》:"阿四看着他老婆,勉强自家宽慰。"

[**自家人**] 自己人。倪海曙《杂格咙咚·望阿奶》:"迭点杀胚只会欺自家人,老百姓末拨伊拉害来苦煞。"

[**后生**] ①年轻。元朝无名氏《来生债》第三折:"居士,你便老了,儿女们正后生哩!"《水浒传》第二十回:"这阎婆惜水也似后生,况兼十八九岁,正在妙龄之际。"清朝沈涛《交翠轩笔记》卷四:"杜荀鹤《唐风案·乱后再逢汪处士》云:'每别不知处,见来常后生。'今人呼貌之年少者曰后生,是唐末已有此语。"王安忆《流逝》:"小囡都有三四个了。会保养呀,显得多少后生。"②男青年。《论语·子罕》:"后生可畏。"《清平山堂话本·合同文字记》:"你这后生寻谁?"《何典》第十回:"臭花娘自道标致,恐怕路上惹祸招非,便把臭鬼的替换衣裳穿着起来,扮了男子,宛然一个撒屁后生。"吴翼民《寻常巷陌》:"哪家的后生缺德噢,滑跌了老年人罪过不罪过?"

[后生家] 男青年。《二刻拍案惊奇》卷二："后生家讨便宜的话莫说！"清朝钱泳《履园丛话·乡贤一》："王之芳……诗文力追汉魏，而尤敦于本行，每以孝友龂龂为后生家言，乡里多化之。"程乃珊《银行家》："总归后生家比阿拉老头子要紧。"

[全家福] ①一家大小合摄的相片儿。独角戏《两个理发员》："偶(我)是带仔小人一淘去拍全家福。"②菜名。一种荤的杂烩。

[氽] ①浮。明朝无名氏《白兔记·访友》："浅水滩头，氽下一个坐婆来，这不是刘老娘！"清朝顾汝钰《海虞贼乱志》："乃问守城者此船何日氽来？守者曰：'已三日矣。'"陆文夫《井》："不管是徐丽莎还是朱世一，都是氽到一条臭河浜里来的烂木头。"苏州评话《长坂坡》："只见桥板已在急流之中往下游氽去。"②把食物放在油里炸。清朝顾禄《清嘉录·巧果》："七夕前，市上已卖巧果，有以面白和糖，绾作宁结之形，油氽令脆者，俗呼为宁结。"刘复《瓦釜集·栀子花开十六瓣》："情阿哥哥问我：'吃格啥个菜？''我末吃格油氽黄豆茶淘饭。'"评弹《礼拜天》："买了一斤排骨，等一会油里氽氽，油氽排骨。"

[名头] ①名义。高晓声《蜂花》："他怀疑果成仗了自己的名头借了石川兄的钱。"②名字；名称。《新约全书·使徒行传》："有一个管岛子个头脑名头叫部百流。"

[名件] ①著名的产品；名品。《文明小史》第二十七回："这也是杭州的名件，世足须得尝尝。"周建人《花鸟虫鱼·蜘蛛》："蜘蛛在生物界中是'名件'。这是一处地方的俗语，包含有名，特别，或可贵东西的意思。"②名人。程乃珊《丁香别墅》："唔，你也住在丁香别墅？那儿房子不错，住着上海滩上的'名件'(名人大户的意思)呢！"③犹言"宝贝""宝货"。胡祖德《沪谚·外编·隐语》："乡下人弗识玻璃：明件——名件。"又如：迭个人真是个名件。

[齐头] ①完整。如：侬少做眼零碎生活，多做眼齐头生活。②刚和某个数字相合（多指整数）。《醒世恒言·李道人独步云门》："[李清]其年恰好齐头七十。"《平妖传》第六回："婆子道：'老媳妇齐头六十，小女一十九岁了。'"③恰好；刚巧。《官场现形记》第五回："那三荷包却不提防他哥如此松手，仍旧使着全副气力，往前直顶，等到他哥坐下，却扑了一个空，齐头拿头顶在他嫂子肚皮上。"沪剧《卖妹成亲》："我勿当心跌一跤，一匇末齐头匇啦狄堆狗屎里。"

[齐头数] 整数。清朝翟灏《通俗编》卷三十二："凡计数逢十，今俗谓之齐头数。"

[衣食饭碗] 指借以谋生的工具。《缀白裘·烂柯山·逼休》："[生]既不开门，还了我衣食饭碗。[旦]什么衣食饭碗？[生]绳索扁担。"

[壮] ①（人）胖；（禽畜）肥。《海上花列传》第五十五回："三小姐，长远勿见，好像壮仔点哉。"程乃珊《风流人物》："'人怕出名猪怕壮'这句话现在是过时了，因着'添禄'牌子的复出，信义的社交也繁忙起来。"②（庄稼）粗壮。《上海民间故事选·一把铁铲和三把扫帚》："也不知道垩了多少肥料，为什么却没有你的庄稼来得壮呢？"③肥料的肥力足。彭瑞高《田塘纪事》："公池里百家粪，就已经壮透了，污水厂里，千万家下脚大汇总，那肥力，还有什么说的！"

[冲] 前突；突出。明朝李诩《戒庵老人漫笔·辨苏小妹》："额头先到画堂前，好个冲额。"清朝褚人获《坚瓠三集·东坡戏妹》："坡戏妹曰：'脚踪未出香房内，额头先到画堂前。'以其冲额也。"评弹《再生缘》第七回："天庭带冲，地角带超。"又如：凹面冲额骨。

[污糟] 亦作"乌糟"。肮脏。《文明小史》第五十一回："日本海中群岛的土人，披着头发，样子污糟极了。"《负曝闲谈》第十四回：

"那颜色的耐乌糟些，至少可以过七八天。"《解放日报》(1988.7.26)："有些夜总会不过也就是听听歌、跳跳舞而已，并非都是那么污糟。"

[**汤团**] 带馅儿的汤圆。《警世通言·俞仲举题诗遇上皇》："只见俞良立在那灶边，手里拿着一碗汤团正吃哩。"《歇浦潮》第三十五回："松江娘姨知全爱吃汤团，便到附近一家糕团店内买了十六个汤团，满满装了一碗送到房里。"

[**汤罐**] ①老式灶上利用火通道温水的罐儿。②戏称爱喝汤的人。如：伊是个汤罐，每顿饭要吃一大碗汤。

[**宅基**] 住宅；宅院。明朝冯梦龙《山歌·本事低》："姐道我郎呀，你好像个打弗了个宅基未好住，惹得小阿奴奴满身癞疥养离离。"《何典》第一回："回到这活鬼手里，发了横财，做了暴发头财主，造起三棣院堂四埭厅的古老宅基来。"又第八回："四面一望，只见斜射路里有个乌丛丛田头宅基。"

[**寻**] 挣(钱)；赚(钱)。《儒林外史》第十七回："每日寻的钱家里盘缠。"胡祖德《沪谚外编·吉祥草》："阿爷出门寻万金，养我大大小小一家门。"

[**寻事**] 寻衅；找茬儿。评弹《白毛女·死里逃生》："黄世仁晓得大春和喜儿的关系，就去找大春寻事。"《说新书(一)》："喜旺，有话好好的讲，为啥回来寻事呢？"

[**阵头雨**] 阵雨。明朝冯梦龙《山歌·床沿上》："六月里走马阵头雨那了能个易得过，网见鱼来便撒开。"胡祖德《沪谚外编·观鸟兽虫鱼占晴雨》："夏天将落阵头雨，忽见白鹭向空飞。"

[**阴**] 凉；冷。沪剧《珠衫记·上吊哭妻》："听此言急得我眼睛面前墨赤黑，两手两脚冰冰阴。"《说新书(一)》："马一冯手脚冰阴。"《说新书(一)》："马一闯手脚冰阴，人发呆。"又如：今朝阴来。

亦作"荫""印"。

[阴阳怪气] 不冷不热、不阴不阳的样子。《歇浦潮》第五十六回:"他们上行下效,见了他也阴阳怪气的,不甚理睬。"陶菊隐《袁世凯演义》第八回:"这种阴阳怪气的态度,又激怒了性情暴躁的张振武。"评弹《再生缘》第五回:"你这奴才!饭桶!拉了半天铃,里面没有声音,你到底吃过夜饭没有?有没有气力?阴阳怪气!"

[阴沟洞] 阴沟。《二刻拍案惊奇》卷二:"他阴沟洞里想天鹅肉吃哩!"

[好] 能;可以。评弹《顾鼎臣·花厅评理》:"侬是好走哉。"越剧《三摆渡》:"仁孝从西村赶得来,要到三港摆渡,起起码码十点钟好到。"

[好人家] 有地位或富裕的人家。元朝关汉卿《救风尘》第二折:"御园中可以不道是栽路柳,好人家怎容这等娼优。"《二刻拍案惊奇》卷十四:"是好人家妻子,丈夫又不在,怎肯见人?"《何典》第四回:"形容鬼道:'你是个好人家囝大细。家里又弗愁吃,弗愁着,如何想起这条硬肚肠来?'"

[买面子] 给人情面。《歇浦潮》第八十九回:"只怕他现在和我等疏远已久,不肯帮我们的忙,岂非白买一个面子。"又如:格趟买我一记面子,饶饶伊。

# 七 画

[弄] 即弄堂。明朝李诩《戒庵老人漫笔·今古方言大略》:"城市小巷谓之弄。"《宝山县志·风俗》:"弄俗呼小巷。"

[弄怂] 同"弄松"。《何典》第五回:"那伙提草鞋公人,见本官软弱,便都将嘴骗舌头的来弄怂他。"

[弄堂] 胡同;小巷。明朝徐光启《前闻记·弄》:"今人呼屋小巷为弄……俗又呼弄唐,唐亦路也。"

[麦管] 吸食饮料用的细长管子,用蜡纸或塑料制成。《新民晚报》(1985.7.19):"我到四达灯杂店买了八瓶橘子水,并索取两根麦管以供家中孩子吸用。"

[韧几几] 同"韧吊吊"。《新民晚报》(1989.9.24):"这萝卜干根本不是脆生生、咸滋滋的,而是韧几几、甜津津的。"

[运道] 运气;命运。《海上花列传》第二十一回:"本事末,挨着俚顶大,独自运道勿好。"程乃珊《风流人物》:"一个学徒出身的小裁缝,凭着胆识、魅力和才智,自然还有运道,办起了自备工场和在沪港有两个门市部的'添禄'企业。"范小青《顾氏传人》:"老汪老来福呀,运道不错呀。"

[走棋] 下棋。如:两个人勒拉走棋。

[贡脓] 伤口、疮疖中病菌繁衍而生脓。《西游记》第七十三回:"常时刀砍斧剁,莫能伤损,却怎么被这金光撞软了皮肉?久以后定要贡脓。"

[赤膊工资] 指没有奖金等附加部分的纯工资。独角戏《选择》:"小林小时候家里经济条件差,父母都是小学教师,都是赤膊

工资。"《新民晚报》(1988.6.15):"一听'易拉罐'的可口可乐或啤酒,其容量大约只等于一只玻璃茶杯。口渴的,一口便可饮尽,而其价格却在二元左右,相当于一个青工每天的'赤膊工资'。"

[赤膊] 赤膊;光着上身。《嘉定县继志·方言》:"俗谓裸上体曰赤膊。"

[声气] 说话时的声音、语气。鲁迅《呐喊·孔乙己》:"掌柜是一副凶脸孔,主顾也没有好声气,教人活泼不得。"

[花头] ①花纹。《官场现形记》第二十回:"无论一靴一帽,以及穿的衣服花头颜色,大家都要比赛。"滑稽戏《七十二家房客》第一场:"老裁缝,这块料子是什么颜色?什么花头的?"程乃珊《女儿经》:"我去华侨商店看看,有无新鲜花头。"②不便明说的关系。多指男女不正当关系。茅盾《子夜》:"她要告诉这张阿新怎样屠维岳叫了她去,怎样骗她,怎样打听谁和共产党有花头。"评弹《老地保》第二回:"是夫人身边丫头叫进巧,进巧和马寿有'花头,就要嫁给他了'。"沪剧《杀狗劝夫》:"相公外头七搭八搭,搭伊拉姑嫂有花头。"③花招儿。《嘉定县续志》:"俗谓狡弄术曰花头。"评弹《江南春潮》:"(这断命布告贴得好大)我看里面一定有花头。"④新奇的主意或办法;本事;路道。《说新书》:"小伙子花头实在多,还有个建议,听听看。"《解放日报》(1985.11.22):"现在不少人的观点就是,此人工种好、工资高、朋友多、路道粗、兜得转,就会被视之为'有花头',趋之若鹜者众;反之,则会被视为'没花头',无人问津。"《解放日报》(1985.12.6):"在同学、邻居的眼中,我是一个'无能'的人,有人甚至直言不讳地说我没有'花头'。"⑤奥妙的地方。如:选祥物事看看简单,里向花头倒勿少。

[花头经] 同"花头②③④⑤"。倪海曙《杂格咙咚·新山歌·身份证》:"冉咾日本佬走仔还有格种花头经?"评弹《白蛇传·计阻》:

"奈格共头经倒多勒海。"程乃珊《银行家》:"最近财政局怎又兴出新花头,对高支纱锭低税率、低支纱锭高税率,啥人起的花头经?"

[花纸头] 指钞票;钱。《上海法制报》(1988.6.27):"裤兜里的'花纸头'(人民币)乱作一团,鼓鼓的,这是用田鸡的命换来的。"

[花草] 紫云英。

[花菜] 花椰菜。

[花露水] 花样;手段;本领。《新剧作》(1982.1.2):"我顾德乐这点花露水还是有的。"王安忆《分母》:"男的花露水足,吹捧女的:你比万体馆还美,比香莴笋还嫩。"

[坍台] ①垮台(多指事业、局面不能继续维持)。《文明小史》第二回:"今儿卑职保举匪人,几乎弄得坍台,实在抱愧得很。"鲁迅《坟·论"费厄泼赖"应该缓行》:"后者的大错有二:一是误将坍台人物和落水狗齐观,二是不辩坍台人物又有好有坏。于是视同一律,结果反成为纵恶。"②丢脸。徐珂《清稗类钞·方言·上海方言》:"坍台,因种种事实之发觉,致贻笑于他人,或不齿于社会,无面目以对人者,谓之坍台,犹杭州语之倒霉,扬州语之丢丑,盖极不荣誉之名词也。"《官场现形记》第一回:"这里大家见厨子动了气,不做菜,祠堂祭不成,大家坍台。"茅盾《多角关系》:"他现在倒是'坍台'的问题胜地地于月娥的恋情了。"评弹《西厢记·游殿》:"问问俚笃,全说姓张,坍张家门里格台。"

[坍面子] 丢面子;丢脸。如:侬勿要坍伊面子。亦说"坍面孔"。

[块] ①身体上鼓起的疙瘩。《文明小史》第五十四回:"功航芥再把镜子照照自己,额上起了一个块。"苏州评话《三国·孔明探病》:"鲁肃一摸,额角头上一个块,啊哟,都督发痴了,而且是武痴,要打人的。"评弹《白蛇传·计阻》:"还好末,(摸头)一个青胖块已经蛮大哉。"②宁波等地用糯米块,简称"块"。

[块头] ①身量;个子。评弹《再生缘》第十二回:"身材一样长短,块头一样大小。"胡祖德《沪谚》卷上:"大是块头,无是清头。"②票面以元为单位的货币的统称。倪海曙《杂格咙咚》:"俚已经拿出一张五百块头格钞票。"

[豆腐花] 豆腐脑儿。沪剧《娇懒夫人》第一幕:"蹄膀酥得像豆腐花了。"评弹《不能走那条路》:"吃的是一碗豆腐花。"

[连得] 同"连搭"。如:迭个字连得阿拉老师也勿认得。

[折头] 折扣。如:打折头。

[扳驳] 反驳。《海上花列传》第二十三回:"(姚奶奶)正待想一句来扳驳。"

[扳亲] 同"攀亲"。《缀白裘·梆子腔·相骂》:"啊呀,我的亲有奶奶吓,当初没有扳亲呢是两家,如今做了亲家就是一家人了。"

[把脉] 诊脉。评弹《孟丽君·母女相会》:"只看见床门前坐好一个人,头戴相貌,身穿罗袍,勒浪搭我把脉。"汪仲贤《上海俗语图说》:"人体脉息之最易检察者在两腕间,医家用以验病,是谓把脉。"

[把家] ①善于勤俭持家。《上海文学》(1987.1):"'这女人,倒蛮能做的。'汤荣说。'是的,'我说,'看得出是个把家的人。'"②管理家务。如:那屋啥人把家?

[把稳] 稳当;可靠。《嘉定县续志·方言》:"把稳,俗谓谨慎也。《晋书》:'诸将谓姚苌曰陛下将年太过。'注云:将牢犹俗言把稳。"评弹《西厢记·酬柬》:"虽然秋月光辉,总究夜深露重,换双鞋子走起路来可以把稳点。"

[呒] 没有。评弹《珍珠塔·七十二个他》:"听了半日,头路都呒摸处。"倪海曙《杂格咙咚·望阿奶》:"倪弟兄,从小呒娘又呒爷,才亏得,一片慈心老阿奶。"

[吹牛屄] 吹牛。《九尾龟》第十二回:"非但装不来自有的场

面,不出了个吹牛屁说大话的名头。"

[**时件**] ①同"事件"。彭瑞高《祸水》:"酱爆内丁、炒时件、炒腰花……虽都是普通的饭店菜,但油多量足,令我们这些船上人吃得惬意。"《文汇报》(1982.1.20):"她觉得还是买只活鸡合算,半只红烧烧,半只白斩斩,内脏炒时件,头脚做鸡骨酱,汤可㷭寿面。"②零星物件。沪剧《卖妹成亲》:"冯摇糖就是日光接火光,偷别人家时件蜡插。"

[**时新**] ①时鲜。清朝顾禄《清嘉录·卖时新》:"蔬果鲜鱼诸品,应候迭出,市人担卖,四时不绝于市,而夏初尤盛,号为赏时新。"胡祖德《沪谚外编·清明歌》:"客人坐得团团桌,韭菜蛋皮吃时新。"②时髦。《九尾龟》第十四回:"学台见他穿着得袍褂整齐,靴帽时新。"陆文夫《清高》:"时新的服装能使女人美貌,男人神气,在人堆里引起人的注意。"王安忆《本次列车终点》:"她烫着长波浪,穿着很时新。"

[**呆板**] 同"呆板数"。绍闻《百丈岭》:"山有山路,水有水路,你们看,这不是水珠吗?从这副相貌看来,呆板有水。"又如:"那些大姑娘还说要赛过伢小伙子哩,这一下,呆板要败在伢手里啦!"

[**围腰**] 围裙。倪辉祥《芝麻绿豆官》:"炳发束着围腰,端出了罩在锅里的饭菜。"

[**囥**] 藏。《集韵·宕韵》:"囥,口浪切,藏也。"明朝李翊《戒庵老人漫笔·今古方言大略》:"藏物谓之囥。"《缀白裘·白兔记·麻地》:"我勿见子牛居去要打个,让我囥拢子渠个水桶居去大家打两记闹热点。"《吴歌新集·大船接接勿转》:"嫂嫂见仔姑娘居,关紧房门囥东西。"

[**利市**] ①幸运;吉利。明朝冯梦龙《挂枝儿·揉枕》:"到三更,忽然间把枕儿揉碎。一从枕了你,只做得半月夫妻,莫非是做时节

时辰不利。另拣个好日子,再做个利市的。"②喜事。《苏州府志》:"喜事曰利市。"③买卖顺利的预兆。如:发个利市。

[利钿] 利钱。

[作成] 光顾;成全。《嘉定县续志·方言》:"作成,俗言照顾或挑逗也。"明朝冯梦龙《山歌·面筋》:"小阿奴奴是个主热烘烘新出笼个清水货,你没疑心我麸多弗作成。"评弹《白毛女》:"老太太格寿板,就是作成俚笃格,所以格笔礼一定蛮厚格。"

[作兴] ①应该;可以。《官场现形记》第十回:"倪格人,说一句是一句,说话出了嘴,一世勿作兴忘记格。"鲁迅《南腔北调集·由中国女人的脚推定中国人之非中庸》:"古人儒者不作兴谈女人,但有时总喜欢谈到女人。"高晓声《陈奂先生包产》:"坍什么台,买不到也作兴的。"②可能;也许。《文明小史》第二十五回:"这作兴是赵宣子的家人们听见的。"茅盾《春蚕》:"这余杭种,作兴是慢一点的。"高晓声《蜂花》:"你文化又比我高,作兴派得着好工作。"③时兴;流行。鲁迅《且介亭杂文末编·立此存照(七)》:"近来的日报上作兴附'专刊'。"甬剧《姑娘心里不平静》:"如今是作兴'新派'啦!"

[作孽] ①可怜。高晓声《陈奂生转业》:"老阿姨年纪一大把,行动已不大方便,烧点吃吃已够累了,再要从外面带脏衣服别来给她洗,也作孽。"陆文夫《美食家》:"拉车弄几个钱也作孽,仅仅糊个嘴。"评弹《西厢记·回柬》:"这声爱,声音会得发抖,看看俚作孽。"②可惜。如:小李的考分只推板一分就可以进入名牌大学,真作孽。

[伯姆] 妯娌。明朝冯梦龙《山歌·伯姆》:"三月里清和四月里天,伯姆两个做头眠。"亦说"摆姆"。

[希奇] ①犹"希奇勿煞"。俞平伯《重过西园码头》:"以六十元欣欣然携一卷回来希奇我们,据说'字迹甚佳'。"②感到奇怪。

《歇浦潮》第八十五回："我很希奇,这东西吸在口中,又不比糖那般甜,苦济济有甚好吃。"③喜欢,稀罕。如:勿要人来风,我又勿希奇耐。[希臭] 极臭。元朝石德玉《曲江池》第三折:"天啊,这叫化头身子腤腤臜臜希臭的。"

[希臭膨天] 臭气冲天。《何典》第一回:"形容鬼大怒,把青竹带戳带搐的掏了一阵,搅得希臭膨天。"

[邻舍隔壁] 同"邻舍"。滑稽小戏《三毛学生意》:"给邻舍隔壁讲起来也勿好听,让伊等两日再讲。"

[肚才] 才智。越剧《九斤姑娘》:"这姑娘生得聪明伶俐,肚才蛮好,里外生活要算头挑。"

[肚肠] ①肠子。叶圣陶《英文教授》:"肚肠从腰间淌出来,青布短衫给打破了,血肉模糊中伸出几根断了的肋骨。"②犹"心肠";用心。元朝杨显之《潇湘雨》第三折:"你只管里将我来棍棒临身,不住的拷打,难道你的肚肠能这般硬。"明朝梁辰鱼《浣纱记·擒嚭》:"我平日怀害人肚肠,具杀人手段。"

[肚兜] 兜肚。《何典》第五回:"形容鬼叫得锣响,走出来看时,只是独有猢狲撮把戏,便挖几个看肚兜铜钱来舍他。"

[角子] ①一元的十分之一。沪剧《为奴隶的母亲》第八场:"勿要哭,你拿四只角子去,也好做两天享福人。"②硬币;钢镚儿。如:袋袋里只有一只五分头角子。③物体两个边沿相接之处。如:热水瓶摆勒灶头角子浪。④拐角处。《海上花列传》第三十回:"倪角子浪去吃碗茶吧。"又如:转弯角子浪新开仔一爿香烟店。

[角头] 票面以角为单位的货币的统称。

[卵泡] 同"卵脬"。《新民晚报》(1990.3.8):"吓,出鬼哩,一个鬼火道士有能耐退了警察?装神作鬼,卵泡岂能充了香瓜?"

[饭超] 饭勺。亦作"饭抄"。

［饭篮］ 用竹篾编成的用来盛米饭的容器,圆形,有盖和提梁。

［饭镬］ 烧饭用的锅子。胡祖德《沪谚》:"隔灶头饭镬格外香。"评弹《再生缘》第二十三回:"傧相:关入洞房,饭镬铺,照花烛。"

［闲常］ 平时;平常。《水浒传》第十六回:"闲常太平时节,白日里兀自出来劫人。"

［冷热病］ 疟疾。

［冷稀稀］ 形容有点儿冷。如:风吹上来有眼冷稀稀。亦作"冷西西"。

［灶头］ 用砖、土坯或金属等制成的生火做饭的设备。陆文夫《美食家》:"特别是那宽大的厨房,冰箱、排气风扇,炊事用具,雪白的灶头,他当年在交际处也没有这种条件。"

［灶间］ 厨房。宗福先《平安无事》:"有一回她(大概是十岁吧)鼓足了勇气对着正在为灶间电灯的开关之类问题而战斗的妈妈大声嚷了起来。"《文汇报》(1981.7.15):"金利盛的姐姐1973年因搭灶间与邻居发生纠纷。"亦说"灶头间"。

［灶堂］ 同"灶膛"。《何典》第四回:"一个搭脚阿玛,只晓得烧茶煮饭,踏杀灶堂泥,连大前头都不到的。"

［炀］ ①火旺。汉·扬雄《方言》第十三"炀"晋·郭璞注:"今江东呼火炽为炀,音恙。"宋朝朱熹《寿母生朝》诗:"灶陉十日九不炀,岂办甘脆陈壶觞。"②熔化金属。《广韵·阳韵》:"炀,释金,与章切。"③溶化。如:冰炀脱勒。

［牢尻嘴］ 对能说会道而喜作无根之谈者的詈语。《何典》第七回:"那张牢尻嘴就像持舌捯哥一般,'小姐长'、'小姐短',留他进去吃清茶。"潘慎主:"年尻嘴:利口。"

［穷开心］ 苦中作乐。如:饭也要没吃了,还要说笑话,阿是勒拉穷开心?

[识货] 年幼而懂事。如：格个小细娘人末小，倒蛮识货格。

[识相] 知趣。包天笑《钏影楼回忆录·记朱静澜师》："那位不识相的朋友，甚而高谈阔论，久坐不去。"评弹《大红袍·抛头自首》："断命瞎子真勿识相，断我财路！"卢群《绣娘》："自己牙钳嫩，碰不过这位姐姐，还是识相些，不提这个'抗议'了吧。"

[灵光] ①好。评弹《白蛇传·计阻》："提起仔末唔笃格位二姑娘，天地良心实在勿灵光。"②灵验；有效果。沪剧《金黛莱》："他对鬼子喊了两句英文，真灵光，鬼子乖乖地爬起来走啦。"③有办法。《上海民间故事选·暗斗特务导演》："万先生，你真灵光。"

[灵清] ①清楚。包天笑《钏影楼回忆录·巡游译书处》："若是在日文原句上勾勾勒勒，排字工友也弄不灵清。"常锡剧《走上新路·账簿交给谁保管》："这样说，也许是学才心无二用，没有记灵清。"②头脑清醒。范小青《光圈》："她上了年纪，不灵清了。"

[阿飞] 指身穿奇装异服、举动轻狂的青少年。陆文夫《美食家》："苏州话骂人也不是那么好听的，人家暗地里叫她'干瘪老阿飞'。"王安忆《墙基》："小阿飞！狗崽子！"

[阿妈] ①母亲。《太仓州志·风土》："呼母曰妈妈，曰阿妈。"《相城小志·方言》："阿妈，称母。"柴萼《梵天庐丛录·清末南北称谓》："松江乡人称母曰阿妈。"②旧时称年老的女佣人。柴萼《梵天庐丛录·清末南北称谓》："吴人称佣媪曰阿妈。"《太仓州志·风土》："呼女佣亦曰阿妈。"《缀白裘·西厢记·游殿》："丫头阿妈罗个弗思量搭我活动活动。"

[阿伯] ①伯父。②父亲。《缀白裘·莺钗记·遣义》："哩乩阿伯救子我一家门性命。"

[阿叔] 叔父。亦用于泛称比父亲年纪略小的人。胡祖德《沪谚》卷下："人生路不熟，随处叫阿叔。"鲁迅《彷徨·离婚》："'你这位

阿叔真通气。'爱姑高兴地说,'我虽然不认识你这位阿叔是谁。'"

[**阿狗阿猫**] 同"阿猫阿狗"。《解放日报》(1989.6.22):"阿敏能唱,阿狗阿猫就不一定都能唱。"

[**阿姐**] ①姐姐。《海上花列传》第二十九回:"阿姐叫耐看末,耐就看看末哉。"②对跟自己年纪差不多大的女子的称呼。倪海曙《杂格咙咚》:"阿姐,啥场化去?"③指档次比先生低的妓女。唐人《金陵春梦》第一集第十六回:"那时光操神女生涯的,有先生与阿姐之别。"参见"先生"。

[**阿哥**] ①哥哥。《缀白裘·义侠记·戏叔》:"做阿哥个有奢弗到之处万百事体要看爷爷面上。"评弹《文武香球·一马双驮》:"有个妹子叫张桂英,今年十八岁,本事倒比两个阿哥好。"②对跟自己年纪差不多的男子的称呼。《水浒传》第三回:"阿哥,你莫不是史家村甚么九纹龙史大郎?"

[**阿爹**] ①祖父。亦用以尊称与祖父同辈的男子。《缀白裘·琵琶记·请郎》:"来哉,来哉,阿爹奢个?"评弹《顾鼎臣·花厅评理》:"是呀,勒俚阿爹手里就来格勒,真正三代老账房。"陆文夫《美食家》:"唔,也老了,当阿爹了吧?"②父亲。《新民晚报》(1983.2.6):"阿爹、阿妈娘反对康金梅画图。"

[**阿娘**] ①祖母。王安忆《流逝》:"'阿娘,吃茶。'她把茶端过去。"②对老年妇女的尊称。柴萼《梵天庐丛录·杂流能诗》:"初宅中婢仆素轻妪,以为痴,及见主人优礼,咸呼之曰做诗阿娘。"③姑母或姨母。

[**阿猫阿狗**] 泛指某人或某些人(含诙谐或轻蔑意)。评弹《春到银杏山》:"自从抗日以来,不管阿猫阿狗也扛起了抗日的招牌自封司令。"茅盾《子夜》:"喔唷唷!——你的同伴!知道是阿猫阿狗呢!"

[阿婆] ①丈夫的母亲。《缀白裘·琵琶记·吃饭》:"阿婆为何不吃饭了?"②对老年妇女的称呼。刘经庵《歌谣与妇女·他的兄嫂·江苏吴县的》:"阿婆说道:'敲背囡转来哉!'"③对保姆的称呼(多指年纪大的)。

[阿婶] ①丈夫弟弟的妻子。《嘉定县续志·方言》:"呼夫弟之妻曰阿婶。"②婶母。

[阿舅] 妻子的兄或弟。《海上花列传》第三十八回:"难教阿哥公馆里要勿来,停两日做仔阿舅坍台煞个!"滑稽小戏《骗术奇谈(三)》第三幕:"还有爷娘、阿叔、阿嫂、弟媳妇、阿舅、阿姨、堂房兄弟、地房妮子。"沪剧《卖妹成亲》:"侬吭趣哉,阿舅末侬少叫声把。侬一样叫末兄弟叫声把。"

[妗妈] 舅母。《崇明县志》:"舅母曰妗妈。"

[劲道] ①力气。丰子恺《缘缘堂再笔·西湖船》:"船篷看厌了,或是想同对面的人谈谈,须得两臂使个劲道支撑起来。"评弹《林冲·野猪林》:"汏呀!薛霸手里用足劲道,连前夹心都压在林冲脚膀上了。"②积极的情绪。高晓声《我的两位邻居》:"他笑着说:'劲道上来了,倒放不下手。'"③兴趣;趣味。如:迭个地方白相起来邪气有劲道。

[鸡毛帚] 鸡毛掸子。亦称"鸡毛掸帚"。

[纸煤头] 同"纸吹"。《歇浦潮》第四回:"说罢点了根纸煤头大步奔下楼去。"亦说"煤头纸"。

[**现世**]　出丑；丢脸。评弹《白毛女·死里逃生》："看见一个小鬼丫头要吓得实梗索索抖、索索抖，浑身零碎动，真是现世。"王安忆《好姆妈、谢伯伯、小妹阿姨和妮妮》："只恨没有趁早关上房门，叫那么多人在门口观看，可不是现世。"

[**坯**]　比喻属于某一种类型的人或物（含贬义）。评弹《白虎岭·逐圣》："这戆坯看见女人动了凡心，妖怪不妖怪已经忘记得一干二净了。又如《救师》："我老猪是个粗坯，你是晓得的，游山玩水全本外行。"又如：格点木头只好作柴坯，哄用场烙。

[**垃圾**]　①脏；不干净。《杭州府志》："不净曰垃圾。"②比喻品质低劣的人。

[**茅栗**]　栗子。宋朝沈括《梦溪笔谈·辩证》："江南有小栗，谓之茅栗。"

[**茅柴**]　茅草。《何典》第三回："正是：凭你会钻铜钱眼有，到头终壅茅柴根。"胡祖德《沪谚外编·张凤山卖布送人情》："娘娘田里做，凤山翻翻茅柴根。"

[**直笼统**]　同"直笼桶"。《太仓州志·风土》："不委曲曰直笼统。见《唐书》。"

[**卖相**]　外貌。长篇叙事吴歌《五姑娘》第一章："这个冤家生得端端正正，气气派派卖相好。"苏州评话《三国·赠马》："这五匹马身格雄壮，膘水足，卖相好。"沪剧《朱小天》："昨天侬偷饭瓜格，今朝卖相那能介好？"

[**卖面子**]　看在某人的情面上同意做某事。茅盾《多角关系》：

"他是我先生的朋友,卖面子才肯来的。"亦说"卖面情"。

[码头] 商埠;商业城镇。周而复《上海的早晨》第二部:"上海又是水陆码头,人来人往,见多识广。"昆剧《十五贯·访鼠》:"你码头跑跑,我赌场混混,自家人,这一套江湖诀可用不着。"评弹《白蛇传·公堂》:"强盗盗了库银,决不敢在当地露赃,一定要拿到外码头去了。"

[担阁] 耽搁。《嘉定县续志·方言》:"担阁,俗谓迟延也,宋林逋诗:'聊为夫君一担阁。'"

[拆烂污] ①比喻做事马虎、不负责任而把事情搞糟。叶圣陶《倪焕之》四:"货真价实,是商店的唯一道德,所以教师拆烂污是不应该的。"高晓声《李顺大造屋》:"自家人拆烂污,说多了也没意思。"陆文夫《故事法》:"这工程的质量不能差到哪里,我们能在×长的门前拆烂污吗?"②比喻随便,不讲究。陆文夫《美食家》:"朱自冶穿衣裳一贯是很拆烂污的。"

[披蓑衣] 指妻子有外遇。胡祖德《沪谚外编·新词典》:"披蓑衣,其妻有外遇之谓也。"《何典》第八回:"就是查访那标致细娘,也不过想寻个披蓑衣乌龟。"

[拗嘴] 拌嘴。《苏州谚语选·附录》:"拗嘴,和人抢白,不肯顺从他人。"

[顶真] 认真。胡祖德《沪谚外编·俚语考》:"顶真,实订真之误。《论衡》云:'就世俗之书,订其真伪。'"《官场现形记》三十四回:"呀呀乎!兄弟若不是办的顶真,都像这样东挪西借起来,那里还能撑得起这个局面。"评弹《高速》第四回:"居栋才一面和巧珍很要好,一面却很顶真的对我提意见。"

[叔公] 叔祖。

[叔婆] 叔祖母。

[明瓦]　用蛎、蚌等的壳磨去外层剩下的薄片,半透明,镶在窗户等上,用于采光。评弹《画中秘密·详画破谜》:"王氏从外房明瓦窗中,望见对过的书房的窗门正敞开着。"叶圣陶《隔膜·寒晓的琴歌》:"我望这几家沿河的楼窗,都紧紧地关着,窗上的明瓦零落了。"

　　[明朝]　明天。《警世通言·一窟鬼癞道人除怪》:"王七三官人,我且归去,你明朝却送我归丈夫来则个。"清朝李渔《意中缘·画遇》:"真话不曾说出口,假画松纹先到手,明朝急急做商量,莫被他人剪绺。"评弹《大红袍·怒碰粮船》:"伙食从明朝起两菜一汤足够哉。"

　　[呼幺喝六]　形容盛气凌人的样子。《嘉定县续志·方言》:"俗以盛气临人者为呼幺喝六。"《何典》第九回:"不多一个眼闪,只见催命鬼领了一群伤司,呼幺喝六的拥进门来。"

　　[罗哩巴嗦]　啰唆。《当代》(1982.1):"由于表舅舅罗哩巴嗦的嘱咐没几句入耳的,严奕只喝了一碗芝麻豆子油茶,揣几个烧包谷就走了。"

　　[物事]　东西。《隋书·张衡传》:"(张衡)临死,大言曰:我为人作何舶事,而望久活。"《京本通俗小说·碾玉观音》:"主上赐与我团花战袍,却寻甚么奇巧的物事献与官家。"《初刻拍案惊奇》卷一:"我自到海外一番,不曾置得一件海外物事。"王古鲁注:"物事,吴语。'物'音近北京音'没有'的'没',相当北方话中的'东西'。"鲁迅《准风月谈·"抄靶子"》:"黄巢造反,以人为粮,但若说他吃人,是不对的,他所吃的物事,叫作'两脚羊'。"

　　[和尚头]　①光头;剃光的头。如:伊剃了一只和尚头。②指男孩。如:大人勿勒屋里,两只和尚头要闹翻天勒。

　　[的历都卢]　形容眼珠转个不停。《上元县志》:"眼之视之不定曰的历都卢。"

[**昏头搭脑**] 形容昏头昏脑、糊里糊涂的样子。《缀白裘·荆钗记·送亲》:"我个肉吓, 我的肉吓, 姑娘拉里一歇歇饿得昏头搭脑。"《隋唐演义》第十一回:"一个新年里,弄得昏头搭脑,没些清楚。"评弹《玉蜻蜓·厅堂夺子》:"再一想,他今朝勿要受了金家的骗,一个'昏头搭脑',从嘴里掉出个'金'字来,那是一家人完结哉。"

[**狗皮捣灶**] 亦作"狗皮倒灶"。吝啬;做事爱挑剔,不爽快。陆文夫《美食家》:"别说啦,我决不会做那种'狗皮捣灶'的事情,那南瓜有我一份,你先拉去吃。"高晓声《铨银老汉》:"一笔一笔账算得清清爽爽,不狗皮倒灶,能干得像陈平分肉,叫人家看得起。"沪剧《杀狗劝夫》:"讲讲,你又要狗皮倒灶了。"

[**枭**] 同"挢"。《说岳全传》第十二回:"岳大爷又把枪轻轻一举,将梁王的刀枭过一边。"《九尾龟》第二十一回:"张书玉听小宝说的俞加刻薄,枭着了他的痛疮,越发无明业火,按捺不住。"《官场现形记》第五回:"何藩台恐怕老妈靠不住,点了个火,枭开帐子,让张聋子亲自来看。"

[**变死**] 犹作死;作骨头。《歇浦潮》第六十六回:"他等我不及要跑,自然只得让他跑的,为何要你对我硬声硬气,大约你这人要变死咧。"

[**夜里**] 晚上;夜间。如:侬夜里到我屋里来一趟。亦说"夜里向""夜里厢"。

[**夜饭**] 晚饭。《初刻拍案惊奇》第十六回:"那婆娘当时就裸起双袖,到灶下去烧火,又与他两人量了些米,煮夜饭,揩台抹凳,担汤担水。"鲁迅《故事新编·奔月》:"只见女辛搬进夜饭来,放在中间的案上,左边是五大碗白面。"评弹《玉蜻蜓·看龙船》:"如果夜饭烧得晚了睦,他就要将我一把头发团,两记耳光。"

[**底子**] 原来;本来。倪海曙《杂格咙咚》:"今朝捞横塘·明朝敲竹杠,底子是小流氓,别号就叫拆白党。"

[**放一码**] 饶恕;宽恕。叶辛《蹉跎岁月》:"肖永川一看柯碧舟的脸色,悻悻地说:'好好好,阿哥看在你面上,放他一码。'"《新民晚报》(1988.5.17):"半路上,小偷哀求我:'爷叔,爷叔,帮帮忙,放我一码!'"《新民晚报》(1988.9.13):"有人在贸易集市区之外的地方设摊,被执勤人员发现而处以罚款。此时,往往会出现说情者:'人家做小生意赚头不多,就放他一码吧!'"

[**放生**] 中途甩开别人;失约。《海上花列传》第三十八回:"耐胆倒大哮!放生仔俚,转来哉。"《歇浦潮》第五十六回:"我们不妨哄他一哄,约他到什么地方相会,临时放他一个生,教他空欢喜几天。"程乃珊《蓝屋》:"你呀,真会放生。"

[**性急慌忙**] 急急忙忙,慌里慌张。陆文夫《对头星》:"许大有性急慌忙地扒饭,像鸭子吞糖似的,咽得头直伸。"

[**法子**] 同"法"。如:标实介叫法子,喉咙阿要哑脱。

[**油条**] ①一种油炸的面食,长条状,多用作早点。②油滑。亦指油滑的人。苏州市文联《苏州谚语选·附录》:"油条,形容浮滑、玩世不恭的人。"又如:迭个人是老油条,侬再讲伊也没用场。

[**油盏头**] 同"油盏火"。沪剧《卖妹成亲》:"油镬已经长远勿起哉,买去油盏头里亮亮眼睛。"《垦春泥》(1982.8):"油盏头里灯油已熬干。"

[**油漆**] 用油或漆涂抹(家具等)。如:家生油漆好了。

[**泡茶**] ①沏茶。如:人客来勒,快去泡茶。②(去茶馆)喝茶。《歇浦潮》第十二回:"寿伯同他到得意楼泡茶,听了一回书。"③打开水。

[**泥水**] 泥瓦匠干的活儿。《醒世恒言·赫大卿遗恨鸳鸯绦》:

"这匠人叫做蒯三,泥水木作,件件精熟,有名的三料匠。"

[**泼赖**] 同"惫懒"。清朝翟灏《通俗编》卷十五:"《余冬序录》:'苏州以丑恶曰泼赖,泼音如派。'"《嘉定县续志·方言》:"俗谓乖巧也,读若派拉。又谓妇女之凶恶者亦曰泼赖。"元朝尚仲贤《单鞭夺槊》第二折:"老徐却也忒泼赖,这不是说话,这是害人性命哩!"

[**学生子**] 学生;徒弟。《何典》第五回:"幸亏角先生手里那些学生子,一个个都是钝猪钝狗。"评弹《白蛇传·投书》:"许仙是杭州大员外格大学生子。"苏州评话《水淹七军》:"我是老三麻了格学生子,倪师兄叫小三麻子,格末我也来格中三麻子吧!"

[**宝贝**] 喜爱;疼爱。胡祖德《沪谚外编·十诫训》:"娘诫训,囡要听,敬重丈夫面上人。宝贝姑娘与小叔,公婆看见最称心。"滑稽小戏《官太太巧断奇案》第一幕:"奈身体也要保重,屋里当心,两个小人要宝贝。"

[**定当**] ①决定;定下来。《歇浦潮》第五十二回:"若能早一天定当,你我也可早得一个聚会之所。"《土话指南》:"老弟动身个日子,定当拉味?"②停当;妥当。如:拿事体安排定当。

[**宕空**] ①空闲。高晓声《市声》:"东家嫌我懒,被他回绝了。我宕空了这几个月,没得一文钱到手,指望生意仍旧,支用几文薪工,又被东家辞了。"②悬空。《何典》第四回:"那个鬼囡,自从主人死过,没了管头,吃饱了宕空箪箕里饭,日日在外闲游浪荡,雌鬼也管他不下。"

[**空口说白话**] 谓只说而不去实行。《二刻拍案惊奇》卷二八:"今日空口说白话,未好就明说出来。"《中国现在记·楔子》:"但是穷而在下,权不我操,虽抱着拨乱反正之心,与那论世知人之识,也不过空口说白话,谁来睬我?"陶菊隐《袁世凯演义》第十五回:"他们既不肯出钱,仗就打不下去,他们也就不能空口说白话,再

唱主战论了。"

[空落落] 形容屋子、箱子等里面没有什么东西。《海上花列传》第四十三回:"房间里竟搬得空落落的。"

[话] 讲;说。宋朝王谠《唐语林·补遗二》:"裴佶常话:少时姑夫为朝官,有清望。"《儒林外史》第三十四回:"当下又吃了一会酒,话了些闲话。"《何典》第二回:"两个说起来意,要求他娘儿们在饿杀鬼面前话个人情。"倪海曙《杂格咙咚·三轮车》:"我神气活现格话:'三轮车'!"

[房钿] 房租。如:付房钿。

[衬里] 衬布。如:耐身浪做件中山装,衬里也要剪五六尺。

[姆妈] ①母亲。《崇明县志》:"呼母曰姆妈。"《九尾龟》第六十八回:"我家里有一个姆妈,我想回去看看。"倪海曙《杂格咙咚·寓言诗·比水牛》:"俚想:'那亨倪格姆妈拿我生得实梗小。'"评弹《礼拜天》:"彩云也对我说,说姆妈,求神拜佛都是假的,根本没有用的。"②对年长的已婚妇女的尊称。卢群《绣娘》:"顾家姆妈,你快不要再说了。"程乃珊《女儿经》:"在这南北贴墙共搁着三只煤气灶的厨房内,只沈家姆妈一人在忙碌着。"③妓女对老鸨的称呼。《九尾龟》第一四八回:"云兰听了,把身躯一扭道:'姆妈总归这般样儿,什么吃醋不吃醋的。'"

[绍兴戏] 越剧。程乃珊《摇摇摇,摇到外婆桥》:"她手面也挺大,爱看绍兴戏。"《新民晚报》(1984.6.22):"她们今朝又要看绍兴戏了!"

# 九　画

[帮衬] 帮忙;帮助。《缀白裘·望湖亭照镜》:"我颜大官人个段姻缘,全仗唔帮衬帮衬哩。"又如《白兔记·闹鸡》:"全仗大叔帮衬帮衬,停歇金香、福鸡、三果才搭唔八刀分。"长篇叙事吴歌《五姑娘》:"当年刘备亏得关公,张飞来帮衬。"

[草头] 可做菜吃的嫩黄花苜蓿。胡祖德《沪谚外编·十二月野花歌》:"三月里草头花开满田青,各家打补做清明。"《文汇报》(1981.5.1):"大量见新品种陆续应市,有乌笋、草头、韭菜、菜苋、豆苗等等。"

[草台班] 演员较少、设备简陋的戏班子,常在农村或小城镇流动演出。范小青《光圈》:"杨玲娣唱戏出身,她的娘就是唱戏出身,是唱草台班的。"《新民晚报》(1989.9.11):"我在童年看筱丹桂、商芳臣等初次到金华演出,称髦儿班,行头小分简陋,尚属流动演出的草台班。"

[荡] ①悬挂;垂落。评弹《一炉钢》:"这边一号炉的行车已经把一包铁水送到炉子面前,铁包子慢慢地在荡下来。"②逛;溜达。包天笑《钏影楼回忆录·西堂度曲》:"这些我都不大喜欢,我便溜出去了,宁可荡观前、孵茶馆、逛旧书店了。"

[荡马路] 逛街;在马路上散步。沪剧《乡下未婚夫·动摇》:"有时候出去荡马路,也不见有人与你在一起。"

[带只眼睛] 顺便留意;留心照顾。《何典》第五回:"我死了之后,你千万带只眼睛,收留他回去,抚养成人。"又如:灶头浪烧格水谢谢侬带只眼睛,开勒叫我一声。

[标致] 漂亮。多指女子相貌、姿态美丽。《黎里续志》卷一："言人物之类曰趣,曰标致。"唐朝赵璘《因话录·商上》："君初至金陵,于府主遮人锜坐,屡赞招隐寺标致。"《古今小说·任孝子烈性为神》："张秀一郎,年二十岁,聪明标致。"清朝李渔《意中缘·毒饵》："你有这样一个标致的女儿在家,怕没有银子还债。"

[相打] 打架。《晋书·诸葛长民传》："夜眠中每警起跳踉,如与人相打。"明朝朱鼎《玉镜台记·狱吏相戒》："又常常暗地殷唆是非,弄他相打相骂。"鲁迅《坟·我们现在怎样做父亲》："以前的家庭中间,本来常有勃谿……然而其实也仍是讨嫖钱至于相骂,要赌本至于相打之类。"

[相道] 指人的举止、习气等。胡考《上海滩》："一个人的相道是重要的。"

[相貌] 样子;模样。独角戏《常出门》："出门坐火车柴会格相貌?"

[要紧] 赶紧;急着(做某事)。如:丈母娘一进门,我要紧让座。

[斫] ①砍。如:斫柴。②割。倪海曙《杂格咙咚》："七月交到八月中,磨镰斫稻正吃重。"

[厚实] 丰富;富裕。如:家底厚实。

[厚笃笃] 形容很厚或很稠。评弹《李双双》："鼻头高耸耸,嘴唇厚笃笃。"又如:吃仔厚笃笃两碗粥。

[面布] 毛巾。

[面汤] 洗面水。《初刻拍案惊奇》卷三一："董天然两个早起来,打点面汤早饭。"王古鲁注："吴语,洗面水。"《歇浦潮》第七回："隔了一会,松江娘姨送面汤进来。"胡祖德《沪谚外编·新妇歌》："拖是鞋皮出来臽面汤,拨来公婆打是两记响耳光。"

[面汤水] 同"面汤"。评弹《孟丽君·洞房刺奸》："另外再拷

好一盆面汤水,手巾摆好,好让新郎、新娘揩揩面,汰汰手。"刘经庵《歌谣与妇女·其他·苏州的》:"面汤水烧在灶锅里,点心送到床头去。"

[面相] 相貌;容貌。彭瑞高《醉土》:"柏森柏林是兄弟。森多一木,为兄。两人差六岁。可从面相看,兄老出十岁也不止。"

[牵头] ①牵线人;撮合者。《何典》第六回:"后来结识了这庙里师姑,替他做牵头。"②领头;带头。夏衍《纪念潘汉年同志》:"这件事,用现在的话说,完全是由汉年同志'牵头'的。"《新民晚报》(1983.12.15):"这件完全有可能办成的好事。至今还无人牵头。"

[挺刮] 同"挺括"。评弹《江南春潮》:"季兆奎走到字纸篓旁边,把方老头掷掉的一封警告信拿出来弄弄挺刮。"

[拾下巴浇] 同"拾下巴涎"。评弹《西厢记·莺莺操琴》:"我和尚算得外行末,拾别人下巴浇,也有点拾着格勒。"

[轻骨头] ①轻浮;轻飘飘的样子。明朝冯梦龙《挂枝儿·骰子》:"骰子儿,轻骨头。人偏好,酒筵上,有了你,兴更高。"胡祖德《沪谚外编·看潮歌》:"囝节头,起花头,做出轻骨头。"高晓声《极其简单的故事》:"'四人帮'粉碎了,他们就有点轻骨头。"高晓声《极其简单的故事》:"'四人帮'粉碎了,他们就有点轻骨头。"②轻浮的人。胡祖德《沪谚外编·看潮歌》:"走进市镇头,惹起浮头浪子轻骨头。"评弹《罗汉钱·相亲》:"不要讲别人,就是他的娘子飞蛾,本来也是轻骨头。"

[垫补] ①钱不够用时暂时挪用别的款项或借用别人的钱;用别的收入来补充正常收入的不足。如:伊靠爬格子拿点稿费垫补家用。②点补。如:吃饭辰光还早勒,先吃眼点心垫补垫补。

[垫背] ①比喻代人受过。《收获》(1981.1):"我不拉你垫背。"又如:祸是伊闯格,倒要我垫背。②指代人受过的人;替罪羊。

[垫被] 褥子。

[背纤] 把纤绳放在背上拉。《何典》第一回："相公既然要紧，待我们伙计上来背起水纤来，就快了。"长篇叙事吴歌："背纤勿要背头班纤。"

[背时] 不合时宜。胡考《上海滩》："我现在上了年纪有些背时了，就是喜欢唠叨两句。"

[点点戳戳] 同"点点触触"。《解放日报》(1988.12.2)："何教练随时点点戳戳纠正弟子姿势，俨然是一个严格的女教头。"《解放日报》(1989.3.28)："他居然精神很好，坐在吉普上，嘟着嘴低低的哼着不知什么曲，还点点戳戳给我们介绍沿途景色。"《文汇报》(1988.12.9)："现在忙于在经济上搞'创收'的校长们，你们万万不要就此忽视了为教师业务进修和提高创造必要的条件，要不然，到了某一个时候，有些教师为了业务上没有得到提高，而在你的脊梁骨上点点戳戳时，那滋味是并不好受的。"

[咭力骨碌] 象声词。元朝施惠《幽闺记·招商谐偶》："你两个只管咭力骨碌，骨碌咭力。"

[骨子] 骨气。茅盾《小圈圈里的人物》："只有你这样没有骨子的家伙这才稍为得意一些就狗眼看人低了。"

[骨排凳] 同"骨牌凳"。程乃珊《蓝屋》："青年科学家在没有靠背的骨排凳上坐得毕恭毕正。"

[缸爿] 缸甓的碎块。《何典》第一回："剃头人便把他兜头一杓冷水，拿起缸爿来就剃。"《隋唐演义》第七回："拿一片破缺爿，挡着壁缝里风。"

[香烟屁股] 烟蒂。

[秋老虎] 指立秋后仍然十分炎热的天气。清朝顾禄《清嘉录·朝立秋》："'立秋'以后，或有时仍酷热不可耐者，谓之秋老

虎。"评弹《西厢记·回柬》:"今朝是啥格天气?是七月里,秋老虎,木樨烧。"

[笃头笃脑] 呆头呆脑。《新民晚报》(1989.8.28):"影片主人公赵书信原是一个笃头笃脑的高级工程师。"

[笃定] ①有把握;一定。程乃珊《洪太太》:"只要你饭吃三碗,闲事不管,仗着政府对资产阶级的赎买政策,笃定可以今天吃国际饭店,明天吃'红房子'。"高晓声《一支唱不完的歌》:"'你完全是瞎嚷嚷。'洪泉稳笃定地说,'懂了理,我知道最大的苦你也能吃。'"②心绪安定,从容不迫。《上海民间故事选·第一次有组织的罢工》:"老板心里很笃定。"③放心。独角戏《拉黄包车》:"你笃定,我不会这个样子的。"

[修面] 刮脸。独角戏《两个理发员》:"好格,格末我就搭奈修面吧。"

[信壳] 信封。沪剧《珠衫记·活捉少梅》:"让我信壳浪向写明白,此信要送杭州城。"

[胚] 同"坯"。《海上花列传》第二十七回:"该号杀胚,再去认俚做啥!"评弹《战火中的青春》:"贼胚枪法蛮好。"

[胚子] 同"坯子"。鲁迅《南腔北调集·大家降一级试试看》:"于是只配做学生的胚子,就乘着空虚,托庇变了译注者。"

[狮子大开口] 比喻开大价钱;提出过分高的要求。《文明小史》第五回:"若依外国人,是个狮子大开口,五万六万都会要。"程乃珊《风流人物》:"徐九龄狮子大开口,口气不小,要想超过二号的叶老板呢!"王承刚《狭长的小街》:"哥哥刚结婚,女家狮子大开口,家里的积蓄几乎贴得精光。"

[狠] 厉害;有能耐。苏州市文联《苏州谚语选·附录》:"称人勇敢或厉害叫'狠'。"高晓声《极其简单的故事》:"一当了队长,马

上就骄横跋扈,把社员当木头人调遣;甚至爹娘都成了他的丫头奴仆,自以为一个队里数他最狠。"评弹《刘胡兰就义》:"一看情形,晓得刘胡兰勿肯招,想这个小姑娘倒真狠。"

[亲家姆] 亲家母。《吴歌新集·亲家姆奈莫动气》:"亲家姆,莫动气,坐坐定,吃碗茶。"评弹《罗汉钱·相亲》:"她正要上前敲门,可是想到亲家姆亲自上门相亲,总觉有点不好意思。"

[亲娘] 祖母。《吴歌新集·荠菜花朵朵开》:"荠菜花,朵朵开,亲娘房里挂灯彩。"

[恰恰] 刚才。袁家骅等《汉语方言概要》第五章:"恰恰,刚才。俗作坎坎。"

[阁落] 角落。《初刻拍案惊奇》卷十一:"我不知他肚肠阁落里边,也思想积些阴德与儿孙么?"明朝冯梦龙《山歌·竹夫人》:"一射射我来门阁落里,累子我满身个蓬尘。"

[烂污泥] 稀烂的泥。评弹《白毛女·死里逃生》:"芦花荡畔全是烂污泥,一只脚踏下去再拔起来,一只鞋子已经窝在里面。"《文化娱乐》1983.3:"脚跟头粘满鸡屎烂污泥。"

[烂肚肠] 坏良心;促狭;一肚子坏水。《何典》第十回:"活死人乘势对肚皮一枪,把他那条烂肚肠也带在枪头上抽了出来。"潘慎注:"烂肚肠,一肚子坏水。"

[烂料] ①无能;贪吃懒做。胡祖德《沪谚外编·张凤山卖布送人情》:"嫁得丈夫烂料人,夜里不想困,日里困到日头正。"沪剧《为奴隶的母亲》第一场:"我是前世勿曾修,嫁给阿章烂料人。"②无能或贪吃懒做的人。《海上花列传》第三十一回:"四五年省下来的几块洋钱,拨个烂料去撩完哉。"

[逃生子] 私生子(骂人的话)。鲁迅《彷徨·离婚》:"叫我爹是'老畜生',叫我是口口声声'小畜生','逃生子'。"

[前夹心] 指猪前部位的肉。倪海曙《杂格咙咚·苏州话诗经·一年辛苦》:"倒仔两杯高粱酒,切仔一块前夹心,红烧羊肉白干酒,先拨老爷开开心。"评弹《林冲·野猪林》:"汰呀!薛霸手里用足劲道,连前夹心都压在林冲脚膀上了。"

[前脚后脚] 指两个或几个人离去或到来的时间很接近。评弹《再生缘》第五回:"这时正当江三嫂领皇甫少华进月洞门,这叫前脚后脚,应差一脚。"又如:阿拉几个人前脚后脚,差勿多辰光颠回来勒。

[将将] 刚才;刚刚。《黄绣球》第二十四回:"来到随员栈房里一问,那随员大人将将前脚动身。"

[浇头] ①盖在盛好了的面饭上的菜肴。清朝顾禄《清嘉录·三伏天》:"面肆添卖半汤大面,日未午,已散市。早晚卖者,则有臊子面,以猪肉切成小方块,为浇头。"阿英《年画的叫卖》:"年画棚的叫卖,较长的如:'收摊生意卖本钱,只卖十六钱。贴贴十来年,颜色勿为嫌,越看越新鲜,譬如吃碗浇头面。'"周而复《上海的早晨》第二部:"他吃了一口又停下来,仿佛没有浇头,很难咽下这碗面。"②比喻正话以外加出来的话;添油加醋的话。胡祖德《沪谚外编·看潮歌》:"来宾演说还有几句讨浇头。"又如:迭个人讲闲话最喜欢加浇头。③比喻附加的成分。《解放日报》(1984.9.8):"近年来的惊险片确实又增加了一些'浇头',就是穿插家庭生活琐事,表现公安人员的夫妻情或父女情。"

[活络] ①头脑灵活;敏捷。宋朝罗大经《鹤林玉露》卷八:"大抵看诗,要次玲珑活络。"评弹《白蛇传·投书》:"如果头子活络,嘴讲来得,真有点三脚猫,那是我要好好派他用场。"《小说月报》(1981.9):"手脚活络,是个吃四方饭的人。"②活动;摇动。高晓声《闹地震》:"想不到脚底下踏着的地皮,也会活络翻筋斗。"评弹

《海上英雄》："他算是活络活络筋脉，免得等一歇到海水晨去，两脚牵筋。"《生活周刊》(1987.6.14)："这只凳子榫头有点活络了，请木匠师傅来修一修。"

[派用场] 作某种用途。《青年一代》(1981.3)："你每天交给我三十元，我帮你存起来，将来办婚事好派用场。"

[洛苏] 同"落苏"。胡祖德《沪谚外编·正月正》："二月二，瓜菜洛苏全落地。"

[洋] 圆(货币单位)。评话《张汶祥刺马·上元县验尸》："什么？打杀人只赔廿只洋，没有这样便宜。"《新民晚报》(1982.5.16)："今朝三百只洋不拿来，我女儿就不嫁给你！"

[洋车] 旧称缝纫机。

[洋火] 火柴。

[洋灯] 旧称煤油灯。《官场现形记》第三十七回："说罢，就在洋灯底下，把稿看了一遍。"胡祖德《沪谚外编·底面相反》："因为要他亮，反要加重罩；洋灯。"鲁迅《彷徨·弟兄》："他擎了洋灯，照着。"

[洋钉] 钉子。

[洋油] 煤油。《歇浦潮》第五十二回："他说电灯价贵，洋油价廉，可以节省开销。"茅盾《春蚕》："轧轧轧的轮机声和洋油臭，飞散在这和平的绿的田野。"王安忆《我的来历·妈妈家》："普安街没有火着过，没有。要私，后面火着过一次，洋油着火，不是普安街。"

[洋钱] 同"羊钿"。《官场现形记》第一回："这方必开因见儿子有了怎么大的能耐，便说自明年为始，另外送先生四块洋钱。"包天笑《钏影楼回忆录·我的父亲》："在亲族会议中，便有人提出此议，如打算盘，看洋钱，以及其它技术，小钱庄的师父肯教。"胡祖德《沪

谚外编·郎中歌》："开个药包不容易,三十块洋钱哟哟乎。"

[**洋葱头**] 同"冲头"。《生活周刊》(1991.12.8)："再也不要以为逛旧货市场的海外来宾是'洋葱头',可任意'斩斩'。"

[**洋蜡烛**] 亦称"洋烛"。矿烛;蜡烛。《官场现形记》第三十二回:"跟手又叫房间里奶奶,点了一枝洋烛。"包天笑《钏影楼回忆录·考市》："这洋蜡烛,在文具店里也有买,原来这考试有时到深夜,须要接烛。"又如:"当时德国的白礼氏船牌洋烛,已倾销于中国。"

[**浑沌沌**] 同"混淘淘"。甬剧《心事》："他老酒吃饱哉,讲话浑沌沌。"

[**穿帮**] ①鞋子、袋子等损坏,出现破洞。俞天白《大上海沉没》："她跨到窗口边,往里取出一只黄色马夹袋,'你看看,我刚拎了两斤烂水果,也没有穿帮'。"又如:迭双鞋子着了勿到一个月就穿帮了。②露出破绽。琼瑶《梦的衣裳》："'你认为不关紧要的事可能是最紧要的事!' 雅晴说:'如果要穿帮,多半是穿帮在小节上!'"《中国青年报》(1987.4.2)："哪知钞票到手未'捂热'就穿了帮,一副锃亮的手铐戴上了手腕。"

[**退板**] 同"推板"。评弹《顾鼎臣·花厅评理》："退板头两个字有啥大不了事体。"评弹《玉蜻蜓·厅堂夺子》："元宰到底阿是我的倪子,退板勿起!"评弹《张三借靴》："倒是金老太爷这条门路,退板勿起。"

[**屋角头**] 房子拐角处。《儒林外史》第九回:"话说两位公子在岸上闲步,忽见屋角冰走过一个人来,纳头便拜。"亦说"屋角落头"。

# 十 画

[**起早落夜**] 同"起早搭夜"。《越剧戏考》:"起早落夜多辛苦,打柴度日也艰难。"

[**起花头**] ①耍花招。章炳麟《新方言·释言》:"今人谓人狡狯弄术曰起花头。"《何典》第四回:"中间挂一幅步步起花头的小单条。"潘慎注:"步步起花头,刻刻变卦,诡计多端。"②另出新点子。胡祖德《沪谚外编·看潮歌》:"团节头,起花头,做出轻骨头。"

[**莲蓬头**] 喷头。

[**荷兰水**] 汽水。《海上花列传》第四十三回:"脱不夹衫,已凉快许多,再吃点荷兰水,自然清爽没事。"茅盾《子夜》:"照吴芝生的意思,还想再走走,或者到那个卖冰淇淋荷兰水的大芦席棚下喝一点什么。"滑稽小戏《直上青云》第二幕:"什么开两瓶,拿两瓶! 又不是荷兰水,鲜桔水!"

[**桥归桥路归路**] 比喻互不相干;互不往来。唐人《金陵春梦》第一集第三十九回:"如今桥归桥路归路,嫖堂子都不在乎花个几万块,你又何必肉痛这八万块。"又如:"你给她八万块,她跟那个医生就结婚,大家桥归桥路归路。"

[**桁条**] 屋梁。《嘉定县续志·方言》:"桁条,俗称屋中横木也。桁,《集韵》音衡,俗读若杏。"高晓声《闹地震》:"瓦工们正抬第一把根桁条要上梁。"

[**格个**] 这个。倪海曙《杂格咙咚·寓言诗·借冬粮》:"借格几粒碎米,度过格个年夜。"

[**根脚**] 根底。元朝睢景臣《高祖还乡》套曲:"把你两家儿根

脚从头数,你本身做亭长耽几盏酒,你丈人教村学读几卷书。"《官场现形记》第十三回:"我这些伙计,都是有根脚的,偷偷摸摸的事情,是从来没有的。"

[索面] 挂面。马中婴《两兄弟·吵家》:"我看胡桃、枣子、荔枝、桂圆、红糖、索面总归要买的,是不是?"

[索粉] 粉丝。宋朝孟元老《东京梦华录·宰执亲王宗室百官入内上寿》:"下酒槛,子骨头,索粉,白肉胡饼。"明朝孙梅锡《琴心记·花朝举筋》:"馒头如石块,索粉似麻绳。"清朝顾禄《清嘉录·三伏天》:"街坊叫卖凉粉鲜果瓜藕索粉,皆爽口之物。"王翼之《吴歌乙集》:"平时吃饭,酱油索粉。"

[原底子] 本来;原来。《海上花列传》第四十三回:"原底子末阿姐,故歇是随便啥人。"《女优现形记》第二章:"原底子搭该位阿姐蛮要好格碗。"

[捞油水] 用不正当的手段获取钱财或利益。如:伊想乘机捞点油水。

[捏] 握。倪海曙《杂格咙咚》:"俚已经拿出一张五百块头格钞票,捏勒手里。"又如:捏紧拳头。

[捋顺毛] 比喻言行顺从对方。《何典》第十四回:"这是独人国进贡来的,名为衣冠禽兽,捋顺了毛,倒也驯良。"潘慎注:"捋顺了毛,依顺了性格。"

[热天热暑] 炎热的夏天。高晓声《柳塘镇》:"热天热暑,就是降价,哪里销得了这么多。"

[热水壶] 热水瓶。《歇浦潮》第八十一回:"因我并未预备留他过夜,故没将水壶放在楼上。"

[柴爿] 劈成片或块的作燃料用的木柴。倪海曙《杂格咙咚·苏州话诗经·张家阿哥》:"阿哥生得好身材,头发曲得像柴爿。"陆

文夫《对头星》："灶披间里隔两开,一面支炉灶,一面堆柴爿。"

[柴间] 堆放柴火的小屋。《歇浦潮》第一回:"我们婆媳俩不论厨房柴间,都可睡得。"亦称"柴爿间"。

[紧绷绷] 同"急急绷绷"。《解放日报周末版》(1992.8.1):"从南方的一个城市到上海几年了,从不习惯已到大体适应了,如食,少海鲜;住,紧绷绷;行,乘车难等等。"又如:迭两日手头有眼紧绷绷,想动脑筋弄眼钞票来用用。

[贼骨头] ①贼;小偷。《文明小史》第四十九回:"劳航芥正在和家人小子们说这种人是贼骨头,不这个样子,那里肯赔这二百块钱。"沪剧《杀狗劝夫》:"听见花园里狗咬,我当是贼骨头来,跑到花园里一看,是个癞痢头。"昆曲《十五贯·鼠祸》:"也许是,贼骨头,偷钱财,谋财害命,又把女儿拐带。"②用作骂人的话。《水浒传》第四十回:"蔡九知府喝道:'胡说,这贼骨头,不打如何肯招!'"《二刻拍案惊奇》卷三九:"这番把同伴人惊散,便宜那贼骨头。"鲁迅《彷徨·在酒楼上》:"只可惜顺姑竟会相信那样的贼骨头的诳话,白送了性命。"

[贼胚] 谓做贼的料,用作骂人的话。刘复《瓦釜集·第八歌》:"高和尚格贼胚捏仔三只筲箕团团转。"评弹《白毛女·死里逃生》:"黄世仁这个贼胚,还动坏脑筋,用强暴手段将她糟蹋。"

[钵头] 钵;钵子。倪海曙《杂格咙咚》:"我格枯郎头浪只要吃着一记,就变做破钵头哉!"

[钻天打洞] 挖空心思地想尽一切办法。陆文夫《井》:"人们钻天打洞去寻找可吃的东西,各自为炊。"

[铅角子] 镍币;金属分币。卢群《绣娘》:"梅英姑娘变得节俭起来了,处处精打细算,每个铅角子都要掂掂再用。"《解放日报》(1981.7.22):"童年时代,大人经常给我几只铅角子的零花钱。"

[铅桶] 马口铁制的提水桶。《新民晚报》(1985.1.4)："同楼的杨金伟也拿了面盆、铅桶参加救火。"

[缺嘴] 唇裂。

[透气] ①呼吸。叶圣陶《一个青年》："他举起来重重地把口与鼻按住,不让透气。"《沪语便读·论空气》："人靠之空气能够活,叵然勿透气,人就要死。"《芙蓉》(1980.3)："姑娘,出来透透气吧。"②松气。唐人《金陵春梦》第二集："第二天宋美龄就搬到隔室去,这下子倒让蒋介石透了一口气。"

[乘风凉] 乘凉。关于《哭嫁歌》："东壁脚,孵太阳;西壁脚,乘风凉。"叶圣陶《一桶水》："两旁排列着乘风凉的人。"

[秤花] 秤星。

[秤梗] 秤杆。亦说"秤棒"。

[笔立直] 笔直。如:人立得笔立直。

[倒灶] 倒霉。《吴县志·风俗二》："言人失意谓之倒灶。《通俗编》、《太元经》'灶灭其火,惟家之祸。'此即俗语所本。"《西游记》第二十五回："行者笑道:'你遇着就该倒灶,干我甚事?'"《二刻拍案惊奇》卷三七："我说你薄福,前日不意中得了些非分之财,今日就倒灶了。"茅盾《故乡杂记》："你看十九路军倒底退了!然而同人先笑而后号召,东洋人倒灶也快了呀!"

[倒胃口] ①因腻味或吃得太多而不想吃。如:日日吃迭只菜,大家才倒胃口勒。②腻烦;反感。如:介推板格电影,看了倒胃口。

[倒糟] 同"倒灶"。《西厢记·游殿》："糊涂爷娘相信,亲生伲子倒糟。"

[翁] 聚集;挤。如:门口头翁仔叫关人。又如:大家排排队,勿要翁来翁去。

[高升] 爆竹的一种,即双响。《海上花列传》第四十九回："须

臾,大门外点放一阵子百子高升,赵家女每当头飞报:'来哉。'"评弹《罗汉钱·赠钱》:"开路炮,放高升,砰砰硼,硼硼砰。"

[痓夏] 苦夏。胡祖德《沪谚》卷下:"六月六,狗净溶。谓可免痓夏。"

[悖时] 同"背时"。如:我瞒仔伊去算了个命,要是拨伊晓得仔又要说我悖时。

[烧香] 比喻送礼走后门。《隋唐演义》第十二回:"王小二是州前人,央个州前人烧了香,说是他公差饭店,并不知情,歇了。"《解放日报》(1988.3.31):"在有些小学,每当考试前夕,或者是考初中的'关键时刻',一些家长纷纷向老师'烧香'。"

[烊] ①熔化;溶化。清朝胡文英《吴下方言考》卷二:"《广韵》:'烊,火肖烊,出陆善经《字林》。'案,烊,消化也。吴中凡化银及冰皆曰烊。"《平妖传》第十八回:"只指望金银器皿铜锡动用什物,虽然烧烊了,也还在地下,收拾拢来还有个小小家私。"彭瑞高《路口》:"小姑娘顿时急起来,两只疲惫的眼睛睁得大大的,说:'那……那怎么办呢?天这么热,箱子里的棒冰不是都要烊掉吗?'"②磨损。胡祖德《沪谚外编·小学生上课歌》:"书面摩烊,那得会修理。"

[料作] ①材料(多指衣料和木料)。滑稽小戏《香蕉捕盗》第二幕:"晓得奈转来,特地到绸缎店里去剪仔段料作。"陆文夫《小巷人物志》:"对是对呀,可是造好了以后老是坏,费了料不算,还不如人手包得快。"②佐料。如:菜要好吃才靠料作。

[酒水] 酒席。《警世通言·金令史美婢酬秀童》:"一日三,三日九,看看十日限足,捕人也吃了几遍酒水,全无影响。"独脚戏《七十二家房客》:"还要那个扛翻垃圾的常熟娘姨点大香大蜡烛,保三年太平,再要她请五桌酒水。"彭瑞高《祸水》:"你们怎么会不

晓得这贼的罪状？还一道吃酒水,装憨。"

[浮炭] 同"麸炭"。宋朝陆游《老学庵笔记》卷六:"谢景鱼家有陈无已手筒一编,有十余帖,皆与酒务官托买浮炭者,具贫可知。"

[浴盆] 澡盆。

[浴桶] 澡盆,通常为木制,椭圆形。亦用于采菱。清朝顾汝钰《海虞贼乱志》:"徐庄桥拥挤又断,忙与朱焕章撑浴桶渡河。"

[宽坐] 敬辞,用于请人坐一会儿。评弹《描金凤·玉翠赠凤》:"你再请宽坐,我进去看我女儿去。"

[家当] 家产。《二刻拍案惊奇》卷一:"有一伙家当囤米的财主,贪那贵价,从家里廒中发出米去。"王古鲁注:"家当当系家帑之讹。"《负曝闲谈》第四回:"幸亏他有的是家当,便援海防新例,报捐了一个道台。"《海上花列传》第十四回:"就算耐屋里向该好几花家当来里,也无用哑。"

[家里] ①妻子。《初刻拍案惊奇》卷十四:"此冤仇实与我无干,如何缠扰着我家里？"②泛称某姓的人。用在姓之后。如:姓张的称张家里,姓王的称王家里。王西彦《古屋》第二部:"那间房子原来是杨家里占着的。"范小青《光圈》:"腰酸大概好点了,吃蒋家里的药,倒会有用场。"

[袖套] 套袖。

[被头] 被子。评弹《林冲·血溅山神庙》:"被头已经潮湿,但是盖盖也是好的。"包天笑《钏影楼回忆录·烟篷的故事》:"她便爬楼过来,帮我摊被头。"

[被夹里] 被里。《新民晚报》(1985.3.1):"我们蓉蓉的被面被夹里也不算少。"

[被铺] 铺盖。

[调排] ①调遣;安排。《文明十史》第五十七回:"等到掌灯,

伙计上来调排杯箸。"《歇浦潮》第六十四回:"公司中一切手续,有我调排,自无他虑。"评弹《长生殿·絮阁》:"倚然杨妃来了,你怎样调排我。"②耍弄;戏弄。越剧《三摆渡》:"你夫妻双双来约好,调我老太婆为那条!"《小舞台》(1983.3):"看你用钱无计划,也不节约把钱存,为此不敢讲真话,瞎说一通调排人。"

[陪嫁] 嫁妆。

[娘两个] 娘儿俩。《何典》第七回:"你们娘两个,又都受过他好处。"

[娘妗] 舅母。《何典》第六回:"虽不免受娘妗的鹘默气,那娘舅到底是个大靠背,尚不致吃尽大亏。"

[娘舅] 舅父。《崇明县志》:"母舅曰娘舅。"《警世通言·白娘子永镇雷峰塔》:"叫青青连忙讨了一只船,到建康府娘舅家去。"陆文夫《井》:"老娘舅害怕他们母子二人月月去借钱,便在钱庄里吃个空额,朱世一是拿干薪的。"评弹《再生缘》第九回:"少华一想,突然之间怎么闪出一个娘舅?"

[畚箕] 簸箕。

# 十一画

[理路] 道理。《黄绣球》第七回："这个理路,是前次我梦见那罗兰夫人,他说他是白家的人,我是黄家的人,这两句话,你老子剖析与我听了,我才晓得的。"

[埠头] 码头。

[菜心] ①油菜薹。顾颉刚《吴歌甲集》："郎啊,郎啊,要吃菜心拿一把去。"②菜馅儿。王翼之《吴歌乙集》："下昼点心,菜心馄饨。"③青菜的中心部分。如:端上来一盆蘑菇菜心。

[菜场] 菜市。

[黄包车] 旧时用人力拉的两轮交通工具,车身前有两根长柄,柄端有横木相连,主要用来载人。包天笑《钏影楼回忆录·儿童时代的上海》："那时尚没有黄包车的名称,叫它东洋车,因为那川人力车是日本流行过来的。"茅盾《赵先生想不通》："照例他是坐黄包车回家的。"

[黄胖] 脸色发黄,呈虚胖状。《平妖传》第十一回:"剩下的饭大箩装着,凭这起黄胖道人、癞皮花子随意大碗价吃饱。"鲁迅《花边文学·法会和歌剧》:"黄胖和尚念经,参加者就未必踊跃,洗劫一定没有消除的希望了。"

[爽气] 爽快。彭瑞高《醉士》:"趁着醉机,兄与弟的对话,俞爽气了。"陆文夫《美食家》:"丁大头回答得很爽气。"程乃珊《风流人物》:"她倒也爽气,得到确切答复后,即蹬上自行车走了。"

[聋膨] ①聋子。《九尾龟》第一三四回:"因为他两耳重听,大家又叫他庄聋膨。"评弹《西厢记·寺惊》:"啊也,奈也是聋膨。"②

聋。沪剧《朱小天》:"侬那能有点聋膨是伐?"

[雪雪白] 形容非常白。清朝王有光《吴下谚联》:"东天日出亮赤赤,照见吾须牙雪雪白。"

[掳] ①顺着物体的表面用手抹过去。《官场现形记》第二十一回:"道了声'对不住',顺手向桌上一掳。"评弹《深夜送瓜》:"水果本来有损耗,只要账面上掳得平。"②抚。评弹《深夜送瓜》:"这位同志实在会讲,打一记掳一掳。"③捋。《负曝闲谈》第二十九回:"一掳袖子,一只羊脂底朱砂红的汉玉金刚箍。"《小说月报》(1980.8):"他掳掳袖子,嘴里喷着唾沫星子骂开了。"

[掏] 同"淘"。评弹《玉蜻蜓·看龙船》:"这样的宝贝旧货摊上掏得着的么!"注:苏州话旧货摊上买的东西称"掏"。

[掂斤两] 估量物体的轻重。比喻试探估摸对方的本领。评弹《再生缘》第二十一回:"怎么说我掂斤两呢?你小时候读过书的呀!"《新民晚报》(1982.3.21):"旧社会演员之间经常在台上互相掂斤两。"

[接龙] 顶牛儿(骨牌的一种玩法)。《歇浦潮》第九十二回:"可巧一班人,因他两个话得投机,都各自知趣,躲到小房间接龙去了。"

[接客] 旧指客栈中派至轮船码头招揽旅客的人。包天笑《钏影楼回忆录·苏沪往来》:"船抵码头,便有客栈里离招揽的人,此种人名曰'接客'。"

[掸尘] 同"掸埃尘"。《新民晚报》(1985.2.9):"掸尘,原意是掸去积年的尘垢。传说,如果不先掸尘,怕诸神列祖是不肯光临保佑合第安康的。"

[探] 脱去;脱掉。《文明小史》第二回:"见面之后,矿师一只手探掉帽子。"

[掇] ①用双手端；捧。明朝李诩《戒庵老人漫笔·今古方言大略》："捧谓之掇。"《苏州谚语选·附录》："掇（音得）"；"两手捧起东西称'掇'。"《常昭合志稿·方言》："两手举器曰掇。凡可掇之器即名为掇，如锡掇之类是也。或转为平声，则音近端。"《醒世恒言·李开公穷邸遇侠客》："且说房德让李勉进了书房，忙忙的掇过一把椅子子孙孙，居中安放，请李勉坐下，纳头便拜。"包天笑《钏影楼回忆录·女学校教书》："很沉重的蚕匾，要掇上掇下，非幼稚女生所能胜任。"②黏。清朝胡文英《吴下方言考》卷十二"掇"："《汉书·王嘉传》：'息夫躬孙宠告东平本章，掇去宋弘，更言因董贤以闻。'案掇，谓黏破也，吴谚谓黏为掇。"

[掼纱帽] 比喻因不满而辞职不干。《何典》第十回："阎王已教活死人戴了掼纱帽，穿了挂出朝衣，就在森罗殿上朝了阎王四双八拜，做了亲。"潘慎注："掼纱帽：撒手不干。"又如：有意见好提，勿要掼纱帽。

[掼派头] 摆阔气；显示气派。《新民晚报》（1987.10.7）："可见抽外烟很大程度上属于一种炫耀性消费，上海人叫作'掼派头'。"《解放日报》（1988.5.21）："你有毛病呀，素不相识，在我面前掼啥派头？我的钞票堆起来比你人还高！"

[救命车] 救护车。

[眼乌珠] ①眼珠。清朝王有光《吴下谚联·黑眼乌珠见了白铜钱》："黑眼乌珠者，眸子目毛焉。"《何典》第九回："打得头破血淋，眼乌珠都宕出来。"陆文夫《有人敲门》第三章："龙琴珍的眼乌珠溜了几下说：'能够这样车吗？'"②泛指眼睛。评弹《大红袍·怒碰粮船》："水手听见，激出狼眼乌珠对舱里一看。"

[眼白] 白眼珠儿。

[眼污] 眼眵；眼屎。

[眼泡皮] 眼皮儿。如：伊熬夜熬得泡皮发肿。

[野鸡] ①指沿街拉客的妓女。《海上花列传》第二十四回："倪末算是先生嗄？比仔野鸡也勿如！"②指不合规章而经营的；不正规的；非正宗的。胡祖德《沪谚外编》："凡营业之无行、无帮无统系者，皆谓野鸡，如野鸡挑夫、野鸡车洋车、野鸡轮船皆是。"《青年一代》(1991.4)："野鸡台子弹性极差，球路不正。"③同"野猫②"。

[野话老] 不着边际的话。陆文夫《井》："开会是最怕有人带头说野话，一说野话便会漫无边际。"

[野猫] ①无人饲养的猫。明朝冯梦龙《山歌·半夜》："捉我场上鸡来拔子毛，假做子黄鼠狼偷鸡引得角角哩叫，好叫我穿子单裙出来赶野猫。"王翼之《吴歌乙集》："床头顶上有只花野猫，吓仔小宝宝。"②对过继给人家的孩子的污辱性称呼。《杨舍堡城志稿》："继异姓子曰野鸡，又曰野猫。"

[啥本事] 同"啥物事"。《新剧作》(1981.2)："啥末事，拍张照片，啥个姿势还要你管头管脚？"

[啥西] 什么。如：伊话啥西？

[晚爷] 后父；继父。元朝杨景贤《西游记》第四出："江流儿！你为亲爷害晚爷，这供状桩桩是实。"《新民晚报》(1985.2.25)："我怕我对女儿的教育稍显严厉，便会遭到周围邻居'到底是晚爷'的议论。"

[晚娘] 后母；继母。《醒世恒言·李玉英狱中讼冤》："教他远了晚娘，躲这打骂。"刘复《瓦釜集》第八歌："晚娘打得金根汝全身一块红来一块紫，他老子还'家有贤妻''家有贤妻'口口声声。"自注："晚娘，后母；晚，读由买。"倪海曙《杂格咙咚·山歌俗语中的中国妇女》："六月里的日头，晚娘的拳头。"

[崭齐] 很整齐。如：架子浪书摆得崭齐。

[铜勺] 铜制的勺子。泛指水勺儿。《歇浦潮》第四十二回："偶不小心，又被他偷去一只铜勺。"胡祖德《沪谚外编·三百六十行营业谣》引颠公《卖铜勺铲刀》："铜勺铲刀家用货，此物乃是铜铁做。"

[铜钿] 亦作"铜钱"。泛指钱。明朝无名氏《精忠记·临湖》："逢子朋友也要哈酒，遇子娼妓也使几个铜钱。"评弹《大红袍·抛头自首》："在保镖当中，他是个红客，又赚得一手活络铜钿。"茅盾《春蚕》："铜钿都被洋鬼子骗去了。"

[铜钿银子] 泛指钱。《新民晚报》(1984.6.12)："铜钿银子生不带来，死不带去，说它作甚？"《垦春泥》(1982.7)："伊不贪铜钿银子，结识一个放牛郎。"

[铲刀] 锅铲。胡祖德《沪谚外编·三百六十行营业谣》引颠公《卖铜勺铲刀》："铜勺铲刀家用货，此物乃是铜铁做。"《文汇报》(1982.7.13)："煮烂后，再用文火边煮边用铲刀不断搅拌。"

[铲头] 见"屩头"。

[做人家] 节俭；节约。《醒世恒言·白玉娘忍苦成夫》："我们是小户人家，不像大人家有许多规矩。止要勤俭做人家，平日只是姊妹相称便了。"清朝王有光《吴下谚联·一国俭》："莫若你撒出来狗吃，狗撒出来你吃，才是做人家法则。"《新民晚报》(1989.4.14)："他这样'做人家'，别人怎好意思大手大脚。"

[做生活] 干活。《初刻拍案惊奇》卷六："巫娘子只在家里做生活，与一个侍儿叫做春花过活。"陆文夫《有人敲门》第二章："做生活之前，总要让车床空吼几声。"

[做着弗着] 谓不管事情成功与否，姑且去做。明朝冯梦龙《山歌·一边爱》："郎道姐呀，你做着弗着做个大人情放我在脚跟头困介夜，情愿拨来你千憎万厌到大天光。"

[偷针眼] 腹部长粒肿。《科学画报》(1981.8)："'偷针眼'容

易反复发作。"

[偷偷瞒瞒] 偷偷摸摸。《垦春泥》(1982.7)："伊偷偷瞒瞒剪了一块湖色纺绸送给五姑娘。"

[假领头] 节约领。《文汇报》(1985.5.4)："这里有一个卖假领头的阿姨哪里去了？"

[兜风] 坐上车、船等交通工具兜圈子游逛。茅盾《子夜》："最初是那股汽车的声音将她引得远远的——七八年前她还在教会女校读书，还是'密司林佩瑶时代'第一次和女同学坐了汽车出去兜风的旧事。"

[兜底] 连底。胡祖德《沪谚外编·立心》："天落水，清来兜底清。"

[兜得转] 吃得开；有办法；门路广。程乃珊《银行家》："后者则老派守旧，但因关系多，在市面上兜得转、吃得开。"叶辛《蹉跎岁月》："你家阿爸在上海兜得转，还能没个办法？"

[盘川] 路费。评弹《玉蜻蜓·借贷》："十个人分担一些盘川为数有限。"越剧《五姑娘》："快回家收拾收拾，娘舅给侬盘川。"

[领头] 领子。如：衬衫领头。

[脚下] ①指临近某一特定时间的一段时间。高晓声《李顺大造屋》："清明买一斤肉上坟祭了父母，要留到端阳脚下开秧元才吃。"②底下。如：床脚下。

[脚色] ①能干、厉害的人物。《何典》第二回："对头便向众脚色说了，打起闹场锣鼓。"潘慎注："脚色：能干、厉害的人物。脚，角字之音转。"②角色。阿英《年画的叫卖》："旧抄本《仙庄会》弹词里，有一段唱词就是这样：'行头簇簇新，脚色无批评。'"③对人轻蔑的称呼，犹言"家伙"。《儒林外史》第十四回："蘧公孙是甚么慷慨脚色？"

[脚劲] 两腿的力气。如：伊脚劲好，爬山勿吃力。

[脚底心] 脚掌的中心。鲁迅《坟·从胡须说到牙齿》:"我们平居无事时,从不想到自己的头、手、脚以至脚底心。"

[脚踏车] 自行车。鲁迅《华盖集·"碰壁"之余》:"幸而李先生自有脚踏车,否则,还要用汽车迎接哩。"

[脱力] 生病或劳累过度而没有气力。《二刻拍案惊奇》卷三五:"慌不择路,走脱了力,次日发寒发热。"沪剧《珠衫记·杭州报信》:"病讲到轻倒也蛮重,大概多白相仔脱力也有点关系吧!"评弹《一定要把淮河修好》第二回:"民工们已是够辛苦啦,手上磨破皮,脚上生冻疮,有的'发老伤'脱力,有的发热歇工。"

[脱手] 失手。评弹《再生缘》第一回:"刘奎璧只顾流连女人,忘记了手里的弓箭,当时弓已开足,箭在弦上,一个脱手,当!"

[毫燥] 同"豪燥"。倪海曙《杂格咙咚·寓言诗·骗奶糕》:"格个马屁一拍,拍得老鸦灵魂弗勒身浪哉!毫燥张开格只大嘴巴,想显显俚格老鸦叫。"

[阎王好见,小鬼难当] 比喻真正职位高的人好说话好通融,难说话难通融的倒是下人。《官场现形记》第十九回:"阎王好见,小鬼难当,旁边若有人帮衬,敲敲边鼓,用一个钱,可得两钱之益。"《市声》第十一回:"常言道:'阎王好见,小鬼难当。'我要找到了主人翁,他派我办一桩两桩的事儿,他们倒要来巴结我了。"高晓声《极其麻烦的故事》:"总说阎王好见,小鬼难当,局长总比那姓刘的讲理,权也大,作得了主。"

[焜] ①点燃。清朝胡文英《吴下方言考》卷六:"扬子《方言》:'煤,火也。楚转语也。犹齐言焜火也。'许氏《说文》:'焜,火也。从火,尾声。'"②任其慢慢地燃烧。如:勿会抽烟,拿一焜吧。

[着杠] 到手;有着落。《海上花列传》第十五回:"耐也上仔黎大人当哉!水烟末吃仔,三块洋钱勿着杠哩!"评弹《张三借靴》:

"老三,你末鱼翅海参勿曾到嘴,连得我个鸡头鸭脚也勿着杠哉!"滑稽小戏《官太太巧断奇案》第六幕:"吃也勿着杠,着也勿着杠,实在苦得无不法子哉。"

[着实] 指办事落到实处;牢靠。《隋唐演先》第六十三回:"贾润甫道:'头里那一起,是关兄弟先打听着实,知会了聚在此的。'"评弹《西厢记·闹柬》:"让我再来敲敲着实。"胡祖德《沪谚外编·隐语》:"驼子跌倒:两头弗着实。"彭瑞高《祸水》:"上调消息,从公社传来,我看不虚的。至于饭店司务,倒可能不着实。"

[凑拢] ①凑近。如:大家坐勒凑拢眼。②凑集。《海上花列传》第四十四回:"我说耐末推扳点,我末帮贴点,大家凑拢来,成功仔,总算是一桩好事体。"

[粗坯] ①粗俗的人。②鲁莽、粗心的人。

[断档] 缺货;脱销。《解放日报》(1984.6.30):"如遇上持续高温,恐怕今年冷饮供应还将出现断档现象。"《人民日报》(1985.1.7):"广州建立不产基地,鲜鱼常年供应不断档。"

[清水货] 指质量纯净、不搀杂质的商品。亦比喻未破身的女子。明朝冯梦龙《山歌·面筋》:"奴是个主热烘烘新出笼个清水货,你没疑心我麸个弗作成。"《何典》第七回:"办了许多出手货、门市货、清水货。"叶圣陶《晨》:"看她那样子,也不像个清水货!无非是假正经。"

[清爽] ①干净;清洁。《海上花列传》第二十七回:"倪搭算得清爽个哉,俚哚倒说倪勿干净。"卢群《绣娘》:"她本来很讨厌猫咪,嫌猫咪身上不清爽。"沪剧《珠衫记·遇美设计》:"狄个是揩面水,清爽个。"②清楚;明白。《海上花列传》第三回:"呻是阿金哚哉,成日成夜吵勿清爽。"评弹《两兄弟·和好》:"我看还是你自己脑子勿清爽,思想有毛病。"③清静。《海上花列传》第七回:"晚歇

吓坏仔俚,才是倪个干己。让俚去创刊倒清爽点。阿是?"④清淡爽口,不油腻。锡剧《红楼梦》:"乌庄头送来对虾一百斤,挑出虾脑做成假蛋黄,老祖宗你尝尝,包管是又脆又嫩又鲜又甜又清爽。"

[清脱] ①干净;清洁。《市声》第四回:"倪先生间搭勿好住,为啥要住龌龊格客栈?依倪说末,杨老爷也勿走勒,倪先生对面房间里搭张干铺阿是清清脱脱也呒啥畹。"②清楚;明白。甬剧《拔兰花》:"回面叫声大阿姐,我有闲话来问清脱。"③清秀。如:小姑娘生来蛮清脱。

[淘气] ①斗口;吵嘴。《嘉定县续志·方言》:"淘气,俗言不睦或斗口也。"胡祖德《沪谚外编·张凤山卖布送人情》:"一事一物要相赢,捌姆掏里常闻淘气声。"②生闲气;引起恼怒。元朝秦简夫《东堂老》第二折:"老的,你可也闲淘气哩。"《初刻拍案惊奇》卷三八:"引孙当不起激聒,刘员外也怕淘气,私下周给些钱钞,叫引孙自寻个住处,做营生去。"《官场现形记》第六回:"这位侄少爷总算能言会道,不肯把叔子的话直言回复蒋福,原是免得淘气的意思。"

[渠] 他。《乐府诗集·杂曲歌辞十三·焦仲卿妻》:"虽与府吏要,渠会永无缘。"《三国志·吴志·赵达传》:"滕如期往,至乃阳求索书,惊言失之,云:'女婿昨来,必是渠所窃。'"唐朝寒山《诗》之六三:"蚊子叮铁下,无渠下嘴处。"明朝冯梦龙《山歌·月上》:"约郎约到月上时,那月上子山头弗见渠。"

[渠侬] 他。《通俗编·称谓》:"吴俗自称我侬,指他人亦曰渠侬。"《宝山县志》:"俗呼我为吾侬。呼人曰你侬,对人呼他人曰渠侬。"

[婶婶] 婶母。

# 十二画

[隑] 同"戤",站。《广韵·台韵》:"隑,五来切,企立。"又如:伊听书从来弗行出铜钱个,跑来朝庭柱上一隑。

[落手] 下手。独角戏《两个理发员》:"同志,请能勿要思想开小差,落手稍细轻一点,省得弄得偶痛煞快!"

[落市] 市场上贸易结束。多指贸易高峰过去。沪剧《卖妹成亲》:"横竖今朝落市哉,我来讲点拨侬听听。"滑稽小戏《醉人之友》第三幕:"格息落市哉,呒不喊处。"

[落台] 下台;收场。《儒林外史》第五回:"这事才得落台。"

[落地时辰] 生辰。《何典》第三回:"等到落地时辰,拜过离别,收开羹饭,把棺材下了泥潭。"潘慎注:"落地时辰,出生的时刻。"

[落实] (心情)安稳;踏实。如:迭桩事体交拨伊去做,我心里有眼勿落实。

[落胃] 同"乐惠"。评弹《林冲·野猪林》:"林教头,奈出仔铜钿勿吃末,倷吃下去也勿落胃,来来来,一道来。"长篇叙事吴歌《五姑娘》第三章:"伊看见灯头上灯芯结莲蓬,落胃得颠头搭脑眯眼睛。"

[落班] 下班。评弹《刘连英》第一回:"下班铃响,甲班落班了。"高晓声《快乐》:"落班以后,大家有点累。"

[落课] 下课。

[落眼] 指被人看见。胡祖德《沪谚外编·乡下娘娘》:"走到枝杨脚里无人来落眼,田沟里去塌一塌。"

[落得] 乐得。《爱日丛钞》卷二:"君子落得做君子,小人枉做了小人。"《三国志平话》卷上:"托赖皇帝洪福,杀了董卓、吕布,落得凌烟阁上标名。"《二刻拍案惊奇》卷十:"你不可说甚么打破了机关,落得要他时常周济些东西。"

[落葬] 下葬;安葬。胡祖德《沪谚》卷下:"三世修来开落葬。"鲁迅《华盖集续编·如此'讨赤'》:"而'赤'安在,姑且勿论。归根结蒂,'列士'落葬,徐谦们逃亡,两个俄款委员会委员出缺。"

[朝天] 物体正面朝上。《上海民间故事选·抬了车子走》:"正好旁边扛过一只大银箱,朝天横转了抬。"

[朝南话] 地位优越者所说的冠冕堂皇的话。《解放日报》(1988.10.19):"然而,'重要的是参与'毕竟仍是世人推崇的奥林匹克精神。它既不是胜利者装腔作势的朝南话,也不是失败者聊以自慰的 Q 旗。"

[棒头出孝子,箸头出忤逆] 旧谓对子女严加管教,子女长大就孝顺;对子女溺爱,子女长大就不孝顺。棒头,棍子。箸头,筷子。元朝秦简夫《剪发待宾》第二折:"你待要闺中养艳妹,姐姐也,我则理会的棒头出孝子。"《初刻拍案惊奇》卷十三:"棒头出孝子,箸头出忤逆! 为是严家夫妻养娇了这孩儿,到得大来,就便目中无人,天王也似的大了。"

[棒冰] 冰棍儿。

[棕垫] 棕绷。包天笑《钏影楼回忆录·青州风物》:"此地无藤垫棕垫之类,只有高粱杆子做的床垫。"评弹《大红袍·怒碰粮船》:"我伲老相公已七十多岁了,勒屋里困起来总是棕垫,软冬冬。"

[棺材] ①在非常熟悉的男子之间的一种称呼。②骂人的话(多加修饰语)。如:瘟棺材。

[鹁鸪] 鸽子。后蜀·花蕊夫人《宫词》之七四:"安排竹栅与笆

篱,养得新生鹁鸽儿。宣受内家专喂饲,花毛间看总皆知。"

[硬气] ①刚强;有骨气。如:做人要硬气。②有正当理由,于心无愧(多在用钱、吃饭上说)。如:自家赚来格钞票用起来硬气。

[硬衬] 用碎布或旧布裱成的厚片,多用来制布鞋。程乃珊《银行家》:"空气中弥漫着一股面糊气,令景臣到老母亲糊硬衬时散发出的那股浆糊味。"《文汇报》(1981.1.8):"陶老师决定发动全班同学带旧布来糊硬衬,大家动手做棉鞋。"

[硬挣] ①坚硬;强硬。元朝秦简夫《东堂老》第一折:"哥,不是扶不上,我腰里货不硬挣哩。"《醒世恒言·李玉英狱中讼冤》:"若父亲是个硬挣的,定然卫护儿女,与老婆反目厮闹,不许他凌虐。"《隋唐演义》第四十二回:"总管,亏你硬挣,我脱了此祸。"《红楼梦》第九回:"他是东街里璜大奶奶的侄儿,那是什么硬挣仗腰子的,也来吓我们。"②强健;硬朗。明朝冯梦龙定本《永团园·山城惧内》:"(小净)悔气,讲这样话?如今还你硬挣,只要你用心去寻觅。"③硬而有韧性。如:迭种纸头邪气硬挣,可以做包装。

[硬碰硬] ①确定;实打实;来不得虚假。评弹《江春南潮》:"好得机器是硬碰硬,大家拆开来看好哦?"《解放日报》(1984.6.15):"群众说,现在是硬碰硬,只要图表摊一摊,数据摆一摆,大家服帖。"《文汇报》(1984.8.21):"工资每月硬碰硬,唯有奖金浮动,所以发放奖金我总克扣点下来。"②确实;明摆着。如:伊硬碰硬比侬资格老。

[搭白] 搭腔。《新华文摘》(1982.4):"阿金没有搭白,连忙去洗碗。"

[搭话] 搭腔;交谈。清朝陆筠《海角续编》:"是日有数贼来至城下搭话。"叶圣陶《邻居》:"他走过来同浓眉毛搭话。"《羊城晚报》(港澳、海外版)(1988.7.30):"我转头与那女青年搭话,才知道

她是当地雅美族村长的女儿。"

[搭脉] ①诊脉;按脉。评话《三国·孔明看病》:"鲁肃关照拿一本书来垫一垫,叫周瑜把手伸出来,搁在书上让行军大夫搭脉。"《卫生与生活》(1982.2.15):"周总理还懂得一些中医知识,他去探望一些生病的老同志时,还为他们搭脉。"②比喻交手;较量。《生活周刊》(1987.6.21):"多铁皮来,我国棋手一提到日本超一流棋手总有点谈虎色变的味道,似乎不能与他们'搭脉'。"③比喻试探。《生活周刊》(1987.11.15):"这种事体你一定要先搭脉,听听对方口气,看看对方反应再说,绝对不可以贸然行事。"《上海法制服》(1988.5.16):"此时,但见那人乘人多拥挤,轻舒五指,冲着别人的口供一个一个地'搭脉',猛然,黑手在一位女乘客的裤袋边定格了。"

[搭腔] 交谈;理睬。袁家骅等《汉语方言概要》第五章:"搭腔,插嘴,理睬。"高晓声《陈奂生包产》:"陈奂生上趟街,来回路上同他搭腔的人就数不清。"沪剧《打鸟》:"倘若伊来敲侬门,千万勿要去搭腔。"亦作"答腔"。

[搭嘴] 插嘴;搭腔。鲁迅《书信集·致章延谦》:"他之在北,自不如来南之安全,但我对于此事,殊不敢赞一辞,因我觉八道湾之天威莫测,正不下于张作霖,倘一搭嘴,也许罪戾反而极重。"

[捽砻] 同"牵砻"。《中国歌谣资料·孟姜女十二月花名》:"十二月芙蓉上场,牵砻做米纳官粮。"

[揩布] 抹布。《新民晚报》(1982.5.8):"十分钟左右,卫生检查组果真来了,老宋的一块揩布还捏在手中。"

[揩身] 用湿毛巾擦洗身子,不用水冲。如:我勿洗浴,就揩揩身。

[揩屁股] 比喻替别人做收尾工作(多指不好收拾的)。《青年

报》(1981.11.27)："搞好房修服务工作,首先要破除陋习,不吃居民的烟茶,不拉居民当小工,不叫居民揩屁股(清除建筑垃圾)。"高晓声《鱼的故事》："其实,他心里要有妹婿的话,本来就不该出这种馊主意。现在王东大倒又不得不替他揩屁股。"

[揩油] ①比喻占公家或别人的便宜。锡剧《打面缸》："勿曾出铜钱去买,太太房里揩油。"②比喻占女人便宜;调戏妇女。如:侬勿要看见女人就想揩油。

[搋] 推;托。《集韵·董韵》："搋,推也,损动切。"又如:伊墙头翻勿过去,下头格人搋一把。

[搅诨] 捣乱;开玩笑。明朝冯梦龙《挂枝儿·蚊子》："蚊虫哥,休把巧声儿在我耳边来搅诨。"

[龅] 暴牙;牙齿外露。《醒世恒言·两县令竞义婚孤女》："萧雅一脸麻子,眼眍齿龅。"

[龅牙齿] 向外露出的牙齿;暴牙。胡祖德《沪谚外编·隐语》："龅牙齿吃西瓜——刻薄。"

[喷香] 清朝胡文英《吴下方言考》卷九："刘禹锡《试茶歌》:'悠扬喷鼻宿醒散。'案喷鼻,香气喷人鼻中也。吴中谓物之香盛者曰喷香。"

[跌脚绊手] 形容障碍重重;使人行走不便。《孽海花》第二十八回："自从第一步踏上了社会的战线,又觉得面前跌脚绊手的布满了敌军,第二步再也跨不出。"

[跑] 走。如:等一歇,我搭侬一淘跑。

[嵌骨头] 带刺儿。长篇叙事吴歌《五姑娘》第六章："听听伊格新浪知字字句句嵌骨头。"

[稀] 很;极。《儒林外史》第十一回："只见一个稀醉的醉汉冯将进来。"又第二十三回："中间悬着一轴稀破的画。"

[**等歇**] 等一会儿。《九尾龟》第九十三回:"范彩霞嗔道:'晓得了,你这人为什么的噜嗦,等歇——'说了这两个字儿,便顿住了,不说下去。"《江苏戏曲》(1980.8):"等歇转去吃红烧蹄膀白斩鸡。"

[**筅帚**] 一种竹制的炊帚。清朝李渔《无声戏》第二回:"即取一盆水,一把筅帚,叫皂隶一顿洗涮,果然字都不见了。"

[**牌头**] 靠山;势力;后台。陶菊隐《袁世凯演义》第二十三回:"袁宫保要摆布我,何必劳动你老哥的大驾,又何必用外国人的牌头来吓唬我!"高晓声《柳塘镇猪市》:"这靠谁的牌头?搞特权。"叶辛《蹉跎岁月》:"苏道诚是高干子弟,牌头硬。"

[**街沿**] 街道两边的台阶。苏州评话《三国·古城会》:"在街沿上观看的这位孙大夫,一看果然是三将军,实在高兴。"

[**街路**] 街道。苏州评话《群英会》:"这提灯笼的手下踏到街路上,不知军师所拜的客在什么地方。"

[**腔调**] 举止;模样(含贬义)。《九尾龟》一二四回:"你不用在我面前,做这般的腔调。"周而复《上海的早晨》第一部:"他不随便透露他的情形, 连讲话也很小心的, 你不是看到刚才那副腔调吗?"评弹《济公传·割瘤移瘤》:"你和尚穷得这副腔调,告诉你也吭没用。"

[**猢狲**] 同"活狲"。绍剧《血泪荡》:"老虎还没打瞌目充,猢狲就想造反了。"《说新书(一)》:"今天我们比如看猢狲出把戏。"《文汇报》(1993.1.14):"大树虽倒,猢狲未散。"

[**馋吐**] 同"馋唾"。胡祖德《沪谚》卷下:"馋吐勿是药,处处用得着。"亦说"馋吐水"。

[**蛮娘**] 同"晚娘"。胡考《上海滩》:"虽则彭公馆向来是姨太太当家的,作为蛮娘,张氏夫人对彭良臣难免有所偏心。"

[**道地**] 地道;周到。胡祖德《沪谚外编·养女歌》:"打扮女儿

百道地,樱桃口,瓜子脸,时色衣衫衬身体。"

[滑头] ①油滑;不老实。《鲁迅书信集·致黎烈文》:"夜间做了这样的两篇,虽较为滑头,而无聊也因而殊甚。"②油滑不老实的人。《歇浦潮》第九回:"只因目今外边滑头很多,见了妇女便要胡调,须有男子在旁,才不敢放肆。"

[窝笋] 同"乌笋"。周克芹《许茂和他的女儿们》:"篮子里满满地装着时鲜的蔬菜:窝笋、萝卜、卷心菜、芹菜……"

[谢] 告别。《史记·张耳陈余列传》:"有厮养卒谢其舍中曰:'吾为公说燕,与赵王载归。'"《乐府诗集·杂曲歌辞十三·焦仲卿妻》:"往昔初阳岁,谢家来贵门。"胡祖德《沪谚外编·种棉歌》:"七月天气是立秋,脱花完毕谢锄头。"又如:"格个西瓜是最后一个西瓜哉,今年吃仔谢牙齿哉。"

[隔壁邻居] 同"邻舍"。《官场现形记》第二十二回:"谁知去年隔壁邻居打死了人,地保乡的上上下下,赶着有辫子的抓,因此硬拖我出来做干证。"倪海曙《杂格咙咚·寓言诗·借冬粮》:"实在饿得肚里难熬,只好去问隔壁邻居借点冬粮。"

# 十三画

[塌台] 同"坍台"。评弹《孟丽君·洞房刺奸》:"勿吃下去,勒新夫人面上塌台格。"

[塌鼻头] 指鼻梁儿凹陷的鼻子。评弹《新琵琶行》:"说到这里,拉起来朝塌鼻头荣生一记耳光。"

[塘岸] 沿着河流、湖泊的路。锡剧《珍珠塔》:"(雪)落得来塘岸上面无人走。"

[蒲扇] 用香蒲叶制成的扇子。柴萼《梵天庐丛录·蒲扇》:"蒲葵扇之行,亦已久矣。今人简称蒲扇。"又如《本草》:"以香蒲制成之扇曰蒲扇,软滑而轻便,极适于用。则与蒲葵扇为二物也。"

[蒲鞋] ①用蒲草编成的拖鞋。供夏日穿着。清朝顾禄《清嘉录·三伏天》:"什物,则有蕉扇、麻布、蒲鞋、草席、竹夫人、藤枕之类。"清朝翟灏《通俗编》卷二五:"刘章《咏蒲鞋诗》:'吴江江山白蒲香,越女初挑一样新,才自绣作离玉指,便随罗袜步香尘。'扫章,五代妆人也,今吴下阿娘,犹通行此饰。胡应麟谓近世妇以缠足故,绝无用得,殆未至吴下耶。"周振鹤《苏州风俗·器用属》:"蒲鞋,细边深面,款制极难,夏日穿御,轻便风爽。"②用稻草编制的深帮鞋。其形制不同于无帮的草鞋。《何典·过路人序》:"一路顺手牵羊,恰似拾蒲鞋配对。"胡祖德《沪谚外编·梁山头》:"梁山头上挂蒲鞋,风菱桔子两边排。"

[勤力] 勤快。《警世通言·计押番金鳗产祸》:"那周三直是勤力,却不躲懒。"《市声》第三十五回:"步青这人,一变了平时腐败习惯,这样勤力,还愁商务不发达么?"

[碗盏] 泛指碗。王安忆《一千零一弄》:"王伯伯,你们家松年和松林打起来了,碗盏也敲掉了。"越剧《一日千里》:"吃过的碗筷一大堆,给我到里面洗碗盏。"

[摆平] ①惩治;收拾得服服帖帖。滑稽小戏《七十二家房客》第一场:"小鬼,你讲,阿香怎么会是你的女人,你怎么会是阿香的男人,如果讲得不清楚,我就'摆平'你!"叶辛《蹉跎岁月》:"'还要把你摆平,放你的血!'另一有伙更凶悍地说。"②把事情处理妥帖,各方面没有意见。《人民日报》(1987.11.8):"不分能力大小,贡献多少,不管是否符合干部的'四化'标准,只要熬到了年头,人人有份,当不上'长'的,也得弄个与'长'同级待遇的'书记'或'调研员'头衔,似乎这样才算是'摆平'了。"《解放日报》(1988.1.17):"小组里发生什么疙疙瘩瘩的事,他一插手往往就'摆平'了。"

[歇力] 疲劳时停下休息。《初刻拍案惊奇》卷三一:"采樵回来,歇力在一个谷口。"胡祖德《沪谚外编·怀胎宝卷》:"娘腹怀胎二月临,四肢无力腿疫疼。日图歇力上床睡,恐怕公婆生骂嗔。"

[歇夜] 到了晚上停工休息。高晓声《大好人江坤大》:"现在社员都在田里,没有工夫挑来。哪个肯丢了工分来呢!要等歇了夜,才会挑来。"

[照算] 按照常理推算。胡考《上海滩》:"照算也不至于呆到这种程度,我到他们有在白相的时候,我看他也有说有笑的末!"

[路道] ①门路;途径;办法。《海上花列传》第十四回:"俚要寻点生意,耐阿有倽路道?"越剧《五姑娘》:"三大相公,依路道熟,勿知道可有合适的人?"《文汇报》(1981.10.27):"修配厂女青年小徐,平时给人一种'路道粗'的印象,常替这人那人到'华侨商店'买'内部便宜货'。"②人的行径(多含贬义)。评弹《白毛女》:"哎呀,穆仁智搭老婆讲点啥?为什么要将房门关起来?路道勿对,阿

会在商量喜儿的事。"甬剧《两兄弟》:"将生产搁起来,管自出门做生意,总归勿是正路道。"③缘故。评话《三国·战樊城》:"啥路道呢? 不问可知,是诸葛亮虚张声势,想使我吓退。"

[路数] 同"路道"。《歇浦潮》第三十回:"我想他二人路数不对,看来又不像近来吊上的,原来还是旧相识呢。"

[罩衫] 罩衣。

[罪过] 可怜;可惜。程乃珊《女儿经》:"这么大一把年纪还孤身一人在外谋生,也实在罪过。"

[腻心] 见"腻腥"。《定海县志》:"腻腥……不洁之意。"《孽海花》第十四回:"我最恨厨子有胡子,十个厨子烧菜,九个要先尝尝味儿,给有胡子的尝过了,那简直是清燉胡子汤了,不呕死,也要疑心死。"《解放日报》(1988.12.8):"那大街小巷的一堆堆狗屎,也实在叫人腻腥。"

[解] ①交付(钱款)。叶圣陶《多收了三五斗》:"逃荒去,债也赖了,会钱也不用了,好计策,我们一块儿去! "滑稽小戏《连环债》第一幕:"我一有铜钿就不偳,呒不铜钿,我解利钿好哉。"②消除;抵消。如:摆点老酒,解脱点腥气。③锯。如:拿迪根木头一解两。④稠状物中的水分游离出来而变稀。元朝无名氏《陈州粜米》第三折:"一日三顿,则吃那落解粥。"

[新妇] 媳妇;儿媳。《初刻拍案惊奇》卷二七:"因他一口应承,愿做新妇,所以再不防备。"刘复《瓦釜集·第十二歌》:"我说新妇小姐我里手要快来脚要快,勿然末那里摇得出纱来卖? "丰子恺《缘缘堂再笔·无常之恸》:"其实'人生无常'本身是一个平凡的至理。'回黄转绿世间多,后来新妇变为婆。'"

[煖烘烘] 形容温暖宜人。《嘉定县续志·方言》:"煖烘烘,俗呼温暖也。"胡祖德《沪谚》卷上:"两春夹一冬衣,无被煖烘烘。"

[**数脉**] 同"数目"。①底儿。评弹《大红袍·怒碰粮船》："倷只要关照我,第二顿烧起来就有数目哉!"②标准;准儿。《海上花列传》第二回:"十二点钟末就要开饭哉。勿像倪堂子里,无拨俫数目。"如:听侬讲仔,我心里有数脉勒。

[**滥料**] 同"烂料"。茹志鹃《寻觅》："它证明着一个事实,那就是不要看'岩头'这副滥料样子,他确确实实、地地道道是罗运水嫡嫡亲亲的姨表内弟。"

[**鲎**] 虹。明朝徐光启《农政全书·农事·占候》："俗称虹为鲎,东鲎晴,西鲎雨。"袁家骅等《汉语方言概要》第五章:"鲎,虹而有雾气。"(《集韵》:鱼名,似蟹有子,可为酱。借用同音字。)《青浦县志》:"虫带虫东谓之鲎。"胡祖德《沪谚外编·观鸟兽虫鱼占晴雨》:"东鲎日晴西鲎雨。"

[**窠**] ①用稻草编成的专门用作保暖的用具。叶圣陶《多收了三五斗》:"比起稻柴做成的茶壶窠来,真是一个在天上,一个在地下。"又如:饭窠。②鸟兽住的窝。亦比喻人的住所。胡祖德《沪谚外编·动物歌》:"门口上头有一个燕子窠,只见小燕出满窠。"《青年报》(1933.4.16):"上海人的居住条件大多数不够'质量'。现在想寻'方向'的人倒也不少,有只'窠'就不要太潇洒噢!"③量词。窝。如:一窠养了八只小猪猡;孵了一窠小鸡。④量词,用于一次连续所生的蛋。如:头窠鸡蛋。

[**缠**] 应付;对付。叶圣陶《风潮》:"一个学生想,'这一定是个不大好缠的教员;不然,何以他的面貌看在眼里这样不舒服?'"

# 十四画

[熬] 长期地盼望着能得以实现某种愿望。《何典》第六回："走入去看时,只见一个熬小脚师姑,撳翻一个十几岁如花似玉的黄头毛细娘。"潘慎注:"熬,企求、羡慕。"

[墙头] 墙壁。《缀白裘·西厢记·游殿》:"个个客人说:'容易,拿笔砚来!'就提起笔来拉墙头浪是介一挥而就。"评弹《海上英雄》:"桅杆带着冒火的风逢直朝船梢盖了踠来,赛过倒了一堵墙头直垮下来。"

[赚] 挣(钱)。如:侬一个月赚几钿?

[赚头] ①盈利。高晓声《陈奂生上城》:"横竖三块钱赚头,还是有的。"②用作食物的猪舌。《定海县志》:"俗谓猪舌曰赚头。舌音近蚀,商家忌讳,故改为赚。"

[箸] 筷子。《韩非子·喻老》:"昔者纣为象箸而箕子怖。"宋代陆游《野饭》诗:"何必怀故乡,规划箸厌雁鹜。"又如:筷箸笼。

[鼻头] ①鼻子。《南史·曹景宗传》:"耳后生风,鼻头出火。"②对仆人的谑称。《太仓州志·风土》:"仆曰鼻头。吴音主同嘴,仆声势出主人上,犹鼻头居嘴上也。"

[孵] ①蹲。滑稽小戏《骗术奇谈(一)》第二幕:"我孵拉地上,倷立拉我肩胛上。"②长时间待在某处。滑稽小戏《大闹王公馆》第一幕:"家主婆应该拉屋里孵孵,倷屋里勿孵,反而到外面去拎。"陆文夫《毕业了》:"离休了的人要多参加社交活动,不能老是孵在家里。"包天笑《钏影楼回忆录·吴中公学社》:"与其孵观前,孵茶馆,何不来帮帮忙,尽尽义务呢?"

[孵太阳] (人)较长时间地晒太阳。范小青《光圈》:"她到天井里看看,蒋骏声在孵太阳看书。"

[裹] 包(粽子、馄饨等)。《何典》第七回:"只得日日买鱼买肉,蒸糕裹馒头的弄来吃下去。"又如:裹粽子。

[敲边] 同"撬边"。《解放日报》(1988.8.19):"在边上扮演'敲边'角色的女青年则以花言巧语哄人上钩。"《新民晚报》(1989.11.14):"一个叫卖,一人'敲边',这原来是一对连档模子呀!"《解放日报》(1992.10.14):"为了寻觅一条补回损失的'捷径',小穆竟与马路上卖假药的不法分子勾结,干起'敲边'的行当来了。"

[豪燥] ①快;赶快。倪海曙《杂格咙咚·警察访问》:"豪燥要到小菜场,买两条黄鱼买点笋。"滑稽小戏《香蕉捕盗》第一幕:"倷豪燥用功读点书,倷人蛮聪明格。"评弹《文武香球·一马双驮》:"喔唷,格歇辰光用勿着书腐腾腾哉,豪燥点跟倪走!"②急躁。③爽快;舒适。《醒世恒言·卖油郎独占花魁》:"美娘连吃了二碗,腔中虽然略觉豪燥,身子兀自倦怠。"

[遮阴] 遮住阳光的地方。比喻荫庇。胡祖德《沪谚外编·庵堂相会》:"爹爹死于瘟疫病,阿奶娘早夜哭夫君,气气闷闷又失命。是我年轻十五龄,门前大树失遮阴。"

[辣手] 手段毒辣或厉害。倪海曙《杂格咙咚·新打油·房子》:"辣手二东房,辛酸小伙计。"越剧《胭脂》:"听说新任知府蛮辣手。"

[辣茄] 辣椒。《中国农村的社会主义高潮》中:"辣茄准备种十亩左右。"

[慢吞吞] 行动迟缓貌。《负曝闲谈》第三回:"大人都上了炮船了,老爷还只管慢吞吞。"

[精] ①(肉)瘦。越剧《将心比心》:"大肉面快拿来,肉要精点。"王安忆《好姆妈、谢伯伯、小妹阿姨和妮妮》:"她说她这个人十分疙瘩,世上有多种东西不吃,鱼只吃河鱼,并且要有鳞,肉只吃精,不吃肥。"②精明,善于算计(多用于贬义)。如:迭个人门槛相当精。

[精打光] 一无所有;一点不剩。《官场现形记》第三十九回:"不怕你老人家笑话,照这样子再当上两年,还要弄得精打光呢。"

[滴答] 亦作"滴嗒"。指一秒钟。苏州评话《飞夺泸定桥》:"水的流速每秒钟达到八公尺,就是说'滴答'一来,水要跑二丈四尺。"苏州评话《雷鸣电闪》:"温度是八千度。二个'滴嗒',人就变炒米粉了。"

[嫡亲] 指血统最亲近的亲属。《初刻拍案惊奇》卷三八:"分明是个异姓无关宗支的,他偏要认做嫡亲,诸事偏心向他。"

# 十五画

[瞶] 陈久而恶臭之气味。清代梁同书《直语补证》："瞶，臭貌。今俗曰瞶冻臭。"

[横直] 反正；横竖。《四明山革命歌谣选》："横直阿拉自己人，一定勿会来看轻。"茅盾《故乡杂记》："上海北头，横直是烧光末，要打就在北头打。"

[撩] ①伸臂踮足取物。《广韵·萧韵》："撩，落萧切，取物。"清朝胡文英《吴下方言考》卷九："许氏《说文》：'拢取物为撩。'案撩，引臂取物也。吴中以伸臂殿（音店）足取物为撩。"越剧《九斤姑娘》："这样高的天，叫我哪能撩得着？"②捞取。刘复《瓦釜集·豆腐店姐倪会赚钱》："雪白笃笃格豆腐撩勒郎篮里，细眉花眼接郎钱。"评弹《将心比心》："面规划到水里可要时间？面撩起来可要时间？"《说新书（一）》："锅盖打开，准备去撩面了，啊哟，怎么这面都变成了一段一段？撩是撩不起来，拿把勺来拷吧。"③丢；扔。《海上花列传》第二十一回："然后将那拾圆钞票一撩，撩与黄二姐。"④浪掷；乱花（钱）。《海上花列传》第三十一回："四五年节省下来的几块洋钱，拨个烂料去撩完哉。"⑤甩动伸缩。《吴歌·啥个长来啥个短》："手指头长来脚趾头短，舌头撩撩乘风凉。"

[撑] 积攒；添置。《孽海花》第二十二回："他当了几十年的老营务，别的都不知道，只知道他撑了好几百万的家财。"《海上花列传》第四十八回："衣裳、头面才是我撑个物事。"《新民晚报》（1984.6.8）："添一条被头，撑件把行头，这点钞票，我做嫂子的包梢。"

[撑市面] ①控制、维持市面。《解放日报》（1985.4.20）："凡世

界主要的抽纱品市场,都要有我们上海货去创牌子,去撑市面。"
②在某方面称雄或称霸。《上海法制报》(1987.4.20):"'这个人想撑市面,打他'。于是,双方互相殴打起来。一时间,整个舞厅一片混乱。"③维持场面;维持表面的排场。《文汇报》(1982.1.31):"我觉得有些节目,光是靠演员的名气来'撑市面',艺术性较差,格调不够高。"《生活周刊》(1988.1.24):"新房间里全靠这只大彩电撑市面。"

[**撑场面**] 同"撑市面③"。《钟山》(1981.4):"现在已经进入'电视时代',评弹这门曲艺未免不大景气,评弹艺人主要靠退休老工人撑场面。"

[**撑家当**] 添置家产。苏剧《花魁记》:"俚还替俵撑仔勿少家当嘞吜。"评弹《不能走那条路》:"心上石头压得重,要撑有当路不通。"程小莹《姑娘们走在杨树浦路上》上篇:"佳佳要结婚,撑家当,非得存些钱不可。"

[**撮**] ①用两三个手指捏住细碎的东西拿起来。如:撮眼盐。②量词。用于手指所撮取的东西。如:一撮芝麻。

[**撮老**] 同"赤佬"。本为宋人对士兵的鄙称。士兵入尺籍(花名册),尺通赤,故称。宋·江休复《江邻几杂志》:"都下鄙俗,目军人为赤老,莫原其意,缘尺籍得此名耶?……"陈琰《艺苑丛话》:"某生年三十,已留须矣。有作诗嘲之者,有'撮老早留须'之句。撮老者,吴俗呼鬼之称。"

[**撬**] 从中作梗。如:迭桩事体拨伊撬脱勒。

[**撬棒**] 称惯于从中作梗的人。如:迭个小贼是个撬棒,侬要当心点。

[**撸顺毛**] 顺着对方的脾气行事;说对方中听的话。如:迭个人欢喜人家撸顺毛。

[瞌目充] 瞌睡。陆文夫《唐巧娣》:"打了个瞌目充人也精神点。"评弹《西厢记·惊艳》:"宁可夜里勿困,大清老早来靠勒山门浪打瞌目充。"

[踏] 蹬(车);骑(车)。如:踏脚踏车;踏黄鱼车。

[踏步] 台阶。《新民晚报》(1982.5.7):"因楼梯踏步板损坏,致使一位居民下楼时踏空摔死。"

[踏板] 见"踏床板"。

[踏脚] ①脚可以踩的地方。亦比喻借以往上爬的人或事物。鲁迅《集外集拾遗·新的世故》:"有人要我做一回踏脚而升到什么地方去,也可以的,只希望不要踏不完,又不许别人踏。"②脚镫子。苏州评话《雷鸣电闪》:"一样有踏脚,有刹车,可以前进,可以后退。"

[噜苏] 啰唆。沪书《老队长迎亲》:"老头子,你们思想全进步,我也勿来多噜苏了。"

[幢] 量词。用于房屋或重叠的器物。《定海县志》:"俗谓器物重叠相架曰幢;又器物多数积累者曰一幢,楼房亦曰一幢。"又如:一幢洋房;一幢碗。

[墨测黑] 极黑、极暗。《缀白裘·寻亲记·遣亲》:"阿爹,街浪墨测黑哉,我俚转去点介一碗灯笼照子唔走吓。"

[靠] 接近;大约。《官场现形记》第二十二回:"他说认得老爷有靠十年光景。"评弹《白蛇传·计阻》:"喔唷,板板指头靠十年勿曾看见,倷已经出道格哉。"《新民晚报》(1982.6.6):"单是他本人穿的时髦皮鞋,就有靠十双。"

[靠牌头] 同"凯牌头"。苏州评话《长坂坡》第四回:"怎么曹兵看见我刘封那样怕?不知道是靠了赵子龙的牌头。"

[靠榜] 同"靠傍"。叶圣陶《一生》:"如今逃了出去,靠傍谁呢?"

[熟] ①从下种到收获称一熟。清朝柯迕《漏网喁鱼集》:"田中更无菜麦,亦云四五熟未种。"评弹《快马加鞭》:"秧插得不好,要影响一熟产量。"②收成好;丰收。茅盾《春蚕》:"除非是'蚕花'不熟,但那是老天爷的'权柄',谁又能够未卜先知?"又如《春蚕》:"他永不相信靠一次蚕花好或是田里熟, 他们就可以不清了债再有自己的田。"

[熟门熟路] 对某处的路途非常熟悉。亦指对某种情况非常熟悉。《垦春泥》(1980.2):"农村干部,本乡本土,要掌握一个队,好像装闺女回娘家,熟门熟路,不用多少时候,肚里都有了底。"《解放日报》(1989.9.12):"我在学生时代常到那里的图书馆去借书。于是,我熟门熟路的闯去了。"

[瘪] 萎靡不振;泄气。评话《岳传·龙门败十将》:"一碰到外路人就瘪脱啦。"参见"吃瘪"。

[懂经] ①时髦;新潮。《新民晚报》(1987.10.4):"有人指着一个不那么妩媚的女同学向我介绍:'她很懂经。''懂经'一词大概有讲究时尚的含意。"②领市面;懂世情。《生活周刊》(1988.12.11):"阿拉厂医务室王医生'懂经'得吓人,一条外烟上去,侬看,长病假,三个月。"

[懊恼] 后悔。《九尾龟》第三十一回:"与其将来懊恼,不如眼前推开。"倪海曙《杂格咙咚·寓言诗·骗奶糕》:"贼出关门吃亏刚刚喊懊恼!"

[懊糟] 同"鏖糟②"。《苏州谚语选·附录》:"懊糟:心里说勿出的烦闷。"

[糊涂] ①模糊不清。《官场现形记》第十五回:"把那块大洋钱重新取出来一看,无奈图章已经糊涂。"②大声地打鼾。刘复《瓦釜集·第五歌》:"我明朝情愿登勒家里糊涂一大目忽。"

[糍团] 食品名。用糯米煮成饭,包以馅,捏成团状。《何典》第一回:"又做规划许多桩柄糍团,各处蟠藤亲眷都送了。"周振鹤《苏州风俗·岁月》:"八月二十四日,煮糯米和赤豆,作团,祀灶,谓之餈团。往年人家小女子,皆择是日裹足,谓食糍团缠足,能令脚软。"

[潭] 坑。如:水潭。

[潽] ①量词。茶冲一次或中药煎一次称一潽。盛李《女特警》:"那天,夏先生吃头潽茶,含口茶水在嘴里。"②容器内的液体过满或沸腾而溢出。如:牛奶潽出来勒,快点关火。

# 十六画

[熰] 回锅再煮。明代孙楼《吴音奇字·饮食门》:"熰,音悔,物再煮也。"《嘉定县续志·方言》:"熰,俗言物再煮也。"《集韵》:"虎火果切,音贿。"

[薄] (粥)稀。如:粥烧得忒薄勒。

[薄嚣嚣] 同"薄哓哓"。形容很薄。《说新书(一)》:"耳朵蛮登样,嘴唇薄哓哓。"弹词开篇《潇湘夜雨》:"只见她薄嚣嚣嚣薄罗衫薄,黄瘦瘦瘦黄花容黄。"

[瓢羹] 羹匙;匙子。《浙江日报》(1980.2.4):"每天一早不是去买豆浆,就是煮糖粥,一瓢羹一瓢羹地喂给老祖母吃。"

[霍闪] 闪电。李鉴堂《俗语考原》:"俗谓电曰霍闪。"唐代顾云《天威行》:"金蛇飞状霍闪过,白日倒挂银绳长。"胡祖德《沪谚》卷下:"(蚕豆)开花时遇霍闪,必大减收。"评弹《描金凤·玄都求雨》:"许娘娘你们不懂啊?就是霍闪娘娘,因为她娘家姓许,霍门许氏,故而叫她许娘娘。"亦作"霍险"。

[瞟] ①看;看望。明朝冯梦龙《山歌·上桥》:"青天龙挂惹人瞟。惹人瞟,小阿姐儿再来红罗帐里造仙桥。"清朝朱骏声《说文通训定声·小》:"今常州人俗语有所省视曰瞟瞟。"②斜视。清朝朱骏声《说文通训定声·小》:"《广韵》引《埤苍》:'一目病也。'与眇略同。今俗语谓邪视曰瞟白眼。"《定海县志》:"瞟,斜视也,如俗言瞟一眼。"叶圣陶《古代英雄的石像》:"眼睛直盯着远方,对自己的伙伴连一眼也不瞟。"

[篰箕] 篰子。胡祖德《沪谚外编·九州十八府物产歌》:"四月

里,开蔷薇,常州出得熟齿好篦箕。"

[懒坯] 懒惰的人(骂人的话)。如:侬迭只懒坯,还勿去做生活!亦作"懒胚"。

[懒料] 同"烂料"。滑稽小戏《王小二过年》第一幕:"叫啥格只懒料货,叫我勿要出去。"

[燋毛气] "东西烧糊后发出的气味。晋代葛洪《抱朴子·登涉》:伯夷乃执烛起,佯误以烛烬其衣,乃作燋毛气。"

[激聒] 啰唆。《上元县志》:"言之多而躁曰激聒。"《初刻拍案惊奇》卷二六:"有妻杜氏,生活有些姿色,颇慕风情,嫌着丈夫粗蠢,不甚相投,每日寻是寻非的激聒。"《二刻拍案惊奇》卷二二:"我最苦的是时常来要我完甚么钱粮,激聒得不耐烦。"

# 十七画

[**檐头**] 房檐。陆文夫《小巷深处》："窗外下起雨来,檐头水滴在石板上。"

# 十八画

[镬灶] 灶。倪海曙《杂格咙咚·山歌俗语中的中国妇女》：
"新来暴到,摸勿着婆家风炉镬灶。"《垦春泥》(1982.9)："镬灶冰
冰荫。"

[镬焦] 锅巴。丰子恺《缘缘堂再笔·清晨》："宝官,来厨房里
拿些镬焦给它吃吃罢。"

[翻] 在衣服、被褥里铺棉花、丝绵等。如:翻棉袄;翻被头。

[翻跟头] 同"翻跟斗"。《文汇报》(1985.3.27)："岳母却想借
女儿之力要小王每月贴付的钱。'翻一个跟斗'。"《解放日报》
(1988.2.14)："一些望票兴叹的旅客,情急之中,只得从票贩子手
上买票,一般一张短途票要'翻一个跟斗'。"

[翻筋斗] 同"翻跟斗"。《解放日报》(1987.12.20)："三年内定
叫彭渡人收入翻两个筋斗,任期内保证让全村人得到十大实惠。"
《解放日报》(1988.4.4)："养鸡的照样养鸡,吐痰的依然 '脱口而
出',聚赌的无所顾忌,票贩子们愉快地在'翻筋斗'。"《文汇报》
(1988.5.4)："这都是些好货色,我教你一个门槛,多买点回去,翻
个筋斗,以 25 元脱手。"

[癫痫头] 同"癫痫头"。《垦春泥》(1980.2)："癫子狐疑地凑
上一步,伸过癫痫头,听候吩咐。"

[灪] 开裂。朱季海《庄子故言·让王》："《说文》'灪,水裂去
也。从水虢声',古伯切。今吴语谓沸水注玻璃杯中,杯水裂去为
灪,音正如古伯反。手冻裂亦曰灪。"

[戳] 竖立。盛李《女特警》："不料人没站稳,就看见店堂里戳

着一个熟悉的身影。"

[戳眼] 同"触眼"。《新华文摘》(1979.12)："筱阿竹不知是坐久了,酒多了,还是信纸上那字戳眼,蓦地站起。"

[邋遢] ①肮脏;不干净。苏州市文联《苏州谚语选·附录》："邋遢,肮脏,又作腌臜。"明代沈德符《野获编·神仙·张三丰》："一云三丰即张邋遢。"《缀白求·烂柯山·痴梦》："只是我形腌臜身邋遢,衣衫褴褛把人吓杀。"②比喻卑鄙、丑恶。陶菊隐《袁世凯演义》第三十回："在这以前,一般邋遢文人,地方军阀,经常自居为国民党与北洋派以外的中间派。"③懒惰;懒散。《昆山新阳合志·方言》："怠惰曰邋遢。"胡祖德《沪谚外编·李义山十穷十富歌》："第九穷,朝朝睡到日头红,邋遢穷。"王安忆《流逝》："看他那么懒洋洋的邋遢样子,她不晓得他当年和父亲划清界线的革命闯劲上哪儿去了。"

# 十九画

**[攀]** ①提梁。《负曝闲谈》第十五回:"一会儿车声隆隆,早把黄子文的一个不满一尺阔不满三尺长的一卷铺盖,一个攀的皮包送上了来。"②嫁;娶。评弹《白蛇传·计阻》:"唔笃因唔要攀女婿末,顶好攀拨勒'宝大昌'。"《说新书(一)》:"他爷娘倒蛮愿意把女儿攀给你的。"③缠绕、系结。评弹《再生缘》第七回:"两道板刷眉攀在额头。"④在受责难或审讯时把别人牵扯进去。《歇浦潮》第三十八回:"但魏姨太太不是哑吧子,若被伯宣道破了他的谗言,那时一定要攀出贾少奶来。"

**[攀谈]** ①交谈;闲谈。《何典》第八回:"又妒心甚重,家里那些丫头女娘家,箍头管脚,不许色鬼与他们丑攀谈。"胡祖德《沪谚外编·看潮歌》:"请老请,动筷头,攀谈几句老套头。"倪海曙《杂格咙咚·苏州话诗经·十三点》:"格个十三点,俚弗搭我攀谈哉!"②所谓;所说。《九尾龟》第一三〇回:"你这个人,真真苏州人攀谈,拔出了。"苏州评话《张汶祥刺马·上元县验尸》:"今朝丁昭兜心一拳打过去,俗语攀谈,'黑虎偷心',伤了心了。"

**[鏖糟]** ①污秽;肮脏。《太仓县志·风土》:"物秽杂曰鏖糟。"宋代庄季裕《鸡肋编》卷中:"夏秋积水,沮洳泥淖,遂易为鏖糟陂。"元朝岳伯川《铁拐李》第四折:"一个鏖糟叫化头,出去!"《何典》第一回:"只见中间塑着一个鏖糟弥佗佛。"②心情不舒畅;心中不快。清朝胡文英《吴下方言考》卷五:"苏东坡与程伊川议事不合,讥之曰:'颐可谓鏖糟鄙俚叔孙通。'案鏖糟,执拗而使人心不适也。吴中谓执拗生气曰鏖糟。"清朝褚人获《坚瓠五集·馆师叹》:

"劝人切莫做先生,满肚鏖糟气不平。"

[羹饭] 祭亡人和先祖的饭菜。《初刻拍案惊奇》卷十六:"那时就别了王氏之灵,嘱咐李主管照管羹饭香火。"王古鲁注:"吴俗,在未除孝以前,每日三餐,与生前相同,在灵前设祭,俗称'摆羹饭'。"《何典》第三回:"那棺材已歇在棚中,形容鬼处分把羹饭摆好。"

[羹饭种] 指儿子。刘复《瓦釜集·第十二歌》:"她来仔三年末也勿曾养一个羹饭种。"

# 二十画

[嚼] ①啰唆;唠叨。盛李《女特警》:"渐渐地师傅为自己晚年觅得高徒,喜在心上,笑在脸上,嘴里还常将'又生这小囡'嚼来嚼去。"②胡说八道;胡言乱语。胡祖德《沪谚》卷下:"俚鄙好嚼,要有韵脚。"自注:"俗称胡言乱语曰嚼。"

[糯] ①(食品)黏软。沪剧《为奴隶的母亲》第一场:"给你宝宝烧粥吃,又是香来又是糯。"《文汇报》(1981.10.31):"五芳斋糕团吃口香糯。"②柔和;婉转动听。卢群《绣娘》:"言语又糯又软,间调玎玎琮琮。"

# 《金华方言词典》中的永康话语词

### 徐关元 辑

# 壹 天文

## 一、日、月、星

[**天公**] ①天,天空:~还有点儿早|~上脱(掉)落来个。②天气:格两日~弗待好（这几天天气不大好)|~冷挈了。义项①也叫"天",但多叫"天公"。义项②现在也有人叫"天气"。

[天公下] ①天底下。②露天,在房屋外。

[天公热] 天气热:今日儿~。

[天公冷] 天气冷:今日儿天公冷猛冷猛。

[**天地**] ①天和地:拜~。②称呼语,相当于"天哪":~诶! 我遮哪生好呢我这可怎么办啊? |~! 今日儿帐这么热个!

[**日头**] ①太阳,太阳系的中心天体。②晒东西时称一整天的太阳为一个日头:格些谷(稻谷)晒了三个~了。③太阳光:~出来了|今日儿~大(强烈)。

[**日头孔**] 太阳。也叫"日头"。

[**日头下**] 太阳地儿,太阳照到的地方:担得(拿到)~晒。

[**落山**] (夕阳)西下:日头孔(太阳)~了|渠日头(太阳)末~便(就)归来了。

[**天狗口契日**] 日食。

[**日头光**] 太阳光:~大(强烈),眼睛撑(睁)弗开|今日儿~大(强烈),热猛热猛。也叫"日头"。

[**月亮下**] 月亮照到的地方。

[**天亮晓**] 启明星:~都上来了。

[**笤帚星**] 彗星。也叫"扫帚星"。


二、风、云、雷、雨

[**大风**] 指刮得很大的风:外面起~了。

[**龙风**] 狂风。

[**台风**] 一种极猛烈的风暴。

[**涡旋风**] 旋风。汤溪叫"鬼风"。

[**对头风**] 顶风,顶头风。

[**顺风**] 行进的方向跟风向相同:今日儿~,车骑得快些。

[**乌云**] 黑云。

[**日头红**] 早霞。

[**落山红**] 晚霞。

[**雷公**] 民间认为管打雷的神。小孩儿叫"天雷公公"。

[**火闪**] 闪电:打~|北面手(北边)~只顾(不停地)闪来。

[**落雨**] 下雨。

[**毛毛雨**] 指很小的雨:落~。

[**大雨**] 指下得很大的雨:落~|明朝有~了。

[梅雨] 黄梅季节下的雨。

[东鲎] 出现在东边的虹。△~日头(太阳)西雨。(△代表谚语)

[西鲎] 出现在西边的虹，也用来比喻坏人 (用于骂人)：侬根~,收粮(攫取粮食)个。

三、冰、雪、霜、露

[起冻] 开始结冰。

[落雪] 下雪。

[雪烊了·烊雪了]雪化了。

[露水] 露：今日儿~大猛大猛。

四、气候

[有日头] 有太阳,晴天。

[焦人] 形容太阳灼热：今日儿日头(太阳光)~个。

[梅天] 黄梅季里的天气。

[入梅] 进入黄梅季,一般在农历五月份。

[出梅] 出了黄梅季,黄梅季结束,一般在农历六月份。

[伏天] 指初、中、末三伏那些天。

[出伏] 出了伏天,伏天结束。

[秋老虎] 指立秋以后仍然十分炎热的天气。

[晒] ①让阳光照射：~衣裳。②(天)旱：~得凶猛凶猛。

[(天公)晒去了] 天旱了。

# 贰　地理

## 一、地

[**田地**] 种植农作物的土地。

[**田畈**] 泛指田野,田地:到~去了。畈,广韵愿韵方愿切,非母。此处读如奉母。

[**稻田**] 种植水稻的水田。

[**烂泥田·陷泥田**] 因长期蓄水而泥土稀烂的水田。

[**太公田**] 旧时一个家族里属于公家的田,其收入用于家族公共开支。

[**田塍**] 田埂:高~(村名)。塍,本地也作"塍"。

[**后堪**] 较高的田埂的后面、外部。

[**溪滩地**] 河边较低的田地。

## 二、山

[**坑**] ①山间的水沟:山~。②用于地名:大~(村名)|东~(村名)|南~(村名)。

[**岭**] ①坡,多指山坡:上~|落~。②用于地名:醋坊~(坡名)|杨思~(村名)|~上(乡名)|~下(镇名)、东~(村名)|银~(村名)。

[**上岭**] 名词,上坡:前面有个~。

[**落岭**] 下坡:~骑得慢点儿。

[**山背(上)**] 山上,山的上面:渠来~做生活(干活儿)。

## 三、江、河、湖、海、水

[**渠道**] 人工开凿的,用来引水排灌的水道。

[**瀛洞**] 水库、池塘的堤坝中的阴沟,较大。

[**水筧**] 引水的长竹管,安在檐下或野外田地间。筧,广韵铣韵古典切,见母,金华读如精母,也作"枧"。

[**塘塍**] 池塘的埂。

[**放生池**] 供放生用的水池。汤溪镇岩下村有池塘名"放生塘"。

[**堰**] ①河中较低的挡水建筑物(河水仍从堰上淌过),用来提高上游水位,便利灌溉:筑~。②用于地名:五石~(村名)|上~(村名)|~头(村名)。本地也作"圳"。

[**水闸**] 用来控制河渠水流的建筑物。

[**滩头**] 河流中由沙石、泥土淤积而成的那曲地。

[**溪滩**] 河滩。

[**白罚**] 白沫儿。

[**清水**] 清的水。

[**满大水**] 发大水。

[**热滚汤**] 热开水。

[**温(吞)水**] 温和的水:洗浴(洗澡)用~。

[**滚汤**] 开水:热~|冷~|契~。近年来也说"开水"。

[**汤水**] 温热的水:面~(洗脸水)。汤溪叫"汤"。

[**开水**] 参见"滚汤"。

四、石沙、土块、矿物

[岩塔·岩石·石塔] 山上的岩石。

[鹅卵石] 鹅卵石。

[粗坯] 毛坯，半成品，也比喻草稿：写个~挈。

[砖坯] 未经烧制的砖的毛坯。

[砖] 砖头，把黏土等做成的坯放在窑里烧制而成的建筑材料：一块~。

[碎砖头] 不完整的砖，碎砖。

[土瓦] 青瓦，一种本地出产，旧时普遍使用的瓦，拱形，黑色。汤溪叫"小瓦儿"。

[青瓦] 土瓦。

[洋瓦] 近几十年出现，现普遍使用的并新式瓦，长方形，上有沟槽。

[瓦片] 碎瓦：一块~。也叫"碎瓦"但多叫"瓦片"。

[蓬尘] 较大的灰尘叫蓬尘。

[土翁] ①灰尘。②尘土飞扬的样子：汽车开过去，路上~猛个。

[烂糊泥·哗糊泥] 稀烂的泥。

[塘泥] 池塘里的泥。

[黄泥] 黄色的黏土。

[洋油] 煤油。旧时叫"美孚油"。近年来也叫"煤油"。

[煤油] 参见"洋油"。

[石灰] 一种建筑材料。

[洋灰] 水泥。现在年轻人多说"水泥"。

[吸铁石] 磁铁。近年来也有人叫"磁铁"。汤溪叫"口契铁石"。

[碗料] 瓷：~个茶杯。

[白炭] 用木柴专门烧制成的块炭，一般为长条形：~经(耐)烧些。

[柴头] 未完全烧尽(未变成类烬)的木柴。有时也叫"炭头"。

[城里] 旧时指城墙以内，现泛指城市里头：金华~|~人|侬住~还是住乡里？|到~去嬉(玩)。

五、城乡处所

[城门] 城墙的门。

[巷] 胡同，多用于街道名：石榴~|桂花~|桂林~|酒坊~|酒坊~|渠住得末条~头(里)。

[弄堂] 胡同：一条~|我住末条~里|倚得~口(站在胡同口)。

[乡里·乡头] ①乡下：~人|~空气比城里好些|侬住城里还是住~？|到~去嬉(玩)。②乡政府里：到~去开张证明来。

[祖处] 老家。现在也有人叫"老家"。

[市日] ①逢集市的日子：明朝~。②集市：赶~。

[街路] 街道：~上。也叫"马路"。

[大路] 宽大的路。

[桠杈路口] 岔口。

# 叁 时令、时间

## 一、季节

[**开春**] 春天开始,特指立春。

[**挂历**] 挂在墙上用的月历。

[**日历**] 记有年、月、日、星期、节气、纪念日等的本子,一年一本,每日一页。

[**阳历**] 公历。近年来也说"公历"。

[**阴历**] 农历。近年来也叫"农历"。

[**农历**] 参见"阴历"。

## 二、节 日

[**时节**] ①节日:~诚意(节日里)窝里有客人个|担~(给亲戚送节日礼物)。②时候,时间:我小个~依待~来个?|铜钱清朝~用个|~弗早了|~来弗不及了。

[**三十夜**] 年三十,除夕。

[**年初一**] 大年初一:~,年初两,年初三。

[**拜年**] 向人祝贺新年开始~。

[**元宵夜**] 元宵节的夜晚。

[**清明日**] 清明节那一天:~到外头踏青。

[**四月八**] 农历四月初八。本地习俗,这一天要吃用糯米和

一种树叶的汁蒸成的"乌饭",据说可预防夏天蚊蝇叮咬：△~，吃乌饭。

[**端午**] 端午节。

[**六月六**] 农历六月初六。本地习俗,这一天要吃肉,晒东西。(永康谚语:六月六,街狗洗洗浴)

[**八月半**] 农历八月十五,中秋节。多说"八月半"。

[**七月半**] 中元节,农历七月十五。

[**活人节**] 指端午、中秋、重阳(跟"死人节"清明、中元、冬至)相对。春节属活人和死人共同的节日。

[**死人节**] 祭祀死者的节日,即清明、中元、冬至。


## 三、年


[**今年**] 说话时的这一年。汤溪叫"耕年"。

[**上年**] 去年。

[**明年**] 今年的下一年。

[**前年**] 去年的前一年。

[**大前年**] 紧接在前年之前的那一年。

[**大大前年**] 紧接在大前年之前的那一年。

[**前两年**] 前些年间,前几年:~比格子(现在)凉些。

[**后年**] 明年的明年。

[**大后年**] 紧接在后年之后的那一年。

[**年底**] 一年的最后一段时间。

[**整年**] 全年。

[**闰年**] 农历有闰月的一年叫闰年。

## 四、月

[**正月头儿**] 农历正月,特指正月的开头一段日子。

[**闰月**] 闰年里所加的一个月叫闰月。

[**初头**] 月初。

[**月半**] 指农历每个月的十五日:七~|八~|明朝~|年怕中秋,月怕~(指时间过得快)。

[**月半乾**] 一个月的当中几天(第十五天左右):侬~来驮(拿)。

[**月底**] 一个月的最后几天。

[**大月**] 大建,农历有三十天的月份。

[**小月**] 小建,农历的小月份,只有二十九天。

## 五、日、时

[**日子**] ①日期。②时间 (指天数):~过得快猛快猛,一子个(又)过年了|末些~。③指生活或生计:~好过。义项③也叫"日子头"。

[**明朝**] 明天:~有雨|渠~要来个|再亨(跟)侬讲。

[**后日**] 后天。

[**大后日**] 大后天。

[**前几日**] 前几天。

[**五更头**] 早晨,上午:今日儿~有雾|~到哪里去过了?——我买菜过了。也叫"五更儿"。

[**日中心**] 当午。

[**半日**] 半天。

[**天亮**] 太阳快要露出地平线时天空发出光亮:快~了。

[午饭乾儿] 吃午饭时及其前后的这段时间。

[午罷] 下午(跟"午前"相对)。

[点心乾] 吃"点心饭"时及其前后的这段时间,即下午两点钟左右:~侬到哪里去了?

[日里] 白天。也叫"日头"。

[青天大白日] 大白天:格个人咦(又)弗做生活(干活),~都来窝里困(睡)。

[靠夜乾儿] 傍晚。

[整夜] 整个晚上。

[日日夜夜] 每天每夜:~都去个。

[一日到夜] 一天到晚:~,渠只晓得口契|渠~都无句水话(话)|渠一日念(唠叨)到夜。

[天亮夜] 通宵:三十夜醒~(年三十熬通宵)。


六、其他时间概念


[工夫] 时间(指拿来用的时间):一子~|侬哪子(什么时候)有~?

[格子] 这会儿,现在:~几点钟了|个生活比以前好些了。

[一子] ①一下:我得(被)渠敲(打)了~。②一会儿:~工夫。

[早先] 较早以前。

[后头] ①后面。②后来:~时(时兴)挈个。③今后,以后:~个事干讲弗来(说不准)个。义项①也说"后面",但多说"后头"。义项②也说"以后""后来"但多说"后头"。

[平常日子] 平时。

[市日] ①逢集市的日子:明朝~。②集市:赶~。

[**生世**] 辈子:我浪(我们)格些人一~都未安迹(安闲)过|格~都(不会)出头了。

# 肆　农业

## 一、农事

[做]　①制造,制作:~酒|~谱(修家谱)|~人家(节俭)。②干:~生活|照格生 (这样)~|~弗成。③从事某种工作或活动:~生意|~戏。④举行家庭的庆祝或纪念活动:~寿|~生日|活人弗~四十(活着的人不做四十岁生日)。⑤充当,担任:~贼|~新郎官|~新妇(女子结婚)|~产母 (坐月子)|~中人|侬~待角色?。⑥用在动词后头,表示动作的结果,有"成""为""作"的意思:些树叶扫扫~堆。义项⑥多说"转"。

[生活]　工作:做~|做弗好。

[做生活]　干活儿:今日儿弗~。

[前熟]　春种夏收的农作物。

[后熟]　夏种秋收的农作物。

[耖田]　用耖把耙过的水田里的土推平。

[躺田]　用"躺"(一种平整水田的农具)把耖过的水田里的土碾平。

[耰田]　用耰把耕过的田里的大土块割碎。

[种田]　①插秧。②干农活儿,务农。

[开秧门]　插秧季节首次拔秧,从此开始插秧,旧时要举行祭祀仪式:今日儿~。

[关秧门]　插秧的农活全部结束,旧果要举行祭祀活动。

［**稻头**］ 稻穗儿：撮(拾)~。

［**谷头**］ 同"稻头"。

［**割稻**］ 割稻子。

［**纠稻秆**］ 把稻草扎成把,以便堆放和搬运。

［**割麦**］ 割麦子。

［**割小麦**］ 收割小麦。

［**割大麦**］ 收割大麦。

［**抖油麻**］ 芝麻成熟后从地里拔出扎成小捆立在野外晒干,然后将成捆的芝麻倒立着从侧面拍打芝麻秆,使荚里的种子震动出来,落在下面接种子的器具里,这种使芝麻脱粒的农活叫作抖油麻。

［**铲**］ 用锄头松土除草 (后跟庄稼名称意指为该庄稼松土除草)：~麦|~豆|~包萝(玉米)。

［**浇尿粪**］ 浇粪。

［**草泥**］ 用锄头铲起来的带着一层薄土的草，可供垫猪圈或烧成肥料。

［**栏肥**］ 肥：猪~。

［**人肥**］ 用做肥料的人的粪便。

［**尿粪**］ 粪便。

［**化肥**］ 化学肥料的简称。

［**治虫**］ 喷洒农药,消灭农作物上的害虫。

［**开田水**］ 灌水入田或排出田里的水。

［**戽**］ 用能盛水的器具反复地把一处的水舀起来泼向另一处：~水。

［**踏水**］ 蹬水车从下往上取水以灌溉。

［**饲鸭·赶鸭**］ 饲养鸭子。本地要把鸭子成群赶到野外觅食：

格个人~个

[斫柴] 砍柴。

[斫草] 割草。

[掸松毛] 用耙子聚拢松针(当柴火烧)。

[开荒] 开垦荒地。

[做水库] 修筑水库。

## 二、农具

[井桶] 吊水的桶。

[车] 水车,用人力从下往上取水的灌溉工具。广韵麻韵尺遮切,开口。

[车架] 水车的架子。

[独轮车] 手车。

[双轮车] 两轮的人力车,主要用来载货物。

[牛轭] 牛耕地时架在脖子上的弧形木头。

[牛眼睛套] 牛戴的遮眼的东西。

[牛鼻] 穿在牛的鼻中隔上的铜或竹制的短棍,系牛绳用。普通话叫"桊儿"或"牛鼻桊儿"。

[牛绳] 系在牛鼻上的绳子,用来牵牛或赶牛。

[犁] 翻土用的农具。

[犁尾巴儿] 安在犁的后部,耕地时供人手握的橿。

[犁头] 犁铧。

[犁壁] 犁镜,作用是把犁起的土翻在一边。

[耰] ①碎土的农具,用来把耕过的田里的大土块弄碎。②用耰割碎土块:~田。义项①也叫"铁耰"。

[耖] ①平整水田的农具,用来把耙过的田里的土推平。②用耖摊平水田里的土:~田。③把凉饭炒热。

[铁耰] 碎土的农具,即耰。也叫"耰"。

[躺] ①平头斛用的刮板,"卜"字形。②平整水田里的土碾平。③用这种农具碾平水田里的土。义项②又叫"躺滚"。

[稻簟儿] 竹席,多在脱粒时用来插在"稻闸儿"(摔打稻穗用的木桶上),以免稻谷溅出,也可用来晒粮食。汤溪叫"插翼"。

[风车] 用扇风的方法将粮食去尘、去糠等的一种农机,即扇车。

[碾] ①碾子。②滚动碾子等使谷物去皮、破碎:~谷(稻谷)。

[碾盘] 随碾碌子的石头底盘。

[砻] ①一种去掉稻谷的工具。②用这种工具去掉稻谷。

[麦磨] 石磨。也叫"磨",但多叫"麦磨"。

[(麦)磨片] 石磨上的两个圆石盘。

[磨槽] 磨盘周围用来接住磨下来的东西的沟槽。

[磨榔钩] 用来推动磨扇的榔,前端有个钩子。

[磨帚儿] 清扫磨盘用的小笤帚,用棕毛编扎成。

[米筛] 筛米用的筛子。

[水碓] 利用水力舂米的器具:李~(村名)

[耙] 铁耙子:四齿~|旧~(耘水稻田的耙子)。

[两齿耙] "两齿儿"有两个铁齿的锄头:依把(你那把~)借得我用子。韵儿化后一般变为,但在"两齿儿"里"齿"字鼻化与否两可。

[三齿耙] 三个齿的耙子。

[四齿耙] 四个齿的耙子。

[羊角] ①羊的角。②洋镐。

[锄头] 松土和除草用的农具:一把~。

[草耙] 一种较大的锄头,用来锄草、挖沟等。

[锄头针] 安锄头櫋子用的楔子,木制或铁制:个~脱(掉)落来了。

[柴刀] 砍柴用的刀。

[草刀] 割草用的刀。

[尿勺] 舀粪便用的勺子,有长柄,是一种农具。汤溪叫"粪勺"。

[铁锹] 一种起沙、土的工具。多叫"洋锹"。也叫"锹"。

[洋锹] 同"铁锹"。

[铲勺] 撮取粮食用的像簸箕的铲子:铁~。

[米斗] 旧时量米用的斗,木制。

[地簟] 大竹席,多用来晒粮食。

[篮] 篮子:一~梨|一~菜。

[箶] 一种网状的大竹篓,用来装小猪或家禽:猪~。

[麻袋] 用粗麻布做的袋子。汤溪叫"络麻袋"。

[扁担] 放在肩上挑东西的工具,扁而长:毛竹~。

[(毛)竹扁担] 用毛竹制成的扁担。

[两头楤] 尖头扁担,用来挑柴等。汤溪叫"柴楤"。

[担] ①担子:一副~。②重量单位,一百斤等于一担:一~米|十~谷(稻谷)。③量词,用于成担的东西:担两~水来|格~东西我揭(挑)弗动。

[笤帚] 扫帚:把~驮来(把那把扫帚拿来)扫地|棕~|竹丝 ~ 。

[芒笤帚] 芒的茎和穗编扎成的笤帚,用来扫地。

# 伍　植物

一、农作物

[**年成**]　一年的收成。

[**收成**]　庄稼等的成绩：~好弗好啦？

[**仓**]　谷仓，粮仓。

[**谷仓**]　仓。

[**仓库**]　储藏大批粮食或其他物资的建筑物：粮食~。

[**谷柜**]　储藏粮食的柜子。汤溪叫"大柜"。

[**五谷**]　泛指粮食作物：~弗分。

[**大麦**]　一种粮食作物及其子实。

[**小麦**]　一种粮食作物及其子实。

[**麦芒**]　麦穗上的芒：大~。

[**粟米**]　小米。也叫"粟儿"。

[**芦穄**]　高粱。

[**稻**]　稻子，本地指水稻：人老一年，~黄一夜。

[**稻头**]　谷头，稻穗儿：撮（拾）~。

[**谷头**]　同"稻头"。

[**早稻**]　本地一年里的第一季稻子，春种夏收。

[**早米**]　早稻碾出的米。

[**早谷**]　早稻的稻谷。

[**晚稻**]　本地一年里的第二季稻子，即糯稻，粳稻等，夏种

秋收。

[**双季稻**] 本地一年里的第二季稻子,不包括糯稻、粳稻,夏种秋收。

[**大谷**] 粳稻及其子实。近年来也叫粳稻。

[**粳稻**] 同"大谷"。

[**稗**] 指稗子这种植物。广韵卦韵傍卦切,蟹摄。金华读如假摄。

[**谷秕**] 稻谷的秕子。秕,广韵旨韵插履切,母。金华读如滂母。多叫"谷"。

[**糠**] 稻谷、麦子等舂碾后脱下来的壳。

[**砻糠**] 稻谷砻过后脱下的外壳。

[**糯谷**] 糯稻及其子实。

[**糯米**] 糯稻碾出的米:~饭。

[**大米**] 粳米。比一般稻米粘性大,比糯米粘性小。可以做年糕等。因多用于做年糕,故也叫"年糕米"。

[**粳米**] 参见"大米"。粳,广韵庚韵古行切,平声。金华读阴上。

[**年糕米**] 参见"大米"。

[**棉花**] 草棉:种~。

[**麻秆**] 麻的茎。

[**络麻**] 麻的一种,秆子很高,纤维较硬,可供制作麻袋、绳索等。

[**油麻**] 芝麻。

[**番芋**] 甘薯:白个~|红个~。番,广韵元韵甫烦切,非母。金华读如晓母。

[**洋芋**] 马铃薯。

[**芋**] 芋头:种~|买~口契。近年来也叫"毛芋"。

[芋头] ①种芋时种下的作为母体的块茎,能再长大,并增生出一些新的块茎来:~弗好吃个。②比喻愚笨的人:侬格~!

[藕] 莲的地下茎,可以吃。

[莲蓬] 莲花开过后的倒圆锥形花托。

[莲籽] 莲的种子。

[种籽] 农作物的种子。

[菜籽] ①蔬菜的种子:白~|芥~。②专指油菜籽。义项②也叫"油菜籽",但多叫"菜籽"。

[草籽] 紫云英:~田。

[蒲] 泛称某些圆球形或圆筒形的植物果实或种子:松~(松球)|长~(瓠)|大蒜~儿(蒜头)。

[核] 核儿,核果中心的坚硬部分:桃~。


二、豆夹、菜蔬


[早豆] 毛豆。

[蚕豆] 豌豆。

[豇豆] 一种蔬菜。

[刀豆] 一种植物,荚果像扁豆但比扁豆大,嫩荚是普通蔬菜。

[佛豆] 蚕豆。

[落苏] 茄子。

[黄瓜] 一种蔬菜,多指本地表皮黄白色的黄瓜。

[青黄瓜] 表皮绿色的黄瓜,是从北方传来的。

[天萝] 丝瓜。

[金瓜] 南瓜。汤溪叫"花蒲"。

[葫芦] 一种植物及其果实。

[白蒲] ①一种上小下大，中部无明显细腰的葫芦科植物果实，可做蔬菜。②指西瓜不成熟:格个西瓜~个。

[大葱] 葱的一种,叶子和茎较粗大,本地的大葱比北方的要小。

[洋葱] 一种蔬菜,有扁球形的鳞茎,白色或带紫红色。

[大蒜蒲儿] 蒜头。多说"大蒜"。

[大蒜心] 蒜薹。

[大蒜叶] 大蒜的叶子。

[韭菜] 一种蔬菜。

[苋菜] 一种蔬菜。苋,广韵襉韵侯襉切,匣母。金华读如晓母。

[青苋菜] 绿色的苋菜。

[红苋菜] 红的苋菜。

[生姜] 姜。

[甜椒] 柿子椒。

[辣虎儿] 辣椒:青~|红~。

[辣虎酱] 用辣椒制成的酱。

[三月青] 芥菜的一种,生长于农历三月以前,叶子可剥下来吃,剥下来以后还能再长出新的叶子来。

[菠稜菜] 菠菜。

[白菜] 普通蔬菜,叶子大,白色或淡绿色。

[矮脚白] 一种叶柄较短的白菜。

[高脚白] 叶柄较长的白菜。

[小白菜] 长得较小的白菜。

[菜梗] 菜帮子。

[菜心] 菜薹。

[苦马] "割马"莴苣的变种,叶子割下来做蔬菜或做饲料,割

下来以后还能再长出新的叶子来。

[圈葱] 芹菜。

[萝卜] 一种植物,是普通蔬菜:空心~|~青菜,各人所爱。

[萝卜叶] 萝卜缨儿。

[红萝卜] 胡萝卜。

[茭笋] 茭白,一种蔬菜。

[油菜] 一种油料作物。

[油菜籽] 油菜的籽。多叫"菜籽"。

[空心菜] 藤菜。

[香荠] 荠菜。

[马榔头] 一种野菜,初春时生长在田埂上。


三、树木


[树桠枝] 树枝。

[桠杈] 分权的地方,杈子:竹~|开~。

[斫树] 砍树。

[松明] 燃点起来照明用的松树枝。

[择籽] ①一种树。②这种树的果实,形状像枣,可加工成像豆腐的食品。义项①也叫"择籽树"。

[木荷] 一种树,木质较好,本地棕绷的框架都用木荷制作。

[白杨] 洋火树。

[枫树] 一种树。

[冬青树] 冬青。

[桐油] 用油桐的果实榨出来的油。

[楝树] 楝,一种落叶乔木。

[苦珠树] 生长在山上的一种树。也叫"苦珠"。

[棕榈] ①棕树。②棕树的叶子。义项①也叫"棕榈树"。

[毛竹] 竹的一种,通常高达二三丈。

[粽箬] 箬竹的叶子。

[笋干] 煮过后晒干的小竹笋。

[篾] 竹篾。

[篾黄] 竹子的篾青以里的部分,多指用这部分劈成的篾条,质地较脆。

[篾青] 竹子的外皮,多指用竹子外皮劈成的篾条,质地较韧。

四、瓜果

[梅·梅儿] 杏:~树|一个~。指黄梅季节,在春末夏初,这段时间常连续下雨,空气潮湿:入~|出~|~里天公(差)些。

[红消李儿] 一种果肉是红色的李子。

[花红] 沙果,像苹果而小。

[樱株] 樱桃。

[大栗] 栗子。

[黄金瓜] 表皮金黄色的甜瓜。

[梨瓜] 甜瓜:白~|黄~。

[蒲荠] 荸荠。荠,广韵荠韵徂礼切,上声。此处读阳平。

[菱角] 一种植物,果实可以吃。

[甘蔗] 一种植物。

[(落)花生] 一种植物及其果实,果仁可以榨油,也可以吃。

五、花草、菌类

[**山栀花**] 野生的栀子及其花。

[**芙蓉花**] 木芙蓉的花。也叫"芙蓉"。

[**鸡冠花**] 一种植物及其花。

[**万年青**] 一种多年生草本植物。

[**茅草**] 白茅一类的植物:山上有~个。

[**芒竿**] 芒,多年生草本植物,黄褐色,果实多毛:~会㧅人个。

[**湖苔**] 青苔指阴湿的地方生长的绿色的苔藓植物。

[**刺窠**] 成丛的长刺的植物。

# 陆　动物

## 一、牲畜

[牲徒]　畜牲,泛指禽兽,也用做骂人的话。

[羯]　阉割:~牛|~猪|~羊|~狗|~人。广韵月韵居竭切。

[牛牯]　未阉割过的公牛。

[羯牛]　犍牛,阉割过的公牛。

[抄牛]　①专门养来参加斗牛的公牛。②天牛,一种昆虫,其幼虫蛀食农作物的茎,对农业有害。

[黄牯]　未阉割过的公黄牛。

[贱骆驼]　指敬酒不吃吃罚酒的人(用于骂人)。

[狗娘]　母狗,多指已怀孕的或生过小狗的:格只~生了好几窠(窝)了。

[半造狗儿]　半大不小的狗,也用于称未成年的人(骂人话)。

[狮子狗]　哈巴狗。

[野猪]　一种动物。

[洋猪]　从外地引进的全身白色的猪种。

[猪娘]　能下猪崽的母猪。

[小猪]　猪崽,未长大的猪。

[出栏]　小猪被从猪圈里捉出拿去卖叫作出栏：小猪好（可以)~了。

[羯猪]　阉猪(动宾结构)。

[草鸡] 雌鸡。

[赖哺] 抱窝:只草鸡(母鸡)~了。

[赖哺鸡] 正在抱窝的母鸡。

[换毛] 旧的毛脱去,由新长出的毛来替代:鸡~。

[啼] (公鸡)叫:鸡~。

[鸡脚耙] 鸡爪子:字写得~生(似的)。

[草鸭] 母鸭。

[水鸭] 一种羽毛花褐色,个头较小的家鸭。

[洋鸭儿] 一种羽毛白色,个头较大的家鸭。


二、鸟兽


[活狲] 猴子。

[狐狸精] 指妖媚迷人的女子(用于骂人):打扮得个~生(似的)|像个~。也叫"狐狸"。

[黄鼠狼] 一种哺乳动物:~偷鸡。

[奇蛇] 眼镜蛇。

[犁头蝮] 一种毒蛇。蝮,广韵屋韵芳福切,敷母。金华读如滂母。

[竹叶青] 一种生活在小竹子上的毒蛇。

[乌老鸦] 乌鸦。

[喜鹊] 一种鸟:~叫,客人到。

[鹁鸽] 鹁鸽儿或鸽子。


三、虫类


[八脚蟢] 蜘蛛,多用于强调其多脚:侬个字写得~生(似的)。

[蟋蟀儿] 蟋蟀,一种昆虫。

[蜂糖] 蜂蜜。

四、鱼虾类

[乌子] "螺蛳青"青鱼。

[鳗] 鳗鱼。

[鲇代] 鲇鱼。

[乌礼] 黑鱼。礼,广韵荠韵卢启切,蟹摄。金华读如假摄。

[明府] 墨鱼:~干。

[黄鳝] 鳝鱼。

[鲞] 剖开晾干的鱼。

[白鲞] 剖开晾干的黄鱼。

[鱼泡] 鱼的鳔。

[鱼子] 鱼的卵。

[鱼花] 鱼苗。

[浮牌] 系在钓鱼竿的线上的小牌子,钓鱼时浮在水面上。

[大洁虾儿] 大爪虾儿,一种大虾。

[开洋] 虾米,海米。

[田鸡] 绿色的个头较大的青蛙。

[蚂蟥] 水蛭,生活在池沼或水田中,吸食人畜的血液。

# 柒　房舍

## 一、房子

[屋宇]　房屋(总称):格份人家~好猛。

[老屋]　造得较早,使用年代较长的房子。

[砌墙脚]　叠墙脚。

[舂泥墙]　用木槌子捶打修筑土墙。

[上梁]　盖房子过程中安上脊檩叫作上梁,此时要举行庆祝仪式。

[封檐]　盖房檐儿,是盖房子的最后一道工序。

[糊壁]　在墙壁(多是用竹篾编成的)上抹上一层泥叫糊壁。

[天井]　旧式房屋为了采光、排水而在房屋当中留出的露天空地,一般是长方形的。

[围墙]　院墙。

[照墙]　照壁,大门外对着大门做屏蔽用的墙壁。

[堂前]　中央间,正房里居中的一间,即堂屋。堂屋如果分隔成前后两间,前面的一间叫堂前或中央间。作用相当于客厅:~坐子。

[中央间]　堂前。

[厢(房)]　旧式房屋两侧跟五间正房相配的房子。

[洋房]　新式楼房。

[楼梯下]　楼梯下面的空间。

二、房屋结构

[瓦背] 房顶:爬得~上(爬到了房顶上)。汤溪叫"屋瓦背"。

[檐口] 房檐。

[前檐] 前面的房檐。

[后檐] 后面的房檐。

[屋檐头] 房檐下:到~接水。

[檐头水] 从房檐淌下来的雨水:~滴得我侬头上了。

[桁条] 泛称除脊檩以外的檩。

[椽树] 椽子。

[屋柱] 房子的柱子。

[磉盘] 柱子底下的方扁形石头。

[柱子] 柱子底下的圆柱形石头,上粗下细,即磉。

[楼板] 楼房的上下两层之间的木隔板。

[踏步] 台阶。

[天花板] 指新式楼房里的天棚。

[门槛] 门坎。

[门(沿)后] 门后面。

[门帘] 门上挂的帘子。

[门杠] 横着或竖着插在两扇大门后面的门闩。汤溪叫"门换"。

[插销] 门窗上装的金属闩。

[钥匙] 开锁用的东西。汤溪叫"锁匙"。

[纱窗] 安有塑料纱的窗户。

[铁槛齿] 窗户上栅栏状的铁条。

[栏杆] 桥梁、凉台等边上起拦挡作用的东西。

[走廊] 屋檐下高出平地的走道，或独立的有顶的走道:~上雨要尿着个。

[过路间] 做过道用的房间。

[街沿] 房檐下的地面(不限于指临街的房子):俫~上摆摊儿。

[墙脚] 墙根,多用石头垒成:砌~。汤溪叫"石脚"。

[砖墙] 砖垒成的墙:砌~。

[(糊)泥墙] 用泥土筑成的墙。多叫"泥墙"。

[板壁] 房子的墙壁。

[开间] 房间的宽度叫开间。

[入深] 进深。


三、其他设施


[镬孔] 竈腔:~头(里)有柴无呢？|个~(不会)着。

[风炉] 风仓儿,用钵、铁箱等改造成的简陋小竈,只能坐一把壶或一口小锅。

[风炉栅] 小竈里把竈腔隔成上下两层的铁栅栏,柴火在上层烧,灰烬可通过栅栏落到下层去。

[灰堂] 竈腔的前面盛柴灰的池子叫灰堂。

[磨坊] 磨面粉等的坊作:我到~里去磨麦粉(面粉)。

[牛栏] 牛圈。

[猪栏] 猪圈。

[栏头] 圈里,一般指猪圈里。

[猪槽] 猪食槽。

[猪食] "麦赛"猪吃的食物。

[狗窠] 狗窝。

[**鸡赛**] 鸡的住处,一般用砖石、木板构成。

[**鸡笼**] 关鸡用的竹笼子。

[**鸡糠钵**] 盛鸡饲料的器具,周围有可供鸡头伸入的小孔,陶制。

[**棚**] 棚子(多指只有架没有顶的):搭~l天萝(丝瓜)~l豇豆~。另见"棕棚"。

[**凉亭**] 路边供人休息或避雨的小房子,一般有六七个平方,没有门窗。

[**牌楼**] 做装饰用的建筑物,由两个或四个并列的柱子构成,上面有檐。

[**牌坊**] 形状像牌楼的建筑物。

[**稿轩**] 稻草编成的板状器物,多用来盖在茅屋的顶上。

# 捌 器具用品

## 一、一般家具

[家伙] ①用具:手用~(日常用具)。②指人(含不尊重意):格个~大挈还了得啊!

[白身子] 未油过的家具:格些陪嫁(嫁妆)都还~,还未漆。

[床板] 拼搭床铺用的木板。

[橱] 柜子:菜~|床头~衣~|大衣~|一~书。

[组合橱] 由几部分拼合而成的大橱:一套~。

[五斗橱] 带五个抽屉的橱。

[铜钱橱] 一种半张床大小的低矮的橱,两个铜钱橱可拼成一张床用。

[大衣橱] 大衣柜。

[衣橱] 放置衣物的橱。

[床橱] 床头橱,床头柜。

[床头橱] 床橱。

[碗介橱] 菜橱,碗橱。

[菜橱] 碗介橱。

[洋油箱] 盛煤油用的铁箱。

[板箱] 木箱。

[篰笼] 竹子编的箱子。

[大柜] 家庭里储存粮食用的大木柜。

[枱桌] 桌子:圆~|~上|一张~。

[圆(枱)桌] 桌面是圆形的桌子。多叫"圆桌"。

[八仙桌] 大的方桌,每边可以坐两个人。

[屏风] 一种家具。

[写字台] 办公、写字等用的桌子,一般带小柜子。

[办公桌] 办公室里使用的桌子。

[枱布] 桌布。

[抽屉] 桌子、柜子等家具中放东西用的匣子,有底,没盖,可以抽出来推进去。(见《汉语大词典》)

[茶几] 放茶具用的家具。

[太师(交)椅] 一种旧式的比较宽大的椅子,有靠背,带扶手。

[躺椅] 用竹子、藤子等制成的靠背特别长而向后的椅子,人可以斜躺在上面。

[藤床] ①藤子编制的躺椅。②藤子编制的床。

[四尺凳] 约四尺长的板凳。

[角牌凳] 一种单人坐的长方形凳子。

[小凳] 小板凳。

[圆凳] 凳面是圆形的凳子。

[高凳] 高凳子。

[垫子] 蒲团:稻秆(稻草)~。

[榫头] 竹、木、石制器物或构件上利用凹凸方式相接处凸出的部分:~宽(松)了。


二、卧室用具


[床] ①睡觉用具。②量词,用于被褥等:一~被(棉絮、褥子)。

［花床］ 一种旧式的床,上面一般有雕花。

［床棚顶］ 旧式木床的顶子。

［棕棚］ 棕绷。棚,广韵耕音乐薄萌切,梗摄。此处读如通摄。

［竹床］ ①竹子做成的躺椅。②竹子做成的床。

［踏床凳］ 一种跟床一样长,约一尺宽、半尺高的凳子,放在床前以帮助上下床,或坐在床边时把脚搁在上面。汤溪叫"踏床"。

［铺盖］ 被、褥、蚊、席子的总称。

［布帐］ 蚊帐。

［布帐钩］ 蚊帐钩。

［毯］ ①毯子。②床单。义项①也叫"毛毯"。

［毛毯］ 毯子。也叫"毯"。

［被］ 被子:一床~。

［被窠］ 被窝。

［被夹里］ 被子的里子。

［被面］ 被子的面子。

［棉絮］ ①棉花的纤维:买斤~。②棉被的胎:弹~|一床~。义项②也叫"被絮"。

［褥子］ 垫被。

［草席］ 草编的席子。

［篾席］ 竹篾编制的席子:打~。

［稿荐］ 稻草等编成的垫子,用来铺床。

［床头］ 枕头一种垫头的东西。

［枕头］ 床头。

［枕头套］ 枕套。

［枕头心］ 枕芯。汤溪叫"枕头肚"。

［梳妆枱］ 女子梳妆打扮用的桌子。

[镜] 镜子。

[篚笌] 篚子。

[簪头匣儿] 妇女放梳妆用具的盒子。

[包袱] 袱包用方块布包起来的包裹。

[衣架] 挂衣服用的家具,包括立在地上的和挂在绳子、竹竿等上的。

[尿桶] 小便用的马桶,无盖,用木头制成。

[马桶] ①大便用的有盖的木桶。②泛称大小便用的木桶。义项①汤溪叫"小尿桶儿"。义项②汤溪叫"尿桶"。

[子孙桶] 嫁妆中的一套木桶,一般为三个——面桶(脸盆)、脚桶、马桶,或五个——增加浴桶、出桶(提水用的木桶)。本地婚礼上要由一小男孩往马桶里撒尿,以讨多子多孙之彩。

[尿壶] 夜壶。

[铜火炉] 手炉。

[火盆] 盛炭火等的盆子,用来取暖或烘干衣物。

[火钵] 盛炭火等的钵。

[汤壶] 盛热水后取暖的用具,用铜、塑料等制成。

### 三、炊事用具

[风箱] 压缩空气而产生气流的装置,用来使炉火旺盛:牵(拉)~。

[(吹)火筒] 烧火时用来吹火使旺的竹筒。

[铁钳] 火钳:生火时夹煤炭、柴火的用具,形状像剪刀而特别长。汤溪叫"火夹"。

[火锹] 火铲。

[稻秆] 稻草。

[麦秆] 麦秸。

[包萝秆] 玉米秸。

[豆壳] 豆秸。

[锯末] 锯木头、竹子时掉下来的细末。

[烟囱] 烟筒。

[煤球炉] 烧煤球的炉子。

[煤饼炉] 烧蜂窝煤的炉子。

[镬] 锅:一~饭。

[钢精镬] 铝的菜锅。

[钢精罐] 铝的饭锅。

[镬锹] 镬切儿,锅铲:小~。

[汤罐] 嵌在竈中,烧热水用的罐。

[茶壶] 烧开水或盛凉开水用的水壶。

[茶杯] 喝茶用的杯子。汤溪叫"茶筒儿"。

[米升] 量米用的升,也用作一般的舀米用具。

[铜勺] 旧时铜制的舀水用的勺子。

[瓢羹] 羹匙。

[箸] 筷子。

[箸筒] 盛放筷子用的器具。

[盖碗] 带盖儿的茶具,圆筒形,有的像热水瓶一样大。

[酒盅] 较小的酒杯。

[酒壶] 盛酒的壶。

[答瓶] 罋子:~驮(拿)来。

[钵头] 钵:大~|小~。

[缸] 盛东西的器物,底小口大,用陶等烧制而成:水~|一 ~

水|一～大头鱼。

[缸] 缸的碎片。

[木勺] 舀水用的木勺子：～塘(村名)。

[水勺] 舀水用的勺子。

[筲箕] 淘米洗菜等用的竹器，形状像簸箕。

[瓶] 瓶子：酒～|汽水～|一～酒|一～漆。参见"洋瓶"。

[瓶盖] 瓶子的盖子。

[瓶塞] 瓶子的塞子。汤溪叫"瓶嫡儿"。

[薄刀] 菜刀。

[板砧] 砧板，案板：大～|小～。汤溪叫"砧头"。

[桶] ①比盆细而高的盛东西的器具，有的有提梁：水～|铁～|马～|汽油～|一～汽油。②盆：面～(脸盆)|浴～(澡盆)|脚～(洗脚盆)。广韵董韵他孔切，透母。金华读如端、定母。汤溪读如定母，音[dao]。

[水桶] 挑水用的木桶。

[奥斗] 一种小水桶，有一个橥儿，上端有个凹口儿。汤溪叫"挈桶"。

[药剪] 切草药用的铡刀。

[药船] 铁制的研药材用的船形器具。

[饭桶] ①装饭的桶：大～|小～。②比喻光说不干的人或无用的人。

[饭甑] 甑子，蒸米饭等的用具，略像木桶，有屉子而无底。

[蒸笼] 用竹篾、木片等制成的蒸食物用的器具。

[水缸] 盛水用的缸。

[米泔缸] 盛泔水用的缸。

[米泔水] 泔水。

[洗碗水] 洗刷过锅碗的水。

[洗碗布] 洗碗用的布。

[揩桌布] (枹)桌布,擦桌子用的抹布。

[拖帚] 拖把。

四、工匠用具

[斧头] 斧子:把~驮来用子(那把斧子拿来用一下)。

[凿儿] 凿子。

[角尺] 曲尺。

[鲁班尺] 木工用的曲尺,一尺等于七市寸。

[摺尺] 可以折叠起来的木尺。

[墨斗] 木工用来打直线的工具。

[墨线] 墨斗线。

[洋钉] 新式的钉子(圆的)。

[铁钉] 钉子,多指铁匠制作的旧式钉子(一头是方的)。

[木螺丝] 用在木材上的螺钉。

[老虎钳] 一种工具,钳口有刃,多用来起钉子或夹断铁丝。

[榔头] 一种比较大的锤子:树(木)~。

[绳] 绳子。

[索] ①快速地抚摩,揉搓:跌(摔)痛了,~子得渠(揉一揉)。②大绳子。③麻将牌花色之一,条形:九~。

[箍] ①用竹篾或其他条子做成的圈子勒紧:~桶。②圈子,箍子:水桶~(勒在水桶外部的箍子)|项环~(项圈)。

[砖刀] 瓦刀。

[泥刮儿] 抹子,瓦工用来抹灰泥的器具。

[纸筋] 跟石灰和在一起抹墙用的碎麻,即麻刀。

[泥桶] 瓦工盛灰泥用的桶。

[石錾] 凿石头用的錾子。

[剃刀] ①剃头或刮脸用的刀子。②同"剃刀手",指理发的技艺:格人把~好猛个。

[电剪] 电推子,一种理发工具。

[洋剪] 推子,一种理发工具。

[剃刀布] 錾刀布。

[剃头交椅] 同"剃头凳",理发店里理发时坐的椅子。

[洋车] 缝纫机。近年来也叫"缝纫机"。

[烫斗] 熨斗。

[烫铁儿] 烙铁。

[弹槌] 弹棉花用的槌。也叫"芒槌"。

[纺车] 手摇或脚踏的有轮子的纺纱或纺线工具。

五、其他生活用品

[铜面盆] 铜制的脸盆。

[洋面盆·洋面桶] 新式脸盆,用铁、铝、塑料等制成。现在年轻人多说"面盆"。

[面汤水] 洗脸水。汤溪叫"面汤"。

[(洋)肥皂] 洗涤用的肥皂(不包括香皂):买两(几)块~来洗洗‖肥,广韵微韵符非切,奉母。此处读如并母。

[(洗)脚桶] 洗脚用的木盆。

[揩脚布] 擦脚布。

[(煤)汽灯] 一种灯具,点着以后,利用本身的热量把煤油变

成蒸气,喷射在炽热的纱罩上,发出白色的亮光。多叫"汽灯"。

[洋蜡烛] 蜡烛的一种,白色,多用来照明。

[手照] ①插着蜡烛的烛台,用做照明的用具。②指油灯。义项②也叫"煤油灯""洋油灯"。

[煤油灯] 洋油灯指不带玻璃罩的煤油灯。

[洋油灯] 煤油灯。

[灯心] 油灯上用来点火的灯草、纱、线等。

[灯花] 灯心燃烧时结成的花状物。

[油灯盏] 灯盏。

[灯草] 灯心草的茎的中心部分,用做油灯的灯心。

[灯油] 点灯用的油。

[纸搣] 纸捻,用黄表纸等搓成,用来蘸上油点着照明:搣(搓)根~掣照照。

[灯笼] 用竹篾、铁丝做骨架,糊上纱或纸制成的照明用具:一盏~。

[灯笼壳] 灯笼的罩子。

[扎马袋] 褡裢。

[私章] 私人用的图章。

[洋车线] 圆柱形的轴线。

[簟] 用褡裢制作鞋底:~鞋底。

[针钻儿] 纳鞋底用的有铜橍的锥子。

[耳朵挖] 掏耳屎的工具。

[竹笐] 晾衣服的竹杆。

[竹桠杈] 留着短杈的竹竿。本地在室外晾衣服时多用两根竹桠杈架着一根削尽枝叶的竹竿。

[鸡毛帚儿] 鸡毛掸子。

[**麦秆扇**] 用麦莛儿编成的扇子。

[**蒲扇**] 用香蒲叶做成的扇子:买把~。

[**草纸**] 手纸:平湖(县名)~。

[**油纸**] 涂上桐油的纸,能潮湿。

# 玖　称谓

## 一、一般称谓

[**男子人**] 成年男人。

[**孺人**] 已婚的女子:渠得~罢了(她已经是妇人了)。

[**大姑娘**] 指十五六岁到二十来岁的姑娘。

[**小后生**] 少年男子。

[**大后生**] 大小伙子。

[**城里人**] 城里的人。

[**客姓**] 在一个村儿里人口占少数的姓,一般是后来从外地迁入的。

[**本家**] 同宗族的人。

[**外路人**] 外地人:渠~。

[**老土地**] 老本地人:渠是~了。

[**北佬**] 北方人(含轻视意)。

[**自浪人**] 自己人:渠~,无事个。

[**窝里人**] 家里人,自家人:我浪(我们)~无没(没有)属猪个|自浪(咱们)~弗要争(争吵)哇!

[**同年**] 同庚,岁数相同。

[**三脚猫**] 半瓶醋,比喻一知半解的人。

[**小新妇儿**] 童养媳。

[二婚亲] 称再嫁的妇女。

[姘头] 非夫妻关系而发生性行为的人:格个人是渠个~。姘,广韵青韵普丁切,平声。金华读阴去。也叫"相好"。汤溪叫"相好佬儿"。

[野种] 杂种,非正宗的,也用于骂人。

[扫帚星] ①彗星。②比喻挥霍家产的女人:依格~,人家(家产)都得(被)依扫光汤(精光)了。义项①也叫"笤帚星"。

[瘟猪] 傻蛋(用于骂人)。

[疲人] 坏人。

[小气鬼] 刻啬鬼,吝啬鬼。

[刻啬鬼] 小气鬼。

[脚色] ①角色:做(扮演)待~个?②家伙,指人:格个~脾气(坏)猛(坏)猛|格个~本事(有本)猛个。

[赖料] 无赖,赖子。

[轻骨头] ①贱骨头:格人(这个人是)~。②下贱,不自尊重或不知好歹:渠~猛。义项②也说"骨头轻"。

[伯嚭] ①善吹牛、爱说空话的人:格个~一句真话都无个|吴王职~,国家都了(毁)掉去。②吹牛,瞎说:渠倚(在)末里~|渠~个。伯嚭,吴王夫差宰相名。伯,广韵陌韵博陌切,帮母。此处读如并母。

[十三点] 称有点儿傻气的人。

[两百五] ①二百五十。②特指有些傻气,做事莽撞的人:依格个~,做掔格种事干!

[酒醉徒] 酒徒。

[三只手] 扒手。

[白日撞] 大白天闯入人家家中偷东西的贼。

[地头] 当地的头目。

二、职业称谓

[行当] 工作,职业:侬做待~个？——我教书个|做格个~弗便(熟练)个。

[事干] ①事情:大~|做~|有~|好许多(好多)~|格件~格生(这样)做个。②事故:出~了。③职业,工作:寻~做。

[长年] 长年伙计,长工。也叫"伙计"。

[零工] 旧时称短工。

[小工] 临时工,杂工,非正式的、临时的雇工:做~。

[种田地个·种田个] 农民。近年来也叫"农民"。汤溪叫"种田农"。

[着草鞋个] 指农民。

[做生意个] 做买卖的。

[半作儿] 徒弟三年学徒期满后跟随师父干活,可得部分报酬,在这个期间叫作半作儿:做~|三年徒弟,四年~。

[做小生意个] 小贩。

[摆摊儿个] 摊贩。

[教书先生] 旧时称教员,只用于背称。面称为"先生"。现在背称用"老师""教员",面称用"老师"。

[上手老师] 技艺较高的手艺人。

[白字先生] 称经常写错别字的人(含诙谐意)。

[当兵个] 当兵的。

[长毛] 蔑称太平天国军人:~来了。

[仵作] 旧时的验尸官。

[牢头] 旧时称监狱里的看守。

[轮盘] ①轮子:一个~。②称司机(隐语)。

[开车个] 司机。有人叫"轮盘"(隐语)。近年来也叫"司机"。

[做手艺个] 手艺人。

[做木老师] 木匠老师,木匠(含尊敬意)。

[泥水老师] 瓦匠(含尊敬意)。

[油漆老师] 漆匠(含尊敬意)。

[打镴个] 锡匠。

[打铜老师] 铜匠(含尊敬意)。

[打铁老师] 铁匠(含尊敬意)。

[裁缝老师] 裁缝(含尊敬意)。

[剃头老师] 理发员(含尊敬意)。

[敲更个] 更夫。

[撑船个] 艄公。

[管账先生] 旧时称管账、收租的人。

[牙郎] 旧时为买卖双方撮合从中取得佣金的人,即牙子:牛~|猪~。

[奶娘] 奶妈。

[奶爷] 奶妈的丈夫。

[农才] 男仆。

[接生娘] 洗生娘,接生婆。

[地保] 旧时在地方上治安、调解纠纷的人,一村一个。

# 拾 亲属

## 一、长辈

[**祖上**] 家族中的上代:我的~都住金华城里个|格些屋~留落
来个。

[**祖宗(大人)**] 家庭中的上辈。祖,广韵姥韵则古切,遇摄。此
处如止摄。

[**大人**] ①成人:格小丐儿~罢|~想种田,小人(小孩)想过年。
②指长辈:祖宗~。③指公婆:渠对~弗好个。义项①汤溪叫"大农"。
义项②③汤溪叫"大农"。

[**长辈**] 辈分大的人:渠得我浪个~(他是我们的长辈)。

[**太太公**] 曾祖父的父亲。

[**太太婆**] 曾祖父的母亲。

[**外太公**] 外祖父的父亲。

[**外太婆**] 外祖父的母亲。

[**亲爷**] 只用于背称。面称为"伯伯"等。

[**亲娘**] ①干妈。也叫"亲妈"。只用于背称。面称为"姆妈"。
②称呼女仆,只用于背称。面称视年纪大小为"妈妈""娘""姊"等。

[**晚爷**] "后爷"后爹。只用于背称。面称为"伯伯""叔""叔儿"
等。"后爷"较少用。

[**晚娘**] "后娘"后妈。只用于背称。面称为"姆妈""婶儿","后

娘"较少用。

    [**娘舅**] 舅父。只用于背称。面称为"舅舅"。

    [**姨娘**] 姨妈:大~|小~。

    [**姑婆**] 姑奶奶,父亲的姑母。

## 二、平辈

    [**公婆两儿·公婆两个**] 夫妻俩:~都出门去了。近年来也叫"夫妻"。

    [**叔伯哥弟**] 同祖父的堂兄弟。同曾祖父的堂兄弟叫"堂份哥弟"。

    [**叔伯姊妹**] 同祖父的堂姊妹。同曾祖父的堂姊妹叫"堂份姊妹"。

    [**表兄哥弟**] 表兄弟。

    [**表姊妹**] 表姐妹。

## 三、晚辈

    [**儿囡**] 子女:~还小。

    [**新妇**] 媳妇:讨(娶)~|做~(女子结婚)|孙~。

    [**赔钱货**] 指女儿(含轻蔑意):生三个~。

    [**囡婿**] 女婿。

    [**外甥**] ①外孙,女儿的儿子。②外甥,姐妹的儿子。

    [**外甥囡儿**] ①外孙女,女儿的女儿。②外甥女,姐妹的女儿。

    [**侄儿**] 侄子。

    [**内侄**] 妻子的兄弟的儿子。

四、其他

[**亲家**] 儿子的岳父,女儿的公公:我亨(和)渠是两~I格个我浪(这个是我们的)~。亲,广韵震韵七遴切:"亲家"又七粼切,臻摄。北京读如梗摄。金华读阴平,与七粼切合。

[**亲家母**] 儿子的岳母。

# 拾壹　身体

## 一、五官

[身坯] 身材,特指躯干。

[和尚头] 光头,剃光的头。

[脱顶] ①歇顶:格个人~个。②指歇顶的头。

[后四肯] 后西沿,后脑勺子。

[天庭] 眼骨头,额头。

[雌门] 囟门,婴儿头顶骨未合缝的地方,在头顶的前部中央。

[头髻] 髻。

[西洋发儿] 分头,西式男发型。

[笑面] 笑脸。

[颧骨] 眼睛下边两腮上面突出的颜面骨:~高猛个。

[酒靥儿] 酒窝。

[人中] 人的上唇正中凹下的部分。

[眼睛白] 白眼珠子。

[眼睛乌珠] 眼珠子,特指黑眼珠子:~脱(突)出来。

[眼睛圈] 眼圈儿。

[眼泪涴] 眼粒涴,眼眵。

[酒糟鼻] 酒糟鼻子。

[口唾] ①唾液:吐~I~弗要二。②唾沫星:~潸(溅)来。

[**口舌**] 舌头:猪~|牛~。

[**胡须**] 胡子:刮~。

[**连面胡**] 两面胡,络腮胡,络腮胡子。

[**两撇胡**] 八字胡子。也有人叫"八字胡"。

二、手、脚、胸、背

[**肩头**] 肩圪末头,肩膀。

[**奶窠**] 乳房,特指哺乳的乳房。

[**膈肋下**] 胳肢窝。

[**借手**] 左手。

[**顺手**] 右手。

[**手底心**] 手心,手掌的中心部分:敲(打)~|~烧热(发烧)个。

[**手背**] 手掌的反面叫手背。

[**虎口**] 大拇指和食指相连的部分。

[**讨饭骨**] 胫骨。

[**借脚**] 左腿和左脚的统称。

[**顺脚**] 右腿和右脚的统称。

[**上身**] 身体的上半部。

[**下身**] 身体的下半部,有时专指阴部。

[**大腿峡**] 大腿下,腿裆,两条腿的中间:~头(里)钻过去|我遮(如果)做弗起,到侬~爬两爬。

[**屁股**] 臀:敲(打)~。

[**老八儿**] 阴茎,参见"聊子"。

[**屄**] 女阴。也叫"老屄""(老)朏"。

[**娘妈屄·娘妈朏**] 娘的(用于骂人)。朏即女阴。

[小脚儿] 指妇女缠裹后发育不正常的脚。

[赤脚] 光着脚:鞋脱掉去,~爬田头去(走进田里去)|~医师。

[脚板背] 脚背。

[脚板底] 脚底板,脚掌。

[脚后跟] 脚跟。

[心头孔] 胸脯:~挺挈。

[奶] ①乳房。用于合成词:~头。②乳汁。用于合成词:牛~。羊~。

[奶头] 乳头。

[奶水] 奶汁(用于指奶汁的多少好坏):~多|~好。

[软堂] 腰眼。

[背脊] 脊背。


三、其他


[旋] ①头发旋。②拧,旋转:帮(把)螺丝~进去|弗紧了。广韵仙韵似宣切,又线韵辞恋切。金华与辞恋切相合。义项②也说"校"。

[双旋] 双顶,头上有两个旋叫双旋或双顶。多叫"双顶"。

# 拾贰　疾病、医疗

## 一、一般用语

[**气色**] 人的精神和面色：格个人~弗好。

[**面色**] 脸上的气色：~好望。

[**把脉**] 诊脉。汤溪叫"候脉"。

[**撮药**] 抓中药。

[**药引**] 药引子。

[**煎药**] 熬中药。

[**刀口药**] 民间配制的治疗刀伤等出血疾患的药粉。

[**散风**] 中医反映受凉后服用姜汤等驱除风寒。

[**座火**] 去火。

[**利湿**] 中医指驱除身体里的湿气。

[**消食**] 帮助消化。

[**扭痧**] 民间治疗中暑的方法，用食指和中指的中关节夹拧患者眉心、颈部、背部等处。

## 二、内科

[**退热**] 退烧。

[**伤风**] 感冒。

[发痧] 痧气,中暑:渠~了侬~弗啦？现在年轻人多说"中暑"。

[有痧(气)] 患中暑病:侬~弗？多说"有痧"。

[积食] 停食,食物停滞在胃里不消化。

[腻心] 因脏、油腻等使人心里难受,恶心。变调特殊。

[恶心] 有要呕吐的感觉。

[小肠气] 疝气:~痛。

[大肠头脱出来] 脱肛。

[出麻] 出麻儿,患麻疹。

[黄胖] 由血吸虫病、钩虫病等引起的皮肤发黄而肿胀的病症。

[痨病] 中医指结核病。


三、外科


[伤筋动骨] 损伤了筋骨。

[出臼] 脱臼。

[乌青] 皮肤因撞击而发青:敲(打)~了。

[烂脚] 小腿溃烂:~烂上前(小腿的前部烂,)起码烂三年。

[霉丫] 脚趾缝溃烂:凉鞋着着(穿了凉鞋),脚~去了。

[收口] ①编织东西时把开口的地方结起来。②(伤口)愈合:破个地方快~了。

[生疮] 长疮。

[生疔] 长疔。

[老鼠收] 老鼠收儿,疣,瘊子:一粒~。

[鸟卵斑] 鸟儿卵斑,雀斑。

[鸡盲] 傍晚鸡进窝的那段时间人的视力减退,看不清东西,

叫作鸡盲:渠双眼睛~个|渠~去了。

[**老花眼**] 老视眼。

[**斗鸡眼**] 斗乌儿,斗眼。

[**抽筋**] ①筋肉痉挛。②抽风。

四、残疾等

[**风去**] 患瘫痪。

[**瘫**] 瘫痪。

[**跷脚**] ①瘸腿:渠~个。②瘸子。

[**驼背**] ①人的脊柱向后拱起。②指驼背的人。

[**痢痢头**] 癞头。

[**哑口**] ①哑,不能说话:渠~个。②哑巴:~口契黄连。义项①
也说"哑"。义项②也叫"老哑儿"。

[**呆大**] 木大,笨蛋:侬格~,格件事干做弗来(不会干)啊?

[**木大**] 呆大。

[**癫婆**] 女性的疯子。

[**矮子**] 称身材短小的人(含不尊重意)。汤溪叫"矮子鬼儿"。

# 拾叁　衣服穿戴

## 一、服装

[**衣裳布裤**]　泛指衣裤等衣着:渠~才(比较)多个。汤溪叫"衣裳五服"。

[**棉袄**]　絮了棉花的上衣。也叫"棉衣"。

[**夹袄**]　双层的上衣,中间不絮棉花。

[**对襟**]　中装上衣的一种式样,纽扣在胸前正中。

[**连袜裤**]　连脚裤。

[**开裆裤**]　幼儿穿的裆里有口的裤子。汤溪叫"开口裤"。

[**夹里**]　裏子:被~。

[**纽襻儿**]　用布做的扣住纽扣的套。

[**洋布**]　机器纺织的布(跟"土布"相对):白~。

[**土布**]　手工纺织的布(跟"洋布"相对)。

[**靠皮**]　一种布,做夏衣用:~衣裳|~裤。

[**柳条**]　条纹(指布的花纹):细~|~布。

[**士林蓝**]　一种蓝布。

## 二、鞋帽

[**鞋夹里**]　鞋帮的里子。汤溪叫"鞋夹"。

[楦头] 鞋楦子。

[鞋拔] 鞋拔子。

[套鞋] 雨鞋。

[袜底] 鞋垫。

[绕脚布] 裹脚布。

[绑腿] 裹腿,缠在裤子外边小腿部分的布条。

[尖头凉帽] 一种斗笠,用竹篾夹箬叶编成,尖顶,制作较粗糙,本地农村常用。

[小凉帽] 细凉帽。

[麦秆凉帽] 用麦秆编制成的草帽,夏天用来遮阳光。

[帽沿] 帽子四周的边儿。

[帽口舌] 帽舌。

[帽翼] 帽耳。


三、装饰品

[手镯] 戴在手腕子上的环形装饰品:金~|银~|一副~。

[戒指] 套在手指上做纪念或装饰用的小环。

[金戒指] 金质的戒指。

[天官锁] 小孩子挂在胸前的银制长命锁,上写"天官赐福""长命富贵"或"金玉满堂"等字。

[香袋] 做成虎、鸭等形状的小布袋,端午节挂在小孩子胸前。

[簪] 簪子,用于合成词:金~|银~|碧玉~。

[胭脂] 一种红色的化妆品。

[围裙] 妇女做家务时围在身前的"凸"字形衣物,一些手艺人和山区男子干活儿时也有围的。

[**肚褡儿**] 肚兜。

[**汤布**] 六七尺长,二尺宽的长条白布,男人在田间劳动时围在腰间用来擦汗等。

[**蓑衣**] 用棕制成的、披在身上的防雨用具。

[**头发夹**] 头发夹子。

# 拾肆　饮食

## 一、伙食

[**伙食**]　饭食,多指机关、学校等集体中所办的饭食:~费。

[**五更饭**]　早饭。也叫"五更儿",但多叫"五更儿饭"。

[**午饭**]　①中饭:口契~。②中午:~时节(时候)。

[**点心**]　①糕饼之类的食品:一包~|~匣儿|我去买两(几)斤~来|侬费要担(拿)~来。②量少而较精致的食品,如面条、米粉、馄饨、鸡蛋之类,一般在客人到达后马上做给客人吃:一碗~|口契~。③称下午两三点钟至五六点钟这段时间,即吃过"点心饭"之后,傍晚之前这段时间。

[**夜饭**]　晚饭。

[**半夜餐**]　夜宵:口契~。

## 二、米食

[**饭**]　①大米饭:一碗~|侬~烧熟未呢?②每天定时吃的食物:烧~|午~|一餐~。

[**糯饭**]　糯米饭,用糯米烧成的饭。

[**现成饭**]　已经做好的,不是本餐新做的饭。

[**乌饭**]　用糯米和一种树叶的汁蒸成的饭。本地习俗,农历四月初八要吃乌饭,据说可预防夏天蚊蝇叮咬。

[焦罷] 焦了,精了:饭~。

[镬夺] 锅巴。

[粥] 大米稀饭。

[饭汤] 煮米饭时煮成的米汤,可舀出来喝:~滚(开)了。

[羹] 用芋、豆腐、肉丝等煮成的糊状食物,本地大年初一吃羹。因与"耕"谐音,寓耕种意。

[羹饭] 祭祀祖先时用的饭菜。做~,指祭祀仪式。

[粽] 粽子。

[粉干] 大米加水磨成浆,过滤后弄成团,然后制成的细条,即米粉。汤溪叫"索粉干"。

[麻糍] 糍粑,糍,也作"餈"。

[麻球] 本地风味食品,用糯米粉做成球形,先沾上芝麻,再油炸,炸熟后比鸡蛋略大。

[年糕] 用粳米粉制成的糕,长条形,可当饭吃,也可做成菜吃,跟北方的年糕不同:炒青菜~。

[米胖] 炒米,糙的早稻米先用热水泡,至半干半湿,再用急火炒熟:炒~。

[炒粉干] 煮熟后再加油和作料炒过的米粉。


三、面食


[碱水面] 索面,旧时的一种面条儿,很长,可以折成捆,味咸。

[索面] 碱水面。

[浇头] 用来加进煮熟的面条中,与面条拌着吃的肉末、汤等。

[麦结] 疙瘩汤。

[烧饼] 贴在炉膛内壁上烤熟的饼,上有芝麻,有的长方形,有的

方形。狭长形的原来叫"国带饼"。本地人习惯用烧饼夹着油条一起吃。

[**麦饼**] 馅儿饼:烤~口契。

[**酥饼**] 本地风味食品,用面团包裹雪里红干菜、肥肉等馅儿贴在炉膛内壁上烘烤而成,皮面金黄,酥脆香浓,油而不腻。对外场合叫"金华酥饼"。

[**清明馃儿**] 本地风味食品,清明节日,用粳米粉加野菜揉成皮,包入糖或菜馅,成扁圆形、月牙形或簸箕形,蒸熟吃。

[**发糕**] 用米粉、面粉等发酵做成的糕。

[**鸡卵糕**] 蛋糕。

[**汤团**] 本地风味食品,有馅的汤圆,连汤吃。


四、肉、蛋


[**猪头肉**] 做食品用的猪头上的肉。

[**肋条**] 做食品用的猪身上前后腿之间躯干部分的肉,其中又分"硬肋"和"软肋"两种。

[**肚下拖**] 猪肚子部位的肉。汤溪叫"肚拖"。

[**三层肉**] 五花肉。

[**猪娘肉**] 母猪的肉。

[**白切肉**] 清水煮熟后切成块的猪肉。

[**盐肉**] 腊肉。

[**肉圆**] 圆圆。

[**豆腐圆圆**] 一种丸子,先把豆腐、肉馅在一起搅匀,再将丸子沾上甘薯粉,放入汤中煮熟。

[**里脊(肉)**] 做肉食用的牛、羊、猪脊椎骨内侧的条状嫩肉。

[**蹄筋**] 猪等动物的四肢中的筋,作为食物时叫蹄筋。

[猪耳朵] 猪的耳朵。

[猪鼻铳] 猪的鼻子。

[猪口舌] 猪舌头。

[火腿皮] 火腿的边上削下的皮和肉。

[火腿心] 火腿中部的瘦肉。

[批腿肉] 修整火腿时为使火腿整齐美观而从火腿的边上削下的肉。

[肚里] 下水,用做食品的动物内脏:猪~|鸡~(鸡杂儿)。

[猪心肺] 猪的心、肺、喉,一般连在一起出售。

[排骨] 附着少量肉的猪肋骨、脊椎骨,供食用:买点儿~来|糖醋~。

[百叶] 百叶肚,牛肚儿之一。

[腰花] 做菜用的猪等的腰子,多用刀割出交叉的刀痕后切成小块儿:炒~。

[白切鸡] 白斩鸡,用宰好的整只鸡放在水里煮熟后,捞出切成块,蘸酱油吃。

[鸡肫] 鸡的胃。

[冻] ①(液体等)遇冷凝固。②冬天用煮熟的肉、骨头、黄豆等凝结成的菜。③受冷:~得格格抖(浑身发抖)。


五、菜


[脂油] 荤油,食用的猪油。

[小菜] 用小碟儿盛的下酒饭的菜蔬,多为腌制的。

[八宝菜] 三和菜,用腌过的芥菜和豆芽、豆腐干等合在一起做成的素菜,多在过年时做。多叫"三和菜"。

[酱辣虎儿] 用酱油腌制的辣椒。

[豆腐生] 把生豆腐戳碎,加上酱油做成的凉菜。

[豆腐被] 豆腐皮。

[千张] 一种薄的豆腐干片。

[豆腐干] 做得很干的豆腐,有的还加香料。

[浆] 豆浆。

[豆芽] 用黄豆、绿豆等过水发芽而成的蔬菜。用于合成词:绿~|黄~。

[凉粉] 一种夏季食品,用绿豆粉等做成稠糊,冷却后制成。

[水晶糕] 用藕粉或甘薯粉制成的凉粉。

[翻芋粉] 用甘薯加工制成的淀粉。

[藕粉] 用藕制成的粉。

[芡] 做菜时用芡粉调成的汁:炒猪肝弄点儿翻芋粉(甘薯粉)做做~。

[山粉] 一种生长在山上,名叫"葛藤"的植物加工制成的淀粉,做芡粉用。

[干菜] 煮熟后再晒干的蔬菜。


六、油盐作料


[气息] 气味,有股~。也有人叫"气味"。

[板油] 猪的体腔内壁上呈板状的脂肪。

[花油] 猪的肠肚外表上的脂肪。

[素油] 指食用的植物油。

[豆油] 大豆榨的油。

[茶油] 用油茶树的种子榨取的油。

[菜油] 菜籽油。

[盐卤] 熬盐时剩下的黑色液体,味苦有毒,可以使豆浆凝结成豆腐:~豆腐。

[辣虎酱] 用辣椒制成的酱。

[纸包糖] 糖果。汤溪叫"桔桔糖"。

[年糖] 本地风味食品,春节以前,用炒熟的糯米、芝麻、花生、黄豆、玉米等加热熔化成的热糖汁搅拌均匀,盛入木框里压实在,再切成片装在不透风的容器里,当点心吃,松脆香甜。依原料不同分别叫作"冻米糖""油麻糖"等。

[油麻糖] 芝麻片糖,本地风味食品"年糖"的一种,用芝麻和糖加工制成。

[酥糖] 用糯米面、芝麻等制成的一种甜点。


七、烟、茶、酒


[水烟筒] 水烟袋。

[(旱)烟筒] 旱烟袋。

[打火石] 火石,燧石。

[煤头] 纸煤儿。

[煤头筒] 旧时用来盛纸煤儿的瓷筒。

[滚汤] 开水:热~|冷~|口契~。近年来也说"开水"。

[白滚汤] 白开水:口契~。

[红曲] 红色的酒曲,用大米制成,颗粒状,用来酿黄酒。

[老酒] 黄酒。

[烧酒] 白酒。

[(甜)酒酿] 南方称糯米酒,北方称江米酒。

# 拾伍　红白大事

## 一、婚姻、生育

[**做媒**]　给人介绍婚姻：格个人专门听（给）别人~个|我听（给）侬做个媒哦？

[**媒酒**]　本地婚俗，相亲后如双方均表同意，两家要分别宴请其媒人和亲友，男家的酒宴叫"媒酒"，女家的酒宴叫"肯酒"，合称媒肯酒。

[**媒人**]　婚姻的撮合者，介绍人。

[**望人**]　相亲，男女双方见面，看是否合意。

[**嬉人家**]　望人家，定亲前女子由亲属或媒人陪同到男方家里相看家庭情况。

[**望人家**]　嬉人家。

[**出手**]　①男子第一次到女方家，女子第一次到男方家时，长辈给他们红包儿叫作出手：侬个丈母娘今日儿~多少呢？|有些~金器也有个。②婚礼上长辈给新郎新娘红包儿也叫做出手。

[**品貌**]　相貌。

[**许**]　①答应（送人东西或给人做事）：~愿|渠~过我侬个。②许配：~囡儿|格个囡儿~掉未呢？广韵语韵虚吕切，合口。

[**定新妇**]　为儿子订婚。

[**担定**]　本地婚俗，订婚后男方给女方及其亲家送礼物叫作担定。

[担日子] 本地婚俗，娶亲前男家请媒人带着礼物把写有婚期的帖子送往女家叫作担日子。

[年庚帖儿] 八字帖。

[讨八字] 本地婚俗，定亲前男家托人礼到女家求取女方的生辰八字，叫作讨八字。

[择日子] 挑选日子，特指挑选结婚的日子。

[好日] 红日，喜期，结婚的日子。

[酒水钱] 羹饭钱，本地婚俗，男家送给女家备置婚宴的钱叫酒水钱或羹饭钱。

[羹饭钱] 酒水钱。

[扛陪嫁] 过嫁妆。

[讨亲] 娶亲。

[讨老婆] （男子）娶亲。

[讨小老婆] 纳妾。

[做新妇] 当媳妇，指女子结婚：我个囡儿~了，侬个囡儿~未？

[开眉眼] 旧时新娘出嫁前用线绞去脸上寒毛，刮脸，修整眉毛和鬓发，是有生以来第一次刮脸、理发，叫作开眉眼。

[嫁老公] 嫁给丈夫，俗指女子结婚。

[讨新妇] （男家）娶媳妇：今日儿渠浪（他们）窝里~l侬几个新妇讨归来了？

[嫁囡] 嫁女儿。

[做亲] 指男子结婚：格些小丐儿都~过未？

[招囡婿] 招女婿。

[拜天地] 拜堂，传统婚礼，在本地包括所谓"一拜天地，两拜高堂，三拜和气（指夫妻和睦）"。多说"拜堂"。

[**新孺人**] 新娘:去望~哦。

[**领袖姑娘**] 伴娘。

[**利市人**] 婚礼上负责主持仪式、协调事务的人,一般为两对夫妇。

[**做大舅**] 本地婚俗,结婚当天,新娘的一个兄或弟(一般是弟)和其他送嫁的亲友一起陪新娘前往男家,他在婚礼上被视为最重要的贵宾。新娘的兄弟出席婚礼活动叫"做大舅":渠今日儿~。

[**回门**] 望冷静,结婚后第三天新婚夫妇一起到女家拜见长辈和亲友,叫做回门或望冷静:出嫁第三日上要~个。

[**守寡**] 守寡妇,妇女死了丈夫后,不再结婚:渠年纪轻便~了|渠守了多年寡妇了。

[**招赘**] 寡妇招新的丈夫。

[**讨垫房**] 续弦。

[**有了**] 有小个了,怀孕了:渠~。

[**催生**] 本地习俗,女儿临产前一个月左右,娘家要送去鸡蛋、红糖、核桃等食物和婴儿衣物,叫作催生。

[**产母**] 产母娘,产妇‖产,广韵产韵所简切,生母,开口。

[**大生**] 胎儿足月产出叫作大生。

[**生**] ①生育:~小人|~卵(下蛋)。②生长:渠~得俏个|格囡儿~得弗(不)差|格根苹果树今年~得多。③产生,发生:~病。④使炉子等着火:~煤饼炉。⑤(食物)不熟:~个东西要烧热再好(可以)口契。⑥用在指示代词"格""末""哪"后头,构成表示性质、状态、方式、程度等的指示代词:格~(这样)|末~(那样)|哪~(哪样)。⑦后缀,用在数量词语后头,表示事物的状态或动作的方式:三层~|分两堆~|拼转(合成)一个村~|毛竹破转两片~(把毛竹劈成两半)|我

亨(跟)渠一起~去个。⑧助词,用在名词、代词或动词后头,前面有时有"像""亨(跟)"等词,相当于北京话的"似的""般":字写得鸡脚耙(鸡爪子)~|打扮得个狐狸精~|一个手拇执头(手指头)~粗|侬弗用老爷~坐得末里,一点儿都弗做|格人亨(跟)野兽~个|渠亨(跟)侬~长(高)。义项⑥现在年轻人多用"亨"。

[领] 养育(孩子):~小人|格个人小个时节(时候)难~猛个,格子(现在)大来(大了后)身体倒好了。

[领] ①旱地,多指呈长方块的:菜~|一~菜|~萝卜②量词。A.用于席子:一~席(草席、篾席、地簟(晒粮食用的大竹席)、稻簟儿(一种大竹席)。B.用于蓑衣:一~蓑衣。

[接生] 帮助产妇分娩:渠会~个。也说"洗"。

[洗大男] 接生。

[洗] ①用水等去污:~衣裳|~面(脸)。②接生:讴洗生娘(叫接生婆)来~。义项②也说"接生""洗王男"。

[衣胞] 胎盘。

[烧三日羹饭] 本地习俗,小孩出生的第三天,家里先祭祀祖先,后宴请小孩出生时的帮忙者和亲邻,叫作烧三日羹饭。

[满月] (婴儿)出生后满一个月:格小个~了。

[头个儿] 头胎,第一胎,第一个孩子:~王男(男婴)。

[双生儿] 双胞胎。

[公婆对] 一男一女的双胞胎叫公婆对。

[打胎] 把胎儿打下,中止妊娠。近年来也有人说"人工流产"。

[断种] 绝种,绝后:格份人家~了。

[阴亲] 未婚的死者之间成的亲。

## 二、寿辰、丧葬

[**做生日**] 庆祝生日。

[**做寿**] (为老年人)做生日。

[**弗在了**] 婉辞，不在了，即死了。

[**老**] ①年岁大：~货(老汉)|~爷爷|~姑娘。②婉辞，指老人死：末个人~了。③存在的时间久：~屋(房)。④原来的：~家|~地方|~路。⑤不嫩：格青菜忒(太)~了。⑥经常做并富有经验：~口契|~出门。⑦用在单音或叠音形容词前，表示很，极：~早|大大|长长|粗粗。⑧前缀：~公|~婆|~爷|~师|~哑儿(哑巴)|~虎|~鼠|~月匹(女阴)。

[**过世**] 过辈，去世。

[**报信**] 报丧。

[**板门**] 从门上卸下来停放尸体用的门板。

[**送终**] 长辈亲属临终时在身旁照料。

[**脱气**] 断气：口气脱落去了。

[**灵床**] 停放尸体的床铺。

[**寿材**] 寿屋，生前预备的棺材(只能在闰年制作)。

[**五福被**] 包裹在福材里的死者身上的被单，用五块二尺宽的蓝粗布(现也用白粗布)缝成，由死者的儿子奉献。

[**盖被**] ①盖在棺材里的死者身上的"被子"，实际上是四尺长，一尺五寸宽的纸或纱布，由亲友吊丧时所送。②盖被子：今日儿夜里要~了。

[**灵房**] 灵堂。

[**佛堂**] 信佛人家供奉佛像的屋子。

[**烧七**] 做七，在人去世后的四十九天内，死者亲属每隔七天

祭奠死者一次。

[**戴孝**] 着孝,穿孝服。

[**满孝**] 守孝期满,除孝。

[**白帽**] 男式孝衣中的帽子。

[**吩咐落棺材**] 本地丧礼,盖棺前由道士给死者念陪葬物品清单,也比喻不厌其烦地或反复地嘱咐。

[**起身**] 出殡时抬出灵柩,即发引。

[**殡**] 暂时把灵柩停放在地面上,周围用砖石等砌起来掩盖,以待改葬,即浮厝。

[**送丧**] 送殡,送葬。

[**斋饭**] 丧礼上送殡者吃的饭,有馒头、豆腐、白切肉等。

[**长寿豆**] 本地出殡那天给别人吃的食品,用大米和黄豆一起煮成。

[**香篮**] 出殡时孝子提的香火篮子。

[**路纸**] 出殡时压在沿路各路口的纸,迷信指为死者灵魂回家而设的路标。

[**魂轿**] 出殡时孝子坐的轿子叫魂轿:坐~。

[**灵**] 灵座,为死者用竹篾和纸扎制的带有各种生活用具的房子,本地丧礼上放在坟墓前面烧掉。

[**纸钱**] 烧给死者或鬼神的铜钱形的圆纸片,中间有方孔。

[**金箔**] 涂上金粉的纸片。

[**金锭**] ①金元宝。②金黄色的,元宝形的纸钱:烧~。

[**银锭**] 用涂上银粉的纸片做的纸钱。

[**坟地**] 坟墓所在的田地。

[**坟山**] 坟墓所在的山地。

[**祖坟山**] 祖坟所在的山地。

［坟头］坟墓。

［坟头窠］乱坟堆。

［坟面前］①坟墓的前方:~有一丘(块)田。②特指坟墓前面的一小块空地,可用做祭奠的场地:~有块碑个。义项②也叫"拜堂"。

［拜堂］坟墓前面的一小块空地,可用做祭奠的场地。也叫"坟面前","坟头前"。

［坟头背］坟墓的顶部,背部。

［坟头手］坟墓前部伸向两旁的半包围状部分。

［碑］刻着文字,竖立着作为纪念物的石板:坟头前有块~个。

［上坟］到坟前祭奠死者。

［上坟祭祖］同宗的人到祖宗坟前举行隆重仪式,祭奠祖宗。

［添土］上坟时给坟墓加土。

［标纸］上坟时在坟墓上压纸:上坟~|格个坟头连纸都无人标个。

［烧纸］给死者烧纸钱。

［烧羹饭］祭祀祖先:清明冬至~。

［烧隔岁］吃年夜饭之前祭祀祖先叫作烧隔岁。

［寻死(短见)］自寻短见,自杀。

［跳河］投河(自尽)。

［跳井］投井(自尽)。

［上吊］用绳子吊着自杀。

［撬骨］移葬时捡尸骨。

［投胎］人或动物死后,灵魂投入母胎,转生世间(迷信)。

### 三、宗教、迷信等

[玉皇大帝] 道教称天上最高的神。

[东厨司命] 本地灶王爷画像上的横批。对联多为"上天奏善事,下界保平安"之类。

[观音菩萨] 观音娘娘,观音,菩萨名。

[钟馗] 传说中能打鬼的神。

[门神土地] 门神。

[娘娘] ①姑妈(不论婚否)。背称为"姑"。②称呼丈夫的姐妹(不论婚否)。娘,广韵阳韵女良切,泥母平声。金华在本记号里读阴平。义项②参见"姑娘"。

[财神] 迷信的人指可以使人发财致富的神仙。

[开光] 神佛的偶像雕塑完成后,举行仪式,揭去蒙在脸上的红绸,开始供奉。

[殿] 供奉神佛的庙宇:土地~|到~头(庙里)去拜佛|白竹~(村名)。

[土地殿] 旧时祭土神的庙。

[本保殿] 旧时一个保的庙宇,一般是一村一庙,也有的是几个小村合一庙。

[关王殿] 关帝庙。

[城隍] ①迷信传说中指主管某个城的神。②城隍庙。义项②也叫"城隍殿"。

[尼姑寺] 尼姑庵。

[阎龙王] 阎王:~见挂(挂念)依了(戏言)|渠~接去了(婉指去世)|豆腐水做,~鬼做。阎,广韵盐韵余廉切,以母。金华读如泥、

日、疑母。

[**吊杀鬼**] 吊死鬼。

[**活无常**] 迷信的一种鬼名。

[**祠堂**] 同族的人共同祭祀祖先的房屋。

[**镴台**] 用镴制成的烛台。

[**蜡烛**] ①用蜡或其他油脂制成的照明用品。②用竹篾杞成高大的蜡烛形,外糊花纸,里面点蜡烛。本地习俗,农历正月十二日晚上举着这种蜡烛进行游行活动。

[**香炉**] 烧香所用的器具,圆形有耳,底有三足。

[**烧香**] 拜神佛时把香点着插在香炉中,叫作烧香。

[**签书**] 上面印着关于吉凶的诗文的纸条。

[**符咒**] 符和咒语:念~。

[**社日**] 祭土的日子。

[**做道场**] 和尚或道士做法事。

[**念经**] 朗读或背诵经文。

[**抽牌撮字**] 本地迷信活动"抽牌"和"撮字"的合称,泛指此类迷信活动。

[**年庚八字**] 生辰八字。

[**八字**] 八字命,指由生辰八字注定的命运:~生得好|侬个~好猛。

[**风水**] 指住宅、坟地等的地理形势:~好。

[**龙脉**] 风水的脉络:~得(被)别人掘(挖)断了。

[**望风水**] 看风水。

[**风水先生**] 称以看风水为业的人。

[**算命**] 凭人的生辰八字,用阴阳五行推算人的命运,断定人的吉凶祸福,是一种迷信活动。操此业者多为盲人。

[算命先生] 称以算命为业的人。

[拣日子] 算命先生为人迁住新居、结婚等挑选日子。

[择日子] 挑选日子,特指挑选结婚的日子。

[合八字] 本地婚俗,定亲前男女两家分别请算命先生推算男女双方的八字是相合还是相冲。

[望相] 看相。

[仙姑] 巫三姑娘。

[附] 迷信指鬼神或灵魂附着在人体上。

[落凡] 下凡。七仙女~。

[嬉家运] 迷信指女巫作法预言家庭的运气。

[降神] 跳神。巫师在作法时乱说乱舞,解答别人的问题,是一种迷信活动。

[许愿] 对神佛许下某种酬谢:到殿头(里)去~|依弗要~生(似的)许别人。

[还愿] 实践对神许下的报酬:到殿里去~。

[耶稣堂] 基督教堂。

[过年] 在春节期间进行庆祝等活动:大人想种田,小人(小孩)想~。

[谢年] 过年之前摆设供品祭祀神佛祖先,一般在农历腊月二十八谢年,汤溪一带在除夕下午谢年。

[隔岁] 年夜饭:吃~。

[开门] 本地习俗,大年初一早晨,家中男主人起床洗净脸手,先祭拜祖先、门神、灶神等,再郑重地打开大门,并在门口燃放炮仗,表示新的一年开始,整个过程叫作开门。

[出行] 本地旧时习俗,大年初一清晨,各家男主人提着灯笼,一同朝着某个被认为吉利的方向走到野外去祭祀、祈祷,叫作

出行。

[**刘秀逃难**] 据传刘秀曾逃难至金华一带，当地百姓把他藏在一种高大的"蜡烛"（用竹篾、红纸制成蜡烛形，里面点灯）里，混在蜡烛游行的队伍中通过关卡，逃往他乡。后来本地每年正月十二晚上遂形成"迎蜡烛"的风俗。

[**踏青**] 清明节前后到郊外散步游玩：到外头去~。

[**五黄**] 本地习俗，端午节要吃五黄，包括黄瓜、黄鱼、黄鳝、雄黄、蛋黄。

[**掸尘**] 掸蓬尘，掸房子里的灰尘。本地习俗腊月二十五掸尘。

[**担时节**] 在传统节日给亲戚家送礼物：我~去。

[**担满月**] 本地习俗，女儿的孩子满月时，外婆家要送去馒头、粽子、衣物、笔墨等礼物，叫作担满月。

[**担得周**] 本地习俗，女儿的孩子满周岁时，外婆家要送去粽子、衣物等礼物，叫作担得周。

[**剃满月头**] 本地习俗，婴儿满月时，要请理发师给婴儿剃头，叫作剃满月头。

[**称骨头**] 根据一个人的生辰八字换算其骨头的重量，叫作称骨头，认为越重越好（迷信）。

[**绕脚**] 裹脚。

[**继立**] 过继。

[**认樟树娘**] 本地习俗，小孩如多病难养，就拜认村中古樟树为义母，以求其保佑。

[**剪裤带**] 一种民间习俗，小孩子受某人惊吓，小孩子家的人就把肇事者当时所用裤腰带剪下一段，烧成灰给受惊者冲服，或炖煮后让受惊者服其汤，以压惊驱邪。同"剪衣裳角头儿"。

[**讴魂**] 招小孩子因受惊而丢失的魂,方法主要是反复喊叫小孩儿的名字,常比喻不断地叫小孩儿的名字,也比喻不断地叫人(含厌烦意):侬只顾(不停地)讴来讴来,~啊?

[**讨利市**] 讨吉利,如讨喜糖,讨红包或讨几句吉祥的话。

[**讨彩头**] 讨彩,图吉利。

[**隔邪**] 避邪。

[**茶叶米**] 大米和少量茶叶搅拌成的东西,本地在婚丧事上或迷信场合用于避邪:扎(撒)~。

[**接龙**] 本地祈雨活动。遇天大旱,以极隆重虔诚仪式到深山龙潭把视作龙的化身的蛇、鱼、虾或泥鳅捉来接回村中供奉,以祈龙王降雨。

[**做谱**] 修家谱。

[**太公田**] 旧时一个家族里属于公家的田,其收入用于家族公共开支。

[**开秧门**] 插秧的活全部结束,旧时要举行的祭祀活动。

# 拾陆　日常生活

## 一、衣

[**出屁股**]　光屁股。

[**出铁膊**]　光着身子,多指光着上身。"铁"变调特殊。

[**做衣裳**]　做衣服。

[**针头生活**]　针线活。

[**绲边儿**]　①沿着衣服、围嘴等的边缘缝上布条、带子等:渠来末里~。②在衣服、围嘴等的边缘特别缝制的一种圆棱的边:格条~太阔(宽)。

[**上鞋**]　把鞋帮和鞋底缝合起来。

[**缉鞋底**]　纳鞋底子。

[**做花**]　绣花。

[**补窟窿**]　打补丁。也说"补孔",但多说"补窟窿"。

[**定被**]　缝棉被,绗棉被。

[**洗衣裳**]　洗衣服。

[**湔**]　用刷子蘸水刷洗衣物的局部 (不把整件衣物放入水中洗):~衣裳|件棉袄~~园(放)挈。

[**汏**]　在水沟、溪流旁边用棒槌洗(衣服等):~衣裳。

[**晒衣裳**]　晒衣服。

[**晾衣裳**]　晾衣服。

[**烫衣裳**]　熨衣服:件衣裳烫子得渠(把这件衣服熨一下)。

[汏] 量词。①表示走动的次数,相当于"趟"。②用于细长条的东西,相当于"条"。一~路(弄堂)。

## 二、食

[破柴] 劈木柴。

[烧火] 使柴草等燃烧(多指炊事)。

[烧镬孔] 做饭时在灶膛里烧火。

[烧饭] 做饭。

[烧粥] 煮大米稀饭。

[洗米] 淘米。

[洗米水] 淘米用过的水。

[发麦粉] 发面。

[裹] ①包(粽子、馄饨):~粽|~馄饨。②顺手把其他东西拿走:得(被)渠~去了。③混入:渠~进去上车了|(差)个东西~得好个里头卖。

[裹粽] 包粽子。

[烤] 挨近火使热、熟:~麦饼(馅儿饼)。

[炖] 用文火久煮使烂熟,多指煮肉类:~鸡|肉~得稀哗 (稀烂)了。块肉未~烊(烂)。

[择菜] 把蔬菜中不能吃的部分剔除,留下可以吃的部分。

[泡汤] 用热开水把作料泡成汤。

[滚] ①(液体)沸腾,开:水~了|茶(开水)了。②把菜等放在水里煮:青菜~豆腐|碗冬瓜掣口契口契。

[炒] 一种烹调方法:~猪肝。

[放] ①让牛羊在野外吃草、活动。②把食物放入沸水里煮

或放入沸油里炸：~面（下面条）|~碗馄饨口契口契|~油豆腐(炸豆腐)。

[潽] 液体沸腾溢出：~出来。

[熟] ①果实成熟：格些柿儿还未~，涩口个|七月头（里）苹果~。②农作物从种下到收获叫一熟：一年两熟|头一~前一|后一~。③食物做熟：饭~未？|菜还未装（做~）。④熟悉：面~、~人|我亨（跟）渠~猛个。

[生米心] （米饭）夹生：~饭。

[半生（弗）熟] 半生不熟。

[未透] （饭菜）没煮充分，没煮得很熟：饭还~。

[烟气] 油气：火腿肉有点儿~了|东西~了，弗好吃个。

[油气] 烟气。

[炒米胖] 炒炒米：过年~。

[开饭] 公共食堂开始供应饭、菜。

[吃饭] ①吃大米饭。②泛指吃饭菜，多指吃午饭或吃晚饭。③比喻从事某种工作，职业：我教书~，渠做生意~|渠口契下等（卑贱）饭。

[吃白食] 无偿吃饭叫作吃白食。

[吃粥] 喝大米稀饭。

[舀汤] 用瓢、勺等取汤。

[吃五更儿（饭）] 吃早饭。多说"口契五更儿饭"。

[吃午饭] ①吃中饭。②中午时收工（回去吃中饭）。

[吃夜饭] 吃晚饭。

[囫囵吞] 大口地吞咽：嚼嚼细，弗用~。

[哽住了] 噎住了。

[配] 用菜下（饭）：蒸碗卵（鸡蛋）挈~~饭|装（做）碗汤挈~~|菜

夹去~哇！|~酒。

[配饭] 用菜帮助下饭：今日儿~都无菜|无菜~。

[饱呃儿] 吃饱后打的嗝儿：打~。

[做酒] 酿酒。

[肚饥] 饿，饥饿：我肚皮（肚子）~了。

[口燥] 渴：我~猛了，侬~弗呢？

### 三、住

[洗面] 洗脸。

[刷牙齿] 刷牙。

[雪花膏] 一种化妆品，可以滋润皮肤。

[簪头] 梳头。

[簪头髻] 梳髻。

[剪手指甲] 剪指甲。

[乘凉] 热天在凉快透风的地方休息。

[哺日头] 晒太阳，在阳光下取暖。

[点灯] 把灯点着。

[歇子] 休息一会儿：侬~起（你先歇一会儿）。

[打欠] 打哈欠。

[想眠] 想睡觉。

[铺床] 铺设、安置床铺。

[眠去了] 睡着了：渠~，讴（叫）都讴（叫）弗醒了。

[打鼾] 打呼噜。

[眠弗去] 睡不着。

[落枕] 因睡觉时脖子受寒等原因致使脖子疼痛，转动不便，

叫作落枕。

[**抽筋**] ①筋肉痉挛。②抽风。

[**做梦**] 睡眠中呈现幻象:我昨夜做了个梦。

[**野猫压去了**] 魇住了:~,吰(喊)都吰弗响|我侬昨夜难过了,得(被)~。

[**醒夜**] 熬夜。

[**醒天亮夜**] 熬通夜。

[**开夜车**] 比喻为了赶时间,在夜间继续学习或工作。

[**分家**] 亲属分家产,各自成家过活:哥弟~。

[**敲更**] 打更。


四、行

[**到田头(去)**] 到田里:~做生活(干活儿)。

[**落班**] ①下班。②下课。义项②也说"退班""落课"。

[**收工**] (在工地或农地上干活的人)结束工作。

[**食午饭**] ①吃中饭。②中午时收工(回去吃中饭)。

[**歇夜**] 傍晚时收工。

[**出门**] ①外出:我伯伯(爸爸)~了|渠~做生活(干活儿)去了。②离家远行:早先(以前)金华人弗待会(不大会)~|老~(经常出门的人)。

[**归**] ①返回:渠~到汤溪窝里了|侬哪子(什么时候)~金华啦?②用在"动词+得(或弗)+归"结构里,表示能否返回:担(拿)得~渠背得一个啊?|东西太多,我一个人担(拿)弗~|末个东西寻弗~了|呕(叫)渠弗~。义项①也说"转"。

[**嬉**] ①不干活儿,休息:今日儿弗做生活(干活儿),侬窝

里~。②游玩:出去~|到城里去~|我喜欢~格种地方。

[**嬉头**] 玩的价值:格种地方无~。

[**盪马路·盪街路**] 逛街。

[**食食嬉嬉**] 喫喫盪盪,吃饭和玩儿,不干活儿:渠日日~。

[**食食做做**] 吃饭和干活儿:我便(只是)~,别样(其他)事干弗管个。

# 拾柒　讼事

[打官司]　进行诉讼。

[坐堂]　旧时指官吏在公堂上审理案件。

[退堂]　旧时审讯结束,有关人员退下公堂。

[过堂]　旧时诉讼当事人到公堂上受审问叫过堂。

[证人]　对案件提供证据的人,对事情提供证明的人。

[物证]　通过对证物分析研究而得出来的有关案件事实的证据。

[对质]　诉讼关系人在法庭上面对面互相质问,也泛指有关各方当面对证:两个人~。

[招]　招供:渠~了|渠帮渠浪(把他们)都~出来了。

[连坐]　一个人犯法,他的家属等连带受处罚。

[保]　保释:~出来。

[取保]　找保人。

[解]　押解:~人|~劳改犯|~到末汝(那里)去。

[杀头]　斩首。

[枪毙]　用枪打死。

[手铐]　束缚犯人两手的刑具。

[脚镣]　套在犯人脚腕上的刑具。

[探监]　到监狱里看望被囚禁的人。

[写契]　立契约:写田契|写屋契。

[立个凭据]　写个凭据。

[字墨]　指契约:侬弗相信,我~驮(拿)出来得(给)侬望。

[分家书] 兄弟分家时立的契约叫分家书。

[花字] 花押，旧时公文契约上的草书签名等。

[手指印] 用食醮印泥代替本人印章按印，又称"执头印"。

[租谷] 作为佃租稻谷。

[地契] 旧时租赁旱地的字据。

[田契] 旧时租赁水田的字据。

[打人命] 命案中被害者的家属和亲属到凶手家里打人和抢劫叫作打人命。

# 拾捌　交际

[**应酬**] 交际往来,以礼相待。

[**来去**] 来往,交际往来:我亨(跟)渠弗~了|无~。

[**人情**] 恩惠,情谊。

[**难得**] ①客套话,用于欢迎客人到来,表示客人的到来是十分稀罕的:侬~诶|侬帐(这么)~个呢。②表示不常常(发生):今年天公~落(下雨)|虽然无几步路,我~去汰(趟)个。

[**塞腰包**] 送钱物行贿叫作塞腰包。

[**包纸包**] 包红包并送给人。

[**压岁包**] 包着压岁钱的红包儿。

[**出手**] ①男子第一次到女方家,女子第一次到男方家时,长辈给他们红包儿叫作出手:侬个丈母今日儿~多少呢？|有些~金器也有个。②婚礼上长辈给新郎新娘红包儿也叫做出手。

[**做客人**] 做客:我今日儿去~去。

[**待客人**] 招待客人。

[**陪客**] 陪伴客人。

[**送客**] 送别客人。

[**弗送了**] 不送了(主人送客告别时说的客气话):我~,侬宽慢去(你慢走)。

[**弗客气**] 不客气。

[**和得来**] 弄得来,①合得来。②关系好。

[**弄得来**] 同"和得来"。

[**和弗来**] 弄弗来,①合不来:弄弗待来(不大合得来)。②关

系不好:我跟渠~。

[有气] 不和。

[冤家] 对头,仇人:格两人得(这两个人是)~。

[冤家对头] 泛指仇人、仇敌。

[抱弗平] 看见不平,产生强烈的愤慨情绪。

[冤枉] ①被诬陷:渠~死个|个事干。②加罪名陷害。

[挑刺] 挑剔,吹毛求疵。

[要体面] 做事情讲究体面。

[出洋相] 闹笑话,出丑。

[巴结] ①趋炎附势,极力奉承:~别人。②殷勤照料、伺候:~渠点儿。

[拍马屁] 奉承、献媚。

[捧大腿] 捧腿,奉承、讨好大人物。

[望得起] 看得起:渠~侬。

[望弗起] 看不起:得(被)别人~。

[做伴] 做同伴,充当同伴:无人~。

[应] 应声回答:渠一句都弗~|我讴(叫)渠,渠弗~。

[弗应] 不回答,不答理:讴(叫)渠~。也说"弗答应"。

[赶出去] 撵出去。

# 拾玖　商业、交通

## 一、经商行业

[**歇店**] 旅店。现在多叫"旅馆"。

[**剃头店**] 理发店。

[**剃头**] 理发：到~店去~去|剃个头掉去。

[**刮胡须**] 刮胡子：胡须刮子得渠(把胡子刮一下)。

[**得肉**] 卖肉时从成片的肉上砍下肉来叫作得肉,也指买肉：~个(卖肉的)|我去得两(几)斤肉来。

[**赁屋**] 租房子。

[**典**] 旧时指一方把土地或房屋等押给另一方使用：~得(典给)别人|格退屋(这座房子)弗是我自个,~~个。

[**碾谷**] 碾稻谷。

[**砻谷**] 用砻碾稻谷。

[**打麻车**] 在油坊工作。

[**缸窑**] 烧制陶瓷器皿的窑。

[**猗长年**] 当长工。

[**吃百家饭**] 吃各家的饭,喻指做手艺：渠做手艺个,~个。

[**弹棉絮·弹棉花**] 弹棉花制作棉被的胎。汤溪说"弹被絮"。

[**做木**] 制造木器、家具等。

[**解板**] 把木头锯成木板。

[**箍桶**] 制作木桶,多用竹篾箍子箍在桶的外部：~老师 (师

傅)|箍个浴桶挈洗洗浴(做个澡盆洗澡用)。

[做篾] 用竹篾制造器物:~幽(蹲)得低,咦(又)吃弗着馒头咦吃弗着鸡(指这种职业低贱)。

[穿棕棚] 制作棕棚床。

[刻麦磨] 开錾石磨上的沟槽使锋利。

[打铁] 锻造钢铁工件。

[钉秤] 制作杆秤。

[錾碗] 用錾子在碗上錾字。


## 二、经营、交易

[盘底] 盘账,盘点。

[开价] 定出价格。

[还价] 还价钱,买方因嫌货价高而说出愿付的价格。

[贱] ①价钱低:今日儿菜~猛~猛。②下贱,不知好歹:格人~猛|侬弗要~啊。义项①多说"便宜"。

[贵] 价格高:东西~还得(还是)便宜呢?

[公道] 公平,合理。

[折] 折扣,用在数词后:七~|八~三。

[折头] 折扣。

[对折] 五折:打~卖。

[倒担] 把剩下的货物全部买下。

[真虎抽] (货色)真,正宗:我个货~个|格样东西~个。

[粜] 卖出(粮食),跟"籴"相对:~谷(稻谷)|~米。

[生意好] 买卖好。

[生意疲] 生意不好。

[生意] 指商业经营,买卖:做~

[赚铜钱] 挣钱:渠出去~了。

[折本] 赔本:做生意做~了|~生意。

[盘缠] 路费。

[运气好] 幸运,走运。

[赁钱] 租金。


三、账目、度量衡

[烂账] 拖得很久、要不回来的账叫烂账。

[会钞] 付账,多指在饭店等场所一个人给大家付账:今日儿哪个(谁)~?|我来~。

[零用个铜钱] 零花钱。

[铅角子] 铅制硬币。

[散票] 币值小的钱。

[铜钱银子] 泛指金钱。

[洋钱] ①银元。②泛指钱:一分~|几角~|十块~。"洋钱"在"分""角""块"后时,"洋"常常丢失介音。义项①也叫"银子""白洋"。义项②也叫"钞票"。

[银子] 白洋,银元。也叫"洋钱"。"银子"变调特殊。

[白洋] 银子。

[船洋] 一种银币,上面铸造有一条帆船。

[鹰洋] 一种银币,上面有一只凸起的鹰形。

[龙洋] 清末制造的一种银币,上面有两条龙纹。

[大头] 民国初年发行的铸有袁世凯头像的银元。

[小头] 一种银币。

[**算盘子**] ①算盘珠子。②比喻计划、打算:格个人~好猛个,只算进弗算出个。

[**进里出外**] (经济等方面的)进出、出入:~要亨(跟)别人弄灵清(清楚)个。

[**算**] ①计算。②推测,预测:~命。③认作,当作:弗得个医生。④数,经比较最突出:~格件衣裳顶好望。

[**里把路**] 一里左右的路。

[**市秤**] 十六两秤,一种市制秤,十六两为一斤。多叫"十六两"。

[**新秤**] 市秤。

[**廿两秤**] 老秤,老式市制秤,二十两为一斤。

[**老秤**] 廿两秤。

[**十两秤**] 一种市制秤十两为一斤。

[**秤花**] 秤星。

[**起花**] 秤杆上秤星起头叫起花:五斤~。

[**秤尾巴儿**] 秤尾:~挂落来。

[**秤钩**] 杆秤上的金属钩子,用来挂所称的物体。

[**秤锤**] 秤砣。

[**秤纽**] 杆秤上手提的绳纽。

[**里纽**] 后一个秤纽,其秤星在秤杆的内侧:~望(看)怀里。

[**外纽**] 前一个秤纽,其秤星在秤杆的背部:~望背。

[**斤两**] 分量:望望帐(这么)点儿东西,~重猛重猛个l无待(没多少)~个。

[**斛**] 旧量器,方形,口小,底大,容量本为十斗,后来改为五斗:一~谷(稻谷)。

四、交通

[**马路**] ①公路。②较宽阔的街道：盪(闲逛)~。义项①多叫"汽车路""公路"。义项②也叫"街路"。

[**救火车**] 消防车。也叫"水龙"。

[**救命车**] 救护车。

[**龙头**] ①制作成龙头形的龙灯头部。②车辆的头部：火车~|个~把正来(把这辆车的头把正)。

[**扛轿**] 抬轿。

[**桥洞**] 桥孔。

[**桥脚**] 桥墩。

[**撑排**] 以篙使木排或竹排行驶。

[**放排**] 把竹子或木头扎成排从水上运输叫作放排。

[**过渡**] 坐船过渡口。

[**埠头**] ①指较简陋的码头：下~(村名,从前是个渡口)。②放在水边,在上面洗东西用的大石块：到~上汰(洗)衣裳。义项①也叫"船埠头"。

# 贰拾 文化教育

## 一、学校

[**放午饭**] 中午放学。

[**放夜学**] 傍晚时放学

[**(躲)赖学**] 逃学。

[**蒙童馆**] 私塾。

[**农忙假**] 学校在农忙时放的假。

## 二、教室、文具

[**戒方**] 戒尺,旧时塾师对学生施行体罚时所用的木板。

[**打手心**] 体罚的一种。

[**倚板壁**] 脸朝墙壁罚站。

[**砚碗**] 砚台。

## 三、读书识字

[**读书人**] 指有文化的人。

[**认弗着字个**] 不识字的:渠未读书过,~。

[**背榜**] 考试得最后一名叫作"背榜"。

[**肄业**] 指没有毕业或尚未毕业。

# 贰拾壹　文体活动

[苦戏] 情节悲苦的戏。

[做戏] 演戏。

[木头戏] 木偶戏:做~l望~。

[活孙戏] 猴戏。

[开台] 开场戏叫开台。

[戏子] 旧时称职业的戏曲演员(含轻视意)。

[变戏法儿] 做戏法儿,表演魔术。

[脚色] ①角色:做(扮演)待~个。②家伙,指人:格个~脾气(坏)猛(坏)猛l格个~本事(有本领)猛个。

[大花面] 花脸。

[小花面] 小丑,丑角。面,变调特殊。

[老生] 戏曲中生角的一种,扮演中年以上的男子。

[小生] 戏曲中生角的一种,扮演青年男子。

[武生] 扮演勇武的男子。

[老旦] 戏曲中旦角的一种,扮演年老的妇女。

[花旦] 戏曲中旦角的一种,扮演年轻女子。

[打莲花] 敲莲花,演唱莲花落,演唱时多用竹板按拍。

# 贰拾贰　动作

## 一、一般动作

[烊] 熔化,溶化:铜~了|雪~掉去了|肉炖~了|只鸡炖~未?

[汆] ①流淌。②漂流:衣裳~走了。

[**还潮**] 返潮:格个地方~猛~猛个。

[**渗**] 泅:墨水~出来了。

[**熏**] (烟、气等)接触物体,使变颜色或沾上气味。

[**上铁锈**] 上锈,生锈。

[**收水**] 吸水。

[**拗**] 拱,弯曲成弧形:~出来|桥洞~掔个|格根苹果树今年生(长)得多,桠枝(枝子)都~到地了。

[**绷**] 紧紧地张着或拉着:这件衣裳紧绷绷~得身上。

[**翘**] 一头儿向上仰起,抬起:屁股~掔|渠口蒲(嘴)~掔,一点儿都弗开心。

[**两头翘**] 物体的两头翘起。

[**仰天**] 朝天。

[**着**] ①烧,燃烧,也指灯发光:火~|帮(把)末些树叶~掉。②用在动词后,表示达到目的或有结果:寻~了|点~了|我听~罢了|今日儿搭(捉)~十几爪(只)虾儿|掘一圹藏(挖到一穴宝藏)|侬弗要敲(打)~我。③用在"动词+得(或弗)+着"结构里,表示能否做到。"得"有时可省去:侬望~弗呢?——望得~|望~|口契弗~、侬自寻

得~弗啦？|用弗~|我今日儿胖(碰)弗~渠|格个字我认弗~|耳朵听弗~。

[哄] 火着到一定范围以外来：火~出来|火~到镬头门口(灶膛口)了。

[隒] 斜靠，倚：渠~得树上(他靠在树上)|把笤帚(一把笤帚)~得门后|交椅~(椅子的靠背)。《玉篇》阜部巨慨切："梯也，企立也，不能行也。"

[清坐] 无事闲坐着。

[粳头粳脑] 低着头，埋头：渠~佚末里做生活(干活)。

[眼睛撑开] 眼睛睁开，睁开眼：渠~了。

[眼睛眨子眨子] 眼睛一挤一挤：渠~，讴(叫)侬弗要讲了。

[撞着] 碰着。

[望弗着] 看不见。

[望得着] 看得见：侬~弗呢？

[手擎挈] 手举起来，举着手。

[手越子越子] 手一摆一摆：渠~，讴(叫)我弗用送了。

[动手] ①开始做：格退屋(这座房子)~了。②用手接触或打人：弗许~|~动脚。

[掇] 用双手提拿(器物)：帮(把)末句(张凳)~来。

[抠] 用双手对掐：吊杀鬼(吊死鬼)~侬死。

[摁] (用手)按：末个开关~子得渠(把那个开关按一下)便会亮个|格袋东西~子实 (压得严实点)|~弗得牛头口契水|得渠~得下底(被他压在下面)，爬都爬弗挈|~住牢(压住了)(祈使)。

[揿] (用手)轻按。

[窝] (小孩子)纠缠。

[抖] ①发抖，哆嗦：侬弗用~。②抖动，拍打使震动：~油麻(拍

打芝麻秆儿使种子落下)(脱粒)。

[**格格抖**] 浑身直抖:冻得~。

[**撑腰**] 比喻给予有力的支持:我听(替)侬~。

[**打嚏**] 打喷嚏。

[**嫌**] 厌恶,不满意:弗~渠窝里穷|我弗~(差)个。广韵添韵户兼切,匣母。金华读如疑母。

[**嫌多嫌少**] 对数量的多少不满意。

[**掼**] ①扔,丢弃:~掉去|~得外头去(扔到外面去)。②随便地搁。

[**撇**] 瘸子走路时一条腿僵直地拖着或画着弧线叫作撇。

[**趸**] 走,行走:~路|进来|渠~出去了|小个会~未?|逞格汰(从这儿~)

[**踉**] 踉跄着走,慢走:格个老货(老头儿)走路一孑一孑~。广韵漾音乐力让切,去声。金华读阴平。

[**置**] ①装,盛放:些谷~得袋里|酒~得瓶头(里)。②盛(饭菜):~饭口契|碗粥来|菜~挈,广韵志韵陟吏切,开口。

[**收拾**] ①拾掇,整理。②整治,消灭:格个人迟早点儿要得(被)别人~掉去个。义项①也说"集"。

[**驮**] ①拿:~东西|~得动|~出来|件衣裳听(替)我~子来|我忘记来~了。②给,给予:我~得侬|侬吃|末支笔~得渠了(给了他了)。也说"担"。

[**担**] ①用肩膀挑:~两担水来。②拿:~把笤帚(扫帚)来|侬去用,用歇(完)~还我侬。③给,给予:侬用|末支笔~得渠了(给了他了)。④送,挑去或拿去给人:~时节(在传统节日给亲戚家送礼物)。义项①也说"撷"。义项②③也说"驮",但多说"担"。

[**茄**] 抱:~人|侬~子,我有事干去。

[茄侬个] 看小孩的保姆。

[扎] 把颗粒状的东西分散着望远处扔出去,撒:~谷子(撒播稻种)|米~得鸡吃(把米撒给鸡吃)。

[撮挈] 捡起来:本书~。

[脱落去] 丢失,遗失:我支钢笔~了。

[坞] 山谷,多用于山谷名或村名:山坑~(山谷名)|里金~(村名)|杉树~(村名)|东~(村名)。

[坞掉去] 丢失,消失不见:我昨日儿只手表~了。

[寻着了] 找到了。

[园] ①藏,收存,存放:个存折得渠~得哪汰(被他放在了哪里)弗晓得了|侬东西~放哪里呢?|衣裳~挈来。②放,搁:~台桌上|两(几)张钞票~~袋(口袋)里去。

[掘藏] 挖掘宝藏。

[折] 折扣,用在数词后:七~|八~三。

[裹] ①包(粽子、馄饨):~粽|~馄饨。②顺手把其他东西拿走:得(被)渠~去了。③混入:渠~进去上车了| (差)个东西~得好个里头卖。

[纠] ①扎,束:头发~挈凉些|稻秆(稻草)。②量词,用于扎成把的东西:一~萝卜。义项①也说"扎"。

[堆] ①堆积:~柴|~树。②量词。A.用于成堆的东西:一~雪。B.用于整个头上的头发:~头发长了,该去剃了|头发簪簪好(把头梳好)。|拿来:格些乱屑(垃圾)~做肥料个|格一孔(片)地方都~起屋(造房子)了|个鸡卵化化细~做卵汤(把这个鸡蛋打碎了拿来做鸡蛋汤)。"担来"的合音。

[化] ①用筷子把鸡蛋搅碎、搅匀:个鸡卵(鸡蛋)~~细堆(拿来)做卵汤(蛋汤)。②批洗的次数:格件衣裳洗两~过了|头一~。义

项②也说"水"。

[捆] ①用绳子等把东西缠紧打结:帮(把)铺盖~挈来。②量词,用于捆起来的东西:一~铺盖|一~行李。

[舂] 从上望下垂直捶打:~谷(稻谷)|~米|~年糕|~大蒜糊(蒜泥)。广韵钟韵书容切,书母,通"摏"。北京读如昌母。金华读如宕、江摄。

[拗] 拱,弯曲成弧形:~出来|桥洞~挈个|格根苹果树今年生(长)得多,桠枝(枝子)都~到地了。

[煺皮] 褪壳,蜕皮:蛇~。

[搽] 用粉末、油类等涂(在身上):~粉|~雪花膏|~点儿香水上去。

[斫] 砍,割(植物):~树|~柴|~草。广韵药韵之若切,三等。金华读如一等。

[戳] 用带尖儿的细长物刺:只手上枚刺~进去了|侬仔细点儿,手弗要~去。

[捞] 从水或其他液体里取东西:~饭。广韵豪韵鲁刀切,一等。金华读如三等。

[畅] ①垫上东西使上面的物体不接触地面:弄两(几)块砖头(砖)~~|~挈。②把物体放在别的东西上,不与地面接触:水缸~得砖头(砖)上|些东西~得床上。

[砌] 垒:~墙脚。

[捱] ①遭受:~柴(捱打)|渠也~着两子。②忍耐,忍受:~弗去(忍不了)个。

[背柴] 捱柴,吃柴,捱打:侬要~啊?|吃了一糙柴(捱了一顿打)。

[腿] ①动物用爪子扒拉:乱~|东~~,西~~。②比喻人拼命干

活儿。

[**归来**] 回来:我下个月~l侬~了?l快点儿~。

[**归去**] 回去,多指回家去:我要~去l侬几时~?l早点儿~l渠六三年~个。

[**上来**] 由低处到高处来:侬快点儿~。

[**上去**] 由低处到高处去:渠~了。

[**出头**] 从困苦的环境中解脱出来:渠不会~了。

[**出入**] 一户人家进出家门叫出入,用于表述从哪个门进出:两份人家都逞(从)格个车门(宅院门)~个l哥逞(从)大门~,弟逞(从)弄堂门(通往过道的门)~。

[**出去**] 用在动词后,表示动作由里向外离开说话的人:渠蹩(走)~了l侬帮(把)格只鸡赶~。

[**了得**] 用在"还"的后面,表示情况很严重:格个人大掣还~啊!

[**得了**] 差不多了,好结束了。

[**弄果**] 弄,对付:格件事干难~l也说"弄送"。

[**弄送**] ①弄,对付:格件事干难~l格个人难~猛个。②捉弄,对人使坏:~别人l我得(被)渠~去了。义项①也说"弄果"。义项②也说"弄"。

[**弄弗灵清**] 搞不清楚:格件事干亨(跟)侬~个l格个人~个。

[**难弄送**] ①难办:格件事干~个。②难对付,不易相处:格人~个。

[**吃得落**] 吃得消:格担东西一百五十斤重,侬~担弗?

[**吃弗落**] 吃不消:渠~做。

[**算数**] ①算了,作罢。②作数:弗~个l侬讲话~弗个?义项②也说"作数",但多说"算数"。

[作孽] 造孽。

[作兴] ①兴,兴起:阳历还正后头(阳历是后来才)~挈个。②根据传统礼俗是准许的,作为习惯的:格件事干弗~个|金华~年初两开始拜年|城里人也~清明日到外头踏青。③表示有一定的可能性,说不定:~今日儿有客人来|明朝~还要落(下雨)。

[划算] 打算:依自~|渠会~猛。

[依自性] 照自性,依照自己的一套去做,任性:格个人~猛个。

[摆布] ①支使,安排:~渠浪(他们)走|我~渠去买罢。②操纵,支配:格个人无主张个,专门(老是)听别人~个|渠由别人~个。

[撒无赖] 耍无赖:依弗要~,赖得格里弗走。

[乱涉] 乱缠,乱来,胡来:依到外头弗要~。

[取债] 不肖的人(多用于责备自己的孩子)。

[犯贱] 下贱,没有自尊:格个人~个。

[烦] ①烦扰:渠专门(老是)~来~来。②麻烦,烦琐:~猛~猛。

[烦人] 麻烦,费事:嫌~|我光(怕)~猛个。

[窝赖] ①(小孩子)闹,耍赖。②耍无赖:依弗用~!

[教弗来] 教了无效,不可教:格个人~罢|依格个东西~个!

[惹] (语言、行动)触动对方:依弗用去~渠。

[撩] 捉弄,玩弄:依弗用~渠|~得渠哭|渠咦(又)去~末个女箇。

[撮便宜] 讨便宜。

[揩油] 比喻占公家或别人的便宜。

[整骨头] 整治,使吃苦头:依要~了|开学了,咦(又)要~了。

[难过日] 日子难过:今日儿夜头(里)咦(又)~(比如指天热)|无没(没有)钞票~个。

[倒霉] ①丢人,羞耻:嫌~|~死|望吃(看他人吃东西)~猛个。

②羞辱:得(被)渠~去了|渠专门(老是)~我侬个。③遭遇不好:我今年真当(真)~!|~个事干。义项①也说"恶行"义项。③也说"霉运"。

[推板] ①相差:~点儿时节添就赶弗着了（再差一会儿就赶不上了)|金华亨(跟)汤溪~四五十里路。②差,欠缺:格个老师(师傅)个手艺~点儿格子咦~些了(现在又差一些了)。

[端正] ①物体不歪斜;匀称:渠张面孔生得(他的脸长得)~。②(工作)、完成、结束:我今日儿做做~了。义项②也说"煞梢"。

[带挈] 父母传给子女财产等:爷娘(父母)无待~。挈,广韵悄韵苦结切:"提挈,又持也"。

[凑(逢)双] 成双,构成一双:好事~。

[服侍] 伺候。

[料理] ①办理,处理:~人家|格份人家~得才(比较)干干净净。②照料:格老货央个人(这个老头子得请一个人)~子。

[帮衬] 帮助,帮忙:渠起屋(造房子)全蒙大家~个。

[做人家] 节俭,节约:铜钱(钱)要~点儿个。

[讨安迹] 图清闲:讨个安迹。

[歇力] 不干活,休息。

[接头] 明白别人交代给自己的事情:格件事干我~了。

[解] ①锯开:块树(把这根木头)~开来。②把束缚着或系着的东西打开:结头~开来。③分析,解释:我~得侬听|~梦(圆梦)。

[解梦] 圆梦。

[等子] 等会儿:侬~,我也去|~哇,我马上便来|侬~,我记子挈。

[定] 预订:~做|~了一套房里家伙(家具)|~亲|侬新妇(媳妇)~好未?

[共] 表示具有相同的属性,同:~姓|我亨(跟)渠~太公(祖父)个|我亨(跟)渠~一个村个|我亨(和)渠~金华人。另见"一共"。

[宠] 娇惯,娇纵:侬弗用~渠,小个人~弗得。

## 二、心理活动

[晓得] ①知道:格件事干侬~弗~? I我~个I弗~个I渠一日到夜只~口契。②懂得:渠~两子拳(几下拳术),也说"晓着"。

[认着] 认得:我~渠个I渠一路个I格个人我~个I格个字侬~弗~呢?

[毛估估] 大概地估计,约莫:~有百来斤。

[掐] 掐算,推测:~实(压实)。

[料着] 料到,多指料到他人不好的事情(含幸灾乐祸意):弗要得(让)别人~~I以后的事干料弗着个。

[肯定] 料定:我~渠今日儿会来个。

[主张] ①主见,主意:格个人无~个I依自搭(拿)。②打算,准备:我明年~开(间)店,做点儿生意I格件事干我~格生做(这么办)I我~亨(跟)渠拼掉去。

[排扬] ①打算,安排(多含责备意):侬~哪生(怎样)做?I侬~哪样时节(什么时候)洗?I我~到杭州去。②摆设:渠窝里~得好猛好猛I格份人家~才弗(有点儿不错)个。

[疑心疑鬼] 疑神疑鬼。

[见心] 留心,开心,记在心上:侬~点儿,弗用忘记去啊!I渠一日到夜只~口契。

[有心] ①细心,留心:渠做事干~猛个。②真心,诚心:渠~猛个。

[见挂] ①牵挂,挂念:~渠I侬早点儿归来,省得我~。②看望,关心:我去~子签(我去看一下)。

[省心事] 省心。

[多劳] 闲操心,多管闲事。

[有数] ①了解情况,有把握:我心里~。②数量少,有限:差~个。义项②也说"有限"。

[巴弗得] 巴不得:我~侬早点儿去。

[眼睛孔红] 眼红:别人发财,侬弗用~。

[得人精] 讨人嫌:格个人~猛个。

[眼热] 羡慕:我~侬八字生得好|我~尔浪(你们)个个生得聪明。

[偏心] 偏向一方面,不公正:侬~个,顾(照顾)小儿些。

[妒忌] 忌妒:渠~我。

[赌气] 怄气,闹别扭。

[闭气] 憋气,窝火:我~猛~猛。也说"闭"。

[见气] 见怪,生气:侬弗要~。

[发火] 发脾气。

[情愿] ①心里愿意。②宁愿,宁可。

[舍割] 舍得:弗~用。舍,广韵马韵书冶切,上声。金华读阴平。

[值钱] ①爱惜:格本书渠~猛个,侬弗要去乱翻。②疼爱:侬弗听讲(听话),我弗~侬了|渠~小儿些。


三、语言动作

[讲好笑] 开玩笑:徛(在)格里~|我跟侬讲讲好笑个。

[讲比方] 打比方:我讲个比方侬听听。

[讲弗来] ①不会说:土话都~。②说不准,很难说:后头(以后)个事干~个。③说了不听,说了不管用:格种人~个。④合不来,不和:渠浪公婆两个(他们夫妻俩)~个。

[讲弗灵清] 说不清楚:我亨(跟)侬~。

[难讲] 不容易说,不好说:以后个事干也~个|渠明朝来弗来我也~。

[讨信] 打听:我问(向)侬~点儿事干|弗着(打听不到)侬去讨个信唯。

[问信] 打听,多指问路:我去~子|侬去问个信(你去打听一下)、我问侬个信(向你打听一下)。

[开口] 张开嘴说话。

[弗响] 不做声:我讴(叫)渠,渠也~。

[半声弗响] 闷声不响,一声不吭:侬格生(这么)骂渠,渠都~。

[鸭听天雷] 鸭子听雷声,比喻一点也听不懂。

[随口出] 随口说出来:格句水话(话)~个。

[抬杠] 争辩。

[争口] 强辩,不承认:侬弗要~,是侬讲个。

[应口] 回嘴,顶嘴:侬还~啊?

[结(挈)] 指吵架或打架:渠浪(他们)两人来末里~|渠两人咦(又)~挈了|弗用~了。

[相争] 争吵:两个人来末里~。

[掠] 揍:~侬一糙(顿)|得(被)渠~去了。多说“敲”。

[打人] 敲人。

[取笑] 嘲笑。

[叹冷气] 叹气。

[统称] 总起来叫。

[弗应] 不回答,不搭理:讴(叫)渠~。也说“弗答应”。

[凑] ①约人同去:我~侬去望电影。②趁:侬~早去|菜~热口契|~便(顺便)。

[吓] 吓唬:侬弗用~渠。

# 贰拾叁　位置

[上]　用在动词后,表示达到目的:三个儿都考~大学了。①位置在高处,次序或时间在前的:~身|~年。②用在名词后,表示在物体的表面:台桌~|楼~、台~|街~|路~|山~|身~。③用在数量词语后,表示在达到某种数量的时候:出嫁第三日~要回门个。

[上横头]　仙桌的座位中面对着大门的两个座位,即上座:大舅(大舅子)坐~。

[下横头]　八仙桌的座位中背对着大门的两个座位,是最次要的座位。

[天公下]　①天底下。②露天,在房屋外。

[边沿]　①边上:溪~|山~|汽车路(公路)~|弗要走~去。②旁边:渠坐得我~|侬徛(站)~点儿。

[里面]　里头,一定的空间、时间或某种范围以内:囥(放)~点儿|格两日(这几天)~我要到金华去个。

[里壁]　一定空间中靠近里面、后面的地方(跟"外壁"相对):床~|睏(躺)~点儿|地~(村名)。

[门口头]　门跟前,门外:东西摆得(放在了)~|车停得~。也叫"门口"。

[对照]　正对着的,对面:火腿厂~末里(火腿厂正对着的那个地方)。

[两面手]　两边。

[屋后]　屋后面,屋后头,房后:~一片竹儿|~都得田(全是田)。

[屁股后]　屁股后面:小个人专门跟得(小孩儿老是跟在)渠~。

[**以先**] 以前,现在,所说某时之前的时期:月底~|~我住格里个|~我侬弗晓得个|~格里有条路个|~个事干让渠过去了。多说"以前"。

[**横头**] 长方形建筑、器具的两头,即位于"宽"的地方:屋~盖间(小屋儿挈)|床~|桌~。

[**中央**] 中心,中间:村~。

[**半中央**] 中部。汤溪说"半中腰"。

[**床地下**] 床下底,床底下:渠幽得(躲在了)~。多叫"床地下"。

[**床横头**] 床的两头部分。

[**床里壁**] 床的靠近里面的部分:渠睏得(睡在了)~。

[**床外壁**] 床的靠近外面的部分。

[**床沿**] 床的边沿:坐得(坐在了)~上。

[**脚下底**] 脚底下:踏得(踩在)~。

[**镬底**] 锅里面的底部:~生镬夺(锅巴)了。

[**异乾**] ①附近:白龙桥(镇名)~|精神病院就来朱基头(村名)~。②身边,旁边:坐得我~。

[**大面手**] 大手面,顺面手,顺手面,右边。多说"大手面","顺手面"。现在也有人说"右面(手)"。

[**大手面**] 同"大面手"。

[**顺面手**] 同"大面手"。

[**顺手面**] 同"大面手"。

# 貳拾肆　代词等

[**我·我侬**]　第一人称单数代词。

[**渠**]　第三人称单数代词,他,她,它。字也写作"傑"。傑,集韵鱼韵求于切:"吴人呼彼称,通作渠。"金华读如入声。汤溪说"渠(侬)"。

[**渠自浪·渠匠**]　他们自己:劝也劝弗来,让~去争(争吵)。多说"渠匠"。

[**我(侬)个**]　我的。

[**大家**]　代词,指一定范围内所有的人:~都去了,侬还弗去?

[**丧**]　①这么:格个人~小气|今日儿天公~热个啊!②那么:末块(座)山~高个呢!|今日儿无昨日儿~热了。③怎么:侬~还正(才)来个呢?|侬格篇文章~写写个呢?|~好(怎么办)呢?

[**丧好**]　哪生好。

[**几很**]　①疑问代词,多少,多用于数量较大时:侬收来~担谷(稻谷)|格个人~年纪?②副词,多,多么:有~重?

[**匠两人**]　咱们俩:~去,别人弗要去了。

[**渠浪两人**]　他们俩:~是叔伯哥弟|~去,匠(咱们)弗要去了。

[**娘儿两个**]　娘儿俩,包括母女俩。

[**爷儿两个**]　父子俩,也可指父女俩。

[**婆亨新妇两个**]　婆媳俩。

[**哥弟两个**]　兄弟俩。

[**姐妹两个**]　姐妹俩,也可指兄妹俩或姐弟俩。

# 贰拾伍　形容词

[好] 好坏:货色~|弗分。

[崭] 好:格个东西~猛个|格件衣裳才(有点儿)~个。限于年轻人使用。

[结滚] 杠,结。

[弗] 不错:格个东西~个|格囡儿生(长)得~|渠今年成绩考势才(比较)~。

[抠毛] 含毛。

[疲] 差,不好:好~|弗~|个东西|~个事干|格个东西~猛~猛个|格部脚踏车(这辆自行车)~猛,弗好骑|格个人真当(真)~|嫌~|格个~点儿。集韵强悍韵迄及切:"病劣也"。

[破零破落] 破零烂落,破破烂烂。

[尚好] 尚可,可以:今年后熟(夏种秋收的农作物)还~弗呢? 还~。

[好望] 好看:格张佛儿(画儿)~猛|格件衣裳顶~|渠生(长)得~猛个|打扮得~猛|末样颜色~些|弗~。

[贼相] ①像贼的样子。②指小孩子漂亮可爱、调皮乖巧的样子:侬个小丏儿生(长)得弗(不错)个诶,才(真)个诶。

[难望] 难看,不好看:格个人~猛个|格件衣裳~死。

[难望相] 难看,不漂亮:格个人~死。

[要紧] 重要:一双眼睛顶~|格件事干~些。

[有伴] 有同伴,人多,热闹:今日儿尔浪(你们)窝里帐(这么)~个呢! |一起去,~点儿|今和出去嬉(玩)~猛~猛。

[闹热] 热闹:格个地方~猛~猛。

[牢] ①牢固,结实:格张台桌~猛~猛|格种布弗~个。②用在动词后做补语,表示稳,稳固:片碗捏住~(把这个碗拿好),弗要敲(打)掉去|侬蹩(走)住~,弗用跌去。义项①也说"结实"。

[扎实] ①结实,坚固:张床才~个诶(这张床挺结实的嘛)。②充裕:格份人家钞票~个。

[结实] 牢固:张台桌才(有点)~个诶。也说"牢"。

[霉] 霉烂,烂:线~了。

[焦] 物体受热后失去水分,呈现黄黑色并发硬、发脆:饭~了。

[瘪] ①蔫:豆芽菜一在日头(一阵太阳)便晒~个。②(小孩子)因不舒服而哭闹:渠格两(几)日会(好)~猛。

[硬] 跟"软"相对:~个东西。

[铁硬] 形容坚硬。

[硬撑] 坚硬,坚定:格人做事干~猛个,讲一句算一句个。

[软相] 软,柔软:格个饼~猛个|越随便些讲越~些。

[泡松松] 虚空,松软,不严实:格罗棉花~个|个包包得~。

[喷松] 形容很酥脆:金华酥饼~个。

[塕嘭嘭] 形容许多尘土飞扬。

[腻心(倒)相] 使人心里难受或恶心,多形容人的打扮、举止。

[铁淡] 形容味道很淡:格碗菜~个。

[气息] 气味:有股~。也有人叫"气味"。汤溪叫"气色"。

[腥气] 腥味,腥。

[香喷喷] 香气扑鼻。

[稀臭] 很臭。

[鲜甜] 蜂糖甜,像蜜一样甜:格个桃儿~个。

[**漆苦伶仃**] 形容味道很苦:格种东西~,待好口契呢(有什么好吃的呢)?

[**麻口**] 同涩口,涩的味道:格些柿儿还未熟,~个。

[**涩口**] 麻口。

[**稀**] ①间距大,空隙大(跟"密"相对)。②用在"臭"等形容词前,表示程度深:~臭。

[**壮**] ①(动物)肥。②(人)胖。

[**滚(滚)壮**] 肥壮,壮实:个猪帐(这么)~个呢|格个人~个。

[**雪白滚壮**] 又白又胖。

[**精瘦**] (人或动物长得)非常瘦:格个人~。

[**快活**] 轻松,舒服:生活~猛个。

[**社意**] 舒服。

[**落吃**] ①舒服,不难受:我今日儿一点儿弗~。②安心,放心:我今日儿一点儿弗~。③恰到好处,稳当:榫头做得弗~,会摇个。④用在动词后头,表示完成或达到完善的地步,好:格件事干做~起再讲(先把这件事做好再说)。

[**好过**] ①容易过活:儿囡(儿女)大了,渠咦(又)会~点儿个。②好受。

[**难过**] ①不容易过活:格日子~|今年六月天(夏天)~,热死热死|热~(热得难以忍受)。②难受:侬弗要~了|~猛。

[**调皮**] 顽皮:格个小丐儿~猛个。

[**蛮**] ①(小孩儿)好动,爱闹,不文静:格小丐儿~猛个。②蛮横,粗野:末个地方个人~猛个。

[**下作(伶仃)**] 卑鄙,下贱:格个人~|侬帐(这么)~个呢!

[**轻骨头**] ①贱骨头:格人(这个人是)~。②下贱,不自尊重或不知好歹:渠~猛。义项②也说"骨头轻"。

[发狠] 勤劳,勤奋:渠做生活(干活儿)~猛个。

[活烫] ①(人)机灵,聪明伶俐:格人本事猛(很有本领)个,做生意~猛~猛。②(动物)灵活,机灵:鱼游来游去,~猛。

[便当] 方便;简单:格生(这么)讲~些|~个。

[木头木脑] 呆头呆脑。

[毛糙] 粗糙。

[光汤] ①光滑:扇门刨得~|格爿(块)水泥地做得~猛个|弗~。②精光,一无所有,一点不剩:窝里个东西得(被)渠卖~了|人家都得(被)侬败~了。义项②也说"菌光"。

[细理] ①细致,精致:~个人|茶杯~猛个。②苗条:渠生(长)得~猛个。

[考究] 精致。

[本事] ①本领:格个人~好猛。②有本领,能干:渠比我~些|格个人~猛个。

[小气鬼] 同"刻啬鬼",吝啬鬼。

[刻啬鬼] 同"小气鬼"。

[小气] 同"刻啬",吝啬:格个人~猛个。也说"猫涴"。

[刻啬] 同"小气"。

[大气] 大方,不吝啬:格份人家~个。

[散碎] 零碎:~东西。

[散散碎碎] 零零碎碎。

[统身通身,浑身] 冻得~都冰冷了|走得~都得(都是)汗。

[層] ①洼,凹陷:格个地方~进去了。②凹陷的地方:酒~儿(酒窝)③秕子:~多猛多猛|谷~。

[铁平] 很平坦,很平整:汏路才~个(这条路挺平坦的)。

[烫人] 物体温度高,烫:还有点儿~个|热水~个|滚汤(开水)

永康话语词

~ 猛个。

[**温吞**] (液体)不冷不热,温和:格些水~个。汤溪说"半冷弗热"。

[**冷静**] 清静,不热闹:末条弄堂~猛个。

[**冷清清**] 形容冷落、冷清:末条弄堂~个,无待人走个。

[**安迹**] ①清静,安闲。②不闹腾,安稳:侬帐(这么)弗~个呢,吵死吵死?

[**崭齐**] ①很齐整:书摆得~|针脚~个。②很齐全,很齐备:侬浪房里家伙(你们的家具)~个诶!

[**东分西散**] 形容很分散,零零散散。

[**崭匀**] 很匀称:大小~|苹果都~个。

[**称心**] 符合心愿,满意,喜欢:渠弗~|格件衣裳渠~猛~猛|渠做挈个事干我一点儿都弗~。

[**嫩相**] 相貌显得比实际年龄年轻:格个人~些,末个人老成相(老相)些。

[**长短**] 长度。也说"长"。

[**阔狭**] 宽窄,宽度。

[**开阔**] 广阔:门前~猛个。

[**狭溜溜**] 狭直直,窄而长:格汰(条)路弄得~了,走都弗好走|格条弄堂~,连车都开弗过。

[**厚突突**] 形容很厚或很稠。

[**端正**] ①物体不歪不斜;匀称:渠张面孔生得(他的脸长得)~。②(工作)完成、结束:我今日儿做做~了。义项②也说"煞梢"。

[**壁正**] 很正,一点儿不歪或不斜。

[**笔直**] 刷直,很直:格条路~个。

[**直把笼统**] 没有弯曲或阻碍,直通通:格退屋(这座房子)门

都无了,~了|渠讲话~个。

[篁] 斜,不直:格条线画~了|格块布剪~了|~过去了。

[屈] 弯曲:腰盘~倒来撮(弯下腰来捡)。

[大红] 很红的颜色。

[红红绿绿] 花花绿绿。

[白] ①一种颜色:~花。②无代价,无报偿:~口契。

[雪白] 形容很白:衣裳洗得~。

[白利利] 物体发白或汤、菜颜色浅淡。

[黄] 一种颜色。汤溪叫"松花"。

[鹅黄] 像鹅嘴一样的黄色。

[焦黄] 黄而干枯的颜色:张面孔(一张脸)~~个。

[青] ①蓝色或绿色:~苋菜(绿色的苋菜)。②墨色:~瓦(一种黑色的瓦)。③一种野菜,样子像荠菜,清明节期间用来做一种叫清明餜儿的食品。

[藕荷] 浅紫而微红的颜色。

[漆黑] 非常黑暗:今日儿夜头(夜里)无月亮,~~。

[暗沉沉] 昏暗,阴沉:天公~,要落(下雨)了。

[乌] ①黑色,用于合成词:~云。②黑暗:天公~来了。③熄灭:电灯~掉去了。义项②也说"黑"。义项③也说"阴"。

[乌洞洞] 形容光线或天色黑暗。

[昏沉沉] 形容天色昏沉。

[灵灵清清] 清清楚楚。

[灵清] ①清楚:讲弗~|弄弗~|格人弗~个。②彻底,利落,利索:水潝(甩)子~|我亨(和)渠个账还未算~。

[邋哩邋遢] 邋邋遢遢:侬衣裳着(穿)得帐(这么)~个呢?

[一塌糊涂·一塌梦糊] 形容很乱,很糟,不可收拾:个字涂

(擦)得~|作业做得~|错得~。

[钝] 不锋利(跟"快"相对)。

[韧皮皮] 很韧,不脆:有些肉~个,合(咬)都合弗动。汤溪说
"韧纠纠"。

[松口] (食物)脆。

[清口] 清爽可口,爽口:格菜~猛。

[毛轰轰] 毛茸茸:桃儿~个,要洗子得渠(把它洗一下)再好
(可以)口契。

[焦燥] 很干燥:晒得~。

[焦骨勒燥] 非常干燥。

[透] 充分,透彻:饭还未~(没熟透)。

[稀] 透湿:今日儿爿地(这片地)~个,昨夜落雨过个。也说
"稀哗"。

[稀破] 很破:用~了|格个人衣裳穿挈都~个。

[倒霉] ①丢人,羞耻:嫌~|~死|望口契(看他人吃东西)~猛
个。②羞辱:得(被)渠~去了|渠专门(老是)~我侬个。③遭遇不好:
我今年真当(真)~!|~个事干||义项①也说"恶行"。义项③也说"霉
运""倒灶""倒运"。

[罪孽·阴结·阴结罪孽] 有罪过的,有罪孽的:~猛个。

[罪过] 可怜,值得怜悯:~猛。

[弗三弗四] ①不像样子:买格种东西去望人,~。②不正派:
格个人~个|侬弗用亨(跟)格些~人俍一起。

[弗入调] 不老实,心术不正:格些人~。

[贼头贼脑] 形容举动鬼鬼祟祟。汤溪说"贼头鬼六形"。

[伯嚣调·伯嚣相] 形容胡吹瞎扯、空话连篇:渠讲话~。多说
"伯嚣调"。

[嚛头] 出众,有派头:侬格衣裳才(真)~诶!|侬个头理得帐(这么)~啊! 限于年轻人使用。

[稀奇] 奇怪。

[两样] ①两种:我买了~东西|便(只有)阴历、阳历~。②不一样,不同:我侬个笔跟侬~个|渠个水话(话)亨(跟)我个水话~个|稍微~点儿。

[土里土气] 很土气。

[利市] 吉利:讨~|格个人猛个。利,广韵至韵力至切,止摄。金华读如触摄。

[靠得住·靠得牢] 可靠,可以信任:格个人~个。

[凑头] 顺利,走运:格份人家今年随便做待事干都~猛~猛|百事~。

[健] ①力气大:渠力气好些,比我~些。②身体健壮:渠九十六(指年纪)都~猛~猛。

[着力] 劳累,疲劳。也说"口契力"。

[脱力] 十分劳累,乏力:渠做(干)~了。

[无事·无要紧] 没关系,不要紧,侬俫格里口契~个!|粗点儿也~,细点儿也~。多说"无事"。

[弗要紧] 不要紧。

[随便] ①不加限制,不拘谨:~点儿,弗要客气。②不管,不论:~待西(什么东西)都有个|渠~待生活都会做个|渠~哪生(怎么)做做都做理好猛个。

[宽慢] ①慢:侬~走,啊!|路上小心点儿,~骑|侬弗要急,~口契得个(慢慢吃好了)。②慢慢地做某事:我弗送了,侬~!|尔浪(你们)~,我走了。

[飞快] 非常锋利:刀~个。

[慌急慌忙] 慌慌张张:我~,忘记去了,未听(替)侬买来。

[拗口] 一种大型渔具,用弯曲的木头和网制成,放在河里,让鱼等进入网内。

[好笑] ①可笑:格个人真当(真)~。②玩笑:讲~(开玩笑)。

[老气] 指小孩子老成,老练。

[老成] 老成相,老相。

[弗合算] 无划算。

[老财] 富:格份人家~猛。

[长条] 长方形的:格间房(房间)~个。

[死人重] 死重,形容很沉:格个东西~,拎都拎弗动。

[(屁)屁轻] 形容重量很轻,没有分量:帐(这么)点儿点儿东西~,侬都担(拿)弗动啊?

[屁骨勒轻] 形容非常轻:~个东西都驮(拿)弗动啊?

[轻飘飘] 轻飘而没有分量:渠讲水话(说话)~个。

[贪嬉] 贪搞,贪玩,不想着干活。

[喥喥喥] 拖拉机声。

[蓬啪] 爆竹声。

# 贰拾陆　副词、介词等

[正]　①垂直或符合标准方向。②副词,刚:渠~走|我~来|买来个。

[还正]　副词,才,刚。与时间词语连用时多放在时间短语的前面:我~来|渠~走|落过雨|分家个|格种东西|到格汰(这里)来个|早先(以前)无个,~格几年有个|阳历~后头作兴挈个|后头~晓得|明朝水头(洪峰)~会到。

[刚好]　参见"正好"。

[顶对]　正好,正好儿,恰好,刚好:渠~来了|我~俫末里|我~碰着渠|两人~棒(碰)着|弗多弗少,~三斤|~十块洋钱(钱)|格个东西弗大也弗小,~。现在人也说"刚好"。

[正好儿搭对]　顶顶对对。

[忒]　太。

[危险]　①很不安全:末个地方~猛个。②[危险相],非常,异常:雨落得~大|格本书~好望。危,广韵支韵鱼为切,疑母。金华读如影母。义项①限于年轻人使用。义项②也说"光人","光人相"。

[光人·光人相]　①吓人:渠发挈火来~猛个|弗要徛(站)阳台上,~死。②非常,异常:~多|渠浪(他们)窝里~发财(富)。义项②也说"危险""危险相"。

[弗得了]　不得了,表示程度很深:热得~。

[靠弗住·靠不定·讲弗好·讲弗定]　说不定:渠明朝~来弗来|渠~弗来了|明朝~要落雨。

[讲弗好]　同"靠弗住"。

[作兴]　①兴,兴起:阳历还正后头(阳历是后来才)~挈个。②

根据传统礼俗是准许的,作为习惯的:格件事干弗~个|金华~年初两开始拜年|城里人也~清明日到外头踏青。③表示有一定的可能性,说不定:~今日儿有客人来|明朝~还要落(下雨)。

[凑早] 趁早:侬~去,要落雨了。汤溪说"逢早"。

[临时] ①临到事情发生的时候。②暂时:格条路~弗通了。

[只顾] 不停地,不断地:渠~哭来|渠朝我侬~笑来|天公~晴来|人~聪明来。

[一直] ①汉字笔画中的一竖。②副词,表示动作始终不间断或情况始终不改变:~等到姓点钟。

[老早] 很早:我~来了|渠~便去了。

[还好] ①尚好,还可以:格个东西~个。②幸好,幸亏:~侬来。

[落得] 〈副〉可以:天公还有点儿早,侬~宽慢(慢慢)走|尔浪伯伯(你们爸爸)钞票赚来多死,~用个。

[当面] 在面前,面对面:有话~讲,弗要背后讲。

[做堆] 一同,一起:~住。

[个人] 一个人,独自:我~去|让渠自~去,渠认着路个。

[凑便] 顺便:侬~听(替)我侬买本书来。

[特意·择意] 故意:侬~格生做(这么干)个啊?|弗~个|渠~弄得尔浪(你们)做弗成|侬~挨来待干呢(你故意推我干什么呀)?|渠~格生诈癫(这么装疯卖傻)。

[专门] ①专从事于:渠~做贼个。②不断地:格两日(这几天)~落雨|渠~讲来讲来。③老是:格个人~弄送(捉弄)别人个|渠饭弗口契,~吃些闲食(零食)|渠~吃吃嬉嬉(玩玩)个。

[实在] 的确:侬~要转去(回去)明朝转去(回去)|侬~有事干我也弗留侬了。

[十分十] 完全格个人~靠得住。

［起码］最低限度。

［弗用］不使用:格支笔我~了|平常~个。

［只会］只能够。

［只好］不得不,只得:我~去望电影了。

［白白］没有效果,徒然:~走一趟。

［无灵白孔·无孔(白地)］ 无缘无故:侬~敲(打)渠淡事干(干什么)呢? |侬~害着我侬。

［何苦］何必自寻苦恼,用反问的语气表示不值得:~呢?

［未曾］副词,没有 (不能用于反复问句末):我~口契饭歇(完)渠~去过|渠~归来过。

［难得］①客套话,用于欢迎客人到来,表示客人的到来是十分稀罕的:侬~诶~|侬帐(这么)~个呢!②表示不常常(发生):今年天公~落(下雨)|虽然无几步路,我~汰(趟)个。

［亨］①连词,和:我~渠同学|昌昌~宇宇都去了。②介词,跟,同:我~侬去|格个~末个一样个|格个弗~末个一样个|我未~渠讲过|明朝再~侬讲|格人~野兽生个(似的)。现在年轻人也说"跟"。

［跟］ 参见"亨"。

［从小］从年纪小的时候:渠~就能够吃苦|我~城里大(长大)个。

［情愿］①心里愿意。②宁愿,宁可。

［宁愿］宁可:我~弗去|我~送渠归去。

［要不］连词,表示两种意愿的选择关系,北京说"要么":渠~弗做(干),做(干)挈就认真猛认真猛个。

［随便］①不加限制,不拘谨:~点儿,弗要客气。②不管,不论:~待西(什么东西)都有个|渠~待生活都会做个|渠~哪生(怎么)做做都做得好猛个。

# 《明清吴语词典》中的永康话语词

徐天送　辑

## ai

[捱] 〈形〉凑(近)，贴近。

△玉郎把头捱到他枕上，附身道："我与你一般是女儿家，何必害羞。"(《醒世恒言》8卷)

[碍手碍脚] 妨碍人(行事)，让人觉得讨厌。

△到了四五个月，艳芳的腹渐渐大了，行房之时未免碍手碍脚，不能如意。(《肉蒲团》12回)

## ao

[鏖糟] 〈形〉肮脏、不干净，又喻指下流的。又作"凹糟"。

△子路譬如脱得上面两件鏖糟底衣服了。(《朱子语类》29卷，《迩言》5卷引)

△郭大郎取下头巾，除了一条鏖糟臭油，由边子来，教王婆把去做回定。(《古今小说》15卷)

[拗口] 〈形〉不顺口。

△我曾见过学堂里的什么唱歌书，他那填的词儿，派用平声的，也用仄声，没有一句不拗口。(《泪珠缘》77回)

## ba

[巴得] ①〈动〉盼望(到)，等待(到)。

△屈害了一个平人，反增死者罪过。就是你做儿子的，巴得父亲到许多年纪，又把个不得善终的恶名与他，心中何忍？(《古今小说》1 卷)

②〈动〉巴不得，迫切希望，恨不得。

△舍寓本来一肚子的没好气，正要发作，巴得有人引动他。(《九尾龟》66 回)

[巴结] 〈动〉讨好，趋奉。

△外头的名声也大了，就有些想走门路的钻头觅缝的来巴结善哉和尚。(《官场现形记》38 回)

## bai

[白日撞] 〈名〉白天潜入人家行窃的小偷。

吴中方言谓青昼攫金者为白日撞。(《清忠谱》4 折)

[白身(人)] 〈名〉没进过学，无官职的平民。

△因他是个白身，恐见官不便，故认为姨表。(《雪月梅传》35 回)

[白字] 〈名〉读错写错的字。

△不知不觉的念出多少骑马句子，还有无数的白字 (《九尾龟》44 回)

△读别字(原注：吴语谓之"白字")(《吴府》2 卷)

[半(ban)中腰] 〈名〉半途。

△谁知半中腰里，闹出这个岔子。(《后官场现形记》2 回)

## bo

[薄嚣嚣] 〈形〉很薄。又同"薄枭枭"。

△如此隆冬大雪飘，我与你身上薄枭枭，无柴无米无衣服。(《描金凤》1回)

## bu

[**曝太阳**] 〈动〉晒太阳取暖。同"孵日头"。

△大六月天，还要晡太阳去。(《泪珠缘》96回)

[**不入调**] 〈形〉不正经，不得体。

△这时候我方遇见他那可慊的叔父，只顾对人挤眉弄眼，很有些老不入调。(《歇浦潮》77回)

[**不上不落**] 比喻为难，不好安排处理。

△书是怎么写的？你快念来，省得我像半空中吊桶，不上不落。(《韩湘子全传》11回)

## chan

[**馋唾**] 〈名〉唾沫，口水。又称"馋吐"。

△众人也有买了去的，也有买了就在那里吃的，猪八戒看得馋唾直流。(《后西游记》20回)

## chang

[**长年**] 〈名〉长工。

△夜深客饥，借戒珠寺斋僧大锅煮饭饭客，长年以大桶担饭不继。(《陶庵梦忆》7卷)

[**趁现成**] 〈动〉利用别人已往准备好的有利条件，不劳而获。永康话称"假现成"。

△越想越气，越想越悔，不料当年费尽心机，用了如许工程，竟被官兵来趁现成。(《荡寇志》131回)

[**撑(cheng)场面**] ①〈动〉支撑排场。

△倷哚勿来,让倷哚勿来末哉,我一干仔来搭耐撑场面(《海上花列传》10回)

②〈动〉开拓活动空间。

△只得东奔西走,鬼混了几时浮头食,不上半年,渐渐有些出头,也另外撑出了场面来。(《荡寇志》95回)

## chu

[**出手**] ①〈动〉(货物等)脱手,销赃。

△城里大小当铺都找过,没有,想来还不曾出手。(《官场现形记》13回)

②〈动〉用钱、送礼。尤其强调其派头和排场。

△昨日又承他差人送些小菜来看我,作急备些薄礼,来日到他府中作谢,后来那两尊,还要他大出手哩。(《古今小说》4卷)

③〈动〉动手(打架)。

△朱蔼人豁过之后,屠明珠的通关已毕。当下会豁拳的倌人争先出手,请教豁拳。这里也要豁,那里也要豁。(《海上花列传》15回)

## cuo

[**搓挪**] 〈动〉揉搓。又比喻慢慢劝说。

△龟子道:"他须是个小姐性儿,你可慢慢搓挪他。"那虔婆只到那厢去安慰他。(《型世言》1回)

## da

[**搭脚**] 形容参与别人的活动(如赌博),成为其中一员。

△我们叉麻雀三缺一,你可愿意搭一脚么?(《歇浦潮》5回)

[打雄(儿)]〈动〉(动物)交配,尤指雄性动物的性交动作。

△出家人一见花容凡心就起,小和尚作怪,只思量打雄。(《双珠球》9回)

[汏]〈动〉洗。

△下半日汏衣裳,几几花花衣裳就交拨我一干仔,一日到夜总归无拨空。(海上花列传)23回)

△吴中以略浣为汏(音大)(《吴下方言考》9卷)

(永康话中的"汏"指清洗一次之后又清洗几次。)

[大卵脬]〈名〉肿大的阴囊。指患疝气的男阴。

△方上医者,闻一良方,即笔之。途遇贼,伏林莽潜窥,见群盗方杀一大卵脬者,首坠而孵已缩小,乃取笔记之。曰:"医大卵脬经验方"。(《笑府》4卷)

## dan

[担斤量]〈动〉负责任,知道责任的轻重。

△你平日间也最怪别人说长道短的,今日见他本上止说我不说你,所以讲出这等不担斤量的话儿。(《锦香亭》5回)

[担心事]〈动〉担心,提心吊胆。

△幼安却替他担了一肚子心事,怕的是明夜鸣歧拿他破绽。(《海上繁华梦》初集11回)

## dao

[倒灶]〈动〉倒霉。

△我说你福薄!前日不意中得了些非分之财,今日就倒灶了。(《二刻拍案惊奇》37卷)

[到家]〈形〉达到一定程度、标准或合乎要求。常用否定形式。

△夸奖得自家无书不读，无事不晓，通达古今，谙练世故。……其实是个三脚猫儿，一件也是不到家的。(《韩湘子全传》3回)

[道地]〈形〉很实在，够标准；(做事)认真，像样。

△庆余堂是胡雪岩开格，合格药格外道地。(《九尾狐》35回)

## diao

[刁枭]〈形〉狡猾狠心，也作"刁嚣"。

△勿壳张倪刚刚说仔一句，就吃着耐格个钝杠，耐想耐格阿要刁枭？(《九尾龟》31回)

[调排]〈动〉安排，筹划。

△一回儿牛楚公要唱排酒，一班龟公鳖腿大姐娘姨忙着调排桌子，摆出齐齐整整的两席酒来。(《商界现形记》15回)

## ding

[顶真]〈形〉认真，不马虎；不通融，不让步。

△(净)管是该管，到底是老朋友，弗好顶真勾。(《文星榜》30出)

△兄弟倘若随随便便，不去顶真，不特自己对不住自己，并且辜负上头的一番美意。(《官场现形记》44回)

## dou

[兜得转]〈动〉，比喻办事有门路，行动自如。

△他晓得阿招虽是个女子，外间很兜得转，流氓包探，大半相熟，有她保驾。自己谅不吃亏。(《歇浦潮》87回)

[兜不转]〈动〉不能操纵自如，不能自由活动。

△倘虑银根兜不转，好在有钱老板的保险公司，存银充足。

(《歇浦潮》64 回)

## du

[肚才]〈名〉指内才。

△幸亏肚才还好,提起笔来就写,登时写成功一封信。(《官场现形记》23 回)

[肚饥]〈动〉肚子饿,饥饿。

△李万忍着肚饥守到晚,并无消息。(《古今小说》40 卷)

[肚里]①〈名〉肚子里,有时就指肚子。

△我肚里饥,崔大夫与我买些点心来吃!(《警世通言》8 卷)

②〈名〉心里,思想里。

△也不肚里想一想,敢来唐突,戏弄吾家。(《拍案惊奇》24 卷)

## duo

[掇]〈动〉用双手拿,端;抬。

△洪大工驮到河边,掇块大石,绑缚在尸首上,丢在河内。(《警世通言》33 卷)

## e

[屙]①〈名〉大便。

△又去尾后窖坑内捞起些屙来逼他吃。(《醒梦骈言》15 回)

②〈动〉大小便。

△一连放了十七八个臀后屁,随后屙出一大堆软屎来,几乎连那条葱管肚肠都要屙落了。(《何典》1 回)

## er

[**耳朵根软**] 同"耳软",比喻易听信谗言。

△我们老和尚是个通文达艺之人,却又慈悲太过,有些耳朵根软。(《西游补》1 回)

[**尔**]〈代〉你,当读口语音[n]。

△尔若弗嫌我老娘家个多说多话,再讲个后运来尔听听。(《开卷一笑》2 卷)

## fa

[**发痧**]〈动〉中暑。

△宋江留他吃了几杯新年酒,回转家里,一路上受了暑气,当晚发痧死了。(《荡寇志》111 回)

[**发藏**]〈动〉掘到前人埋藏的金银等财宝。

△又问道:"他这几年家事如何?"邻舍将施母已故,及卖房发藏始末述了一遍。(《警世通言》25 卷)

## fan

[**犯勿着**] 即"犯不着"。不值得(做);没有必要(做)。

△就省点也要一百开外哚,耐也犯勿着口宛。(《海上花列传》2 回)

[**犯着**] 值得,常用否定或疑问句式。是"犯不着"的原形。

△那张天右、张天左、武三思,也犯着送礼与他? ——(《异说反唐全传》41 回)

## fang

[**房头**]〈名〉一个大家族中各个分支家庭。

△其余的三个房头,都是单传的一家一个儿。(《三宝太监西洋记》7 回)

[放生]〈动〉信佛者将他人捕捉的小动物(如鸟、鱼等)买来放掉。喻给人生路。

△我是个苦人,那里赠偿得起。只算放了一个生罢。(《九尾龟》43 回)

### fu

[麸炭]〈名〉烧劈柴时从灶里夹出的炭,和专门烧成的炭不同。

△《老学庵笔记》:"浮炭谓之麸炭"。乐天诗云:日暮半炉麸炭火。浮炭,谓投之水中则浮故也。(《恒言录》5 卷)

[服帖]〈形〉服气、驯服,听话。

△那时我恐与她意见不合,话不投机,所以掸了个枪花,说了一大篇鬼话,把她哄得服服帖帖。(《歇浦潮》1 回)

["斧打凿,凿入木"] 比喻只盯着追究一个人的责任。又称"斧头吃凿子,凿子吃木头""斧头食凿,凿食树"。

△我好端端一个人嫁你,你好端端要还我个人,我只问你要。斧打凿,凿入木。(《型世言》21 回)

### fen

[愤气膨笃] 形容很生气的样子。

### gai

[该搭]〈代〉这里,这儿。又作"格搭"。

△秀姐回头放下手照,始见陶云甫在前,慌说道:"阿唷!大少

爷也来里？该搭龌龊煞个,对过去请坐。"(《海上花列传》42 回)

[**盖末**]〈连〉那么,又作"盖没""格末"。

△是哉,一个人两只手,一只上,一只下。盖没,马大,罗哩个只手上,罗哩个只手下介?(《缀白裘》1 集 2 卷)

### gei

[**戤**]〈动〉斜靠。

△把个身子戤了他门拮,道:"一嫂,亏你得势!"(《型世言》33 回)

### gang

[**冈**]〈名〉指抽打皮肤而肿起的条状伤痕。读去声。

△"虹"字北方人读作"冈"去声。今吴中名鞭挞痕,亦用此音,其即此字耶?(《菽园杂记》5 卷)

### gao

[**藁荐**]〈名〉草垫子,草褥。

△腊月天气,也只得三四层单衣,背上披一件旧棉絮,夜间只有一条藁荐,一条破被单遮盖,寒冷难熬。(《醒世恒言》27 卷)

### ge

[**疙瘩**] ①〈名〉结:(皮肤上)隆起小包。比喻令人思考、胆心的事。

△将辫子挽了个疙瘩,把一件千针帮的背心穿在里面。(《负曝闲谈》11 回)

△不知都氏又添了一个疙瘩,好生烦恼,……(《醋葫芦》3 回)

②〈形〉麻烦、别扭。

△坏哉,坏哉! 亦是一出疙瘩事务里哉。(《缀白裘》6 集 4 卷)

[**革日**]〈代〉那天。

△革日赶得来,要搭小人赁一件海青。(《文星榜》22 出)

[**格点点**]〈代〉这些,这点儿。

△倪先生特为叫倪过来,请请八少格安,格点点物事勿好算俫格礼。(《九尾龟》22 回)

[**格搭**]〈代〉这里,这儿。

△倪叫老二,刚刚来浪上海来,今朝 7 点钟到格搭格。(《九尾龟》18 回)

## geng

[**羹饭**]〈名〉祭祀祖宗和亡者的酒饭。有时作装装样子讲,如"做羹饭,买爷意"。

△刘妪见老儿口重, 便来收科道:"再等女儿带过了残岁,除夜做碗羹饭,起了灵,除孝罢! "(《警世通言》22 卷)

[**羹饭种**]〈名〉指继承血脉的子孙。因为要靠他们祭祀,准备羹饭。又作"羹饭总"。

△王家门里个祖宗,前世罪孽,一定也做得勿少,故而罚我羹饭总断绝,光秃秃两个老老。(《双玉杯》5 回)

## gong

[**攻**]①〈动〉(用身体或某个部分)钻,挤。

△车沟内,鱼来攻水逆上。得鲇主晴,得鲤主水。(《说郛续·田家五行》)

②〈动〉拱(起),凸(起)。

△越治越觉不对,渐渐不能起床,背上早已攻起了一块。(《活地狱》22回)

[鬼]〈形〉狡诈而心术不正。

△吾乡谓狡黠不正者为鬼。(《光绪镇海县志》39卷)。

[鬼迷]〈动〉给鬼迷住,比喻糊涂,精神恍惚。

△也是沈洪命运该败,浑如鬼迷一般。即依着翠香,就拿一千量银子来叫:"妈妈,财礼在此。"(《警世通言》24卷)

[海五海六]〈形〉漫无节制。

△也不想想家里搁着多少银子,便这样海五海六的花……(《泪珠缘》16回)

[行货]〈名〉货色;东西。特指质量低劣的货色。

△只得把与周一看了,道:"这个倒是土货,不是行货。怎口都揿匾了?梁上捏了两个凹,又破了一眼。"(《型世言》36回)

△越俗以贷之次者为行货,其上门者曰门货。(《霞外捃屑》10卷)

[豪燥]〈形〉(动作)快。

△耐豪燥点去哩,别人家等耐勿来,要性急格口宛。(《九尾龟》17回)

## heng

[横竖]〈副〉反正。

△唉,出哉!弗关碍:自家铺盖;横竖棉花胎,晒晒干,再好盖。(《吴歌》甲集)(按:出,指尿床。)

[横头]〈名〉指物体(尤指家具)的一头(一侧)。

△雪香趔趄着脚儿,靠在桌子横头问:"说啥嘎?"(《海上花列传》5回)

## hou

[后生]〈名〉年轻男子。

△真人年六十余,自服丹药,容颜转少,如三十岁后生模样。(《古今小说》13卷)

## hu

[鹘忒]〈形〉(水)温而不烫。

△物微暖曰:"温暾",……俗又转其音曰"鹘忒"。(《土风录》9卷)

## hua

[滑挞]〈形〉圆滑;狡猾。

△我老爷呢其实糊涂,还亏得奶奶滑挞。(《才人福》3出)

[花头]①〈名〉新的事情、名堂。

△光蚀本还是小事,给人说一句,媚老二也算老排头先生了,现在重复出马,连花头都没有,这个台可坍得大了。(《歇浦潮》80回)

②〈名〉办法,花招。

△无端受这酸丁一场打骂,须寻个花头摆布他,方销得此恨。(《石点头》12卷)

[花心] ①〈名〉花蕊,也比喻女阴深处。

△贪花费尽采花心,身损精神德损阴。劝汝遇花休浪采,佛门第一戒邪淫。(《醒世恒言》28卷)

②〈名〉比喻春心。

姐姐生来像花开,花心未动等春来。(《山歌》6卷)

## huo

[霍闪] 〈名〉闪电,又作"霍显""霍献"。

△吃不穷,着不穷,思算不通一世穷。搭着黄牛就是马,外头霍献里头空。(《常言道》16回)

[焖] ①〈形〉(肉)烂糊。

△吴中谓煮肉至烂不用烂曰焖(音闵)。(《吴下方言考》7卷)

②〈动〉把烧熟的东西再加作料回锅烤。音毁,俗呼物再煮为焖(《乾隆宝山县志》)1卷。

△熟物和五味曰焖,呼罪切,俗音晦。(《光绪黄岩县志》32卷)

## hui

[惠钞] 〈动〉即"会钞",会账、付款。也指为他人的消费付款。又作"汇钞"。

△茶厅上也将要打烊,杯策摸出一块钱来惠钞,景史哪里肯依。(《续海上繁华梦》1集11回)

## ji

[激聒] 〈动〉啰唆;絮叨。也作"击聒""咭聒"。

△李二娘讨来火种,道:"连日听得老亲娘击聒,想是难过。"(《型世言》3回)

[几呵] ①〈代〉多少,询问数量,又作"几哈""几吣"。

△妙,人品双绝,但勿知要几哈财礼?(《琥珀匙》10出)

②〈形〉许多。

△陈家妈妈有人缘,风月场中走子几呵年。(《山歌》9卷)

[记气] 〈动〉记仇、记恨。

△好像前日子小姐拿我打了一顿,至今满身子骨头酸痛,还勿曾好个拉。我是勿记气个。就是故豆亲事还亏子我嘘。(《文武香球》13回)

[记认] 〈名〉易辨认的标志。

△哪家不穿衣服,哪家不吃饭?别物有记认,吃的米,穿有衣,难道也有记认的?(《金云翘》4回)

### jian

[摖] 〈动〉(用筷子)夹,又作"兼"。

△北人以箸取物,尚谓之夹,南人谓之兼,兼字无义,要是夹之转。(《越言释》上卷)

[见气] 〈动〉生气,动怒。

△贫尼们方才有何言语来得罪,千金见气就回来?(《珍珠塔》15回)

[牮] 〈动〉音"荐"。房屋倾斜,用长木代柱子来支撑(使正)。

△屋敧侧用木撑正曰牮。案字书无此字,惟梅氏《字汇》收入,音作甸切,注:屋斜用牮。盖明人方俗字。(《土风录》15卷)

## jiang

[**姜**]〈副〉刚,又作"将""姜姜"。

△(付)姜泡个。喷喷香香,好茶。(《缀白裘》1 集 4 卷)

△姜姜吃得一只鸡,莫非再拿我个道士得来生擘擘吃子下去了?(《缀白裘》10 集 3 卷)

## jiao

[**焦躁**]〈动〉着急而烦躁,又作"焦躁"。

△各官员都是有事的,不觉都焦躁起来,于是打发人放舢板登岸,跑回局里去。(《二十年目睹之怪现状》30 回)

[**脚**]〈名〉液体中的沉淀部分,渣滓;少量的剩余物。

△兰仙抢过去吃了一大半,只剩得一点点酒脚,才递给赵师爷吃过。(《官场现形记》13 回)

[**脚钱**]〈名〉指给搬运礼品等物的人的报酬。

△俗谓送礼物力钱曰脚钱。(《土风录》5 卷)

## jie

[**接嘴**]〈动〉接腔,接着别人的话头继续说。

△今闻宝玉说起,便接嘴道:"有两个咸水妹我倒认得格。"(《九尾狐》22 回)

[**揭**]〈动〉阉。

△走到他家,就是阉过了的猪,揭过了的狗,任你翻来覆去,横眂也没有,竖眂也没有,秋生冬熟之田,变成春夏不毛之地。(《无声戏》9 回)

[**阶沿**]〈名〉石或砖砌的台阶,也作"街沿""街檐"。

△遂扶到一家门首阶沿上坐下。(《醒世恒言》27 卷)

永康话语词　方言书籍中的

[解] ①〈动〉(用锯子)锯开。

△拣选天下良工,把这块玉解为三段。(《三宝太监西洋记》9回)

②〈动〉消除、解除、减少。

△曰:"欲杀此壶。"又问:"壶何可杀?"答曰:"杀了他解解暑气。"(《笑林广记》9卷)

## jin

[进舍] 〈动〉入赘。

△今人称赘婿曰入舍女婿。……越以入舍为进舍,字稍不同。(《释谚》)

[劲道] 〈名〉劲儿,力气。

△上了些年纪的人,脚里没有什么劲道,几乎跌将下去。(《续海上繁华梦》3集13回)

[噤] 〈动〉颤抖、哆嗦。

△做了夫妻之后,时常与素梅说那些事,两个还是打噤的。(《刻拍案惊奇》9卷)

[精空] 〈形〉空无所有,一无所剩。

△村西头那片势利场,青草没人头的,精空在那里,何不就起在上面?(《何典》1回)

## jiu

[酒钓] 〈名〉酒勺,也作"酒吊"。

△酒钓者,勺也。……亦即以钓为量酒之器,盖三钓而一斤,两斤而一升也。……俗不知钓之为勺,而为酒吊。(《越言释》上卷)

[酒水] 〈名〉酒,特指酒席。

△又见柳家铺毡结彩,笙箫鼓乐,火药花炮,筵席酒水,日日备办。(《画图缘》14回)

## kai

[**开荤**] ①〈动〉指素食者开始吃荤,开斋。

△刘翁叙起女儿自来不吃荤酒之意,宋金惨然下泪,亲自与浑家把盏,劝他开荤。

②〈动〉比喻有初次性交的经验。

△我在他家的时节,正是讨亲相帮喜事,这位娘娘第一夜开荤,就像杀猪也似叫起来。(《七剑十三侠》39回)

[**开间**] 〈名〉中式房子的宽度单位,相当于一根檩子的长度。

△那隔壁是一所大房子,前面是五开间大厅。(《二十年目睹之怪现状》43回)

[**开年**] 〈名〉明年、来年。

△今年借子一锭,到开年还子两锭没是哉。(《缀白裘》1集4卷)

## kan

[**堪堪**] 〈副〉恰恰、刚好。又作“坎坎”。

△素臣仍往前进,堪堪至近,拔出宝刀,大喝一声,一刀斫下。(《野叟曝言》92回)

[**看好看**] 〈动〉看笑话,旁观别人出丑。

△我勿是去看好看啊,皆为下去拿酒,看见厨子才勿勒浪,格落我差相帮笃去喊,就勒下底等仔歇。(《九尾狐》26回)

## kang

[囥]〈动〉藏、隐藏。又作"坑"。

△即见几个烧饼,先拿一个吃起来,还要想一齐囥在身边贴紧。(《双鼠奇冤》上卷)

## kao

[靠老]〈动〉防老,老后依靠。

△这是你我靠老的一件大事,你如何不上紧?(《警世通信》22卷)

## kong

[空口白话] 指空谈,说空话(不能兑现的谎言)。

△"要是空口白话,孙氏那边难道不会塞狗洞么?"(《活地狱》31回)

## kou

[口采]〈名〉吉利的话。

△口采,吉语也。……近日杭人,动辄须讨口采也。(《两般秋雨盦随笔》7卷)

[扣]①〈动〉严格按照某个数量计算。

△到了家中,周公子也会扣日算,只送得一半修金。(《醉醒石》14回)

②〈动〉即"去"。表"去"的口语音。

△归曰"居去",曰"扣"。(《光绪杨舍堡城志稿》6卷)

## ku

[窟臀]〈名〉指臀部、屁股。

△指望养个大胖儿子，罗哩晓得依旧光子个勾窟臀。

## kuai

[**块头**]〈名〉(人的)个头、个儿。

△银子只有芝麻黄豆大个块头，那里有个石头大个？(《缀白裘》5 集 3 卷)

## lai

[**来浪**]〈动〉在，在那儿，浪，本是表地点的词。

△正要退出，却为屠明珠所见，急忙问道："阿是黎大人一干仔来浪？"(《海上花列传》19 回)

[**来头**]〈名〉来势，指靠山。

△你若去下书，嘴舌不利，便就是天大的来头，也只当鬼门上贴卦。(《鼓掌绝尘》19 回)

## lan

[**烂贱**]〈形〉极便宜、极下贱。

△一面又等不得到手，就将马骡烂贱准折去了。(《豆棚闲话》9 则)

[**烂料**]〈形/名〉懒惰挥霍。也指这样的人。

△四五年省下来几块洋钱，拨个烂料去撩完哉。(《海上花列传》31 回)

## lang

[**晾**]〈动〉晾(东西)晾晒。

△俗呼晒为晾，音浪，如呼晒衣为晾衣之类。(《乾隆宝山县

志》1 卷）

### lao

[劳碌]〈动〉辛劳、劳累。

△你爷为你这天杀的使费着急，又劳碌，多吃了急酒死了。（《风流语》6 回）

[老底子]〈名〉从前、原来。

△如今既是我要交大运了，少不得要改个样子。老底子那几处玩惯的门户,屏而不用。（《商界现形记》6 回）

[老古话]〈名〉俗语,谚语。

△所以老古话有句叫做"说嘴郎中"，做郎中的人,本来仗着张嘴呢!（《歇浦潮》98 回）

[老靠]〈形〉牢靠;老练。

△因他积年老靠,场内该誉的文字,都从他手里分散。（《鸳鸯针》1 卷 1 回）

△"他说得如此老靠,断无不来之理。"（《官场现形记》36 回）

[老实不客气] ①不推辞,接受别人的好意。

△红珤本预备别个姊妹家中吃饭去的,得明月阁相留,也就老实不客气了。（《歇浦潮》82 回）

②直截了当(地说、做)。

△你们怕失体统,那么老实不客气的放我出去得了!（《孽海花》30 回）

[老套头]〈名〉套话。

△不过"宪恩高厚,未便辜负上游这番栽培"这些话,也是做官的老套头。（《活地狱》30 回）

[老鸦嘴]〈名〉乌鸦嘴,比喻多嘴,乱说的人。

△个张老鸦嘴，……就像告天子能介乱倒。(《琥珀匙》10 出)

## le

[勒] ①〈动〉即"捋"。

△你把他前所与我的戒指拿去与他看，……凤生即在指头上勒下来交与龙香去了。(《二刻拍案惊奇》9 卷)

②〈动〉割、拉。

△大保去灶前摸了一把厨刀，去爷的项上一勒，早把这颗头割下了。(《古今小说》26 卷)

[勒脱] 〈形〉无赖、不正经。又作"肋赋"。

△施利人欺贫重富，名为势利人；眭炎、冯世吮痛舐痔，名为勒脱人。(《常言道》16 回)

## leng

[冷粥冷饭] 〈名〉剩粥剩饭。

△弗指望清水白米饭，冷汤冷水也罢，冷粥冷饭也罢。(《墨憨斋定本传奇·双雄记》)

## li

[沥] 〈动〉液体与固体分离而流出、过滤。

△烧红砖一块，取旧草鞋一只，先浸尿桶内半日。取出，沥尽尿，乘湿置红砖上，将肿脚踏鞋上，火逼尿气入皮里，即消。(《寿世编》上卷)

[利市] ①〈形〉吉利、运气好；也指买卖顺利。

△我家官人正去乡试，要讨采头，撞将你这一件秃光光不利市的物事来。(《拍案惊奇》34 卷)

②〈名〉利益、好处。

△若是捉破了贼,不是甚么要紧公事,得些利市,便放松了。(《二刻拍案惊奇》5卷)

③〈名〉喜事、好事。

△若要利市,先说遁时,那里做得隔夜忧。(《韩湘子全传》25回)

[利市饭]〈名〉祭财神后吃的饭。

△苏州风俗,是日家家户户,祭献五路大神,谓之烧利市。吃过了利市饭,方才出门做买卖。(《警世通言》15卷)

## liang

[两日]〈名〉这几天;也指过去或将来的几天。相当于"这两日"。

△顺三郎说:"不瞒你说,两日不曾做得生意,手头艰难。"(《古今小说》21卷)

[量大福大]器量大的人,福气也大。多用于恭维。

△大人真真量大福大,挑挑唔倪。(《九尾狐》39回)

## liao

[料作]〈名〉衣料。

△格格困身子格料作末,绸缎庄浪向赊来浪格。(《商界现形记》2回)

[尥]〈动〉使绊子。

△吴中谓舒足钩人曰尥(音料)(《吴下方言考》9卷)

## ling

[**灵清**]〈形〉清楚;明白。

△尉迟大娘听了也自骇然,道:"奇了,昨日灵灵清清送他入棺,西村人都在那里送殓,敢道是做梦不成。"(《荡寇志》140回)

[**另有一功**]特别,与众不同。

△只有方才走这几步路,走的可是另有一功。(《九尾龟》22回)

## lu

[**路数**]〈名〉门路;窍门。

△别个不知痛痒,我老经纪伏事个过的,难道不晓得路数?(《型世言》21回)

## lü

[**绿沉沉**]〈形〉深绿。

△吴中谓绿色深者曰绿沉沉。(《吴下方言考》4卷)

## luo

[**捋顺毛**]〈动〉顺着毛生长的方向抚摸。比喻顺着对方的意思来说话、行事。

△即是我与选仁到他家里走动,也顺和颜悦色,捋顺他的毛。(《九尾狐》19回)

[**落苏**]〈名〉茄子。

△茄子一名落酥,又名昆仑紫瓜,种苋其傍,同浇灌之,茄、苋俱茂。(《长物志》)

[落头]〈名〉克扣下来的钱财。

△暂借银六十万两。(评:除与倭寇外,还有二十万落头。)(《绿野仙踪》74 回)

## ma

[骂山门]〈动〉骂街、漫骂。

△骂山门,登门辱骂也。(《清稗类钞·上海方言》)

## man

[蛮婆]〈名〉对妇女的蔑称。

△今天被这蛮婆闹得我精神乏了,故而在此抽口烟儿,略养养神。(《续海上繁华梦》1 集 15 回)

[慢娘]〈名〉后母。"慢"是"晚"的白读音。继父说"慢爷"。

△后来我问问俚,啥个爷嗄,是俚慢娘个姘头!(《海上花列传》52 回)

## mao

[毛]〈副〉表约数,指将近某数。

△标下今年活到毛六十岁的人了, 以后这个脸往那里摆?(《官场现形记》31 回)

[毛头]〈名〉指年幼、稚嫩。

△毛头阿姐忒贪花,足足里做子三十多年老肉麻。(《夹竹桃》)

## men

[悗声发财] 指不加声张的发财。也比喻悄悄地行事。悗,即"闷"。

△悗：母本切。今方音转作平声,有"悗声发财"之谚。(《通俗编》36 卷)

## meng

[懵懂]〈形〉糊涂,不明白。

△一个夏学,学得一身奸狡,到书上甚是懵懂。(《型世言》13 回)

## mi

[米泔水]〈名〉淘米后剩下的水;泔水。

△用米泔水泡净,加木瓜酒,磁盘蒸。(《调鼎集》2 卷)

## ming

[明堂]〈名〉院子。

△明堂大似厅屋,地气太泄,无怪乎不聚钱财。(《十二楼·三与楼》1 回)

△越中呼院落曰"明堂",字定依《越谚》(卷中)作"明唐"。(《释谚》)

[明朝]〈名〉明天。

△不过倪今朝轧实有点事体,呒拨工夫,阿好明朝去仔罢?(《九尾龟》135 回)

[名堂]〈名〉名目,说法。

△茶个名堂多得是朵!两个头珠兰,三个头旗枪,四个头雨前,还有毛尖、武夷。(《玉蟾龙 22 回》)

[名头]〈名〉名声。

△新姨与两个丫头讲,今日若不如此说明,一世名头都被蛮

子玷污了。(《双喜冤家》17 回)

## mo

[**沉没头**]〈动〉头潜入水中,潜水。

△吊在水里,一连沉了几个没头,吃了好几口水,随波逐浪,淌了有二三里之遥。(《三宝太监西洋记》19 回)

## nan

[**囡**]〈名〉女儿。

△那老色鬼的老婆畔房小姐,是识宝太师的养娇囡,怎好去惹他?(《何典》9 回)

## nao

[**脑(头)**]〈名〉刚萌生的花叶。如"菊花脑"。

△俗言花叶初发者为脑,亦曰脑头。……参寥次东坡黄耳蕈诗:铃阁追随十日强,葵花菊脑厌甘凉。(《直语补证》)

[**闹热**]〈形〉热门;吵闹。

△就你一句,我一句,斗个不了。正斗在闹热头上,知府拜客回来。(《无声戏》2 回)

## ni

[**腻心**]〈形〉(因肮脏而)恶心。

△我最恨厨子有胡子,十个厨子烧菜,九个要先尝尝味儿,给有胡子的尝过了,那简直儿是清炖胡子汤了。不呕死,也要腻心死!(《孽海花》14 回)

## nian

[蔫] 〈形〉因不新鲜而色彩暗淡。也指菜肴发臭,称"蔫臭"。

△今苏俗谓物之不鲜新者曰蔫。(《说文通训定声》14 卷)

[撚] 〈动〉(用手指)旋,音 niǎn。

△这小姐叫细崽来,……叫他把里头一间密室打开,撚好了自来火。(《红杏艳史》13 回)

[念] 〈数〉即"廿",二十。

△胡国仲输了一百念块,景史输了八十。(《续海上繁华梦》1 集 12 回)

## niang

[娘妗] 〈名〉舅妈。

△娘舅领他到了外婆家,……虽不免受娘妗的鹘突气,那娘舅到底是个大靠背,尚不致吃尽大亏。(《何典》6 回)

[娘舅] 〈名〉舅舅。

△有兰吃了酒饭,拿了铜钱,拜别外公、外婆、娘舅,快乐回家也。(《双鼠奇冤》上卷)

## nong

[弄僵] 〈动〉搞坏,变尴尬。

△他不肯出力,这事岂不弄僵? 现在坍台坍在姓贾的手里,心上总不甘愿! (《官场现形记》27 回)

[弄耸] ①〈动〉玩耍、耍弄,耍花招,又作"弄松""弄怂"。

△这两日是四月天, 农忙停讼, 没处弄耸, 趁闲来此巡察。(《水浒后传》1 回)

②〈动〉作弄;(暗地里)算计。

△那伙提草鞋公人,见本官软弱,便都将嘴骗舌头的来弄怂他。(《何典》5回)

[弄堂]〈名〉小巷;胡同。

△姐在弄堂走一遭,吃情哥郎扯断子布裙腰。(《山歌》1卷)

### nuo

[喏]〈叹〉提醒对方注意,常用于指示方向、传递东西或说明理由。

△大爷,喏喏,前头就是法华庵哉。(《白雪遗音》4卷)

### pai

[牌头]〈名〉指靠山。

△事急何妨抱佛脚,势穷务必靠牌头。(《歇浦潮》93回)

### pan

[爿]〈量〉片、块。

△磨石器有上下二爿,上爿有棱有眼有担,可以推出粉面等物,而令之细。(《吴下谚联》1卷)

[盘缠]①〈动〉路费。

△身边虽平日克剥得些银钱,往来盘缠不够,也把几件衣服,卖与香公凑用。(《石点头》14卷)

②〈名〉生活费用。

△日逐盘缠,都是白娘子将出来用度。(《警世通言》28卷)

### pao

[泡]〈形〉体积大而重量轻。

△泡:凡物虚大谓之泡。(《直语补证》)

## pei

[胚]〈名〉种;家伙。作用类似后缀,常用来骂人。又作"坏"。

△(小生)狗男女! 狗男女! (付、丑)苦握鸟! 讨饭坯! (《缀白裘》4·集 1 卷)

## pen

[喷香]〈形〉很香。

△吴中谓物之香甚者曰喷香。(《吴下方言考》9 卷)

## peng

[磞脚绊手] 比喻对人的行动有妨碍,让人讨厌。"磞"又作"碰"。

△娘子官人咦道我磞脚绊手,丫头阿姐咦骂我离眼别晴。横弗中渠个意,竖弗像渠个心。(《山歌》8 卷)

[蓬]〈量〉股(烟、气、风、火)。又作"篷"。

△只见钱百锡手中这两个金银钱望空飞去, 变做了一蓬青烟。(《常言道》15 回)

## pi

[譬如] ①〈动〉举例时用,如,就像。

△譬如这只茶杯,无论是新是旧,损路是有不得的。(《续海上繁华梦》1 集 15 回)

②〈连〉对已经过去的事作相反的假设,以说服人。假如(那时

没),就算。

△反正拿着不肉痛的钱,譬如没有的一样,胡钻乱塞。(《活地狱》32回)

## pin

[姘] 〈动〉非夫妻关系而发生性行为。

△不谋而合,无礼之娶,均谓之姘。(《二十年目睹之怪现状》79回)

[姘头] 〈名〉姘居(或通奸)的对象。

△沪上野鸳鸯成群逐队,其事始于娼家仆妇,男女相悦,人遂目之曰"姘头"。(《沪游杂记》2卷)

## ping

[溯滂] 〈拟〉较重的撞击声。

△今吴谚谓风击物声曰溯滂(音平旁)。(《吴下方言考》2卷)

## po

[破口] 〈动〉指和人翻脸吵架。

△彼此都是好朋友,为这些些小事弄得破口反面,岂不惹人家笑吗?(《九尾狐》3回)

[破相] 〈动〉指脸部受伤变样(变丑)。

△若还不是一脚,踢去了几个牙齿,教我一世便破相了。(《鼓掌绝尘》12回)

## pu

[铺] 〈动〉即"潽"。溢。尤指液体煮沸溢出。

△炊釜溢也。宋本《说文》:"炊声沸也。"……今苏人俗语曰铺,音之转也。(《说文通训定声》13卷)

[蒲桃] 〈名〉核桃。

△一只碟子里向火肉,一只碟子里向熏鱼子,一只碟子里向蒲桃肉拼了落花生肉。(《合欢图》19回)

[蒲鞋] 〈名〉用蒲草编的鞋子。

△后生家见子人来三脚两步闪开了去,老人家还要的的搭搭摸蒲鞋。(《山歌》4卷)


qi

[七高八低] 形容路面不平,以致走路不稳。

△七高八低的进了弄堂,见伶儿已在那里叩门。(《续海上繁华梦》3集23回)

[七零八落] 比喻零乱和分散。

△院内也种些花草,已开的七零八落。(《保护仙踪》15回)

[七拼八补] 同"七拼八凑"。

△身穿七拼八补的短衫裤,暗昏昏不知是甚颜色。(《续海上繁华梦》29回)

[七七八八] 差不多,大概。

△老道,你证果已成七七八八,上天已快了,不可再坏了心田吓。(《缀白裘》9集1卷)

[七上八落] ①上上下下,动作不整齐的样子。

△累得我一个人又要烧火,又要炒菜,七上八落的,好不吃力!(《野叟曝言》8回)

②形容心神不宁。

△肚里有些七上八落,不知此主钱财诈得手否,心怀忧虑。

(《生绡剪》6 回)

**[齐头]** 〈形〉(指数字)整。

△父亲今年七十九,明年八十齐头了。(《古今小说》10 卷)

**[骑两头马]** 比喻持骑墙的态度,向两方面讨好。

△不道天启爷病势渐笃,人心惶惑。除十干儿之外,这些党羽看见光景不甚如意,也骑着两头马了。(《警世阴阳梦》8 卷 28 回)

**[起根]** 〈动〉起因。

△圆静因坐窝赃,严追自缢。起根都只为一个圆静奸了田有获的妾。(《型世言》29 回)

**[起劲]** 〈形/动〉情绪高,劲头大;积极,卖力。

△俚末看见阿姐勿适意仔也勿起劲哉,阿晓得?(《海上花列传》18 回)

**[起码]** ①〈动〉用在数量后,表示最低限度,起价。

△其中以一千元起码,只能委个中等差使;顶好的缺,总得头二万银子。(《官场现形记》4 回)

②〈副〉至少。

△起码要罚五十块洋钱,阿要该死!(《海天鸿雪记》20 回)

③〈形〉最低;差(chà)。

△至少至少我算总要二百块钱一年才能够活动活动,这还是起码数目呢。(《十尾龟》14 回)

**[起身]** 〈动〉动身(出发)。

△稳指望大唉一番,谁知啜得几杯空茶,江生就赶他们起身。(《吴江雪》8 回)

**[起早落夜]** 起早摸黑,形容辛勤。

△这般蚩蚩扬扬,张家嚼猪,李家拖狗,早起落夜去看,性命可是盐换来的!(《生绡剪》15 回)

## qian

[**千张**]〈名〉一种薄薄的豆腐干片。

△买停当子纸马牙香,蜡烛要介两对,还要介一块千张。(《山歌》9卷)

[**牵牛上纸桥**]喻硬拉着走。永康话叫"牵牛上板壁",比喻难做。

△一头说,扯的推的,那玉峰就是牵牛上纸桥。(《生绡剪》9回)

[**前后脚**]〈名〉表示两个动作发生时间很接近。同"前脚后脚"。

△听老三说,你同我前后脚,我进门,你才出去得不多时候呢。(《歇浦潮》94回)

## qiang

[**强横**]〈形〉蛮横,不讲理。

△当今之计,只有用强横手段,要作弊大家作弊,看他拿我怎么样。(《官场现形记》17回)

## qiao

[**敲竹杠**]〈动〉敲诈(钱财)。

△要想寻个户头敲些竹杠砍记斧头,比着登天还难。(《海上繁华梦后集》19回)

[**跷脚**]〈名〉跛子。

△今苏俗语有言轻跷者,有言跷脚者,皆此字。(《说文通训定声》7卷)

## qie

[**筤**]〈形〉斜。同"揁"。《广韵》:"筤",斜道也,迁,谢切。

qin

[**亲家姆**]〈名〉即"亲家母",女性亲家。

△老老,故嘿真正有才学个写个:口五两拜,我两拜,亲家姆两拜,夫妇之情也是两拜,共成八拜。(《缀白裘》8 集 1 卷)

[**勤力**]〈形〉勤劳、辛勤。

△赖得你等勤力,各能生活,每年送我礼物,积至近万。(《醒世恒言》38 卷)

[**揿**]〈动〉按、压。

△月山殷勤备至,说了几句羡慕的话,然后将叫人钟一揿,走进一个西崽。(《九尾狐》9 回)

qing

[**青盲**]〈名〉中医指青光眼。

△这童先自幼两目青盲,投师学推卜之术,深明卦理,言无不中。(《于少保萃忠全传》28 传)

[**清爽**]〈形〉整洁、干净。

△玉甫见那盘内四色精致素碟,再有一小碗五香鸽子,甚是清爽,劝漱芳吃些。(《海上花列传》20 回)

[**清脱**]〈形〉干净清雅,又作"清忒"。

△我这里间清清脱脱,师太从勿曾养儿子,你到别场化去寻了罢。(《双玉环》20 回)

[**清坐白坐**]闲坐。

△我十个指头闲看痒杀了,清坐白坐的坐着,好不令人难熬。(《歧浦潮》99 回)

[**轻骨(头)**]〈名〉指轻浮不稳重的人。

△阿晓得我是个轻骨头叫化子了夹?(《缀白裘》10 集 2 卷)

[攀]〈动〉痉挛;抽筋。

△面上微红非死形,脚弯一缩手来攀。(《珍珠塔》6回)

[情面]〈名〉情分;面子。

△福生碍于娘舅情面,才委委曲曲答应了。(《叶尾龟》12回)

## qu

[渠]〈代〉他;她;它。又作"傶"。

△那秋菊小丫头,倒有点鬼画符个,等我叫渠出来,商量商量看。(《雷峰塔》22出)

## ren

[人事]〈名〉礼物;土仪。

△今吴中谓土产为人事。(《吴下方言考》8卷)

△饷人物曰送人事。(《咸丰鄞县志》31卷)

## ri

[日头]〈名〉太阳。

△今日怎起这般早身,可是怕日头晒肚皮么?(《何典》7回)

[日长夜大] 比喻成长很快。

## ru

[入舍女婿]〈名〉倒插门女婿。

△今人称赘婿曰入舍女婿。……越以入舍为进舍,字稍不同。(《释谚》)

## ruan

[**软工**]〈名〉温和而非对抗的手段。

△吉里风竹轩,勿比佛阁浪,一无活路,要说软工个。(《三笑》16 回)

## san

[**三脚猫**]〈名〉指什么都懂一点,但什么都不精的人,半瓶子醋。

△夸奖得自家无书不读,无事不晓,……其实是个三脚猫儿,一件也是不到家的。(《韩湘子全传》3 回)

[**三日两头**]经常;常常。

△俚自家倒无啥用场,就不过三日两头去坐坐马车。(《海上花列传》24 回)

[**三只手**]〈名〉指小偷、扒手。

△唅,兄弟朵,舍响?快点起来看看,勿要是三只手。(《双帅印》2 回)

[**散碎**]〈形〉零碎、零散。有时又指零钱。

△秦重把银包解开,都是散碎银两。(《醒世恒言》3 卷)

[**三朝**]〈名〉指小孩出生后第三天,婚礼后第三天,要举行相应的仪式。

△三朝满月我搭你重相会,假充娘舅望外甥。(《山歌》3 卷)

## se

[**啬刻**]〈形〉吝啬,永康话叫"刻啬"。

△这沈剥皮虽然啬刻, 他的那两个儿子却是著名的洋盘。(《九尾龟》73 回)

## sha

**[杀价]** 〈动〉砍价。

△三荷包听了满心欢喜,心想这可由我杀价,这叫做"里外两赚"。(《官场现形记》5回)

**[杀火]** 〈动〉熄火。

△以水熄火谓之杀火,亦谓之渐火。(《越言释》下卷)

## shang

**[上落]** 〈动〉上下;也指(人员)来往;(价钱)出入。

△上海地方要买这种东西,没有靠得住的朋友同去,价银很有上落。(《续海上繁华梦》3集2回)

**[上年]** 〈名〉去年。

△唉,男个,小心点阿,咿勿要像子上年一样,买子贼赃了吃官司。(《十五贯弹词》1回)

**[上日]** 〈名〉昨天。

△听得说秋燕嫁个上日,还叫人请鸣冈去,问耐阿要几时上来。(《海上鸿雪记》4回)

**[上勿上落勿落]** 不上不下。比喻处境尴尬。

**[上台盘]** 〈动〉比喻在大庭广众前(尤指正式场合)露面。也指这时能举止得体,常用否定形式。

△两倍虽有几席,都是穿草鞋、穿短打的一班人,还有些上不得台盘的,都在天井里等着吃。

## sheng

**[生活]** 〈名〉工作;活力。

△这个不敢说谎,生活便做了这几日,任我们穿房入户,却从

不曾见大官人的影儿。(《醒世恒言》15卷)

[生意] 〈名〉买卖;商业活动;经营情况。

△只见当中生意静悄悄,两个朝奉椅中打克充。(《描金凤》3回)

[生意经] 〈名〉买卖。常指做买卖的窍门,路子。

△子安道:"我也明白,不过我们买来又不是自己用,依然是要卖出去的,是个生意经,自然想多赚几文。"(《二十年目睹之怪现状》85回)

[声叫声应] 叫一声应一声。形容答应得快,顺从听话。

△以此言渊在下,百般引诱儿子,声叫声应。言渊以儿子才方认父,好不欢喜。(《生绡剪》15回)

shi

[失眼] 〈动〉看错;错误地判断。

△铜钱极是好看,只有银子到难看处。盛氏来相帮,不至失眼。(《型世言》3回)

[十八变] 〈名〉形容多变的事物。

△谚称十八变者二:一曰黄梅天;二曰姐姐家。(《吴下谚联》1卷)

[十不全] 〈形〉比喻丑陋不堪。

△看他行动,竟是个十不全模样。(《疗妒缘》6回)

[屎缸] 〈名〉盛粪便的缸;屎缸板,指设在缸上的木板,以便坐或蹲着大便。

△走到庭前去,掇一个屎桶。一个半破了的屎缸,量着跳下的所在摆着,自却去堂里睡了。(《拍案惊奇》17卷)

[事干] 〈名〉事;事情。

△近邻有尤生号尤滑稽,惯走京师,包揽事干,出入贵人门下。(《警世通言》25 卷)

[**势头**] ①〈名〉(赖以仗仗的)势力;权势。

△有一等凭着自己的势头,强占人便宜;有一等恃着自己的豪富,硬派人吃亏。(《常言道》1 回)

②〈名〉(紧急)情况;状况。

△待势头稍缓,然后再往别处。(《醒世恒言》15 卷)

△陈通见张秀走了,不知什么势头,也慌忙往外一跑。(《鼓掌绝尘》33 回)

[**市面**] ①〈名〉市场;市场情况。

△就以租界而论,法租界的市面盛呢,还是美租界的市面旺?(《商界现形记》8 回)

②〈名〉社会。

△做生意格讨仔倪,市面浪说起来:"某人讨好高湘兰哉,倪大家当心点,谨防俚撤烂屙!"(《海天鸿雪记》18 回)

△友才的五万余金现款都划在皙子名下。皙子子仗着它,在外间很挣了些市面。(《歇浦潮》4 回)

<br>

shou

[**手短**] 〈形〉比喻贫穷。

△贫曰烦难、曰手短,亦云来费及(读如"具")。(《同治安吉县志》7 卷)

[**手脚**] ①〈名〉指(不端的)行为(如偷盗等)。

△他少年聪慧,知书达礼,晓得母亲有这些手脚,心中常是忧闷,不敢说破。(《拍案惊奇》17 卷)

②〈名〉手腕;手段。

△赵分如明知是虎臣手脚,见他凶狠,那敢盘问?(《古今小说》22卷)

[手劲]〈名〉手臂的力气。

△不过包厢里丢到戏台上去,我却没有这个手劲。(《续海上繁华梦》2集22回)

[手里]①〈名〉表示不同的辈分(的财产,所做的事)。

△父亲手里遣下一件宝贝,是一块羊脂白玉雕成个马儿,唤做玉马坠。(《醒世恒言》32卷)

②〈名〉表示由某人指挥或教授;在某人手下。

△适遇一个父亲手里的帮闲水心月来。(《型世言》32回)

③〈名〉表示由某人经手或主持(做)。

△老三,还有你二哥、四弟,连你弟兄三个,那一个不是在我手里长大的?(《官场现形记》5回)

## shu

[熟门熟路]指对路线环境及当地的人很熟悉。

△一直进城,投奔石牌楼而来。王孝廉是熟门熟路,管门的一向认得,立时请进,并不阻挡。(《官场现形记》2回)

[熟套]〈形〉熟悉。

△地理看得弗精,历本也不熟套。(《清忠谱》4折)

[竖屋]〈动〉盖房子时上梁,也指建造房屋。

△大凡新竖屋那日,定有个犒劳筵席,利市赏钱。(《醒世恒言》18卷)

[数脉]〈名〉即"数目",常和"有、无"连用。有数目,表示有把握;有依据;(心里)明白。无数目,表示没有底;不合规矩。

△人都道这娘子忒宽打料,不知数目,不知他自有主见。(《型

世言》10 回)

△犁千斤,耙八百,划锯重来无数目。(原注:可知耕牛之苦。目,谷读"麦"。)(《沪谚》)

### shui

[**水粪**]〈名〉用水稀释过的粪便。也指人粪尿。

△北人种菜,大都用干粪壅之,故根大;南人用水粪,十不当一。(《农政全书》28 卷)

[**水色**]〈名〉姿色,又指"面色"。

△湖下人水色自是好的,两个却又生得眉修目秀,齿白唇红。(《清夜钟》2 回)

### shun

[**顺脚**]〈名〉右脚。

△这个阴阳袜叫他怎样穿法呀?有里哉,叫他今朝顺脚穿夹袜,明朝顺脚穿单的,一日一日换转来穿便了。(《金台全传》55 回)

[**顺溜**] ①〈形〉顺利,一帆风顺。

△回时乘着水势,一泻千里,好不顺溜。(《警世通言》3 卷)

②〈形〉运气好,吉利。

△只见酒保告:"解元,不可入去,这阁儿不顺溜!"(《警世通言》6 卷)

[**顺水人情**]〈名〉顺便可做的,不损害自己利益的人情。

△人家见他说得如此肯切,这种顺水人情自然乐得送的,便亦无话,听其自去。(《官场现形记》44 回)

## shuo

[烁亮]〈形〉锃亮,极明亮。

△但见林下跳出高长汉,烁亮钢刀手内提。(《珍珠塔》5 回)

## si

[死] ①〈动〉詈语,走,躲。

△你这两天死到哪里去了?我那里一趟不来!叫你打的东西怎么样了?(《官场现形记)29 回》

②〈动〉和"也"连用,表"怎么也"。

△且说陈膏芝夫妇二人舞手跳脚,在房里急着咕那丫头菱子,死也喊不到。(《黄绣球》21 回)

## song

[松毛]〈名〉指当燃料用的松针。

△我每日起来,在坟上拾些松毛,换得几文,买粮度日。(《珍珠塔)9 回》

[扨]〈动〉用力推,推搡,赶(出去)。

△向前叉开手,当胸一扨,秋公站立不牢,踉踉跄跄,直撞过半边。(《醒世恒言》4 卷)

## suan

[算数] ①〈动〉承认有效,有用。

△华生道:"该塔倪不过新近叫仔个把局,勿好算亻舍数。"仲声笑道:"实梗还说勿好算数,定归要讨仔转去,难末好算数哉!"(《海天鸿雪记》3 回)

②〈动〉罢休;停止不做;算(了)。

△我们酒也够了，饭也吃不下了，只须用些稀饭就算数了。（《九尾狐》3 回）

③否定式，用在动词短语后，表示"除了……以外"，"不但……"。

△害了百姓不算数,还要昧着天良,赚皇上的钱。（《官场现形记》17 回）

④〈副〉准定；一定。

△只怕你要吃醋,所以我们不敢。既然你宽宏大量,就算数在这里吃酒便了。（《九尾狐》12 回）

### ta

[**踏板**]〈名〉床前有矮脚的木搁板,可用作上下床的台阶,睡觉时放鞋子的地方。又称"踏床板""踏床"。

△只听丈夫昏昏能,背脊呼呼向里眠,三寸金莲登拉踏板上颠。（《吴歌》甲集）

[**踏水车**]〈动〉蹬水车抽水。又称"踏水"。

△旱则用连车递引溪河之水,传戽入田,谓之"踏水车"。（《清嘉录》4 月）

### tai

[**台面**]〈名〉指场面。

△虽然上当,然百台面上是坍不得台的,只得闷着气打下去。（《市声》11 回）

[**太婆**]〈名〉曾祖母。

△家里还有一个太婆,年纪八十五了,最是疼他的。（《二刻拍案惊奇》35 卷）

[坍台] 〈动〉丢脸,出丑。

△因种种事实之发觉,致贻笑于他人,或不齿于社会,无面目以对人者,谓之坍台。(《清稗类钞·上海方言》)。

[滩黄] 〈名〉苏浙沪等地流行的一种说唱表演艺术。又作"滩王"。

△唱滩王是我起首,双鼓锤算我顶燥,阔口真正名工,绵带无人盖招。(《文星榜》4 出)

[弹着] 〈动〉说准,说着(zháo)。

△(小生)你那里知我的心事来?(净)我说出来,包管你弹着。(《才人福》20 出)

[坦] 〈动〉下陷。

△细细把她一看,见眼睛陷了,额骨也耸了,鼻泡瘪了,嘴凹坦了,面貌也瘦得不像个人。(《续海上繁华梦》3 集 33 回)

[探口气] 〈动〉试探对方的态度。

△我探过必大口气,他要年纪相当,人才相配的才肯。(《娱目醒心编》7 卷 1 回)

[汤罐] 〈名〉灶上砌的烟道边、利用余热的铁罐(用以加热水)。

△卖来别人,换子一个汤罐,倒找子渠银子三分。(《山歌》9 卷)

[搪] ①〈动〉推、撞击。又作"摚"。

△被花天荷用手一搪,早一个跌在半边。(《画图缘》4 回)

②〈动〉遮挡;抵挡。

△你既出了门,我一个妇人家,儿子又小,倘有些门头户脑的

事情,留着这秀才的名声搪搪,也还强似没有。(《石点头》1 卷)

③〈动〉蒙混;糊弄。

△长篇见宰相,短卷谒公卿,搪得几碗酒吃。(《警世通言》6 卷)

### tao

[淘气] ①〈动〉找碴吵架;闹别扭;惹麻烦。

△倘若不情愿的,只好请他另外住,料想今朝有气淘。(《官场现形记》8 回)

②〈形〉顽皮。又作"啕"。

△咱自小啕气,连累爷娘才是利害。咱娘的苦处,更说不尽。(《野叟曝言》80 回)

[讨彩头] 〈动〉指追求吉利与兆头。也称"讨口彩""讨利市"。

△我家官人正去乡试,要讨彩头,撞将你这一件秃光光不利市的物事来。(《拍案惊奇》34 卷)

[讨面皮] 〈动〉靠熟人的面子求情。

△就是熟人举监有些事,日日来讨面皮,博不得张继良一句。(《型世言》30 回)

[讨便宜] ①〈动〉得到额外的好处;占便宜。

△我做叔叔的,势利了半生,虽不曾讨得便宜,却也不曾吃亏。(《好逑传》10 回)

②〈动〉指说话占便宜,如自称是对方的长辈等。

△不是老夫要讨便宜,情愿认义足下做个养子,恩礼相待,少报万一。不知足下心下如何?(《拍案惊奇》21 卷)

③〈动〉指(以言语行为等)调戏妇女。

△有见少妇抱小儿于怀,即呼之曰:"好儿子!"妇知其讨便宜也。(《笑府》13 卷)

[讨亲] 〈动〉娶亲。

△家事也有两分,春间断了弦,要讨亲。(《型世言》33 回)

[讨人情] 〈动〉求情。同"讨情"。

△先生道:"梅姐,今日又一对烦姐姐送与新姨一看。"素梅笑道:"明日不要又急,今番不与你讨人情了。"(《欢喜冤家》17 回)

## ti

[踢脚绊手] 匆忙,踉跄的样子。

△行者看见,心中焦燥,耳朵中取出金箍棒,拿起乱赶,吓得小儿们一个个踢脚绊手走去。(《西游补》1 回)

## tian

[天公] ①〈名〉天;天气。

△一来天公骤雨,借府权避,二来闻内痛哭,衷肠欲断,不知为着何事,如此悲伤?(《生绡剪》19 回)

②〈名〉天气,指时间早晚。

△不要天公一亮,少爷下楼,你还没有什么打算,那时怎样对付?(《续海上繁华梦》3 集 24 回)

[天话] ①〈名〉大话,吹牛的话。又称"大头天话"。

△又且耽在里头,所以传造转高,极穷了秘妙,却又撰出见神见鬼的天话,哄着愚人。(《二刻拍案惊奇》2 卷)

②〈名〉闲话,聊天的话。

△徐文正在外面与这些邻舍说天话,听得里面争嚷,知是他娘儿两个争了。(《型世言》35 回)

[天理良心] 〈名〉指凭良心行事,常用于赌咒。

△我儿,天理良心,天下通行。不是为父掂斤估两,你太婆、大

哥,端的为我们爷儿两个遭此大难,你不去救他,谁去救他?(《荡寇志》84 回)

[**天收**]〈动〉一般比喻因天灾而歉收。

△立秋后虹见,虽稔亦减收,俗曰"天收"。(《上海县竹枝词》)

[**田岸**]〈名〉田埂。

△走过了这个宅子尚有五六条田岸。(《续海上繁华梦》2 集 24 回)

[**田鸡**]〈名〉青蛙。

△今吾乡亦名蛙为田鸡,多喜嗜之。(《清嘉录》3 月)

## ting

[**停当**]①〈动〉准备(好);安排(妥)。

△赵完听了大喜,不觉身子就健旺起来,乃道:"事不宜迟,快些停当!"(《醒世恒言》34 卷)

②〈动〉做好;完毕;结束。

△秦兄连日匆忙,想必所判个事务停当个哉?(《梅花缘》18 出)

[**停日**]改天;过几天;以后。

△仔么这师姑与这和尚熟?我停日去看他。(《型世言》28 回)

[**停停歇歇**]做做停停。

△介勒个星主客回得来割割裂裂,一无完结,介勒只好会介停停歇歇。(《三笑》5 回)

## tong

[**铜钱眼里翻斤头**]比喻吝啬,见钱眼开。又作"铜钱窟窿翻斤头"。

△我晓得这个饿杀鬼是向铜钱眼里翻斤头的。(《何典》2 回)

[铜钱银子] 〈名〉泛指金钱。又作"铜钿银子"。

△故歇格世界,铜钿银子顶要紧。(《九尾龟》128 回)

## tou

[偷偷瞒瞒] 〈形〉暗暗(的);偷偷(的)。

△那偷偷瞒瞒的事,又无非从家庭压制上来的。有了压制,才生出欺诈的心。(《二刻拍案惊奇》7 卷)

[头颈] 〈名〉脖子。

△伸长子个头颈,张开子嘴。(《缀白裘》12 集 4 卷)

[头毛] 〈名〉头发。有谐谑义。

△但把雪亮的花银白银送给黄头毛的外国人,未免心中不舒服。(《地府志》26 回)

[头七] 〈名〉指人死后的第一个七天或第七天。

△到得头七里,大前头竖起棒槌接幡竿,请了一班火居道士、酒肉和尚,在螺蛳壳里做道场。(《何典》3 回)

[头梳] 〈名〉梳子。

△我郎君命短见阎王,爹娘面前弗敢带重孝,短短头梳袖里藏。(《山歌》7 卷)

## tui

[推板] ①〈动〉相差。

△凑巧极哉,推板一步,就碰勿着。(《海天鸿雪记》7 回)

②〈形〉差,不好。

△俚哚大爷脾气,要好辰光末好像好煞,推板仔一点点,要板面孔个口里。(《海上花列传》38 回)

③〈形〉马虎;随便;不过分讲究。常用于劝人收敛、让步。

△老弟兄,推板点吧,咱们是一块土上的人,谁欺的了谁?(《负曝闲谈》3 回)

[退步] ①〈名〉后路;给自己留的余地。

△倘到后花园旷野之地,被他暗算,你却没有个退步。(《古今小说》2 卷)

②〈动〉后退。

△适此女推窗外望,见生忽然退步,若含羞欲避者。(《醒世恒言》32 卷)

tuo

[脱力] 〈动〉过度疲劳而无力。

△我家小叔拼命送你到这里,如今使脱了力,困在床上,动弹不得。(《雪月梅传》6 回)

[驮] 〈动〉拿。也写作"驼"。

△表兄,我表弟做人到也是大量的,只要身去口去,弗过一年,只用驮头二两到家去,与老妈官买些鞋面线索,其余的都驮担来送子表兄便歇。(《鼓掌绝尘》37 回)

△凡取物吴下曰担(平声),江阴曰拿,丹阳等处曰提,宁波、浙东曰驮。(《戒庵老人漫笔》5 卷)

wa

[挖窟臀] 〈动〉背后说人坏话。

△当面前吃别人骂绝子个鱼团鱼鳖背,背后吃别人挖尽子螺蛳窟臀。

## wai

[**外甥**] ①〈名〉女儿的孩子。

△老汉有一外甥,乃是景少卿之女。(《二刻拍案惊奇》17 卷)

②姐妹的子女。

△况且古老上人说的:"外甥勿肯去,舅姆掼家生。(《吴歌乙集》)(按:外甥弗出舅家门,俗语,说外甥像舅舅)

[**外甥囝(儿)**]〈名〉外甥女,外孙女。

△俚乃是我外甥囝,俚哚爷娘托拨我,教我荐荐俚生意。(《海上花列传》62 回)

## wan

[**碗扴**]〈名〉破碗片。

△那个二爷是描金的碗扴,寻他则甚,倒不如我们相交的好。(《三笑》24 回)

[**晚**]〈形〉指继父母和继子女之间形成的关系。

△那韩月英是你的晚外甥女么?……虽是晚娘舅,也可以做得主意个,不许处杀个。(《玉蜻龙》39 回)

## wei

[**煨**]〈动〉一种烹调方法,文火慢烧。

△把泥着些盐在内,跌成熟团,把刺猬团团泥裹起来,火里煨着。(《拍案惊奇》37 卷)

[**未**]①〈形〉早;为期还远。常说"还未勒"。

△(刁)还未勒,还要靠靠勒。(《三笑》11 回)

②〈语〉较古老的用法。用在句末,表对过去事态完成与否的疑问。已……吗? 没有……吗?

△周妈妈与周大郎说知上件事。周大郎道："定了未？"妈妈道："定了也。"（《醒世恒言》14卷）

## wen

[瘟] ①〈形〉咒骂时用，加在名词前。

△个个瘟官来做知府，我个事体到尴尬来！（《双鼠奇冤》下卷）

②〈名〉(人畜或植物的)急性传染病。

△黄雀霜降前后始多，候西风则来，西风亦去。打生人云，芦瘟年则盛。（《戒庵老人漫笔》5卷）

[温暾] ①〈形〉(水)温和；不烫不凉。

△今苏俗谓物不冷不寒曰温暾，语之转。（《说文通训定声》14卷）

②〈形〉(性格)不干脆利落。

△今人以人生不爽利者，曰温暾汤。盖言不冷不热也。"温暾"二字，唐诗常用。（《留青日札》4卷）

[稳稳笃笃] 〈形〉稳稳(的)，极有把握，很肯定。

△惟独那本家老爷，稳稳笃笃赚了一笔棺材钱。（《黄绣球》21回）

## wu

[乌龟] 〈名〉指妓院的男仆。常用于骂男性。龟，口语音"居"。

△堂子里的相帮，俗名叫做乌龟，多是无耻男子做的。（《海上繁华梦》2信1回）

[乌伦(块)] 〈名〉青紫色的肿块；疙瘩；包。

△战惊惊跑地将头叩,几个乌伦额角前。(《合欢图》34 回)

[**乌珠**]〈名〉眼珠。

△阎王闩是脑箍上箍,眼睛内乌珠都涨出寸许。(《警世通言》15 卷)

[**屋里人**]〈名〉家属。特指妻子。

△倪晏歇要领仔屋里人去看夜戏,只怕要明早会哉。(《海天鸿雪记》7 回)

[**无法子**]没办法;无可奈何。又作"无法仔"。

△倘然生意勿好,搪脱子本钱,再要白费心,故也无法子个事体。(《海上花列传》44 回)

[**五更头**]〈名〉即"五更"。指黎明。

△到了五更天,船家照例一早起来开船。(《官场现形记》13 回)

[**五花四散**]四处分散的样子。

△你弟兄好好一家人家,为甚要五花四散起来?(《海上繁华梦》2 集 1 回)

## xi

[**希臭彭天**]〈形〉臭气熏天。又作"希臭膨天"。

△口五欢喜吃个星生葱生蒜,希臭彭天。(《缀白裘》10 集 3 卷)

[**稀松**]①〈形〉稀疏,不拥挤。

△王吉心慌撩乱,将身子尽力挨出,挨得骨软筋麻,才到得稀松之处。(《二刻拍案惊奇》5 卷)

②〈形〉很平常;无所谓。

△春大少爷本是个糊涂虫,只晓得闹标闹阔,于银钱上看得稀松。(《负曝闲谈》25 回)

## xiang

[相打]〈动〉打架。

△这些妇人各破瓜挣扎上岸,男子就在水中相打,纵横搅乱。(《醒世恒言》34 卷)

[相好]〈动〉关系密切;要好。特指男女有情。

△原来汪革素性轻财好义,枢密府里的人,一个个和他相好。(《古今小说》39 卷)

[鲞]〈名〉鱼干。

△还又是石首、鲳鱼、鲥鱼、呼鱼、鳗鲡各样,可以做鲞;乌贼、海菜、海僧可以做干。(《型世言》25 回)

## xiao

[晓得]〈动〉知道。

△汪御史心上一凛,晓得擅进军机处,无论什么皇亲国戚,都要问斩罪的。(《负曝闲谈》27 回)

[小工]〈名〉为人做下手的零工。

△看那小工正在收拾火管,因问灯光不明可是铁管内的缘故。(《续海上繁华梦》2 集 28 回)

## xie

[歇店]〈名〉旅店。

△贪着行路,不觉错过宿头。天气渐晚,没个歇店,只得沿着一带土路,转入一个乡村来借住。(《好逑传》1 回)

[歇两日] 过几天;以后;今后。

△二朝奉故两日得意得及,勿要歇两日弄得走投无路。(《描金凤》7 回)

[歇歇] 成对连用,表示"一会儿……一会儿……"。

△林和伏事得几日,被这和尚一日骂到夜,一夜叫到天亮。停停要茶,歇歇要水。亦要跌背,亦要敲腿。(《金台全传》42回)

[写意] ①〈形〉舒服;快乐。

△有客人来,搭客人讲讲笑话,蛮写意;我未绞手巾、装水烟心煞。(《海上花列传》23回)

②〈形〉轻松;容易(做)。

△你倒写意,瞧热闹儿,我与一帆急煞。(《最近上海秘密史》5回)

## xin

[新妇] ①〈名〉儿媳妇。

△我儿子,你直待讨了新妇,自然晓得。(《笑府》9卷)

②〈名〉新娘。

△怎当这人家新房里头,一夜停火到天明。床上新郎新妇云雨欢浓了一会。(《二刻拍案惊奇》25卷)

[新箍马桶] 用于比喻开始时很新鲜,过些日子就厌烦了。

△醋八姐看见,也未免新箍马桶三日香,"弟弟宝宝"的甚是亲热。(《何典》5回)

[新来晚到] 指刚到达(一个新的地方)。"新来晚到,不知坑缸井灶",比喻不了解当地实际情况。永康话称"新来晚到,不晓得水缸锅灶"。

△妈妈,我对你说,你是新来晚到,勿要七答八答。(《珍珠塔》15回)

[心痒] 〈动〉比喻受诱惑而难以忍耐;跃跃欲试。

△陈通走来,看见桌上是一包银子,心痒难搔,恨不得抢将到手。(《鼓掌绝尘》33回)

[信壳]〈名〉信封。

△胡理将信从信壳里取出,看了一遍。(《官场现形记》3回

[行头] ①〈名〉戏装,也指普通的服装、打扮(有谐谑义)。

△先去借办行头,装扮的停停当当,跟随东坡学士入相国寺来。(《醒世恒言》12卷)

②〈名〉工具;用具。

△响的这件东西,唤做"报君知",是瞎子卖卦的行头。(《古今小说》1卷)

[形景]〈名〉样子;情况。

△你彼时不看见那厮罗唣的形景,……不由我不动气。(《荡寇志》72回)

[学堂]〈名〉学校。

△他与罗氏女幼年同学堂,到今寄着物件往来,必是他两情相爱。(《拍案惊奇》29卷)

[雪眼]〈名〉指冬天云中透射阳光,是下雪的预兆。

△《绍兴壬午龙飞录》:越人以天欲雪而日光穿漏为雪眼。(《光绪镇海县志》39卷)

[眼热]〈动〉羡慕。

△看着那一百单八个好汉十分垂涎,十分眼热,也要学样去做他。(《荡寇志·结子》)

[演手演脚]〈动〉指手画脚。

△贾维新席散之后,尚衔着半橛雪茄烟儿,演手演脚的卖弄他许多学问,旁人听得真不耐烦。(《海上繁华梦后集》9回)

## yang

[佯嘻嘻]〈形〉嬉皮笑脸的样子。

△瑞生佯嘻嘻挨坐床沿,妹妹长,妹妹短,搭讪多时,然后劝他去白相。(《海上花列传》30回)

[阳沟]〈名〉无盖的排水沟。

△忽然迎面来了一乘塌车,要紧让他,几乎跌到大阳沟里头去。(《续海上繁华梦》3集11回)

## ye

[夜饭]〈名〉晚饭。

△别说酒哩,夜饭还没有处打算哩。(《商界现形记》7回)

[闒]〈动〉躲藏;藏身。

△真当骚,真当骚,大门阁落里日多闒介两三遭。(《山歌》1卷)

## yi

[一点一划] 比喻(作风)实在;踏实,又作"一点一画"。

△虽然我也不是一点一划的人物,一生坏毛病比你更多。(《歇浦潮》85回)

[一式一样]〈形〉一模一样。

△弗但是俚,就是俚介表妹,……也是当做观世音菩萨,搭亲生介爷娘一式一样介供奉孝顺嘞哇。(《六月霜》10出)

## yin

[**阴测测**] 〈形〉阴沉;寡言。

△罗里晓得文正明个性家来得懦弱,总是阴测测个,介了故宗人才叫俚阴司里秀才。(《合欢图》53 回)

[**阴阳怪气**] 〈形〉(说话、态度)不热情,带讥讽意味;也指精神不振的样子。

△倷格实梗阴阳怪气,假痴假呆,阿要气数!(《九尾龟》130 回)

## ying

[**硬绷绷**] 〈形〉坚持貌。"硬"的生活形式。

△为官不用好文章,只用胡须及胖长。更有一般堪笑处,衣裳糯得硬绷绷。(《说郛续·闲中今古录》

[**硬撑**] 〈动〉力量不够而勉强去做;硬着头皮做。

△刁直道:"状子上已写定了,只好照着状子去硬撑。"屈仁道:"若照状子硬撑,便是自寻死路了。"(《两交婚》10 回)

## yuan

[**远路无轻担**] 再轻的担子走远了也会显得很重。

△我们两人挑着这担行李。俗语说得好,"远路无轻担",好不沉重,莫说天晚,就是夜了,也只好慢慢而行。(《后西游记》20 回)

## zao

[**灶堂**] 〈名〉灶里塞柴火的空膛。

△灶头一年弗曾烧火哉,爬开子灰放子银子,再拿些灰来盖

好子,那个晓得我灶堂里有银子得？(《缀白裘》5集3卷)

## zei

[贼形]〈名〉丑态,贼的样子。同"贼腔"。

△贵副贼形,倒想做啥官,勿要演勿醒,快点走口五革清秋路罢。(《报恩缘》7出)

## zhai

[宅基]〈名〉房屋的地基;也指房间所用的地皮。

△搭宅基一块好田只吃你弗会种,年年花利别人收。(《山歌》3卷)

## zhao

[照应]〈动〉照顾、关照。

△李浣芳抢住,发急道:"谢谢耐,耐就照应点倪阿好？"(《海上花列传》7回)

[招财]〈名〉一种财神。

△就在招财、利市面前那供养的三杯酒内,取一杯递过来。(《拍案惊奇》35卷)

## zhen

[真虎丘]〈名〉非假冒者;真货。

△蓦然听得院君来到,乍道是真,还是假,忙中出堂探头一望,见果然是真虎丘来到。(《醋葫芦》7回)

## zhi

[**支离**]〈动〉吵架。

△与人鉏铻曰支离,口角曰嗾支。(《光绪黎里续志》1卷)

[**直肠直肚**] 形容直爽。

△到八十二岁,忽然别了合寺僧行,趺坐禅床,说偈道:"生平问我修持,一味直肠直肚。"(《型世言》5回)

[**直进直出**] 不打招呼直接进出。形容人进入非常熟悉的环境。

△二朝奉阿来朵?二朝奉来朵里势,吾是直出直进惯得多个,自己进去。(《描金凤》3回)

[**纸筋**]〈名〉用以调和石灰泥浆,起加固作用的粗纤维。

△又或被帮闲笺片,故意杂乱拆开,说道这书是不全的,只好做纸筋称掉了。(《豆棚闲话》4则)

[**纸煤**]〈名〉黄表纸做的引火用的细捻子。

△一手拿着枝水烟袋,跟了进来,把烟袋取出,又取纸煤点了个火,双手递上。(《续海上繁华梦》1集4回)

[**迣**]〈拟〉形容(飞行)速度快的声音。

△迣,去之疾声也。吴中形鸟兽去之疾曰迣(音"私")。(《吴下方言考》3卷)

## zhong

[**中人(头)**]〈名〉为买卖等作证的中间人。

△你我虽是相好,产业交关,少不得立个文书,也要用着个中人才使得。(《二刻拍案惊奇》16卷)

[**终归**] ①〈副〉毕竟,终究。

△你不拿去,终归化为乌有,岂不可惜。(《何典》5回)

②〈副〉总是;老是。

△前头我一径勒苏州做生意,终归弄勿落。(《九尾狐》36回)

③〈副〉反正。

△早晓得俙大少勒里,倪随便哪哼,终归要寻着俙格。(《九尾狐》36回)

[中意]〈动〉对……满意。

△大先生、二先生几花衣裳头面,随便耐中意陆里一样,只管拿得去末哉。(《海上花列传》10回)

## zhu

[注夏]〈动〉夏天因闷热而不适;中暑。

△俗以入夏眠食不服,曰"注夏"。(《清嘉录》4回)

[箸笼]〈名〉存放筷子的竹筒。

△《方言》:箸筒。陈、楚、宋、卫之间谓之箪,注云,盛札箸笼也。(《通俗编》26卷)

## zhuan

[转角]〈名〉拐弯处。

△瞥见转角的第一间包厢,有人包着,茶板上平放着一小方定座粉牌。(《续海上繁华梦》3集13回)

[转口]〈动〉改口;转变话意。

△夏学与富尔谷还要争辩,富财与张罗已说了,便难转口。(《型世言》13回)

[转来] ①〈动〉回来;回家来。

△还是趁早去看梅花要紧,转来进去不尽。(《拍案惊奇》34卷)

②〈动〉作趋向补语。

△少府活转来了,请三位爷莫吃鱼鲊,便过衙中讲话。(《醒世恒言》26卷)

③〈动〉作补语,表示全部应付下来。

△唱完之后,又把在席上客一个个的应酬转来,丝毫不漏。(《九尾龟》22回)

[**转弯**] ①〈动〉拐弯。比喻婉转地(做)。

△他鼓勇地走上去,还是用蒙古语,转着弯先试探昨夜的事。(《孽海花》4回)

②〈名〉指拐弯的地方。

△转弯有个张医生,到还不甚妆乔,专治女科病症。(《荡寇志》76回)

[**赚头**]〈名〉利润。

△此番到了上海,卖了两颗金刚钻,已经归了本,余下的多是赚头了。(《负曝闲谈》15回)

## zhuang

[**壮**]〈形〉壮实;胖;肥。

△别人家丫头,那要你恁般疼他?养得白白壮壮,你可收用他做小老婆么?(《醒世恒言》1卷)

## zhuo

[**着扛**] ①〈动〉落实(负责做的人)。也作"着杠"。

△谁想他音信全无归故乡。(付)是介说起来,总要着扛尊管朵口虐。(《合欢图》25回)

②〈名〉下落;可靠的消息。

△告诉太太唐伯虎个节事务,那间有子着扛勒里哉。(《三笑》32回)

③〈动〉常用否定形式,表示不能到手。

△不过倪刚刚来格辰光,讲明白生意浪有拆头格。故歇勿要说是拆头,连拆脚才勿着杠。(《九尾龟》104 回)

[**着落**] ①〈名〉下落;安顿之处。

△这匹马容易寻,只看他雪中脚迹,便知着落。(《古今小说》33 卷)

②〈动/名〉(安排)前途,特指女性终身。

△伯伯虽是只等好意,但我夫妻日后也要着落,难道靠人一世么?(《封神演义》15 回)

③〈形〉常用否定式,表示不安稳,不正常。

△玉甫尘在烟榻上,忽睡忽起,没个着落。(《海上花列传》42 回)

## zi

[**自管自**] 只顾(自己);只管。

△说毕,自管自的上车回家去了。(《孽海花》22 回)

## zong

[**棕绷**] 〈名〉用棕绳编织的床垫。

△杭州艮山门外有棕绷店。(《右台仙馆笔记》8 卷)

## zou

[**走门路**] 〈动〉用不正当手段通过内部关系达到目的。

△晓得这桩死城城隍是个美缺,走了识宝太师门路,要谋这城隍做。(《何典》5 回)

[**走跳**] ①〈动〉行动;活动;有动作。

△此时得了这三钱银子,又见要买酒肉,便觉眼明手快,身子如虎一般健,走跳如飞。(《醒世恒言》15 卷)

②〈动〉(在社会上)活动。

△当时就与包大两个商议,去打关节。那个包大走跳路数极熟,张多保又是个有身家、干大事惯的人,有甚么弄不来的事?(《拍案惊奇》22卷)

## zuan

[**钻刺**]〈动〉钻营托人。

△若是举孝廉时,不知多少分上钻刺,依旧是富贵子弟钻去了。(《醒世恒言》2卷)

[**钻门路**]〈动〉钻营、走门路。

△倘然出了一个缺,一定预先就有人钻门路,送银子。不是走姨太太的门路,就得走天天同统领在一块儿的人的门路。(《官场现形记》30回)

## zui

[**嘴哺**]〈名〉嘴巴。

△小姐若还笑开胃口哉,嘴哺闭勿弄哉,太师爷卖银子多少呢?(《梅花戒宝卷》上卷)

## zuo

[**坐板疮**]〈名〉(因久坐)臀部生的疮,类似褥疮。

△坐板疮神效六方:大黄、黄柏为末,猪油调搽。(《寿世编》上卷)

[**坐性**]〈名〉耐性(指能久坐)。

△你后生心性毕竟是个不安坐的,怎如我老成人,藏风纳气,有几分坐性哩。(《鼓掌绝尘》14回)

[作场]〈名〉工场;作坊。

△只听得斧凿之声,看时见一所作场,竹笆夹着。(《醒世恒言》31卷)

[作成]①〈动〉指照顾商家的生意。

△那些和尚们也闻知秦卖油之名,他的油比别人又好又贱,单单作成他。(《醒世恒言》3卷)

②比喻使人得到某种好处。有时是反话。

△谢瑞卿向来劝子瞻信心学佛,子瞻不从,今日到是子瞻作成他落发,岂非天数,前缘注定?(《古今小说》30卷)

[作数]〈动〉算数,可相信。

△蕙春道:"此话可能作数?"怀策道:"焉有不作数的道理。"(《续海上繁华梦》1集16回)

[作头]〈名〉工匠的头儿。

△前村李作头家,有一口轻敲些的在那里,何不去赊了来,明日再做理会。(《拍案惊奇》13卷)

[作兴]①〈动〉重视;抬举;宠爱。

△贾昌的老婆,一向被老公在家作兴石小姐和养娘,心下好生不乐。(《醒世恒言》1卷)

②〈动〉有习惯;习惯允许。

△外国人不作兴磕头的,就是你朝他磕头,他也不还礼的。(《官场现形记》55回)

③〈动〉(情理上)可以,常用否定形式。

△老三,你也是老把势了,方才那些话儿是不作兴的。(《商界现形记》8回)

[做……不着]①使某人(或物)受牺牲或受损失,付出代价。

△我在家也是闲,那波斯馆又不多远,做我几步气力不着,便

走走去何妨。(《醒世恒言》37 卷)

②"不着"是结果补语,表示不成功。

△你做这件生意不着,换了做别的有利息生意,也没人拦阻。(《照世怀》3 回)

[**做掉**]〈动〉干掉、指杀(人)。

△范高头手下一般弟兄,正在商议要做掉他呢。(《十尾龟》20 回)

[**做对手**]〈动〉和人配合做事。

△现在的金宝,已不比新卖到阿招那里时候模样,般般不懂。究竟学了几个月,也可同娘姨妈子做做对手了。(《歇浦潮》91 回)

[**做羹饭**]〈动〉一种祭祀亡人的仪式。

△刘妪见老儿口重,便来收科道:"再等女儿带过了残岁,除夜做碗羹饭起了灵,除孝罢!"(《警世通言》22 卷)

[**做工夫**]①〈动〉下功夫(做事),使劲;也指做准备。

△过善一心单在钱财上做工夫的人,每日见儿子早出晚入,只道是在学里,那个去查考?(《醒世恒言》17 卷)

②〈动〉耍花招,设计谋。

△更不知背上头暗地里又被他做工夫,留下记认了。(《二刻拍案惊奇》5 卷)

[**做块**]〈动〉在一起。

△等渠夫妻两个黄昏做块,早晨穿梭,欢天喜地,拍笑呵呵。(《开卷一笑》2 卷)

[**做力**]〈动〉用力。

△这一只左脚做不得力,头轻脚重,又在屎缸里。(《拍案惊奇》17 卷)

[**做难人**]①〈动〉左右为难;处于尴尬境地。

△个歇辰光老秋做子难人哉。真个介,自家吃苦头;假个介,

罨到人吃苦头。(《三笑》16 回)

②〈动〉充当出面拒绝、否定(使人为难)的角色。

△陈喇虎也不见沾了甚么实滋味,推官也不见增了甚么好名头,枉做了难人。(《二刻拍案惊奇》31 卷)

[做七]〈动〉举行祭奠新亡的仪式。

△外面延僧忏悔,做七回神,忙个不了。过了七七,才安稳些。(《泪珠缘》32 回)

[做人家]〈动〉指节省;节约。

△不想两位令郎都不孝,一味要做人家,不顾爷娘死活,成年不动酒,论月不开荤,那老儿不上几月,熬得骨瘦如柴。(《无声戏》11 回)

[做折]〈动〉做生意折本。

△万一如前再做折了,难道再有洞庭红这样好卖不成?(《拍案惊奇》1 卷)

[做生活]〈动〉干活;做工;制造物件。

△还有一句话,得了你工钱,只做得生活,原不曾说替你拽死尸的。(《醒世恒言》34 卷)

[做生意]〈动〉做买卖、经营。

△实不相瞒,我众弟兄乃江湖上豪杰,专做这件没本钱的生意。(《醒世恒言》30 卷)

[做手脚]〈动〉耍花招,暗中做小动作。指作弊。

△司理有心要玉成其事,但惧怕太守严毅,做不得手脚。(《古今小说》17 卷)

[做头]〈动〉带头,作代表。

△因此合郡的人都到州里去替他禀脱,少不得推几个能言会语的做头。(《醒世恒言》38 卷)

[**做样**] ①〈动〉做榜样(以便他人借鉴)。

△男子六尺之躯实是难得，要贪花恋色的将我来做个样。(《古今小说》3 卷)

②〈动〉装模作样。

△卢才踅了年余,见这婆娘妆乔做样,料道不能勾上钩,也把念头休了。(《醒世恒言》29 卷)

[**做主张**] 〈动〉做主。

△有个心真口快的,便想要开口说公道话,与两个小兄弟做乔主张。(《醒世恒言》2 卷)

[**做作**] 〈动〉装模作样,摆架子。

△况且平日看见女婿的乔做作,今日又不见同女儿先到,也有好些不像意了。(《拍案惊奇》38 卷)

# 《温州话词语考释》中的永康话语词

**徐关元 辑**

## ao

[**拗兜**] 〈名〉有短直柄舀水用的小木桶。

[**拗孽**] 〈形〉指孩子和父母闹别扭,不顺从。

## bai

[**白鲞**] 〈名〉黄鱼的干制品。清朝顾张思《土风录》5 卷:"黄花鱼干者曰白鲞"。

## ban

[**板墩**] 〈名〉切菜、切鱼肉用的垫板。又称"板砧"。

[**半雌雄**] 〈名〉两性人。常比喻女性化的男人。

## bang

[**帮衬**] 〈动〉帮忙。《历年记》下:"大儿惹一事,幸地方亲友帮衬者多,卸官司一场于他人。"

## bei

[**背脊身**] 〈名〉背部,脊背。

[**背时**] 〈形〉由听觉迟钝引申指消息不灵通,言行落后于时

代要求,不合事宜。宋朝刘克庄《满江红·题范尉梅谷》词:"叹出群风韵,背时装束。"

[被窠]〈名〉被窝。《金兰筏》8回:"菲是嘴灵舌辨,指东话西,妆台边教训,被窠里告状,到底不是好妇人。"

[被铺]〈名〉铺盖。《花柳深情传》13回:"于是令胡雄拿了二十两银子先买被铺,次买油盐。"

[焙]〈动〉微火烘炒。清朝孙枝蔚《家无言将归黄山劝其行三十二韵》:"自焙临泉茗,闲赊隔舍醪。"

[鎞]〈动〉音似"避"。将刀剑等在粗糙表面来回摩擦使之锋利。《集韵》:"治刀使利。"《蜀语》:"以刀磨瓦盆或皮上曰鎞。"

## bi

[鼻头长]〈形〉嗅觉灵敏。

[滗]〈动〉挡住容器,把液体倒出来。《越谚》卷下:"留渣取汁也。"

[碧清]〈形〉形容液体洁净,清澈见底。碧绿澄澈。《红楼梦》38回:"那山坡下两棵桂花开的又好,河里的水又碧清。"

## bo

[薄浪汤]〈形〉形容粥很稀。

[擘]〈动〉用手分开、叉开。亦作"掰"。《红楼梦》38回:"我自己擘着吃香甜,不用人让。""一个番钿擘做两半用"。

## bu

[不肯歇]〈动〉不罢休。

[埠]〈名〉塘边,河边泊船之处。古作"步"。《越谚》卷中:"埠

古皆作步,从俗作埠者,《宋史》始也。"

[埠头]〈名〉河边用于泊船、洗涤的石阶或有阶的石台。明朝唐寅《松陵晚泊》诗:"晚泊松陵系短篷,埠头灯火集船丛。"

[籖]〈名〉用竹篾等编制成的篮子状大眼盛物器具。眼空大的为"籖",眼孔密的为"篓"。

## cai

[财主人家]〈名〉富有的人家。

## cang

[伧]〈名〉吴人骂楚人曰"伧"。南人对北人和南渡北人的蔑称。唐朝刘知几《史通·杂说中》:"南呼北人曰伧,西谓东胡曰虏。"

## cao

[草鸡]〈名〉母鸡。《鲁斋郎》10折:"鲁斋郎,你夺了我的浑家,草鸡也不曾与人一个。"

[草荐]〈名〉草垫子。明朝唐顺之《牌》:"今于房檐或门面楼下,各得草荐一条或稻草乱卧下,盖以免寒冻。"

[草纸]〈名〉①便条纸。便笺。②解手时使用的手纸。《跨天虹》5卷2则:"七八年前老婆行经,没有草纸,到我家借了一百五十八张草纸。"

[草子]〈名〉苜蓿,紫云英。

## cha

[插嘴]〈动〉不合时宜地打断人家的谈话。

[岔开]〈动〉转移话题。《海上繁华梦》2集25回:"天香见他

执之一见,晓得此时说他也无益,并不再言,寻些别话岔开。"

## chai

[拆烂污]〈动〉比喻做事苟且马虎,不守诺言,不负责任。《清稗类钞·上海方言》:"拆烂污:凡人有意令其事得不良之结果,或竟至于不可收拾,而遗累他人者,谓之拆烂污。"

## chan

[缠]〈动〉音似"健"。纠缠,搅扰。如"缠不清"。

## chen

[趁早]〈动〉抓紧时间。《初刻拍案惊奇》1卷:"天晚了,趁早上船去。"又作"侵早",《金瓶梅词话》8回:"王婆道:'待老身明日侵早,往大官人宅上请他去罢。'"

## cheng

[塍]〈名〉田埂,畦田。《说文》:"稻田中畦埒也。"清朝阮元《小沧浪笔谈》2卷:"两岫同秋,千塍共绿。"

[秤头]〈名〉用秤称量的重量。

## chi

[赤脚]〈名〉光着脚板。宋朝苏轼《读孟郊诗》诗之二:"吴姬霜雪白,赤脚浣白纻。"

## chong

[舂]〈动〉读如"双"。用棍棒等从上往下撞击。李白《夜宿五

松山下苟媪家》:"田家秋作苦,邻女夜舂寒。"

[舂米] 用杵臼捣去谷物的皮壳。

## chu

[出道] 〈名〉走上社会,立足谋生。《九尾狐》21 回:"漫说我是新出道的,远不能及,即使几个有名的,还要逊他一筹。"

[出门人] 〈名〉从本地外出谋生或任事的人。《二十年目睹之怪现状》85 回:"出门人本来保重点的好。"

[出山] 〈动〉指下一代已成长,能独立生活。《老残游记》4 回:"承两位过爱,兄弟总算有造化的了。只是目下尚无出山之志,将来如要出山,再为奉恳。"

[出趄] 〈形〉大方。《黄绣球》5 回:"数年之中,不料通理的夫人能如此出趄,看他说几句话剪剪裁裁,很懂大局,倒是个爽利性情。"

[出头] 〈名〉①出面说话办事。《歇浦潮》26 回:"倘使我作了良家妇女,究竟有个依靠,就有人替我出头,也不致被人欺负了。"②出人头地。唐朝顾况《赠僧》诗:"出头皆是新年少,何处能容老病翁?"

[触霉头] 〈名〉运气不好,惹得没趣,出乖露丑。《歇浦潮》87 回:"不料遇着毕三麻子,虽然起初大触霉头,到如今反受他之惠,古语吃亏就是便宜这句话,真正一点不错的。"

## ci

[祠堂] 〈名〉同族人祭祀祖先的地方。

## cou

[凑对] 〈动〉聚合成对。

## cuan

[氽]〈名〉音似"村"。一种烹调方法,把食物放入沸水中稍煮一下。

## cuo

[搓]〈动〉音似"叉"。揉擦。《越谚》卷下:"两手捻物。"宋朝苏轼《满庭芳》词:"腻玉圆搓素颈,藕丝嫩,新织仙裳。""搓麻将"。

[撮药] 根据中医处方到中药店买药。《水浒传》12回:"我有个医心痛的方,叫庄客到县里撮药来,与你老母亲吃。"

## da

[搭伴] 结伙,结伴。《初刻拍案惊奇》12卷:"恰好有乡里两个客商,要过江南去做贸易,就便搭了伴同行。"

[搭对] 结成伙伴,互相配合。

[溚溚滴] 液体成滴地不断掉下。《集韵》:"湿也。"

[打岔] 插嘴,打断别人的话。

[打地铺] 将铺盖铺在地上睡。

[打交道] 交往、厮混。《清平山堂话本·刎颈鸳鸯会》:"朱秉中日常在花柳丛中打交道,苏谙十要之术。"

[打烊] 商店结束一天的营业。《海上繁华梦初集》14回:"这天因是节边,院中没甚客人,不到一点钟时已打烊了。"

[打照面] 面对面碰到,相互看见。《西厢记诸宫调》1卷:"当时张生……与那五百年疾憎的冤家,正打个照面儿。"

[打圆场] 调解纠纷,从中斡旋,缓和僵局。《官场现形记》56回:"后来那两个监场的道台,彼此商量了一回,齐说这事情闹到大帅跟前,恐怕弄僵不好收场,便挺身出来打圆场。"

[大家] 古代妻子称丈夫的父亲为大官，称丈夫的母亲为大家。《汉语大词典》："大家，妇称夫之母。"

[大家新妇] 婆媳俩。

[大块头] 肥头大耳的胖子。《清稗类钞·上海方言》："呼肥硕之人为大块头。"

[大木] 制作木构件、木质模板等的木工活。

[大彭彭] 形容体积大。

[大舌头] 口吃，说话口齿不清的人。

## dai

[呆蚩蚩] 发呆的样子。《十尾龟》15回："正不知怎样才是，呆蚩蚩望着杨太太，一声儿不言语。"亦作"呆痴痴"。

[汏] 在水中晃荡洗涤。《越谚》："凡布不洗而左右拖动之曰汏。"

[带携] 提携，照顾。《金瓶梅词话》21回："若不是大姐姐带携你，俺每今日与你磕头？"

[逮渠] 替他，把他。如"该本书我能够逮渠背完"。

## dang

[当着不着] 指说得不是时候，干得不合常理。《二刻拍案惊奇》12卷："世事莫有成心，成心专会认错。任是大圣大贤，也要当着不着。"

## dao

[倒胃口] 食欲不振，引申为对某事不感兴趣甚至产生反感。

[倒灶] 倒霉，不利，时运不济。汉朝扬雄《太玄经·灶》："灶灭其火，惟家之祸。"元朝无名氏《桃花女》4折："敢是这老头儿没时

运,倒了灶也。"

[稻秆] 稻草。

## de

[得人憎] 被人讨厌。又作"得侬憎"。

[得侬笑] 可爱。

## dian

[癫侬] 疯子。

[垫棺材底] 本义为替死人垫背,引申指替人受罪。

[垫命] 抵命。

## diao

[刁钻] 狡猾。《醒世恒言》8 卷:"为人忠厚为根本,何苦刁钻欲害人。"

[调排] 安排,调遣,筹划。《双鼠奇冤宝卷》下卷:"吾好好登在船上帮工,只为兄弟有难,欲要回家调排,那知我也要遭此大难!"

## ding

[顶棚] 搭在庭院里的遮阳的棚。

[顶针] 做针线活时戴在手指上的工具。《越谚》卷中:"形如戒指而多细洼,针涩以此顶之。"

## dou

[兜] ①招揽。邹韬奋《萍踪寄语》7:"他们背着包好的货物,到四乡各处去兜生意。"②绕,包抄。"开车城底兜一圈。"

[兜生意] 推销产品,招揽业务。

[斗珠] 即"斗鸡眼"。内斜视的俗称。

## du

[督落] 上头压下来。"该任务是上头督落个,顶也顶不牢,推也推不爻。"

[笃定] 极有把握。

[肚里才] 才智,内才。

[肚肠心肝] 比喻全部心思,全心全意。

[肚褡] 肚兜,抹胸。

[肚里货] 指知识、经济、修养等。

[肚脐窟窿] 肚脐眼。

## duan

[端] 双手平举捧物。《红楼梦》35 回:"正值袭人端了两碗茶走进来。""端"仅有手平举拿物义,而"摄"则有郑重举起或用力举起义。

[断根] 指疾病彻底治愈。

[断价钱] 讨价还价。

## dui

[对半] 东西分裂成两部分,各一半。

[对襟] 中装上衣的一种式样。《红楼梦》49 回:"独李纨穿一件哆罗呢对襟褂子。"

[对劲] 合适,合意。《官场现形记》30 回:"她娘说女儿大了,有甚么对劲的媒人替他做做,就是给人家做小也愿意。"

[**对年**] 一周年。

[**对头**] ①正常,合适。②对面。③仇敌,敌人。

[**对周**] 小儿一周岁。

### dun

[**炖**] ①隔水蒸。②烧水。③久煮。

### duo

[**多嘴**] 不该说而说。《荆钗记》29 出:"第一件事,我与人讲话,不要你多嘴。"

[**垛**] ①音似"朵"。指墙或某些建筑物的突出部位。如"城垛""垛口"。②音似"堂",堆积。亦指整齐堆积成的堆。也作量词。如"一垛砖"。

### e

[**恶作**] 卑鄙、下流。《扬州画舫录·小秦淮录》:"欲我为妾,何必如是恶作,可觅肩舆来同登舟。"

### fan

[**饭桶**] 指装饭的桶,喻指没有才能的人。《彭公案》61 回:"徐胜看这些人都是饭桶,没有多大能力。"

[**饭碗**] 谋生的职业、技艺、生计或工具。《二十年目睹之怪现状》54 回:"一天停了差使,便一天停了饭碗。"

### fei

[**飞红**] 脸上出现的红晕。亦作"绯红"。《红楼梦》52 回:"只

见晴雯独卧于炕上,脸面烧的飞红。"

[飞燥] ①很干燥。②喻身无分文。

## fen

[份子] 集体花钱时各人出的一份钱。尤指送礼的人情份子。《最近上海秘密史》24回:"每碰到亲友家有喜庆事,他送了份子,去吃喜酒。"

## feng

[风光] 光彩,体面。《儿女英雄传》28回:"老贤侄,你将来作了大官,戴个红顶子,给你老爷子、老太太扬所名、风光风光,好不好?"

[凤凰胎] 对愚昧无知者、不成器者的詈称。

## fu

[夫家] 婆家。相对"娘家"而言。《汉书·刘向传》:"妇人内夫家,外父母家,此亦非皇太后之福也。"

[孵] 音似"捕"。指禽鸟孵蛋,孵化。如"孵小鸡"。

[服侍] 伺候、照料。明朝李贽《与友人书》:"自老拙寄身册寺,今且二十余年,而未尝有一毫补于出家儿,反费彼等辛勤服侍,驱驰万里之苦。"

[福相] 能享受幸福生活的相貌。

## gai

[该拉] 近指这里。

[该遍] 这一次。

[该个] 这个。

［该日］ 今天。

［该计子］ 这一下。

［隑］ 竖立，斜靠。《方言》："隑，倚也。"章太炎《新方言·释言》之二："浙西谓负墙立曰隑，仰胡床而坐亦曰隑。"

### gang

［杠棍］ 抬东西用的棍子。

### ge

［割稻客］ 稻熟时，外出为人割稻子的临时工。

［格末］ 这么，那么。《九尾孤》1回："格末停歇就来叫倪，让你好早点来介。"

［隔壁］ 邻居。亦作"隔壁邻居"。《缀白裘》12集4卷："烧人个是我隔壁邻居，做棺材个是我丈人搭子伯公。"

［个把］ 少数的一两个。

［各经］ 性情、行为比较怪异。

［各样］ ①不一样，特别。②模样改变。

### geng

［庚］ ①天下的第七位。②年龄。"我伉渠同庚"。

［羹］ 用肉类或蔬菜等制成的带浓汁的食物。

［哽喉咙］ 吃下去的东西堵住喉咙里，比喻吃人手软，不能公正办事。

### gong

［工夫］ 时间。唐朝元稹《琵琶诗》："使君自恨常多事，不得工

夫夜夜听。"

[**工夫钱**] 指微薄的劳动报酬,工资,薪水。

[**公道**] 公平、合理。《金瓶梅词话》39回:"公道人情两是非,人情公道最难为;若依公道人情失,顺了人情公道亏。"

[**功**] 〈副〉表能力,如"讲功""背功""坐功"等。

[**拱**] 〈动〉两手相合以示敬意。拱手。《论语·微子》:"子路拱而立。"

[**共班**] 同班同学。

[**共辈人**] 辈分相同的人。

## gou

[**狗皮倒灶**] ①指做事不讲信誉,不合情理,说话不算数,不守诺言。②也喻吝啬,小气,令人不屑。

## gu

[**古板**] 守旧的人。《官场现形记》54回:"前任制台是个老古板,见面之后,问了几句话,梅杨仁都是老老实实回答的。"

[**古执**] 执着、刻板。《二刻拍案惊奇》26卷:"有一个老膳秀才,姓高名广,号愚溪,为人忠厚,生性古执。"

[**顾家**] 顾及家庭,为家庭利益着想。《焚书·书黄安二上人手册》:"出家者终不顾家,若出家而复顾家,则不必出家矣。"

## guan

[**掼**] 在近代汉语中始作"扔、摔"解。《水浒全传》27回:"武松把那妇人头望着西门庆脸上掼将来。"

[**掼乌纱帽**] 比喻因气愤而辞职。克非《春潮急》:"他决心掼

乌纱帽,不坐这把惹人烦恼的交椅啦。"乌纱帽系古代官员所戴的帽子。

## guang

[光烫]　①皮肤光滑润泽。②整齐好看。张天翼《清明时节》:"十四岁的姑娘写得出那么光烫的字来总算不错的了。"

## gui

[规矩]　老老实实,恪守本色。宋朝苏轼《谢南省主文启·王内翰》:"欲求倜傥超拔之才,则惧其放荡而或至于无度;欲求规矩尺寸之士,则病其龌龊而不能有所为。"

## gun

[滚]　水沸。《朱子语类》10卷:"譬之煎药,须是以大火煮滚,然以慢火养之。"

[滚烫]　形容温度高。

[滚壮]　十分肥壮,非常胖。

## guo

[过辈]　婉词,指长辈去世。

[过房]　过继。元朝武汉臣《玉壶春》1折:"他自身姓张,幼小间过房与我做义女。"

[过门]　①过关,放过,形式上应付。②女子订婚后出嫁。

[过世]　去世。《蜀语》:"人死曰过世。"

[过意不去]　受人恩惠而忐忑不安。《水浒传》24回:"那妇人顿羹顿饭,欢天喜地伏待武松,武松倒过意不去。"

## han

[汗渍渍渧] 形容汗水不断地往下滴。

[汗滋滋] 亦作"汗渍渍",微微出汗的样子。《风流悟》2回："天色热,小衣沾着身子,汗渍渍不好。"

[熯] 音似"罕",原指用火烘烤,今指放在锅屉上蒸食物。《越谚》卷上："熯块白鲞拨宝宝过过饭饭。"

[筻] 音似"巷",《集韵》："挂衣架也。"引申指晾衣服的竹竿。

## hao

[好讲] 好说话,好商量。

## hai

[桁条] 房檩。横架于房上的横梁,正中最高的一根叫栋梁。

## hen

[横直] 横竖,反正。茅盾《故乡杂记·内河小火轮》："上海北头,横直是烧光末,要打就在北头打。"

## hou

[后步] 余地,退路。

[后日] 后天,明天的明天,

[后生] 年轻人。唐朝寒山《诗》："三五痴后生,作事不真实。"

[后手] 比喻留有后路,有回旋的余地。

[厚秩秩] 很厚实的样子。

[鲎] 音似"吼",彩虹。《六书故》："越人谓虹为鲎。"

## hua

[花会] 一种赌博。

[花麦] 荞麦。

[花头] ①花纹、花样。《官场现形记》21回:"从前的风气,无率一靴一帽,以及穿的衣服花头,颜色,大家都要比赛谁比谁的时样"。②办法、本领、花招,含贬义。《石点头》12卷:"无端受这酸丁一场打骂,须寻个花头摆布他,方销得此恨。"《新方言·释言》:"今人谓人狡狯弄术曰起花头。"

[花心] 比喻春心。《山歌》6卷:"姐儿生来像花开,花心未动等春来。囫囵囵两瓣,只消得一滴清香露,日里含羞夜里开。"

## hui

[会钞] 付款、出钱。《水浒后传》14回:"吃完了,正要起身会钞,见两个人也进店来吃酒。"

[会市] 农村以市场贸易、商品交流、文娱演出为一体的集市。

## hun

[昏头搭脑] 头脑发昏,糊里糊涂。《隋史遗文》10回:"年酒热闹,叔宝席席有分,吃得一个不耐烦起来。一个新年里,弄得昏头搭脑,没些清楚。"

[混帐] 谓人言行无理无耻。《醒世恒言》37卷:"酒家道,这人好混帐,吃透了许多东西,到说这样冠冕话。"

## huo

[豁拳] 猜拳,饮酒时的一种博戏。一种通俗的酒令,明朝李日华《六研斋笔记》:"俗饮以手指屈伸相博,谓之豁拳。"

[活络] 为人灵活,能随机应变。宋朝朱熹《答黄直卿书》5:"既先有个立脚处,又能由此推考证验,则其胸中万理洞然,通透活络。"

[火笼] 农家用竹篾编成的中置小火盆的笼状取暖或熏衣被的器具。《金瓶梅词话》68回:"他便一手拿着铜丝火笼儿,内烧着沉速香饼儿,将袖口笼着熏热身上。"

[火烛] 指失火酿灾,泛指生火、点灯等跟火有关的事。《二十年目睹之怪现状》67回:"有一个听说火爆,连忙把些被褥布衣服之类,归在一只箱子里,扛起来就跑。"

[货色] 货物的品种和质量。《二十年目睹之怪现状》83回:"一分钱,一分货,甚么价钱是甚么货色。"

[镬灶] 灶头。亦称"镬灶头"。《中国谚语资料·浙南谚语》:"无钱镬灶当棺材,有钱桌上当戏台。"

[镬灶间] 厨房。


### ji

[鸡娘] 母鸡。郁达夫《春潮》:"我们家里有六只鸡娘,要它生蛋哩!"

[记挂] 牵挂,惦念。

[记情] 接受对方的好意而心怀感激之情。


### jia

[夹图吞] 囫囵用餐。


### ga

[扴屁股] ①大便后擦屁股。②处理善后。

## jian

[间宕] 房面的平面大小。

[拣] ①挑选。宋朝苏轼《卜操作数黄州定慧院寓居作》词："拣尽寒枝不肯栖,寂寞沙洲冷。"②捡拾。

[拣精拣肥] 挑三拣四。

[拣日子] 办红白喜事时挑吉利日子和时辰。

[贱骨头] 指不识抬举的人,不知自重的人。《红楼梦》69回："凤丫头倒好意待他,他倒这样争风吃醋,可知是个贱骨头。"

[贱螺陀] 亦作"贱骆驼"。陀螺,一种儿童游戏用具,不用绳子抽打不会旋转。喻指人很贱,任人唾骂。

## jiang

[讲大象] 姑妄言之。

[讲价钱] 讨价还价。

[讲来] 关系亲密,无话不谈。

[讲灵姑] 本指萨满教巫师假托神灵附身,现指一种巫术。

[讲闲谈] 聊天。

[讲现成话] 自己不参与而在一旁说空话,事后诸葛亮。

[糨] 用粉浆或米汤浸纱、布或衣服,使之干燥后坚挺。

## jiao

[浇头] 加在盛好了的面条或米饭上面的荤素菜肴。《笑林广记二种》2卷："主家设酒款待,菜中有用腐皮做浇头者。"

[绞糖] 由甘蔗或糖梗制糖的整个过程。

[脚] ①足部。②残渣。留在器皿底部的剩余物。《儒林外史》10回："把盘子向地下一掀,要倒那盘子里的汤脚。"

[脚板背] 脚掌的背面。《西厢记诸宫调》："脚背到恁来阔,身材恁来大。"

[脚胀头] 膝盖。

[脚踹拢] 屈腿。

[脚扛起] 跷起二郎腿。

[脚力] 走路的能力和本事。

[脚力钱] 支付给打工的、跑腿的、搬运的报酬。清朝顾张思《土风录》5卷："俗谓送礼物力钱曰脚钱。"

[脚气] ①足部水肿。②足癣。

[脚色] 特指有能耐的人。《最近上海秘密史》24回："精明强干,能说能行,在咸货帮中着实是个脚色。"

[脚酸手软] 疲惫不堪。

[脚桶] 洗脚盆。

[脚痒] 比喻坐不定,想走。

[脚指丫] 脚趾间的缝。

[搅搅] 玩。

[叫皇天] 呼天喊地。

[叫门] 敲门。

### jie

[阶沿] 屋檐遮掩下的石或砖砌的台阶。

[阶沿头] 房屋檐柱之外通向台阶的台基部分。

[接嘴] 接腔,不合时宜地接着别人的话题继续说。

[街路] 街道。

[结冤结孽] 结下冤仇。

[羯] 本指阉割过的公羊,引申指阉割。

[解] 交付钱物义。《续海上繁华梦》3集16回:"旁人前切莫说起,交款时可交到栈房,由我替代代解。"

[解签诗] 解析寺庙签诗的内容,判断吉凶祸福。

[庎厨] 菜厨,碗柜,由上下两部分合成,上部放菜肴,下部放碗碟。

[界方] 镇纸。《喻世明言》24卷:"众人去看灵芝,但见明窗几净,铺陈玩物,书案上文房四宝,压纸界方下露出些纸。"

## jin

[筋斗] 跟斗。《红楼梦》45回:"正着急,只见孙行者驾着筋斗云来了。"

[紧绷绷] ①形容绷或捆得很紧,形容物体表面呈紧张状态。②形容经济不宽裕。

[尽讲] 说到顶,最多不过。

[尽早] 很早以前。

[劲道] ①本事,积极性。②背景,靠山。③有精神、有劲,有力气。

[妗] 《集韵》:"俗谓舅母曰妗。"

[近情] 近人情,合情理。《明珠缘》10回:"倪相公既冒暑远来,老爷若不允话他,未免太不近情了。"

[近身] ①接近。②贴身。

[进舍] 入赘。《霞外攟屑·释谚》:"今人称赘媚曰入舍女婿……越以入舍为进舍,字销不同。"

[进帐] 收入。《歇浦潮》98回:"这种买卖,着实大可干得,比之做洋行头办的更容易进帐。"

[经用] 耐用。钱钟书《围城》9:"东西是从前的结实,现在的

钟表哪里有这样经用？"

[**晶光烁亮**] 反光发亮,闪光耀眼。《文明小史》14 回:"就这洋灯而论,晶光烁亮,已是外国人文明的证据。"

[**精灵**] 神志清醒,伶俐机灵。《金瓶梅词话》52 回:"个个人古怪精灵,个个人久惯老诚。"

[**精明**] 会算计,常含贬义。

[**儆**] 音似"仅",戒备,约束。清朝俞樾《茶香室三钞·子孙自撰碑志》:"吕氏家风,先世碑志,不假于人,皆子孙自撰,云欲传庆善于信词,儆文学之荒坠也。"

[**镜光**] 形容光滑如镜或一无所有。

### jiu

[**酒配**] 佐酒的菜肴。

[**酒水**] 酒席,多指婚宴。《豆棚闲话》10 则:"立刻写了文契,收了价钱,连中人酒水也干折了。"

[**酒徒**] 嗜酒贪杯的人。《汉书·郦食其传》:"初见沛公,称高阳酒徒。"

[**酒糟**] 酿酒时剩下的渣滓。

### xue

[**噱头**] 花招,引人发笑的或引人特别注意的言语或行动,也指本领、招数、手段。

### kai

[**开荤**] ①从未吃荤或久食素菜者首次吃荤。《野客丛书·解菜》:"今人久茹素,而其亲若邻设酒殽之具,以相暖热。名曰开

荤"。②比喻有初次性交的经验。《七剑十三侠》39 回："这位娘娘第一次开荤,就像杀猪也似叫起来。"

[开间] 中式房子的宽度单位,相当于一根檩子的长度。《二十年目睹之怪现状》43 回："那隔壁是一所大房子, 前面是五开间大厅。"

[开口腔] 张口说话的腔调。

[开头炮] 喻指第一个发言者。

[开销] 花费。《活地狱》31 回："衙门里那些开销,虽不能尽是现钱,也要有一半现钱才好。"

[揩油] 指不花钱占别人便宜。《歇浦潮》99 回："一经过我的手,常言水过地皮潮,多少终得揩她些油,方不虚此一番心血。"

## kang

[伉] ①相当于普通话中的"跟",引进动词作为对象。例:"我伉你讲"。②相当于普通话中的"和",作连词。例:"你伉渠做下走。"

[囥] 藏,摆,放的意思。《越言释》下卷:"越人以藏物为囥,于经无可证。"《沪谚》:"男要眼,女要囥。"(原注:丈夫志在四方,女子不离闺阃,此亦守旧主义。)

[囥搭] 放在那儿。"人囥搭冻,衣囥搭空。"

## kao

[靠造化] 听任自然,听天由命。

## ken

[肯做] 勤劳。

## kong

[**空当**] 空缺,亦作"空档"。《九尾狐》14 回:"宝玉虽不欢喜他,却因今夜无人伴宿,不如留他住下,填了空当也好。"

[**空荡荡**] 空旷、冷清。《初刻拍案惊奇》16 卷:"拿了堂前之灯,到里面一照,房里空荡荡。"

[**空口讲白话**] "空口",凭空胡说,"白话",没有实质内容的话。做不到的承诺,敷衍了事。《醒世恒言》35 卷:"我只道本利已在手上了,原来还是空口说白话,眼饱肚子饥。"

[**空佬佬**] 说空话、大话,不实事求是。

[**空双手**] 指出门做客未带礼物。

## kou

[**抠**] ①挖、掏。《醒世恒言》30 卷:"将匕首衔在口中,双手拍开,把五脏六腑抠将出来,血沥沥提在手中。"②吝啬。

[**口餐**] 食欲。

[**口燥**] 口渴。

[**口谈**] 说话的能力。

## kuai

[**块头**] 人的个头,指身材大小和胖瘦。

[**快长快大**] 颂词,祝孩子发育好,快快长大。

[**快大**] 生长发育快。

## kui

[**魁星**] 指北斗七星的第一星天枢,亦指掌管文运的神。

## kuan

[**款式**] 样子,模样。《聊斋志异·狐嫁女》:"谛视之,款式雕文,与狐物更无殊别。"

## kun

[**睏熟**] ①睡。《绣屏缘》5 回:"吴人谓睡为睏。"②跟异性睡觉,性交的委婉说法。

[**睏毛熟里**] 睡得最熟的时候。

[**睏相**] 睡觉时的姿势。

## la

[**辣手**] ①形容手段狠。《京本通俗小说·错斩崔宁》:"怎么下得这等狠心辣手?"②棘手,难办。

## lai

[**来去**] 来往、交往。《清平山堂话本·简贴和尚》:"自从少年无妻,都无一个亲戚来去。"

[**来头**] 指人的来历、身份、关系、背景。元朝施惠《幽闺记》:"韩景阳大来头,你却是可等人家? 愿闻。"

[**赖孵鸡**] 孵蛋的母鸡。

[**癞头**] 指患头癣,也指患头癣的人。《越言释》下卷:"秃头疮俗谓之癞头,亦谓之腊梨头。"

## lan

[**烂贱**] ①指价格非常便宜。《二刻拍案惊奇》22 卷:"一向家中牢曹什物,没处藏迭,半把价钱,烂贱送掉。"②容易生长。③极

下贱。

## lao

[劳碌命] 命中注定劳碌一生。

[老诚] 亦作"老成"，诚实持重。《儿女英雄传》29回："姐姐那里知道，现在的玉郎早已不是你我在能仁寺初见的那个少年老诚的玉郎了！"

[老到] 老练稳妥，周到。《天雨花》1回："相公虽则在年轻，听他出言多老到。"

[老公] 对丈夫的背称。明朝陆嘘云《世事通考·孤老》："俗称丈夫曰老公。"

[老古式] 式样陈旧。

[老花头] 旧东西，没有新内容。

[老虎钳] 钳子。

[老酒] 特指黄酒。清朝顾张思《土风录》6卷："今不论新陈黄酒通呼老酒矣。"

[老靠] 牢靠，老练。《鸳鸯针》1卷1回："因他积年老靠，场内该誊的文字，都从他手里分散。"

[老辣] 老练，厉害。

[老面皮] 厚脸皮，不知羞耻。《何典》10回："原来那罗刹女炼就的一副老面皮，真是三刀砍弗入，四刀白坎坎的，一些不动。"

[老牌头] 老资格，老牌子，年轻人对长辈的不尊敬的称呼。亦作"老排头"。

[老气] ①陈旧。《续海上繁华梦》2集1回："装束虽甚老气，脸上却扑着许多的粉。"②也指小孩子比一般孩子成熟。

[老三老四] 形容说话好为人师，摆老资格、傲慢不虚心的人。

永康话与永康文化

484

[**老套头**] 旧的工作方法或思路,没有新的内容。

[**老相**] 面容、模样苍老。

[**老油条**] ①吊儿郎当的人。②老于世故、华而不实的人。亦称那些处世经验多而油滑的人。

[**老早**] 很早以前。

## le

[**乐得**] 正中下怀,顺其自然。或某件事已有益无害,顺势做去。《红楼梦》42回:"都是老太太昨儿一句话,又叫他画什么园子图儿,惹的他乐得告假了。"

[**肋条**] 条肉,指供食用的带肉的家畜肋骨。《调鼎集》3卷:"冬月取蹄膀、肋条听用,不加盐水,挂厨近烟处,久之煮用,颇有金华风味。"

## lei

[**礌弹子**] 儿童滚玻璃球的游戏。

## leng

[**冷盆**] 盛在盘子里的下酒冷菜。《九尾狐》58回:"先取出八只冷盆,无非是火腿、酱鸭、熏鸡、皮蛋等等。"

[**冷清**] 安静,不热闹。

## li

[**礼数**] 礼节、礼仪规矩。《水浒传》4回:"小弟智深乃是愚卤直人,早晚礼数不到,言语冒渎,误犯清规,万望觑赵某薄面,恕免,恕免。"

[**里脊肉**] 家禽椎骨内侧的条状嫩肉。

[**力道**] ①力气，力量。《新泪珠缘》6回："那硫酸与碳酸相遇，便生出许多炭气，力道甚大。②酒精度高。

[**立马**] 立即、马上。《水浒传》86回："看见立马斩了王文斌，面面厮觑，俱各骇然。"

[**利钱**] 利息。《红楼梦》24回："我们好街坊，这银子是不要利钱的。"

[**利市**] 吉利、好运。《七剑十二侠》18回："匹夫，俗云说的好：上坑还讨个利市，却要你来放屁！"

## lian

[**连番**] 反复，多次。一次又一次。清朝赵翼《袁子才挽诗》："索挽连番竟不行，此番真是送登程。"

[**连襟**] 姐妹丈夫之间的互称或合称。清朝顾张思《土风录》16卷："姊妹之夫曰连襟。"

[**连皮搭骨**] 亦作"连皮带骨"。全身。《何典》10回："冒失鬼缩转身来，将根臭皮条把他连皮搭骨捆定，活捉住了。"

## liang

[**两对面**] 两人正面相对或路两边的相对门户。

[**两亲家**] 夫妻双方的父母。

## liao

[**寮**] 畲语,指草房。陆游《贫居》诗："囊空如客路,屋窄似僧寮。""僧寮"指和尚住的小屋。

[**料作**] 材料,作料。有时作骂人的贱称。

## ling

[**灵光**]　①聪明。②有奇效,能应验。

[**灵清**]　清楚、明白。《黄绣球》2 回:"张先生如此说法,我们也不甚灵清。"

[**零碎**]　零散细碎。《金台全传》18 回:"索性把吾一刀两段,也罢了。这样零零碎碎的磨灭,实在来不得了。"又作"散碎"。

[**零碎铜钱**]　币值小的钱或零用钱。

[**零头**]　①不够一定单位的零星数量。《十尾龟》8 回:"来人道:除去零头,至少需三百块钱。"②材料使用后剩下的零碎部分。

## liu

[**流里流气**]　轻浮油滑,举止不正派。

## long

[**龙雹**]　冰雹。

[**砻糠**]　谷糠,碾米时稻谷脱下的外壳。《续海上繁华梦》3 集 13 回:"从来俗语讲得好,砻糠搓绳起头难。"

## lou

[**漏口风**]　①说话不清。②说话不留心,暴露内情。

## lu

[**录**]　①记录。②积藏、积贮、积蓄、收集。《新唐书·王锷传》:"每燕飨,辄录其余卖之以收利。"

[**路道**]　门路。《文明小史》55 回:"有个寿头模子,要买一只钻石戒子,一只金打簧表,你可有些路道?"

[路数] 办事的神通,门路、窍门。《型世言》21 回:"别个不知痛痒,我老经纪伏事个过的,难道不晓得路数?"

## luan

[卵脬] 指阴茎。也作"卵绝"。《二十年目睹之怪现状》66 回:"除了呵外国人的卵脬,便是拍大人先生的马屁。"

## lun

[轮盘] 轮子,车轮。《续海上繁华梦》1 集 18 回:"说马车撞坏叶子及轮盘等物,敲了五十块钱修费。"

## luo

[捋] ①采、抹。元朝乔吉《雁儿落带过得胜令·自适》曲:"农桑事上熟,名利场中捋。"②轻柔地抚摸。

[胳] 手指上椭圆形的指纹。《广韵》:"手指纹也。"

[落班] 下班。

[落车] 下车,从车子上出来。

[落棺] 指尸体装进棺材。

[落花生] 花生。

[落镬] 下锅。

[落脚] 存身,安顿,住下。

[落课] 下课。

[落脚货] 挑剩下来的货脚,卖剩的残次货物。

[落末] 最后。《初刻拍案惊奇》29 卷:"奴家卧房在这阁儿上,是我家中落末一层,与前面隔绝。"

[落市] 收市,交易时间已过。

[落手] 下手,入手,结束。

[落雪] 下雪。

[落油锅] 受大苦,如在狱中煎熬。

[落雨] 下雨。

[落葬] 下葬。

## ma

[麻兹] 又作"麻糍",一种把糯米蒸熟捣碎后做成的食品。

[马桶] 大小便用的木桶。

## mai

[麦饼] 用麦粉制成的一种带馅的饼。

[麦糊] 一种薄饼。

## man

[蛮力] 粗笨的力气。明朝袁宏道《竹枝词》:"拽时蛮力强三虎,抛掷轻如一鸟毛。"

[蛮婆] 本指南方尚未开化的妇女,喻指刁蛮、不讲理的女人。

[蛮争] 强辩、强词夺理。

[满大水] 发大水。又作"漫大水"。《集韵》:"水败物也,一曰大水貌。"

[慢腾腾] 形容动作缓慢的样子。宋朝周邦彦《红窗迥》词:"情性儿,慢腾腾地,恼得人又醉。"亦作"慢吞吞"。

## mao

[毛草] 马虎,粗糙。《儿女英雄传》16回:"老弟,你可别硬伯

呀,不是我毛草,他那脾气性子,可真累赘!"亦作"毛糙"。

[毛估估] 大致估算。

[茅坑] 简陋的厕所。

[冇] 古老的方言用字,普通话念 mǎo。作副词,表示否定动作,相当于"没有"。例如:"留得青山在,不怕冇柴烧。"

[冇事干] 没事做。也指没事。

[瞀] 音似"亩"。《洪武正韵》:"无识也。"愚昧无知貌。清薛福成《赠陈主事序》:"欲求御变之道,而不务知彼知己者,瞀也。"例:"你真瞀,连饭也不会煮。"

## meng

[门风] 一家世传的道德和处世准则。《荆钗记》12 出:"今为姻眷,惟恐玷辱亲家门风。"

[门槛] 喻指找窍门,占便宜,免吃亏的本领。

[门路] 能达到个人目的的途径,跑道。《琵琶记》3 出:"要寻个男儿,又无门路。"

[焖] 一种烹调方法。紧盖锅盖,用微火把食物煮熟或炖熟。

[蒙鼓里] 比喻什么都不知道。

[猛] ①严厉。《左传·昭公二十年》:"宽以济猛,猛以济宽,政是以和。"②猛烈、浓重。

## mian

[面皮] 脸皮。《有情痴》:"第一,嘴皮要薄,会说话;第二,面皮要厚,不怕羞;第三,脚皮要坚,善奔走。"

[面皮打裥] 形容皱纹很多。

[面色] ①脸色。②脸上表情。

[**面子**] 情面,体面,光彩。《旧唐书·张睿传》:"贼平之后,方见面子。"

mie

[**撇**] 音似"灭"。用手指捻动某物以使其转动。《广韵》:"手拔,又摩也,批也,捽也。"

ming

[**名堂**] 名目,说法。

[**名头**] 由头,名义,名声。《初刻拍案惊奇》23 卷:"万一他不明不白,不来周全此事,借我的名头,出了我偌多时丑,我如何做得人成?"

[**明朝**] 明天。

[**明朝后日**] 明后天。

[**明摆明**] 一目了然。

[**明分**] 明确的本分。本来如此,《鄞县通志》:"甬称事应有或应为者曰明分,谓职分所表明也。"《后汉书·列女传·庞育母》:"怨塞身死,妾之明分。结罪理狱,君之常理。何敢苟生,以枉公法!"

mo

[**磨爿**] ①磨盘。②形容大。

[**末脚**] 末尾,最后,又作"落末脚"。

[**墨鸟**] 乌黑,非常黑或很暗。

mu

[**木大**] 呆笨、不开窍、不明事理者。《直语补证》:"俗谓不慧

者为呆木大。"

## na

[捺宝] 押宝,赌博的一种。

[捺指头印] 按手印。

## nan

[男着眅 女看园] 一个家里的男子应该四海为家,到外面闯荡;而女子则应当守在闺房,足不出户,把家当好。

[男子侬] ①男子汉,对已婚男子的一般称呼。②对丈夫的叙称。

[南货店] 一种以经营荔枝、龙眼等南北果品为主的食品店。

[难熬] 难受,不好过。

[难缠] 不好对付。《红楼梦》65回:"我也知道你那老婆太难缠,如今把我姐姐拐了来做二房,偷的锣儿敲不得。"

[难为你] 常用寒暄语,表示感谢别人替自己做事。

[难妆个] 难对付,难伺候的人。

## nao

[脑筋] ①脑子。《官场现形记》55回:"一回又叫管家把上海艾罗公司买的补脑汁开一瓶给他喝,免得他用心过度,脑筋受伤。"②意识。"老脑筋"。

[闹热] "热闹"的倒置。《水浒传》3回:"入得城来,见这市井闹热。"

## nen

[嫩相] 显得比实际年龄年轻。《二刻拍案惊奇》29卷:"再复

清汤浴过一番,身体莹然如玉,比前日更加嫩相。"

ni

[泥水] ①建造房屋。宋朝苏轼《答程天侔书》之一:"近与儿子结茅屋数椽居之,仅庇风雨,然劳费已不赀矣。赖十数学生助工作,躬泥水之役。"②泥水匠。《水浒传》10回:"待雪晴了,去城中唤个泥水匠来修理。"

niang

[娘家] 女儿出嫁后称父母的家便为娘家。
[娘舅] 母亲的兄弟的叙称,舅舅。

niao

[鸟] ①古指尾长的飞禽。②指人、兽的雄性生殖器,多用于詈词。鲁迅《故事新编·起死》:"就是你真有这本领,又值什么鸟?"

niu

[牛百叶] 牛的瓣胃。
[牛屄] 吹牛。也写作"牛皮"。
[牛牯] 公牛的统称。
[牛皮筋] 橡皮筋。
[牛杂] 牛的内脏。
[扭] ①做作。身体左右摇晃。②专指用手拧皮肤的动作。

nong

[弄怂] 作弄,算计,怂恿,挑唆。《何典》5回:"那伙提草鞋公

人,见本官软弱,便都将嘴骗舌头的来弄恧他。"亦作"弄松""弄耸""弄送"。

[弄堂] 小巷。《山歌》1卷:"姐在弄堂走一遭,吃情哥郎扯断子布裙腰。"

## nuo

[糯米] 由糯谷碾出的米。

## pa

[耙] 碎土平地的农具。

## pai

[拍马屁] 谄媚奉承。

[拍照相] 摄影、拍照。

[排八字] 算命的一种方法。

[排场] 铺张场面。

[牌头] 比喻可以依仗的有力量的人或集体。也指名望、势力、排场、靠山。

[派] 分配,分担。

## pan

[爿] ①指从整体切开而成的部分。《说岳全传》36回:"走上前,一斧将荷香砍成两半爿。"②一家,一所,多用于商店、工厂。《负曝闲谈》15回:"上海后马路一爿茶栈,是他本钱。"

[盘缠] 车旅费,特指旅途费用。元朝高文秀《黑旋风》3折:"俺娘与了我一贯钞,着我路上做盘缠。"

[襻] 扣住纽子的套或器物上用来结系或攀手的带。《光绪金华县志》16 卷："音拔去声。"《集韵》："衣系曰襻。"

## pao

[脬] ①本指膀胱。②借指男人阴茎。

[泡茶] 沏茶。宋、元、明人习惯以干果、蜜饯等与茶一起冲泡,称泡茶,后指以开水冲茶。

[泡饭] 加水重煮或用开水泡成的较稀的米饭。

[泡汤] 喻指谋事不成、计划落空。

## pei

[配] ①配事。②指下饭下酒的菜。

[配饭] 用菜下饭。

## pen

[喷] 气味浓郁。

[喷香] 散发香气浓郁。《吴下方言考》9 卷："吴中谓物之香甚者曰喷香。"

## peng

[朋友家] 朋友。有交情的人。

[蓬] 量词,阵、股、缕。《三宝太监西洋记》71 回："绕了一道飞符,一蓬火,把个眼角大仙一时火葬已毕。"

[蓬头散发] 头发披散。《鼓掌绝尘》40 回："记得正出鬼门关来,只见一路上哭哭啼啼,披枷带锁,纷纷都蝇蓬头散发模样。"

[火蓬饭] 剩饭加点水再烧使热。

[碰头] 会面、见面。《清稗类钞·苏州方言》:"碰头,与人相遇之义,文言所谓邂逅也。"

## pi

[批] ①用刀剖削,横切成薄片。②批量买卖。

[疲软] 由疲乏无力引申指商品销售不旺或货币汇率呈下降趋势。《越谚》卷中:"货价不能昂也。"

[疲塌] 指纪律松弛、思想拖沓。

[屁轻] 形容物品很轻。

[屁股臀] 屁股。

## piao

[漂] 浮萍。《尔雅》:"苹"。《方言》:"江东谓浮萍为漂。"

## ping

[平头百姓] 平民百姓,普通群众。《儒林外史》3 回:"若是家门口这些做田的、扒粪的,不过是平头百姓。"

[平垟] 平坦开阔的地方。

## po

[泼赖] 无理而凶悍。元朝无名氏《杀狗劝夫》1 折:"这泼赖无礼,你那里是骂俺。"亦作"泼辣"。

## pu

[铺盖] 被子。《金瓶梅词话》97 回:"春梅拿出两床铺盖衾枕与他安歇。"

[**蒲墩**] 即"蒲团"。用蒲草编成的圆形的垫子,多为打坐或跪拜时所用。宋朝苏轼《谪居三适·午窗坐睡》诗:"蒲团盘两膝。"

[**蒲扇**] 用蒲葵叶或芭蕉叶做的圆形扇子。李好古《张生煮海》1折:"我与你把破蒲扇,拿去家里扇煤火去。"

[**蒲鞋**] 用稻草或蒲草编成的鞋。《吴歌甲集》:"送双蒲鞋种田汉,送两生丝捉鱼郎。"

[**漕**] 满溢,液体沸腾溢出。


## qi

[**七零八落**] 飘散零落,残破不堪。

[**七拼八凑**] 胡乱凑合,把零碎的东西都凑到一起。

[**七七八八**] 指杂七杂八的各种东西。

[**奇形古怪**] 稀奇古怪。

[**起劲**] 情绪高,劲头大。

[**起码**] 用在数词后,表示最低限度。《十尾龟》14回:"至少我算总要二百块钱一年才能够活动活动,这还是起码数码呢。"

[**起码货**] 至少,最低限度,起价。《官场现形记》29回:"官小不要,起码货亦是一位观察。"

[**起头**] ①开始阶段。②发起人。

[**起头先**] 副词,表示刚一开始。

[**起屋**] 造房子。

[**起五更**] 起得很早。《官场现形记》58回:"还要起五更上朝,等到退朝下来,一天已过了半天。

[**起先**] 原先,先前。《古今小说·沈小霞相会出师表》:"李万将起先如此如此,以后这般这般,备细说了。"

## qi

[气色] 人的精神面貌和脸色。

## qia

[掐] 音似"客"。①用指甲按或切入。《世说新语·雅量》:"以爪掐掌,血流沾褥。"②用拇指点着别指进行暗或记或推算。"掐指一算"。

## qian

[铅角子] 硬币。

[签诗] 寺庙中写着吉凶祸福内容的签牌。庙宇里供卜问吉凶所编的诗句,多写于竹签上(现在一般另外印在纸上),贮于竹筒中,由卜问者抽取(有的在叩拜反复摇动竹筒,取最先脱出的竹签),而后据诗意附会人事吉凶。

[前脚后步] 指两人出生或到来的时间前后相接,几乎同时。

[钱粮] 田赋,古代的田地税。

[掮客] 旧时指买卖双方的中间人。

[嵌牙齿缝] 一点点食物,喻物稀少。

## qiang

[强横] 蛮不讲理。

## qiao

[跷脚] ①指拐。②跷起腿脚。

[敲竹杠] 利用别人的弱点或借某种口实,索取财物,或抬高价格。《官场现形记》17回:"兄弟敲竹杠,也算会敲的了,难道这里

头还有竹杠不成？"

[俏] ①容态美好轻盈。②商品好销。

[窍] ①比喻事情的要害或关键。②要领、希望。

## qie

[挈] ①拎起，提起，用手提着。《墨子·兼爱》："夫挈太山而越河济，可谓毕劫有力矣。"②说及，提到。

[挈被头] 提起，引起(纷争、口角)。

[惬意] 称心满足，舒服痛快。唐朝韩偓《惆怅》诗："朗月清风难惬意，词人绝色多伤离。"

[笡] 音似"切"。倾斜，歪斜不正。《广韵》："斜道也。"

## qin

[亲家] 两家儿女相婚的亲戚关系，亦指儿子的丈人或女儿的公公。

[亲家老] 儿子的岳义或女儿的公公。

[亲眷] 亲戚。《看钱奴》："幼年闻父母双亡，别无甚亲眷，则我单身独自。"

[亲娘] 干娘、义母。

[亲爷] 干爹、义父。

[勤力] 勤劳、勤快。唐朝柳宗元《送薛存义序》："早作而夜思。勤力而劳心。"

[揿] ①用手指压或按。《西楼记》14 出："闻一更漏鼓还侥幸，揿不住两岸鸡鸣。"②紧紧地满把抓住。

## qing

[**青天白日**] 大白天。《五灯会元》6卷:"青天白日,却被鬼迷。"

[**青盲**] 青光眼。

[**轻骨头**] 轻浮不自重的人。

[**轻飘**] 由轻浅飘浮引申谓言行轻佻,不持重。

[**轻巧**] ①轻松。②小巧。

[**清淡**] ①指饮食含油少。②指商业萧条,生意不好。

[**清气**] 指外表整洁、仪表高雅,也指素雅,有气质。

[**清水**] ①单一,不掺假或没有油水的东西。如"清水工资"。②干净,素净,朴实无华。③指女子姿态雅致、美好。

[**清心**] 心地恬静、无忧无虑。《资治通鉴》:"省史不如省官,省官不如省事,省事不如清心。"

## qu

[**渠**] ①人工开凿的水道。②第三人称指代词。唐朝寒山《诗》63:"蚊子叮铁牛,无渠下觜处。"宋朝朱熹《观书》:"问渠那得清如许,为有源头活水来。"

[**渠粒侬**] 他们。

## quan

[**全靠**] 幸亏。

## rao

[**绕脚**] 缠脚、裹脚。

## re

[**热头气**] 暑天太阳的辐射。

## ren

[**人客**] 客人。也泛指来家里的一些人。相对于"主人家"。《曷方言》上卷:"谓客曰人客。"

[**人来疯**] 指孩子一见有客人来便撒娇。

[**人情**] ①情谊、情分。②应酬的礼物。

[**韧纠纠**] 原指糯米制品非常粘、软。也比喻性格执着。

## ri

[**日长夜大**] 形容快速成长,多用于祝颂儿童。《二刻拍案惊奇》36卷:"若是好端端放在家中,自然日长夜大,那里得个穷来?"

[**日加日**] 一天天地,天天如此。

[**日日**] 每天,唐朝王昌龄《万岁楼》诗:"年年喜见山长在,日日悲看水独流。"

[**日头**] 太阳。《越谚》卷上:"一双手只遮得一个日头。"

[**日头气**] 夏日烈日的辐射。

[**日子**] ①日期。②生计。

## ruo

[**箬**] 音似"绕"。《说文》:"箬,楚谓竹皮曰箬。"《广韵》:"竹箬。"原指竹叶,今指竹笋竹壳,源出于楚地,在湘赣一带古楚地区,"箬"限于裹粽子的叶子。

[**箬笠**] 用竹叶制成的斗笠。

## san

[三宝殿] 泛指化殿,常用于比喻登门求教或求助。

[三步倒] 氰化钠的俗称。

[三番五次] 多次重复原来的语气或行为。

[三姑六婆] 指不正派的女人。三姑原指尼姑、道姑和卦姑。六婆原指牙婆、媒婆、虔婆、药婆、稳婆和师婆。《红楼梦》112回:"我说那三姑六婆是再要不得的,我们甄府里从来是一概不许上门的。"

[三脚撑] 用三根竹竿联结成支架,搁置竿,以晾晒衣物。

[三脚猫] 比喻那些对各种技艺都略懂一点儿,但又都不精通的人。明《七修类稿·奇谑四》:"俗以事不尽善者,谓之三脚猫。"

[三只手] 扒手、小偷、贼。《越谚》:"亦窃盗隐名。"《通俗常言疏证·盗贼》:"区区名字叫贝戎,绰号三只手。

[散卖] 拆零销售。

[散失] 流散丢失。

[散碎] 零碎、零散。《醒世恒言》3卷:"秦重把银包解开,都是散碎银两。"

## sang

[桑枣] 桑葚。

## sao

[骚货] 指卖弄风情的轻浮女子。

## se

[涩口] 味不甘滑,使舌头感到麻木、干燥、难受的味道。

## sha

[杀价]　砍价。《官形现形记》5 回："三荷包听了满心欢喜,心想这可由我杀价,这叫做里外两赚。"

[杀货]　拿了货不付或少付钱。

[沙眼]　①很细小的孔眼。《春渚纪闻》9 卷："受水处常恐沙粒所隔,去之则便成沙眼,至难得平莹者。"②眼睛的慢性传染病。

[纱帽翼]　纱制官帽,比喻做官。

[煞尾]　停业、结尾。《花月痕》47 回："瞧着烛天的余焰,煞尾的余声,你道可笑不可笑呢？"

## shai

[晒谷坛]　晒稻谷专用的场地。

## shan

[山坳]　被山崖包围的山间平原,山间平地。宋朝文天祥《至扬州》诗："此去侬家三十里,山坳聊可避风尘。"

[山粉]　从葛藤根制出的淀粉。

[山货]　泛指山区的土特产,如香菇、笋干等。

[山魈]　山中精怪。晋代葛洪《抱朴子·登涉》："山精形如小儿,独足向后,夜喜犯人,名曰魈。"

[潸]　泪水、流泪。《诗经·小雅·大东》："眷言顾之,潸焉出涕。""眼泪扒潸"。

## shang

[伤风]　感冒。

[上半年]　前半年。

[上半日] 上午、上半天。

[上半夜] 前半夜。

[上坟] 扫墓,到坟前祭奠逝者。

[上风] 比喻优势或有利的地位。《西游记》42回:"行者道:兄弟,虽不曾救得师父,老孙却得个上风来了。"

[上好] 最好的。元朝曾瑞《留鞋记》楔子:"梅香,取上好的胭脂粉来。"

[尚好] 还好。

[上横头] 旧指八仙桌最靠里面的位置,宴席中贵宾的席位即正座。

[上落] 上上下下。

[上爿] 上面。

[上山] 出殡。《跻春台》1卷《东瓜女》:"家庭中并无一块薄板,叫你妻又怎么装殓上山。"

[上市] 开始营业,市场开始。《海上花列传》54回:"逦至四马路中华众会,联步登楼,恰遇上市辰光,往来吃茶的人逐队成群,热闹得很。"

[上算] 合算。《二十年目睹之怪现状》84回:"那和尚与流痞,以为一只指头大的地,卖他四十元,很是上算的。"

[上下三处] 指附近一带。

[上账] 记账。《沪谚》:"读书读得畅,只会上上账。"

shao

[烧酒] 白酒。

[烧配] 烧菜,烹调菜肴。

[烧香] 求神拜佛时把香点着插在香炉中通常叫烧香,亦可

比喻为达到某种目的而请客送礼或行贿。

[**稍微**] 稍许。

## she

[**赊**] 买物延期交款。

[**蛇皮袋**] 一种用聚丙烯平丝编制的包装袋。

[**舍割**] ①慷慨。②舍得。

## shen

[**身段**] 身材、体态,宋朝柳永《荔枝香》词:"遥认,众里盈盈好身段。"

[**神气活现**] 自以为是的样子。《清稗类钞·上海方言》:"神气活现,与像煞有介事同。"

[**婶婶**] 父亲的弟媳妇。

## sheng

[**生世**] 一生。

[**生活**] 工作,活儿。《精忠记》5 出:"你去说与他知道,生活是我做,酒饭是我吃,工钱是我得。"

[**生水**] ①食物含水分多。②引申指语言生动。

[**生相**] 表示长相、相貌。

[**生心**] 怀有异心,动了念头。《三国志·魏志钟会传》:"我要自当以信义待人,但人不当负我,我岂可先人生心哉。"

[**生意**] 买卖,商业活动。《京本通俗演义·错斩崔宁》:"先前读书,后来看看不济,却去改业做生意。"

[**生意场**] 做买卖,讨价还价,从事商务活动的场所。

[**生意鬼**] 詈指狡诈的商人。

[**生意经**] ①做买卖的窍门,做生意的方法门道。②买卖。

[**声叫声应**] 意为马上兑现,有求必应。

[**省省**] ①免了,《商界现形记》4回:"我劝你省省罢,谢秋云的一件正经算了吧。"②俭约。清朝平步清《霞外攈屑·释谚》:"越人呼俭约为省,并有呼省省者。"

shi

[**十不全**] 比喻丑陋不堪。《守宫砂》2回:"人称小孟尝李广文武全才,英雄一表,为甚是十不全的模样?"

[**十三点**] 是指不明事理、疯疯癫癫的人。

[**时辰钟**] 时钟。

[**时节**] ①节气。"清明时节雨纷纷。"②时光。汉代孔融《论盛孝章书》:"岁月不居,时节如流。"

[**识相**] 知趣,会看风色行事,不惹人讨厌。周而复《上海的早晨》3部26:"老王识相地退出他的卧房,在外边把门带上。"

[**实行实讲**] 实话实说。

[**实码**] 卖方提出的最低的,令买方可以接受的价格。

[**世面**] 指社会上各方面的情况。《红楼梦》16回:"果然如此,我可也见个大世面了。"

[**市面**] 市场的一般情况。《商界现形记》8回:"就以租界而论,法租界的市面盛呢,还是美租界的市面旺?"

[**市日**] 赶集的日子。

[**事干**] 事,事情。《精忠记》2出:"相公呼唤妾身出来,有何事干?"

## shou

[**手长**] 手伸得长,比喻善于谋取私利,权力。《官场现形记》4回:"况且这万把银子都是面子上的钱,若是手长些,弄上一底一面,谁能管他呢。"

[**手头**] 手肘。上臂和前臂相交接的部分。

[**手脚**] 指为达到某种目的而暗中所使的不端手段。《初刻拍案惊奇》31卷:"事不宜迟,恐他那里做了手脚。"

[**手脚不好**] 有小偷小摸行为。元朝杨显之《潇湘雨》2折:"你看他模样倒也看的过,只是手脚不好要做贼。"

[**手劲**] 手臂的力气。

## shu

[**叔伯母**] 丈夫兄弟的配偶,妯娌。

[**叔伯兄弟**] 堂房兄弟。

[**叔伯姊妹**] 堂房姊妹。

[**熟手**] 亦作"熟套"。熟悉某种事情或技艺的人。与"生手"相对。

## shuang

[**双生**] 双胞胎。

[**爽气**] 豪爽、干脆、利落。《海上花列传》48回:"我做生意,喜欢爽爽气气,一点点小交易覅去多拌哉。"

## shui

[**水碓**] 用水作动力的碾米设备。

[**水缸**] 厨房中陶制的盛水器具。

## shun

[**顺毛捋**] 顺着毛生长的方向抚摸，比喻专拣别人遂心的话说,顺着别人的意思行事。

[**顺手**] ①右手的俗称。②随手。③顺利。

[**顺水人情**] 喻顺着人家的意思行事。

## sun

[**榫头**] 器物或构件的榫接合处的凸出部分。

[**榫头窟窿**] 器物或构件的榫接合处的空洞。

## suo

[**蓑衣**] 农民干活时穿的雨衣。由棕榈的棕衣缝制而成。唐张志和《渔父词》:"青箬笠,绿蓑衣,斜风细雨不须归。"

[**索面**] 挂面,细长。呈圆柱状,有咸味。

## ta

[**塌鼻头**] 塌鼻梁,鼻梁不高。

[**塌肩**] 两肩向下,溜肩膀。

[**踏床**] ①旧式床前地上所设的低板长凳,便于上床和放鞋。②椅子前供搁脚的小几。

[**踏道**] 台阶。

[**踏碓**] 旧时碾米的设备,用人力的叫"踏碓",用水力的叫"水碓",宋朝陆游《农家歌》:"腰镰卷黄云,踏碓春白玉。"

[**踏水**] 旧时指用脚踩动龙骨水车来灌溉。

tai

[抬阁] 一种民间传统游艺活动。将小孩扮成剧中角色造型坐在彩车上或敞开的轿上，上街游行。

[抬杠] 争辩，顶牛。

tan

[坍台] 丢脸、出丑。《清稗类钞·上海方言》："因种种事实之发觉，致贻笑于他人，或不齿于社会，无面目以对人者，谓之坍台。"

[坛场] ①古代设坛祭祀、举行大典的场所。②引申为活动的地方。清朝袁枚《新齐谐·陈紫山》："来原无碍，去亦无妨？人间天上，一个坛场。"③空旷可堆积处。